Karibik

Bahamas S. 197

Turks- & Caicosinseln S. 917

Kuba S. 579

Kaimaninseln S. 550

Jamaika S. 503

Haiti S. 481

Dominikanische Republik S. 376

Puerto Rico S. 683

siehe Detailplan

Britische Jungferninseln S. 300

Saint-Martin/ Sint Maarten S. 752

Anguilla S. 127

Saint-Barthélemy S. 736

Saba S. 718

Antigua & Barbuda S. 144

Sint Eustatius S. 774

St. Kitts & Nevis S. 787

Amerikanische Jungferninseln S. 90

Montserrat S. 673

Guadeloupe S. 445

Aruba S. 176

Bonaire S. 282

Curaçao S. 331

Dominica S. 347

Martinique S. 645

St. Lucia S. 814

St. Vincent & die Grenadinen S. 839

Grenada S. 417

Barbados S. 253

Trinidad & Tobago S. 865

Paul Clammer, Stephanie d'Arc Taylor, Marc Di Duca, Alex Egerton, Sarah Gilbert, Michael Grosberg, Paul Harding, Ashley Harrell, Mark Johanson, Anna Kaminski, Tom Masters, Brendan Sainsbury, Andrea Schulte-Peevers, Polly Thomas, Wendy Yanagihara

REISEPLANUNG

COVID-19

Vor Erscheinen dieses Führers wurde geprüft, ob die beschriebenen Einrichtungen trotz Pandemie noch geöffnet sind. Die wirtschaftlichen und sozialen Folgen werden jedoch noch lange spürbar sein, und viele der Geschäfte, Dienstleistungen und Veranstaltungen können weiterhin Einschränkungen unterliegen. Einige Locations sind vielleicht vorübergehend geschlossen, haben Öffnungszeiten geändert oder verlangen Reservierungen; einige könnten auch dauerhaft geschlossen sein. Daher sollte man sich vor dem Besuch über die aktuellen Entwicklungen sowie über die Einreisebestimmungen und Impfempfehlungen der einzelnen Inseln informieren!

REISEZIELE

Inhalt

REISEZIELE

EL MORRO, HAVANNA S. 627

Inhalt

Willkommen in der Karibik

Baumbestandene Vulkane, schimmernde Riffe, heiße Salsa-Rhythmen und entspannter Reggae, Piratenverstecke und Strände mit Sand so fein wie Zucker – die Karibik ist aufregend vielseitig.

Ein karibisches Mosaik

Die Karibik ist ein fröhliches Mosaik aus bunten Farben, weißen Sandstränden und dem berühmten Rum. Auf über 7000 Inseln bietet es eine betörende Fülle an Menschen und Orten. Doch bei allen Gemeinsamkeiten sind die Unterschiede groß. Kann man sich einen größeren Gegensatz vorstellen als zwischen dem lebendigen Barbados und dem scheinbar seit Kolonialzeiten unveränderten St. Vincent? Zwischen dem aufsässigen Kuba und der Bankenhochburg, den Kaimaninseln? Oder zwischen dem florierenden, nach Großbritannien orientierten St. Kitts und seinem verschlafenen niederländischen Nachbarn Sint Eustatius?

Inselfarben

Azurblaues Wasser, weißer Sand und erfrischend grüne Wälder – nichts an der Karibik ist subtil oder verhalten. Beim Tauchen und Schnorcheln wird man Fische, Korallen und Schiffswracks in allen Farben des Regenbogens entdecken, und an den unzähligen Traumstränden kann man seine Zehen im Sand vergraben. Wanderungen in die smaragdgrüne Natur offenbaren rote Orchideen und gelbe Papageien. Outdoorabenteurer zieht es auf unberührte Inseln wie Dominica und St. Lucia mit ihren nahezu unwiderstehlichen Pitons.

Sonnengeküsste Kultur

Die tropische Sonne steckt an. Wie Vögel in der Mauser legen Besucher ihre dunkle Garderobe ab, sobald sie aus dem Flugzeug steigen, und hüllen sich stattdessen in karibische Farben. Sogar das Essen ist bunt: Auf den hiesigen Märkten wird kunterbuntes Obst und Gemüse angeboten. Farbenfroh geht es auch bei Kostümveranstaltungen wie dem Karneval zu, der in der ganzen Karibik, aber besonders in Trinidad, gefeiert wird. Das herrlich verfallene Kuba, das vom Reggae geprägte Jamaika und das Voodoo-versessene Haiti sind die Top-Ziele von Reisenden, die die karibische Kultur und wunderschöne UNESCO-Welterbestätten kennenlernen möchten.

Tropenabenteuer

Hier ist jede Art von Inselabenteuer möglich. Bei so vielen Stränden, Kulturen, Aromen und Surfbreaks kann die Karibik ja nur ein Urlaubsparadies sein! Alle viere von sich strecken am Strand, feiern in Hotelanlagen, neue Gemeinden erkunden, von Insel zu Insel fahren, Unterwasserwunder bestaunen oder die perfekte Welle reiten, in eine jahrhundertealte Kultur eintauchen (und dabei der besten Musik der Welt lauschen), den Piraten in sich entdecken ... in der Karibik ist einfach alles möglich!

Warum ich die Karibik liebe

Von Paul Clammer, Autor

Ich lag am Strand und erholte mich von meiner Recherche. Ob ich mir schon die Insel draußen vor der Bucht angeschaut hätte, fragte mich ein Fischer. Es gäbe da eine Ruine, Piratengeschichten. Ob ich sie sehen wollte? Sein Boot war in einem schlechten Zustand, das Segel bestand aus alten Plastikfolien, aber wir stiegen dennoch ein, schipperten über die Wellen und wateten an Land. Dort standen mit Wurzelwerk und Lianen zugewucherte Gebäude. Das Ganze erinnerte an eine Schatzinsel, und ich fragte mich, ob es in Reiseführern Karten mit dem Hinweis „das X markiert die Stelle" geben sollte. So etwas passiert nur in der Karibik ...

Mehr zu unseren Autoren siehe S. 989.

Oben: Naturbecken, Arikok National Wildlife Park, Aruba (S. 187)

Karibik

Bahamas
365 Exuma Cays warten dara
erkundet zu werden (S.240
Kuba
Zu den Sounds von Habana Vieja
muss man sich bewegen! (S.581)
Haiti
Die beeindruckende Citadelle
Laferrière erklimmen (S.492)
Jamaika
Einfach Spaß haben, am
Treasure Beach (S.534)
Britische Jungferninseln
Einmal von Tortola ablegen, dem
Traum aller Seeleute (S.302)
Amerikanische Jungferninseln
Ein hübsches Fleckchen Erde:
Cruz Bay, St. John (S.101)
Nevis
Nevis erkunden: luxuriös
und tropisch (S.799)
Guadeloupe
Lecker dinieren
in Deshaies (S.458)
USA
Golf von Mexiko
Straße von Florida
Nördlicher Wendekreis
Karibisches Meer
Freeport
Little Abaco
New Plymouth
Great Abaco
Sandy Point
Nicholls Town
Eleuthera
Andros Town
NASSAU
BAHAMAS
Andros
Cat Island
San Salvador
Exuma Cays
Mars Bay
Long Island
Crooked Island
Acklins Island
Great Inagua
Matthew Tov
HAVANNA
Varadero
Viñales
Matanzas
Santa Clara
Archipiélago de Sabana-Camagüey
La Coloma
Nueva Gerona
La Bajada
Cienfuegos
Sancti Spíritus
Isla de la Juventud
Camagüey
KUBA
Las Tunas
Guardalavaca
Holguín
Bayamo
Baracoa
Guantánamo
Santiago de Cuba
Kaimaninseln (GB)
Cayman Brac
GEORGE TOWN
Gonaïves
PORT-AU-PRINCE
Jérémie
Montego Bay
Port Maria
Negril
Kensington
JAMAIKA
Treasure Beach
KINGSTON
HAITI
Les Cayes
Jacm
Britische Jungferninseln (GB)
Road Town
Anegada
St. John
Tortola
Charlotte Amalie
The Valley
Anguilla (GB)
Marigot
Philipsburg
Saint-Martin/ Sint Maarten (FR & NL)
Gustavia
Saint-Barthélemy (F)
Christiansted
Saint Croix
Windwardside
Saba (NL)
Codrington
ANTIGUA & BARBUDA
Barbuda
Amerikanische Jungferninseln (USA)
Oranjestad
Sint Eustatius (NL)
ST. KITTS & NEVIS
St. Kitts
BASSETERRE
ST. JOHN'S
Nevis
Charlestown
Antigua
Plymouth
Montserrat (GB)
Pointe-a-Pitre
La Désirade
Guadeloupe (FR)
Basse-Terre
0
100 km

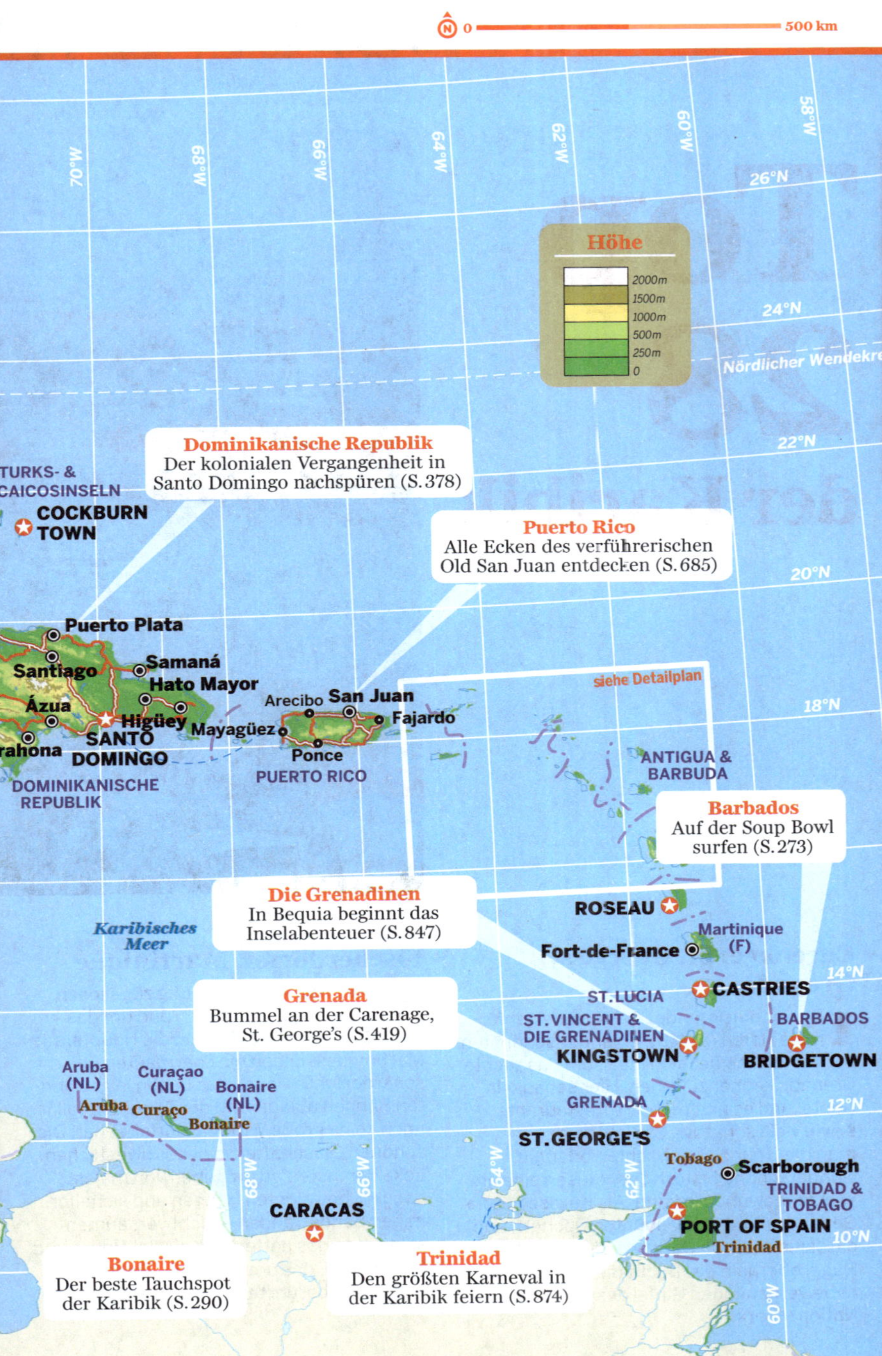
0
500 km
Höhe
2000m
1500m
1000m
500m
250m
0
70°W
68°W
66°W
64°W
62°W
60°W
58°W
26°N
24°N
Nördlicher Wendekrei
22°N
20°N
18°N
14°N
12°N
10°N
Dominikanische Republik
Der kolonialen Vergangenheit in Santo Domingo nachspüren (S. 378)
TURKS- & CAICOSINSELN
COCKBURN TOWN
Puerto Rico
Alle Ecken des verführerischen Old San Juan entdecken (S. 685)
Puerto Plata
Samaná
Santiago
Hato Mayor
Ázua
Higüey
SANTO DOMINGO
rahona
DOMINIKANISCHE REPUBLIK
Arecibo
San Juan
Fajardo
Mayagüez
Ponce
PUERTO RICO
siehe Detailplan
ANTIGUA & BARBUDA
Barbados
Auf der Soup Bowl surfen (S. 273)
Die Grenadinen
In Bequia beginnt das Inselabenteuer (S. 847)
ROSEAU
Martinique (F)
Fort-de-France
Karibisches Meer
Grenada
Bummel an der Carenage, St. George's (S. 419)
ST. LUCIA
CASTRIES
ST. VINCENT & DIE GRENADINEN
KINGSTOWN
BARBADOS
BRIDGETOWN
Aruba (NL)
Curaçao (NL)
Bonaire (NL)
Aruba
Curaçao
Bonaire
GRENADA
ST. GEORGE'S
Tobago
Scarborough
TRINIDAD & TOBAGO
CARACAS
PORT OF SPAIN
Trinidad
Bonaire
Der beste Tauchspot der Karibik (S. 290)
Trinidad
Den größten Karneval in der Karibik feiern (S. 874)

Top 28 der Karibik

Carenage, St. George's, Grenada

1 Dieser pulsierende, kleine, hufeisenförmige Hafen (S. 419), einer der schönsten der Karibik, eignet sich ideal, um das „echte" Grenada kennenzulernen. Hier schaukeln Boote, und es gibt mehrere Restaurants sowie viele schattige Stellen, an denen man das Treiben beobachten oder die wunderschöne historische Häuserreihe am Wasser bewundern kann. Als Kulisse für die Gebäude mit den knallbunten Dächern und die schimmernde Burg aus Stein auf dem Hügel oberhalb der Bucht dienen die grünen, nebelverhangenen Gipfel des Grand Etang National Park.

Fischerdörfer, Martinique

2 Einen Kontrast zur häufig zügellosen Bebauung der Gegend rund um das geschäftige Fort-de-France, die Hauptstadt Martiniques, bilden die charmanten Fischerdörfer, in denen das Leben in gewohnten Bahnen abläuft und der Touristendollar noch keine große Wirkung entfaltet hat. Die schönen Ortschaften in der südwestlichen Ecke der Insel sind umgeben von majestätischen, bewaldeten Hängen und sichelförmigen Sandstränden – nicht versäumen sollte man das nette Anse d'Arlet Bourg und Petite Anse, das umwerfende Grande Anse und das unberührte Grand-Rivière (S. 663).

Grand-Rivière

1

FRANK FELL/ROBERTHARDING/GETTY IMAGES ©

2

BRUNO DE HOGUES/GETTY IMAGES ©

Inselhopping, St. Vincent & die Grenadinen

3 In Büros auf der ganzen Welt fällt dieser Satz ständig: „Ich schmeiß' alles hin und wandere auf eine Insel aus." In einer Welt des Pauschaltourismus, der riesigen Kreuzfahrtschiffe und Megaresorts erscheint die Idee wie aus einer anderen, einfacheren Zeit. Bis man die Grenadinen erreicht. Von Bequia (S. 847) aus erstrecken sich etliche kleine Inseln in Richtung Süden, die regelmäßig von Fähren bedient werden. Man kann aber auch an Bord einer Jacht gehen und sich den Wind um die Nase wehen lassen. Port Elizabeth, Bequia

Musik & Kultur, Havanna, Kuba

4 Für Kubareisende ist Havanna (S. 581), eine zauberhaft romantische Stadt voller Gegensätze und verfallener Pracht, ein Muss. Bei einem Spaziergang durch das atmosphärische Habana Vieja sieht man verrostete amerikanische Buicks, Kinder, die mit selbstgebastelten Bällen spielen, und eine vielseitige Architektur, die die abwechslungsreiche Geschichte des Landes widerspiegelt. All das wird begleitet von den Rhythmen und Klängen, für die Kuba berühmt ist: Rumba, Salsa, *son*, Reggaeton und Trova.

3

JOHN SEATON CALLAHAN/GETTY IMAGES ©

ISABELLE KUEHN/SHUTTERSTOCK ©

Surfen in der Soup Bowl, Barbados

5 Schon lange zieht es einheimische Surfer an diesen Surfspot an der Ostküste von Barbados. Weltweite Berühmtheit erlangte die Soup Bowl (S. 273) aber erst vor Kurzem. Die Dünung legt Tausende Meilen im rauen Atlantik zurück und bauscht sich in Küstennähe zu riesigen Wellen auf, die selbst für die Allerbesten eine Herausforderung sind. Von September bis Dezember sind die Surfmagazine voll von Sportlern, die sehnsüchtig aufs Meer hinausblicken und auf die etwas ruhigeren Monate von Januar bis Mai warten.

Tauchen an der Küste, Bonaire

6 Bonaires Küste wird von den gesündesten Korallenriffen der Region umgeben und es scheint, als würde jeder zweite der Inselbevölkerung tauchen. Die UNESCO-geschützten Küstenriffe (S. 290) sind oft direkt von den Terrassen der vielen Taucherhotels zu erreichen. Angebote für Druckluftflaschen mit „All-you-can-breathe" für eine Woche gehören zum Standard. Über 50 der 100 benannten Tauchgründe liegen unmittelbar vor der Küste. Daneben gibt's aber auch anspruchsvollere Spots. Mantarochen

Willemstad, Curaçao

7 Das farbenfrohe, weltoffene Willemstad (S. 333) fühlt sich trotz Sonne und karibischer Aussicht wie eine alte niederländische Stadt an. Es ist eine wahre Schatzkiste mit einzigartigen Museen, Straßenkunst und quirligem Nachtleben. Entlang des Sint-Annabaai-Kanals reihen sich Gebäude im niederländischen Kolonialstil aneinander. In einigen Bezirken weht ein frischer Wind – besonders in Pietermaai, wo mittlerweile Boutique-Hotels, gehobene Restaurants und angesagte Cafés zu finden sind.

USS *Kittiwake*, Grand Cayman

8 Vor dem Seven Mile Beach hat die 76 m lange USS *Kittiwake* (S. 555) ihre letzte Ruhe in 18 m Tiefe gefunden. Das ehemalige Rettungs-U-Boot wurde versenkt, um ein künstliches Riff und eine faszinierende Tauchstätte zu erschaffen. Türen und Fenster wurden entfernt, sodass Licht hereinfällt und alles leichter zu erkunden ist. Bei klaren Sichtverhältnissen können sogar Schnorchler und Freitaucher die oberen Bereiche ca. 5 m unter der Wasseroberfläche erforschen.

9

10

Treasure Beach, Jamaika

9 In Treasure Beach (S. 534), meilenweit vom städtischen Chaos in Kingston entfernt, findet man einen ruhigen Sandabschnitt, wo jeden Abend Besucher, Zugezogene und Jamaikaner zusammenkommen. Es wird Bier herumgereicht, Reggae liegt in der Luft und es herrscht eine extrem entspannte Atmosphäre – „*irie*", wie die Jamaikaner sagen würden. Musik, Essen, Red-Stripe-Bier, Lachen, das alles sorgt für die lockere jamaikanische Stimmung, von der so viele Reisende träumen. Einen Tag Aufenthalt planen und am Ende eine ganze Woche bleiben!

English Harbour, Antigua

10 An Nelson's Dockyard (S. 157), einer der herausragenden historischen Stätten der Karibik, stellt English Harbour sein prunkvolles Erbe stolz zur Schau. Hier kann man bei einem Spaziergang durch Kopfsteinpflastergassen und vorbei an liebevoll restaurierten historischen Gebäuden ins 18. Jh. zurückreisen und dabei tolle Ausblicke auf Strände und Festungen genießen. Der Bootshafen zählt zu den wichtigsten Jachtzentren der Welt: Die Regatten locken Flottillen von überallher an. English Harbour ist überdies das Gourmetmekka von Antigua.

11

JOHN BRYDEN/500PX ©

12

Karneval, Trinidad

11 Als Heimat ausschweifender Karnevalsfeiern (S. 874) ist Trinidad eine echte Partyhochburg. Die feuchtfröhlichen Festlichkeiten haben eine der kreativsten und dynamischsten Musik- und Tanzkulturen der Karibik inspiriert und beflügelt. An zwei Tagen voller Straßenumzüge kann man sich vom Rhythmus der Steelbands mitreißen lassen, das Spektakel eines Soca-Konzerts erleben und – das Beste von allem – sich in ein paillettenbesetztes Federnkostüm schmeißen und lernen, die Hüften wie eine Einheimische zu schwingen.

Französisch angehauchtes Saint-Barthélemy

12 Saint-Barthélemy (S. 736) wird oft als Jetset-Hauptstadt der Jetsetter abgetan, dabei hat die hügelige Insel weit mehr zu bieten. An ihre schroffen Buchten schmiegen sich kleine Orte, die aussehen, als hätte man sie aus Frankreich hierher verlegt. Die kulturellen Gegensätze spiegeln sich auch in der Küche wider – zahlreiche Restaurants von Weltrang servieren hervorragende Gerichte, die die Raffinesse der französischen Küche mit den exotischen Aromen der Insel verbinden.

Vulkanische Pracht, Montserrat

13 Das winzige Montserrat (S. 673) hat schon einige Schicksalsschläge einstecken müssen: Nach Hunderten Ausbrüchen des Soufrière Hills Volcano Ende der 1990er-Jahre wurde die Hauptstadt Plymouth aufgegeben, genauso wie etwa zwei Drittel der restlichen Insel. Diese verlorene Welt heute zu besuchen ist eine einmalige Erfahrung. Touristenboote, Menschenmassen und Hotelanlagen fehlen, stattdessen darf man sich auf ein lebendiges Stück alte Karibikkultur freuen.

LEONARD ZHUKOVSKY/SHUTTERSTOCK ©

Tortola, Britische Jungferninseln

14 Mit ihren beständigen Passatwinden, milden Strömungen und Hunderten geschützten Buchten sind die Britischen Jungferninseln ein Traum für alle Segler. Viele Besucher kommen eigens, um die Segel zu hissen, die verschiedenen Inseln anzusteuern und herauszufinden, wo der beste Painkiller mit Rum, Ananas und Kokosmilch serviert wird. Der Ausgangspunkt ist Tortola (S. 302), das als internationale Hauptstadt für Charterboote gilt. Hier kann man sich zudem bequem ausstatten und bei Bedarf einen Kurs in einer Segelschule belegen.

Viejo San Juan, Puerto Rico

15 Auch wer nur kurz zu Besuch ist, wird schnell dem betörenden Zauber der Pflastersteinstraßen, pastellfarbenen Kolonialgebäude und prächtigen Burgen von Viejo San Juan (S. 685) verfallen. Der Reiz dieses Ortes offenbart sich oberhalb der Befestigungsmauern von El Morro in jeder Richtung – vom Labyrinth der gewundenen Gassen bis zum endlosen Glitzern des Atlantiks. Tagsüber kann man in historische blutrünstige Dramen eintauchen und sich abends in das Nachtleben des Viertels mit einer hohen Dichte an Bars und Clubs stürzen.

Wandern, Saba

16 Den Vulkangipfel (S. 720), der auf Saba beeindruckend aus dem Meer ragt, muss man mit eigenen Augen gesehen haben, um ihn voll und ganz würdigen zu können – selbst Aufnahmen von Profifotografen werden seiner Schönheit nicht gerecht. Wir empfehlen eine Wanderung mit Crocodile James, auf der man verschiedene Klimazonen durchquert. Von tosenden Wellen geht's in wabernde Wolken hinauf. Oben eröffnet sich ein herrlich weiter Blick über die Täler mit den roten Dächern der traditionellen weißen Cottages.

Cruz Bay, Amerikanische Jungferninseln

17 Keine Region fängt die Stimmung der Gegend besser ein als Cruz Bay (S. 101) auf der Insel St. John. Die Wege zum Virgin Islands National Park beginnen direkt in der Stadt und führen vorbei an wilden Affen bis zu abgelegenen Stränden, die sich ideal zum Schnorcheln eignen. So viele Aktivitäten können durstig machen, doch zum Glück versteht man sich in Cruz Bay auf eine Happy Hour: Bei täglichen Partys stoßen Hippies, Seefahrer, Rentner und Reggae-Fans miteinander an.

Saint-Martin/Sint Maarten

18 Die meisten Inselbesucher finden riesige Düsenflugzeuge und große Betonlandebahnen zu laut und unansehnlich, aber nicht so auf Saint-Martin/Sint Maarten (S. 752). Rund um den Internationalen Flughafen Juliana – das wichtigste regionale Verkehrsdrehkreuz – verteilt sich eine Handvoll Bars, die sowohl an die Startbahn als auch ans türkisfarbene Wasser grenzen. In der Sunset Beach Bar werden die Ankunftszeiten mit Kreide auf ein Surfbrett geschrieben und die Landungen der Flugzeuge mit großer Spannung erwartet.

Zona Colonial, Dominikanische Republik

19 In der ältesten europäischen Stadt auf dem amerikanischen Kontinent lockt ein historischer Spaziergang. Angesichts der hübschen Kopfsteinpflasterstraßen, Herrenhäuser, Kirchen und Festungen, die heute oft als stimmungsvolle Museen, Hotels und Restaurants dienen, kann man sich leicht vorstellen, dass Santo Domingos Vorzeigeviertel (S. 378) im 16. Jh. Sitz des spanischen Imperiums war. Vergangenheit und Gegenwart führen hier eine harmonische Koexistenz. Museo Alcázar de Colón (S. 378)

Deshaies, Guadeloupe

20 Genau die richtige Balance zwischen betriebsamem Fischerhafen und eleganten Lokalen, sodass auch die High Society auf ihre Kosten kommt. Die Umgebung erinnert an ein Gemälde aus der Kolonialzeit mit hölzernen Häusern entlang des makellosen Sandstrands und farbenfrohen Fischerbooten, die auf dem türkisfarbenen Wasser schaukeln. Vereinzelte Jachten in der Ferne deuten auf die gut betuchte Klientel hin, die wegen der tollen Restaurants, lebhaften Bars und großartigen nahegelegenen Strände nach Deshaies (S. 458) strömen.

19

21

ANOUCHKA/GETTY IMAGES ©

22

23

PLUSONE/SHUTTERSTOCK ©

Wildes Wunder, Dominica

21 Dominica (S. 347), eine der am wenigsten entwickelten und traditionellsten Inseln der Region, ist fast vollständig mit dichtem Regenwald und hohen Bergen bedeckt. Allenthalben stößt man auf dunstige Wasserfälle, Seen mit kühlem oder warmem Wasser, heiße Schwefelquellen sowie Täler und Schluchten, geformt von der Zeit und den Elementen. Daraus ergibt sich ein vielfältiges Mosaik, das die Herzen von Naturliebhabern höher schlagen lässt. Doch das Paradies ist bedroht: Schon seit Längerem ist der Bau eines neuen Flughafens geplant.

Emerald Pool (S. 356)

Cockburn Town, Turks- & Caicosinseln

22 Wer den Charme der Alten Karibik finden will, muss nur Cockburn Town (S. 930) besuchen. In der winzigen Hauptstadt der Turks- und Caicosinseln säumen hell gestrichene Kolonialgebäude die Straßen und das Leben hier ist wunderbar langsam. Bei einem Spaziergang auf der Duke und der Front Street kommt man an weißen Steinmauern, traditionellen Straßenlaternen und historischen Gebäuden vorbei, die Wirbelstürmen und dem Bauboom der jüngeren Zeit wie durch ein Wunder getrotzt haben.

Partystrände, Aruba

23 Hier kann man sich mit 10 000 Gleichgesinnten an den beiden legendären Stränden Eagle Beach und Palm Beach tummeln. Die Sonnenfantasien von Massen wintergebeutelter Urlauber werden vor Ort wahr. An den weiten, weißen Sandstränden gibt's ausreichend Surfmöglichkeiten, ohne dass man Gefahr läuft, auf dem Meer verloren zu gehen. Palmen spenden Schatten, und die glücklichen Sonnenanbeter übernachten in den Hotelanlagen direkt dahinter. Es herrscht eine fröhliche Stimmung, und es ist bis spätnachts etwas los. Palm Beach (S. 181)

24

JOHN SEATON CALLAHAN/GETTY IMAGES ©

25

26

Citadelle Laferrière, Haiti

24 Haiti steht bei den meisten Karibikurlaubern nicht so hoch im Kurs, wie das Land es verdient hätte, denn die Citadelle Laferrière (S. 492) ist ein absolutes Highlight. Sie wurde vor mehr als 200 Jahren für 5000 Soldaten errichtet. Diese sollten die Nation – deren Gründung auf die erste erfolgreiche Revolte einer versklavten Bevölkerung in der jüngeren Geschichte zurückgeht – vor der Invasion der Franzosen bewahren. Die Zitadelle ist eine der faszinierendsten UNESCO-Welterbestätten in der Karibik und man wird sie vielleicht ganz für sich haben.

Strandurlaub, Anguilla

25 Die spektakuläre weiße Sandküste und das schimmernde türkisfarbene Wasser von Anguilla (S. 127) sind unwiderstehlich. Beim Faulenzen auf Sonnenliegen, Baden im Meer und köstlichen, geräucherten Grillrippchen kann man die Tage unter der hellen Tropensonne wunderbar verstreichen lassen. Besonders an den Wochenenden jammen die ortsansässigen Künstler in ihren Lieblingslokalen am Meer, darunter das weltberühmte aus Treibholz und alten Booten erbaute Bankie Banx's Dune Preserve (S. 137). Rendezvous Bay (S. 136)

Inselhopping, Bahamas

26 Mit fast 700 Inseln auf 160 000 km² bieten die Bahamas (S. 197) genug menschenleere Strände, Koralleninseln, Blue Holes und Schnorchelspots, um Traveller jahrelang bei Laune zu halten. Für rosafarbenen Sand empfehlen sich Eleuthera und Harbour Island; die Farbe ist zermahlenen Korallen geschuldet. Die 365 Exuma Cays sind ein Wunderland aus himmelblauem Wasser und unbewohnten Inseln, dagegen locken die Abaco-Inseln mit herrlichen Stränden, artenreichen Riffen und einer Prise Geschichte. Exuma Cays (S. 240)

Soufrière, St. Lucia

27 Swim-up-Bars, elegante Spas, Infinitypools, Gourmetrestaurants – in Bezug auf gehobene Resorts ist St. Lucia unschlagbar. Manche Orte wirken wie aus den Seiten einer Glamour-Zeitschrift mit luxuriösen Unterkünften, darunter das Ladera, Hotel Chocolat und Jade Mountain nahe Soufrière (S. 826). Andere sind auf All-inclusive-Pakete spezialisiert. Man braucht keine Hypothek auf sein Haus aufnehmen, um in einem dieser Resorts zu übernachten. Angebote gibt's auf den Websites der Hotels oder auf Buchungsseiten.

Ruinen in Oranjestad, Sint Eustatius

28 Die Ruinen, die in Oranjestad (S. 734) verteilt liegen, zeugen von einem vergessenen Zeitalter, in dem Piraten ihr Unwesen – und regen Handel mit Rum und Gold – trieben. Der natürliche tiefe Hafen von Sint Eustatius war das Tor zur Neuen Welt. Auf dem Zenit der Kolonialzeit lebten hier mehr als 10 000 Menschen verschiedener Kulturen und Religionen. Heute sind aus dieser Epoche lediglich die Überreste imposanter Festungen, Herrenhäuser, einer Synagoge und einer Kirche erhalten.

Gut zu wissen

Weitere Informationen siehe S. 943.

Wichtige Währungen

US-Dollar (US$), Euro (€), Ostkaribischer Dollar (EC$)

Sprachen

Spanisch, Englisch, Französisch, Niederländisch

Geld

Außer auf kleinen Inseln sind Geldautomaten üblich und man kann fast überall mit Kreditkarten zahlen. US-Dollar werden oft anstelle der Währung vor Ort akzeptiert (oder sind bereits die regionale Währung).

Handys

Die meisten Handys funktionieren in der Karibik, wer Roaming-Gebühren vermeiden will, kann sich vor Ort eine SIM-Card kaufen.

Zeit

Turks- und Caicosinseln, Jamaika, Kaimaninseln, Dominikanische Republik: Eastern Standard Time. Alle anderen Inseln: Atlantic Standard Time. Nähere Infos siehe einzelne Reisekapitel.

Reisezeit

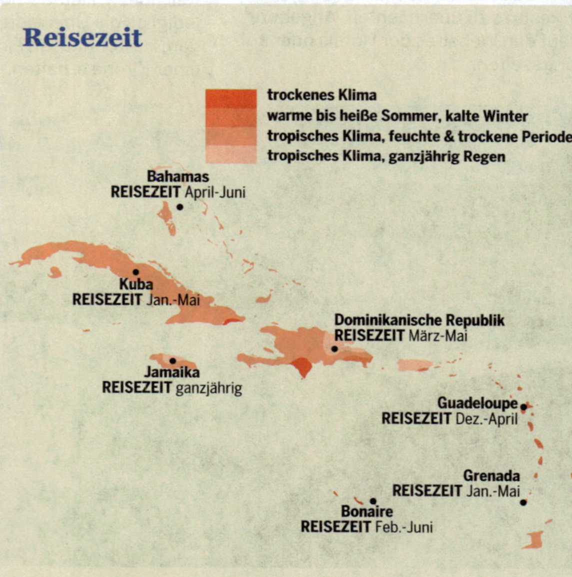

Hochsaison
(Dez.–April)

- Menschen fliehen scharenweise vor dem Winter im Norden und die Preise erreichen ihren Höhepunkt.
- Die trockenste Zeit in der Region.
- Im Norden der Karibik von Kuba bis zu den Bahamas kann es kalt werden.

Zwischen saison
(Mai, Juni & Nov.)

- Das Wetter ist gut, der Regen fällt nur mäßig.
- Da es woanders auch warm ist, kommen weniger Besucher.
- Bestes Verhältnis zwischen erschwinglichen Preisen und gutem Wetter.

Nebensaison
(Juli–Okt.)

- Hurrikanzeit, die Tropenstürme kommen pünktlich wie ein Uhrwerk.
- Gute Zeit für die Surfstrände im Osten der Karibik, z. B. Barbados.
- Zimmer kosten jetzt nur noch die Hälfte oder weniger als in der Hochsaison.

Visa

Die Anforderungen sind von Insel zu Insel verschieden. EU-Bürger und Schweizer brauchen kein Visum für Aufenthalte unter 90 Tagen (Kuba ist eine Ausnahme: Hier benötigt man eine sogenannte Touristenkarte, die man vor der Reise erwerben muss). Achtung: Wer über die USA in die Karibik reist, muss vorab eine elektronische Anreisegenehmigung (ESTA) beantragen.

Öffnungszeiten

Die Öffnungszeiten auf den Inseln variieren, der Sonntag allerdings ist heilig und Geschäfte und Büros sind in der ganzen Karibik geschlossen. Kleine Familienbetriebe schließen meist zwischen August und November.

Top-Tipps

➡ Der US-Dollar ist Trumpf. Kreditkarten werden in den meisten Orten akzeptiert, aber es ist immer gut, etwas Bargeld dabeizuhaben.

➡ Ein Mietwagen lohnt sich, um eine Insel zu erkunden.

➡ Die Einheimischen kleiden sich möglichst schick und elegant, Badehosen und Bikinis gehören ausschließlich an den Strand. Baden oben ohne oder FKK ist außer in extra ausgewiesenen Gebieten verboten.

➡ An Sonntagen sollte man keine großen Pläne machen, weil dann viele Sehenswürdigkeiten und Restaurants tagsüber geschlossen sind.

➡ Beim Schnorcheln oder Tauchen *niemals* die Korallen berühren, da diese leicht beschädigt werden können.

➡ Unterkunft und Mietwagen im Voraus reservieren spart Geld. Hochsaisonpreise gelten vor allem im Dezember und Januar.

➡ Ein Großteil der Karibik ist arm – also sollte man seinen gesunden Menschenverstand einsetzen und hinterfragen, ob man mit einem teuren Smartphone und Schmuck in der Öffentlichkeit angeben muss.

Tagesbudget

Günstig: bis 150 US$

➡ Unterkunft, die nicht am Strand liegt: unter 100 US$

➡ Essen in einem einheimischen Restaurant: 10 US$

➡ Regionalbusse: 3 US$

Mittelteuer: 150–300 US$

➡ Doppelzimmer im Zentrum: 200 US$

➡ Ausleihgebühren von Rädern oder einer Schnorchelausrüstung: 10 US$

➡ Mietwagen für Erkundungstouren: 40–60 US$

Teuer: über 300 US$

➡ Wunderschöne Zimmer in den besten Resorts zur Hochsaison: ab 400 US$

➡ Aktivitäten in herrlicher Umgebung: ab 100 US$

➡ Weltberühmte Gourmetgerichte: ab 100 US$ pro Person

Nützliche Websites

Caribbean Journal (www.caribjournal.com) Nachrichten aus der Region und Reiseartikel.

LargeUp (www.largeup.com) Infos zur karibischen Musik, Kunst und Kultur.

Lonely Planet (www.lonelyplanet.com/caribbean) Infos über Reiseziele, Hotelreservierungen, Traveller-Forum und mehr.

Pree Lit (www.preelit.com) Das Beste aus der zeitgenössischen karibischen Literatur.

Ankunft in der Karibik

➡ An jedem Flughafen warten Taxis auf die Flüge.

➡ Viele Hotels und Resorts holen ihre Gäste vom Flughafen ab, meist gegen geringe Gebühr.

➡ Mietwagen im Voraus reservieren, entweder bei großen Firmen oder bei kleinen lokalen Anbietern! In der Hochsaison ist es unwahrscheinlich, spontan ein Auto zu bekommen.

➡ Öffentliche Verkehrsmittel an Flughäfen, die sich für Touristen eignen, sind eher selten.

Unterwegs vor Ort

Bus oder Minivan Günstig. Gibt's in irgendeiner Form auf der meisten Inseln. Einfach bei Einheimischen nachfragen.

Chartertaxi Auf allen Inseln. Taxifahrer bieten personalisierte Touren an und arrangieren Transfers über die Insel; den Preis im Voraus abstimmen.

Fähre Nicht üblich. Nur wenige Routen werden befahren.

Fahrrad Eine gute Wahl auf flacheren, ruhigeren Inseln.

Flugzeug Es gibt Flüge zwischen Inseln, die in Sichtweite zueinander liegen. Fliegen kann lange Umwege und mehrere Verbindungen erfordern.

Mietwagen Immer von irgendjemandem erhältlich. Auf Unterschiede in den Straßenverkehrsordnungen achten. Die Straßen sind meist schlecht, die Fahrt kann lange dauern, auch wenn die Entfernung kurz zu sein scheint.

Mehr zum Thema **Unterwegs vor Ort** siehe S. 952.

Was gibt's Neues

Inseln erholen sich von letzten Hurrikans, neue Luxushotels entstehen, Umweltinitiativen werden gegründet und Ruinen aus der Kolonialzeit restauriert ... In der Karibik mit ihren mehr als 7000 Inseln und *cays* tut sich immer einiges, sodass sowohl Erstbesucher als auch Wiederholungstäter auf ihre Kosten kommen.

Top-Reisetipp

Aruba belegte 2019 Platz vier der zehn Top-Reisedestinationen von Lonely Planet. San Nicolas genießt gerade eine kreative, bunte Wiedergeburt: Internationale und einheimische Künstler verewigen sich an den Fassaden und Mauern der Stadt und spontane Karneval-Happenings verlängern die fröhliche Partystimmung über die regulär stattfindenden Festivitäten hinaus. Einen weiteren Grund zum Feiern bieten die ehrgeizigen Nachhaltigkeitsbestrebungen auf der Insel. Aruba hat sich als „Versuchskaninchen" für die Lösungen anderer Länder zum Thema erneuerbare Energien zur Verfügung gestellt und verbietet seit 2020 die Verwendung von Einwegplastik und riffschädigender Sonnenmilch.

Amerikanische Jungferninseln

Frederiksted mausert sich mit der St. Croix Pride und neuen LGBT-freundlichen Hotels wie dem Fred (S. 116) zur „Schwulenhauptstadt" der Karibik.

Bahamas

Seit 2017 gibt's in Nassau Backpackerhostels, in denen eine Nacht im Mehrbettzimmer schon ab 30 US$ zu haben ist.

Barbados

Die frisch restaurierte Morgan Lewis Windmill (S. 272), eine der letzten Windmühlen aus der Kolonialzeit in der Karibik, ist nun wieder öffentlich zugänglich. Sie steht abge-

INSIDERWISSEN

AKTUELLE ENTWICKLUNGEN AUF DEN KARIBISCHEN INSELN

Paul Clammer, Lonely Planet Autor

Die Karibik ist mehr als ein großer, nicht enden wollender Rumcocktail – nämlich spannend, komplex und faszinierend.

Lange spielte sie eine Vorreiterrolle bei der Globalisierung, jetzt trifft sie der Klimawandel mit voller Wucht. Seit 2016 sind mehrere Hurrikans der Kategorie 5 über die Region hinweggefegt. Besonders schwer getroffen hat es Haiti, Barbuda, die Amerikanischen und die Britischen Jungferninseln, die Bahamas und Puerto Rico.

Auch politisch weht ein ungünstiger Wind aus Norden und Süden: Ex-Präsident Trump hat Beleidigungen gen Puerto Rico geschickt und den Entspannungskurs mit Kuba aufgekündigt, während die Auswirkungen der Krise in Venezuela auch auf Haiti, Trinidad und Curaçao zu spüren sind. Mancherorts spürt man derweil eine frische Brise: Auf den Niederländischen Antillen wird z. B. in erneuerbare Energien investiert. In der gesamten Region steht die Abschaffung von Einwegplastik auf der Agenda, die LGBT-Gemeinde pocht zunehmend auf ihre Rechte, und in Jamaika und anderen Staaten gibt's Bewegungen zur Legalisierung von Marihuana. Nicht zu vergessen ist ein karibischer Exportschlager der besonderen Art: Rihanna aus Barbados mit ihrem florierenden Mode- und Musikimperium!

schieden im Westen der Insel und wird von der Atlantikbrise angetrieben.

Britische Jungferninseln

Das Anegada Lobster Festival (S. 318) steht für das Bestreben, das entlegene Anegada (und seine Meeresfrüchte!) als eine der Hauptattraktionen der Britischen Jungferninseln zu bewerben.

Dominica

Seitdem Hurrikan Maria über die Insel hinweggefegt ist, haben Dutzende Hotels und Restaurants wiedereröffnet. Besonders zu erwähnen ist Secret Bay (S. 361), die erste Luxusunterkunft auf Dominica.

Grenada

Das Rundum-Luxus-Programm gibt's jetzt auch auf Grenada: Herzstück des Silver Sands (S. 423) ist der längste Infinitypool der Karibik.

Jamaika

Die Legalisierung von Marihuana hat zur Eröffnung mehrerer medizinischer Cannabisläden geführt, darunter das Kaya (S. 516) bei Ocho Rios.

Kaimaninseln

Erfahrene, gut informierte Kletterer zieht es schon seit Jahren an die zerklüfteten Kalksteinfelsen auf Cayman Brac. Rock Iguana (S. 568) bietet erstklassige Touren an und bedient dabei alle Niveaus.

Kuba

Nach sechsjähriger Renovierung hat das Capitolio Nacional (S. 586) in Havanna rechtzeitig zur 500-Jahr-Feier der Stadt 2019 die Pforten geöffnet. Führungen offenbaren alles Wissenswerte über die prachtvolle Innenausstattung.

Martinique

Fort Saint-Louis (S. 646) in Fort-de-France ist eigentlich nicht neu – die französische Festung stammt aus dem 18. Jh.! Doch jetzt wurde sie restauriert und erstmals der Öffentlichkeit zugänglich gemacht.

Puerto Rico

Puerto Rico hat sich von den Wirbelstürmen des Jahres 2017 erholt, der Tourismus läuft wieder an. Im aufstrebenden Bezirk Santurce in San Juan locken tolle Bars, Cafés und das hervorragende Kunst- und Designmuseum Miramar (S. 688).

Saba

Hier steigt im November das Saba Rainbow Festival (S. 725), das erste LGBT-Pride-Festival der Karibik.

Trinidad & Tobago

Auf den beiden Inseln startet der „Schoko-Tourismus" durch. Gemeindekollektive bieten geführte Spaziergänge und „Tree to Bar"-Touren an, z. B. ARCTT Chocolate Tours (S. 866).

ZUHÖREN, ZUSCHAUEN & FOLGEN

Inspiration und aktuelle Infos findet man unter www.lone yplanet.com/caribbean/articles und www.lonelyplanet.com/news/region/caribbean.

Twitter @caribjournal Regionaler Newsfeed mit touristisch relevanten Events.

Insta @uncommoncarib Einheimische bereisen die Karibik.

Large Up (www.largeup.com) Aktuelle Tipps zu Musik, Kultur und (Life-)Style aus der gesamten Region.

Pree Lit (www.preelit.com) Einheimische Autoren und die besten zeitgenössischen Romane und Sachbücher aus der Karibik.

KURZINFOS

Kulinarischer Trend Das Konzept „vom Bauernhof auf den Teller"

Die berühmtesten Musiker Bob Marley (Jamaika), Ricky Martin (Puerto Rico), Rihanna (Barbados)

Anzahl aktiver Vulkane 19

Bevölkerungszahl 44,4 Mio. Ew.

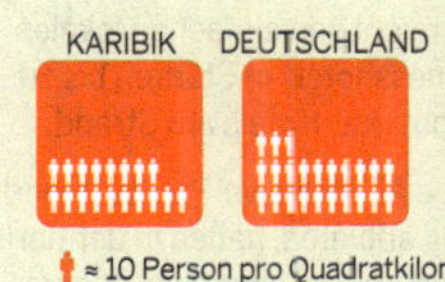

Unterkunft

Mehr Unterkunftsbeschreibungen finden sich in allen Reisekapiteln ab S. 89.

Unterkunftsarten

Das Angebot reicht von einfachen Campingplätzen bis zu exklusiven Spitzenresorts, die hauptsächliche Reiche und Berühmte anziehen.

Camping Es gibt nur begrenzte Campingmöglichkeiten. Auf manchen Inseln ist das wilde Campen illegal oder wird nicht gern gesehen. Einige Reiseziele, darunter Puerto Rico und die Amerikanischen Jungferninseln, haben auch organisierte Campingmöglichkeiten.

Gasthäuser Viele Gasthäuser sind preiswert, zudem bekommt man dort leicht Kontakt zu Einheimischen. Das Frühstück ist oft im Preis enthalten. Manche sind gemütliche Häuser, andere lassen sich kaum von Hotels unterscheiden.

Hotels Die Palette reicht von einfachen lokalen Häusern über Businesshotels in Städten bis zu superluxuriösen Boutique-Hotels am Strand.

Resorts Resorts, die All-inclusive-Pakete oder die reine Übernachtung anbieten, haben in der Karibik Tradition. Viele sind familienfreundlich, andere sind Erwachsenen vorbehalten. Sie verfügen über zahlreiche Einrichtungen, etwa mehrere Pools, Spas, verschiedene Restaurants und Wassersport. Oft gilt ein Mindestaufenthalt, z. B. drei Nächte.

Villen Private Ferienhäuser erfreuen sich großer Beliebtheit, besonders bei Gruppen. Es gibt Häuser für fast jeden Geldbeutel. In der Hochsaison sollte man so früh wie möglich buchen, in der Nebensaison können die Preise drastisch fallen.

Preiskategorien

Die Unterkunftspreise unterscheiden sich innerhalb der Karibik erheblich, die Preiskategorien sind daher bei den einzelnen Reisezielen aufgeführt.

Die schönsten Unterkünfte

Best of

Es gibt in der Karibik einige der ausgefallensten und luxuriösesten Unterkünfte. Das Haus, in dem James Bond erschaffen wurde? Bitte einchecken! Art-déco-Luxus oder afrokubanische Architektur? Rustikale Romantik mit Infinitypools samt Meerblick oder Zuckerbäckerstil? All das und mehr hat die Region zu bieten.

➡ Jake's Hotel, Jamaika (S. 536) Perfekt gestaltete Boutique-Unterkünfte im Herzen des superentspannten Treasure Beach.

➡ Malecón 663, Kuba (S. 597) Dieses Hotel widersetzt sich jeder Klassifizierung und ist bis unters Dach mit den besten Ergebnissen der Kreativität Havannas gefüllt.

➡ L'Impératrice, Martinique (S. 646) Mit seiner makellos erhaltenen Art-déco-Fassade ist dies eine Institution von Fort-de-France.

➡ Coral Reef Club, Barbados (S. 269) Elegante Fantasie im Zuckerbäckerstil auf einem riesigen Grundstück.

➡ Casa El Paraíso, Dominikanische Republik (S. 399) Das romantischste Bed & Breakfast der Insel befindet sich in Las Galeras.

Boutique-Unterkünfte am Strand

In der Karibik lässt sich gut stilvoll Urlaub machen, denn es gibt zahlreiche verführerische Unterkünfte mit unabhängigen Besitzern, die ihren Gästen einen unvergesslichen Aufenthalt bieten möchten. Von historischen Häusern bis zu Designarchitektur ist alles vertreten, gepaart mit lebensfrohem tropischen Stil, Meerblick, Cocktails und intimen Abendessen.

➡ Anegada Beach Club, Britische Jungferninseln (S. 319) Auf der entlegensten Insel mit Flamingos und windigen Stränden.

➡ Ti' Paradis, Martinique (S. 656) Boutique-Hotel am Strand Gros Raisin.

➡ Malliouhana, Anguilla (S. 134) Grandhotel im mediterranen Stil mit drei weißen Sandstränden.

➡ Barbuda Cottages, Barbuda (S. 166) Bunte Villen auf Stelzen direkt am Strand.

➡ Cotton House Mustique, St. Vincent & die Grenadinen (S. 853) Villen mit Tauchbecken und Zugang zum hinreißendsten Strand Mustiques.

Kolonialstil

Die Karibik hat eine wechselvolle (oft schwierige) Geschichte hinter sich, die sich in einigen der interessantesten Unterkünfte widerspiegelt: in Stadthäusern aus dem 19. und frühen 20. Jh., dem Zuckerbäckerstil, den Steinfassaden der georgianischen Architektur und zahlreichen historischen Details, in die moderne Annehmlichkeiten harmonisch integriert sind.

➡ Scuba Lodge, Curaçao (S. 335) Eine Reihe umgebauter bunter Kolonialhäuser in Petermaai.

➡ Hotel Saratoga, Kuba (S. 598) Architektonisches Kunstwerk in Alt-Havanna.

➡ Admiral's Inn, Antigua (S. 159) Das traditionelle, romantische steinerne Hotel im Stil der georgianischen Architektur des 18. Jhs. verfügt über viel Charme.

➡ Old Gin House, Sint Eustatius (S. 778) Stattliches Hotel in einer Baumwollverarbeitungsstation aus dem 17. Jh.

➡ Gingerbread House, Trinidad (S. 871) Das Haus aus den 1920er-Jahren, das mit Laubsägearbeiten und einer luftigen Veranda versehen ist, hat jede Menge Charakter.

In der Natur

Die Karibik ist grün! Warum in einem Strandresort übernachten, wenn man auch alles hinter sich lassen und in die Natur eintauchen kann? Die im Grünen gelegenen Gasthäuser der Region bieten zahlreiche Möglichkeiten, umweltfreundlich zu leben und Tiere zu beobachten.

➡ La Maison Rousse, Martinique (S. 662) Herrliches Refugium mitten im dichten Dschungel in den Hügeln von Fonds-Saint-Denis.

➡ Tendacayou Ecolodge & Spa, Guadeloupe (S. 459) Verstecktes Baumhaus in den Bergen.

POPPY HOLLIS/GETTY IMAGES ©

Jake's Hotel, Treasure Beach, Jamaika (S. 536)

➡ Aruba's Little Secret, Aruba (S. 187) Gemütliche Cottages in einem kakteenreichen Nationalpark.

➡ Fond Doux Plantation & Resort, St. Lucia (S. 827) Edles Refugium mit einer eigenen Kakaoplantage.

➡ Citrus Creek Plantation, Dominica (S. 357) Vollkommene Abgeschiedenheit am Ufer eines Flusses inmitten eines dichten Waldes.

Buchungen

In der Karibik erwartet Reisende eine breite Unterkunftspalette. Es ist immer eine gute Idee, im Voraus zu buchen, besonders in der Hochsaison und in Resorts. Airbnb bietet eine Auswahl an Privatunterkünften in der gesamten Region. Anbieter von Luxusvillen in der Karibik:

➡ **Domizile Reisen** (www.domizile.de)

➡ **Landmark** (www.landmark-fine-travel.de)

Bei Lonely Planet (lonelyplanet.com/caribbean/hotels) kann man ebenfalls Unterkünfte buchen und findet darüber hinaus Empfehlungen.

Wie wär's mit ...

Schöne Landschaften

Die Karibik hat viel mehr zu bieten als Strände, z. B. grüne Vulkangipfel, die sich aus dem Meer erheben, von Wasserfällen geteilte Täler und Blumen im Überfluss.

Dominica Ein kochender See, ein Tal namens Valley of Desolation und überall rauschende Wasserfälle. (S. 374)

Montserrat Eine der spektakulärsten Inseln der Karibik, bedeckt mit dichtem Wald und rauchenden Vulkanen. (S. 673)

Cascada El Limón, Dominikanische Republik Ein 50 m hoher, zerklüfteter, wilder Wasserfall inmitten bewaldeter Gipfel. (S. 395)

Northern Range, Trinidad & Tobago Kleine Küstenbergkette mit üppigem Regenwald und tollen Stränden. (S. 881)

Les Saintes, Guadeloupe Die Kette winziger bergiger Inseln ist unglaublich malerisch. (S. 464)

Pitons, St. Lucia Die majestätischen Zwillingsgipfel ragen steil aus dem üppigen grünen Wald hervor. (S. 826)

Musik

Reggae, Calypso, Salsa, Soca und mehr – die Musik ist für die Region genauso charakteristisch wie die Strände und fruchtigen Drinks. Lebendig und ständig wechselnd, ist der Beat der Karibik zugleich seine Seele und Grund genug für eine Reise.

Jamaika Die Insel mit ihrem eigenen Soundtrack. Jamaikas Reggae- und Dancehall-Partys sind unschlagbar. (S. 503)

Trinidad & Tobago Die elektrisierende und faszinierende Soca- und Steelpan-Musik ist die Verkörperung von Trinidad und Tobagos Kreativität und hochansteckend. (S. 865)

Santiago de Cuba Kubas karibischste Stadt hat ihren ganz eigenen Rhythmus in den verschwitzten Bars, Rumba-Clubs und den Straßen mit ihren Trova-Musikern. (S. 626)

Dominikanische Republik In einem Nachtclub in Santo Domingo kann man mit begabten Tänzern die eigenen Merengue-Moves testen. (S. 376)

Puerto Rico Vom kleinsten Dorf bis zu den Straßen San Juans: Hier gehören Tanz und Musik zum Alltag. (S. 683)

Romantik

Mit ihren 7000 Inseln bietet die Karibik mehr als genug Möglichkeiten, dem Alltag zu entfliehen und sich von der Außenwelt abzuschotten. Seit Jahrzehnten strömen Menschen für heiße und sinnliche gemeinsame Momente hierher, und jeder liebt es.

Golden Rock Inn, Nevis Inmitten der tropischen Gärten am Rande des Regenwaldes bei Froschserenaden einschlafen. (S. 804)

Die Grenadinen Kleine Inseln wie Bequia, Mustique oder Canouan lassen die Liebe wieder aufblühen. (S. 839)

Anguilla Viele Luxusvillen bieten besondere Extras wie einen Privatbutler oder direkten Strandzugang. (S. 127)

St. Lucia Prächtige Villen an Berghängen locken mit Privatsphäre und Panoramablicken. (S. 814)

Historische Städte

Französische, britische und spanische Schiffe brachten einst Erkunder und Siedler in die Karibik. Sie errichteten wunderschöne Städte, die auch heute noch bezaubern.

Havanna Eine riesige Metropole und langsam zerfallende Zeitkapsel. In der kubanischen Hauptstadt vergeht jeder Tag wie im Flug. (S. 581)

Willemstad Diese 300 Jahre alte niederländische Stadt auf Curaçao ist wunderschön

Oben: Floßfahrt auf dem Martha Brae River, Jamaika (S. 525).

Unten: Museo de las Casas Reales, Santo Domingo, Dominikanische Republik (S. 379)

restauriert worden und hat ihr Aussehen in den vergangenen 100 Jahren kaum verändert. (S. 333)

Sint Eustatius Einst verkehrsreichster Seehafen der Welt, heute übersät mit archäologischen Stätten und Ruinen. (S. 774)

Cockburn Town Diese auf den Turks- und Caicosinseln gelegene Stadt ist wenig erschlossen und überaus charmant – die wahre, ursprüngliche Karibik. (S. 930)

Viejo San Juan Mit ihren wunderbar erhaltenen Pflasterstraßen und den von pastellfarbenen Villen gesäumten hübschen Plätzen wirkt dieser Ort wie ein herausgeputztes Havanna in Puerto Rico. (S. 685)

Santo Domingo In der Hauptstadt der Dominikanischen Republik befindet sich das größte und älteste Kolonialviertel der Karibik. (S. 378)

Outdoorabenteuer

Das größte Problem, wenn man in der Karibik auf Abenteuerreise gehen möchte, ist die Qual der Wahl der verschiedenen Möglichkeiten: Wellenreiten, Vulkane besteigen, Mountainbiken und mehr.

Rafting, Jamaika Auf einem Bambusfloß durch das Tal des Rio Grande flussabwärts fahren. (S. 522)

Windsurfen, Barbados Das Surferleben im Süden der Insel ist ziemlich lässig. Der Wind ist gut, zudem gibt's hier einen der besten Windsurfshops der Welt. (S. 277)

Wandern, Martinique Am Fuße des noch immer rauchenden Mont Pelée entlangwandern. 1902 löschte dieser Vulkan Martiniques ehemalige Hauptstadt aus. (S. 661)

Radfahren, St. Lucia Die Radwege gehören zu den besten in der Karibik. (S. 828)

Wasserfälle, Trinidad & Tobago Großartige Bademöglichkeiten in Süßwasser von den leicht erreichbaren Wasserfällen Avocat und Marianne bis zu den entlegenen Wasserfällen Paria und Rio Seco. (S. 882)

Nachtleben

Ob man mit einem besonderen Menschen ein Glas Wein am Strand trinkt, während aus der Ferne das Treiben auf den Jachten ans Ohr dringt, oder ob man auf einer lauten Kneipenmeile Hunderte neue Freundschaften schließt und sich vom Inselleben anstecken lässt – es locken unzählige Möglichkeiten, die Stunden nach Einbruch der Dunkelheit zu genießen.

Havanna, Kuba Eine in der Karibik unübertroffene Musik- und Kulturszene – Kabarett, Rumba, Jazz, innovatives Ballett und mehr. (S. 581)

Südliche Frigate Bay, St. Kitts „Hochprozentig" erhält auf der als „Strip" bekannten Meile flippiger Strandbars eine völlig neue Bedeutung. (S. 792)

San Juan, Puerto Rico Das Herz des Nachtlebens in San Juan ist die Calle San Sebastian, wo sich eine lebendige Mischung aus Touristen und Einheimischen auf abendlichen Streifzügen tummelt. (S. 695)

Kingston, Jamaika Eine der Dancehall-Streetpartys und coole Reggae- und Dub-Rhythmen mitfeiern. (S. 511)

Port-au-Prince, Haiti Wenige Nächte in der Karibik bleiben so in Erinnerung wie ein Abend bei der Vodou-Rock'n'Roots-Band RAM im Oloffson Hotel. (S. 483)

Shoppen

Es gibt sowohl Zentren mit Geschäften, die zollfreie Luxusartikel und Souvenirs verkaufen, als auch regionales Kunsthandwerk und Kunst und natürlich großartige Spezialitäten.

Nassau, Bahamas Die Bay Street säumen einige tolle Duty-free-Shops. (S. 212)

San Juan, Puerto Rico In der Altstadt von San Juan bekommt man großartige Kunst- und Kunsthandwerksprodukte. Die Produkte regionaler und lateinamerikanischer Designer findet man in der Calle Loíza in Santurce. (S. 696)

Castries, St. Lucia In den Hügeln rund um Castries bekommt man hochwertige Siebdrucke, Batikkleidung und Schnitzarbeiten. (S. 817)

Charlotte Amalie, Amerikanische Jungferninseln Wer gern bummelt, wird die vielen Schmuck- und Elektronikgeschäfte lieben. (S. 97)

Havanna, Kuba In Havanna locken zwei berühmte Produkte: Rum und Zigarren. (S. 609)

Jacmel, Haiti Ein gefeiertes Kunsthandwerkszentrum und besonders für farbenfrohe Pappmaschee-Skulpturen berühmt. (S. 493)

Tierbeobachtung

Was Tierbeobachtungen angeht, haben nicht nur Taucher Spaß. Auch über Wasser gibt's in einigen entlegeneren Ecken eine reiche und vielfältige Tierwelt zu sehen.

Frigate Bird Sanctuary, Barbuda Aus nächster Nähe eine der größten Fregattvögel-Kolonien beobachten. (S. 166)

Südspitze von Bonaire Die Heimat unzähliger rosa Flamingos. (S. 290)

Salt Cay, Turks- & Caicosinseln Einer der besten Plätze der Welt, um Buckelwale bei ihrer jährlichen Wanderung zu beobachten. (S. 933)

Parque Nacional Los Haitises, Dominikanische Republik Auf einem Boot durch Mangrovenwälder fahren und Vögel sowie einheimische Manatis bewundern. (S. 393)

Grande Riviere, Trinidad Bis zu 500 Lederschildkröten kommen zum Höhepunkt der Legesaison jede Nacht an den Strand. (S. 883)

Orte der Erinnerung

Mémorial ACTe, Guadeloupe Das hochmoderne Museum der Sklaverei und des Kolonialismus befindet sich (mit trotziger Ironie) in einer früheren Zuckerfabrik. (S. 449)

Underwater Sculpture Park, Grenada Die sich an den Händen haltenden Figuren auf dem Meeresgrund sind ein berührendes Denkmal für die Menschen, die beim transatlantischen Sklavenhandel ihr Leben ließen. (S. 418)

Museum Kura Hulanda, Curaçao Das hervorragende Museum dokumentiert die grausame Geschichte der Sklaverei. (S. 333)

Seville Great House, Jamaika Großartig erhaltenes Plantagenhaus, dessen Schwerpunkt die versklavten Menschen bilden, die hier arbeiteten. (S. 518)

Mémorial Cap 110, Martinique Bewegendes Denkmal zur Erinnerung an die zahlreichen versklavten Menschen, die hier bei einem Schiffbruch ums Leben kamen. (S. 653)

Monat für Monat

TOP-EVENTS

Fiestas de la Calle San Sebastián, Puerto Rico, Januar

Karneval, Trinidad, Februar

Karneval in Jacmel, Haiti, Februar

Reggae Sumfest, Jamaika, Juli

Crop-Over Festival, Barbados, Juli

Januar

In der Karibik wird Neujahr mit großem Enthusiasmus gefeiert. Die Resorts sind voll und überall ist Party. Das Wetter in der ganzen Region ist angenehm, allerdings kann es im Norden den einen oder anderen kühlen Tag geben.

Triumph der Revolution

Kuba feiert Neujahr, die Revolution und die Geburt der Nation. Sicher, es gibt Reden, oft sogar recht lange, aber eigentlich ist das nur ein Vorwand, um zu feiern.

Festival San Sebastián

Puerto Ricos berühmtes Straßenfest, die Fiestas de la Calle San Sebastián, bringt für eine Woche Mitte Januar große Menschenmengen ins alte San Juan. Es gibt Paraden, Tänze und mehr. (S. 690)

Februar

Der Karneval ist in vielen karibischen Ländern eng verknüpft mit der Fastenzeit (weshalb er manchmal im März stattfindet) und eine große Sache, besonders auf Trinidad, wo man sich das ganze Jahr auf diese Riesensause vorbereitet.

Bob Marleys Geburtstag

Die Liebe zum Sound der Strandbars auf der ganzen Welt lockt Fans von Bob Marley zu dessen Geburtstag am 6. Februar – dem Anfang von Jamaikas Reggae-Monat – ins Bob Marley Museum.

Insel des Vergnügens

Jeden Februarsonntag feiert die Dominikanische Republik ihren Karneval. Höhepunkt ist ein riesiges Fest in Santo Domingo am letzten Februar- oder ersten Märzwochenende. In Santiago findet ein internationaler Maskenwettbewerb statt. (S. 381)

ABC des Karnevals

Auf Aruba, Bonaire und Curaçao beginnt der Karneval jeweils direkt nach Neujahr und endet mit Umzügen an dem Wochenende vor Aschermittwoch. (S. 284 & S. 335)

Haiti hinter Masken

Jacmel in Haiti ist für seine fantastischen Pappmascheemasken bekannt. Hergestellt werden diese für das wilde Straßentheater, das bei einer der besten Karnevalsfeiern der Karibik aufgeführt wird. (S. 491)

Karneval auf Trinidad

Die größte Party der Karibik. Trinidad bereitet sich das ganze Jahr auf die legendären Vorfastenzeit-Straßenfeiern vor, mit Steelbands, lauter Soca- und Calypsomusik sowie grellen Kostümen. Die Feiernden geben sich ganz dem Vergnügen hin und heißen den Karneval willkommen. (S. 974)

Karneval auf Carriacou

Bunte Feier in Grenada mit Straßenumzügen, Livemusik und dem witzigen „Shakespeare Mas", einem

Wettbewerb, bei dem bunt gekleidete Männer Verse von Shakespeare rezitieren. Außerdem sollte man auf Farbschlachten eingestellt sein! (S. 431)

März

Hochsaison in der Karibik. Auf Barbados feiern amerikanische College-Studenten Spring Break (Frühlings-Semesterferien). Die Besucher in den späten Wintertagen werden von einem wunderbaren Wetter willkommen geheißen.

St. Patrick's Week

Auf Montserrat ist das kein Feiertag, sondern eine ganze Feierwoche. Hier stammen viele aus Irland, also war an den „grünen Tagen" schon immer viel los. Kostüme, Essen, Trinken, Tanzen und Konzerte der hochgelobten Emerald Community Singers sind die Höhepunkte. (S. 676)

April

Ostern steht für noch mehr Karneval. Die Hochsaison geht weiter, aber der Wind dreht sich. In den Resorts sinken die Preise. Die Temperaturen steigen im Süden, doch im Großteil der Karibik bleibt es meist trocken.

Simadan

Das Erntedankfest von Bonaire wird Anfang April in der kleinen Stadt Rincon veranstaltet. Historisch gesehen war die Stadt das Zuhause der versklavten Menschen, die auf die Insel gebracht wurden, um Salz zu gewinnen und die Ernte einzuholen. Zu den Feiern gehören traditionelle Tänze und Gerichte.

Antigua Sailing Week

Auf die Antigua Classic Yacht Regatta folgt die größte Regatta der Karibik, die Antigua Sailing Week. Es gibt eine ganze Reihe von Segel- und gesellschaftlichen Events rund um Nelson's Dockyard und Falmouth Harbour.

Oistins Fish Festival

Das Fischfestival an der Südküste von Barbados erinnert an die Unterzeichnung der *Charter of Barbados* und feiert die regionalen Fischer. Am Osterwochenende gibt's hier Bootsrennen, Wettbewerbe im Fisch-Filetieren, regionale Gerichte und Tänze. (S. 264)

Karneval auf Sint Maarten

Der zweiwöchige Karneval im holländischen Sint Maarten ist weit besser als der auf der französischen Seite. Die Aktivitäten starten in der zweiten Woche nach Ostern. (S. 754)

Carriacou Maroon & String Band Festival

Mit großen Trommeln, Tänzen, String Bands, Shakespeare Mas und allen Varianten der Carriacou-Tradition lockt dieses Musikfestival auf Grenada gegen Ende des Monats ganze Partyhorden zu verschiedenen Locations auf der winzigen Insel. (S. 431)

Mai

Im Mai verabschiedet sich der Karneval vorerst aus der Karibik und es wird immer heißer.

Cayman Batabano

Die Antwort der Kaimaninseln auf den Karneval ist diese ganze Woche voller Musik und Kostümparaden Anfang Mai für Erwachsene und Kinder.

Juni

Der Juni bleibt trocken und relativ sturmfrei. Genau wie im Mai ist keine Hochsaison für Besucher, abgesehen von einigen Pfiffigen, die trockene, sonnige Tage und niedrige Hotelpreise zu schätzen wissen.

St. Kitts Music Festival

Bei diesem dreitätigen Musikfestival im Warner Park in Basseterre kommen die großen Namen in den Stilrichtungen Calypso, Soca, Reggae, Salsa, Jazz und Gospel aus der ganzen Karibik zusammen. Für diese Zeit Zimmer unbedingt weit im Voraus reservieren. (S. 791)

Juli

In diesem Monat ist viel los! Die Sommerferien-Massen kommen an, genau wie die ersten Stürme der Hurrikansaison. Außerdem gibt's noch ein paar Karnevalfeiern und andere besondere Events.

Oben: Junkanoo, Bahamas (S. 206).

Unten: Karneval, Santo Domingo, Dominikanische Republik (S. 381)

Crop-Over Festival

Dieses Festival ist das größte Fest auf Barbados mit Märkten, Aktivitäten und einer Parade von Mitte Juli bis Anfang August. (S. 262)

Reggae Sumfest

Die Big Mama aller Reggae- und Dancehall-Festivals steigt Ende Juli in der Montego Bay auf Jamaika. Hier treffen sich alle Top Acts zu einer unvergesslichen Party. Jeder ist mittendrin und die Feiern nehmen meist die ganze MoBay ein. (S. 526)

Vincy Mas

Der Karneval auf St. Vincent ist das größte Ereignis im ganzen Jahr und steigt von Ende Juni bis Anfang Juli. (S. 842)

Karneval auf Kuba

In Santiago de Cuba wird Kubas älteste und wildeste Feier in der letzten Juliwoche veranstaltet. (S. 630)

Merengue-Festival in Santo Domingo

Santo Domingo ist der Gastgeber des größten Merengue-Festivals der Dominikanischen Republik. Von Ende Juli bis Anfang August spielen in der ganzen Stadt zwei Wochen lang die weltbesten Merengue-Bands für die besten Merengue-Tänzer der Welt. (S. 381)

August

Die Hochsaison geht weiter, allerdings gibt's schon die ersten richtigen Stürme der Hurrikanzeit,

meistens bedeutet das aber nur Starkregen und nicht immense Windstärken.

Anguilla Summer Festival

Das zehntägige Sommerfestival auf Anguilla findet in der ersten Augustwoche mit Bootsrennen, Musik, Tanz und mehr statt. (S. 135)

Karneval auf Antigua

Der berühmte Karneval von Antigua feiert die Befreiung des Landes von der Sklaverei. Die zehn Tage ab Ende Juli gipfeln in einer großen Parade am ersten Dienstag im August. Dazu gibt's Calypso-Musik, Steelbands, kostümierte Feiernde, Festwagen und Straßenpartys.

September

Weniger Touristen, dafür regnet es häufig – das ist die Nebensaison. Vielleicht ist jetzt ein guter Zeitpunkt, für einen Monat ein Haus am Strand zu mieten, um endlich ein Buch zu schreiben.

Tage des Kulturerbes von Martinique

Martiniques Journées du Patrimoine (Tage des Kulturerbes) feiern die regionale Kultur und Geschichte hauptsächlich dadurch, dass Gebäude der Öffentlichkeit geöffnet werden, die normalerweise geschlossen sind.

Oktober

Dominica rettet diesen (abgesehen von Windböen) ruhigen Monat. Manche Familienbetriebe schließen den ganzen Oktober.

World Creole Music Festival

Dominicas Ode an die kreolische Musik zieht die Größen der karibischen Musik- und Tanzszene an, Essensstände verkaufen würzige Spezialitäten. (S. 351)

Sea & Learn

Den ganzen Oktober wird Saba zu einem Lernzentrum: Naturkundler und andere Wissenschaftler halten jeden Abend Vorträge und jeder kann an Feld- und anderer Forschung teilnehmen. (S. 725)

November

Die Hurrikansaison ist so gut wie vorbei und die Weihnachtsdeko wird rausgeholt. In der Dominikanischen Republik startet die Baseballsaison.

Pirates Week

Dieses extrem populäre, familienfreundliche Spektakel auf Grand Cayman bietet eine Scheininvasion durch Piraten, Musik, Tänze, Kostüme und kontrolliertes Chaos. Wer das Hotel nicht rechtzeitig bucht, muss draußen schlafen.

Karneval auf St. Kitts

Das größte Ereignis auf St. Kitts ist der Karneval. Er fängt Mitte November an und dreht ab dem 26. Dezember zwei Wochen lang mit Musik, Tanz und Steelpans richtig auf. (S. 791)

Dezember

Ab der Mitte des Monats ist Hochsaison und alle Flugzeuge sind voll. Die Preise sind hoch und alles hat geöffnet. In den Nebengassen vieler Inseln laufen bereits fieberhaft Vorbereitungen für den Karneval.

Junkanoo

Das Nationalfest der Bahamas beginnt in der Morgendämmerung des zweiten Weihnachtsfeiertages (26.12.). Es ist eine wilde Party mit marschierenden „Hütten", bunten Kostümen und Musik. Viele bereiten sich das ganze Jahr über darauf vor. (S. 206)

Rastafari Rootzfest

In der Nähe von Negril (Jamaika) feiert sich drei Tage lang die Rastafari-Kultur mit Reggae, I-tal-Essen und dem Ganjamaica Grower's Cup (der vom Jamaican Ministry of Tourism gesponsert wird). (S. 531)

Reiserouten

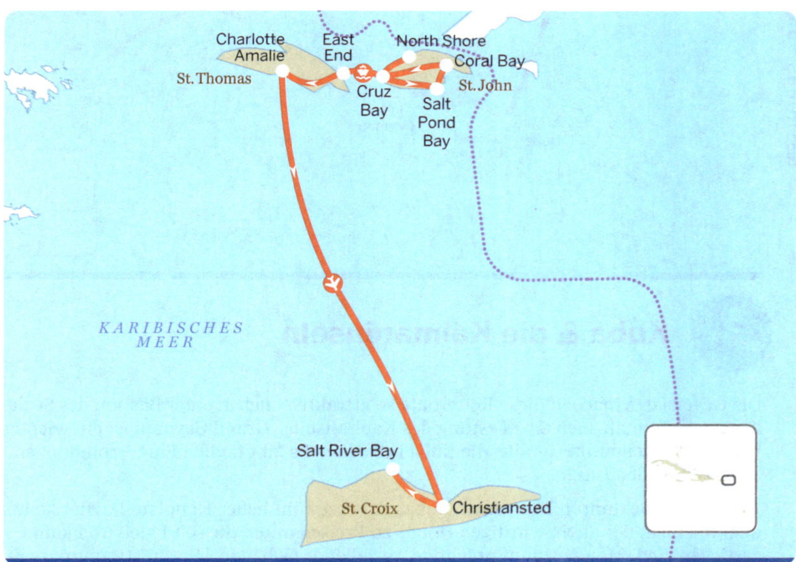

Gut erreichbar: Die Amerikanischen Jungferninseln

Innerhalb von einer Woche bekommt man einen guten Eindruck von dieser kleinen, einfach perfekten Inselgruppe.

Los geht's auf **St. John** mit einem Tag am **Nordufer**: In der Cinnamon Bay schwingt man sich aufs Surfbrett und wandert durch die Ruinen der Zuckermühlen. In der Maho Bay schwimmen Meeresschildkröten, in der Leinster Bay/Waterlemon Cay treffen Schnorchler auf Rochen und Barrakudas. Und in der **Cruz Bay** wird ausgelassen gefeiert.

Tag zwei führt in die **Salt Pond Bay**, wo Wanderungen Schnorchelausflüge mit Schildkröten locken. Anschließend kann man in der **Coral Bay** trinken, tanzen und essen.

Tag drei ist der Reef-Bay-Wanderung, einer Kajaktour entlang der Korallenriffe oder einer anderen Lieblingsaktivität gewidmet. An Tag vier springt man auf die Fähre und erkundet **East End auf St. Thomas** mit seinen Resorts und dem Meerespark.

Den fünften Tag verbringt man erst im beliebten Kreuzfahrtstopp **Charlotte Amalie** auf St. Thomas, bevor es mit dem Wasserflugzeug nach **Christiansted auf St. Croix** geht. An den letzten beiden Tagen gönnt man sich ein paar Drinks in zu Kneipen umgebauten alten Windmühlen, taucht im Barrier Reef oder paddelt durch die **Salt River Bay**.

Kuba & die Kaimaninseln

Die Gegensätze machen diese Reiseroute so attraktiv – neben einer Bastion des Sozialismus erlebt man auch eine Festung des Kapitalismus. Grand Cayman ist ein wichtiger Verkehrsknotenpunkt für alle, die Kuba besuchen. Es gibt täglich Flugverbindungen zwischen beiden Inseln.

Die Reise beginnt in **Havanna**, Kubas außergewöhnlicher Hauptstadt. Hier kommt man in einem der altehrwürdigen Hotels zu Preisen unter, die seit Fidels Tod kaum gestiegen sind. Man bestaunt prächtige, verfallende Gebäude, lauscht stimmungsvoller Musik und feiert mit den Einheimischen. Am besten schlendert man einfach los: Jeder Häuserblock hält eine neue Überraschung parat und die Uferpromenade ist weltberühmt. Anschließend führt die Route nach **Santa Clara** und zum hochverehrten Denkmal für Che Guevara, dem „Adoptivsohn" der Stadt, bevor man in die örtliche Jugendkultur eintaucht. Danach wartet **Trinidad**, eine UNESCO-Welterbestätte. In dieser perfekt erhaltenen spanischen Kolonialstadt kann man problemlos eine ganze Woche verbringen, im Topes de Collantes wandern, im Valle de los Ingenios reiten oder an der Playa Ancón faulenzen. Von hier geht's weiter Richtung Osten nach **Santiago de Cuba** mit seinen zahlreichen Attraktionen, etwa dem Castillo de San Pedro de la Roca del Morro, der Cuartel Moncada und natürlich der lebendigen Musikszene.

Danach reist man zurück nach Havanna und fliegt nach Grand Cayman, wo man am besten direkt den **Seven Mile Beach** ansteuert und lauter spaßige Dinge unternimmt, z. B. Schnorcheln in der Bio Bay. Grand Cayman ist für seinen Konsumgeist bekannt, aber man sieht auch eine andere Seite der Inseln, wenn man einen Ausflug nach **Little Cayman** macht, wo sich die rund 120 Einwohner immer über Besucher freuen. Hier relaxt man an verlassenen Stränden und erlebt im **Bloody Bay Marine Park** einen Steilwandtauchgang von Weltklasse. Außerdem kann man dort hervorragend Vögel beobachten und – mit den nötigen Energiereserven – an einem einzigen Tag die komplette Insel mit dem Rad umrunden.

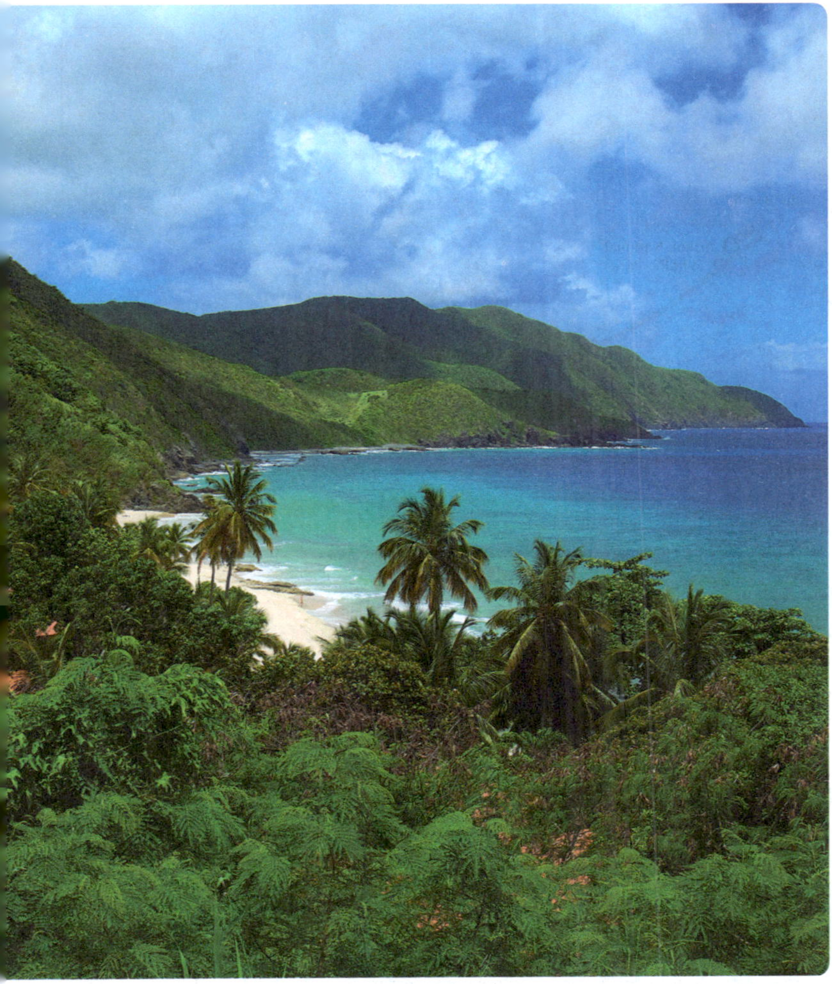

Oben: St. Croix, Amerikanische Jungferninseln (S. 108)

Unten: Stelzenhäuser, Canouan, Grenadinen (S. 853)

REBELANGELDYLAN/GETTY IMAGES ©

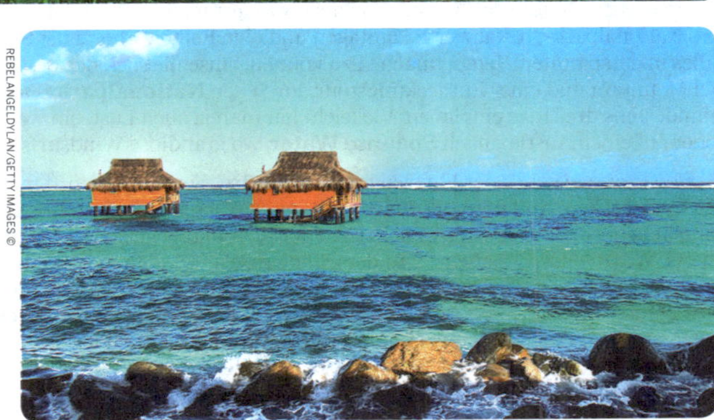

Aruba, Curaçao & Bonaire

Da alle drei Inseln – Aruba, Bonaire und Curaçao – sehr klein sind, braucht selbst der ausschweifendste Urlauber nur wenige Tage, um sie komplett zu erkunden. So bleibt umso mehr Zeit, einfach mal die Seele baumeln zu lassen.

Schlafen, essen und Spaß spielen sich auf **Aruba** fast nur im Norden ab. Man kann am **Eagle Beach** absteigen, dem besten Strand der Insel. Falls man nur wegen des Sands hier ist – Arubas Hauptattraktion –, sollte man da auch die meiste Zeit verbringen. Angesichts der weiten Sandstreifen dürfte es nicht allzu schwer sein, ein ideales Plätzchen zu finden. Ansonsten reicht ein Tag zur Erkundung der nasswilden Nordostküste, des **Arikok National Wildlife Park** mit ein paar netten Wanderwegen und des farbenfrohen **Oranjestad** (das förmlich hüpft, wenn die Kreuzfahrtschiffe im Hafen liegen).

Von Aruba ist es nur ein Katzensprung nach **Curaçao**. Für die Erkundung dieser Insel unbedingt mehr Zeit einplanen. Wohnen kann man im kolonialen **Willemstad**, einer der spannendsten Städte der Region. Von dort wandert man an der Küste entlang nach Norden, wo Nationalparks, restaurierte Plantagen und eine Reihe verborgener Strände warten. Um alles in entspanntem Tempo machen zu können, einschließlich der Besteigung des Christoffel Mountain und einer Entdeckungstour durch den **Nationalpark Shete Boka**, sollte man mindestens drei Tage einplanen. Vielleicht hat man ja auch Lust, ein wenig zu schnorcheln oder auf einen Ausflug nach **Spaanse Water**, wo grandiose Windsurfspots locken.

Von Curaçao geht's per Flugzeug nach **Bonaire**. Vermutlich wird man von der Insel nur nicht viel sehen, weil man die meiste Zeit unter Wasser verbringt. Bonaires Unterwasserpracht gehört zu den besten Tauchzielen der Welt und begeistert mit 100 bekannten Tauchspots. Wer die ursprüngliche, wunderschöne Insel erkunden möchte, auf der man prima Flamingos beobachten und mehr über die Vergangenheit erfahren kann, braucht dafür etwa einen Tag. Die zweitgrößte Stadt der Insel, **Rincon**, ist eigentlich eher ein Dorf und überzeugt mit einer relaxten, einladenden Atmosphäre. Im Süden sieht man Salzbecken bis zum Horizont und findet die Zeugnisse der Sklaverei und des Kolonialhandels. Mittendrin bietet das hübsche kleine **Kralendijk** leckeres Essen, Unterkunft und Unterhaltung.

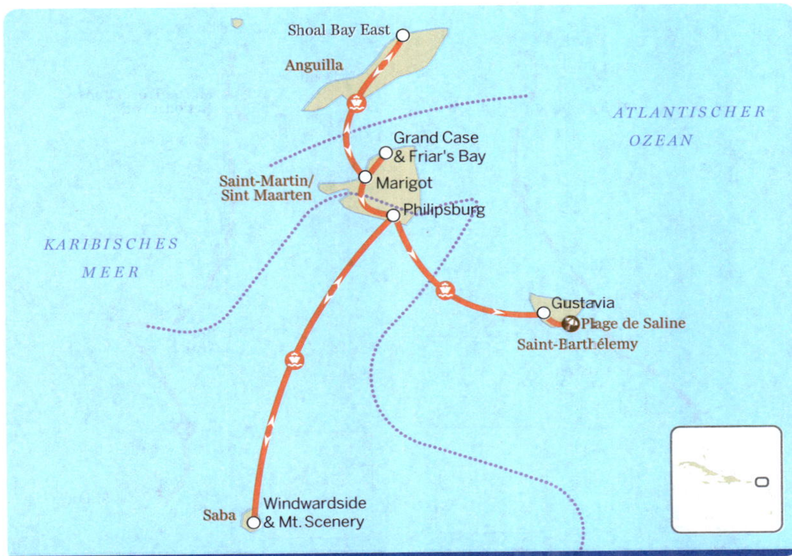

Sint Maarten & Nachbarinseln

Sobald man in Saint-Martin/Sint Maarten aus dem Flieger steigt, kann man per Fähre ein paar der schönsten Inseln der Karibik besuchen und muss kein Flugzeug mehr sehen, bis die Heimreise ansteht.

Der Urlaub beginnt auf der französischen Seite der Insel, um in **Grand Case** zu entspannen und in lässigen Strandlokalen oder edlen französischen Bistros zu speisen. Wer an den Strand möchte, macht sich auf in die bei Einheimischen beliebte **Friar's Bay**. Von Marigot geht's dann in 25 Minuten mit der Fähre rüber nach **Anguilla**. Dort kann man sein Handtuch in der beliebten **Shoal Bay East** ausbreiten oder mit dem Boot zur unbewohnten **Sandy Island** fahren.

Zurück auf Saint-Martin/Sint Maarten geht's auf nach **Philipsburg** zum Shoppen. Anschließend setzt man mit der Fähre nach Saba über und genießt den grandiosen Blick auf den Vulkan. Außerdem lohnt es, den kleinen Ort **Windwardside** zu erkunden und auf den **Mount Scenery** zu wandern. Anschließend leiht man sich am besten Tauchausrüstung aus – im Wasser hier wimmelt es von Wasserschildkröten und Ammenhaien.

Wieder in Philipsburg legt die Fähre nach Saint-Barthélemy ab, wo man in der wunderschönen französischen Hauptstadt **Gustavia** zu Mittag isst und anschließend auf dem weißen Sand von **Plage de Saline** ein Sonnenbad nimmt. Saint-Barth mag zwar als Spielplatz der Reichen und Berühmten bekannt sein, aber das spielt kaum eine Rolle, wenn man erst mal auf der Insel ist: Hier laufen alle in T-Shirts und Shorts herum.

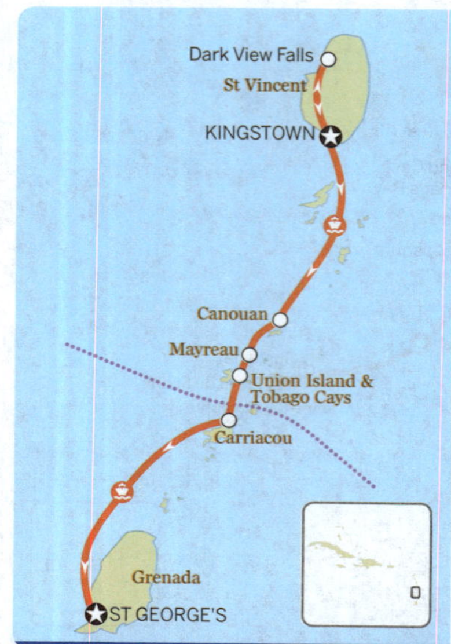

Von St. Vincent nach Grenada

Für echtes Inselhopping und die Highlights der Windward Islands kann man diese Tour um die **von Dominica nach St. Lucia** erweitern. Benötigt wird nur ein Anschlussflug von St. Lucia nach St. Vincent und den Grenadinen.

St. Vincent ist eine Insel mit grenzenloser Energie. Die Markttage in **Kingstown** sind wundervoll chaotisch, wenn es auf den Straßen von Menschen wimmelt. Daran hat sich seit Jahrzehnten nicht viel verändert. Außerdem locken die kaum erkundete, herrlich grüne Natur der Insel und ein fantastischer Ausblick während der Wanderung zu den **Dark View Falls**.

Auf einer langsamen Bootsfahrt erkundet man die Grenadinen und legt Zwischenstopps auf **Canouan**, **Mayreau** oder **Union Island** ein. Für einen Tagesausflug zum Schnorcheln bieten sich die **Tobago Cays** an. Per Postschiff oder mit gechartertem Fischerboot geht's nach **Carriacou**, der kleinen Schwesterinsel von Grenada. Dort lässt man sich durch das charmante **St. George's** treiben und genießt die Muskatnussaromen in der Luft.

Von Dominica nach St. Lucia

Diese Reiseroute führt Richtung Süden über ein paar der am wenigsten besuchten und entwickelten Inseln der Karibik.

Los geht's in Dominica, für viele die wildeste und natürlichste Schönheit in der Runde. Das gemütliche **Calibishie** wartet mit einigen der besten Strände der Insel auf, bevor man den Regenwald im **Morne Trois Pitons National Park** erforscht. Die halbtägige Wanderung im Park zu den Middleham Falls ist herrlich, ebenso der Tauchgang am **Champagne Reef**.

Danach lockt die Grand Bay zum kurzen Stopp in Martinique, wo man die Strände und Restaurants in **Les Anses d'Arlet** besucht und im lebendigen Fischerdörfchen **Sainte-Luce** taucht und feiert.

Auf einer malerischen Fährfahrt gelangt man nach St. Lucia, das wie ein grünlicher Monolith aus dem Karibischen Meer ragt. **Soufrière** bietet eine dramatische Kulisse und liegt im Schatten der legendären Gipfel der Pitons. Morgens geht man wandern, nachmittags tauchen. Und die traumhafte **Marigot Bay** mit tollem Strand und wunderbarer Umgebung ist ebenfalls einen Ausflug wert.

Reiseplanung

Tauchen & Schnorcheln

Ob für erfahrene Taucher oder für Anfänger: Es gibt wenige Orte mit so perfekten Bedingungen für Erkundungsausflüge unter Wasser wie die Karibik. Das Karibische Meer ist durchgehend warm und das spektakulär klare Wasser sorgt für tolle Sicht. Professionelle Tauchveranstalter, die gute und sichere Touren anbieten, gibt's massenhaft.

Tauchen lernen

Die Karibik mit ihrem ruhigen, kristallklaren Wasser ist ein der Ort, um einen Tauchschein zu machen. Für Anfänger bieten die meisten Tauchschulen einen *resort course*, der Instruktionen sowie kurzes Tauchen an einem flachen Strand oder vom Boot aus beinhaltet. Je nach Insel und Booteinsatz, variiert der Preis zwischen 80 und 150 US$.

Für alle, die sich voll auf diese Sportart einlassen wollen, haben mehrere Tauchschulen Open-Water-Zertifizierungskurse im Angebot. Die Kosten für den Tauchschein liegen bei etwa 420 US$ einschließlich Ausrüstung. Der Kurs dauert eine gute Woche.

Wo tauchen

Amerikanische Jungferninseln

Die Schwesterinseln St. Thomas und St. John bieten Tauch- und Schnorchelbedingungen vom Feinsten. Sie werden von Riffen gesäumt und besitzen eine konturenreiche Topografie mit Bogen, Höhlen, Tunneln und senkrechten Wänden. St. Croix wartet mit einem faszinierenden Mix aus Wracktauchen (in der Butler Bay liegen nicht weniger als fünf Wracks) und Wänden auf; die Cane Bay Wall ist die spektakulärste, denn sie fällt von 12 m auf mehr als 975 m ab.

Die besten ...

Tauchspots

Réserve Cousteau (S. 460), Guadeloupe

Little Cayman (S. 570), Kaimaninseln

Bonaire (S. 290)

Saba Marine Park (S. 729), Saba

St. Croix (S. 108), Amerikanische Jungferninseln

Schnorchelspots

Réserve Cousteau (S. 460), Guadeloupe

Grand Cayman (S. 574), Kaimaninseln

Little Tobago (S. 903), Trinidad & Tobago

Tobago Cays (S. 857), St. Vincent & die Grenadinen

Soufrière (S. 827), St. Lucia

Spots fürs Wracktauchen

Martinique (S. 645)

Sint Eustatius (S. 783)

Aruba (S. 186)

Amerikanische Jungferninseln (S. 90)

Grenada (S. 440)

Kaimaninseln (S. 550)

VERANTWORTUNGSVOLL TAUCHEN

- Niemals auf dem Riff Anker benutzen und darauf achten, dass das Boot nicht auf Korallen aufsetzt.
- Möglichst keine lebenden Meeresorganismen berühren, drauftreten oder die Ausrüstung über das Riff ziehen. Polypen können schon bei der leichtesten Berührung beschädigt werden. Wer sich am Riff festhalten muss, sollte nur freiliegende Felsen oder tote Korallen berühren.
- Auf die Flossen achten. Auch ohne Kontakt kann die Wasserbewegung durch Flossenschläge in Riffnähe empfindliche Organismen schädigen. Darauf achten, keine Sandwolken aufzuwirbeln, denn sie können Organismen ersticken.
- Bitte den Auftrieb üben und kontrolliert einsetzen. Durch Taucher, die zu schnell sinken und mit dem Riff kollidieren, können große Schäden entstehen.
- In Unterwasserhöhlen muss man besonders vorsichtig sein. So wenig Zeit wie möglich darin verbringen, denn die Luftblasen können sich unter der Decke verfangen, wodurch Organismen austrocknen können. Kleine Höhlen nur abwechselnd und einzeln erkunden.
- Keine Korallen oder Muscheln sammeln oder kaufen oder archäologische Stätten plündern (vor allem Schiffswracks).
- Den eigenen Müll und – falls man welchen findet – den Müll anderer wieder mitnehmen. Insbesondere Plastik ist eine ernste Bedrohung für das Meeresleben.
- Keine Fische füttern.
- Meerestiere so wenig wie möglich stören. Meeresschildkröten niemals anfassen, jagen oder sonstwie belästigen.

Anguilla

Anguilla ist von sieben Meeresparks umgeben. Die Sicht ist in der Regel ausgezeichnet. Wracktauchen spielt eine große Rolle: Mehrere Schiffe wurden eigens dafür versenkt. Das Highlight ist eine riesige spanische Galeone aus der Kolonialzeit namens *El Buen Consejo*. Sandy Island und Prickly Pear Cays vor der Küste sind praktisch unberührt und eignen sich hervorragend zum Tauchen und Schnorcheln. Hier tummeln sich oft Meeresschildkröten, über den Meeresboden streifen Rochen und Fische schwimmen zwischen den Korallen umher.

Antigua & Barbuda

Auf Antigua kann man super tauchen. Hier gibt's Korallen-Canyons, Wände und Höhlen mit vielen Meerestieren wie Schildkröten, Haien und Barrakudas. Zu den beliebtesten Spots gehören das 3 km lange Cades Reef und Ariadne Shoal. Sowohl für Taucher als auch für Schnorchler macht das Wrack der *Jettias* Spaß, ein 94-m-Dampfer, der 1917 sank und jetzt Lebensraum für Fische und Korallen bietet.

Und Barbuda? Ist immer noch ein Geheimtipp mit zig Wracks an seinen Riffen.

Aruba

Um die Südstrände herum findet man gute Tauch- und Schnorchelbedingungen. Es gibt detailreiche flache Riffe und Korallengärten voller bunter Kreaturen. Wrackfans dürfen sich auf eine ganze Reihe von Flugzeug- und Schiffswracks freuen, von denen manche absichtlich als künstliche Riffe versenkt wurden. Besonders interessant ist der deutsche Frachter *Antilla* aus dem Zweiten Weltkrieg.

Bahamas

Dank ihrem unschlagbaren Repertoire an Unterwasserabenteuern sind die Bahamas das Tauchparadies der Karibik. Hier warten unberührte Riffe, Wracks, Wände, an denen man Höhenangst bekommen kann, sowie jede Menge Fische, Rochen, Haie und Delfine. Wo sonst kann man bei einer Haifütterung dabei sein, dann mit Delfinen schwimmen, Filmset-Schiffswracks besichtigen, an schier endlosen Wänden absteigen und ein rätselhaftes Blue Hole erkunden – und das alles in derselben Gegend? Darüber hinaus gibt's hochmoderne Tauchanbieter.

Fast alle Inseln bieten Tauchtouren an, von Walker's Cay im Norden bis runter nach Long Island im Süden.

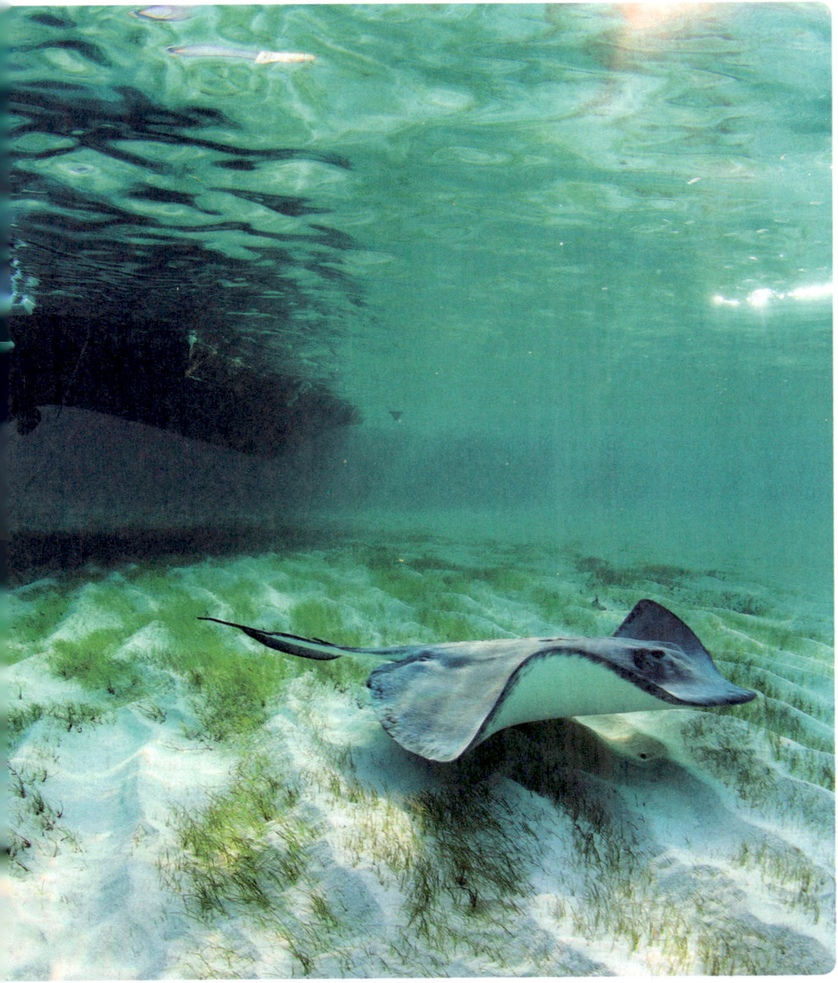

Oben: Stachelrochen in Stingray City (S. 555), Kaimaninseln

Unten: Flamingozungen

BEARCREATIVE/SHUTTERSTOCK ©

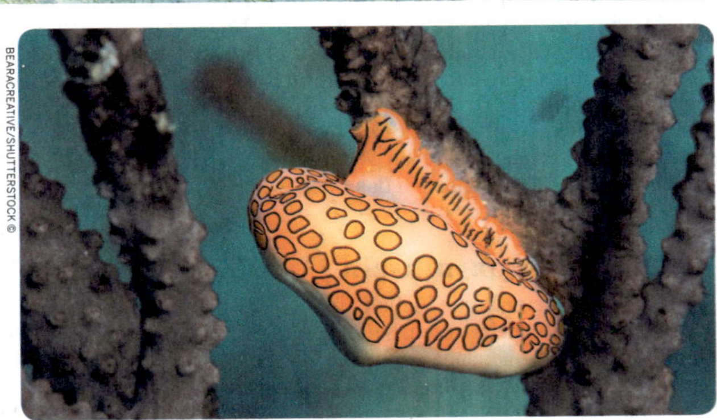

DIE BESTEN TAUCHBÜCHER

- Joyce Huber: *Best Dives of the Caribbean* (1994).
- Colleen Ryan and Brian Savage: *The Complete Diving Guide: The Caribbean* (1998); Reihe.
- Paul Humann: *Reef Fish Identification: Tropical Pacific* und *Reef Creature Identification: Florida, Caribbean Bahamas* (2010).

Barbados

Barbados kann nicht mit den Schwergewichten der Nachbarschaft mithalten, aber man kann dort trotzdem hervorragend tauchen. Die Westküste ist mit hübschen Riffen voller Weichkorallen, Gorgonien und bunter Schwämme gesegnet. Außerdem gibt's ein Dutzend Schiffswracks. Das größte und beliebteste, der 111m-Frachter *Stavronikita*, ruht aufrecht vor der mittleren Westküste in 42 m Tiefe; die Takelage ragt bis 6 m unter die Wasseroberfläche. In der Carlisle Bay vor Bridgetown liegen einige korallenüberzogene Wracks in nur 7 m tiefem Wasser und sind damit sowohl zum Schnorcheln als auch zum Tauchen bestens geeignet.

Bonaire

Bonaire gilt als eine der charismatischsten Tauchgegenden in der Karibik. Seit 1979 ist die blaue Weite um die Insel eine geschützte Oase. Tauchboote müssen feste Liegeplätze benutzen und beliebte Spots werden zeitweise geschlossen, damit sich die Riffe erholen können. Mit Ausnahme von Klein Bonaire sind die meisten Tauchspots vom Ufer aus erreichbar. Tauchen ist unglaublich einfach: hinfahren, reinwaten, abtauchen, erkunden. Die sanft abfallenden Riffe locken mit zahlreichen Stein- und Weichkorallen, Schwämmen, Gorgonien und schwindelerregend vielen verschiedenen tropischen Fischen. Ein paar Wracks, u. a. die *Hilma Hooker*, machen das Abenteuer noch interessanter.

Britische Jungferninseln

Die Inseln bieten eine bunte Vielfalt an Tauch- und Schnorchelrevieren. Sie sind ein Paradies aus abgeschiedenen Buchten, ruhigen Stränden und kristallklarem Wasser mit hervorragender Sicht auf gesunde Korallen. Naturschutz wird ernst genommen und es gibt eine Menge feste Anlegebojen.

Salt Island hat das beste Wracktauchrevier: die riesenhafte, 1867 gesunkene *RMS Rhone*, 94 m lang und 12 m breit. Erstaunlicherweise ist sie immer noch gut erhalten und stark von Meereslebewesen bewachsen.

Zudem lockt die Unterwasserwelt mit riesigen Felsen, Schluchten und Grotten.

Curaçao

Unter Tauchern war Curaçao früher ein Geheimtipp, aber das hat sich mittlerweile herumgesprochen. Nun zählt die Gegend zu den besten Tauchzielen der Region. Im Süden an der Leeseite gibt's eine Menge lohnende Spots. Einige der beliebtesten sind vom Strand aus zu erreichen, z. B. Alice im Wunderland an der Playa Kalki (Curaçao/West End), der Mushroom Forest in der Nähe von Boka Santu Pretu und das Doppelriff vor der Playa Porto Mari (Curaçao/Willbrordus). Südlich des Mambo Beach sind Küste und Riffe als Teil des National Underwater Park geschützt. Das *Tugboat* ist ein beliebtes Wrack östlich des Spaanse Water.

Dominica

Dominicas Stärke ist die Unterwassertopografie. Die schroffe Landschaft der Insel setzt sich unter der Wasseroberfläche mit Steilwänden, vulkanischen Bogen, riesigen Spitzen, Schluchten und Höhlen fort.

Viele Top-Tauchspots wie Scotts Head Drop-Off, der Pinnacle und der Soufriere Pinnacle liegen im Soufriere-Bay-Meeresschutzgebiet. Das Champagne Reef, beliebt bei Anfängern und Schnorchlern, ist eine subaquatische heiße Quelle vor der Pointe Guignard, wo Blasen aus Unterwasseröffnungen aufsteigen. Erstklassige Tauchbedingungen bietet auch die mittlere Westküste, auch wenn die Topografie nicht so ungewöhnlich ist wie im Südwesten, was Tauchgänge einfacher macht.

Dominikanische Republik

Die Dominikanische Republik ist hauptsächlich fürs Kite- und Windsurfen bekannt, aber auch die Tauchspots können sich sehen lassen. Es gibt eine große Auswahl an einfachen Tauchplätzen vor der Península de Samaná und der Nordostküste. Weil die Orte auf der dem Atlantik zugewandten Seite liegen, ist das Wasser hier kühler und die Sicht etwas eingeschränkt, aber das Terrain

Riffleben, Bonaire (S. 282)

ist abwechslungsreich und es locken ein paar Wracks. Alle Haupt-Tauchspots haben flache Riffe, wo Nichttaucher schnorcheln können, aber die beste Schnorchelstelle der Insel ist Cayo Arena: Dort ist das Wasser kristallklar und das Riff steht in voller Blüte.

Grenada

Die Gewässer um Grenada bieten mit ausgedehnten Riffen und vielfältigem Meeresleben hervorragende Tauchspots. An der Südwestküste findet man die meisten, darunter das Wrack des Ozeandampfers *Bianca C.* Lohnenswert sind außerdem Ausflüge zu den Wracks der *King Mitch*, der *Rum Runner* und der *Hema 1.*

Molinière Point, nördlich von St. George's, wartet mit einigen von Grenadas besten Schnorchelplätzen auf und dient darüber hinaus als Zugangspunkt zum Unterwasser-Skulpturenpark, einer Galerie zum Durchschwimmen.

Guadeloupe

Als Top-Tauchspot von Guadeloupe gilt das Réserve Cousteau bei der Pigeon-Insel, die vor der Westküste von Basse-Terre liegt. In dem Schutzgebiet tummeln sich unzählige Fische, Schildkröten sowie Schwämme und es gibt jede Menge Stein- und Weichkorallen. Ganz in der Nähe locken zwei großartige Wracks. Mit seinen malerischen Spots in türkisfarbenem Wasser ist das Réserve Cousteau ein Magnet für Schnorchler.

Wer sich von den Touristengebieten entfernen möchte, sollte Les Saintes ansteuern. Diese Gegend ist ein wahres Juwel mit zahlreichen unberührten Orten, eindrucksvollen Unterwasserlandschaften und einer vielfältigen Fischpopulation, ganz zu schweigen von dem phänomenalen Sec Pâté, das aus zwei riesigen Riffnadeln im Kanal zwischen Basse-Terre und Les Saintes besteht.

Jamaika

Wer Abwechslung sucht, wird sich hier wohlfühlen. Klar, nichts ist wirklich Weltklasse, aber Jamaika bietet einige schöne Erfahrungen für Taucher. Nur ein paar Hundert Meter vom Strand entfernt gibt's flache Riffe, Höhlen, Gräben, Wände und Wracks. Dies gilt vor allem für die Nordküste bei Ocho Rios, wo außergewöhnliche Tauch- und Schnorchelbedingungen herrschen. Tipp: Wer weniger überfüllte Tauchspots sucht, ist in der Runaway Bay richtig.

Kaimaninseln

Tauchen ist die beliebteste Tätigkeit auf den Kaimaninseln mit ihren mehr als 250 Spots und vielen Möglichkeiten zum Tauchen vom Ufer aus. Little Cayman hat die besten Wände der Karibik: Entlang der Bloody Bay und der Jackson Bay fallen die Klippen so steil ab, dass einem der Atem stockt. Es locken traumhafte Erlebnisse: Während man nach unten gleitet, passiert man Korallen und Schwämme aller Art, Farbe und Größe.

Wracktaucher finden in der Karibik kaum bessere Spots als die *USS Kittiwake*.

Kuba

Immer bessere Tauchmöglichkeiten und Korallen im Überfluss machen Kuba zu einem großartigen Ziel für Taucher. Die besten Spots sind die Schweinebucht, María la Gorda, die Península de Guanahacabibes und die Isla de la Juventud. Schnorchler finden ein paar schöne Riffe.

Martinique

Haufenweise Wracks! Ein absolutes Muss ist dabei Saint-Pierre. Auf dem Meeresgrund liegen in zehn bis 85 m Tiefe mehr als ein Dutzend Schiffe, die 1902 während eines Vulkanausbruchs im dortigen Hafen lagen.

Im Südwesten verdienen auch Grande Anse und Diamant Aufmerksamkeit. Hier gibt's eine gute Mischung von malerischen Unterwasserlandschaften, komplizierten Riffen und quirligem Meeresleben.

Montserrat

Das winzige Montserrat überrascht mit hervorragenden Tauchmöglichkeiten an über 50 Spots, wo man wahrscheinlich nie anderen begegnet. Eine erstaunliche Erfahrung bieten die unberührten Gewässer von Redonda Island, einer spektakulären unbewohnten Insel vor der Küste von Montserrat. Da es nicht viele Fischer dorthin verschlägt, wimmelt es im Meer nur so von Leben.

Puerto Rico

Vor den Küsten von Vieques, Culebra, Fajardo und den kleinen Inseln östlich von Fajardo erstrecken sich gute Schnorchelriffe. Die Inselchen vor der Süd- und Ostküste bieten ebenfalls gute, flache Riffe. Taucher sollten Rincón und Fajardo ansteuern. An der Südküste vor La Parguera ist spektakuläres Steilwandtauchen möglich.

Saba

Diese umwerfende Vulkaninsel ist unter der Wasseroberfläche möglicherweise sogar noch malerischer. Taucher und Schnorchler finden von allem etwas (außer Wracks): steile Wände direkt vor der Küste, Unterwasser-Felsnadeln und ein reiches Meeresleben inklusive Ammenhaie, Stachelrochen und Schildkröten. Der Saba Marine Park schützt das Gebiet seit 1987 und beherbergt viele unberührte mit Bojen gekennzeichnete Tauchstellen.

Saint-Barthélemy

Saint-Barth besitzt gesunde, ausgedehnte Riffe mit flachem Wasser, in dem sich vorwiegend kleinere Meeresbewohner aufhalten wie Hummer, Rochen, Seeigel, Riff- und Ammenhaie, Schwämme und Korallen. Die besten Spots liegen direkt vor den vorgelagerten Inselchen. Für Wracktaucher ist vor allem die *Kaïali,* in 30 m Tiefe interessant.

Saint-Martin/Sint Maarten

Saint-Martin/Sint Maarten hat ca. 17 Tauchplätze, hauptsächlich in den Gewässern südlich und südöstlich der Insel. Zu den weiteren erstklassigen Tauchspots zählen das Labyrinth (Maze) mit Höhlen sowie Schildkröten, Kaiserfischen, Schwämmen und Korallen, das Turtle Reef in bis zu 18 m Tiefe mit Tintenfischen, Aalen, Hummern und namensverwandten Schildkröten und One Step Beyond mit großen Fischschwärmen und Barrakudas, Muränen, Hummern und Haien. Am besten schnorchelt man am Creole Rock zwischen Grand Case und Anse Marcel auf der französischen Seite.

Sint Eustatius

Der letzte Vulkanausbruch der Insel war 400 n. Chr., aber man sieht die Zeugnisse des Lavaflusses noch heute in den tiefen Gräben und Spalten des Meeresbodens. Außerdem befinden sich unter Wasser Überreste aus der Kolonialzeit im 18. Jh., z. B. Teile der Kaimauer, die ins Meer abgerutscht sind. Alte Ballaststeine, Anker, Kanonen und Überbleibsel von Schiffen wurden zu lebendigen Korallenriffen, geschützt vom Statia Marine Park. In den letzten Jahren sind dort absichtlich einige Schiffe versenkt worden.

TAUCHEN IN DER KARIBIK: EIN ÜBERBLICK

INSELN	TAUCHSPOTS	WRACKS	FISCHE	PREIS (TAUCHGANG ZU ZWEIT)
Amerikanische Jungferninseln	St. Thomas (Südküste, nördliche Inseln), St. John (Südküste), St. Croix (Nordküste)	YYY	YY	110–145 US$
Anguilla	Inseln vor der Küste	YY	YY	65–100 US$
Antigua & Barbuda	Reef, Great Bird Island	YY	YY	60–120 US$
Aruba	Süd- und Nordwestküste	YYY	YY	75–100 US$
Bahamas	Alle größeren Inseln	YY	YYY	90–150 US$
Barbados	Westküste	YY	YY	70–120 US$
Bonaire	Westküste und rund um Klein Bonaire	Y	YYY	25–50 US$
Britische Jungferninseln	Außeninseln, südlich von Tortola, Virgin Gorda	YY	YY	130–145 US$
Curaçao	Willemstad, Playa Lagún	Y	YY	100–110 US$
Dominica	Soufriere-Scott's Head Marine Reserve, Douglas Bay, Salisbury	Y	YY	60–80 US$
Dominikanische Republik	Península de Samaná	Y	YY	50–100 US$
Grenada	Südwestküste	YYY	YY	80–130 US$
Guadeloupe	Réserve Cousteau, Les Saintes	Y	YY	70–110 US$
Haiti	Côte des Arcadins, Môle Saint-Nicolas	YY	Y	90–110 US$
Jamaika	Ocho Rios, Runaway Bay	Y	YY	60–110 US$
Kaimaninseln	Seven Mile Beach, West Bay, Little Cayman, East End	YYY	YYY	105–120 US$
Kuba	Schweinebucht, María la Gorda, Isla de la Juventud	YY	YYY	25–50 US$
Martinique	Saint-Pierre, Grande Anse, Diamant	YYY	YY	70–110 US$
Montserrat	Westküste, Redonda Island	YY	YY	100–130 US$
Puerto Rico	Vieques, Culebra, Fajardo, Rincón, La Parguera	Y	YY	60–90 US$
Saba	Süd- und Westküste	Keine	YYY	65–135 US$
Saint-Martin/Sint Maarten	Süd- und Südostküste	YY	Y	65–100 US$
Sint Eustatius	Süd- und Westküste	YYY	YY	60–110 US$
St. Kitts & Nevis	Peninsula St. Kitts, West Nevis	YYY	YY	120–150 US$
St. Lucia	Soufrière, Pigeon Island	Y	YY	80–120 US$
St. Vincent & die Grenadinen	St. Vincent, Canouan, Bequia, Tobago Cays	Keine	YYY	80–140 US$
Trinidad & Tobago	Crown Point, Speyside, Little Tobago	Y	YYY	55–95 US$
Turks- & Caicosinseln	Salt Cay, Grand Turk	Y	YYY	125–175 US$
Y = gut	YY = toll	YYY = der Wahnsinn		

St. Kitts & Nevis

Mit gesunden Riffen sowie vielen Höhlen und Wracks bieten beide Inseln ausgezeichnete Tauchmöglichkeiten. Die spannendste Höhle ist die Devil's Cave vor Nevis. Durch mehrere aufregende Grotten, in denen oft Haie gesehen werden, schwimmen Taucher um Riffhänge herum. Der beliebteste und zugänglichste Wracktauchgang führt zur *River Taw* vor

Strand von The Baths, Britische Jungferninseln (S. 31

der Küste von St. Kitts. Der 44 Meter lange Frachter ist 1985 gesunken.

St. Lucia

Wer die Landschaft über Wasser auf St. Lucia schon spektakulär findet, sollte unbedingt mal die unter Wasser sehen. Die Gegend nahe Soufrière bietet spektakuläre Riffe in Strandnähe mit einer großen Vielfalt an Korallen, Schwämmen, Fächern und Rifffischen. Hier kann man hervorragend tauchen und schnorcheln. Wrackfans werden die *Lesleen* schätzen, einen 50-m-Frachter, der 1986 absichtlich versenkt wurde.

St. Vincent & die Grenadinen

Vor den dünn besiedelten Inseln und Buchten erstrecken sich blühende Riffe. Rund um St. Vincent findet man steile Wände voller Schwarzer Korallen, während sich um Bequia riesige Fischschwärme tummeln und Canouan mit einem Korallenwunderland aufwartet. Auch die Tobago Cays sind eine Wonne: Diese fünf palmenbewachsenen, verlassenen, von flachen Riffen umgebenen Inseln gehören zu einem Meeresschutzgebiet und locken mit einigen der unberührtesten Tauchspots der Karibik. Schnorcheln kann man hier ebenfalls hervorragend.

Trinidad & Tobago

Tobago verfügt über tolle Tauchspots. Die Insel liegt auf dem südamerikanischen Festlandssockel zwischen Karibik und Atlantik und wird vom Guyana-Strom und dem nördlichem Äquatorialstrom gestreichelt. Zudem werden die hiesigen Gewässer vom nährstoffreichen Wasser des Orinoco-Flusses gespeist, sodass es von Meereslebewesen inklusive Hammerhaien nur so wimmelt. Die Vielfalt der Korallen, Schwämme und uralten Seefächer macht die Insel zu einem Top-Reiseziel.

Speyside dient als Startrampe für Little Tobago. Die kleine Insel ist für ihre großen Hirnkorallen berühmt und außerdem ein Mekka für Schnorchler.

Turks- & Caicosinseln

Salt Cay wartet mit einem echten Highlight auf, denn hier kann man während ihrer jährlichen Wanderung mit Buckelwalen tauchen. Grand Turk bietet unberührte Riffe und spektakuläre Wände. Die außergewöhnlichen Taucherlebnisse auf South Caicos sind den Aufwand, zu der selten besuchten Insel zu gelangen, auf jeden Fall wert. Von Provo (Providenciales) aus kann man ebenfalls tauchen. Dort bekommt man die Chance, Delfine und zahlreiche Riffspezies zu sehen.

Reiseplanung
Wassersport

Die Karibik bietet massenhaft Aktivitäten, doch es wird nicht überraschen, dass die Wassersportarten für viele Urlauber die größte Anziehungskraft besitzen. Es gibt tolle Wellen für Surfer und zahlreiche Entdeckungsmöglichkeiten mit dem Kajak oder SUP. Starke Winde vor der Atlantikküste ziehen Kitesurfer an, zudem kann man auf einer Segeljacht zum Kapitän des eigenen Abenteuers werden.

Angeln

In der Karibik kann man gut Hochseeangeln, z. B. Speerfische, Thunfische, Wahoos und Barrakudas. Auf den meisten Inseln werden Fischerboote zum Chartern angeboten. Für einen halben Tag Angeln mit fünf bis sechs Personen muss man ca. 400 US$ einplanen. Die Boote sind meist in Privatbesitz, weshalb die Liste der verfügbaren Skipper schwankt.

Amerikanische Jungferninseln Vom Hafen Red Hook auf St. Thomas aus starten Charterboote.

Bahamas Die Biminis haben selbst Hemingways Ansprüchen genügt.

Kaimaninseln Auf Grand Cayman gibt's viele Charterboot-Anbieter; fangen kann man z. B. den Blauen Marlin.

Kuba Cayo Guillermo wartet ebenfalls mit Hochseeangeloptionen nach Hemingways Geschmack auf.

Dominikanische Republik Resorts in Bávaro und Punta Cana organisieren Angeltouren und bereiten den Fang zu.

Jamaika Die Resorts von Montego Bay, Negril und Ocho Rios organisieren Angeltouren und kochen mit den fangfrischen Zutaten.

Puerto Rico La Parguera Fishing Charters läuft aus, um auf hoher See weltbeste Speerfische und *mahi mahi* (Goldmakrelen) zu fangen.

St. Lucia Von November bis Januar kann man Schwertfische, Speerfische und Gelbflossenthunfische angeln, von Februar bis Mai Wahoos und Doraden. Vigie ist ein guter Ort, um an Bord zu gehen.

Die besten Aktivitäten auf dem Wasser

Angeln Hemingway machte das Angeln in der Karibik berühmt und für viele ist es bis heute ein Traum, in den blauen Gewässern Fische zu fangen. Großartige Bedingungen bieten die Bahamas, die Kaimaninseln, St. Lucia sowie die Turks- und Caicosinseln.

Bootfahren & Segeln Überall hier gibt's Inseln, die verständlicherweise beliebte Ziele für Segler und Bootstouren sind. Die Bahamas, die Kaimaninseln, Antigua und Barbuda sowie die beiden Jungferninseln sind Top-Destinationen für Segler.

Kajakfahren & Stand-up-Paddeln Der beste Weg, um versteckte Buchten und Strände oder die lebendige Tierwelt der Mangroven zu entdecken. Böden oder Boards sind oft transparent, damit man sehen kann, was unter der Wasseroberfläche los ist. Kajaks findet man überall. Uns gefielen ganz besonders die geführten Touren auf Aruba, Bonaire und Grenada.

Surfen Karibik klingt sanft, aber auf vielen Inseln sorgt die Brandung des Atlantiks für großartige Wellen. Im Norden von Barbados kann man toll surfen, während Rincón in Puerto Rico berühmt ist, seit die Beach Boys es glorreich besangen.

Wind- & Kitesurfen Es bläst ordentlich auf den Inseln und es gibt eine Menge Wege, den Wind einzufangen. Besonders die Dominikanische Republik ist hervorragend geeignet, um sich in Wind und Wellen zu stürzen.

Trinidad & Tobago Von Tobagos Crown Point bieten Charterboote Hochseefischen in Gewässern an, die reich an Tarpunen und anderen großen Fischen sind.

Turks- & Caicosinseln Ende Juli findet hier das größte Angelturnier, das Grand Turk Game Fishing Tournament, statt. Providenciales ist das Zentrum des Sportfischens.

Bootfahren & Segeln

Die Karibik ist ein erstklassiger Segelspot. An vielen öffentlichen Stränden und in Resorts gibt's Anbieter, die Hobie Cats oder andere kleine Segelboote für Ausflüge in Küstennähe vermieten. Viele Segelboot-Charterfirmen bieten Tagestouren zu anderen Inseln, Partytrips an Bord großer Schiffe oder Sunset Cruises auf Katamaranen an.

Die Region ist eine großartige Gegend für Bootssport; hier gibt's Abwechslung, warmes Wetter und schöne Landschaften. Die vielen kleinen Inseln liegen eng beieinander und es macht nicht nur Spaß, sie zu erkunden, sondern sie bilden auch eine Barriere und sorgen für relativ ruhige Segelgewässer.

Amerikanische Jungferninseln Hier zu segeln gehört zu den Top-Aktivitäten in der Karibik.

Anguilla Prickly Pear Cays ist eine höchst abgeschiedene Miniversion von Anguilla mit flachsfarbenem Sand überall und nur mit dem Boot zu erreichen.

Antigua & Barbuda Bootssportzentrum. Dickenson Bay ist ein beliebter Ankerplatz mit Resorts an Land und einem guten Strand, English Harbour dagegen ein historischer und erstklassiger Hafen.

Bahamas Bootssportzentrum. Die Abacos-Inseln sind das selbsternannte Segelzentrum der Welt und die Biminis ein 130 km von Florida entfernter Jachthafen. Man kann mit einem gemieteten Boot um die Loyalist Cays schippern oder die 365 Exuma Cays erkunden.

Britische Jungferninseln Hier zu segeln gehört dank der stetigen Passatwinde, Hunderten von geschützten Buchten und einer Fülle an Charterbooten zu den beliebtesten Aktivitäten der Karibik. Tortola ist die Charterboot-Hauptstadt der Region.

Dominica Still mit dem Boot über den Indian River gleiten und die Wasserseite des Dschungels erleben.

Dominikanische Republik Der Parque Nacional Los Haitises organisiert Bootsfahrten. Man kann Whalewatching um Bahía de Samaná buchen und 30-Tonnen-Buckelwale sehen oder die Bahía de Las Águilas besuchen, die man am besten per Boot erreicht. Katamarantouren gibt's regelmäßig zwischen Cabarete und Sosúa.

Grenada Eine beliebte Basis mit vielen Jachthafen im Inselsüden. Hier stürmt es weniger, deshalb sind die Versicherungen günstiger.

Saint-Martin/Sint Maarten Bootssportzentrum. Beliebte Häfen sind Marigot und Philipsburg.

St. Kitts Hat einen Superjachthafen in Christophe Harbour im Süden.

St. Lucia Bootssportzentrum. Beliebte Häfen und Anlegestellen sind Rodney Bay und Marigot Bay. Zu den Möglichkeiten gehören Tagestouren mit dem Boot an der schönen Westküste der Insel.

St. Vincent & die Grenadinen Bootssportzentrum. Um die Grenadinen zu segeln zählt zu den schönsten Erlebnissen in der Karibik. Bequia ist eine traumhafte kleine Insel und ein hübscher Ankerplatz für Jachten. Union Island ist mit seinem geschäftigen Hafen ebenfalls beliebt.

Trinidad & Tobago Während der Hurrikansaison sind die Jachthäfen auf der Halbinsel Chaguaramas dank ihrem Komplettservice beliebte Rückzugsorte.

Turks- & Caicosinseln Diese kleinen Inseln sind ein beliebter Anlaufpunkt zwischen den Bahamas und der Ostkaribik.

Kajakfahren & Stand-up-Paddeln

Man kann überall in der Karibik Kajaks und SUPs mieten, um die Küstenlinie, Strände, Mangrovenwälder und vieles mehr zu erkunden. Zahlreiche Touranbieter haben jetzt auch Kajaktouren im Angebot, manche auch bei Nacht im biolumineszenten Wasser.

Amerikanische Jungferninseln Nachttouren durch die biolumineszente Salt River Bay auf St. Croix.

Antigua & Barbuda Kajakfahren und Stand-up-Paddeln um die Robinson-Crusoe-Inseln vor der Ostküste von Antigua.

Aruba Kajaktouren durch Mangrovenwälder und einstige Piratenstätten mit Aruba Kayak Adventure.

Bahamas Die Exuma Cays bieten schier endlose Erkundungsmöglichkeiten mit dem Kajak. Im Lucayan National Park auf Grand Bahama gibt's Mangrovensümpfe und Blue Holes. Grand Bahamas Nature Tours hat Touren mit Naturführern im Programm.

Bonaire Das Mangrove Info & Kayak Center bietet wunderbare Ausflüge durch die Mangrovenwälder.

Dominica Das Meeresschutzgebiet Soufriere/Scotts Head ist ein beliebtes Ausflugsziel.

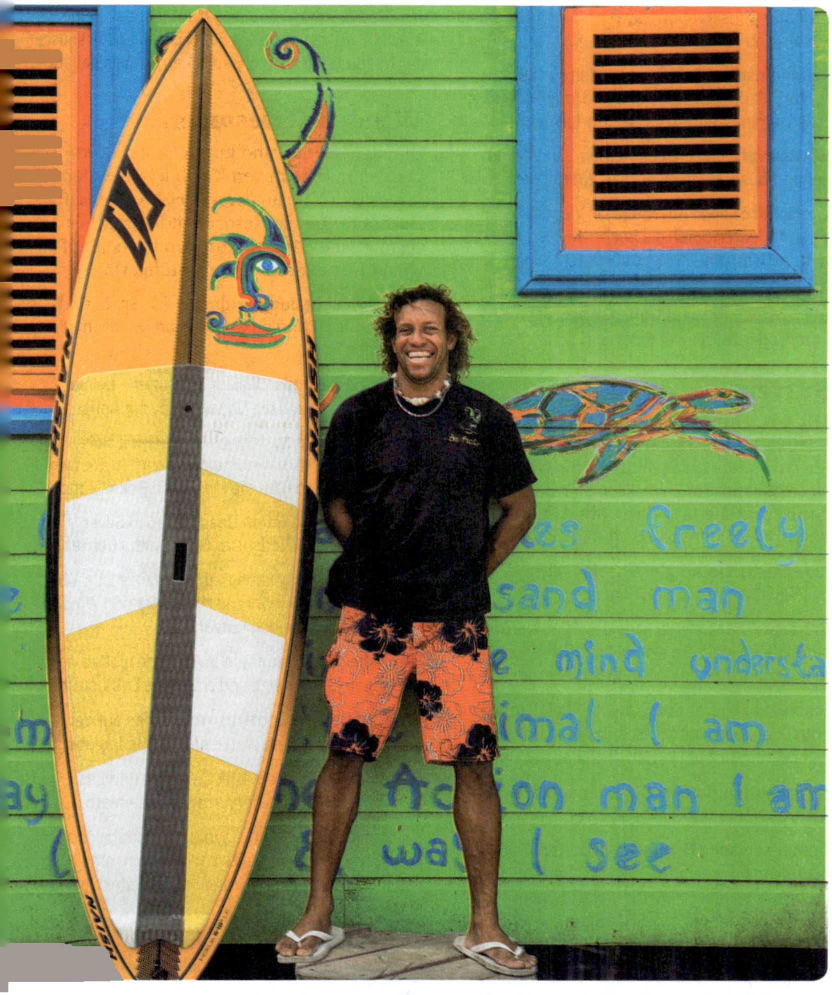

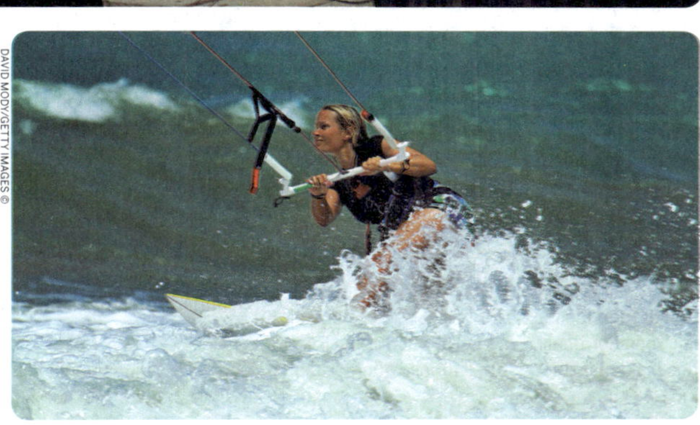

Oben: Die lokale Surferikone Brian Talma, Silver Sands, Barbados (S. 265)

Unten: Kitesurfen, Dominikanische Republik (S. 376)

DAVID MODY/GETTY IMAGES ©

Grenada Conservation Kayak erkundet Grenadas Küsten und Mangroven.

Kaimaninseln Kajaktouren zu den Mangrovensümpfen, zum Starfish Point und/oder der magischen lumineszenten Bio Bay starten in North Side.

Montserrat Den einzigen weißen Sandstrand, Rendezvous Bay, erreicht man gut mit dem Kajak.

Puerto Rico Island Adventures in Vieques bietet geführte Touren durch die Bucht. Die Vieques Adventure Company verfügt über durchsichtige Kanus.

Trinidad & Tobago Tobago kann man mit SUP Tobago erkunden und Trinidads Sumpfgebiete Caroni oder Nariva mit Paria Springs.

Surfen

Mit Ausnahme von Barbados bietet die Karibik im Norden und Westen die besten Surfstrände. Von September bis November ist für Surfer die zuverlässigste Zeit, denn dann sorgt die Brandung des Atlantiks für höchste Wellen und beste Bedingungen.

Amerikanische Jungferninseln Hull Bay ist der beliebteste Spot auf St. Thomas.

Bahamas Die Surferstrände des Atlantiks im nördlichen Eleuthera sind bekannt, aber nie überfüllt. Zudem gibt's eine kleine Surferzene.

Barbados In Silver Sands an der Südküste locken gute Spots und eine Surfschule. Soup Bowl ist ein legendärer Surfspot in Bathsheba an der Ostküste.

Britische Jungferninseln In der Apple Bay an Tortolas Nordküste surft es sich gut.

Dominikanische Republik Die besten Wellen – bis zu 4 m hoch – findet man in Cabarete; dort brechen sie an der Playa Encuentro über den Riffen. Playa Macao, ein Surferstrand nördlich von Bavaro, ist ebenfalls eine gute Wahl.

Guadeloupe In Le Moule werden die World Surf Championships ausgetragen, so gut sind die Wellen.

Haiti Haitis einzige Surfschule ist an dem schönen Strand in Kabic bei Jacmel zu Hause.

Jamaika Die besten Surferstrände von Jamaika liegen an der Bull Bay bei Kingston und in der Boston Bay an der Nordostküste.

Martinique Auf der Halbinsel Caravelle gibt's mehrere gute Strände zum Surfen und eine kleine, aber wachsende Surfer-Community an der Nordküste.

Puerto Rico Rincón ist für perfekte Tubes und einen Song der Beach Boys berühmt. Surfing Puerto Rico in Luquillo bietet Kurse für alle Altersgruppen und Niveaus.

Trinidad & Tobago Tobagos Mout Irvine hat eine winzige Surferszene. Sans Souci und Blanchisseuse auf Trinidad sind bei einheimischen Surfern beliebt.

Wind- & Kitesurfen

Günstige Winde und gute Wasserbedingungen in der ganzen Karibik haben dem Wind- und Kitesurfen Auftrieb verschafft. Outdooranbieter, Resorts und Verkäufer vermieten die Ausrüstung und geben auf vielen Inseln der Region Anfängerkurse.

Amerikanische Jungferninseln Top-Spots sind die Strände im Norden von St. John, vor allem die Cinnamon Bay.

Antigua & Barbuda Ideal für Kitesurfer – der Jabberwock Beach und die Nonsuch Bay auf Antigua.

Aruba Der Hadicurari Beach (Fisherman Huts) ist der beste Spot fürs Wind- und Kitesurfen, aber wer sich auskennt, meidet die Massen in Boca Grandi.

Barbados Der deAction Beach Shop in Silver Sands wird vom Windsurfer Brian Talma betrieben.

Bonaire In Lac Bay kann man das ganze Jahr über super windsurfen, während Kitesurfer den Wind am Atlantis Kite Beach nutzen.

Britische Jungferninseln In Anegada gibt's eine Kiteschule für Neulinge und erfahrene Enthusiasten.

Curaçao Der Top-Spot fürs Windsurfen auf der Insel ist das Spaanse Water, eine große Lagune.

Dominikanische Republik Cabarete und Las Terrenas sind beides hervorragende Gebiete.

Kaimaninseln Kitesurf Cayman befindet sich nahe Barkers Beach auf Grand Cayman. Am östlichen Inselende ist White Sands Water Sports eine gute Adresse.

Kuba Es gibt Anbieter in Varadero, aber die unangefochtene Kitesurf-Hauptstadt ist Cayo Guillermo an der zentralen Nordküste.

Martinique Pointe du Bout bietet hervorragende Bedingungen und eine gute Schule.

Saint-Barthélemy Der Sandstrand von Grand Cul-de-Sac ist einer der Top-Spots der Insel für Wassersport, auch fürs Wind- und Kitesurfen.

St. Vincent & die Grenadinen Das budgetschonende Union Island ist das Epizentrum des Kitesurfens auf den Grenadinen.

Trinidad & Tobago Radical Watersports in Pigeon Point sind die Kitesurf-Experten von Tobago.

Turks- & Caicosinseln Long Bay Beach ist ein hervorragender Kitesurf-Spot.

Reiseplanung

Wandern

Die Karibik überrascht als Wanderparadies. Zu verdanken ist das der Erdgeschichte: Durch Plattenverschiebungen und aktive Vulkane entstanden Inseln mit waldbedeckten Bergen und hügeligen Küstenlandschaften. Wanderfans wird es hier ganz sicher in den Füßen kribbeln.

Wanderbedingungen

Im Gegensatz zum Wandern in gemäßigten Breiten herrschen in den Tropen ganz andere Bedingungen. Wege und Pfade auf Berge und Vulkane sind oft schlammig und man muss manchmal stundenlang über rutschige Baumwurzeln stapfen. Oft kommt noch Nebel hinzu. Regen ist normal und sogar unter 20 °C bleibt die Luft feucht. Wer vor dem Morgengrauen aufbricht, sollte sich auf kühlere Temperaturen einstellen. Viel Wasser, Sonnencreme, einen Sonnenhut, wasserfeste Kleidung, Badesachen und Proviant gehören unbedingt in den Rucksack.

Die meisten hier aufgeführten Wanderungen nehmen einen halben bis einen ganzen Tag in Anspruch. Besonders beliebt sind Aufstiege zu den höchsten Punkten der Inseln. In der Karibik gibt's relativ wenige Mehrtagestouren. Zu den Ausnahmen zählen der Pico Turquino auf Kuba, der Pico Duarte in der Dominikanischen Republik und Dominicas legendärer Waitukubuli National Trail, der sich über die ganze Insel zieht.

Nicht zuletzt werden Wanderwege bei schlechtem Wetter (und besonders bei Hurrikans) regelmäßig geschlossen. Deshalb sollte man sich vor dem Aufbruch immer in der Touristeninformation oder bei Veranstaltern vor Ort über die aktuelle Lage auf der jeweiligen Route erkundigen.

Die besten Wanderungen

Dominica

Hier lockt ein Tagesausflug zum Boiling Lake (S. 374). Anspruchsvolle nehmen sich den legendären inselüberspannenden Waitukubuli National Trail (S. 354) durch den Regenwald vor.

Martinique

1902 wurde die ehemalige Inselhauptstadt durch den Ausbruch des Mont Pelée (S. 661) zerstört. Heute kann man um den rauchenden Riesen herumwandern.

Kuba

In Begleitung eines Bergführers lässt sich der **Pico Turquino** erklimmen. Kubas höchster Berg steckt voller Revolutionsgeschichte.

Barbados

Die Wochenendwanderungen des National Trust (S. 255) bieten neben Bewegung an der frischen Luft auch jede Menge Infos zur ereignisreichen Geschichte der Insel.

St. Vincent

Der Vulkan La Soufrière dominiert den Norden der Insel. Eine Wanderung zu seinem Gipfel (S. 846) ist ein Highlight für Abenteuerlustige.

Jamaika

Der Weg auf den Blue Mountain Peak (S. 513) führt an Kaffeeplantagen vorbei. Wer es wilder mag, versucht sich am **Troy-Windsor Trail** in Cockpit Country.

Wanderziele

Amerikanische Jungferninseln

Die Amerikanischen Jungferninseln halten einige Überraschungen bereit. Der Virgin Islands National Park auf St. John verfügt über 20 Wanderwege, von denen manche zu Felszeichnungen, Plantagenruinen und abgeschiedenen Stränden führen. Auf St. Croix organisiert die Hiking Association mehrere geführte Touren pro Monat, bei denen man mehr über die Insel erfahren und Einheimische kennenlernen kann.

Barbados

Im Vergleich zu anderen Karibikinseln fehlt es Barbados zwar an dramatischen Landschaften, aber dafür lässt es sich hier prima wandern. Der Barbados National Trust organisiert geführte Touren durch die Natur, auf denen Guides Interessantes über Geschichte, Geologie und Tierwelt der Insel vermitteln.

Ein schöner Wanderweg, für den man keinen Führer braucht, folgt der alten Eisenbahnstrecke zwischen Belleplaine und Martin's Bay an der Ostküste. Die ganze Strecke ist rund 20 km lang und kann abschnittsweise gelaufen werden.

Dominica

Auf Dominica gibt's den ersten Fernwanderweg der Karibik. Über eine Gesamtstrecke von 185 km verbindet er Scotts Head im äußersten Südwesten mit dem Cabrits National Park im Nordwesten. Er besteht aus 14 Teilstrecken unterschiedlicher Längen und Schwierigkeitsgrade und führt an den schönsten Flecken der Insel vorbei, z. B. am Boiling Lake und dem Emerald Pool. 2019 waren als Folge von Hurrikan Maria noch einige Abschnitte gesperrt.

Zu den kürzeren (aber ebenso lohnenswerten) Wanderwegen gehören die Route zu den Middleham Falls und der hübsche Syndicate Nature Trail.

Dominikanische Republik

Die Dominikanische Republik hält etliche anspruchsvolle Wanderrouten rund um Jarabacoa bereit, von denen viele zu spektakulären Wasserfällen führen. Nahe Las Galeras auf der Península de Samaná gibt's ein paar wunderschöne Wege zu malerischen menschenleeren Stränden. Kurz vor Paraíso im Südwesten finden sich gute Möglichkeiten für Halbtags- und Ganztagswanderungen, die man aber am besten im Rahmen einer geführten Tour unternimmt.

Der berühmteste Wanderweg der Dominikanischen Republik ist der Aufstieg zum Pico Duarte (3098 m), dem höchsten Gipfel der Karibik. Für die anstrengende Route braucht man mehrere Tage.

Grenada

Der Grand Etang National Park ist ein Wunderwerk der Natur mit einem hübschen See und dunstumwobenen Landschaften. Im Park gibt's jede Menge Wanderwege verschiedener Längen und Schwierigkeitsgrade. Einige befinden sich in gutem Zustand, während andere überwachsen und nur mit einem einheimischen Guide zu begehen sind. Führer können über das Besucherzentrum angeheuert werden.

Guadeloupe

Guadeloupes aktiver Vulkan La Soufrière mit seinen Pfaden durch den Regenwald ist das Wanderziel schlechthin. Allerdings hängt ein erfolgreicher Aufstieg zum Gipfel vor allem von der Vulkanaktivität ab: Im Sommer 2019 z. B. waren die Wege aus Sicherheitsgründen vorübergehend gesperrt. Eine gute Alternative ist die Wanderung zum doppelten Wasserfall Chutes du Carbet ganz in der Nähe.

Auch im Parc National de la Guadeloupe lässt es sich schön wandern. Selbstversorger können eine Mehrtageswanderung unternehmen und in den einfachen Schutzhütten an der Strecke übernachten.

Haiti

Der bergige Parc National la Visite ist leicht von Port-au-Prince aus zu erreichen und bietet gute Wandermöglichkeiten durch Kiefernwälder mit Aussicht aufs Karibische Meer. Von Kenscoff aus läuft man durch den Wald und bahnt sich gemächlich seinen Weg durch wilde Felsgebilde bis hinunter zur Küste. Von dort ist es nur eine kurze Autofahrt bis in den Ort Jacmel. Wer sich für die Wanderung lieber zwei Tage Zeit nimmt, übernachtet in einer der Lodges in Seguin.

Jamaika

Die beliebteste Wanderroute führt durch Kaffeeplantagen zum Blue Mountain Peak, dem höchsten Gipfel Jamaikas. Der Weg ist leicht von Kingston aus zu erreichen, aber die meisten Wanderer beginnen in Penlyne Castle, wo man übernachten kann. Frühe Vögel genießen den Sonnenaufgang über dem Karibischen Meer vom Berggipfel aus.

Wer es abgeschiedener mag, macht sich auf nach Cockpit Country im Landesinneren. Mithilfe von Maroon-Guides folgen Abenteurer dem grünen und sehr anspruchsvollen Troy-Windsor Trail.

Kuba

Die besten Gebiete für Tageswanderungen sind die Topes de Collantes in der Sierra del Escambray nahe Trinidad mit Wasserfällen und einer vielfältigen Flora und Fauna, die Gegend um die waldumstandene Plantagenruine Las Terrazas sowie Viñales, wo ortsansässige Guides Führungen zu Höhlen, Tabakplantagen und Biobauernhöfen anbieten.

Die einzige Mehrtageswanderung führt auf den Pico Turquino, den höchsten Berg Kubas. Sie lässt sich leicht organisieren und ist in zwei bis drei Tagen zu schaffen. Die Bergführer sind gewöhnlich sehr gut.

Martinique

Martinique ist ein erstklassiges Wanderziel. Eine der schönsten Routen führt von Grand-Rivière auf den aktiven (aber momentan schlummernden) Vulkan Mont Pelée.

Zu den schönsten Küstenwanderungen zählen die Wege hinter Presqu'île de Caravelle, der dramatische Chemin de la Crabière, der Chemin des Anses du Nord zwischen Anse Couleuvre and Grand-Rivière sowie der Trace des Caps im äußersten Südosten der Insel.

Puerto Rico

Abenteuer auf eigene Faust bietet Puerto Rico, auch wenn die Wanderwege nicht immer gut markiert sind. Die große Attraktion ist der El-Yunque-Nationalwald mit Pfaden aller Schwierigkeitsgrade. 2019 waren einige Wege wegen Reparaturarbeiten nach dem Wüten von Hurrikan Maria geschlossen.

Der Cerro la Punta ist der höchste Gipfel der Insel und verfügt über ein Netz aus Waldwegen, auf den man seine Wanderlust richtig ausleben kann. Mit einem ganz anderen Panorama wartet die Kakteenlandschaft des Bosque Estatal de Guánica auf.

Saba

Die kleine zerklüftete Insel rühmt sich mit 17 markierten Wanderwegen, die sich durch sieben Ökosysteme ziehen, darunter Seemarschen und Nebelwälder. Am beliebtesten ist der schroffe Aufstieg auf den Mt. Scenery mit weitschweifenden Aussichten über die Karibik.

Weitere Wandermöglichkeiten bieten der mittelschwere Sulphur Mine Trail mit Blick auf Sabas atemberaubend auf den Klippen gelegenen Flugplatz, der Spring Bay Trail nach Windwardside sowie der lange, aber leichte Sandy Cruz Trail von Upper Hell's Gate nach The Bottom.

St. Kitts & Nevis

Der Mt. Liamuiga ist der höchste Vulkan von St. Kitts und sein Gipfel ein lohnenswertes Ziel für Fitte. Der Aufstieg ist steil und der Weg an vielen Stellen überwuchert (ein Guide ist empfehlenswert), aber der Krater mit einem jahreszeitlich bedingten See entschädigt für die Strapazen. Die Landschaft passt so gar nicht in die relaxte Karibik, sondern erinnert eher an einen Science-Fiction-Film.

St. Lucia

Das recht bescheidene St. Lucia überrascht mit tollen Wandermöglichkeiten. Im Höhenzug der Pitons kann man durch dichte Wälder bis zum Gros Piton wandern. Der Aufstieg ist steil und ein Guide ein Muss, aber einmal oben wird man mit unglaublichen Ausblicken über den Süden der Insel belohnt. Der Petit Piton eignet sich für erfahrene Kraxler.

Hoch oben in den Bergen über Soufrière beginnt der Edmund Rainforest Trail. Auf dem nur wenig besuchten Des Cartiers Rainforest Trail erspäht man mit etwas Glück die seltene Blaumaskenamazone, die auch als St.-Lucia-Papagei bekannt ist.

St. Vincent & die Grenadinen

Abenteuersuchende zieht es auf den schwefelspeienden Vulkan Soufrière im Norden von St. Vincent. Zwei Wege führen auf den Gipfel, einer auf der Luv- und ein anderer auf der Leeseite. Welchen man nimmt, hängt von der eigenen Fitness ab. Der erste ist weniger anstrengend, dafür belohnt Letzterer während des gesamten Aufstiegs mit einer herrlichen Aussicht auf das Meer und den Vulkan.

Reiseplanung

Inselhopping

Von Eiland zu Eiland zu springen ist in der Karibik recht einfach. Flugzeuge und/oder Schiffe verbinden alle wichtigen Inseln mit ihren Nachbarn. Da die Preise für den einheimischen Markt bestimmt sind, gibt's Flugtickets bei vorausschauender Planung bereits zu 150 oder 200 US$.

Gut zu wissen

Unterwegs von Insel zu Insel

Fähre Kein breites Netzwerk, aber wo es sie gibt, sind sie die wohl schönste Reiseform.

Flugzeug Jede Insel mit einem Flughafen ist mit ihren Nachbarn verbunden.

Segelboot Unbegrenzte Bewegungsfreiheit mit einer Jacht.

Das muss man mitbringen

Zeit In zwei Wochen kann man den Großteil der Region erkunden; in einem Monat so gut wie alles.

Lust auf Abenteuer Unerwartete Ereignisse bleiben am längsten in Erinnerung.

Geld Aber nicht so viel, wie man vielleicht denkt, da man wie ein Einheimischer reist.

Die beste Reiseroute

Von Aruba im Süden bis zu den Bahamas im Norden, mit Zwischenstopp auf allen größeren Inseln.

Unterwegs vor Ort

Fähre

Obwohl die Karibik von Wasser umgeben ist, gibt es hier nicht so viele Fähren, wie man denken würde. Einige regionale Fähren verkehren zwischen mehreren Inselgruppen. Als Alternative zu engen Flugzeugen, stinkenden Bussen und klapprigen Mietautos bieten sie eine willkommene Abwechslung. Fähren sind ein gutes Verkehrsmittel rund um die Leeward Islands.

Zwar findet man sie nicht immer leicht, aber sie sind recht modern und eine tolle Reiseoption.

Flugzeug

Eine Reihe regionaler Fluglinien verkehrt zwischen den verschiedenen Inseln. Bei einer Rundreise in der Karibik ist aber ein gewisses Maß an Geduld und Verständnis erforderlich, denn Flugpläne können sich kurzfristig ändern, manchmal gibt es unerklärliche Verspätungen. Einfach das Beste aus der Zeit auf dem Festland machen, entspannen und die Reise genießen.

Regionale Flüge sind manchmal wie alte Busse und halten scheinbar an jeder möglichen Ecke, um ein paar Passagiere aufzugabeln – eine Qual für jeden Inselhopper! Beispielsweise kann es auf dem Flug von St. Thomas nach Trinidad durchaus vorkommen, dass man unterwegs in Antigua, St. Lucia und St. Vincent landet.

In der Karibik verkehren zahlreiche Airlines. Es gibt auch einheimische Flugunternehmen mit Dutzenden Zielen, bei denen man sich zu möglichen Reiserouten inspirieren lassen kann:

Caribbean Airlines (www.caribbean-airlines.com) Verkehrsknotenpunkte: Port of Spain, Trinidad; Kingston, Jamaika

Intercaribbean (www.intercaribbean.com) Verkehrsknotenpunkt: Providenciales, Turks- und Caicosinseln

LIAT (www.liat.com) Verkehrsknotenpunkte: St. John's, Antigua; Bridgetown, Barbados

Seaborne Airlines (www.seaborneairlines.com) Verkehrsknotenpunkt: San Juan, Puerto Rico

Sunrise Airways (www.sunriseairways.net) Verkehrsknotenpunkt: Port-au-Prince, Haiti

WinAir (www.fly-winair.sx) Verkehrsknotenpunkt: Sint Maarten

Jacht

Die Karibik ist ein erstklassiger Ort zum Jachtfahren. Es macht Spaß die vielen kleinen, nahe beieinanderliegenden Inseln zu erkunden und die ruhigen Gewässer sind sehr erholsam.

Am einfachsten ist es, von Norden nach Süden zu segeln – in entgegengesetzte Richtung hätten die Boote mit Gegenwind zu kämpfen. Deshalb vermieten viele Unternehmen ihre Boote nur in eine Richtung und lassen sie später von ihren Mitarbeitern wieder zurückbringen.

Eine Jacht zu mieten und von einer idyllischen Insel zur anderen zu segeln ist der absolute karibische Traum und erstaunlich leicht zu verwirklichen – wenn auch nicht ganz billig.

Es stehen zwei Möglichkeiten zur Auswahl: ohne Crew (*bareboat*) oder mit Crew.

Auf einem *bareboat*-Charter kann man – nachdem man seine Qualifikation unter Beweis gestellt hat – ein voll bemanntes Segelboot selbstständig steuern, wohin man will. Auf einem bemannten Charter kann man ausgelassen auf Deck kühle Drinks genießen, während die Crew das Achterdeck schrubbt, Getränke serviert oder kocht. Wer keine eigene Reiseroute hat, kann sich überraschen und den Kapitän entscheiden lassen.

Ein *bareboat*-Charter für vier Personen ist pro Woche ab 3000 US$ erhältlich. Die bemannte Option ist deutlich teurer, Preise variieren stark und sind von Saison, Boot und Besatzung abhängig. Lieblingsziel bei diesen Fahrten sind oft die Britischen Jungferninseln.

Folgende Jachtunternehmen bieten sowohl bemannte als auch unbemannte Mietjachten in der Karibik an:

Catamaran Company (www.catamarans.com)

Horizon Jacht Charters (www.horizonJachtcharters.com)

Moorings (www.moorings.com)

Sunsail (www.sunsail.com).

Wer nicht selbst suchen möchte, kann gegen Provision einen Makler beauftragen, ein geeignetes Mietboot zu finden. Zu den bekannteren Maklern für Mietboote gehören **Ed Hamilton & Co** (www.ed-hamilton.com) und **Nicholson Jacht Charters** (www.nicholsoncharters.com).

Inselverbindungen

Im Folgenden sind die *direkten* Verbindungen zwischen benachbarten Inseln aufgelistet.

Amerikanische Jungferninseln Flugzeug: Britische Jungferninseln Puerto Rico, St. Kitts & Nevis

Anguilla Flugzeug: Puerto Rico, Saint-Barthélemy, Sint Maarten; Fähre: Sint Maarten

Antigua und Barbuda Flugzeug: Dominica, Guadeloupe, Montserrat, St. Kitts & Nevis, Sint Maarten, Trinidad; Fähre: Montserrat

Aruba Flugzeug: Bonaire, Kuba, Curaçao

Bahamas Flugzeug: Kaimaninseln, Kuba, Jamaika, Turks- & Caicosinseln

Barbados Flugzeug: Dominica, Grenada, St. Lucia, St. Vincent & die Grenadinen, Trinidad & Tobago

Bonaire Flugzeug: Aruba, Curaçao

Britische Jungferninseln Flugzeug: Amerikanische Jungferninseln, Puerto Rico

Curaçao Flugzeug: Aruba, Bonaire, Dominikanische Republik, Sint Maarten, Trinidad

Dominica Flugzeug: Antigua, Barbados, Guadeloupe, Puerto Rico; Schiff: Guadeloupe, Martinique, St. Lucia

Dominikanische Republik Flugzeug: Curaçao, Guadeloupe, Haiti, Kuba, Puerto Rico, Turks- & Caicosinseln; Landweg: Haiti

KLEINE GEOGRAFIE DER KARIBIK

Die Karibischen oder Westindischen Inseln bestehen aus vielen kleinen Inselgruppen und -staaten, was bisweilen verwirrend sein kann. Deshalb hier eine kleine Einführung in die Geografie der Karibik.

Große Antillen Sie bestehen aus den großen Inseln Hispaniola, Kuba und Jamaika im Norden der Karibik und erstrecken sich bis nach Puerto Rico. Auch die Kaimaninseln zählen aufgrund ihrer westlichen Lage dazu.

Karibische Inseln Ein aus Tausenden Inseln bestehender Archipel, der sich von der Südostküste Floridas in den USA bis zur Nordküste Venezuelas erstreckt. Die größte Insel im Karibischen Meer ist Kuba, gefolgt von der Insel Hispaniola (die sich Haiti und die Dominikanische Republik teilen), dann Jamaika und Puerto Rico. Die nördlich gelegenen Bahamas befinden sich streng genommen außerhalb des karibischen Archipels.

Kleine Antillen Der Archipel beginnt östlich der Jungferninseln und dehnt sich nach Süden bis nach Trinidad & Tobago (nahe der Nordküste Venezuelas) aus. Die auch als Ostkaribische Inseln bekannten Kleinen Antillen werden darüber hinaus in die „Inseln über dem Winde" (nördlicher Teil) bzw. „Inseln unter dem Winde aufgeteilt" (südlicher Teil). Im englischsprachigen Raum ist die Aufteilung in Leeward und Windward Islands gebräuchlich, die sich jedoch nicht mit der deutschsprachigen deckt.

Leeward Islands Von Norden nach Süden: Amerikanische Jungferninseln, Britische Jungferninseln, Anguilla, Sint Maarten, Saint-Barthélemy, Saba, Sint Eustatius (Statia), St. Kitts & Nevis, Antigua und Barbuda, Montserrat und Guadeloupe.

Windward Islands Von Norden nach Süden: Dominica, Martinique, St. Lucia, St. Vincent & die Grenadinen, Grenada. Barbados sowie Trinidad & Tobago werden oft irrtümlicherweise den Windward Islands zugeordnet.

Grenada Flugzeug: Barbados, St. Vincent & die Grenadinen, Trinidad & Tobago; Fähre: St. Vincent & die Grenadinen

Guadeloupe Flugzeug: Antigua, Dominica, Dominikanische Republik, Haiti, Martinique, Saint-Barthélemy, Sint Maarten; Fähre: Dominica, Martinique, St. Lucia.

Haiti Flugzeug: Dominikanische Republik, Guadeloupe, Kuba, Turks- & Caicosinseln; Landweg: Dominikanische Republik

Jamaika Flugzeug: Bahamas, Kaimaninseln, Kuba, Trinidad, Turks- & Caicosinseln

Kaimaninseln Flugzeug: Bahamas, Kuba, Jamaika

Kuba Flugzeug: Aruba, Bahamas, Dominikanische Republik, Haiti, Jamaika, Kaimaninseln, Trinidad

Martinique Flugzeug: Guadeloupe, St. Lucia; Fähre: Dominica, Guadeloupe, St. Lucia

Montserrat Flugzeug: Antigua; Fähre: Antigua

Puerto Rico Flugzeug: Amerikanische Jungferninseln, Anguilla, Britische Jungferninseln, Dominica, Dominikanische Republik, Saint-Barthélemy, St. Kitts & Nevis, Turks- & Caicosinseln

Saba Flugzeug: Sint Eustatius, Sint Maarten; Fähre: Sint Maarten

Saint-Barthélemy Flugzeug: Anguilla, Guadeloupe, Nevis, Sint Maarten, St. Thomas, Puerto Rico; Fähre: Sint Maarten

Sint Eustatius Flugzeug: Saba, Sint Maarten; Fähre: Sint Maarten

Sint Maarten Flugzeug: Anguilla, Antigua, Curacao, Guadeloupe, Saba, Saint-Barthélemy, Sint Eustatius, St. Kitts & Nevis, St. Thomas, Trinidad; Fähre: Anguilla, Saba, Saint-Barthélemy, Sint Eustatius

St. Kitts & Nevis Flugzeug: Amerikanische Jungferninseln, Antigua, Puerto Rico, Sint Maarten

St. Lucia Flugzeug: Barbados, Martinique, St. Vincent & die Grenadinen, Trinidad; Fähre: Dominica, Guadeloupe, Martinique

St. Vincent & die Grenadinen Flugzeug: Barbados, Grenada, St. Lucia, Trinidad; Fähre: Grenada

Trinidad & Tobago Flugzeug: Antigua, Barbados, Curaçao, Grenada, Jamaika, Kuba, Sint Maarten, St. Lucia, St. Vincent

Turks- & Caicosinseln Flugzeug: Bahamas, Dominikanische Republik, Haiti, Jamaika, Puerto Rico

Ultimative Inselhopping-Route

Diese Rundreise führt vom Süden ausgehend durch alle wichtigen Regionen. Fast alle Wege legt man mit dem Flugzeug oder auf dem Wasser zurück. Die komplette Rundfahrt dauert drei bis vier Wochen, man kann aber auch nur einen Teil davon machen.

Die Tour beginnt in den Resorts von **Aruba**, dann geht's per Flugzeug zum Tauchen nach **Bonaire** und anschließend nach Willemstad in **Curaçao**. Es folgt Port of Spain in **Trinidad** und eine Fährfahrt nach **Tobago**. Danach nimmt man wieder das Flugzeug und reist zum Surfen an die Strände von **Barbados**, ehe es nochmals mit dem Flugzeug ins überraschende **Grenada** geht. Von hier kann nordwärts Inselhopping bis nach **St. Vincent und die Grenadinen** betreiben. Bequia darf man sich nicht entgehen lassen.

Ein kurzer Flug nach **St. Lucia** und schon geht das Inselhopping weiter. Nach Norden bringt einen die Fähre ins französische **Martinique** und anschließend zu den Wasserfällen von **Dominica**. Als Nächstes steht **Guadeloupe** auf dem Plan, bevor man per Flugzeug nach **Antigua** reist, wo eine Bootsrundfahrt nach Barbuda lockt. Ein 20-minütiger Flug führt in das beherzte **Montserrat** mit seinem aktiven Vulkan.

Dann lässt man Antigua mit dem Flugzeug hinter sich und begibt sich nach **Nevis**, wo einen auf der Fähre zur Vulkaninsel **St. Kitts** eine frische Brise erwartet. 30 Flugminuten später ist man am Verkehrsknotenpunkt **Sint Maarten** mit seiner coolen Strandlandebahn.

Per Fähre geht's nach **Anguilla**, nach **Saba** und ins französische **Saint-Barthélemy**, gefolgt von einem kurzen Flug nach **Sint Eustatius** mit seinen Ruinen. Anschließend fliegt man nach St. Thomas auf den **Amerikanischen Jungferninseln** und nimmt das Boot hinaus nach Saint Croix. Mit der Fähre gelangt man zu den **Britischen Jungferninseln**, dort besteigt man ein Flugzeug nach **Puerto Rico**, wo die Altstadt von San Juan wartet. Weiter geht's per Flug in die **Dominikanische Republik** und von dort mit dem Bus nach **Haiti**. Nun fliegt man zu den **Turks- und Caicosinseln**, von wo aus einen das Flugzeug auf die Reggae-Insel **Jamaika** bringt. Nachdem man auf den **Kaimaninseln** Stachelrochen gesichtet hat, steht das wundervolle **Kuba** auf dem Programm. Von der Hauptstadt Havanna ist es nur noch ein kurzer Flug nach Nassau in den **Bahamas**.

Reiseplanung

Kreuzfahrten

Unglaubliche 29 Millionen Kreuzfahrtpassagiere reisen jedes Jahr in die Karibik, das weltweit größte Reiseziel für Kreuzfahrten. Bei dieser ultimativen Pauschalreise ist nur ein Mindestmaß an Planung nötig. Für viele stellt gerade das den Reiz dar, da man in wenigen Tagen einen Eindruck von vielen Inseln gewinnt.

Die besten Anlaufhäfen

Bridgetown, Barbados

Eine vibrierende, moderne karibische Hauptstadt mit etlichen Geschäften, die bei Anwohnern und Urlaubern gleichermaßen beliebt ist. Auch kann man am tollen Strand spazieren gehen.

Tortola, Britische Jungferninseln

Schicker Hafen für Jachtfahrer, in dem ein routinierter Umgang mit Besuchern herrscht. Dieser reizende Ort trifft immer den richtigen Ton.

St. George's, Grenada

Schöne alte Hafenstadt mit interessanten Geschäften und erstklassigen Spazierwegen.

Havanna, Kuba

Sobald man den Landungssteg verlässt, kann man damit beginnen, die vielen faszinierenden historischen Stadtteile zu erkunden.

Viejo San Juan, Puerto Rico

Kreuzfahrtpassagiere fügen sich gut ein in dieses stets überraschende, große und historische Viertel mit winzigen Bars, Cafés, Geschäften und antiken Gebäuden.

Hauptrouten

Die meisten Reiserouten von Kreuzfahrtschiffen verlaufen in drei Hauptregionen.

Ostkaribik

Die Kreuzfahrten können drei bis sieben Tage dauern. Aufgrund vieler Hafenbesuche gibt's weniger komplette Tage auf See. Manche Routen führen südlich nach Barbados oder sogar bis Aruba, Bonaire und Curaçao. Zwischen den östlichen und südlichen Reiserouten bestehen viele Überschneidungen. Inseln im östlichen Gebiet: Amerikanische Jungferninseln, Antigua, Bahamas, Britische Jungferninseln, Dominikanische Republik, Guadeloupe, Puerto Rico, St. Kitts & Nevis, Saint-Martin/Sint Maarten, Turks- & Caicosinseln.

Südkaribik

Für gewöhnlich dauern die Kreuzfahrten aufgrund der Entfernung der größten Starthäfen mindestens sieben Tage. Häufig besteht eine gewisse Überschneidung mit den ostkaribischen Inseln, Zwischenstopps auf den Amerikanischen Jungferninseln sind üblich. Inseln im südlichen Gebiet: Aruba, Barbados, Bonaire, Curaçao, Dominica, Grenada, Martinique, St. Lucia, St. Vincent & die Grenadinen, Trinidad & Tobago.

Westkaribik

Die westlichen Routen, die oft auf fünf Tage ausgelegt sind, umfassen in der Regel auch mexikanische Häfen wie Cancún. Häufig Zwischenhalte in Puerto Rico oder an anderen östlichen Häfen. Längere Fahrten können auch Besuche im Süden umfassen. Inseln im westlichen Gebiet: Dominikanische Republik, Jamaika und Kaimaninseln.

Ob Kuba wieder zu den Routen hinzugefügt wird, hängt von der politischen Lage in den USA ab. Viele Linien haben Kuba nach der leichten Annäherung in der Obama-Ära wieder angesteuert, aber seit Juni 2019 ist es US-Schiffen untersagt, dorthin zu fahren. Havanna bleibt jedoch ein Highlight für nichtamerikanische Kreuzfahrtschiffe.

Abfahrtshäfen

Die größten Abfahrtshäfen für Karibikkreuzfahrten sind Fort Lauderdale und Miami in Florida sowie San Juan in Puerto Rico. Die drei Städte sind alle gut ausgestattet, um hohe Zahlen an- und abreisender Passagiere zu bewältigen.

Die zweitgrößten Abfahrtshäfen sind in der Regel für regionale Märkte vorgesehen und werden nicht von den größten oder prachtvollsten Schiffen der Linien angefahren (was allerdings manchen alteingesessenen Kreuzfahrtpassagieren gefällt). Dazu zählen Galveston in Texas, New Orleans in Louisiana, Port Canaveral und Tampa in Florida und sogar nördliche Häfen wie Baltimore, Maryland und New York City. Wegen der Hin- und Rückfahrt dauern die Kreuzfahrten von und zu diesen Häfen länger.

Anlaufhäfen

Es gibt viele mögliche Anlaufstellen für eine Kreuzfahrt. Manche Kreuzfahrtlinien halten an „Privatinseln", d. h. an Stränden, die als Erweiterung des Schiffserlebnisses dienen. Ein Paradebeispiel ist „Labadie", das von Schiffen der Royal Caribbean angesteuert wird und in Wirklichkeit ein privater Ferienort an der Nordküste Haitis ist.

Auswahl einer Kreuzfahrt

Bei der Buchung einer Kreuzfahrt gilt es sechs wichtige Aspekte zu beachten:

Budget Wie viel kann man ausgeben? Soll es statt einer Kabine mit Balkon (mittlerweile die häufigste Unterkunftsart) lieber ein günstigeres Zimmer ohne Fenster auf einer längeren Reise und einem schöneren Schiff sein?

Stil Pauschal-, Exklusiv- oder Spezialkreuzfahrt? Zu beachten sind das Budget, besondere Interessen und die Frage, ob man förmliche Veranstaltungen oder eine ungezwungene Atmosphäre bevorzugt.

Reiseroute Wohin will man reisen und welche Anlaufhäfen sprechen einen an? Sagt einem die Vorstellung zu, ganze Tage auf See zu verbringen?

Größe Die Riesendampfer eignen sich ideal für verschiedene Budgets, weshalb eine wichtige Frage lautet, mit wie vielen Personen man in See stechen will. Auf großen Schiffen kann man 6000 potenzielle neue Freunde finden und genießt das größtmögliche Unterhaltungsangebot an Bord. Kleine Schiffe sind zwar manchmal exklusiv und luxuriös, doch das ist nicht immer der Fall. Auch fehlen ausgefallenere Annehmlichkeiten (wie Kletterwände). Kleinere Schiffe steuern dafür kleinere Häfen weniger besuchter, aber interessanterer Inseln an.

Saison Die Hochsaison für karibische Kreuzfahrten ist dieselbe wie in den Resorts: von Mitte Dezember bis April. In dieser Zeit sind die meisten Schiffe unterwegs und die Preise am höchsten. Zu anderen Jahreszeiten gibt's weitaus weniger Reisen, doch die Preise fallen. In der Hurrikansaison von Juni bis November ist die Wahrscheinlichkeit höher, dass die Routen plötzlich wegen Stürmen geändert werden.

Mitreisende Die verschiedenen Kreuzfahrtgesellschaften und auch einzelne Schiffe der

INFOS ZU KREUZFAHRTEN

Spezielle Websites für Kreuzfahrten bieten teilweise spektakuläre an, da die Kreuzfahrtlinien im letzten Moment Reisen verscherbeln, die ansonsten nicht verkauft würden. Zu den deutschsprachigen Websites gehören:

e-hoi (www.e-hoi.de)

Kreuzfahrtberater (www.kreuzfahrtberater.de)

Kreuzfahrten.de (www.kreuzfahrten.de)

sonnenklar.TV (www.sonnenklar.tv/kreuzfahrten/karibik.html)

Natürlich kann man sich auch bei den einzelnen Reedereien informieren. Im *Cruise Ports Caribbean* von Lonely Planet findet man zudem Tipps zu allen sehenswerten Orten und solchen, die man am besten links liegen lässt.

BELIEBTE ANLAUFHÄFEN

Wenn nicht anders vermerkt, legen die Schiffe in Häfen in oder sehr nahe an der Stadt an.

HAFEN	BESCHREIBUNG	AUSFLÜGE
Amerikanische Jungferninseln: Charlotte Amalie	Eine historische Stadt voller neuer, riesiger Duty-free-Shops und guter regionaler Küche; es gibt zwei Häfen, die jeweils 2,3 km (1,4 Meilen) von der Stadt entfernt liegen; oft voller Kreuzfahrtpassagiere	Strand von Magens Bay, in der Innenstadt von Charlotte Amalie spazieren, Fähre zu den Stränden von Saint John's
Amerikanische Jungferninseln: Frederiksted	Winziger Ort, der wie ausgestorben wirkt, wenn keine Kreuzfahrtpassagiere zu Besuch sind	Cruzan Rum Distillery, Estate Whim Plantation Museum, Christiansted
Antigua: St. John's	Geschäftige, vibrierende Hauptstadt mit viel Alltagsleben und Shoppingmöglichkeiten auf Märkten	Canopy-Touren durch den Regenwald, Katamaranfahrten, English Harbour, Strände, Markt, Kajakfahren
Aruba: Oranjestad	Kommerzielles Zentrum, geteilt zwischen einem Bereich mit Einkaufszentren (manche recht langweilig) für Kreuzfahrtpassagiere und einem gewöhnlichen Einkaufsviertel	Naturstätten an der Ostküste, Strände
Bahamas: Nassau	Nationale Hauptanlaufstelle für Kreuzfahrtschiffe; Passagiere können zu den Sehenswürdigkeiten in der Altstadt laufen, die Kreuzfahrturlauber in den Mittelpunkt stellt	Wasserpark Aquaventure, Tauchen und Schnorcheln in Stuart Cove
Bahamas: Lucaya	Der Kreuzfahrthafen von Lucaya ist wenige Kilometer von Freeport und Lucaya entfernt – Kreuzfahrtpassagiere müssen einen Bus oder ein Taxi in die Stadt nehmen	Ausflüge zum Garden of the Groves, Entspannen am Strand Lucaya
Barbados: Bridgetown	Einladende Hauptstadt mit vielen Anwohnergeschäften; kommt aufgrund ihrer Größe gut mit Massen zurecht	Strände, Rumbrennereien, Natur und Tiere
Bonaire: Kralendijk	Winziger Ort mit nur wenigen Geschäften, der von den Passagieren großer Schiffe überschwemmt wird; am besten besorgt man sich einen Fahrer und fährt weg	Tauchen, Windsurfen, Sightseeing, Flamingobeobachtung
Britische Jungferninseln: Road Town	Lebendiger Ort voller Kreuzfahrtler – schnell überfüllt	Taxi bis nach Cane Garden Bay, Fähre nach Virgin Gorda
Curaçao: Willemstad	Der Hafen teilt die Stadt in zwei Hälften: ein spektakulärer Ort für eine Anreise mit dem Schiff; die meisten Geschäfte im Zentrum sind auf Kreuzfahrtpassagiere eingestellt	Touren im historischen Willemstad, Museen, Strände, Schnorcheln
Dominica: Roseau	Schmuddeliges, aber charmantes Stadtzentrum mit geschäftigen Märkten, Bars und historischen Stätten	Boiling Lake, Nationalpark Morne Trois Piton, Titou Gorge, Schnorcheln
Dominikanische Republik: Samaná	Einfache historische Hafenstadt mit einzelnen Restaurants am Wasser; Trips in der Walsaison; die Schiffe legen nicht an, es werden Beiboote genutzt	Strände von Cayo Levantado, Wasserfall Cascada El Limón, Whalewatching (in der Saison)
Dominikanische Republik: Santo Domingo	Hat zwei Häfen: einen direkt in der Zona Colonial, den anderen am anderen Flussufer	Beim Spaziergang durch die Zona Colonial in die Kultur eintauchen
Grenada: St. George's	Eine der schönsten Altstädte der Karibik: ein kleines San Francisco; bietet interessante regionale Geschäfte in versteckter Lage	Touren durch die Stadt, Grand Anse Beach, Wanderungen im Grand Etang

HAFEN	BESCHREIBUNG	AUSFLÜGE
Guadeloupe: Pointe-à-Pitre	Verwandelt sich nach und nach in ein Kreuzfahrtziel; vielleicht etwas baufällig, bietet aber das Museum Mémorial ACTe	Wandern im Nationalpark Guadeloupe ist die Mühe wert
Jamaika: Montego Bay	Pulsierende Stadt, die viele Kreuzfahrtler verpassen; die angesagten Viertel sind überlaufen, wenn viele Schiffe ankommen; der Hafen liegt 4 km südlich der Stadt	Doctor's Cave Beach (zu Fuß von der Stadt erreichbar), die Innenstadt Montego erkunden, Shopping, Tauchen
Jamaika: Ocho Rios	Sehr verschlafener Ort, wenn keine Kreuzfahrtschiffe im Hafen sind; nicht sehr voll	Wasserfälle Dunn's River Falls, Turtle Beach, Blue Hole
Kaimaninseln: George Town	Hat ein geschäftiges, kompaktes Zentrum mit auf Anwohner und Touristen ausgerichteten Geschäften; die Schiffe legen nicht direkt an, es werden Begleitschiffe genutzt	Seven Mile Beach, Stingray City, Cayman Turtle Center
Kuba: Havanna	Die faszinierende Stadt eignet sich ideal zum Spazieren – insbesondere das historische Viertel Habana Vieja in Hafennähe	Erkundung der Altstadt, Shopping, Museen
Martinique: Fort-de-France	Nach einer umfangreichen Sanierung ist Fort-de-France ein beliebtes Reiseziel und hat jetzt zwei Kreuzfahrtterminals in angenehmer Entfernung vom Zentrum	Vom Hafen mit einer Fähre zu den Stränden in Pointe du Bout oder das koloniale Fort Louis erkunden, das einen eigenen Strand hat
Nevis: Charlestown	Eine kleine, historische und reizende Hauptstadt; die Passagiere werden mit Beibooten zum Hafen in der Stadt gebracht	Touren zu den Plantagegasthöfen, Wanderungen im Regenwald, Entspannen am Strand
Puerto Rico: Viejo San Juan	Die wohl beste Kombination aus historischen und kulturellen Stätten in der Region, Bars und Geschäfte; oft voller Passagiere	Tour durch die Stadt, Casa Bacardí, El Yunque, Schnorcheln und Tauchen, Reiten
Saint-Martin/Sint Maarten: Philipsburg	Großes Duty-free-Einkaufsviertel auf der Front Street in Philipsburg; in den Strandbars herrscht tagsüber eine ausgelassene Stimmung, oft voller Kreuzfahrtpassagiere	Ein Taxi zu abgelegenen Stränden nehmen, Touren zu Fuß über die ganze Insel, Shopping
St. Kitts: Basseterre	Kompakte karibische Arbeiterhafenstadt; interessant für einen einstündigen Spaziergang abseits der reizlosen Hafengeschäfte	Cockleshell Bay, Brimstone Hill Fortress, Mount-Liamuiga-Vulkan, St. Kitts Scenic Railway
St. Lucia: Castries	Bietet zwei Häfen; bei einem Spaziergang durch die große Markthalle kann man das heutige kreolische Ambiente erleben	Reduit Beach (Rodney Bay), Pigeon-Island-Denkmal, Ziplining
St. Vincent: Kingstown	Anscheinend hat sich in 150 Jahren wenig verändert; auf den Straßen treffen sich zahlreiche Anwohner beim Einkaufen	Dark View Falls oder Montreal Gardens besuchen, Fähre zum schönen Bequia
Tobago: Scarborough	Eine interessante Kleinstadt, wo man in Geschäften und auf Märkten stöbern kann – die meisten davon authentisch	Pigeon Point Beach, Tobago Forest Resere, Argyle Falls
Trinidad: Port of Spain	Pulsierende Stadt mit den Rhythmen der heiß geliebten Musik der Region; der Hafen liegt in der lebhaften, etwas heruntergekommenen Innenstadt	Asa Wright Nature Center, Caroni Bird Sanctuary, Maracas Bay
Turks- & Caicosinseln: Grand Turk	Das kleine Grand Turk bietet ein Kreuzfahrtzentrum mit Stränden und eine Auswahl an Einrichtungen; der Hafen liegt 5 km südlich der Stadt	Schnorchel- und Tauchausflüge, durch die charmante Cockburn Town spazieren, Whalewatching (in der Saison)

NACHHALTIGE KREUZFAHRTEN?

Auch wenn alle Reisen schädliche Auswirkungen auf die Umwelt haben, trifft dies auf Kreuzfahrtschiffe aufgrund ihrer Größe in besonderem Maße zu.

Hauptprobleme

Luftverschmutzung Laut dem britischen Emissionshandelsunternehmen Climate Care stoßen Kreuzfahrtschiffe pro Passagier beinahe doppelt so viel Kohlenstoff aus wie Flugzeuge. Flüge, die einen Großteil der Passagiere zum Abfahrtshafen bringen, nicht inbegriffen. Die meisten Schiffe verbrennen minderwertiges Schweröl, das mehr Schwefel und Feinstoff beinhaltet als hochwertigerer Treibstoff. Die USA und Kanada führen allmählich neue Bestimmungen ein, nach denen Schiffe in Ufernähe saubereren Treibstoff verbrennen müssen. Allerdings wehrt sich die Branche dagegen. Außerdem wird auf kleine karibische Nationen Druck ausgeübt, damit diese Bestimmungen nicht umgesetzt werden.

Wasserverschmutzung Kreuzfahrtschiffe erzeugen riesige Mengen Abwasser und Abfall. Zwar haben manche Länder und Staaten Bestimmungen zur Abwasserentsorgung eingeführt (nach denen sich die Kreuzfahrtlinien richten), doch in der Karibik gibt's wenige Vorschriften. Seit 2016 wurde Princess, das Tochterunternehmen von Carnival, für die illegale Entsorgung von Öl, Plastik und anderen Abfällen in der Region mit Bußgeldern in Höhe von über 60 Millionen US$ belegt.

Kulturelle Auswirkungen Obwohl Kreuzfahrtgesellschaften eine Einnahmequelle für die Anlaufhäfen darstellen, können Tausende Menschen, die auf einmal anreisen, den Charakter einer Stadt verändern und überwältigend sein für Anwohner und Reisende, die nicht mit Kreuzfahrtschiffen unterwegs sind. Zum Beispiel kommen auf Bonaire an einem Tag manchmal 7000 Kreuzfahrtpassagiere an, was der Hälfte der Landesbevölkerung entspricht.

Was man tun kann

Wer eine Kreuzfahrt plant, für den lohnt sich ein wenig Recherche. Z. B. kann man den Kreuzfahrtlinien eine E-Mail schicken und sich nach ihren Umweltstrategien erkundigen: Abwasserentsorgung, Recycling-Initiativen und die Nutzung alternativer Energiequellen. Zu wissen, dass den Kunden solche Dinge wichtig sind, hat Auswirkungen. Es gibt auch Organisationen, die Kreuzfahrtgesellschaften und Schiffe in Bezug auf ihre Umwelteinträge überprüfen. Dazu zählen:

Friends of the Earth (www.foe.org/cruisereportcard) Vergibt in seiner Cruise Ship Report Card jährlich Noten an Kreuzfahrtlinien und -schiffe für ihre Auswirkungen auf die Umwelt und die menschliche Gesundheit.

World Travel Awards (www.worldtravelawards.com) Jährliche Awards für die umweltfreundlichste Kreuzfahrtlinie der Welt.

Kreuzfahrtlinien ziehen in der Regel unterschiedliche Gruppen an. Kreuzfahrtpassagiere sind zwar im Allgemeinen etwas älter, doch manche Schiffe sind für ihre Partys berüchtigt, andere hingegen für ihre Kunstauktionen und Oldies-Musik in den Lounges. Zu beachten ist auch, ob man nach einer Familien- oder Singlekreuzfahrt sucht.

Barrierefreie Kreuzfahrten

Viele Kreuzfahrtlinien sind darum bemüht, ihre Schiffe und Ausflüge Menschen mit Behinderungen zugänglich zu machen. Für eine fachliche Beratung empfiehlt sich daher Accessible Caribbean Vacations (www.accessiblecaribbeanvacations.com), das einen besonderen Schwerpunkt auf Kreuzfahrten legt und dessen Website umfassende Informationen über die Zugänglichkeit von Anlegehäfen sowie Landausflügen in der gesamten Region enthält.

Themenkreuzfahrten

Was haben alte Fernsehserien, Science-Fiction, Computer, Musiker, (sehr) kleine Stars, Seifenopern, Sportmannschaften und FKK gemeinsam? Sie alle können das Thema einer Kreuzfahrt sein.

Kreuzfahrtlinien verkaufen Gruppenplätze an Promoter von Themenkreuzfahrten, doch für gewöhnlich reicht ein Thema

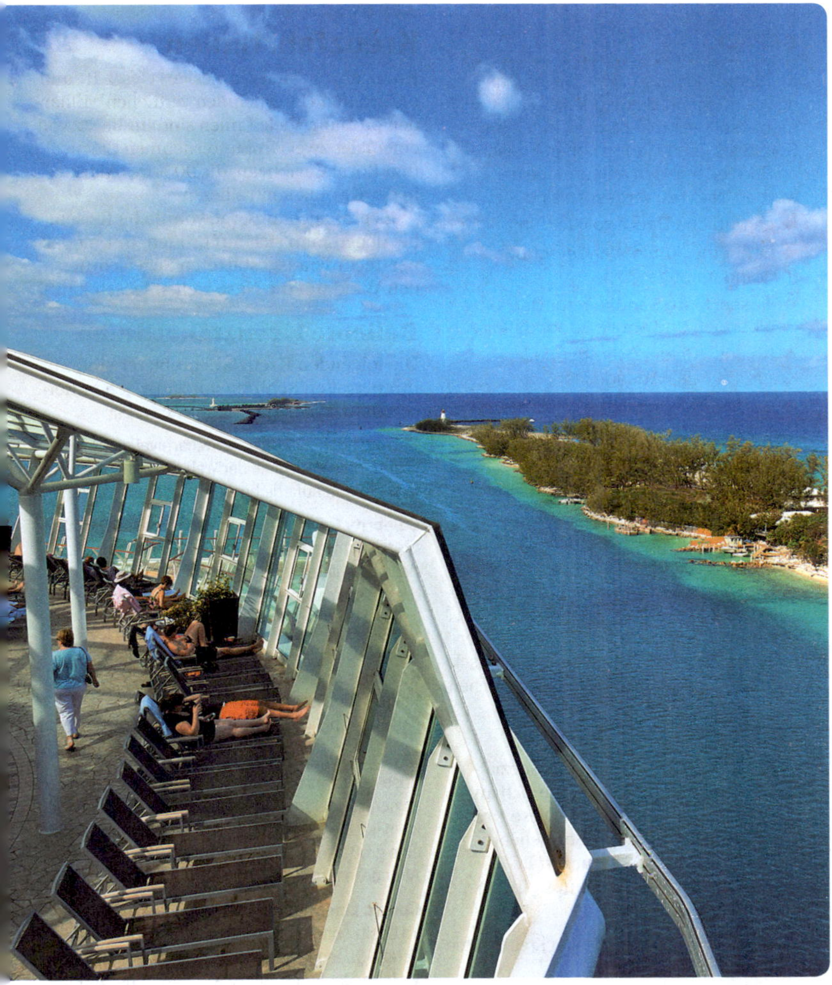

Oben: Abfahrt der *Oasis of the Seas* von Nassau, Bahamas (S. 201)

Unten: Kreuzfahrtschiffe in Philipsburg, Sint Maarten (S. 754)

RUTH PETERKIN/SHUTTERSTOCK ©

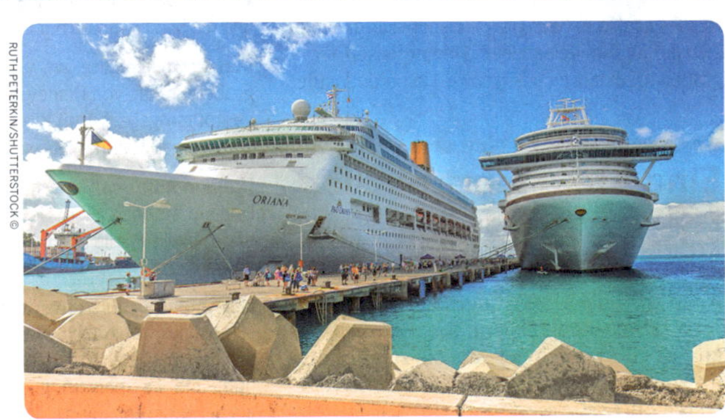

GEPÄCK

Kleidung und persönliche Gegenstände wie Pflegeprodukte und Medikamente sollten im Gepäck nicht fehlen. Sonstiges kann man zu hohen Preisen an Bord oder in den Anlaufhäfen erwerben. Nicht zu vergessen sind:

- gemütliche Baumwollkleidung
- bequeme, kühle Wanderschuhe für Landausflüge
- wasserfeste Sandalen für den Poolbereich und aktive Landausflüge
- Khakis, Kleider/Hemden mit Kragen für das Abendessen
- Outfits für Kreuzfahrten mit förmlichen Abendveranstaltungen (Mietsmokings kann man häufig im Voraus bei der Kreuzfahrtlinie reservieren).

nicht aus, um ein ganzes Schiff auszubuchen. Stattdessen belegt eine hohe Anzahl an Gästen einen Kabinenabschnitt und geht jeden Tag speziellen Aktivitäten nach.

Es gibt nichts, was zu unbedeutend oder unangemessen wäre. Einfach das gewünschte Motto mit dem Wort „Kreuzfahrt“ suchen.

LGBT-Kreuzfahrten

Eines der größten Segmente von Spezialkreuzfahrten sind diejenigen, die sich an die LGBT-Community richten. Diese Kreuzfahrten erfreuen sich so großer Beliebtheit, dass oft ein ganzes Schiff nur auf LGBT-Passagiere ausgerichtet ist. Infos gibt's bei folgenden Veranstaltern:

Olivia (www.olivia.com) Veranstaltet Kreuzfahrten nur für lesbische Frauen.

RSVP Vacations (www.rsvpvacations.com) Eignet sich gut für Aktivreisende und bietet Reisen auf großen Kreuzfahrtschiffen sowie kleineren Jachten.

Eine Kreuzfahrt buchen

Es gibt mehrere Möglichkeiten, passende Kreuzfahrten zu suchen und zu buchen. Auf der Website einer Kreuzfahrtlinie stehen Angebote oder Upgrades, die man sonst nirgendwo findet, zudem gibt's Ermäßigungen auf Buchungen, die bis zu ein Jahr im Voraus erfolgen. Große Buchungsseiten bieten oft Last-minute-Rabatte.

Kreuzfahrtlinien

Kreuzfahrten sind ein riesiges Geschäft und die größten Unternehmen verdienen Milliarden pro Jahr. Viele Linien sind im Besitz von einem der zwei Großunternehmen Carnival und Royal Caribbean, die 90 % des Marktes in der Karibik kontrollieren.

Es gibt auch außergewöhnliche Reisen, bei denen man sich auf großen, mit moderner Technik ausgestatteten Segelschiffen den Wind um die Nase wehen lassen kann.

Beliebte Kreuzfahrtlinien

Die folgenden Kreuzfahrtanbieter sind mit ihren großen Schiffen auf zahlreichen Reiserouten in der Karibik unterwegs:

Carnival Cruise Lines (www.carnival.com) Die größte Kreuzfahrtlinie der Welt. Gigantische Schiffe verkehren auf etlichen karibischen Reiserouten.

Celebrity Cruises (www.celebritycruises.com) Diese wichtige Marke von Royal Caribbean hat riesige Schiffe, die eine gehobenere Erfahrung als die meisten anderen Linien bieten.

Costa Cruises (www.costacruises.com) Costa ist im Besitz von Carnival und auf europäische Reisende ausgerichtet: größere Spas, kleinere Kabinen und besserer Kaffee. Die Schiffe sind gewaltig, ähnlich der Riesendampfer von Carnival.

Crystal Cruises (www.crystalcruises.com) Luxuriöse Kreuzfahrtlinie mit Schiffen, die ca. 800 Passagiere aufnehmen, was nach heutigen Maßstäben klein ist. Zieht wohlhabende, ältere Kunden an, die eine große Auswahl an kulturellen Aktivitäten und Abende in förmlicher Atmosphäre schätzen.

Cunard Line (www.cunard.co.uk) Cunard Line ist im Besitz von Carnival und betreibt die enormen Schiffe *Queen Elizabeth, Queen Mary II* und *Queen Victoria.* Der Schwerpunkt ist „klassisch-luxuriös“ und die Schiffe fahren nur begrenzt in der Karibik.

Disney Cruise Line (www.disneycruise.com) Die großen Schiffe von Disney sind wie schwimmende Vergnügungsparks mit Kinderprogramm und geräumigen Kabinen, die sich für Familien eignen.

Holland America (www.hollandamerica.com) Holland America ist im Besitz von Carnival und bietet traditionelle Kreuzfahrten, in der Regel für ältere Passagiere.

Norwegian Cruise Line (www.ncl.com) „Freestyle-Kreuzfahrten“ auf großen Kreuzfahrtschiffen, d. h. es herrscht eine legere Kleiderordnung und die Speisemöglichkeiten sind flexibler als bei anderen Linien.

Regent Seven Seas Cruises (www.rssc.com) Kleinere Schiffe (maximal 750 Passagiere) mit luxuriösen Kabinen und hervorragendem Essen. Alle Landausflüge sind im Preis inbegriffen.

Royal Caribbean International (www.royal caribbean.com) Carnivals Erzrivale hat eine gewaltige Flotte von Riesendampfern (manche für über 6000 Menschen), die auf die Mittelschicht ausgerichtet sind. Die Reiserouten führen zu jeder Jahreszeit in alle Ecken der Karibik.

Besondere Kreuzfahrtlinien

Sail Windjammer (www.sailwindjammer.com) Kreuzfahrten unter Segeln zu den Leeward Islands auf der dreimastigen *S/V Mandalay*, einer 72-Meter-Segeljacht mit Baujahr 1923.

Sea Cloud Cruises (www.seacloud.com) Kreuzfahrt auf einem Großsegler wie der *Sea Cloud*, einem 110 m langen Viermast-Windjammer aus dem Jahr 1931, seinem modernen Schwesterschiff *Sea Cloud 2* oder dem Dreimaster *Sea Cloud Spirit*. Bei allen dreien werden die Segel von Hand gesetzt. Das deutsch-amerikanische Unternehmen bietet Luxuskreuzfahrten in der Ostkaribik.

Star Clippers (www.starclippers.com) Moderne, viermastige Klipper mit Großseglerdesign, die 180 Passagiere befördern. Auf der Reiseroute liegen auch kleinere Inseln der Ostkaribik.

Windstar Cruises (www.windstarcruises.com) Die luxuriösen viermastigen 134-Meter-Schiffe von Windstar verfügen über computergesteuerte Hightechsegel und Platz für 400 Passagiere. Die Segel dienen nur zeitweise als Hauptantrieb.

Kosten

Die Kosten für eine Kreuzfahrt können je nach Saison und freien Plätzen sehr unterschiedlich ausfallen. Auch wenn Frühbucher Geld sparen, sollte man bedenken, dass Kreuzfahrtgesellschaften ihre Schiffe voll ausgebucht haben wollen. Viele bieten daher hervorragende Last-Minute-Rabatte.

Für ein Zimmer tief im Schiffsinneren zahlt man weniger, doch man sollte sich den Deckplan ansehen, da die günstigsten Zimmer häufig eng sind und über eine schlechte Lage verfügen. Manche Pakete beinhalten einen kostenfreien oder ermäßigten Transfer mit dem Flugzeug vom und zum Abfahrtshafen (oder einen Preisnachlass bei einem Transfer auf eigene Faust).

Die meisten Kreuzfahrten kosten zwischen 180 und 550 € pro Person und Tag. Für Hafengebühren und Steuern fallen weitere 140 € pro Kreuzfahrt an. Im Kleingedruckten sollte man sich über Kautionen, Stornierungs- und Rückerstattungsbedingungen sowie die Reiseversicherung informieren.

Landausflüge

An jedem Anlaufhafen werden zahlreiche Aktionen angeboten, die meist 40 bis 90 € oder mehr kosten. Daran verdienen die Kreuzfahrtlinien erheblich, weshalb auf die Passagiere großer Druck ausgeübt wird, um sie zur Teilnahme zu bewegen. Teilweise ist von unverfrorenen Praktiken die Rede, bei denen Gäste, die bei Drittanbietern gebucht hatten, am Hafen zurückgelassen wurden.

- Man unterliegt keiner Pflicht, Touren über die Kreuzfahrtlinie zu buchen.
- Wer seiner eigenen Reiseroute folgt, kann obligatorische Zwischenstopps (zum Shoppen) vermeiden und Geld sparen.
- Aktivitäten und Touren können im Voraus gesucht und übers Internet gebucht werden.
- Örtliche Fahrer, die an Kreuzfahrthäfen bereitstehen, steuern beliebte und unkonventionelle Sehenswürdigkeiten an und wissen über Aktivitäten Bescheid.

Trinkgeld

Trinkgelder stellen die Haupteinnahmequelle der Crew dar und werden in der Regel erwartet. Dadurch können zusätzliche Kosten von 20 % oder mehr vom Bordkonto abgebucht werden. Viele Linien umgehen dabei den Ermessensspielraum der Passagiere, indem sie sie automatisch als Servicegebühr von 18 bis 20 % auf die Rechnung setzen.

Leider fehlt häufig die Transparenz, wie viel dieser „Servicegebühr" tatsächlich bei den Servicekräften landet, von denen viele Zwölfstundenschichten pro Tag an sieben Tagen pro Woche arbeiten.

Zusätzliche Kosten an Bord

Alkoholische Getränke In der Regel nicht im Preis enthalten; die Linien verdienen viel daran.

Aktivitäten Spas, Abenteuersport, Kurse – die Linien sind immer auf der Suche nach neuen Dingen, die sie Passagieren verkaufen können.

Mahlzeiten Man bekommt immer noch reichlich kostenfreies Essen, doch die Schiffe haben mittlerweile eine Auswahl an Restaurants, wo man gegen Aufpreis speist. Allerdings sind auch oft Kaffeespezialitäten mit einem Aufpreis verbunden.

Reiseplanung

Hochzeiten & Flitterwochen

Für Verliebte ist die Karibik das Reiseziel schlechthin. Schon viele Paare haben an einem der wunderschönen Plätze dort ihr Gelübde abgelegt. Da die Region so gern als Veranstaltungsort für Hochzeiten gewählt wird, bieten die meisten Hotels und Resorts umfassende Beratung von der Organisation bis zur Heiratserlaubnis.

Die perfekte Hochzeit in der Karibik

Die Möglichkeiten für eine karibische Hochzeit sind schier grenzenlos. Hier einige Anregungen, während man schon mal Brautkleid und Anzug organisiert:

Abenteuer

Neben den klassischen Tourismusdestinationen gibt's in der Karibik auch weniger bekannte Orte, wo man hervorragend wandern, Kajak fahren oder tauchen kann. Ideal für Paare, die eine unkonventionelle Trauung wollen.

Intimität & Luxus

Ein Verwöhnprogramm in einem kleinen, exklusiven Resort geht eventuell ins Geld und dezimiert somit die Gästezahl, doch luxuriöse Boutique-Resorts kümmern sich meist um alle Details und gehen ganz individuell auf die Wünsche der Brautpaare ein.

Ausladende Feier

Gruppenpreise größerer Resorts ermöglichen eine umfassende Gästeliste. Diese Hotelanlagen haben zudem Erfahrung im Organisieren traditioneller Zeremonien und Empfänge.

Hochzeitsdestinationen

Intimität

Boutique-Hotels und -Resorts schaffen eine intime Atmosphäre am schönsten Tag des Lebens.

Anguilla Eine der nobelsten Karibikinseln bietet alles, was man sich für einen exklusiven Event wünschen kann, z. B. eine eigene Mietvilla mit Butler.

Antigua und Barbuda Große Auswahl an exklusiven Resorts für ein ganz besonderes Event. Das abgelegene Barbuda ist perfekt für Flitterwochen.

Barbados Eine ganze Angebotspalette für jede Art von Hochzeit. Viele etablierte Resorts und Hotels wissen genau, was zu tun ist. Dank der geringeren Größe der Insel gut für intimere Feierlichkeiten.

Saint-Barthélemy Toll für kleine, gehobenere Trauungen. Am besten mietet man eine Villa inklusive Personal für den ganz besonderen Tag. Auch der richtige Ort für exklusive Flitterwochen.

St. Kitts & Nevis Nevis' Verwöhnprogramm und die besondere Idylle dieser Insel machen sie perfekt für kleine, außergewöhnliche Events.

St. Lucia Etliche kleine, luxuriöse Boutique-Hotels im bildhübschen Süden. Ideal sowohl für Hochzeiten als auch für Flitterwochen.

Go big

Nur der Himmel ist die Grenze bei einem unvergesslichen Event in einem Resort, das eine große Gästezahl unterbringt.

Amerikanische Jungferninseln Große Anlagen haben lange Erfahrung mit Trauungen, aber es gibt auch abgeschiedene Plätze für die Flitterwochen.

Aruba Unzählige Resorts, die auf Hochzeiten spezialisiert sind. Jede Anlage am Palm Beach versorgt leicht Hunderte von Gästen. Gute Flugverbindungen erleichtern die Anreise.

Dominikanische Republik Reihenweise große Resorts stehen zur Auswahl für eine große Feier. Wie wär's mit Punta Cana? Es gibt günstige Flüge, die die Anreisestrapazen für Gäste in Grenzen halten.

Jamaika Eine der Top-Hochzeitsdestinationen in der Karibik. In einigen großen Resorts ist die Trauung gratis, wenn genügend Zimmer gebucht werden, also lädt man am besten alle ein, die man kennt! Besonders beliebt ist Negril.

Kaimaninseln Am Seven Mile Beach gibt's viele Hotels zu guten Gruppenpreisen. Dank der vielen Flüge kann man Gäste aus der ganzen Welt einladen.

Puerto Rico Jedes der riesigen Resorts direkt am Strand in San Juan eignet sich perfekt für eine große Zeremonie. Zudem gibt's viele gute Locations für zusätzliche Feiern wie Polterabende.

Saint-Martin/Sint Maarten Niederländische und französische Resorts wissen, wie man eine Hochzeit ausrichtet. Gäste können quasi wählen, welchen Akzent sie setzen wollen.

Turks- & Caicosinseln Die großen Resorts am Grace Bay Strand bringen leicht zwanzig Freunde und Familienmitglieder unter, sind jedoch nicht so groß, dass man sich in ihnen verirrt. Die kleineren Inseln bieten ganze Flitterwochenpakete.

Abenteuer

Folgende Inseln eigenen sich hervorragend für Hochzeiten unter freiem Himmel, so wie man ihn nur in der Karibik erlebt.

Bonaire Perfekt für Hochzeiten im Freien mit dem gewissen Etwas: Trauung in einem kleinen Resort direkt am Wasser, anschließend ein Tauchgang mitsamt der Gäste. Oder man gibt sich gleich unter Wasser das Jawort.

Britische Jungferninseln Tortola ist das karibische Jachtzentrum und eignet sich hervorragend für Hochzeiten oder Flitterwochen auf einem Segelboot. Hierher kann man die besten Freunde mitnehmen und umgeben von Inseln in den Hafen der Ehe einfahren.

LGBT-FREUNDLICHE HOCHZEITSZIELE

Die Anerkennung gleichgeschlechtlicher Ehen unterscheidet sich auf den einzelnen Inseln sehr. In Ländern wie Jamaika und Barbados ist Homosexualität immer noch illegal. Für ihre LGBT-freundlichen Resorts sind dagegen die Amerikanischen Jungferninseln, Saint-Barthélemy, Saint-Martin/Sint Maarten, Aruba, Bonaire, Saba, Martinique und Guadeloupe bekannt.

Grenada Kleine, abgelegene Lodges bieten warmherzige Gastlichkeit und sind ideal für Feiern im kleineren Rahmen. Wir empfehlen Anse La Roche für Leute auf der Suche nach Abgeschiedenheit oder das Calabash Hotel für Luxus am Wasser.

St. Vincent & die Grenadinen Hochzeit auf einer gecharterten Jacht oder an einem abgelegenen Ort auf einer kleinen Insel wie Bequia. Hier wird der Hochzeit ein Hauch von Abenteuer verliehen.

Formalitäten

Es ist wichtig, vorab zu klären, was man für eine Eheschließung benötigt. Dies kann je nach Land variieren. Auskunft gibt die nationale Tourismusbehörde oder ein auf Hochzeiten spezialisiertes Resort. Am besten überprüft man die Infos noch mal.

Hier nur einige der bürokratischen Hürden, die man eventuell nehmen muss:

- Geburtsurkunde im Original
- Scheidungsurkunde oder Sterbekurkunde früherer Ehepartner
- Berechtigungsnachweis des Beamten, der die Trauung durchführen soll
- Lokale Heiratserlaubnis (300 US$, an einigen Orten auch mehr)
- Bluttests

Achtung: Es kann zu Verzögerungen in der Abwicklung kommen. Auf einigen Inseln dauert es 48 Stunden oder länger, um einen Heiratsantrag zu bearbeiten; auf anderen Inseln ist es Voraussetzung, dass man sich 48 Stunden oder länger vor der Trauerfeier bereits vor Ort befindet.

Wem das alles zu viel Bürokratie ist, dem bleibt eine inoffizielle Traumhochzeit in der Karibik mit anschließender rechtskräftiger Eheschließung im Heimatland.

ROMANTIK BRAUCHT KEINE BEGRÜNDUNG

INSELN	PERFEKT FÜR	DETAILS	EMPFEHLUNGEN
Amerikanische Jungferninseln	Abenteuer, Intimität & Luxus, ausladende Feiern	Alles vom Luxusresort bis zu Ökoreisen in die Wildnis	Flitterwochenstrände zur Auswahl – einen auf St. Thomas, einen auf St. John
Anguilla	Intimität & Luxus, Abenteuer	Exklusiv und teuer für eine besondere, exotische Feier	Eine eigene Villa mit Butler mieten
Antigua & Barbuda	Intimität & Luxus, Abenteuer	Große Auswahl an exklusiven Resorts für ein ganz besonderes Event	Rendezvous Bay, Antigua; Jumby Bay Resort, Antigua
Aruba	Ausladende Feiern	Zahlreiche Resorts, die auf Hochzeiten spezialisiert sind	Alle Resorts am Palm Beach
Bahamas	Abenteuer, Intimität & Luxus, ausladende Feiern	Private Inseln, die so gut wie keinen Wunsch offen lassen	Kamalame Cay, Andros; The Cove, Atlantis, Paradise Island; Harbour Island, Eleuthera
Barbados	Abenteuer, Intimität & Luxus, ausladende Feiern	Eine ganze Angebotspalette für jede Art von Hochzeit	Coral Reef Club, Holetown; Crane Beach Hotel, Crane Beach; Eco Lifestyle Lodge, Bathsheba
Bonaire	Abenteuer	Perfekt für Hochzeiten im Freien mit dem gewissen Etwas	Hochzeit in einem Resort direkt am Wasser, anschließender Tauchgang mitsamt der Gäste
Britische Jungferninseln	Abenteuer	Tortola ist das karibische Jachtzentrum; hervorragend für Hochzeiten oder Flitterwochen auf einem Segelboot	Die besten Freunde mitnehmen und auf einer gecharterten Jacht in den Hafen der Ehe einlaufen
Dominica	Abenteuer	Perfekt für Feierlichkeiten mit Outdooraktivitäten	Secret Bay, Portsmouth; Pagua Bay House, Pagua Bay
Dominikanische Republik	Abenteuer, ausladende Feiern	Große Resorts oder intimere Optionen	Resorts in Punta Cana oder Playa Bonita und Playa Coson außerhalb von Las Terrenas
Grenada	Abenteuer	Kleine, abgelegene Lodges mit warmherziger Gastlichkeit	Anse la Roche; Green Roof Inn, Hillsborough

INSELN	PERFEKT FÜR	DETAILS	EMPFEHLUNGEN
Jamaika	Abenteuer, Intimität & Luxus, ausladende Feiern	Eines der Top-Hochzeitsziele in der Karibik; in einigen großen Resorts gibt's die Trauung gratis, wenn genug Zimmer gebucht wurden	Treasure Beach; Negril
Kaimaninseln	Ausladende Feiern	Zahllose Resorts bieten gute Gruppenpreise	Seven Mile Beach, Groß-Kaiman
Kuba	Abenteuer	Für Abenteuerlustige ohne anerkannte Trauungsurkunde	Frisch Verheiratete fahren in einem klassischen Cabrio durch applaudierende Menschenmengen in den Straßen Havannas
Puerto Rico	Abenteuer, ausladende Feiern, Intimität & Luxus	Große Resorts und versteckte Domizile	Vieques; Culebra; Isla Culebrita
Saba	Abenteuer	Die Insel ist so klein, eine Hochzeitsfeier könnte sie beinahe füllen	Keine Strände, dafür unzählige Möglichkeiten für Aktivitäten im Freien
Saint-Barthélemy	Intimität & Luxus	Besticht bei kleinen, gehobeneren Trauungen	Eine Villa inklusive Personal für den ganz besonderen Tag mieten
Saint-Martin/Sint Maarten	Ausladende Feiern	Niederländische und französische Resorts für eindrucksvolle Hochzeitsfeiern	Mit einer Gruppe kommen und eine ganze Anlage in Beschlag nehmen
St. Kitts & Nevis	Intimität & Luxus, ausladende Feiern	Verwöhnprogramm auf Nevis und Resortatmosphäre auf St. Kitts	Four Seasons oder Golden Rock Inn, Nevis; Belle Mont Farm, St. Kitts
St. Lucia	Abenteuer, Intimität & Luxus	Boutique-Hotels mit französischem Flair	Fond Doux Plantation; Ladera; Pink Plantation House, Castries
St. Vincent & die Grenadinen	Abenteuer, Intimität & Luxus	Viele Unterbringungsmöglichkeiten für Gruppen; auch erstklassige Luxusverstecke vor Paparazzi	Palm Island Resort; Petit St. Vincent Resort
Trinidad & Tobago	Abenteuer	Entspannte Rückzugsgebiete – eine unkonventionelle Variante	Am Pigeon Point Beach gibt's einen eigens für Hochzeiten angelegten Pavillon
Turks- & Caicos-inseln	Intimität & Luxus	Kleine Resorts und einer der längsten und schönsten Strände der Karibik	Parrot Cay; Resorts an der Grace Bay

Reiseplanung

Karibik für wenig Geld

Die Karibik ist nicht immer das günstigste Reiseziel, doch mit etwas Planung und vernünftigen Entscheidungen kann man das Maximum herausholen. Die Inseln variieren je nach Preisniveau – einige sind weitaus preiswerter als andere.

Die besten Spartipps

Hier sind einige Tipps, um Geld zu sparen:

In der Gruppe reisen Mit Freunden kann man eine Villa mieten.

Weit im Voraus buchen Dann findet man gute Angebote zur Hauptsaison.

Kurzfristig buchen So kann man Schnäppchen ergattern, wenn die Hotels leere Zimmer zu Dumpingpreisen anbieten.

Es den Tauchern gleichtun Man gibt sich nur mit einem tollen Preis-Leistungs-Verhältnis direkt am Wasser zufrieden.

Busse und Fähren nehmen So lernt man neue Leute kennen und erlebt vielleicht ein Abenteuer.

Wie die Einheimischen leben Man spart Geld, während man das Land auf authentische Weise erlebt.

Nachhaltig reisen Damit tut man das Richtige und gibt weniger aus.

Zur Nebensaison reisen Die Preise sinken dann um 40 % oder mehr.

Inseln für wenig Geld

Ein Urlaub auf einer dieser Inseln strapaziert das Bankkonto am wenigsten.

Bonaire Großartige günstige Optionen. Es gibt kleine Resorts am Wasser, ideal für Taucher, die auf ein gutes Preis-Leistungs-Verhältnis Wert legen.

Dominica Für Schnäppchenjäger. Hier ist alles günstiger als die Durchschnittspreise der Region, v.a. Unterkunft und Essen. Flächendeckende öffentliche Verkehrsmittel.

Montserrat Definitiv eine Insel für den kleinen Geldbeutel. Auch Gästehäuser bieten ein tolles Preis-Leistungs-Verhältnis und gute Qualität. Lokale Restaurants sind günstig und sehr gut. Das Angebot an öffentlichen Verkehrsmitteln ist begrenzt; Taxis sind nicht zu teuer.

Puerto Rico San Juan verfügt über viele Hotels: Ausschau nach Internetangeboten und Mietapartments halten. In Culebra und Vieques gibt's günstige Unterkünfte. Gute öffentliche Anbindungen.

Saba Eine winzige Insel mit einer kleinen Anzahl von Unterkünften, darunter aber einige sehr nette für rund 100 US$.

Sint Eustatius Die Auswahl ist zwar begrenzt, aber die wenigen Touristen – ein paar sparsame Taucher – garantieren preiswertere Unterkünfte, selbst von Januar bis März.

Trinidad Nicht unbedingt tourismusorientiert, daher viele preiswerte Optionen. Die Insel ist günstig im Vergleich zu anderen. Öffentliche Verkehrsmittel und Imbissstände sind billig und gut.

Gericht mit Bratfisch, Dominikanische Republik (S. 376)

Tobago Wie in Trinidad gibt's viele preiswerte Optionen. In Crown Point findet man die meisten Unterkünfte und die Konkurrenz hält die Preise tief.

Inseln für jeden Geldbeutel

Auf diesen Inseln kann man viel oder eben weniger ausgeben.

Amerikanische Jungferninseln Die Preise hängen stark von der Saison ab und sinken außerhalb der Hauptsaison um 40 % oder mehr. Resorts sind eher teuer, dafür findet man online günstigere Ferienwohnungen.

Antigua Eine teure Insel vorwiegend mit Luxusresorts; daneben ein paar Gästehäuser, die nicht gerade ansprechen. Selbstversorgung in einem Mietapartment kommt günstiger. Ferienwohnungen nehmen zu – wir empfehlen die Südwestküste nahe Cades Bay. Öffentliche Transportmittel sind in erschlossenen Gebieten vorhanden, im entlegeneren Osten und Südosten aber rar.

Aruba Die Strände sind v. a. von Luxusresorts gesäumt, doch am Eagle Beach – unserer Empfehlung – gibt's ein paar gute Unterkünfte im Mittelklassebereich. Zehn Gehminuten vom Strand entfernt findet man gute Zimmer mit Küche für 100 US$ pro Nacht. Öffentliche Transportmittel sind hervorragend.

Barbados Die Westküste mit ihren Nobelresorts und Residenzen kann kostspielig werden, obwohl zehn Minuten vom Strand auch preiswertere Apartments warten. Der Süden bietet unzählige günstige und Mittelklasseunterkünfte in Strandnähe. Öffentliche Transportmittel sind hervorragend, auswärts zu essen geht aber teilweise sehr ins Geld.

Britische Jungferninseln Tortola ist hier der Geheimtipp für Reisende mit kleinerem Budget. Es bietet eine gute Auswahl an Gästehäusern und einfacheren Resorts.

Curaçao Billige Unterkünfte im wunderschönen Willemstad sind oft das Geld nicht wert, doch es eröffnen gerade einige bessere Mittelklasseoptionen. Ferienwohnungen an der Nordküste sind preiswert, die öffentlichen Transportmittel in Ordnung.

Dominikanische Republik Im zentralen Hochland gibt's günstigere Angebote als woanders. Einmalig charmante Pensionen und Boutique-Hotels findet man auf der Península de Samaná und teure All-inclusive-Nobelrestaurants in Bavaro und Punta Cana. Busverbindungen sind überall vorhanden.

Grenada Budgetunterkünfte sind auf Grenada dünn gesät, doch rund um St. George's verteilen sich ein paar recht günstige Resorts. Man kann relativ günstig essen gehen und mit Regionalbussen kommt man fast überall hin. In Hillsborough auf Carriacou befinden sich einige günstige Unterkünfte.

LEBEN WIE DIE EINHEIMISCHEN

Einheimische lernt man kennen, indem man das tut, was sie tun. So wird die Reise erschwinglicher und authentischer. Hier ein paar einfache, vernünftige Tipps:

- Essen in Imbissbuden – die lokale Kost ist günstig und oft unglaublich lecker.
- In einer der örtlichen Bars vorbeischauen: Sie dienen oft gleichzeitig als Gemeindezentrum; neben einem Drink erhält man alle möglichen nützlichen – oder herrlich frivolen – Ratschläge.
- Von Gemeinden organisierte Barbecues in der östlichen Karibik.

Eine Wanderin blickt über den Gros Piton, Soufrière, St. Lucia (S. 828)

Grenadinen Einige Inseln sind recht kostspielig (z. B. Mustique), andere, wie Bequia, bieten ausgezeichnete preiswerte Möglichkeiten. Hier erreicht man problemlos alles zu Fuß.

Guadeloupe Es gibt empfehlenswerte günstige Quartiere und Mittelklasseoptionen für 50 US$ pro Nacht, allerdings keine Hostels. Die Busse sind gut; eine Fahrt mit der Fähre auf eine der winzigen Inseln vor Guadeloupe ist preiswert und macht Spaß.

Jamaika Treasure Beach, Port Antonio und Kingston sind gute Optionen für Backpacker, während man sich in den Resorts an der Nordküste so richtig verwöhnen lassen kann.

Kuba Supergünstige Übernachtungsmöglichkeiten in Privatunterkünften sind deutlich vorteilhafter für den Geldbeutel als die teuren historischen Hotels und All-inclusive-Angebote.

Martinique Überall auf der Insel gibt's günstige Mittelklasseunterkünfte für 70 US$ pro Nacht. Gute Fähr-, aber schlechte Busanbindungen.

Sint Maarten Das Angebot ist seit dem Hurrikan Irma noch immer klein und Schnäppchen sind selten zu finden. Am besten entscheidet man sich für eines der älteren Hotels auf der niederländischen Seite oder mietet ein Apartment auf der französischen Seite. Lebensmittel bekommt man in den großen Supermärkten oder man versorgt sich bei *lolos* (lokale Grillimbisse). Öffentliche Verkehrsmittel sind unzuverlässig.

St. Lucia Gute Unterkünfte der Mittelklasse wie Gästehäuser, die nicht direkt am Strand liegen. Ein Urlaub in der Nebensaison macht sich bezahlt.

St. Vincent Man findet ein paar gute, einfachere Resorts in Kingstown, wo auch das Gasthaus zu empfehlen ist. Öffentliche Transportmittel sind in Ordnung.

Turks- & Caicosinseln Kostspielige Strandanlagen; die besten Deals bieten Tauchresorts in Providenciales und Grand Turk.

Inseln für Luxusliebhaber

Dies sind die Nobelinseln der Karibik, aber auch hier ist es möglich, die Reise aufs Budget zuzuschneiden.

Anguilla Eine der exklusivsten und teuersten Inseln der Karibik. Keine preiswerten Optionen.

Kaimaninseln Die meisten Unterkünfte gibt's am Seven Mile Beach und die sind recht kostspielig. Günstigere Optionen findet man fernab vom Strand. Die öffentlichen Verkehrsmittel sind hervorragend.

Nevis Charlestown hält ein paar günstige Restaurants bereit. Der Rest der Insel ist ziemlich teuer, bietet aber ein gutes Preis-Leistungs-Verhältnis.

Saint-Barthélemy In der Hauptsaison unbezahlbar, ansonsten findet man eventuell online eine erschwingliche Villa zur Miete. In einem der Luxusrestaurants kann man „günstige" Menüs zu 29 € genießen.

St. Kitts Teuer. Resorts haben online oft Spezialangebote. Öffentliche Verkehrsmittel sind ganz gut und es gibt Zimmer mit Küche.

Reiseplanung

Nachhaltig reisen

Tourismus ist die größte Einnahmequelle der Karibik und die Auswirkungen auf Umwelt und Kultur sind enorm. Die meisten Inseln stellen immer noch die wirtschaftlichen Interessen vor den Schutz der Umwelt, da Armut weit verbreitet ist, doch zum Glück gibt es einige „grüne" Lichtstrahlen am Horizont, die man unterstützen sollte.

Schritte zur Nachhaltigkeit

Man kann seinen Anteil leisten und etwas bewegen. Hier sind ein paar Hinweise, wie man Auswirkungen auf die Umwelt minimiert.

Wasserhahn zudrehen Trinkwasser ist überall auf den Inseln ein extrem kostbares Gut. Meerwasserentsalzungsanlagen arbeiten rund um die Uhr und viele Inselbewohner greifen nur auf Regenwasser zurück, das sie in Zisternen sammeln. Man sollte nicht vergessen, dass Winter – Hochsaison – die trockenste Zeit des Jahres ist.

Keine Wasserflaschen kaufen Kann Leitungswasser bedenkenlos getrunken werden, sollte man Wassercontainer damit auffüllen, um Flaschen und deren Transport- und Entsorgungskosten zu vermeiden.

Klimaanlage ausschalten In der Karibik ist es nachts selten so heiß, dass man die Klimaanlage benötigt; am besten man schaltet sie aus und lässt die Meeresbrise hinein.

Mit dem Bus fahren Anstatt ein Auto zu mieten, kann man in die lokale Kultur eintauchen und dabei Benzin sparen. Auf Inseln wie Aruba, Barbados und Grand Cayman gibt's hervorragende Busverbindungen.

Mietwagen früher zurückbringen Man sollte darüber nachdenken, ob man den Mietwagen während des ganzen Aufenthalts benötigt. Möglicherweise reichen für Erkundungstouren ein oder zwei Tage.

Fisch & Meeresfrüchte

Viele Fisch- und Schalentierarten sind in der Karibik aufgrund von Überfischung gefährdet. Man sollte Gerichte mit Fisch daher aus nachhaltigen Fangmengen bestellen. Wildfang aus regulierten heimischen Beständen ist importierten Zuchtfischen vorzuziehen. Zudem haben Fische und Schalentiere eine Schonzeit, damit sich ihre Bestände erhalten können. Am besten fragt man nach der Herkunft der Ware.

Gute Wahl

Barramundi (aus Zucht)
conch (Meeresschnecken aus Zucht)
Feuerfisch (eine invasive Art)
Krabbe
Buntbarsch (aus Zucht)
Gelbschwanzschnapper
mahi mahi (Goldmakrele)
Krebs

Besser vermeiden

Atlantischer Lachs
conch (Meeresschnecken aus Wildfang)
Florida-Gabelmakrele
Zackenbarsch
Languste
Schwertfisch
Wilde Schildkröte

SABINE HORTEBUSCH/SHUTTERSTOCK ©

Bathsheba, Barbados (S. 273)

Nein zu Plastik Auf Barbados und einigen anderen Inseln wird man in Läden zuerst gefragt, ob man eine Plastiktüte benötigt. Strohhalme sollte man auch vermeiden, da sie jahrelang im Meer herumtreiben.

Go Green Nach Hotels und Resorts suchen, die ein geprüftes Ökosiegel haben.

Nachfragen Beim Hotel oder Touranbieter nach dessen ökologischen Maßnahmen fragen. Auch wenn es keine gibt, wird es ihnen zeigen, dass der Kunde sich Gedanken macht.

Global reisen, lokal einkaufen Lokale Produkte kaufen und damit nicht nur die örtliche Wirtschaft unterstützen, sondern auch Geld sparen. Heimisches Bier ist immer frischer als importiertes.

Keine Korallen Korallen im Meer nicht anfassen und nicht kaufen. Souvenirs aus Muscheln oder Schildkrötenpanzer sollte man ebenso vermeiden. Kauft man etwas, das aus diesen Materialien besteht, trägt man zur Umweltzerstörung und Jagd bei.

Keinen Müll hinterlassen Auch wenn man Einheimische sieht, die ihren Müll achtlos wegwerfen (vor allem KFC-Kartons), sollte man es selbst nicht tun. Alles, was man an Land wegwirft, landet irgendwann im Meer, wo es auf die Lebewesen verheerende Auswirkungen haben kann. Keinen Müll an Stränden, auf Wanderwegen oder Campingplätzen hinterlassen.

An die Delfine denken Man sollte sich bewusst machen, dass wilde Delfine gefangen gehalten werden, damit Touristen mit ihnen schwimmen können; eine Vorgehensweise, die von Tierschützern verurteilt wird.

Umweltfreundliche Betriebe

Umweltbewusstsein wird in der Karibik zunehmend zum Thema. Hier ein paar unserer liebsten umweltorientierten Unternehmen in der Region.

Amerikanische Jungferninseln

Virgin Islands Campground (S. 93) Solarbetriebener Campingplatz mit Regenwasserspeisung.

Anguilla

Zemi Beach House (S. 138) Vornehmes Resort mit umweltfreundlichen Hitech-Helfern, z. B. ökologische Klimaanlagen mit Bewegungsmelder.

Antigua & Barbuda

Barbuda Cottages (S. 166) Solarbetriebene Villen auf Pfählen.

Aruba

Bucuti & Tara Beach Resort (S. 183) Das erste CO_2-neutrale Resort in Nordamerika.

Bahamas

Small Hope Bay Lodge (S. 237) Dieses relaxte Öko-Resort hat echtes Interesse an Nachhaltigkeit, Kompostierung und Herstellung von Gläsern aus alten Weinflaschen.

Barbados

Eco Lifestyle Lodge (S. 273) Absolut grün und nahe dem schönsten Naturstrand auf Barbados.

Bonaire

Die gesamte Küste der Insel ist ein Meeresschutzgebiet. Naturschutz wird hier sehr ernst genommen.

Captain Don's Habitat (S. 285) Ein Resort, das in Sachen Umwelt vorangeht.

Britische Jungferninseln

Ocean Spa BVI (S. 316) Schwimmende Wellnessoase aus Holz, das aus den Trümmern nach der Hurrikansaison 2017 geborgen wurde.

Curaçao

Ocean Encounters (S. 338) Nach einer speziellen PADI-Ausbildung zum Taucher für Korallenrestaurierung dürfen Freiwillige bei der Pflege von *nurseries* (Kinderstuben für Korallen) mithelfen.

Dominica

Cocoa Cottage (S. 354) Eine Ansammlung von Ökohütten; biologische Mahlzeiten an gemeinsamen Tischen.

Dominikanische Republik

Tubagua Plantation Eco-Village (☎809-696-6932; www.tubagua.com; El Descanso; B/EZ/DZ 30/100/135 US$; P 📶) 🍃 Einfache Holzhütten mit geringer Umweltbelastung auf einem Berg.

Grenada

Maca Bana (S. 425) Luxuriöse Ökovillen mit Hanglage.

Guadeloupe

Tendacayou Ecolodge & Spa (S. 459). Grünes Refugium aus Baumhäusern in den Bergen über Deshaies.

Jamaika

Stush in the Bush (S. 515) Veganer-Mekka mit Lebensmitteln aus eigenem Anbau; am Hang gelegen.

Kaimaninseln

Central Caribbean Marine Institute (S. 571) Hobbytaucher können am *„Dive on the EDGE"*-Programm zur Identifizierung und Katalogisierung von Korallen und Meereslebewesen teilnehmen.

Kuba

El Olivo (S. 613) In diesem Restaurant in Viñales kommt alles frisch vom Hof auf den Tisch. Der Bauernhof gehört der Familie des Inhabers und kann besucht werden.

Montserrat

Aqua Montserrat (S. 676) Von Einheimischen betriebener Veranstalter, der Abenteuerausflüge zu den geheimen Ecken Montserrats über und unter Wasser organisiert.

Puerto Rico

Hix Island House (S. 706) Das innovative Ökohotel auf einem Berg ist das erste der Karibik mit komplett eigener Stromversorgung.

Saba

Kakona (S. 725) Souvenirs aus heimischen Pflanzen und Recyclingmaterial von ortsansässigen Künstlern und Handwerkern.

Saint-Barthélemy

Shankar Juice (☎0590-87-78-03; www.facebook.com/shankarjuicebar; Passage de la Crémaillère; mittel/groß 8/10 €; ⏲Mo–Fr 8.30–18, Sa 9–12 & 15–18 Uhr; 📶) 🍃 Entschlackung pur in dieser grünen Saftbar.

Saint-Martin/Sint-Maarten

Loterie Farm (S. 763) Die Farm am Weg auf den Pic Paradis gleicht einer Oase und ist ein Muss für Wanderer und Feinschmecker.

Sint Eustatius

Scubaqua Dive Center (S. 776) Eine der wenigen Tauchschulen, die im Sint Eustatius National Marine Park zugelassen sind.

St. Kitts & Nevis

St. Kitts Eco-Park (Karte S. 794 f.; ☎869-465-8755; Sir Gillies Estate, Sandy Point Town; Erw./Kind 10/5 US$; ⏲Mo–Sa 9–16 Uhr) 🍃 Der Komplex mit Gewächshaus und Garten zeigt die hiesige Pflanzenwelt und bringt jungen Einheimischen bei, wie nachhaltige Garten- und Landwirtschaft funktioniert.

St. Lucia

Boucan (S. #702) Dieses in einer Kakaoplantage gelegene Resort rühmt sich seines Beitrags zur lokalen Gemeinschaft.

Trinidad & Tobago

Grande Riviere Nature Tour Guide Association (S. #773) Von der Inselgemeinschaft geführter Veranstalter von Natur- und Wanderexkursionen.

Turks- & Caicosinseln

Big Blue Collective (S. #806) Umweltfreundlicher Anbieter von Abenteuersportarten, der auch kulturelle Führungen und (in der Walsaison) Whalewatching organisiert.

Reiseplanung

Reisen mit der Familie

Das allererste Mal mit den Kids Boot fahren und segeln, Sandburgen bauen, durch Regenwälder wandern oder einheimische Kinder treffen – diese einfachen Abenteuer machen die Karibik zu einem großartigen Ziel für Familien. Die Inseln locken mit Attraktionen und Angeboten, die von den Kleinsten bis zu Teenagern alle begeistern.

Die besten Inseln für Kids

Amerikanische Jungferninseln Die Inseln bieten eine Mischung aus kinderfreundlichen Stränden, flachem Wasser, minimalem Wellengang und Wassersportzentren sowie eine Menge Festungen mit alten Kanonen.

Aruba Jede Menge familienfreundliche Resorts mit schönen Stränden und sanften Wellen sowie gut organisierten Aktivitäten und Wassersport.

Barbados Im Süden und Westen liegen die besten Strände und Resorts. Die Brandung an der Ostküste ist zu heftig für unerfahrene Schwimmer.

Kaimaninseln Der Seven Mile Beach ist ideal für Familien, weil man hier Resorts mit kindgerechten Angeboten findet. Außerdem ist das Wasser ruhig.

Puerto Rico Die Resorts sind super und die alten Festungen aus der Kolonialzeit sowie die historischen Parks wecken den Piraten in einem.

Highlights für Kinder

Spannende Tiere

Zoo de Martinique (S. 660) Der privat betriebene Zoo in einem alten botanischen Garten ist einer der besten der Region.

Maho Bay, St. John (S. 106) So viel Seegras lockt Meeresschildkröten an die Küste.

Donkey Sanctuary, Aruba (S. 166) In dieser kinderfreundlichen Einrichtung kann man sich mit den ehemaligen Lastentieren anfreunden.

Bioluminescent Bay, Grand Cayman (S. 566) Lohnenswert: Eine nächtliche Schnorcheltour durch im Dunkeln leuchtendes Plankton.

Schildkrötenbeobachtung, Trinidad (S. 883) Hunderten Lederschildkröten dabei zusehen, wie sie am Grande-Riviere-Strand ihre Eier ablegen (März–August).

Abenteuer

Antigua Rainforest Zip Line Tours (S. 156) Einfach mal brüllen wie Tarzan und Jane, während man am Drahtseil durch die Baumwipfel saust.

Dunn's River Falls, Jamaika (S. 514) Beliebte und kinderfreundliche Attraktion, bei der man Wasserfälle hochklettern und durchschwimmen kann.

Tanamá River Adventures, Puerto Rico (☎787-462-4121; www.tanamariveradventures.com; Hwy 111; geführte Touren 59–79 US$) Auf familiengerechten Touren in Höhlen Tubing und Abseilen üben.

KARIBIK MIT KINDERN

Auf diesen Inseln wird etwas für Kinder geboten. Die Bewertung 1 heißt, dass die Kids wohl nie wieder nach Hause wollen, Inseln mit Bewertung 2 bieten einige Highlights.

Amerikanische Jungferninseln	1	Eines der besten Reiseziele für Kinder bietet zahllose Highlights, Spaß in Resorts, kinderfreundliche Touristenstädte auf allen drei Inseln, Rettungsschwimmer am Magens Beach und Meeresschildkröten in der Maho Bay.
Antigua & Barbuda	2	An den Stränden kann man gut spielen, dazu kommen die Antigua Rainforest Zip Line Tours und das Antigua Donkey Sanctuary.
Aruba	1	Große Resorts mit Kinderprogramm, hervorragende Strände, größtenteils ruhiges Meer, viele Abenteueraktivitäten wie Wassersport.
Bahamas	1	New Providence (Nassau) hat Strände zum Aktivsein, Tierparks und die Wasserparks von Paradise Island. Die Abaco-Inseln sind entspannt und toll zum Schnorcheln sowie Inselhopping.
Barbados	2	Viele familienfreundliche Strände im Süden und Westen, beliebte Surfkurse für Kinder, aber wenige große Resorts mit Kinderprogramm.
Bonaire	2	Gut für ältere Kids, die Tauchen und Surfen lernen wollen, aber wenige Strände.
Dominikanische Republik	2	Die Resorts in Punta Cana und Bávaro kümmern sich um die Kurzen, die sich mit anderen jungen Urlaubern aus der ganzen Welt anfreunden können.
Jamaika	2	In Montego Bay und Ocho Rios gibt's familienfreundliche Resorts, aber einige Anlagen sind nur auf Erwachsene und Party ausgerichtet. Die Dunn River Falls sind die Attraktion für Familien.
Kaimaninseln	1	Der Seven Mile Beach ist ideal für Familien: Die großen Resorts haben Kinderprogramme, Stingray City ist ein Hit, man kann Seesterne am Starfish Point suchen, mit Meeresschildkröten am Spotts Beach schnorcheln und die Crystal Caves erkunden.
Puerto Rico	1	In der Nähe der Altstadt von San Juan liegen kinderfreundliche Resorts: Zu den Top-Attraktionen zählen das Museo del Niño de Carolina, sagenhafte Festungen mit Piratengeschichte und das Observatorio de Arecibo. Der Playa Flamenco in Culebra ist einer der schönsten Strände der Welt und wird von Rettungsschwimmern bewacht.
Saint-Barthélemy	2	Wassersport, so viel man will, und Gourmet-Kindermenüs.
Sint Maarten	2	Viele Resorts orientieren sich an den Bedürfnissen von Familien, dazu gibt's zahlreiche kinderfreundliche Aktivitäten wie Ziplining, Wanderungen und Reitausflüge.

U-Boot Atlantis (Karte S. 179; ☎436-8929; www.barbados.atlantissubmarines.com; Shallow Draught; Erw./Kind 109/57 US$; ⌚8–16 Uhr) Bei einem Unterwasserabenteuer in die Welt von Kapitän Nemo eintauchen und Riffe und Fische von Nahem sehen.

St. Kitts Scenic Railway, St. Kitts (S. 798) Die landschaftlich reizvolle Fahrt über die Insel in einem fröhlichen historischen Zug ist perfekt für Kinder.

Piraten!

Faro y Parque Histórico de Arecibo, Puerto Rico (Leuchtturm und Historischer Park von Arecibo; ☎787-880-7540; www.arecibolighthouse.com; Rte 655; Erw./Kind 12/10 US$; ⌚ Mo–Fr 9–18, Sa & So 10–19 Uhr) In diesem historischen Freizeitpark mit Piratenthema kann man in eine Fantasiewelt eintauchen.

Pirates of Nassau, Bahamas (S. 203) In dem interaktiven Museum können Kinder die maßstabsgetreue Replik eines Piratenschiffs erkunden.

Pirates Week, Grand Cayman Spaßige Pireteninvasionen amüsieren Besucher des beliebten Festivals.

Reiseplanung

➡ Wickelräume, Kinderbetten, Hochstühle, Kindermenüs und mehr findet man vor allem in großen internationalen Resorts. Nach Unterkünften mit Kinderclub Ausschau halten.

➡ Die größeren Inseln bieten medizinische Versorgung sowie große Supermärkte mit Windeln, gewohnten Lebensmitteln usw.

Castillo San Felipe del Morro, San Juan, Puerto Rico (S. 68

Wo übernachten?

Resorts verfügen über jede Menge kinderfreundliche Einrichtungen, aber manche Familien ziehen einfachere Unterkünfte näher am Inselleben vor. Ehe man bucht, sollte man gewisse Details abklären, z. B.:

- Werden Kinder willkommen geheißen oder nur akzeptiert?
- Bei Resorts: Welche Aktivitäten für Kinder werden angeboten?
- Gibt's im Zimmer einen DVD-Player und WLAN?
- Gibt's eine Küche oder wenigstens einen Kühlschrank, damit man nicht immer auswärts essen muss?
- Können Kinder sicher und geschützt spielen?
- Auch wenn der Strand in der Nähe ist: Liegt er auf der anderen Seite einer viel befahrenen Straße?
- Sind Kinderbetten, Wickeltische und andere Notwendigkeiten für Babys vorhanden?
- Wird Babysitten angeboten?

Sicher reisen

Damit Kinder sich an die Hitze der Karibik gewöhnen, lässt man es am besten ruhig angehen und sorgt dafür, dass sie ausreichend Wasser trinken. Die Kleinen sollten Sonnencreme mit einem hohen Lichtschutzfaktor auftragen und draußen immer etwas überziehen, um weder Sonnenbrand noch einen Hitzschlag zu bekommen.

Am besten bringt man Insektenschutzmittel für Kinder mit sowie sonstige Medikamente zur Behandlung von Insektenstichen.

Unbedingt einpacken

Es wartet viel Spaß am Strand und im Meer. Die meisten Unterkünfte stellen Handtücher, Liegestühle und Sonnenschirme zu Verfügung. In Touristengebieten kann man in den Läden am Strand alles kaufen, was man vergessen hat: Sandeimer, Schnorchel usw. Anderswo muss man selbst mitbringen, was den Nachwuchs unterhalten soll. Nicht vergessen:

- Schnorchelausrüstung (vor allem Taucherbrillen), die man auf Dichtheit und gute Passform getestet hat
- Schwimmflügel und andere aufblasbare Schwimmhilfen
- Sandeimer und Schaufeln
- feste Neoprenschuhe
- Unterwasserkamera
- Wer viel fährt: Kindersitz.

Die Inseln auf einen Blick

Die Karibik ist erstaunlich vielfältig. Neben Gemeinsamkeiten wie fantastischen Stränden und einem tollen Klima warten die einzelnen Inseln mit vielen Besonderheiten auf, die sie einzigartig machen – die Besucher können sich auf die Region konzentrieren, die ihnen am meisten zusagt. Egal, ob man sich für Geschichte, Musik, Essen oder Tauchen interessiert, es findet sich eine Insel für jeden Geschmack. Wer zu landestypischen Rhythmen tanzen oder sich einfach Zeit nehmen möchte, um den Duft der Blüten zu genießen, kommt ebenfalls auf seine Kosten.

Amerikanische Jungferninseln

Essen
Parks
Tauchen

Auf St. Thomas werden *callaloo* (eine pikante Suppe) und westindische Gerichte serviert. Der Virgin Islands National Park lohnt zum Wandern, Schnorcheln und Kajakfahren. St. Croix bietet Tauchern die „Wall" und Rumfabriken.

S. 90

Anguilla

Strände
Essen
Wassersport

Optisch ist die mit Buschwerk bewachsene Kalksteininsel vielleicht nicht so auffällig wie ihre Nachbarn, doch Anguillas himmlische Strände machen das wieder wett. Neonblaue Wellen schlagen auf schneeweißen Küsten auf, wo Anwohner köstliche regionale Gerichte auf dem Grill zubereiten.

S. 127

Antigua & Barbuda

Strände
Geschichte
Aktivitäten

Antigua lädt zum Herumtollen am Strand, Golfspielen und Essen ein, oder man lernt etwas über die Seefahrtsgeschichte Großbritanniens. Barbuda hingegen ist mit seinen perlweißen Stränden ein abgeschiedener Ort, wo es mehr (geflügelte) Tiere als Menschen gibt.

S. 144

Aruba

Resorts
Strände
Partys

Man hat die Wahl zwischen großen und kleinen Strandresorts – von prunkvoll bis außergewöhnlich. Tagsüber kann man sich am Strand aalen und anschließend in Bars, Restaurants und Clubs einkehren – so wie man es auch daheim tun würde, wenn das Wetter wärmer wäre.

S. 176

Bahamas

Tauchen
Strände
Angeln

Mit seinen 700 Inseln, Hunderten Kilometern an weißen Stränden und unzähligen versteckten Buchten ist dieses Zauberland aus Wasser ein Paradies für Strandliebhaber, Geschichtsinteressierte, Tauchenthusiasten, Segler, Angler und im Grunde für jedermann.

S. 197

Barbados

Wassersport
Resorts
Essen

Vom Wellenreiten übers Windsurfen in seichten Gewässern bis zum Schnorcheln an den Riffen – hier wird man vielleicht nie wieder trocken. Falls doch, kann man jeden Tag in einem anderen tollen Restaurant einkehren, so zahlreich sind sie!

S. 253

Bonaire

Tauchen
Outdoorabenteuer
Geschichte

Bonaire ist ein Taucherparadies mit Dutzenden bequem erreichbaren Spots. Das Abenteuer geht beim Kajakfahren, beim Windsurfen auf Lac Bay, beim Mountainbiken auf meilenweiten Wegen und beim Entdecken der faszinierenden Geschichte weiter.

S. 282

Britische Jungferninseln

Segeln
Inseln
Strände

Das ausgelassene Tortola lockt zum Segeln und Surfen sowie mit Vollmondpartys. Virgin Gorda bietet hingegen felsige Strände und Jachthäfen für Milliardäre. Jost Van Dyke ist die „Barfußinsel".

S. 300

Curaçao

Geschichte
Nachtleben
Strände

In den Vierteln von Willemstad findet man das niederländische Kolonialerbe in Form von Hunderten schöner historischer Gebäude. Man kann in die Musikkultur eintauchen, die sich das ganze Jahr über auf den Karneval vorbereitet, oder die Küste erkunden und versteckte Strände entdecken.

S. 331

Dominica

Natur
Abenteuer
Wandern

Mit tosenden Wasserfällen, einem kochenden See, dichtem Dschungel, Schwefelquellen, lebhaften Flüssen, bunten Riffen und einer dramatischen Küstenlinie verspricht diese wilde und vom Massentourismus verschonte „Naturinsel" ungewöhnliche Abenteuer.

S. 347

Dominikanische Republik

Geschichte
Strände
Outdoorabenteuer

Die Küste des Landes bietet gute Windbedingungen für Wassersportarten. Die Berggipfel ziehen Aktivreisende an, wohingegen man in der Zona Colonial in Santo Domingo in die Vergangenheit zurückreist.

S. 376

Grenada

Strände
Natur
Tauchen & Schnorcheln

Weißer Sand, türkisfarbenes Meer und überschaubare Besucherzahlen – Grenadas Strände sind Balsam für die Seele. Im Inselinneren kann man im Regenwald wandern oder direkt vor der Küste zwischen Schiffwracks und im Underwater Sculpture Park tauchen.

S. 417

Guadeloupe

Wandern
Strände
Tauchen

Guadeloupe bietet ausgezeichnete Wanderwege in Basse-Terre, hervorragende Strände mit den mitunter besten Tauchstellen der Karibik auf Grande-Terre und eine Auswahl an abgelegenen, beinahe unberührten Inseln, die sich ideal als Rückzugsorte eignen.

S. 445

Haiti

Geschichte
Kunst
Abenteuer

Auf Haiti fand der einzige erfolgreiche Sklavenaufstand der modernen Geschichte statt. Die Nation darf sich zudem der reichsten Tradition bildender Kunst und der spektakulärsten Festung in der Karibik rühmen. In der Region gibt's zudem kein urtümlicheres Reiseziel.

S. 481

Jamaika

Musik
Essen
Outdoor

Jamaika und Musik sind untrennbar miteinander verbunden und die Küche vereint Gewürze mit köstlichem *Jerk* (Trockenfleisch). Beim Raften auf dem Black River kann man das dschungelartige Landesinnere erkunden und auf einer Straßenparty in Kingston die Nacht durchtanzen.

S. 503

Kaimaninseln

Strände
Tauchen
Inseln

Der Seven Mile Beach ist der berühmteste Strand auf den Kaimaninseln, doch dort reihen sich noch viele weitere herrliche, sandige Abschnitte aneinander. Unter Wasser findet man am Riff ein buntes Meeresleben mit dem einen oder anderen Schiffswrack vor.

S. 550

Kuba

Musik
Architektur
Strände

Kubas musikalische Ader ist kein Geheimnis – die ganze Inselgruppe feiert zu einer bunten Mischung aus Live-Sounds – und die 50 Jahre dauernde politische Isolation des Landes hat unvorhergesehene Vorteile wie eine historische Architektur und unberührte Strände mit sich gebracht.

S. 579

Martinique

Strände
Wandern
Essen

Der Süden Martiniques bietet tolle Strände, hübsche Fischerdörfer und etliche Aktivitäten, denen man nachgehen kann. Der Norden eignet sich mit seinen Bergen und dem botanischen Garten ideal für Wanderer und Naturliebhaber.

S. 645

Montserrat

Vulkane
Natur
Tiere & Pflanzen

Die Schäden, die der gefährliche, majestätische Vulkan Soufrière Hills angerichtet hat, sind ehrfurchtgebietend. Er ist die Hauptattraktion dieser charmanten Insel. Hier kann man tauchen, Vögel beobachten und Spaziergänge unternehmen.

S. 673

Puerto Rico

Nachtleben
Geschichte
Natur

Geschichte hautnah erleben in der Altstadt von San Juan, an fantastischen Stränden entspannen, durch Regenwald wandern, an unberührten Riffen schnorcheln, farmfrische Erzeugnisse kosten und dazu Craft-Bier oder Cocktails trinken und abends zu sinnlichen Latino-Rhythmen tanzen.

S. 683

Saba

Tauchen
Wandern
Kunsthandwerk

Mit Haien schwimmt man beim Tiefseetauchen in der farbenfrohen Unterwasserwelt der Riffe rund um das winzige Saba. An Land wandert man durch Regenwald und andere Ökosysteme zum Gipfel des hohen Vulkans.

S. 718

Saint-Barthélemy

Strände
Essen
Wassersport

Eine brillante Mischung aus kargen, von Kakteen bewachsenen Klippen und azurblauem Gezeitengewässer prägt das Antlitz dieser Insel, die Berühmtheiten und andere anspruchsvolle Reisende mit erstklassiger Fusion-Küche und kilometerlangen Sandstränden in ihren Bann zieht.

S. 736

Saint-Martin/ Sint Maarten

Strände
Essen
Nachtleben

Saint-Martin/Sint Maarten ist ein Kaleidoskop aus karibischen Klischees: Strände wie von Postkarten, hervorragende regionale Restaurants und lärmende Bars, die aus allen Nähten platzen – sogar direkt an der Hauptlandebahn des Flughafens.

S. 752

Sint Eustatius

Tauchen
Wandern
Geschichte

Von einem einsamen Vulkan und reichlich kolonialer Architektur dominiert, war diese winzige Insel früher der wichtigste Überseehafen für den Frachtverkehr zwischen der Alten und der Neuen Welt.

S. 774

St. Kitts & Nevis

Geschichte
Strände
Kulturerbe

Den Fußstapfen von Nelson, Hamilton und afrikanischen Sklaven folgt man bei der Erkundung dieser grünen Zwillingsinseln, auf denen historische Plantagen mit Gasthöfen, schöne Strände sowie ein wolkenverhangener (schlafender) Vulkan zu finden sind.

S. 787

St. Lucia

Outdoor
Dorfleben
Strände

Man nehme eine bezaubernde Küstenlinie und füge Regenwald, Berge und ein paar hübsche Küstenorte hinzu. Anschließend gebe man dieser Insel noch Geschichte und Kultur bei und statte sie mit einer Auswahl an Outdooraktivitäten aus – heraus kommt St. Lucia!

S. 814

St. Vincent & die Grenadinen

Inselhopping
Abenteuer
Schönheit

Der Dschungel von St. Vincent lädt zu Wanderungen ein, bevor man mit einem Boot zu den schönen Stränden der Grenadinen fährt, wie dem perfekten kleinen Bequia. Auch für die Unterwasserwelt sollte man sich Zeit nehmen.

S. 839

Trinidad & Tobago

Musik & Nachtleben
Vogelbeobachtung
Wandern

Partylaune ist auf Trinidad und Tobago allgegenwärtig. Außerdem kann man hervorragend Vögel beobachten. In der wilden Northern Range und dem uralten geschützten Regenwald von Trinidad gibt's etliche Wanderwege und Wasserfälle, die sich zum Schwimmen eignen.

S. 865

Turks- & Caicosinseln

Tauchen
Strände
Tiere & Pflanzen

Mit den mitunter weißesten Stränden, dem saubersten Wasser und dem abwechslungsreichsten Meeresleben der Karibik begeistern die Turks- und Caicosinseln jeden, der seine Zeit gern im oder am Wasser verbringt.

S. 917

Reiseziele in der Karibik

siehe Detailplan

Amerikanische Jungferninseln

☎1-340 / 106 400 EW.

Inhalt ➡

Gut essen

➡ Harvey's (S. 112)
➡ Pizza Pi (S. 100)
➡ Rootz Café (S. 103)
➡ Longboard (S. 103)
➡ Daylight Bakery & Diamond Barrel (S. 96)

Schön übernachten

➡ Fred (S. 116)
➡ Olga's Fancy (S. 95)
➡ St. John Inn (S. 103)
➡ Estate Lindholm (S. 107)
➡ Virgin Islands Campground (S. 93)

Ab auf die Amerikanischen Jungferninseln!

Strände mit Hängematten, frittierte Fechterschnecken und unglaublich blaues Wasser – nur welche der Amerikanischen Jungferninseln (US Virgin Islands, USVI) ist die beste? Sie sind alle klasse, haben aber trotzdem jeweils ein ganz eigenes Flair. St. Thomas wartet mit einer Unmenge an Resorts und Wassersportmöglichkeiten auf. Dies ist die am meisten erschlossene Insel mit zahlreichen Kreuzfahrttouristen. Auf St. John sind zwei Drittel der Insel Naturschutzgebiete und wundervolle Küsten, toll zum Wandern und Schnorcheln. Hier ist man führend in Sachen Umweltschutz und zieht so ein naturverbundenes Publikum an. Die größte Jungferninsel, St. Croix, ist mit ihren grandiosen Tauchrevieren und Rumbrennereien etwas für Taucher und Genussmenschen. Sie ist am weitesten abgelegen und bietet die beste Möglichkeit, in den Alltag der Einheimischen einzutauchen.

Aber egal, wo man hinfährt: Überall locken Reggae-Rhythmen, Curry-Fleischgerichte und Craft-Bier mit Mango-Aroma. Diese Inseln gehören zwar zu den USA, sind aber eine ganz eigene Welt.

Reisezeit

Dez.–April In der trockenen und sonnigen Hauptsaison werden Unmengen an Aktivitäten angeboten – der Höhepunkt ist der Karneval auf St. Thomas.

Mai & Juni Ruhigere See und niedrigere Preise – perfekt für Segler, Schwimmer und Schnorchler bis zum Beginn der Regenzeit.

Nov.–Juni Fechterschneckensaison nach der Hurrikansaison im August/September.

Highlights

1 Virgin Islands National Park (S. 101) Zu Zuckerfabriken, Felsbildern und abgeschiedenen Stränden mit reicher Meeresfauna wandern.

2 Christiansted (S. 108) Craft-Bier schlürfen, das Fort mit seinen vielen Kanonen erkunden und traditionelles westindisches Essen genießen.

3 North Shore von St. John (S. 105) Seinen Lieblingsstrand suchen: Ist es der Honeymoon Beach oder liegt er an der Maho Bay mit den Schildkröten oder an der Leinster Bay, wo man mit Haien schnorcheln kann?

4 Salt River Bay (S. 114) Sich tagsüber anschauen, wo Kolumbus gelandet ist und abends auf dem biolumineszenten Wasser Kajak fahren.

5 Cruzan Rum Distillery (S. 117) Den Lieblingsschnaps der Jungferninseln an der Quelle probieren.

6 Cruz Bay (S. 101) Ein Happy-Hour-Gläschen auf St. Johns fröhlichen Hauptort kippen.

7 Cane Bay (S. 114) An der Steilwand tauchen und in den Abgrund blicken.

8 Karneval auf St. Thomas (S. 95) Tanzen und schlemmen beim zweitgrößten Karneval der Karibik.

ST. THOMAS

Für die meisten Besucher ist St. Thomas die erste Anlaufstation auf den Amerikanischen Jungferninseln und die Insel weiß, wie man einen guten ersten Eindruck hinterlässt. Dschungelüberwucherte Klippen recken sich hoch in den Himmel, rote Dächer ziehen sich über die Hügel – und rundherum die türkisblaue See mit ihren vielen Jachten. St. Thomas ist die kommerziellste der Jungferninseln: Hier legen jede Menge Kreuzfahrtschiffe an und es gibt unzählige große Resorts, aber es ist auch eine tolle Insel für Feinschmecker und Naturfreunde, die mit ihren Kajaks gerne Mangrovenlagunen erkunden.

 An- & Weiterreise

FLUGZEUG

Die Insel verfügt über zwei Flugterminals: den Cyril E. King Airport (S. 124), das wichtigste Drehkreuz der Region, ein kurzes Stück westlich des Zentrums von Charlotte Amalie, und das **Seaplane Terminal** (3400 Waterfront Hwy) direkt am Wasser in Downtown. Taxis sind dort jeweils problemlos zu bekommen.

SCHIFF/FÄHRE

St. Thomas verfügt über ausgezeichnete Fährverbindungen zu den restlichen Jungferninseln. Die beiden wichtigsten Fähranleger befinden sich in Charlotte Amalie (zu den Britischen Jungferninseln und nach St. Croix) und Red Hook (nach St. John). St. Thomas wartet außerdem mit zwei Kreuzfahrtterminals auf: Havensight und Crown Bay.

 Unterwegs vor Ort

AUTO

Die meisten Autovermietungen haben Niederlassungen am Flughafen. Die Preise für Mietwagen beginnen bei etwa 70 US$ pro Tag.

Avis (☎ 774-1468; www.avis.com; ⏲ 7–19 Uhr) Am Flughafen, am Seaplane Terminal und in Havensight.

Budget (☎ 776-5774; www.budgetstt.com) Am Flughafen, in der Crown Bay und in Havensight.

Discount Car Rental (☎ 776-4858; www.discountcar.vi; 3308 Contant; ⏲ 9–17 Uhr) Oft ein wenig billiger als die Konkurrenz. Beim Flughafen; mit Abholung.

Hertz (☎ 774-1879; www.hertz.com; ⏲ 7–21 Uhr) Am Flughafen.

BUS

An den Hauptstraßen auf der Insel halten die „Dollar"-Busse (auch als „Safaris" bekannt). Dabei handelt es sich um offene Lkw mit Bänken für 20 Personen. Man kann sie einfach auf der Straße heranwinken – und dann den Knopf drücken, damit sie am gewünschten Ziel anhalten. Der Fahrpreis beträgt 1 oder 2 US$.

TAXI

Taxis warten an den verschiedenen Fährterminals der Insel und im Zentrum von Charlotte Amalie. Oder man bestellt einen Wagen bei der **Virgin Islands Taxi Association** (☎ 774-4550; http://vitaxiassociation.com).

Charlotte Amalie & Northside

Hier liegen jeden Tag zwei bis sechs „Traumschiffe" vor Anker: Charlotte Amalie gehört zu den beliebtesten Kreuzfahrtzielen in der Karibik. Tagsüber schwärmen die Touristen durch die Schmuckgeschäfte und Boutiquen des Städtchens. Am späten Nachmittag räumen die Schiffstouristen das Feld, die Läden lassen die Rollläden herunter und in den engen Straßen wird es schattig.

Da nach den Hurrikans von 2017 die Innenstadt mit neuem Kopfsteinpflaster und auf alt getrimmten Lampen aufgehübscht wurde, haben einige Geschäfte nun auch abends geöffnet, sodass die Gegend mit neuem Leben gefüllt wird.

Sehenswertes

Charlotte Amalie erstreckt sich rund 4 km (2,5 Meilen) um den Charlotte Amalie Harbor herum, von Havensight im Osten (wo die Ozeanriesen anlegen) bis nach Frenchtown im Westen. Von Frenchtown aus gesehen liegt auf der anderen Seite der Halbinsel die Crown Bay mit einem weiteren Terminal für Kreuzfahrtschiffe; hier fahren auch die Boote nach Water Island ab.

Paradise Point Skyride SEILBAHN

(☎ 774-9809; www.paradisepointvi.com; 9617 Estate Thomas; Erw./Kind 21/10,50 US$; ⏲ 9–17 Uhr) Eine Seilbahn befördert Besucher innerhalb von sieben Minuten 200 m den Flag Hill hinauf zu einem schönen Aussichtspunkt. Oben gibt's ein Restaurant, eine Bar, verschiedene Geschäfte und einen kurzen Naturlehrpfad. Zum tollen Ausblick passt bestens ein schokoladiger Bushwacker-Cocktail. Die Talstation der Seilbahn befindet sich gegenüber dem Kreuzfahrtterminal und Einkaufszentrums in **Havensight**.

Blackbeard's Castle HISTORISCHE STÄTTE

(www.blackbeardscastle.com) Bei dem fünfstöckigen steinernen Wachturm auf dem Government Hill soll es sich um den Aus-

ABSTECHER

WATER ISLAND

Water Island – manchmal die „Fourth Virgin" (vierte Jungfer) genannt – liegt nur einen Katzensprung von Charlotte Amalie entfernt. Doch mit nur rund 200 Bewohnern und sehr wenigen Autos und Geschäften wirkt die Insel sehr viel abgeschiedener. Die Insel ist nur 4 km (2,5 Meilen) lang und es dauert daher nicht lange, bis man von einem zum anderen Ende gelaufen ist. Die meisten Bewohner sind mit dem Fahrrad oder Golfwagen unterwegs.

Der **Honeymoon Beach** ist die Hauptattraktion der Insel. Hier kann man in ruhigem, seichtem Wasser gut baden und schnorcheln. An ein paar Strandbars sind Getränke, Sandwiches und Fisch-Tacos erhältlich. An einer, **Dinghy's** (227-5525; Honeymoon Beach; Hauptgerichte 10–16 US$; 10.30–21 Uhr;), werden auch Schnorchelausrüstung und Kajaks verliehen (15 bzw. 25 US$ pro Std.). Hier ist es sehr ruhig – wenn nicht gerade ein Kreuzfahrtschiff im Hafen liegt, dann hat man jede Menge Gesellschaft. Der palmengesäumte Sandstreifen liegt zehn Gehminuten vom Fähranleger entfernt. Vom Anleger folgt man der Straße den Hügel hinauf; wo sich die Straße gabelt, hält man sich rechts und geht bergab zum Strand.

Der **Virgin Islands Campground** (776-5488; www.virginislandscampground.com; Water Island; Cottages 195 US$;) ist außer Ferienhäusern die einzige Übernachtungsmöglichkeit auf der Insel, doch in Sachen Umweltbewusstsein ist er spitze. Jedes Cottage aus Holzrahmen und Zeltwänden verfügt über Betten, Bettwäsche, Steckdosen und Tisch und Stühle. Die Gäste teilen sich das Gemeinschaftsbad, die Kochgelegenheiten und den Whirlpool. Aus den Wasserhähnen und Duschköpfen fließt solar aufgeheiztes Regenwasser. Die Cottages schmiegen sich unter die umliegenden Bäume, sodass man sich fast wie in einem luftigen Baumhaus vorkommt. Mindestaufenthalt vier Nächte.

Die **Water Island Ferry** (690-4159; www.waterislandferry.com; 5 US$ einfach) fährt ungefähr stündlich vor dem Tickle's Dockside Pub an der Crown Bay Marina ab. Die Fahrt dauert zehn Minuten. Taxis von der Innenstadt zur Marina kosten 4 bis 5 US$ pro Person.

sichtsposten des Piraten Edward Teach, Blackbeard genannt, gehandelt haben, der im 18. Jh. aktiv war. Die Historiker sind von dieser Geschichte aber nicht recht überzeugt. Belegt ist jedoch, dass die Dänen den Turm 1678 errichteten. Seit den Hurrikans von 2017 ist der Turm geschlossen, und wann er wieder geöffnet wird, steht derzeit in den Sternen.

★ Magens Bay — STRAND

(www.magensbayauthority.com; Erw./Kind 5 US$/frei; 8–17 Uhr;) In der Reiseliteratur findet sich dieser strahlend weiße Strand an der Magens Bay, 5 km (3 Meilen) nördlich von Charlotte Amalie, stets unter den schönsten Stränden. Das Meer ist hier ruhig, die Bucht ist breit und die umliegenden grünen Hügel stellen eine tolle Kulisse dar – und daher tummeln sich hier immer jede Menge Touristen. Es gibt Rettungsschwimmer, Picknicktische, Umkleidekabinen, einen Taxistand und Essensstände – und Kajaks, Paddleboards sowie Paddelboote (20–30 US$ pro Std.) zum Leihen.

Hull Bay — STRAND

Während Magens überlaufen ist, findet man an der unmittelbar westlich davon an der Nordküste gelegenen Hull Bay gewöhnlich ein einsames Juwel vor. Der schattige Strand befindet sich am Fuße eines steilen Tals und wartet mit einem netten Restaurant samt Bar auf, hat aber sonst keinerlei Einrichtungen. Es ist ein Strand der Einheimischen: Hier liegen kleine Fischerboote und es treiben sich Straßenhunde herum. Bei nördlicher Dünung ist dies außerdem der beste Surfstrand der Gegend.

Brewers Bay — STRAND

Besonders bei Studenten, Familien und Muschelsammlern erfreut sich dieser Strand hinter der University of the Virgin Islands großer Beliebtheit. Es sind Toiletten vorhanden und an Imbisswagen sind *pates* (Teigtaschen mit Fleischfüllung) und kaltes Heineken erhältlich. Abends ist hier dann gar nichts mehr los. Die Brewers Bay beim Flughafen erreicht man mit Taxis und Stadtbussen.

Charlotte Amalie

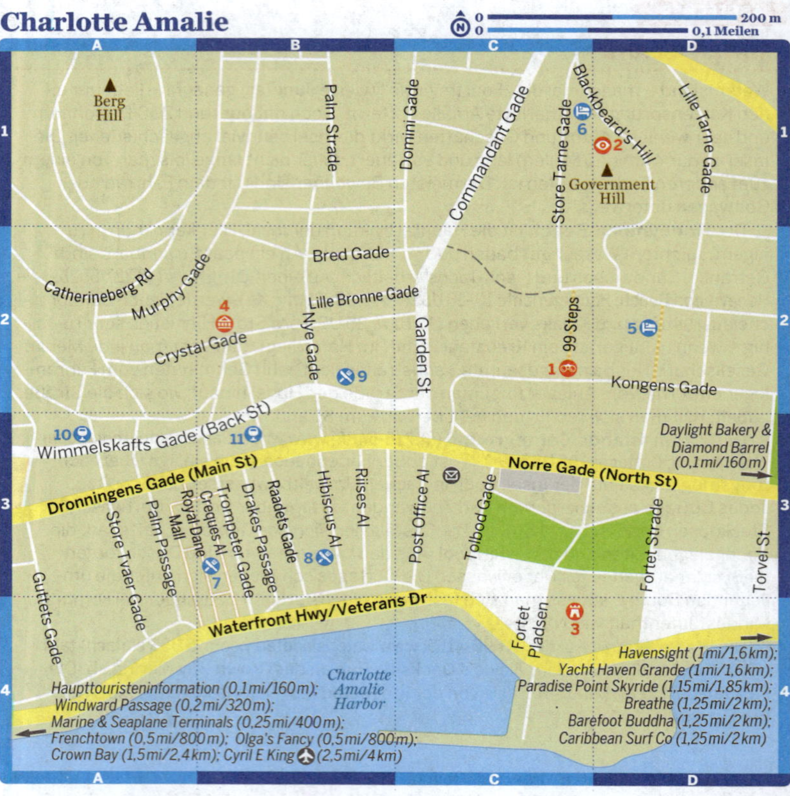

Charlotte Amalie

Sehenswertes
1 99 Steps C2
2 Blackbeard's Castle D1
3 Fort Christian C4
4 St.Thomas Synagogue B2

Schlafen
5 At Home in the Tropics D2
6 Green Iguana C1

Essen
7 Gladys' Café B3
8 Greengo's Cantina B3
9 MBW Cafe & Bakery B2

Ausgehen & Nachtleben
10 ARC Vodka A3
11 Taphus Beer House B3

99 Steps AUSSICHTSPUNKT

Diese Treppe führt von der Kongens Gade hinauf in die Schatten der Bäume am Fuße des Blackbeard's Castle. Die Stufen – es sind tatsächlich sogar 103, aber man ist unterwegs höchstwahrscheinlich viel zu sehr außer Atem, um sie zu zählen – wurden Mitte des 18. Jhs. aus Schiffsballastziegeln angelegt. Wenn man dann oben wieder zu Luft gekommen ist, bietet sich ein eindrucksvoller Ausblick.

St. Thomas Synagogue HISTORISCHES GEBÄUDE

(www.synagogue.vi; 2116 Crystal Gade; Führungen per Spende; ⌚ Mo–Do 9.30–16, Fr bis 15 Uhr) Die stille St. Thomas Synagogue ist das zweitälteste jüdische Gotteshaus der USA und ein US-Nationaldenkmal. 1833 entstand das derzeitige Gebäude, doch schon seit 1796 beteten hier Juden, von den Sepharden aus Dänemark bis zur heutigen reformistischen Gemeinde mit 110 Familien. Der Boden der Synagoge besteht aus Sand, was den Auszug der Israeliten aus Ägypten durch die Wüste symbolisieren soll. Im Hinterzimmer gibt's ein klitzekleines **Museum**.

Fort Christian FESTUNG
(Waterfront Hwy; Erw./Kind 10/7 US$; Mo–Fr 9–16 Uhr) Die Backsteinfestung Fort Christian ist die älteste dänische Festungsanlage der Karibik: Sie stammt von 1672. Im Laufe der Zeit befanden sich hier ein Gefängnis, eine Gouverneursresidenz und eine lutherische Kirche. Von 2005 bis 2017 wurde die Festung für 4 Mio. US-Dollar restauriert, doch davon ist drinnen kaum etwas zu spüren – es gibt lediglich vier manchmal funktionierende iPad-Informationstafeln. Wer etwas vom Eintrittsgeld haben möchte, schließt sich einer Führung an (tgl. 10 Uhr, im Eintrittspreis inbegriffen).

Aktivitäten & Geführte Touren

★ St. Thomas Scuba & Snorkel Adventures SCHNORCHELN
(474-9332; www.stthomasadventures.com; 10-1 Hull Bay) An der Hull Bay verleiht dieser Veranstalter Paddleboards und Kajaks (30 US$ pro Std.) und bietet tolle abendliche Schnorcheltouren (65 US$ pro Pers.). Dazu kommen noch jede Menge andere Schnorchel-, Tauch-, Kajak- und Wandertrips. Vorausbuchen!

Tree Limin' Extreme ERLEBNISSPORT
(777-9477; www.ziplinesttthomas.com; 7406 Estate St Peter; 2½-stündige Tour Erw./Kind 119/109 US$) Hier geleiten einen Guides via Ziplines durch die Baumwipfel. Das Ganze ist recht harmlos und bietet einen tollen Ausblick auf das Meer mit seinen vielen Inselchen. Tree-Limin'-Touren nur mit Buchung.

Feste & Events

Karneval auf St. Thomas KARNEVAL
(www.vicarnival.com; April & Mai) Zweitgrößter Karneval der Karibik nach dem in Port of Spain (Trinidad) mit einem Monat voller Veranstaltungen an verschiedenen Orten, u. a. mit Calypso- und Schönheitswettbewerben, Lebensmittelmärkten, Umzügen und Feuerwerk.

Schlafen

Charlotte Amalie wartet mit kleineren und zwangloseren Pensionen auf als alle anderen Orte der Insel. Jedoch wird es hier nach Einbruch der Dunkelheit recht einsam, außer in Havensight oder Yacht Haven Grande.

★ Olga's Fancy HOTEL $$
(643-4247; www.olgasfancy.com; Honduras 8; Zi. mit/ohne Bad ab 150/99 US$;) Von den kräftig gemusterten Stoffen bis zu den verspielten Tapeten und der bunten Kunst: Diese Sachen verschaffen dem 17-Zimmer-Hotel im Inselschick einen Vorsprung gegenüber der Konkurrenz. Die Budget-Zimmer haben Außenbäder, bieten aber für St. Thomas ein tolles Preis-Leistungs-Verhältnis. Die Restaurants und das Nachtleben von Frenchtown sind nur ein paar Schritte am Wasser entlang entfernt.

Green Iguana GÄSTEHAUS $$
(776-7654; www.thegreeniguana.com; 1002 Blackbeard's Hill; Zi. 150–210 US$;) Den Hügel hinter dem Blackbeard's Castle (S. 92) hinauf befindet sich diese einladende Pension inmitten üppiger Gärten mit Blick auf den Charlotte Amalie Harbor. Ihre neun Zimmer sind recht unterschiedlich, aber alle verfügen über schnelles WLAN, Satelliten-TV, Mikrowelle und Kühlschrank. Manche haben auch eine komplett eingerichtete Küche und einen eigenen Balkon. Das Ganze ist eher schlicht als luxuriös, bietet aber ein gutes Preis-Leistungs-Verhältnis – wenn einem der steile Aufstieg nichts ausmacht.

★ At Home in the Tropics GASTHAUS $$$
(777-9857; www.athomeinthetropics.com; 1680 (25) Dronningens Gade; Zi. mit Frühstück 300–339 US$;) Diese Oase oben an den Government Steps, direkt oberhalb des Charlotte Amalie Harbor, befindet sich in einem 1803 als Kaserne für die Leibwache des dänischen Gouverneurs errichteten Gebäude. Heute ist dies ein liebevoll restauriertes Vier-Zimmer-Haus mit Strandflair und Panoramaterrasse mit Pool – hier wird morgens auch das karibisch inspirierte Frühstück serviert. Das Zentrum ist nur einen kurzen Spaziergang entfernt.

Essen

Das Stadtzentrum eignet sich gut fürs Frühstück und Mittagessen, doch abends schließen die meisten Lokale um 17 Uhr. Mehrere tolle Restaurants gibt's in Frenchtown; hier ist abends auch mehr los. Das touristische Havensight wird von Ketten dominiert, bietet aber abends eine vergnügliche, quirlige Atmosphäre.

★ Daylight Bakery & Diamond Barrel KARIBISCH $

(☎ 776-1414; 18 Norre Gade; Snacks 2–5 US$, kleine/große Mahlzeiten 8/12 US$; ⊙ Mo–Sa 6–18 Uhr) Vor allem Einheimische frequentieren das freundliche Lokal am Rand der Innenstadt. Wer es an den Guaventörtchen, Zuckerkuchen und dem *dum bread* (mit Kokosnuss gesüßtes Mehl, gebacken in einem *dum*-Ofen) vorbeigeschafft hat, kann sich auf Okraschoten, Fischeintopf, *fungi* (halbharter Maismehlpudding) und weitere Inselspeisen freuen. Einfach auf das Gewünschte zeigen und die Bedienung verpackt es in eine Styropor-Muschelschale.

MBW Café & Bakery CAFÉ $

(☎ 715-2767; www.mybrothersworkshop.org; Ecke Back St & Nye Gade; Sandwiches 6–13 US$; ⊙ 7–14 Uhr) MBW steht für My Brother's Workshop, eine gemeinnützige Organisation, die Jugendliche bei der Berufsausbildung unterstützt, damit sie nicht auf die schiefe Bahn geraten. Geführt wird das freundliche Café von Teenagern, die auch das Backen übernehmen. Ein guter Deal sind die Frühstückssandwiches mit Ei; Zuckerjunkies freuen sich über die Muffins und Kuchen. An den Tischen im hinteren Bereich hängen viele Einheimische ab.

Greengo's Cantina MEXIKANISCH $

(☎ 714-8282; www.greengoscantina.com; 34–35 Dronningens Gade; 12–15 US$; ⊙ 11–17, Fr bis 21 Uhr) Hier verspeisen laute junge Ausländer Tacos, Burritos und Quesadillas und trinken Tequila aus einem Angebot von 150 Sorten.

Barefoot Buddha CAFÉ $

(☎ 777-3668; www.barefootbuddhavi.com; 9715 Estate Thomas; Hauptgerichte 8–11 US$; ⊙ Mo–Sa 7–16, So 8–15 Uhr; 📶 ✎) An den Holztischen versammeln sich hier die Yoga-Jünger der Insel und genießen die gesunden Specials wie einen Tofu-Wrap oder das normale Angebot an getoasteten Sandwiches (Tipp: Hummus und Rosmarin-Ziegenkäse). Nicht weit vom Kreuzfahrtterminal Havensight.

★ Pie Whole ITALIENISCH $$

(☎ 642-5074; www.piewholepizza.com; 24a Honduras; Hauptgerichte 13–24 US$; ⊙ 11–22 Uhr) Das gemütliche Lokal wartet mit sechs Tischen und zehn Barhockern auf. Bekannt ist der Laden für seine 35-cm-Pizzas aus dem Steinofen mit superfrischem Belag wie Spinat und Ricotta oder Mozzarella und Basilikum. Auch seine hausgemachten Pastagerichte und das gute Angebot an Bieren hebt das Pie Whole klar aus der Masse hervor.

Brooks Bar & Restaurant KARIBISCH $$

(☎ 777-6871; 6200 Magens Bay Rd; Mahlzeiten 20 US$; ⊙ 7–23 Uhr; 📶) Auf drei Dinge kann man sich im Brooks stets verlassen: In der Ecke spielen alte Männer Domino, es läuft lauter Reggaeton und von den riesigen Portionen werden auch zwei Personen satt. Auf der Tafel sind die Proteine (Schwein, Schnapper, Shrimps, Fechterschnecke) und die Beilagen (Bohnen und Reis, Krautsalat, gebratene Kochbananen) aufgeführt. Das Restaurant liegt an der Straße zur Magens Bay (S. 93) und bietet sich zur Einkehr nach dem Besuch am Strand an.

Gladys' Cafe KARIBISCH $$

(☎ 774-6604; www.gladyscafe.com; 5600 Royal Dane Mall; Hauptgerichte 11–25 US$; ⊙ Mo–Sa 7–17, So 8–15 Uhr; 📶) Während aus der Stereoanlage die Musik dröhnt, grölt Gladys Tina-Turner-Songs und serviert mit das beste westindische Essen der Gegend. Sowohl Einheimische als auch Touristen strömen hierher, um sich an *callaloo* (pikante Suppe mit Okraschoten, Fleisch und Gemüse), *fungi*, Ole Wife (Drückerfisch) und gebratenen Bananen zu laben. Gladys' hausgemachte scharfe Soßen, die vorne verkauft werden, sind ein schönes Souvenir.

Hook, Line & Sinker FISCH & MEERESFRÜCHTE $$

(☎ 776-9708; www.hooklineandsinkervi.com; 62 Honduras; Hauptgerichte 17–32 US$; ⊙ 11–22 Uhr) Zwar wurde der Laden nach den Hurrikans von 2017 aufgemöbelt, doch kann man in diesem Familienbetrieb noch immer das Meerwasser riechen, die salzige Brise auf der Haut spüren und den Seeleuten dabei zusehen, wie sie ihre Boote entladen. Auf der Karte stehen Salate, Pasta- und Meeresfrüchtegerichte sowie zahlreiche belgische Biere.

Old Stone Farmhouse AMERIKANISCH $$$

(☎ 777-6277; Mahogany Run Golf Course; Hauptgerichte 30–45 US$; ⊙ Mi–Sa 17–21.30, So 10–14 Uhr) Hoch oben auf einem Hügel mit Blick auf den einzigen Golfplatz von St. Thomas residiert das 200 Jahre alte Bauernhaus – einst der Stall einer nahen Zuckerrohrplantage. Der rustikale, schummrig beleuchtete Raum beeindruckt mit seinen Steinmauern mit Bogenfenstern und seiner Mahagonidecke. Es gibt eine regelmäßig wechselnde Karte, doch Fisch und Meeresfrüchte aus der Region wie Hummer und *mahi mahi* (Goldmakrele) sind immer erhältlich, genauso wie eine vegetarische Speise.

Ausgehen & Nachtleben

★ ARC Vodka BRENNEREI
(☎646-573-4306; Store Tvaer Gade 2; ⏲Do–Sa 17–2 Uhr) Wer brennt in der Karibik Wodka? Zwei Brüder von den Jungferninseln, die genug hatten vom Klischee Rum saufender Piraten! In ihrer neuen Bar, die bei unserem Besuch gerade mit einem Essensangebot und einer Terrasse hinterm Haus aufgewertet werden sollte, können Gäste sieben Wodkas aus heimischen Zutaten verkosten, u. a. in den Geschmacksrichtungen Lorbeer und Zimt; dazu passen frisch gepresste Inselsäfte.

★ Frenchtown Brewing KLEINBRAUEREI
(☎642-2800; www.frenchtownbrewing.com; 24a Honduras; ⏲Mi & Fr 17.30–19.30, Sa 13–17 Uhr) Diese Brauerei ist wirklich mini und nur an wenigen Wochentagen geöffnet. Es werden fünf Sorten gebraut, die nur hier und in acht Restaurants auf der Insel vom Fass erhältlich sind. Bierfreunde haben sicher Spaß am belgischen Frenchie Farmhouse Saison und am Hop Alley IPA. Es werden auch Führungen angeboten. Wer außerhalb der normalen Öffnungszeiten vorbeikommen möchte, muss vorher anrufen.

Taphus Beer House BAR
(www.facebook.com/taphusbeerhouse; 5120 Dronningens Gade; ⏲Mo–Sa 11–20 Uhr; 📶) Die schummrig beleuchtete Bierschenke mit nackten Steinwänden und einer hufeisenförmigen Mahagonitheke befindet sich hinten im Billabong-Laden und ist fast so etwas wie eine Flüsterkneipe. Im Wechsel werden sechs heimische und internationale Craft-Biere geboten, darunter ein cremiges Ale, das Frenchtown Brewing (S. 97) exklusiv für das Taphus braut.

Shoppen

In den Geschäften der Stadt steht Schmuck im Rampenlicht. Firmen wie TAG Heuer und Pandora sind gut vertreten und es gibt jede Menge Diamantenhändler.

★ Mango Tango KUNST
(☎777-3060; www.mangotangoart.com; 4003 Raphune Hill; ⏲Mo–Sa 9.30–16 Uhr) Die Top-Galerie der Jungferninseln ist hinsichtlich Qualität und Lage Welten entfernt von den Läden in Downtown. Raffinierte haitianische Metallarbeiten und moderne Malereien des in Washington ansässigen Mel McCuddin sind hier neben den Werken der besten heimischen Maler, Töpfer und Fotografen zu sehen. Von November bis April wird monatlich eine neue Ausstellung eröffnet.

Yacht Haven Grande EINKAUFSZENTRUM
(www.igy-yachthavengrande.com; 5304 Yacht Haven Grande) Nicht weit von Havensight (S. 92) befindet sich dieser Marina- und Edelládenkomplex. Hier sind etwa Gucci und Louis Vuitton vertreten und in mehreren Bistros am Wasser kann man Cosmopolitans schlürfen und den Megajachten beim Anlegen zuschauen. Jeden zweiten Sonntag findet hier ein **Bauernmarkt** (www.igy-yachthavengrande.com; Yacht Haven Grande; ⏲1. & 3. So des Monats 10–17 Uhr) mit Lebensmitteln und Kunstgewerbeartikeln statt.

Praktische Informationen

Der Waterfront Highway und die Main Street sind abends okay, aber ein paar Straßen weiter ist nach Einbruch der Dunkelheit schnell überhaupt nichts mehr los. Meiden sollte man das Savan-Viertel, einen Rotlichtbezirk rund um die Main Street westlich des Market Square und nördlich des Hotels Windward Passage. Im Allgemeinen sollten Besucher, die vernünftig und umsichtig sind, keine Probleme haben.

Hauptpost (☎774-3750; 5046 Norre Gade; ⏲Mo–Fr 7.30–16.30, Sa bis 12 Uhr) Am Emancipation Garden.

Roy Schneider Community Hospital (☎776-8311; www.rlshospital.org; 9048 Sugar Estate Rd; ⏲24 Std.) Im Osten von Charlotte Amalie, mit Notaufnahme, Dekompressionskammer und Ärzten für alle wichtigen Fachrichtungen.

Zentrale Touristeninformation (www.usvitourism.com; 2318 Kronprindsens Gade; ⏲Mo–Fr 8–17 Uhr) Beim Seaplane Terminal, mit Broschüren, Reiseführern zur Region und hilfsbereitem Personal. Infokioske gibt's außerdem am Flughafen, in Havensight und in der Crown Bay.

An- & Weiterreise

BUS

„Dollar"-Busse fahren den Waterfront Highway entlang.

FLUGZEUG

Der Cyril E. King Airport (S. 124) liegt ungefähr 5 km (3 Meilen) westlich von Charlotte Amalie. Hier warten stets Taxis (Minibusse). Nach Downtown kostet die Fahrt 7 US$, nach Red Hook 15 US$. Gepäck kostet pro Stück je nach Größe 2 bis 4 US$ extra.

Das Seaplane Terminal (S. 92), wo die 25-minütigen Flüge nach St. Croix starten, befindet sich in der Innenstadt neben dem Marine Terminal.

Am Seaplane Terminal ist eine Niederlassung von Avis. Ansonsten sind die meisten Autovermietungen am Flughafen.

SCHIFF/FÄHRE

Das **Marine Terminal** (Blyden Terminal; 3400 Waterfront Hwy) liegt 10 Fußminuten westlich von Downtown. Hier starten Fähren nach St. Croix sowie nach Tortola und Virgin Gorda in den Britischen Jungferninseln. Eine **Fähre nach St. John** (☎776-6597; www.interislandboatservices.com; Erw./Kind 20/10 US$ einfach) verkehrt täglich um 15.30 und 17.30 Uhr ab der Crown Bay Marina. Die Crown Bay (2,5 km/1,5 Meilen westlich der Innenstadt) ist außerdem eines der beiden Kreuzfahrtterminals von Charlotte Amalie; das andere, Havensight, liegt 2,5 km (1,5 Meilen) östlich der Innenstadt.

TAXI

Taxis warten an der Vendors' Plaza. Die festen Fahrpreise pro Person ab der Innenstadt betragen bei zwei oder mehr Fahrgästen:

Frenchtown 4 US$
Havensight 5 US$
Magens Bay 8 US$
Red Hook 10 US$

Red Hook & East End

Das East End beherbergt die meisten der Resorts auf der Insel. Die einzige nennenswerte Siedlung hier ist das kleine Red Hook, das sich um den Anleger für die Fähren nach St. John und den American Yacht Harbor erstreckt. Die gesamte Gegend ist mit hübschen Stränden gespickt und es bieten sich erstklassige Gelegenheiten zum Tauchen, Angeln und Kajakfahren.

Sehenswertes

★Lindquist Beach — STRAND

(Erw./Kind 5 US$/frei; ⌚8–17 Uhr) Dieser schmale Strand abseits der Smith Bay Road im geschützten Smith Bay Park ist eine echte Schönheit: Stilles, tiefblaues Wasser plätschert an den weichen weißen Sand und in der Ferne schimmern einige Cays. Hier sind schon mehrere Werbespots gedreht worden. Es gibt Strandwächter, Picknicktische und ein Badehaus mit Duschen, aber sonst keine Einrichtungen. Hier ist eher wenig los und man kann toll baden. Parken kostet 2 US$. Nur Barzahlung.

★Tillett Gardens — KULTURZENTRUM

(www.tillettgardens.com; 4126 Anna's Retreat; ⌚Di–Sa 11–23 Uhr) Diese bunte Künstlerkolonie in der Nähe der Tutu Park Mall lockt mit ihrer guten Stimmung und ihrer freundlichen Einstellung Hippies, Denker, Musiker und allerlei Freigeister an. Vielleicht findet auf der Freilichtbühne gerade ein Konzert statt oder im Pistarckle Theater mit seinen 150 Plätzen wird gerade ein Stück aufgeführt, oder die Künstler sind in ihren Ateliers bei der Arbeit. Außerdem gibt's hier Bars, Cafés, Restaurants und ein Hostel (S. 99).

Coki Beach — STRAND

Der Coki Beach befindet sich an einer geschützten Bucht am Eingang des Meeresparks Coral World. Dank der vielen Fische ist das Schnorcheln hier klasse und man kann auch vom Ufer aus tauchen gehen – Ausrüstung bietet ein Tauchladen (S. 98) vor Ort. Der schmale Strand lockt zahlreiche Einheimische und Touristen an, die sich an den Esslokalen, den Haarflechtern und der lauten Musik erfreuen – eine echt stimmungsvolle Atmosphäre. Und Coki ist der einzige Strand auf St. Thomas mit fliegenden Händlern – sobald man ankommt, hat man schnell einen „Freund" an seiner Seite.

Secret Harbour Beach — STRAND

(👪) Der gen Westen weisende kleine Strand voller Hängematten vor dem gleichnamigen Resort könnte kaum friedvoller sein. Hier kann man wunderbar schnorcheln – Ausrüstung verleiht die Wassersportabteilung des Resorts. Kinder schwimmen gern hinaus zur Plattform in der Bucht. Es gibt Toiletten und Verpflegung.

Sapphire Beach — STRAND

Der Sapphire Beach gehört zu den hübschesten weißen Sandstränden von St. Thomas und lockt daher zahlreiche Touristen an. Hier werden Wassersportgerätschaften verliehen und es gibt Toiletten sowie eine Bar und ein Restaurant. Rechts vom Strand kann man am Riff schön schnorcheln.

Aktivitäten & Geführte Touren

★Coki Dive Center — TAUCHEN

(☎775-4220; www.cokidive.com; Coki Point; 1 Tauchgang am Strand 65 US$, 2 Tauchgänge vom Boot 110 US$; ⌚9–15 Uhr) Der Tauchausstatter einen Katzensprung vom Coki Beach (S. 98) bietet neben Tauchgängen vom Boot auch Tauchen an der Küste und nachts sowie PADI-Kurse. Es wird auch Schnorchelausrüstung verliehen (10 US$ pro Tag).

Red Hook Dive Center TAUCHEN
(☎777-3483; www.redhookdivecenter.com; American Yacht Harbor; 2 Tauchgänge 130 US$, 4-stündige Schnorcheltour 79 US$; ⌚8–17 Uhr) Zu all den fischreichen Hotspots legen hier Boote zu Tauchausflügen ab. Jeden Mittwoch (sowie auf Nachfrage) findet Nachttauchen statt, nachmittags werden außerdem geführte Schnorcheltouren zu zwei oder drei Riffen in der Nähe angeboten.

Ocean Surfari ANGELN
(☎227-5448; www.oceansurfari.com; American Yacht Harbor) Bietet vier- bis zehnstündige private Charterausflüge zum Sportangeln auf einem Elf-Meter-Boot (650–1450 US$), außerdem halbtägige Trips zu ab 150 US$ pro Person für Leute, die nicht in einer größeren Gruppe unterwegs sind.

Nate's Custom Charters BOOTSTOUREN
(☎244-2497; www.stthomasboatcharters.com; Compass Point Marina, 6300 Estate Frydenhoj 107a) Angeln, Schnorcheln, Inselhopping: Nate's arrangiert für alles Boote, Bootsführer und Ausrüstung. Preise je nach Gruppengröße und Ziel.

★ **Virgin Islands Ecotours** KAJAKFAHREN
(☎779-2155; www.viecotours.com; Mangrove Lagoon Marina; 3-stündige Tour 79 US$; ⌚8–16.30 Uhr) Dieser Veranstalter bietet dreistündige geführte Kajak-und-Schnorchel-Exkursionen: Dabei paddelt man durch eine Mangrovenlagune zu einem Strand, wandert dann ein Stückchen zu einem Blowhole und schnorchelt schließlich hinaus zu einem kleinen Schiffswrack. Außerdem werden Vogelbeobachtungs- und Stehpaddeltouren angeboten. Der Veranstalter befindet sich unmittelbar östlich der Kreuzung von Route 30 und 32.

Feste & Events

St. Thomas International Regatta SEGELN
(www.stthomasinternationalregatta.com; ⌚Ende März) Treffen von Weltklasse-Rennbooten im St. Thomas Yacht Club.

Schlafen

Die wichtigste Übernachtungsmöglichkeit am East End sind Resorts. Einige davon werden von Exclusive Resorts (www.exclusiveresorts vi.com) verwaltet. Bei vielen Einheiten handelt es sich um in Privatbesitz befindliche Wohnungen, die hinsichtlich ihrer Qualität sehr unterschiedlich ausfallen. Erfahrene Besucher sind der Meinung, dass man besser über ein Home-Sharing-Portal bucht, wo man direkt mit den Eigentümern zu tun hat.

Tillett Hostel HOSTEL $
(☎998-5993; www.tilletthostel.com; 4126 Anna's Retreat, Tillett Gardens; B 50 US$, Zi. 100–150 US$; ❄📶) Dieses Hostel in einer bunten Künstlerkolonie (S. 98) nicht weit von der Tutu Park Mall ermöglicht einen echten Einblick in den Alltag der Einheimischen. Zur Verfügung stehen zwei gepflegte Schlafsäle (einer für Frauen, einer für Männer), fünf Privatzimmer (einige davon mit Bad), ein Fernsehbereich und eine Küche sowie auf dem schattigen Gelände eine Bar und eine Bühne für Bands.

Two Sandals by the Sea Inn B&B $$
(☎998-2394; www.twosandals.com; 6264 Estate Nazareth; mit Frühstück DZ 190–310 US$, 4BZ 420 US$; ❄📶) Eine heimelige Alternative zu den Resorts des East End! Die Zimmer sind nicht unbedingt schick, aber modern und geräumig mit Holzbalkendecke, weißer Bettwäsche, dunklem Holz und eigenem Bad. Inbegriffen ist ein Frühstück mit Gebäck auf dem Balkon mit Meerblick. Der Strand am Secret Harbour ist fünf Minuten zu Fuß entfernt, die Restaurants von Red Hook zehn.

Bolongo Bay Beach Resort RESORT $$
(☎775-1800; www.bolongobay.com; 7150 Bolongo Bay; Zi. Economy/Standard ab 175/250 US$, all-inclusive ab 450 US$; ❄≋) Das Bolongo, das sich im Besitz einer Familie befindet, ist vergnüglich und locker und bietet eine große Bandbreite an kostenlos zu nutzenden Wassersportaktivitäten. Die Zimmer gewinnen hinsichtlich Größe und Einrichtung sicher keine Preise, aber wen stört das schon? Man hält sich ja eh immer draußen auf. Die „Ocean-View"-Zimmer liegen im ersten und zweiten Stock, die „Beachfront"-Zimmer im Erdgeschoss. Von allen bieten sich Blicke aufs Meer und alle haben eigene Terrassen bzw. Balkons. Die billigsten Zimmer befinden sich in einem Gebäude auf der anderen Straßenseite.

★ **Point Pleasant Resort** RESORT $$$
(☎888-619-4010; www.pointpleasantresort.com; 6600 Estate Smith Bay; Suite 325–450 US$; ❄📶≋) Oberhalb der Water Bay verströmt dieses Resort an einem steilen Hügel mit

seiner Einrichtung im Inselstil jede Menge Charme. Die Suiten sind in Gebäuden untergebracht, die sich an den bewaldeten Hang klammern. Jede Suite verfügt über eine Küche, ein separates Schlafzimmer und eine große Veranda. Auf dem Gelände gibt's Spazierwege und drei Pools. Ungefähr 800 m vom Coki Beach entfernt.

Secret Harbour Beach Resort RESORT $$$
(☎775-6550; www.secretharbourvi.com; 6280 Estate Nazareth; Suite 325–990 US$;) Das Secret Harbour ist bei Familien absolut beliebt. Auf vier Gebäude direkt am stillen und palmengesäumten gleichnamigen Strand mit zahlreichen Wassersportmöglichkeiten verteilen sich 48 Suiten in drei Größen: Studio (61 m²), mit einem Schlafzimmer (87 m²) und mit zwei Schlafzimmern (126 m²). Alle warten mit Küche sowie Balkon oder Terrasse auf – toll für den Sonnenuntergang!

Pavilions & Pools RESORT $$$
(☎800-524-2001; www.pavilionsandpools.com; 6400 Estate Smith Bay; Suite 300–350 US$;) Das Coole an diesem kleinen Resort: Jede der 25 Suiten hat ihren eigenen Pool! Außerdem verfügen die Suiten über komplett ausgestattete Küchen und separate Schlafzimmer mit Schiebetüren hin zum eigenen Badeloch. Die einzelnen Suiten befinden sich jeweils in Privatbesitz, sodass ihre Qualität schwankt. In Gehnähe befindet sich der Sapphire Beach.

Essen & Ausgehen

★Pizza Pi PIZZA $$
(☎643-4674; www.pizza-pi.com; Christmas Cove; 40-cm-Pizza 20–30 US$; ⏰11–18 Uhr) Zwar gibt's inzwischen überall auf der Welt Foodtrucks, doch nur an wenigen Orten ist ein „Food Boat" das beliebteste Speiselokal weit und breit. Das gilt für das Pizza Pi, ein schwimmendes Restaurant in der Christmas Cove mit drei saisonalen Angeboten an Pizzas im New Yorker Stil (darunter auch glutenfreie) sowie kreativen Cocktails aus dem Krug.

XO Bistro AMERIKANISCH $$
(☎779-2069; www.xobistro.net; 6501 Red Hook Plaza No 1; Hauptgerichte mittags 11–16 US$, abends 25–30 US$; ⏰11–2 Uhr;) Das schummrige XO wartet mittags mit Salaten, Sandwiches und Pizza auf sowie abends mit komplexeren Fisch- und Meeresfrüchtegerichten wie *mahi mahi* (Goldmakrele) mit Krabben und scharf angebratenem Thunfisch. Weitere Highlights sind der Wochenendbrunch, die Happy Hour zweimal am Tag und eine der umfangreichsten Karten mit offenen Weinen der Insel. In der Hauptsaison reservieren.

Iggie's Oasis FISCH & MEERESFRÜCHTE $$
(☎775-1800; 7150 Bolongo Bay; Hauptgerichte 10–30 US$; ⏰11–23 Uhr) Das Iggie's residiert in einem großen offenen Pavillon am breiten Ufer des Bolongo Bay Beach Resort und ist beliebt für seine frittierten Fechterschnecken mit kreolischer Remoulade, den gegrillten Fisch und den Voodoo Juice mit viel Rum. An den meisten Abenden ertönt Livemusik.

Duffy's Love Shack BAR
(☎779-2080; www.duffysloveshack.com; 6500 Red Hook Plaza; ⏰So, Mo, Di & Do 11–24, Mi, Fr & Sa bis 2 Uhr) Das Duffy's ist zwar eine Holzhütte auf einem asphaltierten Parkplatz, erschafft sich seine legendäre Südsee-Atmosphäre jedoch mit lautem Rock und Gästen in Shorts und ärmellosen Shirts. Hier kann man super Leute beobachten und es werden tolle Cocktails gemixt. Das Essen ist klassische Kneipenkost mit einem Schwerpunkt auf Burgern.

Tap & Still BAR
(☎642-2337; www.tapstill.com; American Yacht Harbor; Hauptgerichte 6–10 US$; ⏰8.30–24 Uhr) Diese überdurchschnittlich gute Sportbar beeindruckt mit einer guten Palette an Bieren und preisgünstigen Whiskey-Drinks zu den saftigen Burgern und dicken handgeschnittenen Fritten – und alles mit Blick auf die im Hafen schaukelnden Boote. Auch auf der Karte stehen die als Alkoholgrundlage bisher unterschätzten *funnel cakes* (mit Zucker bestreuter frittierter Teig). Weitere Filialen in Havensight sowie in Cruz Bay auf St. John.

An- & Weiterreise

Die meisten Fähren, die am Fähranleger von Red Hook abfahren, steuern St. John an: Passagierfähren (8 US$ einfach, 20 Min., nur Barzahlung) nach Cruz Bay fahren jeweils zur vollen Stunde. Außerdem verkehren Fähren zu den Britischen Jungferninseln, und zwar mindestens viermal täglich zum West End von Tortola und am Wochenende dreimal täglich nach Road Town.

Vor dem Terminal warten Taxis; die Fahrt nach Charlotte Amalie kostet 13 US$. Ein Taxi von Red Hook zu den Resorts kostet rund 8 US$ pro Person.

ST. JOHN

Ein Nationalpark mit knorrigen Bäumen und stacheligen Kakteen umfasst allein zwei Drittel von St. John. Hier gibt's keine Flughäfen und Kreuzfahrtterminals und von den üblichen Karibik-Resorts sind nur wenige zu finden. Im Vergleich zu den benachbarten Inseln ist St. John wunderbar ruhig.

Die Top-Aktivitäten hier sind Wandern und Schnorcheln. Verschiedene Wege führen vorbei an Petroglyphen und den Ruinen von Zuckerfabriken und einige enden auch an Stränden, an denen man herrlich mit Schildkröten und Gefleckten Adlerrochen schwimmen kann.

An den beiden Inselenden liegen Cruz Bay mit seinem Fähranleger und einer grandiosen Happy Hour und Coral Bay an der Ostspitze, das verschlafene Refugium von Leuten, die das Gefühl haben wollen, am Rand der Zivilisation zu leben.

Anreise & Unterwegs vor Ort

AUTO

Auf St. John gibt's nur kleine, unabhängige Autovermietungen. Die meisten halten für das holprige Terrain Allradwagen und SUVs bereit. Ein Mietwagen kostet um die 85 US$ pro Tag. Gewöhnlich muss man mindestens drei bis fünf Tage im Voraus reservieren. Spontan einen Wagen zu bekommen ist eher problematisch. Die meisten Verleiher befinden sich in Cruz Bay und sind zu Fuß von der Fähre zu erreichen, oder man wird dort abgeholt.

Courtesy Car Rental (☎ 776-6650; www.courtesycarrental.com)

St. John Car Rental (☎ 776-6103; www.stjohncarrental.com)

Sunshine's Jeep Rental (☎ 690-1786; www.sunshinesjeeprental.com; Rte 10)

BUS

Vitran (S. 125) betreibt klimatisierte Busse, die die Insel auf der Centerline Road durchqueren. Die Busse fahren von Cruz Bay mindestens viermal täglich vor dem Fährterminal ab. Sie kommen ungefähr 40 Minuten später in Coral Bay an.

SCHIFF/FÄHRE

Alle Fähren kommen in Cruz Bay an. Boote aus Red Hook steuern die Hauptanlegestelle an, Boote von den Britischen Jungferninseln und von der Crown Bay Marina (beim Flughafen von St. Thomas) einen kleineren Anleger beim Gebäude von US Customs & Immigration ein Stückchen östlich.

TAXI

Es gelten feste Preise. Von Cruz Bay kostet ein Taxi 7 US$ pro Person nach Cinnamon Bay und 9 US$ nach Coral Bay. Taxis bestellen kann man bei der **St. John Taxi Commission** (☎ 693-7530, 774-3130).

Cruz Bay

Der Hauptort von St. John, der den Spitznamen „Love City" trägt, verströmt in der Tat eine sorglose Partystimmung. Hippies, Kapitäne, amerikanische Rentner und Reggae-Freaks genehmigen sich unterschiedslos Happy-Hour-Drinks. Und alle tragen ob des Glücks, das sie hierher verschlagen hat, ein albernes Grinsen im Gesicht. In Cruz Bay kann man auch Wanderungen, Schnorchel- und Kajaktouren und andere Aktivitäten organisieren und sich in der überraschend vielfältigen Restaurantszene stärken. Alles liegt in fußläufiger Nähe zum Fähranleger.

Sehenswertes

Virgin Islands National Park NATIONALPARK

(☎ 776-6201, Anschluss 238; www.nps.gov/viis; Besucherzentrum 8–16.30 Uhr) GRATIS Der Virgin Islands National Park bedeckt zwei Drittel von St. John plus 2285 ha unter Wasser. Das Naturjuwel bietet eine kilometerlange Küstenlinie, jungfräuliche Riffe und 26 Wanderwege. Das Besucherzentrum des Parks befindet sich auf dem Kai gegenüber dem Einkaufszentrum Mongoose Junction. Hier bekommt man kostenlose Broschüren zum Wandern, zur Vogelbeobachtung, zu den Felsbildstätten und zu den von Rangern geführten Aktivitäten. Grüne Leguane, Geckos, Echte Karettschildkröten und Wildesel sind im Park zu Hause. Hinter dem Besucherzentrum beginnen ein paar gute Wanderwege.

Aktivitäten

Wandern

★ **Reef Bay Hike** WANDERN

(☎ 693-7275; www.friendsvinp.org/events/hike; 40 US$ pro Pers.; 2-mal wöchentl. 9–15 Uhr) Ranger des Virgin Islands National Park führen Besucher auf einem bergab führenden 5 km langen Weg durch tropischen Wald und vorbei an Felsbildern und Plantagenruinen zu einem Badestrand an der Reef Bay; von hier fährt ein Boot zurück nach Cruz Bay (daher die Gebühr). Der Aus-

WANDERN AUF ST. JOHN

Die beste Insel für Wanderer ist St. John. Im Virgin Islands National Park gibt's 26 Wanderwege und alle einigermaßen fitten Wanderer können sie auch ohne Guide gefahrlos begehen. Auf der Website des Parks (www.nps.gov/viis) kann man sich die Wege anschauen und eine Karte herunterladen. Der Friends of the Park Store (S. 105) verkauft für 3 US$ eine tolle detaillierte Karte.

Wer geführte Wanderungen bevorzugt: Der Nationalpark bietet mehrere kostenlos an, darunter auch Wanderungen zur Vogelbeobachtung und Küstenwanderungen; am bekanntesten ist jedoch der Reef Bay Hike (S. 101). Die von Rangern geführte 5-km-Wanderung geht vorbei an Felsbildern und Plantagenruinen und endet mit einem Bad am Strand der Reef Bay. Mit der Gebühr wird das Taxi zum Ausgangspunkt der Wanderung (ca. 8 km/5 Meilen von Cruz Bay) und das Boot für die Rückfahrt bezahlt.

Die folgenden beliebten Wege sind hin und zurück weniger als 5 km (3 Meilen) lang. Der Weganfang ist jeweils ausgeschildert und es gibt kleine Parkplätze.

Ram Head (S. 107) Anstrengender Aufstieg über Felsen zu einem Aussichtspunkt auf einer Klippe – die Aussicht lohnt jeden vergossenen Schweißtropfen!

Lind Point (S. 102) Beginnt hinter dem Besucherzentrum des Parks und führt vorbei an Eseln und Bananaquits zum abgeschiedenen Honeymoon Beach.

Leinster Bay (S. 106) Führt von den Ruinen der Annaberg-Zuckerfabrik zu fantastischen Schnorchelmöglichkeiten am Waterlemon Cay.

Cinnamon Bay (S. 106) Der einfache Rundweg führt durch tropischen Wald und vorbei an Fabrikruinen.

flug ist sehr populär und es wird empfohlen, ihn mindestens zwei Wochen vorher zu buchen. Abfahrt ist am Besucherzentrum.

Zum Startpunkt der Wanderung gelangt man per Taxi. Buchung im Internet oder im Friends of the Park Store (S. 105).

Lind Point Trail WANDERN

Dieser Weg, einer der zugänglichsten der Gegend, beginnt hinter dem Besucherzentrum des Nationalparks und führt knapp 2 km (1,1 Meilen) durch Kakteen und Trockenwald, hin und wieder vorbei an einem Esel und einem Zuckervogel, zum Honeymoon Beach. Ein knapp 500 m langer oberer Weg führt zur Lind Battery, einer ehemaligen britischen Geschützstellung 50 m über dem Meer. Der untere Weg geht direkt zum Strand.

Wassersport

SolShine SUP WASSERSPORT

(☎ 850-371-0837; www.solshinesup.com; Westin Resort; Yoga-Unterricht/3-stündige SUP-Tour 45/75 US$, SUP-Verleih halber Tag 50 US$) Die quirlige SUP- und Yoga-Lehrerin Thais führt ihre Schützlinge raus aufs Wasser zum SUP-Yoga oder zu einem Trip durch die Haulover Bay zum Tacoshop Lime Out (S. 107). Andere Touren führen u. a. zum Chocolate Hole und Hurricane Hole.

Arawak Expeditions KAJAKFAHREN

(☎ 693-8312; www.arawakexp.com; Mongoose Junction; halber/ganzer Tag ab 75/120 US$; ⏰10–18 Uhr) In Cruz Bay starten gut konzipierte Kajak- und Stehpaddeltrips an der North Shore entlang zur Henley Cay. Andere Trips beginnen an der Coral Bay und führen zum Hurricane Hole. Im Laden von Arawak wird alle mögliche Wassersportausrüstung verkauft und es wird alles Nötige zum Schnorcheln verliehen (7 US$ pro Tag).

Low Key Watersports TAUCHEN

(☎ 693-8999; www.divelowkey.com; One Bay St; 2 Tauchgänge 145 US$; ⏰8.30–18 Uhr) Hier kann man wunderbar tauchen lernen, denn bei Low Key Watersports sind einige der erfahrensten Tauchlehrer der Inseln tätig. Angeboten werden neben Wracktauchen an der RMS *Rhone* abendliche Tauchgänge und Taucharrangements. Daneben hat der Anbieter auch noch Ausflüge auf Elf-Meter-Schnellbooten zu The Baths (S. 311) sowie nach Jost Van Dyke, einer der Britischen Jungferninseln, im Programm, alle durchgeführt vom Schwesterunternehmen **Ocean Runner** (www.oceanrunnerusvi.com).

Feste & Events

Karneval von St. John KULTUR
(www.stjohnfestival.org; Anfang Juli) Die größte Sause der Insel rund um den Emancipation Day (3. Juli) und den US Independence Day (4. Juli), mit Essensmarkt, Parade, Schönheitswettbewerben und Feuerwerk.

Schlafen

Inn at Tamarind Court HOTEL $
(776-6378; www.innattamarindcourt.com; Rte 104; EZ 70 US$;) Dem Hauptgebäude des Tamarind Court machten die Hurrikans von 2017 den Garaus, sodass zur Zeit der Recherche nur das einfache Gebäude mit sechs Einzelzimmern, die sich zwei Bäder teilen, in Betrieb war. Seit 2020 gibt's ein neues Restaurant sowie acht neue Zimmer.

★ **St. John Inn** HOTEL $$
(693-8688; www.stjohninn.com; 277 Estate Enighed; Zi. mit Frühstück 215–340 US$;) Die 14 Zimmer in diesem superbeliebten Hotel verfügen über in hellen Farben gestrichene Wände, geflieste Böden und handgefertigte Holzmöbel. Hier herrscht eine heimelige Atmosphäre: Die Gäste grillen auf dem Gemeinschaftsgrill frischen Fisch, lümmeln auf der Sonnenterrasse herum oder nehmen ein Bad im kleinen Pool. Inbegriffen sind der abendliche Rum Punch und Strandliegen. Vom Fähranleger den Hügel hinauf.

Cruz Bay Boutique Hotel HOTEL $$
(642-1702; www.cruzbayhotel.com; King St; mit Frühstück Zi. 205–265 US$, Suite 300–385 US$;) Die dem Fähranleger am nächsten gelegene Übernachtungsmöglichkeit liegt mitten in Cruz Bay. Die 14 sauberen weißen Zimmer befinden sich über einem italienischen Restaurant und bieten für die Insel ein gutes Preis-Leistungs-Verhältnis – darum sind sie auch stets schnell ausgebucht. Außerdem ist eine größere Suite mit Küche und Wohnzimmer vorhanden. Zum Frühstück gibt's heimisches Gebäck.

Garden by the Sea B&B B&B $$
(779-4731; www.gardenbythesea.com; 203 Enighed Rd; Zi. 195–300 US$;) B&B-Freunde schwärmen von dieser Unterkunft. Die Eigentümer, die hier ebenfalls leben, haben die drei Zimmer in Seegrün, Lavendel und Blaubeere getaucht. In jedem steht ein massives Himmelbett und jedes Zimmer hat ein eigenes Bad. Der Strom stammt von Sonnenkollektoren. Nur Barzahlung und Reiseschecks. Mindestaufenthalt drei bis sechs Nächte.

★ **Coconut Coast Villas** APARTMENTS $$$
(693-9100; www.coconutcoast.com; 268 Estate Enighed; 1-/2-/3-Schlafzimmer-Apt. ab 197/307/395 US$;) Die neun Units in dieser Anlage – darunter Ein-Raum-Studios, Suiten mit zwei bzw. drei Schlafzimmern, wenn sie kombiniert werden – befinden sich direkt am Kieselstrand der Turner Bay. Jedes Apartment ist mit einheimischer Kunst geschmückt und einer Küche, einer Terrasse und WLAN ausgestattet. Dazu kommen für alle Gäste zusammen ein Pool, ein Whirlpool und ein Grill. Cruz Bay liegt zehn Minuten zu Fuß entfernt auf der anderen Seite des Hügels. Mindestaufenthalt drei Nächte.

Essen

North Shore Deli CAFÉ $
(777-3061; www.northshoredelistjohn.com; Mongoose Junction; Hauptgerichte 9–13 US$; Mo–Sa 7–18, So 8–15 Uhr;) Mit verschiedenen Kaffees, Frühstücksspeisen und Backwaren die beste Frühstücksadresse in Cruz Bay. Die Sandwiches zu Mittag – sämtliches Fleisch wird vor Ort langsam geröstet – sind überdurchschnittlich gut. Das dunkle und stark heruntergekühlte Café bietet eine willkommene Zuflucht vor der Sonne.

★ **Rootz Café** KARIBISCH $$
(Forward to Your Roots; 677-0950; Contant Point Rd; mittlere/große Portionen 15/20 US$; Mo–Sa 12–18 Uhr;) Der kleine Essenswagen bietet wirklich gute Rasta-Kost. Das Angebot wechselt täglich, doch man darf sich auf eine breite Palette von gesunden veganen Speisen freuen, hoch aufgetürmt in Styroporbehältern zum Mitnehmen. Wer Eigentümer Lance Brathwaite seine Wehwehchen anvertraut, dem braut er einen Kräuterheilsaft zusammen.

★ **Longboard** KALIFORNISCH $$
(715-2210; www.thelongboardstjohn.com; Ecke Prince & King St; Hauptgerichte 16–35 US$; 15–22 Uhr;) Frische, gesunde Gerichte voller Gemüse und Getreide heben dieses weiße Lokal mit Surfmotto vom fettigen frittierten 08/15-Angebot ab. Roher Fisch wird hier als Poke, Ceviche oder Sushi serviert oder man stärkt sich mit einer reichhalti-

MUNGOS, ESEL & ZIEGEN

Egal ob man auf St. John zeltet, wandert oder Auto fährt, es wird nicht lange dauern, bis man einem der wilden Tiere der Insel begegnet. Hunderte von Ziegen, Eseln, Schweinen und Katzen streifen auf der Insel umher, Nachfahren von Haus- und Nutztieren, die vor langer Zeit dem Dschungel überlassen wurden. Zwei weitere eingeführte Arten, die sich unerwartet stark vermehrt haben, sind Weißwedelhirsche und Mungos.

Am meisten Aufmerksamkeit ziehen die Esel auf sich. Man sieht sie oft auf der Centerline Road, wo sie direkt bis ans Auto kommen und ihre Schnauze ins offene Fenster stecken.

Die Tiere sollten nicht gefüttert werden und es sollten auch keine Essensreste und kein Müll an Stellen zurückgelassen werden, die für die Tiere zugänglich sind. Man sollte sich ihnen auch nicht nähern, um sie anzufassen oder ein Foto mit ihnen zu machen. Zwar weisen die meisten dieser Tiere eine tolerante Einstellung auf und es macht ihnen nichts aus, wenn man auf Wanderwegen um sie herumgeht, doch wenn sie sich provoziert fühlen, können sie auch aggressiv werden.

gen Quinoa-Bowl. Der Körper wird es einem danken!

Uncle Joe's BBQ GRILLRESTAURANT $$
(☎693-8806; North Shore Rd; Hauptgerichte 12–18 US$; ⏲11.30–20.30 Uhr) In diesem Open-Air-Restaurant gegenüber vom Postamt stürzen sich Einheimische wie Touristen geradezu auf das Grillhühnchen, die Rippchen und die Maiskolben. Das Fleisch wird draußen gegrillt, sodass die ganze Gegend in verführerische Düfte gehüllt ist. Nur Barzahlung.

Da Livio ITALIENISCH $$
(☎779-8900; www.dalivio.it; King St; Hauptgerichte 22–44 US$; ⏲Di–Sa 17.30–22 Uhr) Ein italienischer Koch bereitet hier liebevoll authentische Speisen aus seiner Heimat zu. Pasta und Gnocchi werden hier noch von Hand gefertigt. Sehr beliebt sind die Pizzas aus dem Holzofen, zu denen man wunderbar einen der herzhaften Weine genießen kann. Die Decke zieren Korken und die schwarz-weiße Einrichtung verleiht der Trattoria ein schick-lockeres Ambiente.

Lime Inn FISCH & MEERESFRÜCHTE $$
(☎776-6425; www.thelimeinn.com; King St; Hauptgerichte 14–36 US$; ⏲Mo–Fr 11.30–21.30, Sa 17–21.30 Uhr; 📶) Das Lime Inn erfreut sich dank gutem Essen und erstklassigem Service zu moderaten Preisen bei Reisenden großer Beliebtheit. Zur Einrichtung gehören Pflanzen, Ventilatoren und knallgrüne Farbakzente. Auf besondere Begeisterung stoßen die Neuengland-Muschelsuppe, die Meeresfrüchtepasta und die Schokoladendesserts. Am besten reservieren!

★ **Morgan's Mango** KARIBISCH $$$
(☎693-8141; www.morgansmango.com; Hauptgerichte 30–40 US$; ⏲17.30–22 Uhr) Während sie aufs Wasser schauen, können sich die Gäste hier an fantasievollen karibischen Gerichten wie haitianischem Voodoo-Schnapper oder kubanischem Zitrushühnchen erfreuen. Mittwochs bis freitags erklingt oft akustische Livemusik – sehr schön auch für ein romantisches Abendessen. Beim Mongoose Junction.

Ausgehen & Nachtleben

★ **Bajo El Sol Gallery & Art Bar** BAR
(www.facebook.com/bajoelsolgallery; Mongoose Junction; ⏲Mo–Sa 10–19 Uhr) Wer sich über den Mangel an Kultureinrichtungen auf den Amerikanischen Jungferninseln beschwert, freut sich sicher über das Bajo El Sol: Es präsentiert einheimische Maler, Töpfer und Holzkünstler, zeigt karibische Dokumentarfilme und veranstaltet monatlich Events wie Verkostungen erstklassiger Rumsorten, Pop-up-Dinner und Lesungen. In der Art Bar lassen sich die grauen Zellen außerdem mit guten Weinen und Espressos stimulieren.

★ **Tap Room** KLEINBRAUEREI
(☎715-7775; www.stjohnbrewers.com; Mongoose Junction, 1. OG; ⏲11–24 Uhr; 📶) Hier brauen die St. John Brewers ihre eigenen sonnigen, zitronigen Gerstensäfte wie das Mango Pale Ale oder auch alkoholfreie Varianten wie Root Beer, Ingwerbier oder den Energydrink Green Flash. Auf Anfrage werden Führungen (12 US$) mit Verkostungsmöglichkeiten angeboten. Die Anmeldung da-

für erfolgt in der Brewtique im Erdgeschoss, in der es auch nette Souvenirs gibt.

Wer Hunger verspürt, kann diesen mit guter Kneipenkost wie z.B. Sandwiches stillen.

Woody's Seafood Saloon BAR

(☎779-4625; www.woodysseafood.com; Ecke Prince & King St; ⏲11–1 Uhr) Hier beginnt um 15 Uhr die tägliche Party auf St. John: Dann fällt der Preis für US-Biere nämlich drastisch (eine Flasche Coors gibt's schon für 2 US$). Um 16 Uhr stehen die Leute dann schon vor der winzigen Kneipe auf dem Bürgersteig und die Barkeeper reichen das Bier durch ein Fenster hinaus. Außerdem wird auch recht annehmbares Essen serviert wie *shark bites* (pikante Fischstückchen).

Shoppen

Friends of the Park Store SOUVENIRS & GESCHENKE

(☎779-8700; www.friendsvinp.org; Mongoose Junction; ⏲10–18 Uhr) Wer schon immer nach aus Eselsmist hergestelltem Papier gesucht hat – hier wird man fündig! Daneben gibt's auch andere naturfreundliche Sachen sowie Meerglasschmuck. Die Erlöse gehen an den Virgin Islands National Park.

Praktische Informationen

Im Marketplace Building gibt's eine Filiale der FirstBank mit Geldautomat, beim Fähranleger eine Popular-Filiale (ehemals Banco Popular) mit Geldautomat.

Post (☎779-4227; Ecke Henry Samuel & King St; ⏲Mo–Fr 7.30–16, Sa bis 12 Uhr) Gegenüber vom Anleger für Fähren von und zu den Britischen Jungferninseln.

Touristeninformation (Henry Samuel St; ⏲Mo–Fr 8–17 Uhr) Ein kleines Gebäude neben der Post mit Broschüren usw.

US Customs & Immigration (☎776-6741; ⏲10–17.30 Uhr) Wer per Schiff von den Britischen Jungferninseln ankommt, muss hier Zoll und Passkontrolle passieren, was gewöhnlich problemlos vonstatten geht. Seit den Hurrikans von 2017 befindet sich die Behörde in einem beigefarbenen Wohnwagen neben dem Terminal für Fähren von und zu den Britischen Jungferninseln.

An- & Weiterreise

BUS

Busse von Vitran (S. 125) halten vor dem Fährterminal. Auf dem Weg nach Coral Bay (40 Min.) halten sie an der Centerline Road. Einst verkehrten sie fast stündlich, doch seit den Hurrikans von 2017 fahren sie nur noch viermal am Tag. Aktuelle Infos gibt's auf der Website.

SCHIFF/FÄHRE

Schiffe aus Red Hook auf St. Thomas kommen am Hauptfähranleger an, während diejenigen von der Crown Bay Marina (beim Flughafen von St. Thomas) und den Britischen Jungferninseln in The Creek beim alten Zollgebäude anlegen. Fahrpläne für die Fähren nach Crown Bay und zu den Britischen Jungferninseln bekommt man bei Inter Island (S. 125). Wichtige Verbindungen:

Red Hook, St. Thomas 8,15 US$ einfach, 20 Min., stündl. (große Gepäckstücke kosten 5 US$ extra).

Crown Bay Marina, St. Thomas 20 US$ einfach, 45 Min., 2-mal tgl. (große Gepäckstücke kosten 5 US$ extra).

Jost Van Dyke 80 US$ einfach, 45 Min., Fr–So 2-mal tgl.

TAXI

Taxis warten beim Fährterminal. Von Downtown kostet die Fahrt nach Trunk Bay 6 US$ pro Person, nach Cinnamon oder Maho Bay 7 US$ und nach Coral Bay 9 US$.

North Shore

Die stille North Shore steht ganz im Zeichen ihrer Strände. Hier befinden sich die wichtigsten Sehenswürdigkeiten des Nationalparks, die beliebtesten Strände und die besten Wanderreviere.

Sehenswertes & Aktivitäten

Die wichtigste Beschäftigung an den Stränden dieser Gegend ist das Schnorcheln. An einigen der größeren Sandstreifen wird die erforderliche Ausrüstung dazu verliehen. Für die anderen Strände leiht man sich die Ausrüstung am besten in einem der Tauchshops von Cruz Bay.

★ Francis Bay STRAND

Die Francis Bay beherbergt einen der stillsten Strände auf St. John, mit ruhigem Wasser und weniger Touristen als alle anderen Strände dieser Größe. Außerdem kann man hier sehr gut Vögel beobachten: Um einen Salzteich herum führt ein einfacher, rund 800 m langer Weg zu den Ruinen des Francis Bay Estate House. Die besten Schnorchelmöglichkeiten bieten sich hier am felsigen Nordende des Strands beim Mary Point.

★ Annaberg Sugar Mill Ruins

HISTORISCHE STÄTTE

(www.nps.gov/viis; 9–16 Uhr, Vorführungen Mo–Mi 10–14 Uhr) GRATIS Diese Ruinen in der Nähe der Leinster Bay gehören zum Nationalpark und sind die intaktesten Zuckerfabrikruinen der gesamten Jungferninseln. Auf einem halbstündigen Rundgang in Eigenregie erkundet man die Sklavenquartiere, das Dorf, die Windmühle, die Rumbrennerei und den Kerker. Die Schonerzeichnungen an der Kerkermauer sind vielleicht mehr als hundert Jahre alt.

An mindestens drei Tagen der Woche finden hier Vorführungen statt, von Brotbacken bis zu Korbflechten.

In der Nähe des Picknickplatzes beginnt der hin und zurück 2,6 km (1,6 Meilen) lange **Leinster Bay Trail** zur – genau! – Leinster Bay.

★ Leinster Bay

STRAND

Die Leinster Bay befindet sich bei den Ruinen der Annaberg-Zuckerfabrik. Vom Parkplatz führt ein 25-minütiger Weg am Wasser entlang. Am Ostende der Bucht locken bei der **Waterlemon Cay** einige der besten Schnorchelmöglichkeiten von St. John: Hier tummeln sich Schildkröten, Gefleckte Adlerrochen, Barrakudas und Ammenhaie. Aber Vorsicht: Die Strömung kann stark sein. Hier gibt's keine Einrichtungen und kaum Besucher.

Maho Bay

STRAND

() Am Maho Bay ist das Wasser seicht und nicht so unruhig wie anderswo – hier können auch Kids gut schnorcheln – und am frühen Morgen und späten Nachmittag hat man sehr gute Chancen, Grüne Meeresschildkröten zu sehen und vielleicht auch den einen oder anderen Stachelrochen. Außer einem Parkplatz und Umkleidekabinen gibt's hier eine Bar und einen Foodtruck und es wird Wassersportausrüstung verliehen. Besonders nach 11 Uhr kann es voll, aber nie zu voll werden.

Honeymoon Beach

STRAND

Vom Besucherzentrum des Nationalparks sind es über den Lind Point Trail rund 1,5 km bis zum Honeymoon Beach. Der hübsche weiße Sandstrand ist oft leer und ruhig – außer vom späten Vor- bis zum frühen Nachmittag an Tagen, an denen Kreuzfahrtschiffe hier sind. An einer Hütte am Strand sind Snacks sowie Liegen, Hängematten, Kajaks und andere Wassersportausrüstung erhältlich. An der Westseite des Strands kann man gut schnorcheln: Hier tummeln sich am Korallenriff irre bunte Fische sowie Schildkröten.

Cinnamon Bay

STRAND

() Der 1,5 km lange Strand an der Cinnamon Bay ist der größte auf St. John und vielleicht auch der beste. Zur Zeit der Recherche bot er jedoch einen traurigen Anblick: Nach den Hurrikans von 2017 waren das archäologische Museum, der Campingplatz, das Restaurant und die Wassersporteinrichtungen allesamt verwüstet. Jedoch soll alles wieder in Ordnung gebracht werden und die Neueröffnung des Campingplatzes und der anderen Einrichtungen ist zeitnah angepeilt – aktuelle Infos auf der NPS-Website.

Auf der anderen Straßenseite führt ein 800 m langer Wanderweg vorbei an den Ruinen einer alten Zuckerfabrik.

Trunk Bay

STRAND

(Erw./Kind 5 US$/frei) Dieser lange, leicht geschwungene Strand ist der beliebteste der Insel und der einzige, zu dem man Eintritt zahlen muss. Hier gibt's Duschen, Toiletten, Picknickeinrichtungen, Verleih von Schnorchelausrüstung, eine Snackbar und einen Taxistand. Keine Frage: Dieser Strand ist schön, aber oft ist er auch rappelvoll. Alle schwimmen hier den Unterwasser-Schnorchelpfad ab, doch erfahrene Schnorchler wird er kaum vom Hocker reißen.

Jumbie Bay

STRAND

Jumbie bezeichnet im kreolischen Dialekt einen Geist und um diesen abgeschiedenen Strand kreisen jede Menge Geistergeschichten. Auf dem Parkplatz an der North Shore Road gibt's nur Raum für sieben Autos. Von hier führt ein kurzer Pfad zum Strand.

Hawksnest Bay

STRAND

Die Bucht hier stellt einen tiefen runden Einschnitt in die Hügel dar, mit einem schmalen Sandstrand am Rand. Gewöhnlich ist hier nicht viel los. An Einrichtungen gibt's Toiletten, einen Picknick-Unterstand und Grillstellen.

Geführte Touren

Virgin Islands Ecotours

KAJAKFAHREN

(779-2155; www.viecotours.com; Honeymoon Beach; 3-stündige Touren Erw./Kind 89/59 US$) Das tolle Unternehmen, das auch auf St. Thomas vertreten ist, bietet mehrere geführte Touren mit Kajakfahren, Schnorcheln und/oder Wandern. Einige Touren sind auch für Kinder geeignet (Caneel Bay), andere sind anstrengend (Henley Cay). Die meisten Trips beginnen am Honeymoon Beach, einige aber auch in der Nähe des Besucherzentrums des Nationalparks.

Schlafen

★ Estate Lindholm GASTHAUS $$$
(☎776-6121; www.estatelindholm.com; North Shore Rd; Zi. ab 265 US$;) Diese schön gestaltete Anlage auf einem Hügel knapp 1,5 km von Cruz Bay erfüllt alle Erwartungen. Jedes der 17 Zimmer ist geschmackvoll eingerichtet; von den Schaukelstühlen auf den Balkonen lässt sich schön die Aussicht genießen. Außerdem gibt's einen Pool und eine Bar mit Vertrauenskasse. Weitere Pluspunkte sind die kostenlose Abholung von der Fähre und die Nutzung von Strandliegen und Schnorchelausrüstung.

An- & Weiterreise

Das Gebiet lässt sich über die North Shore Road (Route 20) mit ihren zahlreichen schönen Aussichtspunkten am besten mit einem Mietwagen erkunden, doch zu den Stränden gelangt man auch per Taxi. Von Cruz Bay kostet es 7 US$ pro Person zur Cinnamon Bay und 9 US$ zur Leinster Bay.

Coral Bay & East End

Coral Bay, St. Johns zweitgrößte Stadt, ist ein echtes Provinzkaff. Das Gebiet an der Ostspitze der Insel eignet sich toll zum Wandern und für einsame Strandspaziergänge.

Sehenswertes & Aktivitäten

Salt Pond Bay STRAND
Die Salt Pond Bay bietet bei ruhiger See recht gute Möglichkeiten zum Schnorcheln. Hier kann man auch Schildkröten entdecken. Am Südende des Strands beginnen zwei nette Pfade: Der Ram Head Trail führt auf einen hohen Felsen, der ins Meer hinaussticht, der Drunk Bay Trail zu verrückter Felskunst. Am Strand gibt's schattige Picknicktische und Toiletten. Er befindet sich ein paar Meilen vom Ort Coral Bay entfernt und ist über die Route 107 und einen Weg vom Parkplatz aus (10 Min.) zu erreichen.

★ Ram Head Trail WANDERN
Dieser mittelschwere Pfad erklimmt von der Salt Pond Bay über Serpentinen den Ram Head, eine 60 m hohe Landspitze am Südende von St. John – wunderbar einsam und windgepeitscht. Hin und zurück sind es 3 km (2 Meilen) und es gibt keinen Schatten, also Sonnenschutz mitnehmen! Am schönsten ist es zum Sonnenuntergang oder bei Vollmond.

Drunk Bay Trail WANDERN
Dieser einfache Weg führt von der Salt Pond Bay am Rand eines Salzteichs vorbei zu einem wilden, felsigen Strand, der gen Osten und Britische Jungferninseln weist. Die Passatwinde drücken die Brandung an diese Küste und es werden alle möglichen Korallen, Fischernetze und anderes Strandgut angeschwemmt, das sich teils zu wundersamen Skulpturen auftürmt. Hin und zurück ist der Weg rund 1 km (0,6 Meilen) lang.

Carolina Corral REITEN
(☎693-5778; www.horsesstjohn.com; 16133 Spring Garden; 1½ Std. Erw./Kind 85/75 US$; ⏱nach Vereinbarung) Hier werden 1½-stündige Ausritte über raue Wege zu einem felsigen Strand geboten. Sämtliche Pferde wurden vor irgendwelchem Ungemach gerettet.

Essen

Bei den Unterkünften auf der ruhigen Seite der Insel handelt es sich um private Ferienhäuser und Cottages.

Skinny Legs BURGER $
(☎779-4982; www.skinnylegsvi.com; Rte 10; Hauptgerichte 10–14 US$; ⏱11–21 Uhr) Gebräunte Segler und Ferienhausbewohner vom East End tummeln sich in diesem offenen Grillrestaurant gleich hinter der alten Feuerwache an einer kleinen Werft. Der Reiz besteht hier nicht in der Aussicht, sondern in der fröhlichen Kundschaft und der munteren Barszene. Am beliebtesten sind die Cheeseburger und die Sandwiches mit gegrilltem Fisch. Am Wochenende werden abends Livemusik und Tanz geboten.

★ Lime Out VI TACOS $$
(☎643-5333; www.limeoutvi.com; Hansen Bay; Tacos 7–10 US$; ⏱11.30–17 Uhr) Übers türkisfarbene Meer paddeln, dann das Kajak oder SUP-Board an einem mit Solarstrom versorgten schwimmenden Restaurant festmachen, rüber zur Bar schwimmen und Tacos mit Thunfisch oder in Rum glasierte Rippchen schlemmen – was könnte schöner sein? Außerdem sind da noch die kreativen Craft-Cocktails, serviert in wiederverwendbaren Trinkbechern für Erwachsene. Hier

kann man problemlos einen ganzen Nachmittag verbummeln.

Miss Lucy's KARIBISCH $$

(☎ 693-5244; Rte 107; Hauptgerichte 13–30 US$; ⊙ Di–Do 11–21, Fr & Sa bis 16, So 10–14 Uhr; 📶) Miss Lucy verstarb 2007 im Alter von 91 Jahren, doch ihr Restaurant lebt fort. Es ist berühmt für seinen Jazz-Brunch und seine Piña-Colada-Pfannkuchen am Sonntag, aber auch für die Fechterschneckensuppe und die *johnnycakes* (Maismehl-Fladenbrote) an den Werktagen. All das gibt's direkt am Wasser unter den Meertraubenbäumen, während hin und wieder eine zahme Ziege vorbeitrottet.

Rhumb Lines FUSION-KÜCHE $$$

(☎ 776-0303; www.rhumblinesstjohn.com; Rte 10; Hauptgerichte 28–38 US$; ⊙ Mo–Sa 17–22, So 10–14 & 17–22 Uhr) Das edelste Restaurant von Coral Bay ist im tropischen Südseestil eingerichtet und bietet kreative Gerichte mit Aromen aus z. B. Thailand, Sichuan und von den Philippinen. Am besten stellt man sich von der „pu pu"-Karte (polynesische Tapas) verschiedene kleine Speisen zusammen, die zur Happy Hour nur die Hälfte kosten. Drinnen sitzen die Gäste klimatisiert, draußen unter Sonnenschirmen inmitten von Bambusfackeln. Zum Essen passen bestens die guten Cocktails, während Fackeln und Lichterketten der Terrasse ein fröhliches Flair verleihen.

ℹ An- & Weiterreise

Coral Bay ist nur rund 13 km (8 Meilen) von Cruz Bay entfernt, doch über die gewundenen Straßen braucht man mit dem Auto eine gute halbe Stunde. Zwischen den beiden Orten verkehrt außerdem ein Bus von Vitran (S. 125). Ein Taxi kostet 9 US$ pro Person.

ST. CROIX

St. Croix ist doppelt so groß wie St. Thomas und weist eine außergewöhnliche Topografie mit Bergen, einem geheimnisvollen Regenwald und einer fruchtbaren Küstenebene auf, die sich dank dem dortigen Zuckerrohranbau einst den Namen „Garten der Antillen" verdiente. Heute ist die Insel für ihre Tauchmöglichkeiten, die Rumdestillation, ein Meeresschutzgebiet und für Festungen aus dem 18. Jh. bekannt.

Vielleicht weil St. Croix einsam und verlassen 64 km (40 Meilen) südlich der anderen Jungferninseln liegt, ist die Stimmung hier anders: Es wirkt weniger touristisch und voll und scheint mehr von den Einheimischen geprägt. Es gibt zwei größere Orte: Christiansted, der größere der beiden, liegt an der Nordostküste, das erheblich ruhigere Frederiksted an der Westspitze – hier legt hin und wieder ein Kreuzfahrtschiff an und bringt Leben in den Ort.

ℹ An- & Weiterreise

FLUGZEUG

Der Henry E. Rohlsen Airport (S. 124) liegt im Südwesten von St. Croix. Hier werden Flüge aus den USA abgewickelt, etwa aus San Juan auf Puerto Rico oder von St. Thomas.

Seaborne Airlines (S. 125) betreibt Wasserflugzeuge zwischen St. Thomas und St. Croix (90 US$ einfach, 25 Min.). Sie landen im Hafen in der Innenstadt von Christiansted.

SCHIFF/FÄHRE

Das Terminal für die Kreuzfahrtschiffe befindet sich in Frederiksted an der Westspitze der Insel.

Fähren von **QE IV Ferry** (☎ 473-1322; www.qe4ferry.com) verkehren außer mittwochs zweimal täglich (60 US$ einfach, 2½ Std.) zwischen der Gallows Bay auf St. Croix und dem Blyden Terminal auf St. Thomas.

ℹ Unterwegs vor Ort

AUTO

Mietwagen kosten ab etwa 55 US$ pro Tag. Viele Autovermietungen haben Niederlassungen am Flughafen und am Anleger der Wasserflugzeuge.

Avis (☎ 778-9355; www.avis.com)
Budget (☎ 778-9636; www.budgetstcroix.com)
Centerline Car Rentals (☎ 888-288-8755; www.stxrentalcar.com)
Hertz (☎ 778-1402; www.rentacarstcroix.com)
Olympic (☎ 718-3000; www.olympicstcroix.com; Northside Rd; ⊙ 7.30–18 Uhr)

BUS

Busse von Vitran (S. 125) befahren die Centerline Road zwischen Christiansted und Frederiksted. Der Fahrplan ist sehr unregelmäßig – die Busse fahren tagsüber etwa jede oder jede zweite Stunde.

TAXI

Es gelten feste Preise. Die Fahrt zwischen Christiansted und Frederiksted kostet 24 US$.

Christiansted

Christiansted verströmt ein melancholisch angehauchtes historisches Flair. Über dem Wasser erhebt sich das Fort Christiansvaern mit seinen Geschützen. Es grenzt an die Kings Wharf: Hier legten mehr als 250 Jahre lang die Schiffe mit den Sklaven an und luden dann für die Rückfahrt Zucker oder Melasse. Heute zieht sich am Hafen eine Promenade mit Restaurants, Tauchshops und Bars entlang. Christiansted stellt eine tolle Basis für die Erkundung der Insel dar.

Sehenswertes

★ Christiansted National Historic Site HISTORISCHE STÄTTE
(☎773-1460; www.nps.gov/chri; Hospital St; 7 US$; ⏲8.30–16.30 Uhr) Zu dieser historischen Stätte gehören mehrere Bauten. Am eindrucksvollsten ist das dunkelgelbe **Fort Christiansvaern** (1749) im Osten der Stadt. Die Festung wurde aus als Schiffsballast hertransportierten dänischen Ziegeln erbaut und schützte die Bewohner des Städtchens vor Seeräubern, Wirbelstürmen und Sklavenaufständen. Drinnen erwarten die Besucher Geschütze auf den Festungsmauern, ein enges Verlies und Latrinen mit erstklassigem Meerblick. Am Eingang zum Fort gibt's Broschüren zur Erkundung der anderen historischen Bauten in der Nähe.

Protestant Cay STRAND
(👪) Das dreieckige Eiland knapp 200 m von der Kings Wharf entfernt ist eine kleine Oase. Hier befindet sich ein Resort (S. 110) mit Sandstrand und Bar-Restaurant – beides ist allgemein zugänglich. Im **Wassersportzentrum** (☎773-7060; www.facebook.com/stcroixwatersports; ⏲Okt.–Mai 10–16 Uhr, Juni–Sept. nach Vereinbarung) kann man Schnorchel- und Windsurfingausrüstung sowie Kajaks und Tretboote leihen. Beim Schnorcheln ist recht viel Meeresleben zu beobachten. Mit seinem ruhigen und seichten Wasser ist das Inselchen auch toll für Kinder. Die Fähre (5 US$ hin & zurück, 5 Min.) fährt beim **King Christian Hotel** (1102 Kings Wharf) ab.

Danish West India & Guinea Company Warehouse HISTORISCHES GEBÄUDE
(Hospital St) Das dreistöckige klassizistische Gebäude erblickte 1749 als Hauptniederlassung und Lagerhaus der Dänischen Westindien-Guinea-Kompanie das Licht der Welt. Im mittleren Hof befand sich bis zum Verbot des Sklavenhandels 1848 einer der größten Sklavenmärkte der Karibik. Das Gebäude ist heute in Privatbesitz, sodass es nicht zugänglich ist.

Aktivitäten & Geführte Touren

Christiansted strotzt nur so vor Anbietern von Exkursionen nach Buck Island und Tauchtrips rund um die Insel.

Tauchen

Dive Experience TAUCHEN
(☎773-3307; www.divexp.com; 2 Tauchgänge 115 US$; ⏲8–18 Uhr) Diesen Laden der renommierten Tauchlehrerin Michelle Pugh, der sich stark dem Umweltschutz verschrieben hat, gibt's schon seit mehr als 35 Jahren. An den meisten Tagen brechen Boote um 9 Uhr zu Halbtagestouren auf.

St. Croix Ultimate Bluewater Adventures TAUCHEN
(☎773-5994; www.stcroixscuba.com; 81 Queen Cross St; 2 Tauchgänge 130 US$; ⏲Mo–Sa 7.30–19, So bis 17 Uhr) Das ultraprofessionelle Unternehmen bietet Tauchgänge rund um die Insel sowie PADI-Trainingskurse für Anfänger und Profis.

Bootstouren

★ Caribbean Sea Adventures BOOTSTOUREN
(☎773-2628; www.caribbeanseaadventures.com; 1102 Kings Wharf; ⏲8–17 Uhr) Die Halbtagestrips (75 US$) nach Buck Island finden auf einem Glasboden-Motorboot statt, die Ganztagestouren (95 US$) auf einem Katamaran.

Big Beard's Adventures BOOTSTOUREN
(☎773-4482; www.bigbeards.com; Caravelle Hotel, Queen Cross St; ⏲Mo–Sa 8–18, So bis 17 Uhr) Ausflüge nach Buck Island mit Katamaran-Seglern (halber/ganzer Tag 75/105 US$) sowie Sonnenuntergangstörns (35 US$).

Wandern

St. Croix Hiking Association WANDERN
(www. stcroixhiking.org) Veranstaltet ein paar geführte Wanderungen pro Monat. Diese finden in eher abgelegenen Gegenden statt, sind mittelmäßig anstrengend und dauern drei bis fünf Stunden. Die Teilnahme kostet 10 US$.

St. Croix Environmental Association OUTDOORAKTIVITÄTEN
(☎773-1989; www.stxenvironmental.org; 5032 Anchor Way, Suite 4; ⏲Mo–Fr 9–17 Uhr) Bietet ein paarmal pro Monat zweistündige Wander-, Vogelbeobachtungs-, Kajak- und Schnorcheltouren, teils kostenlos, teils je nach Aktivität für 10–50 US$. Unterschiedliche Ausgangsorte.

Geführte Touren

★ Virgin Islands Food Tours ESSEN & TRINKEN
(☎ 866-498-3684; www.vifoodtours.com; 23 King St; 3 Std. Erw./Kind 99/59 US$; ⌚ Fr & Sa 10.30 Uhr oder nach Vereinbarung) Mit einem einheimischen Guide geht's durch die Straßen des Zentrums von Christiansted; unterwegs werden sechs Stopps eingelegt, um einen authentischen St.-Croix-Lunch, karibische Backwaren, *bush tea* und anderes zu genießen. Außerdem erhält man unterwegs jede Menge Informationen zur Geschichte von St. Croix.

Tan Tan Jeep Tours ERLEBNISSPORT
(☎ 773-7041; www.stxtantantours.com; 33 Queen Cross St; ⌚ 9–16 Uhr) Tan Tan bietet Ausflüge zu den Gezeitenbecken der Annaly Bay (S. 115), tief in den Regenwald hinein und zu weiteren schwer erreichbaren Zielen. Die Touren dauern von 2½ (120 US$ pro Pers.) bis 8 Stunden (200 US$ pro Pers.). Mindestens 48 Stunden im Voraus buchen.

Feste & Events

Viermal im Jahr, meist im Februar, Mai, Juli und November, finden sogenannte *Jump ups* statt, Straßenfeste mit Musik.

Art Thursday KUNST
(www.facebook.com/artthursday; ⌚ Nov.–Mai 3. Do des Monats 17–20 Uhr) Mehrere Maler, Juweliere und Fotografen unterhalten im Ort Galerien. Von November bis Mai sind diese jeweils am dritten Donnerstag des Monats lange geöffnet und es gibt Essen und Musik.

Taste of St. Croix ESSEN & TRINKEN
(www.tasteofstcroix.com; Queen Cross St; ⌚ April) Dieses jährliche Fest hat sich in den vergangenen zwanzig Jahren zu einem der besten Essens- und Weinfeste der Karibik entwickelt. Mehr als 40 Restaurants, Caterer und Farmen sind auf der Queen Cross Street versammelt, um den Besuchern einen grandiosen Abend mit edler Kulinarik zu bieten.

Crucian Christmas Festival WEIHNACHTEN
(www.vicarnivalschedule.com/stcroix/; ⌚ Anfang Dez.–Anfang Jan.) Ein Monat voller Festzüge, Paraden und Calypso-Wettbewerbe – Weihnachten auf westindische Art.

Schlafen

Die Hotels von Christiansted befinden sich praktischerweise im Zentrum, sodass Bars, Geschäfte und Restaurants leicht zu Fuß zu erreichen sind.

★ Hotel on the Cay HOTEL $$
(☎ 773-2035; www.hotelonthecay.com; Zi. 150–200 US$; ❄ @ ⌔ ≋) Das Hotel befindet sich vor der Küste auf seiner eigenen kleinen

TAUCHEN VOR ST. CROIX

Echte Tauchfreaks werden vor St. Croix viel Zeit unter Wasser verbringen. Dank zweier Merkmale ist dies ein wahres Tauchermekka: Zum einen ist die Insel von einem großen Barriereriff umgeben, sodass viele Schildkröten, Rochen und andere Meeresbewohner zu sehen sind. Zum anderen verläuft vor der Nordküste der Insel eine spektakuläre Steilwand, die auf eine Tiefe von fast 1000 m abfällt.

Die besten Tauchmöglichkeiten an der Nordküste sind die Cane Bay Wall und die North Star Wall. Im Westen sind die besten Tauchspots an den Schiffswracks in der Butler Bay (wie der *Suffolk Maid* und der *Rosaomaira*) und am Frederiksted Pier. Zwar bieten fast alle Tauchveranstalter Tauchgänge vom Boot aus an, jedoch sind viele der spannendsten Tauchspots wie in der Cane Bay vom Strand aus zu erreichen: Man muss nur ein Stückchen bis zum Riff hinausschwimmen.

Die nachfolgend genannten Anbieter steuern die verschiedenen Tauchreviere rund um die Insel an:

Cane Bay Dive Shop (S. 116) Empfehlenswerter Tauchshop gegenüber vom Pier in Frederiksted; Abfahrt der Boote an der Salt River Marina.

Dive Experience (S. 109) Halbtagestrips ab Christiansted an den meisten Tagen.

N2 The Blue (S. 116) Ist aufs Wracktauchen am West End und aufs Tauchen am Pier von Frederiksted spezialisiert; bietet auch schöne Tauchgänge bei Dunkelheit.

St. Croix Ultimate Bluewater Adventures (S. 109) Bietet Tauchgänge rund um die Insel.

ABSTECHER

BUCK ISLAND REEF NATIONAL MONUMENT

Für seine sehr bescheidene Größe – mit einer Länge von 1,6 km (1 Meile) und einer Breite von 0,8 km (0,5 Meilen) – lockt Buck Island wahrlich erstaunliche Besucherströme an. Jedoch liegt das Faszinierende hier nicht etwa auf der Insel, sondern um sie herum tief unten im Meer: ein 7695 ha großes Korallenriffsystem mit einer Unmenge an Fischen, das **Buck Island Reef National Monument** (www.nps.gov/buis).

Auf der Ostseite der Insel bieten die Seegärten und ein markierter Unterwasserpfad faszinierende Möglichkeiten zum **Schnorcheln**. Am hübschen **Turtle Beach** kommen gefährdete Echte Karettschildkröten und Grüne Meeresschildkröten an Land. Um die Westspitze der Insel führt ein **Wanderweg** hin zu einem eindrucksvollen Aussichtspunkt.

Die meisten Besucher kommen im Rahmen von Bootstouren ab der Kings Wharf in Christiansted 8 km (5 Meilen) westlich hierher. Die Touren kosten etwa 75/100 US$ (halber/ganzer Tag) pro Person inklusive Schnorchelausrüstung. Im Winter blasen die Passatwinde recht ordentlich über Buck Island, was zu unruhiger See führen kann. Empfehlenswerte Tourenanbieter sind z. B.:

Big Beard's Adventures (S. 109) Touren auf Katamaran-Seglern.

Caribbean Sea Adventures (S. 109) Halbtagestouren mit einem Glasboden-Motorboot; ganztägige Touren auf einem Katamaran.

Insel, Protestant Cay (S. 109), erreichbar per Fähre (5 Min.), die für die Hotelgäste kostenlos ist. Die geräumigen, wenn auch etwas ausgebleichten Zimmer mit komplett ausgestatteter Küche und hellen Möbeln bieten ein gutes Preis-Leistungs-Verhältnis. Auf den Balkons genießen die Gäste eine kühlende Meeresbrise und schöne Ausblicke. Der Zugang zum kleinen Strand der Insel und zum Pool ist inbegriffen.

Company House Hotel BOUTIQUE-HOTEL $$
(773-1377; www.hotelcompanyhouse.com; 2 Company St; Zi. 209–247 US$;) Die frühere Budgetunterkunft wurde 2019 saniert und als schickes Boutique-Hotel neu aus der Taufe gehoben – mit dem Design des Hauses wird auf die bunte Geschichte des Gebäudes angespielt. Zwar verfügen die 33 Zimmer nicht über Meerblick und eigene Balkons, doch das machen sie mit modernen Ausstattungen und fürstlichem Mobiliar wieder wett.

King's Alley Hotel HOTEL $$
(773-0103; www.kingsalleyhotel.com; 57 King St; DZ 179 US$;) Das King's Alley hat 35 Zimmer über einer Abfolge von Geschäften und Restaurants direkt am Hafen. Mit seinen Mahagonimöbeln und Gewölbedecken ahmt das Haus ein dänisches Herrenhaus des 19. Jhs. nach. Die großen, etwas verwohnten Zimmer verfügen über Glastüren hinaus zu winzigen Balkons. Hier steigen viele Geschäftsreisende ab.

Club Comanche Hotel St. Croix HOTEL $$
(773-0210; www.clubcomanche.com; 1 Strand St; Zi. mit Frühstück 150–250 US$;) Diese Bleibe mit viel Flair residiert in einem 250 Jahre alten dänischen Herrenhaus und wirkt wie ein Boutique-Hotel. Die 27 Zimmer sind im alten westindischen Stil eingerichtet und bieten bequeme Betten, Flachbild-Satelliten-TVs und gutes WLAN, allerdings sind die Wände ziemlich dünn. Das Hotel liegt im Herzen des Ausgehviertels von Christiansted direkt an der Promenade, daher kann es hier auch etwas laut sein.

Essen

Hier findet man sowohl fantasievolle gehobene Küche in schicken kleinen Bistros wie auch winzige Läden, die auf billige westindische Speisen spezialisiert sind – besonders zahlreich sind Letztere an der King Street zwischen King Cross und Smith Street vertreten. Am Wasser wiederum finden sich lockere Bar-Restaurants, die irgendwo zwischen den beiden Extremen angesiedelt sind. Viele Esslokale sind sonntags und/oder montags geschlossen.

Singh's Fast Food KARIBISCH $
(773-7357; 23 King St; Hauptgerichte 9–14 US$; Mo–Sa 9–21 Uhr;) Hunger auf *roti* befriedigt das Singh's mit unterschiedlichsten Fleisch- und Tofu-Varianten. Außerdem serviert der kleine Laden mit seinen drei Tischen zu den Klängen von Inselmusik

HAMILTON: SEINE FRÜHEN JAHRE

250 Jahre lang kümmerte sich keiner groß um Alexander Hamilton, den Typen auf dem 10-US$-Schein. Dass er in Christiansted aufwuchs, rief nur ein müdes Gähnen hervor. Dann kam 2015 das Musical *Hamilton* auf die Bühne und entwickelte sich zum Broadway-Hit. Dafür, dass es die Geschichte dieser historischen Persönlichkeit anhand von Hip-Hop-Stücken erzählte, wurde es mit Pulitzer-, Tony- und Grammy-Preisen ausgezeichnet. Jetzt wollen die Touristen mehr über Hamiltons frühe Jahre erfahren.

Hamilton wurde 1755 auf der Nachbarinsel Nevis geboren, verbrachte aber seine prägenden Jahre in Christiansted. Er hatte ein schweres Leben – er wurde unehelich geboren, im Alter von zwölf Jahren zur Waise und lebte in Armut –, doch er arbeitete hart und beeindruckte die heimischen Kaufleute, die ihn in New York zur Schule schickten.

In den USA entfaltete er seine Persönlichkeit und entwickelte sich während des Amerikanischen Unabhängigkeitskrieges zu einer wichtigen Stimme. George Washington machte ihn zum Architekten der Wirtschaftsordnung des neuen Landes. 1789 wurde Hamilton erster Finanzminister der USA – daher erscheint sein Konterfei heute auch auf den amerikanischen Banknoten.

Hamilton verstarb 1804 nach einem Duell mit Aaron Burr.

Am Eingang zum Fort Christiansvaern sind kostenlose Broschüren über Hamiltons Zeit auf St. Croix erhältlich, u. a. mit einem Spaziergang zu Orten, an denen er sich aufhielt. Leider sind die meisten Gebäude aus jener Zeit nicht mehr vorhanden, sodass man also etwas Fantasie braucht, um sich vorzustellen, wo der junge Alex lebte und arbeitete. Doch einen Ort gibt's noch: die Zelle im Fort Christiansvaern, in der seine Mutter Rachel eingesperrt war, nachdem sie ihren ersten Ehemann verlassen hatte.

Eintöpfe mit Garnelen, Fechterschnecken, Ziege und Tofu. Nur Barzahlung.

Toast Diner FRÜHSTÜCK $

(☎ 692-0313; 81 Queen Cross St; Hauptgerichte 8–15 US$; ⌚ 8–14 Uhr; 📶) Die Spezialität dieses klitzekleinen bunten Ladens mit ganztägigem Frühstück sind Kartoffelpuffer und Rumkuchen-Arme Ritter, außerdem *arepas* (südamerikanische Maispfannkuchen) mit z. B. Schweinefleisch und *queso-fresco*-Käse. Die Geschichte dieser Gerichte ist auf der großen Schiefertafel nachzulesen.

★ **Harvey's** KARIBISCH $$

(☎ 773-3433; 11b Company St; Hauptgerichte 15–20 US$; ⌚ Mo–Sa 11.30–18 Uhr) Im luftigen klassischen Tropencafé Harvey's mit seinen zehn Tischen erwartet man fast, dass Humphrey Bogarts Figur Rick aus *Casablanca* hereinkommt und einen Drink bestellt. Fechterschnecken in Buttersoße, Zackenbarsch, Füllungen auf Süßkartoffelbasis, Reis und Erbsen sowie andere westindische Gerichte werden in großen Portionen serviert. Draußen ist ein Wandbild des NBA-Stars Tim Duncan zu sehen – er arbeitete hier einst als Kellner.

Kim's KARIBISCH $$

(☎ 773-3377; 45 King St; Hauptgerichte 16 US$; ⌚ Mo–Sa 11–16 & 17–21 Uhr) Das schnörkellose Kim's genießt mit seinen sehr aromatischen Inselgerichten einen legendären Ruf. Die meisten Gerichte haben Fisch und Meeresfrüchte wie Schnapper und Fechterschnecken als Grundlage und zu allen passen wunderbar die regionalen Säfte wie Sauerampfer oder *maubi* (aus bitterem Rindenextrakt). Zwar ist die Bedienung langsam, aber das Warten lohnt sich!

Ital in Paradise VEGETARISCH $$

(☎ 713-4825; 22-20b Queen Cross St; veg./Fischteller 19/23 US$; ⌚ Mo–Sa 12–21 Uhr; 🌶) Das winzige Rasta-Lokal hat zwei Tagesgerichte im Angebot, ein veganes (gewöhnlich mit Tofu) und eins mit Fisch. Dazu gehören Beilagen wie Blattkohl, gebratene Linsen und Gartensalate. Das köstliche Essen wird in großen Portionen serviert. Man kann drinnen an einem der vier beengten Tische essen, doch die meisten Leute nehmen sich das Essen mit. Nur Barzahlung.

★ **Savant** INTERNATIONAL $$$

(☎ 713-8666; www.savantstx.com; 4c Hospital St; Hauptgerichte 25–45 US$; ⌚ Mo–Sa 18–22 Uhr;

) Im gemütlichen, schummrig beleuchteten Savant in einem kolonialen Stadthaus wird gehobene Fusionskost serviert. Auf der stets wechselnden Karte stehen würzige karibische, mexikanische und thailändische Gerichte, die einen sowohl drinnen im klimatisierten Gastraum als auch draußen im Hof unter glitzernden Lichtern zum Schwitzen bringen. Reservierung empfehlenswert.

Ausgehen & Nachtleben

★ BES Craft Cocktail Lounge COCKTAILBAR
(773-2985; 53b Company St; Mi–Sa 17–2 Uhr) Dies ist einer der hippsten, sexyesten und urbansten Läden auf St. Croix mit einem erfrischend hohen Anteil an einheimischen Gästen. Gerne zaubern die Barkeeper einen maßgeschneiderten Cocktail aus Zutaten wie hausgemachten Infusionen, Bittern und Sirupen. Damit kann man sich auf einem der Barhocker niederlassen und von seidigen Hip-Hop- oder melancholischen Reggae-Klängen in den Abend wiegen lassen.

★ Brew STX KLEINBRAUEREI
(719-6339; www.facebook.com/brewstx; 55 King's Alley; 11–21 Uhr;) Das offene Brewpub direkt an der Promenade mit Blick auf die auf dem Wasser dümpelnden Jachten eignet sich wunderbar dafür, die Gerstensäfte zu probieren, die nur wenige Schritte von den Zapfhähnen entfernt gebraut werden. Für eine gesunde Grundlage sorgen selbst zusammenzustellende Salate sowie Reisgerichte.

Mill BAR
(www.facebook.com/themillboardwalkbar; 1 Strand St; 12–22 Uhr) Die Kneipe rund um eine Windmühle am Wasser ist kaum zu übersehen. Nachmittags treffen sich hier gestandene Trinker, später wird die Szene dann jünger. Die Windmühle, die heute zur Bar gehört, diente dem Club Comanche (S. 111) einst als Flitterwochensuite.

Shoppen

Riddims MUSIK
(719-1775; www.riddimsmusic.com; 3a Queen Cross St; Mo–Sa 10–17.30 Uhr) Eine gute Quelle für Reggae und *quelbe*-Musik von den Jungferninseln, außerdem für Bekleidung, Hüte, Weihrauch und andere typisch karibische Dinge. Der Laden ist zudem ein Mitveranstalter verschiedener gelegentlich auf der Insel stattfindender Reggae-/Dub-Festivals. Das Personal weiß, was auf der Insel so passiert.

Praktische Informationen

In der King Street gibt's bei der Prince Street ein paar Banken mit Geldautomaten.

Governor Juan F. Luis Hospital (778-6311; www.jflusvi.org; 4007 Estate Diamond Ruby; 24 Std.) Rund 3 km (2 Meilen) westlich von Christiansted, zu erreichen über die Centerline Road.

St. Croix Visitor Center (www.usvitourism.com; King's Alley Hotel, 57 King St; 10–17 Uhr) Im King's Alley Hotel (S. 111); hat Broschüren und Infos zur Insel.

Anreise & Unterwegs vor Ort

Der Henry E. Rohlsen Airport (S. 124) liegt 12,8 km (8 Meilen) südwestlich von Christiansted. Taxis vom Flughafen nach Christiansted kosten 16 US$ pro Person.

Die Flugboote von Seaborne Airlines (S. 125) kommen im Zentrum von Christiansted im **Seaplane Terminal** (Christiansted Harbor) an. Zu den meisten Hotels sind es von hier zu Fuß weniger als zehn Minuten.

AUTO

Mietwagen kosten rund 55 US$ pro Tag. Diese Verleiher befinden sich am Terminal für die Wasserflugzeuge oder in dessen Nähe:

Avis (S. 108)

Budget (S. 108)

Centerline Car Rentals (S. 108)

TAXI

Es gelten feste Fahrpreise. Einen Taxistand gibt's in der King Street bei der Church Street. Fahrten zwischen Christiansted und Frederiksted kosten 24 US$.

Point Udall & East End

Die vielfach geschwungene Küste und die steilen, knochentrockenen Hügel des East End lassen sich wunderbar mit dem Auto erkunden. Die Route 82 (East End Road) führt entlang der von Stränden gesäumten Nordküste zum Point Udall mit seinen atemberaubenden Ausblicken und Wandermöglichkeiten und weiter bis zu einem Naturschutzgebiet mit Meeresschildkröten.

Sehenswertes

★ Isaac Bay STRAND
An diesem abgeschiedenen Strand abseits der Route 82 gibt's keinen Schatten und keinerlei Einrichtungen und man muss 20 Minuten durch Gebüsch wandern, um ihn zu erreichen, doch ein schönerer Strand ist wohl kaum zu finden. Die Nature Conservan-

cy managt das Gebiet als Teil eines Schutzgebietes für Grüne Meeres- und Echte Karettschildkröten, die hier von Juli bis Dezember aktiv sind. Am hiesigen Korallenriff kann man gut schnorcheln, allerdings ist die Strömung recht stark.

Zum Strand führt vom Parkplatz am Point Udall ein Pfad hinunter. Vor der Isaac Bay gibt's am Weg übrigens noch einen weiteren Strand (die Holztreppe hinunter). Am westlichen Ende der Isaac Bay führt ein Weg weiter zur **Jack Bay**, die ebenfalls zum Schutzgebiet gehört. Hier sonnen sich an den Stränden manchmal FKK-Freunde.

Point Udall AUSSICHTSPUNKT

(Rte 82) Der Point Udall ist der östlichste Punkt in den USA. Beim Blick von der Landspitze hoch oben über den Stränden, die von der Brandung bearbeitet werden, sorgen die 25-Knoten-Passatwinde dafür, dass einem das Hören vergeht. Wanderern bietet sich die Herausforderung, über einen steilen Pfad zur einsamen Isaac Bay hinabzusteigen, wo vom Aussterben bedrohte Meeresschildkröten nisten. Der Weg beginnt beim Parkplatz.

Schlafen & Essen

An der Küste des East End liegen mehrere Ferienhäuser und große Resorts – solche mit Tennis- und Golfplätzen.

In dieser Gegend gibt's nur recht wenige Restaurants, zumeist in Hotels oder Apartmentkomplexen.

Divi Carina Bay Beach Resort RESORT **$$$**

(☎ 877-773-9700; www.diviresorts.com; 25 Estate Turner Hole; Zi. all-inclusive ab 500 US$; ❄ @ 📶 🏊) Eines der luxuriösesten Resorts von St. Croix, eine All-inclusive-Anlage, liegt an der Südostküste der Insel und lockt Touristen wie auch Einheimische an. Die Touristen nächtigen in den 180 modernen Zimmern im Karibikschick. Die Einheimischen kommen hierher, um im einzigen Casino der Insel ihr Glück zu versuchen. Das Divi Carina wurde nach dem Hurrikan Maria umfassend saniert und sollte inzwischen wieder geöffnet haben.

Cheeseburgers in America's Paradise BURGER **$$**

(☎ 718-1118; www.cheeseburgersstx.com; Rte 82; Hauptgerichte 12–18 US$; ⏲ 11–21.30 Uhr; 👪) Auf einem Feld an der Straße steht ein kleines Gebäude mit Bar und Küche, drum herum gibt's Tische unter Baldachinen unter freiem Himmel – das Ambiente ist picknickartig. Auf der Karte versammeln sich Cheeseburger, Nachos und Reuben-Sandwiches mit *mahi mahi* (Goldmakrele), die am besten zu einem kalten Bierchen schmecken. Für Kinder gibt's einen Bereich mit allerlei Spielzeug.

An- & Weiterreise

Nicht weit hinter dem Zentrum wird die Hospital Street in Christiansted zur Route 82 (East End Road). Ein Taxi zum Point Udall kostet 18 US$ pro Person.

North Shore

An der Nordküste erwarten einen schillernde Buchten, die Landungsstätte von Christoph Kolumbus und jede Menge tolle Tauchplätze. Ein Saint-Croix-Highlight ist eine Kajaktour über die Salt River Bay nach Sonnenuntergang.

Sehenswertes

Cane Bay STRAND

Der lange, schmale Strand an der Cane Bay, an der Route 80 rund 14,5 km (9 Meilen) westlich von Christiansted, genießt zu Recht hohes Ansehen. Hier hat man einfachen Zugang zu einigen der besten Tauchspots der Insel und dies ist außerdem das Tor zu den steilen Hügeln des Regenwaldes. Am Strand liegen mehrere kleine Hotels, Restaurants und Bars.

Salt River Bay National Historic Park PARK

(www.nps.gov/sari) GRATIS Die Salt River Bay 6,5 km (4 Meilen) westlich von Christiansted umfasst prähistorische archäologische Ruinen und ist der einzige Ort, an dem Christoph Kolumbus nachweislich heutigen US-amerikanischen Boden betrat. Darum wird aber kein Aufhebens gemacht – die Stätte besteht nur aus einem unerschlossenen Strand. Die 283 ha rund um das Mündungsgebiet des Salt River sind ein Schutzgebiet mit Mangroven, Fischreihern und biolumineszenten Organismen.

Hibiscus Beach STRAND

Der palmengesäumte Hibiscus Beach rund 3 km (2 Meilen) westlich von Christiansted abseits der Route 75/Northside Road bietet an seinem westlichen Ende gute Möglichkeiten zum Schnorcheln, jedoch keine Einrichtungen. Man kann jedoch zum benachbarten Pelican Cove Beach gehen: Dort gibt's ein kleines Resort mit einem Restaurant am Wasser.

Aktivitäten & Geführte Touren

Annaly Bay Tide Pools WANDERN
(Carambola Tide Pools) Der 4,3 km (2,7 Meilen) lange **Trumbull Trail** führt von einem kleinen Parkplatz am Tor des Renaissance Carambola Beach Resort zur abgeschiedenen Annaly Bay, die für ihre Gezeitenbecken bekannt ist. Der schattige Weg führt meist durch Wald, doch sollte man sich vor der Wanderung nach den aktuellen Bedingungen erkundigen, da die Becken bei rauer See gefährlich sein können.

Caribbean Adventure Tours KAJAKFAHREN
(☎ 778-1522; www.stcroixkayak.com; 7a Salt River Marina; 2-stündige Touren 50 US$;) Die Sonnenuntergangs-Paddeltour über die biolumineszierende Bucht ist grandios. Tagsüber wird eine Tour durch den Mangrovenwald mit historischem Schwerpunkt angeboten.

Virgin Kayak Tours KAJAKFAHREN
(☎ 514-0062; www.virginkayaktours.com; Salt River Marina; 2-stündige Touren per Kajak/SUP 60/50 US$;) Der Anbieter setzt Kajaks ein, bei denen per Pedal gesteuert wird – gut für Anfänger. Tagsüber führen Touren durch das Mangroven-Ästuar u. a. zum Strand, an dem Kolumbus anlandete. Abends geht's über die biolumineszierende Bucht. Außerdem werden Sonnenuntergangs-SUP-Touren nur für Frauen angeboten. Telefonisch oder übers Internet reservieren.

Schlafen & Essen

Taucher und Strandjünger können aus einigen coolen kleinen Hotels und B&Bs ganz in der Nähe der Action wählen. Hier geht's eher locker als glamourös zu.

Cane Bay Campground CAMPINGPLATZ $
(☎ 227-3856; www.canebaycampground.com; North Shore Rd; Stellplätze/Hütten ab 25/80 US$) Hier haben die Gäste die Wahl zwischen nackten Zeltstellplätzen auf einem Grashügel und waldgrünen „Öko-Hütten" im Wald mit Fliegengitterwänden, Bett, Campingkocher und Kerosinlampe. Es gibt keinen Strom und die Duschen haben nur kaltes Wasser. Aber wer braucht schon Luxus, wenn der idyllische Strand der Cane Bay nur einen Katzensprung entfernt ist?

★ **Waves at Cane Bay** HOTEL $$
(☎ 718-1815; www.thewavescanebay.com; 112c Cane Bay; Zi. 170–200 US$;) Das kleine, ordentliche Waves verfügt über große Zimmer in tropischen Pastellfarben. Alle zehn Zimmer verfügen über einen Balkon, eine kleine Küche, Kabel-TV und kostenloses WLAN. Und dazu kommt die tolle Lage: Man kann direkt von den Felsen tauchen gehen, in einem Meerwasserpool abhängen und im Restaurant AMA gleich oberhalb der Brandung speisen.

Arawak Bay Inn at Salt River B&B $$
(☎ 772-1684; www.arawakhotelstcroix.com; 62 Salt River Rd; Zi. 160–170 US$;) Das B&B mit dem besten Preis-Leistungs-Verhältnis bietet 14 helle Zimmer mit unterschiedlicher Farbgestaltung und Einrichtung. Wer hier nächtigt, braucht einen Mietwagen, da von dem ruhigen, am Hang gelegenen B&B Strände und Restaurants nicht gut zu Fuß zu erreichen sind – Cane Bay und Christiansted sind jedoch nur eine kurze Fahrt mit dem Auto entfernt. Ein warmes Frühstück ist im Preis inbegriffen.

★ **Rowdy Joe's North Shore Eatery** INTERNATIONAL $$
(☎ 725-5730; North Shore Rd; Hauptgerichte 13–24 US$; ⏲ Do–Mo 12–24 Uhr;) Auf der Veranda sitzend, können die Gäste von der Schiefertafel bestellen. Der Koch möchte „Gute-Laune-Essen" aus Zutaten von den Bauernhöfen und den Fischern von St. Croix bieten, z. B. Pulled Pork, Fisch-Tacos oder hausgemachte Pasta.

Eat@Cane Bay AMERIKANISCH $$
(☎ 718-0362; www.eatatcanebay.com; North Shore Rd; Hauptgerichte 12–25 US$; ⏲ Mi–Mo 11–21 Uhr) Das Lokal gegenüber vom Strand an der Cane Bay serviert überdurchschnittlich gute Burger und dazu Wein und kaltes Karibik-Bier. Der Sonntagsbrunch erfreut sich dank Buttermilchpfannkuchen und Eiern Benedict mit Krabbenküchlein großer Beliebtheit. Montag-, mittwoch- und freitagabends sowie sonntagnachmittags werden die Gäste mit Livemusik (oft Reggae) unterhalten.

An- & Weiterreise

Am westlichen Ortsrand von Christiansted verwandelt sich die King Street in die Northside Road (Rte 75), die zur Nordküste führt. Die North Shore Road (Rte 30) teilt sich dann in Richtung Salt River bzw. Cane Bay. Ein Taxi von Christiansted zur Cane Bay kostet 24 US$.

Frederiksted

Frederiksted spielt unter den Orten auf St. Croix nur die zweite Geige und ist ein verschlafenes Örtchen mit Kolonialgebäuden am türkisblauen Meer. Wenn nicht gerade ein Kreuzfahrtschiff angelegt hat, dann hat man den Außenposten zusammen mit den sich sonnenden Echsen quasi für sich. Mit seinem Laissez-faire-Ambiente abseits des Mainstreams ist Frederiksted das Zentrum der Schwulenszene auf den Jungferninseln.

Sehenswertes

Sandy Point National Wildlife Refuge NATURSCHUTZGEBIET
(www.fws.gov/refuge/sandy_point; ⌚ Sept.–März Sa & So 10–16 Uhr) Das sporadisch geöffnete, zum Schutz der Lederrückenschildkröten eingerichtete Tierreservat abseits der Tranberg Road am südlichen Ende von Frederiksted umfasst die jungfräulichsten Strandabschnitte der ganzen Insel. Wer sich noch an die letzte Szene aus *Die Verurteilten* erinnert: Hier wurde sie gedreht!

Fort Frederik FESTUNG
(www.nps.gov/places/fort-frederiksted-usvi.htm; Emancipation Park; Erw./Kind 5 US$/frei; ⌚ Mo–Sa 8.30–16 Uhr) Die meisten Besucher erinnern sich beim Gedanken an die kleine Zitadelle zumeist vor allem an die tiefrote Farbe dieses Forts am Fuße des Piers. Hier erhielten die Sklaven der Insel im Jahr 1848 ihre Freiheit. Daran erinnert drinnen in der Festung eine Ausstellung.

Aktivitäten & Geführte Touren

VI Bike & Trails RADFAHREN
(Freedom City Cycles; ☎ 277-2433; www.vibikeandtrails.com; 4 Strand St; 2½-stündige Touren Erw./Kind 60/25 US$) Mit einem Guide geht's vorbei an den Ruinen von Zuckerrohrplantagen, Stränden und Gezeitenbecken. Schwierigere Touren führen durch den Regenwald. Für Abenteuer auf eigene Faust stehen Mieträder (35 US$ pro Tag) zur Verfügung.

Cane Bay Dive Shop TAUCHEN
(☎ 718-9913; www.canebayscuba.com; 2 Strand St; 2 Tauchgänge 125 US$) Dieser Tauchshop gegenüber vom Pier ist einer der renommiertesten der Insel. Von der Salt River Marina schippern Boote zur Cane Bay Wall und zu Schiffswracks am westlichen Ende der Insel.

N2 The Blue TAUCHEN
(☎ 772-3483; www.n2theblue.com; 202 Custom House St; 2 Tauchgänge 110 US$; ⌚ 8.30–16.30 Uhr) Ist auf Touren in kleinen Booten zum Wracktauchen am West End und aufs Tauchen, u. a. abendliche Tauchgänge, am Pier von Frederiksted spezialisiert. Bietet außerdem PADI-Kurse.

Feste & Events

Sunset Jazz Festival MUSIK
(www.facebook.com/SunSetJazzinFrederiksted; Verne Richards Veterans Park; ⌚ 3. Fr des Monats 18 Uhr) Zu den kostenlosen, rund zwei Stunden dauernden Konzerten kommen Einheimische und Touristen mit Decken und Picknickzutaten bewaffnet ans Wasser.

Schlafen

Frederiksted ist so klein, dass es hier nur wenige Übernachtungsmöglichkeiten gibt. Die besten richten sich an Schwule und Lesben. Hier geht's zumeist eher ruhig zu.

★ **Fred** DESIGNHOTEL $$
(☎ 777-3733; www.sleepwithfred.com; 605 Strand St; Zi. 209–366 US$;) Schon in der Lobby, der Cock Lounge voller Kunst mit Hahnenmotiven, wird deutlich, dass das Fred die normalen Vorstellungen auf fantastische Weise sprengt. Die Zimmer dieses extravaganten Hotels nur für Erwachsene verteilen sich auf fünf historische Gebäude, die teils im spanischen Stil geflieste Böden und eine farbenfrohe Ausstattung aufweisen. Dazu kommen ein Whirlpool, zwei Pools, eine Bar und ein Spa für Massagen.

Sand Castle on the Beach HOTEL $$
(☎ 772-1205; www.sandcastleonthebeach.com; 127 Estate Smithfield; Zi./Suite ab 184/264 US$;) Das Sand Castle mit seinen 24 Zimmern am Strand rund 1,6 km (1 Meile) südlich von Frederiksted ist eines der wenigen Schwulen- und Lesbenhotels auf den Jungferninseln. Die bunten, tropischen Zimmer warten mit Küchenzeilen auf, die meisten auch mit Meerblick. Außerdem verfügt das Haus über ein legeres Café.

Inn on Strand Street HOTEL $$
(☎ 772-0500; www.innonstrandstreet.com; 442 Strand St; Zi. 100–150 US$;) Das knallig blaue Hotel liegt direkt im Ortszentrum. Einen Innenhof säumen vier Stockwerke, und viele Zimmer verfügen über Terrassen mit Blick auf den Pier. Die 32 Zimmer haben au-

ßerdem geflieste Böden und die übliche Hoteleinrichtung sowie einen Kühlschrank. In den öffentlichen Bereichen macht das Haus einen etwas verwohnten Eindruck, doch die Zimmer sind völlig okay. Viele Leute bezeichnen das Hotel noch mit seinem alten Namen Frederiksted Hotel.

Essen & Ausgehen

Der größte Teil der Cafés, Sandwichläden und karibischen Restaurants des Orts befindet sich in der Strand Street und in der King Street beim Frederiksted Pier. Viele Lokale haben sonntags und montags geschlossen.

Rhythms at Rainbow Beach INTERNATIONAL $

(772-0002; www.rainbowbeachstx.com; Hams Bluff Rd; Hauptgerichte 7–15 US$; 11–19 Uhr;) An einem der Tische mit Blick aufs Meer lässt sich hier bestens die Spezialität des Hauses vertilgen, Jerk Pork mit Reis. Oder man lässt den Tag nahtlos in den Abend übergehen, indem man tropische Cocktails schlürft und zu den lauten Reggae-Klängen in der immer vollen Strandbar 1,5 km nördlich des Zentrums herumhüpft.

Polly's at the Pier CAFÉ $

(719-9434; 3 Strand St; Hauptgerichte 9–13 US$; Mo–Sa 8–15, So bis 13 Uhr;) Einen Katzensprung vom Pier entfernt bietet das Polly's Kaffee, Tee, Sandwiches, Omeletts, Waffeln und Cocktails. Das Ambiente des offenen, luftigen Cafés ist karibisch-alternativ. Es ist auch dann geöffnet, wenn viele andere Läden im Ort geschlossen haben.

Turtles SANDWICHES $

(772-3676; 37 Strand St; Hauptgerichte 12–15 US$; Mo–Sa 9–17 Uhr;) An Tischen unter Meertraubenbäumen am Strand können die Gäste hier dicke Sandwiches mit hausgemachtem Brot oder eine gute Tasse Kaffee genießen. Nur Barzahlung.

Roots-N-Kulchah VEGAN $$

(513-8665; 67 King St; Hauptgerichte 13–18 US$; Di–Sa 11.30–16 Uhr;) In dem klitzekleinen I-tal-Restaurant mit ausgeprägtem Rastafari-Flair und nur vier Tischen zaubert Eigentümer und Koch Kimba Kabaka authentische vegane Küche. Das Angebot wechselt täglich, abhängig davon, was frisch erhältlich ist, und meistens gibt's auch Säfte aus Tamarinde, Sauerampfer und anderen Früchten und Kräutern.

ABSTECHER

CALEDONIA RAINFOREST

In der feuchten und bergigen Nordwestecke der Insel gedeiht ein dichter Wald aus großen Mahagoni-, Roten Baumwoll- und Paternosterbäumen. Da hier jedes Jahr nur etwa 1000 mm Regen fällt, handelt es sich beim Caledonia Rainforest eigentlich nicht um einen echten Regenwald. Jedoch sieht er mit seinen Wolken, seinen Bäumen, von denen das Wasser tropft, und seinen irdenen Aromen ganz so aus. Durch den geheimnisvollen Wald führt die Mahogany Road (Route 76). Sie ist verschlungen und mit Schlaglöchern übersät, also Vorsicht!

Lost Dog Pub PUB

(772-3526; www.facebook.com/LostDogPub; 12 King St; 16–1 Uhr) Die luftige Hinterhofbar samt Pizzashop befindet sich infolge der Hurrikans von 2017 nun an anderer Stelle, ist aber noch genauso beliebt wie eh und je. Die Galerie oben bietet wechselnde Ausstellungen und mehrmals pro Woche Yoga (Termine auf Facebook).

An- & Weiterreise

Taxis warten beim Fort Frederik. Ein Taxi nach Christiansted (ca. 45 Min.) kostet 24 US$.

Rund um Frederiksted

Die Gegend um Frederiksted hat topografisch und stimmungsmäßig zwei Gesichter. Zunächst sind da die wilden Berge und Strände des Regenwaldes im Nordwesten der Insel. Dann gibt's südlich der Berge die breite Küstenebene, auf der sich einst die meisten Zuckerrohrplantagen erstreckten. Heute ist dies zum großen Teil ein modernes Gebiet mit Geschäften und Wohnhäusern, in dem ein Großteil der Bewohner von St. Croix lebt. Über das Land an der Centerline Road verteilt finden sich jedoch auch einige interessante Hinterlassenschaften der Kolonialzeit. Oh, und natürlich Rumbrennereien!

Sehenswertes

★ Cruzan Rum Distillery BRENNEREI

(692-2280; www.cruzanrum.com; 3a Estate Diamond, Rte 64; Führungen 8 US$; Führungen Mo–Fr 10–14 Uhr halbstündl.) Auf einer Führung durch die historische Brennerei kann man erfahren, wie das beliebte Insel-Elixier hergestellt wird. Der Rundgang durch die nach Melasse und Hefe riechenden Lagerhäuser mit ihren vielen Eichenfässern dauert rund 20 Minuten und anschließend geht's an die Verkostung. Die Familie Nelthropp, die Eigentümer von Cruzan Rum, perfektionieren ihre Rezepturen schon seit 1760. Hier wird kein Bargeld angenommen, lediglich Kreditkarten.

Captain Morgan Rum Distillery BRENNEREI
(☎713-5654; www.captainmorganvisitorcenter.com; Rte 66; Erw./Kind 10/3 US$; ⊙Führungen Mo–Fr 10–15 Uhr) Captain Morgan eröffnete diese glänzende Brennerei auf St. Croix im Jahr 2010. Das Besucherzentrum bietet halbstündige Führungen sowie Multimediafilme, Informationstafeln und natürlich Kostproben des Zuckerrohrschnapses.

Estate Whim Plantation Museum MUSEUM
(☎772-0598; www.stcroixlandmarks.com; Centerline Rd; Erw./Kind 10/5 US$; ⊙Mi & Sa 10–15 Uhr) Von den ursprünglichen 60 ha der Whim Plantation sind beim Museum nur noch 4,5 übrig, doch das Gelände erinnert an die Tage der Kolonialzeit, als der Zuckerrohranbau St. Croix prägte. Hurrikan Maria wütete hier stark (allein die Restaurierung des Herrenhauses verschlingt 1 Mio. US-Dollar), doch Besucher können noch immer die zerbröckelnde Steinwindmühle erkunden und sich die Bibliothek, das Archiv und wechselnde Ausstellungen zu Gemüte führen.

St. George Village Botanical Garden GARTEN
(☎692-2874; www.sgvbg.org; 127 Estate St George; Erw./Kind 8/1 US$; ⊙Mo–Sa 9–16 Uhr) Der stille 6,5 ha große Park befindet sich auf dem ehemaligen Gelände einer Zuckerplantage der Kolonialzeit. Mehr als 1000 einheimische und exotische Pflanzenarten gedeihen hier. Besonders Orchideenfreunde können sich freuen!

Geführte Touren

Ridge to Reef Farm TOUREN
(☎473-1557; www.ridge2reef.org; empfohlene Spende für Tour auf eigene Faust 10 US$, geführte Tour 25 US$; ⊙Sonnenauf- bis Sonnenuntergang, geführte Touren Do & Fr 14 Uhr) Im Regenwald von St. Croix kann man eine Biofarm besichtigen, entweder auf eigene Faust (mit Karte) oder mit einem Guide (Buchung erforderlich). Wer möchte, kann auch auf den Feldern mitarbeiten und in einer der sechs rustikalen, aber völlig hinreichenden Hütten übernachten (ab 65 US$ pro Tag). Die Zufahrt erfolgt über eine sehr holprige Erdpiste, die von der Route 58 abzweigt.

Paul & Jill's Equestrian Stables REITEN
(☎772-2880; www.paulandjills.com; Rte 58; 1½-stünd. Tour 100 US$) Der Reitstall bietet Ausritte über Pfade zu versteckten Plantagenruinen und durch den Regenwald hinauf zu Aussichtspunkten. Auch Strandritte sind Teil des Programms.

Schlafen

Die Gegend ist eher ein Wohngebiet als ein Touristenrevier, sodass es keine Überfülle an Unterkünften gibt, dafür aber einige besondere mit Schwerpunkt auf Naturschutz im Regenwald – dies sind die billigsten Übernachtungsmöglichkeiten auf der Insel.

Mount Victory Camp CAMPINGPLATZ $
(☎201-7983; www.mtvictorycamp.com; Rte 58; Stellplatz/Bungalow/Apt. 30/90/110 US$; 📶) Hier kann man im Wald sein eigenes Zelt aufbauen oder in einem von drei „Bungalows" mit Strom und Küche mit kaltem Wasser, Propangasherd und Kochutensilien nächtigen. Die Gäste teilen sich das solarbeheizte Badehaus, den Pavillon mit Kühlschrank und WLAN und die herrlichen Geräusche der Natur. Ein altes Schulhaus wurde außerdem zu einem Apartment mit eigenem Bad umgewandelt.

★ **Northside Valley** FERIENHÄUSER $$
(☎708-790-0558; www.northsidevalley.com; 2 Estate Northside; Ferienhäuser 145–215 US$; 📶) Die acht „Villen" aus Beton und Fliesen inmitten der dschungelhaften Bäume verfügen jeweils über zwei Schlafzimmer und eine komplett ausgestattete Küche. Diese Unterkunft ist wunderbar abgeschieden: Es gibt kein Fernsehen, keine Klimaanlagen und kein WLAN (Letzteres jedoch im Gemeinschaftsbereich). Die Unterkunft befindet sich in der Nähe der Butler Bay, vom Meer aus gesehen auf der anderen Straßenseite. An umweltfreundlichen Einrichtungen gibt es beispielsweise Sonnenkollektoren und eine Regenwasser-Wiederaufbereitungsanlage.

Ausgehen & Nachtleben

★ **Leatherback Brewing Company** KLEINBRAUEREI
(☎772-2337; www.leatherbackbrewing.com; Rte 66; ⊙Mo–Fr 11–19, Sa 12–19, So 10–17 Uhr; 📶) Im

William Roebuck Industrial Park im Süden der Insel wurde 2018 diese Brauerei eröffnet. In der Bar mit Innen- und Außenbereich können Bierfreunde die sechs Eigengebräue vom Fass genießen, u. a. das Lager Island Life, das Reef Life IPA und das helle Ale Beach Life. Dazu gibt's Sandwiches, Snacks und einen beliebten Sonntagsbrunch.

Shoppen

St. Croix Leap KUNST & KUNSTHANDWERK
(☎772-0421; Rte 76; ⏲Mo–Sa 10–17 Uhr) In diesem Freiluftstudio tief im Regenwald verwandeln Holzkünstler Teile von umgestürzten Mahagonibäumen in alle möglichen Kunst- und Haushaltsartikel. Und über einem flattern vielleicht Fledermäuse! Die Öffnungszeiten können sehr unregelmäßig sein, doch wenn jemand da ist, erhält man vielleicht sogar eine persönliche Führung. Die Zufahrt erfolgt über eine raue Piste.

An- & Weiterreise

Die wichtigsten Sehenswürdigkeiten liegen südlich von Frederiksted rund um die Centerline Road (Rte 70). Ein Taxi von Frederiksted kostet rund 10 US$. Die Hauptstrecken durch den Regenwald sind die Mahogany Road (Rte 76) und die Creque Dam Road (Rte 58); beide sind schmal und holprig.

DIE AMERIKANISCHEN JUNGFERNINSELN VERSTEHEN

Geschichte

Von der Frühgeschichte bis zur dänischen Herrschaft

Schon seit etwa 2000 v. Chr. sind die Inseln besiedelt. Eine Zeit lang schwangen die Taínos das Zepter, doch die skrupellosen seefahrenden Kariben machten ihnen am Ende den Garaus.

Um diese Zeit herum segelte Christoph Kolumbus auf seiner zweiten Karibikfahrt in die Salt River Bay von St. Croix. Das war 1493, und er gab den Inseln zu Ehren einer Prinzessin aus dem 4. Jh. und ihrer 11 000 Jungfern den schönen Namen Santa Ursula y Las Once Mil Vírgenes. Die Kartografen kürzten den umständlichen Namen bald zu „Die Jungfern" ab.

Die Inseln blieben unter spanischer Kontrolle, bis die Engländer 1588 die spanische Armada besiegten. England, Frankreich und Dänemark stellten schnell Kaperbriefe aus, die es Freibeutern erlaubten, Gebietsansprüche zu erheben und diese auch zu verteidigen.

Der Freibeuter des einen Monarchen war natürlich in den Augen aller anderen Monarchen ein Pirat. Blackbeard (Edward Teach) war vor 1720 zusammen mit mehreren anderen Seeräubern im Gebiet der Jungferninseln aktiv.

Die Dänen und Engländer stritten sich um die Inseln, während beide Seiten riesige Zuckerrohr- und Tabakplantagen anlegten. Die Engländer hatten Kolonien auf den Inseln östlich von St. John, die Dänen kontrollierten das westlich gelegene St. Thomas. St. John blieb weiter ein Zankapfel. Schließlich schickten die Dänen 1717 eine kleine, aber entschlossene Truppe Soldaten nach St. John, die die Engländer verjagten. Die Narrows zwischen St. John und Tortola, das zu den Britischen Jungferninseln gehört, wurden für die nächsten fast 300 Jahre zur Grenze zwischen den westlichen – zunächst dänischen, heute US-amerikanischen – und den Britischen Jungferninseln.

Sklaverei & Befreiung

Die Westindischen Inseln produzierten Zucker und Baumwolle für Europa und wurden so reich. Zum Zwecke der Gewinnmaximierung erklärte die dänische Westindien-Guinea-Kompanie St. Thomas 1724 zu einem Freihafen und erwarb 1733 St. Croix von den Franzosen. Am Ende des Jahrhunderts gab es mehr als 40 000 afrikanische Sklaven auf den Inseln.

Knallharte Lebensbedingungen und Unterdrückung trieben die Sklaven zu Revolten. Währenddessen sanken die auf den Inseln erwirtschafteten Gewinne aufgrund der Zuckerproduktion in Europa selbst und amerikanischer Zölle erheblich. Die schwächelnde Wirtschaft versetzte alle in schlechte Stimmung. Etwas musste passieren: 1848 erzwangen die Afro-Kariben auf St. Croix die Abschaffung der Sklaverei.

Doch die Sklaven blieben ökonomisch abhängig und das Leben auf den Inseln war furchtbar. Nach einer Reihe von Arbeiteraufständen lag die Plantagenwirtschaft schließlich in Trümmern.

Die Inseln wechseln den Besitzer

Die USA erkannten den strategischen Wert der Inseln und verhandelten mit Dänemark über ihren Ankauf. 1867 war dieser Handel fast perfekt, doch der amerikanische Kongress wollte die Zahlung von 7,5 Mio. US$ nicht genehmigen – das war noch mehr, als man kurz zuvor für Alaska gezahlt hatte, nämlich 7,2 Mio. US$.

Als in Europa der Erste Weltkrieg ausbrach, hatten die USA Angst, dass die Deutschen in Dänemark einmarschieren und dann Ansprüche auf Dänisch-Westindien anmelden könnten. Schließlich zahlten die USA den Dänen 1917 für die Inseln 25 Mio. US$ in Gold.

Die US-Marine übernahm die Kontrolle, was zu Spannungen mit der einheimischen Bevölkerung führte. Die USA versuchten, auch hier die Prohibition durchzusetzen, eine ungewöhnliche Idee für eine Wirtschaft, für die die Produktion, der Verkauf und der Vertrieb von Rum von großer Bedeutung waren. 1931 reiste Präsident Herbert Hoover auf die Jungferninseln. Er blieb weniger als sechs Stunden und war nicht sonderlich beeindruckt.

1934 stattete jedoch Präsident Franklin D. Roosevelt den Inseln einen Besuch ab und erkannte das Potenzial, das Hoover übersehen hatte. Bald führten die USA Programme ein, um Krankheiten auszumerzen, Sümpfe trockenzulegen, Straßen zu bauen, die Bildung zu verbessern und eine touristische Infrastruktur zu schaffen.

1970 erhielten die Bewohner der Inseln das Recht, ihren eigenen Gouverneur zu wählen. Zwar war die örtliche Politik auch durch Vetternwirtschaft, Begünstigung und andere Skandale geprägt, doch die nächsten 40 Jahre brachten auch ungekanntes Wachstum auf dem Gebiet des Tourismus und der Lebensstandard stieg. Viele Bewohner der Amerikanischen Jungferninseln haben sich im Laufe der Jahre immer wieder für mehr Selbstbestimmung eingesetzt, doch die Regierung ist mit dem Versuch, eine Verfassung für die Amerikanischen Jungferninseln zu ratifizieren, bisher fünfmal gescheitert.

1995 verwüstete der Hurrikan Marilyn die Inseln, die jedoch recht schnell wieder auf die Beine kamen. Innerhalb von zwei Wochen wüteten 2017 zwei noch verheerendere Hurrikans, Irma und Maria: Sie hinterließen katastrophale Verwüstungen. Doch wie immer ließen sich die Bewohner der Amerikanischen Jungferninseln nicht unterkriegen und inzwischen stehen die Inseln wieder besser da als je zuvor.

JUMP UP!

Reggae und Calypso dröhnen auf den Amerikanischen Jungferninseln aus Fahrzeugen und Geschäften, aus Restaurants und Strandbars. Zwei Arten Volksmusik sind *quelbe* und *fungi* (welches außerdem eine inseltypische Maismehlspeise bezeichnet). Beim *quelbe* werden Jigs, Quadrillen, militärische Pfeifen- und afrikanische Trommelmusik mit – oft beißend satirischen – Texten von Arbeitsgesängen der Sklaven versehen. Beim *fungi* werden die Sänger mit hausgemachten Perkussionsinstrumenten in der Form von Waschbrettern, Flügelgurken und Meeresschneckenmuscheln begleitet. Die beste Zeit, um Inselmusik zu erleben, sind die „Jump up"-Umzüge und -Wettbewerbe bei wichtigen Festen wie dem Karneval auf St. Thomas und St. John oder beim Crucian Christmas Festival auf St. Croix.

Bevölkerung & Kultur

Die Amerikanischen Jungferninseln sind US-amerikanisches Territorium und die Bürger der Inseln nehmen am politischen Prozess teil, indem sie einen gewählten Vertreter, der jedoch nicht stimmberechtigt ist, ins Repräsentantenhaus entsenden. Alle Bürger der Amerikanischen Jungferninseln sind – seit 1927 – US-Bürger, doch sie können nicht an den Präsidentschaftswahlen teilnehmen.

Die amerikanische Mainstream-Kultur ist mit ihren Einkaufszentren und ihrem Fastfood auch auf den Amerikanischen Jungferninseln nicht zu übersehen, doch auch die westafrikanische Kultur ist stark präsent.

Seit 1960 hat sich die Bevölkerung der Amerikanischen Jungferninseln fast vervierfacht, wenn auch derzeit kein weiteres Wachstum zu verzeichnen ist. Wirtschaftliche Möglichkeiten bieten Anreize für Immigranten von anderen Karibikinseln, während Zuzügler vom amerikanischen Festland dem dortigen Trubel entfliehen oder einfach in der Sonne ihr Dasein als

Rentner genießen möchten. Der Tourismus sorgt für 60 % des Bruttoinlandsprodukts und der Arbeitsplätze und viele Einheimische sind Hoteliers, betreiben Restaurants und Geschäfte oder arbeiten als Taxifahrer.

Nach der letzten Volkszählung sind 76 % der Bevölkerung Schwarze, 16 % Weiße und der Rest ist gemischt. Etwa die Hälfte der Bevölkerung wurde auf den Amerikanischen Jungferninseln geboren; ein Drittel stammt aus Lateinamerika oder aus anderen Teilen der Karibik und etwa 15 % wurden in den USA geboren.

Natur & Umwelt

Geografie

Die Amerikanischen Jungferninseln umfassen rund 50 Inseln 64 km (40 Meilen) östlich von Puerto Rico. Sie sind die nördlichsten Inseln in den Kleinen Antillen und bilden zusammen mit den Britischen Jungferninseln eine unregelmäßige Kette, die sich von West nach Ost erstreckt. Aus dieser Kette fällt einzig St. Croix heraus, die größte der Amerikanischen Jungferninseln – sie liegt 64 km (40 Meilen) südlich.

Die Berghänge sind mit dichtem subtropischem Wald bewachsen. Der gesamte Baumbestand ist Sekundär- und Tertiärwald; in der Kolonialzeit wurden die Inseln für den Anbau von Zuckerrohr, Baumwolle und Tabak weitgehend abgeholzt. Es gibt keine Flüsse und nur sehr wenige Süßwasserbäche. In den seichten Gewässern in Küstennähe wachsen Korallenriffe aller Art.

Tiere

Nur sehr wenige der Landsäugetiere, die es auf den Amerikanischen Jungferninseln gibt, sind hier heimisch: Die meisten Säugetiere wurden unabsichtlich oder absichtlich im Verlauf der Jahrhunderte eingeführt. St. John verfügt über Populationen von Wildeseln und Wildschweinen und auf allen Inseln gibt's wilde Ziegen, Weißwedelhirsche, Katzen und Hunde. Andere Landsäugetiere sind Mungos und Fledermäuse.

Auf den Inseln sind einige Schlangenarten vertreten, von denen aber keine giftig sind, u. a. die Virgin-Islands-Baumboa. Außerdem trifft man auf heimische Frösche, Kröten, Leguane, Anolis, Geckos und Einsiedlerkrebse.

Außerdem gibt's mehr als 200 Vogelarten wie den Nationalvogel Bananaquit (Zuckervogel).

Umweltthemen

Seit Langem leiden die Amerikanischen Jungferninseln unter Umweltproblemen wie Entwaldung, Bodenerosion, Zerstörung der Mangrovenwälder und einem Mangel an Frischwasser. Im 18. Jh. wurden die Inseln großteils abgeholzt, um Platz für Plantagen zu schaffen. Mit dem Ende der Agrarwirtschaft am Ende des 19. Jhs. wurden die Inseln wieder aufgeforstet und in den letzten Jahren haben die Bewohner besonders auf St. John mehrere Waldschutzprojekte gestartet.

Doch das Wachstum der Bevölkerung und die rasante Verstädterung stellen weiterhin große Bedrohungen dar. Gäbe es keine Entsalzungsanlagen, in denen aus Meerwasser Frischwasser gewonnen wird, könnte nicht mal ein Viertel der Bevölkerung der Inseln mit Wasser versorgt werden, von den Touristen ganz zu schweigen. Wenn ein Hurrikan zuschlägt, werden Kraftwerke und Entsalzungsanlagen geschlossen. Inselbewohner mit dem nötigen Kleingeld haben für solche Notfälle Regenwasserspeicher, doch wer sich keinen leisten kann, ist schlecht dran.

Eine weitere Sorge ist die steigende Temperatur des Meerwassers, denn dadurch werden die hiesigen Riffe stark in Mitleidenschaft gezogen und die Korallen bleichen aus. 2005 starb in einer besonders „heißen" Zeit etwa die Hälfte der Korallen der Amerikanischen Jungferninseln ab. Auch 2010 kam es zu einer umfassenden Korallenbleiche.

Die Fechterschnecken sind nach Jahren der Überfischung stark gefährdet. Das Sammeln der Tiere ist derzeit von Juli bis Oktober verboten, damit sich die Bestände erholen können.

In den vergangenen zehn Jahren ist das Bewusstsein für Umweltprobleme stark gestiegen und es wird auch mehr Geld in den Naturschutz investiert. Eine Organisation, die sich im Umweltschutz engagiert, sind die Friends of Virgin Islands National Park (www.friendsvinp.org). Die Nature Conservancy (www.nature.org) hat die Amerikanischen Jungferninseln zu einem Schwerpunkt ihrer wegweisenden Arbeit zur Wiederherstellung der Korallen gemacht. Selbst die Regionalverwaltung ist auf den Zug aufgesprungen: 2017 wurden Plastiktüten verboten, 2018 wurden Trinkhalme aus Plastik ins Visier genommen. 2019 wurde ein Verbot von chemischen Zutaten für Sonnenmilch beschlossen, da diese die Korallenriffe schädigen können.

PRAKTISCHE INFORMATIONEN

Allgemeine Informationen

BARRIEREFREI REISEN

Zwar gilt auch auf den Amerikanischen Jungferninseln der *Americans With Disabilities Act*, doch sind die hiesigen Einrichtungen im Allgemeinen nicht so behindertengerecht wie in den restlichen USA. Auf der Website der Tourismusbehörde (www.visitusvi.com) ist unter „barrier free travel" ein Verzeichnis von behindertengerechten Restaurants, Resorts und Attraktionen zu finden.

Im Allgemeine ist St. Thomas dank der vielen Kreuzfahrtschiffe und der Verfügbarkeit von behindertengerechten Transportmitteln am besten auf Reisende mit Behinderungen eingestellt. **Accessible Caribbean Vacations** (www.accessiblecarib beanvacations.com) bietet Tipps und Ideen für Exkursionen an Land und zur See.

BOTSCHAFTEN & KONSULATE

Deutschland, Österreich und die Schweiz unterhalten auf den Amerikanischen Jungferninseln keine Botschaften oder Konsulate. Zuständig sind das Deutsche Generalkonsulat in Miami (Florida), die Botschaft von Österreich in Washington sowie das schweizerische Generalkonsulat in New York.

ESSEN

Überall gibt's kleine, schmucklose Restaurants mit westindischer Küche. Einheimische Standardgerichte sind Suppen und Eintöpfe. Gerichte mit Huhn, Schweinefleisch oder Ziege werden zumeist mit Curry zubereitet oder mit pikanten Gewürzen gegrillt. Auch alle möglichen Fische und Schalentiere, vor allem Fechterschnecken, landen auf dem Teller. Wurzeln wie Yamswurzeln und Maniok werden gekocht, püriert oder gedämpft und als Beilagen serviert. Beliebte Früchte sind Kochbananen und Mangos.

PREISKATEGORIEN ESSEN

Die folgenden Preise beziehen sich jeweils auf ein Hauptgericht am Abend.

**$** bis 15 US$

**$$** 15–35 US$

**$$$** über 35 US$

Typische Gerichte & Getränke

Callaloo Scharfe Suppe mit Okraschoten, verschiedenem Fleisch, Blattgemüse und Peperoni.

Pate (pah-*teh*) Mit würzigem Huhn oder anderem Fleisch oder Fisch gefüllte gebratene Teigtaschen.

Fungi Polenta-ähnlicher Maisbrei mit Okraschoten, gewöhnlich serviert mit Fisch und Bratensoße.

Mango Pale Ale Fruchtiges Craft-Bier der St. John Brewers.

Cruzan Rum Seit 1760 auf St. Croix der Schnaps der Wahl, vom leichten weißen Rum bis zu Varianten mit Banane, Guave und anderen tropischen Früchten.

FEIERTAGE

Neujahr 1. Januar

Heilige Drei Könige 6. Januar

Martin Luther King Junior's Birthday Dritter Montag im Januar

Presidents' Day Dritter Montag im Februar

Transfer Day 31. März

Gründonnerstag und Karfreitag Vor Ostersonntag (im März oder April)

Ostermontag

Memorial Day Letzter Montag im Mai

Emancipation Day 3. Juli

Independence Day (Fourth of July) 4. Juli

Labor Day Erster Montag im September

Columbus Day Zweiter Montag im Oktober

Liberty Day 1. November

Veterans' Day 11. November

Thanksgiving Vierter Donnerstag im November

1. Weihnachtstag 25. Dezember

2. Weihnachtstag 26. Dezember

FREIWILLIGENARBEIT

Friends of Virgin Islands National Park (www.friendsvinp.org) Freiwilligenarbeit bei wöchentlichen Wanderweg- oder Strandsäuberungen auf St. John.

Ridge to Reef Farm (www.ridge2reef.org) Auf einer Biofarm im Regenwald von St. Croix nächtigen und auf den Feldern arbeiten.

St. Croix Environmental Association (www.stxenvironmental.org) Säuberung von Stränden, an denen Meeresschildkröten nisten.

GELD

Geldautomaten findet man auf allen drei Inseln in den größeren Orten. Kreditkarten werden in den meisten Hotels und Restaurants angenommen.

Trinkgeld

Tauch-/Tourbootsführer 15 % des Preises sind angemessen

Hotels 1–2 US$ pro Gepäckstück für Hotelpagen; 2–5 US$ pro Nacht für das Reinigungspersonal

Restaurants 15–20 %

Taxis 10 %

Wechselkurse

Eurozone	1 €	1 US$
Schweiz	1 SFr	1,02 US$

Aktuelle Wechselkurse siehe www.xe.com.

INTERNETZUGANG

Internetcafés sind eher selten, aber es gibt sie noch, oft in der Nähe von Jachthäfen und Kreuzfahrtterminals. Der Zugang kostet meist 5 US$ für eine halbe Stunde. WLAN ist weithin vorhanden, aber teils langsam und launisch. Die meisten Unterkünfte bieten in ihren öffentlichen Bereichen kostenloses WLAN, in den Zimmern seltener, ebenso viele Restaurants und Bars in den Hauptorten.

LGBT-REISENDE

Schwule, die sich geoutet haben, trifft man auf den Inseln nur wenige und es sind wahrscheinlich unter homosexuellen Paaren auch keine öffentlichen Liebesbekundungen zu sehen.

Die LGBT-freundlichste der Inseln ist St. Croix und Frederiksted ist das Zentrum der Szene. Jedes Jahr im Juni findet auf der Insel eine Pride Parade (www.stxpride.org) statt, mit Veranstaltungen im gesamten Monat. Zwar schmücken sich viele Bars und Restaurants in Frederiksted mit der Regenbogenflagge, doch insgesamt gibt's nicht viele echte LGBT-Treffs. Eine Ausnahme bildet das Sand Castle on the Beach (S. 116).

MEDIZINISCHE VERSORGUNG

St. Thomas und St. Croix verfügen über moderne Krankenhäuser. Ärztezentren und Apotheken sind auf allen drei Inseln vorhanden. Den Apotheken gehen allerdings manchmal die Medikamente aus. Wer auf eine bestimmte Arznei angewiesen ist, sollte diese von zu Hause aus mitbringen sowie eine Kopie des Rezepts. Ohne Krankenversicherung ist die ärztliche Betreuung auf den Amerikanischen Jungferninseln teuer.

MIT KINDERN REISEN

Die Inseln sind recht kinderfreundlich. Einrichtungen zum Windelwechseln und glatte Bürgersteige für Kinderwagen gibt's zwar nicht überall, dafür jedoch ruhige Strände und komfortable Unterkünfte für Familien.

Mit seichtem Wasser und nur wenig Brandung sind einige Strände besonders gut für Kinder geeignet, beispielsweise Secret Harbour und Magens Bay (St. Thomas), Maho Bay und Cinnamon Bay (St. John) und Protestant Cay (St. Croix). Magens, Maho und Protestant Cay verfügen über Wassersportzentren, wo u. a. Kajaks und Paddleboards verliehen werden, sodass auch Teenager ihren Spaß haben.

Cool für den Nachwuchs sind auch die Festungen auf St. Croix mit ihren Kanonen. Teenager genießen in der Regel Paddeltouren mit Virgin Islands Ecotours (S. 99) auf St. Thomas und Virgin Kayak Tours (S. 115) auf St. Croix; letzterer Anbieter setzt Kajaks ein, die leicht per Pedal zu steuern sind. Charlotte Amalie auf St. Thomas wartet mit der größten Ansammlung kinderfreundlicher Attraktionen auf, u. a. der Tree Limin' Extreme (S. 95) und dem Paradise Point Skyride (S. 92).

Auf allen Inseln werden Ferienhäuser und -wohnungen mit viel Platz und eigener Küche angeboten. Ähnliche Einrichtungen bieten die Resorts. Vor allem am East End von St. Thomas tummeln sich viele derartige Übernachtungsmöglichkeiten.

Selbst wenn die meisten Restaurants keine eigene Kinderkarte bieten, servieren sie doch oft Burger und Pizza. Das Ambiente ist in der Regel fast überall locker und entspannt.

PRAKTISCH & KONKRET

Fernsehen Zu den einheimischen Sendern zählen die Kanäle 8 (ION) und 12 (PBS).

Magazine *St. Thomas/St. John This Week* und *St. Croix This Week* sind kostenlose und vielerorts erhältliche Monatszeitschriften – trotz des Namens.

Maße & Gewichte Auf den Inseln werden englische Maße und Gewichte verwendet. Entfernungen sind in Fuß und Meilen angegeben; Benzin wird in Gallonen gemessen.

Radio WTJX (93.1FM) ist ein Partnersender des National Public Radio (NPR) und sendet von St. Thomas.

Rauchen Ist in allen Restaurants, Bars und anderen öffentlichen Einrichtungen verboten.

Zeitungen Die wichtigste Zeitung sind die *VI Daily News* (www.virginislandsdailynews.com). VI Source (www.visource.com), Virgin Islands Consortium (www.viconsortium.com) und VI Free Press (http://vifreepress.com) bieten kostenlose Internetnews.

Sachen wie Hochstühle (60 US$ pro Woche), Baby-Tragerucksäcke (50 US$ pro Woche), Babysprechanlagen u. v. m., womit man sich das Reisen teils erheblich angenehmer gestalten kann, verleiht **Island Baby** (www.islandbabyvi.com) auf St. John.

NOTFALL

Feuerwehr, Krankenwagen, Polizei ☎911

RECHTSFRAGEN

Die Promillegrenze für Alkohol am Steuer liegt bei 0,8. Das Fahren unter Alkoholeinfluss ist ein ernstes Vergehen und wird mit hohen Geldbußen oder sogar Gefängnis bestraft.

Gesetze zur Beschränkung des öffentlichen Alkoholgenusses wie in anderen Teilen der USA existieren auf den Amerikanischen Jungferninseln nicht.

TELEFON

Telefonnummern auf den Amerikanischen Jungferninseln bestehen aus der dreistelligen Ortsvorwahl (340) und einer siebenstelligen Rufnummer. Wer aus dem Ausland anruft, wählt die Landesvorwahl (1) und dann alle zehn Ziffern. Für Ortsgespräche benötigt man nur die siebenstellige Anschlussnummer.

Handys

Auf St. John muss man aufpassen, dass sich das Handy nicht in Mobilfunkzellen der Britischen Jungferninseln einwählt, was dann enorme Roamingkosten verursacht. Heimische SIM-Karten sind schwer aufzutreiben.

AT&T und Sprint sind die wichtigsten Mobilfunkprovider der Inseln. T-Mobile bietet eine beschränkte, aber wachsende Netzabdeckung.

TOURISTENINFORMATION

USVI Department of Tourism (www.visitusvi.com) Offizielles Tourismusportal mit Tipps für die Reiseplanung.

UNTERKUNFT

Gästehäuser, Hotels, Ferienhäuser und Resorts mit Ferienwohnungen sind auf allen Inseln zu finden. Die Hauptsaison dauert von Mitte Dezember bis April: Dann sind die Zimmer teuer und ist eine Reservierung dringend zu empfehlen. Häufig gilt ein Mindestaufenthalt von drei Nächten.

Klimaanlagen sind zwar weit verbreitet, jedoch auch in Top-Unterkünften nicht unbedingt Standard. Wer eine Klimaanlage braucht, sollte bei der Buchung danach fragen.

Eine Unterkunft finden

Carefree Getaways (☎779-4070; www.carefreegetaways.com; Ferienhäuser ab 1900 US$ pro Woche) Ein Unternehmen mit Schwerpunkt St. John, das Ferienhäuser und -wohnungen auf der ganzen Insel vermittelt.

PREISKATEGORIEN UNTERKUNFT

Die folgenden Preise beziehen sich auf ein Doppelzimmer mit Bad in der Hauptsaison. Wenn nicht anders angegeben, ist das Frühstück nicht im Preis inbegriffen, genauso wie die Steuer (12,5 %) und der Stromaufschlag (oft 8–15 %).

**$** bis 100 US$

**$$** 100–300 US$

**$$$** über 300 US$

Caribbean Villas (☎800-338-0987; www.caribbeanvilla.com; Ferienwohnungen ab 1000 US$ pro Woche) Das Unternehmen mit Schwerpunkt St. John vermittelt Ferienhäuser und -wohnungen auf der ganzen Insel.

Catered To (☎776-6641; www.cateredto.com; Ferienhäuser ab 2000 US$ pro Woche) Vermietet Ferienhäuser und -wohnungen auf ganz St. John.

ZEIT

MEZ minus fünf Stunden, MESZ minus sechs Stunden.

An- & Weiterreise

FLUGZEUG

Der wichtigste Flughafen befindet sich auf St. Thomas. Der Flughafen auf St. Croix ist kleiner. An beiden Flughäfen gibt's Geldautomaten, Verpflegungsmöglichkeiten, Autovermietungen und Taxis.

Cyril E. King Airport (STT; www.viport.com) Auf St. Thomas.

Henry E. Rohlsen Airport (STX; ☎778-1012; www.viport.com; Airport Rd) Auf St. Croix.

American Airlines, Delta, JetBlue, Spirit Airlines und United Airlines fliegen allesamt die Amerikanischen Jungferninseln an. Direktflüge gibt's u. a. ab New York, Washington, Philadelphia und Atlanta. Oft muss man auch in Miami oder San Juan auf Puerto Rico umsteigen.

Flüge zu den Amerikanischen Jungferninseln aus der Karibik bieten u. a.:

Air Sunshine (☎954-434-8900; www.airsunshine.com) Täglich Flüge zwischen St. Thomas und San Juan, Anguilla, Dominica, Nevis, St. Kitts, Saint-Martin/Sint Maarten und den Britischen Jungferninseln.

Cape Air (☎800-227-3247; www.capeair.com) Täglich Flüge zwischen St. Thomas, St. Croix und San Juan.

LIAT (☎866-549-5428; www.liat.com) Zwei- bis dreimal wöchentlich Flüge von St. Thomas nach Antigua.

Seaborne Airlines (☎866-359-8784; www.seaborneairlines.com) Die größte Fluglinie der Inseln. Täglich Flüge von St. Thomas nach San Juan, mit Anschlüssen nach Dominica, St. Kitts und Nevis. Außerdem Wasserflugzeuge zwischen St. Thomas und St. Croix.

ÜBERS MEER

Fähre

Von St. Thomas starten Fähren nach Tortola, Virgin Gorda und Jost Van Dyke. Jost Van Dyke ist auch von St. John aus zu erreichen. Fahrpläne hat **VI Now** (www.vinow.com). Für Fahrten zwischen den Amerikanischen und den Britischen Jungferninseln braucht man einen Reisepass.

Fähren zwischen den beiden Territorien verkehren nur bis etwa 17 Uhr. Einige der bis zu den Hurrikans von 2017 betriebenen Strecken werden jetzt nicht mehr befahren.

In den folgenden Fahrpreisen sind keine Steuern enthalten. Beim Verlassen der Amerikanischen Jungferninseln wird eine Hafengebühr in Höhe von 10 US$ fällig, beim Verlassen der Britischen Jungferninseln eine Ausreisegebühr von 20 US$. Die Britischen Jungferninseln verlangen bei der Ankunft außerdem eine „Umwelt- und Tourismusabgabe" in Höhe von 10 US$. Auf vielen Fähren kostet eingechecktes Gepäck pro Stück 5 US$. Man sollte mindestens eine halbe Stunde vor der Abfahrt am Terminal sein, um sich seine Fahrkarte zu besorgen.

Die wichtigsten Reedereien und Strecken:

Inter Island (☎776-6597; www.interislandboatservices.com)

Native Son (☎774-8685; www.nativesonferry.com)

Road Town Fast Ferry (☎777-2800; www.roadtownfastferry.com)

Smith's Ferry/Tortola Fast Ferry (☎775-7292; www.bviferryservices.com)

Speedy's (☎714-5240; www.bviferries.com)

Fähren von/nach Charlotte Amalie:

Road Town, Tortola 40 US$ einfach, 45 Min., mehrmals tgl.; Road Town Fast Ferry, Smith's Ferry/Tortola Fast Ferry, Native Son

Spanish Town, Virgin Gorda 40 US$ einfach, 1½ Std., Di & Sa 2-mal tgl.; Speedy's

Fähren von/nach Red Hook:

Road Town, Tortola 40 US$ einfach, 30 Min., 3-mal tgl.; Native Son, Inter Island

Jost Van Dyke 80 US$ einfach, 45 Min., Fr, Sa & So 2-mal tgl.; Inter Island

Fähren von/nach Cruz Bay:

Jost Van Dyke 80 US$ einfach, 45 Min., Fr, Sa & So 2-mal tgl.; Inter Island

Jacht

Wer aus einem anderen Land per Jacht auf den Amerikanischen Jungferninseln ankommt, muss einen der folgenden Zollhäfen ansteuern:

St. Thomas Charlotte Amalie Marine Terminal

St. John The Creek (Cruz Bay)

St. Croix Gallows Bay (bei Christiansted)

Kreuzfahrtschiff

Der Kreuzfahrttourismus ist auf den Amerikanischen Jungferninseln ein großes Geschäft, insbesondere auf St. Thomas.

Unterwegs vor Ort

AUTO & MOTORRAD

Der Zustand der Straßen kann eine Herausforderung darstellen: Sie sind oft steil und kurvenreich und mit Schlaglöchern übersät. Hühner, Kühe, Ziegen und Esel laufen oft einfach plötzlich über die Straße.

- Regel Nr. 1: Links fahren!
- Das Anlegen der Sicherheitsgurte ist Pflicht. Kinder unter fünf Jahren müssen in einem Kindersitz sitzen.
- Die Nutzung eines Handys ohne Freisprechanlage ist während der Fahrt verboten.

Autovermietung

Um auf den Amerikanischen Jungferninseln ein Auto mieten zu können, muss man mindestens 25 Jahre alt sein, einen gültigen Führerschein besitzen und eine gängige Kreditkarte haben.

Leihwagen kosten ab etwa 60 US$ pro Tag (mehr auf St. John). Für die Hauptsaison sollte man zwei oder drei Wochen im Voraus reservieren, da es nur begrenzt Fahrzeuge gibt. Die großen internationalen Autovermietungen sind an den Flughäfen und teils auch an den Fähranlegern vertreten.

BOOT, SCHIFF & FÄHRE

Zwischen St. Thomas und St. John verkehren regelmäßig Fähren. Zwischen Red Hook und Cruz Bay (8,15 US$ einfach, 20 Min.) fahren sie stündlich, zwischen Charlotte Amalie (Crown Bay Marina) und Cruz Bay (20 US$ einfach, 45 Min.) zweimal täglich. QE IV Ferry (S. 108) bietet außer mittwochs zweimal am Tag Fähren (60 US$ einfach, 2½ Std.) zwischen Gallows Bay auf St. Croix und dem Blyden Terminal auf St. Thomas. Aktuelle Fahrpläne sind auf VI Now (www.vinow.com) zu finden.

BUS

Vitran (www.vitranvi.com; Fahrpreis 1 US$) betreibt klimatisierte Busse auf St. Thomas, St. John und St. Croix. Diese fahren täglich von 5.30 bis 19.30 Uhr (ca. ein Bus pro Std.). Der Service ist allerdings nicht sonderlich zuverlässig. Auf St. Thomas verkehren außerdem „Safari"-Busse, offene Lkw mit Bänken.

FLUGZEUG

Seaborne Airlines (S. 125) betreibt Wasserflugzeuge zwischen den Häfen von Charlotte Amalie auf St. Thomas und Christiansted auf St. Croix. Der Flug dauert 25 Minuten und findet ca. einmal pro Stunde statt. Cape Air (S. 124) pendelt zweimal täglich zwischen den wichtigsten Flughäfen von St. Thomas und St. Croix.

TAXI

Auf allen Inseln gibt's Taxis, die in den wichtigsten Touristengegenden auch einfach zu bekommen sind. Bei den meisten Taxis handelt es sich um Kleinbusse für bis zu zwölf Personen; manchmal sind es auch offene Lkw mit Sitzbänken für bis zu 20 Personen. Die Taxis fahren mehrere Ziele an und halten unterwegs vielleicht, um weitere Fahrgäste aufzunehmen, sodass die Preise in der Regel pro Person gelten. Es gelten feste Preise, die auch in den kostenlosen Touristenbroschüren und auf VI Now (www.vinow.com) veröffentlicht werden. Wenn mehr als eine Person einsteigt, sinkt der Fahrpreis etwas. Am besten vergewissert man sich vor dem Einsteigen über den Preis.

Anguilla

☎1-264 / 16 045 EW.

Inhalt ➡

Gut essen

➡ Da'Vida (S. 130)

➡ Veya (S. 132)

➡ B&D's (S. 134)

➡ Artisan Pizza Napoletana (S. 139)

➡ Hibernia Restaurant & Art Gallery (S. 139)

Schön übernachten

➡ Malliouhana (S. 134)

➡ Zemi Beach House (S. 138)

➡ Belmont Cap Juluca (S. 136)

➡ Fountain Anguilla (S. 138)

➡ Frangipani Beach Resort (S. 134)

Auf nach Anguilla!

Anguilla mit seinen strahlend weißen Sandstränden samt Kokospalmen und Meertraubenbäumen sowie bunt bemalten, offenen Strandbars, in denen Grillgerichte, gehaltvoller Rumpunsch und Reggae-Livemusik an der Tagesordnung sind, ist der Karibiktraum schlechthin. Im kristallklaren Wasser kann man hervorragend schnorcheln, Ausflüge mit Glasbodenkajaks unternehmen oder zu den vorgelagerten Inselchen und Atollen segeln.

Die jahrhundertealte Geschichte Anguillas reicht zurück bis zur Besiedlung durch die Indianer und Arawak. Dies zeigen außergewöhnliche Felsmalereien an Orten wie dem Fountain Cavern National Park. Im Gegensatz zu vielen anderen Inseln ist Anguilla flach und eignet sich deshalb gut für die Erkundung mit dem Auto, Fahrrad oder Quad.

Doch natürlich hat die Sache einen Haken. Anguilla ist kein günstiges Reiseziel und für Authentizität zahlt man eine Menge Geld. In den Luxushotels und Privatvillen tummeln sich vor allem Jetsetter, die fernab vom Geschehen Urlaub machen möchten. Günstiger ist das Urlaubsparadies in der Nebensaison.

Reisezeit

Dez.–Jan. Anguilla und Saint Barth buhlen um die Gunst der Reichen und Berühmten.

Feb.–April In dieser Zeit fällt am wenigsten Regen; ab März ebbt der Besucheransturm ab.

Juni–August Die Preise fallen auf ein erträgliches Niveau. Vor der Regenzeit muss man mit windigem Wetter rechnen.

Highlights

1 **Shoal Bay East** (S. 137) Schnorcheln, auf dem Sand oder in Bars an an diesem traumhaften Strand abhängen.

2 **Sandy Island** (S. 133) Mit dem Shuttleboot rüberflitzen für einen herrlich entspannten Tag in einem Mini-Inselparadies.

3 **Bankie Banx's Dune Preserve** (S. 137) Im Dune Preserve der Reggae-Legende Bankie Banx Anguillas faszinierende Musikszene kennenlernen.

4 **Prickly Pear Cays** (S. 133) An Bord einer Fähre zur total abgelegenen Miniversion von Anguilla mit rundum goldgelbem Sand und sanften Wellen fahren.

5 **Heritage Collection Museum** (S. 129) Alles erfahren über die faszinierende Geschichte der Insel von den Arawak bis heute im einzigen Museum von Anguilla.

6 **Veya** (S. 132) Sich ein erstklassiges Abendessen mit ruhiger Livemusik gönnen.

The Valley

In Anguillas Hauptstadt stehen die Regierungsgebäude der Insel, außerdem befinden sich hier Arztpraxen, Apotheken und die meisten Geschäfte. Man wählte diese Gegend zur Gründung der Hauptstadt vor allem deshalb aus, da sie inmitten von ackerbarem Land liegt. Einige historische Gebäude, darunter eine Kirche und das Haus eines Plantagenbesitzers, zeugen noch von Anguillas kolonialer Vergangenheit.

Es gibt derzeit keine empfehlenswerten Unterbringungsmöglichkeiten in der Inselhauptstadt.

Sehenswertes & Aktivitäten

★ Little Bay STRAND

Unter den abgelegeneren Stränden von Anguilla findet man die nach Westen geöffnete Little Bay mit grandiosem Silbersand, hervorragenden Schwimm- und Schnorchelmöglichkeiten und tollen Sonnenuntergängen. Sie kann nur mit dem Boot erreicht werden. Bei **Da'Vida Bayside** (☎ 498-5433; www.davidaanguilla.com; Crocus Bay Rd, Crocus Bay; ⏲ 10–17 Uhr) in Crocus Bay vorbeischauen und nach Calvin (oder wer sonst da ist) fragen, um sich dorthin bringen zu lassen. Hin- und Rückfahrt dürften zusammen etwa 15 US$ pro Person kosten.

Wallblake House HISTORISCHES GEBÄUDE

(☎ 497-2944; www.wallblake.ai; Carter Rey Blvd; ⏲ Geführte Touren Di & Fr 10-12 Uhr) Hinter einem weißen Palisadenzaun liegt das Wallblake House aus dem Jahre 1787. Es gilt als das älteste Gebäude auf Anguilla, das interessanteste im Valley und ist das einzige Plantagenhaus, das die französische Invasion im Jahr 1796 sowie Brände, Dürren und Wirbelstürme überlebt hat. Die restaurierte Küche, die Ställe und Sklavenquartiere können bei den kostenlosen geführten Touren besichtigt werden. Das Haus gehört mittlerweile der benachbarten **St Gerard's Catholic Church** (☎ 497-2405; www.facebook.com/stgerardscatholicchurch).

Anguilla National Trust Tours GEFÜHRTE TOUREN

(☎ 497-5297; www.axanationaltrust.com; Albert Lake Dr; Geführte Touren Erw./Kind 50/20 US$; ⏲ Mo–Fr 8–16 Uhr) Der National Trust of Anguilla kann private Kultur- und Naturtouren ausrichten. Diese beginnen an dessen Sitz im einstigen Zollhaus von Anguilla. Zur Auswahl stehen eine zweieinhalbstündige Kulturrundfahrt, eine zweistündige Vogelbeobachtungstour und diverse Naturwanderungen. Touren müssen mindestens 48 Stunden im Voraus gebucht werden.

Das Personal kann die Fahrt vom Hotel zum Treffpunkt planen, oder man lässt sich gegen einen Aufschlag abholen.

ABSTECHER

HERITAGE COLLECTION MUSEUM

Das einzige **Museum** (☎ 235-7440; petty@anguillanet.com; Liberty Rd, East End Village; Erw./Kind 5/3 US$; ⏲ Mo–Sa 10–17 Uhr) der Insel wird von der Inselhistorikerin Colville Petty betreut, die eine erstaunliche und vielseitige Menge an Artefakten gesammelt hat, um die Meilensteine der Geschichte Anguillas zu dokumentieren. In den verschiedenen Räumen wird mit einer beeindruckenden Vielzahl an Exponaten die hiesige Geschichte von der Besiedlung durch die Arawak bis zum Besuch von Queen Elizabeth II. im Jahr 1994 und dem Calypso-King-Wettbewerb 2018 chronologisch und sorgfältig aufgerollt.

Am besten in Erinnerung bleiben wohl Pettys persönliche Erinnerungen, die sie gerne mit Besuchern teilt. Das Museum liegt nahe dem East End Salt Pond.

Essen

Cafés in The Valley richten sich hauptsächlich auf die einheimische Bevölkerung aus. Außerdem gibt's Imbisswagen und zwanglose Restaurants mit karibischer oder internationaler Küche. Straßengrills gibt's entlang der Landsome Road, genannt „The Strip".

Die wenigen Supermärkte vor Ort sind oft schlecht bestückt; am besten holt man sich seine Vorräte im Best Buy (S. 135) in Meads Bay.

★ Ken's BBQ GRILLRESTAURANT $

(☎ 584-4053; Landsome Rd, bekannt als The Strip; Tellergerichte 1–10 US$; ⏲ Do-Sa 11–2 Uhr) Als erster Stand auf dem „Strip", der Ansammlung von Streetfoodständen entlang der Landsome Road, macht Ken's ein Riesengeschäft mit rauchigem Barbecue. Stammgäste bestellen die gegrillten Schweinekoteletts mit Limetten und Johnnycakes, weitere Highlights sind das knusprige Hühnchen und die saftigen Rippchen. Ken hält eigene Schweine und Hühner und bereitet meisterliche Grillsoßen von mild bis scharf zu, die als Marinade dienen.

Zum Essen kippt man ein Mauby, ein selbst gemachtes einheimisches Getränk aus Baumrinde, Zucker und Frucht.

Good Korma INDISCH $

(☎583-7066; Landsome Rd, bekannt als The Strip; Hauptgerichte 10–16 US$; ⏲ Mo–Sa 11–15 & 18–21 Uhr; ✎) Neueröffnet auf der Restaurantmeile von The Valley, genannt „The Strip", nachdem es vom Hurrikan Irma zerstört wurde, ist das Good Korma. Hier kann man schmackhafte indische Köstlichkeiten wie Fisch-Tikka-Masala, Ziegen-Balti, Garnelen-Korma und westindisches Gemüsecurry bestellen. Alle Soßen sind fleischfrei, sodass sich auch Vegetarier interessante Gerichte zusammenstellen können.

Nach einer fröhlichen safrangelben Hütte mit rotem Zierrand Ausschau halten.

Roti Hut KARIBISCH $

(☎548-2390; www.facebook.com/voilet19; Valley Rd; *roti* 7–10 US$, Beilagen 2–3 US$; ⏲ 10–21 Uhr oder länger) Ein himmlischer Duft strömt aus dieser traumhaften zimtfarbenen Hütte mit grüner Holzverkleidung. Hier werden Hühnchen, Rindfleisch, Ziege, Garnelen und vegetarische *roti* gezaubert, dazu die eine oder andere Inselspezialität wie Kuhfuß- oder Schweineschwanzsuppe. Es ist für Speisen zum Mitnehmen beliebt, aber man kann auch einen Tisch auf der überdachten Veranda nehmen und den Flugzeugen auf der Landebahn des Flughafens gegenüber zuschauen.

Hungry's Good Food KARIBISCH $

(☎235-8907; www.hungrysgoodfood.com; Carter Rey Blvd, Ecke Parliamentary Dr; Gerichte 5–18 US$; ⏲ Mo–Sa 12–22 Uhr) Ihren berühmten Truck gibt's nicht mehr, aber die Köche Irad und Papi, die einige der besten Restaurants Anguillas geführt haben, servieren immer noch waschechte Mahlzeiten in ihrem Restaurant gegenüber der Saint Gerard's Church. Stammgäste schwören auf die Quesadillas, Nudeln und Suppen (Kuhfuß-, *conch-* und Hummer-Mais-Suppe) aber Hauptgerichte, wie Schnapper mit Pommes oder Ziegencurry verleihen der Speisekarte noch mehr Bandbreite.

Man kann an der Bar essen oder, wie die Einheimischen, das Essen mitnehmen und am Strand futtern.

★ Da'Vida FUSION-KÜCHE $$$

(☎498-5433; www.davidaanguilla.com; Crocus Bay Rd, Crocus Bay; Hauptgerichte 26–50 US$; ⏲ Di–Sa 17–22 Uhr; Ⓟ📶) Eine überdachte Terrasse voller Tische mit Tischdecken, tolle Deko und ein Bar-Lounge-Bereich mit Teakmöbeln und Kissen – das Da'Vida ist von herausragender Raffinesse und bietet einen Blick über den sinnlichen Strand von Crocus Bay. Der Duft von aufregenden asiatisch-karibischen Kreationen wie *conch*-Carpaccio, grünem Curry mit Tofu oder den berühmten gegrillten Hummer schwebt aus der Küche herüber. Bei einem Absacker kann man dann noch dem Mond dabei zuschauen, wie er über dem ruhigen Wasser aufgeht.

Praktische Informationen

Princess Alexandra Hospital (☎497-2551; Queen Elizabeth Ave; ⏲ rund um die Uhr) Das Princess Alexandra Hospital hat eine 24-Stunden-Notaufnahme.

Sandy Ground

Sandy Ground erstreckt sich zwischen dem unglaublich klaren Wasser der Road Bay und einem flachen Salzbassin, aus dem bis in die 1970er-Jahre Salz gewonnen wurde. Tagsüber ist es hier zwar eher verschlafen, aber abends erwacht die Zeile aus kleinen Restaurants und Bars entlang des Strands richtig zum Leben, insbesondere am Wochenende.

Sehenswertes & Aktivitäten

Sandy Ground STRAND

(Sandy Ground Rd) Von dem flachen goldenen Sandstrand ohne Korallen führt eine Reihe kleiner Piers zwischen vertäuten Booten hindurch ins ruhige Wasser und lädt zum Hineinspringen ein. Wer schnorcheln möchte, sollte das felsige Nordende ansteuern – und die Augen nach Meeresschildkröten offenhalten; Ausrüstung verleiht Scuba Shack. Die Strandbars und -restaurants ziehen an Wochenenden besonders viele Besucher an, denn dann gibt's Livemusik.

Von diesem Strand aus fährt ein kleines Boot zum lieblichen Sandy Island.

Scuba Shack TAUCHEN
(Shoal Bay Scuba; ☎ 235-1482; www.scubashackaxa.com; 2-Tank-Dive mit Schiff mit voller Ausstattung 130 US$; ⏲ Mo–Sa 8–17 Uhr) Dieser Tauchanbieter, der PADI angehört, verfügt über hochwertige Ausrüstung, gute Schiffe und professionelle Tauchlehrer, die jede Ecke und jeden Winkel unter Wasser kennen. Mit Scuba Shack kann man zu sieben Schiffswracks und über 30 Riffen tauchen. Ein Einführungskurs kostet 150 US$; der PADI-Open-Water-Kurs wird ab 445 US$ angeboten. Schnorchelausrüstung gibt's für eine Leihgebühr von 20 US$ aufwärts.

Schlafen

Sea View Apartments APARTMENTS $
(☎ 497-2427; www.inns.ai/seaview; Sandy Ground Rd; Apt. mit 1/2 Schlafzimmern 87/170 US$;) In unmittelbarer Nähe des Strandes, der Bars und Restaurants sind diese Apartments mit einem Zimmer oder zwei Zimmern ein tolles, wenn auch altmodisches Quartier mit Küchen, Kabel-TV und Deckenventilatoren. Geputzt wird regelmäßig. Oben wohnt eine Familie, die bei der Organisation von Tauchgängen und Ausflügen behilflich ist.

La Vue Boutique Inn GASTHAUS $$
(☎ 497-3000; www.lavueanguilla.com; Back St, South Hill; Suite mit 1/2 Schlafzimmern ab 200/300 US$; ⏲ Rezeption Mo–Sa 8–18 Uhr & nach Vereinbarung; P) Es lohnt sich schon, etwas mehr für ein Apartment mit Meerblick zu zahlen, damit man die üppige Aussicht auf die Sandy Ground Bay vom Balkon aus genießen kann – vielleicht bei einem Drink oder Snack, den man sich in der Küche oder Kochnische zubereitet hat. Die Apartments in diesem familiengeführten Hotel sind modern, wenn auch minimalistisch eingerichtet, haben breite Doppelbetten und Schlafplätze für bis zu sechs Leute.

Ambia Villa VILLA $$$
(☎ 498-2741; www.ambiavilla.com; South Hill Rd; Villa mit 2 Schlafzimmern 550 US$; P) Die auf einem Hügel gelegene Villa mit Zen-Flair, glatten hölzernen Geländerpfosten und viel Bambus bietet bis zu acht Personen Platz und wird nur im Ganzen vermietet. Privatsphäre ist also garantiert. In den asiatisch eingerichteten Zimmern mit Blick auf die Ankerplätze vor Sandy Ground befinden sich Shoji-Raumteiler. Außerdem gibt's einen Gasgrill, einen schönen Pool, eine Waschmaschine und einen Trockner. Die Mindestmietdauer beträgt vier Tage.

Essen

Village Bakehouse BÄCKEREI $
(☎ 498-5050; www.facebook.com/pg/villagebakehouseanguilla; Rendezvous Bay Rd; Gebäck 2–8 US$, Frühstück 6–17 US$, *roti* 7,50–13 US$; ⏲ Mi–Fr 7–14.30, Sa bis 13, So bis 12 Uhr; P) In einem modernen weiß getünchten Gebäude neben einer Weinhandlung ist diese französische Bäckerei die beste Anlaufstelle für Baguettes, Croissants und Schokoladenbrötchen, kunstvolle Kuchen und andere köstliche Kalorienbomben. Es werden auch warmes Frühstück, Sandwiches, Bratenaufschnitt und Fladenbrot serviert.

E's Oven KARIBISCH $$
(☎ 498-8258; www.facebook.com/esoven; South Hill Rd, South Hill; Hauptgerichte 14–28 US$; ⏲ Nov.–Aug. Mi–Mo 11.30–22.30 Uhr; P) Nach der verstorbenen Mutter des Inhabers und Kochs Vernon Hughes benannt, ist dieses charismatische Cottage eine gute Adresse für karibische Spezialitäten zu günstigen Preisen. Insider ordern im Vorfeld telefonisch das berühmte Brathühnchen, doch wenn es ausverkauft ist, sind Zackenbarsch im Kokosmantel mit Bananen-Rum-Soße, Ziegencurry oder kreolische *conch* leckere Alternativen – dazu schmeckt am besten ein E's Smile (Rumpunsch). Zu allen Hauptgerichten gibt's Reis oder Kartoffelbrei und Gemüse oder Kochbananen.

SandBar INTERNATIONAL $$
(☎ 498-0171; www.facebook.com/sandbaranguilla; Tapas 9–15 US$; ⏲ Mo–Sa 17.30–21.30 Uhr; P) Dieses schicke, aber doch entspannte Restaurant am Strand, das von den kalifornischen Auswanderern Darren und Alicia geführt wird, bietet exquisite Tapas und eine einfallsreiche Cocktailkarte. Man beginnt den Abend am besten mit einem SandBar, dem berühmten gefrorenen Rumpunsch aus der Frozen-Yogurt-Maschine, und sucht sich dann sein Lieblingsgericht aus dem Angebot aus, das von Knoblauch-Shrimps bis zu Mini-Pulled-Pork-Burgern reicht; die Fritten dazu gehören zu den besten der Insel.

Die Happy Hour geht von 16.30 bis 18.30 Uhr.

Tasty's Restaurant KARIBISCH $$
(☎ 584-2737; www.facebook.com/tastysrestaurantanguilla; South Hill Rd, South Hill; Hauptge-

richte 18–45 US$; 17–21.30 Uhr; P) Küchenchef Dale Carty versieht in seinem freundlichen Restaurant mit Muscheln und Tropendeko karibische Klassiker mit einer gehobenen Note. Herausragend sind u. a. der Fisch im Kokosmantel mit pikanter Bananen-Rum-Soße, die frittierten *conch* und die sautierten Shrimps in Kokosnuss-Curry-Soße. Nach der niedlichen Hütte in Flieder und Türkis Ausschau halten.

Man sollte sich auf keinen Fall den French Toast mit Grand Marnier beim Sonntagsbrunch (24 US$) entgehen lassen.

Roy's Bayside Grill INTERNATIONAL **$$**

(584-2390; www.roysbaysidegrill.com; Sandy Ground; Hauptgerichte 12–37 US$; 10–21 Uhr, Bar open end;) Bei dieser entspannten Strandbude kommt mächtig Freude auf den Teller. Mit Fish 'n' Chips (der Chef Roy stammt schließlich aus England) kann man nichts falsch machen, aber der Burger-Baukasten, die Angus-Steaks und die Hummernudeln sind auch sehr beliebt. Am meisten los ist freitags zur Happy Hour oder sonntags zur Livemusik.

★ **Veya** FUSION-KÜCHE **$$$**

(498-8392; www.veya-axa.com; abseits des Sir Emile Gumbs Dr; Hauptgerichte 30–60 US$; Nov.–Mai Mo–Sa 18.30–22 Uhr, Juni–Okt. Mo–Fr) Zu den beliebtesten Restaurants auf Anguilla zählt bei den Liebhabern guter Küche das Veya. Inmitten eines tropischen Gartens mit Koi-Teich und Wasserfällen strahlt das geräumige Obergeschoss ein geheimnisvolles und gleichzeitig anspruchsvolles Ambiente aus. Die lebhafte karibisch-asiatische Küche (scharf gewürzter Thunfisch, Hummer mit Maracujasoße) passt hervorragend ins Bild, während von der Bühne unten sanfte Jazz- oder Bluesklänge emporsteigen.

Das entspannte Geschwisterlokal Meze im marokkanischen Stil bietet unten Tapas, kunstvolle Cocktails und Livemusik.

Ausgehen & Nachtleben

★ **Johnno's** BAR

(497-2728; www.facebook.com/johnnosbeachstop; Di–So 11–24 Uhr;) In dieser abgefahrenen alteingesessenen (seit den 80er-Jahren!) Strandhütte wird man auch bedient, wenn man kein Hemd und keine Schuhe anhat. Johnno's legendärer Rumpunsch, Piña Coladas, Daiquiris aus frischem Obst und klassische Cocktails werden in großen Mengen serviert. Donnerstags bis samstags von 20 bis 24 Uhr sowie sonntags von 13 bis 16 Uhr gibt's Live-Jazz und -Reggae.

Zu den Gerichten an der Strandbar (Hauptgerichte 15–35 US$) gehört der berühmte gedämpfte Schnapper im Ganzen.

Meze COCKTAILBAR

(498-8392; www.meze-axa.com; abseits des Sir Emile Gumbs Dr; Mo–Sa 18–23 Uhr) Die Kasbah ruft! In diesem Zelt im marokkanischen Stil mit sinnlicher Beleuchtung und Sofas mit vielen Kissen knabbert man mediterrane Tapas (5–22 US$) und schlürft kunstvolle Cocktails wie z. B. den Bourbon-Kirsch-Trunk namens „Prince of Darkness", benannt nach dem einheimischen Reggae-Idol Bankie Banx. Von 20 bis 22 Uhr gibt's Live-Jazz, -Reggae oder -Blues, oftmals von Bankies Sohn Omari.

Elvis' Beach Bar BAR

(www.elvisbeachbar.org; Sandy Ground Rd; Di–Sa 11–1 Uhr oder länger, So bis 0 Uhr, Sept. & Okt. Di geschl.;) Das Bier ist eiskalt, die Margaritas sind stark und der Rumpunsch wird mit Amaretto zubereitet. Auf der bunten Speisekarte stehen mexikanische Gerichte für 10 bis 35 US$. Besucher lassen sich an der Theke nieder (die aus einem umgedrehten Schiff besteht) oder rocken während der alkohollastigen Partys am Strand mit DJ ab, die oft bis in die frühen Morgenstunden hinein gehen.

Die Strandstühle können kostenlos benutzt werden, wenn man Essen bestellt.

Shoppen

SeaSpray Boutique & Ice & Easy Smoothies KUNST & KUNSTHANDWERK

(South Hill Roundabout, South Hill; Mo–Sa 10–17 Uhr;) Pastellrosa-, -gelb- und -blau ist die Fassade dieses wunderbaren Ladens, in dem die Künstlerin Pamela Miller handgemachten Schmuck, Töpferwaren sowie regionale Musik und Weihnachtsschmuck zu anständigen Preisen verkauft, darunter ihre eigenen Werke, die sie oft auf der Veranda sitzend anfertigt. Die dazugehörige Smoothie-Bar ist eine tolle Adresse für eine fruchtige Erfrischung.

Blowing Point

Wer mit der Fähre nach Anguilla reist, kommt in Blowing Point an. Da es hier nur ein paar vereinzelte Läden und Dienstleister gibt, bleibt man wohl nicht lange.

ABSTECHER

SANDY ISLAND & PRICKLY PEAR CAYS

Ein Ausflug auf die kleine mit Solarstrom versorgte Insel **Sandy Island** (☎476-4104; www.mysandyisland.com; Shuttleboot hin und zurück 10 US$; ⏲Shuttleboot Nov.–Juli 10–16 Uhr) ist der Inbegriff einer traumhaften Erfahrung. Man stelle sich einen blütenweißen, palmengesäumten Sandstrand, kristallklares Wasser zum Schnorcheln und bunte Korallen, in denen Schildkröten und Zackenbarsche leben, vor. Das Restaurant vor Ort betreibt stündlich Shuttleboote vom zweiten Pier in Sandy Ground (S. 130) aus und bereitet außerdem köstlichen gegrillten Hummer, Hühnchen, Rippchen und andere Leckereien zu. An der Bar gibt's Cocktails mit Inselflair wie den starken JoJo-Rumpunsch. Tickets bekommt man im Büro in Sandy Ground (Reservierungen erbeten, aber nicht zwingend nötig).

Die Fahrt dauert etwa zehn Minuten, aber der Kapitän fährt öfter etwas langsamer, um auf auftauchende Meeresschildkröten aufmerksam zu machen. Essen wird nur zwischen 12 und 15 Uhr serviert. Man sollte am besten gleich bestellen, sobald man auf der Insel ist, da die kleine Belegschaft etwas Zeit benötigt, um das Essen zuzubereiten. Sie verleihen auch Strandliegen (5 US$ für Essensgäste, sonst 10 US$), aber keine Schnorchelausrüstung – wenn man die braucht, holt man sie am besten im Scuba Shack in Sandy Ground.

Die beiden Zwillingsinseln der **Prickly Pear Cays** (www.pricklypearanguilla.com; Shuttle hin und zurück Erw./Kinder unter 12 J. 40/20 US$; ⏲Bootsshuttle 11 & 12.30 Uhr, Restaurant Nov.–Juli Di–So 11–16 Uhr) etwa 10 Kilometer nordwestlich von Sandy Ground übertrumpfen mit ihren makellos weißen Sandstränden und hervorragenden Tauch- und Schnorchelmöglichkeiten vielleicht sogar die tollen Strände der Hauptinsel. An Land gibt's ein Restaurant mit Bar, in dem hungrige Mägen mit Grillgerichten, Salaten und Sandwiches versorgt werden (Hauptgerichte 18–50 US$) und wo man auch Strandstühle, Schirme, Kajaks, Stehpaddel- und Schnorchelausrüstung mieten kann. Der Shuttledienst von **Calypso Charters** (☎584-8504; www.calypsochartersanguilla.com) startet um 11 Uhr und 12.30 Uhr in Sandy Ground und fährt um 14 und 16 Uhr zurück.

Geführte Touren

Freedom Rentals & Tours ERLEBNISSPORT
(☎498-2830; www.freedomrentalsaxa.com; Blowing Point Village; pro Tag inkl. temporärem Führerschein 100 US$; ⏲Mo–Sa 9–17 Uhr) Wagemutige erkunden die Insel mit einem Gelände-Quad für ein bis zwei Personen oder schließen sich der geführten Offroad-Quad-Tour an, die zu historischen und kulturellen Sehenswürdigkeiten führt (180 US$). Quads können auch für einen Aufschlag von 30 US$ geliefert werden.

Schlafen & Essen

Ferryboat Inn APARTMENTS $$
(☎497-6613; www.ferryboatinn.ai; Cul De Sac Dr; Apt. 286 US$; P ❄ 📶) Bei Marjorie und Christian, den Inhabern dieses Gasthauses nur wenige Schritte vom Fähranleger entfernt, fühlt man sich willkommen wie in der eigenen Familie. Das FBI genannte Ferryboat Inn bietet sieben reizende Zimmer im Apartmentstil mit schlichten Küchen, von denen man auf die vulkanischen Gipfel der nahe gelegenen Insel Saint-Martin/Sint Maarten blickt. Die Sicht aufs Wasser wird teilweise vom Strandhaus für vier Personen (375 US$), dem hauseigenen Restaurant und dem Parkplatz verdeckt.

In den Preisen sind alle Steuern und Gebühren inklusive.

Ferryboat Inn Restaurant INTERNATIONAL $$
(☎497-6613; www.ferryboatinn.ai; Cul De Sac Dr; Hauptgerichte 20–40 US$; ⏲Mo–Sa 12–15 & 18.30–21.30 Uhr; 📶) Neben dem gleichnamigen Hotel liegt das dazugehörige Restaurant mit freier Sicht auf das bergige Sint Maarten am Wasser. Es bietet anständige Salate, Burger, Fischgerichte und Steaks, aber seine Stärke zeigt sich mittwochs, wenn die Gemeinde wegen Hühnchenflügeln für einen US$ zur „Wings Night" kommt. Montags gibt's zur „Burger Night" wechselnde Burger-Kombinationen, z. B. KFC (Korean Fried Chicken) und geschwärzte *mahi mahi* (Goldmakrele).

Meads Bay

Am prächtigen Strand von Meads Bay rund um die großen Ferienresorts ist viel los, weiter östlich gibt's aber auch zahlreiche ruhige Flecken.

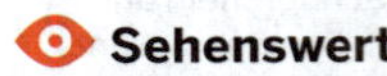

Sehenswertes

★ Meads Bay STRAND

(John Hodge Rd) Dieser lange, majestätische weiße Sandstrand verströmt eine sinnliche Verträumtheit und ist ein großartiger Ort zum Schwimmen oder für Strandwanderungen bei Sonnenuntergang. An den beiden Enden liegen die Luxushotels Four Seasons und Malliouhana und zwischendrin findet man auch einige tolle Restaurants, z. B. Blanchard's und Straw Hat.

Schlafen

★ Malliouhana LUXUSHOTEL $$$

(USA 844-229-9004, USA gebührenfrei 877-733-3611; www.aubergeresorts.com/malliouhana; John Hodge Rd; DZ inkl. Frühstück ab 900 US$; P) Auf einer niedrigen Klippe am östlichen Ende der Meads Bay liegt das kultige Malliouhana – ein Spitzenhotel von der prachtvollen, kunstgefüllten Lobby bis hin zu jeder der 44 vornehmen Suiten, deren gelb-türkise Farbschattierungen die Farben der Sonne und des Meeres widerspiegeln. Mittendrin gibt's zwei ruhige Swimmingpools, einer davon ein zweigeteilter Infinitypool, ein Restaurant im Freien, ein Sportstudio, ein Spa und einen Kinderspielplatz.

Das Hotel wurde ursprünglich 1984 erbaut und ist seitdem zweimal renoviert worden. Es erstreckt sich über mehr als 100 000 Quadratmeter voller mediterraner Architektur und duftenden Frangipani- und Bougainvillea-Gärten. Das Hotel liegt in Laufweite zu drei weißen Sandstränden. Nachmittags gibt's umsonst Tee und Rum in der Lobby.

Meads Bay Beach Villas VILLEN $$$

(476-1469; www.meadsbaybeachvillas.com; John Hodge Rd; Villen ab 550 US$; P) Die vier gnadenlos schönen und piekfeinen Villen warten mit je zwei Schlafzimmern, einer voll ausgestatteten Küche, einem geräumigen Wohnbereich, hohen Holzdecken, westindischen Kacheln und einem eigenen Pool auf. Bei Hochzeitsreisenden erfreut sich die paradiesische Unterkunft besonders großer Beliebtheit, da sie genügend Privatsphäre bieten.

Frangipani Beach Resort HOTEL $$$

(497-6442; www.frangipaniresort.com; John Hodge Rd; DZ/Suite inkl. Frühstück ab 450/995 US$; P) Mit seinem blassrosafarbenen Äußeren, dem roten Ziegeldach und Balkons, die an *Romeo und Julia* denken lassen, erinnert das familienbetriebene Boutique-Resort an einen italienischen Palazzo. Die 19 Zimmer verfügen über Korbmöbel, Fliesenböden sowie bunte Kunst und haben karibisches Flair. Selbst die günstigsten Zimmer zum Kieselparkplatz hinaus besitzen coole „Höhlenduschen" mit Massagestrahlern. Im Preis inbegriffen sind alle Wassersportarten (Stand-up-Paddeln, Wakeboarding, Schnorcheln).

Hier findet man auch das beliebte Restaurant Straw Hat.

Wenn Geld keine Rolle spielt, sollte man nach der privaten Vier-Schlafzimmer-Villa am Strand mit eigenem Pool, Koch und Butler fragen (ab 6000 US$ pro Woche). Pluspunkte in puncto Umwelt gibt's für die Solaranlage neben dem Parkplatz.

Carimar Beach Club APARTMENTS $$$

(497-6881, USA 866-270-3764; www.carimar.com; John Hodge Rd; Apt. mit 1/2 Schlafzimmern ab 470/620 US$; Mitte Okt.–Aug.; P) Die sechs zweistöckigen Haziendas im spanischen Stil mit von Bougainvilleen bewachsenen Balkons liegen entlang eines Tropengartens, der in weißen Pulversandstrand übergeht. Jedes der 24 Apartments ist anders eingerichtet, aber alle haben eine moderne Küche und einen modernen Essbereich. Nur die Villen am Strand sind voll klimatisiert. Als Extras gibt's eigene Tennisplätze, kostenlose Fahrradnutzung und Schnorchelausrüstung zum Leihen sowie einen Wäscheraum. Die teuersten Suiten liegen direkt am Strand.

Essen & Ausgehen

★ B&D's GRILLRESTAURANT $

(John Hodge Rd, Long Bay Village; Hauptgerichte 9–22 US$, Hummer 30 US$; Fr 18–21, Sa ab 12 Uhr) Eine feste Institution auf Anguilla ist dieser familienbetriebene Grillstand neben Küchenchefin Berenices Haus mit Tellern voll Hühnchen, Rippchen, Fisch und Hummer. Zu diesen Köstlichkeiten werden u. a. Reis, Nudelsalat, Pommes und Kohlsalat serviert. Die Anhängerschaft aus Inselbewohnern und eingeweihten Besuchern sitzt zum Essen auf Gartenstühlen in einem offenen Zelt. Außerdem bekommt man hier die größten und lockersten Johnnycakes der Gegend.

Blanchard's Beach Shack INTERNATIONAL $
(498-6100; www.blanchardsrestaurant.com; John Hodge Rd; Gerichte 7–18 US$; Mo–Sa 11.30–20.30 Uhr;) Die charismatische Barfuß-Strandbar liegt an einem mit Blumen bewachsenen Fußweg und ist eine der beliebtesten günstigen Adressen der Insel. Man kann die Füße im Sand vergraben, während man leckere Snacks, von Tacos, Burgern und Salaten bis zu Sandwiches, Bowls und Hot Dogs, genießt, die allesamt aus regionalen Bioprodukten zubereitet werden. Es werden ausschließlich kompostierbares Besteck und Teller genutzt.

Neben Rumpunsch serviert die Bar auch Sangria, Piña Colada und Mojito sowie frische Frucht-Smoothies und eiskalte Milchshakes. Es gibt ein Menü für kleine Kinder. Blanchard's Restaurant nebenan serviert Abendessen für Erwachsene (kleine Gerichte 7–18 US$, Hauptgerichte 36–62 US$) in romantischer Atmosphäre ab 18.30 Uhr.

Best Buy Supermarket SUPERMARKT $
(497-4444; Albert Hughes Dr; Mo–Fr 7.30–21, Sa 8–22, So bis 21 Uhr) Für Selbstversorger eine unglaublich wichtige Adresse! Dieser Supermarkt ist der bestbestückte der Insel (hier sieht man oft die Köche der Spitzenrestaurants). Es gibt frisches Fleisch, Obst, Gemüse, fertig zubereitete Salate, hausgemachtes Brot aus dem eigenen Ofen, Haushalts- und Drogerieartikel.

Ocean Echo INTERNATIONAL
(498-5454; www.oceanechoanguilla.com; John Hodge Rd; Hauptgerichte 15–50 US$; 11–22 Uhr;) Man darf sich von dem lässigen Aussehen nicht täuschen lassen – die Speisekarte im Ocean Echo ist anspruchsvoll und mit internationalen Einflüssen durchwirkt. Hier kann man tagsüber eine Pause vom Sonnenbaden machen und einen Hummersalat genießen oder an ihrem berühmten *rumzie* nippen. Richtig ab geht's hier sonntagnachmittags, wenn eine lebhafte Band dafür sorgt, dass das bunt gemischte Publikum sich diese Kalorien wieder von den Hüften tanzt.

Straw Hat INTERNATIONAL $$$
(497-8300; www.strawhat.com; John Hodge Rd, Frangipani Beach Resort; Hauptgerichte mittags 14–35 US$, abends 27–37 US$, Hummer 51 US$; 7–11, 12–15 & 18–21 Uhr;) Das charmante luftige Restaurant vereint lässiges Flair und hohe Qualität. Bevor die ausgeklügelten Abendgerichte wie gegrillter Hummer oder Krebs auf den Tisch kommen, werden Strohhüte serviert, die mit selbst gebackenem Brot gefüllt sind. Mittags gibt's einfacheres Essen wie Reuben-Sandwiches mit Pastrami, Pasta mit Meeresfrüchten oder frittierte *conch*. Auch die Kinderkarte ist gut.

ANGUILLAS FESTE

Moonsplash (Dune Preserve, Rendezvous Bay; März) In der ersten Vollmondnacht vor Ostern lädt Anguillas Reggae-Ikone Bankie Banx seine alten Reggae-Freunde und aufstrebende Künstler zu sich ins Dune Preserve (S. 137) ein, um bis spät in die Nacht zu jammen. Zu den bisherigen Gästen zählten u. a. Third World, die Wailers und Toots and the Maytals.

Anguilla Summer Festival (www.anguillasummerfestival.com; Ende Juli–Anfang Aug.) Anguillas Karneval ist das wichtigste Fest auf der Insel. Es beginnt am Wochenende vor „August Monday" am ersten Montag im August und dauert bis zum darauffolgenden Wochenende. Zu den ausgelassenen Highlights der zehntägigen Feierlichkeiten zählen ein traditionelles Bootsrennen, Kostümparaden, ein Schönheitswettbewerb und Calypso-Contests mit ununterbrochener Musik und Tanz.

Livin in the Sun (www.facebook.com/litsfestival; Ende Nov.) Einige der angesagtesten DJs aus der ganzen Welt kommen zu diesem drei Tage andauernden, beatlastigen Festival nach Anguilla und Sandy Island.

West End

An Anguillas zerklüfteter Westküste erstrecken sich beeindruckende Strände wie die Rendezvous Bay mit dem einzigen Golfplatz der Insel. Die unbebaute Cove Bay kann man auf dem Rücken eines Pferdes erkunden. Noch ein Stück weiter liegt die Shoal Bay West mit hervorragenden Schnorchelmöglichkeiten und nahe gelegenen Tauchstätten, wohingegen die vornehme Maundays Bay fast gänzlich von einem Nobelhotel vereinnahmt wird.

Sehenswertes

Rendezvous Bay STRAND
(Willow Lane) Dieser himmlische weiße halbmondförmige Sandstrand an kristallklarem Wasser eignet sich hervorragend für einen langen idyllischen Spaziergang mit einem Zwischenstopp bei Rumpunsch oder Livemusik im Bankie Banxs Dune Preserve. Das weitläufige CuisinArt Resort mit seinem Golfplatz beherrscht das Westende der Bucht. Hier gibt's mehrere Restaurants, aber für einheimisches Flair geht man am besten zum Sunshine Shack.

Shoal Bay West STRAND
(am Ende des Rupert Carty Dr) Am himmlischen, oftmals menschenleeren weißen Pudersandstrand hat man Richtung Süden Blick auf Saint-Martin/Sint Maarten und auf tolle Sonnenuntergänge. Vor der Küste gibt's gute Schnorchelmöglichkeiten, jedoch keinen Verleih von Ausrüstung, also eigene Schnorchelausrüstung mitbringen.

Cove Bay STRAND
(Anderson Fleming Dr) An diesem recht schmalen Strandstreifen entlang der Cove Bay wachsen Seetrauben. Es ist ein angenehm unerschlossener Strand, an dem man wunderbar einen ruhigen Nachmittag verbringen kann, sofern man sich dem aufblasbaren Wasserpark am östlichen Ende fernhält. Das Wasser ist hier recht flach und für gewöhnlich ruhig. Die nahegelegenen Seaside Stables haben Ausritte am Strand im Angebot.

Aktivitäten

Anguilla Aqua Park WASSERPARK
(☎ 584-1204; www.anguillawatersports.com; abseits des Anderson Fleming Dr, Cove Bay; halber/ganzer Tag 40/50 US$; ⏲ Nov.–Sept. 10–18 Uhr) Kinder lieben den Wasserpark mit einer zusammenhängenden Landschaft aus Trampolinen, Rutschen und Klettergeräten, die im warmen, sauberen Wasser der Cove Bay schwimmt und in den Nationalfarben von Anguilla gehalten (orange, weiß und himmelblau) ist. Überwacht wird das Geschehen von Rettungsschwimmern. Vor Ort befindet sich zudem die einzige Kitesurf-Schule (Unterricht ab 150 US$ pro Stunde), ein Stehpaddel-Verleih (3 Stunden/Tag 80/100 US$) und Glasbodenkajaks (pro Tag 120 US$). Es gibt auch 90-minütige Stehpaddel-/Kajaktouren (125 US$).

Seaside Stables REITEN
(☎ 235-3667; www.seasidestablesanguilla.com; Paradise Dr, Cove Bay; 30-/60-minütiger Ausritt an einem Privatstrand 75/125 US$, mind. 2 Pers.; ⏲ nach Absprache) Seaside Stables bieten Reitausflüge am Strand an, bei denen man sich auch zusammen mit dem Pferd im Meer abkühlt – ein belebendes Ereignis. Ponyausritte für Kinder kosten 50 US$ pro 30 Minuten.

Schlafen

In diesem nobelsten Teil der Insel findet man hauptsächlich gehobenere Hotels und edel ausstaffierte Villen.

Anguilla Great House Beach Resort HOTEL $
(☎ 497-6061, USA 800-583-9247; www.anguillagreathouse.com; Willow Lane, Rendezvous Bay; DZ ab 310 US$; P ❄ 📶 🏊) Inmitten riesiger Resorts liegen einige altehrwürdige Hütten im westindischen Stil. Das Hotel wurde liebevoll restauriert, nachdem es von Hurrikan Irma schwer beschädigt worden war. Die Zimmer sind sehr geräumig, hochwertig möbliert, in heiteren Farben gehalten und haben eine großzügige Einrichtung mit modernen Geräten (inklusive Kühlschrank).

Es liegt direkt am großartigen Strand der Rendezvous Bay und nur einen kurzen Spaziergang entfernt von coolen Lokalen wie dem Bankie Banx's Dune Preserve und dem Sunshine Shack.

Paradise Cove Resort HOTEL $$
(☎ 497-6603; www.paradisecoveanguilla.com; Paradise Dr, Cove Bay; Suite ab 232 US$; P ❄ 📶 🏊) Eine gemütliche, preislich angemessene Unterkunft, etwa 500 m vom Cove Beach entfernt, mit einem riesigen Pool in einem blühenden Garten. Die geräumigen Zimmer haben eigene Terrassen und landestypische Einrichtung, die den lockeren Charme der Insel spüren lässt. Auf Wunsch können die Küchenzeilen vor Ankunft bestückt werden.

Best Buy, der beste Supermarkt auf Anguilla, ist gleich in der Nähe.

★ **Belmond Cap Juluca** LUXUSHOTEL $$$
(☎ 497-6666, USA 800-183-0781; www.capjuluca.com; abseits der Samuel Fleming Rd, Maundays Bay; DZ inkl. Frühstück ab 1100 US$; ⏲ Nov.–Aug.; P ❄ 📶 🏊) Ohne Zweifel ist das Belmont Cap Juluca eines der verführerischsten, exklusivsten Resorts Anguillas.

Die marokkanischen Villen des Luxushotels mit Kuppeldächern und drei Restaurants liegen an einem halbmondförmigen weißen Sandstrand. Alle Suiten bieten direkten Zugang zum Strand und sind mit Himmelbetten, Seagrass-Schränken und Marmorbädern ausgestattet. Einige Suiten haben einen eigenen Pool und eine eigene Küche.

CuisinArt Golf Resort & Spa RESORT **$$$**
(☎ 498-2000; www.cuisinartresort.com; Sisal Rd, Rendezvous Bay; Suite ab 1100 US$; P ❄ 📶 🏊) 🍃 Das erstklassige weiß getünchte Golfresort befindet sich an einem traumhaften Strandabschnitt. Nach dem unbarmherzigen Hurrikan Irma musste es notgedrungen renoviert werden. Jetzt glänzt es mit riesigen coolen Suiten mit allem Komfort und überraschenden Merkmalen wie Außenduschen, entwirrenden Haarbürsten und Insektenschutzmitteln. Drei Restaurants buhlen um die Aufmerksamkeit der Gäste, und das Spa ist das beste auf der ganzen Insel.

Gäste des Hotels bekommen kräftigen Rabatt im **Golfclub** (☎ 498-5602; 9/18 Löcher 225/299 US$, Schlägerverleih ab 50 US$).

Essen & Ausgehen

In den Resorts gibt's Restaurants der Spitzenklasse. An den Stränden befinden sich zwanglosere Cafés.

Sunshine Shack GRILLRESTAURANT **$$**
(☎ 476-0649; www.sunshineshack.net; Rendezvous Bay; Hauptgerichte 17–45 US$; ⏲ Mi–Mo 10.30–17.30 Uhr; P 📶) „Live up, love it, live on!" ist das Motto dieser ultra-flippigen Chill-Zone am Strand, die mit alten Nummernschildern dekoriert ist und mit Sonnenschirmen in Rastafarben lockt. Hühnchen, Rippchen, Schnapper und Hummer vom Grill werden auf Plastiktellern serviert. Vorsichtig mit Garveys tückischem Rumpunsch umgehen. Sonntags gibt's Livemusik.

Picante MEXIKANISCH **$$**
(☎ 498-1616; www.picante-restaurant-anguilla.com; Albert Hughes Dr; Hauptgerichte 14–23 US$; ⏲ Nov.–Mitte Aug. Mo–Sa 18.30–21 Uhr; P 📶) Dieses alteingesessene, romantisch beleuchteten Lokal mit Blechdach wird von einem kalifornischen Paar geführt, das hervorragende mexikanische Küche zubereitet: gegrillte Chipotle-Garnelen-Burritos, Thunfisch-Tacos mit Chilikruste und Quesadillas mit in Limette mariniertem Steak. Ein absolutes Muss ist die Margarita des Hauses.

★ **Bankie Banx's Dune Preserve** BAR
(☎ 729-4215; www.bankiebanx.net/dunepreserve; Botanic Rd, Rendezvous Bay; Do–Di 11.30–23.30 Uhr, Öffnungszeiten können variieren) Reggae-Legende Bankie Banx hat riesige Mengen von Treibholz und Reste von alten Booten zu einem enormen Baumhaus am Strand verarbeitet. Dort finden regelmäßig tolle Livekonzerte statt. Mit etwas Glück erlebt man einen Auftritt von Bankie oder seinem musikmachenden, kricketspielenden Sohn Omari Banks. Nach einem Dune Shine (Ingwer, Ananassaft, weißer Rum und Bitter), der Spezialität des Ladens, möchte man nie wieder weggehen.

Bankie hat in diesem Lokal in der Rendezvous Bay jahrzehntelang gespielt und 1991 auch das Moonsplash, eines der angesagtesten Musikfestivals der Karibik, gegründet.

Einkaufen

Cheddie's Carving Studio KUNST & KUNSTHANDWERK
(☎ 497-6027; cheddie@anguillanet.com; Albert Hughes Dr; ⏲ Mo–Fr 8.30–16.30, Sa 9.30–15 Uhr) Man sollte unbedingt in der Werkstatt des einheimischen Künstlers Cheddie Richardson vorbeischauen, um zu sehen, wie er aus Treibholz meisterliche Skulpturen herstellt. Man findet ihn in der Nähe der Sol-Tankstelle, aber man sollte vorher anrufen, um sicherzugehen, dass er auch da ist.

Shoal Bay East

Dieser prächtige, 3 km lange typisch karibische weiße Sandstrand wartet mit Kokospalmen und Seetraubenbäumen, perfekt zum Schnorcheln geeigneten Riffen und leuchtend türkisblauem Wasser auf.

Sehenswertes

★ **Shoal Bay East** STRAND
Nach wie vor ist der idyllische, zartrosa-weiße Sandstrand mit winzig kleinen zerstoßenen Muscheln bemerkenswert unberührt. Hier befinden sich zwar eine Handvoll kleiner Resorts und Villen sowie einige entspannte Strandbars, doch sogar in der Hauptsaison geht's überraschend ruhig zu. Schnorchelausrüstung mitbringen (oder vor Ort leihen), denn das glasklare Wasser eignet sich hervorragend zur Beobachtung der Meeresbewohner.

Schlafen

Fountain Anguilla APARTMENTS $$
(☎US 615-216-5600, US 866-376-7077; www.fountainanguilla.com; am Brimegin Dr; Studio ab 225 US$, Apt. mit 1/2 Schlafzimmern ab 275/395 US$; P ❄ 📶 🏊) Die stylish eingerichteten Studios und Apartments mit einem Zimmer oder zwei Zimmern in diesem einladenden, gepflegten Komplex haben riesige Bäder mit Regenduschen, Kabelfernsehen und voll ausgestattete Küchen. Die schönsten Zimmer besitzen eigene Terrassen mit Blick auf den 100 m entfernten Strand Shoal Bay East, während sich die Gartenapartments rund um einen landschaftlich gestalteten Pool gruppieren.

★ **Zemi Beach House** RESORT $$$
(☎584-0001; www.zemibeach.com; Brimegin Dr; DZ/Suite ab 795/2650 US$; P ❄ 📶 🏊) Zwischen angesagt und gehoben bewegt sich dieses zeitgenössische Anwesen mit Blick über den anbetungswürdigen Strand. Es hat zwei Infinitypools, Restaurants und sogar eine Bar mit Schwerpunkt auf hochwertigem Rum. Lobend zu erwähnen sind die vielen durchdachten Ansätze, z. B. die umweltfreundliche, bewegungsgesteuerte Klimaanlage, die elegante Bettwäsche und die individualisierte Minibar. Der Kids Club begeistert die jungen Gäste.

Serenity Cottages HOTEL $$$
(☎497-3328; www.serenity.ai; Bay View Rd; Studio 350 US$, Apt. mit 1/2 Schlafzimmern 450/550 US$; P ❄ 📶 🏊) Diese Ansammlung von Hütten inmitten von Bougainvilleen und Kokospalmen ist ein ruhiger Rückzugsort. Die gepflegten Einheiten strahlen dank der Mahagoni- und Rattanmöblierung, schweren Vorhänge und blumigen Sofas eine heimelige Atmosphäre aus. Alle Einheiten haben eine Küchenzeile und einen Balkon. Der Hotelstrand ist eine kleine Bucht mit einer schicken Strandbar. Der großartige Strand Shoal Bay East ist bei Ebbe etwa 400 Meter entfernt (einen Kilometer über die Straße).

Essen & Ausgehen

Strandbars, in denen Grillfleisch und -fisch, karibische Spezialitäten wie Fischsuppe oder auch Burger und Sandwiches serviert werden, verteilen sich über die gesamte Länge des Strandes. Auch die Hotels der Spitzenklasse haben Restaurants, die Nichtgästen offenstehen.

★ **Gwen's Reggae Bar & Grill** GRILLRESTAURANT $$
(Brimegin Rd, Lower Shoal Bay East; Hauptgerichte 12–30 US$; ⏲Mo–Sa 10–17, So bis 19 Uhr; 📶) Nachdem unter dem ursprünglichen Lokal der Sand weggespült wurde, ist das „neue" Gwen's so belebt wie eh und je und eine von Anguillas beliebtesten Strandbars. An der Bar kann man Fisch, Hühnchen, Rippchen und Hummer vom Holzkohlegrill bestellen. Besonders voll ist es sonntags, wenn Anguillas berühmte Scratch-Band Reggae-Livekonzerte gibt und das Publikum mit extrastarkem Rumpunsch in der Hand barfuß tanzt.

Uncle Ernie's KARIBISCH $$
(☎497-3907; www.uncleerniesbeachbar.com; Strand Shoal Bay East; Gerichte 8–22 US$; ⏲10–18 Uhr) Nach einem Bad im glasklaren Wasser von Shoal Bay East kann man in dieser Strandhütte (1984 vom mittlerweile verstorbenen Ernie gegründet und nun von seiner Tochter geführt) Energie tanken bei ungezwungenem Essen. Die bodenständige Speisekarte beinhaltet größtenteils gegrillte Hühnchen und Rippchen, Burger und frischen Fisch, aber es gibt auch immer wieder mal Specials wie Hummer oder *conch*-Eintopf. Die Preise für Bier und Cocktails sind anständig. Nur Barzahlung möglich.

★ **Rhum Room** BAR
(☎584-0001; www.zemibeach.com; Zemi Beach House; Rum ab 30 US$, Meter 100 US$) Liebhaber von Rum sollten sie keinesfalls verpassen: Diese anspruchsvolle Bar strotzt nur so vor clubartiger Gemütlichkeit mit ihren dunklen, schweren Holzstühlen mit braunen Leder- und blauen Samtbezügen. Mit Unterstützung des Rummeliers (ja, sowas gibt's tatsächlich) findet man aus der Auswahl von rund 100 Rums sicher den passenden – oder man macht eine Rum-Reise mit fünf ausgewählten Sorten).

Island Harbour

Anguillas ruhige östliche Meereslandschaft ist ein sich verjüngender Abschnitt mit luftigen Buchten, in denen vereinzelte Villen und versteckte Cafés liegen. Island Harbour erinnert noch heute mehr an ein Fischereidorf als an einen Urlaubsort. Dementsprechend sieht man am Strand leuchtend bunte Fischerboote anstelle von Sonnenliegen mit Schirmen.

Geführte Touren

Liquid Glow KAJAKFAHREN
(☎582-5820; www.anguillakayak.com; nächtliche Tour 75 US$; ⏲tgl. Touren) Für Lynn Morancie kam der Moment der Erkenntnis nach einer Glasbodenkajakfahrt in Dubai. Wie cool wäre es wohl, in durchsichtigen, LED-beleuchteten Kajaks durch die Dunkelheit zu paddeln, dachte sie. Das kann man nun selbst herausfinden auf einer ihrer 60-minütigen Mondscheintouren und gleichzeitig nach Schildkröten, Rochen und andern Meerestieren Ausschau halten.

Lynn bietet auch tagsüber Kajaktouren in die Little Bay an (85 US$) und vermietet auch ganztägig Kajaks (120 US$).

Essen

Falcon Nest Bar & Grill KARIBISCH $$
(☎497-1127; Nashville Webster Rd; Hauptgerichte 7–48 US$; ⏲Mo–Sa 12–21 Uhr) Waschechtes, schwungvoll zubereitetes Essen mit einem Lächeln serviert – das ist die Erfolgsformel dieses Strandgrills. Hühnchen, Burger und Nudeln gibt's zwar auch auf der Speisekarte, aber es sind fangfrischer Fisch und Meeresfrüchte (vor allem Hummer), die gedämpft, gegrillt oder gebraten serviert dafür sorgen, dass man sich alle zehn Finger leckt.

Artisan Pizza Napoletana PIZZA $$
(☎235-6116; Nashville Webster Rd, Webster's Yard; Pizza & Pasta 14–25 US$; ⏲Mo, Di & Do–Sa 17–22 Uhr; P 📶) Diese zauberhafte Pizzeria mit einer von Kerzen beleuchteten Terrasse und einer Open-Air-Lounge ist stolz auf ihr Gütesiegel der Associazione Verace Pizza Napoletana, dem italienischen Standard für Pizza nach echt neapolitanischer Art. Die Pizzas haben eine weiche Kruste, sind belegt mit Zutaten aus Italien und werden im importierten mosaikgefliesten Ofen über dem Holzfeuer gebacken.

★ Hibernia Restaurant & Art Gallery FUSION-KÜCHE $$$
(☎497-4290; www.hiberniarestaurant.com; Harbour Ridge Dr; Hauptgerichte 36–49 US$; ⏲Nov.–Juni Di–Sa 12–13.30 & 18.30–20.30 Uhr; P) Raoul und Mary stammen aus Frankreich und Irland und machen regelmäßig Abstecher nach Asien. Ihr karibisch-zenartiges kulinarisches Refugium bringt diese Einflüsse harmonisch zusammen in komplexen und außergewöhnlichen Gerichten wie Hummerschwanz mit schwarzer Miso-Knoblauch-Soße, Hühnchen-Kürbis-Suppe mit Zitronengras und Bambus sowie frisch geräuchertem Fisch. Diese Sorgfalt macht sich auch im Dekor mit ruhigem Reflexionspool und einer asiatischen Kunstgalerie bemerkbar. Eine Reservierung ist erforderlich. Die An- und Abfahrt kann von der ganzen Insel aus organisiert werden (ab 35 US$ für 2 Personen). Wenn man selbst fährt, gibt's auf der Webseite auch eine Wegbeschreibung.

ANGUILLA VERSTEHEN

Geschichte

Vor rund 4000 Jahren wurde Anguilla von Amerindianern besiedelt, danach folgten zahlreiche Stämme und Kulturen wie die Arawak. Sie nannten Anguilla „Malliouhana", was „speerförmige Seeschlange" bedeutet. Die Arawak blieben über Jahrtausende auf der Insel, wovon zahlreiche Felsritzungen in Höhlen und Artefakte wie Muscheläxte, Feuersteinklingen und Trinkbehälter aus *conch*-Schalen zeugen.

Kolumbus segelte 1493 an Anguilla vorbei, ging aber nicht an Land (vielleicht übersah er die extrem flache Insel angesichts des benachbarten Saint-Martin/Sint Maarten). 1650 entsandte Großbritannien Siedler zum Anbau von Mais und Tabak. Viel mehr wuchs hier allerdings nicht, sodass Anguilla niemals an die florierenden Plantagenkolonien auf nahe gelegenen anderen Karibikinseln wie St. Kitts und Nevis herankam.

Als die Zuckerplantagen wegen des zu wenig ertragreichen Bodens und Regenmangels aufgegeben wurden, breiteten sich Segelsport, Fischerei und die private Agrarwirtschaft auf der Insel aus. 1834 schaffte Großbritannien die Sklaverei in seinen Kolonien ab. Danach etablierten sich viele ehemalige Sklaven aus Anguilla als Landwirte, Seeleute und Fischer.

1958 schloss Anguilla einen Bund mit St. Kitts und Nevis, was bei den ehemaligen Sklaven der Insel kaum Zustimmung fand. Anguilla durfte im Abgeordnetenhaus nur mit einem Grundbesitzer vertreten sein und wurde weitgehend ignoriert, was zur Anguilla-Revolution im Jahr 1967 führte. Am Anguilla-Tag, dem 30. Mai 1967, vertrieben die hiesigen Bürger den Königlichen Polizeiapparat von St. Kitts endgültig von der Insel.

Nach dem Aufstand schloss sich Anguilla wieder Großbritannien an und wurde zum Überseeterritorium. Gemäß der Verfassung von Anguilla, die 1982 in Kraft trat, amtiert ein von der britischen Königin bestimmter Vertreter als britischer Gouverneur und hat den Vorsitz über den Exekutivrat und ein gewähltes Abgeordnetenhaus auf Anguilla.

Über Anguilla ist schon der eine oder andere zerstörerische Hurrikan hinweggefegt. So auch Hurrikan Irma, der 2017 hier durchrauschte und eine Schneise der Verwüstung hinterließ, von dem sich die Insel allerdings größtenteils erholt hat.

Bevölkerung & Kultur

Anguillas Kultur ist geprägt von westindischen, britischen und afrikanischen Einflüssen. Ein Großteil der Bevölkerung der Insel stammt von afrikanischen Sklaven ab, die vor vielen Jahrhunderten in die Karibik gebracht wurden. Seit 2006 hat der Bau zahlreicher neuer Resorts zudem viele chinesische, mexikanische und indische Arbeiter angezogen.

Segeln ist ein Nationalsport und ein wichtiger Bestandteil des Alltags. Oft finden Regatten statt, bei denen man toll mit den Einheimischen in Kontakt kommen kann. Fahrradfahren ist auch eine sehr beliebe Sportart, da die Insel flach wie ein Pfannkuchen ist. Das John T Memorial Cycling Race, das jedes Jahr im Juli von der Anguilla Cycling Association veranstaltet wird, ist eines der größten Radrennen der Karibik.

Der gehobene Tourismus ist ein Motor für die Wirtschaft. Nahezu drei Viertel der Inselbewohner arbeiten im Dienstleistungssektor oder im Handel. Die Einwohner sind stolz darauf, die Balance zu wahren zwischen dem Ausbau des Tourismussektors und dem Bewahren der aufstrebenden lokalen Gemeinde.

Die Mehrheit der Bevölkerung ist protestantisch, vor allem anglikanisch und methodistisch, gefolgt von Katholiken.

Natur & Umwelt

Anguilla, eine trockene Insel in Form eines Aals, liegt 8 km (5 Meilen) nördlich von Saint-Martin/Sint Maarten. Die 33 weißen Sandstrände haben schon unzählige Besucher zur Überlegung gebracht, ob sie allein von Kokosnüssen gut genug leben und sich dafür einen frühen Ruhestand leisten könnten.

Rund 160 Vogelarten wurden hier gesichtet, von denen ein Viertel regional oder weltweit vom Aussterben bedroht ist. Zu den Vogelarten zählen u.a. Antillenhaubenkolibris, Fregattvögel, Braunpelikane, Schmuckreiher und Amerikanische Stelzenläufer. Anguillas 20 Feuchtgebiete dienen als wichtiger Lebensraum sowohl für heimische als auch für die Zugvögel auf dem Atlantischen Flugweg.

Vom Aussterben bedrohte Meeresschildkröten und Echte Karettschildkröten leben in sieben Meeresschutzgebieten: Dog Island, Little Bay, Prickly Pear, Sandy Island, dem Riffsystem der Seal Island, dem Riffsystem Shoal Bay & Island Harbour und Stoney Bay. Die gewöhnlichsten Tiere auf der Insel sind die vielen freilaufenden Ziegen und Schafe, Eidechsen, Geckos und Leguane (bei den etwas flauschiger aussehenden Ziegen mit herunterhängendem Schwanz handelt es sich in der Regel um karibische Schafe.)

Ebenso wie auf vielen anderen Karibikinseln wird auch hier ein Großteil des Wassers entsalzt. Daher bitte nicht unnötig das Wasser laufen lassen.

PRAKTISCHE INFORMATIONEN

ℹ Allgemeine Informationen

BARRIEREFREI REISEN

Dass Anguilla so flach ist, macht es im Vergleich zu vielen anderen Karibikinseln zu einem guten Reiseziel für Reisende mit Behinderung oder eingeschränkter Mobilität. Darüber hinaus haben zahlreiche Hotels und Villen barrierefreie Zimmer. Rollstuhlfreundliche Toiletten in Bars und Restaurants sind dennoch selten (beim Buchen erkundigen).

BOTSCHAFTEN & KONSULATE

Auf der Insel gibt's keine Botschaften oder Konsulate.

ESSEN

Internationale Einflüsse dominieren die hiesige Küche und man findet einige hervorragende Restaurants mit Fusionsgerichten. Zu den regionalen Spezialitäten gehören Fisch und Meeresfrüchte (darunter vor allem Hummer, Langusten und Schnapper), Grillgerichte und die kreolische Küche. Tagsüber sind Strandbars sehr beliebt zum Essen. Viele der Restaurants der Spitzenklasse öffnen nur abends.

PREISKATEGEGORIEN ESSEN

Die folgenden Preise beziehen sich auf ein Hauptgericht.

**$** bis 15 US$

**$$** 15–35 US$

**$$$** über 35 US$

Selbstversorger in Apartments oder Villen müssen wissen, dass die Supermärkte oft nur spärlich bestückt sind. Das mit Abstand umfangreichste Sortiment bietet der Best Buy Supermarket in Meads Bay.

FEIERTAGE

Neujahr 1. Januar
James Ronald Webster Day 2. März
Karfreitag März/April
Ostermontag März/April
Tag der Arbeit 1. Mai
Pfingstmontag Mitte Mai
Anguilla-Tag 30. Mai
Offizieller Geburtstag des britischen Königs Genaues Datum stand bei Redaktionsschluss noch nicht fest.
August Monday (Tag der Freilassung) Erster Montag im August
August Thursday Erster Donnerstag im August
Constitution Day (Tag der Verfassung) Anfang August
National Heroes and Heroines Day (Nationaler Heldengedenktag) 19. Dezember
1. Weihnachtsfeiertag 25. Dezember
2. Weihnachtsfeiertag 26. Dezember

GELD

Die lokale Währung ist der Ostkaribische Dollar (EC$), wobei US-Dollars lieber gesehen und oftmals auch verlangt werden. Viele kleinere Unternehmen akzeptieren keine Zahlung mit Kreditkarte.

Geldautomaten

Banken mit Geldautomaten findet man im Valley. Sie geben sowohl US- als auch EC-Dollars heraus. Reisende sollten einen Bargeldvorrat dabeihaben, da an den Automaten nicht alle ausländischen Bankkarten akzeptiert werden. Am Wochenende kann den Geldautomaten schon mal das Geld ausgehen, deshalb sollte man notwendige Abhebungen bis Freitag machen.

Scotiabank Anguilla (☎ 497-3333; www.scotiabank.com; Cosely Dr; ⌚ Mo–Fr 8–14 Uhr)

Trinkgeld

Hotels Eine Servicegebühr von 10 % wird auf die Rechnung aufgeschlagen. Hotelpagen gibt man 1 oder 2 US$ Trinkgeld pro Gepäckstück und dem Reinigungspersonal dasselbe pro Person und Tag für guten Service.

Restaurants Im Rechnungsbetrag vieler Restaurants ist eine Servicegebühr von 15 % enthalten. Zusätzliche Trinkgelder liegen im eigenen Ermessen.

Taxi 10 oder 15 % Trinkgeld

Wechselkurse

Eurozone	1 €	1 US$
Schweiz	1 SFr	1,02 US$

Aktuelle Wechselkurse siehe www.xe.com.

INTERNETZUGANG

Auf Anguilla gibt's nahezu überall verlässliches WLAN. Die meisten Strandbars, Restaurants, Cafés und Unterkünfte bieten freien Zugang.

LGBT-REISENDE

Im Allgemeinen ist die Gesellschaft auf Anguilla konservativ und nicht aufgeschlossen gegenüber Schwulen und Lesben, sodass man den Austausch von Zärtlichkeiten in der Öffentlichkeit vermeiden sollte. Homosexualität ist zwar seit 2000 legal, die gleichgeschlechtliche Ehe oder eingetragene Partnerschaften jedoch nicht. Es gibt außerdem keine Antidiskriminierungsgesetze. Hotels sind in der Regel allen gegenüber offen – in zunehmendem Maß, je größer und luxuriöser sie sind. Hier dürfte es kein Problem sein, ein Doppelzimmer zu bekommen.

MEDIZINISCHE VERSORGUNG

Arztpraxen und das Krankenhaus befinden sich alle in The Valley, aber die Notfalleinrichtungen sind begrenzt. Patienten, die spezielle Behandlungen benötigen, werden in Krankenhäuser nach Sint Maarten oder Puerto Rico gebracht. Private niedergelassene Ärzte sind teuer, also sollte man im Vorfeld sichergehen, was die Krankenversicherung abdeckt.

Das Princess Alexandra Hospital (S. 130) in The Valley hat eine 24-Stunden-Notaufnahme.

PRAKTISCH & KONKRET

Maße & Gewichte Auf Anguilla wird das britische Maßsystem genutzt.

Rauchen In geschlossenen Räumen wie Hotelzimmern und Restaurants herrscht Rauchverbot. Oft darf aber in Bereichen unter freiem Himmel geraucht werden. Das gilt auch für einige Speisebereiche.

MIT KINDERN REISEN

Anguilla ist sehr familienfreundlich. Viele der größeren Hotelanlagen haben Kinderclubs. Kinder werden auch die vielen Wassersportmöglichkeiten, das Strandräubern und Aktivitäten wie Reiten lieben. In den Supermärkten bekommt man Babyprodukte wie Windeln.

NOTFALL

Krankenwagen, Feuerwehr, Polizei (☎911)

POST

Postamt (☎497-2528; www.aps.ai; Carter Rey Blvd; ⌚ Mo–Fr 8–15 Uhr)

STROM

110–120V. Nordamerikanische Steckdosen sind der Standard auf der Insel.

TELEFON

- Anguillas Ländervorwahl ist ☎1-264. Danach folgt eine siebenstellige Telefonnummer.
- Bei Telefonaten aus dem Ausland nach Anguilla wählt man die internationale Vorwahl plus ☎1-264 und die lokale Telefonnummer.
- Für Inlandsgespräche wählt man einfach die lokale Nummer.
- Telefoniert man von Anguilla aus ins internationale Ausland, wählt man die ☎011 und dann die Rufnummer.

Handys

Man sollte im Vorfeld beim eigenen Mobilfunkanbieter die Roamingmöglichkeiten und -kosten erfragen. Wenn man ein Mobiltelefon ohne SIM-Lock hat, kann man vor Ort eine Prepaid-Karte vom Dienstanbieter **Flow** (☎498-2422; www.discoverflow.co; Carter Rey Blvd; ⌚ Mo–Fr 8–17, Sa bis 13 Uhr) oder von **Digicel** (☎461-3444; www.digicelgroup.com; Rock Farm; ⌚ Mo-Fr 8–17.30, Sa 8.30–13 Uhr) mit einer Telefonnummer vor Ort für etwa 10 US$ kaufen. Beide Anbieter haben Niederlassungen in The Valley (Pass mitbringen). Das Guthaben kann man in Supermärkten oder Tankstellen aufstocken.

TOURISTENINFORMATION

Anguilla hat keine öffentliche Touristeninformation, aber man erhält in den meisten Hotels Broschüren und Karten. Für weitere Infos zur Insel kann man **Anguilla Tourist Board** (☎497-2759) telefonisch kontaktieren oder die Website besuchen.

TRINKWASSER

Ein Großteil des Wassers auf der Insel wird in Zisternen gesammelt, deshalb ist es empfehlenswert, abgefüllte Wasserflaschen zu kaufen.

PREISKATEGEGORIEN UNTERKUNFT

Die folgenden Preise beziehen sich auf ein Doppelzimmer in der Hauptsaison (Mitte Dezember bis Mitte April).

**$** bis 200 US$

**$$** 200–400 US$

**$$$** über 400 US$

UNTERKUNFT

Anguilla bietet die volle Bandbreite an Unterkünften, die von einfachen Gasthäusern über Apartments für Selbstversorger bis hin zu noblen Hotelanlagen und Villen reicht. Während der Hauptsaison (15. Dezember bis 15. April) ist es überall teuer – die Spitzenpreise werden an Weihnachten und Neujahr erreicht. Die meisten Anbieter verlangen in der Nebensaison deutlich weniger.

Auf Unterkünfte entfallen eine Regierungssteuer von 10 % sowie eine Servicegebühr von 10 % und eine Tourismusgebühr von 3 US$ pro Tag und Person. Diese Beträge sind nicht im Preis inbegriffen.

Eine Unterkunft finden

Island Dream Properties (☎498-3200; www.islanddreamproperties.com) Vermietung von Villen (ab 3000 US$ pro Woche für ein Haus mit einem Schlafzimmer) sowie Organisation eines privaten Kochs, Versorgung mit Lebensmitteln, Autovermietung, Babysitter-Service und Bootsverleih.

Ricketts Luxury Properties (☎497-6049; www.rickettsluxury.com; Rendezvous Rd, Lower South Hill; ⌚ Mo–Fr 9–17, Sa bis 12 Uhr) Vermietet alles von Häusern mit einem Schlafzimmer bis hin zu voll mit Personal besetzten Anwesen aus drei Villen mit 22 Schlafzimmern. Pro Woche zahlt man für eine Villa mit einem Schlafzimmer mindestens 4000 US$. Die Mindestaufenthaltsdauer liegt bei einigen Villen bei 10 Tagen.

ZEIT

MEZ minus fünf Stunden, MESZ minus sechs Stunden.

An- & Weiterreise

Es bestehen regelmäßige Flugverbindungen zu regionalen Zielen, vor allem zum Princess Juliana International Airport auf Saint-Martin/Sint Maarten. Außerdem verkehren regelmäßig Fähren von und nach Saint-Martin/Sint Maarten. Anguilla hat keine Anlegestelle für Kreuzfahrtschiffe.

FLUGZEUG

Es gibt keine direkten internationalen Flugverbindungen nach Anguilla. Die Anreise erfolgt über Saint-Martin/Sint Maarten, Antigua oder Puerto Rico.

Nur kleine Flugzeuge fliegen den winzigen **Clayton J Lloyd International Airport** (AXA; ☎497-3510) auf Anguilla an. Der Flughafen liegt knapp südlich von der Inselhauptstadt The Valley.

Anguilla Air Services (☎498-5922; www.anguillaairservices.com; Clayton J Lloyd International Airport) steuert den Princess Juliana International Airport von Sint Maarten (auf der niederländischen Seite) sowie Saint-Barthélemy an. **Seaborne Airlines** (☎Puerto Rico 787-946-7800; www.seaborneairlines.com) und **Tradewind Aviation** (☎USA 203-267-3305; www.flytradewind.com) fliegen nach San Juan (Puerto Rico).

ÜBERS MEER

Das Fährterminal (Blowing Point Rd; 📶) in Blowing Point bietet Fähren zur französischen und niederländischen Seite von Sint Maarten. Die günstigste Verbindung ist die öffentliche Fähre nach Marigot (französische Seite). Wenn man aber einen Flug vom Princess Juliana International Airport erreichen muss, ist es weniger Zeitaufwand, eine Fähre direkt nach Simpson Bay (niederländische Seite) zu nehmen, anstatt mit dem Taxi von Marigot zum Flughafen zu fahren (20 US$, 30 bis 40 Minuten).

Der Einlaufhafen für Jachten liegt in Sandy Ground. Vor der Ankunft das **Einwanderungs- und Zollbüro** (☎497-2451; Sandy Ground Rd; ⏲8–12 & 13–16 Uhr) auf VHF-Kanal 16 kontaktieren.

Unterwegs vor Ort

Auf Anguilla gibt's keinen öffentlichen Personennahverkehr und Taxis sind teuer, also nimmt man sich am besten für ein paar Tage einen Mietwagen. Manche Hotels bieten Ihren Gästen Leih- oder Mietfahrräder an.

AUTO & MOTORRAD

Gefahren wird auf der linken Straßenseite, das Steuerrad kann jedoch sowohl links als auch rechts sein. Sofern nicht anders ausgeschildert, liegt das Tempolimit offiziell bei 30 mph (50 km pro Std.).

Die Insel ist sehr flach und es gibt kaum Verkehr – mit einer Tankfüllung kommt man ziemlich weit. Wenn man tanken muss, findet man Tankstellen von Sol in **Meads Bay** (Albert Hughes Dr) und in **The Valley** (Albert Lake Dr)

FLUGHAFENGEBÜHREN

Die Gebühr beträgt 20 US$.

und von **Anguilla Gases** (Main St, Blowing Point Village) in Blowing Point.

Autovermietung

Autovermietungen stellen die vorgeschriebene lokale Fahrerlaubnis für 15 US$ für 72 Stunden oder 25 US$ für drei Monate aus. Wagen der Kompaktklasse bekommt man ab 45 US$ pro Tag (im Sommer 5 US$ günstiger).

Da es nur sehr wenige für Kundschaft offene Büros gibt, sollte man sein Auto im Vorfeld buchen und dabei gleich den Abhol- und Abgabeort ausmachen.

Andy's Auto Rentals (☎584-7010; www.andyrentals.com; Blowing Point Rd, Fähranleger; pro Tag ab 35 US$)

Apex/Avis (☎497-2642; www.avisanguilla.com; pro Tag ab 38 US$)

Island Car Rental (☎497-2723; www.islandcar.ai; pro Tag 50–95 US$)

Junie's Car Rental (☎235-6114; www.juniescarrental.com; pro Tag ab 35 US$)

Triple K Car/Hertz Rental (☎497-2934; www.hertz.com; pro Tag ab 44 US$; ⏲8–17 Uhr)

FAHRRAD

Anguilla ist flach, sodass man mit dem Fahrrad theoretisch gut vorankommt, aber man sollte die Entfernungen, die Hitze und die engen, rumpeligen Straßen nicht unterschätzen.

Epic Ride (☎729-1664; Back St, South Hill Village; pro Tag 25 US$; ⏲Di–Sa 12–17 Uhr)

Freedom Rentals (S. 133)

TAXI

Anguilla ist in zehn Taxizonen unterteilt. Der Preis hängt davon ab, wie viele Zonen man durchfährt (z. B. eine Zone 10 US$, 10 Zonen 36 US$). Die Fahrpreise gelten für zwei Personen; jede zusätzliche Person zahlt 5 US$.

Zwei Gepäckstücke sind kostenfrei, für jedes weitere Gepäckstück zahlt man 1 US$. Fahrten zwischen 18 und 24 Uhr kosten einen Aufschlag von 4 US$, einen Aufschlag von 10 US$ zahlt man für Fahrten zwischen 24 und 6 Uhr. Zweistündige Inseltouren für eine bis zwei Personen kosten 55 US$. Taxifahrer nehmen nur US-Dollar an.

Empfehlenswerte Fahrdienste sind u.a. Wendell Connor's Taxi Service (☎497-6894) und Frank's Anguilla Taxi Service (☎497-4238).

Antigua & Barbuda

☎ 1-268 / 102 000 EW.

Inhalt ➡

Gut essen

- Le Bistro (S. 152)
- Cecilia's High Point Café (S. 152)
- Catherine's Café Plage (S. 161)
- Colibri (S. 161)
- Papa Zouk (S. 149)

Schön übernachten

- Admiral's Inn (S. 159)
- Blue Bay Antigua B&B (S. 162)
- Buccaneer Beach Club (S. 152)
- Waterfront Hostel (S. 158)
- Barbuda Cottages (S. 166)

Auf nach Antigua & Barbuda!

An Antiguas zerklüfteter Küste erstrecken sich Hunderte perfekte kleine, vom verführerischen blauen Wasser umspülte Sandbuchten. Seit jeher boten die geschützten Buchten für jeden eine Zuflucht, von Admiral Nelson hin zu Piraten und Jachtbesitzern. Wer sich vom Handtuch losreißen kann, wird entdecken, dass die Insel unverkennbar von den Briten geprägt wurde. Dies zeigt sich z. B. in der quirligen Hauptstadt St. John's und im salzig-glamourösen English Harbour sowie in den historischen Festungen und anderen Überbleibseln der kolonialen Vergangenheit. Gleichzeitig präsentiert sich Antigua mit seinen bonbonfarbenen Dörfern, einer vom Rum durchdrungenen Sanftheit und liebenswerten Einheimischen, die Besucher mit einem breiten Lächeln begrüßen, als sehr karibisch.

Antiguas kleine Schwester Barbuda wurde 2017 von Hurrikan Irma verwüstet und ist immer noch mit dem Wiederaufbau beschäftigt. Die herrlichen Strände waren allerdings nicht betroffen. Daher sollten Traveller, die gern in weißem Sand liegen, in unberührten Riffen schnorcheln und die berühmten Fregattvögel beim Nisten beobachten, ohne zu zögern nach Barbuda reisen.

Reisezeit

Dez.–April Dies ist die Hauptreisezeit. Die durchschnittlichen Tageshöchstwerte liegen bei 27 °C und die Nachttemperaturen sinken auf milde 22 °C .

Juli & Aug. Etwas heißer (zwischen maximal 30 und 25 °C), es kann aber feucht werden. Im Juli beginnt die bis in den November anhaltende Hurrikansaison.

Mai–Nov. Die Preise fallen und es kommen weniger Touristen.

ANTIGUA

100 400 EW.

Antigua, die größere und dichter bevölkerte der zwei Inseln dieses Karibikstaats, ist hügelig und wartet in spektakulären Buchten mit Dutzenden herrlichen weißen Sandstränden auf. Die eher reizlose Hauptstadt St. John's liegt in einer geschützten Bucht 8 km westlich des Flughafens, während die meisten Hotels und Resorts nördlich und östlich entlang der Dickenson Bay, auf der Five Islands Peninsula und um Jolly Harbour zu finden sind. Die besten Strände säumen die Westküste zwischen Jolly Harbour und Old Road Village. Im windgepeitschten, dünn besiedelten Süden gibt's nur wenige Strände. Er ist aber historisch gesehen das interessanteste Gebiet der Insel.

An- & Weiterreise

Flugzeuge landen 8 km östlich von St. John's auf dem modernen VC Bird International Airport (S. 171). Hier gibt's zwei Geldautomaten, eine Wechselstube sowie ein paar Duty-free-Läden und Restaurants, darunter eine Filiale von Big Banana an beiden Seiten des Sicherheitsbereichs. Busse und Taxis fahren direkt vor dem Terminal ab. Autovermietungen befinden sich in einem alten Terminalgebäude links die Rampe hoch, wenn man den Terminal verlässt.

Unterwegs vor Ort

Private Minivans fahren so ziemlich alle Ecken der Insel an. Ihre Start- und Endhaltestelle befindet sich in St. John's, entweder am Busbahnhof West (Ziele im Norden, Westen und Süden) oder am Busbahnhof Ost (Ziele im Osten und Südosten). Einen festen Fahrplan gibt's nicht. Busse starten in St. John's, wenn sie vollbesetzt sind, und fahren generell von etwa 6 Uhr bis 19 Uhr. Sie halten auf der Strecke an jeder regulären Haltestelle sowie auf Wunsch. Man kann einen Bus auch herbeiwinken. An Sonntagen sind nur wenige Busse unterwegs.

Ticketpreise liegen zwischen 2,25 EC$ und 4 EC$. Bei **Bus Stop Antigua** (www.busstopanu.com) kann man sich genauer informieren.

St. John's

Die kleine Hauptstadt Antiguas hat sich für Kreuzfahrtschifftouristen in Schale geworfen und bietet nun neben dem geschäftigen Kreuzfahrtterminal eine renovierte Strandpromenade und einen historischen Bereich. Ehrlich gesagt kommt jedoch niemand nach Antigua, um die ziemlich heruntergekommene und oft recht schmutzige Stadt St. John's zu sehen. Baufällige Gebäude, chaotischer Verkehr und zerbröselnde Bürgersteige bilden hier wahrscheinlich den ersten Eindruck. Kreuzfahrtpassagiere müssen durch St. John's fahren, und viele verbringen hier gern ein paar Stunden, um die wenigen Sehenswürdigkeiten, Geschäfte und Restaurants zu erkunden, auch wenn sich die meisten wohl nicht zum Verweilen entschließen würden. Die architektonische Melange von St. John's reicht von restaurierten Überbleibseln der Kolonialzeit bis zu modernen Monsterbauten. Am Abend und an Sonntagen ist hier alles zu.

Sehenswertes

Fort James FESTUNG

(Fort Rd; 🚌17) GRATIS Fort James an der Hafennordseite datiert ins Jahr 1706, wobei das meiste von dem, was man heute sieht, 1739 erbaut wurde. Erhalten sind einige der 36 Kanonen, ein Pulvermagazin und ein paar Mauerreste. Die kleine Festung ist heruntergekommen und fast immer leer und gerade deshalb ein atmosphärischer Ort. Ein Taxi von St. John's kostet 12 US$.

Markt MARKT

(Market St; Mo–Sa 6–18 Uhr) Auf der Suche nach lokalen Produkten wie Sauerampfer, schwarzer Ananas und Zimtapfel sowie nach Bananen, Limetten, Mangos und Auberginen stößt man auf St. John's pulsierenden Markt, der sich freitag- und samstagmorgens bis in die umgebenden Straßen erstreckt. Hier hat man jede Menge Spaß beim Stöbern, Essen und Leutebeobachten. Frischen Fisch gibt's an den Ständen neben dem Busbahnhof. Die Verkäufer freuen sich, den Kauf filetieren zu dürfen.

Museum of Antigua & Barbuda MUSEUM

(☎ 462-1469; www.antiguamuseums.net; Ecke Market St & Long St; Erw./Kinder unter 12 J. 8 EC$/frei; Mo–Fr 8.30–16 Uhr, Sa 10–14 Uhr) In einem stattlichen Gerichtsgebäude aus dem Jahr 1750 geht dieses schlichte Museum der Geschichte Antiguas von seinen geologischen Anfängen bis zu seiner politischen Unabhängigkeit 1981 nach. Zum Sammelsurium der Objekte gehören Keramik der Arawak, Modelle von Zuckerrohrplantagen und der Kricketschläger des Lokalmatadors Sir Viv Richards. Draußen werden vier aus dem frühen 20. Jh. stammende Lokomotiven der Schmalspurbahn gezeigt, die früher zum Transport von Zuckerrohr benutzt wurde.

Highlights

1 Half Moon Bay (S. 161) Sich an Antiguas schönstem Strand in die Wellen stürzen.

2 Frigate Bird Sanctuary (S. 166) Vor der Nordwestküste wundervolle Fregattvögel bewundern.

3 Shirley Heights Lookout Restaurant (S. 160) Beim Barbecue sonntagnachmittags im Takt zur Steeldrum- und Reggae-Musik mitwippen.

4 Fig Tree Drive (S. 156) An einem Obststand an der Straße durch den Regenwald süße schwarze Ananas kosten.

5 Markt in St. John's (S. 145) Sich aus dem vielfältigen bunten Angebot ein exotisches Frühstück für den Strand zusammenstellen.

6 **Rendezvous Bay** (S. 157) Durch dichten Regenwald zu schimmernden einsamen Stränden spazieren.

7 **Pillars of Hercules** (S. 157) Über Felsen klettern oder mit dem Boot diese seltsam erodierten Klippen erkunden.

8 **Nelson's Dockyard** (S. 157) In diesem restaurierten Marinestützpunkt des 18. Jhs. eine Zeitreise zurück in die koloniale Vergangenheit unternehmen

9 **Cades Reef** (S. 149) Beim Tauchen Antigua unter Wasser erobern.

St. John's

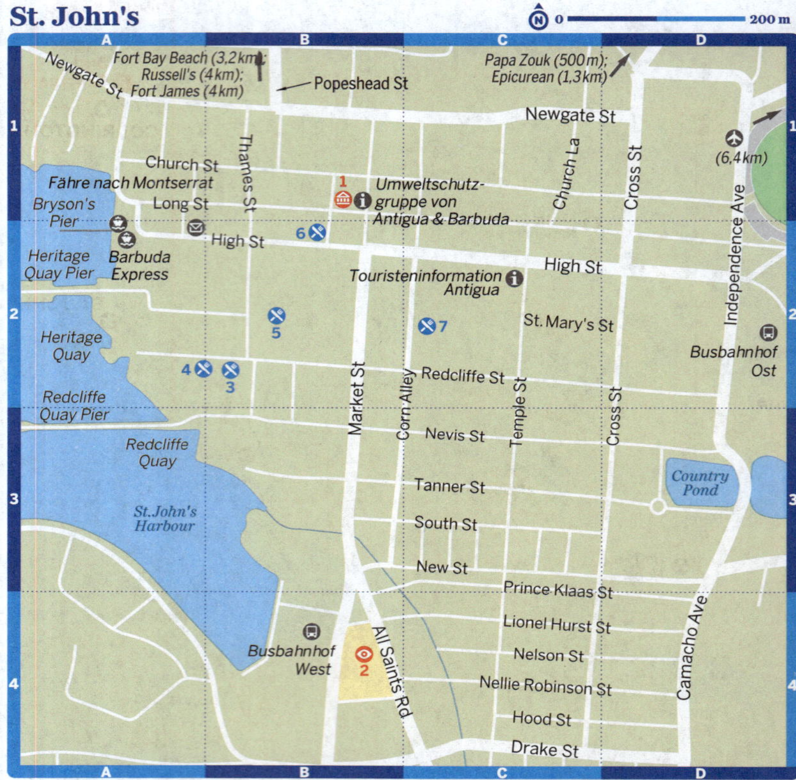

St. John's

Sehenswertes
1 Museum of Antigua & Barbuda B1
2 Öffentlicher Markt.......................... B4

Essen
3 Big Banana B2
4 C&C Wine Bar A2
5 Hemingways Caribbean Café B2
6 Patty Hut B2
7 Roti King C2

Fort Bay Beach STRAND
Der bei Einheimischen beliebte schmale Strand nördlich von Fort James ist umringt von Bäumen und verfügt über Toiletten, Duschen sowie ein paar Strandbars, in denen man Sonnenliegen und -schirme mieten kann. Kreuzfahrtreisende kommen wegen der Nähe zum Pier ebenfalls gern hierher. Am besten an den Tagen meiden, wenn Kreuzfahrtschiffe am Terminal liegen.

Geführte Touren

★ **Adventure Antigua** ERLEBNISSPORT
(☎ 726-6355; www.adventureantigua.com) Eli Fuller, ein früherer Olympionike und Antiguaner in dritter Generation, bietet sowohl Bildungs- als auch Spaßtouren an. Besonders empfehlenswert ist die ganztägige Eco-Tour (115 US$) mit Bootsfahrt, Schwimmen und Schnorcheln in den Gewässern des North Sound National Park. Zum Xtreme Circumnav (170 US$) an Bord eines 14 m langen Schnellbootes gehören ein Schnorcheltrip, der Halt an einem Meerespark für Stachelrochen und Schwimmen in der Rendezvous Bay.

Bei Online-Buchung gibt's 10 % Preisnachlass.

Treasure Island Cruises BOOTSTOUREN
(☎ 461-8675; www.facebook.com/TreasureIsland Cruises) Denzil und Brian nehmen kleine Personengruppen mit zu Ausflügen auf einem 21 m langen Katamaran und kombinie-

ren dabei Segeln, Schnorcheln, Unterhaltung sowie ein Barbecue miteinander. Die Optionen reichen von einer Inselumseglung (120 US$) über eine Tour zum **Cades Reef** (120 US$) bis hin zu einem Trip nach Bird Island (100 US$).

 Essen

Es gibt eigentlich keinen Grund, in St. John's zu bleiben, außer man ist geschäftlich hier. Fast alle Inselbesucher übernachten an der Küste, wo es Strände und eine viel größere Auswahl an Restaurants und Unterkünften gibt.

In St. John's findet man einige exzellente Restaurants, aber auch jede Menge Straßenstände im Stadtzentrum und in der Nähe des Markts, der samstagmorgens am belebtesten ist.

Roti King KARIBISCH **$**
(☎462-2328; Ecke St Mary's St & Corn Alley; roti 20–30 EC$; ⏲So–Do 10–24 Uhr, Fr & Sa bis 2.30 Uhr) Dank seiner köstlichen *roti* (Hühnchenfleisch, Shrimps, Schweinefleisch, Rindfleisch, Gemüse oder *conch* in einer mild-würzigen Currysoße und in ein weiches Fladenbrot gewickelt) macht dieser kleine von Geschwistern betriebene Laden den ganzen Tag über glänzende Geschäfte. Zu dem Gericht passt hausgemachter Saft aus Passionsfrucht oder Sauerampfer oder Ingwerbier.

Patty Hut JAMAIKANISCH **$**
(☎562-4098; Ecke High St & Soul Alley; Frikadellen 6,50 EC$; ⏲Mo–Sa 8.30–16.30 Uhr) In dieser lokalen Institution in einem fröhlich blauen und grünen Schindelhäuschen werden köstliche jamaikanische Rindfleisch-, Huhn- und Gemüsefrikadellen serviert ; sie ist bei Einheimischen sehr beliebt.

Epicurean SUPERMARKT **$**
(☎484-5400; www.epicureanantigua.com; Friars Hill Rd; ⏲7–23 Uhr; P) Der hochpreisige Markt ist der beste auf Antigua und bietet eine große Auswahl an frischen, lokalen Nahrungsmitteln, importierte internationale Lebensmittel (besonders aus Großbritannien und den USA), eine Apotheke, warme Gerichte zum Mitnehmen und Geldautomaten.

★**Papa Zouk** FISCH- & MEERESFRÜCHTE **$$**
(☎464-6044; www.facebook.com/Papazouk; Hilda Davis Dr; Hauptgerichte 50–100 EC$; ⏲Mo–Sa 7–24 Uhr; 🚭) Diese lokale Institution ist berühmt für Bouillabaisse im antiguanischen Stil und frischen Fisch (von *mahi mahi* bis zum Butterfisch), der gegrillt oder frittiert serviert wird. Schon bevor man sich durch die umfangreiche Auswahl an Rum probiert hat, wirkt der Laden aufgrund der Zouk-Musik, verrückten Wandmalereien, weihnachtlichen Lichterketten und des nautischen Dekors geradezu bizarr. Reservierungen sind obligatorisch.

ANTIGUA: VON KRICKET BESESSEN

Für die Antiguaner ist Kricket kein Sport, sondern eine Religion. Der winzige Inselstaat hat einige der weltbesten Spieler hervorgebracht, darunter Andy Roberts, Curtley Ambrose und, am berühmtesten, Sir Vivian Richards alias King Viv oder „Master-Blaster". Bekannt für seinen aggressiven Schlagstil, wurde er Kapitän des Teams der Westindischen Inseln. Zwischen 1980 und 1991 führte er seine Mannschaft bei 27 Siegen in 50 Länderspielen an.

Für den Weltcup 2007 war es an der Zeit, ein neues Stadion zu errichten (mit massiver finanzieller Unterstützung von Festlandchina), das nach Antiguas berühmtestem Sohn benannt wurde. Das **Sir Vivian Richards Stadium** (☎481-2450; www.windiescricket.com; Sir Sydney Walling Hwy.) liegt 6,5 km östlich von St. John's und hat 10 000 Sitzplätze. Trotz aller Schwierigkeiten, unter denen das Projekt gelitten hat, gehört es zu den besten Kricketeinrichtungen der Region. 2009 verhängte das International Cricket Council eine einjährige Sperre, nachdem ein Testspiel zwischen den Westindischen Inseln und England abgesagt werden musste, weil das Gelände für nicht spieltauglich befunden wurde. Die Freigabe erfolgte im Februar 2010. Heute finden im neuen und verbesserten Stadion wieder regionale und internationale Spiele statt.

Die Kricketsaison dauert von Januar bis Juli, wobei offizielle Spiele donnerstags, samstags und sonntags ausgetragen werden. Wer diese lokale Leidenschaft in Aktion erleben will, findet unter www.windiescricket.com den Spielplan.

C&C Wine Bar INTERNATIONAL $$
(☎ 460-7025; www.ccwinehouse.com; Redcliffe Quay, Redcliffe St; Tellergerichte 25–68 EC$; ⊙ Mo 12–17 Uhr, Di–Sa bis 22.30 Uhr) „Essen, Trinken, Leute treffen" lautet das Motto dieses von den Einheimischen angebeteten Hofcafés, in dem südafrikanische Weine, leckere Pasta, Burger, Panini und Hauptgerichte wie lecker duftendes Garnelencurry kredenzt werden. Gäste nehmen im winzigen Weinladen mit Bar oder im romantischen Hof Platz. An „Lasagne-Donnerstagen" und „Karaoke-Samstagen" sind die Tische restlos besetzt, daher sollte man im Voraus reservieren.

Big Banana PIZZA $$
(☎ 480-6985; www.bigbanana-antigua.com; Redcliffe Quay; Pizzas 25–81 EC$; ⊙ Mo–Sa 7–23 Uhr; 📶 👶) Das luftig-coole Lokal am Redcliffe Quay ist immer gut von Einheimischen besucht. Einige kommen schon seit über 30 Jahren in das lebhafte ehemalige Warenlager für Rum. Die Pizzas hier sind so unwiderstehlich, dass man sich am Wochenende oft mit dem Ellbogen den Weg hinein bahnen muss. Es gibt eine Kinderkarte und täglich bis 10 Uhr wird Frühstück serviert.

Russell's FISCH- & MEERESFRÜCHTE $$
(☎ 462-5479; www.facebook.com/russellsbarandrestaurant; Fort James; Hauptgerichte 45–60 EC$; ⊙ Di–Sa 10–20 Uhr; 📶) In den rekonstruierten Offiziersquartieren von Fort James, einer von Antiguas wichtigsten Festungen, bietet das auf einem Felsvorsprung sitzende Russell's Getränke und frischen Fisch bei herrlichem Blick aufs Meer. Die Sonnenuntergänge hier können geradezu schmerzlich schön sein. An manchen Abenden, meistens freitags, gibt's Livemusik. Die Karte wechselt täglich je nach Fang – zu Recht berühmt ist der Schnapper.

Hemingways Caribbean Cafe KARIBISCH $$
(☎ 462-2763; Lower St Mary's St; Hauptgerichte mittags 24–65 EC$, abends 50–85 EC$; ⊙ Mo–Sa 9.30–22 Uhr; 📶) Im Obergeschoss des völlig unprätentiösen, kreolischen Hauses aus den 1820er-Jahren mit Zuckerbäcker-Verkleidung bekommt man warme Mahlzeiten. Die internationalen Speisen kann man sich sparen und stattdessen lokale Gerichte wie würziges Hühnchencurry, mit Rum flambierten Hummer oder Blaubeer-Brotpudding mit Rum-Butter-Soße (Letzterer steht nicht auf der Karte) bestellen.

Die Tische auf der Veranda eignen sich großartig zum Leutebeobachten.

 Shoppen

Duty-free-Läden findet man am Heritage Quay bei der Anlegestelle der Kreuzfahrtschiffe, aber abgesehen von den Schnaps- und Zigarettenpreisen darf man keine großartigen Schnäppchen erwarten. Der Pier führt zur **Vendors' Mall** mit zahlreichen Schmuck- und T-Shirt-Ständen (Feilschen empfohlen). Auf dem benachbarten Redcliffe Quay (dort war einst der Sklavenmarkt von St. John's) gibt's Galerien und Boutiquen. Wer Lokalkolorit erleben möchte, sollte die Market Street, Thames Street und St. Mary's Street ansteuern.

ℹ Praktische Informationen

Mt. St. John's Medical Centre (☎ 484-2700; www.msjmc.org; Michael's Mount, nahe Queen Elizabeth Hwy; ⊙ 24 Std.) Das moderne Krankenhaus mit 185 Betten hat eine 24-Stunden-Notaufnahme.

Polizei (☎ 462-0045; Ecke Newgate St & Market St) Hauptwache in der Innenstadt.

Post (Ecke High St & Heritage Quay; ⊙ Mo–Do 8.15–15.30, Fr bis 14 Uhr)

Touristeninformation Antigua (☎ 562-7600; www.visitantiguabarbuda.com; 3. OG, ACB Financial Centre, High St; ⊙ Mo–Fr 8–16 Uhr) Hat in den Büros von St. John's eine kleine Auswahl an Broschüren, Karten und Prospekten.

ℹ Anreise & Unterwegs vor Ort

Busbahnhof Ost (Independence Ave) Von hier geht's zu Zielen östlich und südöstlich der Stadt (z. B. Betty's Hope, Long Bay und Seatons).

Busbahnhof West (Market St) Minivans nach Norden, Westen und Süden (z. B. Jolly Harbour, Strände und English Harbour) fahren von dieser Haltestelle neben dem Markt ab.

Die Busse starten, wenn sie voll sind, und halten unterwegs an jeder regulären Haltestelle sowie auf Wunsch. Tickets kosten 2,25 bis 4 EC$.

Neben dem Busbahnhof gibt's einen Taxistand und auch am Heritage Quay warten Taxis auf Kundschaft.

Dickenson Bay & North Shore

Wer einen Urlaub der mittleren Preisklasse verleben möchte, sollte die Gegend nördlich von St. John's ansteuern. Rund um Dickenson Bay, einen langen Halbmond aus gelbem Sand an der Nordwestküste, konzentrieren sich die Resorts. Man kann hier gut schwimmen und jede Menge anderen Wassersport betreiben.

Der Strand ist oft voll, nicht zuletzt wegen der vergnügungswilligen Menschenmassen aus dem Sandals Resort. Dennoch bilden Reggae-Klänge den richtigen Rahmen für einen vollkommenen Strandflair in der Karibik.

Östlich von hier erstrecken sich bis zum Flughafen einige von Antiguas nobelsten Wohngebieten mit einem Golfplatz, edlen Restaurants und Surfmöglichkeiten am Jabberwock Beach.

Sehenswertes

Runaway Bay STRAND

Wer dem All-inclusive-Tourismus der belebten Dickenson Bay entkommen möchte, sollte gen Süden reisen und die Runaway Bay hinter einer schmalen Steilküste ansteuern. Hier ist der Sand genauso weiß, aber es gibt keine Einrichtungen und es kommen nur wenige Touristen her.

Jabberwock Beach STRAND

(Hodges Bay) Bei Wind- und Kitesurfern erfreut sich dieser weiße lange Sandstrand wegen seiner schräg auflandigen Winde und dem flachen Wasser großer Beliebtheit. Die besten Bedingungen herrschen in der Regel zwischen Januar und Juni.

Dickenson Bay STRAND

(🚌50) Antiguas beliebtesten Strand säumen niedrige Hotels und Ferienanlagen, darunter das ausgedehnte All-inclusive-Resort Sandals. Es gibt zahlreiche Strandbars und Wassersporteinrichtungen. Das ruhige Meer ist für Kinder geeignet und der Strand ist breit, mit Ausnahme seines Südendes, aber er zählt auch zu den vollsten Stränden der Insel.

Aktivitäten

Kite Antigua KITESURFEN

(☎720-5483; www.kitesurfantigua.com; Jabberwock Rd) Seit 2001 bringt diese Profitruppe Neugierigen das Kitesurfen in geselliger Atmosphäre bei. Kite Antigua liegt im Nordosten gegenüber dem Jabberwock Beach, der ideale Windbedingungen bietet.

Ein vierstündiger Einführungskurs kostet ab 240 US$, ein zehnstündiger 650 US$ und die Ausrüstung wird pro Tag für 100 US$ (nur an erfahrene Kitesurfer) vermietet. Im Voraus buchen.

Tony's Water Sports WASSERSPORT

(☎462-6326; www.tonyswatersports.com; neben dem Sandals-Resort, Dickenson Bay; ⏲8–17 Uhr; 🚌50) In dem vom Sohn der lokalen Calypso-Größe King Short Shirt betriebenen renommierten Laden kann man sich auf Hobie Cats, Bananenboote sowie Jet- und Wasserski (jedes etwa 50 US$ pro Runde) freuen.

Windsurf Antigua WINDSURFEN

(☎461-9463; www.windsurfantigua.net; Jabberwock Beach, Hodges Bay; Miete pro Std./Tag 30/80 US$) Der einheimische Windsurf-Guru Patrick Scales garantiert, dass er Anfänger in einer Unterrichtsstunde aufs Wasser bringt (90 US$ für 2 Std.). Surfbretter können inselweit geliefert werden. Im Voraus buchen.

Schlafen

Rund um Dickenson Bay gibt's die größte Konzentration an Immobilien auf Antigua, darunter hübsche Apartments und das riesige Sandals-Resort. Erschwinglichere Unterkünfte findet man nur ein paar Gehminuten vom Strand entfernt.

Wind Chimes Inn B&B $

(☎728-2917; windchimesinn@gmail.com; Sir George Walter Hwy; EZ/DZ inkl. Frühstück 85/95 US$; P ❄ 📶 ≋; 🚌42) Plane-Spotter werden die Aussicht auf das Rollfeld der 3 km vom Flughafenterminal entfernt gelegenen Bleibe zu schätzen wissen, doch auch jeder andere Gast kann sich über die makellosen, geräumigen Zimmer mit Pillow-Top-Matratzen, kleinen Kitchenettes und Terrassen zu einem moderaten Preis freuen. Darin inbegriffen ist das aufs Zimmer gebrachte kontinentale Frühstück. Der Transfer zum Flughafen ist kostenlos. Somit ist das B&B eine clevere Wahl, wenn man zwischen zwei Flügen übernachten muss.

Siboney Beach Club HOTEL $$

(☎462-0806; Marina Bay Rd, Dickenson Bay; Suite ab 180 US$; P ❄ 📶 ≋; 🚌50) Der dezent gebaute, aus zwölf Einheiten bestehende Zufluchtsort am Strand in der Dickenson Bay verfügt über elegante Suiten mit Kitchenettes. Die in Beigetönen gehaltenen Küchenzeilen kompensieren das Fest der Farben im tropischen Garten und das intensive Blau des Ozeans. Von der eigenen Terrasse sieht man Kolibris zwischen Franigipanibäumen herumflattern, zudem kann man sich unter Palmen von der Massagetherapeutin des Hauses die Verspannungen lockern lassen.

Dickenson Bay Cottages APARTMENTS $$

(☎ 462-4940; www.dickensonbaycottages.com; Trade Winds Dr; 1-/2-Schlafzimmer-Apt. 180/225 US$; ❄ ≋; 🚌 50) Eine gute Wahl, wenn man nahe am Strand sein will, ohne dafür extra zu bezahlen. Das charmante Anwesen am Hang beherbergt eine Anlage mit strahlend weißen Häusern um einen recht großen Pool mit freundlichen Mitarbeitern, großzügigen Küchen und tropischer Gartenanlage. Nicht weit von hier gibt's einen Supermarkt. Die kleinen Wohneinheiten sind für zwei Personen, die größeren für bis zu vier Gäste.

★ **Buccaneer Beach Club** VILLEN $$$

(☎ 562-6785; www.buccaneerbeach.com; Marina Bay Rd; Villen 275–650 US$; ❄ 📶 ≋; 🚌 50) Für Familien und Selbstversorger sind die ruhigen Cottages perfekt. Sie liegen neben einem großen Pool und in einem schönen Garten voller Palmen und Orchideen, der an einen kleinen Strand am beschaulichen Ende der Dickenson Bay grenzt. Die Restaurants und Wassersporteinrichtungen der benachbarten Resorts sind leicht erreichbar. Die Ferienwohnungen haben voll ausgestattete Küchen.

Ocean Point Resort & Spa HOTEL $$$

(☎ 562-8330; www.oceanpointantigua.com; Hodges Bay Main Rd, Hodges Bay; All-inclusive-DZ ab 449 US$; P ❄ 📶 ≋) Die weitläufige, nur für Erwachsene bestimmte All-inclusive-Anlage ist bei Italienern hochbeliebt. Die pastellfarbenen Zimmer haben Balkons, von denen einige einen besonders schönen Blick auf den großen Pool und die beiden herrlichen abgelegenen, selten überfüllten Strände bieten. Im luftigen italienischen Restaurant kann man sich am Büfett bedienen.

Jumby Bay Resort RESORT $$$

(☎ 484-6072; www.jumbybayisland.com; All-inclusive-Suite ab 2995 US$; ❄ 📶 ≋) Dem ultraexklusiven Luxusresort, das auf seiner eigenen Privatinsel liegt und mit einem Zubringerboot von Dutchman's Bay erreicht werden kann, haftet das virtuelle „Bitte nicht stören"-Etikett an. Wer hierhergebracht werden möchte, muss eines der 40 Gästezimmer reservieren.

Essen

Ob Imbisswagen oder feine französische Restaurants: Es gibt in dieser Gegend einige exzellente Möglichkeiten zu essen. Die besseren Optionen findet man direkt am Strand.

Chippy Antigua FISCH- & MEERESFRÜCHTE $

(☎ 724-1166; www.caribya.com/antigua/chippy.antigua; Marina Bay Rd; Hauptgerichte 25–40 EC$; ⏰ Mi & Fr 16–21 Uhr; 🚌 50) Daves und Janes Imbisswagen genießt unter den Anhängern von Fish'n'Chips Kultstatus. Aber es müssen auch die saftigen Garnelen, würzigen Würstchen und indischen Currys sowie die gut gefüllte Bar erwähnt werden. Gegessen und getrunken wird an Plastiktischen unter den Sternen. Der Wagen parkt an der Straße neben dem Buccaneer Beach Club. Nur Bargeld.

Ana's on the Beach ITALIENISCH $$

(☎ 562-8562; www.anas.ag; Marina Bay Rd; Hauptgerichte 50–100 EC$; ⏰ Di–So 11–22 Uhr; 📶; 🚌 50) Mit den Farben Rosa, Weiß und Schwarz, feinen Umkleidehäuschen und der zugehörigen Kunstgalerie verbindet das Ana's städtische Raffinesse mit einer entspannten Atmosphäre am Strand. Auf der großartigen Speisekarte stehen mediterrane Gerichte wie Caprese, Meeresfrüchterisotto und Tagliatelle mit Lachs sowie eine Auswahl leckerer Currys.

Da es von Resorts umzingelt ist, kommen nicht viele Einheimische hierher.

★ **Cecilia's High Point Café** MEDITERRAN $$$

(☎ 562-7070; www.highpointantigua.com; Texaco Dock Rd, Dutchman's Bay; Hauptgerichte 55–110 EC$; ⏰ Fr–Mo 12–16, Fr & Mo auch 18–21 Uhr; 📶; 🚌 42) Das wundervolle Strandlokal wird von einem schwedischen Ex-Model und ihren vielen Tierfreunden geleitet. Es hält perfekt das Gleichgewicht zwischen Informalität und Professionalität. Zu den Standardgerichten gehören Hummerravioli und Rinderfilet. Auch die regelmäßig wechselnden, an die Tafel geschriebenen Spezialitäten sind verlockend. Vorab reservieren.

★ **Le Bistro** FRANZÖSISCH $$$

(☎ 462-3881; www.lebistroantigua.com; Hodges Bay; Hauptgerichte 80–160 EC$; ⏰ Di–So 18.30–22.30 Uhr; 📶; 🚌 42) Das Restaurant beeindruckt mit seinen akribisch vorbereiteten klassischen französischen Gerichten beständig die Gäste. Egal ob man sich für *escargots* oder *canard* entscheidet, wird man die Zutaten spitzenmäßig, die Präsentation exquisit und den Service perfekt finden. Reservierung erforderlich.

Coconut Grove KARIBISCH $$$

(☎ 462-1538; www.coconutgroveantigua.com; Marina Bay Rd; Hauptgerichte 65–125 EC$; ⏰ 7–

23 Uhr; 📶; 🚌 50) Für das Abendessen verwandelt sich der unter Palmen am Strand beim Siboney Beach Club gelegene Treffpunkt in ein von Kerzen beleuchtetes Restaurant. Absoluter Favorit unter den Stammgästen, die nicht nur während der täglichen Happy Hour (17–19 Uhr) auf ein Bier und Rumpunsch einfallen, sind die in Brandysoße servierten Medaillons aus Hummerfleisch.

An- & Weiterreise

Die Buslinie 50 fährt vom Busbahnhof West in St. John's zur Dickenson Bay, während die Linie 55 vom Busbahnhof Ost Richtung Hodges Bay verkehrt. Eine einfache Fahrt mit dem Taxi von St. John's zu einem beliebigen Ziel in der Gegend kostet 15 US$. Vom Flughafen beträgt der Tarif 15 US$ bis 18 US$.

Five Islands Peninsula

Eine einzige Straße verbindet diese schöne und spektakuläre Halbinsel mit St. John's. Five Islands Village ist ein ungepflegter Ort, der Platz macht für eine Reihe schöner, gemütlicher türkisblauer Buchten und weiße Strände voller All-inclusive-Resorts. An einem dieser Sandstreifen ist Bekleidung freiwillig – hierbei handelt es sich um den einzigen FKK-Strand auf Antigua. In der Gegend gibt's nur eine Sehenswürdigkeit: das aus der Kolonialzeit stammende Fort Barrington mit einem super Ausblick.

Sehenswertes

Deep Bay STRAND

Von den Ruinen des Fort Barrington beherrscht, liegt im Rücken dieser kleinen, oft einsamen Bucht mit graugelbem Strand und ruhigem Wasser ein großes Salzbecken. Außerdem befindet sich hier das korallenverkrustete Wrack der *Andes*. Das Frachtschiff aus Trinidad sank vor mehr als 100 Jahren in der Mitte der Deep Bay. Es ist nur eine kurze Schwimmstrecke entfernt und eignet sich prima zum Schnorcheln.

Hawksbill Bay STRAND

(Gray's Farm Rd, Five Islands Village; 🚌 61) In der nach einer Felsformation benannten Bucht erstrecken sich vier herrliche, selten überlaufene Strände. Die Abzweigung zum ersten befindet sich vor der Zufahrt zum Hawksbill by Rex Resort. Zu den anderen gelangt man nur über die Ferienanlage. Der am weitesten entfernte Eden Beach ist Antiguas einziger FKK-Strand.

Fort Barrington FESTUNG

GRATIS Die Briten erbauten Fort Barrington 1779 auf dem Goat Hill, um den Eingang zum St. John's Harbour vor einem Angriff der Franzosen zu schützen. Wer den kurzen, aber steilen Aufstieg unternimmt, kann um die teilweise zugewachsenen Ruinen herumklettern und den Panoramablick auf den Hafen, die Deep Bay und das weite, offene Meer genießen.

An- & Weiterreise

Die Buslinie 61 fährt vom Busbahnhof West in St. John's bis nach Five Islands Village auf der Halbinsel. Ein Taxi von St. John's zu den Hotels oder Stränden kostet 15 US$.

Von Jolly Harbour bis Cades Bay

Jolly Harbour ist eine geschäftige Wohnanlage mit Jachthafen und Kai, in der es auch einen großen Supermarkt und weitere Geschäfte und Einrichtungen gibt sowie ein paar Restaurants und Bars. Südlich von hier liegen entlang der Küstenstraße einige von Antiguas besten Stränden, die bei Kreuzfahrtpassagieren und an Wochenenden bei den Einheimischen beliebt, ansonsten aber verlassen sind. Weiter südlich führt die Straße an einer Ananasplantage vorbei, zieht sich dann landeinwärts durch den Regenwald und trifft auf den in Swetes endenden Fig Tree Drive. Von dort dauert die Fahrt zurück nach St. John's 20 Minuten.

Sehenswertes

Mt. Obama BERG

(Mt Obama Rd, abseits der Old Rd; 🚌 22) Als Teil des Sherkeley Gebirgszuges erhebt sich Antiguas „Everest" im Südwesten der Insel bis zu einer Höhe von moderaten 402 m. Bis 2009 war er als Boggy Peak bekannt (Mt. Obama ist auf jeden Fall eine Verbesserung). Ein dichter Baumbestand und (normalerweise gesperrte) Telekommunikationstürme krönen den Berg. Daher ist der Ausblick eher so lala, es sei denn, man darf die Anlage betreten.

In der Kolonialzeit versteckten sich in den umliegenden Hügeln afrikanische Sklaven, sogenannte „Maroons". Das gesamte Gebiet ist heute ein Nationalpark. Von der Nordseite aus über das Christian Valley entstehen immer mehr Wanderwege. Der einfachste Zugang erfolgt derzeit von der Cades

Bay im Süden. Die Abzweigung zur teilweise gepflasterten Mt Obama Road (am besten mit einem Geländewagen) befindet sich an der Old Road, östlich des Dorfs Urlings. Man fährt so weit wie möglich und geht dann den Rest zu Fuß bis zum Gipfel. Busse halten auf Wunsch an der Abzweigung.

Ffryes Beach STRAND
(Valley Rd, Bolans; 22) Am Wochenende zieht der lange von Meertraubenbäumen beschattete Sandstreifen zahlreiche einheimische Familien an. Es gibt hier Grillmöglichkeiten, außerdem Duschen und Toiletten. Zum Sonnenuntergang holt man sich am besten im Dennis Cocktail Bar & Restaurant am Hang nördlich des Strands etwas zu trinken. Leider stören inzwischen zwei große neue Baugebiete hinter dem Strand die Idylle.

Hermitage Bay STRAND
(nahe der Valley Rd, Jennings) Diese verträumte abgelegene Bucht befindet sich am Ende einer 4 km langen Straße (die rasch zu einer holprigen, unbefestigten Piste wird). Von den Wellen angespülte Muscheln bedecken den weißen Sandstrand, der trotz seiner Nähe zum ultraschicken Hermitage Bay Resort meistens frei von Menschenmengen ist. Eine riesige neue Siedlung für Luxuswohnungen, die auf der nahen Halbinsel im Bau ist, wird möglicherweise das Flair der Abgeschiedenheit am Ende der Straße hier bald verändern.

Valley Church Beach STRAND
(Valley Rd, Valley Church village; 22) Bei Kreuzfahrtpassagieren erfreut sich der schöne von Palmen gesäumte Strand mit ruhigem, flachem, aquamarinfarbenem Wasser und pulvrigem, weißem Sand großer Beliebtheit. Für sie werden Wassersportaktivitäten und Loungebars mit sehr viel Servicepersonal geboten. Viele Ausflugsgäste steuern das beliebte Strandrestaurant Nest an. Mehr Ruhe hat man am Südende des Strandes. Das Tor zum Valley Church Beach ist von Sonnenaufgang bis Sonnenuntergang geöffnet. Falls es geschlossen sein sollte, parkt man an der Straße und geht hinein.

Darkwood Beach STRAND
(Valley Rd; 22) Der breite beigefarbene Sandstreifen an der Straße ist der geeignete Ort, um bequem zu schwimmen und zu schnorcheln. Im namengebenden Café hier findet man eine Dusche (1 US$) und Umkleideräume und kann Strandstühle leihen. An Wochenenden kommen viele Einheimische hierher.

Morris Bay Beach STRAND
(Valley Rd, Old Road Village; 22) Die von Kokospalmen umgebene Morris Bay ist bei Einheimischen wegen des ruhigen Wassers beliebt. Sie erstreckt sich bis zum schicken Curtain Bluff Resort, das Wassersportaktivitäten anbietet. Man trifft auf grasende Tiere und am Wochenende auf Verkäufer von Erfrischungsgetränken und Snacks. Es gibt Picknicktische im Schatten.

Aktivitäten

Jolly Dive TAUCHEN
(462-8305; www.jollydiveantigua.com; Jolly Harbour Dr; Tauchen mit zwei Flaschen inkl. Ausrüstung & Anzug 150 US$; Mo–Fr 8–16 Uhr, Sa bis 14 Uhr; 22) Jolly Dive ist seit mehr als 30 Jahren im Geschäft und verfügt über hervorragende Ortskenntnis und sehr viel Erfahrung. Mit dem Boot geht's zu nahegelegenen Tauchspots, zu denen Riffe, Wracks und Steilwände voller Korallen, Haie, Rochen und Hummer zählen. Man kann hier auch den Tauchschein machen. Der Shop befindet sich am Strand neben der Castaways Beach Bar und dem Tranquility Bay Resort.

Schlafen

In diesem Teil der Insel gibt's einige der besten Unterkünfte, von exklusiven über die Hänge verteilten All-inclusive-Resorts über Boutique-Hotels bis zu Apartments für Selbstversorger. Und egal wo man absteigt, ein traumhafter Strand ist nicht weit, auch wenn das Flair dieser Gegend nicht inseltypisch für Antigua ist.

South Coast Ocean View Apartments APARTMENTS $$
(560-4933; www.scova-antigua.com; Cades Bay; Apt. 165–190 US$; Mitte Mai bis Ende Okt geschlossen; ; 22) Eine steile Straße führt hinauf zu Rudis und Wilmas Anlage auf dem Gipfel, die aus vier blitzsauberen Einzimmerapartments besteht. Sie sind dezent in tropischem Stil eingerichtet, haben eine ruhige Atmosphäre und luftige Terrassen.

Sugar Ridge Resort BOUTIQUE-HOTEL $$$
(562-7700; www.sugarridgeantigua.com; Valley Rd, Jolly Harbour; Zi. inkl. Frühstück 336–550 US$; ; 22) Ein zauberhaftes anspruchsvolles, aber trotzdem entspann-

tes Boutique-Hotel. Von seinen 60 im Stil von „Kolonialzeit trifft auf Moderne" gehaltenen Zimmern aus hat man eine umwerfende Aussicht. Die beeindruckendsten Zimmer verfügen über eine große Veranda, Himmelbetten und ein eigenes Tauchbecken. Zwei Restaurants, ein Aveda Spa und drei weitere Pools sorgen für zusätzliche Ablenkung. Ein glitzernder Strand ist nur eine kurze Fahrt mit einem kostenlosen Shuttle (oder mit dem Fahrrad) entfernt.

Cocobay Resort RESORT **$$$**

(☎562-2400; www.cocobayresort.com; Little Ffryes Beach, Bolans; All-inclusive-Ferienhaus pro Pers. 595–975 US$; P 📶 🏊; 🚌22) Die All-inclusive-Anlage mit 49 Wohneinheiten bietet stilvolle romantische Villen, darunter viele mit eigenen Tauchbecken. Alle Zimmer verfügen über Espressomaschinen, Hängematten und Bettwäsche aus 100 Prozent ägyptischer Baumwolle. Einige haben zudem Badewannen im Freien. Eine gute Wahl, wenn man seine Zeit zur Hälfte im Infinitypool und zur Hälfte am nahen Valley Church Beach verbringen möchte.

Essen

Jolly Harbour selbst hat nur wenige liebenswürdige Lokale zu bieten, aber dafür jede Menge anderer interessanter und stimmungsvoller Orte entlang der Autobahn und an den Stränden.

Dennis Cocktail Bar & Restaurant KARIBISCH **$$**

(☎462-6740; www.dennis-antigua.com; Valley Rd, Ffryes Beach; Hauptgerichte 50–100 EC$; ⏰10.30–22 Uhr, April–Okt. Mo geschlossen; P 📶; 🚌22) Der Lokalmatador Dennis Thomas schafft mit den Rezepten seiner Mutter und den Erzeugnissen aus seinem eigenen Garten magische Momente auf dem Teller. Bei gefühlvollen Gerichten wie cremigem Curry aus *conch* oder einem scharfen Mix aus Garnelen und Hühnchen sollte man zulangen, während man von der luftigen Terrasse die großartige Aussicht auf den Strand genießt. Kenner kommen freitags wegen des Reggae Barbecues oder sonntags wegen des Spanferkels.

Von 16 bis 18.30 Uhr ist Happy Hour. Perfekt, um den Strandtag mit einem karibischen Sundowner auf der Basis von Kokosnussmilch und Rum ausklingen zu lassen.

Miracle's KARIBISCH **$$**

(☎732-1682; www.miraclessouthcoast.com; Valley Rd, Jolly Harbour; Hauptgerichte 30–100 EC$; ⏰11–13 Uhr; 📶; 🚌22) Das, was früher eine ärmliche Hütte am Straßenrand war, hat sich im Laufe der Jahre zu einem gemütlichen Restaurant mit leinengedeckten Tischen in kultivierter Inselatmosphäre entwickelt. Der Fang des Tages variiert von *mahi mahi* (Goldmakrele) bis zu Thunfisch oder sogar Hai. Auch Garnelen und Hummer kann man in verschiedenen Varianten mit zwei Beilagen eigener Wahl bestellen. Reservierung empfehlenswert.

Die Zubereitung der meisten Gerichte braucht eine Weile. So hat man jede Menge Zeit, auf der Holzterrasse sein Bier zu trinken.

OJ's Beach Bar & Restaurant KARIBISCH **$$**

(☎460-0184; www.facebook.com/ojsbeachbar; Valley Rd, Crabb Hill Village; Sandwiches 25–30 EC$, Hauptgerichte 45–100 EC$; ⏰10–23 Uhr; P 📶; 🚌22) Treibholz, Muschelschalen, Fischernetze und alles, was das Meer sonst so anspült, gehören zur Inneneinrichtung dieses von Sonne und Rum durchfluteten Treffpunkts. Er ist eine Institution auf Antigua. Zu den Topgerichten, die zur Auswahl stehen, gehören der gegrillte Schnapper und der Hummersalat. Es lohnt sich aber auch, hier einfach nur anzuhalten, zu schwimmen und einen nach Zimt duftenden Rumpunsch zu trinken.

Freitags und samstags abends Liveunterhaltung.

Carmichael's FUSION-KÜCHE **$$$**

(☎562-7700; www.sugarridgeantigua.com/dining/carmichaels; Sugar Ridge Resort, Valley Rd, Jolly Harbour; Hauptgerichte 40–100 EC$; ⏰6–22 Uhr; 📶; 🚌22) Die Küchenchefs in diesem Gourmetrestaurant-Außenposten kreiieren karibisch-kontinentale Küche. Man kann sie mit herrlichem Blick auf dem Rooftop des Sugar Ridge Resort genießen. Badezeug mitbringen, um bei Sonnenuntergang im Infintiy Pool zu baden und einen Cocktail zu trinken und dann auf der Holzterrasse in einem schicken Rattanstuhl Platz zu nehmen und auf Köstlichkeiten wie karibische Bouillabaisse und frischen Hummer zu warten.

An- & Weiterreise

Vom Busbahnhof West (S. 173) in St. John's fährt die Linie 22 entlang der Valley Road über Jolly Harbour und der Strände bis nach Old Road Village. Eine Taxifahrt nach Jolly Harbour kostet 20 US$, zu den Stränden etwa 22 US$ und 25 US$ bis nach Old Road Village.

Fig Tree Drive

Old Road, ein Dorf, dessen Ungepflegtheit mit zwei mondänen Resorts kontrastiert, bildet den südlichen Ausgangspunkt des fünf Kilometer langen Fig Tree Drive. Diese Straße windet sich durch den Regenwald voller großer alter Mangobäume und Bananenstauden mit riesigen Blättern (vor Ort „Feigen" genannt). An Ständen am Straßenrand werden Obst, Marmelade, Säfte und die lokaltypische schwarze Ananas verkauft, die es nur auf Antigua gibt. Vom historischen Wallings Dam gehen einige schöne Wanderwege ab – einer davon führt zum Signal Hill, ein anderer zur herrlichen Rendezvous Bay.

Sehenswertes & Aktivitäten

Wallings Dam & Reservoir HISTORISCHE STÄTTE
(abseits des Fig Tree Dr; ⌚ 24 Std.) GRATIS Von den Briten um 1900 im viktorianischen Stil erbaut, bildete dieser Damm ursprünglich ein Reservoir mit einem Fassungsvermögen von etwa 60 Millionen Litern Wasser, das der Versorgung der umliegenden Dörfer diente. 1912, nach dreijähriger Trockenheit, wurde es abgelassen und die Gegend wieder aufgeforstet. Heute wuchern hier Mahoe, Eisenholz, Johannisbrotbäume, Mangobäume, Trompetenbäume und andere Baumarten.

Mit etwas Glück können Vogelbeobachter neben vielen anderen Arten auch Bananaquits, Breitschwingenbussarde und Gartenrotschwänze erspähen. Das Reservoir ist außerdem Ausgangspunkt für Wanderungen auf den Signal Hill und zur abgelegenen Rendezvous Bay.

★ **Footsteps Rainforest Hiking Tours** WANDERN
(☎ 773-2345; www.hikingantigua.com; Fig Tree Dr; Erw./unter 16 J. 45/25 US$, Mindestteilnehmerzahl 2 Pers.; ⌚ geführte Touren ab 9 Uhr Di, Do & nach Vereinbarung) Der charismatische einheimische Führer Dassa teilt sein enormes Wissen zu Flora, Fauna und Geschichte der Insel bei Spaß- und Bildungswanderungen. Seine übliche Tour auf dem Signal-Hill-Rundweg dauert zwei bis zweieinhalb Stunden und führt durch den Regenwald am Wallings Reservoir vorbei auf die Spitze des Berges, von wo man einen 360-Grad-Blick auf die Insel hat. Andere Routen, darunter Wanderungen zur abgeschiedenen Rendezvous Bay, können individuell abgestimmt werden. Die geführten Wanderungen starten an der Fig Tree Studio Art Gallery.

Antigua Rainforest Zip Line Tours ERLEBNISSPORT
(☎ 562-6363; www.antiguarainforest.com; Fig Tree Dr, Wallings; ab 59 US$; ⌚ Geführte Touren Mo–Sa stündlich zw. 9 und 12 Uhr) Zu Antiguas vergnüglichsten Aktivitäten zählt es, brüllend an Ziplines durch die Baumkronen zu rauschen. Zum zweieinhalbstündigen „Komplettparcours" gehören zwölf Rutschen, kurze Wanderungen zwischen den Hängebrücken und eine Herausforderungsroute. Nur mit Reservierung!

Schlafen

Carlisle Bay HOTEL $$$
(☎ 866-502-2855; www.carlisle-bay.com; Old Road; Suite inkl. Frühstück ab 900 US$; P ❄ 📶 ≋; 🚌 22) Ultraschick und modern, buhlt das Carlisle um stilbewusste Weltenbummler, welche die Strandliege gegen den Tennisplatz, das Fitnessstudio, den Wanderweg oder die Yogamatte tauschen möchten. Alle Zimmer gehen zur ruhigen Bucht raus, wo man sich mit der ganzen Bandbreite zusätzlicher Wassersportangebote austoben kann. Im Kids Club werden Kinder zwischen sechs Monaten und zwölf Jahren den ganzen Tag lang unterhalten.

Shoppen

Fig Tree Studio Art Gallery KUNST & KUNSTHANDWERK
(☎ 460-1234; www.figtreestudioart.com; Fig Tree Dr; Nov.–Mai; Mo–Sa 9–17.30 Uhr; 📶) Wer nach qualitätvoller Kunst und Kunsthandwerk aus der Region sucht, sollte in der von der einheimischen Künstlerin Sallie Harker geleiteten, in einem von Regenwald umgebenen Cottage untergebrachten Galerie vorbeischauen. Die britische Auswanderin zeigt eine sorgsam ausgesuchte, sich ständig ändernde Auswahl. Darunter stark pigmentierte karibische Szenen, gravierte Kalebassen sowie ihre eigenen Holzschnitte, Ölgemälde und Aquarelle.

An- & Weiterreise

Auf dem ganzen Fig Tree Drive gibt's keine Busverbindung. Nahe heran kommt man, wenn man entweder die Linie 13 vom Busbahnhof West in St. John's Richtung Swetes nahe dem Nordende nimmt oder die Linie 22 nach Old Road am Südende. Von hier muss man entweder laufen, ein Taxi rufen oder trampen. Trampen ist nie völlig sicher und wir raten davon ab. Traveller, die trampen, sollten sich dessen bewusst sein, dass sie ein geringes, aber möglicherweise schwerwiegendes Risiko eingehen.

English Harbour

Nirgendwo stellt Antigua sein maritimes Erbe mehr zur Schau als in English Harbour, einer eher stilvollen und exklusiven Stadt an zwei geschützten Buchten, wo salzverkrustete Fischerboote und protzige Jachten Seite an Seite auf dem Wasser liegen. Die Ära, in der die Britische Marine hier ihren Stützpunkt hatte, wird immer noch durch die wunderbar restaurierte Nelson's-Werft festgehalten, die wichtigste historische Sehenswürdigkeit der Insel. Um eine hervorragende Aussicht zu haben, sollte man sich auf die Spitze von Shirley Heights begeben. Auch die herrlichen Strände oder die fantastischen Restaurants in dieser Seglerstadt sollte man sich nicht entgehen lassen.

Sehenswertes

★ Nelson's Dockyard National Park HISTORISCHE STÄTTE
(☎481-5021; www.nationalparksantigua.com; Dockyard Dr, English Harbour; Erw./Kinder unter 12 J. 8 US$/frei; ⌚8–18 Uhr; 🚌17) Seit 1745 ununterbrochen in Betrieb, ist diese umfangreich restaurierte, 2016 zur Weltkulturerbestätte erklärte Anlegestelle aus georgianischer Zeit Antiguas wichtigste Sehenswürdigkeit. In den restaurierten Gebäuden sind heute Restaurants, Hotels und Läden untergebracht. Am bedeutendsten ist das **Dockyard Museum,** das über Antiguas Geschichte, die Werft und das Leben in den Festungen informiert. Unter den vielen ausgestellten Schmuckstücken befindet sich ein von Nelson persönlich benutztes Teleskop. Der Eintritt zum Werftareal gilt auch für Shirley Heights und das Dow's-Hill-Interpretationszentrum.

★ Rendezvous Bay STRAND
Nach einem 90-minütigen Marsch durch den Regenwald (oder über einen wesentlich kürzeren steinigen Weg ab Springhill Riding Stables in Falmouth) kommt man an einem der schönsten Strände Antiguas an. Dank seiner Abgelegenheit ist man hier meist allein oder teilt den Strand nur mit ein paar anderen abenteuerlustigen Romantikern. Der Pfad durch den Regenwald beginnt in der Nähe des Wallings Reservoir abseits des Fig Tree Drive, ist aber nicht ausgeschildert, also am besten vor Ort nach dem Weg fragen. Von Falmouth folgt man der Straße bergauf, kommt an dem Reitstall vorbei und geht dann immer weiter.

Mit dem Auto folgt man den Schildern zum Reitstall und parkt entweder dort oder fährt bis zum Ende der Straße durch und stellt sein Auto dort außerhalb eines abgesperrten Geländes ab. Dann folgt man dem Feldweg zur Linken bis hinunter zum Strand.

Shirley Heights HISTORISCHE STÄTTE
(☎481-5028; www.nationalparksantigua.com; Shirley Heights Rd, English Harbour; Erw./Kinder unter 12 Jahren 8 US$/frei) Der restaurierte militärische Ausguck und die Geschützbatterie wurden nach St. Thomas Shirley (1727–1800) benannt, der 1781 zum ersten Gouverneur der Leeward Inseln ernannt wurde. Im kleinen Informationszentrum erfährt man etwas über den historischen Hintergrund, dann geht's bergauf, um das Gelände nach verfallenden Ruinen zu erkunden und umwerfende Aussichten zu genießen. Der Eintritt schließt den Besuch von Nelson's Dockyard sowie des **Dow's Hill Interpretation Centre** (☎481-5021; US$8; ⌚9–17 Uhr) mit ein.

Fährt man weiter die Straße hoch, kommt man zu einer Gabelung. Links geht's zum **Blockhouse**, wo man die Überreste der Offiziersunterkunft und ein Pulvermagazin sehen und einen fantastischen Ausblick nach Südwesten genießen kann. Er reicht u. a. bis zum von Eric Clapton gegründeten riesigen Crossroads Centre, einem Rehabilitationszentrum für Drogenabhängige. Die Straße von der Gabelung aus nach rechts endet am **Shirley Heights Lookout**. Heute beherbergt dieser frühere Wachposten ein Bar-Restaurant (S. 160), das sonntagnachmittags eine berühmte Grillparty mit Livebands veranstaltet. Von dort aus blickt man bis English Harbour und an klaren Tagen bis Montserrat und Guadeloupe. Der einfache, rund 2,5 km lange Carpenters Trail führt vom Galleon Beach nach Shirley Heights hinauf.

Pillars of Hercules NATURDENKMAL
(nahe dem Galleon Beach; 🚌17) GRATIS Die Einfahrt zum English Harbour wird bewacht von dieser erstaunlichen Phalanx aus steinernen Soldaten, die vom unerbittlichen Wind, dem Regen und den tosenden Wellen weggefressen wurden. Die Formation kann man am besten von einem Boot aus sehen.

Aber Nahaufnahmen sind auch möglich, wenn man an das Ende des Galleon Beach wandert und dort über einige große Felsbrocken klettert. Da sie rutschig sind, muss man aufpassen, wohin man tritt, und sollte keinesfalls während der Flut dorthin gehen.

Pigeon Beach STRAND
(Falmouth; 👪; 🚌17) Der von schattenspendenden Bäumen gesäumte Strand der Gemeinde ist mit Duschen, WCs und einem Spielplatz ausgestattet und es gibt hier auch mehrere Cafés und Bars, doch zum Schnorcheln taugt er eher weniger gut. Dank des bemerkenswert ruhigen Wassers ist der Strand für Familien bestens geeignet. Die Zufahrtsstraße zweigt vor dem Parkplatz des Nelson Dockyard ab.

Galleon Beach STRAND
(English Harbour; 🚌17) Der Galleon Beach liegt dem English Harbour am nächsten und erstreckt sich vor einer Hotelanlage. Er bietet zahlreiche Dienstleistungen, ruhiges Wasser und nahe vor der Küste ein Riff zum Schnorcheln. Man erreicht ihn über die Abzweigung von der Shirley Heights Road oder nimmt vom Copper & Lumber Store Hotel aus das Wassertaxi (S. 161).

Der Strand ist auch der Ausgangspunkt mehrerer Wanderwege hinauf nach Shirley Heights und zu der durch Erosion entstandenen Felsformation Pillars of Hercules.

Aktivitäten

Middle Ground Trail WANDERN
(Pigeon Beach; 🚌17) Der beliebte 1,6 km lange Wanderweg verbindet den Pigeon Beach mit Nelson's Dockyard und ist bei morgendlichen und abendlichen Joggern beliebt. Vom Ausgangspunkt nahe der Strandbar Bumpkins führt der Weg zunächst steil bergauf, wird dann ebener und folgt dem Grat der Winward Bay, bevor er wieder hinab Richtung Fort Berkeley und zu den Werften führt.

Desmond Trail WANDERN
(nahe Galleon Beach Rd; 🚌17) Kurz vor dem Galleon Beach beginnt dieser kurze moderate Weg. Er endet nahe dem Shirley Heights Lookout Restaurant (S. 160) und bietet während des halbstündigen Aufstiegs eine nette Aussicht auf English Harbour.

Carpenters Trail WANDERN
(Galleon Beach; 🚌17) Der Startpunkt dieses 2,4 km langen Weges mittlerer Schwierigkeit hinauf nach Shirley Heights liegt am äußersten Ende des Galleon Beach. Unterwegs kommt man an der Ruine von Fort Charlotte vorbei und wird mit einer luftigen Aussicht auf die zerklüftete Küste und Felsformationen belohnt. Mit dem Desmond Trail lässt er sich leicht zu einem Rundweg kombinieren.

Vorsicht vor Kaktusdornen, die direkt durch die Schuhsolen stechen können. Man sollte ein Taschenmesser oder eine Zange mitnehmen und sie sofort entfernen.

Springhill Riding Stables REITEN
(☎773-3139; www.antiguaequestrian.com; Falmouth; 1 Std. Unterricht & Ausritt 65 US$; ⏱Geführte Touren Mo–Sa 8.30 Uhr) Bietet Reitstunden ebenso an wie verschiedene morgendliche Ausritte, darunter einen zweistündigen Ritt zur Rendezvous Bay (125 US$). Wenn man mit seinem Pferd schwimmen will, kostet das noch einmal 45 US$. Im Voraus buchen!

Soul Immersions Dive Centre TAUCHEN
(☎727-8314; www.soulimmersions.ag; Dockyard Dr, Falmouth Harbour; Tauchgang mit zwei Flaschen und Ausrüstung 125 US$; 🚌17) Dieses angesehene Tauchzentrum bietet den PADI-Tauchschein ebenso an wie Tauchgänge mit einer oder zwei Flaschen für zertifizierte Taucher an ausgewählten Stellen im südlichen Teil der Insel. Dort kann man zwischen korallenbedeckten Felsbrocken und Riffen unzähligen Rochen, Haien und anderen Tieren begegnen.

Dockyard Divers TAUCHEN
(☎729-3040; www.dockyard-divers.com; Nelson's Dockyard, English Harbour; Tauchgang mit zwei Flaschen 99 US$, Schnorchelausflug 45 US$; 🚌17) Das etablierte Unternehmen Dockyard Dives bietet Tauch- und Schnorchelausflüge zu Höhlen, Riffen und gesunkenen Wracks an. Eine Schnorchelausrüstung zu mieten kostet pro Tag 13 US$.

Schlafen

English Harbour ist zu Recht ein beliebter Standort in Antigua. Anstelle großer Resorts reichen die Möglichkeiten von gastlichen, am Wasser gelegenen Hotels bis zu Kleinoden der Kolonialzeit und schicken Boutique-Hotels.

★ Waterfront Hostel HOSTEL $
(☎721-2164; www.thewaterfronthostel.com; Compton Bldg, Dockyard Dr, English Harbour; B/EZ/DZ/

3BZ 30/45/65/95 US$; ; 17) Das Waterfront ist auf jeden Fall eine der Unterkünfte mit dem besten Preis-Leistungs-Verhältnis auf ganz Antigua und gewiss die preiswerteste von English Harbour. Sie hat zehn mit Waschbecken und Dusche ausgestattete Zimmer für jeweils bis zu 3 Personen. Gemeinschaftstoiletten befinden sich auf dem Flur. Bei hausgemachten Speisen oder einem kalten Bier kann man in der Bar mit Blick auf den Hafen neue Leute kennenlernen. Restaurants und ein Supermarkt liegen in der Nähe.

Lodge Antigua HOTEL $

(562-8060; www.thelodgeantigua.com; Dockyard Dr, English Harbour; DZ/Apt./Ferienhaus 95/120/140 US$; P; 17) Munter und preisgünstig an der National Sailing Academy gelegen, findet man hier eine Restaurant-Bar mit Hafenblick und eine ganze Reihe kompakter, aber nett eingerichteter Wohneinheiten, die von einer Parkanlage umgeben sind. In den Apartments und Häusern können bis zu vier Personen schlafen, sie sind mit Kochgelegenheiten ausgestattet. Die liebenswürdigen Gastgeber Peter und Elizabeth vermieten auch Segeljollen, Kajaks und Boards fürs Stand-up-Paddeln. Der Mindestaufenthalt liegt bei drei Nächten.

Copper & Lumber Store Hotel HOTEL $$

(460-1160; www.copperandlumberhotel.com; Nelson's Dockyard, English Harbour; Suite 165–365 US$; P; 17) Ein liebenswürdiges Hotel, dessen kolonialer Charakter noch aus allen Poren trieft. Es wurde in den 1780er-Jahren erbaut, um das für die Schiffsreparaturen benötigte Kupfer und Holz zu lagern. Heute gibt's hier 14 Studios und Suiten, von denen jede nach einem von Nelsons Schiffen benannt ist. Alle öffnen sich zu einem Innenhof mit vielen Blumen, sind aber durch die Himmelbetten, Ziegelmauern, Holzbalken und unechten Gaslaternen unglaublich altmodisch.

Die Wochenenden werden mit den legendären Seafood-Freitagen eingeläutet, einem köstlichen Grillevent auf der Wiese des Hotels, das Einheimische und Touristen in Scharen anzieht.

Ocean Inn B&B $$

(463-7950; www.theoceaninn.com; English Harbour; DZ inkl. Frühstück 147–270 US$; ; 17) Um einen bezahlbaren Blick auf English Harbour zu haben, sollte man sich ein Zimmer in Roberts am Hang gelegenen Inn mit zwölf Wohneinheiten sichern – umgeben von vielen Blumen und Terrassen. Das beste Preis-Leistungs-Verhältnis haben die Cottages mit eigener Veranda, am günstigsten sind die luftigen „Zimmer mit Ozeanblick“ und Gemeinschaftsbad. Das fensterlose Zimmer Nr. 5 sollte man meiden.

★ **Admiral's Inn** HISTORISCHES HOTEL $$$

(460-1027; www.admiralsantigua.com; Dockyard Dr, English Harbour; Zi. 270–392 US$, Suite 495–620 US$; P) Diese intime Pension mit 23 über vier Steingebäude aus georgianischer Zeit verteilten Zimmern ist liebenswert „old school“ und romantisch. Es bietet viele Designakzente und einen Service, der dem Ganzen Charakter und eine tiefe Verbundenheit mit dem Ort verleiht. Die eindrucksvollsten Zimmer sind die „Gunpowder Suites“ mit Himmelbetten, modernen Bädern, Aussicht auf den Hafen und Infinitypool. Es gibt hier zwei Restaurants.

Inn at English Harbour BOUTIQUE-HOTEL $$$

(460-1014; www.theinnantigua.com; Freeman's Bay, English Harbour; Suite ab 979 US$, 3-Nächte Minimum; @) Eine friedliche Zuflucht vor der Wirklichkeit, wenn man von der eigenen Terrasse der üppig eingerichteten Suite oder der Strandhütte mit einem Glas kalten Weins in der Hand prachtvolle Sonnenuntergänge genießt. Obwohl es vom Aussehen und vom Flair her an die Kolonialzeit erinnert, findet man hier alle Annehmlichkeiten des 21. Jahrhunderts, sowohl in den Zimmern als auch in den öffentlichen Bereichen. Der hauseigene weiße Sandstrand ist himmlisch.

South Point Hotel DESIGNHOTEL $$$

(562-9600; www.southpointantigua.com; English Harbour; Suite inkl. Frühstück ab 699 US$; P; 17) In diesem stilvollen Anlaufpunkt treffen urbane Gelassenheit und karibischer Chic aufeinander: Aus den mit ein oder zwei Schlafzimmern, Küchen, großen Terrassen, begehbaren Duschen und Schränken ausgestatten Suiten hat man einen Blick aus erster Reihe auf die Segeljachten. Frische Blumen geben der gedämpften, in Weiß und Grau gehaltenen Einrichtung ein lebendiges Ambiente, und das Personal tut alles Erdenkliche, damit die Gäste haben, was sie brauchen.

Essen

In English Harbour gibt's die bei Weitem interessantesten und innovativsten Restaurants von Antigua. Im Hafenviertel und an der Hauptstraße findet man einige großartige Restaurants. Die Barbecues am Sonntagnachmittag im Shirley Heights Lookout Restaurant sind legendär.

Dockyard Bakery BÄCKEREI $

(☎ 460-1474; Nelson's Dockyard; Backwaren 5–10 EC$; ⏰ Mo–Sa 8–16 Uhr 🚌 17) Hinter dem Museum am Nelson's Dockyard gelegen, wird man von frischem Brot und köstlichen Backwaren wie Zimtbrötchen und Schokoladenkuchen angezogen wie der Seemann vom Rum.

Incanto ITALIENISCH $$

(☎ 562-9130; www.incantoantigua.com; Antigua Slipway; Hauptgerichte 54–93 EC$; ⏰ Mi–Mo 12–15 & 18–22 Uhr; 📶) Eine Mutter und ihr Sohn aus Mailand haben eins der besten Restaurants von Antigua geschaffen, das zudem auch einen fantastischen Blick auf die Bucht bietet. Schon zu dem Gelände gegenüber von Nelson's Dockyard zu gelangen ist ein Abenteuer. Entweder man überquert die Bucht kostenlos mit einem Boot oder geht an Jachten auf dem Trockendock vorbei durch eine Werft, die in Betrieb ist. Auf der Karte stehen z.B. Hummer-Linguine und gebratener Thunfisch mit Pistazien.

NICHT VERSÄUMEN

SONNTAGSBARBECUE MIT AUSSICHT

Seit mehr als drei Jahrzehnten ist das **Shirley Heights Lookout Restaurant** (☎ 728-0636; www.shirleyheightslookout.com; Shirley Heights Rd, English Harbour; Hauptgerichte 25–80 EC$; ⏰ 9–22 Uhr; 📶) mit seiner atemberaubenden Aussicht in English Harbour der Platz auf Antigua, an dem man an einem Sonntagnachmittag sein muss. Eine Steelband macht ab etwa 16 Uhr, während des nachmittäglichen Barbecues, Stimmung, bevor eine Reggae-Band gegen 19 Uhr die Bühne betritt und die großartigen Rumpunsche erst recht in Strömen fließen. Der Eintrittspreis beträgt 10 US$, ebenso die einfache Taxifahrt nach oder von English Harbour.

Flatties Flame Grill PORTUGIESISCH $$

(☎ 726-4440; www.facebook.com/Flatties-Flame-Grill; Dockyard Dr, English Harbour; Hauptgerichte 30–75 EC$; ⏰ Di–So 18–24 Uhr; 📶; 🚌 17) Eine lokale Institution! In Marks und Amandas am Straßenrand gelegenem Grillrestaurant werden hochwertige Fleischsorten und Gewürze zu kulinarischen Symphonien meist portugiesischen Ursprungs inszeniert. Das berühmteste Gericht ist das großartige Chicken Peri-Peri, bei dem ein halbes oder ganzes Hühnchen in einer Marinade eingelegt wird, bevor es auf dem Grill perfektioniert wird. Man sollte auch nach südafrikanischen Spezialitäten wie *boerewors* (Würstchen) oder *biltong* (Trockenfleisch) Ausschau halten.

Trappas INTERNATIONAL $$

(☎ 562-3534; www.facebook.com/Trappas; Dockyard Dr, English Harbour; Hauptgerichte 60 EC$; ⏰ Mo–Sa 18–22 Uhr; 📶; 🚌 17) In diesem Speisesaal mit tropischen Wandmalereien und einer großen Bar gibt's oft nur Stehplätze. Auswanderer, Einheimische und Jachtbesitzer kommen hoch zu diesem seit Langem bestehendem Treffpunkt, um hier gehobenes Essen wie panierte Calamari mit Knoblauchdip, Burger mit Blauschimmelkäse und kreative Fisch-& Meeresfrüchte-Currys mit aromatischen heimischen Gewürzen zu genießen.

Bumpkins KARIBISCH $$

(☎ 562-2522; islandpropertiesag@live.com; Pigeon Beach; Hauptgerichte 30–70 EC$; ⏰ 11 Uhr–Sonnenuntergang, Abendessen Dez.–März Do–So; 📶; 🚌 17) Das Bumpkins am Nordende des bezaubernden Pigeon Beach ist die Adresse für raffinierte Bananen-Piña-Coladas, aber kommt auch bei Fans schnörkelloser lokaler Küche z.B. mit Knoblauchgarnelen, gegrillten Rippchen, Jerk Chicken, Pulled Pork und anderen Köstlichkeiten gut an. Samstagnachmittags kann man zu den sanften Rhythmen einer Reggae-Band mitwippen. Ist auch für seine Vollmondpartys berühmt.

Abracadabra ITALIENISCH $$

(☎ 460-2701; www.abracadabra-antigua.com; Dockyard Dr, English Harbour; Hauptgerichte 15–35 US$; ⏰ Mo–Sa Dinner; 📶; 🚌 17) Liebevoll auch „Abra" genannt, bedeutet „Salvatores" Vorposten seit 1984 allen alles: ein kleines Stück Italien, an dem man sich die hausgemachte Pasta oder das berühmte Spanferkel einverleiben kann, eine entspannte Bar und Lounge und an den Wochenenden ein energiegeladener Open-Air-Club mit einer Tanzfläche aus weißem Sand in einem tropischen Garten.

Caribbean Taste KARIBISCH $$
(☎ 562-3049; off Dockyard Dr, English Harbour; Hauptgerichte 10–25 US$; ⏲ Mo–Sa 11–20 Uhr) Um in den Genuss von authentischem, mit Leib und Seele gekochtem lokalen Essen zu kommen, sollte man dieses in fröhlichen Farben angestrichene Cottage, das abseits der Hauptstraße zum Nelson's Dockyard liegt, aufsuchen. Auf der Kreidetafel mit den Menüs stehen vollmundige Gerichte wie Eintopf aus Muschelfleisch und Ziegencurry zusammen mit wechselnden Spezialitäten, zu denen auch Tintenfisch Ceviche oder kreolischer Roter Schnapper gehören können.

★ **Catherine's Café Plage** FRANZÖSISCH $$$
(☎ 460-5050; www.facebook.com/CatherinesCafe; südliches Ende, Pigeon Beach; Hauptgerichte 80–135 EC$; ⏲ tägl. 12–13, Mi–Fr auch 18–21 Uhr; 📶 👪; 🚌 17) Das reizende Catherine's ist für ein Strandrestaurant recht schick. Der Blick reicht von hier über die Boote der Falmouth Bay und den schimmernden Sand des Pigeon Beach. Die Gestgeber Claudine und Guillaume erfreuen Auswanderer, Jachtbesitzer und Einheimische aus einem schicken Cottage heraus mit leckerem französischem Essen. Dazu gehören noch eine lange Bar und Klubsessel im Sand. Ein großartiger Ort, um hier zu Mittag zu essen. Besonders beim Sonntagsbrunch ist es hier voll. Man sollte reservieren.

★ **Colibri** FRANZÖSISCH-KARIBISCH $$$
(☎ 460-3434; www.colibri-antigua.com; Dockyard Dr, English Harbour; Hauptgerichte 70–85 EC$; ⏲ Di–Sa 17–24, So 11–19 Uhr; 📶) Das Colibri, ein Neuzugang unter den zahlreichen Restaurants von English Harbour, macht am meisten von sich reden. Es ist die Erfindung des französischen Gastronomen Didier. Dieser leitet ein professionelles Team, das hart daran arbeitet, den Gästen ein Erlebnis der Extraklasse zu bieten, entweder im Garten unter den Bäumen oder im stilvollen Speisesaal. Zu empfehlen sind das ausgezeichnete Hummerrisotto und der frisch geangelte Wahoo. Reservierungen sind ratsam.

Praktische Informationen

Eastern Caribbean Amalgamated Bank (☎ 480-5300; www.ecabank.com; Nelson's Dockyard; ⏲ Mo–Do 8.30–13.30 Uhr, Fr bis 15.30 Uhr; 🚌 17) Geldautomat vorhanden.

Nelson's Dockyard Post Office (Dockyard Dr; ⏲ Mo–Do 8.15–15 Uhr, Fr bis 13 Uhr; 🚌 17)

An- & Unterwegs vor Ort

English Harbour liegt via der All Saints Road etwa 20 km südlich von St. John's. Bus 17 fährt vom Busbahnhof West hierher. (3,75 EC$). Ein Taxi kostet ab St. John's 25 US$ und 35 US$ vom Flughafen.

Wassertaxis (Einfache Fahrt 15 EC$; ⏲ 9–18 Uhr) zum Galleon Beach oder anderen Punkten im Hafen können nahe dem Copper & Lumber Store Hotel (S. 158) am Nelson's Dockyard gemietet werden. Die meisten Fahrten kosten 10–15 EC$.

Östliches Antigua

Auf der flachen, windgepeitschten Ostseite Antiguas gibt's verstreute, ruhige Dörfer und viel weniger Urlauber als in den anderen Teilen der Insel. Diejenigen, die bleiben, werden angezogen von den am Atlantik liegenden Stränden der Long Bay und der Nonsuch Bay, die großartige Bedingungen fürs Wind- und Kitesurfen bieten. Doch die meisten kommen zu Tagesausflügen hierher, um historische Orte wie Betty's Hope, die großartige felsige Devil's Bridge oder die herrliche halbmondförmige Half Moon Bay mit ihrem weißen Sand zu erkunden.

Sehenswertes

★ **Half Moon Bay** STRAND
(nahe Freetown) Wasser mit der Farbe von Blue Curaçao umspült diesen weißen Sandbogen im abgelegenen Südosten Antiguas. Surfer steuern eher das südliche Ende des Strandes an, während Schnorchler das ruhige Wasser im Norden bevorzugen. Gemeinsame Anlaufstelle aller Besucher sind die beiden Bars, in denen man gegrillten Fisch und Rumcocktails bekommt. Das neue Resort, das am Hang über dem südlichen Ende gebaut wird, könnte den Strand allerdings dauerhaft verändern.

Wer über den Felsen am abgelegenen Ende klettert, gelangt zu einem weiteren Strand. Dahinter erstreckt sich ein exklusives Villenresort mit Blick auf eine unbewohnte Insel namens Smith Island.

Long Bay STRAND
Die bei Einheimischen beliebte Long Bay bietet klares, blaues, ruhiges und deshalb für Kinder geeignetes Wasser und einen

wunderschönen weißen, von Riffen geschützten Sandstrand. Außerdem gibt's gute Schnorchelmöglichkeiten, Souvenirläden, eine Zulassungsstelle für Wassersport sowie einige Bars und zwei Resorts am Ende der Bucht.

Betty's Hope HISTORISCHE STÄTTE
(269-462-1469; abseits der Pares Village Main Rd, Pares; 24 Std.; Informationszentrum Mo–Sa 9–16 Uhr; 33) GRATIS Während man zwischen einer restaurierten Windmühle aus Stein, den Resten des Great House, der Brennerei und anderen Gebäuden der ersten, im Jahr 1674 von Christopher Codrington gegründeten und nach seiner Tochter benannten Zuckerrohrplantage der Insel herumstromert, kann man über Antiguas koloniale Vergangenheit nachdenken. Ein Infozentrum entmystifiziert den Prozess der Zuckerherstellung und bietet kurze Einblicke in das harte tägliche Leben auf der Plantage. In der Hochphase arbeiteten hier 400 Sklaven.

Devil's Bridge NATURDENKMAL
(Pares Village Main Rd, hinter Willikies, Long Bay) Kurz bevor man die Long Bay erreicht, führt eine holprige 1,6 km lange Piste von der Hauptstraße zu diesem windgepeitschten Naturdenkmal, das durch unablässig anschlagende Wellen geformt und von Felswänden umgeben ist. Die Aussicht ist fabelhaft und besonders lohnenswert bei Sonnenuntergang. Wenn die Tide stimmt, sieht man das am äußersten Ende liegende Blasloch in Aktion. Nach der Fertigstellung der neuen Ferienanlage nur für Erwachsene wird sich die Atmosshäre hier gewiss verändern.

Antigua's Donkey Sanctuary ZOO
(461-4957; www.antiguaanimals.com/donkey; bei Bethesda; Spende erwünscht; Mo–Sa 10–16 Uhr;) GRATIS In dem von der Antigua & Barbuda Humane Society betriebenen Schutzgebiet kann man Charley, Chrissy, den blinden Stevie oder jeden anderen der etwa 150 streunenden Esel treffen, die hier ein liebevolles Heim gefunden haben. Die engagierten Mitarbeiter freuen sich, wenn Besucher mehr über die freundlichen Tiere erfahren möchten, die Esel bürsten und sich mit ihnen fotografieren lassen.

Gegen eine Spende von 25 US$ kann man sogar einen Esel adoptieren. Die Einrichtung liegt knapp 1,5 km von der Schnellstraße entfernt an einer nicht asphaltierten Straße.

Aktivitäten

40 Knots Kitesurfing & Windsurfing School KITESURFEN
(788-9504; www.40knots.net; Nonsuch Bay Resort, bei Freetown; Kitesurfen Std. 1 Std/halber Tag/2 halbe Tage 89/225/550 US$; Okt.–Aug.) Wer schon immer übers Wasser „fliegen" wollte, wird von diesem freundlichen und engagierten Team im Einzelunterricht oder in Gruppen von bis zu drei Personen dazu gebracht. Die Bucht mit vorgelagerten Riffen bietet ideale Bedingungen, das Kite- und Windsurfen sowie Stehpaddeln zu lernen. Erfahrene Surfer können vor Ort Ausrüstung mieten und eine Mitfahrgelegenheit zur idyllischen Insel Green Island ergattern.

Schlafen & Essen

★ **Blue Bay Antigua B&B** B&B $$
(785-2877; www.bluebayantigua.com; Seatons; DZ mit Frühstück 150 US$;) Als stolze Weltbürgerin hat Cecilia oben auf einem herrlichen Hang ein recht atypisches Öko-B&B mit Blick über die namensgebende blaue Bucht unten geschaffen. Dies ist ein Ort für Traveller, die jenseits ausgetretener Pfade nachhaltig reisen und dabei erschwinglichen Komfort genießen möchten. Diese bezaubernde Villa bietet drei Gästezimmer, einen Pool und einen Garten. Auf dem Gelände laufen Ziegen herum.

★ **Road House** KARIBISCH $
(764-8090; Main Rd, New Field Village; Hauptgerichte 10–35 EC$; Mo–Do 6.30–15 Uhr, Fr & So 6.30–open end) Beliebter Stopp für ein Bier und einheimisches Essen: Goat Water (eine Art Eintopf), Meeresfrüchte, gegrillter Fisch. Auf dem Weg zur Half Moon Bay gelegen, kommt der Laden am Freitag in Schwung, wenn nach 17 Uhr alle Gerichte 5 EC$ kosten. Noch mehr Andrang herrscht am Sonntagnachmittag, denn dann eilen die Dorfbewohner in Scharen herbei, um das Wochenende bei Barbecue und einer Reggae-Band zu beenden.

Smiling Harry's KARIBISCH $
(460-4084; www.facebook.com/smilingharrys; Half Moon Bay, nahe Freetown; Hauptgerichte 20–40 EC$; Sa & So 11 Uhr–Sonnenuntergang) Harry Thomas, der namengebende Besitzer, ist schon tot, aber sein lächelnder Geist schwebt noch immer über das für seine Durstlöscher und das schnörkellose antiguanische Essen bekannte Strandrestaurant. Da es keine feste Speisekarte gibt, fragt

man einfach nach dem aktuellen Tagesangebot. Sonntags zur Mittagessenszeit füllt sich der Laden mit einheimischen Familien. Das Smiling Harry's befindet sich auf der linken Seite, wenn man Richtung Half Moon Bay fährt.

Beach Bum Bar & Grill KARIBISCH **$$**
(Half Moon Bay; Hauptgerichte 26–70 EC$; ⏲ 9–17 Uhr; 📶) Das Beach Bum ist das beliebtere der beiden Strandrestaurants in der Half Moon Bay. Es überzeugt mit Meerblick, tollem Ambiente und freundlichen Mitarbeitern. Die frischen Fisch- und Meeresfrüchtegerichte sind einfach, aber köstlich. Serviert werden sie an stets voll besetzten Holztischen, und am Wochenende herrscht hier Partystimmung.

ℹ An- & Weiterreise

Am besten erkundet man dieses ausgedehnte Gebiet per Mietauto oder Taxi. Aufgrund der wenigen Tankstellen sollte man für einen vollen Tank sorgen. Die Fahrt von English Harbour zur Half Moon Bay dauert 30 bis 45 Minuten und bietet einen spektakulären Blick auf die Willoughby Bay. Ein Taxi von St. John's nach Betty's Hope kostet 18 US$. Zur Long Bay und Devil's Bridge zahlt man 27 US$ und zur Half Moon Bay 30 US$.

Vom Busbahnhof Ost in St. John's fährt die Buslinie 33 Richtung Osten und steuert u. a. Betty's Hope sowie Willikies (nahe Long Bay und Devil's Bridge) an.

BARBUDA

Auf Antiguas winziger Schwesterinsel richtete der Hurrikan Irma 2017 schwere Schäden an. Die Bevölkerung wurde evakuiert und für die kleine, aber für die Insel bedeutsame Tourismusbranche folgte ein ganzes Jahr des Shutdowns. Der Sturm hatte auf der Insel so gut wie jedes Dach abgedeckt. Viele Häuser und Geschäfte machte er komplett dem Erdboden gleich. Codrington, die einzige Stadt der Insel, befindet sich immer noch im Frühstadium des Wiederaufbaus, internationale Hilfsorganisationen vor Ort helfen dabei.

Der Zeitpunkt für einen Besuch auf Barbuda mag zwar ungünstig erscheinen, doch die Inselbewohner möchten, dass wieder Touristen kommen. Die Geschäfte öffnen allmählich wieder, auch wenn die Schäden durch den Hurrikan noch über Jahre sichtbar sein werden. Die beiden bedeutendsten Attraktionen der Insel – ihre außergewöhnlich weißen Sandstrände und das faszinierende Frigate Bird Sanctuary – blieben so gut wie unbeeinträchtigt von dem Sturm. Immer noch sind erst ein paar Hotels wieder offen, aber ohne Zweifel geht's mit Barbuda wieder aufwärts.

ABSEITS DER ÜBLICHEN PFADE

BARBUDAS HÖHLEN

Der **Two Foot Bay National Park** (Ostküste) GRATIS an der Nordostküste besteht aus küstennahem strauchigem Wald, der die von Klippen gezeichnete Küste säumt. Er ist berühmt für seine Höhlen, vor allem die **Indian Cave** (Highland Rd, Two Foot Bay National Park) GRATIS mit den einzigen Petroglyphen auf Barbuda. Man braucht ein eigenes Fahrzeug, vorzugsweise mit Führer, um so viel wie möglich von dem Besuch hier zu haben. An den Wochenenden ist der Nationalpark für die Einheimischen ein beliebtes Campingziel.

Darby Sink Cave (nordöstliche Küste) GRATIS Darby ist keine echte Höhle, sondern ein 90 m breiter und 20 m tiefer Krater, aus dem große Palmen wachsen und mit mächtigen Farnen und vom Rand herabhängenden Lianen das kleinformatige Ökosystem eines Regenwaldes bilden. Ausschau halten nach Eidechsen, Einsiedlerkrebsen, Iguanas und anderen Tierchen unter dem dichten Laubwerk.

ℹ Anreise & Unterwegs vor Ort

Die Fähre Barbuda Express (S. 172) setzt in der Regel täglich außer sonntags von St. John's auf Antigua nach Barbuda über. Zudem gibt's täglich Flüge der SVG Air (S. 172) von Antigua's VC Bird International Airport. Wer es eilig hat, kann auch einen Hubschrauber chartern, um sich auf die Insel bringen zu lassen.

Auf der Insel gibt's keine öffentlichen Verkehrsmittel und es stehen nur wenige Mietwagen zur Verfügung. Im Voraus buchen, um sicher zu sein, dass man einen bekommt (bei Barbuda Rentals (S. 164)). Die meisten Besucher bewegen sich mit Taxis fort oder buchen geführte Touren mit Fahrer.

Codrington

Codrington vor der Lagune ist Barbudas einzige Stadt. Hier leben die meisten Inselbewohner und es gibt auch eine winzige

Flugzeuglandebahn. Es ist recht trostlos, umso mehr, seit Hurrikan Irma 2017 hindurchfegte, viele ältere Häuser zerstörte und einen Großteil der Gebäude, darunter die Kirche, ohne Dach zurückließ. Hilfsorganisationen arbeiten hart, um die Einheimischen beim Wiederaufbau zu unterstützen. Allerdings sind viele Häuser verlassen und nur wenige Geschäfte haben geöffnet. Trotz allem hat Codrington eine freundliche Atmosphäre und die Bewohner freuen sich über Besucher.

Schlafen & Essen

Timbuk One Guesthouse GÄSTEHAUS $
(☎722-8085; Timbuk St; Zi. mit/ohne Bad 110/85 US$; ❄📶) In der derzeit besten Pension von Codrington findet man auch das zuverlässigste Restaurant. Die sieben Zimmer im Obergeschoss haben Gemeinschaftsbäder, während die sieben Zimmer im Erdgeschoss mit Privatbädern aufwarten, ebenso die drei neuen Räume, die davor angebaut wurden. Die Zimmer sind einfach, aber sauber, allerdings ist das WLAN gebührenpflichtig.

Timbuk One KARIBISCH $
(Timbuk St; Hauptgerichte 20–50 EC$; ⏲ Mo & Di 8–21, Mi–Sa bis 24, So 15–22 Uhr; 📶) Den recht unattraktiven Innenraum teilt man mit Dutzenden einarmigen Banditen und deren üblicher Klientel, aber immerhin hat das am verlässlichsten geöffnete Restaurant von Codrington eine gute Speisekarte. Darauf stehen zahlreiche Gerichte und Tagesgerichte wie gegrillte Steak-Panini, knusprig gebratene Tintenfischringe und Ochsenschwanzragout mit Kartoffel-Gnocchis und Parmesan.

Praktische Informationen

Antigua Commercial Bank (ACB; Airport Rd) Der einzige Geldautomat auf Barbuda akzeptiert ausländische Karten, aber verlassen kann man sich darauf nicht.

Touristeninformation Barbuda (☎562-7066; Lagoon St; ⏲ Mo–Fr 8–16 Uhr) In dem Büro nahe dem Pier in Codrington findet man Karten, Broschüren und freundliche Mitarbeiter, die einen einheimischen Guide vermitteln können.

Hannah Thomas Hospital (☎460-0076; River Rd) In dieser Einrichtung mit 8 Patientenbetten, gut 1,5 km südlich von Codrington können kleinere Verletzungen behandelt werden. Alle anderen Fälle werden nach Antigua weitergeleitet.

An- & Weiterreise

Codrington selbst lässt sich gut zu Fuß erkunden. Um alles andere auf der Insel zu erreichen, muss man ein Taxi nehmen oder ein Auto oder Fahrrd mieten.

Barbuda Rentals (☎721-9993, +1 416-856-4469; www.barbudarentals.com) ist eine Autovermietung, die in der Zeit nach dem Hurrikan Irma gegründet wurde, um Touristen Anreiz zu bieten, die Insel wieder zu besuchen. Der Inhaber Kris, dessen Eltern das Barbuda Cottages betreiben, bringt Kunden einen Jeep (pro Tag 65 US$), ein Fahrrad (20 US$) oder

GEFÜHRTE TOUREN AUF BARBUDA

Barbuda aus der Sicht eines Fregattvogels sehen kann man bei einer von Antigua aus startenden Tour mit **Caribbean Helicopters Ltd.** (☎460-5900; www.flychl.com; 385 US$, mind. 4 Pers., max. 6 Pers; ⏲ ⏲ Rundflüge 9, 9.45 & 10.30 Uhr). Inbegriffen ist ein Mittagessen mit Hummer am Strand an der Low Bay. Der ganze Ausflug dauert viereinhalb Stunden mit Zeit zum Schwimmen und der Erkundung des Vogelreservats. Zu beachten ist, dass sich diese Touren an den Kreuzfahrtmarkt richten. Privatführungen können ebenfalls vereinbart werden (1315 US$ für bis zu 6 Pers.).

Die **Barbuda Day Tour** (☎560-7989; www.barbudaexpress.com; Erw./Kinder 3–12 Jahre 164/100 US$; ⏲ Tagessausflug Mo, Di, Do & Fr 9–16,, Mi 6–14 Uhr) von Barbuda Express beinhaltet eine 90-minütige Fahrt mit der Fähre und Besuche des Vogelreservats, der Höhlen, ein Hummer-Mittagessen und das Herumplanschen am Princess Diana Beach.

John Taxi Service (☎788-5378; www.facebook.com/JohnTaxiServiceTours; pro Person 75 US$; ⏲ Geführte Rundfahrten Di–Fr 11–15 Uhr) hat sich auf Touren im Minibus für mit der Fähre ankommende Tagesausflügler spezialisiert. In vier Stunden bringt Levi John die Teilnehmer bei diesem sehr vorteilhaften Angebot zu den Höhlen, dem Vogelreservat und einem Hummer-Mittagessen.

Barbuda

ein Kajak (40 US$) zum Flughafen oder zum Fähranleger.

West- & Südküste

Außerhalb von Codrington leben die Bewohner Barbudas ausschließlich an der Westküste, die mit langen, unberührten, weißen Sandstränden gesegnet ist. Sie war einst die Lieblingszuflucht der verstorbenen Prinzessin Diana, zu deren Ehren hier später sogar ein Strand nach ihr benannt wurde. Heute sind die außergewöhnlich langen Strände meist verlassen und die beiden Luxusferienanlagen werden weiterhin eifrig wiederaufgebaut. In der Nähe trifft man manchmal auf unfreundliche Sicherheitskräfte der Resorts, aber nicht einschüchtern lassen: Die Inselstrände sind öffentlich zugänglich.

Sehenswertes

★ Princess Diana Beach STRAND

(Südostküste) Obwohl an dem grandiosen, nach Südwesten blickenden Strand mehrere hochexklusive Ferien- und Wohnanlagen gebaut werden, kann jeder den oft menschenleeren, vom klaren Meer umspülten Sandstreifen genießen. Bis vor einiger Zeit war er noch als Coco Point Beach bekannt,

ABSTECHER

FRIGATE BIRD SANCTUARY

Der Codrington Lagoon National Park schützt eine große Lagune, die im **Frigate Bird Sanctuary** (☎480-1225; Boot-Taxi 50 US$, max. 4 Pers., Nationalpark 2 US$) eine der weltweit größten Kolonien von Fregattvögeln beheimatet. Mehr als 2500 dieser schwarz gefiederten Tiere schlafen in den struppigen Mangroven. An den Nistplätzen der Vögel herrscht ein unglaubliches Gekreische, und der Anblick all dieser aufgeblasenen blutroten Kehlsäcke ist faszinierend. Die Lagune kann nur mit einem lizenzierten Boot-Taxi vom Pier in Codringten aus besucht werden. Verabredungen hierzu sollte man mindestens einen Tag vorher über das Hotel oder das Tourismusbüro treffen.

wurde aber Prinzessin Diana zu Ehren, die es liebte, hier Urlaub zu machen, zur Feier ihres 50. Geburtstages 2011 umbenannt.

Martello Tower TURM

(Südküste) GRATIS Barbudas wichtigstes Erbe aus der Kolonialzeit erhebt sich nur wenige Schritte entfernt nordwestlich vom Fährhafen in der Nähe des River Beach. Die 17m hohe Kleinfestung wurde im frühen 19. Jh. von den Briten erbaut und sieht aus der Ferne wie eine alte Zuckermühle aus. Sie wurde an der Stelle einer älteren wahrscheinlich spanischen Festung errichtet. Heute wird hier gern geheiratet.

17-Mile Beach STRAND

(Palm Beach) Dieser sagenhafte seidig-weiche, makellose Strand trennt den Ozean von der Codrington Lagoon. Man kann hier stundenlang herumlaufen, sollte aber beachten, dass es weder Schatten noch Verkäufer gibt. Dementsprechend muss man alles mitbringen, was man so braucht.

Gravenor Bay BUCHT

(Südostküste) Die unberührten Gewässer der Gravenor Bay zwischen Coco Point und Spanish Point dienen als beliebter Ankerplatz für Jachten. Dank der Riffe hier kann man hervorragend schnorcheln. Etwa in der Mitte der Bucht befindet sich ein alter, baufälliger Pier und 800m östlich stößt man auf die Ruinen eines kleinen Turms.

Schlafen & Essen

★ **Barbuda Cottages** APARTMENTS $$$

(☎722-3050; www.barbudacottages.com; Coral Group Bay; Ferienhaus mit 1–3 Schlafzimmer 375/525 US$, mind. 3 Übernachtungen; ⏲Aug.–Okt. geschl.; 📶) 🍃 In diesem kleinen Stück vom Paradies schlafen die Gäste bei Meeresrauschen in einer von insgesamt drei solarbetriebenen, hell gestrichenen Villen auf Stelzen direkt am Coral Group Beach ein. Jedes der drei stilvollen Ferienhäuser bietet eine voll ausgetattete Küche und eine luftige Veranda mit tollem Ausblick. Das zugehörige Bar-Restaurant bereitet verlockende Köstlichkeiten zu.

Uncle Roddy Beach Bar & Grill KARIBISCH $$

(☎722-3050; www.barbudacottages.com; neben den Barbuda Cottages, Coral Group Bay; Hauptgerichte 30–100 EC$; ⏲Mo–Sa 11–22 Uhr; 📶) 🍃 Die solarbetriebene Strandbar, die von Hurrikan Irma stark beschädigt und inzwischen vergrößert wurde, ist perfekt für einen entspannten Tag bei gegrilltem Hummer und dem berühmten Barbuda Smash. 24 Stunden im Voraus reservieren, da Roddy die Zutaten nur auf tatsächlichen Bedarf hin kauft. Gegen die lästigen Sandmücken sollte man Mückenspray mitbringen.

An- & Weiterreise

Glückliche Besitzer einer eigenen Jacht können hier einfach Anker werfen. Alle anderen müssen ein Taxi nehmen, ein Auto mieten, laufen oder mit dem Fahrrad oder Kajak fahren.

ANTIGUA & BARBUDA VERSTEHEN

Geschichte

Wadadli

Die ersten dauerhaften Siedler auf Antigua gehörten zum amerindianischen Stamm der Siboney, die das Gebiet um 2900 v. Chr. erreichten. Ihnen folgten die Arawak im 1. Jh. n. Chr. Sie gaben Antigua den Namen „Wadadli“, der heute noch verwendet wird. Um 1200 n. Chr. wurden die Arawak durch die einfallenden Kariben vertrieben. Diese nutzten die Inseln als Stützpunkte für ihre Vorstöße in die Region, besiedelten sie aber anscheinend nicht.

1493 sichtete Kolumbus Antigua und benannte es nach einer Kirche im spanischen Sevilla. 1632 kolonialisierten die Engländer die Insel und gründeten in Parham an der Ostseite eine Siedlung. Zunächst bauten die Bewohner Indigopflanzen und Tabak an, aber da ein Überangebot zu fallenden Preisen führte, mussten sie sich nach etwas Neuem umschauen.

Kolonialismus & Zuckerrohr

1674 erreichte Sir Christopher Codrington Antigua und gründete die erste Zuckerplantage: Betty's Hope. Bis zum Ende des Jahrhunderts entwickelte sich hier eine Plantagenwirtschaft. Zahllose versklavte Menschen wurden hergebracht und die zentral gelegenen Täler abgeholzt sowie mit Zuckerrohr bepflanzt. 1628 annektierten die Engländer Barbuda und übertrugen die Insel 1680 der Familie Codrington. Nach der Abschaffung des Sklavenhandels im Jahr 1807 gründeten die Codringtons auf Barbuda eine „Aufzuchtfarm für Sklaven", die bis zur endgültigen Abschaffung der Sklaverei 1834 in Betrieb blieb. 1860 fiel Barbuda an die Krone zurück und wurde von Antigua abhängig.

Je mehr Antiguas Wohlstand wuchs, desto mehr Befestigungen errichteten die Briten auf der ganzen Insel, die so zu einem der sichersten Stützpunkte in der Karibik avancierte. Am stärksten befestigt war English Harbour, wo die Karibikflotte der British Royal Navy zwischen 1725 und 1854 ihren Stützpunkt hatte. Nelson's Dockyard wurde während des ganzen 18. Jhs. kontinuierlich ausgebaut und ausgebessert. Zu den weiteren Festungen gehörten Fort James und Fort Barrington, die beide den Hafen von St. John's beschützten.

Mit Abschaffung der Sklaverei ging es mit den Plantagen stetig bergab. Im Gegensatz zu einigen anderen karibischen Inseln wurde das Land nach Aufgabe der Plantagen nicht ehemaligen Sklaven übertragen, sondern als Eigentum weniger Landbesitzer zusammengelegt. Viele ehemalige Sklaven zogen sich daraufhin in Barackenstädte zurück oder ließen sich auf Grundstücken nieder, die der Kirche gehörten.

Weg zur Unabhängigkeit

Ein mit dem Militär in Zusammenhang stehender Bauboom während des Zweiten Weltkriegs und die Entwicklung des Tourismus während der Nachkriegszeit halfen dem Wirtschaftswachstum auf die Sprünge. Ein erster Schritt auf Antiguas Weg in die Unabhängigkeit war der West Indies Act von 1967, in dem Großbritannien der Insel die Kontrolle über innenpolitische Fragen übertrug, sich aber die Verantwortung in Fragen der Außenpolitik und der Verteidigung vorbehielt. Letztlich wurden Antigua und Barbuda am 1. November 1981 zu einem unabhängigen Staat innerhalb des British Commonwealth und mit Vere Cornwall Bird als erstem Premierminister.

Bevölkerung & Kultur

Abseits der Resorts bewahrt sich Antigua den traditionellen Charakter der Westindischen Inseln. Dieser offenbart sich in der rund um die Hauptstadt zu findenden Zuckerbäckerarchitektur, der Beliebtheit von Stahlpfannen in der Calypso- und Reggae-Musik und in Festen wie dem Karneval. Auch englische Traditionen spielen eine wichtige Rolle, wie sich im Nationalsport Kricket zeigt.

Zahlreiche Einwohner Barbudas kommen ursprünglich aus Antigua oder haben dort eine Zeit lang gelebt. Sie bevorzugen das ruhigere Lebenstempo auf der eher abgeschiedenen Insel Barbuda. Selbst viele im Tourismus arbeitende Insulaner freuen sich, dass nur eine überschaubare Anzahl Touristen hierherkommt. Sie betrachten die Entwicklung, wie sie Antigua erlebt hat, eher mit Sorge.

Etwa 90 % der Antiguaner sind afrikanischer Abstammung. Es gibt außerdem Minderheiten mit britischen, portugiesischen und libanesischen Vorfahren. Auf Barbuda leben rund 1600 Menschen, die meisten von ihnen mit afrikanischen Wurzeln.

Neben der Anglikanischen Kirche gehören die Antiguaner vielen Konfessionen an. Dazu zählen die Römisch-Katholische Kirche, die Herrnhuter Brüdergemeinde, die Methodisten, die Siebenten-Tags-Adventisten, die Evangelisch-Lutherische Kirche sowie die Zeugen Jehovas. An Sonntagen ziehen die eher fundamentalistischen Gottesdienste solche Menschenmassen an, dass Straßen verstopft sind und Fahrer um göttliches Eingreifen beten.

Natur & Umwelt

Anders als Montserrat, der (manchmal) rauchende Nachbar im Südwesten, wird weder Antigua noch Barbuda von einem dramatischen Vulkan beherrscht. Jedoch ist die ziemlich hügelige Südwestecke der Insel Antigua vulkanischen Ursprungs und steigt in Gestalt des Mount Obama (bis 2009 bekannt als Boggy Peak) bis auf eine Höhe von 402 m an, dem höchsten Punkt der Insel. Der Rest des Eilandes, das überwiegend aus Kalkstein und Korallenformationen besteht, ist ein eher sanft hügeliges Terrain aus offenen Ebenen und Buschland. Antiguas Landfläche beträgt 281 km². Von etwa kreisförmiger Gestalt, hat die Insel einen Durchmesser von 18 km. Der Küstenverlauf wird durch zahlreiche Buchten unterbrochen, von denen viele von weißen Sandstränden gesäumt sind.

Barbuda, 25 km nördlich von Antigua, ist fast so flach wie der umliegende Ozean. Der höchste Punkt der niedrigen Koralleninsel liegt bei gerade einmal 44 m über Meereshöhe. Die ausgedehnte Lagune von Codrington bildet die Westseite Barbudas, die durch einen langen, unbebauten Strandwall aus blendend weißem Sand eingefasst ist.

Als Folge der kolonialzeitlichen Abholzung für die Zuckerproduktion besteht der Großteil von Antiguas Vegetation aus trockenem Buschland. Die Sümpfe und Salzbecken der Insel ziehen ziemlich viele Stelzen, Reiher, Enten und Pelikane an, während sich Kolibris in Gärten tummeln. Die Codrington Lagoon beherbergt eine der weltgrößten Kolonien von Fregattvögeln.

PRAKTISCHE INFORMATIONEN

Allgemeine Informationen

BARRIEREFREI REISEN

Antigua und Barbuda sind nicht sehr fortschrittlich, wenn es um die Belange Behinderter geht. In den großen Resorts gibt's normalerweise auch Zimmer für in ihrer Beweglichkeit eingeschränkte Menschen, andere stellen für den Strand geeignete Rollstühle zur Verfügung.

In den meisten Dörfern sind die Bürgersteige, sofern überhaupt vorhanden, in schlechtem Zustand. In St. John's sind viele der nahe dem Kreuzfahrtterminal (z. B. am Heritage Quay und am Redcliffe Quay) gelegenen Geschäfte und Toiletten zugänglich.

Weder Busse noch Taxis sind für die Beförderung von Rollstuhlfahrern ausgerüstet. Die gemeinnützige Antigua & Barbuda Association of Persons with Disabilities arbeitet an der Verbesserung der Situation.

BOTSCHAFTEN & KONSULATE

Deutschland (☎ 720-5452; st_pauls@hk-diplo.de; Admiralslane 22, Hodges Bay) und **Österreich** (☎ 463-8698; consulatanu@luery.com; Coconut Beach Club in Five Islands, St. John's) werden auf Antigua durch Honorarkonsulate vertreten. Bürger der **Schweiz** wenden sich an das Konsulat in St. Paul (☎ 464-0425; stpaul@honrep.ch; McCoy Rd, Piccadilly, St. Paul).

ESSEN

Von Barbecues am Straßenrand bis hin zu urigen Strandbars und Gourmettempeln: Sich den Magen vollzuschlagen stellt auf Antigua keine Schwierigkeit dar, auf Barbuda ist die Auswahl allerdings wesentlich eingeschränkter. Die Öffnungszeiten sind wechselnd und können sich jederzeit ändern, einige Lokalitäten schließen zwischen August und Oktober. Es kann sein,

FREGATTVÖGEL: PIRATEN DER LUFT

Auf der Jagd nach Fischen überfliegen die Fregattvögel das Meer, können aber nicht ins Wasser eintauchen, da ihnen, anders als bei anderen Seevögeln, das Sekret fehlt, das das Gefieder wasserdicht hält. Auch bekannt als *the man-of-war bird*, hat sich der Fregattvogel zu einem Piraten der Lüfte entwickelt. Er fängt Fische dadurch, dass er andere Seevögel so lange schikaniert, bis diese ihre eigene Beute fallen lassen, die der Fregattvogel dann mitten im Flug auffängt.

Am Boden ungeschickt, ist der Fregattvogel mit seinem charakteristischen gegabelten Schwanz und einer Flügelspannweite von 1,80 m im Flug sehr anmutig. Von allen Vögeln hat er das leichteste Gewicht im Verhältnis zur Spannweite und kann über Stunden in große Höhen aufsteigen – was es dem Vogel möglich macht, an der Küste abgelegener Inseln Nahrung aufzunehmen und bei Sonnenuntergang wieder nach Hause zu kommen, ohne irgendwo zwischengelandet zu sein.

PREISKATEGORIEN ESSEN

Die folgenden Preise beziehen sich auf ein Hauptgericht.

**$** bis 10 US$

**$$** 10–25 US$

**$$$** über 25 US$

dass Steuer (15 %) und eine Servicegebühr (10 %) in den Menüpreisen nicht enthalten sind.

Typische Gerichte & Getränke

Pepperpot Antigua's Nationalgericht ist ein herzhafter Eintopf, in dem Fleisch und Gemüse wie Okra, Spinat, Auberginen, Speisekürbisse und Kartoffeln vermischt werden. Er wird oft mit *fungi* serviert, bei denen es sich nicht um Pilze, sondern um aus Maismehl bestehende Frikadellen oder Klöße handelt.

Schwarze Ananas Die hier angebaute Ananas wurde von den Arawak eingeführt und ist kleiner als die übliche im Handel erhältliche. Sie wird deswegen als „schwarz" bezeichnet, weil sie fast dunkelgrün ist, wenn sie am süßesten schmeckt. Sie wächst vor allem an der Südwestküste, nahe der Cades Bay.

Felsenhummer Dieses massige Krustentier (engl. *rock lobster*) hat einen saftigen Schwanz, aber keine Scheren und wird am besten gegrillt serviert. (Sollte man nach ein paar Gläsern Rumpunsch beim Reinhauen das gleichnamige Lied der B-52s summen, wird einem vergeben.)

Wadadli Die Antigua Brewery produziert dieses lokale Gebräu – ein frisches helles Lager aus entsalztem Meerwasser.

Cavalier und **English Harbour** Die vor Ort hergestellten Rumsorten schmecken mit Fruchtsaft gemischt am besten.

FEIERTAGE

Neujahr 1. Januar

Karfreitag/Ostermontag März/April

Tag der Arbeit Erster Montag im Mai

Pfingsten/Pfingstmontag 40 Tage nach Ostern

Karneval Ende Juli bis erster Dienstag im August

Unabhängigkeitstag 1. November

Tag der Helden der Nation 9.Dezember

1. Weihnachtsfeiertag/2. Weihnachtsfeiertag 25./26. Dezember

FREIWILLIGENARBEIT

Antigua's Donkey Sanctuary (S. 162)) Von der Antigua & Barbuda Humane Society betrieben, braucht dieses Unternehmen Freiwillige, die auf streunende Esel aufpassen.

Environmental Awareness Group of Antigua & Barbuda (EAG; ☎ 462-6236; www.eagantigua.org; Ecke Market & Long Sts; ⏲ Mo–Fr 9–16 Uhr) Benötigt Hilfe bei einer großen Bandbreite an Programmen, die vom Schildkrötenschutz bis zu Vogelzählung und dem Schutz von Farnen reichen.

GELD

Geldautomaten sind überall auf Antigua zu finden, z. B. auch am Flughafen, im Zentrum von St. John's, in English Harbour und in größeren Supermärkten wie Epicurean. Alle geben Ostkaribische Dollar aus, manche auch US-Dollar. Auf Barbuda gibt's derzeit nur einen Geldautomaten (S. 164) – in Codrington.

Kreditkarten werden weitgehend akzeptiert.

Steuern & Rückerstattungen

Antigua und Barbuda erheben auf die meisten Produkte und Dienstleistungen 15 % Mehrwertsteuer (die sogenannte ABST). Grundlebensmittel, Arzneimittel, Güter des Erziehungs- und Bildungswesens sowie weitere Dienstleistungen sind ausgenommen.

Die Hotelsteuer (Kurtaxe) beträgt 12,5 %. Sie ist nicht immer in den in Hotels und Restaurants genannten Preisen enthalten, also besser vorher fragen oder das Kleingedruckte lesen!

Besucher bekommen die Merhwertsteuer bei der Ausreise aus Antigua and Barbuda nicht zurückerstattet.

Trinkgeld

Hotels 0,50 US$ bis 1 US$ pro Gepäckstück ist Standard; eine Zuwendung an das Reinigungspersonal liegt im eigenen Ermessen.

Restaurants Falls die Servicegebühr nicht schon automatisch auf den Rechnungsbetrag aufgeschlagen ist, sollte man 10 % bis 15 % Trinkgeld geben.

Taxis Trinkgeld beträgt 10 % bis 15 % des Fahrpreises.

Wechselkurse

Eurozone	1 €	2,74 EC$ 1 US$
Schweiz	1 SFr	2,77 EC$ 1,02 US$
USA	1 US$	2,70 EC$

Aktuelle Wechselkurse siehe www.xe.com.

INTERNETZUGANG

Hotels, Restaurants, Cafés, Bars und viele andere Geschäfte bieten ihren Kunden kostenloses WLAN.

LGBT-REISENDE

Auf Antigua und Barbuda gibt's keine Schwulenszene, aber auch keine offenkundige Diskriminierung. Homosexualität gilt jedoch als illegal und wird theoretisch mit Gefängnis bestraft, auch wenn dies praktisch nicht umgesetzt wird. Wenn man jedoch diskret ist und die gegenseitige Zuneigung nicht öffentlich zeigt, besonders außerhalb der internationalen Resorts, ist es sehr unwahrscheinlich, dass man Probleme kriegt. Die meisten Einheimischen lernen sich online kennen.

MEDIZINISCHE VERSORGUNG

Bei leichten Krankheiten sind Hotels und Resorts bei der Suche nach medizinischer Hilfe behilflich. Das Gesundheitswesen ist teuer und der Standard von Versorgung und Ausstattung ist nicht so hoch, modern oder umfassend, wie man es gewohnt ist. Die nächsten Überdruckkammern gibt's auf Saba, St. Thomas und Guadeloupe.

Hannah Thomas Hospital (S. 164) Winzige ambulante Einrichtung auf Barbuda.

Mt. St. John's Medical Centre (S. 150) Hauptkrankenhaus auf Antigua mit 185 Betten und Notaufnahme rund um die Uhr.

MIT KINDERN REISEN

Das Tourismusgeschäft auf Antigua und Barbuda ist in erster Linie auf das Wohl erwachsener Gäste ausgerichtet; einige Resorts sind sogar ausdrücklich auf Erwachsene beschränkt. Wenn man mit Kindern reist, sollte man prüfen, ob das betreffende Resort einen Pool für Kinder besitzt, Aktivitäten oder Tagesbetreuung/Babysitting-Service anbietet.

Die Strände an der Westküste sind ruhiger. Wassersport betreibt man am besten in der Dickenson Bay.

Für Tierfans ist Antigua's Donkey Sanctuary (S. 162) ein toller Ort. Ältere Kinder werden viel Spaß beim Ziplining mit den Antigua Rainforest Zip Line Tours (S. 156) haben.

PRAKTISCH & KONKRET

Maße & Gewichte Es gilt das britische System.

Nachrichten online Bedeutende lokale Nachrichten findet man unter www.antiguaobserver.com und https://caribbeanchronicle.org

Radio Zu den populären lokalen Sendern gehören NiceFM (104,3 FM) und Observer Radio (91.1FM). Die BBC ist auf 89,1 FM zu empfangen.

Rauchen Außer in Regierungsgebäuden offiziell überall erlaubt. Jedoch untersagen die meisten Hotels und Restaurants ihren Gästen, in ihren Räumen zu rauchen. Bei einigen gibt's ausgewiesene Raucherzonen.

NOTFALL

Krankenwagen, Feuerwehr, Polizei ☎ 911 o. 999

POST

Wenn man einen Brief auf die Inseln schickt, gibt man nach dem Namen des Adressaten die Stadt und „Antigua, West Indies" oder „Barbuda, West Indies" an.

Postamt in English Harbour (S. 161)
Postamt in St. John's (S. 150)

RECHTSFRAGEN

Das in Antigua und Barbuda gültige Rechtssystem beruht auf dem britischen Common Law. Bei rechtlichen Problemen hat man Anspruch auf Rechtsbeistand und auf Rechtsbeihilfe, wenn man sich private Dienstleistungen finanziell nicht leisten kann. Ausländer sollten den gleichen Rechtsschutz genießen wie einheimische Bürger.

Betrunken Auto fahren, der Besitz von Drogen oder Waffen, sich als Transvestit verkleiden, Prostitution, Fluchen in der Öffentlichkeit und Tragen von Tarnkleidung in der Öffentlichkeit gehören zu den Vergehen, für die man auf Antigua und Barbuda in Schwierigkeiten kommen kann.

Die Polizei hat das Recht, jeden eines Verbrechens Beschuldigten ohne Haftbefehl festzunehmen. Innerhalb von 48 Stunden nach Verhaftung oder Ingewahrsamnahme muss vor Gericht Anklage erhoben werden.

SICHER REISEN

Die meisten Besuche auf Antigua, und insbesondere auf Barbuda, verlaufen problemlos.

- Es kann zu Diebstählen kommen. Daher sollte man seine Wertsachen im Hotel einschließen und nicht zu viel Bargeld mit sich herumtragen oder teuren Schmuck zur Schau stellen.
- In seltenen Fällen kommt es zu Gewaltverbrechen wie sexuellen Übergriffen und bewaffneten Raubüberfällen, daher sollte man die übliche Vorsicht walten lassen. Vor allem Frauen sollten potenziell gefährliche Situationen vermeiden, wie z. B. allein zu wandern oder an einsame Strände zu gehen.
- Autofahrer müssen nachts besonders vorsichtig sein, da die Straßen unbeleuchtet und schlecht oder gar nicht beleuchtet und viele Straßen schmal und voller Löcher sind.

STROM

220 V, 60 Hz. An einigen Stellen gibt's 110 V, 60 Hz, einige bieten beides. Amerikanische 2-polige Steckdosen herrschen vor, Britische Steckdosen sind selten.

PREISKATEGORIEN UNTERKUNFT

Die folgenden Preise beziehen sich auf ein Doppelzimmer mit Bad in der Hauptsaison (Mitte Dezember bis Mitte April). Sofern nicht anders angegeben, ist das Frühstück nicht inbegriffen. In den meisten Fällen sind in den angegebenen Zimmerpreisen die Mehrwertsteuer in Höhe von 12,5 % sowie die Servicegebühr in Höhe von 10 % nicht enthalten.

**$** bis 100 US$

**$$** 100–300 US$

**$$$** über 300 US$

TELEFON

- Die Ländervorwahl für Antigua und Barbuda ist 268.
- Um nach Antigua und Barbuda zu telefonieren, muss man die internationale Vorwahlnummer des eigenen Landes wählen 1 + 268 + die örtliche Rufnummer.
- Für ein Auslandsgespräch sind 011 + Ländervorwahl + Ortsvorwahl + örtliche Rufnummer zu wählen.
- Für einen Anruf über das Festnetz innerhalb oder zwischen Antigua und Barbuda muss man nur die siebenstellige örtliche Rufnummer wählen.
- Telefonauskunft: 411.
- In Hotels sind Ortsgespräche oft umsonst, für Auslandsgespräche werden jedoch exorbitant hohe Gebühren erhoben.

Handys

Die beiden tonangebenden Netzbetreiber in Antigua und Barbuda sind Digicel (https://discoverflow.co/antigua) und Flow (www.digicelgroup.com/ag). Eine SIM-Karte für eines der beiden Netze bekommt man nur in ihren Büros in St. John's auf Antigua, aber Guthaben aufladen, auch online, kann man fast überall.

TOURISTENINFORMATION

Für die Planung vorab sollte man www.antigua-barbuda.org, www.visitantiguabarbuda.com or www.barbudaful.net konsultieren.

Antigua Tourist Office (S. 150) Betreibt an Tagen, an denen Kreuzfahrtschiffe anlegen, einen Informationskiosk am Heritage Quay.

Touristeninformation Barbuda (S. 164) Das kleine Büro in Codrington bietet Informationen über Barbuda.

UNTERKUNFT

Das Übernachten ist auf Antigua und Barbuda teuer. Abgesehen von lokal geführten Pensionen in den Dörfern der Insel, älteren Hotels sowie preisgünstigen Appartaments, wird der Markt dominiert von Resorts (oft all-inclusive) der Spitzenklasse. Auf Antigua gruppieren sich die Anwesen an der Dickenson Bay, um Jolly Harbour und in English Harbour. Viele von ihnen schließen zwischen August und Oktober für ein paar Wochen.

ZEIT

Auf Antigua und Barbuda gilt die Eastern Caribbean Time (Atlantic Time): MEZ minus fünf Stunden, MESZ minus sechs Stunden.

An- & Weiterreise

FLUGZEUG

VC Bird International Airport (☎ 484-2300; www.vcbia.com; Sir George Walter Hwy, Antigua;), etwa 8 km östlich von St. John's gelegen, ist ein im August 2015 eröffnetes modernes Terminal.

Delta, US Airways, United Airlines, WestJet, JetBlue, CanJet und Air Canada bieten Direktflüge von verschiedenen Nordamerikanischen Gateway-Städten nach Antigua an.

British Airways und Virgin Atlantic fliegen direkt aus Großbritannien an, während Condor eine Direktverbindung aus Frankfurt anbietet.

LIAT (☎ 480-5582; www.liat.com) und **Caribbean Airlines** (☎ 800-744-2225; www.caribbean-airlines.com; Büro Mo–Fr 8–16 Uhr) sind die wichtigsten regionalen Fluglinien. **Fly Montserrat** (☎ 664-491-3434; www.flymontserrat.com) und **SVG Air** (☎ 784-457-5124; www.flysvgair.com) fliegen nach Montserrat. **BMN Air** (☎ 562-7183; www.antigua-flights.com) bietet Charterflüge zwischen Antigua und Montserrat.

Weiterreise zu den Nachbarinseln

Montserrat wird angeflogen (Fly Montserrat, SVG Air) und von Antigua aus verkehrt eine Fähre (☎ 778-9786; Rückfahrt Erw./Kinder 2–12 Jahre 300/150 EC$).

Antigua ist der Verkehrsknotenpunkt der regionalen Fluggesellschaft LIAT und von hier aus gibt's häufige Flüge nach St. Kitts, Nevis, Saint-Martin/Sint Maarten und anderen Inseln. Winair bietet Verbindungen zu seiner Basis in Saint-Martin/Sint Maarten ebenso an wie nach St. Kitts und Dominica. Caribbean Airlines fliegt von Jamaika und Trinidad. Trans Anguilla Airways verbindet Antigua und Anguilla über Nevis, Flüge von Seaborne Airlines starten ab San Juan, Puerto Rico.

ÜBERS MEER

Fähre

Die Fähre Barbuda Express verbindet Antigua und Barbuda täglich außer sonntags in beiden Richtungen. Zudem gibt's einen Fährdienst von Montserrat Ferry zwischen Antigua und Montserrat. Auf der Website von Montserrats Tourismusbüro (www.visitmontserrat.com/sea) werden auch die neuesten Fahrpläne veröffentlicht. Der Preis für die Rundfahrt beträgt 300 EC$ (150 EC$ für Kinder zwischen 2 und 12 Jahren).

Jacht

Antiguas viele geschützte Häfen machen es zu einem der wichtigsten Jachtzentren der Karibik. Jachthäfen mit Komplettservice gibt's in English Harbour, Falmouth Harbour, Jolly Harbour und Parham Harbour. Wenn man nach Barbuda fährt, sollte man nach einer Reiserlaubnis fragen, die ohne weitere Formalitäten den Besuch ermöglicht. Alles, was man braucht, unbedingt aus Antigua mitbringen, da es auf Barbuda keine Einrichtungen für Segler gibt.

Kreuzfahrtschiff

Antigua ist ein wichtiger Anlaufhafen für Kreuzfahrtschiffe. Im Hafen von St. John's geht der Pier der Kreuzfahrtschiffe in eine Einkaufszone für zollfreies Einkaufen über. Von hier aus sind die wichtigsten Sehenswürdigkeiten von St. John's bequem zu Fuß zu erreichen.

Wenn mehrere Riesen am selben Tag anlegen, können die Strände und andere Attraktionen sehr voll werden. Reisende, die auf eigene Faust unterwegs sind, sollten, wenn sie die Menschenmassen vermeiden wollen, einen Blick auf den Fahrplan der Kreuzfahrtschiffe werfen (z. B. unter www.cruisetimetables.com/cruises-to-st-johns-antigua.html).

Barbuda hingegen hat kein Kreuzfahrtschiffterminal und wird überhaupt nicht von Kreuzfahrttouristen besucht.

ACHTUNG BEIM MIETEN

Wegen der schlechten Straßenverhältnisse haben die meisten Leihfahrzeuge Dellen und Kratzer. Man sollte daher sicherstellen, dass der Autovermieter beim Verleih alle bereits vorhandenen Schäden dokumentiert und eine Kopie hiervon vor der Übergabe des Fahrzeugs ausgehändigt wird. Darüber hinaus am besten detaillierte Fotos des Wagens machen, wenn man ihn übernimmt.

Sollte der Autovermieter bei Rückgabe des Autos nicht anwesend sein, ist zu empfehlen, nochmals einige Fotos zu machen, bevor man geht. Einige Unternehmen, darunter sogar internationale von vermeintlich gutem Ruf, könnten möglicherweise versuchen, den Mieter für angeblich von ihm verursachte weitere Schäden haftbar zu machen und seine Kreditkarte mit fingierten Reparatursummen zu belasten. Mit den Fotografien, die man angefertigt hat, kann man, wenn nötig, den Betrug beweisen.

Unterwegs vor Ort

AUTO & MOTORRAD

Es herrscht Linksverkehr, das Lenkrad befindet sich auf der rechten Seite. Die Höchstgeschwindigkeit liegt generell in bebauten Gebieten bei 30 Stundenkilometern und 65 Stundenkilometern auf Autobahnen.

Bei einem Unfall die Polizei rufen und das Fahrzeug nicht bewegen.

Autovermietung

Zu den internationalen Autovermietungen mit Vertriebsstellen am Flughafen von Antigua gehören Avis, Dollar und Hertz. **Big's Car Rental** (☎ 562-4901; www.bigscarrental.net; English Harbour; Fahrzeuge pro Tag ab 40 US$) ist ein örtliches Unternehmen in English Harbour. Die Möglichkeiten, auf Barbuda ein Auto zu mieten, sind sehr begrenzt, da ein großer Teil der Fahrzeugflotte dem Hurrikan Irma zum Opfer fiel. Im Hotel nach einer Empfehlung fragen.

Die meisten Vermieter bringen das Auto kostenlos zum Hotel. Die Tagespreise beginnen bei 40 US$ für einen Kompaktwagen. Tankstellen sind über ganz Antigua verstreut, darunter eine sehr praktisch gelegene, um genau außerhalb des Flughafens wieder aufzutanken. Auf Barbuda gibt's nur eine Tankstelle.

Führerschein

Um auf Antigua und Barbuda fahren zu können, braucht man einen örtlichen Führerschein. Diesen kriegt man bei Autovermietungen, er kostet 20 US$ oder 50 EC$ und ist auf beiden Inseln für drei Monate gültig.

Straßenverhältnisse

Antiguas Straßen rangieren von glatt über uneben bis zu lebensgefährlich. Wenn man so dahinfährt, kann es sein, dass plötzlich ein Schlagloch, bei dem die Radkappen abfallen, oder eine Bodenschwelle auftaucht. Kleinere Straßen sind oft eng mit schlechten Sichtverhältnissen besonders in Kurven. Wenn man plant, den ausgetretenen Weg zu verlassen (besonders im einsamen östlichen Teil Antiguas), mietet man am besten einen SUV oder ein Fahrzeug mit Allradantrieb.

Nachts zu fahren ist eine größere Herausforderung, da die Straßen eng sind, Straßenlaternen oder Leitpfosten nicht vorhanden sind und die meisten Leute ihre blendenden Fernlichter benutzen. Auch auf Menschen, Esel, Hunde, Ziegen und andere Tiere neben oder auf der Straße achten.

Da die Straßen nur spärlich beschildert sind, braucht man unbedingt ein Navigationssystem.

BOOT, SCHIFF & FÄHRE

Barbuda Express (☎ 560-7989; www.barbudaexpress.com; Rückfahrt Erw. /7–12 Jahre/3–6 Jahre/0–2 Jahre 85/75/45/15 US$; ⏲ Büro tägl. 9–18 Uhr, Fähre tägl. außer Mo) betreibt 90-minütige rumpelige Fahrten mit dem Katamaran, die St. John's mit **River Wharf Landing** im südlichen Barbuda verbinden. Die Fahrpläne wechseln häufig, aber in der Regel fahren die Fähren früh am Morgen in Antigua ab und kehren am späten Nachmittag von Barbuda zurück.

In der Hauptsaison reserviert man am besten oder kauft Tickets im Voraus. Da bei schlechtem Wetter der Betrieb möglicherweise ausfällt, sollte man sich vorher die Abfahrtszeiten telefonisch bestätigen lassen und Vorsichtsmaßnahmen für den Fall treffen, dass man leicht seekrank wird.

Das Unternehmen unterhält auch geführte Touren nach Barbuda (ab 129 US$).

BUS

Antigua verfügt über ein gutes Netzwerk von privaten Minivans, welche die Hauptstraßen abfahren. Busse Richtung Süden, Nordwesten und Westen fahren in St. John's ab dem Busbahnhof West (Market St.) gegenüber dem öffentlichen Markt ab. Busse Richtung Nordosten, Osten und Südosten fahren vom Busbahnhof Ost (Independence Ave) ab. Die Fahrpreise liegen zwischen 2,25 EC$ und 4 EC$, mit einem kleinen Aufschlag zwischen 10 und 17 Uhr. Bei Bus Stop Antigua (www.busstopanu.com) erfährt man Einzelheiten.

Die Busse fahren nicht ab, bevor sie vollbesetzt sind, und sind generell von 6 bis 19 Uhr in Betrieb. Nachts und an Sonntagen sind nur wenige Busse unterwegs. Busse nach English Harbour sind vielleicht bis Mitternacht im Einsatz. Dies sollte man sich aber vom Fahrer bestätigen lassen.

FAHRRAD

Im Hotel einfach nachfragen, da viele eine kleine Flotte Fahrräder für ihre Gäste zur Verfügung haben. Ein zuverlässiger Radladen, der auch vermietet, ist **Bike Plus** (☎ 462-2453; Camacho Ave; Leihfahrrad pro Tag 20 US$; ⏲ Mo–Sa 8–17 Uhr) in St John's. Auf Barbuda kann man Fahrräder bei Barbuda Rentals (S. 164) mieten.

FLUGHAFENGEBÜHREN

Alle Passagiere, die über 24 Stunden auf Antigua verbracht haben, müssen 22 US$ Flughafengebühren bezahlen, die jedoch manchmal bereits im Preis des Flugtickets enthalten sind.

FLUGZEUG

SVG Air and Fly Montserrat betreibt den Linienflugverkehr zwischen Antigua und Barbuda. Transfers und geführte Touren können auch durch **Caribbean Helicopters** (CHL; ☎ 460-5900; www.flychl.com; VC Bird International Airport, Antigua) arrangiert werden.

TAXI

Antigua

Die Nummernschilder der Taxis auf Antigua beginnen mit „TX". Sowohl auf Antigua als auch auf Barbuda sind die Fahrpreise durch einen Tarif, der für bis zu vier Fahrgästen gilt, staatlich geregelt. Jedoch sollte man sich den Preis vor der Abfahrt bestätigen lassen.

Vom Flughafen nach St. John's	15 US$
Vom Flughafen nach Dickenson Bay	18 US$
Vom Flughafen nach English Harbour	32 US$
Von St. John's nach Dickenson Bay	14 US$
Von St. John's nach English Harbour	25 US$
Von St. John's nach Half Moon Bay	30 US$

Bei einer Mindestdauer von zwei Stunden kosten private Inselrundfahrten 25 US$ pro Stunde. Die Kosten für Wartezeiten liegen bei 5 US$ pro 30 Minuten.Barbuda

Taxis warten am Flughafen oder der Anlegestelle der Fähre. Man kann einen Transfer oder eine Rundfahrt über die Insel im Voraus über das Hotel, das Tourismusbüro (S. 164) auf Barbuda arrangieren oder indem man einen Fahrer direkt kontaktiert. Egal wohin es geht, die Mindestgebühr beträgt 20 US$.

IMAGE SOURCE TRADING LTD/SHUTTERSTOCK ©

1. Grace Bay 2. Marigot Bay 3. Seven Mile Beach 4. Grande Anse des Salines

3

2

LUCIA PITTER/SHUTTERSTOCK ©

Karibische Strände

So wie man Paris automatisch mit Kunst und Arizona mit Canyons verbindet, denkt man bei der Karibik sofort an Strände. Es warten verlockende Strände auf Jamaika, perfekte Strände auf Grand Cayman, verlassene Strände auf den Bahamas und unberührte Strände auf den Grenadinen.

Grace Bay, Caicosinseln

Dieser schneeweiße Sandstreifen ist perfekt zum Entspannen, Schwimmen und nicht ans Zuhause denken. Auch wenn er mit Resorts übersät ist, findet man dank seiner Größe noch ein hübsches Plätzchen im Paradies.

Marigot Bay, St. Lucia

Marigot Bay ist ein überwältigendes Beispiel dafür, wie die Natur Architekt spielt. Geschützt durch hoch aufragende Palmen und umliegende Hügel, verbarg die schmale Bucht einst die britische Flotte vor den französischen Verfolgern. Heute versteckt sie einen sagenhaften Strand.

4

Seven Mile Beach, Grand Cayman

Ob dieser Strand seinen Namen wohl zu Recht trägt? Das kann man bei einem gemütlichen Spaziergang entlang des Meeres einfach einmal nachmessen. Oder aber man geht schwimmen, liegt in der Sonne und nutzt die Fülle an Wassersportangeboten an diesem herrlichen weißen Sandstrand auf Grand Cayman.

Shoal Bay East, Anguilla

Wie stellt man sich einen idyllischen weißen Strand vor? Genau wie Shoal Bay East – ein 2 km langer Strand mit makellosem Sand, Riffen, an denen man wunderbar schnorcheln kann, und glasklarem türkisfarbenem Wasser.

Grande Anse des Salines, Martinique

Les Salines ist wahrscheinlich Martiniques schönster Strand. Dieser umwerfende lange Streifen aus goldenem Sand lockt französische Touristen genauso an wie einheimische Familien. Trotzdem sieht er nie überfüllt aus.

Aruba

☎ 297 / 105 530 EW

Inhalt ➡

Gut essen

- Papiamento (S. 184)
- Zeerover (S. 191)
- Madame Janette (S. 184)
- Taste My Aruba (S. 179)
- Flying Fishbone (S. 191)
- Pelican Nest (S. 184)

Schön übernachten

- Beach House Aruba (S. 186)
- Bucuti & Tara Beach Resort (S. 183)
- Aruba Ocean Villas (S. 191)
- Aruba's Little Secret (S. 187)
- Boardwalk Hotel (S. 183)

Auf nach Aruba!

Viele Nordamerikaner fliehen vor dem Winter nach Aruba, was die Insel zu der am meisten besuchten in der südlichen Karibik macht. Die Gründe dafür liegen auf der Hand: schier endlose herrlich weiße Sandstrände und eine Vielzahl von All-Inclusive-Resorts. Die schnuckelige und überschaubare Hauptstadt Oranjestad ist perfekt gelegen für die kurzen Ausflüge, die Kreuzfahrtpassagiere so gerne unternehmen.

Abseits der Resorts erwarten die Reisenden besondere Erlebnisse. An den Rändern der Insel locken felsige, windumtoste Ausblicke und einsame Strände – ideal zum Wandern und Reiten. Das kristallklare Wasser birgt üppiges Leben, und auch ein Schiffswrack (und das eine oder andere Flugzeugwrack) gibt's zu entdecken: eine großartige Gelegenheit zum Schnorcheln und Tauchen. Der ständig wehende Wind schafft außerdem nahezu perfekte Bedingungen zum Windsurfen und Kiteboarden.

Egal ob einem der Sinn nach entspanntem Strandurlaub oder Outdoor-Abenteuer steht, auf Aruba ist für jeden etwas dabei – wahrhaftig eine Insel, auf der Träume wahr werden!

Reisezeit

Dez.–April Hochsaison. Die Unterkünfte sind häufig ausgebucht und die Preise steigen.

Jan- & Feb. Es wird groß Karneval gefeiert, man muss mit lebhaften Menschenmengen rechnen.

Sept.–Dez. Auf der Insel regnet es etwas und die Preise purzeln.

0 5 km

Karibisches Meer

California Dunes 7
California Lighthouse
Arashi Beach
Wrack der Antillen 1
Malmok Beach
Palm Beach
Alto Vista
Noord
Eagle Beach 3
Manchebo Beach
ORANJESTAD
Hooiberg (165 m)
Surfside Beach
Reina Beatrix International Airport
Ayo
Andicuri Beach
2 Naturpool
Cas Ariba
Santa Cruz
Dos Playa
Arikok National Wildlife Park
Mt. Jamanota (188 m)
Spanish Lagoon
Mangel Halto
Savaneta 4
San Nicolas 5
Boca Grandi 6
Baby Beach

Highlights

1 **Tauchen und Schnorcheln** (S. 186) Die beeindruckende Unterwasserwelt erleben, z. B. das Wrack der *Antilla*.

2 **Naturpool** (S. 187) Wandern oder Reiten im Arikok-Nationalpark – danach in diesem Wunder der Natur abkühlen.

3 **Eagle Beach** (S. 181) Am schönsten Strand im feinen Sand faulenzen.

4 **Fisch- & Meeresfrüchte in Savaneta** (S. 191) Mit den Füßen im Sand an einer Fischbude den Fang des Tages genießen.

5 **Streetart** (S. 189) Im wieder zum Leben erweckten San Nicolas verborgene Kunst und Talente entdecken.

6 **Boca Grandi** (S. 189) An Arubas bestem Kitesurfing-Strand den Wind ausnutzen.

7 **California Dunes** (S. 186) Von den Dünen an der einsamen Nordspitze der Insel einen atemberaubenden Sonnenuntergang beobachten.

Oranjestad

Arubas Hauptstadt ist zugleich die größte Stadt der Insel. Ein Streifzug durch ihre Straßen ist meist eine ruhige, gar träge Angelegenheit mit sporadischen Einblicken in den lokalen Alltag. Liegt allerdings ein Kreuzfahrtschiff im Hafen, strömen Tausende von Passagieren in die Geschäfte und Restaurants und verwandeln die Atmosphäre in ein schrilles Durcheinander.

Egal, wann man hierherkommt, stets wartet die Hauptstraße Caya GF Betico Croes mit einer charmanten Mischung aus kleinen Läden und internationalen Modeketten auf. In den umliegenden Straßen reihen sich farbenfrohe Häuser aus der Kolonialzeit an funkelnde, moderne Einkaufszentren. Direkt auf das Hafenviertel folgt ein reizender, geradliniger Park, der sich vom Flughafen bis zum Zentrum von Oranjestad mit dem allmächtigen Kreuzfahrtschiff-Terminal zieht und dabei die schönsten Strände der Stadt berührt.

Sehenswertes

Surfside Beach STRAND

(Lloyd G Smith Blvd; aufblasbarer Wasserpark 17 US$ pro Pers.;) Wenn man sich nach Sonne, Wellen und Sand sehnt, ist der Surfside Beach ein sehr angenehmer Ort für einen Nachmittag. Mit viel Schatten und einigen ausgezeichneten Bars ist er zum Baden der beste Strand von Oranjestad. Kinder begeistert der **aufblasbare Wasserpark** vor der Küste. Hier gibt's Schaukeln, Rutschen, Kletterstangen und -wände sowie ein schwimmendes Katapult.

Fort Zoutman FESTUNG

Hier gibt's nicht wirklich viel zu sehen, aber die Festung aus dem 18. Jh. wurde erbaut, um den Hafen vor Piratenangriffen zu schützen. Der anliegende Wilhelm-III.-Turm wurde später hinzugefügt und diente bis 1963 sowohl als Leucht- als auch als Glockenturm. In dem Gebäudekomplex findet man heute das kleine **Historische Museum von Aruba** (588-5199; 5 US$; Mo–Fr 9–18, Sa & So 10–14 Uhr) und das wöchentliche **Bonbini Festival** (10 US$; Di 18–20.30 Uhr).

Dr. Eloy Arends House HISTORISCHE STÄTTEN

(Wilhelminastraat 8) Das elegante in Smaragdgrün und Weiß gestrichene Haus von 1922 ist heute eines der Stadtratsgebäude und dank seiner Schönheit zu Recht ein örtliches Wahrzeichen.

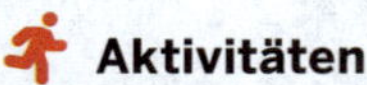

Aktivitäten

SE Aruba Fly 'n' Dive TAUCHEN

(588-1150; www.se-aruba.com; Lloyd G Smith Blvd 1a; Tauchgänge mit einer oder zwei Flaschen 90 US$) Dieser sehr empfehlenswerte Tauchshop befindet sich direkt nördlich des Flughafens, daher der Name. Ausflüge zu lokalen Tauchgebieten starten jeden Morgen um 9 Uhr, man kann sich an den Hotels in der Gegend oder an der Kreuzfahrtschiffanlegestelle abholen lassen. Fly 'n' Dive ist einzigartig, denn dort gibt's sowohl Taucher- als auch Schnorchelausrüstung – Freunde, die nicht tauchen, müssen also nicht allein zu Hause bleiben.

Feste & Events

★ **Karneval** KARNEVAL

(www.arubacarnival.com; Jan. oder Feb.) Karneval ist auf den Inseln ein riesiges Ereignis. Der Spaß beginnt direkt nach Neujahr. Die Umzüge auf Aruba sind geradezu eine Explosion aus Klängen und Farben.

Schlafen

★ **Wonders Boutique Hotel** B&B $$

(593-4032; www.wondersaruba.com; Emmastraat 63; Zi. 120–150 US$;) Nennt sich selbst „Boutique-Hotel", ist aber eigentlich mehr ein Bed & Breakfast mit warmer, gastfreundlicher und privater Atmosphäre (nur Erwachsene). Die elf stylischen Zimmer sind dezent, aber elegant eingerichtet und mit lokalen Aloe-Vera-Produkten ausgestattet. Sie überblicken einen üppigen Garten mit einem Swimmingpool aus natürlichen Quellen.

Aruba Surfside Marina HOTEL $$

(583-0300; www.arubasurfsidemarina.com; Lloyd G Smith Blvd 7; ab 170 US$;) Diese Perle von einer Unterkunft hat nur fünf Suiten, jede ausgestattet mit reichlich Wohnraum, einer kleinen Küche, einem privaten Balkon und fantastischem Meerblick. Ein großzügiger Garten bietet Sicht auf die Wellen, das freundliche Personal stellt aber auch gerne Stühle im Sand des nahe gelegenen Surfside Beach auf. Das Zentrum von Oranjestad ist zu Fuß in 20 Minuten zu erreichen. Sehr empfehlenswert.

Talk of the Town BOUTIQUE-HOTEL $$

(524-3300; www.tottaruba.com; Lloyd G Smith Blvd 2; Zi. ab 240 US$;) Die Gästezim-

Oranjestad Zentrum

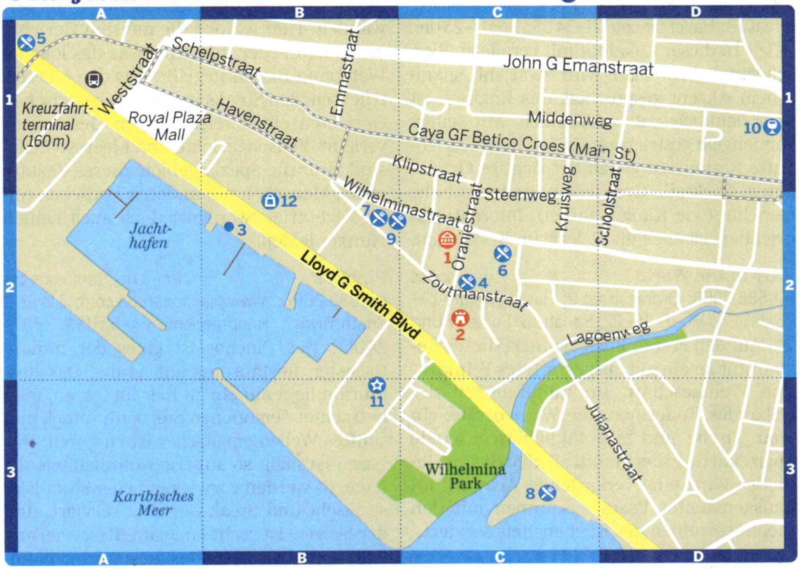

0 — 200 m

Oranjestad Zentrum

Sehenswertes
Historisches Museum Aruba .... (siehe 2)
1 Dr. Eloy Arends House C2
2 Fort Zoutman C2

Aktivitäten, Kurse & Touren
3 Atlantis Submarines B2

Essen
4 Italy in the World C2
5 Old Fisherman A1
6 Qué Pasa C2
7 Taste My Aruba B2
8 West Deck C3
9 Yemanja Woodfired Grill B2

Ausgehen & Nachtleben
10 @7 Club D1

Unterhaltung
11 Renaissance Marketplace B3

Shoppen
12 Renaissance Mall B2

mer, der Pool und der Sonnengarten wurden neu gestaltet. Seither präsentiert sich das Hotel mit Zitrusfarben, zeitgenössischer Einrichtung und privaten Balkonen in tropischer Bestform. Es liegt direkt an der lärmigen Schnellstraße, aber zum Surfside Beach sind es nur ein paar Schritte.

Essen

Das leckerste Essen auf Aruba gibt's in Oranjestad. Die exzellente, vielseitige lokale Restaurantszene bietet eine willkommene bunte Abwechslung zur leider vorhersehbaren Resortküche. Zusätzlich zu den konventionellen Restaurants sind Snack Trucks eine Institution auf der Insel. Man bekommt dort von Sonnenuntergang bis in die frühen Morgenstunden eine breite Palette an Streetfood.

★ Taste My Aruba CAFÉ $$

(☎ 749-1600; http://tastemyaruba.com; Zoutmanstraat 1; Hauptgerichte 13–18 US$; ⊙ Mo–Sa 12–22 Uhr) Das kleine Café in einem malerischen Winkel hinter der **Renaissance Mall** (Lloyd G Smith Blvd 82; ⊙ Mo–Sa 10–19 Uhr) liegt versteckt, aber lohnt den Besuch. Die einfallsreiche und zuvorkommende Küchenchefin Nathaly schreibt ihre liebevoll aus frischen Produkten zusammengestellte Speisekarte täglich auf eine Tafel. Erwarten darf man Thunfisch-Tataki, Wahoo und zartes Filet mignon sowie Cashew-Kuchen, ein köstlicher Inselklassiker.

Qué Pasa INTERNATIONAL $$
(☎ 583-4888; www.quepasaaruba.com; Wilhelminastraat 18; Hauptgerichte 21–34 US$; ⌚ 17–23 Uhr; 📶 ✍) In dieser Lokalität mit geradezu überschwänglichem Flair wird zwar mit spanischem Akzent gesprochen, das Englisch ist aber dennoch gut verständlich. Mit seinen sonnengelb gestrichenen Wänden ist das lebhafte Restaurant genau der richtige Ort für einen Cocktail, Geselligkeit und exotische Gerichte (wie Känguruhfilet). International orientiert ist auch die Galerie im Restaurant.

Italy in the World ITALIENISCH $$
(☎ 585-7958; Oranjestraat 2; Hauptgerichte 19–26 US$; ⌚ Mo–Fr 15–22, Sa ab 16, So ab 17 Uhr; ✍) Auf den ersten Blick erinnert dieses Restaurant an ein gut ausgestattetes Feinkost- und Weingeschäft. Im hinteren Teil des Gebäudes findet man die Weinvorräte, ein paar Tische und eine täglich wechselnde Speisekarte. Einer Handvoll glücklicher Genießer wird eine verlockende Auswahl an hausgemachter Pasta zusammen mit den Lieblingsweinen des Küchenchefs serviert.

West Deck KARIBISCH $$
(☎ 587-2667; www.thewestdeck.com; Lloyd G Smith Blvd; Vorspeisen 8–14 US$, Hauptgerichte 21–30 US$; ⌚ 10.30–23 Uhr; 📶) Direkt am Strand liegt das West Deck, eine lässige Strandbar unter freiem Himmel mit freundlicher Atmosphäre und ausgezeichnetem Essen. Besonders empfehlenswert sind Muschelfleischkroketten (*conch fritters*), Steak, Spieße mit gebackenen Bananen (*plantain pinchos*), kleine Burger mit Fisch (*fish sliders*) und gegrillte Rippchen. Anschließend noch einen Cocktail mit tropischen Früchten und spätestens dann ist klar: Der Urlaub hat begonnen.

Old Fisherman FISCH & MEERESFRÜCHTE $$
(☎ 588-3648; www.facebook.com/oldfishermanaruba; Lloyd G Smith Blvd 100; Hauptgerichte 18–25 US$; ⌚ 11.30–21.30 Uhr; ❄) In dieser lokalen Institution geht's von morgens bis abends hoch her. Mittags gibt's u. a. hervorragende Salate, während abends Meeresfrüchte angesagt sind. Hummer und Garnelen kommen in verschiedenen Variationen auf den Tisch. Der Service ist schnell und trotzdem freundlich. Die Bar ist stets gut besucht.

Yemanja Woodfired Grill FUSION-KÜCHE $$$
(☎ 588-4711; www.yemanja-aruba.com; Wilhelminastraat 2; Hauptgerichte 26–49 US$; ⌚ Mo–Sa 17.30–22.30 Uhr; ✍) Zwei farbenfrohe Gebäude aus der Kolonialzeit wurden in eines der stylischsten Restaurants auf Aruba verwandelt. Hier werden die meisten Gerichte auf einem Feuer mit dem Holz des lokalen Watapana-Baums gegrillt, was den Meeresfrüchten, den Steaks und den vegetarischen Gerichten einen reichhaltigen Geschmack verleiht. Fleischgerichte und Meeresfrüchte sind zwar die Spezialgebiete dieses Restaurants, Menschen mit anderen Vorlieben (inkl. Vegetarier) werden jedoch auch keinen Hunger leiden.

Pinchos FISCH & MEERESFRÜCHTE $$$
(☎ 583-2666; www.pinchosaruba.com; Lloyd G Smith Blvd 7; Hauptgerichte 24–52 US$; ⌚ 17–24 Uhr) Das Pinchos ist eines der romantischsten Restaurants auf Aruba. Das Restaurant liegt auf einem Pier im Ozean, man betrachtet den offenen Sternenhimmel, und sanftes Wellengeplätscher ist zu hören. Das Essen ist nicht so außergewöhnlich wie die Lage. Es werden vorwiegend eher einfallslose Fisch- und Steak-Gerichte serviert, und der Service ist recht langsam. Reservierung ist empfehlenswert. Das Restaurant befindet sich hinter der Aruba Surfside Marina.

Ausgehen & Unterhaltung

Nach Einbruch der Dunkelheit wird es in Oranjestad ruhig, am Wochenende gibt's jedoch einige schöne Bars mit Livemusik. Rund um das **Renaissance Marketplace** (www.shoprenaissancearuba.com; Lloyd G Smith Blvd 82; ⌚ 10 Uhr–spät; 📶) ist immer etwas los. Eine Strandparty findet man eher im Norden der Insel, wo sich die meisten Resorts befinden.

Praktische Informationen

Tourismusbehörde Aruba (☎ 582-3777, 800-862-7822; www.aruba.com; Lloyd G Smith Blvd 8; ⌚ Mo–Fr 7.30–12 & 13–16.30 Uhr)

An- & Weiterreise

Der Reina Beatrix International Airport (S. 196) befindet sich südlich von Oranjestad. Die meisten Hotels oder Autovermietungen bieten Flughafentransfer an. Eine andere Möglichkeit ist der **Arubus** (☎ 297-520-2300; www.arubus.com; zwei Fahrten/Tagesticket 5/10 US$; ⌚ Büro 8–16 Uhr), der mehrere Routen abfährt: vom **Hauptbusbahnhof** (S. 196) in Oranjestad bis zum Flughafen oder weiter nach San Nicolas, mit zusätzlichen Fahrten zum Hotelviertel (20 Min.) sowie zum Malmok Beach und zum Arashi Beach (30 Min.).

Das **Kreuzfahrtschiff-Terminal** (www.arubaports.com; Ruizstraat) liegt im Zentrum.

Unterwegs vor Ort

Am einfachsten bewegt man sich in Oranjestad zu Fuß, denn die meisten Sehenswürdigkeiten und Attraktionen liegen nur wenige Kilometer voneinander entfernt. Zudem gibt's einen kostenlosen einspurigen elektrischen **Trolley** (kostenlos ⏲10–17 Uhr), der das Kreuzfahrtschiff-Terminal mit dem Stadtzentrum verbindet. Anschließend fährt er die Einkaufsstraße Caya GF Betico Croes entlang, bevor es wieder zurück zum Hafen geht. Er verkehrt alle 20 bis 30 Minuten.

Resortgebiete

Hier ist das Aruba aus den Reiseprospekten zu finden. Nördlich von Oranjestad beginnend, erstreckt sich an der Westküste der Insel ein 10 km langer Abschnitt mit wundervollen feinsandigen Stränden am himmlisch türkisblauen Wasser. Die meisten Unterkünfte auf der Insel befinden sich an dieser Küste, in der Regel aufgeteilt in sogenannte Flachbau-Resortgebiete *(low-rise resort area)* und Hochhaus-Resortgebiete *(high-rise resort area)*. Beide prägen die Kulisse natürlich maßgeblich.

Um die Resorts wurden üppige Landschaften angelegt und es werden Clubsessel, Handtuchservice, Strandbars und Aquafitnesskurse angeboten, was viele Touristen bisweilen vergessen lässt, dass dies eigentlich ein Wüstengebiet ist. Und sollten es die Resorts doch an irgendetwas fehlen lassen, so können viele Tourenanbieter die Lücke schließen: Von Schnorcheltouren bis hin zu Bootsfahrten in den Sonnenuntergang wird einem hier jeder Wunsch erfüllt, um das Karibik-Erlebnis mit allen Sinnen zu genießen.

Sehenswertes

★ Eagle Beach — STRAND

Der Eagle Beach erstreckt sich vor einem breiten Band von Flachbau-Resorts und schafft es dank seiner ausgedehnten weißen Sandflächen regelmäßig auf die Listen der weltbesten Strände. In einigen Strandabschnitten spenden Bäume Schatten und es gibt jeden Service, den man sich nur wünschen kann, von einer Liege bis zu einem kühlen Drink.

Der Eagle Beach ist ein Nistplatz für Lederschildkröten und daher von März bis Juli teilweise geschlossen.

Manchebo Beach — STRAND

Dieser große Strand grenzt südlich an Eagle Beach und erstreckt sich über eine Landzunge. Er war früher ein Ziel für Oben-ohne-Strandbesucher, was inzwischen verpönt ist. Dennoch bietet dieser Küstenabschnitt die besten Möglichkeiten, den Menschenmassen zu entkommen.

Butterfly Farm — GÄRTEN

(☎586-3656; www.thebutterflyfarm.com; JE Irausquin Blvd; Erw./Kind 16/8,50 US$; ⏲8.30–16.30 Uhr) Zwischen den Flachbau- und den Hochhaus-Hotelvierteln gelegen, verleiht dieser Ort allen Herzen Flügel. Es gibt Führungen, die den Besuchern den Lebenszyklus der Schmetterlinge näherbringen. Im Biotop tummeln sich Spezies aus dem tropischen Trocken- und aus dem Regenwald. Ihre Vielfalt ist beeindruckend.

Palm Beach — STRAND

Eine klassische Schönheit aus weißem Sand, aber nur für diejenigen, die Menschenmassen mögen, da es direkt an die Hochhaus-Resorts grenzt. Während der Hochsaison ist es hier brechend voll, für einige macht das jedoch die Szene aus und gehört ganz einfach dazu.

Aktivitäten & Geführte Touren

Palm Beach ist eine Drehscheibe für alle Arten von Wassersport, z. B. Segel- und Schnorcheltouren, Tauchen, Stand-up-Paddeln, Jet-Skiing, Parasailing, Tubing und Flyboarding. Wer sich für nichts von alledem begeistern kann, ist hier immerhin an einem perfekten Ort zum Sonnenbaden und Sandburgenbauen. Man braucht sich nur noch zu entscheiden.

Red Sail — WASSERSPORT

(☎523-1600; www.redsailaruba.com; Opal; Erw./Kind ab 55/29 US$, Schnorcheln ab 30 US$, Tauchgang mit ein oder zwei Flaschen ab 52/82 US$; ⏲Mo–Sa 8–18 Uhr) Das große, empfehlenswerte Red Sail bietet Tauchen, Katamaranfahrten, Hochseefischen, Kitesurfen, Windsurfen und einige weitere Outdoor-Aktivitäten an. Besonders zu empfehlen ist der Tauchausflug zum Wrack der Antilla, wo Tauchlehrer den Teilnehmern die darin lebenden Anglerfische zeigen. Das Unternehmen ist in vielen Hotels im Hotelviertel und dessen Umgebung mit Buchungsschaltern für Ausflüge sowie Shops vertreten.

Native Divers Aruba — TAUCHEN

(☎565-4090, 593-3960; www.nativedivers.com; Palm Beach; Tauchgang mit zwei Flaschen 100 US$) Der Veranstalter am Strand vor dem Marri-

Resortgebiet

ott Surf Club zählt zu den kleineren auf der Insel. Daher ist die Atmosphäre etwas persönlicher. Es werden normale Touren, aber auch Kurse für den Tauchschein angeboten. Flaschen und Gewichte sind im Preis enthalten, weitere Leihausrüstung kostet extra.

Roberto's SCHNORCHELN
(☎ 592-2859; www.robertoswatersports.com; Palm Beach; pro Person 40 US$) An Bord von Robertos Trimaran unternimmt man eine dreistündige Segel- und Schnorcheltour. Zu den beiden Schnorchelstops gehört normalerweise das beliebte Antilla-Wrack. Sandwiches, Snacks und Getränke sind im Preis inbegriffen.

Resortgebiet

Highlights
1 Eagle Beach A4

Sehenswertes
2 Arashi Beach A1
3 Butterfly Farm B3
4 California Lighthouse A1
5 Manchebo Beach A4
6 Palm Beach B3

Aktivitäten, Kurse & Touren
7 Wrack der Antillen A1
Aruba Active Vacations .... (siehe 8)
De Palm Tours .... (siehe 13)
8 Fisherman Huts B2
Island Yoga .... (siehe 31)
9 Malmok Beach B2
10 Native Divers Aruba B3
11 Red Sail B2
12 Roberto's B3
13 Seaworld Explorer B3

Schlafen
14 Aruba Beach Villas B2
15 Aruba Sunset Beach Studios B2
16 Bananas Resort B1
17 Beach House Aruba B2
18 Boardwalk Hotel B2
19 Bucuti & Tara Beach Resort A5
20 Coconut Inn B3
21 Hyatt Regency Aruba Resort B3
22 Manchebo Beach Resort A5
23 MVC Eagle Beach Aruba A4
24 OceanZ B1
25 Ritz-Carlton Aruba B2
26 Sasaki Apartments B4
27 Wonders Boutique Hotel B5

Essen
28 Gasparito Restaurant B3
29 Hadicurari B3
30 Madame Janette B4
31 Nourish B3
32 Papiamento B3
33 Pelican Nest B3
Senses .... (siehe 19)

Ausgehen & Nachtleben
34 Local Store B3

Shoppen
35 Paseo Herrencia B3

Feste

Soul Beach Music Festival MUSIK
(www.soulbeach.com; ⏲ Mai) Am Memorial Day-Wochenende (letzter Montag im Mai) wird Aruba zum Hotspot für Musik, Come-

dy und Strandpartys (noch mehr als sonst). Das Festival dauert insgesamt drei Tage und lockt mit einem beeindruckenden Line-up. In der Vergangenheit sind bereits Alicia Keys, Boyz II Men, Chaka Khan, Estelle, Lauryn Hill, Mary J. Blige und Robin Thicke hier aufgetreten.

Schlafen

Die meisten Unterkünfte befinden sich am Strand nördlich von Oranjestad. Die Flachbau-Resorts grenzen direkt an Eagle Beach und Manchebo Beach, während weiter nördlich auf der Höhe von Palm Beach die Hochhaus-Resorts beginnen. Hier reihen sich riesige Hotelburgen internationaler Ketten aneinander. Weiter im Inland, vor allem im Gebiet von Bubali, finden sich kleinere Unterkünfte, die auf Reisende mit bescheidenerem Budget ausgerichtet sind.

Coconut Inn HOTEL $

(☎ 586-6288; www.coconutinn.com; Noord 31, Riberostraat; Zi. mit Frühstück 90–95 US$, Apt 110 US$; ⏲ Rezeption 8.30–20.30 Uhr;) Ein Aufenthalt in diesem kostengünstigen Hotel macht auf jeden Fall ein Auto nötig. Es verfügt über 40 in die Jahre gekommene Zimmer, die um einen großen rechteckigen Swimmingpool angeordnet sind. Viel mehr als ein Platz zum Schlafen ist es nicht, aber die Zimmer haben eigene Balkone und Küchenecken. Es gibt ein herzhaftes hausgemachtes Frühstück.

Vom Lloyd G Smith Boulevard fährt man über Route 3 nach Osten, biegt links nach Washington ab und folgt der Riberostraat bis zum Coconut Inn.

MVC Eagle Beach Aruba HOTEL $$

(☎ 587-0110; www.mvceaglebeach.com; JE Irausquin Blvd 240, Eagle Beach; DZ/4BZ ab 202/272 US$;) Das exzellente Preis-Leistungs-Verhältnis dieses Hotels direkt beim Eagle Beach (S. 191) ist dem niederländischen Steuerzahler zu verdanken. Der von niederländischen Marinemitgliedern besuchte rustikale zweistöckige Wohnblock hat 19 kleine helle Räume mit Blick auf einen Pool im Postkarten-Format. Hier kommen zwar tatsächlich bullige Seefahrertypen unter, das Hotel ist jedoch offen für alle, und wegen der Lage können die Gäste Aruba hier in vollen Zügen genießen.

Sasaki Apartments HOTEL $$

(☎ 587-7482; www.sasakiapts.com; Bubali 143; Zi. ab 135 US$;) Bei diesen Studio-Apartments stimmt der Preis. Sie liegen nur ein paar stark befahrene Straßen (400 m) vom Eagle Beach (S. 181) entfernt. Die 24 schicken Apartments sind eher spärlich eingerichtet, verfügen aber über eine Kitchenette und einige andere Annehmlichkeiten. Sehr praktisch ist auch der riesige Supermarkt gleich auf der anderen Straßenseite.

★ **Bucuti & Tara Beach Resort** RESORT $$$

(☎ 583-1100; www.bucuti.com; Lloyd G Smith Blvd 55b, Eagle Beach; Zi./Suite ab 507/750 US$;) Mit seinen weißen Stuckdecken und stilvollen Ziegeldächern gehört Bucuti & Tara zu den elegantesten der Flachbau-Resorts. Zudem ist es Nordamerikas erstes klimaneutrales Resort. So können die Gäste ihren verschwenderischen Aufenthalt hier ohne schlechtes Gewissen genießen. In diesem Hotel nur für Erwachsene dreht sich alles um Exklusivität und Romantik: Die großen, schick und modern eingerichteten Zimmer haben Balkone mit Blick auf den Sonnenuntergang.

Wellness spielt eine große Rolle, und während der Healthy Hour gibt's kostenlose Smoothies, ein Yoga-Programm und ein beruhigendes Wellness-Bad. Zu den weiteren Annehmlichkeiten gehören Filme unter dem Sternenhimmel, zwei ausgezeichnete Restaurants auf dem Gelände und arrangierte Abendessen am Strand.

★ **Boardwalk Hotel** BOUTIQUE-HOTEL $$$

(☎ 586-6654; www.boardwalkaruba.com; Bakval 20; DZ ab 305 US$; ⏲ Rezeption Mo–Sa 9–17 Uhr;) Dieses entzückende Boutique-Hotel befindet sich auf dem Gelände einer ehemaligen Kokosnuss-Plantage. Es liegt nur einen Block vom Palm Beach (S. 181) entfernt, wo das **Ritz-Carlton** (☎ 527-2222; www.theritzcarlton.com; Lloyd G Smith Blvd 107; Zi. ab 539 US$) Strandservice gewährleistet, und trotzdem kilometerweit weg von den Touristen-Hochburgen. 2019 entstanden bei einer gründlichen Generalüberholung 32 neue *casitas*, und die ursprünglichen zwölf wurden verbessert und bieten gut ausgestattete Küchen, geräumige Wohnbereiche mit lokaler Kunst und private Terrassen mit Hängematten und Grills. Bei der Erweiterung mit Sonnenkollektoren, LED-Beleuchtung und grünen Baumaterialien entstanden auch neue Wasserflächen, darunter ein zweiter Pool, und Hängematten über dem Wasser.

Je nach Saison drei bis fünf Nächte Mindestaufenthalt.

Manchebo Beach Resort RESORT $$$
(☎ 582-3444; www.manchebo.com; JE Irausquin Blvd 55, Manchebo Beach; Zi. 380–505 US$, Suite 585 US$; ❄ @ 📶 🏊) 🍃 Das halbmondförmige Hotel an dem gleichnamigen Strand ist bestens für einen Verwöhnurlaub geeignet. Hier gibt luxuriöses Understatement den Ton an: Die 2018 renovierten Zimmer sind mit Kirschholzmöbeln eingerichtet und die Badezimmer verfügen über moderne Armaturen aus Marmor, und das alles in einer Farbgebung, die dem Ozean und dem Strand nachempfunden ist. Der Schwerpunkt liegt eindeutig auf Wellness, denn es gibt tägliche Yoga-Stunden, spezielle Menüs mit Obstsmoothies und das einzigartige Spa del Sol.

Essen

Rund um die Hochhausresorts gibt's ein stetig wachsendes gastronomisches Angebot, vor allem durch internationale Ketten und andere auf Touristen ausgerichtete Restaurants. Nach einem kurzen Fußmarsch oder einer Autofahrt ins Landesinnere stößt man auf eine ganze Reihe privater Gastronomiebetriebe, die lokale und internationale Küche anbieten und selbstverständlich auch eine große Bandbreite an Gerichten mit Fisch und Meeresfrüchten auf der Speisekarte haben.

Nourish GESUNDE KOST $
(☎ 280-0025; https://islandyoga.com/cafe; Noord 19a; Hauptgerichte 8–12,50 US$; ⏲ Mo–Sa 8.30–14.30 Uhr; 🖉) Das gemütliche, von Bali inspirierte Café serviert gesunde, vegetarische und vegane Gerichte, Smoothies in Schalen, kaltgepresste Säfte, Bio-Kaffee, leckeres Frühstück und Salate. Wie das angegliederte **Yogastudio** (☎ 280-0025; https://islandyoga.com; Noord 19a; Yoga zum Mitmachen 20 US$, SUP-Yoga-Kurs 50 US$; ⏲ variable Zeiten) gehört das Café der lokalen Instagram-Berühmtheit Rachel Brathran (alias Yoga Girl). Drinnen kann man auf einem Sitzsack Platz nehmen oder an einem der Tische im netten Garten.

★ **Pelican Nest** FISCH & MEERESFRÜCHTE $$
(☎ 586-2259; www.pelican-aruba.com; Pelican Pier, Palm Beach; Hauptgerichte 15–25 US$; ⏲ 11–22 Uhr) Der Pelikan-Pier ragt hinaus ins Karibische Meer und bietet somit eine frische Meeresbrise, salzige Luft und – bei richtigem Timing – spektakuläre Sonnenuntergänge. Zum lokalen Meeresfrüchte-Menü gehören Delikatessen wie die Ceviche mit Meeresfrüchten (eine Spezialität des aus Peru stammenden Chefkochs) und perfekt gegrillte Shrimps. Wer den Sonnenuntergang sehen möchte, sollte reservieren oder frühzeitig da sein.

Hadicurari FISCH & MEERESFRÜCHTE $$
(☎ 586-2288; www.hadicurari.com; Berea di Piscado 96; Frühstück 10–15 US$, Hauptgerichte Mittag- & Abendessen 23–45 US$; ⏲ 8–23 Uhr; 🖉) Das solide, preisgünstige Palm Beach Restaurant serviert alle drei Mahlzeiten des Tages und bietet freundlichen Service und ein schönes Ambiente. Zum Frühstück gibt's holländische Pfannkuchen oder Filet-mignon Benedict, mittags ein leckeres Zackenbarsch-Sandwich und abends Pasta oder Surf and Turf. Es gibt auch eine beeindruckende vegane Speisekarte, u. a. mit Sojafisch-Tempura und Jakobsmuscheln auf Yamswurzelbasis.

★ **Papiamento** INTERNATIONAL $$$
(☎ 586-4544; https://papiamentoaruba.com; Washington 61; Hauptgerichte 29–48 US$; ⏲ Mo–Sa 18–21.30 Uhr) Das stimmungsvollste Restaurant Arubas wartet in einem jahrhundertealten Herrenhaus voller Antiquitäten aus Europa mit Tischen in eleganten Räumen und rund um einen großen Innenhofpool auf. Es ist ein beliebter Treffpunkt für Einheimische, die hier besondere Anlässe feiern. Die umfangreiche internationale Speisekarte ist von karibischen Aromen inspiriert. Zu den Favoriten gehören auf dem Stein gekochte Spezialitäten wie Wahoo und Felsenhummer, Kokosnuss-Curry-Garnelen und *keshi yena* (Käseauflauf), eine Spezialität auf Aruba.

Keshi yena wird nach einem alten Familienrezept aus gehacktem Rind- und Hühnerfleisch zubereitet, das mit Rosinen, Oliven und Cashewnüssen geschmort und mit holländischem Käse flambiert wird. Dazu passt der Cocktail des Tages. Reservierung empfohlen.

★ **Madame Janette** INTERNATIONAL $$$
(☎ 587-0184; www.madamejanette.info; Cunucu Abou 37; Hauptgerichte 27–45 US$; ⏲ Mo–Sa 17.30–22 Uhr) Madame Janette bezeichnet sich selbst als „internationales Restaurant mit karibischem Touch" und bietet eine unwiderstehliche Speisekarte. Auf dieser stehen Meeresfrüchte, Steaks und Schnitzel, aber auch süß-saure „Bang-Bang Shrimps", Zackenbarsch mit Mandeln und ein reichhaltiges Gericht, das sich „Gianni Versace" nennt – Filet mignon mit Spinat, Champignons und Hummermedaillons. Der mit fun-

kelnden Lichtern beleuchtete üppige Garten schafft einen genussvollen Rahmen zum Speisen. Zudem verspricht Madame Janette die größte Auswahl an Craft-Bieren in der Karibik (etwa 160, falls jemand mitzählt).

Senses INTERNATIONAL **$$$**
(☎ 586-0044; www.sensesaruba.restaurant; Bucuti & Tara Beach Resort, Lloyd G Smith Blvd 55b; 8-gängiges Degustationsmenü 105 US$ pro Pers.; ⏲ Tischvergabe ab 19 Uhr) Das intime und gehobene Restaurant hat im Bucuti & Tara Beach Resort (S. 141) neu eröffnet. Es bietet ein Menü des Küchenchefs mit acht abwechslungsreichen Gängen und köstlichen Weinen. Das Menü mit einfallsreichen und beeindruckenden Kreationen, basierend auf französischer Tradition und nach niederländischer, norwegischer und indonesischer Art zubereitet, wechselt jeden Monat.

Der Maître d'hôtel (Leiter des Restaurants) ist ein erstklassiger Gastgeber, und der Chefkoch hat von seinen weiten Reisen viele Ideen und exotische Zutaten mitgebracht. Er bereitet das Essen vor den Augen der Gäste zu und beschreibt jedes Gericht genau.

Gasparito Restaurant KARIBISCH **$$$**
(☎ 594-2550; www.gasparito.com; Gasparito 3, Noord; Hauptgerichte 23–38 US$; ⏲ Mo–Sa 18–21 Uhr; 🖉) Wer zu diesem Wohlfühlort in Familienhand findet, den erwartet ein Gaumenschmaus – köstliche, bodenständige arubanische Küche. Zu den alten Familienrezepten gehören Eintopf aus Ziegenfleisch und *keshi yena*. Diniert werden kann im *cunucu* (Landhaus) oder im kerzenbeschienenen Hof. Man reserviert für eine der drei abendlichen Tischzeiten. Auf der Website kann man nach Sonderaktionen schauen.

Ausgehen & Nachtleben

Auf der Suche nach einer Strandparty wird man in Palm Beach fündig. Leute, die lieber an ruhigeren Orten Freundschaften schließen und den Abend ausklingen lassen möchten, sind in den netten Bars und Rumläden im Landesinneren richtig.

Local Store BAR
(☎ 586-1414; www.localstorearuba.com; Palm Beach 13a, Rte 3; ⏲ Mo–Fr 11–24, Sa & So ab 8 Uhr) Wer von Einheimischen betriebene Taucherbars liebt, wird vom Local Store begeistert sein. Die Barhocker bestehen aus Bierfässern, die rustikale Atmosphäre wird durch die nackten Glühbirnen und die mit Zinn verkleidete Decke noch verstärkt. Hier gibt's exzellente Burger, Chicken Wings und Bier (mit einer überraschend großen Auswahl an US-Amerikanischen Craft-Bieren). Ab und zu auch Livemusik.

ℹ An- & Weiterreise

Das Hotelviertel erreicht man von Oranjestad oder vom Flughafen aus, wenn man auf dem Lloyd G Smith Blvd (Rte 1) nach Norden fährt. Etwa 3 km nördlich der Stadt biegt man links auf den JE Irausquin Blvd ein, womit man die Flachbau-Hotels erreicht. Oder man setzt die Fahrt nach Norden in Richtung Hochhaus-Resorts fort und hält die Augen nach der richtigen Abzweigung offen.

Der Taxipreis für die Fahrt vom Flughafen zu den Flachbau-Hotels beträgt 25 US$, zu den Hochhaus-Resorts 30 US$. Das Hotelviertel kann man auch mit **Arubus** (S. 180) erreichen. Der Bus fährt alle 10 bis 15 Minuten von Oranjestad.

Nordwestküste

Wem Hotelburgen und überfüllte Casinos nicht zusagen, der wird hier fündig. Einfach die Küstenstraße entlang ganz nach Norden fahren, dann stößt man auf elegante Häuser und kleine, aber wunderschöne Strände. Dieser Küstenabschnitt eignet sich hervorragend zum Schnorcheln, Surfen und um den Sonnenuntergang zu genießen, da er Raum lässt für eine beeindruckende Landschaft mit Sanddünen und tosender Brandung.

Dieser Küstenabschnitt ist die richtige Wahl zum Windsurfen bei Fisherman Huts, zum Schnorcheln am Malmok Beach, zum Schwimmen am Arashi Beach oder um in den California Dunes zu wandern. Und das alles nur wenige Kilometer nördlich von Palm Beach – wer sich also langweilt oder Hunger und Durst hat, der muss nur eine kurze Strecke bis zum Komfort und den Annehmlichkeiten des Hotelviertels zurücklegen.

Sehenswertes

Arashi Beach STRAND
Nahe der Nordspitze der Insel liegt dieser vor allem bei Einheimischen und Familien beliebte Strand. Hier lässt sich gut surfen, es gibt Schatten und nur ein paar Felsen vor der Küste.

California Lighthouse LEUCHTTURM
Von Arashi Beach den Hügel hinauf liegt dieser Wachposten, der nach einem alten Schiffswrack namens *California* benannt wurde. Auch wenn das oft behauptet wird, handelt es sich dabei aber nicht um das

Schiff ähnlichen Namens (Californian), dessen Besatzung hilflos mit ansehen musste, wie die Titanic sank. Der Ausblick ist großartig und es weht ein starker Wind, vor allem ganz oben – ein beliebter Ort, um den Sonnenuntergang zu beobachten.

 Aktivitäten

California Dunes WANDERN

Die nördliche Spitze Arubas ist wild. Wind und Wellen peitschen unaufhörlich das Land, welches aus wenig mehr als endlosen Sanddünen und riesigen Felsbrocken besteht. Es gibt zahlreiche Wanderwege, die alle irgendwann zur Küste führen. Ein fast schon absurd romantischer Ort für den Sonnenuntergang – aber nicht zu lange aufhalten, die Dunkelheit bricht schnell herein. Unbedingt Wasser und Sonnenschutz einpacken.

Wie der Leuchtturm sind auch die Dünen nach einem vor der Küste liegenden Schiffswrack benannt. Auf die Dünen zu fahren, ist verboten. Das Auto kann man auf einem der Parkplätze stehen lassen, die von der Straße zum Leuchtturm aus zu sehen sind.

NICHT VERSÄUMEN

DAS WRACK DER ANTILLA

Die SS *Antilla* war ein Schiff der deutschen Hapag-Lastenschifffahrtsgesellschaft, das im Zweiten Weltkrieg in der Nähe von Malmok Beach versenkt wurde – heute ist es ein beliebtes Ziel für Taucher und Schnorchler. Das 120 m lange Wrack liegt in etwa 5 m Tiefe auf der Seite. Was das alte Schiff so einzigartig macht, ist die Tatsache, dass Masten, Bug und Vorderdeck sich sehr nah an der Wasseroberfläche befinden, weswegen sie auch für Schnorchler gut erkundbar sind.

Das Schiff hat sich in ein künstliches Riff verwandelt, denn es ist mit Korallen bewachsen und beherbergt reges unterseeisches Leben, darunter auch einige seltene Anglerfische. Das ist natürlich ein toller Anblick, aber man muss sich bewusst sein, dass das Wasser häufig unruhig ist und es starke Strömungen gibt. Daher sollte man besser nicht versuchen zum Wrack zu schwimmen und stattdessen einen Ausflug bei **Roberto's** (S. 182) oder **Red Sail** (S. 181) buchen.

Fisherman Huts WASSERSPORT

(Hadicurari Beach) Hadicurari ist aufgrund der Fischerhütten, die sich an der Küste aneinanderreihen, unübersehbar. Sandstrand, flaches Wasser und starke Passatwinde machen aus diesem Küstenabschnitt einen vorzüglichen Ort zum Boarden. Die Windsurfer sind vor allem am nördlichen, die Kitesurfer am südlichen Teil des Strandes aktiv. Es gibt die Möglichkeit, Kurse zu besuchen und Ausrüstung auszuleihen. Ein Anbieter ist Aruba Active Vacations (S. 196).

Malmok Beach SCHNORCHELN

Nördlich der Fisherman Huts liegt nahe der Straße der schmale, felsige Malmok Beach. Die Korallenküste sorgt für reges Leben im Meer und damit für exzellente Bedingungen zum Schnorcheln. Das Wasser ist klar und ruhig, der Zugang vom Strand ins Meer angenehm. Viele Schnorcheltouren führen hierher, es ist also gut, schon frühmorgens da zu sein oder erst am späten Nachmittag, um die Menschenmassen zu meiden.

Schlafen & Essen

Außer dem gehobenen Restaurant im OceanZ (S. 188) gibt's im Norden der Insel keine Gastronomieszene, weswegen auch alle Hotelzimmer mit Küchenecken ausgestattet sind. Davon abgesehen sind es jedoch nur 3 km bis nach Palm Beach, in einigen Fällen sogar noch weniger. Es muss also nicht zwingend selbst gekocht werden, wenn man nicht möchte.

★ Beach House Aruba HOTEL $$

(☎ 593-3991; www.beachhousearuba.com; Lloyd G Smith Blvd 450; Zi. mit Gartenblick 115–160 US$, Zi./Suite mit Meerblick 220/250 US$; ❄ @ ᯤ ≋) Diese charmante Ansammlung von Strandhäusern ist das perfekte Kontrastprogramm zu den typischen Resorts, die die ganze Insel dominieren. Die acht Apartments und umliegenden Gärten sind übersät mit Muschelschalen, Treibholz, handgefertigten Möbeln und ausgefallenen Kunstwerken, was eine sowohl vertraute als auch eklektische Atmosphäre schafft. Ein kleines Tauchbecken und schattige Gärten bieten Meerblick, sodass jeder in den Genuss der frischen Brise kommt.

Bananas Resort APARTMENT $$

(☎ 586-2858; www.bananasaruba.com; Malmokweg 19; Apt. ab 120 US$; ❄ @ ᯤ ≋) Das Bananas, eines der besten Angebote der Insel, verfügt über geräumige, komfortable Apart-

ABSTECHER

ARIKOK NATIONAL WILDLIFE PARK

Der Nationalpark ist eine trockene, felsige, ausgedehnte und einsame Wüstenlandschaft, die sich über einen Großteil der Ostküste erstreckt (und fast 20 % der Gesamtfläche der Insel einnimmt). Sie steht in faszinierendem Kontrast zur massiv erschlossenen Westküste. Sogar das Meer ist hier anders: Seine Farbe ist mitternachtsblau und es brandet mit großer Wucht gegen die Felsenküste, die man in dieser Heftigkeit auf der anderen Inselseite nicht kennt.

Bei einer Erkundung des Parks und seiner insgesamt 72 km langen Wanderwege entdeckt man auch die einzigartige Pflanzenwelt: Dazu zählen der ikonische, seltsam gedrehte Divi-Divi-Baum, der Kwihi-Baum mit seinen langen gelben Bohnen, die einen leckeren süß-sauren Geschmack haben, sowie der Hubada-Kaktus mit seinen spitzen, harten Dornen. Überall sind stachelige Aloe-Pflanzen zu finden, ebenso wie 7 Kakteenarten. Außerdem lohnt es sich, nach wilden Eseln und Ziegen, Aruba-Rennechsen und den einigen Dutzend Vogelarten Ausschau zu halten.

Als Erstes geht's aber ins **Besucherzentrum** (☎ 585-1234; www.arubanationalpark.org; Erw./Kind 11 US$/frei; ⌚ Ticketverkauf 8–16 Uhr), um den Eintritt zu bezahlen, eine Karte mitzunehmen und die Aushängetafeln mit der hiesigen Tier- und Pflanzenwelt zu studieren. Es gibt auch ein kleines Café.

Am **Naturpool** (Conchi) hat die starke Brandung eine natürliche Vertiefung in die Kalksteinküste geschlagen. Die umliegenden Felsen wirken als Wellenbrecher, sodass Besucher – umgeben von tosender Brandung – ein erholsames, erfrischendes Bad genießen können. Wer Taucherbrille und Schnorchel mitbringt, kann die Fische entdecken, die sich hierher zurückgezogen haben. Unbedingt Badeschuhe anziehen, die Felsen sind spitz.

Die Straße zum Naturpool ist mit einem normalen Auto nicht befahrbar. Stattdessen benötigt man einen Geländewagen oder folgt alternativ dem 5,5 km langen Fußweg vom Besucherzentrum. Die Landschaft ist atemberaubend, aber da es heiß und windig ist, sollte man viel Wasser mitnehmen und früh starten. Unterwegs erreicht man den Gipfel des Sero Arikok: Arubas zweithöchster Berg bietet einen herrlichen Blick auf die Küste und die Insel.

Versteckt zwischen mit Kakteen übersäten Hügeln, weit entfernt von allem, was nach Tourismus aussieht, befindet sich **Aruba's Little Secret** (☎ 594-6562; www.aruba-secret.com; Bringamosa 3e; Casitas inkl. Frühstück 108–165 US$; P ❄ 📶 ≋), dessen sechs entzückende *casitas* zweifellos für den entspanntesten Aufenthalt auf Aruba sorgen. Ein Komplex besteht aus vier farbenfrohen Häusern mit einem Schlafzimmer (und jeweils einer Außenküche), einem gemeinsamen Pool, einer Hängematte, einem Grill und einem Pavillon. Zu dem zweiten, privateren Komplex gehören zwei geräumige Häuser mit je einem Schlafzimmer, die an einem schicken Lounge-Bereich und einem Pool liegen.

Die Schnorchelausrüstung wird vom Besitzer und Auswanderer John Dubois zur Verfügung gestellt, der umfassende Kenntnisse über die Insel und all ihre Möglichkeiten besitzt. Ihn sollte man auch unbedingt nach Angeboten für Mietwagen fragen. Die Mindestaufenthaltsdauer beträgt fünf Nächte, wobei man wahrscheinlich länger bleiben möchte.

Die Hauptstraße des Parks ist etwa 8 km lang und verbindet den Westeingang mit dem Südeingang nahe San Nicolas, was eine Rundfahrt möglich macht. Mit Ausnahme des Naturpools ist alles mit einem Mietwagen zu erreichen.

ments mit gefließten Böden, Korbmöbeln und private Terrassen. Sie sind um einen großen Pool mit üppigen Gärten angeordnet. Die liebenswürdigen Gastgeber (Besitzer von zwei kleinen Hunden) haben stets ein offenes Ohr. Die Lage in einem Wohngebiet ist angenehm ruhig, gleichzeitig ist die Unterkunft nur 800 m von Malmok Beach entfernt. Besser geht's nicht!

Aruba Sunset Beach Studios HOTEL **$$**
(☎ 586-3940; www.arubasunsetbeach.com; Lloyd G Smith Blvd 486; Studios 155–265 US$; ❄ @ 📶 ≋) Gleich auf der anderen Seite der Küstenstraße auf der Höhe des felsigen Malmok Beach befindet sich diese Unterkunft mit zehn Zimmern in perfekter Lage und entspannter Atmosphäre. Die Studio-Apartments sind modern und komfortabel, ha-

ben kühle Fließenböden, private Terrassen und gut ausgestattete Kochecken. Swimmingpool, Whirlpool und blühende Gärten gibt's dazu, Schnorchelausrüstung, Strandstühle und Barbecue-Grills stehen den Gästen ebenfalls zur Verfügung.

Aruba Beach Villas HOTEL $$
(☎ 586-1072; www.arubabeachvillas.com; Lloyd G Smith Blvd 462; Zi. mit/ohne Meerblick ab 238/178 US$; ⏲ Empfang geöffnet 9–17 Uhr;) Diese Unterkunft mit 32 schlichten, aber hellen Wohneinheiten residiert in guter Lage in der Nähe des Hadicurari Beach. Die Abschnitte mit Meerblick haben große Terrassen mit gemütlichen Clubsesseln und wunderschöner Aussicht. An erfahrene Windsurfer werden in der Hochsaison Bretter verliehen. Dieser Ort ist ideal für Alleinreisende, denen Unabhängigkeit wichtiger ist als Luxus.

OceanZ BOUTIQUE-HOTEL $$$
(☎ 586-9500; www.oceanzaruba.com; Lloyd G Smith Blvd 526; Suite 380–1198 US$;) Der venezolanische Architekt Óscar Enrique Bracho Malpica designte dieses Wunderwerk im South-Beach-Stil mit Blick auf den Malmok Beach (S. 186). In den 13 Gästezimmern erwartet die Gäste luxuriöses Understatement mit vornehmen weißen Laken, Freiluftduschen und riesigen Fenstern. Im Preis inbegriffen ist Champagner bei der Ankunft, ein Gourmet-Frühstück im Speiseraum mit Meerblick sowie der Transfer zum Arashi Beach (S. 185) mit einer Kühltasche, Strandkörben und Sonnenschirmen.

Der Service ist außergewöhnlich, hier lockt das absolute Verwöhnprogramm. Das auf Meeresfrüchte spezialisierte internationale **Restaurant** des Hotels eröffnete 2019.

An- & Weiterreise

Am einfachsten erreicht man den Norden der Insel vom Hotelviertel aus zu Fuß oder mit dem Rad an der Küstenstraße entlang (von Palm Beach bis Arashi Beach sind es ca. 3 km). Die Buslinie **Arubus** (S. 180) bedient die Strecke ebenfalls: Linie 10 fährt nach Malmok, Linie 10A ganz bis nach Arashi und Linie 10B nach Fisherman Huts.

Ostküste

Aruba mag zwar klein sein, doch an seiner zerklüfteten Ostküste, wo Wind und Wellen zur abgeschiedenen Atmosphäre beitragen, fühlt es sich an, als hätte man die Insel bereits hinter sich gelassen. Die Hauptattraktion ist die Natur: fantastische Kliffs, tolle Strände sowie Pools, die das Meer in die Küstenlandschaft geformt hat. Das wüstenähnliche Inland wird von rätselhaften Felsformationen beherrscht. Es lohnt sich, einen oder zwei Tage lang die geologischen Wunder zu bestaunen, an einsamen Stränden zu entspannen, die Überbleibsel der Goldindustrie zu erkunden und das faszinierende Leben im größten Nationalpark der Insel zu entdecken.

Sehenswertes & Aktivitäten

★ Andicuri Beach STRAND
Kalksteinklippen, kristallklares Wasser und tosende Wellen machen diesen Strand zu einem einzigartigen Erlebnis. Besonders beliebt ist der schöne Ostküstenstrand bei Surfern und Bodyboardern. Ansonsten ist der Strand relativ einsam (Schwimmen kann gefährlich sein).

Andicuri ist nicht ganz leicht zu finden. Von Norden über die **Natural Bridge** kommend, braucht man einen Jeep (oder starke Beinmuskeln für die schwierige ca. 1,5 km lange Wanderung). Bei der Anfahrt durch Ayo gelangt man auch mit einem Auto ohne Vierradantrieb nahe an den Strand.

Donkey Sanctuary TIERAUFFANGSTATION
(☎ 593-2933; www.arubandonkey.org; Bringamosa 2-Z; Spenden willkommen; ⏲ 9–16 Uhr) GRATIS Dem Charme dieser putzigen Tierchen kann sich keiner entziehen, und sie trotten jedem Besucher in der Hoffnung auf Aufmerksamkeit und Snacks hinterher. Die Spanier brachten den Esel nach Aruba, aber viele Tiere verwilderten, als sie auf den Bauernhöfen nicht mehr gebraucht wurden. Leider bekam ihnen der zunehmende Autoverkehr auf der Insel nicht. Den Eseln in der Auffangstation geht's besser: sie bekommen Namen, werden bei Krankheit versorgt, gefüttert, beschützt und geliebt. Einfach unwiderstehlich!

Gold Mine Ranch REITEN
(☎ 586-4954; www.thegoldmineranch.com; Matividiri 60; 85 US$ pro Pers.; ⏲ Touren 9 & 16 Uhr) Die Ostseite Arubas mit ihren abgelegenen Stränden und der spektakulären Landschaft sowie die Natural Bridge lassen sich wunderbar zu Pferd erkunden. Die zweistündige Tour wird nicht als Reitausflug, sondern als „Abenteuer auf dem Pferderücken" angeboten. Sichere Reiter bekommen die Möglichkeit, mit dem Pferd am Strand entlang und durch die Brandung zu reiten.

An-& Weiterreise

Auf der Ostseite der Insel fahren keine öffentlichen Verkehrsmittel, aber es werden zahlreiche geführte Touren zu den Sehenswürdigkeiten angeboten. Die meisten Besichtigungsziele sind mit einem normalen Fahrzeug erreichbar, aber in einige Gebiete des Arikok-Nationalparks gelangt man nur mit einem Geländewagen.

Drei große Hauptstraßen durchqueren die Insel von Ost nach West: Route 3 startet in Palm Beach, Route 4 in Eagle Beach und Route 7 in Oranjestad. Route 6 ist die wichtigste Nord-Süd-Achse auf der Ostseite der Insel.

San Nicolas

San Nicolas ist eine kleine Stadt nahe der Südspitze der Insel, die sich Arubas Arbeitercharme, der aus Oranjestad längst verdrängt wurde, bewahrt hat. Herzstück des Ortes ist die Valero-Ölraffinerie, die an Bedeutung verloren hat und deren Anblick natürlich alles andere als malerisch ist. Dafür ist San Nicolas authentisch: Hier leben viele Einheimische und es gibt schöne Strände. Eine neue Kunstbewegung setzt farbenfrohe Akzente.

Mehr als 40 Werke von Streetart-Künstlern widmen sich Arubas Volk, den Traditionen, der Tierwelt und vielem mehr. Sie sind vor allem an der Stadtmauer zu sehen. Besucher können mehr erfahren, wenn sie die dynamische Kunstmesse besuchen, an einer Streetart-Führung teilnehmen oder das Kunsthandwerkszentrum besuchen. Kitesurfer werden hier auf jeden Fall einige Zeit verbringen wollen: Das nahe gelegene Boca Grandi bietet den beständigsten Wind auf der Insel.

Sehenswertes & Aktivitäten

Baby Beach STRAND

Am äußersten Südende der Insel liegt Baby Beach, ein halbmondförmiger Sandstrand mit sanften Wellen und einigen tollen Schnorchelstellen. Er ist bei Einheimischen sehr beliebt, allerdings nicht halb so voll wie die Strände an der Westküste. Die Strandbar am östlichen Ende wird Fans von Familie Feuerstein begeistern. Der nahegelegene Rodger's Beach ist ebenfalls ganz schön für alle, die die im Hintergrund emporragende Ölraffinerie nicht zu sehr stört.

Boca Grandi KITESURFEN

Boca Grandi ist die beste Adresse der Insel für erfahrene Kitesurfer, da hier der Wind am zuverlässigsten weht und die Strände weniger überfüllt sind als im Norden bei den Fisherman Huts (S. 186). Schwimmen ist hier nicht ungefährlich, wie das für Strände mit starkem Wind typisch ist. Der Strand ist von San Nicolas oder Arikok erreichbar.

★ Aruba Mural Tours GEFÜHRTE TOUREN

(☎ 593-4475; https://arubamuraltours.com; Bernard van de Veen Zeppenfeldstraat 14; 15–35 US$ pro Pers.; ⏲ Mo–Fr 9–17 Uhr) Spannende Führungen mit dem charismatischen Einheimischen Tito Bolivar geben Besuchern Einblick in die wachsende künstlerische Bewegung der früheren Inselhauptstadt. Nachdem die Ölraffinerien geschlossen wurden, ging es in San Nicolas trist und deprimierend zu, es machte durch grassierende Prostitution von sich reden. Heute schmücken über 40 leuchtende Gemälde die Mauern. Jedes erzählt eine einzigartige Geschichte über Aruba und seine Bewohner.

Diese Wandgemälde geben der Jugend von San Nicolas Anregungen, sich selbst als Künstler zu versuchen und etwas aus sich zu machen. Zu jeder Kunstmesse auf Aruba gibt's neue Werke zu bewundern und zu bestaunen.

Bolivar versteht sich definitiv darauf, seine Geschichte zu erzählen. Er initiierte alle Kunstprojekte in San Nicolas, an denen von Schulkindern über internationale Künstler bis hin zu Großspendern und Partnerstädten viele Akteure beteiligt waren. Der begabte und engagierte 34-Jährige hat eine klare Vision, und es wäre nicht erstaunlich, wenn er eines Tages Premierminister wird.

Feste & Events

Aruba Art Fair KUNST

(https://arubaartfair.com; ⏲ Sept.) Internationale Künstler und Besucher kommen, um „die vergessene Stadt San Nicolas zu malen", wie der Gründer Tito Bolivar es ausdrückt. Zu dem skurrilen und sich ständig verändernden Ereignis gehören Pop-up Fine Dining, Tanzvorführungen in den Straßen, Dichterlesungen, Modeschauen und natürlich Wandmalereien (für die die Stadt inzwischen bekannt ist).

Die Veranstaltung im Jahr 2018 lockte 12 000 Besucher nach San Nicolas, begeisterte die Einwohner und verschönerte die Straßen. Wer zu dieser Zeit nicht kann, hat bei einer Führung mit Aruba Mural Tours ganzjährig Gelegenheit, durch die Straßen zu schlendern und den Wiederaufschwung und die Geschichte der Stadt entdecken.

Essen

San Nicolas ist nicht so reich mit Restaurants gesegnet wie die touristischen Gebiete Arubas, aber man wird trotzdem leicht fündig. Zusätzlich zu den Bars rund um Baby Beach gibt's einige gute Restaurants in der Stadt – ganz zu schweigen von Charlie's Bar, die für jeden Urlauber zum Pflichtprogramm gehört.

Big Mama Grill GRILLRESTAURANT **$$**
(☎568-5688; www.facebook.com/bigmamagrill; Baby Beach; Hauptgerichte 6–25 US$; ⏲9.30–19 Uhr) Die Aussicht und die Cocktails sind der Trumpf dieser Bar mit Grillrestaurant einige Schritte vom Baby Beach entfernt. Das Familie-Feuerstein-Thema wird jedoch etwas übertrieben: Die Mitarbeiter sind wie Figuren der Serie gekleidet. Die Küche ist gut. Wählen kann man z. B. ein Sandwich, Meeresfrüchte oder eine Spezialität wie Ziegencurry oder Johnnycakes (frittierter Teig, gefüllt mit Käse, Fleisch oder Gemüse).

Charlie's Bar BAR
(☎584-5086; www.facebook.com/charliesbar aruba; Zeppenfeldstraat 56; ⏲Mo–Sa 11.30–19 Uhr) Das Charlie's, eine Institution auf der Insel, serviert bereits seit 1941 kaltes Bier in entspannter Atmosphäre für Touristen und Einheimische. Die Wände sind mit alten Fotos, Flaggen, Wimpeln, Postern, Zeitungsausschnitten und Nummernschildern gepflastert, die von der bunten, charaktervollen Geschichte des Restaurants, der Stadt und der Insel erzählen. Das Essen ist gut und der Service allererste Sahne.

Das Charlie's liegt westlich der Ölraffinerie von San Nicolas.

An- & Weiterreise

San Nicolas liegt am südlichen Ende der Insel, rund 20 km auf der Route 1 südlich von Oranjestad. Arubus (S. 180) fährt regelmäßig dorthin und weiter bis nach Baby Beach.

Spanische Lagune & Savaneta

Savaneta ist eine alte arubanische Stadt und liegt etwa 10 km südlich von Oranjestad. Sie wurde 1816 gegründet und ist seitdem fast ein wenig in Vergessenheit geraten. Verglichen mit ihren Pendants an der Nordwestküste sind die Strände hier nicht so ausgedehnt und prächtig und es gibt weniger Attraktionen und Freizeiteinrichtungen. Dafür tummeln sich hier aber auch weniger Touristen. Und genau deshalb ist der Landstrich so interessant. Abgesehen davon, dass noch nicht so viele Menschen dieses Gebiet für sich entdeckt haben, bietet Savaneta herausragende Möglichkeiten zum Schnorcheln und einige Restaurants, die ihresgleichen suchen.

Nur etwas weiter nördlich befindet sich die Spanische Lagune. Der enge, von Sümpfen und Mangroven gesäumte Meeresarm ist ein stimmungsvoller Ort zum Kajakfahren und Schnorcheln. Einst war dies einer der wenigen Plätze auf der Insel, an denen sich Piraten aufhielten.

Aktivitäten & Geführte Touren

Aruba Bob's Snorkel Tours SCHNORCHELN
(☎745-7459; www.arubabob.com; Club Arias, Savaneta 123k; 100 US$ pro Pers.) Keine 0815-Schnorcheltour! Aruba Bob gibt allen Gästen einen Unterwasser-Scooter mit, womit man deutlich schneller vorankommt (1,5 km in einer 1,5-stündigen Tour) und was es auch einfacher macht, nach unten zu tauchen, um das unterseeische Leben aus der Nähe zu erkunden. Die Touren starten am Mangel Halto Beach.

Mangel Halto SCHNORCHELN
(Pos Chiquito) Direkt südlich der Spanischen Lagune liegt Mangel Halto, ein kleiner Sandstrand mit klarem, ruhigem Wasser und einigen strohgedeckten Sonnenschirmen. Was ihn einzigartig macht, ist das Mangrovenwäldchen am südlichen Ende. Der Strand wird von einem vorgelagerten Riff geschützt, was ihn zu einem hervorragenden und einfach zugänglichen Schnorchelspot macht.

Gute Schwimmer können auf der Südseite der Mangroven ins Wasser gehen und sich von der Strömung nach Norden zum Hauptstrand tragen lassen. Dies ist eine gute Gelegenheit, die Außenseite des Riffs zu sehen, wo die Korallen leuchtender und das Meeresleben vielfältiger sind.

Aruba Kayak Adventure KAJAKFAHREN
(☎582-5520; http://arubakayak.com; Ponton 90; ab 83 US$; ⏲geführte Touren 8.30 Uhr) Ein faszinierender Ausflug für Anfänger und Fortgeschrittene in die Mangrovenwälder und die Uferlandschaft nahe der Spanischen Lagune an der südlichen Küste. Transport, Ausrüstung und Mittagessen sind im Preis inbegriffen. Beide Touren beinhalten einen Stopp zum Schnorcheln –

entweder am Mangel Halto Beach oder bei **De Palm Island** (☎522-4400; www.depalmisland.com; Erw./Kind 104/79 US$; ⏲9–17 Uhr).

Schlafen & Essen

Club Arias B&B **$$**
(☎593-3408; www.clubarias.com; Savaneta 123k; Suite 120–200 US$;) Dieses kleine Resort ist ein reizender Rückzugsort fernab vom Massentourismus. Es hat zehn große Suiten, die um einen fantastischen Swimmingpool mit Naturstein-Dekor und eine Poolbar angeordnet sind. Zu den weiteren Vorzügen gehören Freiluftduschen und eine hauseigene Pizzeria. Der Strand ist fußläufig fünf Minuten entfernt.

★ **Aruba Ocean Villas** VILLEN **$$$**
(☎594-1815; www.arubaoceanvillas.com; 356a Savaneta; Bungalows 400–950 US$;) Bei der Ankunft in dieser Anlage aus prächtigen und originellen über dem Wasser erbauten Bungalows fragen sich viele Gäste, ob sie auf die Malediven oder vielleicht nach Tahiti geraten sind. In Wahrheit ist dieser Ort mit nichts zu vergleichen: Er entstammt der wilden Fantasie eines außergewöhnlichen arubanischen Künstlers, die hier vehement zum Leben erweckt wurde.

★ **Zeerover** FISCH & MEERESFRÜCHTE **$**
(☎584-8401; www.facebook.com/zeerovers; Savaneta 270a; Hauptgerichte 6–15 US$; ⏲Di–So 11–21 Uhr) Die Menschen strömen von der ganzen Insel herbei, um in dieser Fischereikooperative direkt am Wasser zu essen. Die Speisekarte ist kurz, hat es aber in sich: Es gibt den Fang des Tages und Shrimps, alles frisch und frittiert. Man stellt sich in der Schlange an, bestellt und bekommt dann einen Drink am Seitenfenster. Nur Barzahlung.

Es gibt reichlich Sitzgelegenheiten an Picknicktischen mit Meerblick, doch der beste Platz ist draußen auf dem Bootsdock.

★ **Flying Fishbone** INTERNATIONAL **$$$**
(☎584-2506; www.flyingfishbone.com; Savaneta 344; Hauptgerichte 28–45 US$; ⏲17–22 Uhr) Das ultimative romantische Dinner am Strand. Schuhe abstreifen, die Zehen im Sand vergraben oder ins Meer tauchen und währenddessen frische Meeresfrüchte und erstklassige Steaks genießen. Die Location ist spektakulär und übertrifft sich bei Sonnenuntergang oder Sternenlicht noch einmal selbst. Die Präsentation der Speisen ist ebenfalls bemerkenswert. Reservierung unbedingt erforderlich.

An- & Weiterreise

Savaneta liegt 10 km südlich von Oranjestad entlang der Route 1. **Arubus** (S. 180) fährt in nördlicher Richtung in die Hauptstadt und in südlicher nach San Nicolas und Baby Beach.

ARUBA VERSTEHEN

Geschichte

Die Geschichte der Caquetío

Die ersten Bewohner Arubas waren die Caquetío. Sie gehörten zu den Arawak, waren Jäger, Sammler und Fischer und bevölkerten schon im Jahr 2500 v. Chr. die Nordwestküste. Sichtbare Zeugnisse ihrer Zivilisation sind die Muschelhaufen, die rund um das Salzwerk von Malmok Beach verstreut sind. Von 1000 bis 1500 n. Chr. siedelten die Caquetío in fünf Dörfern, die über die gesamte Insel verteilt lagen. Dabei betrieben sie Töpferei und Landwirtschaft und pflanzten Getreide und Yucca an. Artefakte des Keramikzeitalters sind im Archäologischen Museum Aruba ausgestellt. Die Höhlenmalereien in der Fontein-Höhle stammen ebenfalls aus dieser Zeit.

Spanien beanspruchte die Insel 1499 für sich, aber Arubas unwirtliche und trockene Landschaft sorgte für wenig kolonialen Enthusiasmus und brachte ihr sogar den Spitznamen *isla inútil* ein – „nutzlose Insel". Zum Ende wurde der Großteil der indigenen Bevölkerung versklavt und auf den Plantagen in Hispaniola zum Arbeiten gezwungen.

Von der Kolonie zur Unabhängigkeit

Die Niederlande beanspruchten Aruba 1636 für sich, um ihre anderen Errungenschaften in der Umgebung weiter aufzuwerten: Curaçao (Sitz der Niederländischen Westindien-Kompanie) und Bonaire (Zentrum der niederländischen Salzindustrie). Die Kolonie Aruba erfüllte durch die Einrichtung eines Flottenstützpunktes vor allem strategische Zwecke. Während eines Großteils der nächsten drei Jahrhunderte blieb Aruba in niederländischer Hand. 1954 gründeten die drei Inseln die autonomen niederländischen Antillen.

Die ABC-Inseln (Aruba, Bonaire und Curaçao) bildeten nie ein freundschaftliches Bündnis, und 1986 nutzte Aruba seinen Wohlstand, um sich vom Rest der niederländischen Antillen abzuspalten und innerhalb der Niederlande autonom zu sein. Als die niederländischen Antillen 2006 aufgelöst wurden, bekam auch Curaçao einen Sonderstatus. Die vollständige Unabhängigkeit wurde auf Aruba zwar gefordert, jedoch nie erlangt.

Wirtschaft: Öl & Tourismus

Der Wohlstand kam 1920 in Form einer riesigen Raffinerie auf die Insel, die gebaut wurde, um Rohöl aus Venezuela zu verarbeiten. Dieser große Komplex beherrscht das südöstliche Ende Arubas und prägt das Bild der Arbeiterstadt San Nicolas bis heute. Jobs in dieser Fabrik trugen zur Entwicklung eines Mittelstands bei und die Insel gedieh.

Mitte des Jahrhunderts modernisierte sich die Branche und viele Ölarbeiter verloren ihre Stelle. Die niederländische Regierung förderte gezielt den Tourismus, um diese aufkeimende Branche als alternative Einkommensquelle aufzubauen. Das erste Hochhaus-Hotel, das Caribbean Hotel, eröffnete 1959 auf der Insel – die Folge war ein regelrechter Tourismus-Boom.

Bevölkerung & Kultur

Die Bevölkerungszahl Arubas liegt stetig bei ca. 100 000 Einwohnern mit rund 90 verschiedenen Nationalitäten. Die meisten Inselbewohner sind gemischter Herkunft und haben Caquetío-, afrikanische oder europäische Wurzeln. Etwa 20% der Bevölkerung sind Auswanderer aus den Niederlanden oder den USA.

Die meisten Bewohner Arubas sprechen sowohl Niederländisch und Englisch als auch Spanisch, aber die Sprache der Einheimischen ist Papiamentu, eine Kreolsprache mit afrikanischen und portugiesischen Elementen. Die vorherrschende Religion ist der Katholizismus.

Durch diese Mischung der Kulturen ist ein farbenfroher Schmelztiegel entstanden, in dem sich das Beste aus den Einflüssen der Karibik, Afrikas und Europas vereint. Zu Karneval, einem einmonatigen Spektakel vor der Fastenzeit, wird die bunte kulturelle Mischung eindrucksvoll zur Schau gestellt. Tänzer tragen schillernde Kostüme, Steel- und Brassbands spielen auf und die Stadt erstrahlt mit Paraden, Musik und Lichterschmuck.

Natur & Umwelt

Trotz der üppigen Landschaft rund um die Resorts hat Aruba ein arides Klima mit weniger als 500 mm Regen pro Jahr. Die einheimischen Pflanzenarten sind robuste Wüstenpflanzen, unter anderem sieben Kakteenarten, sowie die beliebte Aloe und der ikonische Divi-Divi-Baum. Die Tierwelt wird beherrscht von Reptilien, darunter eine Vielzahl an Iguana- und Eidechsenarten. Auf Aruba leben außerdem viele Vogelarten, etwa der überall vorkommende Zuckervogel und der auffällige Trupial. Auf der Ostseite der Insel gibt's wilde Esel und Ziegen.

Arubas sichtbarste Umweltsünde der Vergangenheit waren die rauchenden Schornsteine der Ölraffinerie in San Nicolas. Pläne der Ölgesellschaft von Venezuela, die Raffinerie zu renovieren und wieder zu eröffnen, wurden 2019 definitiv auf Eis gelegt. Eine weitere Quelle für Smog ist eine der größten Entsalzungsanlagen der Welt südlich des Flughafens, die rund um die Uhr in Betrieb ist (dazu muss man sagen, dass das Trinkwasser sicher und wohlschmeckend ist.)

Die Insel hat sich das Ziel gesetzt, in naher Zukunft zu 100% auf erneuerbare Energien umzusteigen. Zu diesem Zweck wurde an der Südostküste der Vater Piet-Windmühlenpark erbaut, und es sind noch weitere in Arbeit. Zu den Ideen zählten außerdem ein Sonnenkollektorenpark am Flughafen, ein Müllheizkraftwerk sowie Mikronetztechnologie mit integrierten Solar- und Windsystemen. Touristische Orte sollten begehbarer und zugänglicher gemacht werden. Die Zeit läuft allerdings davon, und das Ziel wird realistischerweise wohl kaum zu erreichen sein.

Die Notwendigkeit, die gesunde Wirtschaft der Insel mit ihren begrenzten Wasser- und Energieressourcen in Einklang zu bringen, wurde zu einem großen Streitpunkt auf der Insel, da die Bewohner eine Beschränkung des Wachstums verlangten. Dies führte zu einer Verlangsamung – aber sicherlich nicht zu einem Ende – des Hotel- und Eigentumswohnungsbaus im Inselnorden.

Zusätzlich zu dem Ziel, frei von fossilen Brennstoffen zu werden, hat Aruba in den vergangenen Jahren mehrere neue Umweltschutzvorschriften erlassen. 2017 beschloss die Regierung, Plastiktüten zu verbieten. Zuvor waren auf der Insel schätzungsweise 30 Millionen Einwegtragetaschen pro Jahr im Umlauf. Die Bevölkerung war gern bereit, dem ein Ende zu setzen, und ab dem 1. Januar 2019 wurden auch Plastikhalme, Einweg-Plastikbecher und Schaumstoffplatten verboten (mit einer einjährigen Übergangsfrist für Unternehmen, den Vorschriften vollständig zu entsprechen).

2018 sprang das Umweltministerium der Insel auf den Zug auf und kündigte an, dass oxybenzonhaltige Sonnenschutzmittel auf Aruba ebenfalls verboten werden. Es ist bekannt, dass Oxybenzon die DNA von Korallen verändert und sie daran hindert, sich von Bleich- oder anderen Schäden zu erholen. Der Ausstieg aus der Chemikalie begann 2019, ein vollständiges Verbot trat 2020 in Kraft. Inzwischen haben einige lokale Unternehmen damit begonnen, biologisch abbaubare, „riffsichere" Sonnenschutzmittel aus natürlichen Inhaltsstoffen auf den Markt zu bringen. Der beste Schutz für das Riff (und die Haut) ist jedoch der Verzicht auf Lotionen und das Tragen eines Schutz- oder Neoprenanzugs.

PRAKTISCHE INFORMATIONEN

Allgemeine Informationen

BARRIEREFREI REISEN

Perfekt ist Aruba nicht, aber dennoch ein recht gutes Ziel für Reisende mit Einschränkungen.

➡ Viele Resorts bieten behindertengerechte Zimmer und Strand-*palapas* (an einer Seite offene strohgedeckte Hütten), darunter das **Hyatt** (☎ 586-1234; www.hyatt.com; JE Irausquin Blvd 85, Palm Beach; Zi. ab 400 US$; ❄ @ ☎ ≋). Viele Restaurants und Casinos auf der Insel sind für Rollstuhlfahrer zugänglich.

➡ Weitere Dienstleistungen wie Rollstuhlverleih und medizinische Transporte können durch spezialisierte Anbieter wie **Offroad Wheelchair Aruba** (☎ 565-0393; www.facebook.com/pg/offroadwheelchairaruba), **Essential Health Supplies** (www.essentialaruba.com), **Lite Life Medicab** (www.litelifemedicab.com) und **Labco** (www.labco aruba.com) organisiert werden.

Accessible Caribbean Vacations (www.accessiblecaribbeanvacations.com) bietet Sightseeingtouren und Strandausflüge für Rollstuhlfahrer.

De Palm Tours (☎ 522-4400; www.depalm.com; Palm Beach; Erw./Kind ab 40/29 US$) verfügt über einen rollstuhlgerechten Bus, der für Flughafentransfers oder Besichtigungstouren angefordert werden kann.

Zu den für Rollstuhlfahrer erreichbaren Sehenswürdigkeiten zählt die Butterfly Farm (S. 181).

Der Nachteil: Rollstuhlgerechte Boote oder Taxis gibt's nicht, was vor allem Bootsfahrten erschwert.

> **PREISKATEGORIEN ESSEN**
>
> Die folgenden Preiskategorien beziehen sich auf ein Hauptgericht.
>
> **$** bis 10 US$
>
> **$$** 10–25 US$
>
> **$$$** über 25 US$

Der Kreuzfahrtschiff-Terminal in Oranjestad hat eine Rampe für Rollstuhlfahrer, genauso wie viele Bürgersteige in der Stadt. Aber außerhalb von Oranjestad und dem unmittelbaren Hotelviertel gibt's so gut wie keine Bürgersteige.

BOTSCHAFTEN & KONSULATE

Deutsches Honorarkonsulat (☎ 582-3950; oranjestad@hk-diplo.de; Aruba Restaurants, Weststraat 7, Oranjestad)

Österreich und die **Schweiz** haben keine Botschaften oder Konsulate in Aruba. Zuständig sind stattdessen die Vertretungen im niederländischen Den Haag.

ESSEN

Essen gehen macht Spaß auf Aruba, ist aber teuer. Wer auf's Geld schauen muss, kann die Küchenecke in seiner Unterkunft nutzen. Die kreativste Küche findet man außerhalb der Resorts. Innovative, interessante Gerichte gibt's in der Region Noord und in Oranjestad. Lecker essen kann man auch in Palm Beach: Es gibt dort Meeresfrüchterestaurants, Strandbars und Snackhütten en masse – einige davon sind wirklich ausgezeichnet.

FEIERTAGE

Neujahr 1. Januar
GF (Betico) Croes Day 25. Januar
Karnevalsmontag Montag vor Aschermittwoch
Nationalfeiertag 18. März
Karfreitag Freitag vor Ostern
Ostermontag Montag nach Ostern
Geburtstag des Königs 27. April
Labour Day 1. Mai
Christi Himmelfahrt Sechster Donnerstag nach Ostern
1. Weihnachtstag 25. Dezember
2. Weihnachtstag 26. Dezember

FREIWILLIGENABEIT

Aruba ist eine der wohlhabenderen Karibikinseln, weswegen es nur wenige Möglichkeiten zum Freiwilligendienst gibt. Nichtsdestotrotz freuen sich einige Organisationen über den Einsatz engagierter Helfer:

Aruba Animal Shelter (www.arubaanimalshelter.com; Planterust; ⏲ Mo–Fr 8–12, Sa bis 15 Uhr) Kümmert sich um heimatlose Hunde und Katzen auf der Insel.

PRAKTISCH & KONKRET

Fernsehen Lokale Fernsehsender strahlen ihre Programme zumeist auf Niederländisch und/oder Papiamentu aus.

Maße & Gewichte Es wird das metrische System verwendet.

Rauchen Rauchen ist in allen Restaurants, Bars und Casinos erlaubt, es gibt jedoch immer auch Nichtraucherbereiche. Hotels verfügen normalerweise über Raucher- und Nichtraucherzimmer.

Zeitungen Die meistgelesene englischsprachige Zeitung ist *Aruba Today* (www.arubatoday.com), sie berichtet hauptsächlich internationale Nachrichten

Aruba Reef Care Foundation (☎740-0797; arubareefcare@gmail.com) Seit mehr als 20 Jahren sponsert diese Organisation eine jährliche Säuberungsaktion der Strände sowie der Tauch- und Schnorchelgebiete auf der Insel.

Donkey Sanctuary (S. 188) Nur von Freiwilligen betriebene Auffangstation, die sich um heimatlose Esel kümmert.

Special Olympics Aruba (www.specialolym pics.org/programs/north-america/aruba; Piedra Plat 86b) Freiwillige helfen hier beim Training, bei der Planung, der PR und vielem mehr.

GELD

Obwohl die offizielle Währung Arubas der Aruba-Florin (Afl) ist, werden die Preise häufig in US-Dollar ausgezeichnet, und fast alles kann in US-Währung bezahlt werden. Manchmal bekommt man Wechselgeld in Dollar zurück, manchmal in Aruba-Florin.

Geldautomaten sind nahezu überall verfügbar und geben US-Dollar (US$) und Aruba-Florin (Afl) aus. In den meisten Hotels und Restaurants kann mit Kreditkarte bezahlt werden.

Trinkgeld

Bars und Restaurants Bei gutem Service 15 bis 20 % (abzüglich der Servicegebühr, die manchmal schon im Rechnungsbetrag enthalten ist).

Resorts Steht auf der Rechnung kein Aufschlag für den Service, sind 1–3 US$ pro Tag üblich.

Taxis Ein Trinkgeld von 10 % ist hier angemessen.

Tourguides Normalerweise 10 % für einen Halbtagesausflug.

Wechselkurse

Curaçao	1 NAf	1 Afl
Eurozone	1 €	1,83 Afl 1 US$
Schweiz	1 SFr	1,84 Afl 1,02 US$
USA	1 US$	1,80 Afl

Aktuelle Wechselkurse sind auf www.xe.com zu finden.

INTERNETZUGANG

Alle Resorts und Hotels der Insel und viele Restaurants und Cafés bieten Internetzugang per WLAN. Einige Unterkünfte verfügen auch über Gäste-PCs.

LGBT-REISENDE

Seit 2016 erlaubt das Zivilgesetzbuch von Aruba „eingetragene Partnerschaften" sowohl für gleichgeschlechtliche als auch für heterosexuelle Paare.

Aruba heißt Besucher jeder sexuellen Orientierung willkommen. Die Resorts und Hotels zeigen sich allen Gästen gegenüber gleichermaßen gastfreundlich. Allerdings gibt's keine wirkliche LGBT-Szene, mit Ausnahme der **Gay Bar** (☎582-2550; www.7aruba.com; Windstraat 32; ⏲Mi & Do 19–2, Fr & Sa bis 4 Uhr) und ein oder zwei ähnlichen Adressen in Oranjestad.

MEDIZINISCHE VERSORGUNG

Das **Dr. Horacio Oduber Hospital** (☎527-4000; www.arubahospital.com) in Oranjestad ist ein großes und gut ausgestattetes Krankenhaus nahe dem Lloyd G Smith Boulevard. Eine Notaufnahme ist vorhanden.

Auf Aruba kann man bedenkenlos Leitungswasser trinken.

MIT KINDERN REISEN

Aruba ist der ideale Urlaubsort für Familien, denn hier gibt's Sehenswürdigkeiten und Aktivitäten für Kinder jeden Alters. Viele Resorts, Einkaufszentren und andere Einrichtungen sind extra auf Familien ausgerichtet.

Die meisten Strände an Arubas Westküste sind vor der starken Brandung recht gut geschützt, weswegen Kinder hier nach Herzenslust im Wasser toben, schwimmen und Sandburgen bauen können. Einige Wellen am Arashi Beach (S. 185) sind für ältere Kinder zum Surfen geeignet. Mangel Halto (S. 190) ist ein wunderbar geschützter Ort zum Schnorcheln – bei Aruba Bob's (S. 190) wird es Kindern ab fünf Jahren beigebracht.

Kinder, die zum Schnorcheln noch zu jung sind, können bei Bootstouren mit **Atlantis Adventures** (☎522-4500; www.depalmtours.com; Lloyd G Smith Blvd 82; Erw./Kinder 115/84 US$; ⏲Abfahrtszeiten 11 & 12 Uhr) und **Seaworld Explorer** (☎522-4500; www.depalmtours.com; Palm Beach; Erw./Kinder 44/29 US$) einen Blick in die Unterwasserwelt werfen.

Sollten die Kleinen eine Pause vom Strand brauchen, freuen sie sich bestimmt über die

PREISKATEGORIEN UNTERKUNFT

Die folgenden Preiskategorien beziehen sich auf ein Doppelzimmer mit einem privaten Badezimmer, zzgl. Steuern.

**$** bis 100 US$

**$$** 100–250 US$

**$$$** über 250 US$

Eselauffangstation (S. 188). De Palm Island (S. 191) bietet Aktivitäten aller Art, einschließlich einer Seilbahn und einem Erlebnisbad.

Einige Resorts bevorzugen zwar erwachsene Gäste, aber die meisten sind sehr familienfreundlich. Die Swimmingpools sind häufig auf Kinder ausgerichtet, und die meisten größeren Resorts bieten Kinderclubs, Spielzimmer und andere Angebote, um die Kids auf Trab zu halten. Es gibt Familienzimmer und -suiten, und auch die Küchenecken sind oft an Familienbedürfnisse angepasst.

Es gibt wenige öffentliche Toiletten und am Strand quasi überhaupt keine (mit Ausnahme einiger Dixie-Klos). Auch Wickeltische sind eher selten. Bürgersteige wurden in einigen Gebieten angelegt, etwa bei den Hochhaus-Resorts (JE Irausquin Blvd) und an der Straße (Lloyd G Smith Blvd) entlang der Nordwestküste. Verlässt man aber diese Gegenden, gibt's praktisch keine Bürgersteige mehr, was das Laufen mit Kindern oder das Schieben eines Kinderwagens gefährlich macht.

NOTFALL

Feuerwehr	☎ 911
Krankenwagen	☎ 911
Polizei	☎ 911, 100
Straßenverkehrsdienste	☎ 165

ÖFFNUNGSZEITEN

Viele Ämter, Läden und Restaurants sind sonntags geschlossen.

Banken Mo–Fr 9–16 Uhr

Geschäfte Mo–Sa 9–18 Uhr (in Touristengebieten tägl. bis 20 Uhr).

Restaurants 11–22 Uhr

POST

Post Aruba sorgt für zuverlässigen internationalen Service. Post in die USA oder nach Kanada dauert ein bis zwei Wochen, nach Europa zwei oder drei Wochen. Das **Hauptpostamt** (☎ 528-7678; www.postaruba.com; Irausquin Plein 9; ⏲ Mo–Fr 7.30–16.30 Uhr) hat seinen Sitz im Zentrum von Oranjestad, aber es gibt auch eine Niederlassung auf der Palm Beach Plaza. Sie liegt neben der **Paseo Herrencia Mall** (www.paseoherencia.com; JE Irausquin Blvd 382a, Palm Beach; ⏲ Mo–Sa 10–22, So 17–22 Uhr).

RECHTSFRAGEN

Die Polizei ist auf Aruba nicht übermäßig sichtbar, aber dennoch präsent. Die Gesetze werden dabei mit einer gewissen Strenge und Härte umgesetzt:

- Anders als in den Niederlanden sind hier alle Drogen illegal. Ein Verstoß gegen dieses Verbot kann zu Verhaftung und Gefängnisstrafe führen.
- Umweltverschmutzung wird strikt verfolgt. Es ist ratsam, keinen Müll am Strand herumliegen zu lassen und Zigarettenstummel nicht auf den Boden zu werfen.
- Wie üblich kann die eigene Botschaft im Fall einer Verhaftung den Kontakt zu einem Anwalt herstellen, sonst allerdings nicht viel ausrichten.

SICHER REISEN

Aruba ist eine der sichersten Karibikinseln und weist niedrige Raten an Klein- und Gewaltverbrechen auf. Aber die üblichen Vorsichtsmaßnahmen sind trotzdem erforderlich.

- Wertsachen sollte man nicht unbeaufsichtigt am Strand oder im Auto liegen lassen.
- Gegenüber allzu freundlichen Fremden wachsam sein!

STROM

Auf Aruba werden 110–120V, 60Hz-Steckdosen und Stecker mit zwei oder drei Stiften verwendet.

TELEFON

Arubas Ländervorwahl ist die 297. Um einen lokalen Anruf zu tätigen, einfach die siebenstellige Nummer ohne Ortsvorwahl wählen. Für internationale Gespräche wählt man die Ländervorwahl plus die gewünschte Rufnummer.

IN DIE USA FLIEGEN

Wer nach seinem Aufenthalt auf Aruba noch in die Vereinigten Staaten fliegen möchte, sollte unbedingt drei Stunden vor Abflug am Flughafen sein. Die Zoll- und Einreiseformalitäten werden nämlich bereits *vor* dem Ablug von Aruba abgewickelt, deshalb ist der Zeitaufwand am Flughafen nicht zu unterschätzen.

Die meisten Flüge in die USA starten ungefähr zur selben Zeit, weswegen die entsprechenden Schalter oft beinahe überrannt werden. Wenn möglich, sollte man Flüge am Wochenende vermeiden, denn dann ist es am schlimmsten. Aber auch an den anderen Tagen muss genug Zeit eingeplant werden.

Handys

GSM-Mobiltelefone sind mit lokalen SIM-Karten kompatibel. Es gibt auch einen 3G-Dienst. Die wichtigsten Betreiber sind **Digicel** (www.digicelaruba.com) und **Setar** (www.setar.aw).

TOURISTENINFORMATION

Die Tourismusbehörde Aruba (S. 180) ist eine gut ausgestattete Einrichtung mit einer umfassenden Website und hilfsbereiten Mitarbeitern. Das Büro in Oranjestad ist Teil des Gebäudetrios des Aruba-Tourismus-Komplexes.

UNTERKUNFT

Die meisten Übernachtungsmöglichkeiten gibt's auf Aruba in den Hochhaus- und in den Flachbau-Hotels, jeweils am Palm Beach und Eagle Beach gelegen. Es gibt neuerdings auch ein Angebot an schicken Boutique-Hotels sowie einige B&Bs in den weniger touristischen Gebieten. Einige kostengünstigere Unterkünfte findet man abseits der Touristengebiete, sowohl im Osten (Inland) als auch im Norden.

Die Hochsaison-Preise gelten normalerweise von Mitte Dezember bis Mitte April. Sie verstehen sich zzgl. der gesetzlichen Steuern (eine Hotelsteuer von 9,5 % und eine Umweltabgabe von 3 US$ pro Tag). Viele Resorts schlagen zudem noch eine Servicegebühr von 11 % (oder mehr) obendrauf.

ZEIT

Auf Aruba gilt die Atlantic Time Zone (AST): MEZ minus fünf Stunden, MESZ minus sechs Stunden. Es gibt hier keine Sommerzeit.

An- & Weiterreise

Aruba kann man aus der Luft oder zu Wasser (Kreuzfahrtschiff) erreichen. Flüge, Autos und Touren können online gebucht werden unter lonelyplanet.com/bookings.

FLUGZEUG

Reina Beatrix International Airport (AUA; ☎ 524-2424; www.airportaruba.com) ist ein geschäftiger moderner Flughafen mit vielen Flügen nach Nord- und Südamerika, mit täglichen Flügen nach Amsterdam und mit wöchentlichen Flügen nach Großbritannien. Er befindet sich südlich von Oranjestad.

Zu den beliebtesten regionalen Fluglinien zählen:

Aruba Airlines (☎ 583-8300; www.arubaairlines.com) Tägliche Flüge von/nach Curaçao und häufige Verbindungen von/nach Bonaire.

Avianca (☎ 582-5484; www.avianca.com) Fliegt über Bogotá, Kolumbien, nach Süd- und Mittelamerika.

Divi Divi (www.flydivi.com) Regelmäßige Flüge zwischen Aruba, Bonaire, Curaçao und Sint Maarten.

Winair (www.fly-winair.sx) Verbindet Aruba mit Curaçao, Bonaire und Sint Maarten.

SCHIFF/FÄHRE

Aruba ist mit dem Kreuzfahrtschiff erreichbar. Obwohl die ABC-Inseln (Aruba, Bonaire und Curaçao) nicht weit voneinander entfernt sind, gibt's keinen Fährverkehr, auch wenn immer wieder Pläne dafür gemacht werden.

Die ABC-Inseln sind Teil vieler Kreuzfahrtrouten, welche die südliche Karibik abdecken, häufig auf zehntägigen oder auch zweiwöchigen Trips. Wenn die größten Schiffe ankommen, ist es nicht ungewöhnlich, dass mehr als 10 000 Passagiere an einem Tag an Land gehen. Die Schiffe legen am Hafen in der Stadtmitte von Oranjestad an.

Unterwegs vor Ort

AUTO & MOTORRAD

Straßenbeschilderung und Verkehrsregeln sind wie in Europa. Gefahren wird auf der rechten Straßenseite. Anschnallen ist Pflicht und Motorradfahrer müssen Helme tragen.

Touristen erkennt man am V-Nummernschild ihrer Mietwagen und daran, dass sie beim Abbiegen tatsächlich den Blinker betätigen. Alle großen Autovermietungen haben Büros am Flughafen. Es lohnt sich, Preise mit lokalen Anbietern wie **Carvenience** (☎ 568-0383; https://carvenience.rentals; Sabana Berde 16d; ⏰ 7–19 Uhr), **Optima** (☎ 582-4828; www.optimarentacar.com; Camacuri 8; ⏰ Mo–Di 8–17, Mi–So 6–19 Uhr) und **Wheels 2 Go** (☎ 586-8632; www.wheels2goaruba.com; ⏰ Mo–Sa 8–17, So 10–16 Uhr) zu vergleichen.

BUS

Arubus (S. 180) fährt ab dem **Hauptbusbahnhof** (Lloyd G Smith Blvd) in Oranjestad nach Süden zum Flughafen und weiter nach San Nicolas. Zusätzlich gibt's alle 10 bis 20 Minuten Routen nach Fisherman Huts, Malmok Beach und Arashi Beach (immer über die Hotelviertel).

FAHRRAD

Zwar gibt's auf Aruba keine Radwege, aber viele Besucher radeln trotzdem gern auf den weitgehend flachen Straßen. In vielen Resorts kann man unkompliziert Fahrräder leihen. **Aruba Active Vacations** (☎ 741-2991, 586-0989; www.aruba-active-vacations.com; Hadicurari Beach; Verleih pro Std./Tag 25/60 US$, Kurse ab 50 US$) vermietet Mountainbikes.

Nördlich von Palm Beach verläuft der Lloyd G Smith Blvd entlang der Küste bis zum Arashi Beach (ca. 3,2 km). Eine beliebte Strecke für Radfahrer – es fahren nicht viele Autos und die Landschaft ist herrlich.

TAXI

Taxis sind sicher und zuverlässig. An Hotels und Resorts kann man sie leicht heranwinken. Je nach Entfernung gelten feste Tarife. So bezahlt man z. B. vom Flughafen zum Hochhaus-Hotelviertel (high-rise resort area) 31 US$.

Bahamas

☎1-242 / 395 000 EW.

Inhalt ➡

Gut essen

- Chat & Chill Bar & Grill (S. 242)
- Fish Fry (S. 210)
- Café Matisse (S. 210)
- Stuart's Conch Stand (S. 230)

Schön übernachten

- HumesHouse@Hillcrest (S. 206)
- Pineville Motel (S. 238)
- Graycliff Hotel (S. 207)
- Pink Sands Resort (S. 232)
- BahaSea Backpackers (S. 207)

Ab auf die Bahamas!

Genau genommen gehören die Bahamas nicht zur Karibik. Sie erstrecken sich zwischen den Tiefen des Nordatlantik und der Ostküste Floridas, umfassen mehr als 700 umwerfend schöne, subtropische Inseln und 2400 zumeist unbewohnte *cays* (flache Inselchen aus Sand- und Korallenablagerungen), die allesamt von spektakulären Korallenriffen und unergründlicher Tiefsee umgeben sind. Zwischen der flippigen Stadt Nassau und den ausgedehnten Mangrovenwäldern der Inselgruppe Andros gibt's eine erstaunliche Vielfalt an Stränden, Riffen, Wäldern und historischen Städten zu entdecken, und alles nur eine Stunde Flugzeit voneinander entfernt.

Die Bahamas sind leider ein teures Pflaster, doch dafür haben sie auch einiges zu bieten: Man kann z. B. rund um die geschichtsträchtigen Loyalist Cays der Abaco-Inseln segeln, im Atlantis Resort auf Paradise Island feiern gehen, mit wilden Schweinen baden oder an den pinkfarbenen Stränden von Eleuthera in der Sonne brutzeln. Egal welches Wasser- oder Stranderlebnis einem vorschwebt, auf den Bahamas findet man garantiert die passende Insel dafür. Die perfekte, hypnotisierend blaue Kulisse gibt's gratis dazu.

Die Bahamaer sind übrigens ein entspanntes Völkchen, und eine Nacht im Fish Fry in Nassau ist ein absolutes Muss!

Reisezeit

Mitte Dez.–Mitte April Hauptsaison. Jetzt sind die Übernachtungspreise am höchsten.

Juni–Sept. Tagsüber liegen die Temperaturen um die 26 °C – ein Traum! –, allerdings ist dies auch die Hurrikansaison.

März Spring Break („Frühlingsferien"): In Nassau und auf Grand Bahama wimmelt es von Rum-seligem Partyvolk.

Highlights

1 Nassau (S. 201) In der nicht ganz so hübschen, aber hedonistischen Hauptstadt der Bahamas Strände, Museen, das Nachtleben und die Party-Szene von Paradise Island genießen.

2 Tauchen (S. 205) In eine der schönsten Unterwasserlandschaften der Welt hinabtauchen.

3 Fish Fry (S. 210) Nassaus Top-Adresse für *conch salad* (Meeresschneckensalat), geschwärzten Zackenbarsch und Sky-Juice-getränkte Partys.

4 Bimini (S. 229) Schnorcheln an der Bimini Road und das ausgefallene Dolphin House besuchen.

5 Harbour Island (S. 231) Sich in einem perfekten bahamaischen Mikrokosmos verlieren, durch baufällige Straßen flanieren und exklusive Resorts erleben.

6 Exuma Cays (S. 240) Die Perlenkette aus kleinen Inselparadiesen erkunden und die legendären schwimmenden Schweine beobachten.

7 Loyalist Cays, Abaco-Inseln (S. 223) Der lokalen Wirtschaft mit einem Besuch auf diesen wunderschönen Inseln, die sich von den Auswirkungen des Hurrikan Dorian erholen, unter die Arme greifen.

N
0
100 km
ATLANTISCHER
OZEAN
BAHAMAS
Governor's
Harbour
Tarpum Bay
Arthur's Town
Little San
Salvador
Cat
Island
New Bight
Mt. Alvernia
(62 m)
Cockburn
Town
San
Salvador
Conception
Island
Rum
Cay
Port Nelson
Barreterre
Great
Exuma
Seymours
Stella Maris
William's
Town
Little
Exuma
Long
Island
Nördlicher Wendekreis
Deadman's Cay
Clarence Town
Samana
Cay
Jumento
Cays
Gordons
Crooked Island Passage
Colonel
Hill
Crooked
Island
Chesters
Ragged
Island
Range
Albert
Town
Acklins
Island
Mayaguana Passage
Mayaguana
Abraham
Bay
Spring
Point
Caicos Passage
Duncan Town
Little
Ragged
Island
Providenciales
Little
Inagua
West
Caicos
TURKS- &
CAICOSINSELN
(GB)
Great
Inagua
Matthew
Town
Banes

NEW PROVIDENCE

274 000 EW.

Die meisten Reisenden und Einheimischen nutzen die Namen Nassau (die Hauptstadt der Bahamas) und New Providence (die Insel, auf der Nassau liegt) synonym. Zweifellos ist New Providence/Nassau das Epizentrum der Bahamas, wenn auch ein eher kleines. Dieses Manko macht es aber mehr als wett durch überschäumende Energie, Charme und eine betont sorglose Lebenseinstellung. Die 34 km lange Insel strotzt nur so vor Lebenslust und ist perfekt geeignet für extrovertierte Touristen, die viel Geld ausgeben möchten. Die unterschiedlichsten Unternehmungen sind zum Greifen nah: Man kann sich z. B. eine 15 m lange Wasserrutsche hinunterstürzen, eine handgedrehte Zigarre schmöken, beim Glücksspiel alles riskieren und wie ein Pirat bis in die Morgenstunden zechen.

Jenseits Nassaus eifriger touristischer Fassade und Kreuzfahrtszene locken faszinierende Museen, historische Gebäude und authentische Restaurants, frei von Menschenmassen und mit viel Charakter. Am westlichen Ende der Insel, hinter den abgeschlossenen Wohnvierteln der Reichen, erstreckt sich ein hübscher Naturpark, und nur ein kleines Stück vor der Küste befinden sich nette Plätze zum Schnorcheln und Tauchen.

ℹ Unterwegs vor Ort

AUTO & MOTORROLLER

Für einen Besuch des Stadtzentrums von Nassau oder der Strände ist kein Auto vonnöten, möchte man jedoch New Providence erkunden, schon (die Kosten für's Taxi würden die Kosten für einen Mietwagen rasch übersteigen). Einen Parkplatz in Downtown-Nassau oder auf Paradise Island zu finden ist tagsüber schwierig und teuer obendrein. (Die größeren Hotels wie das Atlantis bieten ausschließlich *valet parking* (Parkservice durch einen Hotelangestellten) für ca. 18 BS$ an.) Die großen Mietwagen-Firmen haben Zweigstellen am Flughafen, ein guter Online-Anbieter ist **Airport Car Rentals** (http://nassauairportcarrental.com); es ist günstiger, bei einer lokalen Firma ein Auto zu mieten – im Hotel kann man sich Tipps dazu geben lassen. Empfehlenswert ist sonst auch **Virgo Car Rental** (☎ Flughafen 242-377-1275, Zentrale 242-393-7900; www.virgocarrental.com; Kemp Rd, Nassau; ⏲ 9–17 Uhr).

Motorroller gibt's für rund 75 BS$ pro Tag, sie sind vor den meisten großen Hotels oder an der Prince George Wharf zu finden. Vorsichtig fahren! Die Straßen von New Providence, vor allem im Nassauer Berufsverkehr, sind nicht ohne.

BOOT, SCHIFF & FÄHRE

Wassertaxis (S. 251) verkehren zwischen Woodes Rogers Walk in Nassau und dem Paradise Island Ferry Terminal (hin & zurück 8 BS$).

BUS

Der öffentliche Nahverkehr in New Providence besteht aus einer privaten Minibus-Flotte. Die sogenannten *jitneys* fahren zwischen 6 und 20 Uhr von der Regierung vorgeschriebene Routen ab. Es gibt allerdings keine festen Fahrpläne, und auf vielen Strecken erfolgt die letzte Fahrt auch schon mal früher, wenn sich nicht mehr genug Fahrgäste einfinden. Die *jitneys* fahren nicht ganz bis nach Paradise Island oder zum Flughafen. Einige Linien setzen die Fahrgäste jedoch in unmittelbarer Nähe ab, das letzte Stück kann man problemlos zu Fuß zurücklegen. Alle Routen führen früher oder später ins Stadtzentrum von Nassau; vielfach folgen die Busse der East und West Bay Street.

Die Endhaltestellen sind an der Vorderseite der *jitneys* klar erkenntlich angeschrieben, auch die Haltestellen sind beschildert. Eigentlich dürfen die *jitneys* nicht zwischen den regulären Stopps halten, um Fahrgäste aufzunehmen oder abzusetzen, doch außerhalb des Zentrums von Nassau hat man manchmal Glück – Hand raushalten und schauen, was passiert. In der City zahlt man ab 1,25 BS$ pro Fahrt, bei längeren Strecken kann der Preis bis zu 2,50 BS$ betragen. Hier einige nützliche Linien:

10 & 10A Fahren am Cable Beach, Sandyport Bay und Lyford Cay vorbei. Dies ist die am stärksten befahrene Strecke und die günstigste Möglichkeit, sich einen Überblick über die Insel zu verschaffen.

1, 7 & 7A Paradise-Island-Brücken.

12b Love Beach und Flughafen.

VOM/ZUM FLUGHAFEN

Taxis ab und zum Flughafen sowie zum Stadtzentrum von Nassau kosten 30 BS$ plus Trinkgeld. Das 12b-*jtiney*, das auf der Bay Street zwischen dem Zentrum von Nassau und Lyford Cay verkehrt, kann Besucher zwischen 7 Uhr und ca. 16 Uhr für 2,50 BS$ auch direkt vorm Flughafen auf dem JFK Boulevard absetzen.

TAXI

Taxis können an jeder stark befahrenen Straße angehalten werden (Passanten, die aussehen, als könnten sie ein Taxi brauchen, werden auch häufig von den Fahrern angesprochen). Einen Stand gibt's am Woodes Rodgers Walk, nahe dem Kreuzfahrthafen. Abseits vom Stadtzentrum und den Hotelanlagen sind nur vereinzelte Taxis unterwegs; wer telefonisch eins bestellen möchte, könnte Bahamas Taxi Union anrufen unter der 242-323-7900.

Auf den Bahamas sind Uber und Lyft noch nicht angekommen, doch es gibt ein einheimisches Unternehmen namens Kroozzy (www.kroozzy.com) mit einem ähnlichen Service mittels einer Smartphone-App.

Nassau

242 / 275 000 EW.

Nassau ist das ungeschminkte, lebhafte Kontrastprogramm zum Rest der Bahamas, der ausgesprochen entspannt ist. Die einzige Stadt des Landes (und vielfach der einzige Ort, den Touristen während ihres Urlaubs zu sehen bekommen) wartet mit herumsausenden *jitneys*, lauten Strohwarenverkäufern, dem Rum zugetanen Einheimischen und endlosen Strömen an Kreuzfahrtpassagieren auf.

Die Betriebsamkeit steht Nassau gut zu Gesicht – es war jahrhundertelang ein Treffpunkt für dubiose Gestalten. Von den Piraten des 18. Jhs., die ihre Dublonen in Wein und Weib investierten, bis zu den Dampfschiffen der Konföderierten, die während des Amerikanischen Bürgerkriegs Fracht an der Blockade der Nordstaaten vorbeischmuggelten, war die Stadt lange Zeit ein Hafen für Draufgänger, die auf schnelles Geld aus waren. Dieser Geist befeuert die internationale Steueroase mit ihren Duty-free-Shops und den Zigarrenverkäufern auf der Bay Street noch heute, während der historische Reichtum der Herrschenden in den großartigen georgianischen Regierungsgebäuden und Bürgerhäusern spürbar ist. Ob man nun ein Einkaufs-, Ess-, Party- oder Sehenswürdigkeitenerlebnis sucht, Nassau ist der richtige Ort für eine Dosis urbanes aufregendes Lebensgefühl.

Sehenswertes

Im Zentrum von Nassau und an der Bay Street sind hauptsächlich moderne Einkaufszentren für die Kreuzfahrtpassagiere zu finden, immerhin gibt's auch einige wenige historische Gebäude. Weitere Sehenswürdigkeiten sind über ganz Nassau verteilt, die man meist zu Fuß ablaufen kann, vor allem auf der Seite landeinwärts von Bay Street.

★ National Art Gallery of the Bahamas — MUSEUM

(Karte S. 212 f.; 242-358-5800; www.nagb.org.bs; Ecke West & West Hill Sts; Erw./Kind 10 BS$/frei; Di–Sa 10–17, So ab 12 Uhr) Die National Art Gallery bildet einen besonderen Blickfang in der Touristenenklave entlang der West Hill Street: Sie ist in der prachtvollen Villa Doyle aus den 1860er-Jahren untergebracht. Das Kunstmuseum ist eine willkommene Oase und eine Perle der bahamaischen Kultur. Die Dauerausstellung konzentriert sich auf moderne und zeitgenössische lokale Kunst, vom bekannten Skulpteur Antonius Roberts bis hin zum Volksmaler Wellington Bridgewater. Es sind auch Stücke aus anderen Teilen der Karibik zu sehen sowie Sonderausstellungen zu ökologischen, kulturellen und historischen Themen, die für die Inseln relevant sind.

GRAYCLIFF'S VILLAGE

West Hill Street, eine der ältesten Straßen in Downtown-Nassau, ist wenig mehr als 100 m lang, hat sich aber zu einer Attraktion gemausert. Schuld daran ist Graycliff's Heritage Village. Dreh- und Angelpunkt des stetig wachsenden „Dorfs" ist das historische Gray Cliff Hotel mit seinen Nobelrestaurants. Darüber hinaus stehen hier eine Zigarrenfabrik, ein Chocolatier, ein edles **Weingut** (Karte S. 212 f.; 242-302-9150; West Hill St; 9–17 Uhr), ein Museum und ein **Künstleratelier**, in dem man hiesige Künstler treffen und ihre Arbeiten bewundern kann. Im Zentrum des Komplexes befinden sich das Drawbridge Café und der Chillin' Fish Fry; sie werden oft von vielfarbigen Schirmen beschattet, sehr hübsch anzusehen.

In der Nähe sind zudem die National Art Gallery of the Bahamas (S. 201) und John Watling's Distillery (S. 203), die allerdings nicht Teil der Graycliff-„Familie" sind.

★ Graycliff Cigar Co — FABRIK

(Karte S. 212 f.; 242-302-9150; www.graycliff.com; Graycliff Hotel & Restaurant, West Hill St; 9–17 Uhr) GRATIS Wer diese Zigarrenfabrik betritt, fühlt sich ins Kuba der 1920er-Jahre zurückversetzt. Der enge Raum, dessen Wände vom Zigarrenrauch gelb sind, hat altmodische Mosaik-Böden. *Torcedores* (Zigarrenroller) sind geschäftig an der Arbeit und rollen mit flinken Fingern handgetrocknete Tabakblätter zu Zigarren von Premium-Qualität. Besucher dürfen sich

New Providence

New Providence

Highlights
1 Clifton Heritage National Park A3

Sehenswertes
2 Blue Lagoon Island H1
3 Cable Beach D1
4 Cove Beach G1
5 Delaporte Beach D1
6 Jaws Beach A3
7 Love Beach C2

Aktivitäten, Kurse & Touren
8 Stuart Cove's Dive & Snorkel Bahamas B3

Schlafen
9 A Stone's Throw Away C2
10 Baha Mar E2
11 BahaSea Backpackers D1
12 Compass Point Beach Resort C2
13 Marley Resort D1
14 Meliá Nassau Beach E1
15 Orange Hill Beach Inn C2

Ausgehen & Nachtleben
16 Louis & Steen's New Orleans Coffee House C2
17 Sky Bar E2

umschauen und Fotos machen (kostenlos), die Fabrikführung kostet 10 BS$. Kurse im Zigarrenrollen (75 BS$) und Demonstrationen in Verbindung mit Rum-Degustationen (150 BS$) müssen vorab gebucht werden.

Graycliffs „Chef-*torcedor*" war übrigens der inzwischen verstorbene Avelino Lara, einst seines Zeichens persönlicher Zigarrenroller von Fidel Castro.

★ **Junkanoo Beach** STRAND

(Karte S. 212 f.) Zwischen dem Stadtzentrum von Nassau und Araway Cay liegt Junkanoo Beach, beliebt bei Locals und Besuchern,

mit Snackbars, Volleyballnetzen, Sky-Juice-Verkäufern (typisches bahamaisches Getränk) und freundlichen Einheimischen en masse.

★ John Watling's Distillery RUMBRENNEREI
(Karte S. 212 f.; ☎ 242-322-2811; www.johnwatlings.com; 17 Delancy St; Führung kostenlos, Verkostungen ab 10 B$; ⏱10–18 Uhr; P) Watling's ist relativ neu in der Rumbrennerei-Szene auf den Bahamas und hat sich in den alten Gemächern der wunderschön restaurierten Buena Vista Estate (18. Jh.) eingerichtet. In den großflächigen, von Fackeln beleuchteten Gärten spazieren Bantams (Zierhühner) und Angestellte in Kostümen aus der Kolonialzeit umher. Besucher können an einer 15-minütigen Tour durch das Haus und die Brennerei – benannt nach einem Piraten aus dem 17. Jh. – teilnehmen oder sich direkt an die stylische Bar begeben, um verschiedene Rumsorten zu kosten (*pale*, *amber* und *buena vista*).

Pirates of Nassau MUSEUM
(Karte S. 212 f.; ☎ 242-356-3759; www.piratesofnassau.com; Ecke King & George Sts; Erw./Kind 13,50/6,75 BS$; ⏱Mo–Sa 8.30–17, So 9–14 Uhr; 👪) Es ist schwierig, den Piraten auszublenden, der in der Fußgängerzone abseits der George Street auf- und abläuft und für Selfies posiert … Die begehbare Ausstellung widmet sich der Geschichte Nassaus als Zuflucht und Heimstatt von Piraten und wartet mit ein paar interessanten Extras auf, etwa dem maßstabsgetreuen Nachbau des Piratenschiffs *Revenge* und semi-animatronischen Piratenrobotern. Die Darstellungen wirken in die Jahre gekommen, dennoch können junge wie alte Besucher hier einiges über die Geschichte der Seeräuberei lernen.

Graycliff Chocolatier FABRIK
(Karte S. 212 f.; ☎ 242-302-9190; www.graycliff.com; 8–14 West Hill St; Führung 11,20 BS$; ⏱9–16 Uhr) Diese edle Schokoladenfabrik kom-

plettiert den Dreiklang (Wein, Schokolade und Zigarren) des Graycliff's Heritage Village. Hier werden aus karibischem Kakao die unterschiedlichsten Waren hergestellt und verkauft, sogar Schoko-Zigarren! Die kurzen Führungen umfassen Verkostungen der (trink- und essbaren) Produkte.

Fort Fincastle & the Queen's Staircase FESTUNG

(Karte S. 212 f.; ☎ 242-322-7500; Elizabeth Ave; 3 BS$; ⊙ 8–16 Uhr) Dieses Fort auf einem kleinen Hügel gleich südlich der Innenstadt wurde 1793 von Lord Dunmore gebaut, um den Hafen vor Eroberern zu schützen. Es wurde nie verwendet, und schließlich in einen Leuchtturm verwandelt. Das Fort selbst ist nicht besonders faszinierend, ein Besuch lohnt sich trotzdem aufgrund des beeindruckenden Panorama-Ausblicks von ganz oben. Von der Elizabeth Avenue aus führt die Queen's Staircase nach oben: Gebaut aus solidem, von Sklaven abgebautem Kalkstein, ist die Treppe eines der ältesten Wahrzeichen der Insel.

Government House BEMERKENSWERTES GEBÄUDE

(Karte S. 212 f.; ☎ 242-322-1875; Duke St; ⊙ Mo–Fr 9–17 Uhr) GRATIS Diese herrliche georgianische Villa, Residenz des Generalgouverneurs, thront über Mount Fitzwilliam (Rotlichtviertel im Zentrum Nassaus) wie eine festliche rosarote Hochzeitstorte. Es ist aus dem Jahr 1803, befindet sich am selben Ort wie das 1737 erbaute Vorgängerhaus und wurde bei einem Hurrikan im Jahr 1929 stark beschädigt, was zu intensiven Reparaturen und Umbauten (1932) und aufwendigen Renovierungen während Duke of Windsor's Zeiten als Gouverneur (1940–1945) geführt hat. Die Statue von **Christoph Kolumbus** auf den Stufen unterhalb des Hauses überblickt in herrschaftlicher Pose die Duke Street seit 1830.

Heritage Museum of the Bahamas MUSEUM

(Karte S. 212 f.; ☎ 242-302-9150; 8–14 West Hill St; 11,20 BS$ mit Audioguide; ⊙ 9–17 Uhr) Dieses kleine Museum im oberen Stock des restaurierten Mountbatten House (19. Jh.) deckt eine ganze Menge ab. Es umfasst in erster Linie eine umfangreiche Privatsammlung von Antiquitäten und Artefakten zur Geschichte der Bahamas, darunter Fossilien, ein Meteorit und Relikte aus der Piratenära. Der Audioguide unterfüttert das Ganze mit Hintergrundinfos.

Pompey Museum of Slavery & Emancipation MUSEUM

(Karte S. 212 f.; ☎ 242-356-0495; Bay St; Erw./Kind 3/1 BS$; ⊙ Mo–Sa 9.30–16.30 Uhr) Das Museum besteht aus nur einem Raum und ist im Vendue House untergebracht, einem muschelpinken Bauwerk aus den 1760ern. Dort wurden einst Sklavenauktionen abgehalten. Die Ausstellungen beleuchten die Geschichte der Sklaverei und der Emanzipation auf den Bahamas. Der Name Pompey geht auf den Anführer eines Sklavenaufstands auf Exuma im Jahre 1830 zurück. Er widersetzte sich erfolgreich seiner Überführung nach Cat Island.

Doongalik Studios GALERIE

(Karte S. 208; ☎ 242-394-1886; www.doongalik.com; 18 Village Rd; ⊙ Mo–Mi 10–16, Sa 9–13 Uhr) GRATIS Doongalik bietet mit Ausstellungen von Solokünstlern einen vielseitigen Einblick in die moderne Kunst der Bahamas, von Steppdecken über Strohwaren bis zum Leben auf der Insel. Ebenso häufig sind Buchpräsentationen, Konzerte und andere Events. Die Studios befinden sich in einem schönen zweigeschossigen Gebäude mit Garten und jeden Samstagmorgen ist Markt.

Ardastra Gardens, Zoo & Conservation Center GÄRTEN

(Karte S. 208; ☎ 242-323-5806; www.ardastra.com; Chippingham Rd; Erw./Kind/unter 3 J. 18,75/9,50 BS$/frei; ⊙ 9–17 Uhr, letzter Einlass 16 Uhr; 👪) Zu diesem üppigen 1,6 Hektar großen tropischen Garten gehört ein kleiner Zoo, der etwa 180 Tiere etwa 60 unterschiedlicher Spezies beherbergt. Zu den Publikumslieblingen gehören die madagassischen Lemuren und drei Exemplare der gefährdeten Boa Constrictor von den Bahamas, aber das unbestrittene Highlight ist die kleine Kolonie westindischer Flamingos, die jeden Tag um 10.30 Uhr, um 14.15 Uhr und um 16 Uhr ihre Runde dreht. Ein besonderes Erlebnis für kleine Besucher ist es, die auf einer Stange sitzenden Lori-Papageien mit der Hand zu füttern.

The Retreat GÄRTEN

(Karte S. 208; ☎ 242-393-1317; http://bnt.bs/the-retreat; Village Rd; Erw./unter 12 J. 10 BS$/frei; ⊙ Mo–Sa 10–17 Uhr) Das 4,5 Hektar große Gelände wurde 1977 als erster Nationalpark auf New Providence angelegt und ist einem bahamaischen Hartholzwald nachempfunden. Er dient Vogelarten wie der Gundlachspottdrossel und dem zauberhaften Bahamasternkolibri als Habitat. Darüber hinaus wachsen hier sehr viele Palmen. Dem Naturlehrpfad zu folgen nimmt ca. 45 Minuten in Anspruch.

 Aktivitäten

Angeln

Nassau ist großartig zum Angeln, herrliche Tiefseegebiete sind nur 20 Minuten entfernt. Zu den hiesigen Fischsorten gehören Blauer Marlin, Schwertfisch, Gelbflossenthunfisch, *mahi mahi* (Goldmakrele) und Wahoo. Touren können in den meisten großen Hotels oder durch Anruf bei einer Charter-Firma gebucht werden. Die Preise liegen üblicherweise bei 550–700 BS$ pro halbem Tag, oder 1000 BS$ bis 1500 BS$ für einen ganzen Tag.

★ Chubasco Charters ANGELN
(Karte S. 208; ☎ 242-324-3474; www.chubascocharters.com; Paradise Island Ferry Terminal; halber/ganzer Tag ab 580/1160 BS$; ⌚ Abfahrt 8 & 13 Uhr) Chubasco bietet recht großspurig eine „*no splash, no cash*"-Garantie: Wer nichts fängt, muss auch nichts bezahlen. Der Anbieter hat vier, zwischen 11 und 14,5 m lange Boote und diese fahren zur Tiefsee außerhalb des Nassauer Hafens nur 15 bis 30 Minuten, um dort Thunfisch, Marlin, Wahoo und *mahi mahi* (Goldmakrele) zu fangen.

Born Free Charter Service ANGELN
(Karte S. 212 f.; ☎ 242-698-1770; www.bornfreefishing.com; ⌚ Abfahrt 8 & 13 Uhr) Captain Pinder verfügt über ein beeindruckendes Wissen über die bahamaischen Gewässer, und er nimmt Angler dorthin mit, wo die richtig dicken Fische – Schwertfisch, Thunfisch, Marlin – anbeißen. Eines seiner fünf Boote zu chartern, zusammen mit diesem geballten Wissen, kostet den Besucher mindestens 650/1300 BS$ (halber/ganzer Tag). Abholen lassen kann man sich hinter dem Strohwarenmarkt oder am Mauthäuschen auf Paradise Island.

Bootstouren

In New Providence bekommt jeder Abenteurer die passende Spritztour. Es gibt Dutzende Anbieter von Schiffstouren, Exkursionen auf der Insel, Partybooten und Kreuzfahrten im Sonnenuntergang. Die meisten starten im Bereich des Woodes Rogers Walk oder vom Paradise Island Ferry Terminal, zwischen den Paradise-Island-Brücken.

Powerboat Adventures BOOTSTOUREN
(Karte S. 208; ☎ 242-363-2265; www.powerboatadventures.com; Atlantic Bridge; Erw./Kind 245/180 BS$) Aktuell ist dieser Transportweg vor allem wegen der Ausflüge zu den legendären schwimmenden Schweinen bekannt. Aufregender könnte die Fahrt von Nassau zu den abgeschiedenen Exuma Cays kaum sein. Die Powerboat-Touren starten um 9 Uhr am Paradise Island Ferry Terminal, Rückkehr ist um 17 Uhr. Unterwegs wird Station gemacht an der Ship Channel Cay (in Privatbesitz), wo man schnorcheln gehen, Rochen füttern und Haie sichten kann. Außerdem gibt's dort Mittagessen und – natürlich! – ein Meet and Greet mit den Schweinen.

Achtung: Diese Ausflüge werden am Kreuzfahrtterminal zu höheren Preisen verkauft; die günstigsten Touren findet man online.

Tauchen & Schnorcheln

Direkt vor der Küste kann an flachen Riffen, Unterwasserwänden und Schiffswracks getaucht werden – genial! Die bekanntesten Tauchgründe liegen vor der Südwestküste zwischen Coral Harbour und Lyford Cay. Schnorchler lieben das Riff vorm Love Beach. Achtung: Es hat schon einige tödliche Zusammenstöße zwischen Jet-Skis und Schnorchlern nahe den populären Stränden gegeben!

Stuart Cove's Dive & Snorkel Bahamas TAUCHEN
(☎ 242-362-4171; www.stuartcove.com; Southwest Rd; ⌚ 7–20 Uhr) Stuart Cove's Dive & Snorkel Bahamas ist eine der besten und größten Anlaufstellen für Tauchausflüge auf den Bahamas. Es bietet eine breite Palette an Tauchmöglichkeiten, PADI-Zertifizierung und Schnorchelmöglichkeiten, inklusive einer furchteinflößenden „Haiwand" und einem Tauchgang mit Haifütterung (182 BS$), einem Tauchausflug mit zwei Tauchflaschen (134 BS$) und einem „Seafari-Trip" mit drei Tauchgängen zu den blauen Löchern und (wenn vorab gewünscht) den steilen Wänden von Andros Island.

Bahama Divers TAUCHEN
(Karte S. 208; ☎ 242-393-5644; www.bahamadivers.com; East Bay St; Tauchgang mit 1/2 Flaschen ab 100/134 BS$; ⌚ 8–18 Uhr) Bahama Divers bietet regelmäßige Tauchgänge am Vor- und Nachmittag an und fährt u. a. zum Lost Blue Hole, zur Stubbs Wall und zum Wrack De La Salle (Tauchplan ist online einzusehen). Außerdem im Programm: nächtliche Tauchtouren und Schnorchelausflüge.

NICHT VERSÄUMEN

JUNKANOO – EINE RIESENPARTY

Man spürt die Musik, bevor man die Urheber erblickt – ein wildes Durcheinander aus Pfeifen und Hörnern, die das *Ka-LICK-Ka-LICK* der Kuhglocken übertönen, das Rollen der Trommeln und das fröhliche Krachen der *conch*-Gehäuse. Als Nächstes rücken kostümierte Feiernde ins Blickfeld, sie wirbeln und kreisen umher wie ein Kaleidoskop zum Rhythmus der Kakophonie. Das ist Junkanoo, das Nationalfest der Bahamas, eine energiegeladene, bunte Party, die in der Dämmerung am Boxing Day (26. Dezember) startet.

Beim Junkanoo geht's auch darum, sich miteinander zu messen: Viele Teilnehmer gehören zu *shacks*, Gruppen, die die beste Performance hinlegen, die schönsten Kostüme tragen, als beste Tänzer oder für die schönste Musik gekürt werden wollen. Bei den am aufwendigsten verkleideten Darstellern handelt es sich um Ein-Personen-„Festwagen", ihre Kostüme können mehr als 90 kg wiegen und zeigen farbenfrohe Szenen, bestehen aus funkelnden Steinen, Flitter und Strass.

Das Junkanoo geht zurück auf westafrikanische Geheimbünde und entwickelte sich auf den Plantagen der britischen Karibikinseln unter den Sklaven, denen es nicht erlaubt war, ihre heiligen Rituale zu pflegen. Um ihre Identität zu schützen, trugen sie Masken. Der Name soll auf einen westafrikanischen Ausdruck für „todbringender Zauberer" zurückgehen, andere glauben, das John Canoe der Namensgeber ist; der Stammesführer forderte, dass seinem versklavtem Volk ein Fest zugebilligt würde.

In Nassau findet der erste *rush* – so wird der Umzug genannt – am Boxing Day statt, der zweite am Neujahrstag und der dritte im Sommer. Die Paraden starten gegen 3 Uhr morgens. Auf der Shirley oder Bay Street herrscht immer dichtes Gedränge, und man muss sich einen guten Platz richtiggehend erkämpfen. Beim Tourismusministerium (S. 251) erhält man Infos zum Ticketerwerb für Sitzplätze, die gemütlichere Alternative.

Geführte Touren

Tru Bahamian Food Tours ESSEN
(Karte S. 212 f.; ☎ 242-601-1725; www.trubahamianfoodtours.com; Ecke George & Bay Sts; Erw./Kind ab 69/49 BS$; ⊙ Mo–Sa 8–21, So bis 18 Uhr) Die Tour **Bites of Nassau** dauert drei Stunden und widmet sich den Highlights der bahamaischen Küche. Man besucht sechs einheimische Köche und labt sich an ihren Delikatessen. Der **Old Nassau Dining Stroll** (nur für Erwachsene; 79 BS$) findet sonntags statt und verbindet leckeres Essen, Cocktails und die Geschichte der lokalen Küche.

Nassau Jeep Adventures JEEPTOUREN
(☎ 242-676-8541; www.nassaujeepadventures.com; Erw./Kind 90/85 BS$) Drei Stunden lang geht's im offenen Jeep zu einigen weniger offensichtlichen Sehenswürdigkeiten. Dazu gibt's Essen und Getränke, und die Teilnehmer sollen vor allem eins haben: Spaß!

Feste & Events

RumBahamas ESSEN & TRINKEN
(Fort Charlotte, West Bay St; ⊙ Ende Feb.) Die Rumproduzenten aus der Karibik und aus Lateinamerika kommen jeden Februar nach Nassau für ein dreitägiges Fest des Essens, der Kultur und des Zuckerrohrschnapses. Es findet hinter den wehrhaften Mauern des aus dem 18. Jh. stammenden Fort Charlotte statt und umfasst Rumverkostungen und Kurse, Wettkämpfe im Cocktails-Mixen, Live-Musik, Feuertänze, eine Jankanoo-Party und, selbstverständlich, jede Menge bahamaisches Essen.

Schlafen

Die Hotelzimmer in Nassau können sehr teuer sein, und die Qualität variiert. Steuern und Gebühren kommen noch obendrauf (zusätzl. 20–30 %). Ein Lichtblick: Online gibt's häufig tolle Schnäppchen gegenüber den offiziellen Preisen. Es lohnt sich, ein bisschen zu recherchieren. Außerdem nimmt die Zahl der Hostels zu, eine tolle Sache für Budgetreisende.

Downtown

★ **HumesHouse@HillCrest** HOSTEL $
(Karte S. 208; ☎ 242-525-5189; www.humeshouse.com; Sears Rd; B 32 BS$, DZ ohne/mit Bad 81/87 BS$; ❄ 📶) 2017 öffnete Edward Humes, gebürtig aus Nassau, das erste

Backpackerhostel in der Stadt, ein echter Segen für Budgetreisende. Das altmodische Gebäude steht in einem ruhigen Viertel ca. 20 Gehminuten von Downtown und Paradise Island entfernt. Es ist gemütlich, preiswert und hat eine gesellige Atmosphäre, wartet mit einer Lounge für alle, einer Küche, zwei Mehrbettsälen (nicht klimatisiert) und zwei Privatzimmern auf.

El Greco HOTEL **$**
(Karte S. 212 f.; ☎ 242-325-1121; elgrecohotel@gmail.com; West Bay St; DZ ab 150 BS$; ❄ 📶 🏊) Zentral gelegen gegenüber dem Junkanoo Beach, bietet das El Greco, ein einladendes Hotel im spanischen Stil, preiswerte Übernachtungstarife. Einige der nach innen liegenden Räume sind etwas trist, besser nach einem Sonnenzimmer mit elegant geschwungenen Eingangsbogen und Blick auf die mit Bougainvilleen bepflanzten Balkone fragen.

Towne Hotel HOTEL **$**
(Karte S. 212 f.; ☎ 242-322-8450; www.townehotel.com; 40 George St; DZ 122–170 BS$; ❄ 📶 🏊) Die günstigste Bleibe in dieser Lage ist das alteingesessene Towne in Downtown. Die netten Mitarbeiter und eine kitschige Bar mit Junkanoo-Motto sorgen in dem generischen Hotel mit 46 Betten für eine fröhliche Atmosphäre. Außerdem ist der Papagei, der in der Lobby „wohnt", eine Legende! Die Unterkünfte sind klein (aber nicht so klein wie der Pool), aber ziemlich sauber; die besseren Zimmer verfügen über Gemeinschaftsbalkone.

British Colonial Hilton HOTEL **$$**
(Karte S. 212 f.; ☎ 242-322-3301; www3.hilton.com; 1 Bay St; DZ 270–340 BS$; ❄ 📶 🏊) 1922 erbaut, ist dieses siebenstöckige Gebäude eine Institution im Zentrum von Nassau. In diesem Hotel wurden zwei James-Bond-Filme gedreht, und es ist unschwer erkennbar, warum: Mit der glänzenden Marmorlobby, dem privaten Strand und gepflegten, mit Graphit und Mahagoni ausgestalteten Gemeinschaftsräumen, hat es jene zeitlose, internationale Eleganz, die auch 007 verkörpert. Im Garten und am Pool blickt man auf ein Stück Privatstrand.

★ **Graycliff Hotel** BOUTIQUE-HOTEL **$$$**
(Karte S. 212 f.; ☎ 242-302-9150; www.graycliff.com; West Hill St; DZ ab 550 BS$; ❄ 📶 🏊) Dieses 260 Jahre alte Haus, gebaut von einem wohlhabenden Piraten, ist das wohl atmosphärischste Hotel Nassaus. Es liegt versteckt oberhalb der Stadt auf der West Hill Street, und das georgianische Haupthaus besteht aus Räumen mit hohen Decken, gefüllt mit verstaubten Antiquitäten, Teppichen, die nicht zusammenpassen, und Ecken und Winkeln, die neugierig machen und zu eingehenden Entdeckungstouren einladen. Ebenfalls verlockend sind die riesigen Ferienhäuser auf der Gartenseite rund um einen Pool mit außergewöhnlich schönen spanischen Fließen.

Westlich von Downtown

★ **BahaSea Backpackers** HOSTEL **$**
(☎ 242-426-0688; https://bahasea.com; 560 West Bay St, Sandy Port; B 45–75 BS$, DZ 145–195 BS$; P ❄ 📶 🏊) Direkt am Strand gegenüber dem Jachthafenkomplex Sandy Port lockt ein Backpackererlebnis mit Luxus-Touch. Das BahaSea hat zwei Pools, ein kleines Fitnessstudio, eine Küche und viele Gemeinschaftsbereiche, in denen man sich bei ein paar Bier mit anderen Travellern unterhalten kann. Außerdem stehen Leihkajaks und -räder zu Verfügung und es wird Yogaunterricht angeboten. Die Zimmer und Schlafsäle sind sauber und gut ausgestattet (Schließfächer, Klimaanlage).

Die Unterkunft liegt 12 km westlich der Innenstadt, *jitney* Nr. 10 hält vor der Tür. In der Nähe gibt's mehrere Restaurants und einen Supermarkt.

★ **A Stone's Throw Away** B&B **$$**
(☎ 242-327-7030; www.astonesthrowaway.com; Tropical Gardens Rd, Gambier Village; DZ/Suite 268/358 BS$; P ❄ 📶 🏊) Der Zugang zu diesem Hotel ist einer der ganz besonderen Art: um zu dem außergewöhnlichen B&B zu kommen, muss der Gast eine steile Steintreppe hinaufsteigen, die durch einen am Meer gelegenen Tunnel führt. Anschließend kommt man in einen tropischen Garten, der an einen Merchant-Ivory-Film erinnert. Poliertes Holz, abgenutzte orientalische Teppiche, eine Felsgrotte zum Schwimmen – einfach wunderbar. Außerdem: Haustiere willkommen.

Marley Resort BOUTIQUE-HOTEL **$$**
(☎ 242-702-2800; www.marleyresort.com; West Bay St, Cable Beach; Suite 245–355 BS$; ❄ 📶 🏊) Erst Wohnsitz des Gouverneurs, dann Bob Marley's Rückzugsort – heute ist dieses schattige, ruhige Anwesen an der Küste ein Boutique-Hotel, das von Rita Marley und ihrer Tochter betrieben wird. Die Räume, jeder nach einem Bob-Marley-Song be-

Nassau & Paradise Island

Nassau & Paradise Island

nannt, sind verschwenderisch-luxuriös, mit handgefertigten Mahagoni-Möbeln und Original Africana-Kunstwerken. Im „Natural Mystic Spa" gibt's Anwendungen zum Relaxen, in der Bar Stir It Up Rumpunsch und mehr.

Compass Point Beach Resort RESORT $$
(☎242-327-4500; www.compasspointbeachresort.com; West Bay St, Gambier Village; DZ 315–475 BS$; ❄📶🏊) Bei der von Plattenboss Chris Blackwell (Island Records) gegründeten kunterbunten Ansammlung von „Junkanoo-inspirierten" Luxushütten bekommt der Betrachter automatisch gute Laune. Sie sind zwar klein, dafür aber hip eingerichtet und bieten Surroundsysteme, nette Veranden, ein exzellentes Restaurant und einen beeindruckenden Ausblick. Es gibt eine Bar am Pool und die monatlichen Hauspartys ziehen das feierfreudige Volk ebenso an wie die tägliche Happy Hour.

Orange Hill Beach Inn GÄSTEHAUS $$
(☎242-327-7157; www.orangehill.com; West Bay St; DZ 193–230 BS$; ❄📶🏊) Taucher und Backpacker aus aller Welt lieben dieses gemütliche Gästehaus am Hang mit seinem Fawlty Towers Schild, das an die Fernsehserie aus den 70er-Jahren erinnert, und der familiären Atmosphäre. Das großzügige Gebäude umfasst eine große Anzahl an Zimmern, von schlichten Motel-Einheiten und hübscheren Zimmern im oberen Stock bis hin zu voll ausgestatteten Apartments. Abends treffen sich alle im flippigen Haupthaus, wo es eine Selbstbedienungsbar und volle Bücherregale gibt.

Baha Mar LUXUSHOTEL $$$
(☎242-788-8000; https://bahamar.com; Baha Mar Blvd; DZ 360–855 BS$; ❄🏊) 2017 öffnete das Luxusresort nahe dem Cable Beach seine vergoldeten Tore. Es besteht aus drei Hochhäusern – dem Grand Hyatt, Rosewood und SLS – sowie einem tollen Casino, 22 Restaurants, 17 Bars und dem Bond Club. Die Lobby, die Zimmer mit Meerblick und die riesigen Pools sind durch und durch luxuriös.

Meliá Nassau Beach RESORT $$$
(☎242-327-6000; www.melia.com; West Bay St; DZ 599–930 BS$, Suite ab 1560 BS$; ❄📶🏊) Drei Pools, schicke Zimmer, ein Fitnessstudio, sieben Restaurants, ein Kinderclub, Live-Unterhaltung und sogar Bingo – dieses All-inclusive-Resort am Cable Beach bietet so ziemlich alles, was das Familien- (oder Pärchen)herz begehrt. Es gehört zu dem wachsenden Luxushotelkomplex nahe Cable Beach. Mit dem *jitney* sind es nur 15 Minuten bis Downtown-Nassau.

Essen

Es gibt eine ganze Reihe von Restaurants in Nassau, und man kann sowohl ein Frühstück für 5 BS$ (z. B. klassischen *tuna and grits*, Thunfisch mit Maisgrütze) als auch ein dreigängiges Haute-Cuisine-Menü bekommen. Wer es sich richtig gut gehen lassen möchte, könnte eins der Resorthotels auf Paradise Island oder das Baha Mar ansteuern. Viele Lokale in der Innenstadt schließen gegen 18 Uhr.

★ **Fish Fry** BAHAMAISCH $
(Karte S. 208; ☎ 242-425-7275; Arawak Cay, abseits der West Bay St; Hauptgerichte 12–25 BS$; ⏲ 7–24 Uhr) Dieses farbenfrohe Dorf aus *conch*-Ständen, Bars, Jerk Joints und Meeresfrüchterestaurants am Arawak Cay, allgemein bekannt auch als der „Fish Fry", ist eine der großartigsten Erfahrungen, die man in Nassau machen kann. Die Menschen kommen für *conch salad*, frittierte Chicken Wings, Schmalzgebäck, schwarz gebratenen Mangrovenbarsch, *Sky Juice* , die Rake'n'Scrape-Bands, Reggae DJs, Junkanoo-Tänze und Gespräche unter Freunden.

Die Fish-Fry-Restaurants sind fast jeden Tag geöffnet, besonders beliebt sind aber Freitag- bis Sonntagabend. Sonntagabends treffen sich hier immer sehr viele Einheimische, nachdem sie den Tag mit der Familie verbracht haben. Zu den beliebteren Lokalen gehören das **Twin Brothers** und das **Drifters** – es gibt Sitzplätze drinnen –, tatsächlich kann man beim Fish Fry aber nichts verkehrt machen. An den semi-stationären Imbisswagen gibt's günstigere Gerichte. Vielleicht heftet man sich einfach an die Fersen von ein paar Nassauern und stellt sich da an, wo die Schlange am längsten ist.

Bahamian Cookin' BAHAMAISCH $
(Karte S. 212 f.; ☎ 242-328-0334; Trinity Place; Hauptgerichte 12–31 BS$; ⏲ Mo–Sa 11.30–16 Uhr) Traditionelle bahamaische Hausmannskost in einem schnörkellosen Ambiente bietet dieses gut besuchte Lokal in Downtown. *conch* spielen natürlich eine große Rolle, in *chowder* (sämige Suppe) oder als *fritters* (im Backteig frittiert) zubereitet, es werden aber auch andere Meeresfrüchte, Schweinekoteletts und Beilagen wie Erbsen und Reis oder gebratene Kochbanane zubereitet. Außerdem: kaltes Bier (5 BS$) und günstige Cocktails.

Potter's Cay BAHAMAISCH $
(Karte S. 208; East Bay St; Hauptgerichte 12–20 BS$; ⏲ 6–23 Uhr) Unterhalb der Paradise Island Exit Bridge befindet sich dieser lebhafte Markt, der weniger beliebt ist als der Fish Fry und manchmal etwas zwielichtig wirkt. Die Fischerboote von den Out Islands kommen täglich hierher und bringen ihren Fang vorbei, ebenso wie Obst, Gewürze, Soßen und Gemüse. Die Bahamas Ferries und Postboote legen gleich nördlich an.

Bei einem Kalik-Bier, Muschelsalat oder Schafszungen-*souse* (Eintopf) kommt man mit Einheimischen ins Gespräch, nachts sollte man sich hier aber nicht allein herumtreiben.

Green Parrot INTERNATIONAL $$
(Karte S. 208; ☎ 242-322-6900; www.greenparrotbar.com; East Bay St; Hauptgerichte 15–40 BS$; ⏲ 7–24 Uhr) Traveller wie Einheimische lieben dieses Lokal, das mit einer tollen Lage mit Blick über den Hafen nach Paradise Island beeindruckt und zuverlässig gute Küche bietet: Pizzas, Burger und Quesadillas, Meeresfrüchte nach bahamaischer Art wie Hummer-Ravioli und Fisch-Tacos. Unter der Woche gibt's abends immer eine Happy Hour, gelegentlich treten Musiker auf.

Tiki Bikini Hut BAHAMAISCH $$
(Karte S. 212 f.; ☎ 242-432-9995; West Bay St, Junkanoo Beach; Hauptgerichte 14–35 BS$; ⏲ So–Do 8–1, Fr & Sa bis 2 Uhr) Die einzige Adresse am Junkanoo Beach, die noch geöffnet hat, nachdem die Kreuzfahrtschiffpassagiere das Feld geräumt haben. Das Tiki Bikini ist strohgedeckt und zu den Seiten offen wie eine Palapa und trumpft mit einer Bar, kaltem Bier, Cocktails und einer riesigen Auswahl an Meeresfrüchten, Pizzas und bahamaischen Leibspeisen auf. Der großzügige *conch salad* wird mit Schale serviert.

Im Lauf der Jahre hat sich die Bar zu einem quirligen Treffpunkt gemausert. Hier finden Events wie Open-Microphone- und Soca-Abende oder Karaoke statt. An den Wochenende gibt's Livemusik. Cocktails ab 10 BS$.

Athena Café GRIECHISCH $$
(Karte S. 212 f.; ☎ 242-326-1296; www.athenacafenassau.com; Ecke Bay & Charlotte Sts; Hauptgerichte 15–38 BS$; ⏲ Mo–Sa 9.30–17.30 Uhr) Die authentische griechische Taverne liegt oberhalb eines Juwelierladens an der Bay Street und liefert solide Versionen der griechischen Klassiker, wie etwa gefüllte Weinblätter, gegrillte Meeresfrüchte, Moussaka und Gyros (15–18 BS$). Es kann sehr angenehm sein, auf der Veranda eine Portion Saganaki zu essen und den herumwimmelnden Duty-Free-Shoppern zuzusehen.

★ **Café Matisse** ITALIENISCH $$$
(Karte S. 212 f.; ☎ 242-356-7012; Bank Lane; Hauptgerichte 35–45 BS$; ⏲ Di–Sa 12–15 & 18–

23 Uhr; 📶) Zwischen den historischen Regierungsgebäuden in Nassaus Stadtzentrum gelegen, ist dieser gediegene Italiener eine nette Alternative zu der nahen Kreuzfahrtschiffszene. An einem Tisch auf der Terrasse kann man sich von Kellnern mit frischen Hemden Wildschwein-Karree mit Rotweinsoße, feine Pastagerichte, *mahi mahi* oder auch einfach eine Pizza bringen lassen.

Mittags zahlt man ca. 14 BS$ pro Gericht weniger.

Graycliff Restaurant INTERNATIONAL **$$$**

(Karte S. 212 f.; ☎ 242-302-9150; www.graycliff.com; Graycliff Hotel, West Hill St; Hauptgerichte 45–72 BS$; ⏲ Mo–Fr 12–14.30, tgl. 18.30–22.30 Uhr; 📶) Das aus dem 18. Jh. stammende Graycliff-Hotel (S. 207) strotzt nur so vor kolonialer Eleganz. Das hauptsächlich europäische Menü wartet mit einer großen Auswahl an importierten Zutaten auf, aber verarbeitet ebenso bahamaischen Hummer und andere lokale Schätze. Der Weinkeller ist legendär und beherbergt solche Kostbarkeiten wie einen 1865er Château Lafite unter seinen 250 000 Flaschen. Achtung Dresscode: keine Shorts und Sandalen.

Humidor Churrascaria BRASILIANISCH **$$$**

(Karte S. 212 f.; ☎ 242-302-9150; www.graycliff.com; Graycliff Hotel, West Hill St; Fixpreis 56 BS$; ⏲ Mo–Sa 18.30–22.30 Uhr; 📶) Wer gern Fleisch isst, wird die rauchigen Aromen in diesem brasilianischen Steakhaus, angrenzend an den Graycliff-Hotelkomplex, lieben. Große Stücke tropfender Schweinerücken, Lamm, Rind und scharfe Würste werden am Tisch von martialisch anmutenden Metallspießen geschnitten, und zum Fixpreis gehört eine Salatbar voller Meeresfrüchte-Appetizer, Gemüse und Pasta.

Keine Lust darauf? Dann ist vielleicht eine Pizza aus der **Giotto Pizzeria** nebenan für ca. 15 BS$ eine Alternative. Es gibt zudem einen Biergarten mit entspannter Atmosphäre.

Ausgehen & Nachtleben

Das beste Nachtleben der Bahamas hat zweifelsohne Nassau, abseits der Hotelanlagen von Paradise Island und Baha Mar ist es jedoch relativ überschaubar. Die Bars im Stadtzentrum sind hauptsächlich auf Touristen ausgerichtet, je weiter man sich jedoch vom Kreuzfahrtschiffhafen beispielsweise in Richtung Junkanoo Beach und Arawak Cay bewegt, auf desto mehr lokale Bars und gesellige Einheimische trifft man.

★ **Fish Fry** BAR

(Karte S. 208; West Bay St; ⏲ 17–24 Uhr) Ein Muss am Abend ist der Fish Fry, bei dem es aber nicht nur ums Essen geht. Sky-Juice-Wagen, hölzerne Bierhütten und solidere Buden sorgen dafür, dass jeder satt und zufrieden bleibt, während mehrere DJs um die dröhnendste Bassline wetteifern. Sonntagabend versammeln sich immer viele Einheimische zum Feiern.

Crew Pub BAR

(Karte S. 212 f.; ☎ 242-698-0603; 3 East St North; ⏲ 13–2 Uhr) Wer sich fragt, wohin in Downtown es die Nassauer zum Feiern zieht, muss nicht weiter suchen. Die Mischung aus gut gelaunten Bahamaern, Backpackern und anderen Touris und supergünstiges Bier vom Fass machen das Crew Pub zu einem der wenigen Orte nahe dem Kreuzfahrthafen, die auch nach 22 Uhr einen Abstecher wert sind. Beer Pong und laute Musik sind Standard.

Sky Bar DACHBAR

(Baha Mar Bld; ⏲ 17–1 Uhr) Der Ausblick von dieser netten Dachbar auf dem SLS Baha Mar ist schwer zu toppen. Cocktails gibt's ab 18 BS$ plus Steuern. Wer hier etwas trinken möchte, muss sich schick anziehen!

Pirate Republic MIKROBRAUEREI

(Karte S. 212 f.; ☎ 242-328-0612; www.piraterepublic bahamas.com; Woodes Rogers Walk; ⏲ 11–23 Uhr; 📶) Die Mitarbeiter sind wie Freibeuter gekleidet, die Hebel an den Zapfanlagen sind Pistolen, dennoch geht es in der ersten Mikrobrauerei auf den Bahamas in erster Linie ums Bier, nicht um Ambiente oder Partystimmung. Vorzeigesorten sind das Island Pirate Ale IPA und Blackbeer'd Stout, für 10 BS$ gibt's ein Probierbrett.

Um 11 und 14.30 Uhr finden Führungen durch die Brauerei nebenan statt (10 BS$ inkl. Bierverkostung und einer Brezel).

Bahamas Cricket Club PUB

(Karte S. 208; ☎ 242-326-4720; http://bahamascricket.com; West Bay St; ⏲ 8–23 Uhr) Das geschichtsträchtige Kricket-Pavillon-Pub mit Blick aufs Haynes Oval wurde von Hurrikan Matthew im Jahr 2016 verwüstet, erholte sich jedoch sofort wieder – ein Zeichen dafür, wie viel er denen, die hier den Schläger schwingen, bedeutet. Er ist ein super Ort, um bahamaisches Essen zu genießen und sich ein Bier zu genehmigen,

Nassau Zentrum

Highlights
1 Graycliff Cigar Co. B3
2 John Watling's Distillery B3
3 Junkanoo Beach A1
4 National Art Gallery of the Bahamas B2

Sehenswertes
5 Bahama Barrels C2
6 Fort Fincastle & the Queen's Staircase F3
7 Parlamentsgebäude C2
8 Graycliff Chocolatier C2
9 Heritage Museum of the Bahamas C2
10 Pirates of Nassau C2
11 Pompey Museum of Slavery & Emancipation C1

Aktivitäten, Kurse & Touren
12 Born Free Charter Service D1
13 Tru Bahamian Food Tours C1

Schlafen
14 British Colonial Hilton C1
15 El Greco A1
16 Graycliff Hotel C2
17 Towne Hotel C2

Essen
18 Athena Café D1
19 Bahamian Cookin' D2
20 Café Matisse E2
Graycliff Restaurant .... (siehe 16)
21 Humidor Churrascaria C2
22 Tiki Bikini Hut B1

Ausgehen & Nachtleben
23 Crew Pub E1
24 Pirate Republic D1

Shoppen
25 Straw Market D1

während man von der Veranda im ersten Stock ein Spiel ansieht.

Louis & Steen's New Orleans Coffee House KAFFEE
(242-601-9907; http://louisandsteens.com; West Bay St; Mo–Fr 7–15, Sa 8–17, So 10–17 Uhr) Wer Lust auf guten Kaffee hat, sollte sich zu diesem farbenfrohen Café ca. 16 km westlich von Downtown aufmachen, wo Single-Origin-Bohnen geröstet und als Espresso aufgebrüht oder handgefiltert, als geeiste Café Lattes und mehr serviert werden. Die Atmosphäre ist relaxt, es läuft Jazzmusik, und auf der Terrasse blickt man aufs Meer. Zu essen gibt's kreolische Cajun-Küche wie in New Orleans und Süßes wie Pekannusskuchen.

Nassau Zentrum

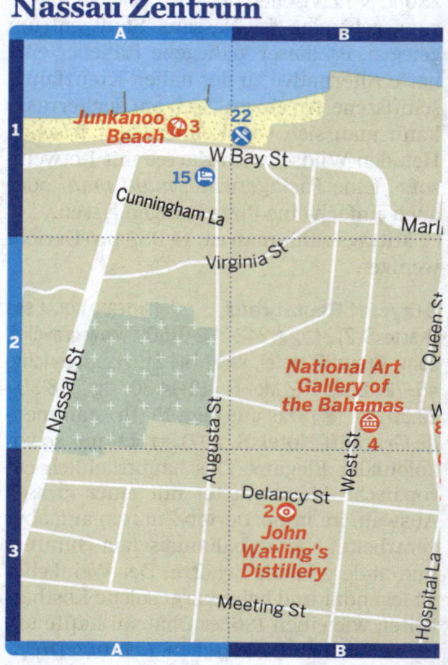

Unterhaltung

Dundas Centre for the Performing Arts DARSTELLENDE KUNST
(Karte S. 208; 242-393-3728; www.dundascentre.org; 103 Mackey St; Büro Mo–Fr 10–16 Uhr) Comedy, Theater, Tanz, Livemusik, Kindershows, Poetry-Slam: das Dundas Centre ist ein Mekka für viele Ausdrucksformen, die auf den Bahamas unterrepräsentiert sind. Die Ticketpreise sind abhängig von der Show, aber generell geht's bei 10 BS$ los. Für das aktuelle Programm am besten die Website oder Facebook-Seite besuchen.

Shoppen

Die Besucher strömen für zollfreie alkoholische Getränke, Schmuck, Parfüm und Zigarren in die Bay Street. Sparen ist jedoch nicht garantiert, also am besten die Preise vor Abflug zu Hause checken. Die meisten Läden haben nachts und am Sonntag geschlossen. Produkte aus lokaler Herstellung werden an Ständen am **Festival Place** oder an der Prince George Wharf verkauft.

Bahama Art & Handicraft KUNST & KUNSTHANDWERK
(Karte S. 208; 242-394-7892; East Shirley St; Di–Sa 9–16.30 Uhr) Wer sich für traditionelle bahamaische Kunst aller Inseln interessiert, wird in diesem Laden auf seine Kosten

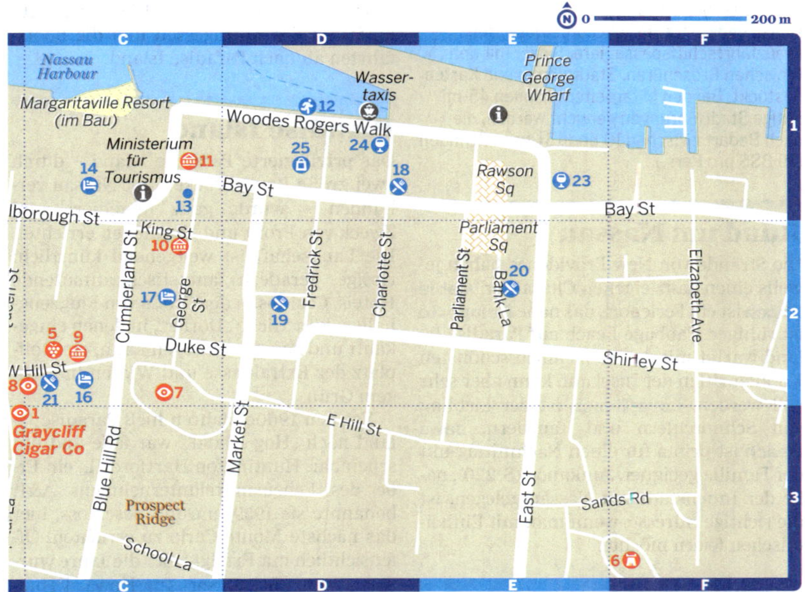

kommen. Die Bilder, Schmuck, Treibholzskulpturen, handgefertigten Körbe und anderen Stücke sind Werke vieler unterschiedlicher Hersteller vom gesamten Archipel.

Bahama Handprints KLEIDUNG

(Karte S. 208; ☎242-394-4111; www.bahamahandprints.com; Island Traders' Bldg, Ernest St; ⏲Mo–Fr 10–16, Sa 9–14 Uhr) Auf der Ernest Street, direkt hinter dem Island Trader's Building gelegen, verkauft dieses Boutique- und Fabrikoutlet reizende handgefertigte Stoffe für Inneneinrichtung, Kleidung, Taschen, Accessoires und Möbel. Ein Besuch der Fertigungsräume kann arrangiert werden.

Bahamas Rum Cake Factory ESSEN

(Karte S. 208; ☎242-328-3750; https://thebahamasrumcakefactory.com; 602 East Bay St; ⏲Mo–Sa 10–17, So bis 15 Uhr) Diese butterigen kleinen *bundt cakes* wurden ausgiebig mit Ole Nassau bahamaischem Rum getränkt und kosten zwischen 7 BS$ und 19 BS$ für die größeren in dekorativen Dosen. Ananas, Pekannuss und Piña Colada wetteifern mit dem Original, aber alle sind gleich saftig, köstlich und ein kleines bisschen beschwipst.

Strohwarenmarkt MARKT

(Karte S. 212 f.; ☎242-363-2000; West Bay St; ⏲7–19 Uhr) Vorn stehen Schlepper und dirigieren die Kreuzfahrtschiffspassagiere auf das wuselige Marktgelände, das lange Zeit die Anlaufstelle für nachgemachte Markenportemonnaies, Souvenir-T-Shirts und günstige Strohwaren made in China war. Hier zu bummeln ist ganz unterhaltsam, auch wenn das Ganze eher billig ist. Mit dem **Festival Place** an der Prince George Wharf kann es jedenfalls nicht mithalten; dort erhält man einheimische Produkte und Strohartikel.

Praktische Informationen

MEDIZINISCHE VERSORGUNG

Apotheken gibt's in allen Einkaufszentren, dort jedoch zum größten Teil nur zu den regulären Öffnungszeiten. Für medizinische Versorgung wendet man sich besser an das **Princess Margaret Hospital** (☎242-322-2861; www.pmh.phabahamas.org; Shirley St; ⏲Notaufnahme 24 Std. geöffnet) **oder das Doctor's Hospital** (☎242-302-4600; www.doctorshosp.com; 1 Collins Ave; ⏲Notaufnahme 24 Std. geöffnet).

POST

Hauptpost (Town Center Mall, Baillou Hill Rd; ⏲Mo–Fr 8.30–17.30 Uhr)

TOURISTENINFORMATION

Touristeninformation (Karte S. 208; ☎242-323-3182; www.bahamas.com; Welcome Centre, Festival Pl, Prince George Wharf;

⌚8–23 Uhr) Die Touristeninformation befindet sich gegenwärtig am „Welcome Desk" für Kreuzfahrtschiffspassagiere. Sie ist mit den typischen Broschüren, Stadtplänen und Karten bestückt. Bei den Mitarbeitern können 45-minütige Stadtführungen gebucht werden, die nach Bedarf zwischen 10 und 13 Uhr stattfinden (10 BS$ pro Pers.).

Rund um Nassau

Die Strände von New Providence haben jeweils einen ganz eigenen Charakter: **Cable Beach** ist ein Ferienort, das nahe **Delaporte** ist ruhiger. Cabbage Beach auf Paradise Island wartet mit den so ziemlich schönsten Korallenriffen der Insel auf, kann aber sehr voll werden. **Love Beach** ist der Liebling von Schnorchlern und Tauchern, **Jaws Beach** ist prima für einen Nachmittag mit der Familie geeignet. Junkanoo (S. 220), nahe der Innenstadt von Nassau gelegen, ist die richtige Adresse, wenn man mit Einheimischen feiern möchte.

★Clifton Heritage National Park NATIONALPARK
(☎242-803-6870; www.cliftonheritage.org; Southwest Rd; Erw./Kind 11/3,30 BS$; ⌚9–17 Uhr; 👪) Der Park an der Küste konnte im Jahr 2000 nur knapp vor den Bulldozern der Bauunternehmer gerettet werden. Er umfasst das gesamte Spektrum des bahamaischen Lebens: Buschwald, Sumpfgebiete, Strände, Überbleibsel aus der Zeit der Loyalisten und der Sklavenzeit, eine nachgebaute lucayanische Hütte sowie einen Skulpturengarten unter Wasser, dessen Zentrum eine riesige Statue des Atlas bildet. Man kann hier wunderbar Vögel beobachten, in der Geschichte schwelgen, picknicken, schwimmen oder schnorcheln. Letzteres kostet 22,50 BS$ (50 BS$, wenn man Ausrüstung leihen muss), Touren sind ab 11/5,50 BS$ für Erwachsene/Kinder zu haben.

Gleich neben dem Unterwassergarten befindet sich eine große Ölraffinerie; bevor man abtaucht, an der Rezeption nachfragen, ob das Wasser klar und frei von Öl ist.

Blue Lagoon Island INSEL
(☎242-363-1003; www.bahamasbluelagoon.com; Salt Cay; Tagesausflug Erw./Kind 69/45 BS$) Das kleine Eiland wird auch Salt Cay genannt und liegt nördlich von Paradise Island. Es hat sich zu einem Tagesausflugsziel gemausert, das Strandspaß, Touren und Wassersportmöglichkeiten bietet. Die Tourpakete umfassen das Mittagessen und die Bootsfahrten ab/nach Paradise Island.

Paradise Island

Das privilegierte Paradise Island – durch zwei große Bogenbrücken mit Nassau verbunden – wurde ganz ungeniert zum Zweck von Profit und Vergnügen errichtet. Die Landschaft ist weitgehend künstlich: riesige, geradezu fantastisch anmutende Hotels, Casinos in der Größe von Flugzeughallen, künstliche „Dörfer", in denen eingekauft und gegessen werden kann, ein Golfplatz der Extraklasse und Wiesen in saftigem Grün.

Vor den 1960er-Jahren hieß Paradise Island noch „Hog Island", war fade und unscheinbar. Huntington Hartford II., ein Erbe des Lebensmittelunternehmens A&P, benannte sie 1959 um und beschloss, hier das nächste Monte Carlo zu errichten. Offensichtlich mit Erfolg: Über die Jahre wurde es zum Rückzugsort für Howard Hughes, Richard Nixon sowie den abgesetzten Schah des Iran. Es war jedoch die Eröffnung des großflächigen Resort-, Casino- und Einkaufskomplexes „Atlantis" im Jahr 1998, das am meisten zur Verwirklichung von Hartfords Traum beitrug. Heute steht es synonym für bahamaischen Luxus für Familien, Hochzeitsreisende, risikofreudige Glücksspieler und Junggesellenabschiede.

Sehenswertes

Das Haupthotel Atlantis mit seinen sogenannten Royal Towers ist bereits eine Sehenswürdigkeit für sich, mit Läden, einem Casino, einer unechten Ausgrabungsstätte sowie riesigen Aquarienfenstern in die untere Lobby. Das angrenzende Marina Village ist ein beliebtes Ziel zum Shoppen und zum Essen.

Zu den öffentlich zugänglichen Stränden auf der Insel gehören **Cabbage Beach** (Karte S. 208), **Paradise Beach** (Karte S. 208) und **Cove Beach**.

Discover Atlantis Tour AQUARIUM
(Karte S. 208; ☎242-363-3000; www.atlantisbahamas.com; Atlantis, 1 Casino Dr; 44 BS$ pro Pers.; ⌚9–17 Uhr; 👪) Durch einen Glastunnel zu laufen, während obendrüber Haie schwimmen, ist – kurz gesagt – der Hammer. Diesen Nervenkitzel gibt's in der Predator's Lagoon, einer der Attraktionen auf

diesem Spazierweg durch die Aquarien und nachgeahmten archäologischen Stätten des Atlantis Marine Habitat. Auf jeden Fall Ausschau halten nach Teufelsrochen, Langusten, gestreiften Clownsfischen, durchsichtigen Quallen und Tausenden anderen Meeresbewohnern in der unterirdischen Great Hall of Waters.

Versailles Gardens GÄRTEN

(Karte S. 208; Paradise Island Dr) Der strengen Vorgaben folgende symmetrische Garten ist so ungefähr das Letzte, was man auf Paradise Island erwarten würde, regiert hier doch vor allem der schnöde Mammon. Doch, tadaaa, da ist sie: eine in Stufen angelegte Landschaft, gespickt mit Statuen zu Ehren bedeutender Persönlichkeiten (Napoleon, Franklin D. Roosevelt, ein Herkules aus dem 12. Jh. etc.). Besonders fotogen ist der **Kreuzgang** aus Stein, den Augustinermönche im Frankreich des 14. Jhs. errichteten. Huntington Hartford kaufte ihn dem Zeitungsmagnaten William Randolph Hearst ab und ließ den Säulengang dann Stück für Stück auf die Bahamas verschiffen.

Die Gärten gehören inzwischen dem noblen Ocean Club und sind eigentlich privat, aber in der Praxis stört sich niemand an respektvollen Besuchern, die das No Trespassing-Schild „übersehen".

Aktivitäten

★ Aquaventure Water Park WASSERPARK

(Karte S. 208; ☎ 888-877-7525; www.atlantisbahamas.com; Suite 42, 1 Casino Dr, Atlantis Resort; Erw./Kind/Hotelgäste 157/103 BS$/frei; ⌚ 9–17 Uhr) Beim Anblick dieses überwältigenden 57 Hektar großen Wasserparks, einer Vision der Ruinen des versunkenen Atlantis im Stile von Indiana Jones, kommen Kinder wie Erwachsene ins Staunen. Der riesige Park – einer der größten der westlichen Hemisphäre – ist rund um einen fünfstöckigen Maya-Tempel angeordnet, mit mehreren Wasserrutschen, aus denen die Gäste in eine Vielzahl an Grotten und Höhlen geschossen werden.

Sivananda Yoga Ashram YOGA

(Karte S. 208; ☎ 416-479-0199; www.sivanandabahamas.org; Paradise Island) Der Hinterhof des Atlantis-Megaresorts ist wahrscheinlich nicht der Ort, an dem man ein Yoga-Ashram erwartet hätte. Seit 1967 ist das Sivananda Yoga Ashram auf einem dicht bewaldeten 2,2 Hektar großen Gebiet auf Paradise Island ein Anziehungspunkt für Yoga-Fans. Man kann eine einzelne Stunde buchen (10 BS$), sich eine Tageskarte besorgen (50 BS$) oder mehrere Tage bleiben und in Zelten oder Zimmern am Meer übernachten.

Schlafen & Essen

Die Zahl der Urlauber, die in den großen Resorts auf Paradise Island übernachten, übersteigt bei Weitem die Anzahl derer, die sich in Nassau einquartieren. Das hat jedoch seinen Preis: Auf der Insel kosten die Zimmer um die 50 % mehr als im Zentrum von Nassau oder in Cable Beach, und in der Budgetkategorie sieht es ziemlich mau aus.

Comfort Suites HOTEL $$

(Karte S. 208; ☎ 242-363-2588; www.comfortsuitespi.com; Paradise Island Dr; DZ inkl. Frühstück 327–520 BS$; ❄📶🏊) Dieses überdurchschnittliche Hotel gehört zwar nicht zum Atlantis, Gäste bekommen hier aber dennoch Zugang zu allen Pool- und Freizeitbadangeboten des benachbarten Megaresorts. Die mehr als 200 Räume sind sauber und modern, mit heller, tropischer Einrichtung und Restaurant (Crusoe's) und Bar (Bamboo Lounge) im Haus – perfekt für faule Tage.

★ Atlantis RESORT $$$

(Karte S. 208; ☎ 954-809-2100; www.atlantisbahamas.com; 1 Casino Dr; DZ 275–2800 BS$; ❄📶🏊) Dieses Wasserwunderland ist wie eine kostspielige, aber unwiderstehliche Kombination aus Disneyland, Las Vegas und Sea World. Das Megaresort mit dem Motto „The Lost World of Atlantis" umfasst fünf unterschiedliche Hotels, alle nur einen kurzen Fußweg voneinander entfernt. Das Mutterschiff sind die Royal Towers – muschelrosafarbene Türme, 23 Stockwerke hoch, verbunden durch einen riesigen zentralen Bogen.

Die Royal Towers (ab 410 BS$) stechen mit ihren Aquariumfenstern, den (falschen) Hieroglyphen überall und einem nachgebauten Thron von König Triton besonders ins Auge. Dies ist zudem Dreh- und Angelpunkt sämtlicher Aktivitäten in der Hotelanlage. Es gibt ein riesiges Casino, ein Einkaufszentrum mit edlen Marken (Versace, Cartier) und diverse Restaurants, in denen gefeierte Starköche das Zepter schwingen. In diskretem Abstand stellt das Cove (ab 570 BS$) die „erwachsenste" Unterkunft im Atlantis dar; man stelle sich Kois in den Teichen und minimalistische Kronleuchter vor und einen Poolbereich nur für Erwachsene, an dem Masseurinnen die Gäste auf Wunsch durchkneten. Das Reef (ab 500 BS$) ist ein stylisches Hotel im Apartmentstil, ideal für Familien. Das Beach Towers (ab 275 BS$) und das Coral Towers (ab 290 BS$) sind, gemessen an der Vergleichsgruppe, weniger schick und dafür erschwinglicher. Bei allen Zimmern gilt ein Mindestaufenthalt von zwei Nächten.

Ocean Club RESORT **$$$**
(Karte S. 208; ☎ 242-363-2501; www.fourseasons.com/oceanclub; 1 Casino Dr; DZ 1480–1970 BS$; ❄ 📶 🏊) Paradise Islands exklusivstes Hotel ist jetzt im Besitz des Four Seasons: Hierher kommen Menschen mit bekannten Namen, um in üppigen Gärten hinter hohen Mauern und Toren dem Alltag zu entfliehen. Zu den Zimmern gehören persönliche Butler, die die Betten mit Rosenblättern bestreuen oder den Gästen ihren Nachmittags-Champagner servieren. Manchmal gelten Mindest-Aufenthalte (drei bis vier Tage).

Anthony's Grill INTERNATIONAL **$$**
(Karte S. 208; ☎ 242-363-3152; www.anthonysgrill paradiseisland.com; Paradise Island Shopping Center, Paradise Dr; Hauptgerichte 20–45 BS$; ⏲ 8–22 Uhr; 📶 👪) Dieses helle und karibisch eingerichtete Restaurant ist eines von Paradise Islands wenigen Restaurants, die nicht zu einem Hotel gehören. Aufgrund seiner Speisekarte mit Burgern, Pizzen, Nudelgerichten und dem großen typisch amerikanischen Frühstück ein bevorzugter Ort für Familien. Es gibt ein Kindermenu für 10 BS$ und jeden Tag von 16 bis 18 Uhr Happy Hour (7 BS$ für Appetizer und zwei Drinks zum Preis von einem).

★ **Nobu** JAPANISCH **$$$**
(Karte S. 208; ☎ 242-363-3000; www.atlantisbahamas.com; Royal Towers, Atlantis, 1 Casino Dr; Hauptgerichte 24–125 BS$, Sushi-Rolls ab 11 BS$; ⏲ Sushibar 17.30–22 Uhr, Fr & Sa Abendessen bis 23 Uhr; ❄ 📶) Wie in jedem Außenposten des Reiches von Nobu Matsuhisa gibt's auch in diesem Restaurant ausschließlich authentische japanische Küche mit modernen Einflüssen. Sushi und Nudeln sind vorzüglich, aber warum nicht etwas Neues wagen mit Mahuhisas unverkennbarem Miso-Zackenbarsch oder bahamaischem Hummer mit Trüffel-Panade? Die Dekoration erinnert stark an „Lost in Translation": eine schwermütige Kombination aus japanischen und westlichen Ideen.

Kinder unter sechs Jahren sind allerdings nur bei der ersten Abendessensrunde willkommen.

★ **Dune** FUSION-KÜCHE **$$$**
(Karte S. 208; ☎ 242-363-2501; www.fourseasons.com/oceanclub; Ocean Club, 1 Casino Dr, Paradise Island; Hauptgerichte 34–77 BS$; ⏲ 7–11, 12–15 & 18–22 Uhr) Die Speisekarte in diesem ultrabeliebten (und ultrateuren) Fusion-Restaurant, das auf einer Düne gegenüber dem vornehmen Ocean Club Hotel liegt, hat der französisch-amerikanische Chefkoch Jean-Georges Vongerichten kreiert. Die Auswahl an Gerichten ist wie eine Reise um die Welt: asiatische Fischgerichte, australisches Lamm oder heimischer Hummer und Trüffelpizza.

Café Martinique FRANZÖSISCH-KARIBISCH **$$$**
(Karte S. 208; ☎ 888-526-0386; www.atlantisbahamas.com; Atlantis, 1 Casino Dr; Hauptgerichte 50–68 BS$; ⏲ 18–22 Uhr; 📶) Dieses exklusive French-Fusion-Restaurant in Atlantis ist eine Hommage an das lang nicht mehr existierende Original aus dem James-Bond-Streifen *Thunderball* von 1965 und trägt die Handschrift des berühmten französisch-amerikanischen Sternekochs Jean-Georges Vongerichten. Neben mediterranen Klassikern wie Meeresfrüchte nach provenzalischer Art gibt's schicke Neuauflagen von bahamaischen Klassikern, wie etwa Wolfsbarsch *al cartoccio* (in der Tüte).

☆ Unterhaltung

Atlantis Casino CASINO
(Karte S. 208; ☎ 242-363-3000; www.atlantisbahamas.com; Royal Towers, Atlantis, 1 Casino Dr; ⏲ Spielautomaten 24 Std., Spieltische So–Do 9–4, Fr & Sa 24 Std.) Das Herzstück des Atlantis-Komplexes hängt neben der Brücke zwischen den Hoteltürmen über der „Lagune". Es misst 2,8 Hektar und vereint 85 Spieltische sowie 700 einarmige Banditen, in denen unablässig die Münzen durchklimpern. Achtung, gefährlich: Mit dem Zimmerschlüssel kann man an den Tischen und Automaten „erste Punkte für Werbegeschenke sammeln".

ℹ An- & Weiterreise

Öffentliche Verkehrsmittel fahren nicht bis nach Paradise Island, aber man kann mit dem Auto hinüberfahren (2 US$ Pkw-Maut), ein Taxi nehmen oder über die Brücke spazieren. Parkplätze kosten ein kleines Vermögen.

Die Wassertaxis verkehren alle halbe Stunde von Nassaus Kreuzfahrtterminal bis nach Paradise Island. Eine Rundfahrt kostet 8 BS$, eine Kurzstrecke 4 BS$.

GRAND BAHAMA

51 800 EW.

Trotz des Namens spielte Grand Bahama immer in der zweiten Liga hinter dem größeren, glamouröseren Nassau (New Providence). Wer jedoch nach einem entspannten, gut zu erreichenden und unkomplizierten Urlaubsziel mit mehr Infrastruktur als die Out Islands sucht, ist hier richtig. Grand Bahama bietet einige gute Strände, Wassersport (z. B. Tauchmöglichkeiten) und Golfplätze. Die Straßen der größten Stadt Freeport und der Vorstadt Lucaya sind breit, und es herrscht kaum Verkehr. Die goldenen Strände und das aquamarinblaue Meer sind selten überfüllt, nicht mal während der Hochsaison, und die zahlreichen Kreuzfahrtschiffe, die häufig hier Station machen, sorgen für zentral gelegene Annehmlichkeiten wie Tauchshops, Restaurants, Bars und kleine Lädchen. Eine Hochgeschwindigkeitsfähre aus Florida setzt nach Grand Bahama über, weshalb US-Bürger schon mal einen Wochenend- oder sogar Tagesausflug hierher unternehmen.

Außerhalb der Stadt ist die 137 km lange Insel ein unerforschter Abenteuerspielplatz aus Mangrovensümpfen, Brandungshöhlen und feinsandigen *cays*. Es gibt Tauch- und Schnorchelgründe von Weltrang sowie großartige Möglichkeiten zum Kajakfahren und Fischen.

Hurrikan Dorian richtete Grand Bahama im September 2019 übel zu, doch bei Redaktionsschluss hatten die meisten Geschäfte und Unternehmen auf der Insel wieder geöffnet, auch die Hotels, Restaurants, Touranbieter und Bootsbetreiber, und die Kreuzfahrtschiffe und Flüge gingen (relativ) planmäßig.

An- & Weiterreise

Der 35-minütige Flug ab Nassau ist sicherlich die einfachste Möglichkeit, Grand Bahama zu erreichen. Es bestehen mehrere Verbindungen täglich. **Flamingo Air** (☎ 242-351-4963; www.flamingoairbah.com) verbindet Grand Bahama mit Marsh Harbour auf Great Abaco und mit South Bimini.

Balearia Caribbean (☎ 866-699-6988; www.baleariacaribbean.com; einfache Strecke 88–104 US$) betreibt eine Hochgeschwindigkeitsfähre zwischen Fort Lauderdale (USA) und dem **Freeport Cruise Terminal** (Freeport Harbour). Abfahrt in Fort Lauderdale ist um 8 Uhr (2½ Std.), die Rückfahrt um 18.30 Uhr.

Bahamas Ferry stellt keinen Passagierservice mehr ab Nassau bereit, aber eventuell können Traveller einen Platz auf dem Postboot ergattern. Täglich verkehren Fähren (maximal 20 Pers.) von **Pinder's** (☎ 242-353-3062) und **Barry's** (☎ 242-443-5293; McLean's Town) von McLean's Town, Grand Bahama, nach Crown Haven, Little Abaco. Diese Boote werden aber in erster Linie von Einheimischen genutzt, und die Schwierigkeit besteht darin, Ziele zwischen dem Fähranleger und den größeren Siedlungen (Freeport oder Marsh Harbour) zu erreichen. Zwar fahren theoretisch zwei Busse pro Tag, darauf ist aber nicht wirklich Verlass. Alternativ muss man einen Wagen mieten oder ein Taxi für ca. 100 BS$ chartern.

Unterwegs vor Ort

Auf Grand Bahama braucht man ein eigenes Auto. Es gibt zahlreiche Autovermietungen am Flughafen. Die lokalen Firmen verlangen pro Tag ab 55 BS$ und sind damit günstiger als die internationalen Ketten.

Einen Motorroller kann man auf dem Parkplatz des Port Lucaya Marketplace für ca. 50–70 BS$ pro Tag leihen, zusätzlich muss eine Kaution hinterlegt werden.

Freeport & Lucaya

Freeport, Grand Bahamas einzige Stadt, wurde in den 1950er-Jahren quasi über Nacht als zollfreie Touristendestination für die Vergnügungshungrigen der Rat-Pack-Ära errichtet. Ein halbes Jahrhundert und einige große Hurrikans später ist es ein gesichtsloser, von Banken, Einkaufszentren und Regierungsgebäuden geprägter Ort, der für Reisende wenig zu bieten hat.

Die Action für Urlauber spielt sich in Lucaya ab, einem modernen Küstenvorort von Freeport. Die gepflegten Geschäftsstraßen mit Shops und Restaurants sind ganz nach dem Geschmack jener Kreuzfahrttouristen, denen Sicherheit und Komfort wichtig sind. Am Jachthafen starten verschiedene Bootstouren und andere Wassersportaktivitäten. In warmen Sommernächten, wenn die Musik von der Bühne am Port Lucaya Marketplace herüberschallt, gibt's keinen schöneren Ort als diesen.

Grand Bahama

Sehenswertes

★ Garden of the Groves GÄRTEN

(☎242-374-7778; www.thegardenofthegroves.com; Ecke Midshipman Rd & Magellan Dr, Freeport; Erw./Kind 17/12 BS$; ⊙9–16 Uhr) Dieser 5 ha große botanische Garten ist eine üppige tropische Oase auf einer Insel, die sonst zumeist aus Sandkiefern und Asphalt besteht. Ein Wanderpfad führt durch das Unterholz aus Tamarinden und Javapflaumenbäumen und vorbei an stufenförmigen (künstlichen) Wasserfällen, einer friedlichen Lagune und einer winzigen Kapelle aus dem 19. Jh. oben auf dem Hügel. Spirituell orientierten Besuchern wird ein meditativer Rundgang durch ein Kalksteinlabyrinth gefallen, eine Replik des Labyrinths von Chartres. Für Kinder gibt's das Waschbär-Refugium, in dem eingefangene Exemplare ihren Lebensabend verbringen können. Die Gärten liegen einige Kilometer östlich von Freeport auf der Midshipman Road. Ein Minibus bringt Besucher auf Anfrage für 5 BS$ dorthin. Vor Ort befindet sich ein gutes **Café**.

Aktivitäten

Undersea Explorers' Society (UNEXSO) TAUCHEN

(☎242-373-1244; https://unexso.com; 1 Seagorse Rd, Port Lucaya Marina, Lucaya; ⊙8–18 Uhr) Das 1965 gegründete UNEXSO ist ein angesehenes Tauchzentrum, das die unterschiedlichsten Tauch- und Schnorchelpakete im Programm hat und weitere Aktivitäten im warmen Wasser von Grand Bahama organisiert. Zwei Tauchgänge liegen bei 107 BS$, Schnupperkurse bei 134 BS$. Tauchen mit wilden Delfinen wird für 245 BS$ angeboten, mit Haien für 117 BS$. Plate Reef und Theo's Wreck sind zwei der beliebteren Destinationen.

Es gibt auch eine Delfinshow mit domestizierten Tieren.

Sunn Odyssey TAUCHEN

(☎242-373-4014; www.sunnodysseydivers.com; 30 Beachway Dr, Freeport; ⊙Mo–Sa 8–17, So ab 13 Uhr) Sunn Odyssey bietet maßgeschneiderte Tauchausflüge und nimmt kleine Gruppen mit auf das Abenteuer. Tauchtouren mit zwei Tanks kosten 110 BS$ (inkl. Steuern), Nachttauchen 91 BS$. Der PADI Open Water-Kurs (4 Tage) kostet 435 B$.

Pirate's Cove OUTDOORAKTIVITÄTEN

(☎242-373-2683; Taino Beach; Erw./Kind 5/3 BS$; ⊙9–17 Uhr) Das neueste Outdoorabenteuer von Lucaya vereint einen Strandclub, einen Wasserpark (10/25 BS$ pro Std./Tag) und eine Ziplining-Anlage (55–95 BS$) – die Kreuzfahrttouristen lieben es! Am Taino Beach werden Jetskis vermietet und Schnor-

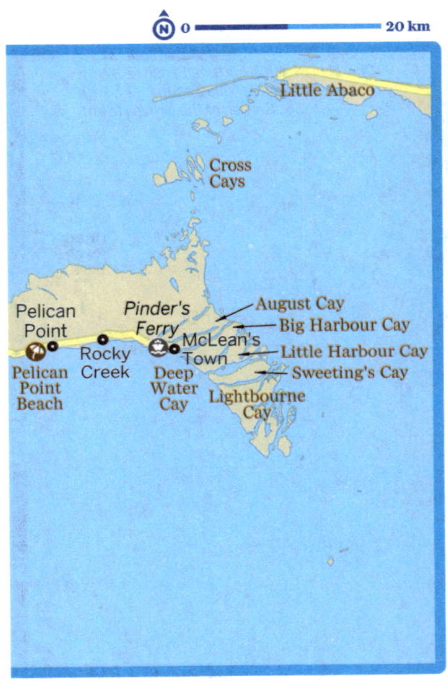

chelausflüge, Parasailing und SUP angeboten. Man kann sich natürlich auch einfach an den Strand legen (Sonnenliegen vorhanden) und sich in den Restaurants vor Ort stärken.

Exotic Adventures BOOTSTOUREN
(☎242-374-2278; www.exoticadventures bahamas.com; halber/ganzer Tag 95/139 BS$, Kinder unter 12 J. halber Preis; ⏰10–17 Uhr) Captain AJ betreibt rumgeschwängerte Tiefsee- und Grundfischerei, Schnorcheln am Riff, Delfinbeobachtungen und andere Abenteuer auf dem Meer. Man ruft an, um einen Treffpunkt zu vereinbaren und Mehrtagesausflüge zu den Biminis und den Abacos zu arrangieren.

Reef Course & Country Club GOLF
(☎242-350-5466; Tarrytown St; 18 Löcher 99 BS$) Dieser 6,3 km lange Meisterschaftskurs gehört zum teilweise geschlossenen Hotel Grand Lucayan und liegt ganz in der Nähe des Strands, des Marketplace und der Hotels.

Geführte Touren

Grand Bahama Nature Tours OUTDOORAKTIVITÄTEN
(☎242-373-2485; www.facebook.com/grandbahamanaturetours); Touren ab 89 BS$) Eine tolle Möglichkeit, die herrliche Natur auf Grand Bahama unmittelbar zu erleben, ist die ganztägige Kajaktour durch den Lucayan National Park, die dieser erfahrene einheimische Touranbieter auf die Beine stellt. Weitere Optionen sind Touren mit dem Rad, Jeep oder ATV sowie Vogelbeobachtungstrips.

Bahamian Brewery BRAUEREI
(☎242-352-4070; www.bahamianbrewery.com; Queen's Hwy, Regency Park; ⏰Führungen Mo–Sa 10–16 Uhr) Die Bahamian Brewery ist in einheimischem Besitz und öffnete 2007. Inzwischen werden das hier gebraute Sands, Strong Back Stout, Bush Crack und mehr auf den gesamten Bahamas verkauft. Man kann an einer Führung teilnehmen, auf die Verkostungen in Jimmy's Tap Bar folgen. Im Andenkenladen und im Biergarten vor Ort kann das Probieren anschließend weitergehen.

ABSTECHER

LUCAYAN NATIONAL PARK

Der 16 ha große **Lucayan National Park** (☎242-352-5438; http://bnt.bs/lucayan-national-park; Erw./Kind 5 BS$/frei; ⏰8.30–16.30 Uhr) ist Grand Bahamas Naturschatz. Etwa 40 km östlich von Ranfurly Circle liegt dieser Park, der für sein unterirdisches Höhlensystem bekannt ist – es ist eines der längsten der Welt. Besucher können über einen kurzen Fußpfad ganz einfach zwei der Höhlen erkunden – Ben's Cave ist Wohnort einer Kolonie winziger Blütenfledermäuse, in der Burial Mound Cave wurden 1986 Knochen der Lucayan, der ersten Inselbewohner, gefunden.

Der Park ist auch deswegen einzigartig, weil hier alle sechs Vegetationsgebiete der Bahamas zu finden sind. Der abgelegene und schöne Gold Rock Beach ist von Mangrovenpfaden durchzogen, die für alle, die durch diese Gegend reisen, mit Sicherheit einen Stopp wert sind. Wanderer begegnen hier mehr Waschbären und Seevögeln als Menschen, sollten deshalb aber beim Picknick nahe dem Strand auf das Essen aufpassen – die Waschbären sind dreiste (aber harmlose) Aasfresser.

Lucaya

Lucaya

Aktivitäten, Kurse & Touren

CocoNutz Cruisers .... (siehe 13)
1 Pirate's Cove D2
2 Reef Course & Country Club B2
Reef Tours .... (siehe 13)
3 Sunn Odyssey A3
4 Undersea Explorers' Society (UNEXSO) C2

Schlafen

5 Bell Channel Inn C2
6 Grand Lucayan Lighthouse Pointe C2
7 Pelican Bay Hotel C2
8 Taino Beach Resort & Club C2

Essen

9 Sabor C2
10 Smith's Point Fish Fry D1
11 Solomon's B2
12 Tony Macaroni's Conch Experience D2
13 Zorba's C2

Ausgehen & Nachtleben

Rum Runners .... (siehe 13)

Shoppen

Port Lucaya Marketplace .... (siehe 13)

CocoNutz Cruisers RADFAHREN
(☎242-808-7292; www.coconutzcruisers.com; Seahorse Rd, Port Lucaya Marketplace; Radtouren 120 BS$; ⌚Mo–Sa 10 Uhr) Die Insel bei einer witzigen fünfstündigen E-Bike-Tour mit Guide erkunden und dabei Strände und verschiedene interessante Orte besuchen.

Reef Tours BOOTSTOUREN
(☎242-373-5880; www.reeftoursfreeport.com; Port Lucaya Marketplace, Lucaya; 👪) Seit 1978 führt Reef Tours Besucher in die Freuden Grand Bahamas ein und bietet unter anderem einen Enchanted Evening Sail (40 BS$), eine Tour in einem Boot mit Glasboden (Erwachsener/Kind 30/18 BS$), einen Schnorchel- sowie einen Fischfütterungsausflug (Erwachsener/Kind 40/20 BS$). Im Vergleich zu vielen anderen bahamaischen Tourenanbietern ist hier das Preis-Leistungs-Verhältnis hervorragend.

Feste & Events

Junkanoo PARADE
(⌚1. Jan.) Diese Neujahrstagsparade, ein Highlight für die Bevölkerung, entert mit farbenprächtigen Kostümen, Musik, Tanz und Rum kurzerhand die East Mall in Freeport.

Schlafen

Die meisten Unterkünfte befinden sich in Lucaya und rund um die Jachthäfen südlich von Freeport. Im Westen gibt's ein paar Strandresorts, im Osten kommt erst mal eine ganze Weile lang nichts ...

Island Hideaway HOMESTAY $
(☎242-727-0400; Spanish Cay Rd; DZ 50 BS$) Eine liebenswerte einheimische Familie betreibt dieses gut ausgestattete moderne Apartment gleich südlich von Downtown-Freeport. Es ist ein echtes Schnäppchen mit seinem geräumigen Hauptraum und der Küche. Online buchbar.

Bell Channel Inn MOTEL $
(☎242-373-1053; www.bellchannelinn.com; King's Rd, Port Lucaya Marina; DZ 110 BS$; P ❄ 📶 🏊) Von Port Lucaya Marketplace aus hinter Bell Channel liegt dieses Hotel mit einem leicht ausgeblichenen pinken Anstrich. Es ist besonders bei Tauchern beliebt, die dort beim On-Site-Tauchcenter zu vernünftigen Preisen Gesamtpakete mit Unterkunft und Tauchangeboten buchen können. Die Zimmer liegen allesamt zum Jachthafen, sind überraschend groß und gut ausgestattet.

Royal Islander Hotel HOTEL $
(☎242-351-6000; www.royalislanderhotel.com; East Mall, Freeport; DZ/3BZ/4BZ 102/110/120 BS$; P ❄ 📶 🏊) Wer für kleines Geld im Zentrum übernachten will, wird kaum eine bessere Bleibe finden als diese. Sie sieht aus wie ein Motel aus den 80ern (geblümte Tagesdecken), ist aber sauber und hat einen netten Poolbereich mit Bar und Jacuzzi.

Grand Lucayan Lighthouse Pointe RESORT $$
(☎242-373-1333; www.grandlucayan.com; 1 Sea Horse Rd, Lucaya; DZ ab 320 BS$; P ❄ 📶 🏊) Aktuell ist nur der Lighthouse-Pointe-Flügel des großen Hotelkomplexes und Golfresorts geöffnet, dies ist aber unverändert eine der tollsten Adressen auf Grand Bahama. Die schlichten, geräumigen Zimmer liegen zum Strand, es gibt mehrere Restaurants, Swimmingpools und ein Spa. Preiswerte All-inclusive-Angebote!

Taino Beach Resort & Club HOTEL $$
(☎242-350-2200; www.tainobeach.com; Jolly Roger Dr, Taino Beach; DZ ab 180 BS$; ❄ 📶 🏊) Ganz am Ende des hübschen Taino Beach liegt dieser entspannte Komplex, zu dem das exklusive Marlin, das Coral (mittlere Hotelkategorie) und das in die Jahre gekommene, budgetfreundliche Ocean gehören. Der aus Suiten bestehende Aufbau ist gut für Familien geeignet. Die freuen sich auch über die vielen Aktivitäten wie Lagerfeuer, Bahamaische Nacht, Beachvolleyball und Bingo, welche dem Ganzen einen fröhlichen gemeinschaftlichen Touch verleihen.

Pelican Bay Hotel HOTEL $$
(☎242-373-9550; www.pelicanbayhotel.com; Sea Horse Rd, Port Lucaya Marina; DZ 235–270 BS$; P ❄ 📶 🏊) Das Pelican Bay mit seiner Fassade im bahamaischen kolonialen Retrolook umfasst 186 zum Jachthafen hin gelegene Suiten mit privaten Balkonen. Die Inneneinrichtung greift das Thema auf, mit viel dunklem Holz und Himmelbetten. Das Hotel liegt nicht am Meer, der Blick vom Pooldeck auf Bell Channel ist bei Sonnenuntergang jedoch ein Genuss.

Essen & Ausgehen

Für Restaurants gilt das Gleiche wie bei den Unterkünften: Die meisten, die einen Besuch wert sind, stehen in Lucaya. Port Lucaya Marketplace zieht die Massen mit zahlreichen Restaurants und Bars an. Weiter draußen am Strand gibt's authentische *fish fries* und bahamaische Cafés. Selbstversorger könnten **Solomon's** (Seahorse Rd, Lucaya Shopping Center; ⏲Mo–Mi 7.30–20, Do–Sa bis 21, So bis 17 Uhr) ansteuern, einen gut sortierten Supermarkt im Lucaya Shopping Center.

★ **Smith's Point Fish Fry** BAHAMAISCH $
(Taino Beach; Hauptgerichte 12–15 BS$; ⏲Mi 17–2, Sa bis 23 Uhr) Mittwochabend im Fish Fry ist eine einzige riesige Party. Ein paar Hütten am Strand werfen die Kocher unter ihren Ölfässern an und frittieren Steinbutt, Hummer und *conch* für Scharen von Einheimischen, die bei einem kalten Kalik und Rumpunsch plaudernd die Nacht verbringen. Nach 21 Uhr wird's lebhaft, ab dann gibt's auch Livemusik.

Tony Macaroni's Conch Experience BAHAMAISCH $
(☎242-533-6766; Taino Beach; Hauptgerichte 11–24 BS$; ⏲Mi–So 12–22 Uhr) Tony Macaroni, der selbsternannte „einzigartigste Mann auf den Bahamas" und Besitzer dieser berühmten *conch*-Hütte am Taino Beach, ist ein etwas spezieller Zeitgenosse. Die Besucher sollten auf Neckereien am laufenden Band und (bei weiblichen Gästen) eine kräftige Portion Flirtversuche gefasst sein, aber dazu gibt's gebratene *conch* und *conch salad*, die das allemal wert sind.

Zorba's GRIECHISCH $$

(☎242-373-6137; Port Lucaya Marketplace; Hauptgerichte 18–28 BS$; ⏲7–23 Uhr; 📶👪) Einheimische wissen, dass es bei Zorba's mit das beste Essen auf Grand Bahama gibt, deshalb empfehlen sie es häufig weiter. Es gibt ein paar bahamaische und amerikanische Gerichte (*conch*-Suppe, Hamburger), aber die Highlights sind die hellenischen Klassiker: Saganaki, Gyros, Moussaka, Griechischer Salat und Konsorten.

Sabor INTERNATIONAL $$

(☎242-373-5588; http://sabor-bahamas.com; Pelican Bay Hotel, Port Lucaya Marina; Hauptgerichte 10–42 BS$; ⏲11–22 Uhr; 📶) Das Sabor ist ein netter Ort für einen Cocktail und eine Mahlzeit am Ende eines langen Tages. Die Lage neben dem Jachthafen kann bei Sonnenuntergang spektakulär sein. Die Küche ist international: Neben asiatischer Fusion-Küche gibt's günstige Burger und geschwärzten Zackenbarsch.

★ **Margarita Villa Sandbar** BAR

(☎242-373-4525; www.sandbarbahamas.com; Churchill Beach, Mather Town; ⏲11.30–24 Uhr; 📶) Ein echter Klassiker, den aber nur Insider kennen! Östlich von Lucaya folgt man ein paar gewundenen Nebenstraßen zum Strand, um zu dieser flippigen kleinen Strandbude aus Holz mit Terrassen und sandigem Boden zu gelangen. Wer sich für American Football interessiert, findet auf Grand Bahama keinen besseren Ort für seine sonntägliche Dosis Zuschauersport.

Rum Runners BAR

(☎242-373-4550; Port Lucaya Marketplace; ⏲9–1 Uhr) Die beste Bar auf dem Gelände des gut besuchten Port Lucaya Marketplace. Das Rum Runners ködert seine Gäste mit der Happy Hour (zwei Drinks zum Preis von einem), netten Mitarbeitern und der Nähe zum Marketplace-Pavillon.

Shoppen

Port Lucaya Marketplace MARKT

(☎242-373-8446; www.portlucaya.com; Sea Horse Rd; ⏲9–24 Uhr) Diese kleine, gepflegte pastellfarbene Version eines traditionellen bahamaischen Marktgebäudes liegt im Zentrum von Lucaya und beinhaltet die Mehrheit der Shoppingmöglichkeiten in der Gegend sowie Gastronomie und Entertainment. Auf dem **Strohwarenmarkt** um Stoffbeutel und Batikstoff feilschen, zollfreie Smaragde in einem der vielen Juwelierläden erstehen oder einen Cocktail mit Blick auf das Wasser der Bell Channel Bay genießen.

Praktische Informationen

Grand Bahama Vacations (www.grandbahamavacations.com) Das Reisebüro mit Sitz in Florida hat eine nützliche Website.

Touristeninformation (☎242-373-8988; www.bahamas.com; Port Lucaya Marketplace, Sea Horse Rd; ⏲9–17 Uhr) Praktisches Besucherzentrum im Port Lucaya Marketplace. Es gibt auch einen Infoschalter am Flughafen (oft nicht besetzt).

Anreise & Unterwegs vor Ort

Vom **Busbahnhof** (W Mall Dr) in Freetown geht's zum Port Lucaya Marketplace (1,50 BS$), East End (10 BS$, 2-mal tgl.) und West End (5 BS$, 2-mal tgl.). Die Fahrer sollen sich natürlich an die vorgeschriebenen Routen halten, fungieren allerdings oft als eine Art Sammeltaxi und bringen die Passagiere für einen entsprechenden Geldbetrag ans Wunschziel. Einfach nachfragen.

Zwischen den meisten Hotels in Downtown, dem Strand und der Stadt verkehren zudem kostenlose Shuttles.

Westlich von Freeport

Wer Freeport gen Westen verlässt und über den Freeport Harbour Channel und am Hafen vorbeifährt, der wird bemerken, wie sich die Insel zu einer schlanken Halbinsel wandelt, die mit Gestrüpp und Mangroven bedeckt ist. Die zwei Resorts ziehen Schnorchler, Segler und Sonnenanbeter gleichermaßen an, aber abgesehen davon gibt's außer ein paar normalen Ansiedlungen nicht viel zu sehen.

Old Bahama Bay Resort & Marina RESORT $$

(☎242-602-5171; www.oldbahamabayresorts.com; Bayshore Rd, West End; Suite 330–440 BS$; P❄📶🏊) Nur 90 km von Florida entfernt liegt dieses farbenfrohe Resort mit Jachthafen am äußersten westlichen Ende von Grand Bahama – es ist ein Liebling der US-amerikanischen Jacht-Community. Zum Angebot gehören Wander- und Schnorchelmöglichkeiten, ein 372 m² großer beheizter Swimmingpool, Fitnessstudio, Spa, Restaurant, Bar und Hubschrauberlandeplatz und darüber hinaus Tennis, Massagen, Tiefseefischen und andere Aktivitäten.

Paradise Cove RESORT $$

(☎242-349-2677; www.deadmansreef.com; Deadman's Reef; Häuschen mit 1/2 Schlafzi. 196/252

BS$; ❄📶) Der nette Beach Club ist ein beliebtes Tagesausflugsziel für Schnorchler dank der blühenden Korallenriffe in psychedelischen Farben unmittelbar vor der Haustür (Tagesausflug inkl. Transport und Ausrüstung, Erw./Kind 50/30 BS$). Alternativ legt man sich an den Strand, fährt Kajak, spielt Volleyball oder genießt einfach ein Zackenbarschsandwich und ein kühles Kalik an der Red Bar des Resorts. Wer übernachten will, kann sich eins der beiden modernen Strandhäuser schnappen.

OUT ISLANDS

Die Out Islands werden auch „Family Islands" genannt; der Spitzname wurde geprägt, um die Inseln einladender erscheinen zu lassen. Außerdem erinnert er an die Tatsache, dass viele Einheimische gebürtig dorther stammen und nicht aus New Providence oder Grand Bahama. Die ursprüngliche Bezeichnung ist aber auch immer noch sehr gebräuchlich, und beide Begriffe werden synonym verwendet. Die Essenz und die Geografie der Inseln sind derweil unverändert: Zu den „Out Islands" gehören Hunderte fantastischer Inseln und *cays* – sämtliche im Archipel bis auf New Providence und Grand Bahama –, die einen beneidenswerten Ruf haben. Ihre Ruhe, Schönheit, unvergleichlichen Strände und überwältigende Natur sind legendär, der Tourismus (vor allem Familien) ist überschaubar.

Zu sagen, dass dies die „wahren" Bahamas sind, klingt abgedroschen, liegt aber nahe. Der krasse Unterschied zu Nassau ist auf den ersten Blick erkennbar, und wer auf der Suche nach Einsamkeit, exzellenten Tauchgründen und einer entspannten, gastfreundlichen Kultur ist, wird sich dieser Meinung wahrscheinlich bereitwillig anschließen.

Mit dem Planen beginnt man am besten auf der Website des Out Islands Promotion Board (www.myoutislands.com).

ℹ An- & Weiterreise

Wer die Out Islands erkunden will, aber noch auf die eigene Jacht spart, wird in Nassau ins Flugzeug steigen oder eine Fähre nehmen müssen. Bahamas Ferries (S. 251) bietet planmäßige Verbindungen von Nassau nach Andros, zu den Abaco-Inseln, nach Grand Bahama, Long Island sowie nach Eleuthera und Harbour Island, sie bestehen allerdings nicht täglich. Reisen auf dem Seeweg sind zudem zeitintensiver als Flüge.

Die Abacos

17 100 EW.

Die Abacos – Great Abaco, Little Abaco und die umliegenden Inselchen – gehören zu den Juwelen der Bahamas: das halbmondförmige Strandarchipel auf 320 km lässt Seglerherzen höherschlagen, treibt Geschichtsinteressierten die Freudentränen in die Augen, ist der Traum jedes Meeresfrüchte-Liebhabers und ein wagemutiger Eintrag auf dem Wunschzettel jedes Tauchers.

Hurrikan Doran hat die Abacos im September 2019 am schlimmsten getroffen. Ein Großteil der Gebäude in Marsh Harbour, der größten Siedlung, und auf den außerhalb gelegenen *cays* wurde teilweise oder vollständig zerstört, viele Menschen starben. Bei Redaktionsschluss waren die umfassenden Hilfsmaßnahmen und der Wiederaufbau noch im Gange. Zahlreiche Einheimische mussten neue Häuser beziehen, die Stromversorgung, das Telekommunikationsnetz und der Nahverkehr werden schrittweise wiederhergestellt.

Regelmäßig setzen Fähren von Marsh Harbour oder Treasure Cay zu den **„Loyalist Cays"** über – Elbow, Great Guana, Man O'War und Green Turtle. Benannt nach den Siedlern, die im 18. Jh. hierherkamen, nachdem sie während der Amerikanischen Revolution die falsche Seite unterstützt hatten, sind dies nun besondere Orte, an denen es holzverschalte Häuser (bzw. deren Ruinen), historische Leuchttürme, üppige Mangroven und eine einzigartige Kultur zu erkunden gibt. Das warme und großzügige Meer um Abaco lockt mit atemberaubenden Korallen und reichhaltigem Leben im Wasser.

ℹ An- & Weiterreise

Auf den Abaco-Inseln befinden sich zwei Flughäfen: der **Leonard M. Thompson International Airport** (☎ 242-367-5500), ehemals Marsh Harbour Airport genannt, und der Treasure Cay International Airport. Wahrscheinlich landet die Maschine auf Ersterem. Die Taxifahrer am Leonard M. Thompson International Airport berechnen für die Fahrt in die Stadt 15 BS$.

Zwischen Nassau und Marsh Harbour bestehen zahlreiche Flugverbindungen. Das gilt auch für die Strecke Marsh Harbour–Florida (USA).

Pinder's Ferry (☎ 242-365-2356) verkehrt vier- bis fünfmal täglich zwischen Grand Bahama (McLean's Town) und Little Abaco (Crown Haven; 50 BS$, 1 Std.). Zwischen Nassau und Abaco ist außerdem ein Postboot unterwegs.

Unterwegs vor Ort

AUTO, MOTORRAD & GOLFCART

Für die Erkundung von Great Abaco benötigt man ein Auto: In Marsh Harbour können Pkw ab ca. 75 BS$ pro Tag gemietet werden, in der Hauptsaison sollte man besser vorab buchen. Wir empfehlen **Rental Wheels** (☎ 242-367-4643; www.rentalwheels.com; Bay St; ⊙ Mo–Fr 8–17, Sa & So 9–13 Uhr) und **U Save Auto Rentals** (☎ 242-699-3346; https://usaveauto rentalsbs.com; Don MacKay Blvd). Motorräder und -roller sind etwas günstiger. Auf den *cays* sind Golfcarts die praktischsten Fortbewegungsmittel. Sie werden an den Docks für ca. 50 BS$ pro Tag vermietet. Auch hier besser vorher buchen, vor allem auf Elbow Cay.

BOOT/SCHIFF/FÄHRE

Die Fahrpläne der regulären Fähren zwischen Great Abaco und den *cays* kann man Karten, dem *Abaconian* (die Wochenzeitung) oder der Website des **Albury's Ferry Service** (☎ 242-367-3147; www.alburysferry.com; hin & zurück/einfache Fahrt 30/19 BS$, Kind 17/11 BS$) entnehmen. Nach der Fähre kann man übrigens die Uhr stellen – pünktlich an der Anlegestelle sein!

TAXI

Eine Taxifahrt vom Leonard M. Thompson International Airport zu den meisten Hotels am Jachthafen schlägt für zwei Personen mit 20 BS$ zu Buche. Auf den breiten Hauptstraßen von Marsh Harbour zirkulieren Taxis; sie können problemlos angehalten werden. Die Strecke Marsh Harbour–Treasure Cay kostet 80 BS$ – dafür kann man auch einen Wagen mieten.

Marsh Harbour

4638 EW.

Kaum zu glauben, aber dieses kleine Nest ist tatsächlich die drittgrößte Stadt auf den Bahamas und die Hauptstadt der Abacos. Marsh Harbour war Ground Zero während des Hurrikan Dorian, die Sturmböen und -fluten zerstörten einen Großteil der Gebäude. Bei Redaktionsschluss hatten nur wenige Geschäfte den Normalbetrieb wieder aufgenommen, doch da Marsh Harbour die wichtigste Siedlung auf den Abacos ist und das Sprungbrett zu den meisten der nahe gelegenen Loyalist Cays, treiben die Einheimischen die Reparaturarbeiten in ihrer kleinen Hafenstadt unermüdlich voran.

Schlafen & Essen

Dorian zerstörte viele der Unterkünfte und Restaurants in Marsh Harbour, insbesondere jene nahe dem zentralen Jachthafen. Der Wiederaufbau wird einige Zeit in Anspruch nehmen, doch man hofft inständig, dass alteingesessene Adressen wie das **Conch Inn Hotel** (☎ 242-367-4000; www.moorings.com/hotels/conch-inn-bahamas; East Bay St; DZ 213 BS$;) und die **Lofty Fig Villas** (☎ 242-367-2681; http://loftyfig.com; East Bay St; DZ 213 BS$;) schnell zu ihrer alten Form zurückfinden.

Abaco Beach Resort & Boat Harbour RESORT $$$
(☎ 242-367-2158; www.abacobeachresort.com; East Bay St; DZ 410–585 BS$, Suite ab 760 BS$;) Marsh Harbours einziges Resort liegt am Ende einer mit Gitter gesicherten Straße und ist ein guter Rückzugsort. Er verfügt über einen privaten Strand mit Hafen inklusive Blick auf die weit entfernten Cays. Hurrikan Dorian hat 2019 viel Schaden angerichtet, doch bei unseren Recherchen vor Ort konnten Teile der Anlage bereits wieder genutzt werden. Es gibt zwei Pools (einer mit Bar), Kajaks, SUPs, Tennisplätze und viele Möglichkeiten zum Bootfahren und Tauchen.

Das Angler's Restaurant (Hauptgerichte 28–59 BS$) ist eins der schicksten von Marsh Harbour.

Blackfly Lodge LODGE $$$
(☎ 242-577-5577, USA 1-904-997-2220; www.black flylodge.com; abseits des Great Abaco Hwy, Schooner Bay, South Abaco; Ausflug mit 3 Übernachtungen 2925 BS$; ⊙ Mitte Sept.–Mitte Aug.;) Nur für ernsthafte (und ausgesprochen betuchte) Fans der Fliegenfischerei geeignet. Black Fly ist eine All-Inclusive-Einrichtung, die ihre Gäste mit in die Marls nimmt – die ausgedehnten Mangrovenwälder, die das westliche Ende der Abacos bedecken. Ausrüstung, Rum, Führungen von Experten sowie exzellentes Essen werden gestellt, um die Erfahrung des Kampfes mit dem prähistorischen Fisch im flachen Gewässer so unvergesslich wie möglich zu gestalten.

Maxwell's Supermarket SUPERMARKT $
(☎ 242-367-2601; Stratton Dr; ⊙ Mo–Do 8–19, Fr & Sa bis 20, So bis 16 Uhr; P) Hier deckt man sich für Trips auf die Inseln mit Lebensmitteln ein, der Supermarkt mit dem vollständigsten Sortiment auf den Abacos.

Wally's Fine Dining INTERNATIONAL $$$
(☎ 242-367-2074; Bay St; Hauptgerichte 21–40 BS$; ⊙ Mo–Sa 11–15.30 & 18–22 Uhr) Das alteingesessene Wally's ist das edelste Restaurant vor Ort. Der fehlende Hafenblick wird durch das elegante Setting und die exquisit

HURRIKAN DORIAN

Dorian, ein Hurrikan der Kategorie 5, traf den Norden der Bahamas am 1. September 2019. Er fegte mit Windstärken von fast 300 km/h über die Abaco-Inseln und Grand Bahama und gilt als die schlimmste Naturkatastrophe in der jüngeren Geschichte der Nation. Offiziellen Quellen zufolge starben mehr als 70 Menschen, die tatsächliche Zahl wird aber vielleicht nie bekannt werden, da Dutzende Menschen noch als vermisst gelten, Hunderte evakuiert werden mussten und Tausende Wohnhäuser zerstört wurden.

Der Wirbelsturm über dem Atlantik entwickelte sich Ende August und nahm an Fahrt auf, bevor er zunächst auf den Abacos wütete; ein Großteil von Elbow Cay und Marsh Harbour wurde zerstört. Auch auf Great Guana Cay, Man o War Cay, Great Turtle Cay und in Treasure Cay waren die Schäden verheerend. Dorian nahm dann Kurs auf Grand Bahama, schon etwas verlangsamt, richtete jedoch auch dort Chaos an. Zuletzt zog der Hurrikan in Richtung USA weiter.

Dorians Bilanz war traurig. Viele Menschen kamen ums Leben, Tausende verloren ihr Zuhause und mussten ohne Strom, frisches Wasser und Telekommunikationsnetze auskommen oder wurden nach New Providence evakuiert. Vielfach handelte es sich um haitianische Einwanderer, die in den Armensiedlungen rund um Marsh Harbour lebten. Einige von ihnen wurden später abgeschoben. Die Schäden, die Dorian angerichtet hat, belaufen sich auf geschätzte 3 Mrd. US$ und mehr. Die Kosten sollten durch eine Reihe von Hilfsfonds aufgefangen werden, und Hilfsorganisationen arbeiteten hart, um Lebensmittel, Wasser und Baumaterialien bereitzustellen. Derweil wurden tonnenweise Schutt von den Inseln transportiert. (Mehr Infos unter www.bahamas.com/relief.) Durch einen Urlaub auf Grand Bahama und den Abacos kann man dazu beitragen, die lokale Wirtschaft wieder anzukurbeln.

zubereiteten bahamaischen und internationalen Speisen wieder wettgemacht. Die *conch fritters*, die *mahi mahi* (Goldmakrele) nach provenzalischer Art und der *key lime pie* (Limettenkuchen) haben einen legendären Ruf. Das Mittagessen ist relaxter (und günstiger), dann werden Salate, Burger und Pastagerichte serviert.

An- & Weiterreise

Der Leonard M. Thompson International Airport – früher Marsh Harbour Airport genannt – liegt nur eine kurze Taxifahrt für 15 BS$ südlich der Stadt. Von hier aus gibt's tägliche Verbindungen nach Nassau, Miami, Fort Lauderdale und einige andere US-Städte. Ein Taxi vom Treasure Cay International Airport nach Marsh Harbour kostet 85 BS$.

Elbow Cay

Nur 10 km klarer, flacher Ozean liegen zwischen Marsh Harbour und dem historischen Elbow Cay, einer der hübschesten Inseln der Bahamas. Hurrikan Dorian hat viele der alten bunt gestrichenen Holzhäuschen zerstört, nicht jedoch das Wahrzeichen, den geringelten Leuchtturm. In dem breiten, geschützten Hafen, umgeben von grüner, niedriger Vegetation, drängen sich unverändert die Segel. Hope Town wurde 1785 von Loyalisten gegründet, die aus den gerade erst entstandenen USA geflohen waren. Viele ihrer Nachfahren leben noch immer hier. Die Bauaufsicht ist streng, und es dürfen keine Autos fahren, weshalb das Dorf wie gemacht ist für Spaziergänge und gemütliche Stunden in den Einheimischencafés am Hafen. Die Riffe auf der Atlantikseite sind exzellent zum Tauchen und Schnorcheln geeignet. Das Meer nahe Hope Town und dem nördliche Ende der Insel sind ruhiger und können problemlos vom Ufer aus schwimmend erreicht werden.

Sehenswertes & Aktivitäten

★ Wyannie Malone Museum MUSEUM
(☎ 242-366-0293; www.hopetownmuseum.com; Back St; Erw./Kind 5/2 BS$; ⏲ Nov.–Aug. Mo–Sa 9.30–17 Uhr) Wyannie Malone, eine Loyalistin aus South Carolina, deren Mann während der Amerikanischen Revolution getötet wurde, floh mit ihren vier Kindern nach Elbow Cay und half mit bei der Gründung von Hope Town. Heute hört man den Namen Malone überall auf den Bahamas, und Wyannie gilt als die spirituelle Matriarchin von Hope Town. Ihre Geschichte, ebenso wie die von Elbow Cay – inklusive Rum-

schmugglern, Piraten, Schiffswracks und Unabhängigkeit –, wird in diesem kleinen, aber fesselnden Museum erzählt.

Elbow Reef Lighthouse LEUCHTTURM
(☎242-577-0542; www.elbowreeflighthousesociety.com; ⏲Mo–Sa 9–18 Uhr) GRATIS Dieser rot-weiß-gestreifte Leuchtturm wurde 1863 trotz der Sabotageversuche einiger Strandräuber errichtet und wird von einem Kerosin-Brenner mit Handpumpe (der letzte seiner Art, der noch in Betrieb ist) beleuchtet. Er ist auch auf der bahamaischen 10 $-Note zu sehen und heute ein vielgeliebtes Wahrzeichen. Wem 101 Stufen nicht zu viel sind, der kann den Ausblick von oben genießen, allerdings muss man an der Fährstation bitten, dass man am Leuchtturmhafen oder am Hope Town Inn & Marina abgesetzt und auch wieder abgeholt wird.

Tahiti Beach STRAND
Diese kleine Sandbank verschwindet bei Flut und ist von klarem, warmem und ruhigem Wasser umgeben. Am geschützten südlichen Ende von Elbow Cay gelegen, ist der Strand hervorragend für Kinder geeignet und kann über eine Straße erreicht werden, die zwar über Privatgelände führt, von den Einheimischen aber regelmäßig ohne Probleme genutzt wird. Für den besten Ausblick die Halbinsel zu Fuß umrunden.

Sundried T's SURFEN
(☎242-366-0616; ⏲Mo–Sa 9.30–17.30 Uhr) Vermietet Surfbretter für 35 BS$ am Tag.

Schlafen & Essen

Ein Großteil der Gebäude in Hope Town und auf der gesamten Insel ist Hurrikan Dorian zum Opfer gefallen. Viele von ihnen dienten als Touristenunterkünfte. Resorts wie die **Hope Town Harbour Lodge** (☎242-366-0095; Queen's Hwy) und das **Hope Town Inn & Marina** (☎242-366-0003; www.hopetownmarina.com) sind mittlerweile aber wieder geöffnet.

Eine Übersicht über die Übernachtungsmöglichkeiten bieten **Elbow Cay Properties** (☎242-366-0035; http://elbowcayproperties.com; Front St, Hope Town; ⏲Mo–Fr 8–16, Sa 9–13 Uhr) und **Hope Town Hideaways** (☎561-656-9703; www.hopetown.com; Queen's Hwy).

Abaco Inn HOTEL $$
(☎242-366-0133; www.abacoinn.net; Old White Sound Rd; DZ 320–476 BS$; ❄📶🏊) Was für eine Location! Das Abaco Inn erstreckt sich auf der Landzunge, dem schmalsten Punkt der Insel, und hat einen sensationellen Ausblick auf zwei herrliche, dabei aber sehr unterschiedliche Strände. Die 20 rustikalen Hütten haben bemalte Wandverkleidungen, Badezimmer im Miniaturformat und private Hängematten. Eine lebhafte Tiki Bar, der Pool in extravaganter Lage direkt am Meer und die großzügige Ausgabe von Kajaks und Schnorchelausrüstung runden das Ganze ab.

Cap'n Jack's BAHAMAISCH $
(☎242-366-0247; www.capnjackshopetown.com; Front St, Hope Town; Hauptgerichte 14–23 BS$; ⏲Mo–Sa 8.30–21 Uhr; 📶) Das mit Holz verkleidete Pub ist ein Einheimischentreff und die Adresse für gute Kneipenküche. Dorian hat dem Gebäude übel mitgespielt, es sollte aber zwischenzeitlich wieder repariert sein. Hier gibt's Burger, Salate, Fischsandwiches und bahamaische Leibspeisen. Mittwochabends füllt sich der Laden wegen Livemusik, donnerstags ist Quiz Night, werktags startet um 17 Uhr die Happy Hour.

Anreise & Unterwegs vor Ort

Normalerweise bietet Albury's Ferry Service (S. 224) bis zu neun Verbindungen täglich von Marsh Harbour nach Hope Town auf Elbow Cay, bei unseren Recherchen galt allerdings noch der eingeschränkte Fahrplan. Die 20-minütige Fahrt kostet hin und zurück 30/17 BS$ für Erwachsene/Kinder (einfache Strecke 19/11 BS$).

G&L Transportation (☎242-359-6208; einfach/hin & zurück 13/20 BS$) bedient diese Route ebenfalls.

Island Cart Rentals (☎242-366-0448; www.islandcartrentals.com; 55 BS$ pro Tag; ⏲Mo–Sa) ist auf die Ankunft der Fähren abgestimmt und liefert nach Vereinbarung Carts zu den Unterkünften. Vorher reservieren.

The Bike Shop (www.hopetowncanvas.com/bikes; Bay St; 12–18 BS$ für 24 Std.; ⏲Mo–Sa 9–17, So 10–15 Uhr) Hochwertige Leihräder mit einem bzw. sieben Gängen, die in Einheiten von 24 Stunden gemietet werden können. Keine Reservierungen möglich (kein Telefon). Die Betreiber stellen übrigens auch Taschen und Gürtel her – aus alten Segelplanen!

Great Guana Cay

Umgeben von flachem Wasser, reich an Korallen, gekrönt von atemberaubenden Stränden und Heimat einiger der gastfreundlichsten Bars und Resorts des Landes: Great Guana ist ein gesegneter Streifen Sand nur einen kurzen Hüpfer von Marsh Harbour entfernt. Die Insel ist ruhig und zum großen Teil unbewohnt. Das Einzige, worauf man hier ein Auge haben muss, sind die Golfcarts, die auf leisen Rädern umhercruisen.

Aktivitäten

Dive Guana TAUCHEN

(☎ 242-365-5178; www.diveguana.com; Front St) Ein erfahrener Allrounder, der Tauchen (2 Tauchgänge 145 BS$), Schnorcheln (62 BS$), PADI-Kurse, Inselhopping und Leihboote (ab 250 BS$ pro Tag) organisiert. Außerdem die richtige Adresse, um ein Fahrrad zu leihen (15 BS$ pro Tag) oder ein Golfcart (57 BS$) – vorab telefonisch reservieren.

Schlafen & Essen

Zwei alteingesessene Adressen, das Grabbers und Nippers, waren bei unserem Besuch emsig mit den Reparaturarbeiten beschäftigt.

Grabbers Bed, Bar & Grill RESORT **$$**

(☎ 242-365-5133; www.grabbersatsunset.com; DZ 225–250 BS$; ❄📶) Grabbers ist ein direkter Nachfahre des ersten Resorts auf Guana Cay und ein charmantes, entspanntes kleines Wohlfühletablissement, das sich in fröhlichen Farben auf seinem eigenen kleinen Strandabschnitt erstreckt. Wem Fischen, Tauchen, Schwimmen und andere Aktivitäten nicht zusagen, der kann immer noch in einer Hängematte faulenzen und einen riesigen Guana Grabber schlürfen, der hier erstmalig in den 1960er-Jahren gemixt wurde. Zwei Nächte Mindestaufenthalt.

Mama's BAHAMAISCH **$**

(☎ 242-475-1007; Frühstück 8–15 BS$, Mittagessen 15 BS$; ⏲7–11 & 12–15 Uhr) Zwischen dem Hafen und dem Strand bietet Mama's ein wechselndes Menü für sensationelle 15 BS$, das vielleicht geschwärzten Fisch, Teriyaki-Rippchen oder Hummer-Quesadillas umfasst. Zum Frühstück gibt's Kaffee, Sandwiches, Bagels und mehr. Gesessen wird auf der hübschen Gartenterrasse.

★ **Nipper's Beach Bar & Grill** BAHAMAISCH **$$**

(☎ 242-365-5111; www.nippersbar.com; Hauptgerichte 18–40 BS$; ⏲11–22 Uhr; 📶) Dieses farbenfröhliche Shangri-la kann rocken wie eine Spring-Break-Party in Cancún. Das mag vielleicht nicht jedermanns Sache sein, ist aber mit Sicherheit Great Guanas bekanntester Ort. Der *pig roast* am Sonntagnachmittag ist legendär und zieht Einheimische und Touristen von den gesamten Abacos an. Im Hintergrund gibt's 9 km Sandstrand und ein paar Swimmingpools zum Abkühlen.

An- & Weiterreise

Bei Redaktionsschluss waren nur Charterboote im Einsatz; gewöhnlich stellt aber Albury's Ferry Service (S. 224) täglich bis zu fünf Fährverbindungen nach/ab Great Guana und Scotland Cay bereit. Die 30-minütige Fahrt kostet 30/19 BS$ für Erwachsene/Kinder hin und zurück und 17/11 BS$ für eine einfache Fahrt. Abfahrt an der Marina (Jachthafen) von Marsh Harbour und nicht am Albury-Dock am östlichen Ende der Insel.

Green Turtle Cay

Um von Marsh Harbour nach Green Turtle zu gelangen, der nördlichsten der Loyalist Cays, muss man ein bisschen organisatorischen Aufwand betreiben – die Fähre legte nahe dem Flughafen von Treasure Cay ab –, das lohnt sich aber allemal: In vielerlei Hinsicht ist Green Turtle die interessanteste Abaco-Insel. Ein Hauch von kolonialer Vergangenheit liegt hier in der Luft, es gibt dichte smaragdgrüne Mangrovenwälder sowie außergewöhnliche Möglichkeiten zum Tauchen, Angeln und Segeln. Es ist zudem ein freundlicher Ort, an dem man schnell mit den Einheimischen ins Gespräch kommt. Hurrikan Dorian hat die Insel und die einzige Stadt darauf, New Plymouth, verwüstet, doch die Einheimischen haben die Ärmel hochgekrempelt und sich an den Wiederaufbau gemacht. Mehrere Firmen nahe den Anlegestellen vermieten Golfcarts, empfehlenswert ist **Kool Karts** (☎ 242-365-4176; www.koolkartrentals.com; 56 BS$ pro Tag).

Sehenswertes & Aktivitäten

Es lohnt sich, das kleine Straßennetz von New Plymouth zu Fuß zu erwandern, um sich die niedlichen pastellfarbenen Häuschen und prächtigen Gebäude am Hafen anzusehen, die Hurrikan Dorian verschont hat. Auf der Victoria Street sind die pinkfarbenen Ruinen von **Ye Olde Jail** zu sehen, und ganz in der Nähe befindet sich ein kleiner windumtoster **Friedhof**, auf dem man einen spektakulären Blick auf Great Abaco hat. Auf der Parliament Street liegt der auf merkwürdige Art und Weise berührende **Loyalist Memorial Sculpture Garden**.

★ **Albert Lowe Museum** MUSEUM
(☎242-365-4094; https://albertlowemuseum.com; Parliament St; 5 BS$; ⏲Mo–Sa 9–12 & 13–16 Uhr; 👪) Dieses Haus aus dem Jahr 1825 wurde 1976 als das erste Museum auf den Bahamas eingeweiht. Alton Lowe, ein Einheimischer, eröffnete es zu Ehren seines Vaters Albert. Dorian beschädigte das Gebäude im Jahre 2019, doch die Stadtbewohner hoffen, dass sie einen Großteil der Sammlung wieder herrichten können. Das Hausmuseum wartet mit einer wunderbaren Sammlung an Modellschiffen aus lokaler Herstellung auf (Mr. Lowe baute selbst welche). Außerdem sind lucayanisches Kunsthandwerk, Gemälde von Alton Lowe und alte Schwarzweißfotografien, die die Geschichte der Cays nacherzählen, ausgestellt.

Brendal's Dive Center TAUCHEN
(☎242-365-4411; www.brendal.com; White Sound) Dieser etablierte und sehr angesehene Tauchanbieter organisiert Tauchgänge mit zwei Flaschen (130 BS$), Nachttauchen (100 BS$), Freiwasser-Zertifizierungskurse (ab 650 BS$) und Schnorchelausflüge (70 BS$). Es lohnt sich, nach den wilden „Haustieren" der Taucher zu fragen: die Zackenbarsche Junkanoo und Calypso, die anschmiegsam sind wie Hunde, und Goombay, die grinsende grüne Muräne. Zu den Ausflügen der besonderen Art gehört der Tauchgang mit Stachelrochen und den hiesigen schwimmenden Schweinen.

ABSTECHER

TREASURE CAY

Treasure Cay liegt 40 km nordwestlich von Marsh Harbour und ist mehr als nur ein Ferienort: Es ist eine Gemeinde und ein Dorf, hat einen Jachthafen und einen Golfplatz und grenzt an ein paar der schönsten Strände der Abaco-Inseln – der Sand ist fein wie Puder. Auch Treasure Cay hat Hurrikan Dorian böse erwischt. Viele Gebäude, Wohnhäuser, Restaurants und Läden wurden stark beschädigt.

Bei Redaktionsschluss waren die Reparaturarbeiten an dem Resorthotel und dem Einkaufszentrum schon weit fortgeschritten, und es bestanden auch wieder Direktflüge von den USA und Nassau zum 11 km nördlich gelegenen Treasure Cay Airport.

Schon die Strände allein machen Treasure Cay zu einem lohnenswerten Tagesausflugsziel, und die Fähre nach Green Turtle Cay ist ganz in der Nähe.

Reel Serious Charters BOOTSTOUREN, ANGELN
(☎242-365-4019; www.reelseriouscharters242.com; Angeltour halber/ganzer Tag 450/600 BS$) Captain Thom Sawyer ist ein erfahrener Anbieter, der Angeltouren im gecharterten Boot oder Ausflüge nach No Name Cay zum Schwimmen mit den Schweinen (je nach Teilnehmerzahl 70–150 BS$) sowie zu weiter entfernten Zielen für Begegnungen mit Stachelrochen und Haien organisiert.

Schlafen & Essen

★ **Green Turtle Club & Marina** RESORT $$
(☎242-365-4271; www.greenturtleclub.com; White Sound; DZ 340 BS$, Ferienhäuser mit 1/2 Schlafzi. 507/670 BS$; ❄📶🏊) Diese friedliche Ansammlung von Hütten verströmt guten Geschmack und Liebe zum Detail. Salbeigrünes Leinen und dunkle Holzmöbel im britischen Kolonialstil findet man überall in den Villen und den Zimmern mit Meerblick. Die Lobby ist wie eine Art tropische Skihütte eingerichtet, mit offenem Kamin und einem charmanten Pub. Das karibische Restaurant The Club ist eines der besten der Insel.

McIntosh Restaurant & Bakery BAHAMAISCH $
(☎242-365-4625; Parliament St; Hauptgerichte 10–18 BS$; ⏲8–16 Uhr & 17–21 Uhr) In diesem bescheidenen New Plymouth Café mit seinen mit Kunststoff überzogenen Tischen, Teppichböden und köstlichen bahamaischen Gerichten wie Hummer mit Kokoskruste, tropischer *conch salad* und Zackenbarsch-Wrap fühlt man sich ins Jahr 1955 zurückversetzt. Es lohnt sich, Platz zu lassen für den *key lime pie* und andere hausgemachte Kuchen und Desserts.

Ausgehen & Nachtleben

★ **Miss Emily's Blue Bee Bar** BAR
(Victoria St; ⏲11–22 Uhr) Die beliebteste Bar auf Green Turtle Cay hat es während des Hurrikans 2019 schlimm erwischt, die Reparaturen liefen aber bei unserem Besuch auf Hochtouren. Das verwundert kaum, da Miss Emily's eine Institution ist, und zwar schon seit den 1960ern. Damals kreierte die ursprüngliche Besitzerin und Namensgeberin des Lokals ihren eigenen Drink, den Goombay Smash (8 BS$).

Die starke Mischung wird direkt aus einem Plastikkanister ins Glas geschüttet. Die aktuelle Besitzerin ist Violet, Miss Emilys Tochter. Sie bewahrt Stillschweigen über die Zutaten, aber wir sind sicher, dass Rum dazugehört.

An- & Weiterreise

Die einzige regelmäßige Anreisemöglichkeit zum Cay ist die **Green Turtle Ferry** (242-365-4166; Treasure Cay Airport dock, SC Bootle Highway; Erwachsener/Kind hin und zurück 20/12 BS$, einfach 14/8 BS$; 8–18.30 Uhr), die das Dock des Flughafens Treasure Cay anfährt, etwa 10 km nördlich von Treasure Cay. Pro Tag acht Fahrten.

Die Biminis

Am Rande des Golfstroms, näher an Miami als an Nassau, liegt dieses Paradies im Briefmarkenformat. Es schließt Nord-, Süd- und Ost-Bimini sowie einige verstreute private und unbewohnte Inselchen mit ein. Mit überwältigender Natur, entspannter Kultur, exzellenten Bedingungen zum Tauchen und unübertroffener Tiefseefischerei ist Bimini ganz sicher den 30-minütigen Flug von Nassau wert. Die einstige Heimat von Rumschmugglern in der Ära der Prohibition, und ein legendärer Rückzugsort Ernest Hemingways, ist heute ein Lieblingsziel für Fischer und Sonnenanbeter aus den USA und von anderswo. Die Errichtung des schicken Komplexes Resorts World hat Nord-Bimini verändert, doch das winzige Alice Town und andere Örtchen haben sich ihr verschlafenes, dörfliches Tropenflair bewahrt.

Das neueste Bauprojekt ist der Bimini Beach Club, ein weiteres Nobelresort, das bei Erscheinen dieses Buches eröffnet sein sollte. Es ist Teil der Virgin-Gruppe. Außerdem sollten hier inzwischen die Virgin-Voyager-Kreuzfahrtschiffe anlegen und eine neue Art Klientel mitbringen.

Sehenswertes & Aktivitäten

★ Dolphin House HAUS

(242-347-3201; www.facebook.com/dolphinhouse242; Saunders St, Alice Town, North Bimini; 5 BS$ pro Pers.; 10–18 Uhr) Dieses erstaunliche Haus sieht aus wie ein Tropendomizil Gaudís, es ist jedoch das Lebenswerk des von den Biminis stammenden Historikers und Poeten Ashley Saunders. Er stammt sogar gebürtig von hier (alle umliegenden Häuser gehören den Saunders). Nachdem er mit wilden Delfinen geschwommen war, baute er ab 1993 „ihnen zu Ehren" Stück für Stück dieses Werk. Es ist mit Delfinmosaiken, Glasscherben aus dem Meer, Muscheln, Kunstgegenständen aus Lucaya, Kokosrumflaschen, Essiggurkengläsern und jedem nur erdenklichem Treib- und Strandgut gespickt und damit absolut einzigartig und von eindrucksvoller Schönheit.

Im Erdgeschoss stößt der Besucher auf ein Museum voll mit geborgenen Kleinoden, etwa einer Messingkanone von einem britischen Schiffswrack aus dem 18. Jh., Fotos von Hemingway beim Friseur, Kupfer von einem Piratenschiff und unzähligen anderen skurrilen Kleinigkeiten. Zudem gibt's einen Geschenkeladen, wo es beide Bände von Ashleys Geschichte der Biminis zu kaufen gibt. Ashley lässt derzeit ein oberes Stockwerk bauen und plant, daraus eine Pension mit zwei Zimmern zu machen.

★ Bimini Road TAUCHSPOT

Dieses auf bizarre Weise symmetrisch geformte Kalksteingebilde 5,5 m unter den Wellen und mit einer Länge von 800 m wurde 1968 entdeckt. Seine Präzision erscheint unnatürlich, und verlieh der wahrscheinlich unvermeidbaren Hypothese Vorschub, dass Platos mystische Stadt Atlantis endlich entdeckt worden sei. Von der „Stadt" ist nichts übrig, aber es ist ein inspirierender Ort zum Tauchen, an dem oft reges unterseeisches Leben herrscht.

Neal Watson's Bimini Scuba Center TAUCHEN

(242-473-8816; www.biminiscubacenter.com; Bimini Big Game Club, King's Hwy; 9–17 Uhr) Neal Watson's hat ein 18 m langes Boot mit Glasboden, das Tauchern, Schnorchlern und allgemein Touristen gleichermaßen Spaß macht. Er betreibt es ab dem Bimini Big Game Club. Zu den Zielen gehören Bimini Road, Hawksbill Reef und zahlreiche Wracks. Zwei Tauchgänge kosten 134 BS$, eine Schnorchel-Safari mit wilden Delfinen 145 BS$, der Hammerhai-Tauchgang 335 BS$ und ein PADI Open Water-Kurs 560 BS$.

Schlafen

Sea Crest Hotel HOTEL $

(242-347-3071; www.seacrestbimini.com; Queen's Hwy, Alice Town, North Bimini; DZ 130–155 BS$, Suite 260–360 BS$;) Das blassgelbe zweistöckige Hotel im südlichen Teil von Alice Town ist eine der wenigen Budgetunterkünfte. Edel ist sie nicht, aber die (spar-

BAHAMAS DIE BIMINIS

tanischen) Zimmer sind sauber. Es gibt ein paar größere Suiten mit einem, zwei oder drei Schlafzimmern. Praktisch für Jachtinhaber: eigene Anlegestelle vorhanden.

Bimini Big Game Club RESORT $$
(☎ 242-347-3391; http://biggameclubbimini.com; Kings Highway, Alice Town, North Bimini; DZ 283–345 BS$;) Wer gerne seinen inneren Hemingway aufleben lassen möchte, der hat im Big Game Club die beste Adresse dafür gefunden. Aber es geht hier nicht nur um Tiefseetauchen: Man kann auch am Riff fischen, tauchen, schnorcheln oder sich den üblichen Resort-Vergnügungen wie Massagen oder einem gemütlichen Dinner hingeben. Das 1945 erbaute Resort hat trotz seines Alters eine moderne, fröhliche Inneneinrichtung und überaus bequeme Räume und Häuschen.

Hilton at Resorts World HOTEL $$$
(☎ 242-347-8000; www.hilton.com; Resorts World, King's Hwy, North Bimini; DZ 310–360 BS$, Suite ab 930 BS$;) Die Krönung des Resorts-World-Komplexes (erb. 2013) auf Nord-Bimini ist dieses schillernde mehrgeschossige Hotel, das Hilton-Stil durch und durch verkörpert. Es beherbergt sechs Restaurants, ein Casino, einen Dachpool und schicke, luxuriös aufgemachte Zimmer mit großen Betten, Marmorbädern und Panoramafenstern.

Essen

★ **Stuart's Conch Stand** BAHAMAISCH $
(☎ 242-347-2474; King's Hwy, Bailey Town; Hauptgerichte 8–14 BS$; ⏲ 16–24 Uhr) An diesem legendären *conch*-Stand neben der Porgy Bay in Nord-Biminis Bailey Town gibt's Platten mit der beliebtesten Meeresfrucht der Bahamas – superfrisch und köstlich. Fabian (Stuart) bereitet nichts anderes zu als Fechterschnecken- und Hummersalat bzw. Kombinationen aus beidem, und das macht er richtig gut – man beachte die Berge von *conch*-Gehäusen nebenan. Ein kühles Bier kostet nur 3 BS$.

Edith's Pizza PIZZA $
(☎ 242-347-2800; King's Hwy, Porgy Bay; Pizzas 12–30 BS$; ⏲ 13–20 Uhr) Ein zu den Seiten hin offenes Lokal am Wasser. Die Deep Dish Pizzas und das Bimini-Brot sind köstlich, außerdem gibt's bahamaische Leibspeisen wie *conch fritters* und kaltes Bier. Man kann sich seine eigene Pizza aus verschiedenen Zutaten zusammenstellen.

Nate's Bimini Breads BÄCKEREI $
(☎ 242-347-2414; Hill Top St; Backwaren 5–8 BS$; ⏲ 8–20 Uhr) Bei Nate's gibt's jeden zweiten Tag frisches Bimini-Brot. Außerdem bekommt man Deep Dish Pizzas zum Mitnehmen.

My Three Daughters BAHAMAISCH $
(☎ 242-347-2119; Queen's Hwy, Bailey Town, North Bimini; Hauptgerichte 12–29 BS$; ⏲ Mo–Sa 9–23 Uhr;) Vielleicht die beste bahamaische Bude der Insel und zudem ein gastfreundlicher Familienbetrieb. Hier gibt's großartigen Hummer, Rippchen und *conch*, und das süße Bimini-Brot ist superlecker. Der zum Lokal gehörende Imbisswagen steht häufig in Alice Town. Kein Alkohol. Treppauf werden klimatisierte Zimmer für 130 BS$ vermietet.

CJ's Deli BAHAMAISCH $$
(☎ 242-347-3295; Queen's Hwy, Alice Town; Hauptgerichte 12–20 BS$; ⏲ So–Mi 7–20, Do–Sa bis 23 Uhr) Diese einfache Schindelhütte am Strand von Alice Town ist bei Einheimischen für Eier mit Grütze, *souse*, Fischeintopf, *conch* und anderes bahamaisches *soul food* beliebt. Reingehen, bestellen, mitnehmen und dann auf den Holztischen mit Blick auf den Atlantik essen.

Praktische Informationen

Touristeninformation (☎ 242-347-3528; www.bahamas.com; King's Hwy; ⏲ Mo–Fr 9–17 Uhr)

Anreise & Unterwegs vor Ort

Mehrere tägliche Flüge verbinden den South Bimini International Airport mit Nassau, Miami und Fort Lauderdale. Vom Flughafen geht ein Bus zur Fähre (BS$5) nach Alice Town auf Nord-Bimini.

Golfcarts können am Anleger in Alice Town für 50 BS$ pro Tag gemietet werden. Vom Dock sind es ca. 3,5 km bis Resorts World.

Eleuthera

11 000 EW.

Das liebliche Eleuthera ist ein unfassbar schmaler 175 km langer Halbmond aus pinkfarbenen Sandstränden, meergepeitschten Riffen, verwitterten Felsen und dichtem subtropischem Gestrüpp. Hier gibt's Boutique-Hotels, glorreiche Surfgelegenheiten und einige großartige Restaurants. Je nachdem, wo man unterwegs ist, wen man trifft und (in manchen Fällen) wie dick der Geldbeutel ist, kann dies der Ort

STRÄNDE & EINE BRÜCKE AUF ELEUTHERA

Lighthouse Beach Für diesen Traumstrand ganz im Süden von Eleuthera lohnt sich die anstrengende Anfahrt auf der 5 km langen, unfassbar ruckeligen Piste.

Tay Bay Beach Der herrlich abgeschiedene Strand mit rosafarbenem Sand und ruhigem Wasser liegt noch hinter Preacher's Cave.

Ten Bay Beach Südlich von Palmetto Point; seichtes Wasser, perfekt zum Strandgutsammeln.

Glass Window Bridge Eleuthera verengt sich hier dramatisch zu einem schmalen Finger, der den Übergang zwischen den tosenden tiefblauen Wellen des Atlantiks und den ruhigen türkisgrünen Untiefen der Bight of Eleuthera überspannt.

sein, der einem als vielfältigste und unvergesslichste aller Inseln der Bahamas in Erinnerung bleibt. Dank regelmäßiger Fähr- und Flugverbindungen zwischen der Hauptstadt und dem exklusiven Harbour Island ist dies das beliebteste Tagesausflugsziel außerhalb von Nassau.

An- & Weiterreise

FLUGZEUG

Entlang des schmalen Eleuthera liegen folgende drei Flughäfen dicht beieinander:

Governor's Harbour Airport (☎ 242-332-2321; Queen's Hwy) Auf halber Strecke die Insel hinunter, ca. 13 km nördlich der Hauptstadt.

North Eleuthera International Airport (☎ 242-335-1242) Der meistgenutzte – und von Harbour Island aus am einfachsten zu erreichende – Flughafen.

Rock Sound Airport (☎ 242-334-2177; 📶) 45 km südlich von Governor's Harbour. Dieser Flughafen wird eigentlich nur von den Gästen der südlichen Resorts genutzt.

ÜBERS MEER

Schnellboote von Bahama Ferries (einfache Strecke 84 BS$, 3 Std.) und **Postboote** (30 BS$, 5 Std.) fahren von Nassau nach Harbour Island, Spanish Wells und Governor's Harbour. Ab Harbour Island bedienen **Wassertaxis** die Strecke zwischen Government Dock und Nord-Eleuthera (5 BS$).

Harbour Island

„Briland", wie es die Einheimischen und Besucher nennen, die schon häufiger hier waren, ist als eine der schönsten, elegantesten und reizendsten Inseln der Bahamas bekannt – wenn nicht sogar der gesamten Karibik. Mit nur 5 km Länge und 2 km Breite ist sie ein fotogenes Zusammenspiel von pinkfarbenen Sandstränden und Kolonialhäusern, das einst als Landeshauptstadt fungierte. Heute ist die Insel eine Wonne für Designer von Touristenprospekten: Bodenständige pastellfarbene Hütten grenzen an Boutique-Hotels, in denen die Nacht 1000 BS$ kostet. Hühner picken vor schicken französischen Bistros im Sand, und die einheimischen Fischer und millionenschweren Geschäftsmänner winken einander zu, während sie in identischen Golfcarts aneinander vorbeifahren.

Das niedliche **Dunmore Town** auf der Hafenseite blickt auf eine 300-jährige Geschichte zurück: Es wurde 1791 von Lord Dunmore angelegt, dem damaligen Gouverneur der Bahamas (1787–96), der hier seine Sommerresidenz hatte. Das Klappern der Hufe mag zwar durch das Sausen der Golfcarts ersetzt worden sein, der Alltagstrott hat sich jedoch seit Dunmores Zeiten nicht besonders verändert.

Sehenswertes & Aktivitäten

Der breite **Pink Sands Beach** an der Ostküste ist Harbour Islands Hauptattraktion. Architektonisch interessant ist das weiß getünchte Loyalist Cottage (erb. 1797) auf der Bay Street, gleich westlich der Princess Street. Es ist das schönste Beispiel vor Ort für diesen Baustil.

Eine nette „alternative Ecke" findet man da, wo die Dunmore und Clarence Street aufeinandertreffen. Dort gibt's ein Durcheinander aus Schildern, internationalen Kfz-Kennzeichen und Treibgut, bemalt mit witzigen Sprüchen und Reimen.

Harbour Island ist umgeben von tollen Schnorchel- und Tauchgründen. Besonders schön ist Devil's Backbone. Rund um die unberührten Riffe können alte Schiffswracks erkundet werden **Valentine's Dive Center** (☎ 242-333-2080; www.valentinesdive.com; Bay St; ⏲ Mo–Sa 8–19, So kürzer), die größte und beste Tauchschule der Insel, bietet zwei Tauchgänge für 174 BS$ und Schnorcheln für 110 BS$.

Michael's Cycles (242-464-0994; www.michaelscyclesbriland.com; Colebrook St; Mo–Sa 8–17, So bis 16 Uhr) verleiht Räder (15 BS$ pro Tag) und Golfcarts (55 BS$).

Schlafen

Sowohl die Preise als auch die Qualität der Hotels und Resorts auf Harbour Island sind hoch, es gibt aber auch ein paar günstigere Pensionen. Die meisten Unterkünfte befinden sich in Dunmore Town.

Royal Palm MOTEL $
(242-333-2738; http://royalpalmhotel.com; Ecke Dunmore & Clarence Sts; DZ 115–176 BS$;) Eine der wenigen Budgetoptionen auf Harbour Island. Das Royal Palm hat schlichte, ordentliche und großzügig geschnittene Zimmer im Motel-Stil. Sie stehen nur eine Querstraße hinter der Bay Street. Die „Deluxe"-Kategorie wartet mit Küchenzeilen auf. Kabel-TV und Klimaanlage sind Standard.

Tingum Village HOTEL $
(242-333-2161; http://tingumvillage.com; Colebrook St; DZ 150–210 BS$;) Tingum Village gibt's schon seit 1969. Es ist ein schönes, entspanntes und preisgünstiges Hotel, gerade im Vergleich zu den meisten anderen auf Briland. Schmucke Suiten sind um einen umzäunten Garten angeordnet, die günstigeren davon sind einfach, gekachelt und schummrig, während die schickeren stylische Elemente besitzen, etwa Wände mit Steinakzenten und Badewannen im Zimmer. Alle haben Innenhöfe und einfache Küchen.

★ **Pink Sands Resort** RESORT $$$
(242-333-2030; www.pinksandsresort.com; Chapel St; Häuschen ab 1040 BS$;) Dieses schöne Resort, das sich auf 8 ha gepflegter Wildnis hinter dem unglaublich fotogenen Pink Sands Beach befindet, ist höchstwahrscheinlich die reizendste Unterkunft auf Harbour Island. Bereits beim Ankommen in der tadellos eingerichteten Lobby im Schatten alter Feigenbäume versteht der Besucher, warum dieser Ort bei Promis, Models und Superreichen so beliebt ist. Die Zimmer sind in Häuschen mit Garten- oder Meerblick untergebracht.

Rock House BOUTIQUE-HOTEL $$$
(242-333-2053; www.rockhousebahamas.com; Ecke Bay & Hill Street Sts; DZ ab 470 BS$;) Dieses wunderschöne Haus aus den 1940er-Jahren wurde mit viel Sachverstand zu einem exklusiven Hotel umgebaut. Die zehn Zimmer sind eher klein, aber luxuriös. Es gibt High-End-Kingsize-Betten, private *cabañas* und eine frische weiße Einrichtung mit Designer-Akzenten, etwa Vintage-Vogelkäfige und Orchideen. Hinzu kommen ein kleines Fitnessstudio, Sonnenschirme, Stühle und Schnorchelausrüstung für den Strand sowie eines der besten Restaurants auf Briland.

Runaway Hill BOUTIQUE-HOTEL $$$
(242-333-2150; www.runawayhill.com; Ecke Colebrook St & Love Lane; DZ 630–756 BS$; Dez.–Juli;) Auch dieses Anwesen stammt aus den 1940er-Jahren. Mittlerweile ist es ein Hotel und eine Institution auf Harbour Island, die in unschlagbarer Lage auf einem Felsvorsprung am Atlantik liegt. Zudem gibt's Elemente aus den 50er-Jahren, beispielsweise die Schachbrett-Lobby und eine mit dunklem Holz eingerichtete Bibliothek. Die Zimmer und Häuser zeichnen sich durch eine zurückhaltende weiße Einrichtung, kubanische Fliesen und Vintage-Holz aus. Von der Poolterrasse hat man einen Ausblick aufs Meer. Kinder sind willkommen.

Essen

Harbour Island hat mehr Möglichkeiten, schick essen zu gehen, als alle anderen Out Islands zusammen. Und wenn man nicht unbedingt feine Küche braucht: einige der besten Mahlzeiten gibt's in den Hütten entlang der Bay Street direkt am Wasser. Die besseren Restaurants schlagen noch mal 20 % Servicegebühr auf die Mehrwertsteuer auf.

Arthur's Bakery BÄCKEREI $
(242-333-2285; Ecke Crown & Dunmore Sts; Hauptgerichte 7–13 BS$; Mo–Sa 8–14 Uhr;) Dieses Eckcafé hat legendäre Donuts, frisches Brot, Kuchen und andere Backwaren und ist der ideale Ort, um zu plaudern und bei einem Kaffee und Croissants zu entspannen. Der Besitzer Robert Arthur war früher Drehbuchautor und ist stadtbekannt; seine Frau Anna ist Bäckerin und macht einen großartigen *key lime pie*.

Angela's Starfish Restaurant BAHAMAISCH $
(242-333-2253; Nesbit St; Hauptgerichte 14–15 BS$; 9–20 Uhr) An diesem gemütlichen Spot für Einheimische kocht die großmütterliche Angela ihren Gästen eine große Portion *conch* mit Erbsen und Reis, deko-

riert mit Strandkitsch inklusive alter Straßenschilder und Tiki-Tänzerinnen. Ihr hausgemachter Ananaskuchen ist ein Muss.

★ Sip Sip INTERNATIONAL **$$**
(☎242-333-3316; www.sipsiprestaurant.com; Court St; Hauptgerichte 16–26 BS$; ⏲Do–Mo 11.30–16 Uhr; 📶👶) Gar nicht so einfach, einen Tisch auf der Terrasse dieses wahnsinnig beliebten und geselligen Cafés mit dem limettengrünen Anstrich zu ergattern (keine Reservierungen möglich). Die kosmopolitische bahamaische Speisekarte reicht von Hummer-Quesadillas bis hin zu Geflügelsalat. Die wunderbare Strand-Location lädt dazu ein, das Essen und den Ausblick auf den pinkfarbenen Sandstrand nebst dem namensgebenden *sip sip* (der lokale Ausdruck für Klatsch und Tratsch) zu genießen.

Da Vine SUSHI **$$**
(☎242-333-2950; www.davinewine.com; 1 Bay St; Sushi Rolls 16–35 BS$, Platten ab 65 BS$; ⏲Di–Sa 12–15 & 17–22 Uhr, Mo nur abends) Gekonnt zubereitetes Sushi und Sashimi sind die Spezialitäten dieser klassischen Weinbar, in der man sich mit einem Rotwein aus dem Napa Valley in eine Chesterfield Couch sinken lassen kann. Neben Sushi werden kleine Portionen Krabben-Gyozo, Kohlenfisch-Miso und Ramen mit Schweinefleisch serviert. Die Weinkarte ist lang und international, die Cocktails sind hervorragend.

Queen Conch BAHAMAISCH **$$**
(☎242-333-3811; Bay St; Hauptgerichte 19–34 BS$; ⏲Mo–Sa 11–15 & 17–21 Uhr) Auf der Terrasse überm Wasser kann man wunderbare typisch bahamaische Gerichte und Meeresfrüchte genießen, ganz ohne das Getue der edleren Restaurants auf Harbour Island. Das Queen Conch ist eine super Adresse für ein kaltes Bier und eine *conch chowder* (10 BS$) als Vorspeise, geräucherten *mahi mahi*-Dip oder Zackenbarsch-„Finger".

Ma Ruby's BAHAMAISCH **$$**
(☎242-333-2161; Tingum Village, Colebrook St; Hauptgerichte 10–35 BS$; ⏲8–24 Uhr; 📶👶) Leider verstarb Ma Ruby im Jahr 2016. Doch glücklicherweise für die Gäste konnte sie das Geheimnis ihres *cheeseburger in paradise* noch an Michael weitergeben, den neuen Chefkoch dieses familiengeführten Restaurants mit Terrasse. Er wird nur auf Bestellung zubereitet, mit zähflüssigem Käse auf dicken Scheiben getoasteter Brioche serviert und hat Scharen von Fans überall auf der Welt.

★ Malcolm 51 INTERNATIONAL **$$$**
(☎242-333-2030; www.pinksandsresort.com; Pink Sands Resort, Chapel St; Hauptgerichte 60–70 BS$, Fixpreis 110 BS$; ⏲18.30–21 Uhr; 📶) Dieses gehobene Restaurant (nur für Erwachsene) liefert den Luxus, den die verwöhnten Gäste des Pink Sands gewohnt sind. Die Speisekarte kombiniert zahlreiche mediterrane Einflüsse (*pancetta bucatini*) mit „Island Cuisine" (Hummer-Bisque oder gebratener *mahi mahi*). Die Terrassengärten und einladenden Möbel schaffen eine zum Essen passende Atmosphäre.

Rock House Restaurant INTERNATIONAL **$$$**
(☎242-333-2053; www.rockhousebahamas.com; Ecke Bay & Hill Sts; Hauptgerichte 43–61 BS$; ⏲12–14 & 18.30–21 Uhr; 📶) Dieses zweigeschossige Gebäude wartet mit einem spektakulären Ausblick über den Hafen von Dunmore Town auf und serviert einige der vorzüglichsten Gerichte in Harbour Town. Hier erwarten den Besucher die üppige Verwendung von Zutaten wie Hummer, Neuseeländisches Lamm und grasgefüttertes Rind auf einer Speisekarte, die ihre hauptsächlich französisch inspirierten, aber doch internationalen Gerichte auch mit einigen bahamaischen Elementen würzt.

Ausgehen & Nachtleben

Bahamas Coffee Roasters KAFFEE
(☎242-470-8015; www.bahamascoffeeroasters.com; Dunmore St; ⏲Sa–Do 7–15, Fr bis 23 Uhr) Die Arabica-Bohnen werden auf Eleuthera geröstet, der starke Biokaffee wird mit viel Liebe aufgebrüht. Ein netter Fleck zum Frühstücken oder für ein leichtes Mittagessen auf der Terrasse.

Gusty's Bar BAR
(☎242-333-2342; Coconut Grove Ave; ⏲21.30–1 Uhr) In dieser wackeligen Hütte am nördlichen Ende der Insel mit ihrer Tanzfläche aus pinkfarbenem Sand und Blick auf den Hafen hat schon der US-amerikanische Pop- und Countrysänger Jimmy Buffet eine Runde gejammt. Hier sind keine Tanktops und Klamotten mit politischen Statements erlaubt.

Shoppen

Harbour Island ist eine tolle Adresse zum Shoppen; hier gibt's einige fantastische kleine Designerläden. Die Auswahl ist zwar in Nassau größer, doch dafür bietet Harbour Island definitiv das exklusivere Einkaufserlebnis.

Die meisten Geschäfte befinden sich in Dunmore Town. Fast alle bleiben sonntags geschlossen.

Sugar Mill Trading Company MODE & ACCESSOIRES
(☎ 242-333-3558; Bay St; ⊙ Mo–Fr 9–17, Sa ab 10 Uhr) Diese vornehme Boutique gehört India Hicks, Designerin und prominente Cousine von King Charles III., und verfügt über ein hervorragend ausgesuchtes Sortiment an Herren- und Damenbekleidung, von der Insel inspirierten Geschenkartikeln und Spielsachen.

Blue Rooster MODE & ACCESSOIRES
(☎ 242-333-2240; King St; ⊙ Mo–Fr 9–17 Uhr) Eine Boutique mit stilvoller Sommerbekleidung (Kleider, Hüte, Accessoires), untergebracht in einem hübschen Gebäude (erb. 1840) mit blauen Fensterläden.

Praktische Informationen

Post (☎ 242-332-2215; Gaol St; ⊙ Mo–Fr 9–17 Uhr)

Touristeninformation (☎ 242-333-2621; www.bahamas.com; Bay St; ⊙ Mo–Fr 9–17 Uhr) Gegenüber vom Strand geht's ein paar Stufen hinauf.

An- & Weiterreise

Die meisten Besucher nutzen den North Eleuthera International Airport (S. 231). Hier gibt's Flüge nach Nassau, Atlanta, Miami, Orlando und Fort Lauderdale. Vom Flughafen ist es nur noch eine kurze Taxifahrt bis Three Island Dock (5 BS$ pro Pers.), dann benötigt man noch etwa fünf Minuten mit dem Wassertaxi (5 BS$) nach Dunmore Town.

Schnellboote (einfache Fahrt 84 BS$, 2 Std.) von Bahamas Ferries (S. 251) und (langsame) Postboote (30 BS$, 5 Std.) machen sich in Nassau auf den Weg nach Harbour Island. Auf Harbour Island pendeln Wassertaxis zwischen Government Dock und Nord-Eleuthera (5 BS$).

Unterwegs vor Ort

Obwohl hier alles sehr nah beieinanderliegt, ist in Harbour Island niemand zu Fuß unterwegs, wenn es sich irgendwie vermeiden lässt. Die Strecke vom Hafen bis zum Meer ist länger als man denkt. Golfcarts können am Dock ab 50 $ pro Tag gemietet werden. **Johnson's Rentals** (☎ 242-332-2376; Bay St) oder Michael's Cycles (S. 232) sind gute Adressen, Letztere vermietet auch Fahrräder.

Taxis vermittelt **Major's** (☎ 242-470-5065; www.majorsrentals.com).

Gregory Town

646 EW.

In diesem Dörfchen 40 km nördlich von Governor's Harbor und 8 km südlich der Glass Window Bridge ist es an sechs Nächten in der Woche ruhig. Einst bekannt für seinen florierenden Ananasanbau, sitzt es an einem kompakten, tiefen Hafen in einer Bucht, die früher von Piraten genutzt wurde. Heute ist sie vor allem für die Atlantiksurfstrände und die dazugehörende Szene bekannt.

Sehenswertes & Aktivitäten

Surfer's Beach STRAND
Seit den 1970er-Jahren lieben Surfer die langen Lefthander an diesem abgelegenen Atlantikstrand. Der Zugang ist etwas schwierig (die „Straße" ist eigentlich eine Steinpiste), aber das macht es nur noch wahrscheinlicher, dass man ihn ganz für sich hat.

Hatchet Bay Cave HÖHLE
Der steinige Eingang zu dieser 1,5 km langen Höhle befindet sich zwischen Gregory Town und Alice Town, auf der südwestlichen Seite des Queen's Highway. Einige Kammern tragen Markierungen aus Holzkohle, die auf die Mitte des 19. Jhs. zurückgehen, und es gibt beeindruckende Stalagmiten und Stalaktiten. Wer tiefer hineinwill als nur in die ersten paar Kammern, braucht eine Stirnlampe, eine lange Hose und einen einheimischen Führer.

Gaulding Cay STRAND
(Queen's Hwy) Dieser wunderschöne und doch häufig menschenleere Strand gleich südlich von Glass Window Bridge bietet flaches, kristallklares Wasser und perfekte Bedingungen zum Schnorcheln rund um eine kleine felsige Insel in der Mitte der Bucht. Auch herrlich für ein Picknick oder ein Schläfchen zwischendurch geeignet.

★ Bahamas Out-Island Adventures WASSERSPORTAKTIVITÄTEN
(☎ 242-809-4653; www.bahamasadventures.com; Surfer's Beach; Kajak-/Schnorcheltouren ab 109 BS$) Tom Glucksmann bietet vom Gästehaus Surfer's Haven aus ökologisch ausgerichtete Kajaktrips, Surfen, Schnorcheln und Ausflüge in die Natur an. Er ist Vogelexperte und Verfechter der Erhaltung des einsamen **Lighthouse Point** am südlichen Ende der Insel. Surfstunden kosten 100 BS$ pro Person in der Gruppe oder 150 BS$ für

eine oder zwei Personen. Die Leihgebühr für ein Board kostet 25 bis 30 BS$ pro Tag.

Ein Highlight ist die Kajak-/Schnorcheltour (Tagesausflug, 109 BS$ pro Pers. in einer Gruppe, bei nur zwei Teilnehmern 129 BS$ pro Pers.). Beim Schnorcheln lässt man sich von der Strömung mitnehmen – traumhaft! Außerdem: Tom organisiert jedes Jahr Ende Juni/Anfang Juli ein Surfcamp.

Feste & Events

Pineapple Festival ESSEN & TRINKEN
(Anfang Juni) Jedes Jahr im Juni wird die regionale Tradition des Ananasanbaus zelebriert. An einem langen Wochenende finden Wettbewerbe, Spiele und Vorführungen statt, außerdem wird (natürlich!) viel gegessen, getrunken, getanzt und Musik gemacht.

Schlafen & Essen

Surfer's Haven GÄSTEHAUS $
(242-335-0349; Surfer's Beach; DZ 55 BS$;) Das Haven ist ein herrlich entspanntes Gästehaus am Ende einer unbefestigten Straße nur zehn Gehminuten vom Surfer's Beach entfernt. Die zwei Zimmer direkt neben dem Haus des Besitzers sind klimatisiert, haben WLAN und teilen sich eine Holzveranda mit schönem Meerblick, eine überdachte Outdoor-Küche und eine Tiki-Hütte. Man kann Surfboards und andere Ausrüstung für nur 25 bis 30 BS$ ausleihen, was supergünstig ist. Außerdem ist hier der Touranbieter Bahamas Out-Island Adventures zu finden.

Surfer's Manor MOTEL $
(242-335-5300; www.surfersmanor.com; abseits des Queen's Hwy, Gregory Town; DZ 130–150 BS$) Die geblümten Tagesdecken und alten Teppiche lassen an ein Motel in den 1980er-Jahren denken, doch das zitronengelbe Hotel ist fußläufig vom Surfer's Beach aus zu erreichen und dafür einigermaßen günstig. Zur Anlage gehören ein Restaurant und eine Bar, und man kann Autos und Surfbretter mieten (30 BS$).

Rainbow Room INTERNATIONAL $$
(242-335-0294; www.rainbowinn.com; Queen's Hwy, Rainbow Bay; Hauptgerichte 22–37 BS$; Mo–Sa 12–15 & 17–22, So 15–22 Uhr;) Meeresfrüchte (regional) und Steak (importiert) sind zwei der Highlights in diesem sehr beliebten achteckigen Restaurant aus Holz mit Blick auf Rainbow Bay rund 15 km südlich von Gregory Town. Montags, donnerstags und freitags ist „Pizza Night" (aus dem Holzofen, 7–24 BS$), montags gibt's zudem noch Live-Rockmusik. Das Rainbow's ist eine Art Treffpunkt für Eleutheras Mittelklasse, und die Jovialität ist ansteckend.

Governor's Harbour

700 EW.

Die verschlafene „Inselhauptstadt" von Eleuthera überblickt einen weiten, schönen Hafen, der sich nach Westen hin zur **Cupid's Cay** öffnet. Hier siedelten sich dem Anschein nach die ersten Abenteurer an, die Eleuthera erreichten, nämlich englische Puritaner, die 1648 hierher auswanderten. Der Ort bietet noch einige verblasste architektonische Erinnerungen an seinen einst offiziellen Status und er ist ein idealer Ausgangspunkt, um Eleuthera in beide Richtungen zu erkunden.

Vom Hafen aus auf der anderen Seite des Hügels (der Haynes Avenue folgen) gelangt man zur Atlantikküste mit einigen Traumstränden und Resorts; auf der Banks Road nach Palmetto Point laufen.

Der 10 ha große **Leon Levy Native Plant Reserve** (www.levypreserve.org; Banks Rd; Erw./Kind 10/6 BS$; 9–17 Uhr) wird vom Bahamas National Trust betrieben und strotzt nur so von einheimischen Pflanzen, zwischen denen sich Spazierwege entlangschlängeln. Es gibt einen Steg durch Mangroven und verschiedene Feuchthabitate. Schilder kennzeichnen die Flora, man kann an einer Führung teilnehmen, und es gibt ein Forschungszentrum für traditionelle Heilmedizin.

Schlafen & Essen

Pineapple Fields RESORT $$
(242-332-2221; www.pineapplefields.com; Banks Rd, Palmetto Point; Apt. mit 1/2 Schlafzi. 330/460 BS$;) Das beeindruckende Luxusresort wird regelmäßig als eins der besten auf den Bahamas beworben. Es verfügt über Apartments mit einem oder zwei Schlafzimmern und voll ausgestatteten Küchen in einem tropischen Garten mit Blick auf einen rosafarbenen Atlantikstrand. Zur Anlage gehört Tippy's Bar & Beach Restaurant.

Anchor Bay Fish Fry BAHAMAISCH $
(242-332-2467; Anchor Bay; 12–15 BS$; Fr 18–24 Uhr) Musik, Singen, Tanzen, *conch*, Hummer, Kalik: Dies sind die Grundzutaten eines klassischen bahamaischen Fish Fry.

★Tippy's Bar & Beach Restaurant

INTERNATIONAL $$

(☎ 242-332-3331; Banks Rd, North Palmetto Point Beach; Hauptgerichte 23–36 BS$; ⌚ Di–So 11–24 Uhr; 📶) Diese Strandbar hat eine schöne Terrasse zum Meer, die einzelnen Hütten verfügen über ein vielseitiges, einladendes Holzdekor. Das Restaurant hat sich auf Meeresfrüchtegerichte mit internationalen Einflüssen spezialisiert, beispielsweise Kokosshrimps, bahamaische Bouillabaisse und hausgemachte Lasagne. Die Speisekarte steht auf einer riesigen Kreidetafel, die zum Gästetisch gebracht wird. Hier ist sogar in der Nebensaison etwas los, und in Wochenendnächten geht's richtig rund.

Buccaneer Club

INTERNATIONAL $$

(☎ 242-332-2000; www.hwadventures.com; Ecke Haynes Ave & New Bourne St; Hauptgerichte 15–25 BS$; 📶) Mit seiner einladenden Terrasse direkt unter einem Lebbek-Baum, dem gekalkten Interieur mit farblichen Akzenten durch farbenfrohe einheimische Kunst und der allgegenwärtigen dezenten Musik ist diese Restaurant-Bar der ideale Ort in Governor's Harbour, um bei einem Drink oder einer Mahlzeit zu entspannen. Der jamaikanische Chefkoch beherrscht sowohl die bahamaische als auch die amerikanische und panasiatische Küche.

ℹ Praktische Informationen

Touristeninformation (☎ 242-332-2142; www.bahamas.com; Queen's Hwy; ⌚ 9–17 Uhr)

ℹ An- & Weiterreise

Governor's Harbour Airport (S. 231) bietet Verbindungen nach Nassau und Fort Lauderdale 15 km nördlich der Stadt.

Theoretisch verkehrt zweimal wöchentlich eine Fähre von Bahamas Ferries (S. 251) zwischen Nassau und Governor's Harbour, die Fahrt über Nacht ist allerdings sehr gemütlich und nicht immer werden Passagiere mitgenommen. Besser man setzt mit der Fähre nach Spanish Wells oder Harbour Island über und fährt dann mit dem Autor weiter.

Andros

7500 EW.

Andros ist auch als „the Big Yard" bekannt und die größte, aber am dünnsten besiedelte der Hauptinseln – 5.960 km² Mangrovensümpfe, Palmsavannen und gespenstische Wälder voller Wildschweine und (der Legende nach) einem bösen Vogelmann namens *chickharnie*. Zudem ist die Insel weitestgehend unbewohnt – die kleinen Siedlungen entlang der Ostküste sind durch beträchtliche Distanzen voneinander getrennt, während die gesamte Westseite ein unbewohnter Flickenteppich aus Sumpfland ist, der treffenderweise „the Mud" genannt wird. Die meisten Traveller kommen wegen des weltberühmten Bonefishing in den Untiefen hierher oder auch zum Tauchen weiter draußen.

Vor der Ostküste befindet sich ein 225 km langes Korallenriff, dahinter wartet der 3.000 m tiefe Tongue of the Ocean, wodurch Tauchen und Fischen gleichermaßen Außergewöhnliches bieten. Zudem gibt's zahlreiche blaue Löcher: riesige mit Wasser gefüllte Höhlen, sowohl an der Küste als auch dieser vorgelagert.

Öffentliche Verkehrsmittel sucht man hier dagegen vergebens. Um sich vom Fleck zu bewegen, ist man auf sich selbst, seinen Mietwagen und einige lange, leere Straßen voller Schlaglöcher angewiesen.

ℹ An- & Weiterreise

FLUGZEUG

Auf Andros gibt's vier Flughäfen; am wahrscheinlichsten ist es, dass man entweder den **San Andros Airport** (☎ 242-329-4224; Queen's Hwy, Nord-Andros; 📶) 15 km südlich von Nicholls Town, den **Andros Town Airport** (☎ 242-368-2030; Queen's Hwy) nahe Fresh Creek oder den **South Andros Airport** (☎ 242-369-2640; Queen's Hwy, Congo Town) bei Congo Town auf Süd-Andros nutzt.

ÜBERS MEER

Bahamas Ferries (S. 251) startet immer samstags um 7 Uhr ab dem Potter Cay Dock in Nassau nach Fresh Creek auf Zentral-Andros. Die Reise dauert drei Stunden, geht am selben Tag um 12.30 Uhr wieder zurück und kostet für Erwachsene/Kinder 112/71 BS$ hin und zurück. Der Preis für eine einfache Fahrt beträgt 62/39 BS$.

ℹ Unterwegs vor Ort

Andros ist in drei kleine Inseln aufgeteilt: Nord- und Zentral-Andros (mit einer Straßenbrücke verbunden) sowie Süd-Andros, das von seinen Brüdern im Norden durch einen Dschungel aus Mangroven, Kanälen und Cays getrennt ist. Die größte von allen, Mangrove Cay, ist mit Süd-Andros zweimal täglich durch die staatliche **Fähre** (☎ 242-357-2926; Lisbon Creek, Mangrove Cay) verbunden, aber das war es dann auch mit dem Transport zwischen den Inseln.

Ob man nun fliegt oder die Fähre nimmt, man muss ein Auto mieten, um sich im Big Yard fortzubewegen. Bei Ankunft in Fresh Creek kann man **Adderley's** (☎ 242-357-2149) anrufen, in San Andros **Gaitor's** (☎ 242-329-4052). Die Gebühren beginnen bei etwa 75 BS$ pro Tag, mit Nachlässen für drei oder mehr Tage.

Nord- & Zentral-Andros

Obwohl eigentlich eine Insel, sind Nord- & Zentral-Andros zwei getrennte Verwaltungseinheiten. Das verschlafene Nicholls Town (645 Ew.) ist die Siedlung, die dem Flughafen von San Andros am nächsten liegt, und hier spielt sich auch die Hauptaktivität von Nord-Andros ab. Außerhalb der Stadt gibt's einige außergewöhnliche versteckte Strände und Höhlen. Nordöstlich davon wurden arme Siedlungen wie Lowe Sound 2016 und 2017 von Hurrikans verwüstet, und die Menschen kämpfen seitdem darum, ihr Leben wiederaufzubauen. Die zumeist leeren Straßen nach Süden Richtung Stafford Creek und Zentral-Andros sind gesäumt von wispernden Wäldern mit karibischen Kiefern und dem herrlichen Blue Holes National Park (S. 225). Auf dem Weg zur Küste begegnet man einer wachsenden Anzahl von Siedlungen und erreicht schließlich das Zentrum dieser Inseln: Fresh Creek/Andros Town.

Sehenswertes & Aktivitäten

★ Blue Holes Nationalpark NATIONALPARK
(http://bnt.bs/blue-hole-national-park) Blaue Löcher – tiefe vertikale „Höhlen", die der Regen und das Meer in den karstigen Kalkstein gegraben und damit einzigartige Ökosysteme geschaffen haben – sind auf Andros in größerer Zahl vorhanden als irgendwo sonst. Der 16 000 ha große Nationalpark schließt weite Flächen mit karibischen Kiefern und Buschwälder ein, die mit dieser Besonderheit übersät sind. Wanderpfade mit Infoboards informieren über Flora, Fauna und Geologie, während Picknickbänke zum Verweilen einladen. Am besten zugänglich ist **Captain Bill's Hole** mit einer Schwimmplattform, Toiletten und einem Parkplatz.

Die Zufahrt zum Park führt in Love Hill vom Queen's Highway aus nach Westen auf dem Leroy Hanna Drive.

Androsia Ltd FABRIK
(☎ 242-376-9339; www.androsia.com; Androsia St, Andros Town; ⌚Mo–Fr 9–16.30, Sa bis 14.30 Uhr) GRATIS Diese Fabrik stellt die herrlichen Batikstoffe, die überall auf den Bahamas verkauft werden, bereits seit 1973 von Hand her. Hier kann man den Arbeitern zusehen, wie sie Textilien mit der traditionellen Wachstechnik herstellen (Mo–Fr), und danach ein bisschen im angrenzenden Laden shoppen. Rechts vom Queen's Highway abbiegen, direkt nachdem man auf der Fresh Creek Bridge südlich nach Andros Town gefahren ist. Das Schild ist rechts zu sehen.

Uncle Charlie's Blue Hole BLUE HOLE
Jacques Cousteau erforschte dieses Blue Hole ein paar Kilometer südlich von Nicholls Town in den 1960ern. Es liegt versteckt im Kiefernwald. Kids schwingen sich dort an Seilen ins schwarze Wasser. Den Schildern auf dem Queen's Highway folgen; die kurze Zufahrtsstraße ist unbefestigt.

Small Hope Bay Lodge TAUCHEN
(☎ 242-368-2013; www.smallhope.com; Small Hope Bay) Dieser beliebte Tauchanbieter, der sich in einem reizenden, entspannten Resort niedergelassen hat, bietet Tauchgänge mit einer oder zwei Flaschen (90/110 BS$), Nachttauchen (100 BS$), Tauchen mit Haien (100 BS$) sowie Schnorchelsafaris (40 BS$). Es lohnt sich, nach Spezialtrips wie Tauchen in blauen Löchern oder Wandtauchen bis 56 m zu fragen. Die Preise sinken, wenn man drei oder mehr Tage lang taucht.

Andros Island Bonefish Club ANGELN
(☎ 242-368-5167; www.androsbonefishing.com; Queen's Hwy, Behring Point) Wer Fliegenfischen liebt, hat in diesem *bonefishing club* sein Paradies gefunden. Angeboten werden All-inclusive-Pakete mit Bett und Verpflegung in der 29-Zimmer-Lodge sowie geführte Ausflüge zu den Wattenmeeren von West-Andros – ein Mekka für diese Sportart. Drei Nächte im Doppelzimmer (zwei Tage fischen) kosten pro Person 1452 BS$ (Soloreisende zahlen 2040 BS$).

Schlafen & Essen

Es gibt nur wenige Unterkünfte auf Andros, die zudem weit auseinanderliegen. In erster Linie handelt es sich um Ferienhäuser/-wohnungen, Lodges für Angler und romantische Resorts. Nicholls Town und Fresh Creek warten mit einer Handvoll Optionen auf. Small Hope liegt 10 km nördlich von Fresh Creek am Queen's Highway, in Davis Creek und Staniard Creek noch weiter nördlich gibt's auch ein paar Adressen.

★ **Pineville Motel** MOTEL $

(☎ 242-329-2788; Queen's Hwy; DZ/Suite ab 72/154 BS$; ❄ 📶) Es gibt nicht sehr viele Gründe für einen Aufenthalt in der Gegend um Nicholls Town, aber Pineville ist definitiv einer davon. Der überschwängliche Besitzer, Eugene, hat sein Motel, ein Treffpunkt für die Gemeinde, mit viel Kreativität, inspirierendem Fleiß und Sinn fürs Gemeinwohl gestaltet. Es umfasst einen Streichelzoo, zwei Bühnen für Livemusik, einen Garten und ein Kino. Hier ist immer irgendetwas los, und die Zimmer sind günstig und komfortabel.

Das Pineville liegt versteckt hinter der Scotia Bank an der Straße nach Nicholls Town, 11 km nördlich vom San Andros Airport.

Dream Villas HÄUSER $$

(☎ 242-357-2108; www.dreamvillasbahamas.com; Davis Creek; Häuser 280–450 BS$; ❄ 📶) Die tadellosen, geschmackvoll möblierten Ferienhäuser mit ein oder zwei Schlafzimmern sind mit Küchen und Ess- und Wohnbereichen ausgestattet und eine tolle Alternative zu den Anglerunterkünften auf der Insel. Sie stehen jeweils am Strand, haben eine Terrasse oder Balkone. Die Lage ca. 5 km nördlich von Fresh Creek ist ruhig. Barrierefreier Zugang.

★ **Small Hope Bay Lodge** RESORT $$$

(☎ 242-368-2013; www.smallhope.com; Small Hope Bay; DZ ab 660 BS$; ❄ 📶 🏊) Diese 21 luxuriösen und dabei schnörkellosen Wohneinheiten auf einem ruhigen, von Mangroven beschatteten Stück von Small Hope Bay sind ein wunderbarer Ort zum Verweilen. Immer gesellig und bei Tauchern beliebt, ist es ein Ort, an dem man am liebsten barfuß Urlaub macht und der im Bereich Ökotourismus auf den Bahamas die Nase ganz vorn hat. Alle Mahlzeiten und Getränke sind inbegriffen, Bar und Restaurant dürfen nur von Resortgästen genutzt werden.

★ **Kamalame Cay** RESORT $$$

(☎ 242-368-6281; www.kamalame.com; Häuser ab 630 BS$; ❄ 📶 🏊) Glückliche Besucher werden von einer Fähre mitgenommen und über das Meer auf eine 162 m² große Privatinsel gebracht, auf der dieses exquisite Luxusresort beheimatet ist. Die reizenden privaten Villen liegen versteckt an Pfaden, die von Kamalame-Bäumen, wilden Lilien, Kasuarinen und Waldreben gesäumt sind, und an der Küste warten perfekte kilometerlange Sandstrände. Eine Massage in einem Spa auf Stelzen im Meer sollte man nicht verpassen. Abholung nahe Staniard Creek.

Brigadier's BAHAMAISCH $

(☎ 242-368-2106; Davis Creek; Hauptgerichte 8–25 BS$; ⏲ 7.30–11, 12–15 & 16–21 Uhr; 📶) Das Brigadier's ist eine Spur besser als die üblichen Strandbuden. Es verfügt über einen schicken Speisesaal und eine Bar sowie eine lange Terrasse überm Wasser, auf der sich ein schöner Blick die Küste rauf und runter eröffnet. Die Küche ist bahamaisch, es gibt z. B. *conch chowder*, gekochten Krebs, Hühnchen-*souse* und den Tagesfang. Das beste Restaurant auf Andros außerhalb der Resorts.

ℹ Praktische Informationen

Touristeninformation (☎ 242-368-2286; www.bahamas.com; Mayeu Plaza, Queen's Hwy, Andros Town; ⏲ Mo–Fr 9–17 Uhr) Hilfsbereite Angestellte. Von Fresh Creek aus auf der anderen Seite der Brücke.

Mangrove Cay & Süd-Andros

Mangrove Cay und Süd-Andros sind so ziemlich die wildesten und abgelegensten Regionen auf den überhaupt wildesten und abgelegensten Inseln der Bahamas. Diese Gegend mit ihren lebendigen Riffen, den sauberen Stränden mit pink- und silberfarbigem Sand, den unheimlichen blauen Löchern, den üppigen, saftigen Mangroven und den unberührten Wäldern voller karibischen Kiefern ist der Traum für jeden Naturliebhaber. Hinzu kommen noch die Unzugänglichkeit, die geringe Bevölkerungsdichte und die minimale Bebauung. Es könnte keinen besseren Platz geben, um einfach einmal abzuschalten.

★ **Seascape Inn** RESORT $

(☎ 242-369-0342; www.seascapeinn.com; Mangrove Cay; DZ in cabañas inkl. Frühstück 175–195 BS$; 🚭 📶) Die New Yorker Mickey und Joan McGowan entflohen dem Leben in der Großstadt, um diese an Robinson Crusoe erinnernde Kolonie von Strandhütten zu betreiben. Ihre Freundlichkeit hat ihnen viele Fans beschert. Man kann schnorcheln, Kajak fahren, fischen, ein Fahrrad ausleihen, mit den Hunden am Strand herumtollen oder auch einfach nur mit den anderen Gästen im zugehörigen Restaurant und Pub plaudern.

Tiamo RESORT **$$$**
(☎242-225-6871; www.tiamoresorts.com; South Andros; Häuser ab 945 BS$; ⏲7–20 Uhr; ❄ 🏊) Dieses All-inclusive-Resort ist nur mit dem Boot zu erreichen und richtet sich an Paare, die Intimität und Luxus suchen. Die zehn Hütten haben dank des hellen Holzes, der Schieferplatten und der texturierten Bettwäsche eine schicke Öko-Atmosphäre. Die Gäste entspannen sich auf privaten Veranden, schwimmen am ruhigen, geschützten Strand oder nippen auf der Terrasse am Pool an ihren Cocktails. Alles ist inklusive (bis auf Alkohol), das Mindestalter für Gäste liegt bei 14 Jahren.

Die Exumas

6928 EW.

Die Exumas sind 300 quer über die Zentral-Bahamas verstreute Inseln und Inselchen, die bekannt sind für herrliche einsame Strände, Tauchmöglichkeiten der Extraklasse und ruhige Resorts. Die beiden Hauptinseln Great Exuma und Little Exuma sind beide auf ihre Art und Weise wunderbar, und dann sind da noch die atemberaubenden Exuma Cays: eine Reihe zumeist unbewohnter Vorposten im weiten Meer, umgeben von blühenden Korallenriffen und beeindruckend schöner Natur. Der Exuma Cays Land and Seapark ist das Juwel in dieser Krone, eine riesige Fläche aus Inseln, Meer und Riffen, die im Jahr 1958 zum weltweit ersten Wasser-Land-Naturschutzgebiet ernannt wurden.

Auf Great und Little Exuma erwarten einen historische Ruinen, lebendige Siedlungen, wundervolle Strände und einige außergewöhnliche Resorts und Restaurants. In den letzten Jahren haben die legendären schwimmenden Schweine auf der unbewohnten „Schweineinsel" die Exumas zu einer angesagten Reisedestination gemacht, und die restlichen Inseln werden sich möglicherweise als die Highlights des bahamaischen Abenteuers erweisen.

George Town

George Town ist die Hauptstadt der Inselgruppe und die größte Siedlung auf Great Exuma. Hier steht das pinkweiße neoklassizistische **Regierungsgebäude** mit der **Post** (⏲Mo–Fr 9–16 Uhr) und dem Gefängnis. Südlich davon, auf dem kleinen **Strohwarenmarkt** (☎242-336-2584; Queen's Hwy; ⏲Mo–Sa 8–18 Uhr), werden auf den Bahamas hergestellte Strohwaren verkauft, etwas weiter nördlich erhebt sich die georgianische **St. Andrews Anglican Church**. Sie thront auf einer Anhöhe oberhalb der runden Salzwasserlagune Lake Victoria in der Mitte der Stadt.

Südlich von George Town

Die erste größere Siedlung südlich von George Town ist **Rolle Town**. Benannt ist sie nach einem Plantagenbesitzer, einem Loyalisten, dessen Namen heute schätzungsweise 60 % der Einheimischen auf den Exumas tragen, da sie von seinen freigelassenen Sklaven abstammen. Der Hauptstraße, dem Queen's Highway, zur Kreuzung auf dem Hügel folgen und dort nach Norden abbiegen. Auf dem kurzen Grat eröffnet sich ein toller Blick – vielleicht wird man einen Parasailer vor **Man O' War Cay** erspähen.

Südlich der Kreuzung weisen Schilder den Weg zu den nahegelegenen **Rolle-Town-Gräbern**.

Als Nächstes geht's über eine herausfordernde **einspurige Brücke**, die Great und Little Exuma in der Stadt **Ferry** miteinander verbindet. Ein Stück weiter den Queen's Highway hinunter gelangt man nach **Forbes Hill**; dahinter erstrecken sich zwei umwerfende **Strände**. Nach dem Ortsausgangsschild „Leaving Forbes Hill" kommt eine gefährliche Kurve, dann steht links ein Wegweiser zum Strand (Achtung: manche Schilder „bekommen Beine" und verschwinden ...). Parkplatz suchen und dem Pfad an einem alten Steingebäude vorbei zum türkisfarbenen, schimmernden Wasser folgen.

Ca. 4 km hinter dem Ortsausgangsschild von Forbes Hill führen linker Hand mehrere unbefestigte Wege zur schlecht beschilderten Ocean Road, die parallel zum spektakulären weißen **Tropic of Cancer Beach** (Ocean Rd, Moore Hill) verläuft (sollte man zum „Lonesome Conch Cottage" am Queen's Highway gelangen, ist man übers Ziel hinausgeschossen!). Rechts auf die Ocean Road biegen und bis zur Holzhütte am Strand fahren. Es gibt dort einen kleinen Parkplatz. Hier kann man auf dem Nördlichen Wendekreis stehen. Eine verblasste blaue Linie markiert die Stelle. Die Filmcrews von *Fluch der Karibik II* und *III* beluden an diesem Ort ihre Schiffe und machten sich auf den Weg zu den südlichen *cays*.

Folgt man dem Queen's Highway hinter Forbes Hill, erreicht man bald das einsame

DIE SCHWIMMENDEN SCHWEINE

Wie bitte? Schwimmende Schweine? Es klingt seltsam, aber tatsächlich ist diese Kolonie wilder Schweine, die auf einer abgeschiedenen Exuma-Insel heimisch ist, eine der größten Attraktionen der Bahamas. Es gibt sogar noch mehr Verbände auf den Inseln, eine kleine Gruppe lebt auf der unbewohnten No Name Cay (auch „Piggyville" genannt) auf den Abacos und eine weitere auf Meeks Patch Island nahe Spanish Wells (Eleuthera).

Lokale Fischer, Charterbootanbieter und sogar Rennbootunternehmen mit Sitz in Nassau haben festgestellt, dass es ausgesprochen lukrativ ist, Touristen zu den vierbeinigen Inselbewohnern zu bringen.

Vermutlich gibt es die Population auf der unbewohnten Major Cay (gehört zu den entlegenen Exuma Cays) schon seit weit mehr als einem Jahrzehnt, der Hype um die schwimmenden Bahamas-Schweine begann allerdings erst 2015 mit einem Artikel im *National Geographic*. Die Tiere können wirklich ausgezeichnet schwimmen – gewöhnlich treibt es sie auf Futtersuche zu den Booten hinaus. Tierschützer halten daran fest, dass wilde Schweine nicht von Hand gefüttert und aus wirtschaftlichen Gründen ausgebeutet werden dürfen. Manche Einheimische halten dagegen, dass sie ohne Zufüttern und Extrarationen Süßwasser wahrscheinlich nicht überleben würden. Ein gravierenderes Problem besteht darin, dass andere Insulaner absichtlich ein paar Schweine aussetzen könnten, um Touristendollars einzustreichen.

Wer sich für eine Bootstour entscheidet, sollte darauf pochen, dass ausreichend Abstand gehalten wird. Die Schweine nicht anfassen (manchmal beißen sie) und Brot oder unverarbeitete (pflanzliche) Lebensmittel verfüttern.

William's Town. Hinter Santanna's Grill (S. 242) stehen die zugewachsenen Ruinen des **Hermitage Estate** (William's Town) GRATIS, eine Baumwollplantage, die einst von der einflussreichen Rolle-Familie betrieben wurde. An der Straße erhebt sich auf einem Hügel eine auffällige Säule im toskanischen Stil namens **Salt Beacon** (Queen's Hwy, Williams Town). Sie ist 10 m hoch und wies Schiffskapitänen den Weg, die zu den Hochzeiten der Salzherstellung im späten 18. Jh. herkamen, um das kostbare Abbauprodukt einzuladen. Ein Weg führt zu der Säule, an der man einen tollen Blick auf die *salina* (Salzteich) und den Exuma Sound hat.

Stocking Island

Dieses 240 ha große Inselchen liegt etwa 1,5 km von der Küste entfernt und ist von George Town durch die türkisfarbene Schönheit Elizabeth Harbour getrennt. Ein Tagestrip hierher gefällt Abenteurern und Strandfaulenzern gleichermaßen. Einfach vom Government Dock in George Town ein Wassertaxi (15–20 BS$) zur Insel nehmen, wo Schnorcheln, Spaziergänge über feinen Sand oder eine Wanderung zum höchsten Punkt der Insel über einen durchs Dickicht verlaufenden „Pfad" angesagt sind. Ein Muss ist der kurze Weg über die Insel zum Atlantik für noch mehr Ausblick ins endlose Blau. Den *pig roast* (20 BS$) im Chat & Chill's (S. 242) am Sonntagnachmittag sollte man ebenfalls probiert haben.

Zwei Anbieter fahren vom George Town Government Dock zu unterschiedlichen Punkten auf Stocking Island, u. z. **Elvis Water Taxi** (☎ 242-464-1558; einfache Strecke/hin & zurück 10/15 BS$; ⏲ 10–18 Uhr stündl.) und **Martin Ferry**. Beide verlangen 15–20 BS$ mit Rückfahrt, abhängig davon, zu welchem Teil von Stocking Island man möchte. Sie verkehren täglich ab etwa 10 Uhr bis 18 Uhr, legen stündlich (oder bei voller Belegung) ab und holen den Fahrgast bei der Rückfahrt zur gewünschten Zeit ab.

Exuma Cays

Die Exuma Cays sind eine Welt für sich und der Stoff, aus dem Karibik-Träume sind. Die Inselgruppe ist auf verführerische Art und Weise unerreichbar (man braucht ein eigenes Boot oder muss eines chartern, um die meisten Orte zu erreichen). Sie beginnt an den kargen Sail Rocks, fast 60 km südöstlich von New Providence, und zieht sich dann in einer langen Reihe von 360 Inselchen nach Great Exuma, die meisten davon unbewohnt. Sie gehören zwar alle zum selben Tiefseegebirge, sind aber dennoch unterschiedlich. Viele davon sind in Privatbesitz.

Hat man sein eigenes Boot und kann nach Lust und Laune Inselhopping betreiben, ist ein Besuch des malerischen **Staniel Cay** zu empfehlen. Hier kann man die wunderbare **Thunderball-Grotte** erkunden (sie ist im gleichnamigen Bond-Streifen aus dem Jahr 1965 zu sehen) und an makellosen Riffen schnorcheln, was eine unvergessliche Zeit auf den Bahamas garantiert.

Der **Exuma Cays Land & Sea Park** (☎ 242-225-6402; http://eclsp.com; ⏲ Büro Mo–Sa 9–12 & 13–16, So 9–12 Uhr), die erste marine „Wiederaufzuchtstation" der Welt, wurde 1958 gegründet und umfasst 283 km² geschützter Inselflächen mit angrenzendem Meer. Fischen und Sammeln ist hier ohne Ausnahmen verboten, das gilt auch für Pflanzen und Muscheln. Das Tauchen ist aufgrund dessen fantastisch.

Aktivitäten

Auf den Exumas sind eine Vielzahl an Aktivitäten möglich, z. B. Tauchen, Schnorcheln, Bootstouren, Angeln, Kajakfahren und Kitesurfen. Die lokale Touristeninformation (S. 243) anrufen oder vorbeischauen, wenn man einen Angelguide kontaktieren möchte. Natürlich organisieren zig Touranbieter Ausflüge zu den legendären schwimmenden Schweinen und Wirtelschwanzleguanen (*rock iguanas*).

Dive Exuma TAUCHEN
(☎ 242-336-2893, 242-357-0313; www.dive-exuma.com; Government Dock, George Town; ⏲ Mo–Fr 9–15 Uhr oder n. V.) Dive Exuma ist die empfehlenswerteste (und einzige PADI-) Tauchschule der Stadt und bietet ein/zwei Tauchgänge für 90/145 BS$ (inkl. Sauerstoffflaschen und Gewichten, Leihausrüstung extra), PADI-Kurse ab 700 BS$ und Schnorchelausflüge.

Exuma Kitesurfing KITESURFEN
(☎ 242-524-7099; www.exumakitesurfing.com; Beach Access Rd, Rolle Town; ⏲ 9–17 Uhr) Bietet zahlreiche Pakete, inklusive 2,5-stündiger Anfängerkurse ab 260 BS$ und vierstündiger „*kiteventures*" ab 180 BS$ (mit Ausrüstung 310 BS$). Angeboten werden auch Paddelboarding im Stehen (3 Std. mit Ausrüstung und Einweisung ab 130 BS$) und Übernachtungen (Hütten und Bungalows 259–359 BS$ pro Nacht).

Minn's Water Sports BOOTSTOUREN
(☎ 242-336-3483; www.mwsboats.com; Queen's Hwy, George Town; ⏲ 8.30–17 Uhr) Verleiht Boote ab 198 BS$ pro Tag, mit reduzierten Tarifen für Buchungen von mehr als zwei Tagen. Die Boote, die für die Gewässer über Elizabeth Harbour hinaus keine Lizenz haben, variieren in der Größe von 4,5 m bis 6,5 m. Eine Kaution in Höhe von 200–300 BS$ wird verlangt.

Geführte Touren

Out Island Explorers SEGELN
(☎ 242-542-8246; www.outislandexplorers.com; George Town) Es gibt kaum eine schönere Art, die Exuma Cays zu erleben, als auf einer der sechstägigen geführten Segeltouren von Island Explorers (5 Übernachtungen, 1895 BS$ pro Pers.). Wer nicht so viel Geld ausgeben möchte, nimmt alternativ an einer Kajaktour teil oder macht sich mit dem Leihkajak allein auf den Weg.

Off Island Boat Tours BOOTSTOUREN
(☎ 242-524-0524; http://offislandboattours.com; George Town) Off Island ist auf Charterboottouren zu den Sehenswürdigkeiten nahe George Town und Elizabeth Harbour spezialisiert. Das Angebot reicht von dreistündigen Schnorchelausflügen und der Erkundung des Blue Hole und der Strände von Stocking Island (350 BS$) bis hin zu einem achtstündigen Trip zur abgelegenen White Cay (1200 BS$). Das Boot fasst bis acht Passagiere.

Feste & Events

Bahamian Music & Heritage Festival KULTUR
(Regatta Point, Georgetown; ⏲ Anfang März Fr–So 12–24 Uhr) Dieses jährliche Fest, das bahamaisches Essen, Musik, Handwerk und andere kulturelle Traditionen feiert, verwandelt Regatta Point von Freitag bis Sonntag in eine einzige Party. Ausschau halten nach einem Wettbewerb im *conch*-Knacken und Zuckerrohrschälen.

Schlafen

Marshall's Guest House MOTEL $
(☎ 242-551-6820; Queen's Hwy, George Town; DZ 95–110 BS$; ❄) Das eintönig aussehende Motel neben der Shell-Tankstelle mitten in der Stadt ist wahrlich keine Schönheit, birgt aber die günstigsten Zimmer in der Gegend. Sie sind relativ sauber, großzügig geschnitten und mit TVs und Klimaanlagen ausgestattet. Nur Barzahlung.

Staniel Cay Yacht Club RESORT $$
(☎ 242-355-2024; www.stanielcay.com; Staniel Cay; DZ 300–545 BS$; ❄ 📶 ≋) Dieses auf der

kleinen und malerischen Staniel Cay gelegene Resort bietet Bungalows mit Meerblick, kleinere Doppelzimmer und All-inclusive-Pakete, die neben den Mahlzeiten unter anderem Segeln, Schnorcheln und Kajaktouren umfassen. Die großzügigen Veranden machen das Schwelgen in der fantastischen Aussicht zum reinen Vergnügen, und die kühlen und bequemen Zimmer sind zu reduzierten wöchentlichen Tarifen erhältlich. Im Voraus buchen. Auf dieser Insel ist man am nächsten dran an den legendären schwimmenden Schweinen.

Sandy Palms FERIENHAUS $$
(www.sandypalmsbahamas.com; Queen's Hwy; DZ/Apt. 1450/2065 BS$ pro Woche; P ❄ 📶) Die Lage am Strand ist der Wahnsinn! Es gibt einen Anlegesteg, der in das ruhige Wasser der Hooper Bay hineinragt, Kajaks können umsonst geliehen werden. Übernachtet wird in Studios und Wohnungen mit zwei und vier Schlafzimmern, alle inkl. Küche, der Preis ist okay. Sechs Übernachtungen Minimum, für Gruppen kann das ein Schnäppchen sein. Es gibt kein Telefon, deshalb: online buchen.

Regatta Point GÄSTEHAUS $$
(☎ 242-336-2206; www.regattapointbahamas.com; Regatta Point, George Town; DZ 220–290 BS$; P) In perfekter Lage auf der Halbinsel, die Kidd Cove vorgelagert ist, findet man diese Gästehäuser etwas abseits und doch ganz in der Nähe des Stadtzentrums von George Town. Alle sechs Unterkünfte verfügen über komplett eingerichtete Küchen und kasuarinenfarbene Gärten, die zu einem felsigen privaten Strand führen. Fernseher und WLAN gibt's hier absichtlich nicht. Die Räume werden von Ventilatoren gekühlt, das Wasser wird mithilfe von Solarenergie erhitzt und man wird mit aufrichtiger Freundlichkeit begrüßt.

Club Peace & Plenty HOTEL $$
(☎ 242-336-2551; www.peaceandplenty.com; Queen's Hwy, George Town; DZ 250–345 BS$; ❄ 📶 🏊) Ein freundliches Hotel wurde in der Mitte von George Town auf dem Gelände eines alten Sklavenmarktes und einer Plantage erbaut. Es hat 32 helle Zimmer (2019 renoviert), einen kleinen Swimmingpool, eine Bar (hierbei handelt es sich um den ehemaligen Küchenbau der Plantage) und eine Veranda zum Meer hin mit Ausblick nach Stocking Island. Das hauseigene italienische Restaurant ist eine gute Adresse, wenn man sich etwas gönnen möchte.

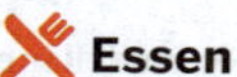

Essen

Fish Fry BAHAMAISCH
(Queen's Hwy, George Town; ⏲ 13–1 Uhr) Die Ansammlung von holzvertäfelten Buden (mindestens eine davon wird geöffnet sein) mit Namen wie Charlie's und Shirley's ist die beste Anlaufstelle auf der Insel, um Einheimische zu treffen und sich an typisch bahamaischen Meeresfrüchtegerichten zu laben. Freitag- und Samstagabend geht die Post ab mit viel Musik, und der Rum fließt in Strömen. 2,5 km nordwestlich von George Town.

Karijava Coffee House CAFÉ $
(☎ 242-524-2738; Queen's Hwy, George Town; Snacks 3–7 BS$; ⏲ 7.30–16 Uhr; 📶) Die Adresse auf Grand Exuma für einen Espresso und eine Zimtschnecke oder ein leichtes Frühstück. Das einladende Karijava lädt dank kostenlosem WLAN zum Verweilen ein.

★ **Chat & Chill Bar & Grill** BAHAMAISCH $$
(☎ 242-336-2700; www.chatnchill.com; Stocking Island; Hauptgerichte 15–25 BS$; ⏲ 11–19 Uhr; 📶 👪) Das Chat & Chill befindet sich auf der niedrigen Landzunge und grenzt an den flachen „Hafen" von Stocking Island. Es vereint eine Bar, weite kasuarinenfarbene Strände, ein Volleyballfeld, einen Geschenkeshop, eine *conch*-Hütte und vieles mehr zu einer einzigen Vergnügungszone am Strand. Der sonntägliche *pig roast* (20 BS$, ab 12 Uhr) ist eine Institution auf Exuma, und man sollte unbedingt Schwimmkleidung dabeihaben, um sich mit den freundlichen Stachelrochen unterhalb der *conch*-Hütte anfreunden zu können.

★ **Tropic Breeze** BAHAMAISCH $$
(☎ 242-345-4100; Queen's Hwy, William's Town; Hauptgerichte 14–28 BS$; ⏲ Di–Sa 11.30–18 Uhr) Mit tollem Meerblick und den so ziemlich leckersten bahamaischen Meeresfrüchten auf den gesamten Exumas ist diese entspannte und dennoch wie geschmiert laufende Restaurant-Bar der perfekte Ort für ein ausgedehntes Mittagessen.

Santanna's Grill BAHAMAISCH $$
(☎ 242-345-4102; Queen's Hwy, William's Town; Hauptgerichte 15–30 BS$; ⏲ Mo–Sa 10.30–17 Uhr) Dieses fantastisch gelegene Grillrestaurant wird von der wunderbaren Denise Rolle betrieben und serviert den besten frischen Hummer auf den Exumas. Seine vielen Stammkunden erzählen Gästen gerne immer spektakulärer werdende Geschichten vom *Fluch der Karibik*-Dreh, von dem

ein Teil am nahegelegenen Sandy Point stattfand. Es gibt zudem einen tollen (wenn auch felsigen) Strand nur ein paar Meter von der Bar entfernt.

Praktische Informationen

Touristeninformation (242-336-2430; www.bahamas.com; Queen's Hwy, George Town; Mo–Fr 9–17 Uhr)

An- & Weiterreise

Es gibt regelmäßige Flüge zwischen Nassau und Exuma. Bahamas Ferries hat keine fahrplanmäßig Passagierfähren nach Georgetown, in Nassau ansässige Touranbieter organisieren aber Tagesausflüge im Schnellboot zu den Exumas.

Thompson's Rental (242-345-0058; http://exumacars.com; Exuma International Airport; Mo–Sa 7.30–17 Uhr) und **Airport Car Rental** (242-345-0090; www.exumacarrental.com; Exuma International Airport; 7–19 Uhr) unterhalten Büros am Exuma International Airport und verleihen Pkw ab 75 US$ pro Tag.

Long Island

Quasi am nördlichen Wendekreis liegt Long Island, eine der malerischsten der Out Islands, mit einer schlanken 130 km langen Nord-Süd-Ausdehnung. Hier warten Sandstrände, fantastische Kirchen in Weiß und Himmelblau, üppiges Grün, komplexe Höhlensysteme sowie Dörfer, die mit Bougainvilleen geschmückt sind. Der meist leergefegte Highway führt zu prachtvollen Buchten, blauen Löchern und kilometerlangen einsamen Sandstränden. Einige reizende Resorts verwöhnen die Besucher dieses Garten Eden mit allerlei komfortablen Annehmlichkeiten.

Sehenswertes & Aktivitäten

Dean's Blue Hole TAUCHSPOT

Mit 203 m ist dies das zweittiefste Blue Hole der Welt (Platz eins hat das kürzlich entdeckte Dragon Hole im Südchinesischen Meer inne). Zudem ist es gleich vom Strand aus zu erreichen. In der erstaunlichen vertikalen Höhle wimmelt es nur so von Meeresbewohnern. Die weltbekannte Freediving-Location liegt 7 km westlich von Clarence Town. Von der Sandbank aus kann man durch seichtes Wasser schwimmen.

Conception Island Wall TAUCHSPOT

Etwa 20 km nordöstlich von Long Island liegt Conception Island, ein unbewohnter Naturpark zu Land und zu Wasser. Die üppigen Korallenriffe, die warmen Strömungen und das ungestörte Meeresleben, das im Wasser vor der windabgewandten Seite zu finden ist, bieten einige der spektakulärsten Tauchgründe auf den Bahamas.

Bahamas Discovery Quest OUTDOORAKTIVITÄTEN

(242-472-2605; https://bahamasdiscoveryquest.com; Long Island) Der erfahrene Anbieter für Outdoorabenteuer arrangiert maßgeschneiderte Angeltouren, Schnorchelausflüge, Wanderungen, Vogelbeobachtungen und Inselexkursionen zu Attraktionen wie Dean's Blue Hole.

Schlafen & Essen

★ **Cape Santa Maria** RESORT $$

(1-800-663-7090; www.capesantamaria.com; 1327 Beach Dr, Stella Maris; Bungalows 300–350 BS$;) Dieses Resort besteht aus einer Kette von Bungalows und Villen entlang des strahlend-weißen Cape Santa Maria Beach. Es ist wie geschaffen für all diejenigen, die typisch bahamaische Entspannung an der Küste suchen. Wer die Küstenluft genießen will, findet Gartenpavillons und Schlafsofas vor, es gibt aber auch die übliche Reihe an Aktivitäten am Meer. Halb- und Vollpensionsangebote, in der Hauptsaison gilt ein Mindestaufenthalt von sieben Nächten.

Stella Maris Resort RESORT $$

(242-338-2050; www.stellamarisresort.com; EZ/DZ 225/254 BS$, Häuschen ab 254/320 BS$;) Die Zimmer im Hotelstil und die Strandhütten in diesem Resort in schöner Lage verhelfen durch Innenhöfe und Patios sowie durch hochwertige Bettwäsche, drei Swimmingpools und einwandfreien Atlanktikblick zu entspannter Zufriedenheit. Die Aktivitäten im Angebot finden vorwiegend im Wasser statt (Tauchen z. B.) und die Strandbar sowie das Restaurant geben keinen Anlass zu Beschwerden (Vollpension verfügbar).

Chez Pierre INTERNATIONAL $$

(242-338-8809; www.chezpierrebahamas.com; Queen's Hwy, Miller's Bay; Hauptgerichte 20–45 BS$; 7–9, 11.30–14 & 17–20 Uhr; nur mit Reservierung;) Der frankokanadische Namensgeber bereitet in schöner Umgebung direkt am Strand qualitativ hochwertige Zutaten mit Liebe und Geschick zu. Internationale Favoriten wie Pizza und Pasta werden durch raffiniertere französische und europäische Gerichte ergänzt. Bahamaische Meeresfrüchteklassiker dürfen natürlich auch nicht fehlen. Chez Pierre befindet sich an einer holprigen unbefestigten Straße, die in Sam McKinnon's Settlement vom Queen's Highway abgeht.

Praktische Informationen

Touristeninformation (☎ 242-338-8668; Queen's Hwy, Salt Pond; ⊙ Mo–Fr 9–17 Uhr)

An- & Weiterreise

Auf Long Island gibt's zwei Flughäfen: Southern Air fliegt zweimal täglich von Nassau nach **Stella Maris** (☎ 242-338-2006; Queen's Hwy) im Norden, Bahamas Air fliegt mindestens sechsmal wöchentlich nach **Deadman's Cay** (Queen's Hwy) nördlich von Clarence Town.

DIE BAHAMAS VERSTEHEN

Geschichte

Die ursprünglichen Einwohner der Bahamas waren ein Stamm der Arawak, die friedlichen Lucayan, die um die Wende zum 9. Jh. kamen. Christoph Kolumbus erreichte die Inseln im Jahr 1492, und kurz danach begannen die Spanier, die Lucayaner als Sklaven zu verkaufen.

Berüchtigte Piraten wie Blackbeard und Calico Jack übernahmen in New Providence um 1600 die Kontrolle und errichteten ein Piratenparadies mit Bordellen und Tavernen für „gewöhnliche Betrüger, Diebe und liederliches Volk." Mit der Hilfe von Woodes Rogers, der erste Royal Governor der Bahamas und ehemaliger Freibeuter, schafften die Briten schließlich Ordnung. 1718 wurde eine der britischen Krone zur Rechenschaft verpflichtete Verwaltung eingesetzt. Das neue Motto der Bahamas lautete *Expulsis Piratis – Restituta Commercia* (Piraten vertreiben – Handel wiederherstellen).

Nach der Amerikanischen Revolution flüchteten zahlreiche Anhänger der Südstaaten hierher – viele von ihnen ziemlich reich und unternehmerisch – und hauchten der Stadt neues Leben ein. Diese Landbesitzer lebten gut, allerdings basierte ihr Wohlstand auf Sklaven, bis das Britische Königreich den Sklavenhandel abschaffte. Während des Amerikanischen Bürgerkriegs waren die Inseln ein Handelszentrum für Blockadebrecher, die Munition und Nahrung gegen Baumwolle aus dem Süden der USA eintauschten.

Die Einwohner Nassaus lieferten während der Prohibition auch illegal Spirituosen an die USA und viele Yankees strömten nach Nassau und in dessen neue Casinos. Als sich Kuba unter Fidel Castro 1961 an die Sowjetunion annäherte, zwang das daraufolgende US-Embargo die dort Feiernden dazu, ihr Vergnügen anderswo zu suchen: Nassau wurde der neue Hotspot.

Der Tourismus und die Finanzwelt begannen zeitgleich zu florieren. Die Regierung förderte die aufkeimende Bankenindustrie und schaffte steuerliche Anreize für britische Investoren. Dieser finanzielle Aufschwung ging einher mit der Entwicklung der Parteipolitik, jedoch auch mit schwelenden ethnischen Konflikten, da sowohl die weiße Elite als auch eine aufkeimende schwarze Mittelschicht mit dem Aufschwung nach Profit strebten. Die Forderung der schwarzen Mittelklasse nach Vertretung in der Regierung verschmolz mit der aufgestauten Frustration ihrer verarmten Brüder, was der von Schwarzen geführten progressiven liberalen Partei und ihrem Anführer Sir Lynden Pindling 1967 zum Sieg verhalf. Am 10. Juli 1973 wurden die Bahamas offiziell ein neuer Staat – das unabhängige Commonwealth der Bahamas. Damit endete eine 325-jährige Ära unter britischer Herrschaft. Mit dem Tod von Elisabeth II. im Jahr 2022 wurde King Charles III. neues Staatsoberhaupt, wobei es auch Stimmen gibt, welche im Zuge dieses Umbruchs die Ausrufung einer Republik fordern. 2017 wurde die Mitte-Rechts-Partei Free National Movement mit der Regierungsbildung beauftragt. Der derzeitige Premierminister ist Hubert Minnis.

Zwischen 1999 und 2019 verwüsten verheerende Hurrikans mehrere Inseln, was dem Tourismus sehr schadete. Die Hurrikans Maria und Irma mähten Häuser und mehr nieder und sorgten dafür, dass Menschen evakuiert werden mussten, das war jedoch nichts im Vergleich zu Hurrikan Dorian, der die Abacos und Grand Bahama im September 2019 heimsuchte. Trotz dieser Stürme wird weiter gebaut. Die neuen Resorts und Kreuzfahrthäfen auf New Providence und einigen Out Islands wie den Biminis nähern sich der Fertigstellung.

Bevölkerung & Kultur

Die zeitgenössische Kultur der Bahamas dreht sich immer noch um Familie, die Kirche und das Meer, aber die Nähe zu Nordamerika und der Einzug des Kabelfernsehens hatten einen tiefgreifenden Einfluss auf das moderne Leben und auf materielle Werte.

In Nassau und Freeport sind die meisten Menschen im Bankensektor, im Tourismus oder für die Regierung tätig und führen ein Leben als Angestellte.

Die Bewohner der Inseln außerhalb von New Providence oder Grand Bahama, welche Out Islands oder Family Islands genannt werden, sind etwas nachbarschaftlicher und traditioneller. Daher kommt die Praxis von Obeah (eine Art rituelle Magie, die ihre Wurzeln in Afrika hat). Auch Naturheilkunde und folkloristische Lieder und Geschichten beeinflussen hier immer noch das tägliche Leben der Menschen. Der Tourismus bringt zwar den Wandel in die Out Islands, viele Menschen leben jedoch immer noch ein sehr einfaches Leben, das von der Fischerei, dem Sammeln von *conch* und der Hummerzucht sowie dem Anbau von Getreide, Bananen und anderen Früchten geprägt ist.

Kunst

Auf den Bahamas ertönen die lebensbejahenden Klänge von Calypso, Soca und Reggae sowie verschiedene eigene charakteristische Musikrichtungen, die afrikanische Rhythmen widerspiegeln und mit karibischer Musik wie Calypso, Soca und englischem Folk zu einem eigenen Goombay-Beat verschmelzen.

Der Name Goombay kommt von einem afrikanischen Wort für „Rhythmus". Seine Melodie stammt von einer Gitarre, einem Klavier oder einem Horn, begleitet von einer Kombination aus Maracas, Klanghölzern, Rasseln, Muschelhörnern, Pfeifen, Flöten, mit Ziegenleder bespannten Perkussionsinstrumenten sowie Kuhglocken, die einen *kalik-kalik-kalik*-Klang beisteuern.

Rake 'n' Scrape ist auf den Bahamas die Musik der lokalen Arbeiterklasse, in der normalerweise eine Gitarre, ein Akkordeon, Rasseln mit den Samen des Pfauenstrauchs sowie andere kreative Instrumente wie beispielsweise eine mit einem Schraubenzieher bespielte Säge vorkommen.

Natur & Umwelt

Geografie

Die Inseln der Bahamas sind in einer Linie von Nordwesten nach Südosten aufgereiht. Einige von ihnen – Great Abaco, Eleuthera, Long Island und Andros – sind mehr als 160 km lang. Nur wenige sind jedoch mehr als einige Kilometer breit. Alle sind sehr flach, der höchste Punkt der Bahamas – Mount Alvernia auf Cat Island – erhebt sich nur 62 m über den Meeresspiegel.

Die Küsten bestehen fast auf der gesamten Länge aus weißen oder pinkfarbenen Sandstränden – insgesamt etwa 3540 km – und türkisfarbenem Meer. Das Inland ist hauptsächlich durch Wälder und Unterholz gekennzeichnet. Auf einigen der abgelegeneren Inseln werden die Pflanzen, die dort zu finden sind, immer noch für die Naturheilkunde verwendet.

Die Inseln sind übersät mit blauen Löchern. Diese mit Wasser gefüllten kreisrunden Gruben sind bis zu 182 m tief und weiten sich zu unterirdischen und unterseeischen Höhlen aus.

Tiere

Die Inseln sind ein echtes Paradies für Vogelbeobachter, denn es gibt etwa 300 erfasste Vogelarten. Nur einige davon sind endemisch, darunter die Bahama-Schwalbe, der gefährdete Bahama-Papagei und der Bahamasternkolibri, ein ziemlich rauflustiger Vogel, der keine 3 g wiegt. Der Westindische (Karibische) Flamingo – der Nationalvogel – ist heimisch auf Crooked Island, Long Cay und dem Schutzgebiet von Great Inagua.

Auf einigen der abgelegeneren Inseln und Inselchen leben die geschützten Iguanas. Sie sind mit einer Länge von bis zu 1,2 m das größte einheimische Landtier.

Das Meeresleben der Region ist so vielfältig wie seine Inseln und Korallenriffe. Je nachdem, wem man hier glauben will, haben die Bahamas zwischen 2330 m² und 6992 m² Korallenriffe, die von zahllosen Fischspezies bewohnt werden, darunter Bonitos, Rochen, Haie, Makrelen, Barsche und tiefblaue Kreolen-Lippfische.

Auf der Luvseite der Bahamas ziehen Buckelwale vorbei, und Blauwale werden ebenfalls häufig gesichtet.

Umweltthemen

Zum Bahamas National Trust gehören 26 Nationalparks und Reservate, einschließlich großer Abschnitte des Barriereriffs. Außerhalb der Nationalparks sind Wildtiere und das Meeresleben jedoch mehr und mehr von unbedachten Bebauungsmaßnahmen, Verschmutzung und Raubbau bedroht. Obwohl die Bahamas das erste Land in der Karibik mit einem Verbot von Langleinenfischerei waren, sind die Zackenbarsch-, Hummer- und Muschelbestände der Insel mit den Konsequenzen der Überfischung konfrontiert.

Lokale Gruppen kämpfen an vorderster Front für den Umweltschutz. Die Abacos' Friends of the Environment (www.friendsoftheenvironment.org) organisieren Projekte überall auf den Inseln und tragen ihre Botschaft auch in die Schulen. Auf Eleuthera hat sich die Eleuthera School (www.islandschool.org) einen Namen als Lernzentrum für den Umweltschutz gemacht. Sie zieht sowohl Highschool-Schüler als auch erwachsene „Studierende" an, die sich gerne in diesem Bereich engagieren möchten.

2009 haben die Bahamas das Jagen und den Verzehr von Meeresschildkröten, einer bedrohten Art, verboten.

Die Inseln sind ein beliebtes Ziel von Kreuzfahrtschiffen; dass diese das Wasser verschmutzen, ist schon seit Langem ein heißes Eisen. 2019 wurde Carnival, das größte Kreuzfahrtunternehmen, zur Zahlung von 20 Mio. US$ verpflichtet, nachdem sich die Verantwortlichen schuldig bekannten, Müll und Schadstoffe in die Karibik geleitet zu haben. Schon 2016 war das Unternehmen verklagt worden.

PRAKTISCHE INFORMATIONEN

Allgemeine Informationen

AKTIVITÄTEN

Die Bahamas sind ein Paradies für jeden Outdoor-Fan: Schwimmen, Schnorcheln, Tauchen, Angeln, Kitesurfen, Segeln, Wandern und Vogelbeobachtung sind nur einige der Aktivitäten, die die meisten Inseln zu bieten haben.

Tauchen & Schnorcheln

Die Bahamas haben eine der artenreichsten Unterwasserwelten der Karibik und sind ein Traum für Taucher und Schnorchler. Das tropisch-warme Wasser ist herrlich klar und häufig seicht bei ausgezeichneten Sichtweiten. Man kann mit karibischen Riff- und Ammenhaien, Barracudas, Flaschennasen und Fleckendelfinen sowie Massen von Riffbewohnern planschen, darunter Engelfische, Schnapper, Schwarze Makrelen, Grunzer- und Papageifische, Hummer, Kardinalbarsche, Demoisellen, Nassau-Zackenbarsche, Stachelrochen und Muränen.

Typischerweise zahlt man für einen/zwei Tauchgänge, bei dem/denen nur die Sauerstoffflasche(n) und die Gewichte bereitgestellt werden, 70/130 BS$ (Extras kosten mehr, z. B. Tauchgänge mit Haien oder Delfinen). Schnuppertauchen liegt bei 130 bis 150 BS$, für einen PADI-Tauchkurs blättert man ab 600 BS$ hin.

Alle Inseln bieten zahlreiche Tauchgründe, die nach kurzer Bootstour erreicht werden. Beliebt sind Folgende:

New Providence Shark Wall (S. 200) – Tauchen mit Haien, steile Unterwasserwände und ein Schiffswrack vor der Westküste der bahamaischen Hauptinsel.

Die Biminis Bimini Road (S. 229) – eine faszinierende Kalksteinformation. Außerdem ist das Wrack von Henry Fords Jacht *Sapona* eine erstklassige Tauchstätte in seichtem Wasser.

Die Exumas Im geschützten Land and Sea Park (S. 241) wimmelt es nur so von Meeresbewohnern. Ebenfalls top: das 28 m tiefe Angelfish Blue Hole vor Stocking Island.

Andros Legendär sind die Ocean Blue Holes (S. 237), den „Big Yard" hat Jacques Cousteau persönlich bekannt gemacht.

Long Island Die Conception Island Wall (S. 243) steht berechtigterweise bei vielen Tauchern ganz oben auf der To-do-Liste. Dean's Blue Hole (S. 243) ist derweil das zweittiefste Blue Hole der Welt.

Grand Bahama Mit UNEXSO (S. 218) das Wrack der Theo erkunden oder mit Haien und Delfinen tauchen.

Die Abacos Artenreiche Riffe im Fowl Cay Preserve und auf Tilloo Cay sowie diverse Schiffswracks.

BARRIEREFREI REISEN

Reisende mit Behinderung müssen ihren Aufenthalt sorgfältig planen, da es für sie auf den Bahamas nur wenige Zugeständnisse gibt. Die größeren Hotels und Resorts sind zwar normalerweise nahezu barrierefrei, aber jenseits ihrer Pforten wird es schwierig. Die Tourismusbehörden können eine Liste der Hotels mit Rollstuhlrampen zur Verfügung stellen, ebenso die **National Commission for Persons With Disabilities** (☎ 242-397-8600; www.disabilitiescommissionbahamas.org) und die **Bahamas Association for the Physically Disabled** (☎ 242-322-2393; Dolphin Dr; ⏲ Mo–Fr 9–17 Uhr). Diese Organisationen unterhalten zwar keine öffentlichen Büros, man kann sie jedoch anrufen oder online kontaktieren. Sie können dann bei der Ausleihe von Ausrüstung sowie bei der allgemeinen Organisation eines barrierefreien Urlaubs behilflich sein.

2014 verabschiedete die Regierung ein Gesetz für Menschen mit Behinderung (und Chancengleichheit). Bis 2017 müssen öffentliche Gebäude für Menschen mit Seh- und Hörbehinderungen oder anderen Beeinträchtigungen sowie Rollstuhlfahrer/innen zugänglich gemacht werden und auch eine ausreichende Anzahl an Parkplätzen für Menschen mit Behinderung ist verpflichtend. Im öffentlichen Nahverkehr gibt es derweil noch eine ganze Menge zu tun.

BOTSCHAFTEN & KONSULATE

Deutsches Honorarkonsulat (☎376-3004; nassau@hk-diplo.de; Church Lane 209, Nassau)

Österreichisches Honorarkonsulat (☎327-8278; reichenberger@austriaconsulnassau.com; Caves Village 5/4, West Bay Street, Nassau

Schweizer Konsulat (☎362-5539; nassau@honrep.ch; Lyford Cay, Resolute Rd, Nassau)

ESSEN

Die bahamaische Küche mischt die Geschenke des Meeres mit dem eigenen europäischen, afrikanischen und südamerikanischen Erbe. Chili, Lorbeerblätter, Piment und Limette sind übliche Gewürze. Die Inseln sind nicht besonders fruchtbar, daher müssen viele Grundnahrungsmittel importiert werden. Was aus dem sandigen tropischen Boden wächst (wie die Kokosnus) oder im angrenzenden Meer schwimmt (Hummer, Zackenbarsch, etc.), ist meistens das Frischeste und Beste auf der Speisekarte.

Typische Gerichte & Getränke

Conch Egal, ob geröstet, gebraten, in den Salat geschnitten oder in Teig getaucht und frittiert, diese zähe Seeschnecke ist auf den Bahamas allgegenwärtig. Sie erinnert an Kalamari. Mehlige Beilagen wie *peas 'n' rice* (Reis mit Bohnen), *mac 'n' cheese* (Makkaroni mit Käse) und Kartoffelsalat runden das Menü ab.

Boil Fish Zackenbarsch, der in Limettensaft, Zwiebeln und Kartoffeln geschmort wird, als Frühstücksgericht. Normalerweise wird es mit *johnnycake*, einer Art süßes Maisbrot, serviert.

Karibische Languste Der auf den Bahamas heimische Hummer wird oft gedünstet und mit Zwiebeln und Pfeffer, mit Minze oder sogar mit Curry serviert.

Souse Ein dickflüssiges Stew aus Hühnchen, Schafskopf, Schweinefüßen und anderem „übrig gebliebenem" Fleisch.

Guava Duff Gekochtes Gebäck, gefüllt mit süßer Guava-Paste und einem Topping aus Rum oder Creme.

PREISKATEGORIEN ESSEN

Die folgenden Preiskategorien beziehen sich auf die Kosten für ein Hauptgericht oder etwas Vergleichbares.

**$** bis 20 BS$

**$$** 20–30 BS$

**$$$** über 30 BS$

Bier Alles mit einem kalten Kalik oder einem Sands runterspülen.

Rum-Cocktails Goombay Smash oder eine Bahama Mama sind leckere Drinks.

Switcher Erfrischender Drink auf Limettenbasis, manchmal auch als alkoholische Variante.

Sky Juice Gin und Kokosmilch.

FEIERTAGE

Nationalfeiertage auf den Bahamas, die auf einen Samstag oder einen Sonntag fallen, werden normalerweise am vorhergehenden Freitag oder dem darauffolgenden Montag begangen.

Neujahr 1. Januar

Tag des Mehrheitsprinzips 10. Januar

Karfreitag März/April

Ostermontag März /April

Pfingstmontag Siebter Montag nach Ostern

Tag der Arbeit Erster Freitag im Juni

Unabhängigkeitstag 10. Juli

Tag der Sklavenbefreiung Erster Montag im August

Tag der Nationalhelden Zweiter Montag im Oktober

Weihnachten 25. Dezember

Boxing Day 26. Dezember

FREIWILLIGENARBEIT

Möglichkeiten zum ehrenamtlichen Engagement gibt's auf den Bahamas nicht viele, abgesehen von missionarischen Organisationen. Traurigerweise bringen die Hurrikans aber immer wieder Möglichkeiten mit sich, da sie häufig mit riesigen Aufräum- und Wiederaufbauarbeiten einhergehen. Organisationen wie Volunteer Match (www.volunteermatch.org) können Wege aufzeigen, wie man sich in der Folge eines besonders verheerenden Sturms am besten engagiert.

Die Beobachtung und der Schutz der Meere ist auf den Bahamas dagegen ein Gebiet, auf dem freiwillige Unterstützer immer gesucht werden. Über das Earthwatch Institute (www.earthwatch.org) und die Oceanic Society (www.oceanicsociety.org) kann man Programme finden, die von einigen Wochen bis zu mehreren Monaten dauern. Konkret geht es dabei um Aktivitäten wie die Überwachung der Riffe, das Tracking von Delfinen und die Kennzeichnung

PRAKTISCH & KONKRET

Maße & Gewichte Das britische und das metrische System finden gleichermaßen Anwendung.

Radio & Fernsehen Die Bahamas Broadcasting Corporation gehört der Regierung und betreibt ZNS-13 und die Radiostationen ZNS-1, ZNS-2AM, ZNS-2FM und ZNS-3AM. Zu den kommerziellen Radiosendern gehören Love 97FM, More 94.9FM und Jam 100FM. Die meisten Hotels bieten auch Amerikanisches Kabelfernsehen.

Rauchen Die Bahamas haben lange gebraucht, um eine Gesetzgebung zum Rauchen zu erlassen, und Einschränkungen liegen oft in der Hand der einzelnen Firmen und Organisationen. Generell rauchen nur wenige Leute in der Öffentlichkeit, und höchst selten wird man jemanden in geschlossenen Räumen eine Zigarette anzünden sehen.

Zeitungen Tageszeitungen in New Providence sind beispielsweise der *Nassau Guardian* (https://thenassauguardian.com), der *Tribune* (http://www.tribune242.com) und das *Bahama Journal* (http://jonesbahamas.com). Auf Grand Bahama liest man die täglichen *Freeport News* (http://thefreeportnews.com), auf den Abaco-Inseln erscheint die Wochenzeitung *Abaconian* (http://www.theabaconian.com).

von Meeresschildkröten. Auch der Bahamas National Trust (http://bnt.bs) ruft Freiwillige dazu auf, an einem Umweltschutzprogramm in dem 8100 km² großen Habitat mitzuwirken, das er auf den Inseln unterhält.

GELD

Bahamaische Dollar (BS$) und US-Dollar (US$) sind gleichwertig und können im ganzen Land genutzt werden.

In den Touristenhochburgen gibt's jede Menge Banken mit Geldautomaten, auf den Out Islands sind sie jedoch selten bis nicht vorhanden. Geldautomaten nahe dem Kreuzfahrthafen in Nassau geben sowohl Bahamische Dollars als auch US-Dollars aus.

Steuern & Rückerstattungen

Die Mehrwertsteuer (VAT) liegt bei 12 % (ehemals 7,5 %; sie wurde 2018 erhöht) und wird auf alle Waren und Dienstleistungen auf den Bahamas angewendet. Einige Firmen geben den Preis vor Steuern an, andere den endgültigen, und manche auch beide Preise. Hotels und Restaurants geben normalerweise den Preis vor Steuern an.

Die Einführung eines Systems zum steuerfreien Einkaufen im Jahr 2016 ermöglicht es den teilnehmenden Unternehmen, ihre Waren steuerfrei an Touristen zu verkaufen.

Trinkgeld

Hotels Den Portiers sollte man 2 BS$ pro Tasche geben.

Restaurants Ein Trinkgeld von 15 % ist im Restaurant Standard, wird aber häufig bereits auf die Rechnung aufgeschlagen (vor dem Bezahlen prüfen).

Taxis Im Taxi sind ca. 15 % der Fahrpreises üblich.

Wechselkurse

Eurozone	1 €	1,11 BS$ 1 US$
Schweiz	1 SFr	1 BS$ 1,02 US$
USA	1 US$	1 BS$

Die aktuellen Wechselkurse stehen auf www.xe.com.

LGBT-REISENDE

Homosexualität ist auf den Bahamas legal (ab 18 Jahren), allerdings genießt die LGBT-Gemeinde auf den christlich geprägten, konservativen Inseln keine breite öffentliche Unterstützung. Diskretion ist hier wohl die beste Lösung. Die Bars und Clubs halten sich bedeckt, man muss von einer Untergrundszene sprechen.

Aktuell gibt es kaum profilierte Gruppen auf den Bahamas, die für LGBT+-Rechte eintreten. Die beste Informationsquelle ist die Facebook-Seite der Bahamas LGBT Equality Advocates (www.facebook.com/myBLEA).

MEDIZINISCHE VERSORGUNG

Nassaus und Grand Bahamas moderne Krankenhäuser haben Notaufnahmen, die 24/7 geöffnet sind, aber kostenlose Versorgung bekommen nur Einheimische. Auf den Out Islands findet man kleine Krankenhäuser der Regierung, die sich abseits vom Queen's Highway in den großen Städten befinden und von Montag bis Freitag von 9–17 Uhr geöffnet haben. 24-Std.-Notfallnummern sind meist außen angeschrieben. Ernstere Fälle werden in einem der Hauptkrankenhäuser behandelt.

NOTFALL

Feuerwehr, Krankenwagen, Polizei ☎ 911 o. 919

ÖFFNUNGSZEITEN

Banken Mo–Fr 9–16 Uhr

Geschäfte Mo–Fr 9–17, Sa 9 oder 10–17 Uhr

Post Mo–Fr 9–17, Sa 9–12 Uhr

Restaurants Frühstück 7–10 Uhr, Mittagessen 12–14 Uhr, Abendessen 18–21 Uhr

Touristeninformation Mo–Fr 9–17 Uhr

Davon abweichende Öffnungszeiten sind in den Kapiteln separat aufgeführt. Banken auf kleineren Out Islands und *cays* sind manchmal nur ein- oder zweimal die Woche geöffnet.

Unternehmen & Betriebe Mo–Fr 9–17 Uhr

RECHTSFRAGEN

Das Rechtssystem der Bahamas ähnelt in mancher Hinsicht dem britischen Gewohnheitsrecht, enthält aber auch konstitutionelle Elemente wie in den USA. Es gilt die Unschuldsvermutung, und Verhaftungen sind nur in einem strengen rechtlichen Rahmen möglich.

Drogen sind auf den Bahamas strengstens verboten. Es gibt Berichte über Kreuzfahrtpassagiere, die geringe Mengen von Marihuana und Kokain bei sich trugen, und die eine sofortige Geldstrafe von 500 BS$ bis 800 BS$ zahlen oder sogar für drei Monate ins Gefängnis mussten.

Die rechtliche Grenze für Alkohol am Steuer liegt bei 0.06 %, eine Überschreitung kann eine Strafzahlung von bis zu 3 000 BS$ oder eine Gefängnisstrafe nach sich ziehen.

Bei Verhaftung eines Ausländers sind die Behörden verpflichtet, auf Verlangen dessen Botschaft oder Konsulat zu kontaktieren. Es gibt keine automatische Pflichtverteidigung für Ausländer in den niedrigeren Gerichten, und jeder Rechtsbeistand muss aus der eigenen Tasche bezahlt werden.

SICHER REISEN

- Die Bahamas sind generell ein sicheres Reiseziel, doch seit 2010 ist ein Anstieg bei Raubüberfällen und Diebstahl zu verzeichnen, in erster Linie in bestimmten Vierteln von Nassau. Auch die Drogen- und Bandenkriminalität nimmt zu; am höchsten ist sie in den Vororten südlich von Downtown-Nassau, die unter dem Begriff „Over the Hill" (auf der anderen Seite des Hügels) zusammengefasst werden.
- An den Hauptstränden von Nassau, darunter Junkanoo, werden Touristinnen manchmal von süßholzraspelnden Männern angesprochen, die aber eher nervig als gefährlich sind.
- Haiattacken sind äußerst selten, kommen aber vor. Einige Menschen sind so bereits in bahamaischen Gewässern zu Tode gekommen, zuletzt 2019.

STROM

Die Steckdosen auf den Bahamas liefern 120 Volt/60 Hz und sind zwei- oder dreipolig. Sie entsprechen den Typen A und B, man benötigt also einen Adapter und einen Spannungsumwandler.

TELEFON

Die Vorwahl der Bahamas lautet ☎242. Sie muss gewählt wählen, wenn man von einem Festnetztelefon eine Nummer innerhalb der Inseln wählt, dies gilt nicht für Handys. Um aus Deutschland, Österreich oder der Schweiz auf den Bahamas anzurufen, wählt man ☎1-242 + die lokale Nummer. Es gibt keine Ortsvorwahlen.

Handys

Der wichtigste Anbieter heißt **BTC Bahamas** (☎242-302-7700; www.btcbahamas.com; Ecke Cumberland & King St; ⏲ Mo–Fr 9–17, Sa 8–15 Uhr) und unterhält Büros und Geschäfte in Nassau, Freeport und auf den meisten Out Islands. Ist das Handy entsperrt, kann man eine bahamaische SIM-Karte einsetzen, mit der heimischen SIM-Karte muss man Roaming-Kosten in Kauf nehmen.

Es gibt verschiedene Prepaid-Pakete ab 15 BS$ (7 Tage gültig, 3 GB Datenvolumen). Die Netzabdeckung ist auf den meisten Out Islands außerhalb der Städte schlecht. Aliv (www.bealiv.com), ein neuer Netzbetreiber, ist auf dem Vormarsch und fällt durch seine attraktiven Online-Prepaid-Angebote auf.

UNTERKUNFT

Die Bahamas sind bekannt für ihre Resorts, von einfachen Familienunterkünften bis zu exklusiven Enklaven mit allem nur erdenklichem Luxus. Es gibt jedoch Alternativen: Auf den meisten unbewohnten Inseln findet man Ferienhäuschen und Hotels und (mit ein bisschen mehr Aufwand) lassen sich auch ein paar Hostels und Campingplätze auftreiben. Bitte beachten, dass einige Unterkünfte jedes Jahr zwischen September und Oktober geschlossen sind und dass es zur Hochsaison (Sommer und Collegeferien in den USA) sinnvoll ist, im Voraus zu buchen.

PREISKATEGORIEN UNTERKUNFT

Fast alle Hotels ändern ihre Preise mindestens zweimal pro Jahr zwischen Haupt- und Nebensaison. Die hier aufgeführten Preise beziehen sich auf die Hauptsaison und verstehen sich inklusive 12 % MwSt. Während der Nebensaison (Juni–Nov.) verringern sich die Preise z. T. um 20–60 %.

**$** bis 200 BS$

**$$** 200–500 BS$

**$$$** über 500 BS$

FLUGVERBINDUNGEN ZWISCHEN DEN INSELN

Zwischen den Inseln mit dem Flugzeug unterwegs zu sein ist der einzige schnelle und bequeme Weg, innerhalb der Bahamas zu reisen: Die Insulaner nutzen Flugzeuge wie Stadtbewohner Busse. Private Charterflüge können eine kostengünstigere Option für Gruppenreisen sein – oder der einzige Weg, wenn die Ziele etwas abgelegener sind.

Zu den Linienflugverbindungen ab Nassau (typische Preise für One-Way-Tickets inkl. Steuern & Gebühren) gehören:

ZIEL	AIRLINE	PREIS, DAUER, HÄUFIGKEIT
Great Abaco (Marsh Harbour)	Bahamasair, SkyBahamas	110 BS$, 30 Min., 3-mal tgl.
Andros (San Andros)	Western Air	87 BS$, 20 Min., 2-mal tgl.
Biminis (Süd-Bimini)	Western Air	110 BS$, 35 Min., 2-mal tgl.
Eleuthera (Nord-Eleuthera)	Pineapple Air, Southern Air	104 BS$, 20 Min., 6-mal tgl.
Great Exuma (George Town)	Bahamasair, SkyBahamas	132 BS$, 40 Min., 4-mal tgl.
Grand Bahama (Freeport)	Bahamasair, SkyBahamas, Western Air	115 BS$, 40 Min., häufig
Inagua	Bahamasair	163 BS$, 1½ Std., 3-mal wöchentl.
Long Island (Deadman's Cay)	Bahamasair, Southern Air	127 BS$, 55 Min., 1-2-mal tgl.
San Salvador	Bahamasair	123 BS$, 1 Std., 1-mal tgl.

ZEIT

Der Großteil der Bahamas liegt in der Eastern Standard Time Zone und es wird auf Sommerzeit umgestellt: MEZ/MESZ minus 6 Std.

An- & Weiterreise

Auf den Bahamas gibt's sechs internationale Flughäfen, Nassau und Freeport sind die Knotenpunkte. Die zwei Städte sind auch beliebte Stationen der Kreuzfahrtschiffe.

FLUGZEUG

Die Nähe zu Florida bedeutet regelmäßige und vergleichsweise kostengünstige Flüge ab Miami, Fort Lauderdale und Orlando, sowie von ein paar anderen Ausflugsorten an der Ostküste. Einige Airlines und Charterfluggesellschaften steuern die Flughäfen auf den größeren Out Islands direkt an (beispielsweise auf den Abacos), aber die meisten Flüge landen in Nassau oder Freeport, wo die Passagiere dann einen Anschlussflug zu den Out Islands haben. Eine kurze Zusammenfassung der Fluglinien und Flugzeiten zu jeder Insel findet sich auf www.bahamas.com.

Die nationale Fluglinie Bahamasair (S. 252) verfügt über makellose Referenzen in puncto Sicherheit, und ihre Piloten haben einen hervorragenden Ruf (Details hier: www.airsafe.com). Verspätungen sind jedoch häufig, bisweilen werden Flüge auch ohne Vorankündigung gestrichen. Die Einheimischen pflegen zu sagen: *„If you have time to spare, fly Bahamasair"* (Wer Zeit hat, fliegt mit Bahamasair).

Lynden Pindling International Airport (Nassau; http://nassaulpia.com) Der wichtigste Zugang zu den Bahamas mit Direktflügen in die USA, nach Kanada, Großbritannien, Kuba, Jamaika, Panama sowie auf die Kaimaninseln und die Turks- & Caicosinseln.

Grand Bahama International Airport (Freeport) Direktflüge in die USA und nach Kanada.

ÜBERS MEER

In Nassau und Grand Bahama legen zahlreiche Kreuzfahrtschiffe an, die meisten aus Florida. Zu den bekanntesten gehören **Carnival** (☎US 1-800-764-7419; www.carnival.com), **Costa** (☎US 1-800-462-6782; www.costacruise.com), **Norwegian** (www.ncl.com) und **Royal Caribbean** (☎UK 0844-493-4005; www.royalcaribbean.com).

Die ruhigen Gewässer des Archipels ziehen jährlich auch Tausende von Jachten an. Die Winde und Meeresströmungen sind in der Südpassage am besten, besonders günstig sind die Segelbedingungen im Sommer. Hurrikans können jedoch in der Saison (Juni bis November) zur Bedrohung werden.

Privatboote, die auf den Bahamas ankommen, müssen den Zoll und die Einwanderungsbehörde in einem offiziellen Einfuhrhafen passieren, von denen es etwa 50 auf den Inseln gibt. Solange die Freigabe nicht erfolgt ist, muss die gelbe Quarantäne-Flagge gehisst werden, und nur der Kapitän darf an Land. Die gesamte Besatzung muss Einwanderungsformulare ausfüllen. Darüber hinaus muss für jedes Boot eine Gebühr entrichtet werden (150 BS$ für Boote, die kürzer als 10,5 m sind, 300 BS$ für alle größeren Schiffe.), die auch die Kreuzfahrt- und Fischereierlaubnis sowie die Ausreisegebühren für drei Personen einschließt.

Unterwegs vor Ort

Bei einem kurzen Blick auf die Karte scheint Inselhopping entlang der Kette nahezuliegen. Leider ist es nicht ganz so einfach – es sei denn, man hat sein eigenes Boot oder Flugzeug. Wer mit Linienflügen oder Fähren von Insel zu Insel gelangen will, kann oft nicht den direkten Weg nehmen, sondern muss via Nassau reisen. Sogar die Postboote sind auf die Hauptstadt „fixiert". Eine Ausnahme sind die Direktflüge von Grand Bahama zu den Abacos und Biminis.

AUTO & MOTORRAD

Autovermietung Die großen internationalen Autovermietungen haben Niederlassungen in Nassau, Freeport und anderen touristischen Gegenden, und es gibt eine Vielzahl an lokalen Firmen und Einzelunternehmen, aus denen man wählen kann. Das kann so informell ablaufen, dass man am Flughafen ankommt und einfach „jemanden fragt, der jemanden kennt", vor allem in den Out Islands. Im Hotel fragen oder nach Infotafeln am Flughafen Ausschau halten. Mieter müssen 21 Jahre alt sein (einige Firmen vermieten gar nur an Erwachsene über 25), eine Verzichtsleistungsklausel für Zusammenstöße kostet etwa 15 BS$ pro Tag (kleinere lokale Firmen bieten manchmal keine Versicherung an). Die Preise beginnen bei etwa 55 BS$ pro Tag. Golfcarts sind beliebt auf den kleineren Inseln und den Cays, die Leihe kostet etwa 50 bis 70 BS$ pro Tag.

Straßenverhältnisse Der dichte Verkehr im geschäftigen Nassau kann anstrengend sein, weil die Straßen schmal sind und es viele Einbahnstraßen gibt, für Großstadtbewohner sollte das aber nichts Neues sein. Eine große Gefahr auf den Out Islands sind Schlaglöcher. Es kann passieren, dass man ewig lang auf einer ebenen Straße fährt, und dann auf einmal auf einen halsbrecherischen Krater stößt. Also aufmerksam und vorsichtig bleiben.

Verkehrsregeln Um fahren zu können, braucht man eine gültige Fahrerlaubnis aus dem Heimatland. Ein Besucher kann drei Monate lang mit seinem Führerschein fahren. Es gilt Linksverkehr und an Kreisverkehren geht's mit dem Uhrzeigersinn, man fährt auf der linken Seite ein. Fahrzeuge im Kreisverkehr haben Vorfahrt. Es herrscht Helmpflicht für Motorrad- und Rollerfahrer.

BOOT, SCHIFF & FÄHRE

Fähre

Der einzige Anbieter von Fährverbindungen zwischen den Inseln ist **Bahamas Ferries** (Karte S. 208; ☎242-394-9700, 242-323-2166; www.bahamasferries.com; Potter's Cay Dock), wobei der Passagierverkehr in den letzten Jahren heruntergefahren wurde (Frachtschiffe nehmen nach wie vor Kurs auf die Hauptinseln). Hochgeschwindigkeitsfähren pendeln zwischen Nassau und Eleuthera (Harbour Island, Spanish Wells und Governor's Harbour), seltener geht's nach Andros, Grand Exuma und Long Island. Angesichts der Preise und Flugpläne lohnt es sich eigentlich nur auf der Strecke Nassau–Harbour Island/Spanish Wells, die Fähre zu nehmen. Hier die Verbindungen ab Nassau (einfache Strecke, Steuern inkl.).

ZIEL	PREIS, DAUER, ABFAHRTEN
Fresh Creek (Andros)	61,50 BS$, 4 Std., Sa 7 Uhr
George Town (Great Exuma)	74 BS$, 14 Std., 2-mal wöchentl.
Governor's Harbour (Eleuthera)	61,50 BS$, 8–14 Std., 2-mal wöchentl.
Simms (Long Island)	74 BS$, 19 Std., 1-mal wöchentl.
Harbour Island (Eleuthera)	84 BS$, 3 Std., Mo–Sa tgl.

Die Fähren legen am Potter's Cay Dock in Nassau ab.

Postboot & Wassertaxi

Postboote (mail boats; www.mailboatbahamas.com) arbeiten vertraglich mit der Regierung zusammen und steuern die meisten unbewohnten Inseln an. Sie transportieren Post, Fracht und Passagiere und fahren regelmäßig von Potter's Cay nach Grand Bahama sowie auf alle Out Islands. Häufig segeln sie nachts, die Fahrten dauern zwischen fünf und 24 Stunden bei minimalem Komfort und für Preise zwischen 30 BS$ und 45 BS$. Immer den **Nassauer Dockmaster** (Dockmeister; Karte S. 208; ☎242-393-1064; Potter's Cay) anrufen und sich beim **Bahamas Ministry of Tourism** (Karte S. 212 f.; www.bahamas.com) über die aktuellen Fahrpläne und Tarife informieren.

In New Providence schwirren von 9 bis 18 Uhr alle halbe Stunde **Wassertaxis** (Karte S. 212 f.; ☎242-363-1030; 9–18 Uhr) zwischen Prince George Wharf, Nassau und Paradise Island hin und her. Weitere der Küste vorgelagerte Inseln und ihre anliegenden Cays werden von privaten Wassertaxis bedient, zum Beispiel zwischen George Town und Stocking Island, Exuma.

Die von der Regierung betriebenen Wassertaxis verbinden Inseln, die nah beieinander liegen, wie etwa Nord- und Süd-Bimini, Mangrove Cay und Süd-Andros sowie die Crooked und Acklins Islands.

FAHRRAD

Radfahren ist nicht sehr angesagt auf den Bahamas. Die Straßen des verkehrsgebeutelten Nassau sind nicht sicher, Touren auf Paradise Island, Grand Bahama und den Out Islands können aber Spaß machen. Viele Hotels verleihen Räder für ca. 15 BS$; manchmal müssen Gäste keine Leihgebühr bezahlen.

FLUGZEUG

Charterflüge füllen auf den Bahamas die Lücken, die die regulären Flüge nicht abdecken können. Flamingo Air (S. 217) ist einer der größten Charteranbieter und fliegt nach Süd-Andros, Cat Island, zu den Exuma Cays, nach Inagua und San Salvador, während **Southern Air** (☎ 242-323-6833, 242-323-7217; www.southernaircharter.com) Long Island und Eleuthera ansteuert.

Linienflüge werden von folgenden Airlines durchgeführt:

Bahamasair (☎ 242-702-4140; www.bahamasair.com)

Pineapple Air (☎ 242-702-7133; www.pineappleair.com)

SkyBahamas (☎ 242-702-2600; www.skybahamas.net)

Western Air (☎ 242-329-4000; www.westernairbahamas.com)

TAXI

In Nassau und Freeport gibt es jede Menge offizielle Taxis, die auf der Straße gestoppt werden. Manchmal halten die Fahrer von selbst an, wenn Touristen den Eindruck erwecken, als bräuchten sie ein Taxi! Taxis sind das wichtigste Transportmittel auf den Out Islands. Dort warten die Fahrer in den größeren Ortschaften auf ankommende Flugzeuge und Fähren.

Alle Taxiunternehmen haben eine Lizenz und sind offiziell registriert. Die Regierung schreibt die Preise vor, sie variieren je nach Distanz und gelten gewöhnlich für zwei Fahrgäste (für jeden weiteren Mitfahrer werden pauschal 3 BS$ berechnet). Auf bestimmten Routen gelten Fixpreise – von den Flughäfen und Kreuzfahrthäfen zu bestimmten Hotels und wichtigen Reisezielen. Diese sollten im Taxi bzw. am Flughafen oder Fährterminal angeschrieben sein.

Barbados

☎ 1-246 / 285 000 EW.

Inhalt ➔

Gut essen

- Fisherman's Pub (S. 270)
- Champers (S. 261)
- India Grill (S. 260)
- Nishi (S. 269)
- Castaway (S. 263)

Schön übernachten

- Crane Beach Hotel (S. 266)
- Tamarind Hotel (S. 267)
- Little Arches Hotel (S. 264)
- Surfer's Point Guest House (S. 265)
- Coral Reef Club (S. 269)
- Eco Lifestyle Lodge (S. 273)

Auf nach Barbados!

Barbados ist zu Recht für seine fantastischen Strände berühmt. Doch die Insel hat noch viel mehr zu bieten: Neben feinen Sandstränden und herrlichen Buchten am türkisfarbenen Meer gibt's ein turbulentes Nachtleben, eine Hauptstadt, die zum UNESCO-Welterbe gehört, ein wunderbares Binnenland voller Gärten sowie aufregende Surfmöglichkeiten an der einsamen Ostküste. Die Menschen, die hier leben, sind stolze, gastfreundliche und extrem entspannte Zeitgenossen.

Die meisten Besucher der Insel checken gleich nach der Anreise in einem der superluxuriösen Resorts ein und verlassen kaum ihre Liegestühle. Und man kann sie dafür kaum verurteilen. Mit seinem sanften warmen Meer gehört Barbados zu den schönsten Inseln der Region und bildet eine perfekte Kulisse für einen Instagram-würdigen Urlaub.

Aber die Insel hält auch wundervolle Überraschungen bereit für Leute, die die Bajan-Kultur erleben wollen, deren karibische Version britischer Traditionen unendlich liebenswert ist.

Reisezeit

Nov.–März Die trockenen, heißen Monate von Februar bis April sind die beliebteste Saison auf der Insel. Die Resorts sind meist ausgebucht, aber es gibt immer noch genug Platz an den Stränden.

April–Mai Trockenes Wetter, aber weniger Touristen und billigere Unterkünfte.

Juni–Okt. In der Regenzeit kommen weniger Touristen und die Preise sind niedriger. Einige Geschäfte haben geschlossen. Im August erreicht das Crop-over-Festival seinen Höhepunkt.

The Cabben
North Point
Archer's Bay
The Spout
Stroud Bay
River Bay
ST. LUCY
Laycock Bay
Harrison Point
Spring Hall
Cuckold Point
Paul's Point
Gay's Cove
St. Nicholas Abbey
Boscobelle
Fryer's Well Point
Fustic
Cherry Tree Hill (245 m)
Shermans
ST. PETER
ATLANTISCHER OZEAN
Mile & a Quarter
Six Men's Bay
Farley Hill National Park
Heywoods Beach
Belleplaine
Godings Bay
Speightstown
ST. ANDREW
Chalky Mt. (162 m)
Mullins Beach
Haggatts
Gibbes Bay
Barclays Park
Read's Bay
Weston
Scotland District
ST. JAMES
Andromeda Botanic Gardens
Alleynes Bay
Bathsheba
Mt Standfast
Mt. Hillaby (340 m)
ST. JOSEPH
Martin's Bay
Westküste
Hackleton's Cliff
Bath Beach
Folkestone Park
Holetown
Conset Bay
Welchman Hall Gully
Harrison's Cave
ST. JOHN
Conset Point
Sandy Lane Bay
Sunset Crest
Bell Point
Skeete's Bay
Paynes Bay
Four Cross Roads
Ragged Point
East Point Lighthouse
Kitridge Point
Prospect
Warrens
Gun Hill
Bottom Bay
Batts Rock Bay
Cave Hill
ST. GEORGE
Six Cross Roads
Fresh Water Bay
Sam Lord's Castle
Long Bay
Brighton
ST. MICHAEL
ST. PHILIP
Crane Beach
Bridgetown
Wildey
Foul Bay
Carlisle Bay
Clapham
CHRIST CHURCH
Needham's Point Lighthouse
Charnocks
Salt Cave Point
Worthing
Rockley
Grantley Adams International Airport
Cobblers Reef
Hastings
Maxwell
Rockley Beach
Oistins
St. Lawrence Gap
Enterprise Beach
Silver Sands
Long Bay
Dover Beach
Inch Marlowe Point
South Point Lighthouse
Bow Bells Reef
Karibisches Meer
South Point

Highlights

1 **Rockley Beach** (S. 261) Auf einem der schönsten Strände der Insel entspannen.

2 **Oistins Fish Fry** (S. 265) Bei einem der größten Feste der Karibik die Nacht durchtanzen.

3 **Paynes Bay** (S. 267) Mit Meeresschildkröten schnorcheln.

4 **Westküste** (S. 267) Die Region stilvoll mit einem Segelboot erkunden.

5 **Speightstown** (S. 270) Durch die Straßen der charismatischen alten Hafenstadt schlendern.

6 **Welchman Hall Gully** (S. 271) Sich an Barbados' üppiger Blumenwelt erfreuen.

7 **Bridgetown** (S. 255) Fliegende Fische, das berühmteste Gericht der Insel, probieren.

8 **Bathsheba** (S. 273) Bei einem Roadtrip die wilde, zerklüftete Küste entdecken.

Bridgetown

Bridgetown mit seinen vielen Sehenswürdigkeiten und alten Kolonialgebäuden zu erkunden kann leicht einen ganzen Tag füllen. Die Stadt bietet gute Einkaufsmöglichkeiten, vor allem entlang der Broad Street und auf der Fußgängerpromenade Swan Street, die im Rhythmus der lokalen Kultur pulsiert. Aufgrund ihrer historischen Bedeutung wurden das gesamte Stadtzentrum und die Gegend südlich der Garrison 2012 zum UNESCO-Welterbe ernannt.

Sehenswertes

Bridgetown ist kompakt und alle Sehenswürdigkeiten sind zu Fuß zu erreichen. Zu den Attraktionen im Süden der Stadt gelangt man über den Brownes Beach; die Sehenswürdigkeiten im Norden Bridgetowns (nahe dem Kensington Oval) sollten mit dem Taxi oder Stadtbus besucht werden.

★ Parlamentsgebäude SEHENSWERTES GEBÄUDE

(☎ 310-5400; www.barbadosparliament.com; (Museum 10 B$; ⌚ Museum Mo & Mi–Fr 9–16, Sa 9–15 Uhr) An der Nordseite des National Heroes Square erheben sich zwei Steingebäude, die 1871 im neugotischen Stil errichtet wurden. Das westliche mit dem Uhrenturm beherbergt öffentliche Ämter; im Bauwerk an der Ostseite befinden sich der Senat und das Unterhaus. Im **Museum** kann man mehr über das herausragende demokratische Erbe der Insel erfahren und die Galerie der Nationalhelden besuchen. Wenn das Versammlungshaus frei ist, kann man es im Rahmen einer Führung besuchen und die eindrucksvollen Buntglasfenster bewundern.

Barbados Synagogue SYNAGOGE

(Synagogue Lane; Erw./Kind 25/12,50 B$; ⌚ Mo–Fr 9–16 Uhr) Die 1833 erbaute kleine Synagoge unweit des National Heroes Square wurde 1929 aufgegeben und 1986 aufwendig restauriert. Der Häuserblock um die Synagoge wurde umfassend saniert, um das koloniale Erbe des Bezirks zu erhalten. Heute ist das Viertel ein angenehmer Ort, um ein paar nette Stunden zu verbringen. Im alten Feuerwehrgebäude gibt's ein kleines Café.

Nidhe Israel Museum MUSEUM

(☎ 822-5421; Synagogue Lane; Erw./Kind 25/12,50 B$; ⌚ Mo–Fr 9–16 Uhr) Das Museum ist in einem restaurierten jüdischen Gemeindezentrum von 1750 untergebracht und dokumentiert die faszinierende Geschichte der jüdischen Gemeinde von Barbados. Mit der Eintrittskarte erhält man auch Zutritt zur Synagoge.

Aktivitäten & Geführte Touren

Schiffsrundfahrten sind beliebt, um die Insel zu erkunden, vor allem an der Westküste, wo die Schiffe an einem Piratenaussichtspunkt starten. Viele der größeren Boote gleichen schwimmenden Partys, während es auf den kleineren Booten weitaus ruhiger zugeht. Wer tauchen will, ohne nass zu werden, kann eine Tour mit dem U-Boot buchen. Die meisten Boote legen bei Bridgetown ab, nehmen aber unterwegs auf der ganzen Insel Passagiere auf; bei der Buchung sollte man sich nach den Beförderungsmöglichkeiten erkundigen.

★ Calabaza BOOTSTOUREN

(☎ 826-4048; www.sailcalabaza.com; Shallow Draught; Erw./Kind ab 110/90 US$; ⌚ 9–14 & 14.45–18.15 Uhr) Die professionell geführten Segelrundfahrten stoppen zum Schnorcheln an Riffen und Schiffswracks, und die Passagiere können Meeresschildkröten beobachten. Die Gruppen sind auf zwölf Personen begrenzt, damit ein angenehmes Erlebnis garantiert bleibt. Im Preis inbegriffen sind Snacks oder eine Mahlzeit sowie der Transport vom/zum Dock.

El Tigre BOOTSTOUREN

(☎ 417-7245; www.eltigrecruises.com; Cavans Lane; Erw./Kind ab 75/40 US$) Das freundliche Unternehmen bietet fröhliche Bootsrundfahrten, darunter auch eine dreistündige Tour mit Schnorcheln an einem Schiffswrack und Meeresschildkrötenbeobachtung sowie eine fünfstündige Tour mit Verpflegung. Veranstaltet auch Bootstouren bei Sonnenuntergang. Der Transport vom/zum Dock ist im Preis inbegriffen.

Barbados National Trust WANDERN

(☎ 436-9033, 426-2421; www.barbadosnationaltrust.org; Wildey House, St Michael) Organisiert regelmäßige Sonntagswanderungen auf verschiedenen Routen rund um die Insel. Die Touren beginnen um 6 und 15.30 Uhr und haben unterschiedliche Schwierigkeitsgrade und Längen – einige sind 10, andere 20 km lang. Die meisten Wanderungen dauern ca. 3 Stunden. Sie sind eine tolle Möglichkeit, Orte auf Barbados zu erkunden, die man sonst nicht zu sehen bekommt.

Bridgetown

A
B
C
D
1
2
3
4
5
6
7
10
11
Besucherzentrum (700m)
Mount Gay Rum
President Kennedy Dr
25
Pickwick
Kensington Oval
University Row
Prescod Blvd
5
Whartons Gap
9th Ave
8th Ave
6th Ave
4th Ave
2nd Ave
21
Passage Rd
Country Rd
Whitepark Rd
Kings Village
King St
Hunte St
Chapman St
Marshall Gap
Hinkson Gap
Rock Gap
Land
Beckles
Barbados Tourism Marketing Inc
Fontabelle
Kensington New Rd
Coleridge St
BRIDGETOWN
Roebuck St
Waldron St
Pinfold St
Sobers La
Magazine La
Baxters Rd
Tudor St
Reed St
Masonhall St
Emmerton La
Crumpton St
Harbour Rd
Lakes Folly
St Mary's Row
3
8
James St
Spry St
Church St
Princess Alice Hwy
26
Minibusterminal Nord
Chapel St
Swan St
Lukes Al
Rickett St
Marhill St
Princess Alice Terminal
Hincks St
St George St
20
Wharf
Broad St
1
Parlaments-gebäude
Busbahnhof
Fishing Harbour
Cavans La
13
22
Pier Head La
Fairchild St
Probyn St
Nelson St
Queen St
23
19
Bay St
Wellington St
24
Beckwith St
12
Carlisle Bay

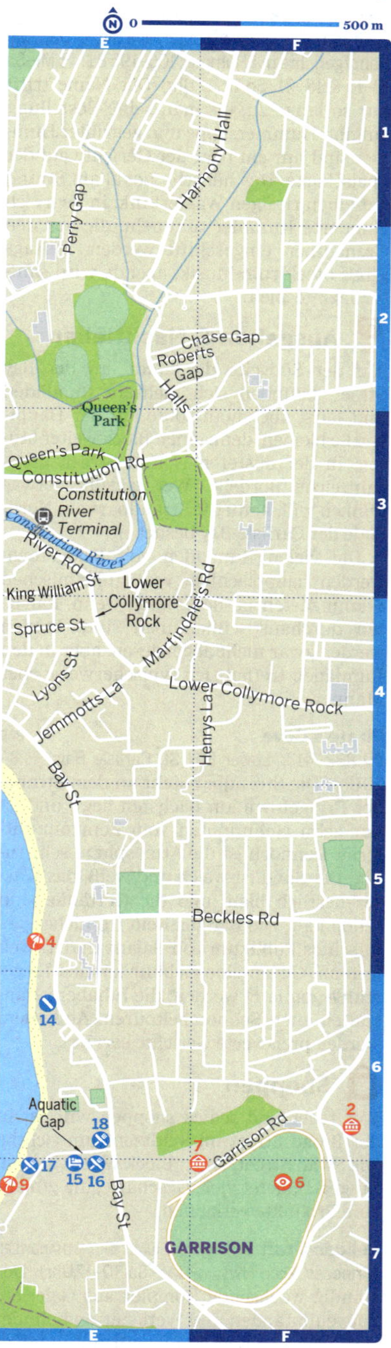

Bridgetown

An den Wochenenden veranstaltet der National Trust auf verschiedenen Inseln Open-House-Events in bedeutenden historischen Bauwerken.

Das komplette Programm und weitere Infos gibt's direkt im Büro oder telefonisch. Die Wanderungen sind kostenlos, aber Spenden zur Unterstützung der Stiftung sind willkommen.

Die Stiftung bietet auch Wanderungen bei Mondlicht und Touren abseits ausgetretener Pfade.

Feste & Events

Barbados Food & Rum Festival ESSEN & TRINKEN

(www.foodandrum.com; Okt.) Bei dem immer beliebter werdenden kulinarischen Festival treffen sich einheimische Köche und Barkeeper mit Gästen aus aller Welt. Es gibt Veranstaltungen auf der ganzen Insel und viele Möglichkeiten, die besten lokalen Rumsorten zu probieren.

Schlafen & Essen

Nur wenige Touristen übernachten in Bridgetown, deshalb gibt's in der Stadt nur wenige Unterkünfte. Aquatic Gap gleich südlich der Stadt ist der einzige Ort mit einer nennenswerten Ansammlung von Hotels. Es lohnt sich jedoch, ein paar Minuten bis nach Hastings, Rockley, Worthing, St. Lawrence Gap oder weiter zu fahren, denn diese Orte bieten ein weitaus schöneres Strandflair.

Bridgetown ist der beste Ort, um einzigartiges lokaltypisches Essen zu einzigartigen lokalen Preisen zu genießen. Günstige Speiselokale gibt's auf allen Märkten der Stadt, die von montags bis samstags von 7 Uhr bis spät in die Nacht geöffnet haben.

★ Mustor's Restaurant KARIBISCH $
(McGregor St; Mittagessen 14–20 B$; ⏲ Mo–Fr 10–15.45 Uhr) Der riesige, einfache Speiseraum ist über eine Treppe zu erreichen. Man kann Gerichte wie gebackene Schweinekoteletts und fliegende Fische bestellen und dazu die Beilagen wählen – wir fanden den Makkaroni-Pie sehr gut. Mit etwas Glück ergattert man einen Sitzplatz am offenen Balkon.

Pink Star Bar KARIBISCH $
(Baxters Rd; Cutters 5 B$; ⏲ 19–6 Uhr) Das Pink Star auf der lärmenden Baxters Road ist bei den Einheimischen als billigstes Restaurant der Stadt berühmt. Es öffnet abends seine Türen und serviert seinen betrunkenen und hungrigen Gästen bis zum frühen Morgen *liver cutters* (Sandwiches mit frittierter Hühnerleber), frittierte Hühnerhälse und *steppers* (Hühnerfüße). Es ist die karibische Version eines die ganze Nacht geöffneten Dönerladens.

Waterfront Café CAFÉ $$
(☎ 427-0093; www.waterfrontcafe.com.bb; Careenage; Sandwiches 30–35 B$, Hauptgerichte 42–89 B$; ⏲ Mo–Mi 9–18, Do–Sa 9–22 Uhr) Das Café ist immer gut gefüllt, vor allem dort, wo es luftig ist, an den Tischen am Fluss. Mittags gibt's u. a. leckere Sandwiches mit fliegenden Fischen; abends geht's edler zu, dann hat das Café ein mediterranes Flair. Es gibt regelmäßig Livemusik von Steeldrum bis Jazz – einfach auf der Website nachschauen.

Lobster Alive FISCH & MEERESFRÜCHTE $$$
(☎ 435-0305; www.lobsteralive.net; Bay St; Hauptgerichte mit Hummer 105–195 B$; ⏲ Mi–Sa 12–16 & 18–21, So 12–17 Uhr) Der Name trifft nur so lange zu, bis man seine Bestellung aufgibt. Hummersuppe und gegrillter Hummer sind nur ein paar der Gerichte auf der Speisekarte. Das hübsche Lokal am Strand hat einen riesigen Wassertank, in dem sich Hunderte Hummer tummeln, die aus den Grenadinen eingeschifft werden. Mittags gibt's Steeldrum-Musik, abends wird sanfter Jazz gespielt.

Ausgehen & Nachtleben

Auf der Südseite der Stadt, an der Bay Street, befinden sich mehrere Rumläden und Bars, aber man sollte auf der Hauptstraße bleiben, denn einen Block weiter hinten, in der düsteren Nelson Street, gibt's zahlreiche Bordelle. Wer tagsüber etwas trinken will, kann die Strandbars am Nordende der Carlisle Bay besuchen.

Die vielen Rumläden von Bridgetown werden hauptsächlich von einheimischen Stammgästen besucht, auch wenn Touristen durchaus willkommen sind. Frauen werden zwar nicht abgewiesen, aber in den Rumläden treffen sich typischerweise eher Männer.

Pirate's Cove BAR
(☎ 832-7413; Lower Bay St, Carlisle Bay; ⏲ 8–20 Uhr) Die Strandbar steht an dem Strand, der Bridgetown am nächsten liegt, und ist nur zehn Gehminuten vom Zentrum entfernt. Dennoch ist die Atmosphäre sehr ruhig. Der Sand ist weich und weiß, das Wasser herrlich blau, und die Getränke sind schön kalt. Die Bar zieht ein fröhliches, gemischtes Publikum von Bajans und Travellern an. Gegen eine Gebühr können Liegestühle gemietet werden; die Inhaber veranstalten auch Schnorcheltouren. Außerdem werden preiswerte Gerichte serviert.

Shoppen

Wer teuer und schick shoppen will, ist in der Broad Street im Stadtzentrum richtig. Die Swan Street, einen Block weiter hinten, hingegen bietet viele Geschäfte, die günstigere Produkte verkaufen.

Pelican Craft Village KUNST & KUNSTHANDWERK
(Princess Alice Hwy; ⏲ Mo–Sa 10–17 Uhr) Der ständig wachsende Komplex aus Galerien, Souvenirständen und Werkstätten befindet sich zwischen dem Stadtzentrum und dem

Kreuzfahrtschiffterminal. Zu sehen sind vor allem Werke lokaler Künstler. Zum Verkauf stehen u. a. Gemälde, Schmuck, Keramik und einige sehr hochwertige Holzarbeiten. Es gibt auch ein paar Bars und Spas zum Entspannen.

Praktische Informationen

Postamt (Cheapside; Mo–Fr 7.30–17 Uhr) Neben dem Cheapside-Markt.

Queen Elizabeth Hospital (436-6450; www.qehconnect.com; Martindale's Rd; 24 Std.)

An- & Weiterreise

Die Hauptbusbahnhöfe liegen unpraktischerweise an den entgegengesetzten Enden der Stadt. Sie sind nicht durch öffentliche Verkehrsmittel verbunden; wenn man von Norden nach Süden reist oder umgekehrt, muss man die Stadt zu Fuß durchqueren (15 Min.) oder ein Taxi (10 B$) nehmen. Es gibt folgende Busbahnhöfe:

Constitution River Terminal (Nursery Rd) Mittelgroße gelbe Busse und weiße Vans nach Süden und Osten sowie ins Zentrum der Insel.

Fairchild St. Bus Terminal (Bridge St) Öffentliche Busse nach Süden und Osten.

Northern Minibus Terminal (Princess Alice Hwy) Minibusse nach Norden.

Princess Alice Terminal (Princess Alice Hwy) Öffentliche Busse nach Norden.

Rund um Bridgetown

Im Umkreis von 5 km rund um Bridgetown gibt's sehr viele sehenswerte Attraktionen, vor allem im Süden, wo die UNESCO-Welterbestätte Garrison Savannah liegt.

Man muss nicht weit fahren, um gute Strände zu finden. Die Carlisle Bay ist nur zehn Gehminuten von der Stadt entfernt und bietet mehrere wunderschöne Sandstrände.

Sehenswertes

Cricket Legends of Barbados MUSEUM

(227-2651; Herbert House, Fontabelle; 20 B$; Mo–Fr 10–16 Uhr) Das Museum ist das Beste seiner Art in der Karibik und ein echtes Muss für Kricketfans. Die Wände sind mit Zeitungsausschnitten gepflastert, und es sind zahlreiche interessante Exponate zu sehen. An der Rückwand im Erdgeschoss befindet sich eine eindrucksvolle Namensliste der vielen großen Kricketspieler von Barbados. Wenn große Gruppen kommen, ist manchmal sogar eine der Kricketlegenden vor Ort.

Brownes Beach STRAND

(Hwy 7) An dem schönen Strand in der Nähe des Stadtzentrums (zehn Gehminuten) kann man vor oder nach dem Mittagessen und Shoppen eine Pause einlegen. Er zieht sich in einem langen weißen Bogen um das leuchtende Wasser der Carlisle Bay herum. Es gibt viele Parkplätze, schattige Bäume und Getränkestände.

Pebbles Beach STRAND

(Aquatic Gap) Der wunderschöne Strand, der sich zwischen zwei Luxushotels erstreckt, ist eigentlich nur eine Verlängerung des Brownes Beach. Der Sand ist weich, das Wasser ruhig; es gibt mehrere Wassersportanbieter. Die Atmosphäre ist eher lebhaft als ruhig und der Strand kann schnell überfüllt sein, aber es lässt sich hier gut abhängen.

Garrison Savannah HISTORISCHE STÄTTE

(www.barbadosgarrison.org) Etwa 2 km südlich des Zentrums von Bridgetown, von der Carlisle Bay aus landeinwärts, erhebt sich die UNESCO-Welterbestätte Garrison (Garnison), die im 19. Jh. Sitz der britischen Kolonialherren war. Im Mittelpunkt liegt das ovale Savannah, das einst als Paradeplatz diente und heute für Kricketspiele, zum Joggen und samstags für Pferderennen genutzt wird.

An der Westseite des Savannah, wo einige der prachtvollsten Kolonialgebäude der Garnison stehen, findet man die weltweit größte Sammlung von Kanonen aus dem 17. Jh. Unter der Garnison entdeckte man ein Netzwerk von Tunneln, das einst von den britischen Truppen erbaut wurde. Einige Tunnel kann man besichtigen (Start am George Washington House). Die Verwaltung der Garrison veranstaltet interessante Führungen durch den Bezirk, darunter auch eine Tour (donnerstagmorgens) für Militärbegeisterte, die einen Besuch der Tunnel beinhaltet und Zugang zu normalerweise gesperrten Festungsanlagen auf dem Gelände der Barbados Defence Force und des Hilton-Hotels bietet. Genaueres gibt's auf der Website.

George Washington House MUSEUM

(228-5641; Bush Hill, Garrison; Museum Erw./Kind 20/10 B$, Tunnel Erw./Kind 20/10 B$, Kombiticket Erw./Kind 30/15 B$; Mo–Fr 9–16.30 Uhr) Gleich westlich des Museums von Barbados befindet sich ein Ort, der mit Recht von sich behaupten kann, dass George Washington hier übernachtete.

Nach jahrzehntelangen Forschungen und Debatten konnte schließlich bewiesen werden, dass das Anwesen aus dem 18. Jh. das Wohnhaus des späteren US-Präsidenten und seines großen Bruders Lawrence war – die beiden hatten im Jahr 1751 auf Barbados gelebt. Das wunderschön restaurierte Gebäude erweckt das Barbados des 18. Jhs. zum Leben; viele Möbel wurden aus Landhäusern in ganz Barbados erworben.

Barbados Museum MUSEUM
(☎ 427-0201; Garrison; Erw./Kind 20/10 B$; ⏲ Mo–Sa 9–17, So 14–18 Uhr) Das großartige Museum befindet sich in einem Militärgefängnis aus dem frühen 19. Jh. Es zeigt spannende Exponate zu allen Aspekten der Inselgeschichte, angefangen bei den Ureinwohnern.

Aktivitäten & Geführte Touren

The Dive Shop Barbados TAUCHEN
(☎ 422-3133; www.thediveshopbarbados.com; Ameys Alley, Upper Bay St; 1/2 Tauchgänge 70/120 US$) Etabliertes, angesehenes Unternehmen, das auf der ganzen Insel Tauchexkursionen zu Riffen und Schiffswracks anbietet. PADI-Kurse kosten 450 US$.

Carlisle Bay Marine Reserve SCHNORCHELN
Das Meeresreservat schützt einen Bereich aus ruhigem und flachem Wasser und mit einer reichen Unterwasserwelt vor der Küste von Bridgetown. Angeln und Ankern im Reservat sind verboten. Neben Meeresschildkröten und Schwärmen von Riff- und Raubfischen sind hier auch fünf Schiffswracks zu finden.

Mount Gay Rum Visitors Centre GEFÜHRTE TOUREN
(☎ 425-8757; www.mountgayrum.com; Spring Garden Hwy; Führung 40 B$; ⏲ stündl. Führungen Mo–Fr 9.30–14.30 Uhr) Die alten Rumsorten hier zählen zu den besten von ganz Barbados. Im Besucherzentrum, etwa 1 km nördlich von Bridgetown Harbour, erfährt man mehr über die Rumherstellung und kann anschließend seine Lieblingssorte testen. Das Zentrum bietet auch komplette Verkostungstouren und Cocktail-Workshops für 100 bis 140 B$ (Transport vom Hotel inbegriffen).

Schlafen & Essen

Am Südrand der Garrison gibt's mehrere gute Hotels und Mittelklasseresorts, vor allem rund um Aquatic Gap und an der Straße nach Hastings. Große Kettenhotels findet man am Needhams Point.

Island Inn Hotel RESORT $$$
(☎ 436-6393; www.islandinnbarbados.com; Aquatic Gap; EZ/DZ 360/435 US$; ❄ @ ᯤ ≋) Das All-inklusive-Hotel mit 24 Zimmern befindet sich teilweise in einem restaurierten Garnisonsgebäude von 1804, in dem ursprünglich ein Rumladen für das Militär untergebracht war. Es liegt unweit der Stadt in der Nähe des Strandes abseits der Bay Street. Das Hotel ist renoviert und bietet ein elegantes Interieur mit dezentem Inselschick.

India Grill KARIBISCH $
(☎ 436-2361; Bay St; roti 14–25 B$; ⏲ Mo–Sa 11–15.45 Uhr) Wer einen *roti*-Kenner nach dem besten *roti*-Lokal auf der Insel fragt, wird dieses einfache, winzige Restaurant am Eingang zum Aquatic Gap empfohlen bekommen. Es serviert auch Currys und Reis, aber die *roti* sind am besten.

Cuz's Fish Shack FISCH & MEERESFRÜCHTE $
(Pebbles Beach; Sandwiches 9–10 B$; ⏲ 10–16 Uhr) Serviert unglaublich saftige Fischsandwiches (Cutters) von einem Foodtruck am Strand aus. Fügt man noch Käse und scharfe Soße hinzu, kommt man in den Genuss eines der besten Fastfood-Gerichte der Karibik.

Brown Sugar KARIBISCH $$
(☎ 426-7684; www.brownsugarbarbados.net; Aquatic Gap; Mittagsbüfett 69 B$, Hauptgerichte 42–95 B$; ⏲ So–Fr 12–14.30, tgl. 18–21.30 Uhr) Das vielgeliebte Brown Sugar neben dem Island Inn Hotel am Aquatic Gap ist von innen und außen ein wahres Paradies. Das hervorragende westindische Büfett beinhaltet eine Auswahl von Vorspeisen, ein halbes Dutzend Hauptgerichte sowie Salate und Nachspeisen. Abends bietet die Speisekarte Shrimps nach kreolischer Art, Hummer, fliegende Fische und viele weitere Gerichte. Der Bajan-Brotpudding ist ein echter Genuss. Abends muss man reservieren.

An- & Weiterreise

Vom Zentrum Bridgetowns zur Garrison Savannah Area kann man zu Fuß gehen; am Brownes Beach entlangzulaufen ist viel schöner als auf dem Weg neben der belebten Straße. Alternativ kann man auch jeden Bus oder Van in Richtung Oistins nehmen.

Südküste

Die Südküste bildet das Zentrum des Mittelklassetourismus auf der Insel. Der fast durchgängig bebaute Strand erstreckt sich vom Rand Bridgetowns bis zum Flughafen.

Hastings, Rockley und Worthing gehören zu einem langen Gewerbegebiet. Saint Lawrence Gap und Dover Beach sind überraschend schöne Gegenden unweit der Hauptstraße. In der Nähe liegen das ruhige Maxwell und die Fischergemeinde Oistins. Östlich von dort nimmt die Bebauung bis zum Ende der Straße bei Silver Sands stark ab. Letzteres ist ein Wohngebiet, das für seine guten Windsportmöglichkeiten bekannt ist. Die gesamte Region befindet sich innerhalb der Christ Church Parish.

An- & Weiterreise

Alle Südküstenstädte sind durch eine Hauptstraße verbunden, die an der Küste entlang verläuft. Sie heißt Highway 7, wird aber nie so genannt, sondern trägt je nach Stadt, die sie passiert, verschiedene Namen.

Vom Route-Taxi-Terminal in Bridgetown aus verkehren regelmäßig Minibusse auf dem Highway 7 hinunter nach Silver Sands und verbinden alle Südküstendörfer miteinander. Vom Fairchild Street Bus Terminal aus verkehren etwas seltener große blaue Busse, die dieselbe Route nehmen, aber dann zur Südostküste weiterfahren und an Sam Lord's Castle enden. Es gibt auch einen blauen Busservice von der Südküste hinauf nach Speightstown, der unterwegs in Bridgetown hält.

Privattaxis sind in der Region überall zu finden. Eine Fahrt durch mehrere Südküstendörfer kostet 20 bis 25 B$; ein Taxi nach Bridgetown schlägt mit 30 bis 35 B$ zu Buche.

Hastings & Rockley

In Hastings und Rockley erstrecken sich einige schöne und sehr beliebte Strände. Hier herrscht der Kommerz, obwohl es östlich von Hastings eine tolle neue Strandpromenade gibt. An der Hauptstraße, dem Highway 7, befinden sich zahlreiche Geschäfte sowie mehrere Banken und Geldautomaten.

Sehenswertes

★ Rockley Beach STRAND
(Accra Beach; Rockley Main Rd) Rockley, der größte Strand der Region, erstreckt sich postkartengleich in einem Bogen aus weißem Sand. Er ist von schattigen Bäumen gesäumt und bietet gute Surfmöglichkeiten. Auf der Strandpromenade kann man nach Westen ins über 3 km entfernte Hastings laufen.

Schlafen & Essen

Coconut Court Beach Resort HOTEL $$$
(☎ 427-1655; www.coconut-court.com; Main Rd, Hastings; Zi. 290–359 US$; ❄ @ ≋) Das fünfstöckige 112-Zimmer-Hotel am Strand beherbergt vor allem Pauschaltouristen und eignet sich sehr gut für Familien. Im richtigen Licht spiegelt sich am grünen Gebäude das azurfarbene Meer und leuchtet türkis. Es gibt verschiedene Zimmerkategorien; die billigeren Räume sind größer, haben aber keinen so guten Ausblick. Die Zimmer im Anbau auf der anderen Straßenseite sollte man meiden.

Alle Zimmer haben Balkons oder Terrassen und sind mit kleinen Küchenecken ausgestattet; wer aufwendigere Gerichte als Toast zubereiten will, sollte eines der Studio-Apartments buchen.

Punchline VEGETARISCH $
(Hastings Main Rd; Hauptgerichte 11–32 B$, Smoothies 12–13 B$; ⏲ Mo–Do 11–20, Fr & Sa bis 21 Uhr; ✎) In diesem wunderbaren kleinen Restaurant an der Hauptstraße in Hastings kommen Vegetarier, Veganer und Fischfans gleichermaßen auf ihre Kosten. Es serviert eine großartige Auswahl an leckeren leichten Gerichten, darunter mehrere Varianten von vegetarischen Burgern sowie Wraps, Salate und köstliche Smoothies. Außerdem gibt's großartige Fischsandwiches sowie Fisch-Salat-Platten.

Champers FISCH & MEERESFRÜCHTE $$$
(☎ 434-3463; www.champersbarbados.com; Skeetes Hill, Rockley; Abendessen Hauptgerichte 54–99 B$; ⏲ So–Fr 11.30–15, tgl. 18–21.30 Uhr) Das seit vielen Jahren beliebte Restaurant liegt traumhaft mit Blick auf den Rockley Beach. Es kredenzt elegante Speisen, darunter auch gegrillte Meeresfrüchte und frische Pasta. Der Name des Lokals bedeutet „Champagner" – in der Lounge unten kann man welchen genießen. Mittags gibt's auch ein Drei-Gänge-Menü für 89 B$.

Worthing

Worthing ist ein guter Ort für Leute, die mit kleinem Budget reisen, aber trotzdem mitten im Trubel sein wollen. Es hat einen schönen, nicht überfüllten Strand und bietet eine gute Verkehrsverbindung.

Die Region wurde 2017/2018 von einer Abwasserkrise getroffen: Immer wieder sprudelte Abwasser auf die Straßen, was sich nachteilig auf den Handel und den Tourismus auswirkte und der Insel, die stark vom Tourismus abhängig ist, jede Menge negative Schlagzeilen einbrachte.

Worthing hat die Infrastruktur jedoch wieder in den Griff bekommen und boomt wie eh und je.

Sehenswertes

Sandy Beach STRAND

Der wunderschöne Strand aus weißem Pulversand wurde 2017/2018 schwer von der Abwasserkrise getroffen. Von den nahe gelegenen Straßen spülte Abfall ins Meer, der das Wasser fürs Schwimmen unsicher machte und die Küste verunstaltete – der Strand musste für Besucher geschlossen werden. Jetzt wurde er offiziell wiedereröffnet, und die Wissenschaftler der Regierung versichern, dass das herrlich türkisfarbene Wasser wieder vollkommen sicher ist.

Schlafen

Crystal Waters GÄSTEHAUS $

(☎435-7514; 1st Ave; EZ/DZ 61/79 US$;) Mit seiner fantastischen Lage direkt am Sandy Beach hat das traditionelle Gästehaus jede Menge Flair. Die einfachen, aber eleganten Zimmer haben polierte Hartholzböden und sind mit klassischen Möbeln und Ventilatoren ausgestattet. Der luftige Gemeinschaftsraum verfügt über eine herrliche Veranda mit Blick auf das türkisfarbene Meer. Das gemeinsame Frühstück im Erdgeschoss ist eine gesellige Angelegenheit – hier lassen sich gut Reisepartner für Ausflüge finden.

House Cleverdale GÄSTEHAUS $

(☎826-0772; info@barbados-rentals.com; 4th Ave; Zi. Ab 65 US$;) Abseits der Hauptstraße, vom Sandy Beach nur ein Stück entfernt, liegt das große Holzgebäude, eine preiswerte Unterkunft. Die drei Zimmer und zwei Apartments sind sauber und teilweise mit klimatisierten Bereichen und Flachbildfernsehern ausgestattet. Einige Zimmer haben Gemeinschaftsbäder, und es gibt eine große Küche.

Das Gästehaus ist nicht besonders schick, aber wer in den Gemeinschaftsräumen gern andere Reisende trifft und nie Schuhe trägt, wird es lieben. Der Inhaber betreibt noch weitere preiswerte Unterkünfte in der Nähe.

Maraval Guesthouse & Apartments GÄSTEHAUS $

(☎435-7437; www.maravalbarbados.com; 3rd Ave; Zi. ab 40 US$, Apt. 100–150 US$;) Das Maraval liegt in einer winzigen Gasse unweit des Sandy Beach und ist eine fantastische preiswerte Unterkunft mit einfachen, aber makellosen Zimmern in einem alten Strandhaus. Man sollte sich von der schäbigen 2. Etage – die nicht zum Gästehaus gehört – nicht abschrecken lassen. Unten gibt's eine große Küche und einen gemütlichen Gemeinschaftsraum.

Coral Mist Beach Hotel HOTEL $$

(☎435-7712; www.coralmistbarbados.com; Worthing Main Rd; Zi. 213–353 US$;) Kompaktes traditionelles Hotel, das ideal direkt am Strand liegt. Alle 32 Zimmer sind mit Küchenzeilen und Balkonen ausgestattet und blicken auf den blendend weißen Strand. Viele Orte in der Nähe sind zu Fuß erreichbar.

Essen & Ausgehen

Carib Beach Bar KARIBISCH $$

(2nd Ave; Hauptgerichte 30–45 B$; ⌚10–23 Uhr) Das Freiluft-Barrestaurant direkt am Sandy Beach ist ein lokaler Hotspot – von früh bis spät. Es serviert gute traditionelle Karibikküche und leckere Getränke, am besten zu genießen auf der Terrasse oder an Tischen unter den Kokospalmen. Sonntag-

NICHT VERSÄUMEN

CROP-OVER-FESTIVAL

Das **Crop-Over Festival** (www.barbadoscropoverfestival.com; ⌚Juli & Aug.) ist das größte Ereignis auf Barbados. Es wurde erstmals in der Kolonialzeit gefeiert, um das Ende der Zuckerrohrernte zu markieren. Die Hauptfestlichkeiten erstrecken sich über einen Zeitraum von drei Wochen: Sie beginnen Mitte Juli mit Calypso-Wettbewerben, Volksfesten und anderen Aktivitäten und finden ihren Höhepunkt im August mit einer karnevalsartigen Kostümparade und Feuerwerken am Kadooment-Tag, einem Nationalfeiertag.

Tausende Barbadier laufen, tanzen und stolzieren mit wehenden Federn in einem wilden Umzug, bei dem die Luft von temperamentvoller Musik pulsiert.

abends steigen regelmäßig Partys mit Livemusik und einheimischen DJs, die ein gutes gemischtes Publikum anziehen und bis spät in die Nacht dauern.

Mojo BAR

(Hwy 7; ⌚11 Uhr–open end) Mojo ist in einem großen, alten Haus direkt an der Straße untergebracht und verfügt über eine große, offene Veranda und jede Menge versteckte Sitznischen, in denen man kuscheln oder der tollen Musik lauschen kann. Montags ist Open-Mic Night. Es gibt auch tolle Burger.

St. Lawrence Gap & Dover Beach

Das winzige Dorf St. Lawrence ist leicht zu verpassen – es liegt am Highway 7 südlich von Worthing und geht in der städtischen Umgebung fast unter. Seine Hauptattraktion befindet sich an einer 1,6 km langen Straße, die nahe am Strand verläuft und von Hotels, Bars, Restaurants und Geschäften gesäumt ist. Das westliche Ende des Ortes ist als Saint Lawrence Gap bekannt; das östliche Ende heißt Dover Beach.

Das Dorf ist das Zentrum des Nachtlebens von Barbados und größtenteils verkehrsbefreit, was schöne abendliche Spaziergänge ermöglicht.

Dover Beach ist bei schönem Wetter einen Besuch wert. Hier findet man einen schönen, breiten und weißen Sandstrand, der Schwimmer und Windsurfer anzieht. Achtung: Einige Wasserabschnitte sind sehr steinig!

Kurse

Barry's Surf Barbados SURFEN

(☎256-3906; www.surfing-barbados.com; Salt Ash Apts, Dover) Ein Traditionsunternehmen, das Anfänger und erfahrene Surfer zu den Wellen bringt, die am besten zu ihnen passen. Anfängerkurse kosten 75 US$ für die erste Kurseinheit und 60 US$ für weitere Stunden. Die Kurse beinhalten eine kostenlose Ausrüstung für den Rest des Tages zum Üben; man belegt also am besten einen Morgenkurs. Verleiht auch Surfbretter.

Schlafen

Rio Guest House HOSTEL $

(☎428-1546; St Lawrence Gap; EZ/DZ ab 35/45 US$; ❄@📶) Das familiengeführte Backpacker-Hostel bietet neun schlichte ventilatorgekühlte Zimmer. Die Einzelzimmer teilen sich ein Bad, und einige Räume sind mit Klimaanlage und Küchen ausgestattet. Ruhige Lage abseits der Hauptstraße, aber nur eine Minute vom Strand und Nachtleben entfernt.

Yellow Bird Hotel HOTEL $$

(☎418-8444; www.yellowbirdbarbados.com; St. Lawrence Gap; Zi. 237 US$, Apt. mit 2 Schlafzimmern 363 US$; ❄📶🏊) Direkt am Westeingang zum Gap befindet sich dieser moderne, vierstöckige Hotelblock. Das Hotel liegt an einer schmalen Straße gegenüber vom Meer und hat auch einen kleinen Pool. Die ausgezeichneten modernen Studios verfügen über eigene Küchen und jede Menge weiterer Annehmlichkeiten, aber am besten ist der Ausblick vom Balkon bei Sonnenuntergang. Auch größere Apartments sind zu mieten.

Dover Beach Hotel HOTEL $$

(☎428-8076; www.doverbeach.com; Dover Rd; Zi. 180–255 US$; ❄@📶🏊) Man muss eine winzige Gasse hinuntergehen, um das elegante, abgelegene und schon etwas ältere Strandhotel zu erreichen, das versteckt in einer Ecke am östlichen Ende des Gap liegt. Das dreistöckige Hauptgebäude umgibt einen großen Pool und verfügt über eine große Terrasse mit Meerblick. Seitlich hat man Zugang zu einem weißen Sandstrand.

Southern Palms Beach Club RESORT $$$

(☎428-7171; www.southernpalms.net; St. Lawrence Gap; Zi. 325–550 US$; ❄@📶🏊) Die Gebäudeblöcke des traditionellen Strandresorts sind fast alle in Pinktönen gehalten. Es ist ein großes Resort, das aber trotzdem jede Menge Charakter hat und einen herrlichen weißen Sandstrand bietet.

Essen & Ausgehen

Castaway KARIBISCH $$$

(☎420-7587; St. Lawrence Gap; Hauptgerichte 48–90 B$; ⌚Mo–Do 17–1, Fr–So 11–1 Uhr, letzte Essensbestellungen 21.45 Uhr) Das fantastische Freiluftbistro liegt direkt am Meer am Eingang zum Gap und bietet eine gute Auswahl von Hauptgerichten und leckeren Pizzas – wir empfehlen Bajan-Gerichte wie Grillhühnchen mit Kochbananen, Schinken und lokaler scharfer Soße. Seine fröhliche, entspannte Atmosphäre macht das Castaway zu einem tollen Ort für ein paar Drinks nach dem Essen.

Harlequin INTERNATIONAL $$$

(☎420-7677; www.harlequinrestaurant.com; St. Lawrence Gap; Hauptgerichte 38–109 B$; ⌚18–22 Uhr; 🖉) Von der Terrasse des lockeren

Freiluftbistros aus kann man zwar nicht aufs Wasser schauen wie bei manchen seiner Nachbarlokale, aber den fehlenden Ausblick macht das Harlequin mit seinem professionellen Service und der exzellenten, vielseitigen Speisekarte wett. Neben Bajan-Klassikern gibt's auch Pasta, thailändische Gerichte sowie importierte Steaks und Lammfilets. Man sollte vorher reservieren.

Old Jamm Inn BAR

(☎ 428-3919; St Lawrence Gap; ⌚ 18–3 Uhr) Die geräumige Bar ist beliebt bei Einheimischen und Touristen; gespielt wird eine etwas frustrierende Mischung aus guter Dance-Musik und schlechtem Pop. Im klimatisierten Tanzbereich auf der Rückseite ist viel los. Die besten Sitzplätze im Haus dagegen sind die Barhocker auf der Vorderseite, von wo aus man wunderbar das Treiben auf der Straße beobachten kann.

Oistins

Die absolut ortstypische, aber moderne Stadt liegt ein paar Kilometer östlich von St. Lawrence und ist als Zentrum der Fischereiindustrie von Barbados bekannt. Das Herz von Oistins ist der große, trubelige Fischmarkt (Fish Fry) am Meer – hier findet freitags die beste Party der Insel statt.

Sehenswertes & Aktivitäten

★ Miami Beach STRAND

(Enterprise Beach; Oistins Bay) Das versteckte Juwel ist das genaue Gegenteil vom gleichnamigen amerikanischen Strand. Der kleine, schattige und gemütliche Strand ist Welten entfernt vom Trubel der sonst oft lärmenden Südküste. Er ist durch einen Felsendamm in zwei Abschnitte unterteilt: Die Westseite gehört mit ihrem tiefen, ruhigen und kristallklaren Wasser zu den besten Schwimmspots der Insel, während die Ostseite über einen großen Erholungsbereich mit Picknicktischen unter schattigen Pinien und Mandelbäumen verfügt.

Ride the Tide SURFEN

(www.ridethetidebarbados.com; Enterprise Dr; Gruppen-/Privatkurse 150/190 B$) Eine der bestorganisierten Surfschulen der Insel! Ride the Tide hat ein kleines Büro gegenüber dem Freights Bay Surf Break und bietet Kurse auf ganz Barbados, die auf alle Fertigkeitsstufen abgestimmt sind. Die Surfbretter können nach den Kursen kostenfrei genutzt werden.

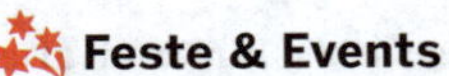

Feste & Events

Oistins Fish Festival KULTURELL

Das größte Gemeindefest des Landes zelebriert die Unterzeichnung der Charta of Barbados und feiert die örtlichen Fischer. Das Festival findet am Osterwochenende am Meer statt und bietet Bootsrennen, Fischfiletieren, Tänze, lokale Gerichte und Kunsthandwerk.

Schlafen & Essen

Es gibt wenige Hotels in Oistins, aber weiter nördlich in Maxwell sowie südlich in der Enterprise-Area befinden sich mehrere Unterkünfte.

★ Little Arches Hotel BOUTIQUE-HOTEL $$$

(☎ 420-4689; www.littlearches.com; Enterprise Beach Rd, Miami Beach; Zi. 340–580 US$; ❄ @ 📶 🏊) Little Arches ist wahrscheinlich das beste Boutique-Hotel der gesamten Südküste. Das einstige Herrenhaus im mediterranen Stil bietet heute zehn Zimmer, die in Größe und Form variieren und teilweise über private Whirlpool-Bäder und Tauchbecken verfügen. Die Einrichtung kombiniert karibische Farbtöne mit dezentem Luxus, z. B. extrem bequemen Korbstühlen. Das Hotel liegt an der ruhigen Straße, die zum Miami Beach führt.

Golden Sands KARIBISCH $$

(☎ 428-8051; Maxwell Main Rd; Blutwurst & Souse ab 10 B$; Hauptgerichte 20–45 B$; ⌚ 6.30–22 Uhr) Das unauffällige Restaurant befindet sich auf der Rückseite eines Hotels und ist ein toller Ort, um traditionelle Bajan-Gerichte zu probieren, vor allem samstags, wenn es Souse gibt – eingelegte Stücke vom Schwein mit Dampfkartoffeln und Blutwurst. Das Gericht beinhaltet alle Teile des Tieres (Ohren und Füße sind besonders teuer); Zartbesaitete können auch „Steam and Lean", die reine Fleischvariante, bestellen.

An- & Weiterreise

Minivans, die von Bridgetown aus an der Südküste entlangfahren, halten direkt im Zentrum von Oistins vor dem Fish Fry. Sie sind freitags sehr voll, also muss man sich hinter die Türen quetschen oder auf den Schoß eines anderen Passagiers setzen.

Wer weiter südlich zum Flughafen oder in den Südosten der Insel fahren will, kann die blau-gelben Busse nutzen, die auf dem Weg zu Sam Lord's Castle in Oistins halten.

Auf der Hauptstraße verkehren zahlreiche Taxis.

NICHT VERSÄUMEN

OISTINS FISH FRY

Der legendäre **Oistins Fish Fry** (Oistins Main Rd; Hauptgerichte 25–40 B$; ⏲ Essen Fr & Sa 18–22.30 Uhr) zieht Massen von Touristen an. Aber auch die Einheimischen kommen gern auf ein Bier und eine Fischmahlzeit hierher, vor allem freitagabends, wenn es auf dem Fish Fry deutlich hektischer als samstags (dem anderen Haupttag des Marktes) zugeht. Das Fish Fry liegt im Komplex des niedrigen modernen Gebäudeblocks neben dem Fischmarkt.

Die meisten Stände servieren die gleichen Gerichte: Grillfisch und Meeresfrüchte sowie Schweinekoteletts, Rippchen und Hühnchen. Zu den Beilagen gehören Makkaroni-Pie, Pommes frites, Kochbananen, gegrillte Brotfrucht, Knoblauchbrot und mehr. Wenn man es nicht anders angibt, bekommt man von jeder Beilage etwas auf den Teller gelegt. Dass über 30 Händler dieselben Gerichte servieren, bedeutet nicht, dass alle Speisen gleich zubereitet werden. Man sollte sich den Menschenmengen anschließen – sie wissen, wo es das beste Essen gibt. Am besten kauft man sich eine billige kühle Flasche Bier und stürzt sich ins Getümmel.

Im Zentrum des Komplexes steht eine große Bühne, auf der DJs laute Musik auflegen, während Tänzer aufregende Shows hinlegen – beim Essen wird in der Regel nicht viel geredet.

An den Wochenenden ist am meisten los; wer die Menschenmengen – die in der Regel mit langen Warteschlangen und überfüllten Minibussen einhergehen – umgehen will, findet auch unter der Woche immer noch ein paar Stände auf dem Markt, die Gerichte und Snacks servieren, z. B. leckere Fischkuchen.

Silver Sands

An der Südspitze der Insel, zwischen Oistins und dem Flughafen, liegt der verschlafene Vorort Silver Sands. Es ist eine sonnige, heiße Gegend, die eher selten von Touristen besucht wird. Das Highlight der Region ist auf dem Meer zu finden, wo die häufigen Windböen professionelle Kitesurfer anlocken.

Aktivitäten

Das Highlight der Region sind ihre Surfmöglichkeiten, egal, ob auf den Wellen, mit Kites oder Segelbooten.

★ **deAction Beach Shop** KITESURFEN
(☎ 428-2027; www.briantalma.com; Round the Rock; 6-stünd. Kurs 450 US$, Verleih von Ausrüstung 60 US$ für 2 Std.; ⏲ 8 Uhr–Sonnenuntergang) Das Geschäft wird von der Surferlegende Brian Talma geleitet und liegt an einem der besten Orte der Welt zum Windsurfen und Kitesurfen. Während man im Café sitzt und ein kaltes Banks genießt, kann man zusehen, wie riesige Kites durch die Luft schwirren, während die Surfer über die Wellen gleiten. Verleiht auch Surfbretter und SUP-Boards.

Zed's Surfing Adventures SURFEN
(☎ 428-7873; www.zedssurftravel.com; Surfer's Point; Surfbrettverleih 25/40/160 US$ pro 2 Std./Tag/Woche, Kurse ab 80 US$; ⏲ Mo–Sa 9–17 Uhr) Ein erfahrener Anbieter, der Touren und Kurse auf der ganzen Insel anbietet. Wenn man drei Kursstunden bucht, entfallen die Leihkosten für das Surfbrett. Die Anfängerkurse finden am örtlichen Strand oder an der Freights Bay statt.

Schlafen & Essen

Viele Kite- und Windsurfer bleiben ein oder zwei Nächte in einem Hotel und finden dann durch Hörensagen ein Gemeinschaftshaus oder ein Apartment in der Nähe (in der Hochsaison gibt's einfache Doppelzimmer für rund 50 US$ pro Nacht – einfach in den Surfgeschäften nachfragen).

★ **Surfer's Point Guest House** GÄSTEHAUS $$
(☎ 428-7873; www.zedssurftravel.com; Surfer's Point; Apt. 150–250 US$; ❄ @ 📶) Der Hauptsitz von Zed's Surfing Adventures ist nur ein paar Schritte vom Strand und einem sehr guten Break entfernt. Die sieben gemütlichen Unterkünfte befinden sich auf einer gepflegten Anlage und sind unterschiedlich groß; einige haben Balkone mit tollem Ausblick, und alle verfügen über eigene Küchen und WLAN. Die freundlichen Mitarbeiter halten die perfekte Balance zwischen Effizienz und Unaufdringlichkeit.

Moonraker Beach Hotel HOTEL $$
(262-5483; www.moonrakerbarbados.com; Landsdown; Zi. 130 US$, Apt. ab 160 US$;) Die einfachen, modernen Zimmer mit Fliesenböden und kleinen Balkons öffnen sich zu einer Anlage mit kleinem Pool nur wenige Schritte vom Strand. Das Moonraker ist abgelegen und der Service teilweise lax, aber das Hotel ist ruhig und hat ein gutes Preis-Leistungs-Verhältnis.

Ocean Spray Beach Apartments APARTMENTS $$
(428-5426; www.oceansprayapartments.com; Inch Marlow; Zi. 135–175 US$;) Salzige Gischt von den tosenden Wellen durchzieht die Luft in diesem attraktiven, modernen Apartmentkomplex, der über 25 Einheiten verfügt. Einige Zimmer haben Balkons, die einen herrlichen Blick auf das faszinierende Spektakel der berühmten ortstypischen Surfwellen bieten. Bei Preiselbeersaft und Wodka kann man sich hier herrlich entspannen. Das exzellente Restaurant vor Ort serviert gesundes Frühstück und Brunchgerichte aus lokalen Zutaten frisch vom Bauernhof.

Surfer's Bay KARIBISCH $$
(262-5483; Landsdown; Hauptgerichte 26–59 B$; 12–21 Uhr) Mit seiner Lage auf einer klapprigen Holzterrasse und Blick auf die Wellen darunter strahlt das einfache Lokal Aussteiger- und Inselflair pur aus! Die Speisekarte – geschrieben auf eine Tafel über der Bar – ist klein, aber alle Gerichte sind superlecker. Mit schnellem Service darf man hier nicht rechnen – das würde allem widersprechen, wofür das Surfer's Bay steht.

An- & Weiterreise

Silver Sands ist die Endstation der Minivans, die von Bridgetown aus auf dem Highway 7 verkehren. Sie fahren regelmäßig, aber halten nicht direkt am Ufer, sodass man ein paar Blocks bis zur Hauptstraße hochlaufen muss.

Südostküste & Crane Beach

St. Philip, der Landkreis von diamantenförmigem Umriss östlich des Flughafens, ist abgesehen von ein paar kleinen Dörfern kaum bewohnt. Es ist eine tolle Gegend, um den Touristenmassen zu entfliehen und das wilde Inland von Barbados zu erkunden. An der Küste befinden sich einige Resorthotels sowie mehrere herrliche Strände, z. B. der lange, unberührte Crane Beach und die wunderschöne, winzige geschützte Bucht von Shark Hole.

Sehenswertes

★ Shark Hole STRAND
Abseits ausgetretener Pfade liegt das kleine Shark Hole, ein ganz besonderer Ort, der mehr als ein kurzes Selfie wert ist. Ein paar Stufen herunter erstreckt sich ein kleiner Strand mit herrlich weißem Sand, der gänzlich von Felsen umgeben ist – sie bedecken 300 Grad des Strandrunds und bilden so eine perfekte Bucht. Dank dem vorgelagerten Riff ist das Wasser sehr ruhig – es gleicht einem perfekten natürlichen Salzwasserpool.

★ Bottom Bay STRAND
Auf einer Insel, die mit herrlichen Stränden gesegnet ist, sticht Bottom Bay noch einmal besonders heraus – er hat einfach alles zu bieten! Mit seinem klaren, türkisfarbenen Wasser, das von Felsen und windgepeitschten Palmen gesäumt ist, ist es ein entlegenes Paradies, das man nicht mit massenweise anderen Besuchern teilen muss. Der einzige Nachteil sind die starken Strömungen, die das Schwimmen schwierig machen.

Crane Beach STRAND
Crane Beach liegt 7 km nordöstlich des Flughafens. Die versteckte Strandbucht ist von Klippen gesäumt und hat herrliches türkisfarbenes Wasser. Ein abenteuerlicher Wanderweg, der über die Felsen am Wasser entlangführt, bietet vom Ende einer kleinen Straße etwa 700 m östlich des Crane Beach Hotel aus Zugang zum Strand. Die Parkplätze sind heiß umkämpft (nur drei Fahrzeuge können am Startpunkt des Wanderweges parken), aber der Strand ist einfach wundervoll, ideal für ein schönes Picknick und um den Tag zu genießen.

Schlafen & Essen

Crane Beach Hotel RESORT $$$
(423-6220; www.thecrane.com; Crane Main Rd; Zi. ab 895 US$;) Die Ursprünge des 1887 erbauten Resorts sind noch in den stimmungsvollen Restaurants zu erkennen; sie sind in klassischen Gebäuden untergebracht und öffnen sich zu Strand und Meer hin. Der moderne Komplex verfügt über zahlreiche Luxusapartments, die mit hochwertigen Möbeln und allen nur denkbaren Annehmlichkeiten ausgestattet sind. Eini-

ge bieten fantastische Ausblicke, alle haben Zugang zu den luxuriösen Einrichtungen des Resorts.

Delon's Roti & Bar KARIBISCH $
(Remora Ave, Crane; Gerichte 2–9 B$; ⏲ Mo–Fr 18–20, Sa & So bis 21 Uhr) An der Kiesauffahrt eines Vororthauses gleich nördlich des Crane-Komplexes liegt das authentische kleine Restaurant Delon's, eine großartige Wahl für eine billige Mahlzeit und ein kühles Bier. Das Essen ist lecker und einfach: Man hat die Auswahl zwischen *roti*, Cutters, Gebäck und ein paar sättigenden Hauptspeisen. Besonders toll, wenn ein einheimischer DJ auflegt!

An- & Weiterreise

Vom Fairchild-St.-Busterminal in Bridgetown aus verkehren große blaue Busse und mittelgroße gelbe Busse über Saint Philip zu Sam Lord's Castle. Sie halten in fußläufiger Entfernung zu vielen Stränden der Region.

Westküste

Die Westküste von Barbados hat herrliche, ruhige Strände, versteckt hinter zahlreichen Luxushotels und ummauerten Anwesen. Sie ist als Platinküste bekannt, ein Beiname, der sich entweder von der Farbe des Sandes oder der Farbe der Kreditkarten herleitet.

In Kolonialzeiten war die Region ein beliebtes Feriengebiet für die Oberklasse der britischen Gesellschaft. Heute gehören die Villen, die nicht zu Luxushotels umgebaut wurden, den Reichen und Schönen. Das gilt natürlich für den Bereich am Wasser. Auf der anderen Seite des Highway 1 stehen bescheidene Hütten und einfache Urlaubshotels. Zwar sind alle Strände öffentlich, aber aufgrund der fast durchgängigen Bebauung kann man nur selten einen Blick auf die Küste genießen.

An- & Weiterreise

Die Westküste wird von großen blauen Bussen und mittelgroßen gelben Bussen bedient, die vom Princess-Alice-Terminal in Bridgetown nach Speightstown fahren. Auf der Route verkehren keine Minivans.

Wer von der Südküste kommt oder dorthin weiterreisen will, kann die blauen Direktbusse nutzen, die zwischen Oistins und der Westküste verkehren, ohne Bridgetown zu passieren.

Für Ziele weiter nördlich kann man Busse und Minibusse nutzen, die vom Speightstown-Terminal die Westküste hinauffahren und unterwegs in Weston, Mt. Standfast, Shermans und Moon Town halten.

Paynes Bay

Das schicke Paynes Bay in Saint James hat einen der besten Strände der Insel zu bieten. Das Dorf selbst besteht fast ausschließlich aus Luxushotels und teuren Wohnhäusern, außerdem gibt's am Südende einige Restaurants und einen Fischmarkt.

Sehenswertes

Paynes Bay Beach STRAND
Die sanft geschwungene Paynes Bay ist von einem wunderschönen Strand gesäumt und ein extrem beliebtes Ferienziel. Ihr ruhiges Wasser macht sie zu einem der besten Orte der Westküste zum Schwimmen und Schnorcheln (wer etwas Geduld mitbringt, kann sogar Meeresschildkröten beobachten).

Es gibt drei öffentliche Zugänge zum Strand. Der komfortabelste liegt neben dem Fischmarkt auf der Südseite, wo es auch ein paar Parkplätze gibt, – aber die Bucht ist weiter nördlich viel schöner.

Der mittlere Zugang ist eine schmale Gasse zwischen den Häusern, die etwa 200 m nördlich des Tamarind Hotels stehen, – er ist schwer zu finden und nicht ausgeschildert.

Der nördliche Zugang befindet sich an der Nordwand des ultraexklusiven Sandy Lane Hotel and Resort – direkt neben Rihannas Villa. Der Strand davor wird von vielen Prominenten besucht – Paparazzi-Momente garantiert!

Schlafen & Essen

Angler Apartments APARTMENTS $
(☎ 537-0278; www.anglerapartments.com; Clarke's Rd 1, Derricks; Zi. ab 80 US$; ❄ 📶) Ein schlichter Komplex mit zwölf älteren, einfachen Apartments. Die Studios im angeschlossenen älteren Gebäude sind ähnlich, aber kleiner und nicht so luftig. Es gibt eine kleine Bar mit Terrasse und hübsche Gärten. Die Apartments liegen am Südende der Paynes Bay, abseits einer Straße östlich der Main Street. Für die Region ein gutes Preis-Leistungs-Verhältnis.

Tamarind Hotel RESORT $$$
(☎ 432-1332; www.eleganthotels.com/tamarind; Hwy 1; Zi. ab 599 US$; ❄ @ 📶 🏊) Das unaufdringliche Luxusresort direkt am Strand in

Paynes Bay ist im Stil einer Hazienda gestaltet und bietet Diskretion pur. Die 100 Einheiten sind in friedlichen Pastelltönen gehalten. Alle haben Balkone oder Terrassen und blicken entweder auf einen der drei Swimmingpools oder aufs Meer. In der üppig bepflanzten Anlage gibt's viele Springbrunnen.

Sandy Lane RESORT **$$$**
(444-2000; www.sandylane.com; Hwy 1; Zi. ab 1845 US$;) Das ultraluxuriöse Sandy Lane liegt am schönsten Teil der Paynes Bay und ist das prestigeträchtigste Resort der Insel. Alles ist vom Feinsten: Die Gäste haben sogar Zugang zu einem exklusiven Golfplatz (nur für Hotelgäste), der in einem alten Steinbruch angelegt wurde.

Roti Den KARIBISCH **$**
(Hwy 1; *roti* 17–35 B$; 10–20 Uhr) Wer das strahlend gelbe Haus am Straßenrand betritt, findet eine riesige Auswahl großartiger *roti* vor: Man kann sie mit Gemüse, Fleisch (Schwein, Hühnchen, Lamm, Rind) oder Shrimps füllen oder alles zusammenmischen lassen. Die *roti* sind üppig gefüllt, am besten isst man sie auf einem Teller im Lokal, anstatt sie mit nach draußen zu nehmen.

Daphne's ITALIENISCH **$$$**
(432-2731; www.daphnesbarbados.com; Hwy 1; Hauptgerichte 73–108 B$; Di–So 12–15 & 18.30–22 Uhr) Daphne's liegt neben einem der schönsten Strände der Insel. In einem eleganten Freiluftbereich werden in schicker, aber entspannter Umgebung gute, moderne italienische Speisen serviert. Die Mittagskarte bietet leichtere und billigere Gerichte.

An- & Weiterreise

Die häufig verkehrenden Busse zwischen Bridgetown und Speightstown halten unterwegs (Fahrer Bescheid sagen) in Paynes Bay. Wer zum Strand will, lässt sich entweder am Fischmarkt oder am Sandy Lane Resort absetzen.

Holetown

1627 gingen in Holetown die ersten englischen Siedler an Land. In der Stadt, die lange als Bastion von dezentem Luxus galt, gibt's exklusive Geschäfte und ein charmantes kleines Unterhaltungsviertel in Strandnähe. Es gibt viele gute Schnorchelmöglichkeiten im ruhigen Wasser und an den Riffen.

Holetown ist das Zentrum aller Dienstleistungseinrichtungen nördlich von Bridgetown – hier findet man Banken, Geldautomaten und einen großen Supermarkt.

Sehenswertes & Aktivitäten

Mt. Standfast Beach STRAND
Der schmale, aber hübsche Sandstrand nördlich von Holetown bietet gute Möglichkeiten zum Schwimmen. Doch der wahre Grund, hierherzukommen, ist die Unterwasserwelt. In den Gewässern leben Echte Karettschildkröten, die sich von dem Seegras gleich vor der Küste ernähren. Viele Schnorcheltouren legen hier einen Halt ein, aber man kann auch am Strand Schnorchelausrüstung ausleihen und allein losziehen.

Hightide Watersports TAUCHEN
(432-0931; www.divehightide.com; Coral Reef Club; 1/2 Tauchgänge 80/142 US$) Einer der besten Tauchshops an der Westküste. Bietet auch PADI-Open-Water-Kurse (450 US$).

Folkestone Marine Park SCHNORCHELN
(Folkestone Beach) Das Meeresreservat erstreckt sich mehrere Kilometer entlang der mittleren Westküste. Es wurde gegründet, um die Korallenriffe und flachen Meeresbereiche zu schützen, die von Schildkröten bewohnt werden. Das Reservat umfasst vier Zonen: zwei Bereiche, in denen motorisierter Wassersport erlaubt ist, eine Forschungszone und eine Erholungszone, in der man in Ruhe schnorcheln kann, ohne von Jetskis und Schnellbooten gestört zu werden.

Man braucht keine Genehmigung und muss keinen Eintritt zahlen. Wenn man in der Region übernachtet, kann es gut sein, dass das Meer vor dem eigenen Hotel ebenfalls zum Reservat gehört. Der große Bereich vor dem **Reservatsbüro** (422-2314; Folkestone Park; Museum Erw./Kind 5/2 B$; Mo–Fr 9–17 Uhr) ist von Bojen geschützt und eignet sich zum Schnorcheln.

Feste & Events

Holetown Festival KULTURELL
(www.holetownfestivalbarbados.org) Das Holetown Festival zelebriert den 17. Februar 1627 – den Tag, an dem die ersten englischen Siedler auf Barbados an Land gingen. Das einwöchige Fest wird in Holetown mit Straßen- und Volksfesten, Konzerten, Vorträgen, einem Schönheitswettbewerb, Straßenrennen und sogar einer Tattooshow gefeiert.

Schlafen

Tropical Sunset Hotel HOTEL $$

(☎ 432-2715; www.tropicalsunsetbarbados.com; Hwy 1; Zi. 233 US$;) Direkt am Strand im Zentrum von Holetown bietet dieses beliebte Hotel saubere und geräumige Zimmer, die über den Pool direkt aufs Meer blicken. Das angeschlossene Bar-Restaurant am Strand serviert gute Mahlzeiten und ist ein toller Ort für einen Cocktail bei Sonnenuntergang. Ein gutes Preis-Leistungs-Verhältnis für diese Region.

★ **Coral Reef Club** RESORT $$$

(☎ 422-2372; www.coralreefbarbados.com; Hwy 1; Zi. 584–3146 US$;) Das familiengeführte Luxushotel verfügt über 88 Zimmer und steht auf einem fünf Hektar großen Anwesen mit wunderschön gestalteten Gärten, die sich rund um das traumhafte Hauptgebäude erstrecken. Im Unterschied zu anderen Luxushotels in der Region beweist der Coral Reef Club jede Menge Charakter. Die Räume sind groß und elegant, vor allem die Suiten, die über private Veranden mit Meerblick verfügen.

Lone Star Hotel BOUTIQUE-HOTEL $$$

(☎ 629-0599; www.thelonestar.com; Hwy 1, Mt. Standfast; Zi. ab 790 US$;) Das neue Boutique-Hotel ist nur wenige Stockwerke hoch und steht direkt am Strand. Es hat luxuriöse, hochkomfortable Zimmer mit Holzfußböden, Gewölbedecken und riesigen Glasschiebetüren mit herrlichem Meerblick. Die Anlage ist nicht so groß wie andere nahegelegene Hotels und bietet daher nicht so viel Privatsphäre, aber man kann vom Bett aus die Wellen hören.

Essen

Just Grillin' KARIBISCH $

(Hwy 1; Hauptgerichte 22–44 B$; ⏲ Mo–Sa 11–22.30, So 17.30–22.30 Uhr) Wer preiswert essen will, sollte dieses unauffällige Restaurant neben dem Chatel-Dorf besuchen. Es serviert gute Sandwiches und Grillplatten mit den Fängen des Tages, aber auch mit Grillhühnchen. Die Portionen sind nicht riesig, aber das Essen schmeckt lecker. Es gibt noch eine weitere Filiale in Rockley.

Lemongrass THAILÄNDISCH $$

(☎ 271-8265; www.lemongrassbarbados.com; Limegrove Mall; Hauptgerichte 35–50 B$; ⏲ 11.30–21.30 Uhr) Zugegeben, die Atmosphäre erinnert nicht gerade an Bangkok, aber das thailändische Restaurant serviert leckere Gerichte und bietet für Holetown ein ausgezeichnetes Preis-Leistungs-Verhältnis.

Tides KARIBISCH $$$

(☎ 432-8356; www.tidesbarbados.com; Hwy 1; Hauptgerichte 88–118 B$; ⏲ So–Fr 12–14.30, tgl. 18–21.30 Uhr) Man muss weit im Voraus reservieren, um einen Tisch im schicksten Restaurant von Holetown zu bekommen, aber der herrliche Meerblick und die edlen Aromen der Gerichte sind den Aufwand wert. Lokale Zutaten werden mühelos mit internationalen Aromen zu spannenden vegetarischen Kreationen kombiniert. Es gibt auch eine gute Weinkarte.

Nishi FUSION-KÜCHE $$$

(☎ 432-8287; www.nishi-restaurant.com; 2nd St; Hauptgerichte 57–101 B$; ⏲ 18–22 Uhr) Das angesagteste Restaurant von Holetown hat nicht gerade ein karibisches Flair: Im Garten steht ein goldener Buddha, und es wird House-Musik gespielt, aber die Einheimischen lieben es, weshalb die Stimmung immer lebhaft ist. Das Essen ist sehr vielfältig: Von Burgern über Currys bis hin zu Sushi ist alles dabei; die Gerichte werden liebevoll zubereitet und sind superlecker.

Beach House INTERNATIONAL $$$

(☎ 432-1163; www.thebeachhousebarbados.com; Hwy 1; Abendessen Hauptgerichte 39–98 B$; ⏲ 11–22 Uhr) Das Beachhouse realisiert alle tropischen Fantasien. Es hat eine riesige Terrasse direkt am Wasser und verfügt über eine riesige Getränke- und Weinkarte. Die Speisekarte bietet mittags Hausmannskost (Burger, Salate) und abends Fisch/Meeresfrüchte.

Ragamuffins KARIBISCH $$$

(☎ 432-1295; www.ragamuffinsbarbados.com; 1st St; Hauptgerichte 49–72 B$; ⏲ 18–22 Uhr) Ragamuffins befindet sich in einem 60 Jahre alten Chattel-Haus (einfaches Haus, das auf Zement oder losen Steinblöcken erbaut wurde), das jede Menge Flair ausstrahlt. Die Gerichte sind karibisch und haben gehörigen Biss. Sonntags, wenn die berühmte Drag-Show steigt, ist das Restaurant meist ausgebucht – unbedingt reservieren!

An- & Weiterreise

Die Busse zwischen Bridgetown und Speightstown halten an der Hauptstraße von Holetown an mehreren Haltestellen.

Vor dem Supermarkt Massy Stores gibt's einen Taxistand.

Speightstown

Speightstown ist die schönste Stadt auf Barbados – sie kombiniert alten Kolonialcharme mit einem Flair, das weitaus mehr Charakter aufweist als die endlos luxuriösen Hotels im Süden. Der Ort hat eine klassische maritime Atmosphäre und wurde früher auch „Little Bristol" genannt, da viele der ersten Siedler aus Bristol stammten.

Seit weiter östlich eine Umgehungsstraße gebaut wurde, ist der Verkehr sehr gering, daher kann man in Ruhe herumschlendern und sich die verwitterten alten Holzfassaden anschauen.

Sehenswertes & Aktivitäten

Arlington House HISTORISCHES GEBÄUDE
(☎ 422-4064; arlington@caribsurf.com; Queen St; Erw./Kind 25/12,50 B$; ⏲ Mo–Fr 8.30–16.30, Sa 8.30–15 Uhr; 👪) Das Kolonialgebäude aus dem 18. Jh. ist eine strahlende Vision in weißem Stuck. Es beherbergt ein interessantes Museum, das liebevoll vom National Trust verwaltet wird. In den verschiedenen Abteilungen gibt's interaktive Exponate, die den Handel der Region, die Stadtgeschichte, die Plantagen und den Seehandel abdecken; einige Ausstellungen sind speziell auf Kinder und Jugendliche zugeschnitten.

Mullins Beach STRAND
Ein beliebter, familienfreundlicher Strand am Highway 1 zwischen Holetown und Speightstown. Das Wasser hier ist meist sehr ruhig und eignet sich gut zum Schwimmen und Schnorcheln. Der Strand ist ein toller Ort, um den Sonnenuntergang über der Westküste zu beobachten. Leider wurde die einst boomende Strandbar von einer nahegelegenen Luxuswohnsiedlung übernommen und zu einem Privatclub umfunktioniert, der jetzt hauptsächlich von gelangweilt wirkenden Hausbesitzern besucht wird, die die guten alten Zeiten mit den lokalen Bargästen mit Sicherheit vermissen.

Heywoods Beach STRAND
Der Heywoods Beach ist einer der schönsten Strände an der Westküste für Tagesbesucher. Er hat viele Parkplätze, liegt ein Stück weg vom Highway 1, 500 m nördlich der Straße nach Speightstown, und ist (vor allem unter der Woche) nicht überfüllt.

Reefers & Wreckers TAUCHEN
(☎ 422-5450; www.scubadiving.bb; Ascot House, Gibbes; 1/2 Tauchgänge 70/125 US$; ⏲ 9–17 Uhr) Ein familiengeführter Tauchshop an der Westküste, der Tauchtouren auf der ganzen Insel anbietet.

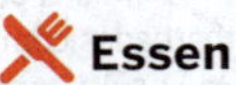

Essen

★ Fisherman's Pub KARIBISCH $
(☎ 422-2703; Queen St; Gerichte ab 15 B$; ⏲ Mo–Sa 11 Uhr–open end, So 12–16 Uhr) Das Café am Meer ist eine lokale Institution, die Fisch direkt vom Deck der Fischerboote serviert. Mittwochs gibt's Steeldrum-Musik und ein Büfett. Abends sind viele Bajan unter den Besuchern. Die Speisekarte wechselt ständig, die Gerichte sind aber immer hervorragend.

PRC Bakery BÄCKEREI $
(Sand St; Backwaren 2,50–6 B$; ⏲ 8–20 Uhr) Eine der besten traditionellen karibischen Bäckereien der Insel. Man kann zwischen süßem und herzhaftem Gebäck wählen. Wir fanden die nicht bezeichneten Johannisbeerbrötchen toll – köstliche Schichten von buttrigem Gebäck, gefüllt mit süßen Johannisbeeren; aber alles hier schmeckt super. Am besten kommt man zwischen 14 und 16 Uhr, wenn das meiste Gebäck heiß aus dem Ofen kommt.

De Sweet Pot KARIBISCH $
(Hwy 1B; Hauptgerichte ab 23 B$; ⏲ Mi–So 13–21.30 Uhr) Freundliches Freiluftlokal vor dem Busbahnhof mit dem besten Preis-Leistungs-Verhältnis an der Westküste. Es serviert üppig portionierte Rippchen, Fisch und Hühnchen im Bajan-Stil. Die Qualität der Speisen stellt viele teure Restaurants in den Schatten.

Orange Street Grocer CAFÉ $$
(Sand St; Frühstück 15–30 B$, Hauptgerichte 44–47 B$; ⏲ Mo–Do 8–18, Fr & Sa 8–22 Uhr) Ein helles, modernes Café mit einer schönen, schattigen Terrasse direkt am Wasser. Es bietet eine breite Auswahl an leckeren Gerichten mit karibischen und mediterranen Aromen. Es gibt auch großartige Holzofenpizzas, Bruschetta, Baguette-Sandwiches und gute Frühstücksgerichte. Zum Abschluss kann man einen Kaffee aus der italienischen Espressomaschine trinken.

Juma's KARIBISCH $$$
(☎ 432-0232; www.jumasrestaurant.com; Queen St; Hauptgerichte 55–115 B$; ⏲ 8–20 Uhr) Das stimmungsvolle Restaurant im zweiten Stock liegt direkt am Wasser und hat ein strohgedecktes Dach. Es kredenzt gute modern-karibische Küche, z. B. gebratene Entenbrust und eine Auswahl an Fischplatten.

Es gibt auch eine Mittagskarte mit leichten Gerichten (20 bis 55 B$), z. B. Baguettes, Salate, Currys und Burger. Ein toller Ort auch für ein Frühstück auf der Terrasse.

An- & Weiterreise

Speightstown ist das Hauptverkehrszentrum der Westküste. Hier starten regelmäßig Busse nach Bridgetown im Süden, durch das Binnenland nach Bathsheba und nördlich nach St. Lucy und über die Dörfer der Nordwestküste. Die Busse fahren vom **Terminal** (Major Walk) gleich abseits des Highway 1 ab.

Minivans nach St. Lucy starten vor dem kleinen Markt am Eingang zur Stadt (am Highway 1).

Nord-Barbados

Die entlegene Gemeinde St. Lucy erstreckt sich an der Nordspitze der Insel. Sie war lange Zeit unerschlossen, aber die Wildnis wird langsam gezähmt, da Bauunternehmer billig Land kaufen und neue Siedlungsprojekte in die Wege leiten. Dennoch ist es eine herrlich wilde und selten besuchte Region mit einer zerklüfteten Küstenlinie und riesigen Klippen, die winzige Buchten schützen.

St. Lucy ist nach wie vor kaum bekannt bei Travellern und der Tourismus konnte sich hier bisher kaum durchsetzen. Außer ein paar Apartment-Hotels gibt's nur wenige Unterkünfte; zum Glück liegt der Ort nahe genug für einen Ausflug von der Westküste, die eine große Auswahl von Unterkünften bietet.

Sehenswertes & Aktivitäten

Animal Flower Cave HÖHLE

(☎ 439-8797; www.animalflowercave.com; Erw./Kind 25/10 B$; ⏲ 9–16.30 Uhr) An der Nordspitze der Insel, nicht weit von der Stelle, an der das Karibische Meer und der Atlantik aufeinandertreffen, liegt diese große Wasserhöhle, die in eine Klippenwand gemeißelt wurde. Sie ist über ein paar Treppen zu erreichen, die in ein Luftloch gehauen wurden – es gibt keinen anderen Weg zu den Klippen – und drinnen befindet sich ein Pool zum Planschen. Man wird von einem Führer in die Höhle begleitet. Wenn möglich, sollte man Riffschuhe tragen, aber alte Sportschuhe reichen auch aus.

North Point SURFEN

Um einen der besten Surfbreaks im Norden von Barbados zu erreichen, fährt man an den Ruinen eines einst prachtvollen Resorts vorbei. Die unheimlichen leerstehenden Gebäude auf der Klippe tragen noch zu der dramatischen Atmosphäre bei – man hat das Gefühl, am Ende der Welt zu sein. Die Wellen sind schwierig und nichts für Anfänger.

Die Region ist auch für ihre Haie bekannt (man sagt, dass die örtlichen Hühnerzüchter ihre toten Vögel hier von den Klippen werfen), und viele Tauchanbieter unternehmen Touren hierher, bei denen man in anspruchsvollen Tauchgängen verschiedene Tierarten beobachten kann.

Die Straße ist voller riesiger Schlaglöcher – man sollte also unbedingt langsam fahren, insbesondere, wenn man mit einem Leihwagen unterwegs ist.

An- & Weiterreise

Vom Princess Alice Terminal in Bridgetown aus verkehren täglich mehrere Direktbusse nach St. Lucy, aber sie fahren erst abends ab und sind nicht besonders praktisch. Die beste Möglichkeit, die Nordspitze der Insel zu erreichen, ist die Anreise über Speightstown, wo regelmäßig Busse und Minivans nach St. Lucy starten.

Zentral-Barbados

Mehrere Straßen führen durch grüne Hügellandschaften ins Zentrum der Insel. Das Binnenland hat zahlreiche historische Sehenswürdigkeiten und Naturattraktionen zu bieten, und man kann Tage damit verbringen, auf den kleinen Straßen umherzufahren, die weit von den Touristenmassen entfernt sind.

Zentral-Barbados wartet mit vielen Überraschungen auf – man fährt um eine Ecke und entdeckt eine riesige Steinkirche aus dem 19. Jh. oder einen faszinierenden Signalturm aus der Plantagenzeit, über den die Kolonialherren einst kommunizierten. In den Hügellandschaften im Binnenland liegen auch die schönsten Gärten der Insel und einige wunderschöne alte Villen.

Sehenswertes

★ **Welchman Hall Gully** NATURSCHUTZGEBIET

(☎ 438-6671; www.welchmanhallgullybarbados.com; Hwy 2, Welchman Hall; Erw./Kind 28/14 B$; ⏲ 9–16 Uhr) Das Naturreservat wird vom National Trust verwaltet und gehörte einst zu einem großen Gutshof. Es beherbergt einige seltene Abschnitte ursprünglichen Barbados-Urwalds, in dem allerdings auch einige eingeführte Pflanzen zu finden sind. Ein Pfad führt vom Parkplatz durch eine schmale Schlucht, die von verschiedenen Baumarten gesäumt und mit Moos bedeckt ist, an einigen herrlichen weinbewachsenen Höhlen vorbei.

★ St. Nicholas Abbey HISTORISCHE STÄTTE

(www.stnicholasabbey.com; Erw./Kind 46/20 B$, Zug Erw./Kind 60/30 B$; So–Fr 10–15.30 Uhr) Die Saint Nicholas Abbey ist ein Herrenhaus im jakobinischen Stil und eines der ältesten Plantagengebäude in der Karibik – ein absolutes Highlight auf einer Reise durch Barbados! Zum Anwesen gehören das Haus, verschiedene Gärten und eine sehr traditionelle Rumbrennerei. Ein Café serviert leichte Mittagsgerichte (30 bis 42 B$) auf einer Plattform, die auf das üppige von Bäumen bewachsene Tal blickt.

Ein voll funktionsfähiger Dampfzug mit schick gekleideten Schaffnern fährt rund um das Anwesen und hinauf zum Cherry Tree Hill.

Farley Hill National Park PARK

(422-3555; Hwy 2; 6 B$ pro Auto; Zufahrt für Fahrzeuge 9–17 Uhr) Der von Bäumen bewachsene Hügelpark erstreckt sich rund um die Ruinen eines alten Gutshofes. Man kann auf den Berg klettern, sich auf eine Bank vor der Pagode setzen und eine frische Brise sowie einen herrlichen Blick auf den Atlantik genießen. Am besten bringt man ein Buch und ein Mittagspicknick mit. Wer mit dem Auto anreist, muss Eintritt zahlen, wer mit dem öffentlichen Bus herkommt und hochläuft, für den ist der Zugang kostenfrei.

Hunte's Gardens GÄRTEN

(433-3333; www.huntesgardens-barbados.com; Castle Grant St, St Joseph; 30 B$; 9–17 Uhr) Die Gärten gehören zum Wohnhaus des berühmten lokalen Gartenbaukünstlers Anthony Hunte und haben eine magische Aura. Die kreuz und quer verlaufenden Pfade verlaufen unter majestätischen Palmettopalmen und sind von allen möglichen Pflanzen und Büschen gesäumt, während Kolibris, Eidechsen und Affen umhertollen. Klassische Musik, extravagante Farben und der harmonische Vogelgesang machen einen Besuch der Gärten zu einem Erlebnis, das alle Sinne berührt. Unterwegs kann man sich auf Bänke setzen und die Schönheit in aller Ruhe genießen.

Harrison's Cave HÖHLE

(Hwy 2) Die Höhle wird als eine der schönsten Attraktionen der Insel angepriesen, aber wie viel man davon sieht, hängt davon ab, welche Tour man bucht. Bei der „Tram Tour" sitzt man in einem Fahrzeug und wird durch die Höhle gefahren, aber viel aufregender ist die teurere „Adventure Tour", bei der man durch die schmalen Höhlengänge kriecht und schwimmt. Am besten alte Kleidung tragen.

Morgan Lewis Windmill WINDMÜHLE

(622-4039; B$5, Führung 10 B$; 10–17 Uhr) Die größte intakte Windmühle der Karibik, ein eindrucksvolles Bauwerk aus Stein, prangt stolz auf einem Hügel nördlich von Belleplaine. Sie wurde im 18. und 19. Jh. genutzt, um Zuckerrohr aus der Region zu mahlen. Der engagierte Verwalter führt Besucher durch die Mühle und informiert umfassend über die Geschichte der Region.

Essen

Viele der Hauptsehenswürdigkeiten im Binnenland haben ihre eigenen Restaurants, die meist mittags, morgens und zum Nachmittagstee geöffnet sind. Wer mit dem Auto unterwegs ist, kann ein Picknick oder *roti* mitbringen und unterwegs an einem der vielen schönen Orte anhalten.

Brighton Farmers Market MARKT $

(262-1901; Sa 6–10 Uhr) Auf dem Brighton-Bauernmarkt im Herzen des fruchtbaren St. George Valley (am Highway 4B) versammeln sich samstagmorgens Gourmets, Köche, Kunsthandwerker und viele mehr. Es ist ein wahres Fest: Die Produkte sind vom Feinsten, es gibt frische Leckereien, und man kann Kunsthandwerk kaufen – ein guter Ort, um sich fernab des Touristentrubels unter die Inselbewohner zu mischen.

Man kann sich eine Tasse Kaffee holen, ein bisschen mit den Händlern quatschen und schauen, was für Schätze sich finden lassen. Unbedingt früh herkommen – ab 10 Uhr ist der ganze Trubel vorbei.

An- & Weiterreise

Das Binnenland von Barbados ist von zahlreichen Straßen durchzogen. Auf den Haupt-Highways verkehren öffentliche Busse, aber viele Attraktionen liegen abseits an Nebenstraßen, und man verliert viel Zeit beim Warten auf vorbeikommende Busse.

Um das Reiseerlebnis zu maximieren, empfehlen wir, die Region mit einem Mietwagen zu erkunden. Eine gute Landkarte ist wichtig, noch besser ist ein Navi.

Bathsheba

Die wilden Atlantikgewässer der Ostküste sind weit vom Rest der Insel entfernt – die Region hat nur wenige Einwohner, eine felsige Küste und unablässig ans Ufer tosende Wellen. Bathsheba ist ein berühmtes Ziel für Surfer, eignet sich aber auch gut für lange Strandspaziergänge – man hat hier das Gefühl, am Ende der Welt zu sein. Die Region wirkt idyllisch: Sand, Meer und Palmen.

Wer kein guter Schwimmer ist, sollte hier nicht unbedingt baden, sondern die tosenden Wellen stattdessen bei langen Spaziergängen genießen. Der charakteristische Mushroom Rock, einer von mehreren in Form gemeißelten Felsen, wird Mythologiefans ins Schwärmen bringen.

Sehenswertes & Aktivitäten

Andromeda Botanic Gardens GÄRTEN
(☎433-9384; www.andromedabarbados.com; Hwy 3; Erw./Kind 30/15 B$; ⏲9–17 Uhr, letzter Einlass 16.30 Uhr) Die ältesten botanischen Gärten der Insel verfügen über zwei Erkundungspfade, die sich durch eine große Sammlung tropischer Pflanzen winden, darunter Orchideen, Farne, Wasserlilien, Bougainvilleas, Kakteen und Palmen.

Vor Ort gibt's ein Café, das gute leichte Gerichte und Erfrischungen serviert. Am besten kommt man spätnachmittags kurz vor der Schließung, wenn die Vögel und Affen herumtoben. Wer vor dem Glockenschlag drin ist, wird so schnell nicht wieder rausgeworfen. Mitglieder des National Trust erhalten Rabatt.

Bathsheba Beach STRAND
Der wilde Streifen aus goldenem Sand ist von zerklüfteten Landzungen umgeben und von faszinierenden Felsformationen überzogen, die sich aus dem flachen Wasser erheben und den unablässig herantosenden Wellen trotzen. Das Wasser hier eignet sich nicht zum Schwimmen.

Soup Bowl SURFEN
Der weltberühmte Riffbreak, der als Soup Bowl (Suppenschale) bekannt ist, liegt direkt vor dem Strand und bietet mit die besten Wellen auf den Karibischen Inseln. Die Region ist zwar nicht für große Wellen bekannt, aber man sollte den Break dennoch nicht unterschätzen – der Soup Bowl ist riesig. Die besten Monate zum Surfen sind von August bis März.

Schlafen

Am Rand von Bathsheba gibt's ein paar tolle Hotels, aber nicht viele preiswerte Unterkünfte für alle mit kleinerem Budget.

★**Eco Lifestyle Lodge** BOUTIQUE-HOTEL **$$**
(☎433-9450; www.ecolifestylelodge.com; Tent Bay; Zi. 139–218 US$; ❄📶) Das ehemalige Sea-U Guesthouse wurde ganzheitlich umgestaltet und ist immer noch ein tolles Hotel mit charmanten Holzgebäuden und einer schönen Veranda samt Meerblick, die sich über einem Berghang erhebt. Ein hübscher Restaurantpavillon rundet die grüne Anlage ab. Die Luxuszimmer sind mit Klimaanlagen und Küchen ausgestattet und es gibt einen neuen Weg runter zum Meer.

Santosha HOTEL **$$**
(☎422-7999; www.santoshabarbados.com; Belleplaine, St Andrew; Zi. 165–297 US$; 🏊) Den Bedarf nach einem hochwertigen Mittelklassehotel auf dieser Seite der Insel deckt das einladende neue Santosha ab. Es befindet sich nördlich von Bathsheba in einem eleganten dreistöckigen Holzgebäude mit Blick auf den Strand von Belleplaine. Die Zimmer sind hell und modern eingerichtet und es gibt einen schönen Poolbereich. Wir empfehlen die Zimmer im Obergeschoss: Sie haben polierte Holzfußböden, hohe Decken und einen tollen Panoramablick.

Das Hotel ist sehr abgelegen und es gibt nicht viele Restaurants in der Umgebung – zum Glück ist das Essen im angeschlossenen Restaurant ausgezeichnet.

Atlantis Hotel HOTEL **$$$**
(☎433-9445; www.atlantishotelbarbados.com; Tent Bay; Zi. ab 418–473 US$; ❄📶🏊) In einer Bucht südlich von Bathsheba liegt das älteste Hotel der Region. Die Anlage erstreckt sich rund um ein sorgsam renoviertes historisches Gebäude mit Meerblick. Die Aussicht ist fantastisch, und man hat die Wahl zwischen Suiten mit einem Schlafzimmer im Originalgebäude und Apartments im neuen Flügel am kleinen Pool.

Essen & Ausgehen

In einigen Bars der Stadt werden lokaltypische Mahlzeiten serviert. Die meisten Restaurants schließen früh am Abend; nach 20 Uhr wird es schwer, etwas anderes als einen Snack zu finden.

Roundhouse Restaurant KARIBISCH $$
(☎433-9678; Frühstück 20–30 B$, Hauptgerichte 34–74 B$; ⏲8–21 Uhr) Das exzellente Restaurant befindet sich in einem eindrucksvollen Steingebäude auf dem Hügel am Nordende der Stadt. Den ganzen Tag über tummeln sich hier Gäste, die herumsitzen, Cocktails schlürfen und den Blick nach Süden auf den Soup Bowl genießen. Morgens gibt's Bananenbrot, mittags Sandwiches und Salate, und abends lokale Spezialitäten und Pasta.

An- & Weiterreise

Ein Taxi von Bridgetown oder der Südküste nach Bathsheba kostet je nach Verhandlungsgeschick rund 80 B$. Alternativ kann man mit Bus 6 vom Fairchild-St.-Terminal in Bridgetown hierher fahren oder einen der lokalen Vans vom River-Busterminal nehmen. Die Fahrt dauert rund 45 Minuten.

Bus 1E fährt auf dem Highway 2 von Bathsheba nach Speightstown und hält unterwegs in der Nähe von Farley Hill.

Von Bathsheba nach Christ Church

Nur wenige Leute nehmen sich die Zeit, auch die Küste südlich von Bathsheba zu erkunden. Das sollten sie aber tun! Die Straße windet sich oberhalb der zerklüfteten Atlantikküste um die Hügel und passiert unterwegs winzige Dörfer, in denen freundliche Einheimische wohnen, die ihren Lebensunterhalt mit dem Meer verdienen. Das ist ein anderes Barbados, weit entfernt von den glitzernden Resorts des Westens, ein Ort, an dem die Tradition noch sehr stark und die Natur wild und unerschlossen sind.

Die Straße verläuft südlich von Bathsheba am Atlantik entlang an Martin's Bay und Bath vorbei, bevor sie landeinwärts abbiegt und durch Zuckerrohrfelder führt. Man sollte nach der symbolträchtigen Anglican Saint Philip Church Ausschau halten, von der aus man, wenn man nach Süden weiterfährt, das historische Sunbury Plantation House erreicht. Weiter im Süden liegt das geschäftige Dorf Six Cross Roads, wo die möglichen Straßenrouten dem Namen des Ortes wirklich gerecht werden. Man kann weiter südöstlich zum Crane Beach, südwestlich nach Oistins oder westlich nach Bridgetown fahren.

Sehenswertes & Aktivitäten

Bath STRAND
Der wundervolle, lange und entlegene goldene Sandstrand ist meist völlig leer. Dank des vorgelagerten Riffs, das die wilden Strömungen bändigt, ist er einer der wenigen Orte an dieser Küste, an dem man sicher schwimmen kann. Es gibt Picknicktische, aber man muss sein eigenes Essen mitbringen, denn der Kiosk wurde geschlossen. Alternativ gibt's am südlichen Ende des Strandes einen Seaside Club, der Gerichte serviert und Kajaks vermietet.

Sunbury Plantation House SEHENSWERTES GEBÄUDE
(☎423-6270; Sunbury, St Philip; Führung Erw./Kind 25/12,50 B$; ⏲9.30–16.30 Uhr) Das schöne Sunbury-Plantagenhaus wurde zwischen 1660 und 1670 erbaut und 1995 nach einem Brand aufwendig restauriert. Das Gebäude hat 60 cm dicke Mauern aus lokalen Korallenblöcken und Schottersteinen – letztere kamen mit Schiffen, die von England aus nach Barbados segelten, um Zucker zu holen. Sunbury ist das einzige bedeutende Bauwerk von Barbados, in dem Besucher alle Räume besichtigen dürfen.

★ **Ocean Echo Stables** REITEN
(☎834-0783, 433-6772; www.barbadoshorseriding.com; Newcastle, St John; 160 B$) Die Stallungen südlich von Bathsheba werden von einer freundlichen lokalen Naturliebhaberin geführt. Sie bietet 90-minütige Reitausflüge mit leistungsfähigen, gesunden Pferden durch die spektakuläre Wildnis rund um den Bath Beach. Die Touren beginnen morgens und nachmittags.

Essen

Bay Tavern KARIBISCH $
(Hauptgerichte 25–40 B$; ⏲Fr–Mi 11–18, Do 11–20 Uhr) Die Bay Tavern auf dem Martin's Bay Fish Fry, der ruhigeren Ostküstenversion des Fischmarktes von Oistins, hat viel von ihrem Charme verloren, seit sie von einer einfachen Hütte zu einem modernen dreistöckigen Gebäude ausgebaut wurde. Trotzdem ist sie immer noch ein guter Ort, um Platten mit frisch gefangenen Marlins, Schnappern und Makkaroni-Pie zu genießen. Man sollte dem Lokal eine Chance geben und die Straße überqueren, um an den Picknicktischen am Wasser nach alter Schule zu speisen. Donnerstags ist der Haupttag, aber es wird die ganze Woche

über gekocht, also kann man auch an einem anderen Tag herkommen – dann ist das Essen noch besser und die Natur wird nicht übertönt.

An- & Weiterreise

Südlich von Bathsheba gibt's nur wenig öffentlichen Verkehr. Am besten erkundet man die Region mit einem Mietwagen.

BARBADOS VERSTEHEN

Geschichte

Die Ureinwohner von Barbados waren Arawak, die um 1200 n. Chr. von Kariben aus Südamerika von der Insel vertrieben wurden. Die Kariben wiederum verließen die Insel kurz vor der Ankunft der ersten Europäer (oder flohen). Die Portugiesen besuchten die Insel um 1536, aber als Captain John Powell Barbados 1625 für England beanspruchte, war das Land unbewohnt. Zwei Jahre später gründete eine Gruppe von Siedlern im heutigen Holetown die erste europäische Siedlung auf der Insel: Jamestown. Innerhalb weniger Jahre rodeten die Kolonisten einen Großteil des Waldes und pflanzten Tabak und Baumwolle an. In den 1640er-Jahren schwenkten sie auf Zuckerrohr um. Die neuen Zuckerplantagen waren sehr arbeitsintensiv, und die Landbesitzer begannen, zahlreiche afrikanische Sklaven auf die Insel zu holen. Diese großen Zuckerplantagen – die zu den ersten in der Karibik zählten – stellten sich als extrem profitabel heraus und führten dazu, dass sich eine wohlhabende Kolonialschicht herausbildete. Wer eine Plantage besucht, wie z. B. die bei St. Nicholas Abbey (S. 272), erhält einen Eindruck davon, wie viel Geld hier im Spiel war.

Im folgenden Jahrhundert boomte die Zuckerindustrie und blühte auch nach der Abschaffung der Sklaverei im Jahr 1834 weiter. Da die Pflanzer das beste Land besaßen, hatten die befreiten Sklaven oft keine andere Wahl, als auf den Zuckerplantagen zu bleiben und dort für einen Hungerlohn zu arbeiten.

In den 1930er-Jahren kam es zu sozialen Spannungen, und die schwarze Mehrheit der Insel erhielt langsam mehr Zugang zum politischen Leben. Der internationale Tourismus gab der Wirtschaft eine weitere Perspektive und mehr Inselbewohnern die Möglichkeiten für wirtschaftlichen Erfolg und Selbstbestimmung. 1961 sprach England Barbados die interne Autonomie zu, und am 30. November 1966 wurde die Insel zu einer unabhängigen Nation, mit Errol Barrow als erstem Premierminister. Seitdem ist Barbados eine stabile, wenn auch nicht fehlerfreie Demokratie.

Von 1993 bis 2008 waren Owen Arthur und die Barbados Labour Party an der Macht. Mit einer Kampagne, die das Motto „Veränderung" auf ihrem Banner trug, gewannen 2008 David Thompson und die linksorientierte Democratic Labour Party (DLP) die Wahlen. Als Thompson Ende 2010 plötzlich verstarb, war das ein traumatisches Ereignis für die Nation, die an politische Stabilität gewohnt war. Sein Nachfolger wurde der Vizepremierminister Freundel Stuart.

Die mangelnde Infrastruktur von Barbados führte Mitte 2017 dazu, dass in Worthing an der Südküste ungeklärtes Abwasser auf die Straßen sprudelte. In der Folge mussten die Strände gesperrt werden und der Handel in der Region ging zurück. Obwohl die Krise in einer der bedeutendsten Tourismusregionen von Barbados – nur wenige hundert Meter vom Gastronomiezentrum der Insel – stattfand, gelang es der Regierung nicht, sie unter Kontrolle zu bringen.

Im Vorfeld der Wahlen von 2018 nahm die Kritik an der Regierung immer mehr zu: Hauptthemen waren die wirtschaftliche Stagnation, die Infrastruktur und Korruptionsgerüchte.

Die DLP verlor die Wahlen haushoch, und die Barbados Labour Party gewann jeden einzelnen Sitz im Land, was bedeutete, dass es zum ersten Mal keine Opposition im Parlament geben würde. Nach dem Wahlsieg wurde Mia Mottley, die Vorsitzende der Labour Party, als erste weibliche Premierministerin von Barbados vereidigt.

Die neue Regierung hat einen Schnellstart hingelegt und die Abwasserkrise an der Südküste, die die alte Regierung nicht bewältigen konnte, schnell gelöst. Doch als die Ausmaße der ökonomischen Probleme des Landes sichtbar wurden, sah sich die Regierung gezwungen, eine Reihe unliebsamer Maßnahmen zu ergreifen, um die Wirtschaftsbilanz auszugleichen, z. B. Steuererhöhungen und eine Erhöhung der Busfahrpreise um 75 %. Obwohl die Regierung nach wie vor beliebt ist – die meisten Barbadier haben Verständnis für die Notwendigkeit, das Land wieder auf den richtigen Weg zu bringen –, kam es nach den Preiserhöhungen zu ersten wirklichen Protesten gegen Mottleys Führung.

Anders als andere karibische Inseln hält Barbados weiterhin an der Zuckerindustrie fest, obwohl der Großteil der Wirtschaft inzwischen auf Tourismus und Offshore-Banking basiert. Eigentumswohnungen werden so schnell gebaut, wie der Beton trocknet.

Seit dem 30. November 2021 ist Barbados parlamentarische Republik und nicht länger souveräner Mitgliedsstaat im Commonwealth of Nations.

Bevölkerung & Kultur

Die Bajan-Kultur führt einige Traditionen des englischen Lebens fort: Kricket, Polo und Pferderennen sind beliebte Freizeitvergnügungen, das Geschäftsleben ist hochorganisiert, die Gärten sind liebevoll gepflegt, viele ältere Frauen tragen kleine, formelle Hüte, und besondere Ereignisse werden mit großem Pomp und Zeremonien gefeiert.

Sieht man näher hin, ist Barbados sehr tief in der afrokaribischen Tradition verwurzelt. Das Familienleben, Kunst, Essen, Musik, Architektur, Religion und Kleidung haben mehr mit den Windward Islands als mit London gemeinsam. Die afrikanischen und ostindischen Einflüsse zeigen sich vor allem in der scharfen Küche, der rhythmischen Musik und den pulsierenden Festen.

Wie andere karibische Kulturen sind die Bajan relativ konservativ und die Männer größtenteils Machos, aber das Band zur kosmopolitischen Stadt London macht Barbados sozial etwas fortschrittlicher als seine Nachbarländer.

Die Bajan-Jugend steht voll und ganz unter dem Medieneinfluss aus Nordamerika. Die NBA und die Hip-Hop-Mode New Yorks sind in Bridgetown genauso beliebt wie in Brooklyn.

Eine weitere Ähnlichkeit zu den USA sind die zahlreichen Vororte um Bridgetown. Der Verkehr ist oft ein Problem, und man kann sich in einem der riesigen klimatisierten Einkaufszentren unter die Menschenmengen mischen.

Musik

Die Beiträge der Bajan zur westindischen Musik sind in der Region berühmt und haben Größen wie Mighty Gabby hervorgebracht, einen Calypso-Künstler, dessen Lieder über kulturelle Identität und politischen Protest überall in der Karibik für den Stolz der schwarzen Bevölkerung stehen. Heute orientiert sich die Bajan-Musik mehr an den schnelleren Rhythmen des Soca (ein dynamischer Ableger des Calypso), *rapso* (Mischung aus Soca und Hip-Hop) und des Dancehall (ein moderner Ableger des Reggae mit schnelleren, digitalen Rhythmen und einem MC/Master of Ceremony). Der extrem beliebte Bajan-Soca-Künstler Rupee bringt den Rhythmus der Insel an ein weltweites Publikum.

Die berühmte Sängerin Rihanna hat weltweiten Ruhm erlangt und wird in ihrem Heimatland als Idol angesehen. Mit ihrem Rap im Reggae-Stil hat sie viele Grammys gewonnen, darunter den Grammy für den besten Rap-Song und das beste Dance-Recording.

Sport

Nationalsport und nationale Obsession ist Kricket. Die Bajan haben auf einen Einwohner gerechnet mehr Kricketspieler von Weltrang als jedes andere Land. Einer der besten Allroundspieler der Welt, der Bajan Sir Garfield Sobers, wurde 1975 von Queen Elizabeth II. auf Barbados zum Ritter geschlagen. Ein weiterer Krickethеld, Sir Frank Worrell, ist auf der 5-B$-Note abgebildet.

In Barbados kann man internationale Test Matches, lokale First-Division-Spiele oder einfach nur nette Spiele am Strand oder auf Grasfeldern anschauen. Auch wenn internationale Spiele inzwischen in der ganzen Karibik ausgetragen werden und daher nicht mehr so häufig auf Barbados stattfinden, versammeln sich noch immer Tausende Bajan und andere Westinder, wenn es wieder einmal so weit ist und ein Spiel im Kensington Oval läuft. Spielpläne und Tickets erhält man bei der Barbados Cricket Association (www.bcacricket.org).

In der Hochsaison werden die meisten Pferderennen und Polospiele ausgetragen.

Natur & Umwelt

Geografie

Barbados liegt 160 km östlich der Windward Islands. Es hat die Form einer Birne und ist von Norden nach Süden 34 km lang und an seiner breitesten Seite 22 km breit. Die Insel besteht größtenteils aus Korallenansammlungen, die sich auf Sedimentgestein erheben. Das Wasser durchdringt die weiche Korallenschicht und schafft unterirdische Ströme, Quellen und Kalksteinhöhlen.

Die Insel ist größtenteils flach und weist im Binnenland sanfte, niedrige Hügel auf. Im Nordostteil der Insel, der als Scotland District bekannt ist, liegt der höchste Punkt von Barbados, der 340 m hohe Mount Hillaby. An der Westküste erstrecken sich weiße Sandstrände und ruhiges türkisfarbenes Meer, während die Ostseite der Insel von turbulenten Atlantikgewässern und einer klippenreichen Küstenlinie geprägt ist. Die Insel ist von Korallenriffen umgeben, die ihren Beitrag zu den feinen weißen Sandstränden im Westen und Süden leisten.

Wer die Schönheit der üppigen Natur der Insel genießen will, dem seien zwei Orte empfohlen: die Andromeda Botanic Gardens (S. 273) oberhalb von Bathsheba, mit einer riesigen Auswahl von wunderschön präsentierten Pflanzen, und das Welchman Hall Gully (S. 271) abseits des Highways von Bridgetown nach Belleplaine, mit einigen Urwaldabschnitten.

Tiere

Der Großteil der indigenen Tierwelt von Barbados ist durch Landwirtschaft und den Wettbewerb mit eingeführten Arten ausgestorben. Ausschließlich auf Barbados lebt die harmlose und seltene Grasschlange. Auf der Insel findet man auch kleine ungiftige Blindschlangen sowie pfeifende Frösche, Eidechsen, Köhlerschildkröten und acht Arten von Fledermäusen.

Echte Karettschildkröten und Lederschildkröten kommen regelmäßig ans Ufer, um ihre Eier abzulegen. Wie in anderen Regionen auch sind die Schildkröten stark bedroht durch Verschmutzung und menschliche Einmischung. Das **Barbados Sea Turtle Project** (☎230-0142; www.barbadosseaturtles.org; University of the West Indies, Bridgetown) widmet sich dem Schutz des Lebensraumes und der Population der Schildkröten. Die meisten, wenn nicht alle Säugetiere auf Barbados wurden eingeführt. Zu ihnen gehören wilde gelbgrüne Meerkatzen, Mungos, Europäische Feldhasen sowie Mäuse und Ratten. Auf Barbados wurden mehr als 180 Vogelarten gesichtet. Die meisten sind migrierende Wat- und Stelzvögel, die in Nordamerika brüten und auf dem Weg zu ihren winterlichen Futterplätzen in Südamerika auf Barbados haltmachen.

Umweltthemen

Die Wälder, die Barbados einst überzogen, wurden von den britischen Pflanzern vor langer Zeit abgeholzt. Als Nebeneffekt hat das Land heute ein Problem mit der Erderosion. Hinzu kommen die Verschmutzung durch Schiffe und illegal gelagerter Hausmüll, sodass die lose Erde das Grundwasser, das das Trinkwasser der Insel liefert, zu kontaminieren droht.

Die massenhafte Anschwemmung von Braunalgen (Sargassum) an der Atlantikküste der Insel ist ein Umweltproblem, das stark in den Vordergrund rückt. Die Algenansammlungen, hervorgerufen durch Nährstoffüberschüsse und die Erwärmung der Meeresoberfläche, kommen mit zunehmender Häufigkeit vor und werden immer größer.

Dem Beispiel seiner umweltfreundlicheren Nachbarinseln folgend, schenkt Barbados der Umweltpolitik inzwischen weitaus größere Aufmerksamkeit. Anfang 2019 wurde ein Gesetz erlassen, dass es Unternehmen auf Barbados verbietet, Einweg-Kunststoffprodukte und Styropor zu importieren und zu verwenden. In den Restaurants und Imbisswagen sind nun Papierstrohhalme und Speisebehälter aus Pappe die Norm. Seit 2020 sind auch Plastiktüten verboten.

PRAKTISCHE INFORMATIONEN

ℹ Allgemeine Informationen

AKTIVITÄTEN

Kitesurfen & Windsurfen

Barbados bietet gute Möglichkeiten zum Kite- und Windsurfen; von Dezember bis Juni ist der Wind dafür am besten. Silver Sands an der Südspitze der Insel bietet exzellente Bedingungen für erfahrene Surfer, während Maxwell, gleich im Westen, sich besser für Fortgeschrittene eignet. Die Region bietet auch gute Breaks für Surfer.

Surfen

Barbados ist weltweit berühmt für seine Breaks an der Ostküste. Die besten Orte sind Soup Bowl (S. 273) bei Bathsheba und ein anderer Spot namens **Duppies** die Küste hinauf.

South Point, Silver Sands und Rockley Beach (S. 261) an der Südküste bieten manchmal gute Wellen, wie auch Brandon's, das neben dem Hilton Hotel am Needham's Point liegt. Es gibt noch 30 weitere benannte Stellen.

Die Freights Bay südlich von Oistins ist einer der besten Spots für Anfänger und bietet eine Reihe von guten Surfschulen.

An den meisten Surfspots verleihen Einheimische am Strand Surfbretter. Die Preise variieren je nach Qualität des Surfbretts (verhandelbar), aber selbst das schönste Brett sollte nicht viel mehr als 20 B$ pro Stunde oder 60 B$ pro Tag kosten. Die meisten Einheimischen sind sehr freundlich und herzlich zu Touristen.

Es gibt mehrere gute Surfschulen, darunter Zed's Surfing Adventures (S. 265) mit Sitz in Silver Sands und Barry's Surf Barbados (S. 263) in Dover, das seine Kunden je nach Wetterbedingungen zu verschiedenen Surfspots bringt.

Wandern

Der Barbados National Trust (S. 255) veranstaltet geführte Wanderungen auf dem Land. Die Wanderführer geben Einblicke in die Landesgeschichte, Geologie sowie Natur- und Tierwelt.

Eine schöne Wanderung, die man auf eigene Faust unternehmen kann, führt entlang der alten Eisenbahnstrecke, die an der Ostküste von Belleplaine nach Martin's Bay verläuft. Die gesamte Strecke ist 20 km lang, aber man kann auch einzelne Abschnitte wandern.

BARRIEREFREI REISEN

Barbados ist eines der behindertenfreundlichsten Länder der östlichen Karibik, wenn auch immer noch viel getan werden muss.

In vielen Regionen gibt's unebene oder gar keine Fußgängerwege. In öffentlichen Verkehrsmitteln fehlen Rollstuhlzugänge.

Der exzellente Barbados Council for the Disabled (http://barbadosdisabled.org.bb) arbeitet mit lokalen Unternehmen zusammen, um diese durch das Programm „Fully Accessible Barbados" zugänglich zu machen. Die Unternehmen bieten Travellern dann verschiedene Dienstleistungen, z. B. Strandrollstühle, behindertenfreundliche Verkehrsmittel und Hilfe bei der Reiseplanung.

BOTSCHAFTEN & KONSULATE

Deutsches Honorarkonsulat (☎ 427-1876; bridgetown@hk-diplo.de; Pasea Financial Centre, Suite 1, Corner Harts Gap & Dayrells Rd, Christ Church)

Österreichisches Konsulat (☎ 439 3000; mschwaiger@caribsurf.com; Knowlton Exeter Rd, Navy Gardens, Christ Church)

Schweizer Konsulat (☎ 227-3045; barbados@honrep.ch; The Goddard Building, Haggatt Hall, St. Michael)

ESSEN

Die Küche von Barbados ist in jeder Preisklasse lohnenswert. Egal, ob man einfache Lokale am Wasser oder gehobene Restaurants besucht, es werden immer superleckere frische Meeresfrüchte serviert. Die Bajan-Küche hat aber nicht nur Backfisch, sondern noch viele weitere reich gewürzte lokale Spezialitäten zu bieten. Die meisten Restaurants in Touristenregionen servieren sowohl traditionelle als auch internationale Speisen.

PREISKATEGORIEN ESSEN

Die folgenden Preise beziehen sich auf ein Hauptgericht.

**$** bis 30 B$

**$$** 30–60 B$

**$$$** über 60 B$

Typische Gerichte & Getränke

Bananen Die Bananen sind hier auch in reifem Zustand grün (gibt's auf Märkten).

Banks Das frische Lagerbier der Insel ist nach einem Tag in der heißen Sonne sehr erfrischend.

Barbados-Rum Gilt als einer der besten der Karibik; die bekannteste Marke ist Mount Gay.

Conkies Mischung aus Maismehl, Kokosnuss, Kürbis, Süßkartoffeln, Rosinen und Gewürzen, die in einem Bananenblatt gedämpft wird.

Cou-cou Ein cremiges Mus aus Maismehl und Okras.

Cutters Fleisch- oder Fischsandwiches in einem salzigen Brötchen.

Fischkuchen Es gibt unzählige Bajan-Rezepte für Fischkuchen. Sie bestehen meist aus frittiertem Salzdorsch.

Fliegende Fische Werden im ganzen Land frittiert in Sandwiches serviert. Fliegende Fische sind milde weiße Fische, die gedünstet oder frittiert am besten schmecken.

Jug-jug Mischung aus Maismehl, grünen Erbsen und gesalzenem Fleisch.

Roti Flaches, mit Curry gefülltes Brot.

FEIERTAGE

Neben den regionalen Feiertagen hat Barbados folgende öffentliche Feiertage:

Errol-Barrow-Tag 21. Januar

Heldentag 28. April

Arbeitertag 1. Mai

Befreiungstag 1. August

Kadooment-Tag Erster Montag im August

Tag der Vereinten Nationen Erster Montag im Oktober

Unabhängigkeitstag 30. November

GELD

Man braucht auf jeden Fall Barbados-Dollars, aber größere Summen können auch in US-Dollars oder mit Kreditkarte bezahlt werden. Die Hotels und Gästehäuser geben ihre Preise in

US-Dollar an (wie auch viele Tauchshops und einige Restaurants), auch wenn man ebenso in Bajan-Währung bezahlen kann.

Trinkgeld

Hotels In der Rechnung ist meist eine Servicegebühr inbegriffen. Gepäckträger freuen sich über ein Trinkgeld von 2 B$ pro Gepäckstück; die Höhe des Trinkgelds für Reinigungspersonal liegt im eigenen Ermessen.

Restaurants Die meisten Restaurants berechnen eine Servicegebühr; ist sie nicht in der Rechnung inbegriffen, sollte man 10 bis 15 % Trinkgeld geben; ist sie in der Rechnung aufgeführt, liegt es im eigenen Ermessen, ob man zusätzlich ein kleines Trinkgeld gibt.

Taxi Üblich sind 10 bis 15 % des Fahrpreises.

Wechselkurse

Ostkaribischer Dollar	1 EC$	0,74 B$
Eurozone	1 €	2,20 B$ 1 US$
Schweiz	1 SFr	2,08 B$ 1,02 US$
USA	1 US$	2,03 B$

Aktuelle Wechselkurse siehe www.xe.com.

LGBT-REISENDE

Barbados ist ein konservatives, religiöses Land, Homosexualität gilt traditionell als verpönt. Die Insel hat einige der extremsten Anti-Schwulen-Gesetze der Region, die aber in der Regel nicht umgesetzt werden.

Die Einstellungen ändern sich langsam, aber da Barbados ein geschäftiger Transitpunkt mit aktiven Verbindungen zu Großbritannien ist, ist es den anderen nahegelegenen Inselstaaten vielleicht ein wenig voraus. Es gibt natürlich schwule Bajan-Paare; sie verhalten sich aber meist sehr diskret.

Außerhalb der internationalen Resorts sollten sich Schwule möglichst umsichtig verhalten, vor allem in kleineren, traditionelleren Städten; insgesamt werden sie aber kaum größere Probleme bekommen.

MEDIZINISCHE VERSORGUNG

Das Gesundheitswesen von Barbados ist das beste der Region, und in Bridgetown gibt's moderne Krankenhäuser und medizinische Zentren.

Bei leichten Krankheiten kann man sich an die Hotels wenden – für fast alle ist ein Arzt abrufbereit, oder sie können weitere Hilfe holen.

MIT KINDERN REISEN

Barbados ist ein familienfreundliches Land. Einige Resorts bieten organisierte Aktivitäten für Kinder oder Babysitting und Tagespflege.

Die meisten Strände sind sicher für Kinder, und viele Strände an der Süd- und Westküste eignen sich gut auch für jüngere Schwimmer. Die Wellen an der Ostküste hingegen sind zu heftig für Schwimmanfänger jeden Alters. Ältere Kinder können auch Surfkurse belegen.

Die öffentlichen Verkehrsmittel sind häufig überfüllt, aber die Fahrer und Fahrbegleiter sind sehr hilfsbereit. Große öffentliche Busse sind meist nicht so voll wie die privaten Minivans, daher bekommt man hier einfacher Sitzplätze nebeneinander.

PRAKTISCH & KONKRET

Fernsehen Die regierungseigene Fernsehstation CBC sendet auf Channel 8.

Maße & Gewichte Barbados verwendet das metrische System. Allerdings geben viele Inselbewohner Wegbeschreibungen immer noch in Fuß und Meilen an und verkaufen Waren pro Pfund.

Radio Der staatliche Radiosender CBC sendet auf AM 900 und hat drei FM-Stationen auf 94,7 FM, 98,1 FM und 100,7 FM. Kommerzielles Talkradio ist auf 92,9 FM zu empfangen, beliebte Musik gibt's auf 95,3 FM, BBC läuft auf 92,1 FM. Auf 102,1 FM wird Gospelmusik gespielt.

Rauchen Rauchen ist an öffentlichen Orten verboten. Das gilt für alle abgeschlossenen Bereiche. Auf offenen Plätzen, z. B. an Stränden und in Parks, ist Rauchen erlaubt.

Zeitungen Barbados hat zwei Tageszeitungen, den *Barbados Advocate* und die *Daily Nation*. In Touristengebieten werden auch britische Zeitungen verkauft.

NOTFALL

Feuerwehr	☎ 311
Krankenwagen	☎ 511
Polizei	☎ 211
Überdruckkammer	☎ 436-5483

RECHTSFRAGEN

Barbados ist ein geordnetes Land, und die lokale Polizei ist freundlich und professionell. Es ist sehr unwahrscheinlich, dass man gefilzt, erpresst oder bestochen wird.

Das Rechtssystem der Insel ist das britische. Wer in Schwierigkeiten gerät, hat das Recht auf einen Anwalt und bekommt einen Rechtsbeistand gestellt, wenn er sich Privatanwälte nicht leisten kann.

SICHER REISEN

Kriminalität, z. B. Überfälle auf Touristen, ist auch in Barbados nicht unbekannt. Die meisten Vorfälle sind Betrügereien und Abzocke von Touristen und die üblichen Vorsichtsmaßnahmen sollten ausreichen. Um die Wahrheit zu sagen: Das größte Risiko ist schwerer Sonnenbrand.

- Vorsicht vor Taschendieben in Bridgetown – im belebten Stadtzentrum der Swan Street und Broad Street sollte man Wertsachen immer sicher verwahrt bei sich tragen.
- Die Gehsteige sind schmal oder gar nicht erst vorhanden, die Straßen kurvenreich: Vorsicht walten lassen, auch wenn man eine ruhige Straße entlangläuft.
- Im Meer um Barbados sind gelegentlich Portugiesische Galeeren (eine Quallenart) anzutreffen (sie sind groß, langsam und meist leicht zu erkennen). An manchen Stränden wachsen giftige Manchinel-Bäume.

STROM

Die Steckdosen laufen über 110 V/50 Hz. Es werden zweipolige Stecker genutzt; man findet gelegentlich aber auch Stecker mit drei Polen.

TELEFON

Die Landesvorwahl von Barbados ist 1; die Ortsvorwahl ist 246. Um in einem anderen Land mit der Landesvorwahl 1 (Großteil von Nordamerika und der Karibik) anzurufen, wählt man 1 und die zehnstellige Telefonnummer. Wer in anderen Ländern anrufen will, wählt den internationalen Zugangscode 011 + die Landesvorwahl + die Telefonnummer.

UNTERKUNFT

Barbados bietet Unterkünfte in jeder Preisklasse, wenn es auch mehr Luxus- als günstige Hotels gibt. An der Westküste befinden sich die exklusivsten Resorts, im Südwesten konzentrieren sich vorwiegend große Hotels sowie All-inklusive-Hochburgen und familienfreundliche Resorts. Rund um Worthing und Dover gibt's viele unabhängige Budgetunterkünfte.

Camping ist auf öffentlichem Land nicht gestattet.

In der Nebensaison sinken die Preise um bis zu 40 %.

PREISKATEGORIEN UNTERKUNFT

Die folgenden Preise beziehen sich auf ein Doppelzimmer in der Hauptsaison (Mitte Dezember bis Mitte April).

**$** bis 100 US$

**$$** 100–200 US$

**$$$** über 250 US$

ZEIT

Atlantic Standard Time: MEZ minus fünf Stunden, MESZ minus sechs Stunden.

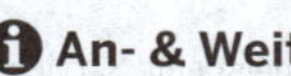

An- & Weiterreise

FLUGZEUG

Der **Grantley Adams International Airport** (BGI; www.gaia.bb) liegt etwa 16 km von Bridgetown entfernt am Südostrand der Insel. Er ist der größte Flughafen in der Ostkaribik und der Hauptzugangspunkt für die Region.

Barbados wird von großen Airlines aus Nordamerika und Großbritannien angeflogen. Dazu gehören:

Caribbean Airlines (☎ 429-5929; www.caribbean-airlines.com; Grantley Adams International Airport)

LIAT (☎ 434-5428; www.liat.com; Grantley Adams International Airport)

ÜBERS MEER

Jacht

Die Windward Islands zählen zu den beliebtesten Segelzielen der Welt. Es gibt in der Region zahlreiche Jachthäfen und Charterer. Barbados ist aber eine Ausnahme – aufgrund seiner Lage im Osten und der anspruchsvollen Segelbedingungen liegt es abseits der Hauptroute der meisten Segler.

Kreuzfahrtschiff

Jährlich kommen als Teil der Reiserouten durch die Ostkaribik mit Kreuzfahrtschiffen etwa 800 000 Passagiere auf Barbados an. Die Schiffe ankern im Hafen von Bridgetown, etwa 1 km westlich des Stadtzentrums. Am Hafen findet man die üblichen Duty-Free-Shops und eine Filiale der **Tourismusbehörde von Barbados** (BTMI; Kreuzfahrtterminal).

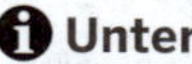

Unterwegs vor Ort

AUTO & MOTORRAD

In Barbados herrscht Linksverkehr. An Kreuzungen und schmalen Passagen betätigen einige Fahrer die Lichthupe, um zu signalisieren, dass man fahren kann.

Autovermietung

Barbados hat nicht viele Autovermietungen, die zu großen Ketten gehören. Stattdessen gibt's viele unabhängige Vermietungsunternehmen, einige davon so klein, dass sie von Privathäusern aus betrieben werden. Einige lokale Anbieter am Flughafen haben Kooperationsvereinbarungen mit internationalen Autovermietungen.

Trotz der hohen Anzahl von Anbietern scheinen die Preise nicht stark zu variieren. Der übliche Preis für ein kleines Auto beträgt 130 bis 150 B$ pro Tag (inklusive unbegrenzten Kilometern und Versicherung).

Früher vermieteten einige Unternehmen seltsame, kleine Cabrios namens „Mokes" (sie sehen wie die Autos in *Fantasy Island* aus), die keine Türen haben. Da diese nicht jedermanns Geschmack waren, sind heute kleine, kostengünstige Autos üblich. Sie sind mit einem „H" auf dem Nummernschild gekennzeichnet.

Da die meisten Autovermietungen keine Büros am Flughafen haben, liefern viele die Mietwagen zum Flughafen oder Hotel.

Empfehlenswerte Agenturen:

Courtesy Rent-A-Car (☎ 431-4160; www.courtesyrentacar.com; Grantley Adams International Airport)

Stoutes Car Rental (☎ 416-4456; www.stoutescar.com; Grantley Adams International Airport)

Top Class Car Rentals (☎ 228-7368; www.topclassrentals.com)

Führerschein

Besucher benötigen einen befristeten Führerschein (5 US$) von ihrer Autovermietung; um diesen zu erhalten, muss man einen gültigen Führerschein aus seinem Heimatland vorzeigen. Der Führerschein ist ab dem Zeitpunkt der Ausstellung zwei Monate gültig.

Straßenverhältnisse

Die Straßen sind nicht gut ausgeschildert, obwohl Orientierungspunkte oft klar gekennzeichnet sind, ebenso wie Kreisverkehre und große Kreuzungen. Die meisten Ausschilderungen sind niedrige Betonpfosten am Straßenrand, die die Nummer der Autobahn und darunter die Entfernung (im km) von Bridgetown zeigen.

Alle wichtigen Haupt- und Nebenstraßen sind asphaltiert, einige aber sind etwas schmal. Die kleineren Hauptstraßen im Inland der Insel sind oft in schlechtem Zustand. Es gibt viele Tankstellen auf der Insel, außer an der Ostküste. Einige Tankstellen in der Region um Bridgetown haben rund um die Uhr geöffnet.

Auf den Straßen in Bridgetown herrscht zur Rush Hour starker Verkehr.

BOOT, SCHIFF & FÄHRE

Aufgrund der guten Straßenverbindungen sind Wassertaxis auf Barbados unüblich (anders als in anderen Ländern der Karibik). An der Westküste aber verkehren ein paar Wassertaxis zwischen lokalen Geschäften.

BUS

Man kann fast jeden Ort auf der Insel mit öffentlichen Bussen erreichen. Es gibt drei Arten von Bussen:

Regierungsbetriebene öffentliche Busse Große, blaue Fahrzeuge mit einem gelben Streifen.

Privat betriebene Minibusse Mittelgroß, gelb und mit einem blauen Streifen.

Route-Taxis Private, weiße Minivans mit der Aufschrift „ZR" auf dem Nummernschild.

Alle Busse berechnen denselben Preis: 3,50 B$ zu jedem Ort auf der Insel. Man sollte die passende Summe dabeihaben, wenn man in den staatlichen Bus steigt, aber die Minibusse und Route-Taxis geben Wechselgeld.

Die meisten Busse verkehren durch Bridgetown, einige aber umfahren die Stadt auf der Nord-Süd-Route. Die Busse zum südöstlichen Teil der Insel halten unterwegs immer in Oistins.

Die Bushaltestellen auf Barbados sind mit rot-weißen Schildern gekennzeichnet, die die Richtung anzeigen, in die der Bus fährt („To City" oder „Out of City"/„in die Stadt" oder „aus der Stadt hinaus"). Das Fahrtziel der Busse steht auf oder über der Frontscheibe.

Auf den Hauptrouten, z. B. von Bridgetown nach Oistins oder Speightstown, verkehren von 6 bis 24 Uhr regelmäßig Busse. Die Fahrpläne für das komplette Busverkehrsnetz erhält man beim **Transport Board.** (☎ 436-6820; www.transportboard.com).

FAHRRAD

Barbados bietet Abenteurern interessante Fahrradstrecken. Die Landschaft ist hügelig, aber die Wege sind nicht steil (außer im Osten der Insel). Die meisten Straßen sind schmal und oft in schlechtem Zustand. Im Westen und Süden der Insel muss man immer auf den Verkehr achten, denn viele Fahrer nehmen kaum Rücksicht auf Radler.

Die meisten Geschäfte fordern eine Zahlung mit Kreditkarte oder eine Kaution von 100 B$. Auch viele Hotels vermieten Fahrräder.

TAXI

Taxis haben ein „Z" auf dem Nummernschild und ein „Taxi"-Schild auf dem Dach. Sie sind einfach zu finden und warten in vielen beliebten Touristengebieten am Straßenrand.

Obwohl die Preise gesetzlich festgelegt sind, haben die Taxis keine Taxameter, sodass man um einen fairen Preis feilschen muss. Der Preis pro Kilometer liegt bei ca. 4 B$, aber kurze Fahrten sind teurer. Ein Taxi von Bridgetown nach Bathsheba kostet 76 B$, nach Oistins 40 B$ und nach Speightstown 60 B$.

Bonaire

599 / 19 550 EW.

Inhalt ➡

Gut essen

- Mezze (S. 287)
- Hang Out Beachbar (S. 292)
- Kite City (S. 292)
- Capriccio Ristorante (S. 287)
- Posada Para Mira (S. 289)

Schön übernachten

- Harbour Village Beach Club (S. 286)
- Bellafonte (S. 291)
- Carib Inn (S. 285)
- Coco Palm Garden & Casa Oleander (S. 291)
- Sorobon Beach Resort (S. 291)
- Coral Paradise (S. 284)

Auf nach Bonaire!

Als kleine Insel mit wüstenartiger Landschaft ist Bonaire nicht jedermanns Sache – ganz sicher aber toll für Taucher und Schnorchler, die in die lebendige Unterwasserwelt eintauchen wollen. Bonaires Highlight ist das zum Nationalpark erklärte Korallenriff, das sich nur wenige Meter vor der Küste erstreckt. Dutzende außergewöhnliche Tauchplätze, an denen es von Leben nur so wimmelt, sind vom Ufer aus leicht zugänglich und machen die Insel zu einem Paradies für Taucher und Schnorchler.

An der Wasseroberfläche gibt's erstklassige Möglichkeiten zum Surfen oder Kajakfahren in den Mangroven. Radwege winden sich durch die kargen Hügel, während man auf Autorouten die historischen und natürlichen Sehenswürdigkeiten bewundern kann. Edle, aber zurückhaltende Resorts und ein paar verlockende Restaurants runden das Bild ab – perfekt für Reisende, die ihre Abenteuer mit einigen Annehmlichkeiten verbinden wollen.

Reisezeit

Dez.–April Hauptsaison, in der alle Unterkünfte belegt und die Preise höher sind.

Jan. & Feb. Der Karneval (*Karnaval*) ist das größte Fest auf Bonaire – eine Woche voller Musik, Kostüme, Paraden und Feiern.

Sept.–Dez. Bonaire liegt zwar unterhalb des Hurrikangürtels , aber auch hier regnet es gelegentlich, und es wird kälter.

Highlights

1. **Bonaire National Marine Park** (S. 286) Taucherbrille auf und die unglaubliche Unterwasserwelt direkt vor der Küste entdecken.

2. **Lac Bay** (S. 291) Windsurfen in einem Surfgebiet für Anfänger und Profis oder einfach von der Strandbar aus zuschauen.

3. **Sea Turtle Conservation Bonaire** (S. 295) Für Meeresschildkröten und neugeborene *tortuguitas* den Strand bewahren.

4. **Washington Slagbaai National Park** (S. 288) Die abgelegene Nordspitze der Insel mit dem Auto, auf dem Rad oder zu Fuß erkunden.

5. **Südende** (S. 289) Beim Auto- oder Radfahren durch die Salzbecken Rosa Flamingos sehen.

6. **Mangrove Info & Kayak Center** (S. 291) Kajakfahren und Schnorcheln in der ökologisch wertvollen „Kinderstube" des Riffs.

Kralendijk

Kralendijk ist eine kleine Inselhauptstadt mit einer langen Strandpromenade. Dort lässt es sich gut bummeln und Bauten aus der Kolonialzeit bewundern. Obwohl historische Plätze oder schöne Strände fehlen, ist es ein netter Ort zum Shoppen und für ein Mittag- oder Abendessen oder einen Drink – außerdem gibt's ein paar schöne Stellen, um den Sonnenuntergang zu beobachten.

Genau um das Kreuzfahrtterminal herum gelegen, befindet sich das „kompakte" Gebiet der Kernstadt: Diese ist gesäumt von Geschäften und Restaurants sowie schattigen Plätzen. Sie verleihen der Hauptstadt ihren tropischen Charme. Außerhalb dieses aus drei quadratischen Blöcken bestehenden Gebiets dehnt sich die Stadt weniger geordnet aus: Hier finden sich Jachthäfen und Resorts, die fast die ganze Uferpromenade einnehmen.

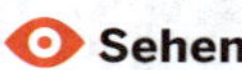

Sehenswertes

Terramar Museum MUSEUM

(☎701-4700; www.terramarmuseum.com; Kaya JNE Craane 4; Erw./Kind 10 US$/frei; ⏲Mo–Fr 9–18, Sa 10–13.30 Uhr) Dieses kleine Museum bietet einen Überblick zur Geschichte und Archäologie Bonaires. Die ausgestellten Gegenstände werden von einem Audioguide begleitet, der den historischen Schilderungen eine Stimme verleiht. Im Vorraum zeigen eine beeindruckende Zeitachse und ein Video, wie sich die Völker im Lauf der Jahrhunderte in der Karibik verbreitet haben.

Klein Bonaire INSEL

Etwa 1 km vor der Küste von Kralendjik findet man auf dieser abgelegenen kleinen Insel den schönsten Strand der Region, der auch als „No Name Beach" bekannt ist. Abgesehen von den markierten Tauchplätzen und ein paar Schattenspendern gibt's zwar keine Einrichtungen, trotzdem ist es ein sehr beliebter Ort bei Seglern und Strandgängern, die zum Schnorcheln im türkisfarbenen Wasser und zum Relaxen auf dem weißen Sand herkommen. Caribe Water Taxi (S. 287) und Epic Water Taxi (S. 288) ermöglichen Überfahrten.

Fort Oranje FESTUNG

GRATIS Folgt man den Kanonen am Meeresufer Richtung Süden, kommt man zu einer kleinen Bastion. Sie wurde 1639 von den Niederländern erbaut und diente bis 1837 als Gouverneursresidenz. Die Verteidigungskanonen stammen von einem britischen Kriegsschiff, das im frühen 19. Jh. an der Südküste auf Grund lief. Obwohl die Briten während der Napoleonischen Kriege mehr als einmal die Kontrolle über Bonaire übernahmen, war die Insel (und so auch die Festung) nie von Kriegshandlungen betroffen.

Aktivitäten & Geführte Touren

Sea Cow Snorkeling SCHNORCHELN

(☎785-7727; www.seacow-bonaire.com; Kaya JNE Craane 24; Erw./Kind 55/27,50 US$; ⏲Mi, Fr & So 8.30 Uhr, Sonnenuntergangsschnorcheln Di 18 Uhr) Eigentlich muss einen auf Bonaire niemand zum Schnorcheln animieren – man muss einfach nur die Taucherbrille aufsetzen und ins Wasser gehen. Wer aber doch jemanden möchte, der aufpasst, die besten Plätze von Klein Bonaire kennt und einen auf die Lebewesen aufmerksam macht, liegt bei diesem schwarz-weiß gefleckten Katamaran genau richtig. In den Preisen sind Snacks und Ausrüstung enthalten.

Outdoor Bonaire OUTDOOR-AKTIVITÄTEN

(☎791-6272; www.outdoorbonaire.com; Touren ab 50 US$) Sorgt für Abenteuer aller Art. Dazu zählen Aktivreisen mit Bergsteigen, Kajakfahren, Höhlenerkundungen, Wandern und der Beobachtung von Vögeln. Das ökologisch ausgerichtete Unternehmen betreibt eine eigene Ökolodge und bietet keine Touren für Kreuzfahrtpassagiere an.

Feste & Events

Karneval STRASSENKARNEVAL

(Karnaval) Der Karneval ist das größte Fest auf Bonaire – eine Woche und mehr voller Musik und Kostüme, Paraden und Feiern. Höhepunkt ist das Wochenende vor Aschermittwoch, wobei am Dienstag die Schlussparade und das Verbrennen von Figuren stattfinden.

Schlafen

Im Gegensatz zu vielen anderen Inseln der Karibik gibt's auf Bonaire (bis jetzt) nur wenige große Resorts. Dafür findet man Mietobjekte, Gästehäuser und Resorts mittlerer Größe zumeist an der Küste in Kralendjik und seinen nördlichen Außenbezirken.

Coral Paradise HOTEL $$

(☎877-267-2572; https://coralparadise.com; Kaya Gobernador N Debrot 107; 7-Nächte-Paket pro Pers. mit/ohne Küstentauchen ab 1075/850 US$; P ❄ 📶 ≋) Ruhiges und bequemes

Taucherparadies mit ausgezeichnetem Service und toller Lage fürs Küstentauchen. Gäste kommen immer wieder und freuen sich besonders über den in der Übernachtungspauschale enthaltenen Miettruck sowie die Spülbecken, Trockengestelle, Spinte und Mobiltelefone mit etwas Guthaben.

Carib Inn GASTHAUS **$$**
(☎ 717-8819; www.caribinn.com; Julio A Abraham Blvd; Zi./Apt./Haus ab 129/149/199 US$; ❄ ☎) Bruce Bowker lebt schon seit Langem auf der Insel und begrüßt seine Gäste sehr herzlich und persönlich in seinem auf der Südseite der Stadt am Wasser gelegenen

Kralendijk

Sehenswertes

Aktivitäten, Kurse & Touren

Schlafen

Essen

Ausgehen & Nachtleben

Shoppen

Anwesen. Um einen kleinen Pool liegen die skurrilen, gemütlichen und bequemen Zimmer. Der hauseigene Tauchershop bietet gelegentlich Tagestouren nach Klein Bonaire an sowie einen Ausrüstungsverleih, geführte Tauchgänge und verschiedene Trainingsprogramme.

Captain Don's Habitat RESORT **$$**
(☎ 717-8290; www.habitatbonaire.com; Kaya Gobernador N Debrot 103; EZ/DZ 69/221 DU$, Suite ab 192 US$; ❄ @ ☎ ≋) Captain Don's Habitat liegt in einer üppigen Landschaft 3 km nördlich der Stadt. 85 Einheiten gruppieren sich um einen großen Swimmingpool. Die Zimmer sind geräumig, sauber und bequem, ohne allzu viel Schnickschnack. Mit seinem Solar-Warmwasserbereiter und dem hochmodernen Wasser-Aufbereitungssystem ist das Unternehmen in Sachen Umwelttechnologie ganz vorne dabei. Das hauseigene Restaurant, Rum Runners, ist auch Pflicht.

Captain Don wird als treibende Kraft hinter der Infrastruktur fürs Küstentauchen in die Geschichte von Bonaire eingehen. Die meisten Tauchgebiete hat er selbst markiert und benannt und damit für alle zugänglich gemacht.

Buddy Dive Resort RESORT **$$**
(☎ 717-5080; www.buddydive.com; Kaya Gobernador N Debrot 85; Studio ab 185 US$, Apt. mit 1

BONAIRE NATIONAL MARINE PARK

Der **Bonaire National Marine Park** (☎717-8444; www.stinapabonaire.org; Park Headquarters, Barcadera 10; Tauchen/Schnorcheln 45/25 US$; ⊙Zentrale Mo–Fr 8–16 Uhr) ist die Hauptattraktion der Insel, ein einzigartiges und kostbares Gut, das es Tauchern und Schnorchlern ermöglicht, Meilen unberührter Korallenriffs zu erkunden. Das Schutzgebiet umfasst die ganze Küste der Insel, einschließlich Klein Bonaire, und reicht bis zu einer Tiefe von 60 m. Zwischen den zwei Inseln gibt's inzwischen über 100 als solche ausgewiesene Tauchplätze, von denen viele vom Ufer aus zugänglich sind. Man achte auf die gelb angestrichenen Felsen.

oder 2 Schlafzimmern ab 212/336 US$; ❄ @ ≋) Nördlich der Stadt gelegen, ist dieses Resort für jeden Taucher eine reine Freude. Mit mehr als 70 Studios und Apartments in sonnig-gelben Gebäuden gehört das Resort zu den größeren auf der Insel. Alle denkbaren Einrichtungen sind hier vorhanden, darunter zwei Restaurants, zwei Swimmingpools, eine Truck-Vermietung, ein Tauchershop und sogar eine Drive-through-Befüllstation für Sauerstofftanks.

★ **Harbour Village Beach Club** RESORT $$$
(☎717-7500; www.harbourvillage.com; Kaya Gobernador N Debrot 71; Zi. ab 400 US$; ❄ @ ᯤ ≋) Das Harbour Village ist eine koloniale Schönheit mit erstklassigem Service. Es liegt an einem postkartenreifen weißen Sandstrand und einem Jachthafen 2 km nördlich der Stadt. Hier findet man elegant ausgestattete Unterkünfte in weitläufigen zweigeschossigen Gebäuden umgeben von tropischen Gärten. Zu den Annehmlichkeiten zählen große Balkone und luxuriöse Schaumstoffmatratzen. Klettert man die Preisliste weiter nach oben, kommen u. a. noch Kochnischen, Whirlpools, Hafen- und Strandaussichten hinzu.

Essen

Die besten Restaurants von Bonaire versammeln sich vor allem an der Uferpromenade und an der Hauptstraße Kaya Grandi in Kralendijk. Die größeren Resorts haben ihre eigenen Restaurants, von denen einige zu den kulinarischen Highlights der Insel gehören.

Bobbejan's Take-Away GRILLRESTAURANT $
(☎717-4783; Kaya Albert Engelhardt 2; Hauptgerichte 10–15 US$; ⊙Fr & Sa 18–22, So 12–14 & 18–22 Uhr) Nicht vom Namen täuschen lassen: Im hinteren Garten gibt's Tische unter einem schönen Baum. Es ist allerdings nicht ganz einfach, einen zu kriegen, da das Indonesische Chicken Satay mit superzarten Ribs und der samtenen Erdnuss-Soße jede Menge Besucher anzieht.

Pasa Bon Pizza PIZZA $
(☎780-1111; Kaya LD Gerharts 3; Pizza 6–31 US$; ⊙Mi–So 17–23 Uhr) Die einzige Ampel der Insel ist Teil des Reklameschilds für das frisch umgezogene Pasa Bon Pizza. Das Lokal ist besonders für seine mit Rotfeuerfisch belegte Pizza berühmt, mit der man auch noch Gutes tut: Die invasive Fischart bedroht nämlich das Riff! In der lockeren Atmosphäre schmeckt die Pizza nach amerikanischer Art aber auch mit anderem Belag.

Between 2 Buns SANDWICHES $
(☎717-1723; www.facebook.com/between2buns bonaire; Kaya Gobernador N Debrot 74; Sandwiches 13–16 US$; ⊙Mo–Fr 7–17, Sa 8–16 Uhr; ᯤ) Wer ein herzhaftes und bekömmliches Frühstück oder Mittagessen will, ist hier genau richtig. Es wird eine große Auswahl an Sandwiches mit frischem Brot serviert. Der perfekte Stopp zwischen zwei Tauchgängen.

El Fogon Latino SÜDAMERIKANISCH $
(☎717-2677; Kaya Nikiboko Zuid 88; Hauptgerichte 6–12 US$; ⊙Mi–Mo 11–23 Uhr) Das Straßencafé hat Tische auf der Terrasse und im luftigen Speisesaal. Auf der Karte stehen einfache, sättigende Gerichte direkt aus Kolumbien, z. B. Grillfleisch und Bratfisch, sowie Inselspezialitäten wie ganze gebratene Schnapper aus der Pfanne. Auch die Dips sind sehr lecker. Das bei den Einheimischen beliebte Lokal liegt am Rande der Stadt an der Straße nach Lac Bay.

Bistro de Paris FRANZÖSISCH $$
(☎717-7070; www.bistrodeparis.com; Harbour Village Marina, Kaya Gobernador N Debrot 71; Hauptgerichte mittags 8–16 US$, abends 10–48 US$; ⊙Mo–Fr 11.30–14.30 & 17–22, Sa 17–22 Uhr) Ein Stückchen Frankreich auf Bonaire, in dem Bistroklassiker aus frischem Fisch und Meeresfrüchten meisterhaft zubereitet werden. Die Veranda ist besonders hübsch und die Weinkarte: *Oh là là*! Diens-

tags gibt's Live-Jazz und mittwochs preiswerte Burger und Rum aufs Haus (die Cola kauft man selber).

Donna & Giorgio's FISCH & MEERESFRÜCHTE $$
(☎717-3799; https://donnagiorgiorestaurant.jouw web.nl; Kaya Grandi 52; Hauptgerichte 10–30 US$; ⌚Mi & Sa 11.30–15, Di, Do & Fr 11.30–15 & 18.30–22 Uhr) Am besten reserviert man im Voraus ein Plätzchen auf der breiten Terrasse dieses beliebten Restaurants und genießt hausgemachte Pasta, gegrilltes Fleisch und frische Meeresdelikatessen. Giorgio bereitet seine Leckereien wie in seiner Heimat Sardinien zu.

★ **Mezze** NAHÖSTLICH $$$
(☎786-8631; www.mezzebonaire.com; Kaya CEB Hellmund; 25–32 US$; ⌚Fr–Di 18 Uhr–spät;) Der Inhaber dieses stilvollen Restaurants mit nahöstlichen Spezialitäten im Süden von Kralendijk begrüßt seine Gäste persönlich und serviert als Appetizer ein köstliches Fladenbrot mit Hummus. Wie die kulinarische Reise weitergeht, ist jedem selbst überlassen, aber besonders lecker sind der Salat mit Shrimps, Roter Bete und Ziegenkäse nach Istanbuler Art sowie das *muhammara* (mit syrischem Paprika, Walnüssen, Kreuzkümmel und Semmelbröseln).

★ **Capriccio Ristorante** ITALIENISCH $$$
(☎717-7230; www.capricciobonaire.com; Kaya CEB Hellmund 5; Pasta 18–25 US$, Hauptgerichte 25–30 US$; ⌚Mi–Mo 18.30–22 Uhr) Direkt aus Italien kommt dieses anspruchsvolle, elegante *ristorante* mit Boutique. Am besten beginnt man mit den verführerischen *cicchetti* (kleine Häppchen) und probiert dann köstliche hausgemachte Pizza oder Pasta (die Kürbisravioli sind hervorragend). Zu den Klassikern unter den Hauptgerichten gehören schonend gegarte Kalbshachse und Hühnchen aus dem Ofen. Begleitet wird das Ganze von einer durchdachten Weinkarte und viel *amore*.

Ausgehen & Nachtleben

★ **Coco Beach Club** BAR
(☎717-1171; www.cocobeachbonaire.com; Kaya Gobernador N Debrot 75; ⌚10–23 Uhr) Bonaires Schickeria scheint diese relativ neue, zweistöckige Strandbar als ihren natürlichen Lebensraum auserkoren zu haben. Tagsüber hängen die Schönen lässig in bequemen Sesseln und schlürfen tropische Cocktails. Vor allem die große Essensauswahl beeindruckt: Zu Mittag gibt's Sandwiches, Salate und Fingerfood, abends riesige Portionen Nudeln, Fisch, Meeresfrüchte und Steak.

Cuba Compagnie BAR
(☎717-1822; www.cubacompagniebonaire.nl; Kaya Grandi 1; ⌚17.30 Uhr–spät) Dieses temperamentvolle Café ist der heißeste Treffpunkt der Hauptstadt, besonders am Donnerstagabend, wenn Salsatänzer ihr Können zeigen. An jedem Abend der Woche ist der Ort voll von fröhlichen Menschen, die an ihren Mojitos nippen und die Fusion-Küche genießen. Der stimmungsvolle Innenbereich ist mit vielseitigen Kunstwerken und alten Fotografien dekoriert, aber der bestuhlte Außenbereich ist ein Muss.

Shoppen

Salt Shop KOSMETIK
(www.bonairesaltshop.com; Kaya Grandi 9; ⌚Mo–Sa 8–18 Uhr) Das beste Souvenir von Bonaire? Meersalz! Dieser kleine Laden bietet Salz zum Kochen (auch Mühlen und Streuer) sowie Bade- und Pflegeprodukte.

ℹ Praktische Informationen

Hospital San Francisco (Fundashon Mariadal; ☎715-8900; Kaya Soeur Bartola 2; ⌚24 Std.) Leistet Versorgung im Notfall.

Postamt (www.fxdc-post.com; Plaza Wilhelmina 11; ⌚Mo–Fr 8–16 Uhr) Einen zuverlässigen Postdienst bietet Flamingo Express Dutch Caribbean.

Touristeninformation (☎717-8322; www.tourismbonaire.com; Kaya Grandi 2; ⌚Mo–Fr 8–12 & 13.30–17 Uhr) Die Mitarbeiter können Fragen zu Unterkünften und Touren beantworten, außerdem wird eine umfangreiche Auswahl an Broschüren geboten.

An- & Weiterreise

Der Flamingo Airport (S. 296) liegt südlich der Stadt, etwa 3 km außerhalb der Stadtmitte von Kralendijk. Obwohl die meisten Resorts keinen Flughafentransfer anbieten, kann man leicht ein Taxi zum Hotel bestellen (Fahrtziele in und um Kralendijk kosten zwischen 10 US$ und 20 US$). Ein Auto kann am oder in der Nähe des Flughafens gemietet werden.

Der Kreuzfahrthafen ist zentral gelegen.

ℹ Unterwegs vor Ort

Die Stadt ist so klein, dass sie sich gut zu Fuß erkunden lässt. Wenn man aber auf der Insel herumkommen will, braucht man ein Auto – oder zumindest ein Fahrrad. Boote nach Klein-Bonaire von **Caribe Water Taxi** (Karel's Water Taxi; ☎700-8080; www.caribewatersport.com; Erw./

Kind 15/10 US$; ⌚ Abfahrt Mo–Sa 10.15, 12.15 & 14.15 Uhr) und **Epic Water Taxi** (Kantika di Amor; ☎ 786-9490, 777-2668; www.watertaxikleinbonaire.com; hin & zurück 20 US$; ⌚ Abfahrt 10, 12 & 14 Uhr) legen von Karel's Beach Bar bzw. vom kleinen Jachthafen gegenüber des It Rains Fishes ab.

Roro (☎ 717-6787; www.rorobonaire.com; Kaya America 21; ⌚ 6–19 Uhr) bietet behinderten- und rollstuhlgerechte Transportdienste.

Nordende

Auf der Suche nach einem Tauchplatz kommt man wahrscheinlich auch in den Norden. Dennoch lohnt es sich, auch einen oder mehrere Tage an Land zu verbringen – man kann den Nationalpark erkunden, in den Hügeln wandern sowie Rincon, die älteste Stadt der Insel, oder einige der kleinen ökologischen und landwirtschaftlichen Initiativen in der Gegend besuchen.

Die zweite Stadt auf Bonaire, Rincon, ist ziemlich schläfrig und sehr alt – noch älter als Kralendijk. Wegen seiner relativen Fruchtbarkeit und seiner versteckten Lage als Schutz vor vorbeisegelnden Piraten beschlossen die Spanier vor mehr als 500 Jahren in diesem Tal ihre Siedlung anzulegen. Rincon wurde zur Heimat von Sklaven, welche die Höfe bewirtschafteten und sich von hier auf den weiten Weg zu ihrer Arbeit in den im Süden gelegenen Salzwüsten machten – von ihnen stammen die meisten heutigen Bewohner ab.
Bis heute hat sich das Dorf eine authentische Inselatmosphäre bewahrt, indem es die Identität Bonaires mit klassischer karibischer Architektur, lebhaften Kulturmärkten, einer verlockenden Küche und einem Erntedankfest feiert.

Sehenswertes

★ Washington Slagbaai National Park NATIONALPARK

(☎ 788-9015; www.stinapabonaire.org; Besucherzentrum 3 US$, Tageskarte 15–40 US$, pro Kalenderjahr 20–45 US$, freier Eintritt mit einem Ticket für den Bonaire National Marine Park; ⌚ 8–17 Uhr, letzter Einlass 14.45 Uhr; 👪) Diese große Wüstenlandschaft, die fast 20 % der Inselfläche umfasst, lässt sich gut zu Fuß, mit dem Fahrrad oder dem Auto (vorzugsweise mit Allradantrieb) erkunden. Am Eingang des Besucherzentrums erhält man eine Karte, außerdem gibt's Exponate zur Ökologie und Geschichte des Parks. Von hier führen zwei Fahrstrecken und zwei Wanderwege durch den vielfältigen Park, vorbei an Salzbecken, Meereslandschaften, einsamen Stränden, Mangroven, Hügeln vulkanischen Ursprungs und fantastischen Aussichten in die Wüste. Und es gibt Kakteen ... sehr viele Kakteen!

An den zwei Rundrouten (24 bzw. 34 km lang) gibt's Möglichkeiten zur Vogelbeobachtung, Tauchstellen und versteckte Strände (viele davon ideal zum Baden und Schnorcheln). Die Straßen sind recht uneben, aber lohnenswert. Rund zwei Stunden einplanen.

Wanderer machen sich am besten frühmorgens auf den Weg. Der 1½-stündige Lagadishi-Rundweg passiert uralte Steinmauern, ein Blasloch an der zerklüfteten Küste und eine Salzpfanne mit Flamingos. Der schwierigere zweistündige Kasikunda-Weg folgt einem anspruchsvollen Aufstieg auf einen Hügel mit weitschweifenden Aussichten. Am Besucherzentrum gibt's einen neuen, kurzen Kinderwanderweg mit Schaukeln.

Der Parkeingang mit Toiletten und einem kleinen Museum liegt 4 km von Rincon entfernt am Ende einer Betonstraße. Viel Wasser mitbringen.

Echo Parrot Sanctuary VOGELRESERVAT

(Kunuku Dos Pos; ☎ 701-1188; www.echobonaire.org; Kaminda Goto; Tour pro Pers. 10 US$; ⌚ Tour Mi. 17 Uhr) Die Gelbschulteramazone ist Bonaires Lieblingsvogel. Allerdings ist die geschwätzige *lora* (ihr hiesiger Spitzname) mit weniger als tausend Exemplaren auf der Insel vom Aussterben bedroht. Die Organisation Echo bemüht sich um den Erhalt des Lebensraumes des Papageien, päppelt verletzte Vögel auf und versucht so, die *lora* vor dem Verschwinden zu bewahren. 2 km westlich von Rincon.

Cadushy Distillery BRENNEREI

(☎ 701-7011; www.cadushy.com; Kaya Cornelis D Crestian; ⌚ Mo, Mi & Fr 10–17 Uhr, und wenn Kreuzfahrtschiffe anlegen) GRATIS Kaktus zu trinken klingt nach einer stacheligen Angelegenheit, ist aber gar nicht so schlimm. Bei einem Besuch dieser kleinen Brennerei erfährt man, wie sich die piksende grüne Pflanze in den leckeren als Cadushy bekannten „Spirit of Bonaire" verwandelt. Probieren kann man ihn in dem von blühenden Gärten und krächzenden Papageien umgebenen schattigen Hof. Oder man besucht den neuen **Laden** (☎717-3456; www.cadushy.com; Kaya Grandi 11; ⏱Di, Do, Sa & wenn Kreuzfahrtschiffe anlegen 10–17 Uhr) in Kralendijk.

Mangazina di Rei MUSEUM
(☎786-2101; Blvd Miguel A Pourier; Erw./Kind 5 US$/frei; ⏱Di–Fr 9–16 Uhr) Etwa 1,5 km östlich von Rincon gelegen, wurde das zweitälteste Steingebäude auf Bonaire als Lagerhaus genutzt. Einst unternahmen Sklaven jede Woche die beschwerliche 10-Stundenreise von den Salzpfannnen im Süden zu diesem Dorf im Norden, um ihre Familien zu sehen und ihre Vorräte aus dem Lagerhaus zu holen. Heute ist hier ein kleines Museum zur Natur, Geologie und Geschichte Bonaires untergebracht, das zeigt, wie sich die Kultur der Insel während und nach der Zeit der Sklaverei entwickelte.

Bonaire Botanical Garden GÄRTEN
(☎777-0508, 770-8853; Kaminda Tras di Montana 9; Erw./Kind 10/5 US$; ⏱9–16 Uhr; 🚻) Alles, was man schon immer über biologisches Gärtnern, Permakultur und Heilpflanzen wissen wollte (und vieles mehr). Manuel Vargas' Gärten sind ein wunderbares Gewirr aus sattem Grün, fließenden Fontänen und skurriler Kunst. Nach der 1½-stündigen Tour wird kostenlos eine Tasse Kräutertee serviert. Liegt etwa 7 km südlich von Rincon.

Gotomeer LAGUNE
(Kaminda Goto) Am Rand des Washington-Slagbaai-Nationalparks gelegen, zieht diese große, im Binnenland liegende Salzwasserlagune besonders während der Brutzeit (Januar bis Juni) Scharen von Flamingos an. Obwohl man diesen gefiederten Freunden nicht zu nahe kommen darf, kann man einige von ihnen für gewöhnlich im Beobachtungsgebiet oder sogar von der Straße aus betrachten. Man nehme die von Rincon aus etwa 4 km nach Westen führende Asphaltstraße.

Essen

Rincon ist der perfekte Ort, um authentisches, köstliches lokales Essen zu probieren – sei es auf dem monatlich stattfindenden Kulturmarkt (Mangazina di Rei; ⏱letzter Sa im Monat 8–14 Uhr) oder in einem der charmanten Restaurants im Dorf.

Thirsty & Hungry KARIBISCH $
(☎782-1737; www.facebook.com/pg/thirstyandhungry; Kaya Gilberto RE Herrera 11; Hauptgerichte ab 5 US$; ⏱Di–So 8–13 Uhr) Dieses hübsche kleine Lokal an der Straße zum Washington-Slagbaai-Nationalpark gibt's seit 2018. In gemütlicher Atmosphäre lassen sich hier heimische Spezialitäten wie frischer Zitronensaft, Stockfisch und Leguansuppe probieren. Wer es konventioneller mag, bestellt Hot Dogs und Hamburger. Die Inhaber sind liebenswürdig und gastfreundlich und wohnen auf demselben Grundstück.

Posada Para Mira KARIBISCH $$
(☎717-2199; Kaya Para Mira; Hauptgerichte 7–20 US$; ⏱Fr–Mo & Mi 11–18 Uhr) Im westlichen Außenbezirk von Rincon liegt dieses wunderbare Restaurant mit lokalen Spezialitäten wie *sopi di yucna* (Leguansuppe) und *stoba di kabritu* (Ziegeneintopf), aber auch weniger einschüchternden Alternativen. Die Uhren gehen hier inseltypisch langsam. Die angenehme Brise, Livemusik und die Aussicht auf kaktusbestandene Hügel versüßen die Wartezeit.

Rose Inn KARIBISCH $$
(☎786-6420, 796-1525; Kaya Guyaba 4; Hauptgerichte ab 10 US$; ⏱Do–So 11–15 Uhr) Ein Lokal mit Tradition, das von Rose selbst geleitet wird. Freundliche Menschen genießen hier mittags lokale Gerichte (Fischeintopf, Ziege, Brathühnchen) an unter Bäumen verteilten Tischen (von denen keiner dem nächsten gleicht). Die Bedienung kann launisch sein, aber das macht einen Teil des Charmes aus. Liegt im Herzen von Rincon und hat ein paar sehr einfache Zimmer für Übernachtungsgäste.

ℹ An- & Weiterreise

Rincon liegt rund 16 km nördlich von Kralendijk. Aus der Kaya Korona wird die Kaminda Gurubu: einfach die Stadt verlassen und weiterfahren.

Südende

Das südliche Ende Bonaires ist flach und trocken und bietet Aussichten, die sich in alle Richtungen über viele Kilometer erstrecken. Nur die enormen Hügel aus glitzerndem weißem Salz unterbrechen den endlosen Horizont. Ja richtig, Salz. Es ist das Produkt der Cargill Solar Salt Works, und weiter südlich sieht man hektarweise Salzbecken, in denen langsam das Meerwasser verdunstet und den salzigen Rückstand hinterlässt. Überraschenderweise ist die Landschaft auf seltsame Art schön – besonders dann, wenn das Wasser verdampft und die Pfannen mit steigendem Salzgehalt 50 Töne von Rosa hervorbringen. Apropos Rosa – man sollte nach den Flamingos Ausschau halten, die zu den Salzbecken strömen.

Abgesehen von den Salzwerken ist der Süden fast menschenleer. Die Küste wird jedoch von steinigen Stränden unterbrochen, von Landmarken aus der Kolonialzeit und der schönen von Windsurfern gesprenkelten Lac Bay, was das Gebiet zu einer faszinierenden Auto- und Radgegend macht.

Sehenswertes

Te Amo Beach STRAND

(👪) Dieser Strand nahe dem Flughafen ist bei Einheimischen wegen seiner schattenspendenden Bäume beliebt. Durch den feinen weißen Sand ist das kurz vor der Küste gelegene Riff leicht zu erreichen Hier steht auch der ausgezeichnete Food Truck Kite City (S. 292), und Kinder haben Spaß beim Beobachten der landenden und startenden Flugzeuge.

Donkey Sanctuary Bonaire TIERSCHUTZGEBIET

(☎560-7607; www.donkeysanctuary.com; Kaya Ir Randolph Statius van Eps; Erw./Kind 9/4,50 US$; ⌚10–16 Uhr) Schon jemals das Gefühl gehabt, von Eseln umgeben zu sein? Auf Bonaire ist das tatsächlich so, denn die Tiere leben auf der Insel in freier Wildbahn. Das große Donkey Sanctuary bietet 700 dieser sanften Geschöpfe sowie ein paar geretteten Flamingos und Schildkröten einen sicheren Hafen. Besucher können auf einer speziellen Pflegestation die Neugeborenen sehen und von einem Wachtturm aus die Herden beobachten. Auf einem Rundkurs trifft man viele Esel und Eselinnen. Wer Karotten mitbringt, wird hier mit Sicherheit neue Freunde finden.

Sklavenhütten & Pyramiden HISTORISCHE STÄTTE

Im 19. Jh. dienten diese Steinhütten den Sklaven in den Salzbecken als Schutz. Die vier 10 m hohen, verschiedenfarbigen Pyramiden an der Küste sind ein weiteres Überbleibsel der niederländischen Kolonialherrschaft: Fahnen in der Farbe einer der Pyramiden signalisierten den Schiffen, an welcher Stelle sie ankern und Salz aufladen sollten.

Aktivitäten

Pink Beach SCHNORCHELN

Gleich nördlich der Sklavenhütten befindet sich der Pink Beach, ein langgestreckter Sandstreifen, der seine Farbe den angespülten Korallen zu verdanken hat. Für ein rei-

TAUCHEN AUF BONAIRE

Bonaires Tauchgebiete befinden sich größtenteils an der Westküste der Insel. Die Nähe des Riffs, das klare Wasser und ein tolles Markierungssystem sorgen für ein unvergleichliches Taucherlebnis. Über die Hälfte der Tauchplätze sind vom Ufer aus erreichbar, und viele Resorts verfügen über eine „hauseigene" Tauchstelle in Küstennähe.

Der von der UNESCO anerkannte Bonaire National Marine Park (S. 286) nimmt die gesamte Küste von Bonaire und Klein Bonaire ein und reicht bis zu einer Tiefe von 60 m. Ingesamt gibt's über 100 ausgewiesene Tauchplätze, die durch gelb angestrichene Felsen markiert sind. Das Schiffswrack der **Hilma Hooker** ist der bekannteste Platz fürs Wracktauchen, und der **Salt Pier** ist wegen seiner fotogenen Schwämme und Korallen beliebt, die an den Pfählen wachsen. Tiefe, Strömungen und andere Faktoren unterscheiden sich von Gebiet zu Gebiet, aber viele der Stellen sind ideal für Tauchanfänger.

Wer auf eigene Faust tauchen will, muss erst ein Eintrittsgeld in den Meerespark von 45 US$ (25 US$ für Schnorchler) zahlen und einen Orientierungs- sowie einen Check-out-Tauchgang absolvieren, um sich mit den Gewichten, den Bedingungen und den Regeln im Park vertraut zu machen.

Empfehlenswerte Tauchanbieter sind u. a. **Buddy Dive Watersports** (☎717-5085; 6 Kaya S Bolivar; ⌚8–18 Uhr), **East Coast Diving** (☎717-5211; www.bonaireeastcoastdiving.com; Fishermens Pier, Kaminda Sorobon; 1-/2-Tank-Tauchgang 65/120 US$) und **Wanna Dive** (☎717-8884; www.wannadive.com; Eden Beach Resort, Kaya Gobernador N Debrot 73; Bootstauchgang ab 30 US$, Nachttauchen ab 40 US$; ⌚9–17 Uhr).

NICHT VERSÄUMEN

LAC BAY

Auf der Südostseite der Insel liegend, ist die große Inlandsbucht ein wichtiger Lebensraum für Grüne Meeresschildkröten und Große Fechterschnecken – und für Windsurfer! Dank der stetigen Passatwinde und der warmen, flachen Gewässer handelt es sich tatsächlich um eines der wichtigsten Reiseziele weltweit, um sich von den Böen treiben zu lassen.

Die Nordseite von Lac Bay wird durch Mangrovenwälder geschützt, wo Vögel im Feuchtgebiet brüten und im Riff lebende Geschöpfe heranwachsen (dies erklärt, warum die Mangrove manchmal als „Kinderstube des Korallenriffs" bezeichnet wird). Sie ist ein Juwel für Paddler und Schnorchler, die im kristallklaren Wasser junge Fische, Seesterne und Schwämme beobachten können. Die an der Nordseite der Bay entlangführende Kaminda Lac ist eine malerische Fahrtstrecke (und eine bei Radfahrern beliebte Route), die Aussichten auf Scharen von Flamingos und dichte Mangroven bietet.

Inmitten des Mangrovenwaldes von Lac Bay liegt das **Mangrove Info & Kayak Center** (☎780-5353; www.mangrovecenter.com; Kaminda Lac 140; Tour 1 Std./2 Std. 27/46 US$, Solarboot 27 US$; ⏲Mo–Sa ab 8.30 Uhr) und bietet geführte Kajaktouren sowie Ausflüge auf einem mit Solarkraft betriebenen Boot an. Bei einem Halt am Infozentrum (das nebenbei bemerkt vollständig durch Wind- und Sonnenkraft betrieben wird) informieren Schautafeln über dieses einzigartige Ökosystem.

nes Sonnenbad zwar ziemlich rau, kann man hier aber erstklassig schwimmen und schnorcheln (und tauchen). Im Süden, am Tauchplatz von Vista Blue, ist der Strand noch besser.

Horse Ranch Bonaire REITEN
(Kunuku Warhama; ☎786-2094; www.horseranchbonaire.com; Kaya Warahama 40; pro Pers. ab 125 US$; ⏲Touren 8 Uhr) Die beliebteste Tour ist hier die Halbtagestour „Ride & Swim", bei der man über schöne Waldpfade und entlang einsamer Strände reitet. Halt gemacht wird auf halber Strecke bei Lac Bay, sodass sich sowohl Reiter als auch Pferd im Wasser abkühlen können. Wer Pferde mag, wird auch den Kick lieben, mit ihnen zu schwimmen.

Kiteboarding Bonaire KITESURFEN
(☎701-5483; www.kiteboardingbonaire.com; Atlantis Kite Beach; Einführungsstunde 165–245 US$, 3-Stunden-Paket 660 US$; ⏲Unterricht 10–13 & 14–17 Uhr) Am Atlantis Kite Beach, wo fast jeden Tag Windgeschwindigkeiten zwischen 17 und 22 Knoten herrschen, kann man das Fliegen lernen. Die Schule wird aus einem bunten Bus heraus betrieben. Es gibt Sitzsäcke, Hängematten und kalte Getränke, wenn Zeit für eine Pause ist. Von Luftkompressoren zum Aufblasen bis hin zu Spinten für persönliche Sachen ist alles vorhanden.

Schlafen

Coco Palm Garden & Casa Oleander APARTMENTS $
(☎717-2108; www.cocopalmgarden.com; Kaya Ir Randolph Statius van Eps 9, Belnem; DZ 66–86 US$;) Coco Palm vermietet verschiedene Zimmer und Apartments in unterschiedlich hell angestrichenen Häusern im Wohngebiet Belnem südlich vom Flughafen. Betten und Grundriss variieren ebenso wie die Ausstattung, aber eine Küche und einen Garten mit Hängematte haben alle. Bachelor Beach ist nur einen Katzensprung entfernt.

Unbedingt beachten: Zum Zimmerpreis kommen die Kosten für die Klimaanlage (15 $ pro Nacht) und die Reinigung hinzu (20 bis 35 US$).

Bellafonte APARTMENTS $$
(☎717-3333; www.bellafontebonaire.com; EEG Blvd 10, Belnem; Studio/Suite ab 155/225 US$;) Mit der Front zum Ozean liegende geräumige, lebendige Studios und Suiten, die alle mit privaten Balkonen, gut eingerichteten Küchen und bequemer Bettwäsche ausgestattet sind. Die Mitarbeiter stellen sicher, dass alle Erwartungen erfüllt werden (einschließlich Empfehlungen für das Abendessen, da es vor Ort kein Restaurant gibt). Ein privater Pier ragt ins Karibische Meer hinein und bildet den perfekten Ort für ein Sonnenbad und zum Schwimmen und Schnorcheln

Sorobon Beach Resort RESORT $$
(☎717-8080; www.sorobonbeachresort.com; Kaminda Sorobon 10; Studio/Apt. ab 165/200 US$;) Da es auf Bonaire nicht viele Strände gibt, gibt's auch kaum Strandresorts. Das Sorobon ist eine der wenigen Übernachtungsmöglichkeiten mit einem Strand direkt vor der Haustür. Palmen, stilles Wasser und Nähe zu Lac Bay gibt's gratis dazu. Die Lage ist traumhaft, die Chalets sind zwanglos und gemütlich und der Service ausgezeichnet. Weiteres Plus: eine tolle Strandbar!

Seit 2018 gehören zehn Apartments (1,5 km vom Resort entfernt) verschiedener Größen zum Sorobon. Alle haben Küchen, Zugang zu einem Magnesiumpool und schöne Aussichten auf Lac Bay.

Essen

★ **Kite City** FOODTRUCK $
(☎782-5100; www.facebook.com/kitecitybonaire; Te Amo Beach; Mahlzeiten 11–15 US$; ⏲11–16 Uhr;) Am besten Foodtruck von Bonaire lässt es sich am schönsten zu Mittag essen. Im Angebot sind scharfe Beefburger, Salate aus dem Fang des Tages, Thunfisch in allen möglichen Variationen sowie Veggie-Wraps und Quesadillas. Alles wird virtuos aus frischen heimischen Zutaten, Ölen und Kräutern zubereitet. Am besten nimmt man sich einen schattigen Tisch am Strand und genehmigt sich eine Limonade oder Sangria.

★ **Hang Out Beachbar** GRILLRESTAURANT $$
(☎717-5064; www.hangoutbeachbar.com; Kaminda Sorobon 12, Jibe City; Tischgrill Erw./Kind 27,50/15 US$; ⏲Mo–Mi 8–19, Do & Fr bis 23, Sa 9–19, So 9–21 Uhr) Windsurfen ist die Lieblingsbeschäftigung in Lac Bay, dicht gefolgt vom Relaxen mit einem tropischen Cocktail in dieser coolen Strandbar mit Blick auf die bunten Segel. Das „Tisch-Barbecue" jeden Donnerstagabend ist besonders beliebt. Dazu gibt's auf jedem Tisch Minigrills, Fleisch und Thunfisch in unbegrenzten Mengen, Ofenkartoffeln, Salat, Brot und Nachtisch.

An- & Weiterreise

Der EEG Boulevard umfasst die ganze Südküste. Er beginnt direkt unterhalb des Flughafens und führt um die Spitze bis hinauf nach Lac Bay. Wer Richtung Lac Bay unterwegs ist: Die direkt aus Kralendijk kommende Hauptstraße Kaminda Sorobon ist schneller. Hier braucht man etwa 15 Minuten, um auf direktem Wege von Kralendijk nach Lac Bay zu kommen. Auf der längeren Route um die Spitze dauert es etwa 40 Minuten.

Die dritte und letzte Straße am Südende der Insel ist die von Belnem nach Lac Bay führende Kaya Ir Randolph Statius van Eps, die die Inselspitze durchschneidet. Unterwegs kommt man am Eselreservat vorbei.

BONAIRE VERSTEHEN

Geschichte

Die Arawak lebten bereits seit Jahrtausenden auf Bonaire, bevor die Spanier im Jahr 1499 die Insel in Besitz nahmen. Nur 20 Jahre später war kein einziger Arawak mehr übrig, da die Spanier die Ureinwohner zur Arbeit in andere Teile des Reiches verfrachtet hatten. Die einzigen Zeugnisse ihrer Kultur auf Bonaire sind wenige Inschriften in abgelegenen Höhlen sowie einige aus der Region stammende Gegenstände, die im Terramar Museum aufbewahrt werden.

Auf dem entvölkerten Bonaire blieb es bis 1634 ziemlich ruhig: in diesem Jahr übernahmen die Holländer die Kontrolle und erbauten zum Schutz des Hafens die Festung Oranje. Die Kolonialherren sahen im Flachland im Süden und in der Salzproduktion die Zukunft. Tausende von Sklaven wurden auf die Insel verschleppt und mussten unter grauenhaften Bedingungen arbeiten. Am Südende Bonaires findet man noch einige verbliebene Sklavenhütten, ebenso wie in Rincon das Mangazina di Rei, zu dem die Sklaven reisen mussten, um ihre Vorräte zu erhalten. Als die Sklaverei im 19. Jh. abgeschafft wurde, schlossen die Salzwerke. Die Bevölkerung – ehemalige Sklaven, Holländische Landbesitzer und aus Südamerika Umgesiedelte – führten bis nach dem Zweiten Weltkrieg bis zur Wiedereröffnung der Salzbecken (in der jetzt Maschinen die harte Arbeit verrichteten) ein ziemlich bescheidenes Leben. Die wiederbelebte Industrie gab, einhergehend mit dem Aufschwung von Tourismus und Tauchsport, der Wirtschaft einen echten Schub.

Inzwischen kühlten sich die Beziehungen zu Curaçao, Hauptinsel der Niederländischen Antillen (NA), ab. Die Einheimischen fühlten sich von ihrem reicheren Nachbarn ignoriert und forderten eine Veränderung. 2008 kam Bonaire als abgelegene, besondere Gemeinde innerhalb der Niederlande wieder unter direkte Holländische Kontrol-

SCHWERE ZEITEN FÜR FLAMINGOS

Der von allen geliebte Rosa Flamingo – auf der Insel auch als *chogogo* bekannt – gilt als Symbol und Nationalvogel von Bonaire. Besucher geraten in Verzückung, wenn sie den rosaroten Vögeln beim Suchen nach Salzkrebsen in den *saliñas* (Salzbecken) der Insel zusehen. Ihre markante Farbe haben die Riesenvögel übrigens ihrer Ernährung durch die Schalentiere zu verdanken. Im Schutzgebiet Pekelmeer (einer von nur vier Brutplätzen in der Karibik) paaren sich 3000 Paare zweimal im Jahr auf eindrückliche Weise. Brutsaison ist im Dezember und dann nochmals über einige Zeit im Juni. Die Weibchen legen normalerweise nur ein Ei.

Leider gibt's seit Kurzem Ärger im Paradies. Zu Beginn des Jahres 2019 wurden in Bonaire über hundert unterernährte Flamingobabys gefunden und ins Schutzzentrum Bonaire Wild Bird Rehab gebracht. Die Auffangstation öffnete 2018 infolge der steigenden Anzahl an kranken Küken. Der genaue Grund dafür lässt sich nur schwer finden. Einige Insulaner nehmen an, dass ungewöhnlich starke Winde die Fütterungsmuster der Vögel durcheinandergebracht haben. Andere wiederum gehen davon aus, dass eine längere Dürre oder die riesigen Mengen an Sargassum-Algen, die in den letzten zwei Jahren in der Karibik an Land gespült wurden, die Nahrungsquellen der Flamingos beeinträchtigt haben. Woran es auch immer liegen mag, als Besucher kann man dazu beitragen, dass sich die Situation nicht verschlimmert, und sogar direkt den Schutz der Flamingos unterstützen.

Am wichtigsten ist es, den Vögeln nicht zu nahe zu kommen. Gelb gestrichene Felsen an den Straßen markieren den Lebensraum der Flamingos und sollten als Grenzlinie respektiert werden. Eine zu große Nähe zu Menschen macht die Tiere nervös und verschwendet wichtige Energie, die für die Futtersuche und möglicherweise die Fütterung und Pflege der Küken gebraucht wird. Auch Lärm und heftige Bewegungen sollten vermieden werden. Wer bei der Rehabilitierung der Küken helfen möchte, kann direkt an Bonaire Wild Bird Rehab (www.mangrovecenter.com/bonaire-wild-bird-rehab) spenden. Zuwendungen werden dankbar angenommen. Das Schutzzentrum selbst kann nicht besucht werden, denn das Ziel ist möglichst wenig Kontakt zu Menschen und die Auswilderung der Vögel. Allerdings gibt's Kameras, über welche die Flamingobabys beobachtet werden können.

le. Diese Einstufung teilte sie mit Saba und Sint Eustatius. Die Niederländischen Antillen wurden 2010 formell aufgelöst.

Natur & Umwelt

Auf Bonaire ist die Landschaft, von wenigen bemerkenswerten Hügeln und Tälern im Norden der Insel abgesehen, öde und zumeist flach. Die Vegetation besteht aus Kakteen und struppigen Bäumen – wegen des Mangels an Wasser und der intensiven Nutzung durch Ziegen, Esel und Nagetiere kann hier nichts wirklich wachsen. Der südliche Teil der Insel ist gekennzeichnet durch seine großen Salzwüsten und die üppigen Mangrovensümpfe um Lac Bay.

Trotz der scheinbaren Trostlosigkeit gibt's auf der Insel eine artenreiche Vogelwelt, zu der der kultige Rosa Flamingo und die Gelbschulteramazone zählen. Weitere Spezies, die man mit Sicherheit auf der Insel ausmachen kann, sind der Zuckervogel/Bananaquit, der Mexikanische Aztekensittich, der Karakara, die Tropenspottdrossel und der Tropial, von den zahlreichen Wasservögeln gar nicht zu reden.

Apropos Wasser – dort ist Bonaire wirklich reich an Leben. Korallenriffe wachsen in Hülle und Fülle auf der windgeschützten Seite der Insel, oft nur wenige Meter vom Ufer entfernt. Hunderte von Fisch- und Dutzende von Korallenarten gedeihen in den klaren, warmen Gewässern. Meeresschildkröten, Delfine und Rochen gehören zu den größten der hier schwimmenden Geschöpfe.

Bonaire hat dank der fehlenden Industrie nur wenige gravierende Umweltprobleme, aber Sorgen gibt's immer. Einer Studie von 2019 zufolge sind die natürlichen Lebensräume der Insel gar nicht so gesund wie bisher angenommen. Bebauung und Überweidung haben an vielen Stellen der Insel zu einer Entwaldung geführt– ein Problem, das sich in den letzten Jahren durch längere Trockenzeiten verstärkt hat.

Das Riff entlang der Küste ist durch den Meerespark geschützt, aber das den Tauchern zugestandene Maß an Unabhängigkeit macht es schwierig, die Bestimmungen durchzusetzen. Ein Gutachten der niederländischen Universität Wageningen von 2019 stufte die Artenvielfalt der Niederländischen Karibik (Bonaire, Saba und Sint Eustatius) als „mäßig ungünstig bis sehr ungünstig" ein. Zu den größten Gefahren für die biologische Vielfalt zählen dem Bericht zufolge die Rinderzucht, invasive Arten, der Klimawandel, Überfischung, die Küstenbebauung, Erosion sowie die Eutrophierung durch Abwasser.

Umweltschützer sorgen sich außerdem um die zunehmenden Touristenströme auf die Insel – 2018 kamen z. B. 130 000 Besucher nach Bonaire. In dieser Zahl sind noch nicht einmal die Kreuzfahrttouristen enthalten; diese brachten es 2019 auf rund 400 000. Meeresexperten sind der Meinung, dass sich die dadurch hervorgerufene Überlastung des Abwassersystems und die riesige Menge an Sonnencreme (Gift für die Korallenriffe) nicht durch die Tourismuseinnahmen rechtfertigen lassen.

PRAKTISCHE INFORMATIONEN

Allgemeine Informationen

BARRIEREFREI REISEN

Obwohl nicht perfekt, ist Bonaire für Reisende mit Einschränkungen ein relativ angenehmes Reiseziel.

Viele Resorts bieten behindertengerechte Zimmer, Restaurants und Docks. Einige Resorts – darunter **Captain Don's Habitat** (S. 285) – verfügen über Personal, das im Umgang mit behinderten Tauchern geschult ist und über umfangreiche Erfahrung im Training und der Führung von Gruppen behinderter US-Veteranen verfügt.

In Kralendijk hat das Kreuzfahrtterminal ebenso eine Rollstuhlrampe wie viele der Bürgersteige im Stadtbereich. **Roro Services** (S. 288) bietet rollstuhlgerechte Transporte und Touren an.

BOTSCHAFTEN & KONSULATE

Deutschland, **Österreich** und die **Schweiz** haben keine Botschaften oder Konsulate auf Bonaire. Zuständig sind die jeweiligen Botschaften im niederländischen Den Haag.

PREISKATEGORIEN ESSEN

Die folgenden Preise beziehen sich auf ein Hauptgericht.

**$** bis 15 US$

**$$** 15–25 US$

**$$$** über 25 US$

ESSEN

Essen. Schlafen. Tauchen. So lautet das Mantra manch eines Gastes auf Bonaire. Von daher trumpft die Insel mit vielen Orten auf, an denen man lecker speisen kann (neben den Orten zum Schlafen und den Tauchplätzen). Alle führenden Resorts besitzen ganz annehmbare Restaurants, aber auch die Innenstadt von Kralendijk ist gespickt mit empfehlenswerten Lokalen, in denen karibische, amerikanische und europäische Küche mit zahlreichen Innovationen geboten wird. Wer lokales Essen probieren möchte, sollte nach Rincon fahren.

FEIERTAGE

Neujahr 1. Januar
Rosenmontag Montag vor Aschermittwoch
Karfreitag Freitag vor Ostern
Ostermontag Montag nach Ostern
Geburtstag des Königs 27. April
Tag der Arbeit 1. Mai
Christi Himmelfahrt Sechster Donnerstag nach Ostern
Bonaire Day 6. September
1. Weihnachtsfeiertag 25. Dezember
2. Weihnachtsfeiertag 26.Dezember

FREIWILLIGENARBEIT

Bonaire ist eine der reicheren Inseln in der Karibik, insofern sind die Möglichkeiten für Freiwilligenarbeit knapp. Es gibt aber ein paar Organisationen, die von der Arbeit engagierter freiwilliger Mitarbeiter abhängig sind.

Animal Shelter Bonaire (☎ 717-4989; www.animalshelterbonaire.com; Kaminda Lagoen 26; ⏲ Mo–Fr 9–12 & 15–17, Sa 9–15 Uhr) Dieser tolle Ort ist auf Freiwillige angewiesen, die bei der Instandhaltung des Tierheims aushelfen, auf den Märkten der Insel für die Adoption der Tiere werben und die betreuten Hunde und Katzen mit Liebe überschütten.

Donkey Sanctuary (S. 290) Die liebevolle Aufmerksamkeit der Besucher gibt den Eseln ein Gefühl von Heimat.

Echo Parrot Sanctuary (S. 288) Dieses dem Schutz der Gelbschulteramazone dienende Vogelreservat ist von Freiwilligen abhängig, die seine Arbeit auf jede denkbare Weise unterstützen: Dazu gehören das Überwachen der Population, die Pflege der Vögel, die Instandhaltung der Fußwege und vieles mehr.

Reef Renewal Foundation (Coral Restoration Foundation; ☎717-5080; https://reefrenewalbonaire.org) Diese beeindruckende Organisation kämpft hart für die Erhaltung und den Schutz der gefährdeten Arten von Geweih- und Elchgeweihkorallen rund um das Riff von Bonaire. Nach Absolvieren eines speziellen Trainings der Professional Association of Diving Instructors (PADI), um Taucher zur Wiederherstellung der Korallen zu werden, können Freiwillige dabei helfen, die vor der Küste liegenden Korallen-Aufzuchtstationen zu unterhalten und gesunde Exemplare in erodierte Gebiete zu überführen.

Sea Turtle Conservation Bonaire (STCB; ☎780-0433, 717-2225; www.bonaireturtles.org; Kaya Korona 53; Schildkrötentour 40 US$) Auf längere Zeit eingesetzte Freiwillige absolvieren eine Ausbildung, um eigenständige „Strandaufseher" zu werden, die alle Strände der Insel überwachen. Von Januar bis April wirbt die STCB Schnorchler an, um bei der im Wasser stattfindenden Untersuchung zu helfen, bei der Meeresschildkrötenarten gezählt, identifiziert und verzeichnet werden.

GELD

Die lokale Währung ist der US-Dollar. Geldautomaten sind fast überall vorhanden. Die meisten Hotels und Restaurants akzeptieren Kreditkarten.

Wechselkurse

Eurozone	1 €	1 US$
Schweiz	1 SFr	1,02 US$

Aktuelle Wechselkurse gibt's auf www.xe.com.

Trinkgeld

Bars und Restaurants Bei gutem Service sollte das Trinkgeld 15 % bis 20 % betragen (abzüglich der Servicegebühr, die manchmal im Rechnungsbetrag enthalten ist).

Tauchführer Bei einem Halbtagesausflug sollte man 10 US$ Trinkgeld geben.

Resorts Auf der Rechnung ist oft eine Servicegebühr in Höhe von 15 % enthalten. Falls nicht, wird ein Trinkgeld in Höhe von 1 US$ bis 3 US$ pro Tag für Ordnung und Sauberkeit empfohlen.

Taxis Ein Trinkgeld in Höhe von 10 % ist üblich.

INTERNETZUGANG

Die meisten Resorts, Hotels und Ferienhäuser verfügen über WLAN.

LGBT-REISENDE

Bonaire ist eine „Sondergemeinde" der Niederlande und beachtet als solche dieselben Gesetze zur Gleichstellung der LGBT-Gemeinde. Auf der Insel ist die gleichgeschlechtliche Ehe legal (allerdings selten).

Andererseits gibt's auf der Insel keine aktive LGBT-Szene. Es gibt keine Bars für Schwule (wie es überhaupt nur wenige Bars gibt), keine Gay-Pride-Feiern und keine Aktivistengruppen. Es ist unwahrscheinlich, dass LGBT-Reisende diskriminiert werden, aber es ist ebenso unwahrscheinlich, dass sie anderen Schwulen oder Lesben begegnen, außer durch Zufall.

MEDIZINISCHE VERSORGUNG

Foundation Recompression Chamber (www.bonairehyperbaric.com; Kaya Soeur Bartola 7; ⌚24 Std.) Sorgt für die Behandlung bei Tauchunfällen, die medizinischen Fachkräfte sind ebenfalls Taucher.

Hospital San Francisco (S. 287) Leistet Versorgung im Notfall.

NOTFALL

Feuerwehr, Krankenwagen, Polizei ☎911

ÖFFNUNGSZEITEN

Folgende Geschäftszeiten sind auf der Insel üblich. Wenn Kreuzfahrtschiffe anlegen, haben meistens auch die Geschäfte geöffnet. Außerhalb der Touristengebiete bleibt sonntags vieles geschlossen.

PRAKTISCH & KONKRET

Fernsehen Das Touristenfernsehen auf Bonaire (Telbo MiTV channel 1 und Flamingo TV channel 60) zeigt kurze Dokumentationen zur Geschichte, Kultur und Natur der Insel.

Maße & Gewichte Es gilt das metrische System.

Radio Bonaire Nu (99.9 Live99FM; www.bonaire.nu) ist ein Radiosender und eine Website auf Papiamentu mit Nachrichten und Unterhaltung.

Rauchen In Bars und Casinos herrscht üblicherweise kein Rauchverbot, in Restaurants gibt's meist ausgewiesene Raucher- und Nichtraucherzonen. An Flughäfen und anderen öffentlichen Gebäuden findet man gekennzeichnete Raucherzonen. In den meisten Hotels und Resorts ist das Rauchen auf den Zimmern verboten, in den Außenanlagen jedoch erlaubt.

Zeitungen Der *Bonaire Reporter* (www.bonairereporter.com) ist eine alle zwei Wochen erscheinende Zeitung, die auf der Insel umstrittene Themen behandelt.

PREISKATEGORIEN UNTERKUNFT

Die folgenden Preise beziehen sich auf ein Doppelzimmer mit eigenem Bad und beinhalten keine Steuern.

**$** bis 75 US$

**$$** 75–200 US$

**$$$** über 200 US$

Banken Montag bis Freitag 9–16 Uhr

Restaurants 11–21 Uhr

Geschäfte Montag bis Samstag 9–12 und 14–18 Uhr

STROM

127V, 50Hz; Stecker und Steckdosen vom Typ A, B und F.

TELEFON

Bonaires Landesvorwahl ist die 599. Um auf Bonaire zu telefonieren, ist die siebenstellige Nummer ohne Vorwahl zu wählen. Um in andere Länder zu telefonieren, wählt man den internationalen Freischaltcode 011, dann die Ländervorwahl und anschließend die Nummer.

Handys

GSM-Mobiltelefone sind mit örtlichen SIM-Karten kompatibel. Auch ein 3G-Netz ist vorhanden. Der größte Anbieter ist Digicel (www.digicelbonaire.com).

UNTERKUNFT

Auf Bonaire gibt's kleine Gästehäuser und Resorts, die größtenteils auf Taucher ausgerichtet sind: Die meisten haben eigene Tauchunternehmen und eigene Tauchplätze genau vor der Küste. In erster Linie findet man diese Unterkünfte in den nördlichen Außenbereichen von Kralendjik sowie einige wenige südlich des Flughafens in Belnem. Die Hauptsaison dauert von Dezember bis April, allerdings steigen die Besucherzahlen (oder die Preise) nicht merklich an.

Die Steuer auf Beherbergungsleistungen beträgt 5,50 US$ bis 6,50 US$ pro Person und Nacht, plus 10 % bis 15 % Dienstleistungsgebühr.

ZEIT

In Bonaire gilt die Atlantische Zeitzone (AST): MEZ minus fünf Stunden, während der Sommerzeit (MESZ) minus sechs Stunden.

An- & Weiterreise

Man kann Bonaire aus der Luft oder mit dem Kreuzfahrtschiff erreichen. Flüge, Autos und Touren lassen sich online buchen bei lonelyplanet.com/bookings.

FLUGZEUG

Der Flamingo Airport (www.flamingoairport.com) liegt unmittelbar südlich von Kralendijk. Direktflüge gibt's von/nach Amsterdam (Niederlande), Houston, Atlanta und Newark (USA), Toronto (Kanada) sowie nach Curaçao und Aruba. Kleine regionale Fluggesellschaften kommen und gehen, aber Divi Divi Air (www.flydivi.com) bietet häufige Dienste nach/von Curaçao ebenso an wie Charter nach Aruba.

ÜBERS MEER

Viele Kreuzfahrtschiffe laufen Bonaire an und machen im Hafen mitten in Kralendijk fest. An Tagen, an denen mehr als ein Schiff im Hafen liegt, ist die Stadtmitte abgesperrt und Tausende von Touristen schwärmen über die Insel. Siehe www.infobonaire.com für den Zeitplan der ankommenden Kreuzfahrtschiffe.

Zwischen Aruba, Bonaire und Curaçao gibt's keine Fährverbindungen.

Unterwegs vor Ort

Auf Bonaire gibt's zwar keine öffentlichen Verkehrsmittel, aber Reiseveranstalter und Tauchershops bieten oftmals Transportdienste an.

AUTO & MOTORRAD

Die meisten internationalen Autovermietungen wie **Budget** (☎ 717-4700; www.budget.com; ⏲ 5–22 Uhr) und **Hertz** (☎ 717-7221; www.hertz.com) sowie kleinere lokale Mietfirmen wie **Pays-Bas Bonaire** (PB; ☎ 717-7424; www.totalbonaire.com) haben Niederlassungen am Flughafen. Andere einheimische Agenturen wie z. B. der wärmstens empfohlene Verleih **AB Car Rental** (☎ 717-8980; www.abcarrental.com; Kaya Industria 31; ⏲ Mo–Fr 7–19, Sa & So bis 20 Uhr) und **Carvenience** (☎ 770-0001; www.facebook.com/carveniencebonaire) befinden sich ganz in der Nähe.

➜ Die Hauptstraßen sind meist in gutem Zustand, aber auf den rauen Straßen im Nationalpark oder zu abgelegenen Punkten an der Ostküste empfiehlt sich ein Fahrzeug mit Vierradantrieb.

FLUGHAFENGEBÜHREN

Die Flughafengebühr beträgt für die meisten internationalen Flüge 35 US$, aber für Flüge nach Aruba und Curaçao jeweils nur 9 US$. Der Betrag ist für gewöhnlich im Ticketpreis enthalten.

- Benzin ist ausschließlich in Kralendijk erhältlich.
- Straßenschilder gibt's nur vereinzelt, sodass man eine Karte oder GPS braucht.
- Gefahren wird auf der rechten Seite, es herrscht Anschnallpflicht und für Motorradfahrer Helmpflicht.

FAHRRAD

Obwohl es auf Bonaire keine Radwege gibt, sind dennoch viele Menschen mit dem Fahrrad am Straßenrand unterwegs, besonders im Süden. Der Verkehr ist normalerweise überschaubar und die Straßen in ordentlichem Zustand. Im Norden gibt's im Washington-Slagbaai National Park Mountainbike-Routen und andere Offroadziele.

Fahrräder sind bei vielen Resorts, Fahrradläden und Touristikunternehmen erhältlich. **Bike Rental Delivery** (☎ 701-1441; www.bikerentalbonaire.com; Cruiser/Mountainbike pro Tag ab 11/13 US$, pro Woche alle Räder 60US$) wird von einem Van aus betrieben, daher der Name.

TAXI

Taxis gibt's am Flughafen und nahe dem Kreuzfahrtterminal. Die Tarife werden von der Inselregierung festgelegt. Eine Fahrt vom Flughafen zu den Resorts rund um Kralendijk kostet 10 bis 15 US$ und zu den Ferienanlagen bei Lac Bay 18 bis 20 US$. **Bonaire Taxi** (☎ 717-3964; www.bonaire taxi.net) ist eine der vielen Taxifirmen auf der Insel. Roro (S.288) bietet rollstuhl- und behindertengerechte Fahrdienste an.

ISTHATITSME/BUDGET TRAVEL ©

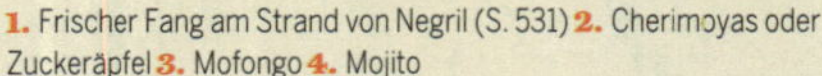

1. Frischer Fang am Strand von Negril (S. 531) **2.** Cherimoyas oder Zuckeräpfel **3.** Mofongo **4.** Mojito

2

GWENGOAT/GETTY IMAGES ©

Essen & Trinken

Fisch & Meeresfrüchte

Ein frisch gefangener, gegrillter und mit Limette beträufelter Fisch ist schon für viele zu einer wunderbaren karibischen Reiseerinnerung geworden. Genauso wie leckerer über Kohle gegrillter Hummer, der mit Knoblauchbutter getränkt wird.

Fleisch & Geflügel

Beim Fleisch hat eindeutig Hühnchen das Sagen: Gemischt mit Reis, wird es auf den spanischen Inseln als *arroz con pollo*, auf Trinidad und St. Kitts als *pelau* serviert. Andere Leibgerichte sind Schweinebraten *(lechón asado)* und Ziegenfleisch *(cabrito)*.

Früchte

Sie stehen für die Karibik: tropische Früchte. Neben den üblichen Verdächtigen wie Papaya muss man auf den Bahamas Cherimoyas – Früchte mit sahnig-saftigem Fleisch und schwarzen Kernen, auf Kuba *anon* genannt – und auf Jamaika die kleinen litschi-artigen *guineps* probieren.

4

Getränke

Minzige Mojitos und erfrischende Daiquiris auf Kuba, zuckriger Ti Punch auf Martinique und feinfruchtiger Goombay Smash auf den Bahamas sind nur ein paar der Drinks im Angebot. Es ist wohl keine Überraschung, dass sie alle Rum enthalten: In der Karibik wird der weltbeste hergestellt. Und neben den Klassikern wie Cuba Libre oder Piña Colada, kann ein siebenjähriger *añejo* auf Eis der Himmel im Glas sein.

FÜR FEINSCHMECKER

Jerk Jamaikas Grillklassiker – würzig mariniertes Fleisch mit einer feurigen Soße gibt's in vielen Variationen.

Roti Ein leckeres und allgegenwärtiges (südasiatisches) Fladenbrot, gefüllt mit Fleisch- oder Gemüsecurry und mehr.

Mofongo Ein Mantel aus Kochbanane umhüllt Meeresfrüchte oder Steak bei diesem puerto-ricanischen Klassiker.

Callaloo Scharfe Suppe mit Okra, Fleisch, Blattgemüse und Peperoni.

Britische Jungferninseln

☎1-284 / 28 000 EW.

Inhalt ➜

Gut essen

- Lady Sarah's (S. 304)
- Hog Heaven (S. 313)
- CocoMaya (S. 312)
- D'Coalpot (S. 309)
- Wonky Dog (S. 320)
- Foxy's Taboo (S. 317)

Schön übernachten

- Anegada Beach Club (S. 319)
- Guavaberry Spring Bay Homes (S. 312)
- Heritage Inn (S. 308)
- Oil Nut Bay (S. 314)
- Carrie's Island Comfort Inn (S. 308)

Ab auf die Britischen Jungferninseln!

Die Britischen Jungferninseln (BVI) gehören zum Hoheitsgebiet Seiner Majestät, des Königs von Großbritannien, doch abgesehen von ein paar Fish-'n'-Chips-Buden fällt nur wenig als offensichtlich britisch auf. Ein Großteil der Reisenden kommt hierher, um zu segeln und sich zwischen den mehr als 50 Inseln treiben zu lassen. Mit den steten Passatwinden, geschützten Buchten und Piratenschiff-Bars zählt der Archipel zu den besten Segel-Hotspots der Welt.

Tortola, die Hauptinsel, ist bekannt für ihre Vollmondpartys und exzellentes Segeln. Milliardäre und Jachtbesitzer schwärmen von Virgin Gorda und ihren magischen Felsen. Anegada schwebt in einem entlegenen Riff und bietet jedem eine Hängematte, der es mit dem Abschalten ernst meint. Und wer kann schon der kleinen Jost Van Dyke widerstehen, der „Barfußinsel", wo die Hauptstraße ein Strand ist, über den Calypso-Musik weht?

Die Inseln haben ihren ganz eigenen Charme und sind trotz all der schicken Schiffe und Promis touristisch vergleichsweise unentwickelt.

Reisezeit

Mitte Dez.–April Hauptsaison: tolles Wetter, es ist alles geöffnet und die Segelsaison ist in vollem Gange.

Mai & Juni Es ist immer noch alles geöffnet, doch es sind weniger Leute hier, die Preise fallen und für Segler gibt's mildere Winde.

Nov. Die Inseln sind üppig vom Sommerregen, es sind sehr wenige Leute unterwegs und die Hummersaison startet wieder.

Highlights

1 The Baths (S. 311) Bei Sonnenaufgang um die gewaltigen Felsbrocken und durch Grotten waten.

2 Bootstouren (S. 313) Selbst um die Inseln segeln oder eine Tagestour mit dem Glasbodenboot machen.

3 Anegada (S. 318) Hummer zum Abendessen genießen, Flamingos suchen und auf einer entlegenen Insel von der Welt abschalten.

4 Wrack der Rhone (S. 322) Beim Schnorcheln oder Tauchen das Schiffswrack bei Salt Island erkunden.

5 White Bay (S. 316) Einen Painkiller kosten und das Ring-Spiel lernen.

6 Josiah's Bay (S. 309) Zuerst den ganzen Tag lang den Surfstil perfektionieren, dann an diesem dramatischen Strand entspannen.

7 Cane Garden Bay (S. 307) An den lebhaften Strandbars barfuß zu Reggae-Beats tanzen.

TORTOLA

Zwischen steilen Gipfeln und mit Bougainvilleen bewachsenen Hügeln passiert eine Menge. Man kann surfen lernen, sich die Feuerjongleure bei einer Vollmondparty ansehen, zu Schiffswracks tauchen und zwischen kleinen Inseln der Umgebung segeln.

Mehr als 80 % von den 28 000 Bürgern der Jungferninseln leben und arbeiten auf Tortola. Es ist das Regierungs- und Wirtschaftszentrum sowie die Drehscheibe für Flugzeug- und Fährverkehr. Außerdem ist es die Zentrale für Jachtcharter in der Karibik. Neben dem geschäftigen Road Town warten kultige Strände und westindische Siedlungen mit regionalem Charme.

An- & Weiterreise

FLUGZEUG

Der **Terrance B. Lettsome Airport** (S. 327) ist zwar der Hauptflughafen der Britischen Jungferninseln, doch hier landen nur Flüge aus der Karibik. Die überwiegende Mehrheit der Besucher kommt mit einem Anschlussflug aus San Juan, Puerto Rico, hier an. Der Flughafen liegt auf Beef Island und ist durch eine Brücke am Ostende der Insel mit Tortola verbunden. Er liegt eine 25-minütige Fahrt von Road Town entfernt; ein Taxi kostet 27 US$.

SCHIFF/FÄHRE

Tortola ist das Hauptverkehrszentrum für Fähren zu den übrigen Jungferninseln. Der Haupthafen befindet sich in Road Town, von wo Fähren nach Virgin Gorda, Anegada und zu den Amerikanischen Jungferninseln Charlotte Amalie oder Red Hook (St. Thomas) verkehren. Es gibt kleinere Anlegestellen in West End (für Fähren nach Jost Van Dyke) und in Trellis Bay/Beef Island (für Schiffe nach Virgin Gorda und Anegada).

Road Town

Die Hauptstadt der Jungferninseln ist nichts Besonderes – es gibt keine bedeutenden Sehenswürdigkeiten oder grandiose Natur. Andererseits ist an Road Town auch nichts wirklich schlecht (abgesehen vom Verkehr vielleicht). Hier kann man einen Tag oder eine Nacht verbringen, und die meisten Besucher machen genau das, wenn sie hier ihr Boot chartern oder eine der Fähren zu den entlegeneren Inseln nehmen.

Sehenswertes

Tortola Pier Park STADTVIERTEL

(www.tortolapier.com; Wickhams Cay 1; ⌚9–18 Uhr) Direkt am Anleger für Kreuzfahrtschiffe stehen hier bunte Häuser mit violetten Dächern, randvoll mit Souvenirläden, Kleidungs- und Schmuckboutiquen, Bars, Restaurants und Tourenanbietern.

JR O'Neal Botanic Gardens PARKS & GÄRTEN

(Ecke Botanic Road & Main St; Erw./Kind 3/2 US$; ⌚8–16.30 Uhr) Dieser romantisch verwilderte botanische Garten bietet auf 16 000 m² eine schattige Zuflucht von Road Towns Hitze und Tohuwabohu. Unter einheimischen und exotischen tropischen Pflanzen stehen Bänke, es gibt einen Seerosenteich, einen kleinen Regenwald, einen Kaktushain und einen Kräutergarten. Etwa zwei Blocks nördlich vom Hauptkreisverkehr der Stadt.

Geführte Touren

Tagsüber gibt's jede Menge Segelboote. Die meisten fahren gegen 9.30 Uhr ab und kehren bis 16.30 Uhr zurück, wobei sie als Ziele eine Kombination aus den Baths, Cooper Island, Peter Island, Salt Island, Norman Island und The Indians anlaufen. Man kann sich auch für Kurse anmelden, um segeln zu lernen.

★ **Sailing Virgins** BOOTSTOUREN

(☎415-619-2704; www.sailingvirgins.com; Village Cay Marina) Die meisten Segler auf den Britischen Jungferninseln steuern auf den Ruhestand zu (wenn sie ihn nicht schon genießen), weshalb diese auf Millennials ausgerichtete Schule eine erfrischende Abwechslung ist. Von der Village Cay Marina bietet Sailing Virgins eine Segeleinführung für Anfänger mit einwöchigen Tauchsafariprogrammen. Es gibt auch Fortgeschrittenenkurse mit Segelscheinen der American Sailing Association (ASA).

Kuralu Charters BOOTSTOUREN

(☎499-1313; www.kuralu.com; Village Cay Marina; Tagestouren Erw./Kind 125/65 US$) Einen Tag auf der *Day Dream* verbringen, einem 13 m langen Katamaran, der zum Schnorcheln und zu kurzen Touren nach Salt, Peter und Cooper Island oder nach Norman Island und den Caves einlädt. Die Preise beinhalten Schnorchelausrüstung, Mittagessen sowie eine offene Bar mit Rumpunsch und Bier.

Aristocat Charters BOOTSTOUREN

(☎499-1249; www.aristocatcharters.com; Village Cay Marina; Tagestouren Erw./Kind 125/62 US$) Die *Sugar Rush*, ein 14-Meter-Segelkatamaran, lädt für einen Tag zum Inselhopping

Road Town

Road Town

Sehenswertes
1 JR O'Neal Botanic Gardens A1
2 Tortola Pier Park D3

Aktivitäten, Kurse & Touren
3 Aristocat Charters C2
4 Kuralu Charters C2
5 Sailing Virgins C2

Schlafen
6 Maria's by the Sea C3
7 Village Cay Hotel & Marina C2

Essen
8 Capriccio di Mare B4
9 Dove B4
10 Island Roots C3
11 Lady Sarah's B4
12 Ruby Roti Queen Restaurant B3

Ausgehen & Nachtleben
13 Dockside Bar C2
14 Pusser's Pub C4

Shoppen
Pusser's Company Store .... (siehe 14)
Serendipity Books .... (siehe 12)

und Schnorcheln ein. Das Boot hat ein riesiges schattiges Cockpit und große „Trampoline“ am Bug, die sich zum Sonnenbaden eignen. Die Preise beinhalten Schnorchelausrüstung, Paddelbretter, ein Mittagsbüfett und eine offene Bar.

Feste & Events

BVI Emancipation Festival KULTUR

(www.bvitourism.com; Ende Juli–Anf. Aug.) An diesem Tag wird der Emancipation Act gefeiert, mit dem 1834 die Sklaverei auf den

Britischen Jungferninseln abgeschafft wurde. Zu den Attraktionen zählt alles Mögliche, von Misswahlen bis zu den „Rise and Shine Tramps" (laute Paraden, angeführt von Reggae-Bands, die hinten auf einem Wagen stehen; los geht's um 3 Uhr morgens). Die Veranstaltungen finden an verschiedenen Locations statt.

BVI Spring Regatta SEGELN
(www.bvispringregatta.org; Ende März–Anf. April) Eine der größten Partys der Karibik: sieben Tage voller Bands, Boote und Bier.

Schlafen

Village Cay Hotel & Marina HOTEL $$
(494-2771; www.villagecaybvi.com; Wickhams Cay 1; Zi. 135–260 US$;) Mitten in Road Town mit Blick auf den Jachthafen in der Bucht kann man im Village Cay hervorragend absteigen, vor allem, wenn man sich mit anderen Seglern austauschen will. Die 23 Zimmer, Suiten und Condos bieten erstklassige Ausstattung zu günstigeren Preisen als anderswo in der Stadt. Schnell ausgebucht. Auf jeden Fall sollte man auf einen Drink im Bar-Restaurant am Pier reinschauen.

Maria's by the Sea HOTEL $$
(494-2595; www.mariasbythesea.com; Wickhams Cay 1; Zi. 170–260 US$;) Das Maria's liegt am Hafen (ohne Strand) und bietet eine weitläufige Anlage mit einem schönen Pool und einem Sonnendeck, um dem Schiffsverkehr zuzusehen, ist aber sonst nicht bemerkenswert. Fast alle Besucher steigen hier wegen der günstigen Lage ab. Viele Zimmer haben einen Balkon und eine Miniküche. Die Räume im Originalflügel sind ein bisschen kleiner als die im neuen Flügel, aber alle verfügen über eine moderne, geschäftsmäßige Einrichtung.

Hummingbird House B&B $$
(499-4326; www.hummingbirdbvi.com; Pasea; EZ/DZ 193/217 US$;) Fliesenböden, Batikdekor und flauschige Handtücher gehören zum Inventar der vier geräumigen Zimmer im Hummingbird, das seit vielen Jahren von der britischen Expat Yvonne geleitet wird. Das Frühstück mit warmen Speisen wird am Pool serviert. Das Haus befindet sich im grünen Stadtteil Pasea, 25 Gehminuten oder 5 US$ mit dem Taxi nordöstlich von der Stadt entfernt. Da es nahe der Moorings liegt, übernachten hier viele Segler.

Essen

★ **Lady Sarah's** CAFÉ $
(541-8011; www.facebook.com/ladysarahsbvi; 60 Main St; Hauptgerichte 10–15 US$; Mo–Fr 8–15.30 Uhr;) Dieses herrlich schrullige Café ist voller Kunst (die Bar besteht aus einem hochmodernen Tata-Truck, die Leuchten sind aus Einmachgläsern hergestellt) und serviert Gerichte mit Zutaten, die auf seiner Farm angebaut oder von örtlichen Bauern und Fischern bezogen werden. Das Ergebnis: Alle möglichen Kreationen – von Fischfrikadellen aus Salt Island über *conch*-Tacos bis hin zu zarter Crème brûlée mit Rumbeeren. Auf Facebook steht die Speisekarte mit den Tagesgerichten mit frischen Speisen vom Bauernhof.

Island Roots CAFÉ $
(343-8985; Main St; Hauptgerichte 8–14 US$; Mo & Di 7.30–15, Mi–Sa 7.30–15 & 17–24 Uhr;) Dank des guten Kaffees, reichhaltigen englischen Frühstücksvarianten und frisch gebackenen Leckereien ist dieses reizende Café eine der beliebtesten morgendlichen Anlaufstellen in Road Town. Es befindet sich im ehemaligen Zollhaus und dient zugleich als Galerieraum für örtliche Künstler.

Ruby Roti Queen Restaurant KARIBISCH $
(343-7149; Main St; Hauptgerichte 7–15 US$; Mo–Sa 8–19 Uhr) Durchaus möglich, dass Ruby in ihrem winzigen Restaurant mit den fünf Tischen über Serendipity Books die besten *roti* dieser Inseln macht. Die feurig scharfe Soße passt hervorragend zu den mit Huhn, Ziege, Shrimps oder Kichererbsen gefüllten Fladenbroten. Am Eingang hängen Blumengirlanden, im Fernsehen laufen Bollywood-Filme und aus der Küche duften Töpfe mit *dal* (gewürzten Linsen), Kürbis und Auberginen.

Capriccio di Mare ITALIENISCH $$
(494-5369; Waterfront Dr; Hauptgerichte 10–18 US$; Mo–Sa 8–21 Uhr) Das italienische Café auf der Veranda eines traditionellen karibischen Hauses gegenüber dem Fähranleger zieht sowohl Einheimische als auch Touristen an. Zum Frühstücksangebot gehören Kuchen und Cappuccino. Mittags und abends werden Salate, Pasta und Pizza serviert und dazu eine Menge Weine angeboten.

★ **Dove** FRANZÖSISCH $$$
(494-0313; http://dove-restaurant.com; 67 Main St; Hauptgerichte 28–42 US$; Mo–Fr Mit-

tagessen 12–15, Happy Hour 16–18, Abendessen 18–22 Uhr;) Ohne Zweifel ist das gemütliche Dove mit französischer Atmosphäre das so ziemlich beste Restaurant der Stadt. Die Karte wechselt, aber vielleicht gibt's Ente mit Pistazienkruste, gebratene Jakobsmuscheln, Wurstplatten und sogar Foie-gras-Parfait. Leichtere Speisen und Tapas werden oben in der **Dragonfly Lounge** serviert. Und dann ist da noch der Wein: Die Weinkarte im Dove ist angeblich die umfangreichste der Britischen Jungferninseln.

Ausgehen & Nachtleben

Dockside Bar BAR
(494-2771; www.villagecaybvi.com; Village Cay Marina; 7–21.30 Uhr) Ein guter Platz für einen entspannten Drink mitten unter den Charterbootcrews und Geschäftsleuten aus der Region. Freitag- und Samstagabend gibt's in dem weitläufigen Bar-Restaurant unter freiem Himmel an der Village Cay Marina Livemusik.

Pusser's Pub PUB
(494-3897; www.pussers.com; Waterfront Dr; Hauptgerichte 12–24 US$; 11–22 Uhr) In dem nautisch dekorierten englischen Pub gibt's an Tischen mit Messingeinfassung Rum, der bei Touristen für gute Stimmung sorgt. Auf der Karte stehen Burger, Sandwiches, Fish 'n' Chips – alles Gerichte, die beim Neutralisieren des Alkohols helfen.

Shoppen

Pusser's Company Store SOUVENIRS & GESCHENKE
(494-2467; www.pussers.com; Main St; Mo–Sa 9–19, So bis 17 Uhr) Im Laden neben dem Pusser's Pub werden Bekleidung und Accessoires mit dem Logo sowie Flaschen mit Pusser's Rum verkauft, der seit mehr als 300 Jahren auf den Schiffen der Marine Seiner Majestät ausgeschenkt wird.

Praktische Informationen

Peebles Hospital (494-3497; www.bvihsa.vg; Main St; 24 Std.) Alle Notfalldienste.

Post (468-5160; James Walter Francis Hwy; Mo–Fr 9–15.30, Sa bis 12 Uhr)

Touristeninformation (www.bvitourism.com; Main St; 8–19 Uhr) Im winzigen Büro am Fährterminal gibt's eine kostenlose Straßenkarte und den *BVI Welcome Guide*.

An- & Weiterreise

Der Terrance B. Lettsome Airport (S. 327) liegt eine 25-minütige Fahrt östlich von Road Town. Ein Taxi kostet 27 US$.

AUTO

Die Preise für Mietwagen fangen bei 50 US$ pro Tag an. **Itgo Car Rental** (494-5150; www.itgobvi.com; Wickhams Cay 1; Mo–Sa 8.30–17 Uhr) ist ein häufig genutzter, unabhängiger Anbieter am Wickhams Cay 1. **Avis** (494-4169; www.avis.com), **Hertz** (495-6600; www.hertz.com) und **National** (495-2626; www.

ABSTECHER

NANNY CAY

Westlich von Road Town schmiegen sich die Straßen an die Küste, führen an Jachthäfen und Resorts in Buchten vorbei und bieten reichlich Gelegenheit zu Aktivitäten im Wasser und in der Natur. Die Hauptattraktion der Gegend ist die kleine Insel Nanny Cay, die ursprünglich aus drei Inseln namens Big Cay, Little Cay und Miss Peggy Cay bestand.

Diese wurden in den 1970er-Jahren zu einer Landmasse vereinigt, die heute vom **Nanny Cay Resort & Marina** (394-2512; www.nannycay.com; Zi. 155–200 US$;) dominiert wird. In erster Linie wird Nanny Cay von Seglern und Geschäftsleuten und weniger von Urlaubern genutzt, trotz des „Resorts" im Namen. Das Hotel verfügt über 40 zweckdienliche Zimmer mit Kochnischen und Balkons. Zwei Restaurants, ein Jachthafen, ein Strand und ein Minimarkt zählen zu den weiteren Einrichtungen, die auch Nichthotelgäste nutzen können.

Blue Water Divers (494-2847; www.bluewaterdiversbvi.com; Nanny Cay Marina; 2-Flaschen-Tauchgang 130 US$, Einführung Scuba-Tauchen 140 US$; 8–17 Uhr) ist ein von der Professional Association of Diving Instructors (PADI) zertifizierter Tauchshop mit drei Booten, die zu guten Tauchplätzen fahren. Der Anbieter führt auch PADI-Kurse durch, z. B. eine Einführung ins Scuba-Tauchen für Anfänger. Ein Taxi zwischen der Stadt und Nanny Cay kostet 15 US$.

nationalcar.com) haben in der Stadt ebenfalls Büros.

SCHIFF/FÄHRE

Der Fähranleger von Road Town ist ein geschäftiger Verkehrsknotenpunkt für verschiedene Fähren von/zu den folgenden Zielen:

Anegada Montag, Mittwoch und Freitag zweimal täglich (hin und zurück 55 US$, 1½ Std.), mit Road Town Fast Ferry (S. 328).

Charlotte Amalie, St. Thomas Drei- oder viermal täglich (eine Strecke 40 US$, 1 Std.), mit Road Town Fast Ferry und Native Son (S. 328).

Red Hook, St Thomas Ein- oder zweimal täglich (eine Strecke 40 US$, 45 Min.), mit Native Son.

Virgin Gorda Etwa stündlich (eine Strecke 20 US$, 30 Min.), mit Smith's (S. 328), Speedy's (S. 328) und Sensation (S. 329).

Alle, die keinen Wohnsitz auf den Britischen Jungferninseln haben und einreisen, müssen bei ihrer Ankunft eine „Umwelt- und Tourismusabgabe" in Höhe von 10 US$ entrichten.

TAXI

Taxis stehen am Fährterminal und am Crafts Alive Market. Alternativ kann man die BVI Taxi Association (S. 330) anrufen. Festpreise pro Person von der Innenstadt zu folgenden Zielen:

Apple Bay 27 US$
Cane Garden Bay 24 US$
Nanny Cay 15 US$
Wickhams Cay 2 5 US$

West End

Das West End ist für seinen verschlafenen kleinen Fährhafen mit Verbindungen nach Jost Van Dyke bekannt. Im Lauf der Geschichte war Soper's Hole der wichtigste Anlaufpunkt, der im 16. Jh. als berüchtigter Piratenschlupfwinkel diente. Heute befindet sich hier ein größerer Ankerplatz mit einem Jachthafen und einem pastellfarbenen Gebäudekomplex, der einst mehrere Bars und Restaurants beherbergte, sich aber nach den Hurrikans von 2017 nur sehr langsam erholt hat.

Sehenswertes & Aktivitäten

Smuggler's Cove STRAND

Ganz in der Nähe der Nordwestspitze der Insel erstreckt sich die Schmugglerbucht, ein wundervolles Fleckchen Sand, das im Vergleich zu den Nachbarn relativ einsam ist, weil der Zugang über eine halsbrecherische schmale Straße voller Schlaglöcher führt. Allerdings finden gelegentlich Kreuzfahrtschiffe ihren Weg hierher. An Nigels Imbissstand bekommt man Bier und kann Strandliegen mieten. Außerdem gibt's gute Schnorchelmöglichkeiten und ein mobiles Klohäuschen.

Island Surf & Sail WASSERSPORT

(☎ 345-0123; www.bviwatertoys.com; Soper's Hole Marina) Dieser Anbieter verleiht alle möglichen Bretter (Surf- und Stand-up-Paddelbretter), Angel- und Schnorchelausrüstung sowie Akustikgitarren zum Jammen am Strand. Am besten kontaktiert man diesen Ausstatter online, da der Standort in Soper's Hole zum Zeitpunkt der Recherche im Wandel begriffen war.

Essen & Ausgehen

Omar's Fusion INTERNATIONAL $$

(☎ 495-8015; https://omarfusion.com; Soper's Hole; Hauptgerichte 17–28 US$; ⏲ Nov.–Aug. 11–22 Uhr) Dieses gehobene Lokal, die neuere (und nettere) Filiale des nahe gelegenen **Omar's Café** (www.omarscafebvi.com; Soper's Hole; Hauptgerichte 7–14 US$; ⏲ 7–14 Uhr; 📶), ist auf Fusion-Küche von karibischen und indischen Gerichten spezialisiert, die weit über die Standard-*roti* hinausgehen. Hier genießt man Vindaloo-Lamm, während am Nachbartisch eine Jerk-Chicken-Pizza serviert wird. Ein guter Ort, um mit anderen Seglern in Kontakt zu treten.

Nigel's Boom Beach Bar BAR

(www.facebook.com/Nigelboomboom; Smuggler's Cove; ⏲ 10–17 Uhr) Am weißen Sandstrand von Smuggler's Cove bietet diese Hütte einen Schattenbereich unter einer Abdeckplane. Hier sind Bier, Schnaps und Hot Dogs sowie zwei Tagesgerichte (normalerweise mit Huhn oder Shrimps; 17–22 US$) erhältlich. Man kann auch Schnorchelausrüstung (13 US$ pro Tag) und Paddelbretter oder Kajaks (50 US$ pro Stunde) ausleihen. Einen Marker mitbringen, um wie alle anderen Gäste eine Nachricht auf den Treibholzwänden zu hinterlassen.

An- & Weiterreise

Da der **Fähranleger** (https://bviports.org/facilities; Sir Francis Drake Hwy) am Soper's Hole während der Hurrikans von 2017 beschädigt wurde, verkehren die Boote hier jetzt nur noch von und nach Jost Van Dyke. Für Segler gibt's immer noch Zoll- und Einwanderungseinrichtungen, aber sonst kaum etwas (weder Geschäfte noch Lebensmittel – nicht einmal einen schattigen Wartebereich). Fähren nach Cruz Bay und Red Hook auf den Amerikanischen Jungferninseln dürften mittlerweile wieder fahren.

New Horizon Ferry (S. 329) fährt nach Jost Van Dyke (eine Strecke 20 US$, 25 Min., 5-mal tgl.); nur Bargeld.

Man kann sich nicht mehr darauf verlassen, dass die Taxis am Fährterminal warten, weshalb man die West End Taxi Association (S. 330) am besten im Voraus anruft. Wer selbst fährt, steuert das nahe gelegene **Denzil Clyne Jeep & Car Rentals** (☎ 495-4900; www.denzilclynerentals.com; Sir Francis Drake Hwy; ⏲ 8–16.30 Uhr) an. **Ocean Dreams Water Taxi** (☎ 340-998-6720, 345-1242; www.oceandreamswatertaxi.com; Soper's Hole) bietet Gruppentransfers zwischen dem West End und den Amerikanischen Jungferninseln.

Rund um die Cane Garden Bay

Mit ihrem türkisblauen Meer und den steilen, grünen Hügeln sieht die Cane Garden Bay aus, als sollte man Lieder über ihre Schönheit singen, und genau das hat Jimmy Buffett 1978 mit *Mañana* getan. Der 1½ km lange Strand ist ein wahr gewordener Traum und die vielen Rum-Bars und Restaurants machen ihn zu Tortolas beliebtester Partyzone.

Südlich der Cane Garden Bay erstrecken sich mehrere malerische Buchten. Zwischen Ansammlungen von Ferienhäusern liegen kleine westindische Siedlungen. Wer hier unterkommt, wohnt zwischen Einheimischen.

Sehenswertes

★ Sage Mountain National Park — PARK

(Sage Mountain Rd; ⏲ Sonnenauf- bis Sonnenuntergang) Mit 523 Metern ist der Sage Mountain höher als jeder andere Berg auf den Jungferninseln. Sieben Pfade durchkreuzen den umliegenden, 37 Hektar großen Park, darunter der Hauptweg, der vom Parkplatz ausgeht und sich durch das üppige Grün hinauf zu einem Picknickplatz schlängelt. Von dort kann man auf dem zentralen Pfad weitergehen und auf dem nördlichen Pfad zurückkehren, wenn man eine Runde laufen möchte (auf Schlamm einstellen). Die Eintrittsgebühr beträgt 3 US$, wurde aber seit Jahren von niemandem mehr eingesammelt.

Im feuchten und nassen Park leben kleine Frösche und Eidechsen. Die sechs Meter hohen Farnbäume und anderen Gewächse sehen aus, als stammten sie aus dem Zeitalter der Dinosaurier. Für die Wanderung sollte man zwei Stunden einplanen. Statt zu wandern, kann man sich auch einfach zu den Aussichtsplattformen abseits des Parkplatzes begeben und den Blick auf die Amerikanischen und Britischen Jungferninseln genießen.

Jim Cullimore, Besitzer des Souvenirladens und Restaurants **Mountain View** (9–15 Uhr) am Ausgangspunkt des Wanderweges, ist eine Quelle des Wissens in Bezug auf den Park. Wer etwas kauft, erhält eine Karte und Tipps zu den Wanderwegen.

★ Cane Garden Bay — STRAND

Womöglich ist man nur zu den Britischen Jungferninseln gereist, weil man die Cane Garden Bay auf einer Postkarte gesehen hat. Die sanft abfallende, halbmondförmige Sandbucht bietet zahlreiche Strandbars und Wassersportanbieter, die Kajaks und Paddelbretter vermieten. An diesem beliebten Ankerplatz für Jachten geht's zu wie in einem Irrenhaus, wenn die Kreuzfahrtschiffe in Road Town ankommen und Passagiere für einen Tag angekarrt werden. Es ist der Hauptpartystrand der Insel, doch seine Schönheit und positive Atmosphäre ist unbestreitbar. In den Bars spielen oft Livebands.

Brewers Bay — STRAND

(👪) In der schattigen, von Bäumen gesäumten Brewers Bay kann man gut schnorcheln. Hier ist es entspannter als in der Cane Garden Bay – wahrscheinlich, weil die Haarnadelkurven auf dem Weg so steil sind, dass die Bremsen rauchen. **Nicole's Beach Bar** (⏲ 10–22 Uhr) bietet Toiletten, vermietet Liegestühle und Schnorchelausrüstung (kein Festpreis; hart verhandeln) und bietet Essen und Getränke. Alle anderen Einrichtungen hier wurden von den Hurrikans 2017 zerstört und waren zum Zeitpunkt der Recherche noch nicht wieder aufgebaut. Wenn vor Ort ein Kreuzfahrtschiff ankert, halten sich mehr Familien am Strand auf, aber sonst ist es wunderbar leer.

Apple Bay — STRAND

Die Apple Bay ist lang und schmal und als „Surferstrand" bekannt, vor allem von Ende Dezember bis März, wenn die regelmäßigen Wellen kommen. Dies ist kein Standardstrand mit Liegestühlen, an dem man schwimmen und sonnenbaden kann. Hier sieht man eher gutgebauten Leuten dabei zu, wie sie auf den Wellen reiten. Leider wurden viele der baufälligen Strandbars, darunter das berühmte Bomba Shack, durch die Hurrikans 2017 zerstört und sind noch nicht zurückgekehrt.

Auf vielen Karten umfasst die Apple Bay auch die Cappoons Bay.

North Shore Shell Museum MUSEUM
(☎343-7581; Carrot Bay; mit Spende; ⊙unterschiedl. Öffnungszeiten) Eher eine Folk-Art-Galerie mit Trödelladen als ein Museum, aber auf jeden Fall kurios. Die Regale sind bestückt mit einem Sammelsurium aus Muscheln und Schildern mit kryptischen regionalen Sprüchen. Die Öffnungszeiten hängen davon ab, wann der Betreiber, Egbert Donovan, da ist, um einen herumzuführen. Er wird außerdem versuchen, etwas zu verkaufen.

Long Bay STRAND
Bei Joggern und Walkern erfreut sich der schöne 1½ km lange weiße Sandstrand großer Beliebtheit. Im östlichen Teil liegt ein exklusives Resort, wo man etwas essen und trinken kann.

Schlafen

Die Cane Garden Bay hat fast zu viel Auswahl an Unterkünften und bietet die günstigsten Zimmer auf den Britischen Jungferninseln, obwohl der nächtliche Partylärm die Ruhe stören kann. Für die Anreise zu den Unterkünften am Strand der Cane Garden Bay braucht man kein Auto. Wer in Brewers, Carrot oder Apple Bay schlafen will, kommt hingegen nicht ohne Fahrzeug aus.

★ **Carrie's Island Comfort Inn** GASTHAUS $
(☎542-1092; stanleysvillas_carries@hotmail.com; Cane Garden Bay; Zi. 65–100 US$; ❄📶) Jede der 16 Wohneinheiten in diesem lavendelfarbenen Gebäude verfügt über eine voll ausgestattete Küche, ein geräumiges Wohnzimmer und einen privaten Balkon mit herrlichem Blick über die Cane Garden Bay (der Spaziergang nach unten ist kurz, der Anstieg nach oben schwer). Die Betten sind zwar ein bisschen hart, aber ein besseres Preis-Leistungs-Verhältnis wird man auf den Britischen Jungferninseln nicht finden.

★ **Heritage Inn** HOTEL $$
(☎494-5842; Windy Hill; Suite mit 1/2 Schlafzimmern 180/380 US$; ❄📶🏊) Hoch oben auf dem Windy Hill zwischen der Cane Garden Bay und der Carrot Bay thront dieses Hotel mit neun geräumigen Zimmern, die über dem Nichts zu hängen scheinen. Wer die Atmosphäre einer unabhängigen Oase mit Pool, Sonnendeck und Bar-Restaurant mag, trifft mit dem Heritage Inn eine gute Wahl. Jede Wohneinheit hat eine voll ausgestattete Küche.

★ **Ke Villas** HOTEL $$
(☎496-8991; www.kevillasbvi.com; Carrot Bay; Zi. 150–210 US$; ❄📶) Diese Unterkunft, deren Name wie das englische *key* ausgesprochen wird, verfügt über zwölf hochwertige, kürzlich gebaute und blitzsaubere Zimmer direkt am Wasser. Jedes bietet WLAN, ein bequemes Bett, eine Küchenzeile mit Geschirr und eine große begehbare Regendusche. Die Zimmer im ersten Stock haben eine Terrasse und die Zimmer im zweiten Stock einen Balkon. Beide eignen sich hervorragend, um Pelikane zu beobachten, die sich zum Fischen in die Fluten stürzen. Dank der gastfreundlichen und ortskundigen Besitzer hebt sich das Ke von anderen Unterkünften ab.

Sebastian's on the Beach HOTEL $$
(☎544-4212; www.sebastiansbvi.com; Little Apple Bay; Zi. 188–298 US$, Villen 330–360 US$; ❄📶) Das Sebastian's ist für seine hübsche Strandpromenade bekannt und verfügt über 26 bananengelbe Zimmer in allen möglichen Größen und Lagen (einige am Strand, andere nicht). Bevor man sich für ein Zimmer entscheidet, sollte man sich gut umsehen: Die Raumdekoration und -helligkeit variieren auch innerhalb der gleichen Preisklasse. Zudem gibt's neun Villen in Hügellage mit Küche und Balkon praktisch über dem Wasser.

★ **Sugar Mill Hotel** BOUTIQUE-HOTEL $$$
(☎495-4355; www.sugarmillhotel.com; Apple Bay; Zi. inkl. Frühstück 295–495 US$; ❄📶🏊) Eine Klasse für sich, was Ambiente, Privatsphäre und Service angeht. Das Hotel steht auf den Überresten der Appleby-Plantage, die einst der Apple Bay ihren Namen gegeben hat. Gäste wohnen in 24 Studios und Suiten, die sich an die steilen Hügel schmiegen und zwischen Mahagonibäumen, Bougainvilleen und Palmen verstecken. Alle Zimmer bieten einen Balkon und Meerblick.

Essen

Die größte Dichte an Restaurants liegt in der Cane Garden Bay, wo in allen Bars auch Meeresfrüchte und karibische Gerichte serviert werden. Wer in die weiter entfernten Gemeinden der Gegend vordringt, findet dort hervorragende Hotelrestaurants und Lokale mit authentischer karibischer Küche.

★ **D'Coalpot** KARIBISCH $$
(☎ 545-6510; www.dcoalpotbvi.com; Carrot Bay; Hauptgerichte 18–29 US$; ⊙ Mo–Fr 17–22, Sa & So ab 12 Uhr; 📶) Im D'Coalpot nimmt man draußen unter Lichterketten Platz. Die Jerk-Marinade ist würzig, Currys, *roti*, gegrillter Fisch und andere westindische Standardgerichte kommen in gewaltigen Portionen aus der Küche. Das Personal ist freundlich und die Preise sind vernünftig – alles fantastisch.

Sugar Mill Restaurant KARIBISCH $$$
(☎ 495-4355; www.sugarmillhotel.com; Apple Bay; Hauptgerichte 30–45 US$; ⊙ 19–20.30 Uhr) An den polierten Tischen wird karibische Fusion-Küche wie sahnige Hummerravioli und Hühnchen in Kokospanade mit Limetten-Chutney serviert. Im restaurierten Siedehaus der Rumbrennerei der Plantage kann es bei Kerzenschein kaum noch romantischer werden. Weine, spritzige Cocktails und dekadente Desserts vollenden das Erlebnis für alle Sinne. Reservieren!

Bananakeet INTERNATIONAL $$$
(☎ 494-5842; Windy Hill; Hauptgerichte 20–40 US$; ⊙ 16–21.30 Uhr; 📶) Was kann man sich mehr wünschen als ausgezeichnete karibische und internationale Küche, eine erfrischende Brise und die Aussicht über drei Buchten von Tortola? Wer das Schweinefleisch mit Bananen-Mango-Chutney probiert, genießt den Geschmack der Tropen.

Ausgehen & Nachtleben

★ **Paradise Club** BAR
(www.facebook.com/paradiseclubvi; Cane Garden Bay; ⊙ 10–1 Uhr; 📶) Die belebteste Strandbar auf Tortola ist auf die Instagram-Accounts ihrer Gäste ausgerichtet und bietet Schaukeln im Meer sowie ein „*I heart BVI*“-Schild an Land. Das Paradise wird abends von Tiki-Fackeln, Feuerstellen und psychedelischen Scheinwerfern beleuchtet. An Picknicktischen im Sand wird auch das Mittag- und Abendessen im Pub-Stil serviert.

★ **Quito's Gazebo** BAR
(☎ 495-4837; www.facebook.com/quitosgazebo; Cane Garden Bay; ⊙ 10–23 Uhr) In diesem Bar-Restaurant am Strand gibt's fast immer was zu feiern. Benannt wurde der Laden nach seinem Besitzer Quito Rymer, dessen Band mit Ziggy Marley getourt ist. Bei Quitos Reggae-Rhythmen muss man einfach tanzen und viele kommen nur deswegen hierher. Auf Facebook steht, wann er spielt (gewöhnlich mittwochs). Zur Happy Hour gibt's immer Livemusik.

An- & Weiterreise

Die Cane Garden Bay liegt 25 Fahrminuten über die bergige Strecke von Road Town entfernt. Ein Taxi kostet 24 US$. Das Gleiche kostet es von Road Town zur Brewers Bay und ein paar Dollar mehr zur Apple und Cappoons Bay (27 US$). In der Cane Garden Bay gibt's einen Taxistand, aber sonst braucht man überall ein Auto.

East End

Tortolas East End ist ein Mix aus steilen Bergen, entlegenen Buchten und dicht bevölkerten westindischen Siedlungen. Kunst und Surfen stehen hoch im Kurs. Der Hauptflughafen der Britischen Jungferninseln begrüßt alle Besucher.

Die Hurrikans von 2017 haben alle Hotels im East End zerstört. Kein einziges hatte zum Zeitpunkt der Recherche wieder geöffnet. Ein neues Resort in Lambert Beach wurde mittlerweile fertiggestellt, und auf den Hügeln liegen ein paar Mietvillen verstreut. Ansonsten sind die nächstgelegenen Unterkünfte Luxusimmobilien auf den vorgelagerten Inseln Guana und Scrub.

Sehenswertes

★ **Josiah's Bay** STRAND
Josiah's Bay, ein unerschlossenes Juwel am Fuß eines Tals an der Nordküste, ist ein dramatischer Strand mit exzellenten Surfmöglichkeiten, im Winter mit Point Break. Viele meinen, dass er die besten Surfbedingungen auf Tortola bietet. Eine Strandbar serviert Snacks und kaltes Bier. Vor Ort gibt's eine Filiale der Surfschule BVI mit Bretterverleih und Kursen.

Aragorn's Studio KUNSTHANDWERK
(☎ 542-0586; www.aragornsstudio.com; Trellis Bay; ⊙ 9–18 Uhr) Eisenbildhauer Aragorn Dick-Read hat sein Studio unter den Meertraubenbäumen an der Trellis Bay eröffnet, dem breiten Strand etwas östlich vom Flughafen. Es hat sich zu einem Zentrum für Töpfer, Kokosnussschnitzer und Batikkünstler entwickelt, von denen man viele im Kunsthandwerkszentrum bei der Arbeit sehen kann. Aragorn veranstaltet auch familienfreundliche Vollmondpartys.

Aktivitäten

★ Tortola Sailing & Sights BOOTSTOUREN
(☎340-7594; www.tortolasailingandsights.com; Penn's Landing Marina; ⏱9–17 Uhr) Perfekt für einen Aufenthalt, um in einem der besten Klassenzimmer der Welt zu lernen, wie man segelt oder ein Boot steuert. Die von IYT und ASA anerkannten Kurse umfassen den zweitägigen „*Learn to Sail*"-, den fünftägigen „*Powerboat Captain*"- und den einwöchigen „*Liveaboard Fast-Track to Bareboat Cruising*"-Kurs.

Surf School BVI SURFEN
(☎343-0002; www.surfschoolbvi.com; Josiah's Bay; 1½-stündige Kurse ab 65 US$, ganztägiger Verleih 35 US$; 👪) Hervorragende Lehrer bringen einem in der Josiah's Bay bei, wie ein „*Hang Ten*" geht. Anfänger und Kinder sind gern gesehen. Bretterverleih für erfahrene Surfer möglich.

Feste & Events

★ Fireball Full Moon Party KULTUR
(Trellis Bay; 👪) Aragorn's Studio und die Läden der Umgebung veranstalten zusammen jeden Monat die Fireball Full Moon Party, ein künstlerisches und familienfreundliches Event – im Gegensatz zu anderen Mondpartys auf der Insel. Die Feier beginnt um 20 Uhr mit Calypso-Musik, Stelzengängern und Feuerjongleuren. Um Mitternacht zündet Aragorn eine Feuerballskulptur auf dem Meer an – das muss man gesehen haben.

Essen

Trellis Bay Market Bar & Grill KARIBISCH $
(www.trellisbaymarket.com; Trellis Bay; Hauptgerichte 10–15 US$; ⏱11–21 Uhr) An den limonengrünen Picknicktischen dieses beliebten Strandrestaurants genießt man Jerk Pork, gegrillten Schweineschwanz, Hummerpasta oder vegetarische *roti*. Nachts werden hier unter flackernden Lichterketten rauschende Feste gefeiert, besonders bei Vollmond.

Red Rock INTERNATIONAL $$
(☎442-1646; www.bviredrock.com; Penn's Landing Marina; Hauptgerichte 15–35 US$; ⏱Di–Do & So 15–22, Fr & Sa ab 11 Uhr; 📶) Im besten Restaurant des East End kann man sich unter Segler mischen und eine raffinierte Auswahl an Gerichten von Pad Thai über Hühnerschnitzel bis zu Bananengnocchi kosten. Der Service ist mal so, mal so, aber das luftige Ambiente des Jachthafens überzeugt.

ℹ An- & Weiterreise

Der Terrance B. Lettsome Airport (S. 327) liegt eigentlich auf Beef Island und ist nur über eine Brücke mit Tortola verbunden. Nach Road Town dauert es mit dem Auto 25 Minuten. Vom Flughafen in Trellis Bay ist ein kleiner Anleger fußläufig erreichbar. Dort verkehren Fähren von Speedy's (S. 328) nach Virgin Gorda (eine Strecke 20 US$, 20 Min., 7-mal tgl.) und von Anegada Express (S. 328) nach Anegada (eine Strecke 35 US$, 1 Std., Di, Do, Sa & So 7.30 und 15.30 Uhr).

Wer mit dem Taxi fahren will, sollte es mit Beef Island Taxi Association (S. 330) versuchen.

VIRGIN GORDA

Virgin Gorda ist die reiche, üppige Schöne der Britischen Jungferninseln. Die unwirklichen Granitfelsen der Baths sind die Hauptattraktion und wunderschöne Strände säumen das gesamte Eiland. Hier wohnen Filmstars (oh, hey, Morgan Freeman) und die Inseln knapp vor der Küste gehören Milliardären (damit sind Sie gemeint, Richard Branson). Irgendwie hat es Virgin Gorda geschafft, einen klaren Kopf zu bewahren und ein etwas verschlafenes Fleckchen mit einer Menge Hühner zu bleiben, ganz ohne krasse Kommerzialisierung.

ℹ An- & Weiterreise

FLUGZEUG

Auf der Ostseite des Valleys, etwas mehr als 1½ km von Spanish Town entfernt, befindet sich der **Taddy Bay Airport** (VIJ; www.bviaa.com). Ein Taxi von dort in die Stadt kostet 5 US$. Der Flughafen ist winzig, wird aber von kleinen, regionalen Airlines gut genutzt.

SCHIFF/FÄHRE

Der Haupthafen liegt in Spanish Town. Tagsüber verkehren die Fähren fast stündlich nach Road Town auf Tortola und zurück (eine Strecke 20 US$, 30 Min.). Es gibt drei Anbieter: Sensation Ferries (S. 329), Smith's Ferry/Tortola Fast Ferry (S. 328) und Speedy's.

Speedy's bietet am Dienstag und Samstag ebenfalls Direktverbindungen zwischen Spanish Town und Charlotte Amalie auf St. Thomas (Amerikanische Jungferninseln; eine Strecke 40 US$, 1½ Std.) und mehrmals täglich nach Beef Island, Tortola (in Flughafennähe; eine Strecke 20 US$, 20 Min.).

Die Anbieter Road Town Fast Ferry und Anegada Express halten auf ihrem Weg von Tortola nach Anegada in Virgin Gorda (eine Strecke 35 US$, 1 Std.). Ersterer hält am Hauptdock, Letzterer am Jachthafen.

Spanish Town & The Valley

Spanish Town ist weniger eine Stadt als eher eine lange Straße mit Geschäften rechts und links. Es ist zwar das wirtschaftliche Zentrum von Virgin Gorda, aber auch ein verschlafenes Nest, wo Hähne und Ziegen dem spärlichen Verkehr ausweichen. Die Mischung aus Einheimischen, Seglern und Touristen, die zusammen essen und trinken, verleiht dem Ganzen eine Partyatmosphäre.

Das Valley ist die lange, hügelige Ebene, die auf der Südhälfte der Insel liegt, inklusive Spanish Town.

Sehenswertes

★ The Baths PARK

(US$3; Sonnenauf-bis Sonnenuntergang;) Diese Ansammlung hoher Felsen bildet den Nationalpark und ist eine der beliebtesten Attraktionen der Britischen Jungferninseln. Die Brocken – vulkanische Lava, die vor etwa 70 Millionen Jahren hier liegen geblieben ist – bilden eine Reihe Grotten, die mit Meerwasser geflutet werden. Schwimmen und Schnorcheln ist hier einmalig, aber am schönsten ist der Weg durch die „Höhlen" zur Devil's Bay. Während der 20-minütigen Wanderung klettert man über Felsen, planscht durch Tidebecken und quetscht sich durch unglaublich enge Passagen, um dann auf himmlisch weichen Sand zu fallen.

Die Baths und ihre Umgebung beflügeln zwar die Fantasie, allerdings ist es hier oft recht überlaufen. Um 9 Uhr jeden Morgen haben mehrere Jachtenflotten vor der Küste angelegt, außerdem werden Gäste aus Resorts und von Kreuzfahrtschiffen hierhergebracht. Man muss nur bei Sonnenaufgang oder spät am Tag kommen, schon hat man wesentlich mehr Platz für sich.

An den Baths gibt's Bäder mit Duschen, eine Snackbude und einen Schnorchelausrüstungsverleih (10 US$). Taxis verkehren ständig zwischen dem Park und dem Fährendock in Spanish Town.

Spring Bay STRAND

GRATIS Ein hervorragender Strand, der als Nationalpark ausgewiesen ist. Spring Bay grenzt im Norden an die Baths. Das Schöne daran: Hier gibt's eine Bath-ähnliche Landschaft ohne Menschenmengen. Gewaltige Felsbrocken liegen im feinen weißen Sand. Das Wasser ist sauber und etwas abseits kann man in „The Crawl" gut schnorcheln, einem großen Becken, das von Felsen umschlossen und so vor dem Meer geschützt ist. Meertraubenbäume spenden vereinzelten Picknicktischen Schatten. Und das ist auch schon alles, was es hier gibt.

Copper Mine National Park PARK

(Sonnenauf- bis Sonnenuntergang) GRATIS Man fährt eine kurvenreiche, von Felsbrocken gesäumte Straße hinunter, um zu dieser einsamen Klippe an der Südostspitze von Virgin Gorda zu gelangen, aber es lohnt sich, die beeindruckenden Steinruinen (einschließlich eines Schornsteins, einer Zisterne und eines Minenschachthauses) zu sehen, aus denen der Park besteht. Bergarbeiter aus Cornwall haben in der Gegend von 1838 bis 1867 etwa 10 000 Tonnen Kupfer abgebaut und die Mine dann den Elementen überlassen. Mehrere Wege winden sich durch die Ruinen, während unten das blaue Meer an die Küste schlägt.

Aktivitäten & Geführte Touren

Dive BVI TAUCHEN

(541-9818; www.divebvi.com; Yacht Harbour; 1/2-Flaschen-Tauchgänge 95/130 US$; Mo–Fr 8–17, Sa 10–15 Uhr) Dieser Shop bietet drei schnelle Boote, die zu den Tauchplätzen der Britischen Jungferninseln fahren. Angeboten werden außerdem Tagestouren zum Segeln oder Schnorcheln (ab 120 US$ pro Person) auf einem Katamaran.

Double 'D' BOOTSTOUREN

(499-2479; www.doubledbvi.com; Yacht Harbour; Tagestrips 125 US$) Mit Double „D" kann man auf einer 12 m langen Jacht oder einem 9 m langen Powerboot nach Jost, Anegada, Cooper oder nach Norman Island gleiten. Bei den Ausflügen hat man viel Zeit zum Schnorcheln, Wandern und für alles, was man so auf den Inseln tut.

Feste & Events

Virgin Gorda Easter Festival KARNEVAL

(www.facebook.com/virgingordaeasterfestival; Ende März–April) Die Gegend um den Jachthafen in Spanish Town ist an Karneval voller Mocko Jumbies (Stelzengeher in Kostümen, die die Geister der Toten darstellen), einen Angelwettbewerb gibt's auch, dazu Essensstände, ein volles Line-up mit Livemusik und Paraden für das Osterfest, das von Samstag bis Montag stattfindet.

Schlafen

Die Unterkünfte hier sind tendenziell kleiner und unauffälliger als die im Norden. Vom Fähranleger aus kann man einige der Unterkünfte zu Fuß erreichen; alles andere ist innerhalb von zehn Autominuten erreichbar.

★ Bayview Vacation Apartments APARTMENTS $$
(☎ 499-0755; www.bayviewbvi.com; Apt. ab 120 US$;) Jedes dieser zweistöckigen Apartments in der Nähe des Fähranlegers abseits der Lee Road verfügt über zwei Schlafzimmer mit Balkon, eine voll ausgestattete Küche, Essgelegenheiten und ein geräumiges Wohnzimmer. Es ist das beste Angebot auf Virgin Gorda, besonders wenn man mit drei oder vier Personen anreist, auch wenn man zum nächsten Strand fahren muss.

Fischer's Cove Beach Hotel HOTEL $$
(☎ 495-5253; www.fischerscove.com; DZ/Apt. ab 165/245 US$;) Das Fischer's Cove wurde bei den Hurrikans von 2017 beschädigt und war zum Zeitpunkt der Recherche zwar offen, aber noch nicht fertiggestellt. Es gab acht Strandapartments mit voll ausgestatteten Küchen und einen zum Garten hin ausgerichteten Hotelblock mit sechs schlichten Studios mit Küchenzeile. Weitere Wohneinheiten waren geplant. Das Restaurant bietet einen tollen Meerblick. Der Komplex liegt abseits der Lee Road.

★ Guavaberry Spring Bay Homes COTTAGES $$$
(☎ 544-7186; www.guavaberryspringbay.com; Apt. 288–525 US$;) Nicht weit von den Baths und zwischen ähnlichen großen Felsen liegen abseits der Tower Road die runden Cottages des Guavaberry mit ein bis drei Schlafzimmern, einer voll ausgestatteten Küche, einem Essbereich und einer Sonnenterrasse. Die Lage ist fantastisch. Es gibt einen Gemeinschaftsbereich mit Spielen und Büchern sowie einen Minimarkt mit alkoholischen Getränken, Snacks und Mahlzeiten, die man im eigenen Cottage zubereiten kann.

Little Dix Bay HOTEL $$$
(☎ 214-880-4320; www.littledixbay.com;) Dieses Resort verhalf Virgin Gorda zu Ruhm und Ehre und ist nach wie vor die protzigste und bei Promis beliebteste Unterkunft der Insel. Obwohl sie zum Zeitpunkt der Recherche aufgrund der umfangreichen Hurrikanschäden geschlossen war, sollte sie bald wieder geöffnet sein.

Essen

Spanish Town Café KARIBISCH $
(☎ 542-8188; www.facebook.com/spanishtowncafe; Little Rd; Hauptgerichte 12–18 US$; 6–21 Uhr) Dieses familiengeführte Café unter freiem Himmel liegt an der Straße, die vom Fähranleger wegführt. In Virgin Gorda lebt eine große dominikanische Gemeinde, was sich auch in den Gerichten dieses Cafés mit lateinamerikanischen Aromen und karibischen Zutaten widerspiegelt. Die täglichen Mittagsspezialitäten gehören zu den günstigsten Mahlzeiten der Stadt und bestehen u. a. aus gedünstetem Ochsenschwanz oder gedünstetem Schnapper mit Reis und Bohnen.

Mad Dog SANDWICHES $
(☎ 544-2681; Tower Rd; Hauptgerichte 8–12 US$; 10–18 Uhr;) Auswanderer und Touristen versammeln sich hier in dem kleinen Pavillon zwischen den Felsen, wo die Straße an den Baths endet. Sie können den getoasteten Sandwiches nicht widerstehen (vor allem nicht denen mit Truthahn oder Bacon), die eine exzellente Begleitung zu den hervorragenden Piña Coladas nach Geheimrezept sind.

★ CocoMaya INTERNATIONAL $$
(☎ 495-6344; www.cocomayarestaurant.com; Tower Rd; Hauptgerichte 18–36 US$; Di–So 12–15 & 17–22 Uhr;) Das CocoMaya würde besser in eine Großstadt als an den Strand passen. Aber es steht nun mal auf dem Sand und bietet Gerichte mit asiatischer und südamerikanischer Note. Auf den kleinen Tellern liegen Enten-Tacos mit Hoisin-Soße und in Bierteig gebackene Schnapper-Slider; die großen Teller bieten Schweinebauch und Pad Thai. Es gibt mehr vegetarische und glutenfreie Gerichte, als man in dieser Gegend normalerweise findet. Einfallsreiche Cocktails mit Ingwer geben dem Ganzen das gewisse Extra.

Top of the Baths INTERNATIONAL $$
(☎ 495-5497; Tower Rd; Hauptgerichte 14–23 US$; 8–18 Uhr) Ja, es steht oben über den Baths, und ja, es ist ziemlich touristisch. Aber die Aussicht auf die Hügel ist der Hammer und das Essen (wie Arme Ritter mit Amaretto zum Frühstück oder Kokosnussgarnelen zu Mittag) ist ordentlich. Außerdem gibt's einen kleinen Pool zum Abtauchen.

Anreise & Unterwegs vor Ort

Der **Fähranleger** (Little Rd) liegt neben dem Jachthafen; beide sind voller Boote. Sensation Ferries und Smith's Ferry/Tortola Fast Ferry verkehren nach Road Town, Tortola (30 Min.). Speedy's betreibt Fähren nach Road Town und Beef Island, Tortola (20 Min.) sowie nach Charlotte Amalie, St. Thomas (1½ Std.). Sowohl Road Town Fast Ferry als auch Anegada Express halten auf ihrem Weg von Tortola nach Anegada (1 Std.) in Virgin Gorda.

Taxis warten draußen vor dem Terminal. Mietwagenunternehmen holen einen normalerweise hier ab.

North Sound

In Virgin Gordas Mitte erheben sich hohe Berge, der schönste davon ist der Gorda Peak, zu dem sich eine Wandertour lohnt. Dahinter liegt North Sound, eine kleine Siedlung mit der Aufgabe, die Resorts und zahllosen Jachten, die in den Buchten der Umgebung ankern, zu versorgen. Eine Mini-Armada von Fähren tuckert hin und her vom Gun-Creek-Hafen zu den luxuriösen Resorts an der abgelegenen nordöstlichen Halbinsel. Kiteboarding, Touren mit Glasbodenbooten und lange Strandspaziergänge stehen ebenfalls auf dem Programm.

Sehenswertes

★ Savannah Bay — STRAND

Savannah Bay mit mehr als anderthalb Kilometern weißem Sand nördlich vom Valley ist nicht weit entfernt. Abgesehen von den Stränden von Anegada bietet keine andere Küste so viele Möglichkeiten zu langen, einsamen Spaziergängen. Die Sonnenuntergänge können fantastisch sein. Das Wasser ist ruhig und normalerweise sind hier nur sehr wenige Menschen. Es gibt keine Anlagen und auch ziemlich wenig Schatten, also sollte man sich gut vorbereiten. Ein Schildchen abseits der North Sound Road weist auf einen kleinen Parkplatz hin.

The Dogs — INSEL

Dieses aus fünf kleinen Inseln bestehende Gebiet liegt 4 km vor der Nordwestküste von Virgin Gorda. Teilweise durch den BVI National Parks Trust geschützt, ist The Dogs ein Schutzgebiet für Vögel und Meerestiere. Der ungewöhnliche Name ist auf das Bellen zurückzuführen, das einst Seefahrer hier hörten. Es stammte allerdings nicht von Hunden, sondern von karibischen Mönchsrobben, die später bis zur Ausrottung gejagt wurden. Hier gibt's ausgezeichnete Tauch- und Schnorchelmöglichkeiten. Einen Ausflug kann man bei einem Tauchausstatter oder Charterservice in Spanish Town buchen.

Gorda Peak National Park — PARK

(Sonnenauf- bis Sonnenuntergang) GRATIS Gorda Peak mit seinen 414 m ist der höchste Punkt der Insel. Zwei gut gekennzeichnete Wanderwege führen ab der North Sound Road zum Gipfel. Wer aus Richtung des Valleys kommt, findet zuerst den Anfangspunkt des längeren Wanderwegs (etwa 2½ km). Einfacher ist es, vom höher gelegenen Anfangspunkt aus aufzusteigen, von hier sind es 20 Minuten bzw. etwa 800 m bis nach oben.

Aktivitäten & Geführte Touren

★ Sea It Clear Tours — BOOTSTOUREN

(343-9537; www.seaitcleartours.com; Gun Creek Dock; unterschiedl. Preise) Dieser Anbieter wird auch Gumption's Tours genannt (nach dem liebenswerten Besitzer Gumption Creque). Er fährt mit seinem Glasbodenboot zu Schiffswracks und zum Meeresgetier im regionalen Riff. Außerdem betreibt er Naturtouren zu Sir Richard Bransons Necker Island (Branson war es auch, der Gumption das Geld geliehen hat, um sein Unternehmen zu starten). Auf der Website stehen die wechselnden Zeiten.

Heaven Spa & Wellness — SPA

(499-0102; www.heavenspaworld.com; Massage ab 100 US$, Yoga 10 US$) Ein freundliches junges indisches Ehepaar leitet dieses kleine Spa (mit weiter Aussicht) am Hog Heaven. Es ist auf Ayurveda-Anwendungen und Massagen spezialisiert und am Montag, Mittwoch und Freitag gibt's um 6.15 Uhr Yogakurse (auch auf Anfrage).

Schlafen

Die meisten Unterkünfte in North Sound sind ziemlich abgelegene Resorts, die man nur mit der Fähre erreicht. Sie eignen sich gut für sportlich aktive Paare oder Familien, die gern den Tag auf dem Wasser verbringen.

Hinweis: Die meisten Resorts wurden durch die Hurrikans 2017 schwer beschädigt; viele waren zum Zeitpunkt der Recherche geschlossen.

Gordian Terrace GÄSTEHAUS $$
(☎499-6045; www.gordianterrace.com; North Sound Rd, Little Hill; DZ/4BZ 240/350 US$; ❄📶) Dieses Gästehaus mit acht Wohneinheiten auf der Straße vom Gun-Creek-Fähranleger verfügt über geräumige Zimmer mit weitem Meerblick, voll ausgestatteten Küchen und sogar Grillmöglichkeiten auf den Balkons. Mit der reizenden Lauralee, der Leiterin der Unterkunft, lässt es sich gut plaudern, insbesondere über karibische Kunst.

★ **Oil Nut Bay** RESORT $$$
(☎393-1000; www.oilnutbay.com; Suite/Villen ab 750/1250 US$; ❄@📶🏊) Virgin Gorda ist für seine erstklassigen Resorts bekannt, aber Oil Nut Bay ist der Inbegriff von Luxus auf höchstem Niveau. Zwischen den gepflegten Hügeln und dem weichen Sandstrand befindet sich eine ständig wachsende Ansammlung fabelhafter Villen, erschwinglicheren Suiten (mit verträumten Infinitypools), zahlreichen Wassersportarten, einem Spa- und Wellnesscenter, einem Kinderclub, einem Naturzentrum und vielem mehr.

Wer nicht mit der eigenen Jacht oder einem Hubschrauber anreist, gelangt mit der stündlich verkehrenden Fähre von Gun Creek zum Resort.

Bitter End Yacht Club & Resort RESORT $$$
(☎800-872-2392; www.beyc.com; ❄@📶🏊) Dieses legendäre Resort am östlichen Ende von North Sound verfügt über mehrere gut ausgestattete Villen in Hügellage und reichlich Ausrüstung zum Segeln, Windsurfen, Kajakfahren etc. Obwohl es durch die Hurrikans von 2017 weitgehend zerstört wurde (und zum Zeitpunkt der Recherche geschlossen war), war seine Wiedereröffnung geplant.

Essen

★ **Hog Heaven** GRILLRESTAURANT $$
(☎547-5964; Hauptgerichte 16–20 US$; ⏰10–22 Uhr) Das entlegene Hog Heaven liegt ziemlich weit oben auf einem Hügel und hat eine spektakuläre Aussicht. Die Spezialität des Hauses sind zarte würzige Barbecuerippchen mit einem Hauch Ingwer. Das knusprig gebratene Hühnchen, der Kartoffelsalat und *conch chowder* (Muschelsuppe) sind fantastisch. Die Tische sind lang und erinnern an einen Bankettsaal, aber die meisten Gäste sitzen lieber draußen an der Bar und auf der Terrasse mit Blick auf Moskito, Necker und die anderen Inseln in Küstennähe.

Da es hier oben windig werden kann, sollte man sich eine Jacke mitbringen.

Sugarcane Restaurant INTERNATIONAL $$
(www.nailbaysportsclub.com; Nail Bay; Hauptgerichte 14–20 US$; ⏰Mi–Mo 8–23 Uhr; 📶) Dieses wunderschön gepflegte Anwesen auf einem Hügel oberhalb der Nail Bay bietet ein schickes Restaurant am Pool und Instagram-taugliche Einrichtungen wie geschwungene Sonnenliegen und Tische in einer Sandgrube. Zu den originellen Hauptgerichten gehören ein gegrilltes Hummer-Käse-Sandwich und ein Grünkohl-Cäsar-Salat mit Makrele. Badesachen für ein Bad nach dem Essen mitbringen.

An- & Weiterreise

Fähren fahren von Gun Creek zu nahe gelegenen Resorts. Aufgrund der Hurrikanschäden (und der vorübergehenden Schließung vieler Unterkünfte) war zum Zeitpunkt der Recherche nur das Schiff Oil Nut Bay in Betrieb. Es fährt etwa stündlich zur Minute 45 (z. B. 10.45 Uhr) ab und zurück kommt's zur Minute 15.

Ein Taxi von der Fähre in Spanish Town nach Gun Creek oder zur Leverick Bay kostet 30 US$. Wer nicht zu einem Resort weiterreisen möchte, das nur auf dem Seeweg erreichbar ist, sollte sich besser ein Auto mieten.

JOST VAN DYKE

Jost ist eine kleine Insel mit großer Persönlichkeit. Inmitten des blaugrünen Meeres ist sie vielleicht nur 10 km² groß, aber ihr Ruhm hat sich über Tausende Kilometer weit über die Landesgrenzen hinaus verbreitet. Größtenteils liegt das am Calypso-Musiker und Philosophen Foxy Callwood, dem bedeutendsten Mann der Insel.

Ende der 1960er-Jahre fanden Freigeister und Segler die Küsten des Inselchens und Foxy baute seine Bar, um sie zu begrüßen. Schon bald kamen Leute wie Jimmy Buffett und Keith Richards auf einen Drink vorbei.

Trotz der Berühmtheit bleibt Jost eine unberührte Oase mit grünen Hügeln und blendend weißem Sand. Es gibt ein paar Restaurants, Strandbars und Gästehäuser, aber nicht viel mehr.

An- & Weiterreise

Die meisten Besucher kommen mit einer Jacht hier an. Landratten reisen von Tortolas West End aus mit einer Fähre von New Horizon Ferry (S. 329; hin und zurück 30 US$, 25 Min., 5-mal tgl.) oder von St. John und St. Thomas (Amerikanische Jungferninseln) mit Inter Island (S. 328; hin und zurück 130 US$, 30 Min., Fr, Sa und So 2-mal tgl.) an. Die Fähren legen am Pier am Great Harbour an.

Dohm's Water Taxi (☎ 340-775-6501; www.dohmswatertaxi.com) und Foxy's Charters bieten eine maßgeschneiderte, aber wesentlich teurere Möglichkeit, von/nach Jost und St. John oder St. Thomas zu gelangen.

Taxis warten am Fähranleger. Es gelten feste Preise, die pro Person berechnet werden und erheblich sinken, je mehr Fahrgäste mitfahren.

Great Harbour

Josts größte Siedlung. Die Main Street ist ein Strand, der mit Hängematten und Bar-Restaurants unter freiem Himmel gesäumt ist, was alles über die Atmosphäre hier aussagt. Die meisten Besucher hängen einfach nur rum; wer aktiv sein will, kann Kajak fahren, schnorcheln oder Segeln gehen.

Aktivitäten & Geführte Touren

Foxy's Charters BOOTSTOUREN
(☎ 441-1905; www.foxyscharters.com) Dieser Anbieter am Foxy's (S. 315) bietet Tagesausflüge zu benachbarten Inseln mit einem Elf- oder Neun-Meter-Motorboot. Er betreibt auch Wassertaxis zwischen den Britischen Jungferninseln und St. John oder St. Thomas auf den Amerikanischen Jungferninseln.

JVD Scuba OUTDOOR-AKTIVITÄTEN
(☎ 443-2222, 287-2731; www.jostvandykescuba.com; ⌚ So–Fr 8–18 Uhr) Die zentrale Anlaufstelle für Aktivitäten auf Jost. Hier können Wandertouren, Schnorchel-Umweltführungen sowie Tauch- und Angeltrips gebucht werden, außerdem werden Paddelboards verliehen.

Endeavor II BOOTSTOUREN
(☎ 496-0861; www.jvdps.org; pro Pers. 125 US$) Einfach mal einen Tag lang zu entlegenen Koralleninselchen segeln, um zu schnorcheln und mehr über die Ökologie von Jost zu erfahren. Einheimische (unter der Leitung des legendären Foxy Callwood) haben die knapp 10 m lange Schaluppe von Hand gefertigt und sie nach den Hurrikans von 2017 wieder aufgebaut. Die JVD Preservation Society hat das Projekt unterstützt, um den Jugendlichen auf der Insel das Handwerk des traditionellen Schiffbaus beizubringen.

Schlafen

In Great Harbour gibt's ein paar einfache Zimmer. White Bay bietet mehr Auswahl.

Sea Crest Inn APARTMENTS $$
(☎ 443-5300; www.seacrestinn.net; Apt. 200–230 US$; ❄ 📶) Jedes der sechs großen Studioapartments in dieser familiengeführten Unterkunft verfügt über eine Kochnische, einen Fernseher, ein Queensize-Bett, ein eigenes Bad und einen Balkon. Die Terrasse mit Hafenblick eignet sich ideal zum Cocktailschlürfen. Da die Apartments östlich von Foxy's Bar liegen, kann es etwas lauter werden.

Ali Baba's GÄSTEHAUS $$
(☎ 544-5602; Zi. 160–180 US$; ❄) Im zweiten Stock des beliebten Restaurants werden drei „himmlische Zimmer" angeboten. Eine der kompakten, weiß getünchten, mit Korbmöbeln ausgestatteten Wohneinheiten liegt zum Strand; die anderen haben einen windigen, kühlen Balkon mit Blick auf das Geschehen. Aufgrund der Lage kann es zu Lärm kommen. Im entspannten Restaurant unter freiem Himmel (Hauptgerichte 25–48 US$; 8–23 Uhr) werden frischer Fisch und Grillgerichte serviert.

Essen & Ausgehen

Christine's Bakery BÄCKEREI $
(☎ 495-9281; Hauptgerichte 3–10 US$; ⌚ 8–17 Uhr) Der Duft von Christines Bananen- und Kokosbrot zieht mit einer kleinen Kaffeewolke ab 8 Uhr durch das ganze Dorf. Hier gehen Einheimische zum Frühstücken hin.

Corsairs INTERNATIONAL $$$
(☎ 495-9294; www.corsairsbvi.com; Hauptgerichte 25–45 US$; ⌚ 8.30–23 Uhr) Das Corsairs bietet ein bisschen Abwechslung vom gängigen Angebot und serviert eine Menge Pizzas, Pasta und Calzone. In den meisten Fällen sind irgendwo Meeresfrüchte mit dabei, z. B. die beliebten Hummer-Makkaroni mit Käse. Das Lokal hatte nach den Hurrikans von 2017 Schwierigkeiten, einen beständigen Küchenchef zu halten, und war zum Zeitpunkt der Recherche zu unregelmäßigen Zeiten geöffnet.

★ **Foxy's** BAR
(☎ 442-3074; www.foxysbvi.com; ⌚ 8.30–23 Uhr) Calypso-Sänger Foxy Callwood hat Jost mit

seiner legendären Strandbar ganz allein zu Weltruhm verholfen. Er hat auch eine Rumbrennerei vor Ort, damit immer etwas Frisches im Glas ist. Die *roti* und Meeresfrüchtegerichte sowie verdammt gute Burger bilden eine gute Grundlage. Wer Foxy singen hören will, erwischt ihn normalerweise so gegen 22 Uhr. Am Wochenende rocken abends Bands die Bühne und es gibt Vollmondpartys.

An- & Weiterreise

Fähren ankern am Pier an der Westseite der Stadt. Von hier sind es etwa 10 Minuten zu Fuß zum Zentrum von Great Harbour oder heftige 15 Minuten nach White Bay. Taxis stehen am Hafen. Ein Taxi kostet pro Person 5 US$ nach White Bay und 6 US$ nach Little Harbour.

White Bay

White Bay, die Heimat von Josts eindrucksvollstem Strand und gut gelaunte Geburtsstätte des Rumcocktails Painkiller, wird irgendwann jeden Karibikbesucher in ihren Bann ziehen. Dank ihrer höchst unterhaltsamen Strandbars ist die Bucht eine Topadresse zum Entspannen, obwohl nach der Verwüstung durch die Hurrikans von 2017 zwei neue Ergänzungen auf eine leichte Identitätskrise hindeuten: die deplatziert wirkenden Luxusvillen rund um das bei Rucksacktouristen beliebte Ivan's und die extravaganten Strandhütten, die Kreuzfahrtpassagiere anlocken sollen.

White Bay ist einen 1½ km langen Spaziergang über Hügel oder eine Taxifahrt für 10 US$ von Great Harbour entfernt.

Sehenswertes & Aktivitäten

White Bay STRAND

Der wunderschöne lange weiße Sichelmondstrand liegt zwischen dem Meer und steilen Hügeln. Ein Wallriff schützt das Wasser vor Wellengang, weshalb man hier gut schwimmen und sicher vor Anker gehen kann. Tagesausflügler kommen mit Charterbooten. Die Hauptaktivitäten an diesem Strand sind trinken, mit den Zehen wackeln und Leute beobachten.

★ **Ocean Spa BVI** MASSAGE

(☎ 340-0772; www.oceanspabvi.com; 1-stündige Massage 120 US$; ⏰ 9–17 Uhr; 👪) Es gibt mindestens drei Gründe, dieses schwimmende Spa zu lieben. Erstens wurde es aus Holz gebaut, das nach den Hurrikans von 2017 geborgen wurde. Zweitens ist es mit dem Kajak am Strand vom Ivan's zu erreichen. Drittens kann man bunte Fische auf der anderen Seite eines durchsichtigen Bodens beobachten, während der Masseur auf die Stresspunkte drückt.

Schlafen

In White Bay gibt's die größte Bandbreite an Unterkünften auf den Inseln, von günstigen Campingplätzen bis hin zu exklusiven Villen direkt am Wasser.

Ivan's White Bay Campground CAMPINGPLATZ $

(☎ US 340-513-1095; www.ivanscampground.com; Zeltplätze 30 US$, Hütten 150 US$) Die Hurrikans von 2017 haben die Hütten, die Küche, das Badehaus und die Bar des Ivan's sowie die Laubbäume auf dem Gelände vernichtet. Man kann hier immer noch zelten, muss sich aber auf Hitze einstellen. Für die kommenden Jahre sind Meertraubenbäume und feste Zelte geplant. Zum Zeitpunkt der Recherche gab's nur eine (unerklärlicherweise mit Teppichboden ausgelegte) Strandhütte, die doppelt so viel kostete wie die früheren und nicht viel besser war.

Perfect Pineapple GÄSTEHAUS $$

(☎ US 340-514-0713; www.perfectpineapple.com; Suite ab 170 US$; ❄ 📶) Diese Häuser am steilen Hang hinter dem Strand gehören Foxy Callwoods Sohn Greg. Die drei Suiten mit einem Schlafzimmer sind mit einer Küche und einer privaten Veranda mit Meerblick ausgestattet. Es gibt auch größere Suiten mit zwei Schlafzimmern und ein Cottage. Wer nicht selbst kochen möchte, kann zum familiengeführten **Meeresfrüchte-Restaurant Gertrude's** unten am Strand gehen.

White Bay Villas & Seaside Cottages VILLEN $$$

(☎ 410-349-1851; www.jostvandyke.com; Cottages/Villen ab 260/390 US$; ❄ 📶) Hier hat man die Wahl zwischen Strandvillen mit einer fantastischen Aussicht, darunter Cottages mit einem Schlafzimmer und Unterkünfte mit vier Schlafzimmern. Alle bieten eine eigene Küche und WLAN. Die Preise gelten gewöhnlich für vier oder fünf Nächte in der Hochsaison. Auf jeden Fall lange im Voraus reservieren, denn viele Gäste kommen Jahr für Jahr wieder. Um hierherzukommen, muss man einen großen Hügel hochlaufen.

Essen & Ausgehen

Alle Bars und Restaurants reihen sich direkt am Strand aneinander. Die meisten Köche bereiten karibische Gerichte mit viel Fisch und Hummer oder Burger und Quesadillas nach amerikanischer Art zu.

Hendo's Hideout KARIBISCH **$$**
(☎340-0074; www.hendoshideout.com; Hauptgerichte 18–35 US$; ⊙So–Mi 10–18, Do–Sa bis 21.30 Uhr; 📶) Das Hendo's ist etwas stylischer als die Konkurrenz, angefangen bei der schönen Einrichtung aus Altholz. Das Pulled Pork für die Sandwiches wurde in Rum und Cola mariniert, die Makrelen-Tacos sind ganz zart und die Frühlingsrollen mit Hummer gefüllt. Dazu passt ein Delirious Donkey (Wodka mit Zitrone und Ginger Beer). Am besten bleibt man den ganzen Tag hier, spielt Volleyball oder hängt auf den Strandliegen vorn am Strand rum.

One Love Bar & Grill KARIBISCH **$$**
(☎495-9829; Hauptgerichte 17–26 US$; ⊙10–18 Uhr) Foxys Sohn Seddy gehört diese laute Reggae-Strandbar. Er wird seine Zaubertricks vorführen und nichts anderes als Zauberei hält seinen Laden zusammen, dessen „Wände" aus alten Bojen, Schwimmwesten und anderem Treibgut vom Strand bestehen. Die Spezialitäten des Hauses sind Hummer-Quesadillas.

★ **Soggy Dollar Bar** BAR
(☎495-9888; www.soggydollar.com; ⊙9–19 Uhr) Soggy Dollar hat seinen Namen von den Matrosen, die an die Küste geschwommen sind, um ihre nassen Dollars auszugeben. Außerdem wurde hier der Painkiller erfunden, der köstliche, doch gefährlich starke Cocktail der Jungferninseln aus Rum, Kokosnuss, Ananas, Orangensaft und Muskat. Hier ist immer etwas los. Unbedingt beim Ring-Spiel mitmachen, um herauszufinden, wie viel Spaß es machen kann, einen Metallring auf einen Haken zu werfen.

Ivan's Stress Free Bar & Restaurant BAR
(☎US 340-513-1095; www.facebook.com/ivansstressfreebarjvd; ⊙Dez.–April 9–21 Uhr, Mai–Nov. bis 19 Uhr; 📶) Ach, wie sehr müssen frühere Besucher das alte Ivan's vermissen, das wirklich eine stressfreie, mit Muscheln übersäte Bar war, in der man das Geld für seine Drinks auf Vertrauensbasis an der Bar ließ. Doch nach einem Hurrikan ist nichts mehr, wie es war. Das neue Ivan's hat sich etwas von seinem alten Charme bewahrt, doch die Preise sind festgelegt und man hört mehr Reggaeton als Reggae. Ein Vorteil: Der Service ist besser geworden!

Little Harbour

Josts ruhigere Seite mit wenigen Geschäften. Die meisten Besucher kommen mit dem Schiff hierher, um zu wandern, zu schwimmen und die wilde, mit Salbei gespickte Landschaft auf sich wirken zu lassen.

Für Unterkünfte muss man nach Great Harbour oder zur White Bay fahren.

Ein Taxi von Great Harbour nach Little Harbour kostet 6 US$ pro Person. Wer nach Bubbly Pool weiterfährt, zahlt 10 US$ pro Person.

Aktivitäten

Bubbly Pool SCHWIMMEN
Merkwürdige Felsformationen mit Aufschlüssen bilden diesen natürlichen Whirlpool. Wenn die Wellen einspülen, blubbert das Wasser wie in einem Sprudelbad. Die Bedingungen sind unterschiedlich: Manchmal ist es so ruhig, dass es keine Blasen gibt (Eintauchen lohnt sich trotzdem), zu anderen Zeiten kann es zu rau sein, um reinzuspringen (das ist allerdings selten).

Vom Restaurant Foxy's Taboo führt in etwa 20 Minuten ein Trampelpfad hierher. Viele Besucher bringen etwas zu essen mit und bleiben etwas länger.

Essen

Die wenigen Restaurants in der Umgebung sind ähnliche, vom Wetter gezeichnete Freiluftlokale am Wasser mit entspannter Atmosphäre und einem Schwerpunkt auf Hummer. Die meisten kämpften zum Zeitpunkt der Recherche noch mit dem Wiederaufbau und der Erholung nach den Hurrikans von 2017.

Foxy's Taboo KARIBISCH **$$**
(☎441-1423; www.foxysbvi.com; Hauptgerichte 15–30 US$; ⊙11–20 Uhr) Foxy Callwood arbeitet mit seiner Tochter Justine im Foxy's Taboo und serviert zum Mittagessen leichte Gerichte wie griechische Salate, Lammkebab und Pepper Jack Cheeseburger. Zum Abendessen gibt's anspruchsvollere Gerichte (wie Schnapper in Zitronen-Kapern-Soße), die alle von köstlichen Cocktails begleitet werden. In einem malerischen Gebäude am Hafen unter einem Palmendach mit Blick aufs türkisfarbene Meer.

Sidney's Peace & Love KARIBISCH $$
(☎344-2160; Hauptgerichte 15–42 US$; ⊙10–21 Uhr) Hier ist die Spezialität der Hummer (50–60 US$), aber das Sidney's serviert auch jede Menge westindische Fisch- und Grillgerichte sowie Burger. Die Getränke schenkt man sich selbst an der Bar ein, wo man auch auf Vertrauensbasis das Geld lässt. Das Dach wird von Zetteln dekoriert, die Feierwütige hier hinterlassen haben.

Harris' Place KARIBISCH $$$
(☎344-8816; www.facebook.com/harrisplacejvd; Hauptgerichte 28–42 US$; ⊙16–22 Uhr; 📶) Die sympathische Cynthia Jones leitet diesen Pavillon am Hafen, der für sein gegrilltes Schweinefleisch, seine Rippchen und sein Hühnchen bekannt ist. Und natürlich auch für seinen Hummer! Am Montagabend gibt's ein *All you can eat*-Menü mit Hummer in Knoblauchbuttersoße.

ANEGADA

Die nördlichste aller Jungfern ist nur knapp 19 km von ihren Schwestern entfernt, sieht aber aus wie von einem anderen Planeten. Anegadas Wüstenlandschaft ist flach wie ein Pfannkuchen und die wenigen Restaurants und Unterkünfte sind ganz sanft von der Sonne ausgebleicht. Flamingos staksen durch die Salzteiche und fast schon albern blaues Wasser plätschert an Stränden mit kuriosen Namen wie Loblolly Bay und Flash of Beauty.

Anegada-Hummer steht auf vielen Speisekarten auf allen Inseln, und tatsächlich wird er hier gefischt. Das Abendessen besteht aus gewaltigen Krustentieren, die direkt vor den Gästen aus dem Wasser gezogen und auf einem umgebauten Ölfass-Grill zubereitet werden.

Es gibt Menschen, die Anegada zu verschlafen finden. Aber für alle, die gern dem Wellenrauschen lauschen und lange, einsame Strandspaziergänge machen, ist diese Insel perfekt. Ein geheimnisvoller, magischer und einsamer Ort, an dem man eine Zeitlang seine Hängematte aufhängen kann.

ℹ An- & Weiterreise

FLUGZEUG

Der kleine **Auguste George Airport** (NGD) liegt im Zentrum der Insel und wird zweimal täglich von VI Airlink (S. 327) ab Tortola/Beef Island angeflogen. Ansonsten landen hier nur Charterflugzeuge aus Tortola und Virgin Gorda. Zu den Chartergesellschaften gehören Fly BVI (S. 330) und Island Birds (S. 330).

SCHIFF/FÄHRE

Road Town Fast Ferry (S. 328) legt montags, mittwochs und freitags um 6.45 und 15.30 Uhr von Road Town, Tortola, ab und um 8.30 und 17 Uhr von Anegada. Anegada Express (S. 328) fährt dienstags, donnerstags, samstags und sonntags um 7.30 und 15.30 Uhr von der Trellis Bay (in der Nähe des Flughafens von Tortola) ab. Zurück geht's um 9.15 und 17.15 Uhr. Normalerweise gibt's am Dienstag und Donnerstag eine zusätzliche Mittagsfähre.

Beide Fährbetreiber legen unterwegs einen kurzen Halt in Spanish Town, Virgin Gorda, ein. Viele Reisende nutzen diese öffentlichen Fähren für einen Tagesausflug. Die Hin- und Rückfahrt kostet 55 US$ und eine Fahrt dauert etwa 75 bis 90 Minuten.

INSIDERWISSEN

ANEGADA-HUMMER

Einen Anegada-Hummer zu knacken ist ein Initiationsritus für jeden Touristen. In allen Restaurants gibt's die gewaltigen Krustentiere, die für gewöhnlich am Strand auf einem umgebauten Ölfass mit der geheimen Würzmischung des Kochs gegrillt werden. Weil sie direkt aus dem Meer gezogen werden, sollte man bis 16 Uhr reserviert und bestellt haben, damit die Restaurants wissen, wie viele sie fischen müssen. Die meisten Restaurants berechnen um die 55 US$ für das ganze, 35 US$ für das halbe Tier. Vom 1. August bis zum 1. November haben die Hummer Schonzeit, damit sich die Bestände erholen können, darum stehen dann weder Hummer noch *conch* auf der Speisekarte. Viele Restaurants bleiben sogar ganz geschlossen.

Das **Anegada Lobster Festival** ist eine zweitägige kulinarische Veranstaltung, die normalerweise am letzten Novemberwochenende stattfindet. Es lockt Hummerliebhaber nach Anegada, wo Köche Degustationsgerichte zubereiten. Bands kommen mit den Fähren auf die Insel, um vor der Menschenmenge aufzutreten.

West End

Setting Point liegt im westlichen Teil der Insel. Es umfasst einen Fährhafen und eine kleine Ansammlung von Restaurants, Hotels und Geschäften. Im Norden liegen die Cow Wreck Bay, einer der atemberaubendsten Karibik-Strände, und die Glamping-Zelte des Anegada Beach Clubs am Wasser.

Das Anegada Reef Hotel am Hafen ist das inoffizielle Informationszentrum der Insel. Die Mitarbeiter der Rezeption können fast alle Fragen zum Fischen, zur Autovermietung und zum Transport zu den Stränden beantworten.

Sehenswertes

★ Cow Wreck Bay — STRAND

Darauf darf man sich am glitzernden, einsamen Cow-Wreck-Strand freuen: unglaublich türkisfarbenes Meerwasser, wie man es noch nie gesehen hat, bunte Strandstühle unter raschelnden Palmen, umherstreunende Kühe, Muschelhörner, ein ausgezeichnetes Bar-Restaurant und Toiletten. Vielleicht sieht man sogar Sir Richard Branson auf einem Kiteboard. Am besten verbringt man hier den Nachmittag mit Schwimmen, Entspannen und noch mehr Entspannen.

★ Flamingo Pond — NATURSCHUTZGEBIET

An den großen Salzteichen am westlichen Ende der Insel wohnt eine Gruppe Rosaflamingos. Sie waren einst auf Anegada und anderen Cays der Jungferninseln zahlreich vertreten, bis Jäger ihre Population wegen ihres zarten Fleisches und der Federn stark dezimierten. Seit ihrer Wiedereinführung 1992 haben sie ein Comeback hingelegt. Man darf nicht nah heran, aber man kann die Vögel durch das Nordende des Teiches waten sehen, z. B. durch das Spektiv am **Flamingo Pond Lookout** oder im Teich in der Nähe des Neptun's Treasure Hotels.

Aktivitäten

Tommy Gaunt Kitesurfing — SURFEN

(☎ 344-9903; www.tommygauntkitesurfing.com; Kite & Brett pro halbem/ganzem Tag 90/150 US$; ⏲ Nov.–Aug. 10–17 Uhr) Am besten leiht man seinen Kite bei diesem Anbieter im Anegada Beach Club. Kurse sind für alle Niveaus verfügbar.

Danny's Bonefishing — ANGELN

(☎ 441-6334; www.dannysbonefishing.com; pro halbem/ganzem Tag 400/600 US$) Auf den Sandbänken um Setting Point und Salt Heap Point an der Südküste kann man auf Weltklasseniveau Bonefishing betreiben. Danny Vanterpools Familie leitet seit Jahrzehnten Touren in dieser Gegend. Ausrüstung ist im Preis inbegriffen. Im Voraus reservieren.

Schlafen

Ein paar einfache Hotels sind zu Fuß vom Fährhafen erreichbar. Exotischere Möglichkeiten eröffnen sich entlang der Küste im Norden.

★ Anegada Beach Club — HOTEL $$

(☎ 340-4455; www.anegadabeachclub.com; Zi. 235 US$, Glamping-Zelte 370 US$; ❄ 📶 🏊) Anegadas elegantestes Anwesen bietet zwei Optionen: Glamping-Zelte am Strand (Konstruktionen auf Stelzen mit Zeltplanen als Wänden) mit Himmelbett, Warmwasserduschen, einer Veranda mit Hängematte und einem romantischen Blick aufs Wasser sowie Hotelzimmer in ruhigen, blauen Pastelltönen mit hellem Holz, Klimaanlage und Fernsehen. Auf dem Gelände liegt eine Kitesurfing-Schule, Kajaks und Paddelbretter können geliehen werden.

Das Restaurant des ABC ist zum Frühstück, Mittag- und Abendessen geöffnet und serviert fabelhaftes Essen, darunter BLLT-Sandwiches (mit Bacon, Salat, Hummer und Tomate). Ein kostenloser Shuttle holt die Gäste am Flughafen oder Fähranleger ab.

Ann's Guest Houses — COTTAGES $$

(☎ 954-600-6616; www.cowwreckbeachbvi.com; Cow Wreck Beach; Cottages 200 US$; ❄ 📶) Wenn die Menschenmengen am Abend die Cow Wreck Beach Bar (S. 320) verlassen haben, trifft man hier nur auf umherziehende Rinder. Diese vier pastellfarbenen Cottages bieten zwar keinen direkten Strandblick, sind aber nur wenige Schritte vom Sand entfernt und verfügen über eine voll ausgestattete Küche, hohe Decken und eine abgefahrene Dekoration mit nautischem Thema.

Anegada Reef Hotel — HOTEL $$

(☎ 495-8002; www.anegadareef.com; Setting Point; DZ 180–310 US$; ❄ 📶) Diese Küstenunterkunft am Fähranleger war das erste Hotel von Anegada und erinnert an ein klassisches Fischercamp auf einer entlegenen Koralleninsel. Die 20 Zimmer der Unterkunft (zum Zeitpunkt der Recherche waren wegen der Hurrikans von 2017 nur zehn geöffnet) sind recht einfach, aber der Anleger für Fischerboote, das Restaurant (Hauptgerichte 22–52 US$, 8.30–21 Uhr) und die Strandbar bilden den sozialen Dreh- und Angelpunkt von Anegada.

Viele Reisende legen hier mit ihren Jachten an, um sich ins Geschehen zu mischen. Fisch und Hummer brutzeln auf dem Grill.

Neptune's Treasure HOTEL $$
(☎ 495-9439; www.neptunestreasure.com; Setting Point; Zi. 170 US$; ❄ 📶) Die Preise sind die günstigsten auf der Insel und die Lage am Strand ist hervorragend, doch die außergewöhnlich mürrischen Besitzer (von den Azoren und den Bahamas) können einem die fröhlich-sonnige Stimmung von Anegada vermiesen. Das WLAN reicht nicht bis zu den meisten Zimmern. Hier nur übernachten, wenn man sonst keine Alternative hat.

Essen

Mehrere Restaurants unter freiem Himmel liegen am Wasser bei Setting Point. Einfach der Nase nach dem Duft von gegrilltem Hummer und Grillfleisch folgen. Die Restaurants haben auch Bars, wenn man nur etwas trinken will.

★ **Cow Wreck Beach Bar** KARIBISCH $$
(☎ 954-600-6616; www.cowwreckbeachbvi.com; Hauptgerichte 16–53 US$; ⏲ 10–20 Uhr) Dieses fröhliche Bar-Restaurant unter freiem Himmel bietet Hummer und Grillrippchen, aber die meisten Gäste kommen hierher, um den Tag bei einem Drink an den Picknicktischen im Sand oder auf einer Bank am Strand ausklingen zu lassen. Die Gastfreundschaft der Besitzerin Bell (und ihre *conch fritters*) sind etwas Besonderes.

Sid's Pomato Point KARIBISCH $$
(☎ 547-0368; Hauptgerichte 18–40 US$; ⏲ 11 Uhr–spät; 📶) Der beliebteste Barkeeper der Insel (Sid, nach dem die Bar benannt ist) hat endlich seinen eigenen Laden am abgelegenen Pomato Point, wo die Sonnenuntergänge legendär sind. Man kann sich in die gewundene Mahagonibar oder an einen der luftigen Tische im Freien setzen und Hummer-Tacos, gedünstete *conch* oder Babybackrips genießen.

★ **Wonky Dog** FISCH & MEERESFRÜCHTE $$$
(☎ 547-0539; www.thewonkydog.com; Setting Point; Hauptgerichte 25–55 US$; ⏲ 10–23 Uhr) Das Wonky Dog ist sehr stilvoll, die Tische mit Kerzenhaltern stehen am Strand und die Bartender wissen, wie man mixt. Die Karte geht weit über den Standard hinaus und umfasst ein breites Angebot, von Muscheln in rotem Thai-Curry über Thunfisch-Poke bis zu allen möglichen Hummerkreationen (u. a. Jerk-Mango-Kokosnuss-Hummer, Rockefeller-Hummer und cremiger Thermidor-Hummer). An drei Abenden legen DJs auf und dienstags gibt's Steelpan-Musik.

★ **Lobster Trap** KARIBISCH $$$
(☎ 346-5055; www.facebook.com/thelobstertrap bvi; Setting Point; Hauptgerichte 25–55 US$; ⏲ 11–21 Uhr; 📶) Die gegrillte Version des namensgebenden Schalentieres ist einfach himmlisch und die Karte umfasst die üblichen Meeresfrüchteklassiker. Der Koch zieht die Krustentiere direkt aus dem Meer, aus einer Falle am Hafen. Die funkelnde Gartenanlage am Hauptankerplatz ist ein weiterer Pluspunkt. Der Anegada Beach Club (S. 319) betreibt das Trap und bietet einen Shuttleservice zwischen den beiden Einrichtungen.

Potter's by the Sea KARIBISCH $$$
(☎ 341-9769; http://pottersanegada.com; Setting Point; Hauptgerichte 25–55 US$; ⏲ 8–24 Uhr; 📶) Wenn man aus dem Fährhafen rauskommt, stolpert man als Erstes in dieses Restaurant. Potter hat mal in Queens in New York gewohnt und drei Jahre in der Restaurantbranche gearbeitet und weiß daher, wie er dafür sorgen kann, dass sich die Gäste wie zu Hause fühlen, während er Rippchen, Fettucine, Shrimps und Hummer mit Curry serviert. Graffiti und T-Shirts bedecken die Wände im Freien, gelegentlich spielen abends DJs.

ℹ An- & Weiterreise

Road Town Fast Ferry (S. 328) verkehrt am Montag, Mittwoch und Freitag zweimal täglich zwischen Road Town, Tortola und Setting Point. Anegada Express (S. 328) verkehrt am Dienstag, Donnerstag, Samstag und Sonntag zweimal täglich zwischen Trellis Bay (in der Nähe des Flughafens von Tortola) und Setting Point.

Anjuliena's (☎ 495-9002; Setting Point; halber/ganzer Tag/24 Std. 35/45/55 US$; ⏲ 8–17 Uhr) vermietet Roller am Hafen – eine großartige Möglichkeit, um sich auf der Insel fortzubewegen. **L&H Rentals** (☎ 495-8002; Anegada Reef Hotel, Setting Point; Mini Moke/SUV/Truck 80/85/110 US$; ⏲ 8–18 Uhr) bietet Mini Mokes, Standard-SUVs und Trucks an. Ein Taxi von Setting Point nach Cow Wreck kostet hin und zurück 12 US$ pro Person. Im Anegada

Reef Hotel (S. 319) oder beim **L&M's Taxi Service** (☎ 443-9972, 441-0563; www.lmanegada.com) buchen.

Unterwegs vor Ort

Taxis warten an der Fähranlegestelle. Eine 2½-stündige Inselrundfahrt kostet 35 US$ pro Person. Das Anegada Reef Hotel bietet einen Freiluft-Shuttleservice (hin und zurück 12–15 US$ pro Pers.) zu den Stränden. L&M's Taxi Service anrufen, um Ausflüge oder Touren zu arrangieren.

Roller sind das beliebteste Fortbewegungsmittel auf der Insel. Verschiedene Unternehmen mieten sie am Fähranleger, darunter Anjuliena's. Die Straße von Pomato Point entlang der Südküste nach The Settlement und zur Loblolly Bay ist vollständig asphaltiert, im Gegensatz zur Strecke von Loblolly zur Cow Wreck Bay an der Nordküste: Sie umfasst lange Abschnitte mit tiefem Sand, in dem sich schon so mancher Roller festgefahren hat.

East End

The Settlement ist die einzige Stadt auf Anegada und eher ein kleines Dorf mit kompakten Häusern, wo die Wäsche in der Brise weht und die Leute ihre Hühner und Ziegen füttern. Es gibt ein paar winzige Lädchen, in denen man Essen und Sonstiges kaufen kann. Die Leguane und die Strände ein paar Kilometer weiter nördlich sind die Hauptattraktionen.

Freiluftshuttles (hin und zurück 15 US$ pro Pers.) fahren häufig vom Anegada Reef Hotel nach Loblolly. Wer vorhat, im Big Bamboo zu essen oder zu trinken, erhält einen kostenlosen Transfer (einfach anrufen).

Sehenswertes

Loblolly Bay Beach STRAND
Loblolly ist ein idyllischer Sandstreifen mit ein paar Bars, festen Sonnenschirmen, einer Dusche (3 US$) und einem Verleih für Schnorchelausrüstung (10 US$ pro Tag) im Bar-Restaurant Big Bamboo. Man kann in einem ausgedehnten Gebiet schwimmen, in dem Adlerrochen und Barrakudas zu sehen sind. Zwischen November und März kann das Meer recht rau sein.

Flash of Beauty STRAND
Der Strand Flash of Beauty liegt etwas östlich vom Loblolly Bay Beach. Mit seinem traumhaften weißen Sand und dem türkisblauen Wasser macht er seinem Namen alle Ehre. Es gibt ein Bar-Restaurant. Außerdem lädt ein kompakter Bereich mit Korallen und grellbunten Fischen zum Schnorcheln ein.

Anegada Iguana Headstart Facility NATURSCHUTZGEBIET
(⌚ 8.30–16.30 Uhr) GRATIS Der Park Trust hat diese Anlage eröffnet, weil wilde Katzen die Baby-Leguane der Insel gefressen und den Bestand der seltenen Art bedroht haben. Jetzt bringen Arbeiter die Babys in die Käfige der Aufzuchtstation, damit sie sicher aufwachsen können. Nach zwei Jahren sind sie groß genug, um in die Wildnis entlassen zu werden, wo sie bis zu anderthalb Meter lang werden können. Die Auffangstation liegt hinter dem Regierungsverwaltungsgebäude, man kann sich einfach selbst reinlassen.

Schlafen & Essen

Am Loblolly Bay Beach findet man ein paar Cottages, aber sonst gibt's hier nicht viel.

Big Bamboo KARIBISCH $$
(☎ 499-1680; www.bigbambooanegada.com; Hauptgerichte 12–25 US$; ⌚ 9–8 Uhr) Diane Levons Restaurant-Bar im Tiki-Stil befindet sich am Strand am westlichen Ende der Loblolly Bay und ist immer gut besucht. Es ist auf Inselrezepte mit Hummer (40–50 US$), Fisch und Huhn spezialisiert.

Hellblaue Laufstege führen vom Restaurant zu vier runden Cottages mit großen Balkons und Meerblick. Einige bestehen aus einem Zimmer (250 US$), andere aus zwei Zimmern (350 US$). Alle verfügen über WLAN, eine Klimaanlage und eine voll ausgestattete Küche.

Flash of Beauty Restaurant KARIBISCH $$
(☎ 343-8403; Hauptgerichte 6–20 US$; ⌚ 10–17 Uhr, Abendessen mit Reservierung) Nach dem Schnorcheln im Wasser vor dem Bar-Restaurant kann man im Flash of Beauty an Land gehen, wo die Besitzerin Monica mit scharfen *roti*, Curry-*conch* und Hummer (45 US$) wartet. Die Mitarbeiter mixen einen Bushwhacker, der es in sich hat – ein milchshakeähnliches Getränk mit sieben Spirituosen.

THE LITTLE SISTERS

Die Kette kleiner Inseln südlich von Tortola, The Little Sisters genannt, bietet eine wunderbare Mischung aus Meeresschutzgebieten, Luxusrefugien für die Reichen und Berühmten sowie Versorgungsstationen für Segler. Die meisten Inseln sind nur mit Charter- oder Privatschiffen erreichbar. Wer kein eigenes Boot hat, kann eine ganztägige Segeltour von Tortola oder Virgin Gorda aus unternehmen.

Sehenswertes

Norman Island INSEL

Der Legende nach ist seit 1843 ein Schatz auf Norman Island vergraben, angeblich die Vorlage für Robert Louis Stevensons *Die Schatzinsel*. Das passt ins Bild: Norman ist die größte unbewohnte Landmasse der Britischen Jungferninseln, obwohl sich das bald ändern könnte. Ein 200 Millionen US$ teures, nachhaltiges Luxusresort und Wohnimmobilien sind geplant. Bisher kommen Abenteurer hierher, um die einzige Einrichtung der Insel zu besuchen: den Freiluftpavillon Pirates Bight am Strand mit lauter Musik und feierwütigem Publikum.

Wer kein eigenes Boot hat, ruft im Pirates Bight an und erkundigt sich nach der Fähre (hin und zurück 20 US$).

Salt Island INSEL

Diese T-förmige Insel ist ein gottverlassener Ort. Hier wird immer noch Salz gewonnen (was der Insel einst ihren Namen gab), aber die **RMS Rhone** ist die Hauptattraktion. Die *Rhone* ist während eines Hurrikans 1867 an den Felsen der Südwestküste zerschellt. Heute ist hier ein Nationalpark, die Überreste des Dampfschiffes sind beträchtlich, weshalb das Gebiet zu den besten Zielen für Wracktauchen in der Karibik zählt. Das Heck liegt in flacherem Wasser, sodass Schnorchler auch etwas davon haben.

Cooper Island INSEL

Die sanft hügelige Cooper Island liegt etwa 6½ km südlich von Tortola und ist fast unentwickelt, abgesehen vom Cooper Island Beach Club. Dessen Restaurant, Rumbar und Brauerei machen das Inselchen zu einem beliebten Ankerplatz für Jachten. Schnorchler und Taucher strömen ebenfalls in die Umgebung von Cooper Island.

Peter Island INSEL

Die fünftgrößte Insel der Jungfern ist L-förmig, liegt etwa 6½ km südlich von Tortola und ist das Zuhause des luxuriösen Peter Island Resorts (das 2017 von den Hurrikans zerstört wurde, aber bald wiedereröffnen soll). Die Insel ist größtenteils üppig und wild geblieben. Es gibt fünf unverfälschte Strände sowie herausragende Schnorchelplätze und Wanderwege.

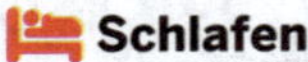

Schlafen

Cooper Island Beach Club RESORT $$

(☎ 345-6725; www.cooperislandbeachclub.com; Cooper Island; Zi. 290 US$; ⊙ Sept. geschl.;) Nicht wirklich ein „Club“, sondern vielmehr eine zwanglose Anlage, wo es völlig okay ist, barfuß herumzulaufen. Die zehn Zimmer mit Teakmöbeln bieten ein Himmelbett, einen Minikühlschrank, einen Balkon und eine Regendusche. Solarzellen produzieren 70 % des Stroms und wärmen das Wasser. Ein Deckenventilator kühlt in der Nacht.

Essen & Ausgehen

Cooper Island Beach Club Restaurant KARIBISCH $$

(☎ 547-2002; www.cooperislandbeachclub.com; Cooper Island; Hauptgerichte 16–45 US$; ⊙ 12–15 & 17.30–20.30 Uhr, Sept. geschl.) Für Segler ist dieses zwanglose Restaurant ein beliebter Treffpunkt. Die *chicken roti* mit Curry, das Jerk Pork und die Grünschalmuscheln in Weißweinsoße schmecken sensationell. Die Rumbar und die solarbetriebene Brauerei vor Ort tragen zu Genuss und Atmosphäre bei. Die Barstühle aus recycelten Fischerbooten sind ein schönes Extra.

Abends reservieren.

William Thornton BAR

(Willy T's; ☎ 340-8603; www.willy-t.com; Peter Island; ⊙ 12 Uhr–spät) Das ursprüngliche Willy T's wurde durch Hurrikan Irma zerstört. Die Version 2.0 dieser schwimmenden Bar ist größer und sauberer, aber genauso ausgelassen wie einst. Die *conch fritters* und Grillrippchen sind lediglich Beilagen für den ganzen Schnaps. Body Shots, bei denen Alkohol vom Körper einer anderen Person konsumiert wird, sind ein absolutes Muss. So mancher Besucher soll hier schon einen über den Durst getrunken haben und nackt vom Deck gesprungen sein.

Die Bar liegt in Great Harbour, Peter Island, vor Anker.

Pirates Bight BAR

(☎ 443-1305; www.piratesbight.com; Norman Island; ⊙ 11.30–24 Uhr) Dieser Freiluft-Pavillon am Strand von The Bight schenkt eine ganze Menge Rum aus (sowie Gin, Tequila und Wodka). *chicken roti*, *conch fritters* und gegrillte *mahi-mahi*-Sandwiches helfen beim Verarbeiten. Einfach auf den Strandstühlen am Wasser entspannen. Wer kein eigenes Boot hat, kann anrufen und nach der Fähre fragen (hin und zurück 20 US$).

An- & Weiterreise

Die meisten Inseln der Little Sisters sind nur erreichbar, wenn man ein eigenes Boot hat oder an einer Tour teilnimmt, aber es gibt eine Ausnahme: Norman Island betreibt eine Fähre (hin und zurück 20 US$, 3-mal tgl.) von einem Hafen am Stadtrand von Road Town, Tortola. Vorher anrufen (443-1305), um den regelmäßig wechselnden Fahrplan zu überprüfen.

DIE BRITISCHEN JUNGFERNINSELN VERSTEHEN

Geschichte

Kolumbus & die Piraten

Bei Kolumbus' zweiter Reise in die Karibik 1493 führten ihn die Kariben zu einem Archipel makelloser Inseln, die er Santa Ursula y Las Once Mil Vírgenes (die Heilige Ursula und die 11 000 Jungfrauen) nannte, zu Ehren der Legende einer Prinzessin aus dem 4. Jh., die zusammen mit 11 000 Jungfern in Köln von Hunnen vergewaltigt und ermordet worden sein soll.

Ab 1595 nutzten die berühmten englischen Freibeuter Sir Francis Drake und Jack Hawkins die Jungferninseln als Ausgangspunkte für Angriffe auf spanische Schiffe. In Drakes und Hawkins' Kielwasser schwammen französische Korsaren und holländische Freibeuter mit. Jeder wusste, dass die Jungferninseln einige der sichersten und unbewachtesten Häfen der westindischen Inseln hatten. Orte wie Soper's Hole im West End von Tortola und Bight auf Norman Island waren legendäre Piratenschlupfwinkel.

Während die Dänen sich mit den Eilanden zufriedengaben, die heute die Amerikanischen Jungferninseln sind, hielt Großbritannien eisern an den heutigen Britischen Jungferninseln fest. Die mittlere Insel St. John war bis 1717 ein Streitpunkt, bis die dänische Seite sie endgültig für sich beanspruchte. Die Narrows zwischen St. John und Tortola trennen seit mehr als 250 Jahren die östlichen Jungfern (britisch) von den westlichen (US-amerikanisch).

Die Jungferninseln nach dem Zweiten Weltkrieg

Nach dem Zweiten Weltkrieg forderten die britischen Bürger auf den Inseln mehr Unabhängigkeit. 1949 gab es Demonstrationen für eine repräsentative Regierung, ein Jahr später bekamen sie eine vorsitzende Legislative. 1967 waren die Inseln eine von Großbritannien unabhängige Kolonie mit ihren eigenen politischen Parteien, einem Legislativrat und einem gewählten Premierminister (Wahlen werden alle vier Jahre abgehalten). Elizabeth II. kam ebenfalls 1967 zum ersten Mal auf die Britischen Jungferninseln. Noch heute kreuzen die Mitglieder der englischen Königsfamilie gelegentlich durch die Inseln.

Mitte der 1980er-Jahre hatte die Regierung die pfiffige Idee, Firmen, die sich als Kapitalgesellschaften auf den Inseln eintragen lassen wollten, Offshore-Registrierungen anzubieten. Die Gebühren dafür finanzieren jetzt gemeinsam mit dem Tourismus die Wirtschaft. Ob man das jetzt als „Internationales Finanzzentrum" oder „Steueroase" bezeichnet, ist eine Frage des Blickwinkels, aber man muss zugeben, dass es seltsam ist, wenn auf 28 000 Einwohner mehr als 422 000 aktiv registrierte Firmen kommen. Daraus ist eine ungewöhnliche Inselarbeiterschaft hervorgegangen, die sich aus ausländischen Buchhaltern, Treuhandanwälten und Investmentbankern zusammensetzt.

Bevölkerung & Kultur

Trotz des Namens und kleiner Details wie Schokolade von Cadbury ist die Kultur der Britischen Jungferninseln durch und durch westindisch. Die Bevölkerung besteht aus Menschen, die im Finanzbereich, im Tourismus oder in der Landwirtschaft tätig sind,

> **FUNGI-MUSIK**
>
> Fungi (*fuhn*-gie, auch ein beliebtes Gericht aus Maismehl) ist die regionale Volksmusik. Die selbst gemachten Percussioninstrumente (z. B. Waschbretter, gerippte Kürbisse und *conch*-Schalen) begleiten den Gesang. Beim BVI Emancipation Festival (S. 303) hört man viel davon. Die Lashing Dogs sind eine beliebte Band auf den Inseln.

sowie aus ein paar Abenteurern, die es ans Meer zieht. Ethnisch ist es eine Mischung aus 77% Schwarzen, 6% Latinos, 5% Weißen, der Rest ist gemischt, z.B. ostindisch.

Die Britischen Jungferninseln haben mit die stabilste Wirtschaft der Karibik. Das BIP pro Kopf liegt bei 34 200 US$. Im Allgemeinen sind die meisten Einwohner vergleichsweise wohlhabend.

Manche Besucher beklagen, dass die Einheimischen (vor allem auf Tortola) unfreundlich wären. Das Verhalten ist allerdings weniger unhöflich als eher reserviert.

Natur & Umwelt

Geografie

Die Britischen Jungferninseln bestehen aus etwa 50 Inseln und Koralleninselchen. Auf den meisten beherrschen steile Hügel das Inland. Eine Ausnahme bildet das ganz im Norden gelegene Anegada, ein flaches Korallenatoll. Sage Mountain (523 m) auf Tortola ist der höchste Punkt der Inseln.

Auf den Inseln wachsen Tausende verschiedene tropische Pflanzenarten, schon bei einer kurzen Fahrt kann man mehrere vollkommen verschiedene Ökosysteme durchqueren. Mangrovensümpfe, Kokospalmenhaine und Meertraubenbäume dominieren die Küste, oben auf den Bergen gibt's Feuchtwälder mit Mahagoni, Pockholz, Palmetto und mehr als 30 verschiedenen wilden Orchideenarten.

Die Einheimischen bauen und ernten Hunderte verschiedene Wurzeln und Kräuter als Zutaten der „Bush Medicine". Psychoaktive Pilze (die auch konsumiert werden) wachsen wild auf den Inseln, besonders auf Tortola.

Tiere

Nur wenige der Landsäugetiere sind endemisch, die meisten wurden zufällig oder absichtlich eingeführt. Auf fast jeder Insel leben verwilderte Katzen, Ziegen oder Esel.

Außerdem bewohnen mehr als 200 buntgefiederte Vogelarten die Inseln und bereichern die tropische Umgebung mit ihrer Farbenpracht und einer bunten Vielfalt an Gesängen. Dazu kommen ein paar Schlangenarten (keine giftigen), zusammen mit einer Reihe von kleinen und nicht so kleinen Echsen, zu denen auch die anderthalb Meter langen Wirtelschwanzleguane von Anegada und die auf allen Inseln vorkommenden Grünen Leguane zählen. Anolis und Geckos sind überall, ebenso zahlreiche Frosch- und Krötenarten.

Umweltthemen

Umweltschutzfragen führten zur Gründung des BVI National Parks Trust, der heute 21 natürliche und kulturelle Gebiete schützt, zu denen auch das Wrack der *Rhone,* Sage Mountain auf Tortola und die gewaltigen Felsbrocken der Baths auf Virgin Gorda zählen.

Lange Jahre des Überfischens haben *conch*-Muscheln und Hummer in eine prekäre Situation gebracht. Aktuell ist das Fischen dieser Meeresfrüchte von August bis Oktober nicht erlaubt, damit sich die Bestände erholen können.

Umweltschützer haben ebenfalls die Entwaldung, Bodenerosion und Zerstörung der Mangroven im Blick. Mangroven-Neupflanzungsprojekte sind an verschiedenen Standorten auf den Inseln geplant.

PRAKTISCHE INFORMATIONEN

Allgemeine Informationen

AKTIVITÄTEN

Segeln ist der Hauptsport auf den Jungferninseln. Das saubere Wasser, die Schiffswracks und die geschützten Buchten bieten ideale Bedingungen zum Schnorcheln und Tauchen. An der Josiah's Bay auf Tortola kann man gut surfen, Kitesurfen ist auf Anegada und Virgin Gorda sehr beliebt.

BARRIEREFREI REISEN

Die Jungferninseln sind nicht besonders barrierefrei und bieten keine besonderen Dienste für Reisende mit Behinderungen.

BOTSCHAFTEN & KONSULATE

Deutsches Honorarkonsulat (☎ 499-4040; tortola@hk-diplo.de; Folio Chambers, PO Box 800, Road Town, Tortola)

Österreich und die **Schweiz** haben keine Botschaften oder Konsulate auf den Britischen Jungferninseln.

ESSEN

Das Angebot ist in den meisten Restaurants recht ähnlich: hauptsächlich karibische Küche mit scharfen Grillgerichten oder Currys zusammen mit gegrilltem Fisch und Hummer (letzterer ist der berühmte gewaltige Hummer aus Anegada). Auf Virgin Gorda und in Tortolas Cane Garden Bay gibt's eine ganze Reihe herausragender Restaurants. Die Gerichte sind teuer und der Service ist in der Regel nicht so gut wie auf den benachbarten Amerikanischen Jungferninseln.

Typische Gerichte & Getränke

Anegada-Hummer Das gewaltige Krustentier wird vor den Augen der Gäste direkt aus dem Wasser gezogen und am Strand gegrillt.

Fungi (*fuhn*-gie) Maismehl, ähnlich zubereitet wie Polenta und zusammen mit Okra gekocht, obendrauf gibt's oft Fisch und Soße.

Painkiller Jost Van Dykes Soggy Dollar Bar hat angeblich diese süße Mischung aus Rum, Kokosnuss, Ananas, Orangensaft und Muskat erfunden.

Pate (pah-tee) Frittierte Blätterteigtaschen, gefüllt mit würzigem Huhn, Fisch oder anderem Fleisch.

Roti Würziges Chutney gibt Curry-Chicken, -Rind, *-conch* (regionale Muschel) oder Gemüsefüllungen das gewisse Extra in den burritoähnlichen Fladenbrotwraps.

PREISKATEGORIEN ESSEN

Die folgenden Preise beziehen sich auf ein Hauptgericht.

**$** bis 15 US$

**$$** 15–35 US$

**$$$** über 35 US$

FEIERTAGE

Neujahr 1. Januar

H. L. Stoutts Geburtstag Erster Montag im März

Commonwealth Day Zweiter Montag im März

Karfreitag und Ostermontag (März oder April)

Pfingstmontag Mai oder Juni (beweglicher Feiertag)

Sovereign's Birthday Mitte Juni (beweglicher Feiertag)

Territory Day 1. Juli

BVI Festival Days Erster Montag bis Mittwoch im August

St. Ursula's Day 21. Oktober

1. und 2. Weihnachtsfeiertag 25. und 26. Dezember

GELD

In den Hauptstädten auf Tortola und Virgin Gorda gibt's Geldautomaten, sonst nicht. Kreditkarten werden in den meisten Hotels und Restaurants akzeptiert (häufig mit einem Mindestbetrag von 20 US$).

DIE BESTEN TAUCH- & SCHNORCHELSPOTS

Tauchspots

RMS Rhone Das berühmte Schiffswrack von 1867 liegt leicht zugänglich für Anfänger und Fortgeschrittene in Tiefen von 6 bis 24 Metern vor Salt Island.

Alice in Wonderland Dieser Flecken vor Ginger Island bietet eines der besten Tiefwasser-Korallenriffe auf den Jungferninseln.

The Indians Nur etwas außerhalb von Pelican Island erheben sich drei zuckerhutförmige Felsen von 11 m unter Wasser bis zu 9 m über dem Wasser. Viele Fische in wirkungsvoller Umgebung.

Chikuzen Das 76 m lange entlegene Wrack ist nur etwas für erfahrene Taucher. Zum Lohn für die Mühe gibt's große Fische wie Riff-, Bullen- und Zitronenhaie.

Schnorchelspots

The Caves Drei große Höhlen auf Norman Island mit flachem Wasser und vielen kleinen Fischen, die viele große Raubfische anziehen. Das Wasser ist normalerweise recht ruhig, also ideal für Schnorchelanfänger.

The Indians Zahllose bunte Fische schießen um die Felsennadeln, die sich aus dem Meer in der Nähe von Norman Island erheben. Super für erfahrene Schnorchler.

RMS Rhone Der Großteil des Wracks vor Salt Island liegt im tiefen Wasser, aber das Heck befindet sich im Flachwasser – man kann die bronzene Schiffsschraube, das Ruder und den Achtermast von der Oberfläche aus sehen. Nur etwas für erfahrenere Schnorchler.

Cooper Island. Gut für Anfänger, da man vom Strand aus hinschwimmen kann, das Wasser ist flach und es gibt jede Menge kleine Fische zu sehen.

Trinkgeld

Betreiber von Tauchtouren & Bootsausflügen Ein Trinkgeld von 15 % der Gebühr ist angemessen.

Hotels 1 US$ pro Gepäckstück für die Pagen, 2 bis 5 US$ pro Nacht für das Reinigungspersonal.

Restaurants Ein Trinkgeld von 15 % der Rechnung ist üblich und wird manchmal automatisch hinzugefügt.

Taxis 10 % des Fahrpreises.

Wechselkurse

Eurozone	1 €	1 US$
Schweiz	1 SFr	1,02 US$

Aktuelle Geldwechselkurse findet man unter www.xe.com.

INTERNETZUGANG

Internetcafés hatten das Nachsehen, seit es auf den Britischen Jungferninseln überall WLAN gibt. Die meisten Unterkünfte bieten kostenloses WLAN in den öffentlichen Bereichen (jedoch nicht standardmäßig in den Zimmern), ebenso viele Restaurants und Bars in den größeren Städten. Die Verbindung kann langsam und stockend sein.

LGBT-REISENDE

Religiöse Tabus gegen Schwule und Lesben fallen nur langsam und schwer. Man wird kaum Insulaner treffen, die sich geoutet haben, außerdem wird man wahrscheinlich keine Zärtlichkeiten zwischen gleichgeschlechtlichen Paaren in der Öffentlichkeit sehen. Diskriminierung gegen Schwule und Lesben ist illegal. Gleichgeschlechtliche Ehen werden hier nicht anerkannt.

PRAKTISCH & KONKRET

Maße & Gewichte Die Inseln benutzen britische Maßeinheiten. Entfernungen werden in Fuß und Meile angegeben, Benzin wird in Gallonen gemessen.

Radio ZBVI (780AM) sendet Interviews und Musik aus Tortola, auch BBC-Sendungen.

Rauchen ist in allen Restaurants, Bars und an öffentlichen Orten verboten.

Zeitungen Der *BVI Beacon* (www.bvibeacon.com) ist die wichtigste Zeitung, sie erscheint wöchentlich. BVI News (www.bvinews.com) bietet täglich online kostenlose Informationen. In der kostenlosen, wöchentlich erscheinenden *Limin' Times* (www.limin-times.com) stehen alle Entertainment-Termine.

MEDIZINISCHE VERSORGUNG

Tortola verfügt über ein modernes Krankenhaus. Auf Virgin Gorda, Jost Van Dyke und Anegada gibt's ambulante Kliniken, die wochentags geöffnet sind. Tortola und Virgin Gorda verfügen über Apotheken. Wer auf ein bestimmtes Medikament angewiesen ist, sollte es neben einer Kopie des Rezeptes im Gepäck haben. Ohne Krankenversicherung kann die medizinische Versorgung auf den Britischen Jungferninseln kostspielig sein. Bei größeren Problemen wird man wahrscheinlich nach St. Thomas auf den Amerikanischen Jungferninseln oder aufs US-Festland geschickt.

MIT KINDERN REISEN

Die Inseln sind ziemlich kinderfreundlich. Zwar gibt's nicht überall die Möglichkeit zum Windelwechseln und auch nicht immer holperfreie Bürgersteige für den Kinderwagen, familienfreundliche Resorts mit Kinderprogrammen hingegen schon.

Virgin Gorda bietet eine ganze Reihe großer Attraktionen, darunter The Baths (S. 311), ein Nationalpark, in dem geplanscht werden darf. Hier können Kinder jeden Alters um gewaltige Felsen herumtollen, Strickleitern hochklettern und Meeresgrotten erkunden.

Die Surf School BVI (S. 310) in Tortolas East End zeigt jeder Altersgruppe, wie „Hang Ten" geht, ist aber besonders für Teenager geeignet. Nicht weit davon begeistert Aragorns Vollmondparty (S. 310) an der Trellis Bay Familien mit Feuerjongleuren und Stelzengängern.

Auf allen Inseln können Villen und Apartments angemietet werden, die viel Platz und eine Küche zum Selberkochen bieten. Auf Virgin Gorda und in der Gegend um Tortolas Cane Garden Bay (S. 307) gibt's besonders viele dieser Unterkünfte.

Die meisten Restaurants haben keine Kinderteller, aber Burger und Pizza stehen oft auf der Karte. Das Ambiente ist überall entspannt und lässig, auch wenn auf Jost Van Dyke eine eher partylastige Atmosphäre für Erwachsene herrscht.

NOTFALL

Feuerwehr, Krankenwagen, Polizei	☎ 999
Such- & Rettungsteam	☎ 767

STROM

Die Netzstecker und Steckdosen sind vom Typ A und B (110V, 60 Hz).

TELEFON

Die Telefonnummern der Jungferninseln bestehen aus der Vorwahl (284) und einer siebenstelligen Rufnummer. Wer aus dem Ausland anruft, wählt die Ländervorwahl (1), dann 284 und dann die siebenstellige Rufnum-

PREISKATEGORIEN UNTERKUNFT

Die folgenden Preise beziehen sich auf ein Doppelzimmer mit Bad in der Hauptsaison (Mitte Dezember bis Mitte April). Wenn nicht anders erwähnt, ist das Frühstück nicht im Preis inbegriffen, ebenso wenig wie die Steuer (10 %) oder andere Servicepauschalen (oft etwa 8 %).

**$** bis 100 US$

**$$** 100–300 US$

**$$$** über 300 US$

mer. Wer vor Ort telefoniert, wählt nur die siebenstellige Rufnummer. Da die Hurrikans von 2017 in vielen Gebieten die Festnetzanschlüsse zerstört haben, wurden zum Zeitpunkt der Recherche von einigen Unternehmen temporäre Handynummern genutzt.

Handys

Das eigene Mobiltelefon sollte man auf den Inseln benutzen können, aber Vorsicht vor exorbitanten Roaminggebühren. SIM-Karten sind in Road Town und in den großen Jachthäfen erhältlich. Eine einwöchige Prepaid-SIM-Karte mit einem Datenvolumen von 3 GB kostet etwa 28 US$.

CCT (www.cctbvi.com), Flow (www.discoverflow.co) und Digicel (www.digicelbvi.com) sind die Mobilfunkunternehmen vor Ort.

TOURISTENINFORMATION

BVI Tourist Board (www.bvitourism.com) Offizielle Seite mit umfassenden Infos über Unterkünfte und Aktivitäten.

UNTERKUNFT

Gästehäuser, Hotels, apartmentähnliche Villen und Resorts sind auf allen Inseln weit verbreitet, obwohl man außerhalb von Tortola kein hervorragendes Preis-Leistungs-Verhältnis erwarten sollte. Die Hochsaison geht von Mitte Dezember bis April, dann sind die Zimmer teuer und Reservierungen zwingend notwendig. Drei Nächte Mindestaufenthalt sind üblich. Manche Unterkünfte schließen im September und Oktober, der Mitte der Nebensaison.

Man sollte sich darüber klar sein, dass Klimaanlagen zwar häufig vorhanden sind, aber nicht zur Standard-Ausstattung gehören, noch nicht einmal in den Luxushotels.

Eine Unterkunft finden

Purple Pineapple (☎343-4554; www.purplepineapple.com; Villen ab 200 US$)

Vacation Rental by Owner (www.vrbo.com) Viele Besucher der Britischen Jungferninseln sagen, dass das VRBO die besten Ergebnisse liefert, da man alle Details mit den Eigentümern persönlich bespricht.

Villas Virgin Gorda (☎540-8002; www.villasvirgingorda.com; Villen ab 250 US$)

Virgin Gorda Villa Rentals (☎542-4014; www.virgingordabvi.com; Villen ab 300 US$)

ZEIT

Auf den Inseln gilt die Atlantic Standard Time: MEZ minus fünf Stunden, MESZ minus sechs Stunden.

An- & Weiterreise

FLUGZEUG

Der **Terrance B. Lettsome Airport** (EIS; ☎852 9000; www.bviaa.com; 📶) ist das Tor zu den Britischen Jungferninseln, obwohl hier nur Flieger aus der Karibik landen. In dieser modernen Anlage findet man einen Geldautomaten, Autovermietungen und Minimärkte. Die winzigen Flughäfen auf Virgin Gorda und Anegada sind hauptsächlich für Charterflugzeuge vorgesehen, obwohl beide auch regelmäßig von kommerziellen Linienflügen angesteuert werden.

Flüge vom US-Festland und aus Kanada führen in der Regel über Puerto Rico, während Europäer oft über Antigua oder Saint-Martin/Sint Maarten einfliegen. Viele Besucher entscheiden sich für einen Flug zum Cyril E. King Airport (S. 124) auf St. Thomas auf den Amerikanischen Jungferninseln, da er der größte Flughafen der Region ist und mehr Flüge anbietet. Anschließend reisen sie mit der Fähre weiter.

Zu den wichtigsten Fluggesellschaften gehören:

Air Sunshine (☎340-9999; www.airsunshine.com) Tägliche Flüge von Tortola nach San Juan und St. Thomas. Von Virgin Gorda aus gibt's für beide Ziele weniger häufig Flüge (auf Nachfrage).

Cape Air (☎508-771-6944; www.capeair.com) Fliegt täglich von Tortola und Virgin Gorda nach San Juan.

InterCaribbean Airways (☎877-887-9233; www.intercaribbean.com) Direktflüge verbinden Tortola mehrmals wöchentlich mit Antigua, Dominica, San Juan (Puerto Rico), Santo Domingo (Dominikanische Republik) und Saint-Martin/Sint Maarten.

LIAT (☎888-844-5428; www.liat.com) Fliegt täglich von/nach St. Kitts und Saint-Martin/Sint Maarten (nur über Tortola).

Seaborne Airlines (☎787-946-7800; www.seaborneairlines.com) Mehrere tägliche Flüge von/nach San Juan (nur über Tortola). Code-Sharing mit American Airlines, Delta Air Lines und JetBlue.

VI Airlink Bietet Linienflüge von Tortola nach Anegada (2-mal tgl.) und Antigua (5-mal wöchentl.).

FLUGHAFENGEBÜHREN

Der Flughafen erhebt für internationale Reisende eine Ausreisesteuer von 15 US$, eine Sicherheitssteuer von 5 US$ und eine Flughafenentwicklungsgebühr von 30 US$. Bei inländischen Reisen zahlt man nur eine Flughafenentwicklungsgebühr von 5 US$. Diese Gebühren sind bei manchen Fluglinien in den Ticketpreisen enthalten, doch meistens muss man sie separat an einem Schalter im Flughafen bezahlen.

Bei der Ankunft ist auch eine „Umwelt- und Tourismusabgabe" von 10 US$ zu entrichten.

Winair (☎ 495-1298; www.fly-winair.sx) Täglich von/nach Saint-Martin/Sint Maarten (nur über Tortola).

ÜBERS MEER

Fähre

Fähren verbinden Tortola, Virgin Gorda und Jost Van Dyke mit den Amerikanischen Jungferninseln St. Thomas und St. John. Fahrpläne erhält man von BVI Tourism (www.bvitourism.com) und BVI Welcome (www.bviwelcome.com). Für Reisen zwischen den Amerikanischen und den Britischen Jungferninseln ist ein Reisepass erforderlich.

Fähren zwischen den beiden Gebieten verkehren nur bis etwa 17 Uhr. Wer die Reise nachts antreten möchte, könnte vor Fahrplanproblemen stehen. Manche Strecken, die vor den Hurrikans von 2017 bedient wurden, sind jetzt nicht mehr verfügbar.

In den Gebühren sind keine Steuern enthalten. Es gibt eine Ausreisesteuer von 20 US$ für die Ausreise aus den Britischen Jungferninseln und eine Hafengebühr von 10 US$ für die Ausreise aus den Amerikanischen Jungferninseln. Bei der Einreise zahlt man auf den Britischen Jungferninseln zudem eine „Umwelt- und Tourismusabgabe" in Höhe von 10 US$. Aufgegebenes Gepäck kostet auf vielen Fähren 5 US$ pro Gepäckstück. Man sollte sich mindestens 30 Minuten vor der Abfahrtszeit einfinden, um Tickets am Terminal zu kaufen.

Zu den Hauptunternehmen und -strecken gehören:

Anegada Express (☎ 340-1526; www.anegadaexpress.com) Betreibt am Dienstag, Donnerstag, Samstag und Sonntag zweimal täglich Fähren von Beef Island, Tortola (am Flughafen), über Virgin Gorda nach Anegada (eine Strecke 35 US$, 1 Std.).

Inter Island (☎ 340-776-6597; www.interislandboatservices.com) Fährt von Jost Van Dyke über die Cruz Bay, St. John, nach Red Hook, St. Thomas (auf den Amerikanischen Jungferninseln; eine Strecke 80 US$, 30 Min., Fr, Sa, So 2-mal tgl.); verkehrt auch einmal monatlich zwischen den Amerikanischen Inseln und Anegada (hin und zurück 175 US$, 1½ Std.) und zweimal täglich zwischen Red Hook, St. Thomas, und Road Town, Tortola (eine Strecke 45 US$, 45 Min.).

Native Son (☎ 495-4617; www.nativesonferry.com) Fährt mehrmals täglich zwischen Road Town, Tortola, und St. Thomas (beide Red Hook und Charlotte Amalie; eine Strecke 40 US$, 30–45 Min.).

New Horizon Ferry (S. 329) Verkehrt fünfmal täglich zwischen Jost Van Dyke und Tortolas West End (2-mal morgens, 3-mal nachmittags; nur Bargeld; eine Strecke 20 US$, 25 Min.).

Road Town Fast Ferry (☎ 494-2323; www.roadtownfastferry.com) Bietet dreimal täglich Direktverbindungen zwischen Road Town und Charlotte Amalie (eine Strecke 40 US$, 45 Min.); fährt auch montags, mittwochs und freitags zweimal täglich von Road Town über Virgin Gorda nach Anegada (hin und zurück 55 US$, 1½ Std.).

Smith's Ferry/Tortola Fast Ferry (☎ 494-4454; www.bviferryservices.com) Verkehrt unter beiden Namen dreimal täglich zwischen Road Town und Charlotte Amalie (eine Strecke 40 US$, 45 Min.) sowie mindestens viermal täglich zwischen Road Town und Spanish Town, Virgin Gorda (eine Strecke 20 US$, 30 Min.).

Speedy's (☎ 495-5240; www.bviferries.com) Fährt mehrmals täglich zwischen Road Town und Spanish Town (eine Strecke 20 US$, 30 Min.); bietet dienstags und samstags Direktverbindungen zwischen Virgin Gorda und Charlotte Amalie (eine Strecke 40 US$, 90 Min.) sowie mehrmals täglich nach Beef Island (eine Strecke 20 US$, 20 Min.).

Jacht

Wer – wie viele andere auch – mit einer Jacht anreist, muss in einem der folgenden Häfen einlaufen, die über Zoll- und Einwanderungseinrichtungen verfügen:

Jost Van Dyke Great Harbour

Tortola Road Town oder West End

Virgin Gorda Spanish Town oder Gun Creek

Kreuzfahrtschiff

Während der Hochsaison legen im Hafen von Road Town fast täglich ein bis zwei Kreuzfahrtschiffe an. Der Anleger ist in der Stadt, also werden keine Begleitboote gebraucht (außer in den seltenen Fällen, wenn im Hafen wirklich viel los ist), Passagiere steigen also mitten im karibischen Leben aus.

Unterwegs vor Ort

AUTO & MOTORRAD

Mit einem Auto kommt man fraglos am bequemsten voran, da es keine öffentlichen Verkehrsmittel gibt und Taxikosten sich ganz schnell summieren können.

Jeder mit einem gültigen Führerschein kann auf den Jungferninseln fahren. Eine vorläufige Fahrerlaubnis braucht nur, wer länger als 30 Tage bleibt. Jeder Mietwagenanbieter kann den dafür nötigen Papierkram erledigen.

Autovermietung

Um auf den Britischen Jungferninseln ein Auto zu mieten, muss man mindestens 25 Jahre alt sein sowie einen gültigen Führerschein und eine der gängigen Kreditkarten besitzen.

Autos kosten zwischen 60 und 90 US$. Wer in der Hauptsaison reist, sollte ein paar Monate im Voraus reservieren, da die Bestände knapp sind.

Straßenverhältnisse

Die Straßen sind eine echte Herausforderung. Die steilen Serpentinen sind oft nur genauso breit wie der Wagen und bei der Größe der Schlaglöcher kann man Zustände bekommen.

Hühner, Kühe, Ziegen und Esel springen bisweilen auf die Straße. Unbedingt auf Tiere achten.

Verkehrsregeln

- Regel Nummer Eins: Gefahren wird auf der linken Straßenseite!
- Das Steuer ist auf der linken Seite.
- Anschnallen ist Pflicht; Kinder unter fünf müssen in einem Kindersitz untergebracht sein.
- Beim Fahren mit dem Handy zu telefonieren ist verboten (doch Kopfhörer sind erlaubt).
- In den Kreisverkehr im Uhrzeigersinn einfahren.

BOOT, SCHIFF & FÄHRE

Charterfirmen

Charterfirmen hängen von ihrem Ruf ab. Am besten nach Referenzen fragen und etwas Zeit damit verbringen, mit den Vertretern der Firmen zu reden. Die meisten Unternehmen segeln ab den Moorings am Wickham Cay 2 in Road Town.

Die folgende Liste umfasst angesehene Charterfirmen auf den Britischen Jungferninseln. Jede davon kann ein Boot ohne Personal („Bareboat") vermieten oder eine Reihe verschiedener Crew-Optionen dazu vermitteln.

BVI Yacht Charters (www.bviyachtcharters.com) Unternehmen mit langer Tradition.

Catamaran Company (www.catamarans.com) Katamaran-Spezialist.

Horizon Yacht Charters (www.horizonyachtcharters.com) Kleineres Unternehmen.

Moorings (www.moorings.com) Gründete das „Bareboat"-Geschäft und ist bis heute das größte Jachtunternehmen der Inseln.

Sunsail Yacht Charters (www.sunsail.com) Das zweitgrößte Unternehmen der Britischen Jungferninseln.

TMM Yacht Charters (www.sailtmm.com) Kleineres Unternehmen mit vernünftigen Preisen.

Charterservice

Die Britischen Jungferninseln sind perfekt dafür: Das Klima ist das ganze Jahr über angenehm, der Passat ist gleichmäßig, um Tiden oder Strömungen muss man sich wenig Gedanken machen, im 56 km langen Sir Francis Drake Channel ist die Durchfahrt geschützt, außerdem gibt's Hunderte von Ankerplätzen, von denen viele in Sichtweite voneinander sind. All das macht das Segeln zwischen den Inseln so einfach, was erklärt, warum mehr als ein Drittel aller Besucher hierherkommt, um genau das zu tun.

Wer segeln möchte, hat drei Optionen: ein Boot mit Besatzung, Skipper und Koch; ein „Bareboat" ohne Personal, das man auf eigene Faust steuert, oder ein Segelschulschiff.

Bei einem typischen Segeltörn von einer Woche besucht man mehrere Inseln, während man Tortola teilweise umschifft. Das Schöne an einem Segelurlaub ist, dass man davonsegeln oder bleiben kann, solange man will. Man kann nach ruhigeren Ankerplätzen suchen oder zu den Partyspots fahren und nach Belieben tauchen, wandern oder shoppen gehen.

Die Kosten für das Chartern eines Segelbootes hängen von der Größe des Schiffes und dem Zeitpunkt im Jahr ab. Es stimmt nicht ganz, dass Segeln ungeheuer teuer ist; wenn man etwas recherchiert, wird man vielleicht sogar angenehm überrascht.

Fähre

Auf den Britischen Jungferninseln ist Tortola der Knotenpunkt für den Fährverkehr, dessen verschiedene Anleger von allen Booten angefahren werden. Der BVI Welcome Guide (www.bviwelcome.com) bietet ausgedruckte Fahrpläne. Meistens kann man die Fahrkarten vor Ort am Fährterminal kaufen. Manchmal funktionieren die Kreditkartenautomaten nicht, weshalb es gut ist, zur Sicherheit Bargeld dabeizuhaben.

Zu den wichtigsten Unternehmen gehören:

Anegada Express

New Horizon Ferry (☎ 499-0952; www.newhorizonferry.com)

Road Town Fast Ferry (S. 328)

Sensation Ferries (☎ 340-2723; www.sensationferries.com)

Smith's Ferry/Tortola Fast Ferry (S. 238)

Speedy's (S. 328)

Hauptrouten:

- Tortola (Road Town) nach Virgin Gorda (Spanish Town) – eine Strecke 20 US$, 30 Min., ca. jede Stunde; Sensation, Speedy's und Smith's
- Tortola (Road Town) nach Anegada – hin und zurück 55 US$, 75 Minuten, Montag, Mittwoch und Freitag; Road Town Fast Ferry
- Tortola (Beef Island/Trellis Bay) nach Anegada – eine Strecke 35 US$, eine Stunde, Sonntag, Dienstag, Donnerstag und Samstag; Anegada Express
- Tortola (Beef Island/Trellis Bay) nach Virgin Gorda (Spanish Town) – eine Strecke 20 US$, 20 Min., mehrmals täglich; Speedy's
- Tortola (West End) nach Jost Van Dyke – eine Strecke 20 US$, 25 Minuten, fünfmal täglich; New Horizon Ferry

Segelschulen

Offshore Sailing School (www.offshoresailing.com) Angesehener Anbieter, der Kurse ab den Moorings in Road Town anbietet.

Rob Swain Sailing School (www.swainsailing.com) Gut bewertete kleinere Schule, die ihre Kurse außerhalb von Nanny Cay, Tortola, anbietet.

Tortola Sailing & Sights (www.tortolasailingandsights.com) Neuere Schule in der Penn's Landing Marina im East End von Tortola.

Sailing Virgins (www.sailingvirgins.com) Auf Millennials ausgerichtete neue Schule mit Sitz in Road Town.

FLUGZEUG

Charterflugzeuge fliegen zwischen den Inseln. Zu den Unternehmen, die diese Flüge anbieten, gehören:

Fly BVI (☎ 340-1747; www.flybvi.com)
Island Birds (☎ 495-2002; www.islandbirds.com)
VI Airlink (☎ 495-2271; www.viairlink.com)

TAXI

Auf allen Inseln gibt's Taxis, die in den Haupttouristenzentren gut erreichbar sind. Die meisten Wagen sind Kleinbusse, in die bis zu 12 Passagiere passen, manchmal sind es offene Pick-ups mit Bänken und einem Sonnenschutzdach. Die Preise sind fix. Normalerweise werden sie pro Person berechnet und werden günstiger, wenn mehr als eine Person im Taxi mitfährt. Preislisten gibt's beim BVI Tourist Board (www.bvitourism.com).

Zuverlässige Unternehmen:

Beef Island Taxi Association (☎ 495-1982)
BVI Taxi Association (☎ 494-3942)
West End Taxi Association (☎ 495-4934, 343-9576)

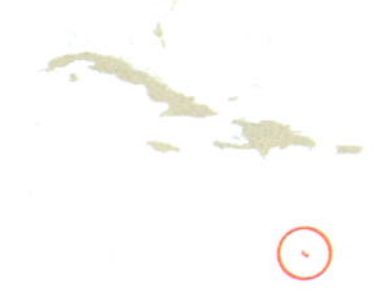

Curaçao

☎ 599 / 160 010 EW.

Inhalt ➡

Gut essen

- Pop's Place (S. 339)
- Jaanchie's (S. 342)
- Caña Bar & Kitchen (S. 336)
- Fishalicious (S. 337)
- Old Market (S. 336)

Schön übernachten

- Scuba Lodge (S. 335)
- Bed & Bike (S. 335)
- Landhuis Jan Thiel (S. 339)
- Avila Beach Hotel (S. 336)

Auf nach Curaçao!

Mit seiner charmanten holländischen Kolonialarchitektur, der florierenden Kunst- und Kulinarikszene und faszinierenden historischen Museen wirkt das lebendige Curaçao wie ein Stück Europa am Rand der Karibik – ein Europa mit herrlichen versteckten Stränden, zauberhaften Höhlen, Schnorchel- und Tauchgelegenheiten und einer unerschlossenen, wilden, böigen Küste, gespickt mit stacheligen Kakteen und Rennechsen.

Curaçao hat neben dem Tourismus eine aufstrebende Wirtschaft – in Willemstad gibt's Fabriken, eintönige Stadtviertel und manchmal dichten Verkehr. Die Bedürfnisse der Besucher stehen hier nicht im Mittelpunkt – somit präsentiert sich die Insel authentischer als die meisten Nachbarn. Wer nach einer karibischen Insel sucht, die ihr eigenes Tempo bestimmt und wo das Abenteuer nicht ganz so gezügelt daherkommt, für den ist Curaçao genau richtig.

Reisezeit

Dez.–April Hauptsaison: Die Unterkünfte füllen sich und die Preise steigen deutlich an.

Jan. & Feb. Party Time: Der Karneval ist das wichtigste Fest auf Curaçao.

Sept.–Dez. Obwohl Curaçao unterhalb des Hurrikangürtels liegt, bekommt es einiges an Regen ab.

Highlights

1 **Willemstad** (S. 333) In der geschäftigen Hafenstadt niederländische Kolonialarchitektur und eine reiche Kultur entdecken.

2 **Schnorcheln und Tauchen** (S. 343) An den Schorchel- und Tauchspots direkt vom Strand ans Riff, z. B. im National Underwater Park.

3 **Christoffel National Park** (S. 341) Die höchste Erhebung der Insel erklimmen und anschließend das nahe Savonet Museum besuchen.

4 **Museum Kura Hulanda** (S. 333) Infos über das grausame Erbe der Sklaverei.

5 **Grote Knip** (S. 341) Der malerischste Strand der Insel.

6 **Playa Portomari** (S. 340) Auf zwei Schnorchelrouten das einzigartige Doppelriff dieses Strandes erkunden.

7 **Shete Boka National Park** (S. 341) Die unbändige Kraft der Natur an der böigen, von hohen Wellen umspülten Ostküste spüren.

Willemstad

Lässt man den Blick über die bunten Stadthäuser am Sint Annabaai schweifen, fühlt man sich ins alte Holland zurückversetzt – bis man feststellt, dass die Sonne scheint, es 28 °C hat und man sich auf dem Weg zum Strand befindet. Trotz des makellosen Wetters ist Willemstad typisch holländisch, samt Wasserwegen und Straßencafés.

Die Einwohner leben auf den Hügeln um Schottegat, dem tiefen Binnenhafen. Ein Großteil der wachsenden Stadt ist vom Verkehr verstopft und recht unspektakulär. Aber die überfüllten Straßen von Punda sind voller Galerien und Läden, während Pietermaai ganz in der Nähe mit Restaurants, Bars und Clubs immer mehr zum Leben erwacht. In der ganzen Altstadt gibt's prächtige Architektur, wie z. B. Festungsanlagen aus dem 17. und 18. Jh., holländische Stadtplanung und unterschiedliche Baustile, was der Stadt ihren Status als UNESCO-Welterbe beschert hat.

Sehenswertes

★ Landhuis Bloemhof KULTURZENTRUM

(☎737-5775; www.facebook.com/pg/Landhuis Bloemhof; Santa Rosaweg 6; 2 US$; ⏲Di–Sa 9–14 Uhr oder n. V.) Beim Bummel über das schattige Anwesen des Plantagenhauses von 1735 bekommen die Besucher einiges zu sehen: Ein altes Auto ist mit Fliesen bedeckt, welche Meerestiere darstellen; auf alten Toiletten wachsen Pflanzen; aus Dornengewächsen entstand eine hoch aufragende Kathedrale. Dies ist also das Zentrum der Avantgarde auf Curaçao, und gegen eine kleine Gebühr kann man sich durch dieses Wunderland führen lassen – viele der Stücke erzählen bedeutsame Geschichten von der Insel und ihrer Vergangenheit.

★ Museum Kura Hulanda MUSEUM

(☎462-9537; www.kurahulanda.com; Klipstraat 9, Otrobanda; Erw./Kind 10/7 US$; ⏲Mo–Sa 9–16.30 Uhr) Dieses außergewöhnliche Museum ist in einem Kaufmannshaus und in Sklavenquartieren aus dem 19. Jh. untergebracht und dokumentiert die brutale Geschichte der Sklaverei in der Neuen Welt, vom Sklavenhandel über die Kultur der Sklaven bis hin zur Abschaffung. Es gibt auch eine fantastische Kunstsammlung aus Westafrika mit kühlem Skulpturengarten, die die wichtigsten afrikanischen Einflüsse in der Karibik veranschaulicht.

Gallery Alma Blou GALERIE

(☎462-8896; www.galleryalmablou.com; Frater Radulphusweg 4; ⏲Di–Fr 9.30–17.30, Sa 10–14 Uhr) GRATIS Im Plantagenhaus Landhuis Habaai aus dem 17. Jh. beherbergt diese Galerie-Kooperative die größte Sammlung an Werken von Künstlern der Stadt. Meist zeigen die Wechselausstellungen ein oder zwei Künstler mit lokaler Verbundenheit, aber es gibt immer eine Vielfalt an Werken inkl. skurriler Skulpturen im Innenhof und in den Gärten. Die Galerie befindet sich ca. 3 km nordwestlich von Otrobanda.

Curaçao Maritime Museum MUSEUM

(☎465-2327; www.curacaomaritime.com; Van den Brandhofstraat 7, Scharloo; Erw./Kind 7/3 US$, Hafentouren 10/5 US$; ⏲Di–Sa 9–16 Uhr, Hafentouren Mi & Sa 14 Uhr) Faszinierende Exponate geben die Vergangenheit der Insel wieder, u. a. die Geschichte der Niederländischen Westindien-Kompanie, der Entstehung Willemstads, des Sklavenhandels und mehr. Ein Highlight ist die Ausstellung **Steam for Oil** (geführte Touren Erw./Kind 6,50/3 US$, ohne Führung 2,50 US$/frei; ⏲Führungen Mi & Sa 13 Uhr), in der ein Funktionsmodell der Ölraffinerie gezeigt wird, das Kernstück der Wirtschaft der Insel im 20. Jh. Das Museum bietet alle zwei Wochen auch Hafentouren an. Kombitickets sind erhältlich.

Museum für jüdische Kulturgeschichte MUSEUM

(☎461-1067; www.snoa.com; Hanchi Snoa 29, Punda; 10 US$; ⏲Mo–Fr 9–16.30 Uhr) Die Mikvé Israel Emanuel Synagogue existiert bereits seit 1651 und ist damit das älteste jüdische Gotteshaus in der westlichen Hemisphäre, das ohne Unterbrechung in Betrieb ist. In zwei Gebäuden aus dem 18. Jh., in denen sich ursprünglich die Wohnung des Rabbis und ein Badehaus befanden, wartet heute ihr kleines, aber beeindruckendes Museum. Das Herzstück ist die ursprüngliche Mikwe (Bad), die im Zuge einer Renovierung gefunden wurde. Außerdem gibt's eine Torah-Rolle, die von den ersten jüdischen Siedlern nach Curaçao mitgebracht wurde.

Geführte Touren

Gone Caribe OUTDOORAKTIVITÄTEN

(☎660-2504; www.gonecaribe.com; Touren 65–120 US$) Jessica und Joey, ein engagiertes Paar von der Insel mit jeder Menge Insiderwissen, führt Gruppen von bis zu sechs Per-

Willemstad

0 — 500 m

OTROBANDA
WILLEMSTAD
SCHARLOO
FLEUR DE MARIE
PUNDA
PIETERMAAI
Museum Kura Hulanda
Kreuzfahrt-terminal (150 m)
Fährterminal
Fährterminal
Schottegat
Sint Annabaai
Waaigat
Karibisches Meer
Queen Emma Bridge
Queen Wilhelmina Bridge
Plaza Mundo Merced
Plasa Piar
Wilhelmina Park
Wilhelminaplein
Waaigatplein
Arubastraat
Conscientiesteeg
Breedestraat
Klipstraat
St Martinusstraat
Rialtostraat
Pater Euwensweg
Gouveneur Van Slobbeweg
De Rouvilleweg
Werfstraat
Boldingstraat
Nauwesteeg
Bargestraat
Scharlooweg
Van den Brandhofstraat
Westersteeg
Schottegatweg
Abrahan Mendez Chumaceiro Blvd
Handelskade
Heerenstraat
Keukenstraat
Kuiperstraat
Madurostraat
Sha Caprileskade
Hanchi Snoa
Passaatstraat
Breedestraat (Punda)
Wolkstaat
Prinsenstraat
Waterfortstraat
Pietermaai
Kaya Jr Salas
Van Speykstr
Theaterstraat
Nieuwestraat
Johan van Walbeeckplein
Berg Altena
Penstraat
Scharlooweg

1 2 3 4 5 6 7 8 9 10 11 12 13 14 15 16 17

A B C D E F G

Willemstad

Highlights
1 Museum Kura Hulanda B1

Sehenswertes
2 Curaçao Maritime Museum C1
3 Museum für jüdische Kulturgeschichte .. C2
Steam for Oil .... (siehe 2)

Schlafen
4 Avila Beach Hotel G4
5 Bed & Bike F3
6 Boutique Hotel BijBlaw E4
7 Pietermaai Boutique Hotel D3
8 Scuba Lodge E4
9 Sonesta Kura Hulanda Village B1

Essen
10 Caña Bar & Kitchen G4
11 Fishalicious G4
12 Gouverneur de Rouville B1
13 Mundo Bizarro D3
14 Old Market D2
15 Rozendaels G4

Ausgehen & Nachtleben
16 Miles Jazz Café D3

Shoppen
17 Serena's Art Factory Store B2

sonen zu einigen der schönsten natürlichen Attraktionen Curaçaos – darunter Strände, Nationalparks, Schnorchelspots und Höhlen – sowie zu authentischen Esslokalen und versteckten Juwelen. Die Teilnehmer können sich ihre Tour (auf Englisch, Französisch, Spanisch, Niederländisch oder Papiamentu) selbst zusammenbasteln.

Schlafen

Im Zuge der Umgestaltung des Pietermaai-Bezirks entstanden eine Handvoll charmanter neuer Hotels, von denen die meisten in wunderschön restaurierten Kolonialbauten untergebracht sind. Wer sehen möchte, wie sie früher ausgesehen haben, braucht nur einen Blick über die Straße oder nach nebenan zu werfen, wo die Gebäude noch vor sich hin verfallen. In Punda und Otrobanda sind die Unterkünfte nicht mehr auf dem neuesten Stand, aber eventuell günstiger.

★ Bed & Bike HOSTEL $

(☎843-7373; www.bedandbikecuracao.com; Ansinghstraat 1; B ab 32 US$, Zi. 52–122 US$; ❄📶) Willemstads bestes Nobelhostel wurde 2017 in einem ehemaligen Parlamentsgebäude eröffnet; seine Trumpfkarte ist die zentrale Lage in Pietermaai. Das Innere präsentiert sich kunstbeflissen und fröhlich und sorgt für ein geselliges Ambiente. Auf der Dachterrasse und in der Gemeinschaftsküche kann man gut Leute kennenlernen. Jedem Gast steht kostenlos ein Rad zur Verfügung.

★ Scuba Lodge HOTEL $$

(☎465-2575; www.scubalodge.com; Pietermaai 104, Pietermaai; Zi. ab 179 US$, Suite 259–497 US$; ❄📶≋) Mit einer regenbogenfarbenen Reihe von Kolonialhäusern in Pietermaai spiegelt dieses Hotel den wilden Mix aus Mode und Funk in diesem Bezirk wider. Die riesigen Räume haben einen Touch von Luxus und ein modernes Design. Der Service ist überaus freundlich – angefangen in dem Moment, wenn man das Hotel betritt und einen Willkommensdrink bekommt. Auch der Tauchshop vor Ort ist empfehlenswert.

Pietermaai Boutique Hotel BOUTIQUE-HOTEL $$

(☎465-0478; https://pietermaaiboutiquehotel.com; Pietermaai 51, Pietermaai; Suite 130 US$; ❄📶≋) Das Hotel ist in einem kolonialen Pietermaai-Gebäude untergebracht, das wunderschön restauriert wurde, wobei historische Eigenheiten wie Rollläden aus Holz, schmale Gänge, Holzböden und hohe Decken erhalten blieben. Das Resultat ist charmant und schafft Atmosphäre. Alle Suiten haben eine Kochnische und einen kleinen Sitzbereich, einige mit offenem Bad. Die Zimmer liegen rund um einen tropischen Garten mit Tauchbecken.

NICHT VERSÄUMEN

FESTE AUF CURAÇAO

Karneval (⏲Jan. & Feb.) Mit dem vollen Spaßprogramm geht's gleich nach dem Neujahrstag los.

Curaçao Pride (www.facebook.com/Curacaopride; ⏲Sept. oder Okt.) Die einzige Pride-Parade auf den ABC-Inseln (Aruba, Bonaire und Curaçao) findet in Willemstad statt. Zu den Veranstaltungen an den fünf Festtagen zählen oft eine Pride-Parade von Otrobanda zum Wilhelmina Park, eine große Freitagabendsause in der Rainbow Lounge (S. 337) und zahlreiche weitere Tanz- und Strandpartys mit Livemusik und DJs.

Sonesta Kura Hulanda Village HISTORISCHES HOTEL $$
(☎ 434-7700; www.kurahulanda.com; Langestraat 8, Otrobanda; DZ/Suite ab 134/220 US$; P ❄ @ 📶 🏊) *Kura Hulanda* ist Papiamentu und heißt „Holländischer Innenhof". Das passt zur Atmosphäre dieses kolonialen Dorfes, wo sich restaurierte Gebäude an den kopfsteingepflasterten Wegen drängen und schattige Innenhöfe mit Skulpturen überladen sind. Die Zimmer sind individuell dekoriert, mit handgearbeiteten Möbeln sowie Original-Kunstwerken, und bieten modernen Komfort. Das Museum Kura Hulanda befindet sich ebenfalls dort.

Boutique Hotel BijBlaw BOUTIQUE-HOTEL $$
(☎ 650-0550; www.bijblauw.com; Pietermaai 82-84, Pietermaai; Zi. 160–205 US$, Suite 185–325 US$; P ❄ 📶 🏊) Die 13 Zimmer dieses Juwels in Pietermaai unterscheiden sich in Farbe und Größe, aber sind alle modern schnörkellos, mit von Mutter Natur inspirierter Einrichtung und viel natürlichem Licht. Zum Haus gehören auch ein hübsches Freiluftrestaurant und ein cooler Shop mit teils irrer Mode. Alles sehr hip!

ABSTECHER

KLEIN CURAÇAO

Was würde man wohl auf eine einsame Insel mitnehmen? Ein Buch, Musik, Essen, Freunde? All das kann man bei einem Ausflug auf diese unbesiedelte Insel 25 km vor Curaçao gut gebrauchen. Hier verbringt man den Tag mit Faulenzen am Strand, einer Besichtigung des kürzlich restaurierten Leuchtturms, Herumtollen im Wasser und Schwimmen mit Meeresschildkröten (außerdem liest man endlich mal wieder ein Buch, hört seine Lieblingsmusik, genießt das Essen und hängt mit seinen Freunden ab).

Hin zu diesem Paradies geht's auf einer halb- oder ganztägigen Tour mit Mermaid Boat Trips (S. 339) oder **Bounty Adventures** (☎ 767-9998; www.bountyadventures.com; Caracasbaaiweg; Erw./Kind Bustour 49/35 US$, Schnorcheln 75/38 US$, Trip nach Klein Curaçao 108/54 US$). Die Boote legen an der Marina an der Caracas Bay ab; die Fahrt zur Insel dauert 1½ Stunden und kann ungemütlich sein – Pillen gegen Seekrankheit nicht vergessen!

Avila Beach Hotel BOUTIQUE-HOTEL $$$
(☎ 461-4377; www.avilabeachhotel.com; Penstraat 130; Zi. ab 245 US$; P ❄ @ 📶 🏊) Das Avila Beach Hotel besteht aus einem prächtig restaurierten Haus aus dem 18. Jh., das einem niederländischen Gouverneur gehörte, sowie zwei modernen Flügeln mit luxuriösen Unterkünften und einem zauberhaften Turm nur für Erwachsene mit atemberaubendem Meerblick. Auf dem elegant gestalteten Gelände gibt's außerdem zwei Privatstrände und einen wunderschönen Infinitypool. Zu einem hiesigen Restaurationsprojekt gehört eine Unterwasser-Korallenschule.

Essen

Die innovativste Küche findet man in Pietermaai, besonders bei der Kreuzung Penstraat und Lombokstraat, wo neue und einladende Restaurants und Bars die Straßen säumen. In Punda hält man am besten Ausschau nach einfachen Esslokalen in den Seitenstraßen und meidet die Touristenfallen am Sint Annabaai.

Old Market KARIBISCH $
(Plasa Bieu; Sha Caprileskade, Punda; Hauptgerichte 8–12 US$; ⏲ Mo–Sa 10.30–15 Uhr) Die unterschiedlichsten Leute strömen in das großräumige scheunenartige Gebäude, um einen Sitzplatz an einem der Picknicktische zu ergattern und bei der lokalen Hausmannskost ordentlich zuzulangen. Spezialitäten sind lokale Gerichte wie Ziegeneintopf, Kürbispancakes, Kaktuseintopf und Schnapper im Ganzen. Das Essen ist lecker und absolut authentisch.

★ **Rozendaels** KARIBISCH $$
(☎ 461-8806; www.rozendaels.com; Penstraat 47, Pietermaai; Gerichte 15–25 US$; ⏲ So–Fr 17–22 Uhr; 🖉) Ein Abstecher bei Rozendaels wird zum Highlight der Reise. Der versteckte Garten und der freundliche Service sind schon ein guter Anfang, doch das Essen ist geradezu mustergültig. Der ideale Ort, um lokale Delikatessen wie *keshi yena* (Käse-Huhn-Auflauf) und gegrillte *mahi mahi* zu probieren, aber die abwechslungsreiche Speisekarte enthält auch internationale Gerichte.

★ **Caña Bar & Kitchen** KARIBISCH $$
(☎ 691-5429; www.canabk.com; Lombokstraat 4-6; kleine Speisen 10–20 US$; ⏲ Di–Sa 17–24 Uhr) Mit seiner schummrigen Beleuchtung und seinen provokanten Wandbildern ist der erste Gastropub von Curaçao noch

immer ganz vorn mit dabei. Zu den kreativen Tapas hier zählt z.B. ein Passionsfrucht-Ceviche mit Süßkartoffeln und roter Paprika; dazu passt bestens ein Cocktail aus der kleinen, aber schlagkräftigen Auswahl auf Rum-, Pisco- oder Tequilabasis. Oder man lässt sich einen Highball mit Limonaden wie Passionsfrucht-Gurke oder Grapefruit-Basilikum kredenzen.

Mundo Bizarro KUBANISCH $$
(☎ 461-6767; www.mundobizarrocuracao.com; Nieuwestraat 12, Pietermaai; Hauptgerichte morgens 6–18 US$, abends 16–29 US$; ⏲ 8–22 Uhr, Bar bis 24 oder 1 Uhr; 📶) Als Ankerpunkt von Pietermaai erinnert dieses Lokal an das alte Havanna. Das Erdgeschoss geht auf die Straße und umliegenden Gassen hinaus. Im Inneren wird künstlich ein Bild von Verfall nachgezeichnet, in Kontrast zum exquisiten Essen. Oben gibt's eine Bar mit herrlichen Mojitos und Livemusik am Dienstag (Tango), Donnerstag (Salsa) und Freitag (unterschiedlich).

Gouverneur de Rouville NIEDERLÄNDISCH $$
(☎ 462-5999; www.de-gouverneur.com; De Rouvilleweg 9, Otrobanda; Hauptgerichte mittags 11–17 US$, abends 19–28 US$; ⏲ 10–22.30 Uhr, Bar bis 24 Uhr; 📶) Die niederländischen und karibischen Gerichte, die in diesem renovierten Kolonialbau serviert werden, sind schon gut, aber die Aussicht auf den Sint Annabaai ist noch besser, besonders wenn ein riesiger Frachter am Abend mit seinen vielen bunten Lichtern vorbeifährt. Anstelle des netten Innenhofs, der keine Aussicht bietet, empfehlen wir die Bar mit Terrasse.

Fishalicious FISCH & MEERESFRÜCHTE $$$
(☎ 461-8844; www.fishalicious.net; Penstraat 57; Hauptgerichte 24–31 US$; ⏲ Mo–Sa 18–22 Uhr) Das Fishalicious, seit 2009 eines der besten Fischrestaurants von Willemstad, hat sein Ambiente mit seiner neuen Bleibe – ein Gebäude aus der niederländischen Kolonialzeit – auf ein neues Level gehoben. Der überdachte, aber offene Speisesaal strotzt vor Eleganz, mit wunderschönen Kacheln und Austernlüstern. Den Schwerpunkt auf der Karte bilden Nordseefischgerichte mit Seezunge, Kabeljau und Austern, ergänzt durch verschiedene Thunfisch-Zubereitungen.

Ausgehen & Nachtleben

Miles Jazz Café BAR
(☎ 520-5200; www.facebook.com/milescuracao; Nieuwestraat 48, Pietermaai; ⏲ Mo–Do 16–2, Fr & Sa bis 3, So bis 24 Uhr) Miles Davis war eine der Inspirationsquellen für dieses elegant-schäbige Nachtlokal in Pietermaai. In dem Old-School-Lokal läuft Jazz vom Plattenteller. Am Samstagabend gibt's Livemusik. Großartig ist auch das Frikadellen-Sandwich.

Rainbow Lounge LGBT
(☎ 462-6111; www.facebook.com/rainbowlounge curacao; Floris Suite Hotel, Piscadera Bay; ⏲ Ende Sept.–März Fr 18–23 Uhr) Von Ende September bis Ende März ist die Bar des Floris Suite Hotel freitagabends ein Treffpunkt für die LGBT-Gemeinde sowie für alle, die sich entspannen und einen Drink in einladender, aufgeschlossener Atmosphäre genießen wollen.

> INSIDERWISSEN
>
> **LANDHUIS CHOBOLOBO**
>
> So manch einer hat sich schon gefragt, warum der Blue Curaçao blau ist. Die Antwort darauf gibt's im **Landhuis Chobolobo** (☎ 461-3526; www.chobolobo.com/en; Elias RA Moreno Blvd; Führung inkl. 1/2 Cocktails 12/20 US$; ⏲ Mo–Fr 8–17 Uhr) GRATIS, wo der Likör aus Orangenschalen aus Valencia hergestellt wird (eigentlich in fünf verschiedenen Farben). Auf einer Tour erfährt man alles über die Geschichte und den Herstellungsprozess, und im Souvenirshop können die Produkte probiert werden. Das Landhuis Chobolobo befindet sich östlich von Schottegat.

Shoppen

Serena's Art Factory Store KUNSTHANDWERK
(☎ 738-0648; www.chichi-curacao.com; Ecke Windstraat & Gomezplein, Punda; ⏲ Mo–Sa 10–17, Do bis 21 Uhr) Serena Janet Israel ist der kreative Geist (und die Hand) hinter Chichi – die mit lebhaften Farben bemalten, vollbusigen Frauenskulpturen schmücken die Innenhöfe und schmalen Gassen der Insel. Chichi gibt's in verschiedenen Größen und Designs. Im Serena Art Factory Store kann jeder sein Lieblingsdesign auswählen, oder auch eine andere farbenprächtige Skulptur.

Praktische Informationen

Postamt in Punda (Waaigatplein 1, Punda; ⏲ Mo–Fr 7.30–12 & 13.30–17 Uhr)

St. Elisabeth Hospital (☎ 462-4900; www.sehos.cw; Breedestraat 193, Otrobanda;

(⏰ 24 Std.) Großes und gut ausgestattetes Krankenhaus mit Notaufnahme ein paar Straßen westlich des Sint Annabaai. Zur Zeit der Recherche stand ein neues Krankenhaus, das Curaçao Medical Center, kurz vor der Fertigstellung. Dieses wird das St. Elisabeth einmal als allgemeines Krankenhaus des Landes ablösen.

Touristeninformation (☎ 693-0253; www.curacao.com; Breedestraat, Punda; ⏰ Mo–Fr 9–17, Sa bis 16 Uhr) Hier gibt's eine Fülle an Informationen zu Museen, Touren und Geschäften. Bei der Königin-Emma-Brücke.

An- & Weiterreise

Der Hato International Airport (S. 346) befindet sich am Rand von Willemstad, an der ansonsten unterentwickelten Nordostküste der Insel. Es sind zwanzig Autominuten in die Stadt. Die meisten Hotels und Resorts helfen beim Organisieren von Flughafentransfers (40–50 US$ bis Willemstad). Ansonsten stehen Taxis und Busse am Platz vor der Ankunftshalle bereit.

Öffentliche Busse (1,70–2,20 NAf) fahren alle zwei Stunden vom Busbahnhof Otrobanda (S. 346) zum West End (mit Zwischenstopp in Willibrordus) und vom Busbahnhof Punda (S. 346) in den Südosten (inkl. Mambo Beach und Caracasbaai).

Kreuzfahrtschiffe legen am Terminal in Otrobanda oder am Mega Cruise Ship Pier (S. 346) an.

Unterwegs vor Ort

Wenn die Queen Emma Bridge für Ozeanriesen geöffnet ist, transportieren zwei öffentliche Fähren die Passagiere gratis von Punda nach Otrobanda und zurück.

Taxis kann man bei der Dutch Caribbean Taxi Association (S. 346) oder bei Taxi Max (S. 346) bestellen.

Südöstlich von Willemstad

Südöstlich von Willemstad sieht ein Großteil der Küste so aus, wie sich viele das Paradies vorstellen. Die künstlich angelegten Strände Mambo Beach und Jan Thiel Beach werden von Resorts, Einkaufszentren und privaten Strandclubs gesäumt. Rund um künstlich aufgeschüttete Inseln halten riesige Meerwasserbecken die Meeresbewohner im Zaum. Schöne Menschen relaxen in Strandkörben, nippen an Cocktails und schauen aufs Meer hinaus.

Die Strände sind hübsch, mit ruhigem, unglaublich blauem Wasser. Die Clubs bieten die wohl besten Möglichkeiten der Insel zum Essen, Trinken, Tanzen und Einkaufen.

Sehenswertes & Aktivitäten

Jan Thiel Beach STRAND
(☎ 747-0633; www.janthielbeach.com; Jan Thiel; 3,50 US$; ⏰ 8–24 Uhr) Der Strand in Jan Thiel wurde wortwörtlich aus der Küste herausgearbeitet – von Menschenhand. Alles ist künstlich, was erklärt, warum der Schwimmbereich eigentlich ein riesengroßer Salzwasserpool ist. Der Sand ist strahlend weiß, das Wasser perfekt azurblau. Alles, wonach man sich sehnen könnte, findet sich hier: Restaurants, Bars, Einkaufsmöglichkeiten, Tauchshop, Beachtennis, Ausrüstungsverleih etc. Alles sehr hübsch – unecht, aber hübsch.

Mambo Beach STRAND
(Bapor Kibra; 3,50 US$; ⏰ 9 Uhr bis spätnachts; 👪) Tagsüber ist dieser Streifen aus weißem Sand ein familienfreundlicher Strand mit einem umfangreichen Angebot an Aktivitäten. Abends verwandelt er sich in einen Strandclub und eine Disco namens „Wet & Wild" mit DJs und Tanz. Ab Donnerstag wird das Treiben nach Mitternacht hemmungslos.

★ **Ocean Encounters** TAUCHEN
(☎ 461-8131; www.oceanencounters.com; Bapor Kibra; 2 Tauchgänge 109 US$, Tauchtrip nach Klein Curaçao 150 US$; ⏰ 8–17 Uhr) Der größte Tauchanbieter auf Curaçao ist auch einer der besten: Er bietet Kurse nach den Richtlinien von PADI (Professional Association of Diving Instructors) und SSI (Scuba Schools International) sowie die komplette Palette an Schnorchel- und Tauchtrips. Er war auch der erste Anbieter, der mit der Coral Restoration Foundation Curaçao zusammenarbeitete, um Korallen neu anzupflanzen und zu züchten. Taucher mit Tauchschein können hier PADI-Kurse zur Korallenrestaurierung absolvieren und in den Korallenzuchten der Insel mitarbeiten.

Windsurfing Curaçao WINDSURFEN
(☎ 524-4974; www.windsurfingcuracao.com; Caracasbaaiweg; Leihgebühr ab 20 US$ pro Std., Unterricht ab 49 US$; ⏰ 10–18 Uhr) Glattes Wasser und ausreichend Wind machen Spaanse Water, eine große Binnenbucht, zum besten Ort der Insel fürs Windsurfen. Die Experten von Windsurfing Curaçao sind ausgezeichnete Lehrer: ein Kurs umfasst vier Unterrichtseinheiten, doch es wird versprochen, dass man bereits nach der ersten surft! Wer bereits Erfahrung hat, kann hier auch nur die Ausrüstung leihen.

Willemstad & Umgebung

Mermaid Boat Trips BOOTSTOUREN
(☎560-1530; www.mermaidboattrips.com; Caracasbaaiweg; Erw./Kind 109/54,50 US$; ⏱Abfahrt Di–Fr & So 6.45 Uhr) Die *Mermaid* bringt Passagiere nach **Klein Curaçao**, wo sie den Tag mit Sonnenbaden, Schwimmen und Schnorcheln verbringen können. Dies ist das einzige Unternehmen, das einen auf der Insel mit Ausstattung versorgt (z. B. Picknicktische, Sonnenschirme und Sanitärräume). Im Preis enthalten sind Frühstück und Mittagessen, Schnorchelausrüstung und Strandstühle. Es kann auch getaucht werden, doch die Taucher müssen über einen Tauchschein und Erfahrungen verfügen sowie ihre eigene Ausrüstung mitbringen.

Schlafen & Essen

★ **Landhuis Jan Thiel** HISTORISCHES HOTEL $$
(☎520-7368; http://landhuisjanthiel.com; Zi. ab 135 US$, Suite 160 US$, Cottage 350 US$; ❄📶🏊) Auf der historischen Plantage auf einem luftigen Hügel oberhalb des Jan Thiel Beach wurde seit dem 17. Jh. Salz gewonnen und es wurden Orangen angebaut und Ziegen und Kühe gehalten. Vor drei Jahren unterzogen die neuen Eigentümer das Ganze einer fantastischen Umgestaltung und verwandelten es in ein Boutique-Hotel. Zu den Glanzlichtern zählen die unglaublichen Ausblicke, die hübschen Spazierwege und ein Pool zum Entspannen.

★ **Pop's Place** PUB $$
(Caracasbaai; Sandwiches 6 US$, Hauptgerichte 10–27 US$; ⏱Mi–Mo 11–21 Uhr, Bar bis 23 Uhr) Beliebt bei den Einheimischen. Direkt an der Caracas Bay steht eine bunte Holzhütte im Sand, in der man Leckereien wie Ziegeneintopf, Burger und kalte Getränke bekommt.

Seaside Terrace FISCH & MEERESFRÜCHTE $$
(☎461-8361; Dr Martin Luther King Blvd, Marie Pompoen Beach; Hauptgerichte 15–25 US$; ⏱Di–So 12–22 Uhr) Schnapper, *mahi mahi* und *fruits de mer* werden in der Pfanne gebraten und mit einer superleckeren kreolischen Soße nach geheimem Rezept serviert. Das Mobiliar passt nicht dazu, die Gabeln biegen sich und der Service ist charmant ruppig. Aber dieses Lokal ist eine Institution und serviert den vielleicht besten Fisch auf der Insel. Es befindet sich nördlich von Mambo Beach.

An- & Weiterreise

Busse (1,70 NAf, stündl.) fahren vom Busbahnhof Punda (S. 346) in Willemstad zum Mambo Beach, zur Caracas Bay und zum Jan Thiel Beach (Bus 6A).

Sint Willibrordus & Umgebung

Noch bevor man das West End erreicht, gibt's zahlreiche wunderschöne Strände, die sich in Buchten entlang der Küstenlinie verstecken. Es handelt sich um Privatstrände – man muss also zahlen, um sie benutzen zu können; meist haben sie aber recht gute Einrichtungen und sind an Wochenenden nicht ganz so überlaufen.

Das Dorf Sint Willibrordus ist nicht gerade eine Touristenattraktion, aber die meisten kommen hier vorbei, entweder um die fotogenen Flamingos festzuhalten oder sich im besten Wellnessschuppen der Insel verwöhnen zu lassen. Vor Ort sollte man nicht die berühmteste Attraktion verpassen: die weißen Lettern des „Williwood"-Schriftzugs auf einem bewaldeten Abhang.

Sehenswertes & Aktivitäten

Flamingoschutzgebiet VOGELSCHUTZGEBIET
(Sint Willibrordrus) GRATIS Zwar mangelt es der Insel an Grünflächen, doch hin und wieder erblickt man vielleicht einen Kuba-Flamingo. An regnerischen Tagen sammeln sich die majestätischen rosa Vögel in der Saliña Sint Marie, einer Salzwüste südlich der Straße, die zum Strand Playa Portomari führt. Es gibt zahlreiche Möglichkeiten, die Straße zu verlassen, aber unbedingt das Auto absperren, wenn man sich zu den wartenden Schönheiten (deren Zahl stark variieren kann, von null bis zu Dutzenden) aufmacht.

Cas Abao STRAND
(☎463-6367; www.casabaobeach.com; 10–12,50 NAf pro Auto; ⏲8–18 Uhr) In der Mitte der Küstenlinie (auch Cas Abou geschrieben) wartet einer der beliebtesten Strände der Insel – dank des weichen weißen Sandes, kristallklaren Wassers und der charmanten Umgebung. Es handelt sich um einen Privatstrand mit guter Infrastruktur, inkl. bewachten Parkmöglichkeiten, Schließfächern, Restaurants und Massagehütte. Auch Schnorchelausrüstung kann geliehen werden, obwohl weiter nördlich entlang der Küste mehr zu sehen ist.

★ Playa Portomari SCHNORCHELN
(www.playaportomari.com; Erw./Kind 3 US$/frei; ⏲9.30–18.30 Uhr) Der Strand Playa Portomari begeistert durch viele Facetten wie weißen Korallensand und klares Wasser und beherbergt ein einzigartiges Doppelriff – perfekt für Schnorchler und Taucher gleichermaßen. Es wurden künstliche „Riffbälle" angelegt, um neues Korallenwachstum zu fördern. Die Infrastruktur umfasst einen Tauchshop und ein Restaurant. Manchmal sind auch zwei Schweine zugegen, Willie und Woodie.

An- & Weiterreise

Am einfachsten lässt sich die Umgebung von Sint Willibrordus im Privatfahrzeug erkunden. Die Strände an der Westküste sind sogar *nur* mit dem Auto erreichbar. Es fahren zwar Busse durch Sint Willibrordus (2,20 NAf; Abfahrt vom Busbahnhof Otrobanda (S. 346) in Willemstad), aber es handelt sich um einen kleinen Ort und man sitzt dann fest, bis der nächste Bus eintrudelt, was erst zwei Stunden später sein kann.

West End

Willkommen im Wilden Westen! Am West End von Curaçao – auch Banda'bou genannt – findet man wahrscheinlich die beeindruckendsten Strände der Insel, die herrlichsten Naturlandschaften und die faszinierendste Unterwasserwelt. Zwei Nationalparks gewähren Zutritt zur schroffen windigen Küste, wo sich Abenteurer an den felsigen Klippen in der Wildheit und Kunst des Surfens üben können.

An der ruhigeren Westküste werden diese Klippen von Fischerdörfern, Sandstränden und einer wundervollen Höhle am ruhigen türkisblauen Wasser unterbrochen. Die Tauch- und Schnorchelplätze kann man kaum noch zählen – und die meisten erreicht man vom Strand aus. Taucherbrille und Flossen anlegen und sich zu den Meeresschildkröten und Rifffischen gesellen, denn die Unterwasserwelt ist noch atemberaubender als das Land!

Sehenswertes

★ Blue Room HÖHLE
Das erhabenste Naturwunder von Curaçao ist eine versteckte Höhle an der Westküste, die nur übers Wasser zu erreichen ist. Vor allem zeichnet sie sich durch ihre stahlblaue Farbe aus, welche dem Sonnenlicht zu verdanken ist, das sich auf dem Wasser bricht. Zur Idylle drinnen tragen kleine Fischschwärme und hier und da ein Hummer bei. Das Betreten und Verlassen der Höhle kann ein bisschen schwierig sein; am besten bucht man bei einem empfohlenen Anbieter also eine Boots- oder Schnorcheltour.

Abenteuerlustigere können vom nahen **Wassersportshop** (Let's Go Watersports; ☎864-0438; http://the realcaptaingoodlife.com; Playa Santa Cruz; Bootstour 22 US$ pro Pers., 2er-Kajak 3 Std. 70 US$; ⏲90-min. Bootstouren 13 & 15 Uhr) auch per Boot oder Kajak zur Höhle gelangen, oder man wandert und stürzt sich dann von der Spitze der Höhle ins Wasser (den Weg lässt man sich am besten von einem Einheimischen beschreiben). Bei Ebbe kann man die Höhle auch betreten, ohne unter Wasser tauchen zu müssen. Bei einlaufender Flut kann man nur noch tauchen, was aber furchterregend sein kann. Wer wandert und springt, muss über ordentlich Muckis in den Armen verfügen, um sich am Ende wieder die Felsen hochziehen zu können.

★ Christoffel National Park PARK
(☎ 864-0363; www.christoffelpark.org; Weg Naar Westpunt; Erw./Kind 15/5 US$; ⏲ 6–15 Uhr, letzter Einlass 13.30 Uhr) Dieses 1800 ha große Reservat umfasst drei alte Plantagen, einschließlich die Savonet-Plantage (wo jetzt das großartige Savonet Museum steht; Kombitickets erhältlich). Im Park gibt's zwei Fahrwege und acht Wanderrouten, die aus allen möglichen Perspektiven eine atemberaubende Aussicht auf die Insellandschaft und Flora und Fauna bieten. Zwei bis drei Stunden dauert die Wanderung auf den Gipfel des **Christoffel Mountain** (375 m), den höchsten Punkt der Insel. Wer ihn besteigen möchte, sollte spätestens um 10 Uhr aufbrechen und jede Menge Wasser mitnehmen.

Grote Knip STRAND
(Kenepa Grande) Dieser Strand am West End ist ein Highlight. Man hat ihn wahrscheinlich schon auf dem Cover der Touristenbroschüren von Curaçao gesehen: ein perfekter Bogen aus glänzendem weißem Sand, umgeben von azurblauem Wasser und grünen Hügeln. Es gibt ein paar Imbissbuden und Läden, in denen Schnorchelausrüstung verliehen wird, aber hier ist es weniger voll als an den Privatstränden der Insel.

Savonet Museum MUSEUM
(☎ 864-0363; www.savonetmuseum.org; Christoffel Park; Erw./Kind 3/2 US$; ⏲ 8–15 Uhr) Im alten *landhuis* (Plantagenhaus) erzählt dieses Museum die Geschichte von Curaçao anhand des Werdegangs der Savonet-Plantage. Dabei geht's nicht nur um die Eigentümer, sondern auch um die Sklaven der Plantage, und außerdem darum, wie ihre Gesellschaften und Bräuche nach der Emanzipation weiterentwickelt wurden. Ein kleiner Raum ist auch der Archäologie und den präkolonialen Kulturen gewidmet. Zu den Ausstellungsstücken zählen historische Artefakte, aber wirklich bemerkenswert sind die Oral-History-Beiträge in der audiovisuellen Präsentation.

Shete Boka National Park PARK
(☎ 864-4444; www.carmabi.org; Weg Naar Westpunt; Erw./Kind 10 US$/frei; ⏲ 9–17 Uhr) *Shete Boka* bedeutet „sieben Buchten" und steht für eine Reihe von malerischen Einbuchtungen, die entlang dieses 10 km langen Küstenstreifens in den Kalkstein geformt wurden. Das Auto sollte man nahe **Boka Tabla** parken, wo die gewaltige Brandung in eine Höhle in den Klippen donnert. Von der Steilküste oberhalb hat man eine beeindruckende Aussicht, eine noch bessere von der Höhle. Von hier aus können Sie entlang der Küste Richtung Norden zu den kleineren Buchten fahren oder gehen, wo Meeresschildkröten nisten.

Von Boka Tabla führt Richtung Süden eine zweite Straße nach **Boka Pistol**, einer sehr schmalen Einbuchtung, aus der ein gewaltiges – und erschreckendes – Donnern hallt, wenn die Wellen ans Ufer rollen. Boka Pistol ist auch mit dem Auto oder über einen einstündigen Rundwanderweg erreichbar.

Aktivitäten

Playa Forti SCHWIMMEN
(Westpunt) Am Strand Playa Forti macht man nur aus einem (wirklich unvergesslichen) Grund halt. Hinter dem Restaurant schaffen die steil abfallenden Felswände und das tiefe Wasser die perfekten Bedingungen fürs Klippenspringen. Es sind ca. 12 m hinunter in die kristallklare Abkühlung, wo manchmal auch Meeresschildkröten schwimmen.

Playa Grandi SCHNORCHELN
Er ist nicht der schönste – oder sauberste – Strand der Insel, aber ein erstklassiger Ort zum Schnorcheln und Tauchen. Meeresschildkröten sind so gut wie sicher in der Bucht anzutreffen (die sanften Lebewesen bitte nur ansehen, nicht berühren, einfangen oder irgendwie belästigen!).

Go West Diving TAUCHEN
(☎ 864-0102; www.gowestdiving.com; Playa Kalki, Westpunt; Leihgebühr Tauchflasche/Ausrüstung 33/45 US$ pro Tag, 2 Bootstauchgänge 97 US$; ⏲ 8–17 Uhr) Der beste Tauchshop am West End. Go West hat einiges im Sortiment, was andere Shops nicht bieten, wie Bootstauchgänge (inkl. Klein Curaçao) und Schnorchelsafaris. Außerdem befindet sich der Shop gleich neben dem hervorragenden Tauchspot Alice in Wonderland, der schon ganz für sich den Besuch wert ist. Alle Taucher absolvieren einen „Schnuppertauchgang", um Ausrüstung und Gewicht (und wahrscheinlich auch das Können) zu testen.

Schlafen & Essen

Rancho El Sobrino APARTMENTS $
(☎ 888-8822; www.ranchoelsobrino.com; Weg Naar Westpunt; Zi. ab 75 US$; ❄ 📶 🏊) Der Preis

stimmt in diesem rustikalen Resort südlich der Playa Forti. Die einfachen Zimmer sind mit bunt zusammengewürfelten Möbeln und origineller Kunst eingerichtet. Gesellschaft leisten den Gästen zwei Wara-Wara-Vögel (Schopfkarakaras). Zur Anlage gehören auch ein empfehlenswertes Restaurant und ein Tauchshop. Die Zimmer werden nur einmal wöchentlich gereinigt – das ist manchem vielleicht zu wenig.

Kura Hulanda Lodge RESORT $$$
(☎839-3600; www.kurahulanda.com; Playa Kalki 1, Westpunt; Zi. 290–310 US$, Suite 340–390 US$;) Wer einmal in dieses Boutique-Resort mit Blick über den Strand Playa Kalki einzieht, möchte wahrscheinlich nie wieder weg: stilvolle Unterkünfte mit tropischen Gärten, zwei Pools und einem Privatstrand. Auch das Restaurant ist empfehlenswert, allein schon für seinen spektakulären Ausblick auf den Sonnenuntergang. Es gibt Kajaks und SUP-Boards sowie einen Tauchshop und ein Riff gleich am Strand.

★ **Jaanchie's** REGIONALKÜCHE $$
(☎864-0126; Weg Naar Westpunt; Mittagsmenü 20 US$; ⊙12–20 Uhr) Jaanchie selbst kommt oft an den Tisch der Gäste in seinem Restaurant nahe dem Strand Playa Grandi, um ein bisschen zu plaudern und das Menü zu erklären. Und Erklärungen sind nötig, da meist Spezialitäten der Insel wie Leguansuppe oder Ziegeneintopf geboten werden. Die Gäste sitzen im festlichen Speisesaal unter freiem Himmel und beobachten die bunten Vögel, die in Scharen zu den nahegelegenen Futterstellen fliegen.

Restaurant Playa Forti KARIBISCH $$
(☎868-1551; Playa Forti; Hauptgerichte 10–23 US$; ⊙11–20 Uhr;) Das Restaurant ist vor allem als *der* Klippensprungspot der Insel bekannt. Doch bevor man sich in die Tiefe stürzt, sollte man hier noch einen Margarita, frische Meeresfrüchte und vor allem den weiten Blick aufs Meer genießen. Es gibt bunte Tischdecken und manchmal lässt sich die Bedienung auch am Tisch nieder, um die Bestellung aufzunehmen – alles sehr charmant!

An- & Weiterreise

Busse (2,20 NAf) fahren vom Busbahnhof Otrobanda (S. 346) in Willemstad ca. alle zwei Stunden ans West End (inkl. Playa Lagún, Knip und Westpunt). Mit dem Banda'bou-Bus (via Barber) erreicht man Shete Boka oder Christoffel.

Natürlich bietet ein Mietauto mehr Flexibilität und Unabhängigkeit. Abgesehen von Tauchausflügen werden kaum organisierte Touren zu diesem Teil der Insel angeboten.

CURAÇAO VERSTEHEN

Geschichte

Geschichte der Caquetío

Die frühesten Einwohner auf Curaçao gehörten zum Volk der Caquetío, einer Untergruppe des Arawak-Stammes, und bewohnten die Insel ab 2500 v. Chr. Archäologische Zeugnisse dieses Volkes umfassen die Felsmalerei in den Hato Caves sowie einige ausgestellte Funde im Savonet Museum. Nach Ankunft der Spanier 1499 starb ein Großteil der indigenen Bevölkerung an Krankheiten oder wurde zum Arbeiten an andere Orte im Imperium gebracht.

Niederländische Westindien-Kompanie

Die Niederländische Westindien-Kompanie erreichte die Insel 1634 und widmete sich dem Handel, der Landwirtschaft und der Sklaverei. Die Insel wurde zur Kleinbauernwirtschaft in Plantagen unterteilt. Mittlerweile hat man viele der *landhuizen* (Plantagenhäuser) renoviert. Im Savonet Museum, ehemals Landhuis Savonet, wird die anschaulichste Darstellung über das Leben auf den Plantagen gezeigt.

Die Hälfte der Sklaven, die in die Karibik kamen, wurden auf den Märkten auf Curaçao verkauft. Das Kura Hulanda Museum untersucht die schreckliche Geschichte dieser Institution im Detail, während das Museo Tula an einen tragischen Sklavenaufstand erinnert.

Emanzipation & Modernisierung

Der Bankrott der Niederländischen Westindien-Kompanie 1792 und die Abschaffung der Sklaverei 1863 stürzten Curaçao in den wirtschaftlichen Verfall. Allein die Kleinbauernwirtschaft (Aloe und Orangen) bescherte den meisten ein mageres Auskommen.

Im frühen 20. Jh. wurde eine Raffinerie gebaut, um venezolanisches Öl zu verarbeiten. Diese Entwicklung kurbelte die Wirtschaft an und die Insel blühte wieder auf. In der Ausstellung Steam for Oil im Schifffahrtsmuseum ist ein Betriebsmodell der Raffinerie zu sehen.

Relativer Wohlstand und die politische Stabilität der Niederlande verwandelten Curaçao in ein regionales Wirtschafts- und Bankenzentrum. Zusätzliche Einnahmen bringen der Tourismus sowie die steigende Zahl an Auswanderern auf der Insel. Mit der Auflösung der Niederländischen Antillen 2010 wurde Curaçao zu einem autonomen Land im Königreich der Niederlande.

Bevölkerung & Kultur

Historiker gehen nicht davon aus, dass es noch lebende Nachfahren der ursprünglichen Inselbewohner, der Caquetío, auf der Insel gibt. Doch die Bewohner Curaçaos präsentieren einen bunten Völkermix. Der Großteil hat afro-karibische Wurzeln (Nachfahren der Sklaven, die auf den Plantagen arbeiteten), aber es gibt eine beträchtliche niederländische Minderheit sowie Latinos, Südostasiaten und andere Europäer. 73 % der Bevölkerung sind römisch-katholisch, zu ihrem Glauben gehört aber meist auch eine gesunde Dosis Santería. Daneben sind noch viele andere Religionen vertreten und es gibt eine wesentliche und langjährige jüdische Präsenz.

Natur & Umwelt

Curaçao bietet einen Mix aus üppigen Gebieten nahe der Küsten und trockeneren Regionen im Landesinneren (im Christoffel-Nationalpark ist dieser Kontrast deutlich zu sehen). Die menschliche Ausbreitung hat die Tierwelt an Land dezimiert, aber die Vogelwelt ist vielfältig. Ein 20 km langer Küstenstreifen an der Südspitze der Insel wurde zum Unterwassernationalpark erklärt, aber die gesamte Westküste bietet eine artenreiche Meeresfauna mit Dutzenden von Tauch- und Schnorchelplätzen.

Am meisten leidet die Umwelt auf Curaçao unter der Wasserverschmutzung durch die Industrie und unter der Überfischung – dadurch werden die Korallenriffe beschädigt und zerstört. In verschiedenen Projekten werden Korallen neu gezüchtet und ersetzt, aber ob das langfristig von Erfolg gekrönt ist, muss sich noch zeigen. Durch das zunehmende Verkehrsaufkommen gibt's immer mehr Staus (und stärkere Umweltbelastung durch abgasspuckende Dieselfahrzeuge).

PRAKTISCHE INFORMATIONEN

Allgemeine Informationen

AKTIVITÄTEN

Curaçao ist ein erstklassiges Tauch- und Schnorchelziel, nicht zuletzt aufgrund der vielen Einrichtungen auf der Insel. Tauchshops haben geführte Strandtauchgänge im Programm, aber man kann sich mit einem Tauchpartner auch problemlos allein ins Vergnügen stürzen (wobei die Tauchshops nützliche Empfehlungen und Sauerstoffversorgung bieten). Anbieter gibt's an fast jedem Strand. Empfehlenswert sind u. a. Ocean Encounters (S. 338), **Atlantis Diving** (☎ 666-8293; www.atlantisdiving.com; Drielstraat 6; 2 Tauchgänge ab 97 US$, Tagestrip nach Klein Curaçao ab 125 US$; ⏲ Mo–Fr 8.30–17.30, Sa & So bis 16.30 Uhr), Go West Diving (S. 341) und Scuba Lodge (S. 335).

Die wichtigsten Tauchspots befinden sich entlang der Westküste von Sint Michiel bis nach Westpunt und vom Mambo Beach bis zur Südspitze. Der dahinterliegende Teil der Küste und die Riffe sind Teil des National Underwater Park.

BARRIEREFREI REISEN

Auf Curaçao hat man sich bemüht, das Angebot an die Bedürfnisse von Reisenden mit Behinderungen anzupassen, und es gab echte Fortschritte. Zahlreiche Resorts und Ferienhäuser bieten barrierefreie Zimmer und Swimmingpools an, darunter das Avila Beach Hotel. Darüber hinaus sind viele Restaurants und Kasinos barrierefrei. Zu den behindertengerechten Sehenswürdigkeiten zählen das Maritime Museum, das Savonet Museum, das Landhuis Chobolobo, die Gallery Alma Blou und der Jan Thiel Beach.

Weitere Unternehmen, die besonders auf die Bedürfnisse von eingeschränkten Travellern eingehen:

- **Dushi Taxi** (S. 346) Natasja Gibbs kümmert sich um Kreuzfahrtpassagiere und bietet Touren und Transport in einem rollstuhlgerechten Kleinbus an.
- **Joseph Cares** (☎ 511-4888; www.josephcares.com; Rooseveltweg 505d) Dieses Unternehmen hat sich auf Reisende mit Behinderungen spezialisiert. Geboten werden vor allem die Organisation von Touren, der Transport und andere Dienstleistungen. Im Programm sind Ausflüge zu den entlegensten Teilen der Insel, Flughafentransfers und der Verleih von medizinischen Hilfsmitteln.

PREISKATEGORIEN ESSEN

Die folgenden Preise beziehen sich auf ein Hauptgericht.

**$** bis 10 US$

**$$** 10–25 US$

**$$$** über 25 US$

BOTSCHAFTEN & KONSULATE

Deutsches Honorarkonsulat (☎ 737-2973; willemstad@hk-diplo.de; BZSE Attorneys at Law / Tax Lawyers, Mahaaiweg 7 A, Willemstad)

Österreichisches Konsulat (☎ 695-8080; consulcuracao@gmail.com; Residence Pietermaai, Pietermaaiweg 20A, Willemstad)

Schweizer Konsulat (☎ 461-7416; willemstad@honrep.ch; Scharlooweg 19, Willemstad)

ESSEN

Curaçao verfügt über eine überraschend anspruchsvolle Restaurantszene, sofern man denn weiß, wo man sie findet – nämlich in den Straßen und Gässchen in Pietermaai, Willemstad. Die größten Touristenstrände sind auch voller Restaurants und Bars. Am entlegenen West End beschränkt sich die Auswahl größtenteils auf Resortrestaurants und Imbissbuden am Strand.

FEIERTAGE

Neujahrstag 1. Januar

Rosenmontag Montag vor Aschermittwoch

Karfreitag Freitag vor Ostern

Ostermontag Montag nach Ostern

Königstag 27. April

Tag der Arbeit 1. Mai

Christi Himmelfahrt Sechster Donnerstag nach Ostern

Tag der Fahne 2. Juli

Nationalfeiertag 10. Oktober

Erster Weihnachtsfeiertag 25. Dezember

Zweiter Weihnachtsfeiertag 26. Dezember

GELD

Obwohl die offizielle Landeswährung der Niederländische Antillen-Gulden (NAf) ist, sind die Preise häufig in US-Dollar angegeben und beinahe alles kann auch damit bezahlt werden. Eventuell wird das Wechselgeld in Gulden ausgegeben.

Geldautomaten sind weit verbreitet und geben US-Dollar (US$) sowie Niederländische Antillen-Gulden (NAf) aus. Die meisten Restaurants und Hotels akzeptieren Kreditkarten.

Trinkgeld

Bars und Restaurants Für guten Service gibt man 15 bis 20 % (manchmal schon in der Rechnungssumme enthalten).

Resorts Meist sind 12 % Servicepauschale in der Rechnungssumme enthalten.

Taxis 10 % Trinkgeld sind üblich.

Tourguides 10 US$ pro halben Tag.

Wechselkurse

Aruba	1 Afl	1 NAf
Eurozone	1 €	1,83 NAf
Schweiz	1 SFr	1,85 NAf
USA	1 US$	1,79 NAf

Aktuelle Geldwechselkurse findet man unter www.xe.com.

INTERNETZUGANG

Alle Hotels und Resorts bieten ihren Gästen WLAN, viele auch Computer.

LGBT-REISENDE

„Leben und leben lassen!" – so heißt es auf der offiziellen LGBT-Website von Curaçao (www.gaycuracao.com). Zwar können LGBT-Reisende mit einem freundlichen Empfang rechnen, doch die Szene ist eher klein. Eine Ausnahme ist das **Floris Suite Hotel** (☎ 462-6111; www.florissuitehotel.com; John F. Kennedy Blvd, Piscadera Bay; Suite 129–349 US$; ❄ @ 🛜 🏊) – manchmal auch „heterofreundliches Hotel" genannt – mit seiner Hotelbar, der Rainbow Lounge (S. 337): Diese veranstaltet von September bis März eine wöchentliche LGBT-Happy-Hour. Ende September bzw. Anfang Oktober findet außerdem die fünftägige Veranstaltung Curaçao Pride (S. 335) statt.

PRAKTISCH & KONKRET

Fernsehen Das Programm lokaler TV-Sender ist meist auf Niederländisch und/oder Papiamentu.

Magazine Der *Curaçao Traveler* ist eine Gratiszeitschrift mit Kritiken, Karten etc.

Maße & Gewichte Es wird das metrische System verwendet.

Rauchen Rauchen ist in allen öffentlichen Einrichtungen verboten. Die meisten Hotels und Resorts sind rauchfrei, aber einige haben einen speziellen Raucherbereich.

Zeitungen Der *Curaçao Chronicle* (www.curacaochronicle.com) erscheint wöchentlich auf Englisch und berichtet über lokale und internationale Nachrichten sowie über Events.

MEDIZINISCHE VERSORGUNG

Das St. Elisabeth Hospital (S. 337) ist eine große und gut ausgestattete medizinische Einrichtung in Willemstad. Es gibt eine Notversorgung.

Leitungswasser kann auf Curaçao bedenkenlos getrunken werden.

MIT KINDERN REISEN

Curaçao ist ein ideales Ziel für Familien, da es Sehenswertes und Aktivitäten für Kinder jeden Alters gibt. Viele Resorts, Einkaufszentren und andere Einrichtungen sind speziell auf Familien eingestellt.

Alle Strände liegen an der ruhigen Westküste, sodass sie vor einer stärkeren Brandung geschützt sind. Das macht sie ideal zum Herumtollen, Schwimmen und Sandburgenbauen. Privatstrände wie Mambo Beach (S. 338) und Jan Thiel Beach (S. 338) bieten Strandaktivitäten für Kinder inklusive einer aufblasbaren Spielinsel. Im Alter von nur fünf Jahren können Kinder hier bereits Schnorcheln lernen, nicht zuletzt dank des ruhigen Wassers. Die Playa Grandi (S. 341) ist ein weiteres Highlight, da man wahrscheinlich Meeresschildkröten sehen wird.

Haben die Kleinen genug von Sonne und Sand, können sie im Shete Boka National Park (S. 341) die Kraft von Wind und Wellen bestaunen. Das Museum Kura Hulanda (S. 333) und das Savonet Museum (S. 341) hauen einen nicht vom Hocker, sind aber sowohl interessant als auch lehrreich für ältere Kinder.

Einige Resorts lassen keine Kinder als Gäste zu, doch die meisten sind sehr familienfreundlich. Viele Pools wurden mit Augenmerk auf die Nutzung durch Kinder designt und größere Resorts haben zumeist Clubs, Spielzimmer und andere Programme für Kids. Familienzimmer und Suiten sind ebenso wie Kochnischen weit verbreitet.

Bei zahlreichen privaten Einrichtungen wurde bei der Gestaltung an Familien gedacht. Resorts und Einkaufszentren sind entsprechend ausgestattet. Öffentliche Einrichtungen überzeugen in dieser Hinsicht weniger: Sanitäreinrichtungen sind dünn gesät und an öffentlichen Stränden praktisch nicht vorhanden. Wickeltische findet man nur selten. Willemstad ist eine alte Stadt mit schmalen Straßen und einigen Hügeln. Nicht immer gibt's Gehwege, was es gefährlich macht, wenn man mit Kindern unterwegs ist oder einen Kinderwagen schiebt.

NOTFALL

Feuerwehr & Polizei	☎ 911
Krankenwagen	☎ 912
Überdruckkammer	☎ 910

PREISKATEGORIEN UNTERKUNFT

Die folgenden Preise beziehen sich auf ein Doppelzimmer mit eigenem Bad ohne Steuern.

**$** bis 80 US$

**$$** 80–200 US$

**$$$** über 200 US$

RECHTSFRAGEN

Im Gegensatz zu den Niederlanden sind auf Curaçao alle Drogen illegal. Ein Verstoß kann eine Festnahme und Haft nach sich ziehen. Im Fall einer Festnahme hilft die zuständige Botschaft, Kontakt mit der Familie und einem Rechtsbeistand aufzunehmen, macht ansonsten aber nicht viel mehr.

STROM

110 V, 60 Hz. Größtenteils werden, wie in den USA üblich, zwei- und dreipolige Stecker verwendet. In einigen Resorts gibt's aber auch 220-V-Steckdosen nach EU-Standard. Man sollte also für alle Fälle einen Adapter mitnehmen.

TELEFON

Die Ländervorwahl für Curaçao ist 599; die Ortsvorwahl 9.

Für Anrufe aus Curaçao in ein anderes Land wählt man die internationale Vorwahl 00 + Ländervorwahl + Telefonnummer. Für Anrufe aus Curaçao in Länder mit der Ländervorwahl 1 wählt man 1 und die örtliche Telefonnummer.

Wer aus einem anderen Land in Curaçao anrufen möchte, wählt die internationale Vorwahl + 599 + 9 + die örtliche Telefonnummer. Auf der Insel selbst ist keine Vorwahl nötig.

Handys

GSM-Handys sind mit den regionalen SIM-Karten kompatibel. Hauptanbieter ist Digicel (www.digicelcuracao.com).

UNTERKUNFT

Curaçao hat zahlreiche Unterkunftsmöglichkeiten. Es gibt Resorts und Ferienwohnungen überall an der Küste, die einfachen Zugang zum Strand gewähren, aber in Willemstad findet man auch interessante Stadthotels. Günstige Optionen sind selten, aber die Preise fallen, je weiter man ins Landesinnere geht. Camping ist nicht üblich.

Hochsaison ist von Mitte Dezember bis Mitte April. Für Hotelzimmer werden 7 % Umsatzsteuer aufgeschlagen, während einige Resorts eine Servicegebühr von 12 % oder mehr aufrechnen.

FLUGHAFENGEBÜHREN

Die Gebühr hängt vom Ziel ab.

International	42 US$
Aruba	30 US$
Bonaire	15 US$
Transfer	10 US$

Bei den meisten größeren internationalen Fluglinien ist die Gebühr im Flugticket enthalten. Wer mit einer kleineren regionalen Airline unterwegs ist, muss die Steuer am dafür vorgesehenen Schalter bezahlen, bevor es durch den Sicherheitscheck geht.

ZEIT

Curaçao befindet sich in der Atlantischen Zeitzone (AST): MEZ minus fünf Stunden. Während der Sommerzeit (MESZ) sind es minus sechs Stunden.

An- & Weiterreise

Curaçao ist über den Luft- und Seeweg (per Kreuzfahrtschiff) erreichbar. Die Pläne für Fährverbindungen zu den benachbarten Inseln werden immer wieder auf Eis gelegt, doch verschiedene Regionalfluglinien haben regelmäßig kurze Flüge nach Aruba und Bonaire im Programm.

Flüge, Mietwagen und Touren können unter lonelyplanet.com/bookings gebucht werden.

FLUGZEUG

Hato International Airport (CUR; ☎839-1000; www.curacao-airport.com; Plasa Margaret Abraham; ⏲6–22 Uhr), 10 km von Willemstad im Norden der Insel; hier landen internationale Airlines wie z. B. Avianca, Air Canada, Air Century, American Airlines, Aruba Airlines, Copa Airlines, Condor, Fly Always, JetBlue, KLM, Sky High, SLM, Tui, Winair, West Jet, Wingo und Easy Air.

Die beliebteste Regionalfluglinie ist **Divi Divi Air** (☎839-1515; www.flydivi.com; Hato International Airport; ⏲Mo–Fr 9–17, Sa bis 16, So bis 15 Uhr) mit ca. zwölf Flügen täglich zwischen Curaçao und Bonaire sowie Charterflügen nach Aruba. Die Flugzeuge sind winzig und früh ausgebucht.

ÜBERS MEER

Curaçao ist ein Anlaufpunkt für Kreuzfahrten durch die südliche Karibik, die oft nicht länger als zehn Tage bis zwei Wochen dauern.

Die wirklich großen Kreuzer docken am Mega Cruise Ship Pier gleich neben dem natürlichen Hafen der Inselhauptstadt an. Kleinere Schiffe steuern den Cruise Ship Terminal im Hafen an.

Trotz ihrer Nähe zueinander verkehren zwischen den ABC-Inseln (Aruba, Bonaire und Curaçao) keine Fähren.

Unterwegs vor Ort

AUTO & MOTORRAD

Auf der Insel wird rechts gefahren. Sitzgurte sind verpflichtend und Motorradfahrer müssen Helme tragen.

Alle großen internationalen Mietfirmen haben eine Niederlassung am Flughafen, aber es gibt auch viele vertrauenswürdige heimische Anbieter wie **Prins Car Rental** (☎888-6895; www.prinscarrental.com; Jan Noorduynweg 36; ⏲8–12 & 13.30–17 Uhr). Lokale Agenturen berechnen meist eine zusätzliche Gebühr von 20 US$ für den Flughafentransfer.

BUS

Curaçao verfügt über ein öffentliches Busnetz mit Verbindungen ans West End vom **Busbahnhof Otrobanda** (Sebastopolstraat, Otrobanda) aus und mit Bussen in den Südosten mit Abfahrt vom **Busbahnhof Punda** (Waaigatplein, Punda), jeweils in Willemstad. Die Busse verkehren auf den meisten Routen alle ein bis zwei Stunden.

FAHRRAD

Für eine niederländische Insel herrscht auf Curaçao ein überraschender Mangel an Fahrradwegen und anderen Einrichtungen für Radler. In Willemstad kann der Verkehr gefährlich sein, aber außerhalb der Stadt kann man auf Land- und Küstenstraßen teils schön radeln. Viele Resorts verleihen Räder.

Wer ein Mountainbike ergattern kann: Im Christoffel National Park (S. 341) und an der Playa Portomari (S. 340) gibt's einige tolle Trails.

TAXI

Taxis warten am Flughafen und an den großen Hotels. Telefonisch kann man eins bei **DCTA** (☎868-5319) und **Taxi Max** (☎697-6302) ordern. **Dushi Taxi** (☎516-8863; www.dushitaxi.weebly.com) bietet Touren und Transfers in einem rollstuhlgerechten Transporter.

Dominica

☎1-767 / 55 000 EW.

Inhalt ➡

Gut essen

- Poz Restaurant & Bar (S. 364)
- C&D Beach Bar & Grill (S. 362)
- Keepin' It Real (S. 361)
- Old Stone Grill & Bar (S. 352)
- Riverside Cafe (S. 358)

Schön übernachten

- Secret Bay (S. 361)
- Jacoway Inn (S. 363)
- Pagua Bay House (S. 365)
- Citrus Creek Plantation (S. 357)
- Wanderlust (S. 363)

Auf nach Dominica!

Egal, ob man per Schiff oder Flugzeug nach Dominica kommt – der erste Eindruck ist wahrscheinlich ein Gefühl der Ehrfurcht vor der geradezu dramatischen Erhabenheit dieser Insel, mit der nur wenige andere in der Karibik mithalten können. Dominica (die Einheimischen betonen es auf der dritten Silbe) wird auch die „Naturinsel" genannt. Sie lockt Reisende und Umweltabenteurer mit ihrem „kochenden" See, den mit Regenwald bedeckten Vulkanen, den schwefelhaltigen heißen Quellen, grandiosen Tauchgebieten und dem ersten Langstreckenwanderweg der Karibik.

Während die Nachbarinseln Guadeloupe und Martinique französischsprachig sind, wird auf Dominica Englisch gesprochen, und auch sonst hat sich die Insel anders entwickelt – sie hat weder einen großen Kreuzfahrthafen noch einen Flughafen, auf dem auch nur Mittelstreckenflieger landen können. Daher ist der ursprüngliche Charakter der Insel auch deutlich stärker erhalten als andernorts auf den Kleinen Antillen.

Hurrikan Maria hat 2017 auf Dominica erheblichen Schaden angerichtet, von dem sich die Insel immer noch mit großer Mühe, aber auch Entschlossenheit langsam erholt.

Reisezeit

Feb.–Juni Die trockensten Monate auf der Insel sind die beliebtesten, aber es kann immer mal kurz und heftig regnen.

Nov.–Jan. Die Zwischensaison eignet sich gut für eine Reise, da alles geöffnet ist, aber die Preise niedriger sind.

Juli–Okt. Viele Geschäfte machen während der Regenzeit zu. Die Hurrikansaison erreicht im August und September ihren Höhepunkt. Im Oktober findet das Roseau's World Creole Music Festival statt.

Guadeloupe Channel
0 — 10 km
Vieille Cass
Batibou Bay
Toucari Bay
Batibou Beach 3
Douglas Bay
Anse de Mai
Cabrits National Park
Borne
Bense
Calibishie
Brandy River
Portsmouth
7 Indian River
Prince Rupert Bay
Wesley
Londonderry Bay
Douglas Charles Airport
Marigot
Melville Hall River
Pagua Bay
Morne Diablotin National Park
Dublanc
Syndicate Estate
Morne Diablotin (1447 m)
Northern Forest Reserve
Pagua River
Bataka
Kalinago Barana Autê
Salybia
Sineku
Fähre nach Guadeloupe
CARIB TERRITORY
L'Escalier Tête Chien
Castle Bruce
Wakaman Point
Castle Bruce Beach
Central Forest Reserve
Grande Savane
Salisbury
Layou River
Castle Bruce River
Castaways Reef
Mero
St. Joseph
Emerald Pool
Layou
Rodney's Rock
Pont Casse
Morne Trois Pitons (1386 m)
Rosalie Point
Mahaut
Boeri Lake
Morne Macaque (1220 m)
Middleham Falls 2
Massacre
Freshwater Lake
Canefield Airport
Laudat
Boiling Lake 1
La Plaine
Trafalgar Falls 6
4
Trafalgar
Woodbridge Bay
Ti Tou Gorge
Morne Trois Pitons National Park
ROSEAU
Roseau River
5 Wotten Waven
Morne Watt (1223 m)
Karibisches Meer
Castle Comfort
Delices
Loubiere
Morne Prosper
Morne Anglais (1122 m)
Petite Savanne (zerstört)
Dubique
Champagne Beach & Reef 8
Stowe
Grand Bay
Soufriere Bay
Soufriere
Soufriere Pinnacles
Scotts Head Drop-Off
Scotts Head
Scotts Head Pinnacle
Martinique Channel
Fähre nach Martinique & St. Lucia

Highlights

1 **Boiling Lake** (S. 356) Zu einem entlegenen See mit kochendem Wasser wandern.

2 **Middleham Falls** (S. 356) Durch den Regenwald zu diesem 60 Meter hohen Wasserfall mit Wasserbassin streifen.

3 **Batibou Beach** (S. 362) Sonnenbaden am spektakulärsten Strand Dominicas.

4 **Ti Tou Gorge** (S. 356) Durch einen engen Canyon zu einem Wasserfall schwimmen.

5 **Wotten Waven** (S. 355) In einem grünen Dorf in herrlicher Landschaft ein Bad in schwefelhaltigen Quellen nehmen.

6 **Trafalgar Falls** (S. 353) Einen Spaziergang zu diesem Zwillingswasserfall machen.

7 **Indian River** (S. 360) Auf dem ruhigen Fluss durch den Dschungel gleiten.

8 **Champagne Beach & Reef** (S. 358) Unterwasserattraktion mit prickelnden Vulkanblasen.

Roseau

Roseau (*ro-soh*) ist Dominicas laute und chaotische, pulsierende Hauptstadt. Sie liegt an der südwestlichen Küste am Roseau-Fluss, der sich während des Hurrikans Maria im Jahr 2017 in einen reißenden Strom verwandelte und Brücken und Autos wegspülte. Tagsüber klingt Reggae aus den Fenstern der traditionellen karibischen Häuser, während auf den engen Straßen die Einheimischen mit dem starken Verkehr ringen. Abends leert sich die Stadt, und die meisten Leute kehren zurück in ihre nahe gelegenen Dörfer im Tal – dann schlummert die Hauptstadt genau wie jede andere Stadt in der Karibik.

Leider wurden viele der bedeutendsten historischen Bauwerke von Hurrikan Maria entweder schwer beschädigt oder komplett zerstört – die Stadt kämpft sichtbar noch mit dem Wiederaufbau. Das sollte jedoch niemanden von einem Besuch abhalten; das Charisma der kleinen Hauptstadt Dominicas kann man bei einem Spaziergang durchs historische French Quarter südlich der King George V Street spüren.

Sehenswertes

Dominica Museum MUSEUM
(☎ 448-8923; Dame Mary Eugenia Charles Blvd (Bayfront); Erw./Kind & Schüler 3/2 EC$; ⏲ Mo 8–17, Di–Fr bis 16 Uhr) In diesem kleinen, aber interessanten Museum über der Touristeninformation in der Nähe des Kreuzfahrtpiers kann man sich über die Geschichte und Bewohner von Dominica einen Überblick verschaffen. Es wird von Lennox Honychurch, dem Top-Historiker der Insel, betrieben und informiert mit Schaukästen und Objekten über die Kultur der Kalinago und Kreolen sowie über den Sklavenhandel. Man sollte sich auf jeden Fall das Porträt von Queen Victoria im Treppenhaus anschauen.

Old Market PLATZ
(neben King George V St) Seit mehr als 300 Jahren ist dieser kopfsteingepflasterte Platz der Mittelpunkt des Geschehens in Roseau. Er ist Schauplatz für politische Versammlungen, Bauernmärkte und verhängnisvollere Geschehen wie öffentliche Hinrichtungen und Sklavenmärkte gewesen. Heute findet man dort Stände mit Kunsthandwerk und Souvenirs, die vor allem bei den Passagieren von Kreuzfahrtschiffen beliebt sind, wenn die großen Dampfer im Hafen liegen.

Roseau Cathedral KIRCHE
(☎ 448-2766; www.dioceseofroseau.org/our-lady-of-fairhaven; Virgin Lane; ⏲ wegen Renovierung geschlossen) Gothic trifft auf Karibik. Diese Kathedrale entwickelte sich von einer einfachen Holzhütte zu dem im Jahr 1916 aus Vulkangestein erbauten majestätischen Gebäude. Die oberen Fenster ziert Glasmalerei, während die unteren, wie es typisch für kreolische Häuser ist, mit hölzernen Fensterläden für natürliche Belüftung bestückt sind. Leider haben Zeit und Stürme ihre Spuren hinterlassen, nicht zuletzt der Hurrikan Maria, sodass sie seit einiger Zeit restauriert wird.

Botanic Gardens GÄRTEN
(www.dominicagardens.com; Valley Rd; ⏲ 6–19 Uhr) GRATIS Versteckt am Fuße von Morne Bruce nördlich der Stadt liegt Roseaus wunderschöner 16 ha großer botanischer Garten, der – trotz der schweren Schäden durch Hurrikan Maria – einige erwachsene Banyanbäume, Talipot-Palmen und einen eindrucksvollen Affenbrotbaum sowie viele blühende tropische Büsche beherbergt. Er ist ein toller Ort für einen Spaziergang oder ein Picknick und das Personal ist freundlich und gut informiert.

Hinter den Volieren ist der Ausgangspunkt für den „Jack's Walk", einen steilen und gewundenen Wanderweg von etwa 800 Metern auf den Morne Bruce.

Morne Bruce AUSSICHTSPUNKT
Dominicas Präsident befindet sich unter den Bewohnern dieser eher exklusiven am Hang gelegenen Enklave oberhalb der Botanischen Gärten. Der Panoramablick über Roseau ist der Hauptgrund, hier hochzuwandern. Entweder über den kurzen, aber anstrengenden 800 m langen **Jack's Walk Trail**, der hinter den Volieren im Botanischen Garten beginnt, oder über die steile Straße ab der Bath Road.

Old Mill Cultural Center KULTURZENTRUM
(☎ 449-1804; http://divisionofculture.gov.dm; Canefield) GRATIS Nördlich und nicht weit entfernt von Roseau, in der Nähe des Canefield-Flughafens, produzierte diese Zuckermühle einst Zucker, Rum und Melasse. Heute ist sie als Gemeindezentrum und Location für kulturelle Veranstaltungen zu neuem Leben erwacht. Eine Galerie stellt Werke von lokalen Künstlern aus.

Roseau

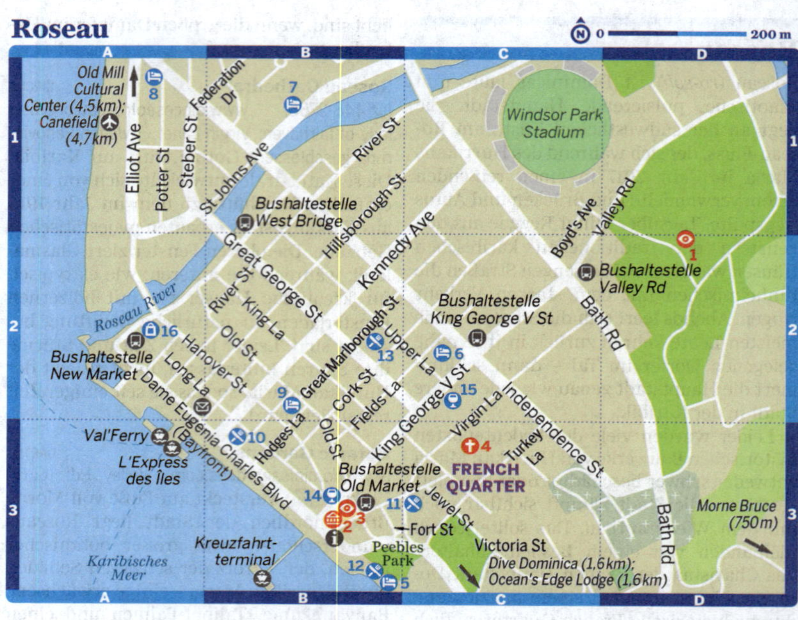

Roseau

Sehenswertes
1 Botanic Gardens D2
2 Dominica Museum B3
3 Old Market B3
4 Roseau Cathedral C3

Aktivitäten, Kurse & Touren
Ken's Hinterland Adventure Tours .... (siehe 5)

Schlafen
5 Fort Young Hotel B3
6 Ma Bass Guest House C2
7 Narakiel's Inn B1
8 Potter's Place A1
9 Sutton Place Hotel B2

Essen
10 Le Petit Paris B3
11 Old Stone Grill & Bar C3
12 Palisades B3
13 Pearl's Cuisine B2

Ausgehen & Nachtleben
14 Ruins Rock Café B3
15 Symes Zee C2
Warner's Bar .... (siehe 5)

Shoppen
16 New Market A2

Aktivitäten & Geführte Touren

Dive Dominica TAUCHEN
(☎ 448-2188; www.divedominica.com; Victoria St, Castle Comfort; Tauchgang mit 1/2 Flaschen 66/109 US$) Dieser alteingesessene Laden liegt an der Ocean's Edge Lodge (S. 351) südlich von Roseau mit einem Riff direkt vor der Haustür und Zugang zum Soufrière-Scotts Head Marine Reserve (S. 359). Alle Tauchgänge müssen im Vorfeld reserviert werden, und nachmittags finden Tauchgänge erst ab mindestens acht Tauchern statt. Sonntags wird während der entsprechenden Jahreszeit auch Whalewatching für 69 US$ pro Person angeboten.

Ken's Hinterland Adventure Tours GEFÜHRTE TOUREN
(KHATTS; ☎ 448-1660; www.khattstours.com; Fort Young Hotel, Victoria St; Wanderungen 40–85 US$, mind. 4 Personen) Professioneller Anbieter am Fort Young Hotel mit einer großen Auswahl an normalen und außergewöhnlichen Touren wie Wanderungen zum Boiling Lake (60 US$), einem Tagesausflug in das Kalinago-Gebiet (75 US$)

und Vogelbeobachtung im Syndicate-Regenwald (65 US$). Für alle Aktivitäten ist eine Buchung von mindestens vier Teilnehmern erforderlich. Beim Büro anfragen, welche Touren stattfinden.

Feste & Events

★ **World Creole Music Festival** MUSIK
(Windsor Park Sports Stadium; ⌚ Ende Okt.) Drei Tage lang wird Roseau mit rauschenden und rhythmischen Beats von Zouk, Compa, Souca, Bouyon, Afro Beat, Calypso und Reggae während dieses berühmten jährlichen Festivals überschwemmt. Die rumgetränkte Party startet bei Tag mit Bands und Essen, in den Straßen von Roseau wird ausgelassen getanzt und gesungen, bevor sich die Ticketbesitzer auf den Weg zum Winsor Park Stadium machen.

Das Festival wurde 1997 gegründet und ist das einzige Festival in der Region. Hier dreht sich alles nur um französisch-karibische Beats. Hier treten internationale Top-Acts wie Kassav, Wyclef Jean, Third World und Tito Puente Jr. neben einheimischen Größen wie Gordon Henderson, einem Revolutionär der Karibik-Musik in den 70er-Jahren, auf.

Schlafen

Im Stadtzentrum von Roseau gibt's Hotels für jedermann, von sparsamen Backpackern bis zu Geschäftsreisenden, aber ob man hier sein Quartier beziehen möchte, solle man sich gut überlegen: Bei Nacht ist die Stadt ziemlich ausgestorben und tagsüber kann es sehr schwierig werden, einen Parkplatz zu finden. Die meisten Besucher bevorzugen es, im nahegelegenen Castle Comfort oder in einem der Dörfer im Roseau Valley zu übernachten.

Narakiel's Inn GÄSTEHAUS $
(☎877-281-4529, 718-941-6220; www.narakielsinn.com; Riverside, abseits der Goodwill Rd; Zi. 68–88 US$, Apt. 130 US$, Mindestaufenthalt 2 Nächte; ❄📶) Diese in ein Gästehaus mit sechs Zimmern umgebaute Bleibe am Roseau River ist eine hervorragende Wahl. Die gepflegten Zimmer sind ansprechend und modern eingerichtet und trotz ihrer kleinen Größe voll ausgestattet mit Mikrowelle und einem Kühlschrank, der auf Anfrage vor Ankunft gefüllt werden kann. Ein extra Lob gibt's für die ultragemütlichen Matratzen. Man sollte seine Anreise vorher ankündigen, da oftmals niemand zu Hause ist.

Ma Bass Guest House GÄSTEHAUS $
(☎448-2999; 44 Fields Lane; EZ/DZ ab 44/66 US$; ❄📶) Theresa Emanuel (besser bekannt als Ma Bass), die liebenswürdige Eigentümerin, ist von Herzen so gastfreundlich, dass man sich fühlt, als übernachte man bei seinem Tantchen. Ihr Gästehaus in einer ruhigen Seitenstraße im Herzen von Roseau hat zehn schnickschnacklose, aber saubere und gepflegte Zimmer mit althergebrachten Möbeln. In den meisten sind ein privates Badezimmer und eine Klimaanlage vorhanden. Draußen ist kein Schild angebracht: Nach einem roten Tor Ausschau halten und nach oben gehen.

★ **Potter's Place** GÄSTEHAUS $$
(☎440-1925; www.pottersplacedominica.com; 37 Goodwill Rd; Zi. inkl. Frühstück 80–120 US$; ❄📶) Diese makellose, brandneue Pension nur einige Blocks vom Roseau River entfernt hat ein tolles Preis-Leistungs-Verhältnis. Es bietet acht makellose, geräumige und modern eingerichtete Zimmer mit Kühlschrank und Fernseher. Der Empfang ist herzlich, und trotz der Straßenlage ist es sehr ruhig.

Ocean's Edge Lodge HOTEL $$
(☎616-7077; Loubiere Rd, Castle Comfort; Zi. Zi.100–140 US$; P❄📶) Die ehemalige Castle Comfort Lodge ist seit dem Hurrikan Maria unter neuer Leitung und profitiert von seiner erstklassigen Uferlage – die 15 gemütlichen Zimmer in kräftigen Farben sind einfach, aber ausreichend groß, einige mit Blick aufs Meer. Die Restaurantbar im Freien eignet sich perfekt, um sich nach dem Tauchen zu entspannen.

Sutton Place Hotel HOTEL $$
(☎449-8700; www.suttonplacehoteldominica.com; 25 Old St; Zi./Suite inkl. Frühstück ab 96/127 US$; ❄📶) Dieses charismatische Hotel in einem historischen Gebäude, in dem sich hauptsächlich die Budgetklasse verpflegen lässt, ist zwar renoviert worden, hat aber sein heimeliges Alte-Zeiten-Flair glücklicherweise nicht verloren. Die Zimmer haben zwar schon bessere Zeiten gesehen, sind aber makellos sauber und haben Kabelfernsehen.

★ **Fort Young Hotel** HOTEL $$$
(☎448-5000; www.fortyounghotel.com; Victoria St; Zi. ab 248 US$, Suite 409 US$; ❄📶🏊) Die alten Kanonen, die dieses mit 71 Zimmern ausgestattete Hotel mit Rundum-Service schmücken, sind Zeugnis vergangener Zei-

ten, als Sir William Young, Dominicas erster britischer Gouverneur, 1770 eine Festung erbaute. Es ist mit Abstand Roseaus schickste Adresse, um sein Quartier aufzuschlagen, vor allem, wenn man ein Zimmer mit Meerblick und Balkon ergattert. Das Spa auf der Dachterrasse ist toll, um sich nach dem Sightseeing zu entspannen.

Essen

Le Petit Paris FRANZÖSISCH $

(Dame Eugenia Charles Blvd; Hauptgerichte 20–40 EC$; ⏲ Mo–Fr 8–17, Sa bis 15 Uhr; 📶) Eine naheliegende Wahl, wenn man auf eine Fähre wartet (es liegt direkt die Straße hinunter vom Passagierfährterminal in Roseau). In diesem freundlichen, weiß getünchten Café wird Französisch gesprochen, guter Kaffee mit frischem Gebäck serviert, und es ist wohl der beste Ort zum Frühstücken in der Stadt. Für eine spätere Mahlzeit bietet die Speisekarte noch gute Pizzas, Burger und Salate.

★ **Old Stone Grill & Bar** KARIBISCH $$

(☎ 440-7549; Castle St; Hauptgerichte 40–60 EC$; ⏲ Mo–Do 15:30–22.30, Fr & Sa 15–23.30 Uhr; 📶) Das von Leonard Lewis betriebene Bistro ist ein nach vorne hin offenes Steingebäude und zugleich auch eine Kunstgalerie. Bei den Einheimischen ist es sehr beliebt. Vor allem der frische Fisch mit einer Beilage nach Wahl macht dem umfangreichen Menü alle Ehre. Besonders empfehlenswert sind die gebratenen Delfine (was aber nur der unter Einheimischen gebräuchliche Begriff für *mahi mahi* ist) und die *dasheen*-Kroketten (aus Taro-Wurzel), oder man bestellt einfach einen der tollen Burger.

★ **Pearl's Cuisine** KARIBISCH $$

(☎ 448-8707; Great Marlborough St; Hauptgerichte 25–50 EC$; ⏲ Mo–Sa 9–15 Uhr) Dieses 25 Jahre alte Restaurant zieht zwar gelegentlich um, ist aber noch immer eine Institution in Roseau. Sein kreolisches Essen ist heiß begehrt und vor Ort ist dies die beste Adresse für lokale traditionelle Gerichte wie Bullfoot Soup, Chicken Callalo oder Stew-Agouti (ein Nagetier). Samstags ist es am vollsten, wenn alle Gerichte nur 25 EC$ kosten. Für das Stachelannoneneis Platz lassen.

Palisades KARIBISCH $$$

(☎ 255-7604; Fort Young Hotel, Victoria St; Mittagsbüfett 60 EC$, Hauptgerichte 60–125 EC$; ⏲ tgl. 7–14.30, Mi–Sa 18.30–22 Uhr; 📶) Das Restaurant des Fort Young Hotel ist mit seiner offenen Terrasse eine schicke Angelegenheit, wo sich die Reichen und Schönen von Roseau (zumindest die Geschäftsleute) zum Mittagsbüfett oder noch schicker abends zum Essen à la carte einfinden.

Ausgehen & Nachtleben

Im Zentrum von Roseau gibt's jede Menge Spelunken, wo bei Tag Touristen einkehren und bei Nacht abgebrannte Einheimische herumhängen, insbesondere freitags und samstags. Entlang des schmalen Strandes südlich der Stadt kann man bei einigen einfachen Lokalen auf einen Drink vorbeischauen.

Ruins Rock Café PUB

(☎ 440-5483; Ecke King George V & Hanover Sts; ⏲ Mo–Sa 9–18 Uhr; 📶) Diese rustikale, farbenfrohe, bierhallengroße Kneipe in einer tatsächlichen Ruine lockt Gäste mit kaltem Carib und Cocktails und dem *muy macho* mit bizarrem Buschrum (Schlangen, Tausendfüßer oder Grashüpfer mit Rum aufgegossen!). Zechende werden dauerhaft mit einem kühlen Nebel besprüht, was nach heißen Kreuzfahrttagen sehr erfrischend ist.

Warner's Bar BAR

(☎ 448-5000; www.fortyounghotel.com; Fort Young Hotel, Victoria St; ⏲ 11–23 Uhr) Diese feine Bar am Fort Young Hotel ist ein äußerst beliebter Ort, um freitags das Wochenende mit dem „Cocktails and Conversations"-Event bei Livemusik einzuläuten. Man genießt einen beeindruckenden Ausblick auf das Meer und wird den wahrscheinlich stimmungsvollsten Sonnenuntergang überhaupt erleben. Einheimische kommen auch montags zur „Manager's Rum Punch"-Party und mittwochs zum „Unwine"-Weinabend in Scharen hierher.

Symes Zee BAR

(☎ 448-2494; Symes Zee Hotel, 34 King George V St; ⏲ 12–23 Uhr) Regionaltypische Bar mitten im Herzen von Roseau – hier wird es donnerstags besonders lebendig, wenn es Live-Jazz gibt.

Shoppen

★ **New Market** MARKT

(River Bank; ⏲ Mo–Sa 8–16 Uhr) Auf diesem trubeligen Markt am Fluss, der samstagmorgens am vollsten ist, treffen sich Einheimische, um sich mit Freunden zu unterhalten, aber auch, um sich mit frischen Lebensmitteln einzudecken. Er ist ein toller Ort, um sich auf das Lebensgefühl der Einheimischen einzulassen, eine Schale Ziegenwasser (Eintopf) zu probieren oder um ein Picknick zusammenzustellen.

Der Markt geht bis rüber zum Dame Eugenia Charles Boulevard, wo der Schwerpunkt auf frischem Fisch und Meeresfrüchten liegt.

Praktische Informationen

First Caribbean International Bank (☎ 255-7900; Old St, gegenüber Hodges Lane; ⌚ Mo–Do 8–14 Uhr, Fr bis 17 Uhr) Hat einen Geldautomaten.

Hauptpostamt (☎ 266-5209; Dame Eugenia Charles Blvd; ⌚ Mo 8–17, Di–Fr bis 16 Uhr) Wurde nach dem Hurrikan Maria neu erbaut.

Princess Margaret Hospital (☎ 448-2231; Federation Dr) Hauptkrankenhaus und Unfallklinik auf Dominica.

Touristeninformation (☎ 448-2045; www.dominica.dm; Ecke Dame Eugenia Charles Blvd & King George V St; ⌚ Mo 8–17, Di–Fr bis 16 Uhr) In einem vornehmen Gebäude, in dem sich auch das Dominica Museum befindet, ist die Touristeninformation untergebracht – sie ist auch am Wochenende geöffnet, wenn ein Kreuzfahrtschiff im Hafen liegt. Hier bekommt man jede Menge Infos über die Insel.

An- & Weiterreise

BUS

Alle Buslinien auf Dominica beginnen in Roseau, aber es gibt keinen zentralen Busbahnhof. Stattdessen sind die Haltestellen, von denen man unterschiedliche Ziele anfahren kann, im Stadtzentrum verteilt. Busse fahren von Montag bis Samstag von 6 bis 19 Uhr und sind Minivans mit Nummernschildern, die mit „H" oder „HA" anfangen. Die Haupthaltestellen sind:

King George V. Street (Ecke King George V St & Independence St) & **Valley Rd** Busse Richtung Osten nach Trafalgar, Wotten Waven, Morne Prosper und Laudat.

New Market (River Bank) Busse zu den Dörfern an der Westküste und nach Portsmouth, nach Calibishie und Vielle Case, ins Kalinago-Gebiet und zu den Dörfern an der Ostküste.

Old Market (Old St) Busse Richtung Süden bis Soufrière und Scotts Head.

West Bridge (Ecke River Bank & Great George St) Busse nach Canefield, Massacre, Mahaut und Saint Joseph.

SCHIFF/FÄHRE

Alle Fähren legen vom Fährterminal am Dame Eugenia Charles Blvd (Bayfront) ab.

L'Express des Îles (S. 372) Regelmäßig verkehrende Fähre zwischen Roseau, Guadeloupe, Martinique und St. Lucia. Tickets vorab online kaufen.

Val'Ferry (S. 372) Betreibt Fähren zwischen Roseau, Portsmouth, Pointe-à-Pitre, Marie-Galante, Martinique und St. Lucia. Tickets vorab online kaufen.

Unterwegs vor Ort

Das enge Labyrinth im Stadtzentrum lässt sich am besten zu Fuß erkunden. Ziele weiter weg erreicht man mit dem Bus oder Taxi.

Man kann entweder auf der Straße ein Taxi heranwinken oder zu einem Taxistand laufen. Viele Fahrer bieten Ihre Dienste auch herumlaufenden Gästen an. Man sollte den Preis vor dem Einsteigen verhandeln.

Roseau Valley

Östlich von Roseau liegt das Roseau Valley, wo sich ländliche Dörfer aneinanderreihen, durch die man in einige von Dominicas dramatischsten Gegenden und zu den besten Naturschauplätzen gelangt. Trafalgar ist bekannt für seinen Zwillingswasserfall, während man Wotten Wavens schwefelhaltigen Quellen nachsagt, eine heilende Wirkung zu haben. Im Norden ist Laudat das Tor zum unter UNESCO-Schutz stehenden Morne Trois Pitons National Park mit einer atemberaubenden Landschaft aus Seen, Fumarolen, Vulkanen, heißen Quellen und dichten Wäldern.

Trafalgar Falls

Das Dorf Trafalgar liegt in einer unglaublich dramatischen Landschaft im grünen Tal von Roseau. Viele Leute kommen hierher, um die gleichnamigen Zwillingswasserfälle zu besichtigen, die auf beiden Seiten eines großen Felsens hervorspringen und sich in Dutzende kleiner Becken ergießen, bevor sie in den Roseau River fließen. Da sie einfach zu erreichen sind, stehen sie so ungefähr bei jedem Inselbesucher auf der To-do-Liste, weshalb mit Massen zu rechnen ist, wenn ein Kreuzfahrtschiff im Hafen liegt, es sei denn, man besucht die Wasserfälle in der Nebensaison oder früh bzw. spät am Tag.

Sehenswertes

Trafalgar Falls WASSERFALL
(Pailotte Rd, Trafalgar; Tagespass 5 US$) Unmittelbar hinter dem Besucherzentrum beginnt ein einfacher 650 m langer Pfad zu einer Plattform, von der man einen großartigen

ABSEITS DER ÜBLICHEN PFADE

WANDERN AUF DEM WAITUKUBULI NATIONAL TRAIL

Der erste **Langstreckenwanderweg** der Karibik (WNT; www.waituku bulitrail.com; pro Tag/15 Tage 12/40 US$) wurde 2011 fertiggestellt und verbindet Scotts Head im entfernten Südwesten mit dem Cabrits National Park im Nordwesten und führt an den wunderschönsten Spots wie Boiling Lake und Emerald Pool vorbei. Die 185 km sind in 14 Abschnitte mit unterschiedlichen Längen und Schwierigkeitsgraden unterteilt, aber jeder ist so angelegt, dass man ihn innerhalb eines Tages schaffen kann. Unterkünfte befinden sich in der Nähe der Ausgangspunkte des Wanderwegs. Auf der Website findet man Karten, Adressen, Empfehlungen für Wanderführer und andere Informationen.

Abschnitte

- Abschnitt 1: Scotts Head bis Soufrière Estate
- Abschnitt 2: Soufrière Estate bis Bellevue Chopin
- Abschnitt 3: Bellevue Chopin bis Wotten Waven
- Abschnitt 4: Wotten Waven bis Pont Casse
- Abschnitt 5: Pont Casse nach Castle Bruce
- Abschnitt 6: Castle Bruce bis Hatten Garden (Pagua Bay)
- Abschnitt 7: Hatten Garden (Pagua Bay) bis First Camp Heights
- Abschnitt 8: First Camp Heights bis Petite Macoucherie Heights
- Abschnitt 9: Petite Macoucherie Heights bis Colihaut Heights
- Abschnitt 10: Colihaut Heights bis Syndicate
- Abschnitt 11: Syndicate bis Borne
- Abschnitt 12: Borne bis Penville
- Abschnitt 13: Penville bis Capuchin
- Abschnitt 14: Capuchin bis Cabrits

Tickets & Gebühren

Ein Tagespass für einen Abschnitt kostet 12 US$, ein 15-Tage-Pass, um alle 14 Abschnitte zu wandern, kostet 40 US$. Pässe bekommt an den oder in der Nähe der Ausgangspunkte, darunter Rubis Filling Station in Portsmouth, das Sea Breeze Inn in Castle Bruce, Kalinago Barana Aute, das Waitukubuli National Trail Management Unit in Pont Casse, Ken's Hinterland Adventure Tours in Roseau und Rodney's Wellness Retreat in Soufrière. Zudem kann man sie auch bei Courtesy Car Rental am Douglas Charles Airport und im Forever Young Classic Souvenir Shop auf dem Dame Mary Eugenia Charles Blvd in Roseau kaufen.

Ausblick auf die beiden nebeneinanderliegenden Wasserfälle hat: den 38 m hohen „Vater" und die 23 m hohe „Mutter". Folgt man hinter der Plattform weiter dem engen steinigen Pfad, muss man rutschige Felsbrocken überwinden, deshalb ist festes Schuhwerk zu empfehlen. In der Gumpe unterhalb des Mutter-Wasserfalls kann man sich abkühlen. Die Wanderung zu den heißen Quellen unter dem Vater-Wasserfall sollte man zusammen mit einem Tourguide machen.

Schlafen & Essen

Cocoa Cottage GASTHAUS $$
(☎276-2920; www.cocoacottages.com; Paillotte Rd, Roseau Valley; DZ 85–120 US$; Wi-Fi) An diesem bezaubernden Ort mit sechs Cottages auf einem üppig grünen Gelände mit Bio-Garten nimmt man Kontakt zu seiner Seele auf. Jede Hütte, die aus heimischem Holz, Lavastein, Bambus und anderen Materialien gefertigt ist, spiegelt die künstlerische Vision und den sanften Geist von Besitzerin Iris wider. Es handelt sich hier weniger um eine Pension als um eine Kommune – der ideale Ort, um sich mit der Natur in Einklang zu bringen.

River Rock Café & Bar KARIBISCH $
(☎225-0815; Paillotte Rd; Sandwiches 15 EC$, Hauptgerichte 25–50 EC$; ⏲8–20 Uhr; Wi-Fi) Man wird hier nicht sehr herzlich begrüßt, aber

dafür hat man vom luftigen Café aus einen tollen Blick auf den wilden Roseau River. Es werden Sandwiches sowie große Platten mit kreolischen Speisen mit Hühnchen, Ziege, Rind oder Fisch zusammen mit einem Stapel Beilagen serviert. Bei einem eiskalten Kubuli lässt es sich an einem Tisch auf der Veranda mit Aussicht auf das Tal entspannen.

Eine Treppe führt hinunter zum Fluss, falls man ein Bad nehmen möchte.

An- & Weiterreise

Mit dem Bus ab King George V. Street (S. 353) und Valley Road (S. 353) in Roseau benötigt man 30 Minuten bis zum Dorf Trafalgar Falls. Die Wasserfälle befinden sich ca. 1,5 km weiter nördlich – der Busfahrer ist möglicherweise gegen ein entsprechendes Trinkgeld gewillt, direkt dorthin zu fahren.

Wotten Waven

Das winzige, steil am Hang gelegene Dorf Wotten Waven in einer beeindruckenden Landschaft ist für seine heißen Schwefelquellen bekannt, denen man eine heilende Wirkung nachsagt – sie helfen dabei, alles von Rheuma bis Fußpilz zu heilen. Nach einem harten Wandertag ist es ein Vergnügen, seine Wanderschuhe auszuziehen und die schmerzenden Muskeln in dem von Natur aus schlammigen Wasser zu entspannen. Geschäftstüchtige Dorfbewohner haben ein paar Spas eröffnet, wo sich Entspannungssuchende in Open-Air-Pools, umgeben von wunderschönen Gärten, suhlen können. Alle Pools bleiben nach Sonnenuntergang geöffnet, sodass man den Sternenhimmel bei einem Kubuli und quakenden Fröschen genießen kann.

Das Wasser sieht zwar „schmutzig" aus, jedoch hat es von Natur aus eine orange Farbe. Sauberes Wasser wird in die Pools gepumpt, damit es zirkuliert. Nach dem Bad sollte die Badebekleidung dennoch mit Wasser ausgespült werden.

Aktivitäten

„Ein Bad nehmen" steht auf der To-do-Liste für Wotten Waven ganz oben. Zudem verläuft der Waitukubuli-Nationalwanderweg durch das Dorf.

Ti Kwen Glo Cho SPA
(☎295-4432; Erw./Kind 10/5 US$; ⊙9–23 Uhr) *Ti kwen glo cho* ist Kreolisch und bedeutet „kleiner Winkel mit Wasser", eine passende Bezeichnung für dieses bezaubernde Spa, das von tropischen Gärten oberhalb des Dorfs umgeben ist. Heißes schwefelhaltiges Wasser blubbert aus der Tiefe an die Oberfläche und wird vom frischen Wasser eines Wasserfalls abgekühlt, bevor es durch Bambusrohre in die zwei Gemeinschaftspools rauscht.

Wer mehr Privatsphäre möchte, entscheidet sich für eine der drei freistehenden Einzelwannen. Die Rezeption dient auch als Bar und verkauft hausgemachtes Essen.

Tia's Sulphur Spa SPA
(☎225-4823; tiacottages@hotmail.com; offenes/eigenes Becken 5/10 US$; ⊙ Mo–Sa 9–23, So 16–23 Uhr) Direkt im Dorf und inmitten von wunderschönen tropischen Gärten gibt's im Tia's drei Pools im Freien und zwei private in Bambushütten. Im Obergeschoss befinden sich eine Bar mit Restaurant und eine nette Pension, die baumhausartige Cottages mit Einzel- oder Doppelbetten vermietet.

Schlafen

Tia's Bamboo Cottages GÄSTEHAUS $
(☎225-4823; tiacottages@hotmail.com; DZ/4BZ 65/80 US$; 📶) Neben den beliebten Schwefelpools bietet Tia's auch baumhausartige, saubere und gemütliche Cottages für Übernachtungen an. Die Zimmer haben entweder Einzel- oder Doppelbetten, sind natürlich belüftet und haben kleine Terrassen.

Le Petit Paradis GÄSTEHAUS $
(☎440-4352; www.lepetitparadisdominica.com; B/DZ/Apt. 20/45/66 US$; P 📶) Dieses weitläufige, von Gärten umgebene Gästehaus ist beliebt bei Wanderern des Waitukubuli-Nationalwanderwegs und wird von der großherzigen Joan und ihrer charmanten Familie geführt. Zwar wurden drei Zimmer während des Hurrikans Maria zerstört, aber man kann immer noch zwischen Einzel- oder Doppelzimmern mit Talblick, einer eher engen Ferienwohnung und preislich unschlagbaren Schlafsälen mit Bett oder Hängematten zum Schlafen wählen.

Sagt man frühzeitig Bescheid, bereitet Joan köstliche Mahlzeiten (7–20 US$) im offenen Esszimmer zu. Unbedingt ihren berühmten Bullet-Rumpunsch probieren.

An- & Weiterreise

Busse nach Wotten Waven fahren ab den Haltestellen King George V Street (S. 353) und Valley Road (S. 353) in Roseau alle 20 Minuten.

Morne Trois Pitons National Park

Eines der absoluten Highlights der Insel Dominica ist der Nationalpark Morne Trois Pitons mit einer stimmungsvollen Landschaft aus Seen, Fumarolen, Vulkanen, Wasserfällen, heißen Quellen und dichtem Wald. Er umfasst fünf Vegetationszonen, hauptsächlich sekundären Regenwald, der jedoch auf den höchsten Erhebungen zum Nebelwald wird. Der Park ist, kurz gesagt, atemberaubend.

Der Nationalpark wurde 1975 gegründet, erstreckt sich über fast 7000 ha und umgibt den gleichnamigen 1424 m hohen dreigipfeligen inaktiven Vulkan. Weitere Vulkane im Park sind Morne Micotrin, Morne Watt und Morne Anglais.

Der Park gehört seit 1997 zum UNESCO-Weltnaturerbe und enthält einige der Wahrzeichen Dominicas wie den berühmten kochenden See **Boiling Lake** (Tagespass 5 US$), den kein Naturfreund verpassen sollte.

Sehenswertes & Aktivitäten

★ Middleham Falls — WASSERFALL

(Tagespass 5 US$) Zu Dominicas höchstem Wasserfall (60 m) durchquert der Wanderweg dichten Regenwald mit gewaltigen Bäumen und Farnen. Auch wenn der Weg gut ausgebaut und nicht sehr lang ist, kann er rutschig werden und man muss über Felsen klettern, durch einige Bäche waten und sich ziemlich bergauf quälen. Man sollte Badesachen dabeihaben, um sich im Wasserbassin abzukühlen, was wohl einer der schönsten Urlaubsmomente auf Dominica ist. Man benötigt etwa zwei bis drei Stunden für den Hin- und Rückweg. Der Ausgangspunkt des Wanderwegs befindet sich direkt an der Laudat Road.

Freshwater Lake — SEE

(in der Nähe von Laudat; Tagespass 5 US$) Mit blaugrün schimmerndem Wasser ist Freshwater der größte von vier Seen auf Dominica und die Quelle des Roseau Rivers. Er ist über eine gepflasterte Straße leicht erreichbar, die sich kurz vor Laudat den Berg hinaufschlängelt und mit einer atemberaubenden Aussicht auf das Tal, Morne Anglais und das Meer aufwartet.

An der T-Kreuzung links auf den Parkplatz abbiegen und danach rechts vom Visitor Center vorbei am Wasserkraftwerk dem leichten 4 km langen Weg um den See folgen. Die Gebirgsvegetation auf dieser Höhe (760 m) unterscheidet sich sehr vom Regenwald; die Bäume sind kurz und dünn und Sträucher, Farne und Kräuter bedecken den Waldboden. Vogelkundler sollten nach Bartklarinos, Kolibris und Reihern Ausschau halten.

Ti Tou Gorge — SCHLUCHT

(in der Nähe von Laudat) Die kurze Schwimmstrecke von einem Schwimmbecken durch eine enge Schlucht zu einem ziemlich kräftigen Wasserfall ist anmutig gruselig, da es dunkel ist und die weinumrankten Lavawände steil und nicht mehr als 1,5 oder 2 m voneinander entfernt sind. Es ist ein himmlischer und ungewöhnlicher Ort, aber es kann auch ziemlich voll werden. Wenn ein Kreuzfahrtschiff im Hafen liegt, sollte man für entsprechende Ruhe früh oder spät am Tag kommen.

Der Name kommt übrigens aus dem Kreolischen und bedeutet „kleiner Hals". Bloß nicht nach heftigen Regenfällen durch die Schlucht schwimmen, da es zu flutartigen Überschwemmungen kommen kann. Einige Szenen aus Fluch der Karibik wurden hier gedreht.

Emerald Pool — NATURBASSIN

(http://tourism.gov.dm/news-and-media/brochures/76-emerald-pool; Imperial Rd, in der Nähe von Pont Cassé; 5 US$) Diese schöne Gumpe wird von einem 12 m hohen Wasserfall gespeist. Sie ist umringt von üppigen Blättern, die ihr einen gewissen grünen Schimmer verleihen. Sie ist eines der leichter zugänglichen und daher besonders beliebten Naturwunder Dominicas, und obwohl das Wasser kühl sein kann, ist es an Kreuzfahrtschifftagen manchmal vollgepfercht mit Busreisenden.

Ein Weg führt durch den dichten Regenwald und vorbei an zwei Aussichtspunkten; von dem einen kann man über das Regenwalddach bis nach Morne Laurent blicken und vom anderen genießt man einen Panoramablick über die atlantische Küste. Es gibt ein Besucherzentrum mit Toiletten und eine Snackbar.

Boeri Lake Trail — WANDERN

(in der Nähe von Laudat; Tagespass 5 US$) Der düstere Boeri Lake ist Dominicas höchster See auf 850 m und füllt einen Vulkankrater, eingezwängt zwischen Morne Trois Pitons und Morne Macaque. Um zum Wanderweg zu gelangen, folgt man der Straße zum

ABSTECHER

MORNE DIABLOTIN NATIONAL PARK

Gegründet, um den Lebensraum des Nationalvogels, die Kaiseramazone (Sisserou), zu schützen und den ihres hübschen blauköpfigen Cousins, der Blaukopfamazone, bedeckt dieser Nationalpark etwa 3350 ha. Er ist nach Dominicas höchstem Gipfel (1447 m) benannt, der hoch über der Region emporragt. Es gibt keine Verbindung mit öffentlichen Verkehrsmitteln zum Park. Er ist nur mit einem fahrbaren Untersatz oder einem Fahrer erreichbar.

Bei Redaktionsschluss war er zwar aufgrund von Sturmschäden geschlossen, aber generell führt der **Morne Diablotin Trail** (nahe Dublanc; Eintritt 5 US$) vom Regenwald in den Wolkenwald. Er ist vielleicht nur 2 km lang, jedoch geht's die ganze Zeit steil bergauf und man muss über Felsen, Wurzeln und Bäume klettern. Vor Ort nachfragen, ob der Weg wieder geöffnet ist.

Man benötigt mindestens zweieinhalb Stunden pro Weg, einschließ ich Pausen, um nach den endemischen Kaiser- und Blaukopfamazonen Ausschau zu halten.

Achtung, es kann dreckig werden und man sollte eine Jacke mitbringen, da es auf dem Gipfel kalt ist. Der Ausgangspunkt für die Wanderung liegt an der Straße zum Syndicate Nature Trail, die bei Dublanc abgeht. Nach einem Schild Ausschau halten.

Der Syndicate Nature Trial (S. 371) ist ein einfacher, 1,6 km langer Rundweg durch den Regenwald auf den westlichen Hängen des Morne Diablotins. Er ist bei Vogelbeobachtern beliebt, da die Chancen, eine Kaiser- oder Blauamazone zu entdecken, gut sind. Die besten Zeiten für die Papageienschau sind am frühen Morgen und späten Nachmittag. Kolibris und ein Dutzend anderer gefiederter Arten können auch gesichtet werden.

Um zu dem Schutzgebiet zu gelangen, biegt man auf die ausgeschilderte Straße direkt nördlich von Dublanc und folgt ihr etwa 7 km landeinwärts bis Syndicate Estate.

Freshwater Lake kurz vor Laudat und biegt dann an der T-Kreuzung links ab. Der 2 km lange steinige und manchmal rutschige Weg zum See führt an Bächen und heißen und kalten Quellen vorbei.

Auf dem Weg hat man vom Gebirgskamm eine beeindruckende Aussicht auf die Berge, den Freshwater Lake und den Atlantischen Ozean – je nach Wetterlage. Das Wasser ist kalt, sodass ein kurzes Eintauchen tatsächlich ziemlich erfrischend sein wird. Man sollte nach vorbeihuschenden Zandoli (Kleiner Baumleguan), Kolibris und Schmetterlingen Ausschau halten.

Morne Trois Pitons Trail WANDERN
(Imperial Rd, Pont Cassé; Tagespass 5 US$) Mit 1424 m ist der inaktive Vulkan der höchste in dem gleichnamigen Nationalpark. Der Weg zum Gipfel ist herausfordernd, da er teilweise durch Schneidesegge führt und man über steile Felsbrocken klettern muss. Nicht nur Ausdauer und Muskelkraft, sondern auch eine gute Portion Gleichgewichtssinn werden benötigt. Die Wanderung dauert etwa sechs Stunden. Ein Wanderführer sollte in Erwägung gezogen werden.

Geführte Touren

Extreme Dominica ABENTEUERSPORT
(☎285-9136, 245-4328; www.extremedominica.com; Paillotte Rd; Canyoning-Tour 160 US$) Dieses professionelle Unternehmen bietet aufregende halbtägige Ausflüge an, bei denen man sich von Wasserfällen abseilt, von Gumpe zu Gumpe springt und sich in kristallklarem Wasser zwischen den hohen Wänden eines Canyons treiben lässt. Es bietet auch Wanderungen zum Boiling Lake und eine Schildkrötenbeobachtungstour (nur April bis Juli) an. Die Preise beinhalten die Abholung, die Ausrüstung und Übungseinheiten.

Es wird keine Erfahrung vorausgesetzt und man muss auch nicht übermäßig fit sein.

Schlafen & Essen

★ **Citrus Creek Plantation** BOUTIQUE-HOTEL $$
(☎617-1234; www.citruscreekplantation.com; La Plaine; Zi. inkl. Frühstück ab 150 US$; P 📶) Größtenteils abgeschnitten vom Rest Dominicas an der südöstlichen Küste bietet das schöne Citrus Creek totalen Rückzug in

einer lieblichen Umgebung am Ufer eines Flusses und inmitten von dichtem Wald. Die sechs luxuriösen Unterkünfte sind nach unterschiedlichen Vorgaben aus Holz und Stein gebaut. Jede Unterkunft bietet totale Privatsphäre, direkten Zugang zum Fluss, und das Frühstück wird im Zimmer serviert.

Riverside Cafe KARIBISCH **$$**

(La Plaine; Hauptgerichte 40–60 EC$; ⏲ Di–So 10–17 Uhr, Abendessen mit Reservierung; 📶) Dieses herrliche Restaurant bei der Citrus-Creek-Plantage heißt auch Nichtgäste tagsüber jederzeit willkommen, aber zum Abendessen macht es nur auf, wenn Reservierungen vorliegen. Die Speisekarte ändert sich regelmäßig und beinhaltet Gerichte wie Hühnchen-Kokosnuss-Curry, *mahimahi*-Steaks und geschmortes Schwein. Serviert wird auf der wunderschönen Veranda mit Flussblick.

An- & Weiterreise

Busse nach Laudat (rund 40 Min.) fahren von den Haltestellen King George V Street und Valley Road in Roseau ab und brauchen rund 40 Minuten. Ein Taxi von Roseau nach Laudat kostet 80 EC$.

Soufrière & Südwestküste

Der Süden Dominicas ist zwar verschlafen, aber man sollte den Teil der Insel trotzdem nicht verpassen, denn er bietet hervorragende Schnorchelmöglichkeiten, natürliche heiße Bergquellen und die beeindruckende Halbinsel Scotts Head, die dort, wo sich Atlantik und Karibik treffen, plötzlich aus dem Wasser ragt. Von der ungewöhnlichen, felsigen Landenge hat man einen umwerfenden Blick auf die südliche Küste Dominicas. Die Zwillingsorte Soufrière und Scotts Head wurden 2017 durch Hurrikan Maria verwüstet, was man auch heute noch sehen kann. Es gibt große Pläne zur Neuentwicklung der Region einschließlich des Baus einer dringend benötigten Ufermauer in Scotts Head und umfangreicher Investitionen, um Touristen zurückzulocken.

Sehenswertes

Soufrière Sulfur Springs THERMALQUELLEN

(Soufrière; ⏲ 24 Std.) Mehrere kleine Wasserbecken in den Hügeln oberhalb Soufrières werden mit natürlich beheiztem Mineralwasser durch zwei Ströme gespeist. Um zu den Quellen zu gelangen, läuft man am Gästheaus in Soufrière (S. 359) vorbei, an der Straßengabelung links und hält nach einem kleinen bedeckten Pavillon Ausschau. Ab hier nur noch dem Geräusch bis zu den Strömen folgen.

Scotts Head Point HISTORISCHE STÄTTE

(2 US$) Den stürmischen Atlantik und die sanfte Karibik trennt eine schmale Landbrücke voneinander, die zum Scotts Head führt, der felsigen Landzunge, die im 18. Jh. nach einem britischen Vizegouverneur benannt wurde. Eine kurze Wanderung führt zu ein paar vereinzelten Ruinen der Festung, die er zur Verteidigung von Soufrière Bay errichten ließ. Am steinigen Strand kann man gut schnorcheln und eine Bar vermietet Ausrüstung und serviert kalte Getränke. Die Landzunge ist auch der Ausgangspunkt des Waitukubuli National Trail (S. 354).

Scotts Head DORF

An der Südspitze Dominicas liegt das Fischerdorf Scotts Head mit einem malerischem Blick entlang der leicht geschwungenen Bucht von Soufrière. Auch wenn das Dorf durch Hurrikan Maria schwer beschädigt wurde, sitzen hier immer noch farbenfrohe Charaktere auf den Terrassen ihrer pastellfarbenen Häuser, und die Einheimischen scheinen immer erstaunt zu sein, wenn sie Fremde in diesem entlegenen Teil der Insel sehen.

Grand Bay BUCHT

Diese atemberaubende Bucht liegt an Dominicas Südküste. Man fährt landeinwärts Richtung Loubiere auf einer weiten und größtenteils schlaglochfreien kurvigen Straße am Fuße von Morne Anglais entlang und über ein paar Flüsse, bevor man die Küste erreicht.

Aktivitäten

★ **Champagne Beach & Reef** SCHNORCHELN

(Point Michel; Gebühr für das Schutzgebiet 2 US$) Auf einem von Dominicas beliebtesten Unterwasserspielplätzen schnorchelt man inmitten von vulkanischen Blasen, die aus Rissen im Meeresboden entweichen und als flüssige Kristalle aufsteigen, sodass es sich anfühlt, als schwimme man in einem gigantischen Champagnerglas. Das Beste ist, dass man direkt vom (steinigen) Strand zum Schnorcheln aufbrechen kann. Farbenprächtige Fische und Korallen im Überfluss.

Ein Laden vermietet Ausrüstung für 19 US$, und ein kleines Restaurant bietet gehobenere einheimische Küche.

★ **Bubble Beach Spa & Bar** THERMALQUELLEN
(Soufrière; Eintritt gegen Spende) Ein heißes Bad im karibischen Meer? Das bekommt man am Bubble Beach, wo warmes schwefelhaltiges Wasser vom Meeresboden aufsteigt. Der Geschäftsmann Dale Mitchell hat mit einem gemauerten heißen Pool zum Einweichen, einem sandigen Strand mit Liegen (5 US$) und einer kleinen Bar mit kaltem Bier und Buschrum einen netten kleinen Zufluchtsort geschaffen.

Soufrière-Scotts Head Marine Reserve TAUCHEN
(616-0404; Soufrière & Scotts Head; Eintritt 5 EC$) Die beeindruckende Bucht, die sich von Soufrière bis nach Scotts Head erstreckt, ist ein riesiger Vulkankrater von unbekannter Tiefe und ein Hafen für Taucher und Schnorchler mit fast dreißig unterschiedlichen Spots. Mit ihren steilen Hängen, Wänden, Spitzen, Korallenriffen und Unterwasserfumarolen zeigt sich Tauchen in der Karibik von seiner besten und schönsten Seite.

Champagne Reef Dive & Snorkel TAUCHEN
(440-5085; www.champagnereef.com; 2 Tauchgänge 89 US$) Direkt am berühmten Champagne Beach vermietet dieser Anbieter Schnorchelausrüstung für 19 US$ inklusive der 2 US$ Gebühr für das Meeresschutzgebiet und organisiert auch Bootstauchgänge, Tauchkurse und Regenwaldtouren. Gegen Hunger und Durst nach den Unterwassererkundungen gibt's kaltes Bier und gehobene lokale Köstlichkeiten, um die Energiespeicher wieder aufzuladen.

Nature Island Dive TAUCHEN
(245-6505; www.natureislanddive.com; Gallion Rd, Soufrière; 1/2-Tauchgänge inkl. Ausrüstung 88/120 US$) Nur zehn Minuten mit dem Boot von spektakulären Tauchspots entfernt, ist dieser freundliche Anbieter auf kleine Gruppen zwischen zwei und acht Tauchern spezialisiert. Kreuzfahrtpassagiere werden von Roseau aus abgeholt und nach Soufrière gebracht. Kajakfahren und Paddleboarding werden auch angeboten.

Schlafen

★ **Soufrière Guesthouse** GÄSTEHAUS $
(275-7000, 275-5454; www.soufriereguesthouse.com; Brooklyn Ave; B 20 US$, Zi. 45–55 US$;) Die Idee kam von den Tauchern Wes und John – diese brandneue Pension bietet exzellente Schlafmöglichkeiten in Mehrbettzimmern zu Herbergspreisen und für ein wenig mehr in vier geräumigen, makellosen Privatzimmern. Es gibt eine voll ausgestattete Küche, eine große Lounge und eine lange Veranda mit vielen Hängematten. Die Thermalquellen des Ortes sind nur einen Spaziergang entfernt.

An- & Weiterreise

Busse, die auf der Hauptverkehrsstraße bis nach Scotts Head verkehren, fahren ab der Haltestelle Old Market (S. 353) in Roseau.

Mero

Auf halber Strecke die Küste entlang Richtung Norden liegt bei Mero ein langer grauer Strand, der beliebteste an der Westküste. Er ist über eine schmale einspurige Straße, die von der Hauptverkehrsstraße abgeht, erreichbar. Ein paar Bars servieren Getränke und Essen und vermieten Strandstühle. Sobald man am Farbgewimmel vorbei ist, zeigt sich der Strand als sehr lieblich und das Meer ist hier in der Regel recht ruhig und damit ideal zum Schwimmen.

Zehn Minuten von der Küste entfernt befinden sich wunderschöne Tauchspots wie Coral Gardens, Rena's Reef und Whale Shark Reef. East Carib Dive bietet Ausflüge und Schnorchel-Touren an.

Aktivitäten

East Carib Dive TAUCHEN
(612-0028, 316-4212; www.dominicadiving.com; Salisbury; 1/2-Tauchgänge 60/90 US$) Diese Tauchbasis bietet Tauchboot-Ausflüge, Nachttauchen und Schnorcheltouren seit mehr als zwanzig Jahren an. Getaucht wird am Doudou Reef direkt vor dem Tauchzentrum, ein weiteres Dutzend ergiebige Spots sind nur eine zehnminütige Bootsfahrt entfernt. Unbedingt im Voraus buchen, da die Inhaber oft nicht da sind. Sie bieten auch einfache Unterbringung direkt am Strand an.

Schlafen & Essen

Mango Island Lodges BOUTIQUE-HOTEL $$
(617-7963; www.mangoislandlodges.com; St Joseph; Zi. 160–360 US$;) Dieser liebenswerte Ort wartet mit einer erhabenen Aussicht aufs Meer von seiner Hügellage, strohgedeckte Hütten und einem luftigen

Bar-Restaurant auf. Die Zimmer sind ganz individuell eingerichtet. Die günstigeren sind eher klein, dafür ist das teuerste Zimmer riesig und mit afrikanischen Masken geschmückt. Wer direkt beim Hotel bucht, erhält ein kostenloses Frühstück.

Tamarind Tree Hotel HOTEL **$$**
(☎616-5258; www.tamarindtreedominica.com; Salisbury; EZ 104–134 US$, DZ 134–164 US$, Villen 200 US$; ⏱Sept.–Mitte Okt. geschl.; ❄📶🏊) 🍃 Dank des Hurrikans Maria hat das Hotel einen neuen Strand (für den in naher Zukunft ein Zugangsweg geplant ist). Es liegt auf einer Klippe mit großartiger Sicht aufs Meer, wird geführt von einem freundlichen schweizerisch-deutschen Paar und hat ein schön gelegenes Grundstück sowie ein gutes Restaurant. Alle Zimmer haben Ventilatoren und durch Solarstrom erwärmtes Wasser; die oberen Einheiten haben Klimaanlagen, während drei Villen mit zwei Betten und einer Küche ausgestattet sind.

★ **InDee's Beach Bar & Restaurant** KARIBISCH **$$**
(☎613-2521, 612-0876; Mero Beach; Hauptgerichte 20–50 EC$; ⏱10–21 Uhr; 📶) Dieses bei Einheimischen sehr beliebte Restaurant am Strand ist die erste Wahl in Mero und serviert köstlichen Fisch und Meeresfrüchte, dazu gibt's jedes Bier, jeden Saft und Kaffee, den man sich wünschen kann. Am besten im Voraus anrufen und fragen, ob es offen ist, da die Öffnungszeiten seit Hurrikan Maria etwas unregelmäßig sind.

ℹ An- & Weiterreise

Mero Beach befindet sich auf halber Strecke zwischen Portsmouth und Roseau. Die Anfahrt dauert von beiden Orten aus etwa 30–40 Minuten. Nimmt man den Bus, kann man den Busfahrer bitten, an der Abbiegung nach Mero Beach zu halten, und fünf Minuten in das Dorf laufen.

Portsmouth

Die kleine Stadt Portsmouth wurde in der Prince Rupert Bay vor einer Kulisse aus steilen Hügeln und einem langen, schwarzen Sandstrand von den Briten gegründet, die auf der 1763 von den Franzosen übernommenen Insel eine neue Hauptstadt schaffen wollten. Eine richtige Stadt ist Portsmouth aber nie geworden: Wegen der sumpfigen Umgebung waren immer Moskitos und damit auch Krankheiten präsent, weshalb Roseaus Hauptstadtstatus nie wirklich gefährdet war. Trotz der charmanten Lage hat Dominicas zweitgrößte Stadt immer noch viele Ecken und Kanten.

Possie, wie es von Einheimischen genannt wird, hat durch Hurrikan Maria 2017 massive Schäden erlitten, weswegen die amerikanische Medizinhochschule, die Ross University, nach 40 Jahren auf Dominica nach Barbados verlegt wurde. Der Weggang der vielen Angestellten und Studenten hat Portsmouth sehr getroffen – viele Hotels und Restaurants haben nicht mehr aufgemacht. Trotz dieses wirtschaftlichen Rückschlags ist es eine freundliche Stadt, die im Vergleich zum chaotischen Roseau charismatisch und reizend wirkt.

Sehenswertes & Aktivitäten

★ **Cabrits National Park** NATIONALPARK
(Bay St; 5 US$; ⏱8–18 Uhr) Die Top-Attraktion in diesem Nationalpark auf einer bewaldeten Landzunge 1,6 km nördlich vom Zentrum ist Fort Shirley, eine beeindruckend restaurierte, aus dem 18. Jh. stammende britische Garnison, nur fünf Minuten zu Fuß vom Parkeingang entfernt auf einem Hügel gelegen. Der Ausblick auf die Prince Rupert Bay ist insbesondere am späten Nachmittag wunderschön. Drei weitere Wanderwege verlaufen kreuz und quer durch den Park, vorbei am Offiziersquartier, den Soldatenbaracken, dem Pulvermagazin und anderen Spuren der Vergangenheit.

Das Besucherzentrum hat Ausstellungsstücke und eine Snackbar. Der Waitukubuli Trail endet kurz hinter Fort Shirley.

★ **Indian River Boat Ride** BOOTSTOUREN
(Eintritt 5 US$, Bootsfahrt 50 EC$ pro Pers.) Eine 1½-stündige Bootsrundfahrt auf dem schattigen, von Mangrovenbäumen gesäumten Fluss führt vorbei an Bwa Mang-Bäumen mit riesigen Wurzeln und bietet die Chance, Reiher, Krabben, Leguane, Kolibris und andere Tiere zu entdecken. Die Ausflüge beinhalten einen Spaziergang durch eine Plantage und einen Halt an der „Cobra's Bush Bar", wo man Saft, Snacks und ein typisches Rumgetränk bekommt. Ruderer warten bei der Brücke an der Flussmündung.

JC Ocean Adventures TAUCHEN
(☎295-0757, 449-6957; www.jcoceanadventures.com; Cabrits National Park Rd; Tauchgang per Boot mit zwei 2 Flaschen 85 US$) JC sind Jor-

ge und Cindy, die Besitzer dieses Tauchzentrums im Cabrits-Nationalpark, direkt hinter der Parkanmeldung. Sie bieten Boots-, Küsten- und Nachttauchgänge an sowie PADI (Professional Association of Diving Instructors)-Zertifikatkurse. Ausrüstung kann ausgeliehen werden.

Schlafen

Die meisten Hotels und Pensionen in Portsmouth haben nach dem Hurrikan Maria zu- und nur wenige wieder aufgemacht, obwohl die Stadt langsam wieder zum Normalbetrieb zurückkehrt. Zwei große neue Hotels neben dem Cabrits National Park wurden zur Zeit der Recherche fertiggestellt, die ersten ihrer Art auf Dominica.

★ Toucari Cottages HÄUSER **$$**
(☎ 315-6560; www.toucaricottages.com; Toucari; Hütten ab 115 US$, Mindestaufenthalt 3 Nächte;) Diese drei Hütten britischer Eigentümer, die oberhalb des schön gelegenen Dorfes Toucari nördlich von Portsmouth stehen, gehören zu den besten privaten Unterbringungen auf der Insel. Jedes Haus hat eine große Terrasse mit Blick aufs Meer, eine schicke Einrichtung und bietet jede Menge Komfort. Hier braucht man ein Auto, denn der Weg in die Stadt ist lang.

★ Secret Bay LUXUSHOTEL **$$$**
(☎ 445-4444; www.secretbay.dm; Ross Blvd; Zi. ab 800 US$, Mindestaufenthalt 3 Nächte;) Dominicas exklusivstes Hotel mit dem passenden Namen Secret Bay liegt versteckt im Dschungel auf einem Felsvorsprung zwischen zwei entzückenden ruhigen Sandbuchten, die beide nur vom Hotel aus erreichbar sind. Es gibt nur sechs aufwendige Villen (aber 28 weitere sind in Planung), und jede davon ist reizvoll möbliert und hat ihr eigenes Tauchbecken.

Über der gesamten Anlage schwebt der Hauch von durchdachtem Luxus: Das hervorragende Restaurant Zing Zing, das nur Hotelgästen zur Verfügung steht, bereitet individuelle einheimische Gerichte als Neuinterpretationen präkolonialer Küche für den Gaumen des internationalen Reisenden. Das Spa Gommier verwöhnt seine Gäste und Wassersportmöglichkeiten stehen am Strand bereit. Wer die totale Abgeschiedenheit sucht, kann eine Bootsfahrt um den Felsvorsprung herum machen und sich am zweiten Hotelstrand niederlassen – da ist man garantiert alleine.

Hotel The Champs HOTEL **$$$**
(☎ 616-3001; www.thechampsdm.com; Blanca Heights, Picard; Zi. inkl. Frühstück ab 270 US$;) Dieses gemütliche familiengeführte Hotel krallt sich an einen steilen Hügel oberhalb von Picard, ein toller Ausblick ist also garantiert. Es gibt zwei Zimmer auf Höhe des Gartens und drei größere im Obergeschoss, jedes ist mit einem Kühlschrank, Fernseher und einer Veranda mit Liegestühlen ausgestattet. Das Restaurant serviert den Gästen das Abendessen. Besonders beliebt ist die Holzofenpizza freitagabends.

Die Straße zum Hotel hinauf ist sehr steil; man braucht 10 bis 15 Minuten zu Fuß, daher ist man mit einem eigenen Auto besser bedient.

Picard Beach Cottages RESORT **$$$**
(☎ 445-5131; www.picardbeachcottages.dm; Picard; Hütten 240–288 US$;) In einem schönen Garten auf einer alten Kokosnussplantage direkt an einem schmalen schwarzen Sandstrand sorgen die 18 Holzhütten für einen stimmungsvollen Aufenthalt. Die Hütten haben Küchen und sind mit dunklen Holzmöbeln und Moskitonetzen ausgestattet. Jede Einheit hat ihre eigene Veranda und bietet als eine der wenigen Unterkünfte auf Dominica die Möglichkeit, direkt am Strand zu sein.

Die Rezeption betreibt auch das PBH Hotel nebendran, das deutlich weniger Charme und Atmosphäre hat; deshalb aufpassen, dass man tatsächlich ein Zimmer im Picard Beach Cottages bekommt.

Essen

★ Keepin' It Real KARIBISCH **$$**
(☎ 225-7657; Toucari; Hauptgerichte 40–80 EC$; ⏲ 12–22 Uhr;) Derrick, die einheimische Berühmtheit, dessen Restaurant auf ganz Dominica für seinen hervorragenden Hummer bekannt ist, musste es in den letzten Jahren zweimal neu aufbauen, zuerst nach Hurrikan Maria und dann nach einem Brand im Jahr 2019. Die dritte Ausgabe des Restaurants steht in der kleinen niedlichen Bucht von Toucari und ist der ideale Ort für ein Mittag- oder Abendessen. Bevor man vorbeikommt, sollt man noch mal die Öffnungszeiten überprüfen.

Coco Mango Café ORIENTALISCH **$$**
(Moo Cow Trail, Picard; Hauptgerichte 25–40 EC$; ⏲ Fr–Mi 17–21 Uhr;) In einem ruhigen

Garten mit Blick auf einen sprudelnden Strom bietet das Coco Mango etwas sehr Unerwartetes: ein syrisches Café im Freien mit leckerem Hummus, Baba Ghanoush, Lavash und Falafel. Es ist auch ein schöner – wenngleich sehr ruhiger – Ort, um etwas zu trinken.

Purple Turtle Beach Club Bar & Restaurant KARIBISCH $$
(☎445-5296; Bay St, Lagoon; Hauptgerichte 20–40 EC$; ⏲10.30–22 Uhr, Bar open end; 📶) Eine Institution in Portsmouth und Lieblingsspot der Einheimischen und Bootsfahrer, um den Tag bei einem Drink oder etwas zu essen direkt am Strand ausklingen zu lassen. Auf der Speisekarte findet man alle karibischen Favoriten, von kreolischem Hühnchen bis gegrillten Rippchen. Nach Einbruch der Dunkelheit wird es hier sehr laut, besonders mittwochs, wenn die berüchtigte Reggea-Dance-Party stattfindet.

★ C&D Beach Bar & Grill KARIBISCH $$$
(☎316-6776, 315-6291; Picard; Hauptgerichte 50–75 EC$; ⏲ Mi–So 12–22 Uhr; 📶) Die interessanteste Speisekarte von Portsmouth findet man in Candys und Davids charmantem Restaurant direkt am Strand. Musik und Beleuchtung sind genau richtig, die Bedienung ist freundlich und auf der Speisekartetafel stehen Gerichte wie panierte Schweinekoteletts mit Sweet-Chili-Tomatensoße und Knoblauch-Muscheln in Kubuli-Bier gedünstet. Als Vorspeise sollte man sich nicht den Krabbencocktail entgehen lassen!

ℹ Praktische Informationen

National Bank of Dominica (☎255-2300; Michael Douglas Blvd) Hat einen Geldautomaten und akzeptiert auch ausländische Bankkarten.

Polizei (Bay St)

ℹ An- & Weiterreise

Busse (Ecke Bay St & Granby St) zur Haltestelle am New Market in Roseau (S. 353) (9 EC$, 1 Std.) fahren am südlichen Ende der Bay Street an der Wasserfront ab. Busse nach Calibishie (5 EC$, 20 Min.) und zum Douglas-Charles Airport (10 EC$, 50 Min.) fahren an der Haltestelle **Benjamin's Park** (Granby St) in der Granby Street ab.

Val'Ferry (S. 372) verbindet nun Portsmouth direkt mit Pointe-à-Pitre auf Guadeloupe.

Nordöstliche Küste

Die schmale Straße zur Ostküste von Portsmouth durch Dominicas abgeschiedenen und dünn besiedelten Norden bietet eine atemberaubende Fahrt vorbei an riesigen Farnen, hochragenden Palmen, wilden Helikonien und dichten Bananenhainen. Man benötigt etwa zwei Stunden für die äußerst kurvige Strecke und sollte reichlich Zeit für Strandabstecher mit einplanen. Zahlreiche Szenen aus *Fluch der Karibik* wurden hier gedreht.

Calibishie

Calibishie ist der Hauptort an Dominicas beeindruckender Nordküste vor einer dramatischen Kulisse aus steilen Klippen, roten Felsen und Flüssen, die die mit Regenwald bewachsenen Berge hinabströmen. An der Küste finden sich ein paar der besten Strände, die sich dank fehlender Hotels noch einen Hauch von Unberührtheit bewahren. Kein Wunder also, dass viele Szenen aus *Fluch der Karibik* hier gedreht wurden.

Auch wenn Calibishie immer noch schläfrig ist und ein langsames Tempo vorgibt, ist die touristische Infrastruktur in den letzten Jahren gewachsen, und obwohl Hurrikan Maria mehrere Geschäfte zur Schließung gezwungen hat, liegt den Einheimischen der Tourismus im Blut. Hier findet man einige der besten Pensionen auf Dominica.

Sehenswertes

Zum Schnorcheln sollte man die eigene Ausrüstung mitbringen; der nächste Verleih befindet sich in Portsmouth.

★ Batibou Beach STRAND
(Eintritt 5 US$) Diese von prächtigen wilden Kokospalmen gesäumte Bucht gehört locker zu einem von Dominicas besten Stränden mit guten Gelegenheiten zum Schwimmen und Schnorcheln und einer (oft unbesetzten) Strandbar. Sie befindet sich am Ende einer 1 km langen Schotterstraße, die nur mit Allradantrieb oder zu Fuß zu bewältigen ist. Die umliegenden Grundstücke sind in Privatbesitz, und möglicherweise muss man 5 US$ Eintritt zahlen. Oft ist aber auch niemand am Eingang und die Schranke ist unten, also einfach das Auto stehen lassen und zu Fuß zum Strand gehen.

Number One Beach STRAND

An diesem stimmungsvollen 500 m langen schwarzen Sandstrand stehen Kokospalmen, Meertrauben- und weiße Mangrovenbäume. Die Strömung ist zum Schwimmen zu stark, aber es ist ein schöner Platz zum Picknicken oder Spazierengehen. Von der Straße bis zum Strand sind es ca. 15 Minuten zu Fuß.

Während der Brutzeit (April bis Juni) kommen mehrere Schildkrötenarten an Land und legen ihre Eier ab.

Point Baptiste Beach STRAND

Dieser wunderschöne und ruhige Strand am Fuß einer massiven Felswand hat rötlichen Sand, seichtes Wasser und viele schattenspendende Kokospalmen. Man kann direkt am Strand schnorcheln. Der Zugang erfolgt über das Anwesen Pointe Baptiste.

Pointe Baptiste Estate Chocolate Factory FABRIK

(www.pointebaptiste.com/chocolaterie.html; Pointe Baptiste Estate) GRATIS Es waren die Großeltern des Inhabers Alan Napier, die aus Schottland hierherkamen und das Pointe Baptiste Estate gründeten. Sie hatten die Idee, die erste eigene Schokolade auf Dominica zu produzieren. Das Ganze ist immer noch ein Heimgewerbe. Einfach vorbeischauen für eine kurze, aber interessante Führung durch den Herstellungsprozess und ein paar Tafeln der 60- bis 100-prozentigen dunklen Schokolade als köstliches Souvenir kaufen.

Schlafen

Viele Übernachtungsmöglichkeiten flankieren die Hauptstraße, obwohl die schönsten einen Ausblick über die raue Küste haben oder am Hang oberhalb der Stadt liegen. Alle sind klein und privat geführt, oft von fröhlichen (und manchmal exzentrischen) Auswanderern.

★ **Jacoway Inn** B&B $

(445-8872; www.jacowayinn.com; John Baptist Ridge Rd; Apt./Hütten inkl. Frühstück 95/110 US$; P) Die entzückende Pension von Carol Ann ist mühelos eine der stimmungsvollsten Unterkünfte auf Dominica und bietet zwei sehr günstige Apartments (jedes mit kleiner Küche und großer Terrasse) und ihr 110 Jahre altes Holzhaus zur Übernachtung. Carol Ann selbst ist ein Schatz: Gourmetköchin, Bonvivant und Hundenärrin, die ihre Gäste ins Herz schließt und großartiges Gartenfrühstück zubereitet.

Von der Hauptstraße aus ist es ein kurzer, gut ausgewiesener Marsch bergauf.

Veranda View B&B B&B $

(445-8900, 613-9493; www.verandaviewdominica.com; Main Rd; Apt. inkl. Frühstück 75–85 US$;) Direkt über dem Strand befindet sich dieses stylish eingerichtete B&B mit drei Studioapartments und bietet einen tollen Ausblick auf das Meer. Der Besitzer Hermien ist ein perfekter Gastgeber und ausgezeichneter Koch, der mit Vergnügen auf Anfrage ein leckeres Mittag- oder Abendessen zaubert. Die Apartments haben Küchenzeilen.

★ **Wanderlust** BOUTIQUE-HOTEL $$

(295-0890; www.wanderlustcaribbean.com; Hodges Bay; Apt. 175–295 US$, Mindestaufenthalt 4 Nächte, nur Zimmer; P) Die Gastgeber Tom und Sharie bieten mit Wanderlust eine einmalige Kombination aus Unterkunft in einem der fünf modischen, geräumigen und voll ausgestatteten Apartments mit Meerblick und individuell zusammengestellten geführten Wandertouren und anderen Aktivitäten. Egal ob Wandern, Tauchen, Radfahren oder Angeln – Tom und Sharie kennen Dominica wie ihre Westentasche und können alles arrangieren.

Man kann auch übernachten, ohne Aktivitäten zu buchen. Die Apartments sind luxuriös ausgestattet und haben Blick auf die Hodges Bay mit ihrem wilden, grandiosen Strand. Das Beste ist die Bar auf dem Dach, die sich perfekt für einen Dämmerschoppen eignet.

Calibishie Gardens HÜTTEN $$

(265-7915, 612-5176; landofpoz@gmail.com; an der Main Rd; Hütte inkl. Frühstück 125 US$;) An diesem Wohlfühlort, den der kongeniale kanadische Auswanderer Troy (alias „Poz") mit eigenen Händen erbaut hat, schläft man in den Holzhütten auf Stelzen wie in umweltfreundlichen Schlumpfhäusern. Die Einrichtung ist rustikal in Hinblick auf den Stil, jedoch erstklassig, was den Komfort angeht (Kabelfernsehen, Kühlschrank, Mosquitonetz). Auf der privaten Veranda genießt man die Aussicht auf den Dschungel, und das Poz Restaurant & Bar unten ist das beste Restaurant im Norden Dominicas.

Pointe Baptiste Guesthouse VILLA $$$

(225-5378; www.pointebaptiste.com; Pointe Baptiste Estate; Villen 350 US$, Schokoladenhütte 75 US$;) Zu den ehemaligen Gästen mit Rang und Namen dieser prächtigen hölzer-

JACK SPARROW WAR HIER

Mit wilden Küsten, dichtem Dschungel und versteckten Buchten ist Dominica immer ein beliebter Treffpunkt von Piraten für Plündereien gewesen, sodass es nur logisch war, dass Hollywood angeklopft hat, als es nach einem Schauplatz für die *Fluch-der-Karibik*-Filme suchte. 2005 überfielen Hunderte Casting- und Crewmitglieder, angeführt von Johnny, Orlando und Keira, die Insel, um Szenen des zweiten und dritten Teils an Orten wie Batibou Beach, Ti Tou Gorge, Soufrière und am Indian River zu drehen.

nen Villa auf dem Anwesen der Familie Napier gehören u. a. Mick Jagger und Prinzessin Margaret, und man erkennt sofort, warum: Der Blick von der riesigen Veranda aus ist unglaublich, und der Rest des charmant-altertümlichen Grundstücks verströmt einen Hauch von Geschichte. Hier können bis zu acht Leute übernachten, wobei die Betten eher klein sind.

Über den Garten gelangt man zu zwei Sandstränden. Eigentümer Alan Napier betreibt eine kleine Schokoladenfabrik auf dem Grundstück, oberhalb derer man das entzückend ausgestattete Chocolate Cottage findet, eine luftige Hütte mit Schlafplatz für bis zu drei Personen.

Essen

Leider wurde Calibishies schnell wachsende Restaurantszene schwer von Hurrikan Maria getroffen; noch immer muss einiges wieder aufgebaut werden. Man kann hier kaum vernünftig essen, mit der großartigen Ausnahme des Poz Restaurant & Bar, einem der angenehmsten Speiselokale auf der Insel.

★ **Poz Restaurant & Bar** INTERNATIONAL **$$**
(☎ 612-5176; abseits der Main Rd; Hauptgerichte 40–60 EC$; ⏲ Mo–Sa 16–22, So 14–22 Uhr; 📶) „Poz" ist tatsächlich Troy aus Toronto, ein Träumer, dessen magisches Restaurant mit Bar sich schnell zu einem gemeinschaftlichen Treffpunkt für Auswanderer, Besucher und Dorfbewohner entwickelt hat. Von in Speck eingewickelter Essbanane bis Ochsenschwanzeintopf und Hummer in Knoblauchbutter und Ziegencurry schmeckt alles fantastisch und ist völlig authentisch. Der komplett aus heimischem Holz gefertigte Essbereich am Pool ist ein gemütliches Vergnügen.

Weinliebhaber aufgepasst: Das Poz plant eine neue Weinstube nebenan, die erste auf Dominica.

Coral Reef Restaurant KARIBISCH **$$**
(Seafront; Hauptgerichte 20–50 EC$; ⏲ 8–23 Uhr; 📶) Dieses entspannte Uferrestaurant ist eines der wenigen in Calibishie, das derzeit geöffnet ist. Hier bekommt man eher kleine Portionen einfachen Essens auf der Terrasse mit Blick auf einen kleinen goldenen Sandstrand. Abends ist die Auswahl größer, dann werden auch Muscheln und Rippchen angeboten.

ℹ Praktische Informationen

Touristeninformation (☎ 445-8344; www.calibishiecoast.com; Seafront; ⏲ Mo–Fr 9–17 Uhr) Freundliche Mitarbeiter begrüßen Reisende im Norden Dominicas und halten nützliche Information über die vielen Möglichkeiten der Gegend bereit. Eine Auswahl an einheimischem Kunsthandwerk steht zum Verkauf.

ℹ An- & Weiterreise

Busse zwischen dem Douglas-Charles Airport und Portsmouth können von überall entlang der Hauptstraße angehalten werden. Möchte man nach Roseau fahren, muss man in Portsmouth umsteigen.

Marigot & Pagua Bay

Marigot umfasst den Douglas-Charles-Flughafen und mehrere Viertel entlang der Hauptverkehrsstraße. Neben der Tankstelle (die einzige in der Umgebung) gibt's nicht viel, für das es sich lohnt, anzuhalten. Stattdessen sollte man zur wunderschönen Pagua Bay weiterfahren, wo es einen steinigen Strand gibt, der sich zum Surfen eignet.

Schlafen & Essen

Hibiscus Valley Inn GÄSTEHAUS **$$**
(☎ 445-8195; www.hibiscusvalley.com; Hatton Garden, Marigot; Zi. 69–145 US$; P ❄ 📶) Diese gastliche Regenwaldlodge 15 Min. vom Douglas-Charles Airport hat beides, „Naturbungalows" unten am Pagua Fluss mit Gemeinschaftsbädern und eine Veranda, auf der man in einer Hängematte faulenzen kann, sowie Zimmer im schickeren Hotelstandard mit Klimaanlage, Fernseher und Kühlschrank. Mahlzeiten und ein umfassendes Tourprogramm sind auch erhältlich.

★ Pagua Bay House BOUTIQUE-HOTEL $$$
(☎ 612-6068; www.paguabayhouse.com; Dr Nicholas Liverpool Hwy, Pagua Bay; Zi. 288 US$, Suite mit/ohne Pool 504/408 US$, Mindestaufenthalt 3 Übernachtungen; P ❄ 📶 🏊) Das mondäne Boutique-Hotel könnte glatt die Magazinseiten des Architectural Digest schmücken. Die sechs Luxus-*cabañas* und Suiten mischen Industriestil mit dunklem Holz und Betten aus Walnussholz, hochwertiger Bettwäsche von Frette und Bädern aus gebürstetem Beton mit begehbaren Duschen. Das genauso stylishe Restaurant des Hotels hat einen schönen kleinen Pool und Blick über die Straße aufs Meer.

★ Pagua Bar & Grill INTERNATIONAL $$
(☎ 612-6068; www.paguabayhouse.com; Dr Nicholas Liverpool Hwy, Pagua Bay; Hauptgerichte mittags 15–45 US$, abends 40–65 EC$; ⏲ 8–20.30 Uhr; 📶) Als Teil des Pagua Bay House hat dieses offene Hotel mit atemberaubendem Blick auf die Brandung einen urbanen, hippen Look und eine köstliche, moderne Küche mit karibischer Note. Es ist wegen seiner Fisch-Tacos und Ceviche ein beliebter Ort fürs Mittagessen und ideal, um auf dem Weg zum Flughafen eine Pause einzulegen.

ℹ An- & Weiterreise

Es gibt eine Busverbindung von Portsmouth entlang der Küstenstraße, wohingegen Busse aus Roseau die Route über das Zentrum der Insel auf einer neuen, gut angelegten Straße nehmen. Jedes Verkehrsmittel auf dem Weg vom oder zum Flughafen kann einen in der Gegend absetzen.

Kalinago-Gebiet

Dominica ist die einzige Insel in der östlichen Karibik, die heute noch das Zuhause eines vorkolumbischen indigenen Volks, der Kalinago, ist. Ihre Vorfahren sollen 1200 n. Chr. von Südamerika Richtung Norden gewandert sein.

Etwa 3000 von ihnen leben im 1500 ha großen Kalinago-Gebiet, einem 13 km langen Küstenstreifen südlich von Bataka an der Ostküste, das im Jahr 1903 von den Briten geschaffen wurde. Das Gemeineigentum ist eine abgeschiedene und bergige Gegend, in der Bananen-, Brotfruchtbäume und wilde Helikonien am Straßenrand wachsen.

Die Kalinago – auch bekannt als Inselkariben oder einfach nur Kariben – sind stolze Menschen, die ihre Herkunft wertschätzen und ihre Bräuche, Traditionen und Kunsthandwerk pflegen.

Sehenswertes

★ Kalinago Barana Autê KULTURZENTRUM
(☎ 445-7979; www.kalinagobaranaaute.com; Old Coast Rd, Salybia; Tagespass & Tour 10 US$; ⏲ Mitte Okt.–Mitte April Di–So 10–17 Uhr, Mitte April–Mitte Okt. Di & Fr–So 10–17 Uhr) 🍃 Dieses nachgebaute traditionelle Dorf am Crayfish River in der Nähe der Isukulati Falls eignet sich gut, um einen Überblick über die Geschichte und Kultur der Kalinago zu bekommen. Die 30- bis 45-minütige Tour führt zu verschiedenen Hütten, wo Einheimische Kunsthandwerk wie Korbflechten, Kanuanfertigung und Maniokbrotbacken zeigen. Ein architektonisches Highlight ist das riesige Karbet (Männerhaus), in dem Tänze und kulturelle Vorstellungen stattfinden. Unterwegs bekommt man einen tollen Blick auf die Wasserfälle und brechenden Wellen.

Touna Kalinago Heritage Village KULTURZENTRUM
(☎ 285-1830; www.kalinagoterritory.com/attractions/touna-kalinago-heritage-village; Concord; ⏲ Führungen nach Vereinbarung; 👪) 🍃; P 👪) Kalinagos früheres Oberhaupt Irvince Auguiste schuf dieses lebendige Dorf am Pagua River, um Besuchern einen Einblick in das Leben des indigenen Volks von Dominica zu geben. Auf einer 90-minütigen geführten Tour besucht man einen traditionellen Kräuterkundler und private Häuser von Korbflechtern und Kunsthandwerkern. Auch Auguistes Zuhause wird ein Besuch abgestattet. Das Projekt fördert den aktiven Austausch zwischen Besuchern und Einheimischen, um kulturelle Barrieren zu überwinden. Bei vorheriger Ankündigung ist es möglich, in dem Dorf zu übernachten (ab 30 US$ pro Pers.).

Schlafen

Kalinago Territory Home Stay Programme HOMESTAY $
(www.kalinagoterritory.com/home-stays; pro Pers. 30–50 US$) 🍃 Der Manager des historischen Dorfs Kalinago Barana Autê kann Übernachtungen bei Kalinago-Familien arrangieren, sodass man ein besseres Verständnis für die Traditionen und aktuellen Probleme des indigenen Volks auf Dominica bekommt. Ein Aufenthalt ist entweder in modernen Häusern oder in traditionellen

Stroh- oder Holzhütten möglich. Mahlzeiten (Frühstück/Mittag-/Abendessen 10/15/10 US$) können dazugebucht werden.

Sea Breeze Inn HOTEL $
(☎ 225-6287; www.seabreezedominica.com; direkt am Strand, Castle Bruce; Zi. 50–60 US$; P) Auch wenn die Zeiten seit Hurrikan Maria eher schwierig sind, hat das Sea Breeze Inn wieder geöffnet und baut sich einen neuen Ruf auf. Der Meeresblick von den acht einfachen Unterkünften aus ist allerdings hervorragend, und das angeschlossene Restaurant serviert von morgens bis abends hausgemachtes lokales Essen.

Domcan's Guest House APARTMENTS $
(☎ 615-9107; dvwoodley2013@gmail.com; Castle Bruce; Zi. 40 US$; P) Für Waitukubuli-Wanderer (S. 354) großartig als Pausenstopp geeignet (es liegt auf dem 5. Abschnitt). In diesem Gästehaus übernachtet man in einfachen, aber anständigen Zimmern oder etwas größeren Apartments mit Kochnische, Sitzecke und Balkon. An einigen Stellen ist der Meeresblick enorm beeindruckend.

Der Name ist übrigens zusammengesetzt aus Dominica und Kanada, den Heimatländern der Inhaber Harry und Grace.

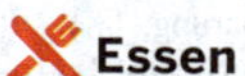

Essen

Islet View Restaurant & Bar KARIBISCH $
(☎ 265-6220, 276-9581; New Rd, Castle Bruce; Hauptgerichte 20–40 EC$; ⏲ 8–16 Uhr;) Von dieser einfachen Hütte am Straßenrand aus hat man einen atemberaubenden Blick auf die Castle Bruce Bay. Die Hütte wurde von Hurrikan Maria damals über den gesamten Hügel verteilt, und es erforderte einige Mühe, sie wieder zusammenzusetzen. Hier gibt's eiskaltes Bier in Kokosnussschalen, die berühmte Auswahl an Bush Rum enthält abstrus benannte Geschmacksrichtungen wie z. B. Theresa May, und die Vorspeise aus gebratener Banane und scharfem Dip ist einfach nur himmlisch.

Daniel's Cassava Bakery BÄCKEREI $
(☎ 617-5058; Main Hwy, Salybia; ⏲ Di–So 8–16 Uhr) Als Hauptbestandteil der Kalinago-Ernährung ist Maniokbrot traditionell nur aus gemahlenem Maniok hergestellt, aber der lokale Bäcker Daniel Frederick fügt bei seinen Kreationen gerne ein bisschen Kokosnuss oder Ingwer für mehr Süße hinzu. Er verkauft auch die einfache Variante ofenwarm (5 EC$ pro Stück) direkt in seiner einfachen Hütte, die auch eine Art Treffpunkt für Einheimische ist.

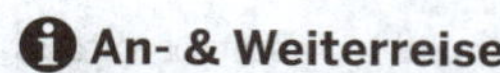

An- & Weiterreise

Busse nach Castle Bruce und anderen Zielen im Kalinago-Gebiet fahren von der Haltestelle New Market (S. 353) in Roseau.

DOMINICA VERSTEHEN

Geschichte

Dank seines Frischwasserreichtums war Dominica lange bei Siedlern beliebt. Nachdem Kolumbus es im Jahr 1493 als erster Europäer entdeckte, befanden sich die Insel und die indigenen Kalinago jahrhundertelang in einem Hin und Her zwischen britischen und französischen Kolonisatoren. Dominica erlangte die Unabhängigkeit von den Briten im Jahr 1978 und ist Mitglied im Commonwealth of Nations.

Kolonialisierung

Dominica war die letzte karibische Insel, die von Europäern kolonisiert wurde, hauptsächlich wegen des erbitterten Widerstands der Kalinago, des indigenen Volkes, dessen Vorfahren etwa 1200 n. Chr. aus Südamerika eingewandert sein sollen. Sie nannten die Insel Waitukubuli, was „Groß ist ihr Körper" bedeutet. Christoph Kolumbus benannte die Inseln mit weniger Gespür für Poesie nach dem Wochentag, an dem er die Insel entdeckte – am Sonntag („Domenica" auf Italienisch), den 3. November 1493.

Eingeschüchtert von den Kalinago und entmutigt, da es kein Gold gab, fanden die Spanier wenig Interesse an Dominica. Im Jahr 1635 erhob Frankreich Anspruch auf die Insel und rang mit den Briten um sie bis ins 18. Jh.

1805 brannten die Franzosen Roseau bis auf die Grundmauern nieder und von da an blieb die Insel fest in britischer Hand. Die Briten legten auf Dominicas zugänglicheren Hängen Zuckerplantagen an und planten ihre neue Hauptstadt in Portsmouth, wozu es jedoch nicht kam wegen der Moskitos und dort verbreiteten Krankheiten.

Unabhängigkeit

Im Jahr 1967 erlangte Dominica als West Indies Associate State die Autonomie in internationalen Beziehungen und wurde am 3. November 1978 (dem 485. Jahrestag von

Kolumbus' Entdeckung der Insel) eine unabhängige Republik des Commonwealth of Nations.

Das erste Jahr der Unabhängigkeit war turbulent. Im Juni 1979 war Dominicas erster Prime Minister, Patrick John, gezwungen, sein Amt niederzulegen, nachdem eine Reihe von korrupten Vorhaben ans Licht gekommen war, darunter ein geheimer Deal, 15 % der Insel an Bauunternehmer aus den USA zu übertragen. Im August 1979 fegte Hurrikan David, der Wind erreichte 240 km/h, mit zerstörerischer Kraft über die Insel hinweg. Zweiundvierzig Menschen wurden getötet und 75 % der Häuser der Inselbewohner wurden zerstört oder massiv beschädigt.

Im Juli 1980 wurde Dame Mary Eugenia Charles zur Premierministerin gewählt, die erste Frau in der Karibik, die ein Amt bekleidete. Sie überstand zwei erfolglose Putschversuche direkt nach ihrer Amtseinführung und anschließend schaffte sie es, 15 Jahre im Amt zu bleiben.

Dominica im 21. Jahrhundert

Nach dem Tod des beliebten Premierministers Roosevelt Douglas („Rosie") im Jahr 2000, nach nur acht Monaten im Amt, verstarb sein Nachfolger Pierre Charles vier Jahre später ebenfalls während seiner Amtszeit. 2004 sprang der 31-jährige Roosevelt Skerrit in die Bresche und ist seitdem Dominicas am längsten regierender Premierminister. Er ist bei den jungen Leuten sehr beliebt und wurde 2009, 2014 und 2019 wiedergewählt.

Auf geopolitischer Ebene stellte Skerrit starke langjährige diplomatische Beziehungen zu Taiwan ein zugunsten von Verbindungen mit Festlandchina im Austausch für eine Finanzierung in Höhe von 100 Millionen US-Dollar. Er führte Dominica auch auf den Weg zu nachhaltigem Tourismus, was ein wenig in Kontrast steht zu seiner jüngeren Entscheidung, den Bau eines brandneuen internationalen Flughafens zu fördern, dank dessen Dominica direkt von Langstreckenfliegern angesteuert werden könnte. Dies ist ein heiß umstrittenes Thema auf der Insel, da viele Einwohner fürchten, dass der Bau eines solchen Flughafens die Insel unwiderruflich verändern würde. Auf der anderen Seite würde ein neuer Flughafen aber auch sehr stark zum Wachstum des Tourismussektors beitragen, zahlreiche neue Arbeitsplätze schaffen und dadurch der einheimischen Wirtschaft zu einem massiven Aufschwung verhelfen.

Dominicas bedeutendstes Ereignis in jüngster Zeit fand am 18. September 2017 statt, als die Insel direkt von Maria, einem Hurrikan der Kategorie 5, getroffen wurde. Der Sturm hat der Insel und ihrer Wirtschaft massive Schäden zugefügt und kostete 65 Menschen das Leben. Dominica erholt sich immer noch von den Folgen des Sturms, und auch wenn der Tourismus erstaunlich schnell wieder zugenommen hat, wird die Insel noch eine Weile brauchen, bis die Wirtschaft sich wieder vollständig erholt hat.

Bevölkerung & Kultur

Dominica macht sich den Mix von Kulturen zu Eigen: Französische Ortsnamen kommen genauso häufig wie englische vor; afrikanische Essen und Bräuche vermischen sich mit europäischen Traditionen als Teil der kreolischen Inselkultur; die indigenen Kalinago (auch als Kariben bekannt) fertigen heute noch Einbäume (Kanus) an, bauen Häuser auf Stelzen und weben charakte-

JEAN RHYS

Dominicas berühmteste Autorin, Jean Rhys, wurde 1890 in Roseau geboren. Obwohl sie mit 16 Jahren nach England zog und nur ein einziges Mal nach Dominica zurückkehrte, basieren ihre Arbeiten stark auf ihren Kindheitserinnerungen an die Karibischen Inseln. Rhys geht nur in *Voyage in the Dark* (1934) etwas auf ihr Leben auf Dominica ein und in ihrer Autobiografie, *Smile Please* (1979). Ihr berühmtestes Werk, *Wide Sargasso Sea* (1966), ein Roman, der überwiegend auf Jamaika und einem unerwähnten Dominica spielt, wurde 1993 verfilmt. Zu den anderen bedeutenden Autoren, die mit Dominica in Verbindung gebracht werden, gehören Phyllis Shand Allfrey und Elma Napier. Letztere erzählt in ihren Memoiren *Black and White Sands* (veröffentlicht 2009, lange nach ihrem Tod) die bemerkenswerte Geschichte ihrer Liebe zur Insel, auf der sie sich niederließ und im Calibishie der 1930er-Jahre ein Haus baute.

ristische Körbe. Einflüsse der Rastafari sind hier ebenfalls stark.

Circa ein Drittel der Bevölkerung von Dominica lebt in und um Roseau. Etwa 61 % sind afrikanischer Herkunft und um die 3000 sind Kalinago.

61,5 % der Bevölkerung sind römisch-katholisch und die Ausübung des religiösen Glaubens ist weit verbreitet, weshalb konservative Werte von Bedeutung sind und Familie einen hohen Stellenwert in Dominicas Gesellschaft hat.

Es wurde viel Aufhebens darum gemacht, dass Dominica dreimal so viele Hundertjährige hat wie die weiter entwickelten Nationen. Der berühmteste war Ma Pampo, der 2003 mit angeblich 128 Jahren gestorben ist. Aktuell gibt's mehr als dreißig Hundertjährige. Sie sind hoch angesehen, werden gefeiert, und ihr Tod wird auf der ganzen Insel öffentlich betrauert. Dominicas Regierung beteiligt sich an deren Versorgung in Form von Gas zum Kochen und einer monatlichen Geldspende.

Natur & Umwelt

Dominica ist eine Insel voller mit Regenwald bewachsener Berge und Vulkangipfel, die reichlich Lebensraum für eine Vielzahl von Vogel- und Tierarten bieten. Die wenigen Strände, die es gibt, sind kaum erschlossen, hauptsächlich, weil die Insel vulkanischen Ursprungs ist und deswegen kaum gelbe Sandstrände hat. Größtenteils ist die Natur hier unberührt, bis auf unzählige rostige Autowracks, die vereinzelt am Straßenrand stehen, als Mahnmal für zu schnelles Fahren, und die Hurrikansaison.

Geografie

Dominica ist 47 km lang und 26 km breit und weist die höchsten Berge in der Ostkaribik vor; der höchste Gipfel, Morne Diablotin, kommt auf 1447 m. Die Berge, die Regen magnetisch anziehen, dienen als Wasserquelle für die vorgeblich 365 Flüsse auf der Insel. Auf dem Weg zur Küste ergießen sich viele der Flüsse über steile Felshänge, weshalb es eine Menge Wasserfälle auf der Insel gibt. Drei Wasserkraftwerke am Roseau River produzieren 27,4 % der Stromversorgung.

Der am meisten verbreitete Baum auf der Insel ist der Gommier, ein riesiger Gummibaum, der von den Kalinago zur Anfertigung von Einbäumen benutzt wird.

Tiere

Wale und Delfine drehen ihre Runden durch die tiefen Gewässer an Dominicas geschützter Westküste. Pottwale, die bis zu 21 m lang werden, pflanzen sich in den umliegenden Gewässern fort und sind die am häufigsten gesichteten Wale; die Chancen, Grind- und Buckelwale sowie Tümmler zu sehen, stehen auch ziemlich gut. Die Hauptsaison ist von November bis März.

Bei Tauchgängen direkt vor der Küste fällt die Vielfalt der Meereslebewesen eher klein aus – Seepferdchen eingeschlossen –, doch es gibt auch Gefleckte Adlerrochen, Barrakudas, Haie und Meeresschildkröten.

Mehr als 160 Vogelarten wurden auf Dominica gesichtet, was sie zur Insel mit einer der vielfältigsten Vogelwelten in der östlichen Karibik macht. Davon nisten 59 Arten auf der Insel, einschließlich zweier endemischer und gefährdeter Papageienarten: Dominicas Nationalvogel, die Kaiseramazone, und der kleinere Blaukopfpapagei.

Es gibt auf der Insel kleine Baumfrösche, viele Eidechsen, 13 Fledermausarten, 55 Schmetterlingsarten, Abgottschlangen, die bis zu 3 m lang werden können, und andere Schlangenarten (keine giftigen).

Auf Dominica lebten früher viele große Frösche, die „Mountain Chicken" genannt werden und nur hier und auf Montserrat vorkommen. Ihre Art ist durch einen giftigen Pilz bedroht.

Umweltthemen

2017 war Dominica wieder unter den Top Ten auf der Liste der Developing World's Best Ethical Destinations von *Ethical Traveler*, einer ehrenamtlichen, gemeinnützigen Organisation aus San Francisco, die an das Earth Island Institute angeschlossen ist. Die Entscheidung gründete darauf, was das Land hinsichtlich Umweltschutz, Sozialhilfe und Menschenrechte geleistet hat. Zu der Auszeichnung hatte beigetragen, dass Dominica Japan seit 2008 nicht länger den Walfang in seinen Gewässern erlaubte. Zudem wurde es gelobt für sein Pilotprojekt, Energieverbrauch im Wirtschaftssektor zu reduzieren, und ebenso für seine Bemühungen, alle Energie aus erneuerbaren Quellen zu gewinnen und sogar die Nachbarinseln mit erneuerbaren Energien zu versorgen.

Dennoch sorgen sich Umweltschützer um die Auswirkungen der steigenden Zahlen von Kreuzfahrtschiffen, die hier anlegen, um Wasservorräte aufzufüllen und um Abfall zu deponieren, sowie darum, was 300 000 Passagiere pro Jahr an Land verursachen.

PRAKTISCHE INFORMATIONEN

Allgemeine Informationen

AKTIVITÄTEN

Von Dominicas Forestry Division veröffentlichte Wanderkarten gibt's für wenig Geld im Forstamt in Roseaus Botanischem Gärten (S. 349). Die Forestry Division informiert auch über Guides, die Experten für Flora und Fauna der Insel sind. Zertifizierte Guides sind auch für einige der Wanderungen zu empfehlen, ganz besonders für die zum Boiling Lake. In der Touristeninformation (S. 353) bekommt man ebenso Empfehlungen.

BARRIEREFREI REISEN

Auf Dominica ist es für behinderte Reisende schwieriger voranzukommen als in den meisten anderen Ländern. Unebene, kaputte oder nicht existente Bürgersteige und hohe Bordsteine machen es für Rollstuhlfahrer beinahe unmöglich, sich fortzubewegen. Einige der größeren Hotels in Roseau, Castle Comfort und Portsmouth sind möglicherweise in der Lage, Reisende mit Behinderung unterzubringen.

BOTSCHAFTEN & KONSULATE

Für **Deutsche** ist die Botschaft in Port-of-Spain (Trinidad) zuständig, für **Österreicher** die Botschaft in Havanna (Kuba). **Schweizer** Bürger können sich an das Konsulat in Portsmouth (☎ 445-4501; dominica@honrep.ch; Guillet, Savanne Paille, Portsmouth) wenden.

ESSEN

Essen zu gehen ist auf Dominica sehr entspannt, aber leider wird man wahrscheinlich auch keine besonders erinnerungswürdigen Mahlzeiten auf der Insel erleben. Die meisten Gerichte bestehen aus Fisch oder Meeresfrüchten mit einer Auswahl an Beilagen (verschiedene einheimische Wurzelgemüse). Das Mittagessen ist die Hauptmahlzeit des Tages und viele Restaurants schließen um 15 Uhr. Es kann in der Tat schwer werden, ein Restaurant zum Abendessen zu finden: immer vorher anrufen.

PREISKATEGORIEN ESSEN

Die folgenden Preise beziehen sich auf ein Hauptgericht. Preise auf Menükarten sind entweder inklusive oder exklusive der 15 % MwSt. und einer Servicegebühr von 10 % oder 15 % – vorher überprüfen, um Überraschungen zu vermeiden.

**$** bis 10 US$

**$$** 10–20 US$

**$$$** über 20 US$

Typische Gerichte & Getränke

- **Callaloo** Eine cremige, dicke Suppe oder Eintopf aus verschiedenen Gemüsesorten (z. B. Dasheen – auch bekannt als Tarowurzel –, Spinat, Kohl, Zwiebeln, Karotten, Aubergine, Knoblauch, Okra) mit Kokosmilch und manchmal mit Krabben oder Schinken.
- **Ochsenschwanzsuppe** Dieser beliebte Eintopf ist kräftig gewürzt und wird mit seiner berühmten dickflüssigen schwarzen Soße serviert – am besten im Poz Restaurant & Bar (S. 364) in Calibishie.
- **Irisch Moos** Ein alkoholfreies Getränk aus Seegras, Zucker und Gewürzen und manchmal mit Kondensmilch. Es wird in Supermärkten und kleinen Läden verkauft.
- **Kubuli** Dominica verwendet sein eigenes Quellwasser, um sein einheimisches Bier zu brauen; überall auf der Insel sind rot-weiße Werbeschilder mit dem Slogan „The Beer We Drink" zu sehen.
- **Macoucherie** Rumkenner verzehren sich nach diesem einheimischen Gebräu. Man sollte sich nicht von den Kunststoffflaschen oder dem billig wirkenden Etikett täuschen lassen; es ist ein Juwel.

FEIERTAGE

Neujahr 1. Januar

Rosenmontag/Nelkendienstag Die zwei Tage vor Aschermittwoch (Beginn der Fastenzeit; 46 Tage vor Ostern)

Karfreitag/Ostermontag März/April

Labour Day Erster Montag im Mai

Pfingstsonntag/-montag 40 Tage nach Ostern

Emancipation Day (August Monday) Erster Montag im August

Unabhängigkeitstag 3. November

Community Service Day 4. November

Weihnachten/Boxing Day 25./26. Dezember

FREIWILLIGENARBEIT

Auf den Austauschplattformen für freiwillige Arbeit HelpX (www.helpx.net) oder Workaway (www.workaway.info) findet man Einträge für Dominica. Es ist beliebt, Einheimischen, die autarke Lodges betreiben, zu helfen, indem man sich beim Bau, Gärtnern, Kochen, Web-Arbeiten oder anderen Hausarbeiten einbringt. Es gibt zudem gemeindenahe Programme, die sich darauf konzentrieren, das Leben einheimischer Kinder mit Kunstprojekten zu verbessern.

„Ready, Willing, Enable!" (www.rwenable.org) wurde von ehemaligen Freiwilligen des Friedenskorps gegründet und braucht Freiwillige, um Training und Hilfsmittel für Kinder mit Behinderungen sowie für ihre Familien und Gemeinden anbieten zu können.

GELD

Sofern Preise nicht in US-Dollar angegeben sind, was bei Unterkünften häufig der Fall ist, ist es für gewöhnlich besser, mit EC-Dollar zu bezahlen. Zahlt man mit US-Dollar, erhält man in der Regel das Wechselgeld in EC-Dollar zurück.

Die meisten Geschäfte akzeptieren mittlerweile Kreditkarten, aber man sollte sich nicht drauf verlassen.

Steuern & Rückerstattungen

Eine Mehrwertsteuer von 15 % wird auf die meisten Güter und Dienstleistungen erhoben. Bei Hotelzimmern sind es 10 %. Besucher sind nicht berechtigt, die Mehrwertsteuer, die sie während ihres Aufenthalts auf Dominica gezahlt haben, zurückzuverlangen.

GEBÜHREN FÜR NATURPARKS

Dominicas Naturparks sind die größten Ökotourismusattraktionen der Insel. Um sie erhalten zu können, wird von jedem ausländischen Besucher eine Gebühr von 5 US$ pro Park für folgende Naturparks erhoben:

Boeri Lake, Boiling Lake, Indian River, Morne Trois Pitons, Middleham Falls, Freshwater Lake, Morne Diablotin Trail, Cabrits National Park, Emerald Pool, Trafalgar Falls, Soufrière Sulphur Springs und der Syndicate Forest.

Ein Wochenpass für unbegrenzten Eintritt in allen zwölf Parks kostet 12 US$ und hat damit ein hervorragendes Preis-Leistungsverhältnis.

Die Tickets bekommt man am Parkeingang, bei nahegelegenen Verkaufsstellen oder im Nationalparkbüro in den Botanischen Gärten (S. 349) in Roseau.

Zusätzlich zahlt man 2 US$ Nutzungsgebühr bei jedem Eintritt in das Soufrière-Scotts Head Marine Reserve, Champagne Beach & Reef eingeschlossen.

Mehr Infos gibt's in der Forestry, Wildlife and Parks Division unter 266-3817 oder auf forestry@cwdom.dm.

Trinkgeld

Hotels Ein Trinkgeld von 0,50 bis 1 US$ pro Koffer ist Standard; Geld für das Reinigungspersonal nach eigenem Ermessen.

Restaurants Ist die Servicegebühr nicht automatisch in der Rechnung enthalten, gibt man 10 bis 15 %; ist sie enthalten, bleibt es einem selbst überlassen, ein kleines zusätzliches Trinkgeld zu geben.

Taxi 10 bis 15 % der Fahrtkosten.

Wechselkurse

Eurozone	1 €	2,75 EC$ 1 US$
Schweiz	1 SFr	2,78 EC$ 1,02 US$
USA	1 US$	2,70 EC$

Aktuelle Wechselkurse findet man unter www.xe.com.

INTERNETZUGANG

Seit Hurrikan Maria baut Dominica seine Netzinfrastruktur wieder auf, nachdem die Insel 2017 für mehrere Monate komplett offline war. Da nahezu alles von Grund auf neu eingerichtet werden musste, verfügt das Land nun über eine hervorragende Bandbreite, auch wenn einige der entlegeneren Teile der Insel bei Redaktionsschluss noch nicht angeschlossen waren. Wenn es dringend benötigt wird, sollte man vor der Buchung mit seiner Unterkunft klären, ob es WLAN gibt. Viele Bars, Cafés und Restaurants bieten ihren Gästen kostenloses WLAN.

LGBT-REISENDE

Einvernehmliche gleichgeschlechtliche sexuelle Aktivität ist illegal und wird theoretisch mit einer Strafe von bis zu zehn Jahren Gefängnis geahndet. Auch wenn das Gesetz nicht durchgesetzt wird, sollte man nicht vergessen, dass Dominica ein konservatives und äußerst religiöses Land ist. Um Verstöße oder Konfrontationen zu vermeiden, ist Diskretion geboten – von öffentlichen Bekundungen der Zuneigung sollte abgesehen werden.

MEDIZINISCHE VERSORGUNG

Der Standard medizinischer Versorgung und Ausrüstung auf Dominica ist nicht so hoch, modern und umfangreich, wie man es vielleicht gewohnt ist. Diagnostische Tests wie CT oder MRT, alles außer kleineren Operationen und anderen Behandlungen müssen außerhalb von Dominica durchgeführt werden. Man sollte sicherstellen, dass die Auslandskrankenversicherung medizinischen Transport und Rückführung abdeckt.

Dominicas Hauptversorgungseinrichtung, das Princess Margaret Hospital (S. 353), hat eine Überdruckkammer und eine kleine Intensivstation.

MIT KINDERN REISEN

Dominica kann ein tolles Ziel für Familien sein, wenn man sich nicht zu viel für den Tag vornimmt und die Naturabenteuer an die jeweiligen Interessen und Fähigkeiten der Kinder anpasst. Einige der Wanderwege können für jüngere Kinder noch zu lang oder schwierig sein, doch sogar einfache wie der zum Emerald Pool (S. 356) und der **Syndicate Nature Trail** (Eintritt 5 US$) sind nicht zu unterschätzen. Eine Bootsfahrt auf dem Indian River (S. 360), Schwimmen an den Stränden der Westküste, in Schwefelquellen planschen und am Champagne Reef (S. 359) schnorcheln sind alles kinderfreundliche Aktivitäten.

Windeln und Babynahrung erhält man in größeren Supermärkten in Roseau und Portsmouth.

NOTFALL

Feuerwehr, Krankenwagen & Polizei ☎999

ÖFFNUNGSZEITEN

Geschäfte vor Ort, einschließlich der meisten Restaurants und Bars, schließen sonntags. Die nachfolgenden Angaben sind nur Richtlinien; die Öffnungszeiten sind unregelmäßig und können sich je nach Tag, Jahreszeit oder Laune der Inhaber ändern. Bevor man zu einem Restaurant zum Abendessen geht, sollte man dort anrufen, da seit Hurrikan Maria die Öffnungszeiten nicht mehr zuverlässig sind.

Banken Montags bis donnerstags 8 bis 14, freitags bis 17 Uhr.

Bars 12 bis 23 Uhr.

Geschäfte Montags bis freitags 8 bis 16, Mittagspause 13 bis 14 Uhr.

Restaurants Frühstück 7.30 bis 10, Mittagessen 12 bis 14.30, Abendessen 18 bis 21.30 Uhr.

Läden Montags bis freitags 8 bis 16, samstags bis 13 Uhr (oftmals mit einer Mittagspause von 13 bis 14 Uhr).

RECHTSFRAGEN

Dominicas Rechtssystem basiert auf dem englischen Common Law. Sollte man in Schwierigkeiten geraten, hat man das Recht auf einen Rechtsbeistand und Anspruch auf Prozesskostenhilfe, falls man die rechtliche Betreuung nicht bezahlen kann. Ausländische Staatsangehörige sollten den gleichen Rechtsschutz wie Staatsangehörige erhalten.

STROM

Steckdosen laufen auf 220/240V, 50/60 Hz; Dominica verwendet britische dreipolige Stecker, obwohl immer mehr Unterkünfte die internationalen Stecker verwenden oder Adapter anbieten. Manche Unterkünfte bieten 220V und 110V an.

PRAKTISCH & KONKRET

Maße & Gewichte Es gilt das britische Maßsystem.

Radio DBS 88.1 FM (zeitgenössische Musik), Kairi 93.1 FM (lokale Nachrichten und Musik).

Rauchen Es gibt auf der Insel nirgends ein offizielles Rauchverbot, aber die meisten Hotels und Restaurants verbieten Gästen, drinnen zu rauchen. Der Konsum von Marihuana, wenn auch offiziell illegal, ist weit verbreitet.

Zeitungen Der wöchentliche *Chronicle* erscheint jeden Freitag und ist seit 1909 die Nationalzeitung.

TELEFON

- Dominicas internationale Telefonvorwahl ist ☎1-767, Ortsvorwahlen gibt's nicht.
- Bei Anrufen aus Deutschland, Österreich und der Schweiz wählt man 1-767 + die örtliche Nummer.
- Um von Dominica im Ausland anzurufen, wählt man 011 + Ländervorwahl + Ortsvorwahl + örtliche Nummer.
- Für die Telefonauskunft wählt man 118.

Handys

Die einheimischen Mobilfunknetze sind Digicel (www.digicelgroup.com/dm) und Flow (https://discoverflow.co/dominica). Man muss bei ihren Filialen in Roseau oder Portsmouth vorbeischauen, um eine SIM-Karte zu kaufen (20 EC$). Es gibt keine Verkaufsstände am Flughafen.

- Die Netzabdeckung ist entlang der Küste sehr gut, aber im Inland hat man oft keinen Empfang.
- Daten- und Telefontarife sind günstig; Kombi-Pakete kosten etwa 20 EC$ pro Woche.

TOURISTENINFORMATION

Dominica (www.dominica.dm) Offizielle Website der Touristeninformation.

UNTERKUNFT

Auf Dominica gibt's keine großen Resorts, obwohl bei Redaktionsschluss die ersten beiden nördlich von Portsmouth kurz vor der Fertigstellung waren. Die meisten Unterkünfte sind Hütten, Boutique-Inns und abgeschiedene Zufluchtsorte. In den meisten Fällen beinhalten die aufgeführten Zimmerpreise nicht die 10 % Mehrwertsteuer.

PREISKATEGORIEN UNTERKUNFT

Die folgenden Preise beziehen sich auf ein Doppelzimmer mit Badezimmer in der Hochsaison (Mitte Dezember bis Mitte April) ohne Frühstück.

**$** bis 100 US$

**$$** 100–200 US$

**$$$** über 200 US$

ZEIT

Atlantische Zeitzone: MEZ minus fünf Stunden, MESZ minus sechs Stunden.

An- & Weiterreise

Es gibt regelmäßige Fährverbindungen von Dominica nach Guadeloupe, Martinique und St. Lucia sowie regelmäßige Flüge nach Antigua, Barbados, Guadeloupe, Saint Martin/Sint Maarten, Martinique und Puerto Rico.

FLUGZEUG

Douglas-Charles Airport (DOM; ☎445-7109; Marigot) Die meisten Flugzeuge landen auf diesem kleinen Flughafen, früher hieß er Melville Hall Airport. Er liegt in der Nähe von Marigot auf der nordöstlichen Seite der Insel und ist 90 Minuten von Roseau entfernt. **LIAT** (☎gebührenfrei innerhalb der karibischen Region 888-844-5428; www.liat.com; Douglas-Charles-Flughafen), Winair, Hummingbird Air, Air Sunshine, Air Antilles und Seabourne Airlines bieten in dieser Region Flüge an.

Canefield Airport (DCF; Edward Olivier LeBlanc Hwy) Der kleine Flughafen liegt an der Westküste nahe von Massacre direkt nördlich von Roseau. Winair fliegt Saint Martin/Sint Maarten von dort an, ansonsten wird er überwiegend von privaten oder Charter-Flugzeugen genutzt.

Es gibt keine direkten Flüge zwischen Nordamerika und Dominica. Man muss über Antigua, Barbados, Saint Martin/Sint Maarten, Puerto Rico, Guadeloupe oder Martinique fliegen.

ÜBERS MEER

Fähre

Fähren von **Val'Ferry** (☎255-1125; www.valferry.fr; Fährterminal Roseau, Dame Eugenia Charles Blvd) und **L'Express des Îles** (☎in Guadeloupe +590-590-91-95-20; www.express-des-iles.com; Fährterminal Roseau, Dame Eugenia Charles Blvd; Erw./Kind unter 2 Jahren einfache Fahrt 79/49 €) verbinden mehrmals in der Woche Dominica mit Martinique und Guadeloupe. Val'Ferry legt in Portsmouth und Roseau an, L'Express des Îles legt zwar nur in Roseau an, bietet dafür aber auch eine Verbindung nach Castries auf St. Lucia.

Die Preise unterscheiden sich erheblich je nach Route, Ticketart und Konditionen, aber die Tickets können online gekauft werden. Beispielpreise sind Fort-de-France (Martinique) nach Roseau für 49 € und Portsmouth nach Pointe-à-Pitre (Guadeloupe) für 52 € (beides einfache Strecke).

Kreuzfahrtschiff

Kreuzfahrtschiffe legen im Zentrum von **Roseau** (Dame Eugenia Charles Blvd), in der Woodbridge Bay nördlich von Roseau und bei Cabrits, nördlich von Portsmouth, an. Das Stadtzentrum von Roseau und beliebte Orte wie Champagne Reef und Trafalgar Falls sind ziemlich voll, wenn diese riesigen Schiffe im Hafen liegen. Unabhängig Reisende, die die Massen vermeiden möchten, sollten sich den Kreuzfahrtschiffplan (z. B. auf www.cruisetimetables.com/cruises-to-roseau-dominica.html) ansehen, um ihren Reiseplan danach auszurichten.

Unterwegs vor Ort

AUTO & MOTORRAD

Mit einem fahrbaren Untersatz lässt sich Dominica mit Abstand am besten erkunden, auch wenn es wegen des Geländes, der schlechten Straßen und Fahrweise vor Ort anstrengend sein kann – defensiv und nicht zu schnell fahren.

Fahrer benötigen eine örtliche Fahrerlaubnis, die von einem Fahrzeugverleih ausgestellt wird. Sie kostet 12 US$ oder 30 EC$ und ist einen Monat lang gültig. Offiziell muss man zwischen 25 und 65 Jahre alt sein und mindestens zwei Jahre Fahrpraxis vorweisen, was aber von Verleih zu Verleih variiert.

Autovermietung

Einige internationale und ein paar seriöse örtliche Anbieter haben ihre Filialen in einem separaten Gebäude direkt am Flugzeugterminal. Wegen der schlechten Straßenverhältnisse lohnt es sich, in einen (kleinen) Geländewagen, vorzugsweise mit Allradantrieb, zu investieren, vor allem, wenn man vorhat, die Berge zu erkunden. Einige Verleihe haben ihre Filiale in Roseau.

Bevor man irgendetwas unterschreibt, sollte man das Auto gründlich nach Schäden untersuchen und Fotos machen, damit der Verleih sie im Mietvertrag vermerkt. Auf den Zustand der Reifen sollte man besonders achten.

FLUGHAFENGEBÜHREN

Die Gebühr für ausländische Besucher von 59 EC$ (22 US$) kann am Flughafen oder Hafen bezahlt werden. In einigen Tickets ist sie allerdings schon enthalten – vorher überprüfen.

Preise beginnen bei 25 US$ pro Tag für Limousinen und 50 US$ für Geländewagen plus 15 % MwSt.; viele der örtlichen Verleihe geben Rabatte, mietet man das Auto länger als zwei Tage. Alle Verleihe bieten gratis Abholung und Rückbringung, unbegrenzte Kilometer und Handy-Verleih an.

Courtesy Car Rental (%448-7763; www.dominicacarrentals.com; Douglas Charles Airport; ⏲ pro Tag ab 57 US$)

Island Car Rentals (☎ 255-6844; www.islandcar.dm; Douglas Charles Airport; pro Tag ab 39 US$; ⏲ 7–19 Uhr)

Road Runner Car Rental (☎ 275-5337; www.roadrunnercarrental.com; Douglas Charles Airport; pro Tag ab 49 US$)

Valley Car Rental (☎ 275-1310; www.valleyrentacar.com; Douglas Charles Airport; pro Tag ab 39 US$)

Straßenverhältnisse

Hurrikan Maria hat die Straßen stark beschädigt, aber die Verhältnisse bessern sich langsam und überall auf der Insel werden Brücken wieder aufgebaut. Trotzdem ist Autofahren auf Dominica nichts für schwache Nerven. Straßen sind schmal und kurvig, haben keine Mittelstreifen und links und rechts befinden sich tiefe, achsenbrechende Regenrinnen; um diese Ecken sollte man langsam fahren, um sein Mietfahrzeug nicht stark zu beschädigen.

Andere Gefahren: Schlaglöcher so groß, dass eine kleine Ziege darin ertrinken könnte, extrem unübersichtliche Ecken, Besucher, die nicht an Linksverkehr gewöhnt sind, und Einheimische, die keine Geduld mit ihnen haben.

Dadurch sind tatsächliche Fahrzeiten viel länger, als die Entfernungen erahnen lassen, insbesondere, wenn man von einer zur andern Küste durch das schwindelerregende Zentrum der Insel fährt. Am gemütlichsten fährt man auf der Küstenstraße zwischen Portsmouth und Roseau. Die Straße von Portsmouth zum Flughafen wurde verbessert, jedoch ist sie immer noch schmal und kurvig, weshalb man langsam fahren muss. Straßenverhältnisse sind am schlimmsten im Kalinago-Gebiet und im vom Sturm gebeutelten Südosten.

Verkehrsregeln

Es herrscht Linksverkehr. Vor unübersichtlichen Straßenecken sollte man hupen. Immer auf Schlaglöcher achten und auf die tiefen Wassergräben an den Straßenrändern. Nachts besonders vorsichtig fahren, da Straßen nicht gut beleuchtet sind und man das Fernlicht braucht, um den Weg zu finden. Natürlich tun das auch andere Fahrer, aber viele machen sich nicht die Mühe und blenden für entgegenkommende Fahrzeuge ab.

Für Einheimische scheinen die Geschwindigkeitsbegrenzungen mehr ein Vorschlag als eine Regel zu sein. Fährt man langsam und verursacht eine Schlange hinter sich, sollte man an einer sicheren Stelle zur Seite fahren, um die Autos vorbeizulassen.

Außerhalb von Roseau gibt's nur wenige und weit voneinander entfernte Tankstellen. Es gibt welche in größeren Städten wie Canefield, Portsmouth und Marigot. Einige akzeptieren Kreditkarten, aber nicht viele.

BUS

Staatlich zugelassene private Minivans mit Kennzeichen, die mit „H" beginnen, fahren Orte entlang der Hauptstraße unregelmäßig an. Alle Strecken beginnen an verschiedenen Haltestellen in Roseau.

Busse können überall an der Straße angehalten werden – man muss nur winken. Wenn sie nicht voll sind, werden sie anhalten. Sie fahren Montag bis Samstag zwischen 6 und 19 Uhr. Fahrpreise werden von der Regierung festgelegt; sie liegen zwischen 1,75 EC$ und 11 EC$.

TAXI

Die Kennzeichen von Taxis auf Dominica beginnen mit „H" oder „HA". Es gibt keine Taxameter oder festgelegte Preise, deshalb sollte man sein Verhandlungsgeschick nutzen und sicherstellen, dass man weiß, ob der Preis in US-Dollar oder EC-Dollar angegeben wird. Um ein Taxi zu bestellen, wählt man 440-0944, 440-8126 oder 276-2228.

Preise für den Flughafentransfer vom Douglas Charles Airport sind von der Regierung festgelegt. Preise pro Person für ein geteiltes Taxi:

Calibishie oder Kalinago-Gebiet	17 US$
Castle Comfort	28 US$
Roseau oder Portsmouth	30 US$
Scotts Head	32 US$

TRAMPEN

Trampen ist niemals ganz sicher und wir empfehlen es nicht. Reisende, die trampen, sollten nicht vergessen, dass sie ein kleines, aber potenzielles ernstes Risiko eingehen.

Einheimische jeden Geschlechts und Alters jedoch trampen hier und nehmen Tramper mit. Vor allem wenn man mit mehreren Leuten unterwegs ist und man einen einheimischen Tramper mitnimmt, ist es eine tolle Art, Menschen auf der Insel kennenzulernen und Insider-Tipps zu bekommen. Alleinreisende Frauen sollte jedoch besonders vorsichtig sein.

1

Dominicas Boiling-Lake-Wanderung

Die wahrscheinlich beeindruckendste Wanderung auf Dominica kann von jedem mit normaler körperlicher Fitness bewältigt werden.

Der Weg

Der gut markierte **Wanderweg** (Gebühr 5 US$) beginnt an der Ti Tou Gorge und führt durch den Regenwald stetig hinauf bis zum ersten Bergrücken, danach hinab zu einem Fluss, den man überqueren muss. Von dort wandert man einen Bergrücken entlang mit herrlichem Blick über die verschiedenen Gipfel in der Umgebung und auf den Dampf aus dem Boiling Lake. Oben auf dem Kamm angekommen, folgt ein ziemlich anspruchsvoller (und oft sehr schlammiger) Abstieg in das schwefelhaltige Valley of Desolation. Einige Seile helfen über kniffligere und rutschigere Stellen. Im Tal, einem der Highlights der Wanderung, sprudeln seltsame, kochend heiße Quellen vor sich hin und es steigt Dampf aus vulkanischen Becken auf. Zudem hat schwefelhaltiges Wasser die Felsen gebleicht, was einem das Gefühl gibt, auf einem anderen Planeten zu sein. Hier unten wächst nur sehr wenig – daher auch der Name Tal der Trostlosigkeit –, aber es ist ein faszinierender Ort, den es zu erkunden gilt.

Beim Durchqueren der Talsohle hält man sich rechts und gelangt so in einen bewaldeten Abschnitt zu beiden Seiten eines warmen Baches mit mehreren Badestellen, z. B. unter einem Wasserfall. Am Ende des Tals biegt man links ab und überquert den Bach, der den Hang hinunterfließt, bevor es nach rechts um den Bergrücken herum zum Aussichtspunkt über dem Boiling Lake geht. Die Aussicht

EMILY ERIKSSON/SHUTTERSTOCK ©

EMILY ERIKSSON/SHUTTERSTOCK ©

JOSEPH THOMAS PHOTOGRAPHY/SHUTTERSTOCK ©

1. Valley of Desolation
2. Natürliches heißes Becken nahe dem Boiling Lake
3. Wanderpfad

auf das Wasser ist spektakulär, auch wenn es möglicherweise etwas dauert, bis sich der Dampf über dem See verzogen hat.

Sicherheit auf dem Weg

Es wird dringend dazu geraten, die Tour mit einem Guide zu unternehmen. Der zweite Teil der Route durch das Valley of Desolation ist alles andere als offensichtlich, außerdem birgt die aktive Vulkanebene potenzielle Gefahren, wenn man den Weg nicht kennt: Einige geologische Formationen sind hohl und können einstürzen. Private Führer verlangen rund 100 US$ pro Person bei einer Mindestzahl von zwei Teilnehmern. Es ist aber auch möglich, die Wanderung für weniger Geld über eine Agentur zu buchen. Zu den empfehlenswerten privaten Führern zählen Nigel George (☎1-767-285-3179) und Nahgie (☎1-767-245-4328).

Wer die Tour alleine machen möchte, sollte es langsam angehen lassen. Guides berichten, dass sie fast immer Wanderern ohne Führer helfen müssen, den Weg aus dem Tal zu finden.

Gut zu wissen

Für die gesamte Tour braucht man etwa fünf Stunden hin und zurück, doch man kann sie leicht auf den ganzen Tag ausdehnen, indem man sich viel Zeit für Fotos, den See selbst und das Baden in verschiedenen Bächen und Becken nimmt. Ein paar Schwimmzüge im eiskalten Wasser der Ti Tou Gorge sind der beste Abschluss für den Ausflug. Ins Wandergepäck und zur Ausstattung gehören ein Lunchpaket, Wasser, wasserfeste Kleidung, Sonnenschutzmittel und gute Wanderschuhe.

Dominikanische Republik

☎ 1-809 / 10,3 MIO. EW.

Inhalt ➡

Gut essen

➡ Passion by Martín Berasategui (S. 392)
➡ Pat'e Palo (S. 383)
➡ La Terrasse (S. 397)
➡ Casa Bonita (S. 407)

Schön übernachten

➡ Casas del XVI (S. 382)
➡ Mahona Boutique Hotel (S. 395)
➡ Casa El Paraíso (S. 399)
➡ Eco del Mar (S. 407)
➡ Ki-Ra (S. 393)

Auf in die Dominikanische Republik!

Die Dominikanische Republik ist bekannt für ihre Hunderte von Kilometern langen Küsten – streckenweise mit malerischen weißen Stränden im Schatten von Palmenreihen, an anderen Stellen dramatisch von steinigen Klippen gesäumt. Entlang der Küste gibt's abgelegene Fischerdörfer, sonnenreiche und luxuriöse Touristenanlagen, zauberhafte kleine Städte und die Hauptstadt Santo Domingo – die größte Stadt der Karibik und der Ort so vieler Neuerungen in der Neuen Welt.

Von der Hauptstadt abgesehen, ist der größte Teil der Dominikanischen Republik ländlich. Das Landesinnere hinter der Hauptstadt erinnert optisch an die europäischen Alpen. Vier der fünf höchsten Berge der Karibik erheben sich über die Santiago umgebenden fruchtbaren Ebenen. Entlegene Wüsten erstrecken sich in den Südwesten der Insel und verleihen der Dominikanischen Republik eine auf den karibischen Inseln einmalige Vielfalt. Die Geschichte des Landes spiegelt sich in der ethnischen Vielfalt der Bevölkerung sowie in den schönen restaurierten Klöstern und Kopfsteinpflasterstraßen, durch die einst die Konquistadoren schritten.

Reisezeit

Dez.–Feb. Touristische Hochsaison mit erhöhten Preisen und überfüllten Stränden.

Feb. Prächtiges Wetter, um Karneval und die Wale in Samaná zu erleben.

Nov. Keine Wale mehr, dafür beginnt die Baseball-Saison.

Highlights

1 **Zona Colonial** (S. 378) In Santo Domingos Altstadt einen Spaziergang quer durch die Geschichte unternehmen.

2 **Bahía de Las Águilas** (S. 406) Zu einem der schönsten (und abgeschiedensten) Strände des Landes reisen.

3 **Bávaro & Punta Cana** (S. 388) Idyllische Strände mit weißem Sand und türkisblauem Wasser genießen.

4 **Península de Samaná** (S. 395) Majestätische 30 Tonnen schwere Buckelwale bewundern.

5 **Cabarete** (S. 400) Das ganze Jahr über kitesurfen.

6 **Las Galeras** (S. 398) Ein traumhaftes Fischerdorf in diesem entlegenen kleinen Paradies besuchen.

7 **Las Terrenas** (S. 395) Abschalten in einem kosmopolitischen Küstenort.

8 **Jarabacoa** (S. 404) Den turbulenten Rió Yaque del Norte beim Rafting hinunterfahren.

SANTO DOMINGO

3,2 MIO. EW.

Santo Domingo, von den Einheimischen „La Capital" genannt, ist ein Kaleidoskop verschiedener Kulturen und unterschiedlicher Wohnviertel. Hier sind die Geräusche des Lebens am intensivsten – auf die Tische knallende Dominosteine, der Motorenlärm von Autos und die Hupen im Verkehrschaos, die Merengue-Musik an den Straßenecken. Im Herzen der Stadt liegt die Zona Colonial, wo sich eine der ältesten Kirchen und die älteste erhaltene Festung der Neuen Welt befinden. Auf den kopfsteingepflasterten Straßen kann man schnell vergessen, dass Santo Domingo in der Karibik liegt. Die pulsierende Großstadt ist nicht nur von Kolonialarchitektur, sondern auch von angesagten Clubs, einem regen kulturellen Leben und eleganten Restaurants geprägt. Sie vereint all die Widersprüchlichkeiten, die typisch für die Dominikanische Republik sind: Santo Domingo ist ein lebendes Museum, eine Mischung aus Metropole und Badeort und ein Zentrum des Handels, der Politik und der Medien mit einem entspannten, freundlichen Flair.

Sehenswertes & Aktivitäten

Zona Colonial

Wer sich für die Anfänge der sogenannten Neuen Welt interessiert – und für die dramatische und verzwickte Geschichte der ersten Begegnung zwischen den Ureinwohnern der amerikanischen Länder und Europäern – kann an der Zona Colonial, die von der UNESCO zum Weltkulturerbe erklärt wurde, nicht vorbeigehen. Sie erstreckt sich über elf Häuserblocks am Westufer des Río Ozama, wo der Fluss in das Karibische Meer fließt. In der Calle El Conde, der wichtigsten Einkaufsstraße, gibt's reihenweise *casas de cambio* (Geldwechsler), Cafés, Restaurants, Schuh-, Kleidungs- und Schmuckgeschäfte sowie die üblichen Souvenirläden.

★ Catedral Primada de América KIRCHE

(Nuestra Señora de la Anunciación; ☎809-682-3848; Parque Colón; Erw./Kind 70 RD$/frei; ⏲Mo–Sa 9–16.30 Uhr) Diese Kathedrale ist das älteste erhaltene Gebäude der westlichen Hemisphäre. Ihr Grundstein wurde 1514 von Diego Kolumbus gelegt, dem Sohn des großen Entdeckers (die Asche von Vater und Sohn sollen einst in der Krypta der Kapelle aufbewahrt worden sein). Doch der Bau begann erst 1521 nach Ankunft des ersten Bischofs Alejandro Geraldini. Von da an bis 1540 arbeiteten zahlreiche Architekten an der Kirche und den angrenzenden Gebäuden, weshalb das Gewölbe gotisch ist, die Bögen romanisch und die Ornamente barock.

Fragt sich nur, wie der geplante Glockenturm ausgesehen hätte. Wegen Geldknappheit wurden die Mittel für den Weiterbau beschnitten, und der Kirchturm, der eine zweifellos prächtige Aussicht über die Stadt geboten hätte, wurde nie erbaut.

Das heutige Interieur der Kathedrale ist von der ursprünglichen Ausstattung meilenweit entfernt – dank Sir Francis Drake und seiner Piratentruppe, die die Basilika während ihrer Belagerung der Stadt 1586 als Hauptquartier benutzten. Sie stahlen alles, was von Wert und nicht niet- und nagelfest war, und verwüsteten die Kirche vor ihrer Abreise.

Zu den eindrucksvollsten Merkmalen der Kathedrale zählen die großartigen gewölbten Decken und ihre 14 Kapellen. Unbedeckte Beine und Schultern sind verboten, doch es werden Umhängetücher bereitgestellt, um sich zu bedecken.

Die Einwohner Santo Domingos behaupten zwar gerne, dass ihre Kathedrale die älteste in der westlichen Hemisphäre sei, doch war zwischen 1524 und 1532 bereits eine in Mexiko City errichtet worden; sie stand vier Jahrzehnte lang, bis sie 1573 niedergerissen und durch die imposante Catedral Metropolitano ersetzt wurde.

Tickets sind am Südost-Eingang erhältlich und beinhalten einen Audio-Guide in verschiedenen Sprachen (50 RD$ ohne Audio-Guide). Die tägliche Messe findet montags bis sonntags um 17 Uhr statt und sonntags zusätzlich um 12 Uhr.

★ Museo Alcázar de Colón MUSEUM

(Museum des Kolumbus-Palastes; ☎809-682-4750; Plaza España; Erw./Kind 100/20 RD$; ⏲Di–Sa 9–17, So bis 16 Uhr) Im Gotik-Mudejar-Übergangsstil erbaut, war dieses Gebäude im 16. Jh. der Wohnsitz von Kolumbus' Sohn Diego und seiner Frau Doña María de Toledo. Es wurde in den Jahren 1957, 1971 und 1992 historisch authentisch restauriert und ist mit all dem ausgestellten Mobiliar (das der Kolumbus-Familie gehört haben soll) einen Besuch wert.

★ Museo Memorial de la Resistencia Dominicana MUSEUM

(☎809-688-4440; www.museodelaresistencia.com; Arzobispo Nouel 210; Erw./Kind unter 12 Jahren 150/50 RD$; ⊙Di–So 9.30–18 Uhr) Für alle an einem der dunkelsten Kapitel der Landesgeschichte Interessierten erinnert dieses nüchterne Denkmal an die Dominikaner, die gegen das brutale Regime des Diktators Rafael Trujillo kämpften. „El Chivo" (der Ziegenbock), der seine Macht zur Schau stellte und insgesamt etwa 50 000 politische Gegner niedermachen ließ, herrschte von 1930 bis 1961 mit eiserner Hand. Das Museum zeigt nachgestellte Folterkammern sowie 160 000 Fotografien, Filme und andere Habseligkeiten der Widerstandskämpfer. Eintritt inklusive Audio-Guide (Englisch oder Spanisch).

Museo de las Casas Reales MUSEUM

(Museum der Königlichen Häuser; ☎809-682-4202; Las Damas; Erw./Kind unter 7 J. 100 RD$/frei; ⊙Di–Sa 9–17, So bis 16 Uhr) Dieses Gebäude im Renaissancestil wurde im 16. Jh. erbaut und war der langjährige Sitz der spanischen Verwaltung der karibischen Region. Sowohl das Gouverneursbüro als auch die mächtige Audiencia Real (der königliche Gerichtshof) befand sich hier. Es sind Gegenstände aus der Kolonialzeit inklusive Schätzen aus spanischen Galeonen ausgestellt. Die Räume sind in ihrem ursprünglichen Stil mit Taíno-Artefakten und Mobiliar aus der Epoche wiederhergestellt worden.

Fortaleza Ozama HISTORISCHE STÄTTE

(☎809-686-0222; Las Damas; Erw./Kind 70/10 RD$; ⊙Di–So 9–17 Uhr) Dies ist das älteste Militärgebäude der Neuen Welt. Fray Nicolás de Ovando ließ 1502 die Festung hier errichten, wo der Río Ozama in das Karibische Meer fließt. Über die Jahrhunderte diente das Fort als Militärgarnison wie auch als Gefängnis, und zwar unter den Flaggen von Spanien, England, Frankreich, Haiti, Großkolumbien, der Vereinigten Staaten und der Dominikanischen Republik. Erst in den 1970ern wurde es für öffentliche Führungen zugänglich gemacht. Am Eingang sind mehrsprachige Audio-Guides für 3,50 US$ pro Person erhältlich, eine Führung dauert 20 Minuten.

Amber World Museum MUSEUM

(☎809-686-5700; www.amberworldmuseum.com; Arzobispo Merino 452; 50 RD$; ⊙8–18 Uhr) Dieses Museum hat eine eindrucksvolle Sammlung von Bernstein-Exponaten aus der ganzen Welt. Ausgezeichnete Sonderausstellungen erklären in spanischer und englischer Sprache die prähistorischen Ursprünge von Bernstein, seine Verwendungsbereiche im Laufe der Jahrhunderte, die Abbauprozesse in der Dominikanischen Republik und seine heutige Verwendung in Wissenschaft und Kunst. Im Museumsladen wird Schmuck aus Bernstein, Larimar und anderen, weniger kostbaren Steinen verkauft.

Las Damas HISTORISCHE STÄTTE

(Straße der Damen; Calle de las Damas) Die erste asphaltierte Straße auf dem amerikanischen Kontinent liegt direkt vor der Fortaleza Ozama und verläuft von Norden nach Süden. Sie wurde 1502 angelegt und erhielt ihren Namen wegen Diego Kolumbus' Ehefrau und deren Freundinnen, die jeden Nachmittag auf der Straße auf und ab spazierten, sofern das Wetter es zuließ.

⊙ Andere Stadtteile

Los Tres Ojos HÖHLE

(Die drei Augen; Parque Mirador del Este; 200 RD$; ⊙8–17 Uhr) Diese drei feuchten Höhlen mit dunkelblauen Lagunen, die durch mit Stalaktiten gesäumten Durchgängen miteinander verbunden sind, bieten einen atemberaubenden Anblick, wenn man sie vor Ankunft der Menschenmassen besucht. Am Eingang führt eine lange Treppe durch einen engen Tunnel in den Felsen, an dessen Grund ein zementierter Weg durch die Höhlen leitet. Am dritten *ojo* kann man für 20 RD$ ein Boot mieten, um zu einem vierten *ojo* zu fahren, der in Wahrheit ein wunderschöner und fischreicher See unter freiem Himmel ist.

Faro a Colón DENKMAL

(Kolumbus-Leuchtturm; ☎809-592-1492, Durchwahl 251; Parque Mirador del Este; 100 RD$; ⊙Di–So 9–17 Uhr) Wie eine Kreuzung aus einem Sowjet-Ära-Wohnblock und einer nachgebauten Maya-Ruine in Las Vegas sieht dieses massive Monument aus und ist allein wegen seiner kontroversen Geschichte einen Besuch wert. Am Ostufer des Río Ozama gelegen, bildet das zehnstöckige Gebäude mit seinen Seitenflügeln ein Kreuz. In der Mitte zwischen den beiden Flügeln befindet sich ein von weiß uniformierten Soldaten bewachtes Grab, das die Überreste Kolumbus' enthalten soll. Italien und Spanien behaupten jedoch jeweils ebenfalls, im Besitz des Leichnams des großen Admirals zu sein.

Zona Colonial

Zona Colonial

Highlights
1 Catedral Primada de América C5
2 Museo Alcázar de Colón D3
3 Museo Memorial de la Resistencia Dominicana A6

Sehenswertes
4 Amber World Museum C3
5 Fortaleza Ozama D5
6 Las Damas D5
7 Monasterio de San Francisco B3
8 Museo de las Casas Reales D4

Aktivitäten, Kurse & Touren
9 Trikke C6

Schlafen
10 Casa Naemie D6
11 Casa Sanchez A5
12 El Beaterío Guest House B6
13 Hostal Suite Colonial A7
14 Hotel Villa Colonial A6
15 Island Life Backpacker's Hostel C2

Essen
16 Buche Perico D5
17 La Cocinia de Cheska D6
18 Lulú Tasting Bar C6
19 Maison Kreyol Restaurant A5
20 Mesón D'Bari B5
21 Pat'e Palo D3
22 Sicily's Empanadas A5

Ausgehen & Nachtleben
23 La Alpargatería B5
24 Mamey Librería Café A5
25 Mercado Colón B6
26 Rooftop Tasting Terrace C5

Unterhaltung
Cinema Boreal ....(siehe 24)
27 Colonial Gate 4D Cinema D6
Monastery Sundays ....(siehe 7)

Shoppen
Cava Billini ....(siehe 18)
28 Desireé Cepeda Artesanía Interiorismo B4
29 Galería Bolós D6

Geführte Touren

Offizielle Reiseführer bieten täglich interessante und informative Spaziergänge durch die Zona Colonial an – einfach die in Khakihosen und hellblauen Hemden gekleideten Männer ansprechen und sich ihre Lizenz zeigen lassen. Viele halten sich im Parque Colón und Umgebung auf, aber man trifft sie auch in der Nähe größerer Sehenswürdigkeiten. Nicht vergessen: erst den Preis vereinbaren, dann losziehen!

Die Stadtführungen decken die wichtigen Gebäude in der Altstadt ab und können auf die Wünsche der Teilnehmer zugeschnitten werden. Gewöhnlich ist man 2½ Stunden unterwegs. Der Preis liegt zwischen 20 und 30 US$ (Touren auf Spanisch und Englisch sind günstiger, andere Sprachen kosten mehr).

Trikke GEFÜHRTE TOUREN
(809-221-8097; www.trikke.do; Padre Billini 54; 35 US$; Mo–Sa 9–18, So ab 10 Uhr) Eine einstündige Rundfahrt mit Scootern, die wie eine Mischung aus Segway und Dreirad aussehen. Es werden Stadtrundfahrten (35 US$) und auch die beliebten Bar-Hopping-Nachttouren angeboten (45 US$). Gruppenführungen beginnen täglich um 10 und 16.30 Uhr und beinhalten eine Führung, Wasservorräte und Fahrstunden.

Feste & Events

Carnaval KARNEVAL
(Karneval; Feb.) Im gesamten Land wird jeden Sonntag im Februar gefeiert. Den Höhepunkt der Feierlichkeiten bildet ein Fressgelage am letzten Februar- oder ersten Märzwochenende. Die Avenida George Washington (der Malecón) wird Tag und Nacht zu einer riesigen Partyszene. Im Mittelpunkt stehen die Wettbewerbe der Festwagen, Kostüme und Masken, die traditionelle Charaktere des Karnevals darstellen.

Merengue-Festival MUSIK
(Ende Juli–Anfang Aug.) Dieses jährliche Fest für Merengue, Bachata (auf Bolero-Rhythmen basierende Gitarrenmusik), Salsa, karibische Rhythmen, Reggaeton und Reggae ist das größte im Land und dauert zwei Wochen. Die meisten Veranstaltungen finden auf dem Malecón statt, aber es gibt auch begleitende Veranstaltungen in der gesamten Stadt.

Schlafen

Zona Colonial

★ **Island Life Backpacker's Hostel** HOSTEL $
(809-333-9374; www.islandlifebackpackershostel.com; Isabel La Católica 356; B/DZ/3BZ

inkl. Frühstück ab 695/1620/1760 RD$;) Der Besitzer dieser Oase in der Zona Colonial ist kein Einheimischer und hat auf seinen jahrelangen Weltreisen genau beobachtet, was Backpacker mögen. Dann fand er ein heruntergekommenes Gebäude aus dem 17. Jh. und verwandelte es in die beste Herberge in Santo Domingo. Mit seinen gemütlichen Betten im Schlafsaal, den Hängematten im Innenhof, der superchilligen Bar und dem Swimmingpool ist dies ein Paradies für jeden Reisenden.

Hostal Suite Colonial HOTEL $

(809-685-1082; www.suitecolonial.net; Padre Billini 362; Zi. inkl. Frühstück 45 US$;) Eine solide Budgetbleibe, die sich harmonisch in die Kulisse aus kolonialzeitlichen Fassaden einfügt. Hat man den Lounge-Bereich mit den hohen Decken hinter sich gelassen, wird das Ganze allerdings nüchterner: Über Flure mit schweren Couches und Linoleumböden gelangt man zu Zimmern mit einfachem, betagtem Mobiliar und willkürlichem Dekor. Das Frühstück wird in einem kleinen Hof auf der Rückseite serviert.

Casa Sanchez BOUTIQUE-HOTEL $$

(809-682 -7321; www.casasanchezhotel.com; Sanchez 260; inkl. Frühstück DZ 85–109 US$, Apt. 144 US$;) Eine der netteren und relativ erschwinglichen Anlaufstellen, wenn man gern einmal in einem Kolonialgebäude übernachten will. Jedes der individuell gestalteten Zimmer wartet mit Farbakzenten, Fliesenböden und Stil auf, der Service ist sehr persönlich. Die Casa Sanchez befindet sich nur eine Querstraße nördlich der Calle El Conde. Ein hübscher Pool belegt einen Großteil des Innenhofs, auf dem Dach mit Aussicht gibt's ein Badefass.

Casa Naemie HOTEL $$

(809-689-2215; www.casa-naemie-do.book.direct; Isabel la Católica 11; EZ/DZ inkl. Frühstück 2200/3000 RD$;) Dieses charmante Refugium nur wenige Blocks von der ältesten Kathedrale des amerikanischen Kontinents entfernt fühlt sich an wie eine europäische Pension. Um einen zentralen Innenhof herum befinden sich 3 Stockwerke mit gemütlichen, reinlichen Zimmern und großen modernisierten Badezimmern. Eine elegante Lobby mit gewölbter Eingangshalle und Steinboden dient morgens beim hervorragenden Frühstück auch als Speisesaal.

★ Casas del XVI BOUTIQUE-HOTEL $$$

(809-688-4061; www.casasdelxvi.net; Billini 252; Zi. inkl. Frühstück ab 320 US$;) Wenn diese Wände sprechen könnten, sie würden die Geschichte der Stadt erzählen. Das heißt aber nicht, dass dieses Hotel wie ein verstaubtes Museum ist. Wer in einem der sechs makellos restaurierten Häuser aus der Kolonialzeit übernachtet, wandelt gewissermaßen zwischen dem 16. und 21. Jh. Man stelle sich Türbogen, Terrakottaböden und Höfe vor, die an mittelalterliche Kloster denken lassen, und dazwischen Sub-Zero-Kühlschränke, iPhones (damit man den persönlichen Assistenten anrufen kann) und beheizte Tauchbecken.

★ Hotel Villa Colonial HOTEL $$$

(809-221-1049; www.villacolonial.net/en; Sánchez 157; EZ/DZ inkl. Frühstück 85/110 US$;) Der französische Besitzer hat eine idyllische Oase geschaffen, eine außerordentlich ansprechende Kombination aus europäischer Eleganz mit einer Fassade aus der Kolonialzeit und im Art-déco-Stil. Die an den schmalen Garten mit Poolbereich angrenzenden Zimmer verfügen über hohe Decken, Himmelbetten, Flachbildfernseher und Badezimmer mit Keramikfliesenböden.

El Beaterío Guest House PENSION $$$

(809-687-8957; www.elbeaterio.fr; Duarte 8; EZ/DZ inkl. Frühstück 90/110 US$;) Ab ins Nonnenkloster – wenn man auf schmucklose Eleganz steht. Jedes der 11 großen Zimmer ist spärlich möbliert, doch die Holzbalkendecken und Steinböden sind wirklich etwas Besonderes; die gekachelten Badezimmer sind modern und sehr gepflegt. Mit seiner schweren Steinfassade und dem dunklen gewölbten Vorraum kann man sich den ursprünglichen Zweck dieses Gebäudes aus dem 16. Jh. leicht vorstellen.

Malecón

Catalonia Santo Domingo HOTEL $$$

(809-685-0000; www.cataloniahotels.com; Av George Washington 500, Malecón; Zi. ab 166 US$; P) Zählt zu den angenehmsten Luxushotels auf dem Malecón und gehört zu einem großen Gebäudekomplex, in dem sich auch eine Spielbank und ein Kino befinden. Das Gebäude ist der höchste Wolkenkratzer der Stadt – die Aufzugfahrt vom Atrium bis in den 21. Stock kann durchaus eine Weile dauern. Die Zimmer haben eine bessere Aussicht als nahegelegene Mitbewerber und eine Restaurantbar bietet einen atemberaubenden Blick auf den Ozean.

Innenstadt

JW Marriott Santo Domingo HOTEL $$$
(☎809-807-1717; www.marriott.com/hotels/travel/sdqjw-jw-marriott-hotel-santo-domingo; Blue Mall, Av Winston Churchill 93; Zi. 180–280 US$; P ❄ @ ☜ ≋) In den oberen Stockwerken der edlen Blue Mall in der Innenstadt gelegen, ist das neue JW Marriott Santo Domingo stilvoll und modern und verfügt über eine schicke Cocktailbar, einen entspannenden Infinitypool und ein peruanisches Restaurant mit asiatischem Flair. Die Zimmer sind makellos und hochmodern, nach Wunsch mit Spiegelfernseher im Badezimmer. Zur Hotelausstattung gehören auch ein rund um die Uhr geöffnetes Fitnessstudio und Kino.

Essen

Wenig überraschend ist Santo Domingo zugleich die kulinarische Hauptstadt des Landes. Es hat die volle Bandbreite der dominikanischen Küche zu bieten, von *pastelitos* (mit Fleisch, Gemüse oder Meeresfrüchten gefüllte Teigtaschen), die von Straßenverkäufern angeboten werden, bis zu extravagant zubereiteten Gerichten in malerischen Gebäuden aus der Kolonialzeit. Die Zona Colonial hat einige der besten Restaurants zu bieten und ist für die meisten Reisenden am erschwinglichsten.

Zona Colonial

Sicily's Empanadas EMPANADAS $
(Sanchez; Empanadas 50 RD$; ⏲16–24 Uhr; ☜) Eine der wenigen und zugleich besten Adressen für gute, günstige Mahlzeiten zum Mitnehmen in der Zona Colonial. Hier gibt's mehr als ein Dutzend unterschiedliche Empanadas, z. B. mit Brokkoli und Käse oder Kartoffeln und Schweinefleisch. Das große Lokal ist schlicht aufgemacht und mit Picknicktischen eingerichtet, draußen, an der Straße, befinden sich zwei weitere.

La Cocina de Cheska TAPAS $
(Arzobispo Portes; Tapas 60–225 RD$; ⏲Mo–Sa 16–24, So ab 14 Uhr) Dieses Tapas-Restaurant verströmt gute Laune. Zwischen all den Einheimischen fällt man als Ortsfremder auf wie ein bunter Hund. Die Tische stehen auf einer hübschen Plaza mit Kopfsteinpflaster, dem Parque Arturo Pellerano Castro, am südöstlichen Ende der Zona Colonial. Während man aufs Essen wartet, kann man sich ein Glas vom Hauswein genehmigen, die Erdnüsse zum Nebenherknabbern sind gratis.

Maison Kreyol Restaurant HAITIANISCH $$
(☎809-221-0459; www.maisonkreyol.com; Las Mercedes 321; Hauptgerichte 325–600 RD$) Der spartanisch aufgemachte Speisesaal wird der Qualität der Küche nicht gerecht; das gut gewürzte, gegrillte Ziegenfleisch, der Schnapper (am Stück) und die frittierten Okra-Stücke sind köstlich! Dazu gibt's Prestige, ein haitianisches Bier, oder Säfte aus Früchten, die man nicht so oft in dominikanischen Restaurants bekommt.

★ **Pat'e Palo** SPANISCH $$$
(☎809-519-9687; Las Atarazanas 25; Hauptgerichte 650–1400 RD$; ⏲12–1 Uhr) Im lebendigsten und zu Recht am längsten existierenden Lokal auf der Restaurantmeile der Plaza España ist für jeden etwas dabei, der von den sich immer wiederholenden Pasta- und Hühnchengerichten genug hat. Die sowohl physisch wie auch inhaltlich große Speisekarte bietet kreativ zusammengestellte Gerichte wie Carpaccio vom Angus-Rind in Trüffelöl mit Pilzen oder chilenischen Wolfsbarsch in einem Schwarze-Bohnen-Eintopf mit Chili.

Buche Perico DOMINIKANISCH $$$
(☎809-475-6451; www.bucheperico.com; El Conde 53; Hauptgerichte 670–1300 RD$; ⏲Mo–Fr 12–23, Sa & So bis 24 Uhr; ❄ ☜) Eins der spektakuläreren Lokale der Stadt. Licht fällt durch die an ein Gewächshaus erinnernde Decke ein paar Stockwerke weiter oberhalb, es gibt einen von Ranken überwucherten vertikalen Garten und einen Wasserfall! Die Qualität von Service und Essen ist ähnlich beeindruckend wie der Auftritt. Die Köche bereiten scharf angebratenen Thunfisch, Ziegenfleischrisotto, Ravioli mit süßen Kochbananen und ein gigantisches Tomahawk-Steak (1 kg, 3800 RD$) zu.

Lulú Tasting Bar TAPAS $$$
(☎809-687-8360 www.lulu.do; Ecke Arzobispo Meriño & Padre Billini; Tapas 500–1000 RD$, Sonntagsbrunch 1920 RD$; ⏲Mo–Sa 18–3, So ab 11 Uhr) Einen Ticken stilvoller ist diese Tapas-Bar in der Zona Colonial, in der sich nach Feierabend immer eine schicke Klientel versammelt, um bei einer Zigarre, einem Cocktail und kleinen Gerichten wie Oktopus-Carpaccio oder sautiertem Lamm nach peruanischer Art herunterzukommen. Am besten nicht mit einem Riesenkohldampf

vorbeischauen, da die Preise recht hoch sind. Die Atmosphäre ist dank hoher Torbogen, prächtiger Höfe und einem hübschen Koi-Karpfenteich einzigartig in der Stadt.

Innenstadt

Barra Payán SANDWICHES $
(Av Tiradentes 16; Sandwiches 110–240 RD$; So–Do 7–1, Fr & Sa bis 4 Uhr) Schon seit den 1950ern stehen die *capitaleños* vor und nach dem Ausgehen an diesem Imbiss Schlange – die Spezialität ist ein köstliches Sandwich mit Schweinefleisch, es gibt aber auch Burger. Die Säfte dazu werden frisch zubereitet. In der Stadt finden sich weitere Filialen, das Original ist an der Ecke Av 30 de Marzo und Juan Bosco. Die Topadresse für einen Mitternachtssnack.

Mesón D' Bari DOMINIKANISCH $$
(809-692-0670; Sánchez, nahe der Ecke Cambiazo, Naco; Hauptgerichte 460–780 RD$; 12–23 Uhr) Der neue, schicke Ableger eines der beliebtesten **Restaurants** (809-687-4091; Ecke Hostos & Salomé Ureña; Hauptgerichte 425–800 RD$; 12–24 Uhr) mit landestypischer Küche in der Zona Colonial. Das Speisenangebot umfasst Empanadas mit Krebsfleisch, Fechterschnecken-Eintopf (*conch stew*) und pikantes Ziegenfleisch. Gegessen wird in einem sonnendurchfluteten Speisesaal mit farbenfrohen Schablonenmalereien tropischer Motive, die von einem bekannten dominikanischen Designer erdacht wurden.

Trattoria Angiolino ITALIENISCH $$$
(809-563-3282; Henriquez Ureña 45, Piatini; Hauptgerichte 650–2000 RD$; 12–24 Uhr;) Die altmodische Trattoria in Familienbesitz ist klein und auf legere Art raffiniert und serviert leckere, große Pasta-Portionen, z. B. Pappardelle mit Ragù und Pasta osso buco, sowie ordentliche Steaks. Einige davon, etwa das 1,4 kg schwere Lendenstück, reichen locker für zwei oder drei Leute! Abends wirkt das Ambiente etwas förmlicher und steifer, doch die karierten Tischdecken, Kellner in Uniform und Ziegelsteinwände schaffen eine allzeit gemütliche Atmosphäre.

Ausgehen & Nachtleben

★ **Rooftop Tasting Terrace** BAR
(Sugarcane, La Casa del Ron; Arzopispo Meriño 204; Di 10–18, Mi & Do bis 1, Fr & Sa bis 3, So 14–1 Uhr;) Hier schlürft man seinen Rumcocktail im mit Kunstrasen ausgelegten 3. Stock und blickt dabei auf die älteste erhaltene Kathedrale der westlichen Hemisphäre – ein starker Kontrast. Stark (und teurer als anderswo) sind auch die Cocktails (ab 300 RD$). Die Preise sind gerechtfertigt, insbesondere wenn man einen der „Tische" aus Rumfässern mit Blick auf die Straße ergattert. Kleine Tapas, z. B. Ceviche, kosten etwa 350 RD$.

★ **Mamey Librería Café** CAFÉ
(809-688-9111; www.mamey.co; Las Mercedes 315; Mi–Fr 16–24, Sa & So ab 10 Uhr;) Die schicke Mischung aus Café, Galerie, Buchladen und **Kino** (www.cinemaboreal.com; Mercedes 315, Mamey Librería Café; 250 RD$) ist im hübschen ehemaligen Wohnhaus von Emilio Rodríguez Demorizi untergebracht, einem der ersten Historiker der Dominikanischen Republik. Es wartet mit steinernen Höfen, einem Springbrunnen mit einer blühenden Trinitaria und vertikalen Gärten auf, der perfekte Ort also, um mit einem Buch zu entspannen oder sich mit Freunden auf einen Drink zu treffen. Die kleine Speisekarte umfasst Empanadas, Salate, Quiches, Hummus und Falafeln.

★ **La Alpargatería** COCKTAILBAR
(809-221-3158; Salomé Ureña 59; Margaritas 185 RD$; Di–So 10–24 Uhr;) Am Eingang betreten Gäste ein Schuhgeschäft, in dem Schuhmacher *espadrilles* anfertigen. Nach hinten durch den Laden jedoch geht's in ein trendiges Café mit gemütlichen Sitzgelegenheiten in versteckten Nischen und einem begrünten Außenbereich. Die deutschen Biere und gekonnt zubereiteten Cocktails verdienen besondere Erwähnung, vor allem die Ingwer-Zitronen-Margarita.

Mercado Colón BIERGARTEN
(809-685-1103; Arzobispo Nouel 105; Di–So 12–1 Uhr;) Die Lebensmittel- und Getränkegeschäfte sind alle unter einem Dach in der Zona Colonial versammelt, ergänzt durch einen gemeinsamen Außenbereich mit Sitzgelegenheiten. Hier kann man hervorragend selbstgebrautes Bier trinken und frisches Sushi, frisch gebackene Pizza und verschiedene Tapas (280–400 RD$) bestellen, alle mit regionalen Zutaten und in neuartigen Geschmackskombinationen zubereitet.

Cultura Cervecera CRAFT-BIER
(www.facebook.com/ccervecerard; Rafael Augusto Sánchez 96b; Bier vom Fass ab 210 RD$; Mo–

Do 16–24, Fr & Sa bis 2, So ab 15 Uhr;) Ein Auffangbecken für einheimische und ausländische Bierliebhaber und eine der besten Adressen für alle, die mal etwas anderes trinken möchten als das allgegenwärtige „Presidente". Hier gibt's fast 150 Craft-Biere aus der Flasche sowie 6 Fassbiere, meist aus örtlichen Brauereien, und reichlich Kneipengerichte (Hauptgerichte 245–425 RD$), die man gut mit einem IPA runterspülen kann. Das Cultura Cervecera liegt 9 km westlich der Zona Colonial.

Unterhaltung

Colonial Gate 4D Cinema KINO

(809-682-4829; www.thecolonialgate.com; Padre Billini 52; Erw./Kind 400/350 RD$; Di–So 9–21 Uhr) Ganz tief im südöstlichen Winkel der Zona Colonial verborgen, befindet sich das erste 4-D-Kino des Landes. Die ersten drei Dimensionen entsprechen ganz dem Bekannten und den Erwartungen, doch die vierte bringt die Elemente ins Spiel – Nebel, Tau, Wind, Hitze, Gerüche, bewegliche Sitze und Seifenblasen. Im Eintritt enthalten sind drei Kurzfilme und Headsets mit Synchronfassungen in neun Sprachen.

Estadio Quisqueya ZUSCHAUERSPORT

(809-616-1224; www.facebook.com/estadioquisqueya; Av Tiradentes 3456; Tickets 250–1000 RD$; Spiele So 17, Di, Mi, Fr & Sa 20 Uhr) Als die Heimstatt von Licey und Escogido, zwei der sechs professionellen Mannschaften in der Dominikanischen Republik, ist das Quisqueya-Stadion einer der besten Orte, um dominikanischen Baseball zu erleben. Für die meisten Spiele sind Tickets noch bis kurz vor Anfang des ersten Innings erhältlich; Derbys oder Spiele zwischen Licey und Aguilas sind allerdings schneller ausverkauft.

„Klostersonntage" MUSIK

(Monasterio de San Francisco, Hostos; So 18–22 Uhr) GRATIS Jeden Sonntagabend erwachen die Ruinen des **Monasterio de San Francisco** aus dem 16. Jh. in einer tobenden Tanzparty wieder zum Leben. Die beliebte Band Grupo Bonyé spielt einen Mix aus Salsa, Bachata, Merengue und karibischen Rhythmen, und Hunderte Einheimische und Touristen kommen zusammen, um gemeinsam zu tanzen und zu trinken. Der Stadtrat hat dieses Ereignis zum „künstlerischen Erbe" Santo Domingos ernannt.

Shoppen

Mehr als irgendwo sonst im Land gibt's in Santo Domingo Geschäfte, die die gesamte Bandbreite von billigem Touristenkitsch bis zu Sammlerstücken von Spitzenqualität zu bieten haben. Am einfachsten – und am besten – ist es, in der Zona Colonial einzukaufen, wo reihenweise Geschäfte mit lokal hergestellten Waren zu vernünftigen Preisen zu finden sind.

Desireé Cepeda Artesanía Interiorismo KUNST & KUNSTHANDWERK

(809-616-2278; Las Mercedes 206; Di–So 10–20 Uhr) In jedem Winkel dieses auf charmante Weise eigenwilligen Kunsthandwerkerladens zeigt sich die ästhetische Vision der Besitzerin, die ihre Arbeit voller Leidenschaft ausübt. Sie verkauft Holzfiguren, Strohtaschen, religiöse Ikonen, Keramikvasen und Blumenarrangements. Außerdem gibt's ein nettes kleines **Café**, in dem Espresso-Getränke, Sangria und kleine Gerichte serviert werden.

Galería Bolós KUNST

(809-686-5073; www.galeriabolos.blogspot.com; Isabel la Católica 15; 7.30–19 Uhr) Manuel Bolós hat noch nie ein Stück Holz gesehen, das ihm nicht gefiel. Der energische junge Künstler baut stilvolle Möbel aus recyceltem Holz, das er in der Zona Colonial und auch darüber hinaus sammelt, und stellt sie hier in seiner Galerie aus – nebst Avantgardekunst, nach der er die gesamte Dominikanische Republik und Haiti durchforstet. Es gibt ein 1,8 m großes Seepferd, das vollständig aus recycelten Haushaltsgegenständen besteht.

Cava Billini WEIN

(Ecke Padre Billini & Arzobispo Meriño; Mo–Sa 12–1, So ab 11 Uhr) Der einzige Luxusweinladen in der Zona Colonial bietet dienstags von 18 bis 20 Uhr kostenlose Weinproben an. Gleich nebenan befindet sich die dazugehörende Lulú Tasting Bar (S. 383), in der man sich eine Flasche (ab 500 RD$) genehmigen kann. Der teuerste Wein ist der Opus 1 (2100 RD$).

Praktische Informationen

GELD

In der Zona Colonial befinden sich mehrere große Banken mit Geldautomaten. Auch in Gazcue gibt es ein paar Banken, weitere sind über die ganze Stadt verteilt. Eine größere Konzentration findet sich entlang der Hauptverkehrsadern wie der Avenida

27 de Febrero und Avenida Abraham Lincoln. Große Hotels, vor allem die am Malecón, haben ebenfalls mindestens einen Geldautomaten.

An der Calle El Conde stehen einige *casas de cambio* (Wechselstuben).

MEDIZINISCHE VERSORGUNG

Centro de Obsetetricía y Ginecología (☎809-221-7100; www.cog.com.do; Ecke Av Independencia & José Joaquín Pérez; ⏲24 Std.) Für sämtliche Arten von Notfällen.

Clínica Abreu (☎809-688-4411; www.clinicaabreu.com.do; Arzobispo Portes 853; ⏲24 Std.) Eins der besten Krankenhäuser der Stadt.

Farmacia San Judas (☎809-685-8165; Ecke Av Independencia & Pichardo; ⏲24 Std.) Die Apotheke liefert kostenlos aus.

Farmax (☎809-333-4444; Ecke Av Independencia & Dr Delgado; ⏲24 Std.) Auch diese Apotheke hat einen kostenlosen Lieferservice.

Hospital Padre Billini (☎809-333-5656; www.hdpb.gob.do; Ecke Santomé & Arzobispo Nouel; ⏲24 Std.) Ein öffentliches Krankenhaus in der Zona Colonial. Behandlungen sind kostenlos, aber man muss sich auf lange Wartezeiten einstellen.

REISEAGENTUREN

Colonial Tour & Travel (☎809-688-5285; www.colonialtours.com.do; Arzobispo Meriño 209; ⏲Mo–Sa 8.30–18 Uhr) Diese alteingesessene professionelle Einrichtung eignet sich hervorragend, um Flüge, Hotelzimmer und alle möglichen Ausflüge wie Mountainbike-Touren, Rafting und Whalewatching zu buchen. Es wird Englisch, Italienisch und Französisch gesprochen.

Explora Eco Tours (☎809-567-1852; www.exploraecotour.com; Gustavo A Mejia Ricart 43, Naco; ⏲Mo–Fr 9–18, Sa bis 14 Uhr) Spezialisiert auf die Organisation individueller Touren in Nationalparks, Naturschutzgebieten und ländlichen Gemeinden für die Dauer von einem Tag bis zu einer Woche. Auf der Website stehen für jeden zugängliche regelmäßige Touren ausgeschrieben.

Tody Tours (☎809-686-0882; www.todytours.com; 250 US$ pro Tag) Ehemaliger Freiwilliger des Friedenskorps, der sich auf landesweite Touren zur Beobachtung tropischer Vögel spezialisiert hat.

TOURISTENINFORMATION

Colonial Zone (www.colonialzone-dr.com) Eine detaillierte Website mit Informationen und Bewertungen über alles Mögliche – historische Stätten, Hotels, Restaurants, Bars – sowie Beiträge über die Landesgeschichte, Aberglauben und mehr.

Tourismusministerium (☎809-221-4660; www.mitur.gob.do; Ecke Luperón & Germosén; ⏲Mo–Fr 8–17 Uhr)

Touristenkiosk (El Conde; ⏲Mo–Sa 9–19 Uhr) Neben dem Colón-Park gelegen, bietet dieser kleine Kiosk eine Handvoll Broschüren und Karten von Santo Domingo und einigen anderen Orten im Land, wie auch ein halbes Dutzend davon mit einer Auswahl an Stadtwanderungen durch die Zona Colonial.

ℹ An- & Weiterreise

AUTO

Zahlreiche internationale und örtliche Autovermietungen verfügen über mehr als eine Filiale in der Stadt und im internationalen Flughafen Las Américas, einschließlich **Avis** (☎809-535-7191; Av George Washington 517; ⏲7–19 Uhr), **Dollar** (☎809-221-7168; Av George Washington 365, Hotel Sheraton; ⏲7–18 Uhr), **Europcar** (☎809-688-2121; Av Independencia 354; ⏲7–22 Uhr) und **Hertz** (☎809-784-8753; Av George Washington 367, Renaissance Hotel; ⏲Mo–Fr 8–17, Sa bis 12 Uhr). Alle Filialen in Santo Domingo sind täglich von ca. 7 bis 18 Uhr geöffnet (manchmal auch länger), die am Flughafen helfen von 7 bis 23.30 Uhr weiter (sie befinden sich in einem kleinen Gebäude gegenüber vom Terminalausgang).

BUS

Die beiden wichtigsten Busunternehmen des Landes – **Caribe Tours** (☎809-221-4422; www.caribetours.com.do; Ecke Avs 27 de Febrero & Leopoldo Navarro) und **Metro** (☎809-227-0101; www.metroserviciosturisticos.com; Francisco Prats Ramírez) – haben eigene Busbahnhöfe westlich der Zona Colonial. Caribe Tours hat die meisten Fahrten und deckt einen größeren Teil der kleineren Städte ab als Metro. Fast alle Reiseziele sind von Santo Domingo aus in weniger als 4 Std. zu erreichen.

Es lohnt sich, im Voraus anzurufen, um die Reise zu bestätigen und mindestens 30 Minuten vor Abfahrt am Bahnhof einzutreffen. Beide Unternehmen veröffentlichen Broschüren (an allen Haltestellen erhältlich) mit aktuellen Fahrplänen und Preisen sowie Adressen und Telefonnummern ihrer Bahnhöfe im Land.

Expreso Bávaro Punta Cana (☎809-682-9670; www.expresobavaro.com; Juan Sánchez Ramirez 31) bietet einen direkten Service zwischen dem Gazcue-Viertel (in der Nähe der Av Máximo Gómez) in der Hauptstadt und in Bávaro. Abfahrtzeiten in beide Richtungen sind um 7, 9, 11, 13, 15 und 16 Uhr (400 RD$, drei Stunden). Die Fahrer sind flexibel und lassen Reisegäste auch an anderen Haltestellen in der Stadt raus.

Eine weitere Option ist das inmitten des Chaos des Enriquillo-Parks gelegene **APTRPA** (☎809-686-0637; www.aptpra.com; Ravelo), das Higuey (250 RD$), Bávaro und Punta Cana anfährt; zu letzteren beiden fahren täglich 6 Busse stündlich von 7–16 Uhr ab (400 RD$).

FLUGZEUG

Santo Domingo verfügt über zwei Flughäfen: Der bedeutendere, Aeropuerto Internacional Las Américas (S. 416), liegt 26 km östlich der Zona Colonial und bedient die meisten internationalen Flüge.

Am Aeropuerto Internacional La Isabela Dr Joaquín Balaguer (S. 415) etwa 20 km nördlich der Zona Colonial werden die Inlandsflüge abgefertigt. Auch Chartermaschinen und Lufttaxi-Unternehmen nutzen diesen Flughafen.

SCHIFF/FÄHRE

Der von Ferries del Caribe (S. 416) betriebene einzige internationale Fährdienst des Landes verbindet Santo Domingo mit San Juan in Puerto Rico. Der Fahrkartenschalter und der Einstiegsbereich befinden sich im **Puerto Don Diego** (Av del Puerto, Zona Colonial), gegenüber Fortaleza Ozama. Die Fähre verlässt Santo Domingo sonntags, dienstags und donnerstags um 19 Uhr und kehrt montags, mittwochs und freitags um 19 Uhr aus San Juan zurück. Die Fahrt ab Santo Domingo dauert zwölf Stunden (aufgrund der Strömungen ist man in die andere Richtung nur acht Stunden unterwegs) und kostet hin & zurück 180 US$.

TAXI

Die Langstreckentaxis können komfortabel sein, das kostet allerdings auch. Apolo Taxi nimmt z. B. 135 US$ nach La Romana, 190 US$ nach Samaná und 200 US$ nach Punta Cana.

 Unterwegs vor Ort

AUTO

In Santo Domingo kann Autofahren die Nerven und Fahrkünste auch des hartgesottensten Fahrers auf die Probe stellen. Dichter Verkehr, aggressive Fahrer (insbesondere Motorradfahrer), Taxis und Busse und die Nichteinhaltung (und fehlende Regulierung) von Verkehrsregeln machen den Verkehr zu einem Überlebenskampf, in dem jeder gegen jeden kämpft. In den Stoßzeiten kollabiert in vielen Hauptalleen der Verkehr, sodass man zu Fuß besser unterwegs ist.

BUS

Eine Busfahrt von einem Stadtende zum anderen kostet etwa 25 RD$ (6.30–21.30 Uhr). Die meisten Haltestellen sind mit einem Schild und den Schriftzug *parada* (Haltestelle) gekennzeichnet. Die Routen folgen den Hauptstraßen – am Independencia-Park in der Zona Colonial beginnt die Avenida Bolivar (die westliche Hauptallee) und endet die Avenida Independencia (die östliche Hauptallee). Um die Stadt zu durchqueren, einfach auf der Stadtkarte die Hauptkreuzungen markieren und die Weiterfahrt entsprechend planen.

VOM/ZUM FLUGHAFEN

Es gibt zu beiden Flughäfen in Santo Domingo keine direkte Busanbindung.

Aeropuerto Internacional Las Américas (S. 416) Ein Taxi in die Stadt kostet 40 bis 50 US$; ein Uber-Wagen etwa 20 US$.

Aeropuerto Internacional La Isabela Dr Joaquín Balaguer (S. 415) Mit 15 US$ ist die Fahrt von La Isabela deutlich preiswerter.

METRO

2009 wurde Santo Domingos Pendlerzugsystem (www.metrosantodomingo.com) eingeweiht. Die Route der Linie 1 von La Feria (Centro de los Héroes) nahe dem Malecón nach Villa Mella, einem Vorort am nördlichen Stadtrand, ist 14,5 km lang mit 16 Haltestellen und verläuft über- wie unterirdisch hauptsächlich in Nord-Süd-Richtung entlang der Avenida Máximo Gómez. Linie 2 verläuft (komplett unterirdisch) 10,3 km in Ost-West Richtung entlang der Avenida John F Kennedy, Expreso V Centenario und Avenida Padre Castellanos. Geplant sind insgesamt sechs Linien.

Eine Einzelfahrt kostet 20 RD$, eine Tageskarte 80 RD$. Am besten ist es, sich am Ticketschalter eine aufladbare Karte für 60 RD$ zu kaufen. Zum Betreten des Bahnhofs einfach die Karte oben auf das Drehkreuz legen (6.30–22.30 Uhr).

PÚBLICOS

Noch zahlreicher als Busse sind die *públicos* – meist zerbeulte Minivans und Privatautos, die den wichtigsten Buslinien folgen, aber überall anhalten, wo sie gerufen werden. Üblicherweise haben sie *público* auf ihrem Nummernschild stehen, aber die Fahrer werden bereits hupen und winken, bevor man das Nummernschild entziffern kann. Jede winkende Armbewegung bringt den Fahrer zum Anhalten, obwohl es bevorzugt wird, dass man den Arm ausstreckt und auf den Bordstein zeigt. Die Fahrt kostet 25 RD$ und ist beim Einsteigen zu zahlen. Anschnallen und gut festhalten.

TAXI

Taxis haben in Santo Domingo keinen Zähler – also immer vor dem Einsteigen erst den Preis vereinbaren. Der Standardpreis beträgt 250 RD$ von einem Stadtende zum anderen; abends sind die Fahrten teurer. Innerhalb der Zona Colonial sollten sie günstiger sein. Zu den Terminals von Caribe Tours oder Metro zahlt man 180 RD$. Taxifahrer fahren nicht herum, um Gäste aufzulesen, sondern parken an verschiedenen Sammelpunkten und warten, dass Gäste auf sie zukommen. Die besten Orte, um in der Zona Colonial ein Taxi zu finden, sind der Colón- und der Duarte-Park.

Man kann ein Taxi auch telefonisch bestellen oder die Hotelrezeption bitten, es zu tun. Der

ORIENTIERUNG

Der Name Punta Cana, der Sammelbegriff für die gesamte Region, ist tatsächlich unzutreffend – eigentlich gehört zu Punta Cana nur die Gegend südlich und östlich vom Flughafen, der Großteil der Resorts liegt derweil an den Stränden von Bávaro. In der Stadt wohnen die Hotelmitarbeiter; sie besteht aus nicht viel mehr als einer Reihe kleiner, weit auseinanderliegender Einkaufszentren. In Bávaro verläuft eine kurze, abgerockte Geschäftsstraße, El Cortecito, entlang des „Stadtstrands". Los Corales ist eine nettere Strandenklave mit Independent-Flair gleich südöstlich von El Cortecito. Punta Cana ist der östlichste Zipfel des Landes. Dort findet man den Flughafen, einige der luxuriösesten Resorts und Golfplätze direkt am Meer. Playa Uvero Alto, der am weitesten im Norden gelegene Strand, wird zunehmend von großen All-inclusive-Anlagen ähnlich denen weiter im Süden in Beschlag genommen.

Service ist ziemlich schnell, die Preise sollten dieselben sein, und man muss sein Gepäck nicht herumschleppen. Vor vielen Top-Hotels stehen Taxis draußen bereit, die jedoch deutlich teurer sind. Namhafte 24-Stunden-Taxi-Unternehmen sind u. a. **Apolo Taxi** (☎809-537-0000) und **Aero Taxi** (☎809-686-1212).

Die Taxifahrt aus der Stadt zum Flughafen ist günstiger als andersherum (1000–1300 RD$).

PUNTA CANA & DER SÜDOSTEN

Der Südosten, ein karibisches Energiebündel mit Sonne und Sand und gleichbedeutend mit Alles-oder-nichts-Tourismus, trägt das Gewicht der dramatischsten Strände und türkisfarbenen Meere in der Dominikanischen Republik auf seinen tiefgebräunten Schultern. Sich ausbreitende Ferienanlagen, manche gleichen eigenständigen Stadtstaaten, bedecken den größten Teil der Küste von Punta Cana bis nach Uvero Alto und bieten Familien, Paaren sowie jungen und rastlosen Menschen gleichermaßen einen stressfreien karibischen Urlaub in einigen der idyllischsten Gegenden der Region. Punta Cana ist aber längst nicht alles. Weniger überlaufene Strandorte wie Bayahibe und Juan Dolio bieten vielleicht weniger spektakuläre Landschaften, dafür muss man den Sand nicht mit Menschenmassen teilen. Ausflugsziele wie die Playa Limón jenseits der Zuckerplantagen und Berge im Inselinneren im Norden, präsentieren eine andere sehenswerte Seite des Südostens, falls man sich lang genug von den Resortbüfetts entfernen kann, um den Weg dorthin auf sich zu nehmen – es lohnt sich.

Bávaro & Punta Cana

Es ist nicht übertrieben, die Ostküste der Dominikanischen Republik als Meer-und-Sonne-Disneyland zu bezeichnen – schließlich greifen hier All-inclusive-Resorts schneller auf die malerischen Strände über, als Immobilienmakler die sonnenverwöhnten Grundstücke auf den Markt bekommen. Die Strände entlang der Küste von Punta Cana bis nach Uvero Alto können sich mit allen anderen in der Karibik messen, sowohl hinsichtlich ihrer weichen, weißen Struktur als auch ihres warmen, türkisblauen Wassers. Trotz mangelnder Beschränkungen bezüglich der Bebauung in der Region – insbesondere in der Gegend von Bávaro –, können die Ferienanlagen und Strände der anscheinend endlosen Horde von Sonnenanbetern noch immer einen idyllischen karibischen Meeresblick bieten.

Es gibt aber noch mehr als lange Schlangen an den Büfetts und Cuba Libres bis zum Umfallen; Individualreisende können die Sonne genießen und viel erleben, auch wenn das vielleicht etwas anstrengender ist, als in einer Hotelanlage auf einem Liegestuhl eine Woche lang alle viere von sich zu strecken.

Sehenswertes & Aktivitäten

Ojos Indígenas Ecological Park & Reserve NATURSCHUTZGEBIET
(☎829-470-1368; www.puntacana.org; Erw./Kind 25/10 US$, mit Führung 50/30 US$; ⏲8.30–17 Uhr) Obwohl der sich ausbreitende Tourismus irgendwann jeden Zentimeter der dominikanischen Küste bedecken wird, gibt's heute noch immer große unberührte Küstengebiete und Mangrovenwälder. Etwa 500 m südlich (und teilweise innerhalb) des Puntacana Resort & Club (S. 391) gelegen, deckt dieser ökologische Park mehr als

Bávaro & Punta Cana

0 5 km

A B C D

4

Punta Cana (2,5 km); Playa del Macao (12 km)

siehe Detailplan

0 1 km

6

Playa El Cortecito

Asobapuma

2

Plaza Las Brisas

Av España

Av Francia

Av Alemania

BÁVARO

Sitrabapu

Expreso Bávaro

EL CORTECITO

9

8

Playa Bávaro

Punta de los Nidos

ATLANTISCHER OZEAN

5

Laguna Bávaro

Av Barceló

Playa Cabeza de Toro

Blvd Turístico del Este

Playa Cabo Engano

3

Aeropuerto Internacional Punta Cana

Autopista del Coral

Canal de la Mona

10

PUNTA CANA

Playa Punta Cana

7

1

Bávaro & Punta Cana

Sehenswertes

1 Ojos Indígenas Ecological Park & Reserve B5

Aktivitäten, Kurse & Touren

2 RH Tours & Excursions D1
3 Runners Adventures B3

Schlafen

4 Hard Rock Hotel Punta Cana A1
5 NaturaPark Beach Ecoresort & Spa C2
6 Paradisus Punta Cana C1
7 Puntacana Resort & Club C5

Essen

8 Balicana B2
9 Ñam Ñam D2
Passion by Martín Berasategui ...(siehe 6)
10 Restaurante Playa Blanca C5
Wacamole ....(siehe 9)

6 km² Schutzgebiet an der Küste und im Inland ab und beheimatet an die 100 Vogel- (davon 27 einheimische Arten, die nur in der Dominikanischen Republik vorkommen), 160 Insekten- und 500 Pflanzenarten.

Punta Espada Cap Cana Golf Club GOLF
(☎809-469-7767; www.capcana.com; Punta Cana) Cap Cana hat einen von Jack Nicklaus entworfenen Golfplatz, den Punta Espada Golf Club, der seit 2006 zum Spielen freigegeben ist (die Nutzungsgebühr für Besucher liegt im Zeitraum von Mai bis Oktober bei 235 US$, von November bis Mai bei 295 US$). Punta Espada gilt als einer der besten Golfplätze in der Karibik und zählt zu den 100 besten der Welt.

Hispaniola Aquatic Adventures BOOTSTOUREN
(☎800-282-5784; www.catamarantourpuntacana.com; ab 99 US$) Veranstaltet beliebte Party-Katamaran-Touren für bis zu 25 Personen (oder privat), inklusive Schnorcheln in Cabeza de Toro, Meeresfrüchte-Mittagessen und Besuche von weniger bekannten Stränden und Wasserlöchern. Preise einschließlich Anreise und alkoholischer Getränke. Zwischenhändler sind nicht erlaubt, und ein Teil der Einnahmen geht an zwei Wohltätigkeitsorganisationen für Kinder und Tiere in der Dominikanischen Republik.

Strände

Etwa zehn Strände fallen unter den Sonnenschirm der Punta Cana und erstrecken sich über mehr als 50 km Küste. Sie sind für jeden öffentlich zugänglich, man kann also von den weniger exklusiven Bereichen wie **Playa El Cortecito/Los Corales**, die mit Verkäufern überflutet sind, zu hübscheren Gegenden vor den Ferienanlagen schlendern – doch ohne die richtigen Armbändchen bekommt man hier weder Handtuch noch Liegestuhl.

Nördlich von El Cortecito liegt die **Playa Arena Gorda**, wo die All-inclusive-Resorts sich aneinanderreihen und die Badegäste sich auf Bananenbooten oder Paraglidern vergnügen oder einfach nur in der Sonne liegen. Weitere 9 km nördlich befindet sich der beste zugängliche Surfstrand, die **Playa del Macao**, ein am besten mit dem Auto erreichbarer prächtiger Sandstreifen. Sie dient auch als Zwischenstation für die zahlreichen 4WD-Touren, die jeden Tag am Strand hin- und herflitzen. Der goldene Sand der **Playa Uvero Alto**, dem nördlichsten Strand der Gegend, liegt 10 km weiter nördlich.

In der anderen Richtung, südlich von Bávaro und El Cortecito, liegt die **Playa Cabo Engaño**, ein isolierter Strand, der nur mit einem Fahrzeug zu erreichen ist, vorzugsweise einem mit Allradantrieb. Und schließlich gibt's noch den südlichsten Strand, die prächtige geschlängelte **Playa Juanillo**, deren Sand täglich von den Cap-Cana-Mitarbeitern gereinigt wird – der schönste im ganzen Land!

Geführte Touren

Runners Adventures GEFÜHRTE TOUREN
(☎888-280-5842; www.runnersadventures.com; Av Barcelo; 80–180 US$; ⏲7–19 Uhr) Ein etablierter Anbieter, der verschiedene Abenteuer- und kulturelle Touren im Programm hat. Besonders beliebt ist der Ausflug zu einem Totenkopfaffenreservat und zur längsten Zipline in der Karibik. Ebenfalls gern gebucht werden die „Buggy"-Stadtrundfahrten (allradangetrieben) nach Santo Domingo und die Tagestour inkl. Reiten, Besuch einer Zuckerrohrplantage und einer Zigarrenfabrik, Abstecher zum Strand und Mittagsbüfett.

RH Tours & Excursions GEFÜHRTE TOUREN
(☎809-543-3470; www.rhtours.com; El Cortecito; ⏲Mo–Sa 9–14 Uhr) Dieser Reiseveranstalter in deutschem Besitz bietet eine ganze Reihe schöner Tagesausflüge an, um die Region auszukundschaften. Zu den beliebtesten Ausflügen zählen neben dem Besuch des Nationalparks Los Haitises (138 US$) auch Bootsfahrten nach Isla Saona (99–115 US$) und Rundfahrten durch Santo Domingos Zona Colonial (89 US$). Die Preise aller Tagesausflüge verstehen sich inklusive Mittagessen und Getränke. Es wird Englisch, Deutsch und Spanisch gesprochen.

Schlafen

★ **Macao Beach Hostel** HOSTEL $
(☎829-913-6267; www.macaobeachhostel.com; El Macao; Camping 1/2 Pers. ohne Zelt 10/15 US$, mit Zelt 15/20 US$, Schlafsaal 18 US$, Zi. ohne Badezimmer 33 US$, alle inkl. Frühstück; P 📶) Ein warmherziges kolumbianisch-mexikanisches Pärchen hat mit den farbenfrohen, traditionell karibischen Holzhütten das Flair eines dominikanischen Dorfs auf dem Lande reproduziert. Obwohl es nach Macao Beach bloß zehn Minuten zu Fuß sind, fühlt man sich hier wie in einer anderen Welt: Gegen-

über grasen Kühe und Pferde (dort entsteht derzeit ein neues Resort), und man spaziert an freilaufenden Hühnern, Katzen, Hunden und sogar einem Esel, der der Gemeinde gehört, vorbei.

★ Hard Rock Hotel Punta Cana
RESORT **$$$**

(☎809-731-0099; www.hardrockhotelpuntacana.com; Playa del Macao; All Inclusive DZ ab 592 US$;) Ein Tempel der Dekadenz und Coolness regiert die Liste der protzigsten und schönsten Ferienresorts von Punta Cana. Man stelle sich Las Vegas mit karibischem Meer vor … In der Lobby fühlt man sich wie in einer Art Rock-and-Roll-Ruhmeshalle, das Dekor strotzt nur so vor Souvenirs wie z. B. Madonnas paillettenbesetzter Limousine. Die Klientel ist eine bunte Hipster-Mischung.

Das Casino vor Ort ist das größte der Dominikanischen Republik (das gilt auch für das Wellnesszentrum), es gibt 13 Swimmingpools (sieben liegen zum Meer), zehn Restaurants und 17 Bars – die nächste Party ist also nie weit entfernt. Man könnte natürlich auch einfach auf dem Zimmer feiern! Denn dort erwarten einen riesige Whirlpools in Familiengröße am Fußende der Betten. Das Casino, der angesagte Club Oro und eins der edleren Restaurants, das Epik (Hauptgerichte 22–55 US$), sind öffentlich zugänglich. Weitere Extras sind der 18-Loch-Golfplatz des Hard Rock Golf Club in Cana Bay und eine App speziell für die Gäste.

Zoetry Agua
RESORT **$$$**

(☎888-496-3879; www.zoetryresorts.com; Uvero Alto; All Inclusive EZ/DZ ab 454/568 US$;) Sobald man das gemütliche Zoetry betritt, wird man sofort von Entspannung überwältigt. Holzakzente und balinesische Noten prägen das Bild auf diesem kleinen Grundstück mit seinen 96 Suiten, die von der aus Bambus- und Palmenblättern bestehenden kathedralenartigen Lobby aus erreichbar sind. Geräumige Zimmer mit Parkettboden, Steinduschen und tiefe Badewannen bieten Luxus im asiatischen Stil.

Puntacana Resort & Club
RESORT **$$$**

(☎809-959-2714; www.puntacana.com; Punta Cana; Westin DZ inkl. Frühstück ab 460 US$, Four Points Sheraton DZ ab 267 US$, Tortuga Bay DZ ab 1323 US$;) Das riesige Resort ist vor allem für „Teilzeitbewohner" wie Julio Iglesias und Mikhail Baryshnikov bekannt. Es verfolgt eine grüne Politik, besonders hervorzuheben ist der dazugehörende ökologische Park gegenüber. Mittag- und Abendessen und die Getränke sind nicht im Preis inbegriffen.

Paradisus Punta Cana
RESORT **$$$**

(☎809-687-9923; www.melia.com; Playa Bávaro; All Inclusive DZ ab 275 US$;) Beinahe dschungelartig und auffällig leise, fühlt es sich in diesem Resort ganz anders an als in den meisten anderen in der Umgebung. Es zieht Singles und Familien gleichermaßen an und versucht, sie voneinander zu trennen, wo gewünscht. Die renovierten Standardzimmer sind in hellen weißen und warmen beigefarbenen Tönen gehalten und verfügen über einen zusätzlichen Sitzbereich mit Schlafcouch und ansprechenden Doppelduschen.

NaturaPark Beach Ecoresort & Spa
HOTEL **$$$**

(☎809-221-2626; www.blaunaturapark.com; Cabeza de Toro; DZ ab 270 US$;) NaturaPark verfügt über einen Strandstreifen außerhalb des Dorfes Cabeza de Toro, auf halbem Weg zwischen Bávaro und Punta Cana. Von den aus recyceltem Kokosnussholz bestehenden Möbeln im Bauklötzchen-Stil bis zu den prächtigen frei wachsenden Mangroven auf dem Grundstück ist alles auf Nachhaltigkeit ausgerichtet, und das Resort mit seinen 524 Zimmern hat bereits Auszeichnungen für seine niedrige Umweltbelastung gewonnen.

Essen

Wacamole
MEXIKANISCH **$$**

(www.facebook.com/wacamolepc; Av Alemania, Los Corales; Hauptgerichte 250–500 RD$; ⏲12–24 Uhr;) Scheinbar direkt aus Cancún hierhin versetzt wurde diese Freiluft-Taquería. Mexikanische Hipster haben eine Tortilla-Maschine von daheim hergeschleppt und besorgen regelmäßig Habaneros, was die Authentizität des Lokals mit der fröhlichen Atmosphäre noch unterstreicht. Die scharfen Salsas sorgen für triefende Nasen, und die klassisch-mexikanischen „Straßen-Tacos" (*al pastor*, mit Fisch oder *carne asada*) und ausgefallenere Gerichte wie Hummer-Ceviche werden formvollendet aus Biozutaten zubereitet.

Balicana
FUSION-KÜCHE **$$**

(☎809-707-3433; www.facebook.com/balicanaasiancuisine; Av Real Sur, Cocotal Golf & Country Club; Hauptgerichte 450–670 RD$; ⏲Mo–Sa 10–

15 & 19–23 Uhr;) Keine Sorge, die Qualität des Essens hat nicht unter dem Umzug vom Strand in eine abgeschlossene Golfplatz-Gemeinde gelitten. Geschmacksknospen aufgepasst! Dieses angenehme Esslokal serviert asiatische Gerichte, die eine Rarität in der Dominikanischen Republik sind. Thailändische (grüne Currys, Pad Thai), indonesische (Nasi Goreng) und malaysische (Kokos-Currys) Speisen werden in ventilatorgekühlten Pavillons mit Strohdach verzehrt.

Ñam Ñam CAFÉ $$
(www.nam-nams.com; Plaza Sol Caribe, Bávaro; Hauptgerichte 230–550 RD$, Burger 399–549 RD$; Di–Sa 11–14.30 & 18–23, So 12–15 & 19–22 Uhr;) Ñam Ñam ist Serbisch für „lecker" – und das stimmt. Das freundliche, ursprünglich aus Belgrad stammende Pärchen hinter diesem Lokal in Los Corales – sie stellen alles selbst her – weiß genau, wie man Bäuche glücklich macht. Die inzwischen berühmten Burger aus Angus-Rindfleisch – es gibt normale, Gourmetburger (gewürzt mit Bacon und Chili) oder die speziell gefüllten Patties (Schinken, Käse und Pilze) – sind überragend.

★ Passion by Martín Berasategui BASKISCH $$$
(829-284-6484; Paradisus Punta Cana, Bávaro; Probiermenü zum Fixpreis Gäste/Besucher 80/110 US$; 18.30–22 Uhr;) Chefkoch Martín Berasategui stammt ursprünglich aus San Sebastián im spanischen Baskenland – wo das Essen übrigens gar nicht so schlecht ist – und er hat ein paar Rezepte in seinen Gastro-Koffer gepackt, um im Paradisus Punta Cana (S. 391) die beste Haute Cuisine in der Dominikanischen Republik auf den Tisch zu zaubern.

★ Restaurante Playa Blanca FUSION-KÜCHE $$$
(Puntacana Resort, Punta Cana; Hauptgerichte 14–24 US$; 11–22.30 Uhr;) Das stilvolle und atmosphärische Open-Air-Restaurant wird von einer Armee aus Palmen flankiert. Obwohl es zum Puntacana-Resort-Komplex gehört, ist es öffentlich zugänglich – der Weg hierhin lohnt sich! (Besucher müssen einen Ausweis vorlegen.) Der Strand vor Ort, die Playa Blanca, ist spektakulär, und man kann mittags auf dem Sand speisen. Das dominikanische Menü umfasst einige Joker, z. B. die Ziegenfleischlasagne (16 US$).

Little John FISCH & MEERESFRÜCHTE $$$
(809-469-7727; Cap Cana, Playa Juanillo; Hauptgerichte 11–30 US$; 11–21 Uhr;) Little John, ein weiß getünchtes Open-Air-Lokal, ist der netteste Fleck, um mit diversen kreativen Cocktails (300–750 RD$) und einer ausgewogenen, meeresfrüchtelastigen Speisekarte an einem der hübschesten Strände von Punta Cana zu entspannen, der Playa Juanillo. Vorn steht ein fotogener farbenfroher VW-Bus.

ℹ Praktische Informationen

GELD

Ständig sieht man überall Bankautomaten, bis man einen braucht – und das, obwohl fast jede dominikanische Bank eine Filiale in Punta Cana hat! Die meisten Resorts verfügen über eigene Bankautomaten. In der Gegend um Los Corales sind die nächstgelegenen Bankautomaten die von **BanReserves/Banco Popular ATMs** (Av Alemania, Palma Real Shopping Village) 2,2 km weiter südwestlich.

Banco Popular (Av España, zw. Plaza Brisas de Bávaro & Plaza Estrella) Geldautomat.

Scotiabank Geldautomaten stehen im Puntacana Village und im Plaza Brisas de Bávaro.

MEDIZINISCHE VERSORGUNG

All-inclusive-Hotels verfügen über kleine Krankenhäuser und medizinisches Personal, die erste Hilfe und grundlegende Pflegedienste leisten können. Für ernstere Angelegenheiten ist es am besten, eines der vielen guten Privatkrankenhäuser aufzusuchen.

Centro Médico Punta Cana (809-552-1506; www.centromedicopuntacana.com; Av España 1, Bávaro) Bávaros größtes Privatkrankenhaus mit mehrsprachigem Personal, einer 24-Stunden-Notaufnahme und eigener Apotheke.

Farmácia Estrella (809-552-0344; Plaza Estrella, Bávaro; 8–24 Uhr) Die Apotheke in Bávaro hat einen Bringdienst.

Hospitén Bávaro (809-686-1414; www.hospiten.com/en/hospitals-and-centers/hospiten-bavaro; Carretera Higüey-Punta Cana) Mit englisch-, deutsch- und französischsprachigen Ärzten und einer rund um die Uhr besetzten Notaufnahme. Das Krankenhaus liegt am alten Highway 106 nach Punta Cana, 500 m von Cruce de Verón entfernt.

International Medical Center (829-946-3991; Plaza Brisas de Bávaro; 24 Std.) Das neueste und eins der besten Privatkrankenhäuser in der Gegend. Die Ärzte sprechen verschiedene Sprachen, die Notaufnahme ist rund um die Uhr besetzt.

Pharmacana (809-959-0025; Puntacana Village, Punta Cana; 24 Std.) Eine gute Apotheke in Puntacana Village.

ABSTECHER

DAS BESTE VOM REST

Bayahibe, 22 km östlich von La Romana, wurde ursprünglich im 19. Jh. von puerto-ricanischen Fischern gegründet. Heute ist es ein ruhiges Stranddorf und befindet sich inmitten eines schizophrenen Kräftemessens. Am Morgen, wenn die aus Bussen herausströmenden Touristenmassen von weiter östlich gelegenen Resorts hier in Boote nach Isla Saona umsteigen, ist es das Einfallstor der Touristen. Nach dieser morgendlichen Rushhour verwandelt es sich wieder zurück in ein verschlafenes Dorf. Es gibt noch einmal Hochbetrieb, wenn die Resort-Touristen zurückkehren, und dann eine weitere Verwandlung nach Sonnenuntergang. Was Bayahibe auszeichnet, ist, dass es trotz der beständigen Übergriffe durch den Massentourismus (und dem Bau von Asphaltstraßen im gesamten Dorf) seinen Charakter bewahrt.

Eine kurze Strecke von Bayahibe entfernt gelangt man nach Dominicus Americanus, ein Potemkin'sches Dorf mit tollem Strand. Im **Las Palmas** (☎829-850-2665; Playa Dominicus; Fixpreis ab 40 US$; ⏲Mo–Fr 10–23 Uhr) erhalten Liebhaber von Krustentieren ein unvergessliches Mahl. Vorher anrufen und reservieren, damit ein Fischer losgeschickt werden kann, um genügend Hummer zu fangen – die dann in der offenen Küche mitten im Speisesaal auf den Grill kommen!

Etwa auf halber Strecke zwischen Bayahibe und La Romana im Osten ist **Ki-Ra** (☎809-757-8661; www.ki-ra.com; Boca Chavón; Zelt 80–106 US$, Zi. inkl. Frühstück 143–158 US$; P 📶 ❄) 🍃 zu finden, ein ganzheitlicher Rückzugsort mit heiter-gelassener Atmosphäre. Bei dem Namen handelt es sich um den Taíno-Ausdruck für „Geburtsort des Erdgeistes". Die drei Zimmer und sieben Zelte zum Meer sind in Pastelltönen gehalten und verströmen ein verträumtes Flair. Vom Haupt-Highway abfahren und einer unbefestigten, aber passablen Straße 6 km zur Unterkunft folgen. Gleich gegenüber, am anderen Ufer des Rio Chavón, ist der Jachthafen des Megaresorts Casa de Campo.

Fast 90 km nördlich von Punta Cana, nicht weit von der wunderbaren Playa Limón entfernt, wo derzeit mehrere hochpreisige Resorts entstehen, ist ein genialer Aussichtspunkt auf einem Berg zu finden, **Montaña Redonda** (☎809-431-0712; www.montanaredondaparadise.com; 100 RD$; ⏲8–18 Uhr). An den Wochenenden strömen die Einheimischen in Scharen herbei, um Fotos auf hohen Schaukeln und Wippen, in Hängematten oder auf fliegenden Hexenbesen zu machen. Der 360-Grad-Blick auf Berge und Meer ist atemberaubend – viel schöner geht es kaum! Der Transport vom Parkplatz kostet 700 RD$, man kann sich aber auch in Gruppen zusammentun und zahlt nur noch 100 RD$ pro Nase. Die holprige, steile Strecke hat etwas von einer Achterbahnfahrt (manche legen die 2,1 km auch einfach zu Fuß zurück).

Weitere 60 km die Küste hinauf endet die Straße in Sabana de la Mar, gelegen in einer Bucht. Dieser Ort ist Ausgangspunkt für Touren in den **Parque Nacional Los Haitises** (Höhlen 100 RD$; ⏲7–20 Uhr). Der Name bedeutet so viel wie „Land der Berge". Tatsächlich beherbergt der Park am südwestlichen Ende der Bahía de Samaná auf seinen 1375 km² Fläche jede Menge üppig bewachsene Hügel, die 30 bis 50 m aus dem Wasser und dem Feuchtgebiet entlang der Küste aufragen. Die Kuppen entstanden vor 1 bis 2 Mio. Jahren, als tektonische Verwerfungen den dicken Kalksteinsockel, der sich unter Wasser gebildet hatte, nach oben „ausbeulten". Die einzige Übernachtungsmöglichkeit in der Gegend ist das schrullige, rustikale **Paraiso Caño Hondo** (☎829-259-8549; www.paraisocanohondo.com; EZ/DZ/3BZ inkl. Frühstück 2040/3212/4437 RD$; P 📶 ❄) 🍃, eine der ungewöhnlicheren Unterkünfte in der Dominikanischen Republik und gewissermaßen der Gegenentwurf zu all den All-inclusive-Hotels, für die das Land berühmt ist. Hier draußen, mitten im Nirgendwo am Ende einer langen unwegsamen Straße, erscheint einem das Paraíso Caño Hondo wie eine Epiphanie!

NOTFALL

Die wichtigste **Cestur**–Wache (Cuerpo Especializado de Seguridad Turística (Touristenpolizei); ☎809-754-3082; www.cestur.gob.do; Av Estados Unidos, Bávaro; ⏲24 Std.) befindet sich in Friusa neben dem Busbahnhof in Bávaro;

weitere Wachen gibt's am Punta-Cana-Flughafen, in Cabeza de Toro und in Uvero Alto.

An- & Weiterreise

BUS

Auf der 70 km langen mautpflichtigen Autopista del Coral von La Romana nach Punta Cana schnurrt man nur so dahin – die Fahrt ab Santo Domingo dauert jetzt nur noch ca. zwei Stunden.

Der Busbahnhof befindet sich auf der Avenida Estados Unidos in Friusa in der Nähe der Hauptkreuzung in Bávaro, von El Cortecito aus knapp 2 km landeinwärts gelegen.

Expreso Bávaro (☎ 809-552-1678; www.expresobavaro.com; Cruce de Friusa) bietet Direktverbindungen 1. Klasse zwischen Bávaro und der Hauptstadt an (400 RD$, 3 Std.), mit Zwischenstopp in La Romana. Abfahrtzeiten in beide Richtungen sind 7, 9, 11, 13 und 16 Uhr.

Vom selben Busbahnhof fahren auch Busse von **Sitrabapu** (☎ 809-552-0771; Av Estados Unidos), einer Tochter desselben Unternehmens, um 6, 8.20, 10.50, 13.20, 15.50 und 18.20 Uhr in Richtung La Romana ab (225 RD$, 1¼ Std.); und nach Higüey (120–130 RD$, 1 Std., alle 20 Min. von 3–22.30 Uhr). Alle weiteren Ziele sind von Higüey aus zu erreichen. Mit dieser Verbindung ist auch Santo Domingo erreichbar, aber es dauert viel länger als mit dem direkten Bus.

FLUGZEUG

Der Aeropuerto Internacional Punta Cana (S. 416) befindet sich an der Straße nach Punta Cana, etwa 9 km östlich nach der Abzweigung nach Bávaro. Seine Terminals – Terminal A (Abflug und Ankunft) und das größere, neuere Terminal B – bestehen aus mehreren riesigen Hütten mit Strohdächern. Die Ankunftsformalitäten (Einreise, Gepäckabholung und Zoll) werden zügig abgewickelt.

Kommerzielle Fluglinien, die das ganze Jahr über den Punta-Cana-Flughafen anfliegen, sind: ab Terminal A: Aerolineas Argentinas, Aeromexico, Air Canada, Frontier, JetBlue, LATAM, Southwest, Spirit, Sunwing und United; ab Terminal B: Air France, American Airlines, Avianca, British Airways, Copa, Delta Airlines, Edelweiss/Swiss und GOL. Doch es gibt noch weitere Fluglinien und Flüge (inkl. Charterflüge), vor allem während der Hochsaison.

Zu den Autovermietungen am Aeropuerto Internacional Punta Cana gehören **AmeriRent** (☎ 809-687-0505; www.amerirent.net), **Avis** (☎ 809-959-0534; www.avis.com.do; ⏲ 8–21 Uhr), **Budget** (☎ 809-959-1005; www.budget.com; ⏲ 8–22 Uhr), **Europcar** (☎ 809-686-2861; www.europcar.com; ⏲ 8–18 Uhr), **National/Alamo** (☎ 809-959-0434; www.nationalcar.com.do), **Payless** (☎ 809-959-0287; www.paylesscar.com), **Thrifty** (☎ 809-466-2046; www.thrifty.com) und **Hertz** (☎ 809-959-0705; www.hertz.com; ⏲ 8–22 Uhr). Sie sind einen kurzen Gehweg von der Ringzufahrt am Terminal A (Ankunft) entfernt und gewöhnlich von 9 bis 22 Uhr geöffnet. Wer am Terminal B ankommt, sollte vorab bei der Autovermietung einen Abholservice arrangieren, da die Strecke mit Koffern und Rucksäcken zu weit ist. Schlepper und Taxifahrer verlangen exorbitante Preise für die Fahrt dorthin.

Die meisten Resorts bieten einen Shuttleservice an, um Gäste vom Flughafen abzuholen, dennoch stehen dort viele Taxis bereit – einfach nach den Jungs von Siutratural in den pinkfarbenen Hemden Ausschau halten. Die Fahrt vom Flughafen zu den verschiedenen Resorts und Hotels kostet je nach Entfernung zwischen 30 und 80 US$.

Unterwegs vor Ort

BUS

Die örtlichen Busse fahren vom Hauptbusbahnhof ab, auf dem Weg nach El Cortecito an allen außerhalb gelegenen Malls vorbei und dann die Küstenstraße an den großen Hotels vorbei nach Croce de Cocoloco, wo sie kehrtmachen und denselben Weg zurückfahren. Die Busse tragen die Akronyme der örtlichen Busgesellschaften auf der Vorderseite – Sitrapabu oder Traumapabu – und kosten etwa 40 RD$, je nach Entfernung. Grundsätzlich fahren sie alle halbe Stunde zwischen 5 und 20 Uhr, die Fahrt kann jedoch bis zu einer Stunde dauern.

MOTOCONCHOS

Motoconchos tummeln sich gewöhnlich rund um die Plaza Punta Cana in Bávaro und entlang der Strandstraße in El Cortecito, außerdem findet man meist ein oder zwei vorm Eingang der meisten Resorts. Die Preise starten bei 100 bis 200 RD$ für eine Fahrt innerhalb der Gegend von El Cortecito/Bávaro.

TAXI

In der Gegend gibt's zahlreiche Taxis – einfach in El Cortecito, Plaza Bávaro und an der Einfahrt der meisten All-inclusive-Anlagen nach Taxiständen Ausschau halten. Taxis können auch telefonisch bestellt werden – bei Siutratural in **Bávaro** (☎ 809-552-0617; www.taxibavaropuntacana.com.do) und **El Cortecito** (☎ 809-552-0617; El Cortecito) oder **Taxi Turístico Berón** (☎ 809-466-1133; www.taxituristicoberon.com). Die Fahrtpreise hängen von der Länge der Strecke ab, 10 US$ sind gewissermaßen der Mindestpreis für kurze Routen in Bávaro). Zum Flughafen zahlt man 35 US$, zur Playa Blanca 40 US$. Wassertaxis von **Asobapuma** (☎ 829-638-5525; El Cortecito) warten am Strand von El Cortecito; eine Fahrt kostet zwischen 10 und 20 US$.

PENÍNSULA DE SAMANÁ

Dieser Landstreifen ist die Antithese zum von den Urlaubsresorts beherrschten dominikanisch-karibischen Traum im Südosten mit seinen erstklassigen Stränden. Samaná ist sehr viel entspannter und auf gewisse Weise kosmopolitischer – und seine europäische Atmosphäre ist intensiv wie ein Espresso. Hier ist „Auszeit" die Devise und französische wie italienische Sprachkenntnisse sind mindestens genauso nützlich wie spanische. Die meisten Besucher suchen sich eine Unterkunft im kultivierten, lebendigen Las Terrenas, eine beliebte Alternative ist das verschlafene Las Galeras; von dort aus ist man ruckzuck an einigen der schönsten und gleichermaßen abgeschiedenen Stränden des Landes. Die Distanzen sind überschaubar, sodass auch die Erkundung der anderen Naturattraktionen auf der Halbinsel möglich ist, darunter Wasserfälle, Unterwasserlandschaften und – in der Zeit von Mitte Januar bis Mitte März – nordatlantische Buckelwale.

Las Terrenas

13 869 EW.

Einst ein rustikales Fischerdorf, heute eine weltoffene Stadt, die man leicht mit einer französischen oder italienischen verwechseln könnte. Die gleichmäßige Verteilung von Einheimischen und Einwanderern hat eine lebendige Mischung verschiedener Stile und die dynamischste Szene der Halbinsel hervorgebracht. Am Strand geht's in beiden Richtungen zu Strandpromenaden mit Hotels, Palmen und blaugrünem Wasser.

Las Terrenas eignet sich hervorragend für Individualreisende und alle, die sich unter die Einheimischen mischen möchten.

Sehenswertes

Playa Cosón STRAND

Der Sand der Playa Cosón, von der Playa Bonita aus 8 km westlich entlang des Haupt-Highways, ist eher bräunlich als weiß, und das Wasser ist grünlich statt blau, aber der Strand ist dennoch ein guter Ort, um einen Tag lang zu verweilen. Vor Ort gibt's ein paar exzellente Restaurants, und zwei kleine Flüsse strömen durch den dichten Palmenwald ins Meer. (Achtung: der östliche soll mit landwirtschaftlichen Abwässern verschmutzt sein.) Ein Taxi zur Playa kostet 40 US$ (hin & zurück), eine Fahrt mit dem *motoconcho* (Motorradtaxi) 300 RD$.

Cascada El Limón WASSERFALL

Abgelegen in einer rauen Landschaft, umgeben von üppig begrünten Bergspitzen, liegt der 52 m hohe El Limón-Wasserfall. In dem tiefer gelegenen schönen Wasserbecken kann man sich den Schweiß und den Schlamm von der Reise abwaschen, zum Baden ist das Wasser zu tief und meist zu kalt. Abfahrtspunkt ist die namengebende Kleinstadt El Limón, eine halbe Stunde von Las Terrenas entfernt.

Aktivitäten

In Las Terrenas kann man gut tauchen und schnorcheln und es gibt drei Tauchshops.

Dive Academy TAUCHEN

(☎829-906-9618; www.tdlasterrenas.com; 2. OG, Beach Garden Plaza, Libertad; ⊙9–18 Uhr) Der NAUI-Ausstatter (die National Association of Underwater Instructors ist ein Tauchverband) ist von Las Galeras hergezogen. Hier wird Englisch gesprochen. Neben Tauchgängen können Schnorchelausflüge nach Cayo Levantado gebucht werden.

LT'Kite WASSERSPORT

(☎809-801-5671; www.lasterrenas-kitesurf.com; Calle 27 de Febrero; ⊙10–18 Uhr) Sehr empfohlene Kitesurfingschule, betrieben von einem freundlichen Franzosen, der auch Spanisch und Englisch spricht. Vermietet Surfbretter (30 US$ pro Tag) und Ausrüstung fürs Kitesurfing (70 US$ pro Tag) sowie für Letzteres Unterricht und Zertifikate der IKO (International Kiteboarding Organization). 6 Stunden Kitesurfing-Unterricht (so viele braucht man mindestens, um wirklich Spaß daran haben zu können) kosten 300 US$.

Geführte Touren

Flora Tours ÖKOTOUREN

(☎829-923-2792; www.flora-tours.net; Principal 278; ⊙8.30–12.30 & Mo–Sa 15.30–18.30 Uhr) Dieser Reiseveranstalter unter französischer Leitung bietet tolle ökologische Touren in den Parque Nacional Los Haitises, zu schwer zugänglichen Stränden sowie etwas entspanntere Katamaranfahrten, kulturelle Quadbike-Touren in entlegene Dörfer, Mountainbike-Ausflüge unterschiedlicher Schwierigkeitsgrade und Kajakfahrten durch die Mangroven am Cosón.

Schlafen

★ **Mahona Boutique Hotel** BOUTIQUE-HOTEL $$

(☎809-651-3078; www.mahona-lasterrenas.com; Calle Italia 1; Zi. inkl. Frühstück 85 US$; P ❄ ⚲ ≋)

Las Terrenas

Las Terrenas

Aktivitäten, Kurse & Touren
- 1 Dive Academy B2
- 2 Flora Tours B2
- 3 LT'Kite D1

Schlafen
- 4 Mahona Boutique Hotel A2

Essen
- 5 El Lugar C2
- 6 La Terrasse B2

Ausgehen & Nachtleben
- 7 El Mosquito Art Bar B2

Das Mahona ist hübsch zurechtgemacht und ebenso attraktiv wie das warmherzige, stilvolle französische Betreiberpaar, das hinter dieser kleinen Gruppe weißer Bungalows rund um einen kleinen Pool steht. Hier wird einfach alles richtig gemacht. Besonders toll ist das mehrgängige Frühstück. Die Zimmer (jeweils mit einer kleinen Terrasse) verströmen einen Hauch von Bali.

★ Peninsula House GÄSTEHAUS $$$
(☎ 809-962-7447; www.thepeninsulahouse.com; Playa Cosón; Zi. inkl. Frühstück 715–880 US$; P @ ☰ ≈) Das B&B zählt zu den exquisitesten Hotels in der Karibik. Es ist im viktorianischen Stil gehalten – die Ästhetik beschwört Bilder von französischen Schlössern herauf – und liegt weit oben auf einem Hügel über der Playa Cosón. Dies ist zweifellos eine der Topadressen in der Dominikanischen Republik für Exklusivität und Komfort. Die Zimmer warten mit geschmackvollen Antiquitäten, romantischen Himmelbetten und tiefen Badewannen auf. Durchschnittlich bleiben die Gäste fünf Nächte, tatsächlich möchte man aber dauerhaft einziehen!

★ El Mosquito Boutique-Hotel HOTEL $$$
(☎ 809-240-6161; www.mosquitoboutiquehotel.com; Playa Bonita; DZ/3BZ/4BZ 100/128/152 US$; P ❄ ☰) Dank dem quirligen Bar-Restaurant und der Surfschule vor Ort mausert sich dieses Hotel – ein Familienbetrieb – zur coolsten Adresse an der Playa Bonita. Die renovierten Zimmer sind geräumig und hübsch eingerichtet und passen prima zu der weiß getünchten Fassade im französischen Kolonialstil. Der Service ist exzellent, und viele Gäste verbringen ihre Zeit zuletzt einfach auf dem Gelände.

Costa las Ballenas HÄUSER $$$
(☎ 829-756-2253; www.hotelcostalasballenas.com; Playa Bonita; DZ inkl. Frühstück 115–190 US$; P ❄ ☰ ≈) Heitere Stimmung, viel Privatsphäre. Eine Handvoll großer Häuser mit Strohdach steht um einen Pool herum, und das sehr gepflegte Grundstück ist der ideale Rückzugsort für gehobene Ansprüche. Die Zimmer haben viel Charme und hohe Decken und sind mit großen Betten, der einen oder anderen Pflanze und geschmackvoller Kunst ausgestattet.

Eva Luna HÄUSER $$$
(☎ 809-978-5611; www.villa-evaluna.com; Marico, Playa Las Ballenas; Häuser inkl. Frühstück ab

150 US$; ) Ein Paradebeispiel für dezenten Luxus, verfügen diese 5 Häuser im mexikanischen Stil über voll ausgestattete Küchen, prächtig gestrichene Wohnzimmer und Terrassen, auf denen ein köstliches Frühstücksbüfett serviert wird. Die Schlafzimmer sind ein wenig eng, aber die ruhige Lage und die exquisite Ausstattung machen das mehr als wett.

Essen & Ausgehen

★ La Terrasse FRANZÖSISCH **$$**
(☎ 809-240-6730; Pueblo de los Pescadores; Hauptgerichte 380–730 RD$; ⏲ 11.30–14.30 & 18.30–23 Uhr; 📶) Der dominikanische Küchenchef in diesem anspruchsvollen französischen Bistro verdient für sein *Steak au poivre* (Pfeffersteak, 550 RD$) auf jeden Fall ein paar Michelin-Sterne, eines der perfektesten Gerichte in der gesamten Dominikanischen Republik – zum Niederknien.

El Lugar STEAKS **$$**
(☎ 849-248-2580; Calle 27 de Febrero; Burger 340–750 RD$, Steaks 600–2000 RD$; ⏲ 12–24 Uhr, Di geschl.; 📶) Besitzer Bruno aus Belgien hat eine Nische gefunden: Er macht Fleischesser glücklich, indem er ihnen saftige, sattmachende Burger (wir empfehlen die Variante mit Reblochon) und Steaks aus dem Holzofen (sowohl regionales als auch importiertes Black-Angus-Rindfleisch), Hummer und Fisch in einem trendigen Lokal vorsetzt. Die Reichen und Schönen zieht es wegen des Gesamtpakets aus Ambiente, Service und hervorragender Küche hierher.

The Beach INTERNATIONAL **$$$**
(☎ 809-847-3288; www.thepeninsulahouse.com; Playa Cosón; Hauptgerichte 600–1200 RD$; ⏲ Di–So 12–15 Uhr; 📶) Die Strandclub-Komponente des Peninsula House Hotel ist dieser wunderbare kleine Bungalow auf einem privaten Rasengrundstück nur wenige Schritte von der Playa Cosón entfernt. Er ist im Plantagenstil aufgemacht und öffentlich zugänglich. Schon seit Langem zaubert ein dominikanisches Ehepaar verschiedene Gourmetspeisen in den Töpfen, z. B. frische Krabben-Tacos, gegrillten Hummer und gegrillte Schweinerippchen. Die Karte wechselt regelmäßig, die Gerichte werden auf Keramikteller gekritzelt.

★ El Mosquito Art Bar COCKTAILBAR
(Pueblo de los Pescadores; Cocktails 250–400 RD$; ⏲ 17–2 Uhr; 📶) Die bei Weitem heißeste Bar in Las Terrenas ist diese Open-Air-Lounge mit einer gelungenen Mischung aus rustikaler Ausstattung, Bäumen voller Lichterketten, unverputzten Backsteinen und lokaler Kunst, in der sich Einwanderer und Touristen wie zu Hause fühlen.

Praktische Informationen

BanReservas (www.banreservas.com; Duarte 254; Mo–Fr 8–17, Sa 9–13 Uhr) Barvorschüsse auf viele verschiedene internationale Kreditkarten. Minimum: 20 000 RD$.

Clínica Especializada Internacional (☎ 809-240-6701; www.ceiterrenas.com; Villa de Las Flores, Fabio Abreu; ⏲ 24 Std.) Ein von kubanischen Ärzten geleitetes hervorragendes Privatkrankenhaus.

Colonial Tours & Travel (☎ 809-240-6822; www.colonialtours.com; El Paseo; ⏲ Mo–Fr 9–13 & 15–19, Sa bis 12 Uhr) Die wichtigste Rundum-Service-Reiseagentur in der Stadt; auch Businformationen sind hier erhältlich.

Fort Knox (El Paseo; ⏲ Mo–Sa 8.30–13 & 16–19.15 Uhr) Verlässliche, zentral gelegene Wechselstube.

Super Farmacia del Paseo (El Paseo, Paseo de la Costanera; ⏲ Mo–Sa 9–19, So bis 13 Uhr) Gut sortierte Apotheke.

An- & Weiterreise

AUTO

Las Terrenas lässt sich gut mit dem Auto erkunden. Der 150 Millionen US$ teure Boulevard Turístico del Atlántico verbindet u. a. Las Terrenas mit dem 24 km westlich gelegenen Flughafen (S. 416), der früher notwendige Weg über Sánchez fällt weg. Die Mautpreise sind – gemessen an den Kilometern – recht hoch (528 RD$), und die Privatstraße ist von den Einheimischen noch nicht wirklich angenommen worden, dennoch ist es eine schöne Strecke.

BUS

Las Terrenas Transportes (☎ 809-240-5302; Duarte) bietet direkte Busverbindungen über die Hauptverkehrsstraße nach Santo Domingo (400 RD$, 2½ Std., 5, 7, 9, 14 und 15.30 Uhr), Puerto Plata (400 RD$, 3½ Std., 6 Uhr), Santiago (400 RD$, 3 Std., 6 und 12.30 Uhr) und Nagua (150 RD$, 1¼ Std., 7 und 14 Uhr). Die Busse fahren von der Esso-Tankstelle am Stadtrand ab, 2,5 km südlich von der Küste; Tickets sind nur dort erhältlich (30 Min. vor der Abfahrt).

Guaguas (lokale Busse) nach Samaná fahren 8-mal täglich vor der Casa Linda an der Ecke Calle Principal und Küstenstraße ab (100 RD$, 1¼ Std., 7.15–17 Uhr). Von derselben Haltestelle fahren *guaguas* ins 14 km entfernte El Limón ab (50 RD$, 35 Min., alle 15 Min. von 7.15–19 Uhr) sowie nach Las Galeras (250 RD$, 2 Std., 9 & 14.45 Uhr).

NICHT VERSÄUMEN

WHALEWATCHING

Wer sich ein ehrfurchtgebietendes Aha-Erlebnis à la „Die Natur ist faszinierend" wünscht, sollte sich Wale aus nächster Nähe ansehen, und Samaná-Stadt – offiziell Santa Barbara de Samaná genannt – gehört zu den zehn besten Orten weltweit für Whalewatching. Jedes Jahr zwischen dem 15. Januar und dem 25. März reisen ca. 60 000 Menschen hierher, um den artistisch begabten Meeresbewohnern zuzuschauen. Der Februar ist die Hauptsaison für Buckelwale, der 27. Februar ist allerdings der nationale Unabhängigkeitstag und aufgrund des zeitgleich stattfindenden Karnevals eins der überlaufendsten Wochenenden im Winter; Samaná platzt um diese Zeit aus allen Nähten.

Die meisten Veranstalter von Wal-Touren fahren zweimal pro Tag (morgens und nachmittags) hinaus. Zu beiden Tageszeiten sind die Chancen, die Tiere zu sehen, ähnlich hoch, allerdings ist das Wasser am Nachmittag etwas rauer und tendenziell sind weniger Boote draußen. Die 38 Schiffe mit offizieller Genehmigung gehören acht Unternehmen (zwei sind in ausländischem Besitz, kanadisch und spanisch), die fünf „Wanderlizenzen" teilen sich 20 unabhängige dominikanische Tourveranstalter.

Whale Samaná (☎ 809-538-2494; www.whalesamana.com; Ecke Mella & Av la Marina; Erw./Kind von 5–10/unter 5 J. 59/30 US$/kostenfrei; ⊙ Jan.–März 8–13 & 15–18 Uhr, April–Dez. Mo–Fr ab 9 Uhr) ist der angesehenste Touranbieter für Whalewatching in Samaná. Eigentümerin Kim Beddall ist Expertin für Meeressäuger und stammt aus Kanada. Als erste Forscherin erkannte sie bereits 1985 die wissenschaftliche und wirtschaftliche Bedeutung der Wale von Samaná. Das Unternehmen hat ein großes Boot mit zwei Decks, auf dem 60 Personen Platz finden können.

FLUGZEUG

Internationale Flüge landen am Aeropuerto Internacional El Catey (S. 416), 8 km westlich von Sánchez gelegen und mit dem Taxi 35 Min. (70 US$) von Las Terrenas entfernt. Air Canada, Westjet und Air Transat u. a. fliegen Kanada an, XL Airways dagegen Paris. Es gibt auch einige wenige Charterflüge.

TAXI

Das örtliche **Taxi-Unternehmen** (☎ 809-240-6339) bietet Fahrten für einen bis sechs Mitfahrer nach fast überallhin an. Beispiele für Einzelfahrten sind Playa Cosón (25 US$), El Limón (25 US$), Samaná (70 US$), Las Galeras (100 US$), Santo Domingo (180 US$) und Punta Cana (400 US$).

Las Galeras

6305 EW.

Die Straße zu dieser 28 km nordöstlich von Samaná gelegenen kleinen Fischergemeinde endet an einer Strandbude. Bildlich gesprochen gilt das für alles weitere auch. Eine der größten Freuden eines Aufenthaltes in Las Galeras ist, dass man alles vergisst, was jenseits liegt – sogar die schönen abgelegenen Strände erscheinen weit entfernt. Der Versuchung, den ganzen Tag im Bungalow herumzuliegen oder den Tag in einem Restaurant ausklingen zu lassen, sollte man auf jeden Fall nachgeben. Wenn man jedoch die Willenskraft aufbringt, ihr zu widerstehen – Las Galeras bietet eine Reihe verschiedener Aktivitäten an Land und zu Wasser.

Wie entspannt dieser Ort ist, hat sich herumgesprochen: Viele Europäer und Nordamerikaner haben sich hier niedergelassen und Geschäfte eröffnet, was Las Galeras interessant für Individualreisende macht.

Etwa 50 m, bevor der Highway am Strand endet, findet man die wichtigste Kreuzung der Gemeinde. Die meisten Hotels, Restaurants und Dienstleister sind von hier aus fußläufig zu erreichen.

Strände

Playa Rincón STRAND

Die vollkommen ebene Playa Rincón mit ihrem weichen, fast weißen Sand und zum Schwimmen bestens geeigneten farbenprächtigen Gewässern erstreckt sich ohne Unterbrechung über 3 km – genug, damit jeder Tagesausflügler einen eigenen Fleck für sich in Beschlag nehmen kann. Am westlichen Ende befindet sich ein kleiner Bach mit Palmenwaldkulisse, in dem man sich auf dem Rückweg rasch das Salzwasser von der Haut waschen kann. Verschiedene Restaurants servieren Meeresfrüchte und vermieten Liegestühle – perfekte Bedingungen, um hier einen großartigen Tag zu verbringen.

Playa Frontón STRAND

Die Playa Frontón darf sich einiger der besten Stellen zum Schnorcheln rühmen. Beliebt ist sie anscheinend auch bei Drogenschmugglern und dominikanischen Flüchtlingen, die versuchen, über die Mona-Passage Puerto Rico zu erreichen. Es gibt Wege, die zum Strand führen, aber man kann sich leicht verlaufen – besser ist es, einen ortskundigen Reiseführer anzuheuern (Karin in **La Hacienda** (☎829-939-8285; www.lahaciendahostel.com z. B.) oder mit dem Boot anzureisen: **Asoldega** (Asociación de Lancheros de Las Galeras) bietet Fahrten zur Playa Frontón für 3000 RD$ an (1000 RD$ pro Person bei vier oder mehr Fahrgästen).

Playa Madama STRAND

Playa Madama ist ein kleiner, von hohen Klippen gesäumter Strand am äußersten Rand des Landes; nicht vergessen, dass hier nachmittags nicht viel Sonnenlicht durchkommt.

Asoldega bietet für etwa 2500 RD$ Fahrten nach Playa Madama an (800 RD$ pro Person bei vier oder mehr Fahrgästen).

Aktivitäten

Las Galeras Divers TAUCHEN

(☎809-538-0220; www.las-galeras-divers.com; Plaza Lusitania; ⏰8–18 Uhr) Las Galeras Divers ist ein sehr angesehenes Tauchgeschäft an der Hauptkreuzung des Ortes und befindet sich in französischer Hand. Tauchgänge mit einer oder zwei Flaschen einschließlich Ausrüstung kosten 55/85 US$ (10 US$ weniger, wenn man die eigene Ausrüstung mitbringt). Außerdem werden verschiedene Rabattpakete angeboten. Hier gibt's auch Kurse für PADI-Zertifikate.

Schlafen

★ **Sol Azul** BUNGALOWS $$

(☎829-882-8790; www.elsolazul.com; EZ/DZ inkl. Frühstück ab 2000/2500 RD$; P Wi-Fi Pool) Ein warmherziges, freundliches Paar aus der Schweiz mit umwerfend niedlichen Hunden betreibt diese Unterkunft mit vier großzügig geschnittenen Bungalows in natürlichen Farbtönen, die über einen akkuraten Garten mit einem netten Poolbereich gerade mal 50 m von der Hauptkreuzung im Ort verteilt sind. Zwei Bungalows haben Zwischengeschosse (Maisonette-Stil). Das Frühstücksbüfett wird hoch gelobt – die Orangen und Avocados kommen von den eigenen Bäumen!

Chalet Tropical CHALETS $$

(☎809-901-0738; www.chalettropical.com; Calle por La Playita; EZ/DZ/3BZ 75/80/85 US$, ohne Bad 65/70/75 US$, Chalets ab 165 US$; P ❄ Wi-Fi Pool) Ein italienischer Designer hat diese rustikal-schicken Hütten in A-Form entworfen. Manche sind in Räume unterteilt, andere haben einen offenen Grundriss. Kleine Pools sind Standard. Die Farbpalette ist umfangreich, und drinnen erwarten einen einmalige Details wie z. B. Steinduschen, Akzente aus Kokosnuss oder Bambusholz und jede Menge kreative Ideen. In einigen Hütten können einzelne Zimmer gebucht werden, die Gemeinschaftsbereiche teilt man sich.

Casa Dorado B&B $$

(☎829-577-6777; www.casadoradodr.com; Zi. inkl. Frühstück 75–90 US$; P Wi-Fi Pool) Dieses schöne Haus ist 1 km sowohl von der Hauptstraße als auch vom Playita-Strand entfernt; die Inneneinrichtung ist mexikanisch angehaucht. Vier Zimmer sind in dem Haus verfügbar, das größte und teuerste hat einen Jacuzzi.

Todo Blanco BOUTIQUE-HOTEL $$

(☎809-538-0201; www.hoteltodoblanco.com; Zi. mit/ohne Klimaanlage 100/90 US$; P ❄ Wi-Fi) Seinem Namen „ganz weiß" vollkommen gerecht wird das weiß gekalkte bewährte Lokal, dass sich auf der Spitze eines kleinen Berges und nur einen kurzen Fußweg von der Hauptstraße entfernt befindet. Die Räume sind groß und luftig mit hohen Decken und Privatterrassen mit Aussicht aufs Meer, während der Außenbereich auf mehreren Ebenen hübsch mit Gärten und einem Pavillon ausgestattet ist.

★ **Casa El Paraíso** B&B $$$

(☎809-975-1641; www.facebook.com/CasaElParaisoRD; La Guázuma; Zi. inkl. Frühstück 150–190 US$; P Wi-Fi Pool) 🍃 Die Tierärzte Nora und José, ein italienischer Gourmetkoch namens Mirko sowie eine kleine Horde italienischer Windhunde sind die Gastgeber in diesem außergewöhnlichen Sechs-Zimmer-B&B in La Guázuma, das praktisch aus dem Dschungel in das darunterliegende Meer stürzt. Zimmer 5 (Spitzname „Afrika") ist auf zwei Seiten komplett offen und bietet eine buchstäblich einzigartige Aussicht auf Dschungel, Berge und Meer.

Essen

Restaurante Il Pirata da Manuela ITALIENISCH $$
(☎809-935-2765; Calle a la Playita; Hauptgerichte 650 RD$; ⊙17.30–23 Uhr) Einheimische und sogar waschechte Italiener sind sich einig: Die hausgemachten Gnocchi und anderen Pasta-Gerichte, die der gebürtig aus Turin stammende Eigentümer und Chefkoch selbst zubereitet, sind die besten auf der gesamten Insel. Zweifellos sind dies die leckersten und authentischsten Nudeln in Las Galeras. Auch die hausgemachte Eiscreme ist etwas ganz Besonderes.

Die Straße nach Playita runter und auch an der Abzweigung weiterfahren. Achtung: die letzten 200 m sind ganz schön holprig.

★ **El Cabito** FISCH & MEERESFRÜCHTE $$$
(☎809-820-2263; Hauptgerichte 850 RD$; 📶) Gut, die Straße ist ein ziemlichen Achsenbrecher (zumindest bei 08/15-Pkw). Auch der (gepflasterte, aber unorganisierte) Parkplatz ist nicht gerade vertrauenerweckend. Und der Service ... naja. Mal so, mal so. Trotzdem: nicht umkehren, die Anfahrt lohnt sich! (Es sei denn, das Wetter ist mies; dann verschiebt man den Trip besser.) Auf einer Klippe mit sensationeller Aussicht werden Platten aufgetragen, auf denen sich frische Meeresfrüchte türmen. Oberhalb kreisen Habichte, und in der Ferne kann man Wale beobachten. Eine schöne Adresse für einen Drink bei Sonnenuntergang.

Praktische Informationen

Es gibt einen Bankautomaten von BanReservas (www.banreservas.com; Principal) einen Block nördlich des Malecón und einen anderen im Grand Paradise Samaná-Resort.

Cestur (Touristenpolizei; ☎849-754-2987; Principal; ⊙24 Std.)

An- & Weiterreise

Die asphaltierte Straße von Samaná schlängelt sich durch eine zauberhafte, meist bewaldete Landschaft die Küste entlang und führt an den Stadtrand von Las Galeras.

Guaguas nach Samaná (100 RD$, 1½ Std., 6.30–18 Uhr alle 20 Min.) starten am Strandende der Calle Principal und nehmen auf dem Weg aus der Stadt in gemütlichem Tempo weitere Passagiere auf. Zweimal täglich geht's nach Las Terrenas (250 RD$, 2 Std., 9 & 14 Uhr), drei Asotrapusa-Busse pro Tag nehmen Kurs auf Santo Domingo (400 RD$, 4 Std., 5.15, 13 und 15 Uhr); sowohl die Musik als auch die Klimaanlage sind bis zum Anschlag aufgedreht.

Taxis (☎809-481-8526) befinden sich an einem Stand gegenüber dem Hauptstrand (und auch an einem teureren Taxistand in der Nähe des Strandes am Grand Paradise Samaná-Resort). Typische Fahrpreise sind 100 US$ nach Las Terrenas, 45 US$ nach Samaná, 75 US$ zum Aeropuerto Catey, 100 US$ nach Las Terrenas und 220 US$ nach Santo Domingo. Vor allem den Fahrpreis nach Samaná kann man verhandeln.

Mit einem Mietwagen kann man die Halbinsel sehr gut alleine erkunden. Pro Tag zahlt man für einen Mietwagen in der Regel um die 2700 RD$ inkl. Versicherung; eine gute Option ist z. B. **RP Rent-a-Car** (☎809-538-0249; jreyes.jdrv@gmail.com; Principal; ⊙Mo–Fr 8–17, Sa bis 15 Uhr).

NORDKÜSTE

An der Nordküste der Dominikanischen Republik sind von Osten nach Westen Weltklasse-Strände, jede Menge Wassersportangebote und abgelegene, unberührte Schauplätze zu finden. Der lange Küstenabschnitt zwischen der Grenze zu Haiti im Westen und Río San Juan im Osten besticht durch seine Expat-Enklaven, die manchen Städtchen ein internationales Flair verleihen. Die Gegend ist von bewaldeten Hügeln, trockenem Buschland und dschungelbestandenen Naturschutzgebieten mit üppigen Wasserfällen geprägt. In verschlafenen kleinen Nestern trocknet die frische Wäsche im Freien, ältere Herrschaften treffen sich in Bars und Eckkneipen, und Sandstrände reihen sich Kilometer um Kilometer aneinander. Puerto Plata verströmt einen Hauch von urbanem Schick. Die typisch karibische Architektur, bestehend aus viktorianischen Bauten in bunten Pastelltönen, straft die Vergangenheit dieses Orts als regionale Hauptstadt Lügen. Individualreisende finden Unterkünfte jeder Couleur vor, die sich als Stützpunkte für Erkundungsausflüge in abgelegenere Gegenden eignen, insbesondere Cabarete, wo man kitesurfen oder surfen kann.

Cabarete

14 600 EW.

Dieses ehemalige Fischer- und Bauerndorf ist heute die Abenteuersport-Hauptstadt des Landes, mit vielen Neubauten und wachsender Infrastruktur. Die nette, zuweilen auch laute Strandgemeinde wartet mit tollen unabhängigen Unterkünften auf.

Außerdem kann man in vielen Restaurants mitten auf dem Strand und direkt am Wasser speisen – ein unvergleichliches Erlebnis. Ebenfalls ungeschlagen sind Wind und Wellen; nirgendwo auf der Insel herrschen bessere Bedingungen zum Surfen, Kitesurfen oder Windsurfen. Cabarete ist die perfekte Basis, um die Gegend zu erkunden, in zwei Stunden Autofahrt erreicht man alle besseren Locations der Küstenregion. Auf der (einzigen) Straße sind immer viele verschiedene Sprachen zu hören. Hier reihen sich ein Großteil der Hotels, Restaurants und Shops aneinander.

Strände

Die Hauptattraktion Cabaretes sind seine Strände, und das nicht nur wegen der Sonne und dem Sand. Jeder Strand hat einen anderen Wassersport zu bieten, man kann hier Anfängern wie auch fortgeschrittenen Athleten stundenlang zuschauen.

Kite Beach STRAND
2 km westlich der Stadt liegt der Kite Beach. An windigen Tagen ein grandioser Anblick, wenn die Scharen von Kitern aller Geschicklichkeitsstufen ihre riesigen Segel und 30 m langen Leinen durch die Wellen und den „Verkehr" lenken. An solchen Tagen ist das Wasser hier fürs Schwimmen gesperrt, da die Wahrscheinlichkeit hoch ist, überfahren zu werden.

Playa Encuentro STRAND
Befindet sich 4 km westlich der Stadt. Es ist der beste Ort zum Surfen, auch wenn gelegentlich sehr gute Wind- oder Kitesurfer herkommen, um die großen Wellen auszunutzen. Der Strand selbst ist ein langer, schmaler Sandstreifen und grenzt an eine üppige tropische Vegetation; starke Gezeiten und steinige Untiefen machen das Schwimmen hier schwierig. Um den Strand zu finden, einfach nach dem blassgelben Torbogen mit dem Schild „Coconut Palms Resort" suchen. Nachts ist es hier definitiv nicht sicher.

Playa Cabarete STRAND
Der wichtigste Strand, direkt vor der Stadt gelegen. Ideal, um Windsurfer zu beobachten, obwohl die allerbesten weit draußen auf offener See jenseits der Riffe surfen. Wenn man Ausschau hält, sieht man sie mit hoher Geschwindigkeit springen und sich überschlagen. Alleinreisende Frauen werden sich hier vielleicht nicht so wohl fühlen.

Aktivitäten

Kele Surf School SURFEN
(☎ 809 445 0197; www.kelesurf.com; Playa Encuentro; Gruppenunterricht 40 US$ pro Stunde, Boardmiete 20 US$ pro Tag; ⌚ 7–16 Uhr) Von einer inspirierenden jungen Frau betrieben, die in Encuentro aufgewachsen ist und als Model arbeitet, ist die Kele Surf School ohne Zweifel die beste Wahl für angehende Surferinnen. Außerdem sind ihre Ausrüstung und ihre Preise top.

Northern Coast Diving TAUCHEN
(☎ 800-222-4545; www.northerncoastdiving.com) Angesehener Tauchshop in Sosúa mit einer weiteren Filiale in Iguana Mama. Organisiert Ausflüge von Laguna Dudu im Osten nach Monte Cristi im Westen.

Cabarete Surf Camp SURFEN
(☎ 829-548-6655; www.cabaretesurfcamp.com; Calle B1, Pro Cab) Eines der beliebtesten Camps in Cabarete, mit einer fantastischen Inneneinrichtung und ebenso fantastischen Lehrern. Bietet auch Kitesurfing-Unterricht.

Geführte Touren

★ **Iguana Mama** OUTDOORAKTIVITÄTEN
(☎ 809-654-2325, 809-571-0908; www.iguanamama.com; Principal) Dieser professionelle und familienbetriebene Erlebnisreisenveranstalter ist eine Nummer für sich. Seine Spezialitäten sind Mountainbiken (von leicht bis extrem schwer, ab 50 US$) und Canyoning. Ausflüge nach Damajagua (89 US$) gehen bis zum höchst gelegenen Wasserfall, und Iguana Mama bietet als einziger Veranstalter eine Canyoning-Tour zu den Ciguapa Falls an mit mehr als 10 m Sprunghöhe.

Schlafen

★ **Surf Break Cabarete** B&B $
(☎ 829-921-4080; www.surfbreakcabarete.com; Playa Encuentro; EZ/DZ inkl. Frühstück ab 30/45 US$; P ❄ 📶 🏊) Aufenthalt mit dem besten Preis-Leistungs-Verhältnis, bietet sowohl Surf- als auch Yoga-Pakete, zusammen mit den allerliebsten *palapa*-überdachten Unterkünften in zwei begrünten Gebäuden. Der Pool-Bereich und das Yoga-Studio sind hervorragend ruhig gelegen, und der Eigentümer ist freundlich und hilfsbereit. Das Hotel der Wahl für alleinreisende Frauen (und natürlich für alle anderen auch).

Cabarete Surf Camp HOSTEL $
(☎829-548-6655; www.cabaretesurfcamp.com; Calle B1, Pro Cab; EZ/DZ/Apt. inkl. Frühstück & Abendessen ab 22/33/75 US$; P ❄ 📶 ☒) Am Rand einer fünf Minuten landeinwärts gelegenen Lagune befindet sich dieses üppig begrünte Grundstück mit farbenfrohen und rustikalen Hütten im Backpacker-Stil. In einem zweistöckigen Gebäude gibt's größere, modern eingerichtete Zimmer; das Highlight sind zwei ganz in Holz eingerichtete Zimmer im Kolonialstil mit Lamellenfenstern in einem „Turm" über der Küche.

★ **Natura Cabañas** RESORT $$$
(☎809-571-1507; www.naturacabana.com; Zi. inkl. Frühstück 256 US$; P @ ☒) In der Mitte zwischen Cabarete und Sosúa befindet sich diese kleine Siedlung aus thailändisch anmutenden Strohdachbungalows. Das Eigentümerpaar hat die rustikal-eleganten Gebäude selbst entworfen. Alles ist aus natürlichen Materialien hergestellt – Mahagoni, Bambus und Stein – und ein Schotterweg führt zu einem versteckten Strand. Zwei Open-Air-Restaurants servieren gesunde, köstliche Smoothies und Gerichte (500–1100 RD$).

Essen

Ein Abendessen an Cabaretes Strand ist das karibische Erlebnis schlechthin – Palmen sind mit Lichterketten geschmückt, eine milde Brise vom Ozean und ausgezeichnetes Essen (auch wenn es genauso viel kostet wie zu Hause). Viele Strandbars haben ebenfalls gutes Essen zu bieten, allerdings sind viele davon im Oktober teilweise geschlossen.

Wilson's at La Boca GRILLRESTAURANT $
(☎809-610-1158; Hauptgerichte 300 RD$; ⊙9.45–18.45 Uhr) Hierbei handelt es sich um eine kleine Grillhütte am Yasica-Fluss in Islabon, etwa 8 km südöstlich der Stadt auf dem Weg nach Sabaneta de Yasica. Der namengebende Wilson spricht perfekt Englisch und serviert auf einem Holzgrill gerösteten Fisch, Hühnchen und Hummer.

Vagamundo Coffee & Waffles CAFÉ $
(www.vagamundocoffee.com; Principal; Waffeln 100–250 RD$; ⊙7–16 Uhr; P 📶) Gleich außerhalb der Stadt befindet sich dieses Café, Teil der Third-Wave-Coffee-Bewegung – hier gibt's die aktuellsten Trends zum Thema Kaffee. Die Aufmachung – Einweckgläser, Möbel aus Flachpaletten, Laternen und ein Nostalgie-Soundtrack aus den 2000ern – lassen an eine Kreuzung aus Brooklyn, Coachella Festival und Spring-Break in der Karibik denken. Kaffee und Speisen sind köstlich.

La Casita de Papi FISCH & MEERESFRÜCHTE $$$
(☎809-986-3750; Hauptgerichte 890; ⊙Di–So 12–23 Uhr; 📶) Eine echte Institution in Cabarete. Das anheimelnde Restaurant am Strand ist für seine geniale Knoblauch-Krabben-Paella bekannt sowie für Hummer und gegrillten Fisch. Gespeist wird unter funkelnden Lichterketten zwischen den Palmen. Eine der besten Adressen am Strand.

ℹ Praktische Informationen

An der Calle Principal findet man eine **Banco León** (Principal; ⊙Mo–Fr 9–17, Sa bis 13 Uhr), **Banco Popular** (Principal; ⊙Mo–Fr 9–16.30, Sa bis 13 Uhr) und **Scotiabank** (Principal; ⊙Mo–Fr 9–17, Sa bis 13 Uhr).

Cestur (Touristenpolizei; ☎809-571-0713, 809-754-3036; Principal) Am östlichen Ortseingang.

Lavandería Janko (Principal; 30 RD$ pro kg; ⊙Mo–Sa 9–18 Uhr) Am östlichen Ende der Stadt, gegenüber von Janet's Supermarket. Die Wäsche ist am selben Tag abholbereit.

Servi-Med (☎809-571-0964; Principal; ⊙24 Std.) Hier wird Englisch, Deutsch und Spanisch gesprochen; Reisekrankenversicherungs- und Kreditkarten werden akzeptiert.

ℹ Anreise & Unterwegs vor Ort

AUTO

Autos können am Flughafen oder in der Stadt gemietet werden. Eine gute Option ist **Easy Rider** (☎809-571-9798; www.easyrider-cabarete.com; ⊙8–19 Uhr), das Vollkaskoversicherung bei anständigen Preisen anbietet (d. h. keine persönliche Haftung für beschädigte Fenster, Räder etc.). Um von der Stadt aus zum Flughafen zu gelangen, ist die einfachste Variante eine *guagua* zur Flughafenstraße (an Sosúa vorbei) und von dort aus 500 m zu Fuß zum Terminal, wo man sich bei den zahlreichen Autovermietungen informieren kann.

Mit dem eigenen Pkw benötigt man ca. 2½ Stunden von Cabarete nach Samaná.

BUS

Die größeren Busunternehmen bieten keine Fahrten nach Cabarete an – die nächstgelegenen Haltestellen befinden sich in Sosúa. Sie fahren ohne Zwischenstopp bis nach Nagua, bevor es dann Richtung Süden nach Santo Domingo geht.

ABSTECHER

27 WASSERFÄLLE

Reisende bezeichnen die Rundfahrt um die **Wasserfälle** (829-639-2492; www.27charcos.com; Damajagua; höchster Wasserfall 700 RD$, organisierte Touren 80–100 US$) in Damajagua regelmäßig als „das Coolste, was ich in der Dominikanischen Republik unternommen habe". Dem kann nur zugestimmt werden. Unter Anleitung der Guides gelangt man nach oben, folgt einem Weg, Stufen, überquert eine neue Hängebrücke, schwimmt durch natürliche Badelöcher und klettert durch die Wasserfälle. Runter geht's schnell – einfach (bis zu 8 m tief!) ins glitzernde Wasser springen.

Es wird ein Guide empfohlen, aber da es keine Mindestgröße für Gruppen gibt, kann man auch alleine gehen. Man kann wählen, ob man bis zum 7., 12. oder 27. Wasserfall gehen möchte, obwohl die meisten Jeep-Safari-Touren nur bis zum 7. führen. Mindestalter ist 12 Jahre, und eine gute Konstitution ist Voraussetzung. Ausländische Reisende zahlen 700 RD$ für den höchsten Wasserfall, aber deutlich weniger für die niedrigeren (1 US$ jeder Eintrittsgebühr wird an einen Gemeindeentwicklungsfonds gespendet). Reiseveranstalter in Puerto Plata, Sosúa und Cabarete bieten Reisen hierher an (80–100 US$). Die Wasserfälle sind von 8.30–15 Uhr zugänglich, aber es lohnt sich, so früh wie möglich zu kommen, bevor die Menschenmassen eintreffen. In der Nähe des Eingangs gibt's ein Besucherzentrum und ein Restaurant.

Um die Wasserfälle zu erreichen, fährt man von Imbert aus auf dem Highway 3,3 km (über zwei Brücken) nach Süden bis zu einem Schild mit abgebildetem Wasserfall. Von dort aus ist es noch etwa 1 km bis zum Besucherzentrum. Alternativ kann man eine *guagua* (Bus) von **Javilla Tours** (809-970-2412; Ecke Camino Real & Av Colón; Busse alle 15 Min. 5–19.30 Uhr) nehmen und darum bitten, am Eingang rausgelassen zu werden. Die große Texaco-Tankstelle in Imbert dient als Knotenpunkt für den gesamten Bereich. Es gibt regelmäßige *guagua*-Fahrten nach Santiago (100 RD$, 1 Std.) und Puerto Plata (50 RD$, 30 Min.).

Ein großer weißer, klimatisierter Bus hält auf seiner Route von Puerto Plata nach Samaná täglich um 13.30 Uhr an der Tankstelle östlich der Stadt. Die dreistündige Fahrt kostet von Cabarete aus 275 RD$.

GUAGUA

Haufenweise *guaguas* fahren auf dieser Küstenstraße, einschließlich Richtung Osten nach Sabaneta de Yasica (40 RD$) und Río San Juan (100 RD$, 1 Std.) sowie Richtung Westen nach Sosúa (35 RD$, 20 Min.) und Puerto Plata (110 RD$, 45 Min.). Am besten auf Cabaretes Hauptstraße einfach herbeiwinken.

Ein *guagua* nach Santo Domingo schlägt mit 300 RD$ zu Buche. Es ist schlauer, in Sosúa den Bus zu nehmen.

MOTOCONCHO

Der Stadtverkehr wird von *motoconchos* (Motorradtaxis) dominiert, die versuchen, einem den doppelten oder dreifachen Preis abzuknüpfen, den man für eine vergleichbare Fahrt in Puerto Plata zahlen würde. Nicht wundern, wenn sie sich nicht runterhandeln lassen. Eine Fahrt nach Kite Beach sollte 75 RD$ und nach Playa Encuentro 130 RD$ kosten.

TAXI

Wer Motorrädern nicht traut, kann ein **Taxi** rufen (809-571-0767; www.taxisosuacabarete.com), das 600 RD$ nach Encuentro, 45 US$ zum 18 km westlich gelegenen Aeropuerto Internacional Gregorío Luperón und 35 US$ nach Puerto Plata kostet. Zum Flughafen Santiago sind es etwa 100 US$ und nach Santo Domingo 200 US$. In der Stadtmitte gibt's einen Taxistand.

ZENTRALES HOCHLAND

Selbst die eingefleischtesten Strandfanatiker werden irgendwann genug von Sonne und Sand haben. Wenn dies der Fall sein sollte, ist das kühle, gebirgige zentrale Hochland genau der richtige Ort; wo sonst kann man in einen Pullover eingewickelt bei Morgengrauen sitzen und den Nebel in das Tal hinabfallen sehen, während hinter den Bergen die Sonne aufgeht? Beliebte Rückzugsorte, rauschende Flüsse und emporragende Gipfel rufen. Das unten in der Ebene liegende Valle del Cibao ist der Entstehungsort der Merengue-Musik, dort werden auch einige der besten Karnevalsfeiern zelebriert. Das wirtschaftliche Leben im zentralen Hochland kreist um Santiago, die zweitgrößte Stadt der Dominikanischen Republik und die Hauptstadt einer weitläufigen Tabak- und Zuckerrohranbauregion. Bei einem Besuch hier zählen ein Schluck Rum und das Schmauchen einer regionalen Zigarre definitiv zum Pflichtprogramm.

Jarabacoa

69 855 EW. / 529 M

In den niedrigen Ausläufern der Cordillera Central liegt die „Stadt des Ewigen Frühlings", deren besonderer Reiz darin liegt, dass nur wenige Touristen sie als potenzielles Reiseziel auf dem Schirm haben. Nachts sinken die Temperaturen (Sweatshirt-Zeit!), ein Fluss wühlt sich an bewaldeten Hängen vorüber, die sich in den Wolken verlieren, und an jeder Straßenbiegung erwartet einen ein neues alpines Panorama. Dies ist der richtige Ort, wenn man die Berge erkunden will, ob im Rafting-Boot, auf dem Rad, Pferd oder zu Fuß. An Wochenenden zieht es die Einheimischen ins 4 km nördlich der Stadt gelegene Balneario la Confluencia, wo der Río Yaque und der Río Jimenoa aufeinandertreffen, um baden zu gehen und zu picknicken. Abends kann man sich nahe dem Parque Central bei ein paar Bier unters Volk mischen und Geschichten über Adrenalinkicks aller Art austauschen. Outdoor-Spaß heißt hier übrigens nicht, dass man auf Komfort verzichten muss. Tausende betuchter Dominikaner aus Santo Domingo und Santiago besitzen Sommerhäuser in der Gegend, was eine wundersame Vermehrung von guten Restaurants und Hotels nach sich gezogen hat.

Aktivitäten & Geführte Touren

Rancho Baiguate ABENTEUERSPORT
(☎ 809-574-6890; www.ranchobaiguate.com; Carretera a Constanza) Rancho Baiguate erhält gute Kritiken bezüglich der Sicherheit und Zuverlässigkeit. Zu den angebotenen Aktivitäten gehören Rafting (50 US$), Canyoning am Salto de Baiguate (50 US$), Mountainbike-Touren (ab 25 US$) und Ausflüge zu Wasserfällen (ab 18 US$) und zum Pico Duarte (3 Tage ab 255 US$ pro Pers.).

Schlafen

★ **Jarabacoa Mountain Hostel** HOSTEL $
(☎ 809-574-6117; B/EZ/DZ/4 BZ ab 18/30/37/51 US$; P ❄ 📶) 15 Minuten Fußmarsch von der Stadt entfernt befindet sich diese „Herberge", ein modernes zweistöckiges Haus mit einer hochmodernen, voll ausgestatteten Küche und einer Reihe feudaler Zimmer, wovon die besten einen Balkon und ein Badefass zu bieten haben. Die Besitzer kennen sich sehr gut in der Gegend aus, helfen bei der Planung von Ausflügen und stellen kostenlose Kaffeespezialitäten, Waschmaschinen und Fahrräder zur Verfügung.

Sonido del Yaque HÜTTEN $
(Cabanas Cazuelas de Dona Esperanza; ☎ 809-727-7413; www.sonidodelyaque.com; Los Calabazos; Zi. ab 950 RD$) Dieses Community-Tourismus-Projekt besteht aus sechs Beton- und Holzhütten, jede mit Schlafkojen und Veranda, mitten in üppigem Dschungel über dem rauschenden Río Yaque del Norte gelegen. Strom, warme Duschen und Moskitonetze sind vorhanden. Mahlzeiten müssen vorbestellt werden. Es ist nicht ausgeschildert – wenn man von Jarabacoa kommt, einfach nach einem kleinen Laden auf der rechten Straßenseite Ausschau halten.

Hotel Gran Jimenoa HOTEL $$
(☎ 809-574-6304; www.granjimenoahotel.com; Av La Confluencia; EZ/DZ/3BZ inkl. Frühstück ab 51/64/78 US$; P ❄ @ 📶 🏊) Dieses mehrere Kilometer nördlich der Stadt unmittelbar neben dem rauschenden Río Jimenoa gelegene Hotel ist das gehobenste der Cordillera Central. Es ist weder ein Strand- noch ein All-inclusive-Hotel, aber man kann hier leicht eine ruhige Woche verbringen, ohne das weitläufige Grundstück zu erkunden. Eine Fußgängerbrücke führt zu einer Bar auf dem gegenüberliegenden Flussufer.

Villa Celeste Estate B&B $$$
(☎ 829-766-3524; Los Pinos; Zi. inkl. Frühstück ab 99 US$; P ❄ 📶 🏊) Ca. 14 km nördlich von Jarabacoa steht diese wunderbare Pension mit acht Zimmern in einer privaten abgeschlossenen Gemeinde. Das Design ist – irgendwie schräg – an die Schweizer Alpen angelehnt. Das mehrgeschossige Gebäude wartet mit zeitgenössischen Möbeln und kolonialzeitlichen Elementen auf. Außerdem gibt's einen Dachpavillon mit Blick über den Swimmingpool auf der Rückseite und die umliegende Vegetation. Eine schöne Aussicht hat man aber auch auf den Terrassen der einzelnen Zimmer.

Essen

★ **La Baita** ITALIENISCH $$
(☎ 809-365-8778, 829-451-0379; marco.brand@hotmail.it; Av La Confluencia 74; Hauptgerichte ab

450 RD$; ⏲Mo & Mi–Fr 11–14 & 17–23, Sa & So 11–23 Uhr) Das kleine italienische Lokal nördlich der Stadt überzeugt mit selbstgemachter Pasta, im Holzofen gebackenen Pizzas sowie importiertem Fleisch und Käse. Der freundliche Eigentümer und Küchenchef weiß seinen Gästen zu jeder Hauptspeise den passenden italienischen Wein zu empfehlen, sei es zur traditionellen Pasta mit Soße oder zu einem frischen Fischgericht.

Aroma de la Montaña

INTERNATIONAL **$$$**

(☎829-452-6879; www.aromadelamontana.com; Hauptgerichte 600–1500 RD$; ⏲8–24 Uhr; P❄📶) Auf der Terrasse dieses Restaurants auf einem Berg (es handelt sich um das einzige sich drehende Restaurant in der gesamten Karibik-Region) kann man die Landschaft rund um Jarabacoa gewissermaßen aus der Vogelperspektive genießen. Mittags herrscht eine familiäre Atmosphäre, abends geht es bei Kerzenschein romantischer zu – allerdings wollen die Techno-Remixe von Justin-Bieber-Songs nicht so recht dazu passen! Die Speisekarte umfasst Steakhaus-Klassiker und Landestypisches.

ℹ Praktische Informationen

Banco Popular (☎809-544-5555; Av La Confluencia; ⏲Mo–Fr 9–17, Sa bis 13 Uhr) Auf der Plaza La Confluencia.

Cestur (Touristenpolizei; ☎809-754-3068, 809-754-3072; Miguel M Castillo) Hinter dem Caribe Tours-Terminal.

Clínica Dr Terrero (☎829-460-1691; Av Independencia 2A)

An- & Weiterreise

AUTO

Die asphaltierte Straße nach Constanza ist auf dieser malerischen Strecke Balsam für die Autostoßdämpfer; die Dutzenden Serpentinen stellen jedoch jeden Fahrer vor eine harte Probe. Ab El Río führen die verbleibenden 19 km durch ein üppig bewachsenes Tal.

BUS

Públicos nach Constanza (150 RD$, 40 Min., gegen 9, 11.30 und 13.30 Uhr) fahren schräg gegenüber der Shell-Tankstelle ab (Ecke Duverge und Calle El Carmen). *Públicos* nach La Ciénaga (150 RD$, 1½ Std., etwa alle 2 Std.) fahren von der Calle Odulio Jiménez nahe der Calle 16 de Agosto ab. Die Strecke ist 42 km lang, wovon die ersten 33 km größtenteils asphaltiert sind. Der Rückweg ist vielleicht nicht so leicht zu

ABSTECHER

PLAYA GRANDE & PLAYA PRECIOSA

Nur 8 km östlich von Río San Juan erstreckt sich einer der schönsten Strände des Landes, die Playa Grande. Der lange und breite lohfarbene Strand grenzt auf einer Seite an aquamarinblaues Wasser, auf der anderen an einen dichter Saum aus Palmen. In der Ferne schießen weiße Klippen aus dem Meer. Vor Ort bietet eine Surfschule Unterricht an.

Die Infrastruktur am östlichen Ende des Strands besteht aus einer kleinen „Siedlung“ aus pastellfarbenen Holzhütten, in denen frisch gefangene Meeresfrüchte wie Hummer und Garnelen sowie gegrillter Schnapper mit Reis und Kochbananen verkauft werden. Die Piña Coladas werden hier mit richtigen Ananas und echtem Kokoswasser zubereitet. Annehmlichkeiten wie diese und die neuerdings betonierte Zufahrtstraße sorgen dafür, dass diese Gegend nicht mehr so abgeschieden und „wild“ wirkt wie früher. Man kann Liegestühle (200 RD$ pro Tag), Sonnenschirme (200 RD$ pro Tag), Schnorchelausrüstung (500 RD$ pro Tag), Bodyboards (200 RD$ pro Std.) und Surfbretter (500 RD$) leihen. Wer es gern einsamer hätte, läuft einfach am Strand entlang nach Westen.

Vor den Waschräumen an der Playa Grande führt ein Pfad nach gerade mal 25 m zu einem weiteren spektakulären Strandabschnitt, Playa Preciosa genannt. Die Wellen sind beeindruckend und ziehen bei Sonnenaufgang immer viele Surfer an.

Noch etwas zum Thema Sicherheit: an beiden Stränden ist die Brandung stark, und es gibt tückische Strömungen. Zuweilen bilden sich starke ablandige Rip-Strömungen (engl. riptides), es gab schon mehrere Todesfälle.

Wer mit dem *guagua* (Lokalbus) aus der Stadt hierherfährt, wird von den Fahrern kurz vorm Tor abgesetzt, das den Eingang zu den Stränden markiert. Mögliche Alternativen zum Bus sind *motoconchos* (Motorradtaxis; 150 RD$) und Taxis (300 RD$).

organisieren, insbesondere nach einer Wanderung am Nachmittag. Entweder arrangiert man vorab ein Taxi, das einen abholt, oder lässt es drauf ankommen und versucht zu trampen.

Guaguas machen sich häufig auf den Weg nach La Vega (90 RD$, 30 Min., 6–18 Uhr alle 10–30 Min.). Abfahrt ist am **Busbahnhof** (Ecke Av Independencia & José Duran). Express-*guaguas* nach La Vega (sie machen keine Zwischenstopps) starten an demselben Busterminal (100 RD$).

Caribe Tours (☎809-574-4796; www.caribetours.com.do; Leopoldo Jiménez) bietet die einzige Busverbindung 1. Klasse ab/nach Jarabacoa. Viermal täglich geht's via La Vega (100 RD$, 45 Min.) nach Santo Domingo (350 RD$, 2½ Std., 7, 10, 13.30 und 16.30 Uhr).

TAXI

Ein Taxi nach La Vega kostet etwa 1000 RD$.

DER SÜDWESTEN & DIE PENÍNSULA DE PEDERNALES

Dieser Teil der Dominikanischen Republik ist chronisch unterbesucht: Nur wenige Traveller verschlägt es in den Südwesten der Insel. Er liegt ziemlich weit ab vom Schuss, und um die regionalen Highlights zu besuchen, muss man ein wenig Aufwand betreiben, doch gerade das macht dieses Reiseziel so attraktiv! Wer sich von Santo Domingo aus gen Westen aufmacht, lässt nicht nur die Bade- und Ferienorte im Osten weit hinter sich, sondern wird eine ganz andere Seite des Inselstaats kennenlernen – eine, deren Landschaft nicht vom Tourismus geprägt ist, sondern von Alltagsszenen. Reisende können den Wolkenwald entdecken, während im Hintergrund ein „Soundtrack" aus Vogelgezwitscher läuft, oder die von Kakteen bestandene Wüste, die sich bis zur Grenze nach Haiti erstreckt. Außerdem lockt die bildschöne Küste der Península de Pedernales mit kilometerlangen einsamen Sandstränden und klarem türkisfarbenem Wasser. In der Bahía de Las Águilas mit einem menschenleeren 10 km langen Strand (das perfekte Postkartenmotiv) hat man das Gefühl, den Traveller-Jackpot geknackt zu haben …

Península de Pedernales

Die Península de Pedernales beherbergt einige wunderschöne Naturattraktionen, etwa den Strand in der Bahía de Las Águilas, die extrem salzhaltige Laguna Oviedo, den Parque Nacional Jaragua, den Wolkenwald von Cachóte und die fantastische Vogelwelt im Parque Nacional Sierra de Bahoruco. Dessen ungeachtet ist das Touristenaufkommen in diesem Teil des Landes erstaunlich gering.

Ursprünglich war Pedernales eine eigenständige Insel, doch durch Verschiebungen der Kontinentalplatten wurde sie nach Norden geschoben, gen Hispaniola, und schloss die Meerenge zwischen Port-au-Prince und Barahona. Diese tektonische Bewegung ist Ursache für viele der einzigartigen geografischen Besonderheiten auf der Halbinsel.

Nirgendwo in der Dominikanischen Republik kann man besser Vögel beobachten als im Südwesten, denn hier sind fast alle endemischen Arten vertreten. Bei der letzten Zählung wurden ca. 310 bekannte Vogelarten registriert, 32 Arten gibt es nur auf Hispaniola. Bei der Hälfte handelt es sich um Zugvögel, weshalb der Winter die beste Reisezeit für (Hobby-)Ornithologen ist.

Bahía de Las Águilas

Die Bahía de Las Águilas ist die Sorte Strand, die man von Postkarten kennt. Dieses ursprüngliche Idyll befindet sich im äußersten südwestlichen Winkel der Dominikanischen Republik, aber wenn man es erst einmal dorthin geschafft hat, wird man mit 10 km nahezu menschenleerem Strand belohnt, der einen sanften Bogen zwischen zwei Landspitzen beschreibt. Die Anreise erfolgt zumeist mit dem Boot via Playa Las Cuevas – das winzige Fischernest ist die nächstgelegene Siedlung. Die Fahrt führt zwischen Felsvorsprüngen hindurch und an wunderschönen Klippen vorbei, an denen sich Kakteen festkrallen, während sich in der Nähe Pelikane ins Meer stürzen. Das Paradies auf Erden.

Das schön gelegene Lokal **Rancho Tipico** (☎809-753-8058; cuevasdelasaguilas@hotmail.com; Playa Las Cuevas; Hauptgerichte 350–750 RD$; ⏲8–19 Uhr) in Playa Las Cuevas organisiert Bootstouren in der Bucht zu Traumstränden. Bei einem bis fünf Teilnehmern zahlt man ab 2200 RD$ pro Boot, bei 16 bis 20 Passagieren liegt der Kostenpunkt bei 325 RD$ pro Nase. Der Besitzer verleiht zudem Schnorchelausrüstungen für 600 RD$.

Wer mag, kann mit den Guides und Bootsbesitzern verhandeln, die an der Rangerstation des Nationalparks gleich neben dem Parkplatz in Las Cuevas warten, oder sich an dem kleinen Pier ein paar Meter hinter dem Rancho Tipico umhören. Eigentlich ist die Schnorchelausrüstung in ihren Preisen enthalten, doch manchmal fehlt sie schlichtweg! (Die eigene mitbringen, falls vorhanden.) Alleinreisende schließen sich am besten zu einer Gruppe zusammen, um sich die Kosten für eine Bootsfahrt zu teilen. Einfacher ist das an Wochenenden, wenn mehr los ist.

Nicht vergessen darf man die Eintrittsgebühr für den Nationalpark (100 RD$), zu entrichten in der Rangerstation.

Ecotour Barahona (☎809-856-2260, 849-856-2260; www.ecotourbarahona.com; Apt. 306, Carretera Enriquillo 8, Paraíso; ⊙9–18 Uhr) arrangiert Tagestouren hierher (99 US$). Transfers vom/zum Hotel, Mittagessen und Schnorcheln sind inbegriffen.

Lust auf Luxus-Camping im Paradies? **Eco del Mar** (☎829-576-7740, 809-906-8170; www.ecodelmar.com.do; Playa Las Cuevas; inkl. Frühstück 900–1500 RD$ pro Pers.) bietet Zelte für „Profis", die über den Sand der Playa Las Cuevas verteilt sind. Es gibt ein hervorragendes Restaurant (Hauptgerichte 350–1150 RD$), doch der eigentliche Knaller hier ist die stylishe runde Strandbar.

Den Strand erreicht man über die asphaltierte (und ausgeschilderte) Straße nach Cabo Rojo, etwa 12 km östlich von Pedernales. Zum Hafen von Cabo Rojo sind es weitere 6 km.

Südlich von Barahona

Hat man den südlichsten Militärstützpunkt von Barahona am Highway Richtung Pedernales hinter sich gelassen, wird das Umland langsam urwüchsiger. Die Straße folgt der Küste der Halbinsel, linker Hand erstreckt sich das Meer in changierenden Farbtönen zwischen Türkis und Kobaltblau. Hier stehen einige der besten Hotels und Resorts im Südwesten. Irgendwann kommen die aneinander angrenzenden Dörfer Baoruco und La Ciénaga ins Blickfeld, zwei typische Ortschaften im Herzen von „Larimar-Land", mit neugierigen Einheimischen und Kiesstränden, die vornehmlich als Ankerplätze für die Boote genutzt werden, weniger zum Baden. Danach nähert sich der Highway einer der schönsten Landschaften im gesamten Südwesten: Man kann die Augen kaum von dem himmelblauen Wasser abwenden, während die Straße sich in den winzigen Ort mit dem passenden Namen Paraíso windet. Dahinter liegt Los Patos mit einem weiteren traumhaften Strand.

An der Playa San Rafael befindet sich **San Rafael Surf School y Eco Tours** (☎829-729-8239; www.sanrafaelsurfschool.com; Playa San Rafael; ⊙Mo–Fr 9–15, Sa & So 8–17 Uhr). Dort bietet Raylin Romero Surfunterricht, Touren mit Camping am Strand und Wanderungen zu den Taíno-Höhlen und einem nahen Larimar-Bergwerk an. Die **Casa Bonita** (☎809-476-5059; www.casabonitadr.com; Carretera Barahona-Paraíso Km 17; Zi. inkl. Frühstück ab 250 US$, Häuser 540 US$; P ❄ @ 🛜 ≋) 🍃, eins der am spektakulärsten gelegenen Hotels des Landes, erhebt sich auf einem Hügel mit umwerfendem Ausblick auf die Karibik und die Berge. Es birgt 16 neuere Zimmer, allesamt toll eingerichtet, u. a. mit kleinen privaten Pools.

DIE DOMINIKANISCHE REPUBLIK VERSTEHEN

Die Dominikanische Republik aktuell

Aufgrund des Tourismusbooms und ihrer Freihandelszonen erlebte die Dominikanische Republik in jüngster Zeit einen wirtschaftlichen Aufschwung - und dennoch haben sich einige Probleme hartnäckig gehalten – namentlich korrupte Politiker und die Spannungen mit Haiti. Wenn man noch einige ziemlich üble Wettervorkommnisse hinzunimmt, kann man davon ausgehen, dass der durchschnittliche Dominikaner, der Schwierigkeiten durchaus gewohnt ist, der Gegenwart recht skeptisch gegenübersteht.

2015 wuchs das BIP dank der Tourismus-, Bau- und Bergbauindustrien um 7%, die höchste Wachstumsrate in Lateinamerika. Die Inflation war relativ niedrig, und etwa 1 Mrd. US$ wurden von den über 1 Mio. im Ausland lebenden Dominikanern in die Heimat überwiesen. Obwohl Zucker, Kaffee und Tabak jahrzehntelang die größten Arbeitgeber des Landes waren, hat die Dienstleistungsbranche die Landwirtschaft sowohl hinsichtlich der geschaffenen Arbeitsplätze als auch der Einnahmen überholt. 2016 sollen mehr als 6 Mio. Touristen die Dominikanische Republik besucht haben, was Einnahmen in Höhe von über 6,5 Mrd. US$ generiert hat.

Unglücklicherweise ist Korruption nach wie vor ein Problem in der Dominikanischen Republik geblieben, nicht nur auf allen Regierungsebenen, sondern auch im Privatsektor. Jüngstes Beispiel hierfür ist der Odebrecht-Skandal.

Die Spannungen mit Haiti halten ebenfalls an. Im September 2013 beschloss das dominikanische Verfassungsgericht, dass in der Dominikanischen Republik geborene Menschen kein automatisches Anrecht auf die Staatsbürgerschaft haben, wenn die Eltern nicht dokumentiert sind. Dieser Beschluss, der für alle nach 1929 geborenen Menschen gilt, wurde vielerorts als rassistisches Manöver verurteilt, das auf Dominikaner haitianischer Abstammung abziele. Als Reaktion darauf schuf die Regierung 2015 einen „Regularisierungsprozess", der es Menschen erlaubte, eine Aufenthaltserlaubnis zu beantragen.

Ende 2016, unmittelbar nachdem Hurrikan Matthew Südhaiti dezimiert hatte, gab es an der Nordküste der Dominikanischen Republik zwei Wochen anhaltende schwere Regenfälle, die die Landwirtschaft und Infrastruktur der Nation so schwer beschädigte, dass der Präsident gezwungen war, den nationalen Notstand auszurufen.

Geschichte

Die ersten Entdecker

Bevor Christoph Kolumbus die heute als Hispaniola bekannte Insel erreichte, lebten dort die Taíno-Ureinwohner (Taíno bedeutet "freundliche Menschen"). Die Taíno gaben der Welt Süßkartoffeln, Erdnüsse, Guaven, Ananas und Tabak – „Tabak" ist ursprünglich ein Wort aus der Taíno-Sprache. Doch die Taíno selbst wurden durch spanische Krankheiten und Sklaverei ausgerottet. Von den 400 000 Taínos, die bei der Ankunft der Europäer auf Hispaniola lebten, waren 30 Jahre später weniger als 1000 noch am Leben. Heute gibt's keine mehr.

Unabhängigkeit & Besatzungszeit

Zwei Kolonien entstanden auf Hispaniola, eine spanische und eine französische. Beide brachten Tausende afrikanische Sklaven auf die Insel, um das Land zu bestellen. 1804, nach einem 70 Jahre andauernden Kampf, wurde die französische Kolonie unabhängig. Haiti, der Taíno-Name für die Insel, war die erste Republik mit überwiegend schwarzem Bevölkerungsanteil in der Neuen Welt. 1821 erklärten Kolonisten in Santo Domingo ihre Unabhängigkeit von Spanien. Haiti, das lange Zeit die Vereinigung der Insel angestrebt hatte, marschierte prompt in das Nachbarland ein und besetzte es für mehr als 20 Jahre. Doch die Dominikaner erkannten die haitianische Herrschaft nicht an. Am 27. Februar 1844 führte Juan Pablo Duarte – der als Gründervater des Landes gilt – einen unblutigen Staatsstreich durch und stellte die dominikanische Autonomie wieder her. Das Land begab sich kurz darauf wieder unter spanische Herrschaft, wurde 1864 jedoch endgültig unabhängig. Das noch junge Land musste einen ruchlosen *caudillo* (militärischer Führer) nach dem anderen ertragen. 1916 sandte US-Präsident Woodrow Wilson Marines in die Dominikanische Republik – vorgeblich, um einen Staatsstreich zu unterbinden, doch letzten Endes besetzten sie das Land für 8 Jahre. Trotz ihrer imperialistischen Natur gelang es in dieser Besatzungszeit, die Dominikanische Republik zu stabilisieren.

Der Aufstieg Caudillos

Rafael Leonidas Trujillo, der damalige Chef der dominikanischen Staatspolizei, fand 1930 seinen Weg in die Präsidentschaft und herrschte über das Land bis zu seiner Ermordung 1961. Er installierte ein brutales System, indem er politische Gegner unterdrückte, ermordete oder gefangen nahm. Trujillo war auch bekannt dafür, rassistisch und fremdenfeindlich zu sein. Im Oktober 1937, nachdem er Nachricht davon erhalten hatte, dass haitianische Bauern die Grenze zur Dominikanische Republik überquert hatten, vermutlich, um Vieh zu stehlen, befahl er die Erschießung aller Haitianer entlang der Grenze. Innerhalb weniger Tage wurden 20 000 Menschen getötet. Trujillo gab das Massaker niemals öffentlich zu, einigte sich jedoch 1938, unter internationalem Druck, mit dem haitianischen Präsidenten Sténio Vicente auf Reparationszahlungen in Höhe von 750 000 US$ (50 US$ pro Person). In den Jahren seiner Herrschaft errichtete Trujillo mit seiner Frau zahlreiche Monopole, sodass er bereits 1934 der reichste Mann auf der Insel war. Viele Dominikaner pflegen eine nostalgische Erinnerung an die Zeit unter Trujillos Herrschaft, zum Teil, weil er die wirtschaftliche

Entwicklung vorangetrieben hat. Fabriken wurden eröffnet, große infrastrukturelle und öffentliche Projekte wurden durchgeführt, Brücken und Highways erbaut, und Bauern erhielten staatliches Land, das sie bewirtschaften konnten.

Caudillo Redux

Joaquín Balaguer war Präsident, als Trujillo ermordet wurde. Auf Trujillos Tod folgten Unruhen und eine weitere Besatzung durch die Vereinigten Staaten, doch Balaguer konnte das Präsidentenamt schließlich wieder an sich reißen, an dem er für die kommenden 12 Jahre entschlossen festhielt. Wie sein Mentor blieb auch Balaguer noch lange nach Aufgabe der Staatsgeschäfte eine wichtige politische Kraft. 1986 wurde er erneut Präsident, trotz seiner Blindheit und schwachen Gesundheit. Seine repressive Wirtschaftspolitik brachte den Peso zum Absturz. Proteste von Dominikanern, deren Ersparnisse sich infolge der Inflation in Luft aufgelöst hatten, wurden durch die Staatspolizei gewaltsam unterdrückt oder niedergeschlagen. Viele flohen in die Vereinigten Staaten. Ende der 1990er-Jahre waren 12 % der dominikanischen Bevölkerung – etwa 900 000 Menschen – nach New York ausgewandert.

Nach den Wahlen 1990 und 1994, die als von Balaguer manipuliert gelten, war das Militär Balaguers Herrschaft überdrüssig. Er willigte ein, seine letzte Amtszeit vorzeitig zu beenden, Neuwahlen durchzuführen und, das Allerwichtigste, nicht zu kandidieren. Doch es sollte nicht seine letzte Kampagne bleiben. Er versuchte es ein weiteres Mal im Jahre 2000, 92-jährig, und erreichte 23 % der Stimmen. Zwei Jahre später betrauerten Tausende seinen Tod, obwohl er die Diktatur Trujillos jahrzehntelang fortgeführt hatte. Sein dauerhaftestes Vermächtnis ist wohl der Faro a Colón, ein unglaublich teures Denkmal der Entdeckung des amerikanischen Kontinents, das ganz Santo Domingo den Strom entzog, wenn der Leuchtturm angeschaltet wurde.

Bruch mit der Vergangenheit

1996 signalisierten die dominikanischen Bürger durch die Wahl Lennel Fernández, einem in New York City aufgewachsenen 42-jährigen Anwalt, ihren Wunsch nach Veränderung; in einer Stichwahl besiegte er den bereits zum dritten Mal kandidierenden José Francisco Peña Gómez. Dennoch schockierte das Tempo seiner anfänglichen Entscheidungen das Land. Fernández zwang zwei Dutzend Generäle in den Ruhestand, ermutigte seinen Verteidigungsminister, sich vom Generalstaatsanwalt verhören zu lassen, und feuerte den Verteidigungsminister wegen Ungehorsam – alles in einer einzigen Woche. In den vier Jahren seiner ersten Amtszeit initiierte er ein starkes Wirtschaftswachstum und führte Privatisierungen durch, senkte Inflation, Arbeitslosigkeit und Analphabetismus – die Vorwürfe systematischer Korruption kamen jedoch nicht zum Verstummen.

Hipólito Mejía, ein ehemaliger Tabakfarmer, folgte Fernández 2000 im Amt nach, reduzierte umgehend die Ausgaben und erhöhte die Benzinpreise – entgegen seinen Wahlversprechen. Die schwächelnde US-Wirtschaft sowie die Angriffe vom 11. September 2001 erschwerten die Beschaffung von Bargeld und beeinträchtigten den dominikanischen Export sowie den Auslandstourismus. Korruptionsskandale im öffentlichen Dienst, unkontrollierte Ausgaben, Stromknappheit und Bankenpleiten, die den Staat mit Rettungspaketen für die Anleger teuer zu stehen kamen, machten Mejías Chancen auf eine Wiederwahl zunichte.

Immer wieder dieselben Gesichter

In der dominikanischen Politik tauchen bekannte Gesichter immer wieder auf. Nachdem er bei den Präsidentenwahlen 2004 Mejía chancenlos hinter sich ließ, betrat Fernández wieder die nationale Bühne. Im Mai 2008, als die US- und Weltwirtschaft kriselte und der Konflikt mit Haiti wieder ausbrach, wurde Fernández für eine weitere Amtszeit gewählt. Trotz aufkeimender Kritik an den Kosten von 700 Mio. US$ für Santo Domingos U-Bahn, steigenden Benzinpreisen, der Tatsache, dass die Dominikanische Republik eine der höchsten Quoten der Einkommensungleichheit in Lateinamerika hatte und der dürftigen Reaktion der Regierung auf die im Oktober 2007 durch den Tropensturm Noel herbeigeführten Zerstörungen, konnte er seinen Rücktritt dennoch verhindern.

Obwohl er als kompetent galt und sogar als vorausschauend bezeichnet wurde, war Fernández ein typischer Politiker der auf die eigenen Interessen bedachten Sorte. Etwas zynischere Beobachter behaupteten, dass die Fernández-Regierung mit korrupten Geschäfts- und Regierungsverantwortlichen alliiert war – und ihre Vorwürfe wurden lange nach Fernández' Regierungszeit bestätigt, als 2016 der Odebrecht-Skandal aufgedeckt wurde. Während der Amtszeit von Fernandez bestach eine brasilianische Baufirma Beamte der Dominikanischen Republik mit 92 Mio. US-Dollar. Im Gegenzug bescherten die neun Bauprojekte im Land dem Unternehmen laut dem US Justice Department 163 Mio. US-Dollar Gewinn.

Bevölkerung & Kultur

Die Geschichte in der Dominikanischen Republik ist gesund und munter. Mit einer Vergangenheit voller gewalttätiger Diktatoren und korrupter Politiker begegnet der durchschnittliche Dominikaner der Gegenwart mit einer gesunden Portion Skepsis – warum sollten sich Dinge ausgerechnet jetzt ändern? Was Besucher überraschen mag, ist, dass hier eine allgemeine Gelassenheit herrscht, oder zumindest die Fähigkeit, die guten Seiten des Lebens wahrzunehmen. Es ist kein Klischee, zu sagen, dass Dominikaner auf das Beste hoffen und das Schlimmste erwarten – mit ungewöhnlicher Standhaftigkeit und Geduld.

Die Kultur ist im Allgemeinen tolerant und gastfreundlich, obwohl die Dominikaner haitianischen Einwanderern gegenüber immer noch negativ eingestellt sind. Der Satz „Wenn das Land nur endlich dieses ‚Haiti-Problem' lösen könnte, wäre alles besser", ist keine Seltenheit. Nahezu ein Viertel aller Dominikaner lebt in Santo Domingo, das zweifelsohne das politische, wirtschaftliche und gesellschaftliche Zentrum des Landes ist. Aber ein großer Prozentsatz der Bevölkerung lebt noch von Landwirtschaft (oder von der Fischerei entlang der Küste).

Dominikanische Familien sind groß und sehr eng miteinander verbunden. Von den Kindern wird erwartet, dass sie in erreichbarer Nähe bleiben, um die älter werdenden Eltern versorgen zu helfen. Dass so viele Dominikaner in die Vereinigten Staaten auswandern, verursacht viel Ärger in den Familien – kein Wunder also, dass die im Ausland lebenden Dominikaner so viel Geld nach Hause schicken. Die Dominikanische Republik ist ein katholisches Land, wenn auch nicht so sehr wie andere lateinamerikanische Länder – die Kirchen sind gut erhalten, aber oft leer – und Dominikaner haben eine recht liberale Einstellung gegenüber vorehelichem Sex und Sex überhaupt. Dies gilt allerdings nicht in Bezug auf Homosexualität, die noch immer eher ein Tabu ist.

Baseball

Beisbol ist nicht nur das Spiel der USA, sondern auch wichtiger Bestandteil der dominikanischen Kultur. Dominikanische Baseballspieler, die es in die US-amerikanische Major League geschafft haben, genießen ein extrem hohes Ansehen im Land. Davon gibt's mehr als 400, darunter Stars wie David Ortiz, Albert Pujols, Robinson Canó und Sammy Sosa. In den Kadern am Spieleröffnungstag 2018 stammten 84 Spieler aus der Dominikanischen Republik (10 mehr als aus Venezuela), und die Pitcher Juan Marichal und Pedro Martinez sowie im Jahr 2018 der Right Fielder Vladimir Guerrero sind in die Hall of Fame aufgenommen worden.

Die Saison der dominikanischen Baseball-Profiliga geht von Oktober bis Januar und ist auch als Liga de Invierno (Winter-Liga) bekannt; die Gewinner der dominikanischen Liga treten in der Caribbean World Series gegen andere lateinamerikanische Länder an. Das Land hat sechs Profimannschaften. Weil die US-amerikanische und die dominikanische Saison sich nicht überschneiden, spielen viele dominikanische Spieler der US Major Leagues und nicht wenige Nichtdominikaner auch in der Winter-Liga in der Dominikanischen Republik.

Das sportliche Niveau der Liga ist sehr hoch, und selbst wenn man sich nicht für Baseball interessiert, lohnt es sich, ein oder zwei Spiele zu besuchen. Die Fans kleiden sich in den Farben ihrer Mannschaften ein und wehen mit ihren Fahnen und Wimpeln, und Cheerleader tanzen zwischen den Innings zu lauten Merengue-Rhythmen. Die Spiele beginnen in der Regel mit etwas Verspätung und die Ränge füllen sich erst nach ein paar Innings. Der beste Ort, um ein Spiel anzuschauen, ist das Estadio Quisqueya (S. 385) in Santo Domingo. Tickets sind vor dem Spiel an der Kasse erhältlich – wenn man früh genug kommt, schafft man es zu Spielbeginn ins Stadion (bei großen Spielen so früh wie möglich).

Musik & Tanz

Das Leben in der Dominikanischen Republik scheint sich zu einem gleichmäßigen, ansteckenden Rhythmus zu bewegen, und Musik ist immer ein wichtiger Teil ihres kulturellen Erbes gewesen. Trotz ihrer turbulenten Geschichte voller Zwietracht, Revolutionen und Diktaturen hat die Dominikanische Republik bedeutende Beiträge zur Welt der Musik geleistet und einige der populärsten und einflussreichsten Stilrichtungen der lateinamerikanischen Musik hervorgebracht.

Merengue ist die nationale Tanzmusik der Dominikanischen Republik. Von der Ankunft auf der Insel bis zur Abreise begleitet Merengue die Besucher mit voller Lautstärke: in Restaurants, öffentlichen Bussen, Taxis, am Strand oder einfach auf der Straße. Vom Rhythmus getrieben und mit schwerem Downbeat beruht Merengue auf einem 2/4- oder 4/4-Takt, und die Dominikaner tanzen mit viel Leidenschaft und Feingefühl dazu. Was Merengue von anderen Musikrichtungen unterscheidet, sind die traditionellen Instrumente und wie sie innerhalb der Takte verwendet werden. Merengue wird normalerweise mit einer zweifelligen Trommel namens *tambora*, einer Gitarre, dem akkordeonähnlichen *melodeon* und einer *güira* gespielt – ein Metallinstrument, das wie eine kleine Käsereibe aussieht und mit einem Metall- oder Plastikstab gekratzt wird.

Während Merengue eher als die Musik der Stadt betrachtet werden kann, ist Bachata definitive die "Country"-Musik der Nation, die von Liebe und gebrochenen Herzen im Hinterland handelt. Bachata entstand in den ärmsten Gegenden der Republik und wurde erst Mitte des 20. Jhs., nach Trujillos Tod, als langsame, romantische Gitarrenmusik bekannt. Der Name bezeichnete ursprünglich inoffizielle, zuweilen derbe Partys in den Hinterhöfen der ländlichen Regionen, die schließlich den Weg in die Hütten Santo Domingos fanden.

Der Begriff *bachata* war ursprünglich ein Seitenhieb der urbanen Elite auf den angeblichen Originalitätsmangel der Musik. Bachata-Lieder wurden oft „Lieder der Verbitterung" genannt und unterschieden sich zwar nicht von den meisten romantischen Balladenformen wie z. B. dem kubanischen Bolero, wurden jedoch als minderwertig angesehen und hatten nicht denselben politischen oder gesellschaftlichen Rückhalt wie Merengue. Tatsächlich galt Bachata bis in die 1960er-Jahre hinein gar nicht als eigenständige Stilrichtung – und war selbst dann außerhalb der Dominikanischen Republik kaum bekannt.

Wie Bachata wird auch Salsa in der gesamten Karibik gehört und erfreut sich in der Dominikanischen Republik großer Beliebtheit. Bevor sie es Salsa nannten, hatten viele Musiker in New York City bereits damit experimentiert, kubanische Rhythmen mit Jazz zu verbinden. In den 1950ern erfreuten sich die aufkommenden lateinamerikanischen Big-Bands großer Beliebtheit nicht nur bei Zuhörern, sondern auch bei Tänzern. Mitte der 1960er-Jahre gründete der Musiker, Komponist und Produzent Johnny Pacheco das Label Fania, das ausschließlich „tropische Latino-Musik" aufnahm.

Nach der politischen wie kulturellen Abspaltung Kubas von den Vereinigten Staaten war der Begriff „afro-kubanisch" nicht mehr angemessen. Das Wort „Salsa" (wörtlich: Soße) entstand als cleveres Marketing-Tool und war die perfekte Bezeichnung für eine aus der Mischung verschiedener Stile entstandene Musikrichtung: von Puerto-Ricanern, Dominikanern, Afrikanern und Afroamerikanern gespielte Rhythmen im kubanischen Stil.

Natur & Umwelt

Wenn Reichtum durch die Landschaft definiert würde, wäre die Dominikanische Republik eines der reichsten Länder des amerikanischen Doppelkontinents. Die Landschaft auf ihrer Hälfte der Insel Hispaniola (nach Kuba die zweitgrößte Insel der Karibik) ist vielseitig mit hohen Bergen, fruchtbaren Tälern, bewässerten Ebenen und einer erstaunlichen Vielfalt an Ökosystemen.

Die Geografie der Insel ähnelt mehr dem zentralamerikanischen Festland als den größtenteils flachen Nachbarinseln. Wenn es etwas gibt, das Hispaniola im Überfluss hat, dann Berge. Die wichtigste Gebirgskette ist die sich von Santo Domingo bis nach Haiti hinziehende Cordillera Central, wo sie zum Massif du Nord wird und ein Drittel der Inseloberfläche umspannt. Die Cordillera Central ist die Heimat des Pico Duarte, des höchsten Bergs der Karibik (3087 m), der so hoch ist, dass er einen Regenschatten bildet, der einen Großteil der südwestlichen Dominikanischen Republik sehr trocken macht. Weitere Gebirgsketten sind die Cordillera Septentrional, die sich markant vor der Küste nahe Cabarete erhebt, und die Cordillera Orientale, die entlang der südlichen Küste von Bahía de Samaná verläuft.

Zwischen den Gebirgsketten liegen eine Reihe üppiger und fruchtbarer Täler. Kaffee, Reis, Bananen und Tabak wachsen hier wie auch in den Ebenen um Santo Domingo. Die Landstriche im Südwesten der Dominikanischen Republik dagegen sind mit Kakteen übersäte Halbwüsten. Der prächtigen Landschaft entspricht die gleichermaßen reiche Artenvielfalt mit mehr als 5600 Pflanzen- und 500 Wirbeltierarten auf der Insel, von denen viele nur hier vorkommen.

Mehr als 300 Vogelarten sind in der Dominikanischen Republik beobachtet worden, davon wiederum mehr als zwei Dutzend, die nirgends sonst auf der Welt vorkommen. Zu den farbenreichsten Arten gehören der Weißschwanz-Tropikvogel, prächtige Fregattvögel, Rosalöffler und der Riesenflamingo, hinzu kommen einige endemische Arten wie der Hispaniola-Echsen-Kuckuck, die Hispaniola-Schleiereule und der Hispaniola-Smaragdkolibri.

PRAKTISCHE INFORMATIONEN

ℹ Allgemeine Informationen

BARRIEREFREI REISEN

Nur wenige lateinamerikanische Länder sind für Reisende mit Behinderung problemlos zu bereisen. Das gilt leider auch für die Dominikanische Republik. Für mobilitätseingeschränkte Traveller sind die All-inclusive-Resorts möglicherweise ideale Unterkünfte, weil alles nah beieinander ist (Zimmer, Büfetts/Speisesäle und Unterhaltungsprogramm) und viele Mitarbeiter vor Ort sind, die bei Fragen und Schwierigkeiten helfen können. Manche Hotelanlagen verfügen über barrierefreie Zimmer mit breiteren Türen und Griffen in den Bädern. Die Dominikaner sind generell ein sehr hilfsbereites, freundliches Volk. Reisende mit Behinderungen müssen sich auf neugierige Blicke einstellen, allerdings werden sie auch immer wieder bereitwillig Unterstützung von wildfremden Passanten angeboten bekommen.

Zwei Vereinigungen in Santo Domingo bieten Informationen und Hilfe: die **Asociación Dominicana de Rehabilitación** (☎ 809-689-7151; www.adr.org.do) und die **Fundación Dominicana de Ciegos** (☎ 809-684-6253; Ecke Av Expreso V Centenario & Tunti Cáceres; ⏰ Mo–Fr 7–15.30 Uhr).

BOTSCHAFTEN & KONSULATE

Deutsche Botschaft (☎ 809-542-8949; info@santo-domingo.diplo.de; Edificio EQUINOX, Av Núñez de Cáceres, Ensanche Bella Vista, Santo Domingo)

Österreichisches Honorargeneralkonsulat (☎ 809-917-3839; consulado.austria.bavaro@outlook.com; Parque Empresarial Bávaro, Local 319, Avenida Estados Unidos, Bávaro, Punta Cana)

Schweizer Botschaft (☎ 809-533-3781; santodomingo@eda.admin.ch; Edificio Corporativo 2010, Ecke Av Gustavo Mejía Ricart 102 & Av Abraham Lincoln Ens, Piantini, Santo Domingo)

ESSEN

Manche Besucher der Dominikanischen Republik essen niemals außerhalb ihres All-inclusive-Resorts, was günstig zu sein scheint. Für Reisende, die auswärts essen möchten, kann es überraschend teuer werden. Selbstverständlich sind die Preise in von Touristen frequentierten Gegenden wie die Zona Colonial in Santo Domingo viel höher (vergleichbar mit europäischen Preisen) und in Kleinstädten und abgelegenen Gegenden günstiger. Abgesehen von offenen Essensständen und Lokalen im Cafeteria-Stil kostet eine Mahlzeit ohne Getränk in den meisten Restaurants mindestens 450 RD$ oder 9 US$ (inkl. 18 % ITBIS-Steuer und 10 % Servicepauschale). Viele Restaurants bieten eine Vielfalt von Optionen an, von günstiger Pizza und Pasta bis hin zu teureren Gerichten mit Hummer.

Typische Gerichte

La Bandera Das typischste dominikanische Gericht besteht aus weißem Reis, *habichuela* (roten Bohnen), Schmorfleisch, Salat und gebratenen grüne Kochbananen, dazu gibt's frische Säfte. Es ist lecker, günstig, leicht zuzubereiten und eine ausgewogene Mahlzeit. Anstelle roter Bohnen werden manchmal kleine *moros* (schwarze Bohnen), *gandules* (kleine grüne Bohnen) oder *lentejas* (Linsen) verwendet.

Guineos (unreife Bananen) Ein Eckpfeiler der dominikanischen Küche, der verschiedenartig serviert wird, u. a. gekocht, geschmort und kandiert, meist jedoch gekocht und püriert, wie Kartoffelpüree. Werden Kochbananen verwendet, heißt das Gericht *mangú*, mit daruntergemischter Schweineschwarte *mofongo*. Guineos werden zum Frühstück, Mittag- und Abendessen serviert, als Beilage oder Hauptgericht.

Fisch & Meeresfrüchte Meistens Fischfilet, in der Regel *mero* (Barsch) oder *chillo* (Schnapper), serviert in einer von vier Varianten: *al ajillo* (mit Knoblauch), *al coco* (in Kokosnuss-Soße), *al criolla* (mit einer milden Tomatensoße) oder *a la diabla* (mit einer scharfen Tomatensoße). Weitere Meeresfrüchte wie *cangrejo* (Krebs), *calamar* (Calamari), *camarones* (Shrimps), *pulpo* (Tintenfisch), *langosta* (Hummer) und

PREISKATEGORIEN ESSEN

Die folgenden Preise beziehen sich auf ein Hauptgericht inklusive Steuern.

**$** bis 230 RD$ (5 US$)

**$$** 230–700 RD$ (5–15 US$)

**$$$** über 700 RD$ (15 US$)

lambí (Muscheln) werden ähnlich zubereitet oder *al vinagre* (in Essigsoße).

Chivo Ziegenfleisch ist beliebt und wird vielfältig zubereitet, z. B. als *pierna de chivo asada con ron y cilantro* (Ziegenkeule mit Rum und Cilantro) und *chivo guisado en salsa de tomate* (in Tomatensoße geschmortes Ziegenfleisch). Es ist eine typische Spezialität des Nordwesten: Auf dem Highway von Santiago nach Monte Cristi steht ein Restaurant neben dem anderen, das *chivo* serviert.

Locrio Die dominikanische Version der spanischen Paella wird auf verschiedene Arten zubereitet und ist auch als *arroz con pollo* (Hühnchen mit Reis) bekannt. Das Gericht besteht aus karamellisiertem Hühnchen und Gemüse auf luftigem Gewürzreis, der manchmal mit *achiote* (Annatto) gefärbt wird.

FEIERTAGE

Neujahr 1. Januar

Heilige Drei Könige 6. Januar

Nuestra Señora de Altagracia 21. Januar

Juan Pablo Duarte-Tag 26. Januar

Unabhängigkeitstag 27. Februar

Karfreitag Freitag vor Ostern

Ostersonntag März/April

Tag der Arbeit 1. Mai

Fronleichnam 31. Mai

Restoration Day 16. August

Nuestra Señora Mercedes 24. September

Verfassungstag 6. November

Weihnachten 25. Dezember

FRAUEN UNTERWEGS

Frauen ohne männliche Begleitung fallen auf und werden oft angestarrt. Männer werden mit Zischgeräuschen und Kommentaren wie *Hola, preciosa* (Hallo, Schöne) versuchen, ihre Aufmerksamkeit zu erregen. Das ist zwar auf Dauer nervig, aber viel mehr auch nicht – die Sprüche zu ignorieren ist eine mögliche Strategie. Seltener sind ungewolltes Anfassen und Ähnliches, es kommt aber vor: Manche Frauen haben körperliche Übergriffe gemeldet.

Frauen sollten dieselben Sicherheitsvorkehrungen treffen wie in anderen Ländern und bei Begegnungen mit Männern ihrem Instinkt trauen. Junge, athletische Typen, die gezielt ausländische Frauen umgarnen, z. B. in Ferienorten wie Punta Cana, werden Sanky Pankys genannt. Ihr Modus Operandi umfasst allerlei „Versprechungen" und den Austausch von Zärtlichkeiten. Im Gegenzug erwarten sie, dass ihre „Opfer", generell ältere Frauen aus den USA oder Europa, sie aushalten und für Mahlzeiten und Getränke zahlen, ihnen Geschenke machen und Bargeld zustecken.

GELD

Die hiesige Währung ist der Peso, angegeben als RD$ (oder manchmal nur RS). Viele touristische Geschäfte und Unternehmen, darunter die meisten Mittel- und Spitzenklassehotels, geben ihre Preise in US-Dollar an, akzeptieren jedoch auch Pesos zum aktuellen Wechselkurs.

Geldautomaten & Kreditkarten

Bankautomaten gibt's in der gesamten Dominikanischen Republik. Kredit- und Debitkarten werden in Städten und tourismusbezogenen Geschäften weitgehend akzeptiert.

Geldwechsel

In Touristenzentren kommen Geldwechsler auf einen zu. Es ist unwahrscheinlich, dass sie aggressiv werden. Gleich gute Wechselraten sowie eine viel sichere Transaktion bieten Geldautomaten, Banken und *cambios* (Wechselstuben).

Trinkgeld

Wer zum ersten Mal hier ist, wird zuerst schockiert darüber sein, dass die meisten Restaurants satte 28 % (18 % ITBIS und 10 % Servicepauschale) auf jede Rechnung draufschlagen. Auf den Speisekarten ist oft nicht klar angegeben, ob die Preise mit oder ohne Aufschläge gemeint sind.

Geführte Touren Reiseführern sollte Trinkgeld gegeben werden; einige von ihnen erhalten keine weitere Bezahlung.

Hotels Eine 10 %-ige Servicepauschale wird automatisch hinzugerechnet; 1 oder 2 € Trinkgeld pro Nacht für das Reinigungspersonal sind zu erwägen.

Restaurants Im Allgemeinen wird kein Trinkgeld erwartet, da auf den Preis automatisch 10 % aufgerechnet werden. Bei besonders gutem Service kann eine beliebige Summe draufgelegt werden.

Taxis Normalerweise wird aufgerundet oder ein bisschen Kleingeld dazugegeben.

Wechselkurse

Eurozone	1 €	55,58 RD$ 1 US$
Schweiz	1 SFr	55,94 RD$ 1,02 US$
USA	1 US$	54,45 RD$

Aktuelle Wechselkurse unter www.xe.com.

INTERNETZUGANG

WLAN-Zugänge gibt's in Cafés und Restaurants genauso wie in Hotels und Resorts der Mittel- und Spitzenklasse im ganzen Land. Reisende mit Laptops müssen nicht lange nach einem Signal suchen. Jedoch verlangen einige All-inclusive-Hotels Tagesgebühren (ab 15 US$ aufwärts), im Gegensatz zu den meisten Mittelklasse- und sogar Budget-Hotels. Viele Hotels, die ihren Gästen kostenloses WLAN zur Verfügung stellen, haben nur in den öffentlichen Bereichen wie der Lobby ein gutes Signal und in den Gästezimmern nur beschränkten oder schlechten WLAN-Zugriff.

Ein mobiles Internetgerät von Altice oder Claro kostet ca. 55 US$.

Die Anzahl der Internetcafés schwindet. Die meisten verlangen 35–70 RD$ pro Stunde und haben spanische Tastaturen – das @-Zeichen hat gewöhnlich die Tastenkombination „Alt", „6" und „4". Viele dieser Cafés dienen zugleich als Callcenter.

LGBT-REISENDE

Generell gehen die Dominikaner sehr offen mit dem Thema (Hetero-)Sex um, ganz anders verhält es sich mit Homosexualität. Vorurteile gegenüber der LGBT+-Gemeinde sind immer noch weit verbreitet. Allerdings hat die Gesellschaft ein paar Fortschritte gemacht, was z. T. das Verdienst von Wally Brewster ist, der unter Barrack Obama US-Botschafter in der Dominikanischen Republik war und sich offen zu seiner Homosexualität bekannte.

Schwule und Lesben werden die Bewohner von Santo Domingo am aufgeschlossensten finden, doch selbst in der Hauptstadt sind die Szeneclubs unauffällig. Santiago, Puerto Plata, Bávaro und Punta Cana verfügen ebenfalls über LGBT+-Bars und -Clubs, in denen sowohl Einheimische als auch Traveller willkommen sind. Anderswo sind körperliche Zuneigungsbekundungen zwischen Männern tabu, bei Frauen ist man nicht ganz so strikt. Paare gleichen Geschlechts sollten keine Schwierigkeiten haben, ein Hotelzimmer zu bekommen.

MEDIZINISCHE VERSORGUNG

Aus medizinischer Sicht ist die Dominikanische Republik sicher, solange man einigermaßen vorsichtig beim Essen und Trinken ist. Eine Auslandskrankenversicherung ist empfehlenswert. Impfungen gegen Typhus und Hepatitis A und B sollten in Erwägung gezogen werden, ebenso eine Malaria-Prophylaxe mit Atovaquone-Proguanil, Chloroquine, Doxycyclin oder Mefloquin.

NOTFALL

Feuerwehr	☎ 112
Notruf	☎ 911

ÖFFNUNGSZEITEN

Die Öffnungszeiten variieren das ganze Jahr hindurch. Während der Zwischen- und Nebensaison sind die Öffnungszeiten reduziert.

Ämter Mo–Fr 7.30–16, zumindest offiziell, tatsächlich eher 9–14.30 Uhr

Banken Mo–Fr 8.30–17, Sa 9–13 Uhr

Bars 20 Uhr–open end, in Santo Domingo bis 2 Uhr

Geschäfte Mo–Sa 9–19.30 Uhr; einige sind sonntags halbtags geöffnet

Restaurants Mo–Sa 8–22 (einige schließen zwischen Mittag- und Abendessen), bis 23 Uhr oder länger in Großstädten oder Urlaubsgebieten

Supermärkte Mo–Sa 8–22 Uhr

SICHER REISEN

Die Dominikanische Republik ist kein gefährlicher Ort, aber man sollte Folgendes beachten:

- Besser nicht in der Öffentlichkeit aufs Handy schauen oder telefonieren (Diebe fackeln nicht lang!).
- Nächtliche Autofahrten vermeiden, da Schlaglöcher, Rüttelschwellen und andere Hindernisse auf der Straße in der Dunkelheit schlecht auszumachen sind.
- Nachts auf dem Rückweg von der Bar lieber ein Taxi nehmen und bei Spaziergängen nach Einbruch der Dunkelheit einen Bogen um die Strände machen.
- Beim Schwimmen an die z. T. starken Unterströmungen denken.
- Autodiebstahl ist nicht ganz fremd, also keine Wertsachen im Auto lassen.
- An der haitianischen Grenze kann es zu Spannungen kommen: im Vorfeld über die aktuelle Lage informieren.
- Nur gereinigtes Wasser zum Trinken, Zähneputzen und Händewaschen verwenden.
- Keinen Alkohol aus Minibarspendern trinken.

STROM

Stecker und Steckdosen der Typen A und B (110 V, 60 Hz).

TELEFON

Für Anrufe innerhalb der Dominikanischen Republik, auch innerhalb desselben Ortes, muss die ☎ 1 + 809, 829 oder 849 vorgewählt werden. ☎ 200 oder ☎ 809 sind Vorwahlen für gebührenfreie Nummern. Aus dem Ausland muss eine ☎ 1 vorgewählt werden.

Am einfachsten ist es, von einem Cotedel-Call-Center aus anzurufen (Abrechnung minutenweise, Durchschnittpreise: nach Europa 0,50 US$; in die USA 0,20 US$; nach Haiti 0,50 US$) oder von einem Internetcafé mit Telefonkabinen.

Vom Hotel aus anzurufen ist immer die teuerste Alternative.

PREISKATEGORIEN UNTERKUNFT

Die nachfolgenden Preise beziehen sich auf ein Doppelzimmer mit Bad zur Hochsaison (Dez.–März; Juli & Aug.). Die Preise sind nach der Prävalenz der jeweiligen Währung vor Ort entweder in RD$ oder US$ angegeben. Sofern nicht anders angegeben, ist die Zimmersteuer von 28 % im Preis inbegriffen.

**$** bis 2335 RD$ (50 US$)

**$$** 2335–4670 RD$ (50–100 US$)

**$$$** über 4670 RD$ (100 US$)

Handys

Eine lokale SIM-Karte einsetzen oder per Daten-Roaming ins Netz gehen.

UNTERKUNFT

Im Gegensatz zu anderen Ländern in der Karibik ist das Übernachten in der Dominikanischen Republik relativ preiswert. Es gibt allerdings nicht ganz so viele Optionen für Individualreisende, die spontan entscheiden möchten und auf die Kosten achten müssen.

VISA

Die meisten Touristen kommen mit dem Flugzeug in die Dominikanische Republik. Individualreisende landen für gewöhnlich am wichtigsten internationalen Flughafen außerhalb von Santo Domingo, Aeropuerto Internacional Las Américas. Die Einreisekontrolle läuft relativ einfach ab, insbesondere jetzt, da keine Touristenkarte mehr benötigt wird. Das Touristenvisum ist bis zu 30 Tage gültig. An den anderen Flughäfen wie Puerto Plata oder Punta Cana ist das Prozedere dasselbe; Letzterer ist der mit Abstand verkehrsreichste Flughafen im Land, was die Ankunft von Touristen betrifft.

ZEIT

Atlantische Zeitzone: MEZ minus fünf Stunden, MESZ minus sechs Stunden.

An- & Weiterreise

Es gibt mehrere Möglichkeiten, in die Dominikanische Republik zu kommen und sie wieder zu verlassen, einschließlich Flüge zu internationalen Flughäfen, auf dem Landweg über die Grenze, internationale Kreuzfahrtschiffe und Fähren. Flüge, Autos und Touren können unter lonelyplanet.de/buchen online gebucht werden.

AUF DEM LANDWEG

Es gibt vier Grenzübergänge zwischen Haiti und der Dominikanischen Republik. In den vergangenen Jahren gab es aufgrund von wechselnden und verwirrenden Gesetzesänderungen, die zur vermehrten Ausweisung von Menschen haitianischer Abstammung führten, an der Grenze Spannungen.

Jimaní–Malpasse Dies ist der verkehrsreichste und am besten organisierte Übergang. Er befindet sich im Süden auf der Straße, die Santo Domingo mit Port-au-Prince verbindet. Manchmal ist die Stimmung an der Grenze angespannt.

Dajabón–Ouanaminthe Verkehrsreicher nördlicher Übergang auf der Straße zwischen Santiago und Cap-Haïtien (sechs Stunden Autofahrt); an Markttagen (Montag und Freitag) aufgrund der Menschenmassen und hoher Diebstahlgefahr lieber meiden.

Pedernales–Ainse-a-Pietres Im tiefen Süden; es gibt eine kleine Brücke für Fußgänger und Motorräder, Autos müssen über eine asphaltierte Straße durch einen meist seichten Fluss fahren. Auf der haitianischen Seite der Grenze sind Migrantencamps für deportierte Menschen, die nirgendwo sonst hingehen können. Unbedingt die Weiterfahrt vorab organisieren, sonst wartet man hier ewig.

Comendador (aka Elías Piña)–Belladère Bestimmt der vertrackteste Übergang, aber auch der verkehrsärmste. Das Einwanderungsgebäude auf der haitianischen Seite ist einige hundert Meter von der Grenze entfernt. Anschlussmöglichkeiten ins haitianische Landesinnere sind schwer zu bekommen.

FLUGZEUG

Es gibt neun sogenannte internationale Flughäfen, obwohl mindestens drei davon nur für inländische Flüge benutzt werden. Ausführliche Informationen über die meisten Flughäfen gibt's auf www.aerodom.com.

Aeropuerto Internacional Arroyo Barril (DAB; ☎809-794-8807) Westlich von Samaná, eine kleine Landebahn, meist während der Walsaison benutzt (Jan.–März).

Aeropuerto Internacional del Cibao (☎809-233-8000; www.aeropuertocibao.com.do) Santiagos Flughafen ist der drittgrößte im Land und bietet regelmäßige internationale Flüge zu den bedeutendsten Zielflughäfen; es geht z. B. dreimal die Woche mit Seaborne Airlines nach San Juan, Puerto Rico. Große Auswahl an Autovermietungen.

Aeropuerto Internacional Gregorío Luperón, Puerto Plata (POP; ☎809-291-0000) Der geeignetste Flughafen für Reisen an die Nordküste wie etwa die Strandresorts bei Puerto Plata, Sosúa und Cabarete.

Aeropuerto Internacional La Isabela Dr Joaquín Balaguer (JBQ, Higüero; ☎809-826-4019) Gleich nördlich von Santo Domingo. Hier werden vor allem inländische Flüge und Verbindungen nach Kuba, Haiti und in ein paar andere Karibikstaaten abgewickelt.

Aeropuerto Internacional La Romana (☎ 809-813-9000; www.romanaairport.com; Casa de Campo) In der Nähe von La Romana und Casa de Campo gelegen, wickelt der Flughafen hauptsächlich Charterflüge aus den USA, Kanada, Deutschland und Italien ab. Außerdem landen regelmäßig Maschinen von Jet Blue und Spirit Airline aus Miami, New York City und San Juan, Puerto Rico.

Aeropuerto Internacional Las Américas (SDQ; José Francisco Peña Gómez; ☎ 809-947-2225) Der wichtigste internationale Flughafen des Landes liegt 20 km östlich von Santo Domingo. Es ist im Allgemeinen am günstigen, hier oder auf dem Flughafen in Santiago zu landen.

Aeropuerto Internacional María Montez (BRX; ☎ 809-524-4144) 5 km südwestlich von Barahona gelegen; nur Charterflüge.

Aeropuerto Internacional Punta Cana (☎ 809-959-2376; www.puntacanainternationalairport.com; Carretera Higüey-Punta Cana Km 45) Der verkehrsreichste Flughafen im Land. Fliegt Bávaro und Punta Cana an. Prinair, eine puerto-ricanische Airline, bietet jetzt zweimal pro Woche Verbindungen zwischen dem Rafael Hernández International Airport in Aguadilla und Punta Cana an (30 Min.).

Aeropuerto Internacional Samaná El Catey (AZS; Presidente Juan Bosch; ☎ 809-338-0150) Etwa 40 km westlich von Samaná gelegen; wichtigster Flughafen der Samaná-Halbinsel. Wird vor allem von kanadischen Fluggesellschaften genutzt.

ÜBERS MEER

Internationale Kreuzfahrtschiffe auf Karibiktour legen für gewöhnlich in Santo Domingo, an einem Ankerplatz vor Catalina Island, der zu Casa de Campo bei La Romana gehört, auf Cayo Levantado auf der Samaná-Halbinsel und in Amber Cove in der Nähe von Puerto Plata an.

Jachten und Segelboote können auch an den Häfen des Cap Cana (in der Gegend von Punta Cana im Südosten) und des Bannister Yacht Club (gleich außerhalb von Samaná) sowie an dem kleinen Puerto-Blanco-Jachthafen in Luperón an der Nordküste anlegen.

Die *Caribbean Fantasy,* betrieben von **Ferries del Caribe** (☎ San Juan, Puerto Rico 787-622-4800, Santiago 809-583-4440, Santo Domingo 809-688-4400; www.ferriesdelcaribe.com), bietet Passagier- (einfache Strecke 100 US$) und Autofährentransporte (250 US$) zwischen Santo Domingo und Puerto Rico (San Juan).

Die Fahrt dauert etwa zwölf Stunden, Abfahrt dreimal die Woche.

ℹ Unterwegs vor Ort

Die Dominikanische Republik ist ein recht kleines Land, weshalb man (zumindest theoretisch) leicht mit dem Auto oder mit öffentlichen Verkehrsmitteln von einem Ende des Landes zum anderen gelangt. Praktisch wird das unbefriedigende Straßennetz jedoch Reisende mit wenig Zeit eher dazu bewegen, ein Flugzeug zu nehmen, sofern das Budget es zulässt.

Auto Praktischste Option für Mobilität, vor allem um ländliche und Gebirgsregionen zu erkunden.

Bus Drei Hauptdienstleister, Caribe Tours, Expreso Bávaro und Metro, bieten komfortable, regelmäßige Fahrten zwischen einem Netz von Metropolen und Städten.

Guaguas Im Grunde kleine Busse oder Minivans, allgegenwärtig, am günstigsten und unbequemsten, manchmal jedoch das einzig verfügbare Transportmittel.

Flug Nützlich, wenn die Zeit knapp ist, zugleich die teuerste Option und manchmal unzuverlässig, je nach Jahreszeit.

Grenada

1-473 / 111 219 EW.

Inhalt ➡

Gut essen

- BB's Crabback (S. 421)
- Coconut Beach (S. 424)
- Andy's Soup House (S. 424)
- Bogles Round House (S. 434)
- Green Roof Inn (S. 433)
- Slipway (S. 435)

Schön übernachten

- La Luna (S. 425)
- Calabash Hotel (S. 426)
- Almost Paradise (S. 429)
- La Sagesse Manor House (S. 427)
- Green Roof Inn (S. 433)
- Silver Sands (S. 423)

Auf nach Grenada!

Nicht umsonst werden sie die Gewürzinseln genannt – ein Hauch von Muskatnuss liegt in der Luft über Grenada. Man könnte sie auch Fruchtinseln nennen, ihres saftigen Obstes wegen, das auf den bezaubernden grünen Hügeln wächst, oder Strandinsel, aufgrund der Vielzahl idyllischer Sandstrände. Und so weiter ...

Es ließe sich sicher darüber streiten, was die größte Attraktion des Landes ist, aber eins steht außer Frage: Grenada ist eins der bezauberndsten Länder der Karibik. Seine drei Inseln voller Authentizität blieben vom Massentourismus weitgehend verschont. Mit einer charmanten, hügeligen Hauptstadt, einer herrlichen Küste, breiten öffentlichen Stränden und einem üppig grünen Landesinneren, das sich perfekt zum Erkunden eignet, hat die Insel Grenada genug zu bieten, um Besucher in ihren Bann zu ziehen. Aber es wäre unklug abzureisen, ohne die kleineren Inseln kennengelernt zu haben, auf denen in typischen karibischen Dörfern der Begriff Ruhe neu definiert wird.

Reisezeit

Nov.–April Die Trockenzeit ist in Grenada am beliebtesten. Zu den besten Partys der Karibik zählt der Karneval in Carriacou (Feb./März).

Mai Trockenes Wetter, aber es kommen weniger Besucher und die Preise sinken in der Regel.

Juni–Okt. In der Regenzeit gibt's fast jeden Tag heftige Schauer. Im September regnet es am meisten und im August kommt es oft zu Hurrikans.

GRENADA

Die Insel Grenada ist ein mandelförmiges Kleinod mit einem 120 km (75 Meilen) langen Küstenstreifen, dessen Strände einen üppig grünen tropischen Regenwald im Landesinneren umrahmen. Auf der Insel gibt's keine funktionierenden Ampeln und es geht überaus entspannt zu – die Landschaft ist großartig, das Essen fantastisch und die Bewohner zählen zu den freundlichsten in der Karibik.

Die überwiegende Mehrheit der Bevölkerung lebt in farbenfrohen Küstendörfern und -städten, die sicher, gastfreundlich und gut zu erkunden sind. Überall auf Grenada locken wunderschöne Strände, insbesondere im Südwesten, wo Grand Anse, der Stolz der Insel, ein beliebter Erholungsort für Besucher und Einheimische ist.

St. George's

St. George's ist eine der malerischsten Städte in der Karibik. Man kann sie wunderbar zu Fuß erkunden: von hübschen alten Gebäuden bis zum Carenage-Hafen. Interessante Läden und Cafés übersäen die schmalen und geschäftigen Straßen.

Sehenswertes

★ Underwater Sculpture Park TAUCHSPOT

(Molinière Bay) Eine Galerie unter der Meeresoberfläche nördlich von St. George's an der Molinière Bay. Initiiert wurde das Projekt vom britischen Künstler Jason de Caires Taylor. Es zählt mehr als 80 Arbeiten und über ein Dutzend Hauptwerke, die alle zusehends von Korallen überwuchert werden. Fische und Schwämme besiedeln das Gebiet ebenfalls und verwandeln es in einen faszinierenden Mix aus Kultur und Natur.

Der Park kann sowohl von Schnorchlern als auch von Tauchern erkundet werden, und alle Tauchshops der Insel organisieren Ausflüge dorthin.

Zu den lebensgroßen Skulpturen gehören ein Mann an einem Schreibtisch und Kinder, die einen Kreis bilden und in die Hände klatschen. Sie war ursprünglich als Botschaft der Einheit gedacht, wurde aber dann eine Gedenkstätte für Afrikaner, die durch den Sklavenhandel ihr Leben verloren.

★ Fort Frederick FESTUNG

(Richmond Heights; 5 EC$; ⏲ 8–17 Uhr) Das Fort wurde 1779 von den Franzosen erbaut, und – paradoxerweise – bald darauf von den Briten zur Verteidigung gegen die Franzosen genutzt; allerdings wurde von hier nie eine Kanone im Groll abgeschossen. Es ist die am besten erhaltene Festung der Insel und gewährt eine unbeschreibliche Aussicht. Am Fuß der Festung gibt's ein paar kurze Tunnel – weil es da unten aber kein Licht gibt, braucht man eine Taschenlampe. Das Fort befindet sich auf dem Richmond Hill, 200 km (1¼ Meilen) östlich von St. George's an der Straße nach St. Paul's.

Fort George FESTUNG

(Church St; 5 EC$; ⏲ Mo–Fr 7–17, Sa bis 12 Uhr) Grenadas ältestes Fort wurde 1705 von den Franzosen erbaut und ist das Herzstück der Skyline von St. George's. Wer die Spitze erklimmt, kann Kanonen und die Stadt aus der Vogelperspektive bestaunen. Direkt außerhalb der Anlage gibt's eine Reihe dunkler Verteidigungstunnel.

Eine Gedenktafel am Exerzierplatz erinnert daran, wo der Revolutionsführer Maurice Bishop hingerichtet wurde, was damals eine Ereigniskette auslöste, die 1983 zur US-Intervention führte. Am Wochenende kann man über die Polizeistation dahinter Einlass bekommen.

Grenada National Museum MUSEUM

(☎ 440-3725; Ecke Young & Monckton Sts; Erw./Kind 5/2,50 EC$; ⏲ Mo–Fr 9–16.30, Sa 10–13.30 Uhr) Die Mitarbeiter wirken enthusiastisch – die Ausstellungen etwas konzeptlos. Das Museum widmet sich vor allem den indigenen Ureinwohnern der Insel, der Kolonialzeit und der Sklaverei – es findet sich herzlich wenig über die Revolution unter Maurice Bishop. Abgesehen davon gibt's dank der vielfältigen Geschichte Grenadas einiges zu sehen, und man kann gut eine Stunde hier verbringen.

St. George's Anglican Church KIRCHE

(Church St) Die Kirche wurde 1825 erbaut und von einem kompakten, viereckigen Uhrturm bekrönt. Diese Uhr dient allen in der Stadt als Zeitmesser und selbst 2004 hörte sie nicht auf zu laufen, als das Gebäude von einem Hurrikan schwer beschädigt wurde. Die Reparaturarbeiten sind beendet, und die Kirche hat eine fein gestaltete Holzdecke und -empore bekommen.

St. George's Market Square MARKT

(Halifax St; ⏲ Mo–Sa 8–15 Uhr) Auf Grenadas größtem Markt mit Ständen voll frischer Inselprodukte ist freitags und samstagmorgens am meisten los. Er lohnt einen Besuch, selbst wenn man nichts kauft.

Gun Point
Petit St. Vincent
Carriacou
1
Petite Martinique
Tyrell Bay
Hillsborough
0 10 km
Karibisches Meer
South West Point
Saline Island
Frigate Island
Large Island
Diamond Island
Ronde Island
Les Tantes
Gaille Island
Levera
8
Green Island
Sandy Island
Sauteurs
Victoria
River Sallee
4 Diamond Chocolate Factory
Bird Island
Tivoli
Gouyave
Paradise
Concord
Grenada Island
Grenville
ATLANTISCHER OZEAN
Underwater Sculpture Park
Marques Island
Constantine
7
6 Grand Etang National Park
St. George's
2
St. David's
Morne Rouge Bay 5
3 Grande Anse
Lance aux Épines
Glover Island

Highlights

1 Carriacou (S. 431) Friedliche, wunderschöne Strände auf dieser charmanten Insel entdecken.

2 St. George's (S. 418) Eine der hübschesten Hauptstädte der Karibik entdecken – und die Panoramaaussicht von eindrucksvollen Forts.

3 Grand Anse (S. 422) Sich an diesem beliebten Erholungsort unter die Einheimischen mischen.

4 Diamond Chocolate Factory (S. 429) In dieser lokalen Kooperative den Prozess der Schokoladenherstellung verfolgen – von der Bohne bis zur Tafel.

5 Morne Rouge Bay (S. 424) Die Zehen in den weichen Sand und das azurblaue Wasser stecken.

6 Grand Etang National Park (S. 427) Wanderpfade und einen vom Regenwald umschlossenen Vulkansee erkunden.

7 Underwater Sculpture Park (S. 418) In seichtem Wasser zwischen unvergesslich surrealen korallenbewachsenen Skulpturen schwimmen, eine kurze Bootsfahrt von der Hauptstadt entfernt.

8 Levera (S. 430) Mit Meeresschildkröten den letzten menschenleeren Strand genießen.

Carenage HAFEN

Die malerische Bucht lädt zu einem Spaziergang ein. Schiffe werden hier mit Waren beladen, die sie auf andere Inseln liefern. Am nördlichen Ufer sieht man einige solide georgianische Bauwerke

Aktivitäten

Savvy Sailing SCHNORCHELN

(www.sailingsavvy.com; Port Louis Marina; geführte Touren 45–100 US$ pro Pers.) Angeboten werden Schnorchelsafaris auf traditio-

St. George's

St. George's

Sehenswertes

1 Carenage C1
2 Fort George B3
3 Grenada National Museum B2
4 St. George's Anglican Church B2
5 St. George's Market Square B1

Schlafen

6 Deyna's City Inn A1

Essen

7 BB's Crabback B3
House of Chocolate .... (siehe 3)
8 Nutmeg C2

Ausgehen & Nachtleben

9 Native Food and Fruits B1

Shoppen

10 Art Fabrik B2
Handwerksmarkt .... (siehe 5)

nellen Holzsegelbooten, wie sie auf Petite Martinique hergestellt werden, eine ruhige und idyllische Möglichkeit, die wunderbare Meereswelt von Grenada zu sehen. Es gibt auch Sonnenuntergangsfahrten und Zweitagesausflüge auf die Grenadinen. Man bildet am besten mit anderen Travellern eine Gruppe, da die Boote privat gechartert werden müssen.

Schlafen

Deyna's City Inn GÄSTEHAUS $$
(☎ 435-7007; cityinn@spiceisle.com; Melville St; Zi. 108–120 US$; ❄ @) Dieses gastfreundliche kleine Hotel direkt im Stadtzentrum bietet mehrere gut ausgestattete Zimmer (einige etwas kleiner) mit Kabel-TV und hellem, modernem Dekor. Freundliche Mitarbeiter, leckeres lokaltypisches Essen im Restaurant unten, eine extrem günstige Lage, was Sightseeing betrifft, und Verkehrsanbindungen in alle Teile der Insel runden das Angebot ab. Allerdings gibt's viele Stiegen und keinen Lift.

Essen & Ausgehen

Für tagsüber gibt's im Stadtzentrum unzählige preiswerte Imbissstände. Wer sich zum Essen in ein Lokal setzen möchte, findet am Carenage Restaurants.

House of Chocolate CAFÉ $
(☎ 440-2310; www.houseofchocolategnd.com; Young St; Souvenirs 3–10 EC$, Getränke 8–16 EC$;

TOUREN AUF GRENADA

Mandoo Tours (☎440-1428; www.grenadatours.com) Geboten werden Ganztages- und Halbtagestouren um die Insel, die auf geschichtliche und fotografische Interessen zugeschnitten werden können. Qualitätsfahrzeuge mit Klimaanlagen.

Tropical Adventures (☎457-7592; www.tagrenada.com) Ein hervorragendes, von Einheimischen betriebenes Reiseunternehmen, das sich auf Wanderungen in der Natur und auf Vogelbeobachtung im Landesinneren spezialisiert. Es ist sehr beliebt, im Voraus zu buchen ist ratsam.

Sunsation (☎444-1594; www.grenadasunsation.com) Eines der größeren Unternehmen mit gut organisierten Inselrundfahrten, Wandern und Segeln.

Henry's Safari Tours (☎444-5313; www.henrysafari.com) Dieses Unternehmen hat sich auf Trekkingtouren spezialisiert und bietet verschiedene Wanderungen ins Landesinnere an, Mittagessen und Getränke inklusive. Wir empfehlen die fünfstündige Tour, bei der man an den Seven Sisters Falls vorbeikommt (S. 428).

Grenada Seafaris (☎405-7800; www.grenadaseafaris.com) Küstentouren im Motorboot mit Stopps zum Schnorcheln – inklusive Unterwasser-Skulpturenpark. Experten erzählen über die lokale Fauna und Flora.

Adventure Tours Grenada (☎444-5337; www.adventuregrenada.com; Radverleih pro Tag 20 US$, Touren pro Stunde 15 US$) Dieser angesehene Betreiber hat Inseltouren im Jeep sowie River-Tubing im Programm. Zudem werden Mountainbikes (mit Lieferung zum Hotel) verliehen und geführte Radtouren angeboten.

⏲Mo–Sa 10–18, So bis 14 Uhr) Teils Café, teils Museum, teils Geschenkeshop: alles rund um den Kakao. Besucher können Kakao sowohl in flüssiger als auch in fester Form probieren und Tafeln von lokalen Herstellern als Souvenirs kaufen. Außerdem gibt's köstliche Kuchen und Brownies.

Patrick's Local Homestyle Cooking KARIBISCH $
(Lagoon Rd; Hauptgerichte ab 25 EC$, Menü 60 EC$; ⏲Mo–Fr 11–22, Sa & So 18–22 Uhr; 🖉) Das nette und einfache Restaurant auf der Veranda und überdachten Terrasse vor einem umgebauten Wohnhaus an der Lagoon Road ist eine gute Adresse für lokale Spezialitäten. Neben Ziegencurry und Meeresfrüchtegerichten bietet es auch eine wechselnde Tapaskarte mit mehr als einem Dutzend kleinen Portionen von lokalen Gerichten.

★ **BB's Crabback** KARIBISCH $$
(☎435-7058; www.bbscrabbackrestaurant.com; Carenage; Hauptgerichte 58–79 EC$; ⏲Mo–Sa 9–22 Uhr) Das Restaurant ist nach dem Starkoch und lokalen Bonvivant Brian Benjamin benannt und liegt direkt am Wasser am Ende des Carenage. Örtliche Spezialitäten wie Callaloo-Suppe (ein reichhaltiger Eintopf), frischer Fisch und Meeresfrüchte sind hier sehr beliebt, wie auch das charakteristische Ziegencurry. Für weniger Experimentierfreudige gibt's Pancakes, und das Schokodessert mögen alle.

Victory Bar & Grill INTERNATIONAL $$
(☎435-7263; Port Louis Marina; leichte Gerichte 20–39 EC$, Hauptgerichte 40–97 EC$; ⏲7–23 Uhr; 👪) An der noblen Port Louis Marina laden Tische mit Ausblick auf die Boote und gelegentlich auch Megajachten zum Verweilen ein. Das Lokal ist voller fröhlicher Segler, die frischen Salat, Burger, Fisch- und Meeresfrüchtespieße essen. Die Stimmung ist ausgelassen und das Essen großartig.

Nutmeg KARIBISCH $$
(Carenage; leichte Gerichte 15–25 EC$, Hauptgerichte 45–80 EC$; ⏲Mo–Sa 11–21 Uhr) Erholen Sie sich in diesem beliebten Balkonrestaurant unter freiem Himmel über dem geschäftigen Treiben am Wasser. Zu empfehlen sind ein *roti* oder eine traditionelle Hauptspeise mit Fleisch. Tische am Fenster im Voraus reservieren.

Native Food and Fruits SAFTBAR
(Granby St; Säfte 9–12 EC$; ⏲Mo–Sa 9–18 Uhr) In dieser wunderbaren Smoothie-Bar am Marktplatz werden erfrischende Fruchtdrinks gemixt, aber auch sättigendere leckere Shakes. Mit einem Seemoos-Drink oder der Variante mit Hafer, Erdnuss und Guinness im Magen spart man sich die nächste Mahlzeit.

Shoppen

Art Fabrik KUNSTHANDWERK
(☎440-0568; Young St; ⏲Mo–Fr 9–17, Sa bis 13 Uhr) Ein kleiner Laden voller herrlicher Batikkreationen, die auf Grenada hergestellt werden. Besucher können sich den Färbevorgang zeigen lassen, und an der Rückseite gibt's eine kleine Galerie mit Malereien von einigen lokalen Künstlern.

Kunsthandwerksmarkt SOUVENIRS & GESCHENKE
(⏲8–18 Uhr) Gleich neben dem Marktplatz wird hier eine große Bandbreite an Souvenirs verkauft, natürlich inklusive allem, was mit Gewürzen zu tun hat.

Praktische Informationen

Fremdenverkehrsamt von Grenada (☎440-2279; www.grenadagrenadines.com; ⏲Mo–Fr 8–16 Uhr) Hilfsbereite Touristeninformation am südlichen Ende des Carenage.

Hauptpost (☎440-2526; Lagoon Rd; ⏲Mo–Fr 8–16 Uhr)

Scotiabank (☎440-3274; Ecke Halifax & Granby Granby St; ⏲Mo–Do 8–15, Fr bis 17 Uhr) Hier gibt's einen 24-Std.-Geldautomaten.

St. George's General Hospital (☎440-2051; Fort George Point) Das wichtigste Krankenhaus der Insel liegt oben am Hang gegenüber der Festung.

Anreise & Unterwegs vor Ort

St. George's lässt sich am einfachsten zu Fuß entdecken – den Mietwagen sollte man so früh wie möglich loswerden, denn die Straßen der Innenstadt sind eng und überfüllt, was das Autofahren mühsam macht.

Busse fahren vom St. George's **Busbahnhof** (Melville St) zu Zielen überall auf der Insel.

Ein Taxi nach Grand Anse kostet ca. 45 EC$.

SCHIFF/FÄHRE

Osprey Express Ferry (☎440-8126; www.ospreylines.com; Carenage) betreibt Boote nach Carriacou. Sie fahren vom Carenage-Hafen vor dem Tourismusbüro ab. Tickets können an Bord gekauft werden. Wenn viel los ist, empfiehlt es sich, sie im Voraus im Büro am gegenüberliegenden Ufer im Huggins-Gebäude zu kaufen.

Kreuzfahrtschiffe legen von dem an die Esplanade Mall im Zentrum angebauten Terminal ab.

Grand Anse

Grand Anse erstreckt sich entlang dem gleichnamigen berühmten Strand und wirkt eher wie eine bloße Ansammlung von Hotels, Restaurants und Serviceeinrichtungen denn eine richtige Stadt. Der Strand ist einer der besten der Insel und dementsprechend gut besucht.

Um den Massen zu entkommen, empfiehlt es sich, die kleine Zufahrtsstraße, die von der Grand Anse Road in Richtung Süden abzweigt, zu nehmen; sie führt zu einem kleinen Parkplatz bei einem nicht überlaufenen Strandabschnitt.

Sehenswertes & Aktivitäten

Grand Anse STRAND
Grenadas wichtigstes Erholungsgebiet ist ein wunderschöner, langer weißer Sandstrand, begrenzt durch türkisfarbenes Wasser und Hügelland. Hier gibt's die höchste Konzentration an großen Hotels, Bars, Speiselokalen und Wassersportanbietern – der Ortskern ist dennoch nicht ganz verloren gegangen. Anders als bei anderen Stränden in der Karibik hat man hier einen guten Mix aus Urlaubern und Einheimischen, die zum Baden oder für Sport kommen. Für viele zeigt sich hier das wahre Leben auf Grenada

Camerhogne Park PARK
Die sorgfältig gepflegte Grünfläche erstreckt sich zwischen dem Einkaufszentrum Spiceland Mall und den weißen Stränden von Grand Anse. Für Tagesausflügler ist dieser Park eine gute Option – es gibt Umkleiden (1 EC$), Liegenverleih, sehr viel Schatten und Imbissbuden.

Mocha Spoke RADFAHREN
(☎534-6243; www.mochaspoke.com; Le Marquis Complex; ⏲7.30–19 Uhr) Dieses beliebte Café ist nicht nur ein großartiger Ort für Qualitätskaffee und Backwaren, es vermietet zudem auch Fahrräder und veranstaltet Radtouren in die Umgebung der Hauptstadt und zu Wasserfällen.

Dive Grenada TAUCHEN
(☎444-1092; www.divegrenada.com; Mount Cinnamon Resort; 1/2 Tauchgänge 75/130 US$; ⏲8–16 Uhr) Ein gut bewerteter und professionell betriebener Tauchshop in Grand Anse. Bietet für 55 US$ auch Schnorcheltouren zum Underwater Sculpture Park

Schlafen

Mit der höchsten Unterkunftsdichte auf der Insel findet man in Grand Anse alles, vom Resort direkt am Strand bis zu günstigen Cottages im Hügelland.

Grenada

Caribbean Cottage Club HOTEL $

(☎414-4097; www.grenadacottages.com; Greystone Rd; Cottages ab 60–70 US$; ❄) Dieser chillige kleine Club umfasst eine Handvoll komfortabler Holzcottages mit kleinen Küchen und Meerblick. Er liegt auf einem windigen Abhang mit Zufahrt direkt von der Straße zwischen Grand Anse und der Marina. Einige Zimmer sind klimatisiert, aber es wird nicht immer kühl genug. Die Mitarbeiter sind äußerst hilfsbereit.

★ **Silver Sands** LUXUSHOTEL $$$

(☎533-8888; www.silversandsgrenada.com; Grand Anse Main Rd; Zi./Villen ab 1000/8000 US$; ❄📶🏊) Beim Höherlegen der Messlatte für Luxus auf Grenada hat dieses neue Hotel keine Abstriche gemacht. Sein Herzstück ist ein spektakulärer 100 m langer Infinitypool, der sich über die gesamte Länge des Anwesens von der Rezeption bis hinunter zur Grand Anse erstreckt. Die eleganten, modernen Zimmer mit riesengroßen Bädern verfügen über neueste Technologie und hochwertige Originalkunstwerke.

Coyaba Beach Resort RESORT $$$

(☎444-4129; www.coyaba.com; Grand Anse Beach; Zi. 432 US$; ❄@📶🏊) An einem Traumstrand gelegen, vermitteln die 80 Zimmer dieses Resorts entspannten Luxus. Die Anlage ist wunderschön gestaltet und es gibt ein Spa. Hinzu kommt der gute Service. Eine ausgezeichnete Wahl.

Radisson Grenada Beach Resort HOTEL $$$
(☎444-4371; www.radisson.com; Grande Anse Main Rd; Zi. ab 300 US$;) Lassen Sie sich nicht von dem überwältigenden Äußeren abschrecken; der enorme Komplex vermittelt eine relativ intime Atmosphäre. Die Zimmer sind nichts Besonderes, aber die Anlage ist beeindruckend – der flussförmige Pool ist besonders für Kinder toll. Das Personal ist freundlich und es gibt scheinbar alles, was man braucht, vor Ort.

Essen

★**Andy's Soup House** KARIBISCH $
(☎406-1600; Grand Anse Valley Rd, Woodlands; Suppen 12–15 EC$; Hauptgerichte 15–25 EC$ 7–22 Uhr) Dieses einfache straßenseitige Speiselokal ist aufgrund der fantastischen lokaltypischen Küche unser Lieblingsplatz. Es serviert zahlreiche traditionelle Gerichte und Snacks, inkl. leckerer *roti*. Doch der eigentliche Grund, um hierherzukommen, sind die „Waters" (Suppen). Meist gibt es fünf zur Auswahl – allesamt köstlich.

Jam Down JAMAIKANISCH $
(Grand Anse Valley Rd, Mount Tout; Hühnchen 10–15 EC$; Mo–Sa 12–21 Uhr) Ein Abstecher zu dieser abgelegenen, einfachen Holzhütte direkt an der Straße lohnt sich. Auf der Speisekarte steht nur ein einziges Gericht – unglaublich köstliches Jerk Chicken, nach original jamaikanischer Art zubereitet. Früh zu kommen lohnt sich, denn die Hühnchen sind schnell ausverkauft. Jam Down liegt ca. 1 km nach der Kreuzung immer der Nase nach den Hügel hinauf: Man sieht dichten Rauch aufsteigen und riecht die Gewürze, wenn man näherkommt.

★**Coconut Beach** FISCH & MEERESFRÜCHTE $$
(☎444-4644; Grand Anse Beach; Hauptgerichte 45–98 EC$; Mi–Mo 12–22 Uhr) Französisch und kreolisch zubereitete Fischgerichte und Meeresfrüchte werden in diesem alten Haus am Strand oder auch an Tischen draußen serviert. Das familiengeführte Restaurant ist berühmt für seinen Hummer, und im Rumpunsch ist genau die richtige Menge Muskatnuss. Hervorragende *Lambis* (Schneckenmuscheln) in leicht cremiger Ingwersoße werden kredenzt.

Umbrellas AMERIKANISCH $$
(☎439-9149; Grand Anse Beach; Burger 18–40 EC$, Hauptgerichte 30–75 EC$; 11–22 Uhr;) Das Restaurant befindet sich in einem stilvollen zweistöckigen Holzhaus gleich neben dem Strand, mit Sitzgelegenheiten auf der Dachterrasse und im Haus. Hier gibt's eisgekühlte Cocktails, kaltes Bier und leckeres Essen. Einige Salate ergänzen die große Burgerauswahl.

Carib Sushi JAPANISCH $$
(☎439-5640; Le Marquis Centre; Sushi 23–82 EC$; Mo–Sa 11.30–14, tgl. 18–21 Uhr) Lokaler Fisch und Meeresfrüchte werden in dieser legeren Sushibar verarbeitet. An den Picknicktischen draußen kann man sich unters Volk mischen (oder sich drinnen abkühlen) vor einem Schlemmermenü mit exzellenten Tempura, Sushi, Sashimi und Nudelgerichten. Zum Abschluss ist das Grünteeeis zu empfehlen.

An- & Weiterreise

Bus Die Strecke St. George's–Grand Anse ist die meistbefahrene Route der Insel, und Busse verkehren hier alle paar Minuten.

Taxi Taxis sind auf allen Hauptverkehrsstraßen in Grand Anse problemlos zu finden.

Morne Rouge Bay

Obwohl er sich vom Grand Anse Beach aus nur ein Stück weiter den Weg entlang befindet, ist die Infrastruktur an diesem hervorragenden Strandabschnitt bescheiden, sodass es hier nicht überfüllt wirkt. Ein herrliches Beispiel für feinen weißen Sand und kristallklares Wasser – dafür ist die Karibik bekannt! Schatten gibt's, Einrichtungen eher weniger.

Schlafen & Essen

Kalinago HOTEL $$
(☎444-5255 www.kalinagobeachresort.com; EZ/DZ 200/220 US$;) Dieses quirlige Resort umfasst große helle Zimmer mit hübscher Holzmöblierung und Blick aufs Meer (nur ein paar Schritte vom Strand). Außerdem gibt's einen angenehmen Pool, meerseitig ausgerichtet, mit Pool-Bar, und ein Restaurant.

Gem Holiday Beach Resort HOTEL $$
(☎444-4224; www.gembeachresort.com; EZ/DZ ab 113/136 US$, EZ/DZ mit Meerblick 154/165 US$;) Nur ein paar Schritte

vom Strand entfernt macht die Lage dieses Resort zu einem wahren Juwel. Die Zimmer sind nicht zu extravagant, vielleicht etwas in die Jahre gekommen, aber sie verfügen über die nötige Grundausstattung inklusive kleiner Küche. Eine saubere, freundliche und besonders kostengünstige Option an einem der besten Strände der Insel.

★ La Luna HOTEL $$$

(☎ 439-0001; www.laluna.com; Cottages 580–860 US$;) Eines der besten Resorts der Inseln über dem Winde (Windward Islands), wie die der Windrichtung zugewandten Inseln der Kleinen Antillen genannt werden. Die 16 balinesisch inspirierten Cottages bestechen durch schlichte Eleganz, mit privaten Tauchbecken und Bädern unter freiem Himmel. Zudem stehen oben auf dem Hügel ein paar moderne Fünf-Zimmer-Villen mit spektakulärem Blick. Vor der Anlage erstreckt sich ein herrlicher abgeschiedener Strand und das **Restaurant** (www.laluna.com; Hauptgerichte 37–85 EC$; 12–21.30 Uhr) zählt zu den besten der Gegend.

Sur La Mer KARIBISCH $$

(Hauptgerichte ab 30–70 EC$; 7–22 Uhr) Es gibt keinen Grund, sich zu weit vom Meer zu entfernen, denn in diesem Strandrestaurant bekommt man ein solides Mittag- oder Abendessen. Das Sur La Mer serviert westindische Küche mit einem Hang zu Meeresfrüchten und von der verlockenden Bar blickt man auf die Wellen. Zwischen den Mahlzeiten sind *roti* oder andere Snacks zu haben.

An- & Weiterreise

Zu Fuß erreicht man Morne Rouge vom westlichen Ende von Grand Anse. Man halte nach einem schmalen Weg Ausschau, der zwischen den Resorts hinaufführt, und folgt dann der Straße über den Berg.

Ein Taxi von Grand Anse kostet 25–30 EC$.

Point Salines & True Blue

Der filigrane Küstenstreifen um Point Salines wird vom Maurice Bishop International Airport beherrscht. Er besticht durch eine Reihe herrlicher Strände nördlich der Landebahn, gleich beim Flughafen.

Südlich des Flughafens liegt True Blue, eine ruhige Ecke mit etlichen hübschen erstklassigen Hotels, guten Speiselokalen und Jachthäfen.

Die medizinische Fakultät der St. George's University (SGU) ragt auf der Halbinsel um die True Blue Bay empor. Es ist ein weitläufiger Campus, beinahe ausschließlich von jungen Amerikanern bevölkert, die auf der Insel einen Abschluss in Medizin anstreben (Präsident Ronald Reagan führte den Schutz dieser Studenten an, als er 1983 die US-Intervention auf Grenada anordnete).

Sehenswertes & Aktivitäten

Magazine Beach STRAND

Magazine Beach ist die letzte Anlaufstelle für Reisende auf der Suche nach einem letzten Quantum Strand und Meer, bevor es ins Flugzeug zurück nach Hause geht. Der Strand bekam von Einheimischen den Beinamen „hübscheste Abflughalle der Karibik". Heruntergefallene Felsblöcke begrenzen im Süden den weißen Sandstreifen und das kühle Meerwasser. Von hier aus gelangt man zu feinen Schnorchelplätzen.

Grooms Beach STRAND

(Parc a Beouf) Eine zauberhafte, abgeschiedene Bucht mit weichem Pudersand und warmem, azurblauem Wasser. Eignet sich gut zum Schnorcheln. Ganz in der Nähe ist das beliebte Beach House Restaurant, nördlich vom Flughafen.

Aquanauts Grenada TAUCHEN

(☎ 444-1126; www.aquanautsgrenada.com; True Blue Bay Resort) Aquanauts Grenada ist der Tauchshop-Gigant auf der Insel. Hier gibt's alles, von Booten über Ausrüstung bis zu einem enormen Mitarbeiterstab. Mit Kosten von ca. 85 US$ für einen Tauchgang inkl. Ausrüstung und 132 US$ für zwei Tauchgänge ist zu rechnen. Open-Water-Kurse kommen auf 490 US$. Eine weitere **Niederlassung** (☎ 444-1126; www.aquanautsgrenada.com; Grand Anse Beach; Tauschgang mit 1-/2-Flaschen und Ausrüstungsverleih 85/132 US$; 8–17 Uhr) gibt's am Spice Island Resort in Grand Anse. Der Anbieter hat eine gute Buchungsplattform.

Schlafen

★ Maca Bana HOTEL $$$

(☎ 439-5355; www.macabana.com; Point Salines; Villen 660–1020 US$;) Maca Bana hat wunderschöne Villen über einen Abhang verteilt, mit herrlichem Ausblick auf die Küste von St. George's sowie allen möglichen kleinen Annehmlichkeiten, von Smartphone-Ladestationen und Flachbildfernsehern bis zu Kaffeemaschinen und großen Sonnenterrassen aus Holz mit privatem Whirlpool. Solarpanele decken die gesamte Stromversorgung, und alles ist auf Nachhaltigkeit ausgerichtet.

True Blue Bay Resort & Marina HOTEL $$$
(☎443-8783; www.truebluebay.com; True Blue; Zi. 330–443 US$; ❄@📶🏊) Das beliebte familienbetriebene Resort wurde am Rand einer Bucht voller Jachten erbaut. Am Hang reihen sich zahlreiche Reihen blauer Holzhütten. Die Anlage ist erheblich erweitert worden und bietet eine große Bandbreite an Unterkünften. Alle sind elegant möbliert und weisen künstlerische Elemente auf, aber am besten gefielen uns die luxuriösen Turmzimmer mit großartigem 360-Grad-Panoramablick.

Essen & Ausgehen

Die unmittelbare Umgebung des SGU-Campus ist voll von Imbissständen, die allzu bekannte Speisen vor allem für von Heimweh geplagte Amerikaner verkaufen – Wings, Gyros und Tacos. Und es gibt auch guten amerikanischen Kaffee.

Dodgy Dock INTERNATIONAL $$
(☎443-8783; True Blue Bay Resort; Hauptgerichte 26–99 EC$; ⏲7–22 Uhr) In dieser Open-Air-Bar (bzw. Restaurant) mit einladender Terrasse am Meer einen Happen zu essen oder etwas zu trinken scheint immer angebracht. Abends kann es lebhaft werden, aber die Bedienung ist oft nicht besonders aufmerksam. Die Speisekarte hat von allem etwas zu bieten, wobei karibische und mexikanische Köstlichkeiten dominieren.

Aquarium INTERNATIONAL $$$
(☎444-1410; www.aquarium-grenada.com; Point Salines; Mittagessen 25–105 EC$, Abendessen 46–139 EC$; ⏲Di–So 10–22 Uhr; 👪) Am Magazine Beach zwischen zwei gigantischen Felsblöcken liegt dieses immer beliebtere Lokal direkt im Sand. Hier werden Burger und Salate sowie zahlreiche Mittagsgerichte serviert, und auch etwas raffiniertere Küche am Abend, mit viel Fisch, Meeresfrüchten und einer großen Auswahl für Fleischtiger. Das sonntägliche Barbecue mit Livemusik ist immer ausgebucht – Reservierung empfohlen!

Mocha Spoke CAFÉ
(☎533-2470; www.mochaspoke.com; True Blue Dr) Das hippe Café direkt vor der Universität serviert schlaflosen Studenten etliche koffeinhaltige Getränke. In der Marquis-Anlage in der Nähe von Grand Anse gibt's eine weitere Filiale (S. 422), die Fahrradtouren anbietet.

ℹ An- & Weiterreise

Bus Die Linie St. George's–Grand Anse fährt nach Calliste, nahe dem Flughafen, zehn bis 15 Minuten zu Fuß von den Sehenswürdigkeiten in Point Saline im Norden und True Blue im Süden.

Taxi Taxifahrten von Grand Anse nach Point Salines oder True Blue kosten rund 40 EC$.

Lance aux Épines

Lance aux Épines ist eine Halbinsel an der südlichsten Spitze von Grenada. Hier gibt's einen netten Strand und einen Hafen.

Aktivitäten

ScubaTech TAUCHEN
(☎439-4346; www.scubatech-grenada.com; Calabash Hotel; 1/2 Tauchgänge 110/150 US$) Ein kleiner, gut geführter Laden mit umfassender Palette an Schnorchel- und Tauchausflügen.

Schlafen & Essen

★ Calabash Hotel HOTEL $$$
(☎444-4334; www.calabashgrenada.com; Zi. mit Frühstück 925–1425 US$; ❄@📶🏊) Dieses Hotel ist mit Abstand die netteste Unterkunftsmöglichkeit der Insel. Die wunderschön gepflegte Anlage sticht auch wegen des einzigartigen Servicelevels heraus. Zu den kleinen, feinen Unterschieden zählt etwa, dass das Frühstück ins Zimmer serviert wird; ausgedehnte Liegewiesen und sich im Wind wiegende Palmen am Strand schaffen ein Erholungsparadies.

Lance aux Épines Cottages HOTEL $$$
(☎444-4565; www.laecottages.com; Apt./Cottages 260/320 US$; ❄@📶) Umwerfende Ausblicke auf den Strand bieten elf helle Zimmer, ausgestattet mit Küche und großem Wohnbereich. Dieser ruhige, nette Ort eignet sich gut für Familien. Es gibt unzählige Extras wie kostenlose Kajaks. Außerhalb der Hauptreisesaison sinken die Preise.

Spice Affair INDISCH $$$
(☎444-4424; www.spiceaffair.gd; Lance aux Épines Main Rd; Hauptgerichte 30–99 EC$; ⏲11–22 Uhr) Dieses indische Restaurant ist selbst für das vornehme Lance aux Épines gehoben und verbindet authentische Küche mit stilvollem Ambiente. In bequemen Wildle-

dersesseln auf der großen Veranda oder im eindrucksvollen klimatisierten Speisesaal kann man köstliche Currys mit allen Extras genießen. Etwas teuer, aber Qualität und Service sind ausgezeichnet.

West Indies Beer Company CRAFT-BIER
(☎232-2337; www.westindiesbeer.com; Lance aux Épines Main Rd; ⏲Mo–Do 13–1, Fr & Sa bis 2, So 16–1 Uhr) Auf den Windward Islands wird gutes Craft-Bier geboten. Diese gepflegte lokale Brauerei begann als hauseigene Einrichtung im True Blue Bay Resort und ist anschließend in größere, schicke neue Räumlichkeiten gezogen. Dazu gehört ein quirliger Biergarten, eine fixe Größe des Nachtlebens. Hergestellt wird eine ganze Palette an echten Ales und Ciders, und die Atmosphäre ist echt nett.

Zu den Getränken schaffen preiswerte Gerichte eine Grundlage, darunter Pizza, Burger und Wings.

An- & Weiterreise

Mit dem Taxi erreicht man Lance aux Épines von Grand Anse aus in zehn MInuten. Öffentliche Verkehrsmittel fahren auf der Halbinsel nicht.

La Sagesse Bay

La Sagesse Bay ist eine reizende von Palmen gesäumte Bucht mit geschütztem Schwimmbereich, hinter der ein Dschungeldickicht liegt. In den Salzwasserteichen leben Silber- und Fischreiher. Die Gegend wirkt abgeschieden und Welten von den besser erschlossenen Buchten im Westen der Insel entfernt.

Sehenswertes

La Sagesse Nature Centre NATURSCHUTZGEBIET
(☎444-6458; Pakete inkl. Mittagessen & Transport 55 US$; ⏲8–17 Uhr) Das Gebiet umfasst das ehemalige Anwesen von Lord Brownlow, einem Cousin von Königin Elizabeth II. Es erstreckt sich über die gesamte Länge der Bucht La Sagesse Bay. Leider sind die Pfade durch das Reservat in schlechtem Zustand, sodass Wandern hier nicht mehr möglich ist. Es gibt Pakete inklusive Transfers von und zum Hotel, Essen und Zugang zur Strandanlage.

Das Restaurant vor Ort (Hauptgerichte 34–85EC$) wartet mit guten karibischen Gerichten in einer hinreißenden Szenerie am Wasser auf.

Schlafen

La Sagesse Manor House GASTHAUS $$$
(☎444-6458; www.lasagesse.com; Zi. 185–210 US$; 📶) Im La Sagesse Nature Centre hat man Lord Brownlows ehemaliges Herrenhaus gleich am Strand, Baujahr 1968, in ein kleines Inn verwandelt. Die eleganten Zimmer im neuen Block sind einfach und geschmackvoll, mit abgeschirmten Fenstern, während jene im alten Herrenhaus und in den abgelegeneren Cottages über Blick auf den Ozean und über Veranden verfügen.

An- & Weiterreise

La Sagesse liegt eine 25-minütige Fahrt über die Eastern Main Road von St. George's entfernt. Der Zugang befindet sich gegenüber einer verlassenen Rumbrennerei. Busse, die in die Provinz St. David unterwegs sind, können einen hier absetzen (5 EC$).

Grand Etang National Park

4 km (2,5 Meilen) nordöstlich von Constantine, wo sich die Straße 500 m steil nach oben windet, gelangt man in den Grand Etang National Park, ein unglaubliches Naturschauspiel mit nebeligen Landschaften und einem herrlichem See in der Mitte. Am **Grand Etang Visitor Center** (☎440-6160; 5 EC$; ⏲8–16 Uhr) wird der Eintritt bezahlt, es gibt Informationen zum Park und Erfrischungen.

Das Gebiet beherbergt vier der höchsten Gipfel von Grenada, der höchste ist bizarrerweise namenslos.

Die Busse, die zwischen St. George's und Grenville verkehren, setzen Fahrgäste auf Wunsch am Besucherzentrum oder am Zugangspunkt zum Seven-Sisters-Wasserfall ab. Man sollte dem Fahrer vorher sagen, wo man aussteigen möchte.

Aktivitäten

Es gibt zahlreiche Wanderrouten im Nationalpark von unterschiedlicher Dauer und Schwierigkeit. Einige sind gut instand gehalten, andere überwuchert, sodass ein Guide nötig ist. Die meisten Pfade beginnen (nahe) am Besucherzentrum und die Mitarbeiter helfen gern beim Vermitteln eines Führers. Einige der Wanderwegen im Park:

Concord Falls Diese Route ist nur etwas für wahre Abenteurer und zweigt gegen Ende des Mt.-Qua-Qua-Weges zum Concord Wasserfall ab. Eine Strecke dauert fünf Stunden und der Pfad ist überwuchert und teilweise gar nicht mehr vorhanden. Bevor es losgeht, sollten die Bedingungen überprüft werden. Ein Guide ist erforderlich. Vom Wasserfall sind es nochmals 2,5 km (1,5 Meilen) ins Dorf Concord, wo es einen Bustransport gibt.

Grand Etang Shoreline Dieser 1½-Stunden-Rundweg um den Grand-Etang-See ist einfach, aber auch sehr schlammig. Auf entsprechendes Schuhwerk ist zu achten.

Morne La Baye Eine leichte 15-Minuten-Route setzt hinter dem Besucherzentrum an und entführt die Teilnehmer in eine ursprüngliche Vegetation.

Mt Qua Qua Die mittelschwere dreistündige Rundwanderung auf einen Bergrücken gewährt u. a. die besten Ausblicke auf den Regenwald.

Seven Sisters Falls Auf dieser zweistündigen Wanderung kommt man an sieben Wasserfällen im Regenwald vorbei. Sie beginnt am höchsten Wasserfall. Es ist eine anspruchsvolle Route, gilt aber als eine der besten auf Grenada. Zwischen dem fünften und sechsten Wasserfall ist ein tiefer Sprung hinab ins Wasser erforderlich. Alternativ besteht die Möglichkeit, die beiden unteren Fälle auf einer leichteren halbstündigen Wanderung zu entdecken, die ca. 2 km nördlich des Besucherzentrums beginnt. Am Startpunkt wird man gebeten, 5 EC$ Eintritt zu bezahlen, da man ein Privatgrundstück betritt. Am Eintrittsschalter kann man gegen Trinkgeld auch einen Guide bekommen.

Gouyave

Das hübsche Fischerdorf liegt von St. George's aus auf etwa der halben Strecke entlang der Westküste nach Norden. Man sollte sich einige Stunden Zeit nehmen, um durch das Dorf zu schlendern, etwas zu trinken und das Ambiente auf sich wirken zu lassen.

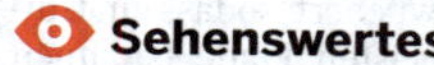

★ Nutmeg Processing Cooperative

FABRIK

(☎ 444-8337; 2,70 EC$; ⏲ Mo–Fr 8–15.30 Uhr) Auf der Hauptstraße von Gouyave kann man eine der wichtigsten Traditionen dieser Insel förmlich riechen: Muskatnuss. Die Verarbeitungsanlage ist eine großräumige, zugige alte Einrichtung, in der Arbeiter die Kerne sortieren: Einige werden für die Duftherstellung verwendet, andere zu Gewürzen verarbeitet. Es gibt laufend Touren zu einem extrem günstigen Preis.

Concord Falls

WASSERFALL

Entlang des Concord-Flusses gibt's idyllische Wasserfälle. Zum kleinsten, einer malerischen 30-m-Kaskade, geht's über die Concord Mountain Road und von deren Ende aus entlang einer Seitenstraße 2,5 km (1,5 Meilen) vom Dorf Concord ins Landesinnere. Der etwa 800 m lange Weg zu den oberen Fällen beginnt am Ende der Straße und lädt zu einer netten 45-minütigen Waldwanderung ein. Die Wasserfälle liegen auf einem Privatgrundstück, der Eigentümer verlangt eine geringe Gebühr.

Schlafen & Essen

Rumboat Retreat — GÄSTEHAUS $$

(☎ 437-1726; www.rumboatretreat.com; Mount Nesbit; Zi. 99 US$; ❄ 📶) Das Rumboat, eine der wenigen qualitativ hochwertigen Unterkünfte in diesem Teil der Insel, ist ein ruhiges umgebautes Haus an einem Hang. Es hat nur vier Gästezimmer, darunter zwei mit Meerblick. Die enthusiastischen jungen Eigentümer bieten eine Vielzahl von Aktivitäten an, z. B. Schokoladen-Workshops, Rumverkostungen und abenteuerliche Naturwanderungen durch den Urwald in der Umgebung.

Gouyave Fish Fry — KARIBISCH $

(Hauptgerichte 20 EC$; ⏲ Fr 19–22 Uhr) Gouyave ist Grenadas Fischereihochburg, was immer freitags mit dem festlichen Fischfrittieren ausgiebig zelebriert wird. Die Verkäufer grillen und frittieren frischen Fisch direkt vom Boot und servieren ihn mit lokaltypischen Beilagen: Feier und Gourmet-Erlebnis zugleich. Die meisten Einheimischen bleiben gern auf ein paar Drinks nach dem Essen.

An- & Weiterreise

Die Busse zwischen St. George's und Victoria halten in beiden Richtungen entlang der Western Main Road in Gouyave.

Sauteurs

Auf der nördlichen Inselspitze liegt die Stadt Sauteurs (deren französischer Name so viel wie „Springer" bedeutet). Sie ist vor allem für ihre finstere Geschichte berüchtigt. 1651 entschieden hier ansässige Familien, sich lieber von den 40 m hohen Klippen zu stürzen, als sich der vorrückenden französischen Armee zu ergeben.

Das moderne Sauteurs ist eine hübsche kleine Stadt mit bunten Häusern und einer prunkvollen **anglikanischen Kirche**. Im Nordwesten der Stadt erstreckt sich ein einladender Strand, gesäumt von Kokosnusspalmen und mit Blick auf die Grenadinen. Hier herrscht Dorfatmosphäre, besonders am späten Nachmittag, wenn die Einwohner an den Strand kommen, um sich hier zu entspannen.

Sehenswertes

Mount Richmond Petroglyph ARCHÄOLOGISCHE STÄTTE
(Eintritt gegen Spende) Dieser große Stein am Flussufer, einige Kilometer südlich von Sauteurs, ist mit Schnitzereien bedeckt und gehört zu den bedeutendsten einheimischen Relikten auf der Insel. Die Gemeinde betreibt neben der Flussuferstraße ein kleines Interpretation Center, in dem man Ferngläser leihen kann, um die Werke aus der Nähe zu betrachten. Zum Felsen hinunter ist es eine ziemlich steile Kletterei, aber wer wirklich ganz nah heran möchte, kann sich von den Kindern aus der Nachbarschaft führen lassen.

Das Personal arbeitet ehrenamtlich und freut sich über Trinkgeld.

Leaper's Hill DENKMAL
(10–17 Uhr) Von dieser Klippe, so heißt es, stürzten sich die karibischen Familien hinab, um den heranrückenden französischen Streitkräften zu entgehen. Das kleine Museum ist nicht mehr in Betrieb, doch der Aussichtsunkt ist zugänglich – hier kann man sich das makabere Schauspiel ausmalen. Besucher gelangen entweder über den Weg quer durch den katholischen Friedhof hinter der Kirche oder den etwas unwegsameren Pfad rechts neben der Schule hierher. Das Sicherheitspersonal vor Ort gibt auf Wunsch Erklärungen.

Schlafen & Essen

Die besten Unterkünfte gibt's außerhalb der Stadt Richtung Westen, auf den dschungelbeschatteten Abhängen, die zum Meer hin auslaufen.

★ **Almost Paradise** HOTEL $$
(442-0608; www.almost-paradise-grenada.com; Cottages 129 US$;) Die zur Hangseite liegenden Cottages dieses ruhigen kleinen Gästehauses sind schlicht und hell, mit Betten mit Netzbaldachin, Küchenzeile und Hängematte auf dem Balkon. Das Ausschlaggebende sind aber die fantastischen Ausblicke auf die Grenadinen. Die Inhaber engagieren sich sehr für die Umwelt und das Restaurant kredenzt eine Auswahl an exquisiten, von der mediterranen Küche beeinflussten Gerichten und köstliche Cocktails.

Petite Anse HOTEL $$$
(442-5252; www.petiteanse.com; Zi. 297–358 US$;) Petite Anse ist bei Weitem die exklusivere der beiden Unterkünfte auf diesem Abschnitt, und bietet eine umfassendere Infrastruktur inklusive eigenem Strandabschnitt. Die Zimmer sind hübsch dekoriert, mit Himmelbett und privater Terrasse oder Patio. Das Restaurant hat alles auf dem Speiseplan, von Salaten und Pasta bis zu Fisch und Meeresfrüchten.

Armadillo EUROPÄISCH $$
(417-5250; www.armadillo-grenada.com; Prospect Rd; Hauptgerichte 65–90 EC$;) Im gleichnamigen Gästehaus serviert das kleine Restaurant einige der besten Gerichte des Inselnordens. Die Gourmet-Speisekarte wechselt und bietet stets, was vor Ort gera-

ABSTECHER

DIAMOND CHOCOLATE FACTORY

Die **Diamond Chocolate Factory** (Jouvay Chocolate; 437-1839; www.jouvaychocolate.com; Diamond Estates, Victoria, St Marks; Mo–Fr 8–16, Sa & So 9–17 Uhr) ist in einer ehemaligen Brennerei untergebracht, die von französischen Mönchen errichtet wurde. Hier wird Schokolade der Marke Jouvay produziert und im ganzen Land zum Verkauf angeboten. Die Fabrik wird als Kooperative von lokalen Kakaobauern geführt. Es empfiehlt sich, vorher anzurufen, um eine Führung durch die Gebäude und zur Produktionsanlage zu buchen; im Anschluss können die verschiedenen Produkte probiert werden.

Im Café vor Ort werden alle möglichen Schokoladenwaren serviert. Dazu gibt's einen Geschenkeladen.

de frisch ist. Es gibt nur acht Plätze an einem gemeinsamen Esstisch, also im Voraus reservieren! Im Obergeschoss werden drei ruhige Gästezimmer (125–165 US$) mit Meerblick vermietet.

An- & Weiterreise

Grenville Zwei Buslinien verkehren zwischen Sauteurs und Grenville, eine über Rose Hill in der Nähe des Lake Antoine und die andere durch Hermitage unweit von Belmont Estate. Die Buslinien von **St. George's** verbinden Sauteurs mit der Hauptstadt über die Western Main Road.

Östliches Grenada

Den dünn besiedelten Osten übersehen viele Reisende, doch besonders wer felsig-schroffe Naturlandschaften aus der Nähe betrachten will, sollte ihn in seiner Reiseroute berücksichtigen. Auf dem Weg durch die diversen Dörfer sieht man Kakaoplantagen, traditionelle Rumbrennereien, abgeschiedene Strände und versteckte Lagunen mit unermesslichem Vogelreichtum.

Die Strände in dieser Gegend sind, abgesehen von Bathway, gefährlich und nicht zum Schwimmen geeignet!

Sehenswertes & Aktivitäten

★ Levera Beach — STRAND

Durch niedrige, ausgehöhlte Meeresklippen geschützt, liegt hier ein wunderschöner Sandstrand, den nur wenige Besucher finden. Die hohe, spitz zulaufende Sugar Loaf Island ist ihm vorgelagert, als Tüpfelchen am nördlichen Horizont sind die Grenadinen zu erkennen.

Die Straße nach Levera, nördlich von Bathway, ist unbefestigt, aber recht stabil und sollte mit den meisten Fahrzeugen problemlos befahren werden können. Zu Fuß braucht man rund 30 Minuten. Levera liegt sehr abgelegen, sicher am Tag, aber nach Einbruch der Dunkelheit sollte man nicht mehr herkommen.

Der Strand, der Mangrovensumpf und der nahe gelegene Teich gehören zu Grenadas Nationalparksystem und bilden einen wichtigen Lebensraum für Wasservögel und einen Nistplatz für Meeresschildkröten.

Levera Beach ist von April bis August abends zum Schutz der nistenden Schildkröten gesperrt, aber man kann den Strand im Rahmen einer genehmigten Führung besuchen.

River Antoine Rum Distillery — BRENNEREI

(☎ 442-7109; Tivoli; Führungen 5 EC$; ⏰ Mo–Fr 8–16 Uhr) River Antoine produziert seit 1785 Rum und wendet bis heute das traditionelle Verfahren an. Die Führungen geben Einblicke in alle Aspekte des Herstellungsprozesses, vom Zerstampfen des Zuckerrohrs bis zur Gärung und Destillation – es qualmt beißend. Natürlich gibt's auch Verkostungen, und man kann flaschenweise Souvenirs erstehen.

Pearl Airfield — DENKMAL

Das Rollfeld nördlich von Grenville war einst der wichtigste Flugplatz der Insel und wurde im Zuge der US-Intervention von den Marinesoldaten übernommen, die zwei kubanische Flugzeuge neben der Landebahn zurückließen. Heute knabbern Ziegen auf den grünen Weiden zwischen den demolierten Tragflächen, eine eigentümlich friedvolle Szenerie. Besucher können in den russischen Antonov-Jet hineinklettern – aber wegen der losen, scharfen Metallteile nur mit festem Schuhwerk.

Bathway Beach — STRAND

Von Rivers Sallee führt eine Straße zum Bathway Beach, einem reizenden lang gezogenen Korallensandstrand. Ein Felsenriff verläuft parallel zur Strandlinie und schafft einen weiten, geschützten natürlichen Pool, ideal zum Schwimmen. Von 9 bis 18 Uhr sind Rettungsschwimmer am Strand und es gibt ein paar Hütten und Cafés.

Belmont Estate — BIOPLANTAGE

Belmont; Führungen Erw./Kind 13/5 EC$; ⏰ 8–16 Uhr, Sa geschlossen) Kakao ist Grenadas Haupterzeugnis, und dem wird auf dieser 300 Jahre alten Bioplantage Rechnung gezollt. Weitere Kulturen, die hier angebaut werden, sind Zimt, Gewürznelken, Lorbeer und Muskatnuss. Führungen informieren über die Kakaoherstellung, danach empfehlen sich ein Spaziergang durch die Landschaftsgärten und ein leckeres Mittagessen (62,50 EC$). Das Anwesen liegt rund 3 km (2,5 Meilen) nordwestlich von Tivoli.

Specto — TIERBEOBACHTUNG

(☎ 442-2721, 442-1748; specto.grenada@gmail.com; Bathway Beach) Die gemeindebasierte Ökotourismusorganisation veranstaltet geführte Touren, um die riesigen Lederschildkröten zu beobachten, die an Land kommen, um auf und um Levera im Nordosten der Insel Eier zu legen. Der Ausflug beginnt am Bathway Beach Interpretation Center,

GRAND ETANG ROAD

Diese mit Regenwald überwucherte Straße schlängelt sich in zahlreichen Serpentinen auf den Inselrücken. Die gebirgige, meist mit Nebelschwaden verhangene Inselmitte erinnert an eine verlorene, unberührte Welt, deren dichter Regenwald voller Leben ist – inklusive Affen, die schon mal einen Tick zu zutraulich werden.

Grenadas grüne Pracht kommt hier uneingeschränkt zum Ausdruck: Man sieht Maniok, Muskatnuss, Sternfrucht, Zimt, Gewürznelken, Hibiskus, Maracuja, Ananas, Avocado, Mango, Banane, Kokosnuss und vieles mehr.

Annandale Falls (5 EC$; ⏲8–16 Uhr), ein idyllischer Wasserfall von 9 m Höhe, umgeben von üppiger Vegetation und mit einem weitläufigen Becken für ein erfrischendes Bad, befindet sich zwei Gehminuten vom Besucherzentrum entfernt. Wenn Kreuzfahrtschiffe im Hafen liegen, kann es ganz schön voll werden.

und die Teilnehmer sollen möglichst mit eigenen Fahrzeugen kommen.

Shoppen

Grenada Chocolate Company SCHOKOLADE
(☎442-0050; Hermitage; ⏲Mo–Fr 7–16 Uhr) Die köstlichen Bioschokoriegel des landwirtschaftlichen Familienbetriebs kann man überall auf der Insel kaufen, aber der kleine Vorführraum in einem Bergdorf ist einen Besuch wert. Hier gibt's die verschiedenen Sorten zu probieren, ebenso Brownies, Kuchen und individuelle Gourmetschokolade. Hergestellt wird die Schokolade in einem nahen Betrieb, den man bei einer Führung besichtigen kann.

An- & Weiterreise

Lokale Buslinien fahren hier zwar in die meisten Dörfer, unzählige Sehenswürdigkeiten liegen aber fernab der Hauptverkehrsrouten. Wer die Gegend erkunden will, nimmt am besten einen Mietwagen oder handelt mit einem Taxifahrer einen Preis aus.

Die Busse von Grenville nach Sauteurs verkehren auf zwei Routen: 9A fährt durch River Sallee über Lake Antoine und auf die Abzweigung nach Bathway, 9B ins Landesinnere, über Belmont Estate.

CARRIACOU

Den meisten ist nicht bewusst, dass der Inselstaat Grenada eigentlich aus *drei* Inseln besteht – eine davon Carriacou (*kari*-a-ku). Hier gibt's keine Kreuzfahrtschiffe, großen Resorts oder Souvenirgeschäfte, sondern das Leben auf der Karibik, wie es vor 50 Jahren war: ruhig, freundlich und entspannt.

Feste & Events

Carriacou Carnival KULTUR
(⏲Feb./März) Lebhaftes Treiben mit närrischen Straßenparaden, Livemusik und dem skurrilen „Shakespeare Mas", der an ein Rap-Battle erinnert, allerdings mit Männern in leuchtenden Gewändern, die Verse des englischen Virtuosen rezitieren. Besucher können sich auf eine farbenfrohe Party einstellen. Diese findet zwei Wochen lang nach Beginn der Fastenzeit statt.

Carriacou Maroon & String Band Festival MUSIK
(www.carriacoumaroon.com; ⏲April) Bands von zahlreichen Inseln strömen zu diesem dreitägigen traditionellen Musikfestival Ende April nach Carriacou. Ein leckerer Punkt am Rande des Programms ist die Zubereitung geräucherter Speisen.

Carriacou Regatta SEGELN
(⏲Aug.) Auf der stolzen Bootsbauerinsel Carriacou wird diese Regatta sehr ernst genommen. Das viertägige Fest wird in der ersten Augustwoche ausgetragen und zieht Mitstreiter aus der ganzen Karibik und darüber hinaus an.

An- & Weiterreise

Zu Flugverbindungen zwischen Grenada und Carriacou erfährt man Näheres bei **SVG Air Grenada** (☎444-3549; www.svgair.com).

Die meisten Fähren der Insel fahren inzwischen am Tyrell Bay Port ab, zehn Autominuten südlich der Stadt.

Osprey Lines (www.ospreylines.com; Patterson St; ⏲8–15.30 Uhr) bietet Schnellfähren von Grenada nach Carriacou (Erw. 80 EC$, Kind 10–50 EC$, 2 Std.). Abfahrt um 9 Uhr, mit Rückfahrt von Hillsborough um 15.30 Uhr, aber sie verspätet sich oft. Sonntags fährt sie auf Grenada um Punkt 8 Uhr ab.

Ein langsameres Frachtschiff (50 EC$, 4 Std.) fährt am Montag, Mittwoch und Freitag um ca. 6 Uhr von Carriacou nach Grenada und kehrt um ca. 18 Uhr zurück, aber die Ersparnis lohnt angesichts der längeren Fahrt und der ungünstigen Fahrzeiten nicht wirklich.

Unterwegs vor Ort

Minivans fungieren als lokale Busse und fahren vom Busbahnhof hinter dem Ade's Dream Hotel ab. Sie halten so ziemlich überall entlang ihrer Route, um Passagiere aufzunehmen. Bus Nr. 10 fährt in den Südwesten, Linie 11 in den Norden. Der Preis beträgt 3,50 EC$ pro Fahrt. Die für Touristen weniger nützliche Linie 12 bedient den Südosten.

Die Busse fahren nur tagsüber (der letzte um ca. 19 Uhr) und am Sonntag gar nicht

Carriacou ist klein, und die meisten Plätze sind mit öffentlichen Verkehrsmitteln erreichbar. Wer selbst einen fahrbaren Untersatz möchte, für den gibt's ein paar Vermietungen, die Preise liegen um die 50 bis 60 US$ pro Tag. **Wayne's Jeep Rental** (☎ 443-6120; Main Rd; Fahrzeuge 140–150 EC$) in Hillsborough, direkt bergauf vom Ade's Dream Hotel, hat günstige Preise. An der Patterson Street in Hillsborough liegt eine Tankstelle.

Hillsborough

Carriacous Ruhe erkennt man im sanften Tempo der größten Stadt der Insel, Hillsborough, wieder. In den Straßen begegnen moderne Häuserblocks und klassische karibische Holzbauten gleichermaßen. Bei einem Spaziergang durch die Stadt blinzelt das türkisfarbene Meer immer wieder zwischen den Gebäuden hervor.

Sehenswertes

Beausejour Bay STRAND

(Silver Bay) Hillsboroughs Strand ist nicht der schönste der Insel, aber in Ordnung. Fischerboote laufen entlang der Promenade ein, wo ein paar Pavillons Schatten spenden, und dahinter, Richtung Norden, findet man hübsche Muscheln. Im Süden von Hillsborough geht's wilder zu, mit brausenden Wellen und Pelikanen, die sich auf den Überresten längst verschwundener Piere für ein Nickerchen niederlassen.

Sandy Island INSEL

Sandy Island vor der Westküste von Hillsborough Bay wird gerne von Tagesausflüglern, Schnorchlern und Seglern angesteuert. Die winzige, atemberaubende Riff-Insel aus glitzerndem Sand ist von türkisblauem Meer umgeben. Wassertaxis (Hin- und Rückfahrt 10 US$ pro Pers.) fahren von Hillsborough ab und brauchen 15 Minuten. Besucher sollten sich gut überlegen, wann sie zurückfahren wollen, denn die Insel ist in ein paar Minuten zu Fuß umrundet und es gibt wenig Schatten. Ein ganzer Nachmittag kann ziemlich lang sein.

INSIDERWISSEN

REISE NACH ST. VINCENT

Von Carriacou gelangt man nach Union Island, St. Vincent, von wo Boote zu anderen Inseln der Grenadinen und bis nach Kingstown abfahren. Ein Wassertaxi von Hillsborough nach Union Island kostet 90–100 US$. Die Überfahrt kann sehr unruhig und nass werden.

Für eine günstigere Option fragt man in der Stadt nach Troy mit seiner **Lady JJ** (☎ in St. Vincent 1-784-432-5728; gellizeautroy@gmail.com; Erw./Kind 60/25 EC$), einem Arbeitsboot, das mehrmals pro Woche nach Union Island übersetzt, in der Regel montags und donnerstags. Die Fahrt kostet 60 EC$ pro Person.

Jeden ersten Mittwoch im Monat fährt ein billiges, langsames Boot direkt von Carriacou nach Kingstown, mit Halt an den meisten Inseln der Grenadinen, außer Bequia.

Am schnellsten erreicht man Union Island mit einem Direktflug von SVG Air ab Carriacou, aber die Gesellschaft fliegt nur unregelmäßig. Am besten, man erkundigt sich telefonisch.

Aktivitäten & Geführte Touren

Deefer Diving TAUCHEN

(☎ 443-7882; www.deeferdiving.com; Main St; 2 Tauchgänge ab 105 US$; ⌚ Mo–Sa 8–17 Uhr) Der exzellente lokale Tauchshop organisiert Fahrten zu 33 Spots rund um Carriacou. PADI-Open-Water-Kurse, zertifiziert von der Professional Association of Diving Instructors, bekommt man für 550 US$. Außerdem werden Schnorchelausflüge geboten. Nichttauchende Freunde können die Taucher auf dem Boot kostenfrei begleiten, um zu schnorcheln.

SUP Carriacou Grenada WASSERSPORT

(☎ 404-2653; www.supcarriacougrenada.com; Airport Rd; Verleih pro Std./Tag 50/150 EC$) Verleiht Stand-up-Paddelboards (SUP) und bietet Kurse in den ruhigen Gewässern um Carriacou an. Es befindet sich neben dem Flughafen Carriacou.

Isle of Reefs Tours OUTDOORAKTIVITÄTEN
(☎404-0415; www.carriacoutours.com; Paradise Beach) Zum Angebot des sehr gut geführten Unternehmens gehören Wandertouren auf der Insel sowie Schildkrötenbeobachtungstouren und Bootsausflüge in die umliegenden Gewässer, die Tobago Cays eingeschlossen (150 US$ pro Person).

Schlafen

Von Hillsborough aus kann man bequem die Insel erkunden – Restaurants und Transportmittel liegen sozusagen vor der Haustür und alles ist recht nah. In der Innenstadt gibt's ein anständiges, preiswertes Hotel und mehrere Mittelklassehotels, die zwar keine besondere Atmosphäre bieten, sich aber als Basis eignen. Etwas weiter entfernt am nördlichen Stadtrand liegen ein paar charmante Gasthäuser.

Rosa Guesthouse GÄSTEHAUS $
(☎443-7672; Main St; Zi. 70 US$, 2-Zi.-Apt. 120 US$) Das helle und einladende, familiengeführte Gästehaus im Zentrum bietet im zweiten Stock sechs gepflegte und gut ausgestattete Apartments. Vom Meer trennt sie nur die Straße. Sie verfügen über zweckmäßige Küchen und große, moderne Bäder. Am besten bucht man das vordere mit zwei Schlafzimmern und freiem Meerblick.

Green Roof Inn HOTEL $
(☎443-6399; www.greenroofinn.com; EZ/DZ ab 75/95 US$;) Fast 1 km die Straße entlang von Hillsborough aus bergauf liegt diese ruhige, reizende Unterkunft. In einfachen Zimmern hängen Moskitonetze über den Betten, und von manchen aus hat man sogar einen fabelhaften Fernblick aufs Meer. Im Preis enthalten ist ein leckeres Frühstücksbüfett im zugehörigen Restaurant (S. 433).

Ade's Dream GÄSTEHAUS $
(☎443-7317; www.adesdream.com; Main St; Zi. 33–60 US$;) Ade's ist beliebt bei Inselhoppern, Schnäppchenjägern und allen, die gern mitten im Geschehen sind. Das Gästehaus liegt im ausgestorbeneren Teil der Stadtmitte, oberhalb eines lebhaften Ladens, in dem es Lebensmittel, Eisenwaren, Spirituosen und vieles andere mehr zu kaufen gibt. Es gibt einfache Zimmer mit Gemeinschaftsbad und Zimmer mit eigenem Bad und Küche. Dieses Gästehaus ist oft vollkommen ausgebucht, während die restliche Insel zugleich an eine Geisterstadt erinnert.

Mermaid Hotel HOTEL $$
(☎443-8286; www.mermaidhotelcarriacou.com; Main St; Zi. 107–165 US$;) Das moderne zweistöckige Hotel direkt am Strand ist die bequemste Übernachtungsmöglichkeit in der Stadt. Helle und große Zimmer mit modernen Bädern wurden hier rund um einen Innenhof angelegt. Etwas Besonderes sind die beiden Zimmer mit Meerblick. Spontanabsteiger können einen beachtlichen Nachlass herausschlagen, wenn wenig los ist.

Essen

Laurena II KARIBISCH $
(Hauptgerichte 25 EC$; ⌚8–21 Uhr;) Das Lokal geht auf die Promenade hinaus, häufig der lebhafteste Platz in der Stadt. Der jamaikanische Chefkoch bereitet für die Schlangen von hungrigen Einwohnern Back-, Brat- oder Grillhühnchen zu, mit Curry-*lambi* (Schneckenmuscheln) oder Ochsenschwanz mit Reis und Erbsen sowie Salat. Die Bar ist auch nett für ein Glas Rum, Bier oder frischen Fruchtsaft.

★ **Green Roof Inn** FUSION-KÜCHE $$
(☎443-6399; www.greenroofinn.com; Hauptgerichte ab 69 EC$; ⌚Di–So 17–21 Uhr;) Die nobelste Option in Hillsborough: Hier kann man frisches Essen an Tischen auf einer Veranda mit Blick aufs Meer genießen. Das Menü variiert je nach dem, was gerade frisch und verfügbar ist: z. B. frischer Fisch, Steak oder Hummer, wenn man Glück hat. Alles wird wunderbar angerichtet. Reservieren ist ratsam, denn der winzige Restaurantbereich ist schnell voll.

Kayak Kafe & Juice Bar CAFÉ $$
(Main St; Frühstück 12–33 EC$, Hauptgerichte 33–45 EC$ ⌚7.30–15 Uhr) Auf einem winzigen Sonnendeck mit Meerblick in der Nähe des Docks eignet sich dieses Café hervorragend für ein leckeres Frühstück. Serviert werden auch frische Säfte und Smoothies, Burger, Wraps und Fischgerichte.

Callaloo KARIBISCH $$
(Mermaid Restaurant; ☎443-8286; Main St; Mittagessen 14–35 EC$, Hauptgerichte 40–45 EC$; ⌚12–21 Uhr) In diesem beliebten Restaurant, das zum Mermaid Hotel (S. 433) gehört, schnappt man sich einen Stuhl und genießt die exquisiten karibischen Gerichte auf der weitläufigen Holzterrasse direkt überm Strand. Die Auswahl ist nicht zu groß, aber das Essen schmeckt gut und das Lokal hat oft geöffnet, wenn sonst alles in

der Stadt zu ist. Abends sollte man Insektenschutzmittel dabeihaben, damit man beim Essen nicht von Mücken geplagt wird.

La Playa BAR

(Beausejour Bay; ⏲10–18 Uhr) Direkt am nördlichen Ausläufer der Beausejour Bay serviert die herrliche, kleine Strandbar in einer süßen pastellfarbenen Holzhütte am Meer Cocktails und leichte Mahlzeiten, darunter auch Burger und Panini. Der Strand direkt davor eignet sich zum Baden. Unter Bäumen stehen Picknicktische. Montags gibt's Hummer zum Sonderpreis (65 EC$).

Praktische Informationen

Einwanderungs- und Zollbehörde Hillsborough (☎443-8399; ⏲Mo–Fr 8–16 Uhr) Wer mit dem Boot nach Union Island oder anderswohin in St. Vincent und den Grenadinen fahren will, muss sich hier seinen Stempel abholen.

Touristeninformation Hillsborough (☎443-7948; Main St; ⏲Mo–Fr 8–12 & 13–16 Uhr) Man erhält nützliche Infos, gegenüber vom Pier.

Princess Royal Hospital (☎443-7400) In Belair, außerhalb von Hillsborough.

Republic Bank (☎443-7289; Main St; ⏲Mo–Do 8–14, Fr bis 16 Uhr) Es gibt einen 24-Std.-Geldautomaten.

An- & Weiterreise

Die *Osprey*-Fähre von St. George's legt nicht mehr im Zentrum an, d. h., wer mit dem Schiff ankommt, muss ab dem Hafen in der Tyrell Bay mit dem Bus oder Taxi in die Stadt fahren.

Wassertaxis steuern ab Hillsborough alle möglichen Ziele auf Carriacou und Umgebung an, z. B. Sandy Island (hin und zurück 27 EC$), Anse la Roche (hin und zurück 200 EC$), White Island (hin und zurück 200 EC$), Petite Martinique (hin und zurück 250 EC$) und Petit St. Vincent (hin und zurück 250 EC$).

Nördlich von Hillsborough

Der nördliche Teil von Carriacou ist entzückend, mit pittoresker Landschaft und winzigen Dörfern.

Das erste dieser Dörfer ist **Bogles**. Wenn man die Straße entlangfährt, überquert man den Bergrücken von **Belvedere Hill**, von wo aus man weit über die winzigen Inseln Petit St. Vincent und Petite Martinique schauen kann. Ganz in der Nähe liegen die Überreste einiger alter Zuckermühlen – eine davon nahe der Straße.

Nun geht's über die nordöstliche Route (High Road) bergab nach **Windward**. Mit etwas Glück kann man in dem charmanten Dorf beobachten, wie die freundlichen Einwohner eine traditionelle Carriacou-Schaluppe bauen.

Nördlich von Windward erstreckt sich ein Feuchtgebiet, ein schöner Platz zur Vogelbeobachtung.

Sehenswertes

Anse la Roche STRAND

Die Anreise ist etwas schwierig, aber Anse la Roche ist ein idyllischer Streifen weichen Sandes, landeinwärts durch Büsche begrenzt, zum Meer hin durch die Landspitze. Die schützenden Klippen machen diese abgeschiedene Naturschönheit zu einem wichtigen Nistplatz für Meeresschildkröten und zu einem regelrecht abgeschiedenen Paradies. Meist hat man den Strand ganz für sich; wenn man sich den Weg durch den Dschungel gebahnt hat, begegnet man allenfalls Seglern, die sich hier ausruhen.

Von Bogles kommend, biegt man an dem holzhüttenähnlichen Boggles Bulletin Board links ab. Die Straße wird bald unbefestigt, aber nach 25 Minuten Fußmarsch geht's an der Stelle, wo die Stromleitungen nach links führen, rechts ab und weiter bis zu einem kleinen Schild, das den schmalen Pfad markiert. Von da ab geht's 15 Minuten durch den Wald. Der Weg ist steil und manchmal etwas schwer auszumachen, aber man geht immer weiter bergab, in Richtung der Wellengeräusche.

Alternativ nimmt man ein Wassertaxi von Hillsborough (Hin- und Rückfahrt 75 US$).

Schlafen & Essen

Bayaleau Point GÄSTEHAUS $$

(☎443-7984; www.carriacoucottages.com; Windward; Cottages 110–185 US$; 📶) Die ideale Wahl für alle, die sich nach Ruhe und Stille sehnen; die gepflegten, farbenfrohen Holzcottages sind schlicht, aber sauber, und verfügen über alles, was man braucht: Balkon, Hängematte, Küchenzeile und Moskitonetz. Es gibt auch eine Holzterrasse mit Ausblick auf Union Island.

Mahlzeiten werden ebenso angeboten wie Ausflüge mit dem Boot des Eigentümers. Für Streifzüge über die Insel kann man ein Fahrzeug mieten.

★ **Bogles Round House** EUROPÄISCH $$

(☎443-7841; Bogles; Hauptgerichte ab 52–85 EC$; ⏲Mo–Sa 12–14 & 18–21 Uhr) Dieses Lokal mit rundem Grundriss wird von der preisgekrönten Chefköchin Roxanne Russell geführt. Das Restaurant gehört zu den besten der Insel und serviert innovative Gerichte, europäisch mit karibischem Akzent. Drei hübsche, klimatisierte Cottages (100–120 US$ inklusive Frühstück) mit kleinen Veranden sind über die Anlage verteilt, und ein privater Strand gehört auch dazu.

Einen Tisch im Restaurant sollte man telefonisch reservieren, aber um das hausgemachte Eis zu essen, kann man spontan vorbeikommen.

 An- & Weiterreis

Der Nordteil der Insel lässt sich mit etwas Kondition und Ruhe gut zu Fuß erkunden – am besten mit der Nummer einer lokalen Taxifirma im Gepäck, für alle Fälle.

Die Buslinie 11 fährt hinauf bis nach Bogles und durch die Inselmitte nach Windward. Am frühen Morgen und abends fährt sie häufig, aber dazwischen sind die Fahrzeiten oft recht unregelmäßig.

Südlich von Hillsborough

Der Hauptgrund, sich bis in diesen Teil der Insel zu begeben, ist der fantastische **Paradise Beach**. Gesäumt von Palmen und Meertraubenbäumen, trägt er seinen Namen zu Recht. Dahinter liegt **Tyrrel Bay**, eine tiefe, geschützte Bucht und populärer Anlegeplatz für Jachten mit einigen Cafés.

 Sehenswertes & Aktivitäten

Paradise Beach STRAND

Carriacous bester Strand, der Paradise Beach, macht seinem Namen alle Ehre: ein langer weißer Sandstrand mit Palmen und Meertraubenbäumen vor ruhigem türkisfarbenen Wasser mit Blick auf Sandy Island auf der anderen Seite des Kanals. Er ist herrlich und normalerweise nie überlaufen.

White Island INSEL

White Island bietet sich für einen Tagesausflug an, mit nettem Sandstrand und unberührtem Riff zum Schnorcheln. Die Insel liegt ca. 1,5 km vor dem Südausläufer von Carriacou. Wassertaxis fahren von der Tyrrel Bay ab (ca. 55 US$ für Hin- und Rückfahrt, 30 Minuten).

Lumbadive TAUCHEN

(☎443-8566; www.lumbadive.com; Tyrrel Bay; ⏲Mo–Sa 8.30–17 Uhr) Ein wunderbarer kleiner Tauchshop in Tyrrel Bay mit freundlichem, professionellem Personal; zwei Tauchgänge für 120 US$ inklusive Ausrüstung und Pakete mit sechs Tauchgängen für 330 US$. Auch die Unterbringung in Apartments (55 bis 85 US$) wird organisiert.

Schlafen

Beim Paradise Beach gibt's einige Unterkunftsoptionen und rund um die Tyrrel Bay oft Ferienhäuser zu mieten (Infos dazu im Tauchshop oder in Restaurants). Bars am Paradise Beach bieten leckere lokale Küche und an der Tyrrel Bay gibt's einige herausragende legere Restaurants

Sunset Beach Paradise Inn HOTEL $

(☎443-8409; sunset.beach.paradise@gmail.com; Paradise Beach; Zi. 90–100 US$; 📶) Charmante Unterkünfte direkt am Paradise Beach. Acht Zimmer öffnen sich zu einer Veranda mit Blick auf den begrünten Innenhof und sind nur ein paar Schritte vom Meer entfernt; die größeren verfügen über Küchenzeilen. Ein erstklassiges kleines Restaurant mit Bar (Hauptgerichte ab 25 EC$) ist unter einem Baum untergebracht, noch näher an den Wellen, und serviert gutes Essen.

Hard Wood Bar & Snacket KARIBISCH $

(Paradise Beach; Hauptgerichte 20–25 EC$; ⏲9–22 Uhr) Mittig am Paradise Beach gelegen, gibt diese grün-gelb-rote Bude kaltes Bier aus sowie frische Fischgerichte, mit lokalen Aromen zubereitet. Die Atmosphäre ist gelassen, typisch karibisch: Einheimische, Lebenskünstler, Auswanderer und schräge Touristen drängen sich an heißen Tagen an die Bar und kratzen ihr Geld für ein kaltes Bier zusammen.

Slipway BURGER $$

(☎443-6500; Tyrrel Bay; Hauptgerichte Mittag 25–32 EC$, Abend 50–80 EC$; ⏲11.30–14 & 18–21 Uhr) Das chillige Open-Air-Plätzchen direkt am Ufer am Ende der Bucht ist für seine hervorragenden Burger und Fischsandwiches berühmt, serviert aber abends auch herzhaftere Meeresfrüchteteller. Als zusätzlichen Bonus gibt's West Indies Beer Company Ales.

 Shoppen

Fidel Productions SOUVENIRS & GESCHENKE

(☎404-8866; Paradise Beach; ⏲Mo–Sa 9–16.30 Uhr) Dieser entzückende kleine Laden ist in einem alten Schiffscontainer untergebracht, eine kreative Höhle voller Mitbringsel,

ABSEITS DER ÜBLICHEN PFADE

WANDERUNG VON BOGLES NACH WINDWARD

Eine schöne Wanderung führt von Bogles nach Windward oder vice versa über den High North Park. Abstecher nach Anse la Roche (S. 434) und zu den Feuchtgebieten in Petit Carenage sind möglich. Der Großteil des Weges liegt im Halbschatten, und von einigen Stellen kann man wunderbar zu den Nachbarinseln schauen.

Nach Verlassen Bogles' geht man am Schild zum High North Park nach links. Der Weg wird bald unbefestigt, er wird zwar befahren, doch sehr selten stößt man hier auf Autos. Dann biegt der Pfad am Ende der Stromleitungen nach rechts, wo es weiter entlang dem Berghang durch Buschland geht. Nach ca. 30-minütiger Wanderung erreicht man die Abzweigung nach Anse La Roche. Unterwegs sollten Sie Ausschau nach Leguanen und Manicous (ein einheimisches Opossum) halten.

Der Weg verläuft weiter zwischen Büschen bergab zu einer kleinen Ansammlung von Häusern, wo Petit Carenage beginnt, und hier setzt eine befestigte Straße den Weg hinab nach Windward fort. Gleich hinter Petit Carenage geht's nach unten zum Wasser, wo man zur Lagune gelangt, einem guten Platz, um Vögel zu beobachten.

Die Strecke von Bogles nach Windward dauert etwa eineinhalb Stunden ohne Abstecher. Wasser und eine Kopfbedeckung sollten jedenfalls mitgenommen werden, denn es gibt keine Geschäfte am Weg.

wie lokal gefertigte T-Shirts, originale Kunstwerke, Schmuck, Keramik und einige wunderschöne Fotografien. Alles ist schön verarbeitet und preiswert.

An- & Weiterreise

Die Buslinie 10 setzt Sie direkt am Paradise Beach ab. Wer nach Tyrrel Bay unterwegs ist, steigt an der Abzweigung aus, von wo es zu Fuß nur noch zehn Minuten bis zu den Tauchshops und Restaurants sind. Oder man bezahlt dem Fahrer etwas mehr und lässt sich die ganze Strecke fahren.

PETITE MARTINIQUE

Nicht umsonst wird sie *petite* (klein) genannt – die kleine Insel hat einen Durchmesser von gerade mal 1,5 km (1 Meile). Der richtige Ort für Besucher, die alles hinter sich lassen wollen.

Ein steiler Vulkan ragt im Zentrum der Insel stolze 220 m empor und lässt wenig Platz für irgendetwas anderes. Die einzige Straße der Insel verläuft entlang der Westküste, doch sie wird kaum benutzt, denn die Einheimischen gehen lieber zu Fuß. Alles ist nah und wozu die Eile? Die Inselbevölkerung lebt von dem, was das Meer hergibt, entweder als Fischer oder als Bootstaxibetreiber.

Mit knapp 1000 Einwohnern, von denen die meisten miteinander verwandt sind, bietet dieser Ort Ruhe und Stille – und recht wenig darüber hinaus.

Sehenswertes

Mang Beach STRAND
Zum Baden ist dies der beste Strand der Insel. Ein Riff bildet einen kleinen Pool mit ruhigem Wasser.

Schlafen & Essen

Melodies GÄSTEHAUS $
(☎ 443-9052; EZ/DZ 32/45 US$; 📶) Das preiswerte und einladende Melodies verfügt über gepflegte, schlichte Zimmer, manche mit Balkon zum unglaublich blauen Ozean hinaus; die paar Dollar mehr für den Meerblick zahlen sich aus. Für die Gäste gibt's im Obergeschoss eine Gemeinschaftsküche.

Millenium GÄSTEHAUS $
(☎ 533-5847, 443-9243; EZ/DZ mit Klimaanlage 50/60 US$, EZ mit Ventilator 30 US$; ❄📶) Wer Wert auf eine Klimaanlage legt, findet so ziemlich nur hier eine. Ein freundlicher Ort mit netten Zimmern, der Nachteil ist die Lage in einer Nebenstraße, fernab vom Meer.

Palm Beach KARIBISCH $$
(☎ 443-9103; Mittagessen 25–35 EC$, Abendessen 33–55 EC$; ⏲ 8–22 Uhr; 📶) Hier gibt's die umfangreichste Speisekarte der Inseln; Köstliche Schneckenmuscheln, Fisch und Hummer sowie Burger und Hühnchen werden direkt am Wasser serviert. Vegetarische Gerichte auf Anfrage. Dazu gehört auch ein einfaches Gästehaus mit zwei schlichten Zimmern und Blick auf die

Bucht (52 bis 67 US$), einschließlich Kabel-TV und Küchenzeile.

An- & Weiterreise

Die Fährgesellschaft *Osprey* (S. 444) befördert täglich, außer an Wochenenden, Passagiere zwischen Hillsborough, Carriacou, und Petite Martinique (eine Strecke 20 EC$). Abfahrt in Carriacou am Pier in Hillsborough gegen 12 Uhr und Rückkehr von Petite Martinique um 14.30 Uhr. Ein anderes Boot fährt von Carriacou um 15 Uhr ab und kehrt um 7.15 Uhr am nächsten Morgen zurück.

Eine Alternative für die Überfahrt ist das Postboot (einfache Fahrt/Hin- und Rückfahrt 20/35 EC$) der Kleinstadt Windward auf Carriacou direkt gegenüber von Petite Martinique. Es bringt frühmorgens die Schulkinder von Petite Martinique hinüber, verweilt bis zum Nachmittag und fährt um ca. 15 Uhr zurück. Mittwochs und freitags fährt es dreimal hin und her, was Tagesausflüge ermöglicht. Infos bekommt man von Jason in Windward oder in der Tourismusinformation. Ein Wassertaxi von Hillsborough nach Petite Martinique kostet ca. 250 US$. Von Windward aus sollte sich mit lokalen Bootsbesitzern ein besserer Preis aushandeln lassen.

GRENADA VERSTEHEN

Geschichte

Kolonialer Wettstreit

1498 erreichte Christoph Kolumbus auf seiner dritten Fahrt in die Neue Welt als erster Europäer die Insel Grenada. Doch es sollte bis 1609 dauern, bevor Tabakbauern aus England sich hier anzusiedeln versuchten. Innerhalb eines Jahres wurden die meisten Kariben getötet. Die Kariben hatten ihre ersten Dorfgemeinschaften auf Grenada um 1100 gegründet und damit ihrerseits die friedvolleren Arawak, die ersten Inselbewohner, vertrieben. Rund 40 Jahre später „erwarben" die Franzosen die Insel von den Kariben für ein paar Beile, Glasperlen und zwei Flaschen Brandy. Allerdings waren nicht alle Kariben mit dem Handel zufrieden und es gab Auseinandersetzungen, bis die französischen Truppen die letzten von ihnen in die Sauteurs Bay am nördlichen Rand der Insel vertrieben. Statt sich den Kolonisten zu unterwerfen, sprangen die verbliebenen Kariben – Männer, Frauen und Kinder – von den Klippen in den Tod.

Französische Bauern säten Kulturen zur Gewinnung von Indigo, Tabak, Kaffee, Kakao und Zucker und importierten Tausende versklavte Afrikaner für die Arbeit auf den Feldern. Grenada war in französischer Hand, bis 1762 die Briten die Insel zurückeroberten. Im Lauf der nächsten zwei Jahrzehnte wechselte die koloniale Herrschaft zwischen Großbritannien und Frankreich hin und her – bis 1783, als die Franzosen im Vertrag von Paris Grenada den Briten übergaben.

Die Feindseligkeiten zwischen den neuen britischen Kolonisten und den verbliebenen französischen Siedlern hielten auch noch nach dem Frieden von Paris an. 1795 rüstete sich eine Gruppe französischer Katholiken, angespornt durch die Französische Revolution und unterstützt von ihren Kameraden auf Martinique, für den Aufstand. Unter der Führung von Julien Fedon, einem afrikanisch-französischen Bauern aus Grenadas Zentralgebirge, griffen sie die Briten in Grenville an, wo sie den Statthalter und weitere britische Geiseln gefangen nahmen und hinrichteten. Fedons Guerrillas kontrollierten den Großteil der Insel über ein Jahr lang, wurden jedoch schließlich durch die britische Marine bezwungen. Fedon selbst wurde nie gefasst. Wahrscheinlich entkam er nach Martinique, oder er ertrank bei seinem Fluchtversuch; manche sagen, er verbrachte den Rest seines Lebens versteckt in den dschungelüberwucherten Bergen Grenadas.

1877 wurde Grenada Kronkolonie und 1967 zu einem Mitgliedsstaat des Britischen Commonwealth. Grenada, Carriacou und Petite Martinique verabschiedeten 1973 eine eigene Verfassung und erlangten am 7. Februar 1974 kollektive Unabhängigkeit.

Unabhängigkeit

Der ehemalige Gewerkschafter Eric Gairy erlangte nach einem erfolgreich organisierten Arbeiterstreik 1950 Berühmtheit und war eine führende Stimme in Grenadas Unabhängigkeits- und Arbeiterbewegung. Er knüpfte Verbindungen mit der britischen Regierung und Monarchie und wurde als idealer Kandidat für den Posten als erster Premierminister der Insel aufgebaut, als das Vereinigte Königreich einige seiner Kolonien in der Karibik aufgab. Nach der Unabhängigkeit kam Gairys Partei, die Grenada United Labour Party (GULP), an die Macht.

Schon früh unterliefen Gairy politische Fehltritte. Als er z. B. zum ersten Mal vor der UNO sprach, warb er um mehr Unterstützung für die Erforschung von Ufos und des Bermudadreiecks. Zudem kamen Gerüchte um Korruption auf, um Verbindungen zu General Augusto Pinochet in Chile und um den Einsatz der sogenannten Mongoose-Gang, eine Privatarmee, die Gegner einschüchterte und aus dem Weg schaffte. Die Macht stieg Gairy zu Kopf: Der einstige Gewerkschaftsanführer bezeichnete die politische Opposition bald als „verschwitzte Männer auf der Straße".

Revolutionen, Putsche & Interventionen

Vor der Morgendämmerung am 13. März 1979, während Gairy außer Landes war, führte eine Gruppe bewaffneter Rebellen mit Unterstützung der Oppositionspartei New Jewel Movement (NJM) einen unblutigen Putsch durch. Maurice Bishop, Chef der NJM, ein junger, charismatischer Anwalt, der in London studiert hatte, wurde Premierminister des neuen Regimes, des People's Revolutionary Government (PRG).

Als Kopf einer kommunistischen Bewegung auf einer Insel, die man als Hinterhof der USA ansehen konnte, versuchte sich Bishop in einer extremen Gratwanderung. Er hatte Verbindungen zu Kuba und der UdSSR, wollte aber die privaten Unternehmen auf Grenada erhalten. Zwischen Bishop und Hardlinern in der Regierung tat sich eine Kluft auf, denn Letztere meinten, Bishop sei inkompetent und unterminiere den Fortschritt des wahren Kommunismus. Die Minister beschlossen, Bishop solle die Macht mit dem kompromisslosen Vordenker Bernard Coard (seinem Jugendfreund) teilen. Bishop weigerte sich und wurde unter Hausarrest gestellt. Während Coard auf die Unterstützung des Großteils der Regierung und des Militärs zählen konnte, hatte Bishop die mehrheitliche Unterstützung des Volkes.

Am 19. Oktober 1983 befreiten Tausende von Anhängern Bishop aus dem Arrest und marschierten mit ihm und anderen sympathisierenden Regierungsministern zum Fort George. Die Armee zeigte sich unbeeindruckt und Bishop, seine schwangere Freundin (Bildungsministerin Jacqueline Creft) und zahlreiche Anhänger wurden verhaftet und durch ein Erschießungskommando im Innenhof hingerichtet. Bis heute weiß man nicht mit Sicherheit, ob der Befehl von Coard selbst kam, aber viele vermuten es.

In der Zwischenzeit stieg in Amerika die Nervosität im Hinblick auf eine mögliche weitere destabilisierende kommunistische Nation in der Karibik, und sechs Tage später erreichten 12 000 US-Marines (gemeinsam mit Soldaten aus einem halben Dutzend karibischer Länder) die Küste Grenadas. US-Präsident Ronald Reagan nannte das Sicherheitsrisiko der Studierenden an der von den USA betriebenen St. George's University als Begründung für die Intervention: 70 Kubaner, 42 Amerikaner und 170 Grenader verloren bei den darauffolgenden Kämpfen ihr Leben. Ein Großteil der US-Truppen zog sich im Dezember 1983 zurück, aber eine gemeinsame karibische Streitkraft und 300 US-Soldaten einer Unterstützungstruppe blieben zwei weitere Jahre auf der Insel. Die USA verpulverten Millionen von Dollar für die Errichtung eines neuen Gerichtssystems, um Coard und 16 seiner engsten Verbündeten vor Gericht zu bringen.

14 Personen einschließlich Coard wurden für den Mord an Bishop zum Tod verurteilt, Coards Todesstrafe wurde 2007 durch den britischen Kronrat aufgehoben, im September 2009 wurde er aus dem Gefängnis entlassen.

Die Neue Ära

Nach der US-Intervention wurden im Dezember 1985 wieder Wahlen durchgeführt und Herbert Blaize fuhr mit seiner Partei, der New National Party, einen sicheren Sieg ein. Viele PRG-Mitglieder erfanden sich politisch neu und kamen in der neuen Regierung unter. Von 1989 bis 1995 wetteiferten unterschiedliche politische Parteien um die Vorherrschaft, etliche Machthaber gaben sich die Klinke in die Hand, aber alles verlief im Rahmen demokratischer Prozesse.

1995 wurde Dr. Keith Mitchell Premierminister und blieb 13 Jahre im Amt. Zwar hatte er beim Aufbau der Tourismuswirtschaft Erfolg, aber seine Regierung litt unter Korruptionsvorwürfen und finanziellen Unregelmäßigkeiten und heimste scharfe Kritik ein für die anfänglich schwache Reaktion auf die Zerstörungen durch Hurrikan Ivan 2004. Im Zuge der Wahl 2008 übernahm die Mitte-Links-Partei National Democratic Congress (NDC) unter Tillman

WIE PHÖNIX AUS DER ASCHE

Am 7. September 2004 erreichte Hurrikan Ivan Grenada. Er war der erste große Sturm seit 50 Jahren, er schlug mit voller Wucht zu und hinterließ eine Welle der Zerstörung: 90 % der Gebäude wurden beschädigt oder ganz zerstört, Städte wurden zum Teil dem Erdboden gleichgemacht, wichtigste Agrarerzeugnisse wie Muskatnuss wurden vernichtet.

Die folgenden Monate und Jahre schrieben ein dunkles Kapitel in der Geschichte dieser kleinen Karibiknation: Die Wirtschaft lag darnieder. Dennoch wurden neue Kulturen gesät (wobei schnell wachsender Kakao die Muskatnuss als Hauptagrarexportmittel ablöste) und Häuser, Läden und Büros wiederaufgebaut, mit der Unterstützung der karibischen Nachbarn. Diese Zeit der Wiedergeburt wurde genutzt, und man baute nicht einfach nur das wieder auf, was es zuvor gegeben hatte:

Hotels, Schulen, Kirchen und Restaurants wurden größer und besser ausgebaut, nachhaltiger und mit größeren Grundrissen. Längst restaurierungsbedürftige Konstruktionen wurden abgerissen und die Neubauten stellen einen deutlichen Fortschritt dar. Das Letzte, was heute noch daran erinnert, wie Ivan sich seinen Weg durch die Insel bahnte, ist das seltsame dachlose Gebäude – und eine gewisse Angst der Einwohner, wenn die Hurrikansaison naht.

Thomas die Führung, aber seine Amtszeit war von kurzer Dauer, denn Mitchells New National Party (NNP) erholte sich wieder. Sie gewann die Wahlen 2013 mit einem klaren Sieg und seither ist der NNP-Führer wieder fest etabliert.

Bevölkerung & Kultur

Die Kultur Grenadas ist ein bunter Mix aus britischen, französischen, afrikanischen und ost- sowie westindischen Einflüssen. Eine steigende Zahl von Auswanderern aus dem Vereinigten Königreich, Kanada, der Arabischen Halbinsel und etwas weniger aus den USA haben Grenada als neue Heimat gewählt und bringen andere Denkweisen und Lebensstile, während karibische Einflüsse ebenso weiterhin vorherrschen: Neben Calypso und Soca hört man in rasenden Bussen und auf den Tanzflächen der Nachtclubs jamaikanischen Dancehall.

Fast 60 % aller Grenader sind römisch-katholisch. Daneben gibt's Anglikaner, Siebenten-Tags-Adventisten, Methodisten, Christliche Wissenschaftler, Presbyterianer, Baptisten, Bahai und immer mehr Zeugen Jehovas. Aufgrund des tiefgreifenden Einflusses der christlichen Ideale ist der Sonntag ein relativ ruhiger Tag auf den Inseln und viele Läden haben geschlossen. Auf Grenada lebt zudem ein hoher und wachsender Bevölkerungsanteil von Muslimen. Die Religiosität des überwiegenden Teils der Bevölkerung trägt dazu bei, dass die Kultur ziemlich konservativ wirkt, doch wenn man an der makellosen Fassade kratzt, sieht man, dass die Menschen sich gern mal ein paar Drinks genehmigen und auf den Putz hauen, vor allem während der jährlichen Karnevalsfeier.

Das Bildungsniveau steigt und die Menschen sind einigermaßen gut ausgebildet. Das politische Bewusstsein ist stark ausgeprägt, insbesondere seit Grenada in den 80er-Jahren international in Verruf gestanden hatte. Die Verwüstungen durch Hurrikan Ivan 2004 brachten eine tiefgreifende kulturelle Neubewertung mit sich, von der viele sagen, sie hätte die Nation reifer und zukunftsorientierter gemacht.

Die Grenader selbst sind freundlich und offen. Sie sind auf ihre winzige Nation stolz und achten auf sie, indem sie z. B. weniger Abfall in die Straßengräben werfen, und ein Gefühl für gesellschaftliche Verantwortung ist spürbar.

Zwar steigt Fußball rasant auf der Beliebtheitsskala, aber Kricket wird mit fast derselben Leidenschaft gespielt und ist nach wie vor der inoffizielle Nationalsport auf der Insel.

Natur & Umwelt

Geografie

Grenada, Carriacou und Petite Martinique umfassen insgesamt eine Fläche von ca. 350 km². Die Insel Grenada mit 313 km² misst an ihrer breitesten Stelle 19 km und hat eine Länge von 34 km. Sie besteht aus Vulkangestein, ein Teil des nördlichen Ausläufers aus Korallenkalk. Grenadas regenreiches Landesinnere ist felsig, dicht bewaldet und von Tälern sowie von Strömen zerklüftet. Die Insel erreicht mit dem Mount St. Catherine eine maximale Höhe von 840 m im Norden. Die gezackte Küstenlinie im Süden hat ins Meer ragende Halbinseln, tiefe Buchten sowie kleine vorgelagerte Inseln.

Carriacou ist mit knapp unter 13 km² die größte der Grenadineninseln zwischen Grenada und St. Vincent. Bei den meisten anderen handelt es sich um unbewohnte Gipfel oder Sandstreifen im Ozean.

Tiere

Die Insel Grenada verfügt über eine große Vielfalt an unterschiedlichen Ökosystemen. Im üppigen Regenwald, der das gebirgige Landesinnere bedeckt, leben Gürteltiere, Beutelratten und Mangusten. Monameerkatzen wurden im 17. und 18. Jahrhundert aus Afrika angesiedelt, aber ihre Anzahl ist rückläufig und ihr künftiges Überleben auf der Insel ist gefährdet.

Die Inseln bieten auch einer bunten Palette von Vögeln Unterschlupf, sowohl Zugvögeln als auch ansässigen. Das Inselinnere beheimatet winzige Kolibris; Fischadler und vom Aussterben bedrohte Langschnabelweihen segeln mit der Thermik; Pelikane, Weißbauchtölpel und Fregattvögel patrouillieren an der Küste.

Die kleineren Inseln Carriacou und Petite Martinique sind viel trockener und haben nur wenige Süßwasserressourcen. Deshalb gibt es dort auch eine geringere Vielfalt an Wildtieren.

Im Wasser gleiten Meeresschildkröten durch die grasbewachsenen Seichtgebiete und kommen zum Nisten und Eierlegen an Land. Obwohl sie unter Naturschutz stehen, werden sie immer noch geschlachtet, ihres Fleisches und Panzers wegen; Besucher sollten nichts aus Schildkrötenpanzer Gefertigtes kaufen und kein Schildkrötenfleisch essen.

Viele verschiedene Arten von Rifffischen besiedeln das umliegende Meer. Schnorchler und Taucher können sich zwischen Pfeilhechten, Schmetterlingsfischen und Ammenhaien ins Vergnügen stürzen und bunt schillernde Stein- und Weichkorallenwälder durchstreifen.

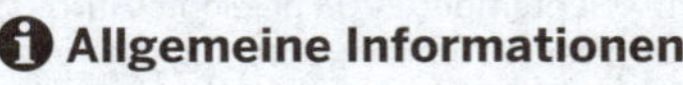

PRAKTISCHE INFORMATIONEN

Allgemeine Informationen

AKTIVITÄTEN

Grenada beherbergt hervorragende Tauchspots, sowohl an Riffen als auch um die zahlreichen Wracks, die im Meer zu finden sind. Viele Tauchplätze liegen im Südwesten der Insel, vor St. George's, Grand Anse und Point Salines.

Grenadas Meeresschutzgebiet umfasst eine große Fläche nördlich von St. George's, wo sich viele der besten Riffe der Insel befinden.

Folgende zählen zu den Top-Tauchplätzen:

MV Bianca C Von den Einwohnern die „Titanic der Karibik" genannt, ist dieses riesige Kreuzfahrtschiff eine hervorragende Wracktauchgelegenheit mit hohem Adrenalinfaktor für fortgeschrittene Taucher.

Underwater Sculpture Park (S. 418) Die Unterwasser-Galerie gehört zu Grenadas Meeresschutzgebiet und ist sowohl bei Fischen als auch bei Tauchern und Schnorchlern beliebt.

MV Shakem Ein versunkener Zementfrachter, der größtenteils noch intakt ist – eine beeindruckende Industriekulisse unter Wasser.

Veronica L Ein einfacher, seichter Wracktauchgang gleich an der Einfahrt nach St. George's – gut geeignet fürs Nachttauchen.

Flamingo Bay Im nördlichen Teil des Meeresschutzgebiets liegt dieses Riff (für alle Level geeignet) mit einer atemberaubenden Vielfalt an Korallen, Schwämmen und Fischen. Auch ein großartiger Platz zum Schnorcheln.

Dragon Bay Sandstreifen zwischen Vulkanfelsen bilden einen herrlichen Hintergrund an diesem Riff, wo man vielfältigen Meeresbewohnern begegnet, darunter Schwämme, Segelflosser, Muränen und Tintenfische.

BARRIEREFREI REISEN

- Grenada ist kein einfaches Pflaster für Reisende mit Behinderung; bei vielen Hotels hat Barrierefreiheit noch keine Priorität.
- Die Fortbewegung vor Ort ist besonders schwierig. Minibusse sind oft überfüllt und schwer zugänglich, da so viele Sitze wie möglich reingepfercht werden, und viele Taxis sind Vans, die hoch über der Straße liegen.
- Vielerorts gibt's keine Gehwege, und die vorhandenen sind häufig beschädigt oder uneben.
- Ein paar spezialisierte Einrichtungen für Reisende mit Behinderung sind vor Ort, und Grenader sind hilfsbereit und werden einem gern in jeder Situation unter die Arme greifen.
- Den Lonely Planet Accessible Travel Guide gibt's kostenfrei zum Download unter http://lptravel.to/AccessibleTravel.

BOTSCHAFTEN & KONSULATE

Deutsches Honorarkonsulat (☎ 405-4180; grenada@hk-diplo.de; Sugar Apple Hill, Calliste, St. George's)

Österreichisches Honorarkonsulat (☎ 444-4717; ja@caribservice.com; Grand Anse Main Road, Benoit Building, 2. OG, St. George's)

Schweizer Konsulat (☎ 457-6317; grenada@honrep.ch; Seaview Lane, L'Anse Aux Epines, St. George's)

ESSEN

Es gibt eine ganze Anzahl an Restaurants auf Grenada, von Imbissbuden an der Straße, die herrliche lokaltypische Gerichte verkaufen, bis zum formelleren Dinieren am Wasser rund um St. George's und Grand Anse.

Auf Carriacou geht's etwas entspannter zu, aber auch hier findet man unzählige Essgelegenheiten, und an den unzähligen internationalen Gerichten lässt sich ablesen, dass Besucher und Segler ihre Spuren hinterlassen haben. Auf Petite Martinique steht nur eine Handvoll einfacher Restaurants zur Verfügung.

Typische Gerichte & Getränke

Roti Leckeres Fladenbrot, das um Fleischcurry und Gemüse gewickelt wird.

Oil down Rind und gepökeltes Schweinefleisch, im Eintopf verkocht, mit Kokosnussmilch.

Salt fish and bake Saisonaler gesalzener Fisch mit Zwiebeln und Gemüse, serviert mit gebackenem oder gebratenem Brot.

Lambi So wird die Schneckenmuschel von den Einheimischen genannt.

Carib-Bier Wird auf Grenada gebraut und immer eiskalt serviert.

Jack-Iron-Rum Eiswürfel versinken in diesem lokalen Bakterientöter.

FEIERTAGE

Zusätzlich zu jenen, die in der gesamten Region gelten, gibt's in Grenada folgende gesetzliche Feiertage:

Unabhängigkeitstag 7. Februar

Tag der Arbeit 1. Mai

Fronleichnam Neunter Donnerstag nach Ostern

Tag der Sklavenbefreiung Erster Montag und Dienstag im August

Erntedankfest 25. Oktober

PREISKATEGORIEN ESSEN

Die folgenden Preise beziehen sich auf ein Hauptgericht.

**$** bis 35 EC$

**$$** 35–70 EC$

**$$$** über 70 EC$

GELD

Die offizielle Währung ist der Ostkaribische Dollar (EC$). Überall auf Grenada sowie in Hillsborough auf Carriacou geben 24-Std.-Geldautomaten EC$ aus.

- Die wichtigsten Kreditkarten werden in den meisten Hotels, besseren Restaurants, Tauchshops und Autovermietungen akzeptiert.
- Viele Hotels, Läden und Restaurants nehmen US-Dollar an und berechnen in etwa den offiziellen Kurs, aber bei kleineren Beträgen ist es günstiger, in der Bank Ostkaribische Dollar zu wechseln.
- Unterkunftspreise sind generell in US-Dollar angegeben, genauso wie Touren und Essen in gehobeneren Hotels; sonst sind die Angaben in EC$.
- Es sollte darauf geachtet werden, ob die Preisangaben in Ostkaribischen oder in US-Dollar gemacht sind, vor allem bei Taxifahrten.

Trinkgeld

Hotels Üblich ist ein Trinkgeld von ca. 5 EC$ für Kofferträger. Trinkgeld für den Zimmerservice liegen im Ermessen der Gäste.

Restaurants Auf viele Restaurantrechnungen wird eine Servicegebühr von 10 % erhoben. Ist das nicht der Fall, wird ein Trinkgeld von 10 % erwartet.

Taxis Die Tarife sind im Allgemeinen festgelegt und Trinkgelder nicht üblich.

Wechselkurse

Der Ostkaribische Dollar ist an den US-Dollar zu einem Kurs von 2,70 zu 1 gekoppelt

Barbados	1 B$	1,35 EC$
Eurozone	1 €	2,75 EC$ 1 US$
Schweiz	1 SFr	2,79 EC$ 1,02 US$
USA	1 US$	2,70 EC$

Aktuelle Wechselkurse unter www.xe.com.

INTERNETZUGANG

In St. George's und in Hillsborough auf Carriacou findet man immer noch einige Internetcafés, aber in kleineren Städten werden sie immer seltener, da die Einheimischen zu Hause oder mit dem Smartphone ins Internet gehen. Internetcafés nehmen etwa 10 EC$ pro Stunde.

Fast alle Hotels und viele Restaurants bieten WLAN für ihre Gäste an. Die meisten Jachthäfen verfügen über WLAN für die dort liegenden Boote.

LGBT-REISENDE

Die Einstellung gleichgeschlechtlichen Paaren gegenüber ist auf Grenada (und in der Karibik insgesamt) nicht fortschrittlich oder tolerant.

PRAKTISCH & KONKRET

Maße & Gewichte Meist wird das angloamerikanische Maßsystem verwendet.

Radio & TV Grenada verfügt über drei maßgebliche lokale TV-Sender und vier Radiostationen.

Rauchen Auf Grenada ist Rauchen unüblich. Man findet ein paar Bars, wo Rauchen erlaubt ist, doch fast alle Hotel- und Resortzimmer sowie die meisten Restaurants sind mittlerweile komplett rauchfrei.

Zeitschriften *Lime & Dine* ist ein Hochglanzmagazin mit allgemeinen Infos über die Insel sowie Restaurantlisten und Unterhaltungsprogramm.

Schwule und lesbische Pärchen sollten sich in der Öffentlichkeit diskret verhalten und Ärger besser aus dem Weg gehen.

MIT KINDERN REISEN

- Grenada hat unzählige ruhige, flach abfallende Strände, perfekt für Kinder, wie etwa La Sagesse, Lance aux Épines und Morne Rouge; auf Carriacou ist auch der Paradise Beach ein guter Tipp.
- Mit Kleinkindern ist auf den Straßen von St. George's Vorsicht geboten, da es im Verkehr recht undiszipliniert zugeht; in einigen Festungen fehlen entsprechende Geländer oder Absperrungen.
- Mit Ausnahme der großen städtischen Gebiete gibt es auf vielen Teilen der Insel keine Bürgersteige, und wenn doch, haben sie nicht immer Rampen. Mit kleinen Reisebegleitern sollte man nicht durch den Sendall-Tunnel gehen.
- Die Fortbewegung mit öffentlichen Verkehrsmitteln kann mit Kindern eine Herausforderung sein: Die Kleinbusse haben selten Sicherheitsgurte und sind oft überfüllt, d. h., auch Familien werden auf die verbleibenden Plätze aufgeteilt. Die Fahrt in Wassertaxis kann rau sein und ist für junge Reisende nicht immer geeignet. Im Allgemeinen gilt: Je größer das Boot, desto ruhiger die Fahrt.
- Viele Hotels haben keine Fernseher und das Internet ist oft für das Streaming zu langsam, sodass es sich lohnt, bereits vor der Abreise etwas herunterzuladen.

MEDIZINISCHE VERSORGUNG

Es gibt ein Krankenhaus (S. 422) in St. George's und ein weiteres auf dem Hügel oberhalb von **Hillsborough** (S. 434) auf Carriacou. Kleinere Privatkliniken sind rund um St. George's und in der Gegend von Grand Anse zu finden, aber für ernsthafte Notfälle sind sie nicht gut genug ausgestattet.

NOTFALL

Feuerwehr, Krankenwagen, Polizei ☎911

STROM

Die Stromspannung beträgt 220 V, 50 Hz. Dreipolige Stecker nach britischer Tradition sind üblich, doch manchmal sieht man auch zweipolige Steckdosen wie in den USA.

TELEFON

Grenadas Ländervorwahl lautet 1-473. Für Anrufe innerhalb Grenadas ist nur die siebenstellige örtliche Nummer zu wählen.

Handys

Lokale SIM-Karten verkaufen die Filialen von Flow (www.discoverflow.co) und **Digicel** (☎415-7900; www.digicelgroup.com/gd; Ecke Melville & Granby St.; ⏲ Mo–Fr 8–17, Sa bis 12 Uhr) auf Grenada und Carriacou. Sie funktionieren in Handys, die nicht mit einem SIM-Lock versehen sind.

UNTERKUNFT

Ein Großteil der Unterkünfte auf Grenada befindet sich in Grand Anse. Sie reichen von großen Strandhotels bis hin zu kleineren Gästehäusern, die eine kurze Autofahrt von der Hauptstadt entfernt sind.

Obwohl es keinen Strand hat, bietet sich St. George's als lebhafter Ausgangspunkt an, und es gibt hier leicht erreichbare hervorragende Restaurants und Bars.

Die Unterkünfte auf Carriacou sind preiswerter als auf der Hauptinsel. Sie reichen von Gästehäusern für Preisbewusste in Hillsborough bis zu von der Meeresbrise verwöhnten Gästehäusern und Cottages an der Küste. Etliche Unterkünfte sind in der Hauptstadt und am Paradise Beach angesiedelt, den lebhaftesten Orten der besonders ruhigen Insel. Weiter landeinwärts gibt's tolle Unterkunftsmöglichkeiten, aber manch einer könnte sich hier etwas isoliert fühlen.

Petite Martinique ist so klein, dass es sich gar nicht vermeiden lässt, auf Einheimische zu treffen – meist sind sie die direkten Nachbarn.

PREISKATEGORIEN UNTERKUNFT

Die folgenden Preise beziehen sich auf ein Doppelzimmer mit Bad.

**$** bis 100 US$

**$$** 100–250 US$

**$$$** über 250 US$

ZEIT

Grenada befindet sich genauso wie die anderen Windward Islands in der Atlantischen Zeitzone: MEZ minus fünf Stunden, MESZ minus sechs Stunden.

 An- & Weiterreise

FLUGZEUG

Flüge von Deutschland, Österreich und der Schweiz nach Grenada gehen über die USA und eventuell auch über Großbritannien. Direkte Anbindungen gibt's auch von Barbados, St. Vincent und Trinidad und Tobago.

Flughäfen & Fluggesellschaften

Der **Maurice Bishop International Airport** (GND; ✆ 444-4555; www.mbiagrenada.com) ist groß und liefert umfassenden Service. Hier landen Maschinen aus Nordamerika sowie von anderen Destinationen der Karibik.

Der **Lauriston Airport** in Carriacou ist sehr klein mit nur einem internationalen Flug – einem kurzen Hüpfer auf Union Island in St. Vincent.

American Airlines (www.aa.com; Maurice Bishop International Airport) Regelmäßige Flüge zwischen Grenada und Miami.

Caribbean Airlines (www.caribbean-airlines.com; Maurice Bishop International Airport) Direktflüge zwischen Grenada und Port of Spain.

LIAT (www.liat.com; Maurice Bishop International Airport) Verbindungen zwischen Grenada und vielen weiteren regionalen Destinationen. Auch beim Buchen eines Direktflugs kann die Route über andere Inseln gehen.

SVG Air Grenada (✆ 444-3549; www.grenadaflights.com) Fliegt von Grenada nach Union Island in St. Vincent und den Grenadinen.

ÜBERS MEER

Boot

Ein kleines Postboot verkehrt zwischen Carriacou und Union Island (60 EC$, eine Stunde), St. Vincent und den Grenadinen, mehrmals pro Woche.

Kommerzielle Boote, die Produkte zwischen Grenada, Carriacou, Petite Martinique und Union Island hin und herschippern, nehmen manchmal Passagiere mit, die zu Fuß unterwegs sind, aber diese Gelegenheit gibt's nicht immer.

Jacht

Die Einreiseformalitäten (Öffnungszeiten Montag bis Freitag 8 bis 15.45 Uhr) können auf Grenada an folgenden Stellen erledigt werden:

Grenada Marine (✆ 443-1065; ⏲ Di & Do 8–12 Uhr) St. David

Grenada Yacht Club (✆ 440-3270; Port Louis Marina) St. George's

La Phare Bleu Marina (✆ 444-2400; ⏲ Mo–Fr 8–16, Sa & So 9–14 Uhr) Calivigny

Prickly Bay Marina (✆ 444-4509; Prickly Bay Marina; ⏲ Mo–Fr 8–16, Sa & So 9–14 Uhr) Prickly Bay.

Auf Carriacou erfolgt die Klarierung in Hillsborough (S. 434).

Die meistfrequentierten Anlegestellen sind Prickly Bay, Mr. Hartman Bay, Hog Island und True Blue Bay im Südwesten Grenadas und Tyrrel Bay auf Carriacou.

Kreuzfahrtschiff

Grenada wird von zahlreichen Kreuzfahrtschiffen angefahren. Sie docken am eigens erbauten Pier (S. 422) an, nördlich des Hafens in St. George's auf Grenada. Wenn mehr als zwei Schiffe im Hafen stehen, weicht man manchmal auch auf den alten Andockplatz am Carenage aus, ein kurzes Stück zu Fuß vom Zentrum entfernt.

Wassertaxi

Wassertaxis zwischen Union Island und Carriacou kosten rund 100 US$; auf der 40-minütigen Fahrt wird man durchgeschüttelt (und oft nass). Boote können in Hillsborough oder Windward auf Carriacou sowie Clifton auf Union Island angeheuert werden.

 Unterwegs vor Ort

AUTO & MOTORRAD

Die wichtigsten Straßen auf Grenada sind in relativ gutem Zustand. Einige große Firmen haben Niederlassungen hier, doch die meisten Autovermietungen sind lokal. Eine Abholung vom Flughafen und von Fähranlegestellen kann arrangiert werden.

Grenadas größere Städte, Grenville, Gouyave und Victoria eingeschlossen, verfügen über Tankstellen. Auf Carriacou gibt's nur eine in Hillsborough.

Führerschein

Für das Führen von Fahrzeugen ist ein grenadischer Führerschein zu erwerben (60 EC$), den alle Autovermietungen im Namen der Regierung ausstellen können

Verkehrsregeln

- Es herrscht generell Linksverkehr. Vor allem bei Bussen muss man damit rechnen, dass sie mit rasender Geschwindigkeit unterwegs sind, und wo es ihnen gerade passt, mit strahlendem Fernlicht nach Einbruch der Dunkelheit.
- Die Straßen sind ziemlich eng und kurvenreich, und die einheimischen Fahrer jagen dahin. Sicherheitshalber sollte man an schlecht einsehbaren Kurven abbremsen und die Hupe lieber einmal zu oft einsetzen.
- Auf Grenada gibt's nur wenige Verkehrsschilder; man sollte sich also eine Straßenkarte oder eine Navigations-App zulegen und allgemein vorsichtig fahren.

BOOT, SCHIFF & FÄHRE

Osprey (☎ 440-8126; www.ospreylines.com) betreibt ein großes Schnellboot, das Grenada und Carriacou in weniger als zwei Stunden (Einzelfahrt 80 EC$) verbindet. Ein kleineres Boot fährt zweimal täglich von Carriacou nach Petite Martinique (20 EC$, 30 Minuten).

Reservierungen sind meist nicht nötig, außer an Feiertagen. Tickets von Grenada kauft man an Board, und für Abfahrten von Carriacou im Büro in der Patterson Street, Hillsborough. Osprey legt an der östlichen Seite des Carenage auf Grenada an.

Ankunft und Abfahrt auf Carriacou von/nach Grenada erfolgen in der Tyrrel Bay, während die Fähren nach Petit Martinique im Stadtzentrum von Hillsborough am Pier ankommen und ablegen. Wer direkt von Grenada nach Petit Martinique reist, braucht zwischen den Häfen ein Taxi.

Jacht

Horizon Yacht Charters (☎ 439-1000; www.horizonyachtcharters.com; True Blue Bay Marina) zählt zu den größten Chartergesellschaften in Grenada. Es gibt Jachten mit Besatzung – da heißt es dann nur zurücklehnen und die Fahrt genießen; bzw. können Leute mit Segelerfahrung, die mit einer entsprechenden Crew unterwegs sind, einen „Bareboat Charter" abschließen; damit wird ihnen die alleinige Verantwortung für das Schiff übertragen.

BUS

- Busse gelten als hervorragende Fortbewegungsmöglichkeit auf Grenada und Carriacou. Privatbetriebene Minivans verkehren auf einer Reihe von fixen nummerierten Routen kreuz und quer über die Inseln – eine günstige und gesellige Variante des Vorankommens; allerdings rasen viele der Fahrer und hupen wie verrückt, wenn sie Freunde oder potenzielle Passagiere sehen.
- Die wichtigsten Stopps sind vorne neben der Nummer gelistet, und für kleinere Orte außerhalb von St. George's und Hillsborough fragt man am besten den Schaffner oder Fahrer, welcher Bus der beste ist.
- Busstationen folgen allen Hauptverkehrsrouten, und Sie können Busse so ziemlich überall heranwinken. Wer aussteigen will, klopft ans Dach; sollte das nicht funktionieren, ruft man: *„Bus stop please driver."*

FAHRRAD

- Radfahren ist nicht besonders üblich und gute Ausstattung nicht einfach zu finden, doch es wird allmählich populärer. Viele Straßen sind schlecht ausgeleuchtet und Autofahrer sind nicht an entgegenkommende Radfahrer gewöhnt, sodass man extra vorsichtig sein muss.
- Ein 100 km langer Rundweg führt um die Insel, wobei die Straße steil ist, und stellenweise ist es windig – hier ist Ausdauer gefragt.
- Die Straße zwischen Grand Anse und dem Flughafen ist breit und eben, und es gibt wenig Verkehr, was sie zu einer beliebten Strecke bei einheimischen Radfahrern macht: Hier treffen Radfahrer auf Gleichgesinnte.
- Mocha Spoke (S. 422) in True Blue verleiht Fahrräder und bietet auch geführte Touren.

FLUGZEUG

SVG Air Grenada bietet Flüge zwischen Grenada und Carriacou.

TAXI

- Auf Grenada und Carriacou stehen unzählige Taxis bereit.
- Die Fahrtkosten zu den meisten Zielen sind fix.
- Taxis fahren normalerweise nicht umher, sondern warten an Standplätzen.
- Es ist ratsam, ein paar Kärtchen mit Telefonnummern für die Rückfahrt einzustecken.

Guadeloupe

590 / 395 700 EW.

Inhalt ➡

Gut essen

- La Touna (S. 461)
- Le Mabouya dans La Bouteille (S. 455)
- La Playa (S. 477)
- Couleurs du Monde (S. 466)

Schön übernachten

- Tendacayou Ecolodge & Spa (S. 459)
- La Toubana Hôtel & Spa (S. 452)
- Auberge Les Petits Saints (S. 466)
- Hostellerie des Châteaux (S. 454)
- Gwada'Camp (S. 488)

Auf nach Guadeloupe!

Guadeloupe ist ein Archipel mit mehr als einem Dutzend sonnenverwöhnter Inseln, die Reisenden von einsamen Stränden bis zu dschungelbedeckten Bergen jede Menge Abwechslung bieten. Die zwei Hauptinseln sehen aus wie Schmetterlingsflügel und werden nur von einigen Brücken und einem Mangrovensumpf zusammengehalten. Grande-Terre, die östliche der beiden Inseln, hat eine Kette von Strandstädten, die mit erstklassigen Sandgebieten zum Ruhen und zahlreichen Aktivitäten für Besucher aufwarten. Das bergige Basse-Terre, die westliche Insel, ist die Heimat des dicht bewachsenen, üppigen Parc National de la Guadeloupe mit unzähligen Wasserfällen und gekrönt durch den spektakulären Vulkan La Soufrière.

Neben den Hauptinseln Guadeloupes vermitteln eine ganze Reihe kleiner Offshore-Inselchen, darunter Les Saintes, Marie-Galante und La Désirade, einen Eindruck von Guadeloupes vergangenen Zeiten. Dies sind einige der eindrücklichsten und unberührtesten Zielorte in den Französischen Antillen, die man nicht verpassen sollte.

Reisezeit

Dez.–Mai In der Hochsaison ist es warm und trocken. Über Weihnachten sind die Unterkünfte schon früh ausgebucht.

Jan.–Mai Zum Tauchen und Schnorcheln sind die trockeneren Monate die beste Zeit.

Juli–Nov. In der Regenzeit herrscht eine durchschnittliche Luftfeuchtigkeit von 85 %. Während der französischen Schulferien im Juli und August steigen die Preise und die Nachfrage.

GRANDE-TERRE

Grande-Terre – das trotz seines Namens („großes Land“) deutlich kleiner ist als Basse-Terre – ist von allen Inseln Guadeloupes die meistbesuchte. Ihre von Riffen geschützte Südküste mit goldenen Sandstränden ist das Hauptresortgebiet des Landes.

Die Ostseite der Insel wird im Vergleich dazu kaum vom Tourismus berührt: Sie ist gegenüber den Wellen des Atlantiks weitgehend offen und anstelle von Stränden fin-

Highlights

1 La Soufrière (S. 462) Durch den Regenwald zum nebligen Gipfel des aktiven Vulkans laufen.

2 Deshaies (S. 458) Feinschmecker sein und in diesem charmanten Fischerdorf Bootsfans aus aller Welt treffen.

3 Îlets Pigeon (S. 460) Jacques Cousteaus Meeresschutzgebiet beim Schnorcheln oder mit der von ihm erfundenen Taucherlunge erkunden.

4 Terre-de-Haut (S. 464) Die herrlichen Strände dieser bergigen Insel entdecken, die reich ist an zwangloser Eleganz und karibischer Geschichte.

5 Chutes du Carbet (S. 462) Auf gut gekennzeichneten Wegen durch den Regenwald zu diesem wunderschönen doppelten Wasserfall wandern.

6 Marie-Galante (S. 468) Sein eigenes Stück Strandparadies finden auf dem unberührten Sand der oft übersehenen Insel.

7 La Désirade (S. 471) An den Stränden dieses kleinen Paradieses den Menschenmengen auf den Hauptinseln entkommen.

det man hier eine krachende Brandung an der meist felsigen Küste. Sehr beliebt ist sie jedoch bei Surfern, die sich in der Stadt Le Moule treffen.

Das Nordende von Grande-Terre ist eine der landschaftlich beeindruckendsten Gegenden auf Guadeloupe, der Tourismus dort ist jedoch sehr unterentwickelt. Es ist ein wunderbarer Ort, um einen Tag herumzufahren – gewaltige Meeresklippen auf der einen und fabelhafte Strände auf der anderen Seite machen diese Region zur perfekten Wahl für diejenigen, die die Menschenmengen woanders meiden wollen.

Pointe-à-Pitre

Pointe-à-Pitre ist ein wenig einladender Ort – ein von Graffitis geprägter Betondschungel aus Art-déco- und sozialistisch anmutenden Bauten, verfallenden traditionellen Häusern und schrecklichem Straßenverkehr – aber die wichtigste Stadt auf Grande-Terre, und aufgrund seiner zentralen Lage zwischen den größten Inseln fungiert es de facto als Hauptstadt. Es lohnt sich durchaus, einen halben Tag lang dem Strand den Rücken zu kehren für einen Stadtbesuch, und sei es auch nur, um das prächtige Mémorial ACTe zu sehen, ein Museum von Weltklasse, das der Geschichte der Sklaverei und des Kolonialismus gewidmet ist. Es ist weltweit das erste seiner Art und wurde schnell zu dem Museum in Guadeloupe, das einem Nationalmuseum am nächsten kommt.

Sonntags, an Feiertagen und nach Einbruch der Dunkelheit gleicht Pointe-à-Pitre einer Geisterstadt, die man meiden sollte.

Sehenswertes

Marché de la Darse MARKT

(Inner Harbor; ⏲Mo–Sa 6–14 Uhr) Dieser beliebte Markt an der Küste vor der Place de la Victoire ist Pointe-à-Pitres größter Obst- und Gemüsemarkt. Er ist voll von kauzigen Charakteren und man bekommt so gut wie immer eine gratis Kostprobe angeboten.

Musée St-John Perse MUSEUM

(☎0590-90-01-92; 9 Rue de Nozières; Erw./Kind 2,50/1,50 €; ⏲Mo–Fr 9–17, Sa 8–12.30 Uhr) Das dreistöckige städtische Museum befindet sich in einem herausragenden Beispiel für koloniale Architektur aus dem 19. Jh. und ist dem berühmten Dichter und Nobelpreisträger Alexis Leger (1887–1975) gewidmet, besser bekannt unter seinem Pseudonym Saint-John Perse, der seine Kindheit auf Guadeloupe verbrachte. Das Haus vermittelt Einblicke in einen traditionellen kreolischen Haushalt und zeigt Ausstellungen zu Perses Leben und Werk.

Aktivitäten

Antilles Sail BOOTSTOUREN

(☎0590-90-16-81; www.antilles-sail.com; 1 Résidence les Boutiques du Moulin, Marina de Bas du Fort) Diese alteingesessene Firma vermietet Katamarane und bietet alle Dienste für jeden, der eine Bootstour in Guadeloupe unternehmen möchte.

Dream Yacht Charter BOOTSTOUREN

(www.dreamyachtcharter.com) Weltweite Jachtcharter-Firma, die Bootsfans Crews vermittelt und auch alle anderen Leistungen im Angebot hat.

Feste & Events

Karneval KARNEVAL

Beginnt im Januar mit umherziehenden Gruppen von Steelband-Musikern und Tänzern, findet aber offiziell zwischen dem traditionellen einwöchigen Mardi Gras und Aschermittwoch (46 Tage vor Ostern) statt.

Fête des Cuisinières KULTUR

(Festival der weiblichen Köche ⏲Anfang Aug.) Während dieses farbenfrohen Ereignisses ziehen Frauen in kreolischen Gewändern, die Körbe voller traditioneller Gerichte tragen, durch die Straßen bis zur **Kathedrale** (Rue de l'Eglise), wo sie vom Bischof gesegnet werden.

WARUM DIESE NAMEN?

Auf den ersten Blick erscheinen die Namen der Zwillingsinseln, des eigentlichen Guadeloupe, unlogisch. Die östliche Insel, die kleinere und flachere, heißt Grande-Terre, also „großes Land", während die bergigere westliche Insel Basse-Terre heißt, „flaches Land".

Die Namen sollen jedoch nicht das Land beschreiben, sondern die Winde, die über sie hinwegstreichen. Die Passatwinde aus Nordosten wehen *grande* (stark) über die flachen Ebenen von Grande-Terre, aber werden dann von den Bergen im Westen gebremst und enden *basse* (flach) auf Basse-Terre.

Pointe-à-Pitre

Highlights
1 Mémorial ACTe B4

Sehenswertes
2 Cathédrale de Saint-Pierre et Saint-Paul..B2
3 Marché de la Darse B2
4 Musée Saint-John Perse B3

Schlafen
5 Hôtel Saint-John Perse A3

Essen
6 Bella Vita B2
7 Café de France B2
8 Le Yacht Club B3

Shoppen
9 Marché Couvert A2

Schlafen

Die Nacht, wenn möglich, nicht in Pointe-à-Pitre verbringen, da die Hotels hier ziemlich farblos sind. Normalerweise ist der einzige Grund, hier zu übernachten, dass man früh am nächsten Morgen einen Flug oder eine Fähre erwischen muss.

Hôtel Saint-John Perse HOTEL $$
(☎0590-82-51-57; www.saint-john-perse.com; Quai Lesseps; EZ/DZ 75/90 €; ❄📶) Diese Option ist völlig unspektakulär, befindet sich jedoch in perfekter Lage zwischen dem Hafen und der Gare Maritime (S. 450) und ist extrem praktisch, wenn man am frühen Morgen ein Boot erwischen muss. Es hat 44 beengte Zimmer mit Gemeinschaftsbalkons. Zudem gibt's kostenlose Gepäckunterbringung für Reisende, die mit leichtem Gepäck zu den abgelegeneren Inseln reisen möchten.

★ **Gwada'Camp** WOHNMOBILE $$
(☎0690-26-61-23; www.gwadacamp.fr; 24bd Marina Bas du Fort; pro Woche 550–720 €) Von diesem Unternehmen eines französischen Paars werden Campingbusse auf Wochenbasis vermietet. Die Miniwohnmobile bieten zwar keinen Luxus, sind aber eine kostengünstige Alternative für Erkundungstouren über die Insel. Sie sind mit Doppelbett und Küche ausgestattet und enthalten eine umfangreiche Anleitung zum Campen in Guadeloupe. Kaution 2000 €.

★ **La Case En Mer** B&B $$$
(☎0590-26-45-13; www.im-caraibes.com/lesilets; Îlet Boissard; DZ inkl. Frühstück 150 €; ❄📶) Auf der Suche nach Abgeschiedenheit? Dieses wunderschöne B&B auf einem ruhigen Inselchen, nur eine zweiminütige kostenlose Bootsfahrt von Pointe à Pitre entfernt, gibt Gästen die Chance, in zwei kokonartigen Zimmern in der Mitte von landschaftlich wunderschön gestalteten Gärten vollkommen abzuschalten, und als Bonus gibt's einen Whirlpool. Ein Abendessen kostet 25 € und die freundlichen Besitzer sprechen gutes Englisch. Drei Nächte Mindestaufenthalt.

Pointe-à-Pitre

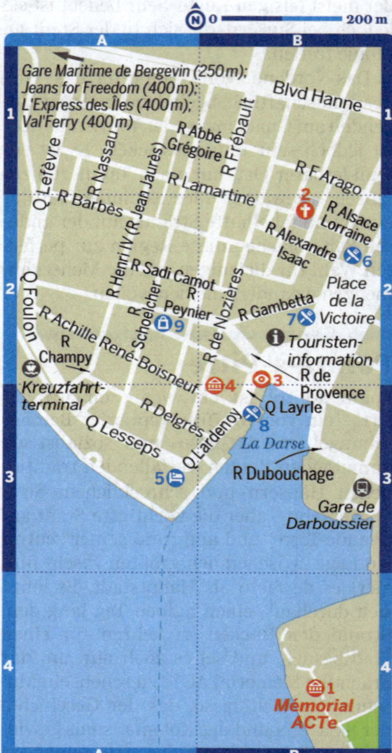

Essen

Pointe-à-Pitre ist nichts für Foodies – es sei denn, man liebt Fast Food! Der Großteil der Bevölkerung scheint bei Einbruch der Dunkelheit wie vom Erdboden verschluckt – das heißt, man findet sie normalerweise in der Marina de Bas du Fort (S. 479) 3 km westlich der Stadt. Dort gibt's eine Reihe respektabler Restaurants umgeben von einem Hafen voll mit Jachten.

NICHT VERSÄUMEN

MÉMORIAL ACTE

Eine der Top-Attraktionen der Französischen Antillen ist **Mémorial ACTe** (MACTe; 0590-25-16-00; www.memorial-acte.fr; Rue Raspail; Erw./Kind 15/5 €; Di–Sa 9–19, So 10–18 Uhr; P), ein riesiges Museum über die Sklaverei, das von Präsident Hollande 2015 eröffnet wurde. Das ACTe befindet sich in einem spektakulären silbernen Gitterbau auf dem Gelände der ehemaligen Zuckerfabrik Darboussier an Pointe-à-Pitres über lange Zeit vernachlässigter Promenade. Ein schwieriges Thema wird hier direkt und offen behandelt. Mehrere Bereiche beschäftigen sich in chronologischer Reihenfolge mit den verschiedenen Phasen des Sklavenhandels in der Karibik und anderen Regionen. Für die Audioführung sollte man mindestens zwei Stunden einplanen.

Die Geschichte der Sklaverei wird auf sehr interessante und einfallsreiche Weise erzählt. Anhand von Bildschirmen und Audiokommentaren lässt sich beginnend mit der Ankunft Columbus' in der Karibik die Entwicklung der Sklaverei und der daraus entstandenen Kultur nachvollziehen. Noch anschaulicher wird das Ganze dank großer Kunstinstallationen, von denen einige im Louvre ausgestellt waren. Zu den Highlights gehören ein Bereich über den Code Noir, in dem originale Eisenfesseln zu sehen sind, eine nachgebaute Sklavenhütte, herrliche Karnevalskostüme, eine bunte Ausstellung über Rastafarianismus und ein erschreckender Teil über moderne Sklaverei und den weltweiten Menschenhandel. Im Museum darf nicht fotografiert werden, auch nicht mit dem Handy.

ACTe wurde 2017 vom Europarat zum Europäischen Museum des Jahres ernannt.

Café de France BÄCKEREI $

(Place de la Victoire; Gebäck ab 1,50 €, Sandwiches ab 5 €; Mo–Sa 6–15 Uhr;) Freundliche Bäckerei mit einer Terrasse zur Straße hin, von wo aus man wunderbar das lebhafte Treiben auf der Place de la Victoire beobachten kann. Vor allem Reisende, die in Pointe-à-Pitre übernachtet haben, kommen zum Frühstück hierher. Die Bäckerei öffnet früh und serviert guten Kaffee, Croissants und anderes frisch zubereitetes Gebäck. Man bekommt auch leckere Sandwiches auf Bestellung.

Bella Vita PIZZA $

(Place de la Victoire; Hauptgerichte 8–17 €; Mo–Sa 9–22.30 Uhr;) Dieser Oldtimer mit alten Sitzgarnituren und Resopaltischen sieht wie eine alte Imbissstube aus, ist aber eins der wenigen Speiselokale, die abends in Pointe-à-Pitre geöffnet haben. Das Personal ist sehr freundlich und serviert gute Pizza, Salate, Burger, gegrilltes Fleisch und Sandwiches.

Chez Dolmare FISCH & MEERESFRÜCHTE $$

(0590-91-21-32; Port de Pêche de Lauricisque; Hauptgerichte 11–15 €; Mo–Sa 12–15 Uhr) Hier gibt's die besten Meeresfrüchte der Stadt, und das ist auch kein Wunder: Dieses bescheidene Lokal befindet sich direkt am kleinen Fischerhafen von Lauricisque, nordwestlich von Pointe-à-Pitres Zentrum. Die Speisekarte ist auf ein paar tägliche Specials begrenzt, aber diese sind gut zubereitet und recht günstig. Der Service kann jedoch gleichgültig und langsam sein, also entsprechend planen.

Le Yacht Club FRANZÖSISCH $$$

(0690-74-57-11; Quai Lardenoy; Hauptgerichte 20–30 €; Mo–Mi & So 12–15, Do–Sa 12–15 & 19–22 Uhr;) Le Yacht Club an der Uferpromenade ist bei Weitem das schickste Restaurant im Stadtzentrum. Serviert wird gehobene französische Küche von einer sich täglich ändernden Speisekarte in einem angenehmen halboffenen Speiseraum mit modischer Inneneinrichtung. Sonntags zur Mittagszeit findet ein allseits beliebtes Grillfest statt.

Shoppen

Marché Couvert KUNSTHANDWERK

(Ecke Rues Peynier & Schoelcher; Mo–Sa 6–16 Uhr) Pointe-à-Pitres viktorianische Markthalle ist ein recht guter Ort für Kunsthandwerk auf der Insel, inklusive Strohpuppen, Strohhüte und afrikanische Holzschnitzereien. Es ist auch ein guter Ort, um sich mit lokal angebautem Kaffee und kreolischen Gewürzmischungen einzudecken.

Praktische Informationen

Drogenmissbrauch ist ein Problem in Pointe-à-Pitre, und nach Einbruch der Dunkelheit sollte man in den leeren Straßen der Stadt vorsichtig sein. In der Gegend um die Place de la Victoire ist auch spätabends noch genug Betrieb, um sich sicher zu fühlen, aber andere Teile der Stadt sind dann regelrecht gruselig.

Centre Hospitalier Universitaire (CHU; ☎ 0590-89-10-10; www.chu-guadeloupe.fr; Rte de Chauvel; ⌚ 24 Std.) Das größte Krankenhaus liegt im Norden der Stadt in einem ziemlich heruntergekommenen Viertel. Nachts ein Taxi nehmen.

Postamt (Rue Wachter; ⌚ Mo–Fr 8–18, Sa bis 12 Uhr)

Touristeninformation (☎ 0590-82-09-30; www.lesilesdeguadeloupe.com; Place de la Victoire; ⌚ Mo, Di & Do 7–16, Mi & Fr bis 12.30 Uhr) Die größte Touristeninformation in ganz Guadeloupe liegt ausgerechnet in der Stadt mit den wenigsten Besuchern, hat aber freundliche, Englisch sprechende Mitarbeiter und jede Menge Infomaterial.

An- & Weiterreise

BUS

Für den unwahrscheinlichen Fall, dass man mit dem Bus fahren muss, gibt's zwei (ziemlich heruntergekommene) Busbahnhöfe in Pointe-à-Pitre. Busse von der **Gare de Darboussier** (Rue Dubouchage) fahren Grande-Terre an, die **Gare Routière de Bergevin** (Blvd de l'Amitié des Peuples de la Caraïbe) bedient Basse-Terre. Die Busse zu den meisten Zielorten fahren mindestens stündlich, allerdings nur bis zum Einbruch der Dunkelheit, und nur wenige Fahrten finden auch sonntags statt.

Der Bus von Pointe-à-Pitre nach Gosier fährt alle 15 Min., kostet 1,80 € (beim Fahrer zu bezahlen) und braucht für die Fahrt etwa 15 Min. Will man zum Hafen Bas du Fort (S. 479), nimmt man diesen Bus und steigt dann gleich nach der Universität aus (1 €, 10 Minuten).

SCHIFF / FÄHRE

In Pointe-à-Pitre gibt's Fähren mit internationaler Verbindung nach Dominica, Martinique und St. Lucia. Die folgenden Firmen betreiben Fähren nach Les Saintes (Bourg des Saintes) und Marie-Galante (Grand-Bourg), die an der **Gare Maritime de Bergevin** (Blvd de l'Amitié des Peuples de la Caraïbe) abfahren. Das ist nur einen kurzen Fußweg vom Stadtzentrum entfernt.

Jeans for Freedom (S. 479)

L'Express des Îles (☎ 0825-35-90-00; www.express-des-iles.com; Gare Maritime de Bergevin)

Val'Ferry (☎ 0590-91-45-15; www.valferry.fr; Gare Maritime de Bergevin)

In der Stadt gibt's auch einen **Hafen** (Quai Lesseps) und ein Kreuzfahrtterminal (S. 479).

Unterwegs vor Ort

Man kann in Pointe-à-Pitre, einer Kleinstadt mit einem kompakten Zentrum, vieles ohne Probleme zu Fuß erledigen.

Für ein Taxi gibt's **Radio Taxis** (☎ 0590-82-00-00) oder **Taxi Leader** (☎ 0590-82-26-26) in der Gegend um Pointe-à-Pitre.

Gosier

Gosier liegt nur 8 km von Pointe-à-Pitre entfernt und ist der touristischste Ort auf Guadeloupe. Wer eine Pauschalreise gebucht hat, wird höchstwahrscheinlich hier landen. Der Badeort ist halb Karibik, halb Bettenburgen-Resort und zieht die Massen vor allem wegen seiner Strände an. Datcha unterhalb des Zentrums ist der Hauptstrand. Vor der Küste liegt die hübsche kleine Insel Îlet du Gosier, ein beliebtes Ziel für Boots- und Kajakausflüge.

Sehenswertes & Aktivitäten

Plage de la Datcha — STRAND

Datcha ist der wohl schönste Strand von Guadeloupe, ein traumhafter Streifen mit cremefarbenem Sand und schattenspendenden Bäumen. Das Meer ist hier ruhig und wird von einem Riff geschützt. Die traumhafte Îlet du Gosier und die stimmungsvollen Berge von Basse Terre am anderen Ufer machen die Idylle komplett. Strandgänger zieht es in die Strandcafés und -bars mit Blick auf die vielen Jachten, die in der Bucht vor Anker liegen.

Kaya'Kool — KAJAKFAHREN

(☎ 0690-16-51-64; www.kayakool.fr; Plage de la Datcha; halber/ganzer Tag 20/25 €; ⌚ Di–So 10–17 Uhr) Der kleine Verleih wird von französischen Geschwistern betrieben und stellt Kajaks für Ausflüge zur **Îlet du Gosier** zur Verfügung. Die Überfahrt dauert rund 15 bis 20 Minuten. Auch im Angebot: einen ganzen Tag Kajakfahren inklusive Mittagessen in einem der Strandrestaurants der kleinen Insel (39 €).

Schlafen

Gosier hat die höchste Hoteldichte von Guadeloupe, und genau aus diesem Grund ziehen es die meisten Reisenden vor, auf der Suche nach Ruhe und etwas Abgeschiedenheit anderswo auf der Grande-Terre unterzukommen. Die Hotels in Gosier sind allgemein sehr gepflegt, die Konkurrenz ist groß und häufig gibt's gute Schnäppchen.

Hôtel Les Bananiers HOTEL $$
(☎ 0590-84-10-91; www.les-bananiers.com; Rue des Phares et Basils, Perinet; DZ/Studio inkl. Frühstück 82/95 €; P ❄ 📶 🏊) Von diesem schnuckeligen kleinen Hotelkomplex zum Stadtstrand ist's nur 1 km Fußweg, aber wer darauf keine Lust hat, kann auch noch auf den kleinen Pool zurückgreifen. Er wird von den vier Zimmern und vier Studios mit Kochnischen sowie einem charmanten Garten umgeben. Man wird sehr freundlich willkommen geheißen und das Frühstück auf der Terrasse ist herrlich. Eine gute Wahl, aber für jede Saison im Voraus buchen.

Auberge de la Vieille Tour RESORT $$$
(☎ 0590-84-23-23; www.auberge-vieille-tour.fr; Montauban; DZ ab 150 €; ❄ 📶 🏊) Eine alte Windmühle aus dem 18. Jh. ist Teil der Lobby dieser Anlage in spektakulärer Lage mit eigenem Strand. Einige der 103 Zimmer scheinen den 1990er-Jahren entsprungen zu sein und könnten eine Modernisierung vertragen. Das Hotelrestaurant dürfte wohl das beste auf dieser Seite der Insel sein.

Essen

Die Marina de Bas du Fort (S. 479) zwischen Pointe-à-Pitre und Gosier glänzt mit einer erstklassigen Ausstattung und beherbergt jede Menge Restaurants, Bars und Cafés.

★ **Casa Datcha** INTERNATIONAL $
(☎ 0690-92-00-76; www.casadatcha.com; Plage de la Datcha; Hauptgerichte 6–16,50 € ⏲ 11–20 Uhr) Die Casa Datcha ist die coolste Adresse des Orts und hat eine beneidenswerte Lage am Strand, eine kreative Speisekarte, die von herrlichen Salaten bis hin zu erstklassigen Club-Sandwiches alles bietet, und mit Sicherheit die beste Saftbar der Insel, wo man sich zur Abkühlung seinen eigenen frischen Drink kreieren kann. In der Luft liegt karibische Musik und es gibt jede Menge Ecken zum Entspannen.

Affirmatif INTERNATIONAL $$
(☎ 0590-89-45-73; 20 Blvd du Général de Gaulle; Hauptgerichte 14–23 €; ⏲ 18.30–22 Uhr; 📶) Im Lokal mit der tiefroten Fassade und dem einladenden, gemütlichen Gastraum gibt's eine bunte Mischung aus kreolisch-französischen Gerichten und internationalen Klassikern wie Pizza, Pasta und belgischen Muscheln. Am besten hält man sich an einheimische *acras* (panierter und frittierter Fisch, Meeresfrüchte oder Gemüse), den Fang des Tages, Fleisch mit Colombo-Gewürz und die lange Cocktailkarte.

Le Bord de Mer KREOLISCH $$
(☎ 0590-84-25-23; Blvd Amédée Clara, Chemin de la Plage; Hauptgerichte 16,50–22,50 €; ⏲ Mo–Sa 9.30–23, So bis 17.30 Uhr) Dieses freundliche kreolische Restaurant liegt direkt am Meer und so hat nahezu jeder Tisch einen großartigen Blick auf die Îlet du Gosier. Die französischen und kreolischen Gerichte basieren stark auf Fisch und Meeresfrüchten, aber es gibt auch eine Auswahl an gegrilltem Fleisch und frischen Salaten.

★ **Restaurant de l'Auberge** FRANZÖSISCH $$$
(☎ 0590-84-23-23; Montauban; Hauptgerichte 20–30 €; ⏲ 12–15 & 18–23 Uhr; 📶) Das Restaurant in der Auberge de la Vieille Tour serviert traditionelle französische und kreolische Gerichte in dezent-eleganter Atmosphäre und ist einer der besten Orte der Insel, um schön essen zu gehen. Einen Tisch zu reservieren ist anzuraten, wenn man nicht im Hotel untergebracht ist.

ℹ An- & Weiterreise

Zwischen Gosier und Pointe-à-Pitre gibt's regelmäßige Busse (2 €, 15 Min.). Einfach irgendeinen Bus nach Westen entlang Gosiers Blvd Charles de Gaulle nehmen.

Sainte-Anne

Das geschäftige Sainte-Anne ist sehr touristisch geprägt, hat sich aber viel von seinem einheimischen Charakter bewahrt. Während die Hauptstraße zwischen Pointe-à-Pitre und Saint-François durch die Stadtmitte verläuft und einen konstanten Verkehrsstrom mit sich bringt, hat Sainte-Anne auch eine attraktive Meerespromenade, einen lebhaften Strandmarkt mit lokalen Erzeugnissen und einen wunderbaren Strand mit weißem Sand, der sich auf der östlichen Seite erstreckt. Der von Meertraubenbäumen beschattete Strand bietet gute Möglichkeiten zum Schwimmen und ist besonders bei Inselbewohnern beliebt, die zum Surfen, Kajak- und Paddelbrettfahren hierherkommen. Wer es ruhiger mag, findet etwas weiter westlich die Plage de la Caravelle – für viele der beste Strand von Grande-Terre.

Sehenswertes & Aktivitäten

★ **Plage de la Caravelle** STRAND
Die Landzunge aus weißem Sand ca. 2 km westlich des Zentrums von Sainte-Anne ist einer der besten Strände von Guadeloupe und der Inbegriff der Karibik. Das Club

Med Resort (wurde während der Recherche von Grund auf saniert) ist der Hauptpächter, aber der gesamte Strand ist öffentlich: Jeder kann einfach hineinlaufen und sich über das warme Wasser der durch ein Riff geschützten flachen Lagune, den Schatten der Palmen und die hier lebenden Leguane freuen. In der Nähe gibt's einfache Imbissstände.

Excursion Guadeloupe BOOTSTOUREN
(☎0590-74-80-57; www.excursionguadeloupe.com; Plage de la Caravelle) Organisiert exzellente, sehr empfehlenswerte Tagesausflüge nach Petite-Terre, Bootstouren zum südlichen Grande-Terre und Trips zu den lokalen Mangrovenökosystemen sowie Schnorchelausflüge zu den unterschiedlichen Riffen. Das Team bietet auch Jeep- und Quadtouren ins Landesinnere von Grande-Terre an. Das Büro liegt an der Plage de la Caravelle, gegenüber vom Club Med.

Schlafen

Casa Boubou BUNGALOWS $$
(☎0590-85-10-13; www.casaboubou.fr; Durivage; DZ ab 75 €; P ❄ 📶 ≋) Ein guter Deal für Erholungssuchende. Die zehn Bungalows hier sind gemütlich, praktisch (die meisten haben Küchen) und sauber. Sie stehen eng beieinander, sind jedoch durch üppige Gärten voneinander getrennt. Für Gäste gibt's die Tauchausrüstung kostenlos und es gibt einen kleinen Pool. Der nächste Strand, Plage de la Caravelle, ist 1 km entfernt. Mindestaufenthalt drei Nächte.

★ **La Toubana Hôtel & Spa** LUXUSHOTEL $$$
(☎0590-88-25-78; www.toubana.com; Fonds Thézan; DZ inkl. Frühstück ab 280 €; ❄ 📶 ≋) Etwa 2 km westlich von Sainte-Annes Zentrum liegt das einfach magische La Toubana. Es befindet sich auf einer ruhigen Klippe und bietet einen unfassbar schönen Ausblick übers Meer, Marie-Galante und Les Saintes. Die 32 Bungalows und 12 Suiten sind alle stylish eingerichtet. Es gibt eine kleine, private Bucht am Fuß des Hügels, zwei exzellente eigene Restaurants (darunter das empfehlenswerte Grand Bleu) und einen herrlichen Infinitypool.

Le Relais du Moulin HOTEL $$$
(☎0590-88-48-48; www.relaisdumoulin.com; Le Helleux; ⏲Zi. ab 190 €; P ❄ 📶 ≋) Dieses beeindruckende, kürzlich renovierte Hotel wird von der namensgebenden Windmühle aus dem Jahr 1843 überragt und hat 70 Bungalows, die über attraktive Tropengärten verteilt sind. Gewählt werden kann zwischen Standardbungalows und Suiten, und es gibt einen fantastischen Poolbereich, Tennisplätze, ein Spa und ein hauseigenes italienisches Restaurant. Der nächste Strand ist 500 m fußläufig entfernt.

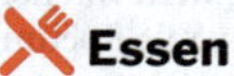

Essen

Food Trucks FOODTRUCK $
(Rue de la Plage; Hauptgerichte 10 €; ⏲11.30–15 Uhr) Mindestens sechs Imbisswagen mit regionalen Leckereien und Getränken versammeln sich auf einem Stück Land in der Nähe des Restaurants Le Kontiki. Man gibt seine Bestellung auf und wartet auf den Plastikstühlen unter den Markisen. Am besten früh kommen, denn zu Mittag wird es voll.

Le Kontiki KREOLISCH $$
(☎0590-23-55-42; Rue de la Plage; Hauptgerichte 6–23 €; ⏲7–19 Uhr; 📶) Die kitschige Südseedeko ist vielleicht nicht jedermanns Sache, aber die fantastische Lage am westlichen Ende des Strandes von Sainte-Anne und die gute Speisekarte mit gegrillten Fisch- und Fleischgerichten, Salaten, Omeletts, Pfannkuchen und Sandwiches machen einen Besuch lohnenswert. Das Essen ist preiswert und es gibt eine lange Getränkekarte. Außerdem ist hier noch geöffnet, wenn andere Lokale in der Gegend schon geschlossen haben.

Le Grand Bleu FUSION-KÜCHE $$$
(☎0590-88-25-57; www.toubana.com; La Toubana Hôtel & Spa, Fonds Thézan; Hauptgerichte 22–35 €; ⏲13.30–14 & 19.30–22 Uhr; 📶) Etwas wirklich Besonderes ist ein nobles Abendessen am Pool in diesem großartigen Hotelrestaurant. Hier kann man eine elegante Auswahl an Gerichten und einzigartigen Desserts erwarten und einen romantischen und unvergesslichen Abend. Einen Tisch heraussuchen auf der luftigen Veranda und den zum Schmelzen schönen Blick übers Meer genießen. Am Mittwochabend gibt's ein üppiges kreolisches Büfett.

Koté Sud KREOLISCH $$$
(☎0590-88-17-31; Rte de Rotabas; Hauptgerichte 21–25 €, Menüs 32–42 €; ⏲19–23 Uhr; ❄) Außerhalb von Sainte-Anne liegt dieses elegante und etablierte Après-Beach-Restaurant an der Straße zur Plage de la Caravelle. Dorthin geht's für die beste lokale Küche. Auf der Karte steht eine Mischung aus

kreolischen Lieblingsspeisen und traditionellen europäischen Gerichten, die alle perfekt zubereitet werden.

Shoppen

Géograines KUNSTHANDWERK

(☎ 0590-88-38-74; Durivage; ⏲ Di–Sa 9–12 & 14–18 Uhr) Dieser kuriose Shop hat sich auf Kunsthandwerk aus Samenkörnern spezialisiert – und alles sieht gut aus. Es gibt Wandbehänge aus Samen und sogar einen Kaffeetisch, auf dem schwarze und weiße Körner unter Glas zu einem Schachbrettmuster arrangiert sind. Der Laden zeigt nur Arbeiten von Künstlern aus Guadeloupe, die aus heimischen Materialien gefertigt wurden. Er ist von der Hauptstraße aus klar beschildert.

Village Artisanal SOUVENIRS & GESCHENKE

(Blvd Georges Mandel; ⏲ 9–19 Uhr) Auf diesem Markt zwischen La Caravelle und dem Stadtstrand bieten 15 Stände eine große Auswahl an Souvenirs an, von Hängematten und Rum bis zu Seife und Strandbekleidung. Am Eingang gibt's ein gutes und überraschend preiswertes Café. Toiletten sind hinter dem Markt zu finden. Am Boulevard Georges Mandel (N4).

Praktische Informationen

Office de Tourisme (☎ 0596-21-23-83; Ave Frantz Fanon; ⏲ Mo, Di & Do 7.30–12.30 & 14–17, Mi & Fr 7.30–13 Uhr) Hinter dem Village Artisanal versteckt sich diese nützliche Touristeninformation mit Englisch sprechenden Mitarbeitern, die mit lokalen Infos sowie bei Hotelreservierungen und dem Buchen von Exkursionen weiterhelfen können.

An- & Weiterreise

Sainte-Anne ist mit dem Bus leicht erreichbar, da es an der Hauptstraße zwischen Gosier (2,50 €, 30 Min.) und Saint-François (2,50 €, 30 Min.) liegt. Einen Bus kann man in der Stadt an jeder Haltestelle entlang der Hauptstraße erwischen.

Saint-François

Saint-François ist ein Resort mit zwei Gesichtern. Auf der einen Seite sind die Hotels hier etwas gehobener als anderswo, einige Restaurants sind herausragend, die Marina ist ein Spielplatz für Jachtbesitzer und im Ort gibt's den einzigen Golfplatz von Guadeloupe. Auf der anderen Seite ist das Ortszentrum ein verlottertes Gewirr aus Straßen mit vielen verfallenen Gebäuden, abends und am Wochenende ist es hier unheimlich. Die meisten Besucher kommen allerdings erst gar nicht bis in den Ort selbst, sondern bleiben westlich von Saint-Francois an der Plage des Raisins Clairs, dem schönsten Strand der Gegend.

Saint-François ist ein Ausgangspunkt für Ausflüge zu den kleineren Inseln von Guadeloupe, und von hier aus gelangt man zu ihnen allen.

Gleich bei Saint-François liegt die windgepeitschte Pointe des Châteaux. Diese wunderschöne Halbinsel kann mit von der Brandung umtosten Kalksteinklippen, einigen herausragenden Stränden und einem Blick auf La Désirade aufwarten.

Sehenswertes

Pointe des Châteaux AUSSICHTSPUNKT

Diese lange Halbinsel direkt an der östlichen Spitze von Grande-Terre ist ein wunderschöner Streifen Land. Aufgrund ihrer guten Strände auf beiden Seiten ist sie bei den Einheimischen beliebt, die hierherfahren, um den Menschenmengen in Saint-François zu entkommen. Zudem ist sie bei Fahrradfahrern überaus gefragt, die die malerische flache Straße lieben. Das Ende der Halbinsel besteht aus einem Kliff, gekrönt von einem riesigen Kreuz, das nach La Désirade blickt und eine spektakuläre Aussicht aufs Meer bietet.

Plage des Raisins Clairs STRAND

(P) Der wirkliche Grund, um nach Saint-François zu kommen, ist die Plage des Raisins Clairs, ein beliebter Sandstrand in den westlichen Außenbezirken des Orts, an dem auch gefahrloses Schwimmen möglich ist. Die Küste senkt sich langsam ab, nicht abrupt, es gibt einen langen Abschnitt mit vergleichsweise flachem Wasser und sehr viel Schatten. Hinter dem Strand sind mehrere Food Trucks und andere Esslokale zu finden.

Aktivitäten & geführte Touren

Noa Plongée TAUCHEN

(☎ 0590-89-57-78; www.noaplongee.fr; Marina de Saint-François) Der kleine und freundliche Anbieter bei der Marina (S. 479) bringt Taucher zweimal täglich zu Tauchplätzen in der Nähe, z. B. zur Küste vor La Désirade und Petite-Terre.

Paradoxe Croisières BOOTSTOUREN
(☎0590-88-41-73; www.paradoxe-croisieres.com; Marina de Saint-François) Bietet Tagesausflüge auf dem *Paradoxe II-Katamaran* zur Insel Petite Terre, um Leguane zu beobachten, am Strand zu faulenzen, zu Mittag zu essen und zu schnorcheln. Die Boote legen um 8 Uhr ab und kehren um 17.15 Uhr zurück; Ausflüge kosten 90/70 € pro Erwachsenen/Kind unter 12 Jahren). Weitere Katamarantrips schließen Marie-Galante ein (nur donnerstags, 105/95 € pro Erwachsenen/Kind unter 12 Jahren) inklusive Bustour und Mittagessen.

Surf Action SURFEN
(☎0690-31-88-28; www.surfantilles.com; Base Nautique de Saint-François) Der Ort zum Surfen, Windsurfen oder Paddelboarden im Stehen: Surf Action ist bereits seit Jahren einer der bekanntesten Surfausstatter in Guadeloupe.

Schlafen

Sunset Surf Camp GÄSTEHAUS $
(☎0690-41-66-69; www.sunsetsurfcamp.com; Rte Touristique Seze; EZ 40–70 €, DZ 75 €; P 📶 ✉) Als eine der wenigen preisgünstigen Unterkünfte in Saint-François liegt dieses freundliche Gästehaus in geringer Entfernung zum fantastischen Raisins-Clairs-Strand. Es gibt gemütliche Zimmer (allerdings keine Klimaanlage), eine festliche Atmosphäre, einen dichten tropischen Garten *und* charmante Eigentümer. Die Besitzer arrangieren neben Surfkursen auch Kitesurfen, Stand-up-Paddeln, Tauchen und Wandern. Alle Gäste bekommen auf Wunsch auch kostenlose Fahrräder.

★ **La Maison Calebasse** B&B $$
(☎0690-34-07-77; www.lamaisoncalebasse.com; Sainte-Madeleine; DZ 110–150 €; P ❄ 📶 ✉) Inmitten von Zuckerrohrfeldern etwa 2,5 km nördlich von Saint-François liegt diese glänzende und stilvolle Villa. Brigitte, die freundliche Gastgeberin, hat alles mit viel Flair eingerichtet. Gäste haben die Wahl zwischen den *gîtes* (kleine Hütten, wochenweise zu vermieten) und einem außergewöhnlich hellen Zimmer mit schönem Bad. Einer von Guadeloupes besten Rückzugsorten.

★ **Hostellerie des Châteaux** HOTEL $$
(☎0590-85-54-08; www.hostellerie-des-chateaux.com; Pointe des Châteaux; DZ 110–130 €; ❄ 📶 ✉) Auf einer großzügigen Rasenfläche landeinwärts von der Straße nach Pointe des Châteaux liegt dieser idyllische Rückzugsort mit nur vier Zimmern und vier Bungalows, was für absolute Privatsphäre in grandioser Umgebung sorgt. Das hauseigene **Restaurant** ist öffentlich zugänglich und hat einen wunderschönen Ausblick, während einige erstklassige Strände nur einen kurzen Fußmarsch entfernt sind. Das i-Tüpfelchen des ganzen Ensembles ist der Pool.

Hôtel Amaudo HOTEL $$
(☎0590-88-87-00; www.amaudo.fr; Anse à la Barque; DZ 100–205 €; ❄ 📶 ✉) Im Weiler Anse à la Barque befindet sich diese besonders kleine Unterkunft in nur geringer Distanz westlich von Saint-François. Es ist ein schöner Fleck, die gemeinschaftlich genutzten Anlagen sind in einem attraktiven Kolonialstil eingerichtet und die zehn Zimmer bieten einen fantastischen Ausblick übers Meer und private Outdoor-Anlagen. Es gibt keinen Strand, dafür aber einen fabelhaften Infinitypool.

La Métisse HOTEL $$
(☎0590-88-70-00; www.hotel-lametisse.com; 66 Les Hauts de Saint-François; DZ 110–150 €; ❄ 📶 ✉) Dieser hübsche Ort versteckt sich zwischen einem Hotelkomplex hoch oben über Saint-François, hat einen Pool in stilisierter Guadeloupe-Form und sieben wunderschön renovierte Zimmer, die kreolische Elemente mit Minimalismus kombinieren. Der Ort ist nur 1 km entfernt, aber bis zum nächsten Strand ist es ein langer Fußmarsch.

Essen & Ausgehen

In Saint-François gibt's eine bessere Auswahl an Restaurants als in anderen Orten der Insel.

Colmano INTERNATIONAL $$
(☎0590-53-98-59; Rue de la République, Port de Pêche; Hauptgerichte 18–24 €; ⏰Di–Sa 9–15 & 18–22, Mo & So 9–15 Uhr; 📶) Kleines, einladendes Restaurant am Hafen, in dem eine Mischung aus kreolischen und internationalen Klassikern in einem einfachen Gastraum sowie auf einer winzigen Terrasse serviert wird. Die beste Wahl sind hier die Nudelgerichte mit Meeresfrüchten.

Le Restaurant du Lagon KREOLISCH $$
(☎0590-23-47-52; Rte du Lagon; Hauptgerichte 12–20 €; ⏰12–15 Uhr) In diesem Restaurant am Pier südlich des Jachthafens, der einer

großen Lagune schützend vorgelagert ist, herrscht das perfekte Ambiente für eine Platte mit frisch gefangenem Fisch und eine sanfte, lebendige Atmosphäre. Man kann hier auch perfekt einen Saft oder Ti Punch (starker Cocktail aus Rum, Limettensaft und Zuckerrohrsirup) zu sich nehmen und den Ausblick genießen.

★ Le Mabouya dans La Bouteille FUSION-KÜCHE $$$

(☎ 0590-21-31-14; www.lemabouya.fr; 17 Salines Est; Hauptgerichte 23–35 €; ⌚ Mi–Mo 19–23 Uhr; 📶) Dieses außergewöhnliche Restaurant im Herzen von Saint-François hat eine bedeutend elegantere Speisekarte als die nahe gelegenen Konkurrenten, mit herausragenden Gerichten wie der Entenbrust mit Tamarinde und Ingwer, Yam-Mousse und süßem Kürbis. Der improvisierte Ort ist wunderschön, mit Flaschenöffnern als Wanddekoration, einem fantastischen Weinkeller und stimmungsvoller Beleuchtung und Jazz im Hintergrund.

Le Métis Café FISCH & MEERESFRÜCHTE $$$

(☎ 0690-53-81-50; www.le-metis-cafe.com; Salines Est; Hauptgerichte 16–31 €; ⌚ Di–So 6–23 Uhr; 📶) Ausgezeichnetes Essen und Getränke werden in diesem unglaublich beliebten und angesagten Restaurant in einem bunten Holzhaus serviert. Die Stimmung ist so gesellig wie kaum irgendwo sonst auf Guadeloupe. Die *brochettes* (Spieße) sind wirklich so groß wie angepriesen, also am besten hungrig kommen! Donnerstags und freitags gibt's Livemusik. Eine Reservierung kann nicht schaden.

ℹ Praktische Informationen

Office de Tourisme (☎ 0590-68-66-81; www.destination-stfrancois.com; Ave de l'Europe; ⌚ Mitte Nov.–Mitte April Mo–Fr 8–17, Sa & So 9–15 Uhr, Rest des Jahres kürzere Öffnungszeiten und So geschl.) Diese große, moderne Touristeninformation mit einigen Englisch sprechenden Mitarbeitern hat aktuelle Infos über alle Fährverbindungen von und nach Saint-François.

ℹ An- & Weiterreise

BUS

Saint-François ist durch Busse mit den Städten an der Südküste von Grande-Terre, inklusive Pointe-à-Pitre (4,50 €, 55 Min.), Gosier (3 €, 45 Min.) und Sainte-Anne (2,50 €, 30 Minuten), gut verbunden. Die Busse fahren tagsüber mindestens jede Stunde ab der **Gare Routière** (Busbahnhof) am Fährhafen.

SCHIFF/FÄHRE

Die **Achipel 1** (☎ 0690-49-49-33; Gare Maritime de Saint-François) verkehrt zweimal täglich in beide Richtungen zwischen Saint-François und La Désirade (45 Min.). **Comatrile** (☎ 0590-22-26-31; www.comatrile.com; Gare Maritime de Saint-François) betreibt die *Iguana Beach*, die jeden Morgen Saint-François mit Les Saintes verbindet und auf dem Weg in Saint-Louis (Marie-Galante) hält. Jeden Nachmittag kehrt sie von Les Saintes über Marie-Galante zurück. Die Website für exakte Abfahrtszeiten und Preise checken, da diese enorm variieren.

Beide Fähren legen an der Gare Maritime in Saint-François ab; die Ticketschalter öffnen kurz vor Abfahrt.

Le Moule

Die Stadt Le Moule mag als frühe französische Hauptstadt von Guadeloupe gedient haben, sie war jedoch auch schon in vorkolonialen Zeiten eine wichtige Ansiedlung der Ureinwohner und verfügt über eine gut zweitausendjährige Geschichte. Ihr Name kommt vermutlich vom kreolischen Wort für Pier und hat mit Muscheln nichts zu tun. Nichtsdestoweniger ist es eher unwahrscheinlich, dass Le Moule auf der Wunschliste der Besucher ganz oben steht, es sei denn, man ist Surfer oder verrückt nach präkolumbischer Geschichte.

Besucher, die hier vorbeikommen, genießen häufig den großen Platz mit seinen historischen Gebäuden, einschließlich des farbenfroh gestrichenen Rathauses und einer neoklassizistischen katholischen Kirche. Am Fluss im Hafenviertel stehen die Ruinen eines alten Zollgebäudes und einer Festung, die auf die ursprüngliche französische Siedlung datiert werden kann. Parc Oüatibi-tibi, direkt am Wasser gelegen, ist eine wichtige archäologische Fundstätte der Ureinwohner, aber die Resultate der Ausgrabungen sind nun fast alle im städtischen Museum zu besichtigen.

Sehenswertes

Archäologisches Museum Edgar Clerc MUSEUM

(Rte de la Rosette; ⌚ Mo–Fr 9–17 Uhr) GRATIS In diesem kleinen, aber informativen Museum sind faszinierende archäologische Fundstücke von Guadeloupe und anderen Karibikinseln zu sehen. Viele der Tonwaren, Schmuckgegenstände und Werkzeuge aus Muscheln und Stein stammen aus Le Moule selbst. Einige von ihnen wurden in den 1960er-

und 1970er-Jahren vom Archäologen Edgar Clerc aus Martinique, dem ersten Museumsdirektor, geborgen. Zu den Highlights der zwei Ausstellungssäle gehören eine Landkarte der Karibik mit allen präkolumbischen Namen der Inseln sowie ein nachgebautes Ureinwohnerdorf. Durchgehend englische Erklärungen.

1 km nördlich des Zentrums an der Straße La Rosette (D123) in der westlichen Vorstadt von Le Moule gelegen.

Distillerie Damoiseau BRENNEREI
(☎0590-23-78-23; www.damoiseaurhum.com; Bellevue; ⌚selbstgeführte Touren Mo–Sa 8–14 Uhr, Laden Mo–Sa 8–17.30 Uhr; Ⓟ) GRATIS Besucher können sich frei in der Anlage bewegen, besonders toll für jene, die kein Französisch sprechen, aber sich ein wenig mit Brennereien auskennen. Vor allem zur Zuckerrohrernte (Februar bis Juni) herrscht hier Hochbetrieb. Im Fabrikverkauf gibt's vor Ort gebrannten Rum und gratis Verkostungen. 3 km westlich von Le Moule, gut ausgeschildert.

Schlafen & Essen

Die Touristeninformation verfügt über eine Liste mit Ferienwohnungen, einschließlich *gîtes* und Apartments in der Gegend. Abgesehen davon gibt's so gut wie keine Unterkünfte in Le Moule. Die meisten Besucher ziehen es vor, sich eine Unterkunft an der Südküste von Grande-Terre zu suchen.

Le Spot CAFÉ $$
(☎0590-85-66-02; Blvd Maritime; Hauptgerichte 16–26 €; ⌚Di–So 12–22 Uhr; 📶) Von diesem Open-Air-Bar-Restaurant an der Küste von Le Moule hat man einen überwältigenden Ausblick auf das tosende Wasser. Es ist der perfekte Ort, um Surfern in den Wellen zuzusehen und dabei eine etwas edlere Auswahl an Fisch- und Meeresfrüchtegerichten zu genießen.

Praktische Informationen

Office de Tourisme (☎0590-23-89-03; Blvd Maritime; ⌚Mo–Fr 9–13 & 14–17 Uhr) Hat viele Karten und kostenlose Broschüren (auf Französisch). Stellt auch eine Liste mit Ferienwohnungen zur Verfügung, inkl. *gîtes* und Apartments in der Gegend.

An- & Weiterreise

Es gibt stündlich Busse zwischen Le Moule und sowohl Pointe-à-Pitre (3 €, 40 Min.) als auch Saint-François (2 €, 20 Min.).

Nördliches Grande-Terre

Grande-Terre ist im Norden überwiegend von Landwirtschaft geprägt und bietet einige Gebiete mit Halbwildnis, vereinzelte spektakuläre Landschaften und eine Handvoll reizender Strände. Aufgrund der nur recht dünn gesäten Attraktionen und wenigen Übernachtungsmöglichkeiten überspringen die meisten Touristen die Gegend. Gerade das macht einen Tagesausflug umso spannender, denn neben den landschaftlichen Reizen gibt's hier Orte mit einem karibischen Charme, der anderen Teilen Guadeloupes verloren gegangen ist.

Sehenswertes

Anse Bertrand STRAND
Dieser Strand in der kleinen Stadt, die denselben Namen trägt, hat goldenen Sand und ist umringt von Palmen. Er ist selten zu voll und einer der schönsten Strände im Norden von Grande-Terre.

Pointe de la Grande Vigie AUSSICHTSPUNKT
Der nördlichste Punkt der Insel, Pointe de la Grande Vigie, bietet von seinen hohen Meeresklippen einen malerischen Ausblick. Ein felsiger Pfad – begehbar auch in Flip-Flops, aber besser mit Sportschuhen – dreht eine windige Runde durch Buschland vom Parkplatz zu den Klippen und zurück und bietet ebenfalls einen herrlichen Ausblick. An klaren Tagen sieht man Antigua im Norden und Montserrat im Nordwesten, jeweils etwa 75 km entfernt.

Anse Laborde STRAND
Für diesen weißen Sandstrand etwa 1,5 km nördlich von Anse Bertrand, der häufig übersehen wird, lohnt es sich, einen Umweg zu machen. Aufgrund der heftigen Strömung ist das Baden hier zu gefährlich, aber es gibt nichts Schöneres im nördlichen Grande-Terre, als sich hier unter einen Baum zu setzen und seinen inneren Frieden zu finden. Ein zu Recht beliebtes Strandrestaurant, Au Coin des Bons Amis, bietet karibische Leckereien nur ein paar Schritte vom Sand entfernt.

Anse du Souffleur STRAND
(Port-Louis) Dieser lange, sanft geschwungene Strand in Grande-Terres Nordwesten bietet weichen, hellen Sand, lapislazulifarbenes Wasser und einen wunderschönen Ausblick auf das gebirgige Basse-Terre in der Ferne. Auch wenn's hier am Wochenende recht voll werden kann, bleibt er doch

eher naturbelassen mit nur ein paar einfachen Restaurants, und anstelle von Hotels gibt's an einer Seite einen großen Friedhof!

Porte d'Enfer NATURSCHAUSPIEL
(D122) Das „Höllentor" ist eigentlich eine lange und schmale Lagune, die man leicht für einen Fluss halten könnte. Ihr Ufer lädt auf einer Rundfahrt durch den Norden zum Picknicken ein. Vom Schwimmen und Schnorcheln wird wegen des trüben Wassers abgeraten. Einige behaupten, dass der recht dramatisch klingende Name vom Wasser komme, das krachend auf die Mündung der Lagune trifft. Andere wiederum meinen, er habe seinen Ursprung im Schwefelgestank der verrottenden Algen, die sich manchmal hier ansammeln.

Schlafen & Essen

Domaine de la Grande Vigie VILLEN $$
(☎ 0590-22-14-74; www.domainedelagrandevigie.com; Pointe de la Grande Vigie, Anse Bertrand; DZ 85–113 €; ❄ 📶 🏊) Für relativ wenig Geld bekommt man in diesen gut ausgestatteten und geräumigen Bungalows in einem Garten mit blühender tropischer Vegetation recht viel geboten. Von der Terrasse am Pool gibt's herrliche Aussichten aufs Meer. Es ist zwar weit und breit kein Strand in Sicht, aber mit dem im Übernachtungspreis enthaltenen Leihauto lassen sich Anse Bertrand und andere benachbarte Strände leicht erreichen.

Au Coin des Bons Amis KREOLISCH $
(Anse Laborde; Hauptgerichte 8–13 €; ⏲ 10–16 Uhr) Dieses Restaurant am Anse Laborde Strand legt die Messlatte für Strandhüttenküche ganz schön hoch. Gäste sind überrascht darüber, was für gutes Essen man in so einem unscheinbaren Etablissement bekommen kann. Exzellente Süßwasserkrabben und leckere gegrillte Fischgerichte vom Fang des Tages sind einige der Spezialitäten, die hier geboten werden. Schade nur, dass es schon so zeitig schließt.

Chez Coco KREOLISCH $$
(☎ 0690-75-34-84; Porte d'Enfer; Hauptgerichte 12–18 €; ⏲ 12–16 Uhr; P) Unter den Bäumen am Strand direkt an der Lagune Porte d'Enfer liegt die Hauptattraktion dieses reizenden Örtchens. Die Speisekarte quillt über vor lokalen Genüssen und schließt alles ein von gegrilltem Fisch bis hin zu *conch*-Spießen. Kokossorbet zum Nachtisch ist ein Muss, und bitte nicht vergessen, eine der vielen besonderen Rumsorten oder exzellenten Cocktails zu verköstigen.

Chez Coco hat nur dann geöffnet, wenn voraussichtlich viele Menschen am Strand unterwegs sind.

An- & Weiterreise

Obwohl das eine oder andere Gemeinschaftstaxi Orte im nördlichen Grande-Terre anfährt, braucht man ein eigenes Auto, um die abgelegene Gegend richtig zu erkunden.

BASSE-TERRE (INSEL)

Diese Insel ist Guadeloupes höchste Trumpfkarte. Zwar bedeutet der Name „tiefes Land", verwirrenderweise verfügt Basse-Terre jedoch über schwindelerregende Berge, einschließlich des aktiven Vulkans La Soufrière, und ist bei Weitem die dramatischere der beiden Hauptinseln Guadeloupes. So ist das gesamte Landesinnere von Basse-Terre mit dichtem Regenwald bewachsen und stellt den beeindruckenden Parc National de la Guadeloupe dar.

Trotz der wunderschönen Landschaft muss man aber nicht auf schöne Strände verzichten: Auf Basse-Terre gibt's sowohl einige traumhafte Strandabschnitte als auch ein paar der besten Tauchplätze in der gesamten Karibik rund um die Îlets Pigeon. Die nordwestliche Ecke von Basse-Terre ist die malerischste. Ab dem westlichen Teil der Route de la Traversée ist die Westküste überwiegend felsig und über weite Strecken schlängelt sich die Straße an hohen Meeresklippen entlang. Dabei bietet sie einige verlockende Aussichten auf die azurblauen Buchten. Was auch immer man in Guadeloupe macht, Basse-Terre darf man unter keinen Umständen verpassen.

An- & Weiterreise

Die meisten Reisenden nach Guadeloupe mieten am **Flughafen** ein Auto für die gesamte Dauer ihres Aufenthalts und das ist auch nötig, um viele Ecken des Nationalparks und abgelegene Strände zu erreichen.

Basse-Terre ist problemlos mit dem Bus zu erreichen. Von Pointe-à-Pitres **Gare Routière de Bergevin** (S. 450) gibt's regelmäßige Busse zu allen Städten auf der Insel. Die Preise und Reisezeiten schließen Deshaies (2,40 €, 40 Min.), Plage de Malendure (3,70 €, 50 Min.) und Trois-Rivières (4,20 €, 1 Std.) ein. Alle Busse fahren mindestens stündlich während des Tages, auch wenn sie nach Einbruch der Dunkelheit nicht mehr verkehren und im Allgemeinen auch sonntags nicht.

Von Trois-Rivières fahren mehrere Boote täglich nach Les Saintes. Preise und Fahrzeiten hängen enorm von der Jahreszeit, der Nachfrage und den aktuellen Angeboten ab. Mehr Infos dazu stehen auf den Websites der folgenden Anbieter:

- **CTM Deher** (S. 479)
- **Navette Beatrix** (S. 480)
- **Val'Ferry** (☎0590-94-97-09, 0590-91-45-15; www.valferry.fr; Allée des Espadons; ⏲7–19 Uhr)

Deshaies

Deshaies mit seinem schläfrigen Charme liegt inmitten grüner Hügel und hat genau die richtige Mischung aus traditionellem Fischerdorf und guten Einkehrmöglichkeiten, um das ganze Jahr über für Besucher einladend zu sein. Es kann vielleicht nicht mit einem eigenen Strand aufwarten, aber nur eine kurze Autofahrt entfernt befindet sich der wohl schönste Streifen Sand von ganz Guadeloupe zum Baden und Sonnen: Grande Anse. Dank seiner geschützten Bucht ist das Dorf ein beliebter Halt für Jachtbesitzer und Segler und hat trotz seiner Winzigkeit eine etwas kosmopolitische Atmosphäre.

Sehenswertes

★ Grande Anse — STRAND

Dieser herrliche goldene Sandstrand ohne jegliche Hotelbebauung befindet sich nur 2 km nördlich von Deshaies. Er ist einer von Basse-Terres längsten und schönsten Stränden. Der Ort ist jedoch kein Geheimnis und man ist hier nicht allein, aber es ist einfach, den Menschenmengen zu entkommen, indem man die Küste hinunterläuft. Mit Kindern ist es allerdings ratsam, sich in der Mitte des Strandes aufzuhalten, wo die Wellen am schwächsten sind. Am Parkplatz finden sich einige Restaurants und Cafés.

Jardin Botanique de Deshaies — GÄRTEN

(☎0590-28-51-37; www.jardin-botanique.com; Villers; Erw./Kind 15,90/10,90 €; ⏲9–17.30 Uhr; P) Abgesehen vom Strand ist dieser botanische Garten die Hauptattraktion von Deshaies. Auf Kinder warten hier ein paar interessante Tiere. Zwischen den schön angelegten Beten mit tropischer Flora (Beschilderung nur auf Französisch) gibt's an Automaten kleine Portionen Futter (0,50 €) zu kaufen, mit denen die Fische und frei herumfliegenden Papageien gefüttert werden können. Leguane laufen durch die Anlagen und am Ende darf man eine Ziege streicheln. Auch ein Spielplatz und eine Snackbar sind vorhanden.

Plage de Clugny — STRAND

Zwischen Grande Anse und Sainte-Rose am nördlichsten Ende von Basse-Terre liegt dieses umwerfende Stück goldenen Sandes mit smaragdgrünem, zum Schwimmen verlockendem Wasser. Der Strand bietet einen Blick auf ein dramatisch gelegenes Inselchen in der Bucht und, bei klarem Wetter, bis nach Montserrat. Außer einer kleinen Snackbar mit Terrasse am entlegenen Ende des Strandes ist Plage de Clugny gänzlich unerschlossen. Besonders Kinder lieben das flache Wasser und die aufregenden Wellen.

Schlafen

In Deshaies selbst gibt's zwar nur ganz wenige Unterkünfte, charmante Gästehäuser und Hotels in großer Zahl sind jedoch in der hügeligen Umgebung zu finden, und nahezu alle haben einen wunderbaren Ausblick.

★ Le Rayon Vert — HOTEL $$

(☎0590-28-43-23; www.hotels-deshaies.com; La Coque Ferry; EZ/DZ ab 119–148 €; ❄📶🏊) Dieses verführerische Hotel, von dem aus man prima den Sonnenuntergang beobachten kann, liegt südlich von Deshaies in Ferry und vermittelt das Gefühl eines kleinen Resorts mit einem atemberaubenden Infinitypool, der einen unglaublichen Blick

ABSTECHER

BEAUPORT LE PAYS DE LA CANNE

Nach ihrer Stilllegung wurde die ehemalige Zuckerfabrik **Beauport Le Pays de La Canne** (☎0590-48-96-30; www.beauport-guadeloupe.com; Port-Louis; Erw./Kind 15/10 €; ⏲Di–So 9–17 Uhr; P) in ein Lernzentrum über die Region und die Geschichte der Sklaverei und des Zuckerrohranbaus in der Karibik umgewandelt. Man kann auf eine 50-minütige Zugfahrt durch die ehemaligen Plantagen gehen, und in sowie zwischen den noch erhaltenen Gebäuden des großen Komplexes gibt's einige hervorragende Ausstellungsstücke zu sehen.

aufs Meer bietet. Die 22 Zimmer sind geräumig und funktional mit schicken Designelementen. Es ist es definitiv wert, für die hochkarätigeren Zimmer zu bezahlen, um mehr Platz zu haben.

Caraïb'Bay Hotel HOTEL $$
(☎ 0590-28-54-43; www.caraibbayhotel.com; Allée du Coeur; EZ/EZ/3BZ mit Frühstück 160/190/240 €; P ❄ @ ≋ ≋) Inmitten von himmlischen tropischen Gärten, nur ein paar Minuten fußläufig (bergan) von Grande Anse – einem von Guadeloupes schönsten Stränden – entfernt, liegt dieses angenehme, familienfreundliche Hotel mit gemütlichen und farbenfroh gestrichenen Doppelhäusern und Villen, die über das gesamte Anwesen verstreut sind. Alle Anlagen sind sauber, und während das Dekor vielleicht teilweise wenig inspirierend ist, so verströmt der gesamte Ort doch eine freundliche Atmosphäre.

Ali Naïs GÄSTEHAUS $$
(☎ 0690-42-07-01; www.gite-cabane-ali-nais.com; Allée Capado, Bas Vent; DZ/Cabaña/Suite 109/140/140 €; ≋ ≋) Dieses Gästehaus nördlich von Deshaies ist für Erwachsene reserviert und wird von der warmherzigen und gastfreundlichen Valérie betrieben, die auf dem Gelände ihres eigenen Hauses am Berghang drei wunderschöne Zimmer (nun ja, ein Zimmer, eine Cabaña und eine Suite) sowie einen Pool anbietet, alle mit einem großartigen Blick aufs Meer.

Langley Resort Fort Royal RESORT $$
(☎ 0590-68-76-70; www.fortroyal.eu; Petit Bas Vent; DZ mit Frühstück 105–235 €; ❄ ≋ ≋) Dieses weitläufige Resort genießt einen fast exklusiven Zugang zu zwei wunderbaren Stränden und bietet außerdem einen großen Pool, ein voll ausgestattetes Wassersportzentrum, Tennisplätze, ein Restaurant mit Blick auf den Strand sowie einen Kinderclub. Die preiswerteren Zimmer befinden sich in einem charakterlosen Bau, allerdings mit traumhaftem Meerblick, und die hübscheren Bungalows liegen an einem sattgrünen Hang.

★ **Tendacayou Ecolodge & Spa** BOUTIQUE-HOTEL $$$
(☎ 0590-28-42-72; www.tendacayou.com; Matouba, Hauts de Deshaies; DZ inkl. Frühstück 195–454 €; ❄ ≋ ≋) In den Bergen oberhalb von Deshaies wird dieses unglaubliche Refugium mit Flair von einem französischen Architekten und seiner Frau betrieben, und es

BASSE-TERRE (STADT)

Die Hauptstadt sowohl der Insel Basse-Terre als auch von ganz Guadeloupe ist das sehr unscheinbare Basse-Terre. Es gibt hier nichts, was Besucher fesseln würde.

ist wohl die unvergesslichste und einzigartigste Unterkunft in Guadeloupe. Zu den elf geräumigen Doppelhäuschen kommen drei wahre Villen hinzu und ein mehrstöckiges hölzernes Baumhaus. Alle sind wunderbar designt und befinden sich in fantastischer tropischer Natur.

Essen

Mahina FISCH & MEERESFRÜCHTE $$
(☎ 0590-88-95-38; Blvd des Poissonnières; Hauptgerichte 14–28 €, Pizza 10–13 €; ⏲ Mi–So 12–14.30 & 19–22 Uhr; ≋) Dieses einfache Restaurant mit Blick über die Bucht, einer großartigen Terrasse und einem Esszimmer im ersten Stock mit tollem Ausblick produziert weitaus mehr hochwertiges Essen, als man vielleicht vermuten möchte. Zusätzlich zu den üblichen Meeresfrüchtegerichten gibt's ein täglich wechselndes Tapas-Menü und abends exzellente Pizzas aus dem Holzofen zu Reggae-Beat.

L'Amer FRANZÖSISCH-KARIBISCH $$
(☎ 0590-28-50-43; Blvd des Poissonnières; Hauptgerichte 18–25 €; ⏲ Mo–Sa 8–23 Uhr; ≋) Nicht vom Hummertank am Eingang dieses auffallend orangefarbenen Gebäudes abschrecken lassen, denn hier befindet sich eine vornehme örtliche Institution. Die interessante Speisekarte enthält Meeresfrüchte und Schwertfisch und verbindet französische Tradition mit lokalen Geschmacksrichtungen. Im Erdgeschoss herrscht tagsüber eine lockere Atmosphäre, dort kann man ein gutes Sandwich auf der sonnigen Terrasse essen; im 1. Stock geht's abends etwas schicker zu.

La Savane FRANZÖSISCH $$
(☎ 0590-91-39-58; Blvd des Poissonnières; Hauptgerichte 17,50–23 €; ⏲ Do–Sa, Mo & Di 19–22, So 12–15 & 19–22 Uhr; 👪) Hinter dem kitschigen Dekor aus afrikanischen Tierskulpturen versteckt sich ein Restaurant mit hochwertiger Küche und einer tollen Lage direkt am Meer. Auf der Terrasse genießt man neben dem Ausblick klassische französische Gerichte wie Kalbsnieren in Senfso-

ße und kreolische Spezialitäten wie Krabben in Kokosmilch und rotes Curry. Köstliche Desserts runden das Ganze ab.

Le Coin des Pêcheurs KREOLISCH $$
(☎ 0590-28-47-75; Rue de la Vague Bleue; Hauptgerichte 15–29 €; ⏲ Mo & Mi–Fr 17.30–19.30, Sa & So 11.30–19.30 Uhr; 📶) Ein farbenfrohes Strandrestaurant in großartiger Position oberhalb der Bucht. Viele Frischluftfanatiker würden einfach nur aufgrund der Lage auf diese luftige Veranda zurückkehren, aber die preisgünstigen kreolischen Gerichte sind ebenfalls köstlich.

Les Hibiscus KREOLISCH $$
(☎ 0590-28-22-50; Grande Anse; Hauptgerichte 10–17 €; ⏲ ab 11 Uhr) In diesem leicht baufälligen, aber freundlichen Freiluftlokal mit Blick auf den Strand werden lecker zubereitete kreolische Klassiker serviert. Im besten der vielen Restaurants am Grand Anse wird am Wochenende oft Livemusik gespielt, häufig zum Unmut der Sonnenanbeter im Umkreis.

★ **Le Poisson Rouge** INTERNATIONAL $$$
(☎ 0590-28-42-72; www.tendacayou.com; Tendacayou Ecolodge & Spa, Matouba, Hauts de Deshaies; Hauptgerichte 25–35 €; ⏲ Mi–So 12–15 & 18–23 Uhr; 📶 🖉) Dieses elegante Restaurant innerhalb der Tendacayou Ecolodge & Spa ist ein Restaurant mit Atmosphäre fürs Destination Dining. Hauptgerichte wie *tuna taki* in Granadilla-Soße schmecken einfach herrlich und sind hübsch angerichtet. Im hausgemachten *moelleux au chocolat* (Schokoladenkuchen), der am Ende der Mahlzeit eintrifft, kann man sich verlieren.

ℹ An- & Weiterreise

Es gibt mindestens stündlich direkte Busse nach Deshaies (2 €, 40 Min.) ab Pointe-à-Pitres **Gare Routière de Bergevin** und Verbindungen in die anderen Städte von Basse-Terre ab Deshaies.

Plage de Malendure & Îlets Pigeon

Dieser lange Abschnitt mit Städten und Dörfern am Strand ist eine ideale Destination für Taucher und Schnorchler: Sie kommen hierher, um die prächtige Réserve Cousteau um die kleinen Îlets Pigeon zu erkunden und um an den schwarzen Sandstränden der Plage de Malendure zu entspannen. Die Küste ist von steilen Hügeln gesäumt und an ihr entlangzufahren ist das pure Vergnügen. Plage de Malendure ist nicht der schönste Strand in der Region, aber er ist einer der besten in Guadeloupe für Aktivitäten jeder Art, und die Preise sind aufgrund der hohen Konkurrenz zwischen verschiedenen Tauchveranstaltern und Kajakverleihen moderat.

◉ Sehenswertes & Aktivitäten

★ **Réserve Cousteau** NATURSCHUTZGEBIET
Jacques Cousteau verschaffte den Îlets Pigeon internationale Aufmerksamkeit, indem er sie zu einem der weltbesten Tauchplätze erklärte. Nun sind die Gewässer rund um die Inseln als Unterwasserpark geschützt. Ein Großteil der Tauchplätze um die Îlets Pigeon ist äußerst malerisch, mit großen Fischschwärmen und Korallenriffen, die flach genug sind zum Schnorcheln. Die Tauchspots sind nur eine 10- bis 15-minütige Bootsfahrt entfernt und verschiedene Anbieter organisieren Ausflüge von der Plage de Malendure aus.

Nautilus TIERBEOBACHTUNG
(☎ 0590-98-89-08; www.lesnautilus.com; Plage de Malendure; Erw./Kind 25/13 €; ⏲ 9–16 Uhr; 👪) An Bord dieses Glasbodenboots lässt sich die vielfältige Unterwasserwelt um die Îlets Pigeon ganz bequem erkunden, ideal für behinderte Besucher und Familien mit kleinen Kindern. Die Aussicht von den Fenstern unter der Wasseroberfläche ist spektakulär, denn die Fische kommen oft ganz nah ans Boot heran. In der Tour sind ein 30-minütiger Halt zum Schnorcheln und ein kostenloses Getränk enthalten.

★ **Gwada Pagaie** KAJAKFAHREN
(☎ 0590-10-20-29, 0690-93-91-71; www.gwadapagaie.com; Plage de Malendure) Lust auf die Réserve Cousteau aus einer anderen Perspektive? Mit dem Kajak können die Îlets Pigeon mit der eigenen Geschwindigkeit erreicht werden. Dieser Anbieter verleiht Zwei- und Viersitzer für 25/35 € für einen halben/ganzen Tag. Schwimmwesten und wasserdichte Fässer werden zur Verfügung gestellt; ein Picknick ist mitzubringen. Kinder unter 12 Jahren müssen mindestens 25 m ohne Schwimmhilfe schwimmen können.

PPK-Plaisir Plongée Karukera TAUCHEN
(☎ 0590-98-82-43; www.ppk-plongee-guadeloupe.com; Plage de Malendure) Dieser effizient betriebene Tauchshop (Anfänger-/Einzeltauchgang 45/35 €) bekommt gute Bewertungen. Bietet auch Schnorcheln während seiner Tauchausflüge (15 €) an und organisiert Nachttauchgänge sowie Kurse.

Centre de Plongée des Îlets TAUCHEN
(☎0590-41-09-61; www.plongee-guadeloupe.fr; Plage de Malendure) Tauchen hier beginnt bei unglaublich preisgünstigen 38 € für Taucher mit eigener Ausrüstung. Ein Einführungstauchgang kostet 47 €. Mit ihren zwei Booten ist die Firma eher etwas für größere Gruppen und bietet alle Arten von Veranstaltungen für Anfänger.

Les Heures Saines TAUCHEN
(☎0590-98-86-63; www.heures-saines.gp; Le Rocher de Malendure, Bouillante) Dieser extrem vielseitige Anbieter sitzt unter dem Restaurant Le Rocher de Malendure. Zusätzlich zu den Standard-Tauchkursen und -ausflügen kann er auch Wanderungen, Canyoning und Delfinbeobachtungstouren organisieren.

Canopée WANDERN
(☎0590-26-95-59; www.canopeeguadeloupe.com; Plage de Malendure) Der beste Anbieter für Canyoning und Wandern bietet eine große Auswahl an Ausflügen in die nahe gelegenen Berge von Halbtageswanderungen (35 €) bis hin zu anspruchsvolleren Canyoning-Abenteuern (ab 55 €) an.

Schlafen & Essen

Richtung Binnenland von der Plage de Malendure gibt's mehrere Unterkünfte, aber die meisten sind privater Natur wie die *gîtes* oder Studios, und es gibt hier so gut wie keine Hotels. Eine exzellente Option ist allerdings Le Jardin Tropical, ein perfekter Ausgangspunkt, wenn man ein paar Tage mit unterschiedlichen Aktivitäten verbringen möchte.

Le Jardin Tropical HOTEL $$
(☎0590-98-77-23; www.guadeloupeheberge ment.fr; Rue de Poirier, Bouillante; DZ ab 80 €; P ❄ 📶 🏊) Le Jardin Tropical sticht heraus aufgrund seiner gastfreundlichen Besitzer, einem Pool, der sich fast privat anfühlt, und seiner super Location an einem grün bewachsenen Hügel mit Blick aufs Meer und die Îlets Pigeon. Die Zimmer in den Bungalows sind strahlend sauber, einfach möbliert und preisgünstig, und alle haben Terrassen und Küchen. Nach Absprache wartet nach dem Tauchen ein Abendessen auf die Gäste.

★ **La Touna** FISCH & MEERESFRÜCHTE $$
(☎0590-98-70-10; www.la-touna.com; Bouillante; Hauptgerichte 16–25 €; ⏲Di–Sa 10–14 & 18–22, So 10–14.30 Uhr 📶) Dieses fantastische und beliebte Restaurant am Meer unmittelbar südlich der Plage de Malendure lockt mit einer innovativen Speisekarte und ist der beste Ort, um an diesem Teil der Küste zu speisen. Das leckere kreolische Essen mit französischem Einschlag konzentriert sich auf frische Meeresfrüchte, während die Terrasse einen hübschen Ausblick auf die Îlets Pigeon bietet.

Chez Loulouse KREOLISCH $$
(☎590-98-70-34; Plage de Malendure; Hauptgerichte 14–23 €; ⏲11–21 Uhr; 📶) Schon seit 1969 werden in diesem Strandrestaurant salzverkrustete Taucher bedient und nach wie vor ist es das beste Lokal an der Plage de Malendure. Vor Ort gefangener Grillfisch, Hummer in geheimer Soße und eine Karte mit Long Drinks geben den Ton an. Liegt so nah am Meer, dass man während der Wartezeit baden gehen kann.

Le Rocher de Malendure INTERNATIONAL $$$
(☎0590-98-70-84; Bouillante; Hauptgerichte 16–34 €; ⏲12–21.30 Uhr) Dieser weitläufige Komplex wurde auf dem namensgebenden Felsen unmittelbar südlich der Plage de Malendure erbaut und bietet unglaubliche Aussichten auf allen Seiten. Das Restaurant serviert alles, von Rindfleischfilet bis zu frischem Hummer, der in einem kleinen Becken gehalten wird (wer's mag). Teure Desserts.

An- & Weiterreise

Stündliche Busse zwischen Pointe-à-Pitre und Basse-Terre (Stadt) verkehren über Plage de Malendure (3,50 €, 50 Min.) und Bouillante (3,50 €, 55 Min.) und setzen Besucher an einer von mehreren Haltestellen entlang der Hauptstraße durch die zwei Städte ab. Stündliche Busse zu ähnlichen Preisen verkehren auch zwischen Pointe-à-Pitre und Vieux Habitants und halten in beiden Orten.

Sainte-Rose

Sainte-Rose war einst ein einfaches Küstendorf, dessen Bewohner vor allem in der Fischerei und der Landwirtschaft beschäftigt waren. Zuckerrohr ist zwar immer noch eine wichtige Nutzpflanze in der Gegend, Sainte-Rose wird jedoch auch zunehmend von Touristen besucht, nicht zuletzt, weil es Hauptausgangspunkt für Bootstouren nach Grand Cul-de-Sac Marin ist, einem Seepark mit idyllischen Inselchen, gesäumt von Sandstränden, Mangrovensümpfen und gesunden Riffen. Ansonsten gibt's nur wenig

NICHT VERSÄUMEN

PARC NATIONAL DE LA GUADELOUPE

Guadeloupes einziger Nationalpark, **Parc National de la Guadeloupe** (0590-41-55-55; www.guadeloupe-parcnational.fr; Montéran), ist absolut überwältigend und beinhaltet Sehenswürdigkeiten wie den Wasserfall Chutes du Carbet und La Soufrière, den aktiven Vulkan, der die Insel krönt. Es gibt eine große Anzahl von gut ausgezeichneten und gepflegten Wanderwegen sowie das Informationszentrum Maison de la Forêt, das praktischerweise in der Mitte des Parks an der Route de la Traversée liegt.

Wenn's nicht gerade bewölkt ist, bietet die Fahrt zu den **Chutes du Carbet** einen fantastischen Ausblick auf zwei herrliche Wasserfälle, die vor einer senkrechten Felswand herabstürzen. Vom obersten Parkplatz aus kann man die zwei höchsten Wasserfälle sehen, hier zeigt eine Anschlagtafel den Ausgangspunkt des Wanderweges zum Fuß des Wasserfalls. Der gut ausgetretene Pfad zum zweithöchsten Wasserfall (110 m) benötigt 20 Minuten; zum höchsten Wasserfall (115 m) ist's eine Wanderung von zwei Stunden.

Zum Zeitpunkt der Recherche waren die Wanderwege aufgrund von Erdrutschen geschlossen, ausgelöst durch erneute Aktivität des Vulkans La Soufrière Anfang 2019.

Der aktive Vulkan **La Soufrière** (1467 m) dominiert die Südhälfte von Basse-Terre Ein gut ausgetretener Pfad beginnt exakt dort, wo die Straße zum Vulkan in einem Parkplatz endet, und ab hier startet eine abenteuerliche, 1¾-stündige Wanderung zum schwefelreichen, mondlandschaftlichen Gipfel. Der Pfad schlängelt sich an einem Kiesbett entlang und verläuft steil den Berg hinauf, durch ein Gewirr aus niedrigem Gebüsch und dickem Farn. Die Wanderung bietet eine Nahansicht des rauchenden La Soufrière sowie einen tollen Blick auf die Insel. Am besten schon am frühen Morgen loslaufen.

Es gibt verschiedene Anfahrtsmöglichkeiten zu La Soufrière. Die direkteste Route geht entlang der N3 ab Basse-Terre-Stadt direkt in Richtung Saint-Claude. Ab Saint-Claude gibt's Hinweisschilder nach La Soufrière, 6 km nordwestlich auf der D11.

Zur Zeit der Recherche waren die Wanderwege rund um La Soufrière aufgrund erneuter Vulkanaktivität Anfang 2019 offiziell geschlossen.

Die **Cascade aux Ecrevisses** (Rte de la Traversée; P) ist ein idyllischer Dschungelwasserfall, der sich vom Basse-Terre-Gebirge in ein kleines Becken im Fluss ergießt, in dem man schwimmen kann. Der hübsche Ort ist sehr beliebt und kann am Wochenende etwas voll werden, vor allem da er direkt an der Hauptstraße durch den Parc National de la Guadeloupe liegt. Auf der anderen Straßenseite und ebenso am Fluss liegt ein großer, weniger besuchter Picknickplatz mit schattigen Tischen und Grillstellen.

Das **Maison de la Forêt** (Nov.–April, Juli & Aug. Mo–Sa 8–16.30, So bis 12.30 Uhr, Mai, Juni, Sept. & Okt .Mo–Fr 9.30–16.30 Uhr) ist ein nützliches und gut geführtes Informationszentrum für jeden, der den Parc National de la Guadeloupe erkunden möchte. Es enthält einen mit Personal besetzten Ausstellungsbereich mit französisch beschrifteten Anzeigetafeln und englischsprachigen Broschüren, dazu noch Landkarten über die geografischen Besonderheiten des Parks. Es befindet sich an der Route de la Traversée alias D23, der Hauptstraße durch den Park.

Am Zentrum beginnen und enden mehrere Wanderungen, darunter eine leichte 20-minütige Schnuppertour durch den Dschungel.

Interessantes zwischen den Fischinnereien, bettelnden Fregattvögeln und Haufen von Fischernetzen.

Sehenswertes

★ Grand Cul-de-Sac Marin NATURSCHUTZGEBIET

Dieses UNESCO-Biosphärenreservat direkt vor der Küste von Basse-Terre ist wunderbar geeignet für einen tollen Tagesausflug. Das Reservat beherbergt eine Reihe von kleinen Koralleninseln auf einer 25 km langen Korallenwand und enthält einzigartige Ökosysteme inklusive Mangrovenwälder, reiches Vogelleben und Riffe voller tropischer Fische. Zudem gibt's einige großartige weiße Sandstrände und man muss sich keine Sorgen um Überfüllung machen.

Bootsausflüge können über eine der vielen Agenturen in Sainte-Rose gebucht werden.

Musée du Rhum MUSEUM
(Rum-Museum; ☎0590-28-70-04; www.rhum-reimonenq-musee.com; Bellevue; Erw./Kind 6/4 €; ⊙ Mo–Sa 9–17 Uhr) Alle, die verstehen wollen, wie dieses Rum genannte Ambrosia in den Zuckerrohrfeldern beginnt und an ihren Gaumen endet, sollten dieses Museum besuchen, das alles auch auf Englisch erklärt. Es befindet sich bei der Reimonenq Distillery, etwa 500 m von der N2 im Landesinneren im Dorf von Bellevue, südöstlich von Sainte-Rose. Zu den Ausstellungsstücken gehört eine alte Brennerei, Ausrüstung zur Extraktion des Zuckerrohrs und eine Dampfmaschine von 1707.

Aktivitäten & geführte Touren

Tam Tam KAJAKFAHREN
(☎0690-75-70-02; www.guadeloupe-kayak.com; Port de Pêche; halber Tag Erw./Kind 35/15 €) Wer die Riffe und Inseln lieber selbstständig und auf umweltfreundliche Weise erkunden will, nimmt sich hier für einen halben oder ganzen Tag ein Kajak inklusive Orientierungskarte.

BleuBlancVert BOOTSTOUREN
(☎0690-63-82-43; www.bleublancvert.com; Port de Pêche; halber Tag Erw./Kind 35/15 €) Ein hoch angesehener Betreiber, der Halbtagesausflüge zu den Lagunen und Mangroventouren auf seinem motorisierten Raft organisiert. Der Guide teilt sein ökologisches und geologisches Wissen und man bekommt die Gelegenheit, entlang des Barrier-Riffs zu schnorcheln. Nur kleine Gruppen (max. 4 Pers.).

Essen

Le Poulpe FISCH & MEERESFRÜCHTE $$
(☎0590-28-74-21; Blvd St Charles; Hauptgerichte 12–25 €; ⊙ Mo–Sa 12–15 Uhr) Eine lokale Institution ist dieses kleine, offene Lokal mit Terrasse. Die Einheimischen sagen gerne, es sei der beste Ort, um auf kreolische Art zubereitete Gerichte mit Meeresfrüchten zu probieren. Das exzellente *fricasseé de chatroux* (Tintenfischfrikassee) darf man nicht verpassen. Die Öffnungszeiten variieren mitunter stark.

Chez Clara KREOLISCH $$
(☎0590-28-72-99; Blvd St Charles, Bord de Mer; Hauptgerichte 16–29 €; ⊙ Do–Di mittags, Mo, Di & Do–Sa abends; 👪) Über die Straße von Sainte-Roses kleinem Fischerhafen liegt dieses lässige Restaurant mit Meerblick, das Klassiker wie Thunfischtatar, Kalbskotelett und Lammsteak serviert. Auf jeden Fall Zeit mitbringen – dies ist der klassische Ort für ein entspanntes Mittagessen.

ℹ An- & Weiterreise

Sainte-Rose liegt an der Hauptstraße zwischen Pointe-à-Pitre und Deshaies. Die halbstündig verkehrenden Busse zwischen Pointe-à-Pitre und Deshaies halten (2,50 €, 40 Min.) an den zahlreichen Haltestellen entlang der Hauptstraße um die Stadt.

Trois-Rivières

8700 EW.

Trotz seiner außergewöhnlichen Lage an einer Reihe von steilen grünen Berghängen, die sich vor der glorreichen Silhouette von Les Saintes im Hintergrund dramatisch ins Karibische Meer stürzen, wird Trois-Rivières selten aufgrund seiner eigenen Attraktivität besucht. Vielmehr kommen Touristen wegen den kürzesten und regelmäßigsten Fährverbindungen nach Terre-de-Haut in Les Saintes hierher. Nur wenige Besucher verweilen in Trois-Rivières, aber die Grundausstattung ist vorhanden und die Stadt ist absolut angenehm, wenn man ein bisschen Zeit totschlagen muss, bevor das Boot fährt.

ABSTECHER

ZOO DE GUADELOUPE

Ein Muss auf Guadeloupe ist der ausgezeichnete **Zoo de Guadeloupe** (☎0590-98-83-52; www.zoodeguadeloupe.com; D23; Erw./Kind 15,50/9 €; ⊙ 9–18 Uhr; 🅿 👪). Er liegt hoch oben in den Bergen von Basse-Terre und kombiniert Tiergehege mit einem Dschungelabenteuer. Auf einer markierten Route über Holzstege durch üppige Vegetation lassen sich Tukane, Anakondas, Leguane, Schildkröten, Affen und Papageien besuchen. Die Runde endet mit einem langen Baumwipfelpfad weit oben über dem Waldboden. Ein Highlight für Kinder sind die Waschbären am Eingang, die gefüttert werden dürfen. Es gibt viele lehrreiche Informationen auf Englisch, also am besten zwei bis drei Stunden für einen Besuch einplanen.

An- & Weiterreise

Es gibt drei stündliche Busse nach Trois-Rivières ab Pointe-à-Pitre (4 €, 1 Std.). Die Busse winden ihren Weg entlang der Hauptstraße durch die Stadt und beenden ihre Fahrt am Hafen.

Trois-Rivières ist der Hauptpunkt für Fahrten nach Les Saintes: Es gibt regelmäßige tägliche Fähren, die Trois-Rivières mit Bourg des Saintes (auf Terre-de-Haut) verbinden. Die Preise variieren enorm und die Überfahrt dauert etwa 30 Minuten. Die Fähren werden von CTM Deher (S. 479), Val'Ferry (S. 450) und Navette Beatrix (S. 480) betrieben.

LES SAINTES

Diese kleinen Inseln 10 km südlich von Basse-Terre sind für viele Menschen das Highlight von Guadeloupe, da Besucher hier ein Stück der alten Karibik genießen können, fernab von der Entwicklung und Urbanisierung, die die Hauptinseln plagen. Als bergiges Kleinod mit großartigen Stränden mag Les Saintes nicht direkt ein Geheimnis sein – viele Tagesausflügler aus Basse-Terre zieht es hierher –, aber die Inseln sind wahrscheinlich immer noch die am wenigsten erforschte Ecke Guadeloupes und sicherlich eine der schönsten der Region. Neben den herrlichen Stränden gibt's großartige Tauchplätze und einige wunderbare Restaurants.

Die meisten Besucher kommen nach Terre-de-Haut, obwohl einige auch nach Terre-de-Bas nebenan fahren, die einzige andere bewohnte Insel der Kette. Dieser charmante Teil von Guadeloupe sollte nicht verpasst werden.

Terre-de-Haut

10 km von Guadeloupe entfernt liegt das relaxte Terre-de-Haut, die größte der acht kleinen Inseln, die zusammen Les Saintes bilden. Hier fühlt es sich an, als wäre ein kleines Stück Südfrankreich in die Karibik verlegt worden. Aufgrund einer großen, internationalen Segelszene wird hier weitgehend Englisch gesprochen, und es ist definitiv die kosmopolitischste von Guadeloupes abgelegenen Inseln. Taucher lieben die hiesigen Gewässer wegen ihrer guten Sichtverhältnisse und gesunden Riffe.

Da Terre-de-Haut zu hügelig und trocken für Zuckerrohrplantagen war, gab es hier nie viel Sklaverei. Ältere Insulaner können infolgedessen ihre Herkunft auf die frühen seefahrenden normannischen und bretonischen Siedler zurückführen, und viele der Einheimischen haben helle Haut und blondes oder rotes Haar.

Die meisten Inselbewohner leben in Bourg des Saintes, einem pittoresken Dorf mit spürbarem normannischem Touch. Seine engen Straßen sind gesäumt von gekalkten Häusern mit roten Dächern, Fenstern mit Fensterläden und Gärten mit blühendem Hibiskus.

NICHT VERSÄUMEN

MAISON DE CACAO

Eine der tollsten Attraktion Basse-Terres für Schokoliebhaber ist das **Maison du Cacao** (☎ 0590-98-25-23; www.maisonducacao.fr; Rte de Grande Plaine, Pointe-Noire; Erw./Kind 7/3 €; ⏲ Mo–Sa 9–17 Uhr; P 👪). Präsentationen auf Englisch beginnen jeweils um 10, 12 und 15 Uhr, wobei man am besten schon 20 Minuten eher da ist, um den Garten mit verschiedenen Arten von Kakaobäumen zu erkunden. Anschließend beginnt ein Vortrag über Kakao und Schokolade einschließlich Vorführung. Durch jede Menge Verkostungen (und viel Ausspucken, wenn Kinder dabei sind!) lernt man den Prozess der Kakaoverarbeitung von den rohen Bohnen bis zur fertigen Schokolade kennen.

Sehenswertes

Fort Napoléon FESTUNG

(Erw./Kind 5/2,50 €; ⏲ 9–12.30 Uhr) Diese Verteidigungsanlage wurde 1867 am Standort eines ehemaligen Forts erbaut, das von den Briten 1809 zerstört wurde. Sie liegt mehr als 100 m über dem Meeresspiegel und bietet einen wunderbaren Ausblick auf Bourg des Saintes und die umliegenden Inseln. Man kann einfach auf eigene Faust hindurchlaufen, oder sich einer Führung auf Französisch anschließen. Das nautische Museum im Inneren ist nur für eingefleischte Geschichtsfans von Interesse – die Schlacht von Les Saintes (1782) wird detailgenau geschildert. Von Bourg des Saintes bis zur Festung ist es ein schweißtreibender 1,5 km langer Fußmarsch bergauf.

★ **Baie de Pompierre** STRAND

Die hufeisenförmige Baie de Pompierre ist vielleicht Terre-de-Hauts schönste Bucht: ein von einem Riff geschützter Strand mit goldenem Sand in wunderschöner Lage.

Terre-de-Haut & Terre-de-Bas

Hier gibt's sogar zahme Ziegen, die einfach so auf den Strand spazieren und sich neben die Sonnenanbeter legen, zudem gibt's eine kleine Insel, zu der man schwimmen kann. Pompierre liegt lediglich einen 1,6 km langen (aber steilen) Spaziergang nordöstlich von Bourg des Saintes entfernt. Es gibt Duschen und Toiletten am Strand und zahlreiche Picknicktische aus Holz.

Anse Rodrigue STRAND

Südlich von Grande Anse und etwa 2 km außerhalb der Stadt liegt Anse Rodrigue, ein netter Strand an einer geschützten Bucht, die gute Bedingungen zum Schwimmen bietet.

Anse à Cointe STRAND

2 km südwestlich von Bourg des Saintes liegt Anse à Cointe, ein schöner Strand zum Schwimmen und Schnorcheln. Schnorcheln kann man am besten auf der Nordseite.

Pain de Sucre BERG

(Anse à Cointe) Das Pain de Sucre (Zuckerbrot) ist eine imposante 53 m hohe Halbinsel aus Basalt. Hier gibt's gute Schnorchelplätze und einen Sandstrand.

Anse Crawen STRAND

An diesem abgelegenen Strand mit dem seltsamen Namen herrscht keine Bekleidungspflicht. Er liegt nur ein paar Minuten einen Trampelpfad hinunter, der am südwestlichen Ende der Küstenstraße von Terre-de-Haut beginnt.

Le Chameau AUSSICHTSPUNKT

Eine gewundene Betonstraße führt hoch zum Gipfel von Le Chameau, mit 309 m Terre-de-Hauts höchstem Punkt. Von Bourg des Saintes aus ist es ein etwas schwieriger einstündiger Fußmarsch zum Gipfel. Motorrad darf hier nicht gefahren werden, also ist Wandern angesagt.

Aktivitäten

Pisquettes Diving TAUCHEN

(☎ 0590-99-88-80; Bourg des Saintes) Professionell und sehr empfehlenswert – ein Tauchshop, der die ganze Bandbreite an Tauchaktivitäten abdeckt. Eine Anfängerstunde kostet 56 €, ein einzelner Tauchgang 51 €. Tauchpakete und Kurse für die Zertifizierung sind ebenfalls verfügbar.

La Dive Bouteille TAUCHEN

(☎ 0590-99-54-25, 0690-49-80-91; www.dive-bouteille.com; Plage de la Colline, Bourg des Saintes) Ein anständiger Anbieter am südwestlichen Ende der Bucht. La Dive Bouteille verlangt 120 € für einen Tauchgang mit zwei Flaschen und 79 € für eine Einführungsstunde.

Schlafen

★ Auberge Les Petits Saints BOUTIQUE-HOTEL $$

(☎ 0590-99-50-99; www.petitssaints.com; Rue de la Savane, Bourg des Saintes; DZ 131–166 €; ❄📶🏊) Das Gästehaus befindet sich in einer opulenten Villa, der einstigen Residenz des Bürgermeisters, und trumpft mit einer ausgesprochen schönen Lage sowie interessanten, antik eingerichteten Zimmern. Jeder Raum ist anders, aber Terrassen mit Meerblick und große Himmelbetten sind Standard und die Atmosphäre ist stilvoll, ohne spießig zu sein. Der Pool mit Terrasse hat einen fantastischen Blick über die Bucht.

LoBleu Hôtel HOTEL $$

(☎ 0590-92-40-00, 0690-63-80-36; www.lobleuhotel.com; Rue Benoît Cassin, Bourg des Saintes; Zi. 99–200 €; ❄📶) LoBleu ist ein wahrer Herzensbrecher. Die Lage mitten am Strand könnte überhaupt nicht besser sein. Leider haben nur zwei Zimmer (von zehn) direkten Meerblick. Alle sind sie fröhlich, mit Wandmalereien, einem kleinen Balkon und viel natürlichem Licht. Man kann Kajaks mieten. Es wird gutes Englisch gesprochen.

Kanaoa HOTEL $$

(☎ 0590-99-51-36; www.hotelkanaoa.com; Rue de Coquelet, Anse Mire, Bourg des Saintes; EZ/DZ ab 80/115 €, Bungalows ab 175 €; ❄📶🏊) Ganz am nördlichen Ende von Bourg des Saintes liegt dieses Zwei-Sterne-Hotel am Strand mit einer privaten Anlegestelle und einem Restaurant. Alle Zimmer haben eher kitschiges, tropisches Dekor, der Stil ist also nicht überwältigend, aber einige bieten großartigen Meerblick. Neben den Standardräumen gibt's vier Duplex-Bungalows mit Küchenecken.

Essen

In Terre-de-Haut gibt's für so ein kleines Örtchen einige herausragende Restaurants. Die meisten befinden sich in und um Bourg des Saintes, der einzigen richtigen Stadt, ansonsten gibt's noch einige zwanglose Strandrestaurants anderswo auf der Insel.

★ Couleurs du Monde FISCH & MEERESFRÜCHTE $$

(☎ 0590-92-70-98; Le Mouillage, Bourg des Saintes; Hauptgerichte 14–22 €; ⏲ Mo–Mi, Fr & Sa

12–15 & 19–22, So 12–15 Uhr;) Dieses Lokal am Meeresufer macht seinem Namen – „Farben der Welt" – mit einem bunt leuchtenden Gastraum (mit Blick auf die Bucht) und mehrfarbigen Tischen alle Ehre. Auf der erstklassigen Speisekarte stehen u. a. täglich wechselnde Tapas. Die Spezialität des Hauses ist *tuna tataki* mit Ingwer – Zufriedenheit garantiert.

Le Salako Chez Z'amour KREOLISCH **$$**
(0590-92-03-96; Hauptgerichte 10–15 €; Mo–Sa 12–15 Uhr) Allein schon wegen seiner guten und bekömmlichen kreolischen Klassiker, Fischgerichte, Salate und Sandwiches ist dieser beliebte Laden einen Besuch wert. Es lohnt sich, das auf Les Saintes typische Dessert *tourment d'amour* (Pein der Liebe) zu probieren, eine kuchenartige Kreation mit geschmolzener Schokolade in der Mitte. Einen Platz schnappen, wenn's nicht zu voll ist, oder ansonsten einfach die Bestellung mitnehmen und sie an der nahe gelegenen Plage de Pompierre genießen.

Ti Bo Doudou KREOLISCH **$$$**
(0590-98-56-67; 58 Rue Benoît Cassin; Menüs 23–25 €; Di–Sa 12–15 & 19–22, So 12–15 Uhr) Diese sehr beliebte lokale Institution liegt in einer hübsch restaurierten kreolischen Hütte am Strand. Es gibt großartiges frisches Essen, das in interessanten kreolischen und westlichen Zusammenstellungen serviert wird, mit einigen Appetizern und warmen Tagesgerichten im Angebot. Die Präsentation ist Haute Cuisine – es wird viel gestapelt und geträufelt.

Le 480 INTERNATIONAL **$$$**
(0590-99-50-99; Rue de la Savane, Bourg des Saintes; Hauptgerichte 18–30 €; Di–Sa 19–23, So 12–15 Uhr;) Der erste Platz auf Terre-de-Haut geht an dieses charmante Restaurant in der Auberge Les Petits Saints. Die Speisekarte ist kurz und einfach, aber es ist unwahrscheinlich, dass man anderswo besseres Essen findet. Ein weiterer Anziehungspunkt ist die Umgebung mit einer Freiluftterrasse im Schatten einer massiven, 200 Jahre alten und mit kunstvollen Schnitzereien verzierten Holzwand. Vorbestellungen sind sonntags Pflicht.

Praktische Informationen

Office de Tourisme (0590-94-30-61; www.lessaintes.fr; Rue Jean Calot; Mo–Sa 8–12 & 14–17, So 8–12 Uhr) Diese sehr nützliche Touristeninformation mit Englisch sprechenden Mitarbeitern liegt genau gegenüber dem Fähranleger in Bourg des Saintes und betreibt eine Website mit jeder Menge Infos (nur auf Französisch). Wer außerhalb der Öffnungszeiten Hilfe oder Informationen benötigt, kann eine Notfallnummer anrufen, die am Eingang aushängt.

An- & Weiterreise

Es gibt mehrere tägliche Fährverbindungen nach Terre-de-Haut ab Trois-Rivières und Pointe-à-Pitre, und etwas seltener ab Saint-François. Die Boote ab Saint-François halten in Marie-Galante in beiden Richtungen, was heißt, dass es möglich ist, zwischen Marie-Galante und Les Saintes unterwegs zu sein, ohne zu den Hauptinseln zurückzukehren. Es gibt eine Fähre, die einige Male pro Tag zwischen Terre-de-Haut und Terre-de-Bas verkehrt. Preise und Fahrpläne schwanken enorm: Am besten kontaktiert man die Fährbetriebe für aktuelle Informationen:

- **Comatrile** (S. 455) Eine tägliche Fähre von Saint-François via Marie-Galante.
- **CTM Deher** (S. 479) Mehrere tägliche Fähren von Trois-Rivières.
- **Jeans for Freedom** (S. 479) Tägliche Fähren von Pointe-à-Pitre.
- **Val'Ferry** (S. 450) Mehrere Fahrten pro Tag von Trois-Rivières.
- **Navette Beatrix** (S. 480) Mehrere tägliche Fähren von Trois-Rivières.

Unterwegs vor Ort

MINIBUS

Minibusse mit Aircondition organisieren zweistündige Touren in Terre-de-Haut für rund 15 € pro Person, wenn sich genug Leute anmelden. Die Fahrer werben unter den ankommenden Fährpassagieren in Bourg des Saintes um Mitfahrer, man kann jedoch auch einfach nach Vans Ausschau halten, die entlang der Straße zwischen einem Pier und dem Gemeindehaus stehen.

MOTORROLLER

Wer nur essen und den steilen Fußmarsch nach Fort Napoléon (S. 464) unternehmen möchte, braucht während des Aufenthalts auf Terre-de-Haut kein Motorrad auszuleihen. Will man jedoch mehr von der Insel sehen und die am weitesten entfernten Strände auf gemütliche Art und Weise besuchen, dann lohnt sich die Investition auf alle Fälle.

Die Straßen sind zwar eng, aber es gibt auf Terre-de-Haut nur etwa ein halbes Dutzend Autos, man riskiert also nicht, in viel Verkehr zu geraten. Es gibt viele Vermietungen an der Hauptstraße nach Süden ab dem Pier, aber diejenigen, die am Kai sind, scheinen so gut zu sein wie alle anderen. **Alizé Scoot** (0690-72-80-74; Place du Débarcadère) oder **Archipel Location Scooters** (0590-99-52-63, 0690-31-99-91; Place du Débarcadère) sind empfehlenswert für alle, die schon im Vorfeld buchen möchten. Kommt man an einem Tag an, an dem viel Betrieb ist, dann ist es sinnvoll, schon früh seinen Roller auszuleihen, da sie häufig rasch weg sind. Die meisten Mietfirmen verlangen 20 bis 25 € für Tagesbesucher und einen Führerschein, ein Pfand von 200 € oder den Abdruck einer bekannten Kreditkarte.

Die Roller sind voll aufgetankt, aber haben keine Schadenversicherung; wer also einen Unfall hat oder das Motorrad beschädigt, dessen Kreditkarte wird mit den Kosten für die Reparatur belastet. Im Zentrum von Bourg des Saintes darf man nicht mit dem Motorroller fahren und es besteht Helmpflicht.

Terre-de-Bas

Nur 1 km westlich von Terre-de-Haut liegt Terre-de-Bas, die einzige andere bewohnte Insel in Les Saintes. Sie ist ein idyllischer Ort, der einst Zucker- und Kaffeeplantagen beherbergte. Diese sind schon lange verschwunden und nun baut die Insel auf die Fischerei als Lebensgrundlage, und auf den Tourismus, der erst noch Fuß fassen muss. Dennoch gibt's regelmäßige Fährverbindungen von Terre-de-Haut, sodass Besucher Tagesausflüge unternehmen und sich auf Terre-de-Bas umschauen oder sogar über Nacht bleiben können.

Das größte Dorf, Petite-Anse, liegt an der Westküste von Terre-de-Bas. Es hat hügelige Straßen, gesäumt von schmucken Häuschen, einen kleinen Fischerhafen und eine originelle Kirche mit einem Friedhof, dessen Grabmäler mit Muschelschalen und Plastikblumen dekoriert sind. Grande Anse, diagonal gegenüber an der Ostküste, ist ein kleines Dorf mit einer kleinen Kirche aus dem 17. Jh. und einem schönen Strand.

Schlafen & Essen

Es gibt keine Hotels auf Terre-de-Bas, aber einige Einheimische vermieten Ferienhäuser. So ist es ohne Probleme möglich, über Nacht zu bleiben.

Petite-Anse auf Terre-de-Bas hat eine gute Bäckerei und Konditorei und sowohl Petite-Anse als auch Grande Anse haben eine Handvoll lokaler Meeresfrüchterestaurants mit akzeptablen Preisen.

An- & Weiterreise

Eine Fähre, **Le Soleil des Îles** (☎ 0690-50-36-28; Embarcadère, Bourg des Saintes; Hin- und Rückfahrt 11 €), verkehrt zwischen Bourg des Saintes, Terre-de-Haut und Anse des Mûriers, einem Pier neben Grande Anse, bevor es weitergeht nach Petite-Anse, dem Hafen und der De-facto-Hauptstadt von Terre-de-Bas. Die Überfahrten in jede Richtung finden unter der Woche fünfmal pro Tag und zweimal pro Tag am Wochenende statt. Die Fahrt nach Anse des Mûriers dauert etwa 10 Min., nach Petite-Anse sind es 15 Min. Tickets kauft man an Bord.

Wer gerne lange Spaziergänge in der Natur unternimmt, kann eine Runde zwischen den beiden Dörfern von Terre-de-Bas unternehmen, Petite-Anse und Grande Anse. Die etwa 9 km lange Rundwanderung beginnt an einer Straße (entweder an der Straße quer über die Insel oder an der Südküste) und führt auf der anderen wieder zurück.

MARIE-GALANTE

Marie-Galante ist eine herrliche unentwickelte Insel, die von allen geliebt wird, denen die ruhigeren Vergnügungen des Lebens am Herzen liegen, und vor allem von Strandliebhabern, die den Menschenmassen entkommen wollen. Im Vergleich zu den anderen Inseln des Archipels ist Marie-Galante relativ flach, seine doppelten Kalksteinplateaus sind nur 150 m hoch, aber auch wenn sich die Natur hier von einer weniger dramatischen Seite zeigt, so gibt's doch umwerfende Strände, einige faszinierende alte Gebäude sowie erstklassige Ess- und Schlafgelegenheiten. Um der Insel gerecht zu werden, unbedingt zwei volle Tage hier einplanen.

Auf Marie-Galante gibt's drei Ansiedlungen. Grand-Bourg ist das kommerzielle und administrative Zentrum, während die anderen beiden Dörfer, Capesterre an der Südostküste und Saint-Louis an der Nordküste, verträumte, entspannte Fischerdörfchen sind, mit schönen Stränden in der näheren Umgebung. Da die Insel jedoch in einer halben Stunde durchquert werden kann und nahezu jeder Besucher ein Auto mietet, macht es wenig Unterschied, wo man entscheidet, sich niederzulassen.

Sehenswertes

Rumbrennereien sind die Hauptsehenswürdigkeit auf Marie-Galante und die Besucher können aus dreien auswählen. Zu den idyllischen Stränden gehören die Plage de la Feuillère und die Plage de Petite Anse, gleich westlich von Capesterre, sowie Plage de Vieux-Fort und Plage de l'Anse Canot, die beide nördlich von Saint-Louis liegen.

Domaine de Bellevue BRENNEREI
(☎ 0590-97-29-58; www.habitation-bellevue.com; Section Bellevue, Capesterre; ⏲ 9–13 Uhr) Diese abgelegene, moderne Rumbrennerei in historischer Lage mit einer wundervollen alten Windmühle nutzt vollkommen nachhaltige und umweltfreundliche Methoden, um ihren Rum zu produzieren, und ist lokaler Marktführer in der verantwortungsbewussten Rumherstellung. Selbstgeführte Touren sind gratis.

Distillerie Poisson BRENNEREI
(☎ 0590-97-03-79; Habitation Edouard, Rameau, Grand-Bourg; ⏲ Mo–Sa 8–15, So 9–13 Uhr) Auf halber Strecke zwischen Saint-Louis und Grand-Bourg füllt diese berühmte Brennerei Flaschen des bekanntesten Rums der Insel unter dem Label Père Labat ab. Zudem gibt's auf dem Gelände ein gutes Restaurant und eine Vielzahl an Möglichkeiten, um Kostproben als Souvenirs zu erstehen.

Distillerie Bielle BRENNEREI
(☎ 0590-97-93-62; Section Bielle, Grand-Bourg; ⏲ Mo–Sa 9.30–13, So 10–14 Uhr) Diese historische Brennerei liegt zwischen Grand-Bourg und Capesterre und bietet kostenlose selbstgeführte Touren durch die jahrhundertealte Anlage an. Im gut sortierten Fabrikladen gibt's den hier produzierten Rum zu kaufen.

Feste & Events

★ **Terre de Blues** MUSIK
(www.terredeblues.com; ⏲ Anfang Juni) Dieses beliebte Jazz- und Blues-Festival ist die größte Veranstaltung des Jahres auf Marie Galante. Über vier Tage treten Dutzende Künstler aus Frankreich, der Karibik und anderen Regionen in verschiedenen Restaurants, Bars und im Museum Habitation Murat auf.

Schlafen

Marie-Galante hat einige herrliche Unterkünfte zu bieten, auch wenn sich die Auswahl merklich vergrößert, wenn man länger als ein oder zwei Nächte bleibt – viele der besten Gästehäuser haben eine Mindestaufenthaltsdauer von zwei oder drei Nächten.

Le Soleil Levant HOTEL $
(☎ 0590-97-31-55; www.hotel-marie-galante.com; 42 Rue de la Marine, Capesterre; DZ 55–80 €; P ❄ 📶 🏊) Das Hotel sitzt oberhalb des Zentrums von Capesterre und bietet atemberaubende Aussichten auf die Küste. Die Zimmer sind praktisch und etwas langweilig eingerichtet, aber das ist nicht schlimm, denn man wird eh die meiste Zeit am Pool verbringen und die Lage genießen. Das hauseigene Restaurant bleibt manchmal auch zu den regulären Öffnungszeiten geschlossen.

★ **Coco Beach Resort** GÄSTEHAUS $$
(☎ 0590-97-10-46, 0690-49-86-66; www.cocobeachmariegalante.com; Grand-Bourg; EZ/SZ/Suite 89/99/129 €; ❄ 📶 🏊) Diese wunderbare Anlage ist so winzig, dass sie sich kaum Resort nennen kann, und wird jedem zusagen, der sich nicht einmal im Traum vorstellen kann, in einem riesigen unpersönlichen Hotelkomplex abzusteigen. Es gibt hier nur acht Zimmer, alle zum Meer, mit Blick auf einen herrlichen kleinen Strand und Dominica im Hintergrund. Man wird herzlich willkommen geheißen und der ganze Ort hat die Atmosphäre einer Wohngemeinschaft.

Au Village de Ménard BUNGALOWS $$
(☎ 0590-97-09-45; www.villagedemenard.com; Section Vieux Fort, Saint-Louis; DZ 78–96 €, 3BZ 130 €; ❄ 📶 🏊) Au Village de Ménard mit seinen elf hübschen und gemütlichen Bungalows und Villen ist der perfekte Ort, um nach einem langen Tag voller Abenteuer zu entspannen. Er punktet mit seiner wunderbaren Lage auf einer Klippe neben einer alten Mühle, die die Bucht überblickt, einem großartigen Restaurant am Pool und einem schön angelegten tropischen Garten.

Village de Canada COTTAGES $$
(☎ 0590-97-86-11, 0690-50-55-50; www.villagedecanada.com; Section Canada, Grand-Bourg; DZ 70–99 €; ❄ 📶 🏊) Dieses Etablissement im kreolischen Stil hat acht Hütten und ein Apartment auf einem blumenreichen Grundstück. Die Hütten sind nichts Besonderes, aber gut ausgestattet. Einen schönen Pool gibt's auch. Mindestaufenthalt zwei Nächte.

Le Touloulou HOTEL $$
(☎ 0690-48-76-77, 0590-97-32-63; Plage de Petite Anse; DZ/4BZ 100/200 €; ❄ 📶) Le Touloulou hat zwei große Vorteile: Es befindet sich direkt am Strand und hat ein wunderbares Restaurant. Abgesehen davon ist es eher schlicht eingerichtet, aber alle fünf Bungalows haben Veranden, die den Strand überblicken, und die Familienräume haben kleine Kochnischen. Es gibt einen Pool und die Hotelleitung ist freundlich.

L'Oasis GÄSTEHAUS $$
(☎ 0690-50-87-38, 0590-97-59-55; http://oasismariegalante.monsite-orange.fr; 7 Rue Sony Ru-

paire, Grand-Bourg; Zi. 80–120 €; ❄📶) Jedes dieser drei Apartments hat etwas Besonderes, was es empfehlenswert macht – einen kleinen, tropischen Garten, einen Whirlpool oder eine Terrasse mit Blick nach Dominica. L'Oasis befindet sich im Stadtzentrum, 1 km von der Küste entfernt, in Richtung des Grande-Savane-Gebiets. Bei Aufenthalten von mehr als einer Nacht gibt's Ermäßigung.

Essen

Le Footy KREOLISCH $$
(☎0690-39-80-17; Blvd de la Marine, Grand-Bourg; Hauptgerichte 11–20 €; ⏲Mo–Do 12–15, Fr & Sa 12–15 & 19–23 Uhr) Dieses Restaurant befindet sich im Besitz eines ehemaligen Fußballspielers, hat eine großartige Terrasse mit Meerblick und genießt den Ruf, die besten Schweinekoteletts auf der Insel zu servieren. Im Clubbereich im hinteren Teil gibt's jeden Freitag- und Samstagabend Livemusik. Einfach an Grand-Bourgs Fährhafen am Hauptpier rechts abbiegen und ein paar Minuten die Hauptstraße hinunterlaufen.

L'Ornata BRASSERIE $$
(☎0590-97-54-16; Place Félix Eboué, Grand-Bourg; Hauptgerichte 10–20 €; ⏲8–22 Uhr; 📶) L'Ornata ist eine preisgünstige Option in einem reizenden alten kreolischen Haus direkt gegenüber dem Fährhafen. Hier gibt's alle kreolischen Klassiker ebenso wie preisgünstige *plats du jour* (Tagesgerichte) und Snacks, die man am besten auf der luftigen Terrasse genießt. Alle Gerichte sind zum Mitnehmen erhältlich. Auch nett für ein paar Drinks in der kühlen Abendluft.

Chez Henri GRILLRESTAURANT $$
(☎0590-97-04-57; www.chezhenri.net; 8 Ave des Caraïbes, Saint-Louis; Hauptgerichte 13–22 €; ⏲Mo–Sa 12–15 & 19–23 Uhr; 📶) Ein unerwartetes Juwel in so einem winzigen, verschlafenen Nest: eine lebhafte Jazzbar und ein großartiges Restaurant am Strand für verträumte karibische Abende. Es gibt Ausstellungen mit lokaler Kunst, lokales Kunsthandwerk wird zum Verkauf angeboten, die Livemusik ist gut und das einfache kreolische Essen köstlich.

★ **La Playa** INTERNATIONAL $$$
(☎0690-51-84-77, 0590-93-66-10; Rte du Littoral, Capesterre; Hauptgerichte 20–35 €; ⏲ab 19 Uhr; 📶) Sehr angesehenes Lokal in einem niedlichen Haus gegenüber dem Strand Petite Anse und das wohl beste Restaurant von Marie Galante. Geboten werden hier Gerichte, die etwas von den typischen kreolischen Klassikern abweichen: Fischtatar, Rindfleischspieße, Hummer in exotischer Mangosoße, Krebsfleisch in Kokossoße und Paella sind nur einige der Highlights. Tadelloser Service.

Sun 7 Beach FISCH & MEERESFRÜCHTE $$$
(☎0590-97-87-58; Grand-Bourg; Hauptgerichte 17–35 €; ⏲Mo–Fr 12–21 Uhr; 📶) Dieses charmante Strandrestaurant verfügt über erstklassige kulinarische Referenzen und wird von einem jungen und freundlichen Team geführt, das der Gastronomie-Szene auf der Insel neues Leben einhauchen möchte. Es ist nur eine einfache, dafür aber in hellen Farben gestrichene Holzhütte und ein schöner Ort für eine Mahlzeit. Auf der Speisekarte stehen Gerichte wie *magret de canard* (Gänseleberpastete), mit Honig und Kreuzkümmel zubereitet.

ℹ Praktische Informationen

Office du Tourisme (☎0590-97-56-51; www.ot-mariegalante.com; Rue du Fort, Grand-Bourg; ⏲Mitte Dez. – Mitte April Mo–Fr 9–12 & 13–16, Sa & So 8–12 Uhr, Rest des Jahres verkürzte Öffnungszeiten & Sa & So geschl.) Liegt praktischerweise nur eine Straße von Grand-Bourgs Hafen entfernt und bietet Infos zu Ferienhäusern, *gîtes* und Gästehäusern. Die Website hat eine umfassende englische Sektion.

ℹ An- & Weiterreise

Air Caraïbes (S. 478) fliegt täglich von Pointe-à-Pitre nach Marie-Galante. Der Flughafen liegt in der Mitte zwischen Grand-Bourg und Capesterre, jeweils 5 km entfernt.

Es gibt tägliche Fährverbindungen zwischen Pointe-à-Pitre und Grand-Bourg (eine Stunde), während Saint-Louis tägliche Verbindungen sowohl nach Saint-François (45 Min.) und Les Saintes (45 Min.) hat. Die Preise schwanken enorm und hängen von Abmachungen und dem gegenwärtigen Wettbewerbslevel auf jeder Fahrstrecke ab. Auf diesen Strecken verkehren folgende Gesellschaften:

Comatrile (S. 455) Verkehrt zwischen Les Saintes und Saint-François ab Saint-Louis.

Express des Îles (S.489) Verkehrt nach Pointe-à-Pitre ab Grand-Bourg.

Val'Ferry (S. 450) Verkehrt nach Pointe-à-Pitre ab Grand-Bourg.

Die Überfahrt nach Marie-Galante kann ein bisschen rau werden, wer also bewegte See nicht gewöhnt ist, der reise besser mit nüchternem Magen und setze sich in die Mitte des Bootes. Eine Rettung besteht darin, dass die Boote, die von Pointe-à-Pitre ablegen, sehr groß sind (und damit stabiler) und ziemlich gemütlich.

Saint-Louis ist der Hauptankerplatz für Jachtbesitzer auf der Insel.

Unterwegs vor Ort

AUTO

Um das meiste aus Marie-Galante herausholen zu können, braucht man wirklich ein eigenes Beförderungsmittel. Auto- und Motorrollermieten sind beide günstig und es gibt Vermietungen an beiden Einfuhrhäfen zur Insel, Grand-Bourg und Saint-Louis. Bei Autos beginnt die Miete normalerweise bei 25 € pro Tag, für Motorroller bei 15 bis 20 €. Man sollte sein Fahrzeug auf jeden Fall einer genauen Inspektion unterziehen, da die Standards hier eventuell nicht so hoch sind wie gewohnt.

Auto Moto Location (☎ 0590-97-19-42; Ave des Caraïbes, Saint-Louis)

Hertz (☎ 0590-97-59-80; www.hertz.com; Rue du Fort, Grand-Bourg)

Toto Location (☎ 0590-97-59-16, 0690-65-64-99; www.toto-location.com; Grand-Bourg)

BUS

Während des Tages, vor allem am Sonntag, fahren Minibusse nur vereinzelt zwischen Grand-Bourg, Capesterre und Saint-Louis (1 € Einheitstarif, etwa 15 Minuten von einem Strand zum anderen). Nicht gerade das geeignetste Fortbewegungsmittel auf Marie-Galante, und es ist viel einfacher, für Erkundungstouren ein Auto oder ein Motorrad zu mieten. Die Bushaltestellen sind an der Hauptstraße jedes Dorfes zu finden.

MINIBUS

Minibustourenfahrer warten normalerweise auf ankommende Fährpassagiere an beiden Fährhäfen, Grand Bourg und Saint-Louis. Eine vierstündige geführte Tour dreht fast einmal vollständig die Runde um Marie-Galante und kostet rund 15 €. Zu den Stopps gehören normalerweise eine Brennerei, der Parkplatz des Sainte-Marie-Krankenhauses (für den besten Blick auf die Insel), ein Laden, in dem Maniokmehl hergestellt wird, und eine verwaiste Zuckerrohrplantage.

Die Busse laden ihre Besucher manchmal für ein paar Stunden am Stadtstrand von Saint-Louis ab und holen sie dann so ab, dass die Boote, die erreicht werden möchten, auch erreicht werden können. Einige Tour-Guides sprechen weder viel Standardfranzösisch noch Englisch, also auf jeden Fall ein bisschen vorab reden, um sicherzugehen, dass alles Sehenswerte klar in ihrer Sprache kommuniziert werden kann.

LA DÉSIRADE

Mit seinem schwindelerregenden Berg in der Mitte, der dichten Vegetation und den palmengesäumten Stränden ist das winzige La Désirade das Traumbild schlechthin von einer Karibikinsel. Ihr ungewöhnlicher Name kommt daher, dass sie das erste Land war, das Kolumbus auf seiner zweiten Reise 1493 sah – also die gewünschte (von frz. *désirer*) Landung, auf die seine Crew hoffte. Tatsächlich kann man sich nur schwer vorstellen, dass sie enttäuscht gewesen waren, und La Désirade hat sich bis heute viel von seinem natürlichen Charme erhalten. Zumindest auf einer Seite sieht es heute noch ziemlich genauso aus wie zu Kolumbus' Zeiten, obgleich inzwischen mit einigen hervorstechenden Windparks versehen.

Mit 11 km Länge und 2 km Breite ist La Désirade bestens geeignet für einen Tagesausflug ab Grande-Terre. Sogar die Strände sind nahezu menschenleer, und es gibt einige ausgezeichnete Restaurants, wo man ein ausgedehntes Mittagessen genießen kann.

Schlafen

Auf La Désirade gibt's nur eine Handvoll Hotels und ein paar Privatunterkünfte.

★ Hôtel Oasis HOTEL $$
(☎ 0590-20-02-12; www.oasisladesirade.com; Rue de la Dési, Beauséjour; EZ/DZ/ 49/98 €; ❄ 📶) Von der Fähre und vom Fifi Beach aus fußläufig zu erreichen, liegt dieses farbenfrohe, zweigeschossige Haus im kreolischen Stil, das mit seinen sechs kompakten, aber sauberen Zimmern kein besseres Preis-Leistungs-Verhältnis haben könnte. Die Ausstattung ist modern und stilvoll, man wird herzlich willkommen geheißen und die Besitzer betreiben ein eigenes Restaurant ganz in der Nähe.

Oualiri Beach Hotel HOTEL $$
(☎ 0590-20-20-08; Beauséjour; EZ/DZ 75/90 €; 📶) Die einfachen und kleinen Zimmer wären unscheinbar, lägen sie nicht direkt am Strand. Ja, es liegt in einer winzigen und eher felsigen Bucht und das Management ist etwas zu relaxed, um das Hotel wirklich sein volles Potenzial entfalten zu lassen, aber all diejenigen, denen die Nähe zum Strand wirklich alles bedeutet, sind hier am rechten Ort.

Essen

Meeresfrüchte lautet hier das Credo, selbstverständlich, und La Désirade spezialisiert sich auf Hummer, Muscheln und Oktopus, die in praktisch jedem Restaurant auf der Speisekarte stehen. Die Essgelegenheiten konzentrieren sich auf Beauséjour, die Hauptansiedlung, sind aber auch an einigen der weniger malerischen Strände vorhanden.

★ La Roulotte KREOLISCH $$
(☎ 0590-20-02-33; Plage du Souffleur; Hauptgerichte 16–25 €; ⌚12–15 Uhr) Trotz seines Aussehens ist dieses Lokal nicht nur eine Hütte an der wunderschönen Plage du Souffleur, vielmehr handelt es sich hierbei um eine fast 20 Jahre alte Institution auf la Désirade. Jean Edouard macht hier alles alleine, also am besten bestellen und dann vor dem Mittagessen ein entspanntes Bad im Meer genießen. Nirgends auf der Insel schmecken Grillfisch, Muschelsuppe, Tintenfischcurry, Hummer oder Brathühnchen besser als hier.

Rose-Ita FISCH & MEERESFRÜCHTE $$
(☎ 0690-71-98-26; Hauptgerichte 6–35 €; ⌚ Fr–Mi 10–16 Uhr, Fr–Mo abends; 📶) Dieses pinkfarbene Restaurant mit Meerblick sitzt auf einem Felsvorsprung mit Aussicht auf einen kleinen Fischerstrand. Die Speisekarte ist vielfältiger als in den meisten anderen Restaurants hier, also kann man sich entweder die *assiette de langouste* (Hummerplatte, 35 €) gönnen oder einen einfacheren Burger oder *croque-monsieur* (Schinken-und-Käse-Toast, 6 €) einverleiben.

La Payotte KREOLISCH $$
(☎ 0590-20-01-29; Beauséjour; Hauptgerichte 13–21 €; ⌚ tgl. 9–15 Uhr, plus Fr & Sa 18.30–23 Uhr) La Payotte liegt gleich an La Désirades Grande-Anse-Strand und serviert auf seiner charmanten Strandterrasse sowohl eine schmackhafte Palette an kreolischen Gerichten als auch ein kleines Frühstücksmenü. Das pfannengerührte Hühnchen mit Cashewkernen und den gegrillten Hummer darf man nicht verpassen.

ℹ An- & Weiterreise

Es gibt zwei Fahrten pro Tag auf der Achipel 1 zwischen Saint-François und La Désirade (45 Minuten). Die Fahrkarten kauft man kurz vor Abfahrt an der Gare Maritime von Saint-François. In Saint-François legt die Fähre um 8 Uhr ab und kehrt 15.45 Uhr zurück. Ab La Désirade gibt's eine Überfahrt um 7 Uhr mit Rückfahrt um 17 Uhr. Außerhalb der Hochsaison fahren dienstags keine Boote.

Am Fähranleger von la Désirade können Motorroller ausgeliehen werden (20 bis 25 € pro Tag). Mietautos kosten ab 40 € pro Tag. Es gibt keine öffentlichen Verkehrsmittel.

GUADELOUPE VERSTEHEN

Geschichte

Die Kariben in Karukera

Als es von Kolumbus am 14. November 1493 erstmals gesichtet wurde, war Guadeloupe von Kariben bewohnt, die es Karukera (Insel der schönen Wasser) nannten. Die Spanier versuchten im frühen 16. Jahrhundert zweimal, Guadeloupe zu kolonisieren, wurden aber beide Male durch den heftigen Widerstand der Kariben zurückgedrängt. Schließlich gaben sie 1604 ihre Ansprüche auf die Insel auf.

Drei Jahrzehnte später brachen französische Kolonisten, gesponsert von der Compagnie des Îles d'Amérique, einem Zusammenschluss von französischen Unternehmern, auf, um die erste französische Siedlung auf Guadeloupe zu errichten. Am 28. Juni 1635 landete die Gruppe unter der Führung von Charles Liénard de l'Olive und Jean Duplessis d'Ossonville an der Südostküste von Basse-Terre und beanspruchte Guadeloupe für Frankreich. Sie verjagten die Kariben von der Insel, bepflanzten Felder und hatten innerhalb eines Jahrzehnts die erste Zuckermühle errichtet. Als Frankreich die Insel 1674 offiziell annektierte, hatte sich hier bereits ein auf Sklaverei basierendes Plantagensystem etabliert.

Frankreich vs. Großbritannien in Guadeloupe

Die Engländer eroberten Guadeloupe mehrere Male und kolonisierten es von 1759 bis 1763. Während dieser Zeit machten sie aus Pointe-à-Pitre einen bedeutenden Hafen, eröffneten profitable Märkte in England und Nordamerika für Zucker aus Guadeloupe und ermöglichten es den Pflanzern, billiges amerikanisches Bauholz und Lebensmittel zu importieren. Viele französische Kolonisten wurden während der britischen Besatzung sogar wohlhabender und die

Wirtschaft wuchs rapide. Mit der Unterzeichnung des Pariser Vertrages 1763 endete die britische Besatzung, Frankreich gab seine Ansprüche in Kanada auf und erhielt im Gegenzug Guadeloupe zurück.

Inmitten des Chaos der Französischen Revolution eroberten die Briten Guadeloupe 1794 erneut. Als Antwort sandten die Franzosen ein Kontingent an Soldaten unter der Führung von Victor Hugues, einem schwarzen Nationalisten. Hugues befreite und bewaffnete versklavte Menschen auf Guadeloupe. Am Tag, an dem sich die Briten aus Guadeloupe zurückzogen, begann Hugues einen Kreuzzug und tötete 300 Royalisten, viele davon Plantagenbesitzer. Es war der Beginn eines Terrorregimes. Alles in allem war Hugues verantwortlich für den Tod von mehr als 1000 Kolonisten, und als Folge seines Angriffs auf US-Schiffe erklärten die USA Frankreich den Krieg.

Napoleon Bonaparte, bemüht, die Situation unter Kontrolle zu bringen, schickte 1802 General Antoine Richepanse nach Guadeloupe. Richepanse beendete die Aufstände, setzte die vorrevolutionäre Regierung wieder ein und institutionalisierte erneut die Sklaverei.

Guadeloupe war die wohlhabendste Insel der Französischen Antillen, die Briten streckten mehrmals ihre Fühler danach aus und eroberten und besetzten die Insel für den Großteil der Zeit zwischen 1810 und 1816. Mit dem Vertrag von Wien ging die Insel wieder zurück an Frankreich, das seit 1816 durchgehend die Hoheit darüber hat.

Das moderne Guadeloupe

Die Sklaverei wurde infolge einer Kampagne des französischen Politikers Victor Schoelcher 1848 abgeschafft. In den darauffolgenden Jahren brachten die Pflanzer für die Arbeit in den Zuckerrohrfeldern Arbeiter aus Pondicherry mit, einer französischen Kolonie in Indien. Seit 1871 ist Guadeloupe im französischen Parlament repräsentiert und seit 1946 ein französisches Überseedepartement.

Die Wirtschaft Guadeloupes hängt in hohem Maße von den Subventionen der französischen Regierung ab und von seinen Wirtschaftsbeziehungen zu Frankreich, das die Mehrheit von Guadeloupes Exporten erhält und für 75% der Importe zuständig ist. Ein Hauptpfeiler der Wirtschaft ist die Landwirtschaft. Das führende Exportgut sind Bananen, von denen ein Großteil an den Südküsten von La Soufrière angebaut wird.

Bevölkerung & Kultur

Die Kultur Guadeloupes speist sich aus einem Pool französischer, afrikanischer, ostindischer und westindischer Einflüsse. Die Mischung wird sichtbar in der Architektur, die von französischen Kolonialbauten bis hin zu traditionellen kreolischen Häusern reicht, beim Essen, das Einflüsse aller Kulturen zu einer einzigartigen kreolischen Küche vermengt, und in der weit verbreiteten kreolischen Sprache, dem lokalen Dialekt, der eine sehr akzentuierte und umgangssprachliche Form des Französischen ist. Guadeloupe ist auch einer der Orte in der Karibik, in der des Öfteren Frauen in traditionellen kreolischen Gewändern zu sehen sind, vor allem bei Festivals und kulturellen Ereignissen.

Die Gesamtbevölkerungszahl von Guadeloupe liegt bei etwa 400 000, ein Drittel davon ist unter 20 Jahre alt. Etwa Dreiviertel der Bevölkerung ist gemischter Abstammung, eine Kombination aus afrikanischen, europäischen und ostindischen Wurzeln. Zudem gibt es eine beträchtliche Anzahl von weißen Inselbewohnern, die ihre Herkunft auf die frühen französischen Siedler zurückführen, sowie erst vor Kurzem eingetroffene Franzosen vom Festland.

Die vorherrschende Religion ist der römische Katholizismus. Es gibt auch Methodisten, Siebenten-Tags-Adventisten, Zeugen Jehovas und evangelikale Glaubensrichtungen sowie eine bedeutende Hindu-Gemeinschaft.

Die Insel ist fruchtbarer Boden für literarisches Schaffen. Guadeloupes berühmtester Sohn ist Saint-John Perse, das Pseudonym von Alexis Leger, der 1887 in Guadeloupe geboren wurde. Perse erhielt 1960 für die aufrüttelnde Bilderwelt in seiner Lyrik den Nobelpreis für Literatur. Eines seiner vielen bekannten Werke ist *Exil* (1942), das u. a. von Joachim Ringelnatz ins Deutsche übersetzt wurde.

Die führende zeitgenössische Romanautorin der Französischen Antillen ist die in Guadeloupe geborene Maryse Condé. Viele ihrer Bestseller-Romane wurden ins Englische übersetzt. Das Epos *Das verfluchte Leben* (1992) handelt von einer Familie auf Guadeloupe, ihren Wurzeln und der Identität der Gesellschaft von Guadeloupe an sich.

Unter den Mangroven (1995) ist die perfekte Strandlektüre. Schauplatz ist Rivière

WESTEND61/GETTY IMAGES ©

1. Leguan, Bonaire **2.** Flamingos, Bonaire **3.** Delfine, Bahamas **4.** Kolibri, Kuba

WALTER NIEDERBAUER/500PX ©

Tiere & Pflanzen

Leguane & andere Landtiere

Abgesehen von großen Leguanpopulationen und Baumratten auf bestimmten Inseln gibt's in der Karibik nur noch wenige einheimische Landtiere. Verantwortlich dafür sind die Menschen und eingeschleppte Arten wie Mungos, Waschbären, Katzen, Hunde und Esel. Trinidad stellt als Heimat von 100 Säugetierarten die große Ausnahme dar.

Vögel

Hunderte Vogelarten, Stand- wie Zugvögel, sind regelmäßig auf vielen Inseln anzutreffen. Kultstatus haben die Rosa-Flamingos auf den Bahamas und Bonaire. Die Regenwälder auf Inseln wie Dominica oder St. Vincent sind dafür allen möglichen farbenprächtigen einheimischen Vögeln ein Zuhause. Kunterbunte Papageien findet man auf fast jeder Insel mit Waldgebieten, während Kolibris und Zuckervögel scheinbar immer irgendwo in der Nähe umherflattern und nach Süßem suchen. Zu den häufigen karibischen Wasservögeln gehören braune Pelikane, weiße Kuhreiher und Reiher.

Meeresbewohner

Wer die ganze Tierwelt der Karibik bestaunen will, der wird nass werden. Die Koralle ist eines der komplexesten Ökosysteme der Welt. Dieses winzige Tier lebt in riesigen Kolonien, die sich über Jahrtausende bilden. Zu den Fischen, die an nahrhaften Happen knabbern oder sich im Riff verstecken, zählen schillernde Kreolen-Lippfische, Zackenbarsche, Königsfische, Riffbarsche und Skalare. Wenn man sich vorsichtig treiben lässt, sieht man vielleicht sogar Igelfische, Barrakudas, Ammenhaie, Tintenfische, Muränen und Mantarochen.

Grind-, Pott-, Blau- oder Buckelwale sind Vertreter, nach denen man zwischen Januar und März Ausschau halten kann. Flecken-, Ostpazifische Delfine, Große Tümmler, Leder-, Grüne, Echte und Unechte Karettschildkröten sind ein gewohnter Anblick für Taucher. Manatis oder Seekühe – pflanzenfressende Meeressäuger, so hässlich, dass sie schon wieder niedlich sind – findet man rund um Kuba, die Dominikanische Republik, Haiti, Jamaika und Puerto Rico.

au Sel nahe der Rivière Salée, und sie handelt vom Leben, und verfrühten Sterben, eines kontroversen Dorfbewohners.

Natur & Umwelt

Strände gibt's an nahezu jeder Küste von Guadeloupe, was die anhaltende Anziehungskraft dieser Insel für Generationen französischer Urlauber erklärt. Das Landesinnere außerhalb des bergigen Parc National de la Guadeloupe (S. 462) besteht zum Großteil aus sanft hügeligen Zuckerrohrfeldern. Die Strände, Wanderwege und Picknickareale sind fast gänzlich frei von Müll.

Zum unterseeischen Leben gehören Seepferdchen, Hummer, viele Papageienfische und Krebse. Taucher können von Zeit zu Zeit einem Rochen oder einem Barrakuda begegnen, aber zum größten Teil findet man im Wasser eher große Schulen kleinerer Fische.

Die Vogelwelt auf Guadeloupe beinhaltet eine Vielzahl an Reiherarten, Pelikane, Kolibris und den gefährdeten Guadeloupe-Zaunkönig. Ein häufiger Anblick ist der helle gelbbauchige Bananaquit, ein kleines, von Nektar lebendes Vögelchen, das ein häufiger Besucher in Open-Air-Restaurants ist, wo es von unbeobachteten Zuckerdosen schnabuliert.

Auf Parkbroschüren und in der Werbung für Guadeloupe sind häufig Zeichnungen von Waschbären zu sehen; sie sind das offizielle Symbol des Parc National de la Guadeloupe, und ihr Hauptlebensraum sind die Wälder von Basse-Terre, aber Besucher begegnen ihnen häufig nicht persönlich.

In Guadeloupe gibt's Mungos en masse, sie wurden vor langer Zeit eingeführt in einem vergeblichen Versuch, die Rattenplage in den Zuckerrohrfeldern einzudämmen. Agoutis (kurzhaarige, kurzohrige hasenähnliche Nager, die ein bisschen wie Meerschweinchen aussehen) gibt's auf La Désirade. Les Saintes und La Désirade zählen zu den Lebensräumen von Leguanen. Alle diese Tiere können Besucher sichten.

PRAKTISCHE INFORMATIONEN

Allgemeine Informationen

BARRIEREFREI REISEN

Im Vergleich mit anderen Karibikinseln gibt's in Guadeloupe eine verhältnismäßig gute Infrastruktur für Reisende mit Behinderung. Viele Hotels haben barrierefreie Zimmer und viele öffentliche Orte haben Behindertentoiletten.

PREISKATEGORIEN ESSEN

Die folgenden Preise beziehen sich auf ein Hauptgericht.

€ bis 12 €

€€ 12–20 €

€€€ über 20 €

BOTSCHAFTEN & KONSULATE

Es gibt auf Guageloupe keine deutschen, österreichischen und Schweizer Botschaften oder Konsulate. Zuständig sind die Botschaften der jeweiligen Länder in Paris, Frankreich.

ESSEN

Auf Guadeloupe gibt's fantastisches Essen, vom Fang des Tages an einfachen Grillständen am Strand bis zum mehrgängigen gastronomischen Festmahl. Liebhaber von Meeresfrüchten kommen dank frischem Hummer, Muscheln, Tintenfisch und Krabben ganz besonders auf ihre Kosten. Außerhalb der kreolischen und französischen Küche ist das Angebot begrenzt; Pizza gibt's allerdings überall.

Selbstversorgung ist ein zweischneidiges Schwert: Frische lokale Erzeugnisse sind leicht zu finden, aber Guadeloupes Supermärkte mit größtenteils aus Frankreich importierten Produkten sind teuer.

Typische Gerichte & Getränke

- **Acras** sind beliebte Vorspeisen aus paniertem und frittiertem Fisch, Meeresfrüchten oder Gemüse. *Acras de morue* (Kabeljau) and *crevettes* (Garnelen) sind am üblichsten und beide köstlich.
- **Ti Punch** ist die Kurzform für *petit punch*, diesen allgegenwärtigen und starken Cocktail, der als normaler *apéro* (Aperitif) in Guadeloupe getrunken wird: eine Mischung aus Rum, Limetten und Zuckerrohrsirup, aber hauptsächlich Rum.
- **Crabes farcis** sind gefüllte Krebse, ein typisches lokales Gericht. Normalerweise sind sie mit einer würzigen Mischung aus Krebsfleisch, Knoblauch, Schalotten und Petersilie gefüllt und werden in der Schale gekocht.
- **Blaff** ist die lokale Bezeichnung für weißen Fisch, der in Limettensaft, Knoblauch und Pfeffer mariniert und dann pochiert wird. Ein Lieblingsgericht in vielen Restaurants in Guadeloupe.

FEIERTAGE

Neujahr 1. Januar

Ostermontag März/April

Tag der Arbeit 1. Mai
Tag des Sieges 8. Mai
Himmelfahrt 40 Tage nach Ostern
Tag der Abschaffung der Sklaverei 27. Mai
Französischer Nationalfeiertag 14. Juli
Schoelcher-Tag 21. Juli
Maria Himmelfahrt 15. August
Allerheiligen 1. November
Tag des Waffenstillstands 11. November
Weihnachten 25. Dezember

GELD

Es gibt Geldautomaten auf Guadeloupe, aber nicht alle funktionieren mit allen Karten. Hotels, größere Restaurants und Autovermietungen akzeptieren Visa und Master Card, aber selten American Express.

Steuern & Rückerstattungen

Wer nicht in Frankreich lebt, kann die Umsatzsteuer auf bestimmte Einkäufe am Flughafen von Guadeloupe beim Abflug zurückverlangen. Das ist nicht möglich, wenn man von Guadeloupe nach Frankreich fliegt.

Trinkgeld

Trinkgeld zu geben ist auf Guadeloupe nicht üblich und wird daher auch nicht erwartet.

Wechselkurse

Schweiz	1 SFr	1,01 €
US	1 US$	1 €

Aktuelle Wechselkurse findet man unter www.xe.com.

INTERNETZUGANG

WLAN ist auf Guadeloupe recht weit verbreitet und in den meisten Hotels und Restaurants sowie am Flughafen vorhanden. Heutzutage würde es keinem Hotel einfallen, Gäste fürs Internet extra bezahlen zu lassen.

LGBT-REISENDE

Guadeloupe bekommt häufig ganz gute Noten von schwulen und lesbischen Reiseorganisatoren, da die Rechte Homosexueller durch die französische Verfassung geschützt sind. Die Einstellungen vor Ort sind jedoch häufig deutlich weniger tolerant und Vorurteile gegen Homosexuelle nicht ungewöhnlich, obwohl es lange nicht so extrem ist wie auf anderen Karibikinseln. Homosexuelle Pärchen zeigen normalerweise nicht öffentlich ihre Zuneigung oder gehen offen mit ihrer sexuellen Orientierung um, obwohl es die Hoteliers nicht zu stören scheint, wenn gleichgeschlechtliche Paare ein Bett teilen. Es gibt hier kaum eine bis keine Homosexuellenszene – und die meisten Begegnungen finden übers Internet statt.

MEDIZINISCHE VERSORGUNG

Die medizinische Versorgung in Guadeloupe ist vergleichbar mit der im Mutterland Frankreich: sehr gut. Das größte Krankenhaus ist das Centre Hospitalier Universitaire (S. 450) in Pointe-à-Pitre, aber es gibt so gut wie überall auch kleinere Krankenhäuser. Es gibt jede Menge Apotheken; einfach nach dem grünen, häufig blinkenden Kreuz-Symbol Ausschau halten. EU-Bürger können sich mithilfe ihrer Europäischen Gesundheitskarte die Behandlungskosten erstatten lassen. Beim Bezahlen der medizinischen Versorgung sollten Bürger anderer Länder ihre Quittungen behalten, um das Geld von ihren Krankenkassen zurückzuverlangen.

MIT KINDERN REISEN

Aufgrund der vielen französischen Familien, die hierherkommen, sind Hotels und Aktivitäten im Großen und Ganzen recht kinderfreundlich. Viele Hotels haben Spielplätze und Angebote nur für Kinder sowie eine spezielle Speisekarte für Kinder. In allen Restaurants sind Kinder zum Abendessen willkommen und oft gibt es ein einfaches und preiswertes *menu enfant* (Menü für Kinder).

PRAKTISCH & KONKRET

Fernsehen Sich über das Lokalfernsehen auf Guadeloupe 1ère auf den neuesten Stand bringen lassen.

Gewichte & Maße Guadeloupe verwendet das metrische System und auch das 24-Stunden-Zeitformat.

Radio Réseau Outre-Mer 1ère (www.la1ere.fr)

Rauchen Frankreich hat ein umfassendes Rauchverbot, das auch auf Guadeloupe gilt. Rauchen ist in allen geschlossenen öffentlichen Räumen verboten. Da es auf Guadeloupe jede Menge Freiluftlokale gibt, kann man dem Rauch manchmal nicht entkommen. Das Rauchen ist unter den Einheimischen weniger üblich, die größten Übeltäter sind normalerweise französische Touristen

Zeitungen & Zeitschriften *France-Antilles* (www.martinique.franceantilles.fr) ist die wichtigste Tageszeitung auf den Französischen Antillen. Französische Zeitungen und Magazine sind für gewöhnlich überall zu finden; Printausgaben auf Englisch sind deutlich seltener anzutreffen.

Zu den besonders kinderfreundlichen Attraktionen auf der Insel gehört der Jardin Botanique de Deshaies (S. 458) und der Zoo de Guadeloupe (S. 463). Auch eine Fahrt mit dem Glasbodenboot Nautilus (S. 460) um die Îlets Pigeon macht Kindern Spaß.

Nahezu alle Hotels bieten Kinderbetten, einige auch Babysitting. Europäische Marken für Babynahrung, Essen und Windeln kann man in den Apotheken kaufen.

NOTFALL

Feuerwehr	☎ 18
Krankenwagen	☎ 15
Polizei	☎ 17

RECHTSFRAGEN

Rechtsfragen in Guadeloupe werden nach französischem Recht geregelt, und es gilt die Unschuldsvermutung ebenso wie das Recht auf einen Anwalt. Die meisten Reisenden werden überhaupt nicht mit der Polizei in Berührung kommen.

STROM

220V, 50 Hz; europäischer Rundstecker mit zwei Stiften.

TELEFON

Die Ländervorwahl für Guadeloupe ist 590. Verwirrenderweise beginnen alle lokalen Festnetzanschlüsse mit 0590: Diese Nummern sind jedoch voneinander getrennt und müssen daher zweimal gewählt werden, wenn man von außerhalb des Landes anruft. Handynummern beginnen mit 0690.

Um Guadeloupe vom Ausland aus anzurufen, einfach die internationale Vorwahl vorwählen, gefolgt von der Ländervorwahl 590) und der lokalen Nummer (ohne die Null am Anfang). Bei einem Anruf innerhalb der Französischen Antillen einfach die lokale 10-stellige Vorwahl anrufen.

Handys

Europäische Mobiltelefone sollten genauso funktionieren wie zu Hause. SIM-Karten sind überall erhältlich. Das Handynetz ist generell ziemlich gut, aber nicht flächendeckend. Anrufe und mobile Daten sind für die Region teuer: 1 GB kostet rund 20 €.

UNTERKUNFT

Die meisten Hotels in Guadeloupe sind von mittlerer Größe und Preisklasse und die Preise sind recht vernünftig, gemessen an den Standards der Region. Man findet auch private *Gästezimmer* (Zimmer zu mieten in Privathäusern) oder Villen und *gîtes* (Hütten) zur Miete, aber sie müssen im Normalfall für eine Woche gebucht werden. Guadeloupe hat keine Hostels für Backpacker und sorgt schlecht für Reisende mit schmalem Geldbeutel.

PREISKATEGORIEN UNTERKUNFT

Die folgenden Preise beziehen sich auf ein Doppelzimmer in der Hochsaison (Dezember bis April und Juli bis August).

€ bis 80 €

€€ 80–150 €

€€€ über 150 €

ZEIT

Guadeloupe liegt in der Atlantischen Zeitzone: MEZ minus fünf Stunden, MESZ minus sechs Stunden.

ℹ An- & Weiterreise

FLUGZEUG

Guadeloupes einziger internationaler Flughafen ist der **Flughafen Guadeloupe Pôle Caraïbes** (☎ 0590-21-14-98; www.guadeloupe.aeroport.fr; Les Abymes) nördlich von Pointe-à-Pitre, 6 km vom Stadtzentrum entfernt.

Airline-Büros am Flughafen Guadeloupe Pôle Caraïbes:

Air Canada (☎ 0590-21-12-77; www.aircanada.com) Flüge ab Montreal.

Air Caraïbes (☎ 0820-83-58-35; www.aircaraibes.com) Flüge ab Paris.

Air France (www.airfrance.com) Flüge ab Paris, Cayenne (Französisch-Guyana), Miami (USA) und Port-au-Prince (Haiti).

Air Caraïbes (☎ 0820-83-58-35; www.aircaraibes.com; ⏲ 8–20 Uhr) Ab Paris.

American Airlines (www.aa.com) Flüge ab San Juan (Puerto Rico) und Miami.

Corsair (www.corsair.fr) Flüge ab Paris.

Es gibt direkte regionale Anbieter nach Antigua, Barbados, Dominica, Fort-de-France, Port-au-Prince, Saint Barthélemy, Saint-Martin/Sint Maarten, Santo Domingo, St. Lucia und Trinidad und Tobago. Zu den regionalen Airlines nach Guadeloupe gehören **Air Caraïbes** (☎ 0820-83-58-35; www.aircaraibes.com; Flughafen Guadeloupe Pôle Caraïbes), **Air Antilles Express** (www.airantilles.com; Flughafen Guadeloupe Pôle Caraïbes), **LIAT** (☎ 0590-21-13-93; www.liat.com; Flughafen Guadeloupe Pôle Caraïbes; ⏲ 3 Std. vor Abflug) und **Winair** (www.fly-winair.sx; Flughafen Guadeloupe Pôle Caraïbes).

ÜBERS MEER

Es gibt ab Guadeloupe ausgezeichnete Verbindungen zu den nahegelegenen Karibikinseln, ebenso wie die Möglichkeit, eine eigene Jacht oder einen Katamaran zu chartern, um herumzureisen.

Fähre

Es gibt zahlreiche Verbindungen zwischen Guadeloupe und den Nachbarinseln, vor allem Martinique, wobei, wenn der Zielort Martinique ist, es so gut wie immer günstiger – und sicherlich schneller – ist zu fliegen.

L'Express des Îles (S. 480) und **Jeans for Freedom** (☎0590-68-53-09; www.jeansfor freedom.com; Gare Maritime de Bergevin; ⏲7–19 Uhr) betreiben Fährdienste zwischen Guadeloupe und den Nachbarinseln Dominica, Martinique und St. Lucia. Die beiden Firmen bieten konstant spezielle Deals und Bonus-Preise an und es herrscht ein heftiger Wettbewerb. Generell lohnt es sich, so weit wie möglich im Voraus zu buchen.

Abfahrtstage und -zeiten für diese Dienste ändern sich häufig und haben häufig wetterbedingt nichts mit den gedruckten Zeiten zu tun. Sichergehen kann man nur, wenn man am Reisetag die Fährbetreiber anruft.

Jacht

Guadeloupe ist bei Seglern und Jachtbesitzern beliebt und hat drei Jachthäfen:

➡ **Marina de Bas du Fort** (☎0590-93-66-20; www.marinaguadeloupe.com) Zwischen Pointe-à-Pitre und Gosier.

➡ **Marina de Rivière-Sens** (☎0590-86-79-43; www.marina-rivieresens.com) Am Südende der Stadt Basse-Terre.

➡ **Marina de Saint-François** (☎0590-88-47-28) Im Zentrum von Saint-François, Grande-Terre.

Die Zoll- und Einwanderungsbehörden sitzen in Pointe-à-Pitre, Basse-Terre und Deshaies.

Die Jachtcharterfirmen **Antilles Sail** (S. 447) und **Dream Yacht Charter** (S. 447) haben ihren Sitz in der Marina de Bas du Fort.

Kreuzfahrtschiff

Kreuzfahrtschiffe legen nicht immer in Pointe-à-Pitre an, da weder die Hafengebiete noch die Stadt selbst besonders attraktiv sind. Wenn sie jedoch haltmachen, legen sie normalerweise am Kreuzfahrtterminal in nur kurzer Entfernung vom Stadtzentrum an. Die meisten Passagiere unternehmen Touren zu anderen Gegenden der Insel.

ℹ Unterwegs vor Ort

Für Reisende, die auf Guadeloupe mehr als einen Ort besuchen möchten, ist ein Mietwagen fast eine Notwendigkeit. Die Haupttouristenattraktionen an der Südküste von Grande-Terre sind ohne Auto zu erreichen, aber zumeist ist ein Fahrzeug nützlich und die Mietgebühren sind sehr niedrig. Die meisten Besucher mieten ein Auto am Flughafen und behalten es für die Dauer ihres Aufenthaltes, wobei die Transporte von Autos auf die abgelegeneren Inseln teuer sind und die meisten Gäste Scooter oder Autos auf der jeweiligen Insel mieten, anstatt sie mitzunehmen.

AUTO & MOTORRAD

In Guadeloupe gilt Rechtsverkehr. Verkehrsregeln und Straßenschilder sind die gleichen wie in Frankreich. Abfahrten und Straßenkreuzungen sind klar ausgezeichnet und Geschwindigkeitsbegrenzungen angeschrieben.

Autovermietung

Mehrere Autovermietungen haben Büros am Flughafen (S. 478) und in den großen Resortgebieten. Einige Vertreter vermieten Gästen Autos in der Nähe ihres Hotels und stellen es dann kostenfrei am Flughafen ab, was dem Besucher eine saftige Taxigebühr sparen kann.

Die ausgeschriebenen Preise haben normalerweise wenig mit den Tarifen zu tun, die man bei vorheriger Reservierung über internationale Mietwagenfirmen bekommt. Leihautos gibt's schon ab 10 € pro Tag, wenn man im Voraus für mindestens eine Woche bucht. Einheimische Firmen sollten möglichst gemieden werden, da der Zustand der Autos stark variiert und sie im Allgemeinen teurer sind.

Straßenverhältnisse

Für karibische Verhältnisse sind die Straßen in hervorragendem Zustand und fast ausnahmslos befestigt. Neben- und Gebirgsstraßen sind häufig schmal.

Um Pointe-à-Pitre herum gibt s mehrspurige Schnellstraßen, auf denen 110 km/h erlaubt sind. Außerhalb der Region um Pointe-à-Pitre sind die meisten Schnellstraßen einspurig in jede Richtung und es gilt 80 km/h Höchstgeschwindigkeit.

BOOT, SCHIFF & FÄHRE

Fähren sind das gebräuchlichste Fortbewegungsmittel zwischen den Inseln von Guadeloupe. Es gibt mehrere Anbieter zwischen Grande-Terre und Terre-de-Haut, Marie-Galante und La Désirade. Es gibt auch Fähren ab Trois-Rivières auf Basse-Terre bis nach Terre-de-Haut in Les Saintes. Die Preise sind häufig dieselben, aber das kann sich schnell ändern. Die meisten Firmen haben Sonderangebote oder andere ermäßigte Tarife und scheinen in konstantem Preiskrieg miteinander zu stehen. Umschauen und Preise vergleichen lohnt sich, und immer die Abfahrtzeiten telefonisch bestätigen lassen, da sich die Zeitpläne regelmäßig ändern.

CTM Deher (☎0590-92-06-39; www.ctm deher.com; Allée des Espadons; ⏲7–19 Uhr)

Jeans for Freedom (siehe links)

L'Express des Îles (☎0590-91-95-20; www.express-des-iles.com; Gare Maritime de Bergevin; ⏲7–19 Uhr)
Val'Ferry (S. 450)
Navette Beatrix (☎0590-25-08-06; www.facebook.com/navettebeatrix; Rue de la Dissidence; ⏲7–19 Uhr)

BUS

Guadeloupe hat ein gut funktionierendes öffentliches Bussystem, das von etwa 5.30 bis 18.30 Uhr an Wochentagen in Betrieb ist, mit relativ häufigen Fahrten auf den Hauptstrecken. Der Betrieb am Samstagnachmittag ist viel reduzierter und sonntags gibt's so gut wie keine Busse.

Viele Routen starten und enden in Pointe-à-Pitre und die Endstationen sind an den Bussen angeschrieben. Bushaltestellen haben blaue Schilder, die einen Bus kennzeichnen, in weniger entwickelten Gebieten kann man Busse auf der Strecke heranwinken. Der Fahrer wird beim Zusteigen bezahlt.

FAHRRAD

Die flachen Straßen von Grande-Terre sind bei Fahrradfahrern sehr beliebt, vor allem der Abschnitt zwischen Saint-François und Pointe des Châteaux. Fahrräder sind ein abenteuerlicher und amüsanter Weg, um auf den Inseln von Terre-de-Haut, La Désirade und Marie-Galante von A nach B zu kommen. Die Mietgebühren beginnen bei 10 € pro Tag.

FLUGZEUG

Air Caraïbes hat nahezu täglich Flüge zwischen Pointe-à-Pitre und Marie-Galante. Das sind derzeit die einzigen Inlandsflüge in Guadeloupe.

TAXI

Taxis sind auf Guadeloupe massenhaft vorhanden, aber teuer. Es gibt Taxistände am Flughafen in Pointe-à-Pitre und man kann von nahezu überall auf Grande-Terre, Basse-Terre und Marie-Galante eines rufen. Die Gebühren sind von 21 bis 7 Uhr um 40 % höher, sowie auch den ganzen Tag über am Sonntag und während der Ferien.

TRAMPEN

Trampen ist auf Guadeloupe weit verbreitet, vor allem in Gegenden mit schlechten Busverbindungen, abends und am Wochenende. Die richtige Haltung ist, die offene Handfläche in einem leicht nach unten geneigten Winkel auszustrecken. Es gelten alle üblichen Sicherheitsmaßnahmen.

Haiti

509 / 10,98 MIO. EW.

Inhalt ➡

Gut essen

- Papaye (S. 486)
- Lakou Lakay (S. 493)
- Manje Lokal (S. 494)
- Sesanet (S. 489)
- Lolo's (S. 490)

Schön übernachten

- Inn at Villa Bambou (S. 484)
- Hostellerie du Roi Christophe (S. 490)
- Chato Relaxo (S. 490)
- Port Morgan (S. 495)
- Cormier Plage Resort (S. 490)

Auf nach Haiti!

Jedes Land ist einzigartig, doch Haiti zeichnet sich in besonderer Weise aus. Zu seinen Wundern der Moderne zählt die beste Kunstszene der Karibik, die in seiner chaotischsten Stadt begründet wurde. Abgeholzte Berggipfel grenzen an den facettenreichsten Nebelwald der Region. Beim feuchtfröhlichen Karneval feiern Jung und Alt die Heiligen des Landes in der kreolischen Landessprache, die in der haitianischen Revolution ihren Ursprung hat, und die von Gewalt, Siegen und unzähligen Opfern geprägte Geschichte Haitis lässt die Ursprungsmythen anderer Länder wie Märchenerzählungen erscheinen.

Das Bewusstsein, die eigenen Geschicke selbst zu lenken, lässt Einheimische mit einem Schulterzucken und einem „*pa gwen pwoblem*" („kein Problem") über Rückschläge hinweggehen. Besucher machen sich diese typisch haitianische gut gelaunte Unverwüstlichkeit angesichts schwieriger Bedingungen am besten zu eigen, denn sie müssen mit einigen Unwegsamkeiten rechnen, die bei touristischeren Destinationen abgemildert wurden. Doch genau diese Herausforderungen lassen Highlights wie einen Traumstrand auf Labadee, anzügliche Pappmaché-Figuren in Jacmel oder einen glücklichen Roulettewurf auf dem Marktplatz von Cap-Haïtien noch größer erscheinen.

Reisezeit

Nov.–März Die heißeste und trockenste Zeit. Besondere Highlights sind das Fet Gédé Voodoo, das im November landesweit gefeiert wird, und der Karneval in Port-au-Prince und Jacmel im Februar.

April–Juni Ziemlich viel Regen im Süden und in Port-au-Prince.

Aug.–Okt. Hurrikansaison. Sofern es keine großen Stürme gibt, ist eine Reise durchaus machbar.

Highlights

1 **Karneval in Jacmel** (S. 491) Der theatralischsten Party des Landes beiwohnen, wo Voodoo, Sex und Revolution gefeiert werden.

2 **Citadelle Laferrière** (S. 491) Die auf einem Berggipfel thronende Festung inspizieren, ein stolzes Symbol der ersten schwarzen Republik der Welt.

3 **Croix-des-Bouquets** (S. 487) Haitianische Kunst zu Schnäppchenpreisen erstehen und die hiesige Künstlergemeinde unterstützen.

4 **Vodoo-Zeremonie** (S. 487) Bei einer Voodoo-Zeremonie vor den Toren von Gonaïves ins haitianische Unterbewusstsein eintauchen.

5 **Île-à-Vache** (S. 495) Auf diesem Inselparadies ausspannen und frischen Hummer genießen.

6 **Cap-Haïtien** (S. 489) Sich in dieser Stadt mit baufälliger Architektur und feuchtfröhlichem Nachtleben dem haitianischen Lebensrhythmus anpassen.

PORT-AU-PRINCE

Das Offensichtliche sei gleich zugegeben: Port-au-Prince hat nicht das Image eines Ortes, den man zum Spaß besucht. Nur wenige Flugstunden von Miami entfernt, liegt es mitten in einem Entwicklungsland. Schon bevor das Erdbeben von 2010 die Stadt bis auf ihre Fundamente erschütterte, eilte ihr der Ruf des ärmlichen Chaos voraus. Jahre später erholt sie sich immer noch nur langsam, die Kluft zwischen Arm und Reich bleibt so breit, wie sie seit jeher ist, und die Straßen sind immer noch übersät von Müll und Trümmern.

Und trotzdem bleibt der Ort einer der lebendigsten und aufregendsten in der Karibik. Wie eine Flasche des örtlichen Likörs *klerin* verkörpert auch Port-au-Prince die raue Energie Haitis und setzt sie dann auf einen Schlag frei. Die Genügsamkeit der Menschen dort zu erfahren ist vielleicht das lebensbejahendste Erlebnis, das man auf Reisen haben kann. Chaotisch, begeisternd, unwiderstehlich: Viele zieht die Stadt in ihren Bann.

Sehenswertes

Musée du Panthéon National MUSEUM
(Mupanah; ☎ 3417-4435; Champs de Mars; 5 US$; ⏲ Mo–Do 8–16, Fr bis 17, Sa 10–16, So 12–17 Uhr) Dieses moderne Geschichtsmuseum ist überwiegend unterirdisch unter Gärten angelegt. In der Dauerausstellung wird die Geschichte Haitis von den Taíno und der Sklaverei bis zur Unabhängigkeit und Neuzeit erzählt. Zu den faszinierenden Ausstellungsstücken gehören: exquisite Töpferwaren der Taíno, der rostende Anker von Kolumbus' Flaggschiff, der *Santa María,* ein Exemplar des fürchterlichen Code Noir, der den Betrieb der Plantagen regelte, die silberne Pistole, mit der sich Revolutionsführer Henri Christophe umbrachte, die pompöse Krone von Kaiser Faustin und „Papa Doc" Duvaliers Markenzeichen – der schwarze Hut und der Gehstock.

★ **Grand Rue Artists** KUNSTZENTRUM
(www.atis-rezistans.com; 622 Grand Rue; ⏲ 8–20 Uhr) Zwar stellen die meisten von Haitis Künstlern im exklusiven Flair von Pétionvilles Galerien aus, aber ein Kollektiv von Bildhauern und Installationskünstlern bringt in diesem ungewöhnlichen Umfeld spektakuläre Arbeiten hervor: hineingezwängt zwischen Handwerksbetrieben und Werkstätten in die aus Schlackenbetonsteinen bestehenden Häuser an der Grand Rue. Dieser karibische „Schrottplatz" erinnert an ein Cyberpunk-Setting; die Künstler verwandeln Schrott und gefundene Gegenstände in erstaunliche Voodoo-Bildhauerkunst und erkunden dabei einen aufregenden Mix aus Seele, Sex und Politik – alles verwurzelt im alltäglichen Leben der Haitianer.

Marché de Fer MARKT
(Grand Rue; ⏲ 7–17 Uhr) Eisenmärkte findet man in verschiedenen Städten Haitis, der in Port-au-Prince ist jedoch der älteste und beste. Der auffällige Bau aus rotem Metall stammt von 1889 und mutet orientalisch an. Nach dem Erdbeben brannte der Markt nieder, wurde jedoch wunderschön und in Windeseile wieder aufgebaut, sodass er nach nur einem Jahr wieder eröffnen konnte. Das Angebot konzentriert sich auf Essen, Kunst und Voodoo-Utensilien.

Geführte Touren

Tour Haiti GEFÜHRTE TOUREN
(☎ 2812-2223, 2813-2223; www.tourhaiti.net; 38 Rue Darguin, Pétionville; ⏲ Mo–Fr 8–16, Sa bis 13 Uhr) Eine renommierte Agentur, die maßgeschneiderte Touren in ganz Haiti veranstaltet.

Voyages Lumière GEFÜHRTE TOUREN
(☎ 3607-1321; www.voyageslumiere.com/haiti) Die alteingesessene, renommierte Touragentur gehört der Engländerin Jacqui Labrom, die bereits seit Jahrzehnten auf Haiti lebt und exzellente Touren ins ganze Land mit den Schwerpunkten Kultur, Geschichte und Abenteuer organisiert.

Feste & Events

Fet Gédé KULTUR
Am 1. und 2. November wird auf dem Grand Cimetière de Port-au-Prince die Fet Gédé gefeiert. Feierlichkeiten finden außerdem auf anderen Friedhöfen und in anderen Tempeln im ganzen Land statt. Gewidmet sind sie den Gédé (Ghede), den Trickstergeistern der Toten im Voodoo.

Schlafen

Port-au-Prince

Hôtel Oloffson HOTEL **$$**
(☎ 3810-4000; www.hotelcloffson.com; 60 Ave Christophe; DZ/Suite ab 100/200 US$; P ❄ @ 📶 🏊) Wenn Haiti ein Kulthotel besitzt,

Port-au-Prince

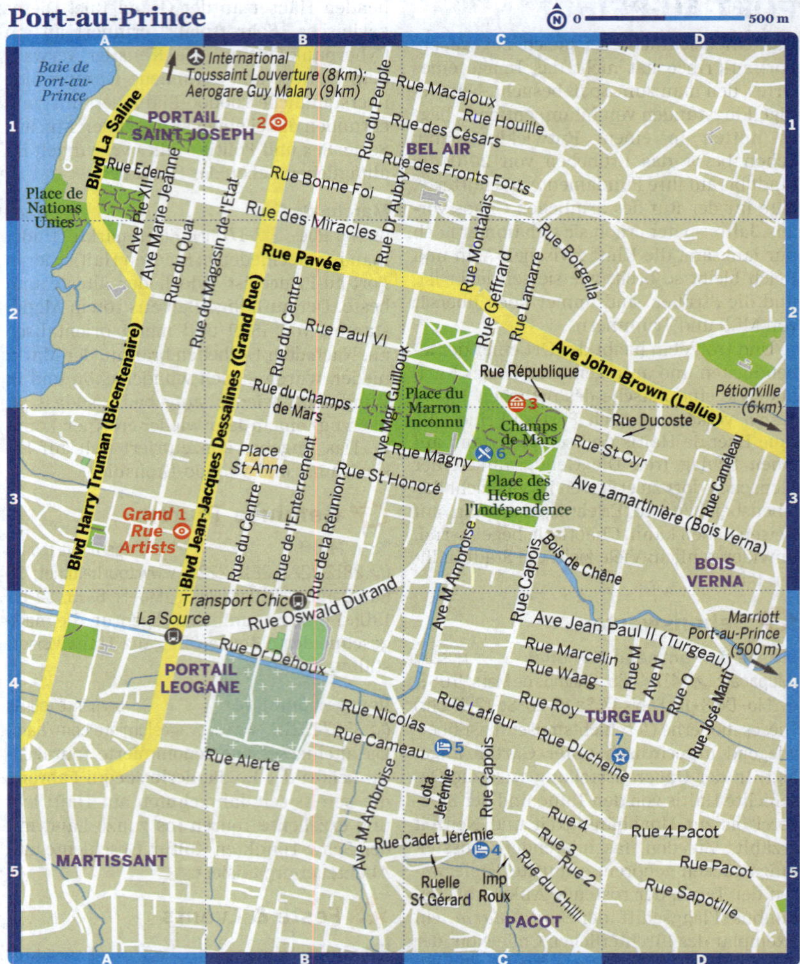

dann ist es das Oloffson. Als Hotel Trianon in Graham Greenes *Stunde der Komödianten* unsterblich geworden, ist das Pfefferkuchenhaus eines der schönsten der Stadt, neuerdings wieder ausgestattet mit Gemälden und Voodoo-Flaggen. In der sehr gemütlichen Bar nimmt man einen Rumpunsch zu sich, und jeden Donnerstag lässt die Hausband RAM bis in die frühen Morgenstunden den Dancefloor beben.

Leider lebt das Oloffson vor allem von seinem Namen, und die Zimmer, die Ausstattung und der Service werden den Preisen nicht gerecht. Immerhin erwartet Gäste ein lebendiges Ambiente.

★ **Inn at Villa Bambou** BOUTIQUE-HOTEL $$$
(☎3702-1151; www.villabambouhaiti.com; 1 Rue Marfranc, Pacot; DZ inkl. HP ab 250 US$; P ❄ 📶 🏊) Dieses umwerfende Boutique-Hotel ist in einem Haus aus den 1920er-Jahren untergebracht, das nach dem Erdbeben wiederaufgebaut wurde. Es gibt ein halbes Dutzend Zimmer, jedes nach einer Pflanze benannt und herrlich dekoriert. Weitere Argumente für dieses Hotel: Das Essen ist gut, der Garten üppig grün, die Aussicht auf Port-au-Prince toll – oder gibt's eine Pension mit einer noch besseren Aussicht?

Port-au-Prince

Highlights
1 Grand Rue Artists A3

Sehenswertes
2 Marché de Fer B1
3 Musée du Panthéon National C2

Schlafen
4 Hôtel Oloffson C5
5 Inn at Villa Bambou C4

Essen
6 Les Jardins du Mupanah C3

Unterhaltung
Hôtel Oloffson .... (siehe 4)
7 Yanvalou D4

Karibe Hôtel HOTEL $$$
(☎2812-7000; www.karibehotel.com; Juvenat 7, Juvenat; DZ ab 159 US$;) Dieses Hotel mit Konferenzzentrum zählt zu den schicksten großen Häusern auf Haiti und zieht eine finanzkräftige Klientel aus gepflegten Geschäftsleuten, internationalen Beratern und sogar Präsidenten an (Bill Clinton und „Baby Doc" Duvalier waren hier schon zu Gast). Zimmer und Service sind makellos und die exklusive Dachterrassenbar ist freitagabends gestopft voll.

Marriott Port-au-Prince HOTEL $$$
(☎2814-2800; www.marriott.com; 147 Ave Jean-Paul II, Turgeau; DZ 149 US$;) Das 2014 eröffnete Marriott setzte einen neuen Maßstab (auch bei den Preisen) für Hotels seiner Klasse. Die Decken sind ein wenig höher, die Oberflächen der Tresen strahlen weißer und die Mitarbeiter sind einen Hauch professioneller. Wenn gut betuchte Einheimische des täglichen Kampfes in Haiti überdrüssig sind, machen sie sich auf den Weg zum Marriott und genehmigen sich einen kräftigen Rumpunsch.

Pétionville

La Lorraine BOUTIQUE-HOTEL $$
(☎2816-8300; www.lalorrainehaiti.net; 36 Rue Clerveaux; DZ/Suite inkl. Frühstück 110/130 US$;) Das Haus, in dem dieses Boutique-Hotel eingerichtet ist, wurde in den 1950er-Jahren gebaut und restauriert. In dem originellen kleinen Juwel in Pétionville gibt's hohe bogenförmige Türrahmen, jedes Zimmer ist einzigartig mit modernen Möbeln und schöner haitianischer Kunst eingerichtet, einige haben Balkons und Hängematten, andere einen Minigarten. Die Liebe des Besitzers zum Detail ist an allen Ecken und Enden zu sehen, der Service ist jedoch teils ruppig.

El Rancho BOUTIQUE-HOTEL $$$
(☎2815-1000, in USA 212-219-7607; www.nh-hotels.com; 5 Rue Jose Martin; DZ ab 154 US$;) 2013 nahm die spanische Hotelkette NH bei diesem gehobenen Hotel und Kasino die Zügel in die Hand. Erneuert wurden der schicke, von Fontänen gesäumte Eingang und die 72 modernen Zimmer. Diese sind um das im Freien liegende Restaurant und den Pool herum angelegt. Im fantastischen Außenbereich gibt's oft Abendveranstaltungen mit Künstlern wie Sweet Micky, dem berühmten *compás*-Sänger, und ehemaligen Präsidenten.

Essen

Port-au-Prince

★ **Les Jardins du Mupanah** KARIBISCH $$
(☎2811-6764; lesjardinsdumupanah@gmail.com; Rue Oswald Durand, Champs de Mars; Sandwiches 8 US$, Hauptgerichte 13 US$; Mo–Sa 11–16 Uhr) Mupanahs Café und Restaurant bietet eines der elegantesten Luncherlebnisse der Stadt. Die bodentiefen Fenster gewähren einen Blick auf schattige Gärten. Auf Kunst gemachte weiße Baumimitationen schmücken den Essbereich, gut gekleidete Bedienungen bieten einen erstklassigen Service. Die Speisekarte bietet vor allem Karibisches, wie Kreolische Garnelen und einen tropischen gehackten Salat mit gegrilltem Hummer und grüner Papaya.

Pétionville

Pâtisserie Marie Beliard BÄCKEREI $
(☎2813-1516, 2813-1515; www.patisseriemariebeliard.com; Ecke Rues Faubert & Lambert; Gebäck 1–5 US$; Mo–Sa 6–18.30, So bis 13 Uhr) Zweifellos eine der besten Bäckereien in Pétionville. In dem hellen französischen Café sorgen Ziegelsteinverblendungen und putzige Tapeten für gemütliches Ambiente. *Pain au chocolat* und andere Backwaren sind blättrige Meisterwerke, zudem gibt's *petits gâteaux á la française*.

Quartier Latin INTERNATIONAL $$
(☎3445-3325; 10 Place Boyer; Hauptgerichte 15–22 US$; 11–24 Uhr) Der alteingesessene Klassiker überzeugt mit guten französi-

schen, italienischen, asiatischen und spanischen Gerichten. Eigentliches Highlight ist jedoch das weitläufige alte Gebäude mit Garten, das früher als Wohnhaus und später als Schule diente. Heute tummeln sich hier NGO-Mitarbeiter und Diplomaten. Freitag- und samstagabends wird Livejazz gespielt.

Café 36 INTERNATIONAL **$$**
(☎ 2233-3636; La Lorraine Hotel, 36 Rue Clerveaux; Tapas 8–10 US$, Hauptgerichte 12–18 US$; ⏰ 6–22 Uhr; 🅿 📶) Angeschlossen an das Boutique-Hotel La Lorraine, ist dieses stilvolle Restaurant zugleich Veranstaltungsort und Kunstgalerie. Hier gönnen sich Gäste gerne eine Auszeit, dafür sorgen das Essen, die Rummischgetränke, Quizabende und die angrenzende Boutique Lakou Lakay. Auf der Speisekarte findet man Snacks (wie leckeres levantinisch-haitianisches *kibby*), Salate und Sandwiches.

Papaye FUSION-KÜCHE **$$$**
(☎ 4656-2482; 48 Rue Métellus; Hauptgerichte 18–28 US$; ⏰ Di–Fr 12–14.30 & 19–23, Sa 13–23 Uhr) Den Begriff „Karibische Fusion-Küche" erwartet man bei einem haitianischen Lokal sicher nicht in einer Restaurantkritik, doch für das Papaye ist es ein Leichtes, mit dieser Idee erfolgreich zu sein: Kreolische Gerichte werden asiatischen, europäischen und anderen kulinarischen Einflüssen ausgesetzt. Irgendwie funktioniert's, das Ergebnis brachte eines von Haitis luxuriösesten Restaurants hervor. Am Wochenende heißt es abends Sehen und Gesehen-Werden, dementsprechend sind die Preise.

Unterhaltung

★ **Hôtel Oloffson** LIVEMUSIK
(☎ 3810-4000; 60 Ave Christophe) Donnerstagabends etwa ab 23 Uhr versammeln sich hier Scharen, um bis in die frühen Morgenstunden zu Voodoo-Rock und Rootsmusik von der Hotel-Band RAM zu tanzen. Eine starke Mischung aus afrikanischen Rhythmen, *rara*-Hörnern, Gitarre und Keyboard. Bei den Shows herrscht eine unwiderstehliche Atmosphäre. Im Mittelpunkt steht der Bandleader (und Besitzer des Oloffson) Richard Morse.

Yanvalou LIVEMUSIK
(☎ 4329-1347; yanvaloubar@gmail.com; Ave N, Pacot; ⏰ Di–So 9–23.30 Uhr) Ein Donnerstagabend ohne das Yanvalou ist in Haitis Hauptstadt undenkbar. Ab etwa 21 Uhr füllt sich die künstlerisch angehauchte Cafébar mit der hiesigen Schickeria, seien es UN-Mitarbeiter, Botschaftsangestellte oder hiesige Unternehmer. Die einen schlürfen Rumcocktails im Hof, andere unterhalten sich an der Bar, und später tanzen alle ausgelassen zu den Klängen einer Voodoo-Folklore-Band.

ℹ Praktische Informationen

Hôpital Bernard Mevs (☎ 3771-8247; 2 Rue Solidarite; ⏰ 24 Std.) Renommiertes Krankenhaus mit Traumazentrum, betrieben in Zusammenarbeit mit Project Medishare.

Hôpital du Canapé Vert (☎ 3767-8191, 2245-0984; 83 Rte de Canapé Vert, Canapé Vert; ⏰ 24 Std.) Ausgezeichnete Ärzte und Notfalldienste; wird von der hiesigen Ausländergemeinde empfohlen.

Polizei (☎ 2257-2222, 2222-1117, Notruf 114; Rue Légitime, Port-au-Prince; ⏰ 24 Std.)

Geldautomaten sind überall zu finden. Weil es bei Banken häufig Warteschlangen gibt und zur größtmöglichen Sicherheit, sollte man bei einem Supermarkt Geld abheben. Die meisten haben einen Schalter und Sicherheitspersonal.

Scotiabank (Ecke Rues Geffrard & Louverture, Pétionville; ⏰ Mo–Fr 9–16.30 Uhr)

Unibank (118 Rue Capois, Stadtzentrum Port-au-Prince; ⏰ Mo–Fr 9–16.30 Uhr)

ℹ An- & Weiterreise

BUS

In Port-au-Prince gibt's keinen zentralen Busbahnhof, stattdessen eine Reihe leicht anarchischer, sich nach dem Zielort richtender Abfahrtspunkte. Die meisten Busse und *taptaps* (örtliche Busse oder Minibusse) fahren ab, wenn sie voll sind – nur für Cap-Haïtien, Les Cayes und Jérémie kann man im Voraus Sitzplätze buchen.

Rund um das Sylvio Cator Stadium fahren Busse von **Transport Chic** (☎ 3107-5423; Rue Oswald Durand, Port-au-Prince) nach Les Cayes (400 HTG, 5 Std.) sowie Busse von La Source nach Jacmel (225 HTG, 4 Std.). *Taptaps* nach Cap-Haïtien (1000 HTG, 7 Std.) verkehren ab der **Estasyon O'Cap** (Grand Rue, Port-au-Prince).

Caribe Tours (☎ 3785-1946; Ecke Rues Clerveaux & Gabart, Pétionville), **Metro Bus** (☎ 2949-4545; www.metroserviciosturisticos.com; 69 Ave Pan Américaine, Pétionville) und **Capital Coach Line** (☎ 2813-1880; Blvd 15 Octobre, Tabarre) fahren allesamt täglich gegen 8 Uhr nach Santo Domingo in der Dominikanischen Republik. Die Fahrtzeit beträgt neun Stunden und im Ticketpreis von etwa 50 US$ sind in der Regel alle Einfuhrsteuern enthalten.

FLUGZEUG

Internationale Flüge starten vom Aéroport International Toussaint Louverture (S. 501), Inlandsflüge vom Aérogare Guy Malary (S. 502); beide liegen in Nachbarschaft zu den nördlichen Außenbezirken von Port-au-Prince.

Je nach Tageszeit dauert die Fahrt von den Flughäfen ins Zentrum etwa 30 bis 45 Minuten. Flughafentaxis werden von der Association des Chauffeurs Guides d'Haïti betrieben. Die Tarife liegen in der Regel zwischen 25 und 40 US$.

Unterwegs vor Ort

Mototaxis schlängeln sich durch Staus, sind aber auf keinen Fall die sicherste Transportform. Sie kosten bei Kurzstrecken um 50 HTG; bei längeren Strecken sollte man feilschen.

Taptaps fahren in Port-au-Prince auf bestimmten Strecken – mit ihnen kann man sehr billig herumkommen. Der Fahrpreis liegt üblicherweise bei 10 HTG pro Fahrt und die Routen sind an den Taxitüren angeschrieben. Alle halten bei Bedarf.

Nick's Taxis (☎3401-1021; 31 Ave Pan Américaine, Pétionville) Für Fahrten zwischen Port-au-Prince und Pétionville bietet sich dieses Funktaxiunternehmen an, das vor allem nach Einbruch der Dunkelheit nützlich ist. Die Strecke vom Zentrum nach Pétionville kostet rund 1300 HTG.

RUND UM PORT-AU-PRINCE

Croix-des-Bouquets

Von der unaufhaltsamen Zersiedlung von Port-au-Prince fast aufgesaugt, ist Croix-des-Bouquets die Heimat einer von Haitis dynamischsten Kunstszenen. Im Distrikt Noailles sind die *boss fè* (Metallarbeiter) zu Hause, die aus flachgedrückten Ölfässern und Karosserien unglaubliche Kunst hämmern.

Blechtonnen sind das in der Kunst am häufigsten genutzte Material. Sie werden halbiert und plattgedrückt, die Entwürfe mit Kreide vorgezeichnet und dann mit Meißeln ausgehauen. Die Ränder werden geglättet, das Relief wird ausgestanzt. Die kleinsten Stücke sind nur so groß wie ein Buch, die aufwendigsten können eine Größe von mehr als zwei Metern erreichen. Zu den beliebten Motiven gehören der Lebensbaum, die zu den Voodoo-Geistern *lwa* zählende La Siren (Meerjungfrau), Vögel, Fische, Musikanten und Engel.

Busse aus Port-au-Prince (1 US$, 30 Min.) fahren von der Kreuzung Rue des Fronts Forts und Rue du Centre ab. *Taptaps* aus Port-au-Prince (20 HTG, 30 Min.) fahren ab dem Carrefour Fleuriot in Tabarre am Boulevard 15 Octobre. Wer nach Croix-des-Bouquets möchte, steigt am Polizeiposten aus, an dem sich die Straße gabelt: Links geht's nach Hinche, rechts in die Dominikanische Republik. Erst die rechte Straße nehmen, dann rechts Richtung Notre Dame Depot abbiegen. Richtung Noailles an der Kirche der Siebenten-Tags-Adventisten rechts abbiegen und dem Klang von mit dem Hammer bearbeitetem Metall folgen: Auf das Künstlerdorf weisen Schilder hin.

Côte des Arcadins

Von Port-au-Prince führt die Route National 1 entlang der Küste Richtung Norden, bevor sie landeinwärts Richtung Gonaïves und Cap-Haïtien abbiegt. Das Gebiet ist nach den Arcadins benannt, drei im Kanal zwischen der Hauptinsel und der Île de la Gonâve liegenden, von Korallenriffen umgebenen Sandbänken.

Entlang der Côte des Arcadins sind Strandhotels an der Tagesordnung, darunter das **Royal Decameron Indigo Beach Resort & Spa** (☎2815-0111, in den USA 855-308-0375; www.decameron.com; Km 78, Rte Nati-

INSIDERWISSEN

SOUVENANCE & SOUKRI

Menschen aus ganz Haiti versammeln sich in der Nähe von Gonaïves, um Souvenance und Soukri, die zwei größten Voodoo-Feste des Landes, zu feiern.

Souvenance beginnt an Karfreitag und dauert eine Woche, zum ständigen Klang der *rara*-Musik Tamarindenbäumen werden Gebete dargebracht, Eingeweihte baden in einem heiligen See, und Stiere werden für die Voodoo-Geister geopfert.

Das Fest Soukri gilt den *Kongo lwa*. Der Gottesdienst ist zweigeteilt: Der „Vater aller *Kongo*" findet am 6. Januar statt, die zweite größere Zeremonie „Mutter aller *Kongo*" am 14. August. Die Rituale dauern jeweils zwei Wochen, ein echter Härtetest. Viele der Feiern ähneln denen des Souvenance-Fests.

onal 1; All-inclusive-DZ ab 99 US$; P ❄ @ ≋), ein luftig-helles Hotel an einem herrlichen weißen Sandstrand mit schillerndem türkisblauen Wasser; die Cocktails strömen frei aus vier Bars und drei geschmackvollen Restaurants. Die **Moulin sur Mer** (☎ 2813-1042, 3701-1918; www.moulinsurmer.com; Km 77, Rte National 1; DZ inkl. Frühstück ab 115 US$; P ❄ @ ≋) ist ein großer und charmanter Komplex mit einem guten Angebot an Zimmern, darunter solche im Knusperhäuschenstil in Strandnähe und weiter rückwärts gelegene, im spanischen Hazienda-Stil gestaltete Zimmer. Das exzellente **Musée Colonial Ogier-Fombrum** (☎ 3701-1918; Km 77, Rte National 1; 5 US$; ⏲ 10–18 Uhr; P) liegt eine kurze (kostenlose) Fahrt mit dem Golf-Buggy entfernt.

Tauchen ist hier als Freizeitaktivität sehr beliebt: **Pegasus** (☎ 3411-4775; haitidiving pegasus@yahoo.com; Kaliko Beach Club, Km 61, Rte National 1; ⏲ 8–17 Uhr) oder **Marina Blue Dive & Excursion Center** (☎ 2811-4043; www.marinabluehaiti.com; Moulin sur Mer, Km 77, Rte National 1; Bescheinigung für offene Gewässer 275 US$, Tauchgänge ab 65 US$; ⏲ 8–17 Uhr) arrangieren es für Besucher.

Hotels bieten für dieses Gebiet Transportmöglichkeiten an.

Route de Kenscoff

Die von der Place Saint-Pierre in Pétionville ausgehende Hauptstraße windet sich steil bergauf in Richtung der Kühle der Berge. Nach nur wenigen Kilometern befindet man sich in einem reichen landwirtschaftlichen Gebiet mit steilen terrassenartig angelegten Feldern, die sich an die Seiten der Berge anschmiegen; statt Stadt-Trubel gibt's hier eine frische Brise.

Die frische Luft in Kenscoff macht es zu einem beliebten Wochenendziel für Städter – bei 1980 m über Meereshöhe wird es oft als die Schweiz der Karibik bezeichnet (es gibt hier sogar ein paar verrückte Kreuzungen aus Schweizer und Karibischer Architektur). Kenscoff ist das ideale Ziel für Tageswanderungen, mit weitem Ausblick in alle Richtungen vor der Kulisse des Massif de la Selle. Kaffee und Gemüse werden hier in großen Mengen angebaut und dann auf dem Markt von Kenscoff, wo es Hygieneartikel, Küchengeräte und künstlerischen Ramsch gibt, verkauft.

Das **Fort Jacques** wurde nach der Unabhängigkeit 1804, als der Festungsbau florierte, von Alexandre Pétion errichtet und verdankt seinen Namen Jean-Jacques Dessalines. Das Bauwerk ist gut erhalten, wurde jedoch bei dem Erdbeben 2010 leicht beschädigt. Die Ruinen des **Fort Alexandre** liegen einen kurzen Fußmarsch entfernt. Beide Festungen bieten traumhafte Ausblicke über Port-au-Prince. Sie liegen 3 km von der Hauptstraße entfernt (zu Fuß oder mit dem Motorrad); einfach der steilen Straße gegenüber der Markthalle von Fermathe bergaufwärts folgen.

Unweit der Route de Kenscoff bietet das romantische Restaurant L'Observatoire de Boutilliers (☎ 3454-0118; Boutilliers; Hauptgerichte 1000–1800 HTG; ⏲ 10–22 Uhr) dank seiner Lage auf einem Berggipfel die bestmögliche Aussicht auf Port-au-Prince und die Umgebung. Das Essen ist teuer, wenn auch ganz gut (neben haitianischen Klassikern, darunter Ziege, Portwein und Meeresschnecken, gibt's Burger und Hähnchenflügel), und der Service teils langsam, das macht jedoch der grandiose Ausblick wieder wett.

An- & Weiterreise

Den ganzen Tag über fahren *taptaps* in Pétionville von der Ecke Rue Gregoire und Villate ab. Die Abfahrt erfolgt, wenn das Fahrzeug voll besetzt ist (50 HTG, 30 Min.), und geht über Fermathe. Umstieg Richtung Furcy in Kenscoff.

Furcy

Im winzigen Dorf Furcy gibt's reichlich Kiefern, und der Duft von frischem Koriander liegt in der Luft. Vom Massif de la Selle hat man einen tollen Ausblick. Einheimische vermieten hier Pferde (etwa 5 US$ pro Tour), um Gäste zu einem Wasserfall oberhalb des Dorfes zu bringen (1½ Stunden zu Fuß). Wer hier übernachten möchte, sollte warme Klamotten nicht vergessen – die Temperaturen sinken bei Sonnenuntergang und sorgen für erfrischende Abwechslung vom schwülwarmen Port-au-Prince.

Schlafen

★ **O-zone the Village** HOSTEL $
(☎ 2811-5170, 4806-6929; www.facebook.com/pg/ozonethevillage; Pl Furcy; DZ ab 65 US$, Baumhaus 125 US$, jeweils inkl. Frühstück; P ᯤ) 🍃 Die inspirierte Unterkunft in Berglage inmitten von Kiefern ist in Haiti einzigartig und wurde aus recycelten Materialien errichtet. Aus ausrangierten Kabelhaltern entstanden Fußwege, aus alten Reifen Kunst,

aus aufbereitetem Holz und Flaschen Wände. Die Anlage umgibt ein rustikales Flair und beherbergt ein einfaches Baumhaus, das Gäste über eine Hängebrücke betreten. Ein romantischer Ort mit Steampunk-Ambiente.

★ **Sesanet** GÄSTEHAUS $$$
(Madame Hélène's; ☎ 3443-0443; EZ/DZ inkl. Halbpension 125/150 US$; P) Mit nur drei Zimmern ist das charmante abgeschiedene Gästehaus in der Regel voll belegt und das mit gutem Grund. Die Besitzerin Madame Hélène versah die Unterkunft mit exquisiter Kunst und wohnlichen Details, und ihre Fusion-Küche (französisch und nahöstlich; Abendessen 35 US$) ist wirklich etwas Besonderes. Zu den Spezialitäten gehören Taboulé, Perlhuhn und Kaninchen, wobei marktfrische Zutaten zum Einsatz kommen.

An- & Weiterreise

Um Furcy zu erreichen, muss man entweder einen Geländewagen mieten oder von Kenscoff mit dem Mototaxi auf den Berg rauf. (100 HTG, 45 Min.). Beim Kommissariat von Kenscoff links abbiegen, dann nach den Fast-Food-Restaurants rechts abbiegen und weiter bergauf fahren. Wer weiter zum Parc National la Visite fährt, erreicht schließlich den Eingang; dort kann man über die Berge nach Seguin wandern.

NÖRDLICHES HAITI

Wenn man sich dafür interessiert, wie Haiti zu dem wurde, was es heute ist, sollte man in den Norden fahren. Von Kolumbus' erstem Landgang auf Hispaniola bis zu den Schlüsselereignissen des Sklavenaufstandes: All das ist hier passiert.

Erste Station ist Cap-Haïtien, Haitis zweitwichtigste Stadt. Einst beherbergte sie einen der reichsten Kolonialhäfen der Welt, heute ist sie eine ideale Ausgangsbasis für einen Besuch der international bekannten Citadelle Laferrière. Die Festung ist die größte in der Region und thront hoch auf dem Berg mit den Palastruinen von Sans Souci darunter. Das Meer säumen zahlreiche kleinere Forts, während die Île de la Tortue an die Zeit erinnert, als die Piraten die hiesige Küste beherrschten.

Die wilden Atlantikwellen versorgen den Norden mit spektakulärer Küstenlandschaft und tollen Stränden. In Cormier Plage und Plage Labadie, einen Steinwurf von Cap-Haïtien entfernt, gibt's einige spannende neue Tourismusprojekte. Sie eignen sich ideal, um sich von den chaotischen Städten Haitis zu erholen.

Cap-Haïtien

In Haitis zweiter Stadt fühlt man sich abseits des Trubels und der Hektik von Port-au-Prince wie in einer eigenen Welt. Während der französischen Kolonialzeit war es die reichste Stadt der Karibik. Auch wenn von dieser Erhabenheit nichts mehr geblieben ist, hat sich die Stadt eine entspannte Atmosphäre bewahrt (zumindest im Vergleich zu Port-au-Prince). Die alte Hafenarchitektur mit hohen Ladenfronten und Balkons macht es zu einem Ort, an dem es sich angenehm bummeln lässt. Die meisten bezeichnen die Stadt im melodischen kreolischen Akzent, der für die Einwohner typisch ist, als „Cap" oder „O'Kap".

Abgesehen von der Atmosphäre hat Cap-Haïtien nicht viel zu bieten, dafür ist die Stadt eine exzellente Ausgangsbasis für Ausflüge zu Attraktionen in der Nähe.

Sehenswertes

Place d'Armes PLATZ
(Ecke Rues 18 & H) Der hübsche Hauptplatz der Stadt grenzt an der Südseite an die Kathedrale Notre-Dame in der Rue 18 und hat eine dunkle Vergangenheit. François Mackandal, Anführer eines vorrevolutionären Guerilla-Sklavenkriegs, wurde hier 1758 auf dem Scheiterhaufen verbrannt, einer seiner Nachfolger, Vincent Ogé, 1791 auf dem Platz gerädert. Heute geht's hier vergleichsweise entspannt zu, zumindest tagsüber, wenn die Bänke rund um eine kleine Statue von Jean-Jacques Dessalines von Studenten und anderen gut gelaunten Erholungssuchenden bevölkert werden.

Schlafen

★ **Habitation des Lauriers** HOTEL $$
(☎ 3836-0885; www.habitationdeslauriers.com; Ecke Rues 13 & Q; B 25 US$, EZ/DZ mit Ventilator 50/60 US$, mit Klimaanlage 80/110 US$; P @ 📶 🏊) Das Hotel mit dem besten Preis-Leistungs-Verhältnis in Cap-Haïtien liegt im westlichen Außenbezirk auf einer Bergspitze. Der Blick über die Stadt ist umwerfend. Dazu kommen ein hervorragender Service, köstliches hausgemachtes Essen und reizvolle Zimmer für jeden Geldbeutel. Die Klientel ist bunt gemischt. Auf der Veranda des histori-

schen Hauptgebäudes und am Tauchbecken finden Begegnungen inmittem üppiger Gärten mit Kolibris und Schmetterlingen statt.

★ **Hostellerie du Roi Christophe** HOTEL $$$
(3687-8915; hotroi24b@hotmail.com; Ecke Rues 24 & B; EZ/DZ 126/150 US$; P) Das älteste und charmanteste Hotel von Cap-Haïtien ist in einem Gebäude aus der französischen Kolonialzeit untergebracht und versprüht das Flair einer verwunschenen spanischen Hazienda. Sein Herzstück ist ein eleganter begrünter Hof mit vielen Schaukelstühlen und Holzbüsten haitianischer Revolutionsführer, zudem gibt's ein Terrassenrestaurant und einen idyllischen, von blühenden Pflanzen gesäumten Pool. In den großen Zimmern findet man historische Möbel und Kunst, viele haben außerdem einen Balkon.

Le Picolet HOTEL $$$
(2810-1111; Blvd de Mer; EZ/DZ 130/150 US$; P) Das beliebte Hotel mit elegantem Flair beherbergt gemütliche Zimmer, die um einen kleinen begrünten Hof angeordnet sind. Sämtliche Wände ziert farbenfrohe haitianische Kunst. Das Restaurant ist sehr gut und lockt mit einer erfrischenden Meeresbrise sowie fangfrischem Fisch; nach dem Abendessen unbedingt nach (kostenlosem) haitianischem *dous*, einer Art Karamell, fragen.

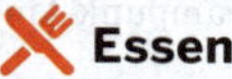

Essen

★ **Lolo's** ITALIENISCH $$
(3778-9635; Rue A; Hauptgerichte ab 12 US$; Mo–Sa 14–23 Uhr) Lolo Silvera hat der hiesigen Gastronomieszene mit diesem reizenden Lokal einen echten Schub verpasst. Die Wände der Außenterrasse zieren Muscheln, Treibholz und haitianische Bilder, über den Tischen hängen Lichterketten. Das Essen ist das beste der Stadt; zu empfehlen sind frische Pasta und das Risotto mit *djon-djon* (haitianischen schwarzen Pilzen).

Kokiyaj INTERNATIONAL $$
(3227-4821; Blvd de Mer; Hauptgerichte 8–15 US$; 8–22 Uhr) Ein selbst ernanntes „Sport-Restaurant" über einem Supermarkt klingt wenig einladend, dabei weiß das Kokiyaj durchaus zu überzeugen. Neben kreolischen Klassikern gibt's einige gute europäische und amerikanische Hauptgerichte. Zudem ist der Service freundlich und die Bar gut bestückt.

ABSTECHER

STRÄNDE NAHE CAP-HAÏTIEN

Eine westlich von Cap-Haïtien ausgehende neue Straße zieht sich entlang der Nordwestküste des Kaps in Richtung einiger der schönsten Küstenlandschaften des Landes: Grüne Hügel fallen hier geradewegs in den Atlantik ab und werden von sichelförmigen goldenen Sandstränden durchbrochen.

Die Straße trifft die Nordküste des Kaps unweit des **Cormier Plage Resort** (3702-0210; www.cormierhaiti.com; Rte de Labadie; DZ inkl. Frühstück ab 106 US$; P @). Strand und Resort sind eine echte Karibikidylle inklusive Rummischgetränken und Wellen, die sich sanft an Land brechen. Nicht weit davon entfernt liegt die **Plage Labadie**, auch Coco Plage genannt. Die ummauerte Halbinsel ist von Royal Caribbean Lines für Kreuzfahrtgäste gepachtet, die fünfmal die Woche an Land gehen.

Von der Plage Labadie bringen *bateaux-taxis* (Wassertaxis) Fährpassagiere in ihre Gästehäuser, zu weiter westlich gelegenen Stränden (besonders schön ist Kadras Bay) und zur unbewohnten Insel **Île-à-Rat,** (Amiga Island), einen der schönsten Plätze des Landes: Hier können Gäste für einen Tag in der Sonne liegen, schnorcheln und frisch gefangene Fische oder Meeresfrüchte genießen.

Chato Relaxo (www.chatorelaxo.com; 1 Rue Belly Beach; Apt. inkl. Frühstück werktags/am Wochenende 130/145 US$;) wird von der Familie Mangs betrieben, die seit den 1970er-Jahren in Labadie lebt. Ihre Liebe für die Gegend spiegelt sich in dem auf einer Klippe thronenden Bungalow wider, der aus recyceltem Baumaterial von Festungen aus der Kolonialzeit besteht. Der Balkon bietet eine 180-Grad-Sicht, und Dillon Mangs organisiert Bootsfahrten zur Île-à-Rat, nach Kadras und zu anderen idyllischen Orten. Auf Anfrage gibt's Abendessen mit haitianischen Spezialitäten für 30 US$ pro Person.

Der Bungalow bietet Platz für bis zu drei Personen, ist verdientermaßen beliebt und sollte weit im Voraus gebucht werden.

NICHT VERSÄUMEN

KARNEVAL IN JACMEL

Der **Karneval** (Feb.) in Jacmel ist in ganz Haiti bekannt, und jedes Jahr fallen Tausende von Partygängern in die Stadt ein, um an diesem fantastischen Spektakel teilzunehmen. Jacmel verwandelt sich für dieses Ereignis in ein einziges riesiges Theater, das gespenstisch und surrealistisch anmutet. Es ist im Vergleich mit den Pailletten und dem Funkeln des Karnevals in Rio de Janeiro eine ganz eigene Welt.

Die Vorsaison des Karnevals startet Ende Januar. Jeden Sonntag finden Veranstaltungen statt, die ihren Höhepunkt in den gigantischen Feierlichkeiten und dem Umzug am Sonntag vor Rosenmontag finden. Dieser findet eine Woche früher als im restlichen Land statt und fällt somit nicht mit dem Karneval in Port-au-Prince zusammen.

Die Straßen sind voller Menschen und überall sieht man bizarre Gestalten mit fantastischen Pappmaché-Masken, die typisch für den Jacmel Carnaval sind. Das ganze Jahr über kann man dabei zusehen, wie diese in Werkstätten gefertigt und ausgestellt werden. Dschungeltiere drängen sich neben mythischen Vogelwesen, Riesenfrüchten und *lwa* (Voodoo-Geistern). Auf dem Umzug laufen auch als Arawak und Kolonisten verkleidete Karnevalisten mit sowie behörnte, rußgeschwärzte und mit Melasse bedeckte Gestalten, die Zuschauer mit ihren klebrigen Händen piesacken. Der heilige Michael und seine Engel führen ihren rituellen Kampf gegen den Teufel, während Monsterherden, die den Machtmissbrauch durch das Militär karikieren, Umstehende bedrohlich anknurren. Es gibt sogar einen Esel in bäuerlicher Kleidung mit Turnschuhen, der sich traditionell großer Beliebtheit erfreut.

Überall hört man Musik, sei es von Bands auf organisierten Umzugswagen oder Fußgruppen, die *rara* (einen der beliebtesten Musikstile Haitis) spielen. Das Ganze ist eine gigantische Party. Der Umzug beginnt etwa gegen Mittag, wobei die Feierlichkeiten bis spät in die Nacht andauern.

Lakay KREOLISCH $$
(3188-6881; info@lakayhaiti.com; Blvd de Mer; Hauptgerichte 8–19 US$; Di–Sa 11.30–2, So ab 18 Uhr) Es überrascht nicht, dass dieses Restaurant zu den beliebtesten in Cap-Haïtien gehört. Draußen können sich Gäste einen Drink mit Meerblick genehmigen, während drinnen unter einem Bambusdach großzügige Portionen kreolischer Küche und Pizza serviert werden. Die Atmosphäre ist gesellig und am Wochenende spielen oft Bands (Eintritt 4 US$).

Praktische Informationen

Hôpital Justinien (2262-0512, 3356-2004; Ecke Rues 17 & Q; 24 Std.) Cap-Haïtien's Zentralklinik.

Sogebank (Ecke Rues 11 & A) Verfügt über einen Geldautomaten (während der Öffnungszeiten).

An- & Weiterreise

BUS

Caribe Tours (Ecke Rues 29 & A) hat eine direkte Busverbindung nach Santiago (52 US$, 4 Std.) und Santo Domingo (60 US$, 9 Std.) in der Dominikanischen Republik.

Sans-Souci Tours (4855-7071; Rte National 1) bedient Routen zwischen Cap-Haïtien und Port-au-Prince (1000 HTG, 7 Std.).

Taptaps fahren von der Ecke Rues 21 und Q in Cap-Haïtien nach Cormier Plage und Plage Labadie, (25 HTG, 30 bzw. 40 Min.). Wer zur Citadelle Laferrière möchte, steigt an der Stasyon Pon nahe der Hauptbrücke in ein *taptap* nach Milot (20 HTG, 1 Std.).

FLUGZEUG

Der Internationale Flughafen Hugo Chávez (S. 501) liegt 3,5 km östlich der Stadt (Taxi/Mototaxi 7/1,50 US$). **Sunrise Airways** (Hostellerie du Roi Christophe, Ecke Rues 24 & B) hat drei Büros in praktischer Lage in der Lobby des Roi Christophe und fliegt dreimal täglich nach Port-au-Prince (8, 10 & 16.15 Uhr, 100 US$, 30 Min.).

Citadelle Laferrière & Sans Souci

Die ehrfurchtgebietende Citadelle Laferrière liegt nur einen Steinwurf vom Cap-Haïtien entfernt am Rand der Kleinstadt Milot. Sie wurde erbaut, um die Franzosen abzuwehren. Heute ist sie quasi ein Denkmal für die Vision des selbst ernannten Königs Henry

Christophe, der den Bau beaufsichtigt hatte. Ein Besuch hier ist ein Muss für jeden Haiti-Reisenden. Es gibt die zum UNESCO-Weltkulturerbe zählende Festung selbst und den Palast von Sans Souci zu entdecken.

Das Ticketbüro liegt am Ortsende von Milot neben der riesigen Kuppel der **Église Immaculée Conception de Milot** und gegenüber den Ruinen von Sans Souci. Hier gibt's viele Guides und Pferdeführer. Zu empfehlen ist Maurice Etienne, der auch das Kulturzentrum Lakou Lakay (S. 493) betreibt. Eine Gebühr von 20 bis 30 US$ für einen guten Führer ist angemessen, dazu kommt die Miete für ein Pferd; Etienne verlangt 50 US$ für eine Tour zu beiden Stätten.

Sehenswertes

★ Citadelle Laferrière FESTUNG
(Citadelle Henri; Sans Souci & Citadelle 10 US$; ⏲7–16 Uhr) Die Haitianer bezeichnen die Zitadelle als achtes Weltwunder. Wer sich zum 900 m hohen Gipfel des Pic Laferrière hinaufgequält hat (oder für 15 US$ auf dem Rücken eines Pferdes), wird dem wohl zuzustimmen. Diese Festung erinnert an ein Kriegsschiff, in alle Richtungen ist die Aussicht überwältigend. 1820 fertiggestellt, waren hier 20 000 Menschen beschäftigt und die gelagerten Vorräte reichten aus, um die königliche Familie und eine 5000 Mann starke Garnison ein Jahr lang zu versorgen. Mit vier Meter dicken und bis zu 40 m hohen Mauern war die Festung uneinnehmbar. Die Kanonen wurden allerdings nie im Gefecht abgefeuert.

Hinter dem Festungswall sollte eine Reihe von Zugbrücken und unübersichtlichen Ecken Angreifer täuschen. Sie führen durch einen Korridor mit den ersten von mehreren Kanonengeschützen. In der Zitadelle gibt's über 160 Geschütze, von denen ein Großteil in Kämpfen gegen die Engländer, Spanier und Franzosen erbeutet wurde. In der ganzen Festung sieht man riesige Haufen Kanonenkugeln; früher waren es insgesamt 50 000, allerdings wurden einige gestohlen.

Herzstück der Festung ist der zentrale Hof mit den Offiziersquartieren. Christophe selbst wurde hier nach seinem Suizid begraben; sein Grab befindet sich unter einem riesigen Felsblock, der zum Berg gehört. Eine Stufe darüber steht das weiß getünchte Grab seines Schwagers Prince Noel.

Auf dem Festungsgelände lassen sich gut ein paar Stunden zubringen, dafür sorgen versteckte Durchgänge und Hallen sowie stets neue Ausblicke von der Festungsmauer. Steile Wände schützen die Zitadelle aus jeder Richtung außer auf der Rückseite. Dort blickt man gen Süden auf die Site des Ramiers, eine Ansammlung von vier kleinen Forts, die die freie Flanke bewachen. Sie sind recht verfallen und werden allmählich vom feuchten Wald zurückerobert. Wer möchte, kann dorthin laufen, man muss allerdings recht gut klettern können.

Sans Souci HISTORISCHE STÄTTE
(Sans Souci & Citadelle 10 US$; ⏲7–16 Uhr) Henri Christophes Palast Sans Souci wurde gebaut, um Versailles in Frankreich Konkurrenz zu machen. Er wurde durch das Erdbe-

ABSTECHER

SURFEN IN HAITI

Rund 30 Minuten östlich von Jacmel an der von Cayes Jacmel kommenden Straße lockt das verschlafene Fischerdorf Kabic mit einem malerischen Strand, der Surfern ordentliche Wellen bietet. Die als Kabiquois bezeichneten freundlichen Einheimischen geben den Gästen das Gefühl, zu Hause zu sein. Sie sind einer der Gründe, immer wieder hierherzukommen.

Motorradtaxis verlangen für die Fahrt aus Jacmel rund 100 HTG bei Tag und 150 HTG nach Einbruch der Dunkelheit. *Taptaps* (25 HTG) fahren von Sonnenaufgang bis 20 Uhr die Strandpromenade auf und ab.

Surf Haiti (✆4906-2119, 3159-9414, 4286-9277; www.surfhaiti.org; Kabic Beach; Unterrichtsstunde 15 US$, Mietboard halb-/ganztags 500/1000 HTG; ⏲Sonnenauf- bis Sonnenuntergang) wurde 2011 als gemeinnütziges Unternehmen gegründet, beschäftigt Einheimische, die das Surfen auf ausrangierten Holzbrettern lernten, und ist Haitis erste und einzige Surfschule. Nach vorheriger Vereinbarung werden auch Kurse für Fortgeschrittene angeboten. Zimmer gibt's in dem charmanten Gästehaus, vom Strand aus bergauf, mit einem von Flusswasser gespeisten Pool (EZ/DZ 45/55 US$).

ben im Jahr 1842 zerstört und nicht wieder aufgebaut. Das zerfallene Gebäude wirkt elegant. 1813 fertiggestellt, war Sans Souci mehr als nur ein Palast; es sollte als Verwaltungshauptstadt von Christophes Königreich dienen, außerdem sollten hier ein Krankenhaus, eine Schule, eine Druckerei sowie eine Kaserne untergebracht werden.

Essen

Lakou Lakay KREOLISCH $$

(☎3614-2485, 3483-7810; Milot; Mahlzeiten 10–20 US$) Das kulturelle Begegnungszentrum ist eine alteingesessene Institution. Vom Guide Maurice Etienne und seiner Familie geleitet, begrüßt das Zentrum die Gäste mit traditionellem Tanz, Folksongs und Getrommel und mit einem großen Kreolischen Fest (Reservierungen erforderlich). Aktuell entstehen ein Pool und Gemeinschaftsräume. Für Übernachtungsgäste gibt's einfache Unterkünfte (50 US$ pro Person).

An- & Weiterreise

Taptaps aus Cap-Haïtien (20 HTG, 1 Std.) lassen einen wenige Schritte von Sans Souci entfernt raus. Man sollte nicht zu spät zurückkommen, da sonst nur noch wenige Verkehrsmittel unterwegs sind. Taxis werden vom Hotel organisiert und kosten rund 50 US$.

SÜDLICHES HAITI

In Haitis Süden lässt man's ruhiger angehen. Nach dem chaotischen Verkehr von Port-au-Prince wird das urbane Treiben von einer entspannten Atmosphäre abgelöst – man nähert sich schließlich der gemächlicheren Karibik.

Jacmel

Von einer 3 km breiten Bucht geschützt, ist die alte Hafenstadt Jacmel einer der faszinierendsten und malerischsten Orte in ganz Haiti. Hier gibt's eine der besten Karnevalsfeiern im Land.

Der alte Stadtkern trägt zu Jacmels Charme bei: Die Herrenhäuser und Lagerhäuser von Händlern muten spätviktorianisch an, mit ihren rostigen schmiedeeisernen Balkons und abblätternden Fassaden. Einige der historischen Gebäude wurden beim Erdbeben 2010 beschädigt, aber in den letzten Jahren hat die Stadt gewissermaßen ein Facelifting erfahren. Die beeindruckendsten der Mosaiken, die in diesem Zusammenhang gelegt wurden, gibt's entlang der kilometerlangen Strandpromenade zu bestaunen, der Promenade du Bord de Mer – hier ist Tag und Nacht viel los ist.

Die Stadt ist auch das unumstrittene Kunsthandwerkszentrum Haitis. In Dutzenden Ateliers entstehen handbemalte Souvenirs, von Wandschmuck bis hin zu Pappmaché-Masken für die Karnevalsfeierlichkeiten.

Sehenswertes

★ **Bassin Bleu** WASSERFALL

(100 HTG; ⏲Sonnenauf- bis Sonnenuntergang) 12 km nordwestlich von Jacmel, versteckt in den Bergen, besteht das Bassin Bleu aus einer Reihe von drei kobaltblauen Becken. Sie sind durch Wasserfälle miteinander verbunden und bilden so einen der schönsten Badeseen in Haiti. Experience Jacmel bringt einen mit dem Mototaxi zu einem Dörfchen nahe den Becken, dann wird man von einem einheimischen Führer über einen holprigen Weg (an einer Stelle muss man sich an einer Felswand abseilen) zu den Becken begleitet. Oft springen Kinder von hohen Felsen hinunter.

Cayes Jacmel DORF

Vom kleinen Fischerdorf Cayes Jacmel, das etwa 14 km östlich von Jacmel liegt, erstreckt sich der Strand über 3 km in Richtung **Plage Ti Mouillage**, einem umwerfenden, von Kokospalmen gesäumten weißen Sandstrand. Hier gibt's auch eine Bar für Drinks und Meeresfrüchte. In Cayes Jacmel werden die Schwindel verursachenden Schaukelstühle hergestellt, die man auf ganz Haiti findet.

Geführte Touren

Experience Jacmel ABENTEUER

(☎3722-5757; www.facebook.com/ExpJacmel; Promenade du Bord de Mer; ⏲8–13 Uhr) Als angesehenes Touristikunternehmen bietet Experience Jacmel Stadtrundfahrten, auf den Karneval konzentrierte Kunstreisen, Touren zum Bassin Bleu und sogar eine Voodoo-Nachttour an, bei der man einen Voodoo-Priester trifft. Der ortsansässige Besitzer Markensy ist besonders nett und hilfsbereit und verfügt über ein immenses Wissen über die Stadt.

Schlafen & Essen

★ **Hôtel Florita** HOTEL $$

(☎3785-5154; www.hotelflorita.com; 29 Rue du Commerce; EZ/DZ 80/100 US$; ❄@) Die umgebaute Villa von 1888 versprüht jede Menge

Charme. Sie wurde beim Erdbeben beschädigt, jedoch wieder aufgebaut. Neben glänzenden Holzdielen und historischen Möbeln gibt's weiß getünchte luftige Zimmer mit Moskitonetzen und Balkons. Der Service ist manchmal unerklärlich langsam, dafür serviert die Bar gute Drinks, zieht eine Klientel an, die aus einem Tennessee-Williams-Roman stammen könnte und wird von jeder Menge großartiger Kunst geschmückt.

Leider gibt's Berichte über Sicherheitsprobleme, deswegen sollte man entsprechend planen, wenn man diesen wunderbaren einzigartigen Ort erleben möchte.

★Cyvadier Plage Hôtel HOTEL $$
(☎3844-8264; www.hotelcyvadier.com; Rte de Cyvadier; EZ/DZ mit Ventilator 60/73 US$, mit Klimaanlage 80/95 US$; P ❄ @ ≋) Abseits vom wichtigsten Highway gelegen, ist dies das Strandhotel, das am weitesten von Jacmels Stadtmitte entfernt liegt. Es ist aber auch eines der besten. In einer Gruppe von Gebäuden gegenüber dem Terrassenrestaurant, das vom in der Schweiz ausgebildeten Küchenchef und Besitzer Jean Christophe geführt wird, und hinaus zur privaten Bucht von Cyvadier Plage (Nichthotelgäste willkommen) gibt's schöne Zimmer.

Colin's Hotel HOTEL $$
(☎3704-4877, 2818-8686; www.colinshotel.com; 13 Rue St-Anne; EZ/DZ inkl. Frühstück 88/99 US$; P ❄ ≋) Die übergroßen Zimmer in diesem farbenfrohen Hotel direkt bei der Strandpromenade verteilen sich rund um einen großen Hof und einen Poolbereich, der von NGO-Mitarbeitern samt Apple-Ausrüstung bevölkert ist. Das Restaurant im unteren Stock ist sehr gut und zeichnet sich vor allem durch freundlichen, effizienten Service aus. Überall auf dem Gelände bietet sich eine fantastische Sicht aufs Meer.

★Manje Lokal KREOLISCH $
(Strand von Jacmel; Hauptgerichte 4–6 US$; ⌚12–24 Uhr) Direkt bei der Strandpromenade hinter einer Betonwand mit einer Öffnung in der Mitte werden in einem halben Dutzend Hütten mit Musikbeschallung jede Menge Bier und günstiges Essen serviert. Zu den sättigenden Klassikern zählen Fisch, Hühnchen und Kochbananen, und oft wird hier bis spät in die Nacht gefeiert. Das Chantal serviert das beste Essen.

Cafe Koze CAFÉ $
(☎4147-5000; www.facebook.com/pg/cafekoze; Rue du Commerce; Hauptgerichte 200 HTG, Hummerbrötchen 300 HTG; ⌚Di–So 12–21 Uhr;) Ist die Wartezeit im Florita zu lang, steuern Insider das effizientere Cafe Koze nebenan an. In der Espressobar mit Lounge gibt's leckere Pizza, Tapas und köstliche Hummersandwiches. Am Wochenende treten Livebands auf.

ℹ Praktische Informationen

Banque Nationale de Crédit (Grand Rue; ⌚Mo–Fr 8.30–16 Uhr)

Hôpital Saint-Michel (☎2288-2151; Rue St-Philippe; ⌚24 Std.) In Notfällen ok, aber nicht großartig.

ℹ An- & Weiterreise

La Source (☎4300-9525; 16 Av de la Liberté, nahe Maré Geffard) Busse (225 HTG, mind. 4 Std.) und *taptaps* (200 HTG, 5 Std.) nach Port-au-Prince fahren ab der 2 km außerhalb der Stadt liegenden Haltestelle Bassin Caïman.

Der Südwesten

Les Cayes

Man wird in Haitis viertgrößter Stadt schwerlich so etwas wie Handlungsdruck finden. Besser bekannt als Aux Cayes, ist Les Cayes ein Rumexporthafen, geschützt von einer Reihe von Riffen, die schon viele Schiffe zum Kentern brachte (erstes bekanntes Opfer war eines von Kolumbus' Schiffen auf seiner letzten Reise nach Hispaniola). Piraten, besonders von der nahen Île-à-Vache, waren eine weitere Bedrohung. Heute hat Les Cayes dem Besucher wenig zu bieten, trotzdem ist es ein guter Verkehrsknotenpunkt auf dem Weg zu anderen Zielen im Süden.

Le Cayenne Hôtel (☎3105-3959; lacayenneht@yahoo.fr; Rue Capitale; EZ/DZ inkl. Frühstück ab 4750/6150 HTG; P ❄ @ ≋) kommt in Les Cayes einem Strandhotel am nächsten: Das Meer liegt hinter der Grundstücksmauer. Die Zimmer entsprechen dem üblichen Standard, man hat viel Platz und es gibt einen Pool, etwas Besonderes ist die Unterkunft jedoch nicht.

Das Bistro Gourmand (☎2270-5718; 41 Rue Geffrard; Hauptgerichte 400 HTG; ⌚8–23 Uhr), eine Bar mit Innen- und Außenbereich, wird gerne von NGO-Mitarbeitern auf ihrem Weg durch Les Cayes zu Einsätzen in entlegeneren Gebieten auf der südlichen Halbinsel angesteuert. Besonders beliebt sind Salate und Pizza und abends ist hier viel los. Der Rum Sour ist lecker.

An- & Weiterreise

Transport Chic (☎3630-2576; 227 Ave des Quatre Chemins) besitzt Luxus-Minibusse mit Klimaanlage, die täglich nach Port-au-Prince (8 US$, 4 Std.) verkehren.

Voyageur (☎3633-2361; voyageurbus@gmail.com; Meridien Hotel, Rte National 2) und *taptaps* nach Port Salut (200 HTG, 45 Min.) fahren am Carrefour des Quatre Chemins ab.

Île-à-Vache

Die sogenannte „Insel der Kühe" liegt etwa 15 km südlich von Les Cayes. Im 16. Jh. war sie Basis des walisischen Piraten Henry Morgan, der das spanische Kolonialgebiet in der Karibik und am Golf von Mexiko terrorisierte. Drei Jahrhunderte später versuchte Abraham Lincoln, freigelassene Sklaven hierher umzusiedeln, ein kurzlebiges und schlecht organisiertes Experiment.

Heute beherbergt die Insel ländliche Wohnhäuser, Plantagen, Mangroven, eine typische Arawak-Begräbnisstätte und einige schöne Strände.

Schlafen

★ **Port Morgan** RESORT **$$$**
(☎3923-0000; www.port-morgan.com; Cayes Coq; EZ/DZ inkl. Vollpension ab 115/205 US$; P ❄ @ ≋) An einem Tag in den 1970er-Jahren segelte ein junger Franzose namens Didier im Rahmen eines Familienurlaubs nach Port Morgan. Er sollte für immer bleiben – seine zufriedenen Gäste danken es ihm. Didiers Resort mit seinen luftig-hellen, charmanten Chalets samt hübscher Aussicht auf die Jachten im Hafen ist der idyllischste Ort auf der Insel.

Abaka Bay Resort RESORT **$$$**
(☎3721-3691; www.abakabay.com; Anse Dufour; EZ/DZ inkl. Vollpension 135/220 US$; ❄ @) Zu diesem Hotel gehört einer der wunderbarsten Strände der Karibik, die glatte weiße Sandkurve einer Bucht, die auf üppiges Laub und eine Reihe erfreulicher Bungalows und Villen trifft. Die Atmosphäre ist entspannt, doch wegen des Mangels an Touristen gehen die Mitarbeiter es manchmal etwas zu lässig an. Ein privater Bring- und Abholdienst zur und von der Insel kostet zusätzlich 50 US$ pro Boot.

An- & Weiterreise

Alle drei Hotels auf Île-à-Vache bieten Transfers vom Kai in Les Cayes für 50 bis 60 US$ pro Fahrt an (was sich unter Gruppen aufteilen lässt). Ansonsten fahren *bateaux-taxis* (Wassertaxis) mehrmals am Tag (2 US$, 30 Min.) vom Kai zum Dorf Madame Bernard. Je nach Höhe der Benzinpreise kann die Fahrt länger dauern (um Benzin zu sparen, wird langsamer gefahren). Wichtig sind Sonnencreme und eine Kopfbedeckung.

Port Salut

Eine hübsche Straße führt westlich von Les Cayes zu den beeindruckenden Stränden von Port Salut. Die Gegend wurde 2016 hart von Hurrikan Matthew getroffen, hat sich jedoch größtenteils wieder erholt. Dennoch werden bis heute zerstörte Gebäude weggeräumt und einigen Palmen am Strand fehlen die Baumkronen. Viel los ist hier nicht, für ein paar erholsame Strandtage ist Port Salut jedoch genau das Richtige.

Die von einer einzigen Straße durchzogene Stadt windet sich über mehrere Kilometer an der Küste entlang und bietet immer noch breite, fast menschenleere palmengesäumte Streifen weißen Sandes, und das angenehm warme Karibische Meer – es lädt zum Planschen ein. Die größte Höhle auf Haiti, die **Grotte Marie Jeanne** (☎3702-3941, 3638-2292; 100 HTG; ⊙8–16 Uhr) liegt etwa 45 Min. die Küste aufwärts und ist einen Besuch wert, wenn man gerade in der Gegend ist.

Schlafen & Essen

★ **Sunset Cove Beach Hotel** HOTEL **$$**
(☎3664-0404, 4912-4211; www.sunsetcovebeachhotel.com; DZ ab 88 US$) Die charmant-pittoresken Bungalows mit mehreren Zimmern sammeln sich um eine winzige sandige Bucht, ebenso wie das **erstklassige Restaurant** (☎3797-0978, 3664-0404; Rte Départmentale 205; Hauptgerichte 200 HTG; ⊙Öffnungszeiten variieren) samt Bar. Die freundliche Professionalität der Geschäftsleitung durchdringt die Anlage mit einem Gefühl von Sicherheit und Ruhe. Eine der besten Unterkünfte im südlichen Haiti.

Chez Kaliko FISCH & MEERESFRÜCHTE **$$**
(☎3878-9601; Port Salut beach; Hauptgerichte 12 US$; ⊙Öffnungszeiten variieren) Joe, der Besitzer dieser Strandhütte in Port Salut, kennt die Öffnungszeiten seines eigenen Betriebs nicht und scheint auch sonst nicht in Zeitkategorien zu denken. Wer also ein paar Stunden erübrigen kann und gerne frischen Oktopus, Schnecken und gegrillten Fisch isst, ist hier genau richtig.

An- & Weiterreise

Den ganzen Tag über fahren *taptaps* nach Les Cayes (150 HTG, 45 Min.).

HAITI VERSTEHEN

Geschichte

Taíno, Revolution & die Franzosen

Hispaniolas früheste Bewohner wurden als Taíno bezeichnet, und als Christoph Kolumbus 1492 auf der Insel landete, war sie von etwa 400 000 Menschen bewohnt. Schon 30 Jahre nach Kolumbus' Landung waren die Taíno aber verschwunden, ausgelöscht von Krankheiten und Misshandlungen.

Die Spanier vernachlässigten ihre Kolonie in Santo Domingo. Im Lauf des 17. Jh. nahmen Piraten sie ein, später dann ehrgeizige französische Kolonisten. Unter den Franzosen wurde in Saint-Domingue massenhaft Zucker produziert. Bis zum Ende des 18. Jh. die reichste Kolonie der Welt, herrschten hier 40 000 Kolonisten über mehr als 500 000 schwarze Sklaven. Im Zuge der Französischen Revolution verlangten die freien Kinder von Kolonisten und Sklavinnen die gleichen Rechte, während die Sklaven selbst einen großen Aufstand anzettelten. Mit dem charismatischen Sklavenführer Toussaint Louverture an der Spitze befreiten sich die Sklaven mit Waffengewalt und zwangen Frankreich zur Abschaffung der Sklaverei.

Die erste schwarze Republik der Welt

Nach 13 Jahren Kampf, dem Tod von Toussaint Louverture und der endgültigen Niederlage der Franzosen auf dem Schlachtfeld am 1. Januar 1804 in Gonaïves erklärte der Revolutionsführer Jean-Jacques Dessalines Saint-Domingue für unabhängig und gab ihr die ursprüngliche Bezeichnung der Taíno, Haiti, zurück, „bergiges Land".

Leider stürzte das unabhängige Haiti bald ins Chaos. Dessalines wurde von seinen Gegnern, die ihn als Despoten betrachteten, getötet, danach spaltete ein Bürgerkrieg das Land. Der Norden wurde zum Königreich unter der Führung von Henry Christophe, und das Land sollte erst nach dessen Tod 1820 wiedervereinigt werden.

Als Gegenleistung für diplomatische Anerkennung leistete Präsident Boyer 1825 während seiner Regentschaft eine erdrückende Schadenersatzzahlung an Frankreich. Die Abzahlung der Schulden dauerte den Rest des Jahrhunderts und machte Haiti zum ersten Schuldnerstaat der Dritten Welt. Von den 22 zwischen 1843 und 1915 amtierenden Staatsoberhäuptern leistete nur eines seine volle Amtszeit ab, die anderen wurden ermordet oder ins Exil gezwungen.

Als der Präsident Vilbrun Guillaume 1915 durch den Mob ermordet wurde, entsandten die USA Truppen, um das Land zu stabilisieren.

Während der fast 20 Jahre dauernden Besetzung des Landes ersetzten die USA die haitianische Verfassung und bauten die Infrastruktur auf, indem sie die verhassten

HAITI IN DER KRISE

Im Oktober 2017 legte ein Bericht des haitianischen Senats dar, wie Gelder in Höhe von 2 Mrd. US$, die auf die Teilhabe des Landes an Petrocaribe, einem von Venezuela geförderten Programm zum Kauf von Erdöl, zurückgehen, von Regierungsvertretern unterschlagen oder sonst für falsche Zwecke verwandt wurden. Das Geld sollte die Wirtschaft Haitis ankurbeln und das Leben von Millionen Menschen, die unterhalb der Armutsgrenze leben, verbessern. Der Bericht befeuerte Massenproteste gegen Korruption, bei denen Präsident Moïse, ein mutmaßlicher Nutznießer, zum Rücktritt aufgefordert wurde. Die Regierung sah sich zudem nicht in der Lage, Rechnungen für Erdölimporte zu begleichen, was zu häufigen Stromausfällen und dem Verfall des Gourde führte.

Die Proteste, die bei Redaktionsschluss andauerten, haben dazu geführt, dass viele Länder Reisewarnungen für Haiti ausgesprochen haben und Mitarbeiter einiger internationaler Organisationen evakuiert wurden. Da es keine greifbare Lösung für die Krise gibt und die Straße erneut zum politischen Schlachtfeld umfunktioniert wird, sollte man vor einer Reise nach Haiti stets aktuelle Informationen einholen und Sicherheitswarnungen berücksichtigen.

HAITIS ERDBEBEN

Am 12. Januar 2010 um 16.53 Uhr wurde Haiti bis ins Mark erschüttert: Stoßwellen lösten von einer Verwerfungslinie 13 km unter der Erdoberfläche vor den Toren von Port-au-Prince ein Erdbeben mit der Stärke 7,0 aus. Die Haitianer tauften dieses Erdbeben *Godou-Godou*, nach dem Klang, den die einstürzenden Gebäude verursachten. Vermutlich starben 230 000 Menschen, 300 000 wurden verletzt und 2,3 Millionen obdachlos; über 180 000 Gebäude wurden entweder beschädigt oder zerstört. *Godou-Godou* ist eine der größten jemals aufgezeichneten Naturkatastrophen und traf das Land mitten ins Herz.

Das Erdbeben löste eine enorme humanitäre Hilfswelle aus, Milliarden Dollar an internationaler Hilfe flossen ins Land, Zehntausende NGO-Mitarbeiter und Soldaten kamen zur Unterstützung. Aber vieles dieser „Hilfe" wurde fehlgeleitet und war sogar kontraproduktiv, weil sie Haitis Potenzial für Selbsthilfe untergrub. Die Interim Haiti Recovery Commission (IHRC), die, von Bill Clinton geleitet, die Milliarden Dollar der Wiederaufbauhilfe koordinieren sollte, bescherte dem Land unorganisierte Entwicklungsexperimente und nicht abgeschlossene Projekte.

In Haiti sind in Relation zur Einwohnerzahl die weltweit meisten Hilfsorganisationen aktiv, was dem Land den abschätzigen Spitznamen „Republik der NGOs" einbrachte. Die breite mediale Berichterstattung über das Erdbeben und die Schwierigkeiten bezüglich der Hilfsaktionen traten eine bis heute andauernde Debatte über die Grenzen von humanitärer Hilfe in Katastrophenfällen los.

corvée, Arbeitskolonnen zwangsverpflichteter Bauern, einsetzten.

Die Besetzung führte vorhersehbarerweise zum Widerstand, bei dem Tausende Haitianer ihr Leben ließen. Die USA besetzten Haiti bis ins Jahr 1934.

Die Duvaliers & Aristide

Den Wandel läutete die Wahl von François „Papa Doc" Duvalier 1956 ein. Dieser war von der aufkommenden schwarzen Mittelklasse und den politisch isolierten Armen auf dem Land unterstützt worden.

Duvalier festigte seine Macht durch die Aufstellung der berüchtigten Miliz Tontons Macoutes, benannt nach der Figur, die in einer haitianischen Volksüberlieferung nachts kleine Kinder in einer Tasche entführt.

„Papa Doc" starb am 21. April 1971, sein Nachfolger wurde sein Sohn Jean-Claude „Baby Doc" Duvalier. Periodische Phasen der Repression dauerten an, bis große Unruhen im Februar 1986 Baby Doc zur Flucht nach Frankreich zwangen.

Die Macht wechselte zwischen Militärregierungen, bis schließlich der Oberste Gerichtshof für den Dezember 1990 Wahlen anordnete. Ein junger Priester namens Pater Jean-Bertrand Aristide, in letzter Minute aufgestellt, errang mit dem Motto „Lavalas" (Flut) bei den Wahlen einen erdrutschartigen Sieg.

Aristide versprach den Armen radikale Reformen, wurde aber nach nur sieben Monaten mit einem Militärputsch aus dem Amt gedrängt. Eine Allianz aus reichen gemischtrassigen Familien und Generälen der Armee zettelte einen blutigen Staatsstreich an. Aristide kehrte 1994 mithilfe des US-Militärs zurück, jedoch unter der Bedingung, dass er einen Plan zur wirtschaftlichen Umstrukturierung unterzeichnete, der nichts mehr mit seinen ursprünglichen Reformideen zu tun hatte.

Nachdem er einige Zeit in der Opposition verbracht hatte, zog Aristide nach den Wahlen 2001 wieder in den Präsidentenpalast ein, doch auch dieses Mal regierte er nur kurz. Die Opposition erkannte das Ergebnis nicht an und das Land versank erneut in Chaos. Aristide floh 2004 aus Haiti. Er behauptete, von US-Agenten gekidnappt und aus Port-au-Prince verschleppt worden zu sein. Die USA streiten dies ab, beharren jedoch darauf, dass seine Absetzung für die Stabilisierung des Landes nötig gewesen sei. In jedem Fall entsandte die UNO eine Friedensmission (Minustah) ins Land.

Naturkatastrophen & politische Krisen

Unter dem neuen Präsidenten René Préval startete die Minustah eine umstrittene, aber größtenteils erfolgreiche Militäraktion gegen kriminelle Gangs in Port-au-Prince. Diese machte die Straßen der Hauptstadt wieder etwas sicherer, bis gewalttätige Proteste 2008 erneut die Regierung ins Wanken brachten, dieses Mal wegen explodierender Lebensmittelpreise. Im selben Jahr verwüstete Hurrikan Hanna Gonaïves.

Das neue Jahrzehnt startete mit Naturkatastrophen. Das verheerende Erdbeben der Stärke 7,0 von 2010 traf Port-au-Prince mit voller Härte. 230 000 Menschen starben, 300 000 wurden verletzt, rund 2,3 Millionen verloren ihr Zuhause. Die massiven Schäden lösten groß angelegte, jedoch oft fehlgeleitete humanitäre Hilfe aus: Milliarden Dollar internationaler Gelder wurden verschwendet oder versickerten. Hurrikan Matthew stürzte das Volk und die Wirtschaft des südlichen Haiti in eine schwere ökonomische Krise, und das inmitten der umstrittenen Machtübergabe von Präsident und *compás*-Legende „Sweet Micky" Martelly an seinen handverlesenen Nachfolger Jovenel Moïse. Blutige Proteste und fragwürdige Wahlbetrugsvorwürfe verzögerten die Anerkennung der Wahl um über ein Jahr. 2017 wurde Moïse schließlich zum Sieger erklärt.

Bevölkerung & Kultur

Voodoo

Es gibt kaum eine Religion, die mehr verleumdet und missverstanden wird als Voodoo. Sogar der Name entfacht eine sofortige negative Wortassoziation durch Begriffe wie Voodoo-Puppen, Zombies und Schwarze Magie. Man denkt eher an einen Aberglauben als eine Religion. Die Wahrheit ist ziemlich entfernt von diesem Hype.

Der Voodoo ist ein anspruchsvolles Glaubenssystem, das seine Wurzeln in Haitis afrikanischer Vergangenheit und in dem Sklavenaufstand hat, der dem Land 1804 die Unabhängigkeit brachte. Die Tatsache, dass diese Wurzeln von zentraler Bedeutung für Haitis nationale Identität waren, führte dazu, dass der Westen Voodoo verteufelte. Über drei Jahrhunderte wurden Sklaven aus den west- und zentralafrikanischen Königreichen Dahomey und Kongo nach Haiti verschifft. Mit ihrer Arbeitskraft brachten die Sklaven auch ihre traditionellen Religionen mit. Der Voodoo ist eine Synthese davon, vermischt mit den Ritualen der ansässigen Taíno und der katholischen Kolonisten.

Erst 1991 wurde Voodoo als nationale Religion neben dem Christentum anerkannt.

Musik

Einer der populärsten haitianischen Tanzstile ist *rara*. Während des Karnevals kommen Menschenströme nach Port-au-Prince und Jacmel, um *rara*-Bands zuzuhören, die auf Festzugswagen durch die Straßen ziehen. Der kubanische *son* hat die Troubadourbands beeinflusst, die singend und auf der Gitarre herumzupfend Restaurant- und Hotelgäste unterhalten. Der Merengue, der dominikanische Big-Band-Sound, wurde immer enthusiastisch auf den Tanzflächen gespielt und entwickelte sich mit seinem etwas afrikanischer anmutenden Rhythmus in den 1950ern zum *compás* direct (oder kurz *compás*).

Die racines-Musik (Wurzeln) entstand aus der Voodoo-Jazz-Bewegung der späten 1970er. Dabei wurden Voodoo-Rhythmen mit E-Gitarren, Keyboards und Gesang kombiniert. Die namhaftesten *racines*-Bands sind Boukman Eksperyans, Boukan Ginen und RAM.

Haitianische Popmusik und Politik sind offenbar für eine Verflechtung prädestiniert: Bei den Präsidentschaftswahlen von 2010 wurde der Musiker Wyclef nur wegen einer Formsache von der Bewerbung für das Amt ausgeschlossen; der *compás*-Sänger Michel „Sweet Micky" Martelly gewann die Abstimmung über das hohe Amt.

PRAKTISCHE INFORMATIONEN

Allgemeine Informationen

BARRIEREFREI REISEN

Behinderte oder mobilitätseingeschränkte Reisende stellt Haiti vor viele Herausforderungen. Überfüllte beschädigte Straßen, anarchischer Verkehr und Gebäude, die nicht rollstuhlgerecht sind, stellen echte Probleme dar. In Begleitung zu reisen kann dabei eine enorme Hilfe sein. Auch ein Mietwagen samt Guide erhöht die Bewegungsfreiheit erheblich. Reisende mit Behinderung sollten sich auf starrende Blicke Einheimischer einstellen, wobei diese bei Problemen oft gerne helfen.

Weitere Informationen und allgemeine Tipps für Reisen mit Behinderung liefert z. B. www.enableme.de.

PREISKATGEORIEN ESSEN

Die folgenden Preise beziehen sich auf ein Hauptgericht und beinhalten die Steuer.

**$** bis 10 US$

**$$** 10–20 US$

**$$$** über 20 US$

BOTSCHAFTEN & KONSULATE

Deutsche Botschaft (☎2949-0202; 2, Impasse Claudinette, Bois Moquette, Pétionville, Port-au-Prince)

Österreichisches Honorargeneralkonsulat (☎3701-9919; hacken8@aol.com; 694 Rte de la Montagne Noire, Pétionville, Port-au-Prince)

Schweizer Botschaft (☎2812-6500; portauprince@eda.admin.ch; Rue Ogé 12, 3. OG, Place Saint-Pierre, Pétionville, Port-au-Prince)

ESSEN

In Haiti kann man für ein paar wenige Gourdes *fritay* (frittierte Straßenküche) erstehen oder im schicken Pétionville für 30 US$ pro Gericht dinieren. Die typischste Gastronomieform ist das Bar-Resto (ein Barrestaurant, weniger formell als ein klassisches Restaurant), das Ziege oder Hühnchen mit Kochbananen, Salat und einem Bier für insgesamt 5 US$ serviert. Gemüse ist kaum verbreitet, dafür gibt's viel frisches Obst. An der Küste ist das Angebot an Fisch und Meeresfrüchten exzellent.

FEIERTAGE

Staatliche Stellen und die meisten Unternehmen haben an folgenden Tagen geschlossen:

Unabhängigkeitstag 1. Januar

Totengedenktag 2. Januar

Karneval Februar (drei Tage vor Aschermittwoch)

Karfreitag März/April

Tag der Arbeit 1. Mai

Flaggen- und Universitätstag 18. Mai

Christi Himmelfahrt 39 Tage nach Ostern

Fronleichnam Mai/Juni

Todestag von Dessalines 17. Oktober

Todestag von Toussaint Louverture 1. November

Allerseelen 2. November

Schlacht von Vertières 18. November

Weihnachten 25. Dezember

FOTOS

Das Fotografieren von Flughäfen und Polizeigebäuden ist verboten. Bevor man einen Polizisten oder UN-Soldaten fotografiert, sollte man besser um Erlaubnis fragen. Die Haitianer sind sich der Armut ihres Landes sehr wohl bewusst, und manche mögen es nicht, bei der Arbeit oder in schmutzigen Klamotten fotografiert zu werden.

FRAUEN UNTERWEGS

Alleinreisende Frauen ziehen in Haiti viel Aufmerksamkeit auf sich. Dies kann sich wie in vielen anderen Ländern durch Anstarren oder Hinterherpfeifen äußern; die Anzüglichkeiten reichen von lächerlich bis respektlos. Alarmiert sein sollte man, wenn einem jemand folgt; dann sucht man im nächsten Geschäft oder Hotel Zuflucht und bittet um Hilfe. Der Umgang mit erhöhter Aufmerksamkeit hängt letztlich von persönlichen Faktoren ab. Nichtbeachtung führt in der Regel dazu, dass das Gegenüber das Interesse verliert, während eine beliebige Reaktion die Situation meist verschlimmert. Nach Einbruch der Dunkelheit sollten Frauen nicht alleine zu Fuß unterwegs sein, es sei denn, sie sind sehr gut mit der Gegend vertraut und kennen die Nachbarschaft gut genug, um Hilfe anfordern zu können.

GELD

Geldautomaten

Geldautomaten sind in Port-au-Prince, Pétionville und Cap-Haïtien ausreichend vorhanden. Im restlichen Land findet man eventuell ein bis zwei in größeren Städten, auch wenn diese manchmal nicht funktionieren. Unterwegs sind sie die einfachste Form, um an Geld zu kommen, wobei man auf Reisen in ländliche Gebiete immer genug Bargeld mit sich führen sollte. Die meisten Geldautomaten befinden sich direkt an der Straße, manche werden durch Sicherheitskabinen oder sogar bewaffnetes Sicherheitspersonal geschützt. Bei der Nutzung eines Geldautomaten und beim Einstecken von abgehobenem Bargeld sollte man auf seine Umgebung achten – wenn möglich, sollte man die Automaten in großen Lebensmittelgeschäften mit Sicherheitspersonal nutzen.

Kreditkarten

Die meisten Hotels der Mittel-und Oberklasse (und viele Restaurants in Port-au-Prince) sehen es gerne, wenn das Plastikgeld gezückt wird. Visa, MasterCard und (etwas eingeschränkt) American Express funktionieren gut. Größere Banken leisten nach Vorlage des Reisepasses Barvorschüsse auf Kreditkarten.

Trinkgeld

Hotels Hausangestellten und Portiers ein wenig Trinkgeld nach eigenem Ermessen zu geben ist eine nette Geste; unabhängig vom Betrag sind diese gern gesehen.

Restaurants 10 % Steuer und 5 % Servicegebühr sind in Restaurantrechnungen enthalten. Ob man guten Service zusätzlich belohnen möchte, bleibt einem selbst überlassen.

Taxis Etwas Trinkgeld für einen guten Fahrer ist angemessen, man sollte jedoch wissen, dass dieses im genannten Tarif in der Regel enthalten ist.

Wechselkurse

Dominikanische Republik	1 RD	2,14 HTG
Eurozone	1 €	119,24 HTG
Schweiz	1 SFr	120,90 HTG
USA	1 US$	116,74 HTG

Aktuelle Wechselkurse findet man unter www.xe.com.

INTERNETZUGANG

Der Zugang zum Internet stellt in keiner einigermaßen großen haitianischen Stadt ein Problem dar, Internetcafés haben häufig geöffnet. Breitbandverbindungen werden in zunehmendem Maße Standard, zusammen mit Webcams, CD-Brennern und USB-Anschlüssen für das Hochladen von Digitalfotos. Die Preise liegen etwa bei 100 HTG (ca. 1 US$) pro Stunde. Je teurer der Laden, desto besser ist wahrscheinlich die Stromversorgung. Wer einen Laptop mitbringt: WLAN ist weitflächig verfügbar.

MEDIZINISCHE VERSORGUNG

Reisen in Haiti ist generell sicher, solange man einigermaßen sorgfältig darauf achtet, was man isst und trinkt. Mit Ruhr oder Hepatitis steckt man sich am ehesten an, wenn man verschmutztes Essen und Wasser konsumiert. In einigen Teilen des Landes gibt's ein kleines, aber erhebliches Malariarisiko – man sollte sich vor der Reise über eine nötige Prophylaxe informieren. Nach dem Erdbeben von 2010 gab es viele Fälle von Cholera.

Die medizinische Versorgung in Haiti ist begrenzt und entspricht teils nicht internationalem Standard. Es ist üblich, eine Behandlung bar zu bezahlen. Bei ernsteren Beschwerden sollte man die Überstellung in ein anderes Land in Betracht ziehen.

NOTFALL

Feuerwehr	☎ 115
Polizei	☎ 114

ÖFFNUNGSZEITEN

Viele Restaurants und die meisten Unternehmen haben sonntags geschlossen.

Banken Mo–Fr 8.30–13 Uhr; einige große Zweigstellen sind auch 14–17 Uhr geöffnet.

Bars & Clubs 17 Uhr–open end.

Büros Mo–Fr 7–16 Uhr; viele schließen freitags früher; Regierungsstellen schließen um 12 Uhr für eine Stunde.

Geschäfte Mo–Sa 7–16 Uhr; einige schließen freitags und samstags früher.

Restaurants 7–21 Uhr.

> **PRAKTISCH & KONKRET**
>
> **Maße & Gewichte** In Haiti gilt das metrische System, Benzin wird allerdings in Gallonen verkauft.
>
> **Rauchen** Rauchen ist in Haiti an öffentlichen Orten erlaubt.

RECHTSFRAGEN

Drogen sind in Haiti illegal und der Besitz wird mit Gefängnis bestraft. Ist man in einen Unfall verwickelt, ist man gesetzlich verpflichtet, das Auto abzustellen und schnellstmöglich die Polizei zu rufen. In Haiti gilt generell die Unschuldsvermutung, und es ist unwahrscheinlich, dass man ohne stichfeste Beweise verhaftet wird. In jedem Fall sollte man unverzüglich die Botschaft informieren und die entsprechenden Kontaktdaten stets mit sich führen. Bei Anschuldigungen ohne Substanz löst man die Angelegenheit am besten mit viel Geduld.

SICHER REISEN

Viele Regierungen raten von unnötigen Reisen nach Haiti ab; Vorsicht ist mit Sicherheit angebracht.

- Bandenkriminalität und Entführungen in großem Stil sind generell zurückgegangen, vor Wahlen sollte man Proteste aber meiden, da diese in gewaltsame Auseinandersetzungen ausarten können.
- Alles, was man nicht gerade loswerden will, sollte man besser im Hotelsafe deponieren, Geld gut verwahren und Smartphones nicht auf offener Straße zeigen. Generell ist von Fußwegen nach Einbruch der Dunkelheit abzuraten, auch wenn man in der Gruppe unterwegs ist.
- Zu den allgemeinen Ärgernissen gehören mangelhafte Stromversorgung, Verkehrschaos und Bettelei. Auch angestarrt oder als *blanc* bezeichnet zu werden – ein allgemeiner Begriff für Fremde – ist gewöhnungsbedürftig.

STROM

Man benutzt Flachstecker mit 110 V bei 60 Hz.

TELEFON

Festnetz Verbindungen können manchmal unterbrochen sein. Die meisten Geschäfte führen auf ihren Karten mehrere Nummern, und viele Leute besitzen zwei Handys mit verschiedenen Netzen.

Handys Haiti nutzt das GSM-System. Die wichtigsten Betreiber sind Digicel und Natcom. Generell ist die Abdeckung gut. Es bestehen internationale Roaming-Vereinbarungen zwischen den Providern und vielen ausländischen Netzen. Es kann allerdings billiger sein, bei der Ankunft in Haiti ein örtliches Mobilteil für etwa 20 US$ oder eine SIM-Karte für etwa 5 US$ zu kaufen. SIM-Karten gibt's bei Straßenverkäufern in roten Digicel- oder Natcom-Westen. Beim Händler muss man zur Identifizierung eine Kopie des Passes vorlegen.

Kosten Inlandsgespräche kosten etwa 0,10 US$ pro Minute, Auslandsgespräche etwa 0,90 US$ pro Minute. Aufladbare Rubbelkarten gibt's in Läden und bei Straßenverkäufern.

Vorwahlen Haitis Länderkennwahl ist ☎ 509. Es gibt keine Ortsvorwahlen. Für ein Auslandsgespräch wählt man zuerst ☎ 00.

Anrufen Die schnellste Möglichkeit ist, eine „Rufsäule" zu finden – für gewöhnlich ein Jugendlicher auf der Straße mit einem Handy, das wie ein Tischtelefon aussieht; der Junge misst die Anrufdauer und rechnet entsprechend ab.

UNTERKUNFT

In Haiti gibt's fast jede Art von Unterkunft, von sehr einfachen Gästehäusern bis hin zu exklusiven Hotels und Strandresorts. Port-au-Prince bietet gemeinsam mit CapHaïtien und Jacmel die größte Auswahl. Budgetunterkünfte sind wegen der großen Anzahl an NGO-Mitarbeitern (samt Spesenkonto) im ganzen Land kaum vorhanden.

VERSICHERUNG

Eine Reiseversicherung mit Krankenversicherungsschutz ist sehr zu empfehlen. Das Angebot variiert stark, essenziell ist jedoch eine möglichst hohe Abdeckung im Krankheitsfall (inklusive Notfallkrankentransport ins Ausland). Medizinische Behandlungen müssen direkt vor Ort bezahlt werden, deswegen ist es für die nachträgliche Rückerstattung wichtig, sämtliche Dokumente aufzubewahren. Manche Versicherungen wollen per Anruf informiert werden (meist rufen sie zurück), um eine Bewertung des medizinischen Problems durchzuführen.

PREISKATEGORIEN UNTERKUNFT

Die folgenden Preise beziehen sich auf ein Doppelzimmer mit Bad, Frühstück und für gewöhnlich inklusive Deckenventilator. Unterkünfte der mittleren und oberen Preisklasse haben oft auch eine Klimaanlage.

**$** bis 70 US$

**$$** 70–130 US$

**$$$** über 130 US$

ZEIT

Eastern Standard Time/Eastern Daylight Time: MEZ/MESZ minus 6 Std.

An- & Weiterreise

Die meisten Reisenden kommen in Haiti mit dem Flugzeug am Flughafen von Port-au-Prince an, meist auf den Routen von Miami, Fort Lauderdale und New York. Auch auf dem internationalen Flughafen von Cap-Haïtien werden einige wenige ankommende Flüge abgefertigt.

An Land gibt's einige Grenzübergänge zur Dominikanischen Republik, ein direkter Busverkehr verbindet Port-au-Prince mit Santo Domingo sowie Cap-Haïtien mit Santiago. Es gibt keine internationalen Fährverbindungen nach Haiti.

Flüge und Rundfahrten können online gebucht werden bei www.lonelyplanet.com/bookings.

AUF DEM LANDWEG

An der Haitianisch-Domikanischen Grenze gibt's drei offizielle Übergänge: Für Reisende am nützlichsten ist der Übergang Malpasse–Jiman (zwischen Port-au-Prince und Santo Domingo), gefolgt vom Übergang Ouanaminthe–Dajabón im Norden an der Straße zwischen Cap-Haïtien und Santiago. Ein dritter, wenig genutzter Übergang befindet sich zwischen Belladère und Comendador (aka Elías Piña).

Es gibt direkte Busverbindungen zwischen den zwei Hauptstädten und von Cap-Haïtien nach Santiago. Bei der Einreise in die Dominikanische Republik sind 10 US$ für eine Touristenkarte fällig. Die Situation bezüglich der Gebühren für die Ein-und Ausreise nach und von Haiti ist unbeständig – Beamte verlangen regelmäßig 10 US$ für die Abstempelung der Ein-oder Ausreisepapiere.

Wer auf eigene Faust unterwegs ist, kann die haitianische Grenze als leicht chaotisch erleben.

FLUGZEUG

In Haiti gibt's zwei internationale Flughäfen: **Aéroport International Toussaint Louverture** (☎ 4865-6436) in Port-au-Prince, und **Hugo Chávez International Airport** (☎ 4478-5057, 2262-8539) in Cap-Haïtien. Zahlreiche internationale Fluglinien bieten Verbindungen nach Haiti an, darunter Sunrise Airways, JetBlue Airways, American Airlines, Spirit Airlines, Air France, Air Antilles, Insel Air, InterCaribbean Airways, Delta, Copa, Aeromexico, IBC und Avianca.

Unterwegs vor Ort

AUTO & MOTORRAD

Haiti mit dem Mietwagen zu erkunden hat praktische Vorteile, allerdings benötigt man starke Nerven, einen gewissen Sinn für Humor und eine Strategie, wenn man durch eine Straßensperre gestoppt wird. Schreckliche Straßen, fehlende

Straßenschilder und die Gefahren durch unberechenbare Fußgänger und den Gegenverkehr sind Teil der Erfahrung, genauso wie potenzielle Kriminelle, die auf Reisende in Mietwagen aufmerksam werden. Wer mit den Straßen und der politischen Situation des jeweiligen Ziels und der Zwischenstopps bis dahin nicht sehr gut vertraut ist, sollte das Lenkrad lieber einem professionellen Fahrer überlassen.

BUS

Auf Haiti mit dem Bus und Minibus herumzukommen ist zwar nicht immer bequem, aber die billigste Art, im Land zu reisen, und Dienstleister fahren die meisten Orte an, die für Besucher interessant sind. Robuste Busse haben den Vorteil, dass man mit ihnen an Orte kommt, die man normalerweise nur mit einem Wagen mit Vierradantrieb erreicht.

FLUGZEUG

Inlandsflüge gehen vom **Aérogare Guy Malary** (☎ 2250-1127), nahe dem internationalen Terminals in Port-au-Prince ab. Die zwei Fluglinien, die dort operieren, sind **Sunrise Airways** (☎ 2811-2222, 2816-0616; www.sunriseairways.net; Aérogare Guy Malary) und **Mission Aviation Fellowship** (MAF; ☎ 2941-9209, 3791-9209; www.maf.org; Aérogare Guy Malary; ⏲ Mo–Sa 7–16 Uhr).

Wegen Haitis geringer Größe sind die Flüge kurz (keiner länger als 40 Min.) – man kann sich also viele schweißtreibende Stunden auf schlechten Straßen ersparen. Die Flugzeuge sind klein und befördern üblicherweise 15 Passagiere oder weniger. Tickets für eine Strecke kosten normalerweise 100 US$.

Verständlicherweise sind Flüge beliebt, deswegen sollte man weit im Voraus buchen.

MOTOTAXI

Der schnellste und einfachste Weg, in der Stadt herumzukommen, ist, sich auf den Rücksitz eines Mototaxis (Motorrad-Taxi), oft als „Moto" bezeichnet, zu schwingen. Eine Fahrt wird selten mehr als 0,75 US$ kosten; bei Fahrten über längere Strecken allerdings können die Gebühren rapide steigen. In Port-au-Prince sind die Motos teurer als an anderen Orten.

TAPTAP & CAMIONETTE

In Haiti gibt's noch kleinere Transportfahrzeuge als Busse: Ein *taptap* ist ein umgebauter, oft prächtig geschmückter Pick-up mit Rücksitzbänken. Die Fahrpreise sind etwas niedriger als bei einem Bus. Die gleichen Regeln für Busse gelten auch für *taptaps*, die von derselben *estasyon* abfahren: Losgefahren wird, wenn das Fahrzeug voll ist, die bequemen Sitze beim Fahrer sind teurer, man kann eines heranwinken und auch aussteigen, wo immer man will.

Taptaps eignen sich besser für Kurzfahrten und sind in vielen Gegenden die einzige Möglichkeit, herumzukommen.

TAXI

Um in der Stadt herumzukommen, betreiben Port-au-Prince und Cap-Haïtien als *publiques* bezeichnete Sammeltaxis. Da sie wie jedes ramponierte Auto aussehen, sind sie zunächst nur schwer zu erkennen. Achten sollte man auf ein vom Frontspiegel herabhängendes rotes Band sowie ein T (für Transport) auf dem Nummernschild.

Jamaika

☎1-876 / 2,84 MIO. EW.

Inhalt ➡

Gut essen

- Little Ochie (S. 534)
- Wilkes Seafood (S. 520)
- Mi Hungry (S. 510)
- Stush in the Bush (S. 515)
- Usain Bolt's Tracks & Records (S. 527)

Schön übernachten

- Jake's Hotel (S. 536)
- Rockhouse (S. 532)
- Neita's Nest (S. 510)
- Polkerris B&B (S. 526)
- Germaican Hostel (S. 519)

Auf nach Jamaika!

Jamaika ist eines der Länder, die man schon zu kennen glaubt, bevor man überhaupt dort war – so stark sind die Assoziationen, die der Name der Insel hervorruft. Oder gibt's jemanden, der noch keinen Bob-Marley-Song gehört oder Usain Bolt beim Sprinten zugesehen hat?

Doch die Insel hat so viel mehr zu bieten als nur Dreadlock- und Athletenklischees: lange, weiße Strände, aber auch steile, grüne Berge; entspannte Resorts, aber auch adrenalingeladene Viertel; die weltgewandte Hauptstadt Kingston, aber auch charmante, verschlafene Fischerdörfer. Süßer Reggae und lässiger Dancehall mischen sich mit Gospel und der Melodie eines Landes, das seine deutlich afrikanischen Wurzeln mit den Möglichkeiten und Anforderungen des 21. Jhs. kombiniert. All das macht Jamaika zu einer der schönsten Karibikinseln. Ihr ganz eigener Rhythmus ist nicht der einfachste, aber einer, dem sich niemand entziehen kann.

Reisezeit

Dez.–März Hochsaison. Sonnig-warmes Wetter. Es regnet wenig, außer in Port Antonio und im Nordosten. Nachts kann es kühl werden, vor allem in den Bergen.

Juni–Nov. Nebensaison. Gelegentlich schwere Regenfälle. Von August bis Oktober besteht die Möglichkeit von Hurrikans.

Juli & Aug. Viele der besten Festivals Jamaikas finden im Hochsommer statt.

Highlights

1 Rio Grande (S. 522) Auf einem Floß an ehemaligen Bananenplantagen vorbei den Rio Grande hinunterschippern.

2 Blue Mountain Peak (S. 513) Noch vor Sonnenuntergang aufbrechen und den höchsten Berg Jamaikas besteigen.

3 Negril (S. 531) Mit Jamaikas besten Tauchanbietern die Unterwasserwelt der Insel erkunden.

4 Appleton Rum Estate (S. 563) Der größten Rumbrennerei Jamaikas einen Besuch abstatten.

5 Blue Lagoon (S. 520) Durch das berühmte Blue Hole tauchen.

6 Great Morass, Black River (S. 538) In den Mangroven Krokodile beobachten.

7 Bob Marley Museum (S. 505) Im früheren Wohnhaus und Studio Bob Marleys mehr über das Leben des jamaikanischen Helden erfahren.

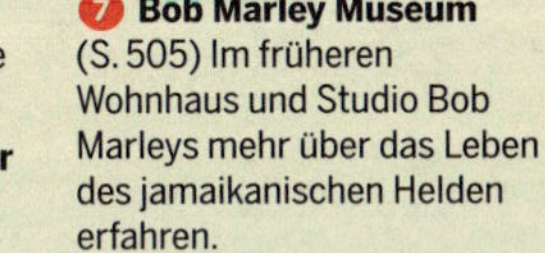

KINGSTON

669 800 EW.

Kingston liegt eingezwängt zwischen den Blue Mountains und dem siebtgrößten Naturhafen der Welt. Es beeindruckt Reisende mit seiner Lage und überwältigt sie mit seinem Lärm und Trubel. Die Stadt ist das kulturelle und wirtschaftliche Herz des Landes und wurde 2015 von der UNESCO zur „Kreativen Stadt der Musik“ ernannt. Kingston ist – wie Jerk Chicken und kaltes Red-Stripe-Bier – ein Muss für jeden Besucher, der die Vielfalt des modernen Jamaikas erleben will.

Kingston setzt sich aus zwei Teilen zusammen: In Downtown befinden sich historische Gebäude, Gerichte, Banken, Straßenmärkte und eines der besten Kunstmuseen der Karibik. Uptown hingegen beherbergt die besten Hotels und Restaurants sowie New Kingston mit seiner Ansammlung von Hochhäusern rund um den Emancipation Park.

Uptown und Downtown vermischen sich nur selten, zusammen ergeben sie aber ein reizvolles und manchmal chaotisches Ganzes. Kingston wird niemals langweilig – am besten, man stürzt sich direkt ins Getümmel.

Sehenswertes

Uptown

★ Devon House MUSEUM

(Karte S. 506; ☎ 929-6602; www.devonhousejamaica.com; 26 Hope Rd; Erw./Kind 1350/800 J$; ⌚ Mo–Sa 9.30–17 Uhr) 1881 erbaute George Stiebel, der erste schwarze Millionär Jamaikas, dieses wunderschöne Kolonialgebäude. Antiquitätenfans kommen bei der Führung durch das Gebäude voll auf ihre Kosten. Zu den Highlights zählen sehr kunstvolle Porzellankronleuchter sowie faszinierende Gemälde und Fotografien. Sehenswert sind auch die Trompe-l'œil-Palmen im Eingangsfoyer und die Rundstühle, die so gestaltet wurden, dass ein Mann mit Schwert darauf sitzen konnte. Inmitten der prachtvollen Umgebung versteckte Stiebel im Dachgeschoss gar einen Spielraum. Im Eintritt ist eine Pflichtführung inbegriffen.

Der baumbeschattete Rasen vor dem Devon House ist sehr beliebt bei den Stadtbewohnern. Das beliebte frühere Kutschenhaus und der Innenhof beherbergen heute verschiedene Geschäfte – bei den Führungen gibt's eine kostenlose Kugel Eis von Devon House I-Scream.

★ Bob-Marley-Museum MUSEUM

(☎ 927-9152; www.bobmarleymuseum.com; 56 Hope Rd; Erw./Kind 3000/1440 J$, inkl. Führung durch das Tuff Gong Studio 4800/2880 J$; ⌚ Mo–Sa 9.30–16 Uhr) Das große, knarrende Kolonialzeit-Holzhaus auf der Hope Road ist die meistbesuchte Sehenswürdigkeit der Stadt. Hier lebte und arbeitete Bob Marley von 1975 bis zu seinem Tod im Jahr 1981. Heute ist das Gebäude, das noch größtenteils so erhalten ist wie zu Bob Marleys Zeiten, eine Kombination aus Touristenattraktion, Museum und Schrein.

Die einstündige Führung erlaubt faszinierende Einblicke in das Leben des Superstars nach seinem Umzug nach Uptown. An den Wänden funkeln Gold- und Platinplatten; außerdem bekommt man Bob Marleys Lieblingsjeanshemd für Auftritte und den Verdienstorden, den er von der Regierung Jamaikas erhielt, zu sehen. Ein Raum ist komplett mit Medienberichten von seiner letzten Tournee tapeziert; ein anderer beherbergt einen Nachbau seines ersten Plattenladens, des Wail'n Soul'm. Marleys einfaches Schlafzimmer wurde so belassen, wie es zu seiner Zeit aussah; daneben befindet sich die Küche, in der er sich gesunde frische Säfte zubereitete. Hinter dem Haus kann man die Stelle des Attentats von 1976 sehen, bei dem Marley, seine Frau und sein Manager durch Schüsse verletzt wurden.

Das frühere Aufnahmestudio auf der Rückseite dient heute als Ausstellungshalle mit tollen Fotos von Bob sowie als Theater; hier endet die Führung mit einem 20-minütigen Film. Fotografieren ist im Haus nicht erlaubt, sehr wahrscheinlich wird man aber dazu aufgefordert, „One Love“ zu singen. Es gibt auch Kombitickets, die zum Einlass in die Tuff Gong Studios berechtigen.

Downtown (Stadtzentrum)

★ National Gallery of Jamaica GALERIE

(Karte S. 508; ☎ Führung 922-1561; www.natgalja.org.jm; 12 Ocean Blvd; Eintritt 500 J$, letzter Sonntag im Monat Eintritt frei; ⌚ Di–Do 10–16.30, Fr bis 16, Sa bis 15 Uhr) Die hervorragende Sammlung jamaikanischer Kunst ist die beste auf der Insel und sollte auf keinen Fall verpasst werden. Neben jamaikanischen Interpretationen internationaler Kunsttrends zeigt die Sammlung auch die Vitalität des künstlerischen Erbes sowie der modernen Talente des Landes.

Die Ausstellung ist chronologisch geordnet: angefangen bei Taíno-Schnitzereien

Uptown Kingston

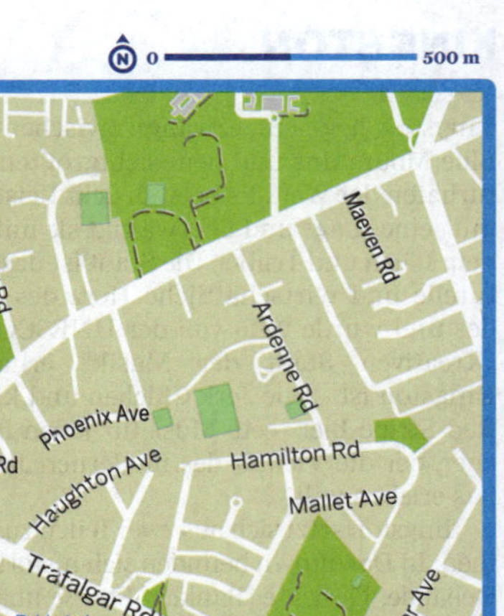

und traditionellen britischen Landschaftsbildern aus dem 18. Jh., deren Schönheit im krassen Gegensatz zur Grausamkeit der häufig dargestellten Sklavenplantagen steht. Zehn Galerien repräsentieren die Jamaikanische Schule von 1922 bis zur Gegenwart. Highlights sind die kräftigen Skulpturen von Edna Manley, die lebhaften „intuitiven" Gemälde von Künstlern wie John Dunkley und David Pottinger und die Bilder des Bischofs und Erweckungspredigers Mallica „Kapo" Reynolds. Weitere Galerien zeigen den Werdegang der jamaikanischen Kunst bis heute, z. B. abstrakte Werke von Carl Abrahams, Colin Garlands surrealistische karibische Fantasien, ätherische Montagen von David Boxer und die Werke des Realisten Barrington Watson.

Regelmäßige Wechselausstellungen haben die herausragende moderne jamaikanische Kunst zum Thema, z. B. die großartige zweijährliche Wechselausstellung in geradzahligen Jahren zwischen Mitte Dezember und März.

★ Liberty Hall MUSEUM

(Karte S. 508; ☎ 948-8639; www.libertyhall-ioj.org.jm; 76 King St; Eintritt 600 J$; ⏰ Mo–Fr 9–17 Uhr) Die Liberty Hall steht am Ende eines baumgesäumten Hofes und ist geschmückt mit fröhlichen Mosaiken und einem Wandgemälde, das Marcus Garvey darstellt. In den 1930er-Jahren war sie der Hauptsitz von Garveys UNIA (Universal Negro Improvement Association). Das Bauwerk beherbergt heute ein interessantes Multimedia-Museum über Garvey und seine Arbeit und erläutert Garveys Einfluss als Gründer des Panafrikanismus.

Parade PLATZ

(William Grant Park; Karte S. 508) Pulsierendes Zentrum von Downtown ist der William Grant Park, besser bekannt als „Parade". 1694 wurde hier eine Festung errichtet, deren Kanonen auf den Hafen zeigten. 1870 ersetzte man die Festung durch den Victoria Park, der 100 Jahre später umbenannt wurde, um den schwarzen Nationalisten und Arbeiterführer Sir William Grant zu ehren. Der Nord- und Südeingang werden jeweils von Statuen der Cousins und politischen Rivalen **Norman Manley** und **Alexander Bustamante** bewacht. In der Mitte des Parks sprudelt ein großer Springbrunnen.

In North Parade erhebt sich das 1911 erbaute **Ward Theatre** (Karte S. 508; www.wardtheatrefoundation.com; North Parade), das einst Gastgeber für die jährlich stattfindenden Pantomimen am 2. Weihnachtsfeiertag war – lärmende, respektlose Sozialsatiren.

Leider ist das Gebäude im Laufe der Jahre stark verfallen. Es gibt aber Pläne für eine Restaurierung, die seine alte Pracht wiederherstellen soll. Bis es so weit ist, kann man lediglich seine hellblaue Fassade mit ihren weißen Verkleidungen bewundern.

Leuchtend weiß erhebt sich die **Kingston Parish Church** am Südostrand des Parks. Sie wurde als Ersatz für die Kirche erbaut, die einst hier stand und beim Erdbeben von 1907 einstürzte. Man beachte das Grab von 1699, dem Erbauungsjahr der Originalkirche. Am Hochaltar befindet sich das Grab von Admiral Benbow, der Ende des 17. Jhs. Kommandant der Königlichen Marine in Westindien war. Außerdem erinnern Gedenktafeln an die Soldaten der kolonialen westindischen Regimenter.

Das mit Zinnen versehene Backsteingebäude gegenüber von East Parade ist die 1840 erbaute **Coke Memorial Hall**. Ihren Namen verdankt sie Thomas Coke, dem Gründer der Methodistenkirche in der Karibik.

South Parade ist voller Straßenhändler und Reggae-Klänge; sie ist auch als „Ben Dung Plaza" bekannt, weil die Passanten sich bücken müssen („bend down"), um etwas zu kaufen. Die Waren der Händler liegen nämlich auf dem Boden. Von hier aus führt die King Street zum Ufer und zu einer Nachbildung der **Negro Aroused Statue** von Edna Manley: ein geduckter schwarzer Mann, der sich von seinen Fesseln befreit. Das Original befindet sich in der Nationalgalerie von Jamaika.

Trench Town Culture Yard KULTURZENTRUM

(☎803-1509; www.ttcultureyard.com; 6-8 Lower First St; Führung 1000 J$; ⏲6–18 Uhr) Trench Town begann als teures Siedlungsprojekt, das in den 1930er-Jahren von den Briten gebaut wurde, und gilt weithin als der Geburtsort des Ska, Rocksteady und Reggae. Es wurde in zahllosen Reggae-Songs verewigt, nicht zuletzt in Bob Marleys rührender Hymne No Woman No Cry, die Marleys Mentor, Vincent „Tata" Ford, hier schrieb.

Das Museum im Yard ist voller Erinnerungsstücke; man sieht u. a. die verrostete Karosse eines VW-Busses der Wailers aus den 1960er-Jahren und Bobs und Ritas kleines Schlafzimmer aus der Zeit vor den großen Erfolgen. Die Führungen beinhalten einen Besuch von Haus und Hof sowie die Besichtigung des umliegenden Stadtviertels mit seinen bunten Wandgemälden.

Vor Ort ist auch der Sitz der **Trench Town Development Association**. Sie ist dafür verantwortlich, das Haus in eine gemeindebasierte Kulturerbestätte umzuwandeln. Außerdem widmet sie sich der Förderung von sozialer Gerechtigkeit und Eigenständigkeit.

Institute of Jamaica MUSEUM

(JCDT; Karte S. 508; ☎922-0620; www.instituteofjamaica.org.jm; 10-16 East St; Erw./Kind 600/400 J$; ⏲Mo–Do 8.30–17, Fr 8.30–16 Uhr) Es ist das jamaikanische Äquivalent zum British Museum oder Smithsonian. Das Institute of Jamaica ist in drei getrennten Ge-

NICHT VERSÄUMEN

LIFE YARD

Das innovative Kunst- und Permakulturprojekt **Life Yard** (Paint Jamaica; ☎401-5276, 351-8604; www.lifeyard.org; Fleet St; Spende erwünscht, ganztägige Führungen inkl. Mittagessen 90 US$) gestaltet ein Gebiet im Zentrum von Kingston um, das früher viele Probleme mit Gangs hatte. Das Programm konzentriert sich auf ein städtisches Landwirtschaftsprojekt. Seine Rastafari-Organisatoren arbeiten mit der Gemeinde und Künstlern zusammen, um die ganze Straße mit wunderschönen und aufmunternden Wandgemälden zu schmücken. Es geht jedoch nicht nur um die Bilder – die Kunst wird von Jugendprojekten gestützt, u. a. Frühstückstreffen, Hausaufgabengruppen, Workshops, Erziehungshilfe und Medientraining, damit die Gemeinde ihren eigenen Weg gehen kann.

Es gibt ein Café (8–18 Uhr), das vegane Gerichte serviert; die meisten Zutaten stammen aus dem eigenen Permakulturgarten. Einige Bewohner sind registrierte Tourguides – wer sich im Voraus anmeldet, kann an einer ganztägigen Führung teilnehmen. Man muss sich bei der Ankunft vorstellen – es ist ein Wohngebiet, daher sollte man keine Fotos von den Wandgemälden machen, ohne um Erlaubnis zu fragen (die sofort erteilt wird). Anfragen für Freiwilligenarbeit (die Volontäre sollten längere Zeit bleiben und über soziale Kompetenzen verfügen) sind willkommen.

Downtown Kingston

Downtown Kingston

Highlights

1 Liberty Hall C1
2 National Gallery of Jamaica B4

Sehenswertes

3 Coke Memorial Hall D2
4 Institute of Jamaica D3
5 Kingston Parish Church C2
6 Negro-Aroused-Statue C5
7 Parade C2
8 Alexander-Bustamante-Statue C2
9 Norman-Manley-Statue C1
10 Ward Theatre C1

Essen

11 F&B Downtown C4
12 Gloria's Seafood City B5
13 Moby Dick B4

bäuden untergebracht – dem National Museum, dem Jamaica Music Museum und dem Natural History Museum – und zeigt Dauer- und Wechselausstellungen.

Das **National Museum** beherbergt eine große Auswahl vielseitiger Exponate, angefangen von Taíno-Schnitzereien über koloniale Mustertücher bis hin zum Modell eines Flugzeuges von Air Jamaica und einer eleganten Büste der berühmten Krankenschwester Mary Seacole.

Das kleine, aber informative **Music Museum** dokumentiert die Geschichte und Entwicklung der jamaikanischen Musik und zeigt traditionelle Instrumente sowie Drumcomputer und Keyboards, die von Künstlern wie Sly & Robbie und Augustus Pablo benutzt wurden.

Die kleine Sammlung von konservierten Exponaten im **Natural History Museum** ist wahrscheinlich weniger interessant für Besucher. Aber das Museum leistet den größten Teil seiner wichtigen Aufgaben im Bereich der Gemeindearbeit und Umwelterziehung.

Tuff Gong Recording Studios KULTURZENTRUM
(☎923-9380; www.tuffgong.com; 220 Marcus Garvey Dr; Erw./Kind 3000/1440 J$, inkl. Bob-Marley-Museum 4800/2880 J$) Tuff Gong ist eines der größten und einflussreichsten Tonstudios der Karibik – und Bob Marleys einstiges Lieblingsstudio. Heute führt sein Sohn Ziggy hier die Geschäfte. Besucher können an einer einstündigen „Making of the Music"-Führung teilnehmen und den gesamten Prozess der Musikproduktion kennenlernen: Man besucht den Proberaum, sieht sich das Mischpult an und erfährt mehr über die Vinyl-Pressung, natürlich alles mit Bezug auf Bob Marley.

Aktivitäten

★ **Kingston Creative Art Walk** WANDERN
(www.kingstoncreative.org; ⏲ letzter Sonntag im Monat) Die dynamische Kunstinitiative stellt die Highlights der jamaikanischen Kultur im Stadtzentrum in den Mittelpunkt. Am letzten Sonntag des Monats finden Stadtführungen statt, die am William Grant Park (Parade) beginnen und jeweils verschiedenen Mottos (von Kunst über Musik bis zu Theater und Mode) gewidmet sind. Die Führungen sind zeitlich auf die Tage abgestimmt, an denen die National Gallery of Jamaica freien Einlass bietet. Es gibt auch wöchentliche Treffen im F&B Downtown mit Gesprächen und Networking in Verbindung mit Kingstons Titel als UNESCO Creative City.

Geführte Touren

Jamaica Cultural Enterprises KULTURELL
(☎540-8570, 374-6370; www.jaculture.com; halb-/ganztägige Touren durch Kingston 65/90 US$) Empfehlenswerte kulturelle Touren in und um Kingston sowie zu den Blue Mountains. Die Thementouren (in Gruppen oder maßgeschneidert) befassen sich mit Geschichte, Essen, Musik und Kunst; jeden Donnerstag gibt's eine kostenlose Wandertour durch Kingston. Start ist um 9 Uhr am Emancipation Park (Eintrittspreise zu den Museen nicht inbegriffen).

★ **Irie Moto-Tours** ABENTEUER
(☎773-8811; www.iriemototours.com; 37 Shortwood Rd; 1-/3-/5-tägige Tour ab 250/1200/2250 US$) Kyle und Allan sind begeisterte Dirt-Biking-Fans und führen erfahrene Radsportler gern in das vielfältige Terrain von Jamaika ein. Die Tagestouren mit Dirt-Bikes wie KTM 250XC, Honda CRF250L oder Kawasaki KLR650 führen u. a. zu den Trails der Blue Mountains. Die längeren, maßgeschneiderten Trips führen über Strände, Landstraßen, Zuckerrohrfelder und durch Flüsse; der Erfahrungsstand der Radsportler wird berücksichtigt.

Feste & Events

Karneval KARNEVAL
(www.carnivalinjamaica.com; ⏲ März/April) Jamaika hat in den letzten Jahren viel investiert, um seinen relativ neuen Karneval zu propagieren. Bei dem Fest ziehen bunt gekleidete Karnevalisten durch die Straßen, es gibt einen Umzug, Partys bis zum Morgengrauen und jede Menge Livemusik wie Reggae, Calypso und vor allem *soca*. Die Karnevalsevents, die auch als Bacchanal bekannt sind, finden an der Montego Bay, in Ocho Rios und in Kingston statt.

Schlafen

★ **Dancehall Hostel** HOSTEL $
(☎827-6761; www.dancehallhostel.com; 321 Molynes Rd/11 Embers Way; B 20 US$, Zi. 50–55 US$, Zi. ohne Bad 32–45 US$; ❄📶) Ein beliebtes Hostel am Hügel mit zwei großen Schlafsälen für je sechs und acht Personen sowie einer Handvoll einfacher Doppelzimmer, die teilweise mit Klimaanlagen ausge-

stattet sind. Im Dancehall dreht sich alles um Musik – die Gäste kommen her, um an den täglichen Dancehall-Tanzkursen teilzunehmen (auch Privatstunden verfügbar); außerdem gibt's regelmäßig DJ-Nächte und ein kleines Aufnahmestudio. Selbstversorger dürfen die Küche nutzen; die Gäste können an der Bar chillen und dann in den Jacuzzi hüpfen.

★ R Hotel HOTEL $$
(Karte S. 506; ☎ 968-6222; www.rhotelja.com; 2 Renfrew Rd, Kingston 10; inkl. Frühstück Zi. 164–228 US$, Apt. 338 US$; P ❄ ≈) Ein neues Konzept für Kingston: In dem Hotel für „Langzeitgäste" sind selbst die einfachsten Unterkünfte mit eigenen Kochnischen und Waschmaschinen ausgestattet. Die Zimmer sind geräumig, die Einrichtung hat einen hohen Standard. Es gibt ein Fitnessstudio, einen kleinen Dachpool (mit Bar) und eine Kunstgalerie im Untergeschoss. Die fröhlichen Farben der Galerie gleichen die leider sehr stumpfen Grautöne der Gemeinschaftsbereiche aus.

Das Restaurant auf dem Dach ist ein Neuableger der gefeierten Jazz-&-Blues-Bar Redbones in Kingston.

★ Neita's Nest B&B $$
(☎ 469-3005; www.neitasnest.com; Stony Hill, Bridgemount; EZ/DZ 130/170 US$; 📶) Ein zauberhaftes, mit jeder Menge Kunst bestücktes B&B hoch oben in Stony Hill. Von der Terrasse öffnet sich ein herrlicher Blick auf Kingston und die Berge. Die gemütlichen Zimmer, das üppige, leckere Frühstück und der freundliche Hausherr, der seine Gäste wie Familienmitglieder empfängt, machen Neita's Nest zu einer paradiesischen Zuflucht.

Spanish Court Hotel BOUTIQUE-HOTEL $$$
(Karte S. 506; ☎ 926-0000; www.spanishcourthotel.com; 1 St Lucia Ave; Zi./Suite 179–209/245–319 US$; P ❄ @ 📶 ≈) Das langjährige Hotel ist ein Favorit der Businesselite Jamaikas. Es ist groß genug, um alles zu bieten, was man braucht, aber immer noch klein genug, um eine gewisse Privatsphäre zu gestatten. Die schicken, modernen Zimmer sind mit Designermöbeln aus Jamaika eingerichtet. Es gibt einen Dachpool, ein Fitnesszentrum und ein Spa. Im Café bekommt man den ganzen Tag lang etwas zu essen und im Restaurant werden wunderschön präsentierte internationale und jamaikanische Speisen kredenzt.

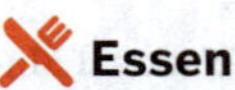

Essen

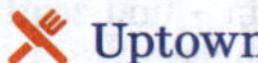

Uptown

★ Mi Hungry VEGETARISCH $
(Market Place, 67 Constant Spring Rd; halbe/ganze Pizza 600/1150 J$, Salate 550–700 J$; ⏲ Mo–Sa 8.30–23, So 12–22 Uhr) Mi Hungry serviert „sonnengekochte" I-tal-(Natur-)Gerichte, die großartig schmecken. Die „Pleaza" mit einer Basis aus Samen und Körnern, belegt mit sonnengetrockneten Tomaten und knackigem Gemüse (wir empfehlen Ackee mit Chilis), ist so lecker, dass die Worte „Raw Vegan Pizza" dem Geschmack nicht gerecht werden. Man hat auf jeden Fall Lust, wiederzukommen.

Die Nyam-Burger mit Ackee und Kochbananen sind ebenso herzhaft, und es gibt eine große Auswahl an frischen Früchten. In allen Gerichten steckt liebevolle Zubereitung.

Triple T's JAMAIKANISCH $
(Annette Cres, abgehend von der Upper Waterloo Road; Hauptgerichte ca. 1500 J$; ⏲ Mo–Fr 7–21, Sa 8–21, So 8.30–21 Uhr) Das nach allen Seiten hin offene Gartenrestaurant Triple T ist ein großartiger Ort für leckere, schön angerichtete jamaikanische Gerichte. Durch den Speiseraum wachsen Bäume, die Wände sind mit flippigen Kunstwerken dekoriert. Auch die Tagesangebote sind lohnenswert. Es gibt eine Bar und eine Auswahl von frischen Säften für Leute, die nur etwas trinken wollen.

Der Küchenservice ist sehr entspannt – wer in Eile ist, sollte fragen, welche Gerichte schon fertig vorbereitet sind, und bekommt diese sofort serviert. Falls man Probleme hat, das Lokal zu finden: Es liegt gegenüber dem riesigen Supermarkt Megamart.

Fromage FRANZÖSISCH $$
(☎ 622-9856; 8 Hillcrest Ave; Salate 2000 J$, Hauptgerichte 1800–3600 J$; ⏲ Mo–Sa 8–22, So 8–16 Uhr) Das charmante Restaurant ist im französisch-internationalen Stil gestaltet und in coolen urbanen Schwarz- und Grautönen gehalten. Mittags gibt's Sandwiches, Burger und Pasta (der Krabbenburger ist besonders lecker), abends werden Fleischgerichte serviert, z. B. gut gebratenes Steak und gefülltes Hühnchen mit reichhaltigen Soßen. Es gibt eine umfangreiche Weinkarte. Man kann sich eine Packung leckerer Kekse mitnehmen, um diese zu Hause zu naschen.

ABSTECHER

PORT ROYAL

Port Royal ist ein heruntergekommener, baufälliger Ort mit dem Flair tropischer Trägheit und vielen bedeutenden historischen Gebäuden, die langsam zu Staub verfallen. Das heutige Fischerdorf war einst die Piratenhauptstadt der Karibik, später diente es als Zentrum der britischen Seemacht in Westindien. Die verbliebenen Überreste zeugen allerdings kaum von der einstigen Pracht der Stadt. 1656 besiedelten Engländer die isolierte Insel, nannten sie „Cagway" oder „The Point" und erbauten Fort Cromwell (nach der Restaurierung im Jahr 1660 in Fort Charles umbenannt). Die Stadt boomte, aber 1692 setzte ein Erdbeben dem Aufstieg Port Royals ein Ende: Die Überlebenden ließen sich an dem Ort nieder, der später Kingston werden sollte.

Die größte Attraktion Port Royals ist das historische **Fort Charles** (967-8438; Erw./Kind 1000/500 J$; 9–17 Uhr), in dem einst Horatio Nelson stationiert war. Sehr beliebt bei den Einwohnern Kingstons ist das berühmte **Gloria's** (5 Queen St; Fisch 1300 J$, Hummer 1750 J$; Mo–Do & So 10.30–23, Fr & Sa 10.30–1 Uhr), ein Fischrestaurant.

★ Pallet INTERNATIONAL $$

(576-0603; North Ave; Hauptgerichte ab 1800 J$, Beilagen 450 J$; Mo–Fr 11–24, Sa 18–1 Uhr) Das schlichte Freiluftrestaurant wirkt so rustikal, dass man glaubt, es sei aus echten Holzpaletten erbaut. Die Speisekarte ist jedoch alles andere als chaotisch: Sie bietet Gerichte wie Hühnerrouladen mit einer Füllung aus Yamswurzeln und Käse, klebrige Mango-Rippchen und gegrilltes Zitruslamm. Pallet ist relativ neu in der Restaurantszene von Kingston, hat sich aber schnell einen Namen gemacht.

Man sollte donnerstags herkommen, wenn exzellente Livemusik gespielt wird. Die Hausband freut sich, wenn Musiker zum spontanen Mitmachen auf die Bühne kommen. Außerdem finden häufig Spontankonzerte von hervorragenden Musikern statt.

Downtown (Stadtzentrum)

F&B Downtown CAFÉ $

(Swiss Stores; Karte S. 508; 107 Harbour St; Hauptgerichte ab 800 J$; Mo–Fr 8–16.30 Uhr;) Das schicke Uhrengeschäft im Stadtzentrum könnte einen Preis für das überraschendste Fusionsphänomen gewinnen, denn es hat auch ein großartiges, relaxtes Restaurant: In seinem einladenden, klimatisierten Speiseraum werden Pasta, Pepperpot-Suppe, *roti*-Wraps und Wein serviert. Das früher als Swiss Stores bekannte Geschäft ist heute ein beliebtes Mittagslokal und einer der wichtigsten Treffpunkte im Zentrum von Kingston.

★ Moby Dick JAMAIKANISCH $$

(Karte S. 508; 3 Orange St; Gerichte 1200–2000 J$; Mo–Sa 9–19 Uhr) Man sollte sich von den Plastiktischen nicht täuschen lassen – das einfache Lokal ist seit fast 100 Jahren ein beliebter Treffpunkt von Anwälten und Richtern. Das Ziegencurry (1200 J$) ist hervorragend, ebenso wie die Muschelversion (1700 J$), wenn verfügbar. Die Gerichte werden mit *roti*, Reis und Salat serviert; dazu kann man einen der tollen frischen Fruchtsäfte trinken. Mittags muss man Schlange stehen.

★ Gloria's Seafood City FISCH & MEERESFRÜCHTE $$

(Karte S. 508; 619-7905; Victoria Pier, Ocean Blvd; Hauptgerichte 200–2400 J$; So–Do 11–23, Fr & Sa 11–24 Uhr) Die Neugestaltung des Victoria-Piers direkt am Meer ist Teil eines Projekts zur Wiederbelebung des Stadtzentrums und das Gloria's liegt mitten drin. Man kann sich auf die Terrasse setzen, den Blick übers Meer schweifen lassen und gebratene, gegrillte oder gedünstete Meeresfrüchte genießen.

Die würzigen Curry-Garnelen setzten unsere Geschmacksnerven besonders in Flammen, aber auch mit einem Bier oder Saft und vielleicht einer Portion Pommes frites ist das Lokal ein toller Ort, um die Sonne über dem Meer und die gemächlich vorbeifliegenden Pelikane zu beobachten.

Ausgehen & Nachtleben

★ Dub Club CLUB

(www.facebook.com/officialkingstondubclub; Skyline Dr, Jack's Hill; 1000 J$; So 20–2 Uhr) Der Dub Club kommt einem vor wie eine Hausparty, die es so aber nur in Kingston geben kann. Und was für ein Haus das ist! Es liegt hoch oben auf dem Jack's Hill und blickt auf die nächtlichen Lichter der Stadt.

Das riesige Soundsystem spielt den stärksten Dub und authentischsten Reggae, den man sich vorstellen kann. Der Selector (DJ) steht auf einer Terrasse unter einem riesigen Mangobaum.

Es gibt eine relaxte Bar und I-tal-Essen; der Club öffnet um 20 Uhr, also kann man zuerst etwas trinken und sich nach 22 Uhr, wenn die Party richtig losgeht, in das Getümmel stürzen. Jeder gute Reggae-Künstler und DJ hat mindestens einmal im Dub Club gespielt – wenn es eine coolere Party in Kingston gibt, würden wir gern wissen, welche.

Tracks & Records SPORTBAR
(☎ 906-3903; www.facebook.com/UBTracks; Market Place, 67 Constant Spring Rd; ⏰ 11.30–23.30 Uhr) In Usain Bolts Sportbar mit dem wortspielerischen Namen trifft Musik auf Athletik. Die Atmosphäre ist lebhaft, es gibt jede Menge Drinks, gute Bargerichte und man kann sich immer ein Spiel auf den Bildschirmen anschauen. Nicht vergessen, ein Selfie am Eingang vor der Tafel zu machen, auf der Usains Weltrekorde verzeichnet sind!

Praktische Informationen

Auf dem Knutsford Boulevard und in Half Way Tree in Uptown gibt's ein halbes Dutzend Banken. Die meisten haben rund um die Uhr geöffnete Geldautomaten und Schalter, an denen man ausländische Währungen wechseln kann. Es gibt auch Geldautomaten an der Hope Road, vor allem in Nähe der Einkaufszentren. Man sollte immer einen Geldautomaten in einer Kabine mit verschließbarer Tür benutzen.

Andrews Memorial Hospital (☎ 926-7401; www.andrewsmemorialhospital.com; 27 Hope Rd)

Polizeistation im Stadtzentrum (☎ 922-9321; 11 East Queen St)

Polizeistation in Half Way Tree (142 Maxfield Ave, Half Way Tree)

Geldautomat der Scotiabank (Ecke King Street & Tower Street)

University Hospital (☎ 927-1620; www.uhwi.gov.jm; Campus der University of the West Indies, Mona)

Anreise & Unterwegs vor Ort

BUS

Zwischen Kingston und jedem Ort auf der Insel verkehren Busse, Minibusse und Route-Taxis. Sie starten und enden meist am **Fernstrecken-Busbahnhof** (Karte S. 508; Beckford St) im Stadtzentrum. Die Busse fahren los, wenn sie vollbesetzt sind; meist sind sie komplett überfüllt. Sonntags verkehren weniger Busse.

Die komfortablen Busse von **Knutsford Express** (☎ 971-1822; www.knutsfordexpress.com) fahren von einem eigenen Busbahnhof (S. 520) in New Kingston ab. Sie steuern folgende Ziele an:

Ziel	Preis (J$)	Dauer (Std.)	Abfahrten (tgl.)
Falmouth	2800	3	9-mal
Mandeville	2150	2	4-mal
Montego Bay	3250	4	9-mal
Negril	3400	5	2-mal
Ocho Rios	2150	1½	7-mal
Port Antonio (via Ocho Rios)	2450	4	2-mal
Savannah-la-Mar	2950	4	4-mal

Man sollte mindestens 15 Minuten vor der Abfahrt am Busbahnhof sein, um sein Ticket erfassen zu lassen.

Die Minibusse nach/von Port Antonio (450 J$, 2 Std.) starten und enden vor dem **Busbahnhof Half Way Tree** (Karte S. 512).

Wer nach Kingston reist, sollte vor dem Einstieg nachfragen, wo der Bus hält.

FLUGZEUG

Norman Manley International Airport (KIN; ☎ 924-8452; www.nmia.aero) Der Flughafen liegt etwa 19 km südöstlich vom Zentrum New-Kingstons und wickelt internationale Flüge ab. In der Ankunftshalle befindet sich ein Schalter der Touristeninformation, vor der Zollabfertigung eine Wechselstube. Außerdem gibt's eine Bank, Stände von Autovermietungen und eine Buchungsstation für offizielle Taxis. Draußen befinden sich mehrere Telefonläden, die lokale SIM-Karten verkaufen.

Bus 98 pendelt zwischen Flughafen (vor der Ankunftshalle) und Parade in Downtown (100 J$, 35 Min., alle 30 Min.).

Ein Taxi zwischen Flughafen und New Kingston kostet rund 35 US$. **Caribbean Airlines** (☎ 924-8331; www.caribbean-airlines.com; 128 Old Hope Rd, Kingston) hat ein Büro in der Stadt.

ÖFFENTLICHE VERKEHRSMITTEL

Busse, Minibusse und Route-Taxis starten und enden am **North Parade** (Karte S. 508) und **South Parade** (Karte S. 508) in Downtown, am **Busbahnhof Half Way Tree** in Uptown, in **Cross Roads** zwischen Uptown und Downtown sowie in **Papine** (Main Street) am Ostrand der Stadt unweit der Old Hope Road.

Jamaika Urban Transport Co Ltd (JUTC; www.jutc.com; Preise innerhalb der Stadt 100 J$) betreibt zahlreiche gelbe Mercedes-Benz- und Volvo-Busse. Die meisten sind klimatisiert. Die

JUTC-Busse stoppen nur an offiziellen Haltestellen.

Minibusse und Route-Taxis (an den roten Lizenzschildern zu erkennen) verkehren auf allen beliebten Strecken (100 J$) und halten auf Anfrage unterwegs an.

BLUE MOUNTAINS

Die Blue Mountains sind ein Paradies für Wanderer – in den Bergen erstrecken sich über 30 anerkannte Wanderwege. Viele sind aufgrund von Geldmangel und Naturschutzprogrammen verwildert, andere hingegen die Hauptsäulen der Kommunikation unter den Einheimischen.

Beliebteste Route ist der steile, gut gepflegte Pfad zum „Peak", mit dem auf Jamaika immer der **Blue Mountain Peak** gemeint ist.

Die Wanderwege (in der Region meist „Tracks" genannt) sind selten ausgeschildert. Aktuelle Informationen über ihren Zustand erhält man in der Haupt-Rangerstation in Holywell. Wenn ein Weg schwierig zu begehen ist, sollte man umkehren. Die Bergrettung ist langsam, und man könnte tagelang verschollen sein. Wer Einheimische nach dem Weg fragt, sollte wissen, dass *„jus a likkle way"* tatsächlich mehrere Wanderstunden bedeuten kann.

Folgende Hinweise sind hilfreich, egal, ob man mit oder ohne Guide unterwegs ist:

- Feste Wanderschuhe tragen.
- Snacks, viel Wasser und eine Taschenlampe mitnehmen.
- Jemandem Bescheid sagen, wohin man geht.
- Wir empfehlen die topografische Kartenreihe von Ordnance Survey im Maßstab von 1:50 000 oder 1:12 500, erhältlich beim **Survey Department** (☎ 750-5263; www.nla.gov.jm; 23½ Charles St, Kingston).

Wanderführer kann man in den Gästehäusern in Hagley Gap und Penlyne Castle oder in den lokalen Unterkünften anheuern. Sie verlangen 40 bis 50 US$ für eine Gruppe von bis zu fünf Personen. Geführte Touren werden in den Blue Mountains ebenfalls angeboten:

Forres Park Guest House & Farm

Jamaika Conservation & Development Trust (☎ 960-2848; www.jcdt.org.jm; 29 Dumbarton Ave, Kingston 10; ⏲ Mo–Fr 8.30–16.30 Uhr) Verwaltet die Wanderwege im Nationalpark und kann Wanderführer empfehlen.

Schlafen

★ **Jah B's Guest House** GÄSTEHAUS $
(☎ 377-5206; www.jahbcoffee.com; Whitfield Hall, Hagley Gap; B 20 US$, Zi. mit/ohne Bad 50/40 US$, Frühstück 8 US$; P) Das nette Gästehaus unter der Leitung einer Familie von Bobo-Rastas ist vor allem bei Budgetreisen-

NICHT VERSÄUMEN

HOCH HINAUF: DER BLUE MOUNTAIN PEAK

Der Blue Mountain Peak ist mit 2256 m über dem Meeresspiegel der höchste Berg Jamaikas. Wer in den Blue Mountains unterwegs ist, sollte unbedingt auf den Gipfel steigen und von dort den Sonnenaufgang bewundern. Die meisten Wanderer starten um 2 Uhr morgens von Penlyne Castle, damit sie auch rechtzeitig zum Sonnenaufgang oben sind. Nach einem Frühstück geht's im Gänsemarsch – und im Stockdunkeln – den 12 km langen Rundweg entlang (Taschenlampe und Ersatzbatterien nicht vergessen!). Der erste Abschnitt des Weges – eine Reihe von steilen, mit Geröll bedeckten Serpentinen (auch „Jacob's Ladder" genannt) – ist der schwerste. Auf halber Strecke befindet sich am Portland Gap (4 km oberhalb von Abbey Green) eine Rangerstation, wo die Gebühr von 5 US$ fällig wird. Gegen 5.30 Uhr, noch im Dunkeln, hat man es geschafft und ist auf dem Gipfel.

Touristen sollten nachts niemals ohne Guide wandern. Von den Hauptwegen zweigen zahlreiche Pfade ab, und man kann sich schnell verirren. Wanderschuhe oder gute Turnschuhe sind am besten für den Marsch geeignet. Sneakers reichen aber auch aus, obwohl dann die Füße wahrscheinlich nass werden. Auf dem Gipfel können Temperaturen von unter null Grad herrschen, daher sollte man mehrere Schichten Kleidung tragen. Außerdem braucht man Regensachen, da das Wetter schnell umschlagen kann.

den beliebt. Es ist einfach, aber gemütlich und bietet Mehrbett- und einfache Privatzimmer. Inmitten von Ganja-Rauch und endlosem Geplänkel werden I-tal-Gerichte zubereitet und selbst angebauter Blue-Mountain-Kaffee serviert. Heiße Duschen gibt's nur auf Nachfrage.

Im Gästehaus kann man Guides für Wanderungen zum Blue Mountain Peak und zur hauseigenen Kaffeeplantage in Radnor engagieren.

Forres Park Guest House & Farm GÄSTEHAUS $$
(☎ 927-8275; www.forrespark.com; Hütte/Zimmer 75/90–220 US$; Ⓟ) Eine gute Option für Vogelbeobachter. Alle Zimmer haben Balkons, im schicksten Raum gibt's sogar eine Badewanne mit Whirlpool! Auf Anfrage wird hervorragend gekocht, die Gerichte sind auch für Nichtgäste verfügbar. Nach einer Wandertour auf den lohnenswerten Trails im Forres Park kann man tolle Spa-Behandlungen genießen. Außerdem im Angebot: exzellente Touren und geführte Wanderungen.

An & Weiterreise

AUTO

Die Hope Road führt von Kingston nach Papine, von wo aus man über die Gordon Town Road (B1) in die Berge gelangt. Papine bietet die letzte Möglichkeit zum Tanken, daher sollte man sicherstellen, dass man einen vollen Tank hat. Die B1 führt weiter über die Berge bis nach Buff Bay. In der Regenzeit ist die Straße manchmal aufgrund von Bergrutschen geschlossen – vor der Anreise informieren!

BUS

Die Busse 60 und 68 fahren stündlich vom Half Way Tree in Kingston die Hope Road hinauf nach Papine (100 J$, 20 Min.), von dort aus gibt's Anschluss zu den Blue Mountains mit dem Minibus oder Route-Taxi. Es gibt keine regelmäßigen Busverbindungen durch das Gebirge nach Buff Bay.

DIE NORDKÜSTE

Ocho Rios

17 000 EW.

Bis zu den 1980ern war Ocho Rios kaum mehr als ein Fischerdorf mit ein paar Hotels an einer wunderschönen weiten Bucht. Das änderte sich, als es zum Touristenzentrum ausgebaut wurde. Heute, vierzig Jahre später, ist es eines der beliebtesten Reiseziele des Landes mit Tausenden von Touristen, die auf Kreuzfahrtschiffen anreisen.

Dieser Umstand verleiht „Ochi" ein leichtes „Pauschalflair", doch die Aufdringlichkeit der „Guides" und Souvenirverkäufer hält sich in Grenzen, und wenn keine Schiffe im Hafen liegen, herrscht in der Stadt eine ruhige, entspannte Atmosphäre.

Dank des Tourismus verfügt die Stadt über eine großartige Gastronomieszene und ein lebhaftes Nachtleben. Und wenn noch die schönsten Wasserfälle Jamaikas vor den Toren der Stadt dazugezählt werden, ist Ocho Rios ohne Frage ein exzellenter Ausgangspunkt für die Erkundung der Nordküste.

Sehenswertes

★ Blue Hole WASSERFALL
(Thatch Hill; 15 US$; ⏲ 8–17 Uhr) Der traumhafte Wasserfall Blue Hole hoch auf dem White River vermittelt einen Eindruck davon, wie die Dunn's-River-Fälle vor 20 Jahren aussahen, und ist ein absolutes Highlight der Nordküste. An mehreren Wasserfällen und blauen Wasserbecken vorbei geht's durch den Wald den Berg hinauf. Unterwegs bieten sich viele Möglichkeiten zum Schwimmen und Tauchen; an einigen Stellen kann man an Seilen ins Wasser rutschen. Guides begleiten die Besucher auf einem gut markierten Pfad zu den Wasserfällen (wo nötig, sind zur Sicherheit Stufen und Seile angebracht).

Die winzige Höhle unter einem der Wasserfälle ist sicher, aber nichts für Leute mit Platzangst. Die Guides sind hervorragend – sie kennen die besten Plätze für Fotos, zeigen ihre Tauchkenntnisse und sind sehr aufmerksam gegenüber Kindern und älteren Besuchern, die möglicherweise bei einigen Aufstiegen unsicher sind. Am Eingang verkaufen Händler Badeschuhe und es gibt Rettungswesten für all jene, die die Fälle genießen wollen, aber keine guten Schwimmer sind. Vor den Wasserfällen stehen mehrere Essens- und Getränkestände. Man sollte nichts kaufen, was nicht nass werden darf.

Dunn's River Falls WASSERFALL
(☎ 974-2857; www.dunnsriverfalls.net; Erw./Kind 25/17 US$; ⏲ 8.30–16 Uhr) Die berühmten Wasserfälle 3 km westlich der Stadt sind die größte Touristenattraktion Jamaikas. Zu den Stoßzeiten wirken die Fälle aufgrund der zahllosen Besucher eher wie ein The-

NICHT VERSÄUMEN

STUSH IN THE BUSH

Stush in the Bush (☎ 562-9760; www.stushinthebush.com; Bamboo; Gerichte 70–95 US$; ⓥ), ein Biorestaurant und ein großartiges Rastaprojekt, hat sich dem Motto „Farm-to-Table" („Vom Bauernhof auf den Tisch") verschrieben. Hier gibt's das beste Essen in ganz Jamaika. Das Erlebnis beginnt mit einem Spaziergang über den Bauernhof, bei dem man mehr darüber erfahren kann, was man später essen wird, und findet seinen Höhepunkt in einer herrlich rustikalen Hütte, in der man speist und herrliche Ausblicke genießt.

Es gibt zwei Optionen: die Gourmetpizza (70 US$) und ein komplettes Menü (95 US$). Die Gerichte umfassen jeweils vier und sechs Gänge nebst leckeren Beilagen, z. B. Salate, knusprige Kochbananenchips mit würzigen Dips, reichhaltige Suppen und tolle Fruchtsäfte. Gerichte für Veganer gibt's ebenfalls – sogar der Schokoladenkuchen ist vegan! Vorherige Buchung erforderlich.

menpark als ein Naturwunder, aber das macht den Aufstieg zu ihnen nicht weniger aufregend. Man steigt zu großen Ebenen aus Kalkstein auf, die in einer Reihe wunderschöner Wasserfälle und Pools 180 m tief abfallen. Das Wasser ist erfrischend kühl, alles liegt im Schatten hoher Regenwaldbäume.

Guides können beim Aufstieg helfen (sie erwarten ein Trinkgeld), sind aber nicht unbedingt notwendig. Obwohl die Strömung an einigen Stellen sehr stark sein kann, ist der Aufstieg für Leute mit normaler Kondition leicht. Schwimmkleidung ist sehr wichtig. Es gibt Umkleideräume, man kann Schließfächer mieten (500 J$) und Badeschuhe von Händlern kaufen.

Im Park gibt's Essensstände, ein Restaurant, einen Kinderspielplatz und einen Kunsthandwerkermarkt mit aggressiven Verkaufsmethoden. Man sollte die Wasserfälle besuchen, wenn keine Kreuzfahrtschiffe im Hafen liegen, am besten gleich morgens, wenn die Tore geöffnet werden (wenn Kreuzfahrtschiffe in Ocho Rios ankern, öffnen die Fälle schon um 7 Uhr). Von Ocho Rios verkehren Route-Taxis nach St. Ann's Bay, die auf Wunsch am Eingang halten.

Mahogany Beach STRAND

(Ⓟ) GRATIS Vor allem bei Einheimischen ist der kleine, charmante Mahogany Beach beliebt; an den Wochenenden ertönt hier laute Musik, die Leute bereiten Jerk Chicken zu und lassen sich kurzentschlossen auf ein Fußballspielchen ein. Es gibt zahlreiche Parkplätze, Duschen und einen kleinen Laden mit Strandzubehör. Der Strand liegt 1 km östlich des Stadtzentrums – am schnellsten kommt man mit dem Taxi her.

Aktivitäten

Garfield Diving Station TAUCHEN

(☎ 395-7023; www.garfielddiving.com; Turtle Beach) Ocho Rios' langjährigster Wassersportanbieter mit über 30 Jahren Erfahrung. Zu den Tauchpaketen zählen Tauchgänge mit einem Tank (60 US$), PADI-Zertifizierungskurse (480 US$) und Tauchtrips zu Schiffswracks. Außerdem im Angebot sind Schnorcheltrips (40 US$), Rundfahrten mit Glasbodenbooten (35 US$) und ein Jetski-Verleih (Preise auf Anfrage). Boote zum Tiefseefischen können ebenfalls gemietet werden (halber Tag für bis zu 4 Pers. 700 US$).

Schlafen

Rooms RESORT $

(☎ 467-8737; www.roomsresorts.com; Main St; Zi. 90–135 US$; Ⓟ ❄ @ ≋) Das familienfreundliche Resort bietet alle Annehmlichkeiten eines All-inclusive-Hotels, ohne eines zu sein. Die Zimmer sind geräumig und frisch, und alle blicken entweder aufs Meer oder den Pool. Frühstück ist inbegriffen und nach dem Wassersport (nicht inklusive) kann man im Restaurant Hummingbird speisen oder einen Drink in der Grillbar am Strand nehmen.

★ **Te Moana Cottages** COTTAGES $$

(☎ 974-2870; info@harmonyhall.com; Cottages 135 US$; Ⓟ ❄) Mit zwei schönen Cottages und einem hübschen kleinen Klippengarten oberhalb des Riffes ist diese exklusive Anlage eine persönlichere Alternative zu den üblichen Resorts. Beide Häuschen verfügen über voll ausgestattete Küchen, separate Wohnbereiche sowie Veranden mit Hängematten und sind raffiniert mit Kunstgegenständen aus der gesamten Karibik dekoriert. Stufen führen über eine Rasenfläche zu einer Korallenbucht hinunter, in der sich's gut schnorcheln lässt.

★ Jamaica Inn HOTEL $$$
(974-2514; www.jamaicainn.com; Zi. 349–560 US$, Cottage ab 610 US$; P) Im Jamaica Inn haben schon Gäste übernachtet, als die Betreiber von Kreuzfahrtschiffen noch nicht einmal darüber nachdachten, in Ocho Rios anzulegen – Churchill ist in den 1950er-Jahren hier abgestiegen. Versteckt in einer Privatbucht gelegen, bietet das Hotel dezenten Luxus, luftige Zimmer, Wassersporteinrichtungen, ein tolles Restaurant und Verwöhngelegenheiten im hauseigenen Spa.

Die Bar- und Cocktailterrasse hat ein schickes Flair, was vor allem am abendlichen Dresscode (Männer müssen Hemd und Anzughosen tragen) liegt. Der Mindestaufenthalt beträgt drei Nächte; zur Auswahl stehen Halb- und Vollpension.

Blue House B&B $$$
(994-1367; www.thebluehousejamaica.com; White River Bay; Zi. 180–360 US$; P) Ein wahres Juwel ist dieses B&B nahe dem White River und mit seinen luxuriösen Zimmern in kühlen Blautönen wie ein zweites Zuhause in der Ferne! Der weitgereiste Inhaber ist sehr freundlich. Jede Menge Ruhe und Abgeschiedenheit verspricht das separat gelegene Cozy Cottage mit seinen zwei Schlafräumen, das hinter einem Blumenvorhang verborgen liegt. Der ortsansässige Chefkoch zaubert abends üppige Drei-Gänge-Menüs, die jeden Cent wert sind (40 US$, Nichtgäste des Hotels müssen vorher reservieren).

Essen

Ocho Rios Jerk Centre JERK-GERICHTE $
(974-2549; 16 Da Costa Dr; Gerichte 550–1000 J$; 11–24 Uhr) Das lebhafteste Jerk-Lokal der Stadt serviert exzellente Jerk-Versionen von Schwein, Huhn, Muscheln und Grillrippchen in 125-Gramm-Portionen mit vielen Beilagen. Zu den besten der täglich wechselnden Tagesgerichte zählen der *escoveich*-Fisch (Mi, 1290 J$) und das Ziegencurry (Fr–Sa, 1350 J$). Während man auf das Essen wartet, kann man ein Red Stripe oder einen Rum süffeln und auf dem großen Bildschirm eine Sportsendung anschauen. Freitagabends legen DJs auf.

Mongoose Restaurant & Lounge JAMAIKANISCH $
(Main St; Hauptgerichte 900–2500 J$; 9–1 Uhr) Ein lebhaftes Bar-Restaurant mit schnellem Service und herzhaftem Essen auf großen Tellern. Wer's jamaikanisch mag, sollte eines der Schmorgerichte bestellen; ansonsten schmecken hier auch Burger, Grillfisch, Pizza u. v. m. Tagsüber geht's im Lokal meist ruhig zu; wenn allerdings Kreuzfahrtschiffe im Hafen liegen, ist es gnadenlos überfüllt. Abends wird es dann wieder entspannter; samstags gibt's Live-Reggae.

★ Whalers FISCH & MEERESFRÜCHTE $$
(Fisch & Meeresfrüchte 1500–3000 J$; 9–23 Uhr) Das seit vielen Jahren beliebte Restaurant hat nach der Neugestaltung des Fisherman's Beach endlich wiedereröffnet, und es gibt gute Nachrichten: Die Wartezeit hat sich gelohnt. Man kann im kühlen Speiseraum oder auf dem Balkon mit Meerblick sitzen und riesige Platten mit Meeresfrüchten in allen jamaikanischen Versionen – als *escoveich* oder Curry, gegrillt oder als Schmorgericht – genießen.

Knoblauchfans werden von den in Butter zubereiteten Shrimps und Hummern begeistert sein.

★ Miss T's Kitchen JAMAIKANISCH $$
(795-0099; www.misstskitchen.com; Main St; Hauptgerichte 1800–2800 J$; Mo–Sa 11.30–23, So 11.30–21 Uhr) Ein hohes Blechdach und die bunt gestrichenen Holzwände des beliebtes Restaurants bieten die schöne Kulisse für große Platten mit jamaikanischen Klassikern (auch vegetarische Optionen), die von den freundlichen, effizienten Mitarbeitern serviert werden. Wer ein edleres Getränk als ein einfaches Red Stripe genießen will, trinkt ein oder zwei Glas Wein auf der Veranda im „Weinhof" mit Gartenblick.

Ausgehen & Nachtleben

John Crow's Tavern SPORTBAR
(10 Main St; 10–1 Uhr) Im großen Fernseher über der Bar laufen die aktuellsten Fußballspiele und die Freiluftterrasse ist perfekt für ein Bier, einen Burger und das Beobachten der Leute auf der Main Street. Das Bier ist kalt und es gibt eine exzellente Auswahl von Rumsorten. Sonntagabends wird ab 20 Uhr Live-Reggae gespielt.

Shoppen

★ Kaya Herb House GANJA
(627-9333; www.kayaherbhouse.com; Drax Hall, neben Scotchies; Mo–Do 9–22, Fr & Sa 9–23 Uhr) Als das superschicke Kaya 2018 eröffnet wurde, war es die erste Apotheke

der Karibik, die legal Marihuana verkaufen durfte. Das Kaya ist gleichzeitig Klinik und Hipster-Boutique. Um hier einkaufen zu können, muss man seinen Ausweis vorlegen (nur Personen ab 18 Jahren dürfen das Geschäft betreten) und ein selbst beglaubigtes medizinisches Attest ausfüllen. Drinnen werden Ganjaknospen und Liquids für E-Zigaretten aus einer Liste von 30 medizinischen Pflanzen angeboten.

Die fachkundigen Mitarbeiter führen durch die umfangreiche Angebotsliste (die wie eine Weinkarte aussieht), informieren zum THC- und CBD-Gehalt und empfehlen Produkte, die auf die jeweiligen medizinischen Bedürfnisse abgestimmt sind. Es gibt einen Raucherraum und eine Marihuana-Bar; bei medizinischen Problemen steht eine Skype-Beratung zur Verfügung. Im Kaya gibt's auch eine reetgedeckte Bar und ein Café mit gutem Kaffee, Pizzas und spritzigen Fruchtsäften. Die Inhaber betreiben eigene Ganja-Plantagen, und für die Zukunft sind Plantagenführungen geplant. Alle Einkäufe müssen bar bezahlt werden (vor Ort gibt's einen Geldautomaten).

Praktische Informationen

An der Main Street gibt's zahlreiche Banken. Alle verfügen über Geldautomaten und Schalter zum Geldwechseln.

Complete Care Medical Centre (974-3357; 16 Rennie Rd)

Das nächstgelegene Krankenhaus (mit Notaufnahme) befindet sich in **St. Ann's Bay** (972-2272).

Ocho Rios Pharmacy (974-9182; Main St, Ocean Village Plaza; Mo–Sa 9–18 Uhr)

Polizeistation (974-2533; Da Costa Dr) Die Polizei von Ocho Rios ist es gewohnt, mit Problemen von Touristen umzugehen.

Touristeninformation (974-7705; Main St, Shop 3, Ocean Village Plaza; Mo–Do 9–17, Fr 9–16 Uhr) Vertritt die jamaikanische Tourismusbehörde. Die Mitarbeiter sind hilfsbereit und kompetent.

An & Weiterreise

AUTO

Wer mit dem eigenen Fahrzeug zwischen Ocho Rios und Kingston unterwegs ist, sollte beachten, dass für die Nutzung der gebührenpflichtigen Schnellstraße Kosten in Höhe von 1000 J$ anfallen.

BUS

Busse, Minibusse und Route-Taxis starten und enden am **Transportation Center** (Evelyn St) von Ocho Rios. Sie fahren tagsüber regelmäßig – sonntags seltener – nach Kingston (meist über die alte A3 durch die Berge statt über die Mautautobahn) und zu Zielen an der Nordküste. Es gibt keinen festen Fahrplan – es geht los, wenn sie voll sind. Ziele sind z. B.:

Discovery Bay 180 J$, 30 Min.

Kingston 400 J$, 2 ½ Std.

Montego Bay 500 J$, 2 Std.

Port Maria 200 J$, 50 Min.

Runaway Bay 150 J$, 30 Min.

St. Ann's Bay 150 J$, 15 Min.

Knutsford Express (www.knutsfordexpress.com; Island Village) schickt von seinem Depot in Island Village komfortable, klimatisierte Reisebusse nach Kingston und Montego Bay. Die Busse haben feste Abfahrtszeiten; man sollte 15 Minuten vorher da sein, um sein Ticket einzulösen. Eine Fahrt nach Kingston kostet 2150 J$ (90 Min.), nach Montego Bay 2150 J$ (2 Std.), nach Negril 3000 J$ (4 Std.) und nach Port Antonio 2150 J$ (2 Std.).

Rund um Ocho Rios

Folgt man der Küstenstraße, weichen die Küstenresorts von Ocho Rios bald einsamen Villen und Fischerdörfern.

Viele berühmte Besucher haben ihre Spuren in Ocho Rios und Umgebung hinterlassen. Der Autor Noël Coward baute ein Haus in Firefly, das einen spektakulären Blick auf die Küste bietet. Die Kolonialbewohner des Seville Great House werden zwar geflissentlich ignoriert, aber ihr Haus wurde zu einem fantastischen Museum ausgebaut, das die Geschichte der Plantagensklaverei auf Jamaika dokumentiert.

★ Firefly HISTORISCHES GEBÄUDE

(994-0920, 997-7201; 1000 J$; Mo–Do & Sa 9–17 Uhr) Firefly liegt inmitten weitläufiger Rasenflächen auf einem Hügel 5 km östlich von Oracabessa und 5 km westlich von Port Maria. Hier lebte einst der berüchtigte Pirat Sir Henry Morgan und später der englische Dramatiker, Liedermacher, Schauspieler und Komiker Sir Noël Coward. Als Coward 1973 starb, hinterließ er das Anwesen seinem Partner Graham Payn, der es dem Staat stiftete.

Guides führen Besucher zu Cowards Kunststudio, wo Winston Churchill ihn in Sachen Ölmalerei unterrichtete. Im Studio hängen Cowards Originalkunstwerke sowie Fotografien von ihm selbst und seinen berühmten Freunden. Im Salon mit immer noch gedecktem Tisch wurden Gäste wie die Queen Mum, Sophia Loren und Audrey Hepburn unterhalten. In der oberen Lounge befindet sich ein unverglastes Fenster mit einem unvergleichlichen Küstenblick auf Port Maria Bay und die Küste weiter westlich. Anders als weithin angenommen, schrieb Coward seinen berühmten Song „A Room with a View“ nicht hier (sondern 1928 auf Hawaii).

Cowards letzte Ruhestätte befindet sich unter einer Marmorplatte auf dem Rasen, auf dem er einst zahlreiche illustre Bühnen- und Filmstars empfing. Nicht weit davon entfernt überdeckt eine Tanzfläche seinen ehemaligen Pool – heutzutage nutzen die Reichen und Schönen das Haus als exklusive Location für Hochzeiten.

★ **Seville Great House** HISTORISCHE STÄTTE

(500 J$; ⌚ Sa & So 9–16 Uhr) Der historische Park mit Meerblick, weniger als 1 km westlich der heutigen Stadt St. Ann's gelegen, markiert den Standort der ersten spanischen Hauptstadt auf der Insel – Sevilla la Nueva – und war eine der ersten spanischen Siedlungen auf dem amerikanischen Kontinent. Er beherbergt ein faszinierendes großes Haus, Überreste von Plantagen sowie Rekonstruktionen von Taíno-Häusern und afrikanischen Häusern (mit Küchengärten) für die Sklaven.

Als die Engländer Jamaika von den Spaniern erbeuteten, wurde das Land, auf dem Sevilla la Nueva erbaut war, einem Armeeoffizier überlassen, der hier eine Zuckerrohrplantage errichtete. Das Haus wurde ursprünglich 1745 erbaut; auf dem Rasen davor steht ein berührendes Denkmal für die versklavten Afrikaner, deren Überreste auf dem Gelände entdeckt und 1997 hier wieder begraben wurden.

Das restaurierte Haus beherbergt ein hervorragendes Museum, das die Geschichte der Stätte von der Taíno-Ära bis zur Zeit der Sklaverei und des Kolonialismus dokumentiert. Das Alltagsleben der jamaikanischen Afrikaner, die hier zur Arbeit gezwungen wurden, wird mit besonderer Sensibilität rekonstruiert; die Berichte von ihren Erfahrungen stehen im krassen Kontrast zur Pracht der kunstvollen architektonischen Schnitzereien der Spanier und den zierlichen Porzellantassen der Briten.

Es sind noch Überreste der originalen spanischen Gebäude – eine Kirche und das burgartige Wohnhaus des ersten spanischen Gouverneurs – sowie die Ruinen der englischen Zuckermühlen und des Aufseherhauses erhalten. Auf dem Gelände befand sich auch das Taíno-Dorf Maima; seine Bewohner wurden unter dem spanischen *encomienda*-System (Zwangsarbeit) zur Arbeit als Leibeigene gezwungen und starben nach kurzer Zeit durch Krankheit, Überarbeitung und Selbstmord.

Port Antonio

15 000 EW.

Port Antonio liegt versteckt in den endlosen, üppig grünen Hügeln von Portland und scheint Welten von den Kreuzfahrtschiffen und Resorts am anderen Ende der Nordküste Jamaikas entfernt zu sein. Der Ort ist eine kompakte Mischung aus Marktplätzen, georgianischer und viktorianischer Architektur und entspannten Bars. Port Antonio hat keine richtigen Attraktionen und bietet kein Margaritaville, aber das möchten wir auch nicht anders haben. Die Stadt ist das Tor zu Portland, und ihr relaxtes Flair macht sie zu einem perfekten Reiseziel für Traveller, die dem Alltag entfliehen wollen.

Sehenswertes

Das Herz Port Antonios ist der Town Square, der sich an der Ecke West Street und Harbour Street erstreckt. In seiner Mitte steht ein Uhrenturm, und an seinem Rand erhebt sich das **georgianische Gerichtsgebäude** von 1895. Eine Veranda, gestützt von schottischen Stahlsäulen, umgibt das schöne Backsteingebäude und eine hübsche Kuppel krönt es. Heute dient es als Filiale der National Commercial Bank. Etwa 50 m die West Street hinunter gelangt man zur Kreuzung mit der William Street, wo sich der kleinere Port Antonio Square befindet. Hier gedenkt ein **Ehrenmal** jenen Jamaikanern, die in den zwei Weltkriegen ums Leben kamen.

An der Westseite des Port Antonio Square liegt der **Musgrave Market** (West St; ⌚ Mo–Sa). Der chaotische, typisch jamaikanische Markt wird von dicken Kalksteinsäulen gestützt und ist in Gelb- und Blautönen gestrichen. Folgt man der William Street südlich zur Harbour Street und biegt unterwegs links ab, kann man einen Blick in die **Christ Church** werfen. Das rote anglikanische Backsteingebäude wurde um 1840 im neoromanischen Stil erbaut (ein Großteil des Bauwerks stammt von 1903).

Auf der Nordseite des Town Square erhebt sich die eindrucksvolle Barockfassade der **Royal Mall**, eines dreistöckigen Baukomplexes in leuchtendem Rot, die heute als überdachte Einkaufspassage fungiert. Die Gebäude der Mall vereinen verschiedene Baustile, darunter Tudor und Renaissance.

Folly RUINE

Die zweistöckige 60-Zimmer-Villa mit dem passenden Namen „Folly" (Verrücktheit, nutzloser Prunkbau) liegt auf der Halbinsel östlich von East Harbour. Olivia Tiffany Mitchell, die Erbin des Tiffany-Vermögens, ließ das Bauwerk 1903 im pseudogriechischen Stil erbauen. Es war nur 35 Jahre lang bewohnt, bevor es verlassen und als Abgeltung für unbezahlte Steuern der Regierung übergeben wurde, die es dem Verfall preisgab.

Die Geschichte, dass das Gebäude verlassen wurde, weil der Beton mit Meerwasser versetzt war, was 1936 zum Rosten der Armierungsstangen und zum Einsturz des Daches geführt haben soll, ist unglaubwürdig – aber immerhin spannender als das Gerücht von unbezahlten Steuern. Der Rohbau, der von Kalksteinsäulen gestützt wird, ist erhalten geblieben und bietet heute die perfekte Kulisse für ein Picknick. Das 1888 erbaute, orange-weiß gestreifte **Folly Point Lighthouse** blickt auf Monkey Island, so benannt nach den Primaten, die Mitchells Schwiegersohn Hiram Bingham (der 1911 Machu Picchu wiederentdeckte) einst auf der Insel hielt.

Das Gelände ist ein toller Ort für Erkundungstouren, aber wir raten (vor allem Frauen) davon ab, die Gegend alleine zu erkunden, denn es ist an den Ruinen schon zu Raubüberfällen gekommen.

Schlafen

★ Germaican Hostel HOSTEL $

(☎866-2222; www.germaican-hostel.com; inkl. Frühstück B/DZ/Cottage 22/62/80 US$; 📶) Dieses großartige Hostel unter deutscher Leitung liegt außerhalb von Port Antonio auf einem Hügel und bietet fantastische Ausblicke auf die Küste. Der Schlafsaal ist geräumig und die Doppelzimmer sind hübsch hergerichtet. Außerdem gibt's ein Cottage mit Meerblick. Die Küche ist gut ausgestattet (ein Frühstücksbüfett ist inklusive), wahre Highlights sind aber die Veranda mit tollem Ausblick und die friedliche Atmosphäre abseits des Trubels.

Es liegt zwar ein Stück außerhalb der Stadt, die Manager holen ihre Gäste aber ab und bringen sie mehrmals am Tag nach Port Antonio (man kann den größten Teil der Strecke von Port Antonio bis Stony Hill auch mit dem Route-Taxi fahren).

Finjam Cottage GÄSTEHAUS $

(☎293-2265; Zi. 45 US$, mit Meerblick & Balkon 55 US$; 📶) Finjam liegt auf dem höchsten Punkt des Titchfield Hill und ist ein heimeliges, lässiges Gästehaus mit einfachen Zimmern, einer hübschen Veranda zum Entspannen, einer Gemeinschaftsküche und einer großartigen Lage unweit der Stadt. Die freundlichen Gastgeber sind finnisch-jamaikanisch, so erklärt sich auch der Name des Gästehauses.

DeMontevin Lodge GÄSTEHAUS $

(☎993-2604; www.facebook.com/Demontevin Lodge; 21 Fort George St; DZ 70–100 US$, ohne Bad 45 US$) Das ehrwürdige viktorianische Gästehaus könnte der Schauplatz eines tropischen Sherlock-Holmes-Romans sein. Es wurde 1881 erbaut und bietet eine gemütliche Atmosphäre, die modernen Kitsch mit Antiquitäten aus Großmutters Zeiten kombiniert. Die einfachen Zimmer (sechs mit Privatbädern) und einige der Bettdecken sind etwas abgenutzt, aber blitzsauber.

★ Italian Job ITALIENISCH $

(29 Harbour St; Pasta 1200–3000 J$, Pizza ab 1100 J$, Hauptgerichte 1350–3500 J$; ⏱Di–Sa 12–22 Uhr) Ein fröhliches Restaurant unter italienischer Führung mit karierten Tischdecken, großartigen Pastagerichten, Pizzas und Salaten sowie Crepes zum Dessert. Ein Blick auf die Tafel mit den Tagesangeboten lohnt sich! Der Chef legt großen Wert auf regionale Zutaten; Vorsicht vor dem gehaltvollen Hummer, der in ganjahaltiger Butter gegart wird. Der Wein ist auch sehr gut.

Yosch Café INTERNATIONAL $

(Craft Village; Sandwiches ab 450 J$, Hauptgerichte 800–1700 J$; ⏱So–Do 9–21, Fr & Sa 9–22 Uhr) Das Café am Rande des Kunsthandwerkerdorfes wurde aus Treibholz und Bambus erbaut und ist zum Meer hin offen. Es blickt auf Titchfield und die Bucht. Die Frühstücksgerichte und Sandwiches sind superlecker, ebenso wie der Fisch und die Meeresfrüchte, wenn man abends hier speist. Man sollte sich darauf einstellen, dass der Service dem typischen Inselrhythmus entspricht.

Piggy's Jerk JERK-GERICHTE $
(Jerk Chicken 500 J$, halbes Hühnchen 900 J$, Suppe 150 J$; ⌚ Mo–Sa 10–21 Uhr) Ein sehr einfaches Jerk-Lokal, das leckeres Hühnchen mit *festival* (frittierten Klößchen), herzhafte Suppe und kühle Getränke – aber trotz des Namens Piggy's kein Jerk Pork (Schweinefleisch) – serviert. Die Gerichte sind zum Mitnehmen – man kann am Ufer essen oder ein halbes Hühnchen für ein Picknick mitnehmen. Tolles Preis-Leistungs-Verhältnis.

★ **Wilkes Seafood** FISCH & MEERESFRÜCHTE $$
(☎ 378-5970; Allen Ave; Salate 500–1000 J$, Fang des Tages 3000 J$, Hauptgerichte 2600–3800 J$; ⌚ Mo–Sa 10.30–21.30, So 8–21.30 Uhr) Von vorn betrachtet scheint Wilkes Seafood eine einfache Strandbar zu sein, von innen aber ein schönes kleines Restaurant mit Meerblick und halboffener Küche, aus der köstliche Kocharomen strömen. Die Gerichte sind allesamt hervorragend, unser Favorit war aber das Fisch-Kokos-Curry. Hier zu essen gehört zu den Highlights von Jamaika.

Es empfiehlt sich, vorher zu reservieren. Sonntags sollte man morgens herkommen, um sättigendes jamaikanisches, kontinentales und komplettes englisches Frühstück zu genießen.

ℹ Praktische Informationen

Zwei hilfreiche Banken mit Geldautomaten:

Krankenhaus von Port Antonio (☎ 993-2646; Nuttall Rd; ⌚ 24 Std.) Oberhalb der Stadt am Naylor's Hill, südlich vom West Harbour.

National Commercial Bank (☎ 993-9822; 5 West St)

Polizeistation (☎ 993-2527, 993-2546)

Scotiabank (☎ 993-2523; 3 Harbour St)

ℹ An & Weiterreise

Am **Verkehrszentrum** (Gideon Ave), das sich am Wasser entlangzieht, starten regelmäßig Minibusse nach Kingston (zum Half-Way-Tree-Busbahnhof; 450 J$, 2 Std.) via Buff Bay und Annotto Bay (wo man nach Ocho Rios umsteigen kann). Route-Taxis fahren nach Fairy Hill (100 J$, 10 Min.), Boston Bay (150 J$, 20 Min.) und Manchioneal (250 J$, 40 Min.).

Die klimatisierten Busse von **Knutsford Express** (Errol Flynn Marina) fahren Ziele auf der gesamten Insel an. Dazu gehören z. B. Ocho Rios (2150 J$, 2 Std., 2-mal tgl.) und Kingston (2050–2400 J$, 4-mal tgl., entweder über Junction oder Ochi).

Rund um Port Antonio

Die Straße östlich von Port Antonio führt durch einige der schönsten Landschaften Jamaikas – herrliche Strände und üppig grüne Hügel. Ein Glanzlicht der Strecke sind die **Reach Falls**, die mit ihrer Schönheit – sogar in einem Land mit jeder Menge Wasserfälle – noch herausstechen.

Zwischen Port Antonio und Boston Bay verkehren den ganzen Tag Route-Taxis. Man muss nicht lange winken, bis ein Taxi hält. Die komplette Strecke kostet 150 J$, ein Abschnitt 100 bis 120 J$.

Von Port Antonio nach Fairy Hill

Östlich von Port Antonio verläuft die A4 durch dichte Wälder, entlang zerklüfteter sowie winziger Buchten und durch die Küstendörfer Drapers, Frenchman's Cove und Fairy Hill. Hier finden die meisten Port-Antonio- und Portland-Besucher Unterkunft und erkunden die nahegelegene Blue Lagoon, die herrlichen Sandstrände von Winnifred Beach und Frenchman's Cove sowie das Rio Grande Valley und die Reach Falls.

Sehenswertes

★ **Blue Lagoon** LAGUNE
Die Lagune, in der Brooke Shields' Filmkarriere ihren Anfang nahm, ist zweifellos einer der schönsten Orte auf Jamaika. Das 55 m tiefe „Blue Hole" (wie die Einheimischen es nennen) öffnet sich durch einen schmalen Trichter zum Meer hin, wird aber von Süßwasserquellen gespeist, die aus rund 40 m Tiefe entspringen. Weil das kalte Süßwasser das darunter fließende wärmere Meerwasser überlagert, schimmert das Wasser im Laufe des Tages in allen möglichen Jade- und Smaragdtönen.

Man kann am Eingang der Lagune schwimmen oder mit dem Boot (30 US$) an luxuriösen Strandvillen vorbei die kurze Strecke zum nahegelegenen Cocktail Beach (an dem Teile des Films *Cocktail* mit Tom Cruise gedreht wurden) und zum urigen Monkey Island in der Nähe fahren.

Nach starkem Regen verwandelt das abfließende Wasser aus den Hügeln die Farbe der Lagune in ein enttäuschendes Dunkelgrün.

★ **Winnifred Beach** STRAND
Auf einer Klippe 13 km östlich von Port Antonio liegt das kleine Dorf Fairy Hill. Man

folgt der Straße steil bergab zum Winnifred Beach, einem weiteren fantastischen Strand, der viele andere berühmte Sandstrände in den Schatten stellt. Er ist der einzig wahre öffentliche Strand an diesem Küstenstreifen und verströmt ein tolles Flair. Jamaikaner aller sozialer Schichten kommen hierher, es gibt Snack- und Getränkestände und am Wochenende Musik.

Selbstfahrer sollten fürs Parken etwas Geld spenden – der Strand ist für seine Instandhaltung auf öffentliche Mittel angewiesen.

★ Frenchman's Cove STRAND

(1000 J$; 9–17 Uhr) Die schöne kleine Bucht gleich östlich von Drapers verfügt über einen kleinen, aber wunderschönen, weißen Sandstrand, ihr Wasser wird von einem Süßwasserfluss gespeist, der direkt in den Ozean fließt. Sie gehört zum Frenchman's Cove Resort. Es gibt eine kleine Snackbar, die Jerk Chicken und Fisch serviert, Freiluftduschen, Badezimmer, einen sicheren Parkplatz und die Möglichkeit für Bootstouren (20 US$) zur Blauen Lagune.

Schlafen & Essen

Drapers San Guest House GÄSTEHAUS $

(993-7118; www.draperssan.com; A4, Drapers; Zi. 65–85 US$;) Das gemütliche, kleine Gästehaus wird von einem italienischen Einwanderer und Aktivisten geführt, der sich in der Region sehr gut auskennt. Es bietet zwei Cottages mit je fünf Doppelzimmern und einem Einzelzimmer (zwei Zimmer teilen sich ein Gemeinschaftsbad), die mit Ventilatoren, Jalousiefenstern und Warmwasser ausgestattet sind. Die Atmosphäre ist sehr einladend und familienfreundlich; es gibt eine bequeme Lounge und eine Gemeinschaftsküche.

Frühstück ist erhältlich, aber man sollte unbedingt auch im Gästehaus zu Abend essen (auf Anfrage) – die italienische Besitzerin behauptet, dass der einheimische Chefkoch TJ bessere Nudeln kocht als sie selbst!

★ Hotel Mocking Bird Hill HOTEL $$$

(993-7267; www.hotelmockingbirdhill.com; Mocking Bird Hill Rd; Zi. 245-295 US$;) Mocking Bird ist einer der energischsten Vertreter des Ökotourismus in Portland und Unterstützer von lokalen Umweltanliegen. Das schöne Haus liegt am Ende einer kurvigen Staubstraße; alle Zimmer sind liebevoll mit gut ausgewählten Stoffen und Kunst dekoriert; sie bieten Meerblick und verfügen über Privatbalkons. Das Restaurant **Mille Fleurs** (Hauptgerichte mittags 10–16 US$, Hauptgerichte abends 26–48 US$; 12–14 & 19–21 Uhr;) serviert köstliches Slow Food aus regionalen Zutaten.

Auf den Pfaden, die durch die Gärten und Hügel führen, kann man gut Vögel beobachten – für Beobachtungstouren in der

NICHT VERSÄUMEN

REACH FALLS

Sie sind von herausragenderSchönheit – und das in einem Land, in dem so viele Wasserfälle rauschen. Unberührter Dschungel umgibt die weißen, tosenden Fälle der **Reach Falls** (Erw./Kind 15/8 US$; Mi–So 8.30–16.30 Uhr). Das Wasser plätschert über Kalksteinstufen von einem jadefarbigen Pool zum nächsten. Man kann zum obersten Punkt der Fälle wandern, waten und schwimmen; der Weg führt einen nicht markierten Dschungelpfad entlang, der unterhalb des Haupteingangs beginnt.

Am Zugang zu den Wasserfällen bieten Guides ihre Dienste an. Sie sind unerlässlich, wenn man zu den obersten Pools klettern will (sehr empfehenswert!). Unterwegs erstreckt sich ein kleiner, unterirdischer Wassertunnel; ihn zu erkunden ist ebenfalls herrlich. Ganz oben auf der Spitze der Fälle liegt die Mandingo-Höhle, das Kronjuwel der Reach Falls. Wer hier hinauf will, muss Kletterschuhe mitbringen und sich auf eine lange Tour einstellen.

Mit den exzellenten lokalen Guides Leonard Welsh (849-6598) und Kenton Davy (438-3507) kann man zu den Wasserfällen wandern und erfährt unterwegs Wissenswertes zu Pflanzen und Tieren.

Die Abzweigung zu den Reach Falls liegt etwa 2 km nördlich von Manchioneal und ist gut ausgeschildert. Jedes Route-Taxi zwischen Port Antonio und Manchioneal kann einen unterhalb des Haupteingangs rauslassen; von hier aus läuft man noch 3 km bergaufwärts zu den Fällen.

weiteren Umgebung stehen gut ausgebildete einheimische Führer zur Verfügung.

Woody's JAMAIKANISCH $
(A4, Drapers; Burger 350–500 J$; ⌚12–20 Uhr) Das hervorragende Restaurant hat eine Außenterrasse und einen Tresen im Speiseraum, der zugleich als Treffpunkt für die Einheimischen dient. Es serviert fantastische Hot Dogs, Burger, Grillkäse und jamaikanische Abendgerichte. Wir empfehlen den großartigen vegetarischen Kochbananen-Burger. Außerdem gibt's tolles hausgemachtes Ingwerbier. Der Service ist nicht gerade der schnellste, aber die charmanten Gastgeber machen einen Besuch hier immer lohnenswert.

Boston Bay

Boston Bay ist eine winzige Stadt mit einem hübschen, kleinen Strand und türkisfarbenem Wasser. Hohe Wellen rollen in die Bucht, was sie zu einem beliebten Surfspot macht.

Doch Boston ist auch berühmt für sein stark gewürztes Jerk. Jerk hat heute eine weltweite Fangemeinde und steht gleichbedeutend für die jamaikanische Küche, aber bis in die 1950er-Jahre war es außerhalb der Insel praktisch unbekannt. Die Idee, Fleisch mit Jerk-Würzmischung zu marinieren, wurde vor vielen Jahrhunderten nicht weit von Jamaika von Maroons (geflohenen Sklaven) entwickelt, und die einfachen Essensstände in Boston Bay zählten zu den ersten, die auf dieses Gericht aufmerksam machten – sie sind den Umweg auf jeden Fall wert.

Sehenswertes & Aktivitäten

Boston Bay Beach STRAND
(Boston Bay; 200 J$) In einer hübschen kleinen Bucht liegt der Strand von Boston Bay. Sein goldener Sand wäre allein ja schon einen Besuch wert, die Form der Bucht und das vorherrschende Wetter machen ihn darüber hinaus aber auch noch zu einem perfekten Surfspot. Es gibt Duschen, Umkleideräume, einen Rettungsschwimmer und ein kleines Restaurant.

Boston Bay Surfing SURFEN
(Surfbrettverleih 20 US$, 1-std. Surfkurs mit Surfbrett 20 US$) Die Bucht der Boston Bay ist bestens dazu geeignet, surfen zu lernen oder sich ein Surfbrett auszuleihen und alleine loszulegen. Die Lehrer schaffen es, dass man innerhalb kürzester Zeit auf dem Brett steht – oder zumindest das Eintauchen genießt, wenn man ins Wasser fällt.

Schlafen & Essen

★ **Great Huts** RESORT $$
(☎353-3388; www.greathuts.com; Boston Beach Lane; Campingzelt 42 US$, Hütten ab 88 US$ pro Pers., Baumhäuser ab 198 US$, afrikanisches Nebengebäude für 8 Pers. 1500 US$; 📶) Das Resort mit dem Motto „Ökodorf trifft Skulpturenpark" hat einen fantastischen Ausblick auf die Boston Bay. Es bietet eine unverwechselbare, fantasievolle Mischung aus afrikanischen Hütten und Baumhäusern, die über offene Veranden, Schlafzimmer mit Bambuswänden und Freiluftduschen verfügen. Es gibt einen Privatstrand, einen Wanderweg an den Klippen entlang, Yogakurse, eine Bibliothek mit Büchern zum Thema Afrika und eine Restaurantbar mit Livemusik (samstags). Wenn nur alle Resorts auf Jamaika so ein Flair hätten!

In der Nähe des Strandzugangs zur Boston Bay, an der Hauptstraße, findet sich ein halbes Dutzend verrauchter Jerk-Stände am Straßenrand. Die Händler wetteifern um jeden Kunden, sind aber alle gleich gut: Sie servieren scharfes und süßes Jerk (ab 500 J$) mit *festival*, Kochbananen und Brotfrüchten und kühle Getränke zum Runterspülen. Außerdem gibt's Gläser mit selbstgemachter Jerk-Soße (800 J$) zum Mitnehmen – ein prima Souvenir.

Rio Grande Valley

Errol Flynn soll in den 1940er-Jahren damit angefangen haben, auf dem Rio Grande zu raften. Damals galten Raftingtrips bei Mondlicht als ultimative Freizeitaktivität unter den Reichen und Schönen.

Heutzutage können zahlende Besucher eine 13 km lange Fahrt vom Grant's Level (Rafter's Village), etwa 2 km südlich von Berrydale, zum Rafter's Rest bei St. Margaret's Bay unternehmen. Die Touren dauern zwei bis drei Stunden (je nach Wasserpegel). Bei Vollmond kann man unvergessliche Nachtfahrten erleben. Sie sind weniger straff organisiert: Unterwegs macht der Guide an einem von Mondlicht überfluteten Flussufer Halt, wo man mit seinem Schatz kuscheln oder ein Bierchen trinken kann.

Wer tagsüber raftet, sollte den Bootskapitän bitten, unterwegs am **Belinda's** (Rio Grande; Hauptgerichte ab 400 J$) anzuhalten. Das Restaurant am Fluss sieht zwar sehr rustikal aus, serviert aber fantastische Mittagsgerichte.

Entweder man bucht die Tour bei **Rio Grande Experience** (☎993-5778; 65 US$ pro Floß) oder im Rafter's Village am Grant's Level. Sie beinhaltet nur die Hinfahrt, wer also mit dem eigenen Fahrzeug unterwegs ist, muss einen Fahrer engagieren, der das Auto von Berrydale nach St. Margaret's Bay bringt oder Rio Grande Experience mit der Organisation des Transports (2000 J$) beauftragen.

Ein Route-Taxi von Port Antonio nach Grant's Level kostet 200 J$; Start ist an der Ecke Bridge Street/Summers Town Road. Die Hin- und Rückfahrt mit einem lizensierten Taxi kostet 20 US$.

MONTEGO BAY & NORDWESTKÜSTE

Montego Bay

Montego Bay hat zwei Gesichter: die glitzernde Touristenmiene, die von Tausenden Karibikprospekten grinst, und das wahre Antlitz von Montego Bay (auch MoBay genannt), einer recht düsteren Stadt, die – was Chaos und Zustand angeht – nur von Kingston überboten wird. Die meisten großen All-inclusive-Resorts liegen weit außerhalb des Stadtzentrums im eleganten Vorort Ironshore. Wer in der Stadt übernachtet, muss sich jedoch auf ganz andere Eindrücke gefasst machen: lärmende Autohupen, jede Menge Trubel sowie einen ungeschminkten und unzensierten Einblick in das jamaikanische Leben mit all seinen Fehlern und Nachteilen.

Der Hip Strip (alias Gloucester Ave) mit seinen Mittelklassehotels und allgegenwärtigen Souvenirläden voller Bob-Marley-Shirts dient als eine Art Druckentlastungskammer zwischen Montego Bays zwei Hälften. Hipster findet man hier nur wenige, aber zwischen all den aufdringlichen Verkäufern und verrauchten Jerk-Restaurants pulsiert ein spürbar jamaikanischer Lebensrhythmus.

Sehenswertes

Doctor's Cave Beach STRAND
(☎952-2566; www.doctorscavebathingclub.com; Gloucester Ave; Erw./Kind 6/3 US$; ⏲8.30–17.30 Uhr) Sein Name klingt nach Höhlenbewohnern in Laborkitteln, tatsächlich ist der Doctor's Cave Beach aber der berühmteste und am besten erschlossene Strand von Montego Bay. Der schöne Bogen aus weißem Sand zieht sich am tiefblauen Wasser mit seinen schwimmenden Tauchplattformen entlang und ist gespickt mit glücklich seufzenden Touristen. Ähm, *vielen* Touristen – und ein paar wenigen Jamaikanern. Der Eintrittspreis hält zwar Straßenhändler fern, ist aber keine Garantie dafür, dass der Strand auch sauber gehalten wird.

Doctor's Cave wurde 1906 als Badeclub gegründet und verdankt seinen Namen dem englischen Chiropraktiker Sir Herbert Barker, der behauptete, das Wasser hier habe Heilkräfte. Fortan kamen immer mehr Menschen nach Montego Bay. Sie setzten einen Tourismusboom in Gang, der Jahrzehnte später mit dem Aufkommen des *Homo Margaritavillus* seinen Höhepunkt fand. Der Strand verfügt über zahlreiche Einrichtungen, darunter ein Restaurant, ein Internetcafé, Wassersportanbieter sowie viele Strandverleihe (mit Strandliegen, Handtüchern, Schnorchelausrüstung).

★ **National Museum West** MUSEUM
(☎940-6402; www.museums-ioj.org.jm; Sam Sharpe Sq, Montego Bay Cultural Centre; 500 J$; ⏲Di–So 9–17 Uhr) Das gut verwaltete und schön renovierte Museum zeigt historische Exponate. Es führt die Besucher durch die Geschichte West-Jamaikas, angefangen von den Cohaba-Zeremonien der indigenen Taíno über die Ankunft der Spanier und später der Engländer bis hin zum transatlantischen Sklavenhandel, der Entstehung der Zuckerindustrie und den Maroon-Rebellionen. Auch die Erlangung der Unabhängigkeit und die moderne Entwicklung der Montego Bay als Touristenziel wird abgehandelt. Ein separater Raum widmet sich dem Aufstieg des Rastafarianismus, der angeblichen Göttlichkeit von Haile Selassie und der „Back-to-Africa"-Bewegung.

Montego Bay Marine Park & Bogue Lagoon NATURSCHUTZGEBIET
(☎952-5619; www.mbmpt.org) Ober- und unterhalb der Wasseroberfläche ist das Meer rund um Montego Bay zwar schön anzuschauen, Fischerei, Wassersport und Verschmutzung haben ihm aber lange Zeit zugesetzt. Mit der Gründung des Montego Bay Marine Parks im Jahr 1991 wurden die Umweltauflagen endlich strenger umgesetzt, um die Korallenriffe, die Flora und Fauna sowie die Küstenmangroven zu schützen.

Montego Bay

0
1 km
Detailplan
0
200 m
Gloucester Ave (Hip Strip)
Corniche Cres
Corniche Rd
The Queen's Dr
Miranda Hill
Old Hospital Park
siehe Detailplan
Karibisches Meer
Tropical Beach
Kent Ave
Sangster International Airport
Dead End Beach
Chatham Beach
Cornwall Beach
Sunset Blvd
A1
PALM BEACH
Mango Walk
MANGO WALK
Paradise Cres
Hall Dr
Park Ave
Davis Ave
Sewell Ave
Leader Ave
NEWMARKET
Albion Rd
ALBION
CANTERBURY
Walter Fletcher Beach
Upper King St
BRANDON HILL
Fort St
Habour St
Union St
Coke Ave
Church St
National Museum West
St James St
Creek St
JACKSON HILL
Montego Bay
Busbahnhof Transportation Center
Barnett St
Cottage Rd
Mt Salem Rd
Jarrett Tce
Green Ave
Howard Cooke Blvd
Montego River
CATHERINE HALL
W Green Ave
Sunset Dr
Mantica Way
Southern Cross Way
Bay Rd
Coconut Dr
Alice Eldemire Dr
TORBAY
FAIRFIELD
Fairfield Rd
Calypso Dr
Bogue Islands
Bogue Lagoon

Montego Bay

Highlights
1 National Museum West C5

Sehenswertes
Cage .... (siehe 4)
2 Doctor's Cave Beach A1
3 Montego Bay Marine Park & Bogue Lagoon B3
National Heroes' Monument .... (siehe 4)
4 Sam Sharpe Square C5

Aktivitäten, Kurse & Touren
5 Dreamer Catamaran Cruises A1
6 Montego Bay Yacht Club A6

Schlafen
7 Mobay Kotch C5
8 Polkerris B&B B2
9 Reggae Hostel C5
10 Ridgeway Guest House D3
11 S Hotel Jamaica A1
12 Toby's Resort C3

Essen
13 Evelyn's On The Beach D1
14 Houseboat Grill B7
15 Millennium Victory D6
Nyam 'n' Jam .... (siehe 22)
16 Pelican Grill A2
17 Pork Pit C4
18 Usain Bolt's Tracks & Records C3

Ausgehen & Nachtleben
19 MoBay Proper C4
20 Pier One C5

Shoppen
21 Gallery of West Ind an Art D7
22 Harbour Street Craft Market C5

Der Park erstreckt sich vom östlichen Ende der westlichen Flughafenseite (fast 10 km) bis zum Great River und umfasst auch die Mangroven der Bogue-Lagune und die Fischereigewässer rund um den Airport Point.

Man kann Kanus ausleihen oder mit einem Guide aufs Meer hinausfahren, um Reiher, Fischreiher, Pelikane und Wasservögel zu beobachten; unter der Wasseroberfläche tummeln sich Barrakudas, Tarpune, Schnapper, Krebse und Hummer. Am besten man bucht den Guide bereits zwei Tage im Voraus; der Eintritt ist frei, aber Spenden werden gern angenommen.

Sam Sharpe Square PLATZ
Der lebhafte, gepflasterte Platz ist nach dem Nationalhelden Samuel Sharpe (1801–1832) benannt, der 1831 die Weihnachtsrebellion anführte und in ihrer Folge hier gehängt wurde. An der Nordostecke des Platzes steht das **National Heroes' Monument**. In der Nähe befindet sich das **Cage**, ein winziges Backsteingebäude, das 1806 als Gefängnis für Landstreicher erbaut wurde.

Aktivitäten

Aktivitäten im Wasser – Bootsrundfahrten bei Sonnenuntergang, Tauchen, Schnorcheln und Angeln – sind beliebt in MoBay. Viele Traveller nutzen den Ort auch als Ausgangspunkt für Tagestouren entlang der Nordküste und an der westlichen Hälfte Jamaikas.

Rafters' Village RAFTEN
(☎ 940-6398; www.jamaicarafting.com; 70 US$ pro Floß 1-2 Pers.) Rafters Village veranstaltet Raftingtouren auf dem Martha Brae River, der bei Falmouth an der Nordwestküste liegt und von Montego Bay und Ironshore aus problemlos zu erreichen ist. Es besteht die Möglichkeit, einen Hin- und Rücktransport zu buchen.

★ **Dressel Divers** TAUCHEN
(☎ in den USA 321-392-2338; www.dresseldivers.com; abseits der A1, Iberostar Rose Hall Resort; 1/2 Tauchgänge 60/100 US$) Ein renommiertes, internationales Tauchunternehmen mit einem Tauchzentrum im Iberostar Rose Hall Resort, 20 km östlich von Montego Bay. Es bietet geduldige Tauchlehrer, PADI-Kurse und Schnorcheltrips. An den Trips können auch Nichtgäste teilnehmen. Wer eine maßgeschneiderte Tauchtour buchen will, kann das Onlineformular auf der Website nutzen.

Dreamer Catamaran Cruises BOOTSTOUREN
(☎ 979-0102; www.dreamercatamarans.com; Doctor's Cave Beach Club; Rundfahrt inkl. Transfer Erw./Kind unter 12 Jahren 88/40 US$; ⌚ Rundfahrten Mo–Sa 10–13 & 15–18 Uhr) Das Unternehmen hat Katamarantouren auf drei Schnellbooten im Angebot, die speziell für Partys ausgestattet sind und über eine offene Bar verfügen. Unterwegs wird ein Schnorchelstopp im Meerespark eingelegt. Man hat die Auswahl zwischen Segel- und Schnorcheltouren sowie Segeltörns nach Negril. Die Boote fahren vor dem Doctor's Cave Beach Club ab. Man wird mit dem Bus vom Hotel abgeholt.

Feste & Events

★ Reggae Sumfest MUSIK
(www.reggaesumfest.com; Mitte Juli) Beim größten Reggae-Festival Jamaikas treten über 50 weltweit bekannte Reggae- und Dancehall-Künstler auf. Es findet im Juli im Catherine Hall Entertainment Center statt und beginnt mit einer Strandparty am Walter Fletcher Beach, gefolgt von einer Woche Party nonstop. Beim Red Stripe haben bereits Künstler wie Luciano, Beenie Man, Gregory Isaacs, Damien „Jr Gong" Marley und Alicia Keys gespielt.

Schlafen

★ Mobay Kotch HOSTEL $
(820-9883; www.mobaykotch.com; 16 Church St; B/EZ/DZ ab 22/45/65 US$;) Montego Bays bestes Hostel befindet sich im 1765 erbauten Town House, dessen rote Ziegelfassade unter einer Kaskade von Bougainvilleen und Goldregen vergraben ist. Die hohen Decken, modernen Kunstwerke und die vielen gemütlichen Aufenthaltsbereiche schaffen eine heimelige Atmosphäre, die Gäste dazu anregt, zusammenzufinden. Viele Backpacker hängen hier ab und nutzen MoBay als Ausgangspunkt für Tagestouren in die Umgebung.

Ursprünglich war das Gebäude das Wohnhaus eines reichen Kaufmanns. Später diente es als Pfarrhaus, dann als Stadthaus der Mätresse des Earl of Hereford, des Gouverneurs von Jamaika. In den darauffolgenden Jahren wurde es als Hotel, Lagerhaus, Freimaurerloge, Anwaltsbüro und Synagoge genutzt.

Ridgeway Guest House GÄSTEHAUS $
(952-2709; www.ridgewayguesthouse.com; 34 Queens Dr; EZ/DZ 60/70 US$, ohne Klimaanlage 45/55 US$;) In diesem Gästehaus der Mittelklasse reihen sich die Zimmer um einen hübschen Garten und sind ebenso gut wie andere Unterkünfte in Montego Bay. Sie sind sauber, haben gemütliche Betten, geflieste Böden und eine hübsche Möblierung. Die billigsten Zimmer sind mit Ventilatoren ausgestattet. Das Ridgeway liegt abseits der Strände in der Nähe des Flughafens, aber es gibt einen kostenlosen Shuttle zum Meer.

★ Waterfield Retreat VILLA $$
(597-8962; www.waterfieldretreat.com; Spring Gardens, Clarridge Hall; Zi. ab 174 US$;) Auf einem Hügel zehn Fahrtminuten südlich von Montago Bay gelegen, ist diese Villa der perfekte romantische Zufluchtsort. Ihre Terrasse bietet einen ungehinderten Ausblick auf die Stadt und das Meer. Man kann Obst und Gemüse im Garten ernten für die Zubereitung durch den Koch. Die Bäder sind mit tiefen Badewannen ausgestattet. Der perfekte Ort für Pärchen.

★ Polkerris B&B B&B $$
(877-7784; www.montegobayinn.com; 31 Corniche Rd; Zi. inkl. Frühstück 204–255 US$;) Das beste B&B in Montego Bay? Auf jeden Fall! Das Polkerris liegt oberhalb des Hip Strips, wird von einem britischen Einwanderer und seiner jamaikanischen Frau geführt und ist in jeder Hinsicht grandios. Für sein Geld bekommt man hier einen plätschernden Wasserfall, einen Swimmingpool, eine Veranda mit tollem Ausblick, wundervolle Frühstücksgerichte und – am wichtigsten – einen herrlich familiären Service, der einen daran erinnert, dass man im echten Jamaika ist.

Toby's Resort HOTEL $$
(952-4370; www.tobyresorts.com; Ecke Gloucester Ave & Sunset Blvd; EZ/DZ/3BZ ab 120/140/160 US$;) Toby's mit seinem herrlich lokalen Flair liegt gleich abseits der Spitze des Hip Strip und ist vor allem auf internationale Traveller ausgerichtet. Die freundlichen Mitarbeiter verleihen dem Hotel die Atmosphäre eines heimeligen Gästehauses. Es bietet gemütliche Zimmer, einen großen und einen kleineren Pool sowie eine gute Bar und ein Restaurant, das jamaikanische und internationale Gerichte serviert.

★ S Hotel Jamaica RESORT $$$
(979-0000; www.shoteljamaica.com; Gloucester Ave; Zi. ab 259 US$;) Das großartige Hotel ist ein echter Fünfer im Lotto! Der Eingang führt in ein luxuriöses, luftiges Atrium mit Blick auf einen riesigen Pool und den Doctor's Cave Beach. Die Mitarbeiter empfangen ihre Gäste wie langjährige Freunde und es gibt eine beeindruckende Auswahl von Annehmlichkeiten, z. B. einen hängenden Infinitypool und ein hervorragendes Restaurant. Man sollte sich ein Zimmer mit Meerblick gönnen; die billigen Zimmer sind nichts Besonderes.

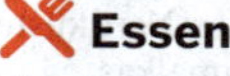

Essen

★ Pork Pit JERK-GERICHTE $
(952-1046; 27 Gloucester Ave; Hauptgerichte 600–900 J$; 11–23 Uhr;) In diesem großartigen Lokal am Hip Strip bezieht der Koch

vor einem traditionellen, mit rauchenden schwarzen Kohlen und Pimentholz befeuerten Grill Position. Der Duft von gegrilltem Fleisch zieht die ganze Gloucester Avenue entlang. Spezialitäten des Hauses sind Jerk Pork und Jerk Chicken. Gespeist wird unter einem 300 Jahre alten Baumwollbaum.

★ Millennium Victory VEGAN $

(887-5545; www.millenniumvictory.weebly.com; 65 Barnett St; Hauptgerichte 600–1000 J$; Mo–Sa 8.30–18, So 8.30–15 Uhr;) Ein günstiger, fröhlicher Essensstand für I-tal-Küche, der in Rastafarben dekoriert ist und kreative Gerichte serviert, etwa *escoveich*-Tofu (Tofu in scharfer Essigsoße), Ackee-Eintopf und Straucherbsensuppe. Es gibt auch Fruchtsäfte.

Evelyn's On The Beach FISCH & MEERESFRÜCHTE $

(952-3280; Kent Ave, Whitehouse; Hauptgerichte 650–1200 J$; Mo–Sa 9–21, So 10–18 Uhr) Eine großartige Wahl! Der rustikale Meeresfrüchte-Schuppen ist ein typisch jamaikanisches Lokal (in der Nähe von Sandals Montego Bay) und ein wahrer Geheimtipp. Evelyn's serviert Brown-Stew-Fisch mit Reis und sogar gefüllte *roti*.

Nyam 'n' Jam JAMAIKANISCH $

(952-1922; 17 Harbour St; Hauptgerichte 600–1100 J$; 8–23 Uhr) Am spitzen Ende des Kunsthandwerkermarktes kann man sich in diesem authentisch jamaikanischen Restaurant so richtig verwöhnen lassen. Auf den Tisch kommen Gerichte wie Schnapper in würziger Soße, Jerk Chicken, geschmortes Hühnchen, Ziegencurry oder Ochsenschwanz mit Reis und Erbsen.

★ Usain Bolt's Tracks & Records INTERNATIONAL $$

(971-0000; www.tracksandrecords.com; 7 Gloucester Ave; Hauptgerichte 1200–1950 J$; 12.30–24 Uhr;) Usain Bolt ist kein zurückhaltender Mann. Am Eingang prangt eine riesige Statue, die ihn in seiner berühmten Pose zeigt, während drinnen auf Fernsehbildschirmen immer und immer wieder seine sportlichen Siege gezeigt werden. Das Essen ist jedoch großartig – von Pfeffershrimps und Jangasuppe bis zu den Jerk-Platten, köstlichen Meeresfrüchte- und Fischcurrys und irre leckeren Milchshakes. Bolt gewinnt mal wieder Gold.

Pelican Grill JAMAIKANISCH $$

(952-3171; Gloucester Ave; Hauptgerichte 1355–4175 J$; 7–23 Uhr;) Das klimatisierte Restaurant zieht vor allem reiche Jamaikaner und Touristen an, die im Speiseraum auf Lederbänken sitzen und köstliches Ziegencurry und Ochsenschwanz genießen. Das Restaurant am Hip Strip wurde in dem Jahr eröffnet, in dem Jamaika die Unabhängigkeit erlangte (1962); seit den 1980er-Jahren schwingt hier derselbe Koch den Löffel. Eine echte Institution!

★ Houseboat Grill JAMAIKANISCH $$$

(979-8845; www.thehouseboatgrill.com; Southern Cross Blvd; Hauptgerichte 1945–5195 J$; Di–So 16–23 Uhr) Immer noch eines der besten Restaurants der Stadt ist das umgebaute Hausboot, das in der Bogue-Lagune am Montego Bay Freeport ankert. Die ständig wechselnde Speisekarte bietet karibische Fusion-Küche vom Feinsten, z. B. Muscheln in feuriger roter Soße, marokkanische Lammköfte und Cajun-Shrimps. Man kann es sich drinnen oder draußen auf der mondbeschienenen Terrasse schmecken lassen. Reservierung erforderlich.

Ausgehen & Nachtleben

★ Pier One CLUB

(952-2452; www.pieronejamaica.com; Howard Cooke Blvd; Mo, Di, Do & Sa 11–23, Mi 11–2, Fr 11–4 Uhr) Wer gern in Nachtclubs geht, sollte auf jeden Fall das Pier One besuchen. Es zieht vor allem schick gekleidete Einheimische an, die tanzen, als ob es um ihr Leben gehe. Die Musik ist sehr basslastig, die Tanzfläche überfüllt (vor allem mittwochs und an den Pier Pressure Fridays) und die Leute können einem die neuesten Dancehall-Moves zeigen.

MoBay Proper BAR

(940-1233; www.facebook.com/mobayproper sportsbar; Fort St; 11.30–1 Uhr) Das Proper ist oft proppenvoll mit Einheimischen und zurückgekehrten Auswanderern. Die freundliche, manchmal lärmende Kneipe ist die beste Touristenbar abseits des Hip Strips. Unter einem „Kronleuchter" aus Heineken-Flaschen steht ein Billardtisch, an dem immer viel los ist, während die älteren Gäste im Hof Domino spielen.

Shoppen

★ Gallery of West Indian Art KUNST

(952-4547; 11 Fairfield Rd; Mo–Fr 10–17 Uhr) Die beste Galerie der Stadt befindet sich im Vorort Catherine Hall. Sie verkauft Originalkunstwerke und Kunsthandwerk aus der gesamten Karibik, z. B. Bilder, handbemalte Holztiere, Masken und handgefertigten Schmuck aus Kuba, Haiti und Jamaika. Die meisten Kunstwerke stehen zum Verkauf. Die Galerie ist auch auf Facebook zu finden; vor dem Besuch des Geschäfts anrufen.

Harbour Street Craft Market SOUVENIRS & GESCHENKE
(Harbour St; ⏲7–19 Uhr) Auf dem Markt, der sich über drei Blocks zwischen der Barnett und der Market Street erstreckt, gibt's die größte Auswahl an typisch jamaikanischen Souvenirs: Körbe aus Kokospalmenfasern, Strohhüte, Holzschnitzereien mit Rastamotiven und haitianische Kunstplagiate. Die Kleidung in Rastafarben stammt aus chinesischer Massenproduktion.

ℹ Praktische Informationen

Die Banken auf dem Sam Sharpe Square und im Baywest Shopping Center haben rund um die Uhr geöffnete Bankautomaten. Neben dem Doctor's Cave Beach Club gibt's Geldautomaten der National Commercial Bank und der **Scotiabank** (Gloucester Ave).

Cornwall Regional Hospital (☎ Notruf 275-1119; www.cornwallregionalhospital.com; Mt Salem Rd; ⏲24 Std.) Hat eine rund um die Uhr geöffnete Notaufnahme.

Fairview Medical (☎ 979-8589; www.fairviewmedicalcentre.com; Alice Eldermire Dr; ⏲Mo–Fr 7–19, Sa 9–17, So 10–15 Uhr) Die Privatklinik bietet zahnärztliche Behandlungen und Notfallversorgung.

Polizeistationen Barnett St (☎ 952-2333; 14 Barnett St; ⏲24 Std.); Church St (☎ 952-5310; 29 Church St; ⏲24 Std.)

Police Tourism Liaison Unit (☎ 952-1540; Polizeistation Summit, Sunset Blvd; ⏲8–20 Uhr)

ℹ An & Weiterreise

AUTO

Autovermietungen:

Avis (☎ 952-0762; www.avis.com.jm; Sangster International Airport; ⏲8–22 Uhr)

Hertz (☎ 979-0438; www.hertz.com; Sangster International Airport; ⏲8–22 Uhr)

Island Car Rentals (☎ 952-7225; www.islandcarrentals.com; Sangster International Airport; ⏲8–22 Uhr)

BUS

Öffentliche Busse – außer die von **Knutsford Express** (☎ 971-1822; www.knutsfordexpress.com; Market St; ⏲4–21.30 Uhr) –, Minibusse und Route-Taxis starten und enden am **Transportation Center** (Barnett St) am Südende der St. James Street. Die Fahrtziele stehen jeweils auf den Bussen/Vans/Taxis, und wer jemandem um Hilfe bittet, wird zum richtigen Fahrzeug gebracht.

Minibusse (Vans) und Gemeinschaftstaxis fahren direkt nach Ocho Rios (500 J$, 2 Std.; Umstieg nach Port Antonio und Kingston), Lucea (225 J$, 1 bis 1½ Std.; Umstieg nach Negril), Negril (350 J$, 1½ Std.), Kingston (650 J$, 5 Std.), in einige Dörfer im Inland sowie nach Ironshore und Rose Hall (150 J$, 30 Min.).

Der Busservice von Montego Bay Metro Line verbindet Montego Bay mit den Vororten und umliegenden Dörfern, wie z. B. Anchovy und Grange Hill.

Frühmorgens und zwischen 16 und 17 Uhr (in den Pendelzeiten) findet man fast immer ein Taxi; zu anderen Tageszeiten muss man manchmal länger auf eines warten, und nach Sonnenuntergang fahren die Taxis keine weiten Strecken mehr. Es ist immer einfacher, ein Taxi zur Küste als ins Inland zu finden.

FLUGZEUG

Die meisten internationalen Besucher reisen über den **Donald Sangster International Airport** (MBJ; ☎ 952-3124; www.mbjairport.com; A1) nach Jamaika ein, der 3 km nördlich von Montego Bay liegt. In der Ankunftshalle steht ein Informationsstand der Jamaikanischen Tourismusbehörde (JTB), und gleich hinter der Einreisekontrolle befindet sich eine rund um die Uhr geöffnete Wechselstube. Wenn man die Zollabfertigung verlässt, gibt's auch einen Stand, der über öffentliche Verkehrsmittel informiert, sowie einen Taxistand und einen Schalter von Touranbietern, Hotels und Autovermietungen.

Vor der Lounge in der Ankunftshalle warten Taxis. Ein Touristentaxi zur Gloucester Ave kostet 15 bis 20 US$. Alternativ kann man auch mit dem Minibus oder Route-Taxi (100 J$) fahren; sie warten vor der Tankstelle am Eingang zum Flughafen.

ℹ Unterwegs vor Ort

Route-Taxis sind die billigsten Verkehrsmittel in Montego Bay. Sie fahren festgelegte Routen und berechnen Fixpreise für feste Strecken.

Eine Strecke kostet rund 100 J$ – wenn man in die Vororte fährt, manchmal das Doppelte.

Von Rose Hall nach Greenwood

Östlich von Montego Bay liegt Rose Hall, das berühmteste (und angeblich verfluchte) Haus Jamaikas. Greenwood – mit seinem eigenen prachtvollen Gebäude – befindet sich weiter östlich. Rund um das Half Moon Village, das auf dem Weg von Montego Bay nach Rose Hall liegt, reihen sich mehrere Restaurants aneinander.

Sehenswertes

★ Rose Hall Great House HAUS

(☎ gebührenfrei 888-767-3425; www.rosehall.com; unweit des Highway A1; Erw./Kind unter 12 J. 25/10 US$; ⌚ 9–17.15 & 18.30–21 Uhr) Die 1770 erbaute Luxusvilla ist das berühmteste Bauwerk Jamaikas. John Palmer, ein reicher Plantagenbesitzer, und seine Frau Rose (nach der das Haus benannt ist) veranstalteten einst die aufwendigsten Gesellschaftstreffen der Insel. Einen Großteil seiner Anziehungskraft verdankt das Haus der Legende von Annie Palmer: Sie soll ihre drei Ehemänner ermordet haben und ihr Geist spukt angeblich noch heute im Haus herum. Rose Hall liegt 3 km östlich von Ironshore und ist nur im Rahmen einer (sehr unterhaltsamen) Führung begehbar.

Hinter dem palladianischen Säulengang ist das Haus eine Bastion des historischen Stils, mit einer prachtvollen Mahagonitreppe, Mahagonitüren und seidenen Wandtapeten, die jenen nachempfunden sind, die während der Herrschaft von Louis XVI. für Marie Antoinette entworfen wurden. Im 19. Jh. fiel das Haus Plünderern in die Hände, fast alle historischen Möbel wurden also nachträglich hierhergebracht; einige stammen aus dem falschen Jahrhundert. Die exquisiten importierten Stücke sind dennoch einzigartig, und viele von ihnen wurden von früheren englischen Meistern geschaffen.

Während der Weihnachtsrebellion von 1831 wurde das Haus von Sklaven zerstört, sodass es ein Jahrhundert lang in Trümmern lag. 1966 hat man das dreistöckige Bauwerk aufwendig restauriert und heute erstrahlt es wieder in altem Glanz.

Führungen umfassen u. a. Annie Palmers Schlafzimmer im Obergeschoss – (neu) dekoriert mit purpurnem Seidenbrokat (denn Rot ist die Farbe des Blutes) –, den Geheimgang, durch den ihr Sklavenliebhaber sie besuchte, ihr Grab und den Keller mit historischen Objekten und einem Pub im englischen Stil.

Bei den Tagesführungen stehen die kostbaren Möbel im Mittelpunkt, die Abendführungen sind theatralisch und unterhaltsam – sie eignen sich am besten für Leute mit robustem Naturell, da im Laufe der Führungen Mitarbeiter aus dunklen Ecken auf sie zustürmen.

★ Greenwood Great House HISTORISCHES GEBÄUDE

(☎ 953-1077; www.greenwoodgreathouse.com; unweit des Highway A1; Erw./Kind 20/10 US$; ⌚ 9–18 Uhr) Das fantastische Anwesen ist zwar nicht so berühmt wie Rose Hall, Jamaikas berühmtestes Great House, aber viel anheimelnder und interessanter. Greenwood hat den Sklavenaufstand von 1831 als einziges Plantagenhaus der Region unbeschadet überlebt. Die meisten Möbel sind Originalstücke und einige der seltenen Objekte sind wirklich bemerkenswert. Greenwood liegt 11 km östlich von Ironshore und rund 10 km westlich von Falmouth abseits des Highway A1; man biegt in Richtung Inland ab und folgt der holprigen Straße den Hügel hinauf.

Das zweistöckige Haus aus Stein und Holz wurde 1780 von dem Ehrenwerten Richard Barrett erbaut, dessen Familie in den 1660er-Jahren nach Jamaika kam und mit Zuckerplantagen ein Vermögen machte. (Barrett war ein Cousin der berühmten englischen Dichterin Elizabeth Barrett Browning.) Barrett ließ seine Sklaven unterrichten, was in dieser Zeit sehr ungewöhnlich war.

Die Originalbibliothek ist bis heute intakt, ebenso wie die Ölgemälde, eine Karte von Afrika (1626) und zahlreiche Antiquitäten, darunter auch eine Fußangel, die zum Wiedereinfangen entlaufener Sklaven genutzt wurde (einer der wenigen Hinweise auf Sklaverei, die wir in jamaikanischen Häusern gefunden haben). Besonders bemerkenswert ist die seltene Sammlung von Musikinstrumenten, darunter ein exquisites, mit Intarsien verziertes Piano, das Thomas Broadwood (der auch Pianos für Beethoven herstellte) einst für Edward VII. baute; außerdem eine von weltweit drei noch funktionierenden Orgelwalzen sowie zwei Polyphone, die der Guide gern vorführt. Der Hausgeist ist sehr zurückhaltend und von der Veranda im Obergeschoss genießt man einen herrlichen Blick auf die gesamte Küstenlinie.

Falmouth

Falmouth wurde mit dem Reichtum erbaut, der durch Zucker und Sklaverei angehäuft wurde, und war im 19. Jh. bereits so modern, dass es sogar vor New York City über fließendes Wasser verfügte. Die Stadt verströmt das Flair einer längst vergangenen Zeit. Ihr Erscheinungsbild hat sich seit den 1840er-Jahren, als die Sklavenbefreiung ihrem Schicksal eine dramatische Wende gab, kaum verändert. Und so weist Falmouth einige der schönsten Beispiele tropisch-georgianischer Architektur in der gesamten Karibik auf.

Wer sich für jamaikanische Geschichte und Architektur interessiert, sollte Falmouth auf jeden Fall einen Besuch abstatten. Es ist eine lebhafte, typisch jamaikanische Stadt, in der sich alte Damen am Sonntag vor englischen Backsteinkirchen versammeln und Markthändler unter den hübschen Veranden der Harbour Lane gerösteten Yams und Zuckerrohr verkaufen. Diese ganz eigene jamaikanische Atmosphäre ist aber gefährdet, denn der Lebensmittelmarkt wurde aus dem Stadtzentrum verbannt und es gibt Anstalten, Letzteres zu einer gesäuberten Attraktion für Kreuzfahrttouristen zu machen.

Sehenswertes

Water Square — PLATZ

Bester Orientierungspunkt der Stadt ist der Water Square am Ostende der Duke Street. Der dreieckige Platz wurde nach einem alten 1798 erbauten Steinspeicher benannt und hat einen Brunnen, auf dem ein altes Wasserrad steht. Früher konnte man an dem Brunnen frisches Wasser pumpen (schon bevor New York über einen solchen Luxus verfügte). Abends erwacht der Platz zum Leben: Dann versammeln sich die Einheimischen unter den Kokosnusspalmen und spielen Reggae, während von den Essensständen herrliche Düfte herüberwehen.

Viele der hölzernen Ladenfassaden in dieser Gegend sind reizvolle Relikte aus früheren Zeiten. Im 18. Jh. wurden die Geschäfte von jüdischen Händlern geführt; heute sind die Ladenbesitzer meist jamaikanische Chinesen.

William Knibb Baptist Memorial Church — KIRCHE

(Ecke King & George Street; ⏲ Zeiten variieren) Am 31. Juli 1838 versammelten sich Sklaven vor dieser Kirche zu einer Nachtwache. Sie warteten auf Mitternacht und darauf, ihre uneingeschränkte Freiheit zu erhalten (um den Sklavenbefreier Reverend Knibb zu zitieren: „Das Monster ist tot"). Sie legten Sklavenketten, eine Peitsche und ein Halseisen in einen Sarg und begruben damit symbolisch die Sklaverei. Eine Tafel in der Kirche erinnert an dieses Ereignis. Wer hinein möchte, muss im Geschäft „Leaf of Life Hardware" auf der King Street nachfragen. Hinter der Kirche befindet sich Knibbs Grab.

Glistening Waters — LAGUNE

(Leuchtende Lagune; www.glisteningwaters.com; 30-min. Bootstour Erw./Kind unter 12 Jahren/Familie 25/12/50 US$; ⏲ Touren ab 18.45 Uhr) Glistening Waters, auch bekannt als „Leuchtende Lagune", liegt an einer Mündung in der Nähe von Rock, 1,6 km östlich von Falmouth, und wird seinem Namen auf einzigartige Weise gerecht: Das Wasser hier leuchtet gespenstisch grün, wenn es in Bewegung versetzt wird. Verantwortlich dafür sind Mikroorganismen, die fotochemische Reaktionen hervorrufen, wenn sie aufgewühlt werden. Ihre Konzentration ist so dicht, dass vorbeischwimmende Fische wie grüne Torpedos aussehen, und dass man beim Schwimmen am ganzen Körper funkelt.

Durch die leuchtende Lagune zu schwimmen ist ein fantastisches Erlebnis, vor allem in sternenklaren Nächten, wenn man nicht sagen kann, wo das Wasser endet und der Himmel beginnt. Das Ganze wirkt noch surrealer, weil sich hier Salz- und Süßwasser aus dem Meer und dem Martha Brae River mischen. Das Süßwasser „gleitet" sozusagen auf dem Salzwasser, also schwimmt man nicht nur durch grün schimmerndes, sondern abwechselnd auch durch kaltes und warmes Wasser.

Man muss ein Boot nehmen, um zur leuchtenden Lagune zu kommen. Am Jachthafen von Glistening Waters und an zwei Orten in der Nähe werden halbstündige Bootsfahrten angeboten; die drei Bootsunternehmen sind preislich und qualitativ ungefähr gleich. Alle Hotels von Ocho Rios bis Montego Bay organisieren Touren zur Lagune.

Am Jachthafen gibt's ein gutes Restaurant.

Geführte Touren

★ Falmouth Heritage Walks — GESCHICHTE

(☎ 407-2245, Marina 878-7277; www.facebook.com/FalmouthHeritageWalks; ⏲ wenn Kreuzfahrtschiffe anlegen oder nach Voranmeldung) Der exzellente kleine Betrieb, bestehend aus einem erfahrenen Guide, bietet drei verschiedene Falmouth-Erkundungstouren an. Die Heritage Walking Tour (Erw./Kind 30/15 US$), eine interessante zweistündige Führung, stellt die schöne tropisch-georgianische Architektur der Stadt in den Mittelpunkt. Die Food Tour (Erw./Kind 45/25 US$) vereint Kultur mit Streetfood und die Jewish Tour (Erw./Kind 15/10 US$) erkundet den jüdischen Friedhof von Falmouth mit seinen in Hebräisch gravierten Grabsteinen.

Die Touren finden statt, wenn Kreuzfahrtschiffe im Hafen liegen; man kann aber auch an Tagen, wenn keine Schiffe vor Ort sind, Touren buchen (mind. 2 Pers.). Marina ist eine der Top-Expertinnen für jüdische Geschichte auf Jamaika.

An & Weiterreise

Busse, Minibusse und Route-Taxis starten und enden an den gegenüberliegenden Seiten des Water Square. Sie fahren nach Martha Brae (140 J$, 15 bis 20 Min.), Montego Bay (220 J$, 45 Min.), Albert Town (250 J$, 1½ Std.) und Ocho Rios (370 J$, 80 Min.). Die Busse von **Knutsford Express** (☎ 971-1822; www.knutsfordexpress.com; Glistening Waters) halten 2 km östlich von Falmouth an der Lagune Glistening Waters.

NEGRIL & WESTKÜSTE

Wer dachte, dass es an der Nord- und Ostküste Jamaikas entspannt zugeht, sollte zur Westküste fahren, die lange Strände und karminrote Sonnenuntergänge bietet. Der vergnügungshungrige Ferienort Negril erweckt den Eindruck einer unabhängigen Republik von unschuldiger Trägheit. Abgesehen vom Zuckerrohranbau und der (heimlichen) Züchtung von Jamaikas bestem Ganja leben die Westküstenbewohner hauptsächlich vom Tourismus; das lang gezogene Negril und seine Hotelanlagen erstrecken sich mehr als 16 Kilometer die Westküste entlang. Im ruhigen, ländlich-idyllischen Inland können noch immer Gebiete mit typisch jamaikanischem Alltagsleben erspäht werden, z. B. in Orten wie Lucea, einer hübschen, völlig untouristischen Küstenenklave, an den wilden Mayfield Falls und im winzigen Little Bay, einem nichtkommerziellen Dorf, das immer noch das Flair des Negril von 1969 versprüht. Nur wenige bereisen die Westküste, um eine To-do-Liste abzuarbeiten; stattdessen wollen sie das Leben im wahren Geist der Hippies genießen, die Negril gegründet haben. Also ab auf die Sonnenliege und relaxen!

Negril

9890 EW.

Negril liegt an der Westspitze Jamaikas und ist mit dem schönsten und längsten Strand der Insel gesegnet. Die Stadt wurde Anfang der 1970er-Jahre von Hippies gegründet, und die vergangenen 40 Jahre haben ihre Spuren hinterlassen – leider nicht nur gute: Negril ist für seine aufdringlichen Straßenhändler bekannt. Aber es hat noch mehr zu bieten. Die starke lokale Unternehmergemeinde, angetrieben von dem Wunsch, die kostbare Umwelt Negrils zu schützen, hat die Region vor einem Schicksal als turbulenter Touristenzirkus bewahrt. Und so ist Negril noch immer ein entspannter Ort mit spontanen Reggae-Konzerten und herrlichen Sonnenuntergängen.

Sehenswertes & Aktivitäten

★ Seven Mile Beach STRAND

(Negril Beach, Long Beach) „Sieben Meilen nichts außer dir und dem Meer" – so wurde der Seven Mile Beach ursprünglich auf Touristenplakaten beworben. Und auch heute noch liegen die Urlauber halb eingetaucht in der sanften Brandung und der süße Duft von Ganjarauch liegt in der Luft. Abgesehen davon hat sich der Strand jedoch stark verändert. Restaurants, Bars und Nachtclubs reihen sich aneinander und es werden alle möglichen Wassersportaktivitäten angeboten. Wunderschön ist der Strand immer noch, wer aber die Stille sucht, muss woanders hingehen.

Übrigens: Der Seven Mile Beach ist eigentlich nur 4 Meilen (6,5 km) lang.

★ Negril Adventure Diver TAUCHEN

(☎ 487-0002; www.negriladventurediver.com; Norman Manley Blvd, Hidden Paradise Beach; 1/2 Tauchgänge 60/115 US$; ⏲ 8–16 Uhr) Das Tauchunternehmen bekommt immer wieder begeisterte Bewertungen für die Geduld und Freundlichkeit seiner Tauchlehrer. Es eignet sich besonders gut für Anfänger, aber auch die PADI-Zertifikationskurse werden hoch bewertet.

★ Dream Team Divers TAUCHEN

(☎ 957-0054; www.dreamteamdiversjamaica.com; One Love Dr, Coral Seas Cliff; 1/2 Tauchgänge 60/100 US$) Sehr empfehlenswertes, professionelles Tauchzentrum. Es bietet die komplette Auswahl an PADI-Kursen sowie Entdeckungs-Tauchtouren (90 US$).

Feste & Events

Rastafari Rootzfest KULTURELL

(www.rastafarirootzfest.com; ⏲ Dez.) Das dreitägige Festival findet im Dezember in Negril statt und feiert den Lebensstil der

Rastafari mit Musik, Kunst, I-tal-Küche, Ganja und religiösen Zeremonien.

Schlafen

Long Bay

Negril Yoga Centre RESORT $

(957-4397; www.facebook.com/negrilyogacentre.jamaica; Norman Manley Blvd; Zi. 58–99 US$;) Die rustikalen, aber stimmungsvollen Zimmer und Cottages erinnern an alte Hippiezeiten. Sie reihen sich um ein strohgedecktes, mit Holzböden ausgelegtes Freiluft-Yogazentrum. Zur Auswahl stehen u. a. eine zweistöckige Holzhütte im Thai-Stil und ein nachgebautes Bauernhaus; alle Unterkünfte sind einfach möbliert. Natürlich werden auch Yogakurse angeboten (10 US$ für Hotelgäste und 20 US$ für Besucher).

Rondel Village RESORT $$

(957-4413; www.rondelvillage.com; Norman Manley Blvd; Zi. ab 155–255 US$, Villa 310–560 US$;) Es ist einfach bezaubernd! Die Zimmer des Rondel befinden sich in wunderschönen weißen Chalets und sind in Purpurtönen dekoriert. Um die Chalets winden sich verschlungene Swimmingpools und grüne Pflanzen. Im Unterschied zu den großen Resorts herrscht im Rondel Frieden und Ruhe – entspannt, problemfrei und mit allen Annehmlichkeiten, die man braucht, um eine Woche lang absolut nichts tun zu müssen. Hervorragender Service.

West End

★ Judy House Cottages & Rooms HOSTEL $

(957-0671, 424-5481; www.judyhousenegril.com; Westland Mountain Rd; B/EZ/DZ 15/22/54 US$, Cottages 65–72 US$;) Der üppige tropische Garten auf einem Hügel oberhalb von West End beherbergt zwei winzige Cottages mit eigenen Küchen für Selbstversorger sowie drei Einzel- und zwei Mehrbettzimmer für Rucksacktouristen (alle mit Gemeinschaftsbad und Zugang zur Küche). Die englische Besitzerin Sue ist offen und freundlich, in der authentischen Bar kann man tolle Gespräche führen und die Hängematten im Garten sind ... zzzzzz.

★ Rockhouse HOTEL $$

(957-4373; www.rockhousehotel.com; One Love Dr; Zi./Villa ab 180/395 US$;) Es ist eines der schönsten und gepflegtesten Hotels in West End. Das Rockhouse bietet luxuriöse, strohgedeckte Rondavels (afrikanische Hütten) aus Pinienholz und Stein sowie Studioapartments, die eindrucksvoll oberhalb einer kleinen Bucht auf den Klippen stehen. Das Dekor ist schlicht, aber dennoch romantisch, mit Himmelbetten, Moskitonetzen und leuchtenden karibischen Farben. Über die Felsen führen Stege zu einem offenen Speisepavillon mit Meerblick.

Catcha Falling Star HOTEL $$

(957-0390; www.catchajamaica.com; One Love Dr; Cottages inkl. Frühstück ab 135 US$, Suite 350 US$;) Die hübschen, ventilatorgekühlten Cottages im West-End-Stil – einige verfügen über zwei Schlafzimmer – stehen mitten auf den Klippen. Jedes ist nach einem anderen Sternzeichen benannt und im entsprechenden Stil eingerichtet. Einige blicken auf den Garten, in dem jede Menge tropische Blumen blühen, andere auf den tiefblauen Ozean. Das Frühstück wird zu den Veranden gebracht.

Westender Inn GÄSTEHAUS $$

(800-223-3876; www.westenderinn.com; West End Rd; Cottage 115 US$; Zi./Suite ab 159/259 US$;) Im äußersten Süden von West End, aber noch innerhalb der Ortsgrenzen von Negril, kann man im Westender Inn seine Fantasien von romantischer Einsamkeit ausleben. Das Gästehaus verfügt über Schwimmbereiche bei den Felsen und bietet eine Reihe von Unterkünften – von einfachen Gartenhütten bis hin zu holzverkleideten, individuell dekorierten Suiten ist alles dabei.

Essen

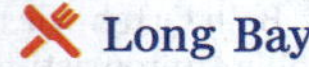

Long Bay

Cosmo's FISCH & MEERESFRÜCHTE $

(957-4784; www.facebook.com/cosmoseafood; Norman Manley Blvd; Hauptgerichte 700–1400 J$; 9–22 Uhr;) Der etwas zerfledderte Hippieschuppen ist wie eine Insel des guten Geschmacks in einem Ozean charakterloser All-inclusive-Büfetts. Das Cosmo's steht in Negril für fantastische Meeresfrüchte. Man kann seine Füße in den Sand eingraben und an einem der Picknicktische schmackhafte Speisen genießen – die Platten mit zartem Hummer, Grillfisch und Muschelcurry sind köstlich und sehr würzig.

Canoe Beach Bar JAMAIKANISCH $

(878-5893; www.facebook.com/CanoeBeachBar; One Love Dr; Hauptgerichte 650–1500 J$;

⌚7–22 Uhr) Eine einfache Holzhütte. Direkt am Meer. Livekonzerte mit Steeldrums. Frischer Fisch aus dem nahegelegenen Ozean. Gut konzipierte, günstige Preise. Beliebte jamaikanische Klassiker. Wasser, das sanft ans Ufer brandet. Rote Sonnenuntergänge. Was will man mehr?

West End

★ Just Natural VEGAN $

(☎957-0235; www.facebook.com/JustNatural Negril; Hilton Ave; Hauptgerichte 600–1700 J$; ⌚Mo–Fr 8–20, Sa & So 8–21 Uhr; ✎) Just Natural ist ein typisch jamaikanisches Restaurant mit ein paar Tischen, Bäumen und Pflanzen. Das Lokal liegt am südlichen Ende der Hauptstraße von West End und serviert großartiges Frühstück mit Obst, Porridge, Smoothies und Eiern. Es ist erstaunlich, was für Köstlichkeiten in der einfachen Küche, die nur aus einem Holzschuppen besteht, kreiert werden. Das Highlight am Morgen!

Pimentoz Jerk JERK-GERICHTE $

(☎957-4556; www.islandluxbeachparkja.com; Norman Manley Blvd, Island Lux Beach Park; ¼ Pfund Schweinefleisch/Wurst/Hühnchen 800/850/750 J$; ⌚12–22 Uhr) Zugegeben, dieses Lokal hat zwar viele Gäste, die den nahegelegenen All-inclusive-Hotels entfliehen wollen, aber wir finden es trotzdem toll. Die Jerk-Wurst ist ein echtes Geschmackserlebnis, das Schweine- und Hühnerfleisch hat ein rauchiges, gut gewürztes Aroma, die hausgemachte scharfe Soße ist feurig und es gibt unzählige Beilagen, z. B. Süßkartoffeln und Brotfrüchte. Der Meerblick und das Flair der reetgedeckten Bar runden das Gesamtpaket ab.

★ Rockhouse Restaurant & Bar FUSION-KÜCHE $$$

(☎957-4373; www.rockhousehotel.com/eat; One Love Dr; Hauptgerichte 15–35 US$; ⌚7.30–22 Uhr; 📶) Das relaxte Lokal auf den Klippen in West End – die Terrasse ist bei Dunkelheit romantisch beleuchtet – serviert die beste jamaikanische Nouvelle Cuisine der gesamten Westküste. Auf der Speisekarte finden sich köstliche Gerichte wie Calamari mit Jerk-Aroma, in Rondón-Soße geschmorte Meeresfrüchte oder geschwärzter *mahi mahi* mit Mango Chutney. Zumindest sollte man auf einen Rockwell vorbeischauen – der Cocktail schmeckt sündhaft gut!

Ausgehen & Nachtleben

★ Drifters Bar BAR

(☎826-2116; www.facebook.com/DriftersBar Negril; Norman Manley Blvd; ⌚11–22 Uhr) Ein Besuch in dieser Strandbar lohnt sich: Sie wird vom ehemaligen Drifters-Sänger Luddy betrieben und veranstaltet freitagnachmittags einen großartigen Reggae- und Soul-Jam, sonntags Livekonzerte und mittwochs Karaokeabende mit gemeinschaftlichen Gesangswettbewerben und vielen einheimischen Gästen. Es gibt auch einen guten Jerk-Grill.

★ Rick's Cafe BAR

(☎957-0380; www.rickscafejamaica.com; One Love Dr; ⌚12–21.30 Uhr; 📶) In dieser beliebten West-End-Institution trifft man vor allem auf jede Menge Touristen. Aber was soll's! Es ist ja nur für einen Abend. Während man superteure Cocktails und Red Stripes süffelt – man zahlt für Ambiente, Poolzugang und Liveband gleich mit –, kann man die einheimischen Taucher beim 10-m-Klippenspringen beobachten oder selbst einen Sprung wagen.

Sir D's BAR

(☎521-0260; One Love Dr; ⌚16–22 Uhr) Wer die tollste Show der Welt – Negrils farbenprächtigen Sonnenuntergang – sehen und dazu ein Red Stripe genießen will, ist in dieser freundlichen kleinen Bar auf den Klippen genau richtig.

Unterhaltung

Die Reggae-Konzerte von Negril sind legendär – in der Hochsaison treten jeden Abend Livebands auf. Mehrere Veranstaltungsorte bieten regelmäßige wöchentliche Jamsessions, sodass alle ein Stück vom Kuchen abbekommen. Es gibt auch Sound-System-Jams mit riesigen Lautsprechern, bei denen DJs ohrenbetäubend laute Musik auflegen – meist Dancehall. Die meisten Bars starten mit Reggae-Oldies in den Abend und spielen später Dancehall.

★ Bourbon Beach LIVEMUSIK

(☎957-4432; www.facebook.com/BourbonBeach Jamaica; Norman Manley Blvd; Eintrittspreis variiert; ⌚Mo, Do & Sa ab 20 Uhr) Bester Ort für Live-Reggae am Seven Mile Beach. Im Bourbon Beach haben schon Größen wie John Holt und Gregory Isaacs gespielt. Die lebhafte Bar ist täglich geöffnet, donnerstags treten junge Talente auf, samstags ist Dancehall-Nacht. Auch das Jerk schmeckt super.

ABSEITS DER ÜBLICHEN PFADE

DAS LITTLE OCHIE IN ALLIGATOR POND

Little Ochie (☎852-6430; Alligator Pond; Hauptgerichte 880–2365 J$ pro Pfund; ⏲9 Uhr–Ladenschluss) ist ein kulinarisches Phänomen, das sich trotz seines Kultstatus und einer treuen Gefolgschaft niemals untreu geworden ist. Das Restaurant steht an einem schwarzen Sandstrand und nutzt dieselbe kohlegeschwärzte Küche und bekritzelte Kreidetafel wie schon seit Ewigkeiten. Sein Geheimnis? Fisch und Meeresfrüchte direkt aus dem Meer, gedünstet, als Jerk, als Curry oder gegrillt, serviert unter Strohdachmarkisen in Booten auf Stelzen.

Man wählt aus, was die Fischer gerade an Land gebracht haben, bezahlt nach Gewicht und sucht sich dann die gewünschte Art der Zubereitung aus. Das Jerk ist immer eine gute Idee, obwohl es superscharf sein kann. Auch die gegrillten Hummer und die Jerk-Papageienfische und -Schnapper haben eine passionierte Fangemeinde. Mit „Leib und Seele" ist das Motto von Little Ochie: Es ist eines der wenigen authentischen Gourmetrestaurants von Jamaika und hat sich als Hauptattraktion von Alligator Pond etabliert. Die Jamaikaner reisen sogar aus Kingston an, nur um im Little Ochie zu essen; wer sich freudig inmitten der Schuppen des soeben verspeisten Fisches wiederfindet und sich wie im Roman „Herr der Fliegen" fühlt, wird verstehen, warum.

Zwischen Alligator Pond und dem Transportzentrum auf der Beckford Street in Kingston verkehren Minibusse und Route-Taxis (650 J$). Wer aus Treasure Beach anreist (430 J$), muss unterwegs in Pedro Cross und Southfield umsteigen. Man kann auch in Treasure Beach ein Taxi mieten, das für ca. 45 US$ nach Alligator Pond und zurück fährt.

Alfred's Ocean Palace LIVEMUSIK
(☎957-4669; www.alfreds.com; Norman Manley Blvd; 5 US$; ⏲Di, Fr & So) Alfred's Ocean Palace, eine der ältesten Strandbars von Negril, ist eine echte Institution in der Stadt. Bei den Reggae-Strandpartys treten einheimische und gelegentlich auch internationale Musiker auf. Die Partys beginnen gegen 22 Uhr und dauern bis tief in die Nacht.

ℹ Praktische Informationen

In medizinischen Notfällen wendet man sich an eines der Privatkrankenhäuser von Montego Bay.

National Commercial Bank (NCB; One Love Dr; ⏲24 Std.)

Negril Health Centre (☎957-4926; Sheffield Rd; ⏲Mo–Fr 8.30–17 Uhr)

Polizeistation (☎957-4268; Sheffield Rd)

Scotiabank (☎957-4236; Negril Sq; ⏲Mo–Sa 9–17 Uhr)

GEFAHREN & ÄRGERNISSE

Negril ist zwar ein sicheres Reiseziel, aber Besucher müssen sich darauf einstellen, das touristische Jamaika hier am extremsten zu erleben: harte Verkaufstaktiken, Wucherpreise, Restaurants, die Umweltvorgaben missachten und gefährdete Meeresfrüchte servieren, Bauernfängerei und Prostitution.

ℹ An & Weiterreise

Vom **Transportation Center** (Sheffield Rd) fahren Dutzende Minibusse und Route-Taxis nach Montego Bay. Die 1½-stündige Fahrt kostet zwischen 350 und 500 J$. Auch am Sangster International Airport in Montego Bay starten Minibusse und Busse nach Negril (der Preis ist verhandelbar, bewegt sich aber um die 15 US$).

Die praktischen und komfortablen Busse von **Knutsford Express** (☎971-1822; www.knutsfordexpress.com; Norman Manley Blvd; ⏲6.15–20 Uhr) verkehren von der Times Square Plaza zu Zielen im ganzen Land.

ℹ Unterwegs vor Ort

Negril erstreckt sich 16 km die Küste entlang – ein Spaziergang von einem zum anderen Ende der Stadt kann sehr anstrengend sein.

Am Seven Mile Beach und auf dem One Love Drive sind tagsüber und nachts viele Route-Taxis unterwegs. Zur Zeit unserer Recherchen betrug der Fahrpreis tagsüber 130 J$, abends bis zu 200 J$ pro Fahrt.

SÜDKÜSTE & ZENTRALES HOCHLAND

Treasure Beach

Willkommen in einer einzigartigen Ecke Jamaikas, die alle Facetten des karibischen Lebens bietet. Verschlungene Gassen, kaum Abzocker, Poeten und Künstler als Einwohner, wunderschöne, menschenleere Strände, keine lärmenden Hotelresorts und vor allem eine stolze, zukunftsgewandte Gemeinde, die sich für Nachhaltigkeit einsetzt und eine freundliche und sanftmütige Kultur vertritt.

 Strände

In Fußnähe der großen Hotels gibt's mehrere Fischerstrände. Nach guten Schwimmstellen sollte man sich erkundigen, die Strömung kann sehr stark sein.

Fisherman's Beach STRAND

(Frenchman's Bay) Der zentralste Strand der Region erstreckt sich östlich des Treasure Beach Hotels bis zum Jack Sprat Beach. Er wird von einer auffälligen Platane bewacht, die lange Zeit die Aufmerksamkeit der lokalen Dichter, Maler und Holzschnitzer auf sich zog. Ein guter Ort zum Sonnen und Schwimmen und beliebt als Sonnenuntergang-Beobachtungsposten.

Great Bay Beach STRAND

(Great Bay) Am östlichen Ende von Treasure Beach liegt der Great Bay Beach, der am wenigsten bebaute Abschnitt der Region; das einzige Unternehmen hier ist das Fischereivereinsgebäude. Es gibt einige Strandhütten mit Bier und frischen Meeresfrüchten im Angebot. Schwimmen ist möglich.

Jack Sprat Beach STRAND

(Frenchman's Cove) Am Westrand des Jake's Hotels liegen bunt bemalte Fischerboote im Sand, und es sind immer ein oder zwei Fischer da, die sich um ihre Netze kümmern. Der Strand liegt ein wenig geschützt und eignet sich daher gut zum Schwimmen.

Calabash Bay Beach STRAND

(Calabash Bay) Am langen, schmalen Bogen des Calabash Bay Beach stehen ein paar Strandhütten, die Rum und – wenn man Glück hat – einfache Potluck-Küche, hauptsächlich Fisch, servieren. Schwimmen ist möglich, manchmal können die Wellen aber auch sehr hoch sein.

 Geführte Touren

★ **Treasure Beach Walking Tour** WANDERN

(☎572-8835; 15 US$ pro Pers.; ⏲ Mi & Fr 7–8.30 Uhr oder nach Voranmeldung) Die Lokalhistorikerin Lilleth Lynch nimmt ihre Gäste mit auf spannende Spaziergänge durch Treasure Beach. Sie ist dort aufgewachsen und hat jede Menge Geschichten über vergangene und aktuelle Kiezbewohner auf Lager. Begeistert erzählt sie von dem bescheidenen Fischerdorf, das sich in ein angesagtes, aber immer noch unkonventionelles Refugium für Intellektuelle, Künstler und Prominente verwandelt hat. Die Touren beginnen an der Abzweigung zum Sports Park. Im Voraus buchen.

Mr. Nice Guy BOOTSTOUREN

(☎433-0252; bebesutherland@yahoo.com) Namensgebender Mr. Nice Guy ist Bernard „BeBe" Sutherland, ein Fischer, der sich aktiv für den Schutz der bedrohten Karettschildkröten von Treasure Beach einsetzt. Der erfahrene Bootskapitän veranstaltet Touren nach Black River und zur Pelican Bar sowie Angeltrips.

 Feste & Events

Calabash International Literary Festival LITERATUR

(☎965-3000; www.calabashfestival.org; ⏲ Ende Mai/Anf. Juni, in geradzahligen Jahren) Das mutige, renommierte Literaturfestival findet alle zwei Jahre im Jake's Hotel statt und zieht Autoren aus dem In- und Ausland an.

Schlafen

Welcoming Vibes GÄSTEHAUS $

(☎538-8779; www.facebook.com/Welcoming Vibes; Church St; Zi. 44 US$; 📶) Auf einem Hügel gelegen und mit herrlicher Freiluftterrasse und tollem Blick auf den Sonnenuntergang bietet dieses Gästehaus einen schönen Panoramablick auf die Frenchman's Bay. Im Gemeinschaftsbereich duftet es nach aromatischen Kräutern und die vier geräumigen Zimmer sind luftig und kühl. Sie verfügen über eigene Bäder und sind mit Moskitonetzen ausgestattet. Der freundliche Besitzer Paul plaudert gern mit seinen Gästen. Man kann unterhalb des Gästehauses parken, ein Fußweg führt nach oben. Minuspunkt: Die Pension könnte sauberer und gepflegter sein.

★ **Lashings Boutique Hotel** BOUTIQUE-HOTEL $

(☎550-1610; www.lashings.co.uk; Old Wharf Rd; Zi. 85 US$; ❄📶🏊) Von seinem erhabenen Standort aus bietet das Lashings einen atemberaubenden Ausblick auf die Küste. Es verfügt über elegante, moderne Zimmer, die mit Hängelaternen und flippigen Postern dekoriert sind. Egal, ob man am Infinitypool abhängt und die Aussicht genießt oder sich an der Bar mit britischen Politikern unterhält – es ist kaum möglich, von dem budgetfreundlichen Luxus des Hotels nicht begeistert zu sein.

★ Shi Shed! Africa Village GÄSTEHAUS $$

(342-9200; Old Wharf Rd, Calabash Bay; Zi. 95 US$;) Ein echter Fund in Treasure Beach! Die drei Gästezimmer des Shi Shed! sind mit Originalkunstwerken der Inhaberin, Künstlerin, Musikerin, Schriftstellerin und Diva Sharon Martini dekoriert und wurden von der stolzen Dame höchstselbst individuell designt und eingerichtet. Sie sind mit Ventilatoren ausgestattet, haben ein rustikales Flair und verfügen über geschwungene Lehmziegelwände. Das Gästehaus wird man so schnell nicht vergessen, und es kann gut sein, dass man länger bleibt als geplant. Der Mindestaufenthalt beträgt zwei Nächte.

★ 77 West BOUTIQUE-HOTEL $$

(469-4828; www.77west.net; Billy's Bay; Zi. 130 US$;) Das zauberhafte Boutique-Hotel wird von der kenntnisreichen Einheimischen Annabelle und ihrem Partner geleitet und bietet fünf luftige Cottages mit tollen Betten und Meerblick. Von der Terrasse mit Pool blickt man auf die Wellen, ebenso vom Restaurant, das gefüllte Krabbenrücken und Curryfisch serviert. Die Eigentümer organisieren auf Wunsch tolle Wandertouren durch Treasure Beach und zur Pelican Bar.

★ Jake's Hotel BOUTIQUE-HOTEL $$$

(965-3000, aus den USA 800-688-7678; www.jakeshotel.com; Calabash Bay; Zi. 115–395 US$; ) Wer das Jake's nicht gesehen hat, hat auch Treasure Beach nicht wirklich gesehen. Das superromantische Boutique-Hotel ist das Zentrum aller Aktivitäten in der Region: Es veranstaltet Kochkurse, Yogakurse und Mosaikworkshops. Zur Auswahl stehen individuell eingerichtete Zimmer und lauschige Strandvillen mit frischer Meeresbrise und privaten Sonnenterrassen – Stil und Atmosphäre pur!

Essen

Gee Whiz VEGAN $

(573-5988; www.facebook.com/Geewizvegierest; Main Rd; Hauptgerichte 520–900 J$; Di–So 11.30–19 Uhr;) Das einfache Restaurant wird vom sympathischen Rasta Delroy geführt und ist eine großartige Adresse für vegane Gerichte wie Kichererbsencurry und Blumenkohl mit Knoblauch, die mit einem Berg Reis, Bohnen und frisch gepress-

ABSTECHER

APPLETON RUM ESTATE

Noch weit vom **Appleton Rum Estate** (963-9215; www.appletonestate.com; B6; Fabrikführung & Rumverkostung 30 US$; Mo–Sa 9–15.30 Uhr, an Feiertagen geschl.) entfernt steigt einem schon der süße Geruch von Melasse in die Nase. Die größte und älteste Rumbrennerei Jamaikas ist bereits seit 1749 im Geschäft. Nach kostenlosen Rumcocktails und einem kurzen Video erfährt man bei den Führungen, wie die Melasse aus Zuckerrohr extrahiert, fermentiert, destilliert und gelagert wird, um den typisch karibischen Rum zu produzieren, der anschließend probiert werden kann.

Drei Rumsorten werden zur Verkostung angeboten: der Signature Blend, der mindestens vier Jahre lang gereift ist, der sechs Jahre alte Reserve Blend und der zwölf Jahre alte Rare Blend. Die limitierte Kleinserie von 50 Jahre altem Rum, die 2012 aufgelegt wurde, um die 50-jährige Unabhängigkeit Jamaikas zu feiern, ist ausverkauft, aber wer 2026 herkommt, hat vielleicht das Glück, die limitierte Edition des Rums „Nine Prime Ministers" probieren zu können, der rechtzeitig zum 100-jährigen Jubiläum Jamaikas als unabhängigem Staat ausgereift sein wird. Am Ende der Verkostung erhält man eine kleine Flasche Rum geschenkt!

Die Rumführung ist preisgünstig, gut durchdacht und wird mit einer ordentlichen Prise Humor präsentiert; die Teilnehmer werden immer wieder zum Mitmachen aufgefordert. Nach der Tour kann man in der angeschlossenen Black River Lounge eine riesige Portion Jerk Chicken oder Pork mit Reis, Bohnen und allem Zubehör essen. Die meisten Reiseveranstalter auf Jamaika arrangieren Transfers zum/vom Appleton Estate (auf der Rückfahrt geht's nach der Verkostung von drei Rumsorten sehr lustig zu). Alternativ kann man auch mit dem Taxi (Hin- & Rückfahrt 600 J$) von Maggotty aus anreisen; die Fabrik liegt 1 km nordöstlich der Stadt.

NICHT VERSÄUMEN

YS FALLS

Die siebenstufigen **YS Falls** (☎997-6360; www.ysfalls.com; B6; Erw./Kind 19/10 US$; ⏲Di–So 9.30–17 Uhr, letzter Einlass 15.30 Uhr, an Feiertagen geschlossen) zählen zu den schönsten ihrer Art auf Jamaika. Sie sind von Kalksteinklippen gesäumt und von dichtem Dschungel umgeben. Insgesamt 36 m fallen sie ab, getrennt durch kühle Schwimmpools. Rettungsschwimmer helfen den Besuchern dabei, sich mit Seilen zu den Pools zu schwingen. Eine Steintreppe folgt den einzelnen Fällen zum Hauptwasserfall. Es gibt keine Schließfächer, man sollte also gut auf seine Sachen aufpassen.

Man kann an einer geführten Tour teilnehmen oder von Middle Quarters über eine 5,5 km lange Asphaltstraße zu den Wasserfällen fahren. Abenteuerlustige können mit einer Zipline durch die Baumkronen und über die Fälle fliegen (50/35 US$ pro Erw./Kind unter 12 J.). Ein traktorgetriebener Minibus bringt die Gäste zu den Wasserfällen, an denen es Picknickplätze, Umkleideräume, ein Baumhaus und einen flachen, von Flusswasser gespeisten Pool gibt.

Fast alle Touranbieter auf Jamaika (und viele Hotels) haben Ausflüge zu den YS-Fällen im Angebot. Wer aber die Menschenmassen umgehen will, sollte selbst (oder mit einem Miettaxi) hinfahren und um 9.30 Uhr zur Öffnungszeit dort sein.

Der Eingang zu den YS-Fällen liegt gleich nördlich der Kreuzung B6/Maggotty. Reist man über die A2 (eine viel bessere Straße) an, liegt die Abzweigung 1,5 km östlich von Middle Quarters; von dort sind es noch 5,5 km nach Norden zu den Wasserfällen.

Der Name YS (ausgesprochen „Wai-Ess") stammt von den ursprünglichen Besitzern des Landes, den Farmern John Yates und Richard Scott.

ten Fruchtsäften serviert werden. Echte I-tal-Küche!

★ **Jack Sprat** PIZZA $$

(☎965-3583; www.jakeshotel.com/grown-locally/jack-sprat-restaurant; Calabash Bay; Hauptgerichte 790–2650 J$; ⏲10–23 Uhr) Meeresfrüchte und Pizza gehören nicht unbedingt zusammen – bis man ins Jack Sprat geht, wo mächtige Pizzen mit frischem Hummer belegt werden. Viele Gäste schwärmen auch von der traumhaften Kulisse (am Meer, kerzenbeleuchtete Tische unter beleuchteten Bäumen) und der unkonventionellen Inneneinrichtung (eine Mischung aus Retro-Reggae und Filmpostern). Die Pizza ist die beste auf Jamaika und die hausgemachten Krabbenkuchen sind einfach wundervoll!

★ **Strikie-T** JAMAIKANISCH $$

(☎869-8516; Billy's Bay; Hauptgerichte 1200–2000 J$; ⏲Nov.–April Mo–Sa 15–22 Uhr) Chris „Strikie" Bennett – energiegeladen und stets freundlich – hat schon als Profikoch in den USA und im Jake's gearbeitet und führt nun dieses saisonale Restaurant: eine einfache, mit Lichterketten geschmückte Hütte in der Billy's Bay. Strikie arbeitet mit Geheimrezepten und einem handgebauten Jerk-Räucherofen. Das Essen ist großartig: beliebte jamaikanische Gerichte, von Jerk bis Hummer, hausgemacht und superlecker.

Ausgehen & Nachtleben

★ **Pelican Bar** BAR

(⏲10.30 Uhr–Sonnenuntergang) Die strohgedeckte Stelzenhütte, die der Besitzer Floyd auf einer Sandbank 1 km vor der Küste erbaute, so, wie er es im Traum sah, ist noch immer die schönste Bar Jamaikas – und wahrscheinlich der ganzen Welt. Man kann seinen Namen in die Holzdielen schnitzen, Domino spielen oder durch das flache Wasser waten und ein Red Stripe genießen.

Hierherzugelangen macht weniger Spaß: Man muss in Treasure Beach (rund 40 US$) oder Parottee (rund 20 US$) einen lokalen Bootskapitän anheuern. Dieser ruft dann in der Bar an, damit alles arrangiert wird, wenn man dort essen will (Hauptgerichte 10 bis 20 US$) – was originell, aber schlichtweg unnötig ist; man holt sich sein Essen besser an Land. Am besten kommt man auf ein kühles Red Stripe (oder einen Rum) her. Die Bar ist weithin berühmt, und zu den Gästen zählen viele begeisterte Touristen und Fischer, die sich hier die Zeit vertreiben und freundliche Worte mit dem Besitzer wechseln.

Praktische Informationen

Einige Banken bieten Dienstleistungen für internationale Touristen. Auf der Kingfisher Plaza in Calabash Bay gibt's einen rund um die Uhr geöffneten Bankautomaten.

Infos im Netz bietet www.treasurebeach.net.

Die **Treasure Beach Foundation (Breds)** (Breds; ☎965-3000; www.breds.org; Kingfisher Plaza; ⏲9–17 Uhr) fördert Sport, Gesundheit, Bildung und Nationalstolz in der Gemeinde und repräsentiert die Partnerschaft zwischen Treasure Beach, seinen Einwanderern und den Interessenvertretern (jamaikanisch und international) der lokalen Tourismusindustrie. Das kleine Büro dient auch als inoffizielle Touristeninformation.

Die Stiftung restauriert baufällige Wohnhäuser, sponsert ein Fußball- und ein Basketballteam, richtet Computerräume in lokalen Schulen ein und sorgt für die Ausbildung der Kinder von verschollenen Fischern.

An & Weiterreise

Zwischen Treasure Beach und Black River verkehren mehrmals täglich Route-Taxis (250 bis 350 J$); in Mandeville muss man mit dem Route-Taxi nach Junction oder Santa Cruz und dann mit einem weiteren Taxi nach Treasure Beach (220 J$) fahren.

Ein privates Taxi von Black River kostet rund 40 US$. Die meisten Hotels und Villen arrangieren Transfers von Montego Bay oder Kingston (140 US$).

Black River

Black River, die Hauptstadt von St. Elizabeth und im späten 19. Jh. der reichste Hafen Jamaikas, ist ein quirliger kleiner Ort. Der gleichnamige Fluss strömt langsam und schlickrig dahin und ist voller Krokodile und Touristenboote. Die meisten Besucher übernachten im nahe gelegenen Treasure Beach, aber auch Black River ist ein guter Ausgangspunkt für Ausflüge, z. B. zu den YS Falls und zum Appleton Rum Estate. Der historische Stadtkern ist ebenfalls einen Besuch wert: Die georgianischen Gebäude zeugen vom Wohlstand Black Rivers im 19. Jh., als die Stadt Zuckerrohr und Holz exportierte, aus dem Berliner-Blau-Pigmente für Textilien extrahiert wurden.

Die Einheimischen verweisen mit Stolz auf das Waterloo Guest House, das 1893 das erste Gebäude Jamaikas war, das über Strom verfügte.

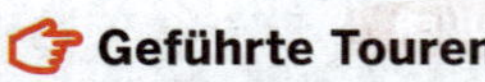

Geführte Touren

J Charles Swaby's Black River Safari BOOTSTOUREN
(☎962-0220, 965-2513; Tour 20 US$; ⏲Touren 9, 11, 12.30, 14 & 15.30 Uhr) Der renommierteste Anbieter von Krokodilsafaris stemmt täglich fünf Touren. Sie starten an der Ostseite des Flusses.

St Elizabeth Safari BOOTSTOUREN
(☎965-2374; Tour 20 US$; ⏲Touren 9, 11, 14 & 15.30 Uhr) Touren durch den Great Morass auf großen Wasserfahrzeugen. Los geht's hinter dem Hendricks-Gebäude.

Way Back When Heritage Tours WANDERN
(☎530-6902; www.real-jamaica-vacations.com/way-back-when.html; 30 US$ pro Pers.) Die Heimatforscherin Allison Morris veranstaltet spannende historische Wandertouren, die an der Gemeindekirche beginnen und rund eineinhalb Stunden dauern. Sie führt die Teilnehmer durch die Geschichte von Black River, zeigt lokale Wahrzeichen und historische Gebäude und lässt mit ihren Geschichten einstige Stadtbewohner (und ihre eigenen Vorfahren) wieder aufleben. Die Touren finden donnerstags, freitags und in den Schulferien statt; vorher telefonisch anmelden.

Essen

★Cloggy's on the Beach FISCH & MEERESFRÜCHTE $$
(☎634-2424; 22 Crane Rd; Hauptgerichte 800-2500 J$; ⏲12-22 Uhr) Das Strandlokal serviert die besten Gourmetgerichte in Black River und lässt keine Wünsche offen: Die Atmosphäre ist entspannt, es gibt eine luftige Terrasse am Strand, und aus den überdimensionalen Lautsprechern tönt sanfter Reggae. Als Vorspeise empfehlen wir die Muschelsuppe; anschließend kann man Curry-Hummer oder Papageienfisch-Jerk genießen. Die Inhaber veranstalten ab und zu auch tolle Strandpartys, bei denen DJs auflegen.

An & Weiterreise

Black River ist ein Zentrum für Route-Taxis, die in alle Richtungen fahren. An der High Street starten Taxis nach Treasure Beach (250 J$). Vom **Verkehrszentrum** (Brigade Street) hinter dem Markt verkehren Minibusse nach Montego Bay (250 bis 300 J$) und Savla-Mar (220 J$).

JAMAIKA VERSTEHEN

Jamaika aktuell

Jamaika preist sich als Reiseziel an, in dem das einzige Problem darin besteht, herauszufinden, wo man den nächsten Rumcocktail herbekommt, aber das Land ist weitaus interessanter, aufregender und komplizierter. In den vergangenen Jahren wurde die Wirtschaft erheblich stabilisiert: Die Schuldenquote der Regierung ist unter 100% gefallen. Der Tourismus ist nach wie vor die wichtigste Verdienstquelle für harte Währung, aber der wegen Gewaltverbrechen ausgerufene Ausnahmezustand in einigen Teilen des Landes (einschließlich Montego Bay) hat die Wahrnehmung nicht gerade verbessert.

Das Land beobachtet einen Wandel in der gesellschaftlichen (und rechtlichen) Einstellung zu Marihuana und bemüht sich um den Aufbau einer medizinischen Ganja-Industrie. Dazu gehören auch die Marihuana-Apotheken, die bei Besuchern sehr beliebt geworden sind. Noch erfolgreicher ist jedoch nach wie vor die weltweit berühmte Musikszene Jamaikas, mit Triumphen wie der Rückkehr des Reggae-Helden Buju Banton und dem Aufstieg junger Stars wie Koffee.

Geschichte

Kolumbus & die Arawak

Im Jahre 1494 ging Christoph Kolumbus auf Jamaika an Land. Zu dieser Zeit lebten vielleicht 10 000 friedliche Arawak auf der Insel; sie hatten Jamaika um 700 n. Chr. besiedelt. Ab 1510 ließen sich die ersten spanischen Siedler nieder und führten schnell zwei Dinge ein, welche die Zukunft der Insel grundlegend verändern sollten: den Anbau von Zuckerrohr und die Sklaverei. Ende des 16. Jhs. war die Arawak-Bevölkerung komplett ausgerottet, zermürbt durch harte Arbeit, schlechte Behandlung und europäische Krankheiten.

Ankunft der Engländer

1654 segelte eine miserabel ausgerüstete und schlecht organisierte englische Schiffsflotte in die Karibik. Nachdem es den Besatzern nicht gelungen war, Hispaniola einzunehmen, nahmen sie Kurs auf das kaum geschützte Jamaika. Trotz anhaltender Bemühungen der spanischen Loyalisten und guerrillaartiger Überfälle von Seiten der befreiten afrikanischen Sklaven (*cimarrones* – „die Wilden“ – oder Maroons) übernahm England die Kontrolle über die Insel.

Sklavenkolonie

Immer mehr Sklaven wurden ins Land geholt und immer wieder kam es zu blutigen Aufständen. Der letzte und größte war der Weihnachtsaufstand von 1831, angeregt von Sam Sharpe. Der gebildete Sklave rief seine Anhänger zum passiven Widerstand auf. Zu gewalttätigen Zusammenstößen kam es, als etwa 20 000 Sklaven die Plantagen zerstörten und mehrere Siedler umbrachten. Mit dem falschen Versprechen der Abolition brachte man die Sklaven dazu, ihre Waffen niederzulegen – um dann dennoch 400 von ihnen zu hängen und Hunderte auszupeitschen. Das löste in England eine Welle des Abscheus aus, die so hochschlug, dass das britische Parlament die Sklaverei schließlich abschaffte.

Der Übergang von der Sklaven- zur Lohnarbeitsgesellschaft brachte viel Chaos mit sich. Die meisten früheren Sklaven weigerten sich, für den angebotenen Hungerlohn auf den Gutshöfen zu arbeiten, und wollten sich lieber allein durchschlagen.

Der Weg in die Unabhängigkeit

Der Bananenhandel brachte Jamaika einen wirtschaftlichen Aufschwung, der durch die Weltwirtschaftskrise der 1930er-Jahre ins Stocken geriet. Im Zweiten Weltkrieg, als die Karibischen Inseln Lebensmittel und Rohmaterialien an Großbritannien lieferten, erlebte er aber neuen Aufwind. 1944 bekamen alle Jamaikaner das Wahlrecht zugesprochen, und 1947 wurde Jamaika die faktische Autonomie von Großbritannien gewährt. Nachdem ein Referendum den Wunsch des Volkes nach vollständiger Unabhängigkeit ergeben hatte, trat Jamaika 1962 aus der kurzlebigen Westindischen Föderation aus.

Nach der Unabhängigkeit dominierte in der Politik das Vermächtnis zweier Cousins: Alexander Bustamante, der kurz vor dem Zweiten Weltkrieg die erste Handelsunion in der Karibik und später die Jamaikanische Arbeiterpartei (JLP) gründete, und Norman Manley, dessen People's National Party (PNP) bei ihrer Gründung im

Jahr 1938 die erste politische Partei auf der Insel war. Mitte der 1970er-Jahre führte Manleys Sohn Michael die PNP zum demokratischen Sozialismus, was zu einer Kapitalflucht führte, die sich Jamaika zu dieser Zeit kaum leisten konnte. Vor den Wahlen im Jahr 1976 bekriegten sich opponierende politische Splittergruppen im offenen Häuserkampf, aber die PNP gewann die Wahlen mit großem Vorsprung und Manley führte seine sozialistische Agenda fort.

Machtkämpfe

Die US-Regierung stand Jamaikas neuem Weg ablehnend gegenüber. Als Manley begann, enge Bande mit Kuba zu knüpfen, plante die CIA angeblich, die Regierung zu stürzen. Unternehmen zogen sich zurück, die Wirtschaft lag am Boden und das Land lebte praktisch im Belagerungszustand. Im Vorfeld der Wahlen von 1980 (die Edward Seaga, der Anführer der JLP, gewann) kamen fast 700 Menschen ums Leben. Seaga sorgte für wirtschaftlichen Aufschwung, distanzierte sich von Kuba und hofierte Ronald Reagan, den Präsidenten der USA. 1989 wurde er von Manley verdrängt, der eine kurze zweite Amtszeit als Premierminister antrat. 1992 ging er in Pension und übergab den Stab an seinen Stellvertreter Percival James Patterson, den ersten schwarzen Premierminister Jamaikas.

Gegenwart & Zukunft

2007 wurde Bruce Golding (JLP) zum Premierminister gewählt und beendete damit die 18-jährige Regierungszeit der PLP. Drei Jahre später forderten die USA die Auslieferung von Christopher „Dudus“ Coke, den Mafiaboss des Ghettos „Tivoli Gardens“ und einen der mächtigsten Männer Jamaikas. Golding verweigerte die Auslieferung mit der Begründung, die Beweise gegen Dudus seien illegal gesammelt worden. Als Amerika jedoch Druck ausübte, wendete die Polizei sich gegen Dudus und es kam zu einer blutigen Schlacht, die 67 Todesopfer forderte. Dudus selbst wurde an einer Straßensperre aufgegriffen; er war als Frau verkleidet und auf dem Weg zur US-Botschaft, um über seine Auslieferung zu verhandeln.

Jamaikas gegenwärtiger Premierminister ist Andrew Holness von der JLP. Die meisten Jamaikaner sind der Meinung, dass die größten Schwierigkeiten des Landes in der Kriminalität und der Fachkräfteabwanderung in die USA, nach Kanada und Großbritannien begründet liegen. Ein großes Problem ist auch der Analphabetismus, ebenso wie die Bedrohung der Umwelt durch Waldrodung und Überentwicklung. Einstweilen blicken die Jamaikaner mit Entschlossenheit und einer guten Portion Humor in die Zukunft – sie haben in der Vergangenheit Schlimmeres erlebt.

Bevölkerung & Kultur

Religion

Jamaika behauptet von sich, die meisten Kirchen pro Quadratkilometer weltweit zu haben. Obwohl die meisten Ausländer die Insel mit den Rastafaris assoziieren, sind über 80 % der Jamaikaner Christen, und die Kirche ist nach wie vor eine mächtige politische Lobby im Land.

Literatur

Derzeitiger Star der Literaturszene Jamaikas ist zweifellos Marlon James, der Autor von *Eine kurze Geschichte von sieben Morden* und *The Book of Night Women*. Weitere erfolgreiche Autoren sind z. B. Kei Miller (*The Last Warner Woman*, *August Town*), Olive Senior (*Dancing Lessons*) und Garfield Ellis (*For Nothing At All*). Nicht zu vergessen eine großartige neue Autorin: Nicole Dennis-Benn, die 2016 ihren Debütroman *Here Comes the Sun* vorlegte.

Die Romane von Anthony Winkler werden wegen ihres ironischen Blicks auf das jamaikanische Leben gefeiert, vor allem die Werke *The Lunatic*, *The Duppy* und *The Family Mansion*.

Musik

Die Geschichte der modernen jamaikanischen Musik beginnt mit der akustischen Folkloremusik Mento. In den frühen 1960er-Jahren vermischte sie sich mit Calypso, Jazz und R&B und brachte den Ska hervor, die erste Populärmusik des Landes. Aus dem Ska entstand der Rocksteady und daraus in den 1970er-Jahren die basslastige Reggae-Musik – das Genre, das alle anderen Musikformen verdrängte. Später entwickelte sich die Dancehall-Musik, die schneller und gefälliger als ihre Vorläufer ist und heute die moderne Musikszene des Landes dominiert. Für sich genommen ist jeder dieser Stile einzigartig. Sie vermischen und beeinflussen sich aber ständig – und darin liegt die wahre Magie der jamaikanischen Musik.

Reggae

In seinem Song „Trench Town" stellte Bob Marley die Frage, ob aus den Ghettos Jamaikas wohl jemals etwas Gutes kommen könne. Damit forderte er die jamaikanische Klassengesellschaft heraus, in der eine Minderheitselite die entrechteten Massen beherrschte. Die Antwort lag natürlich in einer Botschaft von Stolz und spiritueller Erlösung, die der Musik selbst innewohnt – und so eroberte der Reggae die Welt und machte Bob Marley zu einer globalen Ikone.

The Wailers, Bob Marleys Band, erwuchsen aus der Ska- und Rocksteady-Zeit der 1960er-Jahre. Die Produzenten Lee „Scratch" Perry, Clement „Sir Coxsone" Dodd und King Tubby spielten bei der Entwicklung des neuen Reggae-Sounds eine wichtige Rolle, während das Wiederaufleben des Rastafarianismus nach Haile Selassies Jamaikabesuch (1966) die Seele der Musik inspirierte. Indem er die Wailers verpflichtete, verhalf Chris Blackwell, der auf Jamaika geborene Gründer von Island Records, dem Reggae schließlich zu internationalem Erfolg.

Reggae ist aber mehr als nur Bob Marley. Auch die Bandmitglieder der ersten Stunde, Peter Tosh und Bunny Wailer, wurden zu Stars, gefolgt von Musikern wie Desmond Dekker, Dennis Brown, Burning Spear, Gregory Isaacs u.v.m. Obwohl Dancehall inzwischen Jamaikas beliebteste Musikrichtung ist, erlebt der Reggae seit einigen Jahren eine Art Revival. Künstler wie Chronixx, Proteje und Jah9 bringen wieder ein wenig Rastabewusstsein in die Musikszene.

Dancehall

Der moderne Sound Jamaikas ist definitiv Dancehall: schnelle Gesänge zu basslastigen Beats. Es wäre aber zu einfach, Dancehall als jamaikanischen Rap zu bezeichnen, denn die Anordnung und Struktur der Rhythmen sowie die Texte wurzeln tief in Jamaikas musikalischer Vergangenheit.

Entstanden ist der neue Sound Ende der 1970er-Jahre mit DJs wie Yellowman, Lone Ranger und Josey Wales, die das Mikro packten und kraftvolle Rhythmen durch schnellere, digitale Klänge verstärkten. Auf Jamaika war dies eine Zeit des Aufruhrs – und die Musik reagierte darauf, indem sie sich vom politischen Bewusstsein ab- und einer hedonistischen Lebenseinstellung zuwandte. Die Szene drehte sich um Soundsysteme und „Sound-Kämpfe" zwischen DJs, die mit „maßgefertigten" Platten um die Gunst des Publikums und um den besten Ruf wetteiferten.

In den 1990er-Jahren wurde Dancehall durch den Erfolg von Künstlern wie Shabba

RASTAFARI

Rastas mit Dreadlocks sind so synonym mit Jamaika wie Reggae. Rastafari entstand und entwickelte sich in den 1930er-Jahren als Glaubensrichtung für die armen, schwarzen Jamaikaner, die nach Erlösung suchten, angespornt von Marcus Garveys „Zurück-nach-Afrika"-Bewegung.

Ein zentraler Bestandteil von Rastafari ist die Vorstellung, die Afrikaner seien einer der zwölf vertriebenen Stämme von Israel. Jamaika ist Babylon, und ihr Los sei das Exil in einem Land, das nicht geläutert werden kann. Die Krönung von Ras Tafari (Haile Selassie) zum Kaiser von Abessinien im Jahr 1930 erfülle die Prophezeiung, dass ein afrikanischer König und Messias die Rastafari aus dem Exil in das versprochene Land Zion, die spirituelle Heimat der schwarzen Rasse, führen würde.

Das Rauchen von Ganja ist für viele (wenn nicht alle) Rastas ein heiliges Sakrament, das ihnen ermöglicht, klarer zu denken und so Weisheit und innere Göttlichkeit zu erlangen. Die Analyse von Bibelversen ist eine wichtige Tradition, die ihnen ermöglicht, die zerstörenden Einflüsse Babylons zu durchschauen. Die Dreadlocks sind eine Allegorie für die Mähne des Löwen Judas.

Trotz ihres kämpferischen Bewusstseins predigt die Religion Liebe und Gewaltverzicht; ihre Anhänger leben nach einem strengen biblischen Kodex und befürworten ein Leben in Harmonie in den Traditionen des Alten Testaments. Einige Rastas sind Abstinenzler und halten sich an einen präzisen Speiseplan aus veganer, ohne Salz zubereiteter I-tal-Kost. Andere, wie die „12 Tribes"-Rastafari, essen Fleisch und trinken Bier.

DANEFROMSPAIN/GETTY IMAGES ©

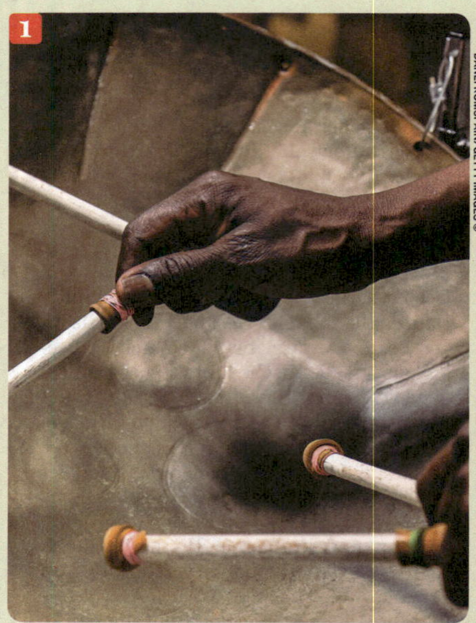

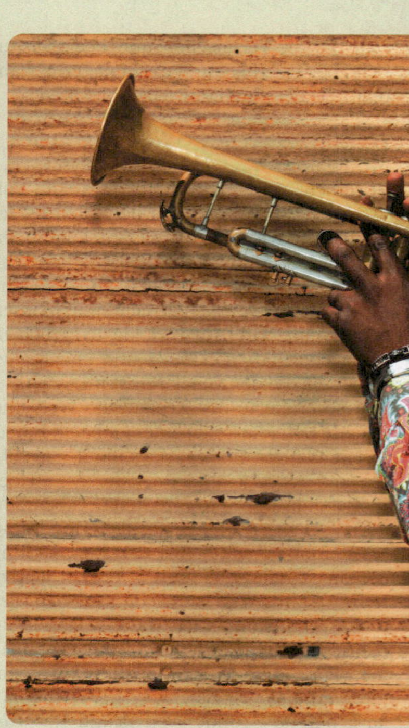

1. Steelpan 2. Musiker, Havanna 3. Künstler auf einem Reggae-Festival, Jamaika 4. Merengue-Tänzer, Santo Domingo

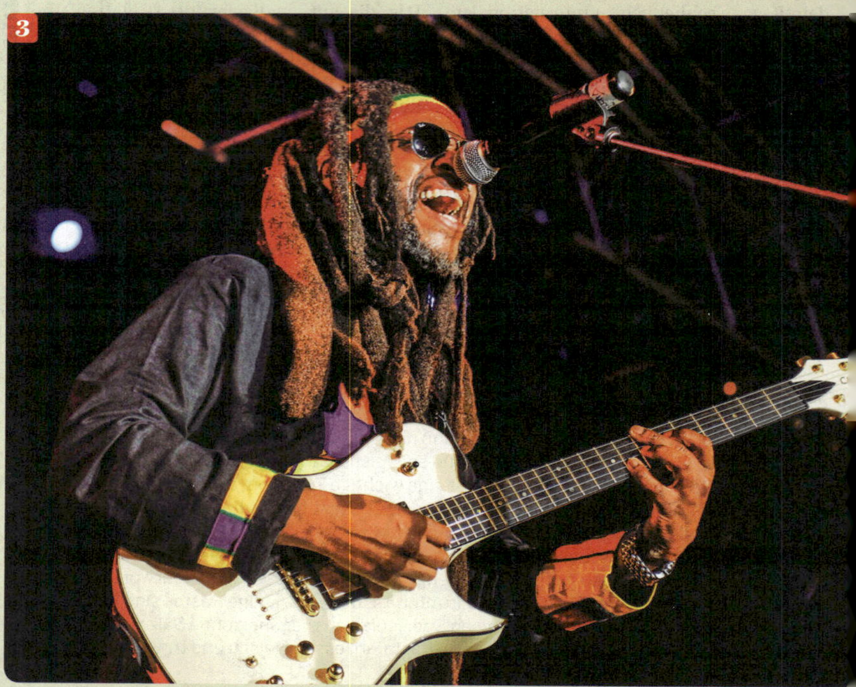

2

BIM/GETTY IMAGES ©

4

Klänge der Karibik

Vom blechernen Stolzieren einer Salsa-Band bis zur lässigen Gangart des Reggae – die Musik der Karibik wurde sowohl von den Plantagen als auch von den kolonialen Salons beeinflusst. Und sie ist für die Inseln so charakteristisch wie das Geräusch der Brandung.

Steelpan & Calypso

Aus alten Ölfässern geformt, sind die klingenden Instrumente der Steelpan-Bands ein Beleg für den anpassungsfähigen Einfallsreichtum karibischer Musiker. Die Schlagzeuge spielen lebhaften Calypso, oft gewürzt mit angeberischen Texten oder geprägt von sozialkritischen Kommentaren.

Reggae

Seit er in den 1960er-Jahren aufkam, ist Reggae der musikalische Nachfahre der unvergleichlich jamaikanischen Stilrichtungen Ska und Rocksteady geworden. Mit seiner entspannten Offbeat-Phrasierung und seinem „Botschafter" Bob Marley ist er ein Eckpfeiler der Inselkultur.

Kubanische Musik

Auch wenn jede Insel ihre eigene musikalische „Sprache" spricht, ist keine so unverwechselbar wie jene Kubas, wo Musik aus jeder Gasse zu dringen scheint.

Salsa

Wie die Passatwinde umweht dieser Sound Puerto Rico, die Dominikanische Republik, Kuba und Nueva York, und so ist Salsa ein hüftwackelndes Exportgut mehrerer Inseln. Die Musik basiert auf afrikanischen Rhythmen, versetzt mit den Klängen typisch karibischer Instrumente.

Merengue

Die unglaublich schnellen Rhythmen dieses dominikanischen Musikstils sind untrennbar vereint mit dem kunstvollen und leidenschaftlichen Tanz, der denselben Namen trägt.

Ranks weltberühmt. Stars wie Buju Banton, Beenie Man, Bounty Killer und Sizzla werden aber nach wie vor für ihre Texte kritisiert, die Gewalt und Homophobie verherrlichen. 2014 gipfelte dies in einem Mordverfahren gegen „Weltboss" Vybz Kartel, den größten und innovativsten Dancehall-Star. Seltsamerweise hat seine Gefängnisstrafe die Zahl seiner neu veröffentlichten Alben kaum verringert. Die Kritik an den oft befremdlichen Facetten des Dancehall ist ein Hauptthema der jamaikanischen Presse – aber trotz allem boomt das Genre weiterhin. Sean Paul und Konshens werden schon seit Langem international gefeiert, während Künstler wie Cham und Tommy Lee auf Jamaika den Rhythmus angeben.

Sport

Wenn überhaupt jemand Bob Marley als berühmtesten Jamaikaner ablösen kann, dann ist es der extrem charismatische Sportler Usain Bolt. Der zurzeit schnellste Mann der Welt und mehrfache Olympiasieger hat in Peking, London und Rio jeweils im 100- und 200-Meter-Lauf und in der 4-mal-100-Meter-Staffel gewonnen. Er gehört zu einer Gruppe erstaunlicher jamaikanischer Athleten, der auch Shelly-Ann Fraser-Pryce und Elaine Thompson (olympisches Gold im 100- und 200-Meter-Lauf) angehören.

Jamaika ist verrückt nach Kricket, und Kricketspieler wie Courtney Walsh und der Schlagmann Chris Gayle werden im Land sehr verehrt. Auf nationaler Ebene spielt Jamaika im West Indies Cricket Team, das bei den Weltcups von 2011 und 2015 Viertelfinalist wurde und die ICC World Twenty20 von 2012 und 2016 gewann. Zentrum des jamaikanischen Krickets ist der Sabina Park in Kingston. Hier werden nationale und internationale Testspiele sowie die Caribbean Premier League (CPL) – bei der sich 2016 die Jamaica Tallawahs an die Spitze setzten – ausgetragen.

Natur & Umwelt

Geografie

Mit 10 991 km² (etwa so groß wie der US-Staat Connecticut oder halb so groß wie Wales) ist Jamaika die größte englischsprachige Insel der Karibik. Sie gehört zu den Großen Antillen, die den westlichen Teil der Karibik einnehmen; Nachbarländer sind Kuba und Haiti.

Das „Festland" Jamaikas (außer die südliche Tieflandregion) ist von einer schmalen Küstenebene gesäumt. Die Berge formen das Rückgrat der Insel: Sie steigen allmählich von Westen her an und erreichen ihren Höhepunkt mit den Blue Mountains im Osten, deren höchster Gipfel der Blue Mountain Peak (2256 m) ist. 120 Flüsse schlängeln sich über die Insel. Meist sind sie knochentrocken, nach den schweren Regenfällen im Frühjahr erwachen sie aber zum Leben – und verursachen Überflutungen und Straßenschäden. Die Küstenmangroven, Sumpfgebiete und Gebirgsnebelwälder bilden kleine Ökosysteme, die eine vielfältige Pflanzen- und Tierwelt beherbergen. Vor der Küste bieten die kleinen Inseln (auch Cays genannt) weitere Lebensräume für Meerespflanzen und -tiere.

Tiere

Auf der Insel leben über 255 Vogelarten. Die stelzenbeinigen schneeweißen Kuhreiher sind allgegenwärtig, ebenso wie die Truthahngeier (die in Volksliedern und Sprichwörtern vorkommen). Der Nationalvogel Jamaikas ist der Jamaika-Kolibri, auch Wimpelschwanz genannt – ein uransässiger Kolibri mit schimmernden smaragdgrünen Federn, einer samtschwarzen Haube, einem langen roten Schnabel und geschwungenen Schwanzfedern.

Korallenriffe liegen an der Nordküste, wo das Riff fast durchgängig ist und sich innerhalb weniger Hundert Meter vor der Küste erstreckt. Über 700 Fischarten schwärmen durch die wunderschönen Riffe und Korallenschluchten. Und nicht zu vergessen: die Meeresschildkröten. An den Stränden Jamaikas legend drei gefährdete Arten ihre Eier ab – Grüne Meeresschildkröten (auch Suppenschildkröten genannt), Echte Karettschildkröten und Unechte Karettschildkröten.

PRAKTISCHE INFORMATIONEN

ℹ Allgemeine Informationen

BARRIEREFREI REISEN

Jamaika bietet nur wenige Einrichtungen für Reisende mit Behinderung; größere Hotels und All-inclusive-Resorts (besonders von internationalen

PREISKATEGORIEN ESSEN

Die folgenden Preise beziehen sich auf ein Hauptgericht. Man sollte auf den Speisekarten nachlesen, ob die jeweiligen Restaurants Steuern (16,5 %) und Servicegebühren (10 %) extra berechnen.

**$** bis 1900 J$

**$$** 1900–3200 J$

**$$$** über 3200 J$

Ketten) sind in der Regel jedoch leichter zugänglich und verfügen über Rampen und Aufzüge.

BOTSCHAFTEN & KONSULATE

Deutsche Botschaft (☎ 926-6728; info@kingston.diplo.de; 10 Waterloo Rd, Kingston 10)

Österreichisches Konsulat (☎ 940-2404; josef@roundhilljamaica.com; Round Hill Hotel, Montego Bay, 2 Ardenne Rd, Kingston 10)

Schweizer Generalkonsulat (☎ 948-9656; kingston@honrep.ch; c/o Swiss Stores Ltd., 107 Harbour Street, Kingston)

ESSEN

Die jamaikanische Küche hat die Wucht und Würze von Bauernnahrung, ist sehr gehaltvoll und weist all die bunten Farben auf, die man mit der Karibik assoziiert. Die Taíno haben Callaloo, Maniok, Mais, Süßkartoffeln und tropische Früchte eingeführt; die Spanier fügten *escoveitch* (eine Variation von Ceviche) hinzu, die Afrikaner Yamswurzeln, Reis, Eintöpfe und Räucherfleisch, Indien seine Currys und *roti*, die Chinesen ein wenig Schärfe und die Engländer schließlich ihre Fleischpasteten.

FEIERTAGE

Neujahr 1. Januar

Aschermittwoch, Karfreitag & Ostermontag

Tag der Arbeit 23. Mai

Tag der Befreiung 1. August

Unabhängigkeitstag Erster Montag im August

Tag der Nationalhelden Dritter Montag im Oktober

1. Weihnachtsfeiertag 25. Dezember

2. Weihnachtsfeiertag 26. Dezember

GELD

- Die Währung auf Jamaika ist der Jamaikanische Dollar, der „Jay", der dasselbe Symbol wie der US-Dollar ($) trägt. Die jamaikanische Währung ist in Geldscheinen zu 50 J$, 100 J$, 500 J$, 1000 J$ und (selten) 5000 J$ erhältlich. Die Preise für Hotels und Wertgegenstände werden in US-Dollar angegeben, die weithin akzeptiert werden.
- Die Geschäftsbanken haben Filialen im ganzen Land. Die Banken in den Großstädten haben auch Wechselstuben.
- In den meisten Städten gibt's rund um die Uhr zugängliche Geldautomaten, die mit internationalen Netzwerken wie Cirrus oder Plus verbunden sind. In entlegeneren Regionen findet man an vielen Tankstellen Geldautomaten. In den Touristengebieten geben einige Geldautomaten auch US-Dollar aus.
- Reiseschecks werden nur wenig genutzt; wer sie einlöst, muss hohe Gebühren zahlen.
- Kreditkarten von großen Unternehmen werden überall auf der Insel akzeptiert, obwohl lokale Lebensmittelläden oft keine Kreditkartenleser haben, selbst in Kingston.

Trinkgeld

Hotels In Hotels und Restaurants sind 10 % Trinkgeld üblich.

Resorts In einigen All-inclusive-Resorts dürfen die Mitarbeiter kein Trinkgeld annehmen.

Restaurants Man sollte seine Rechnung sorgfältig prüfen – einige Restaurants berechnen eine Servicegebühr von 10 bis 15 %.

GANJA

2015 hat die jamaikanische Regierung Ganja entkriminalisiert. Der Besitz von bis zu 56 g (2 Unzen) wird inzwischen wie ein Parkvergehen bestraft und mit einer Geldstrafe von bis zu 500 J$ (ca. 3 US$) geahndet, aber ohne Eintrag ins Strafregister. Das Rauchen von Ganja in Privatwohnungen ist nun kein Delikt mehr. Es wurden lizensierte Marihuana-Apotheken eröffnet, in denen jedoch ein Rezept vorgelegt werden muss.

Manche Traveller haben sicher nichts dagegen, Ganja auszuprobieren. Aber auch jene, die das überhaupt nicht wollen, werden auf ihrer Jamaikareise zumindest eine Duftwolke des Krauts abbekommen. Man wird oft angesprochen, sei es von heimlich zwinkernden Abzockern, die Ganja verkaufen wollen, oder von Händlern bei Dancehall-Straßenpartys, die neben Süßwaren und Rum auch Marihuana im Sortiment haben. Wer Ganja rauchen will, sollte dies diskret im Hotel tun. Einige lokale Sorten sind allerdings sehr stark; Touristen haben uns von schweren Nebenwirkungen berichtet, vor allem bei Ganjakuchen und -keksen.

Taxis Außerhalb von Kingston bitten Taxifahrer oft um Trinkgeld, aber das ist nicht notwendig; die Fahrer der Route-Taxis von JUTA (Jamaica Union of Travelers Association) erwarten kein Trinkgeld.

Wechselkurse

Eurozone	1€	155 J$ 1 US$
Schweiz	1 SFr	157 J$ 1 US$
USA	1 US$	152 J$

Aktuelle Wechselkurse findet man unter www.xe.com.

INTERNETZUGANG

- Jamaikanische Hotels verfügen über WLAN, aber ländliche Gebiete bieten nur sehr eingeschränkt Internetzugang. Datendienste sind im ganzen Land verfügbar, der 3G-Empfang kann jedoch lückenhaft sein.
- Die meisten Stadtbibliotheken bieten Internetzugang (1 US$ pro 30 Min.), und es gibt in (fast) jedem Ort mindestens eine öffentliche Einrichtung, in der man online gehen kann.

LGBT-REISENDE

Kingstons Schwulenszene bleibt eher im Untergrund, da Jamaika eine homophobe Gesellschaft ist. Sexuelle Handlungen unter Männern sind gesetzlich verboten und werden mit bis zu zehn Jahren Haft bestraft. Viele Texte berühmter Reggae- und Dancehall-Songs enthalten schwulenfeindliche Hassreden. Angriffe gegen Homosexuelle werden fast nie strafrechtlich verfolgt – meist trifft es eher die Schwulen.

Man sollte sich trotzdem nicht abschrecken lassen. In den Touristengebieten geht's toleranter zu, und es gibt viele Hotels (auch All-inclusive-Resorts), die nichts gegen Schwule haben. Dennoch sollte man sich diskret verhalten und offene Zuneigungsbekundungen vermeiden.

Hilfreiche Websites:

Gay Jamaica Watch (www.gayjamaicawatch.blogspot.com)

J-FLAG (www.jflag.org)

Quality of Citizenship Jamaica (www.qcjm.org)

PRAKTISCH & KONKRET

Fernsehen Es gibt neun Fernsehsender; die meisten Hotels verfügen über Satellitenfernsehen mit US-amerikanischen Sendern.

Magazine & Zeitungen Der *Jamaica Gleaner* (www.jamaica-gleaner.com) ist Jamaikas renommierteste Zeitung. Konkurrent ist der *Jamaica Observer*, gefolgt von der Boulevardzeitung *Jamaica Star*.

Maße & Gewichte Es werden sowohl metrische als auch imperiale Maßeinheiten benutzt. Entfernungen werden in Metern und Kilometern angegeben, Benzin in Litern. Kaffee (und Ganja) werden meist nach Pfund verkauft.

Radio Von den 43 Radiosendern ist Irie FM (105,1 FM; www.iriefm.net) der beliebteste.

Rauchen An öffentlichen Plätzen (auch in Bars und Restaurants) verboten.

MEDIZINISCHE VERSORGUNG

In den Städten Jamaikas ist die medizinische Versorgung gut; in ländlichen Regionen nicht immer. Um einen guten Arzt zu finden, fragt man am besten bei der Hotelleitung oder kontaktiert seine Botschaft in Kingston. Viele Ärzte und Krankenhäuser verlangen eine sofortige Bezahlung, egal, ob man eine Krankenversicherung hat oder nicht. Selbst in den besten Krankenhäusern der Insel in Kingston kann es vorkommen, dass MR-Scanner und andere medizinische Geräte defekt sind.

Die meisten Apotheken sind gut ausgestattet, wichtige Medikamente sind aber nicht immer verfügbar. Verschreibungspflichtige Medikamente deshalb in ausreichender Menge mitbringen.

NOTFALL

Auskunft	☎ 114
Internationale Vermittlung	☎ 113
Krankenwagen	☎ 110
Polizei	☎ 119
Tourismusbehörde	☎ 929-9200

ÖFFNUNGSZEITEN

Folgende Öffnungszeiten sind auf Jamaika Standard; Ausnahmen finden sich in den Beiträgen. Sonntags haben fast alle Geschäfte geschlossen.

Ämter & Unternehmen Mo–Fr 8.30–16.30 Uhr.

Banken Mo–Fr 9.30–16 Uhr.

Bars Ab 12 Uhr; viele haben so lange geöffnet, bis die letzten Kunden gehen.

Restaurants Frühstück von Sonnenaufgang bis 11 Uhr; Mittagessen 12–14 Uhr; Abendessen 17.30–23 Uhr.

Geschäfte Mo–Fr 8 oder 9–17 Uhr, Sa bis 12 oder 17 Uhr, Nachtshopping Do & Fr bis 21 Uhr.

RECHTSFRAGEN

- Drogenbesitz und Trunkenheit am Steuer ziehen schwere Strafen nach sich.
- Ausländern gegenüber wird keine Nachsicht geübt. Jamaikanische Gefängnisse sind äußerst unangenehm.
- Der Besitz von Ganja wird nicht mehr so streng verfolgt; wer damit erwischt wird (und nicht mehr als 56 g dabeihat), muss meist nur eine Geldstrafe zahlen.
- Wer festgenommen wird, sollte auf seinem Recht bestehen, die für ihn zuständige Botschaft in Kingston anzurufen, um weitere Hilfe zu bekommen.

SICHER REISEN

Organisierte Kriminalität ist auch auf Jamaika kein Fremdwort, aber sie betrifft nur selten Touristen. In Städten wie Kingston und Montego Bay sollte man die üblichen Vorsichtsmaßnahmen treffen.

- Wer nachts in Kingston, MoBay oder einer anderen größeren Stadt ausgeht, sollte mit dem Taxi zur Unterkunft zurückfahren.
- Aufdringliche Händler, die versuchen, einem etwas zu verkaufen, das man nicht will, höflich, aber bestimmt zurückweisen.
- Ebenso höflich, aber bestimmt sollte man unerwünschte sexuelle Annäherungsversuche ablehnen.
- Ganja ist zwar mittlerweile legal, andere Drogen jedoch nicht.
- An überfüllten Orten gut auf die Geldbörse achten.
- So wenig Bargeld wie möglich bei sich tragen, wenn man das Hotel verlässt. Wertsachen nicht sichtbar herumtragen.

STROM

Netzstecker und Steckdosen sind vom Typ A und B (110 Volt, 50 Hz).

TELEFON

Die Landesvorwahl Jamaikas ist die 876. Um aus den USA in Jamaika anzurufen, wählt man 1-876 + die siebenstellige lokale Telefonnummer. Um aus dem Ausland in Jamaika anzurufen, wählt man den internationalen Zugangscode seines Landes, dann die 876 und die lokale Telefonnummer.

Für ein Gespräch innerhalb derselben Gemeinde wählt man nur die lokale Telefonnummer. Wer von einer Gemeinde zur anderen telefonieren will, wählt die 1 und die lokale Telefonnummer. In unseren Rezensionen sind die siebenstelligen lokalen Telefonnummern mit aufgeführt.

Handys

Es kann teuer werden, das eigene Handy nach Jamaika mitzunehmen (GSM oder CDMA), die Roaming-Gebühren sind sehr hoch. Einige Netzwerke in den USA und in Europa inkludieren Jamaika in ihre Roaming-Pakete; ist dies nicht der Fall, sollte man sich vor hohen Roaming-Gebühren schützen und eine lokale SIM-Karte kaufen.

Wer ein unverschlüsseltes Telefon hat, kann bei den lokalen Handyanbietern Digicel (www.digiceljamaica.com) oder Flow (www.discoverflow/jamaica) eine lokale SIM-Karte oder ein billiges Handy erwerben. Dazu muss man seinen Personalausweis/Reisepass vorzeigen. SIM-Karten mit Telefon- und Datenguthaben sind ab 500 J$ zu haben – am besten erkundigt man sich nach den aktuellen Angeboten. Aufladbare Prepaid-Karten werden in Höhe von 50 bis 1000 J$ verkauft; es gibt sie in vielen Tankstellen und Lebensmittelläden.

> **PREISKATEGORIEN UNTERKUNFT**
>
> Die folgenden Preise beziehen sich auf ein Doppelzimmer mit Bad (ohne Frühstück) in der Hauptsaison (Mitte Dezember bis Mitte April). Die obligatorische GST-Steuer von 6,25 bis 15 % ist im Preis inbegriffen
>
> **$** bis 90 US$
>
> **$$** 90–200 US$
>
> **$$$** über 200 US$

UNTERKUNFT

Budgetreisende kommen in einfachen Gästehäusern und Hostels unter. In der Mittelklassekategorie gibt's eine große Auswahl von ansprechenden kleinen Hotels, die oft wunderschöne Gärten, Meerblick oder beides bieten. Wer mit seiner Familie oder in der Gruppe reist, kann eine der vielen Villen mieten, die überall auf der Insel angeboten werden. Und wer sich verwöhnen lassen will: Die Luxushotels von Jamaika zählen zu den besten der Welt.

Die Nebensaison (Sommer) läuft von Mitte April bis Anfang Dezember; den Rest des Jahres über ist Hochsaison (Winter), und die Hotelpreise steigen um 40 % und mehr. Wer ein All-inclusive-Paket buchen will, muss mindestens drei Nächte bleiben.

ZEIT

Eastern Standard Time/Eastern Daylight Time: MEZ minus sechs Stunden, MESZ minus sieben Stunden.

An & Weiterreise

FLUGZEUG

Die zwei internationalen Flughäfen Jamaikas werden täglich von Großstädten in Europa und

Nordamerika sowie von mehreren Orten in der Karibik aus angeflogen.

Jamaika hat zwei internationale Flughäfen: den Norman Manley International Airport (S. 512) in Kingston und den Donald Sangster International Airport (S. 528) in Montego Bay.

Hilfreiche regionale Fluglinien:

Caribbean Airlines (☎876-744-2225; www.caribbean-airlines.com)

Cayman Airways (www.caymanairways.com)

COPA Airlines (www.copaair.com)

Fly Jamaica (☎876-656-9832; www.flyjamaica.com)

ÜBERS MEER

Jamaika ist ein beliebtes Ziel von Kreuzfahrtschiffen; auf der Insel legen hauptsächlich Passagierschiffe, aber auch Privatjachten an.

Karten und Seekarten der Karibik erhält man bei **Bluewater Books & Charts** (☎800-942-2583; www.bluewaterweb.com). Die **National Oceanic & Atmospheric Administration** (☎888-990-6622; www.nauticalcharts.noaa.gov) verkauft Seekarten der US-Regierung.

Viele Jachtbesitzer fahren von Nordamerika aus nach Jamaika. Bei der Ankunft in Jamaika muss man in Montego Bay, Kingston, Ocho Rios oder Port Antonio den Zoll passieren und die Einreiseformalitäten erledigen. Auch in jedem weiteren Anlegehafen muss der Zoll passiert werden. Die Haupthäfen für Jachten sind:

- **Errol Flynn Marina** (☎993-3209, 715-6044; www.errolflynnmarina.com; Port Antonio, GPS N 18.168889°, W -76.450556°)
- **Montego Bay Yacht Club** (☎979-8038; www.mobayyachtclub.com; Montego Bay Freeport, GPS N 18.462452°, W -77.943267°; ⏲10–22 Uhr)
- **Royal Jamaican Yacht Club** (☎924-8685; www.rjyc.org.jm; Palisadoes Park, Kingston; GPS: N 17.940939°, W -76.764939°)

Unterwegs vor Ort

AUTO & MOTORRAD

Um auf Jamaika Auto zu fahren, braucht man einen gültigen Internationalen Führerschein (IDL) oder eine aktuelle Fahrerlaubnis seines Heimatlandes, die noch mindestens sechs Monate gültig ist; außerdem muss man mindestens 21 Jahre alt sein.

Autovermietung

Die meisten internationalen Autovermietungen haben Filialen auf Jamaika, darunter auch **Avis** (www.avis.com.jm) und **Hertz** (www.hertz.com).

Lokale Autovermietungen können viel billiger sein als die internationalen Marken. Empfehlenswerte Firmen:

Beaumont Car Rentals (☎876-926-0311; www.beaumontcarrentalja.com)

Island Car Rentals (☎876-929-5875; www.islandcarrentals.com)

Benzin & Ersatzteile

Viele Tankstellen schließen gegen 19 Uhr. In ländlichen Gegenden sind sie auch sonntags geschlossen. Bei Redaktionsschluss kostete Benzin/Diesel etwa 120/112 J$ pro Liter.

Straßenverhältnisse

Die Straßen auf Jamaika reichen von modernen, mehrspurigen Autobahnen bis hin zu kaum passierbaren Pfaden.

Zwischen Kingston und Ocho Rios verläuft die neue Autobahn, die beste Straße Jamaikas. Sie hat die Fahrtzeit zur Nordküste stark verkürzt. Autos zahlen 1000 J$ Maut.

Jede Straße mit der Markierung „A" ist in gutem Zustand. „B"-Straßen sind viel schmaler und oft voller Schlaglöcher, aber mit einem Durchschnittsauto trotzdem befahrbar. Nebenstraßen, vor allem in den Blue Mountains und im Cockpit Country, können in grauenhaftem Zustand sein. Wer abseits der Hauptrouten fahren will, braucht einen robusten Allradwagen.

Im entspannten Jamaika sind die rücksichtslosesten und aggressivsten Fahrer der Welt unterwegs. Man sollte extrem vorsichtig und defensiv fahren.

Verkehrsregeln

- Auf Jamaika herrscht Linksverkehr.
- Anschnallen ist auf Jamaika Pflicht.
- Die Geschwindigkeitsbegrenzungen reichen von 50 km/h bis 80 km/h und variieren von Ort zu Ort.
- Man sollte immer seinen Reisepass und alle relevanten Autovermietungsunterlagen dabeihaben.

FAHRRAD

In den meisten großen Resorts kann man Mountainbikes und „Beach Cruiser" (Fahrräder mit dicken Reifen, die sich zum Fahren auf Sand eignen) ausleihen. Sie kosten 10 bis 30 US$ pro Tag. Abseits der großen Straßen kann es sehr holprig werden; außerdem sind die jamaikanischen Fahrer Radlern gegenüber nicht gerade rücksichtsvoll. Wer eine anspruchsvolle Tour machen will, sollte sein eigenes Mountainbike oder ein multifunktionelles Rad mitbringen.

ÖFFENTLICHE VERKEHRSMITTEL

Das umfangreiche Verkehrsnetz verbindet auch die kleinsten Dörfer miteinander. Die Optionen reichen von standardmäßigen öffentlichen Bussen bis zu privaten Taxis. Außerdem gibt's Minibusse und zahlreiche Route-Taxis, die inzwischen sehr beliebt sind und nahezu alle Orte anfahren.

Es gibt kaum feste Fahrpläne – die Busse starten, wenn die Fahrer sie als voll besetzt betrachten, und die Passagiere werden mit wenig Rücksicht auf Komfort eingepfercht. In den frühen Morgenstunden (vor 8 Uhr) und gegen 17 Uhr, wenn die Menschen zur Arbeit oder nach Hause fahren, sind Busse und Taxis schnell überfüllt. Sonntags ist das Angebot an öffentlichen Verkehrsmitteln eingeschränkt.

Öffentliche Busse, Minibusse und Route-Taxis starten und enden jeweils in den Transportzentren der Städte, die sich meist in der Nähe des Hauptmarktes befinden. Die Einheimischen können einem das passende Fahrzeug zeigen; der jeweilige Zielort sollte immer über der Frontscheibe (bei Bussen) oder an der Seite des Fahrzeugs markiert sein.

Bus

Knutsford Express (Karte S. 506; ☎ 971-1822; www.knutsfordexpress.com; 18 Dominica Dr, Parkplatz des New-Kingston-Einkaufszentrums) betreibt große, komfortable klimatisierte Reisebusse und fährt viele Ziele auf der Insel an. Beispielpreise: Kingston–Ocho Rios (2150 J$, 2 Std.) und Kingston–Montego Bay (3250 J$, 4 Std.). Man kann sein Ticket auch online buchen; Studenten, Rentner und Kinder erhalten Sonderpreise.

Minibus

Private Minibusse, auch als „Coasters" bekannt, sind traditionell die Basis des regionalen Verkehrssystems auf Jamaika. Sie fahren alle Städte und fast jedes Dorf an.

Die lizensierten Minibusse verfügen über rote Lizenzplaketten mit den Initialen PPV („public passenger vehicle") oder tragen die Insignien von JUTA (Jamaica Union of Travelers Association). JUTA-Busse sind speziell für Touristen gedacht. Die öffentlichen Coaster fahren nicht nach Fahrplan, sondern starten, wenn sie vollbesetzt sind. Oft herrscht Überfüllung – und die Fahrer scheinen Todessehnsüchte zu haben.

Route-Taxi

Gemeinschaftliche Route-Taxis sind die am weitesten verbreiteten Transportmittel des öffentlichen Verkehrs – sie fahren jeden Ort im Land an. Route-Taxis verkehren auf festgelegten Routen und nehmen unterwegs so viele Passagiere wie möglich auf. Sie sind sehr praktisch und billig. Man findet sie in den Busterminals der Städte (sie fahren ab, wenn sie voll sind) oder winkt sie an der Straße heran und sagt dem Fahrer, wo man aussteigen will. Wer in ein leeres Taxi steigt – vor allem an den Taxistationen – muss den regulären Fahrpreis zahlen (nicht den Charterpreis).

Die meisten Route-Taxis sind weiße Kombiwagen, markiert mit roten Lizenzplaketten. An der Vordertür sollte „Route-Taxi" stehen, und sie sind nicht zu verwechseln mit den ähnlich aussehenden Lizenztaxis, die höhere Preise berechnen. Taxis, die keine rote Plakette haben, sollte man meiden.

Kaimaninseln

☎1-345 / 63 415 EW.

Inhalt ➡

Gut essen

- Vivo (S. 561)
- Barry's Golden Jerk (S. 569)
- Kaibo Beach (S. 565)
- Catch (S. 562)
- Agua (S. 559)

Schön übernachten

- Beach Suites (S. 556)
- Turtle Nest Inn (S. 563)
- Kimpton Seafire Resort (S. 554)
- Southern Cross Club (S. 572)
- Pirates Point Resort (S. 571)

Ab auf die Kaimaninseln!

Etwa 2,5 Mio. Touristen besuchen die Kaimaninseln jedes Jahr. Die meisten von ihnen sind Passagiere von Kreuzfahrtschiffen – sie shoppen ein paar Stunden, sonnen sich oder schwimmen mit Stachelrochen, ehe ihr Schiff wieder ablegt. Andere verschwinden in der Nähe des Seven Mile Beach an einem der schönsten Strände der Karibik in einem All-inclusive-Resort. Nur einige wenige wagen mehr.

Die Kaimaninseln sind unbestreitbar kosmopolitisch – fast die Hälfte der Einwohner wurde anderswo geboren –, doch ihre reiche Kultur ist sehr lebendig, besonders in Bodden Town, East End und Cayman Brac. Wer North Side und die Schwesterinseln (Little Cayman und Cayman Brac) erkundet, entdeckt üppige Wälder, eine artenreiche Vogelwelt, geheimnisvolle Höhlen und unberührte Strände. Unter den Wellen verbergen sich erstaunliche Unterwasserwände und zugängliche Schiffswracks.

Am besten stürzt man sich einfach hinein. Ein klein wenig Abenteuerlust genügt schon, um den größten Schatz der Kaimaninseln zu entdecken: die warmherzige Gastfreundschaft und die fantastischen Naturphänomene an Land und im Meer.

Reisezeit

Dez.–April Hochsaison mit tollem Wetter. Die Unterkünfte gut ausgebucht und die Preise deutlich höher als sonst.

Sept.–Okt. Jetzt fällt der meiste Regen. Einige Einrichtungen schließen in diesen Monaten (besonders auf Little Cayman und Cayman Brac).

Nov. Die Anfang des Monats inselweit gefeierte „Pirates Week" ist ein tolles Vergnügen.

Little Cayman
Cayman Brac
Karibisches Meer
Grand Cayman
Kaimaninseln (GB)
0 50 km

Highlights

1 **Seven Mile Beach** (S. 553) Entspannen an diesem wunderschönen weißen Sandstrand.

2 **USS Kittiwake** (S. 555) Das versunkene Schiff der US-Marine erkunden.

3 **Auswärts essen** (S. 557) In George Town schlemmen und in East End lokale Spezialitäten genießen.

4 **Little Cayman** (S. 569) Auf der kleinsten Kaimaninsel unberührte Korallenriffe bestaunen und in der Hängematte relaxen.

5 **Bio Bay** (S. 556) Im Dunkeln zwischen Millionen leuchtender Meerespflanzen und -tiere schwimmen.

6 **Radfahren** (S. 561) Den West Bay Loop erkunden und sich über gute Straßen und die herrliche Landschaft freuen.

7 **Cayman Brac** (S. 567) Auf der entspannten Insel in die Vergangenheit reisen und auf eindrucksvolle Kalksteinklippen wandern und klettern.

8 **Pedro St. James** (S. 562) Rum schlürfen und über Geschichte nachsinnen.

GRAND CAYMAN

Die meisten sehen die Kaimaninseln einzig in Grand Cayman, einem glitzernden Shoppingparadies und globalen Finanzzentrum, dessen herrlicher weißer Sandstrand von Hotelanlagen gesäumt ist. Die Reichen aus aller Welt nippen hier ihre Cocktails und spielen unbeobachtet mit ihren Millionen.

Doch die Insel hat auch eine andere Seite – im buchstäblichen Sinne. Wer sich nach Osten aufmacht, entkommt den Passagieren von Kreuzfahrtschiffen, erlebt die lokale Kultur, entdeckt die Wunder der Unterwasserwelt und das kaum entwickelte Inselinnere.

ℹ An- & Weiterreise

Der Owen Roberts International Airport (S. 578) ist für alle drei Inseln der Kaimaninseln der Verkehrsknotenpunkt; von hier starten und landen u. a. Linienflüge nach und von Europa sowie zu den Schwesterinseln.

Vor dem Flughafenausgang befindet sich ein Taxistand. Die Fahrpreise sind staatlich festgelegt; man erhält zuvor eine Quittung, zahlt aber beim Fahrer. Die Fahrt nach George Town kostet 10 bis 20 US$, zum Seven Mile Beach 25 bis 45 US$, nach East End 70 US$ und zum Rum Point 80 US$.

Hotels ist es nicht erlaubt, Gäste am Flughafen abzuholen, einige Hotels bezahlen aber bei der Ankunft das Taxi.

In der Straße gegenüber vom Flughafenterminal (nach dem Verlassen des Terminals die Straße linkerhand überqueren) haben mehrere Autoverleiher (S. 560) Büros; einige betreiben weitere Filialen auf der Insel.

Es gibt keine Busverbindung zum Flughafen.

George Town & Seven Mile Beach

George Town ist die unglaublich reiche, aber erstaunlich bescheidene Hauptstadt der Kaimaninseln. Sie ist zwar zweifellos kosmopolitisch, zugleich aber winzig, ordentlich und angenehm tropisch. Wenn mehrere Kreuzfahrtschiffe im Hafen liegen,

Grand Cayman

kann es hier aber von Touristen wimmeln. Gute Restaurants und Shoppingmöglichkeiten und einige historische Sehenswürdigkeiten sind die Hauptattraktionen der Stadt, den größten Teil ihrer Zeit verbringen die meisten Besucher aber weiter im Norden.

Das Zentrum des Tourismus auf Grand Cayman ist der Seven Mile Beach, ein herrlicher, ununterbrochener Strand mit weißem Sand. Hier lässt es sich wunderbar schwimmen, sonnen und den Sonnenuntergang beobachten. Den Strand säumen Resorts und Ferienhäuser, doch dieses kleine Paradies hat zahlreiche öffentliche Zugänge – egal, ob man nun Lust auf ein ruhiges Fleckchen am Strand hat oder auf eine ausgewachsene Strandparty.

Sehenswertes

★ Smith's Cove STRAND

(Karte S. 552) Die Ansammlung von Buchten gehört zu den besten Schnorchelspots auf Grand Cayman. Die Buchten bieten flaches, ruhiges Wasser, hübsche Felsformationen und eine große Vielfalt von Meerestieren, darunter bunte Fische und ein oder zwei ortsansässige Tintenfische. Der Strand verfügt über einen Umkleidebereich, Toiletten und schattige Picknicktische im Sand.

★ Cemetery Beach STRAND

(Karte S. 552) Fragt man Einheimische, wo sie gern einen sonnigen Tag verbringen, dann wird man direkt zu diesem herrlichen Sandstrand am nördlichen Ende des Seven Mile Beach geschickt. Er ist selten überfüllt – nicht, weil hier die Seelen der Verstorbenen herumgeistern, sondern weil es keine großen Hotels in der Gegend gibt. Parken kann man am Straßenrand oder auf dem Parkplatz gegenüber vom West Bay Cemetery.

Seven Mile Beach STRAND

(Karte S. 552) Der traumhafte Strand ist zwar nur knapp 9 km lang, aber der Sand

Grand Cayman

Highlights
1 Cemetery Beach A2
2 Smith's Cove A4

Sehenswertes
3 Barkers National Park B1
4 Cayman Turtle Center A1
5 Crystal Caves F2
6 Pedro St. James D4
7 Queen Elizabeth II Botanic Park F3
8 Rum Point D1
9 Seven Mile Beach B2
10 Starfish Point D2
11 Wreck of the 10 Sail Monument H3

Aktivitäten, Kurse & Touren
12 Action Watersports B2
Bayside Watersports .... (siehe 33)
Blue Iguana Safari .... (siehe 7)
Blue Water Excursions .... (siehe 12)
13 Cayman Horse Riding B1
Cayman Kayaks .... (siehe 8)
Divetech .... (siehe 27)
14 Kitesurf Cayman B1
15 Mastic Trail F2
16 North Wall C1
Ocean Frontiers Dive Shop .... (siehe 35)
Red Sail Sports .... (siehe 37)
Sea Elements .... (siehe 12)
17 Spotts Beach C4
18 Stingray City B1
19 Sweet Spot Kaibo D2
20 USS Kittiwake A2
West Bay Loop .... (siehe 34)
White Sands Water Sports .... (siehe 32)

Schlafen
21 Cayman Villas B3
22 Cobalt Coast Resort & Suites A1
23 Coco Beach Villas E3
24 Compass Point Dive Resort H3
25 Discovery Point Club A2
26 Kimpton Seafire Resort B2
27 Lighthouse Point A1
Retreat at Rum Point .... (siehe 8)
28 Ritz-Carlton Grand Cayman B2
29 Shangri-La A1
30 Sunshine Suites B2
31 Turtle Nest Inn D4
32 Wyndham Reef Resort H2

Essen
Calypso Grill .... (siehe 33)
33 Catch B1
34 Cracked Conch A1
Czech Inn .... (siehe 23)
35 Eagle Rays H3
36 Eastern Star Fish Fry G3
37 Good Mood Food Co. B2
Grand Old House .... (siehe 2)
38 Grape Tree Cafe D4
Island Naturals Café .... (siehe 37)
Kaibo Beach .... (siehe 19)
39 Over the Edge F2
Rum Point Club .... (siehe 8)
40 Tukka H3
41 Vivine's Kitchen H3
Vivo .... (siehe 27)

Ausgehen & Nachtleben
Calico Jack's .... (siehe 9)
Wreck Bar .... (siehe 8)

ist makellos weiß und das Wasser kristallblau – wirklich wie im Bilderbuch. Von Hotelanlagen und Ferienanlagen gesäumt, ist er öffentlich zugänglich. Am Hauptzugang direkt südlich vom Hotel Kimpton gibt's einen großen Parkplatz, einen Spielplatz, Beachvolleyball und einen Sonnenliegenverleih, Strandbars und diverse andere Angebote. Voll und fröhlich ist's hier.

Cayman National Museum MUSEUM
(Karte S. 558; ☎ 949-8368; www.museum.ky; Ecke Harbour Dr & Shedden Rd, George Town; Erw./Kind 8/3 US$; ⌚ Mo–Fr 9–17, Sa 10–14 Uhr) Das Herzstück dieses kleinen Museums im ältesten Gebäude von George Town ist die fesselnde audiovisuelle Präsentation (20 Min.), die einen Überblick über die Vergangenheit der Insel gibt. Neben der Geschichte steht die Naturgeschichte im Fokus – ein Teil widmet sich ausgestorbenen Tieren. Das Museum zeigt auch zwei Räume des Old Gaol (Gefängnis) mit wiederentdeckten Wandbildern ehemaliger Gefängnisinsassen.

National Gallery of the Cayman Islands GALERIE
(Karte S. 558; ☎ 945-8111; www.nationalgallery.org.ky; Esterley Tibbetts Hwy; ⌚ Mo–Sa 10–17 Uhr) GRATIS Wer eine Pause vom Strand braucht, darf sich von diesem kleinen, aber hinreißenden Museum dazu eingeladen fühlen. Im Erdgeschoss werden Wechselausstellungen gezeigt, in der zweiten Etage ist die nationale Sammlung von karibischer Kunst und Werken von den Kaimaninseln zu sehen. Zum beeindruckenden Museum gehören auch ein hübscher Skulpturengarten, ein Auditorium, ein Café und ein kleines Souvenirgeschäft.

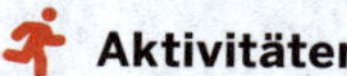

Aktivitäten

Off the Wall Divers TAUCHEN
(Karte S. 558; ☎ 916-0303; www.offthewalldiverscayman.com; 245 N Church St; Tauchgang mit 2

Tauchflaschen 115 US$) Für diesen Veranstalter mit Sitz im Lobster Pot Dive Center sprechen zwei Dinge: Die Gruppen sind klein, eine persönliche Betreuung ist somit möglich, und es wird früh am Tag losgefahren – so kann man sich die schönsten Tauchplätze aussuchen. Man kann auch eine Tauchflasche ausleihen und am Hausriff tauchen, das nach dem benachbarten Burger King „Cheeseburger Reef“ genannt wird.

Wall to Wall Diving TAUCHEN
(Karte S. 558; ☎ 916-6408; www.walltowalldiving.com; 245 N Church St; Tauchgang mit 2 Tauchflaschen 105 US$, Cayman Rover 165 US$) Der für seinen überdurchschnittlich guten Service gelobte Anbieter Wall to Wall befindet sich im Lobster Pot Dive Center. Er bietet ein umfangreiches Programm an Tauchkursen und Tauchexkursionen, darunter eine ganztägige Spezialtour, Cayman Rover genannt, bei der drei verschiedene Tauchspots in den entlegensten und unberührtesten Ecken der Insel angesteuert werden.

Eden Rock Diving Center TAUCHEN
(Karte S. 558; ☎ 949-7243; www.edenrockdive.com; 124 S Church St; geführter Tauchgang mit 1/2 Tauchflaschen inkl. Komplettausrüstung 70/110; ⏲ geführter Tauchgang 9, 11 & 14 Uhr) Das Tauchzentrum mit Blick auf den Hafen von George Town liegt oberhalb von zwei beliebten Küstentauchspots: dem Eden Rock und der Devil's Grotto. Man kann mit oder ohne Führer tauchen und schnorcheln, sollte aber unbedingt eine Tauchlampe mitnehmen, um die Unterwasserhöhlen erkunden zu können.

Red Sail Sports WASSERSPORT
(Karte S. 552; ☎ 623-5965; www.redsailcayman.com; Earth Cl; ⏲ 8–17.30 Uhr) Dieses große Wassersportzentrum hat eine ganze Palette von Aktivitäten im Programm, darunter Tauchen, Segeln, Schnorcheln, Stand-up-Paddeln, Jetskifahren, WaveRunning, Wakeboarden und Windsurfen. Es gibt fünf Filialen in mehreren Hotelanlagen am Seven Mile Beach sowie einen Standort am Rum Point (S. 564).

Action Watersports KAJAKFAHREN
(Karte S. 552; ☎ 548-3147; www.ciactionmarine.com; Cayman Islands Yacht Club, Yacht Dr, Governor's Creek; Kajak 20 US$ pro Std., Jetski 30 Min. 75 US$, Tour 75–110 US$ pro Pers.; ⏲ Mo–Sa 8–18 Uhr) Bei den beliebten zweistündigen Touren fahren die Teilnehmer auf Einzel- und Doppel-WaveRunners nach Stingray City. Das Unternehmen vermietet auch Kajaks und WaveRunners für Touren auf eigene Faust.

Geführte Touren

Stingray City TIERBEOBACHTUNG
(Karte S. 552) In diesem Gebiet mit flachem, sandigem Meeresboden im North Sound tummeln sich zahlreiche Amerikanische Stachelrochen. Sobald man im Wasser ist, umschwärmen einen diese urzeitlichen Tiere und gleiten auf der Suche nach Tintenfisch vorüber, so wie es ihre Vorfahren in den 1930er-Jahren taten, als die Fischer hier ihre Tagesfänge säuberten. Die Bootstouren haben meist denselben standardisierten Ablauf: Tintenfische füttern, die Rochen streicheln und Fotos machen.

Am Ende der Touren gibt's meistens noch einen oder zwei Schnorchelstopps. Viele Veranstalter bringen ihre Kunden mit dem Boot oder WaveRunner hierher, darunter auch Captain Marvin's Watersports. Die Boote der Tauchzentren fahren zu einer etwas tieferen Stelle (4 m) in der Nähe, sodass die Taucher die Rochen unter Wasser streicheln und füttern können.

NICHT VERSÄUMEN

TOP-TAUCHSPOTS

USS Kittiwake (Karte S. 552; www.facebook.com/kittiwakecayman) Der beliebteste Tauchspot der Kaimaninseln ist dieses 76 m lange Rettungs-U-Boot der US Navy. Das Wrack wurde 2011 absichtlich versenkt, um ein künstliches Riff und einen Tauchspot zu schaffen. Taucher können durch die zahlreichen Ein- und Ausgänge hindurchschwimmen und die vielen Räume erkunden, einen Blick durch die Fenster werfen, in einer Unterdruckkammer sitzen oder sich ans Steuerrad begeben (wo jetzt ein winziger Grundelfisch lebt).

North Wall (Karte S. 552) Diese prächtige Steilwand unter Wasser, die etwa 1800 m in den blauen Ozean abfällt, ist das berühmteste Tauchziel Grand Caymans. Die vielen Tauchspots bieten die Gelegenheit, große Rochen, Riffhaie und Meeresschildkröten sowie Myriaden von Fischen und Korallenformationen zu sehen. Ein beliebter Tauchplatz an dieser Wand ist Babylon.

Vor der Buchung sollte man sich über die ethischen Aspekte solcher Touren informieren. Einige Tierschutzaktivisten sagen, dass die Fütterungen das Verhalten der Stachelrochen auf unerwünschte Weise verändern. Stachelrochen sind in der Regel Einzelgänger, aber die Touristenattraktionen führen sie zusammen, was zur Übertragung von Krankheiten und aggressivem Verhalten bei der Nahrungsaufnahme (und damit zu Verletzungen) führen kann. In großen Gruppen sind sie schutzloser gegenüber Raubtieren, und die Ökosysteme in den umliegenden Gebieten geraten aus dem Gleichgewicht. Untersuchungen haben gezeigt, dass die Stachelrochen heute nicht mehr so gesund sind (sie fressen normalerweise keine Tintenfische) und einen ungewöhnlichen Rhythmus haben (normalerweise sind sie nachtaktiv).

Dennoch bietet Stingray City die seltene Möglichkeit, den Tieren aus nächster Nähe zu begegnen. Am besten unternimmt man die Tour, wenn gerade keine Kreuzfahrtschiffe im Hafen sind (dann ist es wahrscheinlich nicht zu voll).

Sea Elements GEFÜHRTE TOUREN
(Karte S. 552; ☎ 936-8687; www.caymanseaelements.com; Cayman Islands Yacht Club, Yacht Dr, Governor's Creek; Touren Erw./Kind ab 35/25 US$; ⌚ 8–20 Uhr) Hervorragende, informative Touren, in deren Mittelpunkt die Naturwunder der Insel stehen, darunter Schwimmen in der Bio Bay (umgeben von biolumineszentem Licht), Mangroventouren mit dem Boot oder Kajak und maßgeschneiderte Touren zur Stingray City. Die Touren starten am Cayman Islands Yacht Club in der Governor's Bay, die An- und Abfahrt sind inbegriffen.

Atlantis Adventures GEFÜHRTE TOUREN
(Karte S. 558; ☎ 949-7700; www.caymanislandssubmarines.com; 30 S Church St; Erw./Kind Seaworld Observatory 49/24 US$, U-Boot Atlantis 114/59 US$) Ein Ausflug in die Unterwasserwelt, ohne nass zu werden: Das Glasbodenboot Seaworld Observatory wurde speziell für die flachen Riffe rund um Grand Cayman gebaut. Sozusagen aus erster Reihe kann man hier zwei Schiffswracks und eine Fischfütterung bestaunen. Mit der Atlantis XI, die bis zu 30 m tief taucht, kann man tagsüber und nachts Exkursionen unternehmen.

Captain Marvin's Watersports SCHNORCHELN
(Karte S. 558; ☎ 945-6975; www.captainmarvins.com; N Church St; Touren Erw./Kind ab 40/30 US$; ⌚ Touren Mo–Fr 8.30, 9.30, 10, 11.15, 13.45 & 14.30, Sa & So 9, 9.30 & 13 Uhr) Captain Marvin war anscheinend der Erste, der Touren zur Stingray City, gefolgt von zwei oder drei Schnorchelstopps und einem optionalen Mittagessen nach der Hauptattraktion, anbot, wie sie heute standardmäßig sind. Die Abholung am Seven Mile Beach ist im Preis enthalten.

Schlafen

Ein großer Teil des Seven Mile Beach ist von Gebäuden mit Eigentumswohnungen sowie von Hotels und weitläufigen Resorts gesäumt. Grand Cayman ist auf den gehobenen Tourismus ausgerichtet: Die Unterkünfte sind meist luxuriös, bieten Rundumservice und haben viele familienfreundliche Einrichtungen.

Eldemire's Tropical Island Inn B&B $
(Karte S. 558; ☎ 916-8369; www.eldemire.com; 18 Pebbles Way; Zi. ab 139 US$, Apt. 154–186 US$; ❄ @ 📶 🏊) Eine freundliche, bezahlbare Alternative zu den Hotelanlagen und Wohnungen der Insel. Man bekommt für sein Geld ein sauberes, komfortables Quartier. Ansonsten lassen die Gastgeber ihre Gäste möglichst in Ruhe. Diesen stehen ein Wäscheraum (Waschmaschinen mit Münzeinwurf) und eine Gemeinschaftsküche sowie Leihfahrräder zur Verfügung. Die ruhige Wohngegend befindet sich einen kurzen Fußweg von dem schönen Strand bei der Smith Cove entfernt.

Sunshine Suites HOTEL $$
(Karte S. 552; ☎ 814-1717, 949-3000; www.sunshinesuites.com; 1465 Esterley Tibbetts Hwy, Seven Mile Beach; Zi. ab 168 US$; ❄ @ 📶 🏊) Das sonnige Resort bietet ausschließlich Suiten und liegt ein kleines Stück vom Strand entfernt. Deswegen ist es günstiger, doch beim Service (für den man eine „Resortgebühr" von 35 US$ pro Nacht zusätzlich zu den angegebenen Zimmerpreisen zahlt) macht das Hotel keine Kompromisse. Traveller, die aufs Geld schauen, werden sich auch über die gut ausgestattete Küche und das kostenlose kontinentale Frühstück freuen.

★ **Beach Suites** BOUTIQUE-HOTEL $$$
(Karte S. 558; ☎ 949-1234; https://beachsuites.ky; 747 West Bay Rd; Suite ab 799 US$; P ❄ 📶 🐾) Dieses ehemalige Hyatt-Hotel wurde von seinem neuen Eigentümer, der Dart Realty Group, für eine Million Dollar renoviert und 2019 als schönstes Boutique-Hotel von

Grand Cayman wiedereröffnet. Die 52 Suiten verfügen über ein oder zwei Schlafzimmer und bieten einen atemberaubenden Ausblick auf den Okayakzean und den Pool, aber auch die gesellige Atmosphäre des Strandclubs lockt viele Gäste an.

Sunset House HOTEL $$$

(Karte S. 558; ☎ 949-7111; www.sunsethouse.com; 390 S Church St; Zi. ab 263 US$; ❄ @ 📶 🏊) „Von Tauchern für Taucher" lautet das Motto dieses Hotels. Das bedeutet: großartige Tauchmöglichkeiten vom Ufer aus, morgens und nachmittags Tauchgänge vom Boot aus und verschiedene Tauchkurse – alles nur ein paar Schritte von der Haustür entfernt. Die Zimmer sind groß, sauber und komfortabel, und einige haben Meerblick vom Balkon. Ein großes, herzhaftes Frühstück ist im Preis enthalten.

Discovery Point Club CONDO $$$

(Karte S. 552; ☎ 945-4724; www.discoverypointclub.com; 2043 West Bay Rd, Seven Mile Beach; Suite mit 2 Schlafzimmern 475–675 US$; ❄ @ 📶 🏊) Für einen Familienurlaub am Strand ist dieser hervorragende Komplex mit Eigentumswohnungen zu empfehlen. Er liegt am nördlichsten Ende des Seven Mile Beach (an einem guten Schnorchelgebiet). Alle Suiten haben eine tolle Aussicht, Balkon oder Terrasse und eine Küche. Zu den Einrichtungen gehören Tennis- und Basketballplätze und ein herrlicher Whirlpool.

 Essen

Gute Restaurants konzentrieren sich im Zentrum von George Town und entlang der West Bay Road. Tagesbesucher sollten sich aus dem unmittelbaren Einzugsbereich der Anlegedocks der Kreuzfahrtschiffe herausbewegen. In fußläufiger Entfernung gibt's mehrere Restaurants, die ausgezeichnete lokale Küche servieren.

★ **Island Naturals Café** VEGAN $

(Karte S. 552; ☎ 945-2252; www.islandnaturals.ky; 12 Earth Cl; Smoothies & Säfte 8 US$, Hauptgerichte 10–20 US$; ⏲ Mo–Fr 7–20, Sa 7–18, So 7–17 Uhr; 📶 ✍) In dem tollen veganen Café gibt's gesunde Salate, leckere Suppen, Acai-Bowls, kaltgepresste Säfte, glutenfreie Backwaren und Kaffee aus vor Ort gerösteten brasilianischen Bohnen. Die Hauptgerichte – vegane Chorizo und grünes Kokosnusscurry – begeistern auch die härtesten Fleischfans. Der Service könnte freundlicher nicht sein und im oberen Stock betreiben die Inhaber einen Laden, in dem man Geschenke und Kristalle kaufen kann.

Singh's Roti Shop KARIBISCH $

(Karte S. 558; ☎ 946-7684; www.singhsroti.ky; Ecke Doctor Roy's Dr & Shedden Rd; Hauptgerichte 7,50–10,50 US$; ⏲ Mo–Do 8–22, Fr & Sa bis 24, So 9–16 Uhr) In einer Stadt, in der die Restaurantrechnung abends gut und gerne dreistellig ausfallen kann, bietet dieses freundliche kleine Lokal großartige günstige *roti* (zusammengerolltes flaches Brot, gefüllt mit Curry, oft Kartoffeln und Hühnchen). Eines der besten Schnäppchen in George Town.

Good Mood Food Co. FOODTRUCK $

(Karte S. 552; ☎ 926-5488; www.goodmoodfood.ky; 41 Canal Point Dr; Hauptgerichte 12–17 US$; ⏲ Mo–Do & So 12–20, Fr & Sa bis 0.30 Uhr; 👪) Der beste Imbisswagen von Grand Cayman ist berühmt für seine saftigen Burger und süß-scharfen Hühnchensandwiches. Für Vegetarier gibt's Frühlingsrollen und Quinoa-Salat, abenteuerlustige Gäste können die knusprigen frittierten Hühnerfüße probieren. Grillkäse, Chicken Tenders, Hotdogs und alle Burger sind auch in Kinderportionen erhältlich.

Greenhouse VEGETARISCH $

(Karte S. 558; www.greenhousecayman.com; 72 N Church St; Hauptgerichte 12–18 US$; ⏲ Mo–Sa 6–16 Uhr; ✍) 🍃 Hier gibt's das perfekte Mittagessen im Zentrum: Sandwiches, Salate und Pizzas mit frischen, fantasievoll kombinierten Toppings und Füllungen. Wer Wert auf gesundes Essen legt, wird begeistert sein. Auch besondere Diäten sind kein Problem, denn auf der Karte stehen viele glutenfreie, Paleo- und vegetarische Speisen.

Cimboco KARIBISCH $$

(Karte S. 558; ☎ 947-2782; www.cimboco.com; Marquee Plaza, Seven Mile Beach; Hauptgerichte 12–22 US$; ⏲ Mo–Fr 7.30–22, Sa & So ab 7 Uhr) Ganztägig geöffnetes Bistro, das zwar an einer Einkaufsstraße liegt, aber mit einer präsentablen offenen Küche, einem farbenfrohen Speiseraum und frischem, luftigem Charme punktet. Die handgemachten Pizzen, karibischen Sandwiches und Pastagerichte runden das vielfältige Speisenangebot ab.

Ragazzi ITALIENISCH $$

(Karte S. 558; ☎ 945-3484; www.ragazzi.ky; Buckingham Sq, West Bay Rd, Seven Mile Beach; Pizza 15–20 US$, Pasta 22–30 US$, Hauptgerichte 30–50 US$; ⏲ 11.30–23 Uhr) Das sehr be-

George Town

0
500 m
A
B
C
D
1
2
3
4
5
6
7
CYPRESS POINTE
Kaibo Beach; Rum Point
Harquail Bypass
Seven Mile Beach
Esterley Tibbetts Hwy
CAMANA BAY
Market St
Lawrence Blvd
W Bay Rd
Karibisches Meer
Courts Rd
Eastern Ave
Bodden Rd
N Church St
Rock Hole Rd
Nixon Rd
School Rd
Mary St
Soundway
Shedden Rd
GEORGE TOWN
Crewe Rd
N Sound Rd
Cayman Villas (400m)
Hospital Rd
Elgin Ave
Owen Roberts International Airport
S Church St
Maple Rd
Pond Rd
Smith Rd
Walkers Rd
Anthony Rd
National Trust (200m); Grand Old House (500m); Smith's Cove (700m)

George Town

Sehenswertes
1 Cayman National Museum B6
2 National Gallery of the Cayman Islands B3

Aktivitäten, Kurse & Touren
3 Atlantis Adventures B6
4 Captain Marvin's Watersports B5
5 Cayman Islands Humane Society C5
6 Eden Rock Diving Center B6
7 Oasis Aqua Park B6
8 Off the Wall Divers B4
Wall to Wall Diving .... (siehe 8)

Schlafen
9 Beach Suites B1
10 Eldemire's Tropical Island Inn A7
11 Sunset House A7

Essen
12 Agua C2
13 Brasserie C6
14 Cimboco B2
15 Greenhouse B5
16 Ragazzi B1
17 Singh's Roti Shop B5

Ausgehen & Nachtleben
18 O Bar B3
19 Royal Palms Beach Club B2

Shoppen
20 Cayman Craft Market B6
21 Tortuga Rum Co D5

liebte italienische Restaurant liegt etwas abseits in einer kleinen Einkaufsmeile, doch die legere Einrichtung ist freundlich und einladend. Man kann sich an die einfachen Freuden halten und eine Pizza mit knuspriger dünner Kruste (es gibt auch glutenfreie Optionen) oder eine leckere Pasta bestellen, oder auch ein perfekt zubereitetes Steak oder Meeresfrüchtegericht genießen.

★ Agua FISCH & MEERESFRÜCHTE $$$
(Karte S. 558; ☎949-2482; www.agua.ky; 47 Forum Lane, Camana Bay; Hauptgerichte 25–52 US$; ⊙Sa–Do 11.30–15 & 17–22, Fr bis 22.30 Uhr) Am Ufer von Camana Bay ließ sich dieses neue, reizvolle Fischrestaurant nieder, dessen Gerichte von italienischen und peruanischen Traditionen beeinflusst und ungemein überzeugend sind: Die Ceviche ist die beste der Insel, erhältlich in verschiedenen Zubereitungsweisen und sogar als Salat. Die frischen Meeresfrüchte und handgemachten Nudeln schmecken hervorragend und passen gut zu den exzellenten Craft-Cocktails.

Brasserie FISCH & MEERESFRÜCHTE $$$
(Karte S. 558; ☎945-1815; www.brasseriecayman.com; Cricket Sq, 171 Elgin Ave; Gerichte im Café 12–16 US$, Hauptgerichte 20–30 US$, 5-Gänge-Probiermenü 87,50 US$; ⊙Restaurant Mo–Fr 11.30–22 Uhr, Café Mo–Fr 7–17 Uhr) In der Brasserie gibt's garantiert den allerfrischsten Fisch, denn das Restaurant hat ein eigenes Fischerboot, das jeden Tag ausfährt. Außerdem gibt's einen üppigen Garten, der diverse Zutaten liefert, sowie einen Bienenstock für frischen Honig. Das Ergebnis ist eine vielfältige, innovative Speisekarte, die häufig wechselt, aber immer köstliche Gerichte anbietet. Leichtere Gerichte wie Sandwiches, Salate und Frühstück gibt's vor Ort im Market Cafe.

Grand Old House KARIBISCH $$$
(Karte S. 552; ☎949-9333; www.grandoldhouse.com; 648 S Church St; Hauptgerichte mittags 16,50–23,40 US$, abends 28,50–84 US$; ⊙Mo–Fr 11.30–14.30 & 17.30–22, Sa & So 17.30–22 Uhr; ✎) Das Grand Old House befindet sich in einem 1908 erbauten Plantagengebäude am Meer. Seine schöne Veranda bietet die Art von Flair, die Gäste dazu anregt, sich hier das Jawort zu geben (über 1000 Paare aus der Region haben hier schon geheiratet). Der Service ist exzellent, das Essen – hauptsächlich Fisch, Meeresfrüchte und Steaks – ist gut, aber nicht hervorragend. Die umfangreiche Weinkarte verschleiert dies aber ein wenig.

Ausgehen & Nachtleben

Das Nachtleben ist keine der Hauptattraktionen der Kaimaninseln, aber es gibt gute Strandbars – ein tropischer Cocktail und ein schöner Blick auf den Sonnenuntergang sind immer nah. Nach Sonnenuntergang geht's oft lebhaft zu, besonders donnerstag- und freitagabends. Strenge Gesetze sollen dafür sorgen, dass alle Clubs und Bars samstags um Mitternacht schließen (damit die Einheimischen sonntags auch ja rechtzeitig aufstehen und in die Kirche gehen).

Calico Jack's BAR
(Karte S. 552; www.facebook.com/CalicoJacksCayman; West Bay Rd, Seven Mile Beach; ⊙Mo–Fr 9–1, Sa bis 24, So 11–24 Uhr) „Calico Jack" Rackham war ein englischer Pirat, der im 18. Jh. in dieser Gegend sein Unwe-

sen trieb. Heute leiht er dieser traditionellen Strandbar seinen Namen, in die es Einheimische wie Touristen zieht, alle, die gern tanzen, trinken und im Sand feiern. Hier ist mächtig was los, besonders während der berüchtigten Vollmondpartys.

Royal Palms Beach Club BAR
(Karte S. 558; ☎ 945-6358; https://royalpalms cayman.com; 537 West Bay Rd; ⏲ Mo & Do 9–24, Di bis 1.45, Mi bis 1, Fr bis 2, Sa & So bis 23.45 Uhr) Hier können die Gäste in einer privaten Cabana oder an der Poolbar relaxen und zur Musik von Live-DJs unvergessliche Tanzpartys bei Sonnenuntergang und wilde Nächte unter den Sternen feiern. Freitagabends sind besonders viele Einwanderer da. Getränke können auch flaschenweise bestellt werden.

Shoppen

Cayman Craft Market KUNST & KUNSTHANDWERK
(Karte S. 558; www.craftmarket.ky; Ecke S Church St & Boilers Rd; ⏲ Mo–Fr 7.30–17 Uhr) Der regionale Kunsthandwerksmarkt ist ein guter Ort, um Schmuck von den Kaimaninseln und andere handgefertigte Produkte zu kaufen. Im Angebot sind auch regionale Lebensmittel.

Tortuga Rum Co LEBENSMITTEL
(Karte S. 558; ☎ 949-7701; www.tortugarum cakes.com; N Sound Way; ⏲ Mo–Sa 7–17, So 8–16 Uhr) Hier werden täglich um die 10 000 Rumkuchen hergestellt. Nach den Dingern wird man einfach süchtig. Stimmt, man bekommt sie überall auf der Insel und in der Region, doch die aus dieser Fabrik sind die frischesten und die Probierhäppchen die großzügigsten.

ℹ Praktische Informationen

Cayman Islands Hospital (☎ 949-8600; www.hsa.ky; 95 Smith Rd; ⏲ 24 Std.) Hat eine hochmoderne Überdruckkammer.

Department of Tourism (Karte S. 558; www.caymanislands.ky; Harbour Dr) Die Tourismusbehörde der Kaimaninseln betreibt einen Informationskiosk am Kreuzfahrtanleger im Nordterminal im Hafen von George Town; ist nur geöffnet, wenn Kreuzfahrtschiffe im Hafen liegen.

Hauptpost (Karte S. 558; ☎ 949-2474; www.caymanpost.gov.ky; 14 Edward St; ⏲ Mo–Fr 8.15–17, Sa 9–12.30 Uhr)

Polizeistation (RCIP; ☎ 949-4222, 911; www.rcips.ky; 69 Elgin Ave)

ℹ An- & Weiterreise

Cayman Ferries (Karte S. 552; ☎ 345-325-7777; https://caymanferries.com; Camana Bay; Hin- & Rückfahrt nach Camana Bay Erw./Kind 25/20 US$, nach Rum Point 20/30 US$) Abfahrt der Fähren von Camana Bay in Richtung Kaibo Bay und Rum Point: Di–Fr 9.30, 11.30, 14.30, 18 und 20 Uhr; Sa 12, 16 & 18 Uhr, So 10, 12 & 16 Uhr. Es gibt genauso viele Rück- wie Hinfahrten.

Die Altstadt von George Town ist kompakt und lässt sich gut zu Fuß erkunden, aber der Seven Mile Beach erstreckt sich fast elf Kilometer nach Norden, daher lohnt sich ein Mietauto. Wir empfehlen **Cayman Auto Rentals** (☎ 949-1013; www.caymanautorentals.com.ky; N Church St; Leihrad 15–20 US$ pro Tag; ⏲ Mo–Fr 7.30–17 Uhr), das nicht nur Autos, sondern auch Roller und Fahrräder vermietet. Viele Touranbieter bieten Transfers von dieser Region zu den Hauptattraktionen der Insel. Farblich gekennzeichnete Minibusse fahren vom Busdepot (S. 578) in George Town den gesamten Seven Mile Beach entlang und zu anderen Zielen auf der Insel.

West Bay

West Bay steht bei vielen Besuchern der Kaimaninseln auf dem Plan, doch die meisten fahren nur durch und halten lediglich an den wenigen obligatorischen, stark gehypten Attraktionen an. Nur wenige Besucher erleben, was diesen Distrikt so faszinierend macht: Pferde, die über einsame Strände galoppieren, Tauchgänge an der fantastischen North Wall oder Radtouren entlang den Landstraßen und Strandwege.

West Bay, das an drei Seiten vom Meer umgeben ist, wartet mit spektakulären Sonnenaufgängen und -untergängen auf, ganz zu schweigen von den großartigen Lokalen, in denen man beim Essen oder einem Drink den Meerblick genießen kann.

◉ Sehenswertes & Aktivitäten

Barkers National Park NATIONALPARK
(Karte S. 552) GRATIS Der erste Nationalpark auf den Kaimaninseln besteht aus niedrigem Buschland, dichten Mangroven und langen sandigen Stränden. Es gibt keine touristischen Einrichtungen, nicht mal ein Schild, das darauf hinweist, wo der Park beginnt. Man kann hier aber wunderbar Rad fahren, Reiten und kitesurfen. Oft ist der Strand menschenleer. Leider können die Reinigungstrupps, die den Strand säubern, mit dem von der Flut angeschwemmten Unrat kaum Schritt halten.

Cayman Horse Riding REITEN

(Karte S. 552; ☎ 916-3530; www.caymanhorseriding.com; Conch Point Rd; Touren 90–130 US$) Nicki unternimmt mit kleinen Gruppen (höchstens fünf Personen) Ausritte auf den schönen Stränden des Barkers National Park. Gegen eine kleine Gebühr kann man sogar mit den Pferden schwimmen. Der Transport vom Seven Mile Beach und Fotos sind im Preis enthalten.

West Bay Loop RADFAHREN

(Karte S. 552; Northwest Point Rd) Der West Bay Loop ist ein 14 km langer Radweg rund um die Halbinsel, der der spektakulären Küste durch den Barkers National Park, durch die Wohngebiete entlang der Spanish Bay und um den Northwest Point herum folgt. Man kann ein Fahrrad ausleihen, sich eine Karte schnappen und die Strecke auf eigene Faust fahren. Der Startpunkt liegt beim Cracked Conch.

Divetech TAUCHEN

(Karte S. 552; ☎ 946-5658; www.divetech.com; Lighthouse Point, 571 Northwest Point Rd; Tauchgang mit 2 Tauchflaschen ab 108 US$; ⏲ 7.30–17 Uhr) Neben den täglichen Tauchexkursionen mit dem Boot bietet Divetech einige wirklich tolle Tauchgänge vom Ufer aus: zu Mini-Wänden, Schluchten und Riffen, durch die man hindurchschwimmen kann. Es ist zudem eines der wenigen Tauchzentren der Insel, die Unterricht im Technischen Tauchen und Freitauchen anbieten. Divetech hat auch Unterwasser-Scooter im Angebot.

Kitesurf Cayman KITESURFEN

(Karte S. 552; ☎ 916-5483; www.kitesurfcayman.com; Barkers Beach; 2-stünd. Privatkurse ab 280 US$; ⏲ Nov.–Juli 10–17.30 Uhr) Walter, Neil und John bieten seit fast einem Jahrzehnt Einzel- und Gruppenunterricht im Kitesurfen an. Sie benutzen Helme mit Intercom und können ihre Kunden daher coachen, während diese gerade auf dem Brett unterwegs sind (und man versteht sie tatsächlich). An Tagen, an denen der Wind zu schwach ist, verleihen sie Tragflächenboote und bieten entsprechende Kurse an.

Schlafen

West Bay ist in erster Linie ein Wohngebiet mit vielen Ferienwohnungen und einigen ausgewachsenen Hotelanlagen. Für Touristen ist es eine nette, friedliche Gegend in nächster Nähe zum Seven Mile Beach.

Shangri-La B&B $$

(Karte S. 552; ☎ 526-1170; www.shangrilabandb.com; 29b Sticky Toffee Lane; Zi. 165–219 US$, Suite 319 US$; ❄ 📶 🏊) Dieses B&B (eine Seltenheit auf den Kaimaninseln) in West Bay mit Blick auf einen kleinen See garantiert einen angenehmen Aufenthalt. Die acht Zimmer und die luxuriöse Suite sind lichtdurchflutet und individuell in ruhigen Farben gestaltet. Das Shangri-La ist für sein gutes Frühstück bekannt, auch wenn der Service nicht gerade aufmerksam ist und die Website nicht immer funktioniert.

Lighthouse Point CONDO $$$

(Karte S. 552; ☎ 945-5658 www.lighthousepointdiveresort.com; 571 Northwest Point Rd; Wohnung ab 450 US$; ❄ 📶) 🍃 Eine wunderbare grüne Anlage mit neun Wohnungen, die je zwei Schlafzimmer und Balkons in Richtung Sonnenuntergang haben. Das erste Ökoresort der Kaimaninseln nutzt Solar- und Windenergie, hat ein abwasserfreies Wassermanagementsystem und eine maßgeschneiderte Inneneinrichtung aus Altholz. Die charmanten Wohnungen sind komplett ausgestattet und vor Ort gibt's erstklassige Restaurants und Tauchanbieter.

Cobalt Coast Resort & Suites RESORT $$$

(Karte S. 552; ☎ 946-5656; www.cobaltcoast.com; 18a Sea Fan Dr; All-inclusive-Tauchpaket für 7 Nächte ab 1420 US$ pro Pers.; ❄ @ 📶 🏊) Das kleine, aber stilvolle Resort tut sein Bestes, um einen fantastischen Tauchurlaub zu ermöglichen. Die Zimmer sind modern und hell, die Lage ist spektakulär und die Tauchmöglichkeiten vor der Küste sind phänomenal – die North Wall (S. 555) befindet sich keine 40 m vom Bootsanleger entfernt. Das Tauchzentrum Reef Divers hat im Hotel seine Zweigstelle und kümmert sich um alle Tauchwünsche der Hotelgäste.

Essen

In West Bay verstreut befinden sich einige der besten Restaurants der Insel. Sie sind recht teuer, doch die köstlichen Fisch- und Meeresfrüchtegerichte und die herrliche Lage am Meer sind einfach unschlagbar.

★ **Vivo** VEGETARISCH $$$

(Karte S. 552; ☎ 924-7804; www.vivo.ky; Lighthouse Point, 571 Northwest Point Rd; Hauptgerichte 22–32 US$; ⏲ 7–20.30 Uhr; 🍷) 🍃 Im Vivo, einem der Pioniere der *„farm to table"*-Bewegung („vom Hof direkt auf den Teller") auf den Kaimaninseln, dreht sich alles um

Nachhaltigkeit. Man nehme auf der luftigen Terrasse Platz und lasse sich Sandwiches, Salate und andere köstliche Innovationen schmecken; sie sind mit regionalen Zutaten, hoffrischen Eiern und viel Liebe zubereitet. Das Vivo bereitet erstaunliche Delikatessen aus Kokosnuss zu, z. B. unwiderstehliche Kokos-„Ceviche" und geräucherten, gewürzten Kokos-„Schinken".

Auf der Karte stehen hauptsächlich vegane und vegetarische Speisen, doch das Vivo trägt auch seinen Teil dazu bei, dass die gefährlichsten Eindringlinge, die Rotfeuerfische, von den Riffen verschwinden. Man kann es dabei unterstützen, indem man einen Kuchen mit Rotfeuerfisch, asiatisches Curry mit gebratenem Rotfeuerfisch oder ein Kokos-Rotfeuerfisch-Curry bestellt. Gut für den Körper, gut für die Seele, gut für unseren Planeten!

Das Vivo befindet sich am Lighthouse Point Resort.

★ Catch FISCH & MEERESFRÜCHTE $$$
(Karte S. 552; ☎ 949-4321; www.catch.ky; Morgan's Harbour; Hauptgerichte mittags 18–25 US$, Abendessen 32–50 US$; ⏲ Mi–Mo 17.30–22, Sa & So 11.30–15 & 17.30–22 Uhr) Catch offeriert verführerische Fischgerichte, darunter täglich einen „Fang des Tages", der in fünf verschiedenen Varianten zubereitet und mit zwei köstlichen Beilagen serviert wird. Es gibt auch frische Ceviche und diverse Delikatessen vom Land und aus dem Meer. Der coole, modern gestaltete Speiseraum innen macht der schattigen Terrasse Konkurrenz. Der Service ist äußerst charmant und der Cocktailmixer ein Genie im Zubereiten von Julep!

Calypso Grill FISCH & MEERESFRÜCHTE $$$
(Karte S. 552; ☎ 949-3948; www.calypsogrill cayman.com; Morgan's Harbour; Hauptgerichte mittags 18–25 US$, Abendessen 35–47 US$; ⏲ Di–So 11.30–14.30 & 18–22 Uhr) Das Calypso Grill, das sich am Morgan's Harbour versteckt, ist ein herrlich eklektisches, in kräftigen Farben dekoriertes Lokal. Auf der Karte stehen hauptsächlich Fisch und Meeresfrüchte, aber auch einzigartige Gerichte wie knusprige Mango-Shrimps oder – der Gipfel der Dekadenz – Hummer und Shrimps in Champagnercremesoße. Die Dessertspezialität des Hauses ist klebriger Toffee-Pudding – unbedingt probieren!

Cracked Conch FISCH & MEERESFRÜCHTE $$$
(Karte S. 552; ☎ 945-5217; www.crackedconch.com.ky; 857 Northwest Point Rd; Hauptgerichte mittags 18–30 US$, Abendessen 33–55 US$; ⏲ Dez.–Mai 11–15 & 17–22.30 Uhr, Juni–Nov. nur 17–22.30 Uhr) Seit drei Jahrzehnten begeistert dieses Restaurant am Meer anspruchsvolle Gäste. Der Name lässt zwar an eine Strandbar denken, doch das gehobene Restaurant und die Lounge warten mit weißen Tischtüchern und vollendetem Service auf. Auf der großen Terrasse unter freiem Himmel geht's etwas legerer zu. Der perfekte Ort für ein Abendessen bei Sonnenuntergang.

ℹ An- & Weiterreise

West Bays Attraktionen befinden sich ungefähr 12 km nördlich vom Kreuzfahrtterminal in George Town. Die Minibusse der gelben Linien fahren sonntags bis donnerstags zwischen 6 und 23 Uhr (freitags und samstags bis 24 Uhr) alle 15 Minuten vom **Busbahnhof** in George Town zum Cayman Turtle Center und zur Batabano Road.

Bodden Town

Die historische Stadt Bodden Town war die Hauptstadt der Kaimaninseln, bis diese Ehre in der Mitte des 19. Jhs. George Town zufiel. Von der geschäftigen Atmosphäre im Westen ist es Welten entfernt, auch wenn es geografisch ganz in der Nähe liegt: Es verströmt noch immer das angenehme Flair einer normalen Stadt. Mit mehreren historischen Stätten und einigen einzigartigen Restaurants lohnt ein Stopp in Bodden Town bei einer Fahrt über die Insel.

Sehenswertes & Aktivitäten

Pedro St. James HISTORISCHES GEBÄUDE
(Pedro Castle; Karte S. 552; ☎ 947-3329; www.pedrostjames.ky; Pedro Castle Rd, Savannah; geführter/individueller Besuch Erw. 18/12,50 US$, Kind kostenfrei; ⏲ 8.30–17 Uhr) Dieses prächtige karibische Haus, das älteste Haus der Insel, wurde 1780 von einer der Gründungsfamilien Grand Caymans gebaut (allerdings waren es Sklaven, die die schweren Schleppereien erledigten). Im Lauf der Jahre diente das Haus als Gefängnis, als Gericht und als Parlament. Hier fiel 1831 die Entscheidung für die Selbstverwaltung und die Wahl von Abgeordneten. Und hier wurde 1835 das Gesetz zur Abschaffung der Sklaverei verkündet. Heute ist das Haus mit Antiquitäten und Reproduktionen ausgestattet, die seine Vergangenheit illustrieren.

Spotts Beach SCHNORCHELN
(Karte S. 552; Shamrock Rd, Savannah) Der hübsche kleine öffentliche Strand ist der Lieb-

lingsfutterplatz der Meeresschildkröten; sie kommen her, um sich das Seegras schmecken zu lassen. Mit Schnorchel und Maske kann man einfach mit ihnen schwimmen – die sanftmütigen Tiere aber bitte weder berühren noch verfolgen oder sonst irgendwie bedrängen! Wer keine Lust hat, ins Wasser zu gehen, kann sie meistens sogar vom Pier aus sehen.

Schlafen & Essen

Wer sein Quartier in Bodden Town aufschlägt, hat stärker das Gefühl, auf einer ruhigen, traditionellen karibischen Insel zu sein, obwohl nur 20 Minuten weiter westlich die grellen Lichter George Towns strahlen.

Das Restaurantangebot ist begrenzt, doch in der Stadt gibt's ein paar echte Juwelen – wer durch Bodden Town fährt, sollte dort unbedingt zum Mittagessen anhalten.

Coco Beach Villas COTTAGES **$$**
(Karte S. 552; ☎ 926-0102; www.caymanbeachvillas.com; Bodden Town Rd; Gartenblick/Meerblick ab 179/299 US$; ❄ 📶) Die fünf gemütlichen Cottages am kristallklaren Meer sind mit modernen Küchen und ein oder zwei Schlafzimmern ausgestattet und liegen an einem privaten Strand, Hängematten und eine karibische Brise inklusive. Die Lage unweit des Zentrums von Bodden Town ist günstig, denn man erreicht problemlos die anderen Attraktionen der Insel.

Turtle Nest Inn GÄSTEHAUS **$$**
(Karte S. 552; ☎ 947-8665; www.turtlenestinn.com; Bodden Town Rd; Zi. 199 US$, Apt. 219–379 US$; ❄ 📶 🏊) Keine Lust auf große Hotelanlagen? Dann bietet diese hübsche Pension im spanischen Stil abseits der Touristenströme die gewünschte Intimität und Authentizität. Neben den komfortablen Zimmern (alle mit Küchenausstattung) gibt's zwei Pools, einen schönen Sandstrand und ein Riff vor der Küste, wo man schnorcheln kann. Die Gäste können Paddelbretter, Kajaks und Schnorchelausrüstung kostenlos nutzen.

Grape Tree Cafe FISCH & MEERESFRÜCHTE **$**
(Karte S. 552; ☎ 324-5860; www.grapetreecafe.ky; Bodden Town Rd; Hauptgerichte 10–15 US$; ⌚ Fr & Sa 12–21, So 12–20 Uhr) Direkt am Strand von Bodden Town ist diese schlichte Hütte mit Strohdach während des *fish fry* am Wochenende das angesagteste Lokal der Stadt. Neben frischem Fisch gibt's *conch fritters*, Hummer und gebratene Kochbananen, ganz zu schweigen von den tropischen Fruchtsäften. Gegessen wird an Picknicktischen im Sand mit unschlagbarem Meerblick.

Das Lokal ist von der Straße aus kaum zu sehen: Nach der Rubis-Tankstelle Ausschau halten.

Czech Inn GRILLRESTAURANT **$$**
(Karte S. 552; ☎ 923-1986; http://czechinngrill.com; 563 Bodden Town Rd; Hauptgerichte 10–28 US$; ⌚ 11–22, Fr & Sa 11–23, So 11–19.30 Uhr) Die kuriose Straßenbar ist gar keine Bar, denn sie serviert keinen Alkohol und man darf auch keinen selbst mitbringen. Trotzdem ist sie unbestreitbar reizvoll wegen ihrer kitschigen Einrichtung, amerikanischer Oldies-Musik, üppig mit europäischen Spezialitäten gefüllten Teller und verschiedenen Jerk-Gerichten: Ob Jerk Burger, Jerk-Chicken-Quesadillas oder Jerk Pork – es ist alles vorhanden.

An- & Weiterreise

Bodden Town liegt ca. 15 km östlich von George Town an der Südküste der Insel. Minibusse der orangefarbenen und der violetten Linie halten (auf der Fahrt nach North Side oder East End) in der Stadt. Sie verkehren zwischen 6 und 23 Uhr alle 30 Minuten, freitags sogar bis Mitternacht.

North Side

Der dünn besiedelte, windgepeitschte Distrikt North Side ist eine Region mit üppiger Vegetation, abgeschiedenen Stränden und Meeresarmen, die alle von pastellfarbenen Ferienhäusern mit superputzigen Namen gesäumt sind. Hier kann man zwischen prächtigen Gärten spazieren, den seltenen Blauen Leguan erspähen, geheimnisvolle Höhlen erkunden und sich etwas wünschen, wenn man einen Seestern findet.

North Side erreicht man (außer mit dem Boot) nur mit dem Auto, indem man die Südküste entlang nach Osten fährt und dann das Inselinnere durchquert – eine lange, sich windende Fahrt. Dadurch wirkt North Side noch entlegener, als es tatsächlich ist, doch gerade das trägt ja mit zu seinem Reiz bei.

Sehenswertes

Crystal Caves HÖHLE
(Karte S. 552; ☎ 949-2283; www.caymancrystalcaves.com; 69 North Side Rd; Erw./Kind 40/30 US$; ⌚ Führungen stündl. 9–16 Uhr) Grand Caymans neueste Attraktion ist ein System geheimnisvoller Kalksteinhöhlen, die tief

im Inselinneren liegen. Etwa 105 Höhlen wurden dort gefunden, nur drei von ihnen sind aber (bisher) öffentlich zugänglich. In den Höhlen gibt's eindrucksvolle Stalagmiten- und Stalaktitenformationen, viele versteckte Räume und Verbindungswege und einen wunderschönen See – und natürlich Fledermäuse. Der Besuch ist teuer, aber ein tolles Erlebnis.

Starfish Point STRAND

(Karte S. 552; Water Cay Rd) Im Meer an diesem herrlichen kleinen Sandstrand leben zahlreiche Seesterne der Art Netz-Kissensterne. Je nachdem, was die Strömung herantreibt, kann das Wasser manchmal kristallklar, manchmal trübe und gelblich sein. Die Seesterne schwimmen überall am Strand in 30 cm tiefem Wasser, daher kann man sie leicht von oben erkennen, ganz ohne Schnorchelausrüstung. Man sollte sie nicht aus dem Wasser nehmen: Das kann die sensiblen Tiere töten.

Rum Point STRAND

(Karte S. 552; www.rumpointclub.com) Die Hauptaktivitäten an diesem ruhigen Strand sind: Faulenzen in der Hängematte und Schnorcheln: Aber es gibt auch eine Filiale des Wassersportanbieters Red Sail Sports (S. 555). Man sollte sich Zeit nehmen, um die Wege entlang der Küste mit ihren geschützten Riffen und Mangroven zu erkunden, und sich danach in der fröhlichen Wreck Bar (S. 565) einen Burger am Strand genehmigen.

Queen Elizabeth II Botanic Park GÄRTEN

(Karte S. 552; ☎ 947-9462; www.botanic-park.ky; Frank Sound Dr; Erw./Kind 12,50 US$/frei, Besichtigung inkl. Führung Erw. 18,50 US$; ⏲ 9–17.30 Uhr, Führungen Di & Do 14 Uhr) Eine wahre Schatztruhe der einheimischen Arten der Insel. Durch den schön gestalteten Garten führen mehrere Wanderwege, darunter der Color Garden mit Regenbogen-Thema, der historische Heritage Garden, dessen Herzstück ein traditionelles Haus der Kaimaninseln ist, ein Orchideengarten (die Orchideen blühen Ende Mai und im Juni) und der längere Waldweg. In dem botanischen Garten kann man auch sehr gut Vögel beobachten.

Aktivitäten & geführte Touren

Mastic Trail WANDERN

(Karte S. 552; ☎ 749-1121; www.nationaltrust.org.ky; Further Rd; Touren Erw./Kind 50/25 US$; ⏲ Touren Di & Do) Dieser erstaunlich grüne, 3 km lange Wanderweg windet sich durch uralten Wald, der einst die ersten Siedler mit Bauholz versorgte. Hier können Wanderer die alten Wälder im wilden Inselinneren von Grand Cayman erforschen. Über einige sumpfige Abschnitte führen Plankenwege. Unterwegs sieht man wilden Jasmin, wilde Kaffeepflanzen, unzählige Vögel, Landkrabben und vieles mehr. Der **National Trust** (Karte S. 552; ☎ 749-1121; www.nationaltrust.org.ky; 558 S Church St; ⏲ Mo–Fr 9–17, Sa 11–16 Uhr) bietet ausgezeichnete geführte Wanderungen für Gruppen ab sechs Personen an.

Der nördliche Ausgangspunkt des Weges an der Further Road (abseits der North Side Road) ist der trockenere und leichter zugängliche Startpunkt, man kann aber auch am südlichen Ausgangspunkt in der Mastic Road (in der Nähe des botanischen Gartens) losgehen. Insektenschutzmittel mitnehmen.

Blue Iguana Safari TIERBEOBACHTUNG

(Karte S. 552; www.nationaltrust.org.ky/blue-iguana-safari; Queen Elizabeth II Botanic Park; Führungen Erw./Kind inkl. Park 25/12,50 US$; ⏲ Führungen Mo–Sa 11 Uhr) Kompetente Führer leiten täglich eine 90-minütige Tour durch das Blue Iguana Recovery Center, in dem Naturwissenschaftler daran arbeiten, die Population dieser stark gefährdeten Art wiederherzustellen. Besucher besichtigen die Zuchteinrichtung und unternehmen eine geführte Wanderung auf dem Waldwanderweg, wo einige Leguane in die Freiheit entlassen wurden.

Cayman Kayaks KAJAKFAHREN

(Karte S. 552; ☎ 926-4467; www.caymankayaks.com; Rum Point Club; Biolumineszenz-Touren mit dem Kajak/Boot 59/69 US$) Man kann die Biolumineszenz in der Bio Bay mit Kajaks oder umweltfreundlichen Elektrokatamaranen erkunden. Die Touren starten innerhalb bestimmter Zeitfenster des Mondzyklus am Rum Point (S. 564). Der Transfer vom/zum Hotel kostet (je nach Verfügbarkeit) 25 US$.

Sweet Spot Kaibo KAJAKFAHREN

(Karte S. 552; ☎ 925-8129; www.sweetspotwatersports.com; 585 Water Cay Rd; 55 US$ pro Pers.) Der One-Stop-Shop für Wassersportaktivitäten vermietet Kajaks und Paddelbretter und bietet eine tolle Auswahl an Touren. Besonders beliebt sind die zweistündigen Kajaktouren, bei denen man zwei Stopps einlegt: einen am Starfish Point, um den Sonnenuntergang zu sehen, und einen in der Bio Bay, um die Magie der Biolumineszenz zu erleben. Wer keine Lust hat, die gesamte 5 km lange Rundtour zu paddeln, kann diese Tour auch in einem speziell entworfenen „Bio-Boot" unternehmen.

Schlafen & Essen

Am Rum Point und in der Umgebung gibt es zahlreiche Komplexe mit Eigentumswohnungen und andere Ferienunterkünfte, aber nur wenige normale Hotels und Hotelanlagen oder traditionellere Unterkünfte.

Es gibt kaum Möglichkeiten zum Essen und Ausgehen in North Side, aber die wenigen Lokale, die vorhanden sind, servieren hervorragendes Essen. Man hat die Auswahl zwischen authentischer kaimanischer Küche, Strandbarkost und preisgekrönter Gourmetküche.

Retreat at Rum Point CONDO $$$

(Karte S. 552; ☎ 947-9135; www.retreatrumpoint.com; Rum Point; Wohnung ab 330 US$; ❄ @ ☜ ≋) Die Hauptattraktionen dieses Komplexes am Meer sind der fantastische Strand und die exklusive Atmosphäre. Zu den Einrichtungen gehören ein Tennisplatz, ein Fitnessstudio und ein herrlicher Pool. Die 33 Eigentumswohnungen, die von den jeweiligen Besitzern vermietet werden, haben alle moderne Küchen, Möglichkeiten zum Wäschewaschen und mit Mückenschutz versehene Veranden, damit die kleinen Plagegeister keine Chance haben. Der Mindestaufenthalt beträgt fünf Nächte.

★ Kaibo Beach INTERNATIONAL $$

(Karte S. 552; ☎ 947-9975; www.kaibo.ky; 585 Water Cay Rd; Hauptgerichte 19–36 US$; ⊙ tgl. 11 Uhr–open end, Upstairs ab 17.30 Uhr) Hier ist sie, die nahezu perfekte Strandbar mit Tischen im Sand, fantasievollen Cocktails und üppigem Essen, von *conch fritters* bis zu Kokoscurry-Fisch. Richtig fröhlich geht's donnerstagabends beim Barbecue (34 US$ pro Person) zu, dann erklingt Livemusik, es gibt Essen im Stil der Kaimaninseln und die Gäste tanzen im Sand. (Wer kein Fahrzeug hat, kann mit dem Wassertaxi (S. 560) von der Camana Bay herkommen).

Das Upstairs (das ist der Name, und tatsächlich befindet es sich im Obergeschoss) ist ein hochgelobtes Nobelrestaurant unter Leitung des mit Michelin-Sternen ausgezeichneten Kochs Laurence Tham. Das Probiermenü mit sechs Gängen (84 US$ pro Person, Getränkebegleitung 72 US$) ist ein opulentes kulinarisches Erlebnis.

Over the Edge KARIBISCH $$

(Karte S. 552; ☎ 947-9568; 312 Old Man Bay; Frühstück 6–15 US$, Hauptgerichte 13–30 US$; ⊙ 7.30–21 Uhr) Dieses Restaurant wirkt unscheinbar, doch der freundliche Service und das köstliche Essen, das auf einer luftigen Terrasse mit Meerblick serviert wird, sind schwer zu schlagen. Die Zutaten werden in hiesigen Gärten angebaut und der Fisch stammt aus den örtlichen Gewässern, daher gibt's hier frische, geschmackvolle, authentische karibische Küche.

Rum Point Club FISCH & MEERESFRÜCHTE $$$

(Karte S. 552; ☎ 947-9412; www.rumpointclub.com; Rum Point; Hauptgerichte 28–48 US$; ⊙ Di–So 17.30–22 Uhr) Rum Point Club ist ein auf der Insel berühmtes Gourmetrestaurant und hat sich auf aufwendige Meeresfrüchtekreationen und seltene Rumsorten spezialisiert. Die Spezialität des Hauses ist ein Meeresfrüchteeintopf mit sage und schreibe fünf verschiedenen *fruits de mer*. Es empfiehlt sich, zu reservieren und einen Tisch auf der vor Insekten geschützten Terrasse zu buchen – hier weht eine angenehme Brise.

Ausgesprochen schön ist die Anfahrt vom Seven Mile Beach mit der Fähre (S. 560), die zwischen Camana Bay und den Restaurants Kaibo Beach und Rum Point verkehrt.

Wreck Bar BAR

(Karte S. 552; www.rumpointclub.com; Rum Point; Hauptgerichte 12–25 US$; ⊙ Küche 10–17, Bar bis 18 Uhr) Eine freundlichere Bar als dieses alkoholgeschwängerte Refugium mit Stühlen im Sand dürfte schwer zu finden sein. Auf der Mittagskarte stehen Burger, Sandwiches und Cocktails. Die Gäste essen an Picknicktischen im Schatten. Zudem bietet sich einem hier die perfekte Gelegenheit, den berühmten Mudslide (ein Cocktail, der anscheinend hier erfunden wurde) zu probieren.

An- & Weiterreise

Die 40 km lange Fahrt um die Insel nach North Side dauert etwa 45 Minuten. Die Minibusse der orangefarbenen Linie fahren bis zur Old Man Bay (6–21 Uhr); um bis zum Rum Point zu kommen, benötigt man aber ein eigenes Fahrzeug.

An den Restaurants Rum Point und Kaibo Beach starten Fähren (S. 560). Ihre Abfahrtszeiten: Di–Fr 10.30, 12.30, 15.30, 18.30 und 21.15 Uhr; Sa 13, 17.15 & 21.15 Uhr, So 13 & 17 Uhr. Es gibt genauso viele Fahrten in die entgegengesetzte Richtung.

East End

Der Distrikt East End ist vom Rest der Insel Welten entfernt – hier geht's noch gemächlich zu, und auch die zügellose Bebauung ist hier noch nicht angekommen. Wer einen Einblick ins traditionelle Leben auf den Kaimaninseln gewinnen (und die traditionelle Küche der Inseln probieren) will, ist hier richtig. Die Gegend eignet sich perfekt für lange Fahrradtouren oder Tiefseetauchen, denn in diesem Meeresabschnitt kann man unzählige Schluchten und Höhlen erkunden und Karibische Riffhaie beobachten. Die Bewohner von East End sind freundlich und die Landschaft ist mit ihren vogelreichen Sümpfen, den versteckten Stränden und dem Küstenabschnitt Ironshore (der aus schwarzem Karstgestein besteht) schön und spektakulär.

Sehenswertes & Aktivitäten

Wreck of the 10 Sail Monument DENKMAL

(Karte S. 552; Austin Connolly Dr) 1794 erlitt ein Konvoi von zehn britischen Handelsschiffen am Riff vor dem East End Schiffbruch. Die Einheimischen eilten dem Konvoi zu Hilfe und retteten alle Passagiere und Crewmitglieder bis auf acht Personen. Der Legende zufolge war unter den Geretteten auch ein königlicher Prinz, und der britische König George III. war so dankbar, dass er den Mut der Inselbewohner belohnen wollte, indem er sie für immer von Steuern und von der Einberufung zum Wehrdienst befreien wollte (tolle Geschichte, für die es aber keinerlei Belege gibt …).

Das Denkmal mit Blick auf den Unglücksort gedenkt der Opfer und ehrt die Retter.

Ocean Frontiers Dive Shop TAUCHEN

(Karte S. 552; ☎640-7500; www.oceanfrontiers.com; 344c Austin Connolly Dr; Tauchgang mit 2 Tauchflaschen ab 99–129 US$; ⌚7–18 Uhr) Der erstklassige Tauchausstatter im Compass Point Dive Resort ist besonders nennenswert, weil er Zugang zu 55 großartigen Tauchspots rund um East End bietet (an einigen tummeln sich Karibische Riffhaie). Der Shop bietet neue Boote und betreibt ein Korallen-Erneuerungsprogramm, zu dem 18 Korallengärten gehören. Neben den üblichen Touren bietet Ocean Frontiers auch Freitauchen, Jagd nach Rotfeuerfischen, Nachttauchgänge mit Ultraviolettlicht und Ausflüge am frühen Morgen nach Stingray City (S. 555).

White Sands Water Sports WASSERSPORT

(Karte S. 552; ☎926-7263; www.whitesandwatersports.com; Reef Resort, 1 Queens Hwy; Kurse im Kitesurfen ab 125 US$ pro Pers:, Verleih von Kajaks/Paddelbrettern 20/25 US$ pro Std.; ⌚9–16.30 Uhr) Ältester Wassersportanbieter in East End, der Kajaks, Paddelbretter und Kitesurfing-Ausrüstung verleiht. Er bietet Touren aller Art und veranstaltet sogar Yogakurse. Die Tour mit Glasbodenkajaks zur Bioluminescent Bay ist sehr empfehlenswert, ebenso wie die Kurse im Kitesurfen, die an einer windgepeitschten Offshore-Sandbank im warmen, hüfttiefen Wasser stattfinden.

★ **Eco Rides** RADFAHREN

(☎922-0754; www.ecoridescayman.ky; 80–125 US$ pro Pers.) Shane Edwards, der sein ganzes Leben in East End verbracht hat, zeigt Besuchern seine Ecke der Insel mit leidenschaftlicher Begeisterung und vorzugsweise auf zwei Rädern. Die Radtouren, die zwei bis fünf Stunden dauern, legen an Attraktionen wie dem Wreck of the 10 Sail Memorial, dem Leuchtturm von East End und den *blowholes* Stopps ein, eine weitere Pause gibt's in Shanes gemütlichem Wohnhaus an der Grapetree Cove.

Schlafen

Im Moment wirkt East End noch wunderbar abgelegen, an der Hauptmeile stehen nur ein paar kleine und mittelgroße Hotelanlagen. Das sollte man genießen, solange es noch so ist, denn die Baufirma Dart Realty hat unlängst in dieser Gegend Grundstücke am Meer erworben, auch am geliebten Barefoot Beach.

Compass Point Dive Resort RESORT $$$

(Karte S. 552; ☎640-7500; Austin Connolly Dr; Suite ab 295 US$; P ❄ 📶 🏊) Das Compass Point wendet sich an anspruchsvolle Taucher und bietet 28 geräumige, stilvolle Suiten mit Balkon und Blick auf den Strand oder einen der zwei Pools. Auf der Anlage gibt's einen Tauchshop, der eine schnelle, unkomplizierte Fahrt zu den Weltklasse-Tauchplätzen rund um East End garantiert. Für die Gäste stehen Schnorchelausrüstung, Fahrräder und Kajaks bereit.

Wyndham Reef Resort RESORT $$$

(Karte S. 552; ☎640-3100; www.wyndhamcayman.com; Queen's Hwy; Zi. 160–458 US$; ❄ @ 📶 🏊) Alle 152 Zimmer dieses in freundlichen Gelbtönen gestrichenen Blocks an einem langen, wunderschönen Strand blicken aufs Meer. Die Zimmer sind ziemlich luxuriös und der Service ist erstklassig. Direkt vor dem Strand kann man gut schnorcheln. Bis es 2015 verkauft wurde, gehörte das Reef zu den wenigen Hotelanlagen der Insel mit einheimischen Besitzern. Das Hotel konnte sich jedoch seinen persönlichen Service und die intime Atmosphäre bewahren.

Essen

In East End wird noch die traditionelle Küche der Kaimaninseln gepflegt. Die besten Restaurants lassen in Privathäusern kochen oder nutzen einen Grill im Freien, man kann sich also sicher sein, dass das Essen leckere Hausmannskost ist.

★ Eastern Star Fish Fry FISCH & MEERESFRÜCHTE $
(Karte S. 552; ☎345-526-5945; 2550 Sea View Rd; Hauptgerichte 8–15 US$; ⏲Sa & So 11–19 Uhr) Ein echter Fund! Versteckt in einer Hütte hinter der Rubis-Tankstelle bietet das Fish Fry mit die leckersten gebratenen (ganzen!) Schnapper von Grand Cayman sowie Hummerschwänze, *conch fritters* und viele weiteren frischen Meeresfrüchte. Die riesigen Portionen können zum Mitnehmen eingepackt werden, am besten genießt man sie aber an den farbenfrohen Picknicktischen. Dazu kann man Limonade oder Tamarindensaft trinken und sich einen Maniok-Kuchen gönnen (nicht verpassen!).

Vivine's Kitchen KARIBISCH $
(Karte S. 552; ☎947-7435; 524 Austin Connolly Dr; Hauptgerichte 5–12 US$; ⏲11–20 Uhr) Es gibt tatsächlich eine Vivine, und sie wohnt wirklich in diesem Haus am Straßenrand mit traumhaftem Blick aufs Meer. Hier werden lokale Delikatessen wie Ziegencurry, Fischbällchen, Fischkroketten, Rindfleischeintopf und mehr in ungezwungener, familiärer Atmosphäre aufgetischt. Außerdem gibt's leckere Desserts wie Maniok- und Süßkartoffelkuchen. Man kann an Picknicktischen auf der Terrasse speisen und das schöne Flair genießen. Es wird nur Bargeld akzeptiert.

Eagle Rays INTERNATIONAL $$
(Karte S. 552; ☎640-8888; www.eaglerays.ky; Compass Point Dive Resort, 346 Austin Connolly Dr; Hauptgerichte 10–25 US$; ⏲11.30–21.30 Uhr) Das ungezwungene Freiluftlokal liegt gleichzeitig am Meer und am Pool. Eagle Rays zieht ein quirliges Publikum an, das meist nach dem Abendessen hierherkommt. Seine Rotfeuerfisch-Tacos sind einzigartig, und auf dem großen Fernsehbildschirm werden Livespiele gezeigt.

Tukka FUSION-KÜCHE $$$
(Karte S. 552; ☎947-2700; www.tukka.ky; 898 Queen's Hwy; Hauptgerichte mittags 12–20 US$, Abendessen 28–40 US$; ⏲Mo–Sa 11.30–22, So ab 8.30 Uhr) Tukka ist eine Ableitung des australischen Wortes „Tucker" („Essen"). In diesem unkonventionellen Restaurant am Meer zeigt der Australier Ron Hargrave mit einem abwechslungsreichen Angebot karibischer und australischer Gerichte, was genau damit gemeint ist. Zu den Spezialitäten des Hauses gehören *conch-* und Krokodilkroketten, Känguruburger und Gnocchi mit Jerk Chicken. Ein Highlight ist das internationale Vier-Gänge-Menü (47 US$) am Mittwochabend.

An- & Weiterreise

East End liegt ca. 30 km östlich von George Town. Die Busse der violetten Linie fahren vom **Busbahnhof** in George Town zwischen 6 und 21 Uhr (Fr bis 24 Uhr) etwa stündlich zum Busbahnhof von East End.

CAYMAN BRAC

Diese lange, schmale Insel, die nach der *brac* (Klippe) benannt ist, die sie dominiert, ist die östlichste und die authentischste der Kaimaninseln. Sie steht nicht im Zeichen des Tourismus, sondern hier arbeiten die Einwohner im Steinbruch, auf Fischerbooten oder für die kommunale Verwaltung. Es gibt zwar (fast) alle Annehmlichkeiten des modernen Lebens, dennoch herrscht hier die unwiderstehliche entspannte Atmosphäre einer kleinen Insel. Auf Touristen warten erstklassige Tauchmöglichkeiten, reizvolle Wanderungen und Klettertouren zu den Klippen und viel Ruhe.

Sehenswertes

Great Cave HÖHLE
(South Side Rd, East End) Die größte und faszinierendste Höhle der Insel befindet sich am östlichen Ende der South Side Road. Mithilfe von Leitern klettert man in einer riesigen Höhle, die auf die Erkundung wartet, hinauf zum Eingang. Achtung vor Fledermäusen.

Klippen NATURPHÄNOMEN
Die Kalksteinklippen, die am östlichen Ende 43 m hoch sind, erstrecken sich fast über die gesamte Länge der kleinen Insel und

dominieren die Landschaft. Entlang der Nordseite befinden sich mehrere Zugangspunkte für Wanderer, darunter das National Trust Parrot Reserve und der Lighthouse Footpath. Mit dem Auto fährt man den Ashton Reid Drive hinauf bis zum Major Donald Drive, der oben auf den Klippen entlangführt.

Foots House ÖFFENTLICHE KUNST

(South Side Rd; ab 7.30 Uhr) GRATIS Das farbenfrohe Wohnhaus des ortsansässigen Bildhauers Ronald „Foots" Kynes liegt direkt am Meer und dient gleichzeitig als Kunstmuseum; er führt seine Gäste gern im Gebäude herum. Botschaften über Kunst, Krieg und Led Zeppelin schmücken die Wände des Hauses und die Schilder auf dem Anwesen. Im Haus, auf dem Hof und am Parkplatz stehen provokante Skulpturen, in einer Toilette z. B. befindet sich ein Tonschädel. Außerdem gibt's nachgebaute Raketen, haufenweise nackte Büsten und ein riesiges Paar Füße zu sehen.

Aktivitäten

Die meisten Besucher sind Taucher, die wegen der großartigen unberührten Tauchplätze nach Cayman Brac kommen. Auf der Insel gibt's zudem einige tolle Wanderwege und ein paar Höhlen, die man erkunden kann, und auch Vogelfreunde kommen hier auf ihre Kosten. Seit Kurzem gibt's neue Kletterrouten, die es Anfängern ermöglichen, Klippen zu erklimmen, die einst nur Experten vorbehalten waren.

Wandern & Klettern

★ **Lighthouse Footpath** WANDERN

(Major Donald Dr) Der 4 km (einfache Strecke) lange Wanderweg verläuft am Rand der Klippen und bietet herrliche Aussichten in alle Richtungen. Er beginnt am Leuchtturm, dem mit 43 m höchsten Punkt der Kaimaninseln. Die Landschaft ist spektakulär und die Klippen sind ein ausgezeichneter Beobachtungspunkt für die vielfältige Vogelwelt, darunter Weißbauchtölpel und Fregattvögel, die auf den Aufwinden dahingleiten.

Der Ausgangspunkt des Weges befindet sich am östlichsten Ende des Major Donald Drive.

★ **Rock Iguana Ltd** KLETTERN

(936-2722; http://climb.ky; South Side Rd, East End; Abseiltour/halbtägige Klettertour ab 125/185 US$ pro Pers.) Kenner und erfahrene Bergsteiger erklimmen die Kalksteinfelsen von Cayman Brac seit vielen Jahren. Doch 2019 kreuzte dieser erstklassige Anbieter auf, der Touren für jeden Erfahrungsstand bietet. Unter der Leitung von Angel, einem in Bergrettung ausgebildeten Bergsteiger, der früher im Himalaya kletterte, erstellte das Team von Rock Iguana an der Steilküste am Südostrand der Insel Routen für Anfänger und Fortgeschrittene und führt nun Kletter- und Abseiltouren durch.

Tauchen

Mit dem kristallklaren Wasser, in dem großartige Sicht herrscht, und über 40 permanenten Ankerplätzen zieht Cayman Brac zahlreiche begeisterte Taucher und Schnorchler an. Ein künstliches Riff, eine 96 m lange russische Fregatte, die inzwischen in „Captain Keith Tibbetts" umbenannt wurde, ist sehr beliebt.

Brac Scuba Shack TAUCHEN

(925-3215; www.bracscubashack.com; West End; Tauchgang mit 2 Tauchflaschen ab 120 US$; 8.30–16 Uhr) Unabhängiges Tauchzentrum, das sich auf kleine Gruppen und maßgeschneiderte Touren im Küsten- und Bootstauchen spezialisiert hat. Bietet auch Nitrox, Leihausrüstung und PADI-Tauchkurse.

Reef Divers TAUCHEN

(948-1642; www.reefdiverscaymanbrac.com; West End; Tauchgang mit 2 Tauchflaschen ab 110 US$; 7.30–12.30 & 13.30–17 Uhr) Etabliertes Tauchzentrum mit Sitz im Cayman Brac Beach Resort. Die Boote starten morgens und abends; zweimal pro Woche werden Nachttouren durchgeführt.

Vogelbeobachtung

National Trust Parrot Reserve VOGELBEOBACHTUNG

(Bight Rd; www.nationaltrust.org.ky; Major Donald Dr) Hier hat man die Chance, einen der letzten 350 verbliebenen Cayman-Brac-Papageien zu sehen. Der einzige Zugang zum Naturschutzgebiet ist ein Wanderweg, die Bright Road, der die Klippen von Nord nach Süd überquert. Man wandert überwiegend auf zerklüfteten „Ironshore"-Felsformationen, was ziemlich anstrengend sein kann. Die Strecke führt auch über einen 200 m langen Plankenweg durch dichten, von Vogelzwitscher erfüllten Wald.

Westerly Ponds VOGELBEOBACHTUNG

(West End) Vogelfreunde sollten sich zu den Westerly Ponds an der Westspitze der Insel aufmachen, denn in den Feuchtgebieten ringsum nisten über 100 Vogelarten. Von den Beobachtungsplattformen wird das ein ungetrübtes Erlebnis.

Schlafen & Essen

Brac Caribbean CONDO $$
(948-2265; www.braccaribbean.ky; West End; Wohnung mit 1/2 Schlafzimmern ab 225/265 US$;) Wie die Schwesteranlage **Carib Sands** (948-1121; www.caribsands.com; West End; 1/2/3 Schlafzimmer ab 190/243/360 US$;) bietet dieser Komplex dezenten Luxus und erstklassigen Service. In dem unaufdringlichen dreistöckigen Gebäude befinden sich 16 Apartments mit Balkon und Meerblick, die in tropischen Farben gestaltet sind. Zum Komplex gehört auch das **Restaurant** (948-1418; www.facebook.com/Captains-Table-Bar-Restaurant-137029733010563; West End; Hauptgerichte 12–20 US$; 11–24 Uhr).

Cayman Brac Beach Resort RESORT $$$
(948-1323; www.clearlycayman.com; West End; 7-Tage-Paket inkl. Mahlzeiten & Tauchen ab 1189 US$ pro Pers.;) Das Cayman Brac Beach Resort ist ein entspanntes, freundliches Tauchhotel an einem hübschen Strand. Die 40 Zimmer haben alle eine kleine Terrasse oder einen Balkon und liegen um einen wunderschönen Pool. Für Gäste stehen Fahrräder und Kajaks bereit, und durch die grüne Anlage ziehen sich viele Pfade, die mit Hängematten gespickt sind.

★ **Barry's Golden Jerk** JAMAIKANISCH $
(917-6713; West Side Rd; Mahlzeiten 12 US$; Mi, Fr & Sa 14.30–21 Uhr) In Barrys Hüte am Straßenrand kann man seinen Appetit auf Jerk Chicken und Schweinefleisch, beides mit frischem Brot serviert, stillen. Er ist nur an drei Tagen in der Woche hier, doch wer zur richtigen Zeit kommt, kann zuschauen (und riechen), wie die würzigen Delikatessen im Ölfass-Smoker im Garten zubereitet werden.

Star Island Restaurant KARIBISCH $
(948-8406; star.island@rocketmail.com; 137 West Side Rd; Sandwiches 4–6 US$, Hauptgerichte 10–15 US$; 7–22 Uhr) Definitiv das Lieblingslokal der Einheimischen. Auf der langen Karte stehen gute gefüllte Omeletts, Burger und Sandwiches. Doch das Highlight sind die traditionellen Gerichte der Kaimaninseln, etwa Fischeintopf oder Shrimps-Curry.

Praktische Informationen

Cayman National Bank (Cross Rd, West End; Mo–Do 9–16, Fr 9–16.30 Uhr) Rund um die Uhr zugänglicher Geldautomat und Wechselschalter.

Faith Hospital (948-2243; 215 Dennis Foster Rd, Stake Bay) Das moderne Krankenhaus ist sowohl für Cayman Brac als auch für Little Cayman zuständig.

Postamt (West End; Mo–Fr 8.30–17 Uhr)

An- & Weiterreise

Der Charles Kirkconnell International Airport (vormals bekannt als Gerrard Smith International Airport) befindet sich am westlichen Ende der Insel. Cayman Airways Express (www.caymanairways.com) fliegt mehrmals täglich nach Grand Cayman (ab 88 US$, 40 Min.) und Little Cayman (ab 44 US$, 10 Min.).

Unterwegs vor Ort

Auf Cayman Brac gibt's keine öffentlichen Verkehrsmittel, man kann sich aber auch ohne Auto recht gut auf der Insel bewegen. Die Unterkünfte holen ihre Gäste bei der Anreise nach vorheriger Vereinbarung ab. Fahrräder können bei den Hotels geliehen werden. Weil es auf der Insel kaum Kriminalität gibt und die Einheimischen so freundlich sind, ist Trampen hier sicher und einfach. Vorbeifahrende Fahrzeuge halten teilweise an, wenn sie einen Besucher die Straße entlanglaufen sehen.

Wer aber die Insel ausgiebig erkunden will, sollte am besten einen Mietwagen nehmen: bei **B&S Motor Ventures Ltd** (916-5242, 948-1646; www.bandsmv.com; 126 Channel Rd SW; Mo–Sa 8–17 Uhr, So nach Voranmeldung) oder **CB Rent-A-Car** (948-2424; www.cbrentacar.com; Charles Kirkconnell International Airport; 8–18.30 Uhr) Alternativ kann man auch ein **Taxi** (923-5494; vanessa.carter80@yahoo.com) rufen.

LITTLE CAYMAN

Der Name verrät es: Little Cayman ist tatsächlich winzig, wartet aber mit einer artenreichen Vogel- und Meereswelt und einer prächtigen Landschaft auf. Auf dieser hinreißenden Insel, auf der mehr Leguane als Menschen leben, findet man herrliche Einsamkeit, Ruhe und einige der außergewöhnlichsten Tauchspots der Karibik.

Sehenswertes

Die Attraktionen auf Little Cayman sind fast ausschließlich natürlicher Art, etwa die Vögel, die in den Feuchtgebieten nisten, die

Meeresbewohner, die sich im Riff verstecken, oder die Leguane, die sich auf der Straße sonnen.

Owen Island INSEL

Wie ein Pirat fühlt man sich auf dieser winzigen verlassenen Insel 400 m vor der Küste am Southern Cross Club (S. 572). Der Strand ist makellos und die Vegetation üppig und unerforscht. Man erreicht die Insel mit dem Kajak oder Paddelbrett, das man beim Club ausleihen kann.

Little Cayman Museum MUSEUM

(☎ 925-7625; www.littlecaymanmuseum.org; Guy Banks Rd, Blossom Village; ⏰ Mo–Do 13.30–15, Fr 14–17, Sa 10.30–12.30 Uhr) GRATIS Ein beeindruckendes Museum für eine so kleine Insel. An einem neuen Standort zeigt es Exponate zur Geschichte der Kaimaninseln, wunderbare Unterwasserfotografien und Wechselausstellungen mit lokalen Kunstwerken. Auf der Rückseite befindet sich ein Leguan-Habitat, das der Museumswärter (ein Leguan-Experte) Besuchern gerne zeigt.

Point of Sand STRAND

Der beste Strand Little Caymans ist ein Streifen mit feinem weißem Sand, vor dem sich ein geschütztes Riff erstreckt. Selten halten sich hier mehr als fünf, sechs Menschen gleichzeitig auf. Es gibt einen winzigen Pier und wenig Schatten. Die Wellen brechen 200 m vor dem Strand. Die 13 km lange Strecke vom Flughafen bietet sich für eine nette Fahrradtour an.

Aktivitäten

National Trust Visitors Centre VOGELBEOBACHTUNG

(☎ 623-1107; www.facebook.com/LittleCaymanNationalTrust; Guy Banks Rd; ⏰ Nov.–Juni Mo–Fr 15–17 Uhr, Juli–Okt. Auf Anfrage) Das moderne Zentrum liegt am Rand des Booby Pond Nature Reserve. Dort sind die größte Rotfußtölpel-Brutpopulation der Welt und eine große Kolonie Fregattvögel, die aus der Luft nach Wassertieren schnappen, zu Hause. Man kann sie von der Terrasse auf der Rückseite (und der im Obergeschoss) aus beobachten, die jederzeit zugänglich ist. Auf Nachfrage hin zeigen die Mitarbeiter Videos von Schildkröten, Leguanen und Tölpeln.

Tauchen

Rund um Little Cayman gibt's über 60 Tauchplätze mit markierten Ankerplätzen sowie zahlreiche Tauchplätze, die Schnorchler und Taucher von der Küste aus erreichen können. Fast alle Hotels und Resorts haben Tauchzentren.

Little Cayman & Cayman Brac

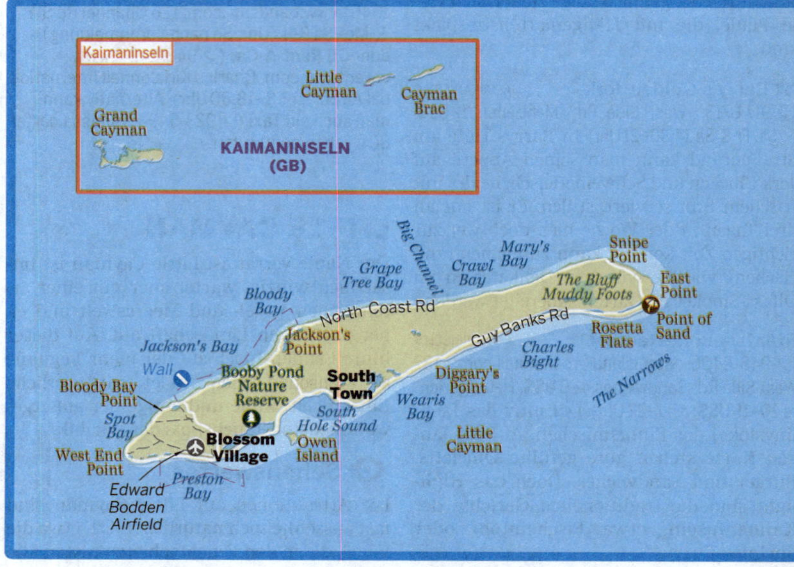

★ Bloody Bay Marine Park
TAUCHEN

Aufgrund seines kristallklaren warmen Wassers und seiner wunderschönen, artenreichen Meereslandschaften gilt dieser Meerespark weithin als bester Tauchspot der Karibik. In der Bloody Bay an der Nordseite der Insel locken 24 spektakuläre, mit Namen versehene Tauchspots. In einer Tiefe von nur 5 m fällt die Bloody Bay Wall vertikal in die aquamarinblaue Unendlichkeit, während die Taucher über dem Abgrund schweben und sich fragen, ob sie halluzinieren.

Central Caribbean Marine Institute
TAUCHEN

(Little Cayman Research Center; ☎ 948-1094; www.reefresearch.org; North Coast Rd E; Edge/Seacamp inkl. Mahlzeiten & Unterkunft 1688/1999 US$) In dieser schön gelegenen Feldforschungsstation arbeitet das CCMI daran, Korallenriffe zu untersuchen, zu schützen und zu restaurieren. Das Institut bietet Praktika und Forschungsmöglichkeiten für Wissenschaftler und Studenten sowie im Sommer ein „Seacamp" (Meerescamp) für Teenager. Freizeittaucher können am einwöchigen Programm „Dive on the EDGE" teilnehmen, in dessen Rahmen verschiedene Arten von Korallen und Meereslebewesen identifiziert, fotografiert und katalogisiert werden.

Conch Club Divers
TAUCHEN

(☎ 948-1026; www.conchclubdivers.com; Guy Banks Rd; Tauchgang mit 2 Tauchflaschen 105–120 US$) Das unabhängige Tauchzentrum ist umgezogen und befindet sich nun neben den Paradise Villas, sein erstklassiger Service steht aber weiterhin allen auf der Insel zur Verfügung. Die 13 m lange *Sea-Esta* bringt Taucher und Schnorchler zur Bloody Bay Wall und zu anderen tollen Tauchplätzen rund um die Insel.

Schlafen & Essen

Die Insel ist zwar klein, aber das Angebot an ruhigen Hotelanlagen, von denen die meisten Tauchpakete und andere All-inclusive-Optionen anbieten, ist gut. Einige schließen im September und/oder Oktober. Die meisten bevorzugen einwöchige Buchungen.

Auf Little Cayman gibt's nur ein paar Restaurants, die praktisch alle zu einem Resort gehören. Darum sind All-inclusive-Pakete hier keine schlechte Idee. Wer eine Ferienwohnung mietet, wird sich freuen, wenn er eine Küche hat.

Pirates Point Resort
RESORT $$

(☎ 948-1010; www.piratespointresort.com; Guy Banks Rd; Zi. inkl. Mahlzeiten ab 245 US$ pro Pers.; ❄ @ 📶 🏊) Pirates Point in fantastischer

Lage wurde von der legendären Gladys Howard gegründet, einer leidenschaftlichen Umweltschützerin und Unterstützerin von allem, was mit den Kaimaninseln zu tun hatte; leider verstarb sie 2015. Heute führt ihre Tochter Susan das Resort, das für seine komfortablen Zimmer, die warmherzige Gastfreundschaft und das großartige Essen (auch für Nichtgäste) bekannt ist.

Paradise Villas VILLEN $$
(☎948-0001; www.paradisevillas.com; Guy Banks Rd, Blossom Village; Zi. 229–249 US$; ❄@🛜🏊) Die freundliche Anlage in unmittelbarer Nähe zum Flughafen erfreut sich wegen ihres unprätentiösen Charmes und der Lage am Meer seit Langem großer Beliebtheit. Die zwölf eleganten Bungalows stehen direkt am Strand. Auf den zugehörigen Veranden und Hängematten lässt sich die Meeresbrise wunderbar genießen. 2017 wurde die Anlage an die Baugruppe Dart Realty verkauft, aber bisher hat sich kaum etwas verändert.

★ **Southern Cross Club** RESORT $$$
(☎948-1099; www.southerncrossclub.com; Guy Banks Rd; 5 Nächte all inclusive ab 1713 US$ pro Pers.; ❄@🛜🏊) 🍃 Sowohl das älteste und ohne Frage auch nobelste Resort auf der Insel ist eine traumhafte Boutique-Unterkunft mit ökologischem Ansatz. Hier gibt's 14 in Pastellfarben gestrichene Bungalows, die meisten davon mit privater Terrasse und Dusche im Freien; alle bieten einen herrlichen Ausblick auf das Meer und die nahegelegene Insel Owen Island. Die Speisen sind hervorragend, der Service ist einfach perfekt.

Little Cayman Beach Resort RESORT $$$
(☎948-1033; www.littlecayman.com; 1128 Guy Banks Rd, Blossom Village; 7 Nächte Tauchurlaub ab 1895 US$ pro Pers.; ❄@🛜🏊) Das größte Resort auf der Insel (was nicht viel zu heißen hat) ist das perfekte Quartier für einen Tauchurlaub. Etwa 28 tropische Zimmer liegen um den Pool herum, ein weiteres Dutzend verfügt über einen privaten Balkon zum Meer. Das Grundstück ist ein Traum, Hängematten schaukeln im Wind, und die freundliche, fröhliche Bar Beach Nuts sorgt für gute Stimmung.

Hungry Iguana INTERNATIONAL $$
(☎948-0007; www.facebook.com/TheHungryIguana; Paradise Villas, Blossom Village; Hauptgerichte mittags 15–20 US$, abends 22–44 US$; ⏲Küche Mo–Fr 12–14.30 & 18–21, Sa & So 12–14.30 & 18–21 Uhr, Bar 12–24 Uhr) Eines der wenigen Restaurants auf der Insel, das freundliche Hungry Iguana, liegt direkt am Meer neben der Landebahn. Die umfangreiche Mittagskarte bietet Burger und Sandwiches, abends gibt's aufwendigere Gerichte wie Steaks und Meeresfrüchte. Der neue Inhaber, die Baugruppe Dart Realty, hat dafür gesorgt, dass an den Wochenenden Frühstück serviert wird.

ℹ Praktische Informationen

Cayman National Bank (Village Sq, Guy Banks Rd; ⏲Mo & Do 9.30–11.30 & 12–16.30 Uhr) Hat einen Geldautomaten.

Postamt (www.caymanpost.gov.ky; Blossom Village; ⏲Mo–Fr 9.30–12 & 13.30–15, Sa 10.30–13.30 Uhr) Das winzige Postamt bedient ganz Little Cayman.

ℹ Anreise & Unterwegs vor Ort

Das winzige Edward Bodden Airfield liegt einen kurzen Spaziergang von der Stadt entfernt. Cayman Airways Express (www.caymanairways.com) fliegt mehrmals täglich nach Grand Cayman (98 US$, 35 Min.) und Cayman Brac (43 US$, 10 Min.).

Fahrräder sind das Hauptfortbewegungsmittel auf der Insel, und fast jedes Hotel hält für seine Gäste Räder bereit. Man sollte immer reichlich Wasser mitnehmen.

Bei **Scooten Scooters** (☎916-4971; www.scootenscooters.com; 3 Std./24 Std. ab 35/55 US$; ⏲Nov.–Juni) kann man auch Motorroller ausleihen, eine tolle Möglichkeit, um entspannt die ganze Insel zu erkunden. Die Abholung und der Rücktransfer sind im Preis enthalten.

DIE KAIMANINSELN VERSTEHEN

Geschichte

Las Tortugas

In dem Jahrhundert, nachdem Christoph Kolumbus die Kaimaninseln 1503 entdeckt hatte, blieb die Insel weiter unbewohnt. Das könnte erklären, warum die Insel von Meeresschildkröten regelrecht überlaufen war – ihr ursprünglicher spanischer Name lautete Las Tortugas, „Die Schildkröten". Die von der Sonne ausgebleichte Landschaft war noch nahezu unberührt, und die Ruhe wurde nur gelegentlich von Schiffsbesatzungen gestört, die hier ein paar Schildkröten stibitzten und ihre Frischwasservorräte auffüllten. Die ersten dauerhaften Siedler errichteten ihre Häuser erst lange, nachdem die Britische Krone die Inseln 1670 erworben hatte – bis heute stehen die drei Inseln unter britischer Souveränität.

Besiedlung & Wachstum

Nachdem im frühen 18. Jh. allmählich Siedler aus Jamaika eingewandert waren, erwarben sich die Bewohner der Kaimaninseln rasch einen Ruf als erstklassige Seefahrer. Ab den 1780er-Jahren fertigte die Schiffbauindustrie auf den Inseln Schoner und andere seetaugliche Schiffe, die zum Handel und zur Schildkrötenjagd genutzt wurden. Der hiesigen Legende zufolge geht der Status der Inseln als Steuerparadies auf das Jahr 1794 zurück, als Inselbewohner beim Wreck of the 10 Sail (S. 566) den Schiffbrüchigen zu Hilfe eilten.

Noch 1800 hatten die Inseln nicht einmal 1000 Einwohner, von denen die Hälfte Sklaven waren. Schließlich etablierten die Inseln, die ursprünglich jamaikanische Nebengebiete waren, ihre Selbstverwaltung. Die Hauptstadt war Bodden Town, wo 1835 im Pedro St. James (S. 562) das Gesetz zur Abschaffung der Sklaverei verabschiedet wurde.

Die Bevölkerung wuchs immer stärker und hatte sich zu Beginn des 20. Jhs. verfünffacht. Wirtschaftlich waren die Einwohner vom Meer abhängig, die wichtigsten Industriezweige waren Fischfang, Schildkrötenjagd und Schiffbau.

Tourismus & Entwicklung

In den frühen 1950er-Jahren, als die Inseln von Tauchern und Anglern entdeckt wurden, tauchten die Kaimaninseln erstmals auf der internationalen touristischen Landkarte auf. Ursprünglich versuchten die Einwohner verständlicherweise, ihr kleines Stückchen vom Paradies zu schützen, und gaben ihre Isolation nur zögerlich auf. Im nächsten Jahrzehnt begannen sie aber damit, die steuerlichen Rahmenbedingungen zu schaffen, die Grand Cayman zu einem wirtschaftlichen Machtzentrum machten, und die Infrastruktur zu entwickeln, die es zur führenden Insel des Tourismus in der Karibik werden ließ.

INSIDERWISSEN

NIEMALS „CAYMANS" SAGEN!

Wenn es etwas gibt, das die Einheimischen in Wallung bringt, dann ist es die Bezeichnung „die Caymans" für ihr Land. Warum, können sie auch nicht sagen, ebenso wenig wie die Bewohner von San Francisco wissen, warum es sie beim Ausdruck „Frisco" schaudert – es lässt sie einfach zusammenzucken. Sie bevorzugen für ihr Land den Namen „Cayman Islands" oder „Cayman" bzw. demnach auch: Kaimaninseln. Cayman Brac und Little Cayman werden als Paar die „Sister Islands" (Schwesterinseln) genannt, als einzelne Inseln natürlich bei ihren korrekten Namen.

Bevölkerung & Kultur

Jahrhundertelang blieben die Kaimaninseln ungestört, während sich der Rest der Welt in die Moderne stürzte. Vor nur 50 Jahren gab es kaum Touristen (von ein paar Abenteurern und leidenschaftlichen Anglern abgesehen), der Strom wurde ausschließlich von lauten Generatoren produziert, und die meisten Inselbewohner hatten gar keinen. Was sich seitdem entwickelte, insbesondere der Massentourismus und das internationale Bankengeschäft im großen Stil, kommt einer ausgewachsenen Kulturrevolution gleich.

Historisch setzte sich die Bevölkerung aus Briten, Jamaikanern und Afrikanern zusammen, doch heute sind die Kaimaninseln noch vielfältiger. Nordamerikaner sind stark vertreten, aber auch Europäer, Südamerikaner und Südostasiaten. Der große Zustrom ausländischer Arbeitskräfte – aus über 80 Ländern – hat dazu geführt, dass heute nur noch etwas mehr als die Hälfte der Einwohner auch auf den Kaimaninseln geboren wurde.

Natur & Umwelt

Geografie

Die Kaimaninseln liegen ca. 240 km südlich von Kuba und 290 km westlich von Jamaika und bestehen aus Grand Cayman und zwei kleineren Inseln – Cayman Brac und Little Cayman –, die sich 120 km weiter nordöstlich befinden und 8 km voneinander entfernt sind. Alle drei Inseln sind flach, Cayman Brac hat aber 43 m hohe Meeresklippen – die mit Abstand aufregendste Landschaft der Inseln. Tatsächlich sind die Kaimaninseln die Gipfel einer gewaltigen, unter dem Meer liegenden Gebirgskette, die kaum aus dem Kaimangraben, dem tiefsten Meeresgebiet der Karibik, herausragt.

Alle drei Inseln umgeben seichtes Wasser und ein Riffsystem, das zu den Gebieten mit der weltweit artenreichsten Unterwasserwelt gehört. An der Bloody Bay Wall vor der Nordküste von Little Cayman endet der Meeresboden in einer Tiefe von nur 5,5 bis 7,5 m, dann stützt die Steilwand über 1800 m in die Tiefe. Sie ist mit einer erstaunlichen Vielfalt an Korallen, Schwämmen und Seefächern bewachsen, und Tausende Meerestiere tummeln sich dort, beobachtet von dem einen oder anderen faszinierten Taucher.

Pflanzen & Tiere

Mit fast 200 einheimischen Vogelarten bieten die Inseln hervorragende Möglichkeiten zur Vogelbeobachtung. Wer sich aufmerksam umschaut, sieht Papageien, Tölpel, Goldbauch-Gilbammern, Reiher und Silberreiher. Auf den Inseln leben auch viele Reptilien, darunter Berühmtheiten wie Suppenschildkröten, Blaue Leguane und Wirtelschwanzleguane sowie unzählige gewöhnliche Geckos und Echsen (Letztere lassen sich gern mal in den Bädern von Luxushotels blicken). Die Kaimaninseln versuchen, eine Balance zwischen Umweltschutz und Entwicklung zu erreichen: Das Fahren auf dem Strand ist verboten, weil sonst Schildkrötenhabitate Schaden nehmen könnten, Leguane haben Vorfahrt, und es gibt viele Gebiete, wo das Angeln und Fischen verboten sind, damit sich die Bestände dort wieder erholen können.

Die Landschaft der Inseln ist trocken und mit Buschland bewachsen. Zu den giftigen Pflanzen gehören die Jungfernpflaume (ein Unkraut, dessen Säfte Ausschlag verursachen), die Juckbohne (eine Kletterpflanze mit dünnen Nadeln mit einer Art Widerhaken) und der hochgiftige Manchinelbaum, dessen Saft Blasen auf der Haut bildet. Daher niemals bei Regen unter einem Manchinelbaum unterstellen! Weitere einheimische Pflanzen sind die Koschinille, die als Shampoo verwendet und auch gegessen wird, sowie die Aechmea magdalenae (*pingwing*), aus deren mit Widerhaken besetzten Zweigen früher Naturzäune hergestellt wurden.

PRAKTISCHE INFORMATIONEN

Allgemeine Informationen

AKTIVITÄTEN

Angeln

Im warmen, sauberen Wasser rund um die Kaimaninseln wimmelt es nur so von Blauem Marlin, Thunfisch und Großen Goldmakrelen. Man kann ein Boot (halber Tag 600–800 US$, ganzer Tag 900–1200 US$) mit einem erfahrenen einheimischen Kapitän chartern und ein paar richtig dicke Fische an den Haken bekommen. Zu den Charterbootanbietern für Angeltouren gehören **Blue Water Excursions** (Karte S. 552; ☎ 925-8738; www.bluewaterexcursions.com; Cayman Islands Yacht Club, Yacht Dr, Governor's Creek; ⏲ halber Tag 600–800 US$) und **Bayside Watersports** (Karte S. 552; ☎ 928-2482; www.baysidewatersports.com; Batabano Rd, Morgan's Harbour).

Kajakfahren

Mehrere Veranstalter haben Kajakverleih und -touren im Programm, darunter Trips durch die Mangroven und zur Bio Bay:

Action Watersports (S. 555)
Cayman Kayaks (S. 564)
Sea Elements (S. 556)
Sweet Spot Kaibo (S.564)

Radfahren

Per Rad lassen sich die Kaimaninseln wunderbar erkunden.

Auf Grand Cayman ist der West Bay Loop (S. 561) sehr beliebt. Eco Rides (S. 566) bietet auch interessante Touren durch East End an. Auch Little Cayman lässt sich ideal mit dem Fahrrad entdecken, und alle Resorts halten für ihre Gäste Fahrräder bereit.

Tauchen & Schnorcheln

Die warmen Wassertemperaturen, die großartige Sicht und die robusten Riffe machen Grand Cayman zu einem Top-Ziel für Taucher. Bei Cayman Brac und Little Cayman gibt's sogar noch bessere, noch unberührtere Tauchplätze, doch auch rund um Grand Cayman kann man fantastisch tauchen und wird schwerlich enttäuscht sein.

Mehrere ausgezeichnete Resorts sind fast ausschließlich auf Taucher ausgerichtet, darunter das Sunset House (S. 557), das Cobalt Coast (S. 561), das Compass Point (S. 566) und das Lighthouse Point (S. 561). Diese Resorts bieten Rabatte auf Tauchpakete, Ausrüstungsverleih und -lagerung sowie hervorragende Tauchmöglichkeiten direkt von der Küste aus.

Auf der Insel gibt's viele andere Tauchzentren, besonders in George Town und entlang des

Seven Mile Beach. Viele bieten den leichten Zugang zu einem „Hausriff" sowie Tauchboote und Ausrüstungsverleih. Tauchgänge mit zwei Tauchflaschen kosten in der Regel zwischen 105 und 115 US$.

Die Resorts auf Little Cayman und Cayman Brac richten sich nahezu ausschließlich an Taucher und bieten den Zugang zu zahlreichen guten Tauchplätzen.

BARRIEREFREI REISEN

Grand Cayman ist ein relativ behindertenfreundliches Reiseziel.

- Viele Hotelanlagen haben barrierefreie Zimmer, darunter das **Ritz-Carlton** (Karte S. 552; ☎ 943-9000; www.ritzcarlton.com; West Bay Rd, Seven Mile Beach; Zi. ab 720 US$; ❄ @ 📶 🏊) und die Sunshine Suites (S. 556). Etliche Restaurants und Einkaufszentren auf der Insel sind ebenfalls behindertengerecht.
- Weitere behindertenfreundliche Angebote sind z. B. der Verleih von Strandrollstühlen. 2018 wurden an den Hotelstränden der Insel Mobi-Mats installiert. Sie ermöglichen es Rollstuhlfahrern, problemlos ans Meer zu gelangen.
- **Accessible Caribbean Vacations** (☎ aus den USA 1-888-490-1280; www.accessiblecaribbeanvacations.com) bietet Besichtigungstouren und Schnorchelexkursionen (inklusive Stingray City) für Rollstuhlfahrer.
- Rollstuhlgerechte Aktivitäten sind u. a. der Besuch des Queen Elizabeth II Botanic Park (S. 564) und des **Cayman Turtle Center** (Karte S. 552; ☎ 949-3894; www.turtle.ky; 786 Northwest Point Rd; Tour zur Schildkrötenbeobachtung Erw./Kind 18/9 US$, Abenteuertour 45/25 US$; ⏲ 8–17 Uhr, letzter Einlass 16.30 Uhr).
- Rollstuhlgerechte Boote und Transporter stehen für Ausflüge bereit.
- In George Town und am Seven Mile Beach gibt's gepflegte Bürgersteige, von denen die meisten mit Rampen ausgestattet sind. (Außerhalb der Hauptstadt sind Bürgersteige nicht üblich.)

Eine große Hürde für Rollstuhlfahrer gibt's allerdings. Die Kreuzfahrtschiffe legen nicht an einem Pier an, sondern bringen ihre Passagiere in Begleitbooten an Land. Diese kleineren Boote haben zwar Rampen, die das Zu- und Aussteigen von Rollstuhlfahrern erleichtern, aber schlechtes Wetter oder andere Faktoren können den Zustieg manchmal unmöglich gestalten.

BOTSCHAFTEN & KONSULATE

Deutsche müssen sich an die Botschaft in Kingston, Jamaika, wenden.

Österreichisches Honorarkonsulat (☎ 916-6688; Pasadora Place 31, Sith Road, George Town, Grand Cayman)

Schweizer Konsulat (☎ 326-4385; 13 Staghorn Close, Coral Gables, Grand Cayman)

> **PREISKATEGORIEN ESSEN**
>
> Die folgenden Preise beziehen sich auf ein Hauptgericht.
>
> **$** bis 15 US$
>
> **$$** 15–25 US$
>
> **$$$** über 25 US$

ESSEN

Fast überall auf den Kaimaninseln isst man großartig (wenn auch nicht billig). Die Kombination aus einem großen internationalen Bevölkerungsanteil und vielen zahlungskräftigen Kunden hat zur Folge, dass keine Mühe gescheut wird, um frische Lebensmittel und Spezialitäten aus der ganzen Welt zu importieren. Zudem ist das Interesse an Speisen, die direkt vom Hof auf den Teller kommen (*farm to table*; hier vielleicht auch *sea to table*, vom Meer direkt auf den Teller), sprunghaft gestiegen.

Typische Gerichte & Getränke

Die Küche auf den Kaimaninseln dreht sich meistens um Fisch und Meeresfrüchte; auf die folgenden lokalen Spezialitäten sollte man aber achten:

Conch (Fechterschnecke) Steht häufig auf Restaurantkarten – man sollte aber nach gezüchteten Schnecken schauen, denn die wild lebenden sind gefährdet. Die große, rosafarbene Schnecke wird mit Zwiebel und Gewürzen in einem Eintopf gekocht, als Kroketten gebraten oder roh geschnitten und mit einer Limettenmarinade serviert.

Jelly Ice Gekühltes Kokosnusswasser, das aus der Schale gelutscht wird.

Mannish Water Suppe aus Yamswurzel und dem Kopf und Fuß einer Ziege; soll angeblich Impotenz heilen.

Mudslide Ein cremiger Cocktail mit Kahlúa, Baileys und Wodka – wahrscheinlich erfunden am Rum Point.

Tortuga Rum Cake Ein schwerer, feuchter Kuchen, den es in zahlreichen leckeren Geschmacksrichtungen gibt; ein tolles Souvenir für zu Hause.

Schildkröteneintopf Das Nationalgericht wirkt auf manche vielleicht unappetitlich, aber das Schmoren von (gezüchteten) Suppenschildkröten ist eine beliebte Tradition. Die Eintöpfe enthalten oft das Fleisch und Fett sowie die Flossen und Organe der Tiere.

FEIERTAGE

Neujahr 1. Januar

Nationaler Heldentag vierter Montag im Januar

PRAKTISCH & KONKRET

Maße & Gewichte Auf den Kaimaninseln wird das britische Maßsystem benutzt.

Rauchen Das Rauchen ist an allen öffentlichen Orten verboten, darunter Bars, Restaurants, Hotels, Parks und öffentliche Verkehrsmittel. Einige Freiluftbars und -restaurants verfügen über gekennzeichnete Raucherbereiche. In Hotels ist das Rauchen auf Balkons und Terrassen – nicht aber in den Räumen – meist erlaubt.

Aschermittwoch erster Mittwoch der Fastenzeit (meist Ende Februar)
Karfreitag Freitag vor Ostern
Ostermontag Montag nach Ostern
Tag der Entdeckung (Discovery Day) dritter Montag im Mai
Offizieller Geburtstag des britischen Königs Das genaue Datum stand bei Redaktionsschluss noch nicht fest; es kann vom tatsächlichen Geburtsdatum King Charles' III. abweichen.
Tag der Verfassung erster Montag im Juli
Volkstrauertag (Remembrance Day) zweiter Montag im November
1. Weihnachtsfeiertag 25. Dezember
2. Weihnachtsfeiertag 26. Dezember

FREIWILLIGENARBEIT

Neben den im Folgenden aufgeführten Optionen unterhält **Volunteer Me** (www.volunteerme.ky) eine Datenbank mit Angeboten für Freiwillige.

Blue Iguana Recovery Program (S. 564) Im Salina Reserve und im Colliers Wilderness Reserve arbeiten die Freiwilligen hart: Sie warten u. a. Wege, bauen Zäune, graben Schildkrötennester und zählen Leguane.

Cayman Islands Humane Society (Karte S. 558; ☎949-1461; www.caymanislandshumanesociety.com; 153 North Sound Rd; ⊙Mo–Fr 11–17, Sa 8–16, So 8–12 Uhr) Diese Organisation benötigt Freiwillige, die u. a. Hunde ausführen, Katzen pflegen oder in der Verwaltung, Veranstaltungsorganisation und Spendenbeschaffung helfen wollen.

Central Caribbean Marine Institute (S. 571) Wer sich für das einwöchige Progamm Dive on the EDGE anmeldet, kann dabei helfen, verschiedene Arten von Korallen und Meereslebewesen rund um Little Cayman zu identifizieren, zu fotografieren und zu katalogisieren.

National Gallery (S. 554) Auch die führende kulturelle Einrichtung der Kaimaninseln braucht Unterstützung durch Freiwillige.

Reef Environmental Education Foundation (REEF; www.reef.org) Taucher und Schnorchler können bei Untersuchungen der Meereswelt helfen, z. B. bei der Great Annual Fish Count (www.fishcount.org), der großen jährlichen Fischzählung.

GELD

Es gibt viele Geldautomaten, die sowohl US-Dollar als auch Cayman Islands Dollar (CI$) ausgeben. Die meisten Hotels und Restaurants akzeptieren Kreditkarten.

Trinkgeld

Trinkgeld ist ein wichtiger Teil der Kultur. Man sollte seine Zufriedenheit unbedingt mit einer Zuwendung zeigen.
Restaurants In der Regel sind in der Rechnung bereits 15 bis 18 % Trinkgeld enthalten. Falls nicht, gibt man zwischen 15 und 18 % Trinkgeld (bei außergewöhnlich gutem Service auch mehr).
Hotelanlagen Oft sind 15 % Serviceentgelt in der Rechnung enthalten. Andernfalls ist es üblich, dem Zimmerreinigungspersonal 1 bis 3 US$ pro Tag zu geben.
Taxis 10 %
Tourguides 10 US$ für eine halbtägige Tour.

Wechselkurse

Eurozone	1 €	0,84 CI$
Schweiz	1 CHF	0,85 CI$
USA	1 US$	0,82 CI$

Weitere Wechselkurse siehe www.xe.com.

INTERNETZUGANG

Die Kaimaninseln bieten einen guten Zugang ins Internet. Die meisten Hotels und Ferienwohnungen sowie viele Cafés und öffentliche Gebäude verfügen über WLAN.

LGBT-REISENDE

Die gleichgeschlechtliche Ehe wurde auf den Kaimaninseln im März 2019 legalisiert, die Inseln sind aber sehr konservativ, daher ist Diskretion angebracht. Die meisten Hotels nehmen gleichgeschlechtliche Paare auf, doch alle Arten von Zärtlichkeiten in der Öffentlichkeit sind tabu. Schwulenbars oder -clubs gibt's auf den Kaimaninseln nicht, die **OBar** (Karte S. 558; ☎947-5691; www.facebook.com/ObarNightClub; Queens Court Plaza, West Bay Rd, Seven Mile Beach; ⊙Fr 23.30–4 Uhr) zieht jedoch einige LGBT-Gäste an.

MEDIZINISCHE VERSORGUNG

Auf den Kaimaninseln ist die medizinische Versorgung nicht kostenlos. Alle Einwohner der Kaimaninseln müssen eine Krankenversicherung haben, und alle Besucher sollten eine abschließen. Auf den Inseln gibt's ausgezeichnete medizinische Einrichtungen:

Cayman Islands Hospital (S. 560) Die medizinische Einrichtung auf Grand Cayman verfügt über eine hochmoderne Druckkammer.

Faith Hospital (S. 569) Das moderne Krankenhaus ist sowohl für Cayman Brac als auch für Little Cayman zuständig.

Health City (☎ 640-4040; www.healthcitycaymanislands.com; 1283 Sea View Rd; ⏲ 24 Std.) Das innovative Krankenhaus ist auf fortschrittliche und komplexe Behandlungsmethoden und Medizintourismus spezialisiert. Es gibt auch eine Intensivstation zur Behandlung von Notfällen.

MIT KINDERN REISEN

Die Kaimaninseln sind ein fantastisches Reiseziel für Familien, denn hier locken zahlreiche Attraktionen und Aktivitäten, die Kindern Spaß machen, und viele Einrichtungen, die den Eltern das Leben erleichtern.

Die Strände von Grand Cayman eignen sich mit ihrem warmen, ruhigen Wasser und dem glitzernden weißen Sand wunderbar für Kinder. Am Seven Mile Beach (S. 553) gibt's die meisten Einrichtungen, darunter auch einen Spielplatz, doch eigentlich kann man mit den Kids an jeden Strand gehen. Der Starfish Point (S. 564) ist ein gigantisches „Streichel"-Aquarium, in dem unzählige Seesterne nur darauf warten, entdeckt zu werden. (Man sollte darauf achten, dass die Kinder die Seesterne nicht aus dem Wasser nehmen, weil die Tiere dann sterben.)

Wenn die Familie mal eine Pause vom Strand braucht, bietet das Cayman National Museum (S. 554) Multimediapräsentationen und kinderfreundliche Ausstellungen zur Geschichte der Insel. Die Crystal Caves (S. 563) sind ein fantastischer Ort für Kinder (und Erwachsene).

Die anderen beiden Inseln sind eher auf Taucher als auf Familien eingestellt, doch die Kinder werden sicher begeistert die **Höhlen** (S. 568) auf Cayman Brac erkunden oder Owen Island (S. 570) in der Nähe von Little Cayman erforschen.

Ein Urlaub auf den Kaimaninseln ist zweifellos mit vielen Aktivitäten verbunden, besonders, wenn man mit Kindern reist. Das Angebot an Wasseraktivitäten scheint endlos:

➡ Smith's Cove (S. 553) Schnorcheln mit Fischen und manchmal sogar Tintenfischen in warmem, ruhigem Wasser.

➡ **Oasis Aqua Park** (Karte S. 558; ☎ 323-3394; www.oasisaquaparkcayman.com; Erw./Kind 30/25 US$ pro Std.; ⏲ Mo–Fr 9–16, Sa & So 9–17 Uhr; 👪) Ein aufblasbarer schwimmender Spielplatz, der garantiert für Spaß sorgt.

➡ Kajakfahren (S. 555) Eine Paddeltour durch die Bio Bay ist für Kinder ein tolles Erlebnis.

➡ Atlantis Adventure (S. 556) Die Unterwasserwelt erforschen, ohne nass zu werden!

➡ Stingray City (S. 555) Begegnungen mit Stachelrochen aus nächster Nähe, gefolgt von ein paar Pausen an einfachen Schnorchelplätzen.

Zurück auf dem Trockenen warten auch auf kleine Landratten schöne Erlebnisse, z. B. Reitausflüge im Barkers National Park (S. 560) und Radtouren auf dem West Bay Loop (S. 561).

Gut zu wissen

Ferienwohnungen sind auf Grand Cayman allgegenwärtig, mit mehreren Schlafzimmern, Wohnbereich und Küche ideal für Familien. Auch die meisten Hotelanlagen haben viele Zimmer für vier oder mehr Personen. Die Hotels und Resorts bieten auch Babysitter-Service und ein Programm mit Aktivitäten für Kinder an.

RECHTSFRAGEN

Die Polizei zeigt auf den Kaimaninseln sichtbare Präsenz, wenngleich sie schon für ihre mangelnde Reaktionsbereitschaft bei Problemen von Touristen kritisiert wurde.

Auf den Kaimaninseln sind alle Drogen illegal und die Drogengesetze werden strikt angewendet.

Auch das Wegwerfen von Müll und Abfall ist strafbar und kann mit Geldstrafen (bis zu 500 CI$) und sogar Gefängnis geahndet werden.

Der Besitz von Waffen ist streng verboten.

STROM

Die Netzspannung beträgt 120 V bei einer Frequenz von 60 Hz; die Stecker sind zwei- und dreipolig wie die in den USA.

TELEFON

Für Ortsgespräche wählt man einfach die siebenstellige Telefonnummer ohne Länder- oder Ortsvorwahl.

Landesvorwahl	☎ 1
Ortsvorwahl	☎ 345

Handys

GSM-Handys sind kompatibel mit lokalen SIM-Karten. Es gibt auch 3G-Dienste. Die

PREISKATEGORIEN UNTERKUNFT

Die folgenden Preise beziehen sich auf ein Doppelzimmer in der Hauptsaison (Mitte Dezember bis Mitte April).

**$** bis 150 US$

**$$** 150–250 US$

**$$$** über 250 US$

Hauptanbieter sind Digicel (www.digicelcayman.com) und Discover Flow (www.discoverflow.ky).

UNTERKUNFT

Die Strände der Kaimaninseln, besonders den Seven Mile Beach, säumen gehobene Hotelanlagen und Ferienwohnungen, vereinzelt gibt's aber auch unabhängige Hotels und Pensionen. Die Preise sind hoch – aber auch das Niveau der Unterkünfte.

Eine Unterkunft finden

Cayman Villas (Karte S. 552; ☎800-235-5888; www.caymanvillas.com; 177 Roberts Dr; ⊙Mo–Fr 9–17 Uhr) Dieser bewährte Anbieter offeriert Ferienunterkünfte für einzelne Übernachtungen, aber auch für längere Aufenthalte auf sämtlichen Kaimaninseln. Hinsichtlich Größe, Stil und Lage gibt's eine breite Auswahl; jede Unterkunft wird sorgfältig geprüft, um ein hohes Niveau hinsichtlich Qualität und Komfort zu sichern.

ZEIT

Auf den Kaimaninseln gilt die Eastern Time Zone (EST): MEZ minus sechs Stunden, MESZ minus sieben Stunden.

An- & Weiterreise

Einst erreichten Abenteurer die Kaimaninseln mit dem Piratenschiff, später kamen sie stattdessen mit dem Wasserflugzeug. Auch heutige Besucher sind auf Schiffe und Flugzeuge angewiesen – inzwischen sind es aber in der Regel komfortable Kreuzfahrtschiffe und Düsenflugzeuge.

FLUGZEUG

Der **Owen Roberts International Airport** (GCM; Karte S. 558; ☎943-7070; www.caymanairports.ky) ist das Haupttor der Kaimaninseln zum Rest der Welt. Von hier starten Flüge nach Nordamerika und Großbritannien.

Neben großen internationalen Fluggesellschaften wie American Airlines und British Airways bietet die einheimische Airline **Cayman Airways** (www.caymanairways.com) Flüge nach Kuba, Jamaika und Honduras sowie in die USA (Chicago, Dallas, Miami, New York, Tampa und Washington) an.

ÜBERS MEER

Unzählige Kreuzfahrtschiffe gehen in George Town vor Anker. Es gibt keinen Tiefseehafen, daher werden die Passagiere in Beibooten an Land und zurückgebracht. Auf der Website der Cayman Port Authority (www.caymanport.com) erfährt man, welche Kreuzfahrtschiffe wann im Hafen sein werden.

Unterwegs vor Ort

Auf den Kaimaninseln verkehren keine Fähren, auf Grand Cayman gibt's aber öffentliche Verkehrsmittel.

AUTO & MOTORRAD

Private Fahrzeuge sind ein wesentlicher Bestandteil des Insellebens und es gibt jede Menge Parkplätze. Verglichen mit Großstädten ist der Verkehr auf den Inseln zwar gering, doch in und um George Town und den Seven Mile Beach kann er erstaunlich stark sein, besonders zu Stoßzeiten.

➡ Es wird links gefahren (überall auf den Inseln erinnern Schilder daran).

Autovermietung

Die meisten Mietwagen haben Automatikschaltung, manche Geländewagen aber manuelle Schaltung. Auf Grand Cayman ist die Auswahl an Modellen groß und die Preise sind recht niedrig, auf Cayman Brac ist das Angebot kleiner. Auf allen drei Inseln werden Roller vermietet.

Fahrer müssen auf den Kaimaninseln mindestens 21 Jahre alt sein. Bei einigen Autoverleihern schließen die Versicherungen Fahrer unter 25 Jahren aus – dies sollte man im Vorfeld mit dem jeweiligen Anbieter klären.

Die angegebenen Preise sind zwar manchmal erstaunlich niedrig, zum Tagesmietpreis kommen aber noch eine variable Umweltabgabe (4–8 US$) und eine Lizenzgebühr (ca. 2–3,50 US$ pro Tag) hinzu.

Verkehrsregeln

➡ Es wird links gefahren.

➡ Das Anlegen des Sicherheitsgurts ist Pflicht.

➡ Die Geschwindigkeitsgrenzen sind niedrig; üblich sind 25 mph (40 km/h).

➡ Leguane haben Vorfahrt. Einfach gesagt sollte man die gefährdeten Echsen nicht überfahren!

BUS

Minibusse fahren vom Busbahnhof in **George Town** (Karte S. 558; Ecke Fort & Edward St) aus in andere Gegenden Grand Caymans.

FAHRRAD

Fahrräder sind auf allen drei Inseln erhältlich, oft sind sie im Unterkunftspaket inbegriffen. Die flachen Landschaften, die recht geringe Verkehrsdichte und der herrliche Ausblick aufs Meer machen Fahrradfahren zu einem echten Vergnügen.

FLUGZEUG

Auf jeder der Inseln gibt's einen kleinen Flughafen. **Cayman Airways Express** (www.caymanairways.com), eine Tochtergesellschaft von Cayman Airways, verbindet alle Inseln miteinander.

Kuba

☎53 / 11,3 MIO. EW.

Inhalt ➜

Gut essen

- Lamparilla 361 Tapas & Cervezas (S. 600)
- Doña Eutimia (S. 600)
- Tres Jotas (S. 613)
- La Redacción Cuba (S. 621)
- Restaurant Florida Center (S. 617)

Schön übernachten

- Malecón 663 (S. 597)
- Hotel Ordoño (S. 634)
- Roy's Terrace Inn (S. 630)
- Hotel Iberostar Parque Central (S. 597)

Auf nach Kuba!

Den Sonnenhut und ein Buch mit Gedichten von José Martí eingepackt, dann kann die Entdeckung der beschwingten, kultivierten und schönen Magie Kubas beginnen.

Kuba ist komplex, widersprüchlich und sehr eigenwillig, darum lässt sich sein Charakter schwer in einem einzigen Satz erfassen. Doch genau das macht seine eigentliche Schönheit aus. Egal, wie oft man dieses beherzte karibische Land mit seiner verwirrenden Bürokratie und der lebhaften Musik besucht, man wird immer mit mehr Fragen als Antworten im Gepäck zurückkehren. In einem Moment ist es heiß und frustrierend, im nächsten herzerwärmend und eine Erfahrung, die demütig stimmt. An einem Tag ist alles verständlich, am nächsten ergibt nichts mehr einen Sinn. Ob in den theatralischen Straßen Havannas oder an den einsamen Stränden der Isla de la Juventud, Kuba rüttelt Besucher mit seiner rätselhaften Einzigartigkeit auf. Willkommen in einem Land, wie es kein zweites gibt!

Reisezeit

Nov.–März Hochsaison mit kühlerem Wetter und 30 % höheren Preisen; Vorabbuchungen in Hotels notwendig.

April & Okt. Eine gute Zeit für Schnäppchen, aber rund um Ostern steigen die Preise und die Besucherströme nehmen zu.

Mai, Juni & Sept. Weniger Besucher, aber einige Resorts bieten weniger Zimmer an oder schließen ganz.

Highlights

1 **Havanna** (S. 581) In einer *casa particular* inmitten der Pracht absteigen, die das Straßentheater der Stadt bietet.

2 **Santiago de Cuba** (S. 626) Die Geschichte, die Musik und den Charme von Kubas zweitgrößer Stadt erleben.

3 **Viñales** (S. 612) Durch einige der außergewöhnlichsten Naturlandschaften des Landes radeln und wandern.

4 **Baracoa** (S. 634) Den skurrilen Außenposten in Kubas Osten mit dichter Vegetation besuchen.

5 **Camagüey** (S. 623) In der Stadt der Tonwaren, verwinkelten Gassen und halbvergessenen Kirchen einen verlängerten Boxenstopp einlegen.

6 **Trinidad** (S. 619) In Kubas historischster Stadt entspannte koloniale Plätze entdecken.

7 **Varadero** (S. 615) Sich an einem der schönsten Strände der Karibik – nein, der Welt! – ausstrecken.

HAVANNA

☎7 / 2,1 MIO.

Havanna hätte man nicht erfinden können: Es ist viel zu wagemutig, viel zu widersprüchlich und – obwohl es 60 Jahre lang dem Verfall überlassen wurde – einfach viel zu schön für diese Welt. Keine Ahnung, wie die Stadt das schafft. Vielleicht ist es die lange Geschichte der Piraterie, des Kolonialismus und der Gangsterherrschaft, vielleicht liegt es auch am Überlebenswillen der Bevölkerung, die von zwei Unabhängigkeitskriegen, einer Revolution und dem Handelsembargo der USA geprägt ist. Oder aber es hat etwas mit der rastlosen Salsa-Energie zu tun, die die Menschen ausstrahlen und die von den Wänden abprallt. Besucher sollten nicht mit einer Liste von Fragen herkommen, sondern unvoreingenommen sein und sich darauf einstellen, ganz allmählich von der Stadt verzaubert zu werden.

Habana Vieja

★ Plaza de la Catedral — PLATZ

(Karte S. 582) Der gleichförmigste Platz in Habana Vieja ist ein wahres Museum des kubanischen Barocks. Alle umliegenden Gebäude, darunter auch die faszinierende asymmetrische Kathedrale der Stadt, stammen aus dem 18. Jh. Trotz dieser Homogenität ist dies der neueste der vier Plätze in der Altstadt: Auch sein heutiger Grundriss stammt aus dem 18. Jh.

Die **Casa del Lombillo** an der Ostseite des Platzes wurde 1741 erbaut und war einst ein Postamt – der ornamentale Steinmasken-Briefkasten in der Wand ist noch in Betrieb. Seit 2000 dient das Gebäude als Büro des Stadthistorikers. An der Westseite steht der majestätische **Palacio de los Marqueses de Aguas Claras**, der 1760 fertiggestellt wurde und weithin für die Schönheit seines andalusischen Patios gepriesen wird. Die Südseite des Platzes nimmt der prächtige 1720 erbaute **Palacio de los Condes de Casa Bayona** ein, in dem sich heute das **Museo de Arte Colonial** (Karte S. 582; San Ignacio No 61; 2 CUC$; ⌚9.30–16.45 Uhr) befindet.

★ Catedral de la Habana — KATHEDRALE

(Karte S. 582; Ecke San Ignacio & Empedrado; ⌚Mo–Fr 9–16.30, Sa & So bis 12 Uhr) GRATIS „In Stein gehauene Musik“, so beschrieb der kubanische Schriftsteller Alejo Carpentier einst Havannas unbeschreibliche Kathedrale, die vom italienischen Architekten Francesco Borromini entworfen wurde. Sie wird von zwei ungleichen Türmen dominiert und von einer dramatischen Barockfassade umrahmt. Jesuiten begannen 1748 mit dem Bau der Kirche und die Arbeiten wurden trotz ihrer Vertreibung 1767 fortgesetzt. Mit der Fertigstellung des Gebäudes 1787 wurde die Diözese von Havanna gegründet und aus der Kirche wurde eine Kathedrale – eine der ältesten des amerikanischen Kontinents.

Die sterblichen Überreste von Christoph Kolumbus wurden 1795 aus Santo Domingo hierhergebracht und aufbewahrt, bis sie 1898 in die Kathedrale von Sevilla nach Spanien umgebettet wurden.

Eine Besonderheit der Kathedrale ist ihr Interieur, das eher neoklassizistisch als barock und relativ nüchtern wirkt. Die Fresken über dem Altar stammen aus dem späten 18. Jh., aber die Gemälde an den Seitenwänden sind Kopien von Werken von Bartolomé Esteban Murillo und Peter Paul Rubens. Den kleineren der beiden Türme kann man für 1 CUC$ erklimmen.

★ Museo de la Ciudad — MUSEUM

(Karte S. 582; Tacón No 1; 3 CUC$; ⌚9.30–18 Uhr) Auch ohne Exponate wäre Havannas Stadtmuseum dank der Tatsache, dass es in einem opulenten Palast untergebracht ist, ein kulturelles Schwergewicht. Der **Palacio de los Capitanes Generales** nimmt die komplette Westseite der Plaza de Armas ein und stammt aus den 1770er-Jahren. Er ist ein Paradebeispiel der kubanischen Barockarchitektur und aus den Felsen der nahen Steinbrüche von San Lázaro gehauen. Seit 1968 beherbergt er ein Museum.

Von 1791 bis 1898 war der Palast die Residenz der spanischen Generalkapitäne. Von 1899 bis 1902 hatten hier die US-amerikanischen Militärgouverneure ihren Sitz und in den ersten beiden Jahrzehnten des 20. Jhs. diente das Gebäude kurzzeitig als Präsidentenpalast. Heute ist es ein Museum, das sich majestätisch um einen herrlichen Innenhof erstreckt, den eine weiße Marmorstatue von Christoph Kolumbus ziert. Unter den ausgestellten (teilweise leicht angestaubten) Exponaten sind historische Möbel, Militäruniformen und alte Pferdekutschen, doch die eigentlichen historischen Highlights sind das Boot, mit dem Antonia Maceo 1896 die Trocha de Mariel überquer-

Habana Vieja

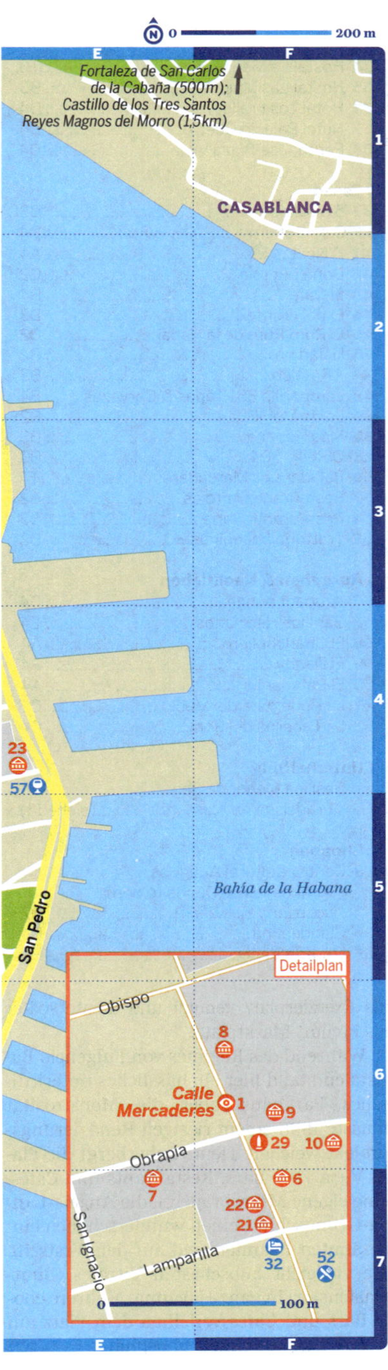

te, eine Kanone, die die Mambís (Soldaten im Kubanischen Unabhängigkeitskrieg) 1897 von den Spaniern eroberten, und Kubas erste Fahne, die Narciso López 1850 in Cardénas hisste. Audioguides (5 CUC$) stehen in spanischer und englischer Sprache zur Verfügung.

Calle Mercaderes STRASSE

(Karte S. 582) Die kopfsteingepflasterte, autofreie Calle Mercaderes (Kaufmannsstraße) wurde vom Amt des Stadthistorikers aufwendig restauriert und ist eine fast perfekte Replik der grandiosen Hochwasserpromenade aus dem 18. Jh. Hier findet man zwischen Museen, Geschäften und Restaurants auch ein paar gut funktionierende Sozialprojekte, etwa ein Entbindungsheim und eine Papierherstellungskooperative.

Die meisten der unzähligen Museen sind gratis, z. B. die **Casa de Asia** (Calle Mercaderes No 111; Di–Sa 10–18, So 9–13 Uhr) GRATIS mit Gemälden und Skulpturen aus China und Japan, der zu einem Museum umfunktionierte frühere Waffenladen **Armería 9 de Abril** (Calle Mercaderes No 157; Di–Sa 9–17, Mo 13–17 Uhr) GRATIS, der an besagtem Datum 1958 von Revolutionären gestürmt wurde, und das **Museo de Bomberos** (Ecke Mercaderes & Lamparilla; Mo–Sa 10–18 Uhr) GRATIS, das vorsintflutliche Feuerwehrausrüstungen zeigt und den 19 Feuerwehrmännern aus Havanna gewidmet ist, die bei einem Eisenbahnbrand 1890 ihr Leben verloren.

Gleich abseits der Mercaderes, in der Obrapía, lohnt sich ein Abstecher zur **Casa de África** (Obrapía No 157 Di–Sa 9.30–17, So bis 13 Uhr) GRATIS. Sie beherbergt Sakralgegenstände der Santería und der geheimen Abakuá-Bruderschaft, die vom Ethnografen Fernando Ortíz zusammengetragen wurden.

Die Ecke Mercaderes und Obrapía versprüht internationales Flair mit einer Bronze-**Statue von Simón Bolívar,** dem Befreier Lateinamerikas (Ecke Mercaderes & Obrapía) und dem **Museo de Simón Bolívar** (Calle Mercaderes No 160; Di–Sa 9–17, So bis 13 Uhr) auf der anderen Straßenseite, das Bolívars Leben und Werk gewidmet ist. Die **Casa de México Benito Juárez** (Obrapía No 116; 1 CUC$; Di–Sa 10.15–17.45, So 9–13 Uhr) zeigt mexikanische Volkskunst und zahlreiche Bücher, aber nicht besonders viel von Juárez (Mexikos erstem indigenen Präsidenten). Gleich östlich steht die **Casa Oswaldo Guayasamín** (Obrapía No 111; Di–So 9–16.30 Uhr), heute ein Museum, aber einst das Atelier des großen

Habana Vieja

Highlights
1 Calle Mercaderes F6
2 Catedral de la Habana C2
3 Museo de la Ciudad D2
4 Plaza de la Catedral C2
5 Plaza Vieja D4

Sehenswertes
6 Armería 9 de Abril F7
7 Casa de África E7
8 Casa de Asia F6
9 Casa de México Benito Juárez F6
10 Casa Oswaldo Guayasamín F6
11 Castillo de la Real Fuerza D2
12 Edificio Bacardí A3
13 El Caballero de París D4
14 El Ojo del Ciclón A3
15 Fuente de los Leones D4
16 Iglesia del Santo Ángel Custodio A2
17 Iglesia y Convento de Nuestra Señora de la Merced D6
18 Iglesia y Monasterio de San Francisco de Asís D4
19 La Conversación D3
20 Museo de Arte Colonial C2
21 Museo de Bomberos F7
22 Museo de Simón Bolívar F7
23 Museo del Ron E4
24 Palacio del Segundo Cabo D2
25 Parroquial del Santo Cristo del Buen Viaje A4
26 Plaza de San Francisco de Asís D4
27 Plaza del Cristo A4
28 Plazuela de Santo Ángel B2
29 Simón-Bolívar-Statue F6

Aktivitäten, Kurse & Touren
Free Walking Tour Havana (siehe 28)
30 La Casa del Son B3

Schlafen
31 Greenhouse D6
32 Hostal Conde de Villanueva F7
33 Hostal El Encinar B2
34 Hostal La Maestranza B1
35 Hostal Las Maletas B3
36 Hotel Los Frailes D4
37 Hotel Palacio Cueto D4
38 Penthouse Plaza Vieja D4

Essen
39 5 Sentidos B3
40 Café Bohemia D4
41 D'Next A4
42 Doña Eutimia C2
43 El Café B4
44 El del Frente B3
45 El Rum Rum de la Habana B2
46 Helad'oro B2
47 Il Rustico B3
48 Lamparilla 361 Tapas & Cervezas B4
49 Lo de Monik B2
50 Más Habana B3
51 O'Reilly 304 B3
52 Paladar Los Mercaderes F7
53 Restaurante Antojos B2
54 Restaurante Paris C2
55 Trattoria 5esquinas B2

Ausgehen & Nachtleben
56 Azúcar Lounge D4
57 Bar Dos Hermanos E4
58 El Chanchullero A4
59 El Dandy B4
60 El Patchanka A4
61 La Bodeguita del Medio C2
62 La Taberna del Son C4

Unterhaltung
Basílica Menor de San Francisco de Asís (siehe 15)

Shoppen
63 Centro Cultural Antiguos Almacenes de Deposito San José D7
64 Clandestina B4
65 Librería Venecia B3

ecuadorianischen Künstlers, der Fidel in zahlreichen Posen malte.

Die Mercaderes lockt darüber hinaus mit zahlreichen restaurierten Läden, darunter ein Parfümgeschäft und ein Gewürzladen. Einfach mal bummeln gehen.

Plaza Vieja PLATZ

(Alter Platz; Karte S. 582) Die Plaza Vieja wurde 1559 erbaut und ist aus architektonischer Sicht zweifellos der vielfältigste Platz in ganz Havanna. Hier schmiegt sich kubanischer Barock nahtlos an von Gaudí inspirierte Art nouveau. Ursprünglich hieß die Plaza Vieja Plaza Nueva (Neuer Platz), wurde vom Militär als Exerzierplatz genutzt und diente später als Freiluft-Marktplatz.

Während des Regimes von Fulgencio Batista entstand hier ein hässliches unterirdisches Parkhaus, aber die Monstrosität musste 1996 einem riesigen Renovierungsprojekt weichen. Heute beherbergt die Plaza Vieja viele Bars, Restaurants und Cafés, eine eigene Mikrobrauerei, die Angela-Landa-Grundschule, einen wunderschönen eingezäunten Brunnen und auf der Westseite die vielleicht hübschesten Vitrales (Buntglasfenster) in ganz Havanna. Mehrere coole Bars und Cafés verleihen dem Platz am Abend eine gesellige Atmosphäre.

Castillo de la Real Fuerza FESTUNG

(Karte S. 582; Plaza de Armas; 3; ⌚ Di–So 9.30–17 Uhr) Auf der dem Meer zugewandten Seite der Plaza de Armas steht eines der ältesten noch erhaltenen Forts des amerikanischen Kontinents. Es wurde zwischen 1558 und 1577 an der Stelle einer früheren Festung erbaut, die 1555 von französischen Freibeutern zerstört wurde. Die imposante Burg ist von einem beeindruckenden Graben umringt und beherbergt das **Museo de Navegación**, das die Geschichte der Festung und der Altstadt erzählt und ihre Verbindungen zum ehemaligen Spanischen Kolonialreich erläutert. Das riesige maßstabsgetreue Modell der Galeone *Santíssima Trinidad* sollte man nicht verpassen.

Den Westturm krönt eine Kopie der berühmten bronzenen Wetterfahne namens **La Giraldilla**. Das Original goss Jerónimo Martínez Pinzón 1632 in Havanna. Es wird gemeinhin angenommen, dass es sich bei der Figur um Doña Inés de Bobadilla, die Frau des Seefahrers und Goldsuchers Hernando de Soto, handelt. Das Original wird heute im Museo de la Ciudad aufbewahrt. Die Figur ziert auch das Label des Rummarke Havana Club.

Palacio del Segundo Cabo MUSEUM

(Karte S. 582; ☎ 7-801-7176; http://segundocabo.ohc.cu; O'Reilly No 4; 10 CUC$; ⌚ Di–Sa 9.30–17, So bis 13 Uhr; 👪) GRATIS Das schöne Barockgebäude in der Nordwestecke der Plaza de Armas wurde 1772 als Hauptquartier des spanischen Vizegouverneurs erbaut. Nach zahlreichen Zweckentfremdungen als Postamt, als Palast des Senats, des Obersten Gerichts und der Academia Nacional de Artes y Letras wurde das Haus 2016 als facettenreiches **Museum**, das sich den kubanisch-europäischen kulturellen Beziehungen widmet, wieder eröffnet. Es ist großartig gestaltet und nutzt moderne Medien, um verschiedene Aspekte der miteinander verwobenen Geschichte Kubas und Europas zu beleuchten.

Unter den miteinander verbundenen Räumen auf zwei Etagen ist auch ein Zeitschienen-„Tunnel". Außerdem werden auf mehreren Bildschirmen verschiedene Elemente der kubanischen Geschichte beleuchtet, eine interaktive Zeitschiene widmet sich kubanisch-europäischen Musikformen, und es gibt eine vergleichende Studie der architektonischen Entwicklung von Havanna und Barcelona. Das Museum wird mit EU-Mitteln gefördert und ist das mit Abstand beste Havannas.

Plazuela de Santo Ángel PLATZ

(Karte S. 582) Die hübsche kleine **Iglesia del Santo Ángel Custodio** (Karte S. 582; Compostela No 2; ⌚ zur Messe Di, Mi & Fr 7.15, Do, Sa & So 18 Uhr) hat kürzlich von einem Verschönerungsprojekt profitiert. Dabei entstanden mehrere private Restaurants sowie eine Statue der fiktionalen Heldin Cecilia Valdés, über die ihr Schöpfer, der Autor Cirilo Villaverde, wacht.

El Ojo del Ciclón GALERIE

(Karte S. 582; ☎ 7-861-5359; O'Reilly No 501, Ecke Villegas; ⌚ 10–19 Uhr) GRATIS Wenn man gerade denkt, nun habe man Havannas sonderbarste, surrealste und avantgardischste Kunst gesehen, dann verschiebt das „Auge des Zyklons" die Grenzen der eigenen Vorstellungskraft noch weiter. Die abstrakte Galerie präsentiert die fantastischen Werke des kubanischen bildenden Künstlers Leo D'Lázaro: riesige Augen, zerschmetterte Autos, bemalte Koffer und in Kunst verwandelter Müll. Man könnten meinen, Jackson Pollock, J. R. R. Tolkien und John Lennon hätten sich hier zum Tee zusammengesetzt.

Einige Kunstwerke sind interaktiv: Besucher können auf einen Boxsack einschlagen, eine bizarre Runde Kicker spielen und ihre Tasche an einer maskierten Vogelscheuche aus Metall aufhängen. Und wem das alles nicht verrückt genug ist, der kommt einfach zum Tangounterricht zurück, der freitags und samstags um 20 Uhr stattfindet.

Plaza del Cristo PLATZ

(Karte S. 582) Etwas abseits vom historischen Zentrum liegt die Plaza del Cristo. Sie kam noch nicht in den Genuss einer vollständigen Restaurierung, doch das trägt zu ihrem subtilen Charme bei. Hier kann man ausgelassenen Fußballspielen zuschauen, der Musik lauschen, die aus mehreren coolen Bars dringt oder sich zur halben Nachbarschaft gesellen, um sich in den örtlichen WLAN-Hotspot einzuwählen – in Kuba ist das Internet ein sehr geselliges Erlebnis!

Das größte Bauwerk am Platz ist die **Parroquial del Santo Cristo del Buen Viaje** (⌚ 9–12 Uhr), eine unlängst restaurierte Kirche aus dem 18. Jh., in der früher Seeleute beteten, ehe sie zu großer Fahrt aufbrachen.

Plaza de San Francisco de Asís PLATZ

(Karte S. 582) Die luftige Plaza de San Francisco de Asís entstand ursprünglich im 16. Jh., als zahlreiche spanische Galeonen auf ihren Fahrten von der Karibik nach Spanien am Kai Station machten. Zunächst entwickelte sich hier ein Markt, 1608 wurde eine Kirche erbaut, doch als sich die Mönche über den Lärm beschwerten, zog der Markt ein paar Blocks Richtung Süden auf die Plaza Vieja um.

Die Plaza wurde Ende der 1990er einer umfassenden Renovierung unterzogen und zeichnet sich vor allem durch ihre ungleichen Pflastersteine und den Brunnen **Fuente de los Leones** (Löwenbrunnen) aus weißem Marmor aus, der 1836 vom italienischen Bildhauer Giuseppe Gaggini erschaffen wurde. Eine modernere Statue steht vor der berühmten Kirche des Platzes und stellt **El Caballero de París** dar, einen stadtbekannten Obdachlosen, der in den 1950ern durch Havannas Straßen zog und Passanten mit seinen philosophischen Ansichten über das Leben, Religion, Politik und aktuelle Ereignisse unterhielt. Die jüngste Skulptur des Platzes wurde 2012 hinzugefügt: **La Conversación** ist eine modernistische Bronzedarstellung zweier sitzender, sich unterhaltender Menschen des französischen Künstlers Etienne.

Das Kreuzfahrtterminal befindet sich direkt gegenüber vom Platz.

Museo del Ron — MUSEUM

(Karte S. 582; ☎ 7-862-4108, 7-862-3832; www.havanaclubmuseum.com; San Pedro No 262, Ecke Sol; inkl. Führer 7 CUC$; ⌚ Mo–Do 9–17, Fr–So bis 16 Uhr) Man muss kein Añejo-Reserva-Trinker sein, um das Museo del Ron im Fundación Havana Club zu mögen, aber es hilft wahrscheinlich. Auf den in fünf Sprachen angebotenen Führungen des Museums sind historische Exponate der Rumherstellung und ein maßstabsgerechtes Modell, das den komplizierten Destillationsprozess darstellt, zu sehen. Online-Reservierungen sind möglich.

Auf dem Gelände gibt's auch eine Bar und ein Geschäft, doch Kenner treffen sich in der benachbarten **Bar Dos Hermanos** (Karte S. 582; San Pedro No 304; ⌚ 24 Std.). Das Museum bietet außerdem Rumverkostungen (12 CUC$) und Workshops im Cocktailmixen (15 US$) an.

Edificio Bacardí — WAHRZEICHEN

(Bacardí Bldg; Karte S. 582; Av de las Misiones, zw. Empedrado & San Juan de Dios; ⌚ Öffnungszeiten variieren) Das prächtige, 1930 fertiggestellte Edificio Bacardí war früher das Hauptquartier der einstigen Rumdynastie Kubas und ist ein Triumph der Art-déco-Architektur mit unzähligen verschwenderischen Elementen aus rotem Granit, grünem Marmor, Terrakottareliefs und glasierten Kacheln. Es ist zwar zwölf Stockwerke hoch, doch da es dieser Tage von anderen Gebäuden umschlossen wird, ist es von der Straße aus nur schwer in all seiner Pracht und Herrlichkeit zu erkennen. Den opulenten Glockenturm kann man aber von überall in Havanna sehen.

Art-déco-Fans können sich in der Lobby umschauen, in der eine mittelmäßige Bar Gäste begrüßt. Zur Zeit der Recherche war die Fahrt nach oben zum Turm, wo sich ein Blick auf die Stadt aus der Vogelperspektive bietet, nicht möglich.

Iglesia y Convento de Nuestra Señora de la Merced — KIRCHE

(Karte S. 582; Cuba No 806; ⌚ 8–12 & 15–17.30 Uhr) Diese Barockkirche mit einem eigenen kleinen Platz, die merkwürdigerweise von den Touristenmassen übersehen wird, ist Havannas Kirche mit dem prächtigsten Interieur und wurde bisher nur teilweise restauriert. Die schönen vergoldeten Altäre, mit Fresken geschmückten Gewölbe und wertvollen alten Gemälde schaffen eine heilige Stimmung. An die Kirche grenzt ein ruhiger Kreuzgang.

Centro Habana

★ Capitolio Nacional — HISTORISCHES GEBÄUDE

(Karte S. 588; Ecke Dragones & Paseo de Martí; Führung 10 CUC$; ⌚ Di, Do & So 10–16, Mi & Sa bis 12 Uhr) Das unvergleichliche Capitolio Nacional ist Havannas ambitioniertestes und prachtvollstes Gebäude. Es wurde nach dem Zuckerboom („Tanz der Millionen") nach dem Ersten Weltkrieg erbaut, der der kubanischen Regierung einen aus allen Nähten platzenden Banktresor voller Zuckergeld bescherte. Es erinnert an das Kapitol in Washington, D. C., ist tatsächlich aber dem Panthéon in Paris nachempfunden und wurde 1926 vom von den USA unterstützten Diktator Gerardo Machado in Auftrag gegeben: 5000 Arbeiter schufteten drei Jahre, zwei Monate und 20 Tage daran und die Kosten beliefen sich auf 17 Mio. US$.

Früher war das Capitolio der Sitz des kubanischen Kongresses, von 1959 bis 2013 beherbergte es dann die Kubanische Akademie der Wissenschaften und die Nationalbibliothek für Wissenschaft und Technik. Zwischen 2013 und 2019 wurde das Gebäude umfangreich modernisiert und zum

500. Jahrestag Havannas wieder eröffnet. Die geführten Touren dauern eine Stunde und beinhalten die meisten wichtigen Sehenswürdigkeiten, darunter die prunkvollen Flure, die Abgeordnetenkammer und das neu geschaffene **Tumba del Mambí Desconocido (Grab des unbekannten Soldaten)**.

Den Eingang des aus weißem Capellanía-Kalkstein und Blockgranit erbauten Museums bewachen sechs runde dorische Säulen am oberen Ende einer Treppe, die am Paseo de Martí (Prado) beginnt. Die 62 m hohe steinerne Kuppel, die hoch über der Stadt aufragt, krönt die Kopie einer Bronzestatue des Merkur aus dem Palazzo del Bargello, ein Werk des florentinischen Bildhauers Giambologna. Direkt unter der Kuppel ist die Kopie eines 24-karätigen Diamanten in den Fußboden eingelassen. Von diesem Punkt aus werden die Straßenentfernungen zwischen Havanna und allen anderen Orten in Kuba gemessen.

Zum Eingang führt eine breite Treppe mit 55 Stufen, die von zwei gigantischen Statuen des italienischen Bildhauers Angelo Zanelli bewacht werden: *El Trabajo* und *La Virtud Tutelar*. Durch die Haupttüren geht's in den **Salón de los Pasos Perdidos** (Saal der verlorenen Schritte, so benannt wegen seiner ungewöhnlichen Akustik), in dessen Mitte eine prächtige Statue von *La República* steht, eine massive, 17,6 m hohe Bronzeskulptur einer Frau, die die mythische Wächterin der Tugend und der Arbeit verkörpert. Die 30 t schwere Statue ist mit Blattgold bedeckt. Sie ist die drittgrößte in einem Innenraum stehende Statue der Welt. Zanelli schuf sie in Rom, anschließend wurde sie in drei Teilen nach Kuba verschifft.

Gran Teatro de la Habana Alicia Alonso — THEATER

(Karte S. 588; ☎ 7-861-3077; Paseo de Martí No 458; Führungen 5 CUC$; ⌚ Mo–Sa 9.30–16, So 9.15–12.15 Uhr) Das neobarocke Gran Teatro de la Habana Alicia Alonso, von 1907 bis 1914 als Galizischer Sozialclub gebaut, ist mit vielen ornamentalen, geradezu verschwenderischen Architekturelementen geschmückt. Es ist die offizielle Bühne des Kubanischen Nationalballetts und das Hauptquartier des alle zwei Jahre stattfindenden **Internationalen Ballettfestivals von Havanna** (www.balletcuba.cult.cu; ⌚ Okt. & Nov.). Das Highlight sind jedes Wochenende die Tanzaufführungen von Ballettkompanien aus aller Welt, die von Ballett über modernen Tanz bis zu spanisch beeinflussten Choreographien reichen. Führungen finden täglich statt.

Museo Nacional de Bellas Artes — MUSEUM

(Karte S. 588; www.bellasartes.co.cu; jedes Museum 5 CUC$, Kombiticket 8 CUC$, Kinder unter 14 Jahren frei; ⌚ Di–Sa 9–17, So 10–14 Uhr) Das Museo Nacional de Bellas Artes erstreckt sich über zwei Gebäude und ist das wohl beste Kunstmuseum in der Karibik. Das Gebäude **Arte Cubano** (5 CUC$, Kinder unter 14 Jahren frei; ⌚ Di–Sa 9–17, So 10–14 Uhr) zeigt die weltweit umfassendste Sammlung kubanischer Kunst, während die Abteilung **Arte Universal** (5 CUC$, Kinder unter 14 Jahren frei; ⌚ Di–Sa 9–17, So 10–14 Uhr) in einem grandiosen Palast mit Blick auf den **Parque Central** (Karte S. 588) untergebracht ist, dessen Dekorationen ebenso eindrucksvoll sind wie die Kunst darin.

Museo de la Revolución — MUSEUM

(Karte S. 588; Refugio No 1; 8, Führungen 2 CUC$; ⌚ 9.30–16 Uhr) Dieses sinnbildliche Museum befindet sich im ehemaligen **Präsidentenpalast**, der zwischen 1913 und 1920 erbaut und von einer Reihe kubanischer Präsidenten genutzt wurde, zuletzt von Fulgencio Batista. Das Innere wurde von dem weltberühmten Haus Tiffany aus New York ausgestattet, während der schillernde Salón de los Espejos (Spiegelsaal) dem namensgebenden Saal im Schloss Versailles nachempfunden ist.

Das Museum, das vor allem darauf abzielt, Kubanern ihre eigene Geschichte nahezubringen, ist vom obersten Stockwerk abwärts chronologisch angeordnet und konzentriert sich auf die Ereignisse vor, während und direkt nach der kubanischen Revolution. Es erzählt dabei auf Englisch und Spanisch eine hin und wieder schludrige, aber immer fesselnde Geschichte, ausgeschmückt mit mucho Propaganda.

Die breite zentrale Treppe wird von einer Büste von José Martí bewacht. Die Einschusslöcher, die hier noch immer zu sehen sind, zeugen von einem erfolglosen Angriff auf den Palast im März 1957 durch eine revolutionäre Studentengruppe, die ein Attentat auf Batista plante.

Die Treppe führt in den 2. Stock zu einigen ausstellungsfreien, aber bedeutenden Räumen, darunter der **Salón Dorado** (im Stil von Ludwig VI. eingerichtet und einst für Bankette genutzt), das **Despacho Presidencial** (Büro des Präsidenten, in dem Fidel Castro 1959 vereidigt wurde) und die **Capilla** (Kapelle, mit Tiffany-Kronleuchter).

Centro Habana

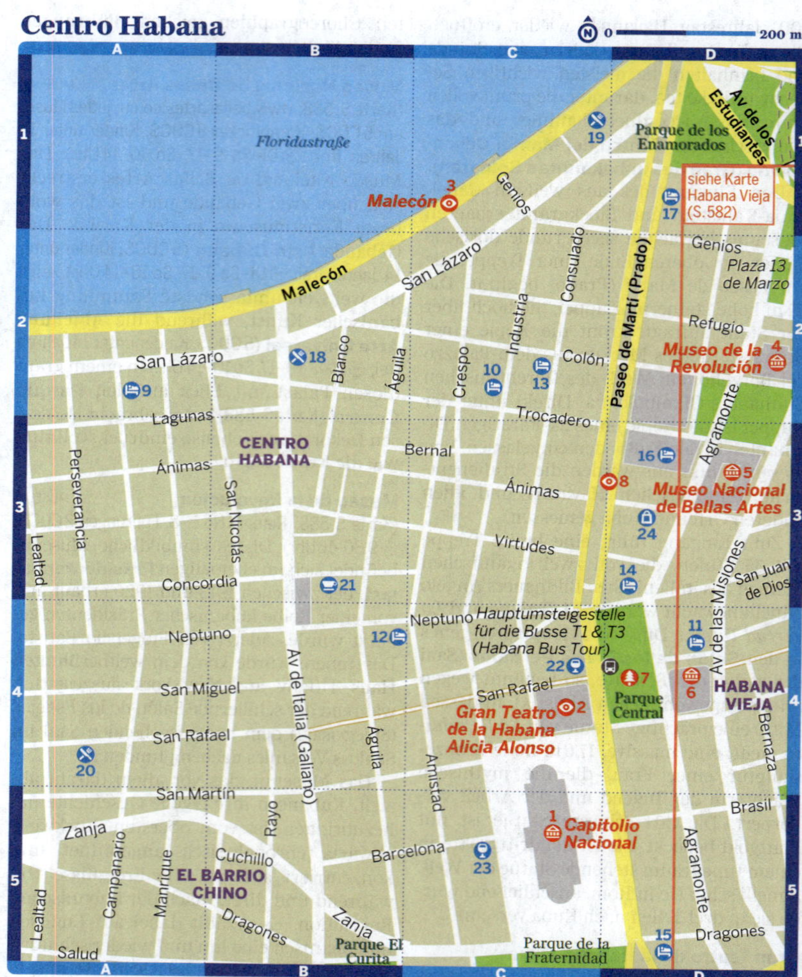

Vor dem Gebäude sind ein Teil der ehemaligen Stadtmauer und ein SAU-100 Panzer zu sehen, der von Castro während der Invasion in der Schweinebucht 1961 benutzt wurde. Dahinter steht der **Pavillón Granma**, der eine Replik der 18 m langen Jacht enthält, auf der Fidel Castro und 81 weitere Revolutionäre von Tuxpán, Mexiko, im Dezember 1956 nach Kuba kamen. Das Boot ist hinter Glas ausgestellt und wird rund um die Uhr bewacht, vermutlich um zu verhindern, dass jemand einbricht und damit nach Florida segelt. Der Pavillon ist von anderen Transportmitteln umgeben, die mit der Revolution zu tun haben, darunter Flugzeuge, Raketen und ein alter Postlieferwagen, der während des Angriffs 1957 als Fluchtwagen benutzt wurde.

Malecón UFERPROMENADE

(Karte S. 588) Der Malecón, Havannas atmosphärische, 7 km lange Uferstraße, ist eine der stimmungsvollsten und typischsten kubanischen Hauptschlagadern und seit Langem ein Lieblingsort von Verliebten, Philosophen, Dichtern, Straßenmusikern, Anglern und allen, die sehnsüchtig Richtung Florida blicken. Bei Sonnenuntergang entfaltet der Malecón seine volle Pracht, wenn sich das hellgelbe, weiche Licht des Vedado wie der

Centro Habana

Highlights
1 Capitolio Nacional C5
2 Gran Teatro de la Habana Alicia Alonso C4
3 Malecón C1
4 Museo de la Revolución D2
5 Museo Nacional de Bellas Artes D3
Museo Nacional de Bellas Artes – Arte Cubano .... (siehe 5)

Sehenswertes
6 Museo Nacional de Bellas Artes – Arte Universal D4
7 Parque Central D4
8 Paseo de Martí D3

Aktivitäten, Kurse & Touren
Havana Super Tour .... (siehe 9)

Schlafen
9 Casa 1932 .... A2
10 Casa Colonial Yadilis & Yoel C2
11 Gran Hotel Manzana Kempinski D4
12 Hostal Neptuno 1915 .... B4
13 Hostal Peregrino Consulado C2
14 Hotel Iberostar Parque Central D3
15 Hotel Saratoga D5
16 Hotel Sevilla D3
17 Iberostar Grand Packard Hotel D1

Essen
18 Castas y Tal B2
19 Nazdarovie C1
20 San Cristóbal A4

Ausgehen & Nachtleben
21 Café Arcángel B3
22 Rooftop Bar, Hotel Ingaterra C4
23 Siá Kará Café C5

Unterhaltung
Gran Teatro de la Habana Alicia Alonso .... (siehe 2)

Shoppen
24 Memorias Librería D3

Schein einer sanften Fackel über die Gebäude von Centro Habana legt und ihren abbröckelnden Fassaden einen sehr romantischen Glanz verleiht.

Paseo de Martí HISTORISCHE STÄTTE
(El Prado; Karte S. 588) Mit dem Bau dieses stattlichen Boulevards im europäischen Stil – der ersten Straße außerhalb der alten Stadtmauer – wurde 1770 begonnen, fertiggestellt wurde er Mitte der 1830er-Jahre, als Capitán General Miguel Tacón an der Macht war (1834–1838). Die ursprüngliche Idee war es, eine Promenade zu erschaffen, die ebenso prachtvoll sein sollte wie ihre Gegenstücke in Paris oder Barcelona (der Prado erinnert nicht von ungefähr an Las Ramblas). Seit 1928 bewachen die berühmten Bronzelöwen die zentrale Promenade an beiden Enden.

Callejón de Hamel STRASSE
(Karte S. 594; zw. Aramburu & Hospital) Es gibt mindestens vier gute Gründe, sich für diese von den Anwohnern geprägte Seitenstraße wirklich Zeit zu nehmen: Erstens ist sie das inoffizielle Hauptquartier der afrokubanischen Gemeinde Havannas, zweitens ist sie mit spannender Straßenkunst dekoriert, die zu großen Teilen aus recycelten Materialien besteht (selbst der alten Badewanne wird hier neues Leben eingehaucht), drittens ist sie ein Muss für alle, die Kubas komplexe synkretische Religionen verstehen wollen, und viertens stellen die Anwohner jeden Sonntag eine hypnotisierende Rumbashow (S. 608) auf die Beine.

Vedado

★ Necrópolis Cristóbal Colón FRIEDHOF
(Karte S. 594; 5 CUC$; 8–18 Uhr, letzter Einlass 17 Uhr) Havannas Hauptfriedhof (und Nationaldenkmal) gehört zu den größten auf dem amerikanischen Kontinent und ist für seine eindrucksvolle religiöse Ikonografie und kunstvollen Marmorstatuen bekannt. Das 57 Hektar große geweihte Gelände ist alles andere als unheimlich und lädt zu einem lehrreichen, ergreifenden Spaziergang durch die Annalen der kubanischen Geschichte ein. Auf einer Karte (1 CUC$) sind die Gräber verschiedener Künstler, Sportler, Politiker, Schriftsteller, Wissenschaftler und Revolutionäre verzeichnet; sie ist am Eingang erhältlich.

Den Eingang zum Friedhof bildet ein prächtiges byzantinisch-romanisches Tor, die **Puerta de la Paz**. Das Grab des Führers der Unabhängigkeitsbewegung, **General Máximo Gómez** (1905), liegt auf der rechten Seite, ebenso wie das **Feuerwehrdenkmal** (1890) und die neoromanische **Capilla Central** (1886) in der Mitte des Friedhofs. Gleich nordöstlich der Kapelle befindet sich das berühmteste und meistbesuchte Grab des Friedhofs, das von Señora Amelia Goyri, besser bekannt als La Milagrosa (die Wundertätige), die am 3. Mai 1901 bei der

Geburt ihres Kindes starb. Die Marmorstatue einer Frau mit einem großen Kreuz und einem Baby in den Armen kann man gar nicht verpassen, dafür sorgen die vielen Blumen auf dem Grab und die zahlreichen Besucher. Nach dem Tod besuchte ihr tieftrauriger Ehemann das Grab jahrelang mehrmals täglich. Er klopfte immer mit einem der vier Eisenringe an die Gruft und verließ das Grab rückwärts, damit er sie so lange wie möglich sehen konnte. Als die Leichname einige Jahre später exhumiert wurden, war Amelias Körper unversehrt (im Katholizismus ein Zeichen für Heiligkeit), und das Baby, das zu Füßen seiner Mutter bestattet worden war, lag angeblich in ihren Armen. Das führte dazu, das in Kuba ein riesiger spiritueller Kult um La Milagrosa entstand und jedes Jahr Tausende Menschen mit Geschenken herkommen, voller Hoffnung, dass sich ihre Träume erfüllen oder ihre Probleme gelöst werden. Getreu der Tradition klopfen die Pilger mit dem Eisenring an die Gruft und verlassen die Stätte rückwärts.

Ebenso bedeutungsvoll wie das Grab von La Milagrosa ist für die Santería-Gemeinschaft das **„Grab von Hermano José"**. Es handelt sich um das Grab einer Frau namens Leocadia Pérez Herrero aus Havanna, die ein Medium der schwarzen Magie war und Anfang des 20. Jhs. für ihre großen Wohltaten für die Armen bekannt war. Leocadia behauptete, dass sie sich mit einem Santería-Priester namens Hermano José beraten habe, der sie ermutigt und bei ihren Wohltaten angeleitet habe. Als spiritueller, abergläubischer Mensch hatte sie immer ein Gemälde mit dem Porträt von Hermano José in ihrem Haus, und als sie 1962 starb, wurde diese Leinwand neben ihr begraben. Heute verehren Anhänger der Santería Hermano José und kommen regelmäßig zum Grab Leocadias, um Wohltaten zu erbitten. In Einklang mit der Santería-Tradition lassen sie oft Blumen, ein Glas Rum, eine halb gerauchte Zigarre oder ein geopfertes Huhn auf dem Grab zurück.

Ausschau halten sollte man auch nach den Gräbern des Schriftstellers Alejo Carpentier (1904–1980), des Wissenschaftlers Carlos Finlay (1833–1915), der Märtyrer der Granma und der Veteranen der Unabhängigkeitskriege.

★ Museo Napoleónico MUSEUM
(Karte S. 594; San Miguel No 1159; 3; ⌚ Di–Sa 9.30–17, So bis 12.30 Uhr) Dies ist zweifellos eines der besten Museen Havannas und damit auch Kubas: Die wunderschön präsentierte Sammlung mit 7000 Exponaten rund um das Leben von Napoleon Bonaparte wurde vom kubanischen Zuckerbaron Julio Lobo und dem Politiker Orestes Ferrara zusammengetragen.

Hotel Nacional HISTORISCHES GEBÄUDE
(Karte S. 594; Ecke Calles O & 21; ⌚ kostenlose Führungen Mo–Fr 10 & 15, Sa 10 Uhr) Das 1930 als Kopie des Breakers Hotel in Palm Beach, Florida, erbaute Nacional ist viel mehr als ein Hotel – es ist ein Nationaldenkmal und eines der architektonischen Wahrzeichen Havannas. Auch wer nicht im Hotel übernachtet, sollte sich Zeit nehmen, um die maurische Lobby zu bewundern, einen Spaziergang auf dem luftigen Gelände zu machen und in der berühmten Terrassenbar mit Blick auf den Malecón etwas zu trinken.

Museo de Artes Decorativas MUSEUM
(Karte S. 594; Calle 17 No 502, zw. Calles D & E; 5; ⌚ Di–Sa 9.30–16 Uhr) Das Museum ist eines der besten Havannas und ist so überbordend wie eine stattliche europäische Villa. Innen ist es verschwenderisch und sehr eklektisch ausgestattet, u. a. mit Rokokomöbeln, chinesischen Paravents und einem Art-déco-Bad. Ebenso interessant ist das Gebäude selbst, das von einem französischen Architekten entworfen und 1924 von der reichen Familie Gómez in Auftrag gegeben wurde. Diese Familie ließ auch das Einkaufszentrum Manzana de Gómez in Centro Habana bauen.

Memorial a José Martí DENKMAL
(Karte S. 594; Plaza de la Revolución; 3; ⌚ Mo–Sa 9.30–16 Uhr) Die Gedenkstätte mitten auf der Plaza de la Revolución ist mit 138,5 m das höchste Bauwerk Havannas. Davor steht eine beeindruckende 17 m hohe Marmorstatue, die den sitzenden Martí in einer ernsten Denkerpose darstellt. Im Denkmal befinden sich ein Museum (das eindeutig beste Martì-Museum Kubas) und eine 129 m hohe Aussichtsplattform (zu erreichen für 2 CUC$ mit einem kleinen Lift) mit spektakulärer Aussicht über die Stadt.

Playa & Marianao

★ Fusterlandia KUNST IM ÖFFENTLICHEN RAUM
(Ecke Calle 226 & Av 3, Jaimanitas) GRATIS Was kommt in Sachen Kunst nach Antoni Gaudí? Einen Hinweis findet man westlich von Havannas Zentrum im scheinbar unauffälligen

NICHT VERSÄUMEN

HEMINGWAYS HAUS IN HAVANNA

1940 kaufte der amerikanische Schriftsteller Ernest Hemingway die Finca la Vigía, eine Villa auf einem Hügel in San Francisco de Paula, 15 km südöstlich von Havanna, und lebte dort durchgängig 20 Jahre. Nachdem er in den 1960er-Jahren kurz nach der Castro-Revolution müde und depressiv in die USA zurückkehrte, vermachte er sein Haus großzügig dem „kubanischen Volk". Heute beherbergt es das **Museo Hemingway** (☎ 7-692-0176; Ecke Vigía & Singer; 5 CUC$; ⏲ Mo–Sa 10–16.30 Uhr). Es blieb seit dem Tag seiner Abreise fast unverändert.

Um Diebstählen vorzubeugen, dürfen Besucher das Haus (La Casona) nicht betreten, es sind aber genug Fenster geöffnet, um einen echten Einblick in die Welt von Papa Hemingway zu bekommen. Überall im Haus finden sich Bücher (auch neben der Toilette), außerdem gibt's ein großes Victrola-Grammophon und eine Plattensammlung sowie bestürzend viele Tierköpfe als Trophäen.

In einem dreistöckigen Turm neben dem Haupthaus sind eine winzige Schreibmaschine, ein Teleskop und eine bequeme Liege zu sehen. Von hier bietet sich ein schöner Blick in Richtung des fernen Havanna im Norden. Auf dem bewaldeten Gelände befinden sich der Pool, in dem Ava Gardner einst nackt schwamm, ein Hahnenkampfring und Hemingways geliebtes Fischerboot *Pilar*, das nun auf dem früheren Tennisplatz aufgebockt ist.

In einem seltenen Akt kubanisch-amerikanischer Zusammenarbeit wurde hier 2019 ein Restaurierungszentrum errichtet, um Hemingways Werke zu bewahren.

Nach San Francisco de Paula kommt man mit dem Metrobus F-7 (Alberro) vom Parque de la Fraternidad in Centro Habana. Man sagt dem Fahrer Bescheid, dass man zum Museum will und steigt in San Miguel del Padrón aus. Der Eingang zum Haus befindet sich 200 m östlich von der Hauptstraße, der Calzada de Guines, in der Calle Vigía.

Viertel Jaimanitas: Der kubanische Künstler José Fuster hat hier seine Nachbarschaft in ein Meisterwerk mit aufwendigen Fliesenmustern und kaleidoskopischen Farben verwandelt – ein Streetart-Wunderland, gegen das der Park Güell in Barcelona ziemlich blass aussieht. Man stelle sich Gaudí auf Steroiden in tropischer Umgebung vor.

Das Ergebnis ist ein inoffiziell als Fusterlandia bekanntes andauerndes Projekt. Vor 20 Jahren geboren, breitet es sich mit skurriler, aber hochstilisierter öffentlicher Kunst über mehrere Häuserblocks aus. Das Herzstück ist Fusters eigenes Haus, das **Taller-Estudio José Fuster** (☎ 5-281-5421, Atelier 7-271-3028; ⏲ Mo–Fr 9.39–17, Sa & So bis 16 Uhr) GRATIS, ein großes, vom Dach bis zum Fundament mit Kunst, Skulpturen und – vor allem – Mosaikfliesen in allen Farben und Formen dekoriertes Wohnhaus. Die Arbeit vereint Hommagen an Pablo Picasso und Gaudí mit Elementen von Paul Gauguin und Wilfredo Lam, magischem Realismus, starken maritimen Einflüssen, Aspekten der Santería, kurvigen Linien des *modernisme* und einer großzügigen Dosis von Fusters eigener kubanischer Seele, die praktisch in allem steckt. Ausschau halten sollte man nach der kubanischen Flagge, dem Wandgemälde der Jacht Granma und dem Schriftzug „Viva Cuba", der sich über acht Schornsteine zieht.

Fusterlandia erstreckt sich weit über Fusters eigenes Zuhause hinaus. Über die Hälfte der Nachbarschaft hat dieselbe künstlerische Verschönerung erfahren, von Straßenschildern über Bushaltestellen bis hin zum Haus des örtlichen Arztes. Ein Spaziergang durch diese ruhigen Straßen ist ein surreales und psychedelisches Erlebnis.

Jaimanitas befindet sich gleich abseits der Quinta Avenida (Av 5) am äußersten Westende von Playa, eingeklemmt zwischen Club Havana und Marina Hemingway. Ein Taxi aus dem Zentrum Havannas sollte 12–15 CUC$ kosten.

Regla, Guanabacoa & die Festungen

★ Castillo de los Tres Santos Reyes Magnos del Morro FESTUNG
(El Morro; 6, Leuchtturm 2 CUC$; ⏲ 10–18 Uhr) Diese wellenumtoste Festung mit dem charakteristischen Leuchtturm wurde zwischen 1589 und 1630 erbaut, um die Hafen-

einfahrt Havannas vor Piraten und ausländischen Invasoren zu schützen (der französische Korsar Jacques de Sores plünderte die Stadt 1555). Das Fort thront hoch über dem Atlantik auf einem rauen Felsvorsprung und hat eine ungleichmäßige mehreckige Form, drei Meter dicke Mauern und einen tiefen Burggraben. Es ist ein klassisches Beispiel der Militärarchitektur der Renaissance.

Fortaleza de San Carlos de la Cabaña FESTUNG
(La Cabaña; vor/nach 18 Uhr 6/8 CUC$ ⌚10–22 Uhr) Dieser Koloss aus dem 18. Jh. wurde zwischen 1763 und 1774 auf einer langgezogenen, exponierten Erhebung an der Ostseite von Havannas Hafen erbaut, um eine Schwachstelle in der Verteidigungsstruktur der Stadt auszumerzen. 1762 hatten die Briten Havanna erobert, indem sie die Kontrolle über diese strategisch wichtige Erhebung erlangten und die Stadt von hier aus gnadenlos bis zur Kapitulation bombardierten. Um zu verhindern, dass sich dies wiederholte, ordnete der spanische König Carlos III. den Bau einer massiven Festung an, die zukünftige Invasoren abschrecken sollte.

Die Anlage misst von einem Ende zum anderen 700 m und nimmt die stolze Fläche von zehn Hektar ein, was sie zur größten spanischen Kolonialfestung des amerikanischen Kontinents macht. Das Fort galt als dermaßen uneinnehmbar, dass keine Invasionsmacht je einen Ansturm versuchte. Im 19. Jh. wurden dafür kubanische Patrioten vor Exekutionskommandos gestellt. Die Diktatoren Gerardo Machado und Fulgencio Batista benutzten die Festung später als Militärgefängnis, und direkt nach der Revolution richtete Che Guevara sein Hauptquartier in den Festungsmauern ein, um die nächste grausame Hinrichtungswelle zu überwachen (der diesmal Batistas Offiziere zum Opfer fielen).

Inzwischen wurde das Fort für Besucher restauriert, und man kann mindestens einen halben Tag damit verbringen, die zahlreichen Attraktionen zu erkunden. Neben Bars, Restaurants, Souvenirständen und einem Zigarrenladen (mit der längsten Zigarre der Welt) beherbergt La Cabaña auch das **Museo de Fortificaciones y Armas** (Eintritt im Ticket für die Festung La Cabaña enthalten; ⌚10–18 Uhr) und das faszinierende **Museo de Comandancia del Che** (Eintritt im Ticket für die Festung La Cabaña enthalten; ⌚10–18 Uhr). Allabendlich um 21 Uhr findet die beliebte *cañonazo*-Zeremonie statt, bei der Schauspieler in kompletter Militärmontur aus dem 18. Jh. das Abfeuern einer Kanone über dem Hafen nachstellen. Man kann die Zeremonie selbstständig oder im Rahmen eines organisierten Ausflugs besuchen.

Iglesia de Nuestra Señora de Regla KIRCHE
(Regla; ⌚7.30–18 Uhr) Die Iglesia de Nuestra Señora de Regla, die in der Nähe des Hafens in Regla steht, ist klein, aber bedeutend, und blickt auf eine lange, bewegte Geschichte zurück. Auf dem Hauptaltar der Kirche befindet sich La Santísima Virgen de Regla.

Kurse

La Casa del Son TANZ
(Karte S. 582; ☎7-861-6179; www.lacasonadelson.com; Empedrado No 411, zw. Compostela & Aguacate; ab 10 CUC$ pro Std.; ⌚Mo–Sa 9–19 Uhr) Eine äußerst beliebte Tanzschule, die in einem hübschen Gebäude aus dem 18. Jh. untergebracht ist. Außerdem sind Spanischunterricht und Perkussionskurse im Angebot. Sehr flexibel, was die Unterrichtszeiten betrifft.

Geführte Touren

Free Walking Tour Havana STADTSPAZIERGANG
(Karte S. 582; ☎5-818-6958; www.freewalkingtourhavana.com) Diese Touren, die einen wunderbaren Einblick in die Stadt geben, beginnen täglich um 9.30 und 16 Uhr auf der Plazuela de Santo Ángel (S. 585) – nach einem Führer mit einem weißen Schirm schauen. Es gibt zwei Varianten: Habana Vieja (3 Std.) und Centro Habana (2 Std.), beide in spanischer oder englischer Sprache. Reservieren kann man online oder telefonisch. Ein wohlverdientes Trinkgeld für den Guide ist eine große Hilfe.

Havana Super Tour GEFÜHRTE TOUREN
(Karte S. 588; ☎5-265-7101; www.campanario63.com; Campanario No 63, zw. San Lázaro & Lagunas; Touren 60 CUC$) Super Tour war einer der ersten privaten Touranbieter in Havanna und führt alle Ausflüge in amerikanischen Autoklassikern durch. Die beiden beliebtesten sind die architektonische Art-déco-Tour und die „Mafia-Tour", die die prärevolutionären Mafia-Verstecke der Stadt enthüllt. Wer wenig Zeit hat, sollte die umfassende Tagestour durch Havanna buchen (150 CUC$), die zu den wichtigsten Sehenswürdigkeiten führt.

Ruta Bikes RADFAHREN
(Karte S. 594; ☎5-247-6633; www.rutabikes.com; Calle 16 No 152; Citytour 30 CUC$; 👪) 🍃 Als die-

ses Unternehmen 2013 öffnete, war es der erste Anbieter von guten Leihfahrrädern und Fahrradtouren in Havanna. Seine Touren erfreuen sich seitdem steter Beliebtheit, besonders der Klassiker, die dreistündige Citytour, die zum Bosque de la Habana, zur Plaza Vieja, zur Plaza de la Revolución und zum Malecón führt. Man sollte spätestens einen Tag vorher telefonisch oder per E-Mail buchen. Kinder sind gern gesehen.

Feste & Events

Cañonazo Ceremony KULTURELL
(⊙ tgl. 21 Uhr) Die *cañonazo*-Zeremonie, die in der Festung La Cabaña abgehalten wird, ist eine Show, während der Schauspieler in Militäruniformen aus dem 18. Jh. das Abfeuern einer Kanone über dem Hafen von Havanna nachspielen – ein Ritual, das einst die Schließung der Stadttore ankündigte.

Festival Internacional del Nuevo Cine Latinoamericano FILM
(www.habanafilmfestival.com; ⊙ Dez.) Weithin gepriesenes Festival der imposanten kubanischen Filmkultur, bei dem auch zahlreiche andere lateinamerikanische Länder vertreten sind. Findet in verschiedenen Kinos und Theatern in der ganzen Stadt statt.

Schlafen

Habana Vieja

Greenhouse CASA PARTICULAR $
(Karte S. 582; ☎7-862-9877; fabio.quintana@infomed.sld.cu; San Ignacio No 656, zw. Merced & Jesús María; Zi. 30–40 CUC$; ❄) Diese fabelhafte Casa in der Altstadt wird von Eugenio und Fabio geführt, die ihr riesiges Kolonialgebäude mit superben Designelementen aufgepeppt haben. Der Springbrunnen auf der Terrasse und das beleuchtete Modell von Havanna im Treppenhaus sind grandios. Dieses praktische Haus verfügt über sieben Zimmer, die mit hochwertigen antiken Möbeln und wunderschönen Holzbetten eingerichtet sind. Jeweils zwei Zimmer teilen sich ein Bad.

Hostal El Encinar CASA PARTICULAR $
(Karte S. 582; ☎7-860-1257; www.hostalperegrino.com; Chacón No 60/Altos, zw. Cuba & Aguiar; EZ/DZ/3BZ inkl. Frühstück 30/40/45 CUC$; ❄) Diese Zweigstelle des beliebten Hostal Peregrino in Centro Habana (S. 596) ist wie ein kleines Hotel für Individualreisende. Alle acht Zimmer, jedes mit eigenem Bad, erreichen mit ihren stilvollen Fliesen, Fön, Fernseher und einer Minibar fast schon Boutique-Standard. Es gibt eine gemütliche Lounge und eine hübsche Dachterrasse mit Blick über die Bucht und die Festung La Cabaña.

Hostal Las Maletas CASA PARTICULAR $
(Karte S. 582; ☎7-867-1623; www.hostallasmaletas.com; Empedrado No 409, zw. Aguacate & Compostela; Zi. 45–55 CUC$; ❄📶) Ein guter Ort, um für eine Weile die *maletas* (Koffer) abzustellen, denn dieses *hostal* hat alles, was den Reiz von Habana Vieja ausmacht: hohe Decken, Wendeltreppen und knarzende Schaukelstühle. Es ist teurer als die kleineren *casas particulares*, aber immer noch deutlich billiger als einige der mieseren staatlichen Hotels der Stadt und bietet viel besseren Service.

In den stimmungsvollen Gemeinschaftsbereichen, zu denen auch ein traditioneller schmiedeeiserner Balkon mit Blick auf die herrlich chaotische Calle Empedrado zählt, können die Gäste relaxen.

Hostal La Maestranza HOTEL $$
(Karte S. 582; ☎5-597-7099; Cuba No 82, zw. Cuarteles & Chacón; EZ/DZ/Suite 100/125/150 CUC$; P ❄) Das Maestranza, eines der neuen privaten Hotels in Habana Vieja, hat eine ausgezeichnete Lage praktisch direkt gegenüber der Kathedrale (S. 581). Neben fünf Zimmern und einer Suite gibt's ein schmales Atrium und eine kleine Bar, in der ein üppiges Frühstück serviert wird. Die supersauberen Zimmer sind zwar einfach gestaltet, haben aber hohe Decken, Originalfliesen und stimmungsvolle Hintergrundbeleuchtung hinter den Kopfteilen der Betten.

Penthouse Plaza Vieja CASA PARTICULAR $$
(Karte S. 582; ☎7-801-2084; penthouseplazavieja@gmail.com; Mercaderes No 315-317, Apt. 16; Zi. inkl. Frühstück 90 CUC$; ❄) Diese Unterkunft in einem privaten Penthouse auf einem historischen zentralen Platz würde anderswo Tausende kosten, aber in Havanna kriegt man dieses Schnäppchen schon für 90 CUC$. Fidel und Bertha vermieten zwei Zimmer hoch über der Plaza Vieja, die sich eine grüne, von einem Santería-Schrein beschützte Terrasse teilen.

Hostal Conde de Villanueva HOTEL $$$
(Karte S. 582; ☎7-862-9293; www.gaviotahotels.com; Mercaderes No 202; EZ/DZ 235/305 CUC$; ❄ @ 📶) Ende der 1990er-Jahre unter dem wachsamen Auge des Stadthistorikers res-

Vedado

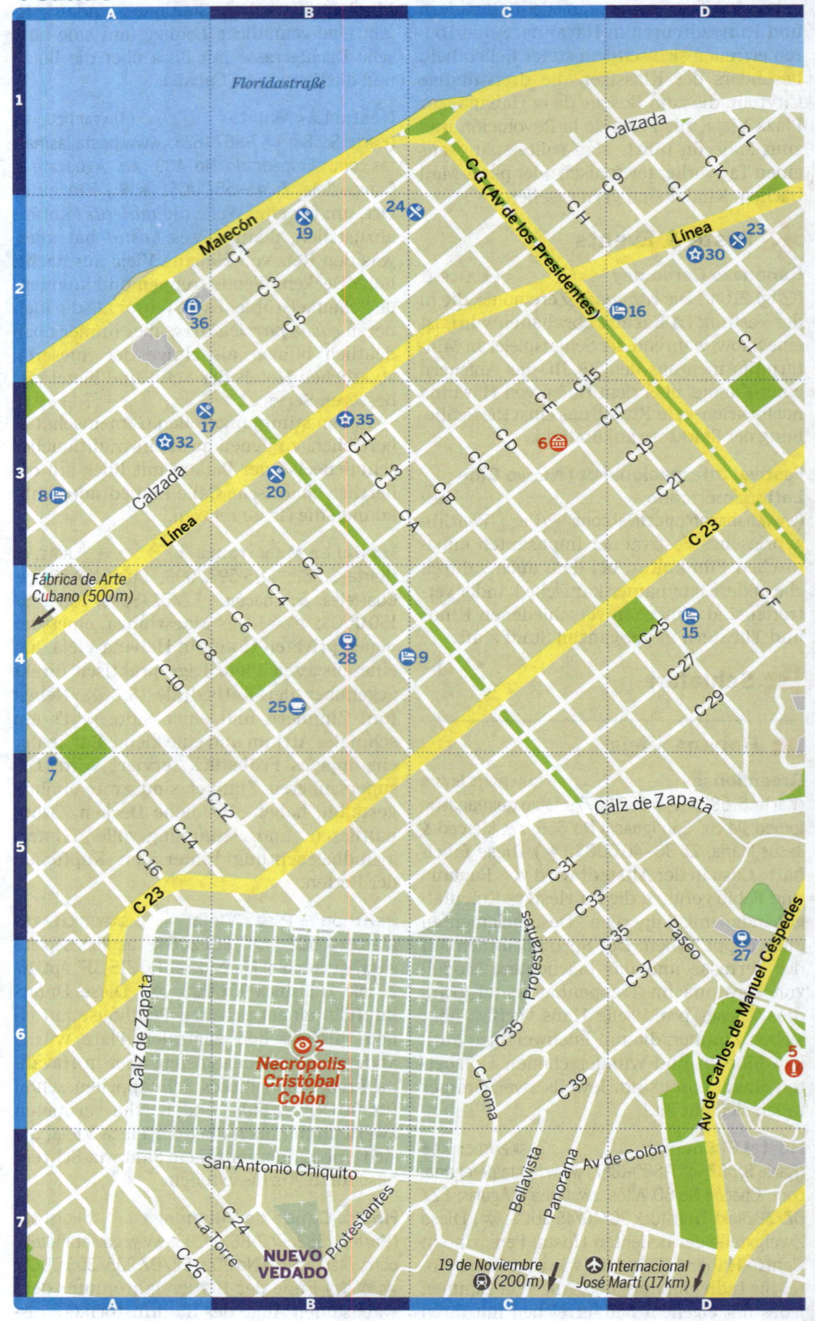

Floridastraße
Malecón
Calzada
Línea
C G (Av de los Presidentes)
C 23
Calz de Zapata
Paseo
Av de Carlos de Manuel Céspedes
Protestantes
C Loma
Bellavista
Panorama
Av de Colón
San Antonio Chiquito
La Torre
Necrópolis Cristóbal Colón
NUEVO VEDADO
Fábrica de Arte Cubano (500 m)
19 de Noviembre (200 m)
Internacional José Martí (17 km)

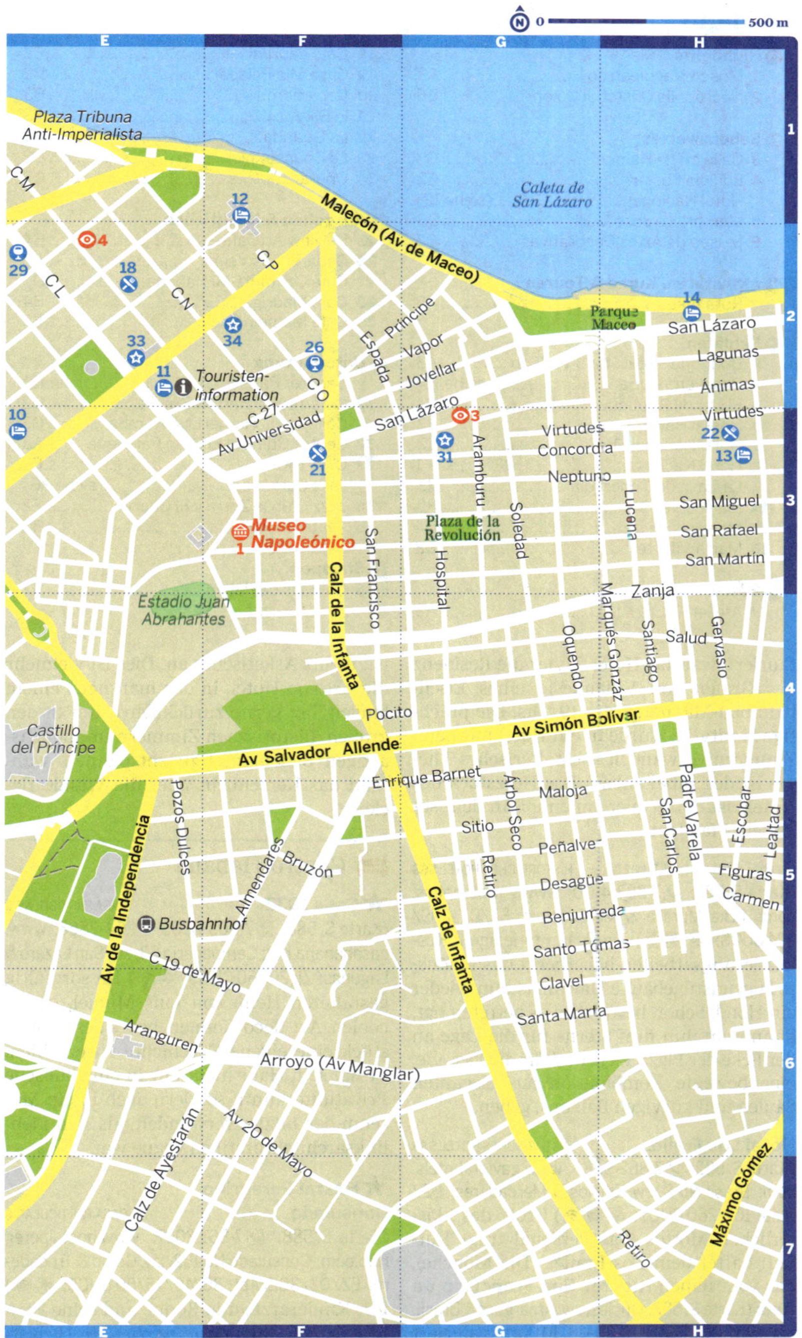

0
500 m
Plaza Tribuna Anti-Imperialista
Caleta de San Lázaro
Malecón (Av. de Maceo)
Parque Maceo
San Lázaro
Lagunas
Ánimas
Virtudes
Touristen-information
Av Universidad
C 27
San Lázaro
Virtudes
Concordia
Neptuno
Aramburu
Principe
Espada
Vapor
Jovellar
Museo Napoleónico
Plaza de la Revolución
San Miguel
San Rafael
San Martín
Zanja
Salud
Gervasio
Lucena
Soledad
Hospital
San Francisco
Calz de la Infanta
Estadio Juan Abrahantes
Marqués González
Oquendo
Santiago
Pocito
Av Simón Bolívar
Av Salvador Allende
Castillo del Príncipe
Enrique Barnet
Árbol Seco
Maloja
Sitio
Retiro
Peñalver
Desagüe
Benjumeda
Santo Tómas
Clavel
Santa Marta
Padre Varela
San Carlos
Escobar
Lealtad
Figuras
Carmen
Pozos Dulces
Bruzón
Almendares
Busbahnhof
Av de la Independencia
C 19 de Mayo
Aranguren
Arroyo (Av Manglar)
Calz de Infanta
Calz de Ayestarán
Av 20 de Mayo
Retiro
Máximo Gómez
C M
C L
C N
C P
C O
KUBA HAVANNA

Vedado

Highlights
1 Museo Napoleónico F3
2 Necrópolis Cristóbal Colón B6

Sehenswertes
3 Callejón de Hamel G3
4 Edificio Focsa E2
Hotel Nacional (siehe 12)
5 Memorial a José Martí D6
6 Museo de Artes Decorativas C3

Aktivitäten, Kurse & Touren
7 Ruta Bikes A5

Schlafen
8 Boutique Hotel 5tay8 Vedado A3
Casavana Cuba (siehe 16)
9 El Candil Boutique Hotel B4
10 Hostal Havaniko E3
11 Hotel Habana Libre E2
12 Hotel Nacional F1
13 La Casa de Concordia H3
14 Malecón 663 H2
15 Marques de Liz D4
16 Marta Vitorte D2

Essen
17 Atelier A3
18 Café Laurent E2
19 Casa Mia Paladar B2
20 Decameron B3
21 El Biky F3
22 La Guarida H3
23 Le Chansonnier D2
24 Opera C2

Ausgehen & Nachtleben
25 Belview ArtCafé B4
26 Cabaret Las Vegas F2
27 Café Cantante Mi Habana D5
28 Café Madrigal B4
29 Café Mamainé E2

Unterhaltung
Cabaret Parisién (siehe 12)
30 Café Teatro Bertolt Brecht D2
31 Callejón de Hamel Live Rumba G3
32 Centro Cultural El Gran Palenque A3
33 Cine Yara E2
Jazz Café (siehe 36)
34 Jazz Club la Zorra y El Cuervo F2
35 Teatro Mella B3

Shoppen
36 Galerías de Paseo A2

tauriert, war das Hotel früher die Residenz des Grafen von Villanueva, eines Eisenbahnbau-Magnaten des 19. Jhs. Die prächtige Stadtvilla wurde in ein Hotel mit neun Zimmern verwandelt. Gestalterisches Thema ist der Tabakanbau. Das Herzstück des Hotels ist ein grüner Innenhof, in dem sogar ein Pfau lebt.

Hotel Palacio Cueto HISTORISCHES HOTEL $$$
(Karte S. 582; ☎7-823-4100; www.gaviotahotels.com; Ecke Muralla & Mercaderes; EZ/DZ 209/324 CUC$; ❄@📶) Nach langwierigen Restaurierungsarbeiten beherbergt das schönste Jugendstilgebäude Havannas nun wieder ein Hotel. Schon bevor man es betreten hat, kann man ihm fünf Sterne für die Lage an der Ecke der Plaza Vieja und für die Fassade, eine bewegte Kombination aus eleganten Säulen und kurvigen Balkons, geben.

Hotel Los Frailes HISTORISCHES HOTEL $$$
(Karte S. 582; ☎7-862-9383; www.gaviotahotels.com; Brasil No 8, zw. Oficios & Mercaderes; DZ/Suite 167/260 CUC$; ❄@📶) Trotz des klösterlichen Mottos (das Personal trägt Kutten) haftet dem Los Frailes (Die Mönche), das vom nahen **Kloster San Francisco de Asís** (Karte S. 582; Oficios, zw. Amargura & Brasil; Museum 2 CUC$; ⏲9.30–16.30 Uhr) inspiriert ist, nichts Asketisches an. Dies ist vielmehr die Art von Hotel, in das man nach einem langen Tag gerne zurückkehrt, um in den großen, historischen Zimmern im mönchsartigen Bademantel zu entspannen, während das Kerzenlicht über die Wände flackert.

Centro Habana

★ Casa 1932 CASA PARTICULAR $
(Karte S. 588; ☎7-863-6203, 5-264-3858; www.casahabana.net; Campanario 63, zw. San Lázaro & Lagunas; Zi. 20–60 CUC$; ❄📶) Im sorgfältig gestalteten Heim von Luís Miguel, einem coolen Art-déco-Kenner, hat jedes Möbelstück eine eigene Geschichte zu erzählen. Er hat sein Haus nicht nur in eine hübsche Privatunterkunft, sondern auch in ein Museum der 1930er verwandelt, als sein Lieblingsarchitekturstil en vogue war.

★ Hostal Peregrino Consulado CASA PARTICULAR $
(Karte S. 588; ☎7-861-8027; www.hostalperegrino.com; Consulado No 152, zw. Colón & Trocadero; EZ/DZ/3BZ/Apt. 30/40/45/50 CUC$; ❄@) Der Kinderarzt Julio Roque und seine Frau Elsa haben ihre *casa particular* (Privat-

haus mit Gästezimmern) mit ursprünglich zwei Zimmern erweitert und bieten nun eine ganze Reihe von Unterkünften an. Im einen Block vom Paseo de Martí entfernten Hauptquartier, dem Hostal Peregrino, gibt's fünf Zimmer und drei angeschlossene Apartments. Es ist eines der am professionellsten geführten Privathäuser Kubas.

Hostal Neptuno 1915 CASA PARTICULAR $
(Karte S. 588; Amistad No 204, zw. Neptuno & San Miguel; Zi. ab 50 CUC$; ❄ 📶) Von der Straße aus ist es kaum zu ahnen, doch diese neue Privatunterkunft ist eine Insel der Ruhe inmitten des Trubels von Centro Habana. Die sieben hinreißenden Zimmer sind mit Originalkunstwerken, eleganten Möbeln und luxuriösen modernen Bädern ausgestattet und liegen um einen kleinen Patio in der ersten Etage und eine Rezeption und Lounge. Hier kann man in geschmackvollem Komfort entspannen, während ringsum in dem schäbigen Stadtviertel das Leben pulsiert.

Casa Colonial Yadilis & Yoel CASA PARTICULAR $
(Karte S. 588; ☎ 7-863-0565; www.casacolonialyadilisyyoel.com; Industria No 120/Altos, zw. Trocadero & Colón; Zi. 30–35 CUC$; ❄ 📶) Hier kommen kompromisslose Professionalität und exzellenter Service zusammen, ohne dass die Wärme und Großzügigkeit, die Kuba so besonders machen, darunter leiden. Diese altehrwürdige Unterkunft ist hinsichtlich des Preis-Leistungs-Verhältnisses eine der besten der Stadt. Sie wurde unlängst um zwei neue Gebäude in der Nähe erweitert und bietet schicke, saubere Zimmer im Herzen eines der lebendigsten Viertel der Stadt.

Egal, ob man aus Kroatien oder aus Camagüey kommt, hier fühlt man sich sofort wie zu Hause.

La Casa de Concordia CASA PARTICULAR $
(Karte S. 594; ☎ 7-862-5330; Concordia No 421, zw. Escobar & Gervasio; Zi. 50 CUC$; ❄) Diese *casa particular* in einer der Zufahrtstraßen nach Centro Habana ist auf die Maße eines kleinen Hotels angewachsen und hat mittlerweile elf Zimmer. Dennoch fühlen sich Gäste hier wie ein Teil einer kubanischen Großfamilie. Die Zimmer sind mit massiven Möbeln aus dem 20. Jh. und modernen Bädern ausgestattet, die Gemeinschaftsbereiche zieren Pflanzen.

Das Concordia liegt mitten im hektischen, aber herrlich theatralischen Viertel Centro Habana, hier ist man Teil des Lebens und Treibens.

★ Malecón 663 BOUTIQUE-HOTEL $$$
(Karte S. 594; ☎ 7-860-1459; www.malecon663.com; Malecón No 663, zw. Gervasio & Belascoain; DZ 210–250 CUC$, Suite 290 CUC$; ❄ 📶) Das von Franzosen geleitete Hotel spiegelt den kreativen Geist des Malecón wider und ist eine skurrile Mischung aus Kunst, Recycling, Komfort und Stil. Die vier Zimmer sind individuell gestaltet (Art déco, Vintage, zeitgenössischer Stil und eklektischer Stil), immer aber mit kubanischen Akzenten versehen, von afrokubanischen Religionen über Karneval bis zu topaktueller Streetart.

★ Hotel Iberostar Parque Central HOTEL $$$
(Karte S. 588; ☎ 7-860-6627; www.iberostar.com; Neptuno, zw. Agramonte & Paseo de Martí; Zi. inkl. Frühstück 490–570 CUC$; P ❄ @ 📶 🏊) Seit mehr als zwei Jahrzehnten ist das Iberostar Parque Central trotz neuer Konkurrenz beständig Havannas bestes Hotel von internationalem Niveau: Service und Einrichtungen für Geschäftsreisende können es hier mit den besten Fünf-Sterne-Häusern der Karibik aufnehmen. Und auch wenn die schicke Lobby und die klassisch möblierten Zimmer nicht über den historischen Reichtum anderer Hotels in Habana Vieja verfügen, ist das Ambiente hier alles andere als steril.

★ Iberostar Grand Packard Hotel LUXUSHOTEL $$$
(Karte S. 588; ☎ 7-823-2100; www.iberostar.com; Paseo de Martí, zw. Cárcel & Genios; DZ/Suite 250/395 CUC$; P ❄ @ 📶 🏊) Der Infinitypool mit Blick auf den Hafen ist nur eines der Highlights dieses Hotels mit 321 Zimmern, das zentral am Eingang zur Bucht liegt. Das elegante und moderne Haus prägen offene, minimalistisch gestaltete Räume. Die Zimmer und Suiten sind in strahlendem Weiß gehalten. Es gibt sechs Restaurants und drei Bars, darunter eine Tapas-Bar und eine Zigarrenlounge, die kubanische Küche mit spanischen Einflüssen servieren.

Gran Hotel Manzana Kempinski LUXUSHOTEL $$$
(Karte S. 588; ☎ 7-869-9100; www.kempinski.com/en/havana/gran-hotel-kempinski-la-habana; San Rafael, zw. Av de las Misiones & Agramonte; DZ/Suite 500/800 CUC$; ❄ 📶 🏊) Die Schweizer

Hotelkette Kempinski betreibt dieses Haus im Herzen von Habana Vieja und hat ihm selbst fünfeinhalb Sterne gegeben. Das Luxushotel nimmt den gesamten Block ein. Auf fünf Etagen verteilen sich 246 große Zimmer und Suiten mit Blick auf die Altstadt und den Parque Central (S.587), außerdem bietet das Hotel eine Zigarrenlounge, ein Spa und Fitnesscenter, einen Pool auf der Dachterrasse und ein Panoramarestaurant nur für Hotelgäste.

Hotel Sevilla HOTEL **$$$**
(Karte S.588; ☎7-860-8560; www.hotelsevilla-cuba.com; Trocadero No 55, zw. Paseo de Martí & Agramonte; EZ/DZ inkl. Frühstück 200/308 CUC$; P ❄ @ 📶 🏊) Al Capone mietete einst die komplette sechste Etage, Graham Greene nutzte Zimmer 501 als Schauplatz für seinen Roman Unser Mann in Havanna und die Mafia nahm das Haus als Operationszentrale für ihre prärevolutionären Drogengeschäfte in Nordamerika in Beschlag. Auch heute kann das maurische Sevilla noch überzeugen: Seine pompöse Lobby könnte beispielsweise direkt aus der Alhambra in Granada stammen.

Die großen Zimmer mit sevillanischen Fliesen, die die Kopfteile der Betten zieren, werden regelmäßig modernisiert, und das Restaurant in der neunten Etage, wo zum Frühstück Geigenmusik erklingt, ist tatsächlich ein Erlebnis, doch eigentlich zahlt man hier für die Geschichte und nicht für die modernen Einrichtungen oder den flotten Service.

Hotel Saratoga HOTEL **$$$**
(Karte S.588; ☎7-868-1000; www.saratogahotel-cuba.com; Paseo de Martí No 603; DZ/Suite 506/605 CUC$; P ❄ @ 📶 🏊) Das imposante mintgrüne Saratoga ist eine architektonische Perle. Es steht an der Kreuzung Paseo de Martí und Dragones mit fantastischem Blick in Richtung Capitolio (S.586). Der gute, wenn auch etwas übereifrige Service, die äußerst bequemen Betten, die guten Duschen, der tolle Pool auf dem Dach und die hervorragende Hotelbar stechen positiv heraus.

Vedado

Hostal Havaniko CASA PARTICULAR **$**
(Karte S.594; ☎7-837-4850; hostalhavaniko@gmail.com; Calle I No 457, zw. Calles 21 & 23; Zi. 40–50 CUC$; ❄) Inzwischen hat diese *casa particular*, die schon zahlreiche Inkarnationen erlebte, jede davon gut, die dritten Besitzer. Sie liegt mitten im Zentrum von Vedados Nachtleben. Ihr Herzstück ist ein von hohen Wänden umgebener Patio mit vielen Pflanzen und einem Brunnen. Die sieben Zimmer, in denen Wandbilder, Fliesen und Terrakottaziegel Akzente setzen, bieten Hotelstandard. Das Haus wurde 2019 komplett renoviert.

Marques de Liz CASA PARTICULAR **$**
(Karte S.594; ☎5-264-4756; Calle 25 No 715, zw. Calles D & E; Zi. 45–60 CUC$; ❄ 📶) Das stattliche neoklassizistische Haus in einer ruhigen Straße hat vier ganz unterschiedliche Zimmer, die aber alle mit Wasserkocher, Mikrowelle und gefülltem Kühlschrank ausgestattet sind. In einigen befinden sich größere Miniküchen und eins hat einen sonnigen Balkon mit Blick auf die Avenida 25. Die großen, modernen Bäder sind geradezu luxuriös und in den Zimmern warten verlockende Flaschen Wein und Rum (zum Kauf).

Marta Vitorte CASA PARTICULAR **$**
(Karte S.594; ☎7-832-6475; www.casamartainhavana.com; Calle G No 301, Apt.14, zw. Calles 13 & 15; Zi. 40–60 CUC$; P ❄) Marta lebt schon seit den 1960ern in diesem hohen Wohnblock in der Avenida de los Presidentes. Wenn man die Aussicht sieht, versteht man, warum: Von der verglasten Rundum-Terrasse bietet sich ein 270-Grad-Panorama auf das bunte Havanna – man hat das Gefühl, auf dem Martí-Denkmal (S.590) zu stehen. Wenig überraschend: Auch ihre vier Zimmer sind purer Luxus, mit hübschen Möbeln, Minibar und Safe.

★ El Candil Boutique Hotel BOUTIQUE-HOTEL **$$**
(Karte S.594; ☎7-833-1209; www.hotelcandil.com; Calle 2 No 457, zw. 19 & 21; Zi. 150 CUC$; ❄ 📶 🏊) Boutique-Hotels sind in Kuba noch etwas ganz Neues, und das Candil mit fünf Zimmern setzt die Messlatte hoch. Es befindet sich in einer repräsentativen Villa aus dem frühen 20. Jh. und ist mit der dezenten Eleganz dieser Ära gestaltet, hat aber einige nützliche moderne Annehmlichkeiten. Die Terrasse vor dem Haus zieren Vorhänge, es gibt eine sonnige Bar auf dem Dach und ein Tauchbecken, und alle fünf Zimmer verfügen über an der Wand montierte Flachbildfernseher und Klimaanlagen.

★ Casavana Cuba CASA PARTICULAR **$$**
(Karte S.594; ☎5-804-9258; www.casavanacuba.com; Calle G No 301, 5. OG, zw. Calles 13 & 15;

Zi./Suite ab 130/170 CUC$; ❄) Die einstige *casa particular* hat sich praktisch in ein privates Hotel mit Vier-Sterne-Niveau verwandelt. Sie nimmt drei Etagen (4., 5. und 11. Stock) in einem *rascacielo* (Wolkenkratzer) ein). Die riesigen Zimmer sind modern-minimalistisch gestaltet und verzichten auf überladene Antiquitäten, haben aber auch elegante Akzente. Die Böden der hellen Gemeinschaftsbereiche sind so blankpoliert, dass man sich darin regelrecht spiegelt.

Boutique Hotel 5tay8 Vedado BOUTIQUE-HOTEL $$
(Karte S. 594; ☎7-881-2671; www.boutiquehotelvedado.website; Av 5, Ecke Calle 8; DZ ab 115 CUC$; P ❄) Ein außergewöhnliches privates Hotel in einer ehrwürdigen Villa. Das 5 & 8 kombiniert Miamis Modernität mühelos mit der undefinierbaren Magie Havannas. Schon das Haus selbst ist ein Schmuckstück, mit Weinranken, die über zwei Stockwerke aus den Bogenfenstern fallen, und der Dachterrasse mit beleuchteter Bar, auf der eine sanfte Meeresbrise weht,.

★ Hotel Nacional HOTEL $$$
(Karte S. 594; ☎7-836-3564; www.hotelnacionaldecuba.com; Ecke Calles O & 21; EZ/DZ/3BZ 234/338/465 CUC$; P ❄ @ 📶 🏊) Das neoklassizistische/neokoloniale Hotel Nacional mit Art-déco-Elementen (nennen wir's einfach eklektisch) ist das Sahnehäubchen der kubanischen Hotelszene, das Vorzeigeobjekt der staatlichen Gran-Caribe-Kette und ebenso städtisches Wahrzeichen wie internationale Unterkunft. Auch wer nicht hier wohnt, sollte sich die Zeit nehmen und wenigstens einen minzigen Mojito in der sensationellen Bar am Meer schlürfen.

Playa & Marianao

★ Hotel Meliá Habana HOTEL $$$
(☎7-204-8500; www.meliacuba.com; Av 3, zw. Calles 76 & 80, Miramar; EZ/DZ 500 CUC$; P ❄ @ 📶 🏊) Das Hotel Meliá Habana gehört zur Miramar-Kette und ist eine der bestgeführten und am besten ausgestatteten Unterkünfte der Stadt. Von außen mag es wie ein hässlicher Betonkotz wirken, doch innen ist es wunderschön. Die 409 Zimmer (teils rollstuhlgerecht) liegen rund um die prächtige Lobby, die Hängewein, Marmorstatuen und extravagante Wasserspiele zieren. Draußen lockt an einem felsigen, einsamen Küstenabschnitt der größte und schönste Pool Kubas.

Essen

Habana Vieja

El Café FRÜHSTÜCK $
(Karte S. 582; ☎7-861-3817; www.facebook.com/elcafehavana; Amargura 358, zw. Villegas & Aguacate; Frühstück 3–7 CUC$; ⏲9–18 Uhr; 🌿) In Havanna gibt's heutzutage viele Cafés, aber nur ein *El Café* mit seiner großartigen Kombination aus aufmerksamem Service, ausgezeichnetem Kaffee, Sandwiches mit hausgemachtem Sauerteigbrot und ganztägigem üppigem Frühstück. Es ist wegen seiner vielen veganen und vegetarischen Gerichte, darunter auch welche mit Avocado und Hummus, bei Individualreisenden beliebt. Man sollte zeitig hier sein, um einen Tisch zu bekommen.

D'Next CAFETERIA $
(Karte S. 582; ☎7-860-5519; Brasil No 512, zw. Av de las Misiones & Bernaza; Snacks 3–6 CUC$; ⏲8.39–24 Uhr; ❄) Das beliebte D'Next am Scheitel der trendigen Plaza del Cristo ist unglaublich preiswert, unglaublich belebt und unglaublich gut. Es ist wie eine Sportsbar mit roten Plastikstühlen und Papierkarten ausgestattet, doch gerade junge Kubaner lieben die billigen Burger, die eisige Klimaanlage und die üppigen Kuchen am späten Abend.

Helad'oro EISCREME $
(Karte S. 582; ☎5-305-9131; Aguiar No 206, zw. Empedrado & Tejadillo; Eiscreme 1–4 CUC$; ⏲11–22 Uhr) Als Fidel noch „König" war, hielt die Regierung das Monopol auf viele Dinge. Eiscreme wurde vom legendären Coppelia kontrolliert, und damals reichten die Sorten selten über *fresa y chocolate* (Erdbeere und Schokolade) hinaus. Doch ab 2010 kam die wirtschaftliche Schmelze und läutete das Zeitalter von Helad'oro mit hausgemachter Eiscreme in über 30 verschiedenen Sorten ein, z. B. Mameyapfel und *desayuno tropical* (tropisches Frühstück). Viva la Eiscreme-Revolution!

Café Bohemia TAPAS $
(Karte S. 582; ☎7-836-6567; www.havanabohemia.com; San Ignacio No 364; Tapas 6–10 CUC$; ⏲10.30–21.30 Uhr; 🌿) Das Café Bohemia ist in einer wunderschönen Villa auf der Plaza Vieja zu Hause und nach einem kubanischen Kunst- und Kulturmagazin benannt. Es fühlt sich ziemlich nach Bohème an. Serviert werden tolle Cocktails, Tapas und gefährliche süchtig machende Kuchen.

★ Lamparilla 361 Tapas & Cervezas TAPAS $$
(Karte S. 582; ☎ 5-289-5324; Lamparilla No 361, zw. Aguacate & Villegas; Tapas 5–12 CUC$; ⏲ 12–24 Uhr) Havannas beste Tapas-Bar ist möglicherweise auch das beste Restaurant der Stadt überhaupt, denn die Gerichte, ihre Präsentation und der Service kommen schon einer Kunst nahe. In dem an eine Lounge erinnernden, romantisch beleuchteten Restaurant gibt's viel zu sehen, während man eiskaltes Bier, fabelhafte Cocktails und das kreative und interessant (auf Platten, Schiefern, Pfannen und Mini-Einkaufswagen) angerichtete Essen genießt.

Das Beste ist der aufmerksame, dezente und mehrsprachige Service, den man am liebsten in Flaschen abfüllen und nach ganz Kuba verschicken würde.

Die Liste der herausragenden Speisen und Getränke passt nicht auf eine Postkarte, auch nicht auf zwei. Die Lasagne in Tapas-Größe, die frisch in der Pfanne zubereiteten Fleischbällchen, das Maisbrot mit süßem Hühnchen und der mit einem Eisgesicht dekorierte Daiquiri gehören aber auf jeden Fall darauf. Einfach fantastisch!

★ Doña Eutimia KUBANISCH $$
(Karte S. 582; ☎ 7-861-1332; Callejón del Chorro 60c; Hauptgerichte 8–12 CUC$; ⏲ 12–22 Uhr) Das Geheimnis des Doña Eutimia ist, dass es kein Geheimnis gibt, sondern einfach große Portionen des besten kubanischen Essens serviert werden. Hier gibt's Gerichte wie *ropa vieja* (Rindergeschnetzteltes, auch in einer interessanten Lammfleischversion im Angebot), großartiges *picadillo a la habanera* (würziges Rindfleisch), himmlischen *lechón asado* (Schweinebraten) und wunderbar rustikales Brathühnchen, alles serviert mit großzügigen Portionen Reis, Bohnen und Kochbananen.

Dies ist ein Restaurant der Extraklasse, das beweist, dass die traditionelle kubanische Küche bei richtiger Zubereitung ziemlich spektakulär sein kann. Es befindet sich einer Sackgasse in der Nähe der Kathedrale. Am Vortag reservieren.

★ Lo de Monik TAPAS $$
(Karte S. 582; ☎ 7-864-4029; Compostela No 201, Ecke Chacón; Hauptgerichte 10–15 CUC$; ⏲ 8–21.30 Uhr) Statt kolonialer Pracht bietet das Monk zur Abwechslung französisches Bistroflair. Es passt mit seinem hellen weißen Interieur und den wohl freundlichsten und gesprächigsten Mitarbeitern der Stadt perfekt ins zunehmend schicker werdende Viertel Loma del Ángel. Das ständig wechselnde Menü steht auf einer Tafel, besonders empfehlenswert sind die Brunch- und Tapas-Speisen wie Fisch-Tacos, gute kubanische Baguettes und cremiger Käsekuchen. Wegen der spektakulären Cocktails lohnt es sich, abends wiederzukommen.

El del Frente INTERNATIONAL $$
(Karte S. 582; ☎ 7-863-0206; O'Reilly No 303; Hauptgerichte 8–13 CUC$; ⏲ 12–24 Uhr) Als die Besitzer des O'Reilly 304 (S. 601) vor einigen Jahren ihr immer beliebter werdendes Restaurant erweitern wollten, öffneten sie direkt auf der anderen Straßenseite ein zweites und gaben ihm den witzigen Namen El del Frente („Das da vorne"). Kulinarisch ist es genauso genial, punktet aber zudem mit Vorzügen wie einer Dachterrasse, dem 50er-Jahre-Retrodesign und den berauschenden Cocktails auf Ginbasis.

Am besten bestellt man die Hummer-Tacos, den Oktopussalat oder die Drinks des vielleicht besten Barmixers Havannas und lässt sie sich unter freiem Himmel schmecken. Den Eingang bildet eine schlichte Tür in der Calle O'Reilly. Da es unglaublich beliebt ist, sollte man vorher reservieren.

El Rum Rum de la Habana FISCH & MEERESFRÜCHTE $$
(Karte S. 582; ☎ 7-861-0806; Empedrado No 256, zw. Cuba & Aguiar; Hauptgerichte 7–18 CUC$; ⏲ 12–24 Uhr) Nicht jedes Restaurant hat einen Weinsommelier und einen Zigarrensommelier, aber das ist schließlich Havanna, und El Rum Rum (der Name bezieht sich sowohl auf das Getränk als auch auf den kubanischen Slangbegriff für Klatsch) kennt sich in beiden Bereichen bestens aus. Ob die delikaten Meeresfrüchte oder die konzertwürdige musikalische Unterhaltung – das Restaurant ist in jeder Hinsicht herausragend.

Auf der Karte stehen kubanische Spezialitäten mit subtilen Aromen und Soßen, z. B. *caldereta de mariscos* (ein reichhaltiger Meeresfrüchteeintopf), Steak mit drei Toppings, eine Paella, auf die man auch in Valencia stolz wäre, und zehn verschiedene Mojito-Varianten. Der Service unter Leitung des Sommeliers und Besitzers Osiris Oramas ist beispielhaft und empfiehlt den Gästen die besten Rums und Speisen. Das Restaurant erstreckt sich über mehrere Speiseräume, darunter ein klimatisierter VIP-Raum.

Restaurante Antojos INTERNATIONAL **$$**
(Karte S. 582; ☎5-277-2577; www.restauranteantojos.com; Espada, zw. Cuarteles & Chacón; Hauptgerichte 7–12 CUC$; ⏲11–24 Uhr) Hier kann man seine Gelüste *(antojos)* befriedigen, besonders, wenn man Lust auf mit Schweinefleisch gefüllte Baguettes oder stückige *tostones* (Kochbananen) hat. Besonders aufregend sind die Desserts (die zu jeder Tageszeit im Angebot sind), vor allem der warme, mit Zimt bestreute *arroz con leche* (Reispudding).

5 Sentidos INTERNATIONAL **$$**
(Karte S. 582; ☎7-864 8699; www.paladar5sentidos.com; San Juan de Dios No 67, Ecke Compostela; Hauptgerichte 10–18 CUC$; ⏲12–16 & 18.30–23 Uhr) Das Restaurant mit dem romantischen Namen „Fünf Sinne" (*5 sentidos*) dürfte bei den Gästen mindestens drei Sinne anregen. Die offene Küche ermöglicht die freie Entfaltung der verlockenden Aromen, die Dekoration im französischen Bistrostil (gestrichenes Holz und elegante Leuchter) erfreut das Auge, und auch der Geschmackssinn wird garantiert stimuliert, wenn man die Ceviche, den Oktopus oder den auf der Zunge zergehenden Lammeintopf isst.

Il Rustico ITALIENISCH **$$**
(Karte S. 582; ☎5-539-4514; San Juan de Dios No 53, zw. Habana & Compostela; Hauptgerichte 5–10 CUC$; ⏲12–22.30 Uhr) Angesichts des sizilianischen Besitzers, der hier den Hut aufhat, den kunstvoll aus recycelten Holzpaletten gebauten Möbeln und dem Pizza-Holzofen ist der Anspruch plausibel, dass das Rustico die beste Pizza Havannas auf den Tisch bringt.

Die Pizzas haben einen dünnen Boden mit gewelltem Rand, sind weich und nicht zu üppig belegt und würden jeden Neapolitaner stolz machen. Aber auch die typisch sizilianischen Gerichte wie *pasta alla norma* (mit Aubergine und Tomaten) können locker mithalten.

Más Habana INTERNATIONAL **$$**
(Karte S. 582; ☎7-864-3227; www.facebook.com/mashabanacuba; Habana No 308, zw. San Juan de Dios & O'Reilly; Hauptgerichte 8–16 CUC$; ⏲12–24 Uhr) Vieles spricht dafür, dass man nach dem Besuch dieser neuen kulinarischen Institution *más* (mehr) von Havanna verlangt. Die unangestrengte coole Inneneinrichtung (*nuevo*-industriell mit künstlerischen Akzenten), die Cocktails zur Happy Hour (besonders die Daiquiris sind hervorragend), die modernen Varianten traditioneller kubanischer Gerichte und die durchweg vernünftigen Preise sind ein Magnet für Touristen wie Einheimische.

Trattoria 5esquinas ITALIENISCH **$$**
(Karte S. 582; ☎7-860-6295; Habana No 104, Ecke Cuarteles; Hauptgerichte 5–11 CUC$; ⏲8–23 Uhr) Das beste italienische Restaurant in Havanna? Es gibt da ein paar Kandidaten, aber das 5esquinas mischt definitiv vorne mit. Es versprüht das perfekte Trattoria-Flair, einschließlich der sichtbaren Glut des Pizzaofens und des Dufts von geröstetem Knoblauch. Italienische Gäste werden von der Pasta mit Meeresfrüchten (und einer großzügigen Portion Hummer) oder den Cannelloni mit Krebsfleisch und Spinat nicht enttäuscht sein. Zum krönenden Abschluss der Mahlzeit empfiehlt sich Tiramisu.

O'Reilly 304 INTERNATIONAL **$$**
(Karte S. 582; ☎5-264-4725; O'Reilly No 304; Gerichte 8–13 CUC$; ⏲12–24 Uhr) Eine kleine Bar mit Restaurant, in die jeden Abend viele fröhliche Gäste strömen, die gut gelaunt die starken Cocktails, das köstliche Essen und die leckersten Kochbananenchips Havannas genießen – das ist ein garantiertes Erfolgsrezept. Neben den besten fruchtigen alkoholischen Getränken Havannas serviert das O'Reilly auch die leckersten Ceviches, Tacos und Fischgerichte, zu denen es als Beilage eine knusprige Gemüsemischung gibt.

Der kleine Raum ist clever gestaltet und nutzt das Zwischengeschoss perfekt aus, und die Atmosphäre ist fast immer ansteckend lebhaft. Keine Sorge, wenn mal alle Tische besetzt sind – die Gäste kommen und gehen und es kann auch schnell wieder ein Tisch frei werden.

Paladar Los Mercaderes
KUBANISCH, INTERNATIONAL **$$$**
(Karte S. 582; ☎7-861-2437; Mercaderes No 207; Gerichte 18–22 CUC$; ⏲11–23 Uhr) Dieses private Restaurant in einem historischen Gebäude dürfte eines der gehobensten *paladares* (privat geführte Restaurants) des Landes sein, was das Ambiente, den Service und die kubanische und internationale Küche angeht. Eine Marmortreppe führt hinauf zum luxuriösen Speiseraum im ersten Stock, wo Geiger spielen. Auf der Karte ist die Herkunft der Speisen frisch vom Hof vermerkt: Sardinen aus Cojímar, Schweinefleisch aus Pinar del Río und *ropa vieja* (Rindergeschnetzeltes) mit Rindfleisch aus Camagüey.

Centro Habana

Nazdarovie RUSSISCH $$

(Karte S. 588; ☎7-860-2947; www.nazdarovie-havana.com; Malecón No 25, zw. Prado & Cárcel; Hauptgerichte 7–13 CUC$; ⏲12–24 Uhr; ❄) Kubas 31 Jahre lange Tändelei mit dem Bolschewismus lebt in diesem beliebten Restaurant in bester Lage mit Blick auf den Malecón wieder auf. Oben zeigt das Dekor alte sowjetische Propagandaposter, Fotos von Fidel Castro und Nikita Chruschtschow in brüderlicher Eintracht und etwas weniger aufdringliche Matrjoschka-Puppen. Die Karte ist dreisprachig (um in die richtige Stimmung zu kommen, kann man versuchen, auf Russisch zu bestellen).

Die Speisen sind einfach, doch es handelt sich um Klassiker wie Bœuf Stroganoff, Kiewer Kotelett und Borschtsch, die alle gut zubereitet sind. Als Cocktail empfiehlt sich James Bonds Lieblingsdrink: Wodka Martini (geschüttelt, nicht gerührt). From Russia with love.

Castas y Tal KUBANISCH $$

(Karte S. 588; ☎7-864-2177; Av de Italia No 51, Ecke San Lázaro; Hauptgerichte 6–9 CUC$; ⏲12–24 Uhr) Dem hippen C&T, einem Restaurant im Bistrostil mitten in Centro Habana gelingt es, die richtige Mischung zu finden und sowohl Kubaner (die wegen der günstigen Preisen und der traditionellen Rezepte kommen) als auch Touristen anzulocken. Neben kubanischen Klassikern mit großzügig portionierten Beilagen (Reis und Bohnen) stehen auch kreative Gerichte wie Lamm mit Masala oder Hühnchen mit oranger Soße auf der Karte.

★ **La Guarida** INTERNATIONAL $$$

(Karte S. 594; ☎7-866-9047; www.laguarida.com; Concordia No 418, zw. Gervasio & Escobar; Hauptgerichte 15–22 CUC$; ⏲12–16 & 18–24 Uhr) So etwas gibt's nur in Havanna! Der Eingang zum legendärsten Privatrestaurant der Stadt könnte aus einem Film noir der 1940er-Jahre stammen. Vom Fuß einer prächtigen, aber verfallenen Treppe, neben der eine kopflose Statue liegt, geht's an Wäscheleinen vorbei zu einer Holztür, hinter der sich zahlreiche kulinarische Überraschungen verbergen.

La Guarida machte sich seinen guten Namen erstmals in den 1990er-Jahren, als es der Schausplatz für den oscarnominierten Film *Fresa y chocolate* war. In den folgenden Jahren wurde das Essen immer besser und zählt heute noch immer zum Besten in Havanna. Die bahnbrechende *nueva cocina cubana* des Restaurants vereint traditionelle kubanische Gerichte mit für Kuba eher Ungewöhnlichem wie Lamm-*tikka masala*. Reservierung empfohlen.

San Cristóbal KUBANISCH $$$

(Karte S. 588; ☎7-867-9109; San Rafael, zw. Campanario & Lealtad; Gerichte 10–19 CUC$; ⏲Mo–Sa 12–24 Uhr) Im San Cristóbal kam schon leckeres Essen auf den Tisch, bevor der amerikanische Präsident im März 2016 vorbeischaute, doch die Publicity, die es durch den Besuch Barack Obamas erlangte, dürfte ihm kaum geschadet haben. Es befindet sich in einer der schäbigeren Straßen von Centro Habana. Die Gasträume wirken mit den alten Fotos, Tierfellen und einem Santería-Altar, den Bilder von Antonio Maceo und José Martí flankieren, wie ein Museum.

Vedado

El Biky CAFETERIA $

(Karte S. 594; ☎7-870-6515; www.elbiky.com; Ecke Calzada de la Infanta & San Lázaro; Hauptgerichte 4–11 CUC$; ⏲8–24 Uhr) Das El Biky brachte vor fünf Jahren frischen Wind in die Stadt und trug mit seinem bezahlbaren, schnell servierten Essen dazu bei, Havannas aufsteigende Brunchszene neu zu erfinden. An den Wänden des modernen Café-Restaurants hängen Retrofotos aus der Zeit vor der Revolution. Es war so erfolgreich, dass es sich inzwischen zu einem „gastronomischen Komplex" entwickelt hat, zu dem auch eine coole Bar und die benachbarte Bäckerei, die beste Havannas, gehören.

★ **Café Laurent** INTERNATIONAL $$

(Karte S. 594; ☎7-832-6890; Calle M No 257, 5. OG, zw. Calles 19 & 21; Hauptgerichte 8–16 CUC$; ⏲12–24 Uhr) Ein wahrhaftiges verborgenes Schmuckstück: Das nicht beschilderte Café Laurent bietet ein elegantes Restauranterlebnis, auch wenn es, völlig unpassend, in einem erschreckend hässlichen Wohnblock aus den 1950ern neben dem Fosca-Gebäude untergebracht ist. Gestärkte weiße Tischdecken, polierte Gläser und Spitzenvorhänge runden das helle, moderne Interieur ab. Die kubanisch-spanische Speisekarte führen das Meeresfrüchterisotto und der kunstvoll präsentierte Schweinebraten mit getrockneten Früchten und Rotwein an.

Opera INTERNATIONAL **$$**
(Karte S. 594; ☎7-831-2255; www.operahabana.com; Calle 5 No 204, zw. Calles E & F; Hauptgerichte 9–13 CUC$; ⏲Mi–Mo 12–15 & 19–22 Uhr;) In einer mit Kolonnaden verzierten Villa befindet sich das Opera mit einem Billardtisch im Vorderzimmer. Es serviert gehobene kubanisch-italienische Küche zu Musik aus *Carmen* und *Aida,* die bestens zum spektakulären Essen passt. Aus der Küche, die der italienischen Slowfood-Philosophie folgt, kommen z. B. hausgemachte mit Yucca gefüllte Gnocchi und in Bucanero-Bier gekochtes Kaninchen.

Casa Mia Paladar KUBANISCH **$$**
(Karte S. 594; ☎7-832-9735; Calle 1 No 103, zw. Calles C & D; Hauptgerichte 9–14 CUC$; ⏲11.30–23 Uhr;) Das an den Malecón angrenzende Casa Mia ist schlicht und klar eingerichtet und verzichtet auf schicke Dekoration, stattdessen überrascht es die Gäste mit dem Essen. Die schlichte Karte baut selbstbewusst auf dem Fundament der traditionellen kubanischen Küche auf. Das Highlight unter mehreren herausragenden Gerichten ist das nach Art von Pinar del Río zubereitete *cerdo (Schweinefleisch)* – den Einheimischen zufolge ist es der Gipfel der kubanischen Kunst, Schweinefleisch zuzubereiten, das im Munde zergeht.

Atelier KUBANISCH **$$$**
(Karte S. 594; ☎7-836-2025; Calle 5 No 511/Altos, zw. Paseo & Calle 2; Gerichte 15–25 CUC$; ⏲12–24 Uhr) Im Atelier springt als Erstes die fantastische Wandkunst ins Auge: große, nachdenklich stimmende Gemälde mit religiösem Anklang. Auch die alte Holzdecke, die aus einer *mudéjar*-Kirche stammen könnte, die Dachterrasse mit Terrakottafliesen und die altmodische Eleganz sind faszinierend. Und dann wäre da schließlich noch das Essen: kubanische Gerichte mit französischem Einfluss, die auf eine ständig wechselnde Speisekarte geschrieben werden.

Decameron INTERNATIONAL **$$$**
(Karte S. 594; ☎7-832-2444; Línea No 753, zw. Paseo & Calle 2; Hauptgerichte 12–18 CUC$; ⏲12–24 Uhr;) Von außen ist es unscheinbar, doch dank der berühmten Sammlung antiker Uhren (also pünktlich sein!) ist es drinnen viel hübscher. Das Decameron ist ein unerschütterlicher *paladar,* der immer gut war, noch immer gut ist und wohl immer gut sein wird. Serviert wird kubanische Küche mit internationalen Einflüssen. Die Gäste schwärmen von der pikanten Thunfisch-Tarte, dem Risotto und dem Schwertfisch.

Dazu gibt's eine gute Auswahl an Weinen und starken Cocktails, und die Küche hat ein Herz für Vegetarier.

Le Chansonnier FRANZÖSISCH **$$$**
(Karte S. 594; ☎7-832-1576; www.lechansonnierhabana.com; Calle J No 257, zw. Calles 13 & 15; Gerichte 12–20 CUC$; ⏲12.30–0.30 Uhr) Hier kann man lecker essen, sofern man das Lokal findet (es gibt kein Schild): Es liegt versteckt in einer verblassten Villa, deren renoviertes Interieur entschieden moderner ist als die neoklassizistische Fassade. Das Essen wird in mehreren Räumen serviert. Französischer Wein und französische Aromen veredeln die Spezialitäten des Hauses, etwa Kaninchen mit Senf, Ententerrine oder Spareribs.

Playa & Marianao

El Aljibe KARIBISCH **$$**
(☎7-204-1583/4; Av 7, zw. Calles 24 & 26, Miramar; Hauptgerichte 12–15 CUC$; ⏲12–24 Uhr) Das Aljibe ist in Havanna legendär: Ursprünglich stammt es schon aus der Ära vor der Revolution, und in den 1990er-Jahren erlebte es ein Revival, dank seines berühmtesten Gerichts, dem obligatorischen *pollo asado* (Brathühnchen in einer Bitterorangensoße), serviert mit beliebig viel Reis, schwarzen Bohnen, gebratenen Kochbananen, Pommes frites und Salat als Beilagen – und das alles für nur 12 CUC$.

★ **La Fontana** GRILLRESTAURANT **$$$**
(☎7-202-8337; Av 3A No 305, Miramar; Hauptgerichte 13–28 CUC$; ⏲12–24 Uhr) La Fontana in einem schwer zu findenden, aber schönen Haus in Playa ist eines der besten Restaurants Havannas und das schon seit seiner Gründung im Jahr 1995 (Kubas kulinarischer Steinzeit). Sein Geheimnis: Es hat sich immer weiterentwickelt, neue Räumlichkeiten, neue Gerichte und verschiedene Extravaganzen wie Fischteiche und Livejazz kamen hinzu.

Inzwischen bietet es seinen Gästen mehrere Bereiche mit ganz unterschiedlichem Ambiente. Das Herzstück sind die ummauerte Terrasse und der offene Grill, es gibt aber auch eine trendige Bar zum Chillen, an der starke Cocktails gemixt werden.

Das Fontana ist für seinen Grill (einen Holzkohlegrill, um genau zu sein) berühmt. Die Fleisch- und Fischgerichte werden in riesigen Portionen serviert, darum sollte man sich bei den Vorspeisen wie Hummer-Ceviche, Thunfischtatar oder Rinder-Carpaccio mit Rucola zurückhalten.

La Cocina de Lilliam FUSION-KÜCHE $$$
(☎7-209-6514; www.lacocinadelilliam.com; Calle 48 No 1311, zw. Av 13 & Av 15, Miramar; Gerichte 15–30 CUC$; ⊙Di–Sa 12–15 & 19–23 Uhr) Als eines der ältesten privaten Restaurants Havannas (gegründet 1994) scheint es alle Höhen und Tiefen der wirtschaftlichen Achterbahnfahrt Kubas überlebt zu haben. Im Lauf der Zeit kehrten hier einige Berühmtheiten ein, so war 2002 Jimmy Carter zu Gast.

La Esperanza INTERNATIONAL $$$
(☎7-202-4361; Calle 16 No 105, zw. Av 1 & Av 3, Miramar; Gerichte 8–17 CUC$; ⊙Mo–Sa 19–23 Uhr) Hier kommen Erinnerungen an die Frühzeiten der *paladares* hoch, als die Gäste sich fühlten, als würden sie bei jemandem zu Hause essen, denn so ist es hier im Prinzip heute noch. Die Räume des mit Wein bewachsenen Hauses sind mit kuriosen Antiquitäten, alten Porträts und eleganten Möbeln aus den 1940er-Jahren gefüllt. Aus der Küche kommen so exquisite Gerichte wie *pollo luna de miel* (in Rum flambiertes Hühnchen) und Lammspieße.

Ausgehen & Nachtleben

Habana Vieja

★ **El Dandy** CAFÉ
(Karte S. 582; ☎7-867-6463; www.bareldandy.com; Ecke Brasil & Villegas; ⊙8–1 Uhr) Das recht stilvolle El Dandy ist tagsüber ein schlichtes Café und abends eine Cocktailbar. An der Tür empfängt ein entspannter Rezeptionist die Gäste mit Handschlag, danach bestellen sie ihre Drinks bei den flinken Kellnern an der Bar. Die megatrendigen Gäste posieren an den Marmortischen wie Pfauen.

★ **Azúcar Lounge** LOUNGE
(Karte S. 582; ☎7-860-6563; Mercaderes No 315; ⊙11–24 Uhr) Es gibt keinen schöneren Ort in Kuba für eine Piña Colada als den Balkon im zweiten Stock des Azúcar, hoch über dem architektonischen Schönheitswettbewerb der Plaza Vieja. Mit der loungeartigen Einrichtung, Trancemusik und einer Dekoration, die IKEA mit Avantgarde mixt, ist die Lounge unverhohlen trendig, wirkt aber kein bisschen exklusiv. Touristen, Leute in den Dreißigern und stinknormale Typen werden sich hier alle willkommen fühlen.

★ **El Chanchullero** BAR
(Karte S. 582; www.el-chanchullero.com; Brasil, zw. Bernaza & Christo; ⊙13–24 Uhr) *„Aquí jamás estuvo Hemingway"* (Hemingway war niemals hier) steht auf dem Schild vor dem verschmitzten Chanchullero – mehr als nur ein bisschen Ironie. Das ist ein entscheidender Punkt, denn da der amerikanische Schriftsteller diese raue Bar an der Plaza del Cristo nie frequentierte, blieben die Cocktailpreise erfreulich günstig (2,50 CUC$), darum kann man es sich hier leisten, sich so wie Hemingway mal richtig die Kante zu geben.

La Taberna del Son BAR
(Karte S. 582; Brasil 104, zw. Cuba & San Ignacio; ⊙12–24 Uhr) Ein Wirbelwind kubanischer Energie erfüllt diese winzige Bar gleich abseits der Plaza Vieja. Die Hälfte des Raums nimmt die allabendlich spielende Band ein, deren Mitglieder in der Regel älter als die Rolling Stones sind – und genauso energiegeladen. Das Publikum besteht zur Hälfte aus Kubanern und zur Hälfte aus Touristen, doch alle eint die Lust auf *muchos* Mojitos, sodass es nicht lange dauert, bis getanzt wird.

El Patchanka BAR
(Karte S. 582; ☎7-860-4161; Bernaza No 162; ⊙13–1 Uhr) Livebands rocken, bis sich die Balken biegen, Einheimische kippen kräftige Mojitos für 3 CUC$ und ernsthafte Traveller diskutieren über Che Guevaras Beitrag zur modernen Plakatkunst: Diese raue Kneipe auf der Plaza del Cristo sieht gemütlich abgelebt aus. Kulturelle Interaktion ist hier der Schlüssel, und dank der dauerhaft niedrigen Preise (Hummer für 9 CUC$!) lockt das Patchanka wirklich alle an.

Centro Habana

★ **Café Arcángel** CAFÉ
(Karte S. 588; ☎5-268-5451; www.cafearcangel.com; Concordia No 57; ⊙Mo–Sa 8.15–18, So bis 13 Uhr) Ausgezeichneter Kaffee, feine Croissants, lässige Musik (kein Reggaeton) und Charlie-Chaplin-Filme in Endlosschleife in einem abgewetzten Apartment in Centro Habana – was will man mehr?

Rooftop Bar, Hotel Inglaterra BAR
(Karte S. 588; Paseo de Martí No 416, zw. San Rafael & Neptuno; ⊙10 Uhr – open end) Die Zimmer mögen ihren Glanz verloren haben, doch die offene Dachterrasse des Inglaterra ist noch immer eine der besten Bars in Havan-

na mit freiem Eintritt, wenn einem der Sinn nach Livemusik und ungehemmtem Vergnügen steht. Am besten kommt man, um den Sonnenuntergang zu sehen, und bleibt, um die Hausband zu hören, deren synkopierte Rhythmen über dem Parque Central erklingen, der mit dem barocken Gran Teatro eine malerische Kulisse bildet.

Siá Kará Café BAR

(Karte S. 588; ☎7-867-4084; www.facebook.com/siakaracafecuba; Barcelona, Ecke Industria No 502; ⊙12–2 Uhr) In Havanna, wo es nicht einen Starbucks gibt, ist jedes Café sehr individuell. Das Siá Kará prägen mit Graffiti bedeckte Tische, eine alte Schlipssammlung und eine Parodie der *Mona Lisa* mit ausgestrecktem Mittelfinger. Augenscheinlich ist es eine Bar und ein Café, hat aber ein großes Speisenangebot, von Hummer aus Varadero bis zu Sandwiches mit knusprigem Hühnchen. Auf den mit Kissen bedeckten Bänken unter der Treppe kann man es sich prima mit einem dicken Roman bequem machen.

Vedado

★ Belview ArtCafé CAFÉ

(Karte S. 594; ☎7-832-5429; www.facebook.com/belviewartcafe; Calle 6 No 412, Ecke Calle 19; ⊙Di–So 9–18 Uhr) Indirekt beleuchtete Fotokunst, ein Sofa, das in den Kofferraum eines amerikanischen Autos gequetscht wurde und Globen als Lampenschirme – das in einer stattlichen Villa in Vedado residierende Belview strotzt nur so vor zum Nachdenken anregender Kunst. Nachdem man sich umgeschaut hat, kann man Kaffee, Kuchen, Cocktails und Tapas bestellen und weiter die Kunstwerke bewundern.

★ Café Mamainé BAR

(Karte S. 594; ☎7-832-8328; Calle L No 206, zw. Calles 15 & 17; ⊙Mo–Do 8–24, Fr–So bis 3 Uhr) Kunst und Kaffee gehören in diesem wunderschön restaurierten Herrenhaus zusammen wie Fidel und Che. Das Innere ziert wechselnde lokale Kunst. Die Tische stehen in einem hölzernen Zwischengeschoss und in einem schattigen Seitenpatio, der Kaffee ist angenehm stark und das Publikum besteht aus jungen Studenten und Leuten, die aussehen, als wären sie gerade in der Fábrica de Arte Cubano (S. 605) aufgetreten.

Café Madrigal BAR

(Karte S. 594; Calle 17 No 302, zw. Calles 2 & 4; ⊙Di–So 18–2 Uhr) Vedado flirtet in dieser schummrig beleuchteten schwulenfreundlichen Bar mit dem Bohème-Stil. Sie könnte auch dem Pariser Quartier Latin in den Tagen von James Joyce und Ernest Hemingway entsprungen sein. Am besten bestellt man sich eine *tapita* (kleine Tapa) und einen Cocktail und zieht sich auf die stimmungsvolle Jugendstilterrasse zurück, auf der das Gemurmel der abendlichen Unterhaltungen mit dem Dröhnen der amerikanischen Oldtimer konkurriert, die unten vorbeifahren.

Playa & Marianao

★ Café Fortuna Joe BAR

(☎5-413-3706; Ecke Calle 24 & Av 1, Miramar; ⊙9–24 Uhr) In Havanna gibt's etliche wirklich (im guten Sinn) ungewöhnliche Orte, um einen Kaffee zu trinken, doch das Café Fortuna Joe spielt in einer eigenen Liga, vor allem wegen der originellen Möbel. Die bunt zusammengewürfelten Stühle, die Hipster so lieben, fehlen hier, stattdessen kann man auf einer alten Pferdekutsche, in einem Oldtimer, auf einem Bett und auf einer gepolsterten Toilette Platz nehmen – kein Scherz!

Espacios COCKTAILBAR

(☎7-202-2921; Calle 10 No 513, zw. Av 5 & Av 7, Miramar; ⊙12–3 Uhr) Diese herrlich gechillte Tapas-Bar befindet sich in einer nicht beschilderten Villa im Diplomatenviertel. Hierher kommen hippe *habaneros*, um Cocktails und Kunst zu genießen. Drinnen herrscht die Atmosphäre einer lockeren Hausparty – in verschiedenen Räumen oder im Patio und Garten versammeln sich kleine Gruppen modebewusster Schönheiten und Intellektuelle der Stadt.

☆ Unterhaltung

★ Fábrica de Arte Cubano KUNST- & KULTURZENTRUM

(☎7-838-2260; www.fac.cu; Ecke Calle 26 & 11; 2; ⊙Do–So 8–2 Uhr; 📶) In jeder Stadt müsste es eine Kultureinrichtung geben, die so breit gefächert, inklusiv und regelrecht revolutionär ist wie Havannas einzigartige Kunstfabrik. Die Idee dafür hatte 2014 der kubanische Fusion-Musiker X-Alfonso. In dem großen Bau mit Bauhaus-Interieur, der Galerie, Livemusikbühnen und einen inspirierenden Treffpunkt unter einem Dach vereint, kann jeder, der sich die 2 CUC$ Eintritt leisten kann, elektrisierende „Happenings" erleben.

MIA2YOU/SHUTTERSTOCK ©

1. Varadero Beach (S. 615)
Einer der schönsten Strände der Karibik.

2. Palacio de los Capitanes Generales (S. 581)
Kubanische Barockarchitektur wie aus dem Lehrbuch.

3. Staßenszene, Havanna (S. 583)
Ikonische Retroautos und Architektur.

4. Valle de Viñales (S. 614)
Kubas herrliche Naturlandschaft.

5. Salsa, Havanna (S. 609)
Dieser Tanz, diese Musik ist überall, auch auf den Straßen.

5

3

HEIKONEUMANNPHOTOGRAPHY/SHUTTERSTOCK ©

4

ORIREDMOUSE/GETTY IMAGES ©

Hier gibt's keine übellaunigen Türsteher und elitären VIP-Pässe. Die Fábrica ist wunderbar cool, aber dennoch unprätentiös. Hier sollen die Gäste den Künstlern begegnen, anstatt ihnen zu applaudieren. Das Programm ist so vielfältig wie flexibel und reicht von klassischen Cellisten über kubanische Rapper bis zu Designern künstlerischer T-Shirts, die hier ihre jüngsten Kreationen verkaufen.

Am meisten hat man vom Besuch, wenn man zeitig kommt (die Türen öffnen pünktlich um 20 Uhr), um sich die wechselnden Kunstausstellungen, die Imbisse und die Musikbühnen anzuschauen, ehe es voll wird. Es gibt mehrere Bars und Veranstaltungsräume. Essen und Getränke werden nicht bar bezahlt, stattdessen erhalten die Besucher eine Stempelkarte, auf der alle Ausgaben eingetragen werden, und zahlen (bar) beim Gehen.

Im Laufe des Abends gibt's verschiedene Liveauftritte, die in der Regel gegen 21 Uhr beginnen – einfach der Musik folgen! Manchmal finden auch kostenlose Tanzkurse statt, und die Künstler, Designer und Musiker mischen sich zwanglos unter die Besucher. Total aufregend!

Im Mai, September und Januar bleibt die Fábrica den ganzen Monat geschlossen. Es lohnt sich, den gesamten Trip so zu planen, dass man das Haus besuchen kann, so gut ist es!

★ Callejón de Hamel Live Rumba — LIVEMUSIK

(Karte S. 594; ⌚ So ab 12 Uhr) Abgesehen von den coolen Wandbildern und den psychedelischen Kunstläden ist der Hauptgrund für einen Besuch in Havannas Hochburg der afrokubanischen Kultur in einer Seitenstraße in Centro Habana die mitreißende Rumbamusik, die jeden Sonntag ab 12 Uhr gespielt wird.

Die Musik ist etwas für Kenner, rau und hypnotisch, mit ineinandergreifenden Trommelrhythmen und langen rhythmischen Gesängen, die kraftvoll genug sind, um die Geister der *orishas* (Santería-Götter) zu beschwören.

Mittlerweile kommen mehr Touristen als früher, sodass es schon Stimmen gibt, die sagen, das Callejón (Seitenstraße) hat viel von ihrem Charme verloren. Ihnen sollte man nicht glauben, es rockt (und „rumbat") noch immer!

Gran Teatro de la Habana Alicia Alonso — THEATER

(Karte S. 588; ☎ 7-861-3077; Ecke Paseo de Martí & San Rafael; Tickets 30 CUC$; ⌚ Ticketschalter Mo–Sa 9–18, So bis 15 Uhr) Havannas fabelhaft renoviertes „großes" Theater ist wieder eröffnet und bietet die besten kubanischen Tanz- und Musikdarbietungen überhaupt. Der Schwerpunkt liegt auf Ballett (es ist der Hauptsitz des Kubanischen Nationalballetts), aber es werden auch Musicals, Theaterstücke und Opern geboten. Auf der Anschlagtafel erfährt man mehr über kommende Veranstaltungen.

Cabaret Parisién — VARIETÉ

(Karte S. 594; ☎ 7-836-3564; Hotel Nacional, Ecke Calles 21 & O; Eintritt 35 CUC$; ⌚ 21 Uhr) Das allabendliche Cabaret Parisién im Hotel Nacional (S. 590) liegt eine Stufe unter Marianaos weltberühmtem Tropicana, ist dafür aber billiger und näher am Stadtzentrum. Es lohnt einen Besuch, vor allem, wenn man in oder rund um Vedado absteigt. Es bietet die übliche Mischung aus Rüschen, Federn und halbnackten Frauen (und Männern), aber die Choreografien sind erste Klasse und die Kostüme herrlich extravagant.

Basílica Menor de San Francisco de Asís — KLASSISCHE MUSIK

(Karte S. 582; Plaza de San Francisco de Asís; Tickets 5 CUC$; ⌚ ❄ ✉ ab 18 Uhr) Die prachtvolle Kirche auf der Plaza de San Francisco de Asís stammt aus dem Jahr 1738 und wurde im 21. Jh. als Museum und Konzerthaus wiederbelebt. Im alten Kirchenschiff, das für seine phänomenale Akustik berühmt ist, finden mindestens einmal pro Woche Chor- und Kammermusikkonzerte statt (an der Tür hängt ein Veranstaltungskalender). Am besten sichert man sich mindestens einen Tag im Voraus ein Ticket.

Tropicana Nightclub — VARIETÉ

(☎ 7-267-1871; Calle 72 No 4504, Marianao; Tickets ab 75 CUC$; ⌚ ab 22 Uhr) Das weltberühmte Tropicana ist seit seiner Eröffnung 1939 eine echte Institution in der Stadt und war einer von wenigen Läden in Havanna, die dem Nachtleben in Las Vegas nacheiferten und die Revolution überlebten. Graham Greene machte die Open-Air-Show mit Unser Mann in Havanna unsterblich, und sie hat sich seit ihrer Hochzeit in den 1950ern kaum verändert. Noch immer seilen sich spärlich bekleidete Señoritas von Palmen ab und tanzen lateinamerikanischen Salsa unter grellen Scheinwerfern.

Es dürfte das beliebteste Varieté Havannas sein und ist bei Touristengruppen beliebt, doch das tut dem prächtigen Spektakel keinen Abbruch.

Man erreicht den Tropicana Nightclub nur mit dem Taxi. Die Tickets kann man im Voraus bei **Infotur** (Ecke Av 5 & Calle 112, Náutico; ⌚ Mo–Sa 8.30–12 & 12.30–17 Uhr) und in allen Spitzenhotels buchen. Die Preise richten sich nach der Lage des Platzes und danach, ob man das Abendessen dazubucht (nicht empfehlenswert). Bei den meisten Tickets sind eine Zigarre und kleine Gläser Rum und Cola inklusive.

Jazz Club la Zorra y El Cuervo LIVEMUSIK
(Karte S. 594; ☎ 7-833-2402; Ecke Calles 23 & O; 5–10 CUC$; ⌚ ab 22 Uhr) La Zorra y El Cuervo (übersetzt: Die Füchsin und die Krähe) ist einer von zwei altehrwürdigen und hochgelobten Jazzclubs. Es öffnet allabendlich um 22 Uhr seine Türen und lässt die große Schar treuer Musikfreunde ein. Man betritt den Club durch eine rote britische Telefonzelle und steigt in einen winzigen, dunklen Keller hinab. Die Atmosphäre hier ist heißer und glamouröser als im Jazz Café und die Musik tendiert Richtung Freestyle-Jazz.

Centro Cultural El Gran Palenque TANZ
(Karte S. 594; Calle 4 No 103, zw. Calzada & Calle 5; 5 CUC$; ⌚ Sa 15–18 Uhr) Das energiegeladene Conjunto Folklórico Nacional de Cuba wurde 1962 gegründet und hat sich auf afrokubanischen Tanz spezialisiert; alle Trommler sind Santería-Priester. Beim samstäglichen Sábado de la Rumba, drei Stunden voller hypnotisierenden Trommelns und Tanzens, kann man die Gruppe sehen und selbst mittanzen. Die Gruppe tritt auch im **Teatro Mella** (Karte S. 594; ☎ 7-833-8696; Línea No 657, zw. Calles A & B) auf und gibt internationale Gastspiele.

Café Teatro Bertolt Brecht LIVEMUSIK
(Karte S. 594; ☎ 7-832-9359; Ecke Calles 13 & I; Tickets 3 CUC$) Diejenigen, die in Havanna als Hipster gelten, kommen gern zu den wöchentlichen Konzerten dieser Livemusikbühne, die von den Einheimischen No Se lo Digas a Nadie (Erzähl's niemandem) genannt wird. Headliner ist das legendäre Musikerkollektiv Interactivo (Mi ca. 24 Uhr). Wer sich für kubanische Kultur und ihre Zukunft interessiert, sollte abends einmal herkommen und sich auf eine Schlange am Eingang einstellen.

Jazz Café LIVEMUSIK
(Karte S. 594; ☎ 7-838-3302; Galerías de Paseo, oberster Stock, Ecke Calle 1 & Paseo; Eintritt nach 20 Uhr 10 CUC$; ⌚ 12–2 Uhr) Dieses teurere Etablissement, das sich ausgerechnet in einem **Einkaufszentrum** (Karte S. 594; Ecke Calle 1 & Paseo; ⌚ 9–20 Uhr) mit Blick auf den Malecón befindet, ist eine Art Jazzclub mit Tischen und einer guten Auswahl an Speisen. Abends erwacht der Club mit Livejazz, *timba* und gelegentlich wirbelndem Salsa zum Leben. Dies ist definitiv die sinnlichste Jazz-Bar in Havanna.

Shoppen

★ **Clandestina** BEKLEIDUNG
(Karte S. 582; ☎ 5-381-4802; www.clandestina.co; Villegas No 403, zw. Brasil & Muralla; ⌚ Mo–Sa 10–18, So bis 17 Uhr) Als das Clandestina 2015 eröffnete, war es das erste unabhängige Designergeschäft Kubas. Es stellt aus allen recycelbaren Materialien, die es finden kann, 99 % davon kubanisch, seine eigenen T-Shirts, Taschen und Accessoires her. Das Clandestina, zurzeit der progressivste und coolste Laden der Stadt, ist aber gleichzeitig umweltbewusst und schafft es, in einem schwierigen Wirtschaftsklima clever zu arbeiten.

★ **Centro Cultural Antiguos Almacenes de Deposito San José** KUNST & KUNSTHANDWERK
(Karte S. 582; Ecke Desamparados & San Isidro; ⌚ Mo–Sa 10–18 Uhr) Havannas vielseitiger Kunsthandwerkermarkt befindet sich in den Mauern des alten Schiffslagerhauses in der Desamparados. Seine sozialistischen Ideen kann man direkt an der Tür abgeben, denn hier regiert der freie Handel und (ungewöhnlich für Kuba) es darf gefeilscht werden. Hier findet man sicher das passende Souvenir, egal ob Gemälde, *guayaberas (Herrenhemden)*, Holzarbeiten, Lederwaren, Schmuck oder der besonders absatzfähige El Che in unzähligen Ausführungen.

Memorias Librería BÜCHER
(Karte S. 588; ☎ 7-862-3153; Ánimas No 57, zw. Paseo de Martí & Agramonte; ⌚ 9–17 Uhr) Ein Laden voller hübscher alter Artefakte: Die Memorias Librería eröffnete 2014 als Havannas erstes echtes Antiquariat. Man kann zwischen Türmen von Büchern abtauchen und findet wunderbare seltene Sammlerstücke, darunter alte Münzen, Postkarten, Poster, Magazine und schöne Art-déco-Schilder aus den 1930ern. Unbezahlbar!

La Casa del Habano Quinta ZIGARREN
(☎7-214-4737; Ecke Av 5 & Calle 16, Miramar; ⌚Mo–Sa 10–18, So bis 13 Uhr) Dies ist ohne Zweifel das führende Zigarrengeschäft Kubas – und das, obwohl die Konkurrenz groß ist! Die Gründe dafür sind das gute Sortiment, die sachkundigen Mitarbeiter, die komfortable Raucherlounge und das gute Restaurant des Ladens. Viele der führenden Zigarrenconnaisseure Kubas schauen immer mal wieder vorbei.

Librería Venecia BÜCHER
(Karte S. 582; Obispo No 502; ⌚10–22 Uhr) Der tolle kleine private Buchladen in der Calle Obispo verkauft vergilbte Secondhandbücher, esoterische Filmposter und diverse andere Druckerzeugnisse, die man nirgendwo sonst in Havanna findet.

Alma Shop KUNST & KUNSTHANDWERK
(☎5-264-0660; www.almacubashop.com; Calle 18 No 314, zw. Av 3 & Av 5, Miramar; ⌚Mo–Sa 10–18 Uhr) Ob Schmuck, bestickte Kissen oder klassische Zigarren-Humidore – in diesem Privatgeschäft bekommt man tolle hochwertige Geschenke und Souvenirs. Die Besitzer sind auf der Suche nach ausgewählten Stücken von einheimischen Kunsthandwerkern durch ganz Kuba gereist; jeder Artikel ist einzigartig und aus natürlichen oder recycelten Materialien handgearbeitet.

Praktische Informationen

GELD

Am schnellsten und unproblematischsten kann man in den Cadecas Geld wechseln. Es gibt sie in ganz Havanna und sie sind in der Regel viel länger geöffnet und bieten schnelleren Service als Banken.

Banco Metropolitano Centro Habana (Av de Italia No 452, Ecke San Martín; ⌚Mo–Sa 8.30–19.30 Uhr), Vedado (☎7-832-2006; Ecke Calles 23 & J; ⌚Mo–Sa 8.30–19.30 Uhr), Vedado (Ecke Línea & Calle M; ⌚Mo–Fr 8.30–15.30 Uhr), Vedado (Línea, zw. Paseo & Calle A; ⌚Mo–Fr 8.30–15.30 Uhr), Habana Vieja (Ecke Cuba & O'Reilly; ⌚Mo–Fr 9–15 Uhr)

Cadeca Centro Habana (Neptuno, zw. Industria & Consulado; ⌚Mo–Sa 8.30–16, So bis 11.30 Uhr), Habana Vieja (Ecke Oficios & Lamparilla; ⌚Mo–Sa 8.30–20, So 9–18 Uhr), Havana Vieja (Obispo No 257, zw. Cuba & Aguiar; ⌚8–24 Uhr), Vedado (Ecke Calles 23 & J; ⌚Mo–Fr 8.30–16, Sa bis 11.30 Uhr), Vedado (Hotel Meliá Cohiba, Paseo, zw. Calles 1 & 3; ⌚8–23 Uhr), Vedado (Mercado Agropecuario, Ecke Calles 19 & A; ⌚Di–Sa 8.30–16, So bis 11.30 Uhr)

Banken und Geldautomaten findet man auch im **Miramar Trade Center** (Av 3, zw. Calles 76 & 80, Miramar; ⌚Öffnungszeiten variieren).

MEDIZINISCHE VERSORGUNG

Die meisten Spezialkrankenhäuser, die auch Touristen versorgen, befinden sich in Havanna.

Havannas Hauptkrankenhaus für Ausländer ist die **Clínica Central Cira García** (☎7-204-4300; Calle 20 No 4101, Miramar; ⌚Mo–Fr 9–16 Uhr, Notfälle 24 Std.) in Playa. Sie hat eine rund um die Uhr geöffnete Notaufnahme und die meisten Mitarbeiter sprechen Englisch.

In Havanna gibt's zehn internationale Apotheken, die in CUC$ ausgepreiste Artikel verkaufen. Für Besucher sind die Apotheken am **Hotel Habana Libre** (Karte S. 594; ☎7-834-6100; www.meliacuba.com; Calle L, zw. Calles 23 & 25) und am Hotel Sevilla (S. 598) am praktischsten.

TOURISTENINFORMATION

Infotur-Büros in Havanna:

Airport (☎7-642-6101; Terminal 3, Aeropuerto Internacional José Martí; ⌚24 Std.)

Habana Vieja (Karte S. 582; ☎7-866-4153; Obispo No 524, zw. Bernaza & Villegas; ⌚9.30–17.30 Uhr)

Vedado (Karte S. 594; Calle L, zw. Calles 23 & 25; ⌚9.30–12 & 12.30–15 Uhr)

An- & Weiterreise

BUS

Víazul (www.viazul.com) deckt mit sicheren, klimatisierten Bussen einen Großteil der für Touristen interessanten Ziele ab. Die meisten Verbindungen sind direkt, abgesehen von Guantánamo, Baracoa, Remedios und Cayo Santa María. Die Busse sind oft voll, besonders in der Hauptsaison (Nov.–März), darum ist es ratsam, eine Woche im Voraus zu buchen. Das geht auch online. Die kompletten Fahrpläne gibt's auf der Website. Manche *casa particular*-Inhaber helfen bei der Vorabbuchung von Bustickets.

Alle Víazul-Busse starten am **Terminal de Ómnibus** (Karte S. 594; ☎7-878-1841; www.viazul.com; Ecke Av de la Independencia & Calle 19 de Mayo), gleich nördlich der Plaza de la Revolución. Hier muss man auch das Ticket kaufen. Die Taxifahrt vom Stadtzentrum kostet etwa 5 CUC$, wer wenig Gepäck hat, kann auch laufen.

Eine neue Alternative zu den vollen Víazul-Bussen ist Conectando, das von **Cubanacán** (☎7-537-4090; www.cubanacan.cu) betrieben wird und auf sechs Strecken unterwegs ist, die Havanna mit Viñales, Trinidad, Varadero und Santiago de Cuba verbinden. Die Busse sind kleiner und fahren täglich. Sie holen Fahrgäste von verschiedenen Hotels ab und haben ähnliche Preise wie Víazul. Tickets können bei Infotur oder Cubanacán-Repräsentanten in Hotels reserviert werden.

VÍAZUL-BUSSE AB HAVANNA

Die aktuellen Abfahrtzeiten findet man unter www.viazul.com.

Ziel	Preis (CUC$)	Dauer (Std.)	Abfahrten (tgl.)
Bayamo	44	13	3
Camagüey	33	9	5
Ciego de Ávila	27	7	4
Cienfuegos	20	4½	2
Holguín	44	12	3
Las Tunas	39	11½	5
Matanzas	7	2	4
Pinar del Río	11	3	3
Sancti Spíritus	23	5¾	3
Santa Clara	18	3¾	5
Santiago de Cuba	51	15	3
Trinidad	25	5–6	2
Varadero	10	3	4
Viñales	12	4	3

FLUGZEUG

Der Aeropuerto Internacional José Martí (S. 644) befindet sich in Rancho Boyeros, 25 km südwestlich von Havanna, und ist über die Avenida de la Independencia erreichbar. Er hat fünf Terminals. An Terminal 1 an der Südostseite der Startbahn starten und landen nur Inlandsflüge. Terminal 2 liegt 3 km weiter an der Avenida de la Independencia, hier kommen Flüge und Charterflüge aus den gesamten USA an. Alle anderen internationalen Flüge nutzen Terminal 3, ein sehr gut organisiertes, modernes Terminal in Wajay, 2,5 km westlich von Terminal 2. Charterflüge, hauptsächlich zu anderen kubanischen Flughäfen, nutzen das Karibische Terminal (auch Terminal 5 genannt) am nordwestlichen Ende der Startbahn, 2,5 km westlich von Terminal 3 entfernt. An Terminal 4 starten und landen Frachtflugzeuge. Man sollte sorgfältig prüfen, von welchem Terminal man fliegt.

Aerogaviota (☎ 7-203-0668; www.aerogaviota.com) ist eine kubanische Fluggesellschaft, die vom staatlichen Tourismusunternehmen Gaviota gemanagt wird und viele Inlandsflüge zu Zielen wie Holguín und Cayo Coco anbietet.

Die meisten Airlines, darunter die staatliche Fluggesellschaft Cubana de Aviación (S. 644), haben im **Flughafengebäude** (Calle 23 No 64) im Stadtteil Vedado Büros.

TAXI

Heutzutage sind die kubanischen Busse in der Regel voll, da sie immer häufiger von Kubanern und kubanischstämmigen Amerikanern sowie von Touristen genutzt werden. Um diesen Mangel auszugleichen, nutzen viele Traveller *colectivos* (Sammeltaxis). Taxis verlangen 0,50–0,60 CUC$ pro Kilometer. Damit kostet eine Fahrt nach Varadero oder Viñales rund 90 CUC$, nach Santa Clara 150 CUC$, nach Cienfuegos 120 CUC$ und nach Trinidad 160 CUC$. In ein *colectivo* passen bis zu vier Personen und man kann sich die Kosten teilen. *Colectivos* kann man für gewöhnlich über seine *casa particular* organisieren, in Infotur-Büros oder durch Verhandeln an einem der üblichen Taxistände. Außerdem findet man am Hauptbusbahnhof meist leicht ein *colectivo*.

ZUG

Die Züge in die meisten Regionen Kubas fahren vom **Bahnhof La Coubre** (Túnel de la Habana) ab; zur Zeit der Recherche wurde die **Estación Central de Ferrocarriles** (Zentralbahnhof; ☎ 7-862-1920, 7-861-8540; Ecke Av de Bélgica & Arsenal) renoviert. La Coubre liegt im Südwesten von Habana Vieja; vom Hauptbahnhof folgt man der Avenida de Bélgica in Richtung Hafen und biegt rechts ab. Das Fahrkartenbüro befindet sich 100 m weiter die Straße entlang auf der rechten Seite. Wenn es geschlossen ist, kann man es im angrenzenden Lista-de-Espera-Büro versuchen, das Tickets für demnächst fahrende Züge verkauft. Kinder unter 12 Jahren zahlen den halben Fahrpreis.

Kubas Eisenbahn wurde 2019 modernisiert, was auch dringend nötig war. Inzwischen werden auch moderne Züge aus China mit Klimaanlage und gastronomischem Angebot eingesetzt. Täglich fahren mehrere Züge auf vier Strecken. Die Züge haben zwei Klassen und in jedem Waggon gibt's eine begrenzte Zahl von Sitzplätzen für Ausländer. Reservierungen sind bis zu 30 Tage im Voraus möglich.

Tren 1 Verkehrt jeden zweiten Tag zwischen Havanna und Santiago de Cuba (70 CUC$, 15 Std.).

Tren 3 Verkehrt jeden dritten Tag nach Guantánamo (75 CUC$, 17 Std.).

Tren 5 Verkehrt jeden dritten Tag nach Holguín (60 CUC$, 14 Std.).

Tren 7 Verkehrt jeden dritten Tag nach Bayamo (60 CUC$, 15 Std.) und Manzanillo (65 CUC$, 17¼ Std.).

Unterwegs vor Ort

BUS

Die praktische Hop-on-Hop-off-**Habana Bus Tour** (Karte S. 588) verkehrt auf zwei Routen (T1 und T3). Die Haupthaltestelle ist im Parque Central, gegenüber vom Hotel Inglaterra. Hier sammeln die Busse ihre Passagiere ein. Bus T1 fährt von Habana Vieja über Centro Habana, den Malecón, die Calle 23 und die Plaza de la Revolución nach La Cecilia am Westende von Playa. Bus T3 fährt von Centro Habana nach Playas del Este (über den Parque Histórico Militar Morro-Cabaña).

Bus T1 ist ein offener Doppeldecker, Bus T3 ist ein geschlossener einstöckiger Bus. Tagestickets für T1/T3 kosten 10/5 CUC$. Die Busse verkehren zwischen 9 und 18 Uhr. Die Routen und Stopps sind an allen Haltestellen deutlich angegeben. Allerdings wurden die Busrouten und Fahrzeiten in der Vergangenheit schon geändert. Den aktuellen Routenplan findet man an der Bushaltestelle am Parque Central.

Bus T2 ist ein Shuttlebus, der viermal am Tag von La Cecilia zur Marina Hemingway fährt, die einfache Fahrt kostet 1 CUC$.

Havannas Metrobus-Netz nutzt eine relativ moderne Flotte in China produzierter Gelenkbusse, die entschieden weniger schäbig sind als frühere Modelle. Die Busse fahren regelmäßig auf 17 Strecken und verbinden die meisten Stadtteile mit den Vororten. Eine Fahrt kostet 40 Centavos (5 Centavos mit *convertibles*). Eine Fahrt kostet 40 Centavos (5 Centavos mit *convertibles*), die Münzen werden beim Einsteigen in einen schmalen Schlitz beim Fahrer gesteckt. Die kubanischen Busse sind meistens sehr voll und werden kaum von Touristen benutzt, daher sollte man gut auf seine Wertsachen achten.

TAXI

Taxis warten rund um die wichtigsten Touristenhotels, vor den beiden Hauptbusbahnhöfen und an verschiedenen Verkehrsknotenpunkten der Stadt, etwa im Parque Central und im Parque de la Fraternidad. In Havanna ist ein Taxi nie weit entfernt.

Am häufigsten sieht man die gelben Taxis von **Cubataxi** (☎ 7-796-6666), die in der Regel modern, klimatisiert und mit Taxametern ausgestattet sind, dafür aber auch mehr kosten.

Die legalen privaten Taxis, die seit der Lockerung der Gesetze in den frühen 2010er-Jahren häufiger zu sehen sind, sind günstiger. Oft handelt es sich um gelb-schwarze Ladas aus den 1980er-Jahren. Hier hat man bessere Chancen, den Preis zu verhandeln, man sollte sich aber vor dem Einsteigen einig sein.

WESTKUBA

Viñales

29 000 EW.

Wenn in der grünen Landschaft von Pinar del Río zerklüftete *mogotes* (Kalksteinmonolithen) aufragen und man einen Zigarre rauchenden *guajiro* sieht, der seinen von einem Ochsen gezogenen Pflug durch ein rostrotes Tabakfeld führt, dann ist man in Viñales angekommen. Trotz seiner langen Liebesaffäre mit dem Tourismus weigert sich dieser gelassene, entspannte, wunderbar traditionelle Ort standhaft, eine Schau abzuziehen. Was man hier sieht, ist genau das, was man bekommt: eine wunderbar rustikale Ortschaft, in der die Haustüren weit offenstehen, jeder jeden kennt und das Nachtleben gerne mal daraus besteht, auf einer rustikalen Veranda in einem *sillón* (Schaukelstuhl) zu sitzen und die Milchstraße zu betrachten.

Die Menschen kommen nicht wegen der Musik oder der Mojitos nach Viñales, sondern um die Natur zu genießen, zu wandern, auszureiten oder durch die vielleicht schönste Landschaft Kubas zu radeln. Am besten schließt man sich ihnen einfach an.

Schlafen

★ Casa Daniela CASA PARTICULAR $

(☎ 48-69-55-01; casadaniela@nauta.cu; Carretera a Pinar del Río; Zi. 25–30 CUC$; P ❄ ☜ ≋) Diese geradezu klinisch saubere *Casa* wird von einem ehemaligen Arzt und einer Krankenschwester geführt. Dem Service nach zu urteilen, muss er am Krankenbett unglaublichen Charme versprüht haben. Das sonnengelbe Haus wurde zu einer großzügigen Unterkunft erweitert, ohne seine lokale Intimität zu verlieren. Es verfügt über sechs Zimmer, einen Pool, eine riesige Dachterrasse und einen schattigen Hof.

Casa Papo y Niulvys CASA PARTICULAR $

(☎ 48-69-67-14; papoyniulvys@gmail.com; Rafael Trejo No 18a; Zi. 30–35 CUC$; P ❄ ☜) Eines der wenigen Häuser in Viñales mit einem Vorgarten, sodass die Gäste sowohl in der Hängematte relaxen als auch auf einem Schaukelstuhl auf der Terrasse vor dem Haus sitzen können. Die Zimmer sind klein, wurden aber unlängst im modernen Stil gestaltet. Um das ruhige, verträumte Haus zieht sich eine Terrasse. Im Voraus buchen, die Zimmer sind schnell weg.

Villa El Cafetal CASA PARTICULAR $

(☎ 5-331-1752, 48-69-50-37; edgar21@nauta.cu; Adela Azcuy Final; Zi. 25 CUC$; P ❄ ☜) Der Sohn der Besitzer dieses ruhigen Hauses am Stadtrand ist Kletterexperte (darum gibt's einen Schuppen voller Ausrüstung) –, was nur logisch ist, schließlich liegen die besten Kletterrouten von Viñales direkt vor ihrer Haustür. Das Haus steht in einem herrlichen Garten, in dem eigener Kaffee angebaut wird (ja, er wird zum Frühstück serviert). Man kann die Bergluft förmlich riechen, während man in der Hängematte schaukelt.

Villa Los Reyes CASA PARTICULAR $
(48-79-33-17; http://villalosreyes.com; Salvador Cisneros No 206c; EZ/DZ/3BZ 25/30/35 CUC$; P ❄ @) Yoan Reyes hat viel Arbeit in dieses fabelhafte Haus gesteckt, das nun fünf moderne Gästezimmer (teils mit Kingsize-Betten), einen runden Pool, einen gepflegten Garten und ein Gemüsebeet sowie eine Art Brücke zwischen den beiden Dachterrassen bietet. Es befindet sich am Stadtrand und die Familie kann alle möglichen Exkursionen ins Grüne organisieren.

Hotel La Ermita HOTEL $$
(48-79-64-11; Carretera de La Ermita Km 1,5; EZ/DZ inkl. Frühstück 60/96 CUC$; P ❄) La Ermita hat in Viñales in Sachen Architektur und Inneneinrichtung sowie ganzjährigem Service insgesamt die Nase vorn. Auch die Aussicht über die Dächer der Stadt und die heuhaufenförmigen Berge ist preisverdächtig. Die Zimmer im Obergeschoss des hübschen zweistöckigen Kolonialgebäudes schauen auf das neblige Tal. Weitere Highlights sind der ausgezeichnete Pool, die Tennisplätze, Reitmöglichkeiten und Massagen.

★ **Hotel Los Jazmines** HOTEL $$$
(48-79-64-11; Carretera a Pinar del Río; EZ/DZ inkl. Frühstück 88/138 CUC$; P ❄) So viel sei verraten: Die Aussicht von diesem pastellrosafarbenen Kolonialgebäude gehört zu den besten in ganz Kuba. Sobald man die Fensterläden seines klassischen Zimmers mit Talblick öffnet, zieht das schillernde Panorama aus phänomenalen *mogotes* (Kalkstein-Monolithen), von Ochsen gepflügten roten Feldern und mit Palmwedeln bedeckten Häusern, in denen Tabak trocknet, in den Bann. Hier müsste zwar dringend mal wieder renoviert werden, doch die Lage ist unschlagbar und es gibt einen unglaublich verlockenden Pool.

Essen

★ **Tres Jotas** TAPAS $$
(5-331-1658; Salvador Cisneros No 45; Tapas 2-6 CUC$; 8–2 Uhr) Eines der besten kubanischen Restaurants außerhalb Havannas ist das Tres Jotas, die erste Tapas-Bar in Viñales und inzwischen vielfach kopiert. Nach einem Tag auf dem Land kann man in der mit poliertem Holz gestalteten Bar prima entspannen. Auf Regalen stapeln sich Schinken und Manchego-Käse und die Gäste werden mit fantastischen Tapas und erstklassigen Cocktails verwöhnt.

★ **El Olivo** MEDITERRAN $$
(www.olivovinalescuba.com; Salvador Cisneros No 89; Pasta 5–10 CUC$; 12–23 Uhr;) Viñales' beliebtestes Restaurant, wie das fröhliche Stimmengewirr belegt, serviert großartige Lasagne und Pasta sowie andere traditionelle mediterrane Gerichte wie Ente *à l'orange*. Die Salate mit Ziegenkäse und Trockenfrüchten sind spektakulär, doch das Highlight ist das Kaninchen mit Kräuterdressing in einer dunklen Schokoladensoße.

Das Geheimnis: Im Olivo kommt das Essen wirklich frisch vom Hof auf den Tisch. Die meisten Zutaten stammen vom eigenen **Bauernhof** (4-869-6654; www.olivovinalescuba.com; Carretera al Cementerio, KM 2; 10–12 Uhr) GRATIS, der 3 km entfernt ist. Wem das Essen geschmeckt hat, der kann sich hinterher anschauen, wo es herkam.

Cubar INTERNATIONAL $$
(5-364-2791; Salvador Cisneros No 55; Hauptgerichte 7–22 CUC$; 9–24, Fr & Sa bis 2 Uhr) Das Cubar ist ein eleganter Neuzugang in der überbordenden Restaurantszene der Stadt. Hier stimmt alles: Die schicke Ausstattung aus dunklem Holz setzt den kubanischen Rum und das kubanische Essen mit italienischen und spanischen Anklängen perfekt in Szene. Die Gerichte wie Kaninchen alla Cacciatore, gegrillter Oktopus oder pikante Hummer-Spaghetti sind geschmacklich erlesen und werden einfallsreich präsentiert.

Balcón del Valle KUBANISCH $$
(Carretera a Pinar del Río; Hauptgerichte 8 CUC$; 12–24 Uhr) Drei solide konstruierte Holzterrassen über einem Panorama aus Tabakfeldern, Trockenhäusern und zerklüfteten *mogotes* (Kalkstein-Monolithen): In diesem Restaurant mit dem trefflichem Namen „Balkon des Tals" kann das Essen mit der Aussicht mithalten. Eine offizielle Speisekarte gibt's nicht, aber man kann aus einem halben Dutzend Hauptgerichten wählen, die alle nach ländlicher Art mit üppigen Beilagen zubereitet werden. Es liegt 3 km außerhalb von Viñales, Richtung Hotel los Jazmines.

Praktische Information

Bei den Banken in Viñales gibt's oft lange Warteschlangen. Am besten kommt man früh oder wechselt Geld in Pinar del Río.

Banco de Crédito y Comercio (Salvador Cisneros No 58; ⌚ Mo–Fr 8–12 & 13.30–15, Sa 8–11 Uhr) Hat zwei Geldautomaten.

Cadeca (Ecke Salvador Cisneros & Adela Azcuy; ⌚ Mo–Sa 8.30–16 Uhr) Der schnellste Service.

Die meisten *casas particulares* (Privatunterkünfte) haben viele Informationen über die Gegend und können auch kurzfristig Exkursionen organisieren.

An- & Weiterreise

Das gut organisierte **Víazul-Ticketbüro** (Salvador Cisneros No 63a; ⌚ 8–12 & 13–15 Uhr) befindet sich gegenüber dem Hauptplatz im selben Gebäude wie Cubataxi. Von hier fahren täglich zwei Víazul-Busse (www.viazul.com) nach Havanna (12 CUC$, 3¼ Std.). Außerdem gibt's täglich einen Bus nach Cienfuegos (32 CUC$, 8 Std.) und Trinidad (37 CUC$, 9½ Std.), der in der Regel morgens abfährt. Alle Busse halten in Pinar del Río (6 CUC$, 30 Min.).

Conectando-Busse von **Cubanacán** (☎ 4-879-6393; Salvador Cisneros No 63c; ⌚ Mo–Sa 9–19 Uhr) fahren vor dem Cubanacán-Büro ab. Es gibt täglich Verbindungen nach Havanna, Trinidad und Cienfuegos. Man sollte einen Tag vorher buchen. Die Preise sind mit denen von Víazul identisch.

Unterwegs vor Ort

Die Viñales-Bustour ist eine Hop-on-Hop-off-Tour in einem Minibus, die neunmal täglich stattfindet und zu den im Tal verstreuten Sehenswürdigkeiten führt. Sie beginnt und endet am Stadtplatz. Die gesamte Rundfahrt dauert 65 Minuten. Der erste Bus fährt um 9 Uhr, der letzte um 16.50 Uhr. Entlang der Strecke, die vom Hotel Los Jazmines zum Hotel Rancho San Vicente führt, liegen 18 Haltestellen, die alle klar markiert und mit Streckenplänen und Fahrplänen ausgestattet sind. Ein Tagesticket kosten 5 CUC$ und kann im Bus gekauft werden.

Valle de Viñales

Der Parque Nacional Viñales besticht durch hoch aufragende Kiefern und knollige Kalksteinklippen, die wie kopflastige Heuballen über friedlichen Tabakplantagen balancieren. Er gehört zu den schönsten Naturlandschaften Kubas. Dieses 11 km auf 5 km große Tal klemmt sich zwischen die spektakuläre Bergkette der Sierra de los Órganos. Dank seiner dramatisch steilen Kalksteinformationen (*mogotes* genannt) und der ortstypischen Architektur der traditionellen Farmen und Dörfer wurde es 1979 als Nationaldenkmal anerkannt und ist seit 1999 als UNESCO-Welterbe verzeichnet.

Viñales bietet ausgezeichnete Möglichkeiten zum Wandern, Felsenklettern und Reiten. Bei Übernachtungen kann man aus erstklassigen Hotels und einigen der besten *casas particulares* in Kuba wählen. Obwohl die Gegend Busladungen an Tagesausflüglern anlockt, ist der schlimmste Touristenzirkus, der in einigen weniger organisierten Orten herrscht, an den gut geschützten und weitläufigen Naturattraktionen vorübergegangen. Dadurch ist die Atmosphäre in und rund um die Stadt noch immer erfrischend relaxt.

Sehenswertes

Gran Caverna de Santo Tomás HÖHLE

(15 CUC$; ⌚ 9–15 Uhr) Willkommen in Kubas größtem Höhlensystem und dem zweitgrößten des amerikanischen Kontinents. Hier warten über 46 km an Galerien auf acht Ebenen, wobei nur ein 1 km großer Bereich für Besucher zugänglich ist. Es gibt keine künstliche Beleuchtung, aber für die 90-minütige geführte Tour werden Kopflampen zur Verfügung gestellt. Zu den Highlights gehören Fledermäuse, Stalagmiten und Stalaktiten, unterirdische Teiche, interessante Felsformationen und die Kopie eines alten indigenen Wandbildes.

Aktivitäten

Radfahren

Trotz des teilweise hügeligen Geländes ist Viñales einer der besten Orte Kubas zum Radfahren. Die meisten Straßen folgen den Tälern, wo das Gelände recht flach ist. Auf den Straßen herrscht nach wie vor wenig Verkehr und die Landschaft bietet herrliche Naturschönheiten wie am Fließband. Viele *casas particulares* bieten mittlerweile preiswerte Leihfahrräder an (ca. 10 CUC$ pro Tag), einige auch Fahrradtouren. Am besten fragt man einfach etwas herum.

Wandern

Im Parque Nacional Viñales gibt's ca. 15 offizielle Wanderrouten, am Besucherzentrum hängen Karten aus. Am besten wandert man mit einem Führer, da die Beschilderung miserabel ist. Ein angeheuerter Führer verlangt rund 10 CUC$ pro Teilnehmer, variabel je nach Strecke und Gruppengröße.

Wanderungen kann man im Besucherzentrum des Parks oder im **Museo Municipal** (Salvador Cisneros No 115; 1; ⌚ 8–17, So bis 16 Uhr) in Viñales arrangieren. Am Museum beginnen täglich um 8.45 und um 14.30 Uhr geführte Wanderungen.

Abgesehen von den Parkführern kann so gut wie jede *casa particular* in Viñales einen privaten Führer vermitteln, der die Tour nach den individuellen Wünschen zusammenstellt. Die Schleife um das **Valle de Palmarito** ist ungebrochen beliebt. Sie beginnt und endet im Dorf und führt zu einer Kaffeeplantage, einem Tabakhaus und der Cueva de Palmarito, wo man bei Taschenlampenlicht schwimmen kann.

Toll sind auch die Wanderungen nach Los Aquáticos und in das Valle del Silencio.

Ziplining

Baumwipfeltour ERLEBNISSPORT

(☎5-398-8975; Carretera al Moncada, Km 6; 8 CUC$ pro Pers.; ⏲9–17 Uhr) Etwa 6 km westlich der Stadt stößt man auf eine von nur drei Baumkronentouren ganz Kubas. Mit einer Länge von 1000 m und einer maximalen Höhe von 35 m ist sie eher bescheiden, macht aber trotzdem Spaß und ist auch ausgesprochen preiswert. Man kann vorher im Cubanacán-Büro (S. 614) buchen oder einfach auftauchen und auf die nächste Tour warten.

Praktische Informationen

Der Park wird vom sehr informativen **Besucherzentrum Parque Nacional Viñales** (☎48-79-61-44; Carretera a Pinar del Río KM 22; ⏲8–18 Uhr) verwaltet, das 3 km südlich von Viñales liegt. Drinnen gibt's farbenfrohe Ausstellungen (auf Spanisch und Englisch) über die wichtigsten Highlights des Parks und Informationen zu Wanderungen. Hier kann man auch einen Führer engagieren.

Unterwegs vor Ort

Fahrrad (Salvador Cisneros No 140; Fahrradverleih pro Std./Tag 1/10 CUC$), Auto, Moped oder der Hop-on-Hop-off-Bus, der neunmal täglich an der Plaza in Viñales startet – man hat die Wahl.

ZENTRALKUBA

Santa Clara

216 000 EW.

Sorry, Havanna, aber Santa Clara ist Kubas revolutionärste Stadt – und das nicht nur dank ihrer historischen Obsession mit dem argentinischen Arzt und späteren *guerrillero* Che Guevara. Die Stadt liegt mitten im geografischen Herzen des Landes und setzt immer wieder neue Trends. Außerdem ver-

ABSTECHER

VARADERO

Varadero liegt auf der gebogenen 20 km langen Halbinsel Hicacos und ist der Leuchtturm des wichtigsten Wirtschaftszweigs Kubas, des Tourismus. Als größter Urlaubsort der gesamten Karibik besteht es aus einer riesigen, aufdringlichen und ständig größer werdenden Ansammlung von Hotels (mehr als 60), Geschäften, Wassersportaktivitäten und Pool-Entertainment. Seine Trumpfkarte ist der Strand, ein ununterbrochener 21 km langer heller Sandstrand, der zweifellos zu den schönsten der Karibik zählt. Die großen, touristenfreundlichen Megaresorts sind zwar ein wirtschaftlicher Hauptfaktor, doch wer Kubas Einzigartigkeit erleben will, wird hier wenig davon finden.

Die meisten Touristen in Varadero buchen in der Heimat eine Pauschalreise und sind mit ein oder zwei Wochen Strandleben, während derer sie das Resort nie verlassen, glücklich und zufrieden. Individualreisenden, die sich für dieses künstliche Paradies nicht begeistern können, bietet Varadero eine Alternative: eine kleine kubanische Stadt am südwestlichen Beginn der Halbinsel, in der es *casas particulares* (Privatzimmer), private Restaurants und kostenlosen Zugang zum herrlichen Strand gibt.

Anstatt Hunderte Euros für ein All-inclusive-Hotel zu zahlen, kann man für 45 CUC$ pro Nacht in **Beny's House** (☎45-61-17-00; www.benyhouse.com; Calle 55, zw. Av 1 & Av 2; Zi. inkl. Frühstück 45 CUC$; Ⓟ ❄) und mehreren anderen Privatunterkünften mit ähnlichen Preisen übernachten. Sie liegen alle nur einen Katzensprung vom Strand und von (im Gegensatz zu staatlichen Restaurants) gut ausgestatteten Privatrestaurants wie dem **Varadero 60** (☎45-61-39-86; Ecke Calle 60 & Av 3; Hauptgerichte 10–20 CUC$; ⏲12–24 Uhr) entfernt.

Täglich verkehren fünf Víazul-Busse zwischen Varadero und Havanna (10 CUC$), außerdem fahren täglich Busse nach Santa Clara, Viñales, Trinidad und Santiago de Cuba.

fügt sie über unerschöpfliche Kreativität: Die wilde Jugendkultur testet schon seit Jahren die Grenzen der kubanischen Zensurpolizei. Das einzigartige Santa Clara bietet Kubas einzige Drag-Show sowie ein Kollektiv grafischer Künstler, das satirisch-politische Cartoons erschafft. Mit dem Ciudad Metal kann es sich außerdem des besten Rockfestivals des Landes rühmen. Der temperamentvolle Charakter der Stadt wurde im Laufe der Jahre auch durch die renommierteste Universität des Landes außerhalb Havannas und durch die lange Verbindung zu Che Guevara geformt, dessen Befreiung Santa Claras im Dezember 1958 das Ende des Batista-Regimes bedeutete. Seither brechen hier immer wieder kleine Kulturrevolutionen aus.

Sehenswertes

★ Conjunto Escultórico Comandante Ernesto Che Guevara — MAUSOLEUM, MUSEUM

(Plaza de la Revolución; Di–So 9.30–16 Uhr) GRATIS Dieser Denkmalkomplex mit Mausoleum und Museum bildet den Endpunkt mancher Pilgerreise. Er liegt 2 km westlich des Parque Vidal (über die Rafael Tristá zur Avenida de los Desfiles) in der Nähe des Víazul-Busbahnhofs. Wer sich nicht für die argentinische Guerilla begeistern kann, für die viele eine beinahe religiöse Bewunderung empfinden, kann zumindest den weiten Platz bestaunen, der sich zu beiden Seiten einer breiten Avenue erstreckt und von einer Bronzestatue von El Che auf einem 16 m hohen Podest bewacht wird.

Die Statue wurde 1987 anlässlich des 20. Jahrestags der Ermordung Guevaras in Bolivien errichtet und kann jederzeit besichtigt werden. Hinter der Statue befindet sich das würdevolle **Mausoleum** mit 38 aus dem Stein gehauenen Nischen, die den anderen Guerillas gewidmet sind, die bei der gescheiterten bolivianischen Revolution ermordet wurden. 1999 wurden die sterblichen Überreste von 17 von ihnen, darunter Guevara, aus einem geheimen Massengrab in Bolivien geborgen und in diesem Mausoleum bestattet. Am 17. Oktober 1997 entzündete Fidel Castro die ewige Flamme. Im angrenzenden **Museum** finden sich Informationen und Grafiken zu Ches Leben und Tod.

Das Monument erreicht man am besten auf einem 15-minütigen Spaziergang oder für ein paar kubanische Pesos mit einer Pferdekutsche in der Calle Marta Abreu draußen vor der Kathedrale.

Parque Vidal — PLATZ

Der Parque Vidal ist ein wahres Freilufttheater. Es wurde nach Colonel Leoncio Vidal y Caro benannt, der am 23. März 1896 hier getötet wurde. Während der Kolonialzeit war der Platz von zwei Promenaden umschlossen: Durch einen Zaun wurden Schwarze und Weiße voneinander getrennt. Die Narben einer jüngeren Separation sind in der Fassade des mintgrünen **Hotel Santa Clara Libre** auf der Westseite des Parks zu erkennen: Sie ist von Einschusslöchern durchzogen, die von einer 1958 zwischen Guevara und Batistas Regierungstruppen ausgetragenen Schlacht um die Stadt zeugen.

Fábrica de Tabacos Constantino Pérez Carrodegua — FABRIK

(Maceo No 181, zw. Julio Jover & Berenguer; 4 CUC$; ⌚ Mo–Fr 9–11 & 13–15 Uhr) Santa Claras Tabakfabrik ist eine der besten in Kuba und stellt hochwertige Zigarren der Marken Montecristos, Partagás und Romeo y Julieta her. Im Vergleich zu denen in Havanna sind die Touren hier weniger aufgemotzt und bieten viel interessantere und weniger gehetzte Erfahrungen. Tickets kauft man im Cubatur-Büro. Auf die Öffnungszeiten kann man sich allerdings nicht verlassen, sie können unregelmäßig sein.

Museo de Artes Decorativas — MUSEUM

(Parque Vidal No 27; 2; ⌚ Mo & Mi–Fr 9–17, Sa & So 15–18 Uhr) Diese Villa aus dem 18. Jh. ist eine Art schlafende Schönheit am Parque Vidal und wurde in ein Museum verwandelt, das massenweise antike Möbel verschiedenster Stilrichtungen zeigt, die Kubas architektonisches Erbe nachzuahmen scheinen. Interessant sind die barocken Schreibtische, Jugendstilspiegel, Art-déco-Möbel und Velázquez' berühmtes Werk *Rendición de Brega* (Die Übergabe von Brega) als Reproduktion auf einem Porzellanteller. Abends rundet Live-Kammermusik die romantische Atmosphäre ab.

Sitio-Museo Acción Contra El Tren Blindado — MUSEUM

(1; ⌚ Di–Sa 8.30–17, So 9–13 Uhr) Am Standort dieses kleinen **Güterwagenmuseums** wurde am 29. Dezember 1958 Geschichte geschrieben, als Ernesto „Che" Guevara und eine Truppe von 18 mit Gewehren bewaffneten Revolutionären, die kaum der Pubertät entwachsen waren, einen gepanzerten Zug mithilfe eines geliehenen Bulldozers und selbstgebastelter Molotowcocktails zum Entgleisen brachten.

Schlafen

★ Hostal Florida Terrace CASA PARTICULAR $
(☎ 42-22-15-80; www.hostalfloridacenter.com; Maestra Nicolasa No 59, zw. Maceo & Colón; Zi. 30–35 CUC$; P) Dieses fein dekorierte hotelartige Haus gehört zum Restaurant Florida Center auf der anderen Straßenseite und hat mehr Etagen (vier) als die meisten anderen Privatunterkünfte Zimmer. Das elegante Kolonialdekor mit Art-déco-Elementen lockt mit zahlreichen Hinguckern und die acht Zimmer mit antiken Betten sind erste Klasse. Oben warten eine Bar und ein *mirador* (Aussichtspunkt) mit dem vielleicht besten Ausblick in Santa Clara.

★ Hostal Familia Sarmiento CASA PARTICULAR $
(☎ 42-20-35-10; www.santaclarahostel.com; Lorda No 56, zw. Martí & Independencia; Zi. 25–35 CUC$;) Das Sarmiento bietet drei gut ausgestattete Zimmer in einem schönen kubanischen Wohnhaus im Stadtzentrum. Die unlängst renovierten Gästezimmer verfügen über Regendusche, dimmbare Lampen und Nespresso-Maschinen. Bei unserem letzten Besuch wurde im Haus gegenüber ein neuer Flügel mit vier zusätzlichen Zimmern gebaut.

Casa Mercy 1938 CASA PARTICULAR $
(☎ 42-21-69-41; casamercy@gmail.com; Independencia No 253, zw. Estévez & Gutiérrez; Zi. 30–35 CUC$;) Der Name mag auf die Vergangenheit verweisen, doch dieses wunderbare Haus wurde restauriert und mit modernen Annehmlichkeiten ausgestattet. Es wartet mit spektakulären Details auf: Der Brunnen im Sevilla-Stil, der die zentrale Terrasse dominiert, verkörpert die Verschmelzung von Jugendstil und neokolonialem Stil. Es gibt zwei große Zimmer und mehrere Gemeinschaftsbereiche, darunter der Patio, und die freundlichen mehrsprachigen Besitzer kümmern sich eifrig um ihre Gäste.

La Casona Jover CASA PARTICULAR $
(☎ 42-20-44-58; almiqui2009@yahoo.es; Colón No 167, zw. 9 de Abril & Serafín García; Zi. 30–35 CUC$;) Typisch Santa Clara: Hinter einer prosaischen Fassade verbirgt sich mal wieder ein Miniaturpalast. Die fünf großen Zimmer im Kolonialstil liegen ein gutes Stück zurückversetzt von der Straße an einer Terrasse mit vielen Pflanzen und einem einladenden Tauchbecken. Das Haus ist auch für sein Restaurant bekannt, allerdings war es bei unserem letzten Besuch nur für Gäste geöffnet.

Authentica Pérgola CASA PARTICULAR $
(☎ 42-20-86-86; carmen64@yahoo.es; Luis Estévez No 61, zw. Independencia & Martí; Zi. 30 CUC$;) Das Pérgola schließt sich um einen Alhambra-artigen Innenhof voller Grün, der von einem Brunnen gekrönt ist und von dem mehrere große Zimmer abgehen. So ziemlich alles hier ist antik, auch die Schlafzimmer. Die Dachterrasse beherbergt das für alle geöffnete Restaurant La Aldaba.

Hotel Central BOUTIQUE-HOTEL $$
(☎ 42-20-15-85; www.cubanacan.cu; Parque Vidal; EZ/DZ inkl. Frühstück 56/102 CUC$; @) Dieses Haus gehört zu den besten der über zehn staatlichen Boutique-Hotels, die in den vergangenen Jahren eröffnet wurden. Der Grund dafür sind die Lage am Parque Vidal, die Möbel im Kolonialstil und die attraktive Bar am Straßenrand, gegenüber vom lebhaften Stadtplatz.

Essen

Bodeguita del Medio KUBANISCH $
(☎ 42-21-54-34; Vidal No 1, zw. Colón & Maceo; Hauptgerichte 3–7 CUC$; ⏲ 11–23 Uhr;) Diese bewusst als „Kneipe" aufgemachte Bar ist Havannas ursprünglicher **Bodeguita** (Karte S. 582; Empedrado No 207; ⏲ 11–24 Uhr) nachempfunden und in mancher Hinsicht sogar besser als diese: Erstens war Hemingway niemals hier, darum kosten die Mojitos, für die die Bar bekannt ist, nur 2 CUC$. Zweitens kommen hier keine Touristengruppen her, die viel Raum einnehmen.

Die mit Graffitis verzierte Bar am Straßenrand, wo *son* spielende Musiktrios umherziehen, ist zwar sehr einladend, wir empfehlen die Bodeguita del Medio aber wegen des klimatisierten Restaurants im hinteren Teil. Eifrige junge Kellner in *guayabera*-Hemden servieren üppige Portionen *comida criolla* (kreolische Speisen) und als Beilagen *mucho* Brot, Reis, Salat und Bananenchips. Besonders schmackhaft ist das aromatische, üppige *picadillo* (würziges Rinderhack).

★ Restaurant Florida Center KUBANISCH, FUSION-KÜCHE $$
(☎ 42-20-81-61; Maestra Nicolasa No 56, zw. Colón & Maceo; Hauptgerichte 10–15 CUC$;

⌚18.30–21. 30 Uhr) Santa Claras bestes Restaurant schon seit mindestens einem Jahrzehnt ist das Florida. Das Essen ist genauso gut wie das Ambiente: Man speist in einem kolonialen von Pflanzen geschmückten und von Kerzenlicht erhellten Innenhof voller Antiquitäten. Besitzer Ángel ist immer präsent und der perfekte Gastgeber: Er berät die Gäste auf Französisch, Englisch, Italienisch und Spanisch bei ihrer Entscheidung. Auf der Karte stehen einfache kubanische Klassiker.

La Aldaba KUBANISCH $$
(☎ 42-20-86-86; Luis Estévez No 61, zw. Independencia & Martí; Hauptgerichte 12–20 CUC$; ⌚11.30–23 Uhr) Das Dachterrassenrestaurant der *casa particular* Authentica Pérgola ist (besonders abends) ein wunderbarer Ort, um zwischen Topffarnen zu entspannen. Die Köche wissen, wie man gute kubanische Gerichte mit Pfiff zubereitet, etwa Hühnchencurry.

Ausgehen & Nachtleben

★ **La Marquesina** BAR
(Parque Vidal, zw. Máximo Gómez & Lorda; ⌚9–1 Uhr) In dieser legendären Kneipe unter den Vordächern des ebenso legendären Teatro la Caridad an der Ecke des Parque Vidal kann man mit Einheimischen aller Couleur bei einem kalten Flaschenbier ein Schwätzchen halten. Die Klientel ist ein Potpourri des bunten Santa-Clara-Lebens: Studenten, Zigarrenfabrikarbeiter, Taxifahrer außer Dienst und hin und wieder ein überraschter Tourist. Livemusik gibt's auch regelmäßig.

Café-Museo Revolución CAFÉ
(Independencia No 313; ⌚9–23 Uhr; 📶) *„You say you want a revolution …"* und Santa Clara ist ein guter Anfang. Hier hat bereits eine stattgefunden, 1958 erfolgreich von Che Guevara entfacht. Dieses neue Café und Museum zollt Santa Claras (und Kubas) revolutionärer Vergangenheit mit Fotos, alten Uniformen und anderen vom spanischen Besitzer liebevoll zusammengetragenen Erinnerungsstücken Tribut. Der mit Sirup, einem Baiser, Milch und einem Schuss Rum servierte Hauskaffee ist ebenfalls ziemlich revolutionär.

Unterhaltung

★ **Club Mejunje** LIVEMUSIK
(Marta Abreu No 107; ⌚Di–So 16–1 Uhr; 👪) Urbanes Graffiti, Kindertheater, LGBT-freundliche Aufführungen, Salsa tanzende Touristen und alte, Boleros schmetternde Schnulzensänger. Hier ist im wahrsten Sinne des Wortes „für jeden was dabei": Willkommen im Club Mejunge, einer alten Gebäuderuine ohne Dach, die bereits von der Vegetation überwuchert wird. Dieser Laden ist eine lokale – ach was: nationale – Institution und für vieles berühmt, nicht zuletzt Kubas älteste offizielle Drag-Show (jeden Samstagabend).

ℹ Praktische Informationen

GELD

Banco Popular de Ahorro (Ecke Cuba & Maestra Nicolasa; ⌚Mo–Fr 8–15, Sa bis 11 Uhr) Hat einen Geldautomaten.

Cadeca (Ecke Rafael Tristá & Cuba; ⌚Mo–Sa 8.30–19, So 9–18 Uhr) An der Ecke des Hauptplatzes und der beste Ort, um Geld zu wechseln. Lange Öffnungszeiten.

TOURISTENINFORMATION

Cubanacán (☎ 42-20-51-89; Colón, Ecke Maestra Nicolasa; ⌚Mo–Sa 8–20 Uhr) Es gibt auch einen Schalter im Hotel Central.

Cubatur (☎ 42-20-89-80; Marta Abreu No 10, zw. Máximo Gómez & Villuendas; ⌚9–12 & 13–20 Uhr) Hier kann man Führungen in der Tabakfabrik buchen.

Infotur (☎ 42-20-13-52; Cuba No 68, zw. Machado & Maestra Nicolasa; ⌚; ⌚Mo–Sa 8.30–17 Uhr) Praktische Karten und Broschüren in mehreren Sprachen.

ℹ An- & Weiterreise

BUS

Der **Terminal de Ómnibus Nacionales** (☎ 42-20-34-70; Carretera Central, Ecke Oquendo), der auch als Víazul-Busbahnhof (www.viazul.com) dient, liegt 2,5 km westlich des Zentrums an der Carretera Central Richtung Matanzas, 500 m nördlich des Che-Denkmals. Tickets für die klimatisierten Víazul-Busse werden an speziellen „Ausländer"-Ticketschaltern am Bahnhofseingang verkauft.

Ziel	Preis (CUC$)	Dauer (Std.)	Abfahrten (pro Tag)
Cayo Santa María	13	2½	1
Havanna	18	4	3
Santiago de Cuba	33	12½	4
Trinidad	8	3½	2
Varadero	11	3¼	2

ZUG

Die Luis Estévez führt vom Parque Vidal im Norden der Stadt direkt zum **Bahnhof** (Parque de los Mártires).

Santa Clara liegt an Kubas West-Ost-Hauptstrecke. Acht der neuen kubanischen Züge fahren in die Stadt. Vorher sollte man sich am Bahnhof erkundigen, an welchen Tagen genau die Züge fahren.

Trinidad

☎ 41 / 76 885 EW.

Trinidad ist einmalig: eine perfekt erhaltene spanische Kolonialsiedlung, in der die Uhren 1850 stehen geblieben und noch nicht wieder angesprungen sind – von den ständigen Touristeninvasionen einmal abgesehen. Dank des nahen Valle de los Ingenios häufte sich im frühen 19. Jh. ein riesiges Zuckervermögen an. Ihm verdanken wir die illustren, mit italienischen Fresken, Wedgwood-Porzellan und französischen Kronleuchtern ausgestatteten Villen im Kolonialstil.

Kubas ältestes und bezauberndstes „Freilichtmuseum" wurde 1988 zur UNESCO-Welterbestätte ernannt und zieht ganze Busladungen von Besuchern an. Auf den ruhigen Pflasterstraßen tummeln sich verwitterte *guajiros* (Landbewohner), schnaubende Esel und begabte Straßenmusiker. Abends ist die Musikszene besonders gut.

Die Stadt ist von grandiosen Naturattraktionen umgeben. 12 km südlich liegt die platinblonde Playa Ancón, der beste Strand an Kubas Südküste. 18 km nördlich ragen die violett schimmernden Schatten der Sierra del Esambray (Escambray-Gebirge) auf, die mit einem herrlich grünen Abenteuerspielplatz aus Wanderwegen und Wasserfällen lockt.

Sehenswertes

In Trinidad führen alle Straßen zur **Plaza Mayor**, dem erstaunlich ruhigen Hauptplatz der Stadt, der sich im Zentrum des *casco histórico* (Altstadt) befindet und von vier imposanten Gebäuden gesäumt wird.

★ **Museo Histórico Municipal** MUSEUM

(☎ 4199-4460; Simón Bolívar No 423; 2 CUC$; ⌚ Sa–Do 9–17 Uhr) Diese grandiose Villa gleich abseits der Plaza Mayor beherbergt Trinidads größtes Museum. Von 1827 bis 1830 war sie im Besitz der Familie Borrell.

ABSTECHER

CIENFUEGOS

Cienfuegos kann sich sehen lassen. Die sogenannte „Perle des Südens" ist mit ihrer traumhaften Lage am Wasser und dem kultivierten französischer Flair seit Langem ein Magnet für Reisende aus Kuba und aus dem Ausland. Der legendäre lokale Musiker Benny Moré machte seine Lieblingsstadt in einem Lied unsterblich. Wenn es ein kubanisches Paris gibt, dann kann es nur Cienfuegos sein!

Cienfuegos liegt an der spektakulärsten natürlichen Bucht des Landes. Die Seefahrerstadt wurde 1819 von französischen Emigranten gegründet. Dank ihres einheitlichen Stadtbilds mit den eleganten neoklassizistischen Gebäuden ist sie seit 2005 eine UNESCO-Welterbestätte.

Die Stadt besteht aus zwei markanten Teilen: dem mit Kolonnaden geschmückten Zentrum mit dem prächtigen Boulevard Prado und einem friedlichen Hauptplatz, und Punta Gorda, einem schmalen Landstreifen, der in die Bucht hineinragt und dessen Highlight eine Gruppe fantastischer eklektischer Paläste ist, die sich die Reichen in den 1920er-Jahren bauen ließen.

Den Hauptplatz säumen das skurrile **Teatro Tomás Terry** (☎ 43-55-17-72, 43-51-33-61; Av 56 No 270, zw. Calles 27 & 29; Führungen 2 CUC$; ⌚ 9–18 Uhr) mit seinen Blattgoldmosaiken und der **Palacio Ferrer** (Calle 25 No 5401; 3 CUC$; ⌚ Di–Sa 10–17.30 Uhr) GRATIS, der unlängst in ein Kunstmuseum verwandelt wurde.

Wer sich etwas Luxus gönnen möchte, übernachtet im **Palacio Barón Balbin** (☎ 43-59-60-76; www.hotelpalaciobaronbalbin.com; Av 52 No 2706, zw. Calles 27 & 29; Zi. 60–80 CUC$; ❄ 📶) und speist im französisch angehauchten **Doña Nora** (☎ 43-52-33-31; Calle 37, zw. Av 42 & Av 44; Hauptgerichte 6–10 CUC$; ⌚ 12–23 Uhr).

Mit dem Bus (20 CUC$) dauert die Fahrt von Havanna nach Cienfuegos fünf Stunden, mit dem Auto drei.

Später ging sie an einen deutschen Plantagenbesitzer namens Kanter, oder Cantero, nach dem es noch heute benannt ist. Die heruntergekommenen Ausstellungen könnten eine Rundumerneuerung vertragen, aber allein das Stadtpanorama vom Turm aus, den man über eine wacklige Treppe erreicht, ist das Eintrittsgeld wert.

Iglesia Parroquial de la Santísima Trinidad KIRCHE
(⏲ Mo–Sa 11–12.30 Uhr) Trotz ihrer unscheinbaren Fassade ziert diese Kirche auf der Nordostseite der Plaza Mayor zahleiche Trinidad-Postkarten. Sie wurde 1892 an der Stelle einer durch einen Sturm zerstörten Kirche wiederaufgebaut und verbindet Elemente aus dem 20. Jh. mit Artefakten aus dem 18. Jh., etwa dem hochverehrten Wahren Kreuz Christi von 1713 (von vorne der zweite Altar links).

Aktivitäten

★ **Centro Ecuestre Diana** REITEN
(Independencia No 39, zw. Girón & Benítez; Reiten 26 CUC$) Zu den vielen Angeboten, mit denen Besucher in Trinidad bombardiert werden, gehört auch Reiten. Es ist aber nicht ratsam, auf der Straße zu buchen, da man dann nicht weiß, in welchem Zustand die Pferde sind (manchmal werden sie vernachlässigt oder schlecht behandelt). Bei diesem Anbieter kann man sich darauf verlassen, dass man auf einem gesunden, sanftmütigen Pferd reitet, für das gut gesorgt wird. Die Ausritte starten um 9 Uhr, man bucht sie einen Tag vorher an der angegebenen Adresse.

Geführte Touren

Trinidad Travels GEFÜHRTE TOUREN
(☎ 5-282-3726; www.trinidadtravels.com; Antonio Maceo No 613a) Reinier von Trinidad Travels spricht Englisch und Italienisch und ist einer der besten privaten Führer. Er bietet alle möglichen Ausflüge, darunter eine Wanderung in der Sierra del Escambray und einen Ausritt in die umliegende Landschaft, sowie Spanischunterricht an. Dies ist ein renommierter, sicherer Anbieter mit gesunden Pferden. Man findet ihn in der **Casa de Victor** (☎ 4199-6444; hostalsandra@yahoo.es; Antonio Maceo No 613a; Zi. 25 CUC$; ❄).

Free Walking Tour STADTSPAZIERGÄNGE
(Parque San Francisco de Asís; ⏲ 10 & 16 Uhr) Ein paar mehrsprachige Kubaner leiten diese zweistündigen kostenlosen Stadtspaziergänge in Trinidad, die täglich um 10 und 16 Uhr stattfinden. Dies ist eine tolle Möglichkeit, die Stadt kennenzulernen, denn unterwegs erhalten die Teilnehmer viele Einblicke in den historischen Hintergrund und nützliche Tipps. Treffpunkt ist der Parque San Francisco de Asís, die kleine Plaza gegenüber vom **Museo Nacional de la Lucha Contra Bandidos** (☎ 4199-4121; Echerri No 59; 1; ⏲ Di–So 9–17 Uhr). Ein Trinkgeld sollte man auf jeden Fall geben!

Schlafen

Casa Muñoz – Julio & Rosa CASA PARTICULAR $
(☎ 4199-3673; www.trinidadphoto.com; José Martí No 401, Ecke Escobar; DZ/3BZ/Apt. 40/45/50 CUC$; P ❄ 📶) Ein grandioses Kolonialhaus, in dem Englisch gesprochen wird. Es gibt drei große Zimmer und ein Apartment mit zwei Ebenen. Unbedingt lange im Voraus buchen, da es bei amerikanischen Teilnehmern des People-to-People-Programms irrsinnig beliebt ist. Julio ist ausgebildeter Fotograf und bietet Kurse und Exkursionen (25 CUC$) zu Dokumentarfotografie, Religion und dem Leben in der neuen Wirtschaftsrealität Kubas an.

Casa Particular El Arcangel CASA PARTICULAR $
(☎ 5-277-0439, 5-299-2187; arcangelmigueltvc@gmail.com; Amargura No 11; Zi. 35 CUC$) Von der gepflasterten Straße sieht man schon die schöne schattige Terrasse, und dahinter wird es sogar noch besser: Hier warten Terrakottaböden, weiße Gipswände, Deckenbalken und vor allem die herzliche, offene Atmosphäre eines wirklichen Zuhauses. Die beiden makellosen Gästezimmer dieses Refugiums verströmen mexikanisches Flair. Eine Wendeltreppe führt zu einer netten Dachterrasse mit gemütlichen Eckchen zum Entspannen.

Hostal José & Fatima CASA PARTICULAR $
(☎ 4199-6682; hostaljoseyfatima@gmail.com; Zerquera No 159, zw. Frank País & Pettersen; Zi. 35 CUC$; ❄ 📶) Diese äußerst beliebte Casa bietet fünf Zimmer und koloniale Elemente, darunter eine Terrasse. Die hilfsbereiten Gastgeber können viele lokale Aktivitäten organisieren, und es gibt einen entzückenden Dackel, der Hundeliebhaber sofort aufspürt.

★ **Casa El Suizo** CASA PARTICULAR $$
(☎ 5-377-2812; P Pichs Girón No 22; DZ 50 CUC$; P ❄) Diese großzügige Unterkunft abseits

des Trubels im Zentrum liegt für diverse Ausflüge praktisch an der Straße zwischen Trinidad und Cienfuegos. Mit fünf großen Zimmern, alle mit eigener Terrasse, versprüht sie eher das Flair eines Inns. Die Ausstattung ist neu und umfasst Safes und Föhne. Es wird Englisch und Deutsch gesprochen. Der einzige Nachteil ist der längere Fußweg zu den zentral gelegenen Attraktionen.

★ Iberostar Grand Hotel BOUTIQUE-HOTEL **$$$**
(☎ 4199-6070; www.iberostar.com; Ecke José Martí & General Lino Pérez; DZ inkl. Frühstück ab 400 CUC$;) In diesem umgebauten Kolonialgebäude aus dem 19. Jh. gibt's eine mit Farnen geschmückte Lobby, einen Innenhof und um diesen herum Zimmer auf drei Stockwerken. Das Grand besticht mit seinem Fünf-Sterne-Luxus – die typische Touristenformel mit „all inclusive" kann da nicht mithalten. Hier gibt's Privatsphäre, Eleganz und eine Wertschätzung lokaler Geschichte. Die glanzvollen Details erstrecken sich von der coolen Zigarrenbar bis in die 36 Zimmer mit Designer-Toilettenartikeln, Minibar, Safe und Kaffeemaschine.

Essen

★ La Redacción Cuba INTERNATIONAL **$$**
(☎ 4199-4593; www.laredaccioncuba.com; Antonio Maceo No 463; Hauptgerichte 8–10 CUC$;) Dieses neue Lokal unter französischer Leitung, das Kolonialstil mit einer cleveren Speisekarte kombiniert, tröstet alle Traveller, die unter kulinarischem Heimweh leiden. Die riesigen Lamm-Burger mit Süßkartoffel-Fritten, die Pasta mit Hummer und Kräutern und die ansprechenden vegetarischen Gerichte überzeugen. Für Alleinreisende gibt's einen großen Gemeinschaftstisch in der Mitte, an dem man schnell neue Freunde findet. Ansonsten vorab reservieren.

Restaurante San José KUBANISCH **$$**
(☎ 4199-4702; Antonio Maceo No 382; Hauptgerichte 6–15 CUC$; ⏲ 12–22 Uhr) Es hat sich herumgesprochen, dass dieses hübsche Restaurant frisch gegrillten Schnapper, Süßkartoffel-Pommes und gefrorene Limettenlimonade serviert. Das Essen gehört zum besten der Stadt und die Bedienungen schlängeln sich zwischen glänzenden Möbeln und den vollen Tischen hindurch. Wer nicht lange warten will, sollte früh kommen.

Vista Gourmet KUBANISCH **$$**
(☎ 4199-6700; Callejón de Galdos No 2f; Hauptgerichte 13 CUC$; ⏲ 12–24 Uhr;) In diesem schicken privaten Restaurant werden die Gäste auf einer hübschen Terrasse hoch über Trinidads roten Ziegeldächern bedient – von der obersten Terrasse bietet sich ein unverstellter Rundblick. Es wird vom charismatischen Sommelier Bolo geführt und die vielen Weine werden klimatisiert gelagert. Wer besonders hungrig ist, wird das Vorspeisen- und Dessertbüfett lieben. Das zarte *lechón asado* (Schweinebraten) und der frische Hummer sind zu empfehlen. Es gibt auch gute vegetarische Gerichte.

★ Esquerra KUBANISCH **$$$**
(☎ 4199-3434; Zerquera No 464; Hauptgerichte 8–18 CUC$; ⏲ 12–23 Uhr) Elegantes Restaurant in bester Lage an der gepflasterten Plaza mit gut zubereitetem kubanischen Essen. Es setzt sich mit speziellen Noten von der Konkurrenz ab: Die scharfe *criollo*-Tomatensoße, Zubereitung nach Müllerin Art und katalanische Soßen geben Gerichten mit Fisch oder Schwein den richtigen Kick. Der Krabbencocktail ist sensationell, ebenso wie der Service, und einen netten, intimen Innenhof gibt's auch.

Ausgehen & Nachtleben

Taberna La Botija BAR
(Ecke Amargura & Piro Guinart; ⏲ 24 Std.) Im La Botija drängt sich die halbe Stadt, ohne dass die kleine Eckbar auch nur einen Finger rühren müsste. Das Geheimnis: eine warme Atmosphäre, in der jeder mit jedem plaudert, kaltes in Keramikkrügen serviertes Bier und die beste Hausband in Trinidad (Jazz trifft Soul mit Violine). Das Essen ist aber auch nicht übel.

☆ Unterhaltung

Casa de la Música LIVEMUSIK
(Echerri; Eintritt 2 CUC$) Diese Casa ist ein Klassiker in Trinidad (und Kuba). Die Open-Air-Party findet auf der breiten Treppe neben der Iglesia Parroquial statt, abseits der Plaza Mayor. Eine gute Mischung aus Touristen und Einheimischen genießt hier ab 22 Uhr die Salsa-Show. Alternativ finden im Hinterhof der Casa (auch von der Amargura aus zugänglich) richtige Salsa-Konzerte statt.

Casa de la Trova LIVEMUSIK
(Echerri No 29; 1; ⏲ 21–2 Uhr) Obwohl hier im Verhältnis viel mehr Pauschaltouristen als

Kubaner unter den Gästen sind, versprüht diese Casa ein authentisches Flair. Lokale Musiker wie Semillas del Son, Santa Palabra und den besten *trovador* (traditioneller Sänger/Liedermacher) der Stadt, Israel Moreno, sollte man nicht verpassen.

Rincon de la Salsa LIVEMUSIK
(☎5-391-0245; Zerquera, zw. Rubén Martínez Villena & Ernesto; Eintritt 2 CUC$; ⌚22–2 Uhr) Ein spaßiger Laden mit Livemusik, in dem man seine Salsa-Schritte üben kann. Außerdem kommen Touristen hier mit Tanzlehrern in Kontakt, die tagsüber Privatunterricht geben.

Praktische Informationen

GELD

Es gibt Banken und eine Wechselstube.

Banco de Crédito y Comercio (José Martí No 264; ⌚Mo–Fr 9–15 Uhr) Hat einen Geldautomaten.

Cadeca (Antonio Maceo, zw. Camilo Cienfuegos & General Lino Pérez; ⌚8.30–17 Uhr) Wechselstube.

TOURISTENINFORMATION

Vor den Reisebüros in Trinidad stehen meistens Warteschlangen, darum sollte man möglichst früh hingehen.

Cubatur (☎4199-6314; Antonio Maceo No 447, zw. Zerquera & Colón; ⌚8–20 Uhr) Gut für allgemeine Informationen, Hotelbuchungen und Ausflüge. Bietet Touren ins Valle de los Ingenios (35 CUC$) und nach Salto del Caburni im Topes de Collante (30 CUC$) an. Außerdem gibt's Schnorchelausflüge nach Cayo Iguanas (45 CUC$) und Cayo Blanco (50 CUC$). Draußen warten staatliche Taxis.

Infotur (☎4299-8258; Izquierdo No 112; ⌚9–17 Uhr) Nützlich für allgemeine Informationen rund um die Stadt, die Umgebung und zur Provinz Sancti Spíritus.

An- & Weiterreise

Den zentral gelegenen **Busbahnhof** (Piro Guinart No 224) nutzen Busse für Einheimische und die zuverlässigeren Víazul-Busse, die sich an ausländische Traveller richten. Das **Víazul-Ticketbüro** (☎4199-4448; www.viazul.com; ⌚8.30–16 Uhr) liegt weiter hinten im Bahnhof.

Die Víazul-Busse nach Varadero halten auch in Jagüey Grande (15 CUC$, 3 Std.) sowie auf Wunsch in Jovellanos, Colesio und Cárdenas. Die Busse nach Santiago de Cuba fahren über Sancti Spíritus (6 CUC$, 1½ Std.), Ciego de Ávila (9 CUC$, 2¾ Std.), Camagüey (15 CUC$, 5¼ Std.), Las Tunas (22 CUC$, 7½ Std.), Holguín (26 CUC$, 9 Std.) und Bayamo (2 CUC$6, 10½ Std.).

Der Touristenshuttlebus Cubanacán Conectando fährt täglich nach Havanna (25 CUC$). Er hat kein eigenes Büro, Genaueres erfährt man bei Infotur.

VÍAZUL-BUSSE AB TRINIDAD

Ziel	Preis (CUC$)	Dauer (Std.)	Abfahrten (pro Tag)
Cienfuegos	6	1½	6
Havanna	25	6	3
Santa Clara	8	3	2
Santiago de Cuba	33	12½	1
Varadero	20	6½	2

Topes de Collantes

771 M

Die **Sierra del Escambray** ist Kubas zweithöchstes Gebirge. Die wunderschönen zinnenförmigen Berge mit vielfältiger Flora wirken überraschend isoliert. Auf Kubas bestem Netzwerk an Wanderwegen kann man durch Urwald voller Kletterpflanzen, Farne und ins Auge stechender Epiphyten streifen.

Ende 1958 campierte hier Che Guevara auf dem Weg nach Santa Clara. Vom selben Standort aus führten fast drei Jahre später von der CIA unterstützte konterrevolutionäre Gruppen einen Katz-und-Maus-Guerillaeinsatz aus.

Das 200 km² große Gebiet, das an drei Provinzen angrenzt, ist zwar kein Nationalpark, steht aber unter strengem Schutz. Der Dachpark umfasst den Parque Altiplano, den Parque Codina, den Parque Guanayara und den Parque El Cubano. Die Parkbehörde verwaltet zudem eine fünfte Enklave, El Nicho, in der Provinz Cienfuegos.

Der Name des Parks geht auf seine größte Siedlung zurück, einen Kurort, den Diktator Fulgencio Batisto 1937 für seine kranke Frau gründete. Ende der 1930er-Jahre wurde mit dem Bau eines Sanatoriums für Tuberkulosekranke als „Kurzentrum“ begonnen, 1954 wurde es eröffnet.

Aktivitäten

Topes verfügt über das beste Wanderwegnetz ganz Kubas. Man benötigt robuste Wanderschuhe. Die Parkregeln wurden unlängst gelockert, sodass man die meisten Wege inzwischen auch allein in Angriff nehmen kann, allerdings benötigt man für die Anfahrt zu den Ausgangspunkten einiger Wege ein Fahrzeug.

Sendero „Centinelas del Río Melodioso" WANDERN
(10 CUC$, Tour inkl. Mittagessen 47 CUC$) Dieser 6 km lange Rundweg im Parque Guanavara ist von Topes de Collantes aus zwar die am schlechtesten zugängliche Wanderung, aber auch die lohnenswerteste. Der Weg beginnt inmitten kühler, feuchter Kaffeeplantagen und steigt steil zum Wasserfall **El Rocio** hinab, wo man eine erfrischende Dusche genießen kann. Von hier folgt man dem Verlauf des Río Melodioso, vorbei an einem weiteren einladenden Wasserfall mit Badebecken, dem **Poza del Venado**, bevor man die Gärten von **Casa La Gallega** erreicht, einer traditionellen ländlichen Hazienda.

Salto del Caburní WANDERN
(10 CUC$) Die klassische Topes-Wanderung ist von den Hotels aus leicht zu Fuß erreichbar und führt zu einem 62 m hohen Wasserfall, der sich über Felsen in einen kühlen Badeteich ergießt, bevor er in eine Kluft stürzt. Einheimische Machos fordern sich gerne gegenseitig heraus, hinterherzuspringen. Aber Vorsicht: Auf dem Höhepunkt der Trockenzeit (März bis Mai) kann der Wasserstand sehr niedrig sein.

Praktische Informationen

Centro de Visitantes (8–17 Uhr) An der Sonnenuhr am Eingang zum Komplex mit den Hotels. Die beste Anlaufstelle für Karten, Führer und Infos zu Wanderwegen.

An- & Weiterreise

Ohne Auto ist es sehr schwierig, nach Topes de Collantes zu kommen – und noch schwieriger, die verschiedenen Wanderwege zu erreichen. Am besten nimmt man sich ein Taxi (40–60 CUC$ hin & zurück mit Wartezeit), schließt sich in Trinidad einem Ausflug an (ab 35 CUC$) oder mietet sich einen Wagen.

Die Straße zwischen Trinidad und Topes de Collantes ist asphaltiert, aber sehr steil. Bei Nässe ist sie rutschig.

Camagüey

331 139 EW.

Camagüey, Kubas drittgrößte Stadt, ist nach Havanna auch mit Abstand die freundlichste und stilvollste. Ihre Kunstszene überstrahlt nahezu alles, aber sie ist auch die Hochburg der katholischen Kirche auf der Insel. Camagüey ist dafür bekannt, in Krisenzeiten seinen eigenen Weg zu gehen. Die widerstandsfähigen Einwohner der Stadt werden von anderen Kubanern *agramontinos* genannt, nach dem lokalen Helden des Ersten Unabhängigkeitskrieges, Ignacio Agramonte, Co-Autor der Guáimaro-Verfassung und mutiger Anführer von Kubas bester Kavalleriebrigade.

Camagüeys pastellfarbene Kolonialgebäude und sein kaninchenbauartig angelegtes Straßennetz sind inspirierend. Hier kann man prima ein oder zwei Tage abtauchen und die versteckten Plazas, barocken Kirchen, aufregenden Galerien und phänomenalen Bars und Restaurants erkunden. 2008 wurde das gut erhaltene historische Stadtzentrum zur neunten UNESCO-Welterbestätte Kubas erklärt, und 2014 beging die Stadt ihre 500-Jahr-Feier. Ein einzigartiges Fotomotiv, das man überall in der Stadt finden kann, sind die *tinajones*, große Lehmgefäße zum Aufbewahren von Wasser, für die Camagüey berühmt ist.

Sehenswertes

Plaza del Carmen PLATZ
(Hermanos Agüero, zw. Honda & Carmen) Rund 600 m westlich des Trubels des República befindet sich ein weiterer wunderschöner Platz, der weniger Besucher sieht als die zentralen Plazas. An seiner Ostseite ragt die meisterhafte **Iglesia de Nuestra Señora del Carmen** auf, eine der schönsten Kirchen der Stadt.

Noch vor einem Jahrzehnt war die Plaza del Carmen völlig verfallen, doch inzwischen wurde sie so aufwendig restauriert, dass sie schöner ist als die ursprüngliche. Der gepflasterte zentrale Platz wurde mit riesigen *tinajones*, stimmungsvollen Straßenlaternen und einzigartigen lebensgroßen Skulpturen von *camagüeyanos* bei ganz alltäglichen Beschäftigungen geschmückt.

Casa de Arte Jover GALERIE
(3229-2305; Martí No 154, zw. Independencia & Cisneros; Mo–Sa 9–12 & 15–17 Uhr) GRATIS Camagüey ist das Zuhause von zwei der kreativsten und eindrucksvollsten zeitgenössischen Maler Kubas: Joel Jover und seiner Frau Ileana Sánchez. Ihr wunderschönes Haus an der Plaza Agramonte dient auch als Galerie und ist an sich schon ein Kunstwerk. Hier gibt's haufenweise Originale,

ABSTECHER

PLAYA ANCÓN

Der Playa Ancón ist ein weißer Strandstreifen an der schillernden karibischen Küstenlinie von Sancti Spíritus und gilt vielen als schönster Sandstrand an Kubas Südküste. Hier locken drei All-inclusive-Hotels und ein gut ausgestatteter Hafen, von dem Katamaranausflüge zu den Koralleninseln starten. Auch wenn der Ancón vielleicht nicht mit den Giganten an der Nordküste, Varadero, Cayo Coco und Guardalavaca, konkurrieren kann, hat er doch ein Ass im Ärmel: Trinidad, Lateinamerikas funkelnder kolonialer Diamant, liegt nur 12 km nördlich.

Zwischen Playa Ancón und Trinidad liegt an der Mündung des Río Guaurabo das halb vergessene kleine Fischerdorf La Boca mit einem von blühenden Akazien beschatteten Kieselstrand. Es ist das Paradies für alle, die entspannte Ruhe, frischen Hummer und fantastische himbeerrote Sonnenuntergänge mögen und gern auf Spanisch mit den Fischern schwatzen.

Die einzige asphaltierte Straße führt über eine Gezeitenebene, wo es am frühen Morgen vor Vögeln nur so wimmelt. Allerdings sind die Sandfliegen dafür berüchtigt, bei Sonnenaufgang und Sonnenuntergang extrem zu nerven.

Chihuahuas und wunderbar kitschige Antiquitäten zu sehen. Gäste können sich in Ruhe umschauen und die erstklassigen Originalkunstwerke kaufen.

Martha Jiménez Pérez GALERIE
(☎3225-7559; www.martha-jimenez.com; Martí No 282, zw. Carmen & Honda; ⌚8–20 Uhr) GRATIS In der Keramikhauptstadt Kubas zeigt die Ateliergalerie von Martha Jiménez Pérez die Werke einer der größten lebenden Künstlerinnen des Landes. Besucher können zuschauen, wie alles entsteht, von Gefäßen bis zu Gemälden. Vom Atelier kann man del Carmen Pérez' Meisterwerk auf der Plaza sehen, die Skulpturengruppe dreier klatschender Frauen mit dem Titel *Chismosas* (Klatschbasen). Die *chismosas* sind auch das Motiv vieler ihrer Gemälde in der Galerie.

Museo Provincial Ignacio Agramonte MUSEUM
(☎3228-2425; Av de los Mártires No 2; 2 CUC$; ⌚Di–Fr 9–17, Sa bis 16, So bis 13 Uhr) Dieses höhlenartige Museum ist (wie halb Camagüey) nach dem bedeutenden lokalen Helden des Unabhängigkeitskriegs bekannt. Es befindet sich gleich nördlich des Bahnhofs in einer spanischen Kavalleriekaserne von 1848. Oben warten ein paar beeindruckende Kunstwerke, darunter viele Exemplare von Künstlern aus Camagüey, sowie antike Möbel und alte Familienerbstücke.

Museo Casa Natal de Ignacio Agramonte MUSEUM
(☎3228-2425; Av Agramonte No 459; 2 CUC$; ⌚Di–Fr 9–17, Sa bis 16, So bis 13 Uhr) Dies ist das Geburtshaus des Unabhängigkeitshelden Ignacio Agramonte (1841–73), ein Viehbauer, der die Revolte gegen die Spanier in Camagüey anführte. Das Haus, ein elegantes Kolonialgebäude, erzählt von der oft übersehenen Rolle, die Camagüey und Agramonte im Ersten Unabhängigkeitskrieg spielten. Die Waffe des Helden ist einer seiner wenigen hier ausgestellten persönlichen Gegenstände.

Plaza San Juan de Dios PLATZ
(Ecke San Juan de Dios & Ramón Pinto) Die Plaza San Juan de Dios sieht eher mexikanisch aus als kubanisch (Mexiko war die Hauptstadt von Neuspanien, daher war die Kolonialarchitektur oft überlegen) und ist Camagüeys malerischste und am schönsten erhaltene Ecke. Die Ostseite wird vom Museo de San Juan de Dios dominiert, einem ehemaligen Krankenhaus. Hinter den atemberaubenden blauen, gelben und rosa Gebäudefassaden am Platz verstecken sich lohnenswerte Restaurants.

Parque Ignacio Agramonte PLATZ
(Ecke Martí & Independencia) Camagüeys faszinierendster Platz befindet sich im Herzen der Stadt und lädt mit Marmorbänken ringsum und einer Reiterstatue (um 1950) von Agramonte, Camagüeys großem Helden des Unabhängigkeitskriegs, zum Ausruhen ein. Um 18 Uhr holen städtische Jugendliche in weißer *campesino*-Tracht mit großem Pomp die Fahne ein, begleitet von der aus einem Lautsprecher dröhnenden Nationalhymne.

Geführte Touren

Camaguax Tours GEFÜHRTE TOUREN
(☎32-28-73-64, 5-864-2328; www.camaguax.com/en; República No 155, Apt. 7 (altos); ⌚8.30–17.30 Uhr) Die Führer dieser Privatagentur sprechen Englisch und Französisch und bieten eine Fülle von Kultur- und Abenteuertouren durch die ganze Provinz an. Beliebt sind die Stadttour, der Besuch einer Zuckerrohrfarm, Wanderungen und Höhlenerkundungen. Außerdem gibt's Ausflüge in die Sierra del Chorrillo, die Reserva Nacional Limones Tubaquey und zum Río Máximo. Nutzt Allradantrieb auf unbefestigten Straßen und bietet Übernachtungsoptionen.

Schlafen

Los Vitrales CASA PARTICULAR $
(Emma Barreto & Rafael Requejo; ☎5-294-2522, 3229-5866; requejobarreto@gmail.com; Avellaneda No 3, zw. General Gómez & Martí; Zi. 30 CUC$; P ❄) Dieses riesige, aufwendig restaurierte Kolonialgebäude war einst ein Kloster und zeichnet sich durch weite Bögen, hohe Decken und Dutzende Antiquitäten aus. Der hilfsbereite Besitzer ist Architekt, und das sieht man auch. Drei Zimmer mit gutem Wasserdruck sind rund um einen schattigen Hof inmitten üppiger Gärten arrangiert, ein weiteres Highlight. Extravagantes Frühstück und Abendessen gibt's auf Wunsch auch (Vegetarier willkommen).

Casa Láncara CASA PARTICULAR $
(☎3228-3187; aledino@nauta.cu; Avellaneda No 160; Zi. 30 CUC$; ❄ ᯤ) Einen Hauch von Sevilla versprühen die wunderschönen blauen und gelben *azulejos* (Fliesen) dieses einladenden Kolonialgebäudes, das von Alejandro und seiner Frau Dinorah geführt wird. Die beiden Zimmer sind mit lokaler Kunst dekoriert, und es gibt eine Dachterrasse – und das alles nur einen Steinwurf von der Soledad-Kirche entfernt.

El Marqués BOUTIQUE-HOTEL $$$
(☎32-24-49-37; ventas@ehoteles.cmg.tur.cu; Cisneros No 222; EZ/DZ inkl. Frühstück 120/160 CUC$; ❄ @ ᯤ) Dieses Kolonialgebäude mit sechs Zimmern ist schlichtweg zauberhaft und zeigt viel Charakter. Die Räume gehen von einem zentralen Innenhof mit schmiedeeisernen Möbeln ab und jede Tür wird von einer Marta-Jimenez-Pérez-Skulptur auf einem Sockel bewacht. Die Schlafzimmer sind mit Fernseher, Safe und Klimaanlage ausgestattet, überall stehen antike Möbel und es herrscht herrliche Ruhe. Außerdem gibt's eine kleine Bar mit 24-Stunden-Service und einen Whirlpool.

★ **Hotel Camino de Hierro** BOUTIQUE-HOTEL $$$
(☎32-28-42-64; ventas@ehoteles.cmg.tur.cu; Plaza de la Solidaridad; EZ/DZ 115/140 CUC$; ❄ @ ᯤ) Zu den besten Boutique-Hotels in Camagüey zählt dieses Haus in einem attraktiven Gebäude im Stadtzentrum, das früher der kubanischen *ferrocarril* (Eisenbahn) als Büro diente – daher das Eisenbahnthema. Außerdem gibt's hübsche Kolonialmöbel und romantische Balkons. Gäste freuen sich auch über die 24 Stunden geöffnete Bar und die hübsche Terrasse mitten im Trubel der Stadt.

Essen

★ **Casa Austria** EUROPÄISCH $$
(☎32-28-55-80; Lugareño No 121, zw. Raúl Lamar & Matías Varona; Gerichte 4–13 CUC$; ⌚11.30–23.30 Uhr; ❄) Einheimische stehen in diesem Café unter österreichischer Leitung für Strudel und dekadente Kuchen Schlange. Nach all dem *comida criolla* freuen sich viele Traveller über die internationale Karte mit Hühnchen-Cordon-bleu, Schnitzel und in Tomatensoße gekochten Kichererbsen mit Speck. Alles schmeckt lecker, aber das Ambiente mit schweren Kolonialmöbeln wirkt ein bisschen klaustrophobisch. Man kann auch auf der Terrasse an einem von einem Brunnen gespeisten Teich essen.

El Paso INTERNATIONAL $$
(☎32-27-43-21; Hermanos Agüero No 261, zw. Carmen & Honda; Gerichte 5–10 CUC$; ⌚9–23 Uhr) Endlich: ein privates Restaurant, das jeden Tag geöffnet ist, noch dazu mit origineller Einrichtung und beneidenswerter Lage auf der Plaza del Carmen. Das *ropa vieja* (scharfes Rindergeschnetzeltes) ist köstlich, und es gibt großzügige Portionen *arroz con pollo a la chorrillana* (Hühnchen, Reis, Pflaumen und Paprika in einer Keramikschüssel). Zum Dessert sollte man *pan patato* probieren, das aus Maniok und Kokosnuss besteht. Von 14 bis 20 Uhr gibt's gute Happy-Hour-Angebote.

Mesón del Príncipe KUBANISCH $$
(☎5-240-4598; Astilleros No 7; Gerichte 8–12 CUC$; ⌚12–24 Uhr) In diesem eleganten

Restaurant kann man in einer für Camagüey typischen eleganten Residenz nobel speisen. Es hat mit dafür gesorgt, dass Camagüey an der vordersten Front der neuen kulinarischen Revolution in Kuba steht. Ein weiterer Pluspunkt: Es verzichtet auf Strohhalme, eine löbliche, nachhaltige Neuerung.

 Unterhaltung

Teatro Principal THEATER

(☎ 3229-3048; Padre Valencia No 64; 5–10 CUC$; ⊙ Aufführungen Fr & Sa 20.30, So 17 Uhr) Falls gerade eine Aufführung läuft – nichts wie hin! Das Ballettensemble von Camagüey ist nach dem in Havanna das beste des Landes. Es wurde 1971 von Fernando Alonso gegründet (dem Ex-Mann der kubanischen Königin des Tanzes, Alicia Alonso), genießt internationales Renommee, und die Aufführungen sind das Stadtgespräch. Ebenfalls interessant ist das wunderschöne Theatergebäude an sich. Es wurde 1850 erbaut und glänzt mit majestätischen Kronleuchtern und Buntglas.

Casa de la Trova Patricio Ballagas LIVEMUSIK

(☎ 3229-1357; Cisneros No 171, zw. Martí & Cristo; 3 CUC$; ⊙ 19–1 Uhr) Durch die üppige Eingangshalle kommt man in einen stimmungsvollen Innenhof, in dem alte Barden singen und junge Pärchen Cha-Cha-Cha tanzen. Dies ist eines der besten *trova*-Häuser in Kuba (*trova* ist Kubas traditioneller poetischer Gesang), in dem auch der stete Touristenstrom nicht vom authentischen Alte-Welt-Charme ablenkt. Dienstagabends ist die beste Zeit für traditionelle Musik. Im Eintritt ist ein Getränk enthalten.

ℹ Praktische Informationen

GELD

Es gibt zahlreichen Banken, Geldautomaten und Wechselstuben.

Banco de Crédito y Comercio (☎ 3229-2531; Ecke Av Agramonte & Cisneros; ⊙ Mo–Fr 9–15 Uhr) Hat einen Geldautomaten.

Banco Financiero Internacional (☎ 3229-4846; Independencia No 21, zw. Hermanos Agüero & Martí; ⊙ Mo–Fr 9–15 Uhr) Hat einen Geldautomaten.

Cadeca (☎ 3229-5220; República No 84, zw. Oscar Primelles & El Solitario; ⊙ Mo–Sa 8.30–20, So 9–18 Uhr)

TOURISTENINFORMATION

In der Stadt gibt's zahlreiche Reisebüros.

Cubanacán (☎ 3228-7879; Maceo No 67, Gran Hotel) Die beste Anlaufstelle im Stadtzentrum für Informationen.

Infotur (☎ 3225-6794; www.facebook.com/camaguey.travel; Av Agramonte; ⊙ 8.30–17.30 Uhr) Hilfsbereite Touristeninformation in einer Galerie nahe dem Casablanca-Kino.

ℹ An- & Weiterreise

BUS

Von der Estacion Ferro Omnibus in der Nähe des Bahnhofs fahren Trucks zu regionalen Zielen (20 MN$), darunter Playa Santa Lucía. Wer sich einen Platz in einem Truck sichern will, der in Richtung Strand fährt, sollte um 5 Uhr hier sein.

Víazul-Fernbusse fahren von der **Estacion Interprovincial** (☎ 3227-0396; www.viazul.com; Carretera Central), 3 km südöstlich vom Zentrum.

Víazul-Busse ab Camagüey

Ziel	Preise (CUC$)	Dauer (Std.)	Abfahrten (tgl.)
Havanna	33	9	5
Holguín	11	3	5
Santiago de Cuba	18	6½	5
Trinidad	15	4½	1
Varadero	25	8¼	1

ZUG

Der modernisierte **Bahnhof** (☎ 3228-4766; Ecke Avellaneda & Av Carlos J Finlay) liegt günstiger als der Busbahnhof, bietet aber nicht ganz so günstige Verbindungen. Jeden zweiten Tag fährt um 1.25 Uhr ein Zug nach Santiago, und dreimal in der Woche fährt vormittags (zu unterschiedlichen Zeiten) ein Zug nach Havanna.

Der Fahrplan kann sich schnell ändern; man sollte sich ein paar Tage vor der geplanten Fahrt am Bahnhof informieren.

OSTKUBA

Santiago de Cuba

☎ 22 / 431 272 EW.

Santiago ist Kubas Kulturhauptstadt und eine wilde, leidenschaftliche, laute Schönheit. Die Stadt liegt näher an Haiti und der Dominikanischen Republik als an Havanna und orientiert sich eher nach Osten als nach Westen, was sich als entscheidender Faktor für die Entwicklung ihres einzigartigen Charakters erwiesen hat, der stark von afrokaribischen, unternehmerischen und rebellischen Einflüssen geprägt ist.

Bahnbrechende Persönlichkeiten und ein allgegenwärtiger Sinn für ihre historische Bestimmung definieren die Stadt. Diego Velázquez de Cuéllar machte Santiago zu seiner zweiten Hauptstadt, Fidel Castro nutzte sie als Ausgangspukt für seine noch junge Revolution, Don Facundo Bacardí gründete hier seine allererste Rumfabrik und so gut wie jedes kubanische Musikgenre, von Salsa bis *son*, stammt ursprünglich aus ihren ebenso staubigen wie rhythmisch-sinnlichen Straßen.

In dramatischer Kulisse zwischen der unbezwingbaren Sierra Maestra und dem azurblauen Karibischen Meer gefangen, hat sich ihr koloniales *casco historíco* (historisches Zentrum) einen von der Zeit geprägten Charme erhalten, den man mit Salvador in Brasilien oder dem vergessenen New Orleans vergleichen könnte. Man sollte sich deshalb von den Kundenwerbern, den vorbeirasenden Chevys oder der erdrückenden Hitze nicht abschrecken, sondern sich vom verborgenen Zauber der Stadt gefangen nehmen lassen.

Sehenswertes

Castillo de San Pedro de la Roca del Morro
FESTUNG

(El Morro; ☎2269-1569; 5 CUC$; ⌚9–19 Uhr; 👪) Die Festung San Pedro ist seit 1997 als UNESCO-Welterbestätte verzeichnet und steht uneinnehmbar auf einer 60 m hohen Landzunge am Eingang des Hafens von Santiago, 10 km südwestlich der Stadt. Der atemberaubende Ausblick von der oberen Terrasse erstreckt sich über Santiagos wilde Küstenlinie im Westen bis zur samtigen Sierra Maestra dahinter.

Die mehrsprachigen Führer geben wertvolle Informationen über den historischen Hintergrund; unbedingt ein Trinkgeld geben. Das Fort wurde 1587 vom berühmten italienischen Militäringenieur Juan Bautista Antonelli entworfen (der auch für die Festungen La Punta und El Morro in Havanna verantwortlich zeichnete), um die Stadt vor brandschatzenden Piraten zu schützen, die sie 1554 erfolgreich geplündert hatten. Wegen finanzieller Engpässe begannen die Bauarbeiten jedoch erst 1633 (17 Jahre nach Antonellis Tod) und setzten sich in den darauffolgenden 60 Jahren sporadisch fort. Zwischendurch wurde die Festung vom britischen Freibeuter Henry Morgan geplündert und teilweise zerstört.

Anfang des 18. Jhs. wurden die mächtigen Batterien, Bastionen, Magazine und Mauern von El Morro schließlich fertiggestellt, bekamen aber kaum Gelegenheit, ihrem eigentlichen Zweck zu dienen: Mit dem Ende der Freibeuter-Ära wurde die Festung im 19. Jh. zu einem Gefängnis umgebaut, und das blieb sie auch – abgesehen von einer kurzen Unterbrechung während des Spanisch-Amerikanisches Krieges –, bis der kubanische Architekt Francisco Prat Puig Ende der 1960er einen Restaurierungsplan ersann.

Heute beherbergt die Festung das verwegene **Museo de Piratería**, während ein weiterer Raum der Seeschlacht zwischen den USA und Spanien gewidmet ist, die sich 1898 in der Bucht ereignete.

Wie in Havanna findet auch in diesem Fort jeden Tag bei Sonnenuntergang eine **cañonazo-Zeremonie** (Abfeuern der Kanone) statt, bei der die Darsteller Mambís-Insignien anlegen.

Vom Stadtzentrum aus erreicht man El Morro mit Bus 212 nach Ciudamar; von dort sind es 20 Minuten zu Fuß. Alternativ kann man vom Parque Céspedes mit dem Taxi hin und zurück fahren; inklusive Wartezeit sollte der Preis nicht mehr als 25 CUC$ betragen.

Cementerio Santa Ifigenia
FRIEDHOF

(Av Crombet; 3 CUC$; ⌚8–18 Uhr) Der Cementerio Santa Ifigenia schmiegt sich friedlich an den Westrand der Stadt und liegt in Sachen Bedeutung und Pracht nur hinter dem Necrópolis Cristóbal Colón (S. 589) in Havanna zurück. Er entstand 1868 als letzte Ruhestätte für die Opfer des Unabhängigkeitskriegs und einer zeitgleichen Gelbfieberepidemie. In den über 8000 Gräbern des Santa Ifigenia liegen zahlreiche große historische Persönlichkeiten, etwa José Martí in einem Mausoleum oder Fidel Castro.

Cuartel Moncada
MUSEUM

(Moncada-Kaserne; ☎2266-1157; Av Moncada; 1 CUC$; ⌚Mo–Sa 9–17, So 8–14 Uhr) Santiagos berühmte Moncada-Kaserne, ein mit Zinnen geschmücktes Art-déco-Gebäude, das 1938 fertiggestellt wurde, ist heute ein Synonym für einen der größten Putschfehlschläge in der Geschichte. Moncada erlangte am 26. Juli 1953 Unsterblichkeit, als über 100 Revolutionäre, angeführt von Fidel Castro, Kubas damals zweitwichtigste Militärgarnison von Batistas Truppen stürmten.

Santiago de Cuba

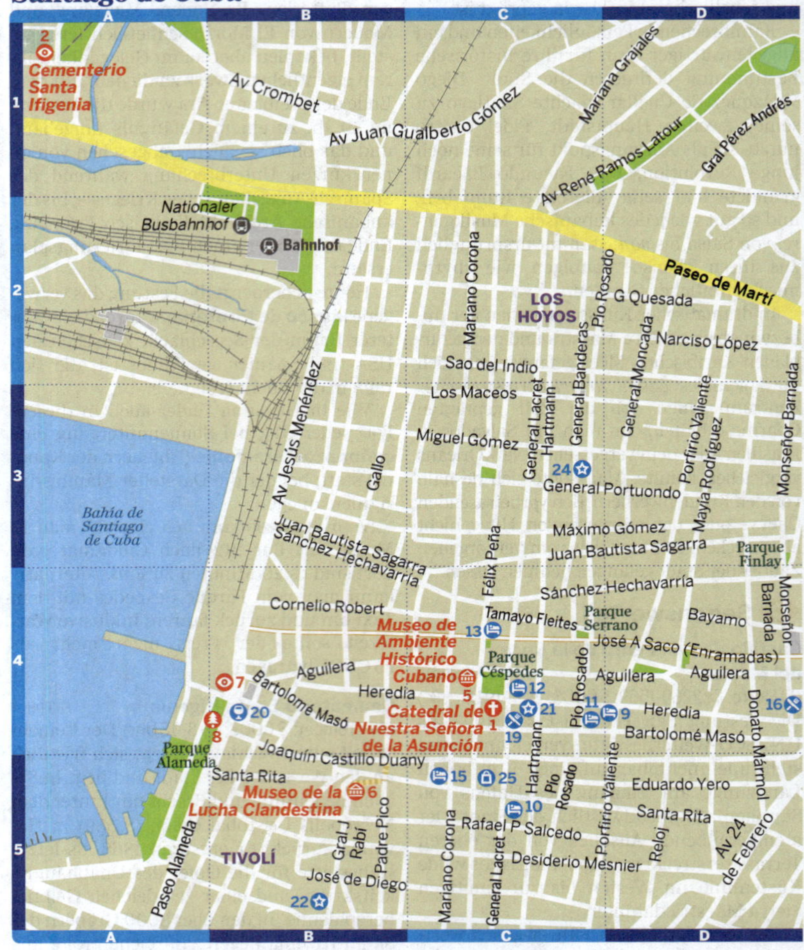

Nach der Revolution wurde die Kaserne, wie alle anderen in Kuba, in eine Schule mit dem Namen Ciudad Escolar 26 de Julio umgewandelt. 1967 eröffnete in der Nähe von Tor 3, an dem der Angriff hauptsächlich stattgefunden hatte, ein **Museum** (2 CUC$; ⏲ Mo–Sa 9–17, So bis 13 Uhr). Batistas Soldaten hatten die echten Einschusslöcher des Angriffs mit Zement verschlossen – und so machte Castros Regierung Jahre später als eindringliches Andenken einfach neue (diesmal ohne Waffen). Das Museum (eines der besten in Kuba) zeigt ein maßstabsgetreues Modell der Kaserne sowie interessante und manchmal grausige Artefakte, Diagramme und Modelle des Angriffs, seiner Planung und der Auswirkungen. Besonders bewegend sind die Fotos der 61 Gefallenen am Ende.

Die erste Kaserne an diesem Standort wurde 1859 von den Spaniern errichtet und verdankte ihren Namen Guillermón Moncada, einem Kämpfer im Unabhängigkeitskrieg, der 1874 hier gefangen gehalten wurde.

Museo de Ambiente Histórico Cubano MUSEUM
(Casa de Diego Velázquez; ☎ 22-65-26-52; Félix Peña No 602; 2 CUC$; ⏲ tgl. 9–17 Uhr) Das älteste noch erhaltene Haus in Kuba ist dieses

faszinierende Kolonialgebäude aus dem Jahr 1522, die offizielle Residenz des ersten Gouverneurs der Insel, Diego Velázquez. Es wurde Ende der 1960er restauriert. Hinter der Fassade im andalusischen Stil mit eleganten Holzgitterfenstern verbirgt sich seit 1970 ein Museum.

Catedral de Nuestra Señora de la Asunción KIRCHE

(Heredia, zw. Félix Peña & General Lacret; ⌚ Messe Mo & Mi–Fr 18.30, Sa 17, So 9 & 18.30 Uhr) Santiagos wichtigste Kirche ist von außen und innen gleichermaßen faszinierend. An dieser Stelle stand seit der Gründung der Stadt in den 1520ern eine Kathedrale, aber nach einer Folge von Piratenüberfällen, Erdbeben und unseriösen Architekten erlebte sie bereits mindestens drei Inkarnationen. Die heutige Kirche ist durch zwei neoklassizistische Türme gekennzeichnet und wurde 1922 fertiggestellt. Die sterblichen Überreste des ersten Kolonialgouverneurs, Diego Velázquez, liegen unter ihr begraben.

Museo de la Lucha Clandestina MUSEUM

(☎ 22-62-46-89; General Jesús Rabí No 1; 1 CUC$; ⌚ Di–So 9–17 Uhr) Dieses wunderschöne gelbe Gebäude im Kolonialstil beherbergt ein Museum, das über den Untergrundkampf

Santiago de Cuba

Highlights
1 Catedral de Nuestra Señora de la Asunción ... C4
2 Cementerio Santa Ifigenia ... A1
3 Cuartel Moncada ... E3
4 Moncada Museum ... E3
5 Museo de Ambiente Histórico Cubano ... C4
6 Museo de la Lucha Clandestina ... B5

Sehenswertes
7 Glockenturm ... B4
8 Parque Alameda ... B4

Schlafen
9 Casa Milena ... D4
10 Casa Terraza Pavo Real ... C5
11 Hostal San Basilio ... C4
12 Hotel Casa Granda ... C4
13 Hotel Imperial ... C4
14 Meliá Santiago de Cuba ... G3
15 Roy's Terrace Inn ... C5

Essen
16 Bendita Farándula ... D4
17 Madrileño ... H3
Ristorante Italiano La Fontana ... (siehe 14)
Roy's Terrace Inn Roof Garden Restaurant ... (siehe 15)
18 St. Pauli ... E4
19 Thoms Yadira Restaurante ... C4

Ausgehen & Nachtleben
Casa Granda Roof Garden Bar .. (siehe 12)
20 Cervecería Puerto del Rey ... B4

Unterhaltung
21 Casa de la Trova ... C4
22 Casa de las Tradiciones ... B5
23 Iris Jazz Club ... E4
24 Tumba Francesa La Caridad de Oriente ... C3

Shoppen
25 Fondo Cubano de Bienes Culturales ... C5

gegen Batista in den 1950ern informiert. Die faszinierende, wenn auch blutige Geschichte wird durch den weiten Ausblick vom Balkon ergänzt. Das Museum war früher eine Polizeiwache, die am 30. November 1956 von Aktivisten der Bewegung des 26. Juli angegriffen wurde, um die Aufmerksamkeit von der verspäteten Ankunft der Jacht *Granma* mit Fidel Castro und 81 weiteren Personen an Bord abzulenken.

Parque Alameda PARK
(Av Jesús Menéndez) In diesem schmalen Park unterhalb des Viertels Tivolí gibt's eine Hafenpromenade, die 1840 eröffnet und 1893 umgestaltet wurde. Seit der Sanierung zur 500-Jahr-Feier im Jahr 2015 ist sie das Herzstück des Malecón (Promenade) im Stil Havannas und wartet mit einem Spielplatz, Palmen und öffentlichem WLAN auf. Am Nordende befinden sich der alte **Uhrenturm**, die *aduana* (Zollamt) und die Zigarrenfabrik. Mit der schicken Architektur, der Meeresluft und einer Prise rauen Hafenflairs lädt die Promenade zu einem netten Spaziergang ein.

Jardín de los Helechos GARTEN
(☎22-60-83-35; Carretera de El Caney No 129; 3 CUC$; ⏲Mo–Fr 9–17 Uhr) 350 Farn- und 90 Orchideenarten wachsen in diesem friedlichen tropischen Paradies. Es handelt sich um die einstige private Sammlung des *santiagüero* Manuel Caluff, die er 1984 der Academia de Ciencias de Cuba (Kubanische Akademie der Wissenschaften) spendete. Sie sorgt dafür, dass der 3000 m² große Garten nach wie vor in psychedelischen Farben leuchtet. Das Zentrum des Gartens bildet ein einladender Ruheort mit dichtem Gehölz und Bänken.

Feste & Events

★ **Carnaval** KARNEVAL
(⏲Juli) Santiago de Cubas Karneval ist einer der größten und authentischsten in der Karibik und lässt es mit fantastischen Kostümen, Imbissständen und Musik rund um die Uhr richtig krachen. Die ganze Stadt strömt auf die Straßen, um ihn zu erleben.

Fiesta del Fuego KULTURELL
(⏲Anfang Juli) Beim buchstäblichen Startschuss des Karnevals Anfang Juli findet auf dem Malecón eine Zeremonie statt, bei der unter dem Jubel der gewaltigen Zuschauermassen der Teufel verbrannt wird.

Schlafen

★ **Roy's Terrace Inn** CASA PARTICULAR $
(☎22-62-05-22; roysterraceinn@gmail.com; Diego Palacios No 177, zw. Padre Pico & Mariano Corona; Zi. 35 CUC$; P ❄ 📶) Von den hängenden Gärten auf dem Dach über die Wandgemälde bis hin zu den makellosen Zimmern – hier glänzt jedes Detail. Diese ausgezeichnete Unterkunft wird von einem Trupp aus vielgereisten Kubanern und einheimischen Mamas geführt, die ihre Gäste mit ihrer Wärme und ihren Kochkünsten verzau-

bern. Die Zimmer bieten moderne Annehmlichkeiten wie Fernseher, Föhne und Infopakete. Der Service – auf Englisch, Spanisch, Französisch und ein bisschen Deutsch – ist ein weiteres Highlight.

Casa Terraza Pavo Real CASA PARTICULAR $
(22-65-85-89; juanmarti13@yahoo.es; Santa Rita No 302, Ecke Hartmann; Zi. 25–30 CUC$;) Das makellos gepflegte Zuhause von Juan Martí hat etwas Palastartiges und besticht mit einer Fülle antiker Möbel, Licht filternder *vitrales* (Buntglasfenster) und enger Wendeltreppen. Das krönende Highlight ist ein riesiger alhambraesker Innenhof mit einschläfernd plätscherndem Springbrunnen, und obendrein lockt eine weitläufige Dachterrasse mit exotischen Orchideen. Die tropischen Vögel und Pfauen in Käfigen werden vielen allerdings weniger gefallen.

Casa Milena CASA PARTICULAR $
(22-62-88-22, 5-319-5814; penelope1212@nauta.cu; Heredia No 306; Zi. 25–30 CUC$;) Mitten im Herzen der für Livemusik bekannten Straße liegt dieses freundliche, koloniale Familienhaus mit drei riesigen Zimmern. Die durch und durch liebenswerte Milena und ihr Mann haben die koloniale Schlichtheit des Hauses von Milenas Urgroßeltern bewahrt und füllen es mit echter kubanischer Gastfreundschaft. Es ist sehr sauber und zentral gelegen.

Hostal San Basilio BOUTIQUE-HOTEL $$
(22-65-17-02; reservas@hotelversalles.co.cu; Bartolomé Masó No 403, zw. Pío Rosado & Porfirio Valiente; EZ/DZ inkl. Frühstück 30/50 CUC$;) Das hübsche San Basilio (nach dem ursprünglichen Namen der Straße benannt, in der es steht), das von der Encanto-Kette gekauft wurde, bietet acht Zimmer in einem gemütlichen, erfrischend modernen Haus in romantisch-kolonialer Kulisse mit einer kleinen, von Farnen überwucherten Terrasse. Die Zimmer verfügen über DVD-Player, Regenschirme, Waagen im Bad und Minifläschchen mit Rum. Ein kleines Restaurant serviert Frühstück und Mittagessen.

★ **Hotel Imperial** HISTORISCHES HOTEL $$$
(22-62-82-30; José A Saco, zw. Félix Peña & General Lacret; EZ/DZ inkl. Frühstück 89/144 CUC$;) Mit dem Hotel Imperial im eklektischen Stil kehrt ein Wahrzeichen nach Santiago zurück. Es wurde glanzvoll neu eingerichtet und bietet einige willkommen moderne Details. Die 30 Zimmer locken mit eleganten Möbeln, Flachbildfernsehern, großen Fenstern und Glasduschen. Ein Lift führt zu einer eleganten Dachterrassenbar mit grandiosem Blick auf die Stadt und Livemusik am Wochenende.

★ **Meliá Santiago de Cuba** HOTEL $$$
(22-68-70-70; www.meliacuba.com; Ecke Av de las Américas & Calle M; EZ/DZ inkl. Frühstück 107/126 CUC$;) Innen elegant, von außen ein blau spiegelndes Ungetüm: Das Meliá ist Santiagos einziges „internationales" Hotel mit einer langen Liste von Annehmlichkeiten, die man sonst kaum findet. Jedes Zimmer hat eine richtige Badewanne, es gibt drei Pools, vier Restaurants, mehrere Läden und eine elegante Bar im 15. Stock. Die Nachteile sind die Lage am Stadtrand und der fehlende kubanische Charme.

Essen

Bendita Farándula KARIBISCH $
(22-65-37-39; Monseñor Barnada No 513; Gerichte 5–9 CUC$; 12–23 Uhr) Ungebeten würde man wahrscheinlich niemals hier hereinspazieren, doch das gemütliche Restaurant auf zwei Etagen, dessen Ambiente an ein Bistro in der französischen Provinz erinnert, serviert als einziges in Santiago *pescado con leche de coco* (Fisch mit Kokossoße, eine Spezialität aus Baracoa), Lammcurry und ein schönes *bistek de cerdo con jamon y queso* (Schweinesteak mit Schinken und Käse).

★ **Roy's Terrace Inn Roof Garden Restaurant** KUBANISCH $$
(22-62-05-22; roysterraceinn@gmail.com; Diego Palacios No 177, zw. Padre Pico & Mariano Corona; Gerichte 10–15 CUC$; 19–21.30 Uhr;) Diese Erfolgsformel – gute Hausmannskost, aufmerksamer Service und ausgezeichnete Atmosphäre – würde man am liebsten auf den Rest von Kuba übertragen. Wer hier auf der Dachterrasse einen von nur sechs Tischen möchte, die in Kerzenschein getaucht und von Blumen umgeben sind, muss einen Tag im Voraus reservieren. Die Cocktails überzeugen ebenso wie die Familienportionen. Fisch, Hühnchen und Schweinefleisch werden mit Beilagen serviert, wie knusprigen *tamales* oder gebratenen Auberginen. Veganer und Vegetarier willkommen.

St. Pauli INTERNATIONAL $$
(2265-2292; José A Saco No 605; Gerichte 4–15 CUC$; Mo–Do 12–23, Fr–So bis 24 Uhr) In einer Stadt ohne große kulinarische Tradi-

tion hat das St. Pauli eingeschlagen wie eine Bombe. Durch den langen, von einem Wandgemälde gezierten Korridor gelangt man in einen hellen Raum. Die Speisekarte steht auf Schiefertafeln und die Küche ist verglast. Hier schmeckt alles, besonders die Gazpacho im Cocktailglas, das *pulpo al ajillo* (Oktopus mit Knoblauch) und die Fajitas mit Hühnchen und Ananas. Wer nach einer größeren Gruppe ankommt: Geduld, Geduld!

Madrileño KUBANISCH $$

(☎22-64-41-38; Calle 8 No 105, Vista Alegre; Gerichte 4–15 CUC$; ⏲12–23 Uhr) Das Madrileño ist renommiert und eine gute Wahl. Es befindet sich in einem klassischen Kolonialgebäude in Vista Alegre. Man speist im Innenhof zwischen zwitschernden Vögeln. Auch wenn der Name etwas anderes vermuten lässt, gibt's hier kubanisches *comida criolla* (kreolisches Essen). Aus der Küche strömen herrliche Düfte und der Schwerpunkt der umfangreichen Karte liegt auf Grillfleisch.

Thoms Yadira Restaurante KUBANISCH $$

(☎5-267-0196, 5-555-1207; General Lacret No 705 altos, zw. Heredia & Bartolomé Masó; Hauptgerichte 4–16 CUC$; ⏲10–1.30 Uhr) Das gesellige Restaurant im Obergeschoss direkt abseits des Parque Céspedes serviert verlässlich beliebte Meeresfrüchte, z. B. gegrillten Hummer, Pasta und Salate in hoher Qualität. Hier kann man vor einem Besuch der Casa de la Trova gut und in zentraler Lage essen. Es ist sehr beliebt, zu Spitzenzeiten muss man daher eventuell warten.

Ristorante Italiano La Fontana ITALIENISCH $$$

(Meliá Santiago de Cuba, Ecke Av de las Américas & Calle M; Hauptgerichte 6–18 CUC$; ⏲12–23 Uhr) Pizza *deliciosa* und Lasagne *formidable*, Ravioli und Knoblauchbrot – dieses Lokal muss die erste Wahl sein, wenn man endlich mal was anderes möchte als das ewige Schwein und Hühnchen! Der chilenische Wein ist ziemlich teuer, aber vielleicht möchte man sich ja trotzdem ein Gläschen gönnen.

Ausgehen & Nachtleben

Casa Granda Roof Garden Bar BAR

(oberster Stock, Heredia No 201; Eintritt 3–10 CUC$; ⏲11–1 Uhr) Auf der Dachterrasse im 5. Stock der Casa Granda erlebt man den atemberaubendsten Sonnenuntergang in ganz Kuba. Der Blick auf den Parque Céspedes und die dramatisch erleuchtete Kathedrale ist den Mindestverzehr für Nichtgäste (nach 19 Uhr teurer), der auf den ersten Drink angerechnet wird, allemal wert. Die Getränke sind hier zwar doppelt so teuer wie anderswo, doch dafür gibt's die spektakuläre Aussicht auf Santiago gratis dazu.

Cervecería Puerto del Rey MIKROBRAUEREI

(☎22-68-60-48; Ecke Paseo Alameda & Aduana; ⏲12–24 Uhr) Man weiß, dass sich Kuba verändert, wenn man eine echte Brauereikneipe sieht, in der Einheimische vor Ort gebrautes Bier genießen. Die vier Biere in dieser lauten, fröhlichen Kneipe reichen von *extra-clara* (leichtes Lager) bis zu *negra* (Schwarzbier) – eine viel größere Vielfalt wird man nirgends in Kuba finden. Dazu gibt's anständiges Kneipenessen, etwa das beliebte *caldo del rey* (Brühe auf Schweinerippchen-Basis).

☆ Unterhaltung

„Die Qual der Wahl" wäre in Santiago noch eine Untertreibung. Wer wissen will, was wann wo los ist, kann sich das zweiwöchig erscheinende *Cartelera Cultural* besorgen. An der Rezeption im **Hotel Casa Granda** (☎2265-3024; Heredia No 201, Ecke General Lacret) gibt's für gewöhnlich ein paar Exemplare.

★ **Casa de las Tradiciones** LIVEMUSIK

(☎2265-3892; General Jesús Rabí No 154; 1 CUC$; ⏲17–24 Uhr) Der bekannteste „Geheimtipp" in Santiago ist noch immer von Rauch, Fußgetrampel und heimeliger Atmosphäre erfüllt. Versteckt im vornehmen Viertel Tivolí haben hier schon ein paar der aufregendsten Ensembles, Sänger und Solisten von Santiago de Cuba improvisiert. Freitagabende sind für klassischen *trova* à la Ñico Saquito & Co reserviert. Eine schmuddelige Bar und einige bunte Kunstwerke gibt's auch.

★ **Iris Jazz Club** JAZZ

(General Serafín Sánchez, zw. José A Saco & Bayamo; 5 CUC$; ⏲Shows 21.30–2 Uhr) Wenn Santiago zu heiß, laut und anstrengend wird, braucht man eine Dosis Iris. Es handelt sich um einen der elegantesten und besten Jazzclubs in ganz Kuba. Man sitzt in einer gemütlichen Sitznische, umgeben von Bildern qualmender Jazzlegenden, und lauscht einigen der unglaublichsten und intuitivsten Vertreter von Santiagos kleiner, aber bedeutender Jazzszene.

Casa de la Trova LIVEMUSIK
(☎2265-3892; Heredia No 208) Santiagos Schrein für die Macht der traditionellen Musik ist seit fünf Jahrzehnten eine Institution und zieht noch immer große Namen an, etwa den Sänger Eliades Ochoa vom Buena Vista Social Club. Nachmittags wird man im Erdgeschoss langsam warm, bevor sich das Treiben allmählich nach oben verlagert, wo es ab 22 Uhr schließlich zu brodeln beginnt. Das aktuelle Programm ist draußen angeschlagen.

Tumba Francesa La Caridad de Oriente TANZ
(Pio Rosado No 268) Wer sich für echten *tumba-francesa*-Tanz interessiert, sollte sich die Tumba Francesa la Caridad de Oriente ansehen, eine von nur drei französisch-haitianischen Gruppen, die es in Kuba noch gibt. Dienstags und donnerstags kann man sie ab 21 Uhr in ihren Proberäumen bewundern.

Shoppen

Fondo Cubano de Bienes Culturales KUNST & KUNSTHANDWERK
(☎2265-2358; Félix Peña No 755; ⌚Mo–Fr 8–17.30 Uhr) Ein paar Ecken vom Parque Céspedes entfernt zeigt diese staatliche Galerie wechselnde Ausstellungen mit Arbeiten örtlicher Kunsthandwerker und Künstler.

Praktische Informationen

GELD

In der Stadt gibt's zahlreiche Banken und Wechselstuben.

Banco de Crédito y Comercio (Bandec; ☎2262-8006; Félix Peña No 614; ⌚Mo–Fr 9–15 Uhr) In dem unattraktiven modernen Gebäude auf der Plaza Céspedes.

Banco Financiero Internacional (☎2268-6252; Ecke Av de las Américas & Calle 1; ⌚Mo–Fr 9–15 Uhr) Hat einen Geldautomaten.

Cadeca (☎2265-1383; Aguilera No 508; ⌚Mo–Fr 8.30–16, Sa bis 11.30 Uhr) Lange Schlangen beim Geldwechseln.

MEDZINISCHE VERSORGUNG

Santiago bietet den besten Zugang zu medizinischer Versorgung in der Region.

Clínica Internacional de Santiago de Cuba (☎2271-4021, 2264-2589; Ecke Av Raúl Pujol & Calle 10, Vista Alegre; ⌚24 Std.) Das kompetente Personal spricht etwas Englisch und einen Zahnarzt gibt's auch.

Farmacia Clínica Internacional (☎2264-2589; Ecke Av Raúl Pujol & Calle 10; ⌚24 Std.) Die beste Apotheke der Stadt; Verkauf gegen *convertibles*.

Farmacia Internacional (☎2268-7070; Meliá Santiago de Cuba, Ecke Av de las Américas & Calle M; ⌚8–18 Uhr) In der Lobby der Meliá Santiago de Cuba, Verkauf gegen *convertibles*.

TOURISTENINFORMATION

Da alle Touranbieter staatlich geführt sind, bieten sie ähnliche Optionen zu den gleichen Preisen.

Cubanacán (☎2268-6412; Hotel Casa Granda, Heredia No 201; ⌚8–18 Uhr) Sehr hilfsbereit; verkauft Touren im Hotel Casa Granda.

Cubatur (Heredia No 701; ⌚8–20 Uhr) Bietet verschiedene Ausflüge, alles von La Gran Piedra bis El Cobre. Eine weitere **Filiale** (☎2265-2560; Av Victoriano Garzón No 364, Ecke Calle 4; ⌚8–20 Uhr) befindet sich in der Avenida Victoriano Garzón.

Infotur (☎2268-6068; Félix Peña No 562; ⌚8–20 Uhr) Praktische Lage und hilfsbereites Personal; im Antonio Maceo International Airport ist eine weitere Filiale.

An- & Weiterreise

BUS

Víazul-Busse (www.viazul.cu) fahren vom **Nationalen Busbahnhof** (Paseo de Martí), der sich 3 km nordöstlich vom Parque Céspedes gegenüber vom Heredia-Denkmal befindet.

Die Busse nach Havanna halten in Bayamo (7 CUC$, 2¼ Std.), Holguín (11 CUC$, 3½–4 Std.), Las Tunas (11 CUC$, 5½ Std.), Camagüey (18 CUC$, 7½ Std.), Ciego de Ávila (24 CUC$, 9½ Std.), Sancti Spíritus (28 CUC$, 11 Std.) und Santa Clara (33 CUC$, 11–12 Std.). Der Bus nach Trinidad setzt Fahrgäste in Bayamo, Las Tunas, Camagüey, Ciego de Ávila und Sancti Spíritus ab. Der Bus nach Baracoa hält in Guantánamo.

Víazul-Busse ab Santiago de Cuba

Ziel	Preis (CUC$)	Dauer (Std.)	Abfahrten (tgl.)
Baracoa	15	4¾	1
Havanna	51	15	3
Trinidad	33	11½	1
Varadero	49	15	1

FLUGZEUG

Der **Internationale Flughafen Antonio Maceo** (☎2269-1053) liegt 7 km südlich von Santiago de Cuba, abseits der Carretera del Morro. Cubana (www.cubana.cu) und hat internationale Flüge nach Santo Domingo (Dominikanische Republik), Toronto und Montreal. Toronto und Montreal werden auch von Sunwing (www.sunwing.ca) angeflogen.

ABSEITS DER ÜBLICHEN PFADE

GIBARA

Allein Baracoa kann es in Sachen Küstenkulisse mit dem fast vergessenen Gibara aufnehmen, dessen verblasste Pastellfassaden und tosenden Ozeanwellen dabei zusammenwirken, einfach jeden zu verführen. Das kulturelle Leben dieser Stadt in der Nähe von Holguín wirkt fast zu übermächtig für einen so kleinen Ort. 2008 fegte Hurrikan Ike die Stadt beinahe von der Landkarte.

Das kleine, intime Gibara liegt 33 km von Holguín entfernt und ist über eine malerische Straße zu erreichen, die sich durch mehrere Dörfer schlängelt. Dank einiger dringend benötigter Investitionen erstrahlt der Ort heute in frischem Glanz. Im Gegensatz zu Guardalavaca geht die Entwicklung hier jedoch entspannt voran und konzentriert sich auf die Renovierung der wunderschönen, aber heruntergekommenen Architektur der Stadt. Der sattelförmige Silla de Gibara, der schon Kolumbus faszinierte, bildet den wilden, idyllischen Hintergrund.

Die konkreten Attraktionen lassen sich in Gibara, ähnlich wie in Baracoa, an einer Hand abzählen. Am besten schlendert man einfach durch die Straßen der Stadt und saugt das Lokalkolorit in sich auf. Ein paar hübsche Strände liegen nur einen Steinwurf entfernt, etwa der zauberhafte **Playa Caletones** 1,7 km westlich.

Gibara bietet mit die besten Unterkünfte der Provinz, von „königlichen" *casas particulares* bis zum wunderschönen **Hotel Ordoño** (☎ 24-84-44-48; www.iberostar.com; J Peralta, Ecke Donato Mármol; EZ/DZ/Suite inkl. Frühstück 90/140 CUC$; ❄ @ 📶), das echte Chancen auf den Titel „Bestes Hotel in Kuba" hätte.

Leider gibt's keine zuverlässigen Busverbindungen nach Gibara. Traveller brauchen entweder einen eigenen fahrbaren Untersatz oder müssen sich ein Taxi nehmen. Autos von Guardalavaca oder Holguín kosten rund 40 CUC$.

Innerhalb Kubas fliegt Cubana zwei- oder dreimal täglich nonstop von Havanna nach Santiago de Cuba.

ZUG

Der moderne **Bahnhof** (☎ 22-62-28-36; Ecke Av Jesús Menéndez & Martí) im französischen Stil befindet sich in der Nähe der Rumfabrik nordwestlich des Zentrums. Brandneue Züge aus China ersetzten im Juli 2019 den heruntergekommenen *Tren Francés* und fahren jeden zweiten Tage mit diversen Zwischenhalten nach Havanna (15 Std.).

Die kubanischen Fahrpläne sind nicht sehr verlässlich, darum sollte man sich vor der Fahrt immer informieren, welcher Zug wann abfährt und dann möglichst schnell die Fahrkarte kaufen. Mindestens eine Stunde vorher am Bahnhof sein, um den Sitzplatz zu bestätigen.

ℹ Unterwegs vor Ort

Vor dem Meliá Santiago de Cuba ist ein Taxistand von **Transtur** (☎ 22-68-71-60; Meliá Santiago de Cuba). Taxis warten auch am Parque Céspedes in der Nähe der Kathedrale und winken einem erwartungsvoll zu, wenn man vorbeigeht. Den Preis unbedingt vorher aushandeln. Zum Flughafen kann die Fahrt zwischen 8 CUC$ und 10 CUC$ kosten, je nach Zustand des Wagens.

Bici-Taxis verlangen pro Fahrt etwa 1 bis 2 CUC$.

Baracoa

79 797 EW.

Verführerisch, ausgefallen und surreal – Baracoa kann süchtig machen. Kubas älteste und isolierteste Stadt liegt auf der nassen, windigen Seite des Gebirges Cuchillas del Toa und strahlt eine ursprüngliche Atmosphäre aus.

Der Anblick der saftig grünen Blätter wirkt nach der harschen Trockenheit von Guantánamos Südküste wunderbar opulent und ist ein Fest für die Augen. Hier kann man in fantastische Legenden eintauchen und ein paar der unorthodoxen Einwohner kennenlernen. Da ist zum Beispiel der selbsternannte „Guerilla-Troubadour", der einmal behauptete, er sei „der Mann mit der hässlichsten Stimme der Welt". Oder La Rusa, ein aristokratischer russischer Emigrant, der den magisch-realistischen Autor Alejo Carpentier zu einem Roman inspirierte. Und Enriqueta Faber, eine Französin, die sich als Mann ausgab, um als Arzt arbeiten und 1819 eine lokale Erbin in Baracoas Kathedrale heiraten zu können – wahrscheinlich Kubas erste gleichgeschlechtliche Ehe. O Baracoa, was wäre Kuba nur ohne dich?

Obwohl Hurrikan Matthew Baracoa 2016 sehr hart traf, hat sich der größte Teil der Stadt bereits wieder erholt.

Sehenswertes

★ Museo Arqueológico „La Cueva del Paraíso" MUSEUM

(Moncada; 3 CUC$; ⏲ 9–16 Uhr) Las Cueva del Paraíso ist Baracoas eindrucksvollstes Museum. Es besteht aus einer Reihe von Höhlen, die einst als Taíno-Grabkammern dienten. Zu den knapp 2000 authentischen Taíno-Artefakten gehören ausgegrabene Skelette, Tonwaren, 3000 Jahre alte Felsbilder und eine Replik des *Ídolo de Tabaco,* einer 1903 in Maisí gefundenen Skulptur, die als einer der wichtigsten Taíno-Funde in der Karibik gilt.

Fuerte Matachín FESTUNG

(Museo Municipal; ☎ 21-64-21-22; Ecke José Martí & Malecón; 1 CUC$; ⏲ 8–12 & 14–18 Uhr) Baracoa wird von einem Trio massiver spanischer Festungen geschützt. Diese hier wurde 1802 erbaut und steht am Südeingang der Stadt. Sie beherbergt das Museo Municipal. In dem kleinen, wunderschönen Gebäude wird die fesselnde Chronologie von Kubas ältester Siedlung gezeigt, inklusive *polymita*-Schneckenhäusern, und die Geschichte von Che Guevara, der Schokoladenfabrik und der speziellen Musikrichtung erzählt, die in Baracoa entstand: *kiribá,* ein Vorläufer des *son.*

Geführte Touren

Organisierte Touren sind eine gute Möglichkeit, die schwer erreichbaren, außerhalb gelegenen Sehenswürdigkeiten Baracoas zu erreichen. In den Büros von **Cubatur** (☎ 6132-8342; Antonio Maceo No 181; ⏲ Mo–Sa 8.30–12 & 12–17 Uhr) und **Ecotur** (☎ 2164-2478; Antonio Maceo; ⏲ Mo–Sa 8–12 & 14–18 Uhr) an der Plaza Independencia kann man Exkursionen u. a. nach El Yunque (16–20 CUC$), zum Parque Nacional Alejandro de Humboldt (22–25 CUC$) und nach Boca de Yumurí (22 CUC$) buchen.

Geovannis Steve Cardosa Matos GEFÜHRTE TOUREN

(☎ 5-530-2820; geostevecuba@nauta.cu) Der überschwängliche, fließend Englisch sprechende Steve ist ein verlässlicher, bewanderter örtlicher Führer mit sonnigem Gemüt. Er bietet verschiedene professionell geführte Touren zum Nationalpark und zu einer Kakaoplantage an, aber auch Stadtspaziergänge und maßgeschneiderte Exkursionen. Man kann ihn direkt kontaktieren oder über das **Hostal Nilson** (☎ 5-271-8556, 2164-3123; www.hostalnilson.baracoa.co; Flor Crombet No 143, zw. Ciro Frías & Pelayo Cuervo).

Schlafen

Casa Colonial Ykira CASA PARTICULAR $

(☎ 21-64-38-81; ykiram@nauta.cu; Antonio Maceo No 168a, zw. Ciro Frías & Céspedes; Zi. 25 CUC$; ❄) Aufmerksam und gastfreundlich – Ykira ist Baracoas beste Gastgeberin. Sie serviert außerdem ein köstliches Abendessen mit selbst gezüchteten Kräutern. Den Eingang der Casa ziert ein hübsches Wandgemälde, und die beiden Zimmer liegen im Herzen des Familienlebens, bieten aber jede Menge Intimsphäre. Die Gäste können die Terrasse und einen *mirador* (Aussichtspunkt) mit Meerblick genießen.

Casa Yamicel CASA PARTICULAR $

(☎ 21-64-11-18; neoris70@gmail.com; Martí No 145a, zw. Ciro Frías & Pelayo Cuervo; Zi. 25 CUC$; ❄) Der Inhaber hier ist Arzt und mixt sensationelle Mojitos. Das Kolonialgebäude umfasst sechs angenehme Zimmer mit hübschen Fenstersprossen aus Holz (die besten sind die im oberen Stock). Das Haus ist unglaublich gastfreundlich, das Essen köstlich (Hauptgerichte 6–12 CUC$) und es gibt eine Dachterrasse mit belebender Meeresbrise. Die außerordentlich hilfsbereiten Besitzer können auch den Kontakt zu zuverlässigen, professionellen Touristenführern herstellen.

Hostal La Habanera HOTEL $$

(☎ 2164-5273; Antonio Maceo No 126; EZ/DZ inkl. Frühstück 59/64 CUC$; ❄ 📶) Das La Habanera strahlt eine einladende Stimmung aus, die man so nur in Baracoa findet. Es befindet sich in einer restaurierten Kolonialvilla, die regelmäßig neu gestrichen wird. Die vier vorderen Zimmer teilen sich einen Balkon mit Fliesenboden und Schaukelstühlen Richtung Straße – perfekt, um das typische Baracoa-Ambiente in sich aufzusaugen: Straßenhändler, sämtliche Hüften zum Wackeln bringende Musik und brutzelnde Meeresfrüchte in den Restaurants.

Essen

Baracoas kulinarische Szene bietet ein wahres Festival für die Sinne. Die Küche hier ist kreativ, köstlich und – vor allem – anders. Für die authentischste Erfahrung sollte man in seiner *casa particular* essen.

Sabor Taíno KREOLISCH $

(☎5-481-2622; Maravi No 114, zw. Maceo & Martí; Gerichte 5–8 CUC$; ⌚10–23 Uhr) Das reizende familiengeführte *paladar* serviert köstliche, recht preiswerte Klassiker aus Baracoa inklusive Vorsuppe und Dessert. Die Gemälde des Besitzers tragen zum unkonventionellen Flair bei. Gemütlich, freundlich und angenehm.

Restaurante Las Terrazas Casa Nilson KUBANISCH $$

(☎2164-3123; Flor Crombet No 143, zw. Ciro Frías & Pelayo Cuervo; Gerichte 8–15 CUC$; ⌚12–15 & 18.30–23 Uhr) Auf einer spektakulären zweistöckigen Terrasse mit afrokaribischem Dekor über dem Hostal Nilson serviert der Koch mit das beste authentische Baracoa-Essen der Stadt und damit von ganz Kuba. Neben typischen Köstlichkeiten aus Baracoa wird auch Ungewöhnliches aufgetischt, etwa im Munde zergehender Oktopus mit Basilikumtinte, hausgemachtes *patacon guisado* (ein Kochbananengericht) sowie die Soßen des Hauses nach Geheimrezept – das macht das Restaurant zu etwas ganz Besonderem.

El Buen Sabor KUBANISCH $$

(☎2164-1400; Calixto García No 134 altos; Gerichte 6–15 CUC$; ⌚12–24 Uhr) Die Gerichte werden oben auf einer hübschen, luftigen Terrasse serviert, und Salat, Suppe und Beilagen sind immer inklusive. Dieses private Restaurant zaubert das Beste der Baracoa-Küche, darunter Schwertfisch in Kokosnusssoße, *bacán* (rohe grüne Kochbanane mit Krebsfleisch, in ein Bananenblatt gewickelt) und schokoladige Desserts. Der Service ist aufmerksam.

Unterhaltung

Casa de la Trova Victorino Rodríguez TRADITIONELLE MUSIK

(Félix Ruenes No 6; 1 CUC$; ⌚Matinee 17.30, 21–24 Uhr) Kubas kleinste, verrückteste, wildeste und stimmungsvollste *casa de la trova* (*trova*-Haus) wackelt allabendlich zum Voodoo-artigen Rhythmus des *changüi-son*. Heute beträgt das Durchschnittsalter der Bandmitglieder 85 Jahre, morgen vielleicht 22. Der gemeinsame Nenner? Sie sind alle gut. Die Matinee ist für gewöhnlich kostenlos. Einfach einen Mojito im Marmeladenglas bestellen und die Show genießen.

Praktische Informationen

GELD

An Banken mit Geldautomaten herrscht kein Mangel.

Banco de Crédito y Comercio (Antonio Maceo No 99; ⌚Mo–Fr 8–14.30 Uhr) Mit Geldautomat.

Banco Popular de Ahorro (☎2164-5209; José Martí No 166; ⌚Mo–Fr 8–11.30 & 14–16.30 Uhr) Hat einen Geldautomaten.

Cadeca (☎2164-5345; José Martí No 241; ⌚Mo–Fr 8.15–16, Sa & So bis 11.30 Uhr) Kurze Warteschlangen beim Geldwechseln.

TOURISTENINFORMATION

Ausflugsziele und Straßen können vom Wetter beeinträchtigt sein, darum sollte man sich vor Touren in fernere Gegenden erkundigen.

Cubanacán (☎2164-4383; Martí, zw. Ciro Frías & Céspedes; ⌚Mo–Sa 8–12 & 14–18 Uhr) Verkauft Touren, Flugtickets und Bustickets für den Shuttlebus Conectando a Cuba. Kann auch Tickets für Víazul-Busse reservieren.

Havanatur (☎2164-2776, 2164-5358; www.havanatur.cu; Martí No 225; ⌚Mo–Sa 8.30–12 & 13.30–16.30 Uhr) Arrangiert Übernachtungen bei *campismos* in der Provinz Guantánamo sowie andere Unterkünfte, Verkehrsmittel und Touren.

Infotur (☎2164-1781; Antonio Maceo No 129a, zw. Frank País & Maraví; ⌚Mo–Sa 8.30–12 & 13–16.45 Uhr) Sehr hilfsbereit.

An- & Weiterreise

Vom **Nationalen Busbahnhof** (☎2164-3880; Ecke Av Los Mártires & Martí) fahren Víazul-Busse (www.viazul.com) nach Guantánamo und Santiago de Cuba. Das Ticket sollte man einen Tag vorher reservieren (in der Hochsaison noch früher). **Conectando a Cuba** (Parque Martí) bietet dienstags, donnerstags und sonntags um 12 Uhr einen Shuttlebus nach Santiago (17 CUC$) mit Halt in Guantanamo (12 CUC$).

KUBA VERSTEHEN

Kuba aktuell

Sowohl in Havanna als auch in Washington haben neue Führer das Ruder übernommen, und seit dem Händedruck von Barack Obama und Raul Castro bei einem Baseballspiel im März 2016 ist die jahrzehntelange Seifenoper der amerikanisch-kubanischen Beziehungen in eine kompliziertere Phase eingetreten. Kuba sieht sich mit strengeren Reisebeschränkungen, dem dramatischen Zusammenbruch eines wirtschaftlichen Verbündeten (Venezuela) und der wenig verheißungsvollen Wahl eines neuen, kaum erprobten Präsidenten (Miguel Díaz-Canel) konfrontiert, sodass die Zukunftsaussichten des Landes zweifelhaft und unsicher sind.

Geschichte

Kolumbus & Kolonialisierung

Kolumbus näherte sich Kuba am 27. Oktober 1492 und beschrieb die Insel als „das schönste Land, das ein Mensch je gesehen hat“. Er nannte sie „Juana“, zu Ehren der spanischen Thronerbin. Abgelenkt von seiner Suche nach dem Königreich des Großen Khan fand Kolumbus im grünen, dicht bewaldeten Inselinneren Kubas jedoch kaum Gold, kehrte der Insel bald den Rücken und machte sich nach Hispaniola (heute Haiti und die Dominikanische Republik) auf.

Die Kolonialisierung Kubas begann erst 1511, knapp zwanzig Jahre später, als Diego Velázquez de Cuéllar eine Flotte mit vier Schiffen und 400 Männern aus Hispaniola anführte, um die Insel für die spanische Krone zu erobern. Er legte im heutigen Baracoa an und die Konquistadoren machten sich sofort an die Gründung von sieben *villas* (Städten) auf der Hauptinsel – Havanna, Trinidad, Baracoa, Bayamo, Camagüey, Santiago de Cuba und Sancti Spíritus –, um ihre neue Kolonie aus einer starken zentralen Position regieren zu können. Die versprengte Bevölkerung der Taíno schaute dem Treiben mit einer Mischung aus Faszination und Angst von ihren *bohíos* (Strohhütten) aus zu.

Trotz Velázquez' Bemühungen, die einheimischen Taíno vor den ungestümen Übergriffen der spanischen Schwertkämpfer zu schützen, gerieten die Dinge bald außer Kontrolle und die Invasoren bekamen es mit einer ausgewachsenen Rebellion zu tun. Der Anführer des erbitterten, aber kurzlebigen Taíno-Aufstands war der resolute Hatuey, ein einflussreicher *cacique* (Häuptling) und Idol des kubanischen Widerstands. Am Ende wurde er gefangen genommen und nach bester Inquisitionsmanier auf dem Scheiterhaufen verbrannt, weil er es gewagt hatte, sich gegen die eiserne Faust der spanischen Herrschaft aufzulehnen.

Nach der Niederschlagung des Widerstands machten sich die Spanier daran, Kuba seiner ohnehin mageren Gold- und Mineralienvorkommen zu entledigen, indem sie die geplagten Einheimischen als Zwangsarbeiter missbrauchten.

Da Sklaverei laut päpstlichem Erlass offiziell verboten war, schufen sich die Spanier mit der Einführung eines skrupellosen *encomienda*-Systems mehrere legale Schlupflöcher: Tausende Einheimische wurden zusammengetrieben und gezwungen, für spanische Landbesitzer zu arbeiten, unter dem Vorwand, dafür kostenlosen christlichen „Unterricht“ zu erhalten.

Das brutale System hatte zwanzig Jahre Bestand, bevor sich der „Apostel der Indianer“, Bruder Bartolomé de Las Casas, bei der spanischen Krone für eine menschlichere Behandlung einsetzte. 1542 wurden die *encomiendas* für indigene Völker schließlich verboten. Für die unglücklichen Taíno kam dies jedoch zu spät. Diejenigen, die sich nicht ohnehin schon in den Goldminen zu Tode geschuftet hatten, erlagen bald tödlichen europäischen Krankheiten wie den Pocken. 1550 gab es nur noch rund 5000 verstreute Überlebende.

Die Unabhängigkeitskriege

Nach der Abschaffung ihres brutalen Sklavensystems regierten die Spanier ihre größte Kolonie in der Karibik auch die nächsten 200 Jahre mit eiserner Hand, trotz einer kurzen Besetzung durch die Briten 1792. Aus Angst, Haitis brutaler Sklavenaufstand von 1791 könnte sich wiederholen, hielten sich Kubas kreolische Landbesitzer zurück, als der Rest Lateinamerikas in den 1810ern und 1820ern gegen die Spanier zu den Waffen griff. Dies hatte zur Folge, dass die Unabhängigkeitskriege des Landes erst über ein halbes Jahrhundert später ausgetragen wurden, nachdem sich der Rest Lateinamerikas bereits von Spanien gelöst hatte. Sie wurden jedoch nicht minder leidenschaftlich – oder blutig – ausgefochten.

Unabhängigkeit oder Abhängigkeit?

Am 20. Mai 1902 wurde Kuba zur unabhängigen Republik – oder doch nicht? Trotz drei Jahren mit Blut, Schweiß und Opfern während des Spanisch-Amerikanischen Krieges wurde keiner der kubanischen Vertreter zur Aushandlung des historischen Friedensvertrags 1898 nach Paris eingeladen, der Kuba unter gewissen Bedingungen die Unabhängigkeit versprach.

Diese Bedingungen wurden im berüchtigten „Platt Amendment“ festgehalten, einer arglistigen Ergänzung zum US-amerikanischen Armeehaushaltsgesetz von 1901. Sie räumte den USA das Recht ein, sich militärisch in Kuba einzumischen, wann immer sie dies für richtig hielten. Die USA nutzten diesen entscheidenden Einfluss, um sich eine Marinebasis in der Bucht von Guantánamo zu sichern und so ihre strategischen Interessen in der Panamakanal-Region zu schützen.

Trotz einigen Widerstands in den USA und noch weit mehr in Kuba wurde das Platt Amendment vom Kongress abgesegnet und 1902 in Kubas Verfassung niedergeschrieben. Für kubanische Patrioten hatten die USA damit schlichtweg die Spanier als neue Kolonialmacht und Erzfeind ersetzt. Die Folge waren mehr als ein Jahrhundert erbitterte Fehden, die bis heute andauern.

Die Batista-Ära

Fulgencio Batista, ein *holguiñero* gemischter Abstammung aus der Stadt Banes, war ein gerissener, geschickter Unterhändler, Herr über Kubas beste und schlechteste Versuche, in den 1940ern und 1950ern eine Demokratie aufzubauen. Nach einem Coup von Armeeoffizieren 1933 hatte er die Macht übernommen und sich langsam, aber sicher im politischen Vakuum etabliert, das dieser Coup in den korrupten Teilen der untergehenden Regierung hinterlassen hatte. Ab 1934 diente Batista als Stabschef der Armee, bis er 1940 in einer relativ freien und fairen Wahl zum rechtmäßigen Präsidenten gewählt wurde.

Mit offiziellem Mandat begann Batista, eine große Anzahl sozialer Reformen umzusetzen und Kubas bis heute liberalste und demokratischste Verfassung zu schaffen. Doch weder diese liberalen „Flitterwochen" noch Batistas Wohlwollen sollten lange Bestand haben. Nach der Wahl 1944 trat der ehemalige Armeesergeant zurück und übergab die Macht an den politisch völlig unfähigen Präsidenten Ramón Grau San Martín. Schon bald regierten Korruption und Ineffizienz noch schlimmer als je zuvor.

Der revolutionäre Funke ist entfacht

Am 10. März 1952 setzte Batista alles auf eine Karte und initiierte einen weiteren Coup. Durch die wachsende Unzufriedenheit hatte sich in Havanna rund um Fidel Castro und viele andere ein revolutionärer Kreis gebildet. Am 26. Juli 1953 führte Castro 119 Rebellen zu einer Attacke auf die Militärkaserne Moncada in Santiago de Cuba. Der Angriff scheiterte, weil eine Jeep-Patrouille Castros Konvoi entdeckte und den Angreifern das Überraschungsmoment nahm. Castro und einige andere entkamen in die nahen Berge, wo sie ihren Guerillakampf weiterplanten. Kurz darauf wurde Castro gefasst und vor Gericht gestellt. Er wurde zu 15 Jahren Haft auf der Isla de Pinos (heute Isla de la Juventud) verurteilt.

Im Februar 1955 wurde Batista zum Präsidenten gewählt und ließ alle politischen Gefangenen auf freien Fuß setzen, unter ihnen auch Castro, der nach Mexiko ging und eine Revolutionstruppe mit dem Namen „Bewegung des 26. Juli" ausbildete („M-26-7"). Am 2. Dezember 1956 ging Castro mit 81 Kameraden an der Playa Las Coloradas in Oriente von Bord der Granma. Die Gruppe wurde schnell von Batistas Armee gestellt, aber Castro und elf weitere (darunter der argentinische Arzt Ernesto „Che" Guevara, Fidels Bruder Raúl und Camilo Cienfuegos) flohen in die Sierra Maestra. Im Mai des nächsten Jahres schickte Batista 10 000 Soldaten in die Berge, um Castros 300 Guerilleros zu liquidieren. Im August hatten die Rebellen den Angriff niedergeschlagen und zahlreiche Waffen in ihren Besitz gebracht. Che Guevara und Camilo Cienfuegos eröffneten zusätzliche Fronten in der Provinz Las Villas, wobei Che Santa Clara einnahm. Batistas Truppen ergaben sich schließlich am 31. Dezember 1958.

In den frühen Morgenstunden des 1. Januar 1959 floh Batista in einem Privatjet in die Dominikanische Republik. Währenddessen hielt Fidel in Santiago de Cuba eine mitreißende Siegesrede im Rathaus im Parque Céspedes, bevor er in einen Jeep sprang und in einem Konvoi, der Cäsar zur Ehre gereicht hätte, quer durchs Land nach Havanna reiste. Der Triumph der Revolution schien komplett.

Postrevolutionäre Realität

Kubas Geschichte seit der Revolution gleicht der von David gegen Goliath und war von Konfrontationen, großer Rhetorik, Konflikten des Kalten Krieges und einem allgegenwärtigen US-Handelsembargo gekennzeichnet, das elf US-Präsidenten und zwei berüchtigte kubanische Führer – die beide Castro hießen – überdauerte. In den ersten 30 Jahren schmiedete Kuba eine Allianz mit der Sowjetunion, während die USA verschiedene (allesamt erfolglose) Vergeltungstaktiken anwandten, um Fidel Castro in die Knie zu zwingen. Darunter eine vermasselte Invasion, über 600 Attentatsversuche und eine der längsten Wirtschaftsblockaden der modernen Geschichte.

Als der Ostblock 1989–91 bröckelte und schließlich fiel, stand Kuba allein da, unter einem immer eigensinnigeren und starrköpfigeren Führer, der trotz aller Widerstände überlebte, selbst während einer zehnjährigen schweren Wirtschaftskrise, die als Sonderperiode bekannt ist. Das BIP sank um mehr als die Hälfte, Luxus gab es nicht mehr und in der Bevölkerung, die ironischerweise zum ersten Mal in ihrer Geschichte von ausländischen (neo-)kolonialen Einflüssen frei war, machte sich eine kriegsähnliche Stimmung der Rationierung und großen Opfer breit.

Auftritt Raúl

Im Juli 2006 passierte das Unvorstellbare. Anstatt in Ausübung seines Amtes zu sterben und den Weg für eine von Amerika angeführte kapitalistische Neuöffnung des Landes zu ebnen (wie es lange vorhergesagt worden war), zog sich Fidel Castro von der Ausübung der täglichen Regierungsgeschäfte zurück und übergab die Macht in aller Stille an seinen jüngeren Bruder Raúl. Dieser erbte das höchste Amt des Landes zu Beginn einer massiven weltweiten Rezession und begann ganz langsam, ein Reformpaket umzusetzen.

2008 fing alles mit bescheidenen Veränderungen an, als auch Kubanern der Zugang zu Touristenhotels sowie der Erwerb von Handys und anderen elektronischen Waren erlaubt wurden – Rechte, die in den meisten demokratischen Ländern als selbstverständlich erachtet werden, für den Durchschnittskubaner aber lange Zeit unerreichbar waren. Diesen Neuerungen folgte im Januar 2011 der größte wirtschaftliche und ideologische Umbruch, seit sich das Land von Batista verabschiedet hatte. Aufgrund radikaler neuer Gesetze wurden eine halbe Million Regierungsangestellte entlassen. Dafür versuchte man, den privaten Sektor zu fördern, indem man 178 staatlich anerkannten Berufen – von Friseuren bis hin zu Befüllern von Wegwerffeuerzeugen – Geschäftslizenzen gewährte.

2013 hatte Kuba seinen dramatischsten Wirtschaftsumschwung hinter sich: Fast 400 000 Menschen arbeiteten im privaten Sektor, 250 000 mehr als 2010, auch wenn die Situation nach wie vor weit entfernt von etwas wie westlichem Kapitalismus blieb.

Der Tod Fidels

Fidels Allgegenwärtigkeit im zurückliegenden halben Jahrhundert ließ den Mann unverwundbar erscheinen, doch am 25. November 2016 verkündete Raúl Castro den Tod seines Bruders im Alter von 90 Jahren. Seine sterblichen Überreste wurden eingeäschert und nach einer Prozession über die ganze Insel – die an seinen Triumphzug nach der Revolution erinnerte, nur in die entgegengesetzte Richtung – in Santiago de Cuba zur letzten Ruhe gebettet. In ganz Kuba säumten Menschenmassen die Straßen, um ihrem langjährigen Führer die letzte Ehre zu erweisen, während Auswanderer in Miami ausgelassen feierten.

Bevölkerung & Kultur

Man muss irgendwie versuchen, das Leben auf dieser Insel der Widersprüche zu verstehen. Auf den ersten Blick wirkt sie vielleicht starr und unveränderlich, in Wahrheit ist Kuba jedoch eher ein bewegliches Ziel, das allen Definitionsversuchen auszuweichen versucht.

Zunächst einmal gilt: So was gibt's kein zweites Mal. Wer mit Lateinamerika vertraut ist, erkennt zwar auch hier enge Familienbande und eine gewisse Leichtigkeit im Umgang mit dem Unvorhersehbaren, aber es gibt auch Unterschiede. Kubas starkes Bildungssystem hat belesene Bürger hervorgebracht, die eher klassische als Popmusik zitieren. Die Kubaner sind verspielt, wenn auch etwas wild, mit Entbehrungen und Sparsamkeit vertraut und gut ausgebildet, aber auch ebenso träge wie jeder andere karibische Außenhafen.

Am besten lernt man Kuba kennen, wenn man sich jeden Kommentar verkneift und einfach zusieht, wie sich das Leben hier abspielt. Während lange Warteschlangen und schlechter Service viele Touristen zur Weißglut treiben, bleiben die Kubaner gelassen. Wenn man drängelt, geht's schließlich auch nicht schneller. Aber es gibt auch schönere Möglichkeiten, sich die Zeit zu vertreiben: Man kann sich z. B. auf einem Schaukelstuhl die sanfte Brise um die Nase wehen lassen, den Sonntag mit der Familie verbringen oder seine Cousins und Cousinen, Freunde und Nachbarn einladen und eine Flasche Rum köpfen.

Musik

Innig, lebendig, vielschichtig und gefühlvoll – die kubanische Musik dient schon seit Langem als Fahnenträger für die Klänge und Rhythmen Lateinamerikas. Dies ist der Geburtsort des Salsa, hier haben sich elegante europäische Tänze zum ersten Mal mit schwarzen Rhythmen vermischt und afrikanische Trommeln spanische Gitarren begleitet. Von den schäbigen Docks in Matanzas zu den ländlichen Dörfern der Sierra Maestra – die liebevolle musikalische Fusion erfasste alles, von *son* über Rumba und Mambo bis hin zu *Cha-Cha-Cha*, *charanga*, *changüí*, *danzón* und vielem mehr.

Neben den offensichtlichen spanischen und afrikanischen Wurzeln konnte die kubanische Musik aus zahlreichen weiteren Einflüssen schöpfen. In den ohnehin bereits exotischen Schmelztiegel mischten sich auch Genres aus Frankreich, den USA, Haiti und Jamaika.

Natur & Umwelt

Geografie

Kubas Landschaft wurde von einer Kombination aus vulkanischer Aktivität, Plattentektonik und Erosion geformt und ist eine grüne, vielfältige Mischung aus Bergen, Höhlen, Ebenen und *mogotes* (flachen Hügeln). Der höchste Punkt, der Pico Turquino (1972 m), liegt im Osten zwischen den luftigen dreieckigen Gipfeln der Sierra Maestra. Weiter westlich erstreckt sich die Sierra del Escambray mit rauen Hügeln und tosenden Wasserfällen über die Grenzen der Provinzen Cienfuegos, Villa Clara und Sancti Spíritus. Im äußersten Westen ragt die 175 km lange Cordillera de Guanguanico wie ein violetter Schatten auf. Dieses etwas kleinere Gebirge beherbergt das Biosphärenschutzgebiet Sierra del Rosario und die auffälligen „Nadelkissen"-Hügel des Valle de Viñales.

Gestreichelt vom warmen Wasser des Karibischen Meers im Süden und der Kälte des Atlantischen Ozeans im Norden ausgesetzt, umfasst Kubas 5746 km lange Küste über 300 natürliche Strände und eines der größten Korallenriffe der Welt. Das Küstengebiet bietet rund 900 bekannten Fisch- und über 410 Schwamm- und Korallenarten ein Zuhause und ist ein wahres Meereswunderland – und einer der Hauptgründe, warum Kuba sich zu einem namhaften Tauchziel entwickelt hat.

Kuba ist ein weitläufiger Archipel und umfasst Tausende von (meist unbewohnten) Inseln und Koralleninseln in vier Hauptgruppen vor der Küste: das Archipiélago de los Colorados vor dem nördlichen Pinar del Río; das Archipiélago de Sabana-Camagüey (oder Jardines del Rey) vor Villa Clara und Ciego de Ávila im Norden; das Archipiélago de los Jardines de la Reina vor dem südlichen Ciego de Ávila; und das Archipiélago de los Canarreos rund um die Isla de la Juventud. Die meisten Besucher lernen eines oder mehrere dieser Inselidylle kennen, da sich der Großteil der Resorts, Scuba-Tauchziele und Strände in diesen Regionen befindet.

Kuba liegt in der Hauptzone für Hurrikans und wurde in den vergangenen Jahren zweimal schwer getroffen, vor allem 2012 von Sandy (der einen Sachschaden von 2 Mrd. US$ verursachte) und später von Hurrikan Matthew, der 2016 in Baracoa zuschlug.

Tiere

In Kuba gibt's eine ungewöhnliche Vielfalt endemischer Fauna, die leidenschaftliche Tierbeobachter anlockt. Vögel sind die größte Attraktion: 350 verschiedene Arten leben hier, davon zwei Dutzend einheimische. In den Mangroven von Ciénaga de Zapata in der Provinz Matanzas oder auf der Península de Guanahacabibes in Pinar del Río kann man am besten den *zunzuncito* (Bienenelfe) sehen, den kleinsten Vogel der Welt. Mit 6,5 cm ist er nicht viel länger als ein Zahnstocher. Diese Regionen sind auch das Zuhause des *tocororo* (Kubatrogon), Kubas Nationalvogel. Zu weiteren beliebten Vogelarten gehören *cartacubas* (endemisch in Kuba), Reiher, Löffelstöre, Papageien und der selten beobachtete Cuba-Sperlingskauz.

Flamingos gibt's in den nördlichen Koralleninseln des Landes zuhauf, aber das größte Nistgebiet in der westlichen Hemisphäre – im Delta des Río Máximo in der Provinz Camagüey – ist von starker Verschmutzung betroffen.

Landsäugetiere wurden fast bis zur Ausrottung gejagt. Die größten endemischen Überlebenden sind die freundlichen *jutía* (Baumratten), 4 kg schwere essbare Nagetiere, die auf den isolierten Koralleninseln in relativer Harmonie mit Scharen neugieriger Leguane leben. Die große Mehrheit von Kubas anderen 38 Säugetierarten gehört zur Familie der Fledermäuse.

In Kuba lebt außerdem ein Frosch, der so klein und scheu ist, dass er erst 1996 im heutigen Parque Nacional Alejandro de Humboldt in der Nähe von Baracoa entdeckt wurde. Das endemische Amphibium wartet noch immer auf einen gebräuchlichen Namen und ist bislang als *Eleutherodactylus iberia* bekannt. Es ist weniger als 1 cm lang, und sein Lebensraum umfasst nur 100 km².

Weitere ungewöhnliche Arten sind der *mariposa de cristal* (Kubanischer Glasflügel-Schmetterling), eine von nur zwei Glasflügel-Schmetterlingsarten der Welt; der seltene *manjuarí* (Kubanischer Knochenhecht), eine uralte Fischart, die als lebendes Fossil gilt; der *polimita*, eine einzigartige Landschnecke, die sich durch ihre fröhlichen gelb-rot-braunen Streifen auszeichnet; und der erst 2011 entdeckte endemische *Lucifuga*, ein blinder Troglodyten-Fisch.

Reptilien sind in Kuba stark vertreten. Neben Leguanen und Eidechsen gibt's 15 Schlangenarten, keine davon giftig. Kubas größte Schlange ist die *majá*, eine mit der Anakonda verwandte Würgeschlange, die bis zu 4 m lang wird. Sie ist nachtaktiv und interessiert sich normalerweise nicht für Menschen. Das endemische Kubakrokodil *(Crocodylus rhombifer)* ist relativ klein, aber an Land und im Wasser sehr agil. Seine 68 scharfen Zähne sind besonders zum Zerbrechen von Schildkrötenpanzern geeignet. Krokodile haben im letzten Jahrhundert stark unter dem Verlust ihres Lebensraums gelitten, aber durch den besseren Schutz seit den 1990ern nimmt ihre Zahl nun wieder zu. In Kuba gibt's außerdem einige erfolgreiche Krokodilzuchtfarmen *(criaderos)*, die größte befindet sich in Guamá in der Nähe der Schweinebucht. Neben dem Kubakrokodil lebt hier auch das größere Spitzkrokodil *(Crocodylus acutus)*, das in den Zapata-Sümpfen und in mehreren Marschgebieten an Kubas Südküste zu finden ist.

Kubas Meereswelt gleicht wieder aus, was die Landfauna der Insel vermissen lässt. Die Seekuh, das einzige pflanzenfressende Meeressäugetier der Welt, lebt in der Bahía de Taco und der Península de Zapata, während Walhaie von November bis Februar die Gewässer im Gebiet um María la Gorda an Kubas Ostspitze frequentieren. Auch vier Schildkrötenarten (Lederschildkröten, Unechte Karettschildkröten, Grüne Meeresschildkröten und Echte Karettschildkröten) findet man in kubanischen Gewässern. Für gewöhnlich nisten sie alljährlich auf isolierten Koralleninseln oder an geschützten Stränden auf der Península de Guanahacabibes.

PRAKTISCHE INFORMATIONEN

Allgemeine Informationen

BARRIEREFREI REISEN

Kubas kulturelle Offenheit erstreckt sich auch auf Reisende mit Behinderung. Es mag zwar an behindertengerechten Einrichtungen fehlen, doch mit ihrem großzügigen Wesen kompensieren die Kubaner das, so gut es geht.

Dennoch können Individualreisen für Menschen mit körperlichen Beeinträchtigungen schwierig sein, denn die Busse sind klapprig, die Bürgersteige voller Löcher und die Gebäude, die teilweise seit den 1950er-Jahren nicht mehr renoviert wurden, in schlechtem Zustand. Viele ältere kubanische Häuser haben keine Fahrstühle, und falls doch, sind diese mit schöner Regelmäßigkeit kaputt. Auch die öffentlichen Busse sind nicht behindertengerecht. Das beste Verkehrsmittel hinsichtlich Komfort und Zuverlässigkeit sind die modernen Cubataxis.

Stufen und Bordsteinkanten sind ein ewiges Problem. Oft gibt's keine Rampen, und falls doch, sind sie teilweise unglaublich steil. Behindertengerechte Zimmer mit breiten Türen und angepassten Bädern sind nur in teureren Hotels zu finden. Wer zum ersten Mal nach Kuba reist, sollte erwägen, ein All-inclusive-Hotel zu buchen, das auf Reisende mit Behinderung eingestellt ist. Am besten schaut man sich bei den Hotelketten Melía und Iberostar um, die teilweise in ausländischem Besitz sind, und in Orten wie Varadero, Cayo Coco und Guardalavaca.

Sehbehinderten Reisenden wird beim Überqueren der Straße geholfen und sie werden bei Warteschlangen bevorzugt. Die Etecsa-Telefonzentren haben Telefonausrüstung für Menschen mit Hörbeeinträchtigung und Fernsehprogramme werden mit Untertiteln ausgestrahlt.

Zu den Hotels, die auf Gäste mit physischen Beeinträchtigungen eingestellt sind, gehören u.a.:

Hotel Iberostar Parque Central (S. 597) Havanna.

Hotel Saratoga (S. 598) Havanna.

Meliá Internacional (☎45-62-31-00; www.melia.com; Av las Américas KM 1; EZ/DZ 323/465 CUC$; ❄ @ 📶 🏊) Varadero.

Meliá Varadero (☎45-66-70-13; Carretera las Morlas; EZ/DZ all-inclusive 283/405 CUC$; P ❄ @ 📶 🏊) Varadero.

BOTSCHAFTEN & KONSULATE

➡ **Deutsche Botschaft** (☎7833-2569; info@havanna.diplo.de; Calle 13, No. 652, esq. B, Vedado, La Habana)

➡ **Österreichische Botschaft** (☎7204-2825; havanna-ob@bmaa.gv.at; Avenida 5ta A No. 6617, esq. a calle 70, Miramar, Havanna)

PREISKATEGORIEN ESSEN

In Kuba muss man für ein Essen nur ganz selten über 25 CUC$ bezahlen. Die folgenden Preise beziehen sich auf ein Hauptgericht.

**$** bis 7 CUC$

**$$** 7–15 CUC$

**$$$** über 15 CUC$

➜ **Schweizer Botschaft** (☎ 7204-2611; havana @eda.admin.ch; 5ta Avenida no. 2005, entre 20 y 22, Miramar, Playa)

ESSEN

Private Restaurants Auch wenn sie etwas teurer sind als ihre staatlich geführten Alternativen bieten private Restaurants fast immer das leckerste, frischeste Essen und den besten Service.

Casas Particulares Kubanische Privatunterkünfte servieren ausnahmslos üppiges Frühstück für rund 5 CUC$; einige bieten auch ebenso großzügiges und köstliches Abendessen aus den frischesten Zutaten an.

Hotels & Resorts In den All-inclusive-Häusern gibt's Büfettessen auf internationalem Niveau, aber nach einer Woche kann das fad werden.

Staatliche Restaurants Die Qualität von Essen und Service variiert von den besten Lokalen in Havanna zu einfallslosen Gerichten in den Provinzen. Sie sind oft günstiger als Privatrestaurants.

GELD

In Kuba gibt's zwei Währungen – *convertibles* (CUC$) und Pesos (*moneda nacional*; MN$). Ein *convertible* entspricht 25 Pesos. Nicht-Kubaner zahlen fast ausschließlich mit *convertibles*.

Geldautomaten & Kreditkarten

In Kuba wird meist bar bezahlt. Kreditkarten werden in Resorts und einigen städtischen Hotels akzeptiert. Es gibt immer mehr Geldautomaten.

US-amerikanische Debit- oder Kreditkarten und Karten mit Verbindungen zu US-amerikanischen Banken können nicht benutzt werden.

Während Dienstleistungen übers Internet mit US-Kreditkarten gebucht werden können, sieht es innerhalb Kubas ganz anders aus. US-Einwohner können Geld über Western Union transferieren, auch wenn das die Mithilfe einer dritten Partei erfordert und heftige Gebühren einschließt.

Bei der Entscheidung, ob man mit der Kreditkarte oder bar zahlt, sollte man bedenken, dass kubanische Banken für beides ähnliche Gebühren berechnen (ca. 3 %). Hinzu kommen die Gebühren, die die Hausbank für Bargeldabhebungen/Kreditkartentransaktionen erhebt. Auch immer mehr Debitkarten funktionieren in Kuba, man sollte sich aber vor der Benutzung sowohl bei der heimischen Bank als auch bei der kubanischen Bank informieren. Gut beraten ist man in der Regel mit der Karte von Visa Debit.

Am besten reist man mit ausreichend Bargeld sowie einer Kreditkarte und einer Debitkarte als Sicherheit nach Kuba.

In fast allen privaten kubanischen Einrichtungen wie *casas particulares* wird nach wie vor nur Bargeld akzeptiert.

Bargeldauszahlungen per Kreditkarte sind möglich, aber die Kommission ist dieselbe. Am besten erkundigt man sich vor der Abreise bei seiner Bank, da viele Banken große Geldabhebungen im Ausland nicht autorisieren, sofern man sie vorher nicht über die Reisepläne informiert.

Geldautomaten gibt's immer häufiger. In Kuba ist es allerdings ratsam, die Automaten nur zu nutzen, wenn die Bank geöffnet ist – nur für den Fall, dass ein Problem auftritt.

Wechselkurse

Eurozone	1 €	1,02 CUC$ 24,52 MN$
Schweiz	1 SFr	1,04 CUC$ 25,92 MN$
USA	1 US$	1 CUC$ 24,15 MN$

Aktuelle Wechselkurse findet man unter www.xe.com.

INTERNETZUGANG

Das staatliche Telekommunikationsunternehmen Etecsa hat in Kuba das Monopol als Internetanbieter. In fast jeder Provinzstadt gibt's einen Etecsa-*telepunto* (Internetcafé und Telefoncenter), wo man sich anstellen und eine 1-Stunden-Karte (1 CUC$) kaufen kann. Auf dieser befinden sich ein *usuario* (Code) und ein *contraseña* (Passwort), mit dem man an einem PC im *telepunto* oder in einem öffentlich WLAN-Bereich (meistens der zentrale Platz einer Stadt) ins Internet gehen kann. Mit der Karte kann man sich mehrmals im Internet anmelden.

Außer den *telepuntos* gibt's keine weiteren Internetcafés. Inzwischen haben aber immer mehr Hotels und zunehmend auch *casas particulares* WLAN (wobei das Signal oft schwach ist), dafür benötigt man für den Zugang ebenfalls eine Etecsa-Karte. Die Karten kann man manchmal auch in Hotels und *casas particulares* kaufen, oft aber zu überhöhten Preisen.

Die Internetverbindung ist zwar oft schlecht und unbeständig, besonders zu Spitzenzeiten (später Nachmittag und früher Abend), doch insgesamt hat sich der Internetzugang in den letzten fünf Jahren erheblich verbessert und wird es voraussichtlich auch weiterhin tun.

LGBT-REISENDE

Auch wenn Kuba (noch) kein ausgesprochen queeres Reiseziel ist, ist das Land toleranter als viele andere in Lateinamerika. Der Filmhit *Fresa y Chocolate* (Erdbeer und Schokolade, 1994) entfachte einen nationalen Dialog über Homosexualität. Die Aktivistin Mariela Castro, die Tochter Raúls, hat einen Weg gebahnt, hin zu dringend benötigten LGBT-Reformen und einer veränderten gesellschaftlichen Wahrnehmung. Heute ist Kuba im Großen und Ganzen ziemlich tolerant und LBGT-Reisende dürften kaum Probleme haben.

Gleichgeschlechtliche Ehen sind in Kuba noch nicht legal, es dürfte aber nur eine Frage der Zeit sein, bis es so weit ist; Präsident Díaz-Canel hat unlängst seine Unterstützung dafür geäußert. Diskriminierung aufgrund der sexuellen Orientierung und des Geschlechts ist illegal.

Lesbianismus wird weniger toleriert und kaum diskutiert, und man sieht nur sehr wenige offene Zurschaustellungen der Liebe zwischen zwei Frauen. Hin und wieder gibt's aber *fiestas para chicas* (nicht unbedingt reine Frauenpartys, aber immerhin); einfach mal im **Cine Yara** (Karte S. 594; Ecke Calles 23 & L) in Havannas Schwulenszene nachfragen.

Das beste schwule Nachtleben findet man in Havanna und Santa Clara, wo im **Cafe Cantante Mi Habana** (Karte S. 594; ☎7-879-0710; Ecke Paseo & Calle 39; Eintritt 10 CUC$; ⏲20–3 Uhr), im **Cabaret Las Vegas** (Karte S. 594; Calzada de la Infanta No 104, zw. Calles 25 & 27; Eintritt 5 CUC$; ⏲12–4 Uhr) und im Club Mejunje (S. 618) jede Woche Travestieshows stattfinden. In ganz Kuba sind viele der Besitzer der besten *casas particluares* homosexuell.

NOTFALL

Auskunft	☎113
Feuerwehr	☎105
Notruf	☎108
Polizei	☎106

SICHER REISEN

Kuba ist sicherer als die meisten lateinamerikanischen Länder. 2018 wurde es auf einer Konferenz in Madrid sogar zum sichersten Land der Welt für Touristen gewählt. Zu gewalttätigen Angriffen kommt es äußerst selten und in den Städten geht's auf den Straßen in der Regel entspannt zu, auch nach Einbruch der Dunkelheit. Darauf sollte man achten:

- Gelegenheitsdiebstahl und Taschendiebe
- Betrug beim Herausgeben von Wechselgeld in Bars und Restaurants
- Straßenverkäufer von Zigarren
- Betrug beim Umrechnen der beiden Währungen
- Frauen: sexistische Sprüche und unerwünschte Aufmerksamkeit von Männern.

TELEFON

- Für Anrufe nach Kuba aus dem Ausland muss man den internationalen Zugangscode, Kubas Landesvorwahl (☎53), die Vorwahl der Stadt oder Region und dann die örtliche Telefonnummer wählen.
- Für internationale Anrufe aus Kuba wählt man Kubas internationalen Zugangscode (☎00), die Landesvorwahl, die Vorwahl der Region und die Telefonnummer. Aus Deutschland etwa wählt man also die 00, dann 49, dann die regionale Vorwahl und die Telefonnummer.
- Bei Anrufen zwischen zwei Handys oder von einem Handy ins Festnetz wählt man einfach die achtstellige Nummer, die immer mit einer 5 beginnt.
- Für Anrufe vom Handy ins Festnetz (oder vom Festnetz ins Festnetz) wählt man die Provinzvorwahl und die örtliche Telefonnummer.

Handys

- Am besten erkundigt man sich bei seinem Telefonanbieter, ob das Handy in Kuba funktioniert (nur Handys mit GSM- oder TDMA-Technik). Internationale Anrufe sind teuer. Man kann sich beim staatlichen Telefonunternehmen Cubacel Guthaben kaufen.
- Das eigene GSM- oder TDMA-Handy kann man in Kuba mit einer lokalen SIM-Karte nutzen, wenn es unverschlüsselt ist. Eine SIM-Karte (40 CUC$ inklusive Daten im Wert von 10 CUC$) bekommt man in allen Etecsa-*telepuntos* gegen Vorlage des Reisepasses.

UNTERKUNFT

Kubanische Unterkünfte reichen preislich von 10 CUC$ für Strandhütten bis zu Fünf-Sterne-Hotels. Alleinreisende werden kostentechnisch benachteiligt und zahlen oft 75 % des Preises für ein Doppelzimmer. In der Hauptreisezeit (November bis April) ist es ratsam, die Unterkünfte im Voraus zu buchen.

Casas particulares Kubanische Privathäuser, die Zimmer an Ausländer vermieten; eine authentische und günstige Form des kulturellen Eintauchens.

Campismos Billige, rustikale Unterkünfte in ländlichen Gegenden, normalerweise in Bungalows oder Hütten.

Hotels Alle kubanischen Hotels sind in staatlicher Hand. Preise und Qualität reichen von billigen Buden aus der Sowjetära bis zu luxuriöser, kolonialer Eleganz.

Resorts Große Hotels mit internationalem Standard in typischen Resortgegenden, die All-inclusive-Pakete anbieten.

PREISKATEGORIEN UNTERKUNFT

Die folgenden Preise beziehen sich auf ein Doppelzimmer mit Bad in der Hauptsaison.

Havanna

**$** bis 70 CUC$

**$$** 70–150 CUC$

**$$$** über 150 CUC$

Restliches Kuba

**$** bis 50 CUC$

**$$** 50–120 CUC$

**$$$** über 120 CUC$

VISA

- Touristen, die nicht länger als zwei Monate in Kuba bleiben wollen, brauchen kein Visum. Stattdessen bekommt man eine *tarjeta de turista* (Touristenkarte), die 30 Tage lang gültig ist und um weitere 30 Tage verlängert werden kann, sobald man sich in Kuba befindet.
- Pauschaltouristen erhalten ihre Karte mit den übrigen Reisedokumenten. Wer nur einen Flug bucht, muss die Touristenkarte vor der Abreise im Reisebüro oder bei der Airline kaufen, mit der er fliegt. Manche Fluglinien geben die Karten auch an Bord aus, man sollte sich also vorab telefonisch oder per E-Mail bei seiner Airline informieren.
- In manchen Fällen muss man die Karte auch am Abreiseort am Flughafen kaufen und/oder abholen, teilweise erst wenige Minuten vor Abflug am Gate.
- Nach Ankunft in Havanna kosten die Verlängerung oder das Ersetzen der Touristenkarte noch mal 25 CUC$. Man kann Kuba nicht verlassen, ohne seine Touristenkarte vorzulegen.
- Ohne Touristenkarte und ein Ticket zur Weiterreise darf man nicht nach Kuba einreisen.

ZEIT

In Kuba wird auf die Sommerzeit umgestellt und es gilt die Cuba Standard Time/Cuba Daylight Time (CST/CDT): MEZ/MESZ -6 Std.

An- & Weiterreise

FLUGZEUG

In Kuba gibt's zehn internationale Flughäfen. Mit Abstand der größte ist der **Aeropuerto Internacional José Martí** (www.havana-airport.org; Av Rancho Boyeros, Rancho Boyeros) in Havanna. Der einzige andere größere ist der **Internationale Flughafen Juan Gualberto Gómez** (VRA; ☎ 45-61-30-16, 45-24-70-15) in Varadero.

Cubana de Aviación (☎ 7-649-0410; www.cubana.cu; Flughafengebüde, Calle 23 No 64, Vedado, Havanna; ⏰ Mo–Fr 8.30–16, Sa bis 12 Uhr), die nationale Fluggesellschaft, legte nach einem Flugzeugabsturz im Mai 2018 seine halbe Flotte still. Zur Zeit der Recherche lief der Betrieb weiter nur mit halber Kapazität. Es gab Flüge nach Bogotá und Buenos Aires sowie zu einigen Zielen in der Karibik. Die Flugpreise gehören in der Regel zu den günstigsten, allerdings gibt's häufig Probleme mit Überbuchungen und Verspätungen. Für jedes Kilo oberhalb des Freigepäcks von 20 kg wird strikt eine Übergepäckgebühr berechnet. Wer die Wahl hat, sollte bei einer anderen Fluggesellschaft buchen.

Die aktuellen Sicherheitsempfehlungen findet man unter www.airsafe.com.

ÜBERS MEER

Seitdem die Kreuzfahrtschiffe zwischen den USA und Kuba seit Januar 2019 nicht mehr fahren, beschränkt sich das Angebot von Kreuzfahrtschiffen, die Kuba anlaufen, auf in Europa ansässige Anbieter. Das deutsche Unternehmen Hapag-Lloyd Cruises (www.hl-cruises.com) bietet eine interessante zwölftägige Kreuzfahrt ab Mexiko unter dem Namen „Best of Cuba" mit Stopps in Havanna, auf La Isla de la Juventud und in Santiago de Cuba. Die britische Kreuzfahrtlinie Marella Cruises (www.tui.co.uk/cruise) bietet eine siebentägige Kreuzfahrt namens „Flavours of the Caribbean", die in Jamaika beginnt und endet und eine Rundreise um Havanna, die Kaimaninseln und Mexiko macht. Das britisch-norwegische Unternehmen Fred Olsen Cruise Lines (www.fredolsencruises.com) veranstaltet eine zweiwöchige Kreuzfahrt von Barbados in die Dominikanische Republik mit Stopp in Santiago de Cuba und Havanna.

Unterwegs vor Ort

Auto Mietwagen sind ziemlich teuer und das Fahren kann aufgrund fehlender Schilder und unklarer Verkehrsregeln eine echte Herausforderung sein. Oft gibt's auch nicht genug Fahrzeuge.

Bus Die effizienteste und praktischste Art der Fortbewegung vor Ort. Das staatliche Unternehmen Víazul verbindet die meisten für Touristen interessanten Orte gemäß einem regelmäßigen täglichen Fahrplan miteinander. Cubanacán unterhält ein weniger umfassendes Netzwerk. Lokale Busse sind oft überfüllt und es gibt keine gedruckten Fahrpläne.

Taxi *Colectivos* (Sammeltaxis) sind über längere Distanzen eine gute Option, falls man in einer kleinen Gruppe reist. Der Fahrpreis kann unter vier Personen aufgeteilt werden, sodass *colectivos* fast so billig wie Busse sind.

Zug Kubas umfangreiches Bahnnetz wurde unlängst mit neuen Zügen aus China verbessert. Die Züge sind zwar immer noch langsam, zumindest sind sie nun aber bequemer.

Martinique

596 / 390 000 EW.

Inhalt ➡

Gut essen

- La Table de Mamy Nounou (S. 666)
- New Cap (S. 653)
- 1643 (S. 663)
- Le Guérin (S. 662)
- Cocoa Beach Cafe (S. 665)

Schön übernachten

- Domaine Saint Aubin (S. 662)
- L'Anse Bleue (S. 653)
- La Maison Rousse (S. 662)
- Hotel Bakoua (S. 652)
- Hotel Simon (S. 648)

Auf nach Martinique!

Die gebirgige Vulkaninsel Martinique wird vom Mont Pelée gekrönt, dem Vulkan, der 1902 bekanntermaßen die frühere Hauptstadt Saint-Pierre ausgelöscht hat. Er brodelt noch immer. Die Vielfalt an Landschaften und Natur auf Martinique ist atemberaubend, die Insel zeigt sich weltoffen und fortschrittlich und bietet Strände von Weltklasse, ausgezeichnete Wanderstrecken, eine wunderbare Küche, zahlreiche Aktivitäten und ein buntes kulturelles Angebot.

Zwar leidet Martinique mancherorts unter Überbevölkerung und Zersiedelung, vor allem in und um die geschäftige Hauptstadt Fort-de-France, doch das Leben – und das Reisen – wird ruhiger Richtung Norden oder Süden, quer durch einige der schönsten Gebiete der Insel. Der Regenwald im gebirgigen Norden sticht besonders hervor, doch auch der Süden birgt Naturwunder, wie herrliche Buchen und wunderschöne kilometerlange Strände. Fügt man noch eine Prise gallischer *joie de vivre* hinzu, liegt es auf der Hand, warum so viele Menschen Martinique lieben.

Reisezeit

Dez.–April Die Trockenzeit ist die turbulenteste Zeit auf Martinique , denn dann füllt sich die Insel mit französischen Urlaubern und die Hotelpreise schießen in die Höhe.

Mai–Nov. In der Regenzeit gibt's fast jeden Tag heftige Schauer. September ist der regenreichste Monat und gehört zusammen mit dem August zur Hurrikansaison.

Okt.–Mai Die beste Zeit zum Tauchen.

FORT-DE-FRANCE

Auch wer eigentlich wegen der Strände auf die Insel gekommen ist, wird einen Tag in Fort-de-France sicherlich genießen. Die dynamische Inselhauptstadt ist mit Abstand die größte Stadt in Französisch-Westindien und ein beliebtes Ziel für Kreuzfahrtschiffe, Jachtbesitzer aus aller Welt und französische Touristen. Von ruhigen Parks und einem winzigen Strand bis hin zu bunten Märkten und interessanten Restaurants – das geschäftige Stadtzentrum hat jede Menge zu bieten. Auf den belebten Straßen ist immer was los, ganz im Gegensatz zum eher verschlafenen Rest der Insel.

Die Festung Fort Saint-Louis, der die Stadt ihren Namen verdankt, sticht sofort ins Auge. In der Hauptstadt Martiniques lässt es sich auch prima einkaufen, vor allem auf der Insel gefertigte Andenken.

Sehenswertes

★ Fort Saint-Louis FESTUNG
(☎ 0596-75-41-44; Erw./Kind 8/4 €; ⏲ Di–Sa 9–16 Uhr; Tour auf Englisch 12 Uhr; 🅿) Die gewaltige Festung, die der Stadt ihren Namen verliehen hat, liegt im hinteren Teil von La Savane. Sie datiert um 1640, wobei ein Großteil von dem, was heute noch steht, nachträglich hinzugebaut wurde. Sie ist mit Abstand die Top-Sehenswürdigkeit der Stadt und die Führungen sind informativ und unterhaltsam. Tickets können an der **Touristeninformation** (⏲ Mo–Sa 8–17 Uhr) in La Savane gekauft werden.

Bibliothèque Schoelcher SEHENSWERTES GEBÄUDE
(☎ 0596-55-68-30Rue de la Liberté; ⏲ Mo 13–17, Di–Do 8.30–17.30, Fr bis 17, Sa bis 12 Uhr) GRATIS Fort-de-Frances auffälligste Sehenswürdigkeit, die Bibliothèque Schoelcher, ist ein ausgefeiltes, buntes Gebäude mit byzantinischer Kuppel und kunstvollem Interieur. Die Bibliothek wurde in Paris gebaut und auf der Weltausstellung 1889 zur Schau gestellt. Dann wurde sie abmontiert, in Teilen nach Fort-de-France verschifft und an ihrem jetzigen Standort wieder zusammengebaut. Sie ist das Werk von Pierre-Henri Picq (1833–1911), der auch die **Kathedrale** (Rue Schoelcher; ⏲ Sonnenauf- bis Sonnenuntergang) sowie die **Markthalle** (Rue Blénac; ⏲ Mo–Sa 6–18 Uhr) von Fort-de-France entworfen hat.

Die Bibliothek funktioniert nach wie vor als solche und wird von Studenten genutzt. Im Gebäude darf nicht fotografiert werden.

La Savane PARK
Dieser rechteckige Park ist das Herzstück von Fort-de-France und entstand aus einem trockengelegten Mangrovenwald, als Fort-de-France Inselhauptstadt wurde.

Neben einem regelrecht heiligen Rasen in der Mitte, den niemand betritt, gibt's hier etliche Sitzgelegenheiten zum Relaxen, sowie an der Westseite eine lange Reihe von Cafés, Restaurants und Bars, die Hauptunterhaltungsmeile der Stadt. Hier finden alle möglichen Veranstaltungen statt, von Schulsportfesten bis zu Rockkonzerten.

Plage La Française STRAND
Dieser winzige, aber saubere Strand am Fort Saint-Louis ist ein beliebter Abkühlungsort mitten in Fort-de-France. Der Spielplatz nebenan wird gern von den Kindern der Jachtbesitzer genutzt, deren Boote in der Bucht ankern, und von den hier lebenden Leguanen.

Feste & Events

Mardi Gras Carnival KARNEVAL
(⏲ Feb./März) Ein farbenfrohes, ausgelassenes Fest durch die fünftägige Karnevalszeit bis zum Aschermittwoch.

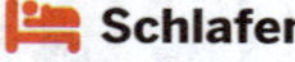

Schlafen

★ L'Impératrice HOTEL $$
(☎ 0596-63-06-82; www.limperatricehotel.fr; 15 Rue de la Liberté; Zi. ab 90 €; ❄ 📶) Das zentral gelegene, prachtvolle alte Impératrice hat

> **TOURANBIETER**
>
> **Star Voyage** (www.starvoyage.com; Port de Plaisance, Marin) Dieses Unternehmen aus Marin mit über 30 Jahren Erfahrung in der Branche organisiert Charterjachten für eine internationale Kundschaft.
>
> **Sparkling Charter** (☎ 0596-74-81-68; www.sparkling-charter.com; Porte de Plaisance, Marin) Ein etablierter und seriöser Anbieter für Charterjachten mit oder ohne Skipper.
>
> **Tour Cycliste de la Martinique** (www.cyclismemartinique.com; ⏲ Mitte Juli) Man muss nicht lange auf Martiniques Straßen unterwegs sein, um zu sehen, wie beliebt das Radfahren hier ist. Dieses einwöchige Radrennen ist das Highlight der Saison und eine Art Tour de France im Miniformat.

Highlights

1 **Grande Anse des Salines** (S. 658) An einem der schönsten Strände der Französischen Antillen schwimmen und sich sonnen.

2 **Route de la Trace** (S. 661) Entlang der Panoramastraße durchs Inselinnere fahren, mit Stopp in den Ausläufern des Mont Pelée.

3 **Presqu'île de Caravelle** (S. 664) Sonne und Sand bei Tag, Gaumenfreuden bei Nacht.

4 **Grand-Rivière** (S. 663) Spektakuläre 20 km entlang Martiniques atemberaubender Nordküste wandern.

5 **Les Anses d'Arlet** (S. 654) Sich einen Strandtag an einer der wunderschönen Buchten im Südwesten Martiniques gönnen.

6 **Saint-Pierre** (S. 659) Sich ein Bild von der Verwüstung durch den Mont-Pelée-Ausbruch machen.

7 **Jardin de Balata** (S. 649) In diesem fantastischen botanischen Garten die Pflanzenwelt erkunden.

Fort-de-France

Fort-de-France

Highlights
1 Fort Saint-Louis C4

Sehenswertes
2 Bibliothèque Schoelcher C2
3 Cathédrale Saint-Louis B3
4 La Savane C3
5 Plage La Française C4
6 Kaiserin-Josephine-Statue C3

Schlafen
7 Bayfront Hotel B3
8 Fort Savane C3
9 Hotel Simon A3
10 L'Impératrice C3

Essen
Hasta la Pizza .... (siehe 7)
La Baie .... (siehe 7)
11 Le Vieux Foyal B3
12 Le Yellow B3

Unterhaltung
13 Tropiques Atrium D2

Shoppen
14 Cour Perrinon B2
15 Grand Marché A2

eine perfekt erhaltene Art-déco-Fassade und ist vor Ort genauso bekannt für sein stimmungsvolles Café im Untergeschoss wie das Hotel im Obergeschoss. Es verfügt über 23 erstklassige Zimmer mit Laminatboden, dunklen Holzmöbeln, funkelnden Badezimmern und allem modernen Komfort. Zu empfehlen sind die Zimmer weiter oben; die Nr. 53 hat die beste Aussicht.

★ **Hotel Simon** BUSINESSHOTEL $$
(☎ 0596-50-22-22; www.hotel-simon.com; 1 Ave Loulou Boilaville; Zi. ab 135 €; ❄ 📶) Gleich am Kreuzfahrtterminal Pointe Simon (S. 650)

hat 2016 dieses eindrucksvolle Haus eröffnet und die Latte am Hotelmarkt in Fort-de-France über Nacht höher gelegt. Die wunderschönen, geräumigen Zimmer haben Kaffeemaschine und Flat-TV und sind minimalistisch-geschmackvoll möbliert. Auch die öffentlichen Bereiche sind imposant und verwandeln diesen Ort in eine kühle Oase am Rand der Innenstadt.

Fort Savane BUSINESSHOTEL **$$**
(☎ 0596-80-75-75; www.fortsavane.fr; 5 Rue de la Liberté; Zi./Studio/Suite 120/140/190 €; ❄ 📶) Wer einmal vom ziemlich desinteressierten Personal mittels Buzzer ins Haus gelassen wurde, entdeckt ein Hotel mit einem ausgezeichneten Preis-Leistungs-Verhältnis in toller Lage und mit modernen, stilvollen Zimmern. Sie sind mit Kaffeemaschinen und minimalistischer Möblierung ausgestattet, die Studios verfügen über eine Küche und die Suiten über Küche und Wohnbereich.

Bayfront Hotel HOTEL **$$**
(☎ 0596-55-55-55; bayfronthotel.mq@gmail.com; 3 Rue de la Liberté; Zi. 90 €; ❄ 📶) Das am zentralsten gelegene Hotel von Fort-de-France befindet sich über einem kleinen Café. Den 12 Zimmern fehlt es zwar an Flair, aber dafür sind sie sauber und gemütlich und die meisten haben praktische Küchen. Einige bieten schöne Aussichten aufs Meer und La Savane (S. 646).

Essen

★ **Le Vieux Foyal** KREOLISCH **$$**
(☎ 0596-77-05-49; 22 Rue Garnier Pagès; Hauptgerichte 14–20 €; ⏲ Mo–Sa 10–15 & 19–22 Uhr; ❄) Gute Stimmung herrscht in diesem Restaurant. Es liegt in einer Straße parallel zum Ufer und man übersieht es leicht. Einen solchen „Geheimtipp" geben einheimische Gourmands gern. Das Essen ist frisch und lecker – unprätentiöse Marktküche vom Besten. Der mit zahlreichen Pflanzen geschmückte Patio an der Rückseite ist eine Erholungsoase. Live-Jazzmusik am Donnerstagabend hebt das hippe Ambiente um eine weitere Stufe an.

Hasta la Pizza PIZZA **$$**
(Rue de la Liberté; Pizza 7–25 €; ⏲ Mo–Sa 9–22.30, So 16–23 Uhr; 📶) Die charmante Pizzeria liegt an einem herrlichen Küstenabschnitt. Scheinbar immer drängen sich hier Gäste um die straßenseitigen Tische. Die Holzofenpizzen sind köstlich. Außerdem gibt's Crêpes und Gebäck.

ABSTECHER

JARDIN DE BALATA

Nur 10 km nördlich vor Fort-de-France liegt der **Jardin de Balata** (☎ 0596-64-48-73; www.jardindebalata.fr; Rte de la Trace; Erw./Kind 14/8 €; ⏲ 9–18 Uhr, letzter Einlass 16.30 Uhr; P 👪), ein ausgewachsener botanischer Garten umgeben von Regenwald, eine von Martiniques größten Sehenswürdigkeiten, die jedem gefallen wird, der sich auch nur beiläufig für die Pflanzenwelt der Insel interessiert. Der einstündige Rundweg um den Garten ist gut ausgeschildert, und ein Baumwipfelpfad sowie Fischteiche halten Kinder bei Laune. Wenn nicht gerade eine Gruppe von Kreuzfahrtpassagieren unterwegs ist, ist der Garten eine ruhige Oase aus klapperndem Bambus, Kolibris, spektakulären Aussichten zum Meer und säuselnden tropischen Blättern.

Es gibt einen guten Souvenirladen, ein Restaurant und jede Menge kostenfreie Parkplätze. Für die Anreise von Fort-de-France ohne eigenes Auto nimmt man einen überregionalen Bus (1,50 €, 20 Min.) von der Rue André Aliker.

Le Yellow FRANZÖSISCH **$$**
(☎ 0596-75-03-59; www.the-yellow.fr; 51 Rue Victor Hugo; Hauptgerichte 12–24 €; ⏲ Mo–Fr 12–14.30 & 19–23, Sa 19–23 Uhr; ❄ 🌱) Charme, Wärme und Geselligkeit, wie man sie anderswo in Fort-de-France kaum findet, sind die wichtigsten Pluspunkte dieses Restaurants im 1. Stock. Die Auswahl an Speisen ist klein, aber fein und wechselt regelmäßig: Es gibt französisch-kreolische sowie spanische Spezialitäten, für die man immer wiederkommt. Meist empfiehlt es sich zu reservieren.

La Baie KREOLISCH **$$**
(☎ 0596-42-20-38; Rue de la Liberté; Hauptgerichte 15–24 €; ⏲ Mo–Sa 10.30–15 & 18–22.30 Uhr; 📶) Dieses nette Restaurant wird von einem eingewanderten Bretonen geführt und verfügt über einen heimeligen Speiseraum im 1. Stock mit Meer- und Parkblick. Das Menü enthält alles von Meeresfrüchten und Fisch bis zu leckeren Galettes (herzhafte Crêpes aus Buchweizenmehl). Dieses Plätzchen spricht sowohl tagsüber als auch abends an – dann sollte man aber reservieren.

NICHT VERSÄUMEN

ROT SEHEN

In La Savane befindet sich die **Statue der Kaiserin Josephine** (La Savane), in der Hand ein Medaillon mit dem Porträt Napoleons. In den 1990er-Jahren wurde ihr der Kopf abgehackt und ihr Körper mit roter Farbe bespritzt, und genauso steht sie auch heute noch da. Bei den Insulanern ist die Kaiserin nicht gerade beliebt, denn ihrer Meinung nach war sie für die Wiedereinführung der Sklaverei in Französisch-Westindien durch Napoleon mitverantwortlich, um ihre Familienplantage in Trois-Îlets zu retten.

☆ Unterhaltung

★ **Tropiques Atrium** KULTURZENTRUM
(☎ 0596-70-79-29; www.tropiques-atrium.fr; 6 Rue Jacques Cazotte; ⌚ Kartenschalter Di–Fr 9–19, Sa bis 13 Uhr; 📶) In dem feinen Kulturzentrum wird eine interessante Auswahl an Indiefilmen und Dokumentationen gezeigt; Theater und Musikveranstaltungen werden in modernsten Sälen geboten. Es gibt auch ein angenehmes Café-Restaurant bzw. eine Bar, und es handelt sich definitiv um die Top-Location der Stadt, wenn es um kulturelle und künstlerische Events geht. Das Kulturprogramm ist auf der Website zu finden.

Shoppen

Das Zentrum von Fort-de-France platzt vor Läden aus allen Nähten. Die wichtigste Shopping-Meile ist die Rue Victor Hugo, v.a. der Abschnitt zwischen der Rue de la République und der Rue de la Liberté. Die Märkte laden zu einem Bummel ein, auch wenn man nichts kaufen will. Das Einkaufszentrum **Cour Perrinon** (www.cour-perrinon.com; Rue Perrinon; ⌚ Mo–Sa 8–19 Uhr) beherbergt bekannte Geschäfte und hat eine Klimaanlage, einen Parkplatz und einen Carrefour-Supermarkt.

Praktische Informationen

Banken mit Geldautomaten sind im Zentrum überall zu finden, und bei **Change Caraïbes** kann man Geld wechseln (4 Rue Ernest Deproge; ⌚ Mo–Fr 8–17.30, Sa bis 12.30 Uhr).

CHU de Martinique (Centre Hospitalier Universitaire de Martinique; ☎ 0596-55-20-00; www.chu-martinique.fr; Ave Zobda Quitman)

Hauptpostamt (Ecke Rue Antoine Siger & Rue de la Liberté; ⌚ Mo–Fr 7–17, Sa 7.30–12 Uhr)

Pharmacie Glaudon (Ecke Rue de la Liberté & Rue Antoine Siger; ⌚ Mo–Fr 7.30–18, Sa bis 12 Uhr)

Polizeistation (Rue Victor Sévère; ⌚ 24 Std.)

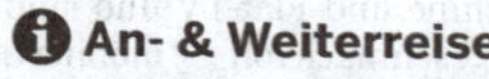

An- & Weiterreise

Theoretisch ist der **Aéroport International Martinique Aimé Césaire** (S. 671) nur eine 15-minütige Autofahrt von Fort-de-France entfernt, aber dank des permanenten Staus auf der Autobahn dauert die Fahrt oft viel länger. Taxis stehen am Flughafen bereit (ca. 25 € nach Fort-de-France), aber eine bessere Option sind die brandneuen Busse von **TCSP** (www.tcsptoutsavoir.com; ⌚ 5.30–20 Uhr; 1,45 €), die direkt ins Zentrum fahren.

BUS

Der geschäftige **Busbahnhof** (Blvd Alfassa) liegt an der Uferpromenade. Von hier schwärmen *taxis collectifs* (privatgeführte Minivans) in jede Stadt der Insel aus. Die oft ziemlich mitgenommenen Fahrzeuge (meistens ohne Klimaanlage) fahren los, wenn sich genug Passagiere zusammengefunden haben, und sollten nur im Notfall genutzt werden. Nach 17 Uhr fahren nur noch wenige Busse und am Sonntag gar keine. Bezahlt wird beim Fahrer.

Busse zum Jardin de Balata (1,70 €, 20 Min.) fahren von der Rue André Aliker (Rue André Aliker) südlich vom Parc Floral in Fort-de-France ab; tagsüber alle 30 Minuten, Montag bis Samstag.

SCHIFF/FÄHRE

Fähren von **Vedettes Tropicales** (☎ 0596-63-06-46; www.vedettestropicales.com; Blvd Alfassa; ⌚ 6–23 Uhr) fahren mehrmals am Tag zwischen dem Bay Ferry Terminal an der Promenade von Fort-de-France und den Resortorten Trois-Îlets, Pointe du Bout, Anse Mitan und Anse à l'Ane hin und her. Die genauen Fahrpläne stehen auf der Webseite (sie variieren je nach Saison). Alle Fahrten dauern 20 bis 30 Minuten.

Kreuzfahrtschiffe legen entweder am **Pointe Simon** (Rue des Caraïbes) oder am Quai des Tourelles an.

Jeans for Freedom (☎ 590-68-53-09; www.jeansforfreedom.com; Fährhafen, Rue Bouillé) und **L'Express des Îles** (www.express-des-iles.com; Fährhafen, Rue Bouillé) betreiben Fähren nach Dominica, St. Lucia und Guadeloupe ab Fort-de-Frances **Gare Inter-Îles** (Rue Bouillé; ⌚ 6–23 Uhr).

SÜDLICHES MARTINIQUE

Martiniques Süden birgt bei Weitem die besten Strände der Insel und ist der Touristenhotspot schlechthin. Für alle, die einen reinen Strandurlaub planen, empfiehlt sich der Strand SainteAnne. Wer über ein eigenes Transportmittel verfügt, kann eine Unterkunft in Diamant oder Sainte-Luce ins Auge fassen. In beiden Orten gibt's nette Strände, die mit dem Auto leicht und schnell zu erreichen sind, und bei manchen gibt's in der Nähe großartige Gastronomie.

Die höchste Konzentration an Unterkünften findet man rund um Trois-Îlets, einschließlich der lebendigen Resortstadt Pointe du Bout. Hier bieten sich einem ein paar hübsche Strände und unzählige Aktivitäten. Nirgendwo auf Martinique geht's touristischer zu als hier. Weitaus netter und weniger frequentiert sind die wunderschönen Höhlen und ruhigen Dörfer von Les Anses d'Arlet, wo es erfrischend wenig Infrastruktur gibt und selbst zur Hauptsaison eine entspannte, ortstypische Atmosphäre herrscht.

Trois-Îlets

Gegenüber der Bucht von Fort-de-France liegt die Gemeinde Trois-Îlets mit einigen Kleinstädten und Dörfern. Zunächst ist da Trois-Îlets selbst, eine historische Siedlung, die recht viel ihres Charmes bewahren konnte. Sie gilt als Geburtsort von Marie Josèphe Rose Tascher de la Pagerie, der späteren Kaiserin Josephine von Frankreich – durch ihre Heirat mit Napoleon Bonaparte. Das Haus auf der Plantage, auf der sie aufgewachsen ist, beherbergt heute ein interessantes Museum.

Außerdem findet man hier Pointe du Bout, Martiniques bestens entwickelte Resortanlage. Ihr Jachthafen ist der meistfrequentierte der Insel, und es gibt einige der größten Hotels, außerdem gute Strände, die man sich allerdings mit mehreren Großgruppen teilen muss. Insgesamt ist der Ort bei Strandurlaubern populär und super für Familien. Wer aber wirklich karibisches Flair erleben will, der sollte lieber andere Plätze an der Küste erkunden.

Sehenswertes

Anse Mitan STRAND

Der Hauptstrand von Trois-Îlets ist ein wunderschöner Streifen aus weißem Sand, der gemächlich ins türkisblaue Meer gleitet. Von hier hat man Aussicht auf Fort-de-France und die blitzschnellen Shuttlefähren, die Urlauber über die Bucht transportieren und an einem Bootssteg am Strand ausladen. Ein paar Lokale säumen den Strand und die Straßen dahinter. Anse Mitan zieht besonders Familien an.

Musée de la Pagerie MUSEUM

(☎ 0596-68-38-34; Quartier Pagerie; Erw./Kind 5/2 €; Di–Fr 9–16.30, Sa 9.30–12.30, So 9.30–14.30 Uhr; P) Auf der einstigen Zuckerrohrplantage hier wurde Marie Josèphe Rose Tascher de la Pagerie, die spätere Kaiserin Josephine von Frankreich, geboren. Ein pittoreskes Steingebäude, ehemals die Familienküche, wurde in ein Museum verwandelt, das Josephines Kinderbett und andere Erinnerungsstücke zeigt. Andere Gebäude stellen Objekte wie einen Familienstammbaum der Bonapartes, alte Zuckerrohrwerkzeuge und Liebesbriefe von Napoleon an Josephine aus.

Mehrsprachige Führer erzählen Anekdoten aus Josephines Leben, wie z. B. die Fälschung der Heiratsurkunde, auf der Josephine sechs Jahre jünger und somit so alt wie Napoleon gemacht wurde.

Ganz ohne Eintrittsgebühren kann man in den Ruinen der alten Mühle gegenüber dem Museum herumstöbern.

Maison de la Canne MUSEUM

(Zuckerrohrmuseum; ☎ 0596-68-32-04; Rte de Trois-Îlets; Erw./Kind 4/1 €; Di–Do 8.30–17.30, Fr & Sa bis 17, So 9–17 Uhr; P) Das leicht alternde Museum ist in einer alten Zuckerfabrik und Rumbrennerei eingerichtet und erzählt die traurige Geschichte des Sklavenhandels und des Zuckeranbaus. Im Hauptgebäude sieht man Fotografien und Gegenstände aus diesen Zeiten, wie den Code Noir, der das richtige Verhalten zwischen den versklavten Menschen und den Fabrik-/Plantagenbesitzern beschreibt. Außerdem sind eine nachgebaute Sklavenhütte und ein maßstabgetreues Modell der Zuckerraffinerie von Anse Latouche zu ihrer besten Zeit ausgestellt. Rostende Maschinenteile sind auf der Anlage verstreut.

Aktivitäten

Dauphins Martinique TIERBEOBACHTUNG

(☎ 0696-02-02-22; www.dauphin-martinique.com; Marina de la Pointe du Bout; Halbtagestouren Erw./Kind 55/35 €) Dauphins Martinique hat einen guten Ruf und veranstaltet umweltbewusste Delfinbeobachtungstouren in Kleingruppen, ohne die Tiere übermäßig zu stören. Die Ausflüge beinhalten auch einen Stopp zum Schwimmen/Schnorcheln.

Schéhérazade BOOTSTOUREN

(☎ 0696-39-45-55; Marina de la Pointe du Bout; Halbtagestouren Erw./Kind 50/30 €) Dieser Betreiber hat Bootsfahrten zur zauberhaften

Insel Rocher du Diamant (S. 653) im Programm, wo man am Riff schwimmen, eine Fledermaushöhle besichtigen und diesen faszinierenden, aber schwer zugänglichen Ort aus der Nähe betrachten kann. Auch die Delfinbeobachtung ist absolut empfehlenswert. Getränke und Snacks inklusive.

Espace Plongée TAUCHEN
(☎ 0596-66-01-79; www.epm972.fr; Marina de la Pointe du Bout) Hier werden morgens und nachmittags Tauchgänge angeboten, außerdem, wenn sich genügend Interessenten finden, auch Nachttauchgänge. Die Basis liegt direkt am Wasser an der Marina und das Personal spricht Englisch. Einführungstauchgänge kosten 60 €, normale 55 €.

Attitude Plongée TAUCHEN
(☎ 0596-72-59-28; www.attitudeplongee.com; Marina de la Pointe du Bout) Mitten in Pointe du Bout kann man hier Einführungstauchgänge für 65 € und einfache für 50 € buchen.

Schlafen & Essen

Die meisten Hotels und Resorts in Trois-Îlets liegen relativ dicht nebeneinander in und um Pointe du Bout. Sie bieten zwar ein ordentliches Preis-Leistungs-Verhältnis und es gibt unzählige Einrichtungen, für Individualreisende sind sie aber kaum attraktiv.

Le Panoramic Hotel HOTEL $$
(☎ 0596-68-78-48; www.lepanoramic.fr; Anse à l'Ane; DZ ab 100 €;) Von diesem Hotel in atemberaubender Hanglage in Anse à l'Ane, ein paar Kilometer westlich von Trois-Îlets, hat man einen tollen Blick auf die Bucht. Es gibt eine herrliche tropische Gartenanlage. Die 36 voll ausgestatteten Zimmer sind hell eingerichtet. Ein Zimmer mit Meerblick ist zu empfehlen! Die meisten Gäste zieht es tagsüber an den nahen Strand.

Hotel Bakoua RESORT $$
(☎ 0596-66-02-02; www.hotel-bakoua.fr; Pointe du Bout; DZ inkl. Frühstück ab 131 €;) Dieses Vier-Sterne-Resort in Hanglage bietet 132 Unterkünfte verschiedener Größen und Anordnungen. Die Zimmer sind komfortabel möbliert (die besten liegen direkt am Strand), das Ambiente ist minimalistisch und modern. Die Gäste haben Zugang zu einem kleinen künstlichen Strand mit Wassersportgeräten und zu Martiniques bestem Infinitypool mit atemberaubender Aussicht aufs Meer.

Le Ti Taurus KREOLISCH $$
(☎ 0596-76-33-39; Anse Mitan; Hauptgerichte 13,50–23 €; ⏲ 12–22 Uhr;) Direkt am Bootsanleger der Fähren aus Fort-de-France liegt das beste Restaurant des Orts. Mit der blau-weißen Deko kommt es wie eine Strandhütte daher, hat Englisch sprechendes Personal und auf der Karte stehen Meeresgetier wie Hummer sowie jede Menge Cocktails. Unbedingt reservieren, besonders sonntags, denn das Lokal ist äußerst beliebt.

La Mandoline FRANZÖSISCH $$$
(☎ 0596-69-48-38; www.poterie-village.fr; Le Village de la Poterie, Rte de Trois-Îlets; Hauptgerichte 23–29 €; ⏲ Di–Do 12–14.30, Fr & Sa 12–14.30 & 19.30–22 Uhr;) Das beste Essen in **La Poterie** (☎ 0596-68-24-64; www.poterie-village.fr; Rte des Trois Ilets; ⏲ Mo–Sa 10–18, So bis 13 Uhr), einer Anlage mit Geschäften und Restaurants, ist das La Mandoline mit Gourmet-Touch. Man kann draußen im Grünen oder im historischen Gebäude in einem gemütlichen Speiseraum sitzen, wo der berühmte Piña Colada serviert wird und sich die Gäste von der raffinierten, traditionellen französischen Küche überzeugen können.

Praktische Informationen

Otitour (L'Office du Tourisme de Trois-Îlets; ☎ 0596-68-47-63; Rue Cha-Cha; ⏲ Mo–Fr 8–13 & 14–17, Sa 9–13 Uhr).

An- & Weiterreise

Trois-Îlets wird regelmäßig von Fähren (5 €, 20 Min.) von Fort-de-France angefahren – die Anreise ist also ein Klacks. **Vedettes Tropicales** bieten Fähren (S. 650), die auch Pointe du Bout bedienen (5 €, 20 Min.), Anse Mitan (2,50 €, 25 Min.) und Anse à l'Ane (2,50 €, 30 Min.).

Le Diamant

Einerseits Stadt, andererseits Gemeinde, ist Le Diamant eine der malerischsten Ecken im Süden Martiniques. Allerdings gibt's keinen wirklichen Stadtkern, da alles über einen 2 km langen, von Wellen umspülten Sandstreifen und im Hügelland direkt dahinter verstreut liegt. Obwohl Le Diamant die quirlige Atmosphäre anderer Orte im südlichen Martinique fehlt, ist die Stadt eine entspannte Basis, um das westliche Horn oder großartige Tauchspots rund um Le Rocher du Diamant zu erkunden. Das schaurige Mahnmal Mémorial Cap 110 in Anse Cafard erinnert an die brutale Kolonialgeschichte von Martinique.

Sehenswertes

Mémorial Cap 110 DENKMAL

(Sklavereimahnmal; Anse Cafard; 24 Std.) Dieses schaurige Mahnmal mit Ausblick aufs Meer und Rocher du Diamant in der Ferne stellt 15 formlose, in Stein gearbeitete Figuren mit in Trauer gesenkten Köpfen dar. Das Werk gedenkt des Schicksals der vielen versklavten Menschen, die im April 1830 bei einem Schiffbruch vor der Küste ihr Leben ließen, und allgemein der zig Tausenden von versklavten Afrikanern, die im Zuge des transatlantischen Handels nach Martinique gebracht wurden.

Das Denkmal liegt leicht abseits der D37.

Rocher du Diamant NATURPHÄNOMEN

(Diamantenfels) Diese ungewöhnliche 176 m hohe, kleine und spitze Vulkaninsel knapp 1,5 km vor der Küste von Le Diamant ist ein extrem beliebter Tauchspot mit interessanten Höhlenformationen, aber auch tückischen Bedingungen. Zahlreiche Anbieter organisieren Bootsausflüge, bei denen auch dieses Inselchen angefahren wird – man sollte sich die Gelegenheit nicht entgehen lassen, sich das Naturwunder aus der Nähe anzusehen.

Plage du Diamant STRAND

Ein wunderbarer Streifen weißen Sandes erstreckt sich über 2 km westlich von Le Diamant. Schwimmen sollte man hier eher nicht, weil der Wellengang manchmal sehr stark ist, aber der Strand mutet wie ein Postkartenmotiv an und man kann hier wunderbar sonnenbaden, Muscheln sammeln, im Schatten picknicken oder einfach die Aussicht auf die vorgelagerte Insel Rocher du Diamant genießen.

Aktivitäten

Antilles Sub Diamond Rock TAUCHEN

(0696-82-14-35; www.plongeemartinique.fr; Port de Pèche Départemental de la Taupinière) Ein von einem französischen Pärchen gut geführter Laden, der für freundlichen Service und kleine Gruppen bekannt ist. Geboten werden Einführungstauchgänge (50 €), Pakete mit drei Tauchgängen (126 €), Zertifizierungskurse und Schnorchelsafaris.

Schlafen & Essen

In Le Diamant gibt's ein paar persönlich geführte Gästehäuser, die viel mehr hergeben als die vielen größeren Resorts entlang der Küste.

★ L'Anse Bleue BUNGALOWS $$

(0596-76-21-91; www.hotel-anse-bleue.com; La Dizac; DZ 70–95 €;) Die Unterkünfte sind sehr einfach, aber irgendwie ist alles stimmig. Über das weitläufige Areal verteilen sind 25 bezaubernde Bungalows (mit entweder einem oder zwei Zimmern), ein angenehm großer Pool und ein geniales Restaurant. Das Management ist freundlich und die Umgebung friedvoll – insgesamt einer der besten Orte im Süden Martiniques. Bis zum Strand ist es ein kurzer Spaziergang.

Rêve Bleu GÄSTEHAUS $$

(Ecrin Bleu; 0596-76-41-92; Rte des Anses d'Arlet; DZ ab 80 €; P) Für Familien ist dieses Haus direkt am Hang mit Blick auf Le Diamant eine gute Wahl. Es bietet ein perfektes Preis-Leistungs-Verhältnis und geräumige, helle und gepflegte Zimmer, alle mit einer großen Terrasse und einer Kochnische. Das Rêve Bleu liegt einen ziemlichen Fußmarsch von der Stadt entfernt, ein Auto ist also von Vorteil.

New Cap INTERNATIONAL $$

(0596-76-12-99; Anse Cafard; Hauptgerichte 17–24 €; Mi–Mo 12–22 Uhr;) Dieses Strandlokal ist wohl das populärste Restaurant hier und beim ersten Besuch etwas schwer zu finden. Es gibt eine Auswahl an „legendären Salaten“, Tapas, Burger und täglich frischen Fisch und Meeresfrüchtespezialitäten, die auf der Tafel gelistet werden. Das Lokal liegt in Anse Cafard, 3 km westlich von Le Diamant, und ist von der D37 aus über eine Straße mit dem tollen Namen Allée de la Bonne Humeur („Allee der guten Laune“) zu erreichen.

Der Strand ist hier leider nicht so schön.

La Paillotte Bleue FRANZÖSISCH $$

(0596-58-33-21; La Dizac; Hauptgerichte 16–23 €; 19.30–22 Uhr;) Hier wird vortrefflich am Pool diniert – eine wahre Gaumenfreude. Im Hotel L'Anse Bleue untergebracht (aber separat geführt), wird im La Paillotte Bleue klassische französische Küche mit einem Hauch von Karibik serviert, wie sautierter Oktopus, gekocht mit aromatischen Kräutern, oder Curryhühnchen.

Das Lokal führt eine gute Weinliste und der Service lässt nichts zu wünschen übrig.

Chez Lucie KREOLISCH $$$

(☎0596-525-107; 64 Rue Justin Roc; Hauptgerichte 18–28 €; ⏲Mo & Mi–Sa 11–15 & 18.45–22, So 11–15 Uhr) Chez Lucie ist eindrucksvoll an der Küste gelegen, und besonders an rauen Tagen macht das Meer-Beobachten Spaß, während man zu Abend isst. Die umfassende Speisekarte deckt alle möglichen Köstlichkeiten ab, wie z.B. *blaff* (in Limettensaft, Knoblauch und Gemüsepaprika marinierter und anschließend pochierter weißer Fisch) und Doradensteak, oder man nimmt einfach den Fang des Tages.

Auf der Welt gibt's wohl kaum einen Ort, an dem die Wellen so nah bei den Tischen aufs Land klatschen wie hier.

An- & Weiterreise

Gemeinschaftstaxis fahren vom Busbahnhof in Fort-de-France (5 €, 45 Min.) ab, außer nach Einbruch der Dunkelheit und an Sonntagen. Viel angenehmer lässt sich die Gegend mit einem Auto erkunden.

Les Anses d'Arlet

Les Anses d'Arlet ist zweifellos die charmanteste Ecke im Süden von Martinique. Eine authentische Atmosphäre blieb hier bewahrt, in dieser außergewöhnlichen Landschaft mit fantastischen Stränden. Die Gemeinde Les Anses d'Arlet umfasst eine Reihe von Dörfern, die bezeichnenderweise nach ihrer jeweiligen *anse* (kleine Buch) benannt sind: Grande Anse, Anse Noire, Anse Dufour und – das ist etwas verwirrend – Anse d'Arlet Bourg, das Verwaltungszentrum von Les Anses d'Arlet. Die Dörfer sind über eine oft steile, kurvenreiche Küstenstraße miteinander verbunden, die einen einzigartigen Ausblick auf die Wellen unten bietet.

Anse d'Arlet Bourg wird von einer römisch-katholischen Kirche aus dem 18. Jh. beherrscht, deren Tore beinahe direkt auf den Strand öffnen, und die ganze Szenerie wird von steilen, grünen Hügeln umrandet. Das Nachbardorf, Grande Anse, erstreckt sich am Ufer, gesäumt von farbenfroh gestrichenen Booten und einer Reihe von Restaurants, während die entzückenden Dörfer Anse Dufour und Anse Noire vom Tourismus so gut wie unberührt sind.

Sehenswertes

★ Plage Anse d'Arlet STRAND

(Anse d'Arlet Bourg) Dieser bildschöne goldgelbe Strand vor Anse d'Arlet Bourg reicht bis zu der aus dem 18. Jh. stammenden Dorfkirche und ist auf Martinique einer der hinreißendsten Orte zum Schwimmen. Er ist von Restaurants und Bars gesäumt und man findet leicht ein nettes Plätzchen im Schatten einer der Bäume.

Das Ensemble aus Kirche und Strand vom Ende des Piers aus gesehen ist eine der meist fotografierten Ansichten von Martinique (toll für ein Selfie) und mag einigen aus Urlaubsbroschüren bekannt vorkommen. Am Wochenende sieht man oft Hochzeitsgesellschaften auf dem Platz vor der Kirche, begleitet von kreolischen Rhythmen.

Der Strand ist besonders bei Familien beliebt.

Anse Dufour STRAND

Etwa auf halber Höhe zwischen Anse Mitan und Grande Anse zweigt eine Nebenstraße von der D7 ab und führt 2 km bergab direkt nach Anse Dufour. Die Ruhe dieses Fischerdorfs mit goldenem Sandstrand und einer Handvoll kreolischer Restaurants ist hinreißend, wenngleich es unter einheimischen Tagesausflüglern sehr populär ist, die scharenweise am Wochenende hierher pilgern.

Anse Noire STRAND

Wer sich nach einem intimen, abgeschiedenen Strand sehnt, ist mit dem entzückenden Anse Noire gut bedient. Man erreicht ihn über die Seitenstraße nach Anse Dufour, auf der man einfach über die Hügel fährt. Die winzige, pittoreske Bucht mit ihrem jadegrünen Wasser besteht aus einem kleinen Streifen schwarzen Sandes und ist von Palmen übersät. Hervorragend zum Schwimmen und Schnorcheln.

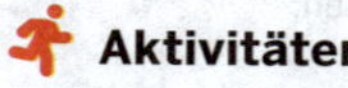

Aktivitäten

L'Arlésienne BOOTSTOUREN

(☎0696-82-54-41; http://baladesdelarlesienne.free.fr; Ave Robert Deloy, Grande Anse; Halb-/Ganztagestouren 30/55 €) Dieser Betreiber hat eine spannende Tour im Programm, zu den Buchten zwischen Grande Anse und Le Diamant. So bekommt man einen guten Überblick über die Highlights der Küste. Ein Stopp zum Schwimmen in einer herzigen kleinen Bucht ist eingeplant. Auch Ausflüge in den Norden von Martinique werden arrangiert.

Kazd'o Kayaks de l'Anse Noire KAJAKFAHREN
(☎ 0696-34-86-36; Anse Noire; 1 Std. 7 €, halber Tag 14 €, ganzer Tag 22 €) Hier werden direkt am Strand Kajaks verliehen, mit denen sich wunderbar in gemütlichem Tempo die nahe gelegenen Buchten erforschen lassen.

Alpha Plongée TAUCHEN
(☎ 0696-81-93-42, 0596-48-30-34; www.alpha-plongee.com; 138 Ave Robert Deloy, Grande Anse) Der familiäre Tauchshop ist auf kleine Gruppen spezialisiert und schafft eine intime Atmosphäre. Einfache Tauchgänge kosten 48 €, Einführungen 55 €. Geboten werden auch Zertifizierungskurse und Pakete. Außerdem gibt's *randonnée palmée* (geführte Schnorcheltouren; 25 €). Die Schnorchelausrüstung kann vor Ort geliehen werden (10 € pro Tag).

Plongée Passion TAUCHEN
(☎ 0596-68-71-78; www.plongeepassion.com; 1 Allée des Raisiniers, Grande Anse) Der bekannte Tauchladen direkt am Strand bietet am Morgen und am Nachmittag Tauchgänge an. Ein einzelner Tauchgang kostet inklusive Ausrüstung 45 €.

Schlafen

Durch einen glücklichen Zufall sind die Dörfer von Les Anses d'Arlet immer noch relativ unerschlossen, doch das heißt auch, dass es kaum Unterkünfte gibt. Andererseits macht das genau den Reiz aus, denn so ziemlich alle, die hierherkommen, sind Tagesausflügler. In Grande Anse und Anse d'Arlet Bourg gibt's ein paar kleine Gästehäuser.

Résidence Madinakay HOTEL $
(☎ 0596-68-70-76; 3 Allée des Arlésiens, Anse d'Arlet Bourg; DZ 60 €; ❄ 📶) Das winzige Hotel liegt mitten im Geschehen gleich gegenüber dem Strand von Anse d'Arlet Bourg und bietet angesichts der Top-Lage ein tadelloses Preis-Leistungs-Verhältnis. Die acht Studios sind einigermaßen funktional und nichts Spektakuläres, aber sauber und mit allem Nötigen eingerichtet.

Résidences Colombier VILLEN $$
(☎ 0696-80-51-52, 0596-68-63-38; Rue Général de Gaulle, Anse d'Arlet Bourg; DZ ab 80 €; ❄ 📶) Dieser freundliche Gastgeber offeriert im Herzen von Anse d'Arlet Bourg und nur ein paar Minuten vom Strand entfernt etliche Apartments und *gîtes* (Cottages) für Familien und Paare. Generell wird pro Woche vermietet. Die Unterkünfte sind in gutem Zustand und sehr komfortabel und liegen nur einen Katzensprung von einem der besten Strände (S. 654) Martiniques entfernt. Besonders bei französischen Familien beliebt.

Essen

Entlang der Küste findet man unzählige Restaurants; v. a. in Grande Anse gibt's viele wunderbare kleine Lokale, einige davon direkt am Strand. Fisch und Meeresfrüchte sind natürlich das A und O der hiesigen Küche – man kann sich kaum entscheiden bei der großen Auswahl an Etablissements.

★ **Bidjoul** KREOLISCH $$
(Ave Robert Deloy, Grande Anse; Hauptgerichte 10–20 €, Pizza 11–24 €; ⏲ 10–22 Uhr; 📶) Das einladende Holzhaus am Strand hält eine preiswerte Speisekarte bereit mit allen Klassikern der kreolischen Küche sowie Pizzen. Die bunten Tische stehen direkt am Strand – man kann sich einfach im Wasser abkühlen, während man auf das Essen wartet.

★ **Ti Payot** KREOLISCH $$
(☎ 0596-69-07-38; http://plongeepassion.com/ti-payot; 1 Allée des Raisiniers, Grande Anse; Hauptgerichte 13–16 €; ⏲ 8–19 Uhr; 📶) Vom Tauchveranstalter Plongée Passion betrieben, ist das Ti Payot direkt am Strand großartig zum Relaxen nach einem Tauchgang. Zwischen triefnassen Neoprenanzügen, Kindern mit Schnorcheln und Menütafeln kann man in lockerer Atmosphäre den Fang des Tages, vegetarische Gerichte und jede Menge Meeresfrüchte-Kombos genießen.

Le P'ti Bateau FISCH & MEERESFRÜCHTE $$
(☎ 0596-53-17-35; 108 Ave Robert Deloy, Grande Anse; Hauptgerichte rund 20 €; 📶) Für die Gäste dieses beliebten Strandlokals stehen Tische am Strand nahe dem Bootssteg. Drinnen wird eine köstliche Auswahl an Meeresfrüchten serviert, inkl. Kindermenü und dem extravaganteren Hummermenü (50 €). Dazu gibt's auf der Speisekarte lokale Klassiker wie Schneckenmuschelfrikassee und Fischtatar. Untermalt wird das Ganze von einem fröhlichen französisch-kreolischen Soundtrack.

Au Dessous du Volcan KREOLISCH $$
(☎ 0596-68-69-52; 79 Rue des Pêcheurs, Petite Anse; Hauptgerichte 15,50–22,50 €; ⏲ Fr–Mi 12–

15 & 19–22 Uhr;) Am Südende von Petite Anse steht das beste Restaurant des Ortes. Hier werden kreolische Gerichte von höchster Qualität in einem sensationellen tropischen Garten serviert. Die Spezialität des Hauses sind in Rum flambierte Garnelen. Zu den weiteren Highlights zählen heimische Desserts, wie z. B. flambierte Bananen und Mojito-Sorbet mit weißem Rum.

Valy et Le Pêcheur KREOLISCH $$
(0696-93-60-87; Anse d'Arlet Bourg; Hauptgerichte 10–20 €, Mi–Mo 12–15 Uhr) In diesem Kiosk am Strand mit etwas veralteten Plastikstühlen bereitet eine dynamische Crew herausragende lokale Spezialitäten zu, wie Schweinerippchen, Schneckenmuschelfrikassee und Schmorhuhn. Die Portionen sind riesig, und der Kiosk übertrifft definitiv alle anderen am Strand in Anse d'Arlet Bourg.

Ti Sable INTERNATIONAL $$$
(0596-68-62-44; www.tisablemartinique.com; 35 Allée des Raisiniers, Grande Anse; Hauptgerichte 18–26 €; Mo–Do 9–18, Fr–So 9–18 & 19–22 Uhr;) Diese große, schattige Anlage am Nordausläufer des Strandes von Grande Anse verspricht ein nettes Essen direkt am Meer. Die Fischgerichte, exotischen Salate und Grillfleisch sind von sehr hoher Qualität und die Location zauberhaft. Das Kindermenü kostet 12 € und die Cocktails rund 7 €. Sonntag ist der beste Tag, denn dann gibt's ein Mittagsbüfett und am Abend Livemusik.

An- & Weiterreise

Gemeinschaftstaxis verbinden Les Anses d'Arlet mit Fort-de-France (4,50 €, 50 Min.), über Le Diamant und Petite Anse. Am besten lässt sich die Gegend allerdings mit einem Mietauto erkunden.

Sainte-Luce

Das geschäftige Sainte-Luce ist an sich nicht wirklich einen Besuch wert, aber eine Reihe von Hotels entlang der Küste in den Außenbezirken von Gros Raisin und Trois-Rivières führt Touristen hierher, genauso wie die historische Trois-Rivières-Brennerei, der bekannteste Rumproduzent auf Martinique. Die Hotels befinden sich in ausreichendem Abstand zur Hauptverkehrsstraße, sodass man nicht das Gefühl hat, man würde an der Autobahn übernachten, aber doch nahe genug, um von hier aus die Südhälfte der Insel bequem zu erkunden. Die hübschen Strände in Sainte-Anne und Les Anses d'Arlet liegen beide in angenehmer Entfernung für einen Tagesausflug.

Sehenswertes & Aktivitäten

Distillerie Trois-Rivières BRENNEREI
(0596-62-51-78; www.plantationtroisrivieres.com; Quartier Trois-Rivières; Führung 3 €; Nov.–Mai 9–17.30 Uhr, Juni–Okt. So geschl.) Die älteste und bekannteste Rumbrennerei Martiniques schneidet unter allen Destillerien der Insel in Sachen Besucherservice am schlechtesten ab. Wer nicht an einer der Führungen (10, 11, 12, 14, 15 und 16 Uhr) teilnimmt, für den gibt's hier außer dem mondänen, aber gut gefüllten Fabrikladen nichts zu sehen. Man darf sich nicht in Eigenregie umschauen und die Fabrik ist unordentlich und überraschend klein. Das einzig Besondere: Man kann Martiniques berühmtesten Rum direkt an der Quelle kaufen.

Die Brennerei ist schwer zu finden, da sie von den meisten Navis direkt an der Autobahn angezeigt wird. In Wirklichkeit muss man die nächste Abfahrt nehmen und ein Stück zurückfahren. Die Hinweisschilder sind irreführend.

Kawan Plongée TAUCHEN
(0696-76-58-69; http://sainteluce.kawanplongee.com; Blvd Kennedy) Éric, Cécile und ihr Team heißen ihre Besucher in diesem sympathischen Tauchladen mitten in Sainte-Luce willkommen. Einführungstauchgänge gibt's für 55 €, normale für 45 €. Auch werden zahlreiche Pakete und Kurse geboten.

Schlafen

Ein Großteil der Unterkünfte in und um Sainte-Luce besteht aus eher mittelmäßigen, massentauglichen Resorts, aber man findet auch ein paar Ausreißer.

★ Ti' Paradis B&B $$
(0696-76-09-76, 0596-62-78-20; www.ti-paradismartinique.com; 69 Anse Gros Raisin; DZ inkl. Frühstück 130–150 €;) Ti' Paradis ist irgendwo zwischen einem Boutique-Hotel und einem B&B anzusiedeln. Die sieben makellosen Zimmer sind in gedämpften Erdfarbtönen möbliert und haben schimmernde Bäder sowie einen unvergesslichen Meerblick. Hier lässt man die Seele auf der schattigen Terrasse baumeln, fau-

lenzt am Pool oder geht ein paar Schritte zum Strand hinunter. Abendessen kann bestellt werden; ein Mindestaufenthalt von zwei Nächten ist vorgesehen.

Le Verger de Ste-Luce BUNGALOWS **$$**
(☎ 0596-62-20-72; www.facebook.com/VergerdeSainteLuce; DZ/4BZ 85/115 €; ❄ 📶 🏊) Wer nach einem herzlichen Empfang sucht, muss sich nicht weiter umsehen: Dies ist ein charmantes Plätzchen. Rund um einen Pool mit Sonnenliegen sind Bungalows angelegt, und es gibt einen Jacuzzi. Darüber hinaus freut sich der sympathische Besitzer, wenn sich seine Gäste mit ihm unterhalten wollen. Die einfachen Bungalows haben je eine eigene Veranda und eine Kochnische, und die üppige Bepflanzung verleiht dieser kleinen Anlage eine intime Atmosphäre.

Hotel Le Panoramique HOTEL **$$**
(☎ 0596-62-31-32; www.hotel-le-panoramique.com; Trois-Rivières; DZ ab 75 €; ❄ 📶 🏊) Nur ein kleines Stück nördlich von Le Verger in Sainte-Luce, außerhalb der Stadt, liegt dieses Hotel mit bequemem Strandzugang. Fünf der 15 Zimmer verfügen über eine Kochnische. Dazu gibt's herrliche Ausblicke, wenn auch direkt darunter eine Straße liegt – das kann ein Nachteil sein. Auf dem Grundstück findet man auch eine Bar und ein Restaurant.

Hotel Corail Résidence HOTEL **$$**
(☎ 0596-62-11-01; www.hotelcorail.com; Anse Mabouya; DZ ab 110 €; ❄ 📶 🏊) Ganz klar eine der besten Unterkünfte in Sainte-Luce. Das Hotel liegt schön abgeschieden und alle 25 Zimmer verfügen über einen Küchenblock und kleine Veranden mit atemberaubendem Ausblick auf die Bucht. Es gibt eine eindrucksvolle Poollandschaft und ein auserlesenes Restaurant. Außerdem liegt es nur einen kurzen Spaziergang vom Strand Anse Mabouya entfernt, dem besten der Stadt.

Essen

★ **Le Mabouya** FRANZÖSISCH-KARIBISCH **$$$**
(www.hotelcorail.com/le-restaurant-le-mabouya; Hôtel Corail Résidence; Anse Mabouya Hauptgerichte 15–28 €; ⏲ Mo, Di & Fr 19–22, Sa & So 12–14.30 & 19–22 Uhr; 📶) Dieses exquisite Restaurant im Hôtel Corail Résidence lädt zu einem Genussfest ein, mit einer fabelhaften, innovativen französisch-kreolischen Küche. Empfehlenswert sind die Spezialitäten des Hauses, wie Hummerravioli, Jakobsmuscheln mit Risotto oder auch die himmlische Crème brulée, für die man sterben würde. Man sollte reservieren.

La Pura Vida FRANZÖSISCH-KARIBISCH **$$$**
(☎ 0596-53-89-35; http://restaurantpuravida.fr; Gros Raisin; Hauptgerichte 20–26 € ⏲ Di–So 12–14 & 19–22 Uhr; 📶) La Pura Vida sticht aus der Restaurantszene von Sainte-Luce heraus, denn hier wird französische Traditionsküche mit lokalen Produkten kombiniert. Die Einrichtung selbst steht für den frischen Wind, den das Lokal bringt: eine große Terrasse mit hübschen Holztischen und Loungesofas. Man kann sich seinen Hummer im Becken aussuchen (7 € pro 100 g) oder den exzellenten Schneckenmuscheleintopf probieren. Auch Cocktails lassen sich hier wunderbar genießen.

Das Kindermenü ist für 12 € zu haben, aber die Desserts für 13 € sind die wahrscheinlich teuersten der Insel.

Case Coco FRANZÖSISCH **$$$**
(☎ 0596-62-32-26; 58 Rue Schoelcher; Hauptgerichte 19–25 €; ⏲ Di 18.30–22, Mi–So 12–15 & 18.30–22 Uhr; ❄ 📶) Dieses stimmungsvolle Lokal ist in einem sorgfältig renovierten kreolischen Haus untergebracht und bietet eine gewinnende Kombi aus innovativer französischer Kost und tropischem Flair, Wärme und Gemütlichkeit – ganz zu schweigen von der beneidenswerten Lage an der Uferpromenade. Das mit Rum flambierte Schweinefilet ist zu empfehlen, falls es gerade auf der Speisekarte steht. Gar keine schlechte Wahl für ein romantisches Abendessen oder einen Sundowner.

ℹ An- & Weiterreise

Tagsüber verkehren Gemeinschaftstaxis zwischen Fort-de-France und Sainte-Luce (4,50 €, 1 Std.).

Sainte-Anne

Sainte-Anne ist die südlichste Stadt auf Martinique, mit einladender Küste, Holzhäusern, einem entzückenden Hauptplatz mit einer hellen Steinkirche auf der einen Seite und einigen guten Restaurants auf der anderen. Trotz der vielen Leute, die an den Wochenenden und zur Hochsaison durch die Stadt schlendern, ist Sainte-Anne ein entspannter Ort geblieben und vermittelt nie den Eindruck, von den zahlreichen Touristen überrollt zu werden.

Die meisten Besucher zieht es wegen Martiniques berühmtestem Strand hierher: Grande Anse des Salines an der unerschlossenen Südspitze der Insel. Wer ohne eigenes Fahrzeug kommt, für den gibt's den Stadtstrand mit vielen Riffformationen nahe der Küste, wo man gut schnorcheln kann.
Nach einer 15-minütigen Autofahrt 6 km in den Nordosten der Insel erreicht man eine andere Welt entlang der vom Atlantik umspülten Küste. Hier liegen rund um das eindrucksvolle Cap Chevalier ein paar einzigartige verlassene Strände.

Sehenswertes

★ Grande Anse des Salines STRAND

Grande Anse des Salines, ein perfekter Halbmond aus weißem Sand, ist die Karibik, wie sie im Buche steht: Palmen überhängen den Strand, der sanft zum klassischen türkisblauen Wasser hin abfällt. Er liegt rund 5 km südlich von Sainte-Anne an der D9 und hat jede Menge Parkplätze. Abgesehen von ein paar Snackbars und Verkäufern von hausgemachtem Sorbet, die für Stärkung sorgen, gibt's herrlich wenig Infrastruktur an diesem Fleck wunderbar wilder Natur.

Pointe Marin STRAND

Sainte-Annes beliebtester Badestrand ist der lang gezogene zauberhafte Strand entlang der Halbinsel 800 m nördlich der Stadtmitte. Er wird von Restaurants und Bars gesäumt. Zwar kann es ziemlich voll werden, aber der Strand ist lang genug, sodass man meist einen angenehmen Platz findet.

Anse Michel STRAND

Der Wind, der an diesem Teil der Küste ständig bläst, bildet zusammen mit der riffgeschützten Lagune die perfekten Bedingungen für Kite- und Windsurfen. Diese *anse* (Bucht) ist zudem ein schönes Plätzchen zum Sonnetanken und Schwimmen.

Aktivitäten

★ Taxi Cap BOOTSTOUREN

(☎ 0596-76-93-10, 0696-45-44-60; www.taxicap.com; Cap Chevalier; Ganztagesausflüge Erw./Kind 38/15 €) Per Boot lassen sich die Lagune, die kleinen Inseln in der Umgebung und die Mangroven-Ökosysteme gut erforschen. Der viel beworbene Anbieter Taxi Cap betreibt eine ganze Reihe von Booten und die Überfahrt zur Îlet Chevalier für den Rückweg kostet nur 4 €. Im klassischen Ganztagesausflug sind das Mittagessen und unzählige Aktivitäten enthalten.

Alize Fun-Lagon Evasion WASSERSPORT

(☎ 0696-91-71-06; www.alizefunkitemartinique.com; Anse Michel, Cap Chevalier) Wer seine Kenntnisse im Wind- oder Kitesurfen auffrischen oder eine erste Einführung (ab 95 €) bekommen will, für den bietet sich der kleine Laden direkt am Strand an. Auch Kajaks werden verliehen (16 € pro Std.). Es gibt geführte Kajaktouren zu den nahe gelegenen Inselchen.

Natiyabel OUTDOORAKTIVITÄTEN

(☎ 0696-36-63-01; http://plongee-martinique.fr; Bourg) Das überaus gut geführte Zentrum organisiert unterschiedliche Tauchausflüge und Zertifizierungen. Einführungen/einfache Tauchgänge kosten 55/48 €. Schnorcheln kommt auf 16 €. Kajaks werden verliehen (16 € pro Halbtag).

Schlafen

Salines Studio HOTEL $

(☎ 0596-76-90-92, 0596-76-82-81; salinestudios@hotmail.fr; 7 Rue Jean-Marie Tjibaou; DZ 70–80 €; ❄📶) Salines Studio ist sehr verlässlich, leger und ruhig. Es wirkt wie ein typisches Motel und ist das Richtige für Reisende mit begrenztem Budget, die ein Studio mit Küchenzeile suchen. Die Unterkunft liegt im Dorfzentrum mit guter Anbindung an lokale Einrichtungen und Verkehrsmittel.

★ Airstream Paradise CAMPINGPLATZ $$

(☎ 0596-58-45-19; www.airstreamparadise.fr; Pointe Marin; Wohnwagen ab 130 €; ❄📶) Der Platz gleich am Strand von Pointe Marin umfasst eine Anzahl renovierter Airstream-Luxuswohnwagen, die zwei bis vier Personen beherbergen können. Jeder Wohnwagen hat einen Outdoor-Jacuzzi, eine Kaffeemaschine, einen Grill und einen Flachbild-TV. Das Management ist aufmerksam und freundlich und die Unterkunft ist besonders für Kinder toll. Außerdem gibt's eine Snackbar im typisch amerikanischen Stil.

Essen & Ausgehen

★ Les Tamariniers KREOLISCH $$

(☎ 0596-76-75-62; 30 Rue Abbé Saffache; Hauptgerichte 13–23 €, Menüs ab 20 €; ⏲ 11–14.30 & 18–21.30 Uhr; Mi & Sonntagmittag geschl. ❄) Dieses freundliche Lokal neben der Kirche ist das wohl beste der Stadt, mit einer vielfältigen Auswahl an kreolischen Gerichten und französischen Spezialitäten. Zu empfehlen ist die mit Rum flambierte Garnele, und wer wirklich über die Stränge schlagen will, der bestellt die Meeresfrüchte-Grillplatte (93 € für zwei Personen).

La Cour Créole KREOLISCH $$
(☎ 0596-62-59-18; 15 Rue Jean-Marie Tjibaou; Hauptgerichte 6–20 €; ⌚ Di–So 11–21 Uhr; ❄ 📶) Zentraler geht's nicht. Hier gibt's einfach alles, von Sandwiches und Eis bis zu einem kreolischen Probiermenü für Feinschmecker. Einfach im klimatisierten Gastraum oder auf der Terrasse Platz nehmen und aus dem großen Angebot wählen, das auch vegetarische Gerichte umfasst.

Otantik KREOLISCH $$
(☎ 0696-08-40-26; Rue Frantz Fanon; Hauptgerichte 12–19 €; ⌚ Mi–So 10–22 Uhr; 📶 ✎) Diese Hütte auf einem Hügel einen kurzen Spaziergang vom Ortszentrum entfernt wurde um einen Baum herum gebaut und hat einen berauschenden Meerblick. Hier werden saisonale Zutaten mit dem Fang des Tages kombiniert, und täglich gibt's ein neues preiswertes und leckeres Menü. Hippie-Feeling wird hier versprüht und Vegetarier sind gut versorgt.

Basilic Beach FISCH & MEERESFRÜCHTE $$
(☎ 0696-32-67-92; Pointe Marin; Hauptgerichte 14–23 €; ⌚ Di–So 12–15 Uhr) Von diesem Holzhäuschen nebst Zelt mit Sandfußboden aus blicken Gäste auf das Wasser zwischen Sainte-Anne und dem Pointe-Marin-Strand (S. 658), während sie das perfekte Mittagessen am Strand genießen. Hier werden Klassiker der Küche Martiniques geboten: *acras* (frittierte Teigtaschen gefüllt mit Fisch oder Shrimps), Thunfischtatar, Fang des Tages und Schneckenmuscheln – und nicht zu vergessen: der hervorragende Basilikum-Mojito.

La Dunette BAR
(☎ 0596-76-73-90; www.ladunette.com; Rue Jean-Marie Tjibaou; ⌚ 12–23 Uhr; 📶) Dieses Hotelrestaurant im Herzen der Stadt ist einer der besten Orte für einen Drink. Die Location selbst – Holzterrasse und Ponton mit Blick aufs Wasser – garantiert ein unvergessliches Cocktailerlebnis zum Sonnenuntergang. Am Wochenende gibt's Livemusik.

ℹ Praktische Informationen

Touristeninformation (☎ 0596-76-73-45; www.sainteanne-martinique.fr; Ave Frantz Fanon; ⌚ Mo–Fr 8.30–15.30 Uhr) Das Touristenbüro im Norden der Stadt nahe dem Marin-Strand (S. 658) gibt Stadtpläne von Sainte-Anne aus und kann bei Hotel- und Mietwagenreservierungen helfen.

ℹ An- & Weiterreise

Busse verkehren zwischen Fort-de-France und Sainte-Anne tagsüber in etwa stündlich (4,50 €, 1¼ Std.). Lokale Busse fahren im Halbstundentakt entlang der Küste nach Sainte-Luce (2,50 €, 45 Min.). Die Haltestelle **Gare Routière** (Rue Abbé Saffache) befindet sich im Stadtzentrum von Sainte-Anne.

NÖRDLICHES MARTINIQUE

Nur wenige Strandtouristen besuchen den hohen Norden von Martinique, eine schroffe, gebirgige und windgepeitschte Landschaft. Hier bieten sich dem Auge die meisten beeindruckenden Ansichten und man kann wunderbar wandern. Als Ass im Ärmel hat der Norden den enormen Mont Pelée, einen aktiven Vulkan, der sowohl die Geologie als auch die Geschichte Martiniques stark geprägt hat.

Im Gegensatz zum Süden ist diese Region nicht für ihre Strände bekannt – wenn man weiß, wo man suchen muss, findet man aber durchaus ein paar grandiose. Mit seinen eindrucksvollen Landschaften, wie in Presqu'île de Caravelle und Grand-Rivière, sowie dem historischen Charme von Saint-Pierre, ist der Norden Martiniques genau das Richtige für die wahren Kenner der Karibik – das liegt auf der Hand.

Saint-Pierre

Zwischen einem Berghang mit dunstigem Regenwald und einer ruhigen azurblauen Bucht gelegen, ist Saint-Pierre definitiv die entzückendste Stadt auf Martinique. Ein gewisser wilder Charme, die unzähligen Kolonialbauten und der reizende dunkelgraue Sandstrand machen aus Saint-Pierre die perfekte Kulisse bei Sonnenuntergang.

Inmitten all der Ruhe kann man sich kaum vorstellen, dass Saint-Pierre einst die Hauptstadt Martiniques gewesen sein soll und irgendwann wohl die weltoffenste Stadt der ganzen Karibik. All dies fand am 8. Mai 1902 ein abruptes Ende, als der Mont Pelée ausbrach und die Stadt in nur zehn Minuten auslöschte – mit ihr die meisten der 30 000 Einwohner (nur drei überlebten). Es überrascht nicht, dass sich Saint-Pierre nie so richtig von dieser Katastrophe erholt hat. Fort-de-France wurde die neue Hauptstadt, und Saint-Pierre verwandelte sich in den etwas exzentrischen Ort am Meer, der er heute noch ist. Ob nun wegen der tragischen Vergangenheit oder wegen der entspannten Atmosphäre heute: Saint-Pierre ist ein authentisches karibisches Vergnügen.

Sehenswertes

Zoo de Martinique ZOO

(Habitation Latouche; ☎0596-52-76-08; www.zoodemartinique.com; Anse Latouche; Erw./Kind 16,50/9 €; ⌚9–18 Uhr;) Drei Attraktionen in einer bietet der größte Besuchermagnet des Inselnordens, denn der Zoo ist Tiergarten, botanischer Garten und historische Stätte zugleich. Zwischen den Ruinen einer alten Zuckerfabrik, die beim Ausbruch des Mont Pelée 1902 zerstört wurde, sind Affen, Papageien, Schmetterlinge, Jaguare, Flamingos und Pumas zu sehen. Jede Menge tropische Pflanzen verleihen dem Ganzen Farbe, und in der gesamten Anlage gibt's Infotafeln zur Geschichte der Fabrik. Wer in der Gegend ist, sollte hier unbedingt vorbeischauen.

Distillerie Depaz BRENNEREI

(☎0596-78-13-14; www.depaz.fr; Plantation de la Montagne Pelée; ⌚Mo–Fr 10–17, Sa 9–16 Uhr; P) GRATIS Dieser interessante Betrieb liegt, umzingelt von Zuckerrohrfeldern, auf einem Hang in den nördlichen Randbezirken von Saint-Pierre. Besucher können sich auf eigene Faust von einer Tafel zur nächsten (mit englischem Text) übers Gelände bewegen. Im Verkostungsraum werden die hier hergestellten Produkte präsentiert, inkl. *rhum vieux* (Jahrgangsrum), der Mercedes unter den Rumsorten auf Martinique, ein echter Konkurrent für den Cognac. Vor Ort gibt's auch ein Restaurant.

Domaine de l'Émeraude NATURSCHUTZGEBIET

(☎0596-52-33-49; www.pnr-martinique.com/visiter/domaine-demeraude; Erw./Kind 6/3 €; ⌚9–16 Uhr; P) Wer in diesem wundervollen Naturschutzgebiet wandert, lernt anhand des Ausgestellten und der Texte auf den Schildern viel: ein Fleck unberührter Natur mit tollen Lernmöglichkeiten. Für die drei Wege durch den Wald, 1 bis 5 km lang, sollte man sich genug Zeit nehmen, um sich alle einheimischen Pflanzen, Blumen und Bäume anzusehen.

Theaterruine RUINE

(Rue Bouillé) Saint-Pierres atemberaubendste Ruinen sind jene des Theaters aus dem 18. Jh. Zum Großteil durch den Ausbruch des Mont-Pelée 1902 zerstört, ist immer noch genug übrig geblieben, damit der Besucher ein Gefühl für die ehemalige Pracht dieses Bauwerks bekommt, in dem einst 800 Besucher Platz fanden und Theatertruppen aus Frankreich spielten. An der nordöstlichen Seite der Ruine kann man in die winzige Gefängniszelle mit ihren dicken Mauern schauen, in der Louis-Auguste Cyparis untergebracht war, einer der drei Überlebenden der Stadt.

Eine Skulptur von Madeleine Jouvray – einer Schülerin Rodins – stellt das Leid nach dem Vulkanausbruch dar.

Im **Quartier du Figuier** und entlang der Rue Bouillé sind ebenfalls zahlreiche Ruinen zu finden.

Centre de Découverte des Sciences de la Terre MUSEUM

(☎0596-52-82-42; www.cdst.e-monsite.com; Rte du Prêcheur; Erw./Kind 5/3 €; ⌚Sept.–Juni Di–So 9–17 Uhr, Juli & Aug. Di–So 10–18 Uhr; P) Das Naturwissenschaftliche Museum nur 1,5 km außerhalb der Stadt sieht aus wie ein großer, weißer Kasten auf Säulen. Die Dauerausstellung informiert größtenteils auf Französisch über den Mont Pelée und Vulkane im Allgemeinen. Im großen Kino wird die fast einstündige Dokumentation *Volcans des Antilles* über den Ausbruch des Mont Pelée und seine katastrophalen Folgen gezeigt Der Film hat englische Untertitel und beginnt jeweils um 9.30, 11.30, 14 und 16 Uhr (im Juli und August um 10.30, 12.30, 15 und 17 Uhr).

Eventuelle Langeweile bei Kindern kann durch einen Besuch des interaktiven Experimentiersaales wieder wettgemacht werden.

Musée Volcanologique et Historique MUSEUM

(Musée Frank A Perret; ☎0596-78-15-16; Rue Victor Hugo; ⌚Mo–Sa 9–17 Uhr; P) GRATIS Dieses kleine, aber echt interessante Museum wurde 1932 vom amerikanischen Abenteurer und Vulkanforscher Frank Perret gegründet und gewährt einen Einblick in die verheerende Eruption des Mont Pelée 1902.

Ausgestellt sind Objekte, die unter den Trümmern gefunden wurden, sowie Fotos der Stadt vor und unmittelbar nach dem Vulkanausbruch.

ABSTECHER

ROUTE DE LA TRACE

Die Route de la Trace (auf Karten prosaisch als N3 betitelt) schlängelt sich die Berge nördlich von Fort-de-France hinauf. Es ist eine wunderschöne Fahrt durch üppigen Regenwald voll hoher Baumfarne, mit Anthurien bewachsene Hänge und dichte Bambusfelder an der Straße. Die Route verläuft entlang der östlichen Flanke der vulkanischen Bergspitzen von Pitons du Carbet. Zahllose gut ausgeschilderte Wanderpfade führen von der Route de la Trace in den Regenwald und auf die Gipfel.

Die Straße folgt einem Pfad, der von den Jesuiten im 17. Jh. angelegt wurde: Trace de Jésuites. Die Inselbewohner erzählen, dass die verschlungene Wegführung auf die Vorliebe der Jesuiten für Rum zurückzuführen ist.

Weniger als zehn Minuten Autofahrt nördlich von Fort-de-France, im Dorf Balata, findet man **Sacré-Cœur de Balata**, eine maßstabgetreue, verkleinerte Nachbildung von Sacré Cœur in Paris. Die Kirche mit Kuppeldach im romanisch-byzantinischen Stil liegt auf einem Hügel – die Gebirgskette Pitons du Carbet erhebt sich im Hintergrund und man blickt von hier aus über Fort-de-France nach Pointe du Bout und weiter.

Auf der Westseite der N3, zehn Minuten Autofahrt von der Balata-Kirche Richtung Norden, befindet sich eine der besten Attraktionen der Insel, die kein Strand ist – der **Jardin de Balata** (S. 649), ein ausgewachsener botanischer Garten umgeben von Regenwald. Hinter dem Garten schlängelt sich die N3 ins Gebirge hinauf auf eine Höhe von 600 m, bevor sie bergab zum Fluss Alma führt, der eine üppig grüne Schlucht durchquert. Am besten genießt man ein Picknick bei den Felsen, bevor man sich ein paar kurze Wanderrouten vornimmt, die in den Regenwald führen.

Hinter der Schlucht verläuft die Route de la Trace durch Bananenplantagen und Blumenfelder und mündet in **Morne Rouge**, eine Gemeinde, die durch die Eruption des Mont Pelée im August 1902 teils zerstört wurde, einige Monate nachdem ein Ausbruch des Vulkans Saint-Pierre ausgelöscht hatte. Auf 450 m Höhe liegt diese Gemeinde höher als alle anderen Städte auf Martinique in einer atemberaubenden Gebirgslandschaft.

Etwa 2 km nördlich der Einmündung führt eine Straße (D39) mit der Beschilderung nach Aileron 3 km bergauf auf den **Mont Pelée**, von wo ein felsiger Pfad (vier Stunden Rundweg) an der Südflanke des Vulkans auf den Gipfel führt.

Aktivitäten

Wandern

Der Mont Pelée ist die wichtigste Naturattraktion der Insel und ein Muss für Wanderfreunde. Es gibt anstrengende Routen entlang der Nord- und der Südflanken hinauf. Die kürzeste und steilste verläuft entlang der Südseite, mit Ausgangspunkt am Refuge de L'Aileron in Morne Rouge (ausgeschildert); hoch und zurück braucht man etwa vier Stunden. An der Touristeninformation gibt's eine Karte. Am besten besteigt man den Vulkan frühmorgens, dann liegen die Chancen für eine ungetrübte Fernsicht am besten.

Tauchen

Centre de Plongée à Papa D'Lo TAUCHEN
(☎0696-50-13-68; www.apapadlo.net; Rue Bouillé) Dieser kleine Tauchanbieter mit moderner Ausrüstung und einer Basis direkt an der Uferpromenade ist auf Wracktauchen spezialisiert. Einzelne Tauchgänge bekommt man ab 37 €, Einführungen ab 60 €.

Tropicasub TAUCHEN
(☎0696-24-24-30; www.tropicasub.com; Anse Latouche; ⊙Di–So) Einer der erfahrensten Anbieter in dieser Gegend ist Tropicasub am südlichen Rand von Saint-Pierre. Einführungstauchgänge gibt's für 55 €, einfache kosten 50 €. Auch Zertifizierungskurse und Pakete sind erhältlich.

Feste & Events

Mai de Saint-Pierre KULTUR
(⊙8. Mai) Die Insel gedenkt des Ausbruchs des Mont Pelée am 8. Mai 1902, mit Liveauftritten von Jazzmusikern und Kerzenlichtprozession durch die Stadt, von der Kathedrale die Küste entlang.

Schlafen

In Saint-Pierre gibt's nur ein Hotel und wenige Privatunterkünfte – ein Zeichen dafür, wie wenig touristisch diese reizende Gegend ist –, aber es gibt mehrere Hotels und Gästehäuser in der Umgebung. Wer irgendwo außerhalb des Stadtzentrums übernachten möchte, wird einen Wagen brauchen.

Hôtel de l'Anse HOTEL $

(☎0696-38-91-70, 0596-78-30-82; www.hoteldelanse.com; Anse Latouche; DZ ab 50 €, Bungalow 65–90 €; P ❄ ≋) An einer zauberhaften Bucht an der Straße zwischen Carbet und Saint-Pierre befindet sich diese stimmungsvolle umgebaute Kapelle, ein preiswertes Domizil mit neun schlichten, hellen Zimmern. Jene im Obergeschoss sind einen Tick kleiner als die unten, allesamt sind sie absolut einfach, aber preiswert. Hinter dem Haupthaus, in einem tropischen Garten, gibt's auch drei gemütliche Bungalows.

Le Fromager CHALET $

(☎0596-78-19-07; Quartier Saint-James; DZ 40 €; P) Dieses beliebte Restaurant direkt auf einem Hügel vermietet auch vier preiswerte Holzstudios, alle mit eigenem Balkon und überwältigendem Meerblick. Bei diesen Preisen ist es kein Wunder, dass die Unterkunft meist ausgebucht ist – im Voraus reservieren.

★ La Maison Rousse GÄSTEHAUS $$

(☎0596-55-85-49; www.maisonrousse.com; Quartier Fonds Mascret, Fonds Saint-Denis; Zi. 110–140 €, Suite 210–220 €; ❄ ≋) Mitten im Dschungeldickicht in den Anhöhen von Fonds Saint-Denis liegt eine der exklusivsten Unterkünfte, ein genialer Rückzugsort auf Martinique. Die Zimmer beherbergen bis zu vier Personen und sind schlicht, hell gestrichen und um einen kleinen Pool herum angelegt, mit phänomenalem Blick auf den Fluss darunter. Am schönsten sind die großräumigen Suiten mit eigener Terrasse.

Das exzellente Restaurant ist ideal für ein langes Mittagessen und auch für Nichtgäste geöffnet. Die Spazierwege durch das private Naturschutzgebiet am Haus dürfen allerdings nur die Hotelgäste nutzen.

Hôtel Villa Saint-Pierre HOTEL $$

(☎0596-78-68-45; www.hotel-villastpierre.fr; Rue Bouillé; DZ 137–147 €, 3BZ 182 €; P ❄ ≋) Das einzige Hotel der Stadt ist gut, liegt direkt am Meer und hat einen kleinen Strand nur ein paar Meter vom Eingang entfernt. Die neun kürzlich renovierten Zimmer sind gemütlich und mit lokal gefertigten Holzmöbeln ausgestattet, die beinahe Boutique-Flair versprühen. Die Begrüßung ist freundlich. Die Zimmer mit Meerblick sind lichtdurchflutet – die zusätzlichen 10 € lohnen sich.

> **ABSTECHER**
>
> **DOMAINE SAINT AUBIN**
>
> Komplett gegen den Trend im nördlichen Martinique geht das **Domaine Saint Aubin** (☎0596-69-34-77; www.ledomainesaintaubin.com; Petite Rivière Salée, La Trinité; DZ/3BZ ab 185/220 €; ❄ ≋ ≈), ein freundliches Boutique-Hotel in einem traumhaften ehemaligen Plantagenhaus, umgeben von mehreren Hektar Waldland. Die gemütlichen, gepflegten Zimmer sind mit antiken Möbeln ausgestattet. Die Eigentümer, deren Familie seit 1715 auf Martinique lebt, kümmern sich bestens um ihre Gäste. Außerdem gibt's ein Restaurant und ein opulentes Frühstück.

Essen

Es gibt einige exzellente Restaurants in und um Saint-Pierre. In der Nebensaison kann es allerdings eine Herausforderung sein, eines zu finden, das geöffnet hat. Insbesondere am Abend wird es schwierig, denn nur wenige der Lokale sind das ganze Jahr über offen. Exquisiter Fisch und Meeresfrüchte werden angeboten, und Le Guérin, direkt am Wasser gelegen, ist die Top-Adresse fürs Mittagessen.

★ Le Fromager KREOLISCH $$

(☎0596-78-19-07; Quartier Saint-James; Hauptgerichte 10–15 €; ◷Di–So 12–15 Uhr; P) Was könnte man nicht lieben an diesem preiswerten Mittagslokal mit unbeschreiblichem Blick aufs Meer vom Gebirge über Saint-Pierre aus? Der Empfang ist herzlich und die kreolische Küche einfach wundervoll und authentisch. Sonntags gibt's ein Büfett (25 € pro Person) mit kreolischem Tanz – es ist sehr beliebt und ein kulturelles Highlight vor Ort; man sollte somit reservieren.

★ Le Guérin KREOLISCH $$

(☎0596-78-18-07; Markthalle, Rue Bouillé; Hauptgerichte 10–15 €, Menü 15 €; ◷Mo–Sa mittags) Um den beliebtesten Ort zum Mittagessen herrscht in dieser Stadt kein Wettstreit; in dem Lokal oben im alten Markt muss man zur Mittagszeit schon mal auf einen Platz warten, aber dafür gibt's die besten *acras* (gefüllte Teigtaschen) und die köstlichste *boudin créole* (Blutwurst) auf Martinique – für sie zahlt sich das Warten aus. Es gibt auch ein Kindermenü.

Chez Marie-Claire KREOLISCH $$
(☎ 0596-69-48-21; Markthalle, Rue Bouillé; Hauptgerichte 12–18 €, Menüs 14–17 €; ⊙ Mo–Sa 12–14.30 Uhr) Oben auf einem metallenen Zwischenstockwerk blickt der Gast auf den überdachten Markt. Auf der Insel gibt's wohl kein unprätentiöseres und legeres Lokal, aber das macht die kreolischen Gerichte wie geschmortes Rind, Süßwasserkrebse und Schneckenmuschel nicht weniger lecker. Die verschiedenen Menüs sind ein Schnäppchen und die Kindergerichte auch gut.

Le Tamaya FRANZÖSISCH-KARIBISCH $$
(☎ 0596-78-29-09; 85 Rue Gabriel Péri; Hauptgerichte 13–19,50 €, Mittagsmenü 15 €; ⊙ Do–Di 12–14 & 18.30–21, Mi 18.30–21 Uhr; ❄ 📶) Dieses einfache kleine Restaurant unweit der imposanten Maison de la Bourse an der Küstenstraße ist bewährt und eine gute Wahl. Hier werden köstliche französisch inspirierte Speisen mit tropischem Touch zubereitet – eins der ungewöhnlicheren Gerichte ist Zackenbarsch in Vanillesoße. Das Mittagsmenü ist sehr preiswert und auch Kinder werden hier gut versorgt.

Resto Beach Grill FISCH & MEERESFRÜCHTE $$
(☎ 0596-78-34-02; Carbet; Hauptgerichte 16–29 €; ⊙ Di–So 11.30–14, Fr & Sa 19–22 Uhr; 📶) Das extrem populäre Lokal am Strand von Carbet (etwa 4 km südlich von Saint-Pierre) mit Sandfußboden und Plastikstühlen wird echt professionell geführt, mit aufmerksamem Personal und einem mustergültigen Menü aus frischem Fisch und Meeresfrüchten sowie Fleischgerichten. Die Salatportionen sind riesig und der Fisch ist frisch und lecker.

★ 1643 FRANZÖSISCH $$$
(☎ 0596-78-17-81; www.restaurant1643.com; Anse Latouche; Hauptgerichte 22–29 €; ⊙ Di–Sa 12–14 & 19–21, So 12–14.30 Uhr; 📶) Die beste Adresse in Saint-Pierre für eine außergewöhnliche Gourmeterfahrung ist dieses herausragende Restaurant im selben Gebäude untergebracht wie das Hotel de l'Anse, obwohl es separat geführt wird. Der Name bezieht sich auf das Jahr, in dem die Siedlung Anse Latouche gegründet wurde. Die Spezialität des Hauses: *magret de canard* (Entenfilet) mit Foie gras. Muss man noch mehr sagen?

Praktische Information

Touristeninformation (Rue Victor Hugo; ⊙ Mo–Fr 8–16 Uhr) Das Touristenbüro, in dem stolz Französisch gesprochen wird, bietet Stadtführungen durch Saint-Pierre auf Französisch und Englisch an (Montag bis Freitag jeweils 9.30 und 14.30 Uhr, Zeiten können variieren). Zur Zeit der Recherche stand ein Umzug an, aber die Mitarbeiter wussten nicht, wohin.

An- & Weiterreise

Tagsüber verkehren regelmäßig Busse zwischen Saint-Pierre und Fort-de-France (5 €, 45 Min.) bis etwa 16 Uhr, außer an Sonntagen. Sie fahren vom winzigen Busbahnhof an der Rue Bouillé nahe dem Hôtel Villa Saint-Pierre (S. 662) ab, aber Passagiere können an jedem Halt entlang der Hauptverkehrsstraße zusteigen.

Der zentralste Parkplatz liegt an der alten Maison de la Bourse (Börse) an der Uferpromenade.

Grand-Rivière

Am nördlichsten Punkt von Martinique liegt in mustergültiger Lage zwischen den vom Dschungel überwucherten Küstenklippen Grand-Rivière, ein einsames, authentisches Fischerdorf voll von pastellfarbenen kleinen Häusern. Der Mont Pelée bildet im Süden einen schroffen Hintergrund, zugleich hat man einen netten Ausblick zu beiden Seiten auf schwarze Sandstrände und – wenn es das Wetter zulässt – Richtung Norden auf das benachbarte Dominica. Hier zeigt sich Martinique von seiner wildesten und abgeschiedensten Seite.

Die Hauptstraße endet am Meer an einem winzigen Fischmarkt, und farbenfrohe Boote reihen sich im kleinen Hafen aneinander. Es gibt nicht viel zu unternehmen, außer am Strand zu liegen, aber von hier aus kann man zu einer absolut malerischen Wanderung starten, entlang der Nordwestseite des Mont Pelée bis nach Le Prêcheur. Es lohnt sich auch, Grand-Rivière im Rahmen eines Tagesausflugs zu besuchen, mit einem guten Mittagessen vor effektvoller Kulisse.

Sehenswertes & Aktivitäten

Plage de Sinaï STRAND
Westlich des Hafens liegt dieser Strand mit Palmen, Klippen und schwarzem Sand, der dunkler ist als jede Bitterschokolade und sanft ins warme Meer gleitet.

Au Fil des Anses BOOTSTOUREN
(☎ 0696-44-50-66, 0696-38-90-68; www.aufildesanses.com; Ausflüge ab 29 €) Der Laden wird vom sympathischen Omer gut geführt und bietet preiswerte Bootsfahrten zu verschiedenen malerischen Stellen entlang der wilden Küste zwischen Grand-Rivière und

Le Prêcheur, wo man schwimmen, schnorcheln und sich im Fischen versuchen kann. Kann auch Wanderer von Le Prêcheur oder Grand-Rivière abholen (15 €).

Schlafen & Essen

Tante Arlette GÄSTEHAUS $
(☎0596-55-75-75; www.tantearlette.com; 3 Rue Lucy de Fossarieu; Zi. ab 70 €; ❄📶) Das einzige Hotel in Grand-Rivière bietet zehn elegante, aber leicht überteuerte Zimmer im Obergeschoss über Tante Arlettes beliebtem Restaurant. Die Superior-Zimmer nach hinten raus sind deutlich besser als der schäbige Standard der Zimmer vorne. Für Gäste gibt's einen Jacuzzi.

Le Floup Floup KREOLISCH $
(☎0696-81-38-49; 2 Chemin Rural de Malakoff; Hauptgerichte 7–12 €; ⌚mittags & abends) Wem Tante Arlette zu teuer ist oder wer nur schnell am Strand einen Happen zu Mittag essen will, für den ist diese einfache, aber geniale Snackbar das Richtige. Im Angebot sind ausgezeichnete kreolische Hühnchen- und Meeresfrüchtegerichte sowie das beste hausgemachte Kokoseis von ganz Martinique.

Tante Arlette KREOLISCH $$
(☎0596-55-75-75; www.tantearlette.com; 3 Rue Lucy de Fossarieu; Hauptgerichte 14–45 €; ⌚Di–So 12.30–15 Uhr, Abendessen nur für Hotelgäste; 📶) Wer im Norden der Insel authentische kreolische Küche probieren will, sollte das in diesem alteingesessenen Lieblingslokal der örtlichen Bevölkerung tun. Die Spezialität des Hauses ist eine Fisch-und-Meeresfrüchte-Grillplatte (45 €), inkl. eines halben Hummers, Schneckenmuschel und Garnele, oder ein Meeresfrüchteeintopf mit denselben Ingredienzen zum selben Preis.

An- & Weiterreise

Von Fort-de-France fährt ein Bus mehrmals pro Tag (11,20 €, 80 Min.). Oft geht's schneller mit dem Bus in die Stadt Basse-Pointe (10,50 €, 1 Std.), wo man versuchen kann, einen Minibus (1,50 €, 20 Minuten) nach Grand-Rivière zu bekommen. Man muss aber mit Wartezeiten in Basse-Pointe rechnen und die Reise am Morgen antreten, wenn man nicht die Nacht in Grand-Rivière verbringen möchte.

Presqu'île de Caravelle

Das hübsche Presqu'île de Caravelle ist eine wenig besuchte Halbinsel mit einigen ausgezeichneten Stränden und wildem, unberührtem Flair. Eine Straße führt über sanfte Kurven mit spektakulären Ausblicken durch die Zuckerrohrfelder in den charmanten Hauptort Tartane und weiter nach Baie du Galion. An der Nordseite der Halbinsel gibt's ein paar geschützte Strände, inklusive einiger Abschnitte, die bei Surfern besonders beliebt sind. Angesichts etlicher exzellenter Restaurants, einer prächtigen Ruine aus der Kolonialzeit und verschiedener einmaliger Wanderstrecken überrascht es, dass hier so viel weniger Tourismus vorherrscht wie in anderen Inselteilen. Die meisten Besucher kommen für einen Tagesausflug mit dem Mietauto.

Sehenswertes

★Anse l'Etang STRAND
(🅿) Dieser von Palmen gesäumte Strand mit grobem goldgelbem Sand und viel Schatten ist einer der reizvollsten auf Martinique. Er eignet sich aber nicht unbedingt zum Schwimmen, da das Meer hier sehr rau sein kann, mit hohem Wellengang. Er ist besonders bei surfenden Kindern beliebt.

Plage des Surfeurs STRAND
(Anse Dufour) Diesen Platz steuern die meisten Surfer auf Martinique an: ein fantastischer Strand mit riesigen Wellen, die sich auf dem goldenen Sand brechen. Außer weiteren Surfern findet man hier nichts, obwohl etliche Surfschulen in den Gebäuden gleich dahinter untergebracht sind und ein paar Surflehrer auf der Suche nach Kundschaft sich auch am Strand herumtreiben.

Plage de La Brèche STRAND
(🅿) Die halbmondförmige Bucht liegt am östlichen Rand von Tartane und ist von Manchinelbäumen eingefasst – ein herrlicher Strand zum Sonnenbaden mit Blick auf die Landmassen vor der Küste. Der Sand hier ist braun-grau, es gibt Picknicktische und ein Strandrestaurant.

Anse de Tartane STRAND
(Tartane) Ein lang gestreckter Streifen aus weichem, beigem Sand reicht bis zum Dorf Tartane und beherbergt unzählige Fischerhütten, einen Fischmarkt und bunte Boote aus *gommier* (Gummibaum). An Wochenenden kann es voll mit Einheimischen werden, aber es ist ein toller Ort zum Baden, die See ist ruhig und es gibt eine Insel, zu der hinausschwimmen kann, wer sich traut.

Château Dubuc RUINE

(☎ 0596-58-09-00; Erw./Kind 5/2,50 €; ⊙ 9–16.30 Uhr) Die Ruinen dieses Anwesens aus dem 17. Jh. liegen beinahe am Rand der Halbinsel und geben eine gespenstische, beeindruckende Sehenswürdigkeit ab. Der Legende nach lockte der Gutsbesitzer Schiffe vor der Küste mit einer Laterne in die Havarie, um die Wracks anschließend zu plündern. Heute sind sie eine hervorragend geführte Attraktion; mit dem Eintritt bekommen Besucher eine exzellente Audio-Tour, die die Festung wirklich zum Leben erwachen lässt. Ausreichend Zeit einplanen, denn das Anwesen ist enorm.

Hier starten zudem mehrere Wanderrouten, einschließlich des 3 km langen Weges zu einem historischen Leuchtturm, der einen genialen Ausblick gewährt.

Für eine Anreise von Tartane ist ein fahrbarer Untersatz nötig (die Straße hat keinen Gehweg, aber einen Allradantrieb braucht es nicht). Für Kinder ist die Festung nicht geeignet, denn es gibt hier keinen Schatten.

Aktivitäten

Surf Up SURFEN

(☎ 0696-77-73-60; www.martinique-surf.com; 19 Rue de Surf, Plage des Surfeurs) Dieser mit Enthusiasmus geführte Laden direkt an der Plage des Surfeurs bietet preiswerte Surf- und Paddleboard-Kurse. Das Personal spricht Englisch.

Ecole de Surf Bliss SURFEN

(☎ 0596-58-00-96; www.surf-martinique.com; Rue de Surf, Plage des Surfeurs; Gruppenunterricht pro Std. 35 €) Professioneller Anbieter, der Surfstunden in Gruppen oder Einzelunterricht für Leute jeden Alters, Anfänger wie Fortgeschrittene, am nahegelegenen Strand gibt; Surfboards und Bodyboards werden auch verliehen. Surfstunden für Gruppen beginnen jeweils um 10.30, 14 und 15.30 Uhr. Das Personal spricht Englisch.

Schlafen

Hôtel Résidence Océane HOTEL $$

(☎ 0596-58-73-73; www.residenceoceane.com; Rte du Château Dubuc, Anse l'Etang; DZ 99–125 €; ❄ 📶 🏊) Das Océane bietet alles. Es ist klein genug, um eine lockere und sehr entspannte Atmosphäre zu vermitteln, aber groß genug, damit Stimmung aufkommt, wenn die Surfergruppen hier übernachten. Das Beste: Der Meerblick ist unbeschreiblich und der nächste Strand – Plage des Surfeurs – liegt in fußläufiger Entfernung. Einige Zimmer verfügen über Terrassen und Küchenblöcke.

Hotel Restaurant Caravelle HOTEL $$

(☎ 0596-58-07-32; www.hotel-la-caravelle-martinique.com; Rte du Château Dubuc; EZ/DZ ab 76/89 €; ❄ 📶) Dieses kleine freundliche familiengeführte Hotel ist toll. Da ist eine mit Hibiskus behangene Terrasse mit atemberaubendem Ausblick auf den Ozean, und die allgemein genutzten Bereiche sind wunderschön möbliert und instand gehalten.

Die Zimmer sind angenehm und von unterschiedlicher Größe, inkl. Studios mit gut ausgestatteter Kochnische und geräumiger Veranda mit herrlichem Blick. Auf dem Anwesen gibt's auch ein erstklassiges Restaurant. Es wird teilweise Englisch gesprochen.

Hotel Le Manguier HOTEL $$

(☎ 0596-58-48-95; www.hotel-martinique-le-manguier.com; Tartane; DZ mit Gartenblick/Meerblick 84/98 €; ❄ 📶 🏊) Ein günstiger Anlaufpunkt. Diese charmante Sammlung weiß getünchter Apartments liegt hoch über dem Zentrum von Tartane. Die schlichten, aber eleganten Zimmer bieten kleine Kochmöglichkeiten mit Platten im Freien, renovierte Bäder und wunderschöne Balkons, viele mit Aussicht auf den Atlantik. Ein kleiner Pool steht bereit, und das Frühstück genießen die Gäste mit Blick aufs Meer.

Essen

In Tartane gibt's jede Menge Restaurants, sowohl an der Uferpromenade als auch in unmittelbarer Nähe der Strände.

Ti Carbet KREOLISCH $

(☎ 0696-27-17-01; Tartane; Hauptgerichte 10–12 €; ⊙ 12–17 Uhr) Dieses kleine, lokale Schmuckstück mit Blick auf die einladende Plage de la Brèche liegt an den östlichen Ausläufern von Tartane. Gute, frische Zutaten kommen hier in den Topf und werden angesichts der außergewöhnlichen Lage zu vergleichbar günstigen Preisen angeboten. Eine große Auswahl darf man nicht erwarten, aber zu den Gaumenfreuden zählen gegrillter Fisch, Oktopuseintopf und Curryhuhn.

★ **Cocoa Beach Cafe** INTERNATIONAL $$

(☎ 0596-38-31-03; Anse l'Etang; Hauptgerichte 14–23 €; ⊙ 12–23 Uhr; 📶 👪) Jérémie und seine Köche servieren einem jungen Publikum eine wunderbar vielseitige asiatisch-kreolische Fusion-Küche direkt am herrlichen Strand in Anse l'Etang. Dazu gehören u. a. Hühnchen nach balinesischem Rezept, roher Fisch nach tahitischer Art, *bò bun* vom Rind und ein köstliches *mi cuit de thon teriyaki* (halbgegartes Thunfischteriyaki). Einige Gerichte können auch vegetarisch oder glutenfrei zubereitet werden, der Service ist freundlich und effizient.

Abends wird aus dem Restaurant eine coole Strandbar mit einer langen Cocktailkarte und einer kühlen Meeresbrise. Öffnungszeiten können variieren.

Fond de la Mer KREOLISCH $$
(☎596-58-26-85; Tartane; Hauptgerichte 8–25 €; ⏲12–15 & 19–22 Uhr) Unter neuer Leitung und mit verlässlichen Öffnungszeiten – dieses Restaurant sitzt weit oberhalb der Autos und Lautsprecher von Tartanes Uferpromenade und tischt richtig gut zubereitete Portionen *blaff*, Fischsuppe, Schneckenmuschelfrikassee und *touffé de requin* (Haigulasch) auf. Schöne Aussichten, freundlicher Service.

Le Phare FRANZÖZISCH $$
(☎0596-58-08-48; Anse Bonneville; Hauptgerichte 15–25 €, Menüs 16–20 €; ⏲Di–Sa 12–22 Uhr; 📶) Nicht von der unordentlichen Fassade täuschen lassen: Le Phare liegt spektakulär auf einem Hügel gleich am Ende der Straße nach Château Dubuc und ist bekannt für die wunderbare Aussicht von der Terrasse auf Anse Bonneville und das Meer; vielleicht wird man nie mehr wieder ein Thunfischtatar oder ein Kängurufilet bei einem vergleichbaren Ausblick genießen.

L'Escapade KREOLISCH $$
(☎0596-58-43-08; Tartane; Hauptgerichte 15–20 €, Mittagsmenü 17 €; ⏲Mo, Di, Do & Fr 10–15 & 19–22 Uhr) Rustikaler geht's in keinem Restaurant in der Umgebung zu, aber genau das macht seinen Charme aus. Der zwanglose Familienbetrieb liegt am westlichen Ende der Hauptstraße in Tartane, wo einfache, aber gute kreolische Gerichte serviert werden, wie Schneckenmuschel- oder scharfer Ziegeneintopf. Hier erlebt man ein Stück vom wahren Alltagsleben. Ein echter Renner zur Mittagszeit.

★ La Table de Mamy Nounou FRANZÖSISCH $$$
(☎0596-58-07-32; Hôtel Restaurant Caravelle, Rte du Château Dubuc; Hauptgerichte 9–29 €; ⏲Mi–Mo 12–14 & 19–21 Uhr; 📶) Dieses viel gepriesene Restaurant im Hôtel Restaurant Caravelle besticht durch seine raffinierten Hauptspeisen und die verlockenden, hausgemachten Desserts sowie die angenehme Veranda, auf der eine kühle Brise weht und man fantastische Blicke aufs Meer ergattert. Unter den Gaumenfreuden findet man eventuell *grenadin de porcelet* (in Schmalz gebratene Filets vom Spanferkel) und Lamm mit aromatischen Kräutern. Das flambierte Bananendessert ist ein Hit. Unterschiedliche Mittags- und Abendkarten.

Le Ratelot FRANZÖSISCH $$$
(☎0596-63-26-11; www.restaurant-leratelot.fr; Anse l'Etang; Hauptgerichte 17–30 €; ⏲Mo, Di, Fr & Sa 12–21, Mi bis 16, So bis 16.30 Uhr; 📶) Direkt unter den Palmen des schönsten Strandes (S. 664) in Tartane werden in diesem geschätzten Restaurant köstliche Speisen zubereitet, inkl. Beefsteak, Entenbrust in verschiedenen Soßen und Speerfisch mit Gorgonzola. Dinieren kann man auf der Terrasse – von so gut wie allen Plätzen dort hat man einen atemberaubenden Blick auf den Strand.

ℹ Praktische Informationen

Touristeninformation (☎0596-38-07-01; Tartane; ⏲Mo 13–16.30, Di–Do 8.30–13 & 14–16.30, Sa & So 8.30–12 Uhr, Mi, Fr & feiertags geschl.) Diese nützliche Touristeninformation befindet sich in einem unauffälligen Gebäude neben dem Restaurant Oasis Beach an Tartanes Uferpromenade.

ℹ An- & Weiterreise

Presqu'île de Caravelle erreicht man über die Stadt La Trinité – und die wiederum mit stündlichen Bussen aus Fort-de-France (4,50 €, 45 Min.), die an der kleinen Bushaltestelle im Zentrum stoppen. Hier muss man in den lokalen *navette* (Shuttlebus) nach Tartane umsteigen (1,20 €, 15 Min., alle 30 Min.). Die Busse fahren ins Zentrum von Tartane und halten an der Küste.

MARTINIQUE VERSTEHEN

Geschichte

Als Christoph Kolumbus nach Martinique kam, war die Insel von Kariben bewohnt und wurde von diesen Madinina („Insel der Blumen") genannt. 1635 erreichte die erste Gruppe französischer Siedler, unter der Leitung von Pierre Belain d'Esnambuc, die

AUSBRUCH DES MONT PELÉE

Ende des 19. Jhs. war Saint-Pierre – die damalige Hauptstadt von Martinique – eine florierende Hafenstadt. Der Mont Pelée, der mit 1397 m höchste Berg der Insel, bildete nur eine Kulisse.

Im Frühling 1902 begannen aus schwefelig-dampfenden Öffnungen Gase zu strömen und ein Kratersee füllte sich mit kochendem Wasser. Die Behörden taten das alles als Teil des normalen Kreislaufs eines Vulkans ab, der hin und wieder schon harmlose Aktivitäten in der Vergangenheit gezeigt hatte.

Aber am Sonntag, 8. Mai 1902, um 8 Uhr explodierte der Mont Pelée und spuckte eine glühende Schwade erstickender, überhitzter Gase und brennender Asche mit einer Stärke, die dem 40-Fachen der Gewalt der letzten Nuklearexplosion über Hiroshima entsprach. Binnen Minuten lag Saint-Pierre in Schutt und Asche.

Von den 30 000 Stadtbewohnern überlebten nur drei. Einer davon, ein Häftling namens Louis-Auguste Cyparis, kam mit nur leichten Verbrennungen davon – ironischerweise verdankt er sein Leben der Tatsache, dass er in einer sargähnlichen Einzelzelle im örtlichen Gefängnis untergebracht war. Daraufhin wirkte er an der „Greatest Show on Earth" des Barnum & Bailey's Circus mit und bereiste mit ihm die Welt.

Der Mont Pelée glimmte noch monatelang vor sich hin, 1904 siedelten sich dann wieder Leute in der Stadt an und bauten Häuser zwischen die zerfallenen Ruinen.

Nordwestseite der Insel. Sie bauten ein kleines Fort und errichteten eine Siedlung, die später die Hauptstadt werden sollte, Saint-Pierre. Ein Jahr später, am 31. Oktober 1636, unterzeichnete Ludwig XIII. ein Dekret und genehmigte damit den Einsatz versklavter Afrikaner in Französisch-Westindien.

Die Siedler kolonisierten das Land rasch mithilfe der Arbeitssklaven; 1640 waren sie im Süden bis Fort-de-France vorgedrungen, wo sie auf der Anhöhe über dem Hafen ein Fort bauten. Als die Wälder gerodet wurden, um Platz für Zuckerplantagen zu schaffen, eskalierten die Konflikte mit den eingeborenen Kariben zu einem Krieg. 1660 wurden jene Kariben, die die Kämpfe überstanden hatten, schließlich von der Insel vertrieben.

Auch die Briten zeigten großes Interesse an Martinique, marschierten dort ein und hielten die Insel zwischen 1794 und 1815 größtenteils unter ihrer Kontrolle. Das Land florierte unter britischer Besatzung; die Bauern verkauften ihren Zucker einfach auf den britischen statt auf den französischen Märkten. Was vielleicht noch wichtiger war: Durch die Besatzung entging Martinique den Unruhen der Französischen Revolution. Als die Briten 1815 die Insel den Franzosen zurückgaben, waren die Napoleonischen Kriege bereits beendet und im französischen Reich kehrte wieder Stabilität ein.

Kurz nachdem die französische Regierung wieder auf der Insel Fuß gefasst hatte, flaute die Blüte des Zuckerrohranbaus ab – der Markt war gesättigt und die Einführung von Zuckerrüben auf dem französischen Kontinent hatte die Preise fallen lassen. Die aristokratischen Plantagenbesitzer sahen mit ihrem Reichtum auch ihren politischen Einfluss schwinden, und die Bewegung zur Abschaffung der Sklaverei unter Victor Schœlcher gewann Auftrieb.

Es war auch Schœlcher, französischer Kabinettsminister für Besitzungen in Übersee, der die Übergangsregierung überredete, die Emanzipationsproklamation 1848 zu unterzeichnen, die das Ende der Sklaverei in Französisch-Westindien brachte. Großteils geächtet von der damaligen weißen Aristokratie, gilt Schœlcher heute als einer der Helden von Martinique.

1946 wurde die Kolonie Martinique zu einem französischen Departement in Übersee, mit ähnlichem Status wie jene von Metropolitan-Frankreich. 1974 wurde die Insel zu einer französischen Region mit einem Departement.

Bevölkerung & Kultur

Die ersten Kolonisten auf Martinique kamen aus der Normandie, Bretagne, Paris und anderen Teilen Frankreichs; kurz darauf wurden versklavte Afrikaner auf die Insel geholt. Später gesellten sich auch Immigranten aus Indien, Syrien und dem Libanon dazu, allerdings in geringerer Zahl. Heute ist Martinique die Heimat von Tausenden von Einwanderern, einige davon illegal, aus ärmeren karibischen Ländern wie Dominica, St. Lucia und Haiti. Derzeit zählt Martinique rund 400 000 Einwohner – davon leben mehr als ein Viertel in Fort-de-France und Umgebung.

Der Großteil der Bevölkerung ist gemischter ethnischer Herkunft. Die Black-Pride-Bewegung, bekannt als *négritude*, nahm als philosophische und literarische Bewegung in den 1930ern ihren Ausgang, vor allem durch die Schriften von Aimé Césaire, auf Martinique geboren und *négritude*-Poet; er wurde später Bürgermeister von Fort-de-France. Die Strömung pushte soziale und kulturelle Werte der schwarzen Bevölkerung und stellte die Verknüpfung mit afrikanischen Traditionen wieder her, die durch den französischen Kolonialismus unterdrückt worden waren.

Die Beguine, eine afrikanisch-französische Form von Tanzmusik mit Bolerotakt, entstand auf Martinique in den 1930ern. Zouk ist eine zeitgenössischere Kreation von Französisch-Westindien, basierend auf der Beguine und anderen französisch-karibischen Volksmusikformen. Beeinflusst von der Elektromusik aus den 1980er-Jahren und kombiniert mit karnevalähnlichen Rhythmen und heißem Dance-Beat erreichte Zouk in Europa denselben Beliebtheitsgrad wie in der französischen Karibik.

Natur & Umwelt

Mit 1080 km² ist Martinique die zweitgrößte Insel von Französisch-Westindien. Auf knapp 65 km Länge und 20 km Breite findet man ein herrliches Terrain aus Hügeln, Plateaus und Bergen.

Der höchste Punkt ist der 1397 m hohe Mont Pelée, ein aktiver Vulkan im Norden der Insel. Die Inselmitte wird von den Pitons du Carbet beherrscht, einem malerischen Gebirgszug von 1207 m Höhe. Martiniques unregelmäßige Küstenlinie ist von tiefen Buchten und Höhlen durchschnitten, während es im bergreichen Regenwald im Inneren zahlreiche Flüsse gibt.

Geografie

Die Kariben nannten Martinique Madinina, was so viel bedeutet wie „Insel der Blumen", und es ist nicht schwer zu erraten, warum. Auf Martinique sieht man unzählige bunte Blühpflanzen, wobei die Vegetation je nach Höhe und Regenmenge variiert.

Der Regenwald bedeckt die Hänge der Berge im nördlichen Landesinneren mit üppigen Baumfarnen, Bambushainen, kletternden Weinreben und Harthölzern wie Mahagoni, Palisander, Robinie und *gommier* (Gummibaum).

Der trockenere südliche Teil zeigt eine große Strauchsavannenvegetation wie Kakteen, Frangipanibäume, Balsampappel, Blauholz und Akaziensträucher. In dieser Gegend werden leuchtende Bougainvilleen, der überall verbreitete rote Hibiskus und gelb blühende Dschungelglocken gepflanzt. Um in die vielfältige Pracht der Inselflora richtig einzutauchen, lohnt sich ein Ausflug in den einmaligen Jardin de Balata an der gebirgigen Route de la Trace. Dort kann man das Blumenmeer bestaunen, das der Insel ihren Namen verliehen hat.

Tiere

Martinique ist die Heimat von Anolis, Manicous (Opossums), Monameerkatzen und der giftigen Lanzenotter. Die Monameerkatze, die Ende des 19. Jhs. aus Indien eingeführt wurde, macht Jagd auf Eier und ist verantwortlich für das Aussterben zahlreicher Vogelarten. Einige der einheimischen Vögel, wie Papageien, sind auf der Insel nicht mehr anzutreffen, während bei anderen der Bestand deutlich schrumpft. Zu den vom Aussterben bedrohten Vogelarten zählen unter anderem die Martinique-Spottdrossel und die Weißbrust-Spottdrossel.

Das Leben unter Wasser ist tendenziell weniger artenreich; unzählige Schwärme winziger Fische ziehen in einer silbrigen oder roten Wolke vorüber. Unter den Felsen verstecken sich Hummer und hin und wieder gleitet ein Rochen vorbei.

PRAKTISCHE INFORMATIONEN

ℹ Allgemeine Informationen

BARRIEREFREI REISEN

Im Vergleich zu anderen Inseln in der Karibik ist Martinique ziemlich gut auf Reisende mit Behinderung eingestellt. Viele Hotels haben barrierefreie Zimmer und viele öffentliche Plätze Behindertentoiletten.

PREISKATEGORIEN ESSEN

Die folgenden Preise beziehen sich auf ein Hauptgericht; exklusivere Gerichte mit Fisch und Meeresfrüchten kosten allerdings schon mal über 30 € pro Person. Vorsicht bei preisintensiven Desserts.

€ bis 12 €

€€ 12–20 €

€€€ über 20 €

BOTSCHAFTEN & KONSULATE

Deutschland (☎ 0590-26-97-77; fort-de-france@hk-diplo.de; 106 Impasse Lareinty, Le Lamentin) wird auf Martinique durch ein Honorarkonsulat vertreten. **Österreich** unterhält keine eigene Vertretung auf der Insel. Zuständig wäre die österreichische Botschaft in Paris. Bürger der **Schweiz** können sich in Notfällen an die Honorarvertretung in Le Lamentin wenden (☎ 0596-50-12-43; lelamentin@honrep.ch; Centre d'Affaires de Californie II, Entrée Amandine, Le Lamentin).

ESSEN

Martinique wird alle verzaubern, die gern gut essen. Der französische Einfluss hat Essen und Trinken in den Mittelpunkt gestellt und eine Riesenauswahl an innovativen Restaurants zutage gebracht. Fisch und Meeresfrüchte sind hier von höchster Qualität. In fast jeder Stadt gibt's ein herausragendes Restaurant, und auch bei den einfachen Strandhütten liegt man kaum daneben. Die Preise sind allerdings hoch, auch in Imbisslokalen am Strand und in Pop-up-Cafés.

Typische Gerichte & Getränke

- **Acras** Ein allseits beliebter Snack sind *acras*, Fisch-, Meeresfrüchte- oder Gemüse-Tempura. *Acras de morue* (Kabeljau) und *crevettes* (Shrimps) sind am gängigsten und beides ist köstlich.
- **Ti Punch** Kurz für *petit punch*, ein weit verbreiteter, starker Cocktail, der zum *apéro* (Aperitif) auf Martinique getrunken wird. Es ist ein Mix aus Rum, Limette und Zuckerrohrsirup, aber vor allem Rum.
- **Crabes farcis** Gefüllte Krabben sind ein typisches Gericht auf Martinique. Normalerweise sind sie mit einer würzigen Mischung aus Krabbenfleisch, Knoblauch, Schalotten und Petersilie gefüllt und werden in der Schale gekocht.
- **Blaff** Die lokale Bezeichnung für weißen Fisch mariniert in Limettensaft, Knoblauch und Pfeffer, der anschließend pochiert wird. Das Gericht ist in der ganzen Karibik beliebt, stammt aber eigentlich aus Martinique.

FEIERTAGE

Neujahrstag 1. Januar
Ostersonntag Ende März/Anfang April
Christi Himmelfahrt 40. Tag nach Ostern (Donnerstag)
Pfingstmontag 8. Montag nach Ostern
Tag der Arbeit 1. Mai
Tag des Sieges 8. Mai
Tag der Abschaffung der Sklaverei 22. Mai
Nationalfeiertag 14. Juli
Tag der Sklavenbefreiung (zu Ehren Victor Schœlchers) 21. Juli
Mariä Himmelfahrt 15. August
Allerheiligen 1. November
Tag des Waffenstillstands 11. November
Weihnachtsfeiertag 25. Dezember

GELD

Hotels, größere Restaurants und Autovermietungen nehmen Visa and MasterCard, aber selten American Express. Es gibt Geldautomaten auf Martinique, aber nicht alle funktionieren mit allen Karten.

Trinkgeld

Auf Martinique wird generell kein Trinkgeld erwartet, allerdings gilt es als Zeichen der Höflichkeit, den Betrag auf der Rechnung auf den nächsten Euro aufzurunden und für besonderen Service Trinkgeld zu geben.

Wechselkurse

Schweiz	1 SFr	1,01 €
US	1 US$	1 €

Aktuelle Wechselkurse siehe unter www.xe.com.

INTERNETZUGANG

WLAN ist in Martinique allgegenwärtig und in fast allen Hotels und Gästehäusern sowie Cafés und Restaurants kostenfrei. Fort-de-France hat gratis WLAN-Zonen im Stadtzentrum, die aber nicht immer funktionieren.

LGBT-REISENDE

Die Rechte von Homosexuellen sind auf Martinique, als Teil von Frankreich, rechtlich geschützt. Dennoch ist Homophobie immer noch verbreitet, und auf der Insel gibt's nur eine kleine bis gar keine LGBT-Szene. LGBT-Reisende müssen sich aber keine Sorgen machen und gleichgeschlechtliche Paare, die ein Doppelzimmer buchen wollen, werden auf keine Probleme stoßen.

MEDIZINISCHE VERSORGUNG

Die medizinische Versorgung ist mit der auf dem französischen Festland vergleichbar, also für die Region ausgezeichnet. Das größte Krankenhaus ist das CHU de Martinique (S. 650) in Fort-de-

France, aber in fast allen Gebieten gibt's kleinere Krankenhäuser. Apotheken sind auf der ganzen Insel zu finden und oft an einem blinkenden grünen Neon-Kreuz zu erkennen.

EU-Bürger bekommen dank der Europäischen Krankenversicherungskarte anfallende Gesundheitskosten zurückerstattet. Staatsbürger anderer Länder sollten alle Quittungen aufbewahren und sich an ihren Auslandskrankenversicherungsanbieter wenden.

MIT KINDERN REISEN

Kinder sind auf Martinique herzlich willkommen. Zahlreiche Hotels sind auf Familien ausgerichtet, und die Insel ist insgesamt ein sehr sicherer Ort. So gut wie alle Hotels stellen Kinderbetten zur Verfügung, manche bieten Kinderbetreuung.

Auch in Restaurants werden Kinder gern gesehen, und häufig findet man ein einfaches und günstiges *menu enfant* (Kindermenü). Kinder lieben das hausgemachte Eis auf Martinique, vor allem das an allen Stränden angebotene Kokossorbet.

Babynahrung und Windeln europäischer Marken sind in Apotheken erhältlich.

Zu den Top-Attraktionen für Kinder gehören der eindrucksvolle Zoo de Martinique (S. 660) nahe Saint-Pierre und Dauphins Martinique (S. 651) für Meerestierbeobachtungen. Besonders kinderfreundlich sind die Strände Plage Anse d'Arlet (S. 654) und Grande Anse des Salines (S. 658), beide im Süden.

PRAKTISCH & KONKRET

Fernsehen Die Sendergruppen RFO 1 und RFO 2 halten im lokalen TV auf dem Laufenden.

Maße & Gewichte Auf Martinique wird das metrische System verwendet und das 24-Stunden-Format.

Radio Réseau Outre-Mer 1ère (www.la1ere.fr).

Rauchen Rauchen ist in allen geschlossenen öffentlichen Räumen verboten. Da es auf Martinique aber jede Menge Freiluftlokale gibt, kann man dem Rauch manchmal nicht entkommen.

Zeitungen & Zeitschriften *France-Antilles* (www.martinique.franceantilles.fr) ist die wichtigste Tageszeitung in Französisch-Westindien. Französische Zeitungen und Zeitschriften sind überall zu haben; englischsprachige eher selten.

NOTFALL

Feuerwehr	☎18
Krankenwagen	☎15
Polizei	☎17

ÖFFNUNGSZEITEN

Banken Montag bis Freitag 9–16 Uhr
Bars 21 Uhr bis Mitternacht
Geschäfte Montag bis Samstag 9–19 Uhr
Restaurants Montag bis Samstag 11.30–22 Uhr (einige schließen über den Nachmittag)
Supermärkte Montag bis Samstag 8–20, Sonntag 9–13 Uhr

RECHTSFRAGEN

Das französische Gesetz regelt rechtliche Fragen auf Martinique, und es gilt die Unschuldsvermutung sowie das Recht auf einen Anwalt. Die meisten Besucher werden mit der Polizei gar nicht in Berührung kommen.

SICHER REISEN

Generell ist Martinique eine sehr sichere Insel und die meisten Reisen verlaufen ohne Zwischenfälle.

- Wie überall in Frankreich können gelegentliche Streiks den Servicesektor zum Stillstand bringen.
- Es wird davon abgeraten, die größtenteils leeren Seitenstraßen von Fort-de-France nach Einbruch der Dunkelheit aufzusuchen.
- Autofahrer auf Martinique können unberechenbar und oftmals aggressiv sein, deshalb defensiv fahren und sich von Fahrern mit auffälligem Benehmen fernhalten.
- Mücken können das Zika-Virus und Dengue-Fieber übertragen – Ventilatoren, Moskitonetze und Mückenspray verwenden.

STEUERN & RÜCKERSTATTUNGEN

Wer nicht in Frankreich lebt, kann die Mehrwertsteuer für bestimmte Waren, die auf Martinique gekauft wurden, am Flughafen bei der Ausreise zurückfordern. Dies ist nicht möglich, wenn man von Martinique nach Frankreich fliegt.

STROM

220 V, 50 Hz; Stecker haben zwei runde Stifte. Reisende aus Deutschland, Österreich und der Schweiz brauchen manchmal Adapter.

TELEFON

Die Ländervorwahl für Martinique ist 596. Irritierenderweise beginnen auch alle örtlichen Nummern mit 0596. Es handelt sich also um zwei verschiedene Nummern, die bei einem Anruf aus dem Ausland beide gewählt werden müssen. Lokale Handynummern beginnen mit 0696.

Bei einem Anruf aus den Französischen Antillen wählt man einfach die örtliche zehnstellige Tele-

PREISKATEGORIEN UNTERKUNFT

Die folgenden Preise beziehen sich auf ein Doppelzimmer in der Hochsaison (Mitte Dezember bis Mitte April und von Juli bis August).

€ bis 80 €

€€ 80–150 €

€€€ über 150 €

fonnummer. Für Anrufe von überall sonst wählt man die internationale Vorwahl und danach die Ländervorwahl 596, gefolgt von der örtlichen Telefonnummer (die erste Null weglassen).

Handys

Die Netzabdeckung ist im Allgemeinen recht gut; SIM-Karten sind überall erhältlich. Anrufe und mobile Daten sind ziemlich teuer: rund 20 € für 1 GB. Lokale Anbieter mit Büros in den meisten größeren Städten: SFR, Orange und Digicel. Europäische Mobiltelefone sollten genauso funktionieren wie zu Hause.

TOURISTENINFORMATION

Die Website des Martinique Promotion Bureau (www. martinique.org) ist eine gute Infoquelle für Material auf Englisch und in mehreren anderen Sprachen. In vielen Städten gibt's zumindest ein kleines Fremdenverkehrsamt, dessen Mitarbeiter Englisch sprechen und normalerweise gratis Straßenkarten verschenken sowie ein paar hilfreiche Tipps geben. Broschüren, größtenteils auf Französisch, aber mit ausreichend Bildern und Plänen versehen, sodass man das Wesentliche versteht, liegen auf Flughäfen und in zahlreichen Hotels aus.

UNTERKUNFT

Hotels auf Martinique sind nicht besonders hübsch oder günstig, viele Gästehäusern werden semiprofessionell geführt, d. h., die Eigentümer haben noch andere Jobs. Man kann davon ausgehen, dass Rezeptionen öfter nicht besetzt sind, sodass es immer sinnvoll ist, Unterkünfte im Voraus zu organisieren. Das Positive ist, dass die Hotels für karibische Verhältnisse generell klein sind und man nur wenige große Resorts findet.

ZEIT

Atlantic Standard Time: MEZ minus fünf Stunden, MESZ minus sechs Stunden.

An- & Weiterreise

FLUGZEUG

Der einzige Flughafen der Insel, der **Aéroport International Martinique Aimé Césaire** (FDF; www.martinique.aeroport.fr; Lamentin; 🛜), liegt nahe der Stadt Lamentin im Südosten von Martinique, unweit von Fort-de-France.

Einige Fluglinien fliegen Martinique an:

Air Canada (www.aircanada.com; Aéroport International Martinique Aimé Césaire) Flüge von Montréal.

Air France (www.airfrance.com; Aéroport International Martinique Aimé Césaire) Flüge von Paris.

American Airlines (www.americanairlines.de; Aéroport International Martinique Aimé Césaire) Flüge von San Juan (Puerto Rico) und Miami.

Corsair (www.corsair.fr; Aéroport International Martinique Aimé Césaire) Flüge von Paris.

Regional gibt's Direktflüge nach Dominica, Guadeloupe, Port-au-Prince (Haiti), Havana (Kuba), San Juan, Saint-Barthélemy, St. Lucia, Saint-Martin und Santo Domingo (Dominikanische Republik).

Zu den regionalen Fluglinien, die Martinique bedienen, zählen **Air Caraïbes** (www.aircaraibes.com; Aéroport International Martinique Aimé Césaire), **Air Antilles Express** (www.airantilles.com; Aéroport International Martinique Aimé Césaire) und **LIAT** (www.liat.com; Aéroport International Martinique Aimé Césaire).

ÜBERS MEER

Jacht

Der wichtigste Anlaufhafen ist in Fort-de-France, aber Jachten klarieren auch in Saint-Pierre oder Marin ein, die beide Marinas haben.

Jachtfahrten und Segeln sind sehr beliebt auf Martinique, und zahlreiche Chartergesellschaften operieren auf der Insel, wie z. B. Sparkling Charter (S. 646) an der **Marina du Marin** (www.marina-martinique.fr) und Star Voyage (S. 646) an der **Marina de la Pointe du Bout** (Marina des Trois-Îlets; ☎ 0596-66-07-74; www.marina3ilets.com).

Schiff/Fähre

L'Express des Îles (S. 650) betreibt große, moderne Katamarane zwischen Fort-de-France und Pointe-à-Pitre (Guadeloupe, 3 Std.), mit Stopp in Roseau (Dominica; 1½ Std.). In die andere Richtung fahren Boote von Fort-de-France nach Castries (St. Lucia, 80 Min.). Es gibt drei bis fünf Überfahrten pro Woche in beide Richtungen.

Jeans for Freedom (S. 650) offeriert Anbindungen zwischen Fort-de-France und Pointe-à-Pitre. Es gibt eine bis drei Überfahrten pro Woche, je nach Saison.

Kindern unter zwei Jahren wird ein Nachlass von 50 % gewährt, Schülern und Passagieren unter zwölf Jahren 10 % und Passagieren unter 26 oder über 60 Jahren 5 %. Abfahrtstage und

-zeiten sind sehr variabel und hängen von den Wetterverhältnissen ab, sodass der gedruckte Zeitplan oft kaum Orientierung bietet. Sichergehen kann man nur, indem man die Fährgesellschaft anruft oder bei einem lokalen Reisevermittler nachfragt.

ℹ Unterwegs vor Ort

Die meisten Besucher mieten ein Auto, da die Mietpreise niedrig sind und das Straßennetz gut ausgebaut ist; allerdings können Verkehrsstaus um Fort-de-France die Dinge verlangsamen.

AUTO & MOTORRAD

Ein Auto zu mieten ist die zuverlässigste Form der Fortbewegung auf Martinique. Es geht ganz einfach, die Preise sind niedrig und das Straßennetz ist mustergültig.

Autovermietung

Am Flughafen von Martinique (S. 671) gibt's eine ganze Reihe von internationalen und lokalen Autovermietungen. (Zu deren Büros kann man nicht laufen, stattdessen pendelt ein Shuttlebus zwischen Terminal und Verleihzone.) Die besten Preise findet man auf den Websites der Anbieter, lokale Firmen sind meist günstiger als internationale. Man muss mindestens 21 Jahre alt sein, um ein Auto zu mieten, ein paar Agenturen verrechnen eine zusätzliche Gebühr für Fahrer unter 25.

Einheimische Leihunternehmen:

Carib Rentacar (☎ 0596-42-16-15; www.rentacar-caraibes.com; Aéroport International Martinique Aimé Césaire; ⏲ 8–18 Uhr)

Pop's Car (☎ 0596-42-16-84; www.popscar.com; Aéroport International Martinique Aimé Césaire; ⏲ 8–18 Uhr)

Straßenverhältnisse

Martiniques Straßen sind für karibische Verhältnisse ausgezeichnet, und es gibt mehrspurige Autobahnen (mit entsprechendem Verkehrsaufkommen zur Rushhour) in und um Fort-de-France. Manche Autofahrer benehmen sich einfach daneben, also am besten defensiv fahren.

Verkehrsregeln

Es herrscht Rechtsverkehr. Die Verkehrsordnung und Straßenbeschilderungen sind dieselben wie in Europa, Geschwindigkeitsbeschränkungen sind angegeben und Ausfahrten und Kreuzungspunkte sind deutlich markiert.

BOOT, SCHIFF & FÄHRE

Eine *vedette* (Fähre) verkehrt regelmäßig zwischen den wichtigsten touristischen Destinationen auf Martinique und Fort-de-France, eine nette Alternative zu den schweren Bussen und dem Straßenverkehr; so entgeht man auch der mühsamen Parkplatzsuche in der Stadt und spart folglich viel Zeit.

BUS

Einige größere öffentliche Busunternehmen bedienen zwar die städtischen Gebiete um Fort-de France, die meisten Busse anderswo auf Martinique sind aber Minivans mit der Kennzeichnung „TC" (für *taxis collectifs*) oben am Fahrzeug. Die Destinationen sind am Van ersichtlich, manchmal an den Seitentüren oder auf einem kleinen Schild hinter der Windschutzscheibe. Das Reisen mit dem Bus ist für Besucher nicht zu empfehlen, denn die Abfahrtzeiten sind unberechenbar und die Fahrzeuge oft heruntergekommen.

Der neue TCSP (S. 650) sieht wie eine Straßenbahn aus, ist aber in Wirklichkeit ein sehr langer Gelenkbus. Für Fahrten zwischen dem Flughafen und dem Zentrum von Fort-de-France ist er ein Geschenk des Himmels, da er seine eigene Spur auf der Autobahn hat und nicht im Stau stecken bleibt. Auch sehr praktisch für die großen Shoppingmeilen zwischen der Stadt und dem Flughafen.

FAHRRAD

Martinique ist zwar ziemlich hügelig, aber Leihräder gibt's trotzdem. Autofahrer respektieren Radfahrer im Allgemeinen, aber im Dunkeln sollte mit Licht und bei Regen mit Warnkleidung gefahren werden.

TAXI

Taxis sind auf Martinique recht teuer. Zwischen 20 und 6 Uhr sowie sonntags ganztags und an Feiertagen kosten Fahrten 40 % mehr.

TRAMPEN

Dank der abgewrackten, nur halb offiziellen öffentlichen Verkehrsmittel ist das Trampen auf Martinique weit verbreitet. An Bushaltestellen halten Einheimische oft den Daumen raus, wenn sie die Hoffnung auf ein Gemeinschaftstaxi aufgegeben haben. Auch einigen Touristen bleibt nichts anderes übrig, als Autos anzuhalten, besonders abends und an Sonntagen, wenn erst gar keine Gemeinschaftstaxis fahren.

Das Trampen ist nie zu hundert Prozent sicher und daher nicht zu empfehlen. Wer es dennoch versucht, sollte sich des geringen, aber potenziell ernsten Risikos bewusst sein, das man dabei eingeht.

Montserrat

☎1-664 / 5000 EW.

Inhalt ➡

Gut essen

- Pont's Beach View (S. 678)
- People's Place (S. 677)
- Olveston House Restaurant (S. 677)

Schön übernachten

- Gingerbread Hill (S. 677)
- Olveston House (S. 677)
- Essence Guesthouse (S. 677)

Auf nach Montserrat!

Montserrat ist eine der eindrucksvollsten Inseln der Karibik, und zwar nicht nur wegen ihrer hoch aufragenden Gipfel und der mit Regenwald bewachsenen Hügel, sondern auch wegen der katastrophalen Ausbrüche des Soufrière Hills Volcano in den 1990er-Jahren. Hunderte von aufeinanderfolgenden Eruptionen verwüsteten das winzige Eiland, was zur Aufgabe des Hauptortes Plymouth und Zwangsverlagerung der gesamten Bevölkerung aus den unteren zwei Dritteln der Insel führte. Die Nachwirkungen sind noch heute zu spüren.

Zwei Jahrzehnte später erholt sich das moderne Pompeji allmählich. Die Bevölkerungszahl steigt, und Sandgewinnung und Erdwärme stellen neue Einnahmequellen dar.

Auch die Touristen kehren – wenn auch nur tröpfchenweise und für Tagesreisen – zum Vulkan zurück. Reisende, die länger bleiben, werden von den freundlichen Einheimischen, den fantastischen Wander- und Vogelbeobachtungsmöglichkeiten sowie vom langsamen Rhythmus der alten Karibik noch ganz ohne Gated Communities und Kreuzfahrtschiffe angezogen.

Reisezeit

- **März** Während der St. Patrick's Week ist die Insel noch grüner.
- **Juli–Nov.** Hurrikansaison; Stürme können die Beförderung von und zur Insel jederzeit unterbrechen. Im November findet der Vulkan-Halbmarathon statt.
- **Dez.** Das Montserrat Festival, die örtliche Version des Karnevals, findet von Weihnachten bis Neujahr statt.

Highlights

1 Sperrgebiet-Tour (S. 676) Sich ein Bild von dem begrabenen Plymouth machen und sehen, wie sich die Natur alles zurückerobert.

2 Rendezvous Bay (S. 675) Nach dem Kajakfahren oder Wandern an Montserrats einzigem weißen Sandstrand schwimmen.

3 Montserrat Volcano Observatory (S. 675) Von hier genießt man Panoramablicke über das Sperrgebiet und kann die Geheimnisse des Soufrière Hills Volcano enträtseln.

4 Hilltop Coffee House & Family Center (S. 675) In diesem gemeinnützigen Café einkehren, wenn man an Kunst und Memorabilien, einem Vulkan-Video und frischen Säften interessiert ist.

5 Oriole Trail (S. 676) Auf der für Vogelbeobachter und Naturliebhaber idealen 2 km langen moderaten Wanderung taucht man in den Regenwald ein.

Sehenswertes

★ Hilltop Coffee House & Family Center MUSEUM
(www.gingerbreadhill.com; Cedar Dr, St Peter's; ⌚ Mo–Sa 8–13 Uhr) Bei jedem Besuch auf Montserrat ein wahrhaft obligatorisches Muss. Dieses vom Filmemacher David Lea und seiner Frau Clover gegründete gemeinnützige Café dient vielen Zwecken: als Museum, Kunstgalerie, Gemeindezentrum und faktisch auch als Tourismusbüro. Nach einem Saft oder einer Tasse Tee auf der Veranda macht man eine Zeitreise durch Montserrats Meilensteine, wenn man sich Davids gefeierte Dokumentation über den Ausbruch des Vulkans Soufrière ansieht, dem Soca-Star Arrow Tribut zollt und einige Memorabilien bestaunt, die aus der verschütteten Stadt geborgen wurden bzw. aus George Martins AIR-Studios stammen. Alle Einnahmen gehen an Gemeindeprojekte.

★ Rendezvous Bay STRAND
Montserrats einziger weißer, bogenförmiger Sandstrand ist (obwohl es keinerlei Anlagen gibt) perfekt, um zu schwimmen, zu schnorcheln und zu tauchen. Er ist nur über einen knapp 1 km langen Weg von Little Bay aus zu erreichen. Alternativ kommt man mit dem Kajak, das man in Little Bay mieten kann, was wesentlich mehr Spaß macht. Wenn man läuft, sollten 20 Minuten inklusive eines Stopps an der Spitze der Strecke eingeplant werden, um die großartige Aussicht zu genießen.

Jack Boy Hill AUSSICHTSPUNKT
Nach einer 5 km langen Fahrt entlang der Ostküste (von wo aus die Hauptstraße die Küste erreicht) Richtung Süden biegt die arg ramponierte Straße in die Hügel ab und führt zu dem gepflegten Aussichtspunkt mit fest installierten Doppelfernrohren und Picknicktischen. Man sieht, wo sich die Insel aufgrund vulkanischer Aktivitäten ausgedehnt hat, und entdeckt zudem die Reste des alten Flughafens.

Montserrat Volcano Observatory MUSEUM
(MVO; ☎ 664-491-5647; www.mvo.ms; Flemmings; Erw./Kind 10 EC$/frei; ⌚ Mo–Fr 10–16 Uhr) Wissenschaftler am MVO behalten jeden Lavaausstoß und „Schluckauf" des Vulkans im Auge. Im Auswertungszentrum zeigt eine 18-minütige Dokumentation des einheimischen Filmemachers David Lea fesselnde Liveaufnahmen der Ausbrüche und gewährt einen Einblick in die dadurch verursachte physische und soziale Umwälzung. Von der Terrasse hat man einen umwerfenden Ausblick auf den Vulkan, das Belham Valley und Plymouth. Oftmals ist das Observatorium ein Zwischenstopp bei Führungen durch die Exclusion Zone.

Woodlands Beach STRAND
(Woodlands) Etwa in der Mitte der Westküste ist dieser leicht zugängliche Strand aus dunklem Sand zwar meist frei von Fußabdrücken, bietet aber wenig Schatten. Bei einem überdachten Picknickplatz an den Klippen gibt's Bänke, Duschen, Toiletten und Grillgeräte. Am südlichen Ende kann man gut schnorcheln.

Isles Bay STRAND
(Garibaldi Hill) Dieser kleine Strand an der Mündung des Belham River ist toll, um zu schwimmen. Außerdem dient er als Standort einer beliebten Strandscheune mit Restaurant. An den Wochenenden tummeln sich hier die Einheimischen.

National Museum of Montserrat MUSEUM
(☎ 664-491-3086; www.montserratnationaltrust.ms; Little Bay; Erw./Kind unter 12 J. 5 EC$/frei; ⌚ Mo–Fr 10–14 Uhr) Das kleine bescheidene Museum präsentiert Exponate zu Aspekten der Kultur und Geschichte der Insel, angefangen bei den karibischen Ureinwohnern bis zur Gegenwart. Dazu zählen Fotografien und Dioramen, die Plymouth in der Zeit vor dem Vulkanausbruch zeigen, sowie ein extravagantes Bühnenkostüm, das vom einheimischen Soca-Superstar Arrow getragen wurde. Die Öffnungszeiten können abweichen.

Belham Valley FLUSS
Das heute unter Schlamm und vulkanischem Schutt begrabene Belham Valley beherbergte einst einen 18-Loch-Golfplatz, eine Brücke und ein dreistöckiges Gebäude. Nach schweren Regenfällen ist die Gegend manchmal nicht zugänglich, da Schlamm den Berg hinunterströmt.

Runaway Ghaut QUELLE
Bei den Ghauts (ausgesprochen „gats") handelt es sich um steile Schluchten, durch die das von den Bergen herabstürzende Regenwasser ins Meer fließt. Die bekannteste auf der Insel ist die Runaway Ghaut, die etwas nördlich von Salem seitlich der Straße liegt und nach einer berühmten feindlichen Gegenüberstellung zwischen den Engländern und den Franzosen benannt ist, bei der Letztere offensichtlich weggelaufen sind.

Der Legende nach werden jene, die daraus trinken, immer wieder nach Montserrat zurückkommen.

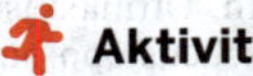

Aktivitäten

Scriber's Adventures & Tours WANDERN

(☎664-492-2943; www.scribersadventures.com) Um Montserrats einzigartiger Flora und Fauna näherzukommen, sollte man sich zu eine Wandertour mit James „Scriber" Daly anmelden, der jeden Vogel, jede Fledermaus, Schildkröte oder Eidechse beim Namen zu kennen scheint und ein Talent hat, den Nationalvogel, den nur schwer auszumachenden Montserrattrupial, zu entdecken. Die Ausflüge dauern zwischen 90 Minuten und drei Stunden und können dem individuellen Fitnesslevel angepasst werden.

Montserrat Island Dive Centre TAUCHEN

(☎664-496-4995; www.islanddivecentre.com; Saint Julian Dr, Woodlands; Tauchgang per Boot mit zwei Flaschen 110 US$) Dieser neue Veranstalter bietet günstige Tauchgänge an der Küste (ab 40 US$), Tauchgänge vom Boot aus sowie interessante Drive-and-Dive-Kombiprogramme an, bei denen man eine Tour über die Insel und zu spektakulären Aussichtspunkten macht und hervorragende Tauchmöglichkeiten an der Küste hat.

Oriole Trail WANDERN

(St Peter's) Die gemäßigte 2 km lange Strecke durchschneidet den Regenwald bis zur Spitze von Lawyer's Mountain, von dem man aus der Vogelperspektive auf die Insel schauen kann. Auch ohne Guide ist sie leicht zu bewältigen, jedoch kann jemand, der die hiesige Flora und Fauna kennt, das Erlebnis noch vertiefen. Der Ausgangspunkt liegt oberhalb des Hilltop Coffee House (dort nach dem Weg fragen).

Scuba Montserrat TAUCHEN

(☎664-491-7807, 664-496-7807; www.scubamontserrat.com; Little Bay; Tauchen mit zwei Flaschen 90–100 US$; ⏲Büro 8–17 Uhr) Neben Tauchgängen führt der erfahrene Tauchershop Schnorchelausflüge zur Rendezvous Bay und die Volcano Boat Tour zu den Küsten abseits der verschütteten Stadt Plymouth durch. Es gibt auch Schnorchelausrüstung und Mietkajaks sowie verschiedene Biere und Kaffee auf dem an ein Clubhaus erinnernden Gelände direkt am Strand.

Caribbean Helicopters Limited RUNDFLUG

(☎268-460-5900; www.flychl.com; pro Pers. 285 US$) Caribbean Helicopters bietet 50-minütige Heliflüge über den Soufrière Hills Volcano und die Exclusion Zone an. Los geht's am VC Bird International Airport auf Antigua und am Hubschrauberlandeplatz nahe dem Kreuzfahrtterminal in St. John's.

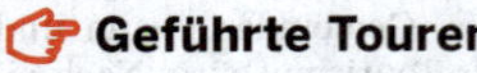

Geführte Touren

★ Montserrat Island Tours GEFÜHRTE TOUREN

(☎606-658-0077, 664-491-2124; www.montserratislandtours.com; geführte Touren pro Pers. 50–100 US$; ⏲Büro Mo–Fr 8–17 Uhr) Der charismatische Einheimische Sun Lea hat mit Leidenschaft durchgeführte Touren über die Insel im Angebot. Er informiert die Teilnehmer über Montserrats Besonderheiten und erzählt von seiner eigenen Kindheit hier. Zu den faszinierendsten Ausflügen gehört ein Vorstoß zur verschütteten Stadt Plymouth (abhängig von den seismischen und den Wetterbedingungen, vorbehaltlich einer Genehmigungsgebühr von 100 US$ pro Gruppe).

Aqua Montserrat GEFÜHRTE TOUREN

(☎664-392-9255; www.aquamontserrat.com; Little Bay; geführte Touren 30–150 US$; ⏲Di & Sa) Gegründet von Veta Wade, einer aus Montserrat stammenden und aus England zurückgekehrten jungen, tatkräftigen Frau, überzeugt Aqua Montserrat mit maßgeschneiderten Abenteuertouren, die die geheimen Ecken und Winkel der Insel über und unter dem Wasser zeigen. Zudem kann man Kajaks und Ausrüstung zum Schnorcheln leihen. Geführte Touren müssen im Voraus gebucht werden.

Veta ist auch die Gründerin von Fish N Fins, einem Programm, bei dem das ganze Jahr über einheimische Kinder Schwimm- und Schnorchelunterricht erhalten.

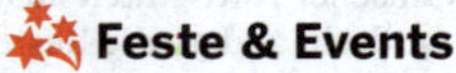

Feste & Events

St. Patrick's Day Parade PARADE

(Salem; ⏲17. März) Zu den ersten Siedlern auf Montserrat gehörten die Iren. Dies ist einer der wenigen Orte auf der Welt, wo der St. Patrick's Day ein offizieller Feiertag ist – wenngleich man die einheimische Bevölkerung mit einem fehlgeschlagenen Sklavenaufstand in Verbindung bringt, der 1768 für den Tag geplant war. Die Einwohner feiern eine Woche lang. Zentrum der Festlichkeiten ist der Ort Salem.

Zuletzt hat sich der St. Patrick's Day zur größten jährlichen Veranstaltung auf der Insel entwickelt. Sonderflugzeuge und -fähren bringen Tausende Feiernde hierher.

Schlafen

★ Gingerbread Hill GÄSTEHAUS $

(☎ 664-491-5812; www.gingerbreadhill.com; St Peter's; DZ 60–140 US$;) Geschaffen von David und Clover Lea, zwei amerikanischen nach Montserrat verpflanzten Hippies, die seine hingebungsvollen Verfechter sind, besteht dieses charismatische Refugium auf einem Hügel aus vier kunstvoll ausgeschmückten Selbstversorger-Unterkünften inmitten eines prächtigen Gartens mit geräumigen Veranden und überwältigenden Aussichten auf den Ozean. Das Kronjuwel ist die Heavenly Suite mit einer Dachterrasse und einem Blick in die Ferne. Das Zimmer Sweet & Simple im Erdgeschoss ist Montserrats beste Wahl für Budgetreisende.

Erindell Villa GÄSTEHAUS $

(☎ 664-491-3655; www.erindellvilla.com; Gros Michael Dr, Woodlands; Zi. inkl. Frühstück 80 US$;) Nahe dem Regenwald verfügt diese freundliche Pension über zwei gemütliche Zimmer mit Ventilatoren und einem guten Preis-Leistungs-Verhältnis. Es werden zahlreiche Extras geboten, darunter kostenlose Schnorchelausrüstung und Snackkörbe. Dank der Inhaber Shirley und Lou, die ihren Gästen das Gefühl vermitteln, Teil der Gemeinschaft zu sein, kommt man mit zahlreichen Einheimischen in Kontakt.

Essence Guesthouse GÄSTEHAUS $$

(☎ 664-393-7973; www.essence.ms; Old Towne Bluff Dr, Old Towne; Zi. 90–115 US$;) Das vom belgischen Paar Annie und Eric sehr persönlich geführte Haus bietet von geräumigen, mit Küche und privater Terrasse oder Balkon ausgestatteten stylish eingerichteten Zimmern eine Aussicht über das Belham Valley und den Vulkan. Eine Reservierung ist notwendig, da die Besitzer nicht immer zu Hause sind.

Tropical Mansion Suites HOTEL $$

(☎ 664-491-8767; www.tropicalmansion.com; Main Rd, Sweeny's; Zi. ab 107 US$;) Monserrats einziges richtiges Hotel ist beliebt bei Geschäftsreisenden, aber auch prima für unabhängige Traveller, die nicht unbedingt in einer Pension unterkommen möchten. Die Sicht vom Hügel hinab ist überwältigend und in Kombination mit den geräumigen Zimmern und einem Restaurant, in dem drei Mahlzeiten pro Tag serviert werden, wirkt die Unterkunft sehr komfortabel.

Olveston House PENSION $$$

(☎ 664-491-3942; www.olvestonhouse.com; Loblolly Lane, Salem; Zi. ab 129 US$;) Das frühere Winterquartier des verstorbenen Sir George Martin ist jetzt ein einfach hinreißendes Gasthaus, das vom leutseligen Trio Margaret, Sarah und Carol geleitet wird. Es gibt sechs reizvolle Zimmer (drei mit Klimaanlage, drei mit Zugang zur umlaufenden Veranda) sowie jede Menge Erinnerungsstücke und Fotografien berühmter Musiker. Das äußerst beliebte dazugehörige Restaurant öffnet jeden Abend zur Essenszeit.

Essen

Nostalgia KARIBISCH $

(☎ 664-496-9925; Main Island Rd; Gerichte 10–30 EC$; ⏰ Mo–Fr 8–16, Sa bis 19 Uhr) Dieser seitlich der Straße kurz vor Carr's Bay abgestellte kanariengelbe Imbisswagen ist lokal wegen der üppigen Sandwiches sehr beliebt, es gibt aber auch Burger und gebratene bzw. gegrillte Hühnchen und Fisch. Eine praktische Adresse für einen Happen zu Mittag. Weil das Personal allerdings langsam ist, geben alle, die den Ansturm zur Mittagszeit vermeiden wollen, ihre Bestellung am besten telefonisch auf.

People's Place KARIBISCH $

(☎ 664-752-8491; Main Island Rd, St Peter's; Gerichte 25 EC$; Mo–Sa 10–19 Uhr) Johns blaue, auf der Bergkuppe gelegene Bude genießt unter den Insulanern Kultstatus, besonders freitag- und samstagabends, wenn man auf ein Bierchen und zum Plaudern hierherkommt. Das karibische Essen ist einfach, großzügig portioniert und köstlich und wird mit einem herzlichen Lächeln serviert. Mit einem *roti* kann man nichts falsch machen, am Freitag sollte man jedoch das Nationalgericht *goat water* probieren, einen würzigen Eintopf.

★ Olveston House Restaurant BRITISCH $$

(☎ 664-491-5210; www.olvestonhouse.com; Loblolly Lane, Salem; Hauptgerichte 25–50 EC$; ⏰ 7.30–21 Uhr;) In diesem den ganzen Tag über geöffneten Restaurant im Winterquartier des verstorbenen Sir George Martin genießt man mit Blick auf den tropischen Garten eine von der Karibik durchdrungene klassische englische Küche mit Favoriten wie Schweinelende oder Rindfleischlasagne. Die an Freitagen stattfindenden Pub-Abende eignen sich zum Belauschen der Insulaner beim Tratsch; ebenso großartig sind die Grillfeste, die jeden zweiten Mittwoch für ein vollbesetztes Haus sorgen. Eine Reservierung ist ratsam.

Pont's Beach View KARIBISCH $$
(☎ 664-496-7788; Little Bay; Hauptgerichte 25–50 EC$; ⌚ Di–So 10–16, Abendessen 18–21 Uhr mit Reservierung; 📶) John Ponteen ist ein Mann mit großem Herzen, der große Platten erstklassigen karibischen Essens serviert – vom Fang des Tages über saftige Kotelettrippchen bis zu pikantem Chicken Creole. Man sitzt in einer mit vom Meer angespültem Strandgut geschmückten Gartenpergola an von Hand hergestellten Mahagonitischen oder ergattert sogar einen der Tische auf dem luftigen achteckigen Deck, von dem man einen Blick über Little Bay hat.

Isles Bay Beach Bar KARIBISCH $$
(Isles Bay Beach; Gerichte 30–90 EC$; ⌚ Do–So 12–22 Uhr; 📶) An Wochenenden wird der traumhaft gelegene Strandtreffpunkt direkt an der Isles Bay in der Mündung des Belham River stark von Einheimischen frequentiert. Auf einer luftigen, mit Lichterketten geschmückten Veranda genießt man Fisch und Meeresfrüchte, Burger, Hühnchen, Salate oder Pizza. Der Guinness-Brownie mit Eis ist Spitzenklasse.

Time Out Bar & Restaurant KARIBISCH $$
(☎ 664-491-9046; Look Out Circle, Little Bay; Hauptgerichte 15–55 EC$; ⌚ Mo–Sa 12–23 Uhr; 📶) Das moderne Grillrestaurant ist Teil eines wachsenden Komplexes aus Bars und Lokalen am Strand. Serviert werden riesige Platten voll Meeresfrüchten, Grillrippchen, Schweinefleisch und Hähnchenflügeln. Das Time Out ist sehr beliebt und eines der wenigen Restaurants mit langen Öffnungszeiten.

Soca Cabana KARIBISCH $$
(☎ 664-493-1820; www.socacabana.com; am Strand der Little Bay; Hauptgerichte 40–65 EC$; ⌚ So–Do 10–18, Fr & Sa bis 2 Uhr; 📶) In dieser entspannten Strandbar, die zur Karaoke am Samstagabend gerammelt voll ist, kann man im Sand tanzen. Hier werden einfache Gerichte wie Burger, *roti* und Sandwiches serviert, dazu gibt's wechselnde Tagesessen. Die hölzerne Bar wurde aus Sir George Martins AIR-Aufnahmestudios gerettet.

Die Besitzer organisieren auch den unglaublich erfolgreichen jährlichen Gesangswettbewerb Montserrat Idol.

★ Unterhaltung

Montserrat Cultural Centre KONZERTHALLE
(☎ 664-491-4242; www.themontserratculturalcentre.ms; Robert Griffith Dr, Little Bay) GRATIS 2006 wurde diese sich in Staatsbesitz befindende Veranstaltungshalle vom zwischenzeitlich verstorbenen Produzenten der Beatles Sir George Martin gestiftet. In ihr finden Events jeder Art statt, die von Konzerten bis zu Trauerfeiern reichen. An einer „Wall of Fame" sind die bronzenen Handabdrücke berühmter Musiker zu sehen, die in den 1970er- und 1980er-Jahren in Martins AIR-Studios in Monserrat Platten aufnahmen, darunter Elton John und Paul McCartney.

Shoppen

National Trust Gift Shop SOUVENIRS & GESCHENKE
(☎ 664-491-3086; http://montserratnationaltrust.ms; Olveston; ⌚ Mo–Fr 8.30–16.30 Uhr) Der gut sortierte Geschenkeladen im Gebäude des National Trust in Olveston bietet eine gute Auswahl an Geschenken aus Montserrat, darunter T-Shirts, Rum, Postkarten und vor Ort produziertes Kunsthandwerk.

EasiLiving SOUVENIRS & GESCHENKE
(☎ 664-392-3274; www.easiliving.net; Top Hill, St Peter's; ⌚ Mo–Fr 10–17, Sa 9–14 Uhr) Gut ausgestattete Boutique mit Handarbeiten und anderen vor Ort hergestellten Produkten, darunter Kleidung in leuchtenden Farben, Malereien von hiesigen Künstlern und zahlreiche Inselsouvenirs.

Last Chance Souvenir Shop SOUVENIRS & GESCHENKE
(John A Osborne Airport; ⌚ 8–17 Uhr) Günstig, um im letzten Moment ein paar Souvenirs zu ergattern, darunter hochwertiges Kunsthandwerk. Es gibt auch eine Filiale in Little Bay.

MONTSERRAT VERSTEHEN

Bevölkerung & Kultur

Montserrats wenige Bewohner sind eng miteinander verbunden und jeder kennt jeden. Mehr als 90% sind afrikanischer Abstammung, doch weniger als die Hälfte der Einwohner wurde hier geboren. Stattdes-

VULKANISCHE APOKALYPSE

Montserrat hat mehr als seinen Anteil an der Zerstörungskraft der Natur abbekommen, aber noch nie so sehr wie im Juli 1995, als der Soufrière Hills Volcano (jetzt 1050 m) nach 400 Jahren aus seiner Ruhe erwachte. Eine Serie von Aschenregen, pyroklastischen und Schlammströmen zerstörte Plymouth, kleinere Siedlungen, Ackerland und Wälder. Etwa 11 000 Bewohner wurden evakuiert und im Norden neu angesiedelt. Viele emigrierten auch nach Großbritannien. Ausbrüche dauerten bis zum letzten großen in 2010 an, seitdem aber ist der Soufrière Hills mehr oder weniger friedlich.

Mit dem Bau neuer Häuser wächst die Zahl der Vertriebenen, die zurückkehren. Viele sagen, dass sie sich in Großbritannien nie heimisch gefühlt haben und dass sie ihr Leben auf der Insel vermissten. Noch immer liegt die Bevölkerungszahl bei unter der Hälfte der vor dem Ausbruch des Vulkans und nach wie vor versucht die Wirtschaft sich zu erholen.

Zwei Drittel der Insel sind noch immer Sperrgebiet. Das Leben konzentriert sich jetzt auf Brades und die geplante neue Hauptstadt Little Bay im Norden. Währenddessen erobert die Natur die zerstörten Gebiete zurück. Man kann von sicheren Aussichtspunkten wie dem Montserrat Volcano Observatory sowie bei Bootsausflügen und Überflügen mit dem Helikopter an dem Schauspiel teilhaben. Mit einem Führer und einer polizeilichen Erlaubnis darf man sogar Plymouth besuchen, um direkt vor Ort einen eigenen Eindruck der Zerstörungen zu bekommen – eine abschreckende, bewegende und faszinierende Erfahrung, die man sich nicht entgehen lassen sollte.

sen stammen viele von anderen Karibikinseln. Auf der Flagge ist das Wappen Montserrats zu sehen. Es zeigt eine Frau, die in der linken Hand eine Harfe hält und mit dem rechten Arm ein Kreuz hält. Die Harfe steht für die weit zurückreichende Geschichte irischer Einwanderer auf Montserrat. Diese Tatsache wird vor allem während der feuchtfröhlichen Woche der Feierlichkeiten zum St. Patrick's Day offensichtlich, während der sich die Personenzahl auf der Insel verdoppelt.

Wie vorherzusehen für ein britisches Überseegebiet, spielt Kricket eine wichtige Rolle. Wenn die Nationalmannschaft auf dem Spielfeld nahe Little Bay trainiert, fahren nur wenige Autos vorbei, ohne einen kritischen Blick darauf zu werfen. Auch die Leidenschaft für das Fußballnationalteam ist weit verbreitet. Basketball wird immer populärer; in einer eher hässlichen, riesigen zeltähnlichen Konstruktion in Little Bay befinden sich ein paar Indoorspielfelder.

Natur & Umwelt

Vulkanausbrüche zerstörten mehr als 60 % des Waldökosystems auf Montserrat, wobei die Centre Hills als wichtigstes Refugium für Flora und Fauna übrig blieben. Übersät von Wanderwegen, bieten sie zahlreichen Spezies Unterschlupf, darunter dem einheimischen Montserrattrupial, dem praktisch ausgestorbenen Antillen-Ochsenfrosch und einer scheuen Schleichenart mit dem Namen Montserrat Galliwasp. Die Insel ist auch Heimat dreier Meeresschildkrötenarten sowie von Schlangen und Taranteln, die sonst nirgendwo auf der Welt in Freiheit vorkommen. Der National Trust veranstaltet Wanderungen zur Beobachtung von Meeresschildkröten während der Brutzeit im August und September.

PRAKTISCHE INFORMATIONEN

ℹ Allgemeine Informationen

BARRIEREFREI REISEN

Auf Montserrat wird nicht viel getan, um Reisende mit eingeschränkter Mobilität oder anderen Behinderungen zu unterstützen. Der Zugang zu Gebäuden und Transportmitteln ist schwierig. Bürgersteige (wo es sie gibt) sind hoch und uneben, Bordsteine oft hoch und Rollstuhlrampen nur selten vorhanden.

BOTSCHAFTEN & KONSULATE

Zuständig für deutsche Bürger ist die **Deutsche Botschaft** (www.port-of-spain.diplo.de) in Port-of-Spain, Trinidad. **Österreich** und die **Schweiz** haben vor Ort keine diplomatischen Vertretungen.

ESSEN

Es ist, wie es ist: Niemand kommt wegen des guten Essens nach Montserrat. Trotzdem kann man hier auch prima schlemmen. Frischer Fisch und Meeresfrüchte sind fast immer die beste Wahl. Selbstversorger werden bei der Handvoll Supermärkte auf der Insel fündig, das Sortiment ist jedoch ausgesprochen begrenzt und die Preise sind oftmals hoch.

Typische Gerichte & Getränke

➡ **Goat water** Montserrats Nationalgericht ist weitaus beliebter, als der merkwürdige Name vermuten lässt. „Got some?" läutet häufig ein Bestellgespräch ein und bezieht sich auf die würzige, mit Nelken gewürzte Brühe, in der Ziegenfleischbrocken schwimmen. Sie wird heiß mit einem Brötchen gegessen.

➡ **Fruchtsäfte** Exotische Früchte wachsen auf Montserrat in rauen Mengen und ergeben leckere frische Säfte. Jahreszeitabhängig findet man Mangos, Echte Guaven und Papayas ebenso wie die eher ungewöhnliche Westindische Kirsche, Sternfrucht und die Stachelannone, die ein wenig wie eine cremige Erdbeere mit einer Spur von Ananas und Kokosnuss schmeckt.

FEIERTAGE

Zusätzlich zu den in der Region begangenen Feiertagen gibt's in Montserrat noch folgende:

Neujahr 1. Januar

St. Patrick's Day 17. März

Karfreitag/Ostermontag März oder April

Tag der Arbeit 1. Mai

Pfingsten/Pfingstmontag 40 Tage nach Ostern

Offizieller Geburtstag des britischen Königs Genaues Datum stand bei Redaktionsschluss noch nicht fest.

Tag der Sklavenbefreiung Erster Montag im August

1. Weihnachtsfeiertag 25. Dezember

2. Weihnachtsfeiertag 26. Dezember

FREIWILLIGENARBEIT

Coral Cay Conservation (www.coralcay.org) Diese in England ansässige nichtstaatliche Umweltorganisation braucht für ihre wissenschaftlichen Untersuchungen Freiwillige, die Daten aus dem Tropenwald und den Korallenriffen zusammentragen und Weiterbildungsprogramme für die Gemeinde zu Naturschutzfragen und Nachhaltigkeit leiten.

Turtle Conservation Montserrat (http://ccoleby2001.wixsite.com/turtlesmontserrat) Freiwillige, die mit dem einheimischen Naturschützer John Jeffers zusammenarbeiten, helfen bei der Beobachtung der Lederschildkröten, Unechten und Echten Karettschildkröten und Grünen Meeresschildkröten, die jährlich nach Montserrat kommen, um zu brüten, sowie bei der Freilassung von geschlüpften Jungtieren.

PREISKATEGORIEN ESSEN

Die folgendenPreise beziehen sich auf ein Hauptgericht. Zumeist erfolgt der Zuschlag einer Servicegebühr in Höhe von 10 %.

**$** bis 25 EC$

**$$** 25–50 EC$

**$$$** über 50 EC$

GELD

Einige Geschäfte, Hotels und Restaurants akzeptieren Kreditkarten, allerdings sollte man sich darauf jedoch nie verlassen. Achtung: US-Dollar werden nur in makellosem Zustand angenommen.

Derzeit gibt's auf Montserrat nur einen **Geldautomaten** (Brades Road, Brades), der ausländische Karten annimmt. In der schicken Bank of Montserrat in Brades werden nur lokale Karten akzeptiert.

Steuern & Rückerstattungen

Hotels schlagen 10 % Unterkunftssteuer (7 % bei Gästehäusern) auf die Endrechnung auf. Eine Mehrwert- oder Umsatzsteuer (VAT) gibt's nicht.

Trinkgeld

Restaurants Sofern die Servicegebühr nicht bereits in der Rechnung enthalten ist, empfiehlt sich ein Aufschlag von 10 %. Ein Trinkgeld wird nicht generell erwartet.

Wechselkurse

Eurozone	1 €	2,76 EC$ 1 US$
Schweiz	1 SFr	2,83 EC$ 1,02 US$
USA	1 US$	2,70 EC$

Aktuelle Wechselkurse siehe www.xe.com.

INTERNETZUGANG

Hotels, Restaurants und Cafés stellen in der Regel kostenloses WLAN für ihre Gäste zur Verfügung. Wer eine SIM-Karte vor Ort kaufen möchte, wendet sich an Digicel (S. 682) in Brades.

LGBT-REISENDE

Nach dem auf der Insel geltenden Recht ist Homosexualität nicht verboten, aber die meisten Menschen sind ziemlich konservativ. Dass gleichgeschlechtliche Paare ihre Zuneigung öffentlich zeigen, ist nicht ratsam. Es ist kein Problem, wenn sich gleichgeschlechtliche Paare ein Hotelzimmer teilen.

MEDIZINISCHE VERSORGUNG

Auf Montserrat gibt's nur die medizinische Grundversorgung. Die beste Option ist das **Glen-**

PRAKTISCH & KONKRET

Magazine & Zeitungen Der wöchentlich erscheinende *Montserrat Reporter* (www.themontserratreporter.com) ist die wichtigste Zeitung.

Maße & Gewichte Es gilt das britische Maßsystem.

Radio Lokale Neuigkeiten, Musik und Ausbruchsalarme hört man auf ZJB Radio, 91.9FM.

Rauchen Auf Montserrat gibt's kein geltendes Rauchverbot, Rauchen ist aber vielerorts untersagt.

don Hospital (☎664-491-2802; Look Out Circle). Das nächstgelegene Krankenhaus mit Maximalversorgung befindet sich auf Antigua, die nächste Überdruckkammer in Guadeloupe.

MIT KINDERN REISEN

Montserrat ist sehr entspannt und ein Teil seines Charmes liegt darin, dass es einfach nicht viel zu tun gibt. Ältere Kinder nimmt man zum Montserrat Volcano Observatory (S. 675) und auf Wanderungen mit, unternimmt eine Bootsfahrt nach Plymouth oder mietet ein Kajak. Die vier Strände sind klein, bieten aber gute Möglichkeiten zum Schwimmen und Schnorcheln (Ausrüstung mitbringen, um Leihgebühren zu vermeiden).

NOTFALL

Feuerwehr	☎911
Polizei	☎999

ÖFFNUNGSZEITEN

Die Geschäfte auf der Insel, darunter die meisten Restaurants und Bars, haben sonntags geschlossen. Einige kleine Supermärkte haben aber unter Umständen vormittags und nachmittags für ein paar Stunden geöffnet. In den meisten Fällen sind die nachfolgend genannten Öffnungszeiten nur Richtwerte.

Banken Montags bis donnerstags 8 bis 14, Freitag bis 15 Uhr.

Bars 12 bis 23 oder 0 Uhr.

Geschäfte Montags bis sonntags 9 bis 17 Uhr, einige schließen mittwochmittags, Lebensmittelgeschäfte später und an Sonntagen.

Restaurants Frühstück von 7.30 bis 10, Mittagessen von 12 bis 14.30, Abendessen von 18 bis 21.30 Uhr.

Unternehmen Montags bis freitags 8 bis 16 Uhr.

RECHTSFRAGEN

Das in Montserrat geltende Rechtssystem beruht auf dem britischen Common Law. Bei rechtlichen Problemen hat man Anspruch auf Rechtsbeistand und auf Rechtsbeihilfe, wenn man sich private Dienstleistungen finanziell nicht leisten kann. Bei einer Verhaftung muss die Polizei die nächste Botschaft oder das Konsulat des Herkunftslandes über die Zwangslage informieren.

SICHER REISEN

Der Soufrière Hills Volcano ist seit 1995 aktiv, aber seit Februar 2010 gab es keine bedeutende vulkanische Aktivität mehr. Dennoch sind über zwei Drittel von Montserrat gefährdet. Der frühere Hauptort Plymouth und der Süden liegen in der sogenannten „Exclusion Zone". Besuche hier sind abhängig von der aktuellen Gefährdungslage und nur mit lizenziertem Guide möglich, der die vorherige Genehmigung der Polizei braucht. Es ist zu beachten, dass zu den Kosten der Tour noch eine Eintrittsgebühr von 100 US$ pro Person kommt.

Gelegentlich blasen Winde aus dem Süden Asche und vulkanische Gase über die ganze Insel, was zu Flugannullierungen führen kann. Gegenwärtig wird die Situation durch Mitarbeiter des Montserrat Volcano Observatory überwacht. Sirenen, die vor bevorstehender vulkanischer Aktivität warnen, werden jeden Tag um 12 Uhr getestet. Sollten sie zu anderen Zeiten ertönen, bitte sofort Einheimische um Rat fragen, das Radio auf die Frequenz 88.3 FM oder 95.5 FM einstellen und den Anweisungen folgen.

STROM

Fast überall gibt's eine wählbare Spannungsversorgung 220/110 V; vorherrschend sind die in Nordamerika gebräuchlichen 2-poligen Buchsen, aber es gibt auch 3-polige, also Adapter mitbringen.

TELEFON

- Montserrats Vorwahl ist ☎664.
- Für Anrufe aus dem Ausland wählt man die internationale Vorwahlnummer + 1 + 664 + örtliche Rufnummer.
- Für Auslandstelefonate aus Montserrat gilt 011 + Ländervorwahl + Ortsvorwahl + örtliche Rufnummer.

PREISKATEGORIEN UNTERKUNFT

Die folgenden Preise beziehen sich auf ein Doppelzimmer mit Bad während der Hauptsaison (Dezember bis April). Sofern nicht anders vermerkt, ist das Frühstück nicht inbegriffen.

**$** bis 80 US$

**$$** 80–120 US$

**$$$** über 120 US$

Handys

Lokale SIM-Karten bekommt man bei **Digicel** (Brades Rd, Brades; ⌚ Mo–Sa 8–17 Uhr) in Brades mit Paketen für Lokalgespräche und Datenvolumen, die auch auf Antigua, St. Kitts und Dominica funktionieren.

TOURISTENINFORMATION

Touristeninformation (☎ 664-491-4703; www.visitmontserrat.com; 2. OG, Montserrat Bldg Society Bldg, Brades; ⌚ Mo–Fr 8.30–16.30 Uhr)

UNTERKUNFT

Auf Montserrat gibt's keine Resorts oder großen Hotels. Wenn man hier nur eine oder zwei Nächte verbringen will, sollte man in einem der von Einheimischen geführten Gästehäuser absteigen, die gerne dabei helfen, das Beste aus dem Aufenthalt des Gastes auf der Insel herauszuholen. Bei einem längeren Besuch sollte man in Erwägung ziehen, ein Selbstversorger-Apartment oder eine Villa zu mieten.

ZEIT

Eastern Caribbean Time (Atlantic Time): MEZ minus fünf Stunden, MESZ minus sechs Stunden.

An- & Weiterreise

FLUGZEUG

Der winzige **John A. Osborne Airport** (MNI; nahe Gerald's Village) wird täglich mehrmals von den acht Passagieren fassenden Flugzeugen von **Fly Montserrat** (☎ 664-491-3434; www.flymontserrat.com; John A Osborne Airport) und **SVG Air** (☎ in Antigua 268-562-7183, in Montserrat 664-491-4200; www.flysvgair.com; John A Osborne Airport) angeflogen. Größere Flugzeuge können auf der winzigen Landebahn nicht landen, sodass fast alle Besucher über Antigua anreisen. Starke Winde, Starkregen oder Vulkanasche können den Betrieb für Stunden oder im Extremfall sogar für Tage verzögern.

ÜBERS MEER

Die **Jaden Sun** (☎ in Antigua 268-778-9786, in Montserrat 664-496-9912; Rundfahrt Erw./Kind 2–12 Jahre 300/150 EC$) verkehrt zwischen St. John's auf Antigua und dem **Little Bay Ferry Terminal** (Little Bay) auf Montserrat. Die Hin- und Rückfahrt dauert 90 Minuten und kostet 300 EC$. In der Regel verkehren fünfmal pro Woche Fähren in beide Richtungen. Sie starten frühmorgens von Montserrat und kehren am Nachmittag von Antigua aus zurück. Für den aktuellen Fahrplan anrufen oder unter www.visitmontserrat.com/sea nachschauen. Bei schlechtem Wetter wird der Dienst eingestellt.

FLUGHAFENGEBÜHREN

Die kombinierte Ausreise- und Sicherheitssteuer beträgt bei Aufenthalten von mehr als 24 Stunden 55 EC$ oder 21 US$ und ist bar zu zahlen.

Unterwegs vor Ort

Wenn man länger auf Montserrat bleibt, organisiert der Gastgeber eine Abholung vom Flughafen oder Fähranleger. Wer nur für einen Tag bleibt, sollte eine geführte Tour buchen. Zu Einzelheiten siehe die Webseite des Tourismusbüros.

AUTO

Um auf Montserrat ein Auto zu mieten, braucht man einen örtlichen Führerschein, den man am Flughafen, dem Fähranleger oder der Polizeistation in Brades erhält (50 EC$). Fahrzeuge können über die Unterkunft oder bei jeder der auf der Website von Montserrat aufgeführten Agenturen gemietet werden: www.visitmontserrat.com/get-around.

Auf der Insel herrscht Linksverkehr. Die Höchstgeschwindigkeit beträgt wegen der kurvenreichen Straßen und dem steilen Gelände 30 km/h. Vor Haarnadelkurven bitte hupen. Ampeln gibt's nicht.

BUS

Minibusse sind auf der Hauptstraße von Montag bis Samstag zwischen 7 und 17 Uhr unterwegs. Da es keinen Fahrplan und keine offiziellen Haltestellen gibt, werden vorbeifahrende Busse einfach herangewunken. Der pauschale Fahrpreis beträgt 3 EC$. Für eine Zusatzgebühr von 2 EC$ werden Passagiere auch außerhalb der Strecke zu ihren Wunschzielen gebracht.

TAXI

Taxis warten manchmal am Fähranleger oder am Flughafen, darauf ist allerdings nicht immer Verlass. Am besten bestellt man ein Taxi im Voraus von der Pension oder vom Hotel aus. Eine Liste der Anbieter findet man unter www.visitmontserrat.com/taxi-tours-operator. Da die Autos keine Zähler haben, muss der Preis in der Landeswährung vor der Abfahrt vereinbart werden.

Alle Fahrer sind zugleich Guides und verlangen pro Person und Stunde etwa 25 US$.

TRAMPEN

Natürlich gibt's gewisse Risiken, wenn man bei einem Fremden mitfährt, aber auf Montserrat ist dies eine verbreitete Methode, um herumzukommen. Es ist üblich, mit dem Zeigefinger zu wackeln, statt den Daumen auszustrecken.

Trampen ist nie ganz sicher und wir empfehlen es nicht. Reisende, die trampen, sollten wissen, dass sie ein geringes, aber potenziell gefährliches Risiko eingehen.

Puerto Rico

☎1-787 / 3,2 MIO. EW.

Inhalt ➡

Gut essen

- ➡ Raya (S. 693)
- ➡ Chateau Rose at the Horned Dorset Primavera (S. 712)
- ➡ Vianda (S. 695)
- ➡ Kioskos de Luquillo (S. 701)

Schön übernachten

- ➡ Hacienda Tamarindo (S. 701)
- ➡ Mary Lee's by the Sea (S. 710)
- ➡ Rainforest Inn (S. 700)
- ➡ Villa Flamenco (S. 702)

Auf nach Puerto Rico!

Goldener Sand, abenteuerliche Geschichte und eine wilde, vielfältige Landschaft machen aus dem sonnenüberfluteten Hinterhof der Vereinigten Staaten einen Ort, der auch treffend als die „Insel der Verzauberung" gehypt wird. Puerto Rico ist die einzige Insel in der Karibik, auf der man sich schon vorm Frühstück in die Wellen stürzen, nach dem Mittagessen durch einen Regenwald wandern und sich nach Einbruch der Dunkelheit in das Getümmel einer auf Hochglanz polierten, weltoffenen Stadt stürzen kann. Zwischen protzigen Casinos und quakenden Fröschen finden sich auf Puerto Rico viele dynamische Kontraste, denn neben dem lebhaften Lebensstil der Karibik hat auch die moderne amerikanische Kultur Einzug gehalten.

Strände, historische Festungen und Nachtclubs lassen das Herz eines jeden Besuchers höherschlagen, doch das wahre Wesen Puerto Ricos offenbart sich erst, wenn man abseits ausgetretener Pfade wandert, das bergige Inselinnere durchstreift und pastellfarbene Häuserfassaden in abgeschiedenen Orten entdeckt.

Reisezeit

Feb. Der Karneval ist eine der fröhlichsten und farbenfrohesten Zeiten für einen Besuch in den Städten des Landes.

Mai Die beste Zeit, um im El Yunque National Forest zu wandern, der im Sommer sehr feucht und im Winter sehr überlaufen ist.

Dez. Jetzt erreicht die Surfsaison ihren Höhepunkt.

Highlights

1 Viejo San Juan (S. 685) Über blaues Kopfsteinpflaster schlendern und sich voll und ganz dem Charme der Altstadt hingeben.

2 El Yunque National Forest (S. 699) Mit Aussicht auf den Ozean über dicht bewachsene Regenwaldpfade wandern.

3 Culebra und Vieques (S. 701) An diesen Stränden, die zu den schönsten der Karibik zählen, entspannen und im Kajak über biolumineszierendes Wasser gleiten.

4 Museo de Arte de Ponce (S. 708) Sich im kulturellen Hotspot von Ponce in „Flaming June" verlieben.

5 Rincón (S. 711) Neben lebenslustigen Strandvagabunden und urlaubmachenden Geschäftsleuten in toller Atmosphäre auf legendären Breaks surfen.

SAN JUAN

San Juan, gegründet 1521, ist die zweitälteste von Europäern errichtete Siedlung auf dem amerikanischen Doppelkontinent und die älteste unter US-amerikanischer Rechtsprechung. Die Altstadt liegt eingezwängt auf einer winzigen Insel, die den Eingang zu San Juans Hafen bewacht, und entstand fast ein Jahrhundert bevor die Mayflower im heutigen Massachusetts vor Anker ging. Heute verschmilzt hier das Alte nahtlos mit der dynamischen Moderne.

Hinter seinen abgewetzten 4,50 m dicken Mauern ist San Juan aber noch viel mehr als eine bloße Ansammlung aufpolierter kolonialer Artefakte – es ist ein Mosaik aus sich ständig weiterentwickelnden Stadtbezirken wie Santurce, wo eine ursprüngliche Lebensfreude spürbar ist, angefacht von Straßenkunst, hervorragenden Restaurants und einer lebendigen Bar- und Kneipenszene.

Und dann sind da natürlich noch die Strände. Sandstreifen säumen San Juans nördlichen Zipfel vom protzigen Condado bis zum mit Resorts übersäten Isla Verde. Keine Stunde nach der Landung am Flughafen kann man schon in azurblauem Wasser planschen.

Sehenswertes

Die meisten von San Juans Hauptattraktionen, einschließlich der Museen und Kunstgalerien, befinden sich in Old San Juan. Für Condado, Ocean Park und Isla Verde sprechen in erster Linie die Strände, während Santurce durch sein quirliges, urbanes Treiben besticht. Achtung: Die meisten Museen sind montags geschlossen.

Viejo San Juan

★Castillo San Felipe del Morro FESTUNG

(El Morro; Karte S. 686; ☎729-6960; www.nps.gov/saju; 501 Norzagaray; Erw./Kind inkl. Eintritt zum Castillo San Cristóbal 7 US$/frei; ⏲9–18 Uhr) Eines der Highlights der Altstadt ist das düstere Castillo San Felipe del Morro, das sich auf einer Landspitze erhebt und potenzielle Angreifer abschreckt. Die 40 m langen Mauern (einige bis zu 5 m dick) datieren zurück ins Jahr 1539; El Morro soll die älteste spanische Festung in der Neuen Welt sein. Ausstellungen, ein kurzes Video und Führungen am Wochenende dokumentieren den Bau der Festung, der fast 200 Jahre gedauert hat, sowie ihre Rolle bei der Abwehr von Angriffen auf die Insel durch die Briten, die Niederländer und später das US-Militär.

Besucher sollten auf jeden Fall die Rampen erklimmen und den Wachrundgang auf der Santa Barbara Bastion und der Austria Half-Bastion unternehmen, allein um die Aussicht aufs Meer, die Altstadt von San Juan, das moderne San Juan, El Yunque und das bergige Rückgrat der Insel zu erleben. Angesichts der langen Fußwege und zahlreichen Treppen sind bequeme Schuhe ratsam.

Am Wochenende füllen sich die Rasenflächen rund um die Festung mit Pärchen und Besuchern, die picknicken oder Drachen steigen lassen, dann gleicht das Gelände mit seinen Imbisswagen am Rand einem spontanen Festival.

Der graue, mit Zinnen versehene **Leuchtturm** im 6. Stock ist seit 1846 in Betrieb und damit der älteste Leuchtturm des Landes, wenngleich der heutige Turm von 1906 stammt. Im Spanisch-Amerikanischen Krieg wurde der ursprüngliche Turm 1898 bei einer Bombardierung durch die US-Marine schwer beschädigt. Später wurde er neu gebaut. Sein spanisch-maurischer Stil fügt sich erstaunlich gut in die übrige Festung ein.

Der **National Park Service** (NPS; Karte S. 686; ☎729-6777; www.nps.gov; 501 Norzagaray; ⏲9–18 Uhr) verwaltet die Festung und das kleine Militärmuseum auf dem Gelände. 1983 wurde sie zu einer UNESCO-Welterbestätte deklariert.

★Castillo San Cristóbal FESTUNG

(San Cristóbal Fort; Karte S. 686; ☎729-6777; www.nps.gov/saju; 501 Norzagaray; Erw./Kind inkl. Eintritt zur Festung El Morro 7 US$/frei; ⏲9–18 Uhr) Die zweitwichtigste Festung der Stadt ist eine der größten von den Spaniern erbauten militärischen Anlagen Amerikas. In ihrer Glanzzeit war sie 10 ha groß und umfasste ein Labyrinth aus sechs miteinander verbundenen Festungen, die einen zentralen Kern mit 50 m Wänden, Gräben, mit Sprengladung versehenen Brücken und Tunneln schützten. In der Festung befinden sich ein faszinierendes Museum, Militärarchive, ein Nachbau von Kasernen und ein Laden, zudem hat man einen atemberaubenden Ausblick auf den Atlantik und die Stadt. Auf den kostenlosen einstündigen Führungen in englischer Sprache, die samstags um 10.30 Uhr stattfinden (sonntags auf Spanisch), geht's durch die Tunnel. Die Plätze

Viejo San Juan

0 500 m

ATLANTISCHER OZEAN

Castillo San Felipe del Morro 2
Cementerio Santa María Magdalena de Pazzis
C del Morro
Paseo del Morro
LA PERLA
Museo de las Américas 3 5
Plaza del Quinto Centenario
7
Plaza de San José
C Beneficencia
Parque de Beneficencia
C del Cristo
C Bajada Matadero
C Norzagaray
C San Sebastián
C Sol
C Luna
C Cruz
C San Justo
C Tanca
Callejón de la Capilla
C O'Donnell
Av Muñoz Rivera
Castillo San Cristóbal 1
National Park Service
Parque de la Ventana al Mar (4 km); Condado & Ocean Park (5,5 km)
VIEJO SAN JUAN
12
4
Caleta de las Monjas
Caleta de San Juan
Plazuela Las Monjas
C San José
Plaza de Armas
19
14
C San Francisco
11
16
10
15
8
Plaza de Colón
Av Ponce de León
Paseo de Covadonga
Isla Grande (3,2 km)
Busbahnhof Covadonga
C Fortaleza
20
C Tetuán
C Recinto Sur
C Comercio
Plaza del Puerto
C La Marina
6
Parque de las Palomas
9
18
17
Plaza de Hostos
Plaza Darsena
Pier 2
Fähre nach Cataño & Hato Rey
Autoridad de Transporte Marítimo
C Presidio
C La Puntilla
Pier 1
Bahia de San Juan
Pier 3

Viejo San Juan

für die Führung werden nach dem Motto „Wer zuerst kommt, mahlt zuerst" vergeben.

★ Museo de las Américas — MUSEUM

(Amerika-Museum; Karte S. 686; ☎ 724-5052; www.museolasamericas.org; Ecke Cuartel de Ballajá, Norzagaray & del Morro; Erw./Kind 7/5 US$; ⏲ Di–Fr 9–12 & 13–16, Sa & So 12–17 Uhr) Dieses Museum gibt eine bemerkenswerte Übersicht über die kulturelle Entwicklung Amerikas, einschließlich einheimischer, afrikanischer und europäischer Einflüsse. Vier Dauerausstellungen kombinieren Kunst, Geschichte und Soziologie auf durchdachte und provokante Weise; insbesondere der Teil zur Sklaverei, der die Reise auf einem Sklavenschiff rekonstruiert, ist bewegend. Audiovisuelle Highlights und sachkundige Guides bereichern den Besuch. Außerdem gibt's interessante zeitgenössische Ausstellungen und ein Geschäft, das Bücher, Schmuck und Kunst im Sortiment hat.

Cuartel de Ballajá — SEHENSWERTES GEÄBUDE

(Museo de las Américas; Karte S. 686; ☎ 721-3737; www.ballaja.com; Ecke Norzagaray & del Morro; ⏲ Di–Sa 9–12 & 13–16, So 12–17 Uhr) GRATIS Das *cuartel* ist ein beeindruckendes dreistöckiges Bauwerk mit zwei großen Toren an den beiden Enden, vielen Bogen und einem großen zentralen Hof. Es wurde 1854 als Kaserne erbaut und war das letzte Bauwerk, das die Spanier in der Neuen Welt errichteten. Früher umfasste es die Offiziersunterkünfte, Lagerhäuser, Küchen, Speiseräume, Gefängniszellen und Ställe. Heute beherbergt es verschiedene Verwaltungsbüros, ein Tanzstudio, eine Musikschule, mehrere Cafés und das erstklassige Museo de las Américas.

Museo de San Juan — MUSEUM

(Karte S. 686; ☎ 480-3555; www.sanjuanciudadpatria.com/servicios/arte-cultura-e-innovacion/museo-de-san-juan; 150 Norzagaray; gegen Spende; ⏲ Di–Sa 9–12 & 13–16, So 12–17 Uhr) Dieses kleine Museum befindet sich auf dem früheren Marktplatz und widmet sich der 500-jährigen Stadtgeschichte. In einer Dauerausstellung werden schön präsentierte Zeichnungen und Fotografien von den Caparra-Ruinen bis zu den heutigen Stadtvierteln gezeigt. Es gibt auch ein kleines Kino mit 120 Plätzen und zwei Räume für Sonderausstellungen, die Werke zeitgenössischer lateinamerikanischer Künstler zeigen. Jeden Samstagvormittag findet im hübschen Innenhof ein kleiner **Bauernmarkt** (Karte S. 686; Snacks ab 2 US$; ⏲ Sa 8–13 Uhr) statt.

Catedral de San Juan Bautista — KIRCHE

(Kathedrale San Juan Bautista; Karte S. 686; ☎ 722-0861; 153 del Cristo; ⏲ 8–16 Uhr) GRATIS San Juans Kathedrale ist zwar kleiner und weniger prächtig als viele spanische Kirchen, doch sie besitzt eine schlichte Eleganz. 1521 wurde an dieser Stelle die erste Kirche gegründet, die acht Jahre später bei einem Hurrikan zerstört wurde. 1540 begann man mit dem Bau eines neuen Gotteshauses, das sich allmählich zu dem heutigen, vom Neoklassizismus inspirierten Denkmal entwickelte. Drinnen sollte man einen Blick auf das Marmorgrab von Juan Ponce de León und den mumifizierten Leichnam des religiösen Märtyrers St. Pio werfen.

Plaza de Colón — PLATZ

(Columbus Plaza; Karte S. 686; Ecke San Francisco & Tetuán) Die Statue von Kolumbus auf einer hohen Säule dominiert die Plaza de Colón. Sie geht zurück auf den mehr als hundert Jahre zurückliegenden 400. Jahrestag von Kolumbus' erster Expedition. Umringt von hohen Bäumen und Straßencafés herrscht auf dem Platz jede Menge Trubel. An diesem Ende von Viejo San Juan wurde die Stadtmauer 1897 eingerissen; einst befand sich hier eins der ursprünglichen Stadttore, die Puerta Santiago.

La Fortaleza HISTORISCHE STÄTTE

(El Palacio de Santa Catalina; Karte S. 686; ☎ App. 2211 721-7000; Recinto; empfohlene Spende 3 US$; ⏲ Führungen Mo–Fr 9–15.30 Uhr) Die imposante Festung La Fortaleza, erbaut 1533 und zu erkennen an den bewachten Eisentoren, ist der älteste dauerhaft genutzte Herrschaftssitz in der westlichen Hemisphäre. Die ursprüngliche Festung (auf Spanisch *fortaleza*) der jungen Kolonie trat ihre militärische Stellung irgendwann an die neueren und größeren Forts ab und wurde umgestaltet und erweitert. Seit mehr als drei Jahrhunderten beherbergt sie nun schon Gouverneure der Insel. Zwischen 8.15 und 15.30 Uhr finden kostenlose 30-minütige Führungen statt, die den maurischen Garten, das Verlies und die Kapelle beinhalten.

Miramar & Santurce

★ Museo de Arte de Puerto Rico MUSEUM

(MAPR; Karte S. 692; ☎ 977-6277; www.mapr.org; 299 Av de Diego, Santurce; Erw./erm. 6/3 US$, Mi ab 14 Uhr freier Eintritt; ⏲ Mi 10–20, Do–Sa bis 17, So ab 11 Uhr; 🚌 T5, T21) San Juan rühmt sich eines der größten und berühmtesten Kunstmuseen der Karibik. Es befindet sich in einem großartigen neoklassizistischen Gebäude, dem ehemaligen städtischen Krankenhaus; heute befinden sich darin 18 Ausstellungssäle verteilt auf 12 000 m². Die Kunstsammlung umfasst Gemälde, Skulpturen, Plakate und Schnitzereien bekannter puerto-ricanischer Künstler wie José Campeche, Francisco Oller, Nick Quijano und Rafael Ferrer vom 17. Jh. bis zur Gegenwart.

MADMi MUSEUM

(Kunst- & Designmuseum Miramar; Karte S. 692; ☎ 995-7063; www.madmi.org; 607 Cuevillas, Miramar; Erw./erm 5/3 US$; ⏲ Mo–Sa 10–17 Uhr) Dieser Neuzugang in der florierenden Kunstszene der Stadt befindet sich in einem restaurierten Wahrzeichen Miramars, einem markanten rosa Gebäude von 1913. Im Mittelpunkt der spannenden interaktiven Ausstellungen stehen Design sowie dekorative und bildende Kunst von der Moderne bis zur Gegenwart. Die Infotexte gibt's auf Spanisch und Englisch. Das Museum veranstaltet Vorträge, Workshops und Kurse sowie auf Wunsch Führungen.

Strände

★ Balneario El Escambrón STRAND

(Karte S. 692; abseits der Av Muñoz Rivera, Puerta de Tierra; Parken 5 US$; ⏲ Parken 8.30–17 Uhr; 🚌 D53, T3, T5, T21) Eine geschützte Bucht mit glattem Sand, eine ordentliche Brandung zum Surfen, viel Lokalkolorit und eine in der Ferne schimmernde spanische Festung aus dem 17. Jh. sind die Markenzeichen dieses Strands, der als der schönste der Stadt gilt und nur einen Steinwurf von Viejo San Juan und der turbulenten Touristenmeile von Condado entfernt liegt. Er ist mit der „Blauen Flagge" ausgezeichnet, und das Beste: Er ist selten überfüllt.

★ Playa Ocean Park STRAND

(Karte S. 692; abseits der McLeary, Ocean Park) Dieser breite Sandstrand, der durch vorgelagerte Riffe geschützt und vom kühlen saisonalen Passatwind liebkost wird, ist einer der Lieblingsstrände der Einheimischen. Doch der Strand, der nach dem gleichnamigen Viertel heißt, ist öffentlich; einfach einer beliebigen Straße durch das geschlossene Wohngebiet mit niedriger Bebauung bis ans Wasser folgen.

★ Playa Isla Verde STRAND

(abseits der Av Isla Verde, Isla Verde) Mit seinen zahlreichen gebräunten Körpern und wendigen Strandjüngern, die ihre Trizepsmuskeln um das Volleyballnetz herum zur Schau stellen, aalt sich dieser urbane Strand in seinem Ruhm als die Copacabana von Puerto Rico. Ruhesuchende sollten lieber an den Strand von Ocean Park gehen. Doch ungeachtet der Menschenmengen ist dieser breite, 1,6 km lange Sandstreifen zwischen Punta Las Marías und Piñones unbestreitbar eine echte Schönheit, besonders bei Sonnenuntergang. Am Strand werden Jetski, Flyboards, Liegen und Sonnenschirme verliehen und auch Bananenbootfahrten und Parasailing sind im Angebot.

Playa Condado STRAND

(Karte S. 692; abseits der Av Ashford, Condado) An Condados schmalen Stränden ist mehr los als an denen von Ocean Park, und sie sind nicht so exklusiv wie die von Isla Verde. Hie und da ragt ein Felsvorsprung auf und Hoteltürme recken sich himmelwärts. Man muss mit lauten Volleyballspielen und einer kräftigen Brandung rechnen. Rund um die großen Hotels tummeln sich viele Familien, homosexuelle Männer zieht es vor allem an den Strand am Ende der Calle Vendig. Im. **Parque La Ventana al Mar** (Karte S. 692; Av Ashford, Condado) hat man einen tollen Ausblick aufs Meer.

 Aktivitäten

Das glitzernde azurblaue Wasser verspricht jede Menge Spaß im Freien. An den Atlantikstränden kann man hervorragend (Kite-) Surfen, während die Riffe Schnorchler und Taucher anziehen. Die spiegelglatten Lagunen und Wasserstraßen der Stadt eignen sich perfekt zum Kajakfahren und Stand-up-Paddeln. Vor den Toren der Stadt locken grüne Hügel und Mangrovenwälder.

Scuba Dogs TAUCHEN, SCHNORCHELN
(Karte S. 692; ☎977-0000; www.scubadogs.net; Parque Nacional del Tercer Milenio, Puerta de Tierra; Schnorcheln/Tauchen ab 55/75 US$; ⌚8–16 Uhr) Eine große, alteingesessene Tauchschule im Parque del Tercer Milenio. Die Betreiber setzen sich unermüdlich für das Korallenwunderland vor der Küste ein, den **Escambrón Marine Park** (Karte S. 692; abseits der Av Muñoz Rivera, Puerta de Tierra; 🚌 D53, T3, T5, T21). Scuba Dogs bietet zahlreiche Tauchgänge vor der Küste und vom Boot, Kurse und Schnorcheln an.

Acampa Camping & Travel Store OUTDOORAKTIVITÄTEN
(☎706-0695; www.acampapr.com; 517 Av Andalucía, Hato Rey; ⌚Mo–Sa 11–17 Uhr) Dies ist einer der besten Läden der Insel, um für tropisches Klima geeignete Campingausrüstung und Outdoorartikel von Herstellern wie Patagonia und Osprey zu kaufen oder zu leihen. Das Schwesterunternehmen **Acampa Nature Adventures** (☎706-0695; www.acampapr.com; 517 Av Andalucía, Hato Rey; Tour mit 3 Übernachtungen 649 US$; ⌚Touren Mai–Nov.) organisiert exklusive Touren nach Mona Island, auch als „Galápagos der Karibik" bekannt.

Pine Grove Surf Club WASSERSPORT
(☎361-5531; www.pinegrovesurfclub.com; 6985 Horizonte, Carolina; Touren/Surfunterricht ab 45/55 US$; ⌚7–17 Uhr) Die freundlichen Nogales-Brüder sind die Besitzer und Betreiber dieses Ladens an der Playa Isla Verde. Ihr Programm umfasst Surfkurse am Pine Grove Beach, die Spaß machen, Stand-up-Paddelkurse in den Lagunen von Piñones und Schnorchelausflüge am wunderschönen Balneario El Escambrón (S. 688).

15 Knots Kiteboarding School KITESURFEN
(☎215-5667; www.15knots.com; Puerto Interior, Carolina; Verleih der kompletten Ausrüstung pro 24 Std. 200 US$, Privatunterricht 250 US$, Unterricht mit 2 Teilnehmern 149 US$; ⌚10–18 Uhr) Verlässliche Winde machen die Gewässer vor San Juan zu einem erstklassigen Kitesurf-Gebiet. Dieses empfehlenswerte Unternehmen verleiht Ausrüstung und bietet zwei-, drei- und vierstündigen Unterricht an.

 Geführte Touren

★ **Para la Naturaleza** ÖKOTOUREN
(Karte S. 686; ☎722-5834; www.paralanaturaleza.org; Casa de Ramón Power y Giralt, 155 Tetuán, Old San Juan; ⌚Di–Fr 9–17.30 Uhr, Tourprogramm siehe Website) Diese gemeinnützige Organisation will die Öffentlichkeit für den Schutz der natürlichen Ökosysteme gewinnen. Ihr Ziel ist es, dass bis zum Jahr 2033 33 % der Landfläche Puerto Ricos Schutzgebiete sind. Sie organisiert Freiwilligeneinsätze und Umweltbildungsevents und verwaltet mehr als 60 Naturareale auf der ganzen Insel. Die Touren werden von enthusiastischen Führern geleitet, die sich gut auskennen. Das Hauptquartier der Organisation in San Juan zeigt kleine, aber faszinierende Ausstellungen.

★ **Aqua Fitness** WASSERSPORT
(Karte S. 692; ☎903-2141; www.aquafitnesspr.com; 1022 Av Ashford, Condado; Verleih 2 Std. ab 25 US$, Stand-up-Paddel-Yoga einstünd. Kurs 25 US$, Touren ab 30 US$ pro Pers.; ⌚Mo–Fr 8–18, Sa & So bis 19 Uhr) Der kleine Anbieter befindet sich nur einen halben Block von der Laguna del Condado entfernt und verleiht Stand-up-Paddelausrüstung und Kajaks. Anfänger erhalten eine kostenlose Einführung, ehe sie loslegen. Außerdem sind Stand-up-Paddel-Yogakurse und Touren in der Lagune im Angebot.

Excursiones Eco GEFÜHRTE TOUREN
(☎565-0089; www.excursioneseco.com; Wander-/Bootstouren 15/45 US$) Dieser gemeinschaftsorientierte Tourveranstalter arrangiert Bootstouren durch die städtischen Lagunen und Ausflüge in die ärmeren Stadtviertel. Unterwegs erhält man Informationen zum geschichtlichen Hintergrund, zu

Flora und Fauna sowie zu den Problemen, mit denen die Bewohner konfrontiert sind. Etwa 85% der Einnahmen gehen direkt an die Tourguides. Die Ausgangspunkte der Touren erreicht man am besten mit Uber.

 Feste & Events

★ Festival Casals MUSIK
(☎723-5005; www.facebook.com/festivalpablocasals; Centro de Bellas Artes Luis A Ferré, 22 Av Ponce de León, Santurce; Tickets 15–75 US$; ⏲Ende Feb.–Anfang März) Seit 1956 kommen bekannte Solisten und Orchester aus der ganzen Welt, um mit dem Puerto Rico Symphonieorchester Abend für Abend virtuose Konzerte zu spielen, hauptsächlich im Centro de Bellas Artes Luis A Ferré (S. 696). Die Vorstellungen finden für gewöhnlich zwei bis drei Wochen lang von Ende Februar bis März statt.

★ Fiestas de la Calle San Sebastián KULTUR
(SanSe, Fiestas de la Calle; San Sebastián, Old San Juan; ⏲Mitte Jan.) Um das dritte Januarwochenende herum steigt auf der Calle San Sebastián in Viejo San Juan eine ganze Woche lang ein rauschendes Fest mit Prozessionen, Essensständen, Partys und massenweise Besuchern. Tagsüber geht's um Volkskunst und Handwerk, nachts wird ausgelassen gefeiert, immer zum Rhythmus von *bomba, plena* und Salsa.

Festival de Cine Internacional de San Juan FILM
(Internationales Filmfestival San Juan; ☎946-9730; www.festivalcinesanjuan.com; Caribbean Cinemas Fine Arts Miramar, 654 Av Ponce de León, Miramar; Tickets ab 7,75 US$; ⏲Okt.) Auf dem einwöchigen Festival im Oktober werden neue Filme gezeigt, wobei Filme aus der Karibik den Schwerpunkt bilden. Angesichts der vielen Puerto Ricaner und Nuyoricans (nach New York ausgewanderte Puerto Ricaner), die auf der großen Leinwand erfolgreich sind, unter ihnen Lin-Manuel Miranda, Rosario Dawson und Benicio del Toro, zieht dieses Festival von Jahr zu Jahr bekanntere Stars an.

Schlafen

Viejo San Juan

★ Casa Sol B&B $$
(Karte S. 686; ☎725-4470; www.casasolbnb.com; 316 Sol; Zi. 170–230 US$; ❄📶) Dieses charmante, umweltfreundliche B&B befindet sich in einem wunderschön restaurierten Gebäude aus dem 18. Jh. im Herzen der Altstadt. Die Zimmer sind großzügig geschnitten und liebevoll mit alten Möbeln und Volkskunst eingerichtet. Das köstliche hausgemachte Frühstück wird im sonnengelben Innenhof serviert. Die liebenswerten Besitzer leben vor Ort und teilen ihr Wissen über die Stadt gern.

Da'House HOTEL $$
(Karte S. 686; ☎977-1180; www.dahousehotelpr.com; 312 San Francisco, Old San Juan; Zi. 110–140 US$; ❄@📶) Dieses künstlerisch ambitionierte Hotel ist eine der besten Unterkünfte San Juans. Die im Boutique-Stil gehaltenen Zimmer sind mit eleganten Möbeln und auffälliger moderner Kunst gestaltet. Jedes Zimmer ist einem anderen einheimischen Künstler gewidmet. Zur Zeit der Recherche sollte im Erdgeschoss gerade ein Café mit Bar eröffnet werden.

Hotel El Convento HISTORISCHES HOTEL $$$
(Karte S. 686; ☎723-9020; www.elconvento.com; 100 del Cristo, Old San Juan; Zi. 270–400 US$, Suite 660–1440 US$; P❄@📶🏊) El Convento ist ein historisches Monument in bester Lage in Viejo San Juan, das in ein luxuriöses Boutique-Hotel verwandelt wurde. Es wurde 1651 als erstes Karmeliterkloster in der Neuen Welt erbaut. Die 67 Zimmer und fünf Suiten sind im spanischen Kolonialstil gestaltet und haben Fliesenböden und Mahagonimöbel. Der Service ist makellos, von der Rezeption bis zum Freiluftrestaurant im Innenhof.

Condado

Casa Condado Hotel HOTEL $$
(Karte S. 692; ☎200-8482; www.casacondadohotel.com; 60 Av Condado; Zi. 95–130 US$; ❄📶) Etwa zwei Blocks vom Strand entfernt steht dieses kleine Hotel mit drei Etagen. Einen Fahrstuhl gibt's nicht, also sollte man sich auf Treppensteigen einstellen. Die Zimmer sind modern und minimalistisch gestaltet und haben Holzböden und große Fenster. Im Erdgeschoss befindet sich ein Restaurant. Zu diesem Preis eine gute Option.

★ O:live Boutique Hotel BOUTIQUE-HOTEL $$$
(Karte S. 692; ☎705-9994; www.oliveboutiquehotel.com; 55 Aguadilla; Zi. inkl. Frühstück 200–430 US$; ❄📶) Jedes der 15 Zimmer dieses mediterran angehauchten luxuriösen Boutique-Hotels ist einzigartig und wartet mit

Böden aus Talavera-Fliesen, massiven Holztüren und ausgewählten Kunstwerken auf. Einige Zimmer haben sogar eine Terrasse mit Whirlpool und schickem Sitzbereich. Auch das Restaurant nimmt das mediterrane Thema auf. Die Loungebar auf der Dachterrasse lockt mit innovativen Cocktails und fantastischer Aussicht auf Condado – ideal für einen abendlichen Drink und fürs Frühstück.

★**Condado Vanderbilt Hotel** LUXUSHOTEL **$$$**
(Karte S. 692; ☎721-5500; www.condadovanderbilt.com; 1055 Av Ashford; Zi. /Suite ab 270/435 US$; P ❄ @ 📶 ≋) Bei seiner Eröffnung im Jahr 1919 war dieses berühmte Grandhotel mit Blick auf den Atlantik eines der opulentesten der Stadt. Inzwischen wurde es aufwendig restauriert und erweitert. Seine 323 Zimmer, 90 davon im Originalgebäude, sind geräumig und elegant, von vielen bietet sich ein atemberaubender Meerblick. Zu den luxuriösen Hoteleinrichtungen gehören ein Beach Club, ein Spa, ein Casino und mehrere Gourmetrestaurants.

Ocean Park

★**Dreamcatcher** B&B **$$**
(Karte S. 692; ☎455-8259; www.dreamcatcherpr.com; 2009 España; Zi. 89–385 US$; ❄ 📶) Dieses schicke B&B mit künstlerischer Note kombiniert geschickt Retro- und zeitgenössische Möbel, moderne Kunst und erlesenen alten Schnickschnack, Innenräume und Räume im Freien. Ruhige Eckchen und begrünte Patios laden zum Entspannen ein, in den Gemeinschaftsküchen lernt man dagegen die anderen Gäste kennen. Das vegetarische Frühstück ist großartig, und jeden Freitag findet ein gemeinsames Abendessen unter dem Motto „Vom Hof auf den Tisch" statt. Der Strand liegt nur einen Block entfernt.

Numero Uno Beach House GÄSTEHAUS **$$**
(Karte S. 692; ☎726-5010; www.numero1guesthouse.com; 1 Santa Ana; Zi. ab 129 US$; ❄ 📶 ≋) In einem weiß getünchten Strandhaus aus den 1940er-Jahren entstand diese schicke Boutique-Unterkunft. Die minimalistischen Zimmer sind sehr stilvoll gestaltet und mit hochwertigen Fernsehern und Deckenventilatoren ausgestattet. Es gibt einen Pool und ein Bistro am Strand. Und wenn das nur wenige Meter vom Fenster entfernte Meer lockt: Die Besitzer betreiben auch eine Kitesurf-Schule.

Isla Verde

Boriquen Beach Inn HOTEL **$**
(☎866-728-8400, 728-8400; www.borinquenbeachinn.com; 5451 Av Isla Verde; Zi. 80–130 US$; P ❄ 📶) Das traditionelle Inn ist eine der besten Budgetunterkünfte am Strand. Die Zimmer sind zwar veraltet, aber blitzsauber und mit guten Betten, leistungsstarker Klimaanlage und guten Bädern ausgestattet. Es gibt eine geräumige Gästeküche und kostenlose Parkplätze auf dem Grundstück. In den Zimmern zur Straße kann es zwar laut sein, doch dafür ist der Strand nur einen Katzensprung entfernt und auch bis zum Flughafen sind es nur fünf Minuten.

★**El San Juan Hotel, Curio Collection by Hilton** RESORT **$$$**
(☎791-1000, 888-579-2632; www.elsanjuanhotel.com; 6063 Av Isla Verde; Zi. ab 269 US$; P ❄ @ 📶 ≋) Die Lobby dieses traditionsreichen Grandhotels, das gerade für 65 Mio. US$ modernisiert wurde, prunkt mit glänzenden Böden aus italienischem Marmor, handgeschnitzten Mahagonidecken und prächtigen Kronleuchtern. Die Zimmer sind heller und heiterer, außerdem gibt's ein topmodernes Fitnesscenter und ein erlesenes Spa. Im Restaurant Caña (S. 694) wird puerto-ricanische Gourmetküche serviert, und nach dem Abendessen kann man im **Brava** (☎389-0002; www.elsanjuanhotel.com/entertainment/brava; Eintritt 20–30 US$, Eintritt für Hotelgäste frei; ⏲Do–Sa 22 Uhr–open end) das Tanzbein schwingen. Hinter dem organisch geformten Pool erstreckt sich der Strand Isla Verde.

Essen

Viejo San Juan

★**Antojitos del Callejón** PUERTO-RICANISCH **$**
(Karte S. 686; ☎721-6227; 281 San Sebastián; Gerichte 3–8 US$; ⏲8–22 Uhr) Das winzige Restaurant ist wegen seiner köstlichen *criollo*-Gerichte und *antojos* (gebratene Häppchen) bei den Einheimischen beliebt. Davor stehen auf einem leeren, mit Kunstrasen ausgelegten Grundstück mit Meerblick Plastiktische. Der Service ist flink und freundlich, das Medalla-Bier eiskalt und am Wochenende sorgt Salsa für Stimmung.

★**Señor Paleta** EISCREME **$**
(Karte S. 686; ☎724-2337; www.facebook.com/srpaletapr; 153 Tetúan; *paletas* 3,50–5 US$; ⏲10.30–22 Uhr) Klein, aber eine städtische

Condado & Ocean Park

Condado & Ocean Park

Highlights
1 Balneario El Escambrón A1
2 Museo de Arte de Puerto Rico D3
3 Playa Ocean Park E2

Sehenswertes
4 Escambrón Marine Park A1
5 La Ventana al Mar C2
6 MADMi B2
7 Playa Condado C2

Aktivitäten, Kurse & Touren
8 Aqua Fitness C2
9 Scuba Dogs A1

Schlafen
10 Casa Condado Hotel C2
11 Condado Vanderbilt Hotel C2
12 Dreamcatcher F2
13 Numero Uno Beach House F1
14 O:live Boutique Hotel C2
15 O:LV Fifty Five C2

Essen
1919 Restaurant .... (siehe 11)
16 Acapulco Taqueria Mexicana F2
17 Berlingeri Cocina Artesanal F2
18 Freshmart D2
19 Kamoli E2
20 La Casita Blanca F3
21 Loiza 2050 .... F2
22 Lote 23 .... D3
23 Oceano C2
Pernileria Los Próceres .... (siehe 22)
Raya .... (siehe 15)
24 Round Eye Ramen E2
25 Santaella D3
26 Vianda D3
27 Volando Bajito F2

Ausgehen & Nachtleben
28 Café Comunión E3
VC Lounge .... (siehe 11)

Unterhaltung
29 Centro de Bellas Artes Luis A Ferré D3

Institution! Hier gibt's traditionell hergestellte *paletas* (Eis am Stil) mit frischem Obst, Nüssen und anderen Leckereien in zahlreichen Geschmacksrichtungen, von Kokos über Maracuja und *guanabana* (Stachelannone) bis zu Käsekuchen, Amaretto und Schokolade. Wenn die Stadt zum Leben erwacht, wird die Schlange immer länger, doch das Warten lohnt sich. Bei Bestellungen ab 5 US$ ist Kreditkartenzahlung möglich.

Chocobar Cortés AMERIKANISCH $
(Karte S. 686; ☎ 722-0499; www.chocobarcortes.com; 210 San Francisco; Hauptgerichte 10–

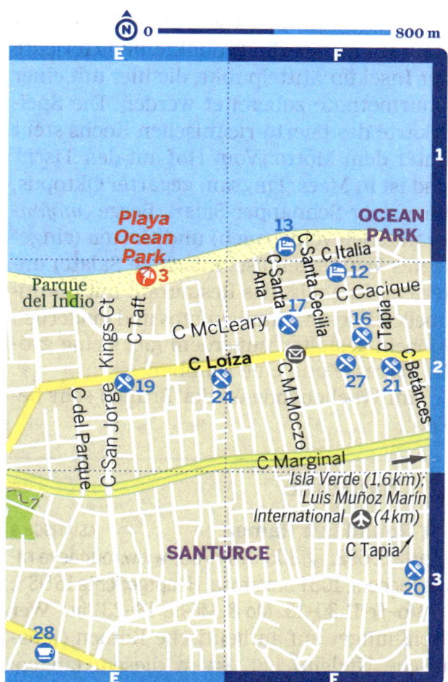

kleine Juwel von einem Restaurant eine gefeierte kreative Speisekarte, die sowohl Vegetariern als auch Veganern tolle Optionen bietet. Die frischen, schmackhaften Gerichte, z.B. Muscheln in einer Maismehl-Velouté, werden mit Zutaten von regionalen Biohöfen zubereitet. Antiquitäten und stimmungsvolle Beleuchtung sorgen für ein romantisches Ambiente. Unbedingt die Crème brûlée probieren

Marmalade FUSION-KÜCHE **$$$**

(Karte S. 686; ☎724-3969; www.marmaladepr.com; 317 Fortaleza; Hauptgerichte 18–45 US$, Probiermenü 75–95 US$; ⊙Mo–Sa 17–22 Uhr; ❄ ✍) Als Vision des mit dem James Beard Award ausgezeichneten Kochs Peter Schintler war das Marmalade eines der ersten Restaurants, das echte Gourmetküche in die Altstadt San Juans brachte. Die Einrichtung ist stilvoll minimalistisch. Die Küche nutzt für ihre kreativen, köstlichen kulinarischen Kunstwerke viele erstklassige regionale Produkte wie Gelbschwanz-Barrakuda, Schweinebauch und Avocados. Gleichermaßen beeindruckend ist die Weinkarte.

22 US$; ⊙8–20 Uhr) Ein Paradies für Schokoholiker – in diesem familiengeführten Restaurant wird fast jedes Gericht mit Schokolade zubereitet. Lust auf gegrillten Käse mit Schokolade oder *churrasco* mit einer Schokoladen-*chimichurri*-Soße? All das ist in der Chocobar möglich (und lecker). Daneben gibt's auch eine Reihe traditioneller Schokoladenköstlichkeiten. Oben zeigt die kleine Galerie der Fundación Cortés Arbeiten einheimischer Künstler.

La Madre MEXIKANISCH **$$**

(Karte S. 686; ☎647-5392; 351 San Francisco; Hauptgerichte 15–25 US$; ⊙Mo–Mi 12–23, Do bis 2, Fr bis 2, Sa ab 20, So bis 23 Uhr; ❄) Mexikanische Gourmetküche ist das Thema in dieser coolen, gemütlichen Restaurant-Lounge. Am besten beginnt man mit einer köstlichen Kokos-Margarita oder einer fruchtigen Alternative wie Tamarinde oder *acerola* (Kirsche). Das Essen überrascht mit kreativen Ideen – die Fisch-Tacos sind garantiert gut, ebenso der gebratene Brownie.

★ **Verde Mesa** KARIBISCH **$$$**

(Karte S. 686; ☎390-4662; www.verdemesa.com; 107 Tetuán; Hauptgerichte 15–32 US$, 3-Gänge-Festpreismenü mittags 26 US$; ⊙Di–Sa 12–15 & 17–22 Uhr; ❄ ✍) In einer historischen Straße in Viejo San Juan präsentiert dieses

Condado

Freshmart MARKT **$**

(Karte S. 692; ☎999-7800; www.freshmartpr.com; 1310 Av Ashford; Snacks 2–9 US$; ⊙7–21 Uhr, Feinkosttheke bis 20 Uhr; P ❄ ✍ 👪; 🚌 D53, T21) Freshmart ist Puerto Ricos einziger Biomarkt. Im Zwischengeschoss befindet sich eine Cafeteria, die eine tolle Auswahl an vegetarischen, veganen und glutenfreien Speisen, aber auch Fleischgerichte anbietet. Die Sandwiches, Salate, Pizzas und anderen Speisen werden jeden Tag frisch zubereitet.

★ **Raya** KARIBISCH **$$**

(Karte S. 692; ☎705-0820; www.olvhotel.com/restaurants; 55 Barranquitas; Hauptgerichte 14–38 US$; ⊙Di–Do 17.30–22, Fr & Sa bis 24 Uhr; P ❄ 📶) Der Schwerpunkt dieses eleganten Restaurants im Jugendstil unter Leitung von Mario Pagán, einem der führenden Köche Puerto Ricos, liegt auf karibisch-asiatischer Fusion-Küche. Mit essbaren Blumen bestreut ist der Thunfisch-*poke* (Fischsalat) einfach sensationell. Auch die Hummer-Lollipops und der Zackenbarsch mit Miso sind ebenfalls nicht zu verachten. Ein Sommelier erläutert die Wein-, Sake- und Cocktailkarte. Befindet sich im Erdgeschoss des **O:LV Fifty Five** (Karte S. 692 ☎705-8421; www.olvhotel.com; 55 Barranquitas).

Oceano FISCH & MEERESFRÜCHTE **$$**
(Karte S. 692; ☎724-6300; www.oceanopr.com; 2 Vendig; Hauptgerichte 25–35 US$; ⏲Mo–Do 17–22, Fr & Sa 14–16 & 17–22, So 11–22 Uhr) Dieses coole zeitgenössische Restaurant mit Bar befindet sich in einer einzigartigen Villa am Meer mit einer Terrasse direkt am Condado Beach und serviert frisch gefangene Fische und Meeresfrüchte, etwa Ingwer-Kokos-Garnelen, Gelbflossen-Thun-Tatar, Schnapper sowie Klassiker wie *surf 'n' turf*. Der Nolita, ein erfrischender Cocktail mit Gin, Gurke und Ananassaft, ist der perfekte Sundowner. Auch der Brunch ist hier sehr gut.

1919 Restaurant PUERTO-RICANISCH **$$$**
(Karte S. 692; ☎721-5500; www.condadovanderbilt.com/condado-1919-restaurant; Condado Vanderbilt Hotel, 1055 Av Ashford; Hauptgerichte 45–55 US$; ⏲Di–Do 18–22, Fr & Sa bis 23 Uhr; P ❄ 📶) Juan José Cuevas ist der puerto-ricanische mit einem Michelin-Stern gekrönte Küchenchef im Vorzeigerestaurant des Luxushotels Condado Vanderbilt. Er bevorzugt die Produkte einheimischer Bauern und bringt Monate damit zu, auf der Insel nach den besten Zutaten für Gerichte wie Thunfisch-*hiramasa crudo* mit regionalem Rettich, Hummer und Salami-Risotto sowie seine Spezialität *cochinillo* (Schweinebacke) zu suchen. Teuer, doch für einen besonderen Anlass ist das elegante Ambiente perfekt.

Ocean Park

★ Berlingeri Cocina Artesanal VEGETARISCH **$**
(Karte S. 692; ☎527-3224; www.berlingeri.com; 1958 McLeary; Hauptgerichte 8–13 US$; ⏲Mo–Fr 11–15 Uhr; P ❄ ✍ 👪) Hinter dem Parkplatz des Hotels Ocean Park versteckt sich eines der besten vegetarischen und veganen Restaurants der Stadt. Hat man es gefunden, dann kann man etwas von der kurzen, appetitanregenden Karte bestellen, auf der geschmackvolle und kreative Gerichte wie Kichererbsen-Thai-Burger, kubanisches Sandwich mit Tofu oder Bohnenlasagne stehen. Außerdem gibt's hausgemachtes Eis, Kekse und frische Säfte.

Isla Verde

Caña by Juliana Gonzalez PUERTO-RICANISCH **$$**
(☎791-1000; www.elsanjuanhotel.com/restaurants/cana; El San Juan Hotel, 6063 Av Isla Verde; Hauptgerichte 9–29 US$; ⏲Mo–Fr 7–14 & 17–23 Uhr; P ❄) In diesem entspannten Restaurant stehen die Produkte und Gerichte der Insel im Mittelpunkt, die hier mit einer Gourmetnote zubereitet werden. Die Speisekarte des puerto-ricanischen Kochs steht unter dem Motto „Vom Hof auf den Tisch" und ist in Meer (langsam gegarter Oktopus, knackiger Schnapper-Salat), Berge (*mofongo* und Schweinebauch) und Garten (eingelegtes Wurzelgemüse, knackige Salate) unterteilt. Innen ist das Restaurant mit traditionellen Fliesen, Familienfotos und modernen Möbeln gestaltet, außerdem gibt's eine große Terrasse und eine Rumbar.

Am Wochenende ist der Brunch sehr beliebt.

Santurce

★ Round Eye Ramen ASIATISCH **$**
(Karte S. 692; ☎305-316-7768; www.roundeyeramenpr.com; 105 Pomarrosa; Hauptgerichte 15 US$; ⏲Mo–Fr 11.30–15, Mo & Mi–Sa 18–23 Uhr) Wer Heißhunger auf authentische Ramen (japanische Nudeln) hat, ist in diesem langen, schmalen Restaurant genau richtig. Es serviert Schüsseln mit aromatischen Brühen und hausgemachten Nudeln mit Schweinebauch (auch vegetarische Varianten), großartige *gyoza* und mittags *bentō* (in Schachteln verpacktes Essen). Am besten trinkt man dazu einen kunstvoll gemixten Cocktail und gönnt sich zum Abschluss einen sündigen *chocolatissimo*. Reservierungen sind nicht möglich, doch das Warten lohnt sich. Gleich abseits der Calle Loíza.

★ Acapulco Taqueria Mexicana MEXIKANISCH **$**
(Karte S. 692; ☎727-5568; 2021 Loíza; Gerichte 8–14 US$; ⏲Di–Sa 11.30–22, So 10–21 Uhr; ✍) Der beste Taco-Laden der Stadt. Das Acapulco bereitet sie ganz puristisch zu, ohne Käse, Salat oder Hartschale, aber sie sind fantastisch: ein Stapel Maistortillas, brutzelndes Fleisch, Koriander, Zwiebel und Limette. Der *trompo* (ein senkrechter Spieß mit langsam gegartem Schweinefleisch und einer Ananas auf der Spitze) ist das Herzstück des klassischen Taco *al Pastor*. Am besten schmeckt dazu ein Negra Modelo. Einfach perfekt!

Lote 23 FOODTRUCKS **$**
(Karte S. 692; www.facebook.com/lote23pr; 1552 Av Ponce de León; ⏲So–Di 19.30–22, Do–Sa bis 24 Uhr; ✍) Auf einem verlassenen Grundstück ist ein Gourmet-Foodcourt unter frei-

em Himmel entstanden. Das Angebot reicht von gebratenem Hühnchen bei Hen House über langsam gebratenes puerto-ricanisches Schweinefleisch bei Pernileria Los Próceres bis zu peruanischen *anticuchos* bei Panka. Dazu kann man einen Cocktail von Caneca oder einen Kaffee vom Cafe Regina trinken. Beim Yoga am Sonntagvormittag wird man die Kalorien wieder los.

Pernileria Los Próceres PUERTO-RICANISCH $
(Karte S. 692; www.facebook.com/pernilerialosproceres; Lote 23, 1552 Av Juan Ponce de León; Hauptgerichte 12–20 US$; ⌚ Di & Mi 8–22, Do–Sa bis 24, So bis 22 Uhr) Dieser Foodtruck im Lote 23 konzentriert sich auf Schweinefleisch, speziell *pernil,* ein sättigendes puerto-ricanisches Sandwich mit Schweineschulter, hausgemachter Mayo, Salat und Tomate in einem Brioche-Brötchen. Es bietet aber auch andere kleine Gerichte an, etwa Ramen und Sandwiches mit gesalzenem Kabeljau. Dazu kann man ein regionales Craft-Bier trinken.

Volando Bajito FUSION-KÜCHE $
(Karte S. 692; ☎ 939-338-0182; www.facebook.com/volandobajitoloiza; 101 Ismael Rivera, Ecke Loíza; Hauptgerichte 7-16 US$; ⌚ Mo, Do & Fr 17–22, Sa & So ab 12 Uhr) Alles dreht sich um Hühnchen in diesem eigenwilligen Restaurant, in dem die Einheimischen sich die puerto-ricanisch-koreanische Fusion-Küche schmecken lassen,. Wer Hühnchenschenkel oder -flügel gewählt hat, nimmt dazu eine Soße, z. B. puerto-ricanisches Bier, süße Mayonnaise oder würzigen koreanischen Knoblauch, sowie ein paar der leckeren Beilagen, etwa die getrüffelten Pommes oder die Campanelle-Pasta mit drei Sorten Käse.

Kamoli CAFÉ $
(Karte S. 692; ☎ 721-4326; 1706 Loíza; Gerichte 6–16 US$; ⌚ 7Mo–Mi 7.30–23, Do & Fr bis 21.30, Sa & So 8.30–22 Uhr; ❄ 📶) Die Speisekarte dieses Bohemien-Cafés hat zu jeder Tageszeit etwas zu bieten, zum Frühstück z. B. Kaffee, Bananenpfannkuchen und Frühstückssalat (Spiegeleier auf einem Gemüsebett). Außerdem gibt's eine unglaublich lange Getränkekarte mit gut zubereiteten Energiespendern, Wellness- und Detox-Getränken sowie eine Bar mit komplettem Sortiment. Oben ist eine kleine Terrasse mit Pop-up-Ständen einheimischer Mode- und Schmuckdesigner.

La Casita Blanca PUERTO-RICANISCH $
(Karte S. 692; ☎ 726-5501; 351 Tapia; Hauptgerichte 10–15 US$; ⌚ Mo–Mi 11.30–16, Do & So bis 17, Fr & Sa bis 21 Uhr) In diesem schlichten Café ist seit Jahrzehnten bodenständige Hausmannskost angesagt. Die Einheimischen, unter ihnen auch Köche, kommen aus nah und fern, um sich an den einfachen Tischen niederzulassen und sich Essen schmecken zu lassen, wie es früher ihre Großmütter gekocht haben. Man darf sich auf typische Gerichte wie gefüllte Avocado, Fischeintopf und Kokos-*arepas* (Pfannkuchen) freuen.

★ **Vianda** PUERTO-RICANISCH $$
(Karte S. 692; ☎ 939-475-1578; www.viandapr.com; 1413 Av Ponce de León; Hauptgerichte ab 19 US$; ⌚ Mi, Do & So17.30–22, Fr & Sa bis 23 Uhr) Dieses gehobene Restaurant mit dem Motto „Vom Hof auf den Tisch", das von Francis Guzmán und seiner Frau Amelia Dill geführt wird, hat sich rasch zu einer festen Größe in der dynamischen kulinarischen Szene der Stadt entwickelt. Es ist stilvoll und modern. Auf der supersaisonalen Karte stehen neu interpretierte puerto-ricanische Klassiker, etwa Zucchini-*tostada* mit hausgemachtem Ricotta-Rucola-Pesto oder *encebollado* mit Querrippe. Auch die Cocktails und *mocktails* sind herausragend.

Loiza 2050 ITALIENISCH $$
(Karte S. 692; ☎ 726-7141; www.facebook.com/pg/loiza2050; 2050 Loíza; Hauptgerichte 13–19 US$; ⌚ Do–Sa 17–22, So ab 16.30 Uhr; ❄ 👪) Seit über 20 Jahren serviert diese winzige familiengeführte Pizzeria großartige Pizzas, und seine jüngeren Innovationen wie die Pizza mit Kokoskruste und Räucherlachs, Brie und karamellisierten Zwiebeln haben es bei einer neuen Generation zum angesagten Pizzarestaurant gemacht.

★ **Santaella** PUERTO-RICANISCH $$$
(Karte S. 692; ☎ 725-1611; www.santaellapr.com; 219 Canals; Hauptgerichte ab 19 US$; ⌚ Di & Mi 11.30–22.30, Fr bis 24, Sa ab 18 Uhr; ❄ 📶) Das gleichnamige Restaurant des puerto-ricanischen Kochs José Santaella ist eines der besten der Stadt. Dank der tropischen Atmosphäre, der Craft-Cocktails und der hervorragenden zeitgenössischen puerto-ricanischen Küche ist die Stimmung sehr angeregt. Gerichte wie Schnapper mit Kräuter-*chimichurri* und *tostones* (gebratene Kochbanane) bersten regelrecht vor Geschmack. Im Voraus reservieren!

Ausgehen & Nachtleben

★ **VC Lounge** COCKTAILBAR
(Karte S. 692; ☎ 721-5500; www.condadovanderbilt.com; 1055 Av Ashford, Condado Vanderbilt Ho-

tel, Condado; ⌚So–Si 11–23, Mi & Do bis 24, Fr & Sa bis 2 Uhr) Zum historischsten Hotel Condados gehört natürlich eine angemessen opulente Lobbybar. Die meisterlichen Barkeeper mixen klassische und einzigartige Cocktails, dazu gibt's erstklassige Knabbereien und substanziellere Snacks, serviert auf der luftigen Terrasse mit Meerblick oder in der luxuriösen Lounge mit Pianisten. Happy Hour ist täglich von 17 bis 19 Uhr.

★ **Cafe Comunión** KAFFEE
(Karte S. 692; www.facebook.com/cafecomunion; 1616 Av Ponce de León, Santurce; ⌚Mo–Sa 7–18, So 9–15 Uhr;) Das vom preisgekrönten puerto-ricanischen Barista Abner Rolda gegründete, modern gestylte Café würde auch gut nach New York oder London passen. Es unterstützt die Bauern der Insel, verwendet aber auch Sorten aus Ländern wie Kolumbien und Äthiopien, und der Kaffee ist natürlich erstklassig, genau wie Cookies mit Schokostückchen. Ist bei den digitalen Nomaden beliebt.

★ **El San Juan Hotel Lobby Bars** COCKTAILBAR
(☎791-1000; www.elsanjuanhotel.com; 6063 Av Isla Verde, Isla Verde; ⌚10–2 Uhr) Die drei Lobbybars des ikonischen Hotels sind mit viel schimmerndem Marmor und üppiger Jugendstileleganz zweifellos die glamourösesten der Stadt. Gäste haben die Qual der Wahl zwischen der runden Weinbar, der in Goldtönen gehaltenen Rumbar und der prächtigen Chandelier-Bar, die sich unter dem drittgrößten Kronleuchter der Welt mit 7000 funkelnden Kristallen befindet. Am Wochenende bringen Livebands die Menge mit lateinamerikanischer Musik zum Tanzen.

☆ Unterhaltung

Centro de Bellas Artes Luis A Ferré THEATER
(Bellas Artes; Karte S. 692; ☎724-4747; www.cba.gobierno.pr; 22½ Av Ponce de León, Santurce; ⌚Theaterkasse Mo–Fr 10–18 Uhr, Sa & So unterschiedliche Öffnungszeiten; T3, T5) Dieses 1981 erbaute Kulturzentrum hat einen Festivalsaal mit über 1900 Sitzen, einen Theatersaal mit etwa 750 Plätzen und ein experimentelles Theater mit 200 Plätzen. Es ist Veranstaltungsort des jährlichen Festival Casals (S. 690), hier gastieren internationale Stars, und das puerto-ricanische Symphonieorchester spielt im Winter wöchentlich im neueren Saal des Komplexes, der Pablo Casals Symphony Hall mit 1300 Plätzen.

Shoppen

★ **Concalma** MODE & ACCESSOIRES
(Karte S. 686; ☎238-8585; www.shopconcalma.com; 207 Francisco, Old San Juan; ⌚Mo & Mi–Sa 10–18, So bis 16 Uhr) Dieser herausragende Laden der Designerin Matilsha Marxuach verkauft in Puerto Rico hergestellte Fair-Trade-Produkte und fördert aufstrebende puerto-ricanische Designer. Hier bekommt man stilvolle Stofftaschen und -beutel, einzigartigen Schmuck und ausgefallene, avantgardistische Kleidung.

★ **Puerto Rican Art & Crafts** KUNST & KUNSTHANDWERK
(Karte S. 686; ☎725-5596; www.puertorican artcrafts.com; 204 Fortaleza, Old San Juan; ⌚Mo–Sa 10–18, So 12–17 Uhr) Ein großer Laden, der auf Volkskunst, Malerei und Schmuck spezialisiert ist. Die Stücke stammen aus Werkstätten und Ateliers auf der gesamten Insel. Die Preise sind recht hoch, das gilt jedoch auch für die Qualität.

Praktische Informationen

GELD

Banken und Geldautomaten gibt's in den meisten Vierteln, einschließlich Condado, Santurce, Ocean Park und Isla Verde. **Banco Popular** (www.popular.com; 206 Tetuán, Old San Juan; ⌚Mo–Fr 8–16 Uhr) ist eine der bekanntesten Banken.

MEDIZINISCHE VERSORGUNG

Ashford Presbyterian Community Hospital (El Presby; ☎721-2160; www.presbypr.com; 1451 Av Ashford, Condado; ⌚24 Std.; T21) El Presby ist das am besten ausgestattete und das für die meisten Reisenden am besten geeignete Krankenhaus.

POST

Post in der Altstadt (Karte S. 686; ☎787-724-2098; www.usps.com; 100 Paseo de Colón, Old San Juan; ⌚Mo–Fr 8–16, Sa bis 12 Uhr)

Post in Ocean Park (Karte S. 692; ☎727-2452; www.usps.com; 1959 Loíza, Santurce; ⌚Mo–Fr 8.30–16.30, Sa bis 12 Uhr)

TOURISTENINFORMATION

Puerto Rico Tourism Company Informationen auf Englisch und Spanisch an zwei Standorten: am **Internationalen Flughafen Luis Muñoz Marín** (PRTC; ☎791-1014; www.seepuertorico.com; Terminal C, Luis Muñoz Marín International Airport; ⌚9–19 Uhr) und in der Nähe des

Kreuzfahrtterminals in **Viejo San Juan** (PRTC; Karte S. 686; ☎722-1709; www.seepuertorico.com; Edificio Ochoa, 500 Tanca, Viejo San Juan; ⌚9–17.30 Uhr).

An- & Weiterreise

FLUGZEUG

Internationale Flüge starten und landen am betriebsamen **Internationalen Flughafen Luis Muñoz Marín** (SJU, LMM Airport; ☎289-7240; www.aeropuertosju.com; abseits des Highway 26, Isla Verde; ⌚24 Std.), der etwa 13 km östlich von Old San Juan liegt. Täglich gibt's Direktflüge in Städte auf dem US-amerikanischen Festland, darunter Miami, Atlanta, Dallas, New York City und Philadelphia. Inlandsflüge gehen u. a. nach Vieques, Ponce, Aguadilla und Mayagüez. Zu den Fluggesellschaften, die den Flughafen anfliegen, gehören United Airlines, Delta, JetBlue und **Seaborne Airlines** (☎946-7800, 866-359-8784; www.seaborneairlines.com; Internationaler Flughafen Luis Muñoz Marín).

Privatflugzeuge, Charterflieger und viele der Pendlerflüge, die die Inseln Culebra und Vieques bedienen, nutzen San Juans kleineren **Isla Grande Airport** (SIG, Fernando Luis Ribas Dominicci Airport; Karte S. 692; ☎729-8715; www.prpa.gobierno.pr; Lindbergh, Isla Grande, Miramar) an der Bahía de San Juan. Er wird u. a. von **Vieques Air Link** (☎741-8331, 888-901-9247; www.viequesairlink.com; ⌚Callcenter Mo–Fr 7.30–17, Sa ab 8 Uhr), **Air Flamenco** (☎724-6464; www.airflamenco.net) und **Cape Air** (☎1-800-227-3247; www.capeair.com) angeflogen.

PÚBLICO

Es existiert kein inselumspannendes Bussystem. Eine bedingt hilfreiche Alternative sind *públicos* (öffentliche Minivans, auch *guaguas* genannt). Sie sind günstig, brauchen jedoch häufig ziemlich lang für die Strecken von San Juan z. B. nach Fajardo, Ponce, Mayagüez und in andere größere Städte

In San Juan finden sich *público*-Stationen am **Internationalen Flughafen Luis Muñoz Marín** und am **Río Piedras Público Terminal** (Terminal de Carros Públicos de Río Piedras; ☎294-2412; Ecke Arzuaga & Vallejo, Río Piedras). Die Transporter fahren los, sobald sie voll sind, und halten häufig, um Passagiere aus- oder einsteigen zu lassen. Sie verkehren von Montag bis Samstag. Nur Bargeld.

SCHIFF/FÄHRE

Fast 25 Kreuzfahrtgesellschaften steuern San Juan an, wo viele Passagiere ihre Reise beenden oder beginnen. Mit fast zwei Millionen Passagieren pro Jahr ist der hiesige Hafen der zweitgrößte für Kreuzfahrtschiffe in der westlichen Hemisphäre. Die meisten Schiffe legen an den Pieren entlang der Calle La Marina in der Nähe des Customs House an, zu Fuß nur ein kurzes Stück von den kopfsteingepflasterten Straßen Old San Juans entfernt; andere legen am Pan American Pier an der nicht weit entfernten Isla Grande an.

Unterwegs vor Ort

VOM/ZUM FLUGHAFEN

Festpreistaxis vom Internationalen Flughafen Luis Muñoz Marín zur Isla Verde kosten 10 US$, Fahrten nach Condado und Ocean Park 14 US$ und nach Old San Juan 21 US$. Hinzu kommen u. a. Gepäckgebühren. Die Taxis stehen draußen vor der Gepäckausgabe, wo Taxivermittler die Fahrgäste äußerst effizient auf die Fahrzeuge aufteilen. Die Fahrpreise sind gut sichtbar ausgeschrieben. Gegen erheblichen Widerstand dürfen Uber-Fahrzeuge Fahrgäste mittlerweile vom Flughafen abholen, was eine gute Alternative ist.

Mit dem Bus kommt man für 0,75 US$ pro Fahrt am günstigsten in die Stadt; vor den Abflughallen von Terminal A und Terminal D nach „Parada"-Schildern Ausschau halten. Linie D53 und T5 fahren nach Old San Juan; Linie D53 über Isla Verde, Ocean Park und Condado, Linie T5 über Isla Verde und Santurce.

ÖFFENTLICHE VERKEHRSMITTEL

Bus

AMA Metrobus (Autoridad Metropolitana de Autobuses, Metropolitan Bus Authority; ☎294-0500; Fahrpreis 0,75 US$, es muss bar und passend gezahlt werden; ⌚die meisten Busse Mo–Sa 5–20 Uhr) ist San Juans öffentlicher Busbetreiber. Sein Hauptbahnhof ist der **Terminal Covadonga** (Busbahnhof Old San Juan; Karte S. 686; ☎294-0500; Ecke Paseo de Covadonga & Juan Antonio Corretjer, Old San Juan; ⌚die meisten Busse 6–22 Uhr, So eingeschränkter Fahrplan). Die Busse sind sauber und klimatisiert, das Liniensystem ist für Besucher jedoch nicht so leicht zu durchschauen. Liniennetzpläne und Informationen sind schwer zu bekommen und nur an wenigen Haltestellen steht, welche Busse dort halten. Zudem fahren die Busse manchmal unregelmäßig, mit Wartezeiten zwischen 30 und 60 Minuten. Am besten fragt man herum, besonders an den Bushaltestellen, wo erfahrene Fahrgäste oft Rat geben.

Verbindungen, die für Besucher interessant sind (nach den Busnummern folgt eine Streckenbeschreibung):

➡ **T3** Old San Juan, Puerta de Tierra, Av Ponce de León (Miramar/Santurce), Sagrado Corazón (Tren Urbano Station)

➡ **T5** Old San Juan, Puerta de Tierra, Av Ponce de León (Miramar/Santurce), Isla Verde (über Loíza), Luis Muñoz Marín International Airport

➡ **T9** Old San Juan, Puerta de Tierra, Convention Center, Av Fernández Juncos (Miramar/

Santurce), Sagrado Corazón (Tren Urbano Station), Río Piedras

➜ **T21** Old San Juan, Puerta de Tierra, Av Ashford (Condado), Av Ponce de León (Santurce), Sagrado Corazón (Tren Urbano Station)

➜ **C35** Convention Center, Av Ponce de León (Miramar/Santurce), Sagrado Corazón (Tren Urbano Station), Av Fernández Juncos (Miramar/Santurce)

➜ **D45** Sagrado Corazón (Tren Urbano Station), Isla Verde, Piñones, Loíza

➜ **D53** Old San Juan, Puerta de Tierra, Condado, Ocean Park (über McLeary), Isla Verde, Luis Muñoz Marín International Airport

TAXI

In den Haupttourismuszonen sind die Taxipreise festgelegt. Eine Fahrt von Old San Juan nach Condado, Ocean Park oder zum Isla Grande Airport kostet 12 US$, nach Isla Verde und zum Internationalen Flughafen Luis Muñoz Marín 19 US$. Fahrten in Old San Juan liegen bei 7 US$.

Außerhalb der wichtigen Touristengegenden sollen Taxis eigentlich ihr Taxameter einschalten, tatsächlich tun sie das jedoch nur selten. Man sollte darauf bestehen oder vor der Fahrt einen Preis ausmachen. Diese Grundpreise sollte man kennen: Der Taxameterpreis beträgt 1,75 US$ für die erste Meile (1,6 km) und 1,90 US$ für jede weitere angefangene Meile, der Mindestfahrpreis beträgt 3 US$. Außerdem werden pro Fahrt 2 US$ Benzinzuschlag und für jedes Gepäckstück 1 US$ fällig. Die Reservierungsgebühr beträgt 1 US$ und zwischen 22 und 6 Uhr kommt ein Zuschlag von 1 US$ obendrauf. Bei mehr als fünf Fahrgästen wird für jede weitere Person ein Zuschlag von 2 US$ fällig.

Taxis stehen am östlichen Ende der Calle Fortaleza in Old San Juan, andernorts muss man sich ein Taxi rufen: Anbieter sind z. B. **Metro Taxi** (☎725-2870; ⌚24 Std.) und **Rochdale Radio Taxi** (☎721-1900; www.taxiprrochdale.com; ⌚24 Std.).

Zug

Tren Urbano (Urban Train; ☎294-0500; Preis 1,50 US$; ⌚5.30–23.30 Uhr) verbindet Bayamón mit der Stadtmitte von San Juan (bis Sagrado Corazón im Süden von Santurce). Die modernen Züge fahren alle acht bis 16 Minuten, es gibt 16 Stationen. Die Züge fahren, teils als U-Bahn, teils als Hochbahn, zu einigen für Touristen interessante Orte, z. B. zum **Mercado de Río Piedras** (Río-Piedras-Markt; ☎250-1818; Paseo de Diego, Río Piedras; ⌚Mo–Sa 9–18 Uhr; Ⓜ Río Piedras), zum **Botanischen Garten** der UPR (Botanischer Garten der Universität von Puerto Rico; www.upr.edu/jardin-botanico; abseits des Hwy 1, Río Piedras; ⌚Mo–Fr 6–18 Uhr; Ⓜ Río Piedras) und zum **Museo de Arte Francisco Oller.** (☎785-6010; www.facebook.com/museooller; Plaza de Bayamón, 13 Degetau, Bayamón; ⌚Di–Sa 8.30–16 Uhr; Ⓜ Bayamón)

RUND UM SAN JUAN

Man kann drei Viertel der Strecke über die gesamte Insel zurückgelegt haben und San Juan ist immer noch in nur ein oder zwei Stunden (verkehrsabhängig) zu erreichen. Von der Hauptstadt lassen sich gut Tagesausflüge in alle Teile der Insel unternehmen. Möchte man tiefere Einblicke gewinnen, ist es sinnvoll, das Tempo zu drosseln, langsamer zu reisen und unterwegs zu übernachten.

Sehenswertes

★ **Statue Birth of the New World** STATUE

(Estatua de Cristóbal Colón; Km 9,5, Hwy 681) Unbestritten Puerto Ricos größte, skurrilste neue Attraktion: Das 110 m hohe Abbild von Christoph Kolumbus (Cristóbal Colón), das auf die Neue Welt zusteuert, ist das Werk des russischen Bildhauers Zurab Tsereteli. Seit es 2012 erstmals am Horizont zu sehen war, ist es zur Topattraktion Arecibos geworden, obwohl es 2019 noch immer nicht gänzlich fertiggestellt war.

Die Statue, die größte Nordamerikas und das höchste Bauwerk von Puerto Rico, thront auf einer grünen Anhöhe über verlockend weiten Sandstränden und Mangroven, eine naturbelassene Gegend, die eines Tages der TerraVista Park werden soll, ein Abenteuerkomplex, dessen Mittelpunkt die Statue bilden wird. Wegen des Hurrikans Maria mussten die Arbeiten im September 2017 eingestellt werden.

Auf halber Höhe befindet sich eine Aussichtsgalerie, von der aus man imaginieren kann, wie die Massen über diesen friedlichen Ort einbrechen werden.

Die Ironie des Schicksals, die mit der Statue verknüpft ist, ist genauso Gesprächsthema wie das Bauwerk selbst. Erstens erhebt sie sich in Sichtweite einer bedeutenden Stätte der Taíno, deren Kultur infolge der Ankunft des berühmten Entdeckers an dieser Küste dezimiert wurde, und zweitens fragt man sich, warum sie überhaupt erbaut wurde angesichts der Baukosten in Höhe von mehreren Millionen Dollar (Puerto Rico ist hoch verschuldet). Viele machen sich zudem Gedanken über die Auswirkungen auf die Umwelt, denn dies ist ein ökologisch sensibles Areal.

Ob man sie nun liebt oder hasst, die Statue zeugt von ausgezeichnetem handwerklichem Geschick und hat den ganzen Küstenstreifen wiederbelebt.

★ Observatorio de Arecibo SEHENSWERTES GEBÄUDE

(☎ 878-2612; www.naic.edu; Hwy 625; Erw./Kind 12/8 US$; ⏲ Juni & Juli 10–15 Uhr, Rest des Jahres Mi–So 10–15 Uhr) Puerto-Ricaner nennen es ehrfürchtig „El Radar", für die anderen ist es das größte Radioteleskop der Welt. Durch die Ähnlichkeit mit einem Raumschiff, das inmitten einer Karstlandschaft gelandet ist, hat man den Eindruck, das Arecibo-Observatorium schon einmal in einem James-Bond-Film gesehen zu haben – was sogar stimmt (in Goldeneye von 1995)!

Die 8 ha große Satellitenschüssel, die in Zusammenarbeit mit der SRI International betrieben wird, befindet sich in einer Mulde umgeben von heuhaufenförmigen *mogotes* (Kalksteinmonolithen). Sie ist also sozusagen eine Art Ohr der Erde ins Weltall. Gestützt von Drahtseilen, die mehr als 600 t wiegen, ist das Teleskop Teil des SETI-Programms zur Suche nach außerirdischen intelligenten Lebensformen (Search for Extraterrestrial Intelligence) und wird von Wissenschaftlern vor Ort dazu genutzt, die Existenz von Pulsaren und Quasaren nachzuweisen, die sogenannte „Musik der Sterne". Zu den bisherigen Forschungsarbeiten gehören die Untersuchung des Planeten Merkur, das erste Asteroidenbild sowie die Entdeckung der ersten extrasolaren Planeten.

Top-Wissenschaftler aus der ganzen Welt betreiben Forschung am Arecibo. Das informative Besucherzentrum mit erklärenden Darstellungen und Filmen gibt der Öffentlichkeit einen faszinierenden Einblick in die Funktionsweise der Anlage. Von einer gut positionierten Aussichtsplattform hat man einen Ausblick, der eines 007 würdig ist.

Das Observatorium erreicht man über die Autobahnen 635 und 625, die von der Autobahn 129 abgehen. Es liegt nur 15 km Luftlinie südlich von Arecibo.

EL YUNQUE & OSTKÜSTE

Die Ostküste ist ein Mikrokosmos von Puerto Rico, eine verlockende Kostprobe von fast allem, was die Insel zu bieten hat, eingepfercht in ein Gebiet, das man innerhalb von ein paar Stunden durchqueren kann. Im Yunque National Forest, dem Tropenjuwel der Insel, wimmelt es im grünen Regenwald nur so von lauten Tieren und Dschungelwasserfällen. Am Meer aalen sich Sonnenanbeter im pudrigen Sand der Playa Luquillo in der Sonne.

Fajardo ist die ungekrönte Wassersporthauptstadt des Landes: Abenteurer fahren hier Kajak, tauchen, schnorcheln und angeln, und Jachtbesitzer ankern mit ihren Booten. Auf Golfspieler und alle, die im Urlaub alles an einem Ort haben wollen, wartet die höchste Konzentration von großen, noblen Resorts außerhalb San Juans.

Der Northeast Ecological Corridor zieht sich wie ein dünnes grünes Band durch die gesamte Region. Der schmale, unentwickelte Landstreifen umfasst unberührte, gefährdete Natur und eine der atemberaubenden biolumineszierenden Buchten des Landes im Las Cabezas de San Juan Reserva Natural.

El Yunque

Sehenswertes

★ El Yunque National Forest NATURSCHUTZGEBIET

(☎ 888-1880; www.fs.usda.gov/elyunque; Km 4, Hwy 191, Nordeingang; ⏲ 7.30–18 Uhr; P ♿) El Yunque ist der einzige Regenwald, der vom United States National Forest Service verwaltet wird, und eines der Highlights Puerto Ricos. In dem üppigen Waldgebiet gibt's etwa 40 km Wanderwege, die vorbei an Wasserfällen und über Flüsse führen. Das Schutzgebiet hat zwei Eingänge, die beide über den Highway 191 zu erreichen sind: den Nordeingang in der Nähe von Luquillo und den Südeingang bei Naguabo. Das **Besucherzentrum El Portal de El Yunque** (Erw./Kind 4 US$/frei; ⏲ 9–17 Uhr) wurde 2017 durch die Hurrikans Irma und Maria stark beschädigt und konnte nach umfangreichen Reparaturarbeiten im Januar 2022 wieder eröffnen.

In den Nordteil des Schutzgebiets kommen mehr Besucher, hier gibt's viele gut markierte Wanderwege und Parkplätze. Der Südteil ist wilder und weniger erschlossen und bietet tolle Naturerlebnisse abseits der ausgetretenen Pfade. Achtung: Der Highway 191 führt nicht durch den Wald, sein Mittelteil wurde vor Jahren wegen Schlammlawinen geschlossen. Wer nicht zu Fuß unterwegs ist, muss den Highway 3 (der später zum Highway 53 wird) nehmen, um zur anderen Seite des El Yunque zu gelangen.

Schlafen & Essen

Direkt bevor der Highway 191 vom Highway 3 Richtung Süden zum Yunque abzweigt, wartet die farbenfrohe Meile Palmer mit einigen guten Restaurants auf. Im Park selbst gibt's ein paar billige, freundliche Straßenstände, im neuen Besucherzentrum u. a. ein Café und einen Laden.

★ Casa Flamboyant B&B $$$
(☎ 559-9800; www.casaflamboyantpr.com; Km 8, Hwy 191, Naguabo; Zi. inkl. Frühstück 180–299 US$; P 📶 ≋) Die Casa Flamboyant macht das Beste aus ihrer spektakulären Lage in den Bergen mit Panoramaaussicht über den El Yunque. Die drei gut ausgestatteten Zimmer (zwei davon mit Terrasse), das gemütliche Wohnzimmer und der Infinitypool sind für den puerto-ricanischen Regenwald ausgesprochen stilvoll. Durch den herrlichen Garten führen Wege zu Wasserfällen und Badestellen, und weit und breit ist keine Menschenseele zu sehen. Nur für Erwachsene.

★ Rainforest Inn B&B $$$
(☎ 378-6190; www.rainforestinn.com; Hwy 186, bei Km 22,1, Naguabo; Zi. inkl. Frühstück 175–230 US$; P 📶) An der Grenze zum El Yunque punkten die drei Villen des Rainforest Inn in einer geschlossenen Wohnanlage mit einem überwältigenden Blick auf den Wald und romantischen Details wie hängenden Betten und Doppelbadewannen. Zum Gourmet-Frühstück kommen auch Obst und Kräuter aus dem wunderschönen tropischen Garten auf den Tisch. Die umweltbewussten Besitzer helfen gern bei der Planung von Wanderungen. Ihr privater Weg führt zu einer Badestelle mit Wasserfall.

★ Lluvia Deli Bar CAFÉ $
(☎ 657-5186; www.lluviapr.com; 52 Principal, Palmer, Rio Grande; Hauptgerichte 5–12 US$; ⏲ Mo–Do 7–15, Fr–So bis 18 Uhr; 📶 ✎ 👪) In diesem stilvollen modernen Café wird eine Vielfalt an kreativen Gerichten aufgetischt, vom ausgezeichneten Frühstück (unbedingt die Guavenpfannkuchen probieren!) bis zu dicken Sandwiches, Salaten, Pizzas und mehr zur Mittagszeit. Der Orangensaft ist frisch gepresst und der Kaffee wird aus hochwertigen puerto-ricanischen Bohnen gebraut.

Praktische Informationen

El Portal de El Yunque (www.fs.usda.gov/elyunque; Road 191, Km 4; ⏲ 9–17 Uhr) Wer sich für den Regenwald interessiert, sollte als Erstes dieses Besucherzentrum ansteuern, das Karten und Informationen zum Zustand der Wege, Ausstellungen zur Ökologie des Waldes einen Laden und ein Café umfasst. In den Ausstellungen findet sich auch Holz von Bäumen, die bei den letzten Hurrikans beschädigt wurden.

An- & Weiterreise

Da man El Yunque nicht mit öffentlichen Verkehrsmitteln erreicht, muss man mit dem eigenen Fahrzeug oder im Rahmen einer geführten Tour von San Juan oder Fajardo herkommen.

Von San Juan aus folgt man der Beschilderung vom Highway 3 zum Highway 191. In Palmer fährt man Richtung Süden und folgt den Schildern zum El Yunque National Forest.

Luquillo

20 068 EW.

Luquillo, auch *La Capital del Sol* genannt, steht zwar etwas im Schatten des El Yunque, doch sein spektakulärer sichelförmiger Sandstrand am kristallklaren Meer gilt als eines der schönsten *balnearios* (öffentliche Strände) der Insel.

Die Wurzeln der Stadt gehen auf eine 1797 gegründete frühe spanische Siedlung zurück, ihr Name auf den tapferen *cacique* (Taíno-Häuptling) Loquillo, der sich den frühen Kolonisten 1513 mutig entgegenstellte.

Heute wird die entspannte Stadt an den Wochenenden von *sanjuaneros* (Menschen aus San Juan) in Beschlag genommen, denn hier kann man sich toll im Surfen versuchen, unter Palmen am Strand aalen und an der von 60 Imbissständen gesäumten Ufermeile auf einen *chinchorro* – einen Kneipenbummel im puerto-ricanischen Stil – begeben.

Strände

★ Playa Luquillo STRAND
(Balneario La Monserrate; Parken 5,50 US$; ⏲ April–Aug. 8.30–18 Uhr, Sept.–März Mi–So bis 17 Uhr; P) Neben den *kioskos*, die ein Muss sind, ist Luquillo vor allem für seinen fabelhaften – und unglaublich beliebten – Strand bekannt. Er liegt nordwestlich ausgerichtet und vor den östlichen Passatwinden geschützt in einer ruhigen Bucht. Der Sand ist samtweich und Kokospalmen spenden Schatten. Wegen seiner zahlreichen Einrichtungen und weil er so flach ins Wasser abfällt, ist er ideal für Familien. Man darf aber nicht erwarten, ihn für sich allein zu haben, besonders nicht an Wochenenden und Feiertagen. Doch das macht nichts: einfach eine Piña Colada be-

stellen, den Salsa-Rhythmen lauschen und die Atmosphäre genießen.

Schlafen & Essen

★ St. Regis Bahia Beach Resort RESORT $$$
(☎ 809-8000; www.stregisbahiabeach.com; Km 4,2, Rte 187, Rio Grande; ab 735 US$; P ❄ @ ☎ ≋) Die Zimmer dieses eleganten Resorts, das an einem herrlichen Strand liegt und von tropischer Vegetation umgeben ist, sind groß, hell und modern. Gäste können an zwei Pools relaxen, sich im Spa verwöhnen lassen, einen Ausflug in die Natur unternehmen und griechisch inspirierte Speisen oder puerto-ricanische Gourmetgerichte schlemmen. Das Resort ist umweltbewusst, es schützt 65 % seines Areals und bemüht sich um den Schutz gefährdeter Tierarten.

★ Kioskos de Luquillo PUERTO-RICANISCH $
(Luquillo Kiosks; Playa Luquillo, abseits des Hwy 3; Gerichte 3-20 US$; ⏲ Öffnungszeiten variieren, in der Regel 12–22 Uhr; P) Luquillos 60 Imbissstände am Strand säumen den westlichen Rand des Highway 3. Sie verkaufen köstliche Speisen zu sehr günstigen Preisen. Die Palette reicht von Restaurants mit Tischen bis zu rustikalen Strandbars, die ganz unterschiedliche Speisen anbieten, von *comida criolla* (kreolisches Essen) über erstklassige Burger und peruanische Ceviche. Besonders gut schmeckt es bei La Parilla (#2) und Terruño (#20). Dazu kann man ein Bier der Marke Medalla oder einen Cocktail trinken – viele Stände haben eine richtige Cocktailkarte.

An- & Weiterreise

Die Autobahn 3 führt zur Route 193 (Calle Fernandez Garcia), der Hauptverkehrsader von Luquillo.

Públicos fahren von Montag bis Samstag am Busbahnhof Río Piedras (S. 697) in San Juan Richtung Luquillos Plaza (7 US$) ab. Die Fahrten dauern zwischen 2 ½ und 3 ½ Stunden, abhängig vom Verkehr. Will man zum Strand, sollte man bei den Imbissständen etwa 1,5 km vor der Stadt Luquillo aussteigen.

CULEBRA & VIEQUES

Culebra

Das verschlafene Culebra besticht durch feine Sandstrände und erstklassige Tauchriffe, ist aber tatsächlich mehr für die Dinge bekannt, die es hier nicht gibt, z. B. Staus zu den Stoßzeiten. Außerdem fehlen große Hotels, Golfplätze, Casinos und Fast-Food-Ketten. Am allerbesten ist aber, dass Culebra eine „stressfreie Zone" ist. Die Insel liegt nur 27 km vom „Festland" Puerto Ricos entfernt, doch kulturell ist sie eine ganz andere Welt. Es kann schon etwas dauern, bis man sich an das gemächliche Tempo auf der Insel gewöhnt hat. Hier leben Leute, die aus dem Hamsterrad der Arbeitswelt ausgestiegen sind, ernsthafte Idealisten, Menschen, die die Einsamkeit suchen, unzählige Exzentriker und viele andere, die die Hektik des modernen Lebens hinter sich gelassen haben. Zudem gibt's hier viele wunderschöne Naturgebiete, Buchten, Schnorchelspots, Wanderwege und allerlei bezaubernde Strände. Culebra ist eins der schönsten Reiseziele in Puerto Rico. Hier kann man das Lebensgefühl der Einheimischen spüren.

Sehenswertes

★ Culebra National Wildlife Refuge TIERSCHUTZGEBIET
(☎ 457-0082; www.fws.gov/caribbean/refuges/culebra) Mehr als 20 % von Culebra gehören zu einem spektakulären nationalen Tierschutzgebiet, das vor mehr als 100 Jahren per Gesetz gegründet wurde. Der größte Teil dieses Gebiets schmiegt sich an die Küste und schließt mehr als 20 Inselchen ein. Mit drei verschiedenen Ökosystemen fungiert das Schutzgebiet als Lebensraum für gefährdete Meeresschildkröten und ist der größte Nistplatz von Meeresvögeln in der Karibik. Besucher können wandern gehen, Vögel beobachten und einsame Strände genießen. Der United States Fish & Wildlife Service (S. 703) hat Karten und Informationen.

★ Playa Carlos Rosario STRAND
(abseits des Hwy 251) Vor diesem entlegenen weißen Sandstrand liegt dank eines Barriereriffs, das das Wasser davor fast vollständig umschließt, eines der schönsten Schnorchelgebiete Puerto Ricos. Man kann auf beiden Seiten schnorcheln, indem man durch die Fahrrinne auf der rechten Seite des Strands schwimmt – an der weißen Boje orientieren, dabei aber auf Wassertaxis und Sportboote achten, die die Fahrrinne ebenfalls nutzen (Badende sind schon angefahren worden!).

★ Playa Flamenco STRAND

(am Ende des Hwy 251) Dieser 1,5 km lange Strand in einer geschützten, hufeisenförmigen Bucht ist nicht nur einer der besten der Insel, sondern taucht auch regelmäßig auf Listen der schönsten Strände der Welt auf. Statt von hohen Palmen ist er von Büschen und Bäumen gesäumt. An Wochenenden und Feiertagen, wenn Tagesausflügler aus San Juan aufschlagen, wird er ziemlich voll, darum sollte man unter der Woche herkommen. Anders als die übrigen Strände auf der Insel verfügt Playa Flamenco über eine vollständige Infrastruktur.

★ Isla Culebrita INSEL

Wer unbedingt mal mit einem Wassertaxi fahren möchte, könnte sich Isla Culebrita anschauen. Die kleine Insel östlich der Playa Zoni gehört zum nationalen Naturschutzgebiet und hat sich in den letzten 500 Jahren kaum verändert. Man kann sechs Strände, Gezeitenbecken, Riffe und Brutplätze für Meeresvögel erkunden. Die nördlichen Strände, insbesondere die lange sichelförmige **Playa Tortuga**, sind beliebte Nistplätze der Grünen Meeresschildkröte. Manchmal kann man ein paar Tiere nahe den Riffen vor der Küste schwimmen sehen.

★ Playa Zoni STRAND

(abseits des Hwy 250) Fährt man ans östliche Ende der Insel, endet die Straße irgendwann an der Playa Zoni. Viele Einheimische finden diesen Strand noch besser als Flamenco. Er ist zwar nicht so breit und kurvig, aber auf seine eigene Weise umwerfend: Er bietet weichen Sand, türkisfarbenes Wasser und einen idyllischen Blick auf Cayo Norte, Isla Culebrita und sogar Saint Thomas am Horizont. Man sollte es den Einheimischen gleichtun und sich eine Kühlbox für ein Picknick mitbringen.

Aktivitäten

★ Culebra Snorkeling & Dive Center TAUCHEN, SCHNORCHELN

(☎ 435-3662; www.culebrasnorkelingcenter.com; Pedro Márquez, Dewey; ⊙ Mo–Sa 8.30–17, So bis 13.30 Uhr) Bietet ausgezeichnete Schnorchelausflüge auf der ganzen Insel. Die Teilnehmer bekommen unter Garantie Schildkröten, Stachelrochen und jede Menge tropische Fische zu sehen. Wer lieber auf eigene Faust losziehen und schnorcheln möchte, erhält von den Mitarbeitern Karten, Tipps und Wegbeschreibungen. Hochwertige Schnorchelausrüstung, Kajaks, Unterwasserkameras und UV-Shirts können ausgeliehen werden.

Kayaking Puerto Rico KAJAKFAHREN, SCHNORCHELN

(☎ 245-4545; www.kayakingpuertorico.com; ab Culebra/Ceiba 59/79 US$; ⊙ 8–21 Uhr) Wer schon auf der Insel ist, kann bei diesem Anbieter aus Fajardo ab der **Playa Tamarindo** (abseits des Highway 251) eine Aquafari rund um Culebra machen, die Kajakfahren und Schnorcheln in den artenreichen Gewässern des Luis Peña Channel Natural Reserve kombiniert und mit etwas Zeit an der Playa Flamenco endet. Wer vom Festland kommt, kann eine Tour ab dem Fährterminal in Ceiba unternehmen, die um 8.15 Uhr beginnt.

Schlafen & Essen

Für eine so kleine Insel ist das kulinarische Angebot erstaunlich vielfältig. Es gibt viele Meeresfrüchte, die oft direkt von den Booten in der Bucht kommen. Die meisten Restaurants von Culebra befinden sich natürlich im kleinen Städtchen Dewey. Außerhalb des Städtchens sollte man nach Foodtrucks Ausschau halten, die günstiges, leckeres Essen bieten.

Culebra International Hostel HOSTEL $

(☎ 732-547-8831; www.culebrahostel.com; Fulladoza, Dewey; B/Zi. pro Pers. 30/85 US$; ❄ 📶) Einst ein Laden für Autoteile, bietet dieses weitläufige Hostel heute zwei großzügige Schlafsäle (einer davon nur für Frauen) mit guten Stockbetten und Klimaanlage. Es gibt eine einfache Küche und viele Sitzmöglichkeiten im Freien, überwiegend in einem wilden Garten mit Topfpflanzen. Einwanderer und Manager Tommy kocht abends oft für die Gäste.

★ Villa Flamenco Beach APARTMENTS $$

(☎ 383-0985; www.villaflamencobeach.com; Playa Flamenco, abseits des Hwy 251; Studio/Apt. 135/180 US$; P ❄ 📶) Sanfte Wellen wiegen in den Schlaf und morgens erstreckt sich einer der besten Strände der Welt direkt vor dem Fenster: Diese sechs Apartments, in denen man sich sofort wie zu Hause fühlt, sind ein Hit! Es gibt eine Kochgelegenheit für Selbstversorger und einladende Hängematten, und die freundlichen Besitzer Violetta und Juan geben jederzeit Tipps für die Insel. Von Anfang Oktober bis Mitte November geschlossen.

★ Blac Flamingo Coffee CAFÉ $

(☎682-220-7892; 10 Jesús M Ortiz, Barriada Clark; Gerichte 6–9 US$; ⏲Mi–Mo 6.30–14 Uhr) Für den besten Koffeinschub auf Culebra suche man dieses coole, im Industrieschick gestylte Café auf, zehn Minuten Fußweg nördlich von Dewey, wo es alles gibt von Cappuccino bis kalt gebrautem und Chemex-Filterkaffee. Beim Frühstück oder Brunch sollte man sich viel Zeit lassen: Avocado auf knusprigem Toast und die süß-pikante Kombination aus Rühreiern und French Toast, garniert mit frischem Obst, werden begeistert empfohlen.

Zaco's Tacos MEXIKANISCH $

(www.zacostacos.com; 21 Pedro Márquez, Dewey; Hauptgerichte 6–9 US$; ⏲ ⏲Mo–Fr 12–21, Öffnungszeiten können abweichen; 👪) Dieses hippe Open-Air-Restaurant tischt ultrafrische mexikanische Gerichte und eine Handvoll köstliche Salate auf. Lecker sind auch die Tacos mit *carnitas* (in Chilis und Papayasaft geschmorte Schweineschulter), Rindfleisch oder Garnelen. Bei großem Hunger bestellt man den riesigen Burrito mit allem Drum und Dran. Das Essen kann man im schindelgedeckten Speiseraum oder auf der schattigen Veranda genießen.

Vibra Verde CAFÉ $

(www.facebook.com/vibraverdeculebra; Pedro Márquez, Dewey; Hauptgerichte 6-12 US$; ⏲Do–Sa & Mo 8.30–14, So bis 13 Uhr; 🖉 👪) Auf der Karte dieses tollen kleine Cafés stehen wunderbare gesunde, glutenfreie und Biogerichte, die einfach köstlich sind. Wir empfehlen die Bio-Açaí-Schüssel, das fantastische Frühstückssandwich oder die Quinoa-Salat-Bowl. Dazu kann man starken puerto-ricanischen Kaffee oder Ingwer-Minze-Limonenwasser trinken.

Praktische Informationen

Fast alle Versorgungseinrichtungen der Insel befinden sich in der Stadt Dewey.

GELD

Banco Popular (☎742-3572; www.popular.com; 9 Pedro Márquez, Dewey; ⏲Mo–Fr 8–15.30 Uhr) Die einzige Universalbank in Culebra hat einen rund um die Uhr zugänglichen Geldautomaten.

MEDIZINISCHE VERSORGUNG

Hospital de Culebra (☎742-3511; Calle Font, Dewey; ⏲24 Std.) Culebras Krankenhaus hat eine 24-Stunden-Notaufnahme. Am Flughafen steht ein Flugzeug für medizinische Transporte zum Festland bereit.

POST

Postamt (☎742-3862; www.usps.com; 26 Pedro Márquez, Dewey; ⏲Mo–Fr 9–16, Sa bis 12 Uhr) Klimatisiert und zentral gelegen. Effiziente Mitarbeiter.

TOURISTENINFORMATION

Touristeninformation (☎742-1033; Pedro Márquez, Dewey; ⏲Mo–Fr 8–17 Uhr; 📶) Einen Block vom Fährterminal entfernt bekommt man Informationen zur gesamten Insel. Kostenloses WLAN (man hat noch auf dem schattigen Platz vor der Tür Empfang).

United States Fish & Wildlife Service (☎457-0082; www.fws.gov/caribbean/refuges/culebra; Hwy 250, bei Km 4,2; ⏲Mo–Fr 8–16 Uhr) Diese Behörde ist für die Verwaltung des Culebra National Wildlife Refuge (S. 701) zuständig.

An- & Weiterreise

FLUGZEUG

Culebras **Flughafen Benjamín Rivera Noriega** (CPX; ☎742-0022; Hwy 251) ist eine winzige Angelegenheit mit einer Snackbar, ein paar Autovermietungen und Check-in-Schaltern. Es gibt regelmäßige Verbindungen ab San Juan, Ceiba und, günstig für Insel-Hopper, Vieques. Zu den Fluggesellschaften, die diesen Flughafen bedienen, gehören **Vieques Air Link** (☎888-901-9247; www.viequesairlink.com; Hwy 251, Aeropuerto Benjamín Rivera Noriega), **Air Flamenco** (☎724-1818; www.airflamenco.com; Hwy 251, Flughafen Benjamín Rivera Noriega) und **Cape Air** (☎800-227-3247; www.capeair.com; Hwy 251, Benjamín Rivera Noriega Airport) sowie die Charterunternehmen **M&N Aviation** (☎630-2662; www.mnaviation.com; Hwy 251, Aeropuerto Benjamín Rivera Noriega) und **Taxi Aereo** (☎718-8869; www.taxiaereopr.travel; einfach von Ceiba/Isla Grande nach Vieques & Culebra für 6 Passagiere 360/895 US$; ⏲7–18 Uhr).

SCHIFF/FÄHRE

Die beliebteste und günstigste Art, um vom Festland nach Culebra zu gelangen, ist der Fährservice der **Autoridad de Transporte Marítimo** (Autoridad de Transporte Marítimo (ATM); ☎494-0934; www.porferry.com; Pedro Márquez, Dewey; einfach Erw./Kind 2,25/1 US$; ⏲Büro öffnet vor den Fahrten) ab Ceiba. Die Fähren verkehren recht zuverlässig, oft kommt es aber zu Verspätungen.

Auf www.porferry.com kann man sich über die Fahrzeiten informieren und Tickets kaufen. Man sollte mindestens eine Stunde vor Abfahrt am Fährterminal sein. Die Fahrpläne variieren, in der Regel gibt's aber täglich mindestens fünf Hin-

und Rückfahrten. Die Überfahrt dauert 45 Minuten.

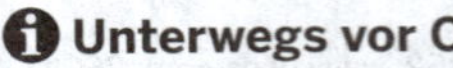

Unterwegs vor Ort

Wer mit der Fähre ankommt, kann im eigentlichen Dewey alles problemlos zu Fuß erreichen. Überall sonst ist ein eigener fahrbarer Untersatz von Vorteil; ein Golfcart ist eine gute Option.

AUTO & GOLF CART

Leihwagen von Autovermietungen auf dem Festland dürfen nicht mit auf die Fähre nach Culebra genommen werden. Die Autoverleiher auf der Insel versuchen, vor allem Geländewagen an den Mann zu bringen, die man auf den gut instandgehaltenen asphaltierten Straßen Culebras aber nicht braucht. Golfcarts sind eine gute Alternative.

Carlos Jeep Rental (☎742-3514; www.carlosjeeprental.com; Hwy 250; 24 Std. Golfcart ab 50 US$, Jeep Wrangler ab 90 US$; ⏲5.30–21 Uhr) Einen kurzen Fußweg vom Flughafen. Kunden werden kostenlos abgeholt und abgesetzt.

Jerry's Jeep Rental (☎742-0526; www.jerrysjeeprental.com; 139 Escudero Airport Rd; Golfcart/Geländewagen/Jeep ab 70/72/83 US$; ⏲Sa–Do 8–17, Fr 7–19 Uhr) Gegenüber vom Flughafen, verleiht Golfcarts, Jeep Wranglers und Geländewagen. Kunden werden kostenlos abgeholt und abgesetzt.

PÚBLICO

Públicos bedienen genau eine Strecke auf der Insel, vom Fährterminal zur Playa Flamenco (ca. 4 US$ pro Pers.) Wenn Platz ist, können Fahrgäste sie überall am Straßenrand heranwinken. Der Fahrpreis ändert sich nicht, egal wo man einsteigt.

TAXI

Auf der Insel gibt's Taxiunternehmen, vorwiegend *público*-Fahrer, die sich etwas dazuverdienen wollen, daher wird man wahrscheinlich in einem Transporter abgeholt. Fahrten kosten je nach Fahrtziel zwischen 5 und 20 US$.

Raul Transportation (☎358-4816) Raul und Frida bieten einen zuverlässigen Tür-zu-Tür-Service mit zwei Transportern für je 17 Personen.

Xavier Transportation Services (☎463-0475) Xavier ist ein zuverlässiger Taxifahrer.

WASSERTAXI

Wassertaxis bieten Hin- und Rückfahrten zu den Inselchen in der Nähe von Culebra, darunter Isla Culebrita, Cayo Norte und Cayo Luis Peña. Fahrten kosten abhängig vom Fahrziel ab 40 US$ pro Nase. Man kann es z. B. bei **Cayo Norte Water Taxi** (☎376-9988; Isla Culebrita 65 US$ pro Pers.) oder bei **H2O Water Taxi** (☎685-5815; amarog1281@hotmail.com; 40–50 US$ pro Pers.) versuchen.

Vieques

Das nur 34 km lange und 8 km breite Vieques ist für seine herrlichen Strände, halbwilden Pferde und biolumineszierende Buchten bekannt. Es ist deutlich größer als Culebra, und obwohl Welten zwischen dieser Insel und den grellen Lichtern der Hauptinsel zu liegen scheinen, hat die größere Bevölkerung dazu geführt, dass es mehr Auswahl an Unterkünften und schicken Restaurants gibt und insgesamt mehr los ist.

Sehenswertes & Aktivitäten

★ **Bahía Mosquito** MEERESSCHUTZGEBIET

(Biolumineszierende Bucht; abseits des Hwy 997) Einheimische behaupten, dass diese Bucht, ein Naturschutzgebiet 3 km östlich von Esperanza, die höchste Dichte an Dinoflagellaten weltweit aufweist. Ein Ausflug in die Lagune – am besten mit einer Tour – ist ein psychedelisches Erlebnis. Jede Bewegung des Kajaks, Paddelboots oder Motorboots, ja sogar der Fische, erzeugt ein fluoreszierendes blaues Funkeln unter der Wasseroberfläche. In der Hochsaison sollte man die Touren, die bei Neumond am schönsten sind, unbedingt vorab buchen.

Vieques National Wildlife Refuge NATURSCHUTZGEBIET

(☎741-2138; www.fws.gov/caribbean/refuges/vieques; Km 3,2, Hwy 997; ⏲Okt.–Feb. 6–18.30 Uhr, März–Sept. bis 19.30 Uhr; P ♿) Die schlagenden Argumente für einen Aufenthalt auf Vieques liegen innerhalb dieser geschützten Grenzen: die schönsten Strände Puerto Ricos! Das mehr als 7000 ha große Areal erstreckt sich auf ehemals vom US-Militär genutzten Land; der 1200 ha große westliche Teil diente vorwiegend als Lagerbereich und ist sehr ruhig. Im knapp 6000 ha großen östlichen Teil, der einen alten Schießplatz umfasst (Betreten noch immer verboten), sind die besten Strände der Insel entlang der Südküste zu finden. Doch auch im Westen gibt's Strände, die sich sehen lassen können.

★ **Aqua Sunset Tours** KAJAKFAHREN

(☎939-208-6147; www.aquasunsettours.com; geführte Touren ab 55 US$) Eine Fahrt mit einem kristallklaren Kanu in der biolumineszierenden Bucht ist ein ganz besonderes, geradezu magisches Erlebnis. Die bewanderten und lustigen Führer erklären die Dinoflagellaten, die das Wasser funkeln lassen, und zeigen die glitzernden Konstellationen. Tagsüber sind ebenfalls Kajaktouren sowie Schnorcheln mit Vollgesichtsmasken im Angebot.

★ **Vieques Paddleboarding** OUTDOORAKTIVITÄTEN
(☎ 366-5202; www.viequespaddleboarding.com; geführte Touren 60–125 US$) Dieser Veranstalter bietet informative, fröhliche Stand-up-Paddeltouren an Vieques' Küste an, die auch zu Mangroven führen. Die unterhaltsamen Führer teilen ihr Wissen über die Geschichte und die Pflanzen- und Tierwelt der Insel gern. Man kann einfach paddeln oder paddeln und schnorcheln und sogar wandern und schnorcheln. Teilnehmer aller Altersgruppen mit und ohne Vorkenntnisse sind willkommen, auch kleine Kinder, die bei einem Erwachsenen „mitfahren" können.

Strände

★ **Playa Caracas** STRAND
(„Roter Strand"; Vieques National Wildlife Refuge, Hwy 997, abseits von Km 3,2, Südküste) Diesen ruhigen Strand erreicht man über eine asphaltierte Straße. Er bietet schattenspendende Pavillons mit Picknicktischen und vor der Ostseite des Strands kann man hervorragend schnorcheln – hier ist die Unterwasserwelt noch in Ordnung. Weiter westlich liegt die weniger bekannte Bucht Playuela. Dort ist kaum etwas los und man kann den netten Blick auf die Playa Caracas genießen.

★ **Playa La Chiva** STRAND
(„Blauer Strand"; Vieques National Wildlife Refuge, Hwy 997, abseits von Km 3,2, Südküste; ⏲ Okt.–März 6–18.30, April–Sept. bis 19.30 Uhr) GRATIS Die bei den Einheimischen beliebte traumhafte *playa* am östlichen Ende der Hauptstraße ist lang und offen, die Brandung kann gelegentlich rau sein. Hier wird man ohne Probleme ein ausreichend großes Plätzchen fürs Handtuch finden. Zwischen den Büschen gibt's Schatten. Auf der östlichen Seite vom Strand kann man gut schnorcheln, direkt vor einer kleinen Insel.

★ **Sun Bay** STRAND
(Balneario Sun Bay; ☎ 741-8198; Parque Nacional Sun Bay, abseits des Hwy 997; Parken 4 US$; ⏲ Mi–So 8–16.30 Uhr; P) Die lange halbmondförmige Bucht gehört zu Puerto Ricos Nationalparksystem und ist keine 800 m von Esperanza entfernt. Sie ist das *balneario* (öffentlicher Strand) der Insel, hier gibt's alle Einrichtungen, die man sich nur wünschen kann, einschließlich Rettungsschwimmern und einem Café, das *criollo*-Leckereien serviert. Mit einer Länge von 1,6 km wirkt Sun Bay selten überlaufen – auch wenn hier 100 Besucher sonnenbaden und spielen, hat man nie das Gefühl, dass der Strand „voll" ist. Die Brandung ist sanft.

Am Ostende gibt's schattige Parkplätze zwischen Palmen und nur wenige andere Besucher. Noch einsamer wird es, wenn man auf der Strandstraße weiter nach Osten bis zur **Playas Media Luna & Navio** (Parque Nacional Sun Bay, abseits des Hwy 997; Mo & Di Eintritt frei, Mi–So 4 US$; ⏲ Mo–Do 8.30–17, Fr–So bis 18 Uhr) fährt. Abends beginnen am Parkplatz häufig die Touren der Kajakveranstalter, die von hier auf Sandstraßen zur Bahía Mosquito fahren.

★ **Playa La Plata** STRAND
(Silberstrand; Vieques National Wildlife Refuge, Hwy 997, abseits von Km 3,2, Südküste; ⏲ Okt.–März 6–18.30 Uhr, April–Sept. bis 19.30 Uhr) Dieser abgelegene Strand ist der östlichste Punkt, den man gegenwärtig erreichen kann. Er erstreckt sich in einer pilzförmigen Bucht und hat eine ruhige Brandung, die in tausend Türkis-, Kobalt- und Blautönen schimmert. Der Sand ist wie Puderzucker. Schnorcheln kann man gut am westlichen Teil des Strands. Die Straße zur Playa La Plata ist sehr holprig; wer keine Lust hat, das letzte Stück zu laufen, wird einen Geländewagen organisieren müssen.

Playa Escondida STRAND
(Vieques National Wildlife Refuge, Hwy 997, abseits von Km 3,2, Südküste; ⏲ Okt.–März 6–18.30 Uhr, April–Sept. bis 19.30 Uhr) An diesem herrlich einsamen Strand gibt's keinerlei Einrichtungen, dafür punktet er mit atemberaubender Schönheit. Er liegt an der Bahía Ensenada Honda, in der man gut Kajak fahren kann. Die Straße hierher ist sehr schlecht, besonders nach Stürmen, und nur mit einem Fahrzeug mit Allradantrieb befahrbar.

Schlafen

★ **Finca Victoria** GÄSTEHAUS $$
(☎ 741-0495; www.lafinca.com; Km 2,2, Hwy 995; Zi. 110–160 US$, Häuser ab 175 US$; P) Das rustikale Refugium auf einem luftigen Hügel bildet den perfekten Gegenpol zum Großstadtleben. Zur Auswahl stehen geräu-

mige Suiten, eine coole *casa*, drei Häuser auf Stelzen und das einzigartige Mikrohaus. Es gibt einen Pool, Hängematten, einen vorne offenen Gemeinschaftsbereich und tägliche Yogastunden. Die Zutaten für das vegane Frühstück, die Massageöle und die Peelings werden alle im Biogarten gepflückt.

★ Casa de Amistad GÄSTEHAUS $$
(☎247-1017; www.casadeamistad.com; 27 Benitez Castaño, Isabel Segunda; Zi. ab 108 US$; P ❄ 📶 🏊) Hat alles, was ein tolles Gästehaus haben sollte: Es ist einladend, gemütlich, gut gelegen und preiswert. Die Aufmachung der acht Räume ist eine Mischung aus 50er-Jahre-Stil und karibischem Chic. Klimaanlage, moderne Bäder und Fernseher sind Standard, einige Unterkünfte haben auch einen Balkon oder eine Terrasse. In der Lounge und Bibliothek, der Gästeküche, am Pool und auf der Dachterrasse kommt man leicht mit den anderen Gästen ins Gespräch. Bis zur Fähre sind es fünf Gehminuten und es gibt tolle Restaurants in der Nähe. Für die Gäste steht kostenlos Strandausrüstung zur Verfügung.

Hacienda Tamarindo GÄSTEHAUS $$
(☎741-8525; www.haciendatamarindo.com; Km 4.5, Hwy 997; Zi. ab 175 US$, Suite 214 US$, Villa mit 2 Schlafzimmern 309 US$; P ❄ 📶 🏊) Das wunderschöne Gästehaus auf einem Hügel kombiniert das entspannte Inselflair mit viel Stil. In den 17 Zimmern gibt's Tropenholzmöbel, schmiedeeiserne Balkons, bunte Textilien und Originalkunst. Im gepflegten Garten mit Hängematten und Pool wird auf Bestellung Frühstück serviert.

★ Malecón House BOUTIQUE-HOTEL $$$
(☎939-239-7113, 930-4455; www.malecon house.com; 105 Flamboyan, Esperanza; Zi. 180–310 US$, Suite 325 US$, inkl. Frühstück; P ❄ 📶 🏊) Eine stilvolle Unterkunft am westlichen Ende des *malecón* mit Travertin-Böden, luxuriösen Heimtextilien und übersichtlichen, modernen Zimmern. Das gehobene Boutique-Hotel hat 13 Zimmer, drei davon mit Meerblick, eine Lounge mit Bibliothek, einen üppigen Garten (in dem sogar Leguane umherstreifen) mit Pool und eine Dachterrasse, auf der man frühstücken kann. Die Angestellten sind sehr freundlich.

★ Hix Island House APARTMENTS $$$
(☎741-2302; www.hixislandhouse.com; Km 1,5, Hwy 995; Rectangular Gallery ab 115 US$, andere Lofts ab 135 US$; P 📶 🏊)  Das Design dieses Öko-Refugiums auf einem Hügel ist von den Elementen inspiriert. Die 18 loftartigen Zimme verteilen sich auf vier strenge, aber schöne Betonhäuser. In der vom Versorgungsnetz abgekoppelten Casa Solaris wird der Strom mit Sonnenenergie erzeugt, die auch das Wasser erhitzt, die Dusche befindet sich im Freien. Und eine Klimaanlage ist überflüssig – die nach vorne offenen Lofts lassen frische Luft hinein. Keine Kinder unter 14 Jahren gestattet.

Essen

Foodtrucks in Esperanze FOODTRUCKS $
(Flamboyan, Esperanza; Gerichte 3–8 US$; ⏲Öffnungszeiten variieren) An jedem Wochenende tauchen auf dem Parkplatz am **El Blok** (☎741-6020; www.elblok.com; 158 Flamboyan, Esperanza; Zi. ab 140 US$; ❄ 📶 🏊) am Ostrand der Stadt Foodtrucks auf. Sie bieten köstliche, preiswerte Speisen, darunter *criollo*-Gerichte, Tacos und natürlich *fritangas* (Frittiertes) – es wäre schließlich kein Straßenessen, wenn es nicht auch ein paar richtig ungesunde Leckereien geben würde. Verzehren kann man das Essen am Strand.

Buen Provecho MARKT $
(☎529-7316; 123 Muñoz Rivera, Isabel Segunda; Gerichte 8–10 US$; ⏲Mo–Sa 8–17 Uhr; 🖉) Auf dem kleinen Markt gibt's eine gute Auswahl an Gourmetprodukten, traditionell gebackenem Brot, Steaks vom Angus-Rind und Käse. Im hinteren Teil befindet sich ein kleines Café mit Sitzplätzen, das Smoothies, Frühstücksgerichte, hochwertige Sandwiches und herzhafte Salate serviert und eine komplett bestückte Bar hat. Es gibt auch Essen zum Mitnehmen.

★ Coqui Fire Cafe MEXIKANISCH $$
(☎741-0401; 421 Quiñones, Isabel Segunda; Hauptgerichte 12–25 US$; ⏲Mo–Fr 17–21 Uhr) Dieses Café bereichert die kulinarische Szene mit köstlichen mexikanischen Gerichten, die mit Stil serviert werden. Die *carnitas* (in Chilis und Papayasaft geschmorte Schweineschulter) und die geschwärzten Shrimps mit Kokos-*mole* sind klasse. Der Spezialdrink des Hauses, die Margarita, wird mit einer Prise Schärfe zubereitet. Die hausgemachten Soßen eignen sich prima als Souvenir. Besser reservieren.

★ El Quenepo FISCH & MEERESFRÜCHTE $$$
(☎741-1215; www.elquenepovieques.com; 148 Flamboyan, Esperanza; Hauptgerichte 26–34 US$;

⌚ Mo–Sa 17.30–22 Uhr) Das vornehme El Quenepo hat eine wunderbare moderne Innenausstattung und eine tolle Speisekarte. Die Zutaten sind fangfrisch – sieben Brüder versorgen das Restaurant mit Meeresfrüchten und Fisch. Zu den Spezialitäten gehören karibische Hummer, *mofongo* mit Brotfruchtpüree aus dem eigenen Garten und in der Pfanne angebratene Jakobsmuscheln mit Kokos-Crème fraîche und Kaviar. Unbedingt reservieren.

ℹ Praktische Information

GELD

In Isabel Segunda gibt's mehrere Geldautomaten, ebenso in den beiden Lebensmittelläden Esperanzas.

Banco Popular (☎ 741-2071; www.bancopopular.com; 115 Muñoz Rivera, Isabel Segunda; ⌚ Mo–Fr 8–15.30 Uhr) Sämtliche Dienstleistungen plus Geldautomat.

Cooperativa de Ahorro y Crédito Roosevelt Roads (☎ 863-3045; www.cooprr.com; 112 Muñoz Rivera, Isabel Segunda; ⌚ Mo–Fr 8.15–16.30, Sa bis 12 Uhr) Diese Genossenschaftsbank hat einen Geldautomaten.

MEDIEN

Vieques Insider (www.viequesinsider.com) ist eine gute Informationsquelle zu allen Themen rund um Vieques.

POST

Post (☎ 741-3891; www.usps.com; 97 Muñoz Rivera, Isabel Segunda; ⌚ Mo–Fr 8.30–16.30, Sa bis 12 Uhr) Das einzige Postamt auf der Insel.

TOURISTENINFORMATION

Nützliche Informationen zu Firmen, Dienstleistungen und Unterkünften auf der Insel findet man u. a. auf den Seiten www.enchanted-isle.com und www.vieques-island.com.

Puerto Rico Tourism Company (PRTC; www.seepuertorico.com; Vieques Airport; ⌚ Mo–Fr 9–16 Uhr) Ein kleiner Stand am Flughafen versorgt Besucher mit Informationen, Broschüren und Karten. Die Öffnungszeiten variieren.

United States Fish & Wildlife Service (☎ 741-2138; www.fws.gov/office/caribbean-ecological-services/visit-us; Km 3,2, Hwy 997; ⌚ Mo–Fr 8–12 & 13–15 Uhr) Verwaltet einige Schutzgebiete, darunter die von Cabo Rojo, Culebra und Vieques. Der Schwerpunkt liegt auf dem Schutz von Brutplätzen und Lebensräumen. Betreibt auf Vieques ein Besucherzentrum im östlichen Teil des Naturschutzgebiets (S. 704), das aber zur Zeit der Recherche geschlossen war und voraussichtlich umziehen wird.

ℹ An- & Weiterreise

FLUGZEUG

Auf Vieques' winzigem **Flughafen Antonio Rivera Rodríguez** (VQS; ☎ 729-8715; Km 2,6, Hwy 200; 📶) landen regelmäßig Maschinen aus San Juan, Ceiba und, praktisch für Insel-Hopper, Culebra der Fluggesellschaften Vieques Air Link (S. 717) und **Cape Air** (☎ 741-7734, 866-227-3247; www.flycapeair.com; Flughafen Antonio Rivera Rodríguez). **M&N Aviation** (☎ 630-2662; www.mnaviation.com; Flughafen Antonio Rivera Rodríguez) und **Taxi Aereo** (☎ 718-8869; www.taxiaereopr.travel; einfach von Ceiba/Isla Grande nach Vieques & Culebra für 6 Pers.360/895 US$; ⌚ 7–18 Uhr) bieten Charterflüge an.

Vor dem Flug sollte man Größen- und Gewichtsvorgaben für Gepäckstücke checken. Auf dem Internationalen Flughafen Luis Muñoz Marín (S. 697) gelten zudem Begrenzungen der Flüssigkeitsmenge, auf Flügen von der Isla Grande sind die Gewichtsgrenzen für Gepäck dagegen flexibler.

Meistens warten *públicos* auf ankommende Flüge und bringen die frisch gelandeten Gäste zu ihren Unterkünften.

SCHIFF/FÄHRE

Das mit Abstand günstigste Transportmittel zwischen Vieques und dem Festland ist die Fähre bzw. *lancha* (45 Min.) aus Ceiba. Man sollte sich mindestens eine Stunde vor Abfahrt am **Fährterminal** (Autoridad de Transporte Marítimo; ATM; www.porferry.com; German Rieckehoff, Isabel Segunda; Erw./Kind 2/1 US$; ⌚ Ticketbüro öffnet vor dem Ablegen) einfinden. Die Fahrpläne ändern sich, aber es gibt für gewöhnlich fünf Passagierfähren pro Tag. Auf www.porferry.com findet man die Fahrzeiten und kann Tickets kaufen, oder man kauft sie am Fährterminal.

ℹ Unterwegs vor Ort

AUTO & MOTORROLLER

Auf Vieques ist ein eigenes Fahrzeug unverzichtbar, da die Insel groß ist und die meisten schönen Strände abseits der Hauptstraße liegen. Man muss damit rechnen, 55 bis 85 US$ pro Tag für ein kleines Auto oder einer Geländewagen zu zahlen. Letzterer eignet sich gut, wenn man vorhat, zu den entlegeneren Stränden im Naturschutzgebiet zu fahren. Einen großen SUV braucht man nicht, es sei denn, man ist mit einer großen Gruppe unterwegs.

PÚBLICO

Públicos bedienen typischerweise Fähren und Flugzeuge – auf den Windschutzscheiben steht „Vieques y Sus Barrios" (Vieques und seine Viertel). Diese Minivans fahren die ganze Insel an; man sollte Zeit mitbringen. Die Fahrt zwischen Isabel Segunda und Esperanza kostet 3 US$. Die *públicos* fahren zwischen 7 und 23 Uhr regelmäßig. Manchmal muss man 0,50 US$ pro Gepäckstück zusätzlich zahlen.

TAXI

Fahrten auf der gesamten Insel kosten zwischen 10 und 20 US$. Empfehlenswert ist **741 Taxi** (741-8294; www.741taxi.com; 24 Std.), das die größte Auswahl an Fahrzeugen hat und oft am besten zu erreichen ist. Die Unterkünfte haben in der Regel Fahrer an der Hand, empfehlenswerte Fahrer sind **Edna Robles** (630-4673) und **Nate** (364-5911).

SÜDLICHES & WESTLICHES PUERTO RICO

Ponce

Ponce es Ponce („Ponce ist Ponce") lautet ein simples und doch vielsagendes puerto-ricanisches Sprichwort. Es erklärt, warum der Hase in der etwas hochnäsigen zweitgrößten Stadt des Commonwealth anders läuft und man Dinge bewusst anders macht als in der Hauptstadt. Sohn der Stadt und Autor Abelardo Díaz Alfaro geht noch weiter, indem er Ponce als *baluarte irreductible de puertorriqueñidad* bezeichnet – eine unbezwingbare Bastion all dessen, was typisch puerto-ricanisch ist. Spaziert man um die funkelnden Springbrunnen und durch die engen, architektonisch interessanten Gassen des historischen Zentrums, erhält man einen Eindruck von Puerto Ricos würdevoller Vergangenheit. Vielleicht war diese Vergangenheit schöner als die Gegenwart der Insel, die von Verkehrsstaus, wirtschaftlicher Stagnation und zersiedelnder Bebauung rund ums Zentrum gezeichnet ist. Doch wer im Zentrum absteigt, wird sich in Ponce wohlfühlen.

Sehenswertes

★ Museo de Arte de Ponce GALERIE
(MAP; 848-0505; www.museoarteponce.org; 2325 Av Las Américas; Erw./erm. 6/3 US$; Mi–Sa & Mo 10–17, So 12–17 Uhr, Führungen 11 & 14 Uhr) *Brush Strokes in Flight*, ein in Primärfarben gehaltener Totempfahl des amerikanischen Pop-Art-Künstlers Roy Lichtenstein, kündigt das clever umgestaltete MAP an. Die wunderbar präsentierte Sammlung zählt zu den besten in der Karibik – ein Ausflug ab San Juan lohnt sich. Anlässlich des 50. Geburtstags des Museums erfolgte eine aufwendige Renovierung (30 Mio. US$!). Die etwa 850 Gemälde, 800 Skulpturen und 500 Drucke, die einander im historischen bzw. thematischen Kontext auf provokante Weise gegenübergestellt werden, spiegeln fünf Jahrhunderte westlicher Kunst wider.

Plaza Las Delicias PLATZ
An diesem eleganten Platz, dem Herzen von Ponce, findet man zwei Wahrzeichen der Stadt, die alte Feuerwache **Parque de Bombas** (840-1045; Plaza Las Delicias; 9–17 Uhr) GRATIS und die Catedral Nuestra Señora de Guadalupe. Der fotogene Springbrunnen **Fuente de los Leones** (Löwenbrunnen) ist der auffälligste Blickfang auf der Plaza; er war 1939 auf der New York World's Fair (New Yorker Weltausstellung) ausgestellt. Der verführerische Duft aus den *panaderías* (Bäckereien) kitzelt Kirchgängern in der Nase, die morgens über den Platz eilen, in der Mittagshitze toben Kinder um den prächtigen Brunnen herum und bei Nacht schlendern verliebte Pärchen im Schein der Laternen.

Catedral Nuestra Señora de Guadalupe KATHEDRALE
(Kathedrale Unserer Lieben Frau von Guadalupe; Plaza Las Delicias; 7–21 Uhr) Die Zwillingsglockentürme der eindrucksvollen Kathedrale, eines Wahrzeichens der Stadt, ragen erhaben über der Plaza Las Delicias auf. Sie wurde 1931 an der Stelle gebaut, an der die Kolonisten in den 1660er-Jahren eine Kapelle errichtet hatten, die aber (zusammen mit weiteren Gebäuden) Erdbeben und Feuern zum Opfer fielen. Die bunten Glasfenster und der Innenraum sind beeindruckend. Täglich finden mehrere Gottesdienste statt.

Centro Ceremonial Indígena de Tibes ARCHÄOLOGISCHE STÄTTE
(Zeremonienzentrum der Ureinwohner Tibes; 840-5685; Km 2,2, Hwy 503; Erw./Kind 3/2 US$; Di–So 9–15 Uhr) Dies ist eine der bedeutendsten archäologischen Stätten der Karibik, in erster Linie, weil hier Spuren von Prä-Taíno-Zivilisationen gefunden wurden, darunter die Igneri. Auch wenn Tibes nicht die Dimensionen anderer Ausgrabungsstätten wie etwa Uxmal (Mexiko) hat, vermittelt der friedliche Ort ein Gespür dafür, wie die Menschen hier einst gelebt haben. Dazu tragen auch die enthusiastischen Angestellten und das hervorragende Inter-

Ponce

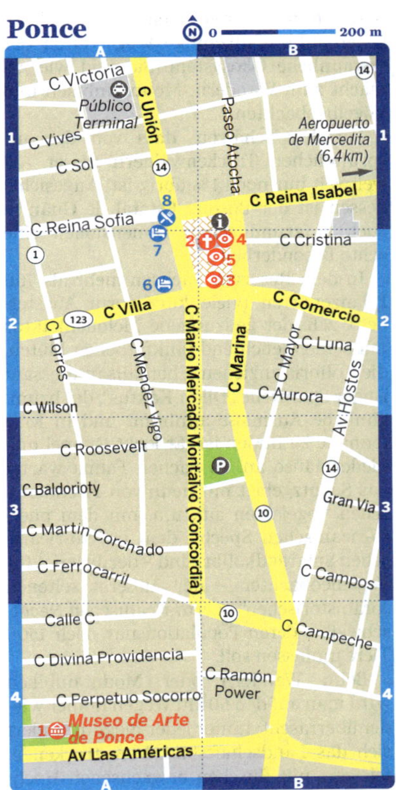

pretationszentrum bei. Eine tolle Art, den Nachmittag einmal abseits des Strandes zu verbringen.

Feste & Events

Karneval KARNEVAL

(Feb./März) Beim Karneval in Ponce wird kräftig gefeiert. Er beginnt am Mittwoch vor Aschermittwoch mit einem Maskenball, dann folgen Paraden, ein förmlicher *danza*-Wettbewerb und die Krönung der Karnevalskönigin und der Kinderkarnevalskönigin. Die Party endet mit der zeremoniellen Beerdigung einer Sardine und dem Beginn der Fastenzeit.

Schlafen & Essen

★ **Hotel Bélgica** HOTEL $$

(844-3255; www.hotelbelgica.com; 122 Villa; Zi. ab 90 US$;) Unweit der südwestlichen Ecke der Plaza Las Delicias bietet dieses beliebte Hotel ein kolonialzeitliches Flair mit 4,5 m hohen Decken, Parkettböden und schmiedeeisernen Balkons. Die schwach beleuchteten Flure haben etwas von einem Labyrinth, dennoch ist die Unterkunft zauberhaft; in vielen der 20 Zimmern stehen wunderschöne Möbel im Antikstil.

Ponce Plaza Hotel & Casino HOTEL $$

(813-5050; www.ponceplazahotelandcasino.com; Ecke Reina Isabel & Unión; DZ ab 110 US$; P) Stolz erhebt sich das Gebäude mit der zitronengelben Kolonialstilfassade an einer Ecke der Plaza. Das Hotel mit 69 Zimmern ist eine der faszinierendsten Unterkünfte Ponces. Die Geschichtsträchtigkeit des Bauwerks, seine Lage und die tolle Ausstattung sowie die Mischung klassisch-kolonialer und moderner Zimmer machen das Ponce Plaza zu einer der besten Bleiben im Stadtzentrum.

★ **Lola** INTERNATIONAL $$$

(813-5033; www.lolacuisine.com; Ecke Reina Isabel & Unión; Hauptgerichte 19–36 US$; 11.30–22 Uhr;) Mit der traditionellen, aber modernen und frischen Inneneinrichtung, den im Gourmetstil angerichteten einheimischen und mediterranen Gerichten mit interessanten Akzenten, dem tadellosen Service und der zentralen Lage ist das Lola eines der schönsten Restaurants der Stadt für einen besonderen Anlass. Besonders herausragend sind die Fischgerichte. Nach dem Essen kann man bei ausgezeichneten Cocktails entspannen.

Praktische Informationen

GELD

Banken säumen die Plaza Las Delicias, einen Geldautomaten zu finden ist also kein Problem.

MEDIZINISCHE VERSORGUNG

Hospital Manuel Comunitario Dr Pila (☎848-5600; 2435 Blvd Luis A Ferré; ⊙24 Std.) Krankenhaus mit rund um die Uhr geöffneter Notaufnahme.

Walgreens (☎812-5978; Km 225, Hwy 2; ⊙7–23 Uhr) Die einzige Apotheke, die spätabends geöffnet ist.

TOURISTENINFORMATION

Puerto Rico Tourism Company (PRTC; ☎290-2911; www.visitponce.com; Parque de Bombas, Plaza Las Delicias; ⊙9–17.30 Uhr) Das große rotschwarz gestreifte Gebäude an der Plaza Las Delicias ist nicht zu übersehen. Das freundliche englischsprachige Personal hat Broschüren, Antworten und Vorschläge parat.

ℹ Anreise & Unterwegs vor Ort

AUTO

Auf der gut ausgebauten Autobahn 52 (streckenweise mautpflichtig), der Autopista Luis A. Ferré, kann man problemlos von San Juan nach Ponce rauschen. Wenn man die Berge durchquert hat und durch die hohen Buchstaben fährt, die das Wort „ P-O-N-C-E" bilden, hat man die Stadt erreicht. Das Stadtzentrum liegt etwa 5 km von der Südküste entfernt, genauso weit wie von den Vorbergen der Cordillera Central im Norden.

FLUGZEUG

Der **Aeropuerto Mercedita** (☎840-3151; Hwy 1) liegt 7 km östlich vom Stadtzentrum am Highway 1. Er macht den Eindruck, als hätte er sich für eine Party in Schale geworfen, warte aber noch darauf, dass die Gäste endlich eintreffen. **JetBlue** (☎651-0787; www.jetblue.com; Aeropuerto Mercedita), die einzige Fluggesellschaft, die den Flughafen derzeit bedient, bietet Flüge nach New York und Orlando, aber keine Inlandsflüge.

PÚBLICO

Drei Blocks nördlich der Plaza befindet sich ein ordentliches **Público-Terminal** (Ecke Victoria & Unión) mit Verbindungen in die meisten großen Städte, einschließlich San Juan. Man sollte grenzenlose Geduld für die unbestimmte Wartezeit mitbringen.

Bosque Estatal de Guánica

Die 4000 ha große Fläche des Biosphärenreservats Guánica ist einer der großartigsten Naturschätze der Insel. Der abgelegene Trockenwald befindet sich in zwei Bereichen östlich und westlich von Guánica und gehört zu den weltbesten Beispielen subtropischer Trockenwaldvegetation. Die Flora und Fauna sind außergewöhnlich. Im größeren, touristenfreundlicheren Bereich im Osten führen unzählige Wege durch das erstaunliche Ökosystem. Sie sind wie gemacht zum Wandern, Mountainbiken und Vögelbeobachten.

Forscher schätzen, dass von den ursprünglichen Trockenwäldern dieser Art weltweit nur noch 1% übrig ist. Angesichts dessen ist der Bosque Estatal de Guánica auch aufgrund seiner Dimensionen eine echte Besonderheit.

In dem Reservat wachsen mehr als 700 Pflanzenarten (viele kurz vorm Aussterben), z. B. der gedrungene Melonenkaktus mit seinen leuchtend pinkfarbenen Blüten, die Kolibris anziehen. Ebenfalls interessant ist der Spanische „Dildo-Kaktus", der baumähnliche Ausmaße annimmt und in Küstennähe zu finden ist. Er lockt Gimpel und Fledermäuse an. In Sachen Fauna wartet das Schutzgebiet mit neun von 14 endemischen Vogelarten auf, u. a. mit dem puerto-ricanischen Specht, dem puerto-ricanischen Smaragdkolibri und – der Jackpot für Vogelbeobachter – der äußerst seltenen „prähistorischen" puerto-ricanischen Nachtschwalbe, deren Population nur noch 1500 Tiere umfassen soll.

Beim Wandern oder Mountainbiken wird man auf den 50 km Wegen immer wieder überrascht; hinter jeder Biegung ändert sich das Landschaftsbild. Vom trockenen, felsigen, mit Büschen bewachsenen Hochland geht's an eine fast 20 km lange einsame und gänzlich unberührte Küste.

An der Rangerstation des Bosque Estatal de Guánica beginnen mehrere Wanderwege mit unterschiedlichen Längen- und Schwierigkeitsgraden. Auf dem Camino Ballena erlebt man vielleicht am besten die kontrastreiche Landschaft des Schutzgebiets, und der heiterste Weg ist wohl der Küstenwanderweg, die Vereda Meseta. Die meisten Wege sind breit und mit etwas Schotter aufgefüllt, sodass man auch wunderbar Mountainbike fahren kann. Die Strecken bieten keine großen Herausforderungen, aber tolle Landschaften und Einsamkeit.

Es gibt zwei Hauptrouten in den Ostteil des Schutzgebiets: Der Highway 334 führt von Guánica hinauf zur Rangerstation, wo die meisten Wanderwege beginnen, und der Highway 333 führt parallel zur Küste durch den Ostteil bis zur Bahía de la Ballena und zu weiteren Wanderwegen.

Das stimmungsvolle Gästehaus **Mary Lee's by the Sea** (☎821-3600; www.mary

leesbythesea.com; 25 San Jacinto; Studios 120–300 US$; P ❄ 📶), das von Mary Lee Alverez geführt wird, ist eine der entlegensten und eigenwilligsten Unterkünfte der Insel. Sie liegt auf einem steilen Hügel mit Blick auf von Mangroven bewachsene Inselchen und das karibische Meer; den Gästen bleibt eigentlich keine andere Wahl, als den Stecker zu ziehen (WLAN-Empfang begrenzt, kein Fernsehen) und zu entspannen. Jedes Apartment ist mit hellen Möbeln im Strandhausstil ausgestattet, viele haben dazu eine private Veranda, Hängematten und Grillstellen.

Praktische Informationen

Rangerstation (☎ 821-5706; ⌚7–16 Uhr) Im kleinen Zentrum neben dem Hauptparkplatz am Ende des Highway 334 im östlichen Teil des Bosque Estatal de Guánica trifft man für gewöhnlich einen einsamen Ranger an.

An- & Weiterreise

Aus beiden Richtungen kommend, biegt man vom Highway 2 auf den nach Süden führenden Highway 116 ab, dann sind es noch 6.5 km bis Guánica. Von Guánica führt eine 20 km lange Küstenstraße, der Highway 325, nach La Parguera, alternativ nimmt man den Highway 116, eine etwas längere, aber schnellere Route.

Zwei Hauptrouten führen von Guánica aus in den Bosque Estatal de Guánica. Um zum östlichen Teil des Reservats und zur Rangerstation zu gelangen, folgt man der Autobahn 116 von Guánica aus nach Nordosten Richtung Autobahn 2 und biegt dann rechts ab auf die schmale Autobahn 334, die zum Eingang des Reservats führt. Der Süden des östlichen Teils des Waldes – einschließlich der Fähre zur Isla de Gilligan und exklusivsten Übernachtungsmöglichkeiten von Guánica – ist auch über den Highway 333 zu erreichen, der von Guánica aus nach Südosten führt.

Rincón

Man weiß, dass man Rincón – „die Ecke" – gefunden hat, wenn man die ersten sonnenverbrannten Gringos in ihren rostigen VW-Käfern von 1972 passiert. Sie fahren nach Westen, die Surfbretter aufs Dach geschnallt. Rincón liegt in der abgelegensten Ecke der Insel. Hier glühen die Sonnenuntergänge scharlachrot und man wird eher mit „Dude" als mit „Sir" angesprochen. Willkommen in der Surfhauptstadt der Insel, die gleichzeitig einer der besten Surfspots der Karibik ist!

Für viele Hippies endete hier der kurze „Summer of Love". Sie kamen 1968 zu den World Surfing Championships her, und viele kehrten nie mehr zurück. Rincón wurde zu einem Mekka für Kriegsdienstverweigerer, Alternative, Menschen, die die Ursprünglichkeit des Landlebens suchten, und Surfer, die lieber die perfekte Welle reiten wollten als 100 000 US$ im Jahr zu verdienen und in einem Vorort zu leben.

Aktivitäten

Rincón Surf School SURFEN
(☎ 823-0610; www.rinconsurfschool.com; 3-stünd. Gruppenuntrricht 95 US$) Die Rincón Surf School veranstaltet oft Surfkurse am Sandy Beach und ist eine gute Schule für erwachsene Anfänger. Sie bietet außerdem Surf-und-Yoga-Pakete und Unterricht speziell für Frauen an.

Tres Palmas SURFEN
Dies ist Rincóns bester Surfspot mit gigantischen bis zu 7,5 m hohen Wellen.

Schlafen & Essen

Rincón Surf Hostel HOSTEL $
(☎ 678-744-8556; Km 0,5, Hwy 413; B/EZ/DZ 25/70/80 US$; ❄ 📶) Dieses Hostel ist eine besonders verlockende Option für Surfer und Strandgänger, denn es liegt nur einen Block vom Strand entfernt im nordwestlichen Teil von Rincón. Saubere Schlafsäle und kleine Privatzimmer, eine Gemeinschaftsküche und eine kleine Kaffeebude davor machen es zu einer guten Anlaufstelle für Traveller, die aufs Geld achten müssen.

★ **Tres Sirenas** B&B $$$
(☎ 823-0558; www.tressirenas.com; 26 Sea Beach Dr; DZ 195–300 US$; ❄ 📶 🏊) Rincóns bestes Gästehaus dürfte eins der schönsten in der Karibik sein. Einen Steinwurf von zwei größeren, luxuriöseren Hotels entfernt erwartet die Gäste in diesem ruhigen am Ende der Straße gelegenen Haus Hedonismus pur, angefangen beim frisch aufgebrühten Kaffee auf dem eigenen Zimmer und dem mit Liebe zubereiteten Frühstück, das auf den privaten Terrassen mit Blick auf den schimmernden Ozean serviert wird.

★ **Horned Dorset Primavera** RESORT $$$
(☎ 823-4030; www.horneddorset.net; Km 0,3, Hwy 429; Suite ab 299 US$; P ❄ 📶 🏊) Das ohne Zweifel beste kleine Resort Puerto Ricos wirbt zu Recht damit, dass es der „Inbegriff

von Privatsphäre, Eleganz und Service" ist. Die 30 Suiten in privaten Villen sind mit handgeschnitzten Antiquitäten und eigenen Tauchbecken (falls man mal eine Abwechslung zum gemeinsamen Infinitypool mit Blick auf den Sonnenuntergang möchte) eingerichtet.

★**La Copa Llena** INTERNATIONAL **$$**
(☎ 823-0896; www.attheblackeagle.com; Black Eagle Marina; Hauptgerichte 17–36 US$; ⊙ Mi–So 17 Uhr–open end; 🅿) Ist das Glas nun halbvoll oder halbleer? Im Copa Llena (das volle Glas) auf jeden Fall Ersteres! Es liegt an der Black Eagle Marina und ist eins der besten Restaurants von Rincón. Die Küche ist innovativ, die Einrichtung unaufdringlich elegant und es gibt eine riesige Veranda zum Meer.

Chateau Rose at the Horned Dorset Primavera FUSION-KÜCHE **$$$**
(☎ 823-4030; www.chateauroserincon.com; Km 0,3, Hwy 429; 3-Gänge-Menü 65–110 US$; ⊙ Mi–Mo 19–21.30 Uhr) Das elegante exklusive Restaurant Chateau Rose im Horned Dorset Primavera ist Welten von der Surferszene entfernt: Es ist eines der besten Spitzenrestaurants Puerto Ricos, was gut zu einem der am meisten bewunderten Hotels des Landes passt. Die breite Treppe führt hinauf zum schwarz-weiß gefliesten Speiseraum mit wehenden Vorhängen und einer Atmosphäre, die einem karibischen kulinarischen Traum entsprungen sein könnte.

ℹ Praktische Informationen

MEDIZINISCHE VERSORGUNG

Dieses **Gesundheitszentrum** (☎ 823-5500, 823-5555; www.costasalud.com; Muñoz Rivera 28, Ecke Calle A; ⊙ Klinik Mo–Fr 8–16 Uhr, Notaufnahme Mo–Fr 7–23 Uhr) in der Stadt Rincón befindet sich einen Block südlich der Plaza de Recreo.

POST

Die **Post** (Hwy 115; ⊙ Mo–Fr 8–15.45, Sa bis 12 Uhr) liegt 600 m nördlich der Plaza de Recreo am Highway 115.

TOURISTENINFORMATION

Die **Touristeninformation** (☎ 823-5024; www.rincon.org; Sunset Bldg, Cambija; ⊙ Mo–Fr 8–16.30 Uhr) ist im Sunset-Gebäude neben dem öffentlichen Strand untergebracht.

ℹ An- & Weiterreise

Am einfachsten gelangt man über die Autobahn 115 in die Stadt, die die Autobahn 2 sowohl am nördlichen Ende der Rincón-Halbinsel bei Aguadilla als auch am südlichen Ende etwas nördlich vom Mayagüez-Flughafen kreuzt. Aus dem Highway 115 wird in der Stadt die Calle Muñoz Rivera.

ℹ Unterwegs vor Ort

Obwohl Rincón als „alternative" Strandoase gilt, hat man kaum Möglichkeiten, unmotorisiert von A nach B zu kommen. In der weitläufigen Gemeinde fahren nur wenige öffentliche Verkehrsmittel, es gibt so gut wie keine Bordsteine und auch kaum Infrastruktur für Fahrradfahrer.

So bleiben also Mietwagen, Taxis und die unregelmäßig verkehrenden *públicos* – oder man marschiert zu Fuß los.

PUERTO RICO VERSTEHEN

Geschichte

Taíno-Wurzeln

Indigene Völker sollen um das 1 Jh. n. Chr. herum von Florida aus auf einem Floß übergesetzt haben. Bald folgten Menschengruppen von den Kleinen Antillen. Die Taíno schufen auf der Insel, die sie Borinquen tauften, ein ausgeklügeltes Handelssystem und wurden zur vorherrschenden Kultur, mussten jedoch immer wieder gegen karibische Eindringlinge kämpfen.

Kolonisierung der Taíno

All das veränderte sich im Jahre 1508 nachhaltig, als Juan Ponce de León auf die Insel zurückkehrte, die er zuvor an Bord eines der Schiffe von Christoph Kolumbus am Horizont erspäht hatte. Angetrieben von der Gier nach Gold versklavten und töteten spanische Conquistadoren (Eroberer) die Einheimischen, sie ließen die Menschen verhungern und vergewaltigten sie ungestraft. Durch Krieg, Pocken und Keuchhusten nahezu ausgelöscht, begaben sich die wenigen übrig gebliebenen Taíno in die Berge. Bald luden niederländische und französische Händler regelmäßig neue Sklaven aus Westafrika auf der Insel ab. Um 1530 machten westafrikanische Sklaven – darunter Angehörige der Ethnien Mandingo und Yoruba – fast die Hälfte der Bevölkerung Puerto Ricos aus (damals ca. 3000 Einwohner).

Und so ging es über mehrere Generationen weiter. Im Spanisch-Amerikanischen Krieg von 1898 wurde Puerto Rico endlich von der Unterjochung durch das Spanische Reich befreit und stattdessen Teil des Commonwealth der Vereinigten Staaten – Borinquen war also frei von Spanien und doch nicht wirklich frei.

Von der spanischen Kolonie zum amerikanischen Commonwealth

Operation Bootstrap bescherte der Insel einen Geldsegen: Highways, Postämter, Supermärkte und ein paar militärische Posten wurden errichtet. Die Puerto Ricaner haben die nun schon mehr als hundert Jahre währende wirtschaftliche und militärische Präsenz der US-Amerikaner auf ihrer Insel mit gemischten Gefühlen (Wut, Gleichgültigkeit und Zufriedenheit in unterschiedlicher Ausprägung) akzeptiert. Die starke Unabhängigkeitsbewegung der 1950er-Jahre, die jegliche Verbindung zu den USA kappen wollte, ist in den Hintergrund getreten. Die Puerto Ricaner sind ein leidenschaftlich politisches Volk (bei Wahlen geben immer mindestens 90 % der Wahlberechtigten ihre Stimme ab!). Die Frage, die sie am meisten umtreibt ist, ob man den Status quo beibehalten oder ob ihre Insel der 51. Staat der USA werden soll.

Puerto Rico macht Schlagzeilen

Im September 2017 zogen zwei schwere Hurrikans über Puerto Rico hinweg. Irma zog über den Norden der Insel und verursachte die schwersten Schäden auf den Insel Culebra und Vieques sowie in bergigen Gebieten und an der Nordküste. Doch am 20. September traf der Hurrikan Maria, ein Hurrikan der Kategorie 4, mit Windgeschwindigkeiten von 250 km/h bei Yabucoa auf Land und zog langsam über Puerto Rico. Er verursachte milliardenschwere Schäden, kostete Tausende Menschenleben, vernichtete das gesamte Getreide der Saison und zerstörte Puerto Ricos Stromnetz.

Im Juli 2019 tobte ein weiterer Sturm auf der Insel, diesmal aber ein politischer. Die Abschrift eines Guppenchats auf der App Telegram wurde öffentlich, bei dem Gouverneur Ricardo Rosselló frauenfeindliche und homophobe Kommentare äußerte und Witze über Hurrikanopfer machte. Nach massiven Protesten in San Juan trat Rosselló zurück.

Bevölkerung & Kultur

Die meisten Puerto Ricaner haben einen Lifestyle, der zwei grundlegende Elemente miteinander verwebt: die kommerziellen und materiellen Werte der Vereinigten Staaten und die sozialen und traditionellen Werte ihrer „verzauberten" Insel. Durch die starke Bindung zum US-amerikanischen Festland halten Puerto Ricaner oftmals dieselben sozialen Werte hoch wie ihre Landsleute und Verwandten in New York. Dennoch zeugen die puerto-ricanischen Flaggen, die an zahllosen Feuerleitern in NYC im Wind flattern, davon, dass viele Puerto Ricaner ihre eigene Kultur niemals ganz zugunsten der US-amerikanischen aufgeben werden.

Aufgrund der politischen und kulturellen Situation der Insel ist es seit drei oder vier Generationen für zahlreiche Puerto Ricaner Usus, zwischen ihrer Heimatinsel und dem US-amerikanischen Festland hin- und herzureisen und gewissermaßen in zwei Welten aufzuwachsen. Selbst diejenigen, die an ihrem Heimatort bleiben, passen sich an; so schlendern junge Leute aus den wohlhabenden Vororten von San Juan womöglich in der Shoppingmall nach amerikanischem Vorbild an US-Ladenketten vorbei und unterhalten sich dabei über die neuesten Blockbuster aus Hollywood, während die Bewohner der puerto-ricanischen Viertel in New York und Chicago möglicherweise einen Alltag leben, den man als typisch lateinamerikanisch bezeichnen könnte. Das komplette Ausmaß dieser bilingualen und multikulturellen Existenz ist für Außenstehende schwierig nachzuvollziehen. Puerto Ricaner fühlen sich häufig genauso wohl bei einem Einkaufsbummel auf der Fifth Avenue in New York wie bei einem Wochenendausflug mit der ganzen Familie zu einem der *friquitines* (Kioske) an der Playa Luquillo.

Kunst

Es liegt was in der (puerto-ricanischen) Luft, nämlich kreative Energie in Hülle und Fülle, unschwer zu erkennen an dem enormen künstlerischen Output auf der Insel, die bekannte Dichter, Autoren, Dramatiker, Redner, Historiker, Journalisten, Maler,

Komponisten und Bildhauer hervorgebracht hat. Als die einflussreichsten Künstler der Insel gelten der Rokokomaler José Campeche und der Impressionist Francisco Oller. Der puerto-ricanische Gouverneur Luís Moñez Marín war nicht nur ein Politiker mit bahnbrechenden Ideen, sondern auch ein eloquenter Dichter. In der Welt des Entertainments ist Rita Morena die einzige Puerto Ricanerin, die einen Oscar, Grammy, Tony und Emmy gewonnen hat, während das heißeste Filmtalent der Insel der Schauspieler Benicio del Toro ist, der Star aus Steven Soderberghs Zweiteiler über Che Guevara von 2008. Puerto Rico ist in vielen Kunstsparten Weltklasse, doch Musik und Tanz werden ganz besonders mit der Insel assoziiert.

Natur & Umwelt

Geografie

Die meisten Traveller, die über eine Reise nach Puerto Rico nachdenken, haben vor allem die atemberaubenden Strände im Sinn. Doch wer schon ein paarmal auf der Insel war, weiß, dass Strände und Brandung nur einen kleinen Teil der vielfältigen Topografie ausmachen. An den Küsten erstrecken sich Mangrovenschutzgebiete von internationaler Bedeutung und jenseits der Strandhotels zeichnen sich die mystischen Konturen der dicht bewaldeten Central Mountains ab. Auf der Insel werden zudem zahlreiche Feldfrüchte angebaut, darunter Bananen, Kaffee, Süßkartoffeln und Zitronen.

Tiere

Die Suche nach „wilden" Tieren auf Puerto Rico lohnt sich. Die von Dschungeldickicht bestandenen Berge und die landschaftliche Vielfalt – darunter einige der feuchtesten und trockensten Wälder in der subtropischen Klimazone – bieten ein bisschen von allem (allerdings weder sehr große Tiere noch farbenprächtige Vogelschwärme). Der berühmteste tierische Bewohner der Insel ist der Coquí-Pfeiffrosch. Das nächtliche Ständchen dieses kleinen endemischen Froschs gehört unbedingt auf den „Soundtrack zur Insel" und erinnert fortwährend daran, wie kostbar Puerto Ricos Natur ist.

PRAKTISCHE INFORMATIONEN

Allgemeine Informationen

BARRIEREFREI REISEN

Puerto Rico zu bereisen wird zunehmend einfacher für Menschen mit Behinderung, da die Insel dem „Americans with Disabilities Act (ADA)" unterliegt. Öffentliche Gebäude müssen jetzt für Rollstuhlfahrer zugänglich sein und behindertengerechte Toiletten sind Pflicht. Auch die öffentlichen Verkehrsmittel müssen für alle zugänglich sein und Telefonanbieter sind dazu verpflichtet, Relay-Dienste für Menschen mit Hörschädigung anzubieten.

BOTSCHAFTEN & KONSULATE

Deutsches Honorarkonsulat (☎787-600-1071; www.auswaertiges-amt.de; san-juan@hk-diplo.de; Centro de Seguros, 701 Ponce de Leon Ave., Suite 105, San Juan, PR 00907)

Österreichisches Honorarkonsulat (☎787-316-6010; www.bmeia.gv.at; 210 Chardon Ave, Suite 102, San Juan, PR 00918)

Schweizer Konsulat (☎+1-212-599-5700; www.eda.admin.ch/newyork; Condominio De Diego 444, 444 Calle José De Diego, apt. 1209, San Juan, PR 00923; Korrespondenz über das Generalkonsulat in New York newyork@eda.admin.ch)

ESSEN

Puerto Ricos traditionelle Küche weist Einflüsse aus Nordamerika, Afrika und Spanien sowie von den karibischen Nachbarinseln auf. Der kulinarische Fels in der Brandung ist oft saftiges *lechón* (Schwein), das auf unterschiedlichste Art zubereitet wird. Experimentierfreudige Küchenchefs auf der ganzen Insel versuchen, die Restaurantszene aufzupeppen, und lassen sich dabei von der europäischen bis nahöstlichen Küche inspirieren.

FEIERTAGE

In Puerto Rico gelten neben den regionalen auch diese Feiertage:

Dreikönigstag 6. Januar

Eugenio María de Hostos' Geburtstag 10. Januar

PREISKATEGORIEN ESSEN

Die folgenden Preiskategorien beziehen sich auf ein- bis zweigängige Standardmenüs exklusive Trinkgeld.

**$** bis 18 US$

**$$** 18–30 US$

**$$$** über 30 US$

Martin-Luther-King-Tag 3. Montag im Januar
Tag der Sklavenbefreiung 22. März
Palmsonntag Sonntag vor Ostern
Ostern Ein Sonntag Ende März/April
José de Diego Day 18. April
Memorial Day Letzter Montag im Mai
Geburtstag von Luis Muñoz Rivera 18. Juli
Geburtstag von José Celso Barbosa 27. Juli
Labor Day Erster Montag im September
Kolumbustag Zweiter Montag im Oktober
Thanksgiving Vierter Donnerstag im November

GELD

➡ Geld wechseln kann man in den großen Bankfilialen in San Juan und Ponce, aber auch am Internationalen Flughafen Luis Muñoz Marín und in großen Resorts (Letztere bieten aber ausgesprochen miese Wechselkurse).

➡ Geldautomaten gibt's außer in ganz winzigen Orten und Dörfern überall. Vor der Reise sollte man prüfen, ob die eigene Debitkarte auch im Ausland genutzt werden kann.

Trinkgeld

Generell gibt man hier wie auf dem US-amerikanischen Festland Trinkgeld. In Touristenrestaurants ist eine Servicegebühr möglicherweise schon in der Rechnung enthalten, auch bei kleineren Gruppen von weniger als sechs Personen, man sollte also einen Blick auf die Rechnung werfen.

Bars 1 US$ pro Getränk
Gepäckträger 1 US$ pro Getränk
Restaurants 15 % des Rechnungsbetrags. Kellnern sollte man das Trinkgeld bar geben, auch wenn man mit Kreditkarte zahlt, nur so ist sicher, dass es komplett bei ihnen bleibt.
Taxis 15 % der Fahrtkosten

Aktuelle Wechselkurse siehe www.xe.com.

Wechselkurse

Eurozone	1 €	1 US$
Schweiz	1 SFr	1,02 US$

INTERNETZUGANG

Unterkünfte, Cafés und viele öffentliche Orte/Plätze bieten oftmals ein WLAN-Netzwerk.

In Lonely-Planet-Reiseführern drückt das WLAN-Symbol aus, dass man auf dem gesamten Grundstück Empfang hat (falls nicht anders angegeben), das Internet-Symbol verweist auf öffentliche Internetterminals.

LGBT-REISENDE

Puerto Rico ist wahrscheinlich die LGBT-freundlichste Insel der Karibik. In San Juan gibt's eine richtige Szene, die sich vor allem auf Condado und Santurce konzentriert. Vieques und Culebra sind beliebte Ziele für LGBT-Einwanderer und Reisende aus aller Welt. Weitere entspannte Destinationen sind Rincón und Ponce, auch wenn es dort nicht so viele Bars, Kneipen etc. speziell für LGBT-Reisende gibt.

PRAKTISCH & KONKRET

Maße & Gewichte In Puerto Rico gilt das traditionelle angloamerikanische Maßsystem (imperial system) mit zwei Ausnahmen: Die Entfernungen auf den Straßenschildern sind in Kilometern angegeben (was verwirrend sein kann, wenn im Mietwagen Meilen angezeigt werden) und Benzin an Tankstellen in Litern, nicht in Gallonen.

Rauchen An den meisten öffentlichen Orten verboten, auch in Hotelzimmern und Restaurants.

TV & Radio Auf der Insel wird US-amerikanisches Fernsehen ausgestrahlt. Die Radiosender sind überwiegend in spanischer Sprache. In den Unterkünften kann man alle amerikanischen Kabel-/Satellitensender empfangen.

Zeitungen Einige wichtige Zeitungen haben gute Websites. Puerto Ricos führende Tageszeitung, El Nuevo Dia (www.elnuevodia.com), betreibt eine der beliebtesten Websites der Insel und hat auch einen englischsprachigen Teil.

MEDIZINISCHE VERSORGUNG

In medizinischen Notfällen bzw. wenn man in irgendeiner Form ärztlicher Betreuung bedarf, ist man auf Puerto Rico besser als an vielen anderen Orten in der Karibik aufgehoben: Das Angebot an Apotheken und Krankenhäusern ist vergleichsweise gut. In medizinischen Notfällen die 911 wählen.

NOTFALL

Auskunft	☎ 411
Landesvorwahl	☎ 1
Notruf	☎ 911

ÖFFNUNGSZEITEN

Öffnungszeiten können von den angegeben abweichen und sich sporadisch ändern, deshalb besser noch mal nachschauen/-hören, bevor man sich auf den Weg macht.

Banken Mo–Fr 8–16, Sa 9.30–12 Uhr
Bars 14–2 Uhr, in San Juan oft länger geöffnet
Behörden Mo–Fr 8.30–16.30 Uhr

Geschäfte Mo–Sa 9–18, So 11–17 Uhr, in Einkaufszentren länger geöffnet
Museen 9.30–17 Uhr, Mo & Di oft geschl.
Postämter Mo–Fr 8–16, Sa 8–13 Uhr
Restaurants 11–22 Uhr, in San Juan länger geöffnet

STROM

Wie in den USA gibt's Stecker und Steckdosen der Typen A und B (120 V, 60 Hz).

TELEFON

Auf Puerto Ricos Landesvorwahl +1 folgen die regionale Vorwahl 787 und die örtliche siebenstellige Telefonnummer.

TOURISTENINFORMATION

Die offizielle Tourismusbehörde, die Puerto Rico Tourism Company, gibt allerlei Material mit allgemeinen Informationen heraus und hat eine vernünftige Website, Discover Puerto Rico (www.discoverpuertorico.com). Überdies gibt's von privaten Anbietern produzierte touristische Magazine und Broschüren en masse.

Welcome to Puerto Rico (http://welcome.topuertorico.org) ist halb Lexikon, halb Reiseführer und eine hervorragende Onlinequelle zu Puerto Rico.

UNTERKUNFT

Auf Puerto Rico gibt's eine große Auswahl an Unterkünften. Für die Hauptsaison sollte man rechtzeitig buchen.
Hotels Inselweit verfügbar mit Preisen von 60 bis über 400 US$ aufwärts pro Nacht. Viele Optionen liegen unter 200 US$.
B&Bs Eine relativ neue Unterkunftsart im mittleren Preissegment. Die Besitzer wohnen mit im Haus oder in der Nähe und das Frühstück ist inklusive.
Gästehäuser Diese reichen von familienbetriebenen Häusern mit nur wenigen Zimmern bis zu größeren Unterkünften im Motel-Stil; oft sind auch Apartments dabei.
Resorts Anlagen von Weltformat säumen San Juans Küste und andere Bereiche am Wasser. Es gibt nur wenige All-inclusive-Resorts.

PREISKATEGORIEN UNTERKUNFT

Die folgenden Preise beziehen sich auf Doppelzimmer mit Bad während der Hochsaison. Wenn nicht anders angegeben, sind Steuern von 9 bis 15 % im Preis enthalten.

**$** bis 90 US$

**$$** 90–200 US$

**$$$** über 200 US$

Camping Möglich auf Culebra und in einer Handvoll Naturparks.

VISA

In Puerto Rico gelten dieselben Einreisebestimmungen wie in den USA. Deutsche, österreichische und schweizerische Staatsangehörige benötigen kein Visum (Visa-Waiver-Programm), müssen jedoch vor der Einreise eine ESTA-Reisegenehmigung beantragen (https://esta.cbp.dhs.gov/esta).

ZEIT

In Puerto Rico gilt die Atlantic Standard Time: MEZ minus fünf Stunden, MESZ minus sechs Stunden.

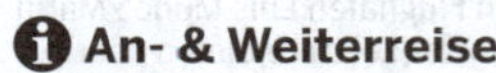

An- & Weiterreise

EINREISE

Für die Einreise nach Puerto Rico benötigt man einen gültigen Reisepass.

FLUGZEUG

Auf der Insel gibt's ein paar internationale Flughäfen.
Internationaler Flughafen Luis Muñoz Marín (S. 697) Der größte Flughafen San Juans, hier starten und landen fast alle Flüge.
Rafael Hernández Airport (http://aguadilla.airport-authority.com; Av Engineer Orlando Alárcon) Auf Aguadillas Flughafen landen ein paar internationale Flüge verschiedener Fluggesellschaften aus New York, Newark und Orlando. Es gibt weitere Flüge in die USA, die Routen ändern sich aber häufig. Außerdem gibt's Flugverbindungen zu Zielen in der Karibik wie Santo Domingo, St. Lucia und Aruba.

Vom **Isla Grande Airport** (S. 697), vom Flughafen **Benjamín Rivera Noriega** (Flughafen Culebra) und vom Flughafen **Antonio Rivera Rodríguez** (Flughafen Vieques) fliegen kleine Maschinen zu den Britischen Jungferninseln.

Zu den Fluggesellschaften, die Ziele auf dem Festland der USA anfliegen, gehören American Airlines, JetBlue, United, Delta, Spirit, LATAM, Air Canada, Emirates und Avianca. Für Touristen interessante internationale Direktflüge gibt's außerdem nach Madrid (Iberia), Frankfurt (Condor) sowie nach St. Thomas auf den Amerikanischen Jungferninseln und nach Santo Domingo in der Dominkanischen Republik (Seaborne Airlines).

ÜBERS MEER

San Juan ist der zweitgrößte Hafen für Kreuzfahrtschiffe in der westlichen Hemisphäre (auf Platz eins liegt Miami). Zahllose Kreuzfahrtpassagiere gelangen jährlich auf dem Seeweg nach Old San Juan, und alle großen Kreuzfahrtgesellschaften bieten von hier aus Fahrten an.

Dank erheblicher Investitionen können Kreuzfahrtschiffe jetzt auch in Ponce im **Port of the Americas** (Muelle de Ponce) anlegen

Unterwegs vor Ort

AUTO

Auch wenn Autofahren in Puerto Rico nicht ganz ungefährlich ist, kann man die Insel gegenwärtig kaum entspannter entdecken als im Leihwagen, denn der öffentliche Nahverkehr ist quasi nicht existent und Fahrradfahren geradezu lebensgefährlich.

In Puerto Rico gilt Rechtsverkehr.

Ein Mietwagen kostet zwischen 30 und 60 US$ am Tag. Um ein Auto zu mieten, benötigt man nur einen gültigen Führerschein, ausgestellt vom Wohnsitzland. Auf der Insel sind viele internationale Autovermietungen sowie lokale Anbieter ansässig. Die meisten von ihnen verbieten die Mitnahme von Mietwagen von der Hauptinsel nach Culebra und Vieques.

BOOT, SCHIFF & FÄHRE

Die **Autoridad de Transporte Marítimo** (ATM; ☎ 497-7740; www.porferry.com; Roosevelt Roads, Ceiba; Erw./Kind nach Culebra 2,25/1 US$, nach Vieques 2/1 US$) bietet drei- bis viermal täglich Fahrten nach Vieques und Culebra in *lanchas* (Passagierschiffen) und *ferries* (Frachtschiffen) an.

FLUGZEUG

Weil Puerto Rico so klein ist, gibt's nur wenige Inlandsflugverbindungen. **Cape Air** (S. 697) und **JetBlue** (☎ 1-800-538-2583; www.jetblue.com; Flughafen Luis Muñoz Marín) fliegen mehrmals pro Tag von San Juan nach Mayagüez. Zu den Fluggesellschaften, die von San Juan auf die kleineren Inseln Culebra und Vieques fliegen, gehören **Vieques Air Link** (☎ 741-8331; www.viequesairlink.com) und Air Flamenco (S. 697).

PÚBLICOS

Públicos sind im weitesten Sinne öffentliche Minibusse, die tagsüber (typischerweise von Montag bis Samstag) auf vorgegebenen Routen verkehren. Fahrten mit *públicos* sind günstig und man kommt den Einheimischen näher, jedoch sollte man jede Menge Geduld und Zeit mitbringen. Einige Minibusse legen relativ lange Strecken zwischen Orten wie San Juan und Ponce oder Mayagüez zurück, die meisten bedienen aber nur kurze Strecken zwischen Ortschaften o. Ä.

Saba

☎ 599 / 1915 EW.

Inhalt ➡

Gut essen

- Island Flavor (S. 727)
- Chez Bubba (S. 724)
- Queen's Gardens Restaurant (S. 727)
- Brigadoon (S. 724)

Schön übernachten

- Queen's Gardens Resort (S. 726)
- Selera Dunia (S. 723)
- Juliana's (S. 723)

Auf nach Saba!

Man stelle sich einen Ort ohne Kriminalität, ohne Verkehr, ohne Starbucks vor. Ein solches Paradies auf Erden ist die Insel Saba, ein winziges Fleckchen im weiten Meer und das vielleicht bestgehütete Geheimnis der Karibik. Die waldbedeckte Vulkaninsel, die nur 45 km vom geschäftigen Saint-Martin/Sint Maarten entfernt aus dem Meer aufragt, trägt ganz zu Recht auch den Spitznamen „Unberührte Königin". Bei der Landung auf der kürzesten Landebahn eines Verkehrsflughafens der Welt wird wahrscheinlich der Puls hochschnellen, doch gleich darauf stellt sich ein tiefes Gefühl des Friedens ein.

Auf Saba hat das Leben einen eigenen Rhythmus, der nicht von Reggae oder *soca* bestimmt wird, sondern von Vogelgezwitscher auf den vielen wunderschönen Wanderwegen. Hier gibt's zwar keine Pulversandstrände, doch unter der Wasseroberfläche verbergen sich viele lebendige Schätze, die Saba bei Tauchern sehr beliebt gemacht haben. Im kristallklaren Wasser können Rochen, Haie, Schildkröten und fluoreszierende tropische Fische in Nahaufnahme betrachtet werden.

Von Saint-Martin/Sint Maarten lässt sich gut ein Tagesausflug nach Saba unternehmen, doch wegen der einzigartigen Natur im Meer und auf dem Land lohnt eine längere Erkundung.

Reisezeit

Juli Während des bunten Karnevals am Ende des Monats herrscht auf ganz Saba fröhlicher Trubel.

Juli–Sept. Während andere Inseln unter der Hitze ächzen, bleibt es auf Saba angenehm.

Okt. Beim Festival Sea & Learn werden zahlreiche ökologische Aktivitäten angeboten.

Windwardside

Die idyllische Siedlung Windwardside, in der sich zahlreiche traditionelle, mit schönem Schnitzwerk verzierte Holzhäuser befinden, die wie überdimensionale Puppenhäuser wirken, liegt auf einem Hügel und ist das kommerzielle Zentrum Sabas. Hier gibt's u.a. ein Tauchzentrum (S. 721), die Touristeninformation (S. 726) und den Trail Shop (S. 726), in dem man jede Menge Wandertipps bekommt. Richtung Südosten geht's 600 m extrem steil hinauf zum „Vorort" Booby Hill.

Highlights

1 Mt. Scenery (S. 720) Auf den imposanten Gipfel von Sabas steilem Vulkan hochwandern und die schwindelerregende Aussicht auf das tief darunter liegende Meer bewundern.

2 Tauchen (S. 729) Von Fort Bay aus einen Tauchtrip mit Ammenhaien und großen, bunten Fischen machen.

3 Juancho E. Yrausquin Airport (S. 732) Mit dem Flugzeug auf der kleinsten Flughafenlandebahn der Welt landen, direkt neben den Klippen am Flat Point.

4 Ladder Bay Trail (S. 726) Die Hunderte Stufen erklimmen, welche in den Fels gehauen wurden, um Waren und royalen Besuch nach oben zu befördern.

5 Island Flavor (S. 727) Im Schatten der Bäume ein Abendessen aus Zutaten des hauseigenen Obst-, Gemüse- und Kräutergartens genießen.

6 Harry L. Johnson Museum (S. 720) In einem traditionellen, hübsch verzierten Holzcottage in Windwardside die Geschichte der Insel kennenlernen.

Windwardside & Umgebung

Windwardside wartet mit zwei kleinen, interessanten Museen und ein paar Kunstgalerien und Kunsthandwerksgeschäften auf. Oben in Booby Hill können Besucher im Jobean Glass Art Studio an Kursen zur Schmuckherstellung teilnehmen

Sehenswertes

Dutch Museum MUSEUM

(☎ 416-6030; www.museum-saba.com; Park Lane 12; gegen Spende; ⏲ 11–17 Uhr) Das winzige private Museum mit Antiquitätengeschäft in einem typischen traditionellen Inselhaus ist mit einer eklektischen Sammlung angefüllt, darunter holländische Fliesen, Spitzen, Porzellan, Kristall, graviertes Kupfergeschirr, Gemälde, Spiegel und Möbel, die zwischen 150 und 400 Jahre alt sind.

Harry L. Johnson Museum MUSEUM

(www.museum-saba.com; US$; ⏲ Mi, Do, Sa & So 10–15 Uhr) In dem hübschen, 1840 erbauten Haus eines Hochseekapitäns inmitten eines blühenden Gartens befindet sich dieses winzige Museum, das mit einer bunt gemischten Sammlung vollgestopft ist. Zu den Highlights zählen alte Fotografien von Mitgliedern des niederländischen Königshauses, ein 100 Jahre altes Orgelharmonium und ein Speisetisch, der mit Wedgwood-Porzellan gedeckt ist. Ein Museumsführer erzählt die Geschichten zu den Exponaten. Draußen gibt's eine große Zisterne und außerdem den Familienfriedhof zu sehen.

Die Küche mit dem steinernen Herd ist noch original erhalten.

★ Mt. Scenery BERG

Der Mt. Scenery (887 m), ein inaktiver Vulkan, der zuletzt 1640 ausgebrochen ist, ist der höchste Gipfel der pyramidenförmigen Insel und damit offiziell der höchste Punkt des Königreichs der Niederlande. Er wird von Zwergwald (elfin forest; Nebelwald) bedeckt, in dem 200 Jahre alte Bergmahagonibäume stehen, die mit Orchideen, Bromelien und anderen Aufsitzerpflanzen bewachsen sind. Der **Mt. Scenery Trail** beginnt gleich westlich vom Trail Shop (S. 726) in Windwardside, er hat 1064 Stufen. Vor dem Aufstieg sollte man unbedingt die Wettervorhersage beachten, denn bei Regen können die Stufen extrem rutschig sein.

Am besten beginnt man mit dem Aufstieg gegen 9 oder 10 Uhr, sodass man den Gipfel gegen Mittag erreicht, zur wolkenärmsten Zeit des Tages.

Der neue **Elfin Forest Trail**, der am oberen Ende von Hell's Gate beginnt, führt ebenfalls auf den Mt. Scenery.

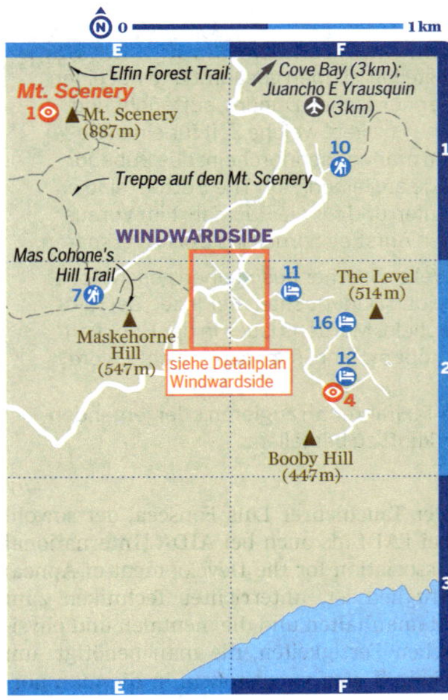

Windwardside & Umgebung

Highlights
1 Mt. Scenery E1

Sehenswertes
2 Dutch Museum B2
3 Harry L Johnson Museum A2
4 Jobean Glass Art Studio F2
5 Sacred Heart Church C2

Aktivitäten, Kurse & Touren
6 Ladder Bay Trail C1
7 Mas Cohone's Hill Trail E2
8 Saba Divers C3
9 Saba Freediving School A1
Sea Saba .... (siehe 22)
10 Spring Bay Trail F1

Schlafen
11 Cottage Club F2
12 El Momo Cottages F2
13 Juliana's B2
14 Queen's Gardens Resort & Spa D1
15 Scout's Place B2
16 Selera Dunia F2

Essen
17 Big Rock Market A1
18 Bizzy B Bakery A1
19 Brigadoon B1
20 Chez Bubba A1
21 Deep End Bar & Grill C3
22 Different Tastes A1
23 Island Flavor C2
24 Long Haul Grill A1
My Store .... (siehe 23)
Queen's Gardens Restaurant
& Ocean Bar .... (siehe 14)
25 Saba Snack A1
26 Swingin' Doors A1
Tropics Café .... (siehe 13)

Ausgehen & Nachtleben
27 Bottom Bean Café C2
28 Think About It Bar C3
29 Tipsy Goat Bar B2

Shoppen
30 Five Square Art Gallery A1
31 Jewel Cottage A1
32 Kakona A1
33 Marie de Saba A2
34 Saba Artisan Foundation C2

Jobean Glass Art Studio KUNST & KUNSTHANDWERK

(☎ 416-2490; www.jobean-glass.com; Booby Hill Rd; Glas-Workshop halber/ganzer Tag 95/150 US$; ⏲ Atelier Mo–Sa 10–17, So bis 15 Uhr, Kurse nach Vereinbarung) Die einheimische Künstlerin Jobean arbeitet in ihrem farbenfrohen Atelier oben in Booby Hill. Bei den halbtägigen Glas-Workshops bekommen die Teilnehmer einen Brenner und können aus einem unbegrenzten Vorrat an dünnen Glasstäben gemusterte Kugeln oder Zylinder schmelzen. Daraus entstehen dann Perlen jeglicher Größe und Form, in die Blattgold und skurrile Objekte eingearbeitet werden.

Die eigenen Werke darf man behalten. Wer nicht selbst kreativ werden will, kann auch einfach vorbeikommen und sich im Laden umschauen. Besonders ungewöhnlich sind Jobeans Teller aus Heineken-Bierflaschen und Weinflaschen.; die Auswahl an großen und kleinen Glastieren ist riesig.

Aktivitäten & Geführte Touren

★ **Sea Saba** TAUCHEN

(☎ 416-2246; www.seasaba.com; Lambee's Pl, Main St; Tauchgang mit 1/2 Tauchflaschen ab 65/131 US$, Nachttauchen 85 US$; ⏲ 8–17 Uhr) Das an PADI (Professional Association of Diving Instructors) angeschlossene Tauchzentrum Sea Saba engagiert sich sehr für die Aufklärung über die Meeresökologie und für den Erhalt Sabas als unverdorbene Insel ohne Umweltschäden. Es veranstaltet Tauchexkursionen in kleinen Gruppen und verschiedene Kurse, darunter ein eintägiger Kurs „Discover Scuba" für 125 US$ und Open-Wa-

SCHNORCHELSPOTS AUF SABA

Wells Bay Diese felsige kleine Bucht wird von steilen Klippen gesäumt und hat einen kleinen Stand mit grobem Sand, der je nach der nördlichen Dünung auftaucht und wieder verschwindet – einfach die Einheimischen fragen, welche Zeit für einen Besuch am Strand die beste ist. In der Bucht kann man toll schnorcheln; das Zubehör kann man bei Sea Saba (S. 721) in Windwardside ausleihen. Von The Bottom sind es etwa 2,5 km. Eine Möglichkeit ist, bergab zu laufen und für die Rückfahrt im Voraus ein Taxi zu buchen (16 US$), um sich den steilen Aufstieg zurück ins Dorf zu ersparen.

Cove Bay Diese kleine Bucht, die von einem Wellenbrecher aus Steinen geschützt wird, der die Brandung abfängt, ist eine der beiden Badebuchten der Insel. Bei ruhigem Wetter kann man hier großartig schnorcheln. Morgens ist es in der Bucht am sonnigsten. Es gibt einen kleinen Strand mit grobem Sand, sonst aber nichts. Vom Flughafen geht's 150 m zu Fuß bergab.

Für den Rückweg kann man etwas mit dem Taxifahrer arrangieren oder jemanden am Flughafen bitten, ein Taxi zurück zur Unterkunft zu bestellen.

ter-Kurse für 350 US$; die Ausrüstung ist im Preis enthalten. Wer schnorcheln will, kann bei der Tauchexkursion am Nachmittag (39 US$ inkl. Ausrüstung) mitfahren.

Will man nur die Ausrüstung ausleihen, dann kostet das für die Schnorchelausrüstung 15 US$, für die Tauchausrüstung 20 US$.

Saba Archaeological Center OUTDOOR-AKTIVITÄTEN

(SABARC; www.facebook.com/pg/sabarchaeology; Touren 50 US$ pro Pers.; ⏲ auf Anfrage) Diese Nichtregierungsorganisation veranstaltet historische Führungen in Windwardside und The Bottom sowie geführte Wanderungen zu archäologischen Stätten, darunter Mary's Point (S. 727). Dabei erfahren die Teilnehmer z. B., wie The Bottom zu seinem Namen kam und warum es auf der Insel so viele Privatfriedhöfe gibt.

Mas Cohone's Hill Trail WANDERN

(Maskehorne Hill) Wer wenig Zeit oder Energie hat, aber trotzdem ein tolles Panorama sehen will, sollte diesen kurzen Weg in Angriff nehmen. Vom Ausgangspunkt des Wegs am Ende der Mountain Road (links einbiegen) ist man in nur 20 Minuten auf dem Gipfel des 547 m hohen Mas Cohone's Hill und kann die Aussicht auf Windwardside und das Meer genießen.

Kurse

Saba Freediving School WASSERSPORT

(☎ 416-9213; www.sabafreediving.com; Main St; Kurs halbtägig/2-tägig/3-tägig 150/220/345 US$; ⏲ nach Vereinbarung) Das kristallklare Wasser Sabas eignet sich hervorragend für das immer beliebter werdende Apnoetauchen. Der Tauchlehrer Luis Fonseca, der sowohl bei PADI als auch bei AIDA (International Association for the Development of Apnea) Mitglied ist, unterrichtet Techniken zum Atemanhalten und die mentalen und physischen Fertigkeiten, die man benötigt, um bis in Tiefen vorzustoßen, in die man normalerweise nur mit Tauchausrüstung gelangt.

Höchstens vier Teilnehmer pro Kurs, Mindestalter 18 Jahre.

Schlafen

In und um Windwardside gibt's vier Hotels, die alle einen ganz eigenen Charakter haben, sowie etwa ein Dutzend Ferienhäuser. Die Unterkünfte sind schnell ausgebucht, besonders im Dezember und Januar, also: möglichst früh reservieren.

El Momo Cottages GÄSTEHAUS $

(☎ 416-2265; www.elmomocottages.com; Booby Hill; EZ/DZ mit Bad 80/95 US$, mit Miniküche 100/115 US$; 📶 🏊) Eine fast senkrechte Treppe mit 69 Stufen führt von der Straße hinauf zu diesen kleinen rustikalen Cottages mit Bad im Freien und teils mit Miniküche. Sie liegen auf einem zerklüfteten, mit tropischer Vegetation bewachsenen Hang und bieten eine atemberaubende Aussicht, besonders – wie der Name schon sagt – das „Cottage in the Sky". Es gibt eine Selbstbedienungsbar und Frühstück (8,50 US$), aber kein Restaurant. Das WLAN kann unzuverlässig sein.

Auf dem Grundstück streifen riesige Leguane herum. Von Windwardside sind es zu Fuß 600 m, allerdings auf einer der steilsten Straßen der Insel; ein Taxi kostet 6 US$.

★ Selera Dunia B&B $$
(☎416-5443; www.seleradunia-saba.com; Wall St; EZ/DZ inkl. Frühstück 120/135 US$; P 📶) Das attraktive B&B der Besitzer Hemmie und Jenny befindet sich in einem tropischen Garten mit Wasserfällen und einem Koi-Teich. In den beiden wundervollen Suiten, dem stattlichen „Dutch Room" und dem exotischen „Iban Room", stehen extralange Kingsize-Betten. Der Blick von den kleinen Balkons der Suiten auf den Mt. Scenery (S. 720) und auf Windwardside ist toll. Das hausgemachte Frühstück wird aufs Zimmer gebracht. Von der Stadt geht's 700 m steil bergauf; die Taxifahrt kostet 8 US$.

Jenny ist auch Modedesignerin und hat auf dem Grundstück ein kleines Atelier und eine Boutique.

Cottage Club COTTAGES $$
(☎416-2386; www.cottage-club.com; Cottage 150 US$; P 📶 🏊) Die zehn hübsch verzierten, geräumigen Cottages liegen zentral, aber ruhig mit fantastischem Blick auf den Mt. Scenery (S. 720) und verfügen über komplett ausgestattete Küchen und eigene Balkons. Vom Pool im Garten schaut man aufs Meer und auf den Flughafen. Auf Wunsch wird in der Lounge neben der Rezeption Frühstück (11,50 US$) serviert. Die Lounge ist auch der einzige Ort mit zuverlässigem WLAN.

Wäscheservice wird ebenfalls angeboten (pro Ladung 15 US$). Durch die grüne Anlage streifen gelegentlich Leguane und Ziegen.

Juliana's HOTEL $$
(☎416-2269; www.julianashotelsaba.com; Park Lane 7f; EZ/DZ/Suite inkl. Frühstück ab 155/180/215 US$, Cottages 250 US$; P ❄ 📶 🏊) Juliana's hat sich seit über 30 Jahren sein charmantes, für Saba typisches Laissez-faire-Flair bewahrt. Alle Unterkünfte sind unterschiedlich ausgestattet, vielleicht mit einer Hängematte oder einem eigenen Balkon, vielleicht mit einem Himmelbett, einem Lilienteich oder einem Mangobaum (Die reifen Früchte dürfen gepflückt werden!). Nicht alle Zimmer haben eine Klimaanlage, doch die Suiten und die außerhalb gelegenen Cottages verfügen über eine komplett ausgestattete Küche.

Das beliebte Café mit Bar Tropics schaut auf den Pool.

Scout's Place HOTEL $$
(☎416-2740; www.scoutsplace.com; DZ 135–165 US$, Cottage ab 226 US$; ❄ 📶 🏊) Die Möbel sind vielleicht ein wenig aus der Mode gekommen, doch in allen Zimmern gibt's einen Kühlschrank und einen Wasserkocher, und selbst die „Standard"-Zimmer bieten einen unbezahlbaren Blick auf die Hügel und aufs Meer. Wer einen eigenen Balkon möchte, bucht einen „Cottage Room", C3 hat die größte und sonnigste Terrasse. Das frei stehende „Pirate Cottage" hat zwei Schlafzimmer, eine Küche, einen Loungebereich und eine Terrasse.

Essen

In Windwardside gibt's die größte Auswahl an Essensoptionen, von fabelhaften Bäckereien bis zu ein paar gehobenen Restaurants. Man sollte vorher reservieren, denn viele Restaurants kochen nur für die angemeldeten Gäste und/oder haben wenige Tische.

Selbstversorger können in Sabas größtem (aber immer noch kleinem) Supermarkt, dem Big Rock Market, einkaufen.

★ Different Tastes INTERNATIONAL $
(☎416-5577; www.facebook.com/sabalifeplus; Lambee's Pl, Main St, Chez Bubba; Hauptgerichte 10 US$; ⌚Di 12–15 Uhr) Wer an einem Dienstag auf der Insel ist, sollte fürs Mittagessen bei Chez Bubba reservieren, einem Bistro mit gehobener Küche, das an diesem Tag von der gemeinnützigen Initiative Different Taste übernommen wird. Sie bildet Einheimische mit speziellen Anforderungen in der Zubereitung und dem Servieren von einfachen, aber köstlichen Gerichten wie Hummercremesuppe, Pasta mit Pesto oder Schweine-Saté aus. Man kann auch Essen zum Mitnehmen bestellen oder sich etwas liefern lassen.

Bizzy B Bakery BÄCKEREI $
(☎416-2900; www.facebook.com/sababakery; Breadline Plaza, Main St; Gerichte 3–9,50 US$; ⌚Mo–Fr 7–16, Sa bis 15 Uhr; 📶) Aus dem Bizzy B, der besten Bäckerei Sabas, dringt ein verführerischer Duft von Kaffee und frisch gebackenem Brot. Es werden auch köstliche Croissants, Kuchen und Kekse hergestellt, die man mitnehmen oder im blumenreichen Garten davor essen kann. Wer wandern will, kann sich hier vorher mit üppig belegten Sandwiches oder Paninis eindecken.

Big Rock Market SUPERMARKT $
(☎416-2280; Main St; ⌚Mo–Sa 8–19 Uhr) Windwardsides größtes Lebensmittelgeschäft führt Tiefkühlfleisch, frisches Gemüse, einige Drogerie- und Apothekenartikel sowie

zwei Dutzend Sorten Rum, darunter die lokale Sorte Saba Spice.

Saba Snack INTERNATIONAL $
(Main St; Hauptgerichte 9-22, Hummer 35 US$; ⏲ Mi–Mo 8–19.30 Uhr) Die kleine Küche mit überdachter Terrasse serviert billige mexikanische und internationale Speisen wie Burritos, Quesadillas, Hühner-Fajitas, Burger, Zackenbarsch auf kreolische Art, Kokos-Garnelen und Lasagne, auch zum Mitnehmen. Die Qualität des Essens schwankt zuweilen.

Long Haul Grill INTERNATIONAL $$
(☎ 416-2013; www.facebook.com/pg/longhaulgrillsaba; Main St; Hauptgerichte 12–28 US$; ⏲ Di–So 16–22 Uhr) Am frühen Abend füllt sich die große überdachte Terrasse des Long Haul mit geschwätzigen Einheimischen, hungrigen Tauchern und Wanderern mit Appetit auf die im Ofen gebackenen Sandwiches, kräftigen Burgern und handgemachten Pizzas, die nach Orten auf Saba wie Hell's Gate und Ladder Bay benannt sind. Es ist zugleich eine fröhliche Bar, die Bier, Wein und Cocktails serviert und als Unterhaltung Sportfernsehen und gelegentlich Livemusik bietet.

Swingin' Doors GRILLRESTAURANT $$
(☎ 416-2506; Main St; Hühnchen & Rippchen/Steak 16/21 US$; ⏲ Di, Fr & So 18–20 Uhr) Eine Reservierung ist absolut zwingend für dieses unglaublich beliebte, verräucherte Barbecue-Restaurant mit Schwingtüren im Saloon-Stil, da nur genau so viel Essen bestellt wird, wie für die Gäste benötigt wird. Freitags gibt's hier köstliches Hühnchen und Rippchen, sonntags Steaks. Als Beilagen kommen Salate, Bratkartoffeln, Reis und Bohnen auf den Tisch. Die gut bestückte Bar hat US-amerikanische und südamerikanische Weine sowie karibische Biere im Angebot.

★ **Chez Bubba** FRANZÖSISCH $$$
(☎ 416-2539; www.chezbubbabistro.com; Lambee's Pl, Main St; Hauptgerichte 25–35 US$; ⏲ Mi–Mo 17.30–22 Uhr) Das reizende Bistro (ausgesprochen buh-ba), das nach dem verstorbenen Hund des Besitzers benannt ist, hat eine kleine, aber erlesene Karte, auf der Gerichte wie Meeresfrüchterisotto, Rindercarpaccio und gegrilltes Steak stehen. Weinkenner werden angesichts der 2500 Flaschen, die im eleganten Weinzimmer gelagert sind, in Verzückung geraten; die meisten sind auch glasweise erhältlich.

Unbedingt Platz für eines der spektakulären Desserts lassen, z. B. den Lavakuchen mit geschmolzener Schokolade, serviert mit hausgemachter Rum-Rosinen-Eiscreme, oder den Piña-Colada-Pudding.

Dienstags übernimmt die soziale Initiative Different Tastes mittags das Restaurant.

★ **Brigadoon** INTERNATIONAL $$$
(☎ 416-2380; Main St; Hauptgerichte 20–38 US$; ⏲ Abendessen 18–23 Uhr) In einem romantischen Cottage mit Deckenbalken, Steinfußboden und altem roten Zierwerk befindet sich das Brigadoon, eines der besten Restaurants Sabas. Auf der Karte stehen Gerichte mit karibischen, französischen und asiatischen Einflüssen (thailändische Garnelen, *teriyaki mahi mahi*), darunter meistens auch einige fleischfreie Hauptgerichte. Zum Abschluss sollte man sich eines der hausgemachten Desserts gönnen, darunter eine unglaublich reichhaltige Schokoladenmousse.

Gelegentlich finden auch Filmabende statt.

Tropics Cafe INTERNATIONAL $$$
(☎ 416-2469; www.sabatropicscafe.com; Frühstück 7–1 US$, Mittag- & Abendessen 20–55 US$; ⏲ Di–So 7–10, 11–15 & 18.30 Uhr–Schließung; 📶) Das freundliche Restaurant mit Blick auf den Pool des Hotels Juliana's (S. 723) schmücken Kunstwerke und Kissen der einheimischen Künstlerin Heleen Cornet. Das Essen hinterlässt durchweg einen bleibenden Eindruck, ob die Pfannkuchen mit Schokoladenstücken zum Frühstück, die Garnelen in rotem Kokoscurry zum Mittagessen oder die Hummer direkt aus dem Wasserbecken zum Abendessen.

Ausgehen & Nachtleben

In Windwardside gibt's die einzige echte Ausgehszene der Insel. Sie besteht aus mehreren Bars (die teilweise auch als Restaurants fungieren). Eine herausragende Auswahl an Getränken findet man im Chez Bubba, und in der Tipsy Goat Bar gibt's täglich eine Happy Hour.

Tipsy Goat Bar BAR
(☎ 416-2469; www.sabatropicscafe.com; Tropics Cafe; ⏲ 11 Uhr–open end; 📶) Die lebhafte Bar, die zum Tropics Café gehört, ist nach dem Tauchen oder Wandern ein fröhlicher Treffpunkt. Zur Happy Hour (16–18 Uhr) gibt's zwei Biere zum Preis von einem, am Freitag ist sie am besten. Mittwochs wird ein Naturfilm gezeigt mit Regisseur Tom van't

FESTE & EVENTS AUF SABA

Saba Hell's Gate Triathlon (www.facebook.com/sabatriathlon) Der schweißtreibende Triathlon auf Saba findet an einem Samstag in der zweiten Januarhälfte statt. Er besteht aus 800 m Schwimmen im offenen Meer vor Fort Bay, 7 km Fahrradfahren (mit einem Höhenunterschied von 600 m) sowie 7 km Laufen auf Bergpfaden (350 Höhenmeter). Das Ziel ist in Windwardside. Jedes Jahr nehmen etwa 50 Teilnehmer aus dem Ausland teil.

Karneval Der Karneval, der in der letzten Juliwoche stattfindet, wird auch Saba Summer Festival genannt. Feste Programmpunkte sind ein Karnevalsköniginnen-Wettbewerb, ein Calypso-King-Wettbewerb, eine Kostümparade rund um The Bottom und ein Feuerwerk als großes Finale.

Sea & Learn (☎ 416-2246; www.seaandlearn.org) Der ganze September steht auf Saba im Zeichen der Umweltbildung. Naturforscher und Wissenschaftler rücken in abendlichen Präsentationen verschiedene Themen ins Rampenlicht, von der Kommunikation der Fische bis zu invasiven Landlebewesen. Enthusiasten können sich auch an Feld- und Forschungsprojekten beteiligen oder an Naturstudien mitwirken. Über geplante Events kann man sich auf der Website informieren.

Saba Lobster Fest (www.lobsterfestsaba.com) Am ersten Wochenende im November bieten mehrere Restaurants der Insel mittags und abends Gerichte aus der örtlichen Delikatesse: Saba-Bank-Langusten, die an der Saba Bank vor der Küste gefangen wurden.

Saba Rainbow Festival (www.facebook.com/sabarainbowfestival; Festivalticket für alle Veranstaltungen 75 US$) An einem langen Novemberwochenende fand das erste Festival der Karibik statt, das mit Musik, Kunst, Workshops und Ausflügen in die Natur LGBT-Diversität feierte und die Insel in die Regenbogenfarben tauchte. Die zukünftigen Termine stehen auf der Website.

Saba Days (www.facebook.com/annualsabaday) Dieses Festival wird in der ersten Dezemberwoche rund um den Nationalfeiertag, den Saba Day, auf der ganzen Insel mit Sportveranstaltungen, Steelbands, Tanzwettbewerben und Barbecues gefeiert.

Hof, einem Mitgründer der Saba Conservation Foundation (S. 728), als Sprecher – eine tolle Einstimmung auf die nächste Saba-Wanderung.

Shoppen

Marie de Saba SCHMUCK
(☎ 416-5222; https://mariedesaba.business.site; Museum St; ⏲10–16 Uhr) Marie Petit stammt aus Frankreich und ist eine autodidaktische Künstlerin. Sie sammelt und zieht auf der Insel Samen, um sie in ihrem Atelier mit Boutique in einem traumhaften Cottage im Saba-Stil in einzigartigen Schmuck zu verwandeln, von Armringen bis zu aufwendigen Ketten. Besucher können sich umschauen und sich mit ihr über ihre Technik und die Naturperlenarten, die sie benutzt, unterhalten.

Five Square Art Gallery KUNST & KUNSTHANDWERK
(☎ 416-2509; www.fivesquareart.com; Main St; ⏲Mo–Sa 9–18 Uhr) Gemälde, Zeichnungen, Siebdrucke, Karten, Schnitzereien, Skulpturen und andere einzigartige Werke von Künstlern aus Saba und der gesamten Karibik werden in dieser Galerie im Zentrum Windwardsides verkauft. Die Galerie verkauft auch Aquarelle der in den Niederlanden geborenen einheimischen Künstlerin Heleen Cornet, die das berühmte Wandbild in der Sacred Heart Church in The Bottom gemalt hat.

Wenn niemand in der Galerie ist, fragt man am besten im angeschlossenen Souvenirgeschäft Everyt'ings.

Kakona KUNST & KUNSTHANDWERK
(www.kakonasaba.com; Lambie's Pl, Main St; ⏲8–17 Uhr) Dieser großartige Souvenirladen präsentiert in einem hübschen Cottage die Arbeiten von Künstlern und Kunsthandwerkern aus Saba. Vieles ist aus Pflanzen und Naturprodukten hergestellt (z. B. das Shampoo Saba Spice). Es gibt auch einzigartigen Schmuck aus Samen, Vulkansand und Feuerfischflossen sowie handgeschmiedete Messer.

Den Meisterstücken von Sabas Spitzenherstellung ist ein eigener Raum vorbehalten, und donnerstagnachmittags kann man zuschauen, wie sie von den Saba Lace Ladies angefertigt werden.

Jewel Cottage SCHMUCK
(☎ 416-6150; www.thejewelcottage.com; Main St; ⌚ Mo–Sa 10–18 Uhr) In seinem hinreißenden, mit Schnitzwerk verzierten traditionellen Cottage verkauft der Juwelier Mark Johnson einzigartige Schmuckstücke: Halsketten, Armreifen und Ohrringe für Männer und Frauen. Die Designs sind von Sabas außergewöhnlicher Flora und Fauna inspiriert, oft verwendet er in Gold und Silber gefasste funkelnde Edelsteine.

Praktische Informationen

Post (☎ 416-2221; ⌚ Mo–Fr 9–13 Uhr)

RBC Bank Hat einen rund um die Uhr zugänglichen Geldautomaten.

Saba Tourist Bureau (☎ 416-2231; www.sabatourism.com; Main St; ⌚ Mo–Do 8–17, Fr bis 16.30 Uhr) Die superfreundlichen, hilfsbereiten Mitarbeiter haben Karten und Broschüren vorrätig und helfen dabei, Inseltouren und Tauchexkursionen zu organisieren.

Trail Shop (☎ 416-2630; www.sabapark.org; Main St; ⌚ Mo 12–16, Di & Do 10–14.30, Mi & Fr bis 16, Sa bis 14 Uhr, saisonale Abweichungen) Wer wandern will, sollte zuerst in diesen Laden gehen, um sich Karten, Naturbücher und die aktuellsten Infos zur Situation auf den Wanderwegen zu besorgen. Führer, darunter der leitende Ranger James Johnson (alias Crocodile James), veranstalten zweistündige geführte Wanderungen (inklusive Transport 50 US$), die einem die Augen für die außerordentliche ökologische Vielfalt der Insel öffnen.

An- & Weiterreise

Ein Taxi von Windwardside zum Flughafen kostet 13 US$, nach The Bottom 10 US$ und nach Fort Bay 15 US$.

Morgan Car Rental (S. 733) verleiht Autos ab 55 US$ pro Tag.

The Bottom

Die winzige Hauptstadt der Insel ist zwar das Verwaltungszentrum Sabas mit allen Regierungsgebäuden, doch die etwa 250 Studenten der im Ort ansässigen Saba University School of Medicine sorgen dafür, dass es nicht völlig langweilig wird. Touristen hat The Bottom nicht viel mehr zu bieten als einen netten kleinen Bummel. Mehrere Wanderwege beginnen oder enden hier.

Sehenswertes

Sacred Heart Church KIRCHE
(⌚ Sonnenauf- bis Sonnenuntergang) Die Einheimischen nennen diese charmante, 1935 gebaute steinerne katholische Kirche „Sabas Sixtinische Kapelle“. Der Grund dafür ist das farbenprächtige, überwältigend detailreiche Altarwandbild der in Holland geborenen einheimischen Künstlerin Heleen Cornet, die biblische Szenen in den Regenwald von Saba verlegt hat.

In der Five Square Art Gallery in Windwardside kann man Arbeiten von Cornet sehen und kaufen.

Aktivitäten

Ladder Bay Trail WANDERN
(abseits der Wells Bay Rd) Erst Mitte des 20. Jhs. wurde Fort Bay zum Hafen ausgebaut. Bis dahin schleppten die Einwohner alles – von Vorräten bis zur Königin – über die „Ladder“ (Leiter) nach The Bottom hinauf: über eine Treppe mit mehr als 800 Stufen, die in Schwerstarbeit an der Westküste der Insel in den Fels gehauen wurden. Abgesehen von der Panoramaaussicht gibt's hier heute nicht viel mehr zu sehen als das verlassene Zollhaus auf halbem Weg der 800 m langen Strecke.

Hin und zurück benötigt man für den Weg etwa 90 Minuten.

Bei ruhigem Wetter kann in der Bucht geschnorchelt werden.

Schlafen

★ **Queen's Gardens Resort & Spa** BOUTIQUE-HOTEL $$$
(☎ 416-3494; www.queensaba.com; Troy Hill Dr; Suite inkl. Frühstück ab 284 US$; P ❄ 📶 🏊) Im Queen's, das auf einem Hügel liegt und mit einem wahrhaft königlichen Blick aufwartet, waren tatsächlich schon Mitglieder des niederländischen Königshauses zu Gast. Die zwölf großen Suiten sind mit eleganten karibischen Möbeln eingerichtet, die meisten haben zudem einen eigenen Whirlpool. Das Hotel bietet viele tolle Extras, darunter das *„gym in an basket“* („Fitnesscenter im Korb“) im Zimmer, die Yogastunden auf einer Dachterrasse und die Plastik sparenden *„hydration stations“*. Es hat ein ausgezeichnetes Restaurant mit Bar

und das einzige Spa der Insel, das Massagen und Schönheitsbehandlungen anbietet.

Das Frangipani Spa auf dem Gelände hat ein eigenes Sortiment karibischer Kosmetikprodukte und bietet eine finnische Sauna und ein türkisches Dampfbad. Der 700 m lange Weg hinauf von The Bottom ist extrem steil.

Essen

My Store SUPERMARKT $

(☎ 416-3263; Flamboyant St; (⏲ Mo–Sa 8–18 Uhr) Der größte Supermarkt in The Bottom verkauft ein gutes Sortiment an Obst und Gemüse, Importgüter, darunter auch Wein, und viele Fertigmahlzeiten aus der Tiefkühltruhe. Schön ist auch die kleine Galerie mit historischen Fotos.

★ **Island Flavor** INTERNATIONAL $$

(☎ 416-3643; Captain Matthew Levenstone St; Frühstück 7–13 US$, Hauptgerichte 13–28 US$; ⏲ Mi–Mo 7.30–19 Uhr; 📶) Dieses wundervolle Restaurant ist das vielleicht beste der ganzen Insel. Die Tische stehen im Freien unter schattigen Kokospalmen und einem Meerrettichbaum. Obst, Gemüse und Kräuter stammen aus den Gärten des Besitzers (einer davon grenzt an das Restaurant), die Fische direkt vom Fischerboot. Neben Bier, Wein und Cocktails gibt's auch frisch gepresste Säfte, Kräutertees und Illy-Kaffee. Nur Barzahlung.

Queen's Gardens Restaurant & Ocean Bar INTERNATIONAL $$$

(www.queensaba.com; Troy Hill Rd; Hauptgerichte 25–45 US$; ⏲ tgl. 7–10 & 12–14, Di–So 19–22 Uhr; P) An einem Tisch unter den alten Mangobäumen oder im warmen Licht des eleganten Speiseraums kann man schön präsentierte Gerichte mit lokalen Bioprodukten vom Land und aus dem Meer genießen. Die in Parmesankäse geschwenkte Trüffelpasta ist ein immerwährender Renner. Wer das Bird's Nest hoch oben in einem Mangobaum bucht, auf den wartet ein einmaliges romantisches Abendessen.

Die Bar hat eine beeindruckende Auswahl von 75 Sorten Gin für den perfekten Gin Tonic auf Lager. Sie ist von 9 Uhr bis zur Restaurantschließung geöffnet.

Ausgehen & Nachtleben

Bottom Bean Cafe CAFÉ

(☎ 416-3385; www.bottombeancafe.com; ⏲ Mo–Fr 7–15, Sa 10–14 Uhr) Sabas einziges Kaffeehaus ist ein Juwel. Auf der von Bäumen beschatteten Terrasse kann man eine Tasse Kaffee oder einen frischen Saft trinken oder sich morgens mit Gebäck, einem Frühstücks-Wrap oder einem Bagel mit Räucherlachs für den Tag stärken. Mittags sind vielleicht Wraps, Tacos und Salate im Angebot.

Ist bei den Studenten der nahen School of Medicine sehr beliebt.

ABSEITS DER ÜBLICHEN PFADE

MARY'S POINT

Das entlegene Örtchen Mary's Point war früher selbst vom nächsten Dorf aus nur mit einem 45-minütigen Fußmarsch zu erreichen. 1934 beschloss die holländische Regierung, jeden einzelnen Dorfbewohner samt Haus hinter Windwardside in ein Gebiet namens „Promised Land" (Gelobtes Land) umzusiedeln, damit die Menschen nicht mehr so isoliert und fernab der Zivilisation leben müssen. Die Wanderung auf dem **North Coast Trail** (Lower Hell's Gate Trailhead; Führer erforderlich, im Trail Shop nachfragen) führt an den Ruinen von Mary's Point vorbei.

Shoppen

Saba Artisan Foundation KUNST & KUNSTHANDWERK

(☎ 416-3260; ⏲ Mo–Fr 8.30–16 Uhr) Eine kleine Gruppe einheimischer Künstler und Kunsthandwerker stellt inseltypische Kunst, Kunsthandwerk und Souvenirs her, darunter kunstvolle Saba-Spitze, Hüte, T-Shirts, Taschen und handbedrucktes Leinen (Tischdecken, Geschirrtücher und Vorhänge), das vor Ort verarbeitet wird. In den Regalen finden sich außerdem hausgemachte Marmeladen und hochprozentige Schnäpse, darunter die Rumsorten Saba Spice, Guava-, Guavaberry- und Ingwer-Rum (probieren kostet nichts).

Praktische Informationen

AM Edwards Medical Center (☎ 416-3288; www.sabahealthcare.org; Paris Hill Rd; ⏲ 24hr) Hat eine rund um die Uhr geöffnete Notaufnahme, behandelt aber nur einfache Brüche, Traumen und Notfallpatienten. Patienten mit schweren Traumen werden stabilisiert, dann wird der Notfalltransport nach Saint-Martin/Sint Maarten arrangiert.

WIB Bank (24 Std.) Rund um die Uhr zugänglicher Geldautomat.

An- & Weiterreise

Ein Taxi nach Windwardside kostet 10 US$, nach Fort Bay 8 US$ und zum Flughafen 20 US$.

Fort Bay

Sabas Hafen, Fort Bay, wird von Fähren und Jachten sowie von Fischerbooten und Tauchbooten genutzt.

Aktivitäten

Saba Divers TAUCHEN
(416-2526; www.sabadivers.com; 60 US$, Nachttauchen 85 US$, 90-min. Schnorcheltour 39 US$; nach Vereinbarung) Das mit PADI assoziierte Saba Divers steuert fast 30 unterschiedliche Tauchplätze an, darunter „Third Encounter" und die „Twilight Zone" bei den bis zu 30 m hohen Unterwasser-Felsnadeln, an denen sich Schwarzspitzen-Riffhaie, Schildkröten und Nassau-Zackenbarsche tummeln, sowie „Hot Springs", wo man unter Wasser vulkanische Aktivität erleben kann. Ein Führer betreut vier Taucher. Die Ausleihe der kompletten Ausrüstung kostet 20 US$.

Essen & Ausgehen

Deep End Bar & Grill FISCH & MEERESFRÜCHTE $$
(416-0596; Hauptgerichte 15–25 US$; Mi & Do 11–16, Fr & So bis 18 Uhr;) Vom hellen Speiseraum dieses Restaurants aus bietet sich durch die Panoramafenster ein toller Blick über den Hafen von Fort Bay. Die unglaublich frischen Meeresfrüchte und Fische kommen direkt von den Booten, die im Hafen anlegen. Das Restaurant bereitet neben Burgern, Sandwiches, Salaten und Pasta auch ein herzhaftes Frühstück zu.

Think About It Bar BAR
(416-5034; Fr & Sa 9–16 Uhr) Starke Drinks, DJs und gesellige Einheimische sorgen dafür, dass am Wochenende in Byrons cooler Open-Air-Bar bis in den frühen Morgen Partystimmung herrscht.

Praktische Informationen

Saba Conservation Foundation (416-3295; www.sabapark.org; Mo–Fr 8–16 Uhr) Diese 1987 gegründete Nichtregierungsorganisation ist dafür zuständig, dass Sabas Natur – sowohl das Land als auch das Meer rings um die Insel – unzerstört und gesund erhalten bleibt, und bietet Informationen zu Wanderwegen und zum Saba Marine Park.

An- & Weiterreise

Die drei Fähren Sabas, die Dawn II (S. 732), die M/V Edge (S. 732) und die Big B (S. 733), fahren nach SaintMartin/Sint Maarten. Taxis warten auf ankommende Fähren, eine Fahrt nach Windwardside kostet 15 US$.

SABA VERSTEHEN

Geschichte

Saba war zwischenzeitlich schon von den Arawak und den Kariben bewohnt gewesen, ehe Kolumbus 1493 auf seiner zweiten Reise nach Amerika an der Insel Halt machte. Zwar lebten je für kurze Zeit englische Piraten und französische Abenteurer auf der Insel, eine dauerhafte Siedlung aber errichteten erst 1640 die Niederländer. Überreste dieser Bebauung sind noch immer auf der Insel zu finden.

In den folgenden 200 Jahren wechselte Saba etwa ein Dutzend Mal die Herrschaft, mit dem Ergebnis, dass dort schließlich überwiegend irische und englische Siedler lebten, obwohl die Insel zu den Niederlanden gehörte. Das Leben auf Saba war – gelinde gesagt – hart. Viele Männer lebten vom Meer, sei es als Fischer oder als Piraten wie Hiram Beakes, der die Redewendung „dead men tell no tales" („Tote reden nicht.") geprägt hat, und auf der Insel blieben so viele Frauen verwitwet zurück, dass sie die „Insel der Frauen" genannt wurde.

Weil große Plantagen wegen der steilen Topografie nicht möglich waren, gab es während der Kolonialzeit nur wenige Sklaven auf Saba.

Die enge Gemeinschaft trotzte gemeinsam widrigsten Bedingungen und entwickelte sich in diesem kleinen Außenposten der Zivilisation bestens. Mit der Eröffnung des Flughafens im Jahr 1963 kamen auch die ersten Touristen, doch erst 1970 erhielt Saba eine stabile Stromversorgung. Der Pier wurde 1972 gebaut.

Zusammen mit Aruba, Bonaire, Curaçao, Sint Eustatius und Sint Maarten wurde Saba 1954 Teil der Niederländischen Antillen, einem eigenen Land innerhalb des Königreichs der Niederlande. Nach der Auflösung der Niederländischen Antillen im Jahr 2010 wurden Saba sowie Sint Eustatius und Bonaire zu „Besonderen Gemeinden" der Niederlande, was die Bande zwischen diesen Inseln und dem Festland stärkte. Als „Überseeische Länder und Hoheitsgebiete" genießen die Bürger von Saba nun ähnliche Rechte wie die Bürger der Niederlande und ihre Verwaltung ist eng mit der niederländischen verknüpft. Am 1. Januar 2011 führte Saba den US-Dollar als Währung ein.

2019 nahm Sabas Solarpark am Flughafen den Betrieb auf. Er erzeugt genug Energie, um tagsüber den Strombedarf zu decken.

Bevölkerung & Kultur

Gerade einmal 2000 Menschen leben in den drei Dörfern Sabas, doch nach ein paar Tagen scheint man die Hälfte von ihnen zu kennen. Alle grüßen und wirken ehrlich erfreut, einen zu sehen. Die meisten Einwohner stammen von englischen, irischen, schottischen, holländischen und skandinavischen Siedlern ab. Außerdem gibt's Bewohner, deren Vorfahren von anderen karibischen Inseln kamen oder afrikanische Sklaven waren.

Auf Saba hat sich ein eigener architektonischer Stil entwickelt: bezaubernde weiße Holzcottages mit roten Dächern und hölzernen Verzierungen. Gelegentlich sieht man in Gärten von Privathäusern kleine Familienfriedhöfe. Das ist eine Tradition, die die frühen Europäer von den Ureinwohnern übernahmen, als sie auf Saba landeten. Heute werden die Toten auf öffentlichen oder kirchlichen Friedhöfen bestattet.

Künstler und Kunsthandwerker lassen sich schon seit Langem von der natürlichen Schönheit der Insel inspirieren. Die Kunsthandwerksszene Sabas ist klein, aber lebendig. Sabas berühmtestes traditionelles Kunsthandwerk ist das Klöppeln und Weben von Spitze, das in den 1870er-Jahren von einer Inselbewohnerin in Saba eingeführt wurde, die in Venezuela in einem Kloster gelebt hatte. Einige ältere Frauen der Insel fertigen in ihrer Freizeit immer noch Spitzen an, doch mit ihrem Tod geht auch diese Kunst allmählich verloren.

Natur & Umwelt

Sabas Landschaft umfasst sieben verschiedene Ökosysteme, in denen mehr als 700 Pflanzenarten, darunter Orchideen, Bromelien, Bergfuchsien, Mahagonibäume, Guanacasten, Meertraubenbäume, wilde Kochbananen, riesigen Farne und andere Flora gedeihen. Überall auf der Insel wächst Sabas Nationalblume, die Schwarzäugige Susanne mit der dunklen Mitte und den gelben Blütenblättern (manchmal auch weiß oder orange).

Auf der Insel leben auch über 100 Vogelarten, etwa der Rotschnabel-Tropikvogel und der Audubon-Sturmtaucher, sowie Reptilien wie die grünen Leguane Sabas (auch *black dragons* genannt), Saumfingerechsen und (harmlose) Nattern (Alsophis rufiventris, auf Englisch *red-bellied racer*).

PRAKTISCHE INFORMATIONEN

Allgemeine Informationen

AKTIVITÄTEN

Tauchen & Schnorcheln

Sabas Schönheit erstreckt sich auch auf die 26 sehr vielfältigen Tauchplätze, darunter Felsnadeln, Steilwände, Höhlen und Unterwasserspitzen. Vulkanische Aktivität erlebt man an Tauchspots wie Hot Springs und dem nahen Ladder Labyrinth, dessen gelblicher, geothermal erhitzter Sand selbst in 16 m Tiefe zu heiß zum Berühren ist. Im Meer gibt's jede Menge farbenprächtiger Korallen und Schwämme sowie allerlei Meerestiere von Barrakudas über Schildkröten und Seepferdchen bis zu Schwarzspitzen-Riffhaien.

Seit 1987 ist das Gebiet ein Schutzgebiet namens Saba Marine Park und wird von der gemeinnützigen Stiftung Saba Conservation Foundation (S. 728) verwaltet. Alle Taucher müssen unter Aufsicht eines Tauchzentrums tauchen und pro Tauchgang 3 US$ zahlen. Es gibt zwei Tauchzentren auf Saba, **Sea Saba** (S. 721) in Windwardside und **Saba Divers** (S. 728) am Hafen in Fort Bay. Beide sind PADI-Five-Star-Center und bietet täglich mehrere Tauchfahrten mit dem Boot an sowie eine breite Palette an Kursen und Zertifikaten.

PRAKTISCH & KONKRET

Maße & Gewichte Saba nutzt das metrische System.

Rauchen Es gibt kein offizielles Rauchverbot; allerdings ist es auf der gesamten Insel in Hotelzimmern sowie in einigen Restaurants nicht erlaubt.

Tolle Schnorchelgebiete sind die Wells Bay und die Höhlen und Tunnel des angrenzenden Torrens Point, hier sieht man Meerbarben, Papageifische und gelegentlich sogar Skalare. Auch in der Ladder Bay (S. 726) ist Schnorcheln gut möglich, allerdings muss man von der Straße 30 Minuten hinuntersteigen und doppelt so lange wieder hinauf. Der am leichtesten erreichbare Schnorchelspot ist die Cove Bay in der Nähe des Flughafens, die bei ruhigen Wasserbedingungen sehr idyllisch ist. Sea Saba (S. 721) verleiht Schnorchelausrüstung.

Wandern

Saba ist mit seinen vielen jahrhundertealten Wegen, die die frühesten Siedler nutzten, um von Dorf zu Dorf oder zu ihren Höfen auf den Berghängen zu gelangen, ein Paradies für Wanderer. Bevor es losgeht, sollte man im **Trail Shop** (S. 726) vorbeischauen, um sich mit Karten und Naturführern einzudecken und sich über die aktuellen Wegbedingungen zu informieren. Empfehlenswert ist es, beim Wandern mehrere Schichten übereinanderzuziehen, robuste Wanderschuhe zu tragen und Wasser mitzunehmen. Für die steilen und rutschigen Abschnitte kann ein Wanderstock (kostenlos im Trail Shop erhältlich) nützlich sein.

Ständig werden neue Wanderwege angelegt. Zurzeit gibt's etwa 17 markierte Wege, die durch sieben Ökosysteme führen, darunter Küstenwiesen, Regenwald und Nebelwald (*elfin forest*).

Die beliebtesten Wanderungen sind nach dem Aufstieg zum Mt. Scenery (S. 720) der mäßig anstrengende **Sulphur Mine Trail** (Ausgangpunkt in Lower Hell's Gate) mit Aussicht auf die Landebahn des Flughafens, der anstrengende **Spring Bay Trail** (Kelbey's Ridge Trail) vom Flughafen nach Windwardside und der lange, aber einfache **Sandy Cruz Trail** (Ausgangpunkt in Upper Hell's Gate) von Upper Hell's Gate nach The Bottom. Eine nette Wanderung für Familien ist der Mas Cohone's Hill Trail (S. 722), der in Windwardside beginnt.

2019 wurde der neue Elfin Forest Trail (S. 720) eröffnet, der vom Sandy Cruz Trail abzweigt und eine alternative Route zum Gipfel des Mt. Scenery bietet.

Der eine Wanderweg, den man nur mit Führer gehen sollte, ist der North Coast Trail (S. 727) von Lower Hell's Gate zur Wells Bay, der an den Ruinen des verlassenen alten Dorfes Mary's Point (S. 727) vorbeikommt. Auf allen anderen Wegen kann man auf eigene Faust wandern, wenn man einigermaßen fit ist, aber natürlich macht es in Gesellschaft eines Rangers wie Crocodile James viel mehr Spaß.

Der beste Wanderführer mit detaillierten Beschreibungen der Wege sowie Flora und Fauna, denen man unterwegs begegnet, ist *Hiking on Saba* (15 US$) von Tom van't Hof, einem der Gründer der Saba Conservation Foundation (S. 728).

PREISKATEGORIEN ESSEN

Die folgenden Preise beziehen sich auf ein Hauptgericht.

**$** bis 15 US$

**$$** 15–30 US$

**$$$** über 30 US$

BARRIEREFREI REISEN

Rollstuhlfahrer und Reisende mit eingeschränkter Mobilität dürften es auf Saba schwer haben, denn die Insel ist extrem steil und es gibt Tausende von Treppenstufen.

Auch Unterkünfte und Restauranttoiletten sind nicht immer rollstuhlgerecht.

BOTSCHAFTEN & KONSULATE

Deutschland, Österreich und die Schweiz unterhalten keine Vertretungen auf Saba selbst. Für konsularische Angelegenheiten wendet man sich entsprechend an das **Deutsche Generalkonsulat** in Amsterdam (☎ +31 20 574 77 00; www.den-haag.diplo.de; Honthorststraat 36-38, 1071 DG Amsterdam), die **Österreichische Botschaft** in Den Haag (☎ +31 70 324 54 70; www.aussenministerium.at/denhaag; van Alkemadelaan 342, 2597 AS Den Haag) bzw. die Schweizer Botschaft in Den Haag (☎ +70 364 28 31; www.eda.admin.ch/denhaag; Lange Voorhout 42, 2514 EE Den Haag).

ESSEN

Bis auf ein paar wenige Ausnahmen sind Sabas spärliche Restaurants nicht sehr bemerkenswert. Die meisten Lokale befinden sich in Windwardside, einige in The Bottom und eines mit Bar in Fort Bay.

Sogar Selbstversorger könnten Probleme bekommen, denn das Versorgungsschiff kommt nur einmal in der Woche am Mittwochmorgen. In Windwardside (S. 723) und The Bottom (S. 727) gibt's kleine Supermärkte.

Das Hummerfestival Saba Lobster Fest (S. 725) findet Anfang November statt.

FEIERTAGE

Neujahr 1. Januar

Karfreitag März/April

Ostersonntag März/April

Ostermontag März/April

Königstag (Koningsdag) 27. April

Tag der Arbeit 1. Mai

Christi Himmelfahrt 40 Tage nach Ostersonntag

Pfingsten siebenter Sonntag nach Osten

Karneval Ende Juli/Anfang August
Saba Day Erster Freitag im Dezember
1. Weihnachtsfeiertag 25. Dezember
2. Weihnachtsfeiertag 26. Dezember

FREIWILLIGENARBEIT

Freiwilligenplätze, etwa bei der Pflege der Wanderwege, beim Monitoring der Riffe und des Meereslebens oder als Unterstützung der Mitarbeiter im Trail Shop (S. 726) sind über die Saba Conservation Foundation (S. 728) erhältlich. Die Einsatzdauer beträgt maximal zwei bis drei Monate.

GELD

Die Währung auf Saba ist der US-Dollar. Geldautomaten gibt's in Windwardside und The Bottom. Die meisten größeren Einrichtungen akzeptieren Kreditkarten, auch ausländische.

RBC Bank (S. 726)
WIB Bank (S. 728)

Trinkgeld

Hotels Auf die Hotelrechnung kann eine Servicegebühr von 10 bis 15 % aufgeschlagen werden. Zimmermädchen freuen sich sehr über ein Trinkgeld.

Restaurants In den Restaurantrechnungen ist bereits ein Serviceentgelt enthalten, es ist aber üblich, etwas Bargeld als Trinkgeld für die Kellner dazulassen.

Taxi Es ist jedem selbst überlassen, wie viel Trinkgeld er Taxifahrern und Führern gibt, 10 % sind jedoch ein guter Richtwert.

Wechselkurse

Eurozone	1 €	1 US$
Schweiz	1 SFr	1,02 US$

Aktuelle Wechselkurse siehe www.xe.com.

INTERNETZUGANG

In vielen Hotels und Cafés Sabas gibt's WLAN, allerdings ist das WLAN-Signal – abhängig vom Wetter – manchmal unbeständig. Hotels drucken in der Regel Dokumente wie Bordkarten aus.

LGBT-REISENDE

Eine echte LGBT-Szene gibt's auf Saba zwar nicht, doch die Inselbewohner sind sehr tolerant und offen gegenüber der Community. Weder die Buchung eines Doppelzimmers oder eines Ferienhauses noch Zärtlichkeiten in der Öffentlichkeit stellen ein Problem dar.

Saba war 2012 die erste Karibikinsel, die gleichgeschlechtliche Ehen legalisierte, außerdem fand hier 2019 das erste Saba Rainbow Festival (S. 725) statt, das zugleich das erste LGBT-Festival in der Region war.

TRINKWASSER

Aktuell ist es am besten, abgefülltes Wasser in Flaschen zu trinken, da die Wasservorräte der Insel hauptsächlich aus Regenwasser bestehen, das auf privaten Dachzisternen oder in großen kommunalen Zisternen gesammelt wird und durch Leitungen gepumpt wird.

MEDIZINISCHE VERSORGUNG

Bei kleineren Problemen und Verletzungen ist die Gesundheitsversorgung auf Saba ziemlich gut. Für alle ernsthafteren Erkrankungen muss man aber das Krankenhaus in Saint-Martin/Sint Maarten aufsuchen.

AM Edwards Medical Center (S. 727) In The Bottom.

Saba Marine Park Hyperbaric Chamber (☎ 416-6301, Notruf 416-3288; www.facebook.com/sabahyperbaric; ⏲ 24 Std.) Überdruckkammer; gegenüber vom Pier in Fort Bay.

Saba Wellness Pharmacy (☎ 416-3400; www.sabawellnesspharmacy.com; ⏲ Mo–Fr 9–17, Sa 10–12 Uhr) Die einzige Apotheke der Insel befindet sich in The Bottom.

MIT KINDERN REISEN

Die steilen Hügel und Straßen Sabas lassen sich mit dem Kinderwagen nur schwer bewältigen, große Teile von Windwardside, The Bottom und Fort Bay sind aber relativ flach. Es gibt auch kaum kindgerechte Aktivitäten, abgesehen von Wandern, was vielleicht älteren Kindern Freude macht, Schnorcheln oder einem Discover-Scuba-Kurs, wie er z. B. von Sea Saba (S. 721) angeboten wird.

Kinderbetten und Kinderhochstühle gibt's nur selten. Babyartikel wie Windeln bekommt man in den Supermärkten.

NOTFALL

Feuerwehr, Krankenwagen, Polizei ☎ 911

ÖFFNUNGSZEITEN

Allgemeine Geschäftszeiten Montag bis Freitag 9 bis 17 Uhr.

Restaurants Frühstück 7 bis 10 Uhr, Mittagessen 11.30 bis 14.30 Uhr, Abendessen 18 bis 21 Uhr.

Supermärkte Montag bis Samstag 8 bis 20 Uhr.

RECHTSFRAGEN

Sämtliche Drogen sind verboten; wer damit erwischt wird, gegen den wird Strafanzeige gestellt.

PREISKATEGORIEN UNTERKUNFT

Die folgenden Preise beziehen sich auf ein Doppelzimmer mit eigenem Bad in der Hochsaison (Mitte Dezember bis Mitte April)

**$** bis 100 US$

**$$** 100–200 US$

**$$$** über 200 US$

Saba ist sehr umweltbewusst. Die Ein- und Ausfuhr von wilden Tieren wie Echsen ist verboten.

STROM

Sabas Netzspannung beträgt 110 V bei einer Frequenz von 60 Hz; es werden nordamerikanische Stecker benutzt.

TELEFON

- Sabas Ländervorwahl ist 599.
- Die örtlichen Telefonnummern sind siebenstellig.
- Auf Saba gibt's keine Ortsvorwahlen.
- Wer sich auf Saba befindet und eine Nummer auf der Insel anruft, wählt einfach die siebenstellige Telefonnummer.
- Aus dem Ausland wählt man die Ländervorwahl + 599 und die siebenstellige Telefonnummer.

Handys

Vor der Reise sollte man sich bei seinem heimischen Mobilfunkanbieter erkundigen, ob Roaming möglich ist und wie viel es kostet. Die wichtigsten Mobilfunkanbieter auf Saba sind Chippie (UTS) und TelCell. ICS, das auch Morgan Car Rental betreibt, verkauft SIM-Karten, die in allen Handys ohne SIM-Lock sofort genutzt werden können.

TOURISTENINFORMATION

Saba Tourist Bureau (S. 726)

Trail Shop (S. 726)

UNTERKUNFT

Die meisten Übernachtungsmöglichkeiten sind Mittelklasseunterkünfte, und angesichts der geringen Bettenzahl (vorherige Reservierung unbedingt empfohlen) sind die Preise angemessen. Nur wenige Zimmer haben eine Klimaanlage, doch dank der Höhenlage und der steten Brise ist ein Deckenventilator in der Regel völlig ausreichend.

In Hotels wird eine staatliche Zimmersteuer von 6 % erhoben, die Serviceabgabe von 10 bis 15 % ist in der Regel Sache des Gastes. Alle Gäste müssen zudem pro Tag 2 US$ Umweltschutzgebühr bezahlen.

ZEIT

Atlant c Time: MEZ minus fünf Stunden, MESZ minus sechs Stunden.

FLUGHAFENGEBÜHREN

Die Ausreisesteuer beträgt sowohl bei Flügen als auch bei Fährfahrten 10 US$.

An- & Weiterreise

Bei schlechtem Wetter (starker Wind ist ein größeres Problem als Regen) können Flüge und Schiffsverbindungen von und nach Saba gestrichen werden, darum sollte man sich vorher informieren.

FLUGZEUG

Der Flug nach Saba ist ein haarsträubendes Erlebnis: Der Flughafen hat die kürzeste Start- und Landebahn aller Verkehrsflughäfen der Welt (400 m), und die Flugzeuge kommen den Felsklippen bedrohlich nah (doch keine Angst, alle Piloten, die Saba anfliegen, müssen regelmäßig entsprechende Tests absolvieren).

Von Sabas Flughafen, dem **Juancho E. Yrausquin Airport** (SAB; ☎ 416-2222; Flat Point; 📶) fliegt **Winair** (☎ 416-2255; www.fly-winair.com) täglich direkt zum Princess Juliana International Airport (S. 772) in Saint-Martin/Sint Maarten. Taxis warten auf ankommende Flüge.

Am Flughafen gibt's eine kleine Bar, aber keinen Geldautomaten.

ÜBERS MEER

Drei Fähren fahren von Fort Bay nach Simpson Bay und Philipsburg in Sint Maarten. Von Kreuzfahrtschiffen wird Saba nicht angesteuert.

Jacht

Wer mit der Jacht anreist, kontaktiert zwischen 6 und 18 Uhr auf VHF-Kanal 16 den Hafenmeister oder das Büro des Saba National Marine Park (☎ 416-3295), um das Anlegen sowie Zoll- und Einreiseformalitäten zu arrangieren. Weitere Einzelheiten siehe www.sabaport.com.

Schiff/Fähre

Dawn II (☎ 416-2299; www.sabaferry.com; Erw./Kind einfach 55/35 US$, hin & zurück 110/55 US$) Wer leicht seekrank wird, sollte die M/V Dawn II, die ruhigste Fähre Sabas, nehmen. Sie verkehrt in der Saison mehrmals pro Woche zwischen Fort Bay und Philipsburg in Sint Maarten, die Fahrt dauert etwa 90 Minuten.

M/V Edge (☎ Sint Maarten +1-721-544-2640; www.stmaarten-activities.com; Erw./Kind einfach 55/28 US$, hin & zurück 110/55 US$, Tagesausflug 80/40 US$) Dieser Katamaran fährt bis zu dreimal wöchentlich zwischen Fort Bay und der Pelican Marina am Simpson Bay Resort in Sint Maarten.

Big B Ferry (☎ 416-2299; www.sabaferry.com; Erw./Kind hin & zurück 100/60 €) Verkehrt zwischen Fort Bay und Bobby's Marina in Philipsburg in Sint Maarten.

Unterwegs vor Ort

Auf Saba fahren keine Busse. Die meisten Besucher nehmen ein Taxi, gehen zu Fuß oder trampen. Die Taxis haben Festpreise und warten auf ankommende Flüge und Fähren; ansonsten rufen einem auch die Einheimischen ein Taxi. Es ist nicht empfehlenswert, für einen kurzen Aufenthalt ein Auto oder Motorrad auszuleihen.

AUTO & MOTORRAD

Die Straßen auf Saba sind schmal, steil und haben viele, oft enge Kurven, daher sind sie schwierig zu befahren. Die einzige **Tankstelle** (☎ 416-3272; ⌚ Mo–Sa 9–17 Uhr) der Insel befindet sich in Fort Bay.

Um selbst zu fahren, genügt der Führerschein aus dem Heimatland. Es wird rechts gefahren. Die meisten Autos fahren recht langsam, da es viele scharfe Kurven gibt und viele in beide Fahrtrichtungen zugelassene Straßen so schmal sind, dass immer nur ein Auto durchfahren kann. Die Höchstgeschwindigkeit beträgt in Dörfern 20 km/h und außerhalb geschlossener Ortschaft 40 km/h.

Morgan Car Rental (☎ 416-2381, 416-5893; www.icssaba.com; Breadline Plaza; pro Tag 65 US$; ⌚ Mo–Fr 9–18, Sa 10–15 Uhr) in Windwardside verleiht Autos ab 65 US$ pro Tag.

TAXI

Für Taxifahrten gelten Festpreise. Die Fahrt zwischen dem Flughafen und Windwardside kostet 13 US$, zwischen Fort Bay und Windwardside sind es 15 US$. Für die Fahrt zwischen The Bottom und Windwardside werden 10 US$ fällig. Zwischen 21 und 6 Uhr wird ein Zuschlag von 25 % erhoben, Gepäck kostet pro Stück 1 US$. Eine Inseltour für 50 US$ ist ebenfalls möglich.

Hotels, Restaurants und im Prinzip alle Einheimischen können ein Taxi rufen. Eine komplette Liste aller Taxifahrer findet man auf der Seite www.sabatourism.com. Telefonisch kann man es bei Donna (416-6266), Peddy (416-7062) oder Garvis (416-6114) versuchen.

TRAMPEN

Trampen ist niemals ganz sicher und wir empfehlen es nicht. Traveller, die trampen, sollten sich bewusst sein, dass sie ein kleines, aber möglicherweise ernsthaftes Risiko eingehen. Auf Saba ist Trampen jedoch üblich und oft notwendig, und die Insel ist eines der sichersten Ziele in der Region.

THIERRY64/GETTY IMAGES ©

1. Piraten-Requisiten, Wallilabou Bay, St. Vincent **2.** Fort Charles, Port Royal, Jamaika **3.** Brimstone Hill Fortress, St. Kitts **4.** Fort San Cristobal, San Juan, Puerto Rico

ROSTASEDLACEK/SHUTTERSTOCK ©

Piraten, Festungen & Ruinen

Die Karibik – fette Beute für Piratenfans! Alte Festungen und andere verfallende Ruinen beschwören die Tage herauf, als sich Dramen auf hoher See abspielten.

Port Royal, Jamaika

Heute ein maroder Ort tropischer Abgeschlagenheit, war dieses Fischerdorf einst die Piratenhauptstadt der Karibik. Später wurde es zum Zentrum britischer Seemacht auf den Westindischen Inseln. Davon geblieben sind faszinierende historische Stätten wie das alte Fort Charles.

Old San Juan, Puerto Rico

Zwei UNESCO-Welterbe-Festungen beherrschen den Anblick von Old San Juan. Hinter jeder historischen Ecke warten Geheimnisse und Überraschungen im gewaltigen Schatten von El Morro (Castillo San Felipe del Morro) und Castillo San Cristóbal aus dem 16. Jh

Brimstone Hill Fortress, St. Kitts

Mehr als 8000 französische Soldaten kämpften hier einen Monat lang gegen 1000 Briten um die Vorherrschaft über das Brimstone Hill Fortress. Von diesem beeindruckenden UNESCO-Weltkulturerbe hat man nach Norden, Westen und Süden eine wunderbare Aussicht über die Karibik.

St. Vincent

Hier kann man direkt an den Stränden und der Bucht spazieren gehen, wo ein großer Teil des ersten *Fluch-der-Karibik*-Films gedreht wurde. Auch wenn die Sets langsam schwinden wie alte Freibeuter, sind das kleine Dorf und die Bucht von Wallilabou immer noch zu erkennen.

Île-à-Vache, Haiti

Etwa 15 km vor der Küste von Les Cayes lag auf der Île-à-Vache im Jahr 1668 das Versteck von Captain Morgan, dem walisischen Piraten, der jede spanische Galeone plünderte, die er sah. Heute beherbergt sie einige gute Resorts.

Saint-Barthélemy

☎590 / 9035 EW.

Inhalt ➡

Gut essen

➡ Bonito (S. 740)
➡ Le Grain de Sel (S. 747)
➡ Le Toiny Beach Club (S. 745)
➡ Le Tamarin (S. 747)
➡ La Petite Colombe (S. 744)
➡ Maya's To Go (S. 743)

Schön übernachten

➡ Hôtel Le Toiny (S. 745)
➡ Le Sereno (S. 745)
➡ Salines Garden Cottages (S. 747)
➡ Fleur de Lune (S. 747)
➡ Eden Rock (S. 743)

Auf nach Saint-Barthélemy!

Saint-Barthélemy (oder, wie die Einheimischen sagen: Saint-Barth) ist eines der facettenreichsten Länder der Karibik. Die wunderschöne Insel kombiniert französische Eleganz mit einer üppigen tropischen Landschaft aus einsamen, puderweichen Sandstränden, windgepeitschten Klippen und türkisfarbenen Buchten, in denen unzählige Jachten ankern. In den vielen Gärten auf der Insel blühen Bougainvilleen, Hibiskus und duftende Frangipani.

Aufgrund seiner traumhaften Umgebung ist Saint-Barth ein beliebtes Ziel der Reichen, Berühmten und Schönen, denn es bietet eine entspannte Atmosphäre, luxuriöse kleine Hotels, Designerboutiquen und hervorragende Restaurants. Auch wenn es zweifellos ein teures Reiseziel ist, sind alle Strände kostenlos und frei zugänglich, und man kann hier surfen, windsurfen, kitesurfen, segeln, tauchen und schorcheln. Wer außerhalb der Hochsaison herkommt, kann fantastische Hotelschnäppchen machen.

Reisezeit

Dez. & Jan. Man teilt sich die Insel mit Oscar-Gewinnern und Magnaten.

Feb.–April Ab April, am Ende der *carème* (Trockenzeit), gelten die Preise der Nebensaison.

Juli & Aug. *Hivernage* (die Hurrikanzeit) dauert offiziell vom 1. Juni bis zum 30. November; wer vor den Regenfällen herkommt, kann tolle Schnäppchen machen.

Highlights

1 **Plage de Saline** (S. 746) Sein Handtuch am perfekten Sandstrand ausbreiten.

2 **Plage de Colombier** (S. 741) Auf malerischen Pfaden zum einsamsten Strand der Insel wandern.

3 **Le Toiny Beach Club** (S. 745) Mit den Füßen im Sand relaxen und im Schatten der Palmen ein Mittagessen mit Hummer genießen.

4 **Grand Cul-de-Sac** (S. 745) In der ruhigen lagunenartigen Bucht mit Meeresschildkröten schwimmen, schnorcheln und Kajak fahren.

5 **Anglikanische Kirche St. Bartholomäus** (S. 738) In der 1855 erbauten Kirche in Gustavia den bekannten einheimischen Chor La Chorale de Bons Choeurs hören.

6 **Le Ti St-Barth** (S. 746) In diesem mit schmiedeeisernen Kronleuchtern und üppigen Samtvorhängen geschmückten Club in Pointe Milou ein Kabarett (und jede Menge Prominente) anschauen.

Gustavia

In den 1950er-Jahren war die Hauptstadt von Saint-Barthélemy ein windgepeitschtes Fischerdorf. Der Wandel kam in den 1960er-Jahren, als wohlhabende Besucher, darunter auch die Familien Rockefeller und Rothschild, die Insel bereisten, gefolgt in den 1970er-Jahren von Hollywoodstars und einflussreichen Europäern, die mit ihren Superjachten hier anlegten. Heute ist die Hafenstadt ein Ort der Pracht. Im Vergleich zu anderen Hauptstädten der Karibik ist Gustavia zwar relativ klein, bietet aber viele Designerboutiquen, Luxusrestaurants und historische Sehenswürdigkeiten.

 Sehenswertes

Shell Beach STRAND

(Rue des Normands) Wer genug von dem puderweißen Sand überall hat, schlendert vom Hafen in fünf Minuten zu diesem mittelgroßen Strand, der von winzigen zerbrochenen Muscheln übersät ist. Obwohl der Meeresboden schnell tief abfällt, ist das Wasser ruhig und gut geeignet zum Schwimmen und Schnorcheln (Ausrüstung selbst mitbringen). Wagemutige können von den nahe gelegenen Klippen springen. Das lässig-schicke Restaurant Shellona Beach sorgt fürs leibliche Wohl.

Anglikanische Kirche St. Bartholomäus KIRCHE

(☎0690-54-17-99; www.stbartholomewsanglicanchurch.com; Rue Samuel Fahlberg; ⌚8.30–18 Uhr) Die weiß gestrichene Kirche wurde 1855 aus französischen Ziegeln, Kalkstein, lokalen Steinen und schwarzem Vulkangestein aus Sint Eustatius erbaut. Die Architektur wirkt offen, die Kirchenbänke wurden aus Pinienholz gefertigt und die Fensterläden sind mit Jalousien versehen, durch die himmlisches Sonnenlicht ins Kircheninnere dringt. Die Sonntagsgottesdienste (9–10 Uhr) werden in Englisch abgehalten; im April und November gibt der bekannte einheimische Chor La Chorale de Bons Choeurs Konzerte – er probt hier regelmäßig.

Fort Gustave RUINEN

(Rue August Nyman, La Pointe; ⌚24 Std.) GRATIS Fort Gustave wurde 1787 von den Schweden als eine von drei Festungen zum Schutz des Hafens erbaut und beherbergt heute die Ruinen eines flaschenförmigen Leuchtturms, Überreste eines steinernen Wachhauses sowie Zisternen und vier Kanonen (zwei davon wurden von einem schwedischen Schifffahrtsmuseum als Leihgabe zur Verfügung gestellt). Der Hauptgrund für eine Wanderung hierher ist jedoch der Panoramablick auf Gustavia und den Hafen. Eine Gedenktafel weist auf lokale Sehenswürdigkeiten und Wahrzeichen hin.

Wall House Museum MUSEUM

(Musée Territorial; ☎0590-29-71-55; Rue de Pitea, La Pointe; ⌚Mo–Fr 8.30–13 & 14.30–17, Sa 9–13 Uhr; 🐾) GRATIS Das imposante Steingebäude aus der Zeit der Schweden befindet sich an der Spitze der Halbinsel und beherbergt eine bescheidene Sammlung von Öllampen, Antikmöbeln, Werkzeugen, Fischerbooten und anderen Relikten aus alten Zeiten. Leider bietet das Museum kaum interessante Informationen über die Vergangenheit der Insel. Oben befindet sich eine historische Bibliothek, und im Hof stehen die Überreste eines Ziegelofens, der zum Brotbacken verwendet wurde.

Le P'tit Collectionneur MUSEUM

(☎0590-27-67-77; Rue des Marins, La Pointe; €2; ⌚Mo–Sa 10–12 & 16–18 Uhr) Das kleine, aber spannende Museum zeigt eine Auswahl diverser Objekte, die die bewegte Geschichte von Saint-Barth dokumentieren. Darunter sind Öllampen, nautisches Equipment, Modellschiffe, britische Raucherpfeifen aus dem 18. Jh. und das erste Grammofon der Insel.

Aktivitäten & Geführte Touren

★ Birdy Dive Center – St-Barth Plongée TAUCHEN & SCHNORCHELN

(☎0690-41-96-66; www.stbarthplongee.com; Quai de la Collectivité; 1/2 Tauchgänge 95/170 €; ⌚Nov.–Aug. 8–20 Uhr) Das mit fünf Sternen gekrönte, PADI-zertifizierte Tauchzentrum bietet Tauchtrips zu etwa 22 Spots, darunter Schiffswracks, Schluchten, Höhlen und Riffe (einige sind nur wenige Minuten vom Hafen entfernt). Weil die Teilnehmerzahl auf maximal zehn Personen begrenzt ist, sind diese Trips sehr individuell. Tauchgänge für Anfänger kosten 115 €; zwei- bis vierstündige Schnorcheltrips sind ab 80 € zu haben.

Jicky Marine Service BOOTSTOUREN

(☎0590-27-70-34; www.jickymarine.com; 26 Rue Jeanne d'Arc; Bootsverleih halber/ganzer Tag ab 390/490 €) Das Allround-Tourzentrum bietet Charterboote mit und ohne Crew. Die Boote eignen sich für acht bis zwölf Passagiere. Außerdem gibt's verschiedene Touren, die wöchentlich stattfinden, z. B. Champagnerkreuzfahrten bei Sonnenuntergang (124 €), halbtägige Katamarantouren (188 €), Jetski-Touren (ab 100 €) und maßgeschneiderte Angeltrips.

Big Blue TAUCHEN
(☎ 0690-35-86-35; www.stbarthbigblue.fr; Rue Jeanne d'Arc; 1/2 Tauchgänge ab 70/100 €; ⏲ Nov.–Aug. Mo–Fr 8.30–17, Sa bis 12 Uhr) Das empfehlenswerte Tauchzentrum Big Blue veranstaltet Trips zu Tauchspots wie Pain de Sucre, wo sich neben Barrakudas, Rochen und Meeresschildkröten auch Graue Riffhaie tummeln.

Feste & Events

Karneval KARNEVAL
(⏲ Ende Feb./Anf. März) Der Karneval von Saint-Barth wird fünf Tage vor der Fastenzeit gefeiert. Es gibt einen Umzug, Kinderkostümfeste, eine Pyjamaparade und Straßentänze; das Fest endet am Aschermittwoch mit der Verbrennung einer Figur des Karnevalskönigs Vaval am Shell Beach.

Saint-Barthélemy-Festival KULTURELL
(⏲ 24. Aug.) Der Gedenktag des Heiligen Bartholomäus (24. August), des Schutzheiligen der Insel, wird mit Tänzen, einem öffentlichen Ball, Bootsrennen und weiteren Wettkämpfen gefeiert: Die meisten Events finden in Gustavia statt, wo die Festlichkeiten ihren Höhepunkt in einem Feuerwerk am Hafen finden.

Schlafen

★ **Sunset Hotel** HOTEL $
(☎ 0590-27-77-21; www.st-barths.com/sunset-hotel; Rue de la République; EZ/DZ/3BZ ab 130/150/200 €; ❄ 📶) Das Sunset gegenüber vom Fährterminal (S. 751) ist eine exzellente Budgetunterkunft. Die zehn Zimmer sind einfach, aber sauber und mit Kühlschränken ausgestattet; die teureren bieten einen herrlichen Blick auf den Hafen und den Sonnenuntergang, sind aufgrund ihrer Lage zur Straße hin aber auch etwas lauter. Das Frühstück (8 €) wird auf der Panoramaterrasse serviert. Nachteil: Das Hotel liegt im 3. Stock und es gibt keinen Fahrstuhl; außerdem gibt's nur in den öffentlichen Bereichen WLAN-Zugang.

Essen

★ **Le Petit Deauville** EISCREME $
(☎ 0590-52-37-67; 15 Rue de la République; Eiscreme 1/2/3 Kugeln 3/5/7 €; ⏲ Mo–Sa 11–12.30 & 15.30–18 Uhr; 👪) Die einzigartigen Sorbets aus rein natürlichen Zutaten (z. B. Ananas, Mango, Guave und Passionsfrucht) sowie die reichhaltigen Milcheissorten (darunter geröstete Marone, Pistazie, Schokolade und Crème brûlée) werden in diesem winzigen Geschäft vom *maître glacier* (Meister der Eiscremeherstellung) Yann Colin von Hand zubereitet. Sie stehen auch auf den Speisekarten einiger der besten Restaurants von Saint-Barth.

Fischmarkt MARKT $
(Rue de la République; ⏲ Mo–Sa 6.30–12 Uhr; Öffnungszeiten können variieren) Wer in seiner Unterkunft eine eigene Küche hat, sollte zu diesem überdachten Freiluft-Fischmarkt gehen, der die Fänge des Tages – frisch vom Fischerboot geladen – verkauft. Man sollte früh herkommen: Wenn alles verkauft ist, schließt der Markt. Er ist auch geschlossen, wenn die Fischerboote bei schlechtem Wetter nicht aufs Meer fahren können.

La Crêperie de St Barth CAFÉ $
(☎ 0590-27-84-07; www.creperiestbarth.com; Rue du Roi Oscar II; Crêpes herzhaft 4,50–22,50 €, süß 4,50–11 €; ⏲ Mo–Sa 9–22, So ab 16 Uhr) Ganz ohne Schnickschnack bietet das schlichte langjährige Café (eröffnet 1986) zu jeder Tageszeit eine zuverlässige Anlaufstelle für Frühstück, Burger, Salate und Sandwiches. Der Hauptgrund für einen Besuch sind jedoch die frisch zubereiteten süßen und herzhaften Crêpes.

Black Ginger THAILÄNDISCH $$
(☎ 0590-29-21-03; www.blackgingersbh.com; Rue Samuel Fahlberg; Hauptgerichte 27–33 €; ⏲ Mi–Mo 18.30–22 Uhr) Das zweistöckige Restaurant ist mit glänzenden Holzmöbeln

ABSTECHER

PLAGE DE GOUVERNEUR

Die von hohen Klippen gesäumte **Plage de Gouverneur** (Gouverneursstrand; Anse de Gouverneur) ist ein wunderschöner, breiter und einsamer Sandstrand. Er erstreckt sich an einer U-förmigen Bucht und eignet sich perfekt zum Sonnenbaden und für Picknicks. Weil er nur wenig frequentiert ist – selbst in der Hochsaison –, kommen viele zum Nacktbaden hierher. Achtung: Der Strand befindet sich am Ende einer steilen Straße, die oft von Schildkröten überquert wird!

und üppigen Pflanzen eingerichtet und wird von übergroßen Lampen beleuchtet. Es ist eine gute Adresse für scharfe thailändische Küche: Wir empfehlen *mahi mahi* mit schwarzem Pfeffer, gebratene Thai-Ente und die Spezialität des Hauses: den „Black Ginger"-Meeresfrüchtesalat.

L'Isoletta ITALIENISCH $$

(☎ 0590-52-02-02; www.lisolettastbarth.com; Rue du Roi Oscar II; Hauptgerichte 14–18 €, Pizza halber Meter/Meter ab 25/45 €; ⏲ Di–Sa 12–23, So ab 18 Uhr; ❄ 📶 👪) Das kleine Partnerlokal des Luxusrestaurants L'Isola (S. 740) hat eine schicke Terrasse, die mit übergroßen Holzmöbeln und jeder Menge Kissen ausgestattet ist. Die Spezialität des Hauses sind Pizzas (nach halbem Meter oder Meter, serviert auf Holzplatten), außerdem gibt's hausgemachte Focaccia, krosse Salate und Lasagne. Alle Speisen werden aus importierten italienischen Zutaten zubereitet; zum Essen werden italienische Weine serviert.

Le Repaire FRANZÖSISCH $$

(☎ 0590-27-72-48; Rue de la République; Hauptgerichte 14–32 €; ⏲ 7–24 Uhr; 📶) Die preiswerte Brasserie liegt prominent direkt am Wasser gegenüber vom Fährhafen Gustavias und ist bei den Einheimischen sehr beliebt. Sie serviert gut zubereitete französische Hauptspeisen (Steak Tartare mit rohem Ei, Entenbrust mit Honig und Gewürzen …) sowie Pubgerichte (Salat und Burger). Auf der Getränkekarte stehen 30 Cocktails. Ab 7 Uhr gibt's Frühstück – früher gibt's das nirgends in Gustavia.

Eddy's Ghetto FUSION-KÜCHE $$

(☎ 0590-27-54-17; www.eddysghetto.com; 12 Rue Samuel Fahlberg; Hauptgerichte 21–32 €; ⏲ Mo–Sa 19–24 Uhr, Ende Aug.–Okt. geschl.) Das tropische Refugium mit dem ironischen Namen „Eddy's Ghetto" ist sehr beliebt bei den Einheimischen. Es liegt versteckt hinter einem Holztor (nach dem Leguan-Motiv auf dem Gehsteig davor Ausschau halten) und ist voller tropischer Pflanzen und Holzmöbel. Die Speisekarte kombiniert französische, karibische und asiatische Aromen und bietet Gerichte wie Lammkoteletts mit indischen Gewürzen oder Shrimps in Curry und Kokosnussmilch. Man sollte unbedingt den hausgemachten Rum probieren.

★ **Bonito** LATEINAMERIKANISCH $$$

(☎ 0590-27-96-96; www.bonitosbh.com; Rue Lubin Brin; Hauptgerichte 42–72 €; ⏲ 18.30–22.30 Uhr, Sept.–Okt. geschl., April–Aug. So geschl.) Bonito, eines der angesagtesten Restaurants der Insel, kredenzt eine verlockende Kombination aus lateinamerikanischer (basierend auf Meeresfrüchten) und französischer Küche. Eine kulinarische Reise im Bonito kann mit Hummer-Ceviche beginnen, ihren Höhepunkt in gegrilltem Rindfleisch-Tataki finden und mit sautierten Jakobsmuscheln abschließen. Die Gerichte werden in einer Atmosphäre von ruhiger Eleganz serviert, unterstrichen durch sanfte Klänge im Hintergrund. Die exquisiten Cocktails machen das Restaurant zu einem schönen Ziel bei Sonnenuntergang.

L'Isola ITALIENISCH $$$

(☎ 0590-51-00-05; Rue du Roi Oscar II; Hauptgerichte 34–58 €; ⏲ Nov.–Aug. Di–So 18–23.30 Uhr; ❄) L'Isola ist so authentisch italienisch, dass man fast erwartet, das Kolosseum um die Ecke zu erspähen. Von den Antipasti bis zu den *dolci* (Desserts) sorgen die Köche des eleganten Restaurants dafür, den Gaumen und den Bauch ihrer Gäste glücklich zu machen. Bei den Hauptgerichten hat man die Wahl zwischen handgemachter Pasta, cremigem Risotto und Klassikern wie paniertem Schweineschnitzel aus Mailand.

Ausgehen & Nachtleben

★ **Le Select** BAR

(☎ 0590-27-86-87; Ecke Rue de la France & Rue du Général de Gaulle; ⏲ Mo–Sa 10–23 Uhr) Die Bar wirkt wie eine Piratenschatzkiste: Sie ist zugepflastert mit Fotos, T-Shirts und anderem Schnickschnack, die sich seit 1949 in so manchen trinkseligen Nächten angesammelt haben. Le Select ist eine echte, ehrliche Bar des Vertrauens, die billiges kühles Bier und starken Rumpunsch auftischt. Aus der winzigen Küche mit Blick auf den Biergarten werden passend zur Hymne der Bar – Jimmy Buffets berühmtem Lied Cheeseburger in Paradise – zur Mittagszeit Burger (8–16 €) serviert.

Rhum Room BAR

(www.rhumroom.com; Rue du Général de Gaulle; ⏲ Mo–Sa 20–2 Uhr) Rhum Room ist ein außergewöhnlicher Tempel des Alkohols: Die Bar bietet eine überwältigende Auswahl von rund 650 Rumsorten, angefangen mit Anguilla bis hin zu Venezuela (einige Sorten sind bis zu 30 Jahre alt). Wer kein Kenner ist, kann den sympathischen Rummelier um eine Empfehlung bitten oder an einer Rumverkostung teilnehmen und sich seinen Favoriten aussuchen.

Baz Bar BAR
(☎ 0590-29-74-09; www.bazbar.com; Rue Samuel Fahlberg; ⊙ Okt.–Juli 11.30–14 & 18–23 Uhr) In der Baz Bar, einem Hafenclub aus Holzschindeln, das 1999 eröffnet wurde, hat schon so manche Band ihre Zuhörer in einen Tanz- und Beifallsrausch versetzt. Wenn keine Livemusik gespielt wird, ist die Bar immer noch ein angesagter Treffpunkt für Sushi und Tapas – oder, wenn man am Abend zuvor zu viel gefeiert hat, für einen Smoothie, um seinen Kater auszukurieren.

Shoppen

★ Les Petits Carreaux KUNST & KUNSTHANDWERK
(Passage de la Crémaillère, abseits der Rue du Roi Oscar II; ⊙ Mo–Sa 10–13 & 16–19 Uhr; 📶) Die kultigen, handbemalten Keramikfliesen der Künstlerin Véronique Vandernoot hängen am Eingang zu jedem Strand der Insel. Sie haben karibische Farben, die jedes Haus zum Strahlen bringen. In ihrem Studio-Shop kann man Véronique beim Malen zusehen und ihre Fliesen sowie weitere Dinge mit ihren Designs kaufen, z. B. Kaffeetassen, Untersetzer, Tischsets, Schmuck, Postkarten, Taschen, Bücher und Kleidung.

Praktische Informationen

BNP Paribas (☎ 0590-27-63-70; Rue du Bord de Mer; ⊙ Mo & Di 7.45–12 & 13.35–16, Mi 7.45–12.30, Do & Fr 7.30–23.30, Sa 8.30–13 Uhr) Hat einen Geldautomaten.

Hôpital De Bruyn (☎ 0590-27-60-35, Notruf 0590-51-19-00; Rue du Père Irenée de Bruyn; ⊙ 24 Std.) In dem 20-Betten-Krankenhaus ist rund um die Uhr ein Arzt anwesend, aber für ernstere Angelegenheiten sollte man sich an das Sint Maarten Medical Center (S. 756) in Philipsburg wenden.

Postamt (☎ 0590-27-62-00; Rue Samuel Fahlberg; ⊙ Mo, Di, Do & Fr 8–15, Mi & Sa bis 12 Uhr; 📶)

Touristeninformation (☎ 0590-27-87-27; www.saintbarth-tourisme.com; Rue Samuel Fahlberg; ⊙ Mo–Fr 8.30–17, Sa 8.30–12 Uhr) Die Touristeninformation von Saint-Barth hilft bei der Buchung von Unterkünften, gibt Restaurantempfehlungen und berät zu Inseltouren und weiteren Aktivitäten. Es gibt eine Karte und kostenlose Broschüren zum Mitnehmen.

An- & Weiterreise

Gustavia liegt 1,5 km südwestlich vom Flughafen. Das Fährterminal befindet sich im Stadtzentrum.

Flamands

Die kleine Siedlung unterhalb der Klippen erstreckt sich bis zum längsten und breitesten Strand von Saint-Barth, der Plage des Flamands. Der Ort wurde schwer vom Hurrikan Irma getroffen, deshalb sind im ganzen Dorf noch immer viele lärmende und staubige Restaurierungs- und Bauprojekte im Gange.

Sehenswertes

★ Plage de Colombier STRAND
(Anse de Colombier) Die Anse de Colombier ist das tropische Paradies, von dem man immer geträumt hat: ein weißer, einsamer Sandstrand mit türkisfarbenem Wasser vor einer Kulisse aus hügeligen Bergen. Die Bucht eignet sich perfekt zum Schwimmen; auf der Nordseite des Strandes liegt ein Korallenriff, das nur zu Fuß oder mit dem Boot erreichbar ist und an dem man ausgezeichnet schnorcheln kann.

Geht man an der Auberge de la La Petite Anse vorbei, beginnt gleich hinter Flamands ein malerischer Wanderweg (750 m, etwa 20 Min.); ein anderer führt vom Aussichtspunkt am Ende der Straße in Colombier den Hügel hinunter (600 m; etwa 20 Min. bergab).

Der Strand bietet keinerlei Einrichtungen, man sollte also alles, was man vor Ort braucht, am besten selbst mitbringen. Am Startpunkt des Wanderweges in Colombier gibt's nur etwa zehn Parkplätze für Autos, während in La Petite Anse mindestens 20 Wagen parken können. Ansonsten kann man nur noch mit dem Privatboot zum Strand gelangen.

Plage des Flamands STRAND
(Anse des Flamands) Das klare Wasser des breitesten Strandes von Saint-Barth ist sehr beliebt bei Strandgängern und, wenn die Wellen hoch sind, auch bei Surfern. Die Plage des Flamands bietet kaum Schatten und ist größtenteils von Privathäusern flankiert; am Ostende des Strandes gibt's ein paar Luxushotels, die Besuchern gegen eine Gebühr Bars, Sonnenliegen und -schirme zur Verfügung stellen. Da große Teile des Dorfes seit dem Hurrikan Irma immer noch wiederaufgebaut werden, sind viele Gassen, die zum Meer führen, geschlossen. Zurzeit befindet sich der Hauptzugang am westlichen Ende des Strandes.

Schlafen

Auberge de la Petite Anse BUNGALOWS $

(0590-27-64-89; www.auberge-petite-anse.com; Anse des Flamands; Cottages EZ/DZ/3BZ 150/200/220 €; P) An der Stelle, wo die kurvenreiche Straße am Rand von Flamands ins Nichts verläuft, stößt man auf die Auberge de la Petite Anse. Ihre acht Doppelbungalows beherbergen 16 Apartments mit Terrassen und Blick auf das himmelblaue Meer. Der Strand liegt 200 m weiter östlich. Es gilt ein Mindestaufenthalt von zwei Nächten.

Auberge de Terre-Neuve COTTAGES $

(0590-27-75-32; www.aubergedeterreneuve.com; Rte de Flamands; Zi. 150–180 €; P) Die Hütten vor den Toren Flamands' sind großartig und preiswert, ideal für Traveller, die nicht unbedingt direkt am Strand wohnen müssen (um ihn zu erreichen, läuft man 650 m einen steilen Hügel hinunter). Die apricotfarbenen Hütten sind einfach, aber gemütlich eingerichtet und mit weißen Fliesen, Küchenzeilen und großen möblierten Terrassen ausgestattet. Im Preis ist die Nutzung eines Mietwagens inbegriffen.

Cheval Blanc RESORT $$$

(0590-27-61-81; www.chevalblanc.com; Anse des Flamands; DZ/Suite ab 1225/3500 €; Mitte Okt.–Aug.; P) Wer nach einem kokonartigen Paradies sucht, um den Stress des Alltags zu vergessen, sollte im „Weißen Pferd" einchecken. Das glamouröse Luxusresort bietet 61 Unterkünfte, die sich in den tropischen Gärten verteilen oder auf den weißen Sand des längsten Strandes von Saint-Barth blicken; viele sind mit privaten Jacuzzis oder Privatpools ausgestattet. Das wundervolle Spa bietet u. a. Behandlungen in einem Gartenpavillon.

Essen

Chez Rolande KARIBISCH $

(0690 84-08-12, 0590-27-51-42; Main Rd; Hauptgerichte 21–25 €; Di–Sa 12–15 & 19–22, So 12–15 Uhr, Sept. & Okt. geschl.;) Man sollte sich von den bunt zusammengewürfelten Gartenmöbeln, die sich unter zwei üppigen Bäumen verteilen, nicht täuschen lassen: In ihrem zitrusgelben, mit azurblauen Zierleisten und rotem Dach ausgestatteten Cottage zaubert die liebenswerte Rolande mit Leidenschaft und einem Lächeln auf den Lippen einige der besten traditionellen kreolischen Speisen der Insel. Mittags gibt's *bokits* (gebratene Guadeloupe-Sandwiches), während die Auswahl an Hauptgerichten von aromatischem Ziegeneintopf bis hin zu Muschelfrikassee reicht.

La Langouste FISCH & MEERESFRÜCHTE $$$

(0590-27-63-61; www.flamandsbeachhotel.com; Hôtel Baie des Anges; Hauptgerichte 20–55 €; Okt.–Aug. 12–14.30 & 19–21.30 Uhr;) Das Restaurant ist eine Institution in Flamands. Es ist berühmt für seinen Tank voller Krustentiere, die gegrillt und mit drei Soßen serviert werden – am besten genießt man sie auf der Veranda mit Poolblick. Weitere Highlights der Speisekarte sind mit Pastis flambierter Wolfsbarsch und eine hervorragende Hummercremesuppe. Auf den Tischen liegen edle weiße Tischdecken. Die Weinkarte ist exquisit.

Saint-Jean

Das weitläufige Saint-Jean ist nach Gustavia die zweitgrößte Stadt von Saint-Barth. Der Ort strotzt nur so von schicken Boutiquen, Restaurants und Hotels. Der quirlige Strand erstreckt sich zu beiden Seiten des Wahrzeichens Eden Rock (S. 743), das sich auf einer Klippe erhebt, – das beste Hotel auf Saint-Barth. Im Westen grenzt der Strand fast an die Rollbahn des Flughafens – von hier aus kann man gut die Flugzeuge beim Starten und Landen beobachten.

Aktivitäten

Hookipa Surf Shop Saint-Barth WASSERSPORT

(0590-27-71-31; www.facebook.com/pg/hookipa.stbart; Rte de Saline; Verleih von Schnorchelausrüstung/Bodyboards/Surfbrettern/Longboards 7/9/24/40 € pro Tag; Mo–Sa 9–19, So 10–12.30 Uhr) Der Shop verleiht Sportausrüstung, nennt seinen Kunden die besten Surfspots der Insel, gibt Tipps, wo die Surfbedingungen gerade am besten sind, und vermittelt lokale Surflehrer. Verkauft auch Surfbretter, Wachs, Sonnenmilch, Kleidung, Schuhe und Wassersportzubehör.

Carib Waterplay WASSERSPORT

(0690-61-80-81; www.caribwaterplay.com; Baie de St-Jean; 9–17 Uhr) Das kleine Unternehmen am Strand verleiht eine riesige Auswahl von Wassersportgeräten, z. B. Kajaks (Einzel/Doppel 20/30 € pro Std.), Stand-up-Paddel (SUPs, 25 € pro Std.), Surfboards (10 €) und Schnorchelausrüstung (10 €).

Bietet auch Segeltrips auf Katamaranen (ab 50 €) und Windsurftouren (30 €). Die Preise verstehen sich pro Stunde; bei längerer Mietdauer gibt's Rabatt. Bietet auch Kurse im Surfen, Stand-up-Paddeln (SUP) und Segeln.

Schlafen

Hotel Le Village Saint-Barth HOTEL $$

(☎0590-27-61-39; www.levillagestbarth.com; Colline de St-Jean; DZ inkl. Frühstück 285–590 €, Cottage 340–690 €;) Das Hotel bietet jede Menge Komfort, Charme und Atmosphäre. Die Unterkünfte variieren von Standard-Hotelzimmern bis hin zu traditionellen Cottages mit Mahagonimöbeln, Küchenzeilen und umlaufender Terrasse. Ein echtes Highlight ist der tolle Infinitypool mit herrlicher Aussicht aufs Meer. Um zum Hotel zu gelangen, läuft man vom Strand aus 250 Meter bergauf.

★ **Eden Rock** LUXUSHOTEL $$$

(☎0590-29-79-99; www.oetkercollection.com/hotels/eden-rock-st-barth; Baie de St-Jean; Zi. inkl. Frühstück ab 1500 €; P) Das legendäre Luxushotel erstreckt sich von einer zerklüfteten Steilklippe bis zum puderweißen Strand von Saint-Jean. Es beherbergt seit den 1950er-Jahren reiche und berühmte Hotelgäste und wurde nach dem Hurrikan Irma einer Rundumsanierung unterzogen. Wie es sich für ein nobles Hotel gehört, bieten selbst die „einfachsten" der 37 Suiten und Villen mit Meerblick jede Menge Stil und Annehmlichkeiten, z. B. Nespresso-Maschinen und Kosmetikartikel von Ligne St Barth.

Pearl Beach Hotel HOTEL $$$

(☎0590-52-81-20; www.pearlbeachstbarth.com; Plage de St-Jean; Zi. ab 620 €) Tropische Gärten, geflieste Zimmer mit Himmelbetten, ein atemberaubender Meerblick und eine hervorragende Lage am belebtesten Strand von Saint-Barth zeichnen dieses Newcomer-Hotel aus. Der Pool ist rund um die Uhr zugänglich, falls man das Bedürfnis hat, seinen Jetlag mit einer Runde Schwimmen um 2 Uhr morgens zu bekämpfen. Die Lage unterhalb des Flughafens wird vor allem Leute ansprechen, die gerne Flugzeuge beobachten.

Essen

Maya's To Go FEINKOST $

(☎0590-29-83-70; www.mayastogo.com; Les Galeries du Commerce; Gerichte 6,50–14 €; ⏲Di–So 7–19 Uhr; P) Der schicke Delikatessenladen wird vom berühmten Edelrestaurant **Maya's** (☎0590-27-75-73; www.mayasstbarth.com; Plage de Public, Public; Hauptgerichte 34–56 €; ⏲Mo–Sa 19–23 Uhr) betrieben. Er liegt im Einkaufszentrum gegenüber dem Flughafen. Wer ein Gourmet-Picknick machen will, sollte hier auf jeden Fall einkaufen: Es gibt herzhafte Quiches, dick belegte Sandwiches, Salate und leckere Backwaren. Es werden nur frische und saisonale Produkte verkauft.

Wer früh herkommt, hat die größte Auswahl und kann auf der luftigen Terrasse zwischen plaudernden Einheimischen seinen Morgenkaffee trinken.

Kiki-é Mo FEINKOST $

(☎0590-27-90-65; www.kikiemo.com; Frühstück 9–15 €, Sandwiches 7–16 €, Hauptgerichte 15 €; ⏲7–19.30 Uhr;) Der relaxte Feinkostladen mitten in Saint-Jean verwendet für seine französischen und amerikanischen Frühstücksgerichte, Sandwiches (aus Baguettes, Ciabattas, Focaccias oder Mehrkorntoast) und vitaminreichen Salate ausschließlich marktfrische Zutaten. Die Hauptgerichte sind selbst zusammenstellbar: Man sucht sich die Hauptzutat aus (Thunfisch, Hühnchen, Gemüse usw.) und wählt dann die Art der Zubereitung (als Burger, Taco, Bowl oder angerichtet auf einem Teller). Die Gerichte sind auch zum Mitnehmen erhältlich.

Zion St-Barth INTERNATIONAL $$

(☎0590-27-63-62; www.zion-sbh.com; Centre Vaval; Hauptgerichte 25–31 €; ⏲Mo–Fr 12–14, Mo–Sa auch 19–22 Uhr; P) Das großartige neue Restaurant kombiniert in seiner Einrichtung und seinen Speisen tropisches Laissez-faire mit urbaner Raffinesse. Die Gerichte bestehen aus Fleisch und Fisch aus der Region und werden mit einem Potpourri aus internationalen Zutaten wie Zatar, Rapini, geräuchertem Ricotta oder schwarzem Kardamom zubereitet. Hut ab für das umweltbewusste Design: Das Restaurant hat Lampen aus Recyclingpapier, einen vertikalen Pflanzengarten und Möbel aus Kokosnussholz.

Sand Bar INTERNATIONAL $$$

(☎0590-29-81-64; www.edenrockhotel.com; Baie de St-Jean, Eden Rock; Hauptgerichte 30–70 €, Pizzas 26–45 €; ⏲7–22 Uhr) Die elegante Strandbar des von vielen Stars besuchten Eden Rock Hotel serviert in kolonialem Ambiente ganztags Speisen und Getränke.

Zu den Spezialitäten des Hauses gehören Trüffelpizza, karamellisierte Foie gras und Crème brûlée.

Ausgehen & Nachtleben

Le Papillon Ivre WEINBAR

(☎0690-73-25-30; www.facebook.com/pg/lepapillonivresbh; Centre Commercial Les Amandiers; ⊙Di–Sa 18.30–1 Uhr; 📶) Die erste traditionelle Weinbar Saint-Barths sieht aus, als wäre sie gerade erst von einer angesagten Pariser Straße hierher versetzt worden. Eine gesamte Wand wird von einem Holzschrank eingenommen, der voll von Weinflaschen aus kleinen Winzereien in Frankreich ist. Das Flair ist entspannt und viele Weine sind auch glasweise verfügbar.

Nikki Beach BAR

(☎0590-27-64-64; https://saint-barth.nikkibeach.com; Plage de St-Jean; ⊙Nov.–Aug. 10.30–19 Uhr; 📶) Der beliebte Strandclub wurde nach dem Hurrikan Irma wieder komplett neu aufgebaut und erstrahlt nun in neuer Pracht mit einem Speisebereich im Freien, einer Sushi-Bar und einer Rotisserie. Die Barfußpartys sind legendär, vor allem sonntags, wenn sich muskulöse, braun gebrannte Gäste unter die Leute mischen, flirten, Champagner trinken und leckere Häppchen genießen. An den anderen Tagen geht's nicht ganz so heiß zu.

Lil'Rock Beach BAR

(☎0690-40-56-62; www.facebook.com/lilrockbeach; Baie de St-Jean; ⊙Mi–Mo 12–18 Uhr; 📶) Wer eine schöne Zeit verbringen und die Schattierungen des Meeres beobachten will, sollte sich in dieser kunstvoll-bruchbudenmäßig wirkenden Bar an einen Holztisch im Sand setzen und bei Cocktails, Champagner oder einer Flasche Rosé relaxen.

Shoppen

Kiwi St Tropez KLEIDUNG

(☎0590-27-57-08; La Villa Creole; ⊙Mo–Sa 10–12.30 & 15–18.30 Uhr) Es gibt einen Ort auf Saint-Barth, an dem man gut aussehen will, und das ist der Strand. Wenn es Zeit für neue Badekleidung ist, kann das Kiwi einen wunderbar ausstatten. Die kompakte, aber stilvolle Boutique bietet eine riesige Auswahl von Mix-und-Match-Tops und -Unterteilen sowie Hüte, Taschen, Sandalen, Sonnenbrillen und andere begehrenswerte Waren.

Lorient

Was heute Lorient ist, war 1648 die erste französische Siedlung der Insel. Die Stadt liegt an einem wunderschönen, weißen – und sehr familienfreundlichen – Surferstrand und hat charmante historische Steingebäude, wie z. B. ein kleines Kloster im karibischen Stil und die eine von drei katholischen Kirchen von Saint-Barth. 2017 wurde der berühmte französische Sänger Johnny Hallyday (der „französische Elvis") auf dem hiesigen Friedhof beigesetzt.

Sehenswertes

Plage de Lorient STRAND

(Anse de Lorient) Der Plage de Lorient beschreibt einen wunderschönen, von Korallenriffen flankierten Bogen aus goldenem Sand. Im Osten ist das Wasser ruhig, im Westen wogen sanfte Wellen – damit ist er einer der familienfreundlichsten Strände von Saint-Barth. Das Riff eignet sich super zum Schnorcheln inmitten freundlicher Barrakudas, Meeresschildkröten und Rochen. Der nächste Verleih von Surfbrettern und Schnorchelausrüstung ist Hookipa in Saint-Jean.

Schlafen & Essen

Hotel Les Mouettes BUNGALOWS $$

(☎0590-27-77-91; www.lesmouetteshotel.com; Plage de Lorient; Bungalow 165–260 €; ⊙Rezeption So–Fr 9–12 & 14.30–18, Sa 9–12 & 15–18 Uhr; P ❄ 📶) Das kleine, familiengeführte Hotel mit sieben Wohneinheiten öffnet sich zum Strand von Lorient hin und bietet Übernachtungen in gepflegten Bungalows, die in zarten Weiß- und Pastelltönen gehalten sind. Die offenen Terrassen mit Meerblick sind mit Freiluftküchen ausgestattet, die sich durch elektrische Rollläden geschickt verdecken lassen (nur wenige Schritte entfernt gibt's einen Supermarkt).

★ **La Petite Colombe** BÄCKEREI $

(☎0590-29-74-30; www.facebook.com/pg/petitecolombestbarth; Sandwiches 5,50–8 €; ⊙Mo–Fr 5.30–13.30, Sa & So bis 13 Uhr; 📶) Wer den Tag mit leckeren Croissants oder Pains au Chocolat beginnen möchte, sollte diese Bäckerei ansteuern, die auch köstliches Gebäck, hausgemachtes Eis und Kaffee zum Mitnehmen anbietet. Die reichlich gefüllten Baguette-Sandwiches eignen sich hervorragend für Picknicks am Strand, sind aber oft schon um 11 Uhr ausverkauft.

JoJo Burger
BURGER $

(☎0590-27-50-33; Burger 10–29 €, Sandwiches 6–14 €; ⏲10–22.30 Uhr) Der zur Seite hin offene Schuppen neben dem gleichnamigen Supermarkt serviert riesige Burger, die von „Old School" (Rindfleisch, Bacon, Cheddar und Senf) über „Tex Mex" (Steak, Avocado, Bohnen und Käse) bis hin zum „JoJo"-Burger (Steak, Schalotten, Eier, Bacon) reichen. Man hat die Auswahl zwischen normalem und Black-Angus-Rindfleisch vom Premiumlieferanten Pat La Frieda.

Es gibt auch Burritos, Salate und Panini-Sandwiches. Das Lokal hat nur wenige Tische; man kann seine Bestellung aber auch zum Strand mitnehmen.

La Boulangerie Choisy
BÄCKEREI $

(☎0590-27-96-96; Centre Oasis; Gerichte 1,20–6,40 €, Frühstück 6,90 €; ⏲5.30–13 Uhr) In den riesigen Glasvitrinen von Choisy stehen verlockende Backwaren und Kuchen bereit, die von muschelförmigen Madeleines über fluffige *mille-feuilles* bis hin zu *clafoutis* (Kirschflan) reichen. Zu den herzhaften Angeboten gehören Quiches und frisch gebackene Brote. Man kann seinen Einkauf mitnehmen oder ein leichtes Frühstück auf der großen, schattigen Terrasse genießen.

Grand Cul-de-Sac & Pointe Milou

Der Sandstrand Grand Cul-de-Sac erstreckt sich an einer großen, hufeisenförmigen Bucht, die von einem Korallenriff geschützt wird. Für Wassersportaktivitäten wie etwa Schnorcheln, Wind- und Kitesurfen ist der Strand einer der besten auf der ganzen Insel. Man kann weit ins flache, lagunenartige Wasser hineinwaten und die dort lebenden Meeresschildkröten beobachten – der perfekte Spot für Familien mit kleinen Kindern.

Nordwestlich des Strandes liegt die abschüssige Siedlung Pointe Milou, in der vorwiegend Einheimische wohnen.

Sehenswertes & Aktivitäten

Plage de Grand Cul-de-Sac
STRAND

An diesem Strand kann man auf dem glänzenden Sand der verträumten Lagune liegen und die Blau- und Türkistöne des Meeres zählen oder durch das knie-und oberschenkeltiefe Wasser fast komplett bis zu einem schützenden Riff (ein toller Schnorchelspot!) waten – ein perfekter Ort für Familien mit Kleinkindern! Am westlichen Ende der Bucht vor dem Sereno-Hotel tummeln sich so gut wie immer Meeresschildkröten.

Ouanalao Dive
TAUCHEN

(☎0690-63-74-34; www.ouanalaodive.com; Grand Cul-de-Sac; 2-Tank-/Einführungstauchgang 150/95 €, Kurse ab 230 €; ⏲8–18 Uhr, Anf.–Mitte Sept. geschl.) Das professionelle Unternehmen veranstaltet drei Tauchtouren pro Tag (9, 11 und 14.30 Uhr) sowie auf Anfrage auch Tauchgänge bei Nacht. Für mehrtägige Tauchtrips gibt's Sonderpreise. Verleiht auch Schnorchelausrüstung (20 € pro Tag), SUPs (25 € pro Std.) sowie Kanus und Tretboote mit Glasboden (25 € pro Std.). Ein zweistündiger Schnorcheltrip zu einer nahegelegenen Insel kostet 65 € (inkl. Ausrüstung).

Schlafen

Le Sereno
LUXUSHOTEL $$$

(☎0590-29-83-00; www.lesereno.com; Grand Cul-de-Sac; Bungalow inkl. Frühstück ab 1150 €; P ❄ 📶 🏊) Das durch Hurrikan Irma komplett zerstörte Hotel wurde unter Verwendung von nachhaltigem Holz und Stein wieder aufgebaut und ist nun wieder voll im Geschäft! Und es bietet Luxus erster Klasse: Die geräumigen Unterkünfte haben

ABSTECHER

ANSE DE TOINY

Angeschmiegt an einen Hügel mit Meerblick an der östlichen Côte Sauvage (Wilde Küste) von Saint-Barth präsentiert sich das **Hôtel Le Toiny** (☎0590-27-88-88, aus den USA 800-680-0832; www.letoiny.com; Anse de Toiny; Suite inkl. Frühstück ab 1980 €; P ❄ 📶 🏊) mit 22 Villen und riesigen Suiten, die jede Menge Privatsphäre, blumenumrankte Privatpools und Terrassen mit herrlichem Ausblick auf die Bucht bieten. Die Möbel sind luxuriös und massiv, die Küchen clever in Schränken versteckt. Ein Shuttleservice fährt die 400 Meter zum **Strandclub** (☎0590-29-77-47; Hauptgerichte 26–45 €; ⏲11–17 Uhr), in dem man zu Mittag essen und relaxen kann (Vorsicht, die Strömung ist stark).

Das hauseigene Gourmetrestaurant **Le Toiny**, (☎0590-29-77-47; Abendessen 38–54 €; ⏲19–22 Uhr) ist hervorragend. In der Nebensaison sinken die Preise um 50 %.

ein frisches Design und bieten energiesparende Hightech-Elemente. Man kann am Pool relaxen, mit Schildkröten in der Bucht schwimmen, mit Kajaks herumfahren und Gourmetmenüs im wunderschönen Freiluftrestaurant genießen.

Ein besonderes Highlight ist das kleine Spa, das von einem zertifizierten Osteopathen geleitet wird.

Hotel Les Ondines Sur La Plage BOUTIQUE-HOTEL $$$

(☎0590-27-69-64; www.st-barths.com/hotel-les-ondines; Grand Cul-de-Sac; inkl. Frühstück DZ 400 €, Zi. mit 1/2 Schlafräumen 785/1485 €; ⊙Juni & Sept.–Mitte Okt. geschl.; P ❄ 📶 ≋) Ein absolut zwangloses Strandhotel mit viel Charme! Auf den Terrassen der großen Suiten kann man Meeresschildkröten beobachten, die aus dem Meer auftauchen, um Luft zu holen. Die Unterkünfte verfügen über voll ausgestattete Küchen und Sitzecken. Die Betten haben hurrikansichere Betonrahmen und garantieren so einen ruhigen und sicheren Schlaf. Man kann sich mit einem kühlen Carib-Bier in der Hand am palmengesäumten Pool entspannen oder mit einem kostenlosen Kajak/SUP auf das ruhige Meer hinausfahren.

Hôtel Christopher HOTEL $$$

(☎0590-27-63-63; www.hotelchristopher.com; Pointe Milou; DZ inkl. Frühstück 450–1200 €; ⊙Mitte Okt.–Ende Aug.; P ❄ 📶 ≋) Das Christopher ist eines der schicksten Hotels der Insel. Es bietet 42 moderne Zimmer und Suiten mit Meerblick sowie ein kleines Spa und zwei Restaurants: das lässige Mango und das Gourmetrestaurant Christo. Das Hotel steht an einem felsigen Küstenabschnitt und hat keinen Strand, aber das weitläufige Poolgelände – das mit einer „Palmeninsel" und einer hölzernen Poolbar ausgestattet ist – macht diesen Mangel wieder wett.

Essen & Ausgehen

Le Sereno Restaurant MEDITERRAN $$$

(☎0590-29-83-00; www.serenohotels.com; Hotel Sereno, Grand Cul-de-Sac; Hauptgerichte 29–53 €; ⊙7.30–22.30 Uhr; P 📶) Wenn der schicke Open-Air-Speiseraum mit herrlichem Ausblick auf die jadefarbene Bucht nicht schon in Verzückung versetzt, dann wird es mit Sicherheit die Küche von Chefkoch Alex Simone tun, die von seinem Heimatland Italien und dessen Nachbarländern inspiriert ist. Die hausgemachte Pasta ist garantiert ein Gaumenschmaus, aber das wahre Talent des Kochs offenbart sich erst in Gerichten wie Fisch mit Salzkruste und *mahi-mahi*-Ceviche.

Christo Lounge Restaurant INTERNATIONAL $$$

(☎0590-27-63-63; www.hotelchristopher.com; Hôtel Christopher, Pointe Milou; Hauptgerichte 35–70 €; ⊙7–22 Uhr; P ❄ 📶) 🍃 Chefkoch Nicolas Tissier hat eine fast schon fanatische Leidenschaft für Qualität: Er verwendet nur Fleisch, Fisch und Produkte aus nachhaltigem Anbau und listet die Herkunft der Zutaten direkt in der Speisekarte auf. Im übersichtlichen Speisesaal mit Pool- und Meerblick kann man Milchlamm aus den Pyrenäen, Ravioli mit Hummer aus der Region und Hühnerfleisch vom Salet-Hof schlemmen.

Le Ti St-Barth CLUB

(☎0590-27-97-71; www.tistbarth.com; Pointe Milou; Hauptgerichte 39–128 €; ⊙Di–Sa 19–2 Uhr oder länger) In diesem Supper-Club mit eigenem Kabarett trifft Moulin Rouge auf Cirque du Soleil: Hier feiern schick gekleidete Gäste fröhlich und hemmungslos in sinnlicher Fantasiekulisse. Eine vorherige Reservierung ist empfehlenswert (für Gruppen Pflicht), aber allein oder zu zweit kann man sich auch ohne Voranmeldung in die Piratenbar zwängen – obwohl man dort etwas abseits vom Geschehen ist. Wer früh am Abend herkommt, kann vor der Show Happy-Hour-Drinks und Tapas genießen.

Anse de Grande Saline

Hinter dem wunderschönen, von Dünen umrahmten Strand erstreckt sich eine abgeschiedene, felsige Region mit hohen Bergen und dem größten Salzteich Saint-Barths. Zwischen den Kakteen und Sträuchern kann man Leguane und Schildkröten beobachten.

Sehenswertes

★Plage de Saline STRAND

(P) Die einsame Plage de Saline ist der schönste und ruhigste Strand von Saint-Barth. Sein von Felsenhügeln flankierter Bogen aus goldenem Sand ist ein idealer Ort zum Sonnen und Baden, aber Vorsicht, es gibt keinen Schatten und keine öffentlichen Einrichtungen! Vom Parkplatz läuft man 200 m durch das Gebüsch und die Dünen. Wie viele entlegene Strände der Insel wird auch dieser gerne von Nacktbadenden besucht.

Schlafen & Essen

Fleur de Lune APARTMENTS $$

(☎0690-56-59-59, 0590-27-70-57; www.st-barth-fleurdelune.com; Grande Saline; DZ/Bungalow inkl. Getränke am Nachmittag ab 250/480 €; P ❄ 📶 🏊) 900 m vom Plage de Saline entfernt liegt das weitläufige Fleur de Lune, ein abgeschiedenes Refugium im schicken Boho-Stil. Die Zimmer und Bungalows sind jeweils individuell gestaltet und mit handverlesenen Designermöbeln und einzigartigen Elementen wie Freiluftduschen, Privatterrassen mit Jacuzzi oder Wohnräumen im Freien ausgestattet. Die kostenlosen Aperitifs in der Open-Air-Lounge mit Poolblick sind eine gute Möglichkeit, um die anderen Gäste kennenzulernen.

Salines Garden Cottages COTTAGES $$

(☎0690-41-94-29; www.salinesgarden.com; Grande Saline; DZ inkl. Frühstück 200–250 €; P ❄ 📶 🏊) Landeinwärts vom ausgedörrten Terrain der Grande Saline reihen sich um einen kleinen, von Schraubenbäumen gesäumten Pool fünf Doppelbungalows, die jeweils nach einem der Lieblings-Surfspots der Besitzer Laurence und Jean-Phillipe gestaltet sind: Essaouira, Pavones, Padang Padang, Cap Ferret und Waikiki. Einige Cottages verfügen über Küchenecken. Die Anlage ist nur einen kurzen Fußweg von drei exzellenten Restaurants entfernt.

★ **Le Grain de Sel** FRANZÖSISCH-KARIBISCH $$

(☎0590-52-46-05; Grande Saline; Hauptgerichte 16–27 €; ⏲ Okt.–Aug. Di–So 12–15 & 17–22.30 Uhr; 👪) Nach einer Runde Schwimmen am herrlichen Saline-Strand kann man die sandigen Füße in diesem nicht minder herrlichen Restaurant ausstrecken, das hinter Wüstensträuchern in den Felsenhügel hineingebaut wurde. Die Speisekarte bietet karibische Küche auf Gourmetniveau, z. B. *christophine* (lokales Wurzelgemüse) mit Kabeljaufüllung, cremiges Muschelfrikassee und in altem Rum flambierte Garnelen. Trotz der Gourmetküche ist das Ambiente erfrischend bodenständig.

★ **Le Tamarin** FRANZÖSISCH $$$

(☎0590-29-27-74; www.tamarinstbarth.com; Rte du Grande Saline; Hauptgerichte 32–46 €; ⏲ Di–So 17.30–1 Uhr; P) Le Tamarin erhält unsere Stimme für das romantischste Restaurant der Insel Saint-Barth. Das zauberhafte Gartenlokal lullt seine Gäste mit einem Gefühl von luxuriöser Ruhe ein. Auf der Terrasse unter dem 200 Jahre alten Tamarindenbaum (nach dem das Restaurant benannt wurde) schlemmt man inspirierte Gerichte, die mit Leidenschaft und technischer Perfektion zubereitet werden, z. B. gebackenen Kabeljau mit dunklem Puffreis oder Wildgarnelen-Ravioli mit Tintenfisch.

SAINT-BARTHÉLEMY VERSTEHEN

Geschichte

Aufgrund seiner unwirtlichen Landschaft und des Süßwassermangels lebten auf Saint-Barth nie viele Arawak oder Kariben. Als Christoph Kolumbus die Insel auf seiner zweiten Reise im Jahr 1493 sichtete, benannte er sie nach seinem älteren Bruder Bartolomeo. Die ersten Europäer, die 1648 versuchten, auf der Insel zu siedeln, waren französische Kolonisten. Sie wurden bald von Kariben getötet. 1659 wagten normannische Hugenotten einen zweiten Versuch und hatten Erfolg, nicht aufgrund von Landwirtschaft (hier wuchs fast nichts) oder Fischerei, sondern indem sie eine Zwischenstation für die französischen Piraten einrichteten, die die spanischen Galeonen plünderten.

1784 übergab der französische König Ludwig XVI. die Insel dem schwedischen König Gustav III. im Austausch gegen die Handelsrechte in Göteborg. Auf Saint-Barth sind noch viele Spuren der schwedischen Herrschaft zu finden, z. B. der Name Gustavia, die Zollfreiheit auf Saint-Barth sowie mehrere Gebäude und Festungen. Als der Handel zurückging, immer mehr Krankheiten aufkamen und ein zerstörerisches Feuer die Insel traf, verkaufte Schweden die Insel 1878 wieder an Frankreich.

Im 19. und frühen 20. Jh. war Saint-Barth nicht mehr als ein verschlafenes, französisches Nest, dessen Einwohner ein hartes Leben führten. Da auf der Insel die für die Karibik typische üppige Vegetation fehlte, war es schwierig, dort Landwirtschaft zu betreiben. Viele ehemalige Sklaven wanderten auf die umliegenden Inseln aus, um Arbeit zu finden, sodass Saint-

Barth zu einer der wenigen Inseln der Region wurde, die keine mehrheitlich afrikanische Bevölkerung hatten.

1946 wurde Saint-Barth als Gemeinde von Guadeloupe Teil einer französischen Übersee-*région* und eines Überseedepartements. In den 1950er-Jahren landeten die ersten Touristen in kleinen Flugzeugen und Privatjets auf dem winzigen Flughafen. Die felsige Insel entdeckte plötzlich neue Naturressourcen für sich: Strände, Sonnenuntergänge und Ruhe. Die Inselbewohner dachten mit und schufen – um ihren hartverdienten Lebensstil zu bewahren – neue Gesetze, die den Massentourismus einschränkten; aus diesem Grund gibt's auf Saint-Barth keine Kasinos, Bettenburgen und Fastfood-Ketten, sondern man zahlt für die unberührte Atmosphäre.

2003 kam es zu einer Volksabstimmung, bei der überwältigende 90% der Inselbewohner für eine größere steuerliche und politische Unabhängigkeit von Frankreich und Guadeloupe stimmten, was sie im Jahr 2007 schließlich auch erreichten. Nach der Abtrennung von Guadeloupe erhielt die Insel den Status einer *collectivité d'outremer* (COM), was bedeutete, dass die Insel statt eines Bürgermeisters nun einen Gemeinderat bekam. Die Insel gehört weiterhin zur EU, hat aber den Status eines Freihafens.

Ebenso wie andere Karibikinseln hat auch Saint-Barth schwere Schäden durch Hurrikans erlitten, vor allem durch den riesigen Hurrikan Irma, der 2017 über die Insel fegte. Saint-Barth hat sich jedoch erstaunlich schnell wieder aufgerappelt und ist nun in alter Frische zurück – Spuren des Unheils sind kaum mehr zu sehen.

Bevölkerung & Kultur

Die meisten Einwohner von Saint-Barth fallen unter eine der folgenden drei Kategorien: Nachfahren der Pioniere aus der Normandie, wie sie seit über 300 Jahren auf Saint-Barth leben; Franzosen, die teure Geschäfte und Restaurants eröffnen; und Ausländer, die einen entspannten Lebensstil suchen. Als der Tourismus aufkam, tauschten die Vertreter der ersten Kategorie ihre Berufe in der Fischerei gegen Jobs in der Tourismusbranche, sodass heute fast jeder in irgendeiner Form im Gastgewerbe arbeitet.

Trotz seiner Lage hat Saint-Barth eher die Atmosphäre einer ruhigen Strandprovinz in Frankreich als die einer lebhaften karibischen Kolonie.

Die Einwohner Saint-Barths mussten jahrhundertelang hart arbeiten, um unter den beinahe lebensfeindlichen Klimabedingungen überleben zu können, und hatten daher nur wenig Zeit für Kunst; das traditionelle Kunsthandwerk war sehr zweckgebunden und bestand vorwiegend aus Hüten und Körben, die aus Palmblättern geflochten wurden.

Heute findet man auf der Insel zahlreiche Kunstgalerien und Werkstätten, die Gemälde, Fotografien und Skulpturen lokaler Künstler präsentieren. Detaillierte Informationen zum Besuch von Künstlerstudios gibt's bei der Touristeninformation (S. 741).

Natur & Umwelt

Saint-Barth hat eine Fläche von nur 24 km², selbst wenn seine längliche Form und das Hügelterrain es größer erscheinen lassen. Die Insel liegt 25 km südöstlich von Saint-Martin/Sint Maarten.

Vor der Küste Saint-Barths liegen zahlreiche trockene Felseninseln. Die größte, die Île Fourchue, ist ein halb versunkener Vulkankrater, dessen große Bucht ein beliebter Ankerhafen für Jachten und ein Ziel für Taucher und Schnorchler ist.

Aufgrund des trockenen Klimas wachsen auf Saint-Barth vorwiegend Wüstenpflanzen wie Kakteen und Bougainvilleen. Zur lokalen Tierwelt zählen Köhlerschildkröten, Grüne Inselleguane, Anguilla-Bank-Anolis-Echsen und die gefährdete Anguilla-Bank-Natter; die Schlangen auf Saint-Barth sind harmlos, manche können aber beißen. Von April bis August legen Meeresschildkröten ihre Eier an den Stränden auf der Nordwestseite der Insel ab. Auf den kleinen Inseln vor Saint-Barth leben Seevögelkolonien, darunter auch Fregattvögel.

Für eine so kleine Insel hat Saint-Barth beeindruckende 16 Strände zu bieten. Wer Strände innerhalb der Städte sucht, wird in Saint-Jean, Flamands und Lorient fündig. Der Shell Beach in Gustavia besteht hingegen nur aus – nun ja, zerbrochenen Muscheln. Die berühmtesten einsamen Strände – Colombier, Saline und Gouverneur – sind perfekte Karibikstrände mit pudrigem Sand und sanften warmen Wellen.

In fünf Zonen des Saint-Barth Natural Marine Reserve sind Aktivitäten wie Angeln, Tauchen und Bootfahren verboten. Drei Zonen umfassen vorgelagerte Inseln wie die Île Fourchue und die Île Fregate, aber auch Baie de Colombier im Nordwesten und Baie de Grand Cul-de-Sac im Nordosten gehören dazu.

Zu den Umweltschutzinitiativen an Land gehört die Einführung eines Recyclingsystems mit Farbcodes; was erneuerbare Energien (einschließlich Solarenergie) betrifft, liegt Saint-Barth jedoch noch weit hinter seinen Nachbarinseln zurück.

PRAKTISCH & KONKRET

Maße & Gewichte Auf Saint-Barth gelten das metrische System und die 24-Stunden-Uhr.

Rauchen Laut französischem Gesetz ist Rauchen in geschlossenen öffentlichen Räumen verboten; dazu zählen auch Hotelzimmer, Restaurants, Cafés und Bars. In Außenbereichen, z. B. auf Terrassen, ist Rauchen erlaubt; sodass man wahrscheinlich trotzdem mit Rauch in Berührung kommt.

PRAKTISCHE INFORMATIONEN

Allgemeine Informationen

AKTIVITÄTEN

Bekannt für Sonne, Strand und Inselidylle, kann man auf Saint-Barth gut schwimmen, schnorcheln, surfen, windsurfen und kitesurfen sowie tauchen, Kajak fahren, wandern und reiten – Anbieter gibt's auf der ganzen Insel.

Wer alleine tauchen will, muss eine Gebühr von 2 € pro Tauchgang zahlen und sich beim **St-Barth Natural Marine Reserve** (☎ 0590-27-88-18; www.reservenaturellestbarth.com; Quai de la République; ⊙ Mo–Sa 8.30–12.30 Uhr) anmelden.

BARRIEREFREI REISEN

Das steile Terrain von Saint-Barth ist schwierig für Reisende mit Behinderung oder eingeschränkter Mobilität, aber aufgrund ihrer niedrigen Bauweise sind die meisten Gebäude gut zugänglich. Viele Hotels bieten rollstuhlfreundliche Zimmer mit Schienen, Geländern und barrierefreien Duschen; es gibt auch rollstuhlfreundliche Villen. Nicht alle Restaurants haben Toiletten für Rollstuhlfahrer – bei der Reservierung nachfragen.

BOTSCHAFTEN & KONSULATE

Für konsularische Angelegenheiten von Deutschen auf Saint-Barthélemy ist das **Honorarkonsulat** auf Martinique (☎ 0590-26-97-77; fort-de-france@hk-diplo.de; 106 Impasse Lareinty, Le Lamentin) zuständig. **Österreich** und die **Schweiz** unterhalten keine eigenen Vertretungen auf der Insel. Zuständig wären die jeweiligen Botschaften in Paris.

PREISKATEGORIEN: ESSEN

Die folgenden Preise beziehen sich auf ein Hauptgericht.

€ bis 20 €

€€ 20–40 €

€€€ über 40 €

ESSEN

Saint-Barth hat eine gehobene Restaurantszene, mit *boulangeries* (Bäckereien), die köstliche Brote und exquisite Backwaren herstellen, lässigen Strandrestaurants, die großartige Menüs zu günstigen Festpreisen bieten, und Luxusrestaurants, die von berühmten Chefköchen geleitet werden.

Für Selbstversorger gibt's Supermärkte wie das **Marché U** (☎ 0590-27-68-16; www.magasins-u.com/marcheu-saintbarthelemy; ⊙ Mo–Sa 8–20, So 9–13 Uhr; P ❄) gegenüber vom Flughafen und das **U Express Oasis** (☎ 0590-29-72-46; Centre Commercial de Oasis; ⊙ Mo–Sa 9–21, So 9–13 & 16–20 Uhr; P ❄) in Lorient; beide bieten hochwertige Produkte an.

FEIERTAGE

Neujahr 1. Januar
Karfreitag März oder April
Ostermontag März oder April
Tag der Arbeit 1. Mai
Siegestag 8. Mai
Christi Himmelfahrt 40. Tag nach Ostern
Pfingstmontag Siebter Montag nach Ostern
Sturm auf die Bastille (Nationalfeiertag) 14. Juli
Mariä Himmelfahrt 15. August
Tag der Sklavenbefreiung 9. Oktober
Allerheiligen (Toussaints) 1. November
Allerseelen 2. November
Tag des Waffenstillstands 11. November
1. Weihnachtsfeiertag 25. Dezember
2. Weihnachtsfeiertag 26. Dezember

GELD

Die Währung auf Saint-Barth ist der Euro. Geldautomaten gibt's vielerorts in Gustavia und Saint-Jean. Kreditkarten werden weithin akzeptiert.

Trinkgeld

Hotels Die Rechnungen enthalten normalerweise eine Servicegebühr, aber es ist freundlich, ein kleines Trinkgeld für das Reinigungspersonal zu hinterlassen.

Restaurants Die Servicegebühren sind in den Preisen inbegriffen, aber die meisten Leute geben ein Trinkgeld von 10 %. Wer mit Kreditkarte zahlt, sollte den Kellner bei der Rechnungsstellung über die Höhe des Trinkgeldes informieren oder das Trinkgeld in bar geben (bevorzugt).

Taxis 10 % des Fahrpreises.

Wechselkurse

Eurozone	1 €	1 US$
Schweiz	1 SFr	1,02 US$

Aktuelle Wechselkurse findet man unter www.xe.com.

INTERNETZUGANG

In den meisten Cafés und Bars sowie in nahezu allen Hotels gibt's kostenloses WLAN. Der Empfang ist insgesamt sehr gut.

LGBT-REISENDE

2013 war Frankreich (und damit Saint-Barth) das 13. Land in der Welt, das die gleichgeschlechtliche Ehe erlaubte. Aber Saint-Barth galt schon lange vorher als beliebtester LGBT-Hotspot der Welt, ohne dass es eine entsprechende Bar gegeben hätte – das beschreibt den LGBT-Tourismus der Insel treffend. Die Einheimischen und Traveller gehen sehr entspannt mit dem Thema um und man sieht häufig händchenhaltende Schwulen- und Lesbenpärchen an den Stränden oder bei einem romantischen Abendessen, auch wenn es eben keine große Ausgehszene gibt.

MEDIZINISCHE VERSORGUNG

Es gibt ein kleines Krankenhaus in Gustavia, das Hôpital De Bruyn (S. 741), und acht lokale Ärzte, zudem zwei Apotheken: eine in **Gustavia** (☎ 0590-27-61-82; www.facebook.com/pharmagustavia971; Rue de la République; ⏲ Mo–Fr 8–19.30, Sa 8–19, So 9–12 & 16–19 Uhr) und eine in **Saint-Jean** (☎ 0590-27-66-61; La Savane Commercial Center; ⏲ Mo–Sa 8–20, So & Feiertage 9–13 & 15.30–19 Uhr).

NOTFALL

Feuerwehr/Krankenwagen	☎ 18
Polizei (Gustavia)	☎ 0590-27-66-66

STROM

Die Stromspannung liegt bei 220 V (50/60 Hz); die Steckdosen sind zwei- oder dreipolig (westeuropäisch).

> **PREISKATEGORIEN: UNTERKUNFT**
>
> Die folgenden Preise beziehen sich auf ein Doppelzimmer mit Bad pro Nacht in der Hauptsaison (Mitte Dezember bis Mitte April):
>
> **€** bis 200 €
>
> **€€** 200–400 €
>
> **€€€** über 400 €

TELEFON

- Die Landesvorwahl von Saint-Barth ist +590.
- Die Festnetznummern der Insel beginnen mit 0590 (Mobilfunknummern mit 0690).
- Wer aus dem Ausland auf Saint-Barth anrufen will, wählt den internationalen Zugangscode seines Landes, dann die Landesvorwahl von Saint-Barth und lässt die erste „0" der zehnstelligen Festnetznummer weg.

Handys

Man sollte sich bei seinem Heimanbieter über Roaming-Möglichkeiten und -Kosten informieren. **Orange** ist der wichtigste lokale Anbieter, gefolgt von Digicel. **St-Barth Electronique** (☎ 0590-27-50-50; www.stbarthelectronique.com; Galeries du Commerce; ⏲ Mo–Sa 9–12.30 & 15–18.30 Uhr) gegenüber dem Flughafen sowie andere Geschäfte verkaufen SIM-Karten, die in entsperrten Telefonen genutzt werden können.

UNTERKUNFT

Das größte Hotel auf Saint-Barth hat nur 67 Zimmer, das zweitgrößte gerade einmal die Hälfte. Die anderen Hotels sind sehr klein und bieten meist weniger als zwölf Zimmer. Auf der Insel gibt's viele Privatvillen; die meisten werden von Wimco Villas (www.wimco.com) verwaltet; weitere Unterkünfte findet man bei Airbnb.

In der Hochsaison sind die Unterkünfte schnell ausgebucht (vor allem über Weihnachten und Silvester, wenn die Preise am höchsten sind). Von Ende April bis November sind die Preise niedriger.

ZEIT

Atlantic Standard Time: MEZ minus fünf Stunden, MESZ minus sechs Stunden.

An- & Weiterreise

FLUGZEUG

Auf Saint-Barth können nur Kleinflugzeuge und Privatjets landen, und das auch nur tagsüber. Die meisten Flugzeuge kommen von den zwei Flughäfen auf Saint-Martin/Sint Maarten, aber es gibt auch saisonale Flüge von/zu regionalen

Zielen wie Anguilla, Antigua, Nevis, Puerto Rico und Saint Thomas.

Gustaf III (Aéroport de Saint-Barthélemy; SBH; ☎ 0590-27-65-41; 📶), der einzige Flughafen auf Saint-Barth, hat die zweitkürzeste Landebahn der Welt (die kürzeste befindet sich auf Saba). Zu den Fluglinien, die Saint-Barthélemy bedienen, zählen **Air Antilles Express** (☎ 0590-29-62-79; www.airantilles.com), **St-Barth Commuter** (☎ 0590-27-54-54; www.stbarthcommuter.com), **Tradewind Aviation** (☎ USA 203-267-3305; www.flytradewind.com) und **Winair** (☎ in Sint Maarten 721-545-4237; www.fly-winair.sx).

ÜBERS MEER

Jacht

Wer mit der Jacht anreist, muss sich zwei Stunden vor der Ankunft über den VHF-Kanal 12 beim **Hafenamt** (☎ 0590-27-66-97; www.portdegustavia.fr; Rue du Bord de Mer; ⏲ 7–18 Uhr) melden. Bei der Anreise müssen alle Passagiere zum Hafenamt gehen und ihre Reisepässe sowie die Registrierungsdaten der Jacht vorzeigen.

Kreuzfahrtschiff

In Saint-Barth legen keine Kreuzfahrtschiffe an, aber einige ankern vor der Küste und schicken Begleitschiffe zum Fährhafen Gustavias.

Schiff/Fähre

Die Fähre zwischen Saint-Barthélemy und Saint-Martin/Sint Maarten fährt oft durch bewegte See, daher sollte man vorher ein Medikament gegen Seekrankheit einnehmen.

Voyager (☎ 0590-87-10-68; www.voy12.com; Rue de la République; einfach/Hin- & Rückfahrt/Hin- & Rückfahrt am selben Tag ab 63/87/70 €; 📶)

Edge Ferry (☎ Sint Maarten 721-544-2640; www.stmaarten-activities.com; einfach/Hin- & Rückfahrt/Hin- & Rückfahrt am selben Tag 55/110/80 US$)

Great Bay Express (☎ in Philipsburg +1-721-520-5015; www.greatbayferry.com; Rue de la République; einfach/Hin- & Rückfahrt ab 55/95 €)

Fährterminal von Gustavia

ℹ Unterwegs vor Ort

Auf Saint-Barth verkehren keine öffentlichen Busse. Taxis sind teuer, daher sollte man am besten ein Auto mieten.

AUTO & MOTORRAD

Es herrscht Rechtsverkehr; das Tempolimit liegt – wenn nicht anders angegeben – bei 45 km/h. Achtung: Auf Schildkröten achten – sie haben auf den Straßen „Vorfahrt".

Autovermietung

Alle großen Autovermietungen haben Schalter am Flughafen. In der Hochsaison liegen die Preise bei mindestens 70 € pro Tag; in der Nebensaison kann man schon ab 35 € ein Auto mieten.

Folgende Autovermietungen sind auf Saint-Barth vertreten:

Barth'Loc (☎ 0590-27-52-81; www.barthloc.com; Rue de la France; Roller/Auto/Quad-Bike ab 35/60/75 € pro Tag; ⏲ Mo–Sa 8–18.30, So 8–12.30 & 16–18 Uhr) vermietet auch Gelände-Quads.

Budget (☎ 0590-27-66-30; www.budget.com; Mietwagen ab 46 € pro Tag; ⏲ 8–18.30 Uhr)

Europcar/Turbé Car Rental (☎ 0590-27-71-42; www.turbe-car-rental.com; Mietwagen ab 40 € pro Tag; ⏲ 7.45–18 Uhr)

Gumbs Rental (☎ 0690-67-33-83; www.gumbs-car-rental.com; Mietwagen ab 55 € pro Tag; ⏲ nach Vereinbarung)

Soleil Caraibes (☎ 0590-27-67-18; www.soleilcaraibes.com; Mietwagen ab 30 € pro Tag; ⏲ 8–18 Uhr)

Benzin

Es gibt nur zwei Tankstellen auf der Insel; eine gegenüber vom Flughafen in Saint-Jean (Mo–Sa 7.30–12 & 14–19 Uhr) und eine in Lorient (So–Mi & Fr 7.30–17, Do–Sa 7.30–14 Uhr). Nach Geschäftsschluss kann man mit Kreditkarte bezahlen, wenn man eine Chipkarte hat und seine PIN-Nummer kennt.

TAXI

Die Taxipreise rangieren von teuer zu haarsträubend, selbst bei kurzen Strecken. Es gibt keine Festpreise, daher variieren die Preise sehr stark. Für eine Fahrt von Gustavia zum Flughafen zahlt man 15 bis 45 €, für eine Fahrt von Gustavia nach Anse de Toiny an der Ostküste zwischen 30 und 60 €. Zwischen 20 und 18 Uhr sowie samstags steigen die Preise um etwa 50 %.

Um ein Taxi in Gustavia zu buchen, wählt man die 0590-27-66-31; am Flughafen wählt man die 0590-27-75-81. Am Fährterminal in Gustavia und am Flughafen gibt's Taxistände. Man kann die Fahrer auch direkt kontaktieren – eine Liste der Fahrer mit Telefonnummern gibt's in der Touristeninformation und online unter www.saintbarth.net/taxi.

Saint-Martin/ Sint Maarten

SAINT-MARTIN 32 125 EW.; SINT MAARTEN 43 990 EW./ ☎ SAINT-MARTIN 590; SINT MAARTEN 1-721

Inhalt ➡

Gut essen

- ➡ Le Pressoir (S. 764)
- ➡ *Lolos* auf dem Grand Case (S. 763)
- ➡ Kkô Beach Bar & Restaurant (S. 766)
- ➡ Les Délices Créoles (S. 759)
- ➡ Ocean Lounge Restaurant & Bar (S. 756)

Schön übernachten

- ➡ Le Temps des Cerises (S. 762)
- ➡ L'Esplanade (S. 762)
- ➡ Les Balcons d'Oyster Pond (S. 767)
- ➡ Hotel Hevea (S. 762)

Auf nach Saint-Martin/Sint Maarten!

Als weltweit kleinste in zwei Länder geteilte Landmasse integriert der faszinierende kulturelle Mix dieser halb französischen und halb niederländischen Insel ein reiches afrikanische Erbe und 120 verschiedene Nationalitäten mit über 80 Sprachen – plus eine der besten Küchen in der Karibik.

Über die Insel verstreut gibt's 37 weiße Sandstrände, von geschäftigen Abschnitten mit lauten Bars bis hin zu idyllischen versteckten Buchten und Höhlen. Ob Schnorcheln, Tauchen oder Jetski-Fahren – das Wassersportangebot ist groß, während an Land Wander- und Zipline-Abenteuer für Beschäftigung sorgen.

Im September 2017 wurde die Insel vom Schicksal heimgesucht: Der gewaltige Hurrikan Irma wütete acht Stunden auf Saint-Martin/Sint Maarten und hatte inselweit verheerende Folgen. Rund 90 % aller Gebäude wurden beschädigt oder zerstört. Der Wiederaufbau dauert bis heute an, die Insel ist jedoch auf einem guten Weg. Ein wichtiger Faktor war dabei die Rückkehr des Kreuzfahrttourismus mit gleichzeitig bis zu sieben Schiffen, die im Hafen von Philipsburg vor Anker gehen.

Reisezeit

Feb. & März Die Heineken Regatta und der Karneval sorgen für Partystimmung.

Mai & Juni Niedrigere Preise und ruhigere Strände vor der Hurrikansaison.

Nov.–Anfang Dez. Kurz vor Beginn der großen Urlauberwelle lohnt sich ein Besuch.

Highlights

1 Îlet Pinel (S. 761) Bei einer Bootstour auf dieser winzigen Insel vor der Nordostküste Saint-Martins schnorcheln und sonnenbaden.

2 Loterie Farm (S. 763) An einer Zipline durch die Baumwipfel gleiten oder am Quellwasserpool der Plantage faulenzen.

3 Restaurants auf dem Grand Case (S. 763) Sich in einem Restaurant oder einem *lolo* (Grillhütte) feinste Küche schmecken lassen.

4 Topper's Rhum (S. 757) Bei einer Tour durch die Topper-Brennerei in Simpson Bay seinen eigenen Rum in Flaschen füllen.

5 Maho Bay (S. 758) Im Sunset Bar & Grill unter landenden Flugzeugen die Sonne und eine Piña Colada genießen.

6 Flavors of Saint Martin (S. 755) Von Philipsburgs Amsterdam Cheese & Liquor Store aus eine kulinarische Tour unternehmenen.

SINT MAARTEN

Sint Maarten, der niederländische Teil der Insel, versprüht mit einer lebendigen Mischung aus weitläufigen Resorts, Einkaufszentren, protzigen Kasinos und geschäftigen Strandbars urbanes Flair. Die Hauptstadt Philipsburg bietet tolle zollfreie Shoppingmöglichkeiten und beherbergt neben restaurierten historischen Kirchen und öffentlichen Gebäuden den Kreuzfahrthafen. Wenn ganze sieben Schiffsgiganten ihre Zehntausende Menschen umfassende Ladung gleichzeitig ausspucken, kommt der Ort praktisch zum Erliegen. Dennoch locken wunderschöne Strände und ein großes Freizeitangebot auf dem Land und im Wasser.

Philipsburg

Philipsburg, die Hauptstadt des niederländischen Teils von Saint-Martin/Sint Maarten, liegt an einer weit geschwungenen Bucht, die hauptsächlich als Freiluft-Shoppingzentrum für Kreuzfahrttouristen dient. Sind die Massen zurück an Bord, lohnt sich ein Spaziergang entlang der Front Street, auf der sich neben den Calvin-Klein- und Tommy-Hilfiger-Boutiquen einige hübsch restaurierte historische Kirchen und andere Überbleibsel aus der Kolonialzeit verstecken. Mehrere charmante Gassen verbinden die Front Street mit dem Strand und dem von lauten Bars gesäumten Boardwalk.

Sehenswertes

Sint Maarten Museum MUSEUM

(☎ 542-4917; www.museumsintmaarten.org; 7 Front St; gegen Spende; ⏲ Mo–Fr 10–16 Uhr) Keramikscherben der Arawak, Artefakte aus der Plantagenära, zeitgenössische Fotos und einige Gegenstände von der HMS *Proselyte*, der Fregatte, die 1801 vor Fort Amsterdam gesunken ist, werden im Museum über die Geschichte der Insel ausgestellt. Des Weiteren sind Exponate zum verheerenden Hurrikan Luis im Jahr 1995, zur Salzindustrie und zur Sklaverei zu sehen. Das kleine Geschäft im unteren Teil führt ein Sortiment an karibischem Kunsthandwerk.

Yoda Guy Movie Exhibit MUSEUM

(☎ 542-4009; www.netdwellers.com/mo/ygme/index.html; 19a Front St; 12 US$; ⏲ Mo & Sa 10.30–16, Di–Fr 9.15–17 Uhr, wenn Kreuzfahrtschiffe vor Anker liegen, zusätzl. So 10.30–16 Uhr) Das Museum im ersten Stock ist die Idee des Visagisten Nick Maley, dessen Beteiligung an der Erschaffung der Star-Wars-Figur Yoda ihm den Spitznamen „That Yoda Guy" einbrachte. Zu der bunten Mischung an wechselnden Filmmemorabilien gehören der in Karbonit eingefrorene Han Solo, lebensechte Figuren von Prominenten wie Marlon Brando und Michael Jackson, eine roboterhafte Yoda-Puppe sowie Fotos, Requisiten, Drehbücher, alte Plakate, Storyboards und Gegenstände aus anderen Filmen, an denen Maley mitarbeitete, wie *Men in Black*, *Alien*, *Terminator* und *Hellraiser*.

Ein Museum dieser Art ist auf Sint Maarten eine echte Überraschung und so hält C-3PO auf der Eingangstreppe ein Schild in der Hand mit der Aufschrift: „R2-D2 sagt: ‚Die Wahrscheinlichkeit, in der Karibik auf eine *Star-Wars*-Ausstellung zu treffen, liegt bei 125 316 zu 1'." Ist Maley vor Ort, signiert er Souvenireinkäufe ab 20 US$.

> **ZWEI VERSCHIEDENE ARTEN VON KARNEVAL**
>
> Im französischen Teil der Insel wird der **Karneval** (www.sxm-carnival.com; ⏲ Feb./März & April/Mai) in den drei Wochen vor Aschermittwoch gefeiert. Im niederländischen Teil wird er in größerem Rahmen zelebriert: Die Festlichkeiten beginnen normalerweise in der zweiten Woche nach Ostern und dauern zwei Wochen. Zum Programm gehören Umzüge, Calypso-Wettbewerbe, Musikgruppen, Tanz sowie jede Menge gutes Essen und Getränke.

Aktivitäten & geführte Touren

Sea Trek Helmet Diving WASSERSPORT

(☎ 520-2346; www.seatrekstmaarten.com; Bobby's Marina; 95 US$/Pers.; ⏲ Reservierung erforderlich) Das aufregende Meeresleben kann man ohne Sporttauchzertifikat auf einem „Seatrek" erleben: eine 30-minütige geführte Wanderung auf dem Meeresgrund in einer Tiefe von 6 m. Ein Wassertaxi bringt die Teilnehmer zum Little Bay Beach, wo es natürliche und künstliche Riffe sowie einen gesunkenen Kampfhubschrauber und ein U-Boot zu erkunden gibt.

Teilnehmer tragen einen Full-Head-Helm – dieser ist mit einem Luftschlauch verbunden, über den man normal atmen kann. Darin kann man seine Brille tragen und bekommt nicht mal nasse Haare. Schwimmsachen sollte man anziehen, bevor man sich zum Treffpunkt begibt, da es keine Umkleidemöglichkeiten gibt. Teilnehmer müssen mindestens acht Jahre alt sein und insgesamt rund 2½ Stunden einplanen.

Dive Sint Maarten TAUCHEN
(☎ 553-5363; www.divesintmaarten.com; Bobby's Marina; Tauchgang mit 2 Tauchflaschen 99 US$, Schnorchelausflug 55 US$, Ausleihgebühren für Schnorchelausrüstung pro Tag 15 US$; ⌚ 8–17 Uhr) Der professionelle Anbieter veranstaltet Tauchausflüge mit dem Boot zu Wracks und Riffen, Haie, Schildkröten, Rochen und zahlreiche tropische Fische inklusive. Zum Angebot gehören außerdem die Open-Water-Zertifizierung und ein Anfängerkurs.

Random Wind BOOTSTOUREN
(☎ 587-5742; www.randomwind.com; Juancho Yrausquin Blvd, Chesterfields, Dock Maarten; Tagesausflüge Erw./Kind 119/95 US$) Der 16 m lange Luxuskatamaran *Random Wind* hat die Erde schon zweimal umsegelt, und nun werden auf ihm Tagesausflüge zu einigen der ruhigeren Buchten auf der Insel für bis zu 32 Passagiere angeboten. Der beliebte Paradise Day Sail (10–15 Uhr) beinhaltet Schnorchelausrüstung, eine Tarzanschaukel, ein Kajak, ein Stand-up-Paddelboard, Mittagessen und eine offene Bar. Die Anlegestelle liegt direkt beim Chesterfields Restaurant in der Nähe des Kreuzfahrtterminals.

★ Flavors of Saint Martin ESSEN & TRINKEN
(☎ in Puerto Rico +939-397-3343; www.stmartinfoodtours.com; Juancho Yrausquin Blvd; Erw./Kind 130/100 US$) Bei vierstündigen Touren in einem klimatisierten Bus lernen Teilnehmer die französischen, niederländischen und karibischen Aromen dieser multikulturellen Insel kennen. Die Touren starten am Amsterdam Cheese & Liquor Store (S. 756) und beginnen mit einer Käseverkostung, bevor es weitergeht, um Köstlichkeiten vom Grill, regionalen Rum, Meeresfrüchte und auf Sint Maarten hergestelltes Eis zu probieren. Dabei lernt man viel über die Geschichte der Insel.

Hunger mitbringen, denn es warten insgesamt zehn Verkostungen.

Pelican Peak Zipline OUTDOORAKTIVITÄTEN
(☎ 542-1333; www.pelicanpeaksxm.com; Juancho Yrausquin Blvd, Dock Maarten; Ziplining ab 50 US$; ⌚ Mo–Sa 9.30–15.30 Uhr) Geradwegs auf Kreuzfahrtreisende zielt das Angebot dieser Zipline ab, die nur einen Katzensprung vom Anleger entfernt ist. Im Büro neben dem Chesterfields Restaurant wird Teilnehmern das Gurtzeug angelegt, danach geht's in einem offenen Truck zur Spitze des Pelican Peak. Oben kann man den schönen Ausblick genießen, bevor man steile 550 m in die Tiefe saust.

Schlafen

Kasinos und „Gentlemen-Bars" machen das Nachtleben von Philipsburg zu einer recht zwielichtigen Angelegenheit, wobei es an der Front Street ein paar Strandhotels gibt, die Zimmer nicht stundenweise vermieten. Generell sind für einen Aufenthalt im niederländischen Teil Maho und Simpson Bay eher zu empfehlen.

Holland House Beach Hotel HOTEL $$
(☎ 542-2572; www.hhbh.com; 43 Front St; Zi. ab 250 US$; ❄ 📶) Mit vorwiegend in Weiß- und Rosatönen gehaltenen Zimmern ist dies eine ideale Basis für Shopping- und Strandliebhaber. Gegen einen kleinen Aufpreis gibt's einen Balkon auf der Meerseite, auf dem man bei einem kalten Bier aus dem zimmereigenen Kühlschrank die Kreuzfahrtschiffe beobachten kann. Gesellig geht's in der betriebsamen Ocean Lounge Restaurant & Bar zu.

Sea View Beach Hotel HOTEL $$
(☎ 542-2323; www.seaviewbeachhotel.com; 85c Front St; DZ/3BZ/4BZ ab 134/154/174 US$; ❄ 📶) Die 42 spartanischen Zimmer über einem geschmacklosen Casino sind klein und nicht besonders einladend, bieten jedoch angesichts der Strandlage und der nützlichen Annehmlichkeiten wie einem kleinen Kühlschrank für hiesige Verhältnisse ein gutes Preis-Leistungs-Verhältnis. WLAN ist nur in der Lobby verfügbar.

Essen & Ausgehen

Die meisten Cafés und Restaurants sind nur tagsüber geöffnet, da sie sich an Kreuzfahrttouristen richten. Die Ocean Lounge Restaurant & Bar im Holland House Hotel bietet stilvolles Ambiente.

Selbstversorger sollten im gutsortierten Supermarkt **Carrefour** (☎ 542-4400; www.cmsxm.net; 79 Bush Rd; ⌚ Mo–Sa 8–20, So 9–18 Uhr) einkaufen.

Greenhouse Restaurant & Bar INTERNATIONAL $$
(☎ 542-2941; www.thegreenhouserestaurant.com; Bobby's Marina; Sandwiches 12,50–19 US$, Haupt-

gerichte 25–36 US$; ⌚11–22 Uhr; 🅿📶) Tagsüber wird die hiesige Institution von Kreuzfahrttouristen überflutet, unter der Woche lockt sie abends mit tollen Rippchen-, Steak- und Hummerangeboten Einheimische und Übernachtungsgäste an. Auf der regulären Speisekarte finden sich ein paar lokaltypische Leckereien wie Schnecken nach kreolischer Art und Jerk-Chicken-Wraps sowie die übliche Auswahl an Burgern, Salaten, Pasta und Sandwiches.

Zur Happy Hour (16.30–19 Uhr) gibt's zwei Getränke für den Preis von einem und günstigere Vorspeisen.

★ Ocean Lounge Restaurant & Bar FISCH & MEERESFRÜCHTE $$$

(☎542-2572; www.hhbh.com; Boardwalk, Holland House Beach Hotel; Hauptgerichte 20–35 US$, Meeresfrüchteplatte für 2 Pers. 145 US$; ⌚Küche 7–22 Uhr, Bar bis 0 Uhr) Mit einer luftigen Terrasse mit Meerblick sind das Restaurant und die Bar im Holland House Beach Hotel ein beliebter Ort für ein Getränk bei Sonnenuntergang oder ein komplettes Menü mit Fisch, Meeresfrüchterisotto oder *mahi mahi*, eventuell gefolgt von einem niederländischen Apfelkuchen. Meeresfrüchteplatten werden mit gegrilltem Hummer, Thunfisch-Tataki, Lachstatar, frischen Austern, Hummersalat und Shrimps serviert.

Blue Bitch Bar BAR

(☎542-1645; www.bluebitchbar.com; Boardwalk; ⌚11–23 Uhr) Diese laute Strandbar lädt zu einem unterhaltsamen, feuchtfröhlichen Nachmittag ein. Eine große Auswahl an beliebten Burgern, Pizzas, Pasta, Steaks, Rippchen und Sandwiches sorgt dafür, dass man bei klarem Kopf bleibt. Es gibt auch eine Kinderkarte, Shots mit Namen wie „Muttermilch" zeugen jedoch von einem wenig familienfreundlichen Ambiente.

Das Schild am Boardwalk zeigt einen blau gestrichenen Hund, tatsächlich geht der Name der Blue Bitch Bar jedoch auf den glänzenden hiesigen Kies zurück, der auf der Insel einst der Zementherstellung diente.

Shoppen

Guavaberry Emporium GETRÄNKE

(☎542-2965; www.guavaberry.com; 8 Front St; 22 US$ pro Flasche; ⌚Mo–Sa 9.30–17.30 sowie So 9–17 Uhr, wenn Kreuzfahrtschiffe im Hafen liegen; 📶) In einem in Rot und Weiß strahlenden Originalgebäude aus der Zeit von Niederländisch-Westindien im späten 18. Jh. verkauft dieser Laden ausschließlich den offiziellen Schnaps von Saint-Martin/Sint Maarten. Die Originalmischung besteht aus Rum, Rohrzucker und wilden Guavabeeren aus dem Inselinneren und hat ein bittersüßes, würziges Aroma. Es gibt auch Varianten mit Mandel, wilder Limette und Mango. Auf Anfrage bekommt man Gratis-Kostproben.

Amsterdam Cheese & Liquor Store KÄSE

(☎581-5408; 26 Juancho Yrausquin Blvd; ⌚Mo–Sa 8.30–17.30 Uhr) Nachdem man ein Paar riesige niederländische Holzclogs (Selfie-Alarm!) passiert hat, stößt man auf dieses beliebte Käseparadies. Die große Bandbreite reicht von weichem jungem Gouda bis hin zu gut gereiftem Old Amsterdam, zudem gibt's weitere niederländische Spezialitäten wie *jenever* (Gin), würzige *speculaas*-Kekse und blau-weißes Delfter Porzellan. Der Käse ist vakuumverpackt und hält sich bis zu sechs Wochen ohne Kühlung.

Vom Kreuzfahrtterminal führt ein zehnminütiger Spaziergang hierher.

ℹ Praktische Informationen

Postamt (☎542-2289; 2 N Debrot St; ⌚Mo–Sa 7.30–17 Uhr)

Touristeninformation Sint Maarten (☎549-0200; www.vacationstmaarten.com; 6 Juancho Yrausquin Blvd; ⌚Mo–Fr 8–17 Uhr) Nur eingeschränktes touristisches Informationsangebot verfügbar.

St. Maarten Medical Center (SMMC; ☎543-1111; www.smmc.sx; 30 Welgelegen Rd, Cay Hill) Das größte Krankenhaus der Insel liegt westlich von Philipsburg. Die Notaufnahme ist rund um die Uhr besetzt.

ℹ An- & Weiterreise

In Philipsburg befindet sich das Kreuzfahrtterminal **Port Sint Maarten** (S. 722) mit Taxis und Mietwagenfirmen sowie Anlegestellen für Boote nach Saint-Barthélemy und Saba. Busse fahren nur unregelmäßig, am besten ist ein Taxi oder ein eigener Pkw.

Simpson Bay

Obwohl es in der Nähe der Landebahn des Princess Juliana International Airport (S. 772) liegt, verfügt das schöne Simpson Bay über mit das kristallklarste Wasser von allen Stränden der Insel. Neben Schwimmen und Sonnenbaden kann man hier Boot fahren, reiten und einen Blick hinter die Kulissen einer Rumbrennerei werfen. Die

Welfare Road säumen zahlreiche Cafés, Bars und kleine Märkte.

Aktivitäten & geführte Touren

Seaside Nature Park REITEN

(544-5255; www.seasidenaturepark.com; 64 Cay Bay Rd; 8–16 Uhr;) Hier kann man Sint Maarten bei einem einstündigen Ausritt durch die trockene Busch- und Kakteenlandschaft einer ehemaligen Plantage bis zum Strand erkunden, wo es auf dem vierbeinigen Freund zur Erfrischung ins Meer geht (65 US$). Der zweistündige Reitausflug bei Sonnenuntergang beinhaltet außerdem ein Lagerfeuer am Strand und Champagner (100 US$, mindestens 2 Pers.). Privater Reitunterricht kostet 45 US$ pro Stunde.

Auf dem Gelände gibt's auch eine kleine Farm, auf der man Miniaturpferde, Kaninchen, Schildkröten, Pfauen, Ziegen und Enten streicheln kann.

★ **Topper's Rhum** BRENNEREI

(520-2266; www.toppersrhumtours.com; Bay 3, 9 Well Rd; Führung 20 US$; 9–15 Uhr, für Führungen Reservierung erforderlich) Die geführten Touren dauern 1½ Stunden und bieten einen Blick hinter die Kulissen der Brennerei. Man erfährt jede Menge über die Geschichte der Rumherstellung in der Karibik und kann beim Brennen, Mischen und Abfüllen zusehen. Im Anschluss folgt eine Rumverkostung. Die Geschmacksrichtungen umfassen Kokosnuss, Gewürze, Banane, Vanille und Zimt, Mokka, weiße Schokolade und Himbeere. Man kann sich seinen eigenen Rum abfüllen und mit nach Hause nehmen.

Wer möchte, kann auch ohne Führung vorbeikommen und ein paar Rumsorten probieren. Die Brennerei liegt nahe der Union Road im hinteren Teil eines Industriekomplexes (nach dem Betreten links halten); nach dem türkisblauen Schild Ausschau halten.

Trisport OUTDOORAKTIVITÄTEN

(545-4384; www.trisportsxm.com; 148 Airport Rd; 10–17 Uhr) Zum breiten Angebot des Veranstalters gehören Fahrrad-, Kajak-, Schnorchel- und Wanderausflüge (ab 39 US$), zudem verleiht er Fahrräder (ab 20 US$ pro Tag), SUP-Boards (19 US$ pro Std.) und Kajaks (Einer-/Zweierkajak 15/19 US$ pro Std.).

Rainforest Adventures OUTDOORAKTIVITÄTEN

(543-1135; www.rainforestadventuressxm. com; Rockland Estate; Kombiangebote Erw./Kind ab 99/85 US$;) Das Unternehmen betreibt eine Seilbahn zum Gipfel des Sentry, wo sich ein 360-Grad-Blick auf die Insel bietet. Zurück geht's auf demselben Weg, Adrenalinjunkies bevorzugen jedoch den Flying Dutchman: Die weltweit steilste Zipline bewältigt auf einer Länge von 850 Metern 300 Höhenmeter und bietet Spitzengeschwindigkeiten von über 80 km/h.

Ein alternativer Weg nach unten führt über die gemütlichere Zipline Sentry Hill, gefolgt vom Schooner Ride, bei dem man in einem Reifenschlauch bergab „surft".

Aqua Mania Adventures BOOTSTOUREN

(544-2640; www.stmaarten-activities.com; Pelican Marina, Simpson Bay Resort) Aqua Mania bietet jede Menge Ausflüge an, wie zum Beispiel halbtägige Schnorchelausflüge (ab 45 US$), Bootsfahrten bei Sonnenuntergang durch die Lagune (ab 40 US$) und Tagestouren mit dem Katamaran (ab 120 US$) nach Shoal Bay und Prickly Pear Cays auf Anguilla. Zudem betreibt das Unternehmen die Schnellfähre **Edge** (einfache Fahrt/hin & zurück 55/110 US$, Tagesausflug 80 US$) nach/ab Saint-Barthélemy und nach/ab Saba.

Feste & Events

Heineken Regatta SEGELN

(www.heinekenregatta.com; Anfang März) Das sehr beliebte jährliche Event findet schon sehr lange statt. Es wirbt mit jeder Menge Spaß und bietet über vier Tage erstklassige Bootsrennen rund um die Insel.

Schlafen

Am südlichen Rand von Simpson Bay gibt's mehrere Resorts und Hotels (von unterschiedlicher Qualität). Auch die Hauptverkehrsstraße, die Welfare Road, säumt eine Handvoll Hotels. Südlich vom Flughafen liegen ein paar Hotels mit Blick auf den Strand.

Mary's Boon Beach Resort & Spa HOTEL $$

(545-7000; www.marysboon.com; 117 Simpson Bay Rd; Wohnstudio ab 135 US$, 1-/2-Zi.-Apt. ab 225/275 US$; P) Einen Steinwurf vom Flughafen entfernt punktet diese weitläufige Unterkunft seit den frühen 1970er-Jahren mit einer erstklassigen Lage am Strand, wirkt jedoch trotz Renovierungsarbeiten nach Irma etwas in die Jahre gekommen. Dennoch ist sie eine gemütliche Bleibe mit Zimmern für verschiedene Geschmäcker und Preisklassen, von Räumen im Kellergeschoss ohne Ausblick bis hin zu Wohneinheiten am Strand mit Küche.

NICHT VERSÄUMEN

PLANE SPOTTING

Sunset Bar & Grill (☎545-2084; www.sunsetsxm.com; 2 Beacon Hill Rd; ⏲7.30–4 Uhr; 📶) am Ende der Landebahn ist ein Hotspot für Flugzeugspotter: Wo sonst kann man bei einem eiskalten Bier einen Jet über sich starten sehen? Auf einem Surfbrett ist der tägliche Flugplan angeschrieben (um die Mittagszeit starten in der Regel die meisten Maschinen). Wer möchte, mietet sich einen Liegestuhl und einen Sonnenschirm für 10 US$ oder schwimmt eine Runde im Pool.

Essen wird tagsüber und bis in die Nacht serviert. Zu den Hauptgerichten (13–20 US$) gehören Pizzas mit Namen wie Turbulence, Layover und Nonstop sowie Burger, gegrillte Rippchen, Salate, Hühnchen und Fisch.

Horny Toad Guesthouse GÄSTEHAUS $$
(☎545-4323; www.thtgh.com; 2 Vlaun Dr; DZ 240 US$; P ❄ 📶) Das Gästehaus am Strand wurde 2018 komplett neu gebaut und versprüht noch immer Charme und Fröhlichkeit. Die acht Unterkünfte im Apartmentstil verfügen über komplett eingerichtete Küchen und einen Essbereich mit Meerblick. Gäste („Toadies" genannt) treffen sich allabendlich in einem luftigen Pavillon und schließen zur Happy Hour, bei der man alkoholische Getränke selbst mitbringt, oder bei Barbecues vom Gasgrill neue Freundschaften.

Essen

Carousel EISCREME $
(☎544-3112; 60a Welfare Rd; Eis pro 1/2/3 Kugeln 4/6/9 US$; ⏲Di–Do 14–22, Fr–So bis 23 Uhr; ❄ 📶) Nachdem man aus über 30 verschiedenen Eissorten ausgewählt und durch die Glasscheiben bei der Herstellung zugeschaut hat, sollte man hinter der Eisdiele eine Runde auf dem wunderschönen altmodischen Karussell drehen (pro Fahrt 2 US$). Man hat es Stück für Stück aus Italien hergebracht! Zu lokaltypischen Geschmacksrichtungen gehören Sauersack, Tamarinde, Guavabeere und Ananas.

Top Carrot VEGETARISCH $
(☎544-3381; Welfare Rd, Simpson Bay Yacht Club; Gerichte 8–16 US$; ⏲7–17.30 Uhr; ❄ 📶 🌿) Das Lokal mit Boho-Flair serviert leckere Küche auf pflanzlicher Basis in entspannter Atmosphäre mit vielen Kissen. Daneben befindet sich ein New-Age-Laden, in dem unter anderem Kristalle und Kerzen verkauft werden. Es werden hausgemachter bulgarischer Joghurt, Selbstgebackenes wie Quiches und Zimtschnecken und marktfrische Salate aus hauptsächlich lokal angebauten Biozutaten angeboten. Es gibt auch eine große Auswahl an frisch gepressten Säften, Smoothies und Kräutertees.

Etwa ein Zehntel der Gerichte enthält Fleisch oder Fisch.

Bamboo SUSHI $$
(☎544-2693; www.bamboo-sxm.com; Welfare Rd; Maki & Nigiri 5–20 US$, Hauptgerichte 20–31 US$; ⏲Mo–Do 12–22, Fr–So bis 23 Uhr) Früher in Maho Bay ansässig, serviert das Bamboo seine berühmten Maui-Wowi- und Kuta-Rollen nun in den Shops im Einkaufszentrum Puerto del Sol. Mittlerweile umfasst das Speiseangebot auch Tacos mit Tigergarnelen, Ceviche und ein riesiges Rib-Eye-Steak vom Grill. Die Gerichte sind ästhetisch genauso ansprechend wie die Kundschaft und es gibt eine neue Cocktail-Lounge, in der man sich nach dem Essen näherkommen kann.

Karakter INTERNATIONAL $$
(☎523-9983; www.karakterstmaarten.com; 121 Simpson Bay Rd; Hauptgerichte 10–34 US$; ⏲9–22 Uhr oder länger; P 📶) Der lässige Strandclub neben dem Flughafen serviert Frühstück (inkl. frischem Orangensaft und starkem Kaffee) und Salate, Sandwiches und Burger zum Mittagessen. Als Hauptgerichte am Abend gibt's u. a. beliebte Klassiker wie Hummer und Schweinefleisch vom Grill sowie den veganen Burger „Impossible" und Spaghetti Bolognese. Jeden Abend und sonntagnachmittags gibt's Livemusik.

ℹ An- & Weiterreise

In Simpson Bay befindet sich der Princess Juliana International Airport (S. 772). Alle großen Mietwagenfirmen haben Büros an der Airport Road, eine kurze Fahrt vom Terminal (es fahren kostenlose Shuttles) entfernt. Taxis sind verfügbar. Busse fahren nach Philipsburg und Marigot, aber die An- und Abfahrtszeiten sind unberechenbar.

Der Fähranleger von Anguilla liegt rund 300 m vom Flughafenterminal entfernt. Fähren nach Saba und Saint-Barth legen beim Simpson Bay Resort ab.

SAINT-MARTIN

Der französische Teil der Insel ist entspannter und stärker bebaut als das niederländische Pendant und präsentiert sich als charmanter Mix aus weißen Sandstränden, exzellenten Restaurants und ländlichen Berghängen. In mehreren Regionen sind noch immer die Folgen von Hurrikan Irma sichtbar, das gilt vor allem für Orient Beach, Anse Marcel und Oyster Pond, doch im Großen und Ganzen hat sich die Gegend bemerkenswert gut erholt.

Marigot

Die Hauptstadt des französischen Teils der Insel, Saint-Martin, ist die Hafenstadt Marigot. Sie wird von einem Fort aus der Kolonialzeit weit oben auf einem Berg überragt. Marigot wurde durch den Hurrikan Luis 1995 fast völlig zerstört und von späteren Hurrikans wie Irma 2017 erneut schwer getroffen, aber ein paar historische Gebäude mit schmiedeeisernen Balkongeländern und Laternenpfählen aus der Belle Époque blieben unversehrt. Unten am Fähranleger bieten Verkäufer auf einem farbenfrohen Markt morgens ihre Waren feil, ansonsten gibt's jedoch abgesehen von mehreren *boulangeries* (Bäckereien) und einem Restaurant wenig Interessantes.

Sehenswertes

Fort Louis RUINEN

(Rue du Fort Louis; rund um die Uhr geöffnet) GRATIS Ein kurzer, aber steiler Anstieg führt zu den Überresten einer einst mächtigen Festung, die 1789 im Auftrag des Gouverneurs von Saint-Martin, Jean Sebastian de Durat, fertiggestellt wurde, um die Siedlung Marigot und deren Lagerhäuser voller Rum, Salz, Kaffee und Zuckerrohr am Hafen vor britischen und niederländischen Piraten zu schützen. Es steht seit Jahrhunderten leer, aber die Schautafeln auf Englisch und Französisch erklären seine Geschichte und schon die Aussicht ist Belohnung genug.

Von hier aus kann man Marigot, Simpson Bay, Baie Nettlé und bei klarer Sicht sogar Anguilla sehen. Bei den Kanonen auf der Anlage handelt es sich um Nachbauten.

Musée de Saint Martin MUSEUM

(Saint-Martin-Museum; www.museesaintmartin.e-mon site.com; 7 Rue Fichot; Mo–Fr 9–13 & 15–17 Uhr) GRATIS Unter den historischen Ausstellungsstücken befinden sich Tonfiguren von 550 v. Chr. (die ältesten je auf den Antillen entdeckten), von den Arawak hergestellte und verzierte Schmuckstücke und Muscheln und zeitgenössische Fotografien, die die Geschichte der Insel in diesem kleinen, aber sehr interessanten Museum zum Leben erwecken, von den Arawak (ab 3250 v. Chr.) bis zur europäischen Kolonialisierung. Auch die Inselmode aus den 1930ern ist zu sehen. Es gibt Schautafeln auf Englisch und Französisch.

Markt von Marigot MARKT

(Blvd de France; Essen Mi & Sa 7–15 Uhr, Kunsthandwerk, Souvenirs & Kleidung Mo, Di, Do & Fr 7–15 Uhr) Seit Hurrikan Irma gibt's weniger Verkäufer, dennoch lohnt der farbenfrohe Markt am Meer noch immer einen Besuch. Neben Kunst, Kunsthandwerk und Modeschmuck gibt's hiesigen Rum, z. B. den mit Baumrinde verfeinerten Mauby oder Shrub (mit zerstoßener Orangenschale), und frisch zubereiteten Kokosnusssaft. Einheimische kaufen hier samstags frisches Fleisch, mittwochs und samstags gibt's außerdem fangfrischen Fisch.

Produkte aus Korallen oder Schildkrötenpanzern sind illegal und sollten nicht gekauft werden. Auch die Kleider lohnen sich nicht, da es sich größtenteils um chinesische Importware handelt.

Schlafen & Essen

Marigot verwandelt sich abends praktisch in eine Geisterstadt, deswegen lohnt sich eine Übernachtung kaum, es sei denn, man muss einen Flieger oder eine Fähre am frühen Morgen erwischen. Wer dennoch über Nacht bleibt, trifft mit dem frisch renovierten Centr'Hotel eine gute Wahl.

Centr'Hotel HOTEL $

(0590-87-86-51; www.centrhotel.fr; 4 Rue du Général de Gaulle; Zi. 75–110 €;) Die Budgetunterkunft mit gutem Preis-Leistungs-Verhältnis hat nach umfassenden Renovierungsarbeiten in Folge von Irma im Juli 2019 neu eröffnet und liegt rund 500 m vom Fährhafen entfernt. Die 38 Zimmer sind einfach, aber hübsch eingerichtet. Von den vier Kategorien haben bis auf die Standardzimmer alle Küchenzeilen, während die Duplexeinheit und die Suite über eine Privatterrasse und einen Sitzbereich verfügen.

★ **Les Délices Créoles** KREOLISCH $

(www.facebook.com/creoledelightssxm; 19 Rue de La République; Frühstück 2–10 €, Hauptgerichte 10–14 €; ⏲ Mo–Sa 6.30–15.30 Uhr) Für ein bodenständiges und inseltypisches Essen empfiehlt sich dieses geschäftige Lokal, das oft schon lange ausverkauft ist, bevor es offiziell schließt. Am besten kommt man gegen Mittag, denn dann ist die Auswahl am größten. Zu den leckeren Gerichten gehören z. B. scharfe kreolische Garnelen, Rippchen, Schnapper vom Grill oder würziges Ziegencurry. Zudem gibt's die besten Johnnycakes (Maismehlfladenbrot) von Saint-Martin.

Ô Plongeoir INTERNATIONAL $$

(☎ 0590-87-94-71; www.oplongeoir.com; Front de Mer; Hauptgerichte 13–23 €; ⏲ Sept.–Juli Mo–Sa 8–23 Uhr; 📶) In dem lässigen Laden gegenüber dem Jachthafen kann man es sich auf einer gepolsterten Bank gemütlich machen und die schwache Silhouette von Anguilla in der Ferne bewundern. Spezialität des Hauses ist gerolltes Flankensteak mit Ziegenkäsefüllung, ebenso lecker und sättigend sind außerdem in Pastis flambierte Garnelen, Thunfischtatar und *mahi mahi* nach kreolischer Art.

Abends kann man sich hier Cocktails und Tapas schmecken lassen.

Praktische Informationen

Centre Hospitalier LC Fleming Saint Martin (Saint-Martin Medical Center; ☎ 0590-52-25-25, Notfälle 0590-52-26-29; www.chsaintmartin.org; Spring Concordia) Die Notaufnahme ist rund um die Uhr besetzt.

Postamt (25 Rue de la Liberté; ⏲ Mo–Fr 7–15, Sa 7.30–12.30 Uhr)

Touristeninformation (☎ 0590-87-57-21; www.st-martin.org; 10 Rue du Général de Gaulle; ⏲ Mo–Fr 9–17 Uhr) Begrenzte Auswahl an Broschüren und Karten.

ABSTECHER

BAIE NETTLÉ

Sandy Ground ist der lange, schmale und geschwungene Landstrich, der Marigot mit der exklusiven geschlossenen Wohnanlage Terres Basses verbindet. Der Bereich ist nicht gerade ansprechend (und eine No-Go-Area nach Einbruch der Dunkelheit), aber der Strand Baie Nettlé (Nettle Bay) mit seiner Aussicht auf Marigot und bis nach Anguilla ist ein wunderschöner weißer, flacher Sandstrand. Man sollte sich beim Schwimmen vor Strömungen und Unterwasserfelsen hüten!

An- & Weiterreise

Öffentliche Fähren (Gare Maritime de Marigot) nach Anguilla fahren von Marigots Fähranleger in der Marina Fort Louis ab, ebenso die **Voyager**-Fähren (☎ 0590-87-10-68; www.voy12.com; Gare Maritime de Marigot; einfache Fahrt/hin & zurück/Hin- & Rückfahrt am selben Tag ab 63/87/70 €) nach Saint-Barthélemy.

Es gibt Busverbindungen von Marigot nach Philipsburg und Grand Case, doch die An- und Abfahrtszeiten sind sehr unzuverlässig. Daher sind Taxis oder Mietwagen eher zu empfehlen.

Terres Basses

Terres Basses, auch die französischen Lowlands genannt, ist ein abschüssiges Plateau, das über zwei schmale Landstreifen mit dem restlichen Saint-Martin/Sint Maarten verbunden ist. Ursprünglich war das Gebiet eine Zuckerplantage, in den 1950er-Jahren wurde es jedoch von einem amerikanischen Bauunternehmer gekauft und in einen exklusiven geschlossenen Wohnbezirk mit privaten Villen und Grundstücken verwandelt. Geschäfte und Restaurants gibt's hier nicht, für Besucher am interessantesten sind die drei ruhigen ursprünglichen Sandstrände, die öffentlich zugänglich sind.

Sehenswertes

★ Baie Longue STRAND

(Long Bay) Baie Longue ist ein 3 km langer, endlos wirkender weißer Sandstrand mit Felsvorsprüngen, perfekt für lange Spaziergänge und ruhige Sonnenuntergänge. Das unglaublich türkisfarbene Wasser ist sehr ruhig. Der Eingang des Parkplatzes liegt gegenüber dem Salzsee Grand Étan.

Baie Rouge STRAND

Benannt nach seinem roten Sand, ist Baie Rouge ein langer, schöner Strand mit guten Schwimmmöglichkeiten. Obwohl er nur 150 m neben der Hauptstraße liegt, ist die Naturkulisse hier einladend. Wer zu seinem Schnorchelrevier gelangen möchte, schwimmt zum östlichen Rand des Strandes in Richtung des Felsvorsprungs. Von der französisch-niederländischen Grenze am Cupecoy Bay sind es 3 km in Richtung Nordosten.

Baie aux Prunes STRAND

(Plum Bay) Die Baie aux Prunes ist eine sanft geschwungene Bucht mit feinem goldenem Muschelsand und berühmt dafür, dass man hier bei ruhiger See gut schwimmen und schnorcheln, bei starkem Wellengang gut

NICHT VERSÄUMEN

ÎLET PINEL

Das kleine küstennahe **Inselchen** (Pinel Island; Grand Cul-de-Sac; Fähre hin & zurück 10 €; ⌚ Fähre Dez.–April 10–17 Uhr, Mai–Aug. & Nov. bis 16 Uhr) eignet sich ideal für einen sonnenverwöhnten Nachmittag. Der ruhige Strand an der Westseite ist wunderbar ursprünglich (er gehört zur Reserve Naturelle Saint-Martin), eignet sich wunderbar zum Baden und bietet ganz gute Schnorchelbedingungen. Ausrüstung verleiht **Caribbean Paddling** (www.caribbeanpaddling.com; Embarcadero de Pinel, Cul-de-Sac; Schnorchelausrüstung 10 € pro Tag; ⌚ Dez.–April 9.30–17 Uhr, Mai–Aug. & Nov Fr geschl., Sept. & Okt. geschl.) beim Fähranleger im französischen Cul-de-Sac, wo etwa alle 30 Minuten Boote zur Insel starten (5 Min., nur Bargeldzahlung). Das legere **Yellow Beach** (☎ 0690-33-88-33; Hauptgerichte 12–18 €; ⌚ 10–17 Uhr; 📶 👶) und das gehobenere **Karibuni** (☎ 0690-39-67-00; www.facebook.com/karibunipinel; Hauptgerichte 17–32 €; ⌚ 10–17 Uhr) sorgen für Verpflegung und vermieten Sonnenliegen (20 € für 2 Pers. inkl. Sonnenschirm).

Winzige Wege schlängeln sich vom Strand hinauf in das buschreiche Hinterland und zu zwei weiteren Stränden mit rauerem Seegang an der Nord- und Ostküste. Unterwegs lohnt es sich, nach Leguanen Ausschau zu halten.

Wer möchte, kann sich bei Caribbean Paddling ein Kajak oder Stand-up-Paddelboard mieten und damit nach Pinel übersetzen. So kann man außerdem unterwegs auf dem unbewohnten Inselchen **Petite Clef** mit den besten Schnorchelbedingungen in der Bucht einen Zwischenstopp einlegen. Mit ein wenig Glück entdeckt man Meeresschildkröten und Rochen.

surfen kann. Es gibt weder Serviceeinrichtungen noch Schatten, an einem klaren Tag kann man jedoch in der Ferne Saba erkennen. Ein Weg führt von der Rue de la Falaise hinab zum Strand.

Schlafen

Belmond La Samanna RESORT **$$$**
(☎ 0590-87-64-00; www.belmond.com/la-samana-st-martin; Baie Longue; DZ/Suite ab 990/1765 US$; ⌚ Nov.–Juli; P ❄ 📶 🏊) La Samanna ist eine der luxuriösesten – und teuersten – Unterkünfte auf der Insel. Mit Zugang zu einem wunderschönen Strand verfügt dieses tropische Refugium über ein hochmodernes Spa, zwei Pools, zwei Restaurants und Zimmer, Suiten und Villen mit luxuriöser Ausstattung wie Möbeln aus Mahagoni- und Teakholz, Tauchbecken, Dachterrassen und bodentiefe Fenster mit traumhaftem Ausblick.

An- & Weiterreise

Für die Erkundung der Gegend ist ein Taxi oder Mietwagen erforderlich.

Friar's Bay

Friar's Bay ist eine typische Postkartenbucht mit einem breiten Sandstrand, großartigen Sonnenuntergängen und zwei legendären Strandbars. Die beliebte hiesige Badestelle befindet sich direkt hinter dem Wohnbezirk Saint-Louis; der Weg ist ausgeschildert.

Wer auf der Suche nach einem ursprünglicheren Strand ist, macht sich zum nördlichsten Punkt des Strands von Friar's Bay auf und folgt dem holprigen Feldweg 450 m über eine Landzunge mit toller Aussicht auf Anguilla zur einsamen **Happy Bay**. Der ruhige feine Sandstrand ist ganz und gar „nackt" (wie auch viele, die dort entspannen), deswegen muss alles Notwendige mitgebracht werden.

Der hübsche geschützte Friar's Bay Beach ist eine nach Westen gerichtete Bucht mit zwei Strandbars, dem schicken **Friar's Bay Beach Café** (☎ 0690-49-16-87; Rue de Friar's Bay; Hauptgerichte 16–30 €; ⌚ Frühstück 9–11, Mittagessen 12–17, Bar ab 9 Uhr; 📶) und der flippigen **Kali's Beach Bar** (☎ 0690-49-06-81; Rue de Friar's Bay; Hauptgerichte 12–20 €; ⌚ 10 Uhr–Sonnenuntergang, Öffnungszeiten variieren; 📶), die berühmte Vollmondpartys ausrichtet. Beide verleihen Sonnenstühle und Sonnenschirme. Der Strand ist bei Einheimischen beliebt und läuft kaum Gefahr, von Kreuzfahrttouristen überrannt zu werden.

Um hierher zu gelangen, folgt man rund 2 km nördlich von Marigot der Abzweigung linker Hand unmittelbar vor der scharfen Rechtskurve. Der Strand selbst liegt rund 1,2 km von der Straße durch den Wohnbezirk Saint-Louis entfernt.

Grand Case

Das kleine Dorf Grand Case wird nicht umsonst die „Gourmet-Hauptstadt" der Karibik genannt. Jeden Abend wiederholt sich dasselbe Ritual auf der Straße am Strand, dem Boulevard de Grand Case, wenn die Restaurants ihre Speisekarten und Tagesangebote auf Tafeln vor ihrem Lokal aufstellen und potenzielle Kunden die Straße entlangspazieren, bis sie etwas Passendes gefunden haben. Hurrikan Irma wütete auch hier, doch die meisten Restaurants sind wieder geöffnet und bald sollen noch mehr dazukommen.

Auch wenn das Essen der Hauptanziehungspunkt ist: Es gibt auch schöne Strände zum Schwimmen und Schnorcheln. Weitere Aktivitäten umfassen Fallschirmspringen und sogar Parfümherstellung.

Aktivitäten

SXM Parachute FALLSCHIRMSPRINGEN

(0690-77-15-41; www.sxmparachute.com; Rte de l'Espérance, Aéroport de Saint-Martin Grand Case; Tandemsprung 280 €; Anfang Nov.–Ende April 9–19 Uhr) Den spektakulärsten Ausblick über die Insel hat man an Bord einer Cessna 206G. Danach folgt ein freier Fall aus 3000 m im Tandemsprung mit einem Fallschirmlehrer. Ein Video kostet 95 €, Fotos gibt's für 50 €. Abflug am Flughafen von Grand Case.

Tijon PARFÜM

(0690-22-74-70; www.tijon.com; 1 Rte de l'Espérance; Mo–Fr 9.30–17 Uhr, Sa & So nach Vereinbarung) In dem berauschenden Geschäft kann man nicht nur Parfüm, Kerzen, Seifen, Schmuck und Ähnliches erwerben, sondern auch in einem einstündigem Mischkurs lernen, wie man aus einer Auswahl von 300 Ölen seinen eigenen Duft herstellt (95 €, keine Anmeldung erforderlich). Zudem gibt's einen zwei- bis dreistündigen Workshop (159 €) zur Geschichte des Parfüms und über speziellere Mischverfahren.

Bei beiden Kursen gibt's eine Geschenketasche im Wert von bis zu 45 € inklusive. Wer nur wenig Zeit hat, wählt das Expressangebot, bei dem man bis zur vier Lieblingsöle wählt; die Mitarbeiter mischen daraus einen Duft und füllen diesen in eine hübsche Flasche (69 €).

Schlafen

In Grand Case gibt's einige der charmantesten Boutique-Hotels der Insel sowie einige preiswertere Unterkünfte.

Hotel Hevea GÄSTEHAUS $

(0690-29-36-71; www.hotelhevea.com; 163 Blvd de Grand Case; DZ 85–130 €, 3BZ/4BZ 143/150 €; Rezeption 7.30–12 & 16–19 Uhr; P) Dieses weitläufige Haus ist die ideale Wahl für alle, die persönliches Flair luxuriösem Komfort vorziehen, was nicht bedeutet, dass die neun charmant eingerichteten Zimmer nicht gut ausgestattet sind. Kühlschrank und Wasserkocher gehören zum Standard, zudem gibt's einen Gemeinschaftsbereich mit Mikrowelle und Esstisch. Gäste können SUPs, Kajaks und Strandhandtücher ausleihen.

Vor dem Grundstück serviert das hauseigene Café Frühstück.

★ **Grand Case Beach Club** RESORT $$$

(0590-87-51-87; www.grandcasebeachclub.com; 21 Rue de la Petite Plage; Zi. 370–625 €; P) Am ruhigeren nordöstlichen Ende des Strandes bietet dieses weitläufige Resort luftige, renovierte Zimmer mit Meerblick in niedrigen Gebäuden mit roten Dächern. Der glitzernde Pool liegt auf einem Felsvorsprung; es gibt ein Wassersportzentrum und ein paar Flossenschläge entfernt ein großartiges Schnorchelrevier; ein Tennisplatz ist auch vorhanden. Kinder unter 12 Jahren können kostenlos im Zimmer der Eltern übernachten.

Wer direkt beim Resort bucht, wird mit einer kostenlosen Flasche Wein begrüßt. Das hauseigene Café-Restaurant Sunset Café (S. 764) bietet grandiosen Meerblick.

★ **L'Esplanade** HOTEL $$$

(0590-87-06-55; www.lesplanade.com; Rte de l'Espérance; Wohnstudios/Lofts/Suiten 425/485/525 US$; P) Das romantische und ausgezeichnet geführte Hotel am Hang ist ein weitläufiger Zufluchtsort vor dem hektischen Grand Case mit hübschem Pool samt integrierter Bar, Spa und Gratis-Yogaunterricht. Die 24 luxuriösen und geräumigen Wohnstudios, Lofts und Suiten sind mit voll ausgestatteten Küchen, eigenen Terrassen mit Blick aufs Meer, Leinenbettwäsche und handgefertigten balinesischen Möbeln ausgestattet. Ein Fußweg führt zum Strand und Dorf.

Ein kostenloser Shuttle fährt hiesige Restaurants an. Frisch zubereitetes Frühstück kann am Vorabend bestellt werden.

★ **Le Temps des Cerises** BOUTIQUE-HOTEL $$$

(0590-51-36-27; www.ltc-hotel.com; 158 Blvd de Grand Case; DZ 290–340 €;) „Habe ein gutes Karma" ist das Motto dieser schicken, entspannten Anlage am Meer. Die acht Doppelzimmer mit Balkon sind in neutralen Farbtönen mit natürlichen Materialien wie polierten Holzböden und antiken Massivholzmöbeln ausgestattet; alle verfügen zudem über breite Doppelbetten und Minibar. Überall sieht man unkonventionelle Designelemente wie Gartenzwerge, alte Fahrräder und chinesische Zimmernummern. Im Preis inbegriffen ist die Nutzung von (nicht motorisiertem) Wasserspielzeug, Sonnenliegen und Sonnenschirmen.

Der offene Barbereich und das Restaurant sind bei Einheimischen und Besuchern gleichermaßen beliebt.

Le Petit Hotel BOUTIQUE-HOTEL $$$
(☎ 0590-29-09-65; www.lepetithotel.com; 248 Blvd de Grande Case; Wohnstudio/Suite inkl. Frühstück ab 475/635 US$; P ❄ 📶) Hinter einer mit marokkanischen Fliesen verzierten Fassade verstecken sich die zehn Zimmer dieser wunderbaren Boutique-Unterkunft. Sie haben Balkons mit Meerblick, balinesische Möbel, Frette-Bettwäsche und moderne Küchen. Die Suite bietet Platz für bis zu vier Personen. Die Balkons im obersten Stock liegen direkt in der Sonne, die darunter sind schattiger.

Essen & Ausgehen

Die besten Restaurants der Insel liegen am Boulevard de Grand Case. Wer es lokaltypischer mag, bestellt sich Hühnchen oder Schnapper vom Grill bei einem der *lolos* (Grillhütten) am Meer; dort ist das Essen sehr viel günstiger und genauso lecker.

★ **Lolos** GRILLRESTAURANTS $
(52 Blvd de Grand Case; Hauptgerichte 6–16 €; ⏲ 11–23 Uhr; 👪) Die bekannteste kreolische *lolo*-Küche von Saint-Martin wird in rund einem halben Dutzend offener Küchen zubereitet, in denen köstliche Rippchen, Kabeljaukrapfen, Hummer, Hühnchen und gefüllte Krabben auf großen Grills brutzeln. Beilagen wie Krautsalat, Kartoffelsalat, Reis und Bohnen oder frittierte Kochbananen kosten in der Regel ein paar Euro extra.

L'Ile Flottante FRÜHSTÜCK $
(☎ 0590-29-08-28; Blvd de Grand Case; Gerichte 3–7 €; ⏲ Di–So 6–18 Uhr; 📶) Auf der von Bougainvilleen geschmückten Terrasse wird auf Tischen mit Plastikdecken das früheste und günstigste Frühstück der Stadt serviert. Hier startet eine vorwiegend einheimische Klientel mit Croissants oder frisch zubereiteten Crêpes und Omeletts in den Tag.

Mittags kommen Sandwiches, Salate und der *plat du jour* (Tagesgericht) auf den Tisch. Die Mitarbeiter sprechen nur wenig Englisch, das sollte jedoch nicht von einem Besuch abhalten.

Le Temps de Cerises FRANZÖSISCH $$
(☎ 0590-51-36-27; www. tc-hotel.com; 158 Blvd de Grand Case; Hauptgerichte 20–32 €; ⏲ 8–22.30 Uhr; 📶) Mit seinem rustikal-eleganten Strandvilla-Flair samt Schaukelstühlen, dick gepolsterten Kissen auf einer Holzbank und

NICHT VERSÄUMEN

PIC PARADIS

Der 424 m hohe Pic Paradis, die höchste Erhebung der Insel, bietet eine tolle Aussicht und tolle Wandermöglichkeiten, auch wenn der paradiesische Name aufgrund der Funktürme nicht ganz passend ist. Die unwegsame Zugangsstraße dient der Instandsetzung und fungiert außerdem als Wanderweg. Bis zum letzten Haus dürfen Besucher aber fahren – nur den letzten Kilometer müssen sie zu Fuß gehen.

Der Abzweig zum Pic Paradis liegt 500 m nördlich der Kreuzung der Straße von Friar's Bay nach Grand Case mit der nach Colombier im Inselinneren. Die Straße 2 km in Richtung Inselinneres fahren, dann links an der Weggabelung abzweigen (ausgeschildert mit „Sentier des Crêtes NE, Pic Paradis") und 500 m bis zum letzten Haus weiterfahren, wo Parkmöglichkeiten vorhanden sind.

Man sollte keine Wertsachen im Auto lassen, da Aufbrüche häufig vorkommen. Am besten parkt man den Wagen unten und läuft nach oben, z. B. von der **Loterie Farm** aus (☎ 0590-87-86-16; www.loteriefarm.com; 103 Rte de Pic Paradis, Rambaud; Weggebühr 5 €, Pool & Liege 20 €, Cabañitas 75 €, Cabanas ab 190 €, Fly Zone 40 €, Fly Zone Extreme 60 €; ⏲ 9–17 Uhr; P 👪) 🍃, einem privaten Naturschutzgebiet mit einem Hochseilgarten, Ziplining, verschiedenen Wanderwegen, einem wunderbaren quellengespeisten Pool und einem Restaurant.

einer Hochterrasse über dem Sand sieht dieses Restaurant fast schon zu perfekt aus. Glücklicherweise überzeugt auch die mediterrane Speisenauswahl mit karibischen Anleihen. Das Hummer-Strandbarbecue am Samstag ist legendär (58 €).

Rainbow Café INTERNATIONAL **$$**
(☎ 0690-88-84-44; 176 Blvd de Grand Case; Hauptgerichte 18–35 €; ⊙ Di–So 9–22.30 Uhr; P 📶 ✍) Trotz des Namens leuchtet dieser von morgens bis abends geöffnete Strandclub im Sand von Grand Case purpurrot und nicht regenbogenfarben. Nicht nur die Fassade ist rot, sondern auch die Stühle und Schirme am Strand, wo man sich den ganzen Tag über Drinks und Snacks schmecken lassen kann. Das raffiniertere Abendessen genießt man am besten auf der luftigen Veranda. Gelegentlich steht Liveunterhaltung auf dem Programm.

Sunset Café FRANZÖSISCH **$$**
(☎ 0690-65-02-60; www.grandcasebeachclub.com; 21 Rue de la Petite Plage, Grand Case Beach Club; Hauptgerichte morgens 8,50–22 €, Crêpes 6–15 €, Mittag- & Abendessen 15–30 €; ⊙ 8–21.30 Uhr; 📶) In einer Gegend, in der es an jeder Ecke großartige Meerblicke gibt, ist das Sunset Café im Grand Case Beach Club (S. 762) mit seiner luftigen Terrasse, die über das glitzernde Wasser ragt, der klare Gewinner. Tagsüber gibt es sich leger und serviert Frühstücksteller, Tagesangebote, die an einer Tafel angeschrieben sind, Snacks sowie süße und herzhafte Crêpes, abends sorgt Kerzenlicht für eine elegantere Atmosphäre.

Le Cottage FRANZÖSISCH-KARIBISCH **$$**
(☎ 0690-62-26-86; www.lecottagesxm.com; 97 Blvd de Grand Case; Hauptgerichte 22–31 €, 3-Gänge-Menü mit Wein 79 €, 4-Gänge-Hummermenü 59 €; ⊙ Mo–Sa 17.30–22 Uhr; 🍷) Das Hummermenü mit gutem Preis-Leistungs-Verhältnis ist zweifellos das Aushängeschild von Le Cottage, daneben verwandelt Küchenchef David Hanquer jedoch auch andere lokale Fisch- und Fleischsorten in kulinarische Meisterwerke mit karibischen Aromen. Traditionalisten können sich über Foie gras, *escargot* (Schnecken) und *fromage* (Käse) freuen. Die Weinkarte ist hervorragend, wobei viele Tropfen auch glasweise serviert werden.

Le Pressoir FRANZÖSISCH **$$$**
(☎ 0590-87-76-62; www.lepressoirsxm.com; 32 Blvd de Grand Case; Hauptgerichte 34–45 €, 3-Gänge-Menü 65 €; ⊙ Mitte Okt.–Mitte Sept. Mo–Sa 18–23 Uhr; ❄) Le Pressoir verdankt seinen Namen der riesigen Salzpresse vor der Tür, ist in einem seltenen traditionellen kreolischen Haus von 1871 untergebracht und steht für gehobene Küche mit lässigem Unterton. Küchenchef Alexis bietet eine wechselnde Auswahl an großartigen Gerichten aus den besten saisonalen Zutaten vom Land und aus dem Meer sowie importierte Highlights wie Kaviar, Foie gras und Trüffel.

★ **Blue Martini** BAR
(☎ 0690-56-24-34; www.blue-martini.fr; 63 Blvd de Grand Case; ⊙ Mo–Sa 17.30–24 Uhr; 📶) Das legere, laute Blue Martini serviert französisch-karibische Snacks, lohnt mit seinem Ambiente und der Drinkauswahl jedoch vor allem am Tagesende einen Besuch. Besonders gut ist die Stimmung, wenn Bands im riesigen Garten u. a. mit Jazz und Reggae für Unterhaltung sorgen.

Der namensgebende Cocktail ist eine muntere Mischung aus Gin, Ananassirup und Zitronensaft, der ein Schuss blauer Curaçao die ozeanblaue Farbe verleiht.

ℹ An- & Weiterreise

Im Landesinneren unweit der Küste liegt der kleinere der zwei Flughäfen von Saint-Martin/Sint Maarten, der Aéroport de Saint-Martin Grand Case (S. 772). Es gibt Taxistände und Autovermietungsschalter für Unternehmen. Es verkehren Busse, die Fahrpläne sind jedoch nicht zuverlässig. Die besten Optionen sind Taxis und Mietwagen.

Anse Marcel

Die atemberaubende abgeschiedene Bucht von Anse Marcel liegt am Ende einer steilen, kurvigen Straße, die über eine Landzunge führt. Man entdeckt sie zunächst von hoch oben, wenn man runter zur Küste fährt. Das Dorf wurde von Hurrikan Irma hart getroffen und ist stellenweise noch immer eine riesige Baustelle. Zwei Luxusresorts und andere kommerzielle Unternehmen sollen nach und nach den Betrieb aufnehmen. Bis dahin hat man den paradiesischen Sandstrand quasi für sich.

◉ Sehenswertes

Petites Cayes STRAND
Petites Cayes ist einer der schönsten versteckten Strände der Insel. Er ist über den *Sentier des Froussards* (Froussards-Weg)

zu erreichen, einen schmalen, steilen und steinigen Weg durch den letzten unberührten Wald von Saint-Martin. Der 2,5 km lange Pfad zum Strand beginnt an der Straße, die nach Anse Marcel führt (ein Schild weist den Weg) und erfordert festes Schuhwerk. Er ist nicht ganz einfach, wer jedoch Privatsphäre schätzt und sich nicht daran stört, alles Notwendige selbst mitbringen zu müssen, für den lohnt er sich.

Bei hohem Wellengang lockt Petites Cayes zahlreiche Surfer an. Vom Strand aus führt der insgesamt rund 4,5 km lange Weg weiter Richtung Osten die Küste entlang bis nach Grandes Cayes.

Anse Marcel STRAND

Der wunderschöne weite weiße Sandstrand mit klarem saphirblauem Wasser wird von zwei großen Landzungen geschützt. Er ist ruhig und bei Familien beliebt. Schnorcheln ist hier besonders gut (und gefahrlos), besonders um die Landzungen herum. Vom Sand oder dem schicken Restaurant Anse Marcel Beach aus blickt man bis nach Anguilla. Caraïbes Watersports vermietet hier Schnorchelausrüstung.

Aktivitäten

Caraïbes Watersports WASSERSPORT

(☎ 0690-88-81-02; www.caraibeswatersports.com; ⏲ 9–17 Uhr) In der Strandhütte von Caraïbes Watersports gibt's ein gutes Angebot an Wassersportzubehör, darunter Kajaks und Stand-up-Paddelboards (30 € pro Std.), Schnorchelausrüstung (halber Tag 20 €) und Flyboards (120 € pro 30 Min.). Lohnenswert ist die 90-minütige Bootstour zum erstklassigen Schnorchelspot Creole Rock (55 €).

Essen

Anse Marcel Beach FRANZÖSISCH-KARIBISCH $$

(☎ 0690-26-38-50; www.ansemarcelbeach.com; Hauptgerichte 20–26 €; ⏲ Nov.–Mitte Aug. 12–14.30 Uhr; P 📶) Als erstes Restaurant, das im verwüsteten Anse Marcel wieder eröffnete, versprüht das Anse Marcel Beach elegantes Ambiente à la Côte d'Azur und liegt direkt am verführerischen Sand. Auf mit Leinen bedeckten Tischen unter der gefliesten Zeltterrasse werden raffinierte Salate und Meeresfrüchte serviert, alternativ bietet ein kleiner Pavillon eine Extraportion Privatsphäre. Die Leihgebühr für zwei Sonnenliegen und einen Sonnenschirm beträgt 23 €.

ℹ An- & Weiterreise

Nach Anse Marcel verkehren keine Busse, deswegen muss man sich um ein Taxi oder einen Mietwagen kümmern. Zudem legen Wassertaxis am Jachthafen an.

Orient Beach

Vor Hurrikan Irma war Orient Beach der glamouröseste Urlaubsort von Saint-Martin/Sint Maarten, bekannt für seine belebten Strandclubs und die FKK-Kultur. Die kleine Gemeinde wurde auf der Insel mit am schwersten von Irma getroffen. Und als ob Wind und Wasser nicht schon genug Unheil angerichtet hätten, vernichtete ein starker Sturm neben sämtlichen Strandbars auch die Vegetation und setzte der Unterwasserwelt des umliegenden Meeresschutzgebiets stark zu. Doch selbst Orient Beach ist wieder auf einem guten Weg. Mehrere Bars entlang des 2 km langen Sandstrands (darunter ein optionaler FKK-Bereich am Südende) sind wieder geöffnet, der Dorfplatz wird erneut von schicken Restaurants flankiert, Bäckereien und Geschäfte säumen die Avenue des Plages und Kitesurfer hüpfen über das ewig blaue Meer: Es gibt einfach nichts, das diesen Ort unterzukriegen könnte!

Aktivitäten

Wind Adventures WASSERSPORT

(☎ 0590-29-41-57; www.wind-adventures.com; ⏲ 8–18 Uhr) Das Wassersportzentrum befindet sich direkt auf dem Sand und vermietet Ausrüstung für viele Wassersportaktivitäten, inkl. Windsurfen (2 Std. 50 €), Kitesurfen (2 Std. ab 100 €), Stand-up-Paddeln (20 € pro Std.), Kajakfahren (2 Std. 22 €) und Segeln (2 Std. 75 €). Zum Angebot gehören außerdem Kurse und verschiedene Touren, von einstündigen Kajakfahrten nach Green Bay bis hin zu zweistündigen Katamaranausflügen nach Saint-Barth.

Schlafen & Essen

Die meisten Hotels und Resorts sowie Ferienwohnungen und -häuser liegen etwas vom Strand entfernt im Landesinneren. Budgetunterkünfte gibt's nicht.

Hotel La Plantation RESORT $$$

(☎ 0590-29-58-00; www.la-plantation.com; Baie Orientale; Wohnstudio/Suite inkl. Frühstück ab 291/422 €; ⏲ Mitte Okt.–Aug.; P ❄ 📶 🏊) Einen 450 m langen Fußmarsch vom Strand entfernt liegt dieses plantagenähnliche Resort. Die geräumigen Suiten und Wohnstudios verteilen sich über einen landschaftlich gestalteten Hang mit holzgedecktem Poolbereich und zwei Tennisplätzen. Alle Unterkünfte bieten Platz für sechs Personen und haben eine Terrasse und eine offene Küche. Auf der Anlage bietet ein Café Frühstücksbüfetts, Mittag- und Abendessen sowie Hummer an Montagabenden.

Am Dorfplatz befinden sich verschiedene Gourmetrestaurants, am Strand wiederum tagsüber geöffnete Strandbars, die auch Essen servieren. Günstigere Optionen wie eine Bäckerei und einen kleinen Supermarkt gibt's an der Avenue des Plages und in den Wohnvierteln abseits der Küste.

Le P'tit Bistro FRANZÖSISCH $$

(☎ 0690-74-50-93; The Village; Hauptgerichte 15–38 €; ⏲ Mi–Mo 17.30–22.30 Uhr) Das „kleine Bistro" steht für die Rückkehr zu traditioneller französischer Küche. Es gibt kaum ein Gericht ohne Käse, das gilt sogar für die Fischsuppe! Alles ist ziemlich lecker und wer es weniger kalorienreich möchte, bestellt einfach den Fang des Tages.

Kkô Beach Bar & Restaurant INTERNATIONAL $$

(☎ 0590-87-43-26; www.kakaobeachsxm.com; Orient Bay Beach; Hauptgerichte 15–29 €; ⏲ Mo–Sa 10–16, So bis 17 Uhr; 📶) Im Kkô (sprich „kakao"), dem schicksten der wieder eröffneten Strandclubs in Orient Bay, können Gäste im Schatten von strohgedeckten Strandbetten und kobaltblauen Sonnenschirmen die Zehen in den Sand bohren. Unter der Leitung des peruanischen Küchenchefs entstehen Gerichte wie *tiradito de salmon* (Lachs nach Sashimi-Art) und *lomo saltado* (Pfannengericht mit Rindfleisch), zu denen ein Pisco Sour von der Bar bestens passt.

Coté Plages FRANZÖSISCH $$

(☎ 0590-52-47-37; www.coteplages.com; The Village; Tapas 8–19 €, Hauptgerichte 14–29 €, 2-/3-Gänge-Menü 26/35 €; ⏲ Mo–Sa 18–22.30 Uhr; 📶) Das älteste Restaurant im Village überzeugt mit kulinarischen Kreationen, die bodenständig und aufregend zugleich sind. Wer möchte, kann sich einen lebendigen Hummer aus dem Wasserbecken aussuchen, alternativ gibt's Thunfischtatar, fangfrischen Fisch, der neben dem Tisch filetiert wird, und wunderbar cremigen gebratenen Camembert. Die Muschelabende finden meist donnerstags statt und sind inselweit bekannt.

Stachy's Hut BAR

(☎ 0690-57-41-30; www.facebook.com/stacheys hut; 69 Rue de Cul de Sac; ⏲ Öffnungszeiten variieren) Fragt man Einheimische nach Stachy's Hut, bekommen sie einen verträumten Gesichtsausdruck und erinnern sich (verschwommen) an Partynächte in dieser feierfreudigen Bar an der Straße nach Pinel Island. Der legendäre Stachy und sein Team mischen hochprozentige Getränke, darunter hausgemachten Buschrum, verfeinert mit „hiesigen Kräutern" und angeblich sogar einem Leguanschwanz; man weiß also, auf was man sich einlässt! Der beste Abend ist der Freitag mit Live-Reggae.

Einige der besten Bands der Insel unterhalten die schunkelnden, trinkenden und flirtenden Gäste dieser charmant heruntergekommenen, von recyceltem Holz und Wellblech zusammengehaltenen Bar bis in die Morgenstunden. Als Dekor dienen Originalkunst und Strandgut aus der ganzen Welt. Unter der Woche geht's ruhiger zu, dann lohnt es sich, die Angebote von der Tafel zu probieren; meist handelt es sich dabei um Fisch und Fleisch nach kreolischer Art vom Grill in der winzigen Küche.

Bikini Beach BAR

(☎ 0590-77-39-90; www.bikinisxm.com; Orient Bay Beach; ⏲ Mo–Do 9–21, Fr–So bis 22 Uhr; 📶) Die alteingesessene Strandbar versprüht seit ihrer Wiedereröffnung nach Hurrikan Irma lässig-elegantes Flair. Gäste lassen sich tropische Getränke und karibisch-französische Leckereien wie im Bananenblatt gebackenen Schnapper (Hauptgerichte 16–26 €) auf der Steinterrasse inmitten junger Palmen schmecken oder entspannen sich auf einer Sonnenliege unter einem limettengrünen Sonnenschirm.

Kontiki BAR

(☎ 0690-66-24-25; www.facebook.com/kontiki beachsxm; Orient Bay Beach; ⏲ 9–18 Uhr oder später; 📶) Die Wohlfühloase, ein Labyrinth aus Treibholz, Hütten, Liegestühlen mit Polstern und roten Sonnenschirmen, bietet hiesiges und europäisches eisgekühltes Bier sowie eine kleine, aber feine Weinauswahl, frisch gepresste Säfte und eine große Cocktailkarte. DJs legen jeden Sonntag bei Strandpartys auf.

Gegen den Hunger helfen Fisch und Fleisch vom Grill sowie eine kleine Auswahl an asiatischen Gerichten (Hauptgerichte 17–32 €).

An- & Weiterreise

Busse fahren in unregelmäßigen Abständen von Marigot und Philipsburg hierher, Taxis oder Mietwagen sind jedoch die verlässlichere Option.

Oyster Pond

Die niederländisch-französische Grenze führt mitten durch Oyster Pond, eine atemberaubende Bucht am Atlantik zwischen zwei zerklüfteten Hügeln. Bis Hurrikan Irma ihr Herzstück, den berühmten Jachthafen Captain Oliver's Marina, auslöschte, galt dieser als wichtiges Ziel schlechthin für Jacht- und Bootsbesitzer. Von der langsamen, jedoch stetigen Erholung zeugen die Wiedereröffnung zahlreicher Hotels und Restaurants sowie die erneute Inbetriebnahme der täglichen Fähre nach Saint-Barth.

Schlafen & Essen

Colombus Hotel HOTEL $

(0590-87-42-52; 29 Rue de l'Escale; Wohnstudio ab 103 €, 1-/2-Zi.-Apt. ab 140/171 €;) In dem preisgünstigen kleinen Hotel erwarten Gäste erholsame Nächte. Die um einen gepflegten Pool angeordneten Wohnstudios und Apartments haben Mikrowelle, Kühlschrank und Kaffeemaschine. Die Terrassen sind groß genug, um darauf Yogaübungen zu machen. Im Preis inbegriffen sind Steuern und Servicegebühren.

★ **Les Balcons d'Oyster Pond** BUNGALOWS $$

(0690-75-58-71; www.lesbalcons.com; 15 Ave du Lagon; Bungalows 145–245 €;) Die charmante Anlage mit preisgünstigen Bungalows wurde nach Irma komplett neu gestaltet und thront auf einem Hügel inmitten tropischer Gärten mit atemberaubender Aussicht über die Bucht und den verschlafenen Jachthafen darunter. Die Unterkünfte sind unterschiedlich eingerichtet, verfügen aber alle über eine eigene Terrasse mit Gasgrill und Küche. Es gibt zwei Häuschen mit eigenem Tauchbecken.

Oasis PIZZA $

(0690-76-64-27; www.oasissxm.com; Residence les Rochers; Pizza 10–16 US$, Hauptgerichte 17–29 US$; 7.30–10.30, 12–14 & 18–22 Uhr) Sanft beleuchtete Palmen rund um den Speisebereich verleihen diesem beliebten Restaurant auf der französischen Seite idyllisches Ambiente. Spezialität des Hauses sind die knusprig dünnen, lecker belegten Pizzas, gut schmecken jedoch auch Linguine mit Muscheln oder Rinderfilet mit Foie gras und Trüffelöl. Es gibt auch Frühstück.

BZH INTERNATIONAL $$

(0690-10-16-01; www.facebook.com/bzhsxm; Ave du Lagon; Gerichte 5–17 €; Mo–Sa 11–14.30 & 17.30–22 Uhr;) Das bretonisch-internationale BZH ist bei den Einheimischen bekannt für seine Pizzas, darunter die Varianten BZH (Tomaten, Zwiebeln, Rinderhack und Ei) oder La Calabraise (Speck, Ei und Oliven), außerdem kommen kreative Salate, süße Crêpes, herzhafte Galettes, Burger, Pasta und Rindertatar auf den Tisch.

Pizzas werden bei einer Bestellung über 20 € in ganz Oyster Pond ausgeliefert. BZH steht für „Breizh", das bretonische Wort für „Bretagne".

Quai Ouest FRANZÖSISCH $$

(0690-73-76-01; www.captainolivershotel.com; Captain Oliver's Marina; Hauptgerichte 19–29 €; Mo–Sa 18–22 Uhr) An einem idyllischen Ort mit überdachter Terrasse und erstklassiger Sicht auf den Jachthafen kämpfte sich dieses kleine Lokal nach Irma zurück und verwöhnt nun seine hungrigen Gäste mit französischer Hausmannskost wie Bœuf bourguignon, Entenbrust oder Lammkeule. Man sollte früh kommen, um für den Sonnenuntergang einen Tisch zu ergattern.

An- & Weiterreise

Unregelmäßig fahren Busse auf der Strecke zwischen Marigot und Philipsburg, aber ein Taxi oder ein eigener Pkw sind eher zu empfehlen. Die täglich verkehrende Fähre von **Voyager** (0590-87-10-68; www.voy12.com; Captain Oliver's Marina; einfache Fahrt/hin & zurück/Hin- und Rückfahrt am selben Tag ab 63/87/70 €) benötigt für die Fahrt nach Saint-Barth eine halbe Stunde.

SAINT-MARTIN/SINT MAARTEN VERSTEHEN

Geschichte

Eintausend Jahre lang war Saint-Martin/Sint Maarten nur dünn von den Arawak und später von den wilderen Kariben besiedelt. Sie benannten die Insel Soualiga, nach den Brackwasserteichen, die das Ansiedeln erschwerten.

Kolumbus segelte am 11. November 1493 an der Insel vorbei, am Namenstag von Martin von Tours also, nach dem er die Insel Isla de San Martin benannte. Aber die Niederländer waren die Ersten, die die Insel nutzten, und zwar als schönen Zwischenstopp zwischen den Niederlanden und ihren Kolonien in Brasilien und New Amsterdam (New York City). Nach einigen vergeblichen Versuchen der Spanier, die Insel, die über zahlreiche lukrative Salzlagerstätten verfügte, zurückzuerobern, kämpften die Franzosen und die Niederländer um die Kontrolle über die Insel.

Die Legende besagt, dass sich die Niederländer und die Franzosen darauf einigten, Saint-Martin/Sint Maarten mittels eines Marschs, der in Oyster Pond begann, aufzuteilen. Die Franzosen marschierten Richtung Norden und die Niederländer Richtung Süden. Während die Franzosen ihren Durst mit Wein stillten, brachten die Niederländer *jenever* (Niederländischen Gin) mit. Auf ihrem Marsch mussten Letztere einen Stopp einlegen, um ihren Rausch auszuschlafen, was dazu führte, dass die Franzosen einen größeren Teil des Landes für sich beanspruchen konnten.

Saint-Martin wurde eine Insel voller Plantagen wie viele seiner Nachbarinseln. Das Ende der Sklaverei (1848 im französischen; 1863 im niederländischen Teil) beendete die Ära des Plantagenbooms, und im Jahr 1930 bestand die Bevölkerung nur aus 2000 wagemutigen Einwohnern. Die Insel wurde 1939 eine zollfreie Zone. 1943, während des Zweiten Weltkriegs, baute die US Navy auf der Insel große Landebahnen, um sie als Stützpunkt in der Karibik zu nutzen. Die Franzosen schlugen daraus Kapital, indem sie diese Landebahnen nutzten, um Touristen einzufliegen. Bis zu den 1950ern ließ das die Einwohnerzahl von Saint-Martin/Sint Maarten auf 70 000 steigen und machte den Tourismus zur wichtigsten Industrie in beiden Teilen der Insel.

In den 1980ern führte Arubas Abspaltung von den Niederländischen Antillen auch auf Saint-Martin/Sint Maarten dazu, dass eine größere Unabhängigkeit von den beiden Mutterländern gefordert wurde. Im Jahr 2000 waren die niederländischen Bewohner die Ersten, die einen „Status Aparte“ mit den Niederlanden vereinbarten. Der französische Teil folgte im Jahr 2003, als er sich bei einer Wahl dafür entschied, sich von Guadeloupe abzuspalten und sein eigenes Überseegebiet (Collectivité de Saint-Martin) zu gründen. 2010 lösten sich die Niederländischen Antillen auf, was Sint Maarten seiner Unabhängigkeit näherbrachte – es wurde nun offiziell als autonomer Landesteil des Königreichs der Niederlande anerkannt.

Bevölkerung & Kultur

Saint-Martin/Sint Maarten ist wie kein anderer Ort in der Karibik ein Schmelztiegel der Kulturen. Die Insel hat hauptsächlich afrikanische, französische und niederländische Wurzeln, aber auch die Einwanderer aus jüngerer Zeit, zum Beispiel aus der Dominikanischen Republik, Haiti und China, brachten ihre eigenen Elemente in die multikulturelle Gesellschaft ein. Aktuell leben auf der Insel Menschen aus 120 Nationen, die über 80 Sprachen sprechen – in Saint-Martin aber dominiert Französisch, in Sint Maarten Englisch.

Saint-Martin/Sint Maarten hat sich besser auf den Tourismus eingestellt als die anderen Inseln in der Gegend. Man trifft kaum auf Menschen, die auf der Insel geboren wurden. Als das kleinste Gebiet der Welt, das in zwei Nationen aufgeteilt ist, sind beide Teile symbiotisch miteinander verflochten; jeder Teil zieht auf unterschiedliche Weise Touristen an. Der französische Teil hält seine europäischen Wurzeln in Ehren und legt großen Wert auf gutes Essen und einen entspannten Lebensstil. Im niederländischen Teil liegt der Kreuzfahrthafen und er ist viel mehr mit festen, hurrikanbeständigen hohen Betongebäuden zugebaut. Die Dutzende Herrenclubs, Casinos und Strandbars stehen für die Ausschweifungen hier. Aber es gibt an der Küste auch viele Wassersportmöglichkeiten.

Natur & Umwelt

Die Westseite der Insel besteht aus mehr Wasser als Land und wird von der weitläufigen Simpson-Bay-Lagune dominiert – eines der größten von Land umgebenen Gewässer der Karibik; es gibt hier viele Anlegeplätze für Boote. Das Inselinnere ist hügelig, der höchste Berg, der Pic Paradis, erhebt sich 424 m aus der Mitte des französischen Inselteils.

Auf Saint-Martin/Sint Maarten kann man wunderbar Vögel beobachten, über 100 verschiedene Vogelarten sind dokumentiert, darunter etwa 60 Zugvogelarten

PRAKTISCH & KONKRET

Maße & Gewichte In beiden Teilen der Insel gelten das metrische System und die 24-Stunden-Uhr.

Rauchen In beiden Teilen der Insel ist das Rauchen in allen geschlossenen öffentlichen Räumen inkl. Hotelzimmern, Restaurants, Cafés und Bars verboten. Es ist aber in Außenbereichen wie Terrassen erlaubt – und dort ist man auch dem Rauch ausgesetzt.

wie Nachtreiher, Seidenreiher, Pelikane und Aztekenmöwen, die regelmäßig die Salzseen auf der Insel aufsuchen. An der Küste gibt's Fregattvögel zu beobachten und in den Gärten Kolibris und Zuckervögel mit gelber Brust. Libellen und Schmetterlinge gibt's überall auf der Insel.

Die einzigen heimischen Säugetiere sind Fledermäuse, von denen es acht verschiedene Arten gibt. Des Weiteren gibt's Mungos, Waschbären, Leguane, Geckos, Land- und Meeresschildkröten und mehrere Arten von Laubfröschen.

Die Gewässer auf dem gesamten niederländischen Teil, von Cupecoy Bay bis Oyster Pond, sind durch den Sint Maarten Marine Park geschützt. Ein Großteil des französischen Teils gehört zum Naturschutzgebiet Réserve Naturelle de Saint-Martin.

PRAKTISCHE INFORMATIONEN

Allgemeine Informationen

AKTIVITÄTEN

Saint-Martin/Sint Maarten ist ein toller Urlaubsort für Familien und Abenteuerlustige. Wassersport ist am beliebtesten, aber es gibt auch zahlreiche Outdoor-Aktivitäten an Land, wie Reiten, Wandern, Ziplining und Fallschirmspringen.

Kulturelle Aktivitäten umfassen zum Beispiel kulinarische Touren durch Rumbrennereien und Parfümherstellung-Workshops.

Tauchen & Schnorcheln

In Saint-Martin/Sint Maarten gibt's rund 17 Tauchstätten. Ein Großteil davon befindet sich südlich und südöstlich der Insel. Der beliebteste Wrack-Tauchspot ist **Proselyte Reef**, südlich von Philipsburg, wo 1802 die 42 m lange, mit 32 Kanonen bestückte britische Fregatte *HMS Proselyte* in 15 m Tiefe sank.

Andere erstklassige Tauchreviere sind **Maze**, wo Käfigtauchen angeboten wird und es Meeresschildkröten, Skalare, Schwärme und Korallen gibt, und **One Step Beyond**, wo man größere Fischschwärme mit Barrakudas, Hummern und Haien sieht.

Weitere Informationen und Links zu hiesigen Tauchschulen gibt's unter https://travel.padi.com/d/sint-maarten. Erfahrene Taucher sollten einen Tagesausflug auf die Nachbarinsel Sint Eustatius oder Saba in Erwägung ziehen.

Die besten Schnorchelbedingungen bietet Creole Rock zwischen Grand Case und Anse Marcel im französischen Teil. Ganz gut sind diese außerdem im seichten Wasser rund um die Îlet Pinel und Petite Clef sowie in den geschützten Buchten und tektonischen Verwerfungen der Insel Tintamarre.

BARRIEREFREI REISEN

Die Landschaft in Saint-Martin ist zwar zerklüftet und bergig, aber sie ist touristisch stark entwickelt, sodass Besucher mit Behinderung relativ beschwerdefrei über die Insel reisen können. Städte und Dörfer an der Küste sind größtenteils flach und Rollstuhlrampen in Geschäften und Restaurants in Philipsburg recht weit verbreitet.

Viele Resorts verfügen über rollstuhlgerechte Zimmer und Badezimmer mit Geländern und barrierefreien Duschen. Nicht alle Toiletten in Restaurants sind für Rollstuhlfahrer ausgestattet – vor der Reservierung bitte abklären.

BOTSCHAFTEN & KONSULATE

- Für **Deutsche** fällt Saint-Martin in den Amtsbezirk des Honorarkonsulats auf Martinique (☎ 0590-26-97-77; fort-de-france@hk-diplo.de; 106 Impasse Lareinty, Le Lamentin). Auch **Österreich** und die **Schweiz** unterhalten keine eigenen Vertretungen auf der Insel. Zuständig wären hier die jeweiligen Botschaften in Paris.
- **Deutschland**, **Österreich** und die **Schweiz** haben keine Vertretungen auf Sint Maarten. Zuständig sind die jeweiligen Generalkonsulate bzw. Botschaften im niederländischen Amsterdam (Deutschland) bzw. Den Haag (Österreich, Schweiz).

ESSEN

Grand Case im französischen Teil ist das Feinschmeckerzentrum der Insel. Es gibt auch einige

PREISKATEGORIEN ESSEN

Die folgenden Preise beziehen sich auf ein Hauptgericht.

**$** bis 15 US$

**$$** 15–30 US$

**$$$** über 30 US$

tolle versteckte Strandbar-Restaurants und *lolos* (Grillrestaurants) an der Küste. Viele Resorts verfügen über erstklassige Restaurants. Im Kreuzfahrthafen Philipsburg gibt's hauptsächlich Fast-Food-Restaurants und legere Cafés (von unterschiedlicher Qualität) – neben immerhin einigen empfehlenswerten Ausnahmen.

Die zwei Supermärkte mit dem besten Angebot sind **Marché U** (☎ 0590-29-54-32; www.magasins-u.com; Rue de Hollande, Howell Center; ⏲ Mo–Sa 8–20, So 8–12.45 Uhr) im französischen und Carrefour (S. 755) im niederländischen Teil.

FEIERTAGE

Neujahr 1. Januar (in beiden Teilen)
Karfreitag März/April (niederländischer Teil)
Ostersonntag März/April (niederländischer Teil)
Ostermontag März/April (in beiden Teilen)
Königstag (Koningsdag) 27. April (niederländischer Teil)
Tag der Arbeit 1. Mai (in beiden Teilen)
Tag der Befreiung 8. Mai (französischer Teil)
Rosenmontag Montag vor Aschermittwoch (in beiden Teilen, inoffizieller Feiertag)
Faschingsdienstag Dienstag vor Aschermittwoch (in beiden Teilen, inoffizieller Feiertag)
Aschermittwoch Februar/März (in beiden Teilen, inoffizieller Feiertag)
Christi Himmelfahrt 40. Tag nach Ostern (in beiden Teilen)
Abschaffung der Sklaverei 27. Mai (französischer Teil)
Pfingstsonntag Siebter Sonntag nach Ostern (niederländischer Teil)
Pfingstmontag Achter Montag nach Ostern (französischer Teil)
Unabhängigkeitstag 1. Juli (niederländischer Teil)
Sturm auf die Bastille 14. Juli (französischer Teil)
Mariä Himmelfahrt 15. August (französischer Teil)
Tag der Verfassung 9. Oktober (niederländischer Teil)
Allerheiligen (Toussaints) 1. November (französischer Teil)
Sint-Maarten-Tag 11. November (in beiden Teilen)
Weihnachten 25. Dezember (in beiden Teilen)
Weihnachten 26. Dezember (niederländischer Teil)

FREIWILLIGENARBEIT

➡ Es wird empfohlen, sich mit der französischen oder niederländischen Botschaft im Heimatland in Verbindung zu setzen, um zu klären, ob Freiwilligenarbeit Auswirkungen auf den Visastatus hat.

➡ Einheimische und Besucher gleichermaßen können sich bei der jährlichen Heineken Regatta (S. 757) einbringen.

➡ Wer bei der Beobachtung von Tieren wie Meeresschildkröten oder bei einem der zahlreichen Wiederaufbauprojekte helfen will, kann die Nature Foundation Sint Maarten (www.naturefoundationsxm.org) kontaktieren.

➡ SXM Doet (www.doet.com) organisiert verschiedene Projekte, für die freiwillige Helfer nötig sind, beispielsweise Strandsäuberungen oder das Desinfizieren von Spielsachen in Kinderkrippen.

GELD

Im französischen Teil ist der Euro die offizielle Währung, im niederländischen Teil der Antillen-Gulden (NAf). Letzterer ist jedoch nicht im Umlauf und tatsächlich ist der US-Dollar das Hauptzahlungsmittel. Dieser wird auch in Saint-Martin akzeptiert.

Bei Barzahlungen gilt für Dollar und Euro in beide Richtungen teils ein Wechselkurs von 1:1. Je nach Bankenwechselkurs des Euro zum Dollar kann das zum Nachteil des Bezahlenden ausfallen.

Da nicht alle Geldautomaten ausländische Bankkarten akzeptieren, sollte man immer Bargeld bei sich haben.

Kreditkarten werden fast überall akzeptiert, das gilt auch für ausländische Karten.

Trinkgeld

Hotels Viele (aber nicht alle) Hotels und Restaurants berechnen 15 % als Bedienungsgeld. In dem Fall wird kein Trinkgeld fällig (ansonsten 15 % der Rechnung).
Restaurants Gäste zahlen meist einen geringen Betrag für außergewöhnlich guten Service.
Taxis Rund 10 bis 15 %.

Wechselkurse

Eurozone	1 €	1,08 US$
Schweiz	1 Sfr	1,02 US$

Aktuelle Wechselkurse findet man unter www.xe.com.

INTERNETZUGANG

WLAN ist in weiten Teilen der Insel in Hotels, Cafés und Bars sowie an den Flughäfen verfügbar.

LGBT-REISENDE

Die gleichgeschlechtliche Ehe ist in beiden Teilen der Insel rechtlich anerkannt, aber im französischen Teil sind die Leute generell toleranter – auch hier reagiert der ein oder andere aber mit Befremden. Es ist also zu empfehlen, auf Zuneigungsbekundungen in der Öffentlichkeit zu verzichten, vor allem außerhalb von touristischen Zielen. In der Regel können gleichge-

TRINKWASSER

Das Leitungswasser kommt in beiden Teilen der Insel aus Entsalzungsanlagen. Im Allgemeinen ist es gefahrlos, dieses zu trinken – aber es schmeckt nicht gerade gut. Daher trinken die Einheimischen eher abgefülltes Wasser.

schlechtliche Paare problemlos ein Doppelzimmer buchen. Weitere Tipps und Einblicke liefert www.gaysintmaarten.com.

MEDIZINISCHE VERSORGUNG

Auf der Insel gibt's zwei kleine, aber gut ausgestattete Krankenhäuser.

St. Maarten Medical Center (S. 756) Das größte Krankenhaus der Insel liegt westlich von Philipsburg; die Notaufnahme ist rund um die Uhr besetzt.

Centre Hospitalier LC Fleming Saint-Martin (S. 760) In Marigot im französischen Teil; die Notaufnahme ist rund um die Uhr besetzt.

NOTFALL

Krankenwagen (Saint-Martin)	✆15
Polizei (Saint-Martin)	✆17
Allgemeiner Notfall (Sint Maarten)	✆911
Krankenwagen (Sint Maarten)	✆912
Polizei (Sint Maarten)	✆911

ÖFFNUNGSZEITEN

Manche Freizeitveranstalter, Hotels, Bars und Restaurants schließen im September und/oder Oktober.

Geschäfte & Supermärkte Mo–Sa 8–20, So 9–13 Uhr

Restaurants Mittagessen in beiden Teilen 11.30–14.30 Uhr; Abendessen französischer Teil 19–22 Uhr, niederländischer Teil 17–22 Uhr

SICHER REISEN

Im Großen und Ganzen gelten Sint Maarten und Saint-Martin als weitestgehend sicher, auch wenn Gelegenheitsverbrechen wie Taschen- und Handtaschendiebstähle vorkommen.

- Zu Gegenden, die nachts zu meiden sind, gehören Sandy Ground (2 km südwestlich von Marigot), Quartier d'Orléans (3 km südlich von Orient Beach) und Lower Prince's Quarter (das Gebiet unmittelbar nördlich von Philipsburg).
- Im Parkbereich auf dem Pic Paradis werden häufig Autos aufgebrochen, deswegen sollte man diesen meiden oder keine Wertsachen im Wagen lassen.
- Die gebietsweite Ausbreitung der Sargassum-Algenblüte, die auf Saint-Martin/Sint Maarten erstmals 2011 und 2012 zu beobachten war, traf die Strände an der Ostseite, darunter Orient Beach, Grand Cul-de-Sac und Dawn Beach, erneut 2019. Je nach Dichte des Algenteppichs ist das Baden in betroffenen Gewässern unangenehm bis unmöglich. Wird dieser nicht entfernt, setzt er einen schwefeligen Geruch frei, der zu Atembeschwerden führen kann.

Mietwagenverleih

- Man sollte keinerlei Habseligkeiten in einem geparkten Mietwagen zurücklassen. Das gilt vor allem in abgeschiedenen Gegenden und für Großparkplätze, wobei man im Grunde überall davon absehen sollte. Selbst wenn das Diebesgut von geringem Wert ist, muss man eventuell die Kosten für die Reparatur des beschädigten Fensters übernehmen.
- Vor Nutzung des Mietwagens empfiehlt es sich, die Autotüren zu prüfen – viele haben Schäden von vergangenen Aufbrüchen.
- Bei Abholung des Mietwagens sollte man diesen per Smartphone fotografieren oder filmen, damit das Verleihunternehmen im Nachhinein keinerlei Ansprüche wegen bereits bestehender Schäden geltend machen kann.

STROM

Französischer Teil: 220 V, 60 A, Eurostecker; niederländischer Teil: 110 V, 60 A, amerikanischer Flachstecker.

TELEFON

- Saint-Martins Vorwahlnummer lautet 590; Sint Maartens 1-721.
- Saint-Martins zehnstellige Festnetznummern beginnen mit 0590, die zehnstelligen Mobilfunknummern beginnen mit 0690.
- Rufnummern auf Sint Maarten sind siebenstellig; Festnetznummern beginnen mit 54, Mobilfunknummern mit 55.
- Anrufe zwischen den beiden Teilen gelten als Auslandsgespräche.
- Bei Auslandgesprächen in beiden Teilen der Insel die 00 vorwählen.
- Um vom niederländischen im französischen Teil anzurufen (im Fest- und Mobilnetz), muss man 00-1-721 und dann die siebenstellige Nummer wählen.
- Um vom französischen im niederländischen Teil anzurufen, muss man 00-590 wählen, die „0" weglassen und dann die übrigen neun Ziffern wählen.

Handys

Über Kapazitäten und Kosten des Roaming informiert der jeweilige Anbieter in der Heimat. Telem und UTS (Chippie) dominieren den Markt im niederländischen Teil, Orange und Dauphin den im französischen Teil. Postämter und Supermärkte verkaufen Prepaid-SIM-Karten, die in ungesperrten Telefonen funktionieren.

PREISKATEGORIEN UNTERKUNFT

Die folgenden Preise beziehen sich auf ein Doppelzimmer mit Bad in der Hauptsaison (Mitte Dezember bis Mitte April).

**$** bis 150 US$

**$$** 150–300 US$

**$$$** über 300 US$

UNTERKUNFT

Hurrikan Irma zerstörte viele Unterkünfte, insbesondere im französischen Teil, das Angebot wächst jedoch allmählich wieder. Am besten bucht man im Voraus, besonders in der Hauptsaison (Mitte Dezember bis Mitte April).

Große Resorts dominieren Maho, Mullet Bay und Simpson Bay im niederländischen Teil. Auf der französischen Seite sind die Unterkünfte klein und reichen von einfachen Hotels bis hin zu schicken Villen. In Grand Case gibt's einige Boutique-Hotels.

ZEIT

Saint-Martin/Sint Maarten unterliegt der Atlantischen Standardzeit (MEZ minus 5 Std., MESZ minus 6 Std.). Es gibt keine Umstellung auf Sommerzeit.

An- & Weiterreise

FLUGZEUG

Am **Princess Juliana International Airport** (SXM; ☎546-7542; www.sxmairport.com; Airport Rd) (SXM) im niederländischen Teil kommen alle Interkontinentalflüge an und starten von dort aus. Die großen Fluglinien wie American, Delta, JetBlue, Spirit und United fliegen die Insel von Nordamerika aus an. Air France verbindet die Insel mit Paris und KLM bietet Flüge aus Amsterdam an. Der Flughafen ist ein wichtiger Knotenpunkt für die Region. Es gibt Flüge nach Anguilla, Antigua, Curaçao, Guadeloupe, Montserrat, Saba, Sint Eustatius, Saint-Barthélemy, St. Kitts, Saint Thomas, Tortola und Trinidad. Regionale Fluglinien wie LIAT (www.liat.com), Winair (www.fly-winair.com), Air Antilles (www.airantilles.com) und Saint-Barth Commuter (www.stbarthcommuter.com) fliegen Sint Maarten an.

Der Aéroport de Saint-Martin Grand Case (L'Espérance; SFG; ☎0590-27-11-00; www.saintmartin-airport.com; Rte de l'Espérance) im französischen Teil fliegt mit Propellerflugzeugen Anguilla, Saint-Barthélemy, Guadeloupe und Martinique an. Er wird ebenfalls von Air Caraïbes (www.aircaraibes.com), Air Antilles und Saint-Barth Commuter angeflogen.

FLUGHAFENGEBÜHREN

Bei Flügen ist die Flughafengebühr im Ticketpreis enthalten.

Die Ausreisesteuer für Fähren richtet sich nach Fahrtziel, Anbieter und Abfahrtsort. Das Spektrum reicht dabei von 3 US$ für eine öffentliche Fähre von Marigot nach Anguilla bis zu 10 US$ für Fahrten nach Saba oder Saint-Barth. Bei manchen Unternehmen ist die Steuer im Ticketpreis enthalten.

ÜBERS MEER

Fähre

Fähren legen von Marigot (französischer Teil) und Simpson Bay (niederländischer Teil) nach Anguilla ab; von Marigot, Philipsburg (niederländischer Teil) und Oyster Pond nach Saint-Barthélemy und von Philipsburg und Simpson Bay nach Saba.

Jacht

Im niederländischen Teil gibt's Jachthäfen in Great Bay (Philipsburg) und in der Simpson-Bay-Lagune, an der Grenze in Oyster Pond und im französischen Teil in Anse Marcel und zwei Jachthäfen in Marigot (Fort-Louis und Port La Royale).

Besucher, die mit einer Jacht ankommen, müssen die **Einreisebehörde** in **Philipsburg** (☎542-2277; ⏰7–17 Uhr) oder **Simpson Bay** (☎545-0031; ⏰8–16 Uhr, saisonbedingte Änderungen) über VHF-Kanal 12 für eine Einreisegenehmigung kontaktieren, bevor sie im Jachthafen der Insel anlegen.

Durch drei Brücken erreicht man die Buchten von Simpson Bay. Dabei handelt es sich um die Simpson Bay Bridge (eine Zugbrücke), die nach Hurrikan Irma errichtete Drehbrücke Simpson Bay Causeway auf der niederländischen Seite sowie die Zugbrücke Sandy Ground im französischen Teil, die wegen Reparaturarbeiten nur begrenzt geöffnet ist. Aktuelle Öffnungszeiten sind unter www.port stmaarten.com nachzulesen.

Kreuzfahrtschiff

Saint-Martin/Sint Maarten ist ein äußerst beliebtes Kreuzfahrttourismusziel. Manchmal liegen bis zu sieben Schiffsriesen im **Port St. Maarten** (☎542-8503; www.portstmaarten.com; Juancho Yrausquin Blvd) in Philipsburg vor Anker, wo die Passagiere direkt an Land gehen können.

Unterwegs vor Ort

Obwohl die Insel zu zwei unterschiedlichen Ländern gehört, gibt's keine offiziellen Grenzübergänge (nur Schilder und Flaggen, die den Fahrer im jeweiligen Teil der Insel begrüßen). Man kann ohne Kontrollen über die Grenze zwischen den beiden Teilen fahren, als wäre es eine Nation.

AUTO & MOTORRAD

In beiden Inselteilen gilt Rechtsverkehr. Der heimische Führerschein ist vor Ort gültig, Straßenschilder und Tachos zeigen Kilometerangaben an und die zulässige Höchstgeschwindigkeit liegt bei 50 km/h.

Das Verkehrsaufkommen kann Besucher, die ein idyllisches Inselparadies erwarten, überraschen. Staus gehören zur Tagesordnung, deswegen sollte man für die Fahrt zur Unterkunft genügend Zeit einplanen.

Tankstellen gibt's in beiden Inselteilen, wobei die meisten rund um die Uhr geöffnet sind. Viele akzeptieren nur Bargeldzahlung, das gilt vor allem für den niederländischen Teil.

Autovermietung

Bis der Wiederaufbau des Princess Juliana International Airport abgeschlossen ist, haben sämtliche internationale und hiesige Mietwagenunternehmen Vertretungen an der Airport Road. Für den kurzen Weg stehen Kleinbus-Shuttles mit dem Logo des Anbieters vor dem Terminal bereit. Manche Unternehmen haben außerdem Büros im Aéroport de Saint-Martin Grand Case.

In der Hauptsaison beginnen die Preise für einen kleinen Mietwagen bei 45 US$/45 € pro Tag. In der Nachsaison bekommt man einen Mietwagen schon für 28 US$/28 € pro Tag.

Bevor man losfährt, sollte man sich den Mietwagen genau ansehen und Fotos machen oder ein Video mit dem Smartphone aufnehmen, um zu vermeiden, dass man bei der Rückgabe für angebliche Schäden zur Kasse gebeten wird. Eine Vollkaskoversicherung ist zu empfehlen.

Zu den Mietwagenfirmen gehören die folgenden:

Auto Discount (☎ 0690-59-94-62; www.auto-discount.fr; Rte de L'Espérance, Aéroport de Saint-Martin Grand Case; Mietwagen für 3 Tage ab 100 €; ⌚ Mo–Sa 8.30–12 & tgl. 14.30–18 Uhr) Am Aéroport de Saint-Martin Grand Case.

Avis (☎ in Sint Maarten 545-2847; www.avis-sxm.com; 120 Airport Rd; ⌚ 7–18 Uhr) An beiden Flughäfen.

Budget (☎ 545-2316; www.sxmbudget.com; Airport Rd; ⌚ 7–22.30 Uhr) Am Princess Juliana International Airport.

Coastal Car Rental (☎ toll-free 866-978-8361; www.coastal.sx; Airport Rd; ⌚ 7.30–18 Uhr) Am Kreuzfahrtterminal und Princess Juliana International Airport.

Hertz (☎ in Sint Maarten 545-4541; www.hertz.sxmrentacar.com; ⌚ 6–22 Uhr) Hat zwölf Niederlassungen auf der ganzen Insel, inkl. der Flughäfen und des Kreuzfahrtterminals Port St. Maarten.

Johnny's Scooter Rental (☎ 587-0272; www.johnnysscooterrental.com; 26 Juancho Yrausquin Blvd; Motorroller/Quads pro Tag 65/99 US$; ⌚ 8–17.30 Uhr) In Philipsburg.

Paradise Car Rental (☎ 545-3737; http://paradisecarrentalsxm.com; Airport Rd; ⌚ 7–18 Uhr) Am Princess Juliana International Airport.

BUS

- Busse sind bei Weitem das kostengünstigste Transportmittel. Wenn man jedoch schnell von A nach B kommen möchte, sind Taxis oder besser noch ein Mietwagen die bessere Alternative.
- Busse verkehren täglich von 5 Uhr bis Mitternacht, haben jedoch keine Fahrpläne. Tickets kosten 1 bis 2 US$.
- Die meisten Verbindungen gibt's in Philipsburg, Mullet Bay, Simpson Bay, Marigot und Grand Case. Wenn man aussteigen möchte, ruft man höflich „Stop".
- In Marigot und Philipsburg wartet man an Bushaltestellen; in Philipsburg heißen diese „Bushalte".
- In ländlichen Gegenden kann man Busse an beliebigen Punkten heranwinken.
- Auf den Bussen stehen vorne die Zielorte; die meisten fahren entweder nach Philipsburg oder nach Marigot.

FAHRRAD

Wer das hügelige Gelände der Insel bewältigen will, kann im französischen Teil bei Wind Adventures (S. 765) in Orient Beach und im niederländischen Teil bei **Trisport** (☎ 0590-87-08-91; www.trisportsxm.com; Rue du Hollande; ⌚ Mo–Sa 10–17 Uhr) in Philipsburg Mountainbikes für 25 € pro Tag mieten. Vorsicht beim Fahren auf der Straße: Es herrscht viel Verkehr und Autofahrer nehmen auf Fahrradfahrer keine Rücksicht.

TAXI

- Taxinummern: 542-2359 (Sint Maarten) oder 0590-87-56-54 (Saint-Martin).
- Im niederländischen Teil sollte man in kein Taxi steigen, auf dessen Kennzeichen der Hinweis „TXI" fehlt – er verweist darauf, dass es sich um ein registriertes Taxi handelt.
- Vom Flughafen Juliana beträgt der Fahrpreis nach Maho 8 US$, nach Philipsburg 20 US$, nach Marigot 20 US$, nach Grand Case 35 US$, nach Orient Beach 35 US$ und nach Anse Marcel 45 US$. Fahrer akzeptieren nur Bargeld. Kleingeld bereithalten, da die Taxifahrer oft keine größeren Scheine annehmen wollen oder können.
- Zwischen 22 Uhr und Mitternacht liegt der Fahrpreis um 25 % höher, zwischen Mitternacht und 6 Uhr morgens sogar um 50 %; bei drei oder mehr Personen werden zusätzlich 5 US$ pro Pers. berechnet.
- Immer den Fahrpreis vor Einstieg in ein Taxi vereinbaren.

TRAMPEN

Einheimische trampen häufig, aber Touristen sollten das nicht tun. Taschendiebstahl und Gewaltverbrechen sind verbreitet auf der Insel.

Sint Eustatius

599 / 3200 EW.

Inhalt ➜

Gut essen

- Harbourclub Statia (S. 779)
- Old Gin House Restaurant (S. 780)
- Para Mira (S. 779)
- Boardwalk Café (S. 780)

Schön übernachten

- Orange Bay Hotel (S. 777)
- Old Gin House (S. 778)
- Harborview Apartments (S. 779)
- Statia Lodge (S. 781)

Auf nach Sint Eustatius!

Das winzige Eustatius, auch Statia genannt, ist eine erstaunlich traditionelle Karibikinsel. Der Lebensrhythmus ist langsam, die Bewohner sind entspannt und es gibt nur eine Handvoll schlichter Unterkünfte, Restaurants und Kneipen. Zu den wichtigsten oberirdischen Sehenswürdigkeiten gehören ein Nationalpark mit dem schlafenden Vulkan Quill und zahlreiche gut erhaltene Gebäude aus der Kolonialzeit in Oranjestadt, die gleichzeitig die einzige Stadt und Hauptort der Insel ist. Doch die Juwelen dieses verlassenen Außenpostens liegen unter der Meeresoberfläche: schillernde Riffe, eine pulsierende Meeresfauna und -flora, rostende Schiffswracks und die Überreste der Lower Town aus dem 17. Jh., die heute größtenteils versunken ist.

Kaum zu glauben, aber im späten 18. Jh. war Statia der wichtigste Frachthafen für Transporte zwischen Europa und den amerikanischen Kolonien und unter niederländischer Herrschaft eine Steueroase. 1776 schrieb die Insel Weltgeschichte, indem sie als erste Nation die gerade unabhängig gewordenen Vereinigten Staaten von Amerika anerkannte. Als Teil der einstigen Niederländischen Antillen wurde sie 2010 zur „besonderen Gemeinde" der Niederlande.

Reisezeit

Dez.–Jan. Während die benachbarten Inseln zu dieser Zeit mit Besuchern überfüllt sind, ist es in Statia auffällig ruhig.

April–Mai Die letzten Tage der Trockenperiode vor der Regenzeit genießen.

Juli Bei Livemusik und Meeresfrüchtegerichten mit den Einheimischen Karneval feiern.

Oranjestad

Oranjestad ist die einzige Stadt auf Sint Eustatius. Mit ihren bunt bemalten Holzhütten, historischen Ruinen (einschließlich ihres Wahrzeichens Fort Oranje, S. 776) und ihren schmalen, verkehrsfreien Straßen beschwört sie eine längst vergangene Zeit herauf.

Die Lower Town ist infolge von Hurrikans teilweise zur Unterwasserruine geworden: Nur vier Häuser sind erhalten. In der Upper Town liegen die meisten Einrichtungen, der Regierungssitz eingeschlossen.

Highlights

1 **Tauchen** (S. 776) Mit Riffhaien und Meeresschildkröten am Wrack der *Charles L. Brown* in Statias berühmtem nationalen Meeresschutzgebiet tauchen.

2 **The Quill** (S. 780) Statias schlafenden Vulkan besteigen und durch riesige Elefantenohren, Farne und Seidenbäume zum Kraterboden wandern.

3 **Fort Oranje** (S. 776) Die Festung, die über die einzige Stadt der Insel, Oranjestad, wacht, besuchen und die großartige Aussicht aufs Meer genießen.

4 **Old Town Wall** (S. 776) Vor dem Lower Town Beach durch versunkene Ruinen schnorcheln und Rochen, Schildkröten und junge Fische erspähen.

5 **Sint Eustatius Museum** (S. 776) In der Villa eines ehemaligen Siedlers die lokale Geschichte erkunden.

6 **Friday Night Jam** (S. 780) Es sich zusammen mit Inselbewohnern, Auswanderern und anderen Besuchern im Boardwalk Café bei Bier und Rumpunsch gut gehen lassen und tanzen.

Sehenswertes

★ Fort Oranje FESTUNG

(Bay Path, Upper Town) Besucher können in die Geschichte dieser umfangreich restaurierten Festung eintauchen und die prächtige Aussicht genießen. Zu erkunden gibt's eine mächtige Zitadelle mit Kanonen und dreifachen Bastionen und einen gepflasterten Kasernenhof. Angelegt wurde der Gebäudekomplex 1703 von den Briten als Ersatz für die Holzfestung der Franzosen von 1629. Es ist die am besten erhaltene der 16 Festungen auf der Insel. Hier wurde am 16. November 1776 der erste Salutschuss abgegeben, womit Statia die Unabhängigkeit der USA anerkannte. Dieser Tag wird heute als Statia Day gefeiert. Zu den erhaltenen Bauwerken zählen die Kasernen, die ehemaligen Wohnhäuser des Gouverneurs und des Befehlshabers sowie ein Gefängnis. Eine von US-Präsidenten Franklin Delanore Roosevelt enthüllte Plakette erinnert an den „First Salute", den ersten Salutschuss.

★ Sint Eustatius Museum MUSEUM

(☎ 318-2288; Emmaweg, Upper Town; Erw./Kind 5/3 US$; ⊙ Mo–Do 9–17, Fr bis 15, Sa bis 12 Uhr) In einer Villa aus dem 18. Jh, die der reiche Kaufmann Simon Doncker erbauen ließ, befindet sich dieses schlichte, aber vielseitige Museum. Mit Ausstellungsstücken erzählt es die Geschichte der Insel samt Kolonialhandel und Sklaverei, der jüdischen Gemeinde Statias und dem berühmten Salutschuss für die USA nach. Im Obergeschoss wird das Leben reicher Kolonialherren wie Doncker beleuchtet. Das Untergeschoss widmet sich der präkolumbischen Zeit mit Artefakten wie einem Skelett mit einem beneidenswerten Gebiss.

Ruinen der Synagoge RUINEN

(Synagogue Path, Upper Town) In einer Gasse in Upper Town verstecken sich die Ruinen der dachlosen Honen-Dalim-Synagoge. Errichtet wurde das Gebäude 1739 aus gelben Ziegelsteinen, die bei der Überfahrt von Holland hierher als Ballast dienten. Nahezu 100 Jahre lang war die Synagoge das Zentrum des jüdischen Lebens auf Statia. An einer Seite führt eine Treppe hinab zu einer *mikvah* (Reinigungsbad für Frauen). Auf einer Plakette erfahren Besucher mehr über den historischen Hintergrund.

Lower Town Beach STRAND

Der winzige, schmale graue Sandstrand ist nicht gerade ein karibischer Traum, aber Statias einziger Strand, an dem man sicher schwimmen und die einmalig vielfältige Unterwasserwelt der untergegangenen Stadt aus dem 17. Jh. erkunden kann. Der hinter einem Hafendamm erbaute Ort ist mit der Zeit von Hurrikans zerstört worden und im Meer versunken.

Niederländisch-reformierte Kirche RUINEN

(Kerkweg) GRATIS Der kräftige Turm und die dicken Steinmauern der 1755 errichteten niederländisch-reformierten Kirche sind unbeschadet erhalten, doch das Dach stürzte während eines Hurrikans im Jahr 1792 ein – und seitdem liegt das Innere unter freiem Himmel. Auf dem Kirchgelände haben zahlreiche berühmte Persönlichkeiten der Insel ihre letzte Ruhestätte gefunden.

Aktivitäten

★ Old Town Wall SCHNORCHELN

(Lower Town) Statia ist einer der wenigen Orte, an dem sogar Nichttaucher mühelos die vielseitige Unterwasserwelt genießen können. Einfach Schnorchel und Flossen bei Scubaqua oder dem Golden Rock Dive Center leihen und den Hafendamm aus dem 17. Jh. entlangschwimmen. Unter Wasser tummeln sich Rochen, Schildkröten, Engelfische und andere tropische Kreaturen. Direkt vor Lower Town Beach liegt außerdem ein alter Anker.

★ Scubaqua Dive Center TAUCHEN

(☎ 319-5450; www.scubaqua.com; Oranjebaai, Lower Town; pro Tauchgang 52 US$, Ausrüstung pro Tauchgang/Tag 25/35 US$; ⊙ Okt.–Aug.) In einem liebevoll restaurierten historischen Gebäude wird das Scubaqua Dive Center von einem internationalen Team leidenschaftlicher Profitaucher geführt. Diese organisieren hervorragende Tagestrips und nächtliche Tauchgänge mit Booten in kleinen Gruppen von bis zu sechs Personen pro Guide. Viele Besucher bleiben danach noch eine Weile vor Ort und kommen bei einem kühlen Bier ins Gespräch. Zertifizierte Open-Water-Kurse kosten 425 US$.

Golden Rock Dive Center TAUCHEN

(☎ 318-2964; www.goldenrockdive.com; Oranjebaai, Lower Town; Tauchgänge mit 1/2 Flaschen inkl. Ausrüstung 60/110 US$ zzgl. Gebühr für das Meeresschutzgebiet 6 US$ pro Tauchgang; ⊙ Okt.–Aug.) Seit sein Tauchshop dem Hurrikan Irma zum Opfer gefallen ist, betreibt dieser professionelle amerikanische Anbieter seine Geschäfte derzeit aus einem Container am Meer heraus. Er verfügt aber immer noch über zwei Tauchboote und viel hochwertige Ausrüstung. Golden Rock hat zudem vierstündige Angelausflüge an der Küste oder auf hoher See (für zwei Personen inkl. Rute, Rolle und Köder 350 US$) im Programm. Schnorchelausrüstung wird für 25 US$ pro Tag verliehen.

Secar FREIWILLIGENARBEIT
(Sint Eustatius Center for Archaeological Research; ☎ 319-1631; http://secar.org; Road to English Quarter 42, Upper Town) Die gemeinnützige Organisation Secar legt archäologische Überreste frei und restauriert sie teilweise auch. Freiwillige können an einer von 600 dokumentierten archäologischen Stätten arbeiten.

Feste & Events

Statia Carnival KULTUR
(⏲ Juli) Während Statias größtem Festival gibt's in ganz Oranjestad Musik- und Modeevents, Calypso-Wettbewerbe, Umzüge mit Themenflößen und einheimische Spezialitäten. Das 1964 initiierte Fest dauert zehn Tage in der zweiten Julihälfte. Als Höhepunkt wird an einem Montag eine Puppe namens King Momo (der symbolische Festgeist in vielen lateinamerikanischen Ländern) verbrannt.

Statia Day KULTUR
(⏲ 16. Nov.) Am 16. November 1776 begrüßte Statia als das erste Land die Flagge der Vereinigten Staaten und erkannte damit deren Unabhängigkeit an. Heute ist dies der Nationalfeiertag in Fort Oranje. Am 16. November 2004 führte Statia seine eigene Flagge ein. Bereits eine Woche vor dem Fest beginnen auf der gesamten Insel die Feierlichkeiten mit Partys und Barbecues.

Golden Rock Regatta SEGELN
(www.facebook.com/goldenrockregatta; ⏲ Mitte Nov.) Dieses bunte Segelrennen zwischen Statia und den nahegelegenen Inseln Saint Martin/Sint Maarten und Saint-Barthélemy dauert fünf Tage. Die Regatta zieht sowohl Amateur- als auch Profisegler an. Gleichzeitig findet auf Statia ein Straßenfest mit Essen und Musik statt.

Schlafen

★ **Orange Bay Hotel** HOTEL $$
(☎ 318-2010; Oranjebaai 211, Lower Town; DZ inkl. Frühstück 160–235 US$; ❄ 📶) Das gut geführte neue Hotel am Wasser bietet acht makellose und moderne Zimmer mit tropischem Flair, das durch große Bilder und bunte Kissen erzeugt wird. Zu den Annehmlichkeiten zählen schnelles Internet, eine leise Klimaanlage und Fernseher mit großen Flachbildschirmen. Der Aufpreis für eine Einheit mit Bal-

TAUCHSPOTS AUF STATIA

Blair Langusten, Seepferdchen und Schwarmfische sind in diesem Korallenriff zu Hause.

Blue Bead Hole Dank der netten, bunten Fischschwärme eine der fotogensten Stätten der Insel. Wer eine kobaltfarbene Perle finden will: Blue Bead ist auch dafür einer der besten Orte.

Charles L. Brown Der 100 m lange Kabelleger *Charles L. Brown* wurde 2003 versenkt, um ein künstliches Riff für Taucher zu schaffen. Der Deckaufbau ist im Hurrikan Irma zerbrochen und wird nun von Barrakudaschwärmen bewohnt. Taucher können das Innere des Schiffes erforschen.

Chien Tong Die *Chien Tong* ist ein 52 m langes taiwanesisches Fischerboot und beheimatet vielfarbige Fischarten sowie Riffhaie. Am besten nachts zu besuchen, wenn sich Echte Karett- und Suppenschildkröten zeigen.

Gibraltar Nach dem 14 m hohen und 16 m breiten Felsen benannt, ist Statias Gibraltar von Seefächern bedeckt und wird von Barrakudas bewohnt. In der Nähe chillen Ammenhaie.

Grand Canyon Wie bei der namensgebenden Stätte in den Vereinigten Staaten gibt's auch hier steile Abhänge. Sie sind mit schwarzen Korallen bedeckt. Adlerrochen, Haie und der Gebänderte Ritterfisch gehören zum hiesigen maritimen Leben.

Lost Anchor Barrakudas und Seekatzen wohnen gemeinsam mit Königin-Engelfischen inmitten der beiden riesigen Anker auf diesem Hochseeriff.

Oranjestad

kon und Meerblick ist ihr Geld absolut wert; für etwas mehr Privatsphäre bucht man eine der rustikalen freistehenden Hütten mit großem Kühlschrank und Mikrowelle.

Papaya Inn GASTHAUS $$
(☎ 318-0044; www.facebook.com/papayainn; William Plantz Rd; EZ/DZ inkl. Frühstück 115/130 US$; P ❄ 📶) Juliettes charmante kleine Oase ist eine weitläufige Villa unweit des Flughafens. Die gemütlichen Zimmer haben Fliesenböden und Küchenzeilen mit charakteristischen Merkmalen: Zimmer 1 hat beispielsweise einen separaten Innenhof, Zimmer 4 eine eigene Terrasse. Im Gemeinschaftsgarten kann man toll entspannen und Mitreisende kennenlernen. Im Preis inbegriffen ist ein großes Frühstück unter freiem Himmel.

★ Old Gin House HOTEL $$$
(☎ 318-2319; www.oldginhouse.com; Oranjebaai 1, Lower Town; DZ/Suite inkl. Frühstück ab 195/355 US$; ❄ 📶 ≋) In dem restaurierten Gebäude aus dem 17. Jh. war einmal eine Baumwollfabrik untergebracht. Heute ist dies ein romantischer Ort zum Entspannen. Die meisten der 20 traditionell eingerichteten Einheiten befinden sich in einem zweistöckigen Gebäude mit Blick auf den Garten und

Oranjestad

Highlights
1 Fort Oranje B2
2 Sint Eustatius Museum B2

Sehenswertes
3 Dutch Reformed Church B3
4 Lower Town Beach A2
5 Ruinen der Synagoge B2

Aktivitäten, Kurse & Touren
6 Golden Rock Dive Center B4
7 Alte Stadtmauer A2
8 Scubaqua Dive Center A2

Schlafen
9 Old Gin House A2
10 Orange Bay Hotel B3
11 Statia Harborview Apartments B3

Essen
12 Boardwalk Café B4
13 Cool Corner B2
14 Franky's C3
15 Harbourclub Statia B3
16 Old Gin House Restaurant A2
17 Para Mira B2
18 Super Burger C2

Shoppen
19 Mazinga on the Bay A2

den Pool hinter dem historischen Bau und verfügen über Schlittenbetten aus Mahagoniholz, Balkone, modernisierte Bäder und kleine Kühlschränke. Extraromantisch sind die Zimmer und Suiten mit Meerblick.

Statia Harborview Apartments APARTMENTS $$$
(318-4159; www.statiaharborviewapartments.com; Kerkweg 8, Upper Town; Apt. 250 US$, pro Woche 1568 US$; P ❄ 📶) Selbstversorger werden keine bessere Unterkunft finden als dieses moderne Gebäude mit vier hellen Ein-Zimmer-Apartments (im Wohnzimmer gibt es jeweils ein ausziehbares Sofa). Das Haus liegt hinter einem Sicherheitstor. Garten, Terrasse und Grillstellen stehen zur gemeinschaftlichen Nutzung zur Verfügung. Jedes Apartment hat eine komplett eingerichtete Küche, eine Waschmaschine und einen Balkon mit herrlichem Blick aufs Meer. Mindestaufenthalt zwei Übernachtungen.

Essen

Cool Corner CHINESISCH $
(318-3386; Emmaweg 3, Upper Town; Hauptgerichte 10–22 US$; 12–22 Uhr; Zeiten können abweichen; 📶) Eines der beliebtesten Restaurants auf der Insel befindet sich in einer unpassenden holzlastigen Skihüttenlodge mit verwittertem Äußeren. Die Speisekarte ist lang und so verwirrend wie Konfuzius' Aussagen. Sie springt von *char siu* (gegrilltem Schweinefleisch) zu *kung pao* (scharfem Knoblauchhühnchen) und Salz-und Pfeffer-Garnelen und dann wieder zu vegetarischen Optionen wie pikantem Sesam-Knoblauch-Tofu und Frühlingszwiebel-Pfannkuchen. Die riesigen Portionen gibt's auch zum Mitnehmen.

Para Mira CAFÉ $
(318-4612; 1 Paramiraweg, Upper Town; Gerichte 2–6,50 US$; Mo–Sa 8–14 Uhr, Öffnungszeiten können abweichen; 📶) Der traditionell niederländisch eingerichteten Speisesaal liegt in einer reizenden gelb-grünen Holzhütte. Niederländische *frikandel* (Frikadellen) und *kroket* (Kroketten) stehen ebenso auf der Speisekarte wie Sandwiches mit Schinken und Gouda. Gegessen wird auf der Veranda oder unter großen Schirmen im Garten. Für einen frischen Saft ist das Para Mira ebenfalls ein schöner Zwischenstopp. Die Gerichte gibt's auch zum Mitnehmen.

Super Burger BURGER $
(318-2412; Fort Oranje Straat, Ecke De Graaftweg, Upper Town; Burger 5,20–10,50 US$, Gerichte 4,50–8,50 US$; 8–15 & 18–21 Uhr) In seinem knallgelben Freiluftcafé zaubert Besitzer Skell eine Auswahl aus über drei Dutzend Burgern, u.a. mit Rindfleisch, Truthahn, Hühnchen, Fisch oder als vegetarische Variante. Daneben gibt's Sandwiches und andere Fast-Food-Klassiker, zu denen man einen Shake trinkt. Als Nachtisch stehen Eisbecher auf der Karte. Freitagabends versammelt sich hier die halbe Stadt, um bis in die frühen Morgenstunden zu feiern.

★ **Harbourclub Statia** INTERNATIONAL $$
(318-2010; www.orangebayhotel.com; Oranjebaai 21, Lower Town; Hauptgerichte 5–32 US$; 7–22 Uhr; 📶) Die überdachte Veranda gegenüber dem Meer ist ein entspannter und einladender Treffpunkt. Ein kühles Bier aus dem Kühlschrank nehmen und dann am mit Wellblech verzierten Tresen ordern. Auf der Speisekarte stehen Klassiker, ob man sich nun Salat, Pizza oder Ziegencurry wünscht.

Boardwalk Café INTERNATIONAL $$

(☎ 318-0800; www.facebook.com/statiaboardwalk; Statia Harbor, Lower Town; Hauptgerichte 15–28 US$; ⌚ Okt.–Juli Mo–Do 10–22, Fr bis 0.30 Uhr; 📶) Der Australier Werner belebt die Lower Town mit seinem entspannten Café samt Schanklizenz und einer kleinen wechselnden Speisekarte mit regionalen Delikatessen von Tacosalat und Zackenbarsch-Frittata bis hin zu göttlichem Zitronenkuchen. Man bestellt am Foodtruck und isst unter den weißen Zeltdächern mit Blick auf den Hafen. Der beste Abend für einen Besuch ist die freitägliche Happy Hour, wenn DJs für ein gut gelauntes Publikum auflegen, das hier bis Mitternacht tanzt.

Franky's GRILLGERICHTE $$

(☎ 318-0166; Black Harry Lane; Hauptgerichte 12–28 US$; ⌚ Di–So 10–22 Uhr) Auf dem Holzkohlegrill vom Franky's werden perfektes Hühnchen, Fisch und Rippchen zubereitet. Dazu gibt's frittierte Johnnycakes, Coleslaw und weitere Beilagen.

Old Gin House Restaurant INTERNATIONAL $$$

(☎ 318-2319; www.oldginhouse.com; Oranjebaai, Lower Town; Hauptgerichte mittags 14–29 US$, abends 22–38 US$, Barsnacks 7–15 US$; ⌚ Do–Mo 7–10 & 16–21 Uhr; 📶) Statias bestes Hotel (S. 778) beherbergt auch das edelste Restaurant der Insel mit einer prächtigen Terrasse am Wasser und Blick auf Saba. Das Abendessen ist stilvoll und reicht von Hummersuppe und überbackenem Ziegenkäse bis hin zu Schnapper nach kreolischer Art und traditionellem niederländischem Apfelkuchen. Auch prima geeignet für einen Drink zu Sonnenuntergang und Barsnacks wie frittierten Tintenfischringen oder Bruschetta.

Shoppen

Mazinga on the Bay GESCHENKE & SOUVENIRS

(☎ 318-3345; www.mazingaonthebay.com; Oranjebaai, Lower Town; ⌚ Mi–So 13–18 Uhr; 📶) Das Kaufhaus in einem der vier aus dem 17. Jh. erhaltenen Gebäuden in der Lower Town ist nach Mazinga, dem höchsten Punkt auf Statia, benannt, der am Kraterrand des Vulkans Quill liegt. Zum Verkauf stehen einheimisches Kunsthandwerk und Schmuck, Bücher, T-Shirts mit Statia-Motiven, Sonnenhüte, Strandzubehör und Rum sowie niederländischer Käse, Kekse und Schokolade.

Praktische Informationen

National Parks Visitor Center (Stenapa; ☎ 318-2884; www.statiapark.org; Gallows Bay, Lower Town; ⌚ Mo–Fr 7–17 Uhr) Diese Nonprofit-Organisation wurde 1998 ins Leben gerufen, um Statias zahlreiche Naturschätze zu schützen. Sie ist für den Statia National Marine Park, den Quill National Park und die Miriam Schmidt Botanical Gardens zuständig. Hier gibt's kostenlose Landkarten und Broschüren, und wer Statia ober- wie auch unterhalb des Meeresspiegels erkunden will, bekommt jede Menge Tipps. Darüber hinaus erhält man Informationen über Freiwilligendienste (S. 784) auf der gesamten Insel.

Postamt (☎ 318-2678; Fiscal Rd, Upper Town; ⌚ Mo–Fr 7.30–16 Uhr)

Queen Beatrix Medical Centre (☎ 318-2211, Notfall 912; www.sehcf.org; HM Queen Beatrix Rd, Upper Town) Hat einen recht guten Ruf, wenn man bedenkt, wie abgelegen die Insel und wie winzige ihre Bevölkerung ist. Zwei Ärzte haben rund um die Uhr Bereitschaft.

Sint Eustatius Tourist Bureau (☎ 318-2433; www.statia-tourism.com; Godet House, Kerkweg 9, Upper Town; ⌚ Mo–Do 8–12 & 13–17, Fr bis 16.30 Uhr) Landkarten, Broschüren und sehr hilfsbereite Mitarbeiter. Am Flughafen befindet sich ein Informationsschalter für ankommende Besucher (S. 785).

An- & Weiterreise

Ein Taxi von Oranjestad zum Flughafen (S. 786) kostet 8 bis 10 US$.

Sint Eustatius & Umgebung

Sehenswertes & Aktivitäten

★ The Quill WANDERN

(www.statiapark.org; Rosemary Lane; Wanderpass 10 US$) Statias schlafender Vulkan, der Quill (entlehnt aus dem niederländischen Wort *kuil*, das Grube oder Loch bedeutet) ist 601 m hoch. Der 1,6 km lange Weg zum Kraterrand ist die beliebteste Wanderroute der Insel. Er beginnt am oberen Teil der Rosemary Lane in Oranjestad. Zum Ausgangspunkt geht man zu Fuß oder kommt mit dem Taxi her (ca. 10 US$ vom Flughafen bzw. 8 US$ von der Stadt aus).

Wandergebühren sind im Fremdenverkehrsamt, bei der Sint Eustatius National Parks Foundation (Stenapa) oder in den Tauchshops in Lower Town im Voraus zu zahlen.

Der Quill wurde 1998 zum Nationalpark erklärt. Die letzte Eruption des Vulkans fand im 4. Jh. statt. Im dschungelartigen Krater gibt's 273 m über dem Meeresspiegel einen Aussichtspunkt. Wer das volle Programm will, muss auf dem **Crater Trail** bis zum Grund hinabklettern. Seile und Treppenstufen erleichtern den steilen und rutschigen Abstieg. Unten angekommen, verläuft ein recht ebener Pfad durch ein dichtes Blätterdach aus Farnen, Elefantenohren, Seidenbäumen und anderer Vegetation; gelegentlich blitzt die Sonne durch die Blätter hindurch. Der Weg ist zwar nur 600 m lang, man sollte aber mindestens 90 Minuten einplanen.

Erfahrene Wanderer, die auf dem Kraterrand entlanggehen, folgen dem oft unwegsamen 2 km langen **Mazinga Trail** in Gänze oder zu Teilen. Er führt zum höchsten Punkt auf Statia, von dem aus man einen großartigen Blick auf die Insel und St. Kitts hat.

Im gesamten Nationalpark lohnt es, die Augen nach Einsiedlerkrebsen, Eidechsen und endemischen Tierarten wie dem Grünen Inselleguan, der (ungiftigen) Roten Springnatter und der Schnurrbarttaube offenzuhalten.

Fort de Windt RUINEN

(Whitewall Rd) Zwischen den zwei mit Patina überzogenen Kanonen posieren, während man den traumhaften Blick auf St. Kitts genießt. Die Festung liegt auf einer Felsspitze 5 km südöstlich von Lower Town am Fuß des Vulkans Quill. Der Steinbau wurde 1756 vollendet und diente zur Überwachung von Schiffsrouten nach St. Kitts, bis er 1815 aufgegeben wurde. Zwischen Januar und April sieht man eventuell vorbeiziehende Wale.

Miriam C. Schmidt Botanical Gardens GARTEN

(☎ 318-2884; www.statiapark.org; ⌚ Sonnenaufgang–Sonnenuntergang) Der an den unteren östlichen Hängen des Quill gelegene botanische Garten hat schweren Schaden genommen durch Hurrikans, Trockenheit und wilde Tiere. Derzeit wird er wieder aufgebaut. Da die Straße, die zum Gelände führt, oftmals nicht einmal mit einem Allradwagen zugänglich ist, geht man am besten zu Fuß dorthin. Der Bird Trail, ein 300 m langer Nebenweg des Around the Mountain Trail, führt zum Garten.

Boven National Park WANDERN

(Wanderpass 10 US$) Der nördliche Teil Statias wird eingenommen vom Boven National Park. Er ist durchzogen von mehreren Wanderwegen, darunter der reizvolle Butterfly Trail mit Blick auf Quill und Zeelandia Bay. Ein kürzerer Weg führt zum Strand bei Venus Bay (kein Badestrand). Der Ausgangspunkt des Weges liegt am Ende der gepflasterten Zeelandia Road rund 1,5 km nördlich des Flughafens.

Da wenig Regen fällt, besteht die Vegetation größtenteils aus Grasland und dornigen Akazienbüschen.

Around the Mountain Trail WANDERN

(www.statiapark.org; Rosemary Lane; ⌚ Wandergebühr 10 US$) Dieser 4,5 km lange, leicht strapaziöse Wanderweg zweigt vom Quill Trail ab. An die Abzweigung für die Südroute kommt man nach rund 300 m, an die für die Nordroute nach 1,2 km. Die interessantere südliche Route führt bis über den Steilhang White Wall hinauf und bietet einen grandiosen Blick auf St. Kitts und die Ruinen des Fort de Windt. Nach rund 1,5 km schlängelt sich der 300 m lange **Bird Trail** zu den Überresten der Miriam C. Schmidt Botanical Gardens. Der nördliche Teil des Rundwegs ist schmal und weniger stark frequentiert.

Zeelandia Bay STRAND

Zeelandia Bay 3 km nördlich des Flughafens hat ihren Namen von den ersten Siedlern auf Statia, die aus der niederländischen Provinz Zeeland stammten. Schwimmen ist wegen gefährlicher Strömungen und Unterströmungen verboten, aber am ruhigen Strand kann man schön spazieren gehen.

Schlafen

Statia Lodge BUNGALOWS $$

(☎ 318-4089; www.statialodge.com; White Wall Rd; EZ/DZ 110/125 US$; ⌚ Okt.–Aug.; P 📶 ❄) Die Statia Lodge besteht aus zehn Holzbungalows mit roten Dächern und Außenküchen. Sie verteilen sich auf einer windreichen Klippe 2,3 km östlich von Lower Town. Gäste können auf ihrer eigenen Terrasse ein kühles Bier genießen oder von der Bar am L-förmigen Pool auf den Quill oder St. Kitts blicken.

SINT EUSTATIUS VERSTEHEN

Geschichte

Statia hat eine reiche und faszinierende Geschichte, die in den außergewöhnlichen Ruinen und restaurierten Gebäuden weiterlebt.

Die ersten Siedler waren vermutlich Saladoiden, die ca. 300 n. Chr. aus dem venezolanischen Orinocco-Tal hierher kamen, aber schon wieder weitergezogen waren, als Kolumbus Statia 1493 mit dem Segelschiff passierte. Franzosen waren die ersten europäischen Siedler. Sie errichteten 1629 eine hölzerne Festung. Nur ein paar Jahre später erbaute 1636 die Niederländische Westindien-Kompanie im südlichen Teil der Insel eine weitere Festung aus Holz. Schnell waren die niederländischen Siedler den französischen zahlenmäßig überlegen. Über die nächsten Jahrhunderte wechselte Statia mindestens 22-mal den Besitzer – mal befand es sich in niederländischer, mal in französischer, britischer und spanischer Hand, bevor es 1816 schließlich endgültig an die Niederländer überging.

Statia war für den größten Teil des späten 18. Jhs. ein wichtiger Verbindungspunkt zwischen Europa und der atlantischen Welt. Während die Engländer und Franzosen ihren Inseln immer höhere Zölle auferlegten, erklärten die Niederländer Statia 1756 für zollfrei und der Handel wurde das wichtigste wirtschaftliche Standbein. Jedes Jahr nutzten Tausende Schiffe Oranjestad als wichtigsten Haltepunkt zwischen Europa und den amerikanischen Kolonien, wodurch sich der Hafen zum größten Umschlagplatz der Welt entwickelte und den Spitznamen „Gold Rock" erhielt.

1770 säumten rund 600 Lagerhäuser aus Stein die Bucht der heutigen Lower Town. Ihre Privathäuser und eine erstaunliche Anzahl an Kirchen ließen die Kaufleute rund um die Festung in Upper Town bauen. In ihrer Blütezeit hatte die Insel nicht weniger als 10 000 Vollzeitbürger, darunter sowohl Europäer als auch afrikanische Sklaven.

Am 16. November 1776 schrieb Statia Weltgeschichte, als es als erste Nation mit einem Salutschuss vom Fort Oranje aus die neu gegründeten Vereinigten Staaten von Amerika offiziell anerkannte.

Die Briten waren nicht amüsiert, griffen Statia 1781 an und verkauften die gesamte vor Ort gelagerte Ware. Außerdem ließen sie die männliche jüdische Bevölkerung ausweisen, die jedoch in den 1790er-Jahren zurückkehrte, als erst die Niederländer und danach die Franzosen die Herrschaft über Statia übernahmen. Die Abwärtsspirale der Insel begann, als die Franzosen 1795 Steuern erhoben. Diese vertrieb die Kaufleute auf umliegende Inseln, was wiederum dazu führte, dass die Bevölkerung über die nächsten 150 Jahre mächtig schrumpfte.

1954 wurde Statia neben Aruba, Bonaire, Cura Curaçao, Saba und Sint Maarten ein Teil der Niederländischen Antillen. Am 16. November 2004, dem Statia Day, führte die Insel eine neue Flagge ein, doch 2005 stimmte sie dafür, weiterhin Teil der Niederländischen Antillen zu bleiben. Die anderen Mitglieder jedoch wollten die Gruppe der Inselnationen auflösen, womit Statia allein zurückblieb. Im Oktober 2010 wurden die Niederländischen Antillen offiziell aufgelöst, und Statia wurde – gemeinsam mit Saba und Bonaire (Aruba hatte sich 1986 abgespalten) – zur Sondergemeinde der Niederlande. Die Statianer haben inzwischen fast dieselben Rechte wie die Einwohner der Niederlande. Am 1. Januar 2011 wählte Statia den US-Dollar zu seiner Währung.

Seit 1982 ist Statias größte Einnahmequelle der Umschlag von Öl. Rund 60 runde Öltanks stehen in den Hügeln nördlich von Oranjestad. Die Regierung ist der größte Arbeitgeber vor Ort, der Tourismus spielt eine untergeordnete Rolle.

Statia selbst ist ein Musterbeispiel für erneuerbare Energien: Zwischen 9 und 19.30 Uhr wird die Insel zu 100 % mit Energie aus ihrem riesigen Solarpark versorgt, was die jährliche CO_2-Bilanz um 4,5 Mio. Kilogramm senkt.

Bevölkerung & Kultur

Die meisten Inselbewohner stammen von afrikanischen Sklaven ab. Diese wurden hergebracht, um in den Warenlagern in Lower Town und auf den inzwischen lange verschwundenen Plantagen zu arbeiten. Die Kultur ist ein Mix aus afrikanischem und niederländischem Erbe mit anderen Einschlägen. Die Bevölkerungszahl stieg Mitte der 1990er-Jahre mit einer Immigrationswelle aus der Dominikanischen Republik und Aruba explosiv an. Nach der Auflösung der Niederländischen Antillen ging sie zwischen 2011 und 2016 aufgrund von Arbeitslosigkeit um 13 % zurück.

Natur & Umwelt

Geografie

Ihre konische Silhouette verdankt die 5 km lange und 7 km breite Insel dem Quill, einem schlafenden Vulkan im Süden, der zuletzt um 400 n. Chr. ausgebrochen ist. Sein höchster Punkt auf 601 m ist Mazinga am Kraterrand. Das Gebiet Boven im Norden, hinter den Öllagertanks, besteht aus fünf trockenen Hügeln, von denen der größte der Boven Hill ist. Zusammen bilden die beiden Gebiete den Quill/Boven National Park, der 1997 gegründet wurde, um die hiesige Artenvielfalt zu schützen.

Auf Statias zentraler Ebene liegen der Flughafen und Oranjestad. Ansonsten fallen an den meisten Küstenabschnitten die Klippen steil ins Meer ab. Es gibt ein paar schöne Strände, allerdings kann man nur am Lower Town Beach schwimmen und schnorcheln.

Die Dutch Caribbean Nature Alliance (www.dcnanature.org) bietet zahlreiche Informationen über Flora und Fauna der Insel. Auf Statia kann man dem National Parks Visitor Center (Stenapa) in Lower Town Oranjestad einen Besuch abstatten.

Tiere & Pflanzen

Ein großer Teil der Inselnordseite ist trocken und kaum bewachsen, wenn auch Oleander, Bougainvillea, Hibiskus und farbenprächtige Blumen der Umgebung hier und dort ein wenig Farbe verleihen. Die größte Pflanzenvielfalt findet man im Inneren des Quill National Park – die dichte Wolkendecke im Kraterinneren lässt einen dem Regenwald sehr ähnlichen Wald gedeihen, mit Farnen, Elefantenohren, Bromelien, Bananen sowie hochgewachsenen jahrhundertealten Kapok- und Baumwollbäumen. Außerdem gibt's über zwei Dutzend verschiedene Orchideenarten, und auch heute noch werden neue Arten entdeckt.

An verschiedenen Orten auf der Insel, einschließlich der Miriam C. Schmidt Botanical Gardens, findet man die fuchsiafarbene Prunkwinde, Sint Eustatius' Nationalblume. Sie wächst nur auf dieser Insel. Sie galt einst als ausgerottet, heute ist sie die seltenste und meistgefährdete Pflanzenart im Niederländischen Königreich.

Mit 75 Stand- und Zugvogelarten, einschließlich der weißschwänzigen tropischen und purpurkehligen karibischen Vögel, die auf den Klippen am Strand nördlich von Lower Town in Oranjestad nisten, ist Statia ein Paradies für Vogelliebhaber, vor allem im und rund um den Quill. Die harmlose Rotbauchnatter kommt nur auf Statia und Saba vor. Dazu gibt's Grüne Inselleguane, Eidechsen, Baumfrösche, früchtefressende Fledermäuse, Landkrabben und Lederrückenschildkröten sowie Echte Karett- und Suppenschildkröten, die am Strand in Zeelandia Bay nisten. Auch wirbellose Tiere wie der Monarchfalter nennen Statia ihr Zuhause, genauso wie die erst 2015 entdeckte *Glyphyalus quillensis*, eine Landschnecke, die nach dem Quill benannt wurde, in dem sie lebt. An übrigen Landtieren gibt's vor allem frei lebende, auf die Insel eingeführte Ziegen, Hühner, Kühe und Esel.

Der Sint Eustatius National Marine Park umfasst fast die gesamte Küste rund um die Insel, an deren Korallenriffen Haie, Mantarochen, Schildkröten und Seepferdchen neben Hunderten bunter Fischarten leben, darunter Tintenfischschwärme und die Amerikanische Languste.

PRAKTISCHE INFORMATIONEN

ℹ Allgemeine Informationen

AKTIVITÄTEN

Die nichtstaatliche Sint Eustatius National Parks Foundation (Stenapa) wurde 1998 gegründet, um Statias zahlreiche Naturschätze zu schützen. Sie verwaltet den Quill (S. 780) und den Boven National Park (S. 781), den Statia National Marine Park und die Miriam C. Schmidt Botanical Gardens (S. 781). Das Büro (S. 780) befindet sich in einem traditionellen Holzbau. Es hält detaillierte Informationen zu Tauchen, Wandern, Vogelbeobachtung und anderen Aktivitäten im Freien sowie Bücher und Karten bereit.

Tauchen & Schnorcheln

Passionierte Taucher sehen in Statias 36 Tauchspots einige der besten in der gesamten Karibik. Die Gewässer werden seit 1996 unter dem Namen Sint Eustatius National Marine Park geschützt und haben Korallenriffe, Wände, Canyons und Schiffswracks zu bieten. Darin hausen verschiedene Wasserlebewesen von Seepferdchen bis zu Riesenoktopussen, Mantas, Barrakudas, Korallen, Hummern und tropischen Fischarten. Auf dem Grund der klaren Gewässer finden sich auch Überbleibsel aus der Kolonialzeit wie Anker und eine Kanone. Zwischen Januar und April ziehen Wale vorbei. In den Unterwasserruinen von Lower Town (S. 776) aus dem 18. Jh. lässt es sich wunderbar schnorcheln.

Tauchgänge muss man über die beiden örtlichen Tauchläden buchen: **Scubaqua Dive Center** (S. 776) und **Golden Rock Dive Center** (S. 776). Beide befinden sich in Lower Town und bieten alle Arten von Tag- und Nachttauchgängen ebenso wie PADI-Zertifikationskurse an. Pro Tauchgang muss man eine Tauchmarke für 6 US$ kaufen oder 30 US$ pro Jahr zahlen, die in die Erhaltung des Meerschutzgebietes einfließen. Im **Queen Beatrix Medical Centre** (S. 780) gibt's eine Dekompressionskammer.

Wandern

Neben dem Tauchen ist auf Statia eine weitere sehr beliebte Beschäftigung die Erkundung der unberührten Inselnatur zu Fuß. Rund 17 Wanderwege durchziehen die unberührte Wildnis der Nationalparks Quill (S. 780) und Boven (S. 781). Am populärsten ist die 1,6 km lange Wanderung zum Kraterrand des üppig grün bewaldeten Vulkans Quill. Dort angekommen, kann man weiter in den Krater hinabsteigen und auf dem Kraterrand entlanggehen. Der Ausgangspunkt des Wanderwegs liegt am Ende der Rosemary Lane in Oranjestad.

Der Boven National Park im Norden der Insel ist viel trockener und besteht aus Grasland, Kakteen und Akazienbüschen. Eine schöne dreistündige Wanderung auf dem Butterfly Trail führt über drei Kämme und vorbei an einer alten Zuckermühle sowie den Überresten einer Festung. Unterwegs genießt man einen tollen Blick auf Zeelandia Bay (S. 781) und den Quill. Wer nur eine oder zwei Stunden Zeit hat, läuft zur abgelegenen Venus Bay, in der man Pelikane beim Wellentauchen beobachten kann. Der Weg beginnt am Ende der gepflasterten Zeelandia Rd ca. 1,5 km nördlich des Flughafens.

Vor der Wanderung schaut man beim National Parks Visitor Center (S. 780) in Lower Town vorbei, um für 10 US$ einen Wanderpass (ein Jahr gültig, Kinder unter 8 Jahren kostenlos) zu erwerben und Infomaterial, Karten, Broschüren und Bücher mitzunehmen. Die Pässe werden auch im Tourismusbüro (S. 785), Golden Rock Dive Center (S. 776), Scubaqua Dive Center (S. 776) und Old Gin House Hotel (S. 778) verkauft. Die Erlöse fließen zu 100 % in die Erhaltung der Wanderwege. Unterwegs kontrolliert niemand, ob man tatsächlich einen Pass hat, aber das Geld wird dringend benötigt und man hat auf jeden Fall ein besseres Gewissen, wenn man ihn kauft.

Gute Wanderschuhe und genügend Wasser sind unerlässlich. Am besten wandert man zu zweit, vor allem auf den schwierigeren Routen.

PREISKATEGORIEN ESSEN

Die folgenden Preise beziehen sich auf ein Hauptgericht.

**$** bis 15 US$

**$$** 15–25 US$

**$$$** über 25 US$

Wer allein unterwegs ist, sollte möglichst einen Guide buchen (beim Besucherzentrum erkundigen).

BARRIEREFREI REISEN

Statias trockener Boden und dürftige Infrastruktur erschweren das Fortkommen für Reisende mit Behinderung und eingeschränkter Mobilität.

BOTSCHAFTEN & KONSULATE

Deutschland, **Österreich** und die **Schweiz** haben keine Botschaften oder Konsulate auf Sint Eustatius. Zuständig sind die jeweiligen Botschaften im niederländischen Amsterdam (Deutschland) bzw. Den Haag (Österreich, Schweiz).

ESSEN

Nahezu alle Lokale Statias befinden sich in Oranjestad. Vor Ort gefangene Meeresfrüchte sind eine Delikatesse. Das Nationalgericht ist Ziegenfleisch mit Reis und Erbsen.

Die Auswahl in den wenigen kleinen Supermärkten auf der Insel ist dienstags und mittwochs am besten, nachdem das Versorgungsschiff angelegt hat. Am Wochenende bekommt man schon deutlich weniger frische Lebensmittel.

Beim monatlich stattfindenden **Statia Taste of the Cultures** (☎ 318-2433; Mike van Putten Youth Center; ⏲ letzter Do im Monat 18–21 Uhr) versammelt sich die gesamte Inselbevölkerung.

FEIERTAGE

Neujahr 1. Januar
Karfreitag März/April
Ostersonntag März/April
Ostermontag März/April
Königstag (Koningsdag) 27. April
Tag der Arbeit 1. Mai
Christi Himmelfahrt 40. Tag nach Ostern
Emancipation Day 1. Juli
Statia Day 16. November
Königreichstag 15. Dezember
1. Weihnachtstag 25. Dezember
2. Weihnachtstag 26. Dezember

FREIWILLIGENARBEIT

Statia ist ein guter Zwischenstopp für Bildungsreisen und für Freiwilligenarbeit. **Stenapa** (S. 780) vermittelt Freiwilligen lang- oder kurzfristig Tätigkeiten wie das Markieren von Meeresschildkröten am Strand der Zeelandia Bay (S. 781), das Anlegen bzw. Erhalten von Wanderwegen, Arbeit im Fremdenverkehrsamt oder die Hilfe bei der Katalogisierung der Inselflora und die Pflege des Miriam C. Schmidt Botanical Gardens.

Das nichtstaatliche Sint Eustatius Center for Archaeological Research (Secar) ist offiziell für archäologische Tätigkeiten zuständig. Freiwillige haben hier Gelegenheit, auf einer der 600 dokumentierten archäologischen Stätten zu arbeiten.

GELD

Die Währung auf Sint Eustatius ist der US-Dollar. Geldautomaten findet man in Oranjestad und am Flughafen. Kreditkarten werden meist nicht akzeptiert.

Manchmal geht den Bankautomaten das Geld aus, vor allem an Wochenenden. Daher hat man besser immer etwas Bargeld dabei.

Steuern & Rückerstattungen

Statia ist zollfreier Raum.

Trinkgeld

Trinkgelder werden nicht erwartet und sind nicht notwendig.

Wechselkurse

Eurozone	1 €	1 US$
Schweiz	1 SFr	1,02 US$

Aktuelle Wechselkurse siehe www.xe.com.

INTERNETZUGANG

WLAN ist in vielen Restaurants und den meisten Unterkünften verfügbar. Gemeinschaftlich genutzte Computer gibt's nicht mehr, sodass man ein eigenes Gerät benötigt.

LGBT-REISENDE

Die Bevölkerung Statias ist nicht gerade sehr tolerant, öffentliche Zuneigungsbekundungen sind daher nicht zu empfehlen. Seit 2012 sind gleichgeschlechtliche Ehen auf der Insel legal, aber viele Inselbewohner sprechen sich dagegen aus.

MEDIZINISCHE VERSORGUNG

Das Queen Beatrix Medical Centre (S. 780) in Oranjestad hat einen recht guten Ruf, wenn man bedenkt, wie abgelegen die Insel und wie winzige ihre Bevölkerung ist. Zwei Ärzte haben rund um die Uhr Bereitschaft.

MIT KINDERN REISEN

Kinder sind auf Statia herzlich willkommen. Speziell auf sie zugeschnittene Einrichtungen wie Hochsitze oder Wickelräume gibt's jedoch nur selten, Eltern müssen sich hier also selbst versorgen. Fußgängerwege sind schmal oder stellenweise gar nicht vorhanden und somit nicht geeignet für Kinderwagen. Produkte zur Babypflege wie Windeln kann man in den kleinen Supermärkten der Insel kaufen.

NOTFALL

Feuerwehr	☎ 912
Krankenwagen	☎ 913
Polizei	☎ 911

PRAKTISCH & KONKRET

Maße & Gewichte In Statia wird das metrische System verwendet.

Rauchen In geschlossenen Räumen wie Restaurants und Hotelzimmern darf nicht geraucht werden, auf offenen Flächen hingegen schon (auch dort, wo gegessen wird).

ÖFFNUNGSZEITEN

Mit langen Mittagspausen und abweichenden Öffnungszeiten muss man vor allem an Wochenenden rechnen.

Geschäfte Montags bis freitags 8 bis 17.30 Uhr.

Lebensmittelläden Montags bis samstags 8 bis 20, sonntags 9 bis 14 Uhr.

Restaurants Frühstück 7 bis 10, Mittagessen 11.30 bis 14.30, Abendessen 18 bis 22 Uhr.

STROM

Die Netzspannung beträgt 110 V, 60 Hz; üblich sind Anschlüsse nordamerikanischen Stils.

TELEFON

Statias Vorwahl lautet 599. Um die Insel von Übersee anzurufen, den Internationalen Zugangscode des eigenen Landes wählen + 599 + die örtliche Nummer.

Handys

Beim heimischen Anbieter nach Roamingmöglichkeiten und -kosten erkundigen. Anbieter vor Ort ist die St. Eustatius Telephone Company. Im Postamt werden SIM-Karten verkauft, die in entsperrten Telefonen verwendet werden können.

TOURISTENINFORMATION

Im Sint Eustatius Tourist Bureau (S. 780) bekommt man Broschüren und eine kostenlose, einfache Karte der Insel. Am Flughafen öffnet der **Touristeninformationsschalter** (www.statia-tourism.com; FD Roosevelt Airport; ⏲ keine geregelten Öffnungszeiten), wenn Flugzeuge landen.

TRINKWASSER

Das Wasser auf Statia stammt aus verschiedenen Quellen, darunter Regensammelbecken und Abwasseraufbereitung. Man sollte besser Wasser aus Flaschen trinken und Wasser aus anderen Quellen vor dem Verzehr abkochen.

PREISKATEKORIEN UNTERKUNFT

Die folgenden Preise beziehen sich auf ein Doppelzimmer mit Bad.

**$** bis 100 US$

**$$** 100–200 US$

**$$$** über 200 US$

UNTERKUNFT

Da sich auf der Insel nur eine Handvoll Unterkünfte verteilen, sind die Möglichkeiten begrenzt. Eine Reservierung im Voraus ist zu empfehlen. Die schönsten Quartiere liegen in Lower Town am Wasser.

Anders als auf anderen karibischen Inseln gibt's keine Haupt- und Nebensaisonpreise.

ZEIT

Atlantic Standard Time: MEZ minus fünf Stunden, MESZ minus sechs Stunden.

An- & Weiterreise

FLUGZEUG

Der kleine **Franklin Delano Roosevelt Airport** (EUX; ☎316-2887; Max T Pandt Blvd) ist Statias einziger Flughafen. Es gibt nur eine Fluglinie namens **Winair** (☎318-2381; www.flywinair.com) mit Flügen aus/nach Saba und Saint-Martin/Sint Maarten. Von letzterer Insel aus gelangt man auf andere Inseln und weiter (Interkontinentalflüge).

Der Flughafen hat eine minimale Infrastruktur. Draußen befindet sich ein Geldautomat, aber es gibt keinen Autovermietungsschalter. Ein Touristenschalter ist für ankommende Flüge eingerichtet.

ÜBERS MEER

Es halten keine Kreuzschiffe in Statia. Ein Fährdienst von/nach Saba sollte bei Erscheinen des Reiseführers in Betrieb genommen sein; weitere Informationen und Updates bietet Statias Touristeninformation.

Jachten müssen den **Marine Park**, der zur Sint Eustatius National Parks Foundation (Stenapa) gehört, auf dem VHF Kanal 17/16 kontaktieren, da es um die Insel herum viele Schutzgebiete gibt und nur zwölf Ankerplätze. Die Hafengebühr beträgt 20 US$, zuzüglich 10/30 US$ Meerschutzgebühren pro Tag/Woche.

FLUGHAFENGEBÜHREN

Die Flughafengebühr beträgt 15 US$; sie muss bar entrichtet werden.

Unterwegs vor Ort

Auf Statia verkehren keine Busse, aber Oranjestad selbst ist klein genug, um den Ort zu Fuß zu erkunden. Mit einem Taxi oder Mietwagen vergrößert sich der Radius.

AUTO & MOTORRAD

Auf Statia wird rechts gefahren. Die Straßen außerhalb von Oranjestad sind nicht alle gut, und die Straße zu den Miriam C. Schmidt Botanical Gardens ist oft unbefahrbar. Auf frei umherlaufende Ziegen, Kühe und Hühner sollten Fahrer auf der gesamten Insel achten, auch in der Stadt. Wie aus dem Nichts tauchen zudem vielerorts Einbahnstraßen auf, und die Einheimischen können sehr ungemütlich werden, wenn man entgegen der Fahrtrichtung auf sie zufährt.

Autovermietung

Das kleine Statia hat eine lächerlich hohe Anzahl an Autovermietungen, große internationale Anbieter sucht man allerdings vergeblich. Etwa 40–60 US$ pro Tag für ein Auto oder einen Jeep sind die Regel. Bargeld wird bevorzugt, manche Agenturen akzeptieren auch Kreditkarten.

Am Flughafen gibt's keine Büros. Die Agenturen holen ihre Kunden am Flughafen ab und bringen sie wieder hin. Auch ohne Reservierung kann der Touristenschalter am Flughafen kurzfristig ein Mietauto organisieren.

ARC Car Rental (☎318-2595)

Brown's Car Rental (☎318-2266; bcr_nv@yahoo.com)

Island Essence (☎318-0585; info.islandessence@gmail.com)

Rainbow Car Rental (☎318-2811)

Reddy Car Rental (☎318-5564; reddycarrental@gmail.com)

Rivers Car Rental (☎318-2309)

TAXI

Die Handvoll Taxis auf der Insel werden unabhängig betrieben. Die Touristeninformation am Flughafen wird gerne eines bestellen. Ansonsten einfach einen Einheimischen, im Hotel oder im Restaurant um die Bestellung bitten. Preise variieren zwischen 8 und 15 US$ pro Person und Fahrt, zuzüglich 1 US$ für Gepäck und weiterer 2 US$ nach Sonnenuntergang.

TRAMPEN

Per Anhalter zu reisen ist niemals vollkommen sicher und insgesamt eher davon abzuraten. Reisende, die per Anhalter fahren, müssen sich darüber im Klaren sein, dass sie ein kleines, aber potenziell ernsthaftes Risiko eingehen. Von den üblichen Sicherheitswarnungen abgesehen, ist Trampen auf Statia aber sicherer als auf vielen anderen Inseln der Region.

St. Kitts & Nevis

☎1-869 / EW. 57 000

Inhalt ➡

Gut essen

- Bananas Restaurant (S. 804)
- Gin Trap Bar & Restaurant (S. 802)
- Golden Rock Inn (S. 804)
- Sprat Net Bar & Grill (S. 798)
- El Fredo's (S. 791)

Schön übernachten

- Golden Rock Inn (S. 804)
- Belle Mont Farm (S. 798)
- Hermitage Plantation Inn (S. 804)
- Montpelier Plantation Inn & Beach (S. 804)

Auf nach St. Kitts & Nevis!

Diese warme und gastfreundliche Zwei-Insel-Nation verbindet herrliche Strände mit beeindruckenden Bergen, Aktivitäten zu Land und Wasser und einer langen Geschichte. Die hiesige entspannte, freundliche Kultur ist von pulsierenden *soca*-Beats und vom sogenannten „*Liming*" (Abhängen, Trinken und Plaudern) geprägt.

Auch wenn die beiden Inseln vieles gemein haben, unterscheiden sie sich in den Details. St. Kitts ist größer und kommerzieller, vom geschäftigen Basseterre und seinem riesigen Kreuzfahrtterminal Port Zante bis zur Partymeile und den Resorts in Frigate Bay. Auf der anderen Seite der Narrows liegt das beschauliche und etwas ordentlichere Nevis mit einem vulkanischen Berg im Zentrum, ein paar wunderbaren Stränden und der winzigen Kolonialhauptstadt Charlestown. Naturwanderwege führen zu den grünen Oberläufen des Gipfels. Die Geschichte der Insel dreht sich um den britischen Admiral Horatio Nelson, den US-amerikanischen Gründervater Alexander Hamilton und mehrere gut erhaltene Zuckerplantagen, die heute luxuriöse Hotels sind.

Reisezeit

Dez.–April Hauptsaison: Ende November und Anfang Dezember ist die beste Reisezeit; ab Februar gibt's niedrigere Temperaturen und weniger Regen.

April–Juni Zwischensaison: April und Mai sind trocken und die Unterkünfte billiger. Das St. Kitts Music Festival findet im Juni statt.

Juli–Nov. Nachsaison: Jetzt ist Hurrikansaison; Sehenswürdigkeiten; Attraktionen und Restaurants haben an weniger Tagen und Stunden geöffnet und manchmal schließen die Hotels für mehrere Monate.

ST. KITTS

St. Kitts ist die entwickeltere und geschäftigere der beiden Inseln, aus denen dieses Land besteht. Die Hauptstadt Basseterre ist ein geschäftiger Ort mit einem großen Hafen für Kreuzfahrtschiffe, der in der Hochsaison mit Besuchern überfüllt ist. Hier liegt auch der von der UNESCO geschützte Brimstone Hill Fortress National Park, der zu den wichtigsten historischen Sehenswürdigkeiten der Karibik zählt. Im Süden laden die herrlichen Strände der Insel zum Aalen in der Sonne, rumhaltigen Drinks, ausgedehnten Mittagessen mit Meeresfrüchten und zahlreichen Wassersportarten ein.

St. Kitts & Nevis Highlights

1 **Brimstone Hill Fortress** (S. 797) Britische Kolonialpracht bestaunen: eine hervorragend erhaltene Zitadelle auf einem Hügel mit Meerblick.

2 **Pinney's Beach** (S. 801) Den ganzen Tag faulenzen am breiten, langen Strand an der Westküste von Nevis.

3 **Mount Liamuiga** (S. 797) Nach einer Wanderung in den Krater eines Vulkans schauen.

4 **White House Bay** (S. 793) Nach dem Schwimmen und Schnorcheln bei Sonnenuntergang ein paar Drinks in der schicken Strandbar Salt Plage genießen.

5 **Botanical Gardens of Nevis** (S. 803) In einem Meer aus Blumen, Statuen und Seerosen zur Ruhe kommen.

6 **Mount Nevis** (S. 801) Den perfekten Kegel von Nevis' namensgebendem Vulkan erklimmen und mit einem atemberaubenden Inselblick belohnt werden.

Zucker trieb die regionale Wirtschaft jahrhundertelang an, aber seit 2005 die letzte Fabrik geschlossen wurde, setzt St. Kitts größtenteils auf Tourismus – insbesondere den der Kreuzfahrtindustrie. In jüngerer Zeit hat die Insel mit neuen Resorts, noblen Villen, einem Superjachthafen und einem von Tom Fazio entworfenen Golfplatz nach und nach den Luxusreisemarkt erschlossen. Auch wenn St. Kitts nicht gerade die unberührte Karibik verkörpert, ist es dennoch verlockend entspannt und unterhaltsam.

 An- & Weiterreise

FLUGZEUG

Der Robert Llewellyn Bradshaw International Airport von St. Kitts befindet sich am nördlichen Stadtrand von Basseterre. Der Abflugbereich ist hell und geräumig, aber die Einrichtungen beschränken sich auf eine minimal ausgestattete Snackbar. Es gibt tägliche Verbindungen zu vielen anderen karibischen Inseln, insbesondere nach Sint Maarten, Antigua und Puerto Rico, sowie Direktflüge nach verschiedenen US-amerikanischen und kanadischen Städten.

SCHIFF/FÄHRE

Passagierfähren bedienen die Strecke zwischen Basseterre auf St. Kitts und Charlestown auf Nevis mehrmals täglich. Die Seabridge-Autofähre (S. 811) verbindet Majors Bay im südlichen St. Kitts mit Cades Bay im nordwestlichen Nevis. Wassertaxis bieten Verbindungen zwischen Cockleshell Beach und Oualie Beach.

Basseterre

Die meisten Besucher verbringen nicht viel Zeit in Basseterre (bass-*terr*), der geschäftigen Hauptstadt von St. Kitts, doch in der kompakten Innenstadt gibt's jede Menge Duty-free-Läden, Souvenirstände und Bars im Freien. Wem das und kaltes Bier nicht ausreichen, der kann sich im Nationalmuseum über die Inselgeschichte informieren und sich dann im charmanten, etwas heruntergekommenen Labyrinth aus engen Gassen verlieren, die vom Circus ausgehen – einem ziemlich malerischen Kreisverkehr an einem Uhrturm im viktorianischen Stil. Ausschau nach dem einen oder anderen architektonischen Juwel halten (die Princes Street lohnt sich besonders). Anschließend kann man es den Einheimischen gleichtun: Auf dem grasbewachsenen Independence Square ist „*Liming*" (Abhängen) angesagt.

Sehenswertes

National Museum — MUSEUM

(☎466-2744; Bay Rd; Erw./unter 12 Jahren 7 US$/gratis; ⏲Mo–Fr 8–16, Sa bis 14 Uhr) Dieses bescheidene Museum ist ein guter Ausgangspunkt für die Erkundungstouren auf St. Kitts. Die Exponate befassen sich mit der Kolonialgeschichte, dem Aufstieg der Zuckerindustrie, dem Weg zur Unabhängigkeit sowie den örtlichen Lebensweisen und Traditionen. Das Museum liegt im 1894 errichteten Old Treasury Building, einem stattlichen Gebäude aus handgeschnittenem vulkanischem Kalkstein.

Independence Square — PLATZ

Ein grasbewachsener Park mit einem runden Brunnen mit drei Oben-ohne-Nymphen, in dem sich die Einheimischen im „*Liming*" (entspannten Nichtstun) üben und Klatsch und Tratsch austauschen. Die dunkle Vergangenheit des früheren Pall Mall Square als Schauplatz von Sklavenauktionen im 18. Jh. ist nicht auf den ersten Blick ersichtlich. Mit roten Telefonzellen, georgianischen Gebäuden aus dem 18. Jh. und der **Kathedrale** strahlt der Ort insgesamt eine seltsam vornehme Atmosphäre aus.

St. George's Anglican Church — KIRCHE

(Cayon St; ⏲unterschiedl. Öffnungszeiten) In ihrem kleinen umzäunten Park blickt diese Kirche mit ihrem roten Dach auf eine bewegte Geschichte zurück: Französische Jesuiten erbauten die erste Kapelle im Jahr 1670, doch sie wurde nacheinander durch Feuer, ein Erdbeben und einen Hurrikan zerstört und so dreimal wieder neu aufgebaut – zuletzt im Jahr 1869. Den Turm kann man besteigen, auf dem Friedhof finden sich einige außergewöhnliche Grabinschriften.

Aktivitäten & Geführte Touren

Pro Divers St. Kitts — TAUCHEN

(☎660-3483; www.prodiversstkitts.com; Fisherman's Wharf, Fort Thomas Rd; 2-Flaschen-Tauchgang inkl. Ausrüstung 115 US$; ⏲Aug. 3 Wochen geschl.) Der Besitzer Austin und sein Team haben jeden Winkel der Unterwasserwelt von St. Kitts erkundet und bieten neben offiziellen Tauchkursen auf allen Niveaus auch eine breite Palette an Unterwassererlebnissen für Anfänger und Fortgeschrittene. In den Preisen sind Ausrüstung und Transfers enthalten.

Basseterre

Sehenswertes

1 Circus B2
2 Immaculate Conception Cathedral C1
3 Independence Square C2
4 National Museum B2
5 St. George's Anglican Church B1

Aktivitäten, Kurse & Touren

6 Blue Water Safaris B2
7 Kenneth's Dive Center C2
8 Leeward Islands Charters C2

Schlafen

9 King's Pavilion Hotel B2
10 Seaview Inn B2

Essen

11 El Fredo's D2

Unterhaltung

12 Warner Park C1

Kenneth's Dive Center TAUCHEN

(☎ 667-9186; www.kennethdivecenter.net; Bay Rd; 2-Flaschen-Tauchgang ab 110 US$; ⏲ Büro Mo–Fr 8–17 Uhr) Der älteste Tauchausstatter der Insel bietet Bootstauchgänge und PADI-Tauchkurse und zählt den Astronauten Buzz Aldrin zu seinen Kunden. Die meisten Kurse werden von Passagieren von Kreuzfahrtschiffen belegt, aber es werden auch private Trips angeboten.

Blue Water Safaris BOOTSTOUREN

(☎ 466-4933; www.bluewatersafaris.com; Princes St; Ganztagestour 95 US$) Dieses angesehene Unternehmen bietet unterschiedliche Katamaran-Kreuzfahrten, darunter einen beliebten Ganztagesausflug nach Nevis mit Schnorchel-Zwischenstopp, Mittagessen und einer Stunde am Pinney's Beach (S. 801). Die Abfahrtszeiten richten sich nach dem Fahrplan der Kreuzfahrtschiffe, private Charterboote stehen aber ebenfalls zur Verfügung.

Leeward Islands Charters BOOTSTOUREN

(☎ 465-7474; www.leewardislandschartersstkitts.com; Unit C8, The Sands Complex, Bay Rd) Ein Spitzenanbieter mit einer Reihe von Optionen, darunter eine ganztägige St.-Kitts-Tour mit Schnorcheln, Getränken und Grillgerichten am Strand (95 US$), eine dreistündige Segel- und Schnorcheltour für 50 US$ (Abfahrt Nevis 66 US$) und zweistündige Bootstouren bei Sonnenuntergang für 50 US$. Die Boote legen vom Jachthafen Port Zante auf St. Kitts oder vom Four-Seasons-Pier auf Nevis ab.

Greg's Safaris
ERLEBNISSPORT

(465-4121, 662-6002; www.gregsafaris.com) Greg Pereira leitet verschiedene Inseltouren, darunter eine beliebte halbtägige Allradwagentour durch den Wald mit Zwischenstopps an einem Aussichtspunkt und einem Strand sowie einem Mittagessen mit regionalen Früchten und Backwaren (65 US$ pro Pers.). Zu den weiteren Optionen gehören eine vierstündige Regenwaldtour, auf der man viele Wildtiere sehen und in einer Süßwasserquelle schwimmen kann (75 US$).

Feste & Events

Karneval
KARNEVAL

(Basseterre) Der Karneval, auch „Sugar Mas" genannt, ist das größte Event des Jahres auf St. Kitts. Er beginnt Mitte November, doch richtig ausgelassen wird es für zwei Wochen ab dem 26. Dezember, wenn Tanz-, Musik- und Schönheitswettbewerbe, Kostümparaden und Steeldrum-Musik die Straßen und Plätze in der ganzen Stadt übernehmen.

St. Kitts Music Festival
MUSIK

(www.stkittsmusicfestival.com; Warner Park, Basseterre; Ende Juni) Dieses dreitägige Festival bringt bekannte karibische Musiker aller Genres in den **Warner Park** (466-2007; zwischen Victoria Rd, Lozac Rd & Park Range) von Basseterre – von Calypso und *soca* über Reggae und Salsa bis zu Jazz und Gospel. Zum letzten Line-up zählten Smokey Robinson und 50 Cent.

Schlafen

In der Innenstadt von Basseterre gibt's ein paar einfache Gästehäuser und ein ziemlich elegantes neues Hotel, doch wer keine Fähre am frühen Morgen nehmen muss, braucht hier nicht zu übernachten, da nachts in der Stadt nicht viel los ist.

Seaview Inn
GÄSTEHAUS $

(465-0243; Bay Rd; Zi 87 US$;) Die zehn dunklen, winzigen, aber sauberen Zimmer dieser Unterkunft in fußläufiger Entfernung vom Bus-/Fährterminal laden zwar nicht zum Verweilen ein, sind aber auf jeden Fall preiswert. Vom Bar-Restaurant kann man sich ein kaltes Getränk holen und sich auf die umlaufende Veranda setzen, um entspannt Leute zu beobachten.

King's Pavilion Hotel
HOTEL $$

(466-7001; reservation.kingspavilion@gmail.com; Bay Rd; Zi. Meer-/Stadtblick 200/180 US$;) Dieses nagelneue, von Chinesen geführte Hotel öffnete 2019 seine Pforten am Meer und wird das raue Basseterre wohl mit einigen eleganten Unterkünften bereichern. Jedes der 17 riesigen Zimmer verfügt über eine Küche, einen Safe, eine Waschmaschine und einen großen Balkon. Außerdem gibt's einen Fitnessraum und goldene Verzierungen auf dem Boden in Marmoroptik.

Essen

Basseterre wartet mit ein paar einfachen, aber lohnenswerten Restaurants auf. In Frigate Bay bietet die Restaurantreihe entlang des Zenway Boulevards internationale Küche, während man sich an der Küste den frischen gegrillten Fisch in den einfachen Strandbars nicht entgehen lassen sollte. Wer den nördlichen Teil der Insel erkundet, muss sich in kulinarischer Hinsicht mehr oder weniger auf Stände am Straßenrand und Snackbars beschränken.

Ital Creations
VEGETARISCH $

(661-1029; Bypass Rd; Sandwiches & Wraps 15–25 EC$; Mo–Sa 8–16 Uhr;) Dieser Essensstand ohne Fleischgerichte befindet sich in versteckter Lage auf einem Bio-Bauernhof am Flughafen. Um hierher zu gelangen, hält man nach dem blauen „Yoga"-Schild Ausschau und geht die Treppe in die Bäume hinauf, wo man Sandwiches, Wraps, Salate, Smoothies und andere erfrischende Getränke bestellen kann. Unter dem Mangobaum Platz nehmen und die Flugzeuge im Landeanflug beobachten.

★ El Fredo's
KARIBISCH $$

(466-8871; www.facebook.com/ElFredosRestaurantandBar; Ecke Bay & Sandown Rd; Hauptgerichte 30–50 EC$; Di–Sa 11–16 Uhr) Das El Fredo's ist eine geschäftige Anlaufstelle fürs Mittagessen und gleichermaßen beliebt bei Einheimischen und Kreuzfahrtpassagieren, die die hiesige Küche probieren möchten. Versuchen sollte man den kreolischen Schnapper, die Knoblauchgarnelen, die Ochsenschwanzsuppe oder den Ziegeneintopf, die alle mit einer bunten Mischung aus (meist stärkehaltigen) Beilagen serviert werden, darunter köstliche Klöße. Das Ambiente ist klassisch, cool-karibisch, aber die hausgemachte Soße ist scharf!

Fisherman's Wharf FISCH & MEERESFRÜCHTE $$
(☎ 466-5535; www.fishermanswharfstkitts.com; Fort Thomas Rd; Hauptgerichte 37–115 EC$; ⏰ Mo–Sa 18.30–22 Uhr; 📶) Von den Tischen auf der Terrasse dieses windigen Restaurants im Freien genießt man einen herrlichen Blick auf das glitzernde Basseterre. Hier werden frischer Schnapper, Muscheln, Hummer und andere Fischspezialitäten in saftiger Perfektion zubereitet. Dem Hummer-Thermidor und den mit Chili glasierten, knusprigen Tintenfischringen geben wir einen begeisterten Daumen hoch.

Praktische Informationen

Joseph N. France General Hospital (JNF Hospital; ☎ 465-2551; Cayon St, Brumaire; ⏰ 24 Std.) Das Hauptkrankenhaus auf St. Kitts verfügt über 156 Betten und eine 24-Stunden-Notaufnahme, aber keine Überdruckkammer.

Post (☎ 465-2521; Pelican Mall, Bay Rd; ⏰ Mo–Fr 8–15.30 Uhr)

An- & Weiterreise

Busse, die Anbindung an die Westküste bis nach St. Paul's bieten, fahren vom Busbahnhof West (S. 810) neben dem Fährterminal ab, wogegen Busse, die Verbindungen nach Osten bis nach Saddlers bieten, vom Busbahnhof Baker's Corner (S. 810) abfahren.

Frigate Bay

Die etwa 5 km südöstlich von Basseterre gelegene Frigate Bay ist ein schmales Stück Land, das die ruhige Karibikseite von der wellengepeitschten Atlantikseite trennt. Zweitere wird vom gewaltigen Marriott Resort dominiert. Der Zenway Boulevard, die Straße zum Resort, ist eine Restaurantmeile, doch die größte Attraktion der Gegend ist der „Strip", eine Reihe ausgefallener Strandbars in Frigate Bay South. Schwimmen macht auf beiden Seiten Spaß, auch wenn die karibischen Gewässer viel ruhiger sind.

Sehenswertes

Südliche Frigate Bay STRAND
In der Saison hört die Party am „Strip" nie auf, einem von Strandschuppen gesäumten goldenen Sandstrand mit sanften, kinderfreundlichen Wellen und Bars, in denen auch noch lange nach Einbruch der Dunkelheit gefeiert wird.

Schlafen

Frigate Bay hat die höchste Dichte an Unterkunftsoptionen auf St. Kitts, die von großen Wohnanlagen bis zu Strandresorts mit Hotelservice wie dem Marriott reichen. Es gibt jedoch nur wenige preiswerte Angebote.

Timothy Beach Resort HOTEL $$
(☎ 465-8597; www.timothybeach.com; Frigate Bay South; Zi. ab 215 US$, Suite mit 1/2 Schlafzimmern 340/525 US$; P ❄ 📶 🏊) Unauffällige Unterkunft, die direkt an einem feinen Sandstrand und Schnorchelriff und nur einen Katzensprung von den lärmenden Bars auf dem Strip entfernt liegt. Die auf mehrere zweistöckige Gebäude verteilten Zimmer sind zwar nicht unbedingt nach dem neuesten Trend eingerichtet, aber dafür groß und gemütlich. Nach einem Zimmer mit Meerblick im oberen Stockwerk fragen.

St. Kitts Marriott Resort RESORT $$$
(☎ 466-1200; www.marriott.com; Frigate Bay Rd; Zi. ab 295 US$; P ❄ 📶 🏊) Dieses große Resort an einem breiten Sandstrand, zu Fuß ganz nah an der Restaurantmeile von Frigate Bay, ist wie ein kleines eigenes Dorf mit mehreren Pools, Restaurants und Bars, einem Fitnessstudio, einem Nachtclub, Duty-free-Shops und sogar einem Casino. Die perfekte Wahl für alle, die es unter einem strahlend blauen Himmel so bequem haben wollen wie zu Hause.

Essen & Ausgehen

★ **Mill St. Kitts** CAFÉ $
(www.facebook.com/millstkitts; Zenway Blvd; Sandwiches 25–40 EC$; ⏰ 7–15.30 Uhr; 📶) Einer der wenigen, zumindest etwas hippen Orte auf St. Kitts, bietet dieses Café im Industriestil in einem umgebauten Containerkomplex ein hervorragendes Frühstück oder Mittagessen. Hier kann man ausgezeichneten Kaffee zwischen Wellblechwänden genießen, an denen alte Ausgaben der *Pravda* hängen (der Besitzer stammt aus Russland). Alternativ holt man sich einfach etwas Gebäck oder ein Sandwich zum Mitnehmen.

Cathy's Ocean View Bar & Grill KARIBISCH $$
(☎ 665-0561; Strip, Südliche Frigate Bay; Hauptgerichte 17–25 US$; ⏰ Mi–Mo 18–23 Uhr; 📶) Mit seinen Plastiktischdecken ist der Innenbereich des Cathy's nicht gerade sehr einladend, doch hier gibt's hervorragende Rippchen, Grillfleisch und Fischgerichte. Am

besten setzt man sich an einen Tisch im Sand, um die Brise zu genießen und etwas Discomusik von den nahegelegenen Bars zu hören.

Patsy's Beach Bar & Grill KARIBISCH $$
(☎ 664-3185; Strip, südliche Frigate Bay; Burger 10–20 EC$, Hauptgerichte 25–80 EC$; ⏱ 11–22 Uhr oder später; 📶) Strandgourmets strömen zu Patsy, die in ihrem fröhlich bemalten Lokal am nördlichen Ende des Strip köstliche gegrillte Rippchen und leckere Garnelennudeln serviert. Es gibt auch Essen zum Mitnehmen, aber warum sollte man bei dieser Aussicht weggehen?

Rock Lobster MEDITERRAN $$$
(☎ 466-1092; www.rocklobsterstkitts.com; Zenway Blvd; Hauptgerichte 26–60 US$, Tapas 11–17 US$; ⏱ Do–Di 17–22 Uhr; 📶) Diese entspannte Bar mit offener Terrasse ist eine Institution der nördlichen Frigate Bay, wo am Wochenende sehr viel los ist. Neben dem regional gefangenen, namensgebenden Krustentier gehören die gemischten Meeresfrüchtenudeln und das geschwärzte *mahi mahi* zur Top-Auswahl.

Mr X's Shiggidy Shack Bar & Grill BAR
(☎ 762-3983; Strip, südliche Frigate Bay; ⏱ Mo–Fr 16–24, Sa & So 8–24 Uhr; 📶) Dank der Laternen auf zerschlissenen Picknicktischen auf dem Sand kommt man in dieser bei Expats und Touristen beliebten, energiegeladenen Bar direkt in Partystimmung. Am Lagerfeuerabend (Donnerstag) schließen sich Bands zum Jammen an den Generator an und samstags wird's zum Karaoke-Abend richtig voll. Burger und frischer Fisch bilden eine gute Grundlage (Hauptgerichte 40–120 EC$).

Südöstliche Halbinsel

Das südliche Ende von St. Kitts ist eine wilde und hügelige Halbinsel mit wunderschönen Sandstränden. Es gibt hier keine Dörfer, und bis vor Kurzem gab es auch keine nennenswerte Besiedlung. Das änderte sich mit dem Bau des Christophe Harbour, eines Hafens für Megajachten mit luxuriösen Villen, einem Strandclub nur für Mitglieder und einem von Tom Fazio entworfenen Golfplatz. Auch dank der Eröffnung des luxuriösen Park Hyatt neben dem Cockleshell Beach ist dieser abgelegene Abschnitt wieder bekannt geworden.

Wenn man auf der Hauptstraße von Frigate Bay aus 12,9 km Richtung Süden fährt, überquert man St. Timothy's Hill (mit herrlicher Aussicht), bevor es hügelabwärts durch den neuen Tunnel geht. Die Straße selbst – Kennedy A. Simmons Highway nach dem ersten Ministerpräsidenten der Inseln benannt – wurde ebenfalls komplett neu renoviert, weshalb diese Gegend nun sehr leicht zu erreichen ist.

Sehenswertes

★Cockleshell Beach STRAND
Der wahrscheinlich beste Strand von St. Kitts bietet einen großartigen Blick über die Narrows auf Nevis. Dieser halbmondförmige weiche weiße Sandstrand mit ruhigem, flachem Wasser und mehreren Bars, Restaurants und Wassersportausstattern kann sehr überlaufen sein, wenn die Kreuzfahrtschiffe einlaufen, weshalb man am besten früh oder spät hingeht – oder gar nicht, wenn die Riesenschiffe im Hafen liegen.

South Friar's Bay STRAND
An diesem langen, von Palmen und Meertraubenbäumen gesäumten Sandstrand kann man sich wunderbar bräunen und schnorcheln oder in eines der beiden Restaurants einkehren: den schick eingerichteten **Carambola Beach Club** (☎ 465-9090; www.carambolabeachclub.com; South Friar's Bay; Mittagsgerichte 14–22 US$, Abendgerichte 25–44 US$; ⏱ Mo–Sa 18–21, an Kreuzfahrtschiffstagen 9–21 Uhr; 📶) und die viel schlichtere Shipwreck Bar & Grill. Beide sind an Kreuzfahrtschiffstagen sehr voll. Wer Menschenmengen vermeiden möchte, sollte zu einer der Bars zwischen den beiden Restaurants schlendern.

White House Bay STRAND
Der Strand selbst hat nicht viel zu bieten, aber dank der Riffe vor der Küste und einiger versunkener Schiffswracks ziemlich gute Schnorchelmöglichkeiten. Mittlerweile kommen die meisten jedoch zum Sonnenuntergang und wegen der großartigen Drinks in der schicken Strandbar Salt Plage (S. 796).

Schlafen & Essen

Neben dem Park Hyatt in Banana Bay sind private Villen oder luxuriöse Ferienwohnungen die einzigen Übernachtungsmöglichkeiten im Süden.

St. Kitts & Nevis

★ **Park Hyatt** RESORT **$$$**

(☎ 468-1234; https://stkitts.park.hyatt.com/en/hotel/home.html; Banana Bay; DZ ab 495 US$; P ❄ 📶 🏊) Dieses unauffällige, aber glamouröse und moderne Resort liegt an der halbmondförmigen Banana Bay. Es verfügt über 126 Zimmer mit einem eleganten Dekor und eignet sich ideal als luxuriöser Rückzugsort. Der soziale Mittelpunkt ist das „Great House" mit Restaurants, Fitnesseinrichtungen und Geschäften. Zu den Highlights des Resorts gehören ein hervorragender Service, ein großartiger Strand und eine herrliche Aussicht über die Narrows nach Nevis.

Reggae Beach Bar KARIBISCH **$$**

(☎ 762-5050; www.reggaebeachbar.com; Cockleshell Beach; Hauptgerichte 30–90 EC$; ⏱ Sa–Do 10–18, Fr bis 22 Uhr; 📶) In dieser abgelegenen Bar am malerischen Cockleshell Beach trifft sich eine feierlustige Truppe, um Carib-Bier und Meeresfrüchte zu genießen. Auf einer schattigen Strandliege (10 US$ pro Tag) kann man seinen Rausch ausschlafen oder sich eine Massage gönnen, alternativ im geschützten Riff nach tropischen Fischen schnorcheln. Der Hummerabend am Freitag ist das Beste (Reservierung empfohlen).

Lion Rock Beach Bar KARIBISCH **$$**

(☎ 663-8711; www.facebook.com/lionrockbeachbar; Cockleshell Beach; Hauptgerichte 20–50 EC$; ⏱ 10–17 Uhr) Ein weißhaariger Rasta namens Lion leitet diese charmant-schäbige Strandhütte, in der neben einem üppigen Mittagessen mit Rippchen und Hühnchen billiges, kaltes Bier und der typische „Lion Punch" serviert werden. Die Mitarbeiter vermieten auch die günstigsten Liegestühle am Cockleshell Beach (10 US$ pro Tag für 2 Liegestühle und 1 Sonnenschirm).

Spice Mill Restaurant KARIBISCH **$$$**

(☎ 762-2160; www.spicemillrestaurant.com; Cockleshell Beach; Mittagsgerichte 10–20 US$, Abendgerichte 28–48 US$; ⏱ Strandbar 10 Uhr–Sonnenuntergang, Restaurant tgl. 12–16, Fr–Mi 17.30–21.30 Uhr; 📶) Mit seinem Schindeldach, Lampen aus Krebsfallen und einem Einbaumkanu als Bar verleiht das Spice Mill der rustikalen Strandhütte ein zeitgenössisches, luxuriöses Flair. Während die Mittagsgerichte auf das Kreuzfahrtpublikum ausgerichtet und nichts Besonderes sind, erlebt das Abendessen mit regionalen Produkten und frischen Meeresfrüchten durch die köstlichen hausgemachten Gewürzmischungen und scharfen Soßen eine Transformation.

St. Kitts & Nevis

Highlights
1 Botanical Gardens of Nevis E6
2 Brimstone Hill Fortress National Park A2
3 Cockleshell Beach E4
4 Lovers Beach E5
5 Pinney's Beach E6

Sehenswertes
6 Amazing Grace Experience A2
7 Black Rocks B2
8 Eden Brown Estate F6
9 Frigate Bay South D4
10 Hamilton-Estate-Ruinen E6
11 Herbert's Beach F5
12 Horatio Nelson Museum E6
13 Nevisian Heritage Village F6
14 Nisbet Beach E5
15 Oualie Beach E5
16 Romney Manor B3
17 South Friar's Bay D4
18 St. John's Fig Tree Church E6
19 St. Kitts Eco-Park A2
20 St. Thomas Anglican Church B3
21 St. Thomas' Lowland Church E6
22 White Bay Beach F6
23 White House Bay D4
Wingfield Estate St. Kitts .... (siehe 16)

Aktivitäten, Kurse & Touren
Bath Hot Spring .... (siehe 12)
Four Seasons Golf Course .... (siehe 5)
Golden Rock Nature Trail .... (siehe 28)
24 Mt.-Liamuiga-Vulkanwanderung A2
25 Mt. Nevis E6
26 Nevis Equestrian Centre E5
Pro Divers St. Kitts .... (siehe 38)
Scuba Safaris .... (siehe 15)
Sky Safari Tours .... (siehe 16)
27 St. Kitts Scenic Railway C3
28 Upper Round Road Trail F6
Wheel World Cycle Shop .... (siehe 15)

Schlafen
29 Belle Mont Farm A2
Four Seasons Resort Nevis .... (siehe 5)
30 Golden Rock Inn F6
31 Hermitage Plantation Inn E6
32 Montpelier Plantation Inn & Beach E6
Nisbet Plantation Beach Club .... (siehe 14)
Oualie Beach Resort .... (siehe 15)
33 Park Hyatt D5
34 St. Kitts Marriott Resort D3
Timothy Beach Resort .... (siehe 9)

Essen
35 Bananas Restaurant E6
36 Carambola Beach Club D4
Cathy's Ocean View Bar & Grill .... (siehe 9)
37 Chrishi Beach Club E5
38 Fisherman's Wharf C3
39 Gin Trap Bar & Restaurant E5
40 Ital Creations C3
Kitchen .... (siehe 29)
Lion Rock Beach Bar .... (siehe 3)
Oasis in the Garden .... (siehe 1)
Patsy's Beach Bar & Grill .... (siehe 9)
Reggae Beach Bar .... (siehe 3)
Spice Mill Restaurant .... (siehe 3)
41 Sprat Net Bar & Grill B3
Sunshine's Beach Bar & Grill .... (siehe 5)

Ausgehen & Nachtleben
Mr X's Shiggidy Shack Bar & Grill .... (siehe 9)
Salt Plage .... (siehe 23)

Shoppen
Caribelle Batik .... (siehe 16)

Salt Plage BAR
(☎ 466-7221; www.facebook.com/SaltPlage; White House Bay; ⏲ 16–22 Uhr; 📶) Diese hübsch gestaltete Strandbar direkt an der ruhigen White House Bay ist so cool, wie es in St. Kitts nur möglich ist (das zerschlissene Wellblech beachten). Tatsächlich verkehrt im Salt Plage normalerweise ein junges, wohlhabendes Publikum, das Cocktails zum Sonnenuntergang und darüber hinaus trinkt. Der Service kann jedoch sehr unterschiedlich sein und die Musik ist laut. Ordentliches Kneipenessen ist erhältlich.

ℹ An- & Weiterreise

Da in den südlichen Teil der Insel keine Busse fahren, muss man entweder ein Auto mieten oder ein Taxi nehmen, um dieses Gebiet zu erkunden.

Nördliches St. Kitts

Auf einer Fahrt über die windgepeitschte ländliche Nordhälfte von St. Kitts kann man die Insel jenseits der Strände und Kreuzfahrtterminals sehen. Der gesamte Rundweg ist etwa 56 km lang und kann leicht einen ganzen Tag ausfüllen, insbesondere mit einem ausgiebigen Zwischenstopp am Wahrzeichen Brimstone Hill Fortress, einem gemütlichen Mittagessen in einem Plantagenhotel, einer Runde Ziplining und einem Besuch in einem der skurrilen Museen der Gegend. Hier weiden Schafe auf Wiesen und alte Zuckerrohrfelder erstrecken sich über die Hügel mit spektakulärem Blick auf den Mount Liamuiga, den 1155 m hohen schlafenden Vulkan, der das Landesinnere dominiert.

Sehenswertes

★ Brimstone Hill Fortress National Park

FESTUNG

(☎ 465-2609; www.brimstonehillfortress.org; Erw./Kind 10/5 US$, Audioguide 10 US$; ⌚ 9.30–17.30 Uhr) Auch bei denjenigen, die sich nicht für das Militär interessieren, wird diese gewaltige, auf einem Hügel gelegene Anlage mit Zitadellen, Bastionen, Baracken und Festungsmauern wohl einen bleibenden Eindruck hinterlassen. Mit dem Bau der einst hochmodernen Burg begannen die Briten 1690 und verbesserten sie mittels Sklavenarbeit über etwa ein Jahrhundert. Im Jahr 1999 wurde sie zu einem Weltkulturerbe der UNESCO.

Zu Beginn des Besuchs informiert ein 10-minütiges Video über die Geschichte der Insel und den Bau der Festung. Anschließend läuft man hoch zum vieleckigen Fort George. Auf dem Kanonendeck mit Meerblick kann man sich gut vorstellen, wie die Kanone aufs Meer abgefeuert wurde. Eine Etage weiter unten sind Ausstellungsgegenstände aus der Zeit des Festungsbaus über das Leben vor Ort, die Sklaverei, Bestrafungsmethoden und anderen Themen zu finden – ebenso ein nachgebauter Barackenraum, in dem sechs Soldaten nebeneinander in Hängematten schliefen. Wer es genauer wissen will, bekommt am Eingangstor einen Audioguide. Die Festung liegt am Ende einer steilen, 1,2 km langen Straße, die man nicht erklimmen sollte. Ein Taxi nehmen oder selbst fahren.

Wingfield Estate St. Kitts

HISTORISCHE STÄTTE

(Old Road Town; ⌚ 24 Std.) GRATIS Die im Jahr 1625 gegründete Wingfield-Plantage war eine der ältesten Zuckerplantagen der Insel und bis in die 1920er-Jahre in Betrieb, als die gesamte Zuckerrohrproduktion nach Basseterre verlegt wurde. Heute ist es eine malerische Ruine mit einer teilrestaurierten Mühle, einem Schornstein, einem Aquädukt, einem Kalkbrennofen und anderen Gebäuden. Bei ihrem Anblick kann man sich gut vorstellen, wie die Sklaven einst auf diesem Anwesen lebten, während sie sich mit der Zucker-, Sirup- und Rumherstellung abmühten. Es gibt gut gemachte Tafeln mit erklärenden Texten.

Romney Manor

SEHENSWERTES GEBÄUDE

(☎ 465-6253; www.caribellebatikstkitts.com; Old Road Town; Erw./Kind unter 11 Jahren 5 EC$/gratis; ⌚ Mo–Fr 8.30–16 Uhr, Nov.–April Sa auch 9–13 Uhr) Eine beliebte Zwischenstation auf Inseltouren ist das ehemalige Domizil der Besitzer der Wingfield-Estate-Zuckerplantage, wo seit 1964 die Werkstatt und der Laden des Caribelle Batik (S. 798) zu finden sind. Wie im Blumenparadies werden sich Besucher im dazugehörigen Garten (mit seinem 350-jährigen Regenbaum) fühlen, in dem auch ein alter Uhrturm versteckt liegt, der einst die Arbeitstage der Sklaven bestimmte. Die kühle Aussichtsgalerie, von der aus die Plantagenbesitzer die Zuckerverarbeitung im Auge behielten, bietet sich für ein Päuschen an.

St Thomas Anglican Church

KIRCHE

(Middle Island) Die älteste anglikanische Kirche der Karibik wurde 1625 gebaut, kurz nach dem Eintreffen des britischen Kapitäns und Gründers der Kolonie Thomas Warner. Er liegt neben seinem Freund Samuel Jefferson begraben, dem angeblichen Ururgroßvater von US-Präsident Thomas Jefferson. Das Steingebäude, das heute noch zu sehen ist, stammt aus dem Jahr 1860 und der Glockenturm wird derzeit vollständig restauriert.

Amazing Grace Experience

MUSEUM

(☎ 465-1122; www.amazinggraceexperience.com; Main Island Rd, Sandy Point Town; 5 US$; ⌚ Mo–Fr 10–16 Uhr, Sa nach Termin) Die spirituelle Reise von John Newton, der sich vom britischen Sklavenhändler zum Gegner der Sklaverei und zum Verfasser von *„Amazing Grace"* entwickelte, erzählt dieses kleine Privatmuseum anhand von Ausstellungsstücken und eines 12-minütigen Videos, das genauso zuckersüß ist wie die Hymne. Vorab anrufen, um sicher zu sein, dass offen ist.

Black Rocks

WAHRZEICHEN

(nahe dem Dorf Saddlers) GRATIS Wind und Wasser formten die schwarze Lava, die vor einer Ewigkeit vom Mount Liamuiga ausgestoßen wurde, zu außergewöhnlichen Felsformationen. Schöner Blick auf das gegen die Felsen anbrausende Wasser vom Parkplatz, wo an manchen Tagen auch Souvenir- und Getränkeverkäufer ihre Zelte aufschlagen.

Aktivitäten & Geführte Touren

Vulkanbesteigung Mount Liamuiga

WANDERN

Der Aufstieg zum Kraterrand des Mount Liamuiga, des höchsten Vulkangipfels des Landes auf 1156 Metern, ist eine anstrengende, 4 km lange Wanderung vom Dorf

Newton Ground aus. Der tiefe Krater mit aktiven Fumarolen und einem saisonalen See ist ein unglaublicher Anblick. Der gesamte Ausflug dauert hin und zurück ca. 4½ bis 5 Stunden und ist nur etwas für Hartgesottene. Da der Wanderweg nicht gut markiert und teilweise überwuchert ist, kann man sich leicht verlaufen, ein Guide ist also empfehlenswert.

St. Kitts Scenic Railway EISENBAHN

(☎ 465-7263; www.stkittsscenicrailway.com; Bahnhof Needsmust; Erw./Kind ab 89/44,50 US$; ⏲ Dez.–April) Dieser farbenfroh angemalte historische Zug transportierte einst das Zuckerrohr von den Plantagen zur Fabrik in Basseterre. Heute fahren Touristen 29 km auf der ursprünglichen Strecke, danach geht's für 19,3 km mit dem Bus weiter. Die obere Ebene im Zug eignet sich ideal fürs Sightseeing, die untere verfügt über eine Klimaanlage. Der gesamte Ausflug dauert drei Stunden; die Züge fahren nur, wenn ein Kreuzfahrtschiff im Hafen liegt.

Sky Safari Tours ERLEBNISSPORT

(☎ 466-4259; www.skysafaristkitts.com; Wingfield Rd, Old Road Town; ganze Tour Erw./Kind 89/65 US$, halbe Tour 50/35 US$; ⏲ Öffnungszeiten telef. erfragen) Auf dem historischen Wingfield Estate (S. 797) saust man auf Ziplines mit Geschwindigkeiten von bis zu 80 km/h über die Baumkronen des Regenwaldes hinweg. Die längste der fünf Seilrutschen ist 411 m lang und verläuft 76 m über dem Boden. Näher kann man dem Fliegen nicht kommen. Die Öffnungszeiten hängen von den Kreuzfahrtschiffen ab.

Schlafen & Essen

Der Norden von St. Kitts hat keine Strände, ist größtenteils bewohnt und bietet nur wenige, eher exklusive Unterkünfte.

Man kommt an zahlreichen Imbissstuben und Bars am Straßenrand vorbei – vor allem zwischen Basseterre und Sandy Point Town –, aber gehobene Lokale findet man nur auf der Belle Mont Farm.

★ Belle Mont Farm RESORT $$$

(☎ 465-7388; www.bellemontfarm.com; Kittitian Hill, St. Paul's; Villa ab 425 US$; P ❄ 📶 🏊) 🍃 Auf einem nachhaltigen Bio-Bauernhof an den Ausläufern des Mount Liamuiga bietet dieses riesige, luxuriöse Boutique-Resort elegante Villen im westindischen Stil. Viele außergewöhnliche Besonderheiten wie Badezimmer im Freien mit Badewannen mit Löwenfüßen, private Tauchbecken, Veranden mit Blick auf Saba und Sint Eustatius sowie ein Restaurant, das aus regionalen und selbst angebauten Zutaten kulinarische Köstlichkeiten zaubert.

Sprat Net Bar & Grill KARIBISCH $$

(☎ 465-7535; Old Rd, Middle Island; Hauptgerichte 40–125 EC$; ⏲ Mi–So 18–23 Uhr; 📶) In diesem einfachen Lokal am Wasser kann man es den einheimischen Familien gleichtun und neben günstigem Bier riesige Platten mit gegrilltem Fisch und Hummer genießen. Das Essen wird in nautischem Ambiente auf Plastiktellern serviert. In der offenen Küche wird verarbeitet, was am selben Tag von den Besitzern frisch gefangen wurde. Der beste Abend ist mittwochs, denn dann versetzt eine Band die Gäste in gute Laune.

Wer sich lieber selbst verpflegen möchte, kann nebenan ab ca. 16 Uhr frisch gefangenen Fisch kaufen.

★ Kitchen KARIBISCH $$$

(☎ 465-7388; www.bellemontfarm.com/food/the-kitchen; Belle Mont Farm, Kittitian Hill, St. Paul's; Mittagessen kleine Teller 12–20 US$, Abendgerichte ab 75 US$; ⏲ 7–21 Uhr; 📶) 🍃 Das Dekor des Hauptrestaurants auf der luxuriösen Belle Mont Farm ist dem vergangenen Zuckerrohranbau der Insel gewidmet. Das Lokal bietet ein trendiges Bauernhofkonzept: Die Küche bezieht 90 % der Zutaten vom eigenen Bauernhof oder von anderen regionalen Lieferanten. Die Speisekarte wechselt oft, obwohl das *dasheen*-Risotto (Tarowurzel) ein beständiger Gaumenschmaus ist.

Shoppen

Caribelle Batik KUNST & KUNSTHANDWERK

(☎ 465-6253; www.caribellebatikstkitts.com; Romney Manor, Old Road Town; ⏲ Mo–Fr 8.30–16 Uhr, Nov.–April auch Sa 9–13 Uhr) In einem ehemaligen Plantagenhaus, das heute in Zitrus-, Mint- und Orangetönen gehalten ist, stellt Caribelle Batik seit 1974 wunderschöne Batikprodukte her. Einheimische Frauen zeigen und erklären die Herstellung der oft sehr komplizierten Muster, die im Laden nebenan zu kaufen sind. Wer schon mal hier ist, kann eine Runde durch den umliegenden Garten mit einem 350 Jahre alten Regenbaum drehen.

An- & Weiterreise

Es gibt keine Busse, die die gesamte Strecke bedienen würden. Busse, die vom Busbahnhof Basseterre West (S. 810) abfahren, bieten nur

Verbindungen bis nach St. Paul's. Die gegen den Uhrzeigersinn verkehrenden Busse fahren vom Busbahnhof Baker's Corner in Basseterre ab, bieten aber nur Verbindungen bis Saddlers. Zwischen St. Paul's und Saddlers besteht gar keine Busverbindung.

NEVIS

Nevis, der reizenden, entspannten Nachbarinsel von St. Kitts, haftet nichts Protziges an. Hier säumen angenehme, nicht überfüllte Strände das bewaldete Landesinnere, das sich zum majestätischen, oft wolkenverhangenen Mount Nevis (969 m) erhebt. Mit rustikalem Charme und einem ausgeprägten Geschichtsbewusstsein unterscheidet sich Nevis sehr von seinem größeren, ungestümeren Nachbarn. Viele Besucher kommen zwar nur für einen Tag hierher, doch Eingeweihte versuchen, länger zu bleiben.

Im Tiefland an der Küste wachsen Bougainvillen, Hibiskus und andere blühende Sträucher, die zahlreiche Kolibris anziehen. Dank dieser üppigen Landschaft ist Nevis bei Radfahrern, Wanderern, Vogelliebhabern und anderen Natur- und Outdoor-Fans sehr beliebt. Geschichtsinteressierte können in das Vermächtnis von Horatio Nelson und Alexander Hamilton eintauchen, während Strandlieber und Feinschmecker in Bezug auf Restaurants vor der Qual der Wahl stehen.

An- & Weiterreise

Der Vance Amory International Airport (S. 809) in Newcastle ist ein kleiner Flughafen mit einem Geldautomaten. Hier kommen nur Regionalflüge (Sint Maarten, Antigua und Anguilla) und Privatjets an. Einige Flüge finden nur saisonal und wöchentlich statt.

Auf der Strecke Charlestown–Basseterre verkehren mehrmals täglich Passagierfähren. Die Autofähre Seabridge (S. 811) verbindet Cades Bay auf Nevis mit Majors Bay auf St. Kitts, während Wassertaxis zwischen Basseterre und Oualie Beach hin- und herfahren.

Charlestown

Die Fähre von St. Kitts legt im charismatischen Charlestown an, der winzigen Hauptstadt von Nevis mit ihren engen Gassen, der kolonialen Vergangenheit und den hell angestrichenen Steinhäusern im georgianischen und viktorianischen Stil. Ein Spaziergang auf der Hauptstraße mit Banken, Geschäften, einer Touristeninformation, Bars und Restaurants lohnt sich. Abends ist in der Stadt nichts mehr los. Der nächste Strand ist der hübsche Finney's, 2,4 km nördlich von hier.

Sehenswertes & Aktivitäten

Museum of Nevis History MUSEUM
(Hamilton House; ☎469-5786; www.nevisheritage.org; Main St; Erw./Kind 5/2 US$; ⏲Mo–Fr 8.30–16, Sa 8.30–12 Uhr) Der amerikanische Staatsmann Alexander Hamilton (1757–1804) hatte viele Rollen in seinem kurzen Leben inne: Soldat, Anwalt, Autor der *Federalist Papers*, Gründungsvater der USA, erster Schatzkanzler seines Landes und schließlich Opfer eines tödlichen Duells mit seinem politischen Erzfeind Aaron Burr. Im Jahr 1840 wurde er als uneheliches Kind in oder nahe diesem restaurierten Steingebäude geboren, in dem heute ein schlichtes Museum Auskunft über seine außergewöhnliche Laufbahn gibt.

Horatio Nelson Museum MUSEUM
(☎469-0408; www.nevisheritage.org; Bath Village Rd; Erw./Kind 5/2 US$; ⏲Mo–Fr 8.30–16, Sa 10–13 Uhr) Dieses kleine Museum legt den Schwerpunkt auf Horatio Nelson, den briti-

NEVIS MIT DEM AUTO UND ZU FUSS

Bei der Fahrt über die Ringstraße der Insel sind die blauen Schilder von Interesse, die auf die Sehenswürdigkeiten entlang des **Nevis Heritage Trails** (www.nevisheritage org) hinweisen, darunter Kirchen, Zuckerplantagen, militärische Einrichtungen und schöne Natur. Orientierung bietet eine Broschüre, die es bei der **Touristeninformation** (☎469-7550; www.nevisisland.com; Main St, Charlestown; ⏲Mo–Fr 8–16 Uhr) und in Museen gibt.

Auf Wandertouren mit der auf Nevis geborenen Umweltschützerin Lynell Liburd sind einzigartige, informative Naturerlebnisse garantiert. Das Angebot von **Sunrise Tours** (☎669-1227; www.nevisnaturetours.com; 25–40 US$ pro Pers.; ⏲auf Anfrage) reicht von leichten Dorfspaziergängen bis zu anspruchsvollen Trekkingtouren auf den Mount Nevis.

schen Marinebefehlshaber, der 1787 die einheimische Witwe Fanny Nisbet heiratete und 1805 bei der Schlacht von Trafalgar als Anführer der siegreichen britischen Armee den Tod fand. Eine liebenswerte Sammlung von Karten, Gemälden, Dokumenten, Büsten, Vasen und anderen Erinnerungsstücken erzählt seine Geschichte.

Hamilton Estate Ruins HISTORISCHE STÄTTE
(24 Std.) GRATIS Die romantischen Ruinen dieser vom Dschungel zurückeroberten Zuckerplantage bieten einen schönen Blick auf Charlestown. Man kann zwischen den Fundamenten des Great House, der Windmühle, des Siedehauses und des Schornsteins spazieren gehen. Da es schwer zu finden ist, fragt man am besten bei der Touristeninformation nach oder zieht mit einem Guide los.

Bath Hot Spring HEISSE QUELLEN
GRATIS Direkt am Ufer des Baches Bath kann man gemeinsam mit den Einwohnern eine 42 °C warme Thermalquelle genießen, deren natürliches Quellwasser durch mehrere Schottersteinschichten im Boden aufsteigt und in fünf Becken sprudelt. Es soll medizinisch wirksam sein und sogar Arthritis und Gicht heilen.

Feste & Events

Culturama KULTUR
(www.culturamanevis.com; Ende Juli–Anf. Aug.) GRATIS Seit 1974 feiern die Leute auf Nevis ihr historisches Erbe mit einem fröhlichen Programm aus Straßenmusik, Calypso-Zelten, Modenschauen, Bootsfahrten, Paraden, Partys, Tanzveranstaltungen und verschiedenen Wettbewerben – von Mr. Cool bis Miss Badeanzug.

Schlafen & Essen

Abgesehen von günstigen Gästehäusern, die von den Einheimischen geleitet werden, gibt's in Charlestown keine Übernachtungsmöglichkeiten. Die meisten Besucher kommen für einen Tag aus den Strandhotels oder den Plantagengasthöfen.

JP's Guest House GÄSTEHAUS $
(469-0319; jpwalters@sisterisles.kn; Lower Prince William St; Zi. 72 US$;) Zwei Gehminuten vom Fähranleger entfernt liegt diese saubere Unterkunft im Obergeschoss eines modernen Gebäudes. Die zehn Zimmer sind ein bisschen klein, aber tadellos. Sie haben Klimaanlagen, Kabel-TV und einen Kühlschrank. Ein gemeinschaftlich genutzter Wasserkocher und eine Mikrowelle stehen zur Verfügung.

★ **Wilma's Diner** KARIBISCH $
(663-8010; www.facebook.com/Wilmasdiner; Main St; Hauptgerichte 55 EC$; Mo–Sa 11–15 Uhr;) In ihrem malerischen, grün angestrichenen Cottage zaubert die anmutige Wilma täglich wechselnde Gerichte aus der herzhaften regionalen Küche, z. B. gegrillte Schweinerippchen, Tania Fritters oder Hühncheneintopf. Ein anspruchsvolleres Drei-Gänge-Abendessen ist nur mit Reservierung zu haben (40 US$ pro Pers.); mindestens einen Tag im Voraus anrufen.

Café des Arts CAFÉ $
(667-8768; www.facebook.com/thecafedesarts; Bayfront, Samuel Hunkins Blvd; Hauptgerichte 15–40 EC$; Mo–Fr 8–14, Di 18–22, Sa 8.30–15 Uhr;) In einem kleinen, schattigen Park am Meer liegt dieses farbenfrohe Freiluftcafé unter Bananenstauden. In charmantem Boheme-Ambiente serviert es warme Frühstücksvarianten sowie frisch zubereitete Sandwiches, Salate und Quiches. Einheimische und andere Eingeweihte strömen dienstags nach 18 Uhr zum traditionellen Burgerabend hierher.

Ausgehen & Nightlife

Octagon Bar BAR
(469-0673; Samuel Hunkins Blvd; Mo–Do 6–23, Fr & Sa bis 1 Uhr) Wer landestypisch essen will, begibt sich zu dieser am Wasser gelegenen Freiluftbar und bestellt ein günstiges, einfaches Mittagessen (Gerichte 8–18 EC$) oder spielt mit einem Einheimischen eine Partie Billard.

Praktische Informationen

Viele Banken mit Geldautomaten reihen sich auf der Main Street aneinander, wobei die einzige Bank, die US-Dollar ausgibt, die Scotiabank außerhalb der Stadt ist.

Alexandra Hospital (469-5473; Government Rd) Dieses Krankenhaus mit 52 Betten kann kleinere Notfälle behandeln, darunter auch Operationen. Alles, was ernster ist, muss in St. Kitts behandelt werden.

An- & Weiterreise

Die Fähre von St. Kitts hält am Pier direkt im Herzen von Charlestown. Wer mit der Seabridge-Autofähre (S. 811) anreist, sollte sich ein Taxi bestellen. Eine Taxifahrt vom Flughafen kostet 20 US$. Minivan-Busse fahren von Charlestown aus entlang der Westseite der Insel. Für Ziele nördlich der Stadt steigt man an der Delisle Walwyn Plaza in einen beliebigen Bus nach Newcastle. Für Ziele südlich der Stadt steigt man am Memorial Square in einen beliebigen Bus nach Gingerland. Nach dem Einsteigen bezahlt man beim Fahrer; die Preise variieren zwischen 2 und 3,50 EC$. Auf die Ostseite der Insel gelangt man nur mit einem Taxi oder einem Mietwagen.

Nördliches Nevis

An der West- und Nordküste von Nevis liegen herrliche Strände – vom langen, hübschen Pinney's über den geschäftigen Oualie und den romantischen Lovers bis zum weißen Sand von Nisbet und Herbert's. Am Pinney's Beach erhebt sich das große Four-Seasons-Hotel, das einzige Fünf-Sterne-Resort der Insel. Dort befinden sich auch mehrere lebhafte Strandbars und -restaurants. Weiter nördlich befindet sich Cades Bay, die Anlegestelle der Seabridge-Autofähre nach St. Kitts. Einige der besten Tauchplätze von Nevis sind eine kurze Bootsfahrt von hier entfernt.

Sehenswertes

★ Lovers Beach STRAND

(Main Island Rd) Der von Meertraubenbäumen abgeschirmte, kilometerlange Lovers Beach beeindruckt mit seinem weißen Sand und einer unbändigen Schönheit. Ohne Bars und andere Ausstattung ist er fast menschenleer. Wegen der Strömung und des steilen Einstiegs ist das Wasser für Kinder oder unerfahrene Schwimmer weniger gut geeignet. Zwischen April und November ist der Strand ein Nistgebiet von Schildkröten.

Am Straßenrand neben dem Schild mit der Aufschrift „Sea Haven Beach" parken und 150 m zu Fuß durch die Bäume zum Meer gehen.

★ Pinney's Beach STRAND

(Main Island Rd) An diesem 4,8 km langen Strandabschnitt mit gold-grauem Sand an der Westküste ist Schnorcheln direkt vor der Küste möglich. Am nördlichen Ende liegen das riesige Four Seasons Resort und mehrere Strandbars, doch es gibt auch viele ruhige Ecken. Sonntags ist am meisten los.

Herbert's Beach STRAND

(Camps) Ein 400 m langer Feldweg führt zu diesem praktisch menschenleeren weißen Sandstrand am Atlantik, der von Meertraubenbäumen gesäumt wird. Dank mehrerer Riffe in Küstennähe ist es ein beliebter Ort zum Schnorcheln, wenn das Meer nicht zu aufgewühlt ist. Es gibt hier keine Einrichtungen und sehr wenig Schatten, aber man ist oft allein.

Nisbet Beach STRAND

(Main Island Rd) Dieser Atlantikstrand in der Nähe des Flughafens ist ein wunderschöner weißer Sandstreifen mit Palmen, an dem jedoch starke Winde das Meer aufwühlen können. Die gehobene Strandbar des Nisbet Plantation Beach Clubs bietet Speisen, Getränke und Toiletten.

Der Zugang erfolgt über das Resort – in die Hoteleinfahrt einbiegen und dann dem Schotterweg rechts bis zum Strand hinunter folgen.

Oualie Beach STRAND

(Main Island Rd) Im Nordwesten liegt der familienfreundliche Oualie mit gelblich-grauem Sand, flachem, ruhigem Wasser und Blick auf den Sonnenuntergang von St. Kitts. Das gleichnamige Resort bietet Getränke und Essen, Strandliegen und Aktivitäten auf dem Wasser.

St. Thomas' Lowland Church KIRCHE

(Main Island Rd, Cotton Ground) Knapp 5 km nördlich von Charlestown bietet die älteste Kirche von Nevis (1643) von ihrer Hügellage aus einen schönen Meerblick. Ziegen grasen auf dem Friedhof, wo man trotzdem genüsslich spazieren gehen kann. Die ältesten Gräber sind die der ursprünglichen Siedler, das älteste stammt aus dem Jahr 1649.

Aktivitäten & Geführte Touren

Mount Nevis WANDERN

Der höchste Berg (985 m) von Nevis ist quasi immer wolkenverhangen, was der Insel ihren Namen gegeben hat: *nieve* heißt Schnee auf Spanisch. Da der Aufstieg zum Gipfel steil und anstrengend und der Wanderweg nicht immer ausgeschildert ist, sollte er nur von erfahrenen Wanderern oder mit einem Guide angetreten werden. Die gesamte Tour dauert hin und zurück etwa vier Stunden.

Wheel World Cycle Shop RADFAHREN

(☎ 469-9682; www.facebook.com/pg/wheelworldcycleshop; Oualie Beach Resort, Main Island Rd; Fahrradverleih pro Tag ab 25 US$; ⏲ Mo–Sa 8–16 Uhr) Vom Ausgangspunkt am Oualie Beach Resort unternimmt Winston Crooke geführte Radtouren mit seinen Gästen. Die beliebteste ist die Island Discovery Tour (65 US$), eine einfache, zweistündige Fahrt auf historischen Zuckerrohrwegen mit Zwischenstopps in kleinen Dörfern und auf Plantagen. Auch Kombitouren mit Wandern und Radfahren (85 US$) werden angeboten; Fahrräder kann man auch einfach so ausleihen.

Scuba Safaris TAUCHEN
(☎ 662-8047; www.divenevis.com; Oualie Beach Resort, Main Island Rd; 2-Flaschen-Tauchgang 140 US$) Dieser Fünf-Sterne-PADI-Ausstatter am Oualie Beach Resort veranstaltet Tauchgänge mit dem Boot zu Korallenriffen und Schiffswracks rund um Nevis und St. Kitts. Im Angebot sind auch Tauchkurse, Nachttauchen und Schnorchel-Safaris.

Nevis Equestrian Centre REITEN
(☎ 662-9118; www.nevishorseback.com; Cotton Ground; Ausritte 75 US$; ⊙ Ausritte 10, 14 & 17 Uhr) Hier heißt es aufsatteln und die üppige und sandige Landschaft auf verschiedenen Ausritten erkunden, darunter der beliebte 90-minütige Beach & Trail Ride (75 US$) zu einem abgelegenen Strand, einer Lagune und historischen Dörfern. Reitunterricht kostet 30 US$ pro Stunde.

Schlafen

Four Seasons Resort Nevis LUXUSHOTEL $$$
(☎ 469-1111; www.fourseasons.com/nevis; Pinney's Beach; Zi. ab 470 US$;) Dieses luxuriöse Resort mit Hotelservice auf dem gut gepflegten Anwesen einer ehemaligen Zucker- und Kokosnussplantage hat 196 Zimmer in diskreter Lage in niedrigen Garten-Cottages am Pinney's Beach. Die geräumigen Zimmer haben entweder Meerblick oder Blick auf den Mount Nevis, sind in ruhigen, natürlichen Farben gehalten und mit allem luxuriösen Drum und Dran ausgestattet – ein idealer Ort für einen gehobenen Urlaub.

Man kann den Strandtag im tropischen Spa ausklingen lassen. Ein Tennisplatz und ein 18-Loch-Championship-**Golfplatz** (☎ 469-1111; www.fourseasons.com/nevis/services_and_amenities/golf/course; Main Island Rd, Pinney's Beach; 9/18 Löcher 165/230 US$) stehen ebenfalls zur Verfügung.

Oualie Beach Resort RESORT $$$
(☎ 469-9735; www.oualiebeach.com; Oualie Beach; Zi. ab 320 US$;) Auf Familien und Sportfans zugeschnitten bietet das angenehme Oualie 32 fröhlich weiße Zimmer mit Himmelbetten und Blumendeko in malerischen Cottages an einem ruhigen Strand mit Kokospalmen. Das Restaurant serviert Inselküche und in der Bar feiern Einheimische und Touristen jeden Abend gemeinsam. Ein hervorragend bewerteter Tauchshop und ein Anbieter für Radtouren sind ebenfalls direkt vor Ort.

Nisbet Plantation Beach Club RESORT $$$
(☎ 469-9325; www.nisbetplantation.com; Nisbet Beach, Newcastle; DZ inkl. Frühstück ab 245 US$;) Nelson lernte auf dieser ehemaligen Plantage Fanny Nisbet kennen und lieben. Hierher zieht es Traditionalisten, die einen echten Nachmittagstee genießen möchten. Es gibt eine Kleiderordnung, nach der nach 18 Uhr keine kurzen Hosen mehr getragen werden dürfen. Die 36 sonnengelben Cottages strahlen einen ungezwungenen Glamour aus, sind aber eher gemütlich als luxuriös. Sie liegen an der „Avenue of Palms", einem langen, von hohen Palmen gesäumten Rasenstreifen.

Essen

Sunshine's Beach Bar & Grill KARIBISCH $$
(☎ 469-5817; www.sunshinesnevis.com; Pinney's Beach; Mittagsgerichte 8–15 US$, Abendessen 15–30 US$; ⊙ 11 Uhr–spät;) Dieser legendäre Rum- und Reggae-Laden versetzt die Leute seit Jahrzehnten in beste Partylaune. Ein kaltes Carib passt hervorragend zu den nach Geheimrezept marinierten Spareribs und Grillhühnchen, doch der eigentliche Hit ist der Rumpunsch „Killer Bee", dessen Wirkung Hunderte von Fotos an den Wänden belegen.

★ **Gin Trap Bar & Restaurant** KARIBISCH $$$
(☎ 469-8230; www.thegintrapnevis.com; Main Island Rd, Jones Bay; Hauptgerichte 18–40 US$; ⊙ 12–14.30 & 17–21 Uhr;) Zu traumhaften Blicken auf den Sonnenuntergang über St. Kitts serviert dieses weltgewandte Restaurant Gerichte mit Zutaten direkt vom Bauernhof, die das Beste der karibischen Küche vereinen, darunter Muschelsuppe mit Kokosnussklößchen, Jakobsmuscheln mit Inselgewürzen und Garnelencurry. In der stilvollen Bar kann man mit einem Gin-Trap-Cocktail mit Jalapeños in den Abend starten, bevor man sich in den mit Jalousien versehenen Speisesaal begibt.

Chrishi Beach Club INTERNATIONAL $$$
(☎ 469-5959; www.chrishibeachclub.net; Main Island Rd, Cades Bay; Hauptgerichte 18–40 US$; ⊙ Di–Sa 9–22, So 9–17 Uhr;) Ein zeitgenös-

sischer karibischer Vibe herrscht in diesem weißen Pavillon am Strand, der an einem ruhigen Strandstreifen in der Nähe der Seabridge-Autofähre liegt. Der Besitzer ist Norweger. Das Lokal ist tagsüber geöffnet, während der Saison kann man hier jetzt auch zu Abend essen. Beim Sonntagsbrunch ist viel los. Die Burger sind hervorragend, uns schmeckte auch das Deep French Kiss (Baguette mit Prosciutto-Schinken, Brie, Pesto und Birne).

 An- & Weiterreise

Im Norden von Nevis verkehren Busse, die von Charlestown bis nach Newcastle fahren. Wer noch weiter fahren möchte, muss ein Taxi oder einen eigenen Wagen nehmen.

Südliches Nevis

Die Ringstraße der Insel verläuft durch den üppigen südlichen Teil von Nevis zwischen dem wolkenverhangenen Mount Nevis und Saddle Hill, vorbei an verfallenden Zuckermühlen und den ehemaligen Villen der Plantagenbesitzer, die mittlerweile in Hotels umgewandelt wurden. Im Osten nimmt die Besiedlung ab und das Tiefland erstreckt sich in sanften grünen Hügeln – ehemaligen Zuckerrohrplantagen – bis zum aufgewühlten Atlantik. Eine verlassene, dramatische Landschaft.

 Sehenswertes

★ Botanical Gardens of Nevis BOTANISCHER GARTEN

(☎ 469-3509; www.botanicalgardennevis.com; St. John Figtree; Erw./Kind 6–12 Jahre 13/8 US$; ⏲ Mo–Sa 9–16, So 10.30–15 Uhr) Die bezaubernde Mischung aus Orchideen, Palmen, Seerosenteichen, Bambushainen und Flora aus der ganzen Welt sowie Kunstwerken, Becken und Brunnen lädt zu einem mehrstündigen Spaziergang ein. Im Rainforest Conservatory leben Papageien zwischen riesigen tropischen Pflanzen, Wasserfällen und Skulpturen im Maya-Stil und im Great House serviert ein hervorragendes thailändisches Restaurant Mittagsgerichte. Zwischen Mitte August und Mitte Oktober hat der Garten manchmal zu – es empfiehlt sich, vorab anzurufen.

Eden Brown Estate HISTORISCHE STÄTTE

(zwischen Mannings & Lime Kiln) GRATIS An der abgelegenen Ostküste genießen diese Ruinen einer Zuckerplantage aus dem 18. Jh. den zweifelhaften Ruf, der unheimlichste Ort von Nevis zu sein. Das Gelände ist offen, aber hoffnungslos überwuchert und schwer zu finden.

Es war das Jahr 1822 und Fräulein Julia Huggins stand kurz davor, zu heiraten und mit ihrem zukünftigen Ehemann auf das Anwesen zu ziehen, als besagter Ehemann und sein Trauzeuge sich in einem Duell gegenseitig umbrachten. Mit gebrochenem Herzen wurde Julia zu einer Einsiedlerin und soll immer noch nachts zu hören sein, wenn sie über das Gelände streift.

White Bay Beach STRAND

Der wilde und abgelegene White Bay Beach bietet einen Blick bis nach Montserrat und ist der einzige leicht zugängliche Sandstrand auf Nevis' Südseite. Von Windengewächsen und niedrigen Büschen gesäumt, bietet er feinen grauen Sand und eignet sich hervorragend für meditative Spaziergänge und Strandwanderungen. Mit der Brandung des Atlantiks sollten es nur erfahrene Schwimmer oder Surfer aufnehmen.

St. John's Fig Tree Church KIRCHE

(Main Island Rd, Church Ground) Diese Steinkirche aus dem Jahr 1680 ist berühmt für die Kopie der Heiratsurkunde von Horatio Nelson und Fanny Nisbet, die in einer Glasvitrine im hinteren Bereich aufbewahrt wird. Wer einen Blick unter den roten Teppich im Mittelgang wirft, findet eine durchgehende Reihe von Grabsteinen berühmter Persönlichkeiten der Insel, die im 18. Jh. starben.

Nevisian Heritage Village MUSEUM

(☎ 469-3366; Fothergills Estate, Gingerland; Erw./Kind 4/2 EC$; ⏲ Mo–Fr 9–16 Uhr, Sa nach Termin) Anhand einer Reihe nachgebauter traditioneller Gebäude mit historischen Ausstellungsstücken veranschaulicht dieses Freilichtmuseum die Gesellschaftsgeschichte von Nevis – von der Zeit der Kariben bis zur Gegenwart. Gezeigt werden auch die reetgedeckte Hütte eines Karibenhäuptlings, Sklavenbehausungen und eine Schmiede.

 Aktivitäten

Upper Round Road Trail WANDERN

Im späten 17. Jh. angelegt, verband dieser Weg einst die Plantagengebäude, Zuckerrohrfelder und Dörfer rund um den Mount Nevis. Heute führt der 14,5 km lange Pfad vom Golden Rock Inn im Osten bis zum Nisbet Plantation Beach Club im Norden, vorbei an Bauernhöfen, Obstbäumen, Gärten und Regenwald.

Für die gesamte Wanderung sollte man etwa fünf Stunden einplanen. Alternativ wählt man einen kürzeren Abschnitt. Unterwegs kann man frisches Obst probieren und Affen und Schmetterlinge beobachten.

Golden Rock Nature Trail WANDERN
(Gingerland) Das Golden Rock Inn ist der Ausgangspunkt für diese leichte bis mittelschwere Regenwaldwanderung, die über eine Kammlinie, eine sanfte Schlucht hinunter und vorbei an riesigen Farnen und Bäumen führt. Nach Gruppen von Grünen Meerkatzen Ausschau halten. Eine kostenlose Karte ist an der Rezeption des Gasthauses erhältlich.

Schlafen & Essen

Drei ehemalige Plantagen – von künstlerisch über traditionsbewusst bis zeitgenössisch – sind wunderbare Unterkünfte im Süden der Insel, die einen mit der Geschichte von Nevis und seinem schnuckelig-entspannten Charakter verbinden.

★ **Golden Rock Inn** GASTHAUS $$$
(469-3346; www.goldenrocknevis.com; Gingerland; DZ inkl. Frühstück ab 250 US$; Mitte Aug.–Mitte Okt. geschl.;) Das Quaken der Ruderfrösche und das Zirpen der Grillen wiegt an diesem gemütlichen Zufluchtsort in den Schlaf. Hier kann man sich inmitten wild romantischer Natur äußerst komfortabel vom Alltag lossagen. Die elf ungewöhnlichen Cottages liegen in einem verwilderten tropischen Garten, in dem Grüne Meerkatzen Schmetterlinge jagen. Weiter oben im Garten locken ein großer Pool und mehrere Wanderwege.

Hermitage Plantation Inn GASTHAUS $$$
(469-3477; www.hermitagenevis.com; Hermitage Rd, St. John Figtree; Zi. inkl. Frühstück 180–400 US$, Cottage 280–500 US$;) Die bonbonfarbenen, malerischen Cottages aus Stein verbinden mühelos ländlichen Komfort mit karibischem Flair. Sie liegen in einem schönen Garten auf einer ehemaligen Plantage rund um das angeblich älteste Holzhaus der Karibik herum. Auch wenn man hier nicht übernachtet, kann man das charmante altmodische Ambiente auf sich wirken lassen und mittwochs beim legendären West Indian Pig Roast Braten und Rumpunsch mit Muskat genießen.

Montpelier Plantation Inn & Beach LUXUSHOTEL $$$
(469-3462; www.montpeliernevis.com; St. John Figtree; Zi./Suite inkl. Frühstück ab 565/1110 US$; Mitte Aug.–Anfang Okt. geschl.;) Dieses versteckt gelegene Hotel ist das Anwesen, auf dem Nelson und Fanny heirateten. Ein großes Haus mit einem Salon voller Kunst, Blumen und Antiquitäten ist umgeben von einem Garten mit schicken Bungalows im Kolonialstil. Spuren der Vergangenheit wie einer alten Zuckermühle zum Trotz ist das Ambiente insgesamt geschmackvoll und modern. Ein privater Strand liegt etwa 20 Minuten entfernt, der Bustransfer dorthin ist kostenlos.

Essen

Oasis in the Garden THAILÄNDISCH $$
(469-2875; Botanical Gardens of Nevis, St. John Figtree; Hauptgerichte 18–26 US$; Mo–Sa 10–16 & Fr 18–22 Uhr;) Dieses thailändische Restaurant befindet sich im oberen Stockwerk des Great House am Botanischen Garten und bietet einen weitläufigen Blick über die Insel bis hinunter zum Meer, dazu eine sanfte Brise und ausgezeichnete thailändische Gerichte von einer großen, abwechslungsreichen Speisekarte. Freitags ist eine Reservierung fürs Abendessen ratsam.

★ **Bananas Restaurant** INTERNATIONAL $$$
(469-1891; www.bananasnevis.com; Upper Hamilton Estate, Dorf Morning Star; Mittagsgerichte 18–30 US$, Abendessen 28–45 US$; Mo–Sa 11–23, So 17–23 Uhr;) Ein mit Fackeln beleuchteter Weg führt zu diesem bezaubernden Lokal in versteckter Gartenlage, das von der britischen Auswanderin und ehemaligen Tänzerin Gillian Smith von Hand gebaut wurde. Vom Obergeschoss genießt man bei einem Cocktail den außergewöhnlichen Blick auf den Sonnenuntergang, bevor man auf die belebte Veranda im Erdgeschoss geht und sich von Gillians Reisen um die Welt inspirieren lässt. Auf der Speisekarte stehen einheimische Gerichte wie Muschelgratin, Curry-Ziege, gesalzener Fisch und Tania Fritters.

An- & Weiterreise

Busse fahren von Charlestown bis nach Gingerland und die meisten Orte sind nicht weit von der Hauptstraße entfernt. Dennoch kann man diese Gegend viel besser mit einem eigenen Wagen oder einem Taxi erkunden.

ST. KITTS & NEVIS VERSTEHEN

Geschichte

Die beiden Inseln St. Kitts und Nevis, auf denen seit etwa 2900 v. Chr. drei verschiedene ethnische Gruppen lebten, wurden von den Europäern erstmals 1493 auf Kolumbus' zweiter Reise in die Neue Welt gesichtet. Sie waren die zwei ältesten britischen Kolonien der Karibik, begründet 1623 und 1628, bis sie Mitte des 20. Jhs. vereinigt wurden. Wie auf vielen Inseln der Region ging ihr Wachstum auf Zucker und versklavte Afrikaner zurück, die auf den Plantagen arbeiteten. Selbst nachdem St. Kitts und Nevis 1983 unabhängig von Großbritannien wurde, war Zucker bis 2005 ein wichtiger Wirtschaftsfaktor.

Präkolumbianische Zeit

Zuerst von den Ciboney um 2900 v. Chr. bewohnt, wurden die Inseln später um 800 n. Chr. von den Arawak besiedelt, dann von den Kariben, die um 1300 ankamen und immer noch auf den Inseln lebten, als Kolumbus sie 1493 auf seiner zweiten Reise in die Neue Welt sichtete. Die Insel, die heute als St. Kitts bekannt ist, wurde von den Kariben „Liamuiga" (fruchtbare Insel) genannt, aber Kolumbus nannte sie St. Christoph nach seinem Schutzpatron, was später zu „St. Kitts" abgekürzt wurde.

Nevis wurde von Kolumbus nach dem spanischen Wort für Schnee, *nieve*, benannt – vermutlich weil der wolkenverhangene Berg der Insel ihn an einen schneebedeckten Gipfel erinnerte. Die Kariben kannten die Insel unter dem Namen „Oualie" (Land des schönen Wassers).

Kolonialzeit

St. Kitts wurde erstmals 1623 von den Briten unter Sir Thomas Warner kolonisiert. Kurze Zeit später trafen die Franzosen ein, was die Briten nur so lange tolerierten, bis die einheimischen Kariben ausgerottet waren. An einem einzigen Tag wurden 2000 Kariben massakriert. An dem Ort, der immer noch Bloody Point genannt wird, floss tagelang Blut.

Die eineinhalb Jahrhunderte währenden Kämpfe zwischen den Franzosen und den Briten erreichten 1782 ihren Höhepunkt, als 8000 französische Soldaten die bedeutende britische Festung Brimstone Hill auf St. Kitts belagerten. Obwohl sie diesen Kampf gewannen, verloren sie den Krieg. Durch den Frieden von Paris gelang die Insel 1783 endgültig unter britische Kontrolle.

Nevis hat eine ähnliche Kolonialgeschichte wie St. Kitts. Im Jahr 1628 schickte Warner eine Gruppe von ca. 100 Kolonisten aus, um eine britische Siedlung an der Westküste der Insel zu errichten. Obwohl die ursprüngliche Siedlung nahe Cotton Ground 1680 durch ein Erdbeben zerstört wurde, entwickelte sich auf Nevis nach und nach eines der einflussreichsten Zuckerimperien der Ostkaribik. Wie auf St. Kitts basierte der Wohlstand der Insel auf der Arbeit versklavter Afrikaner, die auf den Zuckerrohrfeldern der Insel schufteten. In der regionalen Wirtschaft spielte Zucker noch lange eine wichtige Rolle, bis die letzte Plantage 2005 geschlossen wurde.

Bereits zum Ende des 18. Jhs. war Nevis mit seinen Thermalbädern zu einem wichtigen Ferienort für die Reichen und Schönen Großbritanniens geworden.

Der Weg in die Unabhängigkeit

Im Jahr 1816 schlossen die Briten St. Kitts und Nevis mit Anguilla und den Jungferninseln zu einer Kolonie zusammen. Diese Inseln wurden 1958 zu einem Teil der Westindischen Föderation. Der groß angelegte Versuch, alle britischen Kolonien in der Karibik zu einer politischen Einheit zu verbinden, war jedoch zum Scheitern verurteilt. Als sich die Föderation 1962 auflöste, beschlossen die Briten, St. Kitts, Nevis und Anguilla als neuen Staat zusammenzuschließen. Anguilla, das sich vor der Vorherrschaft des größeren St. Kitts fürchtete, erhob sich 1967 gegen die Besatzung durch die Polizei von St. Kitts und erlangte so wieder den Status eines eigenen Überseegebiets von Großbritannien.

Im Jahr 1983 wurden St. Kitts und Nevis zu einem eigenen Land innerhalb des britischen Commonwealth – unter der Maßgabe, dass sich Nevis jederzeit abspalten dürfe. In den 1990er-Jahren hätten die Korruption auf St. Kitts und die Unabhängigkeitsbewegung auf Nevis beinahe zum Ende der Föderation geführt. Bei einem Referendum auf Nevis im Jahr 1998 wurde die für eine Abspaltung nötige Zweidrittelmehrheit jedoch nicht erreicht.

Blick nach vorn

Auf St. Kitts sind in den letzten Jahren mehrere große neue Wohn- und Freizeitanlagen auf der bis dahin unbewohnten Halbinsel im Südosten der Insel entstanden, allen voran Christophe Harbour, ein gehobenes Wohngebiet mit Villen, einem Beachclub für private Mitglieder, einem Jachthafen für Superjachten und einem von Tom Fazio entworfenen Golfplatz. Das Gebiet umfasst auch ein neues Park-Hyatt-Resort, das erste der Marke in der Karibik. Ein neuer Tunnel und eine neu asphaltierte Straße wurden ebenfalls fertiggestellt, weshalb es jetzt kinderleicht ist, dieses einst recht abgelegene Gebiet der Insel zu erreichen. Anderswo auf der Insel ist die geplante Wiedereröffnung der berühmten Ottley-Plantage in aller Munde. Sie steht für eine umstrittene Stiländerung: Das einst traditionsreiche Hotel von St. Kitts soll nun als ultraluxuriöses modernes Resort wiedereröffnet werden.

Nevis hingegen betrachtet seine Vergangenheit nach wie vor als den größten Aktivposten der Insel. Der erweiterte Nevis Heritage Trail legt wie die drei charmanten Plantagenhotels der Insel Wert auf Aufklärung und Erhaltung des Kulturerbes. Im Gegensatz zum glitzernden Nachbarn hat man auf Nevis wenig Lust auf groß angelegte Entwicklungen im Sinne von neuen Resorts oder dem Bau eines Kreuzfahrtterminals.

Bevölkerung & Kultur

Obwohl die Bevölkerung auf St. Kitts und Nevis hauptsächlich (zu 90 %) afrikanischer Herkunft ist, herrscht auf den Inseln in kultureller Hinsicht eine Mischung aus europäischen, afrikanischen und westindischen Traditionen.

Anstatt ihre Seele und Identität an den Massentourismus zu verkaufen, bieten beide Inseln nach wie vor ein entspanntes karibisches Flair. Bei einem Spaziergang durch die Wohngebiete auf St. Kitts stößt man auf Anwohner, die sich auf der Straße treffen, Reggae oder Calypso hören und mit Freunden quatschen. Am Wochenende veranstalten die Dorfbewohner auf Nevis gemeinschaftliche Grillabende.

Die Bewohner von St. Kitts sind wie besessen vom Kricket. Im Warner Stadium in Basseterre finden internationale Spiele und die des Nationalteams (St Kitts and Nevis Patriots) in der Caribbean Premier League statt.

Natur & Umwelt

Beide Inseln haben grüne Küstenabschnitte – eine Folge der Abholzung für den Zuckerrohranbau. Die Wälder sind entweder Überbleibsel der riesigen Regenwälder, die einst große Teile der Inseln bedeckten, oder später neu angelegt worden.

Dank des Klimas gedeihen fernab der bebauten Gebiete viele wunderschöne Pflan-

WILD LEBENDE GRÜNE MEERKATZEN

Ob am Strand, auf dem Wanderweg oder am Golfplatz – überall toben Horden wild lebender Grüner Meerkatzen, die französische Siedler im 17. Jh. von Afrika nach St. Kitts und Nevis brachten. Seitdem haben sie sich so sehr vermehrt, dass es heute doppelt so viele Meerkatzen wie Menschen auf den Inseln gibt. Sie sehen niedlich aus und haben einen gewissen Werbeeffekt für den Tourismus, aber für die örtlichen Bauern sind sie wegen ihres unstillbaren Appetits auf Obst und Gemüse ein ziemlicher Albtraum.

Um das Problem unter Kontrolle zu bekommen, kooperieren der Verein „Arnova Sustainable Future" und das Landwirtschaftsministerium: Es wurden Futterstellen weiter oben in den Bergen aufgestellt, um zu verhindern, dass die Tiere auf den niedriger gelegenen Bauernhöfen nach Futter suchen. Geplant sind außerdem Kastrations- und Sterilisationsprogramme sowie die Abschreckung durch Geräusche und Gerüche.

Unterdessen ist der Affenbestand auf St. Kitts auch deshalb weiter rückläufig, weil die Tiere gefangen genommen und weltweit an medizinische Forschungs- und Testlabors verkauft werden, obwohl es lautstarke internationale Kampagnen gegen diese Praxis gibt. Zwei solcher Einrichtungen auf St. Kitts verwenden Grüne Meerkatzen ebenfalls für ihre Forschung.

zen, vor allem auf Nevis. Blumen wie Plumeria, Hibiskus und Korallenwein säumen die Straßen und schmücken die Gärten und Parks.

Nevis ist fast kreisrund, und die gesamte Insel profitiert vom Abfluss des Mount Nevis. Die Form von St. Kitts erinnert an eine Kaulquappe. Der Großteil des Wassers kommt aus dem Gebirge. Davon hat aber die abgelegene, trockene Halbinsel im Südosten wenig; dort ist die Wüstenlandschaft eher karg und mit Kakteen und Yuccapalmen bewachsen.

Neben Grünen Meerkatzen bekommt man häufig Mangusten zu Gesicht. Sie wurden von den Plantagenbesitzern aus Jamaika importiert, um der Schlangenplage auf den Zuckerrohrfeldern Herr zu werden. Für Vogelliebhaber sind beide Inseln ein Muss.

Die beiden kleinen Inseln liegen in einer von der Hurrikansaison geprägten Region, in der immer extremere Wetterbedingungen herrschen. St. Kitts und Nevis ist daher besonders vom Klimawandel bedroht und die Regierung hat das Land zur Entwicklung eines nachhaltigen Tourismus verpflichtet. Auf den Inseln gibt's vier Nationalparks, zwei Meeresparks und ein Vogelschutzgebiet. Zudem müssen neue Hotel- und Wohnanlagen strenge Genehmigungsverfahren durchlaufen, um sicherzustellen, dass sie nur begrenzt Auswirkungen auf die Umwelt haben.

PRAKTISCHE INFORMATIONEN

Allgemeine Informationen

BARRIEREFREI REISEN

Internationale Resorts bieten in der Regel gute Unterkünfte für Menschen mit Behinderungen. Ansonsten stellen beide Inseln eine gewisse Herausforderung dar. Glücklicherweise sind fast alle Sehenswürdigkeiten direkt mit dem Auto zu erreichen. Die Brimstone-Hill-Festung, die man unbedingt gesehen haben sollte, hat barrierefreie und unzugängliche Bereiche.

BOTSCHAFTEN & KONSULATE

Deutsches Honorarkonsulat (☎ 465-8857; basseterre@hk-diplo.de; 41 A Horizons Villas, Frigate Bay, Basseterre, St. Kitts)

Österreich unterhält keine eigene Vertretung hier. Zuständig ist die **Österreichische Botschaft** in Havanna, Kuba (☎ +53-7204-2825; havanna-ob@bmeia.gv.at; Avenida 5ta A No. 6617, esq. a calle 70, Miramar, Havanna)

Schweizer Botschaft in der Dominikanischen Republik (☎ +1 809-533-3781; santodomingo@eda.admin.ch; Edificio Corporativo 2010, Ecke Av Gustavo Mejía Ricart 102 & Av Abraham Lincoln Ens, Piantini, Santo Domingo)

PREISKATEGORIEN ESSEN

Die folgenden Preise beziehen sich auf ein Hauptgericht.

**$** bis 10 US$

**$$** 10–25 US$

**$$$** über 25 US$

ESSEN

Wer in St. Kitts und Nevis isst, genießt meistens frisch aus dem Meer und frisch vom Erzeuger – eine Gaumenfreude, egal mit welchem Budget, denn auch an Straßenständen und Imbissen kann man für wenig Geld den Hunger stillen. Auf Nevis werden die besten Gerichte in den Restaurants der Plantagengasthäuser serviert, auch wenn die Preise dort viel höher sind.

Typische Gerichte & Getränke

Gedünsteter Salzfisch Das Nationalgericht wird mit würzigen Kochbananen, Kokosklößen und Brotfrucht serviert.

Pelau Die Paella-Version von St. Kitts wird auch als „cook-up" bezeichnet: eine leckere, bunte Mischung aus Reis, Fleisch, Salzfisch, Gemüse und Straucherbsen.

Conch Gibt's als Curry, mariniert oder gekocht.

Cane Spirit Rothschild Dieser vor Ort gebrannte Drink, besser bekannt als CSR, wird aus reinem, fermentiertem Zuckerrohrsaft hergestellt und schmeckt am besten auf Eis mit Ting-Grapefruitlimonade, einem weiteren örtlichen Klassiker.

Brinley Gold Rum Regionaler Rum mit Vanille-, Kaffee-, Mango-, Kokos- und Limettenaroma.

Tania Fritters Dieses herrliche frittierte Wurzelgemüse ist eine beliebte Beilage zu jeder hiesigen Mahlzeit.

FEIERTAGE

Neujahr 1. Januar

Karfreitag/Ostermontag März/April

Tag der Arbeit Erster Montag im Mai

Pfingsten/Pfingstmontag Vierzig Tage nach Ostern

Tag der Sklavenbefreiung Erster Montag im August

Culturama Day 8. August

National Hero's Day 16. September

Unabhängigkeitstag 19. September

PRAKTISCH & KONKRET

Maße Es wird das britische Maßsystem benutzt.

Radio Karibische Sounds gibt's auf Sugar City 90,3 FM, ZIZ 96 FM und Winn 98,9 FM.

Rauchen Auf St. Kitts und Nevis sind keine Nichtrauchergesetze in Kraft, doch die Einwohner selbst konsumieren nur wenig Tabak. In den meisten Hotels und Resorts ist das Rauchen in den Innenräumen untersagt.

Zeitungen Die wichtigste Lokalzeitung ist die Wochenzeitung *St. Kitts Nevis Observer.*

1. Weihnachtstag 25. Dezember
2. Weihnachtstag 26. Dezember

FREIWILLIGENARBEIT

Nevis Turtle Group (www.nevisturtlegroup.org) Hat Bedarf an Freiwilligen zur Datenerhebung über die Schildkröten, die von Juni bis Oktober an den Stränden Eier ablegen.

GELD

In St. Kitts und Nevis zahlt man mit dem Ostkaribischen Dollar (EC$), doch US-Dollar werden fast überall angenommen. Wenn die Preise aber nicht in US-Dollar angegeben werden, wie es in vielen Unterkünften, einigen Restaurants und Tauchshops die Norm ist, funktioniert die Zahlung mit EC-Dollar in der Regel besser. Wer in US-Dollar zahlt, erhält das Wechselgeld meistens in EC-Dollar.

Es gibt mehrere Banken mit Geldautomaten auf oder in der Nähe des Circus in Basseterre. In Charlestown wird die Main Street von Banken gesäumt. Zudem gibt's an beiden Flughäfen einen Geldautomaten. Alle Bankautomaten geben Ostkaribische Dollar aus, einige auch US-Dollar.

Kreditkarten werden in Hotels, Restaurants und Geschäften weitgehend akzeptiert, doch je kleiner das Unternehmen, desto unwahrscheinlicher ist die Annahme von Karten.

Trinkgeld

- **Hotels** Für gewöhnlich 0,50 bis 1 US$ pro Gepäckstück; Trinkgeld für das Reinigungspersonal nach eigenem Ermessen.
- **Restaurants** Wenn die Servicegebühr nicht automatisch auf der Rechnung hinzugefügt wird, gibt man 10 % bis 15 % Trinkgeld. Zusätzlich kann man noch etwas extra geben.
- **Taxi** 10 % bis 15 % des Betrags.

Wechselkurse

Eurozone	1 €	2,92 EC$ 1 US$
Schweiz	1 SFr	2,78 EC$ 1,02 US$
USA	1 US$	2,70 EC$

Aktuelle Wechselkurse findet man auf www.xe.com.

INTERNETZUGANG

Nahezu alle Hotels, Restaurants, Cafés, Bars und sogar viele Unternehmen bieten kostenloses WLAN.

LGBT-REISENDE

Auf St. Kitts und Nevis gibt's keine richtige LGBT-Szene und es kommt – wenn auch selten – zu Diskriminierungen. Am besten geht man auf Nummer sicher und verzichtet auf öffentliche Liebesbekundungen – insbesondere außerhalb von Resorts. Offiziell können homosexuelle „Akte" zwischen Männern (nicht zwischen Frauen) laut Strafgerichtsbuch mit bis zu zehn Jahren Gefängnis bestraft werden. Allerdings wird das Gesetz nicht angewendet.

MEDIZINISCHE VERSORGUNG

Bei leichteren Erkrankungen haben fast alle Hotels einen Arzt auf Abruf oder können bei der Suche helfen. Die Gesundheitsversorgung ist teuer und der Standard der medizinischen Geräte und Einrichtungen vor Ort ist nicht besonders hoch, obwohl im Christophe Harbour auf St. Kitts derzeit ein nagelneues Privatkrankenhaus gebaut wird. Gegenwärtig muss alles außer kleineren Operationen und einfachen Behandlungen außerhalb der Inseln durchgeführt werden. Das CDA Technical Institute of the West Indies an der Bay Road in Basseterre hat zwei Überdruckkammern.

Alexandra Hospital (S. 800) Das kleine Krankenhaus von Nevis kann nur kleinere Operationen und Eingriffe durchführen.

Joseph N. France General Hospital (S. 792) Hauptkrankenhaus auf St. Kitts mit Notaufnahme und Unfallabteilung.

TRINKWASSER

Es ist völlig in Ordnung, das örtliche Leitungswasser zu trinken, obwohl es von vielen Einheimischen gefiltert wird. Das in den USA ansässige Center for Disease Control (CDC) empfiehlt jedoch, abgefülltes Wasser zu trinken, das günstig und überall erhältlich ist.

MIT KINDERN REISEN

Kinder werden auf St. Kitts und Nevis warm empfangen. Viele Restaurants bieten Kinderteller und bereiten gern extra einfachere Gerichte zu. Größere Resorts haben Kinderaktivitäten, Kinderclubs und Tagesbetreuung oder Babysitter.

An den meisten Stränden können Kinder sicher spielen und das Wasser ist an vielen Stränden ruhig genug für jüngere Schwimmer. Ältere Kinder dürfen sich auf Wassersport, Ziplining, historische Festungen, geführte Wanderungen und Radtouren freuen.

NOTFALL

Feuerwehr	☎333
Krankenwagen	☎911
Polizei	☎911

RECHTSFRAGEN

Das Justizsystem von St. Kitts und Nevis basiert auf dem britischen Recht. Im Falle rechtlicher Schwierigkeiten hat man das Recht auf einen Rechtsbeistand und Anspruch auf Prozesskostenhilfe, wenn man sich keinen Privatanwalt leisten kann. Ausländische Staatsangehörige sollten den gleichen Rechtsschutz erhalten wie einheimische Bürger.

Der Gebrauch von Kraftausdrücken in der Öffentlichkeit kann mit Geldstrafen belegt werden. Das Tragen von Kleidung in Tarnfarben verstößt gegen das Gesetz.

STROM

220 Volt, 60 Hertz; zweipolige Steckdosen wie in Nordamerika.

TELEFON

Die Landesvorwahl von St. Kitts und Nevis ist 869. Aus dem Ausland wählt man die internationale Vorwahl +1 + 869 + örtliche Rufnummer.

Um von St. Kitts und Nevis ins Ausland anzurufen, wählt man 011 + Landesvorwahl + Ortsvorwahl + örtliche Rufnummer. Wer einen Anruf auf oder zwischen den Inseln tätigt, muss lediglich die siebenstellige örtliche Rufnummer wählen. Die Telefonauskunft ist zu erreichen unter 411.

In Hotels sind Ortsgespräche häufig kostenfrei, internationale Gespräche aber oft überteuert.

Handys

Die beiden Mobilfunkbetreiber in St. Kitts & Nevis sind **Digicel** (www.digicelgroup.com/kn) und **Flow** (https://discoverflow.co/saint-kitts). Beide haben Büros in Basseterre und Charlestown, wo man preiswerte SIM-Karten und Daten-/Anrufpakete kaufen kann.

UNTERKUNFT

Es gibt große Resorts auf beiden Inseln, doch bei den meisten Unterkünften handelt es sich immer noch um kleine bis mittelgroße Hotels, Plantagengasthöfe, Gästehäuser und Ferienwohnungen. Die staatlich vorgeschriebene Hotelsteuer (10 %) und eine Servicegebühr von 10 % sind in der Regel nicht in den angegebenen Preisen enthalten, also bei der Reservierung immer genau hinschauen.

> **PREISKATEGORIEN UNTERKUNFT**
>
> Die folgenden Preise beziehen sich auf ein Doppelzimmer mit Bad in der Hauptsaison (Mitte Dezember bis Mitte April). Sofern nicht anders angegeben, ist das Frühstück nicht im Preis inbegriffen.
>
> **$** bis 100 US$
>
> **$$** 100–250 US$
>
> **$$$** über 250 US$

ZEIT

Es gilt die Atlantic Standard Time: MEZ minus 5 Std., MESZ minus 6 Std. Auf den Inseln wird nicht auf Sommerzeit umgestellt.

An- & Weiterreise

FLUGZEUG

Der **Robert L. Bradshaw International Airport** (SKB; ☎465-8121; Basseterre) liegt am nordöstlichen Rand von Basseterre. Er wird in der Saison, u. a. von Air Canada (Toronto), American Airlines (Miami, New York City, Charlotte), British Airways (London-Gatwick), Delta (Atlanta) und United Airlines (New York-Newark) angesteuert.

Die regionale Fluglinie LIAT (www.liat.com; Robert L. Bradshaw International Airport) bietet ganzjährig Flüge nach Antigua, Tortola, den Amerikanischen Jungferninseln, Saint Martin/Sint Maarten, St. Croix und San Juan. Trans Anguilla Airways fliegt nach Anguilla.

Nevis' winziger **Vance Armory International Airport** (NEV; ☎469-9040; www.nevisports.com; Newcastle) liegt in Newcastle am nordöstlichen Zipfel der Insel und wird nur von regionalen Fluggesellschaften wie **Winair** (www.fly-winair.com) (St. Martin/Sint Maarten), Air Sunshine (Anguilla, St. Thomas, Virgin Gorda, Tortola, Dominica), Seaborne Airlines (San Juan) und Tradewind Aviation (St. Barth, San Juan) angeflogen.

ÜBERS MEER

Kreuzfahrtschiff

Etliche Kreuzfahrtschiffe, die in der Ostkaribik unterwegs sind, legen einen Besuch auf St. Kitts ein. Manchmal liegen zwei oder drei dieser Riesendampfer am **Kreuzfahrtterminal** (Port Zante) im Tiefseehafen von Basseterre. An solchen Tagen ist an den Stränden im Süden und in der St. Kitts Scenic Railway sehr viel los. Einzelreisende sollten sich vielleicht über die Fahrpläne der Kreuzfahrtschiffe informieren (z. B. unter www.cruisetimetables.com/cruises-to-basseterre-st-kitts.html), um ihre Route entsprechend zu planen.

Auf Nevis gibt's keine Anlegestelle für große Schiffe, weshalb die Besucher von kleinen Küstenschiffen (mit weniger als 300 Passagieren) mit Beischiffen an Land gebracht werden oder von St. Kitts aus einen Tagesausflug machen.

Jacht

St. Kitts und Nevis liegen direkt am Jachtrundweg der Ostkaribik, doch aufgrund fehlender natürlicher Häfen wie auf Antigua bleiben die Zahlen derjenigen, die ihre Boote auf unbestimmte Zeit anlegen, niedrig.

Die beiden Einlaufhäfen sind Basseterre und Charlestown. Es gibt ein Zollamt am Zante Marina in Basseterre, die Einwanderungsbehörde befindet sich am Kreuzfahrtterminal nebenan. Der überaus luxuriöse und seit 2015 geöffnete Jachthafen Christophe Harbour ist auf Superjachten zugeschnitten und verfügt über ein eigenes Zollhaus.

Schiffe nach Nevis müssen die Hafenbehörde kontaktieren, um innerhalb von 24 Stunden nach der Ankunft einen Liegeplatz zugewiesen zu bekommen. Die Zoll- und die Einwanderungsbehörde befinden sich nahe dem Fährhafen in Charlestown.

Wer sich zwischen St. Kitts und Nevis bewegt, benötigt keine gesonderte Zollabfertigung.

Unterwegs vor Ort

AUTO & MOTORRAD

Auf St. Kitts und Nevis benötigt man eine örtliche Fahrerlaubnis, die man von der Autovermietung erhält. Sie kostet 24 US$ oder 62,50 EC$ und ist auf beiden Inseln für drei Monate gültig.

Man fährt auf der linken Straßenseite. Das Tempolimit wird in Meilen pro Stunde angegeben und liegt in bebauten Gebieten in der Regel bei 20 m/h (30 km/h) und auf Schnellstraßen bei 40 m/h (65 km/h).

Ampeln gibt's auf keiner der beiden Inseln, dafür jedoch viele Kreisverkehre.

Bei einem Unfall die Polizei rufen und das Fahrzeug bis zu deren Ankunft nicht mehr bewegen.

Autovermietung

Die Autovermietung holt einen für gewöhnlich am Flughafen, Fährhafen oder am Hotel ab. Die Tagespreise beginnen bei 45 US$. Ein Allradgetriebe ist nicht nötig, um die Gegend zu erkunden – außer in der Regenzeit. Die meisten internationalen Unternehmen haben hier regionale Ableger.

Zu den Unternehmen vor Ort gehören:

Avis (☎ 465-6507; www.avis.com; Bay Rd, Basseterre; ⏰ Mo–Fr 8–17, Sa bis 12, So 9–11 Uhr)

Sunny Blue Scooter Rentals (☎ 664-8755; www.sunnybluerental.com; Pond Rd, Basseterre)

Zu den örtlichen Anbietern auf Nevis gehören:

1st Choice Car Rental (☎ 469-1131; www.neviscarrental.com; Shaws Rd, Newcastle)

Nevis Car Rentals (☎ 469-9837; www.neviscarrentals.com; Shaws Rd, Newcastle; ab 45 US$ pro Tag; ⏰ 7–19 Uhr)

Strikers Car Rental (☎ 469-2654; www.strikerscarrentals.com; Hermitage Rd, St. John's)

BOOT, SCHIFF & FÄHRE

St. Kitts und Nevis sind über eine Passagierfähre zwischen Basseterre und Charlestown, eine Autofähre zwischen Majors Bay und Cades Bay sowie auf Abruf verfügbare Wassertaxis zwischen Cockleshell Beach und Oualie Beach miteinander verbunden.

Autofähre

Die **Seabridge-Autofähre** (☎ 662-7002, 662-9565; Auto 100 EC$, Passagiere 20 EC$; ⏰ 7–19 Uhr) verbindet Majors Bay im Süden von St. Kitts in ca. 30 Minuten mit Cades Bay an der Nordwestküste von Nevis (100 EC$ pro Auto).

Von Montag bis Samstag gibt's in beide Richtungen sechs Abfahrten nach Fahrplan und sonntags drei. Die erste Fähre verlässt Cades Bay um 7 Uhr und Majors Bay um 8 Uhr; die letzte fährt um 18 bzw. 19 Uhr los. Die Abfahrten erfolgen häufig verspätet und können bei schlechtem Wetter ausfallen. Bei hoher Nachfrage macht der Kapitän manchmal eine Zusatzfahrt.

Wer ein Leihauto hat, sollte sich beim Autovermieter erkundigen, ob man es mit auf die andere Insel nehmen darf. Die Autos müssen rückwärts auf die Fähre gefahren und nur wenige Zentimeter voneinander entfernt geparkt werden. Bei Bedarf kann man einen der Arbeiter an Deck um Hilfe bitten.

Passagierfähre

Sechs Passagierfähren verkehren zwischen Basseterre (Bay Road) und Charlestown. Die Fahrt dauert ca. 45 Minuten, kostet 26/16 EC$ pro Erwachsenen/Kind und ist sowohl angenehm als auch malerisch. Die Hauptanbieter sind **MV Mark Twain/Sea Hustler** (☎ 469-0403; Erw./Kind 26/10 EC$) und **MV Caribe Breeze/Caribe Surf** (☎ 466-6734; Fahrpreis 16–26 EC$).

Der tatsächliche Zeitplan ist jeden Tag unterschiedlich, aber es gibt ungefähr eine Abfahrt pro Stunde. Man kann sich im Hotel erkundigen, 466-4636 anrufen oder eine SMS mit dem Stichwort „Fähre“ an 7568 schicken, um den Tagesfahrplan aufs Handy zu erhalten.

Die Tickets werden ca. 30 Minuten vor der Abfahrt verkauft. Es empfiehlt sich, früh da zu sein, da die Fähren manchmal ausgebucht sind.

Wassertaxi

Wer unabhängig sein will, für den könnten die Wassertaxis zwischen den Inseln das Richtige sein. Die Boote verkehren zwischen der Reggae Beach Bar (S. 795) am Cockleshell Beach auf St. Kitts und dem Oualie Beach (S. 801) auf Nevis. Die 10-minütige Fahrt kostet 20 bis 30 US$ pro Person – besetzt mit mindestens zwei Personen. Die Fahrten sollten vorab vereinbart werden, obwohl man oft auch einfach hingehen und eine Überfahrt arrangieren kann.

Zu den regionalen Anbietern gehören:

Black Fin	✆ 663-3301
Perfect Life	✆ 663-3595
Sea Brat	✆ 662-9166

BUS

Staatlich zugelassene private Minivans bieten auf den Hauptstraßen unregelmäßige Verbindungen zwischen den Ortschaften. Alle verfügen über grüne Nummernschilder, die mit „H“ oder „HA“ beginnen, viele sind lustig angemalt und mit Namen wie „De Punisher“ oder „Love Bug“ verziert.

In die Busse kann man an ausgewiesenen Haltestellen in Basseterre und Charlestown einsteigen oder sie vom Straßenrand aus heranwinken. Morgens und nachmittags gibt's mehr Verbindungen, doch gegen 19 oder 20 Uhr kommt alles zum Erliegen. Sonntags werden die Strecken weniger häufig befahren.

Die Preise liegen bei 2,50 bis 5 EC$ und werden beim Fahrer bezahlt. Manchmal kann man gegen einen kleinen Aufpreis an Stellen abseits der Hauptstrecke abgesetzt werden.

Nevis

Von Charlestown aus fahren die Busse sowohl im als auch gegen den Uhrzeigersinn auf der Main Island Road. Es geht los, wenn sie voll besetzt sind, aber sie fahren nur bis nach Newcastle im Norden und Gingerland im Süden.

Bushaltestelle Memorial Square (S. 801) Ziele südlich von Charlestown.

Bushaltestelle Delisle Walwyn Plaza (S. 801) Ziele nördlich von Charlestown.

St. Kitts

Südlich von Frigate Bay und weit im Norden zwischen St. Paul's und Ottley's bestehen keine Busverbindungen.

Basseterre verfügt über zwei Busbahnhöfe:

Busterminal West (Bay Rd) Die Busse fahren die Westküste hinauf bis nach St. Paul's.

Busterminal Baker's Corner (Cayon St) Busse in Richtung Osten bis nach Saddlers.

FLUGZEUG

Winair bietet tägliche Linienflüge zwischen St. Kitts und Nevis an.

TAXI

Bei den Taxis auf St. Kitts und Nevis handelt es sich normalerweise um Minibusse mit gelben Nummernschildern, die mit „T“ oder „TA“ beginnen. Die Preise sind gesetzlich vorgeschrieben, wobei ein Tarif für bis zu vier Fahrgäste gilt. Allerdings sollte man sich den Preis (und die angegebene Währung) vor der Abfahrt bestätigen lassen. Bei einer Fahrt zwischen 22 und 6 Uhr gilt ein Aufpreis von 50 %.

Taxis richten sich auf beiden Inseln nach den Linienflügen. Eine Inseltour mit dem Taxi kostet auf beiden Inseln ca. 80 US$. Wer wenig Zeit hat, kann eine dreistündige Tour über die halbe Insel für 60 US$ vereinbaren.

ROBERTO MOIOLA/GETTY IMAGES ©

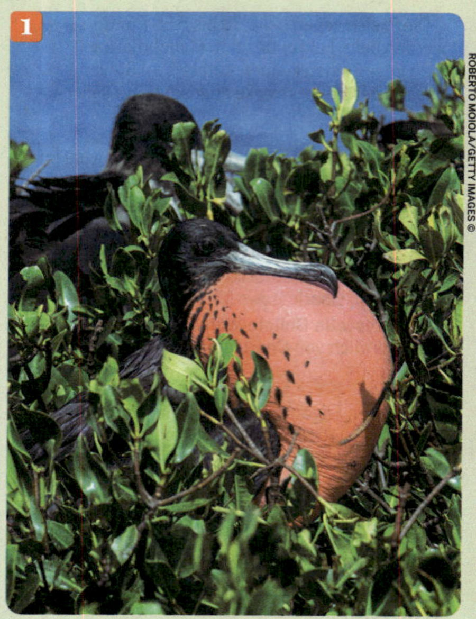

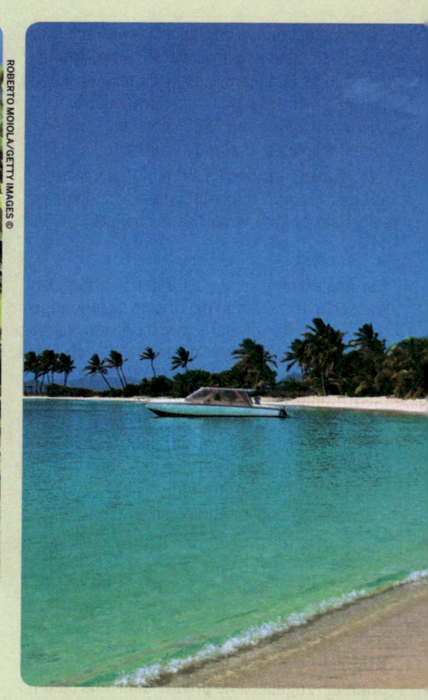

1. Fregattvögel, Barbuda 2. Mayreau, Grenadinen 3. Loblolly Beach, Anegada 4. Tauchen vor Little Cayman

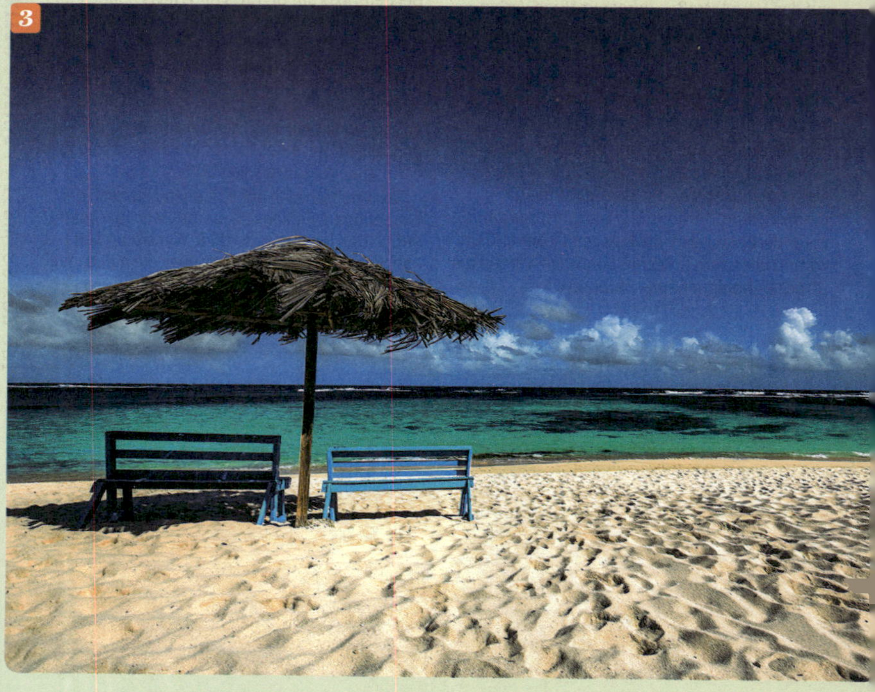

2

KENKISTLER/SHUTTERSTOCK ©

Verborgene Karibik

Mehr als 90 % der 7000 karibischen Inseln sind winzig und unbewohnt sowie weitestgehend unzugänglich für normale Reisende. Aber es gibt eine kleine Zahl an Inseln abseits der Touristenpfade, die *fast* menschenleer sind und abenteuerlustigen Besuchern genau die Auszeit bieten, von der viele träumen.

Little Cayman

Little Cayman kommt mit Ach und Krach auf 100 Einwohner – und das sind Leguane. Einer der weltbesten Plätze zum Steilwandtauchen.

Mayreau

Auf Mayreau, einer Insel in der Nähe des südlichen Endes der Grenadinen, wartet eine Doppelsichel aus perfekten Stränden. Die fantastischen Tauchspots vor den Tobago Cays sind nicht weit entfernt und es ist sogar möglich, private Zimmer zu mieten.

4

Anegada

Die Spitznamen von Anegada verraten bereits alles: „Geheimnisvolle Jungfrau" und „Geister-Koralleninsel". An diesem abgelegenen magischen Fleckchen Sand der Britischen Jungferninseln muss man einfach seine Hängematte aufhängen.

Barbuda

Zahlenmäßig sind Fregattvögel den Bewohnern von Barbuda überlegen, einer Insel, die ganz glücklich damit ist, im Schatten von Antigua zu stehen. Einige Strandhütten sind nur per Boot zu erreichen.

Petite Martinique

Ist Grenada schon nicht gerade bekannt wie ein bunter Hund, so ist die Nebeninsel Petite Martinique so gut wie unentdeckt. Der kleine Strand liegt nur zehn Gehminuten von den dortigen Gästehäusern entfernt.

St. Lucia

1-758 / 178 696 EW.

Inhalt ➡

Gut essen

- Coal Pot (S. 817)
- Orlando's (S. 830)
- Boucan (S. 830)
- Elena's (S. 821)
- Spice of India (S. 821)
- Flavours of the Grill (S. 821)

Schön übernachten

- East Winds Inn (S. 820)
- Boucan (S. 830)
- Cap Maison (S. 823)
- Balenbouche Estate (S. 831)
- Ladera (S. 829)
- Fond Doux Plantation & Resort (S. 829)

Auf nach St. Lucia!

Mutter Natur hat es gut gemeint mit St. Lucia. Die Insel verfügt über eine geografische und kulturelle Vielfalt, die weit größere Nationen vor Neid erblassen lässt. Obwohl dies ein Grund zum Abheben wäre, hat der Inselstaat nie die Bodenhaftung verloren. Nonchalant trägt er seine atemberaubende Schönheit zur Schau.

Unmengen von kleinen, luxuriösen Resorts – farbenfroh und voller Flair – sind eins der Markenzeichen von St. Lucia. Rodney Bay im Norden verspricht Faulenzertage und modernen Komfort an einer bildschönen Bucht, Soufrière im Süden ist das Herz einer traumhaften Region mit alten Plantagen, versteckten Stränden und einem geologischen Wunder, den unfassbar fotogenen Pitons.

Naturliebhaber können zu Wasserfällen im Dschungel wandern, die Kegel erloschener Vulkane erklimmen und an Ziplines durch das Blätterdach sausen oder im ruhigen Karibikwasser auf Tuchfühlung mit den Meeresbewohnern von St. Lucia gehen. Feinschmecker werden sich derweil in die landestypische kreolische Küche verlieben.

Reisezeit

Nov.–April Die Hauptsaison. Die trockensten Monate (Feb.–April) sind besonders beliebt. Zwischendurch fällt auch mal Regen.

Mai Die Zwischensaison ist eine schöne Zeit. Das Wetter ist trocken, aber es sind weniger Traveller unterwegs. Die meisten touristischen Einrichtungen sind geöffnet, die Preise aber generell niedriger.

Juni–Okt. In der Regenzeit bleiben viele Geschäfte geschlossen, Im August und September ist Hurrikanzeit. Der Oktober steht im Zeichen der kreolischen Geschichte: Im Creole Heritage Month finden überall auf der Insel Veranstaltungen statt.

Highlights

1 **Soufrière** (S. 826) Dem kulturellen Erbe auf der Spur zwischen prachtvollen Anwesen.

2 **Sugar Beach** (S. 826) An einem der schönsten Strände Cocktails schlürfen.

3 **Gros Piton** (S. 828) Den steilen Weg hinaufschnaufen und mit einem umwerfenden Ausblick belohnt werden.

4 **Gros Islet** (S. 819) Auf der Freitagsparty bis tief in die Nacht hinein tanzen.

5 **Tet Paul Nature Trail** (S. 827) Eine Wanderung durch atemberaubende Landschaften unternehmen.

6 **Pigeon Island** (S. 822) Im Schatten traumhafter Ruinen picknicken.

7 **Der Osten** (S. 824) Durch Fischerdörfer zu versteckten Wasserfällen und üppigen Gärten fahren.

8 **Sandy Beach** (S. 831) Beim Kitesurfen über glitzerndes Wasser gleiten.

9 **Anse Chastanet** (S. 826) Zwischen zahlreichen Fischen schnorcheln.

Castries

Die Hauptstadt vor der Kulisse des Morne Fortune (852 m). lohnt einen Besuch. Ein Großteil der alten Gebäude fiel Großbränden zwischen 1785 and 1948 zum Opfer, doch Spaziergänge durch die Stadt sind trotzdem interessant. Auf den Märkten wird hauptsächlich allerlei Nippes für die Passagiere der Kreuzfahrtschiffe verkauft, doch vereinzelt ist auch etwas Spannendes dabei.

Sehenswertes

Fort Charlotte FESTUNG
(Morne Fortune) Auf dem 260 m hohen Morne Fortune, ca. 5 km südlich vom Stadtzentrum, thront das Fort Charlotte, dessen Bau unter französischer Kolonialherrschaft begann und von den Briten fortgeführt wurde. Aufgrund der strategisch bedeutenden, erhöhten Lage mit Blick über Castries war die Festung Schauplatz erbitterter Kämpfe zwischen den Franzosen und Engländern. Die Gebäude sind renoviert worden und beherbergen inzwischen das Sir Arthur Lewis Community College, es gibt aber unverändert ein paar interessante Orte zu sehen.

Zentralmarkt MARKT
(Jeremie St; ⌚ Mo–Sa 6–17 Uhr) Auf der Nordseite des Zentralmarkts werden regionale Frischwaren wie Obst und Gemüse, traditionelle Getränke und mehr verkauft. An diesem Ort bekommt man ein Gespür für das „echte" St. Lucia abseits der Hotelanlagen und kann lokaltypische Speisen zu günstigen Preisen kosten oder sich bei einem Streifzug von herrlichen Gerüchen und interessanten Persönlichkeiten inspirieren lassen.

Cathedral of the Immaculate Conception KATHEDRALE
(Laborie St; ⌚ 8–17 Uhr) Von außen sieht die Kathedrale der Unbefleckten Empfängnis, erbaut 1897, wie eine gewöhnliche Steinkirche aus, doch im farbenprächtigen Innenraum erwarten die Besucher Trompe-l'oeil-Säulen und bunte Bibelszenen. Über dem Altar hängt ein Abbild der Schutzpatronin der Insel, der hl. Lucia. Wenn Kinderchöre proben, ist die Atmosphäre geradezu magisch.

Aktivitäten & Geführte Touren

Hackshaw's BOOTSTOUREN
(☎ 453-0553; www.hackshaws.com; Seraphine Rd, Vigie) Verschiedene Touren mit dem Boot, z. B. um Wale bzw. Delfine zu beobachten (ab 69 US$) oder zum Tiefseeangeln (ab 95 US$).

City Walkers STADTFÜHRUNG
(☎ 451-8687; citywalkerstours@gmail.com; Jeremie St; Tour 20 US$) Eine Gruppe junger Einheimischer organisiert historische Stadtführungen sowie Touren mit dem Schwerpunkt Essen oder Shopping. Sie vermitteln ein Gespür für Castries, das man bei einem einfachen Stadtbummel nicht ohne Weiteres bekommt.

Feste & Events

Karneval KARNEVAL
(⌚ Juli) Das größte Spektakel im jährlichen Veranstaltungskalender. In den Straßen von Castries hallt es wider von Musik und Calypso-Rhythmen. Außerdem gibt's einen Umzug mit kostümierten Teilnehmern.

Schlafen

Eudovic's Guesthouse PENSION $
(☎ 452-2747; www.eudovicart.com; Morne Fortune; Zi. 60–65 US$; ❄📶🏊) Schlicht und unheimlich entspannt präsentiert sich die Unterkunft von Eudovic, einem ausgezeichneten Kunsthandwerker. Er vermietet acht saubere, zweckmäßige Zimmer. Die nur mit Ventilatoren ausgestatteten Zimmer 1 und 2 blicken auf einen dschungelartigen Garten und bekommen mehr Licht ab als einige der vier klimatisierten Räumlichkeiten. Das Zentrum von Castries erreicht man mit dem Bus in fünf Minuten.

Auberge Seraphine GASTHAUS $$
(☎ 453-2073; www.aubergeseraphine.com; Pointe Seraphine; EZ/DZ ab 130/145 US$; ❄📶🏊) Hier kehren in erster Linie Geschäftsleute aus der Gegend ein – nicht unbedingt die richtige Atmosphäre zum Urlaubmachen. Doch die Lage ist praktisch, Innenstadt und Flughafen sind gut zu erreichen, und die Atmosphäre ist nett. Die Zimmer sind sauber und funktional. Am besten nach einem mit Blick auf den Jachthafen fragen (besonders schön: Nr. 301 bis 304). Restaurant vor Ort.

Essen

Castries ist der beste Ort auf der Insel, um authentische Snacks und Gerichte zu kosten. Überall stehen Imbisswagen, an denen Mahlzeiten zum Mitnehmen verkauft werden. Leckere *roti* und Lokaltypisches gibt's an den Ständen auf der Nordseite des Zentralmarkts; dort kostet eine Mahlzeit mit Beilagen ca. 15 EC$. Nach Einbruch der Dunkelheit haben meist nur noch die Restaurantketten (Gerichte zum Mitnehmen) und Cafés geöffnet.

Livity VEGAN $
(☎ 722-3660; Jeremie St; Säfte 7–12 EC$, *roti* 12 EC$, Hauptgerichte 20 EC$; ⏲ Mo–Do 7–18, Fr bis 15 Uhr) Gut gelaunt und mit einer wunderbaren Energie kommt dieses vegane Restaurant mit Smoothie-Bar und Bäckerei daher, eins der besten seiner Art auf den „Inseln über dem Winde“. Ein Abstecher hierher lohnt sich allein seinetwegen! Neben wechselnden Tagesgerichten werden fantasievolle *roti* mit Dutzenden von Gemüsefüllungen und exzellente Backwaren serviert.

★ **Pink Plantation House** KREOLISCH $$
(☎ 452-5422; Chef Harry Dr, Morne Fortune; Hauptgerichte 45–89 EC$; ⏲ Mo–Fr 11.30–15, Fr 18.30–21, Sa 11.30–15, So 9–15 Uhr) Eine Kunstgalerie in einem prächtigen Kolonialbau auf einem üppig grünen Grundstück beherbergt ein fantastisches Restaurant mit hervorragender traditioneller kreolischer Küche aus frischen Zutaten von der Insel. Der Ausblick von der Veranda ist umwerfend. Das Frühstückbüfett am Sonntag für 65 EC$ ist ein Muss! Auch die Cocktails sind toll.

Coal Pot KARIBISCH $$
(☎ 452-5566; Vigie Cove; Hauptgerichte 47–96 EC$; ⏲ Mo–Sa 12–15 & 18.30–21, So 18.30–22 Uhr) Der Straße um den Hafen herum folgen, dann stößt man auf dieses kleine Open-Air-Schatzkistchen direkt am Wasser, das weit genug von der Stadt entfernt und somit wunderbar ruhig ist – hier kann man sich vom Meer einlullen und in einen kulinarischen Traum entführen lassen. Die Küche ist modern französisch-kreolisch; die Gerichte aus frischen Zutaten, verfeinert mit lokalen Gewürzen, verursachen wahre Geschmacksexplosionen im Mund.

Shoppen

★ **Eudovic's Art Studio** KUNST
(☎ 452-2747; www.eudovicart.com; Morne Fortune; ⏲ Mo–Fr 8–16.30, Sa & So bis 14 Uhr) Vincent Joseph Eudovic ist ein meisterlicher Schnitzer. Sein Atelier ist gleichzeitig eine wunderbare Kunstgalerie. Inzwischen ist der Künstler über siebzig Jahre alt und arbeitet nicht mehr so viel, doch sein Sohn Jallim ist in seine Fußstapfen getreten und sehr produktiv. Manchmal kann man ihnen beim Schnitzen zusehen.

Caribelle Batik KUNST & KUNSTHANDWERK
(☎ 452-3785; Howelton Estate, Morne Fortune; ⏲ Mo–Sa 8–17 Uhr) In einem zauberhaften viktorianisch-karibischen Herrenhaus inmitten eines tropischen Gartens steht dieses Batikatelier, ein wahrer Augenschmaus. Die Batikwaren, die im Untergeschoss von Hand gefertigt werden, zieren tropische Motive. Zudem stehen (Hand-)Taschen und Schmuck von Kunsthandwerkern aus allen Teilen der Insel zum Verkauf. Auf dem Balkon hinten eröffnet sich ein phantastischer Blick auf die Stadt.

Praktische Informationen

Die meisten Banken unterhalten Filialen mit Geldautomaten im Zentrum.

Tapion Hospital (☎ 459-2000; www.tapionhospital.com; Tapion Rd, La Toc) Das beste Privatkrankenhaus auf St. Lucia.

An- & Weiterreise

BUS

Leider fahren die Busse in Castries nicht an einem zentralen Punkt ab, sondern von verschiedenen Haltestellen, die über das gesamte Stadtgebiet verteilt sind.

Busse nach **Gros Islet** (Darling Rd.) und Rodney Bay fahren im nördlichen Teil der Stadt ab, einen Block entfernt vom Markt. Busverbindungen nach **Vieux Fort** (Lower Hospital Rd.) und in den Süden starten auf der Lower Hospital Rd.

Busse nach **Soufrière** (Jeremie St.) halten an der Südseite des Markts. Die Haltestelle für Busse zum **Morne Fortune** (St Louis St.) ist im Stadtzentrum.

TAXI

Im Zentrum gibt es einige Taxistände. Die meisten Fahrer an der Bridge Street sind freundliche ältere Herren, die aus dem Stegreif faire Preise nennen.

In Hotels und Restaurants ein Taxi von den Angestellten rufen lassen.

Rund um Castries

Nördlich von Castries führt die Gros Islet Road von der Vigie Peninsula am Flughafen George F. L. Charles vorbei. Die Küstenautobahn windet sich nach Rodney Bay. Dieser Straßenabschnitt ist weit stärker befahren und ausgebaut als jede andere Gegend in St. Lucia.

Castries

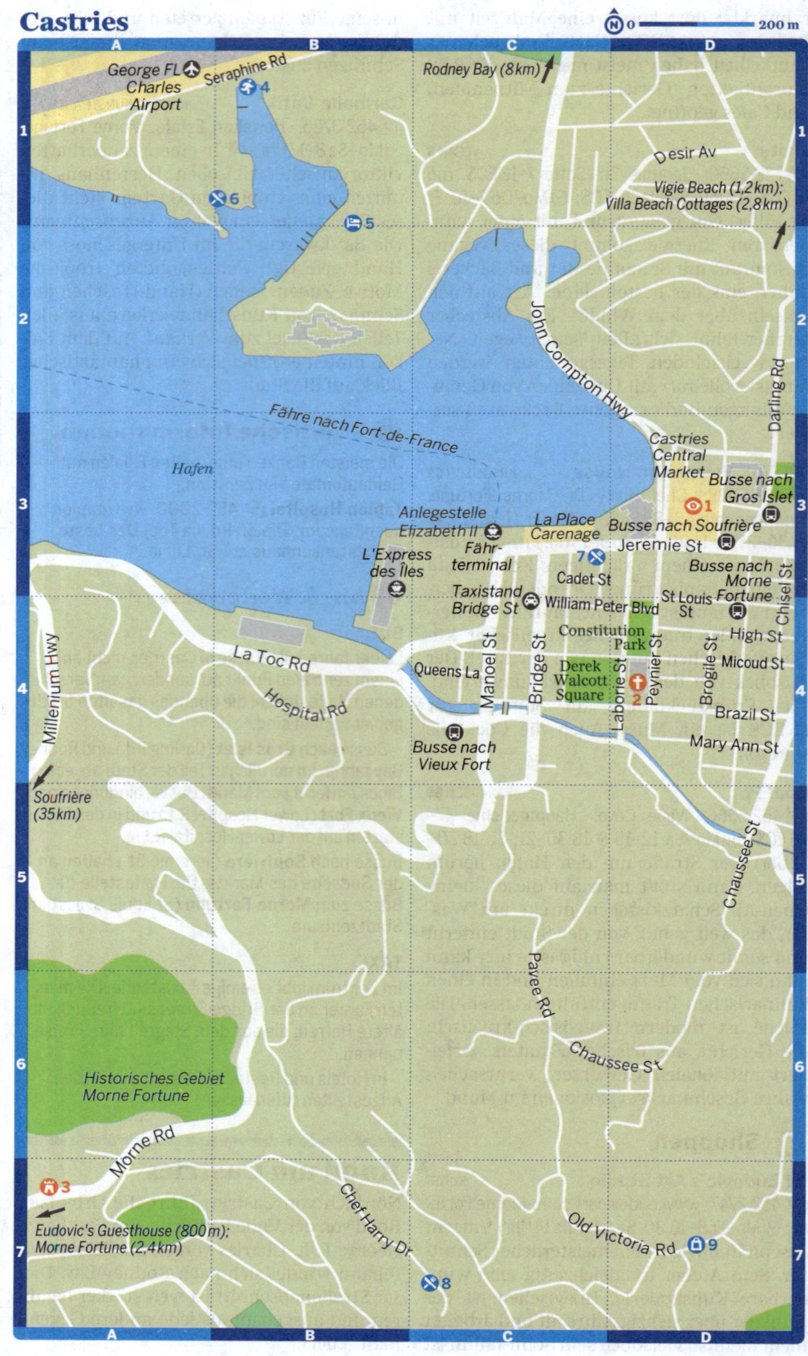

0 200 m
A
B
C
D
1
2
3
4
5
6
7
George FL Charles Airport
Seraphine Rd
4
6
5
Rodney Bay (8 km)
Desir Av
Vigie Beach (1,2 km); Villa Beach Cottages (2,8 km)
John Compton Hwy
Darling Rd
Fähre nach Fort-de-France
Hafen
Castries Central Market
Busse nach Gros Islet
1
Anlegestelle Elizabeth II
La Place Carenage
Busse nach Soufrière
Jeremie St
Fährterminal
L'Express des Îles
7
Busse nach Morne Fortune
Cadet St
Chisel St
Taxistand Bridge St
William Peter Blvd
St Louis St
Constitution Park
High St
La Toc Rd
Queens La
Manoel St
Bridge St
Derek Walcott Square
Laborie St
Peynier St
2
Brogile St
Micoud St
Millenium Hwy
Hospital Rd
Brazil St
Mary Ann St
Busse nach Vieux Fort
Soufrière (35 km)
Chaussee St
Pavee Rd
Chaussee St
Historisches Gebiet Morne Fortune
Morne Rd
3
Eudovic's Guesthouse (800 m); Morne Fortune (2,4 km)
Chef Harry Dr
Old Victoria Rd
9
8

Castries

Sehenswertes

1 Castries Central Market D3
2 Cathedral of the Immaculate Conception D4
3 Fort Charlotte A7

Aktivitäten, Kurse & Touren

City Walkers .... (siehe 7)
4 Hackshaw's B1

Schlafen

5 Auberge Seraphine B1

Essen

6 Coal Pot B1
7 Livity C3
8 Pink Plantation House C7

Shoppen

9 Caribelle Batik D7
Pink Plantation House .... (siehe 8)

Fährt man von Castries aus nach Süden, schlängelt sich der alte Highway bald in die Hügel hinauf. Unterwegs passiert man den idyllischen Strand La Toc.

Sehenswertes

Choc Beach STRAND
Ein Kap trennt die Vigie und die Choc Bay. Der südliche Teil dieses langen honigfarbenen Sandstrands grenzt an die Schnellstraße (Lärm!). Der nördliche Abschnitt ist wesentlich ruhiger.

Vigie Beach STRAND
Der mehr als 3 km lange Strand verläuft parallel zur Start- und Landebahn des George F. L. Charles Airport. Zum Vigie Beach zieht es die Einheimischen, wenn sie eine schnelle Abkühlung an heißen Tagen benötigen. Der Sand ist braun-grau.

La Toc Beach STRAND
Dieser wunderbare goldene Sandstrand südlich von Castries ist größtenteils „touristenfreie Zone", nicht zuletzt, da er nicht ganz leicht zu finden ist. Auf den Morne Fortune zulaufen, dann den Weg zum unteren Tor des Sandals Regency Golf Resort & Spa einschlagen. Die Aufseher zeigen Gästen den Weg zum Strand.

Schlafen

Villa Beach Cottages HOTEL $$$
(☎ 450-2884; www.villabeachcottages.com; Choc Bay; Haus mit 1 Schlafzimmer 285–340 US$) Diese ordentlich herausgeputzte Unterkunft am Choc Beach hat ein persönlicheres Flair als viele größere Resorts. Sie besteht aus etwa einem Dutzend geräumiger und elegant eingerichteter Häuser. Das Preis-Leistungs-Verhältnis ist hervorragend. Alle Zimmer verfügen über eine Küche, gemütliche Wohnbereiche und einen Balkon mit Meerblick. Einziger Nachteil: die Hauptstraße vor der Tür.

An- & Weiterreise

Da Castries das Transportdrehkreuz auf der Insel ist, werden die Gebiete rund um die Hauptstadt von Nahverkehrsbussen bedient. Die meisten Sehenswürdigkeiten in der Umgebung von Castries können auch mit dem Taxi erreicht werden (30–40 EC$).

Rodney Bay & Gros Islet

Die breite, hufeisenförmige Rodney Bay ca. 10 km nördlich von Castries bietet die vielseitigste touristische Infrastruktur auf der Insel. In der Bucht erstrecken sich eine große künstliche Lagune und ein Jachthafen. Dort liegt auch das Dorf Rodney Bay Village, eine etwas fantasielose Ansammlung von Bars, Restaurants und Geschäften.

Wesentlich interessanter ist das Fischerdorf Gros Islet im Norden, dessen historische Straßen von Rumgeschäften und Fischerhütten samt zum Trocknen ausgebreiteter Netze gesäumt sind.

Sehenswertes

Reduit Beach STRAND
(Rodney Bay) Dieser lange weiße Sandstrand ist der beliebteste auf der gesamten Insel. Die Farbe des Meeres reicht von Türkis ist Azurblau, die Wellen sind sanft, es werden verschiedene Aktivitäten angeboten und es gibt mehrere Cafés vor Ort. Der mittlere Abschnitt zieht die meisten Besucher an. Am südlichen Ende, auf der anderen Seite der großen Rex Resorts, ist weniger los. Außerdem ist es dort schattiger.

Aktivitäten

Bootstouren

St. Lucia ist auch vom Wasser aus traumhaft schön. Mehrere Anbieter organisieren Segel- und Motorbootfahrten (Tagestouren ab 110 US$) entlang der Westküste von Rodney Bay. Sehr beliebt sind auch die Bootstouren bei Sonnenuntergang.

Endless Summer Cruises BOOTSTOUREN
(☎450-8651; www.stluciaboattours.com; Rodney Bay Marina; Touren 85–110 US$) Der beliebte Tourveranstalter organisiert ganztägige Bootsausflüge nach Soufrière sowie Touren bei Sonnenuntergang. Boote können auch gechartert werden (inkl. Catering).

Sea Spray Cruises BOOTSTOUREN
(www.seaspraycruises.com; Rodney Bay Marina; Touren 66–195 US$) Der verlässliche Anbieter hat verschiedene Bootsfahrten im Programm, darunter Tagesausflüge nach Soufrière.

Tauchen & Schnorcheln

An der Nordwestküste gibt es mehrere gute Tauchgründe und Schnorchelplätze. In vielen der größeren Resorts sind Tauchschulen ansässig.

Eastern Caribbean Diving TAUCHEN
(☎456-9581; www.easterncaribbeandivingstlucia.com; Windjammer Resort) Tauchausflüge zur Anse Cochon und nach Soufrière sowie Schnorcheltouren. Zwei Tauchgänge liegen bei 138 US$ (inkl. Ausrüstung).

Scuba Steve's Diving TAUCHEN
(☎450-9433; www.scubastevesdiving.com; Flamboyant Dr, Rodney Bay; 2 Tauchgänge 85 US$;) Im Hotel Harmony Suites. Bietet Tauchgänge auf der gesamten Insel sowie Schnorchelausflüge an (60–75 US$).

Geführte Touren

Rainforest Adventures ABENTEUERTOUREN
(☎458-5151; www.rainforestadventure.com; Chassin; Touren ab 50 US$; ⊙Mo–Fr & So 9–15 Uhr) Den Regenwald einmal aus der Tarzan-Perspektive erleben – nur 30 Minuten östlich von Rodney Bay organisiert Rainforest Adventures Ziplining-Abenteuer in den Bäumen des dicht bewachsenen, geschützten Babonneau Park (80 US$). Die weniger Mutigen könnten eine eineinhalbstündige „Tramfahrt" über dem Blätterdach unternehmen (80 US$). Außerdem im Programm sind Vogelbeobachtungen (60 US$) und Wanderungen (45 US$).

Lucian Style SEGWAY
(☎452-8300; www.lucianstyle.com; Reduit Beach Dr, Rodney Bay; Touren 50–165 US$) Lucian Style arrangiert zweistündige Segway-Fahrten (inkl. 15-minütiger Einführung) zum Mount Pimard. Auf einem unbefestigten Pfad geht's zu verschiedenen Aussichtspunkten. Der Guide informiert über die lokale Flora und Fauna und hält an interessanten historischen Stätten. Die Touren starten gewöhnlich um 14 und 16 Uhr in Rodney Bay. Außerdem im Angebot: Wanderungen und komplette Inseltouren.

Schlafen

Bay Guesthouse GÄSTEHAUS $
(☎450-8956; www.bay-guesthouse.com; Bay St, Gros Islet; DZ ab 50 US$, Apt. 70–120 US$;) Eine einfache Pension am Wasser mit tollem Preis-Leistungs-Verhältnis. Gros Islet ist fußläufig zu erreichen. Die früheren Besitzer haben der Insel den Rücken gekehrt, darunter hat das Ambiente ein wenig gelitten. Dennoch ist das Bay Guesthouse unverändert eine nette Basis für Erkundungstouren in die Umgebung. Die Zimmer sind unterschiedlich geschnitten, von kompakt bis großzügig. Manche verfügen über eine Küche und atemberaubende Aussichten. Die Anlage ist mit Hängematten bestückt.

Nach dem blassblauen Gebäude am Wasser Ausschau halten (kein Schild).

La Terrasse GÄSTEHAUS $$
(☎721-0389, 572-0389; Seagrape Ave, Rodney Bay Village; Zi. 100–150 US$;) Die kleine Pension hat ein neues Management, verströmt aber weiterhin ein anheimelndes Flair, bietet einen tropisch anmutenden Hof und eine Essterrasse. Die vier hübsch aufgemachten Zimmer sind modern ausgestattet. Die Unterkunft befindet sich in einer ruhigen Straße abseits der Hauptmeile und ist fünf Gehminuten vom Strand entfernt.

★ **East Winds Inn** RESORT $$$
(☎452-8212; www.eastwinds.com; Labrellotte Bay, Gros Islet; EZ/DZ All-inclusive pro Nacht ab 1015/2010 US$;) Dezent, aber schön, entspannt und gleichzeitig luxuriös – diese All-inclusive-Unterkunft ist eins der schönsten Strandresorts von St. Lucia. Sie hat gerade mal 30 Zimmer, die über ein Gartengrundstück mit vielen Vögeln verteilt sind. Es gibt sowohl geräumige Pfefferkuchenhäuschen mit privaten Gärten als auch Suiten am Meer mit hohen Decken und moderner Ausstattung. Service und Essen sind hervorragend.

Ginger Lily Hotel HOTEL $$$
(☎458-0300; www.gingerlilyhotel.com; Reduit Beach Ave, Rodney Bay; Zi. 180–198 US$;) Das funktionale, herrlich ruhige und intime Ginger Lily Hotel ist eine tolle Alternative zu den großen Ferienanlagen. Es liegt in einem friedvollen Garten und wartet mit elf schön gestalteten Zimmern inklusive Balkonen und Terrassen mit Hän-

gematten auf, das Meer sieht man allerdings nicht. In den Räumlichkeiten ist es angenehm kühl. Der Reduit Beach erstreckt sich auf der anderen Straßenseite.

Coco Palm HOTEL $$$

(☎456-2800; www.coco-resorts.com; Reduit Beach Ave, Rodney Bay Village; DZ 176–258 US$; ❄📶🏊) Eine harmonische Mischung aus modernen Linien und kreolischem Design. Das Coco Palm befindet sich nicht am Strand, sondern liegt einladend auf einer grasbewachsenen Terrasse mit Blick über Rodney Bay Village. Das Zimmerangebot ist vielfältig: Es gibt Unterkünfte für Singles, Paare und Familien. Manche bieten einen direkten, privaten Zugang zu dem riesigen Swimmingpool, den vor allem kleine Reisende lieben.

Bay Gardens Beach Resort & Spa RESORT $$$

(☎457-8500; www.baygardensresorts.com; Reduit Beach Ave, Rodney Bay; DZ/Suite 357/590 US$; ❄📶🏊) Ein Resort mit allem Pipapo in idyllischer Strandlage. Die Zimmer sind in dreigeschossigen Gebäuden mit neoklassizistischem Flair untergebracht, die meisten sind mit neuen Möbeln eingerichtet. Vielfach blickt man auf den Pool oder den Strand. Die Suiten sind mit funktionalen Küchen ausgestattet – eine tolle Wahl für Familien!

Essen

Elena's EISCREME $

(Baywalk Mall, Rodney Bay; 5–13 EC$) Die kleinere Filiale des italienischen Eissalons Elena's liegt günstig außerhalb der Baywalk Mall in Rodney Bay. Hier gibt's nur Eis, allerdings findet sich ein paar Häuser weiter das dazugehörende **legere Restaurant** (☎572-2900; Rodney Bay Marina; Eiscreme 5–13 EC$, Pizzas 19–55 EC$, Hauptgerichte 40–110 EC$; ⏲Mo–Sa 7–23, So 8–23 Uhr) für alle, die etwas „Richtiges“ essen möchten.

Lucian Cuisine KARIBISCH $

(☎519-2323; Rodney Bay; Frühstück 3–15 EC$, Hauptgerichte 15–20 EC$; ⏲Mo–Sa 7–16 Uhr) Anders als die restliche Restaurantszene in Rodney Bay bietet dieses niedliche kleine Lokal preiswerte traditionelle Landesküche. Einen der Tische auf der Holzterrasse an der Seite schnappen und aus einem wechselnden Hauptspeisenangebot wählen, zu dem fünf oder sechs verschiedene Beilagen gereicht werden. Die Platten sind riesig, die Qualität ist erstklassig.

Gros Islet Fish Fry FISCH & MEERESFRÜCHTE $

(Duke's; Bay St, Gros Islet; Mahlzeiten 20–25 EC$; ⏲Mi, Fr & Sa 17–22 Uhr) An ein paar Imbissen gegenüber vom Ufer bekommt man mehrmals wöchentlich beim Gros Islet Fish Fry leckeren gegrillten Fisch und Meeresfrüchte. Die Atmosphäre ist superentspannt und leger. Eine Portion frischen Fisch und ein paar Beilagen bestellen und dann ein freies Plätzchen an einem Picknicktisch suchen. Guten Appetit.

Café Ole CAFÉ $

(Rodney Bay Marina; Hauptgerichte 16–40 EC$; ⏲Mo–Sa 7–22, So 8–22 Uhr) Im Cafe Ole ist immer etwas los. Die überdachte Holzterrasse mit Blick auf den Jachthafen ist der perfekte Ort für einen Drink, Snack oder eine Mahlzeit – und zum Leutebeobachten. Außerdem gibt's hier den so ziemlich besten Kaffee der Insel (5–11 EC$).

★ **Spice of India** INDISCH $$

(☎458-4253; www.spiceofindiastlucia.com; Baywalk Mall, Rodney Bay; Hauptgerichte 46–74 EC$; ⏲Di–So 12–16 & 18–23 Uhr) Von außen sieht das Spice of India nicht danach aus, doch dieses Restaurant neben dem Einkaufszentrum am Anfang der Hauptstraße von Rodney Bay hat die vermutlich beste indische Küche in der Karibik. Altgediente indische Köche bereiten das Essen voller Hingabe zu. Die köstlichen Currys sind perfekt gewürzt und das Lamm-Biryani ist einfach phänomenal. Reservieren!

Flavours of the Grill KARIBISCH $$

(☎450-9722; Castries-Gros Islet Hwy, Bois d'Orange; Hauptgerichte 30–55 EC$; ⏲Mo–Sa 11.30–22 Uhr) Das beliebte Lokal ist den Kinderschuhen entwachsen und hat seine bescheidene erste Location in Gros Islet hinter sich gelassen. Der neue (teurere) Standort ist am Highway nach Castries, zu essen gibt's nach wie vor raffinierte Versionen karibischer Klassiker. Fisch und Meeresfrüchte sind eins der Highlights. Mittags gibt's ein Buffet, abends ist das Essen à la carte.

Amici ITALIENISCH $$$

(☎285-9290; Baywalk Mall, Rodney Bay; Pizzas ab 20 EC$, Hauptgerichte 35–180 EC$) Wenn man sich etwas gönnen möchte ... In diesem edlen Restaurant landen italienische Gourmetküche und wunderbare Pizzas auf den Tellern. Die Gerichte sind teurer, aber auch aufwendiger als bei anderen Italienern auf der Insel. Die Köche sind Expats. Direkt an der Hauptstraße von Rodney Bay.

Big Chef STEAKS $$$

(☎ 450-0210; www.bigchefsteakhouse.com; Reduit Beach Ave, Rodney Bay Village; Hauptgerichte 79–199 EC$; ⌚18–23 Uhr) Wer sich mal mit etwas anderem verwöhnen möchte als Hummer, könnte sich in diesem stilvollen klimatisierten Speisesaal den Bauch mit qualitativ hochwertigem importierten Fleisch vollschlagen. Das Big Chef ist St. Lucias beliebtestes Steakhaus. Die kurzen Hosen und Sandalen muss man gegen ein seriöseres Outfit tauschen, doch dafür wird man mit erstklassigem Essen belohnt.

Ausgehen & Nachtleben

Nirgendwo in St. Lucia ist mehr los als in Rodney Bay. Die meisten Restaurants haben einen Barbereich, in dem es an Wochenenden voll werden kann. Ebenfalls einen Besuch wert sind die Bars der großen Hotels.

Freitagabends startet in Gros Islet das wöchentliche Jump-up. An den Ständen werden frischer Fisch, gegrilltes Huhn und andere Leckerbissen angeboten. Die Musik dröhnt in voller Lautstärke und in den Straßen wird getanzt. Das Jump-up ist die beste Party der Insel und beliebt bei Einheimischen wie Besuchern.

Felly Belly SAFTBAR

(Rodney Bay Mall; Smoothies 14–18 EC$; ⌚Mo–Sa 7.30–20 Uhr) In dem winzigen Laden in der Rodney Bay Mall gibt's tolle Säfte und Smoothies. Auf zwei Tafeln sind die vielen verschiedenen Sorten angeschlagen, man kann sich aber auch ein Getränk nach Wahl mixen lassen.

Boardwalk BAR

(Rodney Bay Marina; ⌚12–24 Uhr) Ein beliebtes Plätzchen. Bei ein paar Cocktails zum Sonnenuntergang lässt es sich gut entspannen und dem Seemannsgarn der Bootsbesitzer lauschen. Die Bar befindet sich im Jachthafen direkt am Wasser.

Shoppen

Island Mix Art Emporium KUNST & KUNSTHANDWERK

(☎ 584-7877; Seagrape Ave, Rodney Bay Village; ⌚Fr–Mi 10–18, Do bis 20 Uhr) In dem netten Geschäft am Wasser werden Arbeiten von Künstlern und Kunsthandwerkern von der gesamten Insel verkauft, und in dem netten Café vor Ort gibt's Mittagessen. Mittwochabends werden Künstler-Workshops angeboten, donnerstags von 18 bis 20 Uhr gibt's Fish and Chips (25 EC$).

ℹ An- & Weiterreise

Rodney Bay und Gros Islet sind von Castries aus mit denselben öffentlichen Minibussen zu erreichen.

Gewöhnlich stehen immer ein paar Taxifahrer vor den Einkaufszentren in Rodney Bay. Ein Taxistand befindet sich auch an der Rodney Bay Marina.

Schneller (und spaßiger) gelangt man vom Reduit Beach aus mit dem **Wassertaxi** (☎ 518-8236; www.saluna-watersports.com; Reduit Beach) nach Gros Islet. Die Boote fahren auch zur Rodney Bay Marina und nach Pigeon Island. Die Strecke kostet ca. 40 EC$ (hin und zurück) pro Passagier.

Pigeon Island

Pigeon Island ist seit den 1970er-Jahren durch einen sandigen Damm mit dem Festland verbunden. Die „Taubeninsel" ist eine der schönsten Sehenswürdigkeiten von Rodney Bay.

Auf dem idyllischen Eiland befinden sich einige faszinierende historische Stätten. Ihre spannende Geschichte reicht bis in die 1550er-Jahre, als der erste französische Siedler auf St. Lucia, Jambe de Bois („Holzbein"), Pigeon Island als Basis für Plünderungen vorübersegelnder spanischer Schiffe nutzte. Zwei Jahrhunderte später ließ der britische Admiral George Rodney die Insel befestigen, um von hier aus die französische Flotte auf Martinique im Auge zu behalten.

Die historische Stätte Pigeon Island National Landmark (☎ 452-5005; www.slunatrust.org; Erw./Kind 21/8 EC$; ⌚Ticketverkauf 9–17 Uhr) zu erkunden macht Spaß! Die Wege führen an den Überresten der militärischen Stellungen und Kasernen vorüber. Die teilweise intakten Steingebäude lassen an eine Geisterstadt denken. Auf dem Gelände mit den hohen Bäumen und gepflegten Rasenflächen eröffnet sich ein schöner Blick über die Küste. Hier kann man einen schönen Tag verbringen – Zutaten für ein Picknick einpacken! Beim Ticketverkauf kann man sich zu einer Führung anmelden (ab 1 bis 7 Pers., 59 EC$).

Einheimische, Bootsbesitzer und Stammgäste wissen, dass sie im Jambe De Bois (☎ 450-8166; Hauptgerichte 37,50–47,50 EC$; ⌚Di–So 9–22, Mo bis 17 Uhr) sehr gut essen und dazu einen tollen Blick auf die Bucht genießen können. Die Speisekarte ist klein, aber abwechslungsreich. Neben lokalen Spezialitäten bekommt man verschiedene mediterrane Gerichte.

Die luftige Veranda ist ein romantischer Ort zum Speisen. Am Wochenende wird tolle Livemusik gespielt.

Zugang zum Café hat man auch dann, wenn der Pigeon-Island-Haupteingang geschlossen ist. Einfach den Sicherheitsleuten mitteilen, dass man essen gehen möchte.

An- & Weiterreise

Öffentliche Busse fahren nicht bis Pigeon Island, doch ab Rodney Bay oder Gros Islet ist es nur eine kurze Taxifahrt.

Wer mag, kann am Strand entlang von Gros Islet nach Pigeon Island spazieren. Hat man den Kanal am luxuriösen Landings Hotel erreicht, einfach klingeln. In einem kleinen Boot geht's auf die andere Seite. Dann muss man sich einen Weg durch die vielen Sonnenliegen vor dem Sandals bahnen. Keine Sorge, dies ist ein öffentlicher Strand. Um das Sicherheitspersonal muss man nichts geben.

Am einfachsten ist die Anfahrt ab Rodney Bay mit dem Wassertaxi vom Reduit Beach. Kostenpunkt: ca. 25 EC$ pro Passagier.

Die Nordspitze

Hat man die wuselige Rodney Bay einmal hinter sich gelassen und macht sich zur Nordspitze der Insel auf, wird das Alltagstempo ringsum zunehmend gemütlicher. Das hügelige Terrain am Cap Estate ist Standort mondäner Villen, großer Anwesen und des wichtigsten Golfplatzes von St. Lucia. Nach einer entspannten Autofahrt bergab erreicht man den abgeschiedenen **Strand Cas-en-Bas**. Hier zeigt sich die Insel von ihrer wilderen Seite. Wind und Brandung können sehr lebhaft sein.

Sehenswertes

Smugglers Cove STRAND

Smugglers Cove ist ein Halbmond aus braunem, zuckrigem Sand. Die Liegestühle und das Café des benachbarten Hotels dominieren den kleinen Strand zwar, aber gewöhnlich ist genug Platz für ein Handtuch.

Aktivitäten

Reiten

In der Gegend gibt es mehrere Reitställe, die Ausritte anbieten, auch am Strand Cas en Bas entlang. Zwei Stunden kosten etwa 65 US$. Von den meisten Hotels in der Gegend um Rodney Bay kann man sich kostenlos abholen lassen. Kinder sind willkommen.

Holiday Riding Stables REITEN

(www.holidayridingstablesstlucia.weebly.com; Cas-en-Bas; Ausritte 60 US$) Dieser Reitstall bietet verschiedene Ausritte entlang des abgeschiedenen Strands Cas en Bas an. Man reitet sogar durchs Wasser.

Wassersport

Am Cas en Bas weht eine verlässlich steife Brise – optimale Bedingungen für Kitesurfer! Es gibt ein paar Kitesurferläden vor Ort, sie sind aber nicht immer geöffnet, deshalb sollte man vorab reservieren.

Aquaholics KITESURFEN

(☎ 726-0600; www.aquaholicsstlucia.com; Cas-en-Bas Beach; Unterricht 90 US$ pro Std.) Die renommierte Kitesurfing-Schule wird von Simon betrieben. Er begleitet Anfänger auf seinem Jetski, um ihnen jederzeit mit Rat und Tat zur Seite zu stehen. „Schnupperunterricht" kostet 60 US$ pro Stunde und kann zusammen mit einer weiteren Person genommen werden. Aquaholics organisiert auch Powerboat-Touren für Wassersportaktivitäten wie Wasserski und Wakeboarden.

Kitesurfing St Lucia KITESURFEN

(☎ 714-9589; www.kitesurfingstlucia.com; Cas-en-Bas Beach; Unterricht 1 Std./2 Std. 90/150 US$, Leihausrüstung ab 35 US$ pro Std.; ⏲ variiert) Unterricht mit einem Lehrer auf einem Jetski sowie zweistündige Schnupperkurse (120 US$). Außerdem: Leihausrüstung für erfahrene Kitesurfer.

Schlafen & Essen

★ **Cap Maison** BOUTIQUE-HOTEL $$$

(☎ 457-8670; www.capmaison.com; Cap Estate; DZ mit Frühstück 459–1200 US$; ❄📶🏊) Privatsphäre, Luxus und Topservice sind die Markenzeichen dieses Boutiquehotels auf einem Steilhang überm Meer. Die marokkanisch-karibische Architektur ist elegant; das gilt auch für das Mobiliar und Dekor der Suiten. Ein weiterer Trumpf ist das hervorragende Restaurant Cliff at Cap, das öffentlich zugänglich ist und mit einer tollen Plattform mit Meerblick ausgestattet ist; dort können Cocktails bestellt und Zigarren geraucht werden. Einziger Nachteil: Um zum nächsten Strand zu gelangen, muss man 92 Stufen hinunter- und anschließend wieder hinaufsteigen.

Marjorie's Beach Bar & Restaurant KARIBISCH $$

(☎ 520-0001; Cas-en-Bas Beach; Hauptgerichte 40–65 EC$; ⏲ 8–18 Uhr) In diesem coolen Café am Strand kann man die Zehen in den Sand stecken, leckere kreolische Küche genießen und sich einen Rumpunsch genehmigen, der es in sich hat. Die Manager organisieren zudem zweistündige geführte Naturwanderungen (30 US$ pro Teilnehmer). Ziele sind Donkey Beach, Secret Beach und Cactus Valley.

An- & Weiterreise

In diesem Teil der Insel fahren keine öffentlichen Verkehrsmittel, aber nicht gekennzeichnete „Piratenbusse" legen in unregelmäßigen Abständen die Strecke von Gros Islet zum Cap Estate zurück. Gewöhnlich handelt es sich um alte weiße Kleinbusse. Um sie zu erwischen, muss man an der Haltestelle an der Schnellstraße auf der Nordseite der Ortseinfahrt nach Gros Islet warten.

Der Osten

Nur 30 Fahrminuten von Castries entfernt lockt eine gänzlich andere Szenerie: die vom Atlantik bearbeitete Ostküste der Insel. Dieser Teil von St. Lucia ist ausgesprochen entspannt und wenig besucht.

Zwar gibt es hier keine Strände wie im Westen, doch dafür wunderschöne Buchten mit spektakulären Steilküsten. Die Wellen donnern ans felsige Ufer und es lockt eine Handvoll idyllischer Fischerdörfer, darunter Dennery und Micoud.

Sehenswertes

La Tille Waterfalls WASSERFALL
(☎ 489-6271; Vollet River, Micoud; 20 EC$; ⏲ 9–18 Uhr) Der Wasserfall La Tille liegt abseits der Touristenroute und verzeichnet kaum Besucher, dabei ist er einer der schöneren Wasserfälle auf der Insel. Eine beträchtliche Menge Wasser stürzt in ein großes Becken umgeben von üppiger Vegetation. Die Rastafari-Wächter vor Ort arbeiten unermüdlich auf dem mit Blumen übersäten Gelände. Das Areal hat ein entspanntes, unberührtes Flair. Man kann einem Naturpfad folgen, vegetarisch essen und an einem Seil schwingen.

Mamiku Gardens GARTEN
(☎ 455-3729; www.mamikugardens.com; 20 EC$; ⏲ 9–17 Uhr) Ein beliebtes Tagesausflugsziel im Osten ist der botanische Garten. Er befindet sich auf dem Gelände einer ehemaligen Plantage und wartet mit einer umfangreichen Sammlung tropischer Pflanzen auf, darunter einige wunderbare Orchideen. Bei der Ankunft erhält man ein Büchlein, mit dessen Hilfe man die 297 benannten Arten im Garten identifizieren kann. Die Mamiku Gardens haben aber noch mehr zu bieten: historische Ruinen, Wanderwege und Führungen für Vogelkundler.

Aktivitäten

Von März bis August nisten Lederschildkröten an dem langen Strand Grande Anse an der Nordostküste. Nachts dürfen Besucher in Begleitung eines offiziellen Guides die Schildkrötenkolonien besuchen und den Weibchen beim Eierlegen bzw. dem Nachwuchs beim Schlüpfen zusehen, ein faszinierendes Spektakel. Wilderer stellen nach wie vor ein Problem dar – viele Tiere werden zum Verzehr getötet und ihre Eier eingesammelt. Nachhaltiger Tourismus ist ein wichtiges Instrument im Kampf um den Schutz der Schildkröten. Achtung: Grand Anse kann nur mit einem allradbetriebenen Wagen erreicht werden.

Des Cartiers Rainforest Trail WANDERN
(☎ 715-0350; Anbre, Desruisseaux; 27 EC$; ⏲ Mo–Fr 8–15 Uhr) Dies ist ein 2 km langer Rundweg durch ein umwerfendes, menschenleeres Stück Regenwald. Mit etwas Glück wird man einen Saint-Lucia-Papagei (Blaumaskenamazone) erspähen, doch selbst wenn nicht, lohnt sich dieser Spaziergang. Im Eintrittspreis ist der Guide bereits inbegriffen. Der Ausgangspunkt des Wanderwegs befindet sich ca. 10 km landeinwärts vom Dennery Highway. Diese Wanderung kann mit dem Edmund Rainforest Trail (S. 828) oberhalb von Soufrière kombiniert werden.

Schlafen

Fox Grove Inn HOTEL $$
(☎ 455-3800; www.foxgroveinn.com; Mon Repos; Zi. mit Frühstück 105 US$; ❄ 📶 🏊) Eins der wenigen alteingesessenen Hotels in diesem Teil der Insel. Das Fox Grove liegt an einem Hang und wartet mit ordentlichen, hübschen Zimmern samt hohen Holzdecken und Atlantikblick auf. Die Bar und das Restaurant treppab (Mahlzeiten 38–90 EC$) werden oft von Tagesausflüglern zum Mittagessen angesteuert.

An- & Weiterreise

Die Autobahn von Castries nach Vieux Fort schneidet durch das Zentrum dieser Region und Busse, die zwischen den beiden Städten verkehren, setzen Reisende auf Anfrage an einem beliebigen Punkt entlang der Route ab.

Der Norden der Ostküste ist rau und einsam. Viele Strände erreicht man nur mit einem guten geländegängigen Wagen oder zu Fuß.

Marigot Bay

Die tief eingeschnittene, geschützte Marigot Bay ist ein wunderbares Beispiel für Mutter Naturs schöpferische Kraft. Abgeschirmt von hohen Palmen und den umliegenden Hügeln, konnte sich angeblich einst die gesamte britische Flotte vor den französischen Verfolgern in der schmalen Bucht verstecken. Nachahmer haben sie bis heute: Viele Bootsbesitzer gehen in der Bucht vor Anker, verbringen hier ein paar Nächte und erkunden die Strände in der Umgebung.

Sehenswertes & Aktivitäten

Millet Bird Sanctuary NATURSCHUTZGEBIET
(☎ 519-0787; Millet; Wandern 27 EC$, Vogelbeobachtung 81 EC$; ⏲ Mo–Fr 8.30–15 Uhr) Dieses Vogelschutzgebiet befindet sich in Millet, ca. 10 km landeinwärts von der Westküstenautobahn. Hier sind viele endemische Arten heimisch, darunter der Saint-Lucia-Papagei und der Saint-Lucia-Waldsänger. Wer seinen Besuch vorab anmeldet, wird von einem kundigen Mitarbeiter auf eine Führung mitgenommen. Darüber hinaus gibt es einen 3 km langen Rundweg, der abwechselnd durch dichten Wald und über offene Hügelkuppen führt.

Dive Fair Helen WASSERSPORT
(☎ 451-7716; www.divefairhelen.com; Marigot Beach Club; ⏲ Mo–Fr 8.30–16.30, Sa bis 12.30 Uhr) Hat seine Basis im Marigot Beach Club und stellt für zwei Tauchgänge inklusive Ausrüstung 126 US$ in Rechnung. Schnorchelausflüge kosten 78 US$ (56 US$ für Kinder). Ebenfalls im Programm sind Kajaktouren entlang der Küste und auf einem Fluss (66 US$) bzw. bis zur Anse Cochon zum Mittagessen und Schnorcheln. Die Rückkehr erfolgt im Boot (140 US$).

Schlafen

Marigot Bay hat ein vielfältiges Unterkunftsangebot, man kann sowohl am Wasser als auch in den Hügeln übernachten. Die Preise sind tendenziell am oberen Ende des Budgetspektrums angesiedelt.

JJ's Paradise HOTEL $
(☎ 451-4761; www.jjsparadise.com; Zi. 60–130 US$) Die einzige Budgetbleibe in der Bucht. Je nachdem, welches Zimmer man bekommt, kann der Aufenthalt ganz nett sein. Die geräumigen Holzbungalows sind mit guten Matratzen, Flachbild-TVs und Split-Klimaanlagen ausgestattet. JJ's liegt am Scheitelpunkt der Bucht – man muss ein Stück bergan laufen und über den Hügel drüber oder ein Wassertaxi nehmen, um ins „Zentrum“ zu gelangen.

Nature's Paradise B&B $$
(☎ 458-3550, 488-1112; www.stluciaparadise.com; Zi. mit Frühstück 155–225 US$; 📶 🏊) Das Nature's Paradise ist einfach traumhaft, wenn man sich nicht von der steilen, gewundenen Straße zwischen der Bucht und dem B&B abschrecken lässt. Es steht auf einem dicht bewachsenen Kap und gewährt einen umwerfenden Blick aufs Meer und die Bucht. Die beiden Zimmer im Hauptgebäude sind etwas klein, doch die beiden Häuschen in einem paradiesischen Garten sind geräumig und vollständig ausgestattet.

Marigot Bay Resort and Marina HOTEL $$$
(☎ 458-5300; www.marigotbayresort.com; Zi. ab 1146 US$; ❄ 📶 🏊) Das Marigot Bay Resort steht auf einem gepflegten Grundstück an der Südküste der Bucht. Es ist ein hochpreisiges Resort und die komfortabelste Unterkunft in der Umgebung. Die schick aufgemachten Zimmer trumpfen mit viel dunklem Holz, klaren Linien, reichlich Platz und vielen Extras auf. Der Service ist höflich und professionell.

Essen & Ausgehen

An der Bucht befinden sich mehrere tolle Restaurants. Wer richtig günstig essen möchte, sollte den Hügel hinauflaufen ins Dorf Marigot Village; dort gibt es eine Bäckerei und ein paar kleine Geschäfte.

Julietta's Restaurant & Bar KARIBISCH $$
(☎ 458-3224; Marigot Bay Rd; Hauptgerichte 45–95 EC$; ⏲ 11–22 Uhr) Von einem Hügel aus hat man hier die gesamte Bucht im Blick und kann sich an frischem Fisch und anderen einfachen Gerichten laben. Vorher anrufen, dann wird man kostenlos mit dem Shuttle eingesammelt und spart sich die „Wanderung“ bergauf.

Chateau Mygo KREOLISCH $$
(☎ 451-4722; Hauptgerichte 40–125 EC$; ⏲ 8–23 Uhr) Das schnörkellose kleine Restaurant könnte kaum besser liegen, seine Essterrasse befindet sich nämlich direkt am Wasser. Dort stehen Picknicktische mit Blick über

INSIDERWISSEN

DENNERY FISH FRY

Ein großes kulinarisches Happening auf dieser Seite der Insel ist das Dennery Fish Fry, das jeden Samstag ab 16 Uhr stattfindet. Die vom Konzept her ähnlichen Fischfestivals in Gros Islet und Anse La Raye sind in erster Linie Partys, bei der Version in Dennery liegt der Fokus auf dem Essen: Das Angebot an Fisch und Meeresfrüchten ist größer. Veranstaltungsort sind die bunten Holzhütten gleich am Wasser unweit des städtischen Fischmarkts.

die Bucht. Die Speisekarte umfasst einfache Gerichte mit Fisch, Meeresfrüchten und Fleisch (die Portionen sind großzügig), die mal gut, mal weniger gut schmecken.

Roots Bar BAR
(LaBas Beach; ⌚7–19 Uhr) Ein entspannter Einheimischen-Spot unter den Kokospalmen des LaBas Beach. Die Getränke sind günstig, für das, was man bekommt, und im Hintergrund läuft Reggae. Wer mag, kann hier auch Sonnenstühle mieten. Die Öffnungszeiten sind ausgesprochen flexibel.

ℹ An- & Weiterreise

Die komplette Strecke bis zur Bucht wird nicht von öffentlichen Verkehrsmitteln bedient, doch Busse auf der Route Castries–Jacmel halten in Marigot Village. Vom Dorf aus sind es noch zehn Gehminuten den Hügel hinab. Wenn man den Fahrern ein Trinkgeld anbietet, setzen sie einen gewöhnlich am Hafen ab.

Gleich neben dem Jachthafen befindet sich ein Taxistand. Ein Taxi nach/ab Castries kostet ca. 60 bis 80 EC$.

Soufrière & Pitons

Müsste man eine Stadt zum Herzen und der Seele St. Lucias erklären, so wäre es Soufrière. Zu den Sehenswürdigkeiten gehören Gebäude aus der Kolonialzeit, die an einer belebten Uferpromenade zwischen bunt bemalten Ladenfassaden aus Holz stehen.

Das Umland kann man nur als atemberaubend beschreiben: Hochhaushohe, dicht bewachsene Felstürme, bekannt als die Pitons, wachen über die Stadt. Sie ragen aus dem Meer und ihre Gipfel scheinen nicht von dieser Welt zu sein. Die Pitons sind St. Lucias Markenzeichen schlechthin.

Die Gegend ist atemberaubend schön (überm und im Wasser) und bietet historische Sehenswürdigkeiten und Naturwunder.

Viele Besucher unternehmen nur einen Tagesausflug aus dem Norden hierhin. An ihnen sollte man sich kein Beispiel nehmen. Es gibt einfach zu viel zu sehen – all diese Attraktionen in ein paar Stunden zu packen ist unmöglich. Besser, man verbringt ein paar Nächte hier und saugt die Atmosphäre in sich auf, begleitet vom beständigen Summen und Rascheln des Regenwaldes.

Sehenswertes

★ Sugar Beach STRAND
(Jalousie Beach) Der berühmteste Strand der Insel, der wunderschöne Sugar Beach, liegt spektakulär zwischen den beiden Pitons. Die Szenerie ist phänomenal, sowohl vom Strand als auch vom Wasser aus betrachtet. Wie die meisten hiesigen Strände war auch dieser ursprünglich grau; der weiche weiße Sand ist importiert. Ganz am nördlichen Ende findet man kostenlose öffentliche Sonnenliegen (einfache Modelle). Wenn wenig los ist, kann man auch die luxuriösen Liegen des Resorts mieten.

Zugang hat man durch das Viceroy-Resort (S. 829); dort muss ein teurer Tagespass gekauft werden (50 US$), der als Verzehrgutschein für das Restaurant genutzt werden kann. Wer eine Reservierung im **Wassersportzentrum** (☎456-8000; 1 Tauchgang/2 Tauchgänge 85/110 US$) hat, wird von einem Resort-Shuttle abgeholt. Andernfalls muss man sich auf einen langen Fußmarsch vom Eingangstor aus einstellen. Der Rückweg erscheint noch länger. Eine stressfreie Variante ist der Besuch per Boot als Teil einer Inseltour.

Anse Chastanet STRAND
Vor dem gleichnamigen Resort erstreckt sich der Strand Anse Chastanet, eine schöne Sandsichel in einer von hohen Felsen geschützten Bucht. Es gibt kaum einen Ort auf der Insel, an dem man besser schnorcheln kann als hier. Zutritt hat man durch das Resort, das auch Tagestickets anbietet, falls Besucher die Sonnenliegen und Wassersportmöglichkeiten nutzen wollen.

Anse Mamin STRAND
Die sanft geschwungene und traumhaft abgeschiedene Bucht liegt zehn Gehminuten nördlich der Anse Chastanet und ist 30 Minuten von der Stadt entfernt. Der Sandstrand grenzt an dichten Regenwald. Zu dem Resort

vor Ort gehört ein Grillrestaurant und es gibt Sonnenliegen, die Infrastruktur ist aber geschmackvoll und tut der absoluten, himmlischen Ruhe keinerlei Abbruch.

Fond Doux Plantation PLANTAGE

(☎ 459-7548; www.fonddouxresort.com; abseits der Vieux Fort Rd; Führungen mit Snack/Mittagessen 25/40 US$; ⏲11–16 Uhr) Ein kleines, feines Refugium. Bei den informativen einstündigen Führungen sieht man sich die Plantage und die Kakaoverarbeitungsanlage an. Neu ist die Tour zum Thema Schokoladenherstellung (Gäste/Besucher 30/40 US$); die Teilnehmer sehen bei der Fertigung der „Hausschokolade" zu und dürfen natürlich auch probieren.

Die Wanderung zum Aussichtspunkt mit Blick auf die Pitons ist Hotelgästen vorbehalten.

Pitons Waterfall WASSERFALL

(☎ 487-9564; 7,50 EC$; ⏲6–17.45 Uhr) Lust auf Planschen in lauwarmem Wasser? Dann nichts wie hin zu diesem malerischen Wasserfall mitten im Wald. Er wird von einer Mischung aus kleinen Flüssen und unterirdischen, thermalen Schwefelquellen des Vulkans Soufrière gespeist. Zwei kleine Betonbecken fangen das Wasser der Hauptkaskade auf, ein weiteres Becken befindet sich am Ende eines Seitenkanals. Wer mag, kann unter dem Wasserfall „duschen", aber Achtung: Die Steine sind glitschig.

Diamond Falls Botanical Gardens & Mineral Baths GARTEN

(☎ 459-7565; www.diamondstlucia.com; Erw./Kind 17,50/8,75 EC$, Bäder ab 15 EC$; ⏲Mo–Sa 10–17, So bis 15 Uhr) Das alte Anwesen lädt zu Spaziergängen zwischen tropischen Blumen und Bäumen ein. Die Mineralbäder stammen aus dem Jahre 1784. Man errichtete sie über Thermalquellen, sodass die Soldaten des französischen Königs Ludwig XVI. von der therapeutischen Wirkung des Wassers profitieren konnten. Die Besucher können in kleinen öffentlichen Becken in freier Natur oder in dem weniger ansprechenden privaten Badehaus planschen. Die Gartenanlage befindet sich 1,6 km östlich vom Stadtzentrum Soufrières.

Schwefelquellen NATURPHÄNOMEN

(☎ 459-7686; Eintritt 22,50 EC$, Thermalbäder 25 EC$, Kombiticket 37,50 EC$; ⏲Touren 9–17 Uhr, Thermalquellen 9–23 Uhr) Die Sulphur Springs („Schwefelquellen") scheinen direkt von der Mondoberfläche hierhin gebeamt worden zu sein. Leider hat man ihnen das Emblem „Einziger Drive-in-Vulkan der Welt" aufgedrückt, dabei hat die Wirklichkeit wenig mit der massenwirksamen Beschreibung zu tun: Hier ist weder ein klassischer Krater noch eine Caldera voller Magma zu erkunden. Und dennoch ist dieser Ort ehrfurchtgebietend. Von Plattformen aus wirft man einen Blick auf die stinkenden Löcher voller blubberndem Schlamm, während ringsum Wolken aus Schwefelgas aus Schloten entweichen. Vor allem der Traveller-Nachwuchs wird das Schauspiel lieben.

Ein durch thermische Energie beheizter Fluss wurde aufgestaut, um vier kleine Besucherbecken zu schaffen. Dort kann man im mineralreichen Wasser entspannen und Schlammmasken auftragen. Am besten sucht man sich ein Plätzchen im ersten Pool; da das Wasser von einem zum nächsten fließt, ist das, was im vierten Becken ankommt, ziemlich schmutzig. Mittlerweile wurde der Verkauf von „vulkanischen Gesichtsmasken" leider eingestellt, es darf kein Schlamm mehr mitgenommen werden.

Die Quellen liegen ein paar Kilometer südlich von Soufrière abseits der Vieux Fort Road.

Gateway to Soufrière AUSSICHTSPUNKT

Etwas mehr als 2 km die Straße nach Castries hinauf findet man diesen Aussichtspunkt. Der Blick über das Soufrière-Tal bis zu den Pitons ist fantastisch.

Aktivitäten

Tauchen & Schnorcheln

Action Adventure Divers TAUCHEN

(☎ 485-1317, 459-5599; www.aadivers.net; Hummingbird Beach Resort, Anse Chastanet Rd; 1 Tauchgang/2 Tauchgänge inkl. Ausrüstung 65/120 US$) Diese Tauchschule hat einen guten Ruf und organisiert viele verschiedene Ausflüge, gewöhnlich in Kleingruppen.

Scuba St Lucia TAUCHEN

(☎ 459-7755; www.scubastlucia.com; Anse Chastanet Resort; Tauchgänge vom Strand/Boot aus inkl. Ausrüstung 69/75 US$) Ein prima organisierter, freundlicher Anbieter mit mehreren guten Booten gleich am Strand der Anse Chastanet. Bietet auch nächtliche Tauchgänge an.

Wandern & Klettern

★ Tet Paul Nature Trail WANDERN

(☎ 457-1122; tetpaul2016@gmail.com; abseits der Vieux Fort Rd; Touren Erw./Kind 27/13,50 EC$;

⌚9–17 Uhr) 🍃 Der von der Gemeinde betriebene Naturpfad ist ein Muss. Auf der 45-minütigen Tour führen die Guides die Teilnehmer zu einem Bio-Bauernhof und einem Aussichtspunkt. Der Blick auf die Pitons, die die Skyline durchbrechen, ist umwerfend, aber der Einblick in das traditionelle Inselleben ist noch besser. Der Tet Paul Nature Trail ist ausgeschildert und befindet sich ca. 5 km südlich von Soufrière.

Edmund Rainforest Trail WANDERN
(☎457-1427; 27 EC$; ⌚Mo–Fr 8–15 Uhr) Weit oberhalb von Soufrière in den Bergen befindet sich der Ausgangspunkt für diese anstrengende Wanderung ins Herz des Regenwalds. Am Eingang steht ein Kleintransporter des Landwirtschaftsministeriums. Dort muss der Eintritt entrichtet werden. Am besten ruft man vorher an, um sicherzustellen, dass auch wirklich ein Guide anwesend ist. Zur Anfahrt: der Straße ins Soufrière-Tal folgen, an den Toraille Waterfalls vorbei und dann an der T-Kreuzung links abbiegen.

Die Hauptroute führt zur Kammlinie der Insel hinauf. Dort eröffnet sich ein Ausblick auf den Osten von St. Lucia. Über einen Nebenpfad. den Enbas Saut Trail, gelangt man zu Wasserfällen tief im Dschungel.

Wer die komplette Strecke laufen möchte, kann zusätzlich auch den Wanderweg Des Cartiers (S. 824) gehen; er endet oberhalb von Micoud in einer abgeschiedenen Gegend – man sollte sich vorab darum kümmern, dort abgeholt zu werden.

Die hiesigen Wanderwege sind nicht gut ausgeschildert, deshalb geht man besser mit einem Guide. Das Agriculture Department in Castries gibt wertvolle Tipps dazu.

Gros Piton Nature Trail Guides KLETTERN
(☎285-7431, 459-3965; www.soufrierefoundation.org; 50 US$ pro Besucher) Den Kontakt zu den lizenzierten Bergführern für Besteigungen des Gros Piton kann man in diesem Büro am Ausgangspunkt des Wanderwegs herstellen. Vor 13 Uhr da sein, um sich einen Platz zu sichern. Dafür, dass die Preise ordentlich angezogen haben, sind die Routen stellenweise unerwartet unwegsam.

Geführte Touren

★ **Jungle Biking** RADTOUREN
(☎457-1400; www.bikestlucia.com; Anse Mamin; 2½-stündige Radtouren 60 US$; ⌚Mo–Sa 8–15.30 Uhr) Jungle Biking gehört zum Anse Chastanet Resort (S. 830), ist aber ein öffentlich zugänglicher Anbieter, der Mountainbike-Touren auf Wegen organisiert, die über die Überreste einer alten Plantage gleich neben dem Strand der Anse Mamin führen. Jeder kann mitradeln, egal wie fit oder unfit. Entlang der Strecke informieren die Guides immer wieder über die Flora, Fauna und Lokalgeschichte.

Mystic Man Tours BOOTSTOUREN
(☎459-7783; www.mysticmantours.com; Bridge St; ⌚Mo–Sa 8–16 Uhr) Stellt exklusive Bootstouren in der Umgebung auf die Beine, darunter Whalewatching, Schnorchel- oder

NICHT VERSÄUMEN

DIE PITONS BESTEIGEN

Wer während des Urlaubs nur Zeit für eine Wanderung hat, sollte sich an den Gros Piton (798 m) heranwagen. Ausgangspunkt ist Fond Gens Libres. Der Weg führt größtenteils durch dichten Urwald; der letzte Abschnitt ist sehr steil, doch man wird mit einem umwerfenden Blick über den Süden der Insel und die bewaldeten Berge im Landesinneren belohnt. Für den Hin- und Rückweg ca. vier Stunden einplanen. Die Wanderung darf nur in Begleitung eines Guides unternommen werden; Gros Piton Nature Trail Guides kontaktieren.

Lokale Behörden raten von einer Besteigung des Petit Piton ab, da Wanderer an einigen Stellen über nahezu vertikale Felsplatten kraxeln müssen, doch viele alte Hasen legen den Weg zum Gipfel dennoch zurück. Die Tour dauert drei bis vier Stunden (hin & zurück). Auf dem kleineren Piton eröffnet sich eine schönere Aussicht auf die Karibikstrände als auf dem Gros Piton.

Guides (60–70 US$) können am Pitons Waterfall, direkt gegenüber vom Eingang zum Wanderweg, angeheuert werden. Schilder entlang der Zufahrtsstraße werben ebenfalls für Bergführer. Am besten macht man sich früh am Tag auf die Socken, da es später heiß werden kann.

Tiefseeangelausflüge sowie Bootsfahrten bei Sonnenuntergang. Außerdem: ATV-Touren zu einem Strand und einer Plantage.

Real St Lucia Tours TOUREN
(☎ 486-1561; www.realsaintluciatours.com) Eine Gruppe enthusiastischer junger Einheimischer betreibt dieses Unternehmen in Soufrière und stellt maßgeschneiderte Touren auf der ganzen Insel auf die Beine.

Rabot Estate ESSEN & TRINKEN
(☎ 459-7966; Vieux Fort Rd; Touren 28–61 US$; ⊙ Tree to Bean Mo, Di, Do 9–10 & Mo, Mi, Fr 13–14 Uhr; Bean to Bar Mo, Di, Do 10.30–11.30 & Mo, Mi, Fr 14.30–15.30 Uhr) Die Mitarbeiter des Hotels Boucan (S. 830) bieten zwei interessante Führungen zum Thema Schokolade auf ihrer Plantage an. Auf der Tour *„Tree to Bean"* („vom Baum zur Bohne"; 28 US$) werden der Kakaoanbau und die Kakaoverarbeitung erklärt, bei der *„Bean to Bar Experience"* („von der Bohne zur Tafel"; 61 US$) stellen die Teilnehmer ihre eigene Schokolade aus Bohnen von der Plantage her. Anrufen und reservieren.

Schlafen

Die meisten Resorts und größeren Hotels liegen fernab vom Schuss, einen Wagen zu mieten ist daher eine gute Idee. Ein paar Hotels bieten einen Shuttleservice zu den nahe gelegenen Stränden. Im Zentrum finden sich ein paar kleinere Hotels und Pensionen.

Church St Guesthouse GÄSTEHAUS $
(Zi. mit/ohne Küche 71/67 US$) Die netteste Bleibe im Stadtzentrum. Einladende Zimmer; es lohnt sich, etwas mehr für eine Unterkunft mit eigener Küche zu zahlen.

Downtown Hotel HOTEL $
(☎ 459-7185; Bridge St; Zi. 89 US$; ❄ 📶) Das Downtown ist nicht das typische Urlaubsdomizil (es befindet sich in einem kleinen Einkaufszentrum), doch es liegt zentral, ist gut gepflegt und erschwinglich. Die Zimmer auf der Rückseite gewähren einen Blick aufs Meer und sind vom Straßenlärm abgeschirmt.

★ **Fond Doux Plantation & Resort** RESORT $$$
(☎ 459-7545; www.fonddouxresort.com; abseits der Vieux Fort Rd; Häuschen 360–510 US$; 📶 🏊) In den Hügeln südlich von Soufrière erstreckt sich diese 250 Jahre alte Kakaoplantage. Sie ist unverändert in Betrieb und ein wunderbarer Ort zum Seele-baumeln-Lassen. In einem tropischen Garten stehen 15 geschmackvoll renovierte Häuschen mit Balkonen und z. T. sogar einem kleinen privaten Pool. Darüber hinaus gibt es ein Gemeinschaftsbecken mit toller Aussicht. Für die Gäste ist eine Plantagenführung kostenlos.

Ladera RESORT $$$
(☎ 459-6618; www.ladera.com; abseits der Vieux Fort Rd; Suite inkl. Frühstück 1100–1700 US$; 📶 🏊) Noch ein wunderbares Fleckchen 4 km südlich der Stadt. Dieses Resort hockt auf einem 335 m hohen Kamm mit unverstelltem Blick auf die Pitons und den Ozean. Die geräumigen Zimmer haben ein detailreiches, natürliches Design und verfügen über eigene Pools. Außerdem gibt's ein Spa, und ein Yoga-Atelier mit Berg-Blick ist in Planung.

Viceroy Sugar Beach RESORT $$$
(☎ 456-8000; www.viceroyhotelsandresorts.com; Anse des Pitons; Zi. ab 960 US$; ❄ 📶 🏊) Dieses Luxusresort hat die wohl schönste Lage auf der Insel: Es verbirgt sich in einem Kokospalmenhain zwischen den Pitons und vor der Tür erstreckt sich ein perfekter weißer Strand. Zu den Zimmern mit Hartholzböden und allen erdenklichen Annehmlichkeiten gehören eigene kleine Swimmingpools.

Boucan RESORT $$$
(Hotel Chocolat; ☎ 572-9600; www.thehotelchocolat.com; Rabot Estate; Zi. mit Frühstück 661–977 US$; 📶 🏊) Das Boucan hebt sich durch sein Design von der Konkurrenz ab: Das dominierende Motto ist Kakao. Das passt wie die Faust aufs Auge, denn das Resort befindet sich auf einer Kakaoplantage (siehe links), auf der Schokolade hergestellt wird. Die Anlage an sich ist mindestens genauso dekadent wie Edelschokolade. Ein besonderes Schmankerl ist der Infinitypool mit Piton-Blick.

Stonefield Estate Villa Resort RESORT $$$
(☎ 459-5648; www.stonefieldresort.com; abseits der Vieux Fort Rd; Ferienhaus mit 1 Schlafzi. 450–660 US$; ❄ 📶 🏊) Auf dem dicht bewachsenen Gelände der historischen Limettenplantage am südlichen Stadtrand von Soufrière stehen diverse gut geschnittene Häuser mit privaten Schwimmbecken. Von hier hat man einen tollen Blick auf den Petit Piton. Nette Extras für alle Gäste sind das Restaurant, das Spa und ein Pool. Sehenswert ist die Felszeichnung auf einem stattlichen Basaltbrocken.

Anse Chastanet Resort RESORT $$$
(☎ 459-7000; www.ansechastanet.com; Anse Chastanet; Zi. ab 630 US$; ❄📶) Die Lage am Hügel und an der gleichnamigen Bucht hat etwas. Man kann sich hier richtig austoben – tauchen, schnorcheln, radeln, vorzüglich speisen – oder verwöhnen lassen und einfach mal nichts tun. Die Zimmer am Strand sind klimatisiert, in denen auf dem Hügel eröffnet sich derweil ein grandioser Blick.

 Essen

Fedo's KARIBISCH $
(New Development; Hauptgerichte 12–50 EC$; ⏱ Mo–Sa 9–17 Uhr) Am östlichen Stadtrand, ein paar Häuserreihen vom Wasser entfernt, versorgt das schnörkellose Fedo's seine Gäste mit hochwertigen kreolischen Gerichten zu vernünftigen Preisen. Der Laden ist nicht ganz leicht zu finden; einen Einheimischen fragen.

Marie's Local Cuisine KARIBISCH $$
(☎ 723-5466; Diamond Gardens Rd; Mahlzeiten 40 EC$; ⏱ 11–16 Uhr) Ein einladendes Restaurant neben dem botanischen Garten. Das kreolische Mittagsbüfett hat eine Topqualität. Gute, herzhafte Küche und faire Preise.

Martha's Tables KARIBISCH $$
(☎ 459-2770; abseits der Vieux Fort Rd, Malgretoute; Mahlzeiten ab 40 EC$; ⏱ Mo–Fr 11.30–14 Uhr) Vom Malgretoute Beach aus den Hügel hinauf befindet sich Marthas Wohnhaus, in dem ein Restaurant untergebracht ist. Jeden Tag zaubert die Gastgeberin eine Reihe exzellenter Gerichte, die glücklich machen und nach St. Lucia schmecken, echte Hausmannskost eben. Plastikstuhl schnappen und genießen! Unregelmäßige Öffnungszeiten.

★ **Orlando's** KARIBISCH $$$
(☎ 459-5955; Cemetery Rd; 3-gängige Mahlzeiten 55–60 US$; ⏱ Mi–So 12–14 & 18–21 Uhr) Chefkoch Orlando Sachell hat sich dadurch einen Namen gemacht, dass er im Grunde genommen das Konzept der „vom Feld auf den Tisch"-Küche in einigen der besten Resorts auf der Insel erfunden hat. Jetzt hat er sein eigenes Edelrestaurant mitten in Soufrière. Die Speisekarte wechselt ständig, der Service ist aber immer erstklassig. Vorab reservieren!

★ **Boucan Restaurant & Bar** FUSION-KÜCHE $$$
(☎ 459-7966; www.hotelchocolat.com/uk/boucan; Rabot Estate, Vieux Fort Rd; Hauptgerichte 51–123 EC$; ⏱ 7–22 Uhr) Viele der saftigen Speisen, die in einem relaxten, modernen Ambiente serviert werden, enthalten Kakao von der Plantage. Die Dessertkarte allein ist schon Grund genug für einen Abstecher hierhin. Nicht verpassen: die Rabot Marquise – dunkle Schokolade mit Crème Marquise auf einer knusprigen Kakaobasis. Rechtzeitig reservieren, dies ist eins der angesagtesten Restaurants auf der Insel!

Dasheene KARIBISCH $$$
(☎ 459-6623; Ladera, abseits der Vieux Fort Rd; Abendessen 96–128 EC$; ⏱ 7–23 Uhr) Das Open-Air-Restaurant im Ladera Resort (S. 829) ist auf karibische und europäische Küche spezialisiert. Die Kulisse ist geradezu magisch; das Highlight ist natürlich der sensationelle Pitons-Blick. Nur mit Reservierung.

 Shoppen

Zaka Masks KUNST & KUNSTHANDWERK
(☎ 457-1504; www.zaka-art.com; Uferpromenade; ⏱ Mo–Sa 9–17, So bis 13 Uhr) In diesem ungewöhnlichen Atelier an der Uferpromenade wird man von dem freundlichen Zaka begrüßt, der hübsche Holzmasken designt und in lebendigen Farben bemalt. Seine Werke schmücken zahlreiche Hotels auf der Insel. Ausreichend Bargeld (oder eine Kreditkarte) mitbringen.

ℹ Praktische Informationen

First Caribbean Bank (Church St; ⏱ Mo–Do 9–14, Fr bis 16 Uhr) Zuverlässiger Geldautomat.

ℹ An- & Weiterreise

- Regelmäßig verkehren Busse auf der malerischen, gewundenen Bergstraße zwischen Soufrière und Castries sowie dem Norden von St. Lucia (8 EC$, 45 Min.). Wer selbst fährt, sollte darauf vorbereitet sein, dass die Einheimischen gern mal um die Kurven „geflogen" kommen.
- Von Soufrière aus kann man zudem mit dem Bus nach Vieux Fort fahren (6 EC$, 30 Min.).

Sonntags fahren so gut wie keine Busse – entsprechend planen.

Südküste & Vieux Fort

St. Lucias Südküste ist traumhaft, die meisten Reisenden werfen allerdings nur einen kurzen Blick durchs Taxifenster darauf, nachdem sie auf dem Hewanorra International Airport gelandet sind.

An der Straße zwischen Vieux Fort und Soufrière liegt das hübsche Fischerdorf

Laborie. Kurz davor erstreckt sich ein netter Strand. Die Atmosphäre ist entspannt – viel entspannter als in den stärker frequentierten Gegenden – und authentisch. Der Strand ist schmal, wird aber von Palmen gesäumt und fällt sanft zum ruhigen, grünen Wasser ab.

Ein Stück weiter nördlich liegt mit **Choiseul** ein weiteres traditionelles Fischerdorf mit aktiver Kunsthandwerkerszene.

Aktivitäten

★ Atlantic Shores Stables REITEN
(☎285-1090; atlanticshores758@gmail.com; St-Helen Estate, Beanfield Rd; Erw./Kind ab 65/55 US$) Ein professionell betriebener Stall gleich südlich von Micoud, der tolle Ausritte entlang von Stränden und durch die fruchtbare, urtümliche und inspirierende Landschaft im Süden der Insel anbietet. Die Pferde sind tipptopp gepflegt und gesund.

Schlafen & Essen

Sunset Lane GÄSTEHAUS $
(☎716-7146; www.sunsetbaylc.com; Flamboyant Ave, Laborie; Zi. 65–80 US$) Die modernen Zimmer mit Klimaanlage in dieser netten Bleibe an einem Hang am südlichen Ende der Bucht sind komfortabel, der eigentliche Grund für eine Übernachtung hier sind jedoch die tollen Terrassen mit Panoramablick aufs Meer; der perfekte Ort zum Lesen oder für einen Absacker am Abend.

★ Balenbouche Estate HISTORISCHES HOTEL $$
(☎455-1244; www.balenbouche.com; Balenbouche; Zi. 130–170 US$;) Zwischen Choiseul und Laborie befindet sich dieses ruhige Anwesen (18. Jh.) mit Öko-Note. Die Gäste übernachten in einem von sechs schlichten, aber zauberhaften Häuschen im Garten und haben das Gefühl, eine Reise in die Vergangenheit zu unternehmen. Die Cottages sind nicht klimatisiert, aber so gebaut, dass viel frische Luft hinein- und hindurchströmen kann. Die meisten warten zudem mit einladenden Innen-/Außenbädern auf. Einen Swimmingpool gibt es nicht, doch in der Nähe befinden sich zwei Strände mit dunklem Sand.

Mama Rose's KARIBISCH $
(☎455-9084; Bay St; Hauptgerichte 25 EC$; ⏲10–21 Uhr) Eine lokale Institution ist dieser Familienbetrieb, in dem traditionell karibische Küche modern interpretiert wird. Es gibt leckere Mahlzeiten zu guten Preisen. Das Bar-Restaurant steht ganz nah am Wasser.

Salt Rush Café CAFÉ
(☎454-3686; Laborie; Hauptgerichte 25–30 EC$; ⏲10.30–20 Uhr) Fantastisches kleines Café direkt am Strand von Laborie mit luftiger Bar samt Blick aufs Wasser. Die Gäste können wunderbare Smoothies, Säfte aus hiesigen Früchten und kaltes Bier bestellen. Die Besitzer sind unfassbar entspannt und backen authentisches Bananen-, Kokos- und Kürbisbrot. Außerdem gibt's leichte und größere traditionelle Mahlzeiten.

An- & Weiterreise

Einige Busse aus Vieux Fort fahren sowohl durch Laborie als auch Choiseul, der Bus von Vieux Fort nach Soufrière hält ganz in der Nähe auf dem Highway.

Vieux Fort

Die zweitgrößte Stadt auf der Insel liegt in einer weitläufigen Ebene an der Südspitze von St. Lucia. Dort vermischt sich das azurblaue Wasser der Karibik mit dem rauen atlantischen Ozean. Die Stadt selbst erstreckt sich an einer netten Bucht, die bei Kite- und Windsurfern hoch im Kurs steht. Dort kann man auch sehr gut wandern gehen.

Vieux Fort wird es vermutlich nicht auf Platz eins der Lieblingsorte auf St. Lucia schaffen, die Küstenregion ist dafür umwerfend. Es gibt Pläne zum Bau eines riesigen Tourismuskomplexes am Ufer der Bucht, was das Flair dieser Gegend komplett verändern würde, doch bislang ist alles noch herrlich unberührt und friedlich.

Sehenswertes & Aktivitäten

Die Bucht Anse des Sables und Sandy Beach sind hervorragende Destinationen für Kite- und Windsurfer: Hier weht fortwährend eine steife Brise, es gibt keine störenden Hindernisse und dafür geschützte Abschnitte mit ruhigem Wasser.

Sandy Beach STRAND
(Anse des Sables) An der Südspitze von St. Lucia erstreckt sich der weiße Sandy Beach, ein bildschöner Strand mit Blick auf die zerklüfteten Maria Islands. Wegen der verlässlichen Windbedingungen tummeln sich hier immer viele Kitesurfer. Davon abgesehen hält sich die Besucherzahl in Grenzen und an ruhigen Tagen kann man sogar im Meer baden.

Reef Kite & Surf KITESURFEN
(☎ 454-3418; www.slucia.com/kitesurf; Sandy Beach, Anse des Sables; Mietausrüstung halber Tag ab 70 US$) Ein einstündiger Schnupperkurs kostet 50 US$, für drei Stunden Unterricht zahlt man 220 US$, ein neunstündiger Komplettkurs liegt bei 625 US$. Außerdem können Kajaks gemietet werden (17–25 US$ pro Std.) sowie SUP-Boards (20 US$ pro Std.).

Schlafen & Essen

Das Unterkunftsangebot in Vieux Fort ist sehr limitiert. Die besten Optionen sind die B&Bs auf dem Hügel unweit des Leuchtturms, sie sind allerdings ein wenig abgeschieden. In der Stadt gibt es ein paar einfache Hotels, die in erster Linie auf die Bedürfnisse einheimischer Geschäftsreisender zugeschnitten sind. Besonders viel Inselflair verströmen sie nicht.

Charlery's Inn HOTEL $
(☎ 454-6448; www.charlerysinnslu.com; Laborie-Vieux Fort Hwy; Zi. ab 65 US$) Das Hotel gleich neben den Bushaltestellen sieht von außen wie ein Bürogebäude aus. Die sauberen Zimmer sind nichts Besonderes, aber ausreichend, wenn man einfach nur zentrumsnah übernachten will. Ist die Rezeption nicht besetzt (was häufig der Fall ist), einfach an der Tankstelle gegenüber nachfragen.

Reef Beach Huts GÄSTEHAUS $
(☎ 454-3418; www.reefstlucia.com; Sandy Beach, Anse des Sables; EZ/DZ ab 60/72 US$; ❄) Eine Holzlodge hinter dem Reef Café (S. 832) birgt vier schlichte, renovierte Zimmer. Meerblick? Fehlanzeige. Außerdem hört man den Autobahnverkehr und – gelegentlich – Partylärm, dafür entschädigen die Nähe zum Wasser (nur wenige Schritte entfernt) und die Klimaanlage.

Reef Café INTERNATIONAL $
(☎ 454-3418; Sandy Beach, Anse des Sables; Hauptgerichte 20–46 EC$, leichte Mahlzeiten 10–20 EC$; ⏲ Di–So 8–22, Mo bis 18 Uhr) Unter den Bäumen an Tischen mit Meerblick sitzen und die so ziemlich beste Küche im Süden der Insel und das entspannte Flair genießen. Die kreolischen Meeresfrüchtegerichte sind sehr köstlich. Darüber hinaus gibt's leckere *roti*, Pizzas und Salate. Tolles Preis-Leistungs-Verhältnis.

Island Breeze KARIBISCH $$
(☎ 454-6754; Sandy Beach, Anse des Sables; Hauptgerichte 30–80 EC$; ⏲ 9–22 Uhr) In dem ansprechenden Holzhaus direkt am Strand werden feine karibische Spezialitäten mit Aussicht kredenzt. Die Fisch- und Meeresfrüchtekreationen sind toll, genauso wie die Rippchen und Jerk-Gerichte (mit spezieller Marinade). Ein prima Zufluchtsort vor der Sonne – etwas Kaltes zu trinken bestellen und entspannt zurücklehnen.

An- & Weiterreise

➡ An der Kreuzung nahe der Sol-Tankstelle machen sich Minitransporter auf den Weg nach Soufrière, sobald alle Plätze besetzt sind (6 EC$, 50 Min.).

Busse nach Castries (8 EC$, 1 Std.) fahren unweit des Kreisverkehrs am Ostrand der Stadt ab und folgen der Ostküstenstraße (via Dennery).

ST. LUCIA VERSTEHEN

Geschichte

Archäologische Funde lassen darauf schließen, dass St. Lucia zwischen 1000 und 500 v. Chr. von Arawak besiedelt wurde. Um das Jahr 800 n. Chr. wurden sie von Kariben erobert, die sich daraufhin in der Gegend niederließen.

Christoph Kolumbus unternahm zwar vier Reisen in die Neue Welt, doch St. Lucia lag nicht an seinen Segelrouten und wurde vermutlich erstmalig zu Beginn des 16. Jhs. von spanischen Entdeckern gesichtet. Die Kariben konnten zwei Kolonialisierungsversuche der Briten im 17. Jh. abwehren, doch schon ein Jahrhundert später erhoben die Franzosen Anspruch auf die Insel und errichteten 1746 die erste dauerhafte europäische Siedlung, Soufrière. Im Folgenden entstanden die ersten Plantagen. Die Kolonialgeschichte war von kriegerischen Auseinandersetzungen geprägt, da die Briten die Insel nicht kampflos aufgeben wollten.

1778 schließlich glückte ihnen der Einmarsch und sie errichteten Marinestützpunkte in Gros Islet und auf Pigeon Island. Von dort aus koordinierten sie ihre Angriffe der französischen Inseln im Norden. In den folgenden Jahrzehnten wechselte St. Lucia wiederholt den „Besitzer" – mal hatten die Briten, mal die Franzosen die Oberhand. Der Erste Pariser Frieden (1814) beendete den 150 Jahre währenden Konflikt, in dem St. Lucia vierzehn Mal die Flagge wechselte. Von nun an gehörte die Insel offiziell den Briten.

Die neuen Kolonialherren machten sich in eher gesetztem Tempo daran, die französische Kultur durch ihre eigene zu ersetzen. Erst 1842 löste Englisch das Französische als offizielle Sprache ab. Manche Bräuche haben sich hartnäckig gehalten und bis heute sprechen viele Einheimische untereinander ein auf dem Französischen basierendes Patois, besuchen die katholische Messe und wohnen in Ortschaften mit französischen Namen.

1967 erklärten die Briten St. Lucia zu einem autonomen Staat. Die vollständige Unabhängigkeit erlangte die Insel am 22. Februar 1979, sie ist aber nach wie vor Mitglied des britischen Commonwealth. Die politischen Verhältnisse haben sich in jüngster Zeit stabilisiert. Gewöhnlich fährt die Oppositionspartei Erdrutschsiege ein. Der Abschwung in der Bananenbranche zeigte, dass eine Diversifizierung der Industrie unabdingbar für das Florieren der Wirtschaft ist. Inzwischen hat sich der Tourismus als wichtigste Einnahmequelle des Landes etabliert.

Leider hat ein Hurrikan Ende 2010 erhebliche Schäden in Soufrière und Umgebung verursacht. Inzwischen hat sich die Gegend aber vollständig erholt und zählt wieder zu den Topdestinationen auf der Insel.

Bevölkerung & Kultur

Die Einwohner von St. Lucia sind generell sehr entspannt und freundlich und der bunte Mix aus englischen, französischen, afrikanischen und karibischen Einflüssen ist deutlich spürbar. Ein gutes Beispiel dafür ist die Kathedrale in Castries: Die Außenarchitektur ist französisch geprägt, der Innenraum in kräftigen, afrikanisch anmutenden Farben bemalt, Bilder zeigen eine schwarze Madonna mit dem Kinde und die Messe wird auf Englisch gehalten. Ca. 85 % der Inselbevölkerung ist römisch-katholisch.

St. Lucia hat etwa 180 000 Einwohner, ein Drittel davon lebt in Castries. 85 % der Bevölkerung haben rein afrikanische Wurzeln, 10 % haben gemischte afrikanische, britische, französische und indische Vorfahren, ca. 4 % stammen ausschließlich von Indern oder Europäern ab.

Das vornehmlich afrikanische Erbe äußert sich u. a. darin, dass vielen Einheimischen die Familie heilig ist und die Familienbande sehr ausgeprägt sind. Darüber hinaus werden zahlreiche Traditionen gepflegt, aber auch abergläubische Vorstellungen haben sich bis heute gehalten. In Gegenden wie Anse La Raye wird Obeah (Voudou) praktiziert und ist gleichermaßen respektiert wie gefürchtet.

DEREK WALCOTT, NOBELPREISTRÄGER

St. Lucias wichtigster Schriftsteller ist der inzwischen verstorbene Derek Walcott. 1992 gewann der hoch verehrte Dichter und Stückeschreiber den Nobelpreis für Literatur. Sein Schreibstil ist hochliterarisch, intensiv und mitreißend und beeinflusst von Tolstoi, Homer und Puschkin. *Omeros* (1990) gilt als Walcotts Meisterwerk. Das Epos erzählt Homers *Odyssee* neu, die Handlung spielt in der Karibik von heute.

Inselbewohner suchen den lokalen Schlangenmann wegen seiner besonderen Heilkräfte auf. Ein gern verordnetes Mittel bei Muskelschmerzen ist z. B. Boa-constrictor-Fett.

Auf St. Lucia ist eine bunte Mischung kultureller Ideologien verbreitet, doch die Globalisierung und wirtschaftliche Ungleichheit haben einen negativen Einfluss auf die kulturelle Identität einiger junger Menschen. Leider ist eine Zunahme der Gewaltverbrechen zu verzeichnen, meist in Verbindung mit Drogen.

Natur & Umwelt

Geografie

St. Lucia hat eine ganz erstaunliche Landmasse. Das wie eine Träne geformte Eiland ist nur 43 km lang, trumpft aber mit einer erstaunlich abwechslungsreichen Topografie auf gerade mal 616 km² auf. Die Hügel und Berge im Inland sind fast so hoch wie lang und machen die grüne Insel zu einer eindrucksvollen Erscheinung, die sich aus dem Meer zu erstaunlicher Höhe auftürmt.

Das Flachland ist von Bananenpflanzungen geprägt. Der karibische Exportschlager ist eine der wichtigsten Säulen der hiesigen Wirtschaft, der Tourismus ist allerdings von noch größerer Bedeutung. Das Inselinnere ist von üppiger tropischer Dschungelvegetation mit knorrigem Regenwald und Dickichten bedeckt.

VÖGEL BEOBACHTEN AUF ST. LUCIA

Vogelfans können auf St. Lucia ein paar spannende Arten von ihrer To-do-Liste streichen, darunter fünf endemische Spezies: den Saint-Lucia-Papagei, den Saint-Lucia-Waldsänger, den Saint-Lucia-Trupial (*Icterus laudabilis*), den Rostbauch-Tyrann und den Saint-Lucia-Schwarzfink. Der Saint-Lucia-Papagei (Blaumaskenamazone; *Amazona versicolor*), den Einheimischen als Jacquot bekannt, ist der Nationalvogel von St. Lucia und ziert alles Mögliche von T-Shirts bis zu den Reisepässen der Einheimischen.

Tolle Orte zum Vögelbeobachten sind das Vogelschutzgebiet Millet (Millet Bird Sanctuary) und der Regenwaldpfad Des Cartiers (Des Cartiers Rainforest Trail).

Der Norden ist etwas ebener und die Strände sind breiter, sodass mehr Platz für Infrastruktur bleibt. Im Süden steigt das Land steil an und „wirft Falten" – die grünen Hügel reichen bis zur Küste. In diesem Teil der Insel, nahe Soufrière, findet man die auffälligsten natürlichen Wahrzeichen von St. Lucia: die beiden Gipfel der Pitons, erloschene Vulkankegel, die fast 800 m hoch sind und sich eindrücklich vom Horizont abheben.

Tiere & Pflanzen

St. Lucias Vegetation reicht von trockenen, mit Buschwerk bewachsenen Gebieten voller Kakteen und Hibiskus hin zu fruchtbaren Dschungeltälern, in denen wilde Orchideen, Bromelien, Helikonien und Schlingpflanzen gedeihen.

Unter britischer Verwaltung wurden weite Teile der Regenwaldgebiete für die Holzgewinnung gerodet. In vielerlei Hinsicht hat sich die Regierung seit der Unabhängigkeit als deutlich umweltfreundlicher entpuppt; zwar sind nur noch 10 % der Inselfläche von Regenwald bedeckt, doch diese Gebiete sind immerhin größtenteils unter Naturschutz gestellt worden. Die größten endemischen Baumarten im Regenwald sind der hochgewachsene *gommier* und der *chatagnier*, ein riesiger Baum mit Brettwurzelstamm.

Tiere, die einem begegnen können, sind endemische Vögel, Fledermäuse, Eidechsen, Leguane, Baumfrösche, nicht endemische Mangusten, Agutis und verschiedene Schlangenarten, darunter die Lanzenotter und die Boa constrictor.

PRAKTISCHE INFORMATIONEN

ℹ Allgemeine Informationen

BARRIEREFREI REISEN

- Die meisten großen Resorts verfügen über ein paar Einrichtungen für Reisende mit Behinderung. Am besten macht man sich darüber vor der Anreise schlau.
- In der Gegend um Rodney Bay Village findet man gut ausgebaute, breite Gehwege und einige Rampen, im Rest des Landes wird die Fortbewegung für körperlich eingeschränkte Reisende jedoch schwer.
- Auch die öffentlichen Verkehrsmittel sind nicht auf Menschen mit Behinderung zugeschnitten. An Bord eines Kleintransporters zu gelangen bzw. wieder auszusteigen wird vermutlich nicht ganz einfach sein.

BOTSCHAFTEN & KONSULATE

Deutsches Honorarkonsulat (☎ 459-7977; soufriere@hk-diplo.de; Saphire Estate, Diamond, Soufrière)

Österreichisches Honorarkonsulat (☎ 456-3500; konradinstlucia@hotmail.com)

Schweizer Konsulat (☎ 484-9813; saintlucia@honrep.ch; Calabash Cove, Rodney Bay) Alle konsularischen Dienstleistungen laufen über die Schweizer Botschaft in Caracas, Venezuela (caracas@eda.admin.ch).

ESSEN

Kulinarisch bietet St. Lucia eine fantastische Vielfalt. Lokaltypische französisch-kreolische Gerichte konkurrieren auf den Speisekarten mit pan-karibischen Klassikern und sehr guter internationaler Küche.

PREISKATEGORIEN ESSEN

Restaurants und Imbisse haben wir in nachfolgend aufgeführte Preiskategorien unterteilt und uns dabei an dem Preis für das günstigste Hauptgericht (inkl. Steuern) orientiert.

**$** bis 35 EC$

**$$** 35–70 EC$

**$$$** über 70 EC$

Auf der ganzen Insel steigen immer wieder „Grillfisch"-Events (*fish fry*), bei denen Fisch und Meeresfrüchte aus lokalen Gewässern unter freiem Himmel auf riesigen Grills gegart und anschließend an gemeinschaftlichen Picknicktischen verzehrt werden.

Rodney Bay Village und der nahegelegene Bootshafen im Norden der Insel sind gespickt mit modernen internationalen Nobelrestaurants.

Typische Gerichte & Getränke

Fisch & Meeresfrüchte Dorado (auch bekannt als *mahi mahi*; Goldmakrele), Gelbschwanzmakrele (*kingfish*), Speerfisch (*marlin*), Schnapper (*snapper*), Hummer, Krebse und Krustentiere stehen besonders oft auf der Speisekarte.

Fleisch Überall bekommt man Gerichte mit Hühnchen und Schwein, Rindfleisch ist seltener.

Lokaltypische Spezialitäten Unbedingt kosten: Callaloo-Eintopf, *lambi* (*conch*; Große Fechterschnecke) und gewürzten Salzdorsch mit grüner Kochbanane.

Piton Das Bier von St. Lucia ist süß, leicht und erfrischend.

Rum In der einzigen Brennerei auf der Insel werden weiße, goldene und aromatisierte Rumsorten produziert.

FEIERTAGE

Abgesehen von den Feiertagen, die in der gesamten Region gelten, wird in St. Lucia auch an diesen Tagen nicht gearbeitet:

Neujahrsfeiertag 2. Januar

Unabhängigkeitstag 22. Februar

Tag der Arbeit 1. Mai

Fronleichnam Neunter Donnerstag nach Ostern

Tag der Sklavenbefreiung 3. August

Thanksgiving 5. Oktober

Nationalfeiertag 13. Dezember

GELD

Die hiesige Währung ist der ostkaribische Dollar (EC$). In fast allen Hotels, Autovermietungen, Geschäften und Restaurants kann mit Visa-, American-Express- und MasterCard-Kreditkarte gezahlt werden.

Die Preise für touristische Dienstleistungen, also Unterkünfte, Aktivitäten, Ausflüge und Leihwagen, sind häufig in US-Dollar angegeben, sie können aber auch in ostkaribischen Dollar oder mit der Kreditkarte bezahlt werden.

Trinkgeld

Hotels Pagen sollte man mindestens 2 EC$ pro Tasche geben. Auch das Reinigungspersonal freut sich über ein Trinkgeld.

Restaurants In den meisten Restaurants wird eine Servicegebühr in Höhe von 10 % aufgeschlagen (wer zufrieden war, kann natürlich trotzdem etwas mehr geben). Falls sie nicht im Rechnungsbetrag inbegriffen ist, sind 10 bis 15 % Trinkgeld angemessen.

Taxi Die Fahrpreise sind gewöhnlich fix, Trinkgelder unüblich. Wer mag, kann dennoch 10 bis 15 % des Endbetrags für den Fahrer obendrauf legen.

Wechselkurse

Der ostkaribische Dollar ist durch einen fixen Wechselkurs an den US-Dollar gebunden. Für 1 US$ bekommt man 2,70 EC$.

Barbados	1 B$	1,35 EC$
Eurozone	1 €	2,76 EC$ 1 US$
Schweiz	1 SFr	2,84 EC$ 1,02 US$
USA	1 US$	2,70 EC$

Aktuelle Wechselkurse siehe unter www.xe.com.

INTERNETZUGANG

Internetcafés sind spärlich gesät, aber die meisten Unterkünfte und viele Restaurants haben WLAN. Die Verbindungsgeschwindigkeiten variieren, sind aber für gewöhnlich ausreichend.

LGBT-REISENDE

Die Bewohner von St. Lucia sind der LGBT-Szene gegenüber leider nicht so tolerant, wie man es sich wünschen würde – das gilt für die meisten Destinationen in der Region. Die Probleme sind hier zwar nicht so gravierend wie in ein paar größeren Karibiknationen, doch insbesondere Schwule sollten sich bewusst sein, dass Homosexualität in St. Lucia im Allgemeinen nicht akzeptiert wird.

MEDIZINISCHE VERSORGUNG

Größere Krankenhäuser findet man in Castries und Vieux Fort. Kleine Kliniken sind über die ganze Insel verteilt, in den öffentlichen Einrichtungen geht's aber größtenteils langsam und wenig effizient zu. Im Norden der Insel sind gute Privatkliniken angesiedelt; am besten ist das Tapion Hospital (S. 817) gleich südlich von Castries.

MIT KINDERN REISEN

Es gibt zwar nur wenige Attraktionen speziell für Kinder, dennoch ist St. Lucia ein tolles Reiseziel für Familien. Die Vielzahl an Stränden und Möglichkeiten, im Freien aktiv zu werden, versprechen ein buntes Programm in einem generell sicheren Umfeld. Man kann z. B. reiten gehen, schnorcheln, tauchen und Ziplining ausprobieren. Ebenfalls beliebt bei kleinen Travellern sind die Wal- und Delfinbeobachtungstouren. Gleich neben dem Reduit Beach in Rodney Bay liegt ein gut besuchter „schwimmender" Wasserpark.

In manchen Hotels sind Kids erst ab einem bestimmten Alter willkommen. Im Gegenzug gibt es ein paar All-inclusive-Resorts für Familien mit einer beeindruckenden Auswahl an Einrichtungen für Kinder. In den meisten Unterkünften zahlt man für die Sprösslinge einen ermäßigten Preis, wenn sie im Zimmer der Eltern schlafen.

Sich auf der Insel mit Kindern fortzubewegen kann außerhalb von Rodney Bay und Castries eine echte Herausforderung darstellen, da es an den Straßen häufig keine Bürgersteige gibt. Deshalb ist es vielleicht einfacher mit dem Taxi zu fahren – selbst kurze Strecken. Die öffentlichen Verkehrsmittel sind oft überfüllt, sodass man gegebenenfalls nicht zusammensitzen kann. Nur sehr selten findet man mal ein Taxi mit Kindersitz, Autovermietungen können diese auf Wunsch stellen.

NOTFALL

Notruf ☎999

STROM

Die Netzspannung liegt bei 220 V (50 Hz); dreipolige Stecker ähnlich denen im Vereinigten Königreich.

TELEFON

Die Ländervorwahl von St. Lucia ist die 758. Wer aus dem Ausland anruft, wählt vorweg die +1 und dann die Ländervorwahl 758 gefolgt von der siebenstelligen Rufnummer.

Handys

Wer ein entsperrtes GSM-Handy besitzt, kann in einer der Filialen von **Flow** (www.discoverflow.co/saint-lucia) oder **Digicel** (www.digicelgroup.com/lc) eine neue SIM-Karte für ca. 25 EC$ kaufen. Dann kann man zusätzlich Prepaid-Datenpakete kaufen; insgesamt sehr viel günstiger als die Roaming-Gebühren.

PRAKTISCH & KONKRET

Maße & Gewichte St. Lucia hat offiziell das metrische System übernommen, doch vielerorts werden noch die alten Maßeinheiten des britischen *imperial system* verwendet, vor allem auf Märkten.

Radio Musik, Nachrichten und Berichte auf Patois bietet Radio Caribbean International (101,1 FM).

Rauchen In St. Lucia gibt es noch keine flächendeckende Regelung zum Thema Rauchen, ob geraucht werden darf, entscheiden die Restaurant- und Barinhaber meist selbst. In geschlossenen Räumen ist das Rauchen gewöhnlich nicht gestattet.

Zeitungen *The Voice* (www.thevoiceslu.com) ist die wichtigste Zeitung auf der Insel. Sie erscheint dreimal wöchentlich.

PREISKATEGORIEN UNTERKUNFT

Die Steuern (10 % Dienstleistungsgebühr und 10 % Regierungssteuer) sind in den von uns angegebenen Preisen bereits enthalten. Die meisten Unterkünfte geben allerdings den Nettopreis ohne Steuern an.

**$** bis 100 US$

**$$** 100–250 US$

**$$$** über 250 US$

UNTERKUNFT

St. Lucia bietet viele verschiedene Schlafmöglichkeiten. Neben noblen Hotels und All-inclusive-Resorts, die das Herz des Unterkunftmarkts bilden, gibt es auch eine Reihe Ferienhäuser für Selbstversorger, Boutiquepensionen u. Ä., die ein persönlicheres Flair haben.

Die meisten Unterkünfte findet man zwischen dem Nordosten der Insel und Marigot Bay. Wer es gern ruhiger hätte, sollte sich etwas in der Gegend um Soufrière suchen. Viele Hotels verfügen über ein eigenes Restaurant.

ZEIT

St. Lucia liegt in derselben Zeitzone wie die benachbarten Windward Islands: MEZ minus fünf Stunden, MESZ minus sechs Stunden.

An- & Weiterreise

FLUGZEUG

In St. Lucia landen u. a. Direktflüge aus den USA, Kanada und Europa (in der Hauptsaison bestehen auch direkte Verbindungen nach Deutschland). Darüber hinaus bestehen regionale Verbindungen nach Antigua, Martinique, Trinidad und Tobago, Barbados und St. Vincent.

Es gibt zwei Flughäfen:

Hewanorra International Airport (UVF; www.slaspa.com) In Vieux Fort, am abgeschiedenen südlichen Ende der Insel. Hier landen Maschinen aus Nordamerika und Europa sowie ein paar regionale Verbindungen.

George F. L. Charles Airport (SLU; www.slaspa.com; Nelson Mandela Dr, Vigie) Liegt praktisch in Castries, doch aufgrund der kurzen Start-/Landebahn können hier nur Propellerflugzeuge aus der Region landen. Die Flüge werden durchgeführt von Liat (www.liat.com), Air Caraibes (www.aircaraibes.com) und

Caribbean Airlines (www.caribbean-airlines.com).

ÜBERS MEER

Der Schnellfährendienst **L'Express des Îles** (☎ 456-5022; www.express-des-iles.com; Castries Dock, Castries) verkehrt täglich. Mit einem Express-Katamaran geht's in 80 Minuten vom **Fährterminal** (Manoel St) in Castries nach Fort-de-France (Martinique). Anschließend werden Dominica (4 Std.) und Guadeloupe (7 Std.) angesteuert. Die Abfahrtstage und -zeiten ändern sich ständig; vorab informieren.

Jacht

Zoll- und Einwanderungsformalitäten können in Rodney Bay, Castries, Marigot Bay, Soufrière oder Vieux Fort erledigt werden. Die meisten Bootsfahrer/-besitzer legen in Rodney Bay an; der dortige Hafen bietet sämtliche Services und gegenüber vom Zollbüro sind ein paar markierte Zollanlegestellen zu finden.

Auch in Marigot Bay kommt man unkompliziert durch die Zoll- und Passkontrolle. Einfach im inneren Hafen vor Anker gehen und mit dem Beiboot zur Zollaufsicht schippern. Castries ist überlaufener, weshalb die Bootsbesitzer nach der Einfahrt in den Hafen unverzüglich zur Anlegestelle des Zolls fahren müssen. Sollte dort kein Platz frei sein, die Ankerstelle östlich der Zollboje ansteuern. In Soufrière befindet sich das Zollbüro gleich an der Uferpromenade. In Vieux Fort dürfen Bootsbesitzer vor dem großen Schiffsdock vor Anker gehen, wo der Zoll angesiedelt ist.

Beliebte Ankerplätze sind Reduit Beach, die Gegend südöstlich von Pigeon Island, Marigot Bay, die Rodney Bay Marina, Anse Chastanet, Anse Cochon und Soufrière Bay.

Jachten und Boote können in Marigot Bay und Rodney Bay gechartert werden.

Bateau Mygo (☎ 721-7007; www.bateaumygo.com)

DSL Yachting (☎ 452-8531; www.dsl-yachting.com; Rodney Bay Marina)

Moorings (☎ 451-4357; www.moorings.com; Rodney Bay Marina)

Kreuzfahrtschiff

Kreuzfahrtschiffe legen an in Castries, entweder an der Pointe Seraphine oder direkt in der Stadt (La Place Carenage). Kleinere Schiffe steuern manchmal auch Soufrière an; sie ankern vor der Küste und bringen die Passagiere in Beibooten ans Ufer.

 Unterwegs vor Ort

AUTO & MOTORRAD

Autofahrer müssen eine lokale Fahrerlaubnis erwerben (22 US$), die bei den Autovermietungen erhältlich ist. Manchmal reicht auch der internationale Führerschein; in der jeweiligen Autovermietung nachfragen.

- In St. Lucia herrscht Linksverkehr.
- Die Geschwindigkeitsbegrenzung liegt generell bei 15 Meilen pro Stunde innerorts und 30 Meilen pro Stunde auf größeren Straßen.

Autovermietung

- Autovermietungen findet man am Flughafen und in den Städten.
- Die meisten Unternehmen verlangen, dass die Fahrer mindestens 25 Jahre alt und seit mindestens drei Jahren im Besitz des Führerscheins sind.
- In St. Lucia sind einige namhafte Leihwagenfirmen ansässig, doch häufig kommt man bei hiesigen Vermietungen billiger davon.
- Die günstigsten Tarife liegen um 60 US$ pro Tag.
- Fast alle Autovermietungen bieten unbegrenzte Meilen.
- Wer sich auch weniger erschlossene Gebiete ansehen möchte, sollte ein Vehikel mit Allradantrieb leihen, denn viele Straßen sind steil und die Nebenrouten können sich nach Regenfällen in von Schlaglöchern durchsiebte Schlammpisten verwandeln.

Avis (www.avis.com; George F. L. Charles Airport, Castries)

Courtesy Car Rentals (☎ 452-8140; www.courtesycarrentals.com)

H&B Car Rental (☎ 452-0872; Reduit Beach Ave, Rodney Bay Village; ⏲ 8–18 Uhr)

Sixt (www.sixt.com)

West Coast Jeeps (☎ 459-5457; www.westcoastjeeps.com)

Straßenverhältnisse

Die Hauptstraßen sind im Allgemeinen gut in Schuss, bei den Nebenstraßen kann man Glück haben – manche Abschnitte sind sogar frisch geteert – oder Pech – manche Strecken sind löchrig wie ein Schweizer Käse. Man sollte darauf achten, dass ein funktionierender Wagenheber und ein Ersatzreifen an Bord sind. Im Inland und im Süden der Insel sind viele Straßen kurvenreich und schmal.

Überall auf der Insel findet man Tankstellen.

BUS

Anstelle von „normalen" Bussen verkehren private Minitransporter. Sie sind ein günstiges Fortbewegungsmittel. Die Hauptstraße von St. Lucia führt in einem großen Ring um die Insel. Die Transporter halten in allen Städten entlang der Route. Strecken zwischen größeren Städten werden häufig bedient, gewöhnlich bis 19 Uhr, die viel befahrene Route Castries–Gros Islet sogar bis nach 22 Uhr. Am Sonntag verkehren nur wenige Transporter; Ausnahme ist der Norden.

In städtischen Gebieten dürfen die Kleinbusse nur an den offiziellen Haltestellen anhalten, auf dem Lande kann man den Fahrern durch Zuwinken signalisieren, dass man einsteigen will, falls keine Haltestelle in der Nähe ist – natürlich bleiben sie nur stehen, wenn genug Platz ist, um an die Seite zu fahren. Zum Aussteigen rechtzeitig vor dem gewünschten Ziel „Stopping driver" rufen.

Eine Fahrt von Castries nach Gros Islet oder Marigot Bay kostet um die 2,50 EC$, nach Soufrière 8 EC$. Liniennummern und Ziele stehen auf den Minitransportern.

FLUGZEUG

Zwischen den beiden Flughäfen, dem George F. L. Charles Airport nahe Castries, und dem Hewanorra International Airport nahe Vieux Fort, besteht eine zehnminütige **Verbindung mit dem Hubschrauber** (☎ 453-6950; www.stluciahelicopters.com; Sunny Acres, Castries; 175 US$ pro Passagier), praktisch, wenn die Unterkunft im Norden ist und man einen Langstreckenflug vor sich hat.

TAXI

Taxifahrten in St. Lucia sind ein teurer Spaß: Ein Trip quer über die Insel schlägt mit 80 bis 90 US$ zu Buche. Fahrzeuge stehen an den Flughäfen, dem Hafen, vor den größeren Hotels und an Taxiständen in den Städten. Sie haben zwar keine Taxameter, die Fahrer halten sich aber mehr oder weniger an die Standardpreise, insbesondere auf Kurzstrecken. Bei längeren Fahrten kann man versuchen, ein bisschen zu handeln. Den letztendlichen Preis vor dem Einsteigen noch mal bestätigen lassen!

Private Flughafentransfers können vorab bei **St. Lucia Airport Shuttle** (☎ 486-1561; www.saintluciaairportshuttle.com) gebucht werden.

WASSERTAXI

Wassertaxis können für Fahrten zu so ziemlich jedem Punkt an der Westküste gemietet werden. Besonders beliebt: die Route von Rodney Bay im Norden nach Marigot Bay oder Soufrière im Süden.

St. Vincent & die Grenadinen

☎ 1-784 / 109 991 EW.

Inhalt ➡

Gut essen

- Sugar Reef Cafe (S. 852)
- Fig Tree (S. 849)
- Basil's Bar & Restaurant (S. 845)
- De Reef (S. 850)
- French Veranda (S. 845)

Schön übernachten

- Cotton House (S. 852)
- Petit St. Vincent Resort (S. 859)
- Palm Island Resort (S. 859)
- Bequia Plantation Hotel (S. 849)
- Firefly (S. 852)

Auf nach St. Vincent und zu den Grenadinen!

Allein schon der Name St. Vincent & die Grenadinen (SVG) lässt vor dem inneren Auge traumhafte Bilder einer idyllischen Welt entstehen: eine Inselkette im Herzen des Karibischen Meeres, vom Massentourismus verschont, mit weißen Sandstränden, einsamen Inseln, himmelblauem Wasser, das sanft ans Ufer plätschert, und ungestörter Stille.

Ein bisschen klingt der Name auch nach einer Spielwiese für die Reichen und die ganz schön Reichen; es braucht aber keine Jacht, um hier unterwegs zu sein. Lokale Fähren schippern Besucher relativ kostengünstig durch den Archipel – hier findet sich mit Sicherheit eine Insel, die den eigenen Ansprüchen mehr als genügt.

Diese Ecke der Welt ist zwar vor allem wegen ihrer Inseln und Strände beliebt, das Land hat aber noch viel mehr zu bieten: Vulkane, die es zu besteigen, erfrischende Wasserfälle, die es zu erkunden, und wunderbare Wege, die es zu erwandern gilt.

Reisezeit

Nov.–April In der Trockenzeit lässt sich's am besten über die Inseln „hüpfen", es kann aber hin und wieder regnen.

Mai Die Nebensaison bringt trockenes Wetter, weniger Touristen und sinkende Preise – eine gute Reisezeit für die Inseln.

Juni–Okt. In der Regenzeit sind viele Geschäfte geschlossen oder haben kürzer geöffnet; die Partysaison auf St. Vincent ist aber in vollem Gange, angeführt vom lärmenden Karnevalsfest Vincy Mas.

Highlights

1 Tobago Cays (S. 857) Die fünf malerischen Inseln bieten die besten Schnorchelmöglichkeiten des Archipels.

2 Bequia (S. 847) Einfach das Rückfahrtticket wegwerfen und für immer auf einer der schönsten kleinen Inseln der Region bleiben.

3 Mayreau (S. 854) An der wunderhübschen Saltwhistle Bay relaxen und anschließend mit neu gewonnenen Freunden in lokalen Bars feiern.

4 Union Island (S. 856) An einem der vielen einsamen Strände der entlegenen Insel schwimmen.

5 Kingstown (S. 841) Auf den Kopfsteinpflasterstraßen der größten Stadt und Hauptstadt von SVG mit ihrem Mix aus Dynamik und Bodenständigkeit unterwegs sein.

6 La Soufrière (S. 846) Den Gipfel des riesigen Schwefel spuckenden Vulkans erobern.

7 Fort Duvernette (S. 842) Auf die Spitze der ins Meer ragenden Felsenfestung steigen.

8 Mustique (S. 852) Seite an Seite mit Rockstars die Nacht durchfeiern auf dieser unglaublich schönen und ebenso teuren Insel.

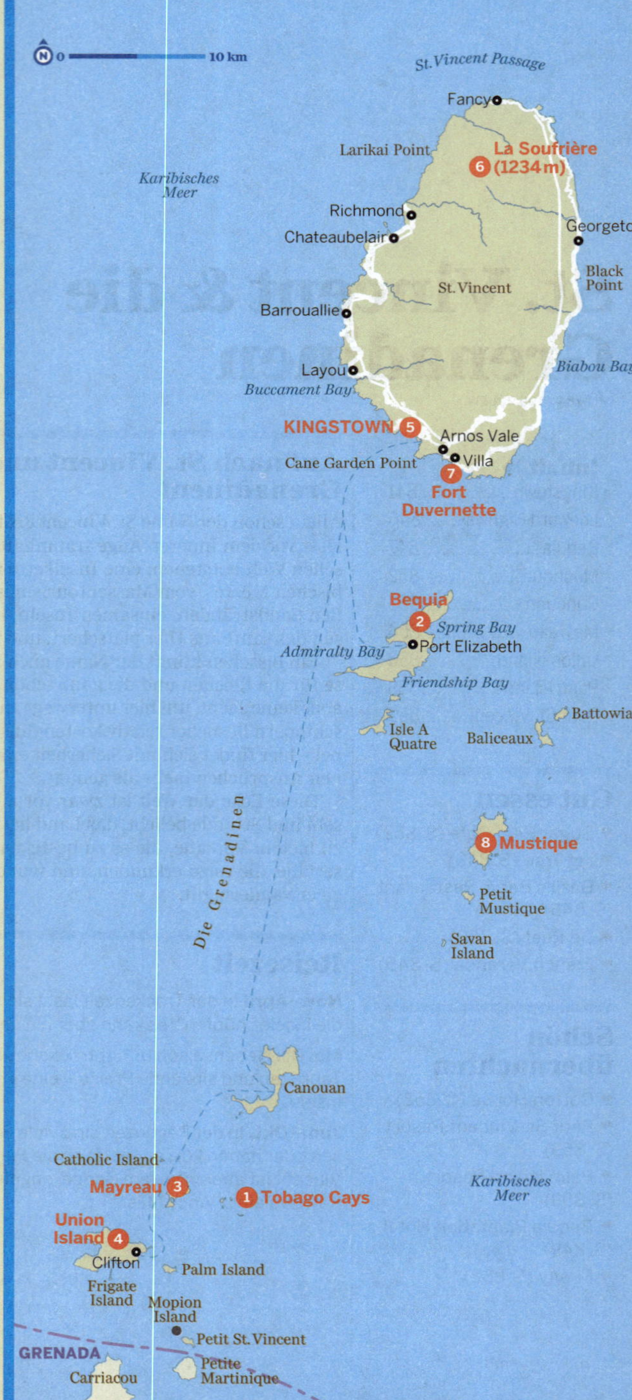

ST. VINCENT

St. Vincent ist das größte Eiland des Inselstaats und ein Verkehrsknotenpunkt, den viele Traveller bei ihrer Reise durch das Land passieren. Die meisten sind aber trotz vorhandener Reize schnell wieder fort – weggelockt vom tropischen Zauber der Grenadinen.

Wer St. Vincent jedoch eine Chance gibt, lernt eine faszinierende Insel kennen. Das grüne, dschungelbewachsene Inland bietet gute Wandermöglichkeiten, und es gibt Wasserfälle, spektakuläre alte Festungen und üppige Gärten zu entdecken, die man fast für sich allein hat.

Verglichen mit seinen Nachbarinseln ist St. Vincent noch sehr unerschlossen: Es gibt keine einzige funktionierende Ampel auf der gesamten Insel und die Strände sind von eher durchschnittlichem Charakter. Kingstowns hektischer Rhythmus und all seine unschönen Ecken und Kanten lassen viele Besucher schnell ein Boot mit Kurs auf das ruhige Bequia besteigen.

An- & Weiterreise

Die Inseln sind durch mehrere Fähren verbunden. Die Fahrpläne können sich jederzeit ändern, daher sollte man sich die Abfahrtszeiten vorher bestätigen lassen.

Bequia Express (☎457-3539; www.bequiaexpress.com) Die großen Autofähren verbinden St. Vincent mehrmals täglich mit Bequia (1 Std.). Außerdem verkehren zweimal wöchentlich Fähren von Kingstown zu den südlichen Grenadinen mit Halt in Canouan, Mayreau und Union Island (5 Std.).

MV Admiral (☎458-3348; www.admiralferries.com/schedule) Eine große Autofähre, die zwei- bis dreimal täglich zwischen St. Vincent und Bequia (75 Min.) verkehrt.

MV Barracuda (☎455-9835; perrysshipping@vincysurf.com) Die Frachtschiffe fahren nach Canouan und Union Island (5 Std.); dreimal wöchentlich hin und zurück.

MV Gem Star II (☎457-4157) Mit dem langsamen Frachtschiff geht's von St. Vincent nach Canouan, Mayreau und Union Island (7 Std.); zweimal wöchentlich hin und zurück.

Unterwegs vor Ort

St. Vincent lässt sich gut mit Bussen erkunden; die Preise liegen je nach Fahrtziel zwischen 1,50 und 6 EC$. Die Busse fahren von 6 bis 20 Uhr; sonntags ist der Busverkehr stark eingeschränkt.

Autovermietungen bringen Wagen zum Fährhafen in Kingstown oder zum Flughafen. Empfehlenswerte Anbieter:

INSELTOUREN

Baleine Tours (☎593-9398; www.baleinetours.com) Das etablierte, langjährige Unternehmen veranstaltet Sightseeingtouren und Bootstrips in St. Vincent und den Grenadinen. Man sollte im Voraus buchen, weil das Boot viel Zeit vor der Küste verbringt.

Fantasea Tours (☎457-4477; www.fantaseatours.com; Villa) Bietet Touren zu den Wasserfällen von Baleine und Bootsrundfahrten auf beiden Seiten von St. Vincent sowie durch die Grenadinen.

Sailor's Wilderness Tours (☎457-1274; www.sailorswildernesstours.com; Upper Middle St; Ganztagstouren 95 US$) Das beliebte lokale Unternehmen bietet eine große Auswahl an Touren, z. B. Trips zu Vulkanen und Wasserfällen.

Avis (☎456-6861; www.avis.com)

Lewis Auto World (☎456-2244; www.lewisautoworld.com; London Rd, Cane Garden, Kingstown)

Kingstown

Schmale Straßen, prachtvolle Gewölbeportale und überdachte Fußwege beschwören eine Karibik der Bananenboote und Kolonialherren herauf. Kingstowns Rhythmus wird bestimmt von einer sehr lebhaften Gemeinde, die hektisch durch die Wege und Gassen wuselt. Steile Hügel umgeben die Stadt und lassen die Geräusche der Autohupen, Straßenhändler und der Musik noch anschwellen.

Die meisten Urlaubsresorts und Hotels der Insel befinden sich in den nahegelegenen Städten Villa und Indian Bay.

Sehenswertes

In den schmalen Straßen, Schiffsagenturen und betriebsamen Rumshops auf der Sharpe Street herrscht eine Atmosphäre längst vergangener Zeiten.

Den „richtigen" Badeurlaub verbringt man besser an den weißen Sandstränden der Grenadinen. Für einen kurzen Sprung ins Wasser lohnt sich aber auch ein Abstecher an die schmalen, von kleinen Buchten gesäumten Strände von **Villa Beach** und **Indian Bay**.

Public Market MARKT

(Bay St; ⏲ 6–15 Uhr) Im Marktgebäude selbst stehen ein paar dauerhafte Stände, das wahre Leben spielt sich aber auf den Straßen davor ab. Es gibt Unmengen von Bananen in Formen und Größen, die wohl niemals einen internationalen Markenaufkleber bekommen würden. Samstagmorgens ist der Trubel am größten. Nach dem Marktbesuch geht's über die Bay Street zum Fischmarkt, wo frische Tagesfänge Seite an Seite mit Hackbeilen und Macheten liegen.

★ **Fort Duvernette** FESTUNG

(Rock Fort; ☎ 451-2921; svgntrust@gmail.com; Eintritt 5 EC$; ⏲ 8–18 Uhr) Auf einem großen Vulkanfelsen vor der Küste von Villa erhebt sich diese unheimliche Festung. Sie wurde einst zur Verteidigung der Stadt Calliaqua erbaut und bietet herrliche Panoramablicke auf die Südküste. Die Wendeltreppe, mit ihren 225 in den Felsen gehauenen Stufen, kann sehr rutschig sein und ist stellenweise von kleinen Steinchen bedeckt. Feste Schuhe sind also erforderlich. Ganz oben, 60 m über dem Meeresspiegel, stehen zwei Kanonen; hier gibt's auch einen Picknickbereich.

Fort Duvernette ist nur mit dem Boot erreichbar. Nato – in Indian Bay nach ihm fragen – fährt mit seinem kleinen Ruderboot für 27 EC$ pro Person zur Festung. Alternativ warten am Dock von Young Island auch Motorbootfahrer, die für die Hin- und Rückfahrt rund 100 EC$ berechnen.

Eigentlich wird für die Festung Eintritt verlangt, es sind jedoch nicht immer Kassierer da.

St. Mary's KIRCHE

(North River Rd) Die düstere St. Mary's ist die auffallendste Kirche von Kingstown; ihr Kontrast zur formellen, weiß gestrichenen Anglikanischen Kirche auf der gegenüberliegenden Straßenseite könnte kaum größer sein. Der burgartige Bau kombiniert gotische Elemente mit verschiedenen Architekturstilen, die sich am besten im Turm oberhalb der Mönchsquartiere zeigen. Er balanciert auf gewundenen, dünnen Säulen und scheint jeden Moment umzukippen.

Fort Charlotte FESTUNG

(⏲ 6–18 Uhr) GRATIS Fort Charlotte (1806) thront nördlich der Stadt stolz auf einem 200 m hohen Hügel und bietet herrliche Ausblicke auf die Stadt und die Grenadinen im Süden. Von den Dutzenden Kanonen des einst furchterregenden Militärpostens sind noch einige erhalten. Auf der Festung tummeln sich meist ein paar lokale Guides, die Besucher für 10 EC$ pro Person herumführen. Es lohnt sich, ihre Dienste in Anspruch zu nehmen.

Von der Stadt geht es in 40 Minuten steil bergan zur Festung. Zunächst begibt man sich zum westlichen Ende der Grenville Street und folgt dann der Straße, die sich den Berg hinaufwindet. Dabei gilt: auf herannahende Vans achten, denn wie die meisten Straßen auf St. Vincent hat auch diese keinen Gehsteig. Man kann auch den Bus vom Leeward-Busbahnhof nach Edinboro nehmen und die letzten zehn Minuten zur Festung laufen.

St. Vincent Botanic Gardens GÄRTEN

(Montrose Rd; Eintritt 5 EC$; ⏲ 6–18 Uhr) Die ältesten botanischen Gärten der westlichen Hemisphäre sind liebevoll gepflegt und eine Oase der Ruhe – und das nur 800 m nördlich des Trubels von Kingstown. Nur wenige Pflanzen sind gekennzeichnet. Es lohnt sich also, am Eingang zum Park einen der offiziellen Guides (10 EC$ pro Besucher) zu engagieren.

Aktivitäten

Vor der Küste des Indian Bay Beach und Villa Beach lässt's sich recht gut schnorcheln. Wer aber mit dem Boot ein Stückchen die Westküste hinauffährt, gelangt zu einigen entlegenen Buchten mit weitaus besseren Schnorchelmöglichkeiten.

Indigo Dive TAUCHEN

(☎ 493-9494; www.indigodive.com; Blue Lagoon Marina, Ratho Mill; Tauchgänge mit 1/2 Tanks 70/130 US$; ⏲ 8–18 Uhr) Der freundliche Laden hat Tauchgänge rund um St. Vincent sowie PADI-Tauchkurse im Angebot.

Dive St. Vincent TAUCHEN

(☎ 457-4714; www.divestvincent.com; Young Island Dock, Villa Beach; Tauchgänge mit 1/2 Tanks 75/130 US$) Der freundliche Tauchshop veranstaltet Bootstauchgänge und Schnorcheltrips, verleiht Ausrüstung und bietet auch Kurse.

Feste & Events

Vincy Mas KARNEVAL

(www.carnivalsvg.com; ⏲ Ende Juni oder Anf. Juli) Der riesige Karneval ist *das* Event des Jahres auf St. Vincent und erreicht seinen Höhepunkt bei einem Straßenfest in Kingstown, das mit Steeldrum-Bands, Tänzern und Trinkgelagen gefeiert wird.

St. Vincent

Schlafen

Das Zentrum von Kingstown ist nach Einbruch der Dunkelheit menschenleer. Es gibt nur ein paar Gästehäuser (Mittelklasse) im Zentrum und einige gehobene Hotels in den Hügeln hinter der Stadt. Die meisten Besucher übernachten in den Strandgemeinden Indian Bay und Villa, wo sich mehrere einfache Resorts und Gästehäuser befinden.

Skyblue Apartments APARTMENTS $
(☎ 457-4394; skybluesvg@gmail.com; Indian Bay; Zi. 65–75 US$; ❄ @ ⑤) In einem Vorort von Indian Bay, nur wenige Meter vom Meer entfernt, finden sich diese gut geführten Apartments mit tollem Preis-Leistungs-Verhältniss. Die ruhigen Zimmer sind tatsächlich tiefblau und mit allen nötigen Einrichtungen sowie einem funktionellen separaten Küchenbereich ausgestattet. Es gibt auch eine Grünfläche mit Tischen im Freien.

Mariner's Hotel HOTEL $
(☎ 457-4000; www.marinershotel.com; Villa Beach; EZ/DZ/3BZ ab 85/95/175 US$; ❄) Das komfortable Hotel am Ende des Villa Beach bietet geradlinige Zimmer mit hölzernen Gewölbedecken sowie Garten- oder Meerblick. Der Pool befindet sich direkt am Meer und

Kingstown

Kingstown

Sehenswertes
1 Öffentlicher Markt B1
2 St. Mary's A1

Aktivitäten, Kurse & Touren
3 Sailor's Wilderness Tours D2

Essen
4 Basil's Bar & Restaurant C2
5 Chill'n C2
6 Veejays B1

Ausgehen & Nachtleben
7 Flow Wine Bar C2
8 Heritage Square Lime C2

bietet einen schönen Ausblick auf Young Island und Bequia. Die neuen Luxuszimmer im hinteren Teil des Hotels sollte man meiden – sie sind von Design und Ausstattung her zwar moderner, haben aber keinen besonderen Ausblick.

★ **Grenadine House** BOUTIQUE-HOTEL **$$**
(☎ 458-1800; www.grenadinehouse.com; Kingstown Park; Zi. 150–230 US$;) Grenadine House versteckt sich in den Bergen und wacht wie eine Festung über Kingstown. Das weiß gestrichene Luxushotel liegt ein Stück vom Strand entfernt in der Nähe der botanischen Gärten und bietet fantastische Ausblicke auf die Stadt und die Grenadinen. Die Schlafzimmer sind mit weißem Leinen, Kopfenden aus Weidenrohr und frischen Blumen geschmückt, das Essen und die Getränke sind hervorragend.

★ **Beachcombers Hotel** RESORT **$$**
(☎ 458-4283; www.beachcombershotel.com; Villa; EZ/DZ ab 85/115 US$;) Ein echter Geheimtipp! Die mehrfarbigen Gebäude, mitten im Grünen auf der Westseite von Villa, sind ganz im Karibikstil gehalten. Die billigsten Zimmer sind sehr einfach, aber die Mittelklasseoptionen sind schick möbliert und bieten ein fantastisches Preis-Leistungs-Verhältnis. Veranden mit Blick auf den Hafen und die Nachbarinseln gibt's in den besten Zimmern. Ein elegantes Restaurant (Hauptgerichte 60–75 EC$) und der Pool mit Meerblick runden das Gesamtbild ab.

Grand View Beach Hotel RESORT **$$**
(☎ 458-4811; www.grandviewhotel.com; Villa Point; EZ/DZ ab 114/129 US$;) Allein schon die herrlichen Ausblicke auf das von Inseln überzogene Meer und auf die Küste am Vil-

la Point sind Grund genug, in diesem einfachen Bergresort zu übernachten, das seinem Namen wirklich gerecht wird. Es gibt insgesamt 19 Zimmer: gemütlich-stimmungsvolle Räume in einem alten Plantagenhaus und größere Zimmer in einem modernen, spanisch angehauchten Gebäudeflügel. Die Hotelanlage ist wunderschön, und der Strand ist nur einen kurzen Spaziergang entfernt.

Young Island Resort RESORT **$$$**
(☎ 458-4826; www.youngisland.com; Zi. ab 392 US$; ❄ @ ≋) Die leicht herzförmige Privatinsel liegt zwar nur 200 Meter vor der Küste, ist aber dennoch eine Welt für sich. Zu den 29 Unterkünften zählen tolle Villen, teils mit eigenen kleinen Pools, Ausblicken, für die man morden könnte, und allem, was man braucht, um die kleine Hotelfähre nach St. Vincent komplett zu vergessen.

Essen

Chill'n KARIBISCH **$**
(☎ 456-1776; www.chillnsvg.com; Egmont St; Hauptgerichte 15–36 EC$; ⏲ Mo–Do 7–20, Fr & Sa 7–23 Uhr) Das bodenständige Restaurant mit seiner geselligen Atmosphäre ist ein guter Ort für ein preiswertes Gericht oder einen Drink. Neben Pizzas, Sandwiches, asiatischen Gerichten und Desserts gibt's auch ein lokales Tagesmenü. Nachts wird Musik aufgelegt; dann verwandelt das Chilli'n sich in eine fröhliche Bar, die bei Einheimischen und Zugezogenen gleichermaßen beliebt ist.

★ **Basil's Bar & Restaurant** INTERNATIONAL **$$**
(☎ 457-2713; Cobblestone Inn, Upper Bay St; Hauptgerichte 35–87 EC$; ⏲ 8 Uhr–open end) Inmitten der Steinmauern und schummrigen Beleuchtung könnte man meinen, in einem Piratenkerker gelandet zu sein – wenn das Essen nicht so hervorragend wäre. Zur Auswahl stehen amerikanische und karibische Klassiker; das Mittagsbüfett (50 EC$) ist großartig und die Bar ist die schickste der Stadt.

Veejays KARIBISCH **$$**
(Bay St; Büfett 12,50–22,50 EC$, *roti* 11–30 EC$, Hauptgerichte 30–50 EC$; ⏲ Mo–Do & Sa 10–21, Fr 10–24 Uhr) Am Nordrand von Kingstown wartet dieses lässige Restaurant mit einem sehr beliebten Mittagsbüfett aus traditionellen regionalen Gerichten auf. Gegessen wird im klimatisierten Speiseraum oder auf der Freiluftterrasse im Obergeschoss. Weitere Leckereien finden sich auf der umfangreichen Speisekarte; die Einheimischen halten die *roti* – sogar in vegetarischen Sojavarianten – für die besten auf St. Vincent.

Sapodilla Room KARIBISCH **$$**
(☎ 458-1800; www.grenadinehouse.com; Grenadine House; Hauptgerichte 43–65 EC$; ⏲ 19–22 Uhr, Terrasse 7–10 & 12–15 Uhr) Klassisch-zeitloser Speiseraum des Hotels Grenadine House mit kleiner Karte. Hier kommen Gerichte aus regionalen Zutaten auf den Tisch – eine Kombination aus kreolischen, karibischen und amerikanischen Aromen. Vor dem Essen geht's in den eleganten britischen Pub im Mayfair-Stil. Wer's legerer und einfacher mag, draußen essen und den Ausblick genießen will, ist mit der Terrasse gut beraten.

Young Island Resort FUSION-KÜCHE **$$$**
(☎ 458-4826; www.youngisland.com; Hauptgerichte Mittagessen/Abendessen 37–48/168 EC$; ⏲ 12–14 & 19–22 Uhr) Dass Brot zu ihren Spezialitäten gehört, können nur wenige Restaurants auf St. Vincent von sich behaupten. Jenes auf Young Island aber schon – denn hier gibt's ohne jede Frage das beste Schwarzbrot des Landes. Körbe voll davon werden zu jedem Gericht gereicht – ob zu frischen Meeresfrüchten oder anderen Köstlichkeiten. Alle Speisen sind liebevoll zubereitet und üppig portioniert. Die Tische stehen in wunderschönen Gärten am Strand.

French Veranda FRANZÖSISCH **$$$**
(☎ 453-1111; www.marinershotel.com; Mariner's Hotel, Villa; Hauptgerichte 50–105 EC$; ⏲ 12–22 Uhr) Nicht alle Gerichte entstammen der französischen Küche – es gibt auch Curry, Satay-Soße und Pizza –, die Weinbergschnecken aber auf jeden Fall. Gespeist wird auf einer hübschen Veranda mit herrlichen Ausblicken und lässig-elegantem Flair. Die Portionen sind für den Preis etwas klein.

Ausgehen & Nachtleben

Auf den Straßen im Stadtzentrum öffnen nachmittags, wenn der Samstagsmarkt schließt, improvisierte Bars. Das Viertel rund um den Heritage Square ist das beliebteste Ausgehviertel Kingstowns.

Flow Wine Bar WEINBAR
(☎ 457-0809; James St; ⏲ Mo–Do 11–22, Fr 11–24, Sa 18–24 Uhr) Extrem schicke Adresse, und das mitten im etwas schäbigen Zentrum der Stadt. Im Obergeschoss bietet die sanft beleuchtete Bar Sofas zum Chillen, entspannende Musik und eine riesige Aus-

wahl an offenen Weinen und Flaschenweinen. Das Essen ist kreativ und preiswert – wir empfehlen die Jalapeño-Wontons. Hier lässt sich die Sehnsucht nach den Tropen ein wenig aufschieben.

Heritage Square Lime BAR
(River Rd; ⏲18–24 Uhr) Bei dieser Freiluftparty im Herzen von Kingstown feiern die Einheimischen mit viel Alkohol auf den Straßen. Dutzende von Verkäufern verhökern Bier aus Kühlboxen, während Lautsprecher auf Lastwagenflächen Dancehall-Musik schmettern. Es sind fast immer ein paar Hardcore-Trinker da, aber die Hauptveranstaltung steigt freitagabends, wenn gefühlt die halbe Stadt hier auftaucht.

Praktische Informationen

Postamt (☎456-1111; Halifax St; ⏲Mo–Fr 8.30–15, Sa bis 11.30 Uhr)

Milton Cato Memorial Hospital (Kingstown General Hospital; ☎456-1185; Leeward Hwy; ⏲24 Std.) Patienten mit schweren Erkrankungen oder Dekompressionskrankheit werden nach Barbados gebracht.

Touristeninformation (☎456-6222; www.discoversvg.com; NIS Bldg, Bay St; ⏲Mo–Fr 8–12 & 13–16 Uhr) Die staatliche Touristeninformation. Hier erhält man eine Liste von lizensierten Guides im ganzen Land. Weitere Filialen befinden sich am Kreuzfahrtschiffterminal und am Flughafen.

An- & Weiterreise

BUS

Es gibt zwei Busbahnhöfe in Kingstown, beide an der Bay Street nahe dem Stadtzentrum.

Leeward Bus Station (Bay St) Für Busse in den Westen der Insel.

Windward Bus Station (Bay St) Für Busse in den Osten und Süden der Insel.

SCHIFF/FÄHRE

Schiffe zu den Grenadinen starten vom Fähranleger an der Südseite der Kingstown Bay; Kreuzfahrtschiffe legen am angrenzenden, eigens erbauten Terminal an. Beide Häfen sind vom Zentrum Kingstowns aus zu Fuß erreichbar.

Leeward Highway

Der Leeward Highway führt nördlich von Kingstown an St. Vincents Westküste entlang und erreicht nach 40 km Richmond Beach. Die landschaftlich schöne Straße führt aus Kingstown heraus in die Berge, windet sich durch die Hügel und führt dann wieder hinab durch tief eingeschnittene Küstentäler mit Kokosnussplantagen, Fischerdörfern und Buchten mit schwarzen Sandstränden.

Sehenswertes

Dark View Falls WASSERFALL
(5 EC$) Der zweistufige Wasserfall liegt inmitten beeindruckender Berge und einer üppig grünen Pflanzenwelt. Er ist der schönste Wasserfall der Insel, den man ohne Boot erreichen kann. Die Abzweigung hierher befindet sich fast am Nordende des Leeward Highway, zwischen Chateaubelair und Richmond; hinter dem Wasserkraftwerk rechts nach einem kleinen Schild Ausschau halten. Von hier sind es noch zehn Fahrminuten bis zum Eingangsbereich.

ABSEITS DER ÜBLICHEN PFADE

BESTEIGUNG DES VULKANS LA SOUFRIÈRE

Der Vulkan La Soufrière auf St. Vincent dominiert den nördlichen Teil der Insel; eine Wanderung auf seinen Gipfel ist für abenteuerlustige Traveller ein echtes Highlight.

Der Krater wirkt wie aus einer anderen Welt – mit seinen schwarzen Felsenbuckeln und dem Moos, das seinen Grund wie ein flauschiger Teppich bedeckt. Es gibt auch einige aktive Schwefeltrichter.

Zwei Routen führen zum Gipfel: Die leichtere von beiden – die auch Besuchern meist nahegelegt wird – dauert 2½ Stunden und hat ihren Ausgangspunkt an der Windward-Seite der Insel. Vom dortigen Parkplatz aus führt ein guter Wanderweg zum Gipfel.

Wer jedoch ein echtes Abenteuer erleben will, begibt sich auf den Windschattenweg mit Start bei Chateaubelair am Ende des Leeward Highway. Diese Wanderung braucht mehr Zeit und ist anspruchsvoller, man wird aber mit herrlichen Ausblicken auf den Vulkan und das Meer belohnt. Der Pfad führt außerdem durch eine herrlich-grüne Landschaft. Vier Stunden sollte man für die Tour einplanen, außerdem einen ortskundigen Guide, da die Beschilderung zu wünschen übrig lässt.

ABSTECHER

MESOPOTAMIA

Am Ende einer holprigen Straße im Tal von Mesopotamia verstecken sich die botanischen Gärten **Montreal Gardens** (13 EC$; ⏲ Mo–Fr 9–16 Uhr), die jene von Kingstown an Schönheit weit übertreffen. Ihre Lage inmitten zerklüfteter Berge und sanfter Hügel ist spektakulär, die Gärten selbst strahlen in saftigem Grün und allerlei anderen Farben und sind von Vogelgezwitscher erfüllt.

An der Straße Richtung Mesopotamia befindet sich der großartige **Belmont-Aussichtspunkt** mit herrlichem Blick auf das üppig grüne, mit Bauernhöfen und Palmen gesprenkelte Tal, das als St. Vincents Kornkammer bekannt ist. Auf der gegenüberliegenden Straßenseite bietet sich eine ebenso schöne Aussicht auf Bequia, Mustique und Garifuna Rock, wo einst die Schwarzen Kariben inhaftiert waren, bevor sie nach Honduras ausgewiesen wurden.

Layou Petroglyph Park ARCHÄOLOGISCHE STÄTTE
(Layou; 5 EC$) Etwa 800 m von der Hauptstraße entfernt umgibt dieser zauberhafte Park einen großen Felsen. Er thront am Ufer eines tosenden Flusses und wurde einst von St. Vincents Ureinwohnern mit Felsbildern geschmückt. Die Felszeichnungen selbst sind sehr interessant, aber schnell besichtigt. Bleiben lohnt sich dennoch, denn der Park ist ein toller Ort zum Entspannen – oder für ein Picknick in einem der Pavillons.

Wallilabou Falls WASSERFALL
(☎ 531-1310; 5 EC$; ⏲ 9–18 Uhr) Der hübsche Wasserfall teilt sich in zwei Ströme. Sie fließen über große Felsbrocken in einen Naturpool, umgeben von Bäumen und einer reichen Vogelwelt. Stromabwärts passiert der Fluss einen Damm aus der Kolonialzeit, den die Natur längst zurückerobert hat – aus den Lücken in den Steinen wachsen Bäume.

Cumberland Bay STRAND
Dschungelbewachsene Klippen umgeben die einsame Bucht. Der bei abenteuerlustigen Jachtbesitzern beliebte Ankerplatz ist auch ein guter Ort für Schwimmer. Noch einsamer geht's in der nächsten ebenso schönen Bucht namens Troumaca Bottom zu.

Aktivitäten

Richmond Vale Diving & Hiking OUTDOORAKTIVITÄTEN
(☎ 458-2255; www.richmondvalehiking.com; Richmond Vale, Chateaubelair; Vulkanwanderung 75–85 US$) Unter Leitung der Richmond Vale Academy (einer internationalen Schule, die sich Umwelt- und sozialen Problemen widmet) organisiert dieser Laden – der einzige seiner Art im Norden der Insel – Wanderungen zum Gipfel des Vulkans La Soufrière sowie Touren auf weiteren Naturpfaden. Der angeschlossene Tauchshop hat sowohl Küsten- als auch Bootstauchgänge im Angebot.

Vermont Nature Trails WANDERN
(5 EC$; ⏲ 9–17 Uhr) Etwa 8 km nördlich von Kingstown weist ein Schild auf dem Leeward Highway nach Osten zu den 5,5 km landeinwärts liegenden Vermont-Naturpfaden. Dort startet auch der **Parrot Lookout Trail**. Der rund 3 km lange Rundweg (2 Std.) führt über die Südwestspitze des Saint-Vincent-Papageien-Reservats, eines dichten Regenwalds, wo sich mit etwas Glück der gleichnamige Vogel in seiner natürlichen Lebenswelt beobachten lässt.

An- & Weiterreise

Vom Leeward-Busbahnhof (S. 846) in Kingstown fahren Busse nach Chateaubelair, das ein Stück vor Richmond am Ende des Highways liegt. Viele Attraktionen liegen weit abseits der Hauptstraße; mit einem Mietwagen lässt sich die Region also am besten erkunden.

BEQUIA

Bequia (beck-uey) ist die vollkommenste Insel der Grenadinen. Fantastische Strände, Unterkünfte für jedes Budget und der entspannte Lebensrhythmus sorgen für unvergessliche Eindrücke. Es gibt tolle Restaurants, typisch regionale Geschäfte und goldfarbenen Sand sowie blaues Wasser im Überfluss – eine Insel der Glückseligkeit!

An- & Weiterreise

Fähren verbinden Bequia mit der Hauptinsel St. Vincent. Sie starten und enden am Hauptdock in Port Elizabeth. Von Bequia zu den südlichen Grenadinen gibt's keine Direktverbindungen mehr.

Wer weiter nach Süden reisen will, muss nach Kingstown fahren und dort ein Boot nehmen.

Bequia Express (☎ 458-3472; www.bequiaexpress.com; Port Elizabeth) Die zuverlässige Autofähre verkehrt mehrmals täglich nach St. Vincent (einfach/hin & zurück 25 EC$, 1 Std.).

MV Admiral (☎ 458-3348; www.admiralferries.com/schedule; Port Elizabeth) Autofähre nach St. Vincent, mehrmals täglich (einfach/hin & zurück 25/45 EC$, 1 Std.). Die schon etwas ältere Fähre muss ab und an ins Trockendock – am besten vorher anrufen und fragen, ob sie ausläuft.

An Bequias Flughafen ist eher wenig los. SVG Air (S. 864) bietet täglich ein bis zwei Maschinen zwischen Bequia und Barbados. Ab und zu gibt's auch Flüge zwischen Bequia und St. Vincent, angesichts der Zeit, die man auf beiden Flughäfen verbringt, ist ein Boot aber die schnellere Variante. Die Flugpläne ändern sich häufig; wer Flüge buchen möchte, findet weitere Informationen auf der Website. SVG Air Grenada (S. 443) bietet gelegentlich Flüge zwischen Bequia und Grenada.

Unterwegs vor Ort

Fahrräder lassen sich problemlos ausleihen; ein Mietauto kostet etwa 60 US$ pro Tag.

Lokale Minibusse fahren auf festen Routen vom Dock nach Paget Farm in der Nähe des Flughafens (2 bis 5 EC$). Greift man etwas tiefer in die Tasche, fahren sie auch einen Umweg über Lower Bay oder runter zur Küste zur Friendship Bay.

Privattaxis (15 bis 50 EC$) sind meist Minivans, Geländewagen oder Pick-ups mit offenen Ladeflächen. Die Preise sind festgelegt und können bei der Bequia Tourism Association (S. 850) erfragt werden. Ein zuverlässiger Anbieter ist **Gideon's Taxi and Rentals** (☎ 458-3760; www.bequiajeeprentals.com; Friendship Bay).

Port Elizabeth

Die reizvolle Kleinstadt Port Elizabeth besteht aus kaum mehr als ein paar Geschäften, die sich am Strand der Admiralty Bay aneinanderreihen. Im Hintergrund erhebt sich ein natürliches Amphitheater aus grünen Hügeln. Der Hafen ist oft voller Jachten aus aller Welt.

Sehenswertes

★ Princess Margaret Beach STRAND

Einfach herrlich! Gleich um die Ecke von Port Elizabeth erstreckt sich mit dem Princess Margaret Beach einer der schönsten Strände der Insel. Üppige Vegetation umgibt ihn, und das tiefe, ruhige Wasser eignet sich perfekt zum Schwimmen.

Wer per pedes von Port Elizabeth hierherkommen möchte, folgt dem Belmont-Fußweg bis zum Ende der Admiralty Bay und dann den Stufen zu einem Pfad auf den Klippen. Der Weg von der Stadt ist kurz, eignet sich aber nicht für Leute mit Höhenangst.

Mit dem Fahrzeug kommt man über die Hauptstraße Richtung Süden und biegt auf die ausgeschilderte, schmale Zugangsstraße zum Strand ab (5 Min., mit dem Taxi 25 EC$) – oder besteigt eines der Wassertaxis, die an der Küste entlangschippern.

Wenn ein Kreuzfahrtschiff im Hafen ankert, kann es am Strand schon mal voll werden.

Aktivitäten & geführte Touren

★ Friendship Rose BOOTSTOUREN

(☎ 457-3888; www.friendshiprose.com; Belmont Walkway; Tagestouren ab 140 US$) Der 24 m lange alte Schoner ist ein wunderschönes Beispiel für den klassischen Schiffsbau und diente früher als Postboot. Heute fährt er im Rahmen von beliebten Tagestouren zu mehreren Grenadineninseln: entweder nach Mustique oder zu den Tobago Cays. Im Preis inbegriffen: Frühstück, Mittagessen und Erfrischungen. Jeder zahlende Erwachsene kann kostenlos ein Kind mitbringen; Kinder unter zwölf Jahren zahlen nichts.

Sail Grenadines BOOTSTOUREN

(☎ 457-3590; www.sailgrenadines.com; Belmont Rd) Ein Jachtcharter-Unternehmen, das Bareboat-, Skipper- und Komplettbesatzungs-Charter für Reisen durch die Grenadinen anbietet. Veranstaltet auch geführte Touren mit Ausflügen zu den Tobago Cays. Das Büro befindet sich neben dem Tradewinds-Jachtclub.

Dive Bequia TAUCHEN

(☎ 458-3504; www.divebequia.com; Belmont Walkway; Tauchgänge mit 1/2 Tanks 75/130 US$; ⏲ 8–16.30 Uhr) Der hoch angesehene Tauchshop mit jeder Menge Erfahrung in der Region veranstaltet auch Schnorcheltrips. Die Tauchgänge finden je nach Bedarf um 9, 11.30 und 14.30 Uhr statt.

Bushman Brent WANDERN

(☎ 495-2524; 50 EC$ pro Std.) Der charismatische Einheimische Bushman Brent kennt die Hügel und Pfade Bequias wie seine Westentasche und bietet geführte Wanderungen auf der ganzen Insel an. Er ist ein guter Begleiter und kennt sich sehr gut mit der lokalen Flora und Fauna aus, vor allem mit Pflanzen, die für die traditionelle Medizin verwendet werden.

Feste & Events

Easter Regatta SEGELN
(Ostern) Um Ostern herum findet die größte Segelregatta des Landes statt.

Bequia Music Fest MUSIK
(www.bequiamusicfestival.com; Jan.) Ein internationales Musikfest, bei dem Musiker des Mustique Blues Festival sowie Künstler verschiedener Genres aus der Karibik und anderen Ländern auftreten. Die Veranstaltungen finden in Hotels und Bars auf der ganzen Insel statt.

Schlafen

Port Elizabeth verfügt über die meisten Unterkünfte der Insel. Am Belmont Walkway gibt's einige Hotels; billigere Optionen warten in den Hügeln hinter der Stadt.

Gingerbread Hotel HOTEL $$
(458-3800; ginger@vincysurf.com; Belmont Walkway; Zi. 230–290 US$;) Das Gingerbread wirkt wie eine Kulisse aus *Hänsel und Gretel* und sieht mit seinen kunstvollen Dachkonstruktionen so aus, wie man sich ein Lebkuchenhaus vorstellt. Die sechs makellosen Zimmer wurden von den Besitzern (die Architekten sind) wunderschön gestaltet und verteilen sich auf einer hübschen Hotelanlage; die Räume haben große Fenster mit Gartenblick und verfügen über Privatbalkons mit gemütlichen Stühlen und Blick auf die Bucht.

Village Apartments APARTMENTS $$
(458-3883; www.villageapartments.bequia.net; Belmont; Apt./Cottage mit 2 Betten ab 90/135 US$;) Hier hat man die Auswahl zwischen Studios, Cottages sowie Ein- und Zweiraum-Apartments. Die kleine Anlage liegt nur fünf Gehminuten von der Stadt entfernt auf einem Hügel. Dank des herrlichen Ausblicks sieht man sofort, wenn Schiffe einlaufen. Die Wohneinheiten sind in schlichtem Weiß gehalten und mit Korbmöbeln eingerichtet. Wenn viel Trubel herrscht, gilt ein Mindestaufenthalt von einer Woche.

Bequia Plantation Hotel HOTEL $$$
(534-8677; www.bequiaplantationhotel.com; Zi./Cottages 290/375–520 US$;) Auf einem großen Anwesen am Ende der Admiralty Bay steht dieses Hotel. Es liegt zwar nur einen kurzen Spaziergang von der Stadt, aber gefühlte Welten vom Trubel entfernt. Im Obergeschoss des Haupthauses befinden sich sechs komfortable Zimmer, die besten mit Meerblick-Balkons. Die Cottages – größer und mit mehr Privatsphäre – verteilen sich ganz idyllisch unter Kokospalmen.

Essen

Green Boley KARIBISCH $
(Belmont Walkway; *roti* 10–18 EC$; 9–22 Uhr) Die einfache grüne Holzbar verleiht dem Belmont Walkway ein wenig Lokalkolorit und verkauft günstig-leckere *roti* mit Hühnchen, Muscheln oder Rindfleisch. Außerdem hält sie eine tolle Auswahl an Getränken bereit, darunter der berühmte Rumpunsch Green Boley. Drinnen bekommt man die ganze tolle Atmosphäre ab, aber an den Picknicktischen draußen den fantastischen Ausblick.

★ **Fig Tree** KARIBISCH $$
(457-3008; www.facebook.com/thefigtreerestaurantbequia; Belmont Walkway; Hauptgerichte abends 40–70 EC$; 8–22 Uhr, Di geschl.) Einen kurzen Spaziergang westlich der Docks, direkt am Wasser, bietet dieses Freiluftrestaurant sowohl einen herrlichen Blick aufs Meer als auch großartiges Essen. Die gastfreundliche Inhaberin Cheryl Johnson serviert tagsüber leichte Mahlzeiten mit *roti* und abends köstliche kreolische Gerichte. An Freitagabenden wird ein Fish Fry veranstaltet (vorher buchen).

Mac's Pizzeria PIZZA $$
(458-3474; Belmont Walkway; Pizzas 45–85 EC$; 11–22 Uhr) Mac's ist eine prima Wahl für gutes Essen und tolle Atmosphäre. Es serviert erstklassige Pizzas, Burger und Meeresfrüchte. Die Gerichte werden auf einer erhöhten Terrasse oder unter dem Baum im Hof mit Ausblick aufs Wasser serviert. Das Restaurant ist immer voller glücklicher Gäste, die Pizzastücke und Geschichten austauschen. Platz lassen für den Bequia Lime Pie!

Jack's INTERNATIONAL $$
(458-3809; www.jacksbeachbar.com; Princess Margaret Bay; Hauptgerichte 48–80 EC$; 11–23 Uhr) Die große, schicke Freiluft-Strandbar

Jack's hat eine tolle Lage direkt an der Princess Margaret Bay. An den Holztischen unter dem großen Segeltuchdach werden beliebte gebratene Gerichte sowie Hummer und Grillfisch serviert. Die Speisen haben keine Gourmetqualität, aber die Bar ist ein toller Ort für einen Drink und oft sehr belebt.

 Shoppen

Mauvin's Model Boat Shop GESCHENKE & SOUVENIRS
(Front St; ⌚ Mo–Sa 9–17 Uhr) Unter dem Brotfruchtbaum im Hof entstehen sorgsam gefertigte Modellboote, die in der gepflegten kleinen Galerie verkauft werden.

Bequia Bookshop BÜCHER
(Front St; ⌚ Mo–Fr 8.30–16.30, Sa 9–13 Uhr) Der beste Buchladen der Region hat jede Menge Gedrucktes auf Lager, angefangen bei See- und Landkarten über Bücher zum Thema Segeln bis hin zu Pflanzen- und Tierführern. Es gibt westindische, nordamerikanische und europäische Literatur und sogar ein paar vergriffene Bücher, die einen Käufer suchen.

Praktische Informationen

Bank of St. Vincent & Grenadines (☎ 458-3700; ⌚ Mo–Do 8–14, Fr bis 16 Uhr) Bank mit dem einzigen Geldautomaten auf der Insel. Der Automat ist nicht sehr zuverlässig, also sollte man genug Bargeld mitnehmen. Die Bank befindet sich vor dem Krankenhaus ein paar Blocks hinter dem Dock.

Bequia Customs & Immigration Office (☎ 457-3044; Port Elizabeth; ⌚ Mo–Fr 8.30–18, Sa 8.30–12 & 15–18, So 9–12 & 15–18 Uhr) Gegenüber vom Hauptdock.

Bequia District Hospital (☎ 458-3294; ⌚ 24 Std.) Renoviertes Krankenhaus speziell für die Grenadinen. Hat auch eine Ambulanz, die kleinere Beschwerden behandelt.

Bequia Tourism Association (☎ 458-3286; www.bequiatourism.com; ⌚ 9.30–18 Uhr) Eine exzellente Informationsquelle mit sehr hilfsbereiten Mitarbeitern. Das Büro befindet sich in einem kleinen Gebäude am Fährdock.

Post Office (Front St; ⌚ Mo–Fr 9–12 & 13–15, Sa 9–11.30 Uhr) Auf der Front Street, gegenüber vom Fährdock.

An- & Weiterreise

Der James F. Mitchell Airport befindet sich in der Nähe von Paget Farm, am südwestlichen Ende der Insel. Die Fähren von Kingstown legen direkt in Port Elizabeth an.

Viele Orte sind von Port Elizabeth aus zu Fuß erreichbar.

Lower Bay

Die winzige Strandgemeinde Lower Bay besitzt den schönsten Strand der Insel. Das glasklare Wasser der Admiralty Bay entfaltet sich wie ein türkisfarbener Fächer vor dem goldenen Sandstreifen. Voll ist es hier nie. Händler verleihen Strandliegen und es gibt ein paar hübsche Cafés.

Der Strand von Lower Bay ist zwar nicht ganz so berühmt wie der Princess Margaret Beach, aber genauso schön und mit einigen Restaurants bestückt. Vorsicht vor den Manchinelbäumen, sie können schlimme Hautausschläge hervorrufen!

Schlafen & Essen

De Reef Apartments APARTMENTS $
(☎ 458-3484; dereef@vincysurf.com; Apt. ab 100 US$; ❄) Gleich gegenüber dem schönen Lower Bay – inmitten eines Gartens voller Obstbäume – bieten diese gemütlichen Apartments das beste Preis-Leistungs-Verhältnis der Insel. Und auch sonst alles, was man braucht, z. B.: Klimaanlagen in den Schlafräumen, geräumige Terrassen sowie Ruhe und Frieden.

Fernando's Hideaway KARIBISCH $$
(☎ 458-3758; Hauptgerichte 50–55 EC$; ⌚ Mo–Sa 19–22 Uhr) Das Restaurant auf einer bunt bemalten Veranda an einer hügeligen Seitenstraße in Lower Bay ist tatsächlich sehr versteckt – aber die mühevolle Suche lohnt sich, denn hier werden fantastische Gerichte mit frischen Meeresfrüchten kredenzt. Es gibt keine feste Speisekarte – serviert wird, was der Inhaber und Koch Fernando am Morgen fängt. Man kann vorher anrufen, um herauszufinden, was es gerade gibt. Vorherige Reservierung erforderlich.

De Reef CAFÉ $$
(☎ 458-3484; dereef@vincysurf.com; Hauptgerichte 38–75 EC$; ⌚ 8 Uhr–open end) Direkt am Strand serviert das Café De Reef perfekt gegrillten Fisch, Muschelcurry und eine Auswahl von Snacks. In der Bar gibt's leckeren Rumpunsch, den man auf seiner Strandliege genießen kann; dann eine Runde schwimmen und einfach noch einen bestellen. Das Café ist vor allem sonntags gut besucht.

An- & Weiterreise

Man kann über einen Strandpfad von Port Elizabeth über den Princess Margaret Beach nach Lower Bay laufen.

Alternativ gibt's noch den Bus von Port Elizabeth nach Paget Farm; er hält unterwegs auf Anfrage an der Kreuzung nach Lower Bay. Von hier aus geht's in zehn Fußminuten den Hügel hinunter zum Dorf. Für eine kleine Fahrpreiszulage fährt der Bus auch direkt runter ins Dorf.

Ein Taxi von der Stadt kostet rund 30 EC$.

Friendship Bay

Hinter den Hügeln an der Südostküste der Insel, etwa 2,5 km von Port Elizabeth entfernt, erstreckt sich der sanfte Bogen der Friendship Bay.

Der Strand ist selten überfüllt und es lohnt sich sehr, den anstrengenden, aber kurzen Fußmarsch über das Rückgrat der Insel in Angriff zu nehmen (oder man kneift und fährt mit Taxi oder Bus hierher). Ein dichter Palmenwald bietet Schatten und sorgt für typisches Tropenflair.

Schlafen & Essen

Sugar Apple HOTEL $$
(☎ 475-3148; www.sugarapplebequia.com; Zi. 150–300 US$; ❄ 📶 🏊) Die hellen, geräumigen und makellos sauberen Apartments bieten ein hervorragendes Preis-Leistungs-Verhältnis, jede Menge Annehmlichkeiten und separate Küchen mit Panoramafenstern, die einen phänomenalen Blick auf das Meer zulassen. Außerdem sind sie nur einen kurzen Spaziergang von der Friendship Bay entfernt. Man kann auch eine der Strandhütten mieten. Der Service ist herzlich und gleich vor der Tür halten öffentliche Verkehrsmittel.

★ **Bequia Beach Hotel** RESORT $$$
(☎ 458-1600; www.bequiabeach.com; Zi. 262–426 US$; ❄ @ 📶 🏊) Ein weitläufiges, niedrig gebautes Resort mit privilegierter Lage direkt an der Friendship Bay. Das Bequia Beach Hotel verbindet Stil und Eleganz mit einer lockeren Atmosphäre. Die Unterkünfte reichen von Hütten mit Gartenblick über Suiten mit Meerblick bis hin zu Villen mit Privatpools. Alle sind mit hochwertigen Möbeln eingerichtet.

Bagatelle FISCH & MEERESFRÜCHTE $$$
(Bequia Beach Hotel; Abendessen Hauptgerichte 70–84 EC$; ⏲ 8–22 Uhr) Direkt am Wasser in Friendship Bay serviert dieses schicke Restaurant hochwertige Küche, die beliebt bei Besuchern und Einheimischen ist. Die ständig wechselnde Speisekarte bietet nur wenige Hauptspeisen, aber es gibt auch immer lokale Fischgerichte.

An- & Weiterreise

Friendship Bay ist von Port Elizabeth aus zu Fuß erreichbar, wobei man aber auf und über einen steilen Hügel steigen muss. Alternative: Der Bus nach Paget Farm lässt Fahrgäste auch oben auf dem Hügel (mit seinem herrlichen Blick auf die Bucht) aussteigen; und wenn man etwas mehr bezahlt, fährt der Bus sogar direkt bis Friendship Bay.

Spring Bay & Industry Bay

Bequia ist an sich schon eine ruhige Insel, Spring Bay und Industry Bay sind jedoch wahre Oasen der Stille. Zu finden sind sie ein kurzes Stück hinter Port Elizabeths zentraler Hügelkette, zu bieten haben sie (noch immer) Zuckerplantagen und herrliche Blicke auf das turbulente Meer im Osten.

Auf dieser Seite der Insel werden oft Sargassum-Braunalgen angeschwemmt, deshalb sollte man sich vor der Unterkunftsbuchung über die aktuelle Situation informieren.

Sehenswertes

Old Hegg Turtle Sanctuary TIERBEOBACHTUNG
(Park Beach; 15 EC$; ⏲ 9–17 Uhr) Die Old-Hegg-Schildkrötenstation ist eine echte Institution auf Bequia. Sie hat es sich zur Aufgabe gemacht, Schildkröteneier auszubrüten und die Tierchen dann in kleinen Becken aufzuziehen. So sollen ihre Chancen auf ein Überleben in freier Natur verbessert werden. An den guten Absichten des umweltbewussten Inhabers gibt's keinerlei Zweifel. Unsicher ist aber noch, ob die Schildkröten später wirklich allein überleben können und ob sie dann auch den Weg zu ihrem Geburtsort finden, um dort zu brüten.

Schlafen & Essen

Die meisten Unterkünfte in der Gegend sind luxuriöse Boutique-Hotels auf den Hügeln mit Blick auf das Meer.

Sugar Reef BOUTIQUE-HOTEL $$
(☎ 458-3400; www.sugarreefbequia.com; Industry Bay; Zi. 150–300 US$; 📶) Auf einer etwa 26 ha großen Fläche kommen die Gäste dieses makellosen Hotels in wunderschönen Zimmern unter. Eine imposante Steinvilla auf einem Hügel beherbergt die Hälfte von ihnen, die anderen befinden sich unten beim Café am palmbeschatteten Strand. Die Zimmer mit Meerblick – samt ihrer weiß getünchten Steinmauern und Doppeltüren, die sich zum Strand hin öffnen –

sind grandios. Es gibt keine Klimaanlage, aber die braucht's bei der frischen Meeresbrise auch nicht.

Firefly BOUTIQUE-HOTEL $$$
(☎ 458-3414; www.fireflybequia.com; Spring Bay; Zi. ab 250 US$;) Nur zehn Autominuten von Port Elizabeth entfernt liegt dieses friedlich-luxuriöse Paradies. Die vier Zimmer sind geschmackvoll eingerichtet und strahlen minimalistisches Flair aus; die Ausblicke sind traumhaft. Das Hotel befindet sich auf einer Tropenfruchtplantage, die seit dem 18. Jh. in Betrieb ist; es werden auch informative Führungen angeboten. Das Hotel vermietet auch ein Cottage mit zwei Schlafzimmern sowie komplett ausgestattete Strandvillen.

Spring House Hotel BOUTIQUE-HOTEL $$$
(☎ 457-3707; www.springhousebequia.com; Spring Bay; Zi. 233-299 US$;) Auf einem Hügel mit direktem Blick auf die Spring Bay thront dieses familiäre Hotel – und fühlt sich an wie ein ganz privater Rückzugsort auf einer einsamen Insel. Die zehn eleganten Zimmer verfügen über Hartholzböden, riesige Bäder und klassisches Mobiliar. Zu hören ist nichts, nur ein paar Vogelstimmen im umliegenden Gebüsch. Mehrere Terrassen, darunter eine mit Spa-Bad, verwöhnen mit fantastischen Ausblicken.

Bis zur Stadt und zum Meer muss man ein Stück laufen, aber das Hotelmanagement bietet einen kostenlosen Shuttleservice und transportiert die (kostenfreien) Kajaks sogar im Lastwagen, wenn man von Bucht zu Bucht paddeln will.

★ **Sugar Reef Cafe** CAFÉ $$
(☎ 458-3400; Industry Bay; Hauptgerichte 42–90 EC$; ⏲ 12–21 Uhr) Unter fantastischen Kronleuchtern sitzen und großartige Gourmetgerichte genießen – das kann man in diesem wundervollen Café im Sugar Reef Hotel (S. 851). Auf der kleinen Speisekarte finden sich vorwiegend frische Fischgerichte, es gibt auch ein paar vegetarische Optionen. Wer sich nur einen Drink genehmigen will – an der Bar oder draußen am Wasser –, ist hier ebenfalls richtig.

An- & Weiterreise

Nach Spring Bay und Industry Bay verkehren keine öffentlichen Busse, und eine Wanderung hierher dauert lange. Ein Taxi kostet 40 bis 45 EC$.

MUSTIQUE

Was mehr lässt sich sagen als: „Wow!" Man nehme eine Insel mit herrlichen Stränden und vermenge sie mit allerlei weiteren paradiesischen Zutaten. Dann füge man unbeschreibliche und – schlicht und ergreifend – unerschwingliche Unterkünfte hinzu. Und schon hat man Mustique! Mit Preisen, die sich allenfalls Superreiche, Filmstars und Musikerlegenden leisten können, tummeln sich auf dieser Insel vorwiegend gut betuchte Gäste.

Der Dokumentarfilm *The Man Who Bought Mustique* (2000), erzählt die ungewöhnliche Geschichte von Lord Glenconner, des Mannes, der die Insel kaufte und sie zu einem Tummelplatz der Superreichen machte. Wer nicht in einem der märchenhaften Resorts nächtigt, bucht einen der viel gepriesenen Mustique-Tagestrips von Bequia aus und mischt sich im Basil's – einer der schönsten Strandbars der Karibik – unters (reiche) Volk.

Schlafen

★ **Cotton House** BOUTIQUE-HOTEL $$$
(☎ 456-4777; www.cottonhouse.net; Endeavour Bay; Zi. ab 865 US$;) Das luxuriöse Cotton House, auf einem 5 ha großen traumhaften Anwesen gelegen, reiht sich um einen wunderschön renovierten Baumwollspeicher aus der Kolonialzeit. Zur Auswahl stehen Villen, kleine Landhäuser sowie Unterkünfte mit Meerblick und eigenen Pools. Die Atmosphäre ist entspannt und der Service sowie die Einrichtungen sind großartig.

Das Hotel hat das einzige Spa von Mustique und erstreckt sich hinunter bis zum schönsten Strand der Insel, der Endeavour Bay, an der es ein lebhaftes Freiluftcafé, luxuriöse Strandliegen und einen Restaurantservice gibt. Vor Ort befindet sich auch ein Tauchshop, der von Hotelgästen und Besuchern genutzt werden kann.

Mustique Company UNTERKUNFTSSERVICE $$$
(☎ 448-8000; www.mustique-island.com; Villen 8000–85 000 US$ pro Woche) Nichts auf diesem Anwesen ist weniger als perfekt, und die Mitarbeiter lesen ihren Gästen jeden Wunsch von den Augen ab. „Reiche und Schöne" ließen die Villen nach ihrem Geschmack erbauen – und so gibt's eine breit gefächerte Auswahl an Unterkünften; einen ersten Blick darauf erlaubt die Website.

Ausgehen & Nachtleben

★ Basil's BAR

(☎488-8350; www.basilsbar.com; Britannia Bay; ⌚9 Uhr–open end; 📶) Das berühmte Basil's steht unter der Leitung der Mustique Company und wurde erst kürzlich rundum saniert – es ist schwer zu begreifen, wie man 6 Millionen US$ ausgeben kann, um eine überdachte Freilufthütte zu renovieren –, ist aber immer noch eine der kultigsten Strandbars der Karibik. Das Restaurant erstreckt sich bis zur Britannia Bay und ist der angesagteste Ort auf Mustique, um etwas zu essen, zu trinken und andere Traveller zu treffen. Ein Muss auch für jedes vorbeikommende Segelboot.

An- & Weiterreise

Auf dem winzigen Flughafen von Mustique landen regelmäßig Flüge vom Hewanorra International Airport in St. Lucia. Es gibt auch ab und zu Flüge von Barbados sowie Charterflüge von St. Vincent, Bequia und praktisch der ganzen Welt. Um Flüge zu kaufen, muss man eine bestätigte Hotel- oder Villenbuchung vorweisen; die Hotels buchen auf Wunsch auch Flugtickets.

Auf St. Vincent und Bequia werden viele Tagesausflüge nach Mustique angeboten. Das Segelboot *Friendship Rose* (S. 848) legt in Bequia ab und ist das stilvollste unter ihnen. Ansonsten kann man in Port Elizabeth auf Bequia auch ein kleines Tagesboot (rund 80 US$ pro Passagier, Mindestumsatz 300 US$) mieten.

CANOUAN

Canouan (Caah-nu-ahn), ein wunderschönes hakenförmiges Eiland, besticht mit einigen der schönsten Meeresabschnitte und Strände der Grenadinen. Doch leider ist die Hälfte der Insel einem riesigen Resort vorbehalten, was Individualreisenden einen Besuch der Insel sehr erschwert. Trotzdem ist die Insel mit ihrer traumhaften Landschaft und Meeresumwelt unbedingt einen Abstecher wert; nicht weit vom Fährdock gibt's wunderschöne Strände, an denen man sehr gut schnorcheln kann.

Für Reisende, die weder über eine Jacht noch über ein Zimmer in einem der eleganten Hotels am Stadtstrand verfügen, ist Canouan kein gutes Basislager für die Erkundung der Region. Der winzigen Hauptstadt Charlestown fehlt der Gemeinschaftssinn, den man von den benachbarten Inseln kennt. Ein großer Jachthafen im Süden der Insel, der hauptsächlich auf Superjachten und ihre eingeflogenen Besitzer ausgerichtet ist, zerstört das entspannte Inselflair noch mehr.

Westlich und östlich von Charlestown erstrecken sich – nur einen kurzen Spaziergang entfernt – herrliche Strände; einfach einen Favoriten auswählen! Wer im Resort übernachtet, hat die Auswahl unter einigen der schönsten und einsamsten Strände der Grenadinen.

NICHT VERSÄUMEN

DER SCHÖNSTE VERSTECKTE STRAND VON CANOUAN

Die Suche nach dem perfekten Strand – wo Reisende sich fühlen, als seien sie im Paradies gestrandet – ist häufig Teil einer Reise nach St. Vincent und auf die Grenadinen. Wer bereit ist, ein Stück des Wegs zu Fuß zu gehen, findet ihn auf der Ostseite von Canouan, gleich südlich der Resortzone, an der einsamen **Twin Bay**. Am besten die Einheimischen nach dem Weg fragen, ein Picknick einpacken und den Rest des Tages im Paradies verbringen.

Schlafen

Canouan bietet nur wenige Möglichkeiten für Budget- und Mittelklassereisende. Einige Unterkünfte in der Stadt vermieten Apartments, die aber oft schon an Gastarbeiter von der Hauptinsel vermietet sind. Man sollte weit im Voraus reservieren.

Scooby's and Sea Lover's Apartments APARTMENTS $

(Zico's Place; ☎532-5935; Charlestown; Apt. ab 78 US$; 📶) Die zwei voll ausgestatteten Einzelapartments liegen auf einem Hügel mit herrlichem Blick über Charlestown und sind die beste Budgetunterkunft auf dem teuren Pflaster Canouans. Der Inhaber ist ausgesprochen hilfsbereit und in Fußnähe erstrecken sich die wundervollen Strände der Twin Bay.

★ Mandarin Oriental Canouan RESORT $$$

(Canouan Resort; ☎458-8000; www.mandarinoriental.com; Godahl Beach, Carenage Bay; Suite ab 1300 US$, Villa 4500–6000 US$; ❄@📶🏊) Canouans ultraluxuriöses Megaresort am Godahl Beach wurde 2018 in Mandarin Oriental Canouan umbenannt und ist immer noch das beste Hotel der Grenadinen.

Die 26 Suiten und drei riesigen dreistöckigen Lagoon-Villen des superschicken Hotels sind in Rosatönen gehalten und mit jeder Menge Marmor und Spiegeln ausgestattet. Alle Unterkünfte haben Meerblick. Es gibt unzählige Annehmlichkeiten, darunter ein Infinitypool und einen Golfplatz.

Tamarind Beach Hotel & Yacht Club RESORT $$$
(☎ 458-8044; Charlestown; EZ/DZ/3BZ inkl. Frühstück 250/310/480 US$;) Riesige strohgedeckte Gebäude wachen über den Strand und laden zu purer Entspannung ein. Die eleganten Zimmer mit ihren weißen Wänden und schokoladenfarbenen Hartholzböden machen es einem nicht gerade leicht, nach dem Urlaub in den Alltag zurückzukehren. Der Strand breitet sich direkt vor den Zimmern aus und ist – wie alle Strände auf Canouan – einfach wunderschön.

Der Service ist im ganzen Hotel sehr freundlich und professionell. Zur Zeit der Recherchen wurde das Tamarind gerade von einer internationalen Boutique-Kette übernommen und wird demnächst wahrscheinlich umbenannt. Im Voraus anrufen.

Essen

Pompeys KARIBISCH $
(Airport Rd, Charlestown; Hauptgerichte 15–16 EC$; ⏲ Mo–Fr 11–14 Uhr) Pompeys ist bei den Arbeitern vor Ort sehr beliebt und serviert in seinem winzigen Speisesaal oder auf der kleinen Veranda karibische Hausmannskost. Die Gerichte haben das beste Preis-Leistungs-Verhältnis der Insel. Man sollte früh herkommen, sonst ist nichts mehr übrig.

Mangrove KARIBISCH $$
(☎ 482-0761; Charlestown; Hauptgerichte mittags 45–55 EC$, Hauptgerichte abends 50–90 EC$; ⏲ 9–14 & 17–22 Uhr) Am Ende der Bucht liegt an einem breiten Sandstrand das quirlige Freiluftrestaurant Mangrove. Auf der kleinen Speisekarte stehen vor allem lokale Gerichte und Pasta. Die Portionen sind üppig und das Lokal ist ein friedlicher Ort zum Abhängen und Chillen nach dem Essen.

Sea Grape KARIBISCH $$$
(Charlestown; Pizzas 45–90 EC$, Hauptgerichte 60–100 EC$; ⏲ 8–22 Uhr) Das loungeartige Restaurant am Dock serviert tagsüber leckere karibische Klassiker und abends auch Pizza. Ein guter Ort für einen Drink, während man auf sein Boot wartet. Es gibt eine separate Speisekarte mit leichten Gerichten, die eine gute Option für Traveller mit kleinem Budget sind, z. B. leckere Fish 'n' Chips für 30 EC$.

Praktische Informationen

Bank of St. Vincent & the Grenadines (Charlestown; ⏲ Mo–Do 8–14, Fr 8–16 Uhr) Der einzige Geldautomat auf der Insel. Vom Dock läuft man die Hauptstraße hoch und biegt dann links ab.

An- & Weiterreise

FLUGZEUG

Canouans gut ausgestatteter Flughafen ist der einzige in den Grenadinen, auf dem Düsenflugzeuge landen dürfen. Das macht ihn zu einem bevorzugten Ziel für wohlhabende Bootsbesitzer. Man kann von praktisch jedem Ort in der Region Charterflüge hierher buchen.

SVG Air (S. 864) bietet regelmäßig Flüge zwischen St. Vincent und Canouan (einfach/hin & zurück 52/100 US$, 20 Min.), die um 10.15 Uhr auf der Hauptinsel starten und um 17.10 Uhr zurückkommen. Oft gibt's auch eine Morgenmaschine, die 8.15 Uhr in St. Vincent startet und 8.45 Uhr von Canouan zurückfliegt.

Die Fluggesellschaft bietet außerdem täglich zwei Verbindungen nach/von Barbados (einfach/hin & zurück 195/390 US$, 1 Std.). Der Abflug erfolgt 10.30 und 13.20 Uhr ab Canouan und 12.30 und 16 Uhr ab Barbados.

SCHIFF/FÄHRE

Canouan bietet Fährverbindungen nach St. Vincent im Norden und nach Union Island im Süden; die Fähren verkehren mindestens alle zwei Tage, manchmal auch öfter.

Bequia Express (S. 841) Das große Boot fährt zweimal wöchentlich von und nach St. Vincent (50 EC$) sowie nach Mayreau (30 EC$) und Union Island (30 EC$).

MV Barracuda (☎ 455-9835; perrysshipping@vincysurf.com) Das Frachtschiff fährt dreimal wöchentlich von/nach St. Vincent (50 EC$) und Union Island (30 EC$).

MV Gem Star II (☎ 457-4157) Das langsame Frachtschiff fährt zweimal wöchentlich von/nach St. Vincent (50 EC$), Mayreau (30 EC$) und Union Island (30 EC$).

MAYREAU

Die kleine, von Palmen bedeckte Insel Mayreau ist mit atemberaubender Schönheit gesegnet, dabei aber kaum touristisch erschlossen und damit ein wahrhaft märchenhaftes Fleckchen Erde. Es gibt kaum Autos, keinen Flughafen und nur wenige

Einwohner – eine Karibikinsel, wie man sie sich in seinen Träumen ausmalt.

Mayreau ist ein fantastisches Ziel für Individualreisende, die an den schönsten Stränden der Karibik entspannen und gleichzeitig etwas Kultur tanken wollen. Resorts sucht man hier vergeblich, und obwohl Jachten und größere Schiffe anlegen, hat man die Insel nach Sonnenuntergang ganz für sich allein.

Mayreau ist so klein, dass man schnell in Kontakt mit den freundlichen Einheimischen kommt, die besonders für ihre Feierfreudigkeit bekannt sind – und bei etwa zwölf Bars für 400 Einwohner ist das wohl kein Mythos. Es geht das Gerücht, dass das winzige Mayreau wöchentlich doppelt so viel Bier bestellt wie Union Island, die weitaus größere Nachbarinsel.

Sehenswertes

Mayreaus hübscher Hauptstrand – ein von Klippen umgebener goldener Sandstreifen – befindet sich in der Nähe des Docks. Das Wasser ist klar und ein großartiger Ort zum Schnorcheln. Vom Strand aus hat man eine schöne Sicht auf die eindrucksvollen Gipfel von Union Island. Bei Windstille können die Sandfliegen aber sehr störend sein.

★ Saltwhistle Bay STRAND

Auf der unbewohnten Nordseite Mayreaus erstreckt sich die Saltwhistle Bay, ein doppelter Halbmond aus wunderschönen Stränden, getrennt durch eine schmale, palmengesäumte Landenge. Türkisfarbenes Wasser plätschert sanft an beide Uferseiten, die an einigen Stellen nur ein paar Schritte voneinander entfernt sind. Ein Tropenparadies wie aus dem Bilderbuch!

Jachten ankern in der Bucht und gelegentlich kommen Tagesausflügler an Land, um etwas zu essen und zu baden. Ein paar einfache Hütten am Ufer verkaufen kühle Getränke und kleine Snacks sowie Souvenirs an die vorbeikommenden Jachtbesitzer. Es herrscht eine sehr ungezwungene Atmosphäre.

Vom Fährdock aus geht man über den steilen Hügel und gelangt in 20 Minuten hierher.

Schlafen & Essen

Es gibt nur drei funktionstüchtige Hotels auf der Insel. Es ist aber auch möglich, ein Zimmer oder Haus bei einem Einheimischen zu mieten – teilweise zu recht guten Preisen. Einfach im Restaurant Robert Righteous & De Youths nachfragen.

Im Osten der Insel gibt's einige private Mietvillen mit Blick auf die Twassante Bay.

Waterloo Guesthouse GÄSTEHAUS $

(☎458-8561; Apt. 100 US$; ❄) Brandneue, klimatisierte Apartments mit kompletten Küchen und allem, was man sonst noch braucht. Die Apartments im Obergeschoss haben den besseren Ausblick. Infos gibt's im **Combination Cafe** (☎458-8561; Hauptgerichte 50–65 EC$; ⏲7 Uhr–open end). Es liegt ein paar Hundert Meter vom Dock auf dem Hügel.

Dennis' Hideaway HOTEL $

(☎458-8594; www.dennis-hideaway.com; B/EZ/DZ ab 20/70/92 US$; ❄ ᯤ 🏊) Der namensgebende Inhaber scheint mit der Hälfte der Inselbewohner verwandt zu sein – und viele von ihnen arbeiten in diesem Hotel. Die Zimmer liegen auf einem Hügel mit schönem Blick auf Union Island und darüber hinaus. Es gibt auch ein sehr einfaches Hostelzimmer für Budgetreisende. Das Restaurant (Hauptgerichte 25 bis 60 EC$) serviert einfache Küche und frische Meeresfrüchte – Dennis kocht hervorragende Muscheln!

Salt Whistle Bay Resort HOTEL $$

(☎1-784-497-5352; www.saltwhistlebay.com; Saltwhistle Bay; Zelt/Zi. 100/170 US$; ᯤ) Das kleine Resort in erstklassiger Lage am besten Strand der Insel bietet einfache Doppel-Steinhütten, die sich unter Kokosnusspalmen verteilen. Die Anlage hat ein relaxtes Flair und fügt sich wunderschön in die Landschaft ein. Das Bar-Restaurant am Strand serviert leckere Gerichte und ist sehr beliebt bei den Urlaubern, die mit ihren Jachten vor der Küste ankern.

Robert Righteous & De Youths FISCH & MEERESFRÜCHTE $$

(☎458-8203; Hauptgerichte 55–70 EC$; ⏲6–22 Uhr) Mit jeder Menge Rasta-Flair und Bob-Marley-Fotos an den Wänden erinnert dieses Lokal ein bisschen an einen College-Schlafsaal. Bei den Schweinekoteletts und starken Getränken auf der Karte fällt es schwer, etwas über die Authentizität der Rastas zu sagen – aber egal, das Essen schmeckt und die Atmosphäre ist locker. Unbedingt den Hummer bestellen!

An- & Weiterreise

Die Boote zwischen Union Island und Kingstown halten nicht immer in Mayreau – unbedingt nachfragen, bevor man an Bord geht! Wenn kein Direktboot verkehrt, schnappt man sich ein Boot nach Union Island und nimmt dort ein Wassertaxi oder das morgendliche Schulboot (20 EC$, 45 Min.), das am Dock der Tauchschule abfährt.

Bequia Express (S. 841) Das große Boot verkehrt zweimal wöchentlich nach/von St. Vincent, Canouan und Union Island.

MV Gem Star II (☎ 457-4157) Langsames Frachtboot mit zwei wöchentlichen Fahrten nach/von St. Vincent, Canouan und Union Island.

UNION ISLAND

Union Island hat das Flair eines Außenpostens am äußersten Ende eines Landes – und das ist es auch. Vor dem Aufkommen der Schnellboote war es aufgrund seiner isolierten Lage eine beliebte Basis für Schmuggelware (was für wirtschaftlichen Aufschwung sorgte) aus der ganzen Karibik.

Die kleine Hafenstadt **Clifton** mit ihrem gemütlichen Charme fühlt sich ortstypischer an als die meisten anderen, häufiger besuchten Grenadinenstädte. Man kann einen ganzen Tag damit verbringen, durch die kurze Hauptstraße und die umliegenden Hügel zu spazieren. Union Island ist ein bedeutender Ankerplatz für Jachten und ein wichtiger Verkehrsknotenpunkt – hier legen Boote nach Carriacou auf Grenada ab. Die Stadt hat auch gute Unterkünfte, Geschäfte und ein tolles Nachtleben zu bieten.

Sehenswertes

An den wunderschönen Stränden von Union Island ist nie besonders viel los.

Big Sand STRAND

(Richmond Bay) Big Sand an der Richmond Bay liegt rund 800 Meter nördlich von Clifton und ist einer der schönsten Strände der Insel: blendend weißer Sand, leuchtend blaues Wasser und ein Blick auf bewaldete Berggipfel. Von der Stadt aus ist er leicht zu Fuß erreichbar.

Chatham Bay STRAND

Chatham Bay ist ein beliebter Treffpunkt der Einheimischen und ein Ankerplatz für eingeweihte Jachtbesitzer. Der schmale Halbmond aus weißem Sand erstreckt sich vor einer Kulisse aus steilen, bewaldeten Hügeln auf der Westseite der Insel. Das ruhige, türkisfarbene Wasser eignet sich perfekt zum Schnorcheln. Es gibt ein paar einfache Bars und ein Restaurant.

Um hierherzugelangen, braucht's einen guten Allradwagen – oder man marschiert von der Hauptstraße aus 20 Minuten bergab. Wer mit dem Wassertaxi herkommt, steigt direkt am Strand aus.

Aktivitäten & geführte Touren

Hinter Clifton geht es 150 m hügelaufwärts zum **Fort Hill**, wo sich herrliche Ausblicke auf die umliegenden Inseln bieten.

Das ruhige Fischerdorf **Ashton** liegt etwa 3 km entfernt und ist einen schönen Spaziergang wert.

Ausflüge zu den Tobago Cays sind sehr beliebt. Sie sind für rund 100 US$ pro Person zu haben und beinhalten meist einen Zwischenstopp auf Mayreau sowie Mittagessen und Erfrischungen.

Grenadines Dive TAUCHEN

(☎ 458-8138; www.grenadinesdive.com; Clifton; Tauchgänge mit 1/2 Tanks 80/140 US$) Der freundliche Tauchshop Grenadines Dive organisiert maßgeschneiderte Exkursionen zu den Tobago Cays sowie anderen Grenadineninseln und arrangiert Abholungen von anderen Inseln, darunter Mayreau und Canouan. Ebenfalls im Angebot sind Tauchgänge vor Mayreau Gardens, an einem der längten Riffe der Region. Wer verschiedene Tauchspots besuchen will, kann eine empfehlenswerte preiswerte Tour (372 US$) buchen, bei der sechs Tauchspots besucht werden.

JT Pro Center KITESURFEN

(☎ 527-8363; www.kitesurfgrenadines.com; Clifton; Privat-/Gruppenkurse 195/265 US$, 5-tägiger Kurs 1275 US$) Veranstaltet Kitesurf-Kurse am sogenannten „Kite Beach" hinter dem Flughafen. Weitere Informationen gibt's am Snack Shack im Zentrum von Clifton. Verleiht auch Ausrüstung, organisiert Unterkünfte und hat eine beliebte Strandbar am Meer.

Happy Kite Grenadines KITESURFEN

(☎ 430-8604; www.happykitegrenadines.com; Clifton; Kurse 150–200 US$ pro Std., 3-tägiger Kurs 450–600 US$) Bietet Kurse im Kitesurfen auf Frigate Island vor der Küste von Ashton und organisiert auch Kite-Touren. Das Buchungsbüro befindet sich im **Gypsea Cafe/Captain Gourmet Deli** (Captain Gourmet; Front St, Clifton; ⌚ Mo–Sa 7–22 Uhr; 📶).

Scaramouche BOOTSTOUREN

(☎ 458-8418; scaramouche@vincysurf.com; Touren ab 95 US$) Union Islands ganz persönlicher Filmstar, das hölzerne Segelboot *Scara-*

ABSTECHER

TOBAGO CAYS

Zum **Tobago Cays Marine Park** (Erw./Kind 10/5 US$) gehören die fünf unbewohnten Inseln der Tobago Cays – Petit Bateau, Petit Rameau, Jamesby, Baradal und Petit Tabac – sowie die bewohnten Inseln Mayreau, Catholic Island, Jondall und Mayreau Baleine im Norden.

Die fünf Tobago Cays liegen auf einer großen Sandlagune, geschützt vom 4 km langen Horseshoe Reef. Die Lagune ist ein wichtiger Lebensraum für Meeresschildkröten. Weitere Tauch- und Schnorchelspots sind das Egg Reef und das World's End Reef auf der Ostseite der Cays sowie die Mayreau Gardens im Westen.

Innerhalb des Parks, gleich westlich von Mayreau, liegt das Wrack der *Purina*, eines britischen Kanonenboots, auf Grund.

Catholic Island ist ein designiertes Meeresvogelreservat und auf Petit Rameau gibt's einen kleinen Mangrovenwald.

Am Strand von Baradal Cay wurde ein Schnorchelgebiet zur Beobachtung von Meeresschildkröten ausgewiesen. Bootfahren ist hier verboten.

Alle Tauchaktivitäten müssen von einem registrierten lokalen Guide begleitet werden. Kitesurfen ist nur in einem festgelegten Bereich im Norden von Petit Rameau erlaubt.

Anreise zu den Tobago Cays

Ein Tagesausflug zu den Cays ist von jeder Grenadineninsel möglich. Auf Bequia und Union Island gibt's einige gute Anbieter; am günstigsten sind die Ausflüge ab Mayreau. Ein Ganztagestrip kostet 90 bis 200 US$, je nachdem, wo man startet.

Wer mit dem eigenen Boot anreist, kann nur in den sandigen Bereichen um Baradal und dem kleinen Streifen vor Petit Tabac ankern. Es werden Ankergebühren verlangt.

mouche, wurde auf dem benachbarten Carriacou erbaut und trat im Kinofilm *Fluch der Karibik* auf. Heute segeln Besucher mit dem Boot zu den Tobago Cays oder rund um die Grenadinen. Die Touren verstehen sich inklusive Mahlzeiten und Getränke.

Schlafen

Kings Landing Hotel HOTEL $

(☎ 485-8823; www.kingslandingunionisland.com; Clifton; EZ/DZ ab 85/100 US$;) Das saubere, gut geführte Hotel am Südende von Clifton geht über zwei Stockwerke und reiht sich rund um einen Pool mit Meerblick. Die 17 Zimmer sind einfach, aber sauber. Das Hotel hat ein gutes Management. Ein schöner Ort für Familien, die etwas Ruhe suchen; die Kinder werden vom Pool begeistert sein.

Islanders Inn HOTEL $

(☎ 527-0944; www.theislandersinn.com; Belmont Bay, Zion; Zi. 90–130 US$;) Eine gute Wahl für Leute, die Ruhe suchen. Das helle, kleine Hotel ist nur einen kurzen Fußweg von den besten Stränden der Insel entfernt. Die Zimmer sind einfach, aber geräumig, und verfügen über Privatbalkons mit Meerblick. Das Hotel liegt 20 Gehminuten von der Stadt entfernt, fühlt sich aber viel abgeschiedener an. In den Gemeinschaftsbereichen gibt's WLAN. Nach Voranmeldung werden auch Mahlzeiten serviert.

TJ Plaza Guesthouse GÄSTEHAUS $

(☎ 458-8930; www.tjplaza.weebly.com; Clifton; Zi. 37–56 US$;) Die beste Unterkunft für Budgetreisende! Das familiengeführte Gästehaus bietet mehrere Nachtlager, darunter auch Budgetzimmer mit Ventilatoren im 2. OG sowie klimatisierte Räume mit Warmwasser im Erdgeschoss. Wenn gerade keiner da ist, einfach im zweistöckigen rosafarbenen Gebäude auf der Front Street direkt hinter dem Gästehaus nachfragen.

Bougainvilla Hotel HOTEL $$

(☎ 458-8678; www.grenadines-bougainvilla.com; Clifton; Zi. ab 157 US$;) Nicht weit vom Jacht-Hauptdock liegt dieses französisch angehauchte Hotel mit seinen hübschen Zimmern: Standardoptionen und vier Apartments mit Küchenecken und Wohnbereich. Jede Unterkunft ist in warmen Farbtönen gehalten und mit viel leuchtendem Gelb, Kunstwerken und klassischen Möbeln ausgestattet. Der Service ist gut.

Anchorage Yacht Club Hotel HOTEL $$
(☎ 458-8221; www.aycunionisland.com/hotel.html; Clifton; Zi. 127–170 US$; ❄ 📶) Direkt am Jachthafen und beliebt bei Seglern und anderen Urlaubern. Es gibt Zimmer im 1. Stock und Cottages im angrenzenden Hof; alle Unterkünfte haben ein schlichtes maritimes Flair und blicken auf den Hafen. Die riesige Terrassenbar ist beliebt bei Leuten, die Geschäfte aller Art machen, sowie bei Jachtbesitzern, die einmal festen Boden unter den Füßen haben wollen.

Essen

Yummy Stuff Bakery BÄCKEREI $
(Front St, Clifton; Backwaren 2–10 EC$; ⏲ 6.30–18 Uhr) Die einladende kleine Bäckerei liegt auf der Rückseite des Einkaufszentrums an der Hauptstraße und ist ein großartiger Ort für einen preiswerten Happen: sättigende Hühnchen-*roti*, Bananenbrot, Brownies und mehr. Man sitzt im Hof.

The Local KARIBISCH $$
(Front St, Clifton; leichte Gerichte 10–35 EC$, Hauptgerichte 50 EC$; ⏲ 12–22 Uhr) The Local, ein modernes und einladendes Restaurant im 2. Stock mit Blick auf die Hauptstraße von Clifton, serviert hochwertige Burger, Wraps und Fischplatten. Es ist besonders zur Mittagszeit ein guter Anlaufpunkt: Dann gibt's preiswerte typisch lokale Gerichte. Wir empfehlen den Salzfisch mit Kokosnussklößen.

Snack Shack CAFÉ $$
(Front St, Clifton; Frühstück 15–30 EC$, leichte Hauptgerichte 25–40 EC$; ⏲ 8–24 Uhr) Am besten schnappt man sich einen Stuhl an den Tischen vor dem beliebten kleinen Café im Zentrum der Stadt, genießt Crêpes, Quesadillas oder Paninis und lässt den entspannten Lebensrhythmus von Clifton an sich vorüberziehen. Nimmt man noch die gute Musik, die tolle Cocktailkarte und die fröhliche Atmosphäre hinzu, weiß man, warum der Laden immer so voll ist.

Sparrows Beach Club EUROPÄISCH $$$
(☎ 458-8195; sparrowsbeachclub@gmail.com; Big Sand, Richmond Bay; Pizza 25–65 EC$, Hauptgerichte 62–130 EC$) Sparrows liegt am schönsten Strand der Insel und ist eher ein Reiseziel als ein Restaurant. Man kann direkt an den Sonnenliegen speisen oder auf der Terrasse des hell gestrichenen Restaurants. Das Essen ist mal so, mal so: Die gehobenen Gerichte schmecken großartig, die billigeren werden ohne viel Liebe zubereitet.

Abends fährt ein kostenloser Shuttle für die Gäste, aber die Stadt ist nur 20 Gehminuten entfernt. Vor Ort gibt's eine kleine Hütte, in der man sich massieren lassen kann. Wer einfach nur herkommen und die Einrichtungen (Strandliegen, WLAN, Duschen etc.) nutzen will, muss eine Gebühr von 35 EC$ zahlen (inklusive Hin- und Rücktransport).

Ausgehen & Nachtleben

Union Island hat das beste Nachtleben der südlichen Grenadinen: Bei Sonnenschein wird Bier am Strand getrunken, abends besucht man kleine Bars und genießt Drinks in Restaurants, statt in lärmende Nachtclubs zu gehen. An den Wochenenden werden auf der Hauptstraße oft Straßenpartys gefeiert.

Viele Besucher läuten den Abend auf der geräumigen Terrasse des Anchorage Yacht Club (S. 858) ein.

Happy Island BAR
(⏲ 24 Std.; 📶) Die Bar-Insel liegt in der Bucht direkt vor Clifton. Früher gab es in diesem Teil der Bucht keine Landfläche. Weil aber die ortsansässigen Fischer immer wieder Muschelschalen ins flache Wasser warfen, entstand schließlich eine Insel. Und was macht man mit neuem, unbebautem Land? Man stellt eine Bar darauf!

ℹ Praktische Informationen

Bank of St. Vincent & Grenadines (☎ 458-8347; Clifton; ⏲ Mo–Do 8–14, Fr 8–16 Uhr) Auf dem Weg zum Flughafen; verfügt über die zwei einzigen Geldautomaten der Insel (rund um die Uhr).

Erika's Marine (☎ 485-8335; www.erikamarine.com; Clifton) Hat für alle Reisebedürfnisse eine Lösung und gibt z. B. Barvorschüsse auf Kreditkarten, wenn der Geldautomat nicht funktioniert. Bietet außerdem Internetzugang, eine Reiseagentur und eine Wäscherei. Befindet sich im Bougainvilla Hotel (S. 857).

Union Island Tourist Bureau (☎ 458-8494; Front St, Clifton; ⏲ Mo–Fr 9–12 & 13–16 Uhr) Die freundlichste und effizienteste Touristeninformation der Grenadinen, wenn nicht der gesamten Karibik. Informiert über Bootsabfahrten, Hotels, Restaurants und Touren zu den Tobago Cays. Die Mitarbeiter können praktisch alle Informationen beschaffen.

An- & Weiterreise

FLUGZEUG

Der Flughafen von Clifton ist von der Stadt aus problemlos zu Fuß zu erreichen. Er bietet Flüge nach/von St. Vincent, regelmäßige Flüge nach/

von Barbados und gelegentliche Verbindungen nach/von St. Lucia.

SCHIFF/FÄHRE

Drei regelmäßige Boote verkehren nach Norden zu den Grenadinen und nach St. Vincent.

Bequia Express (S. 841) Das große Boot fährt zweimal wöchentlich von/nach St. Vincent mit Halt in Mayreau und Canouan.

MV Barracuda (☎ 455-9835; perrysshipping@vincysurf.com) Das Frachtboot verkehrt dreimal wöchentlich nach Mayreau, Canouan und weiter nach Kingstown.

MV Gem Star II (☎ 457-4157) Das langsame Frachtschiff verkehrt zweimal wöchentlich nach Mayreau, Canouan und Kingstown.

In der Schulzeit startet außerdem täglich ein Boot nach Mayreau (einfach 30 EC$), das um 6.30 Uhr am Grenadines-Dive-Dock in Clifton ablegt und um 15.30 Uhr zurückfährt.

Die kommerziellen Frachtschiffe, die zwischen Grenada, Carriacou, Petit Martinique und Union Island verkehren, nehmen manchmal auch Passagiere (ohne Fahrzeug) auf.

Man kann kleine offene Boote (maximal 4 Personen) chartern, die für 130 US$ (Verhandlungsbasis) zwischen Clifton und Carriacou verkehren. Die 40-minütige Fahrt ist eine holprige und (oft) nasse Angelegenheit.

PALM ISLAND

Palm Island – früher mit dem weniger schönen Namen Prune Island – liegt eine zehnminütige Bootsfahrt südöstlich von Union Island. Es ist eine Privatinsel, Besucher können aber am **Casuarina Beach** an Land gehen – ein Zwischenstopp auf vielen Tagestouren von Union Island zu den Tobago Cays.

Ein Wassertaxi von Union Island nach Palm Island kostet rund 20 US$.

Palm Island Resort (☎ 458-8824; www.palmislandresortgrenadines.com; EZ/DZ ab 1049/1349 US$; ❄ @ 📶 🏊) In der gepflegten Anlage, übersät von Palmen und Villen, kann man gut eine ganze Woche verbringen. Die Zimmer sind luxuriös ausgestattet und haben Meerblick. Am großen Pool kommt man gut mit den anderen Gästen ins Gespräch.

PETIT ST. VINCENT

Petit St. Vincent heißt nicht umsonst *petit* – sie ist die kleinste Insel der Grenadinenkette und auch die südlichste. Außerdem hat sie den Ruf, eine der schönsten Privatinseln der Welt zu sein, und das nicht zu Unrecht. Ihre Strände sind genauso spektakulär wie jene der Nachbarinseln, und die Tatsache, dass man die Insel (fast) für sich alleine hat, lässt den Preis erträglicher wirken.

Nichtgäste können auf Tagesausflügen einen festgelegten Strandabschnitt sowie die Strandbar besuchen.

Das **Petit St. Vincent Resort** (☎ aus den USA 1-954-963-7401; www.petitstvincent.com; Cottages/Villen 1470/1995 US$; @ 📶) ist ein Luxusparadies mit 22 Cottages und Villen, die Komfort und Exklusivität ausstrahlen. Das gilt auch für die großen, nur ein paar Schritte vom Ozean entfernten Privatterrassen und Aufenthaltsbereiche aus edlem, weißem Mauerwerk. Zu den luxuriösen Einrichtungen gehören ein Baumkronen-Spa, zwei Bar-Restaurants, ein Weinkeller mit 6000 Flaschen und ein Tauchshop.

ℹ An- & Weiterreise

Frachtschiffe aus Kingstown, die auf Union Island anlegen, fahren manchmal (!) nach PSV weiter. Ein Wassertaxi von Union Island kostet rund 60 US$.

ST. VINCENT & DIE GRENADINEN VERSTEHEN

Geschichte

Siboney, Arawak & Kariben

St. Vincent und die Grenadinen sind nicht so abgeschieden, wie es scheinen mag, und schon seit über 7000 Jahren bewohnt. Ursprünglich lebte hier das Jäger- und Sammlervolk der Siboney. Vor rund 2000 Jahren wurden sie von den Arawak abgelöst, die aus dem heutigen Venezuela hierherkamen, und diese wiederum von den raubziehenden Kariben. Diese konnten sich allerdings nur 100 Jahre auf einigen der Inseln halten, bevor die schwer bewaffneten Spanier eintrafen. Der heftige Widerstand der Kariben hielt die Europäer noch von St. Vincent fern, als die meisten anderen karibischen Inseln bereits an die Kolonisten gefallen waren. Zum Teil lag das daran, dass viele Kariben von ihren unterworfenen Heimatinseln nach St. Vincent (sie nannten es Hairoun) flohen – es war der letzte Ort ihres Widerstands. Die Kariben auf der Insel schlossen Ehen mit Afrikanern, die der Sklaverei entflohen waren, und die neue Generation teilte sich in ethnische Linien wie die Schwarzen Kariben und die Gelben Kariben.

Kolonialzeit

1783, als die Briten und Franzosen schon ein Jahrhundert lang um die Inseln konkurriert hatten, stellte der Vertrag von Paris St. Vincent unter britische Kontrolle. Aufstände der Ureinwohner wurden von den britischen Truppen niedergeschlagen; sie vertrieben rund 5000 Schwarze Kariben gewaltsam nach Roatán Island, Honduras. Jetzt – ohne den Widerstand der Ureinwohner – konnten die Siedler von der fruchtbaren Vulkanerde profitieren. Der Wohlstand hielt jedoch nicht lange an: Zwei Ausbrüche des La Soufrière, die Abschaffung der Sklaverei im Jahr 1834 und so mancher zerstörerische Hurrikan beendeten den kolonialen Traum. Die Wirtschaft stagnierte. Schließlich gaben die Plantagenbesitzer auf und verkauften das Land an Kleinbauern.

St. Vincent & die Grenadinen heute

1969 wurde aus St. Vincent – im Bündnis mit den Briten – ein selbstverwalteter Staat und am 27. Oktober 1979, zusammen mit den Grenadinen, ein unabhängiges Mitglied des Commonwealth.

Das Land ist immer noch eher arm und weiterhin abhängig vom Bananenexport; die Pflanzenkrankheit Black Sigatoka hat die Ausfuhr der Früchte jedoch stark verringert. Der Tourismus ist ein wichtiger Gradmesser, in dem Bereich muss aber noch viel getan werden. Krongut wird immer noch an ausländische Investoren verkauft, um Devisen zu bekommen und die wirtschaftliche Entwicklung voranzutreiben. Der erhoffte Job-Boom ist jedoch ausgeblieben und viele Bewohner St. Vincents leben immer noch weit unter der Armutsgrenze.

Der langjährige Premierminister Ralph Gonsalves kam 2001 ins Amt und polarisiert seitdem das ganze Land. 2009 war SVG das erste Land in der Britischen Karibik, das darüber abstimmte, die Königin des Vereinigten Königreichs als Staatsoberhaupt abzusetzen. Gonsalves, der sich zum antikolonialistischen Freiheitskämpfer erklärte, machte viel Werbung für die Abstimmung zur Absetzung der Monarchin, verlor jedoch das Referendum.

Gonsalves wurde 2015 zum vierten Mal wiedergewählt, ein Ergebnis, das unter den Einwohnern St. Vincents umstritten war. In den letzten zehn Jahren hat er eifrig Allianzen mit Bolivien, Venezuela, Kuba und anderen Ländern geschmiedet, die dazu bereit waren, SVG finanzielle Hilfe zukommen zu lassen, z. B. Kanada, Japan und China. 2016 kam Gonsalves in die Schlagzeilen, als er die karibischen Staaten dazu aufrief, Marihuana statt Bananenstauden in der Region anzubauen.

Auch wegen der Verzögerung des lange fälligen und wichtigen neuen Flughafens stand er in der Kritik: Laut der Opposition habe die Regierung sämtliche Ressourcen in das umstrittene Projekt gesteckt, aber nicht für die Infrastruktur gesorgt, die für die neuen Besucher gebraucht wird, die der Flughafen ins Land bringen soll.

Während Gonsalves keine Anstalten macht, seine Machtposition bald aufzugeben, wächst die Opposition im Land weiter, vor allem auf den Grenadinen, wo viele Einheimische glauben, dass er die Entwicklung von St. Vincent vor die des Archipels stellt. Als Beweis dafür verweisen sie auf den Verlust der schnellen Bootsverbindungen, die schlechte Infrastruktur und den Mangel an Trinkwasser auf vielen Inseln.

Bevölkerung & Kultur

Kultur ist ein schwieriges Thema in dieser Region – denn bei acht bewohnten Inseln – neun, wenn man Young Island hinzufügt – ist die kulturelle Vielfalt ebenso groß wie das Meer, in dem sie sich befinden. Die Einheimischen sind eher konservativ, ruhig und für Außenseiter schwer zu begreifen. Wer aber an einer der kleinen Inseln an Land geht, wird freundlich aufgenommen.

Bis zu einem gewissen Grad herrscht eine Atmosphäre der Weltabgeschiedenheit, diese verpufft aber schnell angesichts des einfachen Zugangs zu Popkultur und Massenmedien.

Die meisten Einheimischen arbeiten in traditionellen Wirtschaftsbereichen, z. B. in der Fischerei, Landwirtschaft oder als Lohnarbeiter. Der Tourismus wird immer wichtiger, befindet sich im Vergleich zu Bequia und Canouan sowie zu Nachbarinseln wie Barbados oder Grenada aber immer noch in den Kinderschuhen.

Natur & Umwelt

Geografie

St. Vincent bildet den nördlichsten Punkt der Vulkankette, die von Grenada im Süden nach oben durch die Grenadinen verläuft. Die Insel ist ausgesprochen hügelig und ihre fruchtbare Vulkanerde äußerst ertragreich – daher die Bezeichnung „Garten der Grenadinen". Tropische Regenwälder bedecken das schroffe Inland, Kokosnussbäume und Bananenplantagen das Tiefland. Das Tal rund um Mesopotamia, östlich von Kingstown, beherbergt mit das beste Ackerland und die üppigsten Landschaften der Region.

Die Insel St. Vincent umfasst 344 km² der 388 km² großen Gesamtfläche des Landes. Die restlichen 44 km² verteilen sich auf 32 Inseln und Cays, von denen nur neun bewohnt sind; die größten sind Bequia, Mustique, Canouan, Mayreau und Union Island. Die größeren Grenadineninseln sind hügelig, liegen aber relativ tief, und die meisten haben keine andere Süßwasserquelle als den Regen. Alle sind von wunderschönen, weißen Sandstränden gesäumt und von einer reichen Unterwasserwelt umgeben.

Tiere

Im kristallklaren Wasser um St. Vincent & die Grenadinen leben zahlreiche Tierarten. Die unzähligen Riffe sind voller Fische, Schildkröten, Muränen, Segelflosser, Barrakudas, Tintenfische, Ammenhaie und zahlreicher weiterer Arten, die in der Karibik beheimatet sind. In der Region sind auch viele Delfine unterwegs, die oft auf den Bugwellen der Schiffe reiten.

An Land ist die Tierwelt eher spärlich. Auf den sonnenreichen Inseln leben einige interessante Arten, z. B. die Königsamazone. Der gefährdete und wunderschöne Vogel mit seinem bunten Gefieder ist in den Dschungeln von St. Vincent zu Hause. In diesen Regenwäldern tummeln sich auch Manicous (eine Opossumart) und Agutis (ein hasenartiges Nagetier). Auf Young Island lassen sich die frei lebenden Agutis gut beobachten.

Umweltthemen

Themen wie Klimawandel und Umweltschutz halten langsam Einzug ins kollektive Bewusstsein der St.-Vincent- und Grenadinenbewohner. Die Regierung hat sich in dieser Hinsicht sehr proaktiv gezeigt, und SVG war eines der ersten Länder in der Region, das nach neuen, 2017 verabschiedeten Gesetzen die Verwendung von Styropor untersagte.

SVG hat auch ein Programm gegen Überfischung und verantwortungslose Boots- und Segelpraktiken ins Leben gerufen.

Für Hotelzimmer im ganzen Land wird eine Klimaschutzgebühr von 3 US$ erhoben. Mit dem Geld wird untersucht, wie die Auswirkungen des Klimawandels auf das Land gemindert werden können.

Süßwasser ist ein weiteres wichtiges Thema: Abfließendes Wasser, Brunnen und Entsalzungsanlagen sorgen gemeinsam für die Wasserversorgung der Inseln. Für erhöhten Bedarf sorgen die anlegenden Kreuzfahrtschiffe, die ihre Tanks auffüllen – und das ist nach wie vor ein Streitthema unter den Einheimischen, je nachdem, auf welcher Seite der Wirtschaftsgleichung sie stehen.

In den südlichen Grenadinen ist die Situation kritisch; es gibt keine staatliche Wasserversorgung, sodass jeder Haushalt verpflichtet ist, sein Regenwasser selbst zu sammeln. Ist dieses erschöpft, müssen die Einwohner Wasser in Flaschen von der Hauptinsel oder entsalztes Wasser aus einem der großen Resorts kaufen. Es wirkt ein wenig pervers, dass sich Hotelgäste in Infinitypools vergnügen, während die Anwohner kein Wasser haben, mit dem sie ihre Wäsche waschen können.

PRAKTISCHE INFORMATIONEN

Allgemeine Informationen

AKTIVITÄTEN

Das warme, klare Wasser von SVG zieht Taucher aus aller Welt an. Sie kommen, um mit den unzähligen Tieren zu schwimmen, die von Riff-Segelflossern und grasfressenden Meeresschildkröten bis hin zu Raubtieren wie Ammenhaien reichen. Die Riffe sind unberührt und bestehen aus weichen und harten Korallenwäldern in allen Farben des Regenbogens. Hinzu kommen Schiffswracks, Rochen und Wale. Speerfischen ist verboten.

Oft herrscht uneingeschränkte Sicht und das warme Wasser sorgt für angenehme Tauchgänge. Die großartigen Tauchspots liegen in Tiefen von 18 bis 24 m, und die Strömungen sind minimal.

Gute Tauchanbieter gibt's auf allen Hauptinseln. Der übliche Preis für einen Tauchgang mit einem Tank liegt bei etwa 70 US$. Großartig für Anfänger, die zum ersten Mal tauchen, sind auch die „Resortkurse" (etwa 85 US$): Sie beinhalten ein paar Stunden Unterricht und einen Tauchgang in flachem Wasser.

Die meisten Tauchshops veranstalten neben Tauchtouren auch Schnorcheltrips. Attraktivstes Ziel sind die wunderschönen Tobago Cays.

BARRIEREFREI REISEN

Reisende mit Behinderung, vor allem Rollstuhlfahrer, haben es in dieser Region schwer. Es gibt kaum Gehsteige, die Wege sind oft sandig, und die Fähren und Boote sind nicht auf spezielle Bedürfnisse ausgerichtet.

BOTSCHAFTEN & KONSULATE

Deutsches Honorarkonsulat (☎ +1-784-456-8450, +1-784-432-1004; st-vincent@hk-diplo.de; c/o Trinity School of Medicine, Ratho Mill, Kingstown, St. Vincent, W. I.)

Österreich (☎ +53-7204-2825; havanna-ob@bmeia.gv.at; Avenida 5ta A No. 6617, esq. a calle 70, Miramar, Havanna) Zuständig ist die Botschaft in Havanna, Kuba.

Schweiz (☎ +58-212-267-9585; caracas@eda.admin.ch; Centro Letonia, Torre Ing-Bank, piso 15, Av. Eugenio Mendoza y San Felipe, La Castellana, Caracas 1060) Die zuständige Vertretung ist die Botschaft in Caracas, Venezuela.

ESSEN

Auf St. Vincent & den Grenadinen speist man fast immer mit herrlichem Meerblick. In den beliebten Touristengebieten auf der Hauptinsel und auf den Grenadinen gibt's Restaurants, die alle Arten von internationaler Küche servieren, die meisten bieten aber auch traditionelle, sehr empfehlenswerte Gerichte.

PRAKTISCH & KONKRET

Maße & Gewichte Auf St. Vincent gilt das englische Maßsystem.

Radio Der größte nationale FM-Radiosender, NBCSVG, ist über die Frequenz 107,5 und 90,7 kHz zu empfangen. In Kingstown gibt's etwa sechs weitere Radiosender, die auf FM senden.

Rauchen Rauchen ist auf St. Vincent nicht üblich. In einigen Bars ist Rauchen erlaubt, in den Hotelzimmern und in den meisten Restaurants ist es aber verboten.

Zeitungen Der *Vincentian* erscheint wöchentlich und ist die älteste Zeitung des Landes. Der *Caribbean Compass*, ein exzellentes Monatsmagazin, behandelt Neuigkeiten auf Meer und Land und gibt Reiseinformationen.

PREISKATEGORIEN: ESSEN

Die folgenden Preise beziehen sich auf ein Hauptgericht.

**$** bis 35 EC$

**$$** 35–70 EC$

**$$$** über 70 EC$

Typische Gerichte & Getränke

Was westindisches Essen anbelangt, ist SVG eines der besten Gourmetziele mit einzigartigen Aromen.

Frisches Obst & Gemüse Auf St. Vincent wird hochwertiges, köstliches Obst und Gemüse produziert.

Fisch & Meeresfrüchte Hummer, Shrimps, Muscheln und Fisch sind sehr beliebt und überall erhältlich.

Callaloo Das spinatartige, vitaminreiche Gemüse findet in Suppen und Eintöpfen Verwendung.

Herzhafte Kürbissuppe Eher breiartig, oft wie ein reichhaltiger Eintopf.

Salzfisch Getrockneter Räucherfisch; schmeckt lecker in Fischkuchen.

Roti In Mehltortillas gewickelte Gemüse-, Kartoffel- und Fleischcurrys sind eine nationale Passion.

Hairoun (Hai-Roon) Leichtes und leckeres Nationalbier.

FEIERTAGE

Neben den regionalen Festtagen gibt's auf SVG folgende öffentliche Feiertage:

Tag von St. Vincent & den Grenadinen 22. Januar

Tag der Arbeit Erster Montag im Mai

Caricom-Tag Zweiter Montag im Juli

Karnevalsdienstag Zweiter Dienstag im Juli

Tag der Sklavenbefreiung Erster Montag im August

Unabhängigkeitstag 27. Oktober

GELD

Lokale Währung ist der East Caribbean Dollar (EC$). Die meisten Hotels, Autovermietungen, Tauchshops und einige der größeren Restaurants akzeptieren Kreditkarten.

Trinkgeld

Hotels Gepäckträger bekommen mindestens 2 EC$ Trinkgeld pro Gepäckstück; die Höhe des

Trinkgeldes für das Zimmerpersonal liegt im eigenen Ermessen.

Restaurants Meist ist in der Rechnung bereits eine Servicegebühr enthalten. Falls nicht, gibt man zwischen 10 und 15 % Trinkgeld (oder mehr).

Taxi Es gelten Festpreise und Trinkgeld wird nicht erwartet, aber wenn der Service besonders gut ist, gibt man 10 bis 15 % des Fahrpreises.

Wechselkurse

Der Ostkaribische Dollar ist mit einem Kurs von 2,7 zu 1 an den US-Dollar gekoppelt.

Eurozone	1 €	2,75 EC$ 1 US$
Schweiz	1 SFr	2,79 EC$ 1,02 US$
USA	1 US$	2,70 EC$

Aktuelle Wechselkurse gibt's unter www.xe.com.

INTERNETZUGANG

Internetzugang ist auf allen größeren Inseln von SVG weithin verfügbar. Viele Hotels und zunehmend auch Bars und Restaurants bieten WLAN. Die meisten Städte verfügen über ein Internetcafé.

MEDIZINISCHE VERSORGUNG

St. Vincent hat in der Region um Kingstown sowohl öffentliche Krankenhäuser als auch Privatkliniken. Da SVG ein kleines Entwicklungsland ist, liegen die Behandlungsstandards weit unter denen der USA oder Europas und die öffentlichen Einrichtungen sind oft weit über Kapazität ausgelastet.

Auf den Inseln gibt's öffentliche Krankenhäuser und Kliniken; jede Insel (außer Mayreau) verfügt über ein medizinisches Zentrum. Bei ernsthaften Problemen muss man jedoch nach St. Vincent oder noch weiter reisen.

NOTFALL

Notfall ☎ 999

LGBT-REISENDE

Wie überall in der Karibik ist die Einstellung zu LGBT-Reisenden sehr antiquiert, um es noch freundlich zu sagen. Es gibt keine schwulenfreundlichen Veranstaltungen, Resorts oder Kreuzfahrten. Schwule und lesbische Traveller sollten öffentliche Zuneigungsbekundungen vermeiden; ansonsten gibt's keine Probleme.

STROM

Die Stromspannung liegt bei 220 bis 240 Volt (50 Hz). Es werden dreipolige (britische) Steckdosen benutzt. Einige Resorts verfügen auch über US-amerikanische Steckdosen mit 110 Volt.

PREISKATEGORIEN: UNTERKUNFT

Die in diesem Buch angegebenen Hotelpreise beziehen sich auf ein Doppelzimmer in der Hauptsaison (Mitte Dezember bis April/Mai). Die Preise beinhalten weder die Mehrwertsteuer von 10 %, die auf alle Hotelzimmer aufgeschlagen wird, noch die 10 % Servicegebühr, die häufig berechnet wird. Die Tarife sind je nach Hotel in EC$ oder US$ angegeben.

Die folgenden Preiskategorien beziehen sich auf ein Doppelzimmer mit Bad.

**$** bis 100 US$

**$$** 100–250 US$

**$$$** über 250 US$

TELEFON

Die Landesvorwahl ist 1; die Ortsvorwahl ist 784. Um ein anderes Land mit einer Landesvorwahl von 1 (Großteil von Nordamerika und die karibischen Staaten) anzurufen, wählt man die 1 und die zehnstellige Telefonnummer. Für Anrufe in andere Länder wählt man den internationalen Zugangscode 011+ die Landesvorwahl + die Telefonnummer.

Handys

GSM-Handys sind kompatibel mit lokalen SIM-Karten. Es gibt auch 4G-Dienste. Die Hauptanbieter sind Digicel (www.digicelgroup.com/vc) und Flow (www.discoverflow.co/saint-vincent).

TOURISTENINFORMATION

Das Department of Tourism St. Vincent & the Grenadines (S. 846) hat ein Büro auf St. Vincent. Auf Bequia und Union Island gibt's auch exzellente (halbprivate) Touristeninformationen. Sie halten hilfreiche kostenlose Broschüren bereit, z. B. das Heft *Ins & Outs St Vincent & the Grenadines*.

UNTERKUNFT

SVG bietet eine große Auswahl an Unterkünften für (fast) jedes Budget. Auf den Hauptinseln gibt's auch viele einfache Unterkünfte. Auf anderen Inseln (sprich: Mustique) muss man sein Haus verpfänden, um eine Unterkunft bezahlen zu können; hier gilt auch ein Dresscode.

Die Hotels sind in der Regel sehr persönlich, und die entspannten Mitarbeiter müssen jeweils nur wenige Zimmer betreuen.

ZEIT

Atlantic Standard Time: MEZ minus fünf Stunden, MESZ minus sechs Stunden.

An- & Weiterreise

FLUGZEUG

St. Vincent ist der Hauptverkehrsknotenpunkt von SVG. Der **Argyle International Airport** (www.svg-airport.com) bei Yambou Head wickelt neben Direktflügen aus den USA und Kanada auch Flüge zu nahegelegenen Inseln wie Barbados, St. Lucia und Grenada ab. Die Hauptinseln der Grenadinen haben Flughäfen mit Verbindungen nach Barbados. Mehrere Airlines, die die Grenadinen bedienen, arbeiten bei der Ticketausstellung mit **Grenadine Air Alliance** (☎ 458-4380; www.grenadine-air.com) zusammen.

LIAT (www.liat.com) Verbindet St. Vincent mit Antigua, Barbados, Grenada, St. Lucia und Trinidad.

Mustique Airlines (www.mustique.com) Die Chartergesellschaft verbindet St. Vincent, Bequia, Canouan, Mustique und Union Island mit Barbados. Bei einigen Flugverbindungen arbeitet sie zusammen mit SVG Air.

SVG Air Verbindet St. Vincent, Bequia, Canouan, Mustique und Union Island mit Barbados und Grenada. Flüge zwischen St. Lucia und den Grenadinen gibt's zurzeit nur auf Charter-Basis.

ÜBERS MEER

Wöchentlich verkehren zwei kleine Boote zwischen Union Island und Carriacou auf Grenada. Die kommerziellen Frachtschiffe zwischen Grenada, Carriacou, Petit Martinique und Union Island nehmen manchmal Passagiere (nur Fußgänger) auf.

Man kann ein kleines Boot chartern, das von Clifton auf Union Island nach Carriacou auf Grenada fährt.

Unterwegs vor Ort

AUTO & MOTORRAD

St. Vincent ist die einzige Insel, auf der man problemlos fahren kann. Es gibt genügend Straßen, die eine Erkundung der Insel interessant und lohnenswert machen. Auf den schmalen und kurvenreichen Straßen muss man sehr langsam fahren – 30 km/h sind eine gute Geschwindigkeit.

Autovermietung

Ein Mietwagen ist ab 60 US$ pro Tag, ein Allradwagen ab 70 US$ pro Tag zu haben.

Auf St. Vincent und Bequia gibt's Autovermietungen, auf den meisten Grenadineninseln kann man aber gar keine Autos mieten. Auf einigen Inseln gibt es nicht einmal Straßen.

Verkehrsregeln

In SVG herrscht Linksverkehr. Um hier fahren zu dürfen, benötigt man eine (teure) Besucherlizenz (100 EC$), die in der zentralen Polizeistation auf der Bay Street in Kingstown oder am Flughafen erhältlich ist. Reisende mit einem internationalen Führerschein sind von der Lizenz befreit, müssen ihren Führerschein jedoch bei der örtlichen Polizei registrieren lassen, bevor es auf die Straße geht.

BOOT, SCHIFF & FÄHRE

Fähre

Zwischen den Hauptinseln von SVG bestehen gute Bootsverbindungen. Die Fahrpläne ändern sich häufig – man sollte seine Abfahrtszeit vorher rückbestätigen lassen.

Fischerboot

Es gibt immer jemanden, der einen auf den Grenadinen von Insel zu Insel bringt, meist auf kleinen, offenen Fischerbooten, die Platz für höchstens vier Personen mit wenig Gepäck bieten. Die Fahrt kann sehr aufregend sein und sollte nicht bei hohem Seegang erfolgen. Die Unterkünfte auf den Inseln vermitteln oft zuverlässige Kontakte.

Die Preise sind verhandelbar – eine Fahrt von Union Island nach Mayreau kostet weniger als 150 EC$.

Jacht

In den Grenadinen herrscht viel Schiffsverkehr – und es besteht immer die Möglichkeit, von einer Jacht mitgenommen zu werden. Am besten hängt man am Dock auf Union Island oder in den Seglerbars auf Bequia ab und schaut, was sich arrangieren lässt.

BUS

St. Vincent lässt sich gut mit Bussen erkunden. Auch auf Bequia und Union Island verkehren Busse, die Inseln sind aber so klein, dass sie nur selten genutzt werden.

Die Busse selbst sind meist hoffnungslos überfüllte Minivans. Auf einer Fahrt lernt man mindestens 20 Mitreisende kennen, die sich in jede verfügbare Ecke des Busses quetschen. Oft gibt es einen „Schaffner" an Bord, der das Geld einsammelt und die Sitzplätze zuweist. Wer sich der gewünschten Haltestelle nähert, muss entweder ans Dach klopfen oder (bei sehr lauter Musik) versuchen, die Aufmerksamkeit des Schaffners zu erregen – auf Wunsch hält der Bus überall an.

Die Preise liegen je nach Fahrtziel bei 1,50 bis 6 EC$.

FLUGZEUG

Flüge innerhalb von St. Vincent & den Grenadinen sind eine schnelle und preiswerte Möglichkeit, das Land zu bereisen. Alle Hauptinseln außer Mayreau haben Flughäfen.

SVG Air (☎ 457-5124; www.flysvgair.com) Die nationale Fluggesellschaft bietet Flüge innerhalb der Grenadinen.

TAXI

Auf St. Vincent und Bequia gibt's viele Taxis. Die Preise werden von den Behörden festgelegt, trotzdem sollte man sich vorab auf einen Preis einigen.

Trinidad & Tobago

☎1-868 / 1,3 MIO. EW.

Inhalt ➡

Gut essen

- Kariwak Village (S. 854)
- Fish Pot (S. 898)
- Freebird (S. 888)
- Seahorse Inn Restaurant & Bar (S. 898)
- Veni Mangé (S. 873)

Schön übernachten

- Castara Retreats (S. 899)
- Plantation Beach Villas (S. 898)
- Top O'Tobago (S. 897)
- Mt. Plaisir Estate (S. 884)
- Miller's Guesthouse (S. 896)

Auf nach Trinidad & Tobago!

Trinidad und Tobago (T&T) stecken voller schöner Widersprüche. In Trinidad liegen unberührte Mangrovensümpfe und mit Regenwald bedeckte Hügel dicht neben qualmenden Ölraffinerien und unansehnlichen Industriegebieten. Tobago mit seinen Palmen und jeder Menge weißen Sandes hat alles, was man von einer karibischen Insel erwartet und sich durch den Tourismus noch nicht allzu sehr verändert. Der Zwillingsinselstaat bietet einzigartiges Birdwatching, hervorragende Tauchmöglichkeiten und üppige Regenwälder, die ideal zum Wandern und zum Baden in Wasserfällen sind. Zudem gibt's ein elektrisierendes Nachtleben und einen fantastischen Karneval, ohne Zweifel das größte und beste jährliche Partyhighlight der Karibik. Und dank des kulturellen Erbes der multikulturellen Bevölkerung ist die Küche von T&T ein Traum für Foodies. Sie reicht von sensationellen Currys bis zu fangfrischem Fisch.

Touristen sollten aber nicht erwarten, hofiert zu werden. Die Öl- und Gasindustrie verweisen den Tourismus auf einen unteren Rang der Prioritätenliste. Also Mut fassen, tief durchatmen, ins kalte Wasser springen und die bunte karibische Mischung genießen

Reisezeit

Nov.–April Trockenzeit mit klarem Himmel und milden Nächten. Die Menschen strömen in Scharen zum Karneval vor der Fastenzeit und die Übernachtungspreise steigen.

Mai Es kann gut sein, dass es regnet.

Juni–Nov. Regenzeit mit weniger Besuchern und niedrigeren Preisen. In der Schildkrötennistzeit von März bis August ist es in Grande Riviere teurer.

TRINIDAD

Steckt man die Touristen von Trinidad in einen Raum, entsteht ein ziemlich schräges Party-Szenario: Auf der einen Seite verheddern sich zurückhaltende Vogelbeobachter in Kamera- und Fernglasriemen und auf der anderen – der Seite mit der Bar – drehen Partytiger und Karnevalfans die Musik auf und probieren schillernde Kostüme an.

Das Geheimnis: Trinidad hat viel mehr zu bieten, als man durch ein Fernglas oder eine Bierbrille sehen kann. Die Sümpfe und Wälder sind ein Traum für Vogelbeobachter und der Karneval von Port of Spain ist umwerfend, aber es gibt auch grüne Wander- und Radwege, spektakuläre Wasserfälle und einsame Buchten von ergreifender Schönheit, extravagante Hindu-Tempel und den ausgesprochen kuriosen Pitch Lake.

Da Trinidad sich seit Langem mit Öl, Gas und verarbeitender Industrie seine Brötchen verdient, werden Touristen oft ein wenig nachlässig und blasiert behandelt. Und das kommt vielen Besuchern entgegen. Wer sich für Trinidad entscheidet, darf sich auf echte Abenteuer freuen.

Geführte Touren

★ **ARCTT Chocolate Tours** GEFÜHRTE TOUREN (☎ 493-4358; www.facebook.com/thenewruraltt; Führungen ab 100 TT$) Hervorragende geführte Touren mit engagierten und kenntnisreichen Guides drehen sich um die Renaissance der Schokoladenherstellung auf T&T und

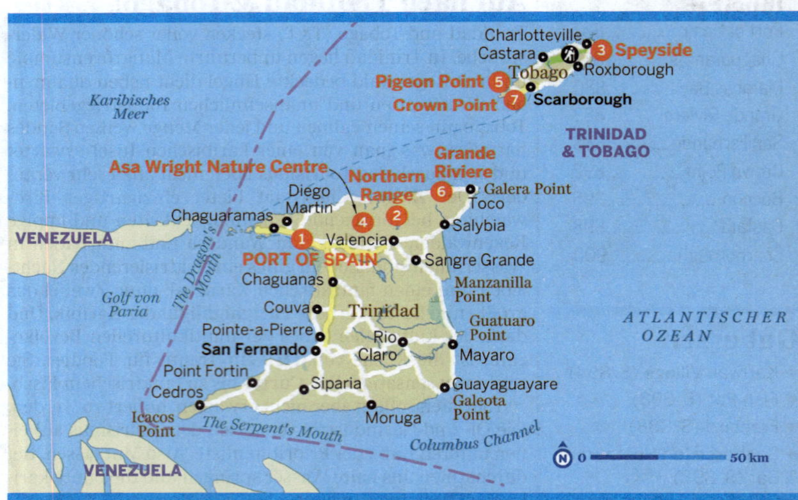

Highlights

1 Port of Spain (S. 876) Die Atmosphäre im Zentrum und Sehenswürdigkeiten genießen, Streetfood probieren oder schick essen gehen, Panyards besuchen und an der Ariapita Avenue oder beim fabelhaften Karneval mitfeiern.

2 Northern Range (S. 882) Wasserfälle, Wildtiere und die herrliche, zerklüftete Küste von Trinidad entdecken.

3 Tauchen (S. 902) In den Unterwasserschluchten und flachen Korallengärten von Speyside tauchen.

4 Asa Wright Nature Centre (S. 884) Mit dem Fernglas Trinidads vielfältige Vogelwelt erspähen.

5 Pigeon Point (S. 892) An Tobagos Lieblingsstrand die Zehen in den weißen Sand und das türkisfarbene Wasser stecken.

6 Grande Riviere (S. 883) Lederschildkröten an diesem entlegenen Strand von Trinidad beim Eierlegen zusehen (März–Aug.) und atemlos beobachten, wenn die geschlüpften Jungen ins Wasser laufen (Mai–Sept.).

7 Bootsfahrt (S. 892) Von Crown Point aus in versteckten Buchten an Tobagos karibischer Küste schnorcheln und am Strand frischen Fisch vom Grill essen.

informieren aufschlussreich über die Geschichte des Kakaos und seine Bedeutung für die Entwicklung von Port of Spain (und Trinidad). Die Routen variieren: Es kann sein, dass man einen Markt besucht, faszinierende historische Dokumente im Nationalarchiv betrachtet oder Kakao-Hotspots besichtigt wie Cocobel (S. 876) oder den **Cocoa Pod** (☎ 326-1952; www.facebook.com/cocoapodchocolate; 23 Gordon St; ⏲ Mo–Fr 9–16 Uhr).

Island Experiences GEFÜHRTE TOUREN
(☎ 621-0407, mobile 781-6235; www.islandexperiencestt.com; Normandie Hotel, 10 Nook Ave, St. Ann's; geführte Touren 45–95 US$, Shuttle zum Strand 30–40 US$) Zuverlässiger Anbieter für inselweite Ausflüge zu allen wichtigen Sehenswürdigkeiten mit witzigen und sachkundigen mehrsprachigen Führern. Auch „ökokulturelle" Ausflüge zu weniger bekannten Zielen – von schwimmenden Schlammvulkanen bis hin zu Märkten. Darüber hinaus gibt's Bootstouren zu den entlegenen Stränden der Bocas-Inseln, Sonnenuntergangskreuzfahrten sowie abendliche Panyard- und Liming-Touren zu den besten Partyspots. Auch Strandtransfers nach Maracas und Las Cuevas.

Paria Springs ABENTEUER
(☎ 620-8240; 105–150 US$;) Das Tourenangebot des einheimischen Abenteurers und Wildtierkenners umfasst inselweite Vogelbeobachtung, Kajakfahrten/Stand-up-Paddeln (SUP) durch die Sümpfe von Caroni und Nariva, Wanderungen, Klettern und Abseilen in der Northern Range sowie Canyoning auf den Bocas-Inseln. Geführte Wanderungen durch das Bush Mountain Sanctuary in den Hügeln von St. Ann's bieten einen Vorgeschmack auf Trinidads Wälder in der Nähe von Port of Spain.

Caribbean Discovery Tours GEFÜHRTE TOUREN
(☎ 620-1989; www.caribbeandiscoverytours.com; 100–150 US$) Zu den Touren mit einem robusten Land Rover 4WD gehören Birdwatching bei Sonnenaufgang in der Aripo-Savanne, kulinarische Touren/Besuch bei Bauern im hügeligen Paramin, eine Schokoladentour in Brasso Seco und ein Feinschmeckererlebnis. Geboten werden auch Wanderungen und Kajakfahren im Nariva Swamp mit einer einzigartigen Übernachtung im Zelt an einem entlegenen Strand, der nur mit dem Boot oder über einen Wanderweg zu erreichen ist.

An- & Weiterreise

FLUGZEUG

Trinidads einziger Flughafen Piarco International (S. 915), 25 km östlich von Port of Spain, ist über den Churchill Roosevelt Highway zu erreichen. In der Nähe der Ticketschalter gibt's eine kleine Touristeninformation (S. 877), die ein paar Infoblätter und Broschüren ausgibt, sowie Schalter von Autovermietern. In der Haupthalle findet man Geldautomaten, eine Ladestation für elektronische Geräte, mehrere Restaurants und eine Wechselstube (6–22 Uhr).

SCHIFF/FÄHRE

Fähren des Inter-Island Ferry Service (S. 877) verkehren mehrmals täglich zwischen Port of Spain auf Trinidad und Scarborough auf Tobago.

Unterwegs vor Ort

BUS

Trinidads Busunternehmen PTSC (S. 915) betreibt Busse auf der ganzen Insel. In der Regel sind sie klimatisiert und in einem guten Zustand. Die meisten Buslinien starten vom Busbahnhof **City Gate** (60 South Quay) am South Quay in Port of Spain. Sie fahren nicht häufig, stellen jedoch eine günstige Art der Fortbewegung dar, wenn man Zeit hat. Fahrpläne findet man online (www.ptsc.co.tt) oder oder man erkundigt sich am **Info-/Ticketschalter** (☎ 623-2341; City Gate, 60 South Quay; ⏲ Mo–Fr 6–20 Uhr) im City Gate.

AUTO

Auf Trinidad gibt's ein paar kleine zuverlässige Mietwagenunternehmen. Die Preise beginnen bei 200 TT$ pro Tag, inklusive Versicherung und ohne Kilometerbegrenzung. **Econo-Car** (☎ 669-1119; www.econocarrentalstt.com; Piarco International Airport) und **Kalloo's** (☎ 669-5672; www.kalloos.com; Piarco International Airport) haben Schalter am Piarco International Airport und auch Niederlassungen in Port of Spain.

Port of Spain

Zugleich hübsch und ungeschminkt erstreckt sich Port of Spain zu Füßen der Gebirgskette Northern Range vor dem Golf von Paria. Die grüne Weite der zentralen Queen's Park Savannah und einige hübsche Holzhäuser einerseits und ein hektisches Zentrum kurz vor dem Verkehrskollaps andererseits, in dem schmutzige Gewerbegebiete häufig das Meeresufer verdecken – die Eindrücke sind gemischt. Aber das explosive Wachstum brachte den innovativen Schwung einer Metropole mit sich, der Port of Spain von anderen karibischen Hauptstädten abhebt. Diese Stadt katzbuckelt

Port of Spain
0
500 m
A
B
C
D
E
F
G
1
2
3
4
ST. ANN'S
CASCADE
Cascade
Royal Botanical Gardens
1
6
13
8
Nook Ave
9
Coblentz Gardens
St Ann's Ave
St Ann's Rd
Coblentz Ave
Lady Young Rd
Lady Chancellor Rd
Cotton Hill
12
Rapsey St
Saddle Rd
Long Circular Rd
Delhi St
Culture Crossroads Inn (50m)
Jamaica Blvd
Maraval
Circular Rd
Prada St
Serpentine Rd
Mary St
ST. CLAIR
ST. JAMES
Fort George (3,6km)
Sportplatz St. Mary's
Flood St
Jackson Sq.
Elizabeth St
Alexander St
Maraval Rd
Belmont Circular Rd
Queen's Park East
Norfolk St
Inna Citi Place (150m)
Western Main Rd
Serpentine Rd
King George V Park
Hayes St
Queen's Royal College
One Woodbrook Place
18
29
Damien St
Hunter St
Pole Carew St
Havelock St
30
St Clair Ave
Queen's Park West
National Carnival Commission of Trinidad & Tobago
Cadiz Rd
15
BELMONT
Queen's Park Savannah
3
Erthig Rd
NEWTOWN
Hamilton St
Taylor St
O'Connor St
DeVerteuil St
Warren St
White St
Tragarete Rd
Marli St
Grandstand
Jerningham Ave
Alcazar St
25
22
Picton St
Woodford St
17
23
Gray St
Rust St
19
Warner St
Queen's Park West
Memorial Park
Siegert Sq
Roberts St
Herbert St
Cipriani Blvd
National Academy of the Performing Arts
2
National Museum & Art Gallery
WOODBROOK
Carlos St
Murray St
Albion St
Dere St
Ariapita Ave
26
24
20
Keate St
Melville Ln

Petra St
Ana St
Gallus St
Alberto St
Rosalino St
Luis St
Alfredo St
27
Adam Smith Sq.
34
Baden Powell St
Gatacre St
32
Stanmore Ave
Victoria Ave
Fitzgerald Ln
Gordon St
33
New St
Lord Harris Sq.
Norfolk St
Oxford St
31
Wrightson Rd
MovieTowne (300m); Chaguaramas (8km)
10
St. Christopher's Taxi Co-Op
Fitt St
Cornelio St
French St
McDonald St
Methuen St
Buller St
Colville St
Lapeyrouse Cemetery
Tragarete Rd
Borde St
Dundonald St
Abercromby St
Pembroke St
Frederick St
Henry St
Ariapita Ave
Phillipps St
Kew Pl
Park St
Maxi-Taxis nach Maraval, Maracas & Blanchisseuse
Laventille Rd
Picadilly St
Victoria Sq.
Melbourne St
Shine St
Scott Brushe St
Stone St
Flamente St
14
21
Pan Trinbago
Sydney St
Duke St
28
Charles St
Knox St
Sackville St
7
Route-Taxis nach St. James
Prince St
King's Wharf
Dock Rd
London St
Richmond St
Edward St
St Vincent St
Hart St
Route-Taxis nach St. Ann's
Frederick St
Charlotte St
George St
Nelson St
LAVENTILLE
Ajax St
Queen St
11
Ministerium für Tourismus
Golf von Paria
Kreuzfahrt-komplex
Independence Square Nth
Independence Square Sth
5
4
Columbus Sq
16
Wassertaxis
Maxi-Taxis nach Chaguaramas
City Gate
PTSC
South Quay
St Ann's
Eastern Main Rd
Inter-Island-Fähren
Maxi-Taxi-Terminal (ostwärts)
Informations-/ Ticketschalter
Beetham Hwy
Central Market

Port of Spain

Highlights
1 Royal Botanical Gardens ... D1
2 National Museum & Art Gallery ... E4
3 Queen's Park Savannah ... D3

Sehenswertes
4 Cathedral of the Immaculate Conception ... F7
5 Independence Square ... E7
6 President's House ... D2
7 Woodford Square ... E7

Aktivitäten, Kurse & Touren
8 Island Experiences ... E1

Schlafen
9 Alicia's House ... E1
10 Gingerbread House ... B5
11 Hyatt Regency ... D7
12 Kapok ... C1
13 Normandie ... E1
14 Pearl's ... D6

Essen
15 Apsara ... E3
16 Breakfast Shed ... D7
17 Buzo Osteria Italiana ... C4
18 Chaud Café ... A3
19 Dopson's Roti Shop ... C4
20 Lola's Food Company ... C4
21 Mother Nature's ... E6
22 Rituals ... C4
23 Savannah Food Stalls ... E4
24 Veni Mangé ... B4

Ausgehen & Nachtleben
25 Bungalow ... C4
26 Frankie's on the Avenue ... B4
27 La Habana ... B5

Unterhaltung
28 Kaiso Blues Café ... C6
29 Phase II Pan Groove ... A3
30 Queen's Park Oval ... B3
31 Renegades ... F5
32 Silver Stars ... C5

Shoppen
33 Cocoa Pod ... E5
34 Cocobel ... B5

nicht vor den Dollars der Touristen, und umso reicher wirkt sie. Zwar gibt's nicht viele Sehenswürdigkeiten im klassischen Sinn, aber das Zentrum mit seinen Marktständen und schattigen Plätzen hat sehr viel Atmosphäre und in Woodbrook am Stadtrand gibt's viele beliebte Restaurants, Bars und Clubs. In der Karnevalszeit wird bei riesigen Open-Air-Partys an jeder Ecke wild gefeiert, Steelpan-Musik erfüllt die Luft und die Stimmung ist elektrisierend.

Sehenswertes

★ Fort George FESTUNG

(Fort George Rd, St. James; ⏲ 9–18 Uhr) Von dieser kolonialzeitlichen Festung mit steinernen Verteidigungsmauern, die mit historischen Kanonen durchsetzt sind, bietet sich ein wahrhaft spektakulärer Blick aus der Vogelperspektive auf Port of Spain und den Golf von Paria. Zu sehen gibt's eine hölzerne Signalanlage mit einem Diorama der Festung. Auf einer Tafel kann man Details zu ihrem Bau durch den Ashanti-Prinzen Kofi Nte im Jahr 1883 nachlesen. Auf dem gepflegten Rasen stehen Bänke und Picknicktische (Verpflegung selbst mitbringen) und durch Teleskope kann man das Panorama heranzoomen.

Die steile, kurvenreiche Straße zur Festung führt durch eine unsichere Gegend. Man sollte nicht zu Fuß gehen und möglichst in einer Gruppe hierherkommen. Während der Öffnungszeiten ist ein Sicherheitsbeamter im Dienst. Die beste Besuchszeit ist am Nachmittag, wenn die Hitze nachlässt, aber hier oben weht den ganzen Tag über eine wunderbare Brise.

★ Queen's Park Savannah PARK

Dieser öffentliche Park auf dem Gelände einer ehemaligen Zuckerplantage und nicht mehr genutzten Rennbahn ist heute das Epizentrum des jährlichen Karnevals. Er ist von einer 3,7 km langen Ringstraße umgeben. Die Einheimischen bezeichnen die Queen's Park Savannah als den größten Verkehrskreisel der Welt. Am frühen Abend, wenn die sengende Hitze abklingt, bevölkern Kricket- oder Fußballspieler die Wiese in der Mitte, während Jogger sich auf dem Rundweg drängen und Verkäufer Kokosnusswasser feilbieten.

★ National Museum & Art Gallery MUSEUM

(☎ 623-0339; www.facebook.com/nationalmuseumandartgallerytt; 117 Frederick St, Ecke Keate St; ⏲ Di–Sa 10–18 Uhr; P ♿) GRATIS Die etwas angestaubten historischen Exponate in einem klassischen Kolonialbau reichen von der Zeit der Ölindustrie über die amerindianischen Ureinwohner bis zur Kolonialzeit und den indischen Vertragsarbeitern. Es gibt auch geologische und naturhistorische Ausstellungsstücke – einen Blick wert sind die Vogelspinnen und der furchterregend aussehende Tausendfüßler. Das Highlight: die Wechselausstellungen im Obergeschoss. Sie geben einen guten Einblick in die Kunstszene auf Trinidad & Tobago. Und die klassischen T&T-Filme, die im audiovisuellen Raum vorgeführt werden, sollte man sich nicht entgehen lassen.

★ Botanical Gardens GÄRTEN
(☎ 622-1221; Circular Rd, St. Ann's; ⏰ 6–18.30 Uhr; P 👪) GRATIS Prächtige tropische Bäume und Pflanzenarten und ein ganzes Netzwerk von lauschigen Wegen prägen diesen Botanischen Garten von 1818. Man kann spazieren gehen oder sich in einem der hübschen Gartenhäuschen aus Holz entspannen. In der Weihnachtszeit werden die Bäume am Weg entlang der Savannah von Tausenden bunten Lichtern erleuchtet. Ein 1875 erbautes elegantes Herrenhaus, das benachbarte **Haus des Präsidenten** (Circular Rd, St. Ann's), wird umfassend renoviert und befindet sich unter einem Schutzdach. Der Westflügel stürzte Anfang 2010 ein.

Woodford Square PARK
(Frederick St) Der grasbewachsene Platz mit dem Eros- und Aphrodite-Brunnen und einem verzierten Musikpavillon ist das symbolische Herz des Zentrums von Port of Spain. Dr. Eric Williams, Trinidad & Tobagos erster Premierminister leitete hier mit flammenden Ansprachen die spätere Unabhängigkeit der ehemals britischen Kolonie ein; in den 1970ern fanden hier auch die Demonstrationen der Black-Power-Bewegung statt. Der auch als „Woodford Square University" bekannte Platz ist immer noch eine „Speakers corner", wo die Menschen auf einer Kiste ihre Meinung in Straßenreden kundtun können. Die Themen werden täglich auf einer Tafel angekündigt.

Independence Square PLATZ
Am hektischsten gibt sich die City am Independence Square, wo zwei parallel verlaufende Straßen die zentrale Brian Lara Promenade säumen, die nach Trinidads Krickethelden benannt ist. Am östlichen Ende beherrscht die 1832 fertiggestellte **römisch-katholische Kathedrale** (☎ 623-5232; www.moth erchurchtt.org; 31 Independence Sq) die Promenade. Im Westen hinter den Hochhausblocks mit den Türmen der Nicholas und Central Bank und einer Statue von Brian Lara geht der Platz in die Küstenautobahn Wrightson Road über. Ein erhöhter Fußgängerüberweg über die Wrightson Road verbindet die Promenade mit der Küste.

Schlafen

In Port of Spain konzentrieren sich die meisten Unterkünfte Trinidads, und da die meisten der bekannteren Attraktionen des Landes von hier aus in einer Fahrtstunde zu erreichen sind, ist es durchaus praktikabel, hier zu übernachten und die gesamte Insel zu erkunden.

In der Karnevalszeit steigen die Preise aufs Doppelte und viele Hotels bieten Pauschalpakete für mehrere Tage an.

★ Gingerbread House GÄSTEHAUS $
(☎ 627-8170; www.trinidadgingerbreadhouse.com; 8 Carlos St, Woodbrook; Zi. 70 US$; ❄ @ 📶 🏊) Das schöne Holzhaus aus den 1920ern hat der Besitzer, ein Architekt, selbst gebaut. Es hat sehr viel Charme, eine luftige Veranda und hinter dem Haus einen stilvollen Gartenbereich mit Sonnenterrasse und einem kreativ gefliesten Tauchpool. Die Zimmer mit hohen Decken im Haupthaus sind geräumig und geschmackvoll eingerichtet. Sie verfügen über Kühlschrank und Fernseher, während sich die stilvollen Nebenräume eine Kochecke teilen. Im Voraus buchen.

Inna Citi Place GÄSTEHAUS $
(☎ 622-0415; www.inna-citi-place.com; 15 Gaston Johnson St, Woodbrook; EZ/DZ mit Frühstück 40/65 US$; ❄ @ 📶) Die hervorragende kleine Budgetunterkunft an einer ruhigen Wohnstraße bietet fröhliche saubere Zimmer mit Klimaanlage, TV und Kühlschrank. Vorhanden sind eine Gemeinschaftsküche (wobei das warme Frühstück schon recht üppig ist) und Waschmaschinen. Gute Lage für Karneval und die Ausgehszene auf der Ariapita Avenue und ideal, um andere Traveller zu treffen.

Pearl's GÄSTEHAUS $
(☎ 625-2158; peterhenry64@yahoo.co.uk; 3-4 Victoria Sq; EZ/DZ 22/44 US$; 📶) Minimalistisch, preiswert und mit viel Charakter. Das Pearl's in einem verwitterten alten Hexenhäuschen mit Blick auf die Wiese des Victoria Square liegt für den Karneval ideal (nur wenige Schritte von der Hauptstraße) und ist ein toller Traveller-Treffpunkt. Einfache Zimmer ohne Bad, nur mit Ventilatoren, eine Gemeinschaftsküche und eine Gemeinschaftsveranda, die das ganze Haus umgibt.

Hyatt Regency HOTEL $$
(☎ 623-2222; www.hyatt.com; 1 Wrightson Rd; Zi. ab 176 US$; P ❄ @ 📶 🏊) Das luxuriöseste

Hotel von Port of Spain hat eine Toplage auf einem großen Grundstück am Meer direkt neben dem Fährterminal. Eine ganze Armee von Personal kümmert sich um die vielen Einrichtungen, darunter ein fantastisches Spa und ein herrlicher Pool auf dem Dach mit Blick über den Golf von Paria sowie mehrere Restaurants und Bars. Die Preise sinken am Wochenende, wenn die Geschäftsleute abreisen.

Culture Crossroads Inn GÄSTEHAUS $$
(☎ 622-8788; www.culturecrossroadstt.com; Ecke Bengal & Delhi Sts, St. James; EZ/DZ 100/125 US$; P @) Blitzsauber und sehr professionell geführt. Shoppingmalls, Verkehrsmittel sowie die Bars und Restaurants von St. James/Woodbrook sind leicht zu erreichen. Der charmante Besitzer, ein früherer *soca*-Künstler, ist eine unerschöpfliche Informationsquelle zu Trinidad. Die schicken, modernen Zimmer sind nach lokalen Kulturikonen benannt und machen den Aufenthalt mit vielen coolen Extras noch angenehmer.

Normandie HOTEL $$
(☎ 624-1184; www.normandiett.com; 10 Nook Ave, St. Ann's; Zi. mit Frühstück 144 US$, Suite 159 US$; P @) Versteckt in einer ruhigen Nebenstraße, einen kurzen Fußweg von der Savannah entfernt, ist dies ein entzückender Rückzugsort. Viel Holz und eine gute Ausstattung zeichnen die einladenden, blitzblanken und gut ausgestatteten Zimmer aus. Außerdem gibt's einige Studios und Suiten für Selbstverpfleger sowie ein solides Restaurant und eine kleine Mall mit attraktiven Geschäften. Auch ein beliebter Ort für Konzerte in der Karnevalszeit.

Alicia's House GÄSTEHAUS $$
(☎ 623-2802; www.aliciaspalace.com; 7 Coblentz Gardens, St. Ann's; Zi. mit Frühstück 65–100 US$; P @) Das ruhige kleine Haus mit dem kultigen Kitschambiente der 1970er liegt versteckt in einer Seitenstraße direkt nördlich der Queen's Park Savannah. Es bietet gemütliche Zimmer mit Kühlschrank, Klimaanlage, Kabel-TV und WLAN sowie schöne Gemeinschaftsbereiche, darunter ein Sonnendeck mit kleinem Pool/Whirlpool. Im Restaurant werden Mahlzeiten serviert.

★ **Kapok** HOTEL $$$
(☎ 622-5765; www.kapokhotel.com; 16-18 Cotton Hill, St. Clair; Zi./Suiten ab 180/259 US$; P @) Weit mehr als ein Businesshotel: Das elegante Kapok trumpft mit authentischem Karibikflair auf. Es liegt am südlichen Ende der Saddle Road, wenige Schritte von der Queen's Park Savannah entfernt, und ist eine perfekte Unterkunft für die Karnevalstage. Die Zimmer und Suiten sind cool und modern eingerichtet und zur Anlage gehören ein Pool und zwei hervorragende Restaurants.

> **INSIDERWISSEN**
>
> **STREETFOOD**
>
> Streetfood ist in Port of Spain eine große Sache. Köstlichkeiten aus Trinidad gibt's von der Morgendämmerung bis zum späten Abend entlang der Western Main Road in St. James, dem traditionellen Hotspot für Streetfood. Leichter zugänglich sind die Ariapita Avenue in Woodbrook, wo einige Stände Gyros-Wraps verkaufen, und der Savannah Food Court an der südöstlichen Ecke der Queen's Park Savannah.

Essen

In Port of Spain gibt's einige wirklich ausgezeichnete Restaurants, die von Sushi bis Pizza alles servieren. Viele bereiten auch denkwürdige Trinbago-Gerichte zu. Die meisten sind in und um Woodbrook zu finden, aber auch St. Clair und Newtown nebenan bieten viel Auswahl, ebenso die Terrasse des One-Woodbrook-Place-Komplexes in Woodbrook und Fiesta Plaza in MovieTowne.

★ **Lola's Food Company** DINER $
(☎ 345-5439; www.facebook.com/lolasfoodcompany; 82 Tragarete Rd, Newtown; Frühstück 25–75 TT$, Hauptgerichte 45–75 TT$; ⏰ Mo–Do 7–15.30, Fr bis 16.30, Sa 8–16.30 Uhr) Ein wunderbares familiengeführtes Restaurant mit sehr freundlicher Bedienung und fröhlicher, ungezwungener Atmosphäre. Das Frühstück reicht von Pfannkuchen, Eiern und Waffeln bis hin zu *sada roti* und gepökeltem Fisch. Zum Mittagessen gibt's tollen Salat mit gebratener Roter Bete, deftige Burger (u. a. Fischburger mit Kräuterremoulade) und ein herrlich knuspriges Brathühnchen. Auch das Sandwich des Monats schmeckt immer gut.

★ **Dopson's Roti Shop** INDISCH $
(☎ 628-6141; 28 Maraval Rd, Newtown; *roti* ab 30 TT$; ⏰ Mo–Sa 6.45–17 Uhr) Das kleine

Lokal ist bei den Einheimischen beliebt – für viele Trinis sind seine *roti* die besten von Port of Spain. Die Füllungen sind frisch, saftig und großzügig bemessen (wir empfehlen Curry-Ente). Für Vegetarier gibt's viel Auswahl und als herrliches traditionelles Frühstück kann man z. B. *sada roti* mit *choka* (Auberginen oder Tomaten, gegrillt und mit Knoblauchnote) bestellen.

★ Breakfast Shed KARIBISCH $

(Femmes du Chalet; Wrightson Rd; Hauptgerichte ab 50 TT$; ⌚ 6.30–16 Uhr) Unter einem Sonnensegel direkt am Wasser kann man hier Spezialitäten aus Trinidad probieren und den tollen Blick über den Golf genießen. Die Verkaufsstände stehen in der Nähe der Picknickbänke. Zur reichlichen Auswahl gehören Fisch oder Huhn mit Makkaronikuchen, das Eintopfgericht Callaloo, gedünstete Bohnen, Kochbananen und Reis. Zum Frühstück gibt's Buljol (Salat) mit gepökeltem Fisch oder geräuchertem Hering mit frischem Kokosnussbrot.

Savannah Food Stalls STREETFOOD $

(Queen's Park West; Gyros ab 25 TT$, *roti* ab 30 TT$; ⌚ 18 Uhr bis spät) Der gepflasterte Teil der Savannah hat sich als kühles Plätzchen bewährt, um Trinbagos Streetfood zu kosten. Stände unter weißen Zelten verkaufen alles, von frischen Fruchtsäften und Smoothies bis zu *roti*, *pholouri* (Kichererbsenmehl-Teigbällchen mit Tamarinden-Dip), Backwaren, Fisch- oder Maissuppe sowie gegrilltes Fleisch, Gyros-Wraps nach libanesischer Art und jamaikanisches Jerk Chicken.

Mother Nature's VEGETARISCH $

(☎ 623-3300; Ecke Park & St. Vincent St; Hauptgerichte 25–50 TT$; ⌚ Mo–Fr 6–15, Sa ab 7 Uhr; ✎) Vollkorn-*roti*? Ja, das bekommt man hier ebenso wie milchfreie Nachtische (es gibt eine Vitrine mit Eiscremes) und köstliche, gesunde vegetarische Gerichte aus lokalen Zutaten. Die frisch gepressten oder gequetschten Fruchtsäfte, von Passionsfrucht bis Zuckerrohr, schmecken wunderbar. Man kann sich auch selbst aus frischem Obst und Gemüse einen Drink mixen.

Rituals CAFÉ $

(66 Maraval Rd, Ecke Marli St, Newtown; Sandwiches ab 25 TT$; ⌚ 6.30–19 Uhr; 📶 👪) Die Café-Kette (eine von vielen Filialen in Port of Spain) serviert Smoothies, Kaffeegetränke, Paninis, Wraps mit warmen Füllungen, Salate, Gebäck, Bagel-Sandwiches und jamaikanische Pasteten. Eine tolle Adresse für ein schnelles Frühstück oder Mittagessen. Man kann das kostenlose WLAN nutzen und vor der Hitze in den klimatisierten Innenraum flüchten.

★ Veni Mangé KARIBISCH $$

(☎ 624-4597; www.facebook.com/venimangett; 67a Ariapita Ave, Woodbrook; Hauptgerichte 120–140 TT$; ⌚ Mo–Fr 11.30–15, Mi–Fr auch 19–22.30 Uhr; ✎ 👪) Westindische Aromen, Kunst und Enthusiasmus machen dieses dynamische Restaurant aus. Mit liebevoll zubereiteten karibischen Klassikern zählt es zu den besten Adressen für authentische Trini-Küche in Port of Spain. Zu empfehlen: der Ochsenschwanz mit Klößen, der gegrillte frische Fisch mit Tamarindensoße und die hervorragenden vegetarischen Gerichte. Auch die Desserts sind köstlich, vom Kokosnusseis bis zu Süßspeisen mit Rum.

Chaud Café FUSION-KÜCHE $$

(☎ 628-9845; www.chaudkm.com; One Woodbrook Place, Damian St, Woodbrook; Brunch ab 60–230 TT$, kleine Teller 60–150 TT$, Hauptgerichte 95–295 TT$; ⌚ Mo–Do 11–23, Fr & Sa bis 24, So 10–15 Uhr; ✎) Ein wunderbarer Ort für ein Mittagessen, geführt vom hiesigen Spitzenkoch Khalid Mohammed, mit Weinbar und gehobenem Bistro unter einem Dach. Probieren kann man z. B. gebratenen Lachs mit Linsen, Grünkohl und eine Tomaten-Concassée oder Tajine mit sieben Gemüsesorten. Die Pasta (auch glutenfreie Gerichte) ist immer köstlich. Ebenfalls großartig für den Drink am Abend, gute Cocktails und Weine, und Platten mit leckeren tapasartigen Häppchen. Auch gutes Brunchen am Wochenende.

Apsara INDISCH $$

(☎ 623-7659; www.apsaratt.com; 13 Queen's Park East; Mittagsmenü 150 TT$, Take-away 59 TT$, Hauptgerichte 125–280 TT$; ⌚ tägl. 11–15, Mo–Sa 18–23 Uhr; 📶 ✎) Das Apsara, eine feste Größe unter den Restaurants von Port of Spain und gern von gut gekleideten Geschäftsleuten besucht, ist nach den Tänzern am Hof von Indra benannt, die sich frei zwischen Himmel und Erde bewegen konnten. Es hat sich auf nordindische Küche spezialisiert und seine Currys sowie die Gerichte mit Tandoori-Fleisch und Fisch zergehen auf der Zunge; es gibt auch viele vegetarische Gerichte. Recht teuer, aber das an Wochentagen angebotene Lunch-Special hat ein gutes Preis-Leistungs-Verhältnis.

KARNEVAL

Mit Wurzeln sowohl in Westafrika als auch Europa ist der Karneval die ultimative Schwelgerei vor der nüchternen Fastenzeit und jeder ist willkommen, an der großen Party teilzunehmen, die als Highlight der karibischen Feste gilt.

Hintergrundinformationen bekommt man von der **National Carnival Commission** (☎ 622-1670; www.ncctt.org; 11 St. Clair Ave, St. Clair), die auf ihrer Website jedes Jahr ein riesiges Programm an Karnevalsevents ankündigt, sowie von der **National Carnival Bands Association** (☎ 628-8650; www.ncbatt.com; 1 Picton St, Newtown). Trinidad Carnival Diary (www.trinidadcarnivaldiary.com) stellt Listen und Kritiken zu den Bands sowie Artikel zu allen Themen rund um den Karneval zur Verfügung: Es lohnt ein Blick auf die Rubrik Verkleidungen (Masquerader Corner) der Website und die aktiveren Facebook- und Instagram-Seiten. Eventankündigungen und Aktuelles findet man in der Karnevalsrubrik von LoopTT (www.looptt.com).

Mas Camps

Mas Camps heißen die Workshops, bei denen die Karnevalsbands (Mas Bands) ihre Kostüme kreieren und sie künftigen Nachtschwärmern vorführen. Die Kostüme kosten ab 2000 TT$ für eine einfache Verkleidung bis zu 10 000 TT$ für etwas Extravagantes, um sich in den ersten Reihen zu zeigen. Wer ein Karnevalskostüm kauft, darf bei den Hauptfestivitäten am Montag und Dienstag mit der Band beim Karnevalszug mitstolzieren, und in der Regel sind auch Essen und Getränke inbegriffen. Die Kostüme kann man direkt beim Mas Camp oder online kaufen und sie sind sehr schnell ausverkauft. Wer spät dran sein sollte, findet mit etwas Glück noch ein Kostüm auf Websites wie Carnival Junction (www.carnivaljunction.com) oder Fineahban (www.fineahban.com). Zu den besten Bands gehören **Tribe** (☎ 625-6800; www.carnivaltribe.com; 20 Rosalino St, Woodbrook) und ihr Ableger **Lost Tribe** (☎ mobile 350-6219; www.losttribecarnival.com; 59 Alberto St, Woodbrook), **Fantasy** (☎ mobile 221-4966; www.mycarnivalfantasy.com; 6 Alberto St, Woodbrook), **Bliss** (☎ 625-6800; www.blisscarnival.com; 18 Rosalino St, Woodbrook), **K2K Alliance** (☎ 637-1668; www.k2k-carnival.com; 22 Oleander Row, Victoria Gardens, Diego Martin), **Trini Revellers** (☎ 625-1881; www.trinirevellers.com; 35 Gallus St, Woodbrook), **Legacy** (☎ 622-7466; www.legacycarnival.com; 76 Roberts St, Woodbrook) und die preiswerte **Showtime** (☎ 681-6117; www.showtimecarnival.com; 51 French St, Woodbrook). Eine vollständige Auflistung der Bands findet man auf der Website der National Carnival Bands Association.

Highlights vor Karneval

- Die überschwänglichen Partys in der Vorkarnevalszeit beginnen am 1. Januar und finden bis Karneval statt.
- Das Halbfinale und das Finale des Steelpan-Bandwettbewerbs „Panorama" werden an den letzten beiden Samstagen vor dem Karnevalswochenende ausgetragen. Das Halbfinale ist ein großes Event mit riesigen Menschenmassen.
- An den letzten beiden Samstagen vor Karneval gibt's süße Kiddie-Mas-Umzüge.
- Nicht den Auftritt der traditionellen Mas verpassen, bei dem sich alle klassischen Bandgrößen aus T&T präsentieren – die Blue Devils, Jab Jabs und Moko Jumbies. Es gibt einen abendlichen Einzelwettbewerb am Adam Smith Square und am Tag einen Umzug vom Zentrum von Port of Spain zum Woodford Square. Die Termine sind variabel. Man findet sie aktuell auf der Website der National Carnival Commission.

★ **Buzo Osteria Italiana** ITALIENISCH $$$
(☎ 223-2896; www.buzorestaurant.com; 6 Warner St, Newtown; Pizza & Pasta 110–150 TT$, Hauptgerichte 160–320 TT$; ⏰ Mo–Sa 11.30–23 Uhr; 📶 ⬛) Eines der besten Restaurants von Trinidad in einem hübschen alten Steinhaus. Der Innenhof ist abends ideal für einen Cocktail. Der italienische Küchenchef bereitet authentische Antipasti und Pasta zu (von mit Krabben gefüllten Portobello-Pilzen bis zu Schweinefagottini mit Gorgonzola und Walnüssen). Zu den hervorragenden Hauptgerichten zählen Gnocchi in Tintenfischtinte mit Hummer und Gar-

➡ Sehenswert sind die riesigen, hypnotisierenden Kostümtänze über die Bühne beim finalen Bandwettbewerb um die Titel König und Königin, ein Abendevent in der Queen's Park Savannah in Port of Spain in der Woche vor den Hauptumzugstagen. Die Termine ändern sich stets. Man findet sie auf der Webseite der National Carnival Commission.

➡ Pyrotechniker, aufwendige Bühnendekorationen und eine Menge, die ein Meer großer Fahnen schwenkt, gehören zur International Soca Monarch Competition, dem Wettbewerb, bei dem die führenden *soca*-Künstler der Karibik ihr Bestes geben. Die elektrisierende Show am Freitag vor Karneval in der Savannah dauert die ganze Nacht.

➡ Beim Canboulay Riots Reenactment, das am Freitag vor Karneval ab 4 Uhr morgens am Piccadilly Greens im Zentrum von Port of Spain aufgeführt wird, taucht man in die Geschichte des Karnevals ein: Stockfechten, blaue Teufel und die Nachstellung des Aufstands nach dem Karnevalsverbot von 1881 gehören zu der historischen Darbietung.

➡ Am Dimanche Gras, dem Sonntagabend vor Karneval in der Queen's Park Savannah, wird der Calypso-Monarch gekrönt. Steelpan-Bands und Mas-Kostümierte sind zugegen.

J'ouvert

Trinidads Karneval eröffnet mit „J'ouvert" (joo-vay), einer Straßenparty ohne Sperrstunde bis zum Morgengrauen, bei der den Nachtschwärmern erlaubt ist, hedonistisch zu schwelgen, indem sie die Festtage mit „dirty mas" begrüßen. Ab 4 Uhr morgens bevölkern Feiernde die Straßen und bewerfen sich und andere mit Matsch, Farbe, *abir*-Puder und sogar flüssiger Schokolade; sie ziehen durch die Straßen und folgen Wagen, auf denen laute *soca*-Musik gespielt wird oder als „Rhythmusgruppen" bekannte Percussion-Bands ein hypnotisierendes Tempo vorgeben. Eine wahrhaft anarchische Szenerie. Wer teilnehmen möchte, meldet sich am besten bei einer renommierten Band an wie z. B. **3Canal** (☎ 622-1001; www.3canal.com; Big Black Box, 33 Murray St, Woodbrook), **Red Ants** (☎ 625-6800; www.facebook.com/redantscarnival; 20 Rosalino St, Woodbrook), **Friends for the Road** (☎ Handy 776-3387; www.friendsfortheroad.com) oder **Chocolate City** (☎ Handy 704-9999; www.chocolatecitymas.com; 16 Ariapita Ave, Woodbrook), die Sicherheitsleute beschäftigen und Wagen mit Getränken und Musik ebenso wie Matsch, Farbe und ein einfaches Kostüm für ca. 500–650 TT$ organisieren. Bei den meisten Bands kann man sich online anmelden oder direkt in ihrem Mas-Camp.

Mas-Bands

Am Karnevalsmontag und -dienstag nehmen Zehntausende an Umzügen teil und tanzen auf den Straßen von Port of Spain mit ihren Mas-Bands, begleitet von Wagen mit DJs, die *soca*-Musik spielen. Auch Steelpan-Bands ziehen umher und locken eine treue einheimische Gefolgschaft an. Beim Karneval dreht sich alles ums Mitmachen, aber wenn man sich keiner Band anschließt, kann man dem Geschehen vom Straßenrand aus zuschauen; allerdings sperren Ordner die Gebiete für die Bands ab und lassen niemanden herein, der nicht verkleidet ist. Zuschauen kann man auch von den Standorten der Jurys am Adam Smith Square, South Quay und der Hauptbühne in der Queen's Park Savannah. Ein weiterer guter Spot ist das Socadrome, eine alternative Bühne im Jean Pierre Complex an der Wrightson Road, die bei Bands mit großen Namen beliebt ist.

nelen oder Marsala-Huhn. Die Pizzas sind ebenfalls wundervoll. Reservierung empfehlenswert.

Ausgehen & Nachtleben

Port of Spains Ausgehszene konzentriert sich auf die Ariapita Avenue in Woodbrook mit ihren vielen Bars, Clubs und Locations mit DJs und Tanzflächen. Besonders turbulent ist das Nachtleben von donnerstags bis samstags und die Adressen ändern sich schnell. Beachten sollte man, dass vollwertige Clubs eine strenge Kleiderordnung haben: keine Turnschuhe, Hüte oder Flip-Flops.

★ Frankie's on the Avenue BAR
(☎ 622-6609; www.facebook.com/frankiesontheave; 68a Ariapita Ave, Ecke Alberto St, Woodbrook; ⏲ Mo–Do 7–2, Fr & Sa bis 3, So 15–2 Uhr) Das zunächst als preiswertes Mittagslokal eröffnete Frankie's hat sich in einen angesagten Nightlife-Treffpunkt an der Ariapita Avenue entwickelt. Man bekommt hier Frühstück und mittags immer noch lokale Küche, aber am besten ist es nach Einbruch der Dunkelheit. Dann versammelt sich ein sympathisches Publikum auf dem Bürgersteig vor den Tischen draußen und die Getränke fließen in Strömen. Im klimatisierten Innenraum werden auf einem großen Bildschirm Fußballspiele übertragen.

Bungalow BAR
(☎ 610-2864; www.thebungalowtrinidad.com; 20 Rust St, Newtown; ⏲ Di–Do 11.30–15 & 17–24, Fr 11.30–15 & 16–2, Sa 17–2 Uhr) Bei einem gut betuchten, älteren Publikum beliebt, ist dies ein netter Ort für einen Drink mit vielen Tischen auf einer Terrasse. Hier geht's weit weniger hektisch zu als in vielen Bars von Port of Spain. Regelmäßig Livemusik, tolle Cocktails und ausgezeichnetes Essen, darunter auch eine gute Tapas-Auswahl. Wer reserviert hat, um etwas zu trinken oder zu Abend zu essen, bekommt auch einen bewachten Parkplatz.

La Habana BAR
(☎ 622-6609; 61 Ariapita Ave, Woodbrook; ⏲ Mo–Sa 11–2, So 18–2 Uhr) Eine immer geschäftige Bar, die bei der wachsenden venezolanischen Community sehr beliebt ist. Am Wochenende stehen scharenweise Leute mit Getränken auf dem Bürgersteig davor. Drinnen legen DJs Latino-Sound auf und die Gäste bevölkern die Tanzfläche bis in die Morgenstunden. Mittwochs ist die Latin Night immer voll. Regelmäßig Getränke zum Sonderpreis und hervorragende Margaritas.

ABSEITS DER ÜBLICHEN PFADE

NIGHTLIFE-TOUREN

Wer gerne die Hotspots des Nachtlebens von Port of Spain mit einem Guide erleben möchte, kann sich an **Island Experiences** (S. 876) wenden. Angeboten wird eine geführte Nightlife-Tour, die in der Regel den Besuch einiger Panyards, eine Calypso-Show und Verkostungen an einigen Streetfood-Ständen beinhaltet. Geführte Club-Touren oder Führungen durch die Bars der Stadt gibt's auch. Das rund zweistündige Vergnügen, inklusive Transfer, kostet ab 60 US$ pro Person.

☆ Unterhaltung

Kaiso Blues Café LIVEMUSIK
(☎ 477-2262; www.facebook.com/kaisobluescafe; 1d Wrightson Rd; Eintritt 50–150 TT$, Karaoke frei; ⏲ 11–23 Uhr) An einem neuen Standort hinter der SWWTU Hall in der Wrightson Road ist dies ein toller Ort, um das ganze Jahr über Livekonzerte mitzuerleben, von Calypso bis Blues, Jazz, Reggae und R&B, mit Auftritten von Nachwuchskünstlern und etablierten Stars. Es gibt auch DJ-Partys (oft mit einer Retro-Playlist), Stand-up-Comedy, Open-Mic-Nights und Karaoke.

Shoppen

Im zentralen Stadtgebiet von Port of Spain, insbesondere um Independence Square, Charlotte und Frederick Street, kann man in den zahlreichen Malls und Galerien so gut wie alles kaufen, von Gewürzen bis zu Stoffen als Meterware. Viele internationale Geschäfte sind in der riesigen **Falls at West Mall** (☎ 632-1239; www.thefallsatwestmalltt.com; Western Main Rd, Westmoorings; ⏲ Mo–Do 10–19, Fr & Sa bis 20, So 12–18 Uhr; 🚻) am westlichen Stadtrand zu finden. Eine hochwertige Auswahl an lokalem Kunsthandwerk, Kleidung und Büchern findet man in der Mini-Mall im Hotel Normandie (S. 872) in St. Ann's.

★ Green Market MARKT
(☎ 221-9116; www.facebook.com/greenmarketsantacruz; Upper Saddle Rd, Santa Cruz; ⏲ Sa & So 6–13 Uhr; 🚻) Auf dem wundervollen Markt im grünen Santa Cruz Valley findet man viele tropische Bioprodukte und auch wundervolle kulinarische Angebote – von *arepas* (Maispfannkuchen) aus Venezuela bis zu kreolischen Gerichten, heißem Kakaotee (heiße Schokolade) und frisch gepressten Säften. Einfach auf einer Bank unter den Bäumen niederlassen und den Brunch im Freien genießen!

★ Cocobel SCHOKOLADE
(☎ 622-1196; www.cocobelchocolate.com; 37 Fitt St, Woodbrook; Geschenkpackungen 60–380 TT$, Riegel 12–80 TT$, Barks 38 TT$; ⏲ Mo–Fr 10–18, Sa 11–15 Uhr) Cocobel-Schokolade aus den feinsten Trinitario-Bohnen gibt's nur auf Trinidad und Tobago, doch sie zählt zur

PANYARDS

Einen großen Teil des Jahres sind Panyards nicht viel mehr als freie Parzellen mit Schuppen, wo Steelbands ihre Instrumente lagern. In der Karnevalszeit werden sie zu lebhaften Proberäumen, die vor Energie und genialem Sound pulsieren. Steelpan-Fans strömen herbei, kaufen Getränke an der Bar und ziehen sich die Musik rein. Panyards geben Einblick in einen der wichtigsten und heiligsten Teile von Trinidads Stadtlandschaft; hier diskutieren Steel-Enthusiasten jeden Wechsel von Tonhöhe und Tempo, und je näher der „Panorama"-Wettbewerb rückt, desto aufregender wird es.

Die Steelbands bereiten sich schon ab Ende September auf den Karneval vor und einige proben und spielen das ganze Jahr über. Um zu erfahren, wo Proben oder Auftritte stattfinden, fragt man sich am besten durch. Oder man wendet sich an die Dachorganisation der Steelpan-Bands **Pan Trinbago** (☎ 623-4486; www.pantrinbago.co.tt; 37 Victoria Sq, Ecke Duke & Melbourne St.).

In folgenden beliebten Panyards sind Besucher willkommen:

Phase II Pan Groove (☎ 627-0909; www.facebook.com/phaseIIpangroove; Hamilton St, Woodbrook)

Renegades (☎ 627-1543; www.facebook.com/bp.renegad; 138 Charlotte St)

Silver Stars (☎ 629-2241; www.facebook.com/silverstarssteel; 56 Tragarete Rd, Newtown)

besten Schokolade der Welt. Jede einzelne Praline ist ein Kunstwerk, von Hand verziert und voller lokaler Aromen wie Maracas-Meersalz, Sauerampfer, das dem Koriander ähnliche *chadon beni* und Guave. Sehr hübsch verpackt und mit dem einzigartigen Aroma Trinidads.

Praktische Information

GEFAHREN & ÄRGERNISSE

Port of Spain ist für seine Kriminalitätsrate verrufen. Besonders in armen Stadtgebieten wie Laventille, die von den meisten Reisenden nie betreten werden, kommt es zu Raubüberfällen und Schießereien (stets in Zusammenhang mit Drogen). Geschäftige Stadtteile wie das Zentrum, Woodbrook, St. Clair, Newtown und die Queen's Park Savannah sind tagsüber sicher.

- Man sollte nachts nicht im Zentrum von Port of Spain und in der Queen's Park Savannah herumspazieren.
- Auf dem Weg zurück ins Hotel besser ein Taxi nehmen als zu Fuß zu gehen.

GELD

Die größten Banken – RBTT, Republic Bank, Royal Bank und First Citizens – haben Filialen an der Park Street östlich der Frederick Street und am Independence Square. Bankfilialen gibt's auch in der West Mall, der Long Circular Mall und an der Ariapita Avenue. Alle haben Geldautomaten (24-Std.-Betrieb).

MEDIZINISCHE VERSORGUNG

General Hospital (☎ 623-2951; 56-57 Charlotte St) Großes öffentliches Krankenhaus mit vollem Service; einfach ausgestattet.

St. Clair Medical Centre (☎ 628-1451; www.medcorpltd.com; 18 Elizabeth St, St. Clair) Privates Krankenhaus; von Expats bevorzugt.

POST

Die TT Post ist überall in der Stadt mit Postämtern vertreten. Sie verkauft Briefmarken und bietet Kurierdienst ebenso wie internationale Postdienste. Zentral gelegen und gut erreichbar ist z. B. das **TT Postamt** (☎ 622-3364; www.ttpost.net; 177 Tragarete Rd, Woodbrook; ⌚ Mo–Fr 8–16 Uhr) in der Tragarete Road.

TOURISTENINFORMATION

Das Tourismusministerium betreibt ein **Büro am Flughafen** (☎ 669-5196; www.gotrinidadandtobago.com; Piarco International Airport; ⌚ 8–23 Uhr), in dem man grundsätzliche Hinweise zu Unterkünften und Sehenswürdigkeiten etc. bekommt, aber in Port of Spain gibt's kein Büro.

Die National Carnival Commission (S. 874) bietet Hintergrundinformationen zum Karneval, während Pan Trinbago Events mit Steelpans ankündigt.

An- & Weiterreise

Fähren nach/von Tobago verkehren am Dock des **Inter-Island Ferry Service** (☎ 625-3055; https://ttitferry.com; Wrightson Rd; einfache Fahrt Erw./Kind 50/25 TT$) an der Wrightson Road. **Wassertaxis** (☎ 624-3281, 800-4987; www.nidco.co.tt; Wrightson Rd; einfache Fahrt 15 TT$; ⌚ Port of Spain nach San Fernando Mo–Fr 6.45, 15.30, 16.30 & 17.40 Uhr) nach San Fernando fahren hier ebenfalls regelmäßig von montags bis freitags. Ein Taxi vom Piarco International Airport (S. 915) nach Port of Spain kostet 30 US$ und nach Woodbrook 35 US$.

Trinidad

0 — 20 km

Karibisches Meer
VENEZUELA
The Dragon's Mouth
Patos
Chacachacare
Huevos
Monos
Gasparee Cave
Gaspar Grande
Scotland Bay
Macqueripe Bay
Tucker Valley
Diego Martin
Chaguaramas
Williams Bay
Fähre nach Tobago
La Vache Point
Maracas Bay
Las Cuevas Bay
Marianne Beach
Blanchisseuse
Paria Bay
Madamas Bay
Paria Falls
Grande Rivere Beach
Matelot
Grande Riviere
Sans Souci
Big Bay
Toco
Galera Point
Salybia Bay
Cumana Bay
Toco Main Rd
Balandra Bay
Saline Bay
Salybia
Rio Seco Waterfall
Seco
Matura
Matura Bay
Nth Coast Rd
Northern Range
Marianne
Brasso Seco
Asa Wright Nature Centre
Mt. St. Benedict
Yerette
Cerro del Aripo (941 m)
Hollis Reservoir
Valencia
Maraval
Saddle Rd
PORT OF SPAIN
Tunapuna
Eastern Main Rd
Arima
Churchill Roosevelt Hwy.
Sangre Grande
Piarco
Piarco International Airport
Caroni-Arena-Damm
Caroni Bird Sanctuary
Caroni Swamp
Manzanilla
Manzanilla Point
Manzanilla Beach
Indian Caribbean Museum
Waterloo Temple
Chaguanas
Felicity
Talparo
Carapichaima
Hanuman Murti and Sri Dattatreya Ashram
ATLANTISCHER OZEAN
Cangrejos Point
Cangrejos Bay
Couva
Lisas Bay
Point Lisas
Golf von Paria
Southern Main Rd
Uriah Butler Hwy
Navet-Damm
Navet
Nariva Swamp
Manzanilla–Mayaro Rd
Cocos Bay
Guatuaro Point
Point Radix
Mayaro Beach
Mayaro
Mayaro Bay
VENEZUELA
TRINIDAD & TOBAGO
Pointe-a-Pierre Wildfowl Trust
New Grant
Poole
Rio Claro
Princes Town
Tableland
La Brea
Otaheite Bay
San Fernando
Point Galba
Guapo Bay
Pitch Lake
Devil's Woodyard
Ortoire
Irois Bay
Point Fortin
Penal
Siparia
Guayaguayare
Galeota Point
Guayaguayare Bay
Cedros Point
Cedros Bay
Granville
Cedros
Icacos Point
Isolate Bay
Erin Bay
Erin Point
Mud Volcano
Moruga
Columbus Channel

Unterwegs vor Ort

Port of Spain ist eine kleine Stadt, deren gesamtes Zentrum man zu Fuß erkunden kann, wobei es angesichts der Hitze wahrscheinlich besser ist, von der Innenstadt nach Woodbrook, St. Clair oder Newtown ein Taxi zu nehmen. Die Sehenswürdigkeiten im Zentrum sind in einer hilfreichen Broschüre mit Stadtspaziergang beschrieben, die man in der Regel in der Touristeninformation am Flughafen Piarco (S. 915) bekommt.

Von der Innenstadt fahren Sammeltaxis nach **St. Ann's** (Hart St, Ecke Frederick St) oder **St. James** (Hart St, Ecke Frederick St). Maxi-Taxis nach **Chaguaramas** (Ecke South Quay & St. Vincent St) fahren über die Ariapita Avenue in Woodbrook und auch in die Nordküstenorte **Maraval, Maracas und Blanchisseuse** (Ecke Charlotte & Park Sts). Ebenso steuern sie vom **Maxi-Taxi Terminal** (Ecke South Quay & Wrightson Rd) Ziele im Osten über den Highway an. Vor den großen Hotels warten Privattaxis. Oder man ruft **St. Christopher's Taxi Co-Op** (☎ 221-6981; www.scttservices.com; 23 Wrightson Rd) an.

Zu den zuverlässigen, örtlichen Autovermietern gehören **Econo-Car** (☎ 622-8072; www.econocarrentalstt.com; 191-193 Western Main Rd, Cocorite) und **Kalloo's** (☎ 622-9073; www.kalloos.com; 31 French St, Woodbrook). Sowohl Econo-Car als auch Kalloo's sind am Flughafen vertreten.

Chaguaramas

Auf der Halbinsel Chaguaramas (tscha-gua-*ra*-mas) an Trinidads nordwestlicher Spitze befand sich im Zweiten Weltkrieg ein Militärstützpunkt der US-Armee, und erst in den 1970er-Jahren wurde sie vollständig an Trinidad zurückgegeben. Heute zieht eine ganze Reihe Jachthäfen Segler an, die die Trockendocks nutzen oder auf besseres Wetter für ihre Weiterreise warten und von Trinidads sicherer Lage südlich des Hurrikangürtels profitieren.

Die Gegend ist ein beliebtes Freizeitziel, das mehrere Strände, einen Golfplatz und Wanderwege im grünen Tucker Valley bietet. An der Küste gibt's auch ein paar familienfreundliche Mini-Themenparks. Von Chaguaramas starten zudem Ausflüge zu einer Inselkette vor der Küste, den **Bocas**. Hoch im Kurs steht Gaspare Grande, besser bekannt als **Gasparee**, wo man Höhlen voller Stalaktiten besichtigen kann, und die am weitesten entfernte, 360 ha große Insel **Chacachacare**, eine frühere Leprakolonie. Bootsausflüge, Wander-, Bade- und historische Touren organisieren Island Experiences (S. 867) oder die **Chaguaramas Development Authority** (☎ 225-4232; www.facebook.com/chaguaramasdevelopmentauthority; 1 Airways Rd; geführte Touren 40–140 TT$), die Verwaltungsbehörde der Halbinsel.

Sehenswertes

Chaguaramas Military Museum MUSEUM
(☎ 722-8765; www.facebook.com/militarymuseumtt; Western Main Rd; Erw. /Kind 50/30 TT$; ⏲ Di–Sa 9–17 Uhr; P 👪) Das faszinierende, privat betriebene Museum für Militärgeschichte und Raumfahrt, das angesichts begrenzter Budgets eine hervorragende Arbeit leistet, gedenkt der Rolle karibischer Soldaten in den Überseekriegen und zeigt Modelle von Schlachtverläufen, Fotos sowie militärische Ausrüstung. Auch ein ausrangiertes BWIA-Passagierflugzeug rostet hier langsam in der Meeresbrise vor sich hin.

Macqueripe Beach STRAND
(Tucker Valley, nahe Western Main Rd; Parkplatz 20 TT$; P) Die Hauptstraße durch das Tucker Valley endet in Macqueripe, dem früheren Badestrand der amerikanischen Truppen. Heute können Besucher hier herrlich in das frische grüne Wasser springen, mit Blick auf die dunstige Küstenlinie Venezuelas und die hübsch gestalteten Gärten an beiden Seiten des steilen Pfads, der zum Sandstrand hinabführt. Auf dem Parkplatz verkauft ein Kiosk Snacks und Getränke.

Aktivitäten & Geführte Touren

Kayak Centre KAJAKFAHREN
(☎ 325-2627; www.facebook.com/kayakcentre.williamsbay; Williams Bay; pro Std./Wochentag, Sa & So Kajak für eine Pers. 30/40 TT$, Tandems 50/60 TT$, SUPs 30/40 TT$; ⏲ 6–18 Uhr) Das coole kleine Unternehmen liegt auf dem Weg von Port of Spain nach Chaguaramas direkt an der Küste und bietet Kajakfahrten und Stand-up-Paddeltouren durch die ruhige Williams Bay. Am Wochenende steigen die Preise um 10 TT$.

Zip-Itt Adventure ABENTEUERSPORT
(☎ 303-7755; www.zipitt.net; Macqueripe Bay, Tucker Valley; Ziplining 200 TT$, Fahrradverleih 1 Std. 60 TT$; ⏲ Di–Fr 10–16, Sa & So bis 16.30 Uhr; 👪) Eine der neun unterschiedlich langen Ziplines schaukelt direkt über der Macqueripe Bay und es gibt fünf Baumkronen-Parcours/Netzbrücken. Die Tickets werden in der Cafeteria am Strandparkplatz verkauft; geschlossene Schuhe sind nötig. Man kann auch Fahrräder ausleihen.

ABSTECHER

KLOSTER MOUNT ST. BENEDICT

Das 240 ha große Benediktinerkloster liegt an einem Hang nördlich von Tunapuna, 13 km östlich von Port of Spain. Mount St. Benedict ist zwar an sich keine große Sehenswürdigkeit, zieht aber Leute an, die in dem abgeschiedenen Gästehaus essen oder übernachten und/oder in den umliegenden Wäldern wandern und Vögel beobachten möchten. Ohne Auto ist es allerdings nicht leicht zu erreichen. Die dicht bewaldeten Hügel hinter dem Kloster bieten Wandermöglichkeiten, und mit etwas Glück sieht man Falken, Eulen und viele bunte Waldvögel, vielleicht auch einen Affen. Die Straße bietet einen Panoramablick über Trinidads zentrale Ebenen.

Das ruhige **Pax Guest House** (☎ 662-4084; www.paxguesthouse.com; Mt. St. Benedict, Tunapuna; EZ mit Frühstück 65–90 US$, DZ 95–120 US$; P ❄) unterhalb des Klosters ist ein schönes Ziel für ein köstliches lokaltypisches Mittagessen (15 US$; 12–13.30 Uhr) oder den Nachmittagstee (50 TT$; 15–16.30 Uhr) mit Scones, Gebäck und süßem Brot aus Trinidad. Im Voraus reservieren! Beliebt und auch zur Vogelbeobachtung geeignet ist die 30-minütige Wanderung über den Pfad zum Feuerturm mit fantastischer Aussicht.

Schlafen & Essen

Bight GÄSTEHAUS $$
(☎ 634-4420; www.peakeyachts.com; Peake's Marina, 5 Western Main Rd; Zi. 85 US$; P ❄ 📶) Einfache ordentliche Zimmer direkt am Wasser und damit eine der schönsten Mittelklasseoptionen der Gegend. Auf der Veranda sitzend schaut man auf abtauchende Pelikane und Jachten, die auf dem Ozean tanzen.

CrewsInn HOTEL $$$
(☎ 607-4000; www.crewsinn.com; Western Main Rd, Point Gourde; DZ mit Frühstück 240 US$; P ❄ @ 🏊) Das luxuriöseste Hotel in Chaguaramas, mit Pool und resortähnlicher Ausstattung. Komfortable, elegante Zimmer mit Patios und allen Annehmlichkeiten. Das Crews Inn liegt in einer Marina mit zwei Restaurants.

U-Pick Vegetable Farm CAFÉ $
(☎ 271-2681; www.facebook.com/upicktt; Tucker Valley Rd; Frühstück ab 40 TT$, Hauptgerichte mittags 50–85 TT$; ⏲ Di–So 7–14 Uhr; 👪) Fantastisches Selbstbedienungslokal – dieses Restaurant eignet sich hervorragend für ein Frühstück oder Mittagessen. Die Auswahl reicht von Bagels mit geräuchertem Lachs bis Huhn und Waffeln oder französischen Brioches sowie Reichhaltigerem wie Omeletts, Fischbrötchen und Spezialitäten wie mit Kräutern mariniertem Lamm. Platz nehmen kann man drinnen oder draußen zwischen hohen Bambusstangen.

★ **Sails** INTERNATIONAL $$
(☎ 634-1712; www.facebook.com/sailstrinidad; Sweet Water Marina, Western Main Rd; Sandwiches & Burger ab 56 TT$, Hauptgerichte 90–350 TT$, Mittagsgerichte 50 TT$; ⏲ tägl. 11–23, Fr bis 24 Uhr; 👪) Beliebter Treffpunkt an Tischen mit Meerblick und einem klimatisierten Innenraum und eins der attraktivsten Lokale von Chaguaramas. Serviert werden Barsnacks und Grillgerichte sowie Steaks, Rippchen und lokale Küche, z. B. Callaloo-Suppe und frischer Fisch oder Meeresfrüchte mit reichhaltigen Beilagen. Auch Pasta und vegetarische Gerichte.

Boqueron FISCH & MEERESFRÜCHTE $$$
(☎ 398-9067; www.boquerontrinidad.com; 256 Western Main Rd, Williams Bay; Hauptgerichte 145–450 TT$; ⏲ Di & Mi 16–21.30, Do & Fr 11–15 & 16–22, Sa 16–22, So 10–15 & 16–22 Uhr) Die Terrasse mit Meerblick des Boqueron im ersten Stock eines markanten strohgedeckten Gebäudes ist genauso einladend wie die erstklassige Speisekarte mit Meeresfrüchten. Sie reicht von Hummer Thermidor, gegrillt mit *pico de gallo* und Tamarinden-Chutney oder mit Pasta und einer Champagnersoße, bis zu Zackenbarsch *en papillote*, Tempura-Fisch nach peruanischer Art und Paella. Erhältlich sind auch reichhaltige Salate und Nudelgerichte sowie ein vegetarisches Gericht.

An- & Weiterreise

Maxi-Taxis (S. 916) mit gelbem Band fahren von Port of Spain nach Chaguaramas, nachts braucht man ein eigenes Fahrzeug oder ein privates Taxi.

Maracas Bay

Maracas Bay, von der Hauptstadt aus nach einer spektakulären 45-minütigen Autofahrt entlang der Küste zu erreichen, ist Trinidads beliebtester Strand. Die lange Bucht aus weißem Sand mit Palmen vor der Kulisse grüner Hügel im Hintergrund übt auf Einheimische und Traveller einen unwiderstehlichen Reiz aus. Trotz der gebogenen Landspitze hämmern oft starke Wellen auf den Sand ein, die sich prima zum Surfen eignen. An Wochenenden kann der Strand recht voll werden, aber unter der Woche fühlt er sich beinahe verlassen an.

Neue Verkaufsstände und Besuchereinrichtungen trüben die Idylle etwas, aber ist man erst einmal an ihnen vorbei, ist der Strand selbst immer noch grandios. Auf der Landseite bietet ein großer Parkplatz Verpflegungsstände für am Wochenende herbeiströmende Besucher. Immer wieder wurde wechselnde Infrastruktur gebaut, aber anhaltende Probleme mit der Kanalisation deuten darauf hin, dass auch künftig nur sporadisch geöffnet sein wird.

Aktivitäten

Maracas Beach STRAND
(North Coast Rd; Umkleidekabinen 1 TT$, Parkplatz 30 TT$; Rettungsschwimmer 10–17 Uhr) Ein herrlicher, von Palmen gesprenkelter Sandstrand vor der Kulisse der grünen Northern Range, der durch Betonbauten für Bake-and-Shark-Ketten zunehmend verschandelt wird. Das wellengepeitschte Wasser eignet sich häufig zum Surfen. Unter der Woche ist der Strand beinahe leer, aber am Wochenende geht's wesentlich lebhafter zu. Insbesondere sonntags erklingt hier Musik und die Trinis kommen in Scharen zum Schwimmen und Faulenzen.

Essen & Ausgehen

Hütten am Strand und gegenüber verkaufen Maracas' berühmte Spezialität Bake and Shark: gewürzte Haisteaks in frittiertem Brot, die man mit Salat und Soßen wie z. B. Tamarinde, Peperoni und *chadon beni* garniert. Haie sind in Trinidad rar geworden, eine nachhaltigere Wahl ist also Königsfisch. Man bekommt auch Pommes, Burger, Pasteten, Hotdogs und weitere Imbissgerichte sowie Bier und Erfrischungsgetränke.

Richard's KARIBISCH $
(328-1676; Maracas Bay Beach; Bake & Shark 35 TT$, Bake & Königsfisch 45 TT$; 8–19 Uhr; P) Man folge den Menschenmengen zu Richard's, einer der beliebtesten Bake-and-Shark-Buden. Die große Bar für frischen Salat bietet eine große Auswahl und die Soßen sind köstlich.

An- & Weiterreise

Maracas ist etwa 40 Autominuten von Port of Spain entfernt. Maxi-Taxis fahren nur unregelmäßig; besser nimmt man ein Taxi oder steigt in einen der Strandshuttles von **Island Experiences** (S. 867). Sie kosten 30 US$ nach Maracas und 40 US$ nach Las Cuevas.

Blanchisseuse

Die Saddle Road, die sich von Port of Spain nach Norden windet, wird bald zur North Coast Road, erklimmt die von Regenwald bedeckten Berge der Northern Range und führt zur karibischen Küste bei Maracas Bay hinab. Weiter östlich verengt sich die Straße und endet in dem kleinen Dorf Blanchisseuse (blan-she-*shuhze*), wo schicke Ferienhäuser die schöne felsige Küste säumen. Zum Baden sind die drei Strände – insbesondere im Herbst und Winter – nicht die besten, aber dafür eignen sie sich gut zum Surfen. Das Dorf Blanchisseuse ist auch der Ausgangspunkt vieler schöner Wanderungen, von Küstentouren zur Paria Bay bis zu Ausflügen zum Baden im kühlen Marianne River.

Schlafen & Essen

Northern Sea View Villa GÄSTEHAUS $
(759-9514; kayakeric@gmail.com; Paria Main Rd; EZ/DZ 150/300 TT$) Gegenüber dem Hauptstrand von Marianne Beach vermietet dieses einfache Gästehaus ein sauberes, schlichtes, von einem Ventilator gekühltes Apartment mit kompletter Küche und einer Veranda mit Gartenblick. Sehr preiswert. Der freundliche Eigentümer organisiert auf Wunsch Mahlzeiten und Wanderungen in der Umgebung.

Second Spring GÄSTEHAUS $$
(669-3909; www.secondspringtnt.com; Lamp Post 191, Paria Main Rd; Studios/Hütten 70/120 US$) Das beste Gästehaus der Gegend vermietet gemütliche hübsche Studios und mit Werken lokaler Künstler dekorierte Hütten für Selbstverpfleger mit Blick auf einen felsigen, aber sehr attraktiven Küstenabschnitt. Hübscher Garten. Eine Treppe führt hinunter zum Meer.

Cocos Hut KARIBISCH $$
(477-5881; Laguna Mar, Paria Main Rd; Hauptgerichte ab 90 TT$; 7–19 Uhr) Direkt an der

ABSTECHER

LAS CUEVAS

Direkt im Osten der Maracas Bay an der North Coast Road liegt mit der ruhigeren und weniger kommerziellen **Las Cuevas** eine weitere wunderschöne Bucht. Klippen und Wälder ragen über der weiten Sandbucht auf, an die das klare blaue Meer schwappt, das ruhiger und sauberer ist als in Maracas. Am westlichen Ende herrschen in der Regel gute Bedingungen zum Surfen. Am besten sind sie in der Mitte, wo Rettungsschwimmer den Strand überwachen und Strandliegen und Sonnenschirme vermietet werden. Am Parkplatz oberhalb des Strands gibt's Umkleidekabinen (1 TT$; 10–18 Uhr). Das Café ist nicht mehr in Betrieb, soll aber wiedereröffnet werden. Verkäufer bieten ab und zu kalte Getränke aus Kühltaschen feil, aber am besten bringt man selbst Erfrischungsgetränke mit. Insektenschutzmittel mitnehmen, denn die Sandflöhe können zur Plage werden.

Straße neben einem Fußweg zum Strand liegt das kleine kuschelige Restaurant **Laguna Mar** (☎ 628-3731, 477-5881; www.lagunamar.com; Mile 65.5, Paria Main Rd; Zi. 550 TT$; P ❄), in der Regel der einzige Ort, wo man hier etwas zu essen bekommt. Es serviert Platten mit frischem Fisch oder Huhn und kaltes Bier und Getränke mit Rum.

An- & Weiterreise

Maxi- und Sammeltaxis fahren selten; man braucht ein Auto, um hierherzukommen.

Brasso Seco

Das kleine Dorf Brasso Seco mitten im dichten Regenwald, der die Northern Range umklammert, lebte in der Vergangenheit vom Anbau von Kakao und anderen Feldfrüchten. Heute hat es sich als einfache Basis für Naturliebhaber neu erfunden, die auf der Suche nach geführten Wander-, Vogelbeobachtungs- oder Kakaotouren sind oder nur ein wenig Einblick in den langsamen – wirklich sehr langsamen – Alltagsrhythmus des ländlichen Trinidad bekommen möchten.

Aktivitäten & Geführte Touren

Schokoladentouren

Das kühle Bergland um Brasso Seco ist ideal für den Anbau von Kakao, ein einst nachlassender Wirtschaftszweig, den das Tourism Action Committee und seine **Brasso Seco Chocolate Company** (☎ 493-4358; www.facebook.com/brassosecochocolates; Brasso Seco Community Centre, Brasso Seco Village; Schokoladentouren 100 TT$; 👪) wiederbelebt haben. Die von der Gemeinde betriebene Kakaoplantage bietet ganz in der Nähe des Dorfs die hervorragende geführte Tour „Vom Kakaobaum zum Schokoladenriegel". Dazu gehören ein Spaziergang durch die Kakaobäume des Manchuria Estate und Demonstrationen der Verarbeitungsprozesse, vom Fermentieren über das Trocknen und Rösten der Bohnen bis zur Herstellung. Schokoladenkostproben sind inbegriffen. Für Gruppen von über fünf Personen kann die Tour mit einem lokalen Mittagessen kombiniert werden. Die Variante „Von der Bohne zum Schokoladenriegel" lässt den Spaziergang durch die Kakaopflanzungen aus und beinhaltet nur eine Demonstration der Schokoladenherstellung im Hauptsitz des Unternehmens.

Wandern

Ein paar spektakuläre Tageswanderungen verschiedener Länge führen von Brasso Seco aus zu Wasserfällen: den Double River Waterfalls, Madamas Falls und Sobo Falls. Die 13 km lange Wanderung von Brasso Seco nach Paria Bay zählt zu den schönsten in ganz Trinidad und führt an den berühmten Paria Falls vorbei. Aus dieser Tour lässt sich eine herrliche Rucksackwanderung entlang der Küste machen, bei der man im Zelt in schönen Buchten übernachtet und den ganzen Weg bis Matelot im Osten zurücklegt. Wanderer mit guter Kondition möchten vielleicht versuchen, den Cerro del Aripo zu besteigen, Trinidads höchsten Berg (941 m).

Wanderungen mit Guides wie z. B. **Carl Fitzjames** (☎ 486-6059; www.brassosecoparia.com; Wanderungen mit bis zu 6 Pers. ab 600 TT$) können über das Tourism Action Committee organisiert werden.

Schlafen & Essen

Pacheco's GÄSTEHAUS $$

(☎ 480-2271; www.brassosecoparia.com; EZ/DZ mit Frühstück 350/700 TT$) Das Pachenco's ist sehr gastfreundlich. Neben der Kirche und von herrlichen Gärten voller Blumen umgeben steht dieses gepflegte Haus mit drei Gästezimmern und einem Sitzbereich. Es ist einfach, aber völlig ausreichend und Mrs. P.s hausgemachte Mahlzeiten und heiße Schokolade sind köstlich.

Praktische Informationen

Tourism Action Committee (☎718-8605, 493-4358; www.brassosecoparia.com; Brasso Seco Paria Visitor Facility, Paria-Morne Bleu Rd; geführte Touren 100 TT$;) Neben der Koordination von Wanderungen, Vogelbeobachtungen und den Kakaoführungen der Schokoladenfabrik von Brasso Seco organisiert die Tourismuskooperative der Gemeinde faszinierende Dorferlebnistouren. Einheimische führen die Teilnehmer durch das Dorf. So erfährt man viel über die ländliche Lebensweise in Trinidad, vom Kaffee- und Obstanbau bis hin zu den traditionellen *brancas*, die hier fürs Räuchern von Fleisch genutzt wurden, bevor das Dorf Stromanschluss bekam.

Das Tourism Action Committee kann auch lokale Unterkünfte, hausgemachte Mahlzeiten und den Transport nach Brasso Seco organisieren. Im Besucherzentrum (mit öffentlichen Toiletten) verkauft es Eis und in Brasso hergestellte Produkte wie Pfeffersoße und Kaffee. Alle Besuche im Voraus buchen, insbesondere wenn man essen möchte.

An- & Weiterreise

Öffentliche Verkehrsmittel sind keine praktikable Möglichkeit, um nach Brasso Seco zu gelangen. Man kann selbst mit einem Mietwagen hinfahren, am einfachsten von Arima aus, obwohl die Straße kurvenreich und löchrig ist. Das Tourism Action Committee kann den Transfer von Port of Spain und anderen Orten in Trinidad arrangieren. Alternativ ist ein Besuch mit Caribbean Discovery Tours (S. 867) möglich, einem Anbieter, der auch Unterkünfte und Mahlzeiten in entlegenen Gebieten organisieren kann.

Grande Riviere

Grande Riviere im Nordosten entspricht am ehesten der Vorstellung eines Orts mit Hotelresorts, ist aber trotzdem noch Welten von anderen karibischen Touristenspots entfernt. Es ist ein friedlicher und magischer Ort mit vielen Naturattraktionen, von einem beeindruckenden zerklüfteten Strand bis zum Regenwald in der Umgebung, voller Wasserfälle und Wanderwege und fantastischen Möglichkeiten, Vögel zu beobachten. Ein paar eher kleine Hotels stehen Liebhabern von Outdooraktivitäten zur Verfügung und das Dorf eignet sich perfekt zum Abschalten. Größte Attraktion sind die Lederschildkröten, die hier zwischen März und August Eier am Strand ablegen. Grand Riviere ist einer der bedeutendsten Nistplätze der Welt; in der Hochsaison kommen nachts Hunderte von Schildkröten zum Eierlegen. Lokale Guides bieten geführte Touren zu den Schildkröten an. Zudem kann man auch hier Trinidads aufstrebende Schokoladenverarbeitung kennenlernen, indem man bei der Schokoladenherstellung im Hauptsitz der Schokoladenfabrik von Grande Riviere zuschaut oder eine Führung durch die örtlichen Kakaoplantagen mitmacht.

Sehenswertes & Aktivitäten

Grande Riviere Beach STRAND

(Paria Main Rd) Überbordend mit Regenwald bestandene Landspitzen säumen den langen breiten Strand an beiden Enden und im Osten erwartet die sich stets verschiebende Lagune des gleichnamigen Flusses Schwimmer mit ruhigem Süßwasser. Das ganze Jahr über liegen in dem groben, karamellfarbenen Sand zerbrochene Schalen von Eiern der Lederschildkröten. Er fällt steil zum turbulenten Wasser ab, in das sich nur gute Schwimmer wagen sollten.

★Grande Riviere Nature Tour Guide Association ÖKOTOUREN

(☎794-4959, 469-1288; grntga@gmail.com; Hosang St; Schildkröten beobachten, inkl. Erlaubnis 100 TT$, Wandern ab 120 TT$, Vogelbeobachtung ab 240 TT$;) Neben hervorragenden Schildkröten-Touren, bei denen Guides Hintergrundinfos zu den Schildkröten und der Eiablage geben, bietet das von der Gemeinde betriebene Unternehmen ganzjährig Wanderungen zu Wasserfällen, Badestellen und selten besuchten Naturwundern der Gegend. Bei den dreistündigen Birdwatching-Ausflügen sieht man viele lokale Vogelarten, darunter den vom Aussterben bedrohten Piping guan (pawi). Der Sitz von GRNTGA befindet sich nahe der Straße zum Strand neben dem Hotel Mt. Plaisir Estate.

Grande Riviere Chocolate Company SCHOKOLADENTOUREN

(☎794-4959, 721-0406; www.facebook.com/destinationchocolatett; Hosang St; 1½–2 Std.-Führung „Von der Bohne zum Schokoriegel" 120 TT$, 3-Std.-Führung „Vom Baum zum Schokoriegel" 240 TT$;) Die gemeinde-

ABSTECHER

ASA WRIGHT NATURE CENTRE

Das **Asa Wright Nature Centre** (☎ 667-4655; www.asawright.org; Arima-Blanchisseuse Rd; Erw./Kind 20/10 US$; ⌚ 9–17 Uhr, geführte Wanderungen 10.30 & 13.30 Uhr; P) eine ehemalige Kakao- und Kaffeeplantage, die in ein 600 ha großes Naturreservat umgewandelt wurde, ist ein Paradies für Vogelbeobachter. Selbst wenn man einen Papagei nicht von einem Sittich unterscheiden kann, lohnt ein Ausflug hierher, denn man sieht zahlreiche farbenfrohe Vogelarten von der Aussichtsplattform auf der Veranda, ebenso Eidechsen und Agutis. Das Zentrum im Regenwald der Northern Range hat auch eine **Lodge** (☎ 667-4655; www.asawright.org; Arima-Blanchisseuse Rd; DZ pro Pers. inkl. Verpflegung 235 US$; P), in der Gruppen geführter Vogelbeobachtungstouren verpflegt werden, und einige Wanderwege, die für Tagesbesucher im Rahmen von geführten Touren zugänglich sind.

Zu den Vogelarten, die hier oft zu sehen sind, zählen Tangaren, Kleidervögel (honeycreepers), Oropendolas, Motmots, Schwarzschnabeltukane, 14 Schmetterlingsarten und viele Raubvögel. In dem Naturreservat gibt's auch ein natürliches Schwimmbecken und eine Höhle, in der eine Kolonie des scheuen nachtaktiven *guacharo* (Fettschwalm) zu Hause ist. Um diese Vögel zu schützen, können nur Gäste der Lodge, die drei Nächte oder länger bleiben, die Höhle besichtigen.

Anbieter wie **Island Experiences** (S. 867) bringen Teilnehmer von Halbtages- oder Ganztagestouren nach Asa Wright.

betriebene Schokoladenfabrik im selben Gebäude wie die Grande Riviere Nature Tour Guide Association bietet Demonstrationen der Schokoladenherstellungsprozesse an, vom Fermentieren und Trocknen bis zur Verwandlung der gerösteten Bohnen in fertige Schokoladenriegel. Dabei wird das süße Fruchtmus einer rohen Kakaobohne probiert und die Geschichte von der Wiederbelebung der hiesigen Kakaoindustrie vermittelt; Kostproben der Schokoladenriegel und eine Tasse heiße Schokolade gibt's auch.

Schlafen

Grand Riviere bietet erholsame Unterkünfte am Strand; man kann sich auch nach preiswerteren Übernachtungsmöglichkeiten im Dorf durchfragen. Alle Unterkünfte senken ihre Preise außerhalb der Schildkrötennistzeit von März bis August.

★ **Mt. Plaisir Estate** BOUTIQUE-HOTEL $$
(☎ 670-1868; www.mtplaisir.com; Hosang St; Zi. mit Frühstück 150–185 US$; P) Dies war das erste Hotel im Dorf und ist immer noch das beste. Die Zimmer für zwei bis sechs Personen öffnen sich zum Strand oder zu einer breiten Holzveranda und sind so nah am Meer, dass man vom Wellenklang in den Schlaf gewiegt wird. Mit Moskitonetzen über Himmelbetten, handgearbeiteten Holzmöbeln und lokaler Kunst bieten sie genau die richtige Mischung aus Shabby-Chic und coolem italienischem Design.

Acajou BOUTIQUE-HOTEL $$
(☎ 670-3771; www.acajoutrinidad.com; 209 Paria Main Rd; Bungalows mit Frühstück 1181 TT$; P) In einem Garten am Fluss gelegen, vermietet das Acajou fünf Bungalows, ausgestattet mit viel Holz sowie weißen Decken und Kissen. Fenstertüren aus Glas öffnen sich zu einem Innenhof mit Hängematten, von denen man den Ozean sieht, und neben dem Fluss führt ein Fußweg zum Meer hinunter. Das Haus ohne Klimaanlage, TV und Telefon ist ein fantastischer Rückzugsort und hat auch ein Restaurant.

Le Grande Almandier HOTEL $$
(☎ 670-1013; www.facebook.com/legrandalmandier; 2 Hosang St; EZ/DZ mit Frühstück 115/167 US$; pai) Die kompakten, aber ordentlichen Zimmer des Le Grande Almandier neben dem Mt. Plaisir Estate haben idyllische Balkons mit Meerblick und sind recht preiswert. Zum Hotel gehört ein legeres Bar-Restaurant.

An- & Weiterreise

Maxi-Taxis fahren nur unregelmäßig, also muss ein Auto gemietet oder ein Taxi genommen werden. Die Fahrt von Port of Spain kostet ca. 130 US$. Alle Hotels können den Transfer organisieren.

Nordostküste

„Wenn du weg bist, bist du weg. Wenn du da bist, bist du da", so sagt man im entlegenen Nordosten. Trotz der schönen zerklüfteten Küste, Wasserfällen, Wanderwegen und zum Baden geeigneten Flüssen sowie Lederschildkröten, die ihre Eier auf den Stränden ablegen, ist der Tourismus hier nur sehr schwach ausgeprägt. Von Blanchisseuse, wo die North Coast Road endet, ist die ruhige Nordostküste nicht zu erreichen. Straßen führen von Matelot im Norden und von Matura im Südosten hierher.

Aber diese wunderbare Abgeschiedenheit ist in Gefahr. Pläne, durch den Bau eines Hafens in Toco die Fahrzeiten der Inselfähren zu verkürzen, sind wieder aufgetaucht. Sie sind Teil eines Entwicklungsplans. Er umfasst einen Kreuzfahrtschiffanleger, einen Jachthafen, Hotels und Serviceeinrichtungen für Offshore-Öl- und Gasplattformen, Langleinen-Fischerboote und Fischverarbeitung. Die Zufahrtsstraße von Valencia wird verbreitert. Sollten die Pläne genehmigt werden, ist das Flair des fernen Nordostens Vergangenheit – ebenso wie Tocos schöner Mission Beach und ein Großteil des ursprünglichen Dorfes.

Sehenswertes & Aktivitäten

★Rio Seco Waterfall WASSERFALL

(nahe Toco Main Rd, Salybia) Direkt hinter der Brücke über den Rio Seco führt ein ausgeschilderter Weg zum Rio-Seco-Wasserfall im Matura National Park. Das beeindruckende Badebecken am Fuß des Wasserfalls mit tiefem klarem Wasser unter einem herrlichen Regenwaldbaldachin ist vom Ausgangspunkt des Wanderwegs in 45 Minuten zu Fuß erreicht. Der Pfad ist ausgeschildert, gut gewartet und leicht ohne Führer zu gehen, allerdings besser in einer Gruppe.

Matura Beach STRAND

(Toco Main Rd, Matura) Dieser wilde naturbelassene Strand mit grobem grauem Sand bietet Lederschildkröten beste Bedingungen zur Eiablage, aber er ist viel zu zerklüftet und von Wind gepeitscht, um hier eine Weile auf dem Handtuch zu faulenzen. In der Zeit von März bis August gehört er zu den am meisten frequentierten Eiablageplätzen, dann ist eine Erlaubnis erforderlich, um ihn nach Einbruch der Dunkelheit zu betreten. Nature Seekers organisiert Führungen zu den Schildkröten.

Sans Souci STRAND

(Toco Main Rd) Das kleine Dorf Sans Souci wenige Kilometer westlich von Toco wartet mit mehreren schönen Stränden auf, an denen die Brandung jedoch so stark ist, dass die Leute hier mehr surfen als baden. Eine ruhige und pittoreske Küste mit auf den Sand rollenden Wellen und Palmen, die wie Betrunkene in der steten Meeresbrise schwanken. Der beste (und größte) Strand ist Big Bay, ein breiter Streifen aus weichem gelbem Sand, der oft alles andere als leer ist.

Saline Beach STRAND

(Toco Main Rd, Salybia; Rettungsschwimmer 10–17 Uhr; P) Zwei große Ferienanlagen verschandeln den Blick in Salybia. Sie sind bei Trinidadern beliebt, um sich eine Pause auf dem Land zu gönnen. Die große Attraktion des Orts liegt vor der Brücke über den Rio Seco, von wo ein Weg hinunter zum Saline Beach führt, einem angesagten Treffpunkt. Feiner gelber Sand trifft hier auf recht ruhiges Wasser im Schutz eines Korallenriffs. In Süßwasser schwimmen kann man an der Flussmündung. Der Strand wird überwacht, es gibt ein WC und an Kiosken werden Snacks und Getränke verkauft.

Galera Point LEUCHTTURM

(Galera Rd, Toco; P) Hinter Tocos Salybia Beach schlängelt sich die Galera Road durch die Landschaft bis zu Trinidads äußerster Nordostspitze, gekrönt vom Galera-Point-Leuchtturm. Durch die Bäume am Rand Richtung Küste sieht man die Wellen, die sich an die Felsen unten brechen, und erkennt gut die Linie, wo die blaue karibische See auf den grünen Atlantik trifft. Auf dem Gelände stehen viele Picknicktische.

Geführte Touren

★Nature Seekers ÖKOTOUREN

(668-7337; www.natureseekers.org; Toco Main Rd, Matura Schildkröten-Touren 25 US$, Wanderungen ab 60 US$) Matura ist die Heimat von Nature Seekers, einer Nonprofit-Organisation der Gemeinde, die Bildungsprogramme anbietet und abendliche Führungen zu den Schildkröten, bei denen man Lederschildkröten aus der Nähe beim Eierlegen beobachten kann, ein faszinierendes Erlebnis. Auch Wanderungen zu Wasserfällen und natürlichen Badebecken in der Umgebung sowie Kajakfahrten werden arrangiert.

Schlafen

Suzan's Palace GÄSTEHAUS $

(☎398-3038; Toco Main Rd, Matura; Zi. 450 TT$) Einfache Zimmer in lokaltypischem Stil in Matura – alle sind sauber und gepflegt und bieten Platz für bis zu vier Personen. Auf Wunsch sind Mahlzeiten erhältlich. Die Lage ist praktisch, um die Schildkrötenführungen von Nature Seekers mitzumachen.

★ **Leatherback Lodge** B&B $$

(☎691-1188; www.leatherbacklodge.com; 70 Upper Rio Grande Trace, Matura; Zi. mit Frühstück 125–140 US$; P Wi-Fi) Hübsches B&B in herrlich ruhiger Lage, vom Matura Beach aus eine kurze Fahrt ins Inland, dessen nette Besitzer Wanderungen und geführte Touren zu Wasserfällen in der Umgebung anbieten. Die einladenden Zimmer haben Deckenventilatoren und öffnen sich zu Patios, in denen Vogelfutter hängt, um Kolibris und die vielen anderen Vogelarten der Gegend anzulocken. Auf Wunsch sind großartige lokaltypische Mahlzeiten erhältlich.

An- & Weiterreise

Das Tor zum Nordosten ist das lebhafte kleine Dorf Valencia kurz nach Ende des Churchill Roosevelt Highway, wo die Valencia Main Road eine T-Kreuzung mit der Toco Main Road bildet, die auf die Nordostküste zuführt. Am bequemsten nimmt man sich ein Taxi (ca. 100 US$ ab Port of Spain) oder kommt mit dem Mietwagen, denn Maxi-Taxis fahren hier nur selten.

Ostküste

Trinidads Ostküste ist wild und ländlich. Die Mischung aus einsamen Stränden und heftiger atlantischer Brandung, Mangrovensümpfen und Kokospalmenplantagen am Meeresufer ergibt eine spektakuläre Landschaft. Die meiste Zeit des Jahres ist es hier sehr ruhig, außer in den Ferien und am Wochenende, wenn Menschen in Scharen nach Manzanilla und Mayaro strömen, um sich am Strand zu erholen, volle Kühltaschen mitbringen und in den sanften Wellen herumplanschen. Die meisten Besucher machen einen Tagesausflug zum Nariva Swamp, dessen Feuchtgebiete und Wälder unter Naturschutz stehen.

Die schöne Fahrt führt über die parallel zum Meer verlaufende Manzanilla-Mayaro Road. Sie durchquert den Cocal, einen dichten Kokospalmenwald, dessen Nüsse in alle Orte der Insel verschifft werden. Hier leben auch einige spannende Vogelarten, z. B. Papageien wie der Rotbauchara.

Sehenswertes

★ **Nariva Swamp** WILDTIERRESERVAT

(Manzanilla-Mayaro Rd) Im Binnenland des Cocal bildet der durch das Ramsar-Abkommen geschützte Nariva Swamp ein rund 60 km² großes Süßwasserfeuchtgebiet, in dem Anacondas und eine kleine Population scheuer Rundschwanzseekühe leben. Um die Schönheit der Gegend zu genießen, bucht man am besten eine geführte Tour bei Caribbean Discovery Tours (S. 867). Die Ausflüge beinhalten eine Wanderung im Bush Bush Wildlife Sanctuary, wo Brüllaffen und weiße Kapuzineraffen zu sehen sind. Zu manchen Touren gehören auch eine Kajakfahrt über die Wasserwege und ein hausgemachtes Curry zum Lunch. Insektenschutzmittel mitnehmen.

Mayaro Beach STRAND

(Manzanilla-Mayaro Rd; ⌚Rettungsschwimmer 10–17 Uhr) Das sich weit über die Landzunge im Süden des Manzanilla Beach erstreckende Mayaro bietet ruhigeres Wasser als der Nachbarort und ist noch attraktiver. Die Einheimischen spielen bei Ebbe auf den flachen Sandflächen Kricket. Ein lebhafter Strandabschnitt liegt parallel zur Church Road südlich des Dorfs Mayaro.

Schlafen & Essen

Queen's Beach Resort HOTEL $$

(☎630-5532; www.queensbeachresort.com; Gould St, Radix Village, Mayaro; DZ 1035 TT$; P ❄ 🏊) Das schickste und bei Weitem attraktivste von mehreren entspannten Hotels an diesem Strandabschnitt. Es hat zwei Pools, einen Whirlpool und eine Sauna sowie ein Restaurant mit lokalen Gerichten. Die Zimmer sind schick und modern, wenn auch ein bisschen kastenartig. Als Tagesgast bezahlt man 150 TT$. Bei der Anfahrt biegt man von der Mayaro-Guayaguayare Road in die Church Street ab und dann rechts in die Gould Street.

★ **Ranch** KARIBISCH $$

(☎223-6798; www.facebook.com/theranchmayaro; Mayaro-Guayaguayare Rd, Mayaro; Snacks 35–80 TT$, Hauptgerichte 65–160 TT$; ⌚Di–So 11–23 Uhr; 👪) Das großartige kleine Lokal hinter dem Dorf Mayaro hat einen klimatisierten Speiseraum und einen Garten im Innenhof. Die lokale Küche reicht von

Hühnchen mit typischen Beilagen aus Trinidad bis zu Garnelen und Hummer, aber das Beste ist ein ganzer Mayaro-Schnapper vom Grill, der perfekt gewürzt ist. Die Imbissgerichte, von Krabbenrücken bis zu gepfeffertem Tintenfisch, sind ebenfalls köstlich. Auch super, um nur etwas zu trinken.

An- & Weiterreise

Um nach Manzanilla, Mayaro und Nariva zu fahren, muss das quirlige Sangre Grande (genannt „sandy grandy") durchquert werden. Von hier führen beschilderte kleine Straßen zur Manzanilla–Mayaro Road. Die meisten Urlauber kommen mit einem Mietwagen oder als Teilnehmer einer geführten Tour nach Nariva.

Westküste

Trinidads Westküste ermöglicht ein tiefes Eintauchen in die indo-trinidadische Kultur. Die Gegend um **Carapichaima** zählt zu den Kernländern der indischen Bevölkerung des Landes, deren Vorfahren zwischen 1845 und 1917 als Vertragsarbeiter nach Trinidad kamen, um die nach der Abschaffung der Sklaverei entstandene Lücke zu füllen. Heute verkaufen unendlich viele Restaurants und Straßenstände köstliche *roti*, Doubles und indische Snacks, und dank der Hindu-Tempel ist die Landschaft noch farbenfroher. Der Westen bietet auch tolle Möglichkeiten zum Birdwatching im Pointe-a-Pierre Wildfowl Trust und im Vogelschutzgebiet Caroni

Sehenswertes

Caroni Bird Sanctuary VOGELSCHUTZGEBIET

(Winston Nanan Caroni Bird Sanctuary; ☎755-7828; www.caronibirdsanctuary.com; Uriah Butler Hwy, Caroni; P 👪) Das 5611 Hektar große Mündungssumpfgebiet aus dichtem Mangrovendickicht, das von teefarbenen Kanälen durchzogen wird, ist vor allem für den Roten Ibis (Scharlachsichler) bekannt, den Nationalvogel von Trinidad und Tobago. Jeden Nachmittag kommen die leuchtend roten Schönheiten zu Tausenden angeflogen, um sich zum Schlafen in die Mangroven des Sumpfs zu setzen, dann sehen die Bäume aus, als hätten sie scharlachrot glitzernde Blüten. Auch wer kein Vogelfan ist, sollte den Anblick der Ibisse, die über den Sumpf fliegen und in den letzten Strahlen der Sonne leuchtend rot erglühen, nicht verpassen.

Das Vogelschutzgebiet liegt nahe dem Uriah Butler Highway, 14 km südlich von Port of Spain; die Abzweigung ist ausgeschildert. Viele Gästehäuser und Hotels in Port of Spain können Ausflüge hierher organisieren, ebenso Touranbieter wie Island Experiences. Wer mit dem eigenen Fahrzeug kommt oder ein Taxi mit Wartezeit (rund 400 TT$ von Port of Spain) anheuert, kann auch direkt beim hervorragenden Anbieter Winston Nanan Caroni Tours eine Bootstour buchen.

Waterloo Temple HINDUISTISCHER TEMPEL

(☎681-4435; Waterloo Rd, Carapichaima; Spenden erwünscht; ⏲6–18 Uhr; P 👪) Den schön am Ende eines Damms an der mittleren Westküste gelegenen Waterloo Temple erbaute der Vertragsarbeiter Sewdass Sadhu fast ganz allein, nachdem der vorherige Bau (auf Land des Staats) abgerissen worden war. Es war ihm eine echte Herzensangelegenheit und er brachte jeden Stein fürs Fundament mit dem Fahrrad zum Rand des Wassers. Bei Flut wird dieser schöne Ort vom flachen Wasser des Paria Golfs umspült. Gebetsflaggen flattern im Wind.

Hanuman Murti & Sri Dattatreya Ashram HINDUISTISCHER TEMPEL

(☎673-5328; www.sridattatreyayogacentrett.com; Datta Drive, Orange Field Rd, Carapichaima; Spenden erwünscht; ⏲Ashram 9–12 & 15–19 Uhr; P 👪) Der farbenfrohe Hanuman Murti, der den Sri Dattatreya Ashram um 26 m überragt, ist das mächtige Wahrzeichen der Hindus auf Trinidad. Fromme Hindus aus dem ganzen Land kommen hierher, um zu beten und andächtig im Kreis um die Statue zu laufen. Der von Kunsthandwerkern aus dem indischen Tamil Nadu erbaute Haupttempel ist prächtig verziert – seine Fassade ist von Skulpturen bedeckt – ein unglaublicher Anblick mitten in einer kleinen Stadt in Trinidad. Weitere kleinere Statuen stehen überall auf dem Gelände.

Indian Caribbean Museum MUSEUM

(☎673-7007; www.icmtt.org; Waterloo Rd, Carapichaima; ⏲Mi–So 10–17 Uhr; P 👪) GRATIS Vom Waterloo-Tempel aus ein Stück Richtung Inland liegt dieses faszinierende Museum, das der Geschichte und dem Leben der Inder auf Trinidad gewidmet ist. Einige wundervolle antike Sitars und Trommeln sind hier ebenso ausgestellt wie Fotografien und Informationstafeln zu den frühen indischen Siedlern. Weitere Attraktionen sind lokale Kunst, traditionelle Hindu-Kleidung, ein Modell einer traditionellen indisch-trinidadischen Küche (mit einem *chulha*, dem

Steinofen, in dem *roti* gebacken werden) und kuriose Bilder von Briten mit ihren indischen Vertragsarbeitern.

Pointe-a-Pierre Wildfowl Trust WILDTIERRESERVAT

(2512 658-4200; www.papwildfowltrust.org; PetroTrin Refinery, Southern Main Rd, Pointe-a-Pierre; 20 TT$; Mo–Fr 9–17, Sa & So 10–17 Uhr, geführte Touren Mo–Fr 9.30 & 13, Sa & So 10.30 & 13 Uhr; P) Als wunderbares Beispiel für Widersprüche erstreckt sich das malerische Vogelschutzgebiet auf 29 Hektar See und Wald in der unpassenden Umgebung der PetroTrin-Ölraffinerie, die ihren Betrieb 2018 eingestellt hat. Es beheimatet etwa 109 Vogelarten, darunter vom Aussterben bedrohte Wasservögel, farbenfrohe Singvögel, Reiher und andere Watvögel sowie eine Brutkolonie Roter Ibisse. Lotus sprenkelt den von Bäumen überragten Hauptsee, um den eine rollstuhlfreundliche Uferpromenade führt. Geführte Touren sind hilfreich, um alle Bewohner zu identifizieren.

Geführte Touren

★ **Winston Nanan Caroni Tours** VOGELBEOBACHTUNG

(645-1305; www.facebook.com/winstonnananecotours; 2½ Std. Bootsausflüge 10 US$;) Nanan, einer der ältesten Anbieter von Bootstouren in Caroni, ist auch der Beste. In die Motorboote mit flachem Boden passen bis zu 30 Passagiere. Sie haben ziemlich leise Motoren, deren Abgase nicht so stinken wie die anderer Boote hier. Die Guides erklären kenntnisreich das Ökosystem des Sumpfes und den Lebensalltag seiner Bewohner. Die Boote gleiten langsam durch die Mangrovenkanäle und halten an, damit man eingehend Schlangen und Ameisenbären betrachten kann, die sich oft in den Bäumen der Umgebung aufhalten. Sie machen auch fest, damit man rastende Rote Ibisse beobachten kann.

Schlafen & Essen

Petrea Place GÄSTEHAUS $$

(658-5322; www.papwildfowltrust.org/petreaplace; 2 Petrea Rd, PetroTrin-Komplex, Pointe-a-Pierre; Zi. mit Frühstück 1050–1470 TT$; P) Petrea Place, das vom gleichen Team wie das fantastische Freebird-Restaurant unterhalb der Gästezimmer geführt wird, ist nach den umgebenden Petrea-Bäumen (Purpurkranz) benannt. Die ruhige Unterkunft ist ideal zur Vogelbeobachtung beim Wildfowl Trust am frühen Morgen oder einfach nur für eine ruhige Auszeit. Die Zimmer mit Bad sind einfach, aber ansprechend, und entweder mit einem Queen- oder Kingsize-Bett ausgestattet.

★ **Freebird** FUSION-KÜCHE $$

(658-5322; www.facebook.com/freebirdtt; 2 Petrea Rd, PetroTrin-Komplex, Pointe-a-Pierre; Hauptgerichte 105–150 TT$, Nachmittagstee 250 TT$, Brunch 325 TT$; Do 15–18, Sa 11–15, So bis 16 Uhr;) Das schicke Restaurant in einem blumengeschmückten Gebäude in der Nähe der Seen des Wildfowl Trust bietet eine verlockende Küche, die gut präsentiert wird und wirklich lecker ist. Die Aromen sind erlesen und jedes Gericht ist perfekt zubereitet: Die Mittagssandwiches, Salate und Burger sind außergewöhnlich und die Vielfalt der Produkte und Brotaufstriche zum Tee und Brunch, die auf eine kulinarische Reise rund um die Welt entführen, ein echtes Highlight.

An- & Weiterreise

Vom Churchill Roosevelt Highway schwenkt der gut beschilderte Uriah Butler Highway parallel zur Westküste Richtung Süden. Alternativ kann man ab Curepe die viel langsamere Strecke über die Southern Main Road nehmen, die hinüber auf die Westseite der Autobahn südlich von Chaguanas führt. Ein Auto ist das beste Verkehrsmittel, um die Gegend zu erkunden.

San Fernando

Trinidads zweitgrößte Stadt San Fernando ist das Zentrum der Gas- und Ölindustrie des Landes. In die Stadt kommen nur wenige Touristen und daher wird es hier jedem gefallen, der komplett in die Landeskultur eintauchen möchte. Das meiste Leben sowie Geschäfte und Stände findet man rund um die Harris Promenade und die Hauptstraße Coffee Street; vom San Fernando Hill bietet sich ein herrliches Panorama. Den spektakulären Pitch Lake erreicht man nach kurzer Fahrt Richtung Süden.

Der langsam vor sich hinblubbernde schwarze **Pitch Lake** (651-1232; Southern Main Rd, La Brea; geführte Tour 30 TT$, Museum frei; 9–17, letzte Führung 16 Uhr; P), ca. 25 km südwestlich von San Fernando und direkt im Süden der kleinen Stadt La Brea, ist Trinidads größte geologische Kuriosität. Die Ureinwohner hielten die 40 ha große Asphaltfläche früher für eine Strafe Gottes. In der Mitte, wo kontinuierlich neuer heißer Asphalt aus den Tiefen der Erde aufsteigt, ist der See um die 75 m tief. Er ist einer von weltweit nur drei Asphaltseen und liefert die größte Menge natürlichen Bitumens.

Die Oberfläche des Sees sieht aus wie ein Tennisplatz aus Ton, der mit faltiger Elefantenhaut bedeckt ist, durchsetzt mit kleinen, von Schilf und Wasserhyazinthen umrandeten Tümpeln. Bei Führungen überquert man mit erfahrenen Guides die stabilen Bereiche. Sie stecken einen Stock in die flüssigen Stellen, um auf die frisch aufgebrochenen Erdpechquellen hinzuweisen. Flache Schuhe sind zu empfehlen. In der Regenzeit sitzen die Leute hier in heißen Becken mit schwefelhaltigem Wasser, dem eine heilende Wirkung zugeschrieben wird. Ein Besucherzentrum vermittelt ein wenig Hintergrundwissen zur Entstehungsgeschichte des Sees, ist aber oft geschlossen.

Bei einem Spaziergang am Pitch Lake kann es sehr heiß werden. Man sollte versuchen, vor 10 Uhr morgens anzukommen und reichlich Sonnencreme auftragen. Auf dem Parkplatz kommen inoffizielle Guides auf Besucher zu, aber ihre Führungen sind meist unterdurchschnittlich. Es ist wesentlich besser, sich für die kompetenten offiziellen Führer zu entscheiden. Sie tragen Namensschilder und rote T-Shirts. Man kann telefonisch reservieren, aber über das Besucherzentrum bekommt man während der Öffnungszeiten immer einen Guide. Am Ende der Tour ist es üblich, ihnen ein Trinkgeld zu geben.

Der **San Fernando Hill** (Circular Courts Rd; ⏲ 9–18 Uhr; P) über dem Ort war früher eine heilige Stätte der Ureinwohner. Heute kann man auf gepflegtem Gelände mit Picknicktischen und weitem Panoramablick über die zentralen Hochebenen wunderbar abschalten und sich erholen. Es gibt ein Café und einen Kinderspielplatz. Man braucht ein Auto, denn die Zugangsstraße ist recht weit vom Zentrum entfernt.

An- & Weiterreise

Das **Wassertaxi** (☎ 652-9980; www.nidco.co.tt; King's Wharf, Lady Hales Ave; eine Strecke 25 TT$) zwischen Port of Spain und San Fernando legt am Kings Wharf ab. Die Stadt liegt am Uriah Butler Highway, ca. 1½ Autostunden von Port of Spain entfernt. PTSC (www.ptsc.co.tt) betreibt Expressbusse zwischen Port of Spain und San Fernando, die ihre Passagiere in der Nähe des Wassertaxiterminals aussteigen lassen. Hier ist auch die Haltestelle der Maxi-Taxis.

TOBAGO

Während auf Trinidad Industrie und Partynächte boomen, kann man auf der kleinen Insel Tobago (an ihrer breitesten Stelle nur 42 km von Trinidad entfernt) mit einem Bier in der Hand in einer Hängematte schaukeln und auf das kristallklare Wasser schauen, das in der Sonne schimmert. Tobago ist zwar stolz auf seine Regenwälder, wundervollen Tauchreviere, beeindruckenden aquamarinblauen Buchten und Naturschutzgebiete, legt aber nicht unbedingt Wert darauf, in einem Beach-Boy-Song vorzukommen. Touristen werden hier eher träge als schwungvoll empfangen und haben die Wahl zwischen plüschigen Hotels am Meer und kleinen dörflichen Gästehäusern, von denen man mit sandigen nackten Füßen direkt in die Open-Air-Bar läuft, um sich mit den rumtrinkenden Einheimischen zu amüsieren.

Geführte Touren

Catamaran Picante BOOTSTOUREN
(☎ 620-4750, 369-8814; www.yachtpleasures.com; ganzer Tag 100 US$) Herrliche Tage auf dem Ozean an Bord dieses 12,8 m langen Katamarans mit überdachtem Sitzbereich, WC und Matten zum Sonnenbaden auf dem Deck zwischen den beiden vorderen Rümpfen. Die Ausflüge starten von Store Bay und führen an der vom Wind abgewandten Leeward Coast entlang, inklusive Schnorcheln und Mittagessen in der entlegenen Cotton Bay. Im Preis enthalten sind die Abholung aus Tobagos Südwesten, das Mittagessen, Snacks sowie Bier, Rumpunsch und nicht alkoholische Getränke.

NG Nature Tours VOGELBEOBACHTUNG
(☎ 754-7881, 660-5463; www.newtongeorge.com; geführte Touren 50–120 US$) Newton George hat viele Jahre Erfahrung und ist einer der besten Vogelbeobachtungsguides auf Tobago. Er bietet geführte Touren zu allen Hotspots auf der Insel, von den Feuchtgebieten über Little Tobago bis zum Forest Reserve, die auch auf die Wünsche der Gäste zugeschnitten werden können.

Peter Cox Nature Tours WILDTIERE
(☎ 751-5822; www.petercoxnaturetours.com; 50–120 US$ pro Pers.) Eine gute Wahl für ambitionierte Ornithologen. Schwerpunkt der geführten Touren auf der ganzen Insel ist das Birdwatching, aber Wanderungen, Wasserfälle, Schildkrötentouren und Inselausflüge stehen ebenfalls auf dem Programm.

Tobago

0 — 10 km

St. Giles Islands
Iguana Bay
North Point
Flagstaff Hill (350 m)
Pirate's Bay
Man of War Bay
Charlotteville
Man of War Bay
Fort Cambleton
Sisters Rocks
Brothers Rocks
Corvo Point
L'Anse Fourmi
Bloody Bay
Parlatuvier Bay
Parlatuvier
Englishman's Bay
Gilpin Trace
Roxborough–Parlatuvier Rd
Pigeon Peak (576 m)
Speyside
Batteaux Bay
Tyrrel's Bay
Goat Island
Speyside-Aussichtspunkt
Little Tobago
Lucy Vale Bay
Karibisches Meer
Heavenly Bay
Castara Bay
Castara
Big Bay
Tobago Forest Reserve
Argyle
Delaford
Cape Gracias-a-Dios
King's Bay
Pedro Point
Roxborough
Argyle Falls
Tobago Cocoa Estate
King Peter's Bay
Northside Rd
Culloden Bay
Moriah
Arnos Vale Rd
Prince's Bay
Queen's Bay
Queen's Island
Richmond
Richmond Island
Arnos Vale Bay
Arnos Vale
Plymouth
Fort James
Adventure Farm & Nature Reserve
Mason Hall
Hillsborough-Damm
Turtle Beach
Plymouth Rd
Fort Bennett
Black Rock
Corbin Local Wildlife Park
Mt. St. George
Windward Rd
Goldsborough Bay
Stonehaven Bay
Pleasant Prospect
Mt Irvine Bay
Kimme Sculpture Museum
Fort Granby
Buccoo Reef & Nylon Pool
Auchenskeoch-Buccoo Bay Rd
Scarborough
Barbados Bay
Granby Point
Smith's Island
Buccoo
Buccoo Bay
Golfplatz
Claude Noel Hwy
Fort King George
Rockly Bay
Minister Bay
Bacolet Bay
Atlantischer Ozean
Pigeon Point
Shirvan Rd
Buccoo Rd
Old Milford Rd
Fähre nach Trinidad
Store Bay
Milford Rd
Fort Milford
Store Bay Local Rd
Little Rockly Bay
ANR Robinson International Airport
Crown Point
Canoe Bay
Petit Trou Lagoon
Columbus Point

TAUCHEN AUF TOBAGO

Auf Tobago lässt es sich hervorragend tauchen. Nährstoffreiche Gewässer, die von den Mündungen nordamerikanischer Flüsse herangespült werden, beherbergen eine große Vielfalt an Meerestieren, von Schwärmen tropischer Fische bis zu Rochen. Um den Nordosten der Insel ist aufregendes Drift-Tauchen möglich und im Südwesten wartet Tobago mit vielen ruhigeren Tauchplätzen auf. Ambitionierte Tauchurlauber übernachten meist in Speyside und Charlotteville, aber auch die Tauchunternehmen in Crown Point bieten Transfers zu den besten Tauchplätzen auf der gesamten Insel. Unter www.tobagoscubadiving.com findet man Listen von Tauchanbietern, die Mitglieder der Association of Tobago Dive Operators sind. In Roxborough, einem Dorf an der Südostküste, gibt's eine Dekompressionskammer.

R&Sea Divers (☎ 639-8120; www.rseadivers.com; Shepherd's Inn, Store Bay Local Rd; Tauchgänge ab 45 US$) Der Tauchanbieter R&Sea Divers ist sicher, professionell und freundlich und bereits seit langer Zeit eine etablierte Einrichtung der Professional Association of Diving Instructors (PADI). Die Mitarbeiter holen Taucher aus ihren Hotels auf der ganzen Insel ab.

Undersea Tobago (☎ 631-2626; www.underseatobago.com; Coco Reef Hotel, Milford Rd; Tauchgänge 50 US$, einstünd. Schnorcheltouren 20 US$) Der zuverlässige Tauchanbieter im Coco Reef Resort (☎ 639-8571; www.facebook.com/cocoreeftobago; Milford Rd; DZ mit Frühstück 510 US$; P ❄ 📶 🏊) ist sehr auf Sicherheit bedacht und verwendet erstklassige Ausrüstung. Er bietet auch Bootsfahrten zum Schnorcheln im Buccoo Reef an.

Mountain Biking Tobago RADFAHREN
(☎ 681-5695; www.mountainbikingtobago.com; ab 50 US$ pro Pers.) Der Besitzer Sean de Freitas, ein offener und ehrlicher Guide, vermietet solide Mountainbikes sowie Radfahrerausrüstung. Seine Radtour zu den Highland-Wasserfällen ist absolut klasse und endet am fantastischen Badebecken eines Wasserfalls. Er bietet auch geführte Autotouren an.

An- & Weiterreise

FLUGZEUG

Die meisten Besucher kommen mit einem 20-minütigen Flug von Trinidad nach Tobago oder direkt mit dem Flugzeug aus Europa. Wie Tobago selbst ist auch der ANR Robinson International Airport (S. 915) klein, entspannt und selten hektisch. Es gab Pläne, ihn zu renovieren und zu erweitern, deren Realisierung allerdings wohl noch einige Jahre auf sich warten lässt.

SCHIFF/FÄHRE

Passagierfähren von Inter-Island Ferry Service (S. 877) pendeln zwischen Port of Spain auf Trinidad und Scarborough auf Tobago.

Unterwegs vor Ort

Tobagos Städte sind klein und lassen sich leicht zu Fuß erkunden. Für weitere Fahrten mietet man ein Auto oder engagiert einen Fahrer für einen Tag. Busse sind langsam und fahren unregelmäßig, bedienen aber die ganze Insel.

AUTO

Wenn man die Insel entdecken möchte, lohnt sich ein Mietwagen für ein bis zwei Tage. Im Südwesten gibt's genügend Tankstellen, in anderen Regionen weniger, also am besten volltanken, wenn sich die Gelegenheit bietet. Auf Tobago gibt's viele Autovermietungen, aber nicht alle genügen internationalen Standards. Durch Vermittler wie z. B. **Yes Tourism** (☎ 357-0064; www.yes-tourism.com; 7 De Freitas Dr, All Fields Trace, Lowlands) bekommt man ein zuverlässiges Fahrzeug zu einem guten Preis, ebenso bei folgenden Anbietern:

Econo Car (☎ 622-8074; www.econocarrentalstt.com; ANR Robinson Airport)

KCNN (☎ 682-2888; www.tobagocarhire.com; Ecke Alfred Cres & Dillon St, Bon Accord)

Sheppy's (☎ 639-1543; www.tobagocarrental.com; Palm Eagles Dr, Store Bay Local Rd)

BUS

Der Busbahnhof von Scarborough liegt einen kurzen Fußweg vom Fähranleger entfernt in der Nähe der Milford Road auf der Sangster Hill Road. Von hier steuern Busse die meisten Orten der Insel an. Busse nach/von Crown Point (2 TT$) fahren von 5–20 Uhr stündlich. Weitere Infos zum Fahrplan bekommt man unter 639 2293.

TAXI

Taxis vom ANR Robinson International Airport zu den Hotels rund um Crown Point kosten um die 50 TT$, nach Scarborough, Mount Irvine oder Buccoo 100 TT$ und nach Charlotteville 450 TT$. Die Preise für die ganze Insel stehen auf einer Tafel vor dem Ausgang der Ankunftshalle (vor dem Verlassen des Gebäudes nicht vergessen, sich die aktuellen Preise anzusehen). Die Fahrer warten auf landende Maschinen. Lizenzierte Taxis kann man unter 639 0950 rufen.

Sammeltaxis können eine gute und preiswerte Wahl sein, um zwischen den Buchten hin- und herzufahren. Man braucht sie nur per Handsignal am Straßenrand anzuhalten – offizielle Fahrzeuge haben ein H auf dem Nummernschild.

Crown Point

Crown Point erstreckt sich über die Südwestspitze von Tobago und ist mit vielfältigen Unterkünften und Restaurants und etwas Nachtleben der touristische Dreh- und Angelpunkt der Insel. Dank der attraktiven Strände, einschließlich Tobagos einziger typisch karibischer Küste mit weißem Sandstrand, und guter Infrastruktur verweilen viele Touristen hier, aber wer mehr vom Charme Tobagos erleben möchte, sollte weiter nach Osten reisen und weitere Teile der Insel entdecken.

Sehenswertes

Pigeon Point STRAND
(☎639-0601; www.pigeonpoint.tt; Pigeon Point Rd; Erw./Kind 20/10 TT$; ⏲9–17 Uhr; P) Pigeon Point, der Gourmet-Strand von Tobago kostet Eintritt. Auf dem gepflegten Gelände und an dem breiten Strand gibt's Bars, Restaurants, Toiletten und Duschen. Der palmengesäumte perfekte Postkartenstrand hat feinen weißen Sand und milchig-blaues Wasser; die Wellen an der Landspitze sind ideal zum Wind- und Kitesurfen mit Radical Watersports. Der palmengesäumte Sandstrand vor dem Haupteingang ist wilder und lädt zu einem Spaziergang ein – Vorsicht vor herunterfallenden Kokosnüssen!

Buccoo Reef BOOTSTOUREN
Das riesige Buccoo Reef, das sich zwischen Pigeon Point und Buccoo Bay vor der Küste erstreckt, ist seit 1973 Meeresschutzpark und seit 2006 nach dem Ramsar-Abkommen geschützt. Das Saumriff besteht aus fünf Riffdächern, die durch tiefe Kanäle voneinander getrennt sind. Der große Reichtum an Flora und Fauna – schillernde Schwämme, Hartkorallen und tropische Fische – lässt Meeresbiologen schwindelig werden. Trotz der Bemühungen von Umweltschutzgruppen haben einige Abschnitte des Buccoo Reef durch zu starken Andrang und zu wenig Schutz Schaden genommen.

Das Riff liegt zu weit draußen, um hinzuschwimmen, sodass die meisten Besucher es bei einer Fahrt mit dem Glasbodenboot ab Store Bay und Pigeon Point erkunden. Die Boote gleiten über das Riff, das an den meisten Stellen nur einen oder zwei Meter unter der Wasseroberfläche liegt, machen einen Zwischenstopp zum Schnorcheln und zum Schluss einen Badestopp im **Nylon Pool**, einer ruhigen flachen Stelle mit sandigem Grund und klarem türkisfarbenen Wasser in der Mitte der Buccoo Bay. Die Fahrten der Anbieter unterscheiden sich nicht groß. Meist kostet eine zweistündige Tour 120 TT$ pro Person (wer handelt, bekommt oft Rabatt). In der Regel läuft an Bord laute *soca*-Musik und es werden Getränke verkauft. Schlepper werben die Teilnehmer in der Store Bay und an den Stränden von Pigeon Point an.

Längere Schnorcheltouren veranstalten **Zoe Snorkeling Charters** (www.snorkeltobago.com; Radical Sports, Pigeon Point Beach; 3-Std.-Tour Erw./Kind 80/40 US$) und **Pops Tours** (☎383-2348, 738-8226; www.popstourstobago.com; ⏲ Bootstouren 65–90 US$ pro Pers., Freizeit-/Sportfischen ab 75/150 US$).

Store Bay STRAND
(Milford Rd; ⏲Rettungsschwimmer 10–17 Uhr; P) Store Bay, fünf Minuten zu Fuß vom Flughafen entfernt und der bevorzugte Küstenabschnitt für Feriengäste aus Trinidad, bietet feinen weißen Sand und das ganze Jahr über hervorragende Badebedingungen. Von der Bucht aus starten die meisten Glasbodenboot-Ausflüge zum Buccoo Reef: Verkäufer bieten neben diesen Touren auch Fahrten mit Jetskis und Bananenbooten an und vermieten Sonnenschirme und Liegen. Zur Infrastruktur gehören Duschen/WCs (5 TT$) und an der Fußgängerpromenade oberhalb des Strands werden in einer Ansammlung von selbst gezimmerten Hütten, Bars und Imbissständen köstliche lokaltypische Mittagsgerichte verkauft.

Aktivitäten & Geführte Touren

★ **Radical Watersports** WASSERSPORT
(☎728-5483, 631-5150; www.radicalsportstobago.com; Pigeon Point Beach; Kiteboards (2 Std.) ab 75 US$, Kurs ab 190 US$, Windsurfingausrüstung pro Std. 45 US$, Kurs ab 70 US$, Kajaks /SUPs pro Std. 22 US$, Segelkurs 65 US$; ⏲9–17 Uhr) Ra-

dical Watersports im Norden des Pigeon Point Beach ist ein Zentrum für Windsportarten, das hochwertige Ausrüstung verleiht und Kurse anbietet. Vermietet werden auch Kajaks und Stand-up-Paddelbretter (SUPs), ideal, um das „Niemandsland" voller Mangroven und die einsamen Strände im Osten zu erkunden. Alle Angebote sind auch für Kinder erhältlich.

★ Stand-Up Paddle Tobago ÖKOTOUREN
(☎ 681-4741; www.standuppaddletobago.com; Radical Watersports, Pigeon Point Beach; Kurs 60 US$, Biolumineszenz-Tour 60 US$, Tagestour 120 US$; 👪) Fantastisch und ein Highlight sind hier die nächtlichen Kajak- oder Stand-up-Paddeltouren durch das durch Biolumineszenz leuchtende Wasser der Bon-Accord-Lagune; am Tag kann man die Umgebung des Pigeon Point mit dem SUP erkunden oder an abenteuerlichen, ganztägigen geführten Touren teilnehmen. Die Ausrüstung ist von bester Qualität und die Mitarbeiter sind kompetent und professionell.

Friendship Riding Stables REITEN
(☎ 660-8563, 308-7201; www.friendshipridingstables.com; Friendship Estate; Reiten ab 250–400 TT$) In der Nähe der Canoe Bay unternimmt das zu Recht Friendship Riding Stables genannte Unternehmen abenteuerliche Ausritte durch Wälder und hinunter zum Meer.

Schlafen

Crown Point bietet alles von preiswerten Gästehäusern bis zu Luxusresorts und ist eine großartige Basis in der Nähe der lebhaften Strände, Restaurants und Ausgehadressen.

★ Dimples Apartments APARTMENTS $
(☎ 660-8156, 786-8134; www.dimples-apartments.com; Store Bay Branch Rd; Apt. 300 TT$; ❄ 📶) Fantastisches Preis-Leistungs-Verhältnis! Die attraktiven Apartments haben Essraum/Küche und ein klimatisiertes Schlafzimmer und werden von den Besitzern aus Tobago und England sehr gut gepflegt. Sie bauen in der Nähe eine weitere Anlage mit Pool. Das Dimples liegt versteckt in einem ruhigen Wohngebiet nahe der Store Bay Local Road. Zum Store Bay Beach und der Restaurantmeile von Crown Point sind es zehn Minuten zu Fuß.

Hummingbird Hotel BOUTIQUE-HOTEL $
(☎ 635-0241; www.hummingbirdtobago.com; 128 Store Bay Local Rd; Zi. 60–75 US$, mit Küche 100 US$; P ❄ 📶 🏊) Gastfreundliches und effizient geführtes kleines Hotel mit tadellosen, einladenden Zimmern, die sich um einen Pool gruppieren. Frühstück ist erhältlich. Die Store Bay Beach und die Bars und Restaurants von Crown Point liegen nur einen kurzen Fußweg entfernt.

Bananaquit GÄSTEHAUS $
(☎ 368-3539; www.bananaquit.com; Store Bay Local Rd; Studios/Apt. ab 60/80 US$; ❄ 📶) Die Anordnung der großen Studios und Apartments um einen Innenhof mit Garten schafft Gemeinschaftsgefühl. In den sauberen, komfortablen und schön eingerichteten Lofts im Obergeschoss können bis zu sechs Personen schlafen. In fünf Minuten zu Fuß erreicht man den Store Bay Beach und die Restaurants von Crown Point. Das Restaurant der Anlage serviert Frühstück und Snacks.

Surfside Hotel HOTEL $
(☎ 639-0614; www.surfsidehotel.online; Pigeon Point Rd; Studios/Apt. 325/400 TT$; P ❄ 📶 🏊) Es liegt mitten im Trubel an der Straße nach Pigeon Point und ist von Bars und Restaurants umgeben. Eine gute Wahl für Traveller, die ihr Budget schonen wollen, und hochbeliebt bei Gästen aus Trinidad. Die Zimmer für Selbstversorger sind etwas in die Jahre gekommen, aber preisgünstig und mit Kabel-TV ausgestattet.

Sandy's Guesthouse GÄSTEHAUS $
(☎ 639-9221; Store Bay Local Rd; Zi. 300 TT$; ❄ 📶) Die Zimmer und die Gemeinschaftsküche im typischen Tobago-Heim von Valerie Sandy sind einfach, aber tadellos sauber und verfügen über Kabel-TV und Klimaanlage. Sie gehören zu den preiswertesten der Gegend.

Native Abode BOUTIQUE-HOTEL $$
(☎ 631-1285; www.nativeabode.com; 13 Village St, Gaskin Bay Rd, Bon Accord; Zi. mit Frühstück 145 US$; P ❄ 📶) Das hübsche kleine Gästehaus liegt in einer Nebenstraße mit vielen Bäumen, die über die Store Bay Local Road und dann die Gaskin Bay Road erreicht wird. Die sauberen, modernen und einladenden Zimmer sind hochwertig eingerichtet und haben eine Kitchenette, aber Frühstück gibt's trotzdem. Der herrliche Garten der Besitzer steht voller Obstbäume und lädt zum Chillen ein.

★ Kariwak Village Holistic Haven HOTEL $$$
(☎ 639-8442; www.kariwak.com; Store Bay Local Rd; DZ mit Frühstück 225–250 US$; P ❄ 📶 🏊)

Zum Store Bay Beach sind es nur fünf Minuten zu Fuß und das Kariwak ist trotz der zentralen Lage unglaublich ruhig. Moderne Hütten säumen Wege, die sich an plätschernden Wasserläufen vorbei durch einen tropischen Garten voller Blumen winden, in dem auch eine strohgedeckte Yoga-*ajoupa* (offene Hütte) steht. Es ist rustikal und erfrischend zugleich. Geboten werden ein Kräutergarten mit organisch-biologischem Anbau, zwei Pools (in einem speist ein Wasserfall einen Whirlpool), Yoga-Kurse und ein hervorragendes Restaurant.

Essen & Ausgehen

In Crown Point gibt's die meisten Restaurants auf Tobago, von lebhaften nahöstlichen Lokalen bis zu italienischen Bistros und einheimischen Meeresfrüchterestaurants. Die Imbisshütten gegenüber vom Store Bay Beach sind für ein Mittagessen mit die besten Adressen. Serviert werden Köstlichkeiten wie *roti*, Curry Crab and Dumplings und einfache Tellergerichte (ab 60 TT$).

Time to Wine FRÜHSTÜCK $

(639-7212; www.facebook.com/timetowinetrinidadandtobago; 281 Store Bay Local Rd, über dem Bananaquit-Hotel; Frühstück ab 25 TT$; 7–22 Uhr;) Ein einladender Ort für ein Frühstück. Ausgezeichneter Service und Tische auf einem luftigen Balkon mit Blick auf Crown Point. Man kann Eier auf jede gewünschte Art bestellen sowie Pfannkuchen, gegrillte Käsesandwiches und Joghurt mit Früchten. Statt Kaffee am Morgen bekommt man auf Wunsch auch ein Glas Weißweinsangria. Ebenfalls großartig geeignet, um Wein (offene Weine und Flaschenweine) oder Cocktails zu trinken.

Yasraj Roti Hutt KARIBISCH $

(332-5705; Crusoe's Village, Pigeon Point Rd; *roti* ab 30 TT$; 6–17.30 Uhr, Mi geschlossen;) Von der Qualität der Currys in diesem zuverlässigen *roti*-Laden wird man nicht enttäuscht. Zum Frühstück wird Auberginen- oder Tomaten-*choka* und *sada roti* serviert. Die *roti* sind hervorragend. Zu den Füllungen zählen Huhn, Ente, Garnelen, Ziegenfleisch und Gemüse. Zudem gibt's Pasteten und sehr leckere *pholouri*.

★ **Tobago Paradise Travel & Grill** FISCH & MEERESFRÜCHTE $$

(344-1703; Pigeon Point Rd; Hummer ab 200 TT$; 17.30–22 Uhr) Am Strand kann man nicht besser essen als an diesen Tischen auf einer rustikalen Terrasse, nur wenige Schritte vom Meer entfernt. Spezialität des Hauses ist in Knoblauchbutter gegrillter Hummer, aber man kann auch frische Garnelen und Fisch mit lokaltypischen Soßen und Beilagen bestellen. Das kleine Restaurant ist beliebt, also reservieren. Mittagessen gibt's ausschließlich mit Reservierung. Alkohol wird nicht ausgeschenkt, darf aber selbst mitgebracht werden.

★ **Brown Cow** FUSION-KÜCHE $$

(324-2564; www.facebook.com/browncowtobago; Milford Rd; mittags Hauptgerichte 51–84 TT$, abends Hauptgerichte 185–202 TT$, Sushi ab 85 TT$; 12–17 & 18–22 Uhr;) Das kleine, hervorragende Restaurant zählt zu den kreativsten Küchen auf Tobago und verwendet viele lokale Produkte. Zum Mittagessen gibt's z. B. Suppen (Ochsenschwanz, Fisch oder Gemüse), sättigende Salate, von Grünkohl und Caprese mit gegrillten Kochbananen bis zu gebratenem Ratatouille und Kartoffeln, Lamm- oder Hacksteak-Sandwiches und Pastagerichte. Auf der Abendkarte stehen u. a. Feuertopf mit Meeresfrüchten, Huhn auf drei Arten und pfannengebratener Fisch auf *dasheen*-(Tarowurzel-)Rösti.

★ **Kariwak Village** KARIBISCH $$

(639-8442; www.kariwak.com; Kariwak Village Hotel, Store Bay Local Rd; Frühstück 70–90 TT$, Mittagessen 100–145 TT$, Abendessen 210–230 TT$; 7.30–10, 12.30–14.30 & 19–21.30 Uhr;) Unter dem strohgedeckten Dach und zwischen den Korallensteinwänden bietet das Open-Air-Restaurant Highlights der karibischen Küche, zubereitet mit frischen Biokräutern und Gemüse aus dem Garten. Zum Frühstück gibt's lokale Spezialitäten wie gebratenen Fisch und auch hausgemachten Joghurt and Granola (Knuspermüsli). Die festen Menüs zum Mittag- und Abendessen beinhalten gegrillten Fisch, Fleisch und Meeresfrüchte (plus ein vegetarisches Gericht zur Auswahl) und werden mit viel Liebe zubereitet.

La Cantina PIZZA $$

(639-8242; www.lacantinapizzeria.com; RBTT Compound, Milford Rd; Pizzas 109–175 TT$; Mo & Do–Sa 12–21.45, Di & Mi 12–14.45 & 18–21.45, So 18–21.45 Uhr;) Das geschäftige Lokal versteckt sich auf einem Grundstück am Wasser nahe der Milford Road. Seine Tische stehen draußen und im klimatisierten Innenraum. Im Steinofen gebackene, authentische italienische Pizzas in großer

Auswahl. Man kann dabei zusehen, wie der Koch den Teig knetet und die Beläge hinzufügt. Gute Salate und schneller Service. Auch zum Mitnehmen.

Pasta Gallery ITALIENISCH $$
(☎727-8200; www.pastagallery.net; Pigeon Point Rd; Hauptgerichte 75–115 TT$; ⏲18.30–22 Uhr, Di & Mi geschlossen; 🌱 👪) Süßes kleines Pasta-Lokal mit Tischen drinnen und auf einer Terrasse davor. Die von einem italienischen Koch zubereitete Pasta ist stets lecker. Es gibt alles, von Fettuccine mit Räucherlachs oder Garnelen bis zu Spaghetti mit Meeresfrüchten oder klassischer Carbonara-Soße sowie Rinderhack-Lasagne, gute Bruschetta und Salat des Hauses. Gute Auswahl italienischer Weine. Auch glutenfreie Pasta.

★ **Bago's Beach Bar** BAR
(Pigeon Point Rd; ⏲10 Uhr bis spät) Direkt am Strand, dort wo die Pigeon Point Road nach rechts abzweigt, serviert die coole, kleine Bar kalte Getränke und mixt auch einen Rumpunsch, der es in sich hat. Großartig, um den Sonnenuntergang zu beobachten; der Strand eignet sich hervorragend zum Schwimmen.

ℹ Praktische Informationen

Banken findet man in Crown Point am Flughafen und entlang der Milford Road in der Nähe von Store Bay. Alle haben Geldautomaten (24 Std.).

Touristeninformation (☎639-0509; www.visittobago.gov.tt; ANR Robinson International Airport; ⏲8–22 Uhr) Die Mitarbeiter stellen nur grundsätzliche Informationen zur Verfügung sowie die hilfreichen kostenlosen Besuchermagazine *Discover Trinidad & Tobago* und *Ins & Outs of Trinidad & Tobago*.

ℹ Anreise & Unterwegs vor Ort

Internationale und Inlandsflüge landen auf dem ANR Robinson Airport (S. 915), wo Taxis in einer Reihe auf ankommende Passagiere warten. Die inselweit geltenden Tarife stehen auf einer Tafel vor dem Ausgang der Ankunftshalle. Taxis sind in Crown Point überall leicht zu finden. Taxifahrer halten überall und bieten ihre Dienste an. Sammeltaxis fahren auf der Milford Road und sind für kleine Strecken eine gute Option.

Buccoo

Obwohl Fischerboote den schmalen, weißen Sandstrand am Ende des Dorfes für sich in Anspruch nehmen, ist die palmengesäumte, geschwungene Bucht von Buccoo sehr spektakulär und noch völlig unerschlossen, abgesehen von der Fischverarbeitungsanlage und den Restaurants und Bars der emporragenden Buccoo Integrated Facility, einem Mehrzweckbau aus Beton. So schön der Strand von Buccoo auch ist, eignet er sich nicht wirklich dazu, das Handtuch fallen zu lassen, um den ganzen Tag hier zu verbringen. Eine Strandszene hat sich hier nicht etabliert, aber das ruhige saubere Wasser lädt zum Baden ein, und es ist immer ein Vergnügen, am Strand entlang Richtung Landzunge zu spazieren. Vor allem aber steht das eng zusammengewachsene Dorf für echtes lokales Flair: freundliche Menschen, die es gelassen angehen, atemberaubende Sonnenuntergänge über der Bucht und wöchentlich eine berühmt-berüchtigte Sunday-School-Straßenparty in und um das Mehrzweckgebäude. Auch für fantastische erholsame Ausritte ist der Strand ein beliebtes Ziel.

Geführte Touren

★ **Being with Horses** REITEN
(☎639-0953; www.being-with-horses.com; 14 Galla Trace; Baden & Ausritt 100 US$, Angebot „Being with horses" 50 US$; 👪) Der kleine Reitstall, die Heimat einer stetig wachsenden Herde geretteter Pferde, bietet Ausritte am Buccoo Point und am Strand an – Schwimmen im Meer inbegriffen. Großartig für Kinder, mit einem intuitiven und ganzheitlichen Ansatz. Angeboten wird auch die Möglichkeit, mit den Pferden Zeit zu verbringen, sie zu striegeln und kurz zu reiten, ebenso wie therapeutisches Reiten für Kinder mit Behinderungen.

Feste & Events

Goat Races FEST
(www.buccoo.net; Buccoo Integrated Facility, Buccoo Main Rd; ⏲1. Di nach Ostersonntag; 👪) GRATIS Das Osterwochenende ist in Tobago eine Riesensache und in Buccoo steht das jährliche Ziegenrennen im Mittelpunkt der Festivitäten, ein ganztägiges Event auf der Bahn mit überdachten Tribünen hinter der Mehrzweckhalle (Integrated Facility). Die Ziegenrennen werden sehr ernst genommen und verzeichnen mehr Wettscheine als ein Kasino in Las Vegas. Um sich vom Durchschnitt der am Straßenrand weidenden Artgenossen abzuheben, werden die Rennziegen herausgeputzt, als nähmen sie an einem Schönheitswettbewerb teil, und die Champions werden dauerhaft verehrt.

Bei den Rennen laufen die Ziegen nach einem Pistolenknall an den Startgattern los. Ihre „Jockeys" laufen neben ihnen her und versuchen, sie mithilfe einer langen Leine in eine gerade Linie zu zwingen, was häufig Gelächter auslöst. Die Krebsrennen in kleinerem Maßstab sind ein großer Spaß für die Kinder und entlang der Hauptstraße sorgen Stände für Essen und Kunsthandwerk für festliche Stimmung.

Schlafen

★ Miller's Guesthouse GÄSTEHAUS $
(660-8371; www.millersguesthouse.com; 14 Miller St; B/EZ/DZ/3BZ 30/40/65/70 US$, Apt. 80–120 US$;) Einzel- und Doppelzimmer in hübscher Lage mit Blick auf die Buccoo Bay, ideal für Budgetreisende. Vorhanden sind auch Etagenbetten in einem schönen Schlafsaal mit Küchenzugang. Die Zimmer in leuchtenden Farben sind blitzsauber und es gibt eine Gemeinschaftsküche. Ist ein hervorragender Treffpunkt und liegt direkt neben einem Restaurant.

Fish Tobago GÄSTEHAUS $
(309-0062; www.fishtobago.com; 26a Buccoo Point; B/EZ 18/35 US$, DZ 40–100 US$;) Abseits der Hauptstraße ins Dorf in versteckter Lage und gut für Traveller geeignet. Das effektiv geführte Haus hat eine große Auswahl an Zimmern, von Schlafsälen bis zu Apartments. Einige haben handbemalte Wände mit Strandszenen. Mit Gemeinschaftsküche. Schnorchel- und Angeltouren möglich.

Seaside Garden Guesthouse GÄSTEHAUS $
(639-0687; www.tobago-guesthouse.com; Buccoo Bay Rd; Zi. 44–58 US$, Apt. 100 US$;) Gastfreundliches kleines Gästehaus nur wenige Schritte von der Sunday-School-Party. Die Zimmer und Apartments sind tadellos gepflegt und es gibt einen gemeinschaftlich genutzten Patio zum Chillen. Die Gemeinschaftsküche ist gut ausgestattet und auch eine Gästewaschmaschine ist vorhanden.

Essen

★ Café Down Low KARIBISCH $$
(475-0240; www.facebook.com/cafedownlow; Buccoo Bay Rd; Hauptgerichte ab 60 TT$; Di–Do & Sa 12–23, Fr bis 24, So bis 22 Uhr) Eine coole kleine Oase mit einer Holzbar, an der kaltes Bier und Cocktails bestellt werden können, und der geometrisch angelegte Sinkgarten wird abends schön beleuchtet. Großartig, um etwas zu trinken und um im Freien hervorragende Küche zu genießen: traditionelles Mittagsgerichte mit Huhn, Schwein oder Fisch und allen üblichen Zutaten. Samstags gibt's herzhafte Suppen. Alles ist hausgemacht und wird mit einem Lächeln serviert.

La Tartaruga ITALIENISCH $$
(639-0940; www.latartarugatobago.com; Buccoo Bay Rd; Hauptgerichte 65–345 TT$; Mo–Sa 18.30–21.30 Uhr;) Überraschend: ein authentischer Italiener im kleinen Buccoo! Auf den Tisch kommen leckere hausgemachte Pastagerichte und toller Wein (zum Haus gehört einer der größten Weinkeller der Karibik). Ein echter Genuss! Das Ambiente vereint lebhafte karibische Farben und Kunst mit Kerzenlicht im Patio, der ideal für einen romantischen italienischen Kaffee ist.

★ Makara FUSION-KÜCHE $$$
(340-9547; www.makaratobago.com; Buccoo Integrated Facility, Buccoo Bay Rd; Hauptgerichte 165–350 TT$; 12–15 & 16–22 Uhr, Di geschlossen;) Auf einem Balkon hoch über Buccoo Bay bietet das luxuriöse Restaurant mit tollem Ozeanblick gehobene karibische Küche: Hier kann man sich ein Festmahl mit kreolischen Garnelen und Maniokstückchen und gedünstetem Spinat gönnen, langsam gegrilltes Lammkarree mit Couscous und Tahini oder Blackened Fish mit Kokosnussmilch und karamellisierter Kochbanane. Großartig für ein romantisches Abendessen oder einen perfekt gemixten Cocktail.

Unterhaltung

★ Sunday School LIVEMUSIK
(Buccoo Integrated Facility, Buccoo Bay Rd; So 22–3 Uhr) GRATIS Die Sunday School hat nichts mit Religion zu tun, sondern ist der clevere Name einer Straßenparty, die jeden Sonntagabend in Buccoo veranstaltet wird. Bis etwa 22 Uhr sind die Partygäste vorwiegend Touristen, die sich bei Rumgetränken, überteuerten Abendessen vom Grill und Live-Steelpan-Musik amüsieren. Später kommen Einheimische von der ganzen Insel, um Wein zu trinken oder einfach zu feiern; DJs legen Reggae, *soca* und Dancehall Hits zum Abtanzen auf.

An- & Weiterreise

Ein Taxi von Crown Point nach Buccoo kostet ca. 85 TT$. Sammeltaxis fahren auf der Hauptküstenstraße entlang und kommen an der Abzweigung nach Buccoo vorbei.

Leeward Coast

Den Küstenabschnitt von Mount Irvine Bay nach Arnos Vale prägen mehrere herrliche Strände, ein paar große Hotels und viele elegante Villen, die die Greens des Golfplatzes säumen. Mittendrin präsentiert sich Black Rocks kleine Community Pleasant Prospect wie ein lümmelnder Jugendlicher, der seine Füße in einem vornehmen Wohnzimmer auf den Tisch legt. Es ist ein kleiner Surfspot mit preiswerten Unterkünften, einigen tollen Restaurants und einer Event-Bar.

Sehenswertes & Aktivitäten

★ Mt. Irvine Hotel Beach STRAND
(Grafton Rd, Mt. Irvine Bay; P) Direkt im Süden des Hauptstrands Mount Irvine Beach führt eine Abzweigung von der Hauptstraße zu einem angrenzenden Sandstrand, in dessen ruhigem smaragdgrünen Wasser man sogar noch besser baden kann. Vor der Küste kann man auch gut schnorcheln. An einer Hotelbar mit Restaurant kann man Snacks und Getränke kaufen und zu Wucherpreisen Liegen und Sonnenschirme mieten. Mt. Irvine Bay Watersports verleiht Kajaks und weitere Ausrüstung.

★ Stonehaven Bay STRAND
(Stonehaven Bay Rd) Die herrliche Bucht mit grobkörnigem, gelbem Sand nordöstlich der Mount Irvine Bay, auch bekannt als Grafton Bay, bietet fantastische Bedingungen zum Baden und Surfen in klarem türkisfarbenem Wasser. Am östlichen Ende der Bucht ist das Wasser ruhiger. Mehrere große Hotelanlagen überragen den Strand. Eine hat eine Beachbar, die Mittagsgerichte und Getränke verkauft. Auch ein großartiger Ort, um den Sonnenuntergang zu erleben.

Kimme Sculpture Museum MUSEUM
(639-0257; www.luisekimme.com; Orange Hill Rd, Bethel; 20 TT$; So 10–14 oder nach Voranmeldung) Am Golfplatz biegt man von der Hauptstraße in die Orange Hill Road ab. Ab hier weisen Schilder den Weg zum außergewöhnlichen früheren Haus von Luise Kimme, einer deutschen Bildhauerin, die 2013 starb, aber viele Jahre auf Tobago gelebt hatte. Einige ihrer fantastischen, 2 bis 3 m hohen Skulpturen aus Holz und Metall mit karibischen Motiven sind im Haus ausgestellt, ebenso Arbeiten ihres künstlerischen Nachfolgers, dem kubanischen Bildhauer Dunieski Lora Pileta, der hier heute lebt und arbeitet.

Das Kimme-Museum ist nicht sehr gut besucht. Daher ist selbst sonntags zu empfehlen, vor dem Besuch telefonisch anzufragen, ob es geöffnet hat.

★ Adventure Farm & Nature Reserve VOGELBEOBACHTUNG
(639-2839; www.adventure-ecovillas.com; Arnos Vale Rd; 10 US$; 9–18 Uhr) Adventure Farm and Nature Reserve ist ein 5 ha großes, ökologisch geführtes Landgut, das etwa 1 ha seines Landbesitzes der Natur überlassen hat. Dies ist die Heimat vieler Vogelarten, die in Scharen angeflogen kommen, sobald zur Futterzeit eine Glocke geläutet wird. Besonders bekannt ist das Schutzgebiet für die zahlreichen Kolibris, die am Haupthaus um das Vogelfutter herumschwirren, aus der Nähe ein wundervolles Schauspiel. Man kann auch kurze gekennzeichnete Wanderungen auf dem Gelände unternehmen.

Mt. Irvine Bay Watersports WASSERSPORT
(771-9997, 682-2408; Grafton Rd, Mt. Irvine Bay; Einmann/Tandem-Kajaks pro Std. 60/150 TT$, Stand-up-Paddelbretter 120 TT$, Segelboote pro Std. ab 350 TT$) Der großartige kleine Wassersportanbieter in einer Strandhütte verleiht Kajaks für eine oder zwei Personen, Stand-up-Paddelbretter und Segelboote sowie lustige Schwimmaccessoires, darunter eine Luftmatratze mit Halterungen für Bier. Kurse und Bootsfahrten stehen ebenfalls auf dem Programm. Zu finden bei Facebook.

Schlafen

★ Top O'Tobago BOUTIQUE-HOTEL $$
(687-0121; www.topotobago.com; Arnos Vale Rd; Cabanas 120 US$; P) Das fantastische Hotel in toller Gipfellage mit Blick über die wie bei einer Eierschachtel abgerundeten Klippen und das Meer ist etwas Besonderes durch seine farbenfrohe, einfache Deko und den herausragenden Service des freundlichen Personals. Die hellen, luftigen *cabanas* (Hütten) sind hübsch eingerichtet, davor schaukeln Hängematten im Wind. Es gibt einen herrlichen Pool und ein Fußweg führt hinab zum Arnos Vale Beach.

Surfer's Paradise VILLA $$
(319-9394; www.surfersparadisevilla.com; 11 Glen Eagles Dr; 1-Schlafzimmer-Apt. 150 US$, Villa 600 US$; P) Die prächtige Villa mit dem treffenden Namen liegt aussichtsreich hoch über den Brechern von Mount Irvine,

aber es ist kaum vorstellbar, dass die typische Surferklientel sich in einer so luxuriösen Unterkunft aufhält. Die wunderschön eingerichtete neue Hauptvilla wartet mit vier Schlafzimmern auf (darunter eine Baumhausunterkunft), großartigen Innen- und Außenbereichen zum Faulenzen und einem begrünten Pool. Das Apartment mit einem Schlafzimmer im Untergeschoss ist für Individualtouristen geeignet.

★ **Plantation Beach Villas** RESORT **$$$**
(☎ 639-9377; www.plantationbeachvillas.com; Stonehaven Bay Rd; Villa für 2 Pers. 280 US$; P ❄ 📶 🏊) Direkt am Stonehaven Beach liegt die beste der Ferienanlagen in der Gegend und eine der Top-Unterkünfte auf ganz Tobago. Die geschmackvoll eingerichteten Villen mit drei Schlafzimmern im hübschen Zuckerbäckerstil bieten alles, was man braucht. Auf ihren großen Veranden kann man im Freien faulenzen und zu Abend essen. Es gibt auch einen gemeinschaftlichen Pool mit Bar zur Strandseite. Das Pesonal ist sehr hilfsbereit.

★ **Cuffie River Nature Retreat** RESORT **$$$**
(☎ 660-0505; www.cuffieriver.com; Runnemede; DZ ab 210 US$; P ❄ 📶 🏊) Von der Northside Road aus weisen Schilder den Weg zu diesem bezaubernden Hotel in abgeschiedener Lage am Rand des Regenwalds. Es ist auf begeisterte Vogelbeobachter zugeschnitten und vermittelt hervorragende Guides für Birdwatching-Wanderungen in der Umgebung. Natürliches Licht durchflutet die großen, komfortablen Zimmer mit Balkon. Der Swimmingpool ist umweltfreundlich und in der Nähe gibt's mehrere Süßwasserquellen.

Essen

Z's Grill Shack GRILLRESTAURANT **$**
(www.facebook.com/zsgrillshack; Pleasant Prospect; Mittagessen 45–55 TT$, Abendessen 90–145 TT$; 🕘 11–15 & 18–22 Uhr, Di geschlossen) Das Z's liegt versteckt in einem rustikalen Holzgebäude hinter der halbkreisförmigen Hauptstraße nach Pleasant Prospect. Es bietet einfaches köstliches Essen. Die kurze und süße Speisekarte wechselt täglich. Mittags gibt's in der Regel Gerichte mit gegrilltem Lamm, Huhn oder Fisch und abends z. B. mediterran gewürzte Steaks oder Fisch in Kräuterbutter. Alle Gerichte sind perfekt zubereitet und die großzügig bemessenen Beilagen sind lecker.

★ **Fish Pot** FISCH & MEERESFRÜCHTE **$$**
(☎ 635-1728; Pleasant Prospect; Mittagessen ab 50 TT$, Abendessen 160–285 TT$; 🕘 Mo–Sa 11–15 & 19–22 Uhr; 👪) Legeres Restaurant, das auf superfrische, einfach zubereitete Meeresfrüchte spezialisiert ist (es gibt auch ein paar Gerichte mit Huhn und Steaks), und man kann auch draußen im Patio essen. Hervorragendes hausgemachtes Brot und tolle Vorspeisen von Fischsuppe bis zu Krabbenkuchen. Nicht verpassen!

Seahorse Inn Restaurant & Bar KARIBISCH **$$$**
(☎ 639-0686; www.seahorsetobago.com; Seahorse Inn, Stonehaven Bay Rd; Hauptgerichte 155–350 TT$; 🕘 18–22 Uhr) In diesem gehobenen Restaurant, das auf kreolische Küche spezialisiert ist, sitzt man in tropischer Umgebung mit Meerblick im Freien und hört, wie sich weiter unten die Wellen brechen. Serviert werden z. B. Thunfisch mit Sesamkruste, Lammcarrée in Portwein und Guavensoße sowie köstliche Nachtische. Die Weinkarte ist sorgfältig ausgesucht und es gibt herrliche Cocktails: Von 17.30 bis 18.30 Uhr täglich ist Happy Hour.

ℹ An- & Weiterreise

Taxis vom Flughafen nach Mount Irvine kosten 80 TT$, nach Stonehaven Bay/Pleasant Prospect 90 TT$ und nach Arnos Vale 120 TT$.

Castara

Etwa eine Stunde Autofahrt von Crown Point entfernt liegt Castara, ein hübsches Fischerdorf an der Nordküste, beliebt bei Touristen, die Tobago jenseits des überfüllten Südwestens erleben möchten. Der weite Sandstrand, die relaxte Atmosphäre und die idyllische Lage sind einfach toll, und das Dorf ist eine gute Basis, um vielfältige geführte Touren und Aktivitäten zu unternehmen. Einmalig auf Tobago existieren in Castara Tourismus und dörfliches Leben auf angenehme Art nebeneinander: Besucher stehen Schlange, um direkt hinter dem Hauptstrand Brot und Gebäck aus dem Steinofen zu kaufen (mittwochmorgens bereits früh bestellen!). Oder sie helfen den Fischern in der Big Bay, die Netze einzuholen. Die **Castara Tourism Development Association** (☎ 696-7957; Big Bay) ist ein Ergebnis aufrichtiger gemeinschaftlicher Bemühungen, die örtlichen Unternehmen an einem Strang ziehen zu lassen, um das Dorf zu verschönern und nachhaltigen Tourismus zu fördern.

ABSTECHER

TOBAGO FOREST RESERVE

20 Autominuten östlich von Castara in Bloody Bay führt die Roxborough–Parlatuvier Road ins Landesinnere und trifft bei Roxborough auf die Windward Coast. Die glatte asphaltierte Straße schlängelt sich durch das 1765 gegründete **Tobago Forest Reserve**, den ältesten geschützten Regenwald in der Karibik. Die 30-minütige Fahrt durch das Naturschutzgebiet eröffnet tolle Ausblicke auf Täler und Berge und zählt zu den landschaftlich reizvollsten der Insel.

Mehrere Wanderwege führen von der Hauptstraße in den Regenwald, wo man sehr gut Vögel beobachten kann. Nach drei Viertel der Strecke von Roxborough aus warten am Gilpin Trace in der Regel lizensierte Guides wie **Fitzroy Quamina** (☎ 344-1895; geführte Wanderung 160–300 TT$) auf Besucher. Sie nehmen 160 TT$ für eine 1½-stündige Wanderung und 240 TT$ für eine zweistündige Wanderung zur Hütte am Main Ridge-Aussichtspunkt. Von dort hat man einen herrlichen Blick über die Bloody Bay und die vorgelagerten Sisters Rocks. Alle Guides bieten interessante Erklärungen zum Ökosystem des Waldes und seinen Bewohnern und verleihen Gummistiefel, wenn es matschig ist. Wer um 9 Uhr ankommt, hat die besten Chancen, Vögel zu sehen. Ambitionierte Birdwatcher bevorzugen wahrscheinlich die auf Vogelbeobachtung spezialisierten Führungen von NG Nature Tours (S. 889) oder Peter Cox Nature Tours (S. 889).

Aktivitäten

Wild Turtle Scuba TAUCHEN

(☎ 766-8897; www.divingintobago.com; Depot Rd; Tauchgang ab 50 US$) Wild Turtle ist ein zertifizierter Anbieter der Professional Association of Diving Instructors (PADI) und wird von Tauchern empfohlen. Es bietet PADI-Tauchscheinlehrgänge (450 US$) in den Gewässern der Heavenly Bay sowie Auffrischungskurse für Fortgeschrittene und für Tauchlehrer.

Schlafen

★ **Boatview Apartments** APARTMENTS $

(☎ 483-0964; www.boatviewcastara.com; Depot Rd; DZ 70 US$; P 📶) Die Studio-Apartments für Selbstversorger mit einer großen Gemeinschaftsterrasse mit Ozeanblick liegen direkt oberhalb der Heavenly Bay. Sie bieten Küchen, Deckenventilatoren, Kaltwasserduschen und ein Doppelbett mit Moskitonetz. Der Futon lässt sich ausziehen, damit eine weitere Person hier schlafen kann. Für die Lage ist es preiswert und die netten Besitzer sind wunderbar gastfreundlich und verfügen über sehr viel Ortskenntnis, die sie gern an Gäste weitergeben.

★ **Castara Retreats** HOTEL $$

(☎ 660-7309, 766-7309; www.castararetreats.com; Northside Rd; 1-Bett-Apt. 120–272 US$; P ❄ 📶) 🍃 Hübsch designte, frei stehende Holzvillen an einem gepflegten, üppig grünen Hang mit herrlichem Strandblick. Jede Villa ist durchdacht eingerichtet, ruhig und luxuriös, und sogar vom Bett aus kann man das Meer sehen. Freundliches, hilfsbereites Personal und sehr viel Privatheit sowie ein fantastisches Bar-Restaurant. Es gibt ein malerisches Yoga-Deck und es werden Massagen angeboten.

Die Villen verfügen über ein oder zwei Schlafzimmer, sind verschieden groß und nicht alle haben Strandblick, aber alle sind gleich hochwertig ausgestattet und haben Außenbereiche

★ **Alibaba's Sea Breeze** APARTMENTS $$

(☎ 635-1017; www.alibaba-tours.com; Depot Rd; EZ/DZ 80/90 US$; P 📶) Diese gut geführten Apartments haben herrliche Balkons zum Strand, voll ausgestattete Küchen und komfortable Zimmer, in denen Bambus und Muschelschalen zur Deko gehören. Die Himmelbetten verfügen über Moskitonetze. Alle Apartments sind in gutem Zustand und sehr einladend.

Essen

★ **Caribbean Kitchen** FUSION-KÜCHE $$

(☎ 687-7711; www.castararetreats.com; Castara Retreats, Northside Rd; Hauptgerichte 120–180 TT$; ⏲ 11–22 Uhr; 🖉 👪) Das schöne Lokal zum Mittag- oder Abendessen hat eine tolle Lage auf einer märchenhaft beleuchteten Holzterrasse über der Bucht. Auf den Tisch kommen hausgemachte Ravioli mit Möhren, Spinat und Ricotta, Burger mit Bohnen und Auberginen-*involtini* (Rouladen) sowie Lammcurry und hervorragende frische

Meeresfrüchte. Die Mousse au Chocolat mit Kakao von der Insel ist ein Gedicht. Auch eine tolle Adresse für frisch gepresste Fruchtsäfte und Cocktails zum Sonnenuntergang.

★ **Cascreole** KARIBISCH $$
(☎721-5700; Big Bay; Hauptgerichte ab 85 TT$, Do Menüs 100 TT$; ⌚11.30–15.30 & 19–21.30 Uhr;) Auf einer Holzterrasse, die über den Sandstrand der Big Bay gebaut ist, bekommt man in diesem Strandrestaurant alles, was man sich wünschen kann: eiskaltes Bier und liebevoll zubereitete Gerichte wie frischen, leckeren Fisch, Huhn und Garnelen mit aromatischen Beilagen. Viel Meeresbrise und donnerstagsabends Strandfeuer und Party.

Boat House KARIBISCH $$
(☎483-0964; www.boatviewcastara.com; Depot Rd; Bake & Fish 50 TT$, Mittagessen 75–95 TT$, Abendessen 125–135 TT$, Pizzas ab 80 TT$; ⌚Mo & Fr 9.30–22, Di & Mi bis 1 Uhr, Do & So 10–17 Uhr;) Das gastfreundliche Bar-Restaurant mit bunter Deko, viel Bambus und Strandambiente bietet Sandwiches und Burger (darunter einen großartigen Feuerfisch im Bierteigmantel) sowie Gerichte mit Fisch, Huhn, Rindfleisch, Tintenfisch und Garnelen mit kreativen Beilagen. Sonntags gute Pizzas und tolles hausgemachtes Eis. Dazu gehört eine Saftbar, die ebenfalls Bake-and-Fish-Sandwiches serviert.

Cheno's Coffee Shop KARIBISCH $$
(☎704-7819; www.castaracoffeehouse.com; North Coast Rd; Frühstück ab 60 TT$, Sa BBQ 150 TT$; ⌚Mo–Fr 8–13, Sa & So ab 9 Uhr, Abendessen auf Reservierung;) Serviert das beste Frühstück der Stadt: von Salzfisch-Buljol und Kokosnussbrot bis zu Eiern mit Bacon und Toast plus guten Kaffee (und Eiskaffee). Auf Vorbestellung gibt's auch lokaltypisches Mittag- und Abendessen (Fisch, Huhn oder Lammcurry). Zu dem hervorragenden Grillabend am Samstag gehören Steelpan-Livemusik und ein Menü mit einem Hauptgericht, Eis und Rumpunsch.

Ausgehen & Unterhaltung

★ **Glasgow's Bar** BAR
(☎761-7755; Northside Rd, Parlatuvier; ⌚10–22 Uhr) Der nette Laden für Tobago-Rum thront auf einer Felsenklippe über der Parlatuvier Bay und ist ein großartiger Ort zum Entspannen und um mit toller Aussicht ein Bier oder ein Gläschen Rum zu trinken. Dazu gehört eine Garküche, die einheimische Gerichte und Fish 'n' Chips verkauft.

An- & Weiterreise

Ein Taxi von Crown Point kostet um die 300 TT$ und Autos vermietet der örtliche Anbieter **Taylor's** (☎354-5743; www.taylorstobagoautorental.com; Depot Rd, Heavenly Bay).

Scarborough

Das 15 Autominuten östlich von Crown Point gelegene Scarborough ist Tobagos Hauptstadt, ein überlaufener Hafen mit turbulenten Einbahnstraßen und vielen Verkehrsstaus. Die Bewohner Tobagos kommen hierher, um zur Bank zu gehen, Rechnungen zu bezahlen oder einzukaufen. Zwar gibt's ein paar gute Restaurants und einen Markt, aber die meisten Besucher fahren nach einem Kurzbesuch in dem malerischen Fort King George auf dem Gipfel eines Hügels recht schnell weiter.

Sehenswertes

★ **Fort King George** FESTUNG
(Fort St;) GRATIS Dieses große Fort auf einem Hügel am Ende der Fort Street erbauten die Briten zwischen 1777 und 1779. Wegen der restaurierten Gebäude aus der Kolonialzeit und dem herrlichen Blick lohnt es einen Besuch. Eins der Gebäude beherbergt das Tobago Museum. Von den Bänken unter riesigen Regenbäumen reicht der Blick über die Rockly Bay. Kanonen reihen sich entlang der Steinwände der Festung und zeigen über die von Palmen bedeckte Ebene hinweg Richtung Meer. Vor einigen Gebäuden erklären Schilder die ursprüngliche Nutzung.

Tobago Museum MUSEUM
(☎639-3970; Fort King George, Fort St; TT$10; ⌚Mo–Fr 9–16.30 Uhr;) In den Offiziersquartieren von Fort King George zeigt heute ein kleines, aber sehenswertes Museum eine umfangreiche Sammlung von Artefakten der amerindianischen Ureinwohner, Karten aus den 1600ern, militärische Relikte, Gemälde, eine kleine, geologische Ausstellung sowie Gegenstände aus der jüngeren Geschichte Tobagos.

Botanical Gardens GARTEN
(Gardenside St; ⌚Sonnenauf- bis Sonnenuntergang) GRATIS Ein hübscher Ort, um der Hitze zu entfliehen, mit vielen blühenden Bäumen

und Büschen, z. B. Flammenbäumen, Afrikanischen Tulpenbäumen und Orchideen (in einem Orchideenhaus), auf über 3 ha Land einer früheren Zuckerplantage. Es gibt mehrere Eingänge, am praktischsten ist der direkt hinter der Carrington Street an der Gardenside Street. Wenn man zur Weihnachtszeit auf Tobago ist, lohnt es sich, die höchst extravagante, märchenhafte Lichtershow anzusehen, die auf die Bäume und Sträucher im ganzen Garten projiziert wird.

Schlafen

★ Fort Cottage COTTAGE $

(680-1517; thefortcottage@gmail.com; Calder Hall Rd; Cottage 60 US$;) Das hübsche kleine Cottage ist einmalig. Es steckt voller Geschichte, und man fühlt sich hier wie im Wohnhaus einer Familie. Von der hinteren Veranda bietet sich ein herrlicher Blick über die Scarborough Bay und auch über den Garten mit vielen Obstbäumen. Antike Möbel und eine ansprechende Einrichtung im Vintage-Stil prägen die beiden klimatisierten Schlafzimmer und das luftige Wohnzimmer mit hohen Decken, einem Klavier und einem TV mit Zugang zu Netflix.

Sandy's Bed & Frühstück GÄSTEHAUS $$

(639-2737; bluecrabrestauranttobago@gmail.com; Ecke Main & Robinson Sts; Zi. mit Frühstück 80 US$;) Die drei einladenden einfachen Zimmer hinter dem Blue Crab Restaurant werden von derselben Familie geführt und bieten Kiefernholzböden, hübsche Möbel und Ausblicke über die Rockly Bay.

Blue Haven Hotel RESORTHOTEL $$$

(660-7400; www.bluehavenhotel.com; Bacolet Bay; Zi. mit Frühstück ab 238 US$;) Robinson Crusoe landete vermeintlich am Strand unterhalb dieses romantischen, geschmackvollen Resorthotels, das den Glanz alter Tage mehr als erahnen lässt. Zum Haus gehören ein Pool am Strand und Tennisplätze sowie Kajaks. Jedes Zimmer hat einen Balkon mit Meerblick. Mit Restaurant und Bar auf dem Gelände.

Essen

★ Shore Things CAFÉ $$

(635-1072; www.facebook.com/shorethingstobago; Old Milford Rd, Lambeau; Hauptgerichte 60–115 TT$; Mo–Fr 11–18, Sa 8–16 Uhr;) Eines der schönsten Cafés direkt am Meer, direkt westlich von Scarborough. Auf den Tisch kommen Quiches, Pizzas, gefüllte Crêpes, Salate und Sandwiches und es gibt frische Säfte und gehaltvollere Fisch- und Fleischgerichte. Die Lage über dem Ozean ist herrlich und luftig. Großartig, um zur Teezeit am Nachmittag Köstlichkeiten zu essen, darunter wundervoller Lime-Cheesecake oder Kokosnusscremekuchen. Es gibt auch eine Kinderkarte.

Blue Crab Restaurant KARIBISCH $$

(639-2737; www.tobagobluecrab.com; Ecke Main & Robinson St; Mittagessen ab 70 TT$; Di–Fr 11–15 Uhr) Das familiengeführte Restaurant mit netten Sitzgelegenheiten im Freien (und einem klimatisierten Speiseraum) serviert gute westindische Küche. Gute Auswahl an frischen Fruchtsäften und Hauptgerichte wie kreolisches Huhn, frischer Fisch oder Garnelen mit Knoblauch.

Praktische Informationen

Filialen der Republic Bank und der Scotiabank liegen direkt östlich der Docks, beide verfügen über Geldautomaten. Ein weiterer Geldautomat steht direkt vor dem Fährterminal.

Scarborough General Hospital (660-4744; Signal Hill; 24 Std.) Das Krankenhaus nahe der Autobahn am Rand von Scarborough hat eine Notaufnahme. Es behandelt die meisten medizinischen Fälle auf Tobago.

An- & Weiterreise

Tobagos **Hauptbusbahnhof** (639-2293; www.ptsctt.com; Sangster's Hill Rd) liegt nahe der Küste in der Sangster's Hill Road; von hier fahren Busse und Maxi-Taxis zu allen Zielorten auf der Insel. Das Terminal für den Fährverkehr zwischen Trinidad und Tobago, der von **Inter-Island Ferry Service** (639-2417; https://ttit-ferry.com; Carrington St; Erw./Kind einfach 50/25 TT$) betrieben wird, befindet sich mitten im Zentrum an der Carrington Street. Taxis warten davor auf Passagiere.

Im unteren Teil von Scarborough fahren Sammeltaxis: Taxis nach Plymouth, Castara und Parlatuvier fahren gegenüber vom Markt ab und Taxis nach Crown Point starten vor dem Fähranleger. Im oberen Teil von Scarborough fahren Taxis nach Speyside und Charlotteville am Republic Bank nahe dem James Park ab. Die Fahrpreise betragen 5–12 TT$.

Windward Road

Die Windward Road östlich von Scarborough verbindet Speyside mit Charlotteville und führt vorbei an versprenkelten Dörfern, dschungelbewachsenen Tälern, dem Ozean voller Schaumkronen und kleinen der Küste vorgelagerten Inseln. Je weiter die Fahrt nach Osten geht, desto mehr entfaltet die Landschaft ihre zerklüftete Schönheit. Tobagos dem Wind zugewandte Küste macht den ländlicheren Teil der Insel aus und ist mit ihren rauen Stränden mit dunklem Sand und tosenden Atlantikwellen für Touristen weniger reizvoll.

Sehenswertes & Aktivitäten

★ Corbin Local Wildlife Park TIERSCHUTZGEBIET
(☎ 327-4182; www.tobagowildlife.com; 68 Belmont Farm Rd, Mason Hall; geführte Touren 150 TT$;) Die von dem Jäger und späteren Umweltschützer Roy Corbin in Tobagos bewaldetem Landesinneren ein Stück hinter der Hope Bay an der Windward Coast ins Leben gerufene Non-Profit-Einrichtung für den Tierschutz beheimatet die meisten endemischen Tierarten der Insel, vom *manicou* (Opossum) und *tatoo* (Gürteltier) bis zum Leguan, Aguti und der Königsschlange (Boa Constrictor). Sie leben in großen Gehegen zwischen den Bäumen. In einem Teich voller Lilien ist auch ein wilder Kaiman zu Hause. Geführte Wanderungen, die Corbin meist persönlich leitet, bieten einen fantastischen Einblick in Tobagos Tierwelt und die Wälder der Insel und gute Gelegenheiten zur Vogelbeobachtung.

Argyle Falls WASSERFALL
(Windward Rd; Erw./Kind 60/30 TT$; 9–17 Uhr;) Mit 54 m ist der Wasserfall am Argyle River Tobagos höchster. Seine Kaskaden bieten drei Höhenstufen mit jeweils einem Wasserbecken zum Baden. Vom Parkplatz dauert der Fußweg hinauf 20 Minuten. Im Eintritt inbegriffen ist ein lizensierter Guide, der den Weg weist und unterwegs auf Interessantes aufmerksam macht. Es ist üblich, ihm ein Trinkgeld zu geben. Man kann dem Weg auch leicht auf eigene Faust folgen, allerdings kann er nach Regenfällen, die auch das Wasser in den Becken matschig braun färben, rutschig werden.

Tobago Windward Chocolate Company SCHOKOLADENFABRIK
(☎ 298-5499; www.facebook.com/tgowindward chocolateco; Louis d'Or Community Center; geführte Touren 60 TT$) Das kleine und sich noch entwickelnde gemeindeeigene Unternehmen bietet „Von der Kakaobohne bis zum Schokoladenriegel"-Führungen an. Sie beginnen in den Kakaoplantagen der Betriebe an der Roxborough–Bloody Bay Road. Man sieht Kakaobäume, die Fermentierung der Bohnen und die Phase des Trocknens in einem traditionellen Kakaohaus mit variablem Dach. Der Herstellungsprozess von Schokolade erfolgt im Gemeindezentrum Louis d'Or. Zu einer Führung gehören Verkostungen.

An- & Weiterreise

Obwohl ein Großteil der Windward Road schmal und kurvig ist und man in einigen Kurven nichts sieht, ist sie mit einem normalen Wagen gut befahrbar. Für die Fahrt von Scarborough nach Speyside braucht man ca. 1½ Stunden und weitere ca. 20 Minuten, um durch das Landesinnere nach Charlotteville zu kommen.

Speyside

Das kleine Fischerdorf Speyside vor der Tyrrel's Bay ist bei Tauchern und Vogelbeobachtern beliebt. Es ist eine Basis für Ausflüge zur unbewohnten Insel Little Tobago, einem Vogelschutzgebiet 2 km vor der Küste. Das Wasserschutzgebiet mit guter Sicht und reichlichen Vorkommen von Korallen und Meeresfauna eignet sich ideal zum **Tauchen**; Speyside bietet einige der bekanntesten Tauchplätze. Im Dorf haben sich mehrere Tauchanbieter angesiedelt und viele Besucher übernachten in für Taucher konzipierten Hotels. Wer nicht taucht, kann mit dem Glasbodenboot nach Little Tobago übersetzen.

Speyside hat das ruhige Ambiente eines entlegenen Ortes. Ein **Aussichtspunkt** am Straßenrand über der Stadt bietet einen Panoramablick über die Inseln und den mit Riffen gesprenkelten Ozean.

Sehenswertes

Little Tobago INSEL
Little Tobago ist auch als Paradiesvogelinsel bekannt, auch wenn es nicht die Heimat dieser Vogelart ist. Ende der 1800er-Jahre war die Insel eine Baumwollplantage. Heute ist sie ein bedeutendes Vogelschutzgebiet und ein Eldorado für Ornithologen. Rotschnabel-Tropikvögel, wundervolle Fregattvögel, Weißbauchtölpel, Audubonsturmtaucher, Lachmöwen und Rußseeschwalben zählen zu den hier vertretenen Vogelarten. Auf der hügeligen, trockenen Insel, die im Durchschnitt nur 1,5 km breit ist, gibt's ein paar kurze Wanderwege mit fantastischen Ausblicken.

Aktivitäten & Geführte Touren

Blue Waters Dive'n TAUCHEN
(☎ 660-5445; www.bluewatersinn.com; Blue Waters Inn, Batteaux Bay; ein Tauchgang 66 US$, PADI Open Water 495 US$) Der gut geführte Tauchanbieter bietet Zertifizierungs- und Auffrischungskurse sowie Tauchgänge in und um Speyside an.

Extra Divers TAUCHEN
(☎ 660-4852; www.extradivers-worldwide.com; Speyside Inn, Windward Rd; Paketangebot für zwei Tauchgänge 110 US$) Der zweisprachige Tauchanbieter ist bei deutschen Urlaubern beliebt und gehört zum Speyside Inn.

★ **Top Ranking Tours** BOOTSTOUREN
(☎ 660-4904; Batteaux Bay; Bootstour nach Little Tobago 30 US$, Strandausflug 65 US$; ⏲ 10.30 & 14 Uhr) Top Ranking Tours startet vom Blue Waters Inn und bietet geführte Glasbodenbootsausflüge nach Little Tobago an. Die Guides zeigen den Teilnehmern Vogelarten und andere Tiere wie auch Pflanzen. Masken und Flossen zum Schnorcheln am Angel Reef werden gestellt. Angeboten wird auch ein Picknickausflug zur Indian Bay, einem schönen Strand mit guten Schnorchelmöglichkeiten, der nur mit dem Boot erreichbar ist.

★ **Frank's** BOOTSTOUREN
(☎ 470-7084, 660-5438; Batteaux Bay; Bootstour nach Little Tobago 30 US$; ⏲ 10 & 14 Uhr) Frank's hat seinen Sitz im Blue Waters Inn und bietet Ausflüge mit dem Glasbodenboot nach Little Tobago. Diese umfassen Vogelbeobachtungstouren mit Guides, die verschiedene Vogelarten und auch interessante Pflanzen und Tiere am Wegesrand zeigen, und einen Schnorchelstopp am schönen Angel Reef, wo die größten Hirnkorallen der Welt zu Hause sind. Masken und Flossen werden gestellt.

Schlafen & Essen

Speyside Inn HOTEL $$
(☎ 660-4852; www.extradivers-worldwide.com; 189-193 Windward Rd; EZ/DZ mit Frühstück 100/144 US$; P ❄ 📶 🏊) Das hübsche, buttergelbe Hotel hat Balkonzimmer mit Blick über den Ozean und Hütten im hinteren Teil der von Regenwald geprägten Landschaft. Mit Extra Divers auf dem Gelände ist es sehr auf Tauchtourismus ausgerichtet. Es hat ein Restaurant und eine Bar und ist oft der lebhafteste Ort der Stadt (was im ruhigen Speyside nicht viel heißt).

★ **Blue Waters Inn** RESORTHOTEL $$$
(☎ 660-2583; www.bluewatersinn.com; Batteaux Bay; Zi. mit Frühstück ab 221 US$; P ❄ 📶 🏊) Speysides luxuriöseste Unterkunft, zugeschnitten auf Taucher und Vogelbeobachter, hat einen hübschen Infinitypool am Meer. Sie liegt am besten Strand der Gegend, an der aquamarinblauen Batteaux Bay. Alle Zimmer bieten Patios und herrliche Ausblicke. Gäste können die Tennisplätze, Schnorchelzeug sowie Kajaks und Stand-up-Paddelbretter nutzen. Mit Restaurant, Bar und PADI-Tauchanbieter.

★ **Jemma's** KARIBISCH $$
(☎ 660-4066; Windward Rd; Hauptgerichte 90–150 TT$, Hummer ab 300 TT$; ⏲ Mo–Do & So 8–20 Uhr, Fr bis 16 Uhr; 👪) Jemma's in einem Baumhaus am Meer mit Tischen auf Terrassen, die zwischen den Ästen erbaut wurden, und frischer Meeresbrise ist eine Anlaufstelle für Gruppen, die an geführten Touren teilnehmen. Es serviert gute frische lokale Küche, z. B. Fisch, Huhn und Garnelen und köstliche Beilagen wie Brotfruchtpastete oder Tania-Krapfen, Sandwiches und Burger. Alkohol wird nicht ausgeschenkt, aber man kann selbst welchen mitbringen.

Aqua MEDITERRAN $$
(☎ 660-4341; www.bluewatersinn.com; Blue Waters Inn, Batteaux Bay; Mittagessen ab 60 TT$, Abendessen 140–225 TT$; ⏲ 7.30–22 Uhr; 👪) Es liegt im Blue Waters Inn und ist mit seinen Tischen auf einem Balkon mit Strandblick auch für Nichthotelgäste eine hervorragende Wahl. Mittags reicht das Angebot von Garnelen, Salaten mit Fisch oder Huhn bis zu Currykrabben und Klößen, Fisch-Tacos, Quesadillas und saftigen Steak-Sandwiches. Zum Abendessen gibt's z. B. Filet-mignon mit Kaffeekruste, geschwärzten Zackenbarsch oder Hummer in Zitronengrasbutter.

An- & Weiterreise

Die Fahrt von Speyside nach Scarborough über die kurvige Windward Road dauert ca. 1½ Stunden. Ein Taxi von Crown Point kostet ca. 380 TT$, von Scarborough etwas weniger.

Charlotteville

Das schöne Fischerdorf Charlotteville an der tiefblauen Man of War Bay ist nur einen kurzen Fußweg vom herrlichen Pirate's Bay Beach entfernt. Der kleine entlegene Ort akzeptiert seinen Anteil an Touristen jenseits der ausgetretenen Pfade meist vergnügt und manchmal apathisch. Hier geht's lebhafter zu als im nahen Speyside, und für Gäste gibt's ein paar Unterkünfte und Restaurants sowie einen Geldautomaten. Das kann sich schnell ändern, sobald das große neue Strandhotel mitten im Dorf an der Hauptstraße entlang der Bucht fertig ist. Proteste der Bewohner und Rechtsstreitigkeiten haben die Bauarbeiten für unbestimmte Zeit auf Eis gelegt, und es ist nicht absehbar, ob es jemals eröffnen wird.

Sehneswertes & Aktivitäten

★ Pirate's Bay STRAND

(Pirate's Bay Rd) Hinter dem Pier von Charlotteville windet sich eine Schotterstraße die Klippe hinauf zu Betonstufen, die zur Pirate's Bay hinunterführen, wo man hervorragend schnorcheln und am Strand faulenzen kann, was Einheimische und Besucher hier gern den ganzen Tag lang tun, mit Kühltaschen und Beachfußball. Es gibt keine Infrastruktur, also sollte man sich Essen und Getränke mitbringen. Wer die zehn Minuten nicht zu Fuß gehen möchte, kann einen der Fischer in der Man of War Bay fragen, ob sie einen mit dem Boot hinbringen und wieder abholen.

Flagstaff Hill HÜGEL

(Windward Rd) Der Flagstaff Hill, zu erreichen über eine ausgeschilderte Abzweigung von der Hauptstraße zwischen Speyside und Charlotteville, ist ein beliebter Ort zum Picknicken oder zum Beobachten der Vögel, die die Insel St. Giles umkreisen. Die Küstenaussichten und die kühle Meeresbrise sind umwerfend.

Man of War Bay STRAND

(Bay St; Rettungsschwimmer 10–17 Uhr; P) Ein gelber Sandstrand voller Palmen säumt die große hufeisenförmige Man of War Bay, wo man gut schwimmen kann. Etwa in der Mitte des Strands gibt's Umkleidekabinen (1 TT$) und neben dem von Rettungsschwimmern bewachten Strandabschnitt die Strandbar Suckhole. Der Pier am Ostende ist ein netter Ort zum Angeln und Beobachten der Sonnenuntergänge.

★ ERIC TAUCHEN

(788-3550; www.eric-tobago.org; Northside Rd; Tauchgang 65 US$, Schnorcheln 25–40 US$, Landausflüge ab 60 TT$) Die Non-Profit-Einrichtung Environmental Research Institute Charlotteville (Umweltforschungsinstitut Charlotteville) ist teils Tauchshop und teils Forschungszentrum, das die Gesundheit von Tobagos Riffen und Ökosystem überwacht. Neben PADI-Tauchkursen, Freizeittauchen, Bootsausflügen an entlegenene Strände, Schnorcheln vom Strand oder Boot mit dem Schwerpunkt auf Artenvielfalt werden auch Naturausflüge auf dem Land und saisonale geführte Touren zu den Nistplätzen der Grünen Meeres- und Echten Karettschildkröten angeboten.

Schlafen

Big Fish GÄSTEHAUS $

(683-9723; thebigfishprestigesuite@gmail.com; Bay St; DZ 450 TT$;) Über dem Restaurant Sharon & Pheb's (S. 905) reihen sich fünf bitzsaubere Zimmer, die von den Inhabern akribisch gepflegt werden. Jedes hat einen Balkon mit Blick über die Bucht und ist mit einer Mikrowelle, einem Kühlschrank und einem Toaster ausgestattet. Im hinteren Bereich gibt's zudem eine Gemeinschaftsküche. Gastfreundlich und mit mehr Atmosphäre als in vielen anderen Unterkünften in Charlotteville.

Man-O-War Bay Cottages HÜTTEN $

(660-4327; www.man-o-warbaycottages.com; Campbleton Rd; 1-/3-B-Hütten 65/120 US$; P) Die zehn einfachen Hütten verteilen sich in einem kleinen botanischen Garten mit vielen tropischen Bäumen, Farnen und blühenden Pflanzen. Die Küchen und großen Terrassen sind sehr einfach und rustikal, aber dafür haben sie eine herrliche, der Meeresbrise und dem Klang der Brandung zugewandte Lage. Man erreicht sie zu Fuß in fünf Minuten südlich des Dorfes auf der Strandseite.

Charlotte Villas APARTMENTS $$

(660-5919; www.charlottevilla.com; Northside Rd; 1-/2-B-Apt. 80/160 US$; P) Nahe der Kreuzung von Windward Road und Bay Street, etwas zurückversetzt von der inländischen Straßenseite, liegen diese drei komplett ausgestatteten Apartments mit hohen Decken in einem hübschen Garten. Sie sind geräumig, einfach und erholsam mit Veranden und jeder Menge natürlichem Lichteinfall. Zum Man of War Bay Beach sind es nur ein paar Schritte.

Essen

G's KARIBISCH $

(Bay St; Hauptgerichte ab 50 TT$; 11–21 Uhr) Auf der luftigen Terrasse zum Meer bekommt man in diesem einfachen Lokal preiswerte Gerichte mit Fisch oder Huhn und Pommes sowie aufwendigere Gerichte mit allen lokaltypischen Beilagen. Die Öffnungszeiten können variieren.

★ Suckhole KARIBISCH $$
(☎ 288-5820; Man of War Bay Beach, nahe Bay St; Hauptgerichte 80–180 TT$; ⌚ Di–So 10–18 Uhr, Mittagessen 11.30–14 Uhr) Mit Tischen direkt am Strand und Blick über die Man of War Bay ist dieses rätselhaft benannte Lokal ideal für ein Mittagessen. Serviert werden Burger und riesige Portionen gebratener Fisch, Rippchen, Huhn und Garnelen. Großartiger Service und starker Rumpunsch. Man sollte früh kommen, denn die Tische sind schnell besetzt, besonders am Wochenende.

★ Sharon & Pheb's KARIBISCH $$
(☎ 660-5717; Bay St; Hauptgerichte 70–85 TT$; ⌚ 11.30–16 & 18–21 Uhr; 👪) Die Küchenchefin Sharon vollbringt Großartiges mit frischem Fisch, Garnelen, Rindfleisch, Huhn und Gemüse und bereitet köstliche lokale Küche zu. Serviert wird an Tischen auf einer überdachten Veranda mit Blick über den Ort und die Bucht. Wenn andere Adressen geschlossen haben, ist hier oft geöffnet. Auch ein netter Ort für einen Drink.

ℹ An- & Weiterreise

Die meisten Besucher kommen im Mietwagen nach Charlotteville, denn Sammeltaxis und Busse fahren nur unregelmäßig. Ein Taxi von Crown Point kostet ca. 450 TT$.

TRINIDAD & TOBAGO VERSTEHEN

Geschichte

Die frühen Jahre

Amerindianer waren bis 1498 Trinidads einzige Bewohner, als Kolumbus kam und die Insel nach der Heiligen Dreifaltigkeit La Isla de la Trinidad taufte.

Zu Beginn beachteten die goldgierigen Spanier Trinidad kaum, da es hier keine wertvollen Mineralien gab, aber 1592 gründeten sie in San José eine spanische Hauptstadt, im Osten des heutigen Port of Spain, und begannen mit der Versklavung der amerindianischen Ureinwohner. Französische Pflanzer kamen in großer Zahl, um den Spaniern bei der Entwicklung der Insel zu helfen, und versklavte Westafrikaner wurden hergebracht, um als zusätzliche Arbeitskräfte auf Tabak- und Kakaoplantagen zu schuften.

Die Briten eroberten die Insel 1797 von den Spaniern. Nach der Aufhebung der Sklaverei 1834 verließen die Sklaven die Plantagen, was die Briten dazu veranlasste, Tausende Vertragsarbeiter („Indentured servants") zu importieren, vorwiegend aus Indien, die auf den Zuckerrohrfeldern arbeiteten und der Kolonie dienten. Das Vertragsarbeitersystem hatte über 100 Jahre Bestand.

Tobagos frühe Geschichte ist eine andere. Es wurde auch von Kolumbus entdeckt und von den Spaniern in Besitz genommen, aber nicht vor 1628 kolonisiert, als Charles I. von England beschloss, die Insel an den Earl of Pembroke zu vermieten. Daraufhin hatten sofort mehrere Länder Interesse daran, Tobago zu kolonisieren.

Im 17. Jahrhundert wechselte Tobago etliche Male den Besitzer, da Engländer, Franzosen, Holländer und sogar die Kurländer (die heutigen Letten) um die Herrschaft buhlten. 1704 wurde die Insel zu neutralem Territorium erklärt, was Piraten Gelegenheit gab, sie als Basis für Raubüberfälle auf Schiffe in der Karibik zu nutzen. Die Briten etablierten 1763 eine Kolonialverwaltung und innerhalb von zwei Jahrzehnten wurden die Zuckerrohr-, Baumwoll- und Indigo-Plantagen der Insel mit Sklavenarbeit aufgebaut.

Tobagos Plantagenwirtschaft erlebte nach der Abschaffung der Sklaverei einen Niedergang, aber die Zucker- und Rumproduktion ging bis 1884 weiter, dem Jahr, in dem das Londoner Unternehmen, das die Finanzen der Inselplantagen überwachte, pleite ging. Die Plantagenbesitzer verkauften oder verließen schnell ihre Ländereien und hinterließen ein wirtschaftliches Chaos.

Von der Kolonie zur Republik

1889 kam Tobago als Britische Kronkolonie zu Trinidad. Obwohl die Forderungen nach größerer Autonomie auf Trinidad und Tobago lauter wurden und eine antikolonialistische Stimmung aufkam, nahmen die Briten dies nicht ernst, bis 1956 das People's National Movement (PNM) unter der Führung des in Oxford ausgebildeten Dr. Eric Williams Maßnahmen ergriff, um eine eigene Regierung zu etablieren. 1962 bekamen Trinidad und Tobago die Unabhängigkeit und 1976 wurde das Land eine Republik des Commonwealth.

Die Frustration über die erhalten gebliebenen kolonialen Strukturen führten zur Black-Power-Bewegung, die eine politische Krise und einen Putsch der Armee hervorrief, aber letztendlich die nationale Identität stärkte. Das Blatt wendete sich fürs bankrotte und perspektivenlose Land, als 1970 Öl entdeckt wurde, das schnell Wohlstand und Reichtum brachte. Als die Ölpreise in den 1980ern purzelten, kam es zur Rezession und in der Folge zu politischen Unruhen. Korruptionsvorwürfe und Klagen der unterrepräsentierten indischen Gemeinschaft führten 1986 zur Niederlage der PNM zugunsten der National Alliance for Reconstruction (NAR).

Die Korruption erblühte in einem Justizsystem, das durch zahlreiche Drogenprozesse blockiert wurde (das Land ist eine Zwischenstation des südamerikanischen Drogenhandels). Im Juli 1990 versuchten Mitglieder einer muslimischen Minderheitsgruppe einen Staatsstreich, stürmten das Parlament und nahmen 45 Geiseln, darunter den Premierminister ANR Robinson. Der Putsch scheiterte zwar, aber er untergrub die Regierung und die PNM kam wieder an die Macht.

DAS ERBE DER AMERINDIANER

In Arima lebt eine kleine Gemeinde amerindianischer Ureinwohner (First Peoples), die sich noch ein paar Traditionen ihrer karibischen Vorfahren bewahrt hat. Ein paar interessante Ausstellungsstücke zeigt das **Santa Rosa Community Centre** (☎664-1897; www.facebook.com/santarosafirstpeoplescommunity; 7 Paul Mitchell St, Arima) im Ortszentrum. Guides erzählen dort auch die Geschichte der ersten Amerindianer in Arima und ihrer Bemühungen, auf dem Land in den Hügeln nördlich der Stadt, das ihnen die Regierung zugestanden hat, ein Kulturerbe-Dorf und lebendes Museum zu errichten. Direkt im Westen von Arima zeigt das kleine und recht angestaubte **Amerindian Museum** (☎645-1203; Eastern Main Rd; ⌚8–18 Uhr; P 👪) GRATIS in Cleaver Woods einige Artefakte. Der amerindianische Schamane **Cristo Adonis** (☎488-8539; geführte Touren ab 50 US$) führt Touristen herum oder macht mit ihnen lehrreiche Wanderungen, bei denen man etwas über Heilpflanzen und die Spiritualität der Kariben auf Trinidad erfährt.

Wandel der politischen Landschaft

Große Öl- und Naturgasvorkommen, die Ende der 1990er-Jahre entdeckt wurden, trugen zur Stabilisierung der Wirtschaft bei. 1995 siegte Basdeo Panday vom United National Congress (UNC) über seinen politischen Gegner Patrick Manning von der PNM in einer umstrittenen Wahl und wurde der erste Premierminister indischer Abstammung. Eine festgefahrene politische Situation führte 2002 und 2007 dazu, dass Manning die Wahlen gewann. Als sein Stern aufgrund mehrerer Korruptionsskandale sank, rief Manning 2010 vorgezogene Neuwahlen aus und wurde von der People's Partnership (PP) abgelöst, einer Koalition aus den Parteien UNC und Congress of the People (COP) unter der Führung von Kamla Persad-Bissessar, der ersten weiblichen Premierministerin des Landes.

Bevölkerung & Kultur

Von den 1,3 Millionen Einwohnern des Landes leben etwa 60 000 auf Tobago. Die Bevölkerung Trinidads zählt zu den ethnisch vielfältigsten der Karibik, ein Erbe der wechselhaften Kolonialgeschichte. Die Mehrheit ist indischer (37,6 %) und afrikanischer (36,3 %) Abstammung. 24,4 % haben Vorfahren anderer Herkunft, aber es gibt auch bedeutende europäische, chinesische, syrische und libanesische Gemeinden, während einige Hundert Nachfahren der ersten amerindianischen Völker in der Gegend von Arima leben.

Trinidad und Tobago ist definitiv keine weltliche Republik: Etwa 30 % der Bewohner sind Protestanten, von Anglikanern und Methodisten bis zu Presbyterianern und Pfingstlern, während 21,5 % römisch-katholisch sind. Weitere 18 % sind Hindus, 5 % Muslime und es gibt auch Anhänger afrikanischer synkretistischer Glaubensrichtungen, z. B. Spirituelle Baptisten (5,7 %) und Orishas (0,1 %).

MUSIK AUF TRINIDAD UND TOBAGO

Halten Sie einmal auf den Straßen von Trinidad und Tobago inne, um zu lauschen. Wahrscheinlich hören Sie den flotten *soca*-Beat, der im Radio eines Maxi-Taxis läuft oder den Sound von Steeldrums, der aus einem Panyard dringt. Mal festlich, mal politisch oder melancholisch – Musik spricht dem Leben der Insel tief aus der Seele.

Karneval ist zwar im Februar, aber es wird immer viel großartige Livemusik geboten, ganz besonders in den Monaten vor Karneval.

Calypso

Als Medium der politischen und sozialen Satire reicht Calypso in die Zeit zurück, als versklavte Afrikaner, die bei der Arbeit auf den Plantagen nicht miteinander sprechen durften, begannen, in ihrer Sprache zu singen. Dabei tauschten sie Klatsch und Neuigkeiten aus und machten sich über die Kolonialherren lustig. Heute sind sogenannte risqué lyrics, pointierte gesellschaftliche Kommentare und Wortspiele, noch immer an der Tagesordnung. Mighty Sparrow, anerkannter König des Calypso, gibt seit den 1950ern allgemeinen Anliegen und sozialem Bewusstsein eine Stimme, wie es auch sein Zeitgenosse, der verstorbene „Grandmaster" Lord Kitchener, tat. Ein weiterer berühmter Calypso-Sänger, David Rudder, trug Mitte der 1980er zur Wiederbelebung dieser Musikform bei, indem er experimentelle Rhythmen hinzufügte und so die kulturelle Bedeutung und Flexibilität des Calypso zutage brachte. Bekannte Größen, an denen niemand vorbeikommt, sind auch die Calypso Rose, der Aufnahmen mit Größen wie Manu Chao internationalen Erfolg brachten und die 2019, zwei Wochen vor ihrem 79. Geburtstag, beim Coachella Festival auftrat, sowie Winston „Shadow" Bailey. Er starb 2018, aber seine unverkennbare Stimme ist noch in vielen Radiosendern auf T&T zu hören.

Chutney

Die bei Trinidadern indischer Herkunft beliebte tempogeladene, rhythmische Musik wird begleitet von der *dholak* (nordindische Volksmusiktrommel) und der *dhantal* (einer Metallstange, die mit einem Metallschläger gespielt wird). Chutney ist eine Mischung aus klassischer Hindu-Musik und zeitgenössischem *soca* und bringt jede Hüfte zum Schwingen. Die leichtherzigen Texte drehen sich oft um Zweideutigkeiten oder die Freuden des Rumtrinkens. Zu den bekannten Stars gehören Rikki Jai und Ravi B neben angesagtem Nachwuchs wie Gl.

Soca

Soca, der energiegeladene Nachkomme des Calypso, wurde in den 1970ern geboren und basiert auf demselben einfachen Beat, aber beschleunigt die Dinge, wodurch tanzbare Rhythmen entstehen, die perfekt in die Karnevalszeit passen. *Soca* wartet zwar noch auf den internationalen Durchbruch in der Art der jamaikanischen Dancehall-Musik, aber seine größten Stars haben mit vielen internationalen Größen zusammengearbeitet, von Diplo bis Pitbull. Viele Hits aus jüngerer Zeit integrieren Elemente aus dem Reggae, Afrobeat und Pop. Machel Montano ist der amtierende König des *soca*. Zu den weiteren großen Namen zählen der schnelle Lyriker Bunji Garlin, Fay-Ann Lyons, Kes the Band, Destra, Nailah Blackman und Nessa Preppy.

Steelpan

Rhythmus und Percussion sind das Herz des Karnevals. Früher schlugen Drummer verschieden lang geschnittene Bambusstücke zusammen oder trommelten einfach auf alles, was da war – die Straße, Wände, ihre Knie. Als die afrikanischen Trommeln im Zweiten Weltkrieg verboten wurden, verwendeten Trommler Keksdosen und dann Ölfässer, die die US-Truppen ausrangiert hatten. Sie wurden in Form gehauen und gestimmt, womit ein ganz neues Instrument erfunden war. Heute gibt's Steelpans in verschiedenen Größen, die jeweils einen einzigartigen Klang hervorbringen. Hört man sie alle zusammen, ergibt sich der kaskadenartige Klang eines Wasserfalls. In der Karnevalszeit werden einige Steelpan-Bands auf flachen Kastenwagen über die Umzugsstrecke gefahren. Alle Bands wollen den nationalen Karnevalswettbewerb „Panorama" gewinnen.

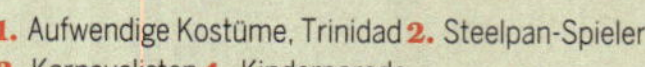

1. Aufwendige Kostüme, Trinidad **2.** Steelpan-Spieler
3. Karnevalisten **4.** Kinderparade

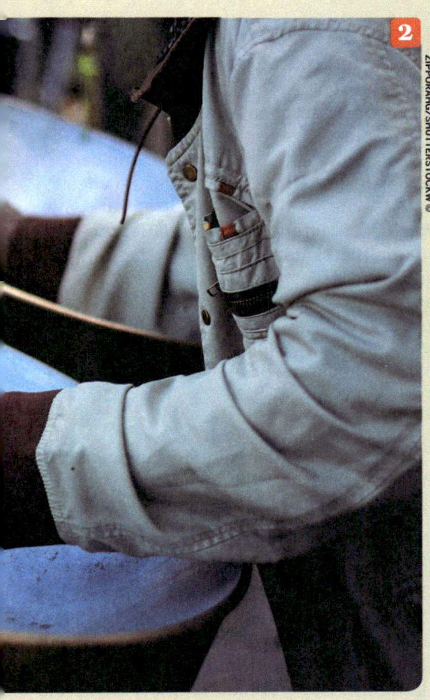

ZIPPORAHG/SHUTTERSTOCK ©

Karneval in Trinidad & Tobago

Der Karneval in T&T ist in Sachen Ausmaß und Spektakel überwältigend und überrollt von seinem Epizentrum in Port of Spain die ganze Nation.

Der Hype beginnt Monate vorher mit der Präsentation der Mas-Band-Kostüme, die von winzigen Glitzerfummeln bis zu Couture-Kreationen reichen. Wenn die Festtage nach Neujahr näherrücken, steigt die Vorfreude immer mehr. Die Karnevalisten drängeln sich, um Karten für die zahllosen fabelhaften *soca*-Partys (auch *fetes* genannt) zu ergattern; in der Queens Park Savannah dröhnen 300-köpfige Steelpan-Bands, die um den Sieg beim Panoramawettbewerb kämpfen; Heerscharen kostümierter Kids überrennen Port of Spain bei den Kinderparaden; und in den Straßen von Woodbrook tummeln sich feuerspeiende blaue Teufel, peitschenknallende Jab Jabs sowie hoch aufragende Moko-Jumbie-Stelzenläufer.

Nachdem die monolithischen Kostüme des Königs und der Königin auf der Savannah-Bühne bewertet worden sind und der *soca*-Monarch gekrönt wurde, erreicht die ansteckende Begeisterung ihren Höhepunkt. Nun wird der Karneval mit dem J'ouvert eröffnet, einer wunderbaren ausschweifenden Straßenparty vor dem Morgengrauen, bei der Gruppen von Nachtschwärmern unter einer Schicht aus Schlamm, Farbe, Öl und flüssiger Schokolade durch die Stadt ziehen, nur um ein paar Stunden später geschrubbt und partytauglich zum ersten Hauptumzug zurückzukehren. Absolutes Highlight ist die Dienstagsparade, wenn die Kostümbands in einem kaleidoskopischen Sturm aus Federn und Pailletten, Glitzer und Glamour aufmarschieren.

Beim Karneval geht's vor allem um die Teilnahme. Aber man kann sich auch beim Zuschauen amüsieren. Wenn man mit einer Mas Band unterwegs ist, hat man garantiert die Party seines Lebens. Einfach online anmelden und früh kommen, um eines der besten Kostüme zu ergattern.

VOGELBEOBACHTUNG

Trinidad und Tobago kommen in vielen karibischen Vogelbestimmungsbüchern gar nicht nicht vor – wegen des schieren Umfangs ihres zusätzlichen Artenreichtums, der sich auf unglaubliche 480 summiert. Die von Venezuela abgetrennten Inseln warten in ihren Sümpfen, Dschungeln, Meeresinseln, Tieflandwäldern und Savannen mit der Artenvielfalt Südamerikas auf und gehören zu den besten Orten der Karibik, um Vögel zu beobachten.

A Guide to the Birds of Trinidad & Tobago von Richard Ffrench bietet gute Beschreibungen, aber nur wenige Abbildungen. 2019 aktualisiert wurde *Birds of Trinidad & Tobago* von Martyn Kenefick, Robin Restall und Floyd Hayes.

Die besten Orte zum Birdwatching sind das Asa Wright Nature Centre (S. 884), das Caroni Bird Sanctuary (S. 887), **Yerette** (☎ 663-2623; www.yerettett.com; 88 Valley View, Maracas–St. Joseph Valley; geführte Touren 25–45 US$; ⏲ geführte Touren 8, 11 & 15 Uhr; 👪), Nariva Swamp (S. 886) und Mount St. Benedict (S. 880). Auf Tobago sind es Little Tobago (S. 902) und das Tobago Forest Reserve (S. 899).

Kricket

Das im 19. Jahrhundert von den Briten eingeführte Kricket ist auf Trinidad und Tobago nicht nur ein Sport, sondern eine kulturelle Obsession. Die international bekannte Kricketlegende Brian Lara – der „Prinz von Port of Spain" – stammt aus Trinidad und zählt zu den beliebtesten Ikonen des Landes. Und wenn, trotz ihrer Pechsträhne, die westindische Mannschaft zum Testspiel antritt, halten die Menschen noch immer den Atem an und kleben vor ihren Fernsehern, um das Geschehen zu verfolgen.

Hauptveranstaltungsort ist das **Queen's Park Oval** (☎ 622-2295; www.qpcc.com; 94 Tragarete Rd, St. Clair; 👪), Sitz des Queen's Park Cricket Club, ein paar Straßenzüge westlich der Queen's Park Savannah in Port of Spain. Das erste Stadion wurde 1896 erbaut, vor der spektakulären Kulisse der nördlichen Gebirgskette. Es ist der Austragungsort für regionale und internationale Spiele und bietet Platz für 25 000 Zuschauer, die die Ränge füllen und bei Tagesturnieren und Testspielen für Partystimmung sorgen. Es beherbergt auch ein kleines Museum zur Geschichte des Krickets. Der Besuch muss telefonisch vereinbart werden.

Natur & Umwelt

Trinidad und Tobago waren früher Teil des südamerikanischen Festlands und ihre reichhaltigen Naturräume unterscheiden sich recht stark vom Rest der Karibik. Dichte Regenwälder bieten Lebensraum für eine riesige Vielfalt an Pflanzen und Tieren, z. B. spektakuläre Vogelarten. Die Korallenriffe um Tobago, gespeist von nährstoffhaltigen Strömungen aus dem Fluss Orinoco, gehören zum Besten, was die Karibik zu bieten hat.

Geografie

Das wie ein Stiefel geformte Trinidad gehörte früher zum südamerikanischen Festland. Im Verlauf der Zeit bildete sich ein Kanal, der Trinidad vom heutigen Venezuela trennt. Die Verbindung mit Südamerika macht sich in Trinidads Northern Range deutlich bemerkbar, einer Verlängerung der Anden, ebenso durch seine Öl- und Gasvorkommen, die sich im südwestlichen Trinidad konzentrieren.

Die Northern Range verläuft von Osten nach Westen und bildet eine landschaftlich schöne Kulisse für Port of Spain. Der Rest der Insel besteht aus Ebenen, welligen Hügeln und Mangrovensümpfen. Zu Trinidads zahlreichen Flüssen gehören der 50 km lange Ortoire River und der 40 km lange Caroni River, der sich in den Caroni Swamp ergießt.

Die zentrale Hügelkette des 19 km nordöstlich von Trinidad gelegenen Tobago erreicht an ihrem höchsten Punkt fast 610 m. Tiefe fruchtbare Täler verlaufen vom Kamm Richtung Küste, die von vielen Buchten und Stränden gesäumt ist.

Tiere & Pflanzen

Wegen der Nähe zum südamerikanischen Kontinent haben Trinidad und Tobago die vielfältigste Flora und Fauna der Karibik: etwa 480 Vogelarten, 600 Schmetterlingsarten, 70 Reptilienarten und 100 Säugetierarten, darunter rote Brüllaffen, Ameisenbären, Ozelots, Agutis und Gürteltiere.

Die Flora ist ebenfalls reichhaltig mit über 700 Orchideenarten und 1600 weiteren Blühpflanzenarten. Beide Inseln sind mit dichten Regenwäldern bedeckt, auf Trinidad gibt's auch Elfenwälder, Savannen und Mangrovensümpfe mit Süß- und Brackwasser.

Umweltthemen

Wasserverschmutzung ist ein riesiges Umweltproblem auf Trinidad und Tobago. Landwirtschaftliche Chemikalien, industrieller Müll und ungereinigte Abwässer sickern ins Grundwasser und letztendlich in den Ozean. Die Schäden an den Riffen sind größtenteils auf Umweltverschmutzung, schlecht befestigte Anker und rücksichtslose Schnorchler zurückzuführen.

Der Abbau von Steinen (sowohl legal als auch illegal) und die alles andere als nachhaltigen Bauprojekte wirken auf die Ökodestination zerstörerisch. Entwaldung und Bodenerosion sind direkte Folgen. Sanderosion ist an der Nordostküste von Trinidad, wo die Lederschildkröten ihre Eier ablegen, ein besonders schwerwiegendes Problem.

Sogenanntes „*wild meat*", wie Aguti, Wild, Wildschwein, Gürteltier und Leguan, ist auf Trinidad und Tobago eine beliebte Delikatesse, und obwohl die Jagd offiziell nur von Oktober bis Februar erlaubt ist, gefährdet unreguliertes und zügelloses Jagen die lokalen Tierpopulationen.

Das Umweltamt Environmental Management Authority (www.ema.co.tt) hat den Auftrag, Umweltschutzbereiche zu überwachen, aber wie in anderen Entwicklungsländern übertrumpft der Druck von „Fortschritt" den Umweltschutz. Eine Informationsquelle zur Lage der Umwelt in Tobago ist Environment Tobago (www.environmenttobago.net), während die Umweltschutz-NGO Papa Bois Conservation (www.facebook.com/papaboisconservation) ihren Sitz auf Trinidad hat.

PRAKTISCHE INFORMATIONEN

Allgemeine Informationen

AKTIVITÄTEN

Neben Strandaktivitäten wie Schwimmen, Schnorcheln und Tauchen bieten Trinidad und Tobago mit das beste Birdwatching in der Karibik. Besonders viele Vogelarten kann man in Trinidads Hügeln der Northern Range beobachten. Ebenso besteht die Möglichkeit, riesige Lederschildkröten zu sehen, die ihre Eier am Strand legen.

BARRIEREFREI REISEN

Trinidad und Tobago bieten kaum Infrastruktur für Reisende mit Behinderung. Dennoch sind die meisten Hotels und Resorts der gehobenen Kategorie sowie neuere öffentliche Gebäude dank Aufzügen und Rampen für Menschen mit eingeschränkter Mobilität zugänglich.

Für Rollstuhlfahrer stellen die Städte und Dörfer eine Herausforderung dar; abgeschrägte Bordsteine sind selten und oft gibt's gar keine Bürgersteige.

BOTSCHAFTEN & KONSULATE

Deutschland (☎ 628-1630; www.port-of-spain.diplo.de; 19 St. Clair Ave, St. Clair; ⏱ Mo–Fr 8–11.30 Uhr)

Österreich (☎ +57-1-745-2086; www.bmeia.gv.at/oeb-bogota; Cra. 9 No. 73-44, Of. 402, Bogotá D.C. CO-110221, Kolumbien; ⏱ Mo–Do 10–12 Uhr) Zuständig ist die Botschaft in Bogotá, Kolumbien.

Schweizer Honorarkonsulat (☎ 660-7400; bluehaven@bluehavenhotel.com; Blue Haven Hotel, Robinson Crusoe Beach Resort Ltd., Bacolet Bay, Scarborough, Tobago, W. I.)

ESSEN

Die Küche von Trinidad und Tobago, eine berauschende Mischung indischer und kreolischer Aromen, zählt zweifellos zu den Highlights der Inseln. Garnelen in Curry mit Dumplings sind eine Spezialität auf Tobago, und auch Ziege, Ente, Huhn und Gemüse werden in Currysoße zubereitet, um die allgegenwärtigen *roti* zu füllen. Fisch und Meeresfrüchte sind hervorragend; gegrillt, gedünstet oder gebraten und immer köstlich gewürzt werden Königsfisch, *mahi mahi* (Goldmakrele), Barrakuda, Carite und Rotbarsche wie z. B. Schnapper serviert.

Typische Gerichte & Getränke

Bake and shark – Gewürztes Haisteak, garniert mit Salat und lokaltypischen Soßen, z. B. Tamarindensoße oder das korianderartige *chadon beni*, wird in leicht frittiertem Brot serviert. Besser mit Königsfisch bestellen als

PREISKATEGORIEN ESSEN

Die folgenden Preise beziehen sich auf ein Hauptgericht:

**$** bis 60 TT$

**$$** 60–160 TT$

**$$$** über 160 TT$

mit Hai, denn Haie sind in der Region vom Aussterben bedroht.

Buljol Gekochter Salzfisch mit Zwiebeln, Pfeffer und Tomaten, in der Regel mit Kokosnussbrot serviert (Fladenbrot mit frisch geriebener Kokosnuss).

Callaloo Blätter des Karibenkohls (*Colocasia eculenta*), gekocht mit Kürbis, Okra, Kokosnuss und jeder Menge Gewürze.

Chadon beni Der gehypte Verwandte des Korianders, ein scharfes, grünes Kraut, ist in der Trinbago-Küche allgegenwärtig und Bestandteil einer Soße, die zu Doubles, Bake and Shake und Maissuppe gegeben wird.

Carib and Stag Das nationale Bier; es wird immer teuflisch kalt serviert.

Choka Ein Frühstücksgericht mit Tomaten oder Auberginen (die auf T&T *baigan* oder *melongene* heißen), gedünstet mit Zwiebeln, Knoblauch, Pfeffer. Es wird mit *sada roti* serviert.

Crab and dumplings Eine klebrige und köstliche Spezialität aus Tobago: Kleine ganze Krabben in Currysoße, die über schmale Mehlklöße gegeben wird. Auch oft mit Schneckenmuscheln.

Doubles Kichererbsencurry in einem Stück weichen angebratenen *bara*-Brot; gewürzt mit scharfen Soßen.

Peas Lokale Bezeichnung für Bohnen, in der Regel als würziger Eintopf mit Kokosnuss aus Straucherbsen, Kidney-Bohnen, schwarzen Bohnen oder grünen Linsen zubereitet.

Pelau Huhn und Erbsen, gekocht mit Reis, Kürbis und Kokosnuss.

Pholouri Teigbällchen aus gebratenem Kichererbsenmehl, serviert mit würzigem Tamarinden-Curry-Dip.

Provisions Tropische Knollen wie Yams, *dasheen*, Cassava und Taro, als kohlenhydrathaltige Beilage gekocht serviert. Auch als Grundlebensmittel bezeichnet.

Roti Fladenbrot, das um Fleisch- und Gemüsecurrys gewickelt wird. Die Hülle wird als Haut bezeichnet, die es in zahlreichen Varianten gibt, von *dhalpouri* (mit gemahlenen Bohnen) bis zu *buss-up-shut* (wörtlich „aufgeplatztes Hemd"), eine dicke Weißmehlhülle, die zum Aufnehmen der Füllungen dient. *Sada roti* ist ein einfaches, dickes gebratenes Brot, das zum Frühstück mit *choka* serviert wird.

FEIERTAGE

Karnevalsmontag und -dienstag sind inoffizielle Feiertage, an denen Banken und die meisten Geschäfte geschlossen sind.

Baptistenbefreiungstag 30. März

Karfreitag März/April

Ostermontag März/April

Indischer Ankunftstag 1845 30. Mai

Corpus Christi Neunter Donnerstag nach Ostern

Tag der Arbeit 19. Juni

Tag der Emanzipation 1. August

Tag der Unabhängigkeit 31. August

Tag der Republik 24. September

Divali Oktober, die Termine variieren

Eid al-Fitr (Fest des Fastenbrechens) Die Termine variieren

1. Weihnachtsfeiertag 25. Dezember

2. Weihnachtsfeiertag 26. Dezember

Neujahr 1. Januar

FRAUEN UNTERWEGS

Frauen auf Reisen werden ständig von Männern angegangen, besonders wenn sie jung sind. Darunter fällt so einiges, von Kussgeräuschen, Zischen oder dem Angebot, alles zu sein, vom Beschützer bis zum Sexsklaven. Frauen werden

PRAKTISCH & KONKRET

Fernsehen & Radio Es gibt zwei lokale Fernsehsender: CCN TV6 (Kanal 5) und CNC3 (Kanal 3). Über Kabelanschluss kann man CNN und BBC World News empfangen. Etwa 15 unabhängige Radiosender füllen den Äther mit einer Mischung aus Gesprächen und Musik.

Maße Auf Trinidad und Tobago gilt das metrische System. Auf Straßenschildern und Kilometerzählern werden Kilometer angegeben, aber in Trinidads Northern Range sieht man noch Steinmarkierungen an den Straßen, auf denen Meilenangaben stehen.

Rauchen Das Rauchen in öffentlichen Gebäuden ist nicht erlaubt. Oft ist auch das Vapen (E-Zigaretten) in Innenräumen verboten. E-Zigaretten sind auf T&T legal, werden aber nur an einigen Orten verkauft, wo es auch die Flüssigkeiten und Zubehör gibt.

Touristenbroschüren Zu den hilfreichen kostenlosen Magazinen, die man in Touristeninformationen und Hotels findet, gehören *Discover Trinidad & Tobago*, der Restaurantführer *Cré Olé* sowie *Ins & Outs of Trinidad & Tobago*.

Zeitungen Die drei Tageszeitungen sind: *Trinidad Express* (www.trinidadexpress.com), *Newsday* (www.newsday.co.tt) und *Trinidad Guardian* (www.guardian.co.tt).

angestarrt und bekommen ungefragte Hilfe beim Parken eines Autos. All dies sollten sie ignorieren.

GELD

Die offizielle Währung ist der Trinidad-and-Tobago-Dollar (TT$), aber viele Produkte und Dienstleistungen werden in US$ ausgezeichnet. In diesem Buch sind die Preise so angegeben wie vor Ort.

Geldautomaten, die nur TT$ ausgeben, sind in Städten und touristischen Gebieten weit verbreitet. Viele Banken verfügen über Drive-through-Geldautomaten.

Die meisten Restaurants, Hotels, Tauchshops, Autovermietungen und bessere Gästehäuser akzeptieren Kreditkarten. Kontaktlos bezahlen kann man in großen Supermärkten und einigen Tankstellen.

Wechselkurse

Eurozone	1 €	6,93 TT$ 1 US$
Schweiz	1 SFr	7,12 TT$ 1,02 US$
USA	1 US$	6,77 TT$

Die aktuellen Wechselkurse sind hier zu finden: www.xe.com.

Trinkgeld

Trinkgeld hat in der Kultur von Trinidad und Tobago keine Tradition, hat sich aber inzwischen immer mehr etabliert:

Bars Wird nicht erwartet, aber viele haben eine Trinkgeldbox.

Hotels 100 TT$ oder mehr sind für das Reinigungspersonal üblich.

Lebensmittelläden 5–10 TT$ für Einpacker, die Einkäufe in Tüten packen, den Einkaufswagen zum Auto fahren und die Einkäufe ins Auto laden.

Restaurants Wenn keine Servicegebühr berechnet wird, gibt man ein Trinkgeld von 10–15 %.

Taxis Fahrer von Maxi- oder Sammeltaxis bekommen kein Trinkgeld. In privaten Taxis wird kein Trinkgeld erwartet, aber für guten Service kann man 10 % Trinkgeld geben.

INTERNETZUGANG

Auf T&T bieten die meisten Hotels und Gästehäuser kostenloses WLAN, allerdings kann es in ländlichen Gebieten unbeständig sein. Viele Cafés und Restaurants, darunter die zahlreichen Filialen der Kette Rituals (S. 873), stellen Gästen kostenloses WLAN zur Verfügung, insbesondere in Städten und Touristengebieten.

LGBT-REISENDE

Trinidad und Tobago sind zwar progressiver als andere Karibikinseln, aber gleichgeschlechtlichen Beziehungen gegenüber nicht sehr aufgeschlossen. Trotzdem errang der Aktivist Jason Jones 2018 einen bahnbrechenden Sieg im ersten Schritt seiner Klage gegen das Analverkehrverbot auf Trinidad und Tobago, das ein Richter für verfassungswidrig erklärte. Es besteht Hoffnung, dass diese archaischen Gesetze dauerhaft aufgehoben werden, aber das Urteil war in diesem religiösen und oft konservativen Land umstritten. Homophobie ist auf T&T nach wie vor weit verbreitet, und obwohl es eine beträchtliche LGBT-Community gibt, tritt sie nicht in Erscheinung. Sich zu outen und Gefühle in der Öffentlichkeit zu zeigen entspricht nicht der Norm und kann negative Auswirkungen haben, auch wenn diese eher verbal als gewalttätig sind.

TRINKWASSER

Das Leitungswasser ist auf Trinidad und Tobago stark gechlort und schmeckt abgekocht (am besten 15 Min. lang) besser als frisch. Wenn man nicht daran gewöhnt ist, kann man sich damit den Magen verderben.

MEDIZINISCHE VERSORGUNG

Die öffentlichen Krankenhäuser von Trinidad und Tobago sind überbelegt und haben zu wenig Mittel, aber die Behandlung ist kostenlos. Zu den wichtigsten gehören das General Hospital (S. 877) in Port of Spain und das Scarborough General Hospital (S. 901) auf Tobago. Viele Einheimische bevorzugen private Krankenhäuser wie das St. Clair Medical Centre (S. 877) in Port of Spain, das seine Dienste teuer bezahlen lässt. Besser vorher prüfen, ob die Reisekrankenversicherung dafür ausreicht.

NOTFALL

Krankenwagen	☎ 811
Feuerwehr	☎ 990
Polizei	☎ 999

MIT KINDERN REISEN

Kinder jeden Alters besuchen gern mit ihren Eltern die Strände von Tobago. Bei Mt. Irvine Bay Watersports (S. 897) am Mount Irvine Beach bekommt man bei Kindern beliebte Ausrüstung, um sich im Wasser zu vergnügen, während Radical Watersports (S. 892) am Pigeon Point extra für Kinder Paketangebote für alle möglichen Aktivitäten macht. Trinidads Abenteuerparks **Skallywag Bay** (☎ 227-2469; www.skallywagbay.com; Williams Bay; Erw. 160 TT$, Kind 60–120 TT$, unter 2 Jahre frei; ⏲ Mi–Fr 11–19, Sa & So bis 20 Uhr; 👪) und **Five Islands** (☎ 612-5275; www.fiveislandswaterpark.com; Chagville Beach, Western Main Rd; ohne Fahrgeschäfte 200 TT$, Fahrgeschäfte 120–200 TT$; ⏲ Mo–

Fr 9.30–22, Sa & So 10–22 Uhr; 👪) in Chaguaramas bieten Kindern viele Aktivitäten, vom Klettern und Gokartfahren bis zu Videospielen. Im Karneval (S. 874) dürfen sich Kinder jeden Alters auf keinen Fall den Kinderkarneval Kiddie Mas entgehen lassen.

- Windeln, Feuchttücher, Muttermilchersatz und Babynahrung gibt's in allen großen Supermärkten.
- Apotheken führen Babyflaschen.
- In manchen Touristenrestaurants gibt's Hochstühle.
- Wickeltische existieren nicht.
- Die meisten Hotels und viele Gästehäuser können Kinderbetten zur Verfügung stellen.
- Bei Mietwagenunternehmen bekommt man gegen Gebühr Kindersitze.
- Kinder in der Öffentlichkeit zu stillen ist bei den einheimischen Frauen nicht üblich, aber wenn man sich dabei bedeckt, sollte es kein Problem geben.

RECHTSFRAGEN

Wer in Trinidad und Tobago verhaftet wird, hat das Recht, den Grund zu erfahren und sich nicht mündlich oder schriftlich äußern zu müssen. Inhaftierte haben das Recht, einen Anwalt zu sprechen und zu engagieren. Wenn Ausländer verhaftet werden, muss die Polizei die zuständige Botschaft oder das Konsulat informieren (wenn es vor Ort eins gibt), die dabei behilflich sein können, einen Anwalt zu finden. Übernimmt die Polizei diesen Part nicht, hat man das Recht, selbst den Kontakt herzustellen.

Der Besitz von Drogen, einschließlich Cannabis, wird hart bestraft.

SICHER REISEN

Die Bewohner von Tobago warnen vor der zunehmenden Gesetzlosigkeit in Trinidad, die Bewohner von Trinidad sagen, dass die Kriminalität in Tobago zunimmt. Solche Behauptungen spiegeln zwar eine tatsächlich ansteigende Kriminalitätsrate wider, neigen aber bezüglich der Gefahren des Reisens auf den Inseln zur Übertreibung.

Nachts sollte man weder an den Stränden von Tobago herumlaufen noch in Port of Spain, vor allem nicht im Zentrum.

Diebstahl kann ein Problem sein, besonders im Zentrum von Port of Spain und bei den Karnevalsfestivitäten. Auf Wertsachen aufpassen und sie nicht mit zum Strand nehmen!

Die hartnäckigen Verkaufstaktiken der Souvenirhändler und Bootsfahrtenverkäufer können ärgerlich sein. Einfach freundlich, aber standhaft bleiben, dann wird man meist in Ruhe gelassen.

STROM

Die elektrische Spannung beträgt 115/230 Volt (60 Hz); man benötigt US-amerikanische Stecker mit zwei Polen.

TELEFON

Die Landesvorwahl ist 1-868. Von Europa wählt man für T&T 001-868 plus die örtliche Nummer, ohne die Null. Innerhalb des Landes wählt man nur die siebenstellige Telefonnummer.

Die inzwischen immer selteren öffentlichen Telefonzellen funktionieren oft nicht. Wer viel im Inland telefonieren möchte, kauft am besten eine lokale SIM-Karte und verwendet ein Handy.

Handys

Der wichtigste lokale Netzbetreiber ist **bmobile** (📱824-8788; www.bmobile.co.tt). Er verkauft Prepaid-SIM-Karten, die mit den meisten Handymarken kompatibel sind. Man kann sie mit Guthaben von 25 bis 500 TT$ 25 aufladen. Die Guthaben sind an Tankstellen, in Supermärkten und an Lottoverkaufsstellen erhältlich. **Digicel** (📱399-9999; www.digicelgroup.com/tt) hat ein ähnliches Angebot. Beide schließen auch Handyverträge mit mobilen Daten ab. SIM-Karten und Mobiltelefone werden in den vielen Kommunikationsgeschäften und Kiosken in Malls und Einkaufszentren auf beiden Inseln verkauft. Es gibt auch einen praktischen mobilen Kiosk direkt hinter den Immigrationsschaltern am Flughafen Piarco. Dort kann man sich noch vor dem Verlassen der Ankunftshalle um das mobile Telefonieren kümmern.

UNTERKUNFT

Beide Inseln verfügen über Gästehäuser und Hotels mit gutem Preis-Leistungs-Verhältnis. Auf Trinidad konzentrieren sie sich in in Port of Spain und auf Tobago in Crown Point und Umgebung sowie weiteren Orten wie Buccoo/Mount Irvine, Castara, Speyside und Charlotteville. Außer in der Karnevalszeit, wenn die Preise in Port of Spain in astronomische Höhen steigen, sind Trinidad und Tobago preiswerter als andere Ziele in der Karibik. Budgetunterkünfte sind ab 45 US$ pro Nacht zu haben.

PREISKATEGORIEN UNTERKUNFT

Die folgenden Preise beziehen sich auf ein Doppelzimmer in der Hochsaison (Mitte Dezember bis Mitte April). Die Rechnung kann wegen der 10-%igen Servicegebühr und 10 % Kurtaxe um 20 % teurer werden. Oft, aber nicht immer, sind Mehrwertsteuer und Servicegebühren in den Preisen, mit denen geworben wird, enthalten.

**$** bis 75 US$

**$$** 75–200 US$

**$$$** über 200 US$

ZEIT

Atlantic Standard Time: MEZ minus fünf Stunden, MESZ minus sechs Stunden.

An- & Weiterreise

FLUGZEUG

Die meisten internationalen Flüge landen auf dem **Piarco International Airport** (www.tntairports.com; Golden Grove) auf Trinidad; der Rest steuert den viel kleineren **ANR Robinson International Airport** (www.tntairports.com; Crown Point) auf Tobago an.

Zahlreiche internationale Fluglinien fliegen nach Trinidad und Tobago. Caribbean Airlines (die nationale Fluggesellschaft) und LIAT sind besonders praktisch für Flüge aus anderen karibischen Ländern und Südamerika.

Caribbean Airlines (☎625-7200; www.caribbean-airlines.com) fliegt von Trinidad nach Antigua, Barbados, Caracas, Cuba, Grenada, Guyana, Kingston und Montego Bay auf Jamaika, Nassau auf den Bahamas, St. Lucia, Sint Maarten, St. Vincent und Surinam.

LIAT (☎1-888-895-5428; www.liat.com) fliegt von Trinidad nach Antigua, Barbados, Dominica, Grenada, Guadeloupe, Guyana, Martinique, San Juan, St. Croix, St. Kitts, St. Lucia, St. Thomas, St. Vincent, Sint Maarten und Tortola, aber auf den meisten Flügen muss man vor der Landung am Ziel irgendwo in der Karibik umsteigen.

ÜBERS MEER

Jacht

Trinidad und Tobago liegen südlich des Hurrikangürtels und sind für Segler ein sicherer Hafen. Die meisten Liegeplätze und Marina-Einrichtungen bietet Chaguaramas auf Trinidad; dazu gehören auch die Einwanderungs- und Zollbehörde. Tobago ist nur mit Gegenwind zu erreichen, aber ein paar Jachten legen in Charlotteville, Castara oder Scarborough an. Weitere Informationen bekommt man bei der **Yacht Services Association of Trinidad and Tobago** (☎634-4938; www.ysatt.com; Power Boats Marina, Western Main Rd).

Kreuzfahrtschiff

Auf Trinidad legen die Schiffe an der King's Wharf an, an der Wrightson Road in Port of Spain. Von hier kann man zum Independence Square und in die Innenstadt laufen. Auf Tobago befindet sich das Kreuzfahrtschiffterminal neben dem Fährterminal im Zentrum von Scarborough.

Unterwegs vor Ort

AUTO & MOTORRAD

Es herrscht Linksverkehr und das Steuer ist auf der rechten Seite (wie in England). Der Führerschein aus dem Heimatland gilt für Aufenthalte von bis zu drei Monaten.

Kurvige enge Straßen und hupfreudige Schnellfahrer gestalten das Autofahren auf den Inseln recht abenteuerlich. In Port of Spain stellen der starke Verkehr, die komplizierte Straßenführung und mangelnde Beschilderung eine Herausforderung dar. Am besten schaut man sich vor dem Losfahren eine Karte an, atmet tief durch und übt sich in Zen-artiger Geduld.

Irgendwann gewöhnt man sich daran und das Autofahren wird leichter, wenn man sich entspannt und dem Verkehrsfluss folgt. Man sollte darauf gefasst sein, dass die anderen Verkehrsteilnehmer (insbesondere Fahrer von Maxi-Taxis und Sammeltaxis) plötzlich anhalten, um jemanden aussteigen zu lassen, einen Nachbarn zu begrüßen oder sich ein kaltes Getränk zu holen. Manchmal halten sie einfach an, manchmal geben sie auch Lichtsignale oder Handzeichen, um anzukündigen, was sie vorhaben. Die ruhigen Straßen von Tobago bieten keine ähnlich große Herausforderung, auch wenn einige kurvenreich und löcherig sind. Zudem sollte man die am Straßenrand grasenden Kühe und Ziegen im Auge behalten.

Die (fast nie beachtete) Höchstgeschwindigkeit auf Schnellstraßen beträgt 80 km/h und auf einigen Streckenabschnitten sind auf Trinidads Schnellstraßen 100 km/h erlaubt. In den Städten sind 50 km/h die Höchstgrenze. Benzin kostet ca. 5 TT$ pro Liter. An den meisten Tankstellen bedient man sich selbst an der Zapfsäule und oft muss man vorher bezahlen. Die Beschilderung ist auf den Schnellstraßen gut und in ländlichen Gegenden etwas unzulänglicher. Die App Waze (www.waze.com) funktioniert auf T&T gut, aber um sie zu verwenden, braucht man mobile Daten.

BOOT, SCHIFF & FÄHRE

Katamarane dienen als Fähren für die Überfahrt zwischen Queen's Wharf in Port of Spain, Trinidad, und dem Hauptfährterminal von Scarborough, Tobago. Die Fahrtdauer variiert je nach Schiff zwischen 2½ und vier Stunden. Die Reise ist preiswert und recht komfortabel und man spart sich den Weg hinaus zum Flughafen Piarco. Allerdings ist die Warscheinlichkeit recht hoch, in den tosenden Wassern des Dragon's Mouth zwischen Trinidads Nordwesten und Venezuela seekrank zu werden. Wer sich auf See grundsätzlich schnell unwohl fühlt, nimmt am besten Tabletten gegen Reisekrankheit. Die Fähren haben eine Bar, eine Cafeteria und einen Außenbereich.

Täglich legen von beiden Inseln zwei bis vier Fähren ab, am Morgen und am Nachmittag. Die Tickets (Erw./Kind 50/25 TT$) kauft man beim Inter-Island Ferry Service (S. 877), was man um Weihnachten, Ostern und in der Karnevalszeit recht frühzeitig tun sollte. Die Fähren transportieren Autos, aber keiner der Autovermieter auf

T&T erlaubt seinen Kunden, den Mietwagen mit an Bord zu nehmen.

BUS

Die von **PTSC** (☎ 623-2341; www.ptsctt.com; City Gate, South Quay) betriebenen Busse sind für Traveller eine preiswerte Transportmöglichkeit, besonders auf längeren Touren quer über die Inseln, aber sie fahren zuweilen nur selten und unzuverlässig, vor allem auf Tobago. Auf kürzeren Strecken können sich Maxi-Taxis oder Sammeltaxis mit festen Routen als günstiger erweisen. Die Fahrpläne kann man sich online ansehen. Infos zu Bussen bekommt man auf Trinidad telefonisch unter 623-2341 und auf Tobago unter 639-2293.

FLUGZEUG

Caribbean Airlines führt die 20-minütigen Flüge zwischen Trinidad und Tobago durch (eine Strecke US$24). In jede Richtung fliegen ca. 20 Maschinen pro Tag. Mitnehmen darf man bis zu 23 kg Gepäck. Zwar ist es klug, im Voraus online zu buchen, da die Tickets schnell ausgebucht sind, aber oft bekommt man am Tag der Abreise trotzdem noch Tickets am Flughafen. Die Flüge sind im Übrigen oft verspätet oder fallen aus.

TAXI

Reguläre Taxis sind an den Flughäfen, Kreuzfahrtschiff- und Fährterminals sowie Hotels leicht zu finden. Sie haben keine Taxameter, halten sich aber an die staatlich festgelegten Tarife. Preislisten bekommt man bei Hotelrezeptionen und den Touristeninformationen am Flughafen. In den Ankunftsterminals der Flughäfen von Trindad und Tobago stehen Tafeln mit detaillierten Taxipreisen. Den Preis sollte man auf jeden Fall vor der Fahrt aushandeln; zwischen 22 und 6 Uhr steigen die Tarife.

Maxi-Taxi

Maxi-Taxis sind Minibusse für 12–25 Passagiere, die in einem bestimmten Gebiet eine festgelegte Route abfahren. Sie sind mit einer Farbe für ihre Strecke gekennzeichnet, fahren vom frühen Morgen bis zum späten Abend, sind sehr preiswert und werden von den Einheimischen rege genutzt. Je nach Länge der Strecke kostet eine Fahrt ca. 5–15 TT$. Man kann überall an der Straße ein Maxi-Taxi heranwinken oder am Taxi-Stand einsteigen. Mit einem Maxi-Taxi von A nach B zu kommen kann recht lange dauern, weil sie sehr oft halten, wobei Maxi-Taxis auf Trinidad recht schnell sein können, wenn sie die Bussen vorbehaltene Spur nutzen.

Auf Trinidad fahren viele Maxi-Taxis vom Maxi-Taxi-Terminal neben dem City Gate in Port of Spain ab. Auf Tobago kennzeichnet ein blaues Band alle Maxis, aber sie fahren wesentlich seltener als auf Trinidad.

Infos über die Maxi-Taxi-Strecken bekommt man über die **Trinidad & Tobago Unified Maxi Taxi Association** (☎ 623-2947).

Sammeltaxi

Sammeltaxis sind Autos, deren Fahrpreis die Passagiere sich teilen. Sie fahren festgelegte Strecken und lassen Passagiere überall unterwegs aussteigen. Sie sehen wie normale Autos aus, außer dass das Nummernschild in der Regel mit einem H beginnt, das für *hire* (mieten) steht. Als Sammeltaxis fahren auch viele Privatwagen (mit einem P auf dem Nummernschild). Sammeltaxis fahren kürzere Strecken als Maxis und sind meist innerhalb von Städten und Orten unterwegs. Die Preise beginnen ab ca. 5 TT$.

Turks- & Caicosinseln

☎1-649 / 31 500 EW.

Inhalt ➡

Gut essen

➡ Coyaba (S. 925)
➡ Grace's Cottage (S. 925)
➡ Coco Bistro (S. 925)
➡ Bird Cage Bar & Grill (S. 933)
➡ Da Conch Shack (S. 925)
➡ Provo Fish Fry (S. 925)

Schön übernachten

➡ Sibonné Beach Hotel (S. 924)
➡ Dragon Cay Resort (S. 929)
➡ COMO Parrot Cay (S. 927)
➡ Osprey Beach Hotel (S. 932)
➡ Salt Raker Inn (S. 932)

Ab auf die Turks- & Caicosinseln!

Die Turks- und Caicosinseln (TCI) an der Südspitze der Bahamas haben die meisten Reisenden überhaupt nicht auf dem Schirm. Doch die spärlich besiedelten Sandinseln beeindrucken mit einigen der weltweit spektakulärsten Korallenriffe und Strände und haben sich zu einem echten Luxusreiseziel gemausert. Der Lebensrhythmus hier ist gemächlich, die Herzlichkeit ist wirklich aufrichtig und die Tauchmöglichkeiten sind umwerfend.

Die Hauptinsel ist Providenciales: Neben tollen Stränden und Resorts von Weltrang finden Besucher hier authentische Feste, vom Dschungel überwucherte Ruinen, gemütliche Bars am Meer und sogar Spuren von frühen europäischen Reisen in die Neue Welt.

Auf den dünner besiedelten anderen Inseln locken verfallende koloniale Pracht, die jährliche Wanderung der Buckelwale, eine Unzahl einsamer Strände und die Gelegenheit, dem Stress der modernen Welt zu entfliehen.

Reisezeit

Dez.–April Dies ist die Hochsaison mit warmem, trockenem und beständigem Wetter sowie der jährlichen Wanderung der Buckelwale.

April–Juli Hummer sind auf Speisekarten tabu; Anfang April fallen in ihren Frühjahrsferien die Studenten aus den USA ein.

Juni–Nov. Die schwersten Stürme der Hurrikansaison drohen gewöhnlich von August bis Oktober.

Highlights

1 **Grace Bay Beach** (S. 919) Ein legendärer Strand mit vielen Luxusresorts.

2 **Grand Turk** (S. 930) Die Straßen der Insel laden mit ihren Kolonialbauten zu einem Bummel ein, die berühmte „Wall" zum Tauchen.

3 **Iguana Island** (S. 927) Mit der größten Population von Turks-und-Caicos-Leguanen auf Tuchfühlung gehen.

4 **Whalewatching** (S. 933) Auf Grand Turk von einer Strandbar aus das Walspektakel bestaunen.

5 **Mudjin Harbor** (S. 928) An diesem atemberaubenden Strand spüren, wie der Atlantik an die Riffwand hämmert.

6 **Salt Cay** (S. 933) Am Strand der North Bay relaxen und vorbeiziehende Wale beobachten.

7 **Provo Fish Fry** (S. 925) Mit den Einheimischen Fechterschneckensalat, Rumpunsch und Musik genießen.

CAICOSINSELN

Die Caicosinseln sind die größte Landmasse der Turks- und Caicosinseln und umfassen die Gegend vom fast unbewohnten East Caicos bis zum mit Ferienwohnungen gespickten Providenciales.

An- & Weiterreise

Das Hauptzugangstor zu den Caicosinseln und zum gesamten Land ist der Providenciales International Airport (S. 926). Wer mit dem Boot herkommt: Sechs der sieben Zollhäfen der Turks- und Caicosinseln liegen auf den Caicosinseln: fünf auf Provo, einer auf South Caicos.

Unterwegs vor Ort

Vom Provo Airport gibt's täglich Flüge zum South Caicos Airport, jedoch keine regulären Flüge nach North und Middle Caicos. Diese Inseln sind nur noch per Fähre, im Rahmen einer Tour oder mit einem Charterflugzeug zu erreichen. Von North Caicos kann man über einen 2007 erbauten 1,5 km langen Damm nach Middle Caicos fahren – er wurde kurz nach seiner Fertigstellung durch den Hurrikan Hanna beschädigt und von 2014 bis 2015 wieder instandgesetzt. Die Hurrikans von 2017 überstand er unbeschadet.

Die Passagierfähre von TCI Ferry (S. 929) verkehrt zwischen der Walkin Marina (abseits des Leeward Highway) auf der Ostseite von Providenciales zur Sandy Point Marina auf North Caicos. Montags bis samstags fahren fünf Boote, sonntags und an Feiertagen drei. Die halbstündige Fahrt kostet für Erwachsene hin und zurück 55 US$, für Kinder 30 US$. Die TCI Ferry nach South Caicos schippert zwei- oder dreimal pro Woche zum staatlichen Bootsanleger. Die Fahrt dauert 90 Minuten und kostet hin und zurück 110/70 US$ für Erwachsene/Kinder.

Providenciales

Providenciales, kurz Provo genannt, ist gewerblich und touristisch die wichtigste der Turks- und Caicosinseln. Nirgends ist mehr los, denn hier lebt der Großteil der Inselbewohner. Außerdem befindet sich auf Providenciales der wichtigste internationale Flughafen, es ist die am besten erschlossene Insel. Auf ihr sind nicht nur atemberaubende Urlaubsresorts zu finden, sondern auch Reihen von Apartmenthäusern und die Betonskelette gescheiterter Bauvorhaben. Die größte Attraktion sind die zahllosen weißen Sandstrände sowie der Riffgürtel, der die Insel umgibt. Die üppige Natur bietet somit Gelegenheiten zum Tauchen, Segeln und Kitesurfen – oder zum einfachen Abhängen am Strand.

Alles ist modern und kommerziell, da fast alles neu ist. Es gibt keine alten Siedlungen – vor ein paar Jahrzehnten gab's hier nur Salzebenen.

Sehenswertes

Grace Bay Beach STRAND

Der weltberühmte kilometerlange Strand (auf die häufig angegebenen „zwölf Meilen" kommt man zwar nur, wenn man die gesamte Nordküste von Provo einbezieht, doch die besteht tatsächlich nur aus Strand) wartet mit feinem weißem Sand auf und liegt nah genug am Riff, dass man die Wellen des Atlantiks sehen kann. Zwar befinden sich hier auch Hotels und Resorts, doch angesichts der Ausdehnung des Strands ist es kein Problem, sein eigenes Stückchen Paradies zu finden.

Turk's Head Brewery BRAUEREI

(☎941-3637; https://turksheadbrewery.tc; 52 Universal Dr, Cooper Jack Bay Settlement; Führung 15 US$ pro Pers. ⌚Schankraum Mo–Fr 9–17, Sa bis 14 Uhr, Führungen Mo–Fr 11, 13 & 15, Sa 12 Uhr) Die einzige Brauerei der Turks- und Caicosinseln produziert sechs hervorragende Biere, u. a. das starke IPA *„Down Da Road"* und ein saisonales Stout. Auf den beliebten Führungen können sich die Teilnehmer den Brauprozess anschauen und die Gerstensäfte verkosten, doch wer möchte, kann den Schankraum auch ohne Führung aufsuchen und sich die Biere zu Gemüte führen.

Long Bay Beach STRAND

Dieser windige, eher leere Strand an der Südküste von Provo ist ideal zum Kitesurfen.

Chalk Sound National Park NATIONALPARK

Der Chalk Sound verkörpert das Wesen von Provo recht gut: Die herrliche 5 km lange türkisfarbene Lagune ist mit kleinen Inseln gespickt, auf denen Turks-und-Caicos-Leguane heimisch sind. Leider trüben einige wenig beschauliche Bauten den Gesamteindruck. Hier kann man in Gesellschaft von Grätenfischen, Barrakudas, Rochen und Zitronenhaien wunderbar Kajak fahren – Motorboote sind nicht erlaubt –, doch da es keine Anlegeplätze gibt, ist die Lagune schwer zugänglich.

Beim Las Brisas Restaurant der **Neptune Villas** (www.neptunevillastci.com) kann man Kajaks, SUP-Boards und Kanus leihen

Providenciales

Providenciales

Sehenswertes

1 Chalk Sound National Park....A3
2 Cheshire Hall....B2
3 Grace Bay Beach....F1
4 Long Bay Beach....G3
5 Sapodilla Hill....A4
6 Turk's Head Brewery....C2
7 Village at Grace Bay Museum....E4

Aktivitäten, Kurse & Touren

Caicos Cyclery....(siehe 34)
8 DB Tours Bonefishing Charters....A4
9 Dive Provo....G3
10 Grand Slam Charters....D2
11 KiteProvo....G1
12 Potcake Place....F3
Provo Turtle Divers....(siehe 10)
13 Turks & Caicos Kiteboarding....G1
Undersea Explorer....(siehe 29)

Schlafen

14 Beaches....E1
15 Coral Gardens....E2
16 Point Grace....E3
17 Ports of Call Resort....G4
18 Sibonné Beach Hotel....E4
19 The Sands at Grace Bay....E3
20 Wymara Resort Turks & Caicos....D2

Essen

21 Big Al's Island Grill....F3
22 Coco Bistro....G3
23 Coyaba....G3
24 Crackpot Kitchen....G3
25 Da Conch Shack....B1
Grace's Cottage....(siehe 16)
26 Graceway Gourmet....F4
27 Graceway IGA....D2
28 Magnolia Restaurant & Wine Bar....D2
29 Mango Reef....D2
30 Mr. Grouper's....E4
31 Patty Place....G3
32 Provo Fish Fry....D2
33 Retreat Kitchen & Juice Bar....G3

Ausgehen & Nachtleben

34 Danny Buoy's....F3

Shoppen

Blue Turks & Caicos....(siehe 12)
FOTTAC....(siehe 34)
35 Mama's Gift Shop....G3

(1 Std. 35 US$, jede weitere Std. 10 US$) oder an einer Pontonbootstour teilnehmen; das Restaurant erfreut sich einer idealen Lage am südlichen Ende des Chalk Sound.

Village at Grace Bay Museum MUSEUM
(☎ 247-2161; www.tcmuseum.org; abseits der Grace Bay Rd; 10 US$; ⏰ Führungen Mo–Fr 9.15, 10.15, 11.15 & 12.15 Uhr) Der Providenciales-Ableger des Turks & Caicos National Museum befindet sich in der Siedlung Village at Grace Bay. Es umfasst ein paar alte Gebäude sowie Ausstellungen, alles auf einer einstündigen Führung zu erkunden.

Sapodilla Hill HISTORISCHE STÄTTE
Die lange Seefahrtsgeschichte der Turks- und Caicosinseln ist im Kalkstein des Sapodilla Hill verewigt: Hier haben Seeleute seit den 1650er-Jahren ihren Landfall gefeiert, indem sie Namen, Daten und Bilder in den Felsen ritzten. Der Zugang zum Hügel ist nicht ausgeschildert: Der Weg beginnt beim Eingang zu den Sul Mare Villas.

Cheshire Hall PLANTAGE
(☎ 941-5710; Leeward Hwy; Eintritt & Führung 10 US$; ⏰ Mo–Fr 8.30–16.30 Uhr; 👪) Cheshire Hall wurde im späten 18. Jh. von einem königstreuen britischen Pflanzer erbaut, der durch die amerikanische Unabhängigkeit hierher verschlagen worden war. Dies war einst die wichtigste Einrichtung auf Provo und Zentrum einer 820 ha großen Baumwollplantage. Das Anwesen gehört jetzt dem National Trust; die anderen etwa 15 noch stehenden Gebäude wie das Great House und die Küche sind allerdings nicht in allerbestem Zustand. Im Eintritt inbegriffen ist eine halbstündige Führung (8.30–11.30 & 14.30–16 Uhr) und man kann sich auch eine nachgebaute Sklavenhütte anschauen.

Aktivitäten

Potcake Place FREIWILLIGENARBEIT
(☎ 231-1010; www.potcakeplace.com; Salt Mills Plaza, abseits der Grace Bay Rd; ⏰ Mo–Sa 10–13 & 14–16 Uhr; 👪) Diese einzigartige Wohltätigkeitsorganisation kümmert sich um die vielen herrenlosen Hunde auf Provo. Wer möchte, kann helfen, spenden, mit jungen Hunden gesellige Strandspaziergänge unternehmen (Mo–Sa 10 Uhr) und sogar Hunde adoptieren.

Ocean Vibes WHALEWATCHING
(☎ 441-5938; www.oceanvibes.com; 3-Std.-Tour 196 US$) Der Anbieter auf Provo veranstaltet in der Walsaison (Jan.–März) ab Grand Turk dreistündige Walbeobachtungstouren auf einem 15-Meter-Katamaran; ein Meeresbiologe gibt Erläuterungen zu den Walen. Abfahrt ist unmittelbar nördlich vom Kreuzfahrtzentrum.

Caicos Cyclery RADFAHREN
(☎ 431-6890, 941-7544; www.caicoscyclery.com; Salt Mills Plaza, Grace Bay Rd; ⏰ Okt.–Aug. 10–

INSIDERWISSEN

JOJO: EIN NATIONALER SCHATZ

Seit Mitte der 1980er-Jahre lebt in den Gewässern vor Provo und North Caicos ein 2 m langer männlicher Großer Tümmler. Als er zum ersten Mal auftauchte, war er scheu und beschränkte seine Kontakte mit Menschen darauf, Booten zu folgen und sich in deren Wellen zu vergnügen. Doch bald wurde er geselliger und ist heute immer sehr aktiv, wenn Menschen im Wasser sind.

Nach einer Kampagne in den 1990er-Jahren wurde er vom Ministry of Natural Resources zu einem Nationalen Schatz erklärt und er wird außerdem von Naturschützern auf den Inseln geschützt. Da er jedoch gern Booten folgt, wurde er schon mehrfach durch Schiffsschrauben verletzt.

Wie für jeden wilden Delfin ist der Versuch, ihn zu berühren, für JoJo eine aggressive Handlung, sodass er sich verteidigt – wer also das Glück hat, ihm zu begegnen, sollte daran denken.

18 Uhr, Sept. unterschiedlich) Wer Grace Bay nicht auf einem alten Drahtesel erkunden möchte, sollte die Caicos Cyclery ansteuern: Hier werden hochwertige Straßenräder, Mountainbikes und Crossräder vermietet, die man dann mit nach North und Middle Caicos nehmen kann, um dort ungestört vom Autoverkehr Touren zu unternehmen. Cruiser/Rennräder kosten 25/80 US$ pro Tag, ab drei Tagen gibt's Rabatt.

Wenn der Laden geschlossen ist, können Fahrräder auch beim benachbarten Big Al's Island Grill (S. 925) zurückgegeben werden.

Sky Pilot Parasail ERLEBNISSPORT
(☎ 333-3000; http://skypilotparasailing.com; ⏲ 9–17 Uhr) Für 85 US$ pro Person (bzw. 65 US$ bei Direktbuchung, 9–10 & 16–17 Uhr) holt dieser Anbieter seine Kundschaft vom Hotel auf Provo ab, schnürt sie in einen Tandem-Parasail-Schirm und zieht sie mit hoher Geschwindigkeit hinauf in die Lüfte über Grace Bay.

Tauchen & Schnorcheln

Alle Tauchveranstalter bieten verschiedene Möglichkeiten zum Tauchen und Schnorcheln, von Einführungskursen bis zum PADI-Tauchschein (300–800 US$).

Die meisten Veranstalter bieten kostenlose Transfers vom Hotel und zurück. Zu den Tauchspots zählen die **Grace Bay**, die **Pine Cay** und die berühmte Steilwand am **Northwest Point**. Die Riffs von North, Middle und West Caicos sind ebenfalls nicht weit entfernt, doch zu den atemberaubenden Tauchrevieren vor South Caicos kommt man nur mit einem privat gecharterten Boot.

Provo Turtle Divers TAUCHEN
(☎ 946-4232; www.provoturtledivers.com; Turtle Cove Marina; 2-Flaschen-Tauchgang 160 US$; ⏲ Mo–Sa 8–17 Uhr) Der renommierte Anbieter, der schon seit den 1980er-Jahren bestens im Geschäft ist, hat Trips mit zwei Tauchgängen, Nachttauchgänge sowie PADI-Kurse (ab 640 US$) im Repertoire.

Dive Provo TAUCHEN
(☎ 946-5040; www.diveprovo.com; Ports of Call Plaza, Grace Bay Rd; ⏲ 8–17 Uhr) 1-/2-Flaschen-Tauchgänge (83/165 US$) rund um die ganze Insel; plus GoPro- und Kameraverleih.

Wassersport

Die durch das Riff geschützte Küste ergibt zusammen mit den beständigen Passatwinden, die von November bis Mai an den Turks- und Caicosinseln blasen, eine perfekte Kombination für das Kitesurfen. Dieser Sport ist in den letzten Jahren immer beliebter geworden und in der Karibik ist dies einer der besten Orte dafür. Die warmen Gewässer der Turks- und Caicosinseln, besonders der Long Bay an der Südküste von Provo, stehen bei der Kitesurfer-Elite hoch im Kurs, aber man kann den Sport hier auch toll lernen.

★ **Big Blue Collective** WASSERSPORT
(☎ 946-5034; https://bigbluecollective.com; Leeward Marina; ⏲ 7.30–17.30 Uhr; 👪) Der umweltbewusste Veranstalter Big Blue bietet alles Mögliche: Stand-up-Paddeln, Kajakfahren, Tauchen (2 Tauchgänge 195 US$), Schnorcheln, Kiteboarden (Unterricht 150 US$ pro Std.), Kultur- und Geschichtstouren nach North und Middle Caicos sowie (in der Saison) Whalewatching. Das fachkundige Personal und das Equipment sind erstklassig.

Die Aktivitäten von Big Blue können auch über **Blue Turks & Caicos** (☎ 941-8670; Grace Bay Rd, Salt Mills Plaza; ⏲ Mo–Sa 9–18 Uhr) gebucht werden.

Turks & Caicos Kiteboarding KITESURFEN
(☎ 442-2423; www.tckiteboarding.com; Long Bay Hills) Am Long Bay Beach greift Neulingen ein erfahrenes Team von Lehrern unter die Arme. Für Anfänger kosten rund drei Stunden Unterricht ab 392 US$, fürs Leihen der Ausrüstung sind ab 230 US$ pro Tag fällig und für geführte Kite-Abenteuer sind etwa 112 US$ pro Person und Stunde zu berappen.

KiteProvo WASSERSPORT
(☎ 242-2927; http://kiteprovo.com; Long Bay Beach, Strandzugang Shore Club; ⌚ 8–19 Uhr) Am Long Bay Beach, einem der Zentren des neuen Trendsports, bietet KiteProvo Unterricht bei mehrsprachigen Lehrern. Zwei Stunden Einzelunterricht kosten 175 US$ pro Stunde.

Segel- & Bootstouren

Die Gewässer um Provo sind zwar in vielerlei Hinsicht ein wahres Paradies, jedoch mit ihren seichten Kanälen, Sandbänken und Korallenköpfen auch tückisch. Boote können an der Blue Haven (S. 940), Turtle Cove (S. 940) und Walkin Marina (S. 919) gechartert werden und die meisten werden auch von erfahrenen Bootsführern gesteuert.

Ocean Vibes BOOTSTOUREN
(☎ 242-4444; www.oceanvibes.com; Blue Haven Marina) Dieser einheimische Anbieter ist auf Katamarantrips und Schnorchelabenteuer spezialisiert. Einen 14,5-m-Katamaran für bis zu zwölf Passagiere einen halben Tag lang zu chartern kostet um die 1500 US$, aber es werden auch Schnorcheltrips (120 US$) und zweistündige Sonnenuntergangsfahrten (120 US$) geboten.

Undersea Explorer BOOTSTOUREN
(☎ 432-0006; www.caicostours.com; Turtle Cove Marina; Erw./Kind 70/60 US$; ⌚ Mo–Sa stündl. ab der Ebbe 10/11–17 Uhr; 👪) Dieses schwimmende Unterwasserobservatorium kommt bei Kids und Leuten, die nicht gern nass werden, bestens an. Es ist eine coole Art, sich die drei verschiedenen Abschnitte des Riffs anzuschauen. Transfers von und zu allen Hotels in Grace Bay sind inklusive. Für Kinder gibt's außerdem das Mermaid Adventure – mit echter Meerjungfrau!

Sail Provo BOOTSTOUREN
(☎ 946-4783; http://sailprovotci.com; Walkin Marina, Leeward Going Through; 👪) Für Segeltörns rund um die Insel stehen zahlreiche Anbieter und Einzelboote zur Verfügung – einer der besten ist Sail Provo. Sein schicker Katamaran *Arielle II* schippert über die Gewässer zwischen Leeward Going Through, Iguana Island (sowie anderen Cays) und dem Riff. Halbtägige Exkursionen inklusive Schnorcheln und Mittagessen kosten ab 84/56 US$ pro Erw./Kind, Privatcharter ab 875 US$.

Angeln

Die Gewässer um Provo sind gutes Sportfischerterrain: Nur 15 Minuten vom Ufer entfernt tummeln sich Thunfische, Wahoos, Doraden und sogar Fächerfische und Marline. In den Mangroven fangen Angler auch gerne Grätenfische. Bootscharter und Angelausflüge können an der Blue Haven und der Turtle Cove Marina organisiert werden.

Grand Slam Charters ANGELN
(☎ 231-4420; http://gsfishing.com; Lower Bight Rd, Turtle Cove Marina) Hat das größte Charterboot auf den Turks- und Caicosinseln. Gruppenchartertouren ab 400 US$ pro Person.

DB Tours Bonefishing Charters ANGELN
(☎ 242-4327; www.turksandcaicosbonefishing.com; Harbour Club Villas & Marina; ⌚ Abfahrt 7.30 & 12 Uhr) Der erfahrene einheimische Fischer Captain Darrin befördert Angler in die Mangroven von Provo und zwei nahen Cays, um Jagd auf den scheuen Grätenfisch zu machen. 1,5 bis 3,5 kg schwere Exemplare sind keine Seltenheit. Nach der Jagd wird der nicht essbare Fisch wieder freigelassen. Eine Bootscharter für einen halben Tag kostet 672 US$, für einen ganzen Tag 1064 US$.

Catch the Wave Charters ANGELN
(☎ 941-3047; www.catchthewavecharter.com; Blue Haven Resort, Marina Rd; ⌚ 7.30–17.30 Uhr) Catch the Wave wird von einem Fischer von North Caicos geführt, der über jede Menge Erfahrung im Fischen am Riff, in den Mangroven und auf hoher See verfügt. Es gibt fünf Charterboote unterschiedlicher Größe. Meeresgrund-/Hochseefischen kostet 1275/1475 US$ für einen halben Tag; auf den Booten haben gewöhnlich vier Angler Platz. Außerdem werden Inselrundfahrten geboten, darunter mittwochs ein Reggae-*soca*-Törn.

Schlafen

Die meisten Unterkünfte auf Provo befinden sich direkt am Grace Bay Beach, entweder Ferienapartments oder Resorts, allesamt teuer. Inzwischen sind auch Airbnb-

Unterkünfte und Ähnliches zu finden – wer etwas länger im Internet sucht, findet vielleicht ein Zimmer für unter 150 US$.

★ Sibonné Beach Hotel HOTEL $
(946-5547; www.sibonne.com; Grace Bay; DZ 215–355 US$, Apt. 475 US$;) Das zu Recht beliebte Sibonné liegt an einem wunderschönen Strandabschnitt an der Grace Bay und ist ein echtes Anti-Resort. Es hat einen kleinen Pool und ein Strandrestaurant und es herrscht eine lockere und heitere Stimmung – und überdies ist es ein echtes Schnäppchen! Die beiden billigsten Zimmer sind klein, der Rest ist jedoch geräumig und komfortabel.

Ports of Call Resort RESORT $$
(946-8888; www.portsofcallresort.com; Grace Bay Rd, Grace Bay; DZ 339–379 US$;) Wer nach einem erschwinglichen Resort Ausschau hält und sich damit abfinden kann, dass es nicht direkt am Strand liegt, für den ist dies eine gute zentrale Wahl. Auf drei Stockwerke verteilen sich oberhalb von Pool und cooler Poolbar saubere und geräumige Zimmer. Das Ganze ist nichts Besonderes, aber wer zum Tauchen und Abhängen am Strand (kostenloser Shuttle) herkommt und sich dabei nicht gänzlich ruinieren möchte, ist hier gut aufgehoben.

★ Wymara Resort Turks & Caicos RESORT $$$
(844-5986; https://wymararesortandvillas.com; Lower Bight Rd, Grace Bay Beach; Zi. ab 895 US$;) Das Wymara ist eines der elegantesten Resorts am Grace Bay Beach. Es bringt den minimalistischen Chic, den man von Boutique-Hotels in Metropolen kennt, nach Provo. Das Herz der Anlage bildet ein riesiger, von Palmen gesäumter Infinitypool. Die Zimmer beeindrucken mit erstklassigen Betten, hochwertiger Bettwäsche und allen nur erdenklichen Annehmlichkeiten. Das Resort-Restaurant Stelle ist eines der besten der Insel.

Beaches RESORT $$$
(242-2437; www.beaches.com; Lower Bight Rd; DZ ab 1750 US$;) Dieser All-inclusive-Gigant ist eine ganz eigene Welt mit vier separaten „Dörfern" (Karibik, Frankreich, Italien und Key West), acht Pools, einem Wasserpark, 15 Bars und 21 Restaurants. Es wird jede nur erdenkliche Aktivität angeboten: Tauchen, Rasenschach, Kindercamp, sogar eine DJ-Akademie – toll für einen Familienurlaub.

Für Leute, die das luxuriöse Angebot des Resorts tageweise austesten möchten, gibt's Tagespässe (10–18 Uhr), doch die hohen Preise (Erw./Kind 520/180 US$) wirken auf die meisten Interessenten eher abschreckend.

Point Grace BOUTIQUE-HOTEL $$$
(941-7743; http://pointgrace.com; abseits der Grace Bay Rd, Point Grace; DZ ab 560 US$;) Die 28 Suiten und Penthouses dieses geschmackvollen Strandhotels sind kultiviert und luxuriös und schaffen eine Retro-Atmosphäre im Stil der britischen Kolonialzeit. Die Zimmer sind unterschiedlich groß und neben Pool und einem Thalassotherapie-Spa gibt's ein wunderbares Restaurant, das Grace's Cottage.

Caribique Villa Rentals UNTERKUNFTSVERMITTLUNG $$$
(USA/Kanada gebührenfrei 1-800-480-0941; www.caribiquevillarentals.com; Ferienhäuser ab 290 US$) Diese Agentur ist eine gute Adresse für Ferienhäuser auf Provo.

Coral Gardens RESORT $$$
(941-3713; www.coralgardens.com; Penns Rd, abseits des Leeward Hwy; DZ 249 US$, 1-/2-Schlafzimmer-Ferienhaus ab 449/549 US$;) Im stilleren Bight Settlement, an einem Abschnitt der Grace Bay am Princess Alexandra National Park, befindet sich eines von Provos erschwinglicheren Resorts. Das Angebot an Aktivitäten ist hier nicht so umfassend wie in den größeren Anlagen, doch geboten werden neben schnörkellosen und komfortablen Zimmern auch Tauchmöglichkeiten, ein Fitnesscenter, Fahrräder und kostenlose Massagen.

The Sands at Grace Bay RESORT $$$
(946-5199; www.thesandstc.com; Grace Bay Rd; DZ 420–700 US$, Suite 700–930 US$;) Mit mehreren Pools sowie einer kleinen Küche in allen Zimmern ist diese Mammutanlage eine tolle Option für Familien. Die 118 Suiten säumen den wunderbaren Poolbereich oder eröffnen einen Ausblick auf den Strand mit seinen Südseeschirmen und dem ausgezeichneten Hemingway's Restaurant.

Essen

Provo wartet mit einer breiten Palette an Speisemöglichkeiten auf – den besten auf den Turks- und Caicosinseln. Einige der besten Restaurants werden von jungen Köchen geleitet und verstecken sich in Resorts oder abseits der Strände. Selbstversorger können sich im **Graceway IGA** (Leeward Hwy; ⌚7–22 Uhr) oder im nobleren **Graceway Gourmet** (☎941-5000; www.gracewaysupermarkets.com; Allegro Rd, Grace Bay; ⌚7–21 Uhr) eindecken.

★ Provo Fish Fry KARIBISCH $

(Lower Bight Rd; Mahlzeiten 10–25 US$; ⌚Do 17.30–22 Uhr) Einheimische und Touristen zieht es gleichermaßen zum wöchentlichen Fish Fry im Bight Park neben dem Wymara Resort: Hier gibt's Fast Food, Getränke und Unterhaltung. An den provisorischen Ständen sind Fechterschneckensalate, Jerk Chicken, Rumpunsch und Ähnliches zu haben und zur Untermalung gibt's Livemusik. Früh da sein, da die Warteschlangen lang sein können.

★ Da Conch Shack BAHAMAISCH $

(☎946-8877; www.daconchshack.com; Blue Hills Rd; Hauptgerichte 16–20 US$; ⌚11–21 Uhr; 📶) Der Da Conch Shack, eine Ansammlung von Bretterbuden und Betonbauten am Strand bei Blue Hills nordwestlich von Downtown, verkörpert die typische Provo-Strandbar. Die *cracked conch* (frittierte Fechterschnecke) ist die beste der Insel, auch der Punsch mit Rum ist umwerfend. Mittwochs findet ab 19 Uhr eine Strandparty mit Livemusik statt, sonntags ab 13 Uhr.

Patty Place JAMAIKANISCH $

(☎339-9001; Grace Bay Rd; Bratlinge 3,50–7 US$; ⌚Mo–Mi 10–20.30, Do–Sa 10–22, So 11–22 Uhr) Für ein schnelles Essen gibt's kaum etwas Besseres als diese jamaikanischen Rindfleisch-, Hühnchen- oder Garnelenbratlinge. Außerdem wird hier tolle Eiscreme geboten.

Big Al's Island Grill DINER $

(☎941-3797; http://bigalsislandgrill.com; Grace Bay Rd, Salt Mills Plaza; Hauptgerichte 14–22 US$; ⌚7–22 Uhr; 📶✍) Bei Big Al's, einem relaxten Diner im US-Stil in der Salt Mills Plaza, stehen Burger im Rampenlicht. An Burgern und *sliders* (Mini-Burgern) gibt's z. B. den Brezelburger; außerdem stehen auf der Karte Wraps, Panini, Steaks, Pizza, Salate und ein paar vegetarische Gerichte. Wer am *slider challenge* teilnimmt, landet vielleicht an der *wall of fame*.

Mr Grouper's FISCH & MEERESFRÜCHTE $$

(☎242-6780; Lower Bight Rd, Diamond Stubbs Plaza; Hauptgerichte 17–24 US$; ⌚Mo–Sa 10–22, So 15–23 Uhr) Bei Mr Grouper's gibt's zwar auch amerikanische Standardgerichte wie panierte Shrimps und *seafood chowder*, doch eigentlich dreht sich alles um einheimische *fruits de mer*: So werden je nach Jahreszeit Hummer, scharf angebratene *mahi mahi* oder Fechterschnecken aufgetischt. Der namengebende Fisch des Restaurants, der Zackenbarsch, wird entweder in Gänze gegrillt oder filetiert und perfekt knusprig gebraten. Der blaue Schuppen an der Straße macht nicht viel her, doch das Lokal ist einladend und beliebt.

Mango Reef INTERNATIONAL $$

(☎946-8200; http://mangoreef.com; Turtle Cove Marina, Lower Bight Rd; Hauptgerichte 16–38 US$; ⌚11–22 Uhr; 📶) Dank der Lage an der Turtle Cay Marina kann man mit dem Boot direkt an der palmengesäumten Terrasse des modernen Lokals anlegen. Hier gibt's z. B. gegrillten Schnapper mit Knoblauch, Basilikum und Zitrone und ein Hummercurry mit Kaffernlimette. Die Mittagsangebote kosten unter 25 US$.

★ Grace's Cottage INTERNATIONAL $$$

(☎946-5096; http://pointgrace.com; Point Grace Resort, abseits der Grace Bay Rd; Hauptgerichte 26–48 US$; ⌚Fr–Mi 18–22.30 Uhr; ✍) Das abseits der Hauptstraße versteckte „Lebkuchenhäuschen" bietet Tische unter Bäumen und in romantischen Eckchen. Weiße Tischdecken und flinker Service ergänzen eine Karte mit Speisen aus aller Welt, darunter kreative Meeresfrüchtegerichte wie eine Caicos-Bouillabaisse, Pasta und gute vegetarische Speisen. Auch die Weinkarte ist ausgezeichnet. Gewöhnlich muss man reservieren.

★ Coyaba FUSION-KÜCHE $$$

(☎946-5186; www.coyabarestaurant.com; Caribbean Paradise Inn, abseits der Grace Bay Rd; Hauptgerichte 40–48 US$; ⌚Nov.–Aug. Mi–Mo 18–22 Uhr) Das Coyaba („himmlisch" auf Arawakisch) stellt eine glückliche Vermählung von europäischer Technik und karibischen Aromen und Zutaten dar. Neben verschiedenen wöchentlichen Specials gibt's jede Menge Standardgerichte wie Zackenbarsch aus der Region mit Trüffelpommes.

Coco Bistro INTERNATIONAL $$$

(☎946-5369; www.cocobistro.tc; Grace Bay Rd; Hauptgerichte 36–45 US$; ⌚Di–So 17.30–22 Uhr; P📶) Unter den Kokospalmen rund um ein in knalligem Orange gestrichenes zweistöckiges Haus lockt dieses edle Bistro, eins der besten Restaurants auf Provo. Eine ganze Armee von Kellnern schwirrt hier umher, um gut betuchten Urlaubern Atlantischen Lachs mit Pesto-Rub, ein westindisches Garnelencurry oder die hochgelobte Kokospastete an den Tisch zu bringen.

Magnolia Restaurant & Wine Bar INTERNATIONAL $$$
(☎ 941-5108; www.magnoliaprovo.com; 76 Sunburst Rd, Turtle Cove; Hauptgerichte 30–46 US$; ⏲ Di–So 17.30–20.30 Uhr; 📶) Das auf einem Hügel oberhalb von Turtle Cove gelegene Magnolia eignet sich mit seiner erstklassigen Küche und dem reizenden Ausblick auf die Lichter der Bucht bestens für ein romantisches Essen. Der Balkon bildet das perfekte Ambiente für den scharf angebratenen Thunfisch in Pfeffer-Sesam-Kruste.

Das Restaurant beeindruckt außerdem mit einer umfangreichen Weinkarte und tadellosem Service. Frühzeitig buchen, um einen Tisch mit schönem Ausblick zu ergattern. Die Weinbar ist täglich ab 16 Uhr geöffnet – hier kann man sich also auch wunderbar einen Cocktail zum Sonnenuntergang genehmigen.

Crackpot Kitchen BAHAMAISCH $$$
(☎ 245-0005; www.crackpotkitchen.com; Ports of Call Plaza; Hauptgerichte 27–44 US$; ⏲ Nov.–Aug. Mo, Di, Do & Fr 11.30–15, Fr–Mi 17–21 Uhr) Das von Nikita O'Neil, dem einzigen Promikoch der Turks- und Caicosinseln, geführte Restaurant ist eines der besten für traditionelles Inselessen. Fechterschnecken-Bratlinge, Ziegencurry, Grillrippchen und scharf angebratene *mahi mahi* sind kaum besser zu bekommen und auch die europäisch beeinflussten Gerichte sind ausgezeichnet.

Ausgehen & Nachtleben

Danny Buoy's PUB
(☎ 946-5921; www.dannybuoys.com; neben der Salt Mills Plaza, Grace Bay Rd; ⏲ Mo–Sa 11–2, So bis 24 Uhr; 📶) Provos beliebteste Kneipe wirkt drinnen wie ein englischer Pub, ergänzt durch eine große Straßenterrasse. Auf der Karte steht deftiges, kalorienreiches Kneipenessen wie panierte Garnelen mit Popcorn und Jalapeño-Mayonnaise. Dienstag- bis samstagabends wird außerdem laute Unterhaltung geboten – besonders ausgelassen geht's am Donnerstag beim Karaoke zu.

Shoppen

Providenciales verfügt an der Grace Bay Road über eine große Auswahl an Einkaufszentren, meist mit den Läden internationaler Marken. Da alles importiert wird, ist es dementsprechend teuer. An heimischen Erzeugnissen haben die Touristen meist nur wenig Interesse – es gibt ein bisschen Kunsthandwerk, doch das meiste, was angeboten wird, ist eher Touristenkitsch; schöne, echte Souvenirs sind selten.

Strandausrüstung und Andenken sind in ein paar Läden in der Ports of Call Plaza sowie in den anderen Einkaufszentren erhältlich.

FOTTAC LEBENSMITTEL
(Flavors of the Turks and Caicos; ☎ 946-4081; Regent Village Plaza, Grace Bay Rd; ⏲ Mo–Sa 10–18 Uhr) Neben Salz, Gewürzen und Soßen führt dieses edle Lebensmittelgeschäft auch Waren wie Seife, Kleidung, Schmuck und Kunsthandwerk aus der Region. Am beliebtesten ist aber wohl der Bambarra-Rum: Man kann verschiedene Versionen verkosten und auch Rumkuchen kaufen.

Mama's Gift Shop GESCHENKE & SOUVENIRS
(☎ 946-5538; Ports of Call Plaza, Grace Bay Rd; ⏲ Mo–Sa 10–18, So 11–15 Uhr) Der älteste Andenkenladen in der Ports of Call Plaza und vielleicht auf ganz Provo wird schon seit 1995 von Eleana Patrick geführt. Die Souvenirs und Strandklamotten stammen zum großen Teil aus heimischer Produktion.

ℹ Praktische Informationen

Associated Medical Practices Clinic (☎ 946-4242; Leeward Hwy; ⏲ Notaufnahme 24 Std.) Mit mehreren Privatärzten und Dekompressionskammer.

George Brown Post Office (☎ 338-3924; Airport Rd; ⏲ Mo–Do 8–16.30, Fr bis 16 Uhr) Provos Postamt im Downtowngebiet beim Flughafen, eröffnet 2019.

Polizei (☎ 941-5891, Notruf 911; Salt Mills Plaza, Grace Bay Rd)

Turks & Caicos Tourism (☎ 946-4970; www.turksandcaicostourism.com; Ventura Dr, Regent Village Plaza; ⏲ Mo–Fr 9–17 Uhr) Broschüren und nützliche Informationen.

Anreise & Unterwegs vor Ort

Vom **Providenciales International Airport** (www.provoairport.com) fahren keine Busse. Ein Taxi vom Flughafen nach Grace Bay kostet etwa 33 US$ für zwei Personen (Alleinreisende zahlen dasselbe). Einige Resorts bieten auch Transfers.

AUTO & MOTORRAD

Es gibt mehrere Autovermietungen auf der Insel; **Hertz** (☎ 654-3131; www.hertztci.com; Providenciales International Airport; ⏲ 8–17 Uhr) und

Budget (☎ 946-4079; www.budget.com; Providenciales International Airport; ⏲ 10–23 Uhr) sind am Flughafen vertreten. Einheimische Verleiher sind z. B. **Rent-a-Buggy** (☎ 946-4158; www.rentabuggy.tc; 1081 Leeward Hwy; ⏲ Mo–Sa 8–17, So 9–15 Uhr), **Paradise Scooters** (☎ 333-3333; http://paradisescooters.tc; 9 Grace Bay Plaza, Grace Bay Rd; ⏲ 9–17 Uhr), **Caicos Wheels** (☎ 946-8302; www.caicoswheels.com; Grace Bay Rd; ⏲ 8–17 Uhr) und Scooter Bob's.

FAHRRAD

Sowohl **Scooter Bob's** (☎ 946-4684; www.scooterbobstci.com; Turtle Cove Marina Plaza; ⏲ Mo–Sa 8–17, So bis 12 Uhr) als auch die Caicos Cyclery (S. 921) verleihen Fahrräder für ab 15 US$ pro Tag.

TAXI

Taxis sind ein beliebtes Fortbewegungsmittel auf der Insel. Meistens handelt es sich um Minibusse; sie verfügen zwar nicht über Taxameter, doch die Preise sind fast immer gleich. Eile ist nicht geboten, denn es kann recht lange dauern, bis man abgeholt wird. Taxis können übers Hotel gebucht werden und sie stehen bei den Ankünften am Flughafen parat. Zuverlässige Taxiunternehmen sind **Nell's Taxi** (☎ 231-0051) und **Presidential Taxi Tours** (☎ 246-8190; http://tcitaxi.com).

Nicht lizenzierte Taxis, sogenannte *jitneys*, sind auf der Insel unterwegs, um nach Fahrgästen Ausschau zu halten. Um auf sich aufmerksam zu machen, hupen die meist von Haitianern gefahrenen alten Kisten kurz: Dann kann man einen Fahrpreis aushandeln, der in der Regel nicht über 10 US$ liegen sollte.

North Caicos

Trotz der Nähe zur exklusiven Szene und zu den schicken Resorts von Provo scheint North Caicos seinem Nachbarn ein oder zwei Jahrzehnte hinterherzuhinken und ist definitiv entspannender. Der Nord- und Ostteil der Insel ist von winzigen Siedlungen übersät, im Süden prägen Mangroven und seichte Wasserwege das Bild. Im Landesinneren befinden sich die Ruinen alter Plantagen, Wasserwege voller Flamingos und kleine Bauernhöfe, auf denen Brandrodungsfeldbau betrieben und Mais, Okra, Paprika und andere heimische Gemüsesorten angebaut werden.

Sehenswertes & Aktivitäten

★ **Wade's Green Plantation** PLANTAGE
(☎ 232-6284; http://tcnationaltrust.org/Wades-Green-Plantation; 10 US$; ⏲ Mo–Fr 9.30–11.30 & 14.30–16 Uhr, Sa n. V.) Diese Baumwoll- und Sisalplantage erhielt der königstreue Brite Wade Stubbs 1789 von König Georg III. als Kompensation für den Verlust seiner Ländereien in Florida zugesprochen. Bis 1814 kämpfte er dann gegen Hurrikans, Baumwollkapselkäfer und das harte Klima an, musste sein Anwesen und seine Sklaven aber schließlich aufgeben. Das Gelände wurde schnell vom trockenen Tropenwald überwuchert – dies ist die am besten erhaltene Plantage in der gesamten Karibik.

DIE CAYS

Die kleineren Inseln rund um Providenciales sind einfach als die Cays bekannt. Die meisten warten mit erstklassigen Stränden in totaler Abgeschiedenheit auf, sind aber nur mit einem gecharterten Boot erreichbar.

Fort George Cay beherbergt die Überreste einer britischen Festung aus dem 18. Jh. Heute sind die einzigen Eindringlinge hier Taucher und Schnorchler, welche die Geschützstände in Augenschein nehmen wollen, die langsam im Meer versinken.

Little Water Cay ist berühmt für seine Population von Turks-und-Caicos-Leguanen, die früher auf allen Inseln anzutreffen waren. Heute gedeihen sie nur noch hier, und selbst das nur dank Naturschutzprogrammen. Im **Besucherzentrum** (☎ 941-5710) müssen Besucher Eintritt zum Naturschutzgebiet auf „Iguana Island" zahlen, auf den Plankenwegen bleiben und dürfen die Leguane nicht berühren oder füttern.

French Cay südlich von Providenciales ist ein altes Piratenversteck, das jetzt Zugvögel anlockt. Rund um die Insel tummeln sich zahllose Stachelrochen. Im Sommer kommen Ammenhaie hierher.

Parrot Cay beherbergt eines der luxuriösesten und exklusivsten Resorts der Karibik, das gleichnamige **COMO Parrot Cay** (☎ 946-7788; www.parrotcay.com; DZ/Suite ab 1080/2400 US$; ❄ 📶 🏊).

Es gibt keine öffentlichen Verkehrsverbindungen zu den Cays: Sie sind nur im Rahmen von Touren oder mit einem Charterboot zu erreichen. Das Big Blue Collective (S. 922) bietet Kajak- und Bootstouren zu den Cays.

Auch Besuche außerhalb der Öffnungszeiten (auch Sa, aber nicht So) können arrangiert werden und im Eintritt ist eine Führung inbegriffen.

Unbedingt Insektenschutz mitnehmen: Im Wald sind zahllose kleine, aber sehr aggressive Moskitos zu Hause.

East Bay Islands Reserve NATURSCHUTZGEBIET
Die schönen geschützten *cays* vor der Nordostküste von North Caicos sind ein Refugium für Leguane, Vögel und Meeresbewohner. Mit ihren Sandstränden und Korallen im Norden und den Mangroven im Süden lassen sie sich wunderbar mit dem Kajak oder einem Boot erkunden.

Pumpkin Bluff STRAND
Ein großer Teil der Küste von North Caicos ist Watt, doch hier gibt's schönen feinen Sand und man kann wunderbar schnorcheln. Ein gesunkenes Frachtschiff sorgt für zusätzliches Flair.

Cottage Pond SEE
Dieses tropische, 43 m tiefe *blue hole* (Öffnung in einem Küstensaumriff) entstand durch Karstabsenkung, wird von den Gezeiten gespeist und hat eine Verbindung zu einer erheblich größeren unterirdischen Kammer. Das *hole* sieht zwar nicht unbedingt spektakulär aus, man kann aber gut Kubapfeifgänse, Zwergtaucher, Stelzvögel und andere Wasservögel beobachten. Rund 1,2 km von der T-Kreuzung mit dem Kew Highway entfernt führt an der Sandy Point Road eine unscheinbare Abzweigung hierher.

NICHT VERSÄUMEN

MUDJIN HARBOR

Eines der schönsten Fleckchen auf den Turks- und Caicosinseln ist Mudjin Harbor. Bei Conch Bar erhebt sich die Felsenküste oberhalb des tosenden Atlantiks zu einer mit Buschwerk überwucherten Steilstufe. Wer auf den Felsen entlanggeht, stößt urplötzlich auf eine Treppe, die unter die Erde führt. Durch eine Höhle gelangt man dann zu einem abgeschiedenen, von Felsen gesäumten Strand. Vor einem krachen die Wellen spektakulär auf die Felsen an der Küste. Wer diese jenseits von Mudjin erkunden möchte, kann das auf dem Crossing Place Trail tun.

Three Mary Cays NATURSCHUTZGEBIET
Zwar sind die Bedingungen zum Tauchen und Schnorcheln vor North Caicos nicht die besten, doch diese drei geschützten Kalksteininselchen sind von gesunden Korallen umgeben und von der Küste aus zu erreichen.

Schlafen & Essen

Hollywood Beach Suites HOTEL $$
(☎ 231-1020; www.hollywoodbeachsuites.com; Hollywood Beach Dr, Whitby; Suite ab 375 US$; P ❄ 📶) Die vier Suiten erfreuen sich einer ausgezeichneten Lage an einem 11 km langen Strand, den man oft ganz für sich allein hat. Sie sind mit allem ausgestattet, was man zum vollständigen Entspannen braucht, und die Gäste können außerdem gratis Kajaks und Fahrräder benutzen. Auch baden, schnorcheln, tauchen und angeln kann man hier wunderbar. Mindestaufenthalt vier Nächte.

★ Silver Palm Restaurant & Bar KARIBISCH $$
(☎ 244-4186; Drake Ct, Whitby; Hauptgerichte 10–30 US$; ⏲ Nov.–Juni 8–21 Uhr) Hummer und *conch* (Meeresschnecken) sind die Spezialitäten hier – sie stammen natürlich allesamt aus der Gegend. Das intime, informelle und freundliche kleine Restaurant befindet sich in einem alten viktorianischen Haus. Pflicht ist die hausgemachte Kokoseiscreme. Für abends telefonisch reservieren!

Miss B's BAHAMAISCH $$
(☎ 241-3939; Airport Rd, Major Hill; Hauptgerichte 20–26 US$; ⏲ 8–23 Uhr; 📶) Das stimmungsvolle und charmante Miss B's in einem gelben Haus ist eins der besten Restaurants auf North Caicos. Statt für die Pizza sollte man sich besser für bahamaische Spezialitäten wie *conch* (Fechterschnecken), *souse* und Hummer entscheiden. Mittwochmittags gibt's Bratfisch, Karaoke-Fans kommen samstagabends auf ihre Kosten.

ℹ Praktische Informationen

Ein Postamt gibt's in Kew.

Polizeiwache Bottle Creek (☎ 946-7116, Notruf 911; Bottle Creek)

Polizeiwache Kew (☎ 946-7261; Kew)

Das nächste Krankenhaus ist auf Provo.

Bottle Creek Government Clinic (☎ 946-7194; Bottle Creek)

Kew Government Clinic (☎ 946-7397; Kew)

Anreise & Unterwegs vor Ort

Boote von **TCI Ferry** (☎946-5406; http://tciferry.tciferry.com) fahren bis zu 5-mal am Tag von der Blue Haven Marina (S. 940) auf Provo zur Sandy Point Marina (S. 919) auf North Caicos. Hin und zurück kostet die Fahrt 55 US$ für Erwachsene und 30 US$ für Kinder. Auf North Caicos kann man dann für rund 80 US$ pro Tag ein Auto mieten, z. B. bei **Al's Rent-a-Car** (☎241-1276; www.alsrentacar.com; Sandy Point Dock, Whitby).

M&M Taxi & Tours (☎231-6285)

Middle Caicos

Wer der Welt einmal wirklich den Rücken kehren möchte: Middle Caicos wirkt weltabgewandt, ist aber doch zugänglich. North und Middle Caicos sind durch einen Damm miteinander verbunden. Nördlich der Straße eröffnen sich am Atlantik atemberaubende Küstenpanoramen, im Süden erstrecken sich weite Mangrovengebiete. Auf der Insel sind lediglich einige klitzekleine Siedlungen zu finden; am größten sind Conch Bar und Bambarra, doch auch hier ist nicht viel los. Aber in der Nähe liegen zwei der schöneren Attraktionen der Insel, der Conch Bar Caves National Park und der Bambarra Beach.

Außer hin und wieder eine einsame Zapfsäule, an der es Benzin gibt oder auch nicht, gibt's nur wenige nennenswerte Serviceeinrichtungen auf der Insel. Wer Lebensmittel einkaufen oder ein Restaurant aufsuchen möchte, muss in der Regel das nahe North Caicos ansteuern.

Sehenswertes & Aktivitäten

Bambarra Beach STRAND

An den Tischen an diesem breiten Strand mit feinem Sand kann man prima ein mitgebrachtes Picknick genießen. Das Wasser ist hier bis weit hinaus seicht und für gewöhnlich auch ruhig, sodass es ein perfektes Plätzchen für Familien mit kleinen Kindern ist. Von Bambarra führt ein 1 km langer Weg zum Strand.

Conch Bar Caves National Park HÖHLE

(☎247-3157; 20 US$; ⏲Mo–Fr 9–15 Uhr) Das größte Höhlensystem auf trockenem Land der gesamten Bahamas ist mit National-Trust-Führern im Rahmen von teuren halbstündigen Führungen zugänglich. Wer die Höhlen außerhalb der Öffnungszeiten besichtigen möchte, muss vorher anrufen.

Crossing Place Trail WANDERN

Dieser Küstenpfad folgt der historischen Route von Middle nach North Caicos und stellt eine wunderbare Möglichkeit dar, den schönen Mudjin Harbor, die dramatische Atlantikküste der Insel und die vielen Vögel in Augenschein zu nehmen. Um auf den Pfad zu gelangen, folgt man in Conch Bar oder am Mudjin Harbor den Schildern.

Middle Caicos Ocean Hole TAUCHSPOT

Das wahrscheinlich größte (aber nicht tiefste) je entdeckte *blue hole* ist 76 m tief und mit einem Durchmesser von 600 m doppelt so groß wie das berühmtere Blue Hole vor Belize; es ist ein Paradies für Hammerkopfhaie. Taucher, die es auf eine Begegnung mit ihnen abgesehen haben, müssen dafür ein Flachbodenboot chartern, da sich das *hole* mitten in den seichten Gewässern vor der Südküste von Middle Caicos befindet.

Schlafen & Essen

★ **Dragon Cay Resort** RESORT $$$

(☎586-354-3664; www.dragoncayresort.com; Mudjin Harbor; Cottages 406–825 US$; ⏲Okt.–Aug.; ❄📶) Diese schöne Anlage am Mudjin Harbor, das ehemalige Blue Horizon Resort, wartet mit einem gut 670 m langen Privatstrand und einer wunderbaren Lage auf. Die fünf individuellen Cottages, allesamt mit komplett ausgestatteter Küche und Meerblick, haben einen guten Abstand zueinander und bieten zwei bis acht Personen Platz. Die Solstice Villa mit drei Schlafzimmern beeindruckt mit sensationellen Ausblicken. Es gibt ein Restaurant; mit Proviant deckt man sich auf Provo ein.

Dreamscape Villa VILLA $$$

(☎946-6175; www.middlecaicos.com; Bambarra; ab 400/2240 US$ pro Nacht/Woche; ❄) Die Villa für Selbstversorger steht an einem jungfräulichen Abschnitt des Bambarra Beach nur ein paar Schritte vom Meer entfernt. Mit drei Schlafzimmern, gefiltertem Wasser, einer komplett ausgestatteten Küche und allem, was man sonst so braucht, muss man sich nur noch mit Proviant eindecken. Dann kann man hier wunderbar die Seele baumeln lassen. Dank der Lage und den guten Bedingungen zum Schnorcheln, Angeln, Vogelbeobachten und Baden ist dies eine herrliche Unterkunft für einen Familienurlaub.

Mudjin Bar and Grill BAHAMAISCH $$

(☎246-4472; www.dragoncayresort.com/dining; Mudjin Harbor; Hauptgerichte 16–25 US$; ⏲Okt.–

Aug. 11–15 Uhr; (wifi) Mit seinem unschlagbaren Ausblick über den Kalkstein-„Drachen" hinweg auf den tiefblauen Atlantik könnte sich das Hausrestaurant des Dragon Cay Resort gut auf seinen Lorbeeren ausruhen. Dennoch reicht die Qualität des Essens – *conch fritters*, Hummerhäppchen, Grillfisch, Burger usw. – an die des Ausblicks heran! Für Gäste ist Abendessen als Zimmerservice erhältlich.

ℹ Anreise & Unterwegs vor Ort

Es gibt keine Direktflüge und Fährverbindungen nach Middle Caicos; in der Regel kommt man von North Caicos über den Damm per Auto hierher.

Arthur's Taxi Service (☎ 241-0730; Conch Bar)

M&M Tours (☎ 231-6285)

TURKSINSELN

Neben mehreren winzigen *cays* umfassen die Turksinseln Grand Turk und seinen kleineren südlichen Nachbarn Salt Cay. Die Inseln liegen östlich der Caicosinseln, von diesen getrennt durch die 35 km breite Turks-Island-Passage. Beiden Inseln spielte 2017 Hurrikan Irma übel mit.

ℹ An- & Weiterreise

Grand Turk JAGS McCartney International Airport (wifi) Mehrmals täglich Verbindungen nach Providenciales.

Dreimal pro Woche verkehrt eine staatliche Fähre von Grand Turk nach Salt Cay. Außerdem kann man sich von den Tauchanbietern auf Grand Turk nach Salt Cay hinüberbringen lassen; die Kosten hängen von der Anzahl der Passagiere ab.

ℹ Unterwegs vor Ort

AUTO, GOLFWAGEN & MOTORROLLER

Auf Grand Turk lassen sich problemlos Autos mieten und Taxifahrten unternehmen und sowohl auf Salt Cay als auch Grand Turk sind Golfwagen ein beliebtes Transportmittel. Ein Leihwagen kostet etwa 70 US$ pro Tag. In der Unterkunft oder am Flughafen nachfragen!

FAHRRAD

Einige Hotels auf Grand Turk halten für ihre Gäste Fahrräder bereit: Diese sind ideal, um sich auf der kleinen Insel fortzubewegen. Auf Salt Cay bieten die Tradewinds Guest Suites (S. 934) ein paar sehr alte Drahtesel.

TAXI

Auf Grand Turk sind Taxis ein preiswertes und zuverlässiges Transportmittel. Ein Taxi vom Flughafen nach Cockburn Town kostet rund 10 US$, jedoch schwanken die Preise je nach Entfernung. Vom Flughafen sollte eine Taxifahrt auch zu entfernten Orten der Insel nicht mehr als 25 US$ kosten. Da die Taxis nicht über Taxameter verfügen, sollte man sich vor Fahrtantritt über den Preis verständigen. Taxis kann man leicht über die Unterkunft organisieren.

Grand Turk

Auf Grand Turk ist von der modernen Erschließung, die Provo in Beschlag genommen hat, glücklicherweise nichts zu sehen – dies ist eine echte Zeitreise. Das nur 10,5 km lange Eiland ist ein dünn besiedeltes und von Gebüsch überzogenes Paradies. Auf den schmalen Straßen von Cockburn Town, der wichtigsten Siedlung, tummeln sich wilde Esel und Pferde. Dank einer großen Mole an der Südspitze der Insel legen die meisten Kreuzfahrtschiffe, die den Turks- und Caicosinseln eine Stippvisite abstatten, auf Grand Turk an. An manchen Tagen liegen hier zwei Schiffe vor Anker, die fast 7000 Menschen auf die Insel spülen.

Grand Turk ist von Stränden gesäumt, an denen stilles blaues Wasser zu einem erfrischenden Bad einlädt. Außerdem wartet die Insel gleich vor der Küste mit ausgezeichneten Möglichkeiten zum Gerätetauchen und Schnorcheln auf.

Cockburn Town

Es ist kaum zu glauben, dass das verschlafene Cockburn die Hauptstadt der Turks- und Caicosinseln ist. Doch was der Stadt an Größe und Kultiviertheit fehlt, macht sie mehr als wett durch ihren rustikalen Charme. Das historische Uferviertel wurde 2017 durch den Hurrikan Irma stark in Mitleidenschaft gezogen, erholt sich aber langsam wieder. Cockburn Town ist mit vier Tauchanbietern und einem Tauchresort außerdem ein ideales Ziel für Taucher.

Sehenswertes

Das Erbe der Salzgewinnungsära von Grand Turk überlebt in den vom Salz angefressenen bermudischen und viktorianischen Gebäuden an der Front und Duke Street. Einige sind heruntergekommen – und angeblich spukt es in ihnen –, andere sind liebevoll restauriert worden und dienen heute teils als Unterkünfte. Wieder andere mussten jedoch hässlichen, unfertigen Betonskeletten weichen. Der Gesamteindruck ist der von

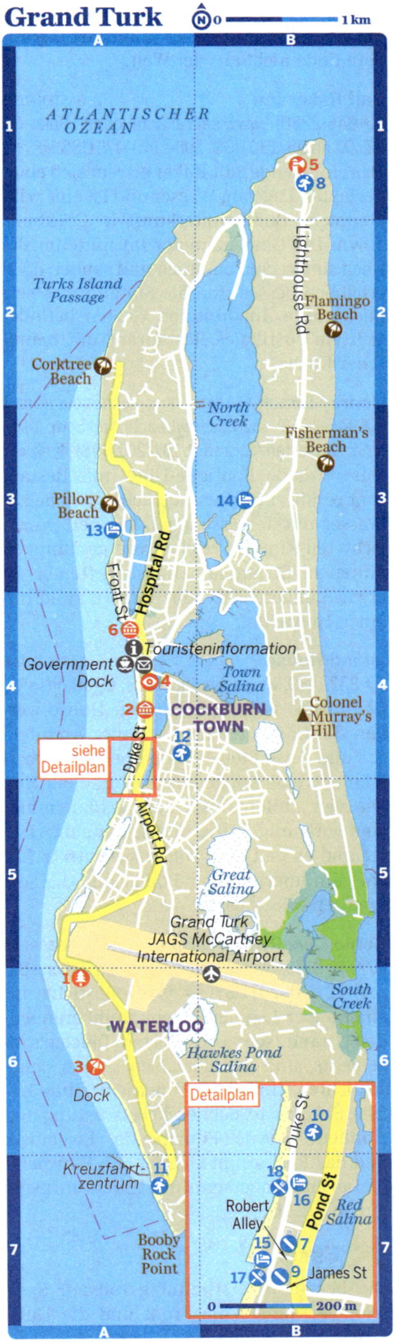

Grand Turk

Grand Turk

Sehenswertes

1 Columbus Landfall National Park A6
2 Hauptpostamt A4
3 Governor's Beach A6
4 H.M. Prison A4
5 Leuchturm B1
6 Turks & Caicos National Museum A4

Aktivitäten, Kurse & Touren

7 Blue Water Divers B7
8 Chukka Caribbean Adventures B1
9 Grand Turk Diving Co B7
10 Oasis Divers B6
11 Ocean Vibes A7
12 Screaming Reels A4

Schlafen

13 Bohio Dive Resort & Spa A3
14 Island House B3
15 Osprey Beach Hotel B7
16 Salt Raker Inn B7

Essen

17 Bird Cage Bar & Grill B7
18 Sand Bar B7
Secret Garden .... (siehe 16)

verblassendem Glanz des 19. Jhs. Inmitten tropischer Vegetation. Zu den Highlights zählen das **General Post Office** (Front St), das Guinep House mit dem **Turks & Caicos National Museum** (☎946-2160; www.tcmuseum.org; Front St, Guinep House; 10 US$; ⊙unterschiedlich, meist Mo–Mi 9–11.30, Do 13–17 Uhr) und das alte **HM Prison** (Pond St; Erw./Kind 7/3,50 US$; ⊙an Tagen, an denen Kreuzfahrtschiffe anlegen, Zeiten unterschiedlich). Richtung Süden steht die stattliche Villa Waterloo von 1815, die Residenz der Gouverneure der Turks- und Caicosinseln.

Aktivitäten

Blue Water Divers TAUCHEN
(☎946-2432; www.grandturkscuba.com; Duke St, Osprey Beach Hotel; 1-/2-Flaschen-Tauchgänge 90/170 US$) Das vom Musiker und erfahrenen Taucher Mitch Rolling geführte Unternehmen setzt Tauchlehrer aus verschiedensten Ländern ein und wird vor allem für seine Steilwandtauchgänge gelobt. PADI-Open-Water-Kurse kosten ab 720 US$. Es sind Arrangements mit Tauchen und Unterkunft erhältlich.

Oasis Divers WASSERSPORT
(☎946-1128; www.oasisdivers.com; Duke St; ⊙8–16 Uhr) Bietet eine breite Palette an Tauch- und Schnorcheltouren (2 Tauchgän-

ge 115 US$, Nachttauchen 75 US$), Schwimmen mit den Stachelrochen in der Gibbs Cay, Beobachtung der Buckelwale (Feb. & März) und andere tolle Aktivitäten. Außerdem gibt's Tauchpakete inklusive Unterkunft.

Grand Turk Diving Co TAUCHEN
(946-1559; www.gtdiving.com; Duke St; 8–16 Uhr) Die örtliche Legende Smitty führt dieses ausgezeichnete Tauchunternehmen mit einem Team einheimischer Tauchlehrer (2-Flaschen-Tauchgänge 130 US$, Discover-Scuba-Kurse 225 US$, außerdem Schnorcheltouren und Bootscharter). Für 23 US$ pro Tag können Fahrräder ausgeliehen werden.

Screaming Reels ANGELN
(231-2087; www.screamingreelstours.com; Frith St; Bootscharter halber/ganzer Tag 672/1092 US$) Bietet Touren zum Hochseeangeln. Die Preise gelten jeweils für ein ganzes Boot, das man sich jedoch mit bis zu acht Anglern teilen kann. Außerdem steht ein Gästehaus für drei Erwachsene oder eine Familie zur Verfügung.

Schlafen

Sowohl in Cockburn als auch anderswo auf der Insel gibt's mehrere Unterkünfte. Alles ist recht dicht beieinander – wenn man also am einen Ende der Insel wohnt, ist das andere Ende nicht aus der Welt.

ABSTECHER

GRAND TURK LIGHTHOUSE

Der eiserne **Leuchtturm** (Northeast Point; Erw./Kind 3/2 US$; Mo–Fr) über dem berüchtigten Nordostriff, das schon vielen Schiffen und auch fast der Salzindustrie zum Verhängnis wurde – die Frachtschiffe scheuten das Risiko und forderten mehr Sicherheit –, wurde 1852 in England gegossen und dann hier vor Ort zusammengebaut. Die Ausblicke aufs Meer sind wirklich spektakulär und für weiteren Nervenkitzel sorgt ein Hochseilgarten.

Chukka Caribbean Adventures (332-7169; https://chukka.com; Lighthouse Rd), der wichtigste Anbieter von Abenteuertouren auf der Insel, hat ein Büro beim Leuchtturm und bietet einen Hochseilgarten und Ziplining (80 US$), Ausritte zu Pferd am Strand (90 US$) und andere Aktivitäten wie Katamaransegeln und Touren nach Gibbs Cay.

Salt Raker Inn GÄSTEHAUS $
(946-2260; www.saltrakerinn.com; Duke St; EZ/DZ ab 95/130 US$, Suite 140–175 US$;) Das einladende Salt Raker erfreut sich einer perfekten Lage am Wasser und ist eine willkommene Budgetunterkunft in Cockburn Town. Die Gartenzimmer im hinteren Bereich sind recht gemütlich und sauber, doch erheblich besser sind die Suiten mit Meerblick vorne. Im hinteren Garten befindet sich ein rustikales Restaurant mit heimischer Küche.

Osprey Beach Hotel BOUTIQUE-HOTEL $
(946-2666; www.ospreybeachhotel.com; 1 DukeSt; DZ Garten/Strand ab 157/207 US$;) Das reizende Boutique-Hotel mit Restaurant residiert in einer herrlichen Nische am Wasser mit Terrassenpool. Die nett eingerichteten Zimmer reichen von geräumigen Suiten am Strand mit Himmelbetten bis zu etwas billigeren Atriumzimmern rund um einen Hofgarten.

Island House GÄSTEHAUS $
(232-1439; www.islandhouse.tc; Lighthouse Rd; DZ 240 US$;) Im Island House werden die Gäste mit mediterraner Architektur und geweißten Wänden begrüßt. Dazu kommen ein einladender Pool und ein Hof. Die vier Suiten mit einem Schlafzimmer sind geräumig, luftig und schön eingerichtet und es gibt eine voll ausgestattete Küche. Ein unerwarteter Bonus sind die kostenlosen Mietwagen.

Bohio Dive Resort & Spa RESORT $$
(946-2135; www.bohioresort.com; Pillory Beach; DZ 270–297 US$;) Besticht mit einer super Lage an einem atemberaubenden Strand, sehr preiswerten Taucharrangements und komfortablen, wenn auch schlichten Zimmern. Außerdem gibt's Kajaks, Segelboote, Schnorchelausrüstung und Ähnliches sowie Filmabende, Livemusik und das Restaurant Guanahani. Einwöchige Taucharrangements mit Unterkunft kosten ab 2425 US$.

Essen

Die besten und stimmungsvollsten Speiselokale säumen die Front und die Duke Street.

Sand Bar

PUB $

(☎243-2666; www.grandturk-mantahouse.com; Duke St; Hauptgerichte 12–23 US$; ⌚11–1 Uhr; 📶) Mit ihrer geselligen Freiluftbar und einer übers Wasser reichenden Terrasse ist die Sand Bar zu Recht die beliebteste Adresse des Orts für einen abendlichen Punsch mit Rum. Auch das Essen – Burger, Quesadillas und frische Meeresfrüchte – ist gut. Legendär ist der Quizabend an jedem dritten Dienstag. Wenn im Februar und März die Buckelwale ganz nah an der Küste vorbeiziehen, ist das ein tolles Spektakel.

Secret Garden

BAHAMAISCH $

(☎946-2260; Duke St; Hauptgerichte 14–22 US$; ⌚7–11, 12–14.30 & 18–21.30 Uhr; 📶) Das einfache offene Restaurant mit Bar hinterm Salt Raker Inn bietet gute altmodische bahamaische Küche von verlässlicher Qualität, z. B. Grillhühnchen mit Bohnen und Reis oder mit Eiern und *grits*, außerdem Pastagerichte.

★ Bird Cage Bar & Grill

INTERNATIONAL $$

(☎946-2666; www.ospreybeachhotel.com; Duke St; Hauptgerichte 18–25 US$; ⌚7–21 Uhr; 📶) Dieses terrassierte Restaurant am Pool ist eines der nobelsten in Cockburn Town. Mittwoch- und sonntagabends werden legendäre Grillgerichte serviert: Meeresfrüchte, Geflügel und Rindfleisch wird vor den Augen der Gäste gegrillt und mit einem Salat serviert. Abgerundet wird das Vergnügen durch die tolle Aussicht aufs Meer und eine Hausband, welche die Leute bei Laune hält.

ℹ Praktische Informationen

National Hospital (☎941-2900; Hospital Rd)

Polizei (☎946-2299, Notruf 911; Hospital Rd)

Post (☎946-1334; Front St; ⌚Mo–Do 8–16, Fr bis 15.30 Uhr)

Touristeninformation (☎946-2321; www.turksandcaicostourism.com; Front St; ⌚Mo–Fr 8–16.30 Uhr) Die Touristeninformation im alten Zollhaus am Wasser in Cockburn Town bietet Besuchern Tipps und historisches Hintergrundwissen.

ℹ An- & Weiterreise

Das Ortszentrum liegt ein paar Kilometer nördlich des Grand Turk JAGS McCartney International Airport (S. 930); ein Taxi vom Flughafen in den Ort kostet etwa 10 US$. Autos verleihen z. B. **Tony's** (☎231-1806; www.tonyscarrental.com) und **Nathan's** (☎231-4856). Fähren nach Salt Cay fahren vom Government Dock in Cockburn Town.

ABSEITS DER ÜBLICHEN PFADE

COLUMBUS LANDFALL NATIONAL PARK

Dieses struppige Stück **Küste**, das besonders bei Moskitos beliebt ist, erinnert an die angebliche Landung von Kolumbus auf der Insel im Jahr 1492. Der Nationalpark erstreckt sich weiter ins Meer hinaus, um seinen eigentlichen Schatz zu bewahren: das Riff und die über 2000 m hohe Steilwand, beides beliebt bei Tauchern.

Der **Governor's Beach** vor der Kulisse der Fichten und Sträucher des Columbus Landfall National Park ist mit dem malerischen (oder, je nach Empfinden, hässlichen) Eisenrumpf eines gestrandeten Schiffs verziert und ein hübsches Plätzchen für ein relativ stilles Bad. Beim Lobster Festival im Oktober wird hier außerdem ordentlich gefeiert.

Salt Cay

Wer sich nicht vorstellen kann, wie die Turksinseln im 19. Jh. ausgesehen haben, sollte einen Ausflug nach Salt Cay unternehmen. Nach einem solchen Refugium sucht manch einer sein Leben lang. Während es an Land still ist, tobt im Meer das Leben: Hier sind Schildkröten, Adlerrochen und majestätische Buckelwale zu finden. Salt Cay ist schwer zu erreichen – und noch schwerer ist es, sich wieder loszueisen – und ein echtes Paradies für Taucher und all diejenigen, die der modernen Welt entfliehen möchten. Die große *salina* (Meerwassersaline) und die umherstreifenden wilden Esel erinnern an den Salzhandel, das wichtigste Gewerbe auf der Insel von der Mitte des 17. Jhs. bis zu den 1930er-Jahren.

Salt Cay wurde 2017 schwer getroffen durch den Hurrikan Irma: Die meisten Gebäude der Insel trugen Schäden davon. Der größte Teil der Bevölkerung wurde evakuiert, doch langsam kehrt wieder der normale Alltag ein.

◉ Sehenswertes & Aktivitäten

Zwischen Januar und März passieren Tausende von Buckelwalen die Kolumbus-Passage (auch bekannt als Turks-Island-Passage). Auf dem Weg zu den Fortpflanzungsplätzen bei den Silver und Mouchoir Banks südlich der Turks- und Caicosinseln kommen die

Meeresgiganten nah genug an Salt Cay (und Grand Turk) vorbei, dass sie vom Ufer aus zu sehen sind. Kleine Angler- und Taucherboote bringen Besucher außerdem nah genug zu den Walen und bieten sogar die Möglichkeit, mit ihnen zu schwimmen.

North Bay STRAND
Zwar genießt der Grace Bay Beach auf Provo die große Aufmerksamkeit, doch der 5 km lange Strand der North Bay ist genauso atemberaubend – nur ohne die Resorts und die Besuchermassen. Problemlos kann man einen ganzen Nachmittag lang auf dem feinen weißen Sand abhängen und im schönen Wasser baden, ohne einer einzigen anderen Menschenseele zu begegnen.

Salt Cay Divers TAUCHEN
(☎ 336-8600; https://saltcaydivers.com; ⏲ Mo–Sa 7–17 Uhr) Salt Cay Divers ist der einzige Tauchanbieter der Insel und hat Gerätetauchen (1 Tauchgang 90 US$, Discover Scuba 225 US$), Schnorcheln und Touren im Programm. Ein wichtiger Besuchermagnet ist die jährliche Migration der Buckelwale (Feb./März): Das Unternehmen ist stolz darauf, Besuchern die Wale näherzubringen, die Meeresriesen dabei aber nicht zu stören (180 US$ inkl. Schnorchelausrüstung).

Schlafen & Essen

Purple Conch Cottage COTTAGE $
(☎ 550-5235; www.purpleconch.com; North Side, Balfour Town; DZ 150 US$) Das niedliche Cottage mit zwei Schlafzimmern ist zentral gelegen und gut ausgestattet, z. B. mit einer Küche. Dank eines Schlafsofas kann hier leicht eine Familie oder kleine Gruppe unterkommen.

Tradewinds Guest Suites RESORT $
(☎ 946-6906; www.tradewinds.tc; Victoria St; DZ 190 US$; ❄📶) Das Tradewinds ist recht rustikal, aber trotzdem kann man hier toll längere Zeit unterschlüpfen. Es gibt Wochenpreise (1325 US$) und die Lage ist ideal: direkt am Strand, aber nur ein paar Schritte vom Ort entfernt. Fahrräder können kostenlos genutzt werden und es werden auch Taucharrangements angeboten. Von den sauberen, für Salt Cay preiswerten Zimmern blickt man aufs Meer.

Pirate's Hideaway Guesthouse GÄSTEHAUS $
(☎ 244-1407; www.saltcayaccommodations.com; Victoria St; DZ ab 220 US$; ❄📶🏊) Von den Zimmern oben kann man die Buckelwale vorbeiziehen sehen oder man hängt zusammen mit den Papageien im tropischen Garten ab – schließlich ist dies eine Piratenunterkunft.

Fresh Catch Lunch Inn KARIBISCH $
(☎ 232-6009; South Side, Balfour Town; Hauptgerichte 7–14 US$; ⏲ Mo–Sa 7–21.30, So ab 18 Uhr) Hier treffen sich die Einheimischen zu frisch gefangenem Fisch, Huhn mit Reis oder Eiern mit *grits* (Frühstück). Der rustikale Schuppen ist eine gute Adresse für preiswertes regionales Essen oder einfach nur ein kühles Bierchen. Zum Nachtisch gibt's z. B. Salt-Cay-Krokant und hausgemachtes Eis. Für mittags und abends bestellt man am besten im Voraus.

Oceanfaire KARIBISCH $$
(☎ 341-3363; North Side, Balfour Town; ⏲ Mo–Sa 11–14 & 18–20, So 7–15 & 18.30 Uhr bis spät) Das reizende Restaurant ist die beste Adresse für ein intimes Abendessen mit *cracked conch* (frittierte Fechterschnecke) oder gedämpftem Schnapper, oder für ein legeres Mittagessen mit Fischburgern oder Quesadillas. Von der Dachterrasse blicken die Gäste auf das Meer und die *salina*. Sonntags ist Rippchenabend (25 US$). Fürs Abendessen am besten reservieren!

An- & Weiterreise

Die Propellermaschinen von **interCaribbean** (http://intercaribbean.com) fliegen Salt Cay regelmäßig von Grand Turk aus an (10 Min.); die planmäßigen Flüge (Mo, Mi & Fr 2-mal tgl.) kosten rund 45 US$ pro Strecke.

Dreimal pro Woche fährt außerdem eine Fähre von Grand Turk (15 US$ hin & zurück) nach Salt Cay, bei stürmischer See verkehrt diese jedoch nicht. Die Fähre fährt dienstags, mittwochs und freitags ab Salt Cay, ab Grand Turk mittwochs um 12.30 Uhr und dienstags und freitags um 14.30 Uhr.

DIE TURKS- & CAICOSINSELN VERSTEHEN

Geschichte

Die Taíno

Wie auf Grand Turk und Middle Caicos entdeckte Taíno-Artefakte zeigen, war auf den Inseln ursprünglich mehr oder weniger dieselbe indigene Kultur wie auf den Nach-

DIE TROUVADORE

Eine der faszinierendsten Anekdoten aus der Vergangenheit der Turks- und Caicosinseln ist die Geschichte des Sklavenschiffs *Trouvadore*. 1807 war in Großbritannien und seinen Territorien der Sklavenhandel abgeschafft worden, 1833 wurde die Sklaverei dann gänzlich verboten. Bei der *Trouvadore* handelte es sich jedoch um ein spanisches Schiff. 1841 beförderte es bis zu 300 Menschen aus der portugiesischen Kolonie São Tomé in Afrika zu den Sklavenmärkten Kubas, als es nördlich von East Caicos auf das Riff auflief. Die 20 Mann Besatzung sowie 192 Sklaven überlebten das Unglück und wurden nach Grand Turk geschafft, wo sie alle im örtlichen Gefängnis untergebracht wurden.

Nachdem sie in den Salzwerken eine einjährige „Lehrzeit" absolviert hatten – anscheinend, um die Kosten für die Rettungsaktion wieder hereinzuholen –, wurden 168 ehemalige Sklaven auf den Turks- und Caicosinseln angesiedelt, vor allem auf Middle Caicos. Durch diesen Zuzug, der rund 7 % der damaligen Bevölkerungszahl entsprach, veränderte sich die Zusammensetzung der Bevölkerung nicht unerheblich. Die Überlebenden der *Trouvadore* richteten sich auf den Turks- und Caicosinseln ein und viele der heutigen „Belongers" haben Vorfahren unter ihnen. Man nimmt an, dass der Ortsname Bambarra auf Middle Caicos daher rührt, dass mindestens einige der Siedler dem Volk der Bambara aus den heutigen Staaten Mali, Guinea, Burkina Faso und Senegal entstammten.

Da man 1993 Briefe mit Bezug zur *Trouvadore* und ihren Siedlern entdeckte, wurde das Interesse für die Geschichte neu entfacht und nach dem Wrack gesucht. 2003 fanden Archäologen vor der Küste von East Caicos einen Ballasthaufen und nach weiteren Untersuchungen waren sie recht sicher, dass sie das unglückselige Sklavenschiff gefunden hatten. Die Ausgrabungen und Untersuchungen dauern an und können auf http://slaveshiptrouvadore.org und im National Museum auf Grand Turk verfolgt werden.

barinseln im Norden heimisch. Ein Zweig der Taíno, die Lucayan, erreichte die Inseln wahrscheinlich um 750 n. Chr. und besiedelte bis etwa 1300 den Großteil davon. Die Lucayan machten jedoch bald Bekanntschaft mit der Gier der Europäer. Zwar ist nicht bewiesen, dass Kolumbus – wie die Einheimischen behaupten – 1492 auf Grand Turk zum ersten Mal seinen Fuß auf den Boden der Neuen Welt setzte, doch sicher ist, dass innerhalb von 30 Jahren danach die Lucayan-Kultur von den Inseln verschwunden war, dezimiert durch Sklaverei und Krankheit.

Salz & Baumwolle

Im 16. und 17. Jh. waren die Inseln fast gänzlich unbewohnt und befanden sich wechselweise unter britischer, französischer und spanischer Kontrolle. Eine dauerhafte Besiedlung entwickelte sich erst ab den 1670er-Jahren, als sich auf den Turksinseln Salzsammler von Bermuda niederließen und mithilfe von natürlichen *salinas* (Salzgewinnungsbecken, die auch heute noch auf Grand Turk und Salt Cay zu sehen sind) Meersalz gewannen. 1706 wurden die Inseln von den Franzosen und Spaniern eingenommen, doch bald wieder von den Bermudern zurückerobert. Um diese Zeit erreichte auch die Piraterie um die Insel herum ihren Höhepunkt: Von den vielen Verstecken auf den Inseln machten sich berühmte Freibeuterinnen und Freibeuter wie Mary Read, Anne Bonny, Calico Jack Rackham, Captain Kidd und Blackbeard über gestrandete und mit Gold beladene Schiffe her.

1783 nahmen die Franzosen die Turks- und Caicosinseln wieder ein und widersetzten sich erfolgreich den Versuchen Horatio Nelsons, sie für die britische Krone zu erobern – das geschah dann mit dem im selben Jahr geschlossenen Frieden von Paris. Nun fanden britische Königstreue, die durch die amerikanische Unabhängigkeit vertrieben worden waren, hier eine neue Heimat. Viele versuchten sich im Anbau von Baumwolle, bis ihre Pläne im frühen 19. Jh. durch Hurrikans, Rüsselkäfer und die Geopolitik durchkreuzt wurden.

Bermuda und die Bahamas, beides britische Kolonien, zankten sich fast das gesamte 18. Jh. um die Kontrolle über die Inseln.

1799 entschied die Krone den Streit zugunsten der Bahamaer. Von 1848 bis 1873 genossen die Turks- und Caicosinseln eine kurze Phase der Unabhängigkeit. Dann gehörten sie zu Jamaika, das die Inseln bis 1962 verwaltete.

Von der Kronkolonie zum Inselparadies

In den 1950er-Jahren baute das amerikanische Militär Flughäfen und einen U-Bootstützpunkt. 1962 wasserte der Astronaut John Glenn knapp vor Grand Turk, sodass die Inseln für kurze Zeit im Zentrum des Weltinteresses standen.

Die in der Vergangenheit von Jamaika und den Bahamas verwalteten Turks- und Caicosinseln wurden 1962 zu einer eigenen britischen Kronkolonie und 1981 zu einem Überseegebiet. 1984 sperrte der Club Med auf Providenciales seine Pforten auf und die Turks- und Caicosinseln begannen zu florieren. Von einem Augenblick zum nächsten erhielten die Inseln, auf denen es vorher keinen Strom gegeben hatte, Satellitenfernsehen.

Die Turks- und Caicosinseln lebten von der Ausfuhr von Salz und dies bildete auch das wirtschaftliche Rückgrat der britischen Kolonie bis 1964. Heute generieren Finanzwesen, Tourismus und Fischerei die meisten Einnahmen, doch ohne britische Unterstützung könnten die Inseln nicht überleben. Der Finanzsektor der Steueroase ist im Vergleich zu dem der Bahamas ein kleiner Fisch und viele wären sicher überrascht festzustellen, dass das stark gehypte Finanzzentrum Grand Turk nur ein staubiges Inselchen in der Sonne ist.

Der illegale Drogenhandel, ein großes Problem in den 1980er-Jahren, war für einige wenige Insulaner ebenfalls eine wichtige Einnahmequelle.

Britische Direktverwaltung

Seit 1996 sind die Beziehungen zwischen den Einheimischen und den von den Briten ernannten Gouverneuren angespannt: Damals deutete der amtierende Gouverneur an, dass die Inseln durch die Korruption von Verwaltung und Polizei zu einem Paradies für Drogenhändler geworden seien, und seine Gegner beschuldigten ihn, das Investitionsklima zu vergiften. Aus der wachsenden Opposition drohten echte Unruhen zu werden.

Noch schlimmer wurde es 2009, als der Gouverneur der Turks- und Caicosinseln das Überseegebiet nach einigen Korruptionsskandalen, die die Inseln 2008 erschüttert hatten, unter britische Direktverwaltung stellte. Bei den Skandalen ging es um Misswirtschaft gewaltigen Ausmaßes, die Teilen der Regierung der Turks- und Caicosinseln vorgeworfen wurde, u. a. der Verkauf von staatlichem Grund und Boden zugunsten der eigenen Privatkasse und der Missbrauch öffentlicher Gelder.

Die suspendierten Mitglieder der Regierung der Turks- und Caicosinseln warfen Großbritannien eine „Rekolonisierung" der Inseln vor, doch die allgemeine Reaktion auf den Inseln war eher positiv, da in den Jahren zuvor das Vertrauen in die eigene Regierung extrem geschwunden war.

2012 trat eine neue Verfassung in Kraft und aus den Parlamentswahlen ging trotz der Korruptionsskandale der letzten Jahre die Progressive National Party (PNP) wieder als stärkste Kraft hervor. 2016 kam jedoch das oppositionelle People's Democratic Movement (PDM) an die Macht – und jetzt haben die Turks- und Caicosinseln zum ersten Mal eine Frau als Regierungschefin, Sharlene Cartwright-Robinson.

2017 wüteten die beiden Hurrikans Maria und Irma besonders verheerend auf den Turks- und Caicosinseln, u. a. auf Providenciales, Grand Turk und Salt Cay. Viele Gebäude wurden stark beschädigt; der Gesamtschaden belief sich auf etwa 500 Mio. US-Dollar. Ende 2019 war bei den meisten touristischen Einrichtungen jedoch wieder der normale Alltag eingekehrt und der größte Teil der Infrastruktur der Inseln war wiederhergestellt.

Bevölkerung & Kultur

Die Kultur der Turks- und Caicosinseln hat einen starken religiösen Kern und die Bevölkerung ist freundlich und einladend, wenn auch ein bisschen reserviert. Die einheimischen Insulaner, die hier manchmal „Belongers" genannt werden, sind Nachfahren von bermudischen Siedlern, königstreuen britischen Siedlern, Sklaven und Salzsammlern.

Es überrascht kaum, dass auf den Turks- und Caicosinseln, besonders auf Provo, zahlreiche Ausländer leben: Die US-Amerikaner haben es nicht weit, die Kanadier kommen wegen des Wetters, die Briten wegen des kolonialen Erbes. Einige sind hier reich geworden, andere verstecken wie einst die Piraten ihre Reichtümer und wieder andere wollen dem schnellen Leben der Industrieländer entfliehen.

In jüngerer Zeit sind Hunderte Haitianer aus ihrem armen Land geflohen und auf den Turks- und Caicosinseln gelandet. Für einige ist dies nur eine Zwischenstation auf dem Weg in die USA, während sich andere dauerhaft eingerichtet haben.

Das Nachtleben auf den Turks- und Caicosinseln ist zumeist eher milder Natur. Auf Provo gibt's ein paar Nachtlokale, auf den anderen Inseln ein paar Strandbars. Wer im Urlaub ausgiebig feiern möchte, ist hier falsch – allerdings kann die heimische *rake-'n'scrape*-Musik die Einheimischen wirklich in Schwung bringen. Bei *rake'n'scrape* oder *ripsaw* (wie der Musikstil hier heißt) ist das Hauptinstrument einer Band eine Handsäge, an deren Zähnen ein Musiker rhythmisch mit der Klinge eines Schraubenziehers entlangschrammt; teils kommen als Perkussionsinstrumente auch andere Haushaltsgeräte zum Einsatz.

Eine Kunstszene entwickelt sich auf den Turks- und Caicosinseln erst langsam. Bis zum heutigen Tag haben sich traditionelle Musik, Folklore und Sisalweberei gehalten, die in der Frühzeit entstanden. Beliebt sind auch Landschaftsmalereien, die immer mehr an Qualität gewinnen. Einen starken Einfluss auf die Kulturszene der Turks- und Caicosinseln haben die Haitianer ausgeübt.

Natur & Umwelt

Ein großer Teil der Turks- und Caicosinseln ist flach, trocken und karg. Durch die Salzindustrie der vergangenen Jahrhunderte haben Salt Cay, Grand Turk und South Caicos einen Großteil ihrer Vegetation eingebüßt; die unbewohnten Teile dieser Inseln sind jetzt mit Buschwerk bewachsen. In einem weit ursprünglicheren Zustand sind die größeren Inseln: North, Middle und East Caicos weisen mehr Bewuchs und auch mehr Regen auf. Hier gibt's im Inselinneren kleine Bäche, Seen – oft mit Flamingos – und Feuchtgebiete.

In den Gewässern um die Inseln ist eine florierende Population von Großen Tümmlern zu Hause. Rund 7000 Buckelwale nutzen die Turks-Island-Passage und die Mouchoir Bank südlich von Grand Turk im Winter zur Fortpflanzung. Während der Planktonblüte im Frühjahr sind vor Grand Turk und West Caicos oft Mantarochen zu sehen.

Die Feuchtgebiete und Salzgewässer im Inselinneren der Turks- und Caicosinseln eignen sich gut zur Vogelbeobachtung, vor allem auf den unbewohnten Inseln. Die abgeschiedeneren Inseln sind natürlich schwieriger zu erreichen und man muss dafür mehr Geld auf den Tisch legen, doch wer die Mühe auf sich nimmt, wird z. B. mit Fischadlern, Flamingos und Kubapfeifgänsen belohnt. Ein umfassender Guide zur Vogelbeobachtung auf den größeren Inseln sind die Büchlein der Reihe *Birding in Paradise* über Provo, North, Middle und South Caicos, Grand Turk und Salt Cay.

PRAKTISCHE INFORMATIONEN

Allgemeine Informationen

AKTIVITÄTEN

Die Turks- und Caicosinseln sind ein wahres Outdoor-Paradies: Am beliebtesten sind Tauchen, Schnorcheln, Segeln und Angeln, doch es wird noch viel mehr geboten, z. B. Kitesurfen, Stehpaddeln und Wandern.

Angeln

Angeln ist auf den Turks- und Caicosinseln eine große Sache. Da die Riffe um die Inseln herum spektakulär abfallen (von etwa 9 auf 2130 m), sind die Lebensräume von Wahoos, Thunfischen, *mahi mahi* (Goldmakrelen), Schwertfischen, Speerfischen und Marlinen von vielen der Inseln leicht zu erreichen. Auf den Caicosinseln ist die Jagd nach dem scheuen Grätenfisch in den Meerwasserkanälen der Mangroven etwas Besonderes. Alle Fischer müssen über eine gültige Angellizenz verfügen (10/30/60 US$ pro Tag/Monat/Jahr); diese ist im Hafenbüro in Turtle Cove (S. 940) erhältlich.

Tauchen & Schnorcheln

Zu den besten Tauchrevieren zählen Salt Cay und Grand Turk mit unberührten Riffen und spektakulären Möglichkeiten zum Steilwandtauchen und unerwarteterweise auch das zugebaute Provo, wo man sich das Meer vielleicht mit dem Delfin JoJo teilt.

Auf den Caicosinseln kosten 2-Flaschen-Tauchgänge gewöhnlich etwa 160 bis 200 US$, ein halbtägiger Schnorcheltrip schlägt mit ca. 130 US$ zu Buche. Auf den Turksinseln, wo die Tauchspots gewöhnlich näher an der Küste liegen, kosten zwei morgendliche Tauchgänge in der Regel etwa 130 US$ und Schnorcheln etwa 65 US$ für einen halben Tag.

Whalewatching

Die jährliche Migration von 2500 bis 7000 Buckelwalen durch die Kolumbus-Passage (oder Turks-Island-Passage) zwischen den Caicos- und den Turksinseln ist eines der wunderbarsten Erlebnisse in der gesamten Karibik. Die Meeresgiganten kommen hier zwischen Januar und März vorbei – am zuverlässigsten sind sie im Februar und März zu sehen. Sie befinden sich auf dem Weg zu ihren Paarungsplätzen an den Riffplatten der Silver Bank in der Dominikanischen Republik und der Mouchoir Bank in den südlichen Gewässern der Turks- und Caicosinseln. Mit Booten werden Besucher in die Nähe der Wale befördert und man kann sogar mit den Walen schnorcheln und tauchen. An Land kann man sich die Wale mit einem Fernglas auch vom Ufer von Grand Turk und Salt Cay aus anschauen – diese Inseln liegen ganz in der Nähe der Migrationsroute.

BARRIEREFREI REISEN

Für Menschen mit Behinderungen wird auf den Turks- und Caicosinseln außerhalb der Resorts wenig getan und es gibt auch keine Hilfs- oder Lobbyorganisationen. Einzelne Hotels und vor allem die größeren und teureren Resorts verfügen teilweise über Einrichtungen für Behinderte, jedoch sollte man vor der Buchung unbedingt nachfragen.

BOTSCHAFTEN & KONSULATE

Nur Jamaika, Haiti und die USA sind auf den Turks- und Caicosinseln konsularisch vertreten. Andere Länder haben ihre Vertretungen gewöhnlich in Nassau (Bahamas) oder Kingston (Jamaika).

Deutsche Botschaft (☎ 926-6728; info@kingston.diplo.de; 10 Waterloo Rd, Kingston 10)

ESSEN

Die Einheimischen mögen das anders sehen, doch zwischen der Küche der Bahamas und der Turks- und Caicosinseln gibt's kaum Unterschiede. Fast alles außer den Meeresfrüchten wird importiert, sodass die Qualität nicht den Preisen entspricht und der Fang des Tages in der Regel die beste Wahl ist. Die Standard-Proteinquelle sind *conch* (Fechterschnecken), die Top-Zutat ist Hummer, der von April bis Juli allerdings nicht erhältlich ist.

PREISKATEGORIEN ESSEN

Die folgenden Preise beziehen sich jeweils auf ein Hauptgericht.

**$** bis 20 US$

**$$** 20–30 US$

**$$$** über 30 US$

FEIERTAGE

Neujahr 1. Januar

Commonwealth Day Zweiter Montag im März

Karfreitag März/April

Ostermontag März/April

National Heroes' Day Letzter Montag im Mai

Offizieller Geburtstag des britischen Königs Genaues Datum stand bei Redaktionsschluss noch nicht fest.

Emancipation Day 1. August

National Youth Day Letzter Freitag im September

National Heritage Day Zweiter Montag im Oktober

National Day of Thanksgiving Vierter Freitag im November

1. Weihnachtstag 25. Dezember

2. Weihnachtstag 26. Dezember

GELD

Die offizielle Währung ist der US-Dollar. Geldautomaten gibt's reichlich auf Providenciales und Grand Turk, jedoch gar keine auf Salt Cay und Middle Caicos.

Steuern & Rückerstattungen

Der Mehrwertsteuersatz liegt bei 12 %. Die Mehrwertsteuer ist nicht erstattbar. Viele Resorts verlangen eine zusätzliche Luxussteuer von 10 %.

Trinkgeld

Hotels Gepäckträger 2 US$

Restaurants 15 %, falls nicht schon automatisch ein Bedienungsentgelt aufgeschlagen wurde

Taxis 15 %

Wechselkurse

Eurozone	1 €	1 US$
Schweiz	1 SFr	1,02 US$

Aktuelle Wechselkurse siehe www.xe.com.

INTERNETZUGANG

Fast alle Hotels und die meisten Restaurants und Bars bieten kostenloses WLAN und die Netzabdeckung für Handys ist auf den Inseln mehr oder weniger vollständig. Am besten bringt man ein Smartphone oder einen Laptop mit, um problemlos Zugang zum Internet zu haben.

LGBT-REISENDE

Wie in den meisten Ländern der Karibik ist die Haltung gegenüber Schwulen und Lesben auf den Turks- und Caicosinseln nicht gerade von großer Offenheit geprägt. Homosexualität ist zwar legal, jedoch ein Tabuthema, besonders hinsichtlich schwuler Männer. Da jedoch immer mehr Besucher auf die Inseln kommen, werden die Einheimischen langsam etwas toleranter. Eine offene Schwulenszene ist aber nicht vorhanden und LGBT-Reisende halten sich hier vielleicht eher bedeckt.

MEDIZINISCHE VERSORGUNG

Die einzigen Inseln mit größeren medizinischen Einrichtungen sind Providenciales und Grand Turk, jedoch gibt's in allen etwas größeren Siedlungen Ärztezentren. Touristen müssen für die ärztliche Behandlung zahlen und bei größeren Problemen wird man nach Providenciales oder Florida transportiert.

MIT KINDERN REISEN

Die Turks- und Caicosinseln sind fantastisch für Kinder. Außerhalb der großen Ferienanlagen gibt's zwar kaum Programme und organisierte Aktivitäten für sie, doch dafür gibt's Strände, Riffe, Wassersportangebote und überhaupt die freie Natur. In den All-inclusive-Megaresorts wie dem Beaches (S. 924) ist das Angebot an Aktivitäten für Kinder so groß, dass das Problem eher darin besteht, sie wieder von dort wegzulotsen.

Bei Anbietern wie Big Blue (S. 922) können Kinder, die zum Tauchen noch nicht alt genug sind, zu ermäßigten Preisen schnorcheln. Kids, die auch dafür noch zu klein (oder zu ängstlich) sind, können sich das Leben am Riff vom Undersea Explorer (S. 923) aus anschauen.

Ein Problem für Eltern mit Kinderwagen ist, dass es kaum Bürgersteige gibt. Außerhalb von Grace Bay, Turtle Cove und anderen Touristenorten auf Provo gibt's gar keine und man muss vielleicht auf dem Seitenstreifen der Straßen laufen. Dafür herrscht außer auf Provo allerdings auch kaum Verkehr.

Außerhalb der modernen Resorts und des einen oder anderen Restaurants oder mancher Transporteinrichtung sind keine separaten Windelwechseleinrichtungen zu finden – da ist Improvisieren angesagt.

Die kleinen Probleme werden jedoch mehr als wettgemacht durch die Möglichkeit, sich mit seinem Nachwuchs an warmen, stressfreien und mit Stränden gesegneten Orten aufzuhalten, wo die Kleinen – außer vielleicht in den nobelsten Resorts und Restaurants „nur für Erwachsene" – überall willkommen sind.

NOTFALL

Notruf ☎ 911

ÖFFNUNGSZEITEN

Außerhalb von Provo und anderen touristischen Gebieten gelten beschränkte Öffnungszeiten.

Bars 11–2 Uhr

Geschäfte Mo–Sa 9–17 Uhr

Restaurants Frühstück ab 8 Uhr, Mittagessen ab 12 Uhr, Abendessen 18.30–21 Uhr

RECHTSFRAGEN

Das Rechtswesen der Turks- und Caicosinseln gründet größtenteils auf dem britischen Gewohnheitsrecht. Wer verhaftet wird, muss darüber aufgeklärt werden, was ihm vorgeworfen wird, man hat das Recht, dass die jeweilige konsularische Vertretung informiert wird, sowie das Recht auf einen Rechtsbeistand.

Rauschmittel dürfen nicht gekauft, verkauft und konsumiert werden und diese Vergehen werden mit Geld- und/oder Gefängnisstrafen geahndet. Die Promillegrenze für Autofahrer liegt bei 0,8, doch wird dem kaum nachgegangen, sodass betrunkene Autofahrer besonders auf Provo und besonders am Wochenende ein Problem darstellen können.

STROM

Die Stromspannung beträgt 120 V bei 60 Hz. Die Steckdosen nehmen Stecker mit zwei oder drei Kontakten nach US-Standard auf.

PRAKTISCH & KONKRET

Fernsehen Neben den Kabelsendern der Nachbarn (besonders der USA) gibt's auf den Turks- und Caicosinseln die Sender 4NEWS und Channel 8 (Provo) und das Turks and Caicos Television (Grand Turk).

Magazine Wichtige Zeitschriften mit Informationen zu Restaurants, Unterkünften und Kultur sind *Where When How* (www.wherewhenhow.com) und *Times of the Islands* (www.timespub.tc).

Maße & Gewichte Es werden sowohl englische als auch metrische Maße und Gewichte verwendet.

Radio Auf den Inseln gibt's mehr als 20 MW- und UKW-Sender, darunter 107.7 Radio Turks & Caicos FM, 99.9 Kiss FM und 93.9 Island FM.

Rauchen Auf den Turks- und Caicosinseln ist das Rauchen an öffentlichen Plätzen verboten, ebenso wie an Stränden und in Nationalparks. Bars, Restaurants, Kasinos und andere Einrichtungen, in denen Alkohol ausgeschenkt wird, können Raucherbereiche unter freiem Himmel zur Verfügung stellen.

Zeitungen Wöchentliche digitale und regionale Veröffentlichungen sind beispielsweise *Turks & Caicos Weekly News* (http://tcweeklynews.com), *Caribbean News Now* (www.caribbeannewsnow.com) und TCI Enews (www.enews.tc).

PREISKATEGORIEN UNTERKUNFT

Die folgenden Preise beziehen sich auf ein Doppelzimmer ohne Steuern in der Hauptsaison (Mitte Dezember bis Mitte April). Auf alle Dienstleistungen wird auf den Turks- und Caicosinseln eine Steuer von 12 % fällig, auch bei Unterkünften. Bei Resorts und Hotels, jedoch nicht in Ferienhäusern *(villas)*, fällt zusätzlich eine Servicegebühr von 10 % an.

**$** bis 250 US$

**$$** 250–400 US$

**$$$** über 400 US$

TELEFON

Die Ländervorwahl 649 muss bei Anrufen zwischen den Inseln der Turks- und Caicosinseln nicht vorgewählt werden.

In Filialen von Flow sowie in anderen Geschäften sind Telefonkarten mit unterschiedlichem Guthaben erhältlich.

Handys

Die meisten Handys funktionieren auch auf den Turks- und Caicosinseln, entweder per Roaming oder mit einer hiesigen SIM-Karte.

Roaming ist auf den Turks- und Caicosinseln einfacher, aber auch teurer – vorher die Kosten checken!

Am einfachsten ist die Nutzung einer hiesigen SIM-Karte und eines Prepaid-Accounts mit **Flow** (https://discover flow.co; Graceway Plaza, Leeward Highway; ⌚8.30–18.30 Uhr) auf Providenciales oder mit **Digicel** (www.digicel group.com/tc) mit Vertretungen auf Provo, North Caicos und Grand Turk.

UNTERKUNFT

Die Unterkünfte auf den Turks- und Caicosinseln sind durchgehend teuer und in den noblen Resorts erreichen die Preise astronomische Höhen. Neben den Resorts gibt's noch Hotels sowie Ferienhäuser und Apartments für Selbstversorger. Richtige Campingplätze oder Backpacker-Hostels gibt's nicht.

ZEIT

Eastern Standard Time/Eastern Daylight Time: MEZ/MESZ minus 6 Std.

An- & Weiterreise

FLUGZEUG

Zwar gibt's auf den Turks- und Caicosinseln offiziell zwei internationale Flughäfen, doch Touristen kommen eigentlich immer am Providenciales International Airport (PLS) an. Dieser wird aus Großbritannien, den USA, Kanada, den Bahamas, Antigua, Kuba, Jamaika, der Dominikanischen Republik, Haiti und Puerto Rico angeflogen. Von anderswoher muss man umsteigen, oft in Miami oder Fort Lauderdale in den USA.

ÜBERS MEER

Zwar existieren keine Fährverbindungen zwischen den Turks- und Caicosinseln und den benachbarten Inseln, doch kann man mit einem privaten oder gecharterten Boot anreisen oder auch auf einem der Kreuzfahrtschiffe, die regelmäßig auf Grand Turk anlegen.

Privatsegler müssen innerhalb von 24 Stunden nach der Ankunft die Zoll- und Einreiseformalitäten erledigen und sollten dies im Voraus arrangieren, indem sie sich an die Verwaltung des angesteuerten Zollhafens wenden. Angelaufen werden können die Marinas **Blue Haven** (☎946-9910; www.bluehaventci.com; Leeward Marina), **Turtle Cove** (☎941-3781; www.turtlecovema rina.com), **South Side** (☎946-3417, 231-4747; http://southsidemarina-tci.com; 26 Turtle Tail Dr) und **Caicos** (☎946-5600; www.caicosmari na.com; 1 Long Bay Hwy, Long Bay), außerdem die **Sapodilla Bay** (alle auf Providenciales) und die staatlichen Bootsanleger auf South Caicos (S. 919) und **Grand Turk**.

Wer die Erledigung der Einreiseformalitäten selbst organisiert, wendet sich an **TCI Customs and Immigration** (338-5493 auf Provo; 946-1176 auf Grand Turk; 946-3214 auf South Caicos; https://customs.gov.tc); dann kommt montags bis freitags zwischen 8 und 16 Uhr (an Wochenenden und Feiertagen ist ein Zuschlag fällig) ein Zollbeamter aufs Boot. Bis die Einklarierung erledigt ist, muss die gelbe Flagge Q geführt werden und nur der Kapitän darf an Land gehen.

Die Einklarierung kostet 50 US$. Wer länger als sieben Tage bleibt, benötigt eine Seglerlaubnis (300 US$, 90 Tage gültig).

Unterwegs vor Ort

AUTO & MOTORRAD

Auf den Turks- und Caicosinseln fährt man links. Da es keine öffentlichen Verkehrsmittel gibt, leihen viele Besucher ein Auto oder ein Motorrad. Auf Provo sind internationale Autovermietungen vertreten, kleinere Verleiher findet man außerdem an den Flughäfen und an anderen wichtigen Einreisestellen. Grand Turk und Salt Cay sind leicht mit einem Golfmobil zu erkunden, die für rund 70 US$ pro Tag geliehen werden können.

Wer ein Auto mieten möchte, muss mindestens 25 Jahre alt sein und über einen gültigen Führerschein verfügen. Ein Internationaler Führerschein ist nötig, wenn der nationale Führerschein nicht auf Englisch ausgestellt ist. Um einen Motorroller zu mieten, muss man nur 18 Jahre alt sein.

BOOT, SCHIFF & FÄHRE

TCI Ferry (S. 929) hat die Kurzstreckenflüge nach North und Middle Caicos ersetzt und befährt zwei Strecken:

- **Von Providenciales nach North Caicos** Mehrmals tgl. (Erw./Kind 55/30 US$ hin & zurück, 30 Min.)
- **Von Providenciales nach South Caicos** 3-mal wöchentl. (Erw./Kind 110/70 US$, 90 Min.)

FLUGZEUG

Von Provo gelangt man nach Grand Turk und zu allen Inseln, die weiter entfernt als North und Middle Caicos sind, am schnellsten und einfachsten mit dem Flugzeug. Die wichtigste Fluglinie der Turks- und Caicosinseln ist **interCaribbean** (☎ 946-4999; http://intercaribbean.com; Providenciales Airport).

TAXI

Taxis stehen auf allen bewohnten Inseln zur Verfügung. Sie haben keine Taxameter, es gelten aber feste – nicht gerade günstige – Preise: Am besten lässt man sich den Preis bestätigen, bevor man ins Taxi steigt. Die Preise für Fahrten vom Flughafen zu den wichtigsten Resorts auf Providenciales sind an der Mauer vor dem Taxistand am Flughafen angeschlagen; die Fahrt sollte für zwei Personen etwa 25 bis 40 US$ kosten. Auf Provo verkehren als Taxis außerdem Minibusse für bis zu zwölf Personen – damit ist man als Gruppe relativ preiswert unterwegs.

Praktische Informationen

Hurrikans

Die karibischen Wirbelstürme entstehen vor der 3000 km entfernten afrikanischen Westküste. Feuchtwarme Luft steigt über dem Meer auf und erzeugt einen Unterdruck. So entsteht ein „Kamin": Die Luft wird durch die Erdrotation in Bewegung gesetzt, wodurch sich die charakteristische Wirbelform mit einer Strömungsrichtung gegen den Uhrzeigersinn ergibt. Wegen des Klimawandels ist das Wettergeschehen nicht mehr zu 100 % vorhersagbar, doch üblicherweise geht die Hurrikansaison von Anfang Juni bis Ende November. Die stärksten und seltensten Wirbelstürme der Kategorie 5 entwickeln sich meist im Juli und August und erreichen Windgeschwindigkeiten von mehr als 250 km/h.

Vor der Reise

➡ Nachprüfen, ob die Reiseversicherung Wirbelstürme (und damit verbundene Änderungen im Reiseplan) abdeckt. Die Policen sind günstig und müssen mindestens 24 Stunden vor der Benennung eines Hurrikans abgeschlossen werden. Die meisten Fluggesellschaften und Hotels machen Umbuchungen möglich oder erstatten die Reisekosten, falls der Urlaub wegen eines Wirbelsturms verschoben oder komplett gestrichen werden muss. Vor der Buchung informieren.

➡ Sollte ein Sturm bei Reiseantritt im Anmarsch sein, sollte man den aktuellen Infos und Vorhersagen des US National Hurricane Center (www.nhc.noaa.gov) zu seinem Verlauf folgen. Auch die Botschaften platzieren gewöhnlich Warnhinweise auf ihren Websites.

➡ Liegt der Urlaubstermin nach einem Wirbelsturm, mag es unpassend sein, die Reise anzutreten. Sollte der Hurrikan die Infrastruktur gravierend beschädigt haben, ist der Urlaub möglicherweise weder machbar noch sinnvoll. Falls es das Reiseziel jedoch nicht so hart getroffen hat, hilft es den Einheimischen, wenn die Touristen trotzdem kommen. Für viele Inselbewohner ist das Wegbleiben der Traveller als Folge eines Hurrikans „die Katastrophe nach der Katastrophe".

Vor Ort

➡ Ist man bereits am Urlaubsziel und es braut sich ein noch ein oder zwei Tage entfernter Hurrikan zusammen, ist es ratsam, sich einen Vorrat an Wasser, nicht verderblichen Lebensmitteln und Medikamenten anzulegen. Ebenfalls nützlich sind eine Taschenlampe und eine Erste-Hilfe-Ausstattung.

➡ Die Sicherheit der Unterkunft überprüfen: Liegt sie am Strand und besteht daher Gefahr durch eine eventuelle Sturmflut? Kommt es in der Gegend häufig zu Überflutungen oder Erdrutschen? Besteht das Gebäude aus Holz und kann leicht durch Starkwind beschädigt werden? Hotels haben häufig fensterlose Partyräume, in denen Gäste im Notfall untergebracht werden können.

➡ Etwas mehr Geld am Automaten abheben. Wer einen Mietwagen hat: volltanken.

➡ Um die Gefahr besser einschätzen zu können, sollten Vorhersagen zu Regenfällen und Windstärken verfolgt werden. Freunde und Familie wissen lassen, wo man übernachtet und wie die Lage ist.

➡ Wenn sich der Hurrikan nähert, sollten das Handy und andere notwendige Gegenstände voll aufgeladen sein. Bargeld, Reisepass und andere wichtige Dokumente an einem wasserdichten Ort (z. B. in einem Safe) einschließen. Einen Bogen um Bäume und Stromleitungen machen.

➡ Sich regelmäßig online oder im Radio über den Stand der Dinge informieren.

➡ Wenn die Behörden eine Evakuierung anordnen, sollte

man in einem *storm shelter* (Schutzbunker) Zuflucht suchen oder sich in einen nach innen gelegenen Raum begeben. Wichtig ist, sich von den Fenstern fernzuhalten, da umherfliegende Trümmer und Gegenstände und plötzliche Luftdruckveränderungen das Glas zerstören können. Nachschauen, ob sich direkt vorm Fenster leichte Objekte befinden – gegebenenfalls sichern oder entfernen.

➡ Niemals durch Hochwasser waten, schwimmen oder fahren.

➡ Ist der Hurrikan da, heißt es Geduld haben. Manchmal muss man stundenlang für einfache Vorräte anstehen oder auf Hilfe warten. Wahrscheinlich wird man den Aufenthalt verlängern müssen. Oft fällt der Strom aus, und auch auf anderen Komfort muss man erst mal verzichten. Die Flughäfen öffnen gewöhnlich ein oder zwei Tage nach Ende des Hurrikans, doch zunächst werden Militär und Hilfsdienste abgefertigt, dann auf die aktuellen Flüge gebuchten Reisende und zuletzt Standby-Passagiere oder solche, deren Flüge gestrichen wurden.

Allgemeine Informationen

Arbeiten in der Karibik

In der Karibik sind die Arbeitslosenquoten hoch und die Löhne niedrig, und die Einwanderungspolitik zielt darauf ab, Fremde davon abzuhalten, eine Arbeit aufzunehmen.

Ein guter Tipp für Arbeitssuchende ist deshalb, Crewmitglied auf einem Boot oder einer Jacht zu werden. Da Crewmitglieder für gewöhnlich nicht auf einer bestimmten Insel arbeiten, ist die rechtliche Situation flexibler, zudem ist es leichter, die Hürden der Einwanderungsgesetze zu nehmen. Zur Jobsuche sind Jachthäfen der geeignete Ort: Es empfiehlt sich, die Nachrichten am Schwarzen Brett zu lesen, mit den Skippern ins Gespräch zu kommen oder sich in der nächstgelegenen Bar umzuhören. Die Jachthäfen in Miami und Fort Lauderdale eignen sich zur Jobsuche, da hier die Leute, die mit ihren Schiffen für die Saison in den Süden segeln, ihre Crews zusammenstellen.

Man kann es auch bei einer Agentur probieren, die Crewmitglieder vermittelt, z. B. bei der in Großbritannien ansässigen Crew Finders (www.crewfinders.com) oder den Crew Seekers (www.crewseekers.net) aus den USA.

Barrierefrei reisen

Reisen in der Karibik gestaltet sich besonders für körperlich eingeschränkte Personen nicht ganz einfach. Das Bewusstsein für die Notwendigkeit eines behindertengerechten Einstiegs in Flugzeuge, Busse oder Mietfahrzeuge ist wenig bis gar nicht ausgeprägt. Zu den bemerkenswerten Ausnahmen gehören Puerto Rico und die Amerikanischen Jungferninseln, wo die Einhaltung des Americans Disabilities Act (ADA) dazu führt, dass viele Sehenswürdigkeiten und Hotels für Rollstuhlfahrer zugänglich sind.

Gäste mit Behinderung sollten sich mit konkreten Nachfragen direkt an ihr Wunschhotel wenden. In großen, moderneren Resorts ist Barrierefreiheit mit Aufzügen, breiteren Türen und rollstuhltauglichen Badezimmern am ehesten gewährleistet.

Während Reisen über Land mit einigen Hürden verbunden sein können, sind Kreuzfahrten oft eine gute Alternative. Viele Kreuzfahrtgesellschaften organisieren auch die Landgänge mit entsprechend geeigneten Reisebussen.

Die **Accessible Caribbean Vacations** (www.accessiblecaribbeanvacations.com) mit Sitz in den USA ist eine Reiseagentur, die auf Karibikreisen für Traveller mit Behinderung spezialisiert ist. Kreuzfahrten zählen zu den Schwerpunkten und auf der Website kann man sich umfassend über die Anlaufhäfen der Region und Ausflüge an die Küste informieren.

Darüber hinaus gibt's auch einige deutsche Anbieter, die Reisen für Rollstuhlfahrer organisieren, darunter **Accamino** (www.accamino.de) oder **Runa** (www.runa-reisen.de).

Einen Gratis-Führer von Lonely Planet zum Thema Reisen mit Behinderung findet man unter http://media.lonelyplanet.com/shop/media/accessible-travel-online-resources-2017-2.pdf.

Botschaften & Konsulate

Deutschland, Österreich und die Schweiz haben Botschaften und/oder Konsulate in den größeren karibischen Ländern. Die aktuellen Adressen sind auf der Website des jeweiligen Auswärtigen Amts des eigenen Heimatlandes zu finden:
www.auswaertiges-amt.de
www.bmeia.gv.at
www.eda.admin.ch

Essen

Obst und Reis sowie Gewürze und Meeresfrüchte sind die Quintessenz der karibischen Küche. Hinzu kommen Einflüsse aus der ganzen Welt,

z. B. aus Indien, Spanien, Italien und asiatischen Ländern. Die Büfetts in den All-inclusive-Resorts sind sehr üppig, aber auch außerhalb der Ferienorte wird man schnell fündig, wenn man nach hervorragendem Essen sucht.

Karibische Gerichte

Diese Gerichte gibt's überall in der Karibik:

Callaloo Eine cremig-dicke Suppe bzw. ein Eintopf mit verschiedenen Gemüsesorten (z. B. Spinat, Zwiebeln, Knoblauch, Okraschoten) in Kokosmilch, manchmal auch mit Krabben oder Schinken. Die Grundlage ist oft spinatähnlich.

Große Fechterschnecke Diese große rosafarbene Molluske wird mit Zwiebeln und Gewürzen als Eintopf gekocht, frittiert oder roh in dünne Scheiben geschnitten und mit einer Marinade auf Limettensaftbasis serviert. Bitte Zuchtexemplare verlangen, die wild wachsende Variante ist eine bedrohte Art.

Roti Burrito-artige Fladenbrot-Wraps, gefüllt mit Curry-Hühnchen, Rindfleisch, Muscheln oder Gemüse und mit feuriger Pfeffersauce abgerundet.

Wohin zum Essen?

In der Karibik kann man fast alles in fast jedem Restaurant essen. Entweder versucht man es einfach so oder meldet sich am gleichen Tag kurz vorab. Für edlere Spitzenlokale ist allerdings manchmal eine frühe Reservierung sinnvoll.

Cafés und Bars Cafés sind eine gute Anlaufstelle für ein einfaches Frühstück oder Mittagessen oder wenn man einfach nur eine Tasse Kaffee möchte. Bars bieten oft richtige Mahlzeiten an.

Hotels Viele Hotels haben Restaurants, die für alle zugänglich sind. All-inclusive-Hotels betreiben zumeist gleich mehrere Lokale, oft wahlweise mit Büfett oder Bedienung am Platz.

Restaurants Das Angebot reicht von lässigen Grilllokalen am Strand bis zu Restaurants mit gehobener Küche.

PRAKTISCH & KONKRET

Maße & Gewichte Einige karibische Staaten nutzen das metrische System, andere das angloamerikanische. Einige wenige verwenden eine verwirrende Kombination aus beiden.

Rauchen An vielen Orten in der Karibik ist das Rauchen auf öffentlichen Plätzen sowie in Hotels und Restaurants verboten.

Etikette

Die Menschen der Karibik sind für ihre Gelassenheit bekannt, gleichzeitig legt man aber Wert auf gute Manieren.

Begrüßung Andere immer höflich begrüßen und Ältere mit besonders viel Respekt behandeln. Die Direktheit vieler Gespräche nach der Begrüßung sollte einen aber trotzdem nicht überraschen.

Kleidung Die Menschen der Karibik ziehen sich, wenn sie können, sehr elegant an (besonders für Partys oder gesellschaftliche Ereignisse). An den Türen vieler Regierungsstellen und Banken hängen Kleiderordnungen aus. Strandkleidung sollte absolut auf den Strand beschränkt bleiben.

Zeitverständnis Auch wenn die Einheimischen das Thema Uhrzeit entspannt sehen, ist es immer klüger, bei Verabredungen pünktlich zu sein (und ggf. Wartezeit einzuplanen).

Feiertage

Feiertage in der ganzen Region:

Neujahr 1. Januar

Karfreitag Ende März/Anfang April

Ostermontag Ende März/Anfang April

Pfingstmontag Achter Montag nach Ostern

1. Weihnachtsfeiertag 25. Dezember

2. Weihnachtsfeiertag 26. Dezember

Frauen unterwegs

Obwohl es Unterschiede von Insel zu Insel gibt, ist der Machismo eigentlich überall quicklebendig. Besonders gegenüber alleinreisenden Frauen können Männer sehr aufdringlich werden. Auf vielen Inseln haben die Einheimischen keine Hemmungen, durch Pfiffe, zischende Geräusche, Zähnelecken und Knutschgeräusche die Aufmerksamkeit der Frauen auf sich zu ziehen. Das kann – obwohl es eigentlich vor allem einfach nur lästig ist – Frauen ein Gefühl der Unsicherheit vermitteln.

Ob man es hören will oder nicht: Einige Frauen fühlen sich auf Reisen in Begleitung sicherer. Alleinreisende sollten vorsichtiger sein als gewöhnlich und generell Situationen vermeiden, in denen man einsam und ungeschützt ist. Zudem sollte man keine männlichen Tramper mitnehmen. Freizügige Kleidung an anderen Orten als am Strand führt zu unerwünschter Aufmerksamkeit. Das, was zu Hause als „harmloser Flirt" interpretiert wird, kann in der Karibik als ernsthaftes Anbaggern fehlinterpretiert werden.

Freiwilligenarbeit

Viele Freiwilligenprogramme in der Karibik verbinden Ferienspaß mit guten Taten à la „Tauchen lernen und zugleich das Riff retten" (wenn es nur so einfach wäre). Einige Organisationen bieten keinen Mehrwert, der über die für

DIE KUNST DES FEILSCHENS

Ob es der Strandverkäufer mit der Halskette ist, die man einfach haben muss, der Marktstandbesitzer mit dem schönen Gemälde vom Sonnenuntergang oder der aalglatte Juwelier – an irgendjemandem wird man in der Karibik mit Sicherheit das eigene Verhandlungsgeschick testen müssen.

Allerdings sind durchaus auch Festpreise üblich, insbesondere in großen Kaufhäusern und zollfreien Malls. *No bargaining* ist oft wörtlich gemeint und keinesfalls ein Trick.

Dennoch sollte man wissen, dass man selbst Dinge im Schaufenster herunterhandeln kann. Besonders in der Nebensaison lässt sich über fast alles noch einmal reden, sogar über den Preis der Unterkunft. Wer ein paar Tage bleibt, kann nach einem besseren Zimmer oder einer Ermäßigung fragen.

Obwohl diese Aussicht viele Leute abschreckt, kann das Feilschen beim Einkaufen Spaß machen – zumindest wenn man den Humor behält und die Verhältnismäßigkeit nicht aus den Augen verliert!

Hilfreiche Schritte und Überlegungen:

- Eine Vorstellung haben, was das Objekt wert ist. Warum mehr dafür bezahlen als zuhause?
- Eine Verhandlungsbasis schaffen – dabei fragt man den Verkäufer besser nach dem Preis, als selbst ein Angebot zu machen.
- Man selbst nennt dann zuerst ein bis zwei Drittel des verlangten Betrags, vorausgesetzt dass die Preisvorstellung nicht unverschämt ist.
- Mit Angebot und Gegenangebot nähert man sich einem akzeptablen Preis.
- Erzielt man keinen akzeptablen Preis, kann man gehen – vielleicht ruft der Verkäufer einen mit einem niedrigeren Angebot zurück.
- Wer einen Preis nennt, ist verpflichtet zu kaufen, falls das Angebot angenommen wird.
- Die Dinge im Blick behalten: Lohnt sich der Aufwand, nur um einen Dollar zu sparen, wenn man es mit einem Verkäufer zu tun hat, der nur ein paar Dollars in der Woche verdient?

Traveller interessanten Erfahrungen hinausgeht. Man sollte nachhaken, wer wirklich profitiert – der Teilnehmende oder die lokalen Nutznießer des Programms. Die meisten Freiwilligenorganisationen erheben Gebühren für die Teilnahme an ihren Programmen. Zu ihnen gehören u. a.:

Gapforce (www.gapforce.org)

Global Volunteers (www.globalvolunteers.org)

Habitat for Humanity (www.habitat.org)

Geld

Statt der Landeswährung wird oft der US-Dollar akzeptiert – und teils ist er gar die Landeswährung. Offizielle Währung auf Antigua und Barbuda, Dominica, Grenada, St. Kitts und Nevis, St. Lucia, St. Vincent und den Grenadinen, Anguilla und Montserrat ist der Ostkaribische Dollar (EC$).

Bargeld

Der US-Dollar wird fast überall akzeptiert. Für Taxis oder Snacks am Straßenrand sowie für Trinkgelder sollte man auch kleinere Banknoten dabeihaben.

Geldautomaten & Kreditkarten

Geldautomaten gibt's außer auf den ganz kleinen Inseln überall (und in zunehmendem Maße auch in Kuba). Viele geben neben der Landeswährung auch US-Dollars aus. Kreditkarten werden fast überall angenommen, man sollte aber auf mögliche Gebühren achten.

Steuern & Erstattungen

Es wird eine Mehrwertsteuer auf Waren und Dienstleistungen aufgeschlagen. Die Höhe variiert von Insel zu Insel. In einigen Ländern ist die Mehrwertsteuer in den Preisen auf den Speisekarten nicht enthalten, was zu überraschend hohen Rechnungen führen kann. Bei der Hotelbuchung sollte man auch prüfen, ob die angegebenen Beträge brutto oder netto sind.

Manchmal ist eine Rückerstattung der Mehrwertsteuer für die während der Reise gekauften Waren möglich.

Trinkgeld

Restaurants Regional unterschiedlich. Der Durchschnitt beträgt 15 %. Man sollte auf die manchmal auf den Rechnungsbetrag aufgeschlagene Servicepauschale achten.

Taxis Trinkgeld ist eher unüblich.

Internetzugang

Fast überall in der Karibik gibt's Internetzugang und WLAN.

Klima

Freeport/Lucaya

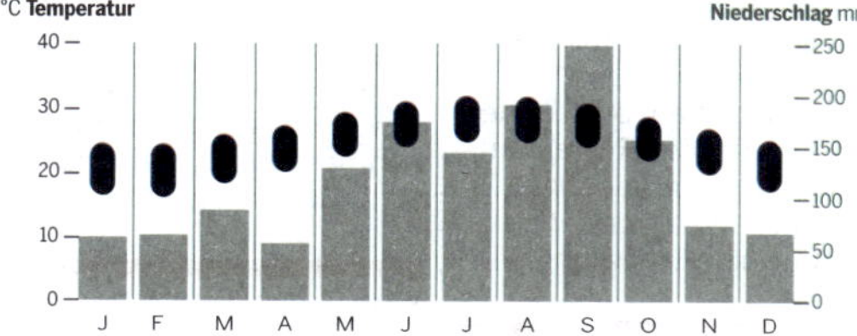

Kingston

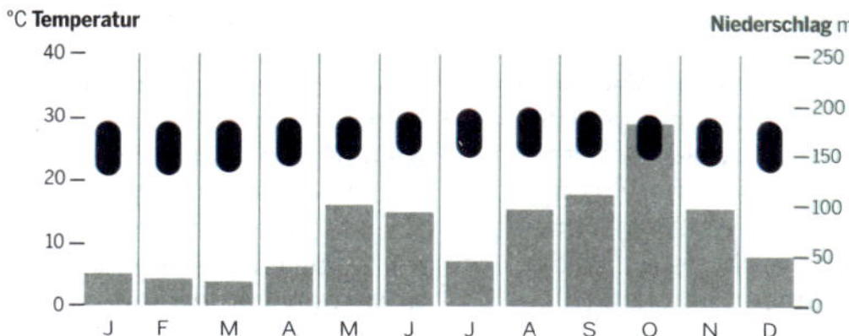

Port of Spain

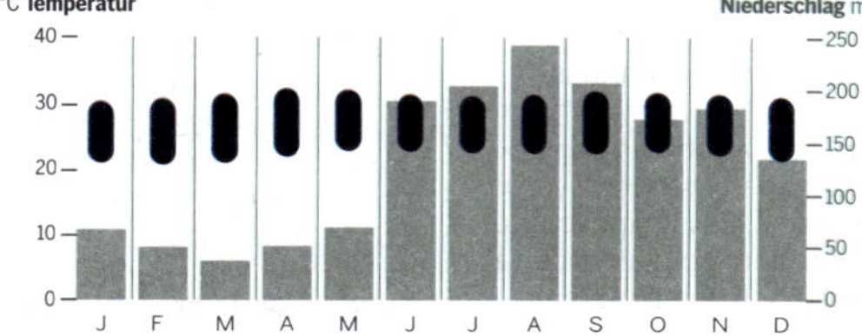

LGBT-Reisende

Einige Reiseziele in der Karibik sind der LGBT-Zielgruppe gegenüber nicht besonders offen. Auf vielen Inseln herrschen Homophobie und Machismo. Mitglieder der LGTB-Gemeinschaft halten sich generell zurück, öffentliches Händchenhalten, Küssen und andere Zeichen gegenseitiger Zuneigung sind nicht üblich. In einigen Ländern ist Homosexualität noch immer illegal, insbesondere auf Jamaika und Barbados.

Dennoch gibt es für LGBT-Reisende einige Nischen, darunter Aruba, Bonaire, Curaçao, die Dominikanische Republik, Guadeloupe, Martinique, Puerto Rico, Saba, Saint Martin/Sint Maarten sowie die Amerikanischen und Britischen Jungferninseln.

Nützliche Links:

Damron (www.damron.com) Der führende US-amerikanische Verlag für Schwule und Lesben bietet Reiseführer an für Städtereisen in der ganzen Welt.

Spartacus International Gay Guide (www.spartacusworld.com) Eine Datenbank mit Veranstaltungen und Hotels für die schwule Zielgruppe.

Öffnungszeiten

Die Öffnungszeiten variieren, aber am Sonntag sind sämtliche Läden und Büros geschlossen. Manche der kleineren inhabergeführten Geschäfte machen zwischen August und November für eine Weile zu.

Rechtsfragen

Wegen des Klischees, dass Kiffen in der Karibik sehr verbreitet sei (was nicht stimmt), verhalten sich einige Traveller ziemlich gedankenlos, was das Ausprobieren der auf den Inseln erhältlichen Drogen angeht.

Dazu folgende Warnung: Der illegale Drogenhandel ist in der ganzen Karibik ein ernsthaftes Problem, und die Polizeibeamten zeigen in den meisten Ländern wenig bis gar keine Toleranz gegenüber Touristen, die beim Konsum erwischt werden. Die Strafen sind je nach Reiseziel unterschiedlich hoch, aber beim Rauchen von Marihuana erwischt zu werden oder es auch nur zu besitzen kann zu langen Gefängnisaufenthalten führen (das gilt auch für jede andere Droge). Eine Ausnahme ist Jamaika, wo der Besitz von bis zu 57 g Marihuana bis auf eine kleine Geldbuße straffrei bleibt.

Sicher reisen

Was die individuelle Sicherheit und die Kriminalität betrifft, ist die Situation in der Karibik auf den einzelnen Inseln recht unterschiedlich. Seinen gesunden Menschenverstand einzusetzen ist aber natürlich immer und zu jeder Zeit von Vorteil.

➜ In Großstädten und Touristengebieten sollte man nachts am besten mit dem Taxi fahren.

➜ Es ist ratsam, ebenso wenig mit Schmuck zu protzen wie blindlings mit dem Smartphone herumzulaufen.

In den städtischeren Gebieten wie Pointe-à-Pitre (Guadeloupe), Fort-de-France (Martinique), Kingston (Jamaika), Port-au-Prince (Haiti) und im Zentrum von Port of Spain (Trinidad) sollte man besondere Vorsicht walten lassen.

Telefon

Die meisten Handys funktionieren in der Karibik und Roaming-Kosten können durch den Kauf einer örtlichen SIM-Karte vermieden werden. Die größten Betreiber in der Region sind Digicel und Flow.

Vorwahlnummern

INSEL	VORWAHL
Amerikanische Jungferninseln	+1-340
Anguilla	+ 1-264
Antigua & Barbuda	+1-268
Aruba	+297
Bahamas	+1-242
Barbados	+1-248
Bonaire	+599
Britische Jungferninseln	+1-284
Curaçao	+599
Dominica	+1-767
Dominikanische Republik	+1-809 oder +1-829 oder +1-849
Grenada	+1-473
Guadeloupe	+590
Haiti	+509
Jamaika	+1-876
Kaimaninseln	+1-345
Kuba	+53
Martinique	+596
Montserrat	+1-664
Puerto Rico	+1-787
Saba	+599
Sint Eustatius	+599
Saint-Barthélemy	+590
Saint-Martin/ Sint Maarten	+1-758/ +590
St. Kitts & Nevis	+1-869
St. Lucia	+1-758
St. Vincent & die Grenadinen	+1-784
Trinidad & Tobago	+1-868
Turks- & Caicos-inseln	+1-649

Toiletten

Außerhalb der wichtigsten Touristengebiete gibt's nur wenige öffentliche Toiletten, allerdings sollte man die vorhandenen am besten meiden. Die meisten Restaurants haben Toiletten, verlangen aber manchmal vor der Benutzung eine Bestellung.

Touristeninformation

Broschüren und Flyer stehen oft kiloweise zur Verfügung und viele der in den Hotellobbys erhältlichen Gratispublikationen sind hervorragend. Auf den meisten Inseln gibt's in den wichtigsten Städten und an den Flughäfen Touristeninformationen.

Versicherung

Es wäre extrem fahrlässig, ohne Krankenversicherung zu reisen. Auch das Gepäck sollte gegen Diebstahl versichert sein. Es ist sinnvoll, zu überprüfen, ob die Policen z. B. Rückholkosten im medizinischen Notfall beinhalten, und ob die Versicherung Gerätetauchen und andere Abenteuersportarten als riskant erachtet und damit ausschließt.

Eine weltweit gültige Reiseversicherung gibt's bei www.lonelyplanet.com/travel_services. Man kann sie jederzeit online abschließen, erweitern oder in Anspruch nehmen – auch wenn man schon unterwegs ist.

Visa

Die Voraussetzungen variieren von Insel zu Insel. Deutsche, Österreicher und Schweizer benötigen bei touristischen Aufenthalten unter 90 Tagen in der ganzen Region kein Visum. Kuba bildet eine Ausnahme. Hier braucht man eine Touristenkarte, die vor der Reise online erworben werden kann.

Achtung: Wer über die USA in die Karibik reist und bspw. im Rahmen einer Kreuzfahrt einen Zwischenstopp in Florida macht oder auch eine der Inseln ansteuert, die zu den USA gehören, muss vorab eine elektronische Anreisegenehmigung (ESTA) beantragen.

Zeit

Eine Umstellung auf Sommerzeit gibt's nur auf den

ZEITVERSTÄNDNIS AUF DEN INSELN

Das Leben in der Karibik geht einen langsamen und lässigen Gang. Oft sieht man an den Schaufenstern von Geschäften, Bars und Restaurants Zettel mit dem Hinweis „Täglich ganztags geöffnet". Das kann bedeuten, dass dort wirklich an jedem Wochentag ganztags offen ist, man sollte sich aber nicht darauf verlassen. Wenn die Geschäfte schleppend laufen, schließt ein Restaurant oder Laden einfach. Steppt in einer Bar der Bär und der Besitzer hat auch seinen Spaß, kann sie durchaus mal bis in die frühen Morgenstunden geöffnet bleiben. Und wenn die Regenzeit zu lange dauert, macht manches Hotel oder Restaurant spontan für einen Monat zu. Mit anderen Worten: Feste, verlässliche Öffnungszeiten gibt's kaum.

Die einzige unfehlbare Regel ist, dass Sonntage heilig sind, sodass „täglich geöffnet" gleichbedeutend ist mit „täglich geöffnet außer sonntags".

Bahamas, Haiti, Kuba sowie den Turks- und Caicosinseln.

Atlantic Standard Time (AST) gilt auf den Amerikanischen Jungferninseln, Anguilla, Antigua und Barbuda, Aruba, Barbados, Bonaire, den Britischen Jungferninseln, Curaçao, Dominica, der Dominikanischen Republik, Grenada, Guadeloupe, Martinique, Montserrat, Puerto Rico, Saba, Saint-Barthélemy, Saint-Martin/Sint Maarten, Sint Eustatius, St. Kitts und Nevis, St. Lucia, St. Vincent und den Grenadinen sowie Trinidad und Tobago: MEZ -5 Std., MESZ -6 Std.

Cuba Standard Time/Cuba Daylight Time (CST/CDT) gilt auf Kuba: MEZ/MESZ -6 Std.

Eastern Standard Time (EST) gilt auf Jamaika und den Kaimaninseln: MEZ -6 Std., MESZ -7 Std.

Eastern Standard Time/Eastern Daylight Time (EST/EDT) gilt auf den Bahamas, Haiti sowie den Turks- und Caicosinseln: MEZ/MESZ -6 Std.

Zoll

Alle Karibikinseln erlauben den zollfreien Import einer sinnvollen Menge an Dingen für den persönlichen Bedarf sowie von Spirituosen und Tabak. Was man mit nach Hause bringen darf, hängt davon ab, wo man Urlaub gemacht hat und aus welchem Land man kommt. Informationen erteilt die Zollbehörde des Heimatlandes.

Verkehrsmittel & -wege

AN- & WEITERREISE

Wer in die Karibik reist, ob per Schiff oder per Flugzeug, braucht einen noch mindestens sechs Monate gültigen Pass. Ein Personalausweis reicht nicht. Flugreisende sollten im Besitz eines Weiter- oder Rückflugtickets sein.

Flüge, Mietautos und geführte Touren können online unter www. lonelyplanet.com/ bookings gebucht werden.

Einreise

Die Anforderungen unterscheiden sich von Insel zu Insel, Angehörige der meisten Nationalitäten brauchen aber kein Visum.

Flugzeug

Flugpläne, -preise und -zeiten in die Karibik variieren von Insel zu Insel.

Flughäfen

- Die Flughäfen in der Karibik sind sehr unterschiedlich und reichen von riesigen modernen Airports mit internationalen Jets bis zu winzigen Plätzen, auf deren Landebahnen unglaublich kleine Regionalflugzeuge landen.
- Die beliebtesten Flughäfen (nach Ankunftszahlen) in der Karibik:
- Puerto Rico

San Juan International Airport (SJU; San Juan; www.aeropuertosju.com)

- Dominikanische Republik

Punta Cana International Airport (PUJ; Punta Cana; www.puntacanainternationalairport.com)

Las Américas International Airport (SDQ; Santo Domingo)

- Kuba

José Martí International Airport (HAV; Havana)

- Jamaika

Sangster International Airport (MBJ; Montego Bay; www.mbjairport.com)

- Bahamas

Lynden Pindling International Airport (NAS; Nassau; www.nassaulpia.com)

Fluglinien

VON EUROPA

Aus Europa kann man die Karibik nonstop erreichen.

Die alten kolonialen Bindungen scheinen noch zu existieren. Wie um das zu beweisen, fliegen Fluglinien aus Großbritannien ehemalige Britische Kolonien wie Barbados und Antigua an, französische Fluglinien die französischsprachigen Inseln, niederländische Fluglinien Aruba, Bonaire, Curaçao und Sint Maarten.

VON NORDAMERIKA

Die meisten großen nordamerikanischen Fluglinien fliegen die beliebteren Inseln

KLIMAWANDEL & REISEN

Jedes Verkehrsmittel, das fossile Brennstoffe verwendet, erzeugt CO_2 und damit die Hauptursache für den vom Menschen verursachten Klimawandel. Modernes Reisen nützt Flugzeuge, die weniger Treibstoff pro Kilometer und Person verbrauchen als die meisten Autos, die aber auf viel größeren Entfernungen unterwegs sind. Die Höhe, in der Flugzeuge Gase (einschließlich CO_2) und Schadstoffpartikel ausstoßen, hat ebenfalls einen ungünstigen Einfluss auf den Klimawandel.

Im Internet gibt es CO_2-Rechner, mit denen man den von der eigenen Reise verursachten Kohlenstoffdioxid-Ausstoß errechnen kann. Dann kann man, wenn man möchte, als Kompensation für die Reise eine Spende an eine klimafreundliche Initiative zahlen. Lonely Planet gleicht so die CO_2-Bilanz aller seiner reisenden Mitarbeiter und Autoren aus.

in der Karibik direkt an. Sogar von so winzigen Orten wie Bonaire bekommt man Direktflüge in die wesentlichen Städte der USA. Will man jedoch von Städten ohne Großflughafen in die Karibik kommen, muss man umsteigen. **American Airlines** (www.aa.com) z. B. nutzt Miami und San Juan, Puerto Rico als Drehkreuze für seine zahlreichen Karibikflüge.

Bitte beachten: Flüge in die Region sind saisonabhängig. Eine Insel, die z. B. im Januar wöchentlich von Chicago aus direkt angeflogen wird, wird möglicherweise im Juni überhaupt nicht angeflogen.

CHARTERFLÜGE

Charterflüge aus Europa, Großbritannien oder den USA sind auch eine Möglichkeit, um auf die Inseln zu kommen.

Die Preise sind oft niedriger als die der Linienflüge, man ist aber weniger flexibel und kann seinen Aufenthalt nicht so einfach verlängern. Oft sind solche Flüge Teil eines Pakets mit dem Hotelaufenthalt.

Übers Meer

Von den USA aus gibt's eine Handvoll Fähren in die Karibik, v. a. von Florida zu den Bahamas. Ansonsten sind Kreuzfahrtschiffe (oder – für wenige Glückliche – Jachten) die einzige Möglichkeit, die Region auf dem Seeweg zu erreichen.

UNTERWEGS VOR ORT

Auto & Motorrad

Auf den karibischen Inseln zu fahren kann einen zunächst ziemlich durcheinanderbringen, das Gehirn durchrütteln und sehr nervenaufreibend sein. Aber man gewöhnt sich schnell an die schlechten Straßenverhältnisse, die niedrige Geschwindigkeit, das lockere Verhältnis zu den Verkehrsregeln und daran, die Hupe bei jeder passenden und unpassenden Gelegenheit einzusetzen.

Autofahren auf den Inseln

Eine Mitfahrgelegenheit anbieten Auf vielen Inseln gehört es sich einfach, Fußgängern eine Mitfahrgelegenheit anzubieten (mancherorts ist das sogar geradezu obligatorisch).

Achtung, Ziegen! Immer gut auf streunende Hunde, Leguane, Wildpferde, Hühner und Ziegen achtgeben, die willkürlich auf den Inselstraßen umherlaufen.

Vorfahrt lassen Oft stoppen Fahrer, um andere Autos wenden oder Fußgänger über die Straße zu lassen, sogar dann, wenn man es selbst nicht für nötig halten würde.

Nachtfahrten vermeiden Nach Möglichkeit sollte man nicht nachts fahren, da viele Autos kein Licht haben und Fußgänger auf der Straße eventuell schwer zu sehen sind.

Autovermietung

Autovermietungen gibt's mit wenigen Ausnahmen – nämlich da, wo keine Straßen vorhanden sind – auf allen Inseln. Die internationalen Anbieter sind fast überall vertreten, örtliche Unternehmen haben aber günstigere Preise. Eine Buchung im Voraus ist meist mit niedrigeren Kosten verbunden.

Auf vielen Inseln findet man internationale Autovermietungen wie Avis (www.avis.com), Budget (www.budget.com), Dollar (www.dollar.com), Europcar (www.europcar.com) und Hertz (www.hertz.com).

Führerschein

Um ein Auto zu mieten, braucht man einen Führerschein und muss oft mindestens 21 Jahre alt sein. Auf einigen der ehemals britischen Inseln verlangen Autovermieter zusätzlich den Kauf eines Touristenführerscheins.

> **FLUGHAFENGEBÜHREN**
>
> Einige Airports erheben *nicht* im Ticketpreis enthaltene Flughafengebühren.

Straßenverkehrsregeln

Die Verkehrsregeln sind auf jeder Insel unterschiedlich. Allgemein wird hier entspannter gefahren, als man es gewohnt ist.

In der Karibik herrscht vielerorts Linksverkehr (in der Regel ein Überbleibsel früherer britischer Herrschaft). Beim Inselhopping kann dies verwirrend sein.

Boot, Schiff & Fähre

Zwischen den Inseln mit einer Jacht (S. 59) herumzuschippern ist für viele ein Traum. Charter sind generell ziemlich einfach.

In der Karibik sind einige Inseln auch durch Fähren miteinander verbunden, darunter:

- Anguilla, Saba, Saint-Martin/Sint Maarten und Saint-Barthélemy
- Britische und Amerikanische Jungferninseln
- Dominica, Guadeloupe, Martinique und St. Lucia
- Dominikanische Republik und Puerto Rico

Bus

Preiswerte Bustickets gibt's auf den meisten Inseln, wobei das Wort „Bus" unterschiedliche Bedeutungen haben kann: Auf einigen Inseln verkehren Omnibusse, während auf anderen Inseln lediglich Pick-ups mit Holzbänken im Fond unterwegs sind.

DREI EMPFEHLUNGEN FÜRS FLIEGEN

Nach der Erfahrung unserer Autoren sollte man drei Dinge über Flugreisen wissen:

➡ Mit einem Regionalflug sollte man nicht am Nachmittag ankommen, denn dann landen die meisten Flieger aus Nordamerika und Europa und die Schlangen bei der Einwanderungsbehörde und an Zoll sind lang.

➡ Alles Wichtige, was man für ein paar Tage braucht, sollte man dabeihaben. Oft verpasst das Gepäck irgendwie den Flug – sogar dann, wenn man es neben dem Flugzeug stehen sieht, während man an Bord geht. Es kann Tage dauern, bis es nachkommt – wenn überhaupt.

➡ Früh einchecken, ein Buch und einen Snack mitbringen und entspannen. Es soll schon vorgekommen sein, dass Reisende trotz bereits reservierter Plätze nicht mitfliegen konnten, da der Flieger voll war, und ein Alternativflug erst Tage später stattfand. Eine zweistündige Wartezeit ist im Vergleich dazu nicht so schlimm. An vielen Flugplätzen kann man früh einchecken und dann irgendwo anders hingehen, z. B. in die witzigen Strandbars in der Nähe des Flughafens von Sint Maarten.

Welches Fahrzeug sich auch immer hinter dem Begriff verbergen mag, Busse sind im Vergleich zu Mietautos auch ökologisch eine gute Wahl und außerdem eine prima Möglichkeit, Einheimische kennenzulernen. Generell sind die Menschen ziemlich freundlich und freuen sich, mit jemanden über ihre Insel sprechen zu können. Busse sind außerdem hervorragend dazu geeignet, die aktuell populärsten Musiktitel in einer beträchtlichen Lautstärke zu hören.

Um zur Arbeit oder zur Schule zu kommen, sind Busse oft das wichtigste Verkehrsmittel. Sie fahren deshalb am häufigsten am frühen Morgen und von Mittag bis zum Spätnachmittag. Generell ist der Busverkehr an Samstagvormittagen noch gut, kommt aber sonntags quasi zum Erliegen.

Fahrrad

Die Beliebtheit des Radfahrens hängt von der Insel ab. Mancherorts ist es so hügelig und die Straßen sind so eng, dass Radfahren keinen Spaß macht. Anderswo, z. B. auf Kuba, ist dies eine großartige Methode, vorwärtszukommen. Auf vielen Inseln kann man Räder mieten. Anbieter gibt's immer häufiger. Auf den meisten Fähren kann man Fahrräder kostenlos mit an Bord nehmen; regionale Fluglinien verlangen einen Aufschlag.

Flugzeug

In der Karibik gibt's ein dichtes Netz von Airlines, die sogar die kleinsten Inseln anfliegen.

Trampen

Trampen ist auf den meisten Inseln ganz normal, unter ausländischen Besuchern jedoch eher unüblich. Es ist nie vollkommen sicher, deshalb empfehlen wir es nicht. Reisende, die trampen, sollten wissen, dass sie ein kleines, aber nicht zu unterschätzendes Risiko eingehen.

Mit einem Mietwagen kann man seinen kulturellen Horizont erweitern und Einheimische mitnehmen. Diejenigen, die man am Straßenrand einsammelt, schätzen das sehr – auch deshalb, weil vergleichsweise viele Fremde einfach vorbeifahren.

Gesundheit

Prävention ist auch auf Fernreisen der beste Weg, gesund zu bleiben. Traveller, die sich an die Impfempfehlungen für ihr Reiseziel halten und entsprechende Vorsichtsmaßnahmen treffen, erwischt normalerweise nichts Ernsteres als ein leichter Durchfall.

In Sachen Gesundheit ist die Karibik recht sicher, solange man ein bisschen aufpasst, was man isst und trinkt. Mit den häufigsten Reisekrankheiten, etwa Ruhr und Hepatitis, steckt man sich durch verunreinigtes Essen und Wasser an. Krankheiten, die durch Moskitos übertragen werden, sind auf den meisten Inseln keine große Gefahr, es sei denn, das Denguefieber grassiert gerade.

Die Gesundheitsstandards auf den größeren Ferieninseln wie Barbados, Bermuda oder den Kaimaninseln sind hoch, und der Zugang zu medizinischer Versorgung ist gut.

HAITI

Viele Schwierigkeiten, die Haiti hat, sind gesundheitlicher Natur. Zum einen ist dies darauf zurückzuführen, dass die UN-Friedenstruppen die Cholera ins Land einschleppten, zum anderen auf die schlechte Infrastruktur vor Ort. Auch Malaria tritt saisonal auf. In Haiti muss man besser auf seine Gesundheit achten als im Rest der Karibik, zudem sollte man sich vorab besonders gut informieren, was die Gesundheitssituation angeht.

VOR DER REISE

Auslandskrankenversicherung

Wenn die eigene Krankenversicherung medizinische Kosten im Ausland nicht abdeckt, sollte man eine Zusatzversicherung abschließen. Vorab sollte geklärt sein, ob der Versicherer die anfallenden Rechnungen direkt bezahlt oder dem Versicherten das Geld für die medizinische Behandlung im Ausland hinterher zurückerstattet.

Achtung: Wer nach Kuba einreist, muss nachweisen, dass er krankenversichert ist. Auf abgelegeneren Inseln wie den Grenadinen steht bei ernsteren Problemen ein Krankentransport in besser entwickelte Gegenden an. Man sollte sich daher vergewissern, dass die Versicherung Notfall-Krankentransporte abdeckt, auch über längere Distanzen.

Empfohlene Impfungen

Zur Zeit der Recherche für diesen Reiseführer gab es keine Impfempfehlungen für die Karibik, man sollte sich trotzdem vor der Abreise bei seinem Hausarzt erkundigen. Wer außerhalb der größeren Touristengebiete unterwegs ist oder Ziele wie Haiti bereist, sollte mindestens drei Wochen vor der Abreise mit einer reisemedizinischen Beratungsstelle Kontakt aufnehmen und sich informieren, ob und welche Impfungen nötig sind.

Covid-19

Da sich Bestimmungen aufgrund der dynamischen Pandemielage laufend ändern können, sollte man sich vor Reiseantritt unbedingt noch einmal auf den offiziellen Websites der jeweiligen Regierungen und beim Auswärtigen Amt informieren. Unter Umständen benötigen nicht oder nicht vollständig gegen Covid-19 geimpfte Personen für die Einreise einen aktuellen PCR- oder Antigen-Test und müssen sich gegebenenfalls in Quarantäne begeben. Außerdem werden bei der Einreise eventuell die Vorlage eines Impfzertifikats und einer Gesundheitserklärung verlangt.

Reiseapotheke

Am besten packt man die Medikamente (und deren

MANCHINELBÄUME

An den Stränden der gesamten Karibik wachsen Manchinelbäume. Die Frucht dieses Baumes, die wie ein kleiner grüner Apfel aussieht, ist giftig. Der von der Frucht und den Blättern abgegebene milchige Saft kann schwere Hautblasen ähnlich der Hautreaktionen auf Gifteiche verursachen. Gelangt der Saft in die Augen, kann dies zu einer vorübergehenden Erblindung führen. Während eines Regenschauers sollte man nie Schutz unter diesen Bäumen suchen, da man mit dem abtropfenden Saft in Berührung kommen könnte.

Manchinelbäume können bis zu 12 m hoch werden, wobei die Äste weit auseinanderstehen. Die Blätter sind grün, glänzend und elliptisch geformt. An den meistbesuchten Stränden sind die Bäume teilweise mit Warnschildern oder roten Farbbändern markiert. Auf den englischen Inseln wird der Baum *manchineel* und auf den französischen *mancenillier* genannt.

Originalverpackungen) ein, die man regelmäßig einnimmt. Ein unterschriebener, datierter Brief des Hausarztes, in dem etwaige chronische Krankheiten und die notwendigen Arzneimittel erläutert werden – inklusive der Namen der zugrundeliegenden Substanzen –, kann ebenfalls sinnvoll sein. Wer Spritzen oder Nadeln mit sich führt, sollte auf jeden Fall einen Brief des Hausarztes dabeihaben, der ihre medizinische Notwendigkeit bestätigt.

Empfehlungen für die persönliche Reiseapotheke

- Antibakterielles Handreinigungsmittel (z.B. Sagrotan)
- Antibakterielle Salbe (z.B. Betaisodona) für Schnitt- und Schürfwunden
- Antihistaminika (gegen Heuschnupfen und allergische Reaktionen)
- Entzündungshemmende Mittel (z.B. Ibuprofen)
- Insektenschutzmittel mit DEET
- Kortisonsalbe o.ä. (gegen allergische Ausschläge)
- Schmerzmittel (z.B. Paracetamol oder Aspirin)
- Sonnencreme

Reise- & Sicherheitshinweise

Es ist immer eine gute Idee, sich vor der Abreise nochmals über die reisemedizinischen Empfehlungen des eigenen Landes zu informieren.

Deutschland (www.auswaertiges-amt.de)

Österreich (www.bmeia.gv.at)

Schweiz (www.eda.admin.ch)

IN DER KARIBIK

Medizinische Versorgung & Kosten

In den meisten größeren Städten in der Karibik ist die medizinische Versorgung gesichert, aber in ländlicheren Gebieten kann es komplizierter sein. Wer einen guten Arzt sucht, erkundigt sich am besten bei seinem Hotelmanagement oder setzt sich mit seiner Botschaft vor Ort in Verbindung.

Viele Ärzte und Krankenhäuser erwarten Barzahlung, ganz gleich, ob man eine Reisekrankenversicherung hat oder nicht. In lebensbedrohlichen Fällen muss man häufig in ein Land mit modernerer medizinischer Versorgung ausgeflogen werden. Da dies mehrere zehntausend Euro kosten kann, sollte man sich vor der Abreise vergewissern, dass die abgeschlossene Versicherung den Transport übernimmt.

Viele Apotheken sind gut sortiert, aber wichtige Medikamente sind nicht zwangsläufig ständig verfügbar. Man sollte seine verschreibungspflichtigen Medikamente daher in ausreichender Menge dabeihaben.

Infektionen

In der Karibik ist die Wahrscheinlichkeit einer Infektion ziemlich gering, vor allem in den Resorts und auf den besser entwickelten Inseln. Auf Kreuzfahrtschiffen werden die Reisenden alle naselang mit antibakteriellem Handspray eingesprüht. So versuchen Kreuzfahrtunternehmen, virale Masseninfektionen zu vermeiden.

Bilharziose

Bilharziose (auch Schistosomiase genannt) ist eine parasitäre Infektion, die von Schnecken übertragen und durch Hautkontakt mit kontaminiertem Süßwasser erworben wird. Sie wurde in Teilen der Dominikanischen Republik, auf Guadeloupe, Martinique, Puerto Rico, St. Lucia, Antigua und Montserrat gemeldet.

Frühwarnzeichen können Fieber, Appetits- und Gewichtsverlust, Unterleibsschmerzen, Erschöpfung, Kopf-, Gelenk- und Muskelschmerzen, Durchfall, Übelkeit und Husten sein, aber die meisten Infektionen verlaufen zunächst asymptomatisch. Schistosomiasis ist mit nur einer Dosis des Medikaments Praziquantel behandelbar.

Bei einer Reise in von Bilharziose betroffene Gebiete sollte man nicht in Süßgewässern wie Seen, Teichen, Bächen oder Flüssen schwimmen, waten, baden oder sich waschen. Wer sich nach dem Kontakt mit verseuchtem Wasser kräftig abtrocknet, kann das Risiko einer Infektion verringern, es aber nicht ausschließen. Im Salzwasser und in gechlorten Pools besteht keine Gefahr, sich mit Bilharziose anzustecken.

Covid-19

Die Verbreitung des Coronavirus und auch der Umgang mit diesem unterscheidet sich von Insel zu Insel. Eine Schutzimpfung ist in jedem Fall ratsam. Ansonsten ist den Anweisungen vor Ort Folge zu leisten. Sicherheitshalber sollten man Einweg-Gesichtsmasken sowie Händedesinfektionsmittel mitbringen.

Denguefieber

Denguefieber ist eine in der ganzen Karibik verbreitete Virusinfektion. Es wird von der Aedes-Mücke übertragen, die hauptsächlich tagsüber zusticht und meist in der Nähe menschlicher Behausungen zu finden ist, oft auch in Innenräumen. Sie legt ihre Eier vorwiegend in künstlichen Wasserbehältern ab, etwa in Glasgefäßen, Zisternen, Dosen, Tanks, Metallfässern, Plastikcontainern oder Altreifen. Dies hat zur Folge, dass Dengue in dicht besiedelten, urbanen Gegenden besonders häufig auftritt.

Dengue verursacht in der Regel grippeähnliche Symptome wie Fieber, Muskel-, Gelenk- und Kopfschmerzen, Übelkeit und Erbrechen, oft gefolgt von einem Ausschlag. Die körperlichen Schmerzen können zwar sehr unangenehm sein, aber die meisten Infekte sind nach ein paar Tagen ohne Komplikationen überstanden. Schwere Fälle treten meistens nur bei Kindern unter 15 Jahren auf, die sich bereits zum zweiten Mal mit Denguefieber infiziert haben.

Wer vermutet, sich mit Denguefieber angesteckt zu haben, sollte zum Arzt gehen. Es gibt keine Impfung. Am besten beugt man einer Infektion vor, indem man stets Insektenschutz aufträgt.

TRINKWASSER

Leitungswasser kann man auf einigen Inseln problemlos trinken, auf anderen nicht. Wenn man nicht ganz sicher ist, ob das Wasser vor Ort wirklich unbedenklich zu genießen ist, sollte man es lieber nicht trinken.

Es gilt aber auch: Wenn das Leitungswasser trinkbar ist – wie auf allen größeren Urlaubsinseln mit Ausnahme von Kuba –, sollte man die Umwelt schonen, in dem man auf den Kauf von Plastik-Wasserflaschen verzichtet.

Durchfallerkrankungen

In Gegenden, in denen man Leitungswasser bedenkenlos trinken kann – wie in großen Teilen der Karibik – ist das Durchfallrisiko gering, obwohl der Körper aufgrund der plötzlichen reisebedingten Veränderungen in Bezug auf Temperatur, Ernährung und Routine anfälliger für Magenverstimmungen ist. An Orten, wo das Leitungswasser verdächtig ist, sollte man die üblichen Vorsichtsmaßnahmen treffen: frisches Obst und Gemüse nur essen, wenn es geschält oder gekocht ist, sich von Produkten fernhalten, die nicht pasteurisierte Milch enthalten können, und sehr sorgfältig abwägen, was man bei Straßenhändlern bestellt.

Hepatitis A

Hepatitis A ist die zweithäufigste Reiseinfektion (nach Reisediarrhö). Die Krankheit tritt weltweit auf, kommt in Entwicklungsländern aber häufiger vor. Sie ist auch in der Karibik verbreitet, vor allem auf den nördlichen Inseln.

Hepatitis A ist eine Virusinfektion der Leber, die normalerweise durch die Aufnahme von verseuchtem Wasser, Essen oder Eis auftritt, aber sie kann auch durch direkten Kontakt mit infizierten Personen übertragen werden. Zu den Symptomen gehören Fieber, Unwohlsein, Gelbsucht, Übelkeit, Erbrechen und Unterleibsschmerzen. In den meisten Fällen verläuft die Krankheit ohne Komplikationen, kann gelegentlich aber auch zu schweren Leberschäden führen. Es gibt keine medikamentöse Behandlung.

Eine Hepatitis-A-Impfung ist sehr sicher und höchst wirksam. Wer die Impfung sechs bis zwölf Monate später auffrischt, ist für mindestens zehn Jahre geschützt. Vor einer Reise in ein Entwicklungsland sollte man sich grundsätzlich impfen lassen. Da der Schutz einer Hepatitis-A-Impfung bei Schwangeren und Kindern unter zwei Jahren nicht erwiesen ist, sollten diese stattdessen eine Gammaglobulin-Spritze bekommen, die das Immunsystem vorübergehend stärkt.

HIV & Aids

Die HIV-/Aids-Rate in der gesamten Karibik wird auf 1,6% geschätzt. Mehr als die Hälfte der HIV-Infizierten in der Region leben in Haiti, gefolgt von den Bahamas und Trinidad und Tobago. Die meisten Fälle in der Karibik stehen im Zusammenhang mit heterosexuellem Sex, insbesondere mit Sexarbeiterinnen. Die Ausnahme ist Puerto Rico, wo die häufigste Infektionsursache intravenöser Drogenkonsum ist. Bei sexuellen Kontakten sollte man immer Kondome benutzen.

Wer Injektionen benötigt (oder sich tätowieren oder piercen lassen möchte), sollte immer sicherstellen, dass eine sterile Nadel verwendet wird.

Zika

Das Zika-Virus ist in vielen Teilen der Karibik verbreitet, obwohl die Virusausbrüche momentan rückläufig sind. Es wird durch den Biss einer infizierten Aedes-Mücke übertragen. Häufige Symptome sind Fieber, Ausschläge, Gelenkschmerzen und Bindehautentzündung. Die meisten Betroffenen erleben einen leichten Krankheitsverlauf, bei dem die Symptome wenige Tage bis eine Woche andauern. Da eine Zika-Infektion zu Hirnschäden bei ungeborenen Kindern führen kann, sollten sich Schwangere von einem Arzt beraten lassen, bevor sie in einen potenziellen Zika-Hotspot reisen. Das Virus ist durch einen infizierten Partner auch sexuell übertragbar. Da es keinen Impfschutz und keine Behandlung gibt, ist die sicherste Vorsichtsmaßnahme ein bestmöglicher Schutz gegen Moskitos.

Aktuelle Empfehlungen findet man unter www.cdc.gov/zika.

Gesundheitsrisiken

Vor ein paar Dingen sollte man sich in Acht nehmen:

Moskitobisse Karibische Moskitos und andere beißende und stechende Insekten gibt's in allen Formen und Größen und fast überall. Außerhalb der von Malaria betroffenen Gebiete sind sie aber vor allem lästig. Man sollte auf jeden Fall ein gutes Insektenschutzmittel mit mindestens 25 % DEET dabeihaben.

Sonnenbrand Sonnencreme mit hohem Sonnenschutzfaktor verwenden, da die karibische Sonne sehr stark ist und Sonnenbrand häufig vorkommt. Jeden Tag vermiesen sich Reisende ihren Trip, weil sie keine Sonnencreme aufgetragen haben. Besonders wichtig ist dies nach dem Schwimmen.

Stechende Meerestiere Stachelige Seeigel und Hohltiere (Korallen und Quallen) sind in einigen Gegenden eine Gefahr. Wer von einer Qualle erwischt wurde, sollte verdünnten Essig oder Backpulver auf die Wunde auftragen. Die Tentakel vorsichtig entfernen, aber ja nicht mit bloßen Händen. Bei einer Verletzung durch einen stechenden Fisch, etwa einen Stachelrochen, sollte man das Bein oder den Arm in ca. 45 °C warmes Wasser tauchen und einen Arzt aufsuchen.

Tollwut Auf einigen Inseln gibt's noch Tollwut, deshalb sollte man streunende Hunde und Katzen nicht berühren oder streicheln.

Sprache

Die Sprachenvielfalt im Großraum Karibik zeugt von der bunten Vielzahl von Menschen, die diese Region heute bewohnen.

Die koloniale Vergangenheit, mit der quasi alle Spuren indigener Sprachen ausradiert wurden, ließ Englisch, Französisch, Spanisch, Niederländisch und Portugiesisch zurück. Neben diesen vorherrschenden Sprachen gehen die markantesten linguistischen Merkmale auf die Sklaven zurück, die von Westafrika auf die Inseln gebracht wurden. Europäische, Kreol- und Pidginsprachen, sowie Dialekte und lokale Akzente machen den einzigartigen Mix auf jeder Insel aus.

Infos dazu, wer was wo spricht, findet man in den einzelnen Ortskapiteln.

ENGLISCH

Englisch ist die am weitesten verbreitete Sprache der Welt. Selbst wenn man sie nie gelernt hat, kennt man z. B. durch Musik oder Anglizismen in Technik und Werbung ein paar Wörter. Sich einige Brocken mehr anzueignen, um beim Smalltalk zu glänzen, ist nicht schwer. Im Folgenden einige wichtige Begriffe und Wendungen:

Basics

Wer einen Fremden nach etwas fragt oder ihn um etwas bittet, sollte die Frage bzw. Bitte höflich einleiten („Excuse me, ...").

Guten Tag.	*Hello.*
Hallo.	*Hi.*
Auf Wiedersehen.	*Goodbye.*
Bis später.	*See you later.*
Tschüss.	*Bye.*
Wie geht's Ihnen/dir?	*How are you?*
Danke, gut.	*Thanks, fine.*
Und Ihnen/dir?	*... and you?*
Wie heißen Sie/ heißt du?	*What's your name?*
Ich heiße ...	*My name is ...*
Ja.	*Yes.*
Nein.	*No.*
Bitte.	*Please.*
(Vielen) Dank.	*Thank you (very much).*
Bitteschön.	*You're welcome.*
Entschuldigung	*Excuse me/Sorry.*
Sprechen Sie Englisch?	*Do you speak English?*
Ich verstehe (nicht).	*I (don't) understand.*

Könnten Sie ...? *Could you ...?*

bitte langsamer sprechen
please *speak more slowly*

das bitte wiederholen
repeat that, please

das bitte aufschreiben
write it down, please

SCHLÜSSELSÄTZE

Wo ist (der Eingang)?
Where's (the entry)?

Wo kann ich (eine Eintrittskarte kaufen)?
Where can I (buy a ticket)?

Wann fährt (der nächste Bus)?
When's (the next bus)?

Wie viel kostet (ein Zimmer)?
How much is (a room)?

Haben Sie (eine Landkarte)?
Do you have (a map)?

Gibt's (eine Toilette)?
Is there (a toilet)?

Ich möchte (ein Zimmer buchen).
I'd like (to book a room)

Kann ich (hereinkommen)?
May I (enter)?

Könnten Sie (mir helfen)?
Could you please (help me)?

Muss ich (einen Platz reservieren)?
Do I have to (book a seat)?

FRAGEWÖRTER – ENGLISCH

Warum?	*Why?*
Wann?	*When?*
Was?	*What?*
Wer?	*Who?*
Wie?	*How?*
Wo?	*Where?*

Essen & Trinken

Was können Sie empfehlen?
What would you recommend?

Welche Zutaten sind in dem Gericht?
What's in that dish?

Ich bin Vegetarier/Vegetarierin.
I'm a vegetarian.

Ich esse kein ...	*I don't eat ...*
Prost!	*Cheers!*
Das war köstlich.	*That was delicious.*
Die Rechnung bitte.	*Please bring the bill.*

Ich würde gern einen Tisch für ... reservieren.
I'd like to reserve a table for ...

(acht) Uhr	*(eight) o'clock*
(zwei) Personen	*(two) people*

Abendessen	*dinner*
Frühstück	*breakfast*
Mittagessen	*lunch*

Notfall

Hilfe!	*Help!*
Es ist ein Notfall!	*It's an emergency!*
Rufen Sie die Polizei!	*Call the police!*
Rufen Sie einen Arzt!	*Call a doctor!*
Rufen Sie einen Krankenwagen!	*Call an ambulance!*
Lassen Sie mich in Ruhe!	*Leave me alone!*
Gehen Sie weg!	*Go away!*
Ich habe mich verirrt.	*I'm lost.*
Es tut hier weh.	*It hurts here.*
Wo ist die Toilette?	*Where are the toilets?*
Ich habe Durchfall/ Fieber/Kopfschmerzen.	*I have diarrhoea/ fever/headache.*

Wo ist der/die/das nächste ...?	*Where's the nearest ...?*
Apotheke	*chemist*
Arzt	*doctor*
Krankenhaus	*hospital*
Zahnarzt	*dentist*

Ich bin allergisch gegen ...	*I'm allergic to ...*
Antibiotika	*antibiotics*
Aspirin	*aspirin*
Penizillin	*penicillin*

Unterkunft

Wo ist ein/e ...?	*Where's a ...?*
Pension	*bed and breakfast*
Campingplatz	*camping ground*
Hotel	*hotel*
Jugendherberge	*youth hostel*
Privatzimmer	*room in a private home*

Wie viel kostet es pro ...?
How much is it per ...?

Nacht	*night*
Person	*person*

Kann ich es sehen?
May I see it?

Kann ich ein anderes Zimmer bekommen?
Can I get another room?

Es ist gut. Ich nehme es.
It's fine. I'll take it.

Ich reise jetzt ab.	*I'm leaving now.*
Haben Sie ein ...?	*Do you have a ...?*
Einzelzimmer	*single room*
Doppelzimmer	*double room*
Zweibettzimmer	*twin room*
mit (einer/einem) ...	with (a) ...
Bad	bathroom
Fenster	window
Klimaanlage	air-con

NOCH MEHR ZUR SPRACHE?

Weitere Informationen und praktische Redewendungen gibt's in den Sprachführern *Spanisch*, *Englisch* und *Französisch*, die man auf **http://shop.lonelyplanet.de** findet. Alternativ besorgt man sich die **Lonely Planet Phrasebooks** für Apple und Android.

Verkehrsmittel & -wege

Wann fährt der/die/das ... ab?
What time does the ... leave?

Boot	*boat*
Bus	*bus*
Flugzeug	*plane*
erster	*first*
letzter	*last*
nächster	*next*

Ich möchte nach ...
I want to go to ...

Hält er/sie/es in ...?
Does it stop at ...?

Wann fährt er ab/kommt er an?
At what time does it leave/arrive?

Können Sie mir sagen, wann wir in ... ankommen?
Can you tell me when we get to ...?

Ich möchte hier aussteigen.
I want to get off here.

Der/die/das ... ist gestrichen.
The ... is cancelled.

Der/die/das ... hat Verspätung.
The ... is delayed.

Ist dieser Platz frei?
Is this seat free?

Muss ich umsteigen?
Do I need to change the bus?

Sind Sie frei?
Are you free?

Was kostet es bis ...?
How much is it to ...?

Bitte bringen Sie mich zu (dieser Adresse).
Please take me to this address.

ein ... -Ticket	*a ... ticket*
1.-Klasse-	*1st-class*
2.-Klasse-	*2nd-class*
einfaches	*one-way*
Hin- und Rückfahr-	*return*

Wegweiser

Wo ist ...?
Where's (a bank)?

Wie kann ich da hinkommen?
How can I get there?

Könnten Sie mir bitte die Adresse aufschreiben?
Could you write the address, please?

Wie weit ist es?
How far is it?

Können Sie es mir (auf der Karte) zeigen?
Can you show me (on the map)?

FRANZÖSISCH

Das karibische Französisch hat eine flachere Intonation, man hört weniger von der im Französischen üblichen Melodie. Die Vertreter der Kreolsprachen nehmen es auch nicht so genau mit dem Geschlecht, il (Französisch für „er") kann für alles und jeden stehen.

Fast alle Laute des Französischen sind auch im Deutschen zu finden. Eine Ausnahme bilden die nasalen Vokale (in unserem Sprachführer betrifft dies die Vokale o oder u, gefolgt von den fast unhörbaren nasalen Konsonanten m, n oder ng), und das tief im Rachen gesprochene *r*. Das *j* (sch im Sprachführer) wird ganz weich wie in „Schnee" ausgesprochen, das *u* (ü im Sprachführer) wie ein deutsches ü. Wer diese Regeln beachtet, sollte keine Probleme bei der Verständigung haben.

Basics

Hallo.	*Bonjour.*	bong·schuhr
Auf Wiedersehen.	*Au revoir.*	o·re·wua
Entschuldigen Sie bitte.	*Excusez-moi.*	ek·skü·seh·mua
Entschuldigung.	*Pardon*	par·dong
Ja./Nein.	*Oui./Non.*	uie/nong
Bitte.	*S'il vous plaît.*	siel wuh plä
Danke.	*Merci.*	mer·ßie

Ich heiße ...
Je m'appelle ... — sche ma·pell ...

Wie heißen Sie?
Comment vous appelez-vous? — ko·mong wuh·sa·peleh wuh

Sprechen Sie Englisch/Deutsch?
Parlez-vous anglais/allemand? — par·leh·wuh song·glä/sall·mong

Ich verstehe nicht.
Je ne comprends pas. — sche ne kom·prang pa

Wie viel kostet das?
C'est combien? — se kom·bjeng

FRAGEWÖRTER – FRANZÖSISCH

Wann?	*Quand?*	kang
Warum?	*Pourquoi?*	pur·kwa
Was?	*Quoi?*	kwa
Wer?	*Qui?*	kih
Wie?	*Comment?*	ko·mong
Wo?	*Où?*	uh

Essen & Trinken

Was können Sie empfehlen?
Qu'est-ce que vous conseillez? kess·ke wuh kong·ßä·jeh

Ich bin Vegetarier/Vegetarierin.
Je suis végétarien/ végétarienne. (m/f) sche ßuih weh·scheh·ta·rjeng/ weh·scheh·ta·rjenn

Ich nehme ...
Je prends ... sche prang ...

Prost!
Santé! ßang·teh

Die Rechnung bitte.
Apportez-moi l'addition, s'il vous plaît. a·por·teh·mua la·die·ßjong ßiel wuh plä

Die Karte bitte.
Apportez-moi la carte, s'il vous plaît. a·por·teh·mua la·kart ßiel wuh plä

Abendessen	*dîner*	die·neh
Frühstück	*petit déjeuner*	pe·tie deh·schö·neh
Mittagessen	*déjeuner*	deh·schö·neh

Notfall

Hilfe!
Au secours! o ßkuhr

Lassen Sie mich in Ruhe!
Fichez-moi la paix! fie·scheh·moa la päh

Ich habe mich verlaufen.
Je suis perdu/perdue. sche ßui·per·dü (m/f)

Rufen Sie einen Arzt.
Appelez un médecin. a·pleh öng mehd·ßeng

ZAHLEN – FRANZÖSISCH

1	*un*	ah
2	*deux*	döh
3	*trois*	troa
4	*quatre*	ka·tre
5	*cinq*	sank
6	*six*	sis
7	*sept*	set
8	*huit*	wuit
9	*neuf*	nöf
10	*dix*	dis

Rufen Sie die Polizei.
Appelez la police. a·pleh la po·ließ

Ich bin krank.
Je suis malade. sche ßui ma·lad

Wo sind die Toiletten?
Où sont les toilettes? uh ßong leh toa·lett

Unterkunft

Campingplatz	*camping*	kam·pieng
Hotel	*hôtel*	o·tell
Jugend-herberge	*auberge de jeunesse*	o·bersch de schö·ness
Pension	*pension*	pang·ßjong

Haben Sie noch Zimmer frei?
Est-ce que vous avez des chambres libres? ess·ke wuh sa·weh deh scham·bre lie·bre

Was kostet es pro Nacht/Person?
Quel est le prix par nuit/personne? kell ä le prie par nüi/per·ßonn

Verkehrsmittel & -wege

Wo ist ...?
Où est ...? uh ä ...

Wie lautet die Adresse?
Quelle est l'adresse? kell ä la·dress

Können Sie es mir (auf der Karte) zeigen?
Pouvez-vous m'indiquer (sur la carte)? puh·weh·wuh meng·die·keh (sühr la kart)

Ein ... Ticket	*Un billet*	öng bie·jeh
einfaches	*simple*	ßäm·ple
Hin- und Rückfahr-	*aller et retour*	a·leh eh re·tuhr

Boot	*bateau*	ba·to
Bus	*bus*	büss
Flugzeug	*avion*	a·wjong
Zug	*train*	träng

SPANISCH

Das in der Karibik gesprochene Spanisch wird von den Einwohnern Spaniens verstanden und umgekehrt, doch es gibt ein paar Unterschiede, da Wortschatz und Aussprache durch Migration und die einheimischen Sprachen geprägt sind.

Viele Laute in unserer blauen Aussprachehilfe sind dem Deutschen ähnlich. Das ch ist ein kehliger Laut wie in „Loch", das r wird stark gerollt und das th wie im englischen „thanks" ausgesprochen. Betonte Silben sind in der Aussprachehilfe kursiv geschrieben.

Basics

Hallo.	*Hola.*	*o*·la
Auf Wiedersehen.	*Adiós.*	a·*djos*
Tut mir leid.	*Lo siento.*	lo *sjen*·to
Entschuldigung.	*Perdón.*	per·*don*
Ja./Nein.	*Sí./No.*	si/no
Bitte.	*Por favor.*	por fa·*wor*
Danke.	*Gracias.*	*gra*·thjas

Wie heißen Sie/heißt du?
¿Cómo se llama Usted? *ko*·mo se *ja*·ma u·*sted* (höfl.)
¿Cómo te llamas? *ko*·mo te *ja*·mas (inf.)

Ich heiße ...
Me llamo ... me *ja*·mo ...

Sprechen Sie/sprichst du Deutsch?
¿Habla alemán? *a*·bla ale·*man* (höfl.)
¿Hablas alemán? *a*·blas ale·*man* (inf.)

Ich verstehe nicht.
No entiendo. no en·*tjen*·do

Wie viel kostet das?
¿Cuánto cuesta? *kuan*·to *kues*·ta

Essen & Trinken

Was empfehlen Sie?
¿Qué recomienda? ke re·ko·*mjen*·da

Haben Sie vegetarische Gerichte?
¿Tienen comida vegetariana? *tje*·nen ko·*mi*·da we·che·ta·*rja*·na

FRAGEWÖRTER – SPANISCH

Wann?	*¿Cuándo?*	*kuan*·do
Warum?	*¿Por qué?*	por ke
Was?	*¿Qué?*	ke
Wer?	*¿Quién?*	kjen
Wie?	*¿Cómo?*	*ko*·mo
Wo?	*¿Dónde?*	*don*·de

ZAHLEN – SPANISCH

1	*uno*	*u*·no
2	*dos*	dos
3	*tres*	tres
4	*cuatro*	*kwa*·tro
5	*cinco*	*thin*·ko
6	*seis*	seys
7	*siete*	*sye*·te
8	*ocho*	*o*·tscho
9	*nueve*	*nwe*·ve
10	*diez*	di·*es*

Ich möchte ...	*Para mí ...*	*pa*·ra mee ...
Prost!	*¡Salud!*	sa·*lu*

Die Rechnung bitte.
Por favor, nos trae *la cuenta.* por fa·*wor* nos *tra*·e la *kuen*·ta

Die Karte bitte.
Por favor, nos trae *el menú.* por fa·*wor* nos *tra*·e el *me*·nu

Abendessen	*cena*	*the*·na
Frühstück	*desayuno*	de·sa·*ju*·no
Mittagessen	*comida*	ko·*mi*·da

Notfall

Hilfe!
¡Socorro! so·*ko*·ro

Gehen Sie weg!
¡Vete! *we*·te

Ich habe mich verlaufen.
Estoy perdido/a. (m/f) es·*toj* per·*di*·do/a (m/f)

Ich bin krank.
Estoy enfermo/a. (m/f) es·*toj* en·*fer*·mo/a (m/f)

Wo sind die Toiletten?
¿Dónde están los servicios? *don*·de es·*tan* los ser·*wi*·thjos

Rufen Sie ...!	*¡Llame a ...!*	*lja*·me a ...
einen Arzt	*un médico*	un *me*·di·ko
die Polizei	*la policía*	la po·li·*thi*·a

Unterkunft

Campingplatz	*terreno de cámping*	te·*re*·no de *kam*·ping

Hotel	*hotel*	o·*tel*
Jugend-herberge	albergue juvenil	al·*ber*·ge chu·we·*nil*
Pension	pensión	pen·*sjon*
Bad	*baño*	*ba*·njo
Bett	*cama*	*ka*·ma
Fenster	*ventana*	ven·*ta*·na
Klimaanlage	*aire acondicio-nado*	*ai*·re a·kon·di·sjo·*na*·do
Ich hätte gern ein ...-zimmer.	*Quisiera una habitación ...*	ki·*sje*·ra *u*·na a·bi·ta·*thjon* ...
Einzel-	*individual*	in·di·wi·*dual*
Doppel-	*doble*	*do*·ble

Wie viel kostet es pro Nacht/Person?
¿Cuánto cuesta por noche/persona? — *kuan*·to *kues*·ta por *no*·tsche/per·*so*·na

Ist das Frühstück inbegriffen?
¿Incluye el desayuno? — in·*klu*·je el de·sa·*ju*·no

SCHLÜSSELSÄTZE

Im Spanischen kommt man schon weit, wenn man diese einfachen Mustersätze mit den entsprechenden Wörtern an die jeweilige Situation anpasst:

Wann geht (der nächste Flug)?
¿Cuándo sale (el próximo vuelo)? — *kuan*·do *sa*·le (el *prok*·si·mo *wue*·lo)

Wo ist (der Bahnhof)?
¿Dónde está (la estación)? — *don*·de es·*ta* (la es·ta·*thjon*)

Wo kann ich (ein Ticket kaufen)?
¿Dónde puedo (comprar un billete)? — *don*·de *pue*·do (kom·*prar* un bi·*lje*·te)

Haben Sie (eine Karte)?
¿Tiene (un mapa)? — *tje*·ne (un *ma*·pa)

Gibt es (eine Toilette)?
¿Hay (servicios)? — ai (ser·*vi*·sios)

Ich hätte gerne (einen Kaffee).
Quisiera (un café). — ki·*sje*·ra (un ka·*fe*)

Ich würde gerne (ein Auto mieten).
Quisiera (alquilar un coche). — ki·*sje*·ra (al·ki·*lar* un *ko*·tsche)

Kann ich (eintreten)?
¿Se puede (entrar)? — se *pue*·de (en·*trar*)

Könnten Sie (mir) bitte (helfen)?
¿Puede (ayudarme), por favor? — *pue*·de (a·ju·*dar*·me) por fa·*wor*

Muss ich (ein Visum beantragen)?
¿Necesito (obtener un visado)? — ne·se·*si*·to (ob·te·*ner* un vi·*sa*·do)

Verkehrsmittel & -wege

Boot	*barco*	*bar*·ko
Bus	*autobús*	au·to·*bus*
Flugzeug	*avión*	a·*vjon*
(Gemein-schafts-)Taxi	*colectivo*	ko·lek·*ti*·vo
Zug	*tren*	tren
Transporter/ Pickup	*camioneta*	ka·mjo·*ne*·ta
erster	*primero*	pri·*me*·ro
letzter	*último*	*ul*·ti·mo
nächster	*próximo*	*prok*·si·mo
Eine Fahrkarte ..., bitte.	*Un boleto de ... por favor.*	un bo·*le*·to de ... por fa·*wor*
1. Klasse	*primera clase*	pri·*me*·ra *kla*·se
2. Klasse	*segunda clase*	se·*gun*·da *kla*·se
einfache Fahrt	*ida*	*i*·da
Hin- & Rückfahrt	*ida y vuelta*	*i*·da i *wuel*·ta

Ich möchte nach ... fahren/reisen.
Quisiera ir a ... — ki·*sje*·ra ir a ...

Hält er (z. B. der Bus) in ...?
¿Para en ...? — *pa*·ra en ...

Welche Haltestelle ist das?
¿Cuál es esta parada? — kual es *es*·ta pa·*ra*·da

Wann kommt er (z. B. der Bus) an/fährt er ab?
¿A qué hora llega/sale? — a ke *o*·ra *je*·ga/*sa*·le

Geben Sie mir Bescheid, wenn wir in ... sind?
¿Puede avisarme cuando lleguemos a ...? — *pue*·de a·wi·*sar*·me *kuan*·do je·*ge*·mos a ...?

Ich möchte hier aussteigen.
Quiero bajarme aquí. — *kie*·ro ba·*char*·me a·*ki*

annulliert	*cancelado*	kan·se·*la*·do
Bahnhof	*estación de trenes*	es·ta·*sjon* de *tre*·nes
Busbahnhof	*terminal terrestre*	ter·mi·*nal* te·*res*·tre
Bushaltestelle	*parada de autobuses*	pa·*ra*·da de au·to·*bu*·ses
Fahrkarten-schalter	*taquilla*	ta·*ki*·ja
Fahrplan	*horario*	o·*ra*·rio
Flughafen	*aeropuerto*	a·e·ro·*puer*·to
(Bus-/Bahn-) Steig	*plataforma*	pla·ta·*for*·ma
verspätet	*retrasado*	re·tra·*sa*·do
Ich möchte ... mieten.	*Quisiera alquilar...*	ki·*sje*·ra al·ki·*lar*...
ein Auto	*un carro*	un *ka*·ro

ein Fahrrad	*una bicicleta*	u·na bi·si·*kle*·ta
ein Motorrad	*una moto*	u·na *mo*·to
einen Wagen mit Allrad-antrieb	*un todo terreno*	un to·do·te·re·no

Benzin	*gasolina*	ga·so·*li*·na
Helm	*casco*	*kas*·ko
Kfz-Mechaniker	*mecánico*	me·*ka*·ni·ko
Kindersitz	*asiento de seguridad para niños*	a·*sjen*·to de se·gu·ri·*da* pa·ra *ni*·njos
Lastwagen	*camion*	ka·*mjon*
Tankstelle	*gasolinera*	ga·so·li·*ne*·ra
trampen	*hacer botella*	a·*ser* bo·*te*·ja

Ist das die Straße nach ...?
¿Se va a ... por esta carretera? — se va a ... por *es*·ta ka·re·*te*·ra

(Wie lange) Kann ich hier parken?
¿(Cuánto tiempo) Puedo aparcar aquí? — (*kuan*·to *tjem*·po) *pue*·do a·par·*kar* a·*ki*

Das Auto ist liegen geblieben (in ...).
El carro se ha averiado (en ...). — el *ka*·ro se a a·we·*ria*·do (en ...)

HAITIANISCHES KREOL

Hier sind einige Grundlagen in der gebräuchlichsten Sprache auf Haiti.

Guten Tag.	*Bonjou.* (Vormittag)
Guten Abend.	*Bonswa.* (Nachmittag)
Bis später.	*Na wè pita.*
Ja./Nein.	*Wi./Non.*
Bitte.	*Silvouple.*
Danke.	*Mèsi anpil.*
Entschuldigung.	*Pàdon.*
Wie geht's?	*Ki jan ou ye?*
Nicht schlecht.	*M pal pi mal.*
Es geht mir OK.	*M-ap kenbe.*
Wie heißen Sie?	*Ki jan ou rele?*
Ich heiße ...	*M rele ...*
Sprechen Sie Englisch?	*Eske ou ka pale angle?*
Ich verstehe nicht.	*M pa konprann.*
Wie viel kostet das?	*Konbyen?*
Ich habe mich verlaufen.	*M pèdi.*
Wo ist ... ?	*Kote ... ?*

Ich hatte einen Unfall.
He tenido un accidente. — e te·*ni*·do un ak·si·*den*·te

Ich habe kein Benzin mehr.
Me he quedado sin gasolina. — me e ke·*da*·do sin ga·so·*li*·na

Ich habe einen Platten.
Se me pinchó una rueda. — se me pin·*tscho u*·na *rue*·da

NIEDERLÄNDISCH

Niederländischkenntnisse sind zwar nicht nötig, um sich auf den Inseln Saba, St. Eustatius und St. Martin durchzuschlagen, aber Grundkenntnisse können hilfreich sein, um neue Freundschaften in der östlichen Karibik zu schließen.

Basics

Hallo.	*Goedendag.*	chu·de·*dach*
Auf Wiedersehen.	*Dag.*	dach
Entschuldigen Sie bitte.	*Pardon.*	par·*don*
Entschuldigung.	*Sorry.*	*so*·ri
Ja./Nein.	*Ja./Nee.*	ja/nei
Bitte.	*Alstublieft* (pol) *Alsjeblieft.* (inf)	al·ste·*blieft* a·sche·*blieft*
Danke.	*Dank u/je.* (pol/inf)	dank u/je

Ich heiße ...
Ik heet ... — ik heit ...

Wie heißen Sie?
Hoe heet u/je? (pol/inf) — hu heit ü/je

GLOSSAR

ABCs – Aruba, Bonaire und Curaçao

accra – frittierte Okraschoten und Augenbohnen mit Pfeffer und Salz

Aguti –Nagetier mit kurzem Fell, wie ein Meerschweinchen mit langen Beinen, mit einer Vorliebe für Zuckerrohr

Antillen-Ochsenfrosch – auf Dominica heimische Froschart

Arawak – sprachlich verwandte Volksstämme, die den Großteil der karibischen Inseln und das nördliche Südamerika bewohnten

bake – gebratenes Sandwich, meist mit Fisch gefüllt

bareboat – Jacht für Segler zum Chartern, wird oft eine Woche oder länger vermietet

Beguine – afrofranzösische Tanzmusik mit Bolerorhythmus, die in den 1930ern auf Martinique entstanden ist; auch „Biguine" geschrieben

bomba – Musikform und Tanz mit afrikanischen Rhythmen, basierend auf Ruf-und-Antwort-Dialogen zwischen den Musikern, dargestellt durch Tanz; oft zusammen mit *plena*, wie in *bomba y plena*

Brotfrucht – große, runde, grüne Frucht; ein Grundnahrungsmittel in der Karibik, in Kohlenhydratgehalt und Zubereitung mit einer Kartoffel vergleichbar

bush tea – aus Blättern, Wurzeln und Kräutern der Inseln hergestellter Tee; jede Sorte hilft bei bestimmten Beschwerden, wie Blähungen, Menstruationsschmerzen, Erkältung oder Schlafstörungen

BVI – Britische Jungferninseln (British Virgin Islands)

cabrito – Ziegenfleisch

callaloo – spinatähnliches Grünzeug, ursprünglich aus Afrika, auch „kallaloo" geschrieben

calypso – populärer karibischer Musikstil, entstanden aus Sklavenliedern; die Texte spiegeln politische Meinungen, gesellschaftliche Anschauungen und Kommentare zu aktuellen Ereignissen wider

casa particular – Privathaus auf Kuba, in dem Zimmer an Touristen vermietet werden

cassava – Wurzel, die schon vor der Kolonialzeit als Grundnahrungsmittel in der Inselküche verwendet wurde – gegart, gebacken oder zu Mehl gemahlen für die Broterzeugung; auch „yuca" oder „Maniok" genannt

cay – kleine Insel; vom Arawak abgeleitet

cayo – kleine Insel aus Korallenablagerungen (Spanisch)

chattel house – eine Art einfache Holzhütte, die lose auf Zement- oder Steinblöcken steht, sodass sie sich leicht fortbewegen lässt

chutney – schnelle, rhythmische Musik, die bei Feierlichkeiten zu verschiedenen gesellschaftlichen Anlässen der indianischen Gemeinschaften auf Trinidad zum Einsatz kommt

colombo – scharfes Gericht, von Ostindien beeinflusst, wie Curry

conch – große, durchs Überfischen vom Aussterben bedrohte Meeresschnecke; ihr zähes Fleisch wird oft in einer scharfen Soße im Kreolenstil zubereitet; auch *lambi* genannt

condo– (Ferien-)Wohnungen auf den Kaimaninseln

conkies – Mischmasch aus Maismehl, Kokosnuss, Kürbis, Süßkartoffeln, Rosinen und Gewürzen, in einem Kochbananenblatt gedämpft

cou-cou – cremiges Gericht aus Maismehl und pürierten Okraschoten, wird mit gepökeltem Fisch serviert

Dancehall – moderner Ableger des Reggaes, mit schnelleren, digitalen Beats und einem MC

Dasheen – Tarosorte; die Blätter sind als *callaloo* bekannt, während die stärkehaltigen knolligen Wurzeln gekocht und wie Kartoffeln gegessen werden

daube – Schmorbraten abgeschmeckt mit Essig, heimischen Gewürzen, Zwiebeln, Knoblauch, Tomate, Thymian, Petersilie und Sellerie

dolphin – (kurz für dolphinfish, auch *mahi mahi*) auf einer Speisekarte steht „*dolphin*" für die gemeine Goldmakrele

duppy – Gespenst oder Geist, auch *jumbie* genannt

Fliegender Fisch – Fisch mit grauem Fleisch, benannt nach seiner Fähigkeit, über dem Wasser zu gleiten, kommt vor allem auf Barbados in großen Mengen vor

fungi – halbfester Pamp aus Maismehl, ähnlich italienischer Polenta, der zu Suppen und als Beilage gegessen wird; ebenso der kreolische Name für Musik von lokalen Scratching-Bands; auf Aruba, Bonaire und Curaçao „funchi"

gade – Straße (Dänisch)

gîte – kleines Ferienhaus zur Miete (Französisch)

goat water (Ziegenwasser) – würziger Ziegenfleischeintopf, meist mit Gewürznelken und Rum abgeschmeckt

gommier – großer Gummibaum in karibischen Regenwäldern

grüner Blitz – karibisches Phänomen, bei dem man einen grünen Blitz sieht, wenn die Sonne im Ozean untergeht

guagua – örtlicher Bus; *gua-gua* in der Dominikanischen Republik

I-tal – von den Rastafaris praktizierte Art, vegetarisch zu kochen

irie – okay; um auszudrücken, dass alles gut ist

jambalaya – kreolisches Gericht, Reis gekocht mit Schinken, Huhn oder Meeresfrüchten, Gewürzen, Tomaten, Zwiebeln und Paprika

jintero/a – Schwarzhändler oder Prostituierte; wörtlich „Jockey"

johnnycake – Pfannkuchen aus Weizenmehl

jug-jug – Brei aus Maismehl, Erbsen und Pökelfleisch

jumbie – siehe *duppy*

jump-up – nächtliche Straßenparty mit Tanz und viel Rum

Karneval – wichtigstes Fest in der Karibik; ursprünglich zum Einstimmen auf die Fastenzeit, heute wird es auf verschiedenen Inseln zu unterschiedlichen Zeiten gefeiert

Kochbanane – stärkehaltige Frucht der Familie der Bananen; normalerweise wie Gemüse gebraten oder gegrillt

Kreole/Kreolin – Person europäischer oder afrikanisch-europäischer Herkunft

Kreolisch – lokale Sprache, v.a. eine Mischung aus Französisch und afrikanischen Sprachen; Küche mit typischerweise scharfen, würzigen Soßen und viel grünem Pfeffer und Zwiebeln

lambi – siehe *conch*

limin' – abhängen, sich entspannen, auch „*liming*" geschrieben, vom kreolischen Verb „*lime*"

mahi mahi – Goldmakrele

mairie – Rathaus (Französisch)

malecón – Hauptstraße; eigentlich „Festungswall"

Manchinelbaum – der Saft seiner giftigen Früchte kann zu starkem Hautausschlag führen; an karibischen Stränden heimisch; auf den französischen Inseln wird der Baum *mancenillier* genannt, *anjenelle* auf Trinidad & Tobago

manicou – Opossum

mas camp – Workshop, bei dem Künstler Karnevalskostüme herstellen; kurz für „*masquerade camp*"

mento – volkstümliche calypso-Musik

Mojito – Cocktail aus Rum, Minze, Zucker, Soda und frischem Limettensaft

négritude – philosophische und politische Black-Pride-Bewegung, die in den 1930ern auf Martinique entstanden ist

Obeah – Ahnenkult, mit Vodoo verwandt und in den westafrikanischen Religionen verwurzelt

oil down – Durcheinander aus Brotfrucht, Rindfleisch, Huhn, *callaloo* und Kokosmilch

out islands – Inseln oder cays, die den Hauptinseln oder einer Inselgruppe vorgelagert sind

Painkiller – beliebtes alkoholisches Getränk aus zwei Teilen Rum, einem Teil Orangensaft, vier Teilen Ananassaft und einem Teil Kokos, sowie einer Prise Muskat und Zimt

paladar – privat geführtes Restaurant auf Kuba, das gute und günstige Küche anbietet

panyards – Ort, an dem mit der Steelpan in den Monaten vor Karneval geübt wird

parang – Musikform mit spanischem Gesang, begleitet von Gitarren und Rumbarasseln, ursprünglich aus Venezuela

pate – frittiertes Gebäck aus *cassava* oder Kochbananen, gefüllt mit würzigem Ziegen-, Schweine- oder Hühnerfleisch, *conch*, Hummer oder Fisch

pepperpot – würziger Eintopf aus verschiedenen Fleischsorten, mit Paprika und Cassareep

playa – Strand (Spanisch)

público – Sammeltaxis; *publique* auf Haiti

quelbe – Mix aus Quadrille, Militärpfeife und afrikanischer Trommelmusik

rapso – Fusion aus *soca* und Hip-Hop

reggaeton – Verschmelzung aus Hip-Hop, Reggae und Dancehall

roti – Curry (meist mit Kartoffeln und Huhn) in gerolltem Fladenbrot

Rumba – Afrokubanischer Tanz, der im 19. Jh. unter den Sklaven auf den Plantagen entstand; in den 1920ern und 1930ern wurde das Wort „Rumba" in Nordamerika und Europa für einen Gesellschaftstanz im 4/4-Takt übernommen; auf Kuba bedeutet „*rumba*" heute „Party machen"

Salsa – Kubanische Musik, basierend auf *son*

Santería – afrokaribische Religion, bei der katholische und afrikanische Glaubenssätze zusammenkommen

snowbird – Leute aus Nordamerika, meist Pensionisten, die aufgrund der warmen Winter in die Karibik kommen

soca – temporeicher Ableger des calypso; basierend auf Tanzrhythmen und forschen Texten, um gesellschaftskritische Botschaften zu senden

Son – Kubanische Grundform der Populärmusik mit afrikanischen und spanischen Elementen

souse – Gericht aus gepökeltem Schweinskopf und -bauch, Gewürzen und ein bisschen Gemüse; meist mit Schweineblutwurst, genannt „Pudding", serviert

Steelpan – Instrument aus Ölfässern oder Musik, die damit gemacht wird; auch „Steeldrum" genannt

SVG – St. Vincent & Grenadinen

Taíno – sesshafter, Arawak-sprachiger Volksstamm, der große Teile der Karibik vor der Eroberung durch die Spanier bewohnte; das Wort selbst bedeutet „wir, die guten Menschen"

taptap – örtliche Busse auf Haiti

Timba – zeitgenössische Salsa-Form

TnT – Trinidad & Tobago

USVI – Amerikanische Jungferninseln (US Virgin Islands)

Vodoo – auf Haiti praktizierte Religion; Synkretismus westafrikanischer animistischer Religiositäten und übrig gebliebener Rituale des Taino

Zouk – populäre Musik aus Französisch-Westindien, basierend auf Beguine und anderen französisch-karibischen Folkformen

Hinter den Kulissen

WIR FREUEN UNS ÜBER FEEDBACK

Post von Travellern zu bekommen ist für uns ungemein hilfreich – Kritik und Anregungen halten uns auf dem Laufenden und helfen, unsere Bücher zu verbessern. Unser reiseerfahrenes Team liest alle Zuschriften genau durch, um zu erfahren, was an unseren Reiseführern gut und was schlecht ist. Wir können solche Post zwar nicht individuell beantworten, aber jedes Feedback wird garantiert schnurstracks an die jeweiligen Autoren weitergeleitet, rechtzeitig vor der nächsten Auflage.

Wer uns schreiben will, erreicht uns unter **www.lonelyplanet.de/kontakt**.

Hinweis: Da wir Beiträge möglicherweise in Lonely Planet Produkten (Reiseführer, Websites, digitale Medien) veröffentlichen, ggf. auch in gekürzter Form, bitten wir um Mitteilung, falls ein Kommentar nicht veröffentlicht oder ein Name nicht genannt werden soll. Wer Näheres über unsere Datenschutzpolitik wissen will, erfährt das unter www.lonelyplanet.com/privacy.

DANK VON LONELY PLANET

Vielen Dank an folgende Reisenden, welche die Vorauflage dieses Bandes genutzt haben und uns hilfreiche Hinweise, nützliche Ratschläge und interessante Anekdoten zukommen ließen:

Blair Doyle, Hannah Hartley, Nicola Hartley

DANK DER AUTOREN

Paul Clammer

Ein besonderer Dank gilt Michael Becker in Kingston und anderswo, weil er ein erstklassiger Reisegefährte ist und genauso verrückt nach karibischer Geschichte wie ich. Wie immer nur das Beste für David Scott. Danke an Annie Paul, Emma Lewis, Susanne Fredricks, Andrea Dempster-Chung, Jan Voordouw, Kim Agerblad und die Mitarbeiter des historischen Seminars der UWI. Ein herzlicher Gruß an meine Mitautorin Anna Kaminski, die beim Vertreiben der Duppys auf dem Weg zum Alligator Hole geholfen hat. Bei Lonely Planet danke ich Alicia Johnson, und zuletzt wende ich mich voller Dank und Liebe an Robyn, die dafür sorgt, dass am Ende der Reise stets ein Zuhause auf mich wartet.

Stephanie d'Arc Taylor

Dank an mein Team zu Hause: Xtine, Maya Gebeily, die Dzolomons, Alice Fordham. Meine Lonely Planet Familie: Michael Grosberg, Paul Clammer (Ich bin unwürdig ...), Alicia Johnson, Lauren Keith. In der Dominikanischen Republik: Nicole Rodriguez, Molly-Ann Pereira de Cruz. In Haiti: Wyclef, Jacqui Labrom, Stephen Broege, Lolo und Sara für einen super Abend in Cap, Dillon Mangs und Team Relaxo sowie Bernie und Jean Edouarde für die Lektion in haitianischer Kreativität – Pa'lante!

Marc Di Duca

Ein riesiges Dankeschön an alle, die mich in Puerto Rico, Martinique und Guadeloupe unterstützt haben, darunter die Mitarbeiter der Puerto Rico Tourism Company und der Touristeninformationen auf allen drei Inseln sowie das Team des DNRA in San Juan. Unendlich dankbar bin ich meiner Frau Tanya, die während meiner langen Reisen zu Hause den Laden am Laufen hält, und meinen Mitautoren Sarah Gilbert und Paul Clammer.

Alex Egerton

In Barbados danke ich vor allem Chrystabel in Bridgetown und Bryn in Holetown sowie den Andromeda-Mitarbeitern. In St. Lucia Chris und Charlotte in Rodney Bay sowie Brandon im Süden der Insel. Auf St. Vincent und den Grenadinen Tabiah Regis, Jason sowie Team Trudeau auf Bequia. Und zuletzt auf Grenada René und Nicole und der Universitätstruppe. Daheim Nick und Olga, und Urs fürs Büro.

Sarah Gilbert

Muchas gracias an alle liebenswerten *puertorriqueñas*, die mir ihre Zeit gewidmet haben. Besonders bedanke ich mich bei Eddie Ramirez und Tisha Pastor in Old San Juan, Sylvia de Marco in Ocean Park, Carolyn Krupp und Jeff Ellison vom El Yunque National Forest, Carla Arraiza und Carlos Guzmán in Luquillo, Alan DeLapp in Vieques und Keishya Salko in Punta Santiago. Und natürlich danke ich wie immer meiner Familie und meinen Freundinnen und Freunden für ihre Unterstützung.

Michael Grosberg

Ich danke Kim Bedall von Whale Samana, Nicolas und Monica von Flora Tours, Emily Wright, Esmelvin Vivas, Paola Montas, Indira Soltero, Francheska Oviedo, Bonnie Helena, Maurizio Bartezatti und Ashley Lagzial für ihre Hilfe und Tipps und meiner Co-Autorin Emily D'Arc Taylor. Ein besonderer Dank gilt zudem Carly, Rosie und Willa, die mich in der Dominikanischen Republik eine Weile begleitet haben.

Paul Harding

Danke an die hilfsbereiten Menschen, die mir auf den wunderschönen Bahamas und den Turks- und Caicosinseln begegnet sind: Erika, Lynn, Debbie, Edward, Tom und Esther. Mein Dank gilt auch Alicia Johnson bei Lonely Planet. Vor allem danke ich aber Hannah und Layla daheim für die Telefonate und ihre Geduld, während ich dem Inseldasein frönte.

Ashley Harrell

Ich danke meiner Redakteurin Alicia Johnson und meinen Mitautoren dafür, dass dieses fantastische Buch entstanden ist, Tesh und Reena Chugani für ihren Input und ihre Großzügigkeit, Simon und Louise Holder für ihren Rat und ihre Gastfreundschaft, Erin Morris und Will Dunlap für den besten Urlaub aller Zeiten, Alexis Stranberg und Josh Buermann, die sich um den bösen Hund gekümmert haben, und Steven Sparapani dafür, dass er trotz aller Bedenken einen Tauchkurs gemacht und für gute Laune gesorgt hat. Tut mir leid wegen deiner Flosse! Ich liebe dich.

Mark Johanson

Ich danke den Menschen auf den Amerikanischen und Britischen Jungferninseln, die mir Anstöße gegeben und mich durch den Post-Hurrikan-Wiederaufbau navigiert haben. Sehr dankbar bin ich dafür, dass ich das umfassende Wissen von Heather Brewster, Jose Belcher, Michael Armendariz und Adam Quandt anzapfen durfte. Ein besonderer Dank gilt meinem Lebensgefährten Felipe Bascuñán dafür, dass er meine langen Abwesenheiten akzeptiert.

Anna Kaminski

Ein Riesendank an Alicia dafür, dass sie mir halb Jamaika anvertraut hat, sowie an meinen Co-Autoren Paul und andere, die mich unterwegs unterstützt haben, besonders: Bonz vom Good Hope Estate, Sharon, David, Annabel und Lilith in Treasure Beach, Dr. Connelly in Windsor, Lando und Allison in Black River, Marina und Kathy in Falmouth, Canute von Mountambrin, meinen Guide in Accompong, Conrod und Rasta Ade in Negril und diverse Ärzte in Kingston, die mich wieder zusammengeflickt haben.

Tom Masters

Vielen Dank an Clover Lee und Familie in Montserrat, die Mitarbeiter von Visit Antigua, Visit Dominica, Visit Montserrat und St. Kitts und Nevis Tourism, Heather Archibald, Carol Ann Watson, Troy „Poz", Rosemary Masters, die mich auf meiner Reise in St. Kitts und Dominica begleitet haben, und all die mutigen Bewohner von Dominica und Barbuda, die nach dem Hurrikan Maria ihre Inseln wiederaufgebaut haben.

Brendan Sainsbury

Ganz herzlichen Dank an meine kubanischen *amigos*, vor allem Julio und Elsa Roque und Luis Miguel in Havanna, Julio und Rosa Muñoz in Trinidad, Julio und Lidia in Playa Girón, Roberto in Viñales, Moreno und Mercy in Santa Clara, Yoel in Matanzas und Carlos für sein umsichtiges Fahren und seine wunderbare Gesellschaft. Mein besonderer Dank gilt meiner Frau Liz, die mit mir La Isla de la Juventud erkundet hat.

Andrea Schulte-Peevers

Mein tief empfundener Dank geht an all die wunderbaren Inselbewohner, die mich in puncto Logistik und Recherche, aber auch moralisch unterstützt haben. Ich denke besonders an Glenn Holm, Crocodile James, Lynn Costenaro und Donna Cain auf Saba, Kate Richardson auf Saint-Martin, Donna Banks, Colwayne Pickering und Sharon Lowe in Anguilla und Claudia Wichert und Ingrid Walter in Sint Eustatius. Ein riesiges Dankeschön an Sandy Peevers und Margarita Kurowska, die zu Hause den Laden zusammengehalten haben, und an David dafür, dass er in Gedanken bei mir war.

Polly Thomas

Ein riesiger Dank an meine „Trini"-Familie für Müßiggang, Liebe und Unterstützung: Dexter, Lynette, Dale, Gillian, Dean, Sion, Aaron und Soleil Lewis, an Skye Hernandez, Mampuru Stollmeyer, an Jillian und Jada Fourniller. Ich danke Gunda Harewood, Anna Carlsson und Faye Patrick für die genialen Roadtrips, Mark und Zena Puddy für ihre Freundschaft und tolles Essen. Außerdem Celia Rugg, Matthew Thomas, Imogen und Isabella Spencer. Für ihre Hilfe vom Vereinigten Königreich aus Amanda und Beau Rolandini-Jensen.

Wendy Yanagihara

Unendlich dankbar bin ich Diego und Rudens für den über-kubanischen Sprachunterricht, für unvergessliche Abenteuer (u. a. bei der Einwanderungsbehörde) und „Wander-Bier". *Muchas gracias* auch an Maité, Idolka, Nilson und Ramses für ihr Insiderwissen und ihre Freundschaft, Anna für die spritzige Gesellschaft, den vielen Guides und geduldigen Taxifahrern, die möglich gemacht haben, dass ich dieses Projekt in zwei Monaten schaffen konnte, Brendan und Carolyn für ihre wertvollen Infos, und Laura, Victoria, Jason und Jasper, die meine Reisen jedes Mal wieder möglich machen.

QUELLENANGABEN

Klimakartendaten aus Peel MC, Finlayson BL & McMahon TA (2007) 'Updated World Map of the Köppen-Geiger Climate Classification', *Hydrology and Earth System Sciences*, 11, 1633–44.

Umschlagfoto: Flamingo Beach, Aruba, Kim Kaminski/Alamy Stock Photo ©

ÜBER DIESES BUCH

Dies ist die deutsche Erstauflage von *Karibik*. Sie basiert auf der 8. englischen Auflage, die von Paul Clammer herausgegeben und von den Autoren Paul und Stephanie d'Arc Taylor, Marc Di Duca, Alex Egerton, Sarah Gilbert, Michael Grosberg, Paul Harding, Ashley Harrell, Mark Johanson, Anna Kaminski, Tom Masters, Brendan Sainsbury, Andrea Schulte-Peevers, Polly Thomas und Wendy Yanagihara geschrieben wurde. Die vorige Auflage wurde geschrieben von Mara Vorhees, Paul Clammer, Ashley Harrell, Liza Prado, Brendan Sainsbury, Alex Egerton, Anna Kaminski, Catherine Le Nevez, Tom Masters, Carolyn McCarthy, Hugh McNaughtan, Kevin Raub, Andrea Schulte-Peevers, Polly Thomas, Luke Waterson und Karla Zimmerman. Dieser Reiseführer wurde produziert von:

Verantwortliche Redakteurin
Alicia Johnson

Produktmanagerin
Martine Power

Leitender Kartograf
Corey Hutchison

Redakteure
Bruce Evans, Saralinda Turner

Layout
Jessica Rose

Redaktionsassistenz
Janet Austin, Sarah Bailey, Bridget Blair, Lou McGregor, Charlotte Orr, Tamara Sheward, Gabrielle Stefanos

Kartografieassistenz
James Leversha

Umschlaggestaltung
Brendan Dempsey-Spencer

Dank an Bailey Freeman, Karen Henderson, Kirsten Rawlings, James Smart, Angela Tinson

Register

Map Pages **000**
Photo Pages 000

Map Pages **000**
Photo Pages **000**

G

H

L

M

Map Pages **000**
Photo Pages **000**

Q

R

S

T

Map Pages **000**
Photo Pages **000**

Y

Z

Kartenlegende

Sehenswertes

- Strand
- Vogelschutzgebiet
- Buddhistisch
- Burg/Festung
- Christlich
- Konfuzianisch
- Hinduistisch
- Islamisch
- Jainistisch
- Jüdisch
- Denkmal
- Museum/Galerie/Hist. Gebäude
- Ruine
- Shintoistisch
- Sikhistisch
- Taoistisch
- Weingut/Weinberg
- Zoo/Tierschutzgebiet
- Andere Sehenswürdigkeit

Aktivitäten, Kurse & Touren

- Bodysurfen
- Tauchen
- Kanu-/Kajakfahren
- Kurs/Tour
- Sentō/Onsen
- Skifahren
- Schnorcheln
- Surfen
- Schwimmen/Pool
- Wandern
- Windsurfen
- Andere Aktivität

Schlafen

- Unterkunft
- Campingplatz
- Hütte/Schutzhütte

Essen

- Restaurant

Ausgehen & Nachtleben

- Bar/Kneipe/Club
- Café

Unterhaltung

- Theater/Kino/Oper

Shoppen

- Geschäft/Einkaufszentrum

Praktisches

- Bank
- Botschaft/Konsulat
- Krankenhaus/Arzt
- Internet
- Polizei
- Post
- Telefon
- Toilette
- Touristeninformation
- Noch mehr Praktisches

Landschaften

- Strand
- Schranke
- Hütte/Unterstand
- Leuchtturm
- Aussichtspunkt
- Berg/Vulkan
- Oase
- Park
- Pass
- Rastplatz
- Wasserfall

Städte

- Hauptstadt
- Landeshauptstadt
- Stadt/Großstadt
- Ort/Dorf

Transport

- Flughafen
- Grenzübergang
- Bus
- Seilbahn/Standseilbahn
- Fahrradweg
- Fähre
- Metro/MRT-Bahnhof
- Einschienenbahn
- Parkplatz
- Tankstelle
- S-Bahn-/Skytrain-Station
- Taxi
- Bahnhof/Eisenbahn
- Tram/Straßenbahn
- U-Bahn-Station
- Anderes Verkehrsmittel

Verkehrswege

- Mautstraße
- Autobahn
- Hauptstraße
- Landstraße
- Verbindungsstraße
- Sonstige Straße
- Unbefestigte Straße
- Straße im Bau
- Platz/Fußgängerzone
- Stufen
- Tunnel
- Fußgängerbrücke
- Spaziergang/Wanderung
- Wanderung mit Abstecher
- Pfad/Wanderweg

Grenzen

- Staatsgrenze
- Bundesstaaten-/Provinzgrenze
- Umstrittene Grenze
- Regionale Grenze/Vorortgrenze
- Meeresschutzgebiet
- Klippen
- Mauer

Gewässer

- Fluss/Bach
- Periodischer Fluss
- Kanal
- Gewässer
- Trocken-/Salz-/Periodischer See
- Riff

Gebietsformen

- Flughafen/Start- & Landebahn
- Strand/Wüste
- Christlicher Friedhof
- Sonstiger Friedhof
- Gletscher
- Watt
- Park/Wald
- Sehenswertes Gebäude
- Sportanlage
- Sumpf/Mangroven

Hinweis: Nicht alle Symbole kommen in den Karten dieses Reiseführers vor.

UNSERE AUTOREN

Paul Clammer

Jamaika Paul Clammer hat bereits als Molekularbiologe, Tourguide und Reiseschriftsteller gearbeitet. Seit 2003 ist er Reiseführerautor für Lonely Planet. In dieser Zeit hat er an mehr als 25 Titeln mitgewirkt, darunter Ziele in Süd- und Zentralasien, West- und Nordafrika und in der Karibik. In den vergangenen Jahren lebte er in Marokko, Jordanien, auf Haiti und Fidschi, bisweilen aber auch in seiner Heimat England. Online berichtet er auf paulclammer.com und auf Twitter unter @paulclammer von seinen Reisen. Paul hat für diesen Band an den Kapiteln Reiseplanung und Praktische Informationen mitgearbeitet.

Stephanie d'Arc Taylor

Haiti Stephanie stammt gebürtig aus Los Angeles und hat schon (u. a.) für die *New York Times*, den *Guardian*, *Roads & Kingdoms* und das *Kinfolk Magazine* gearbeitet. Außerdem ist sie Mitbegründerin von Jaleesa, einem Sozialunternehmen in Beirut. Bei Instagram findet man sie unter @zerodarctaylor.

Marc Di Duca

Guadeloupe, Martinique, Puerto Rico Marc ist seit mehr als zehn Jahren Reiseschriftsteller und war für Lonely Planet bereits in Sibirien, der Slowakischen Republik, Bayern, England, der Ukraine, Österreich, Polen, Kroatien, Portugal, auf Madeira und mit der Transsibirischen Eisenbahn unterwegs. Außerdem hat er zig Reiseführer für andere Herausgeber geschrieben und aktualisiert. Wenn er nicht gerade die Welt erkundet, ist er bei seiner Frau und den beiden Söhnen nahe Mariánské Lázně in der Tschechischen Republik.

Alex Egerton

Barbados, Dominica, Grenada, St. Lucia, St. Vincent & die Grenadinen Als Nachrichtenjournalist hat Alex für Zeitschriften, Zeitungen und Medienunternehmen auf fünf Kontinenten gearbeitet, bis er die Nase voll von muffigen Redaktionsräumen und dem unstillbaren Appetit der Massen nach oberflächlichen Neuigkeiten hatte. Nun widmet er sich dem Reisejournalismus. Seine Zeit verbringt er am liebsten unterwegs, probiert zweifelhaftes Streetfood und plaudert mit Einheimischen, wobei er nützliche Infos für Artikel und Reiseführer sammelt. Als echter Abenteurer ist Alex durch Kolumbiens abgelegene Dschungel gewandert, hat unbekannte Nebenarme des mächtigen Mekong erforscht und ist mit dem Kajak als Erster den einen oder anderen verbogenen Flusslauf in Nicaragua hinabgeglitten. Dazwischen findet man ihn in seinem Zuhause in der Kolonialpracht Popayáns in Südkolumbien.

Sarah Gilbert

Puerto Rico Sarah Gilbert ist preisgekrönte freiberufliche Schriftstellerin, Fotografin und Globetrotterin. Seit 2014 hat sie bei unzähligen Lonely Planet Bänden mitgewirkt, darunter Marokko, Puerto Rico, die Schweiz, Thailand, Bolivien und Uruguay. Sarah hat bereits 75 Länder bereist und es werden immer mehr ... Sie fühlt sich in einer Pension in der Stadt genauso wohl wie in einer Safari-Lodge oder einer Holzhütte im Amazonas-Regenwald.

Michael Grosberg

Dominikanische Republik Michael hat schon mehr als 50 Lonely Planet Reiseführer mitverfasst. Er hat auf Rota im Westpazifik gearbeitet, in Südafrika zum Thema politische Gewalt recherchiert und darüber geschrieben sowie frisch gewählte Volksvertreter ausgebildet und in Quito, Ecuador, unterrichtet. Zudem hat er einen Master in vergleichender Literaturwissenschaft und als außerordentlicher Professor Literatur und Schreiben gelehrt.

Paul Harding

Bahamas, Turks- & Caicosinseln Als Schriftsteller und Fotograf hat Paul die Welt schon fast zwanzig Jahre lang bereist. Er interessiert sich besonders für abgelegene, unkonventionelle Orte, Inseln und Kulturen. Er ist Autor und hat an über 50 Lonely Planet Titeln zu ganz unterschiedlichen Reisezielen wie Indien, Belize, Vanuatu, Iran, Indonesien, Neuseeland, Island, Finnland, Philippinen und – Heimspiel! – Australien mitgearbeitet.

Ashley Harrell

Aruba, Bonaire, Kaimaninseln, Curaçao Nach einer kurzen Phase als Promoterin für Day Spas in Florida beschloss Ashley, dass sie ihr Geld lieber mit Schreiben verdienen möchte. Sie besuchte eine Journalistenschule, überzeugte eine Zeitungsredaktion und berichtet seitdem über Wildtiere, Kriminalität und Tourismus, manchmal alles in einem einzigen Artikel. Sie ist weit gereist und oft umgezogen, von einem winzigen New Yorker Apartment auf eine Ranch in Kalifornien bis hin zu einer Hütte im Dschungel Costa Ricas, wo sie für Lonely Planet zu schreiben begann. Ihre Reisen wurden noch exotischer und wilder, und wenn ihre Gehaltsschecks eintreffen, bringt sie das immer noch zum Lachen.

Mark Johanson

Amerikanische Jungferninseln, Britische Jungferninseln Mark Johanson ist in Virginia aufgewachsen und hat in den letzten zehn Jahren in fünf Ländern gelebt, während er für britische Zeitungen (den *Guardian*), US-amerikanische Magazine *(Men's Journal)* und internationale Medienunternehmen (CNN, BBC) unterwegs war und berichtete. Wenn er nicht reist, ist er in Santiago, Chile, seiner aktuellen Basis, und bestaunt die Anden. Mehr zu seinen Abenteuern unter www.markjohanson.com

Anna Kaminski

Jamaika Anna stammt ursprünglich aus der Sowjetunion und wuchs in Cambridge, England, auf. Sie machte ihren Abschluss in Vergleichenden Amerikastudien an der University of Warwick, kennt sich gut mit der Geschichte, Kultur und Literatur Nord-, Mittel- und Südamerikas und der Karibik aus und liebt Lateinamerika. Auf ihren rastlosen Reisen ließ sie sich kurzfristig in Oaxaca und Bangkok nieder. Ihr Interesse für Strafrecht führte sie als ehrenamtliche Mitarbeiterin an die Gerichtshöfe, in die Ghettos und Gefängnisse von Kingston, Jamaika. Anna hat an mehr als 30 Lonely Planet Bänden mitgearbeitet. Wenn sie nicht durch die Welt reist, ist sie daheim in London.

Tom Masters

Antigua & Barbuda, Dominica, Montserrat, St. Kitts & Nevis Seitdem Tom laufen kann, träumt er von den obskursten Orten auf dieser Erde, und er hatte schon immer eine Faszination für das Unbekannte. Deshalb entschied er sich für ein Leben als Schreiber, das ihn in jeden denkbaren Winkel der Erde geführt hat, einschließlich Nordkorea, der Arktis, dem Kongo und Sibirien. Seine Kindheit verbrachte Tom im englischen Hinterland, als Erwachsener nannte er London, Paris und Berlin seine Heimat. Gegenwärtig wohnt er in Berlin. Seine Website: www.tommasters.net

Brendan Sainsbury

Kuba Brendan wurde in dem britischen Städtchen Andover geboren, das noch nie Eingang in irgendeinen Reiseführer gefunden hat. Seine Ferien verbrachte er meist mit dem Caravan im Lake District, erst mit 19 verließ er seine englische Heimat. Um die verlorene Zeit wieder reinzuholen, hat er seitdem in seinem bisweilen unsteten Dasein als Schriftsteller und professioneller Vagabund 70 Länder bereist. In den letzten elf Jahren hat er mehr als 40 Lonely Planet Bände von Kuba bis Peru verfasst.

Andrea Schulte-Peevers

Anguilla, Saint-Martin/Sint Maarten, Saint-Barthélemy, Saba, Sint Eustatius Andrea ist in Deutschland geboren und aufgewachsen und hat in London und Los Angeles studiert. Bei ihren Reisen in rund 75 Länder hat sie ungefähr die Strecke bis zum Mond und zurück hinter sich gelassen. Ihren Lebensunterhalt verdient sie seit mehr als zwei Jahrzehnten als Reisejournalistin und wirkte an beinahe 100 Lonely Planet Bänden sowie an Zeitungen, Magazinen und Websites auf der ganzen Welt mit. Sie ist außerdem Reiseberaterin, Übersetzerin und Redakteurin. Besonders gut kennt sie sich in Deutschland, Dubai, den Vereinigten Arabischen Emiraten, auf Kreta und in der Karibik aus. Zuhause ist sie in Berlin.

Polly Thomas

Trinidad & Tobago Polly schreibt seit 20 Jahren über die Karibik und hat Reiseführer zu Jamaika, Antigua & Barbuda, St. Lucia und Trinidad & Tobago verfasst. Fünf Jahre ihres Lebens verbrachte sie in Port of Spain in Trinidad, jetzt lebt sie wieder in ihrer Heimat London und versucht, so oft es geht, gute *roti* und Doubles zu finden.

Wendy Yanagihara

Kuba Wendy ergatterte 2003 ihren Traumberuf als Lonely Planet Autorin und hat seitdem an Titeln wie Vietnam, Japan, Mexiko, Costa Rica, Kuba, Ecuador, Indonesien und Grand Canyon National Park mitgewirkt. Sie schreibt zudem für BBC Travel, den *Guardian*, das *Lonely Planet Magazine* und lonelyplanet.com und ist als freiberufliche Grafikdesignerin, Illustratorin und Visual Artist tätig. Ihr Instagram-Profil: @wendyyanagihara

DIE LONELY PLANET STORY

Ein uraltes Auto, ein paar Dollar in den Hosentaschen und Abenteuerlust, mehr brauchten Tony und Maureen Wheeler nicht, als sie 1972 zu der Reise ihres Lebens aufbrachen. Diese führte sie quer durch Europa und Asien bis nach Australien. Nach mehreren Monaten kehrten sie zurück – pleite, aber glücklich –, setzten sich an ihren Küchentisch und verfassten ihren ersten Reiseführer *Across Asia on the Cheap*. Binnen einer Woche verkauften sie 1500 Bücher und Lonely Planet war geboren. Heute unterhält der Verlag Büros in den USA, in Irland und China sowie ein Netzwerk aus über 2000 Mitwirkenden in allen Ecken der Welt. Sie alle teilen Tonys Überzeugung, dass ein guter Reiseführer drei Dinge tun sollte: informieren, bilden und unterhalten.

Lonely Planet Global Limited
Digital Depot
The Digital Hub
Dublin D08 TCV4
Ireland

Verlag der deutschen Ausgabe:
MAIRDUMONT, Marco-Polo-Straße 1, 73760 Ostfildern,
www.lonelyplanet.de, www.mairdumont.com, lonelyplanet-online@mairdumont.com

Redaktion: Meike Diekmann, Julia Rietsch, Kai Wieland; Verlagsbüro Wais & Partner, Stuttgart
Mitarbeit: Lisa Brettschneider, Max Maucher, Natasa Sipka
Übersetzung: Doris Attwood, Julie Bacher, Anne Cappel, Andrea Graziano di Benedetto, Karen Gerwig, Cora Hartwig, Sonja Hofmann, Britt Maaß, Gunter Mühl, Claudia Riefert, Petra Sparrer, Svenja Tengs, Folkert Tiarks, Sara Walczyk, Katja Weber, Carina Wurzinger, Christiane Zender, Teresa Zuhl

Karibik
1. deutsche Auflage Dezember 2022,
übersetzt von *Caribbean Islands 8th edition*, Juni 2021
Lonely Planet Global Limited

Printed in China